中国非物质文化遗产

The Encyclopedia of Chinese Intangible Cultural Heritage

冯骥才 ⊙ 总主编

代表性项目卷
Represental Projects

《中国非物质文化遗产百科全书》总编委会

总顾问：孙家正　　赵　实

顾　问：李　屹　　左中一　　夏　潮　　李前光　　郭运德　　陈建文

总主编：冯骥才

常务副总主编：罗　杨　　向云驹　　揣振宇

副总主编：周燕屏　　朱　庆　　奚耀华

总编委（按姓氏笔画排序）：

万建中	马雄福	王　娟	王勇超	王锦强	韦苏文	乌丙安	户晓辉
尹虎彬	孔宏图	叶　涛	叶舒宪	冯骥才	吕　军	朱　庆	朱辉军
乔晓光	向云驹	刘　华	刘晓春	刘晔原	刘铁梁	刘锡诚	刘魁立
齐　欣	安德明	李耀宗	杨利慧	吴元新	邹明华	沙马拉毅	张　锠
张志学	陈玉胜	陈连山	陈泳超	陈勤建	苑　利	林继富	罗　杨
岳永逸	周燕屏	郑土有	孟慧英	赵　书	赵　琛	施爱东	索南多杰
奚耀华	高丙中	陶立璠	陶思炎	萧　放	曹保明	康　丽	彭　牧
揣振宇	潘鲁生						

编　辑：

柴文良	王东升	周小丽	王柏松	龚　方	王素珍	李婉君

《中国非物质文化遗产百科全书·代表性项目卷》编委会

主　编：罗吉华

副主编：陶　颖　张旭东

顾　问：揣振宇　王云霞　雍继荣　们发延

编　委（按姓氏笔画为序）：

马小红　　王云霞　　们发延　　辛宇玲　　张　霜　　张旭东

罗吉华　　赵海森　　顾世宝　　郭　萍　　陶　颖　　康嘉岐

揣振宇　　雍继荣

本卷撰稿：

民间文学：顾世宝

传统音乐：陶　颖

传统舞蹈：张旭东

传统戏剧：辛宇玲

曲　艺：顾世宝

传统体育、游艺与杂技：罗吉华　辛宇玲

传统美术：张旭东

传统技艺：郭　萍

传统医药：陶　颖

民　俗：罗吉华　张　霜

图片供稿：王锦强

总 序

《中国非物质文化遗产百科全书》是一项旨在集结前人智慧、体现学术精华、弘扬传统文化的智力成果。编纂《中国非物质文化遗产百科全书》之所以能够成就，与当下的时代背景和文化繁荣息息相关，既满足了迫在眉睫的文化需求，又顺应了弘扬中华文明的大势所趋。

首先，"非物质文化遗产"是我们这个时代具有象征意义的文化样式。在学术界和文化艺术界又成为最具时代感和最时尚的一个名词，甚至有人将我们这个时代称为"非遗时代"。我国作为世界上的"非遗"大国，"非遗"资源就达 87 万项，这些项目反映在我国的各个民族和文化的各个领域。作为人类古老的文明形态，非物质文化遗产不是一种孤立的文化表象，它与物质文化遗产和自然文化遗产、甚至与我们精神文化遗产都有着内在的依存关系，涉及人类文化的诸多根脉和基因问题。因此，联合国教科文组织在 2002 年通过的《伊斯坦布尔宣言》中强调了非物质文化遗产的重要性，认为"非遗"是人类文化多样性的熔炉和可持续发展的保证。对"非遗"项目的立档、保存、研究、宣传、普及、弘扬、传承和振兴成为保护"非遗"的关键所在。

其次，盛世修典。在历史上，我国历朝历代都有修典撰志之风尚，唐代有《艺文类聚》、宋代有《太平御览》、明代有《永乐大典》、清代有《古今图书集成》、当代有《中华大典》。传统文化作为一个民族国家精神的实质内核，在当下仍然具有无可替代的功能和作用。它对综合国力的强弱越来越具有决定性的影响，成为综合国力竞争的关键因素。我国已经成为国际社会的重要成员，文化的交流和互动日益成为与国际社会沟通的重要方式，因此，普及性和大众化的读物在满足我国日益增长的物质文化和精神文化需求方面发挥着越来越大的作用。任继愈先生认为，一个民族的历史和文化是"国家兴亡之学，民族盛衰之学"。科学、抢救性地记录和汇总我国各民族传统知识的精华，使之得到在地化保存，即是保护和传承中华民族优秀文化遗产的有力举措。在此基础上，普及和教育传统文化，用普及性读物弘扬中华文明就成为我们这个时代和这代人肩负的重要使命，是实现中华民族伟大复兴的战略要求，也是全球化视野中保护文化多样性，促进与人类不同文明传统间对话、交流之必需。

再次，2006 年 5 月 20 日，国务院批准文化部确定并公布第一批国家级非物质文化遗产名录 518 项。2008 年 6 月 14 日，国务院又发布了第二批国家级非物质文化遗产名录 510 项和第一批国家级非物质文化遗产扩展项目名录 147 项。2011 年 6 月 10 日，国务院公布了批准文化部确定的第三批国家级非物质文

中国非物质文化遗产百科全书·代表性项目卷

遗产名录 191 项和国家级非物质文化遗产名录扩展项目名录 164 项。至此，国家级非物质文化遗产名录项目已达 1219 项，各省（区、市）人民政府也公布了省级非物质文化遗产名录近 1 万项。大部分市、县也建立了本级非物质文化遗产名录。同时，我国积极参与国际合作，推动国际非物质文化遗产保护规则制定，目前入选联合国教科文组织"人类非物质文化遗产代表作名录"30 项，"急需保护的非物质文化遗产名录"7 项，总数达 37 项，成为世界上入选项目最多的国家。

2012 年，经中国文联出版社立项，并由中国文联文学艺术基金会资助，中国非物质文化遗产首次向读者展示其"百科全书"的真正面目。经过近两年的努力，我们对目前国内外有关非物质文化遗产研究方面的学术成果进行了全面系统的综合性盘点、梳理，吸收和借鉴最新的学术成果，编纂出这部"百科全书"。书中所列条目和内容清晰、全面、明确，编者对相关研究进行了细致、深入的梳理，这在国内尚属首次，这也是本书所具有的最大价值。同时，本书对于弘扬优秀的传统中国文化，促进各民族、各地区之间的文化交流，增进不同民族、不同地域人民之间的相互了解，推动我国文化多样性的保护和发展，增强中华民族的凝聚力都将具有重要的现实意义和深远的历史意义。

《中国非物质文化遗产百科全书》编委会

前 言

从 20 世纪 70 年代起，随着全球现代化现象的加剧，文化遗产在世界各地普遍受到惨重的摧毁，人类社会从来没有像这个时候感觉到保护文化遗产的紧迫性和重要性。1972 年 11 月联合国教科文组织第 17 届大会通过了《保护世界文化和自然遗产公约》，把文化遗产和自然遗产纳入保护范围，使文化遗产保护成为世界共识。从 1989 年起，联合国教科文组织开始注重非物质文化遗产保护工作，从"传统和民间文化"概念的提出、建立"活文化财产"制度、评选"人类口头和非物质遗产代表作"的国际荣誉称号、通过《世界文化多样性宣言》，到 2003 年 10 月 17 日联合国教科文组织第 32 届会议上通过了《保护非物质文化遗产国际公约》。随着人们认识水平的提高，国际组织将遗产内容由物质的、有形的、静态的，逐步伸延到非物质的、无形的、动态传承的，尤其对更易消逝的非物质文化遗产倍加珍视并予以保护，这是当今人类对文明创造的一大贡献。

我国是世界文明古国中唯一没有中断文化传承的国家，而且是一个多民族国家，56 个民族文化多元一体，呈现出文化的多样性特征。中国各民族丰富的非物质文化遗产中，既有源远流长的历史积淀，又现生机盎然的传承新姿，其内容之丰盈，体裁之多样，风格之新奇，色彩之斑斓，令人叹为观止。对一个民族来说，非物质文化遗产是本民族基本的识别标志，是维系民族存在发展的动力和源泉。作为最能体现文化多样性和民族特性的非物质文化遗产，它存在于人的世代相传的继承活动之中，内涵非常丰富，时间跨度非常长，与其民族共存。

然而，随着经济全球化趋势和现代化进程的加快，我国的文化生态正在发生巨大变化，非物质文化遗产及其生存环境受到严重威胁。近年来，随着联合国教科文组织提出保护非物质文化遗产的意向和启动申报非物质文化遗产代表作名录，极大地激发了我国相关人员的文化自觉意识。一个以保护和抢救濒临失传的口头和非物质遗产为目的的文化理念和文化行动，逐渐深入人心，并形成一种热潮。

为了推动非物质文化遗产的抢救、保护与传承，我国政府制定了国家、省、市、县四级保护体系，将具有杰出价值的民间传统文化表现形式或文化空间，或在非物质文化遗产中具有典型意义，或在历史、艺术、民族学、民俗学、社会学、人类学、语言学及文学等方面具有重要价值的非物质文化遗产项目列入各级名录予以保护。从 2003 年正式启动非物质文化遗产保护工作至今，短短十余年时间，作为别具一格的文化符号，我国挖掘的非物质文化遗产资源近九十万项，国务院也已先后批准公布了四批国家级非物质文化遗产名录。

中国非物质文化遗产百科全书·代表性项目卷

对于建立国家级非物质文化遗产代表作名录，我国有着非常明确的目的，即推动我国非物质文化遗产的抢救、保护与传承；加强中华民族的文化自觉和文化认同，提高对中华文化整体性和历史连续性的认识；尊重和彰显有关社区、群体及个人对中华文化的贡献，展示中国人文传统的丰富性；鼓励公民、企事业单位、文化教育科研机构、其他社会组织积极参与非物质文化遗产的保护工作；履行《保护非物质文化遗产公约》，增进国际社会对中国非物质文化遗产的认识，促进国际文化交流与合作，为人类文化的多样性及其可持续发展作出中华民族应有的贡献。

为了展示我国非物质文化遗产保护工作阶段性成果，呈现我国非物质文化遗产的丰富面貌，并进一步促进全社会对于非物质文化遗产的认识，《中国非物质文化遗产百科全书·代表性项目卷》的编纂付诸实施。经过编委会全体成员近三年的努力，本卷终于得以面世。这是本编委会和合作者们献给我国非物质文化遗产知识普及和研究的草草铺路之力，也饱含着对弘扬发展非物质文化遗产的殷殷期盼之心。

本卷收录三批国家级非物质文化遗产代表性项目名录，按照我国非物质文化遗产的分类方法，包括民间文学，传统音乐，传统舞蹈，传统戏剧，曲艺，传统体育、游艺与杂技，传统美术，传统技艺，传统医药，民俗，共计十类。全书共计1219条遗产名录，100余万字。本卷所收集的名录基本信息主要包括名称、序号、编号、批次、类别、申报地区或单位，释文部分则围绕传承区域、历史渊源、表现形态、文化价值等角度展开，并附有相关的国家级代表性传承人信息。至于入选年份，因与入选批次相对应，词条中不再赘列。在编纂过程中，我们既讲究辞书不可或缺的规范、严密、稳定和权威等，又适当灵活掌握释文字数和诠释水准，而对于一些尚存学术之争的观点，由于篇幅限制，无法兼收各说，则尽量采用学术界公认的观点。

本卷内容兼具知识性与文献性，编纂中注重通用性、简要性和可读性，以期满足不同层次读者的阅读和参考需要，使专业人士和非遗爱好者都能从中受益。本书主要具有普及知识的作用，同时兼顾相关非物质文化遗产教育和研究的需要，若能拓宽广大读者的文化视野，能成为深入研究中国非物质文化遗产的引玉之砖，促进各民族文化交流，增进各民族间的相互了解，推动我国文化多样性的保护和发展，那么，无论这些功用发挥得如何，我们都会为两年多来的笔耕感到无比的满足和欣慰。

在经济全球化、世界一体化程度日渐加深的新时代，在后现代主义浪潮的冲击下，许多传统文化形式失去了继续发展的社会基础。像本书中的这些非物质文化遗产，很多是在某些偏僻的村庄和不知名的角落苦苦支撑。在流逝的岁月里，不少天才创造或辗转流轶，或人亡艺残，某些民族的非物质文化遗产濒临失传。

我们衷心希望，全社会都能够对非物质文化遗产给予更多的关注，每一个人都能够关注身边那些非物质文化遗产。这些千百年流传下来的文化精华，已经是中华民族文化不可或缺的一部分，它们对于凝聚一个族群或者地域性群体具有难以估量的作用，对于实现建设社会主义文化强国的伟大梦想具有不容

前言

忽视的作用。我们衷心希望，这些非物质文化遗产，作为中华民族的文明基因，世代相传，为繁荣中华民族多元一体的文化，为促进不同民族之间的和谐共生，为增强中华民族的凝聚力持续发挥作用；并且在全球一体化的浪潮中，与时俱进，为维护人类文明的多样性增添活力，为不同文化的交流充当桥梁，为构建人类共同的精神家园不断地贡献力量。

在本卷即将付梓之际，国务院于2014年11月11日批准并公布了文化部确定的第四批国家级非物质文化遗产代表性项目名录（共计153项）和国家级非物质文化遗产代表性项目名录扩展项目名录（共计153项），并将"国家级非物质文化遗产名录"名称调整为"国家级非物质文化遗产代表性项目名录"。如此，我国的国家级非物质文化遗产代表性项目达到1372项。这个数字是我国近些年大力推进非物质文化遗产保护工作的重要成果的体现，对于各地来说，越来越多的当地非物质文化遗产代表性项目被纳入国家级名录，也是一件可喜的事情。

但另一方面我们也应该注意到，虽然目前我国已初步建立了国家、省、市、县四级非物质文化遗产代表性项目名录体系，但真正进入名录尤其是国家级名录的毕竟是大量非物质文化遗产中很少的一部分，如果我们仅仅对个别代表性项目进行特殊照顾，而忽略其他更为广泛、优秀的非物质文化遗产，那我们在非物质文化遗产保护工作中将得不偿失。

最后，本编委会要诚恳敬告读者，编纂如此巨制，我们的水平有限，经验不足，问题和讹误在所难免。我们殷切期待广大读者、学者不吝赐教，使之竟成完璧。

《中国非物质文化遗产百科全书·代表性项目卷》编委会

2014年11月于北京

凡 例

1. 本书名为《中国非物质文化遗产百科全书·代表性项目卷》，所收内容为国务院分别于2006年、2008年、2011年批准文化部确定的三批国家级非物质文化遗产代表性项目名录（共计1219项）和国家级非物质文化遗产代表性项目名录扩展项目名录（共计311项），并以条目的形式在书中出现。

2. 本书按中国非物质文化遗产的分类方法编排。不同批次的名录中其分类有不同的名称，如第一批名录中为民间音乐、民间舞蹈、杂技与竞技、民间美术、传统手工技艺等，之后批次对其有所调整。本书采用2014年11月最新公布的第四批国家级非物质文化遗产代表性项目名录中的分类名称，即：民间文学，传统音乐，传统舞蹈，传统戏剧，曲艺，传统体育、游艺与杂技，传统美术，传统技艺，传统医药，民俗，共计十类。

3. 在每一项分类下，按条目标题的汉语拼音字母顺序并辅以汉字笔画、起笔笔形顺序排列。第一字母同音时，按阴平、阳平、上声、去声的声调顺序排列；音、调相同时，按笔画由少到多顺序排列；音、调、笔画数相同时，按起笔笔形的顺序排列。第一字相同时，按第二字的音、调、笔画顺序排列，余类推。

4. 本书将国家级非物质文化遗产代表性项目名录扩展项目名录，列于与之具有相同序号、编号的国家级非物质文化遗产代表性项目名录之后，编排在一起，作为一个条目。例如：

重阳节

序号：454
编号：X-6
批次：1
类别：民俗
申报地区或单位：文化部

扩展名录：

重阳节（皇城村重阳习俗）　　　　山西省阳城县

重阳节（上蔡重阳习俗）　　　　　河南省上蔡县

5. 条目标题是一个国家级非物质文化遗产代表性项目名词，例如"河曲民歌""京西太平鼓""中秋节"等。

6. 本书的条目释文使用规范化的现代汉语。

7. 本书条目的基本信息包括名称、序号、编号、批次、类别、申报地区或单位，释文部分主要包括传承区域、历史渊源、表现形态、文化价值等内容，并附有相关的国家级非物质文化遗产代表性传承人信息。

8. 本书在部分条目释文中配有相关插图。

9. 本书所配图片旨在说明释文，均不标注规格尺寸。

10. 本书包括目录和索引，以便读者查阅。

11. 本书字体除必须用繁体字和异体字外，均使用《简化字总表》所列的简化字。

12. 本书除部分计量单位沿用地方习惯表达外，均使用法定计量单位。

13. 本书所收入条目的截止时间为2013年。2014年11月11日正式公布的第四批国家级非物质文化遗产代表性项目名录及其扩展项目名录暂不收入，本书将其列于附录中供读者参阅。

目 录

一、民间文学

阿尼玛卿雪山传说 3
阿诗玛 3
阿细先基 3
八达岭长城传说 4
八仙传说 4
巴拉根仓的故事 5
白马拖缰传说 6
白蛇传传说 6
北票民间故事 7
布袋和尚传说 7
布洛陀 7
布依族盘歌 8
蔡伦造纸传说 8
曹雪芹传说 9
查姆 9
禅宗祖师传说 10
达古达楞格莱标 10
董永传说 11
都镇湾故事 11
防风传说 12
嘎达梅林 12
格萨（斯）尔 13
耿村民间故事 14
古渔雁民间故事 14
观音传说 15
哈尼哈吧 15
哈萨克族达斯坦 16
海洋动物故事 16
汗青格勒 16
河间歌诗 17
河西宝卷 17
黑暗传 18
黄初平（黄大仙）传说 18
黄鹤楼传说 19
济公传说 19
嘉黎民间故事 20
江格尔 20
喀左东蒙民间故事 21
康巴拉伊 21
柯尔克孜约隆 22
科尔沁潮尔史诗 22
刻道 23
拉仁布与吉门索 23
烂柯山的传说 24
崂山民间故事 24
雷州歌 24
李时珍传说 25
梁祝传说 25
刘伯温传说 26
刘三姐歌谣 26
柳毅传说 26
鲁班传说 27
洛奇洛耶与扎斯扎依 27
珞巴族始祖传说 28
玛纳斯 28
满族民间故事 29
满族说部 30
梅葛 30

孟姜女传说	31	王昭君传说	47
米拉尕黑	31	维吾尔族达斯坦	47
密洛陀	32	吴歌	48
苗族古歌	32	伍家沟民间故事	49
苗族贾理	33	西湖传说	49
牡丹传说	33	西施传说	50
牡帕密帕	33	锡伯族民间故事	50
木兰传说	34	下堡坪民间故事	50
目瑙斋瓦	34	笑话	51
牛郎织女传说	35	万荣笑话	51
盘古神话	35	徐福东渡传说	51
盘瓠传说	36	徐文长故事	52
坡芽情歌	36	亚鲁王	52
麒麟传说	37	炎帝神农传说	53
契丹始祖传说	37	谚语	53
恰克恰克	37	沪谚	53
钱王传说	38	杨家将传说	54
羌戈大战	38	杨家将传说（穆桂英传说）	54
青林寺谜语	39	杨家将传说（杨家将说唱）	54
屈原传说	39	仰阿莎	54
邵原神话群	39	尧的传说	55
畲族小说歌	40	彝族克智	55
舜的传说	40	永定河传说	56
司岗里	41	酉阳古歌	56
四季生产调	41	禹的传说	57
苏东坡传说	42	藏族婚宴十八说	57
泰山传说	42	召树屯与喃木诺娜	57
谭振山民间故事	43	赵氏孤儿传说	58
陶克陶胡	43	遮帕麻和遮咪麻	58
陶朱公传说	44	珠郎娘美	59
天坛传说	44	祝赞词	59
桐城歌	44	庄子传说	60
童谣	45	壮族嘹歌	60
秃尾巴老李的传说	45	走马镇民间故事	60
土家族哭嫁歌	46		
土家族梯玛歌	46	**二、传统音乐**	
王羲之传说	47	阿里郎	65

巴山背二歌 …………………………………… 65	道教音乐（无锡道教音乐）………………… 80
搬运号子 ……………………………………… 66	道教音乐（齐云山道场音乐）……………… 81
搬运号子（梁平抬儿调）……………… 66	道教音乐（崂山道教音乐）………………… 81
搬运号子（龙骨坡抬工号子）………… 66	道教音乐（泰山道教音乐）………………… 81
板头曲 ………………………………………… 67	道教音乐（胶东全真道教音乐）…………… 82
布朗族民歌 …………………………………… 67	道教音乐（腊山道教音乐）………………… 82
布朗族弹唱 ……………………………… 67	道教音乐（海南斋醮科仪音乐）…………… 82
布依族勒尤 …………………………………… 68	道教音乐（成都道教音乐）………………… 83
布依簇民歌（好花红调）……………… 68	道教音乐（白云山道教音乐）……………… 83
茶山号子 ……………………………………… 69	道教音乐（清水道教音乐）………………… 83
昌黎民歌 ……………………………………… 69	道教音乐（东岳观道教音乐）……………… 84
巢湖民歌 ……………………………………… 70	道教音乐（澳门道教科仪音乐 ）…………… 84
洞箫音乐 ……………………………………… 70	侗族大歌 ……………………………………… 84
洞箫音乐（朝鲜族洞箫音乐）………… 70	侗族琵琶歌 …………………………………… 85
洞箫音乐（高陵洞箫）………………… 71	洞经音乐 ……………………………………… 86
潮州音乐 ……………………………………… 71	洞经音乐（文昌洞经古乐）…………… 86
川北薅草锣鼓 ………………………………… 72	洞经音乐（妙善学女子洞经音乐）…… 86
薅草锣鼓（武宁打鼓歌）……………… 72	鄂伦春族民歌 ………………………………… 87
薅草锣鼓（宜昌薅草锣鼓）…………… 73	鄂伦春族赞达仁 ………………………… 87
薅草锣鼓（五峰土家族薅草锣鼓）…… 73	鄂温克族民歌 ………………………………… 87
薅草锣鼓（兴山薅草锣鼓）…………… 73	鄂温克叙事民歌 ………………………… 87
薅草锣鼓（宣恩薅草锣鼓）…………… 73	凤阳民歌 ……………………………………… 88
薅草锣鼓（长阳山歌）………………… 74	佛教音乐 ……………………………………… 88
薅草锣鼓（川东土家族薅草锣鼓）…… 74	佛教音乐（天宁寺梵呗唱诵）………… 89
川江号子 ……………………………………… 75	佛教音乐（鱼山梵呗）………………… 89
吹打 …………………………………………… 75	佛教音乐（大相国寺梵乐）…………… 90
吹打（广西八音）……………………… 76	佛教音乐（直孔噶举派音乐）………… 90
达斡尔族民歌 ………………………………… 76	佛教音乐（拉卜楞寺佛殿音乐道得尔）… 90
达斡尔族民歌（达斡尔扎恩达勒）…… 76	佛教音乐（青海藏族唱经调）………… 91
达斡尔族民歌（罕伯岱达斡尔族民歌）… 77	佛教音乐（北武当庙寺庙音乐）……… 91
大别山民歌 …………………………………… 77	佛教音乐（楞严寺寺庙音乐）………… 91
儋州调声 ……………………………………… 78	佛教音乐（觉囊梵音）………………… 91
当涂民歌 ……………………………………… 78	佛教音乐（洋县佛教音乐）…………… 92
道教音乐 ……………………………………… 79	佛教音乐（塔尔寺花架音乐）………… 92
道教音乐（广宗太平道乐）…………… 79	伽倻琴艺术 …………………………………… 92
道教音乐（恒山道乐）………………… 80	高邮民歌 ……………………………………… 93
道教音乐（上海道教音乐）…………… 80	古琴艺术 ……………………………………… 94

古琴艺术（虞山琴派）..................94
　　古琴艺术（广陵琴派）..................94
　　古琴艺术（金陵琴派）..................95
　　古琴艺术（梅庵琴派）..................95
　　古琴艺术（浙派）......................95
　　古琴艺术（诸城派）....................95
　　古琴艺术（岭南派）....................95
古筝艺术..................................96
　　山东古筝乐............................96
广东汉乐..................................97
广东音乐..................................97
哈尼多声部民歌............................98
　　多声部民歌
　　（潮尔道－蒙古族合声演唱）............99
　　多声部民歌（瑶族蝴蝶歌）..............99
　　多声部民歌（壮族三声部民歌）..........99
　　多声部民歌（苗族多声部民歌）..........99
　　多声部民歌（羌族多声部民歌）.........100
　　多声部民歌（硗碛多声部民歌）.........100
　　多声部民歌（潮尔道－阿巴嘎潮尔）.....100
哈萨克六十二阔恩尔.......................101
哈萨克族冬不拉艺术.......................101
哈萨克族库布孜...........................102
哈萨克族民歌.............................102
海门山歌.................................103
海洋号子.................................104
　　海洋号子（舟山渔民号子）.............104
　　海洋号子（长岛渔号）.................104
　　海洋号子（长海号子）.................104
　　海洋号子（象山渔民号子）.............105
海州五大宫调.............................105
河北鼓吹乐...............................106
河曲民歌.................................106
花儿.....................................107
　　花儿（莲花山花儿会）.................107
　　花儿（松鸣岩花儿会）.................108
　　花儿（二郎山花儿会）.................108

　　花儿（老爷山花儿会）.................108
　　花儿（丹麻土族花儿会）...............108
　　花儿（七里寺花儿会）.................108
　　花儿（瞿昙寺花儿会）.................108
　　花儿（宁夏回族山花儿）...............109
　　花儿（新疆花儿）.....................109
徽州民歌.................................109
回族民间乐器.............................110
回族宴席曲...............................110
惠东渔歌.................................111
冀中笙管乐...............................111
　　冀中笙管乐（屈家营音乐会）...........112
　　冀中笙管乐（高洛音乐会）.............112
　　冀中笙管乐（高桥音乐会）.............113
　　冀中笙管乐（胜芳音乐会）.............113
　　冀中笙管乐（白庙村音乐会）...........113
　　冀中笙管乐（雄县古乐）...............113
　　冀中笙管乐（小冯村音乐会）...........113
　　冀中笙管乐（张庄音乐会）.............114
　　冀中笙管乐（军卢村音乐会）...........114
　　冀中笙管乐（东张务音乐会）...........114
　　冀中笙管乐（南响口梵呗音乐会）.......114
　　冀中笙管乐（里东庄音乐老会）.........114
　　冀中笙管乐（辛安庄民间音乐会）.......114
　　冀中笙管乐（安新县圈头村音乐会）.....115
　　冀中笙管乐（东韩村拾幡古乐）.........115
　　冀中笙管乐（子位吹歌）...............115
嘉善田歌.................................115
江河号子.................................116
　　江河号子（黄河号子）.................116
　　江河号子（长江峡江号子）.............117
　　江河号子（酉水船工号子）.............117
江南丝竹.................................117
绛州鼓乐.................................118
津门法鼓.................................119
　　津门法鼓（挂甲寺庆音法鼓）...........119
　　津门法鼓（杨家庄永音法鼓）...........119

津门法鼓（刘园祥音法鼓）	120
晋南威风锣鼓	120
京族独弦琴艺术	121
靖州苗族歌鼟	121
九江山歌	122
柯尔克孜族库姆孜艺术	122
口弦音乐	123
蓝田普化水会音乐	123
老河口丝弦	124
黎族民歌	125
琼中黎族民歌	125
黎族竹木器乐	125
澧水船工号子	126
利川灯歌	126
傈僳族民歌	127
梁平癞子锣鼓	127
辽宁鼓乐	128
聊斋俚曲	128
临高渔歌	129
芦笙音乐	129
芦笙音乐（侗族芦笙）	130
芦笙音乐（苗族芒筒芦笙）	130
鲁南五大调	130
鲁西南鼓吹乐	131
吕家河民歌	132
啰啰咚	132
锣鼓艺术	133
锣鼓艺术（汉沽飞镲）	133
锣鼓艺术（常山战鼓）	133
锣鼓艺术（太原锣鼓）	134
锣鼓艺术（泗泾十锦细锣鼓）	134
锣鼓艺术（大铜器）	134
锣鼓艺术（开封盘鼓）	135
锣鼓艺术（宜昌堂调）	135
锣鼓艺术（韩城行鼓）	135
锣鼓艺术（云胜锣鼓）	135
锣鼓艺术（中州大鼓）	136
锣鼓艺术（鄂州牌子锣）	136
锣鼓艺术（小河锣鼓）	136
马山民歌	137
码头号子	137
上海港码头号子	137
漫瀚调	138
茅山号子	138
梅州客家山歌	139
蒙古族长调民歌	139
蒙古族绰尔	140
蒙古族呼麦	141
蒙古族马头琴音乐	142
蒙古族民歌	142
蒙古族民歌（科尔沁叙事民歌）	143
蒙古族民歌（鄂尔多斯短调民歌）	143
蒙古族民歌（鄂尔多斯古如歌）	143
蒙古族民歌（阜新东蒙短调民歌）	144
蒙古族民歌（郭尔罗斯蒙古族民歌）	144
蒙古族民歌（乌拉特民歌）	144
蒙古族四胡音乐	145
弥渡民歌	145
苗族民歌	146
苗族民歌（湘西苗族民歌）	146
苗族民歌（苗族飞歌）	147
木洞山歌	147
那坡壮族民歌	148
纳西族白沙细乐	148
南坪曲子	149
南溪号子	149
南音	150
爬山调	151
琵琶艺术	151
琵琶艺术（瀛洲古调派）	151
琵琶艺术（浦东派）	152
琵琶艺术（平湖派）	152
千山寺庙音乐	153
潜江民歌	153

羌笛演奏及制作技艺……154
青海汉族民间小调……154
泉州北管……155
桑植民歌……155
森林号子……156
  森林号子（长白山森林号子）……156
  森林号子（兴安岭森林号子）……156
陕北民歌……157
上党八音会……157
畲族民歌……158
笙管乐……159
  笙管乐（复州双管乐）……159
  笙管乐（建平十王会）……159
  笙管乐（超化吹歌）……160
石柱土家啰儿调……160
苏州玄妙观道教音乐……161
唢呐艺术……161
  唢呐艺术（唐山花吹）……162
  唢呐艺术（丰宁满族吵子会）……162
  唢呐艺术（晋北鼓吹）……162
  唢呐艺术（上党八音会）……163
  唢呐艺术（上党乐户班社）……163
  唢呐艺术（丹东鼓乐）……163
  唢呐艺术（杨小班鼓吹乐棚）……163
  唢呐艺术（于都唢呐公婆吹）……164
  唢呐艺术（万载得胜鼓）……164
  唢呐艺术（邹城平派鼓吹乐）……164
  唢呐艺术（沮水呜音）……164
  唢呐艺术（呜音喇叭）……164
  唢呐艺术（青山唢呐）……165
  唢呐艺术（永城吹打）……165
  唢呐艺术（绥米唢呐）……165
  唢呐艺术（远安呜音）……165
  唢呐艺术（徐州鼓吹乐）……165
  唢呐艺术（砀山唢呐）……166
  唢呐艺术（长汀公嫲吹）……166
塔吉克族民歌……166

天门民歌……167
铜鼓十二调……167
土家族打溜子……168
土家族咚咚喹……169
维吾尔族鼓吹乐……169
维吾尔族民歌……170
  罗布淖尔维吾尔族民歌……170
文水鈲子……170
乌孜别克族埃希来、叶来……171
五河民歌……171
五台山佛乐……172
武当山宫观道乐……173
西安鼓乐……173
西坪民歌……174
弦索乐……174
  菏泽弦索乐……174
新化山歌……175
新疆维吾尔木卡姆艺术……175
信阳民歌……177
兴国山歌……177
兴山民歌……178
秀山民歌……178
崖州民歌……179
姚安坝子腔……179
瑶族民歌……180
  瑶族民歌（花瑶呜哇山歌）……180
宜昌丝竹……181
彝族海菜腔……181
彝族民歌……182
  彝族民歌（彝族酒歌）……182
  彝族民歌（彝族山歌）……182
吟诵调……183
  吟诵调（常州吟诵）……183
酉阳民歌……184
裕固族民歌……184
藏族拉伊……185
藏族民歌……185

藏族民歌（川西藏族山歌） 186
藏族民歌（玛达咪山歌） 186
藏族民歌（华锐藏族民歌） 186
藏族民歌（甘南藏族民歌） 187
藏族民歌（玉树民歌） 187
藏族民歌（藏族赶马调） 187
藏族民歌（班戈昌鲁） 187
藏族扎木聂弹唱 188
镇巴民歌 188
枝江民间吹打乐 189
制作号子 189
　　竹麻号子 189
智化寺京音乐 190
中山咸水歌 190
舟山锣鼓 191
紫阳民歌 191
左权开花调 192

三、传统舞蹈

阿谐 195
　　阿谐（达布阿谐） 195
安塞腰鼓 195
安昭 196
巴当舞 196
巴郎鼓舞 197
博巴森根 197
布朗族蜂桶鼓舞 198
沧州落子 198
查玛 199
朝鲜族鹤舞 199
　　鹤舞（三灶鹤舞） 200
朝鲜族农乐舞 200
　　朝鲜族农乐舞（象帽舞） 201
　　朝鲜族农乐舞（乞粒舞） 201
　　朝鲜族农乐舞 202
朝鲜族长鼓舞 202
陈塘夏尔巴歌舞 203

达斡尔鲁日格勒舞 203
傣族象脚鼓舞 204
旦嘎甲谐 204
得荣学羌 205
灯舞 205
　　灯舞（青田鱼灯舞） 206
　　灯舞（莆田九鲤灯舞） 206
　　灯舞（鲤鱼灯舞） 206
　　灯舞（沙头角鱼灯舞） 207
　　灯舞（东至花灯舞） 207
　　灯舞（苏家作龙凤灯舞） 208
　　灯舞（无为鱼灯） 208
定日洛谐 208
堆谐 209
　　堆谐（拉孜堆谐） 209
多地舞 210
鄂温克族萨满舞 210
翻山铰子 211
嘎尔 211
高跷 212
　　高跷（高跷走兽） 212
　　高跷（海城高跷） 212
　　高跷（辽西高跷） 213
　　高跷（苦水高高跷） 213
　　高跷（盖州高跷） 213
　　高跷（上口子高跷） 214
　　高跷（独杆跷） 214
　　高跷（高抬火轿） 214
高山族拉手舞 215
鼓舞 215
　　鼓舞（花钹大鼓） 216
　　鼓舞（隆尧招子鼓） 216
　　鼓舞（平定武迓鼓） 217
　　鼓舞（大奏鼓） 217
　　鼓舞（陈官短穗花鼓） 217
　　鼓舞（柳林花鼓） 218
　　鼓舞（花鞭鼓舞） 218

鼓舞（八卦鼓舞）……218
鼓舞（横山老腰鼓）……219
鼓舞（宜川胸鼓）……219
鼓舞（凉州攻鼓子）……219
鼓舞（武山旋鼓舞）……220
鼓舞（万荣花鼓）……220
鼓舞（土沃老花鼓）……221
鼓舞（稷山高台花鼓）……221
鼓舞（乌拉陈汉军旗单鼓舞）……221
官会响锣……222
锅庄舞……222
锅庄舞（迪庆锅庄舞）……223
锅庄舞（昌都锅庄舞）……223
锅庄舞（玉树卓舞）……223
锅庄舞（甘孜锅庄）……224
锅庄舞（马奈锅庄）……224
锅庄舞（称多白龙卓舞）……224
锅庄舞（囊谦卓干玛）……225
哈萨克族卡拉角勒哈……225
禾楼舞……226
花鼓灯……226
花鼓灯（蚌埠花鼓灯）……227
花鼓灯（凤台花鼓灯）……227
花鼓灯（颍上花鼓灯）……227
火老虎……228
基诺大鼓舞……228
甲搓……229
京西太平鼓……229
京西太平鼓（石景山太平鼓）……230
京西太平鼓（怪村太平鼓）……230
井陉拉花……230
靖边跑驴……231
卡斯达温舞……231
孔雀舞……232
廊孜……233
拉祜族芦笙舞……233
拉萨囊玛……234

兰州太平鼓……234
老古舞……235
乐作舞……235
黎族打柴舞……236
傈僳族阿尺木刮……236
龙舞……237
龙舞（铜梁龙舞）……238
龙舞（湛江人龙舞）……238
龙舞（汕尾滚地金龙）……239
龙舞（浦江板凳龙）……239
龙舞（长兴百叶龙）……239
龙舞（奉化布龙）……240
龙舞（泸州雨坛彩龙）……240
龙舞（易县摆字龙灯）……240
龙舞（曲周龙灯）……241
龙舞（金州龙舞）……241
龙舞（舞草龙）……241
龙舞（骆山大龙）……242
龙舞（兰溪断头龙）……242
龙舞（大田板灯龙）……242
龙舞（高龙）……243
龙舞（汝城香火龙）……243
龙舞（九龙舞）……243
龙舞（埔寨火龙）……244
龙舞（人龙舞）……244
龙舞（荷塘纱龙）……244
龙舞（乔林烟花火龙）……245
龙舞（醉龙）……245
龙舞（黄龙溪火龙灯舞）……245
龙舞（浦东绕龙灯）……246
龙舞（直溪巨龙）……246
龙舞（碇步龙）……246
龙舞（开化香火草龙）……247
龙舞（坎门花龙）……247
龙舞（龙灯扛阁）……247
龙舞（火龙舞）……248
龙舞（三节龙）……248

目录

龙舞（地龙灯） ……………………248
龙舞（芷江孽龙） …………………249
龙舞（城步吊龙） …………………249
龙舞（香火龙） ……………………249
龙舞（六坊云龙舞） ………………250
洛川蹩鼓 …………………………………250
芒康三弦舞 ………………………………251
毛南族打猴鼓舞 …………………………251
蒙古族安代舞 ……………………………252
蒙古族萨吾尔登 …………………………252
苗族芦笙舞 ………………………………253
芦笙舞（锦鸡舞） …………………253
芦笙舞（鼓龙鼓虎—长衫龙） ……254
芦笙舞（滚山珠） …………………254
苗族芦笙舞 …………………………254
木鼓舞 ……………………………………255
木鼓舞（反排苗族木鼓舞） ………255
木鼓舞（沧源佤族木鼓舞） ………255
纳西族热美蹉 ……………………………256
南县地花鼓 ………………………………256
傩舞 ………………………………………257
傩舞（南丰跳傩） …………………257
傩舞（婺源傩舞） …………………258
傩舞（乐安傩舞） …………………258
傩舞（寿阳爱社） …………………259
傩舞（祁门傩舞） …………………259
傩舞（邵武傩舞） …………………259
傩舞（湛江傩舞） …………………260
傩舞（文县池哥昼） ………………260
傩舞（永靖七月跳会） ……………260
傩舞（浦南古傩） …………………261
跑帷子 ……………………………………261
普兰果儿孜 ………………………………262
普米族搓磋 ………………………………262
麒麟舞 ……………………………………263
麒麟舞（麒麟采八宝） ……………263
麒麟舞（睢县麒麟舞） ……………264

麒麟舞（坂田永胜堂舞麒麟） ……264
麒麟舞（大船坑舞麒麟） …………264
麒麟舞（樟木头舞麒麟） …………265
羌族羊皮鼓舞 ……………………………265
泉州拍胸舞 ………………………………266
热巴舞 ……………………………………266
热巴舞（丁青热巴） ………………267
热巴舞（那曲比如丁嘎热巴） ……267
日喀则扎什伦布寺羌姆 …………………267
羌姆（拉康加羌姆） ………………268
羌姆（直孔嘎尔羌姆） ……………268
羌姆（曲德寺阿羌姆） ……………269
肉连响 ……………………………………269
萨玛舞 ……………………………………270
桑植仗鼓舞 ………………………………270
山南昌果卓舞 ……………………………271
商羊舞 ……………………………………271
则柔 ………………………………………272
尚尤则柔 ……………………………272
狮舞 ………………………………………272
狮舞（徐水舞狮） …………………273
狮舞（天塔狮舞） …………………273
狮舞（黄沙狮子） …………………274
狮舞（广东醒狮） …………………274
狮舞（白纸坊太狮） ………………274
狮舞（沧县狮舞） …………………275
狮舞（小相狮舞） …………………275
狮舞（槐店文狮子） ………………275
狮舞（席狮舞） ……………………276
狮舞（丰城岳家狮） ………………276
狮舞（布依族高台狮灯舞） ………276
狮舞（马桥手狮舞） ………………277
狮舞（古陂蓆狮、犁狮） …………277
狮舞（青狮） ………………………277
狮舞（松岗七星狮舞） ……………278
狮舞（藤县狮舞） …………………278
狮舞（田阳壮族狮舞） ……………278

狮舞（高台狮舞）	279
十八蝴蝶	279
塔吉克族鹰舞	280
跳曹盖	280
跳花棚	281
跳马伕	281
铜鼓舞	282
铜鼓舞（彝族铜鼓舞）	282
铜鼓舞（文山壮族铜鼓舞）	283
铜鼓舞（田林瑶族铜鼓舞）	283
铜鼓舞（雷山苗族铜鼓舞）	284
土家族摆手舞	284
土家族摆手舞（恩施摆手舞）	285
土家族摆手舞（酉阳摆手舞）	285
土家族撒叶儿嗬	285
土族於菟	286
维吾尔族赛乃姆	286
赛乃姆（若羌赛乃姆）	287
赛乃姆（且末赛乃姆）	287
赛乃姆（库尔勒赛乃姆）	287
赛乃姆（伊犁赛乃姆）	288
赛乃姆（库车赛乃姆）	288
蜈蚣舞	288
锡伯族贝伦舞	289
弦子舞	290
弦子舞（芒康弦子舞）	290
弦子舞（巴塘弦子舞）	290
弦子舞（玉树依舞）	291
湘西苗族鼓舞	291
湘西土家族毛古斯舞	292
协荣仲孜	292
谐钦	293
谐钦（拉萨纳如谐钦）	293
谐钦（南木林土布加谐钦）	294
谐钦（尼玛乡谐钦）	294
宣舞	294
宣舞（古格宣舞）	294

宣舞（普堆巴宣舞）	295
秧歌	295
秧歌（昌黎地秧歌）	296
秧歌（鼓子秧歌）	296
秧歌（胶州秧歌）	297
秧歌（海阳大秧歌）	297
秧歌（陕北秧歌）	297
秧歌（抚顺地秧歌）	298
秧歌（济阳鼓子秧歌）	298
秧歌（临县伞头秧歌）	298
秧歌（原平凤秧歌）	299
秧歌（汾阳地秧歌）	299
秧歌（小红门地秧歌）	299
秧歌（乐亭地秧歌）	300
秧歌（阳信鼓子秧歌）	300
瑶族猴鼓舞	301
瑶族长鼓舞	301
瑶族长鼓舞（小长鼓舞）	302
瑶族长鼓舞（黄泥鼓舞）	302
彝族打歌	303
彝族葫芦笙舞	303
彝族老虎笙	304
彝族铃铛舞	304
彝族三弦舞	305
彝族三弦舞（阿细跳月）	305
彝族三弦舞（撒尼大三弦）	305
彝族跳菜	306
彝族烟盒舞	306
彝族左脚舞	307
翼城花鼓	307
英歌	308
英歌（普宁英歌）	309
英歌（潮阳英歌）	309
英歌（甲子英歌）	309
永新盾牌舞	310
盾牌舞（藤牌舞）	310
余杭滚灯	311

滚灯（奉贤滚灯）……311
滚灯（海盐滚灯）……312
藏族螭鼓舞……312
佤舞……313
竹马……313
竹马（东坝大马灯）……314
竹马（邳州跑竹马）……314
竹马（蒋塘马灯舞）……314
棕扇舞……315

四、传统戏剧

安顺地戏……319
巴陵戏……319
白剧……320
白字戏……320
北路梆子……321
布依戏……322
采茶戏……322
采茶戏（赣南采茶戏）……323
采茶戏（桂南采茶戏）……323
采茶戏（湖北阳新采茶戏）……324
采茶戏（高安采茶戏）……324
采茶戏（抚州采茶戏）……324
采茶戏（粤北采茶戏）……324
彩调……325
潮剧……325
楚剧……327
川剧……327
淳安三角戏……328
打城戏……328
大平调……329
大弦戏……330
傣剧……330
道情戏……331
道情戏（晋北道情戏）……332
道情戏（临县道情戏）……332
道情戏（太康道情戏）……332

道情戏（蓝关戏）……332
道情戏（陇剧）……333
道情戏（洪洞道情）……333
道情戏（沾化渔鼓戏）……333
道情戏（神池道情戏）……334
道情戏（商洛道情戏）……334
灯戏……334
灯戏（梁山灯戏）……334
灯戏（川北灯戏）……335
滇剧……335
侗戏……336
二股弦……337
二夹弦……337
二人台……338
二人台（东路二人台）……339
赣剧……340
高甲戏……340
高甲戏（柯派）……341
高腔……341
高腔（西安高腔）……342
高腔（松阳高腔）……342
高腔（岳西高腔）……343
高腔（辰河高腔）……343
高腔（常德高腔）……343
歌仔戏……344
关索戏……344
广昌孟戏……345
广东汉剧……346
桂剧……346
哈哈腔……347
嗨子戏……347
海城喇叭戏……348
海南斋戏……349
汉调二簧……349
汉调桄桄……350
汉剧……351
合阳跳戏……351

河北梆子	352	庐剧	382
湖剧	353	吕剧	382
沪剧	354	乱弹	383
花朝戏	354	乱弹（威县乱弹）	384
花灯戏	355	乱弹（诸暨西路乱弹）	384
花灯戏（思南花灯戏）	355	罗卷戏	385
花灯戏（玉溪花灯戏）	356	锣鼓杂戏	385
花鼓戏	358	落腔	386
花鼓戏（荆州花鼓戏）	358	茂腔	387
花鼓戏（襄阳花鼓戏）	359	眉户	387
花鼓戏（衡州花鼓戏）	359	眉户（运城眉户）	388
花鼓戏（临湘花鼓戏）	359	眉户（华阴迷胡）	388
花鼓戏（长沙花鼓戏）	360	眉户（迷糊戏）	388
滑稽戏	360	眉户（晋南眉户）	389
怀梆	361	闽剧	389
淮北梆子戏	361	闽西汉剧	390
淮调	362	木偶戏	390
淮海戏	363	木偶戏（泉州提线木偶戏）	391
淮剧	363	木偶戏（晋江布袋木偶戏）	391
黄龙戏	365	木偶戏（漳州布袋木偶戏）	392
黄梅戏	365	木偶戏（辽西木偶戏）	392
徽剧	366	木偶戏（邵阳布袋戏）	392
晋剧	367	木偶戏（高州木偶戏）	392
京剧	369	木偶戏（潮州铁枝木偶戏）	393
荆河戏	372	木偶戏（临高人偶戏）	393
荆州花鼓戏	373	木偶戏（川北大木偶戏）	393
昆曲	374	木偶戏（石阡木偶戏）	393
莱芜梆子	375	木偶戏（邵阳提线木偶戏）	394
老调	375	木偶戏（泰顺药发木偶戏）	394
保定老调	375	木偶戏（孝义木偶戏）	394
老调（安国老调）	376	木偶戏（杖头木偶戏）	394
雷剧	377	木偶戏（平阳木偶戏）	395
梨园戏	377	木偶戏（单档布袋戏）	395
灵丘罗罗腔	378	木偶戏（湖南杖头木偶戏）	395
柳腔	378	木偶戏（五华提线木偶）	395
柳琴戏	379	木偶戏（文昌公仔戏）	396
柳子戏	381	木偶戏（三江公仔戏）	396

木偶戏（海派木偶戏） 396
　　木偶戏（杖头木偶戏） 397
　　木偶戏（泰顺提线木偶戏） 397
　　木偶戏（廿八都木偶戏） 397
　　木偶戏（广东木偶戏） 398
　　木偶戏（揭阳铁枝木偶戏） 398
目连戏 399
　　目连戏（徽州目连戏） 399
　　目连戏（辰河目连戏） 399
　　目连戏（南乐目连戏） 400
南剧 400
宁海平调 401
傩戏 401
　　傩戏（武安傩戏） 402
　　傩戏（池州傩戏） 402
　　傩戏（侗族傩戏） 402
　　傩戏（沅陵辰州傩戏） 403
　　傩戏（德江傩堂戏） 403
　　傩戏（万载开口傩） 403
　　傩戏（仡佬族傩戏） 404
　　傩戏（鹤峰傩戏） 404
　　傩戏（恩施傩戏） 404
　　傩戏（任庄扇鼓傩戏） 405
　　傩戏（德安潘公戏） 405
　　傩戏（梅山傩戏） 405
　　傩戏（荔波布依族傩戏） 405
瓯剧 406
皮影戏 407
　　皮影戏（唐山皮影戏） 407
　　皮影戏（冀南皮影戏） 408
　　皮影戏（孝义皮影戏） 408
　　皮影戏（复州皮影戏） 408
　　皮影戏（海宁皮影戏） 408
　　皮影戏（江汉平原皮影戏） 409
　　皮影戏（陆丰皮影戏） 409
　　皮影戏（华县皮影戏） 409
　　皮影戏（华阴老腔） 409

　　皮影戏（阿宫腔） 410
　　皮影戏（弦板腔） 410
　　皮影戏（环县道情皮影戏） 410
　　皮影戏（凌源皮影戏） 410
　　皮影戏（北京皮影戏） 411
　　皮影戏（河间皮影戏） 411
　　皮影戏（岫岩皮影戏） 411
　　皮影戏（盖州皮影戏） 412
　　皮影戏（望奎县皮影戏） 412
　　皮影戏（泰山皮影戏） 412
　　皮影戏（济南皮影戏） 412
　　皮影戏（定陶皮影戏） 413
　　皮影戏（罗山皮影戏） 413
　　皮影戏（湖南皮影戏） 413
　　皮影戏（四川皮影戏） 413
　　皮影戏（河湟皮影戏） 414
　　皮影戏（昌黎皮影戏） 414
　　皮影戏（巴林左旗皮影戏） 414
　　皮影戏（龙江皮影戏） 415
　　皮影戏（桐柏皮影戏） 415
　　皮影戏（云梦皮影戏） 415
　　皮影戏（腾冲皮影戏） 416
评剧 416
屏南平讲戏 419
莆仙戏 419
蒲州梆子 420
祁剧 421
黔剧 422
秦腔 422
青阳腔 423
琼剧 424
曲剧 424
曲子戏 425
　　曲子戏（敦煌曲子戏） 425
　　曲子戏（华亭曲子戏） 426
赛戏 427
山东梆子 427

条目	页码	条目	页码
山南门巴戏	428	徐州梆子	449
商洛花鼓	428	雁北耍孩儿	450
上党梆子	429	秧歌戏	450
上党二黄	430	秧歌戏（隆尧秧歌戏）	451
上党落子	431	秧歌戏（定州秧歌戏）	451
绍剧	431	秧歌戏（朔州秧歌戏）	451
石家庄丝弦	432	秧歌戏（繁峙秧歌戏）	452
寿宁北路戏	432	秧歌戏（蔚县秧歌）	452
四股弦	433	秧歌戏（祁太秧歌）	452
冀南四股弦	433	秧歌戏（襄武秧歌）	452
四平调	434	秧歌戏（壶关秧歌）	453
四平戏	434	秧歌戏（泽州秧歌）	453
泗州戏	435	扬剧	453
苏剧	436	姚剧	455
泰宁梅林戏	436	一勾勾	455
提琴戏	437	宜黄戏	456
通渭小曲戏	438	彝剧	456
同州梆子	438	彝族撮泰吉	457
童子戏	439	弋阳腔	457
宛梆	439	邕剧	458
碗碗腔	440	永安大腔戏	459
孝义碗碗腔	440	永年西调	459
碗碗腔（曲沃碗碗腔）	440	甬剧	460
文南词	441	豫剧	460
五音戏	441	豫剧（桑派）	461
武安平调落子	442	粤剧	461
武当神戏	443	越调	462
武都高山戏	443	越剧	463
婺剧	444	越剧（尹派）	464
西河戏	444	藏戏	465
西路梆子	445	藏戏（拉萨觉木隆）	465
西秦戏	445	藏戏（日喀则迥巴）	466
锡剧	446	藏戏（日喀则南木林湘巴）	466
弦子腔	447	藏戏（日喀则仁布江嘎尔）	466
湘剧	447	藏戏（山南雅隆扎西雪巴）	467
新昌调腔	448	藏戏（山南琼结卡卓扎西宾顿）	467
醒感戏	449	藏戏（黄南藏戏）	467

藏戏（德格格萨尔藏戏）......467
　　藏戏（巴塘藏戏）......468
　　藏戏（色达藏戏）......468
　　藏戏（青海马背藏戏）......469
　　藏戏（尼木塔荣藏戏）......469
　　藏戏（南木特藏戏）......469
枣梆......470
张家界阳戏......470
鹧鸪戏......471
正字戏......471
壮剧......472
坠子戏......473

五、曲艺

北京评书......477
布依族八音坐唱......477
长沙弹词......478
常德丝弦......478
唱新闻......479
朝鲜族三老人......479
车灯......480
达斡尔族乌钦......480
答嘴鼓......481
大调曲子......481
傣族章哈......482
单弦牌子曲......482
东北大鼓......483
东北二人转......484
东山歌......484
　　歌册（潮州歌册）......485
独脚戏......485
端鼓腔......486
鄂伦春族摩苏昆......486
恩施扬琴......487
凤阳花鼓......487
福州评话......488
福州伬艺......488

鼓盆歌......489
广西文场......490
哈萨克族阿依特斯......490
哈萨克族铁尔麦......491
韩城秧歌......491
汉川善书......492
杭州评词......492
杭州评话......493
好来宝......493
河洛大鼓......493
河南坠子......494
河州平弦......495
赫哲族伊玛堪......495
湖北大鼓......496
湖北评书......496
湖北小曲......497
讲古......497
胶东大鼓......498
金华道情......498
金钱板......499
锦歌......499
京东大鼓......500
京韵大鼓......500
兰溪摊簧......501
兰州鼓子......502
乐亭大鼓......502
莲花落......503
临海词调......503
龙舟歌......504
潞安大鼓......504
锣鼓书......505
洛南静板书......505
眉户曲子......506
木板大鼓......506
木鱼歌......507
南京白局......507
南平南词......507

15

南曲	508
南音说唱	508
宁波走书	509
盘索里	509
平湖钹子书	510
萍乡春锣	510
浦东说书	511
祁阳小调	511
秦安小曲	511
青海平弦	512
青海下弦	512
青海越弦	513
曲沃琴书	513
三棒鼓	514
三弦书	514
山东大鼓	515
山东快书	516
山东落子	516
山东琴书	517
陕北道情	517
陕北说书	518
绍兴词调	518
绍兴莲花落	519
绍兴平湖调	519
绍兴宣卷	520
说鼓子	520
四川评书	521
四川清音	521
四川扬琴	522
四川竹琴	522
四明南词	523
苏州评弹	523
天津时调	525
温州鼓词	525
温州莲花	526
乌力格尔	526
武林调	527

西河大鼓	527
贤孝	528
贤孝（凉州贤孝）	528
贤孝（河州贤孝）	528
贤孝（西宁贤孝）	529
相声	529
襄垣鼓书	530
小热昏	530
新疆曲子	531
徐州琴书	531
扬州弹词	532
扬州评话	532
扬州清曲	533
翼城琴书	534
莺歌柳书	534
永康鼓词	534
渔鼓道情	535
榆林小曲	535
粤曲	536
泽州四弦书	536
长子鼓书	536

六、传统体育、游艺与杂技

八卦掌	541
八极拳	541
蔡李佛拳	542
沧州武术	542
苌家拳	543
朝鲜族跳板、秋千	544
传统箭术	544
南山射箭	544
蹴鞠	545
达斡尔族传统曲棍球竞技	545
地术拳	546
叼羊	546
维吾尔族叼羊	546
东北庄杂技	547

目录	页码	目录	页码
抖空竹	547	塔吉克族马球	563
峨眉武术	548	太极拳	563
鄂温克抢枢	548	螳螂拳	564
翻九楼	549	天桥摔跤	565
风火流星	549	朝鲜族摔跤	565
佛汉拳	550	彝族摔跤	566
高杆船技	550	维吾尔族且力西	566
红拳	551	天桥中幡	566
花毽	551	中幡（安头屯中幡）	567
华佗五禽戏	552	中幡（正定高照）	567
回族重刀武术	552	中幡（建瓯挑幡）	567
建湖杂技	553	调吊	568
口技	553	通背缠拳	568
拦手门	554	土族轮子秋	569
聊城杂技	554	围棋	569
摞石锁	555	维吾尔族达瓦孜	570
马戏	555	吴桥杂技	570
满族二贵摔跤	556	五祖拳	571
满族珍珠球	556	武当武术	571
蒙古族搏克	557	戏法	572
蒙古族象棋	557	赵世魁戏法	572
挠羊赛	557	象棋	573
宁德霍童线狮	558	心意六合拳	573
线狮（九狮图）	559	心意拳	574
宁津杂技	559	邢台梅花拳	574
赛龙舟	559	形意拳	575
沙河藤牌阵	560	鹰爪翻子拳	576
沙力搏尔式摔跤	560	迎罗汉	576
少林功夫	561	岳家拳	577
十八般武艺	561	查拳	577
苏桥飞叉会	562	肘捶	578
孙膑拳	562	左各庄杆会	578

民间文学

◎民间文学

阿尼玛卿雪山传说

序号：1052

编号：Ⅰ-108

批次：3

类别：民间文学

申报地区或单位：青海省果洛藏族自治州

阿尼玛卿雪山位于青海省果洛藏族自治州境内，海拔6282米，是藏族人民心目中的神山，关于阿尼玛卿雪山的神话传说在当地广为流传。

阿尼玛卿雪山为昆仑山支脉，山势巍峨雄伟、景色壮丽。阿尼玛卿意为"祖先大玛神"。阿尼玛卿雪山是青藏高原二十一座神圣雪山之一，也是观音菩萨的魂山，雪域藏区护法神和格萨尔大王的寄魂神。阿尼玛卿雪山传说的主要内容就是将山人格化，以英雄的形象出现，除恶行善，为民造福。阿尼玛卿山神具有强大的神力，有自己的王国，他掌管青藏高原东北部人们的生死祸福并统辖高原东北部所有山神和妖魔鬼怪。

阿尼玛卿雪山神话传说种类繁多，情节曲折生动，艺术手法鲜明，具有很高的文学价值。

阿诗玛

序号：28

编号：Ⅰ-28

批次：1

类别：民间文学

申报地区或单位：云南省石林彝族自治县

《阿诗玛》是彝族支系撒尼人的叙事长诗，主要流传于云南省石林彝族自治县彝族撒尼人聚居区。

《阿诗玛》描写了彝族青年阿诗玛和阿黑曲折动人的爱情故事，塑造了美丽善良、勤劳勇敢的撒尼姑娘阿诗玛的艺术形象，表现了彝族人民追求幸福生活的美好理想和反抗邪恶势力的斗争精神。《阿诗玛》的原形态是用撒尼彝语创作的，以五言句传唱，语言生动优美，使用了比喻、夸张、谐音、顶真、拈连、伏笔等多种修辞手法，内容和形式完美统一。其作为叙事诗可讲述也可传唱，唱调有"喜调""老人调""悲调""哭调""骂调"等，传唱没有固定的场合，可在婚嫁、祭祀、葬仪、劳动、生活等多种不同的场合表演。《阿诗玛》为戏剧、影视等艺术形式提供了宝贵的素材，长诗曾被改编为我国第一部彩色音乐电影《阿诗玛》而享誉中外，目前已被译为英、法、日、韩等多种语言在海外流传。

《阿诗玛》塑造了阿诗玛这一光辉的艺术形象，具有非常高的文学价值。它还反映了撒尼人的社会习俗和风土人情，为研究彝族撒尼人的政治、经济、艺术、宗教、风俗等提供了宝贵的资料。

国家级代表性传承人名单

姓名	性别	申报地区或单位	入选批次
毕华玉	男	云南省石林彝族自治县	1
王玉芳	女	云南省石林彝族自治县	1

阿细先基

序号：1065

编号：Ⅰ-121

批次：3

类别：民间文学

申报地区或单位：云南省弥勒县

先基，曾译作先鸡，为阿细语"歌曲"的意思。阿细先基是彝族支系阿细人的创世史诗，流传于云南省弥勒县西山地区的阿细人聚居地。

"阿细先基"用阿细语创作并演唱，一直靠口耳相传，20世纪40年代，诗人光未然、语言学家袁家骅先后加以整理、出版，使之广为人知。《阿细先基》全文约两千行，由"引子""最古的时候""男女说合成一家""尾声"四个部分组成。内容包括阿细人的神话传说，叙述天地万物的起源、自然现象的成因等；阿细人独特的爱情和婚姻生活；早期的民族生活，包括人类早期的艰辛和经受的磨难；阿细人的生活习俗。《阿细先基》是阿细人的"根谱"，反映了阿细人的宇宙观和人生观。其中很大篇幅描述的是阿细人对于纯真爱情的热烈追求，故而在阿细人村落里，青年男女常在劳动之余互相对唱，作为求偶的手段。

《阿细先基》是阿细人民族精神的重要载体，不仅具有文学价值，而且对于研究阿细人的历史文化具有不可替代的价值。

国家级代表性传承人名单

姓名	性别	申报地区或单位	入选批次
何玉忠	男	云南省弥勒县	4

八达岭长城传说

序号：519

编号：Ⅰ-32

批次：2

类别：民间文学

申报地区或单位：北京市延庆县

八达岭长城是北京地区建筑历史最久远的长城，自古以来就是军事重地和交通要道。八达岭长城两千多年的建筑史，就是八达岭长城传说的发展史。八达岭长城传说流传于北京市延庆县及其周边地区。

八达岭长城传说涉及面广，题材众多，内容丰富，表达了群众的思想情感，主要包括五个方面。其中，八达岭长城的神话传说主要包括《仙女点金砖》《长城三关的来历》《张果老修拐脊楼》《二郎神与赶山鞭》等；孟姜女的传说主要有《粽子为啥是三角的》《孟姜女和最早的一段长城》《挂纸庵》等；八达岭长城地区的风物传说主要包括关沟七十二景传说以及关隘、城堡、烽火台和村寨的传说等；"八达岭"名称由来的传说主要包括《元仁宗诞生于延庆》《李自成进京》《把鞑岭》等。八达岭长城传说还记载了八达岭长城沿线群众的生产生活、岁时节令、风俗习惯和历史人物的传说。

八达岭长城传说是原生态的文学样式，它植根于民间，方言特点突出，将浪漫主义和现实主义巧妙地结合起来，具有浓郁的神话色彩和传奇色彩，是中国长城文化的重要组成部分，凝聚了八达岭长城千姿百态的民俗风情和异彩纷呈的文化现象。

八仙传说

序号：532

编号：Ⅰ-45

批次：2

类别：民间文学

申报地区或单位：山东省蓬莱市

八仙是我国家喻户晓的八位仙人，即汉钟离、张果老、韩湘子、铁拐李、曹国舅、吕洞宾、蓝采和、何仙姑，关于他们的传说在我国各地广为流传。山东省蓬莱市是一座依山傍海的历史文化古城，这里独特的自然环境孕育了丰富多彩的八仙传说。

八仙的传说起源很早，最早见于宋初成书的《太平广记》。至明代吴元泰作《八仙出处东游记》，铁拐李等八仙过海的故事日渐流传，八仙人物也在流传中稳定下来。民间传说、杂剧戏谈等便与道教神仙相互演绎，八仙故事流传益广，内容更丰富。如最著名的八仙过海的传说，说的就是八仙在蓬莱阁上把酒临风，游兴大发，遂各显神通过海，并由此引发了与东海龙王三太子的矛盾，最后得观音菩萨调停双方和好。八仙与道教许多神仙不同，均来自人间，有多彩多姿的凡间故事，之后才得道。其中有将军、皇亲国戚、叫花子、道士等，而且都有些缺点，例如汉钟离祖胸露乳、吕洞宾个性轻佻、李铁拐酗酒成性等。八仙也分别代表了男女老幼、富贵贫贱。八仙常出现在年画、刺绣、瓷器、花灯及戏剧之中。民间戏曲酬神时，也经常上演《醉八仙》或《八仙祝寿》等所谓"办仙戏"。

八仙传说将独具特色的"仙文化"与浓厚的世俗人情有机地融合在一起，具有浓郁的人文色彩和鲜明的地域风格，为民间文艺、工艺美术提供了丰富的素材，具有较高的艺术价值。

八仙过海

巴拉根仓的故事

序号：538
编号：Ⅰ-51
批次：2
类别：民间文学
申报地区或单位：内蒙古自治区通辽市

"巴拉根仓"是人名，蒙古语意为"丰富的语言"或"智慧的宝库"。巴拉根仓的故事是以巴拉根仓为主人公的蒙古族民间大型讽刺幽默故事群，在我国内蒙古的呼伦贝尔、科尔沁、鄂尔多斯和青海、甘肃、新疆的蒙古族聚居区，以及蒙古国、俄罗斯的布里亚特等地区广泛流传，尤以科尔沁草原为盛。

巴拉根仓的故事是蒙古族民间讽刺文学的代表作，它和藏族的《阿古顿巴的故事》、维吾尔族的《阿凡提的故事》同属一类。巴拉根仓是蒙古族劳动人民虚构出来的理想人物，他聪明机智、幽默风趣，是蒙古族劳动人民的代表。巴拉根仓同情人民疾苦，到处替被侮辱被迫害的贫苦牧民伸张正义，把斗争矛头指向凶残暴戾、腐朽没落的僧俗统治者以及他们所竭力维护的宗教迷信和封建伦理道德。剥削阶级给巴拉根仓加上"流氓""骗子"的罪名加以迫害，但每次都被他机智地斗败。在穷苦人民中间，巴拉根仓到处受到欢迎和称赞。

巴拉根仓的故事富于幽默感和戏剧性，是蒙古族人民集体智慧的结晶，具有很高的思想性和艺术性。

白马拖缰传说

序号：1033
编号：Ⅰ-89
批次：3
类别：民间文学
申报地区或单位：山西省晋城市

白马拖缰传说是流传于山西晋城地区的一个历史悠久的"民间传说群"。

白马拖缰传说的母题为：一位砍柴少年为财主打柴，路遇老者索柴取暖，因慨然施柴而获纸马为赠，后遇暴风雪困境时，纸马跃然变成一匹白马为少年驮炭解困，财主得知后欲将神马据为己有却被白马踢翻在地，砍柴少年骑白马翩然而去，而缰绳拖过的山梁至今寸草不生且散落一地马铃石。白马拖缰传说是典型的"报恩型"民间故事。在漫长的发展过程中，衍生出一系列相关的传说，主要分为三种类型：一是神话传说类，有《白马少年》《盗马贼的传说》《白马将军的传说》等；二是佛教传说类，有《白马寺山石佛窟的传说》《白马寺山"铁鸡蛋"的传说》等；三是历史传说类，有《长平之战之白马拖缰的故事》《白马神巧助周世宗的传说》等。这些传说均以"白马舍生取义"为主线，与地方习俗、宗教崇拜、历史典故、自然景观等相联系，成为晋城地域文化中的一个重要组成部分。当地的白马山和白马禅寺背后均有与白马拖缰相关的传说。

白马拖缰传说富于民间色彩和地方特色，弘扬了传统道德，对于研究晋城民俗文化具有一定的参考价值。

白蛇传传说

序号：6
编号：Ⅰ-6
批次：1
类别：民间文学
申报地区或单位：江苏省镇江市，浙江省杭州市

白蛇传传说与梁祝传说、孟姜女传说、牛郎织女传说并列为中国四大民间传说。白蛇传传说在全国范围家喻户晓，并远播东亚、东南亚等地。镇江、杭州是最重要的流传地。

白蛇传传说主要讲述了修炼千年的蛇精白素贞，为报书生许仙前世救命之恩，嫁给许仙为妻，夫妻二人却遭遇金山寺和尚法海的种种刁难，白素贞被镇压于雷峰塔，后来其儿救出母亲，全家得以团聚的故事。白蛇传传说肇始于唐五代时期，基本成形于南宋，至迟到元代已被文人编成杂剧和话本。明代冯梦龙编纂的拟话本《白娘子永镇雷峰塔》（收入《警世通言》）是该传说最早的较为完整的文本。明清以来，民间的口头文学与各类通俗文艺的改编相互渗透、融合，使白蛇传最终成为故事、歌谣、宝卷、小说、演义、话本、戏曲、弹词，以及电影、电视、动漫、舞蹈、舞台剧、连环画等各种文艺形式的经典题材。

白蛇传传说故事曲折传奇，人物生动丰满。白蛇传中的民风民俗内容极为丰富，对了解江南的风土人情有重要的参考价值。白蛇传与杭州西湖断桥、雷峰塔及镇江金山寺等自然和文化景观有着密不可分的关系，丰富了这些地方的文化内涵。

北票民间故事

序号：539

编号：Ⅰ-52

批次：2

类别：民间文学

申报地区或单位：辽宁省北票市

北票市位于辽宁西部，是一座历史悠久、蒙汉文化交融的城市。北票民间流传着大量具有鲜明地域特色的民间故事。

北票民间故事数量众多，内容丰富，包括风物传说、人物传说、幻想故事、生活故事、动植物故事、风俗故事、笑话、寓言八大类。其中，蒙古族文学巨匠尹湛纳希的故事，抗日英雄兰天林、李海峰的故事，"辽西绿岛"大黑山的传说，藏传佛教圣地惠宁寺的故事等自成体系，流传广泛。北票民间故事具有刚健朴实的艺术风格，既承继了汉族民间文学长于叙事的特点，又吸纳了蒙古族民间文学长于比拟描摹的艺术特色。北票民间故事语言平易通俗，叙事流畅自然，人物形象鲜明，带有浓郁的乡土气息。

北票民间故事深受当地群众喜爱，是辽西蒙、汉民族共同拥有的珍贵的民间文化遗产，具有鲜明的地域文化特色和重要的历史文化价值。

布袋和尚传说

序号：1041

编号：Ⅰ-97

批次：3

类别：民间文学

申报地区或单位：浙江省奉化市

布袋和尚是唐末五代后梁时期的高僧，关于他的民间传说在我国民间广为流传，并影响日本、韩国等国家和地区。

布袋和尚俗名张契此，号长汀子，明州奉化（今浙江宁波奉化）人，出家于奉化岳林寺。他佛法高深、幽默风趣，常年背一布袋云游四方，被认为是弥勒佛的化身。布袋和尚传说最早见于北宋赞宁《宋高僧传》卷二十一"唐明州奉化县契此传"，记述了卧雪不沾衣、能示人凶吉、善测天气、暗示弥勒化身等情节。道元的《景德传灯录》卷二十七"布袋和尚传"，又有街头乞钱、问答佛理、作偈说法、逝后现身、四众图像等记述。南宗志磐《佛祖统纪》卷四十二又新增了群儿戏布袋、师徒同浴、葬身封山、墓中遗物等情节。其后，《浙江通志》《宁波府志》《奉化县志》等方志记有更多传说，如福建化木、皇帝赐号、结交居士、助民插秧、喜着木屐、秋千取乐、大桥佛水、分身赴筵、囊沙成塘等。

在布袋和尚的故乡奉化，口头流传着关于他的传说百余则，按内容可分为身世来历、童年趣事、出家圆寂、解危济困、抑恶扬善、僧俗和谐六个方面。这些传说处处流露着奉化人民对布袋和尚的喜爱之情。

布洛陀

序号：2

编号：Ⅰ-2

批次：1

类别：民间文学

申报地区或单位：广西壮族自治区田阳县

布洛陀，为壮语译音，意为"山里的头人""山里的老人"或"无事不知的老人"，是壮族先民口头文学中的创世神、始祖神和道德神。《布洛陀》是壮族的长篇诗体创世神话，流传于广西壮族自治区田阳县及其周边地区。

《布洛陀》的形式为壮语五言诗，押韵，内容包括布洛陀创造天地、造人、造万物、造土皇帝、造文字历书和造伦理道德六个方面，从性质上则可概括为创世神话、伦理道德和宗教禁忌三个部分。它反映了人类从茹毛饮血的蒙昧时代走向农耕时代的历史，以及壮族先民氏族部落社会的情况，长期以口头方式在田阳县一带传承。大约从明代起，在口头传唱的同时，也以古壮字书写的形式保存下来，其中有一部分变成壮族民间宗教麽教的经文。

布洛陀口传诗体创世神话在内容上具有原生性特点，保留了不少古壮语痕迹，在历史学、文学、宗教学、古文字学、音韵学和音乐学研究等方面都有一定的学术价值。

国家级代表性传承人名单

姓名	性别	申报地区或单位	入选批次
黄达佳	男	广西壮族自治区田阳县	3

布依族盘歌

序号：549

编号：Ⅰ-62

批次：2

类别：民间文学

申报地区或单位：贵州省盘县

布依族盘歌是布依族的传统民歌，是用原生态布依语创作并传唱的民间文学作品。布依族盘歌流传于贵州省北盘江流域的布依族村寨中，尤其以六盘水市盘县羊场布依族白族苗族乡境内的布依族盘歌最具代表性。

布依族盘歌伴随着布依族的形成而萌发，形成于春秋战国时期，并随着布依族的产生、繁衍、发展而逐步丰富起来，是布依人集体智慧的结晶。发展至今，布依族盘歌的内容、形式均已较为完整。按内容分，布依族盘歌涉及劳作、时政、仪式、爱情、生活环境、历史传说等诸多方面；按演唱场合分，有室内演唱和野外演唱两种形式；按演唱曲调分，有情歌调、礼教调、婚庆调、丧葬调等。

布依族盘歌涉及布依人的政治、经济、文化、社会、伦理道德、宗教等众多领域，对布依人特有的心理特征和情感倾向有着生动描述，是布依人记载民族历史、文化的重要载体，堪称布依人的百科全书。

国家级代表性传承人名单

姓名	性别	申报地区或单位	入选批次
吴廷贵	男	贵州省盘县	4

蔡伦造纸传说

序号：1046

编号：Ⅰ-102

批次：3

类别：民间文学

申报地区或单位：陕西省汉中市

蔡伦造纸传说源于东汉时期，在陕西省汉中市洋县龙亭一带世代相传。

蔡伦造纸的事迹最早见于东汉班固等人著的《东观汉记》。龙亭不仅是蔡伦造纸的实验地，也是蔡伦的封地和葬地。龙亭的石碑、方志对蔡伦在龙亭造纸之事均有记载。据说东汉和帝年间，时任朝廷尚方令的蔡伦由洛阳来到长安，经子午道寻找造纸的原料，试验造纸的方法，终于用树皮、废麻头、烂渔网、破布研制出实用的植物纤维纸。至今龙亭境内还有不少以蔡伦古法造纸的遗址，流传着蔡伦造纸的传说。传说包括蔡伦攻克技术难关、寻找造纸原料、推广造纸术、经营造纸业的情节，尤其是对"挫、捣、炒、焙"等技术环节描述得格外细致。

龙亭的蔡伦造纸传说具有较高的文学价值，而且印证了我国古代四大发明之一造纸术的历史。

曹雪芹传说

序号：1030

编号：Ⅰ-86

批次：3

类别：民间文学

申报地区或单位：北京市海淀区

曹雪芹传说是以我国清代著名文学家曹雪芹及其创作的鸿篇巨制《红楼梦》为主题的民间人物传说，主要流传于北京香山、寿安山、金山（俗称小西山）一带。

《红楼梦》是我国古典小说的高峰，也是文学史上的奇迹。其思想内容之博大精深，艺术手法之高超精湛，读者与研究者数量之多、分布之广，都是无与伦比的。《红楼梦》研究已经成为一门国际性研究，即"红学"。民间流传着许多关于曹雪芹及《红楼梦》的传说，内容涉及曹雪芹的生平经历、性情品貌、出众才华及《红楼梦》人物原型、创作环境等，侧面反映了作家及其作品对社会的影响。曹雪芹死后，曹雪芹传说得到了进一步强化，内容与当地的风土人情结合得更为紧密，并在流传过程中不断被提炼加工，更趋于"传说故事"的色彩。

曹雪芹传说在二百多年的流传过程中，逐渐与北京西山地区人民的思想、道德、文化、审美等相融合，广泛、深刻地反映了当地的社会生活，对于研究红学及我国清代康乾年间的社会、经济、政治、文化等具有重要参考价值。

查姆

序号：551

编号：Ⅰ-64

批次：2

类别：民间文学

申报地区或单位：云南省双柏县

查姆是彝语"万物的起源"的意思，是彝族民间创世史诗，流传于云南省双柏县大麦地镇、安龙堡乡等彝族聚居地区。

《查姆》记述了人类和万物的起源及发展的历史，由通晓彝文的毕摩（彝族祭司）用老彝文记载和传承。《查姆》内容庞杂，神话色彩浓厚。彝族把叙述天地间一件事物的起源叫一个"查"，根据彝族《毕摩经》记载，最早的《查姆》共有一百二十多个"查"，分为上下两个部分。上部内容包括开天辟地、洪水泛滥、人类起源、万物起源等；下部内容包括天文地理、占卜历法、诗歌文学等。《查姆》是一部名副其实的彝族百科全书。《查姆》叙述了人类发展的三个阶段，提出了从猴子变成人的观点，其中蕴含着朴素的唯物主义自然观和历史进化思想。

《查姆》被彝族人视为"根谱"，在彝族社会发展史和民族形成史方面具有重要的参考价值。

国家级代表性传承人名单

姓名	性别	申报地区或单位	入选批次
方贵生	男	云南省双柏县	4

禅宗祖师传说

序号：1040
编号：Ⅰ-96
批次：3
类别：民间文学
申报地区或单位：湖北省黄梅县

禅宗祖师传说是关于禅宗四祖道信和五祖弘忍出生、成长、出家、修持、传法等的一系列传奇故事，这些传说诞生于湖北省黄梅县，在全国各地广为流传，在日本、韩国的古典文献中也有记载。

自唐代以来，黄梅就是禅宗圣地，有"四祖正觉禅寺"和"五祖禅寺"两大禅宗祖庭，民间有"蕲黄禅林甲天下，佛教大事问黄梅"的说法。唐代的《续高僧传》《坛经》，宋代的《景德传灯录》均记载有关于禅宗始祖的传说。这些传说在黄梅口耳相传，衍生出《神仙试四祖道信》《唐太宗赐紫衣》《五祖出家》《五祖任贤》《柳公权题字》《六祖慧能》等百余个传说故事。黄梅的禅宗始祖传说具有平民化、生活化的特点，富于乡土色彩，还衍生出"三月二庙会""洗九朝""吃荠菜粑"等民间习俗。并在音乐、绘画、舞蹈、工艺等多种民间艺术表现形式中得到生动体现。

黄梅的禅宗祖师传说，以真实历史人物为基础，富有生活情趣，具有宗教学、社会学、民俗学等多方面的研究价值。

达古达楞格莱标

序号：552
编号：Ⅰ-65
批次：2
类别：民间文学
申报地区或单位：云南省德宏傣族景颇族自治州

《达古达楞格莱标》德昂语意为"最早的祖先传说"，是德昂族的民间创世神话史诗，流传于我国云南省西部德宏傣族景颇族自治州、保山市隆阳区江坝乡，西南部临沧市镇康、耿马、永德、双江等县，以及缅甸掸邦、佤邦一带。

达古达楞格莱标是德昂族先民植物崇拜（原始茶文化）的产物，是集体创作的部落故事。约14世纪后，德昂族艺人借用傣族文字对其进行了整理和记录，原傣文抄本长约两千行，由"序歌""茶神下凡诞生人类""光明与黑暗的斗争""战胜洪水和黑暗势力""百花百果的由来与腰箍的来历""先祖的诞生和各民族的繁衍"六个部分组成。史诗讲述了德昂族的诞生与发展，以及德昂人同大自然顽强斗争的历史，与其他民族的创世史诗不同，《达古达楞格莱标》始终以万物之源——茶为主线，反映了德昂先民对茶树的图腾崇拜和被称为"古老茶农"的德昂人悠久的茶文化。

《达古达楞格莱标》是德昂人心中的历史，也是民族行为规范的教科书，体现着德昂族的民族精神和人文精神，在历史学、文化学、民族学、民俗学和伦理学等诸多方面具有研究价值。

国家级代表性传承人名单

姓名	性别	申报地区或单位	入选批次
李腊翁	男	云南省德宏傣族景颇族自治州	3

董永传说

序号：9
编号：Ⅰ-9
批次：1
类别：民间文学
申报地区或单位：山西省万荣县，江苏省东台市，河南省武陟县，湖北省孝感市

扩展名录：
董永传说　　江苏省金坛市，山东省博兴县，江苏省丹阳市

董永传说是我国民间广为流传的一个传说，广泛流传于全国各地，尤以万荣、东台、武陟、孝感、金坛、博兴、丹阳等地较为盛行。

董永传说最早载于西汉刘向的《孝子传（图）》。此后三国曹植的《灵芝篇》和东晋干宝的《搜神记》也都有相关记载，传说主要内容为孝子董永奉养父亲至孝，因家贫卖身葬父，感动天上仙女下嫁并织布帮他还债。在漫长的流传过程中，董永传说的故事情节、人物形象、思想内涵都在不断丰富和创新。董永故事在历史上一直是民间俗文学（如说唱、戏曲）喜爱的题材，如吕剧《圣贤楼》《孝子董永》等。后起的影视文学也热衷董永传说，出现了黄梅戏《天仙配》等影响广泛的作品。

董永传说在两千多年的漫长流传过程中，不断与各地的民众生活相结合，产生了富有地方特色的传说，留下相沿而成的风俗及与董永身世有关的文物、碑碣、村落、地名等遗迹。很多地方如山西省万荣县、江苏省东台市、河南省武陟县、湖北省孝感市等不仅有与董永相关的遗迹，而且地方志中也称董永是当地人。

都镇湾故事

序号：543
编号：Ⅰ-56
批次：2
类别：民间文学
申报地区或单位：湖北省长阳土家族自治县

都镇湾位于湖北省长阳土家族自治县，其境内的杜家冲、十五溪、庄溪和龙潭坪等地流传着大量具有地方特色的民间故事。

都镇湾故事数量庞大，讲述者众多。都镇湾故事包括天体、大地、山川、河流起源，人畜起源，动植物传说，神仙传说，帝王传说，地名传说，风物传说，习俗传说，以及机智人物传说，幻想故事，精怪故事，生活故事，革命故事，笑话寓言等多种类型和题材的口头叙事作品。这些故事大多带有土家族文化的鲜明烙印，其中的一些汉族传统故事，也因为在讲述中融入了土家风俗而别具风味。

都镇湾故事具有浓郁的民族特色和乡土风味，既具有娱乐教化的功能，又具有很高的历史学、民族学、民俗学研究价值。

国家级代表性传承人名单

姓名	性别	申报地区或单位	入选批次
孙家香	女	湖北省长阳土家族自治县	3
李国新	男	湖北省长阳土家族自治县	4

防风传说

序号：1036
编号：Ⅰ-92
批次：3
类别：民间文学
申报地区或单位：浙江省德清县

防风氏是上古神话中的一位治水英雄，在会稽山群神相会时，因迟到而被大禹所戮。关于防风的传说主要流传于浙江德清及其周边地区。

关于防风，成书于春秋末年的《国语·鲁语》就有记载。德清防风传说在20世纪八九十年代"十大民间文艺集成志书"普查编纂过程中被发现，其流传的中心区域在三合乡境内封、禹二山之间。古籍中对于防风只在大禹传说中有所提及，而三合乡的传说以防风为主体，且内容比较丰富。其中，和尧、禹相关的有《尧封防风国》《大禹找防风》《防风之死》《防风三难大禹》；与当地地理风貌有关的有《防风塔》《防风井》等；此外还有融入了当地"四弟相公"等俗神传说的《四弟相公护险塘》等。20世纪90年代初，德清县先后两次召开国际防风学术研讨会，出版有《防风氏的历史与文化》《防风神话研究》《防风氏资料汇编》等学术著作。

防风神话是被誉为继中原神话、云南岩画、纳西族祭天古歌后，我国神话学界的又一珍贵的发现，具有很高的民间文学价值和学术研究价值。

嘎达梅林

序号：546
编号：Ⅰ-59
批次：2
类别：民间文学
申报地区或单位：内蒙古自治区科尔沁左翼中旗

蒙古族长篇叙事民歌《嘎达梅林》是科尔沁草原人民为了纪念用生命保卫家园的蒙古族英雄嘎达梅林而创作的蒙古族长篇叙事民歌。它产生于科尔沁左翼中旗，流传于周边许多地方。

嘎达梅林（1892～1931）姓莫勒特图，本名那达木德，又名业喜，汉名孟青山，蒙古族，内蒙古哲里木盟（今通辽市）达尔罕旗（今科尔沁左翼中旗）塔木扎兰屯人。嘎达是蒙古语，意为家中最小的兄弟，"梅林"是其官职，即札萨克达尔罕亲王那木济勒色楞的总兵。嘎达梅林因反对奉系军阀对蒙旗土地的盲目农垦而组织牧民起义，最终英勇战死。《嘎达梅林》以嘎达梅林起义事件为素材，全面记述了嘎达梅林率领贫苦牧民反抗封建王公和反动军阀的艰苦斗争，生动塑造了嘎达梅林为民请命、不畏强暴的英雄形象，讴歌了蒙古族人民不屈不挠的斗争精神。

《嘎达梅林》富有鲜明的地方特色和浓郁的民族特色，是蒙古族叙事民歌一张具有代表性的"名片"。长歌情节曲折，语言凝练，音韵铿锵，气势雄浑，具有极强的艺术感染力和丰富的文学、音乐研究价值。

国家级代表性传承人名单

姓名	性别	申报地区或单位	入选批次
和巴特尔	男	内蒙古自治区科尔沁左翼中旗	3

格萨（斯）尔

序号：27

编号：Ⅰ-27

批次：1

类别：民间文学

申报地区或单位：西藏自治区，青海省，甘肃省，四川省，云南省，内蒙古自治区，新疆维吾尔自治区，中国社会科学院《格萨（斯）尔》办公室

《格萨（斯）尔》是我国著名的长篇英雄史诗，与《玛纳斯》《江格尔》并称我国三大史诗，主要流传于青藏高原的藏、蒙、土、裕固、纳西、普米等民族当中。藏族称为《格萨尔王传》，蒙古族则称为《格斯尔可汗传》，实际上同源异流。

《格萨（斯）尔》是世界上迄今发现的演唱篇幅最长的史诗，主要讲述了格萨尔王降临下界后降妖除魔、抑强扶弱、统一各部，最后回归天国的英雄业绩。史诗长期以口耳相传的方式传承。现存最早的史诗抄本成书于公元14世纪，1716年的北京木刻版《十方圣主格斯尔可汗传》是其最早的印刷本。《格萨（斯）尔》结构宏伟，气势磅礴，内容丰富，影响深远。迄今有记录的史诗说唱本有一百多部，仅韵文就长达一百多万诗行，而且目前这一活态的口头史诗仍在不断扩展。《格萨（斯）尔》艺人是史诗最直接的创造者、传承者，他们绝大多数都具有超常的记忆力和叙事创造力，通常的史诗演唱达到几万行乃至几十万行。《格萨（斯）尔》是相关族群社区宗教信仰、本土知识、民间智慧、族群记忆、母语表达的主要载体，也为唐卡、藏戏、弹唱等其他艺术形式提供了丰富的素材。

《格萨（斯）尔》代表着古代藏族、蒙古族民间文化与口头叙事艺术的最高成就，它既是草原游牧文化的结晶，也是民族文化融合的生动例证，在人类学、民族学、宗教学等方面都具有重要的研究价值。

国家级代表性传承人名单

姓名	性别	申报地区或单位	入选批次
次仁占堆	男	西藏自治区	1
才让旺堆	男	青海省	1
达哇扎巴	男	青海省	1
王永福	男	甘肃省	1
阿尼	男	四川省	1
吕日甫	男	新疆维吾尔自治区	1
桑珠	男	西藏自治区	3
罗布生	男	内蒙古自治区	3
何明远	男	云南省	4
巴嘎	男	西藏自治区	4

《格萨尔》说唱艺人

耿村民间故事

序号：14
编号：Ⅰ-14
批次：1
类别：民间文学
申报地区或单位：河北省藁城市

耿村隶属河北省藁城市常安镇，由于地处交通要道，明清时期这里逐渐成为商品集散地和民间文学传播地，积淀了丰厚的民俗文化。尤其是村民中讲故事、听故事的传统至今仍很盛行。

耿村故事包容万象，上自开天辟地神话、风物传说，各朝各代的人物和史实传说，下至民国、抗日战争、解放战争和新中国成立后的新生活、新人物。目前，耿村的故事讲述者有两百余人，其中数十人已被确认为"民间故事讲述家"，还出现了故事家庭、故事夫妻、故事兄弟、故事母子、故事父子等传承模式。耿村因故事资源丰厚，讲述人集中，1995年被文化部命名为"民间故事之乡"。截至目前，已记录、整理出耿村民间故事六千余万字，先后编印内部科研卷本《耿村民间故事集》多部，公开出版故事家专集和研究性著作十余部。

耿村民间故事不但具有较高的文学价值，还对社会学、伦理学、历史学、宗教学、民俗学等方面的研究具有一定的参考价值。

国家级代表性传承人名单

姓名	性别	申报地区或单位	入选批次
靳景祥	男	河北省藁城市	1
靳正新	男	河北省藁城市	1
张才才	男	河北省藁城市	4

古渔雁民间故事

序号：18
编号：Ⅰ-18
批次：1
类别：民间文学
申报地区或单位：辽宁省大洼县

古渔雁民间故事是指由居住在辽宁省大洼县二界沟小镇的一类特殊打鱼人群体即"古渔雁"口头创作并传承的民间故事。

二界沟的打鱼人主要是从华北的冀中、冀东地区通过陆路和水路迁徙到此地的，他们没有远海捕捞的实力，只能像候鸟一样顺着沿海的水陆边缘迁徙，在江河入海口的滩涂及浅海捕鱼捞虾。因这一群体沿袭的是一种不定居的原始渔猎生计，辽河口民间称其为"古渔雁"。二界沟的古渔雁民间文学蕴藏丰厚，研究者已在这里采录到近千则民间故事和渔歌一千余首。古渔雁民间故事具有鲜明的渔雁生计特点，其内容主要包括始祖崇拜、海神崇拜、龙王崇拜、祭祀和庆典、渔具的起源和演变等。在形式方面，古渔雁民间文学篇幅短小，情节简单，内容原始，较少发展和变化。古渔雁后代、渔民出生的刘则亭能讲述数百则古渔雁民间故事，是古渔雁文化的重要传承人。

古渔雁民间故事反映了濒临消亡的古渔雁迁徙渔猎生计，是人类原始渔猎活动的活化石，也是中华民族海洋文化的一朵奇葩，具有独特的历史文化价值。

国家级代表性传承人名单

姓名	性别	申报地区或单位	入选批次
刘则亭	男	辽宁省大洼县	3

◎民间文学

观音传说

序号：527
编号：Ⅰ-40
批次：2
类别：民间文学
申报地区或单位：浙江省舟山市

舟山群岛东隅的普陀南宋孝宗山是我国佛教四大名山之一，是闻名海内外的观音菩萨道场所在地。舟山各地流传的观音传说已有近千年的历史，大多从普陀山生发出来。

"观音传说"之普遍，这与当地观音信仰之广泛是分不开的，早在南宋乾道《四明图经》中就有"日僧慧锷送观音"的记载，"不肯去观音"的传说从此一直流传至今；南宋宝庆《昌国县志》中，已有"梅岑山（今普陀山）观音宝陀寺"的记载。元代西域僧盛熙明著《普陀洛迦山传》，更记有《善财一十八参观自在》《观世音三十二现身随类说法》《唐大中梵僧潮音洞前燔十指亲睹大士现身说法》等灵异传说。明清以来的《普陀山志》记述的观音灵异传说更多，民国十二年编的《普陀洛迦新志》专论"灵异门"，记录各类观音灵异传说六十八则。除了古志书记载以外，早在明万历年间就有《南海观音全传》一书流传民间，民国初年又有《观音得道》话本传世于民间。根据佛教传说，农历二月十九、六月十九、九月十九分别是观音菩萨诞生、出家、得道之日，称为三大香会，每一个日子都有一个故事。

千百年来，观音作为一个佛法无边的大菩萨，一直在舟山民间被广泛地传颂并信奉着，观音信仰已经超越民族和国界，形成一种劝人为善、倡导和平的"观音文化"。观音文化在沟通海内外华人同胞情谊、传播中华传统文化方面具有特殊的作用。

哈尼哈吧

序号：553
编号：Ⅰ-66
批次：2
类别：民间文学
申报地区或单位：云南省云阳县

哈尼哈吧，意为哈尼古歌，是哈尼族社会生活中流传广泛、影响深远的民间歌谣，主要流传于云南省红河和澜沧江之间的元江、墨江、绿春、金平等哈尼族聚居区。

哈尼哈吧有别于哈尼族山歌、情歌、儿歌等种类的歌谣，是一种庄重、典雅的古老歌唱调式。其内容涉及哈尼族古代社会的生产劳动、宗教祭典、人文规范、伦理道德、婚嫁丧葬、吃穿用住、文学艺术等，是世世代代以梯田农耕生产生活为核心的哈尼人教化风俗、规范人生的"百科全书"。哈尼哈吧主要在祭祀、节日、婚丧、起房盖屋等隆重场合的酒席间由民间艺人来演唱，表达节日祝贺、吉祥如意的心愿。演唱方式由一人主唱，众人伴唱，或一问一答，二人对唱而众人和声；若遇重大年节，可以完整演唱十二调主要内容，须数位歌手联袂演唱。哈尼古歌《窝果策尼果》《哈尼阿培聪坡坡》《十二奴局》《木地米地》是哈尼哈吧的代表作品。

哈尼哈吧是哈尼族民族文化的重要载体，具有重要的历史学、文化学、民俗学研究价值。

哈萨克族达斯坦

序号：559
编号：Ⅰ-72
批次：2
类别：民间文学
申报地区或单位：新疆维吾尔自治区文联、沙湾县、福海县

"达斯坦"意为叙事长诗，哈萨克族达斯坦是一种历史悠久的民间说唱艺术形式，流传于我国新疆维吾尔自治区伊犁哈萨克自治州和哈萨克斯坦共和国的哈萨克族群众中。

哈萨克族达斯坦是哈萨克族民间最古老的、最受人欢迎的文学种类，包括神话、传说、诗歌、谚语和故事等。哈萨克族达斯坦内容丰富、情节曲折，多以叙事为主，对哈萨克族生活进行了真实的写照，表现了哈萨克族的社会状况和民俗风情。哈萨克族达斯坦一般有比较固定的曲调，演唱多用冬不拉伴奏。哈萨克人将善于表演达斯坦的艺人称为"达斯坦奇"，他们多是既具有弹唱技巧又具备即兴填词才能的歌手兼诗人。在哈萨克人传统婚礼、婴儿上摇床、丧事守夜等重要场合，都会邀请达斯坦奇进行表演。大量达斯坦作品以婚姻恋爱为主题，歌颂了哈萨克族青年反抗压迫，争取婚姻自由的斗争精神。

哈萨克族达斯坦是哈萨克族民族文化的重要载体，哈萨克族的许多民俗都是通过达斯坦世代口耳相传保存下来的。

国家级代表性传承人名单

姓名	性别	申报地区或单位	入选批次
哈孜木·阿勒曼	男	新疆维吾尔自治区福海县	3

海洋动物故事

序号：1055
编号：Ⅰ-111
批次：3
类别：民间文学
申报地区或单位：浙江省洞头县

海洋动物故事是以海洋动物为主角的民间故事，主要流传于浙江省洞头县及其周边的沿海地区。

洞头县是著名的"百岛之县"，处于闽南文化和东瓯文化的交融地，洞头渔场是仅次于舟山的浙江第二大渔场，洞头列岛具有特殊的历史渊源和地理优势，海洋动物故事在这里口耳相传已有两百多年的历史。海洋动物故事多采用拟人的手法，讲述海洋动物和人类的关系，有人变鱼虾的传说，有鱼虾入药的传说，还有海底龙宫的传说等。这些故事构思奇特，情节曲折，语言生动，体现了海岛群众的审美观念。

海洋动物故事是我国动物故事的一个特殊门类，也是海洋文化的重要组成部分，具有独特的文学价值和认知价值。

汗青格勒

序号：557
编号：Ⅰ-70
批次：2
类别：民间文学
申报地区或单位：青海省海西蒙古族藏族自治州

汗青格勒是海西蒙古族的英雄史诗，广泛流传于海西蒙古族自治州的蒙古族聚居区。

汗青格勒以说唱的形式表演，它以生动的

◎民间文学

语言讲述了蒙古族英雄汗青格勒通过一系列艰苦卓绝的斗争，先后消灭蟒古思和凶恶的汗王，从魔窟中解救受苦受难的百姓的故事。史诗通过对英雄人物丰功伟绩的歌颂，表达了追求平等、自由、和平的崇高理想和正义必将战胜邪恶的坚定信念，体现了蒙古族人民的智慧和英雄主义精神。史诗具有浓郁的海西地域特色，形象而生动地反映了当地蒙古族的历史和社会生活及生产状况。

汗青格勒被认为是青海蒙古族民间文学的三大顶峰之一，具有很高的文学价值，对于研究海西蒙古族的历史和文化也具有重要的参考价值。

国家级代表性传承人名单

姓名	性别	申报地区或单位	入选批次
茶汉扣文	男	青海省海西蒙古族藏族自治州	3
索克	男	青海省海西蒙古族藏族自治州	4

河间歌诗

序号：21
编号：Ⅰ-21
批次：1
类别：民间文学
申报地区或单位：河北省河间市

河间歌诗是流传于河北省河间市的一种民间口头文学，是《诗经》以口头形式在民间传承不断的一种独特载体，起源于汉代。

《诗经》是先秦文学的经典。汉初传《诗》多家，鲁、齐、韩三家《诗》失传，只有《毛诗》一家传下来。毛诗由毛亨、毛苌叔侄二人传于世间，其发祥地就在河间。在《诗经》文本传播的同时，河间出现了吟唱《诗经》中诗篇的歌诗。河间歌诗是河间民间口头文学的杰出代表，在诗经村等村落至今保留着用古韵吟唱《诗经》的"活态"文化，如《关雎》《蓼莪》等名篇就广为传唱。河间的《诗经》文化非常丰富，除了歌诗的流传，还衍生出不少与《诗经》相关的历史人物传说和一些村名，留下了大量与《诗经》相关的历代诗、文、颂、联及碑刻，并且在当地形成了爱诗、写诗、研究诗的悠久传统和浓厚文化氛围。

河间歌诗是集文学、音乐于一体的综合艺术形式，是当代《诗经》文化的重要组成部分，对文学、史学、音韵学、民俗学等方面研究都具有重要的参考价值。

河西宝卷

序号：13
编号：Ⅰ-13
批次：1
类别：民间文学
申报地区或单位：甘肃省武威市凉州区、酒泉市肃州区

扩展名录：
靖江宝卷　　　　江苏省靖江市
河西宝卷　　　　甘肃省张掖市

宝卷是在唐代敦煌变文、俗讲以及宋代说经的基础上发展而成的一种民间吟唱的俗文学形式。变文、俗讲和说经主要吸收和沿袭了敦煌佛经的结构，流传于河西走廊的河西宝卷则在继承的同时将之进一步民族化、地方化和民间化。此外，我国其他地区还有流传于江苏靖江的靖江宝卷等地方化的宝卷形式。

河西宝卷主题多谴责忤逆凶残，宣扬孝道和善行。主要形式是讲唱过程中韵白结合，有说有唱，以"接佛声"为主要手段吸引听众积

极参与演唱。白话是念卷人为了叙述故事情节、交代事件发展、铺叙人物关系、点明时间地点而采用的一种表演手法，以"讲"或"说"的形式来表现。而韵文则是为了寄寓善恶褒贬、推动故事情节发展、抒发爱憎情绪、烘托渲染气氛而采用的手法，以"吟"或"唱"的形式来表现。韵文体宝卷融会了各种曲调，亦加进了部分凉州民歌调，如《哭五更》《莲花落》《十劝人》等。河西宝卷按内容分，有佛教类的《目连三世宝卷》《唐王游地狱宝卷》，历史故事类的《昭君和番宝卷》《包公宝卷》，神话传说类的《天仙配宝卷》《劈山救母宝卷》，寓言类的《老鼠宝卷》《鹦哥宝卷》等。

靖江宝卷分"圣卷""草卷"和"科仪卷"三种类型。圣卷亦称正卷，是靖江最富有特色的宝卷。它讲唱佛道故事，用于白天酬神了愿。草卷亦称小卷，讲唱一般文学故事，用于夜间听众娱乐。科仪卷是用于民间做会仪式讲唱的宝卷。靖江讲经宝卷旧有文本一百余种，现存世各类印本、抄本仍有六十多种，加上留存民间艺人口头的三十余种，共九十余种。其中圣卷二十多种，草卷六十多种，科仪卷十余种。靖江讲唱宝卷的艺人称作"佛头"，"佛头"历来都是师传徒承，拜师学艺，靖江现有宝卷讲唱艺人一百多位。2007年，靖江市被中国民间文艺家协会命名为"中国宝卷文化传承之乡"。

尽管河西宝卷和靖江宝卷在当地仍然流传，但也面临着文本毁损缺失、传承队伍呈整体弱化趋势、年轻听众减少等情况，这些都不利于宝卷的传承和发展。

国家级代表性传承人名单

姓名	性别	申报地区或单位	入选批次
乔玉安	男	甘肃省酒泉市肃州区	1
李作柄	男	甘肃省武威市凉州区	3

黑暗传

序号：1059
编号：Ⅰ-115
批次：3
类别：民间文学
申报地区或单位：湖北省保康县、神农架林区

《黑暗传》是一部神话叙事长诗，主要流传于湖北省的保康县、神农架林区、房县以及重庆巫山等地。

《黑暗传》以口头和抄本两种形式流传，作为"孝歌""丧鼓歌""薅草锣鼓"等当地曲艺形式的唱词，被歌师在不同场合传唱。其内容包括"先天""后天""泡天""治世"四个部分。《黑暗传》生动形象地描述了盘古开天辟地结束混沌黑暗，诸多英雄人物在洪荒时期战胜困难创造世间万物的历程，涉及混沌、浪荡子、盘古、女娲、伏羲、炎帝神农氏、黄帝轩辕氏等众多神话人物，气势恢宏。《黑暗传》是汉族传统文化中罕见的创世史诗。其中很多传说与已有文献记载有明显差异，表现了当地群众非凡的艺术想象力。

《黑暗传》内容丰富而独特，对于文学、历史、宗教、神话、民俗等方面的研究均具有重要的参考价值。

黄初平（黄大仙）传说

序号：526
编号：Ⅰ-39
批次：2
类别：民间文学
申报地区或单位：浙江省金华市

黄初平（黄大仙）传说由有关黄初平修炼得道、为民造福的一系列传奇故事组成，主要流传于浙江省金华市一带，并波及港台和东南亚、欧洲和北美等地的华侨华人聚居区。

黄初平（黄大仙）传说历史悠久，根据相关文献记载，早在东西晋之交就已经萌芽。黄初平（黄大仙）传说与金华的地理风貌、自然景观、人文历史紧密结合在一起，在当地具有深厚的群众基础。黄初平（黄大仙）传说蕴含着丰富的内容和奇特的想象，反映了人民群众的智慧；并且具有民间传说与文人题咏交相辉映，宗教信仰和民俗传统互相包容的显著特点。纪念黄初平（黄大仙）的道观或者塑像在我国东南沿海地区为数众多。以黄初平（黄大仙）传说为题材的舞台剧和影视作品数量也有很多。

黄初平（黄大仙）传说具有文化学、社会学、宗教学等多方面的研究价值，千百年来传承不衰，成为团结海内外华人的一种精神纽带。

黄鹤楼传说

序号：1049

编号：Ⅰ-105

批次：3

类别：民间文学

申报地区或单位：湖北省武汉市武昌区

黄鹤楼传说是与湖北省武汉市武昌区蛇山黄鹤楼相关的民间传说，主要流传于武汉市及其周边地区，影响辐射全国各地。

对于黄鹤楼的记载最早见于南朝齐祖冲之的《述异记》，此后的许多重要典籍都有记载，长期的文化积淀形成了一个内容丰富的黄鹤楼传说体系。黄鹤楼传说大体分为神仙传奇、名人逸事、历史故事三类，其中以《子安驾鹤》《费祎升天》《仙人吹笛》《橘皮画鹤》最为著名。

黄鹤楼传说的主题多是天人合一、少贪寡欲、惩恶扬善等，刻画了一幅幅神人和谐相处的画面，非常符合中国老百姓的审美心理。独特的地理位置，生动的民间传说，使黄鹤楼成为千古名楼，吸引了崔颢、李白、苏轼等著名诗人前来游览，并留下不朽的诗篇。不少传说还成为戏剧、曲艺的创作题材。

黄鹤楼传说具有丰富的文化内涵，对我国浪漫主义文学、道教文化的发展起到了不可低估的推动作用，并对绘画、建筑、曲艺、音乐等姊妹艺术具有影响。

济公传说

序号：11

编号：Ⅰ-11

批次：1

类别：民间文学

申报地区或单位：浙江省天台县

济公传说是由南宋禅宗高僧道济的故事发展演变而来的一种民间口头文学，以天台为中心流传于浙江省境内，并辐射全国。

济公，原名李修元，天台永宁村人，初在杭州灵隐寺出家，后住净慈寺。他破帽破扇破鞋垢衣，不受戒律束缚，嗜好酒肉，举止似痴若狂，人称"济癫"，实则是一位学问渊博、积德行善的高僧，好打抱不平，扶危济困，惩恶扬善，故被尊为"济公活佛"。在济公的生前身后，天台出现了许多关于他的灵异传说。明清以来，济公传说广泛流传于全国各地，成为家喻户晓的民间故事。天台的济公传说内容涉及降龙罗汉投胎的济公出世传说，神童李修元的少年济公传说，济公癫狂济世、惩恶扬善、扶危济困、戏佞降魔的传说等。与济公相关的民俗风物传说也十分丰富。八百多年来，济公传说已成为文学艺术取之不尽的素材,在小说、书画、雕塑、影视等领域都有生动体现。

济公的艺术形象寄托着广大人民的美好愿望,丰富了我国民间文学艺术的宝库。济公传说的许多内容反映了古代社会的风俗习尚,具有历史学和民俗学方面的价值,对于研究禅宗思想和罗汉信仰具有一定的参考价值。

嘉黎民间故事

序号:1054

编号:Ⅰ-110

批次:3

类别:民间文学

申报地区或单位:西藏自治区嘉黎县

嘉黎民间故事是流传于藏北高原嘉黎县一带、具有藏族游牧文化色彩的口头文学。

嘉黎意为"神山",位于西藏自治区那曲地区东南部,地处唐古拉山和念青唐古拉山之间,这里的藏族群众以游牧生活为主,自古以来流传着大量反映游牧生活的民间故事。这些民间故事涉及藏族起源、神魔征战、人鬼较量、藏族先民从狩猎社会到畜牧社会的变迁等,保留着游牧时代的文化个性和价值观念,充满了奇幻的色彩和丰富的想象力。著名的故事有《悲琼》《上方的日昔日嘎和下方的日昔日玛》《王臣丐王子》《拉古赞布王和托古赞布王》《魔王甲玉冈冈》等。

嘉黎民间故事不仅具有文学价值,而且对于研究藏族游牧文化具有特殊的参考价值。

江格尔

序号:26

编号:Ⅰ-26

批次:1

类别:民间文学

申报地区或单位:新疆维吾尔自治区和布克赛尔蒙古自治县、博尔塔拉蒙古自治州、巴音郭楞蒙古自治州、新疆维吾尔自治区文联民间文艺家协会

《江格尔》是蒙古族英雄史诗,与《格萨尔》《玛纳斯》并称我国三大史诗,主要流传于中国新疆维吾尔自治区阿尔泰山一带的蒙古族聚居区。

《江格尔》描述了蒙古族英雄江格尔以超人的智慧和非凡的才能,率领勇士击败邪恶势力的入侵,建设美好家园宝木巴的英雄事迹。《江格尔》产生于西部蒙古族地区,尤其在卫拉特部中家喻户晓,最初主要以口传方式流传,19世纪以后开始被整理成文字,出现抄本和刻印本。《江格尔》结构宏伟,内容丰富,塑造了江格尔这一光辉形象,描绘了一幅幅惊心动魄的战斗场面和富于游牧风情的草原生活场景。《江格尔》在艺术风格上也具有鲜明的民族特色,它运用卫拉特蒙古口语,并穿插着蒙古民歌、祝词、赞词、谚语等,大量采用铺陈、夸张、比喻、拟人等修辞手法,使长诗充满草原民族的阳刚之气。

《江格尔》深刻地反映了蒙古族人民的生活理想和美学追求,充满了强烈的英雄主义色彩,代表了蒙古族英雄史诗的最高成就。《江格尔》不仅具有极高的文学价值,而且在蒙古族社会发展史、文化史、思想史等方面均有重要价值。

国家级代表性传承人名单

姓名	性别	申报地区或单位	入选批次
加·朱乃	男	新疆维吾尔自治区和布克赛尔蒙古自治县	1
李日甫	男	新疆维吾尔自治区巴音郭楞蒙古自治州	1
夏日尼曼	男	新疆维吾尔自治区巴音郭楞蒙古自治州	1
巴达	男	新疆维吾尔自治区博尔塔拉蒙古自治州	4

江格尔传承人加·朱乃

喀左东蒙民间故事

序号：19

编号：Ⅰ-19

批次：1

类别：民间文学

申报地区或单位：辽宁省喀喇沁左翼蒙古族自治县

喀左东蒙民间故事是流传于辽宁省喀喇沁左翼蒙古族自治县的一种口头文学。

喀喇沁左翼地处辽宁省西部，这里的蒙古族比其他地区的蒙古族较早定居下来，由游牧转向农耕。在由猎转牧、由牧而农的漫长历史过程中，这里的民众创造出了独树一帜的民间文学形式，其中折射着鲜明的草原文化与农耕文化交汇相融的特色。东蒙民间故事内容丰富，题材广泛，文化个性鲜明，既包括对蒙古族形成初期对宇宙的认识，如对日月星辰的崇拜等；也有追述狩猎、游牧时期生活的内容，如射箭、骑马、挤奶、住毡房等；还有农耕生活的内容，如种庄稼、砍柴、养鸡鸭等，与其他地区蒙古族有所不同。喀左东蒙民间故事描述了东蒙地区三百年来蒙、满、汉民族在政治、经济及文化等方面互动的历史，对这些民族协力农耕开发辽西及其文化融合作了多方面的展现。

喀左东蒙民间故事凝聚了蒙古族人民的智慧，对于研究喀喇沁、土默特等东蒙各部蒙古族历史、文化，考察蒙古族文化的变迁，具有重要的参考价值。

国家级代表性传承人名单

姓名	性别	申报地区或单位	入选批次
刘永芹	女	辽宁省喀喇沁左翼蒙古族自治县	3

康巴拉伊

序号：556

编号：Ⅰ-69

批次：2

类别：民间文学

申报地区或单位：青海省治多县

康巴藏区是我国三大藏族聚居区之一，位于横断山脉的大山大川之中。康巴拉伊是藏族传统的韵文体说唱形式，在康巴及其周边地区广为流传。

康巴拉伊源于藏族男女交流过程中使用的诗化的交际语言，是藏族青年男女表达感情的重要形式，藏族青年从相识、相爱到终成眷属或彼此分手的整个恋爱过程，都可以通过它来表现。康巴拉伊分为祭歌、颂歌、引歌、启歌、竞歌、谜语歌、汇歌、恋歌、别离歌、贬歌、咒歌及吉祥祝福歌十二卷。其内容纷繁，结构紧凑，语言优美，堪称藏族民间诗歌的集大成之作。

康巴拉伊是康巴藏族群众集体智慧的结晶,其内容与形式均带有游牧文明的特征,对研究藏族的历史、宗教信仰、风俗习惯、社会制度等具有一定的学术价值。

国家级代表性传承人名单

姓名	性别	申报地区或单位	入选批次
才仁索南	男	青海省治多县	3

柯尔克孜约隆

序号：70

编号：Ⅰ-83

批次：2

类别：民间文学

申报地区或单位：新疆维吾尔自治区阿克陶县、新疆师范大学

柯尔克孜族的约隆歌是在帕米尔地区生活的柯尔克孜族聚居区流传的民间礼仪歌的一个种类。

约隆歌种类繁多,有劝嫁约隆、迎客约隆、谜语约隆、对唱约隆、劝善约隆、弹拨约隆及女性约隆、男性约隆等。帕米尔地区的群众性活动都会有约隆歌演唱。演唱约隆歌的歌手被称为约隆奇。约隆歌在柯尔克孜族婚礼中起着重要作用,被邀请的约隆奇相当于婚礼主持人,负责把婚礼盛况和对新郎新娘幸福生活的描绘即兴编入约隆歌进行演唱,为婚礼增加喜庆气氛。约隆奇还会以劝善约隆的形式对新郎新娘进行善恶是非、和睦友善、同胞情谊、人格尊严等方面的教导。约隆歌可以清唱,也可以用库姆孜伴奏演唱。约隆歌的即兴性很强,民间艺人一方面传唱前人的约隆歌,一方面即兴创作体现现实情景的新的约隆作品。

约隆歌承载着帕米尔的口头艺术、文化传统和传承记忆,是珍贵的民间文学遗产。

国家级代表性传承人名单

姓名	性别	申报地区或单位	入选批次
塔瓦力地·克里木	男	新疆维吾尔自治区乌恰县	3

科尔沁潮尔史诗

序号：547

编号：Ⅰ-60

批次：2

类别：民间文学

申报地区或单位：内蒙古自治区

科尔沁潮尔史诗是蒙古族英雄史诗的一种地方性传统演述形式,是目前科尔沁地区尚存的唯一一种活态传承的长篇史诗。流传于内蒙古东部的通辽市、兴安盟一带。

科尔沁潮尔史诗用一种叫潮尔的古老弓弦乐器伴奏,由专门史诗艺人——潮尔奇,以自拉自唱的形式进行说唱表演。内容讲述天神脱胎下凡,生长为可汗和英雄,与危害人间的恶魔——蟒古思进行战斗,保卫家乡、捍卫和平的故事。科尔沁潮尔史诗音乐曲调自成体系,共九套二十多种,并且在演述中可以自由变化。科尔沁潮尔史诗曲目曾有数十部之多,其中"十八部蟒古思因·乌力格尔"是一种大型的串联系列史诗,是由十八部相对独立却互相关联的史诗所构成,其规模和篇幅相当可观。

科尔沁潮尔史诗历史悠久,风格独特,富于民族特色,具有极强的艺术表现力。它承载着蒙古族的精神文化传统,对于研究其文化艺术、民族历史和民族心理具有重要的参考价值。

刻道

序号：5
编号：Ⅰ-5
批次：1
类别：民间文学
申报地区或单位：贵州省施秉县

刻道，即刻木，是我国苗族唯一保留至今的刻木记事符号，也是苗族最古老的文字工具。苗族刻道是苗族传统酒歌，因其主要内容刻于圆形竹木之上，歌师持棒演唱而得名，主要流传于贵州省施秉县及其周边地区的苗族村寨。

刻道，汉语译为《苗族开亲歌》，是苗族历史最长、规模最大、流传最广的酒歌，苗族群众在嫁女结亲之前双方都要唱刻道，如果唱不上来还要罚酒。刻木上的奇异符号具有提示作用，每一个都对应着不同的歌唱内容。刻道产生于苗族由母系氏族过渡到父系氏族的一段历史时期，反映的主要是舅权制下的婚姻状况。其语言通俗，口语化、生活气息浓厚，它用丰富、瑰丽的想象，塑造了一个敢于追求幸福、追求自由的苗族少女形象，表现了苗族人对幸福婚姻的执着追求与向往。

刻道被称为苗族最古老的婚姻文化"活化石"，在研究苗族的起源和迁徙、图腾崇拜、数学知识、语言学等方面具有重要价值。

国家级代表性传承人名单

姓名	性别	申报地区或单位	入选批次
石光明	男	贵州省施秉县	1
吴治光	男	贵州省施秉县	1

拉仁布与吉门索

序号：29
编号：Ⅰ-29
批次：1
类别：民间文学
申报地区或单位：青海省互助土族自治县

《拉仁布与吉门索》是土族民间叙事长诗，主要流传于土族群众聚居的青海互助土族自治县及周边地区。

《拉仁布与吉门索》是土族流传最广、影响最大的民间文学作品。全诗分为八个章节，描写了土族青年拉仁布和吉门索的爱情悲剧。牧主的妹妹吉门索爱上了给哥哥放羊的穷小伙拉仁布，由于受到吉门索兄嫂的百般阻挠，这对恋人的爱情最终归于失败。故事中拉仁布、吉门索、哥哥、嫂子等主要人物的性格特征非常鲜明，这些艺术形象在土族文学史上具有重要地位。《拉仁布与吉门索》用土族口语创作并演唱，以口耳相传的方式传承。在演唱方式上，以男女对唱为主，但不同于一般的问答式对唱。

《拉仁布与吉门索》为民族学、语言学和土族社会学研究提供了生动的素材，它还反映了土族从游牧生产方式逐步转向农业生产方式的一个侧面，具有一定的历史研究价值。

国家级代表性传承人名单

姓名	性别	申报地区或单位	入选批次
何全梅	女	青海省互助土族自治县	1

烂柯山的传说

序号：1050

编号：Ⅰ-106

批次：3

类别：民间文学

申报地区或单位：山西省陵川县，浙江省衢州市

烂柯山的传说是关于围棋的古老民间传说，在我国许多地方都有流传，山西省陵川县、浙江省衢州市都有与传说相关的地名和遗迹。

陵川境内有棋子山，相传周武王灭了殷纣王之后，纣王的叔父箕子逃亡陵川隐居，在陵川的棋子山上，用那里的天然黑白石子摆卦占方，借以观测天象，不知不觉中创造了围棋，清代雍正《山西通志·山川》、光绪《陵川县志》中都有相关记载。衢州境内有烂柯山，晋代虞喜《志林》记载："信安山有石室，王质入其室，见二童子对棋，看之，局未终，视其所执伐薪柯已烂朽，遽归乡里，已非矣。"梁代任昉《述异记》中也有相关记载。烂柯山传说描绘了一幅世外仙境，传达了一种"山中方一日，世上已千年"的哲学思想，在民间广为流传。

烂柯山的传说体现出独特的哲学思想，反映了我国古代人民的文化心理，具有非常重要的认识价值。

崂山民间故事

序号：542

编号：Ⅰ-55

批次：2

类别：民间文学

申报地区或单位：山东省青岛市崂山区

崂山民间故事，俗称"拉呱"，是崂山人民千百年来集体创作的口头文学，讲述者包括农民、渔民、道士、僧人、读书人和工匠等。

崂山民间故事历史悠久，门类广，数量多，内容丰富。清代著名短篇小说家蒲松龄就曾前往崂山游览，受当时崂山民间传说故事的启发，以崂山耐冬（山茶花）、牡丹和崂山道士为题材写成了短篇小说《香玉》和《崂山道士》。崂山民间故事的内容大致包括"神话""传说""故事"等几个方面，涵盖自然变化神话、英雄神话、历史人物传说、宗教人物传说、仙道传说、山川传说、特产传说、鬼狐精怪故事、动物故事、生活故事、机智人物故事等五千六百余个。受自然、地理环境和道教文化的影响，在崂山的民间故事中，数量最多且最有崂山特色的当推风物传说、宗教人物传说、鬼狐精怪故事和海洋故事。

崂山民间故事具有乡土大众文化与山海文化交汇相融的特征，并在世俗文化与宗教文化的相互渗透中不断演进，地域特色鲜明，具有较高的历史价值、文学价值。

雷州歌

序号：568

编号：Ⅰ-81

批次：2

类别：民间文学

申报地区或单位：广东省雷州市

雷州歌也称雷歌，是雷州半岛的民歌，是广东省四大方言歌之一。雷州歌流传于雷州半岛以及新加坡、马来西亚、印度尼西亚等东南亚国家的雷州华侨地区。

雷州歌用雷州方言演唱，内容涵盖雷州半岛的地理风貌以及雷州人民的生存环境、劳动

生产、家庭生活、爱情婚恋、历史人文、伦理道德、风土习俗、娱乐戏谑、丧白喜庆、政治时事等。反映雷州风貌及劳动生产内容，是雷州歌的主流题材。雷州歌结构严谨，平仄协调，韵律优美。每首四句，每句七字，一、二、四句末字押雷州音韵，二、四句的第四字是阳平声。这种格律接近七绝，唱起来朗朗上口。其腔调自由，喜怒哀乐随心所欲开口即唱。歌词大量运用比喻、夸张、双关等修辞手法，富有表现力。

雷州歌从诞生起就一直记载着雷州的历史。雷州歌的对唱歌衍生了"姑娘歌"，"姑娘歌"中的劝世歌又衍生出雷剧，因此雷州歌在雷州文化中具有极高的历史价值和艺术价值。雷州歌的大量作品为研究和认识雷州的政治、经济、文化等各方面提供了宝贵资料。

李时珍传说

序号：1045

编号：Ⅰ-101

批次：3

类别：民间文学

申报地区或单位：湖北省蕲春县

李时珍是明代著名医药学家，在他的故乡湖北蕲春，流传着大量关于李时珍的传说。

李时珍毕生从事医学、药物学研究，遍访名山大川，采药辨药，向药农、渔民、樵夫、花匠、猎人之类的劳动人民虚心求教，收集民间药方，用二十七年的时间写下了具有世界影响的《本草纲目》。蕲春的李时珍传说内容丰富，涵盖了李时珍一生的经历，其中很多故事充满文学色彩，如跪求名医收自己当徒弟，向走江湖卖艺的人搜求秘方，拜僧医为"一药之师"，以巧对震惊知府，以灯谜治将军眼疾，以"活人药"治好王子的相思病等，这些传说从不同侧面展现了李时珍的崇高医德和伟大人格。

李时珍传说不仅具有文学价值，而且对于研究传统医药学和明代社会生活具有重要的参考价值。

梁祝传说

序号：7

编号：Ⅰ-7

批次：1

类别：民间文学

申报地区或单位：浙江省宁波市、杭州市、上虞市，江苏省宜兴市，山东省济宁市，河南省汝南县

梁祝传说，与白蛇传传说、孟姜女传说、牛郎织女传说并列为我国四大民间传说。其主要流传于宁波、杭州、上虞、宜兴、济宁、汝南等地，并向全国各地以及东亚、东南亚等国家流传辐射。

梁祝传说讲述了出身富裕家庭女扮男装求学的祝英台和家境贫寒的同学梁山伯同窗三年，感情深厚，结合无望，双双殉情，死后化为一对彩蝶的故事。其以提倡求知、崇尚爱情的鲜明主题、曲折动人的情节、鲜明的人物性格、奇巧的故事结构等受到民众的广泛喜爱。

梁祝传说形成于晋代，在流传的过程中，各地人民不断丰富发展传说的内容，很多地方还兴建了众多以梁祝传说为主题的墓碑和庙宇等建筑。据梁祝传说改编的越剧《梁山伯与祝英台》、小提琴协奏曲《梁祝》、电影《梁山伯与祝英台》等各种文学艺术作品，构成了庞大的梁祝文化系统。

刘伯温传说

序号：525

编号：Ⅰ-38

批次：2

类别：民间文学

申报地区或单位：浙江省文成县、青田县

刘伯温传说是关于历史人物刘基的民间口头文学，以青田、文成等浙南地区为核心流传地，并流传浙东辐射全国。

刘基，字伯温，是元末明初著名的政治家、文学家、思想家和军事家，出生于浙江青田南田山武阳村（今属文成县），为明朝开国元勋。关于他的传说，在他在世时就已产生，而见诸书面的最早记录，要算明初黄伯生《刘公行状》里的有关内容。六百多年来，刘伯温传说经民间口头创作流传以及历代文人记录加工，内容不断丰富。内容包括刘基生平家世、聪颖好学、神机妙算、除暴安良、开国功勋及其家乡的风土人情等许多方面。

目前，在青田、文成等地流传的刘伯温传说故事不下数百种，传说有着较高的文学价值、一定的史学研究价值和道德教化作用。

刘三姐歌谣

序号：23

编号：Ⅰ-23

批次：1

类别：民间文学

申报地区或单位：广西壮族自治区宜州市

刘三姐歌谣是流传于岭南一带的壮族民间歌谣的总称，是被壮族视为"歌仙"的刘三姐和无数壮族民间歌手长期在壮族民间传歌培育形成的壮族民间音乐的主要形式。宜州市是刘三姐歌谣最有代表性的地区，被认为是刘三姐的故乡。

据传刘三姐是唐代中期人，她聪慧过人，能歌善唱，创作了大量民歌，至今壮族人民有"如今广西成歌海，都是三姐亲口传"的说法。刘三姐歌谣大体分为生活歌、生产歌、爱情歌、仪式歌、谜语歌、故事歌及创世古歌七大类，以当地的方言口语入歌，特别是以大量的熟语、俚语作为素材，只要押韵或者近韵，无论字句重复与否或句子长短，都可以随机组合，把要说的"话"加上"韵"即兴吟唱或演唱。其表达朴实，结构简练，旋律相对固定，多数采用五声音阶的谱曲方式，乐曲中常加有如"侬啊喂、哩、呜喂"等衬词。它具有以歌代言的诗性特点和鲜明的民族性，歌谣种类丰富，传播广泛。

刘三姐歌谣是壮族文化的重要组成部分，不仅具有见证民族历史和情感表述方式的文化史研究价值，还具有民族学、人类学、社会学、美学等方面的研究价值。

国家级代表性传承人名单

姓名	性别	申报地区或单位	入选批次
谢庆良	男	广西壮族自治区宜州市	4

柳毅传说

序号：1039

编号：Ⅰ-95

批次：3

类别：民间文学

申报地区或单位：山东省潍坊市寒亭区

柳毅传说是我国历史悠久的民间传说，在山东省潍坊市寒亭区朱里镇柳毅山周边地区流传很广，鲁东烟台、青岛部分地区，鲁西北东营、滨州部分地区也有流传。

柳毅传说主要描述了落第书生柳毅路过陕西泾河，遇见洞庭龙女牧羊荒郊，龙女自述在泾河夫家备受虐待，要求柳毅传书解救，柳毅慨然允诺，龙女得救后思慕柳毅，后经许多曲折，二人终于结为美满夫妇的故事。最早反映"柳毅传书"的文学作品是唐代李朝威的传奇小说《柳毅传》，元代剧作家尚仲贤也写有杂剧《洞庭湖柳毅传书》。柳毅传书故事展现出神奇浪漫的色彩，自唐代以来在民间广为流传，内容也不断丰富，衍生出天池祈雨说、海眼淘池说、民间祭拜说、告贫报应说、评书系列说、除夕守岁说、生日过节说、黄河摆渡说等民间传说。

寒亭的柳毅传说既有相关地点、人脉传承，也有由此形成的民间信俗祭祀活动，体系完备。柳毅山庙会延续至今，显示出当地人民对柳毅的感情。

鲁班传说

序号：531

编号：Ⅰ-44

批次：2

类别：民间文学

申报地区或单位：山东省曲阜市、滕州市

鲁班是春秋末期鲁国的一个工匠，原名公输般。由于他技艺超群，又是鲁国人，所以后来人们就称他为"鲁班"。关于鲁班的传说千百年来在民间流传，衍生出丰富的内容和形态。全国各地都有与鲁班有关的发明创造和建筑物的传说。

最早记载鲁班事迹的是《墨子》，在《礼记·檀弓》《风俗通义》《水经注》《述异记》《酉阳杂俎》以及一些笔记和方志中也有著录。鲁班在民间逐渐演变成能工巧匠的代表人物和民间智慧的杰出化身。曲阜地区的鲁班传说主要分为几个方面：发明木工工具的传说，以墨斗、锯子、刨子等为代表；发明生活用具的传说，以石磨为代表；建筑方面的传说，以"鱼抬梁和土堆亭""九梁十八柱七十二脊"的建筑绝艺为代表；带有神话色彩的传说，以"鲁班显灵""鲁班兄妹比赛建赵州桥""石婆婆"为代表。滕州地区的鲁班传说涉及鲁班出生、学艺、发明创造及其成神、为百业祖师等多个方面，故事非常系统；滕州境内还有鲁班造磨处、工匠屋、鲁班桥的遗址。

鲁班是中华民族家喻户晓的人物，鲁班传说除在汉族人民当中传播外，在白、壮、苗、瑶、彝、水、土家、仫佬、布依等少数民族中也有流传。鲁班传说不仅具有民间文学的价值，还有较高的思想价值和科学价值，是中华民族珍贵的精神文化遗产。

洛奇洛耶与扎斯扎依

序号：1064

编号：Ⅰ-120

批次：3

类别：民间文学

申报地区或单位：云南省墨江哈尼族自治县

《洛奇洛耶与扎斯扎依》是哈尼族碧约支系的民间叙事长诗，流传于云南省普洱市墨江哈尼族自治县、江城哈尼族彝族自治县、宁洱哈尼族彝族自治县及红河州、玉溪市的哈尼族碧约人聚居的村寨中。

长诗《洛奇洛耶与扎斯扎依》描写的是碧约人男青年洛奇洛耶和女青年扎斯扎依的故事，洛奇洛耶是碧约人心目中顶天立地的英雄，而扎斯扎依是聪明美丽的花朵。全诗共一千多行，分为"开头的歌""扎斯扎依""洛奇洛耶""赶街相会""秧田的歌""串门求亲""成家立业""领头抗租""不死的魂""结尾的歌"十个部分。用富有感染力的语言描述了男女主人公从相爱到成家的婚恋生活以及为了群众挺身而出领头抗租的事迹，特别是抗租失败后，洛奇洛耶与扎斯扎依被砍成肉块、剁成肉酱后依然复活，被铜钉钉在山崖下，淌了七天七夜的鲜血仍然毫不屈服的情节，充满了浪漫主义的色彩和坚忍不拔的精神。全诗情节曲折动人、人物形象鲜明，描绘了一幅幅生动的碧约人生产劳动、爱情婚姻的风情画卷。

《洛奇洛耶与扎斯扎依》不仅具有很高的文学价值，而且对于研究哈尼族碧约支系的历史文化具有重要的参考价值。

国家级代表性传承人名单

姓名	性别	申报地区或单位	入选批次
张桂芬	女	云南省墨江哈尼族自治县	4

珞巴族始祖传说

序号：1051

编号：Ⅰ-107

批次：3

类别：民间文学

申报地区或单位：西藏自治区米林县

珞巴族始祖传说是珞巴族的一种口头文学形式，主要流传于西藏自治区米林、墨脱、察隅等地的珞巴族群众中。

珞巴族没有自己的文字，关于本民族的传说一直靠口耳相传。西藏自治区米林县珞巴族博嘎尔部落的始祖传说认为，天父和地母结合后，生子金东，金东生子东日，东日生子阿巴达尼、阿巴达洛，阿巴达尼是珞巴族祖先，阿巴达洛为藏族祖先。阿巴达尼与太阳的女儿冬尼海依成婚，繁衍了许多部落和飞禽走兽。经过频繁的部落战争，部落联盟得以形成和巩固。传说还描述了种子的起源和刀耕火种的原始农业文明，以及部落大迁徙的历程，歌颂了珞巴族祖先的勤劳美德、优良传统、社会功绩等。

珞巴族始祖传说是珞巴族流传最广、影响最大的系列神话，对于研究珞巴族等历史文化具有不可替代的价值。

玛纳斯

序号：25

编号：Ⅰ-25

批次：1

类别：民间文学

申报地区或单位：新疆维吾尔自治区克孜勒苏柯尔克孜自治州、新疆维吾尔自治区文联民间文艺家协会

《玛纳斯》是柯尔克孜族的英雄史诗，与《江格尔》《格萨尔》并称我国三大史诗，主要流传于我国新疆维吾尔自治区南部的克孜勒苏柯尔克孜自治州及新疆北部的特克斯草原、塔城等柯尔克孜族聚居区，中亚的吉尔吉斯斯坦、哈萨克斯坦和阿富汗的北部地区也有流传。

玛纳斯是柯尔克孜族传说中著名的英雄和领袖，他是力量、勇气和智慧的化身。史诗《玛纳斯》有广义和狭义之别，广义的《玛纳斯》包括玛纳斯及其七代子孙的故事，因此分为八个部分，每个部分都以主人公的名字命名，分别为《玛纳斯》《赛麦台依》《赛依台克》《凯乃木》《赛依特》《阿色勒巴恰与别克巴恰》《索木碧莱克》《奇格台依》。每一部独立成章，叙述一代英雄的故事，各部又互相衔接，构成一个完整的体系。狭义的《玛纳斯》则专指第一部，在八部史诗中，它篇幅最长，艺术上也

◎民间文学

最为纯熟,描写了玛纳斯非凡的一生,由"神奇的诞生""少年时代的显赫战功""英雄的婚姻""部落联盟的首领""伟大的远征""壮烈的牺牲"几个部分组成。《玛纳斯》描写了玛纳斯及其七代子孙前赴后继、率领柯尔克孜人民抗击外来侵略者和各种邪恶势力,为争取自由和幸福而进行斗争的英雄事迹。文献记载,《玛纳斯》已有上千年的历史,在漫长的传承过程中一直口耳相传,无数歌手"玛纳斯奇"为这部史诗的发展做出过贡献。自20世纪60年代起,研究者记录、整理、出版了著名的《玛纳斯》传承人居素甫·玛玛依演唱的8部《玛纳斯》(23万行,共18册)柯尔克孜文本,目前已有英、俄、汉、土、日、哈萨克等多种译文。

《玛纳斯》塑造了玛纳斯的光辉形象,寄托着柯尔克孜人民对美好生活的向往以及不屈不挠的斗争精神,被视为柯尔克孜的民族魂。它从古老的柯尔克孜史诗与丰厚的柯尔克孜民间文学中汲取营养,其中含有大量柯尔克孜族的神话、传说、习俗歌、民间叙事诗与民间谚语,集柯尔克孜民间文学之大成,是柯尔克孜民族民间文化的百科全书,具有文学、历史、语言、民俗等多学科的价值。

国家级代表性传承人名单

姓名	性别	申报地区或单位	入选批次
居素甫·玛玛依	男	新疆维吾尔自治区文联民间文艺家协会	1
沙尔塔洪·卡德尔	男	新疆维吾尔自治区克孜勒苏柯尔克孜自治州	1
买买提阿力·阿拉马提	男	新疆维吾尔自治区克孜勒苏柯尔克孜自治州	3

演唱《玛纳斯》

满族民间故事

序号:540

编号:Ⅰ-53

批次:2

类别:民间文学

申报地区或单位:辽宁省文联民间文艺家协会

辽东长白山余脉广大地区,是满族形成、崛起、壮大的地区,蕴含着广博深厚的满族文化遗存和内涵。辽东满族民间故事描绘的主要是满族清前史时期满族先民社会生活的图景。

辽东地区的满族民间故事生成于满族由"渔猎"转向"农耕",并且与汉族文化密切接触、融合,逐渐形成满汉杂糅的文化特征这样一个特定的历史阶段。这一阶段满族社会生活的特点都鲜明地体现在由辽东满族民间故事当中。如《天鹅仙女》《布库里雍顺》《天女浴躬池》系列传说,讲述的是天神最小、最美丽的女儿因为吞食了朱雀衔来的朱果而怀孕生下爱新觉罗·布库里雍顺的故事,他就是满族的始祖。《日月峰》讲述的则是远古时代,世界没有生机,天帝的小女儿将左眼抛上天空化作太阳,把右眼抛上天空化作月亮,把脖子上的一串珍珠抛上天空化作漫天繁星,她自己却变成了一座山峰——日月峰。

辽东满族民间故事是满族社会的集体记忆，是满族群众创造的历史财富，具有重要的历史、文化和民俗研究价值。

国家级代表性传承人名单

姓名	性别	申报地区或单位	入选批次
爱新觉罗·庆凯	男	辽宁省文学艺术界联合会民间文艺家协会	3

百科全书。说部是满族及其先民历史的记忆，书中提及的历史内容有的鲜为人知，弥补了我国北方历史文献记载之不足，是民族史、疆域史、民族关系史以及人类学、社会学和民俗学研究的珍贵资料。

国家级代表性传承人名单

姓名	性别	申报地区或单位	入选批次
富育光	男	吉林省	4

满族说部

序号：12
编号：Ⅰ-12
批次：1
类别：民间文学
申报地区或单位：吉林省

满族说部是满族及其先民口耳相传的一种古老的民间长篇说唱艺术，满语称"乌勒本"，汉译为传或传记，即流传于满族氏族内部，讲述本民族特别是本宗族历史上发生的故事。因其体式与汉族说书比较接近，故称说部。满族说部流传在满族人口比较集中的吉林、辽宁、黑龙江、北京、河北等地。

满族说部多由族中长者漱口焚香宣讲，常配以铃鼓扎板，夹叙夹唱，意在说"根子"、敬祖先和颂英烈，听者谦恭有序，分外虔敬。满族说部植根于满族及其先民"讲古"的习俗之中，源自满族氏族对先代英雄的崇拜。满族说部早期多用满语说唱，清中叶后满语渐废，遂改用汉语讲唱，其中夹杂一些满语。

满族说部风格凝重，气势恢宏，包罗氏族部落崛起、蛮荒古祭、开拓创业、英雄史传、民族习俗和生产生活知识等内容，堪称民族的

梅葛

序号：550
编号：Ⅰ-63
批次：1
类别：民间文学
申报地区或单位：云南省楚雄彝族自治州

梅葛是一种彝族历史叙事长诗，起源于云南省楚雄彝族自治州姚安县官屯乡，流传于姚安、大姚、盐丰等县的彝族聚居山寨。"梅葛"是彝语的音译，本是一种曲调的名称，史诗用梅葛调演唱，因以得名。

梅葛的内容可分为"创世""造物""婚事和恋歌""丧葬"四个部分，几乎反映了彝族人民历史文化、生产生活的全貌，被视为彝家的"根谱"、彝族的"百科全书"。梅葛有"老年梅葛""中年梅葛""青年梅葛""娃娃梅葛"四种类型。"老年梅葛"也叫"赤梅葛"，主要是唱开天辟地、创世立业和劳动生活，调子和内容相对较固定，一般由中老年传唱。"青年梅葛"也叫"山梅葛"，主要反映彝族青年男女的爱情生活，主要有相好调、传烟调、戴花调、诉苦调、离别调和喜庆调，一般声调内容不固定，演唱中可即兴发挥。"中年梅葛"

民间文学

主要是唱成家后生产生活的艰难困苦，内容曲调比较凄婉忧伤。"娃娃梅葛"是彝族的儿歌，俗称"娃娃腔"，一般由成群结伙的彝族青少年和儿童对唱，其内容朗朗上口，妙趣横生，让人回味无穷。

梅葛既反映了彝族先民在远古时代的世界观，也勾画了彝族人民生产生活的演变与发展过程，具有重要的文化学、民俗学价值和一定的文学价值。

国家级代表性传承人名单

姓名	性别	申报地区或单位	入选批次
郭有珍	女	云南省楚雄彝族自治州	3

孟姜女传说

序号：008
编号：Ⅰ-8
批次：1
类别：民间文学
申报地区或单位：山东省淄博市

扩展名录：
孟姜女传说　　河北省秦皇岛市，湖南省津市市，山东省莒县

孟姜女传说，与白蛇传传说、梁祝传说、牛郎织女传说并列为我国古代四大民间传说。其广泛流传于全国各地，尤以淄博、秦皇岛、津市、莒县等地较为盛行。

孟姜女传说具有深厚的群众基础，至今已有两千多年的历史，内容上也多有演变，有孟姜女相关遗迹的地方也很多，如山东博山姜女泉，河北山海关姜女祠庙、姜女坟，辽宁绥中县姜女祠，河南杞县孟姜女庙，陕西宜君县哭泉及孟姜女庙，上海万喜良石像等。孟姜女传说较为通行的版本为杞梁被秦始皇抓走修筑长城，其妻孟姜女千里送寒衣，杞梁已冻饿而死被埋在长城之下，孟姜女哭倒长城，投水自尽。山东莒县的孟姜女传说较为特殊，不是围绕秦始皇修长城，而是围绕齐长城和齐莒之战展开情节的。

"孟姜女哭长城"的故事情节衍生出大量的戏剧、曲艺和影视作品。如津市嘉山孟姜女衍生出戏曲《嘉山孟姜女》、歌曲《孟姜女》、歌舞剧《秦时明月》等。至今淄博博山农村中老年妇女仍是长歌代哭，以孟姜女传统曲调来寄托哀思。孟姜女式的哭腔在当地广泛流传，可以说形成了一种哭文化。

米拉尕黑

序号：555
编号：Ⅰ-68
批次：2
类别：民间文学
申报地区或单位：甘肃省东乡族自治县

米拉尕黑是东乡语，"米拉"是小的意思，"尕黑"是哥哥的意思。《米拉尕黑》是东乡族最著名的长诗，流传于甘肃省东乡族自治县及其周边地区。

《米拉尕黑》约产生于明代，长诗叙述了一位名叫米拉尕黑的青年猎手在结婚前夕与心爱的未婚妻玛芝露分别，为了保家卫国毅然奔赴前线，十八年后得胜归来的米拉尕黑发现玛芝露为强盗所凌逼，他战胜强盗，和玛芝露过上了幸福的生活。长诗共五百多行，可说可唱，反映了东乡族人民不屈不挠的民族精神与向往和平生活的美好理想。长诗语言朴素简洁，情

节曲折感人，是东乡族民间文学中的优秀作品。东乡族诗人汪玉良曾以此为题材，创作了叙事长诗《米拉尕黑》。

《米拉尕黑》是寄托着东乡族民族精神的口传历史教科书，在民族学、文化学等方面具有研究价值。

国家级代表性传承人名单

姓名	性别	申报地区或单位	入选批次
马虎成	男	甘肃省东乡族自治县	3

密洛陀

序号：1061

编号：Ⅰ-117

批次：3

类别：民间文学

申报地区或单位：广西壮族自治区都安瑶族自治县

《密洛陀》是瑶族布努支系的一部创世史诗，流传于广西壮族自治区都安、巴马等地的瑶族布努人聚居地。

密洛陀是布努人心目中的始祖女神。《密洛陀》以布努语口耳相传，它篇幅浩繁、气势恢宏，用形象生动的语言，讲述了密洛陀的诞生、天地日月的形成、人类万物的起源、密洛陀治理大地山河、征服自然灾害、与妖魔怪兽的斗争、族性分开继宗接代、密洛陀续寿及病故、族内外的矛盾和冲突、本族迁徙的原因和经过等重大事件，热烈地歌颂了密洛陀的伟大业绩。史诗还描写了布努人在异族侵袭下进行民族迁徙，走入深山密林的悲剧历程，以及血缘婚的终结和母系社会向父系社会过渡的社会历史画面。每年农历五月二十九日密洛陀的生日"达努节"，布努人都会聚在一起，吟唱《密洛陀》以抒发对祖先的怀念之情。

《密洛陀》是瑶族传统文化的瑰宝，对于研究瑶族布努支系历史文化具有不可替代的作用。

苗族古歌

序号：1

编号：Ⅰ-1

批次：1

类别：民间文学

申报地区或单位：贵州省台江县、黄平县

扩展名录：
苗族古歌　　　湖南省花垣县

苗族古歌是一种以创世为主体内容的诗体神话，俗称"古歌"或"古歌古词"。苗族古歌在我国南方广大苗族聚居区普遍流传，尤其是黔东南清水江流域。

苗族古歌是苗族先民在长期的生产劳动中创作出来的史诗。苗族古歌主要分为四个部分：《开天辟地》《枫木歌》《洪水滔天》《跋山涉水》。其内容包罗万象，从宇宙的诞生、人类和物种的起源、初民时期的滔天洪水，到苗族的大迁徙、苗族的古代社会制度和日常生产生活等，无所不包，堪称苗族古代神话的总汇。苗族古歌古词神话大多在鼓社祭、婚丧活动、亲友聚会和节日等场合演唱，演唱者多为中老年人、巫师、歌手等。伴奏乐器有箫筒、芒筒和板凳。

苗族古歌是苗族人民的心灵记忆，也是集苗族历史、伦理、民俗、服饰、建筑知识于一体的苗族古代社会的百科全书，具有史学、民族学、哲学、人类学等多方面的研究价值。

国家级代表性传承人名单

姓名	性别	申报地区或单位	入选批次
王安江	男	贵州省台江县	1
刘永洪	男	贵州省台江县	1
龙通珍	女	贵州省黄平县	1
王明芝	女	贵州省黄平县	1
张定强	男	贵州省台江县	3

苗族贾理

序号：563

编号：Ⅰ-76

批次：2

类别：民间文学

申报地区或单位：贵州省黔东南苗族侗族自治州

贾理，在苗语中具有"哲理""真理""道理""法理"等义。苗族贾理是苗族口传心授的一种传统文化，是苗族先辈留给后人最为重要和深具代表性的非物质文化遗产，主要流传于贵州的黔东南、黔南和广西桂北等地的苗族聚居区。

苗族贾理是苗族地区经典的历史文化记忆集成，它集创世神话、族源传说、支系谱牒、知识技艺、宗教信仰、民俗礼仪、伦理道德、诉讼理辞和典型案例于一身，荟萃了苗族的原典文化，集中反映了苗子的精神和智慧。贾理一般讲究调韵和谐，工整对仗，不讲空泛道理，而是由一个或数个事例典故构成。贾理是苗族言史述典的范本，也是苗族"栽岩议榔"、举行祭祀盛典和重大节庆活动的根本依据，更是苗族人民在社会生活中自觉遵守的神圣准则。

贾理在苗族传承传统文化、塑造民族性格、促进民族认同、维护社会秩序、推动社会发展等方面发挥了非常重要的作用，在文学、史学、哲学、法学、语言学、民俗学、人类学等方面也具有研究价值。

牡丹传说

序号：1047

编号：Ⅰ-103

批次：3

类别：民间文学

申报地区或单位：山东省菏泽市牡丹区

牡丹是被誉为"国色天香"的国花，山东省菏泽市流传着大量关于牡丹的传说。

菏泽古称曹州，这里与牡丹有着不解之缘。传说隋代就有曹州花匠齐鲁桓为隋炀帝培育出高过楼台的牡丹；唐朝开国功臣李勣从都城长安将御花园的牡丹带回曹州老家种植，从此这里的百姓非常喜爱牡丹，加以精心培育，使得"曹州牡丹甲于海内"，并且产生了大量关于牡丹的传说。其中包括《谷雨与牡丹仙子》《青龙卧墨池》等，还有被收入《聊斋志异》的名篇《葛巾》。菏泽的牡丹传说包括人物传说、地名传说、品种传说、风俗传说等，既有普通百姓种花爱花的故事，也有文人雅士赏花赋诗的趣闻。这些故事语言通俗，情节生动，体现了当地人民对美好事物的热烈追求。

菏泽牡丹传说是我国牡丹文化的重要组成部分，具有很高的文学价值和丰富的认识价值。

牡帕密帕

序号：4

编号：Ⅰ-4

批次：1

类别：民间文学

申报地区或单位：云南省普洱市

牡帕密帕意为"开天辟地"，是拉祜族流传最广的一部长篇诗体创世神话，以口头文学的形式流传于云南省普洱市澜沧拉祜族自治县境内。

《牡帕密帕》全诗共17个篇章，2300行，内容主要为"厄萨"造天地日月、造万物和人类，以及人类初始阶段的生存状况等。在拉祜族的传统节日、宗教活动或农闲期间，由"嘎木科"（会唱诗的人）和"魔巴"（主持宗教活动的人）主唱，也可由多人伴唱或多人轮唱。歌词通俗简练，格律固定，对偶句居多。其曲调优美动听，调式因地域不同而有差异，演唱以字行腔，有说唱的特点。

《牡帕密帕》反映了拉祜族远古时期的社会风貌和拉祜族人民对于宇宙起源和人类起源的朴素认识，是研究拉祜族历史文化不可或缺的宝贵资料。

国家级代表性传承人名单

姓名	性别	申报地区或单位	入选批次
李扎戈	男	云南省普洱市	1
李扎倮	男	云南省普洱市	1

木兰传说

序号：537

编号：Ⅰ-50

批次：2

类别：民间文学

申报地区或单位：湖北省武汉市黄陂区，河南省虞城县

扩展名录：
木兰传说　　　　陕西省延安市宝塔区

花木兰是我国古代传说中女扮男装的传奇女英雄，花木兰传说在我国南北各地家喻户晓，在海外也具有广泛影响。

木兰传说历史悠久，既是中华民族"忠孝勇节"传统文化的集中体现，又是历史与文学艺术完美结合的不朽佳作，整个故事由木兰出生、少年木兰、替父从军、塞外征战、立功凯旋、皇上封赏、辞官回乡、生死恋情、终老故里等情节组成。传说内容十分广泛，涉及人物、地名、建制、物产、风俗、宗教等多个方面。湖北省武汉市黄陂区有木兰山、木兰湖、木兰川、木兰石门等因木兰传说而得名的古迹。河南省虞城县有木兰祠，祠中保存着刻于元代的叙述木兰生平事迹的石碑。陕西省延安市宝塔区则有据说是木兰当年骑马射箭的跑马梁，也被当地群众传为木兰故里。

木兰传说体现了保家卫国、追求平等的观念，对于民族精神的建构具有不容低估的作用。木兰传说中蕴含的伦理、民俗、宗教、文学、艺术等多方面的内容，也具有一定的研究价值。

目瑙斋瓦

序号：1063

编号：Ⅰ-119

批次：3

类别：民间文学

申报地区或单位：云南省德宏傣族景颇族自治州

《目瑙斋瓦》是景颇族的创世史诗，流传于云南省德宏傣族景颇族自治州的盈江县、陇川县、潞西市、瑞丽市的景颇族聚居区。

《目瑙斋瓦》是景颇族先民祭祀天神、太

阳神的祭词，全诗接近九千行，分为六个部分。第一部分讲述了天地万物的形成以及人类的诞生；第二部分讲述了景颇族的创世英雄宁贯杜率领同伴们改造天地，使土地肥沃、庄稼生长的过程；第三部分讲述大地洪水泛滥；第四部分讲述宁贯杜外出寻找财富并娶龙女扎圣为妻；第五部分讲述景颇族跳"目瑙纵歌"舞的来历；第六部分讲述大地上的生活，包括钻木取火、寻找水源、制造生产工具、种地建房、男婚女嫁等。《目瑙斋瓦》结构宏伟，格律整齐，语言优美。历来通过口耳相传，现已有景颇文本和汉译本。

《目瑙斋瓦》是景颇族传统文化的"百科全书"，对于研究景颇族的政治、文化、民俗、伦理等有重要价值。

牛郎织女传说

序号：523
编号：Ⅰ-36
批次：2
类别：民间文学
申报地区或单位：山西省和顺县，山东省沂源县

扩展名录：
牛郎织女传说　陕西省西安市长安区

牛郎织女传说是我国流传最广、影响最大的民间传说之一，与孟姜女传说、梁祝传说、白蛇传传说并称四大民间传说。该传说讲述的是凡人牛郎和仙女织女的人神相爱，结婚生子，但被王母娘娘拆散，最终只能每年七夕鹊桥相会。

牛郎织女传说起源于先秦时期，《诗经·小雅·大东》中就出现对天穹中被银河隔开的参、商二星（牛郎星和织女星）的艺术想象。这一诗歌意象，被后世加以拟人化处理，渐渐演化出牛郎织女的爱情故事。由这一传说的情节，还衍生出七夕乞巧的风俗。牛郎织女的爱情悲剧得到民众的普遍同情，很多地方的民众都将传说中的主人公当作实有其人，且将故事的发生地点认定为当地，由此出现了许多相关的遗迹，山西省和顺县、山东省沂源县都有与牛郎织女相关的遗址，这些地方的群众对牛郎织女传说也是耳熟能详。陕西省西安市长安区的牛郎织女传说也将他们当作本地人，并至今存在着"正月十七"牛郎织女成婚日和"七月初七"牛郎织女相会日两种大型文化庙会。

牛郎织女传说反映了我国古代男耕女织的社会结构和封建宗法制度下婚姻不自由的状况，千百年来，这一优美动人的传说对我国的伦理道德和大众的文化心理产生了重要影响。

盘古神话

序号：544
编号：Ⅰ-57
批次：2
类别：民间文学
申报地区或单位：河南省桐柏县、泌阳县

盘古开天辟地是中国最著名的创世神话、人类起源神话，在全国各地广为流传。河南桐柏、泌阳的盘古神话群具有自身特色。

盘古神话，始见于《艺文类聚》所引三国时吴人徐整《三五历纪》和清人马骕《绎史》所引《五运历年纪》。桐柏、泌阳的盘古神话群内容涉及开天辟地、世界毁灭、滚磨成亲、繁衍人类、体化万物等，反映了华夏先民的原始宇宙观和自然观。这些神话在长期的传承过程中，与当地的山川地理、自然气候、村落建筑、风俗习惯联系在一起，体现出系统性和独特性。

盘古神话反映了华夏先民的思维方式，在中华民族的民族精神建构中发挥了重要作用。桐柏、泌阳盘古神话群具有深厚的群众基础，其中蕴含着先民对自然万物的认知，具有一定的文化学和民俗学研究价值。

盘瓠传说

序号：1037

编号：Ⅰ-93

批次：3

类别：民间文学

申报地区或单位：湖南省泸溪县

盘瓠传说是关于神犬盘瓠与帝女辛女的神话传说，发源于湖南省湘西土家族苗族自治州泸溪县，广泛流传于湘西苗族地区和黔东北苗族地区。

盘瓠传说的基本内容为：帝喾高辛氏时期，犬戎为乱，帝喾屡征不克，于是颁旨：有能得犬戎吴将军首级的，妻以爱女辛女，赏金封地。帝喾的五色犬盘瓠闻命取得吴将军之首。帝喾以盘瓠是犬想违约，辛女却愿意履约。盘瓠驮着辛女飞到南方的泸溪，住在山洞里，生下六男六女，世代繁衍。盘瓠传说最早见诸文字的是范晔的《后汉书》，此后的《荆楚记》《溪蛮丛笑》《辰州府志》等书籍中都有记载。在泸溪一带，有盘瓠洞、辛女岩等多处与盘瓠传说相关的地名，以及盘瓠庙、辛女庵等祭祀场所。在当地的丧葬习俗、民间信仰、民族舞蹈中都不难发现盘瓠传说的痕迹。

盘瓠传说发生于母系社会向父系社会过渡的时期，具有重要的历史文化价值，也是中华民族精神认同的一个鲜明例证。

坡芽情歌

序号：1057

编号：Ⅰ-113

批次：3

类别：民间文学

申报地区或单位：云南省富宁县

坡芽情歌壮语称"布瓦吩"，意为"把花纹图案画在土布上的山歌"，是一部壮族的爱情民歌集，主要流传于云南省富宁县的壮族村寨中，以剥隘镇坡芽村为中心。

坡芽情歌的歌书由记录在土布上的八十一个图画符号组成，图画符号有月、星、树、稻谷、犁、斧、禽、马、人、衣服、房屋、枫叶等，每一个图画符号代表一首情歌。歌手看到这些图画符号就能演唱相应的情歌。歌集详细地描述了一对青年男女从相识、相知、相恋到相约白头偕老的动人爱情故事。情歌以壮语北部方言演唱，男女对唱，一唱一和。曲调以"分打捞""分标""分呃哎""分戈麻"等壮族山歌小调为主。句式多为五言，每首歌四句到数十句不等，修辞手法较为丰富。以首尾韵、腰尾韵和尾韵为主要押韵方式，韵律严密。

坡芽情歌形式独特，艺术价值很高，对于研究壮族历史、民俗、音乐具有重要的参考价值，它所采用的图画符号也为古文字的研究提供了线索。

国家级代表性传承人名单

姓名	性别	申报地区或单位	入选批次
农凤妹	女	云南省富宁县	4

麒麟传说

序号：530

编号：Ⅰ-43

批次：2

类别：民间文学

申报地区或单位：山东省巨野县、嘉祥县

麒麟是古代传说中的祥瑞神兽，是国泰民安、吉祥和谐的象征。麒麟传说在山东省巨野县、嘉祥县及其周边地区已经流传了千百年。

麒麟传说始于春秋"西狩获麟"的记载，孔子作有《获麟歌》，此后晋代王嘉《拾遗记》和袁宏《北征赋》都有提及，唐初武德四年曾在今天的巨野地区设"麟州"。在当地流传着《牛生麒麟》《麟山产麟》《孔母梦麟》《麒麟送子》等关于麒麟的传说故事，还有"麟山""麒麟洞""麒麟台""麒麟冢"等多处与麒麟有关的遗址。此外，还有大量以麒麟为题材的诗词、曲艺、民谣、歌舞等艺术形式。

麒麟传说是扎根于民间，富有地方特色和民族特色的文学作品，充满了劳动人民朴素的情感和丰富的想象力，具有珍贵的民间文学价值和人类学、民族学、民俗学研究素材的特殊价值。麒麟传说寄托着人民群众追求吉祥幸福的生活理想，在民族性格的塑造中起到了重要作用。

契丹始祖传说

序号：1031

编号：Ⅰ-97

批次：3

类别：民间文学

申报地区或单位：河北省平泉县

契丹是中古时代活跃在我国北方的一个民族，发祥于辽河上游一带，关于契丹始祖的传说主要流传于河北省平泉县及其周边地区。

平泉县地处河北、辽宁、内蒙古交界处，自古以来就是多民族聚居区，蕴含着丰富的民间文化资源。平泉在辽代叫神山县，这里的契丹始祖传说历史悠久，一直以口传形式流传。契丹始祖传说讲述的是神人乘白马、天女驾青牛，相遇于内蒙古赤峰的木叶山二水交汇之处，一见钟情，结为夫妻，生下八个儿子，由此形成"契丹八部"的故事。平泉境内保存的辽代大长公主墓、石羊石虎辽古墓群、辽枢密院副使窦景庸墓，出土的辽代文物，如辽三彩罐、龙凤纹镏金银器等，可证明契丹人曾在这块土地上活动。据《辽史》和《承德府志》的记载，平泉的马盂山（柳溪乡光头山）就是契丹始祖的发祥地。至今，当地仍旧保存着男糊白马女糊青牛的丧葬习俗，可与"青牛白马"的传说互为佐证。

契丹始祖传说蕴含着丰富的人类学、民族学、民俗学信息，对于研究契丹的历史文化具有十分重要的价值。

恰克恰克

序号：1067

编号：Ⅰ-123

批次：3

类别：民间文学

申报地区或单位：新疆维吾尔自治区伊宁市

恰克恰克汉语意为"笑话"，是维吾尔族民间的一种讽刺性的口头文学形式，主要流传于伊犁哈萨克自治州直属的一市八县，并辐射新疆维吾尔自治区的其他维吾尔族聚居区。

维吾尔族人民热爱生活，乐观开朗，在麦西来甫、喜庆婚礼、朋友聚会、节日庆典等场合，一般都会有恰克恰克表演助兴。善于表演恰克恰克的表演者称为"恰克恰克奇"。恰克恰克的内容涉及生活的方方面面，大多数情况下恰克恰克奇根据场合即兴发挥。表演形式主要有两种，一种是传统的"拉提帕"，汉语意为"幽默故事"，由恰克恰克奇一人为观众讲述短小精悍的幽默故事；另一种是两名或多名恰克恰克奇之间进行幽默和智慧的互相较量。

恰克恰克是维吾尔民间口头传统文化中的一株奇葩，运用巧妙的语言来针砭时弊、惩恶扬善，引导人们追求美好，具有很强的教育和娱乐作用。

国家级代表性传承人名单

姓名	性别	申报地区或单位	入选批次
黑萨木丁·库尔万	男	新疆维吾尔自治区伊宁市	4

钱王传说

序号：1042

编号：Ⅰ-98

批次：3

类别：民间文学

申报地区或单位：浙江省临安市

钱王传说是由五代时期吴越国王钱镠生平事迹衍化而来的民间传说，在苏杭一带广为流传，在其故乡临安更是家喻户晓。

钱镠（852～932），出身贫苦，以贩私盐起家，唐末雄踞两浙，建立吴越政权，在五代乱世中奉行"保境安民"的政策，使得吴越之富"甲于天下"，奠定了太湖流域"鱼米之乡"和苏杭地区"人间天堂"的坚实基础。钱王传说内容丰富，有关钱王家世、生平的传说，见义勇为、智勇过人的传说，艰苦创业、建功立业的传说，除暴安良、勤政爱民的传说，还有一批地名传说、地方风土人情传说，形成了一个庞大的"钱王传说群"。尤以钱王射潮修筑捍海石塘的传说、钱王修建杭州城的传说等，最能体现主人公的英雄气概。

钱王传说表达了人民群众的意志、愿望和爱憎，具有深刻的教育意义，同时具有较高的文学价值。

羌戈大战

序号：1066

编号：Ⅰ-122

批次：3

类别：民间文学

申报地区或单位：四川省汶川县

《羌戈大战》是羌族最著名的英雄史诗，主要流传于四川省阿坝藏族羌族自治州的羌族聚居区。

《羌戈大战》是羌族释比（羌族祭祀活动的主持者）在祭山还愿时演唱的经典史诗之一。史诗记述了一支羌族先民从西北高原向西南地区迁移的进程中，与原先居住在岷江上游一带的戈基人之间发生战争，并最终取得胜利，从而在此地安居乐业，繁衍生息的历史。《羌戈大战》长达六百余行，由"序歌""羊皮鼓的来源""大雪山的来源""羌戈相遇""寻找神牛""羌戈大战""重建家园"七个部分组成。《羌戈大战》记录了羌族先民大迁徙的历史，描绘了原始部落之间的战争，反映了远古社会生活多方面的情况。

《羌戈大战》不仅有很高的文学性，而且包含着大量的历史文化信息，具有人类学、民族学、民俗学等多方面的研究价值。

◎民间文学

青林寺谜语

序号：31
编号：Ⅰ-31
批次：1
类别：民间文学
申报地区或单位：湖北省宜都市

扩展名录：
谜语（澄海灯谜）　　广东省汕头市澄海区

青林寺村位于湖北省宜都市高坝洲境内，这个村的村民擅长制谜、猜谜，痴迷成风。青林寺谜语数量众多，有五千余则。谜语类型丰富，既有事谜、物谜、字谜等，还有其他地区少见的谜歌。青林寺谜语朴实无华，乡土气息浓郁，当地的自然资源、风俗习尚、村民的生活方式、劳动工具都可以通过巧妙的构思编入谜语。在青林寺，几乎人人能说谜语，大家随时随地都能相互比试自己的得意之作。2002 年，青林寺村被湖北省文联命名为"湖北省青林寺谜语村"；2002 年，被湖北省文化厅命名为"湖北省民间艺术之乡"；2003 年，被中国民间文艺家协会命名为"中国谜语村"。近年来，青林寺谜语村落这一独特的文化现象受到广泛关注，先后有多种青林寺谜语的选本和研究资料问世，有关方面还成立了青林寺谜语抢救保护组织。此外，青林寺谜语、谜歌已被宜昌市中小学校列入乡土教材。

澄海地处粤东韩江三角洲，流传着富于地方特色的澄海灯谜。澄海灯谜保留了宋代临安"击鼓猜射"的传统形式，以及"送谜标""猜谜母"的民俗形式，使用的创作方法有二十多种，流传的谜语有数百种。1999 年，澄海被广东省评为"民族民间灯谜艺术之乡"；2000 年，被文化部命名为"中国民间灯谜之乡"。

屈原传说

序号：534
编号：Ⅰ-47
批次：2
类别：民间文学
申报地区或单位：湖北省秭归县

屈原是我国伟大的爱国主义诗人，湖北省秭归县是屈原故里。千百年来秭归人民将屈原与境内自然景观、人文景观相互联系起来，创作和传承了大量关于屈原的传说故事。

屈原传说作为独特的文化事象，孕育于秭归的壮丽山川和灿烂的巴楚人文环境之中，独具魅力，富有个性。现存的近百则屈原传说故事可分为四类："景物传说"，如《玉米三丘》《伏虎降钟》等；"地名传说"，如《乐平里》《九畹溪》等；"人物传说"，如《马桑树》《易服救主》等；"习俗传说"，如《三闾风》《纱帽翅》等。这些传说情感浓烈，想象丰富，神奇浪漫。

屈原传说具有独特的文学价值，且在历史学、社会学、民俗学方面均有参考价值。屈原传说中包含的爱国主义情感，对于民族心理的建构发挥了不容低估的作用。此外，屈原传说对于秭归当地旅游文化发展具有推动作用。

邵原神话群

序号：545
编号：Ⅰ-58
批次：2
类别：民间文学
申报地区或单位：河南省济源市

邵原镇位于河南省济源市西部，地处黄河北岸、王屋山西麓。邵原神话群，是邵原镇流传的创世神话及神话原型物的总称。

邵原自古就有大量神话故事流传，内容涵盖盘古开天辟地，女娲抟土造人，女娲炼石补天，伏羲演八卦，神农尝百草与播种五谷，轩辕祭天，黄帝大战蚩尤，颛顼和共工争位，大禹治水八大种类，总计六十余则。这些神话通过口头传承代代相传，并在讲述过程中与当地山川景物结合起来，很多神话里的人物活动都与邵原的奇山秀水产生了关联。如关于女娲的故事，可以在邵原的山水当中找到痕迹：邵原镇北有被斩孽龙的黑龙山、断鳌足立四极的鳌背山、芦灰锁积的锁泉岭、炼石补天的银河峡等神话原型物。神农尝百草、轩辕祭天、战神蚩尤等神话，在邵原境内也有不少与之对应的古地名、古文物、古遗存。

邵原创世神话的丰富内容，反映了中原地区华夏先民的世界观，其中积淀着深厚的民族精神，具有丰富的文化内涵和很高的研究价值。

生活、心理、语言特点创作了一些作品，如《高皇歌》《历期歌》《钟良弼》《白蛇传》等，小说歌由此形成。畲族小说歌大都取材于我国民间戏曲、曲艺中流传的故事，而与畲族的日常杂歌有别。其基本特点是：叙事性强，有故事情节；有严谨的结构章法，每篇由众多的单首组成，单首的结构为四行，每行七字，类似汉语的"七绝"；运用多种技法对人物形象进行艺术加工；作者的署名被巧妙地隐藏在歌尾。畲族小说歌内容丰富，形式多样，语言明快，音韵和谐，不用典故，不事夸张和粉饰，融叙事、咏物、抒情为一体，朴实真切。

畲族小说歌不仅是畲族歌谣中的精髓，也是畲族具有代表性的文化表现形式和闽东地区富有特色的艺术类别，具有重要的文化价值。

国家级代表性传承人名单

姓名	性别	申报地区或单位	入选批次
钟昌尧	男	福建省霞浦县	4

畲族小说歌

序号：30
编号：Ⅰ-30
批次：1
类别：民间文学
申报地区或单位：福建省霞浦县

畲族小说歌是畲族民众创造的一种独特文学样式，发源于福建省霞浦县侯南镇白露坑村，流传于霞浦县及其周边地区的畲族群众当中。

小说歌始于清代，最初畲族歌手中一些能识字的人将汉族章回小说和评话唱本改编为本民族山歌口头唱本和手抄唱本，后逐渐在本民族流传的英雄人物事迹的基础上，结合本民族

舜的传说

序号：1034
编号：Ⅰ-90
批次：3
类别：民间文学
申报地区或单位：山西省沁水县，山东省诸城市

舜是我国上古贤明君主"三皇五帝"之一，关于舜的传说故事在山西沁水历山地区和山东诸城广为流传。

相传舜生于诸城，而山西沁水县城西历山一带，被认为就是舜躬耕过的历山。山东诸城流传的舜的传说主要有《奇异的出生》《大舜名字由来》《母亲临终教子》《后母三次陷害舜》

◎ 民间文学

《尧三次考验舜》等。山西沁水历山一带的传说主要有：舜耕治历山传说，包括《舜耕历山》《三道犁沟》《无鞭之价，鞭笞之利》《斩龙台》等；舜的生活和婚姻方面的传说，有《竖井变斜井》《大雨倾盆灭麦火》《尧王选贤，择舜为婿》《比才华，妹"正"姐"偏"》等；舜与当地植物及地名渊源的传说，有《大舜刀劈一线天》《冻冽洼，马栅背》《雪红坪》《林迟木》《猪娃岭》《菜园背》《大尖头小石泉》等。这些古老的传说，与当地的山川风景、土石草木有着一定的联系，被群众世代口耳相传。

舜被后世奉为明君的楷模，关于舜的种种传说寄托着人民群众对政治清明、社会和谐的美好愿望，具有独特的历史文化价值。

司岗里

序号：561
编号：Ⅰ-74
批次：2
类别：民间文学
申报地区或单位：云南省沧源佤族自治县

扩展名录：
司岗里　云南省西盟佤族自治县

司岗里，是佤族人的一部创世史诗，"司岗"是崖洞的意思，"里"是出来，"司岗里"就是从岩洞里出来。司岗里在临沧市沧源佤族自治县、普洱市西盟佤族自治县等云南省西南部阿佤山区和周边国家的佤族聚居区广为流传。

司岗里特指的地理位置在沧源县岳宋乡南锡河对面缅属岩城附近名叫巴格岱的地方。传说远古的时候，人被囚禁在密闭的大山崖洞里出不来，万能的神灵莫伟委派小米雀凿开岩洞，老鼠引开守在洞口咬人的老虎，蜘蛛堵住不让人走出山洞的大树，人类才得以走出山洞，到各地安居乐业、休养生息。过去佤族群众每年都要到巴格岱"司岗里"处剽牛祭祀纪念"司岗里"。司岗里传说的内容涉及人类起源、祖先事迹、部落战争、传统习俗、生产生活等各个方面，是佤族先民对于宇宙万物和民族历史的独特阐释。

司岗里传说，保存了佤族人民对于原先穴居生活的记忆，对于研究佤族社会、历史、文学、民俗等都具有重要意义。

国家级代表性传承人名单

姓名	性别	申报地区或单位	入选批次
岩桑	男	云南省西盟佤族自治县	4

四季生产调

序号：24
编号：Ⅰ-24
批次：1
类别：民间文学
申报地区或单位：云南省红河哈尼族彝族自治州

四季生产调是哈尼族一种重要的民间文学形式，其产生不晚于唐代，主要流传于云南省红河哈尼族彝族自治州红河、元阳、绿春、金平、建水等县的哈尼族聚居区。

哈尼族四季生产调是山区梯田生产技术及民族礼仪禁忌的百科大典，包括引子、冬季、春季、夏季和秋季五大单元的内容。引子部分强调祖先传承下来的四季生产调对哈尼族的生存所具有的意义，其余部分按季节顺序讲述梯田耕作的程序、技术要领，以及与之相应的天文历法知识、自然物候变化规律、节庆祭典知识和人生礼节规范等。四季生产调的音调极为古朴、舒缓，演唱时没有表演动作和乐器伴奏。其歌词朴实、直白，语言生动、活泼，非常贴近哈尼人的生产、生活。它不仅是梯田生产技术的全面总结，也是哈尼族社会伦理道德规范的集大成之作。哈尼族人民在火塘边、酒桌上、田间地头，都会吟唱四季生产调。

四季生产调不仅具有文学、音乐方面的价值，而且在哈尼族社会的生产、生活中起着指导作用，也见证了哈尼族梯田稻作文明的变迁历程，对研究人类梯田稻作文明具有重要的参考价值。

国家级代表性传承人名单

姓名	性别	申报地区或单位	入选批次
朱小和	男	云南省红河哈尼族彝族自治州	1

苏东坡传说

序号：1043

编号：Ⅰ-99

批次：3

类别：民间文学

申报地区或单位：浙江省杭州市

苏东坡（1037～1101），字子瞻，又字和仲，号"东坡居士"，眉州眉山（今四川眉山）人，北宋著名散文家、书画家、词人、诗人，是豪放词派的代表。他和父亲苏洵、弟弟苏辙合称唐宋八大家中的"三苏"。苏东坡的传说在我国各地广泛流传，苏东坡曾两次在杭州为官，总计五年时间，在杭州留下了大量内容十分精彩的传说。

杭州的苏东坡传说大致可分为三类：第一类讲述他勤政爱民，为老百姓排忧解难的事迹；第二类描述他的绝世才华，出口成章，在杭州留下美妙诗词；第三类多与杭州的地方风物有关。例如苏东坡疏浚"钱塘六井"的传说，苏东坡治理西湖和修建苏堤的传说，苏东坡吟咏西湖美景的传说，苏东坡与红烧肉的传说等。

至今杭州境内还保留着不少与苏东坡相关的遗迹，如苏堤、六吊桥、三潭映月、相国井等，与这些传说交相辉映，成为杭州地方文化不可分割的一部分。苏东坡的传说还为文学作品提供了素材，是宋代以后关于杭州的文人笔记热衷的题材。改编自苏东坡传说的戏曲、曲艺、影视等其他形式的文艺作品也为数众多，深受群众喜爱。

泰山传说

序号：1048

编号：Ⅰ-104

批次：3

类别：民间文学

申报地区或单位：山东省泰安市

泰山传说是关于泰山的口头文学，在泰山周边地区广为流传。

泰山位于山东省泰安市境内，又称岱宗，为五岳之首，号称"天下第一山"，1987年入选联合国教科文组织"世界文化与自然双重遗产名录"，在悠久的历史岁月中，泰山沉淀了帝王封禅文化、儒释道三教文化、民间俗信文化。关于泰山的传说源远流长，成书于先秦时期的《山海经》就保存了有关泰山的传说，此后东汉泰山太守应劭《风俗通义》等历代文献都有记载，其中明代泰山文士宋焘《泰山纪事》是第一部泰山传说故事集。泰山传说的内容大致分为神话、传说、故事、歌谣、谚语等，涵盖自然变化、英雄神话、历史人物、宗教人物、仙道、山川形胜、民间风俗、鬼狐精怪等。

泰山传说历史悠久，题材多样，内容丰富，语言生动，具有文学、历史、民俗等多方面的研究价值。

产与生活、知识与智慧、理想与愿望，具有重要的历史文化价值。

国家级代表性传承人名单

姓名	性别	申报地区或单位	入选批次
谭振山	男	辽宁省新民县	1

谭振山民间故事

序号：20

编号：Ⅰ-20

批次：1

类别：民间文学

申报地区或单位：辽宁省新民市

谭振山，男，著名民间故事讲述家，祖籍河北，1925年生于辽宁省新民市罗家房乡太平庄村，这里是清咸丰年间的移民村，来自山东、河南、河北等地的移民也将大量民间故事带入此地。谭振山能讲述一千多个民间故事，内容多为风物传说、鬼狐精怪故事、历史人物传说及生活故事和笑话。

谭振山善于营造讲述氛围，具有高超的讲述技巧，不突出形体渲染，注重语气和表情，以情节曲折生动见长，风格质朴而具有感染力。谭振山在20世纪80年代末的民间文学集成调查中始被发现，民间文学工作者对他讲述的民间故事进行了采录。1988年，沈阳市和新民县共同编辑的《谭振山故事选》出版，选录谭振山讲述的民间故事五十三篇。1989年，他被辽宁省命名为"优秀民间故事家"。谭振山讲述的故事引起了国内外学界的注意。1992年，谭振山应日本元野市市长邀请赴日参加"世界民间艺术博览会"，并为到会的国外学者们讲述了中国民间故事。台湾中正大学教授陈益源及其学生曾两次到谭振山家中进行采录。谭振山还是民间故事家中进大学讲学的第一人。

谭振山是辽河区域口头文学的代表人物。他的民间故事全方位反映了辽河平原群众的生

陶克陶胡

序号：1060

编号：Ⅰ-116

批次：3

类别：民间文学

申报地区或单位：吉林省前郭尔罗斯蒙古族自治县

《陶克陶胡》是艺人根据真人真事创编的一种蒙古族说唱体长篇叙事文学，在我国东北的蒙古族聚居地区广为流传。

陶克陶胡（1864～1922），蒙古族哲里木盟郭尔罗斯前旗人，为反抗封建王公和军阀政府掠夺牧地，于1906年9月率领贫苦牧民举起抗垦起义的旗帜，进行了不屈不挠的斗争。为了纪念这位保卫家园的英雄，民间艺人创编了乌力格尔《陶克陶胡》以及大量相关的传说、民歌等说唱文学作品。这些作品情节曲折生动，语言质朴凝练，曲调跌宕起伏，成功地塑造了陶克陶胡的光辉形象，具有很强的艺术感染力。

《陶克陶胡》是郭尔罗斯蒙古族民间文学的代表作之一，文学价值很高，同时具有历史学和民族学研究价值。

陶朱公传说

序号：529
编号：Ⅰ-42
批次：2
类别：民间文学
申报地区或单位：山东省定陶县

陶朱公传说主要是关于范蠡居陶十九年间的民间传说故事，这些故事在山东省定陶县一带广为流传。

陶朱公本名范蠡，是春秋末期著名的政治家、军事家。相传吴越战争结束后，范蠡弃官离开越国，经齐国西行至陶（今山东省定陶县），认为此地"天下之中，诸侯四通"，遂定居于陶，定陶由此得名。陶朱公在陶地"三致千金"，成为富甲天下的巨商，被后世尊奉为财神爷。陶朱公传说内容丰富，既有关于范蠡出身来历的传说，又有其经商致富和处世理家的传说，还有和陶朱公有关的地方风物传说。这些传说在定陶民间口耳相传，从不同角度反映了陶朱公的为人哲学和经商思想，也体现了人们发家致富的愿望和定陶乃至鲁西南一带的风土人情。

陶朱公传说深深扎根于民间，其中所涉地理位置、农家民俗、引典佐证、历史记载都有着浓郁的地方特色。陶朱公传说具有"富好行其德"的独特内涵，对于中国传统经商文化的研究具有一定的参考价值。

天坛传说

序号：1029
编号：Ⅰ-85
批次：3
类别：民间文学
申报地区或单位：北京市东城区

天坛，位于北京南部，始建于明永乐十八年（1420），是明、清两朝皇室举行祭天、祈谷和祈雨仪式的祭坛，是天子向天帝表达敬意，祈求国泰民安、国运长久的祭祀场所。天坛传说是关于天坛及其周边地区的口头传说，在北京地区特别是在天坛周边的金鱼池、法塔寺、四块玉、天桥等地区广为流传。

我国古代"天人合一"宇宙观的融入，使天坛建筑群具有神圣而独特的寓意；在农耕社会，民众的生存与发展要靠自然的赐予，即靠天吃饭，而神秘、神圣的皇室祭天大典，带来人们对风调雨顺的向往。这一切激发人们创作出关于天坛的口头传说。天坛传说的内容大致包括五部分：建坛传说、景物传说、天坛故事、坛根儿传说和人物传说。天坛传说是农耕文明条件下的精神产品，经过几百年的口口相传流传至今。

作为民间文化遗产和重要社会历史资料，天坛传说兼具深厚的文学价值、文化价值和历史研究价值。

桐城歌

序号：566
编号：Ⅰ-79
批次：2
类别：民间文学
申报地区或单位：安徽省桐城市

桐城歌，是起源于安徽桐城市的一种地方民歌，主要流行于安徽省安庆市，影响旁及毗邻的湖北、江西部分地区和江浙吴语地区。

桐城歌是劳动人民集体口头创作的一种韵文形式的民间文学，是一种融词、曲、表演为一体的综合艺术。桐城歌粗俗中带着几分真实，调侃中带着几分劝导。桐城歌风格独特，体式结构自由活泼，方言和土语迭现，节奏扬抑疾徐，内容饶有情趣，真切地反映黄梅戏的"原生态"：内容丰富，有生产劳动类、日常生活类、情歌类、颂歌类等，涉及社会生活的各个方面；体裁多样，有山歌、号子、小调、秧歌、风俗礼仪歌等；语言以三字句、五字句、七字句为多，大多是口耳相传，语言朴实无华，通俗易懂，有少部分唱词典雅，比较讲究音韵。

桐城歌结构整齐，曲调丰富，唱法独特，是黄梅戏的艺术源头之一，无论从文学的角度或音乐的角度来审视，都极具珍贵的艺术价值和研究价值。

童谣

北京童谣、闽南童谣

序号：565
编号：Ⅰ-78
批次：2
类别：民间文学
申报地区或单位：北京市宣武区，福建省厦门市

童谣是传唱于儿童之口的没有乐谱的歌谣。

北京童谣按内容可分为三类：一类是长辈为教育儿童而编唱的；一类是描述成人生活、感情、观念、见解的；一类是根据古代仪式中的惯用语或历史题材加工而成的。其形式包括顶针格、串话、绕口令、谣谚格、摇篮曲、谜语格、连锁调、数数歌、问答歌、排比格等，要求合辙押韵，包括双句押韵、句句押韵等。如《东直门挂着匾》《大头儿大》等。

闽南童谣是以闽南语传唱的儿童歌谣，流行于闽南、台湾和东南亚华侨华裔聚居地。闽南童谣按内容可分为时政（如《拍日本》）、育儿（如《摇啊摇》）、游戏（如《拍手歌》）、动物（如《小蜜蜂》）、植物（如《果子歌》）、知识（如《一二三》）、民俗（如《围炉过年》）、趣味（如《阿不倒》）等类。按形式可分为摇篮曲（如《唔唔困》）、叙述式（如《和顺歌》）、问答歌（如《拍日本》）、连锁调（如《白鹭鸶》）、谜语（如《一点一划长》）、绕口令（如《铜板钉铜板》）等类。按表演方法可分为念谣（即口头吟诵的）、唱谣（配曲唱的）、戏谣（做游戏时念的）、舞谣（边舞蹈变唱的）等类。

童谣通常强调格律和韵脚，有书面、口头两种传承方式，其语言浅显易懂，内容朴实自然，是民间文学艺术的优秀代表。童谣中积淀着优秀的民族文化，蕴含着丰富的教育内容。

秃尾巴老李的传说

序号：533
编号：Ⅰ-46
批次：2
类别：民间文学
申报地区或单位：山东省即墨市、莒县、文登市、诸城市

秃尾巴老李的传说起源于山东半岛，相传有一农妇生下青蛇，丈夫大惊之下，挥锄劈下蛇尾，青蛇负痛腾空而去，以后每年都回到故里祭母，保佑地方风调雨顺，民间遂尊之为神龙"秃尾巴老李"。秃尾巴老李的传说在山东各地流传甚广，因山东人移民东北各地，故东北三省也有流传。

即墨城东的龙山山顶有一眼被称为"天井"的天然深井，井的正北面建有龙王殿，供奉的就是秃尾巴老李，殿中保存着明清以来地方官员求雨的龙牌数十枚。莒县有龙尾村，文登有龙母庙，诸城有回龙山，这些地名均与秃尾巴老李的传说密切相关。传说还认为秃尾巴老李

后来在东北为民兴利除害,"黑龙江"也是因秃尾巴老李而得此地名。

秃尾巴老李的传说内容涉及天文、地理、农事、民俗等多个方面,传说的思想内涵丰富,其中的移民情节和道德观念至今对流传地区的人们仍然具有深刻的影响。

国家级代表性传承人名单

姓名	性别	申报地区或单位	入选批次
彭祖秀	女	湖南省古丈县	4

土家族哭嫁歌

序号:1056

编号:Ⅰ-112

批次:3

类别:民间文学

申报地区或单位:湖南省永顺县、古丈县

土家族哭嫁歌是土家族妇女在婚礼仪式上演唱的一种叙事加抒情的长歌,流传于湖南、湖北、贵州、重庆等省市的土家族聚居区。

"哭嫁"是土家族婚嫁仪式中的一项重要礼俗,旧时在女孩子出嫁时以歌代哭、以哭伴乐,用歌声诉说封建婚姻制度下自身命运的不幸和对亲人的眷恋之情。土家族还把能否唱"哭嫁歌",作为衡量女子才智和贤德的一个标准。哭嫁歌的内容有"哭父母""哭哥嫂""哭伯叔""哭姐妹""哭媒人""哭梳头""哭戴花""哭辞爹离娘""哭辞祖宗""哭上轿"等。形式则有"一人哭唱""两人哭唱""哭团圆"三种。一人哭唱是出嫁者自己哭唱;两人哭唱是有陪哭人劝慰哭唱;哭团圆又叫"陪十姊妹",由亲戚邻居中的未婚姑娘九人连同新娘共十人围坐一桌哭唱。土家族哭嫁歌运用比兴、比拟、排比、夸张、反复等修辞手法,歌词通俗易懂,句式生动灵活,歌词与哭声融为一体,动听感人。

土家族哭嫁歌有很强的艺术感染力,对于研究土家族社会文化、民族心理、风俗习惯等都具有重要的参考价值。

土家族梯玛歌

序号:567

编号:Ⅰ-80

批次:2

类别:民间文学

申报地区或单位:湖南省龙山县

土家族梯玛歌,也作"土家族梯玛神歌",是土家族"梯玛日"祭祀仪式活动中一种用土家语演唱的古歌,主要分布在湘西酉水流域的龙山、永顺、保靖、古丈四县土家族聚居区。

梯玛在土家人的心目中是沟通人神之间的神秘使者,梯玛歌就是人神交流的载体。梯玛歌世代相传,规模宏大,内容涵盖开天辟地、人类繁衍、民族祭祀、民族迁徙、狩猎农耕、饮食起居等历史和社会生活内容。梯玛歌是韵文和散文的综合体,演唱时有唱有吟,有对唱有合唱。既有深沉、忧郁的古歌,也有轻松、欢快的盘歌;既有抒情、哀婉的祈祷词,也有风趣、滑稽的玩笑话。梯玛歌以舞贯穿始终,由于梯玛在舞蹈中的主要舞具是铜铃,故称之为"八宝铜铃舞"。其形式有梯玛单独表演的独舞,亦有陪神、香倌随之唱和的双人舞或三人舞,是有表有叙、亦歌亦舞的长篇舞蹈诗。

梯玛歌历史悠久,内涵丰富,特色浓郁,它是土家族民间文学中的珍贵文化遗产,具有重要的历史价值和较高的文学价值,对于民族学、民俗学研究也有参考价值。

国家级代表性传承人名单

姓名	性别	申报地区或单位	入选批次
彭继龙	男	湖南省龙山县	3

王羲之传说

序号：1044

编号：Ⅰ-100

批次：3

类别：民间文学

申报地区或单位：浙江省绍兴市

王羲之是东晋时期著名书法家，有"书圣"之称。其祖籍琅琊（今属山东临沂），后迁会稽山阴（今浙江绍兴），晚年隐居剡县金庭。在浙江省绍兴市至今流传着大量关于他的民间传说。

关于王羲之的传说，在南宋刘义庆《世说新语》中就有不少记载。他曾担任会稽内史，晚年定居会稽，足迹遍布浙东地区的山山水水，这里保存着兰亭、鹅池、墨池、戒珠寺、题扇桥、金庭观、右军墓等诸多与王羲之相关的遗迹，这些遗迹背后都有动人的故事传说，在当地世代相传，形成了内容丰富的王羲之传说故事群。绍兴的王羲之传说主要分为学书作书、钟情山水、爱国亲民、蔑视权贵四大类。其中不少传说，如《黄庭换白鹅》《题扇贵价》《兰亭序》等脍炙人口、妙趣横生，深受当地群众的喜爱，也是历代诗人十分热衷的吟咏题材。

绍兴的王羲之传说具有浓郁的地方特色和人文气息，具有重要的文学价值、历史价值、教育价值、民俗学价值。

王昭君传说

序号：535

编号：Ⅰ-48

批次：2

类别：民间文学

申报地区或单位：湖北省兴山县

王昭君是中国古代四大美女之一，她本是汉元帝宫女，自愿出塞与匈奴和亲。王昭君传说主要流传于湖北省兴山县及内蒙古呼和浩特市。

王昭君的事迹散见于《汉书·元帝纪》《后汉书·南匈奴列传》等史籍。在王昭君的故乡兴山，关于王昭君的传说很多。以时间为脉络，可以分为十六岁以前在家乡生活的传说、选妃进宫后的传说、出塞前回乡省亲的传说以及和亲后的传说四大类；从内容上梳理，又可分为人物传说、地名传说、风物传说和神话传说等。王昭君传说已有两千多年的历史，它与昭君的史实以及相关的遗址、建筑、文学、戏剧、书画、音乐、舞蹈、影视、民俗等表现形式相互衍化，不断补充，共同构成了内涵丰富的昭君文化。

王昭君是美的化身，是和平的使者，民族团结的象征。王昭君传说具有独特的文学价值、史学价值、美学价值和人文价值。

维吾尔族达斯坦

序号：558

编号：Ⅰ-71

批次：2

类别：民间文学

申报地区或单位：新疆维吾尔自治区

"达斯坦"是维吾尔语"叙事长诗"的意思，维吾尔族达斯坦是该民族一种历史悠久的民间文学形式,是有说有唱的长篇韵文故事,往往有完整的故事情节和贯穿始终的人物,流传于新疆维吾尔自治区的广大维吾尔族群众中。

维吾尔族达斯坦涉及的内容非常广泛,可分为英雄达斯坦、爱情达斯坦、历史达斯坦和宗教达斯坦等。表现英雄人物是达斯坦说唱的一种传统。维吾尔族达斯坦通常由人一人至三人进行表演,其中主要表演者手持热瓦甫或都他尔、弹布尔、沙塔尔等自弹自拉自唱,其他表演者则手持手鼓或石片等附和演唱。全民性节日的聚会场所、巴扎(集市)、麻扎游览活动场所、集体劳动场所,往往会有维吾尔族达斯坦艺人助兴。

维吾尔族达斯坦是维吾尔族人民文化生活的重要组成部分,具有历史学、文化学、民俗学等多方面的研究价值。作为历史悠久的文艺形式,维吾尔族达斯坦在发展过程中吸收了不少姊妹艺术形式的长处,如其中的一些曲调选段就借用自"木卡姆"。达斯坦也为姊妹艺术形式提供了借鉴,如柯尔克孜著名英雄史诗就曾用达斯坦的形式进行表演。

国家级代表性传承人名单

姓名	性别	申报地区或单位	入选批次
夏赫·买买提	男	新疆维吾尔自治区	3
乌布力艾散·麦麦提	男	新疆维吾尔自治区	4

吴歌

序号:22

编号:Ⅰ-22

批次:1

类别:民间文学

申报地区或单位:江苏省苏州市

扩展名录:
吴歌　　上海市青浦区,江苏省无锡市

吴歌是流传在江苏南部、浙江北部及上海等吴语方言地区的一种民间口头文学形式,苏州地区是吴歌产生和发展的中心地区。

吴歌历史悠久,《楚辞·招魂》中就有"吴歈蔡讴,奏大吕些"的记载,宋代郭茂倩编《乐府诗集》时将吴歌编入《清商曲辞》的《吴声曲》,明代冯梦龙采录宋元到明中叶流传在民间的大量吴歌,清代是长篇叙事吴歌的成熟繁荣时期。从20世纪20年代开始,大量吴歌得到搜集、整理和研究,并编辑出版了系列吴歌口述和研究资料。

吴歌是徒歌,在没有任何乐器伴奏的情况下演唱。它在内容上生动地记录了江南百姓的生活史,类型大致有引歌(俗称"歌头",长篇叙事歌称"闹头")、劳动歌、情歌、生活风俗仪式歌、儿歌和长篇叙事歌等。如上海田山歌就是农民在耘稻、耥稻时所唱,形式为一人领唱,众人轮流接唱。吴歌具有浓郁的江南水乡文化特点,风格委婉清丽,含蓄缠绵,隐喻曲折,与北方民歌的热烈奔放形成鲜明对比。

吴歌具有独特的艺术价值,对研究江南百姓的社会历史、文化、生活、语言等也具有重要参考价值。

国家级代表性传承人名单

姓名	性别	申报地区或单位	入选批次
陆瑞英	女	江苏省苏州市	1
杨文英	女	江苏省苏州市	1
王锡余	男	上海市青浦区	3
张浩生	男	江苏省无锡市	3
张永联	男	上海市青浦区	4

◎民间文学

吴歌资料

地距武当山较近,不少民间故事具有鲜明的道教色彩。

伍家沟民间故事有不少具备原生性,反映了当地群众丰富的想象力,具有独特的文学价值,还具有民俗学、历史学、社会学等方面的价值。

国家级代表性传承人名单

姓名	性别	申报地区或单位	入选批次
罗成贵	男	湖北省丹江口市	3

伍家沟民间故事

序号:15

编号:Ⅰ-15

批次:1

类别:民间文学

申报地区或单位:湖北省丹江口市

伍家沟村隶属湖北省丹江口市西部六里坪镇,这里的村民爱讲爱听故事,流传着大量民间故事。伍家沟民间故事传承状况与河北耿村齐名,民间文艺界有"北有耿村,南有伍家沟村"的赞誉。

伍家沟村民间文学积累深厚,研究者已在这里搜集到故事一千多个,民歌一千多首。伍家沟故事种类齐全,内容丰富,分神话、传说、故事、寓言、童话和笑话六大类别,已经出版了《伍家沟村民间故事集》等。伍家沟地处深山之中,较为封闭,故而原生态的作品较多,有武当山的传说、陈世美的传说和有关本乡本土的传说等,如《人狗成亲》这类神话首次在伍家沟故事中发现,从中可见原始社会荒火为害和以狗为图腾的状况;《挖断岗》则传达了关于生殖崇拜的信息;李自成到过武当山地区的传说,也是外界闻所未闻的。此外,由于当

西湖传说

序号:534

编号:Ⅰ-37

批次:2

类别:民间文学

申报地区或单位:浙江省杭州市

杭州西湖是世界文化遗产,与南京玄武湖、嘉兴南湖并称江南三大名湖。西湖位于杭州市区西面,以秀丽的湖光山色和众多的名胜古迹而成为闻名中外的旅游胜地。关于西湖的传说数量众多且源远流长,主要流传于杭州地区。

西湖自古就是风景名胜,历代均有大量文学艺术家到西湖游览或定居,他们对西湖民间故事进行加工整理,形成了大量脍炙人口的作品。西湖传说以"名山、名水、名人"为主要特征,其中以白蛇传传说、梁祝传说、济公传说、苏东坡传说、岳飞传说、于谦传说等最为著名。山水名胜因为这些传说故事而增添了历史文化内涵,传说故事因为山水名胜而获得真实感和知名度,风景与传说相得益彰,形成了一种经久不衰的良性循环。

西湖传说具有丰富的历史文化内涵,在文

学、历史学、民俗学等方面都具有独特的研究价值，此外它对促进西湖的旅游发展具有重要作用。

西施传说

序号：10
编号：Ⅰ-10
批次：1
类别：民间文学
申报地区或单位：浙江省诸暨市

西施是中国古代四大美女之首，也是传统文化中美的象征。西施传说广泛流传于江浙地区，其影响辐射全国各地，乃至东亚、东南亚等国家。

西施传说发端于浙江诸暨，产生于春秋末期，起源于民间口头讲述，最早的文字记载见于《墨子》《孟子》等，经历代口耳相传，流传范围逐渐扩大，传说内容不断丰富。西施传说以吴越争战为历史背景，以西施一生传奇经历为主干，以人物传说（如"东施效颦"）、地名传说（如"白鱼潭"）、物产传说（如"香榧眼"）、风俗传说（如"三江口水灯"）等为枝叶，从不同角度歌颂了西施的美丽、善良和"为国甘献身"的奉献精神。

西施传说内容丰富，涉及人物、地名、物产、风俗等。除以民间文学口耳相传外，传说还以曲艺、戏剧等多种形式加以传承流播。直到今天，西施传说仍是影视作品十分热衷的题材。

锡伯族民间故事

序号：1053
编号：Ⅰ-109
批次：3
类别：民间文学
申报地区或单位：辽宁省沈阳市

锡伯族民间故事是流传在我国东北辽宁省、吉林省锡伯族群众当中的民间故事。

锡伯族民间故事以锡伯族部落时代的生产生活和英雄传奇为题材，故事内容丰富，有讲述神话传说的，有描绘爱情故事的，还有描述英雄人物传奇的，涉及人物有孝子孝女、烈士、谋士、奇人、残暴的大汗等。有些故事带有明显的史诗性质，如《喜利妈妈传奇》《黄柯与神袋子》《慈势得本救母》等。锡伯族民间故事反映了锡伯族从鲜卑族先民到拓跋珪时代的氏族社会的发展历程，糅合了东北地域与锡伯族民俗的奇特场景，折射出锡伯族部落时代的生存状态、生活环境、精神信仰、日常生产和生活习俗等。

锡伯族民间故事具有鲜明的民族色彩，对于研究锡伯族历史文化具有独特的价值。

下堡坪民间故事

序号：16
编号：Ⅰ-16
批次：1
类别：民间文学
申报地区或单位：湖北省宜昌市夷陵区

湖北省宜昌市夷陵区下堡坪乡位于长江西陵峡北岸的崇山峻岭间，下堡坪乡及周边流传的民间故事有两千多个。

下堡坪地处古代荆楚文化和巴蜀文化的融合区域，民间文化积淀特别丰厚。下堡坪民间故事主要分为神话传说、历史故事、生活故事、民间笑话和机智人物故事五类。原生态故事作品多，大都具有鲜明的本地特色。其在形式上也较为独特，尤其是带有诗文对联的故事较多，文化品位较高，表演的时候也是说唱结合。下堡坪还有不少系列故事，如长工董国天的故事系列和陈瓦匠的故事系列，分开讲是数百则小故事，合起来是两部鸿篇巨制，在民间故事中比较罕见。下堡坪乡会讲故事的人很多，其中谭家坪村农民刘德方能讲四百多个故事，1995年被中国民间文艺家协会授予"中国民间故事家"称号。

下堡坪乡民间故事是三峡地区民间文学的缩影，有较高的美学价值和民俗学研究价值。

国家级代表性传承人名单

姓名	性别	申报地区或单位	入选批次
刘德方	男	湖北省宜昌市夷陵区	1

笑话

万荣笑话

序号：571
编号：Ⅰ-84
批次：2
类别：民间文学
申报地区或单位：山西省万荣县

万荣笑话是山西省的民间文学形式之一，它来源于运城市万荣县及河东地区群众的口头创作，广泛流传于万荣及其周边地区。

万荣是古代帝王祭祀后土所在地，曾有八位皇帝二十四次前来万荣祭祀。在这块历史文化资源特别丰富的土地上，自明清以来，万荣民间就创造了许多笑话，这些笑话在传播过程中不断丰富、完善。万荣笑话最大的特点就是一个"挣"字，笑话里的主人公都有一股"挣劲"，表现为爱舌辩、讲偏理或者处事执拗、争强好胜。如《七个痴虫光知道吃》《门保险没不了》《前门不下雨》《财主请高才》《咱下工了》等作品，无不流露出一种诙谐、不服输、犟到底的精神。

万荣笑话作为一种民间口头文学，一种地方文化特产，被称为黄土地上的幽默之花，历来受到广大群众的喜爱和众多客人的青睐，极大地丰富了人们的文化生活。万荣笑话饱含着深刻的人生哲理，是人民群众生活智慧的结晶，具有多方面的研究价值。

徐福东渡传说

序号：528
编号：Ⅰ-41
批次：2
类别：民间文学
申报地区或单位：浙江省象山县、慈溪市

扩展名录：
徐福东渡传说（徐福传说）
　　江苏省赣榆县，山东省胶南市、青岛市黄岛区

浙江省宁波市象山、慈溪沿海一带自古就有大量关于徐福东渡的传说，历代方志也都记载有徐福东渡的情况，当地文人也留下了大量描写徐福东渡的诗文。江苏省赣榆县、山东省胶南市、青岛市黄岛区也流传着徐福从当地"琅琊台"扬帆起航的传说。

唐代的《蓬莱观碑》和宋代的《四明宝庆志》和慈溪、象山的历代县志都有徐福东渡传说的相关记载，主要内容为：公元前210年，徐福率领数千童男童女及数百名工匠、士兵从慈溪的达蓬山（原名香山）（一说象山蓬莱山）出海为秦始皇求取长生不老之药。作为徐福东渡的出发地点——达蓬山，位于慈溪龙山、三北一带，山上有摩崖石刻、秦渡庵等历史遗迹。徐福传说，在国内流传范围广，在日本、韩国也有多种传说，如在日本徐福东渡上岸的地方有32个，故事有56个。

徐福东渡传说具有重要的历史文化价值。徐福开中国航海和对外文化交流之先河，是中、日、韩三国的和平使者。徐福东渡传说反映了先民探索未知世界的愿望，塑造了一个抱负远大、富有探险精神的徐福形象，对民族性格的形成具有重要影响。徐福在日本被称为"农耕神""蚕桑神"和"医药神"，徐福东渡传说对移民文化研究也有重要价值。

徐文长故事

序号：541

编号：Ⅰ-54

批次：2

类别：民间文学

申报地区或单位：浙江省绍兴市

徐渭，字文长，浙江绍兴人，是明朝末年著名的才子。徐文长是汉族重要的机智人物，关于他的故事在其故乡绍兴和江南其他地区广为流传。

徐文长故事产生于明代中晚期，民间口头创作以历史人物徐文长的逸事趣闻为基础，又吸纳了大量的机智人物故事类型，日积月累，渐趋丰满，形成了一个庞大的故事群，现存篇目三百余篇。徐文长故事，从徐文长少年时代的传说故事《竿上取物》起，一直说到他的临终遗言《化千成万宝中宝》止。故事内容包括：惩罚土豪劣绅，抗击倭寇的奇谋战绩；杰出的诗词、对联和书画；解决疑难问题的智慧和谋划；对敌人的辛辣讽刺，对朋友和下层百姓的百般呵护。从中体现出徐文长的超人才华和"威武不能屈，富贵不能淫，贫贱不能移"的个性和品质。

徐文长故事具有重要的民间文学价值，它是诗歌、散文、小品、电影、戏剧、曲艺等文艺样式创作、改编的热门题材，又为历史研究提供了有益的资料。此外，对于绍兴地域文化和民俗学研究具有一定的参考价值。

亚鲁王

序号：1062

编号：Ⅰ-118

批次：3

类别：民间文学

申报地区或单位：贵州省紫云苗族布依族自治县

《亚鲁王》是苗族的一部长篇英雄史诗，流传于贵州西南部紫云、望谟、罗甸交界处的麻山苗族地区。

《亚鲁王》采用西部苗族语言口耳相传，内容主要是西部苗族的祖先亚鲁王的英雄故事。史诗描写了他创世、立国、创业及率领族人迁徙的历程。史诗篇幅浩繁，长达两万六千多行，涉及人物一万多人，出现四百多个苗语地名和二十多个古战场。《亚鲁王》一般在苗族的送灵仪式上吟唱，形式灵活多样，有时用叙事形式朗诵，有时用道白形式问答，大量使用反复和比兴的修辞手法，歌唱的曲调深沉悲凉。

《亚鲁王》结构宏伟，内容丰富，具有文学、历史学、文化学、民族学等多方面的研究价值。

国家级代表性传承人名单

姓名	性别	申报地区或单位	入选批次
陈兴华	男	贵州省紫云苗族布依族自治县	4

吟唱《亚鲁王》

炎帝神农传说

序号：536

编号：Ⅰ-49

批次：2

类别：民间文学

申报地区或单位：湖北省随州市、神农架林区

炎帝神农是华夏始祖，也是华夏农业和医药的杰出代表。炎帝神农的传说出现在历朝历代的典籍中，各朝对炎帝神农的祭祀活动也一直持续不绝。湖北省随州市和神农架林区流传着大量关于炎帝神农的传说故事。

许多古代史籍，如《左传》《礼记》《帝王世纪》《水经注》《括地志》等，都认为炎帝神农氏的出生地是厉山、列山或烈山，即今湖北省随州市厉山镇。据清同治《随州志》记载："列山上建有神农庙、神农井、炎帝庙"。神农架林区距厉山镇只有两百公里，据说是神农氏长期生活的地方，神农架的地名也来源于炎帝神农在此搭架采药的传说。两地有关神农氏的传说故事，大抵相似。大部分传说讲述的都是炎帝神农发明农耕和医药的功绩，内容涵盖了炎帝神农从生到死的人生经历。

炎帝神农传说蕴含着我国原始社会时期经济、社会、文化、农业、医学等多方面发展状况的历史信息，体现着深厚的民本思想和献身精神。

谚语

沪谚

序号：1069

编号：Ⅰ-125

批次：3

类别：民间文学

申报地区或单位：上海市闵行区

谚语是流传于民间反映生活经验的言简意赅的话语。沪谚是我国著名的方言谚语之一，其中心流行地是上海市闵行区的陈行镇，故也称"陈行谚语"。

沪谚大多是上海本地乡间谚语。陈行是上海典型的近郊地区，经历了乡村向集镇演变的历程，长期以来，这里的人们"商不离苏杭，士总在故乡"，文化发展相对稳定，具有深厚的民间文学积累。当地人民生活态度乐观，话语机智风趣，自古流传着大量谚语。1921年陈行人胡祖德编纂的《沪谚》出版，书中的两千条谚语主要收集于陈行地区，内容涉及时政、修养、事理、社交、乡土、生产、自然等，反映了当地群众的丰富智慧和普遍经验。

这些谚语至今大多仍流传在陈行，随着社会发展，还涌现出大量新谚语。这些谚语使用原生态的上海方言，真实反映了上海乡村农耕生活和市井商业生活，题材广泛，讲究修辞，雅俗共赏。

有独特的研究价值，还具有丰富的教育意义。

杨家将传说

穆桂英传说、杨家将说唱

序号：521
编号：Ⅰ-34
批次：2
类别：民间文学
申报地区或单位：北京市房山区，山西省

杨家将传说（穆桂英传说）
申报地区或单位：北京市房山区

杨家将是宋代初年活跃在边疆前线的著名军事家族，杨家将传说以真实历史为基础，展现了一个英雄家族的整体形象。北京市房山区燕山一带乃是传说中杨家将抗击契丹的前线，民间流传着很多关于杨家将的传说，其中尤以穆桂英传说最为丰富。

在外族入侵、民族危亡的时刻，杨家将挺身而出、浴血奋战，其坚忍不拔、敢于牺牲的英雄气概彰显了中华儿女不屈不挠的民族精神。穆桂英乃是传说中杨门女将中的杰出代表，也是一位英雄的母亲。穆桂英传说以母子亲情为主题，人物形象鲜明突出，语言简洁生动，其中最著名的有《奶子石》《养儿峪》《望儿台》等。穆桂英传说表现了一个久经沙场的女性的悲欢离合，表达了广大人民对美丽、勇敢的女英雄的深沉热爱。

穆桂英传说反映了辽、宋时期的社会生活面貌，在历史学、社会学、民俗学等方面都具

杨家将传说（杨家将说唱）
申报地区或单位：山西省

杨家将说唱是一种在历史上杨家将事迹的基础上渲染推衍而成的民间文学形式，主要流传于山西省广灵县东部与河北省蔚县邻接地区。

杨家将说唱规模宏大，唱词约三十万行，可说唱六百个小时。表演时有说有唱，其演唱方式有别于鼓书，带有山西北方秧歌曲调。杨家将说唱中融入了大量方言熟语，生动质朴，幽默风趣。杨家将说唱情节跌宕起伏，如"杨四郎探母""杨五郎出家五台山""杨六郎探母""杨七郎吃面""杨八郎探母""穆桂英挂帅""杨宗保穆柯寨招亲""杨六郎辕门斩子""七郎八虎逛幽州""杨八姐游春""杨八姐智取金刀""杨排风大战韩昌""十二寡妇征西""杨延辉之死""杨继业碰碑而死""潘杨讼"等均富于文学色彩。许多故事还搬上了戏曲舞台，受到群众的喜爱。

杨家将传说作为长篇汉族英雄史诗，对有关的戏剧、曲艺和民间故事提供了丰富生动的材料。杨家将传说中还有着深厚的契丹、西夏民族文化沉淀，对研究契丹、西夏文化历史具有独特价值。

仰阿莎

序号：548
编号：Ⅰ-61
批次：2
类别：民间文学
申报地区或单位：贵州省黔东南苗族侗族自治州

仰阿莎是历史悠久的苗族长篇叙事歌，流传于黔东南及其毗邻地区的苗族群众当中。

仰阿莎意为"水边的小姑娘"，是苗族的美神，她诞生于水中，今天剑河县的仰阿莎湖就是以她的名字来命名的。长歌仰阿莎长达万余行，是迄今为止发现的苗族最长的叙事歌。仰阿莎以盘歌的形式演唱，具有鲜明的民族特色，在苗族文学史上具有很高的地位，对于苗族的歌谣特别是叙事歌的发展有着重大的促进作用。仰阿莎在流传过程中因为地域的差异出现了不同的版本，各个版本的演唱曲调和演唱习俗各不相同，因而极大地丰富了苗族音乐的内容和形式，仰阿莎也被称为苗族最美的歌。仰阿莎也为苗族其他文艺形式提供了素材，近年来出现的歌舞剧《仰阿莎》就具有较高的艺术水平，受到苗族和其他民族群众的欢迎。

仰阿莎不仅具有很强的艺术感染力，而且在文学、历史学、民族学、民俗学等诸多方面有着重要的研究价值。

尧的传说

序号：522
编号：Ⅰ-35
批次：2
类别：民间文学
申报地区或单位：山西省绛县

扩展名录：
尧的传说　　　　山东省菏泽市牡丹区

尧是我国著名的上古帝王"三皇五帝"之一，也是开创禅让制的贤主明君。山西省绛县古绛镇尧寓村的村民历代口耳相传这里是尧的故里，尧寓村流传着很多关于尧的传说。山东省菏泽市牡丹区被认为是尧死后所葬地"成阳"，也流传着有大量关于尧的传说。

尧寓村有"陶唐遗风""巍严配天"等古代石碑，还有东尧岭的全神庙、村前的三官庙、中尧岭的尧王出世秘洞等遗址，都与尧有关。还有传说尧坐过的石椅和用过的石桌、尧王洗澡潭、尧王祭天坛、尧王祭天塔、南天门、青龙岗等与尧有关的遗迹。每处遗址遗迹都有相关的传说故事，这些传说内容丰富，情节曲折，其中具有代表性的有《尧王兴拜年》《埋人的说法》《娥皇女英拜寿》等。

牡丹区也是舜"渔雷泽"的雷泽所在地，这里流传的尧的传说故事大多与舜有一定的关系，主要有《尧王访舜》《尧立诽谤木》《尧王夜观天象》《尧王嫁女》《六月六接姑姑》等。

尧被后世奉为明君的楷模，关于尧的种种传说寄托着人民群众对政治清明、社会和谐的美好愿望，反映了中华民族的深层文化心理，具有独特的历史文化价值。

彝族克智

序号：562
编号：Ⅰ-75
批次：2
类别：民间文学
申报地区或单位：四川省美姑县

彝族口头论辩"克智"又叫"克使哈举"，是在婚礼、丧葬、节庆等集会场合由主客双方辩手临场表演的一种诗体口传文学。彝族克智在凉山彝族聚居的美姑、越西等地最为盛行。

彝族克智是彝族人民在长期的生产生活中形成的文化积淀，具有悠久的历史，根据文献记载，早在秦汉时期，彝族克智论辩歌场制度已见雏形。克智论辩的表现形态为双方辩手说唱诗歌，互相辩驳，谈古论今。克智论辩内容非常丰富，涉及文学艺术、历史哲学、天文地理、伦理道德、农学医药、风俗礼制等各种知识。论辩词以五言、七言为主，常用比喻、排比、铺张、反复、顶针、夸张等修辞手法。辩手必须知识丰富、思维敏捷、能说会道才能获胜。

克智叙述内容包罗万象，语言通俗易懂，是彝族传统文化知识的集中体现，对于研究彝族历史文化、社会发展具有重要价值。克智论辩不受道具限制，在丰富和活跃彝族农村文艺生活中有着不可替代的作用。

国家级代表性传承人名单

姓名	性别	申报地区或单位	入选批次
海来热几	男	四川省美姑县	3

永定河传说

序号：520

编号：Ⅰ-33

批次：2

类别：民间文学

申报地区或单位：北京市石景山区

永定河是北京的母亲河。它发源于山西省北部宁武县的管涔岭，全长650公里，流域面积5.08万平方公里。石景山区境内河段长约11.6公里，境内流域面积80平方公里。由于地势原因，古代永定河流域水患连连，对北京城乡造成了极大的威胁。百姓们为了避免灾患，安稳生活，经常与洪水斗争，由此产生了许多关于永定河的传说。

永定河传说生动形象，内容丰富，具有浓厚的地方色彩，是永定河两岸人民群众智慧的结晶。众多传说中，最有代表性的是《河挡挡河的传说》《石经山和湿经山的传说》《永定河镇水牛的传说》《王老汉栽种河堤柳的传说》《冯将军严惩老兵痞的传说》《麻峪村的由来的传说》《刘娘府的传说》等。

永定河传说记述了不同历史时期人们治理永定河的发展史，为研究北京生产发展史提供了翔实资料；同时传说中反映的永定河周边人民为制服水患，与大自然不懈抗争的斗志和精神，具有一定的现实意义和教育价值。

酉阳古歌

序号：1068

编号：Ⅰ-124

批次：3

类别：民间文学

申报地区或单位：重庆市酉阳土家族苗族自治县

酉阳古歌，是一种巫傩诗文，是土家族巫傩师——梯玛在宗教活动中吟诵的歌词，是南方古文化在武陵山区的遗存和衍变，流传于重庆酉阳土家族苗族自治县。

酉阳古歌有双句押韵的自由体和两句一节、四句一节句尾押韵的格律体，多为四字句和七字句，互相穿插连接。唱腔有高腔与平腔两种。吟诵内容取决于法事的性质，主要有跳神、请师、造桥、招魂、藏身、落阴、送神等章节，文辞固定，较少即兴创作。其中比较有代表性的有赞美诗《东岳齐天是齐王》《来也匆匆，去也匆匆》，风俗诗《藏身躲影》《鸣锣会兵》，诀术诗《一年四季》等。

酉阳古歌历史悠久，内容丰富，保存了大量上古文化信息，对于研究土家族民俗风情和武陵山区地域文化具有重要的参考价值。

禹的传说

序号：1035

编号：Ⅰ-91

批次：3

类别：民间文学

申报地区或单位：四川省汶川县、北川羌族自治县

禹是与尧、舜齐名的贤明帝王，也是中华民族的治水英雄。羌族人民将禹视为自己民族的保护神，认为羌族地区就是大禹故里，在四川省汶川县、北川羌族自治县流传着大量关于禹的传说。

据说舜的时候，天下洪水泛滥，造成严重灾害。舜任用禹去领导治水。禹带领人们用疏导的方法，把洪水引进江河和海洋。经过十三年的努力，终于战胜洪灾。在治水过程中，禹昼夜辛劳，三过家门而不入。后人高度赞扬他的治水功绩，称之为"大禹"。关于禹的出身，汉代司马迁《史记·夏本纪》记载："鲧妻修已，吞神珠薏苡而生禹。"汉代扬雄《蜀王本纪》认为："禹本汶山郡广柔县人，生于石纽，其地名痢儿畔（刳儿坪）。"晋代常璩《华阳国志》也认为："石纽，古汶山郡也。崇伯得有莘氏女，治水行天下，而生禹于石纽刳儿坪。"至今在北川和汶川等羌族地区还保存着大量与大禹相关的地名，如石纽山、刳儿坪、涂禹山、禹碑岭等，流传着许多关于禹的传说，如《石纽投胎》《刳儿坪出世》《大禹出生》《夏禹王的传说》《涂山联姻》《背岭导江》《化猪拱山》等。这些传说与羌族文化结合在一起，具有浓郁的民族特色，如把治水与羌族的天神木比塔联系起来，将古籍记载的"应龙以尾画地""黄龙曳尾于前"等情节具体化。

禹的传说所体现的自强不息、艰苦奋斗的精神，在中华民族的民族精神构建中发挥了非常重要的作用，具有独特的历史文化价值。

藏族婚宴十八说

序号：564

编号：Ⅰ-77

批次：2

类别：民间文学

申报地区或单位：青海省

藏族婚宴十八说，是贯穿于藏族婚礼祝词的十八道程序的十八种颂祝类说辞，主要流传于青海省东部农业区的互助土族自治县、乐都县、民和回族土族自治县、化隆回族自治县、循化撒拉族自治县等地的藏族群众聚居乡，居住在这里的藏族基本上处在脑山和浅山地区，世代从事农耕，兼营畜牧业。

藏族婚宴十八说的表现形式是当地藏族婚礼祝词的十八道程序，青海省东部农业区各地因地而异、因人而异，经过几百年的发展演变，按流传的内容，藏族婚宴十八说的具体内容有：祭神、梳辫说、梳子说、哭嫁歌、出路歌、父母的教诫、马说、垫子颂、土地颂、房屋颂、茶说、酒说、婚礼宴说、系腰带说、衣服说、祝福、嘱托、吉祥词。婚宴十八说贯穿于婚礼之中，大多为说唱，都是即兴表演的，一般由十几人分阶段完成，最盛时则需要几天时间。

藏族婚宴十八说承载着悠久的历史传统和浓郁的民族特色，在藏族历史学、民俗学、民族学、语言文学等方面均具有较高的研究价值。

召树屯与喃木诺娜

序号：554

编号：Ⅰ-67

批次：2

类别：民间文学

申报地区或单位：云南省西双版纳傣族自治州

《召树屯与喃木诺娜》是傣族最著名、最优秀的以爱情为主线的叙事长诗，在西双版纳傣族聚居区和东南亚地区广为流传。

《召树屯与喃木诺娜》讲述了勐板加国的王子召树屯与勐董板孔雀国的公主喃木诺娜在金湖边相遇后相爱，却遭到战祸破坏，两人经过千辛万苦，终于找回美好爱情。长诗以傣族独特的艺术手法塑造了召树屯、喃木诺娜两个怀有傣族理想追求的完美艺术形象，不仅着力描绘他们外在的美，而且大力赞颂他们忠于爱情、热爱家乡的品德，以及勇敢顽强、坚忍不拔的精神。《召树屯与喃木诺娜》历史悠久，版本众多，不仅有口头传承的说唱韵文和散文体长篇故事，还经常作为绘画、歌舞、戏剧的创作题材。由《召树屯与喃木诺娜》改编成的电影《孔雀公主》更是使这个爱情故事在全国范围广为传颂。

长诗《召树屯与喃木诺娜》富于地域特色和民族风情，深受傣家人喜爱，长诗的影响远远超出傣族地区，在我国民间文学史上占有一定的地位。它对民族学、民俗学等方面的研究也具有参考价值。

赵氏孤儿传说

序号：1032
编号：Ⅰ-88
批次：3
类别：民间文学
申报地区或单位：山西省盂县

赵氏孤儿传说是关于春秋时代晋国世卿赵氏家族的故事，在我国民间文化中具有深远的影响，在山西盂县，有关赵氏孤儿的传说特别丰富。

赵氏孤儿传说源于《左传》《史记》的相关记载。盂县赵氏孤儿传说的故事梗概为：春秋时期，晋灵公听信权臣屠岸贾谗言，致使正卿赵盾全家三百余口满门抄斩，义士程婴和公孙杵臼将赵盾之孙赵武救出，策马逃入千里之外的深山（今盂县藏山）藏匿十五年之久。当地百姓为保忠良之后，送水送饭，程婴带着赵氏孤儿习文练武，直至赵家冤屈得以昭雪。盂县藏山有藏孤洞、报恩祠、育孤园等遗址，附近还有藏山村、慌案岭、宝剑沟、落箭山等地名，这些遗址和地名背后都有与赵氏孤儿相关的传说。赵氏孤儿传说在盂县有着深厚的群众基础，藏山附近的村民很多都能讲述相关题材的故事。赵武甚至被当地百姓祀奉为"藏山大王"。赵氏孤儿传说情节曲折，人物形象生动，是戏剧、戏曲艺术热衷的题材。元代剧作家纪君祥最早将之改编成杂剧《赵氏孤儿大报仇》，18世纪法国作家伏尔泰将其译成话剧《中国孤儿》在欧洲上演，引起轰动，是我国最早走出国门的古典戏剧作品。

赵氏孤儿传说传播了轻生死、重承诺的忠义观念，对于民族精神的构建起到了不容忽视的作用，具有重要历史文化价值。

遮帕麻和遮咪麻

序号：3
编号：Ⅰ-3
批次：1
类别：民间文学
申报地区或单位：云南省梁河县

《遮帕麻和遮咪麻》是阿昌族的长篇创世神话史诗，主要流传于云南省德宏傣族景颇族自治州梁河县阿昌族群众中，以唱诗和口头白话两种形式传承至今。

《遮帕麻和遮咪麻》讲述了阿昌族始祖"天公"遮帕麻和"地母"遮咪麻造天织地、制服洪荒、创造人类、智斗邪魔而使世间恢复和平的英雄事迹。在阿昌族的传统节日阿露窝罗节的宗教及民俗活动中，要念诵整部《遮帕麻和遮咪麻》。百姓在建房、迎候亲戚、娶亲迎候媒人时，要边歌边舞跳窝罗。开头的唱词为盘家谱，首先唱诵阿昌族的始祖遮帕麻和遮咪麻创造了人类，使族人得以联姻并繁衍传承。

《遮帕麻和遮咪麻》形象地反映了人类从母权制向父权制过渡的状况，故事中的盐婆神话是古代西南民族游牧文化的一块"活化石"。它对于研究阿昌族的历史文化具有十分重要的参考价值。

国家级代表性传承人名单

姓名	性别	申报地区或单位	入选批次
曹明宽	男	云南省梁河县	1

珠郎娘美

序号：560

编号：Ⅰ-73

批次：2

类别：民间文学

申报地区或单位：贵州省榕江县、从江县

珠郎娘美是深受侗族人民喜爱的民间传说，讲述的是侗族青年男女珠郎和娘美的爱情悲剧，在贵州、湖南、广西等地的侗族聚居区广为流传。

珠郎娘美的传说起源于清代乾隆年间，是一部故事情节生动曲折、人物形象栩栩如生的爱情悲剧。它讲述了勤劳朴实的英俊后生珠郎与心灵手巧的姑娘娘美之间动人的爱情故事。通过对主人公珠郎和娘美悲欢离合、曲折坎坷人生的描写，多方面、多角度地反映了19世纪侗族社会的风土人情及各种人物的生活状况、思想状况、道德观念等，揭露了当时的阶级社会结构和伦理关系。

珠郎娘美在侗族文学史上具有崇高的地位，曾被改编成侗族曲艺、侗戏、电影而广为人知。"娘美精神"一直激励着侗家人在人生道路上克服艰难险阻，向阻碍社会进步的思想、封建习俗和邪恶势力作斗争。

祝赞词

序号：1058

编号：Ⅰ-114

批次：3

类别：民间文学

申报地区或单位：内蒙古自治区东乌珠穆沁旗，新疆维吾尔自治区博湖县、和布克赛尔蒙古自治县

祝赞词包括"祝词"和"赞词"，是我国蒙古族传统的民间文学形式。祝赞词在内蒙古自治区和新疆维吾尔自治区的巴音郭楞蒙古族自治州、博尔塔拉蒙古族自治州、伊犁哈萨克自治州、塔城地区、阿勒泰地区、哈密地区、昌吉回族自治州等地的卫拉特蒙古族牧民中广泛流传。

祝赞词最早是由萨满祭词演变而来，古老的祝词、赞词多为对天地山川、自然万物的赞颂，对渔猎畜牧生产的祈祷祝福，在特定的仪式上由特定的人吟诵。随着历史的发展，民间祝赞词逐渐褪去原始宗教的色彩，演变为对生产劳动的描述和对劳动果实乃至日常生活的赞美，并成为蒙古族日常生活中的一项重要礼仪。在节日庆典、搭建蒙古包、做毛毡、狩猎、嫁娶等场合都要吟诵喜庆的祝词，演唱美好的赞歌。新疆蒙古族的祝赞词一般由家里的长辈对晚辈赐予祝福。

祝赞词语言流畅，节奏明快，感情饱满，是蒙古族抒情诗的艺术源头。

庄子传说

序号：1038

编号：Ⅰ-94

批次：3

类别：民间文学

申报地区或单位：山东省东明县

庄子（约前369～前286），名周，曾受号南华仙人，战国时期睢阳蒙县（今河南商丘东北）人，曾做过漆园吏，后厌恶仕途，隐居著述，是中国古代著名的思想家、哲学家、文学家，是先秦道家学派的代表人物。关于庄子的传说，在我国民间广为流传，山东省东明县是庄子传说重要的发源地。

在东明，至今保存有杨日升重修庄子观碑、漆园遗址、南华山遗址、登云桥碑、庄子观、庄子墓等遗迹。当地关于庄子的传说故事有一百多个，内容涉及庄子的出身来历，庄子对政治、自然、人生的原则态度以及与庄子有关的特殊物品的来历等，如《庄仙撒米》《庄子劝雨》《庄周试妻》《烧香出碗盘》《庄子观前狮子半拉头》等。这些传说故事用当地方言讲述，所涉及的地理位置、风土人情，都有东明地方特色。

庄子传说中蕴含了庄子独到而深刻的见解，也体现了当地人民对于庄子的尊崇和热爱。东明的庄子文化已经成为我国民间庄子文化的一个重要组成部分。

壮族嘹歌

序号：569

编号：Ⅰ-82

批次：2

类别：民间文学

申报地区或单位：广西壮族自治区平果县

壮族嘹歌，是著名的壮族长篇古歌，主要流传于广西壮族自治区右江中游的平果、田东、田阳县和红水河流域的马山县、大化瑶族自治县以及属邕江流域的武鸣县境内，中心区域在平果县。

壮族嘹歌是经过长期的口头传诵后，由壮族文人加工和删改再用古壮字记录并在格式上作了适当规范的歌谣集。它与其他口头传唱的民歌不同，其内容相对固定，并且全部用古壮字传抄流行，是反映壮族人民劳动、生产、生活、爱情、婚姻、历史等方面内容的传统民歌。壮族嘹歌是原生态民歌，由于区域不同，人们的生活环境不同，在音乐表现形式上也有着明显的差异，形成哈嘹、嘶咯嘹、的客嘹、那海嘹、长嘹、喝酒嘹等各具特色的曲调。

壮族嘹歌是反映明代壮族社会现实的史诗，它真实地描绘和反映了明代壮族社会特定的历史事件，具有很高的历史价值，对研究古代壮族民俗也有重要的参考价值。壮族嘹歌中有丰富的壮族语言文化，包括基本词汇、构词方式、语法结构等，从中可以了解古壮语丰富的文化内涵。壮族嘹歌全部用古壮字抄写，对研究壮族文字的起源、发展及其所反映的古代壮族社会历史文化面貌具有重要价值。

走马镇民间故事

序号：017

编号：Ⅰ-17

批次：1

类别：民间文学

申报地区或单位：重庆市九龙坡区

走马镇隶属重庆市九龙坡区，明末清初建有走马场，这里流传着一种由以"走马"（赶马）为职业的人群口头创作并传承的民间故事，人们通常将其称作"走马故事"。

◎民间文学

走马人走南闯北，将旅途见闻和听来的故事带回走马场，久而久之，这些野史趣闻就融入了走马镇人民的记忆之中，因此走马镇民间故事数量非常大，研究者已在这里采录到故事上万则。走马镇民间故事内容丰富，主要包括神话仙话、风物传说、动植物传说、民俗传说和生活故事等。某些故事还蕴藏着独特的文化信息，如巴人图腾龙蛇的传说等，是古代巴文化的遗存。走马镇每年都会举办走马故事会，1990年被重庆市文化局命名为"民间文学之乡"。走马镇民间故事家众多，其中魏显德能讲一千多个故事，1998年被联合国教科文组织、中国民间文艺家协会联合授予"中国民间故事家"称号。

走马镇民间故事具有本土文化与外来文化共存的鲜明特征。这些故事不仅丰富了当地群众的文化生活，而且具有人类学、文化学、宗教学、民族学和方言学等多方面的研究价值。

国家级代表性传承人名单

姓名	性别	申报地区或单位	入选批次
魏显德	男	重庆市九龙坡区	1
刘远扬	男	重庆市九龙坡区	3

传统音乐

阿里郎

序号：1077
编号：Ⅱ-147
批次：2
类别：传统音乐
申报地区或单位：吉林省延边朝鲜族自治州

阿里郎是朝鲜族最具代表性的抒情民歌，全称阿里郎打令，汉译为"我的郎君"，在朝鲜族中具有极大的影响力。主要流传于吉林省延边朝鲜族自治州等朝鲜族聚居区。

阿里郎取材于高丽时期（877～943）流传下来的一个爱情故事。歌曲抒发了一对彼此相爱的青年夫妻，在分离的时光思念对方的缠绵感情。阿里郎歌曲的内涵包括妻子对翻越"阿里郎山冈"的"郎"的真挚感情，有对抛下妻子"翻越阿里郎山冈"的"郎"的怨恨，以及对"翻越阿里郎山冈"后美好未来和美好生活的憧憬和向往之情，生动表现了朝鲜族姑娘的内心世界。

阿里郎曲调委婉抒情，节奏轻快流畅，旋律明朗，优美动听。歌词内容简单易懂，而且极其口语化。不同时期里创作的阿里郎，表现风格和样式不同。阿里郎在不同地方有不同版本，包括中国、韩国和朝鲜在内，共有七八十个版本。大体分为"本调阿里郎""新阿里郎""珍岛阿里郎"和"江原道阿里郎"等十二种。最常听到的是流行于韩国京畿道一带的"本调阿里郎"，因1926年的同名电影主题曲而成名。

阿里郎的传唱十分广泛，不论在世界的哪个角落，只要有朝鲜人就有阿里郎，一唱阿里郎就知道是朝鲜人。2012年12月6日，联合国教科文组织正式批准韩国申报的民谣《阿里郎》列入教科文组织人类非物质文化遗产名录。

巴山背二歌

序号：47
编号：Ⅱ-16
批次：1
类别：传统音乐
申报地区或单位：四川省巴中市

巴山背二歌是指产生并流传于四川东北部米仓山南麓巴中市辖区内的一种山歌。从前巴中交通闭塞，货物进出全靠人力背运，秦汉时期巴中境内就有米仓古道、汉壁古道，人们就把从事长途背运的人叫作"背老二"或"背二哥"，在翻山越岭的过程中，为缓解疲劳，背老二们即兴而歌，即为巴山背二歌。

背二歌唱词以七言格律体为主，多用赋、比、兴手法，如"弯弯背架像条船，情歌背铁又背盐，鸡叫三道就起身，太阳落坡才团圆"。语言诙谐、风趣，均为即兴创作，多用双关语表达内心世界。调式为徵调式，曲式结构为上、下两个乐句的单段体。唱腔高亢悠扬，风格粗犷豪放，最后用一声甩腔结束。唱时多为一人领唱众人和或众人齐唱。内容有歌颂勤劳勇敢、劳苦艰辛的，有唱背运工具的，也有歌唱爱情的，等等。代表性曲目有《背起背子难上坡》等。

背二歌生动反映了背二哥的生活状况，记录了巴山社会文化、风土人情。随着社会的发展，背运业已从长途背运转变为短途背运，从业人数也在不断减少，巴山背二歌正逐步失去生存和发展的空间。

国家级代表性传承人名单

姓名	性别	申报地区或单位	入选批次
陈治华	男	四川省巴中市	2

搬运号子

梁平抬儿调、龙骨坡抬工号子

序号：596

编号：Ⅱ-97

批次：2

类别：传统音乐

申报地区或单位：重庆市梁平县、巫山县

搬运号子是人们在从事装卸、挑抬、推拉货物等重体力劳动时所唱的劳动号子。搬运号子无固定唱词，唱时一领众和或领和交迭，形成多声部的演唱形式。

搬运号子（梁平抬儿调）
申报地区或单位：重庆市梁平县

梁平抬儿调是流传于重庆市东北部梁平县境内的一种民间音乐形式。

梁平抬儿调最早以劳动号子的形式存在，经过几百年发展，逐渐成为一种民间哼唱的音乐形式。建房造屋、修桥铺路、运抬石料，迎亲娶媳抬花轿，遇有丧事抬棺木时，都要唱梁平抬儿调。根据不同活动内容，可分为踏脚调、四轿调、龙杠调三种类型。踏脚调多在劳动、抬运重物时边吼边唱，曲调欢快高亢，唱词风趣幽默，是梁平抬儿调流传最广、使用最多、内容最丰富的一种。四轿调是抬花轿时所唱的调子，只吼不唱，旋律简洁。龙杠调又称上山调，是民间办丧事时抬送棺木吼唱的调子，边吼边唱，曲调苍凉幽怨。梁平抬儿调唱词多为现编现唱，在劳动中调侃，风趣、幽默，一般为四句或八句，第一、二、四句押韵。

抬工的组合有2人抬、4人抬、6人抬直至128人抬不等，根据所抬货物的重量来配备相应人数，人均负重在50～80公斤，抬工人数越多，越要吼唱，吼的调子也越有气势、越动听。

梁平抬儿调在劳动中起到了缓解疲劳、协调步伐的作用，也成为当地人民生活中的一种娱乐形式，是研究梁平民俗文化、人文历史的重要参考资料。

目前，先进生产工具的普及改变了旧时肩挑背驮的传统生产方式，梁平抬儿调逐渐失去了以往的生存环境，发展受阻。

搬运号子（龙骨坡抬工号子）
申报地区或单位：重庆市巫山县

龙骨坡抬工号子是流传于重庆市巫山县境内抬工劳作时所唱的劳动号子，又称"抬帮号子"。

龙骨坡抬工号子一般由数名或数十名青壮年组合劳作时演唱。按音乐速度可分为快腿号子和慢腿号子两大类。快腿号子多在路面平、宽，较好行走时演唱，歌词内容风趣幽默，曲调欢快、高亢，代表性曲目有《啄啄号子》《倒采茶》等。慢腿号子多出现于崎岖山路、坡陡下滑的劳作中，无固定歌词，内容灵活，演唱时采用问答方式，报告途中遇到的路况，前后统一，曲调平稳，代表性曲目有《哟嗬号子》《报号子》等。

龙骨坡抬工号子原始古朴，节奏规整，领和对称，曲词简单、朴实。除领唱者在每句的开头稍有变化外，和者均采用同样的曲调以衬词伴和，终止时才把节奏拉长，突然停顿，表示一段唱完又起一段或宣布休息。

随着现代生产工具特别是大型运输机械的出现，原来繁重的搬运方式日渐减少，抬工号子失去生存环境，陷入濒危境地，亟待保护和抢救。

板头曲

序号：77
编号：Ⅱ-46
批次：1
类别：传统音乐
申报地区或单位：河南省南阳市

板头曲是用筝、琵琶、三弦等乐器演奏的古曲，流行于河南省南阳、泌阳、邓州、许昌、开封等地。明崇祯年间，板头曲随河南曲子见诸市井，至清初逐渐盛行于上述各地。

板头曲主要在河南曲子正式演唱之前，用独奏、合奏等形式演奏的前奏乐曲，故被称为"板头曲"或"河南曲子板头曲"。其功能是为大调曲子的正式演唱作铺垫，也为了吸引观众、缓和演出气氛、调弦定调。板头曲乐队不备锣鼓笙管，而以弹拨乐器为主，另加胡琴、四胡等拉弦乐器，是我国民间乐队中难得的弦索乐组合。

板头曲分为快板和慢板两种：慢板曲调哀怨低沉；快板曲调欢快流畅。曲体形式多为六十八板体，是民族器乐曲最常用的一种结构形式。乐曲多半源于古老器乐曲牌《八板》及其各种变体，以及河南曲子曲牌、唱腔及民间小调，代表性曲目有《天下大同》《高山流水》《新开板》《陈杏元和番》《打雁》《赏秋》《闺中怨》《上楼》《下楼》等。

近年来，随着大多数传人去世，板头曲正面临失传的危机。

国家级代表性传承人名单

姓名	性别	申报地区或单位	入选批次
宋光生	男	河南省南阳市	2

布朗族民歌

布朗族弹唱

序号：613
编号：Ⅱ-114
批次：2
类别：传统音乐
申报地区或单位：云南省勐海县

布朗族民歌主要流传于云南省西双版纳傣族自治州勐海县、景洪县和临沧地区的双江、永德、云县、耿马以及普洱市的澜沧、墨江等县的布朗族聚居区域。每逢婚嫁、贺新房、年节或劳动闲暇之余，布朗人都爱对歌。布朗族民歌内容丰富，曲调繁多，按题材内容可分为劳动歌、风俗歌、迁徙歌、恨歌、颂歌、情歌、儿歌等短歌，以及长篇抒情诗和长篇叙事诗等。演唱形式有独唱、对唱、一领众和、边舞边唱等。在节庆和娱乐时演唱的布朗族民歌，常有象脚鼓、三弦等乐器伴奏，边唱边舞，气氛热烈。

布朗族弹唱是布朗族人中较为多见的民歌形式，主要流行于云南省西双版纳傣族自治州勐海县的布朗山乡、西定乡、打洛镇、勐满镇等布朗族聚居区。布朗族弹唱是在保留布朗族先民的歌唱的基础上吸收傣族音乐而形成的。

布朗族民歌也称为"布朗调"，有"索""甚""拽""宰"和"团曼"五种基本曲调。其中"索"调最为丰富多彩，有五个调子，或欢快跳跃，或舒缓深沉。"索"调因用布朗族自制的四弦琴"玎"伴奏，被称为"布朗族弹唱"。"索"调的"索克里克罗"就是谈情说爱的唱调。布朗族弹唱一般为男女对唱的形式，男子边弹奏四弦琴边唱，女子配唱相应的歌词，内容多反映男女相恋和爱慕之情。弹琴唱歌的水平高低，是青年是否有才能的标志，在当地自古就有"歌为媒""听歌要听布朗歌"的说法。

布朗族弹唱主要在重大节庆、婚丧嫁娶等场合中演唱，题材内容不断扩展，涉及本民族历史、生产知识、劳动生活、祭祀等内容。其旋律优美，节奏明快，融音乐、舞蹈为一体，体现出浓郁的民族特色。代表性曲目有《欢乐的布朗》《两朵花儿一样香》《今夜月色多美好》等。

受外来文化的冲击，布朗族弹唱的人越来越少，急需采取有效的措施加以保护。

国家级代表性传承人名单

姓名	性别	申报地区或单位	入选批次
岩瓦洛	男	云南省勐海县	3

布依族勒尤

序号：629

编号：Ⅱ-130

批次：2

类别：传统音乐

申报地区或单位：贵州省贞丰县、兴义市、镇宁布依族苗族自治县

勒尤是布依族的一种双簧气鸣乐器，主要流行于贵州省黔西南布依族苗族自治州贞丰、望谟、册亨等县以及黔南布依族苗族自治州罗甸等地的布依族聚居区域。

勒尤，是布依语音译，"勒"作名词为"唢呐"，作动词是"追"和"选择"之意，"尤"是指"情人"，故"勒尤"可直译为"选择（或寻找）情人的唢呐"。民间也称其为小唢呐。勒尤由共鸣筒、杆、心蕊、铜箍、虫哨五部分组成，全长五十厘米左右。管身为木制，民间多采用泡桐木、花椒木或橄榄木制作，虫哨用槐树、黄果树或橄榄树上的一种昆虫茧制成。

勒尤是青年男子用来向自己心爱的姑娘表达爱情的乐器，也常常作为订婚的信物赠给女方。其可用于独奏或为歌唱伴奏，旋律不受拘束，可即兴发挥，独奏时主要用于演奏布依族一种体裁独特的情歌勒尤调。勒尤的音色圆润流畅，吹奏起来曲调幽怨悱恻，极富思念之情，所演奏的乐曲擅长表达对情人的思念之情。代表性曲目有《邀约调》《想妹调》《我还没有成家》《想你呀，想你！》《夜半三更喊妹醒》《妹妹啊，你不要哄我！》《吹起勒尤喊妹来》《勾妹调》和《漂游调》等。

由于市场经济和流行文化的冲击，勒尤的吹奏者日渐减少，后继乏人，亟待保护。

布依族民歌

布依簇民歌（好花红调）

序号：611

编号：Ⅱ-112

批次：2

类别：传统音乐

申报地区或单位：贵州省惠水县

布依族民歌主要流传于贵州省黔南、黔西南布依族苗族自治州以及安顺市和贵阳市等地的布依族聚居区。布依族民歌蕴藏丰富，种类繁多，主要有古歌、叙事歌、情歌、酒歌和劳动歌等，演唱形式有独唱、对唱、齐唱、重唱等，曲调主要有用于婚丧等正式活动的大调以及青年男女谈情说爱时演唱的小调。

好花红调是布依人表达感情、歌唱爱情的歌曲，发源于贵州省惠水县好花红乡一带的布依族山寨，流行于贵州省惠水、长顺、贵阳、

龙里、贵定等县（市）布依族地区。

好花红调中的"好花"指布依族村庄田间地头最多见的刺梨花。刺梨有极强的生命力，只要有一点土，就会顽强地生根、发芽、开花、结果，繁衍生息。刺梨的顽强生命力正是布依人民族性格坚强、无畏、乐观、向上的真实写照。

在布依族山村演唱情歌须选择场合，唱好花红是为了联络感情、寻找意中人。演唱时按步骤传递情感，男女双方对唱时先唱敬客歌，再唱问候歌，然后是抬爱歌，待双方感情融洽时，才以"好花红"为歌头，尽情对唱，倾诉感情。好花红调歌词一般为七言四句，采用比兴手法表达情意。其旋律简单，曲调为四声羽调式，悠扬婉转。

目前，好花红调的老歌手相继离世，传承乏人，前景堪忧，亟待抢救和保护。

茶山号子

序号：588
编号：Ⅱ-89
批次：2
类别：传统音乐
申报地区或单位：湖南省辰溪县

茶山号子是主要流传于湖南省辰溪县黄溪口镇以及罗子山、苏木溪、上蒲溪和仙人湾瑶族乡一带的一种民歌形式，源于瑶族人挖茶山的劳动过程，已有四百余年历史。

茶山号子主要是人们在冬季翻挖茶山时为统一劳动节奏、鼓舞劳动热情、提高劳动效率而唱。挖茶山前，鼓手要先祭拜山神，念咒语与焚香，以求山神保佑，阖家平安，来年油茶丰收。然后，挖山的人们在山脚下一字排开，鼓手在前方不远处敲锣打鼓，唱一阵打一阵，一人唱众人和。演唱内容有固定唱词，也可即兴而作，题材十分广泛，涉及生产、生活、爱情、民族历史、民间传说、神话等方面。茶山号子的发声方法和演唱技巧极为独特，旋律一般在高音区，演唱时翻高八度，配以锣、鼓，声音高亢、响亮，极具穿透力。

20世纪50年代，黄溪口大湾村的歌手舒黑娃以演唱茶山号子而著名，其宽厚洪亮的嗓音、高音区的独特发声，具有金属般的锐利性。舒黑娃曾将瑶乡茶山号子歌唱到长沙、北京，有"湘西有个舒黑娃，嗓子赛过双唢呐"的美誉。著名歌唱家何纪光曾拜舒黑娃为师，他所演唱的《挑担茶叶上北京》和《洞庭鱼米乡》，即得益于舒黑娃的中高音区的特别发声方法。

随着社会经济的发展和传统劳动方式的改变，茶山号子的生存环境发生了很大变化，其保护传承也面临着诸多问题，急需有关部门予以大力扶持。

昌黎民歌

序号：573
编号：Ⅱ-74
批次：2
类别：传统音乐
申报地区或单位：河北省昌黎县

昌黎民歌是流传于河北省东北部昌黎县的一种民间小调，产生于元代。

根据演唱内容，昌黎民歌分为劳动号子、故事传说、爱情和生活四类，有秧歌调、单口唱和对口篇三种演唱形式。其中秧歌调是群众在扭秧歌时演唱的；单口唱由一人持一副竹板，边打边唱；对口篇由二人对唱，并表演简单的剧情动作，后来发展为边舞边唱，乐队伴奏，从而成为评剧的雏形。

昌黎民歌在昌黎县境内因地区不同而表现

出不同的类型。东部沿海盛行劳动号子，南部山区以秧歌为主，西部因与评剧的发源地滦县交界，单口唱和对口篇较多。

昌黎民歌演唱时均为即兴编词，以当地方言为基础，用"土嗓子"演唱，突出"味儿"。在唱腔运用上，运用卷舌音、嘟噜音、颤喉音、喉鼻音、控制音、补字音、滑音、装饰音和重尾音八种技巧。演唱时多用二胡、扬琴、笙、琵琶、唢呐、笛子等民族乐器伴奏，如果在村头、院落演唱，只需一副竹板打唱或一把二胡伴奏即可。

目前，昌黎民歌的观众群年龄大都在中年以上，传承出现了很大困难，许多民歌世家也面临着断代的危险，急需采取措施对其进行保护和传承。

巢湖民歌

序号：37
编号：Ⅱ-6
批次：1
类别：传统音乐
申报地区或单位：安徽省巢湖市

巢湖民歌是流传于安徽省巢湖地区的一种民歌。

巢湖民歌的历史最早可追溯到汉代，楚汉相争"四面楚歌"的故事一直流传至今。东汉长篇叙事长诗《孔雀东南飞》也产生于巢湖流域，是最早录入文化典籍的巢湖民歌。

巢湖民歌有号子、山歌、小调三大类。"望江采柳"是巢湖民歌的创作形式，槐林的灯歌、沿湖一带的渔歌、山区的山歌、湖滨圩区银屏等地的秧歌、小黄山区的门歌，还有茶歌和小调，都是人们即兴而歌。巢湖民歌富有浓郁的地域特色，语言生动形象，讲究韵律，讲究比、兴、夸张、拟人的传统创作手法。代表性曲目有《姑嫂对花》《喊秧歌》《刘姐姐》《吓老鹰》等。

20世纪五六十年代，巢湖民歌得到了更广泛的发展，农民歌手殷光兰、胡吉英等曾把巢湖民歌唱进了中南海、人民大会堂，唱遍大江南北。目前有关部门已组织人员收集整理了一千多首原生态巢湖民歌。作为江淮地区民歌的代表，巢湖民歌的题材和内容对研究安徽民歌史和中国民间音乐史，探寻巢湖历史变迁的踪迹，有着较高的学术价值。

洞箫音乐

洞箫音乐（朝鲜族洞箫音乐）

序号：623
编号：Ⅱ-124
批次：2
类别：传统音乐
申报地区或单位：吉林省延吉市、珲春市

扩展名录：
洞箫音乐（高陵洞箫） 陕西省高陵县

洞箫音乐是朝鲜族的民间音乐形式，主要流传于吉林省延边朝鲜族自治州。洞箫音乐形成历史久远，已有一千五百多年历史。据记载，在4世纪中叶的高句丽壁画中已出现吹箫的场景。14世纪开始，箫被改良成洞箫。19世纪末洞箫演奏艺术传入中国吉林省延边，每逢节日、婚嫁、寿诞等庆祝活动中都会演奏洞箫。延边的演奏家们创作了许多以独奏曲为主的"散调"，使得洞箫音乐在延边得到弘扬和发展。

洞箫是朝鲜族的一种传统竹制吹奏乐器，多用紫竹或白竹制成。洞箫同笛子一样，属于八度吹乐器，同笛子相比，音量小，发音不及笛子敏锐，洞箫音色纯厚、恬静、悠扬，低音区沉闷，中音区柔和优美，高音区尖锐，具有内在、含蓄、发声美的特点，既能表达含蓄哀婉的情绪，也能表现慷慨激昂的感情。代表性曲目有《伐木歌》《丰收歌》等。

延边的珲春市密江乡是著名的"洞箫之乡"。20世纪30年代来自朝鲜咸镜北道的洞箫乐手韩信权将洞箫音乐带到密江乡，这是密江第一代洞箫领头人。目前，密江的洞箫演奏队已达一百多人，年龄最大的七十岁，最小的仅十岁。

洞箫音乐（高陵洞箫）
申报地区或单位：陕西省高陵县

高陵洞箫是流传于陕西省高陵县的洞箫演奏技艺，是民间艺人胡道满在传统洞箫演奏技艺基础上，用独创的"双音代唱"和"喉音"进行吹奏的技法。"双音代唱"是将秦腔唱法的彩腔唱声和箫吹奏巧妙融合在一起，使其发出洞箫低沉的声音，形成多支洞箫合奏的强烈效果。"喉音"是在吹箫时，喉咙同时发声，"吼"唱出旋律，形成和声，雄厚有力，有边吹边唱的感觉。代表性曲目有《苦中乐》和《大金钱套柳生芽》等。

高陵洞箫继承和发扬了箫的传统演奏技法，把箫从单一的伴奏乐器变成独奏乐器，使低沉、绵长的传统演奏变得洪亮、明快，丰富了中华音乐文化宝库。

目前，高陵洞箫演奏活动虽十分活跃，但仍有必要进一步加强保护和传承工作。

◎ 传统音乐

潮州音乐

序号：81
编号：Ⅱ-50
批次：1
类别：传统音乐
申报地区或单位：广东省潮州市、汕头市

潮州音乐是流传于广东潮州地区的各类民间器乐的总称，此外潮州音乐还广泛流传于闽南、粤东、广州、上海、中国台湾、中国香港、中国澳门各地及东南亚各国和潮人聚居地。

潮州音乐是当地民歌、歌舞、小调，吸收弋阳腔、昆腔、秦腔、汉调、道调和法曲后兼容并蓄而成的。常用乐器有二十余种，主要乐器是二弦、二胡、扬琴以及锣鼓等打击乐器。潮州音乐蕴藏丰富，品种繁多，大致可分为广场乐和室内乐两大类。前者包括潮州大锣鼓、外江锣鼓乐、潮州小锣鼓、潮州花音锣鼓、潮州八音锣鼓；后者包括笛套古乐、潮州弦诗乐、潮州细乐、潮州庙堂音乐等，特别是笛套古乐，保留了古代宫廷音乐的韵味。

潮州音乐既能表现小桥流水式的情趣，又能演绎气壮山河史诗般的旋律。所独有的"二四谱"是十分古老的谱式。演奏上强调发挥作韵和即兴加花两种技法。代表性曲目有《抛网捕鱼》《双咬鹅》《昭君怨》《小桃红》《晏灯楼》等。

目前仍有一些爱好潮州音乐的小规模民间团体在演奏，但听众大多是老年人，潮州音乐的传承与发展不容乐观。

国家级代表性传承人名单

姓名	性别	申报地区或单位	入选批次
黄义孝	男	广东省潮州市	2
林立言	男	广东省汕头市	2
杨秀明	男	广东省汕头市	2

川北薅草锣鼓

序号：58

编号：Ⅱ-27

批次：1

类别：传统音乐

申报地区或单位：四川省青川县

扩展名录：
薅草锣鼓（武宁打鼓歌）
　　　　江西省武宁县
薅草锣鼓（宜昌薅草锣鼓）
　　　　湖北省宜昌市
薅草锣鼓（五峰土家族薅草锣鼓）
　　　　湖北省五峰土家族自治县
薅草锣鼓（兴山薅草锣鼓）
　　　　湖北省兴山县
薅草锣鼓（宣恩薅草锣鼓）
　　　　湖北省宣恩县
薅草锣鼓（长阳山歌）
　　　　湖北省长阳土家族自治县
薅草锣鼓（川东土家族薅草锣鼓）
　　　　四川省达州市宣汉县

川北薅草锣鼓是一种山区农民在劳动过程中演唱的山歌，主要流传于四川广元市下辖的苍溪、旺苍、青川、剑阁四县，以及利州、元坝、朝天三区境内。俗称"打草锣鼓""薅锣鼓草""撵锣鼓草"，其中以四川北部山区的青川薅草锣鼓最具代表性。据传，薅草锣鼓源于三千多年前的巴人时期，从事农耕的人们为驱赶野兽、祭祀山神而击鼓鸣锣吆喝，后演变成一种劳动山歌。明代《三才会图》一书记载："薅田有锣鼓，其声促烈清壮，有缓急抑扬。"

每年七八月，几户或几十户人家在一起薅苞谷草或黄豆草时，一人击鼓（称作联手、同路），一人敲锣（称作歌郎），指挥数十人的薅草队伍，边击边唱边劳作，敲锣打鼓者多为有知识、有威望的长者和有培养前途的年轻人。薅草锣鼓起到统一步调、活跃气氛、鼓劲加油的作用，不仅能保证除草的进度和质量，还可将繁重的体力劳动变得轻松和愉快。整个过程大致分为牵线子、扎盖子（起歌头或排歌头）、安五方（或拜五方）、说正文、耍歌子、办交接等步骤。代表性曲目有《韩湘传》《八仙图》《十二枝花》《牧牛打虎》《延九锤》等。

川北薅草锣鼓曲目蕴藏丰富，有数以千首，是川北民族民间文化的重要组成部分。明快简洁的音乐语汇保留了大量古代音乐文化信息，有较高的学术研究价值。

随着传统劳作方式的改变，大量劳动力外迁，加之老歌手的相继过世，歌手队伍青黄不接，川北薅草锣鼓的生存空间正在日益缩小。

薅草锣鼓（武宁打鼓歌）
申报地区或单位：江西省武宁县

武宁打鼓歌是一种以鼓伴奏的田山歌，又名锄山鼓、催工鼓。主要流传于江西省武宁县十九个乡镇及修水、瑞昌、永修、靖安、铜鼓和湖北通山、阳新一带。其最早文字记载见于清同治《武宁县志》："农民插禾，联邻为伍，最相狎昵，午饮田间，或品其工拙疾徐而戏笞之，以为欢笑。每击鼓发歌，迭相唱和，声彻四野，悠然可听……"打鼓歌由湖北传入江西武宁，融入吴歌韵味和武宁乡土风情后，形成了自己的艺术特色，并广泛流传。

武宁打鼓歌有长歌和短歌，长歌的内容多为历史名著、民间传奇改编，短歌有时政歌、情歌、风俗歌等。打鼓歌鼓点节奏丰富多变，一般为四番鼓，混合型节拍，可因人、因时、因地变化。现民间仍有业余打鼓歌表演队十余支，突出的民间鼓匠传人二十余人。

薅草锣鼓（宜昌薅草锣鼓）
申报地区或单位：湖北省宜昌市

宜昌薅草锣鼓是广泛流传于湖北省宜昌山区各县的一种劳动生产歌。《长阳县志》翔实地记载了这一农事习俗："旱田草盛工忙，互相助为换工，亦击锣鼓歌唱，节劳逸，有头歇、二歇、三歇，至末鼓锣与薅锄齐急，不闻人声，为赶翼，谓之薅二道草、三道草。"

薅草锣鼓在薅草时边打锣鼓边唱歌。由四人一班组成乐队，使用鼓、锣、钹、马锣四件打击乐器，鼓手领队，既指挥唱歌，又指挥生产，号召力很强。唱词内容多为上午唱古人，中午唱花名，下午唱爱情。曲牌早、中、晚各不相同，有《导板》《扬歌·十七言》《联八句》《七字韵》《穿号子》《半声子》《片子歌》等唱腔曲牌。

薅草锣鼓（五峰土家族薅草锣鼓）
申报地区或单位：湖北省五峰土家族自治县

五峰土家族薅草锣鼓是流传于湖北省五峰土家族自治县境内的民歌形式，俗称"打闹"，也叫"山锣鼓"。薅草锣鼓具有请神求愿、组织生产、鼓舞情绪等功能。

五峰土家族薅草锣鼓一般由歌头、请神、扬歌、送神几部分组成。在结群薅草、挖土、栽秧时，由两位歌师傅领唱或对唱山歌，一人按节奏击鼓，一人应点敲锣，锣鼓间歇，歌声即起，轮流对唱，整日不歇。乐器主要由鼓、锣、钹等四件响器组成，有的地方还配有唢呐。内容涉及天文地理、历史人物、民间传说、风土人情。演唱的曲调有"回声号子""穿声号子""杂号子""扬歌号子""鼓里藏声号子"等。五峰土家族薅草锣鼓传播知识、交流感情、颂扬美德，既诙谐幽默，又给人以教育，富有浓厚的乡土气息，是土家族人的劳动进行曲。

薅草锣鼓（兴山薅草锣鼓）
申报地区或单位：湖北省兴山县

兴山薅草锣鼓主要流传于湖北省兴山县境内，多用于苞谷等旱田薅草，其功能在于指挥劳动生产，提高劳动效率，调剂精神，活跃气氛，素有"一鼓催三工"之说。也广泛应用于开荒种地、修水库、水稻除草等集体劳动中。

兴山薅草锣鼓题材广泛，内容包罗万象，曲式结构复杂，是套中有套的大套曲，有丧事歌、儿歌、戏曲（主要为花鼓戏）唱腔和佛教音乐等。兴山薅草锣鼓分为花锣鼓、攒鼓两类，其中"花锣鼓"因唱花歌子（情歌）而得名；"攒鼓"因主要唱《千百攒》等历史故事而得名。花锣鼓的演唱形式又分为三遍子锣鼓（因领鼓者"当家号子"反复演唱三遍而得名）、四遍子锣鼓和五遍子锣鼓三种。《千百攒》是一本从盘古开天地唱起的梗概的历史故事书。兴山薅草锣鼓腔调丰富，歌唱的发声方法有"尖音"（也称"鬼音""天堂音"）、"满口音"和"二黄"三种。根据薅草人的多少，兴山薅草锣鼓中鼓的使用有单锣鼓、夹锣鼓、双锣鼓、夹心单、夹心夹等。

薅草锣鼓（宣恩薅草锣鼓）
申报地区或单位：湖北省宣恩县

宣恩薅草锣鼓，又叫山锣鼓。它源于周朝的击鼓祭祀，是与生产劳动相伴生的民间歌鼓。在鄂西南山区，人们集体薅草或挖土时，为达到催场催工的目的，主人家要请演唱班子。他们击鼓以作气力，鸣锣以节劳逸，酣歌以抒胸臆。演唱薅草锣鼓一般由四个或四个以上的歌师在劳动队伍前方鸣锣击鼓，日出而唱，日落而息。其伴奏乐器少则一锣一鼓，多则用马锣、头钹、二钹。演唱程序有歌头、扬歌、歌尾三部分，歌头和歌尾为固定的请神送神，扬歌则即兴演唱。演唱形式有领唱、合唱、穿歌、插白，间以锣鼓伴奏。因乐器配备不同，又分文锣鼓、武锣鼓、夹锣鼓。锣鼓曲牌多达三十余个，常用的有十几个。唱词分固定唱词和即兴演唱两种，清早和傍晚的请神送神程式中演唱固定唱词，扬歌则为临时唱词。固定唱词多以历史人物、故事为主；即兴演唱是按实际需要临时新编，叫"见子打子"，内容涉及天文地理、风土人情、花鸟虫鱼、男婚女嫁、善恶报应以及挖苦讽刺等。

薅草锣鼓（长阳山歌）
申报地区或单位：湖北省长阳土家族自治县

长阳山歌也称锣鼓歌，普遍流传于湖北省长阳县境内，尤以贺家坪、高家堰、都镇湾、磨市、鸭子口、龙舟坪等乡镇最为盛行。从长阳出土的文物考证，以及其三音古歌与不协调的音程关系分析，长阳山歌有一千五百多年的历史。

长阳山歌有两种类型。一种因不同的农事活动而命名，有栽秧锣鼓、扯草锣鼓、薅草锣鼓、砍柴锣鼓，也叫山锣鼓。另一种以锣鼓的数量（编制）命名，一鼓一锣的叫一锣鼓（单锣鼓）；两锣一鼓或三锣两鼓搭配的叫夹锣鼓；两锣两鼓叫对子锣鼓；由锣、钹、马锣、鼓四种乐器组成的叫四样锣鼓（打四件）；在一锣鼓或四样锣鼓的基础上加一支唢呐叫吹锣鼓。

长阳山歌旋律高亢嘹亮，节奏自由，音域多在八度与十一度之间。有宫、商、角、徵、羽调式，最鲜明的是宫羽调式交替，具有"锣鼓不出乡，各是各的腔"的特点。有号子、扬歌和杂歌，其题材广泛，天文地理、人间百态、宗教信仰、花草树木、飞禽走兽无所不唱。

薅草锣鼓（川东土家族薅草锣鼓）
申报地区或单位：四川省达州市宣汉县

川东土家族薅草锣鼓主要分布在四川省达州市宣汉县的龙泉、三墩、漆树、渡口、樊哙等乡镇。明代《三才图会》记载："薅田有锣鼓，其声促烈清壮，有缓急抑扬。"民国《宣汉县志》记载："土民自古有薅草锣鼓之习。夏日耘草，数家趋一家，彼此轮转，以次周而耘之，往往集数十人，其中二人击鼓鸣钲，迭应相和，耘者劳而忘疲，其功较倍。"

川东土家族薅草锣鼓由"歌牌子"或"歌头"领唱，众接腔合唱，配以锣鼓伴奏，其打击乐有鼓、钲、钹、马锣等。唱词多为口头即兴创作，内容广泛，或调侃，或规劝，或打趣，或逗乐。也有谈古论今题材，唱秦香莲、说岳飞等，还有歌唱生产生活、婚姻爱情，代表性曲目有《山伯访友》《安安送米》等。

国家级代表性传承人名单

姓名	性别	申报地区或单位	入选批次
王绍兴	男	四川省青川县	2
孟凡林	男	江西省武宁县	3
王爱民	男	湖北省长阳土家族自治县	3

薅草锣鼓

川江号子

序号：55
编号：Ⅱ-24
批次：1
类别：传统音乐
申报地区或单位：重庆市，四川省

川江号子是船工们为统一动作和节奏，由号工领唱，船工帮腔、合唱的一种一人领众和的民间歌唱形式。川江号子形成历史悠久。近年在长江两岸发掘出土的新石器时期的"石锚"、东汉时期的"拉纤俑"等，都印证了川江水路运输的久远历史。川江航道曲折、山势险峻、水急滩多，纤夫负重前行，为缓解紧张情绪、统一脚步、集中力量，统一指挥的劳动号子应运而生。

川江号子的唱词以沿江的地名、物产、历史和人文景观为题材，根据行船劳作的工序可分为上水号子和下水号子。上水号子包括撑篙、扳桡、竖桅、起帆、拉纤号子等；下水号子包括托扛、开船、平水、二流橹、快二流橹、幺二三交接、见滩、闯滩、下滩号子等。品类曲目丰富，有数十种类别和上千曲目，代表性曲目有《十八扯》《八郎回营》《魁星楼》《拉纤号子》《捉揽号子》《橹号子》《小斑鸠》等。沿江流域劳作的船工创造了中国水系音乐文化，但随着机动铁船代替人工行船的运输方式的改变，代代相传的生存基础开始动摇，川江号子面临传承困境。

吹打

接龙吹打、金桥吹打

序号：83
编号：Ⅱ-52
批次：1
类别：传统音乐
申报地区或单位：重庆市巴南区、万盛区

扩展名录：
吹打（广西八音）　　广西壮族自治区玉林市

接龙吹打是流传于重庆市巴南区接龙镇的民间器乐乐种，形成于明末。传统的接龙吹打主要出现于本地民众婚丧寿庆等仪式中。其演奏乐器以唢呐、锣、鼓为主，还有碰铃、笛、琴、号以及二胡、提琴等弦乐器。接龙吹打乐有三大种类七大品种，分别是吹打乐、锣鼓乐、吹打唱三大类别，丫溪调、下河调、青山调、昆词、教仪调、将军锣鼓、伴舞锣鼓七个品种。曲目丰富，有近千首，代表性曲目有《大号牌》《朝排》《将军令》《水龙吟》《南锣》《六幺令》《风入松》等。目前当地大多数农民乐手都能够进行和声演奏，同时各级政府高度重视，在学校、农村、机关开展传承人培养活动，新的乐手不断成长。

金桥吹打是流传于重庆市万盛区金桥镇的民间吹打乐种，产生于宋元时期。主要乐器有唢呐、鼓、锣、钵等。其特点是音域宽、音量大、力度厚、音色明快、穿透力强。金桥吹打有曲牌和品打、刁打、散打、干打、夹打、刁散打、竹叶吹奏、口哨等演奏技艺。特色技巧是清代刘多二创造的"马风声"，演奏时唢呐酷似马啸，鼓响犹如马蹄，高潮时，马啸与蹄声共鸣，有万马奔腾之势。其曲目达千余首，代表性曲目有《花灯》《大曲牌》《朝牌》《宫堂》等。自21世纪开始，政府加大了吹打乐的保护和发展力度，创建了金桥吹打艺术团和金桥中心校吹打队，人才匮乏、后继无人的现状得以扭转。

吹打（广西八音）
申报地区或单位：广西壮族自治区玉林市

广西八音是一种民间吹打乐形式，也称"桂南八音"，吹笛儿、吹六笛，因使用鼓、锣、钹、笛、箫、弦、琴、人声等八音合奏而得名"八音"。它主要流行于广西南宁、玉林、贵港、钦州、梧州、贺州等汉、壮、瑶族聚居地。源自宫廷和军中的吹鼓乐，融中原古乐与桂东南民间音乐而成。因地域不同，广西八音又分为玉林软场、硬场八音、壮族文场、武场八音。在演奏形式上，有坐奏和行奏，主要用于民间新居落成、婚丧嫁娶、祝寿节庆等民俗活动中，也应用于群众文艺舞台表演中。代表性曲目有《山坡羊》《白鹤游》《老鼠偷油》等。由于广西八音主要是家族内传承，随着年轻一代对传统文化的认知发生改变，加之演奏较为复杂，传承出现危机。

国家级代表性传承人名单

姓名	性别	申报地区或单位	入选批次
唐佑伦	男	重庆市巴南区	2
张登洋	男	重庆市万盛区	2
李自春	男	重庆市巴南区	3

达斡尔族民歌

达斡尔扎恩达勒、罕伯岱达斡尔族民歌

序号：607
编号：Ⅱ-108
批次：2
类别：传统音乐
申报地区或单位：内蒙古自治区莫力达瓦达斡尔族自治旗，黑龙江省齐齐哈尔市

达斡尔族民歌主要流传于内蒙古自治区、黑龙江省以及新疆塔城县等地的达斡尔族聚居地区。"达斡尔"意为开拓者。历史上，以狩猎为主，兼营畜牧业、农业、渔业的古代达斡尔人，在生产劳动中，用歌曲抒发感情，消除疲劳，调整精神，逐渐形成了独具特色的达斡尔族民歌。

达斡尔族民歌有山歌、对口唱和舞词等多种形式。其中对口唱以一问一答的形式演唱，曲调明朗欢快，可即兴填词，以反映达斡尔人的生产生活为内容，是比较普遍的演唱形式；舞词是音乐配词的形式，歌词内容多以家庭生活、伦理道德和爱情题材为主。曲调热情奔放，委婉多变，节奏鲜明，节拍严整。

达斡尔族民歌（达斡尔扎恩达勒）
申报地区或单位：内蒙古自治区莫力达瓦达斡尔族自治旗

扎恩达勒是一种山歌体裁的民间歌曲，是达斡尔族民歌的主要形式，通常在狩猎、放牧或赶车途中演唱，主要流传于内蒙古自治区莫力达瓦达斡尔自治旗的尼尔基镇、腾克镇、阿尔拉镇等地。

扎恩达勒曲调高亢、悠扬，多颤音，多用"讷耶哟""讷耶""呢耶"等衬词。其内容丰富，反映历史事件、生产生活、英雄事迹和悲欢离合爱情等，有牧歌、猎歌、渔歌、祝酒歌、情歌、婚礼歌、放排歌、摇篮曲等抒情和叙事歌曲。演唱形式有独唱和对唱两种，以一问一答的对唱居多。扎恩达勒分为有歌词和无歌词两种。有词的曲调丰富，结构多变，含有衬托词；无歌词的多触景生情即兴咏唱，只用"讷—耶""呢—耶"等衬词，节拍自由。代表性曲目有《心上人》《德莫日根》《乌其根乌音》《孤儿苦》等。

随着社会的发展，人们对现存的民间艺术态度冷漠，导致扎恩达勒后继无人，濒临灭亡，亟待抢救保护。

达斡尔族民歌（罕伯岱达斡尔族民歌）
申报地区或单位：黑龙江省齐齐哈尔市

罕伯岱达斡尔族民歌是达斡尔族的民间音乐形式，主要流传于黑龙江省齐齐哈尔市富拉尔基区杜尔门沁达斡尔族乡罕伯岱村及其周边达斡尔族聚居的村屯。据记载，清代顺治年间，居住嫩江北岸的达斡尔族大量迁徙到富拉尔基，并在杜尔门沁一带定居，在长期的生产劳动过程中逐渐形成了口头传承的罕伯岱达斡尔族民歌。

罕伯岱达斡尔族民歌通常在野外生产劳动间隙创作演唱，内容涉及自然、劳动、爱情、传统教育、节日庆典和婚丧嫁娶等。演唱形式为独唱、合唱、对唱、歌伴舞等。歌词多为触景生情，即兴填词。曲调热情奔放，节奏鲜明，多用衬词反复咏唱。代表性曲目有《映山红花满山坡》《英雄的村庄》《对歌》《口提哥哥》等。

达斡尔族语言的逐渐消失使得以这一语言演唱的民歌也随之走向衰落，如果不及时保护，这一民歌形式将面临消亡的命运。

◎ 传统音乐

大别山民歌

序号：576
编号：Ⅱ-77
批次：2
类别：传统音乐
申报地区或单位：安徽省六安市

大别山民歌是流传于安徽大别山地区的民歌。它由上古时期的部落民谣发展演变而来。

大别山民歌以山歌、茶歌、秧歌、排歌、小调、劳动号子为主。其曲调风格既有山歌的粗犷豪迈，又有淮河流域民歌的抒情悠扬。山歌内容丰富，有反映古代时期社会历史的，如皋陶治法、大禹治水、楚汉之争等，有反映社会历史各个时期风土人情、民风民俗的，也有反映近现代历史内容的，如辛亥革命、红军起义等，以及反映社会主义建设时期的生产、生活等内容的。

大别山民歌有说唱艺术的特点，许多民歌都口语化，语言朴素、生动，多为歌者即兴创作。在修辞上，多用"赋比兴"，以"兴"为多。"重叠"是常见的修辞手法，借"重叠"句强调旨意和感情。大别山民歌常在句中或尾端使用衬字，以增强歌唱的表现力和感染力，如"呀、啊、啦、哪、哎、哇、哈、嗷""哎咳嘀是嘀、一子呀儿哟、一么那厢嗨"等。代表性曲目有传统民歌《挣颈红》《慢赶牛》等，革命民歌《八月桂花遍地开》《送郎当红军》等。

随着社会变迁，老一辈歌手已不在人世，年轻一代被时代潮流裹挟着前进，且许多优秀的大别山民歌已经失传，原生态资料缺乏，其传承已陷入困境。

儋州调声

序号：45
编号：Ⅱ-14
批次：1
类别：传统音乐
申报地区或单位：海南省儋州市

儋州调声是用儋州方言演唱的一种民歌形式，流传在海南省儋州、三亚、昌江、白沙、东方等地。儋州历史悠久，素有"诗乡歌海"之称。北宋诗人苏东坡谪居此地时曾以"夷声彻夜不息"描写歌风之盛，作家田汉称调声是"南国乐坛的奇葩"，近年儋州被文化部命名为"中国民间艺术之乡"。

儋州调声的体裁近似汉族民间小调，歌词流畅活泼，多为三言、五言、七言。农闲、逢年过节时，男女青年或围圈坐唱，或排成两列、摆开阵势赛歌传情，其中以"中秋歌会"最为热闹。

儋州调声在发展中善于吸收古曲、现代歌曲和外国歌曲的旋律，因此常唱常新。内容上最初主要以情歌为主；清末民国初年，吸收了"学堂民歌"成分；20世纪五四运动以后，出现革命题材的内容；60年代时常被唱响在水利建设工地的赛歌会上，形成一个发展的新高潮，电影《椰林曲》、芭蕾舞《红色娘子军》等都引用了其旋律。目前已搜集的调声曲调有千余首，代表性曲目有《天崩地塌情不负》《祖国江山花百样》《一时不见三时闷》《单槌打鼓声不响》等。

儋州调声历史悠久，对研究海南古代音乐发展有重要价值。为更好地继承、发扬儋州调声艺术，2001年，儋州政府确立每年农历八月十五为儋州调声艺术节。

国家级代表性传承人名单

姓名	性别	申报地区或单位	入选批次
唐宝山	男	海南省儋州市	2

当涂民歌

序号：36
编号：Ⅱ-5
批次：1
类别：传统音乐
申报地区或单位：安徽省马鞍山市

当涂民歌是流行在安徽东部长江两岸的各类民歌的统称。

当涂民歌历史悠久。早在六朝时期，刘宋皇帝刘裕主持的"白歌舞"就是当涂民歌类型。北宋词人李之仪的《田夫踏歌》和"我住长江头，君住长江尾"的吟唱也都属于民歌范畴。清代当涂人黄钺以当涂民俗风情为主要内容创作的五十多首《于湖竹枝词》，代表了当涂民歌的最高艺术水平。到20世纪50年代末期，当涂民歌的创作与传唱发展到最繁荣时期。

当涂民歌数量众多，题材广泛，语言丰富，曲调多样。平原、圩区、丘陵山区的曲调、唱法各异。在大公圩一带的是号子、牛哥、舞调；在博望、湖阳、新市一带的是船歌、渔歌、灯歌；在沿江采石、霍里、新桥一带的是秧歌、对歌、门歌等。民歌不仅反映了人们的生产、生活方式，也折射了人们的审美观念，对当地文化产生了许多影响。代表性曲目有《打麦歌》《放牛歌》《姐在田里薅豆棵》等。

当涂民歌是劳动人民口头创作、口头演唱、口耳相传文化表现形式的典型代表，经过历代人们的艺术加工后，使其具有了更高的历史、文化和艺术价值，是不可多得的艺术珍品。《回娘家》《划龙船》等早已成为全国乃至境外华人争相传唱的名曲，当涂民歌至今在当涂县广为流传。

道教音乐

广宗太平道乐、恒山道乐、上海道教音乐、无锡道教音乐、齐云山道场音乐、崂山道教音乐、泰山道教音乐、胶东全真道教音乐、腊山道教音乐、海南斋醮科仪音乐、成都道教音乐、白云山道教音乐、清水道教音乐

序号：638

编号：Ⅱ-139

批次：2

类别：传统音乐

申报地区或单位：河北省广宗县，山西省阳高县，上海市道教协会，江苏省无锡市，安徽省休宁县，山东省青岛市崂山区、泰安市、烟台市、东平县，海南省定安县，四川省成都市，陕西省佳县，甘肃省清水县

扩展名录：
道教音乐（东岳观道教音乐）
  浙江省平阳县
道教音乐（澳门道教科仪音乐）
  澳门特别行政区

道教音乐是道教在其所有斋醮科仪中，为敬天尊神、祈福迎祥、祭祖安魂、超度亡灵、驱鬼降妖、禳灾避祸等诸多的法事、道场活动而配合诵经讲法、踏罡步斗仪程所使用的宗教音乐。

道教音乐见诸史料的最早记载为北魏时期。唐代是道教音乐受到重视并在宫廷道教活动中使用和推广的一个转折。当时的道教音乐由单纯的打击乐器钟、磬、鼓等法事法器，增加了吹管和弹拨乐器。南宋之后，道教音乐在民间广泛流传，开始注重声乐和器乐的运用，讲究音乐悦耳动听的演唱和演奏效果。元代，由于道教出现了全真与正一两大道派，道乐也出现了两种不同的风格。明代是道教音乐的定型期，这时的道教音乐不仅有了完整的曲目和曲谱，而且采用正规的工尺记谱法记谱写谱，整理记录、创作完成了许多道乐曲谱。清代道教音乐在全国传播较快，也不断与各地民乐渗透结合，逐渐形成不同地域、不同风格的流派和种类。

道教音乐（广宗太平道乐）
申报地区或单位：河北省广宗县

广宗太平道乐是流传于河北省南部广宗县的道教音乐，源于东汉末年的太平道起义，是在起义的舆论发动和起义过程中形成的。东汉末年，巨鹿郡人张角为推翻汉家王朝，以《太平经》为经典教义而创立太平道，并将自己的思想主张编成经文，用打击乐器和吹管乐器伴奏，增强了诵经的节奏性和渲染力，形成太平道乐，至今已有一千八百多年历史。

广宗太平道乐在发展过程中不断吸收佛教音乐和宫廷音乐的成分，并融合地方戏曲和民间小调的韵律，逐渐形成一套由经乐与器乐组成的太平道乐。演奏形式分为两种：一种是静乐，演奏时或坐或立；一种是动乐，边吹奏边行进，又称舞乐或道舞。

太平道乐的演奏者均为民间职业或半职业艺人，在农村道场演出，多用于民间庆典、祭祀、节日联欢等，不注重修道悟性，而追求演奏技艺的提高。其曲调有的明亮、高亢，有的深沉、悲切，旋律起伏跌宕，幽雅婉转。

经收集整理现存太平道乐181首，其中弦乐曲牌48首，器乐曲牌41首，打击乐曲牌45首。代表性曲目有《太平十八番》及"三仙曲"《朝

天子》《经堂乐》《玉芙蓉》，大型民间舞蹈《抬黄杠》等。

道教音乐（恒山道乐）
申报地区或单位：山西省阳高县

恒山道乐是流传于山西省阳高县境内北岳恒山的北方道教音乐。恒山道乐源于东汉创立的道教中的"北天师道"，后来吸收汉魏以来的鼓吹乐和唐宋以来的法曲等音乐元素发展而成。恒山道乐主要由恒山"应门士"即在家道士演奏，当地称为"恒山道乐班"，道乐班最早出现于清代嘉庆年间。

恒山道乐的演奏乐器有笙、管子、笛、法螺、鼓等。所演奏的音乐分赞叹、套曲和配曲三个部分。其中赞叹为唱经音乐，有老君经、三代赞、四字真言、洞玄经、十报恩等颂神祈福的曲调，旋律性强，发声与晋北道情相同；套曲是演奏的音乐，内容多为金元时期的北曲，其风格庄重典雅，代表性套曲有《驻马听》《大走马》《水红花》《普庵咒》《骂玉郎》《幺章》六种；配曲是套曲的延伸及过节曲，常和同一宫调的套曲相配，数量较多，曲调高亢、生动，有《感皇恩》《小曲》《十番》等。

目前，从事恒山道乐演奏的乐手大多年事已高，后继力量严重不足，恒山道乐面临失传的危险，急需保护传承。

道教音乐（上海道教音乐）
申报地区或单位：上海市道教协会

上海道教音乐源自江苏苏州及江西龙虎山的道教科仪和音乐，后融合进上海地区的音乐传统，历经三十代道士的传承发展而成，至今已有八百多年历史。

上海道教音乐中声乐和器乐并重，分为道教科仪伴奏音乐和表现道家思想的器乐曲两个部分。根据其地域的分布，可以分为东乡、西乡和市区三大派，均使用上海方言演唱，语言抑扬顿挫，念白和吟诵讲究节奏感，行腔和旋律富有上海特色。其风格特点是曲调绵延起伏，唱腔层次分明，音乐庄严华丽，曲调中有较多的装饰音。伴奏乐器除有曲笛、钟鼓等打击乐器，还有拉弦、弹拨等乐器。代表性曲目有《迎仙客》《净坛科仪》《十番锣鼓》等。

随着老一辈道教乐人的相继去世，古老的道教音乐传承乏人，濒临灭绝，亟待抢救保护。

道教音乐（无锡道教音乐）
申报地区或单位：江苏省无锡市

无锡道教音乐是流传于江苏省无锡地区的道教音乐，已有一千四百多年历史，它在承袭中国道教音乐传统的基础上，吸收无锡当地民间音乐、苏南地方戏曲昆曲等音乐元素后逐渐发展而成。

无锡道教音乐可分为腔口、梵音、锣鼓三种类型。腔口音乐，即道教科仪进行中法师演唱的部分，有赞颂、步虚、咒、道、朗念等多种韵腔体裁，有独唱、一唱众和、齐唱等多种演唱形式；梵音音乐，即道家曲牌吹打，也称十番鼓，多用于法事开始前的发擂吹打、序奏以及法事过程中的舞蹈伴奏和演唱，用单皮鼓、曲笛、笙、胡琴、琵琶等丝竹乐器演奏，也可作为独立的器乐曲演奏；锣鼓音乐，即苏南民间流行的"十番锣鼓"，用于做道场，其细腻丰富、灵活多变的锣鼓敲击法，丝竹与锣鼓乐段相间的套曲结构形式，极大地丰富了道教音乐的表现力。代表性曲目有《救苦赞》《桂枝香》《十八六四二》等。此外，《二泉映月》《十八拍》《下西风》等著名作品的创作即源于无锡道教音乐。

目前，无锡当地一些技艺高超的道教乐人

已经谢世，许多技艺几近失传，迫切需要投入力量，积极展开抢救保护工作。

道教音乐（齐云山道场音乐）
申报地区或单位：安徽省休宁县

齐云山道场音乐是流传于安徽省休宁县境内全国四大道教名山之齐云山的道教音乐。齐云山道教始于唐，盛于明，已有一千二百多年历史。

齐云山道场音乐表现为正一派道场音乐及各种斋醮科仪活动。齐云山道场名目繁多，主要包括"储天科""慈悲科""水火炼度"等二十五种，分文场和武场。道场音乐演奏属于文场，有器乐和声乐两部分，器乐以钟、磬、鼓、木鱼、云锣等为主，并配以吹管、弹拨、拉弦等乐器，声乐以法师宣戒诵咒、赞神、吟表及道士的表白、道众们的齐唱组成。乐队7～15人不等，有音乐有舞蹈，有说有唱，气氛既喧哗热闹又庄严肃穆。其音乐以老调工尺谱的工、尺、上、乙、是、五、六七个音符进行演奏，演奏时加有经文诵白，夹杂有婺源腔调和徽州方言俚语的成分，韵律优美，典雅脱俗。代表性曲目有《步虚韵》《主云飞》《直香初炷》《大开门》等。它是徽文化的重要组成部分。

近年来，齐云山道场音乐日趋衰落，加之老一辈道人的去世，这一民间音乐形式面临严重的生存危机，急需保护传承。

道教音乐（崂山道教音乐）
申报地区或单位：山东省青岛市崂山区

崂山道教音乐是流传于山东省青岛市崂山地区一百二十多处道观中的道教音乐，形成于南北朝时期，至今已有一千五百多年历史。它是以全真正韵道乐为主，吸收山东地方方言、琴乐、俚曲和江南音乐等多种民间音乐艺术后发展而成的。崂山道教音乐保留了明清时期古典音乐的遗风，其风格清新淡雅，地方特色鲜明，是闻名道场的"崂山韵"。

崂山道教音乐分为内山派和外山派。内山派主要是崂山内山的几个千年古观，其经韵音乐主要是崂山经韵、七方韵和十方南韵，表现形式有咏唱式、念唱式、朗诵式。其中咏唱式声调优美；念唱式音乐起伏小，多见于早晚功课；朗诵式主要用于"赈济"等斋醮仪式。外山派主要以百福庵（青岛市城阳区东部）为代表，主要演奏殿坛功课经韵，并配合民风民俗，设外坛求神、祈雨、降鬼、灭灾、祭孔、祭岳。演奏用于内外坛斋醮仪式的"正曲"和斋醮仪式前调节气氛的前奏"耍曲"。代表性曲目有《离恨天》《六问青天》等。

传统民俗的逐步淡化使得崂山道教音乐的生存空间日渐缩小，演奏技艺的传承也出现危机，必须加紧对这一古老的宗教音乐的保护。

道教音乐（泰山道教音乐）
申报地区或单位：山东省泰安市

泰山道教音乐是流传于山东省泰安境内的道教音乐。泰山道教音乐始于北魏，在吸收民间巫觋祭祀音乐、宫廷祭祀音乐和地方民间音乐精华发展而成，已有一千五百多年历史。演奏泰山道教音乐是泰山封禅大典及仪式的重要内容。

泰山道教音乐曲目丰富，殿堂内演唱的主要采用全真派的"十方韵"，据调查，现存曲目有五百多首。著名的泰山道教音乐"曲线谱"至今无人译释。其音乐分为声乐和器乐两类。声乐为全真派经韵唱诵，包括颂赞、步虚、偈等，唱诵有独唱、齐唱和散板式吟唱等表现形式。根据演奏场合不同，声乐又分为用于祭祀的阳调和用于外道场的阴调。器乐音乐主要用法器作为打击乐器，加入管弦乐器演奏。泰山道教音乐庄重肃穆，古朴典雅，大气恢宏，自成境界，展示了泰山文化的底蕴。代表性曲目有《步虚第一》《大学仙》《清江引》等。

随着老一代传承人的谢世，泰山道教音乐后继乏人，曲目也有部分失传，亟待保护。

道教音乐（胶东全真道教音乐）
申报地区或单位： 山东省烟台市

胶州湾以北、胶莱河以东的半岛地区通常称为胶东，故流行于烟台、青岛、威海区域内的全真派道教音乐也因此得名胶东全真道教音乐。胶东全真道教音乐诞生于元朝，吸收了古代传统曲目、胶东民歌、地方戏曲等元素发展而成，已有八百多年历史。

其音乐形式表现为宫调连缀演奏的器乐曲，采用合奏方式演奏。器乐曲以管子为主奏，笙、笛、云锣、手鼓等随奏。曲谱采用宋俗字谱及工尺谱的固定唱名法记谱，使用的板式有散板、慢板、中板、快板、流水板等。演奏时常采用上字调、乙字调、勾凡调和靠凡调四大调。代表性曲目有《三教赞》《赞八仙》《六句笺》等。

目前，道观大量消失，道士数量锐减，生存环境的变化使得胶东全真道教音乐的传承发展陷入困境，急需采取措施加以抢救和保护。

道教音乐（腊山道教音乐）
申报地区或单位： 山东省东平县

腊山道教音乐是流传于山东省东平县银山镇境内腊山的道教音乐，是明朝时期由道教龙门派始祖丘处机所创，后经历代道徒反复实践发展而成的。

腊山道教音乐最初主要在道观传道诵经、外出做道场时演奏，配有行进舞蹈，边舞边奏，后逐渐融入民间生活，民间婚丧嫁娶活动中也请道教乐队演奏，成为当地民众喜闻乐见的艺术形式。腊山道教音乐以吹打乐为主，有大管、小管、唢呐、笙、箫、笛等以及云锣、云鼓、磬、小铜板等打击乐器。乐曲委婉悠扬，浑厚深沉。其曾有曲牌三百六十余种，现存不到二十种，代表性曲目有《临清歌》《小拜门》《打枣》等。

目前，腊山道教音乐老一辈道门俗家弟子已所剩无几，如果不及时抢救，这一音乐形式将不可避免走向消亡。

道教音乐（海南斋醮科仪音乐）
申报地区或单位： 海南省定安县

海南斋醮科仪音乐是流传于海南省境内的道教音乐，主要流行于海南安定县。其在宋代随江南移民进入海南，明代时在海南广为流传。明代定安县进士王弘海写有"岁时伏腊走村氓，祝厘（做斋）到处歌且舞"，即描写了斋醮科仪音乐的场景。海南斋醮科仪音乐是道教传至海南后，与本土的原始宗教结合，吸纳道、佛教音乐，方言俚语山歌的音乐元素，融会而成的独特艺术。

在海南斋醮科仪中，"醮"，俗称"清斋"，用于祭祀伏波将军、冼夫人、苏东坡等海南历史人物及传说中的保护神；"斋"也称"白斋"，用以济幽度亡。斋醮科仪的行程中道士要身穿道袍，设坛斋醮，演唱经文，祭神度亡，除灾祈福。海南斋醮科仪音乐的演奏乐器基本上依照周代"八音"范畴配置，即金、石、土、革、丝、木、匏、竹，分器乐和打击乐两大类。其音乐特点是声调高、音域广。诵经念咒与演奏同步进行。诵经语言有地方普通话、粤语、海南话等。代表性曲目有《平安朝》《迓驾朝》《附功朝》等。

在现代文明的影响下，传统民间信仰逐渐淡化，海南各地的道观日益冷落，醮科仪音乐也随之走向衰落，濒临消亡，亟待抢救和保护。

道教音乐（成都道教音乐）
申报地区或单位：四川省成都市

成都道教音乐是主要流传于四川省成都市辖区内道教名山、道观和各区县城镇、乡村道坛的音乐。其最早可追溯至一千八百多年前东汉时期，经过历代道教乐人的传承，发展演变为融南北道教经韵，汇名山道观古雅与民间道坛通俗之风，保留了许多古蜀地祭祀音乐和巴蜀民间音乐的形态，具有浓郁的川西地方道乐风格。

成都道教音乐主要用于道教的早晚课、斋醮科仪活动和民间婚丧喜庆典礼。其有静坛、善坛、行坛三个派别，俗称三坛道乐。其中静坛派和善坛派均属全真派，器乐以细乐为主，声乐采用全真正韵，句末多以音节衬腔，富有气势，代表性曲目有《阴小赞》《下水船》等。行坛派属正一天师和民间火居道士音乐，器乐以大乐为主，声乐使用广成韵，富有四川地方特色，代表性曲目有《步虚韵》《救苦赞》等。

目前，成都道教音乐组织松散，曲目没有经过整理，导致其传承受阻，逐渐走向衰亡，急需采取措施保护。

道教音乐（白云山道教音乐）
申报地区或单位：陕西省佳县

白云山道教音乐是主要流传于陕西省榆林市佳县境内白云山道观的道教音乐。明万历三十六年（1608），北京白云道观音乐传入陕西，后来吸收了本地佛曲和晋剧、唢呐、陕北民歌等音乐元素从而形成风格独特的白云山道教乐。其音乐风格古朴典雅、庄重肃穆，被誉为"白云神韵，圣境仙乐"。

白云山道教音乐由经韵曲调、笙管音乐和打击乐组成。其中经韵曲调又分为讽经腔、诵诰腔、韵腔。笙管乐为经韵曲调的演唱伴奏，可单独大小演奏，可用于所有道教活动仪式。打击乐包括以大小铙镲为主奏乐器的铙镲牌子和以铛铛、小镲为主奏乐器的铛镲牌子，在科仪活动的程序中转换、连接处演奏，也可在经韵、笙管乐中演唱，作为引子、间奏和尾声使用。代表性曲目有《刀兵记》《中堂赞》《三教圣人赞》等。

随着现代社会的发展，民俗祭祀活动大都衰落，加上老一辈道士相继离世，白云山道教音乐难逃衰亡的命运，必须尽快制订保护扶持方案，并保证有力实施。

道教音乐（清水道教音乐）
申报地区或单位：甘肃省清水县

清水道教音乐是流传于甘肃省清水县的道教音乐，其来源于12世纪创建的全真道派。

清代乾隆年间受陕西华阴等地道教音乐的影响，相继分成了"龙门派"和"华山派"延续至今。"华山派"道乐的音乐曲调特点是旋律以柔带刚，节奏舒缓而悠长；"龙门派"道乐曲调在旋律音阶运行上多显低回缠绵、婉转柔和，结构严谨、旋律性强。"华山派"和"龙门派"在经韵唱诵的同时，各自都有专门的打击法器为经韵伴奏，注重"一写二唱三吹打"。清水道教音乐讲究抑扬有致、强弱相济，曲调按照一定的课韵程式而变化。经韵多以四句、七句、十句、长短句、散白、混合式等结构形成有机格律。音乐分声乐曲和器乐曲两大类，其中声乐曲通常称"讽经腔"，为纯人声颂唱。根据道场和法事的需要，不同经词配以不同韵律，现存的常用曲目有二百多种。器乐曲又称曲牌，常用的经典有六十余部一百多卷，一般场合的演奏多换词少换曲，甚至是一曲演奏到底。代表性曲目有《开坛韵》《奠茶韵》《大赞韵》《山名韵》等。

目前，清水道教音乐后继乏人，传承者大都年事已高，无法继续从事演奏活动，必须加紧抢救和保护。

道教音乐（东岳观道教音乐）
申报地区或单位：浙江省平阳县

建于宋英宗治平三年（1066）的东岳观，历史文化底蕴深厚，而其中最为瞩目的是流传在观中以"十方板"为代表的道教科仪经韵音乐。"十方板"，又称"十方韵"或"全真正韵"，是东岳观道教音乐的主体，为观内历史较久，也是全真道乐典型的传统曲目。东岳观的"十方板"传自浙江黄岩委羽山大有宫。清末，第十九代宗师林圆丹、薛圆顺从大有宫来平阳传道，被尊为平阳全真龙门派的始祖，而"十方板"也因此在平阳流传。东岳观"十方板"音乐优美纯净，幽雅动听，演唱时则板眼清楚，庄严大气，气势宏大。"十方板"以二胡为主要伴奏乐器。其曲目原有六十七首，现存有《澄清韵》《举天尊》《步虚韵》《三宝词》《叹骷髅》等二十首。

道教音乐（澳门道教科仪音乐）
申报地区或单位：澳门特别行政区

中国澳门道教科仪音乐是流传于澳门正一派火居道院中的宗教音乐，至今已有二百多年。中国澳门道教科仪音乐融澳门正一派和广东全真派为一体，20世纪60年代开始，吴庆云道院吴玉生道长分别传进中国澳门、中国香港的道教坛堂，拓展了澳门道教科仪音乐的传播范围。澳门道教科仪音乐分声乐和器乐两大类。其道曲有五百多首，居道教科仪音乐数量之冠。

长期以来，道教科仪音乐皆为口口相传，没有文字及曲谱记录，一旦老一辈道长羽化升仙，将出现后继乏人的局面，这一艺术形式也将面临消亡的危险。

国家级代表性传承人名单

姓名	性别	申报地区或单位	入选批次
张玉保	男	河北省广宗县	3
李满山	男	山西省阳高县	3
石季通	男	上海市道教协会	3
尤武忠	男	江苏省无锡市	3
张明贵	男	陕西省佳县	3
吴炳志	男	澳门特别行政区	4

侗族大歌

序号：59
编号：Ⅱ-28
批次：1
类别：传统音乐
申报地区或单位：贵州省黎平县，广西壮族自治区柳州市、三江侗族自治县

扩展名录：
侗族大歌　　贵州省从江县、榕江县

侗族大歌是无指挥、无伴奏、自然和声的侗族民间合唱形式。大歌，侗语称"嘎老"，"嘎"是歌，"老"有宏大和古老之意，主要流传于侗语南部方言地区，即贵州黎平、从江、榕江县，广西壮族自治区三江县等侗族聚居区。侗族大歌形成已有近千年历史。宋代诗人陆游在《老学庵笔记》中就有"仡伶"（侗族人）集体做客歌唱的情况，明代邝露的《赤雅》中记有侗族人"长歌闭目"等内容。

大歌多在重大节日、集体交往或接待远方尊贵的客人时，在侗族村寨的标志性建筑鼓楼里演唱，所以侗族大歌也被称为"鼓楼大歌"。侗族大歌演唱时，一般领唱在高声部，众人合唱在中、低声部，属于复调式民间合唱。主要特点是模拟鸟叫虫鸣、高山流水等大自然的声

音。内容多是歌唱自然、劳动、爱情和友谊，人与自然和谐相处等。

侗族大歌种类繁多，可分为声音大歌（侗语称"嘎所"）、柔声大歌（侗语称"嘎嘛"）、伦理大歌（侗语称"嘎想"）、叙事大歌（侗语称"嘎吉"）等。按内容和咏唱场合又可分为礼俗歌、踩堂歌、酒歌、情歌等。其中礼俗歌以大歌形式咏唱，有开路歌、拦路歌等；踩堂歌主要在年节时演唱，有进堂歌、萨岁歌、逗趣歌、父母歌、私奔歌等；酒歌是在喜庆节日和待客酒宴上，主客双方一问一答，对唱盘歌；情歌多为青年男女劳作之余在山野间演唱表达情意。

大歌的歌词多采用比兴手法，讲究押韵，意蕴深刻，曲调优美。曲式结构独特，每首歌由"歌头""歌身"和"歌尾"三部分组成。代表性曲目有《耶老歌》《嘎高胜》《嘎音也》《嘎戏》等。

大歌的传习方式独特，歌队是侗族大歌传承的根基。歌队按性别可分为男女歌队，按歌手年龄可分成儿童歌队、少年歌队、青年歌队、壮年歌队、老年歌队等。歌手在经过严格训练、旁听大歌比赛、见习等程序后才能参加比赛和出访村寨活动。

侗族大歌的演唱内容涉及侗族社会生活的方方面面，反映了侗族的社会结构、婚恋关系、文化传承和精神生活，具有社会史、思想史、教育史等多方面的研究价值。侗族大歌的声部协调默契，张弛有度，其复调式多声部合唱，属中外民间音乐所罕见，被誉为"世界上最美的天籁之音"。

国家级代表性传承人名单

姓名	性别	申报地区或单位	入选批次
吴品仙	女	贵州省黎平县	2
吴光祖	男	广西壮族自治区三江侗族自治县	2
覃奶号	女	广西壮族自治区三江侗族自治县	2
吴仁和	男	贵州省从江县	3
潘萨银花	女	贵州省从江县	3
胡官美	女	贵州省榕江县	4

侗族琵琶歌

序号：60
编号：Ⅱ-29
批次：1
类别：传统音乐
申报地区或单位：贵州省榕江县、黎平县

扩展名录：
侗族琵琶歌　　　　　贵州省从江县

侗族琵琶歌是用侗族琵琶伴奏所演唱的单旋律、单声部独唱和对唱歌曲，主要流行于贵州、广西、湖南的侗族聚居地区。

琵琶歌曲调在百种以上，有大小调之分，演唱形式和内容各有差异。一种是在青年们谈情说爱时弹唱的短小的即兴创作的抒情歌，一般用小琵琶伴唱，亲切委婉，铿锵悦耳。另一种是歌师们在鼓楼或办喜事的人家当众弹唱的叙事歌、喻世歌、苦情歌、长歌等，一般用大型、中型琵琶伴唱，低沉柔和，浑厚感人。侗族琵琶歌可分为抒情琵琶歌和叙事琵琶歌两大类，唱词几乎涵盖了侗族历史、神话、传说、故事、古规古理、生产经验、婚恋情爱、风尚习俗、社会交往等各个方面。

由于各地使用的琵琶型号、定弦、土语、嗓音，以及演唱场所不同，琵琶歌形成了许多种不同风格，最具代表性的有三宝琵琶歌（又称车江琵琶歌）、晚寨琵琶歌（又名四十八寨琵琶歌）、平架琵琶歌（亦称洪州琵琶歌）、六洞琵琶歌、榕江琵琶歌和寻江琵琶歌。尤其洪州琵琶歌是唯一用假嗓高音演唱的一个品种，是琵琶歌中的珍品。

侗族琵琶歌世代相袭，但父子或亲属之间不直接传授，按照老人教歌，青年唱歌，儿童学歌的方式传授，这是侗族人的传统习俗。作为侗族文化的重要表现形式，侗族琵琶歌不仅在乡间传唱，还唱到了海外，为世界所关注。

国家级代表性传承人名单

姓名	性别	申报地区或单位	入选批次
吴家兴	男	贵州省榕江县	2
吴玉竹	女	贵州省榕江县	2
吴仕恒	男	贵州省黎平县	3

洞经音乐

文昌洞经古乐、妙善学女子洞经音乐

序号：627
编号：Ⅱ-128
批次：2
类别：民间音乐
申报地区或单位：四川省梓潼县，云南省通海县

洞经音乐是主要流传于云南省汉族、白族、纳西族中的道教礼仪音乐，因以诵唱《大洞仙经》经文为主要内容而得名。其音乐曲调丰富，因地区不同，风格各异。

洞经音乐（文昌洞经古乐）
申报地区或单位：四川省梓潼县

文昌洞经古乐是祭祀文昌帝时演奏的一种民间音乐，主要流传于四川省梓潼县七曲山文昌宫及县城周围的善堂、斋堂。文昌洞经古乐起源于南宋时期，最初名为"檀炽钧音"，后因弹奏《文昌大洞仙经》而改称洞经古乐。人们认为文昌星是主管人间福禄和科举的神，因此，最初的洞经古乐，往往在举行科举考试的文昌宫演奏。

文昌洞经古乐主要用于伴奏，有多种曲牌，可分为由吹打乐器演奏的大乐曲牌、由丝竹乐器演奏的细乐曲牌和由多种打击乐器演奏的锣鼓曲牌。其中大乐和细乐用于各种仪式活动的伴奏音乐，也可作为经腔间的间奏；锣鼓经用于开坛、收经，以及在各类经腔、大乐、细乐曲牌结尾处起衔接作用，也可作为吟诵诗文的背景音乐。文昌洞经古乐的代表性曲目有《文昌赞》《五行香》《雁鹅过青天》等。

随着时代的变迁，文昌洞经古乐逐渐走出寺庙，以民间乐队演出等形式步入民间，成为人们日常生活中的民间音乐。

洞经音乐（妙善学女子洞经音乐）
申报地区或单位：云南省通海县

妙善学女子洞经音乐主要流传于云南省通海县境内，以秀山镇、河西镇为中心。1943年，通海十八位少女冲破封建礼教束缚，成立了"妙善学女子洞经会"，经过两年的学习，不仅掌握了工尺谱和简谱，还能熟练演奏曲牌四十多首。1947年，她们在三元宫弹演洞经后，将演奏活动带入民间礼佛仪式，相沿成习，延续至今。

妙善学女子洞经音乐有古典音乐、江南丝竹和民间音乐等几种主要类型，在宗教仪式伴奏中虔诚而不失热情，演唱时音色清脆、甜润，

以细腻缠绵取胜，充分展示了女子演奏独有的魅力。代表性曲目有《小开门》《阴阳调》《鹧鸪天》《叠落金钱》等。

妙善学女子洞经会开辟了女子弹演洞经音乐的先河，完整保留了洞经弹演的程序和内容，对地方历史和民间文化研究有重要价值。

目前，通海妙善学女子洞经班仅剩下少数的几个人，生存困难，发展受阻，亟待保护传承。

鄂伦春族民歌

鄂伦春族赞达仁

序号：606
编号：Ⅱ-107
批次：2
类别：传统音乐
申报地区或单位：内蒙古自治区鄂伦春自治旗，黑龙江省大兴安岭地区

鄂伦春族民歌主要流传于内蒙古自治区呼伦贝尔盟的鄂伦春自治旗和黑龙江省的呼玛、逊克、瑷珲、嘉荫等县的鄂伦春族聚居区域。"鄂伦春"是鄂伦春语，有"使用驯鹿的人"和"山岭上的人"之意。鄂伦春族民歌形式风格独特，常将诗歌、音乐、舞蹈结合在一起，传统民歌有比较固定的歌词和曲调，主要有山体民歌"赞达仁"、民间集体舞蹈的伴舞曲调"鲁日给嫩"和反映宗教祭祀活动的萨满调以及劝酒、定亲、出嫁、祭礼等场合演唱的仪式歌。

"赞达仁"是鄂伦春族主要的歌唱艺术形式，意为"山歌"，多指山体民歌、各类小调，包括悲歌、情歌、儿歌、摇儿歌等。歌词以鄂伦春族的游猎生活和婚姻爱情为内容。"赞达仁"多即兴演唱，内容丰富，结构简单。曲调风格多样，以五声音阶的羽、宫、徵调式为主，字少腔长，旋律高亢刚健。演唱方式有对唱、重唱、独唱、合唱等，有无词和有词两种形式。无词的节奏自由，常用"那依耶""鄂乎兰""德乎兰""何莫哈莫"等衬词和虚词；有词的节奏规整，结构对称。有时将有词和无词的两种赞达仁连起来唱一些叙事性的内容。代表性曲目有《别喝醉了》《我生长在兴安岭上》《打猎送行》《你为什么不爱我》等。

鄂伦春族赞达仁具有浓郁的游猎民族文化特色，口头相传的民歌形式再现了原始狩猎时代社会生活的状态。

鄂伦春族生产、生活方式的转变使得赞达仁的传承和发展受到极大制约，如果不及时采取措施加以保护，它将面临失传的危险。

鄂温克族民歌

鄂温克叙事民歌

序号：605
编号：Ⅱ-106
批次：2
类别：传统音乐
申报地区或单位：内蒙古自治区鄂温克族自治旗

鄂温克族民歌主要流传于内蒙古自治区鄂温克族自治旗。鄂温克族民歌多在欢聚的篝火晚会、喜庆节日活动中演唱。内容涉及民族历史、生产劳动、社会交往、爱情婚姻、歌颂生活等。根据演唱内容主要有"扎恩达勒格""鲁克该勒"宗教歌曲等。扎恩达勒格是山歌和小调的总称。鲁克该勒为民间歌舞，其中以篝火舞最为流行，歌词大都是赞美故乡、迎客及与猎场和猎手有关的内容，常用一领众和的形式。宗教歌曲包括

萨满跳神歌和祭祀祈祷歌，其音调兼有扎恩达勒格和鲁克该勒的风格特点，音乐多具吟诵性。鄂温克族民歌旋律奔放，曲调优美。歌词多即兴创作，结构多由上下句组成。歌词多用头韵，衬词较多。唱抒情性长调时，常用带鼻音的唱法。

代表性曲目长篇叙事民歌《母鹿之歌》是鄂温克传统叙事民歌的代表，又名《狍子之歌》《黄羊之歌》，产生于遥远的狩猎时代。故事采用拟人化的手法，描写远古时代，一只被猎人"呼尔迪"射中的母鹿"呼木哈"，它带伤奔跑，猎人追上后，听到母子之间生死离别一问一答的对话，深深地忏悔自己的行为。歌词有二十段，旋律舒缓、优美、纯朴。《母鹿之歌》反映了鄂温克族人禁猎有孕或带幼崽的动物的习俗，充分体现了鄂温克人对自然、生命的理解和尊重，揭示了生态平衡、珍爱生命的意义。

原有文化生态的破坏，老一代民歌手的相继离世使得鄂温克叙事民歌生存困难，传承受阻，面临消亡的危险，急需采取措施加以保护。

凤阳民歌

序号：1070
编号：Ⅱ-140
批次：3
类别：传统音乐
申报地区或单位：安徽省滁州市

凤阳民歌是主要流传于安徽省凤阳县的民歌，发源于安徽凤阳境内，流传于我国大部分地区及东南亚一带。关于其文字记载最早见于明万历年间周朝俊的《红梅记》。明朝中叶后，逐渐流传到江南各省以及北京、山西等地。

凤阳民歌分为山歌、渔歌、情歌和劳动号子。其演唱内容主要反映男女情爱、歌颂传统道德、家乡生活等，有反映不同历史时期人民生活情景的生活民歌；有反映旧社会青年女子向往美好爱情，追求自由的情歌；有反映人民对社会事件的认识，表达歌颂、讽刺等情绪的时政歌；还有生产劳动中所唱的秧歌、号子等。凤阳民歌唱腔独特、音域宽广、婉转动听。演唱形式有独唱和男女对唱，伴奏乐器有锣鼓等打击乐器。凤阳民歌数量有三百多首。"说凤阳，道凤阳，凤阳本是个好地方。自从出了朱皇帝，十年倒有九年荒……"《凤阳歌》流传了数百年，唱遍大江南北。代表性曲目有《凤阳花鼓》《鲜花调》《王三姐赶集》《茉莉花》《杨姑娘上吊》《打苕菜》《十杯酒》等。

凤阳民歌被大众所喜爱，其中，有"金嗓子"之称的周璇所唱的《凤阳花鼓》最为著名。电影《大路》（1935）的插曲《新凤阳歌》也风靡一时。近年来，为抢救和保护凤阳民歌，凤阳县通过成立凤阳民歌研究会、开办民歌培训班、组织专场演出等形式，使这一民歌形式得以传承发展。

佛教音乐

天宁寺梵呗唱诵、鱼山梵呗、大相国寺梵乐、直孔噶举派音乐、拉卜楞寺佛殿音乐道得尔、青海藏族唱经调、北武当庙寺庙音乐

序号：637
编号：Ⅱ-138
批次：2
类别：传统音乐
申报地区或单位：江苏省常州市，山东省东阿县，河南省开封市，西藏自治区墨竹工卡县，甘肃省夏河县，青海省兴海县，宁夏回族自治区平罗县

扩展名录：

佛教音乐（楞严寺寺庙音乐）
　　　　　　　　　　山西省左云县
佛教音乐（觉囊梵音）
　　　　　　　　　　四川省壤塘县
佛教音乐（洋县佛教音乐）
　　　　　　　　　　陕西省洋县
佛教音乐（塔尔寺花架音乐）
　　　　　　　　　　青海省湟中县

佛教音乐是佛教寺院在各种法事活动和节日庆典中使用的音乐。佛教在东汉时期传入中国，中国佛教音乐随之融印度、西域和中国民间音乐的元素发展而成，成为中国佛教文化的重要组成部分。佛教直接应用的音乐赞呗又称"梵呗"。梵呗，源于印度五明之声明，指用清净的言语赞叹诸佛菩萨三宝功德，意为清净、离欲、赞颂、歌咏。后来其逐渐被引申为佛教仪式中各种唱念的通称。

佛教音乐包括佛教用以阐明佛理弘扬佛法的佛事音乐，也可指世人创作的歌颂佛教的音乐。佛教音乐有独唱、齐唱、合唱等唱诵方式，有声乐和器乐等多种演奏形式。声乐曲调有赞、偈、咒、白四种，器乐主要演奏曲牌。伴奏乐器有磬、引磬、木鱼、铛、铪、钟、鼓等打击乐器，有管子、笛、笙、唢呐、昭君等吹管乐器，以及丝弦乐器等。

佛教音乐（天宁寺梵呗唱诵）
申报地区或单位：江苏省常州市

天宁寺梵呗唱诵是流传于江苏省常州市天宁寺的佛教音乐。常州天宁寺始建于唐贞观、永徽年间，已有一千三百多年历史，名列我国佛教"禅宗四大丛林"之首。我国汉传佛教音乐有南北两大派别，北方佛乐以笙管等乐器的演奏为特色，代表性寺院为北京智化寺；南方佛乐则以梵呗唱诵见长，代表性寺院为常州天宁寺。

天宁寺梵呗唱诵的曲调节奏沉稳，唱腔悠扬，韵味古朴清雅，其主体部分按体裁可分为"赞""经"两类。"赞"主要包括《炉香赞》《宝鼎香赞》等，属诗歌体，以类似歌唱的方式念颂，旋律性较强。"经"主要包括《心经》《阿弥陀经》等，属散文体，使用乐音有节律地诵读，旋律性较差。此外，天宁寺梵呗唱诵还有"偈""咒""真言"和"礼佛号"等音乐形态。

20世纪40年代以来，天宁寺梵呗唱诵因保持着哀婉沉稳的雅乐和江南音乐的传统风貌，被宗教界、音乐界公认为南方梵呗唱诵之代表，并传诵于大陆、中国港澳台，以及东南亚和美国等地的佛教寺院。

佛教音乐（鱼山梵呗）
申报地区或单位：山东省东阿县

鱼山梵呗是发源并流传于山东省东阿县鱼山的佛教音乐，至今已有一千七百多年历史。魏明帝太和三年（229），曹植受封为东阿王，在登览鱼山时听到岩洞内传出梵音歌唱，于是写出曲调并将《太子瑞应本起经》中的内容编撰为唱词填入调中，后世经久传唱，称其为鱼山梵呗。

鱼山梵呗有声乐和器乐调两类，主要用于讲经仪式、六时行道、道场忏法。其按结构可分为单句式、齐句式、长短句式、套曲式等。单句式梵呗由一个句子重复构成，齐句式梵呗由句幅相等的乐句构成，长短句式梵呗由长短不同的乐句构成，套曲式梵呗是一种声乐套曲。鱼山梵呗有乐器伴奏，称为"法器"，主要有钟、鼓、磬、木鱼、钹、铃、金刚杵、箫、笛、琵琶、胡琴等。代表性曲目有《释迦大赞》《佛宝大赞》。

鱼山梵呗随着佛教传入韩国、日本，进而传播到亚洲及世界其他地区，是中国佛教音乐发展史的典型代表。

佛教音乐（大相国寺梵乐）
申报地区或单位：河南省开封市

大相国寺始建于北齐天保六年（555），至今已有一千四百多年历史。大相国寺梵乐起源于唐宋时期，北宋时期该寺曾是中原最大的皇家寺院和全国佛教活动中心，以大相国寺为中心的中州佛教音乐体系曾辐射整个中原地区。

大相国寺梵乐的特点是将宫廷音乐、寺庙音乐和民间音乐融为一体，每逢大型庆典，有八百名乐僧协同演奏，规模宏大。其主要在以下时间演奏：一是日常佛事，只唱念咏赞等声乐曲；二是佛教盛大节日如释迦牟尼圣诞等；三是为历代皇帝祝寿献乐；四是春节、元宵节、端午节、中秋节等民间节日；五是法会时的演奏；六是做水陆道场时演奏。

大相国寺梵乐演奏曲目丰富，有二百多种，分为声乐和器乐两大部分。声乐曲的"偈"以释迦牟尼讲经说法为内容，由通偈的梵语三十二个音节构成，非常珍贵。器乐曲以传统的佛乐和中州地域的音乐为主，编制严密，演奏规范。器乐的代表性曲目有《炉香赞》《戒定真香》《宝鼎赞》《小三宝》等。

目前，大相国寺梵乐乐谱遗散，后继乏人，急需投入力量进行抢救保护。

佛教音乐（直孔噶举派音乐）
申报地区或单位：西藏自治区墨竹工卡县

直孔噶举派音乐是藏传佛教寺院的音乐形式，主要流传于西藏自治区墨竹工卡县门巴乡的藏传佛教噶举派的直孔派祖寺直孔寺。1179年，觉巴·吉天颂贡创立直孔噶举派后，逐渐形成在护法殿内演奏宗教音乐的习俗，并在寺院出现较为完整的宗教乐队。

直孔噶举派音乐，藏语称"曲瑞"，意为供养乐，是西藏佛教寺院乐队最主要的音乐形式，主要在寺院修供仪式、迎请仪式、羌姆跳神法会等佛事仪轨活动中演奏。其原有大型乐曲八十多首，现保存有二十多首，其中包含各种佛事仪轨活动的乐曲以及大量专用和非专用的乐曲。伴奏乐器主要有钹、柄鼓、大号、藏式唢呐甲林、铜锣等十余种。

近年来，噶举派的老乐僧相继去世，能够解读乐谱者所剩无几，直孔噶举派音乐危在旦夕，急需抢救。

佛教音乐（拉卜楞寺佛殿音乐道得尔）
申报地区或单位：甘肃省夏河县

拉卜楞寺佛殿音乐道得尔是流传在甘肃省甘南藏族自治州夏河县拉卜楞寺的佛教音乐。道得尔是拉卜楞寺佛殿音乐的俗称，始于1743年，是为拉卜楞寺寺主嘉木样活佛的正式活动（如上殿、讲经、宴请、出行、迎送贵客等）和举行盛大典礼时使用的伴奏音乐。经过近三百年的发展，形成了由管乐、打击乐、弦乐组成的为寺院佛事活动伴奏的藏族佛殿音乐。

拉卜楞寺佛殿音乐道得尔由西藏宗教音乐、内地寺庙和殿廷音乐交融而成，具有藏汉音乐的特征。演奏风格一般比较庄重，速度较慢，表现形式为经文唱诵和法器演奏。最显著的特点是使用汉族的乐器，乐曲则汉、藏兼有，使用乐器有管、笙、九音云锣、海螺、骨笛等。道得尔的演奏乐队由二十一人组成，演奏人员从拉卜楞寺六大学院中选调。其乐曲多为宫调式、商调式和徵调式。代表性曲目有《姜怀希索》《喇嘛丹真》《智钦嘉居》《万年欢》等。

目前，拉卜楞寺佛殿音乐道得尔的规模严重萎缩，部分传统乐曲和乐器演奏技艺后继无人，前景堪忧，有必要制定措施加强保护传承。

佛教音乐（青海藏族唱经调）
申报地区或单位：青海省兴海县

青海藏族唱经调是流传在青海藏族中的唱经调，主要流传于青海省海南州兴海县的赛宗寺及加吾沟、桑当、河卡等农区。

青海藏族唱经调既保留了浓厚的宗教色彩，又融入民间的音乐特色，曲调古朴优雅，清丽婉约。其均有标题和曲词，曲词属寺院文学中的口头文学。目前流传的唱经调有"嘛呢式唱经调""米拉日巴拉哇贡保多杰对唱式唱经调"和"护法神迎接式的唱经调"，既有用于歌唱的乐曲，也有用于演奏的器乐曲，唱调法有一百多种。其中，"嘛呢式唱经调"可分为单唱和多唱，按内容分有夯调、丧调、祈福调；"米拉日巴拉哇贡保多杰对唱式唱经调"以诗歌形式向信众宣扬佛法，曲调优美；"护法神迎接式的唱经调"在各种大型法会上演唱。代表性曲目有《米拉日巴道歌》等。

目前，各种节日、法会的佛教活动趋于简化，唱经调发生变异，其传承也出现断层，对此，必须积极做好抢救和保护工作。

佛教音乐（北武当庙寺庙音乐）
申报地区或单位：宁夏回族自治区平罗县

北武当庙位于宁夏回族自治区石嘴山市大武口区西北的贺兰山九泉口，其寺庙音乐是来自印度的佛教音乐融入当地民歌小调、戏曲音乐后，经过了上千年的演变发展而成的。

北武当庙寺庙音乐主要在大型庙会时由北武当庙的僧人诵唱，是管乐与打击乐并奏的寺庙音乐，有锣、鼓、木鱼、钹及笙、箫、管、笛等乐器伴奏。其曲调有南国音乐的委婉，也有北方蒙、藏等民族的音乐的高亢。唱词有多种语言文字，包括梵文、巴利文、藏文、汉语。音乐有文乐、武乐两种，文乐即唱谱，用工尺谱记录；武乐又名"渣渣子"，用竖行式的记谱方法记录，是北武当庙音乐最具特色的部分。代表性曲目有《四季歌》《醒世词》等。

受现代音乐的冲击，北武当庙寺庙音乐大量乐谱流失，传承乏人，已处于濒危状态，急需抢救保护。

佛教音乐（楞严寺寺庙音乐）
申报地区或单位：山西省左云县

楞严寺寺庙音乐是流传于山西省左云县楞严寺的佛教音乐，是中国北方梵呗声腔的东路流派，产生于明朝初年，在其后的流传过程中吸收了天竺乐、龟兹乐、安国乐等佛曲音乐元素，与左云县当地的民间音乐结合，不断丰富发展，形成了既有蒙汉音乐特色，又有异域风情的寺庙音乐。楞严寺寺庙音乐一般在僧侣诵经和佛事活动时咏唱，分为歌赞曲和器乐曲，歌赞曲有《六字赞》《三皈依》等，器乐曲有《柳摇金》《右鞑经》等。使用的乐器有管子、笙、锣、铙钹、手鼓等。

佛教音乐（觉囊梵音）
申报地区或单位：四川省壤塘县

觉囊梵音是中国佛教现存最古老的乐种之一，是带有一定情节性的梵乐套曲，主要流传于四川省阿坝州壤塘县的藏传佛教寺院觉囊藏哇寺，已在藏地传承一千多年。觉囊梵音是佛家传习的一种修行方法，由"金刚乐舞""普贤云供"两个部分组成，集吹奏、敲打、乐舞、赞偈、唱念、手印、供养为一体，包括恭迎、沐浴、皈依、礼赞、和乐五个方面。其伴奏乐器有铃杵、铙钹、法螺、大型法号、金刚唢呐等。演奏时造型美与和音之美相辅相成，极具表现力和感染力。

觉囊梵音保留了大量的曲目、古老的乐器和自成体系的记谱方法，现存孤本曲谱三百多首。觉囊梵音保存着藏传佛教音乐的基本风貌和多元文化特征，是研究中国藏传佛教文化内涵和变迁的典型实例。

佛教音乐（洋县佛教音乐）
申报地区或单位：陕西省洋县

洋县佛教音乐是流传于陕西省洋县城乡的宗教音乐。洋县佛教音乐有一千七百多年历史，形成于南北朝，唐宋进入成熟期，明清达到鼎盛。其乐曲曲牌记载于洋县智果寺现存的明代御赐经卷中，乐曲繁多，达一千余首。曲牌源于本寺相传的元明清南北曲牌、吸收民间器乐曲以及戏曲曲牌。洋县佛教音乐主要用于寺庙佛事、庙会、民间白事的经堂、灵前唱奏。目前尚能奏唱的有二百余首，分为经韵、鼓吹乐曲、锣鼓乐曲等，其伴奏乐器主要是管子和鼓。代表曲目有《大开门》《上红楼》《豆叶黄》《罗溪》等。

洋县佛教音乐是我国佛教音乐中的出类拔萃者，是我国西部民间音乐杰出的代表作。洋县至今仍保存着二百余首乐曲，不得不让世人称奇。

佛教音乐（塔尔寺花架音乐）
申报地区或单位：青海省湟中县

塔尔寺花架音乐是流传于青海省湟中县的藏传佛教音乐。塔尔寺，初建于明嘉靖三十九年（1560），为藏传佛教格鲁派的六大寺院之一，是中国西北地区藏传佛教的活动中心。塔尔寺诸佛殿装饰的堆绣、壁画和酥油花，被称为艺术"三绝"，其中尤以酥油花最为有名。塔尔寺花架音乐是专为酥油花制作、展供时演奏的音乐，其"花架"乐队是专为酥油花展演设立的僧侣乐队，从塔尔寺建立时即延续至今。每年农历十月至腊月期间，塔尔寺僧众要制作酥油花，为此由制作酥油花的上花院杰宗增扎和下花院果芒增扎两支乐队，为各自酥油花院的每个重要制作环节演奏相关乐曲。正月初八至十七的祈愿大法会期间为展供的酥油花演奏，成为花架音乐的高潮。"花架"乐队乐僧最初有四十多人，现今有十九人；演奏乐曲曾有三十多首，现存十三首；使用的乐器有笛子、管子、九云锣、笙等。

塔尔寺花架音乐具有独特的演奏形式、乐曲结构和音乐传承方式，但今天这种艺术形式正处于濒危状态，抢救和保护花架音乐刻不容缓。

国家级代表性传承人名单

姓名	性别	申报地区或单位	入选批次
松纯	男	江苏省常州市	3
释隆江	男	河南省开封市	3
顿珠	男	西藏自治区墨竹工卡县	3
成来加措	男	甘肃省夏河县	3
徐建业	男	宁夏回族自治区平罗县	3
释永悟	男	山东省东阿县	4
嘉阳乐住	男	四川省壤塘县	4

伽倻琴艺术

序号：1083

编号：Ⅱ-153

批次：2

类别：传统音乐

申报地区或单位：吉林省延吉市

伽倻琴艺术是朝鲜族的音乐艺术形式。主要流行于吉林、辽宁、黑龙江、内蒙古、河北等朝鲜族聚居区，尤以吉林省延边朝鲜族自治州最为盛行。伽倻琴又称"朝鲜筝"，属弹拨乐器。伽倻琴已有一千五百多年历史，相传是朝鲜半岛的古伽倻国嘉实王仿照中国汉筝制成。

伽倻琴的种类大体可分为古制伽倻琴、散调伽倻琴以及现代的二十一弦伽倻琴等。古制伽倻琴的琴槽是用独木刳桐制作的，不设底板，尾端有羊耳头状的装置，有十二弦。散调伽倻琴，属于近代的伽倻琴，在形制上有较大改进，如将尾端羊角木去掉，并将琴体加上栗木底板，有染尾，有十三弦，主要用于散调音乐。二十一弦伽倻琴，是现代用的改良伽倻琴，在形制上把尾端的染尾去掉，有二十一弦定弦，有七声音阶定音法和五声音阶定音法两种。

演奏伽倻琴时，琴师席地而坐，将琴体横在身前，琴首置于右膝上，琴尾触地；也可将琴身平置于桌面上。右手用拇指、食指、中指和无名指弹奏琴柱右侧弦段，左手按抑琴柱左侧弦段。右手技巧有两指合弹，单指托、劈、挑、抹、剔、勾、撮等，左手技巧有按、颤、推、揉等，是表现伽倻琴独特风格的重要手段，其中以揉弦最富特色。伽倻琴发音柔和、圆润，音色清雅、悠扬，有丰富的表现力。其代表性曲目有《伽倻琴散调》《月亮》《鸟打铃》《你哩哩》《桔梗谣》《丰年乐》等。

随着外来文化、互联网、多种娱乐方式等因素的影响，伽倻琴艺术的展示空间越来越小，急需保护。

国家级代表性传承人名单

姓名	性别	申报地区或单位	入选批次
金星三	男	吉林省延吉市	4

◎传统音乐

高邮民歌

序号：574
编号：Ⅱ-75
批次：2
类别：传统音乐
申报地区或单位：江苏省高邮市

高邮民歌是流行于江苏省高邮湖及里下河地区的一种民间俗曲。其形成历史悠久，流行于高邮的"散鲜花调"就是苏北地区古代民间"驱傩"时祭祀歌谣的一种，被称为"乡人傩"，《论语》中有相关记载。高邮民歌于元明时期成型，清代至民国时期进入发展高峰。

高邮民歌大多是群众即兴而作，内容丰富。按题材，有劳动号子、生活歌、情歌、时政歌和宗教仪式歌等类型。其中劳动号子包括数鸭蛋、打工、搬运号子、高邮秧歌、车水、打硪号子、夯号子和牛号子等；生活歌主要传授人生处世经验与生活知识；情歌表达男女爱慕之情；时政歌反映各个历史时期社会状况以及革命斗争。演唱时多采用"间白""对白""一领众和"的传唱方式，用"咿呀咳子哟啊哟"等作衬词、衬腔，语言风趣俏皮，曲调甜美，婉转流畅。代表性曲目有《数鸭蛋》《和字歌》《高邮西北乡》《郎妹对歌》《送夫参军》等。

高邮民歌融合了里下河地区稻作文化、水乡文化、渔文化的多种元素，既有江南民歌柔婉的特点，又有北方民歌爽朗的气质，具有很高的学术研究价值。

近年来，随着老歌手的相继辞世，一些原生态的演唱技法逐渐失传，高邮民歌正面临着消失的危险。

国家级代表性传承人名单

姓名	性别	申报地区或单位	入选批次
王兰英	女	江苏省高邮市	3

古琴艺术

序号：65
编号：Ⅱ-34
批次：1
类别：传统音乐
申报地区或单位：中国艺术研究院

扩展名录：

古琴艺术（虞山琴派）	江苏省常熟市
古琴艺术（广陵琴派）	江苏省扬州市
古琴艺术（金陵琴派）	江苏省南京市
古琴艺术（梅庵琴派）	江苏省南通市、镇江市
古琴艺术（浙派）	浙江省杭州市
古琴艺术（诸城派）	山东省诸城市
古琴艺术（岭南派）	广东省广州市

古琴艺术是中国古代精神文化在音乐方面的重要表现。古琴，又称琴、七弦琴、绿绮、丝桐，是中华民族古老的弹弦乐器。古琴历史久远，据记载，先秦时期，古琴除用于郊庙祭祀、朝会、典礼等雅乐外，还在士以上的阶层中流行，秦以后盛兴于民间。曾侯乙墓出土的实物证实，距今有二千四百年历史。唐宋以来历代都有古琴精品传世。现存南北朝至清代的琴谱百余种，古琴曲达三千首，还有大量关于琴家、琴论、琴制、琴艺的文献，遗存之丰硕堪称中国乐器之最。

古琴的演奏形式主要有琴歌、独奏两种。演奏有三种基本技巧：散、按、泛。散，是空弦发音，其声刚劲浑厚，常用于曲调中的骨干音；泛，是以左手轻触徽位，发出轻盈虚飘的乐音即泛音，多弹奏华彩性曲调；按，是左手按弦发音，移动按指可以改变有效弦长以达到改变音高的目的。同一个音高可以在不同弦、不同徽位用散、按、泛等方法演奏，音色富于变化。

古琴艺术吸纳了大量优雅动听的曲调，均反映了人在自然、社会、历史变迁中的种种感受。战国时期的伯牙和子期"高山流水觅知音"的故事，成为流传千古的佳话。代表性曲目有《梅花三弄》《流水》《潇湘水云》《阳关三叠》《忆故人》等。古琴艺术作为汉族传统文化的瑰宝，至今仍在传承。

古琴艺术（虞山琴派）
申报地区或单位：江苏省常熟市

虞山琴派是流传于江苏常熟的中国古琴流派之一，明末清初时由严天池创立，四百年来长盛不衰，被后人誉为"古音正宗"。其琴乐讲求气韵生动，将"中和"的儒家音乐观和"大音希声"的道家音乐观融为一体，动静交相辉映，形成"博大平和，清微淡远"的音乐风格。虞山琴派所著的《松弦馆琴谱》对琴界有较大影响。虞山琴派不仅催生了广陵琴派、梅庵琴派、日本古琴音乐、今虞琴社，也影响了岭南派、闽派、川派等琴派的艺术思想。其代表性曲目有《普庵咒》《梧叶舞秋风》等。

古琴艺术（广陵琴派）
申报地区或单位：江苏省扬州市

广陵琴派主要流传于江苏扬州。明末清初，古琴宗师徐常遇编著的《澄鉴堂琴谱》面世，标志着广陵琴派日渐成熟。1932年广陵琴社创建，广陵琴派以团体形象展示世人。广陵琴派保持了自身固有的特色，以清幽、恬雅、舒畅、洒脱作为琴曲的美学标准，注重内容和感情的表现，节奏多变，指法细腻灵活，乐曲既有北方的刚健又有南派的柔和。代表性曲目有《渔歌》《樵歌》《龙翔操》《梅花三弄》等。

古琴艺术（金陵琴派）
申报地区或单位：江苏省南京市

金陵琴派主要流传于江苏南京。明末清初黄勉之创立金陵琴社，标志着金陵琴派形成。金陵琴派融南北琴派为一体，其节奏善以"顿挫"取胜，指法灵活细腻，演奏风格飘逸洒脱、跌宕起伏，主张琴歌与琴曲并存。代表性曲目有《蔡氏五曲》《秋塞》《梅花三弄》《醉渔唱晚》等。

古琴艺术（梅庵琴派）
申报地区或单位：江苏省南通市、镇江市

梅庵琴派主要流传于江苏省南京、南通、镇江等地，同时也流行于上海、浙江、安徽、福建、北京、江西、中国台湾、中国香港等地。梅庵琴派起源于山东，以清嘉庆年间济南人毛伯雨《龙吟馆琴谱》的编成为标志，清末民初其传人著《梅庵琴谱》，1929年梅庵琴社在南京成立，对琴坛产生了广泛的影响。梅庵琴派重视演奏技巧，突出旋律的美，有积极的革新精神。其琴谱标明节奏，琴曲吸收民间音乐风格，感染力强，为历代琴谱之少见。代表性曲目有《长门怨》《平沙落雁》《捣衣》《洞庭秋思》等。

古琴艺术（浙派）
申报地区或单位：浙江省杭州市

浙派古琴艺术起源于南宋。其主要艺术风格是追求"微、妙、圆、通"的音色，以及"清、微、淡、远"的艺术境界。南宋至明代，浙派古琴艺术是全国最为主要的艺术派别之一，清代以后逐渐衰微。

1936年后，现代古琴家徐元白等在南京、重庆、杭州等地分别组建了清溪琴社、天风琴社和西湖月会等，使得浙派古琴得以振兴，同时形成了现代浙派古琴"文雅、恬静、简洁、洒脱"的艺术风格，得到全国古琴界的肯定。代表曲目有《思贤操》《潇湘水云》《泽畔吟》等。

古琴艺术（诸城派）
申报地区或单位：山东省诸城市

诸城派古琴艺术主要流传于山东省诸城市，形成于19世纪中叶。代表性人物有王溥长（既甫）、王雩门(冷泉)、王作祯(心源)、王露(心葵)、王宾鲁（燕卿），人称"诸城琴史五杰"。诸城古琴的立调体系是以三弦为宫而以律吕命调。其艺术风格有空灵回荡的古典美，细致、含蓄、质朴、流畅；节奏固定、标准统一，划分节奏并附有简谱。琴谱有王冷泉的《琴谱正律》；王既甫、王心源、王秀南祖孙三代相传的《桐荫山馆琴谱》；王露辑的《玉鹤轩琴谱》；王宾鲁传的《梅庵琴谱》。有琴曲百余首，代表性曲目有《长门怨》《秋风词》《关山月》等。

古琴艺术（岭南派）
申报地区或单位：广东省广州市

岭南派古琴艺术主要流传于广东省广州市及其周边地区。早在南北朝时期，南汉国吏部郎中陈用拙所著《大唐正声琴籍》，就记录了有关琴家评论与琴师的各种事项。南宋年，中原琴艺流入广州一带，相传《古冈遗谱》即为当时所留。明时广州琴人辈出，至清代声名日盛，且藏琴丰富，流传至今。

岭南派深受儒道文化影响，其演奏风格清微淡远，琴曲古朴刚健、爽朗明快。岭南派不仅收集、保存了一批珍贵的古典琴谱，如16～18世纪云志高的《蓼怀堂琴谱》、黄景星的《悟雪山房琴谱》、容庆瑞和林芝仙合编的《琴瑟合谱》、朱启连的《鄂公祠说琴》等，还珍藏了以"天蠁""松雪""振玉""水仙"等为代表的名琴，其形制、结构均保留了中国古琴的传统特色。传统名曲有《水东游》《碧涧流泉》《渔樵问答》《神化引》等。

国家级代表性传承人名单

姓名	性别	申报地区或单位	入选批次
郑珉中	男	中国艺术研究院	2
陈长林	男	中国艺术研究院	2
吴钊	男	中国艺术研究院	2
姚公白	男	中国艺术研究院	2
刘赤城	男	中国艺术研究院	2
李璠	男	中国艺术研究院	2
吴文光	男	中国艺术研究院	2
林友仁	男	中国艺术研究院	2
李祥霆	男	中国艺术研究院	2
龚一	男	中国艺术研究院	2
李禹贤	男	中国艺术研究院	3
刘正春	男	江苏省南京市	3
刘善教	男	江苏省镇江市	3
谢导秀	男	广东省广州市	3
王永昌	男	江苏省南通市	4
郑云飞	男	浙江省杭州市	4
徐晓英	女	浙江省杭州市	4
余清欣	女	中国艺术研究院	4
赵家珍	女	中国艺术研究院	4
丁承运	男	中国艺术研究院	4
成公亮	男	中国艺术研究院	4

古筝艺术

山东古筝乐

序号：619

编号：Ⅱ-120

批次：2

类别：传统音乐

申报地区或单位：山东省菏泽市

古筝是一种拨弦乐器，外形近似长箱形，主要由面板、底板、边板、筝头、筝尾、岳山、码子、琴钉、出音孔和弦等部位组成。早在春秋战国时期，它就盛行于陕西、甘肃一带，迄今有两千多年历史。古筝从我国西北地区逐渐流传到全国各地，与当地戏曲、说唱和民间音乐相融合，形成了各具风格的流派，主要有河南、山东、潮州、客家、浙江、内蒙古等几大派系。

山东古筝乐盛行于鲁西南的菏泽地区和鲁西的聊城地区，特别是菏泽地区的郓城、鄄城一带，这里素有"郓鄄筝琴之乡"的美称。郓城、鄄城两个地区的古筝传授系统不同，曲目也不尽相同，其中聊城地区的古筝传人和古曲数量较少；而"山东筝"的概念，习惯上指菏泽地区的古筝。菏泽民间有"城内大户多有瑟，城外村村都有筝"的说法。

山东古筝乐曲目丰富，音乐气质刚劲。它按形式风格可分为两个类别：一是古典乐曲，俗称"大板筝曲"，采用"八板体"的曲式结构，音调典雅，结构严谨，代表曲目有《汉宫秋月》《高山流水》等；二是小板筝曲，是近代根据地方说唱和民间小调改变而成的，节奏富于变化，旋律优美柔和，代表曲目有《凤翔歌》《天下同》等。

近年来，一些颇有造诣的古筝演奏家相继谢世，许多优秀曲目和演奏技艺未能及时得到传承，导致山东古筝濒于衰亡，急需抢救和保护。

国家级代表性传承人名单

姓名	性别	申报地区或单位	入选批次
赵登山	男	山东省菏泽市	3

广东汉乐

序号：82

编号：Ⅱ-51

批次：1

类别：传统音乐

申报地区或单位：广东省大埔县

广东汉乐是流传于广东梅州、汕头、韶关、惠阳等地区的民间吹打乐，其中尤以梅州市大埔县最具特色。广东汉乐由中原古汉乐流传到粤东等地区，与客居地的民间吹打乐、庙堂音乐等乐种融合后形成。

根据演奏形式和用途，广东汉乐分成五个类别：一是丝弦乐，俗称和弦索，它是广东汉乐中最普及、最大众化的演奏形式；二是清乐，又称儒乐，其演奏形式高雅，为文人雅士所偏好；三是汉乐大锣鼓，又称八音，演奏时以唢呐主奏，另辅以大鼓、苏锣、大小钹、碗锣、铜金、小锣、马锣等打击乐器，主要应用于民间迎神赛会或闹元宵等客家传统节日；四是中军班音乐，主要由职业或半职业的民间音乐班社演奏，作为仪仗性质的音乐，主要用于民间的婚丧喜庆活动；五是庙堂音乐，是举行宗教法事活动时演奏的吹打音乐。

广东汉乐曲目丰富，已整理出版曲目六百余首，代表性曲目有丝弦曲《单点尾》《玉山坡》《思夫》，唢呐曲《粉叠》《普天乐》《玉芙蓉》，庙堂音乐《一封书》《水底鱼》等。

广东汉乐吸收了宫廷音乐、民间音乐的精华，又兼容了客家人的传统音乐、潮乐（大锣鼓）的成分，形成了独特、完整的音乐体系。其传承是以乐器演奏技巧来进行的，大多数乐师能演奏多种乐器。其技艺的传承有家庭传承、师徒传承，和社会传承相互交融。

随着广东汉乐赖以生存、发展的社会基础发生变革，婚丧嫁娶活动形式的改变，传统习俗也在日益淡化，加上老一辈汉乐手或年事已高，或相继谢世，传承出现危机。

国家级代表性传承人名单

姓名	性别	申报地区或单位	入选批次
罗邦龙	男	广东省大埔县	2

广东音乐

序号：80

编号：Ⅱ-49

批次：1

类别：传统音乐

申报地区或单位：广东省广州市、台山市

广东音乐是流行于广府方言区的民间音乐，19世纪末20世纪初发源于广州及珠江三角洲一带。广东音乐风格独特，是在广东民间戏曲曲调基础上，融入中原古乐、昆曲、江南小曲等音乐元素发展而成的。其曲式和调式多样，特点是轻、柔、华、细、浓，清新流畅、悠扬动听。在演奏的手法上，多使用装饰音和"加花"的旋律。其乐器音色丰富、音域宽广，表现力强。乐队有多种组合，最典型的是20世纪二三十年代的"五架头"（又称"硬弓组合"，即二弦、提琴、三弦、月琴、横箫）和"三架头"（粤胡、扬琴、秦琴），各种丝竹乐器配合默契，展示了岭南丝竹音乐的精微和华美。代表性曲目有《雨打芭蕉》《旱天雷》《双声恨》《三宝佛》《步步高》《平湖秋月》《娱乐升平》《赛龙夺锦》等。

广东音乐既继承传统又富于创新，善于吸收借鉴各民族民间音乐乃至西洋音乐。拥有一批杰出的作曲家、演奏家和代表性乐器，与粤剧、岭南画派并列为"岭南三大艺术瑰宝"。

20世纪80年代开始，大部分人忙于经商，创作与演出活动基本停止，加之流行音乐、轻音乐广泛普及的冲击，广东音乐的传承后继乏人。

国家级代表性传承人名单

姓名	性别	申报地区或单位	入选批次
陈哲深	男	广东省台山市	2
汤凯旋	男	广东省广州市	3

哈尼多声部民歌

序号：61

编号：Ⅱ-30

批次：1

类别：传统音乐

申报地区或单位：云南省红河哈尼族彝族自治州红河县

扩展名录：
多声部民歌（潮尔道—蒙古族合声演唱）
　　内蒙古自治区锡林浩特市
多声部民歌（瑶族蝴蝶歌）
　　广西壮族自治区富川瑶族自治县
多声部民歌（壮族三声部民歌）
　　广西壮族自治区马山县
多声部民歌（苗族多声部民歌）
　　贵州省台江县、剑河县
多声部民歌（羌族多声部民歌）
　　四川省松潘县
多声部民歌（硗碛多声部民歌）
　　四川省雅安市
多声部民歌（潮尔道—阿巴嘎潮尔）
　　内蒙古自治区阿巴嘎旗

多声部民歌是采用二声部、三声部或四声部的结构形态演唱的民间歌曲。多在壮族、侗族、高山族、毛南族、苗族、彝族等十多个少数民族中流传。

哈尼族多声部民歌是哈尼族歌颂劳动、赞美爱情、讴歌山野田园美景等方面的民歌，主要流传于云南省红河哈尼族彝族自治州红河县阿扎河乡普春村及其周边多个哈尼族村落中。历史渊源已无法考证，据调查，它是哈尼族一种传唱千百年的古老的民歌，与社会生产，尤其是梯田稻作农耕劳动相伴而生。

多声部民歌指一对或一组歌手同时唱出两个或两个以上声部的民歌，也称"二声部民歌""复音民歌"。哈尼族多声部民歌演唱主要有栽秧山歌和情歌，每到栽秧季节，山野田间山歌此起彼伏，遥相呼应。无固定歌词，即兴而作，一般由八人以上组成，场合多样化，山野、梯田、村寨都是歌唱的空间。演唱方式有乐器伴奏和无乐器伴奏人声帮腔两种，伴奏乐器是自己制作三弦、小二胡；唱词结构由开腔用词、主题唱词、帮腔用词三部分构成；在歌节结构、调试音列、调式色彩、调式组合和多声部组成等音乐形态方面有鲜明的民族和地域特征。代表性曲目有《吾处阿茨》（哈尼语：栽秧山歌）《情歌》《欧楼兰楼》。

目前有关专家已采录到八个声部的原生态哈尼族多声部民歌，是研究哈尼族文化、民族性格和审美观念的重要资料。哈尼族多声部民歌主要传唱于交通不便、自然环境封闭的哀牢山系腹地，依赖民间歌手传承，随着具有多声部音乐综合素质的歌手的日益减少，这一民间音乐形式也处于失传的边缘。

多声部民歌（潮尔道－蒙古族合声演唱）
申报地区或单位：内蒙古自治区锡林浩特市

潮尔道－蒙古族合声演唱主要流传于内蒙古自治区锡林浩特市和阿巴嘎旗的分布地区。大约起源于12世纪末13世纪初，明末清初达到鼎盛。

潮尔道－蒙古族合声主要在宫廷演唱，在寺庙、民间宴请、祭祀礼仪等活动中也广泛应用。潮尔道的多声部表现为在旋律下方有持续的低音声部，且只能依赖高腔旋律，不能独立存在。演唱时一位长调高腔歌手领唱婉转跳跃的旋律，数名低音部浑厚喉音相和。潮尔道采用宫、徵调式，以短词配合长曲，其二声部艺术大量应用五八度和声，呈现出庄重、深沉、细腻的风格。代表性曲目有《圣主成吉思汗》《呼德希勒》《日升》等。

多声部民歌（瑶族蝴蝶歌）
申报地区或单位：广西壮族自治区富川瑶族自治县

瑶族蝴蝶歌主要流传于广西壮族自治区富川瑶族自治县的白沙镇、连山镇、柳家乡、古城镇等地。用汉语方言土语"梧州话"演唱，以情歌为主，因歌中常用"蝴的蝶"作为衬字、衬词而得名。

瑶族蝴蝶歌的演唱形式为二男或二女的同声二重唱，采用宫、徵、商、羽调，分为短蝴蝶歌和长蝴蝶歌两类，短歌只有四句；长蝴蝶歌又称歌母，在短蝴蝶歌基础上发展而来，第三句可由歌手任意加长，形成长短句，又称双方蝴蝶歌，多被歌手用来锻炼气息、口舌和声部。代表性曲目有《情郎下海我下海》《流水欢歌迎客来》等。

多声部民歌（壮族三声部民歌）
申报地区或单位：广西壮族自治区马山县

壮族三声部民歌主要流传于广西壮族自治区南宁市马山县，集中分布在古寨乡、里当乡，以及上林、忻城、都安、大化等县的部分乡镇，当地称为"欢哈"，意为合声山歌。唐代末年壮族三声部已在马山县东部传播，明代中期达到繁盛。

壮族三声部民歌主要在生产生活、社会交往、婚丧嫁娶和娱神等活动中演唱，用于婚嫁、丧葬和娱神等仪式的民歌较为庄重。壮族三声部民歌有蛮欢、卜列欢、加方欢、结欢等调式，其结构为三个声部，第一声部和第二声部有独立音调，第三声部作为和声陪衬，既突出主旋律，又彼此相协调，音调柔和。演唱时有固定的唱本，代表性曲目有《达红欢》《二下四孝》《欢雅娜》《孤儿欢》等。

多声部民歌（苗族多声部民歌）
申报地区或单位：贵州省台江县、剑河县

苗族多声部民歌是由青年男女演唱的一种原生态民歌，主要流传于贵州省台江县和剑河县的苗族村寨。据老歌手推算，这种民歌已经传唱了七百余年。

苗族多声部民歌以宫、商、羽、徵、角为主要音列，和音多为五度、八度和大六度。演唱方式有主旋律男女对唱和主旋律男女合唱，一首多声部情歌一般为六乐句至十六乐句不等，单音、和音反复相合，构成苗族复调音乐的雏形。由两男两女以上歌手演唱，其内容多为叙述青年男女从交往到成婚的过程，包括见面、赞美、单身、青春、求爱、相恋、分别、成婚、逃婚、离婚等不同曲调的歌，代表性曲目有《假如你是一朵花》《阳春三月好风光》等。

多声部民歌（羌族多声部民歌）
申报地区或单位：四川省松潘县

羌族多声部民歌主要流传于四川省松潘县小姓乡和镇平乡的羌族村寨。其曲目丰富，结构完整，风格古朴。因当地与红原藏区毗邻，羌族多声部民歌呈现出藏族和羌族文化交融的特征。羌族多声部民歌主要由二声部构成，分为山歌、劳动歌、风俗歌、酒歌和舞蹈歌五类，旋律多为五声性，一般由领唱起唱，跟唱的声部相隔一拍或数拍与领唱声部重叠，唱到句尾时再度相合，还带有少有的慢速颤音唱法。代表性曲目有《哈依哈拉》《哈卢拉依》《萨姆》等。

多声部民歌（硗碛多声部民歌）
申报地区或单位：四川省雅安市

硗碛多声部民歌是流传于四川省雅安市宝兴县硗碛藏族乡的藏族民间音乐形式。它以二声部为主，"一人领，众人和"为声部组合的基本形式，领唱多为男性，由领唱把握旋律先起唱，合唱声部推迟进入，两声部的唱词、节奏及曲调进行方向基本相同，和声特点为四、五度音程重叠。

硗碛多声部民歌主要在"抬菩萨"、佛教道场、打麦子（集体劳动）、锅庄等活动时演唱。"抬菩萨"仪式的多声部合唱，每年正月十五举行，在宗教活动"抬菩萨"（即转经会）中，由四人用轿子将弥勒佛抬出经堂，成千的藏族民众尾随轿后，一路不停地歌唱，其声部不断叠加，逐渐形成二声部、三声部、多声部演唱，场面壮观。佛教道场多声部合唱，是在丧葬仪式上，由做道场超度亡灵的喇嘛领唱经书，众人相和，形成的一唱众和的多声部合唱，少则几十人，多则百余人，声音浑厚深沉，庄严肃穆。"打麦子"多声部合唱，在秋收季节打麦子时，为协调动作而唱，唱时歌声、号子声交织在一起，妇女们不时加入，形成男女两部的合唱。硗碛当地盛行藏族多声部锅庄的合唱，同声部进行。

多声部民歌（潮尔道－阿巴嘎潮尔）
申报地区或单位：内蒙古自治区阿巴嘎旗

潮尔道—阿巴嘎潮尔是蒙古族一种古老的多声部合唱形式，主要流传于内蒙古锡林郭勒盟阿巴嘎旗。潮尔道之"潮尔"，意为"回声""和声""回响"，是用嗓音发出不同的音和音色，因而产生双音、和声的奇妙效果。

阿巴嘎潮尔有不同的演唱方式和种类，一是"乌哈潮尔"，是一种最常见的演唱形式；二是"英根潮尔"，即模仿母驼的音色，又称"肖荣海潮尔"；三是"策勒潮尔"，指抒情中音，音色柔和；四是"哈木潮尔"，粗犷而浑厚。其歌词内容庄重肃穆，含意古朴、哲理深刻。阿巴嘎潮尔演唱有严格的习俗规定，只有在国事祭奠、敖包祭祀、王公贵族升迁等活动以及隆重盛大的群众集会中才可以演唱。其旋律多变，音域宽广，跨跃幅度大，最大可达十七度，演唱要求也很高，因此，能够演唱的人为数不多。代表性曲目有《先世的福荫》《如旭日般升腾》《汗德乐黑》《圣主成吉思汗》。

国家级代表性传承人名单

姓名	性别	申报地区或单位	入选批次
车格	女	云南省红河哈尼族彝族自治州	2
陈习娘	男	云南省红河哈尼族彝族自治州	2
芒来	男	内蒙古自治区锡林浩特市	3
温桂元	男	广西壮族自治区马山县	3
郎加木	男	四川省松潘县	3

◎传统音乐

哈萨克六十二阔恩尔

序号：625
编号：Ⅱ-126
批次：2
类别：传统音乐
申报地区或单位：新疆维吾尔自治区伊犁哈萨克自治州

六十二阔恩尔是哈萨克族的民间古典音乐，意为"六十二套连贯、优美、抒情的乐曲"，主要流传于新疆维吾尔自治区伊犁哈萨克自治州。"六十二"不只是数的概念，有"众多、重要、代表性"等多重含义。"阔恩尔"为古哈萨克语，专用来形容美好的事物。哈萨克人认为，生命靠六十二根血支撑，生活要有六十二阔恩尔，精神才能振奋。

六十二阔恩尔集神话、诗歌、音乐、舞蹈为一体，有独唱、对唱、合唱、单人舞、双人舞、集体舞及诗歌吟诵等表演形式。伴奏乐器有冬不拉、库布孜、斯布孜额等。演奏时速度为偏慢的行板，乐曲以深沉、动人见长。内容为讲述曲折感人的故事、抒发演奏者深沉而真挚的感情。代表性曲目有《阿尔曼（愿望）》《沙尔乌怎（黄河）》《阔恩尔》《阿克萨克库兰》《沙根尼西（想念）》《沙勒阔恩尔》《阿克鹄阔恩尔（白天鹅曲）》等。

近现代哈萨克族民间广泛流传的箦（器乐曲）、谙（民歌）、哦吟（说唱）、哎吐嘶（阿肯弹唱）以及赫萨－达斯坦（叙事诗演唱）等音乐形式，都源自六十二阔恩尔。

六十二阔恩尔是马上文化、草原文化与中原文化、丝路文化相融合的结果，是哈萨克族传统音乐的重要组成部分。

随着社会的发展和传统语言的消失，六十二阔恩尔这一古老的艺术形式正面临失传的危险，急需抢救扶持。

国家级代表性传承人名单

姓名	性别	申报地区或单位	入选批次
库尔曼江·孜克热亚	男	新疆维吾尔自治区伊犁哈萨克自治州	3

哈萨克族冬不拉艺术

序号：631
编号：Ⅱ-132
批次：2
类别：传统音乐
申报地区或单位：新疆维吾尔自治区伊犁哈萨克自治州

哈萨克族冬不拉艺术是哈萨克民族的民间音乐形式，主要流传于新疆维吾尔自治区伊犁哈萨克自治州、乌鲁木齐市、昌吉回族自治州以及博尔塔拉蒙古族自治州。哈萨克族冬不拉艺术由乐曲、弹唱音乐、民间舞蹈音乐、演奏方法与技巧、乐器与制作工艺五部分组成。

冬不拉由扁平、瓢形的木质音箱组成，琴杆细长，上嵌八个或十个品位，按四、五度定弦。其旋律悠扬、宽广、明快，伴奏、合奏、独奏应用自如。

冬不拉乐曲，哈萨克语称为"冬布拉奎依"，根据音乐结构和演奏技法的不同，分为托克别奎依（弹击乐曲）和切尔特别奎依（拨奏乐曲）两类。在新疆哈萨克族民间流传的冬不拉乐曲有数千首。

冬布拉弹唱是哈萨克族古老的艺术形式，演奏时左手按弦，右手弹奏。冬不拉弹唱有安（弹唱）、阿依特斯（对唱）、铁尔麦（劝喻歌）、托勒傲（歌谣续唱）、克萨（短篇叙事诗）、达斯坦（长篇叙事诗）六类表现方式。哈萨克人把歌者称为"阿肯"，即游唱诗人。每逢节日喜庆、婚丧嫁娶、宗教典礼等都有阿肯弹唱，内容涉及爱情、家谱、宗教礼仪、山歌民谣、谜语等，每年夏季的"阿肯弹唱会"是哈萨克族人最大的冬不拉弹唱盛会。除弹唱外，冬不拉还是哈萨克族民间舞蹈的主要伴奏乐器。

由于现代生活方式的冲击，传承、欣赏冬不拉弹唱的人越来越少，这一民族艺术正处于消亡的边缘，亟待保护。

国家级代表性传承人名单

姓名	性别	申报地区或单位	入选批次
阿迪力汗·阿不都拉	男	新疆维吾尔自治区伊犁哈萨克自治州	3

哈萨克族库布孜

序号：1085

编号：Ⅱ-155

批次：3

类别：传统音乐

申报地区或单位：新疆维吾尔自治区伊犁哈萨克自治州

哈萨克族库布孜是哈萨克族古老的民间乐器，主要流行于新疆维吾尔自治区伊犁哈萨克自治州、巴里坤、木垒哈萨克自治县，青海省海西蒙古族藏族哈萨克族自治州和甘肃省阿克塞哈萨克自治县等地。据哈萨克民间传说，早期的库布孜是哈萨克巫医与神灵沟通的工具，后来渐渐成为群众娱乐的乐器。

库布孜是弓鸣拉弦乐器，外形酷似天空中展翅飞翔的白天鹅。主要有克勒库布孜、三弦库布孜、四弦库布孜、尚库布孜。最早的库布孜琴体呈弓状，只有一条马尾弦，琴颈也无指板，目前只能在边远山区见到。库布孜的琴身用一整块木料挖制而成，全长约六十厘米，共鸣箱外观呈羹匙形，上大下小，上半部呈敞开式外露，下半部蒙有骆驼羔皮或羊皮。琴头无饰，下设弦槽和弦枕，两侧设有三个弦轴。琴颈细而长。皮膜上置有琴马，张三条骆驼筋弦。改良后的库布孜，琴箱上半部蒙以松木面板，下半部蒙以蟒皮或羊皮，增加指板，琴弦增至四条，使用丝弦或钢丝弦，有高、中、低和倍低音。

库布孜常用于独奏、合奏和伴奏，演奏者多自拉自唱，演奏时采用坐姿，两腿平放，用两膝夹住琴箱下部，左手持琴，右手执马尾弓在弦外拉奏。其音色柔美，演奏者可通过揉弦、颤音、泛音、双音、滑音、击音，以及拉弦、跳弦、拨弦等演奏技法的变化制造强烈的艺术感。代表性曲目有《阿勒泰》《黑走马》等。

随着老一辈艺人的相继离世、娱乐方式的多样化等因素，加紧收集整理传统经典曲目、传统音乐继承后继乏人等亟待解决。

哈萨克族民歌

序号：1078

编号：Ⅱ-148

批次：2

类别：传统音乐

申报地区或单位：新疆维吾尔自治区伊犁哈萨克自治州

哈萨克族民歌是哈萨克族的民间歌曲，主要流传于新疆维吾尔族自治区伊犁哈萨克自治州所属的八县两市和塔城、阿尔泰地区，木垒、巴里坤，甘肃省的阿克塞等哈萨克族自治县，在乌鲁木齐市、昌吉回族自治州和博尔塔拉蒙古自治州境内的哈萨克族聚居区也有分布。

哈萨克族民间有"歌和马是哈萨克人的翅膀"的谚语，哪里有哈萨克族的毡房，哪里就有歌声。演唱哈萨克族民歌是哈萨克人在喜庆

◎传统音乐

节日、家庭聚会、闲暇娱乐时必不可少的娱乐方式。哈萨克族民歌可分为"奎衣"和"安"两大类,"奎衣"是器乐曲,"安"是歌曲。"奎衣"用冬不拉演奏,是单个的小型乐曲、若干个乐曲联结演奏的套曲。"安"一般都比较短小,曲调优美动听,易于上口。哈萨克族民歌从内容可分有劳动歌、颂歌、情歌、习俗歌四类。演唱形式有独唱、重唱、弹唱、清唱、对唱等。职业的吟唱诗人被称为"阿肯",每逢节日和喜庆活动草原上会举行阿肯弹唱,阿肯们触景生情,即兴弹唱。代表性曲目有《玛依拉》《我的花儿》《可爱的一朵玫瑰花》《燕子》《亲爱的我的宝贝》等。

哈萨克民歌集中体现了哈萨克族的历史文化、风土人情、生活习俗和审美情趣。其民歌贯穿于生产生活的各个方面,尤其是每年6～7月在草原上举行的阿肯弹唱会,既是哈萨克族人的文艺盛会,也是哈萨克文化传承的最佳场所。

哈萨克族民歌演唱

海门山歌主要流传于江苏省海门市等沙地地区的地方民歌。海门山歌形成于清代,大批嵩明、句容等地的农民迁来围垦造田,同时也带来了江南方言、民俗和吴语山歌。经过长期的发展,特色鲜明的海门山歌逐渐形成。

海门山歌语言生动,音乐清纯甜美,悠扬婉转,可分为抒情山歌和叙事山歌两类。抒情山歌又称为"短山歌",是人们在劳动过程中即兴演唱的山歌,有四、六、八句几种形式,句式以七字为主。叙事山歌又称"长山歌",歌词多达数十句甚至数百句,有完整的故事情节,用山歌调、对花调、佛祈调、游湖调、号子等曲调演唱,有独唱和对唱等形式。

海门山歌的内容极为丰富,涉及社会生活的各个方面,有歌颂劳动、憧憬幸福生活的,有歌唱爱情、表现青年男女追求纯真爱情的,有展示乐观向上精神境界的等。代表性曲目有《打夯山歌》《花望郎》《我卖山歌勿要钱》等。

海门山歌是江海文化的产物,具有江海平原民族音乐的风格特点。20世纪50年代,海门当地将业已成熟的海门地方剧改编成舞台剧,并成立了海门山歌剧团。海门山歌剧保留了山歌原有的特点,曲调优美朴实,清新流畅,乡土气息浓郁。海门山歌剧的演绎,给古老的民歌赋予了强烈的时代气息,海门山歌得到很好的传承。

目前,一些老山歌手相继谢世,传统的海门山歌渐趋衰落,前景堪忧,亟待保护和传承。

海门山歌

序号:593

编号:Ⅱ-94

批次:2

类别:传统音乐

申报地区或单位:江苏省海门市

海洋号子

舟山渔民号子、长岛渔号

序号：596
编号：Ⅱ-97
批次：2
类别：传统音乐
申报地区或单位：浙江省岱山县，山东省长岛县

扩展名录：
海洋号子（长海号子）　　辽宁省长海县
海洋号子（象山渔民号子）　浙江省象山县

海洋号子是流传于我国沿海地区的劳动呼号，主要传唱于沿海一带。海洋号子以海洋劳作为演唱内容，包括划船、撑篙、背纤、拉篷、起锚、拉网等多种号子，多由专门从事捕捞、驾船的渔民演唱。

海洋号子（舟山渔民号子）
申报地区或单位：浙江省岱山县

舟山渔民号子是浙江省舟山群岛渔民、船工世代相传的民间口头音乐。舟山渔民号子形成于唐宋时期，清代民国进入兴盛。随着渔业运输的发达，渔民号子从舟山群岛扩大到东南沿海，遍及整个东海地区。

舟山渔民号子是渔民、船工在海上和岸上劳动作息等各种工序过程都要喊的号子，以统一行动，调节情绪。舟山渔民号子种类齐全，按渔业劳作的工序，可将号子分为起锚号子、拔篷号子、摇橹号子、起网号子等多种；按劳动作业特点又可细分为手扳类号子、手摇类号子、手扳类号子、测量类号子等；按操作力度大小可分为大号和小号两类。各类号子间无严格界限，可灵活通用。

舟山渔民号子曲调粗犷优美，已形成系列曲调，在风格上有着鲜明的海洋文化特征及地方特色。

现代生活方式使得渔民号子失去了原有的生存环境，发展停滞，急需有关部门采取有效措施加以保护。

海洋号子（长岛渔号）
申报地区或单位：山东省长岛县

长岛渔号是流传于山东省长岛县以及渤海和北黄海沿岸的民间口头音乐。长岛渔号发源于砣矶岛，是航海行船、海上生产时的海上号令，至今已有三百多年历史。

长岛渔号可分为上网号、竖桅号、摇橹号、撑篷号、发财号等八个主要类型，渔号基本无唱词，仅以虚词为主，个别有唱词的，但内容也不完整。长岛渔号词句简单，语调粗犷，豪放坚定，表现方式主要靠吆喝、呐喊、领和叫唱等，无乐器伴奏。领号者俗称"号头"，由经验丰富的闯海者担任，渔民视号为军令，严格配合协调喊令，一领一和，音程八度大跳，齐心协力，众志成城，充分体现渔号的凝聚力、向心力和权威号召力。

社会生产方式的变化和大批老渔民的谢世导致长岛渔号的传承发展出现严重危机，抢救保护工作刻不容缓。

海洋号子（长海号子）
申报地区或单位：辽宁省长海县

长海号子是流传于黄海北部长山群岛地区辽宁省长海县的劳动号子，由一个号子头领唱，

众人和声。据长海县志记载，清末民初，长海号子迅速流行。20世纪40年代，长海号子的传唱达到巅峰时期。

长海号子分为两类：一类是船民号子，即运输船上用的号子，内容丰富，调式各异；另一类是渔民号子，主要是渔民打鱼用的号子，内容比较单一。演唱时，用"哎""呀""呦""啊"等语气词和感叹词表达情绪，用"乘上风呀，快下网呀""多捞鱼呀，好换粮呀""全家老少，饱肚肠呀"等叙述性的语言陈述，是渔民们渔业劳作生活的反映。

现代渔业生产生活中已较少使用号子，会喊长海号子的人也多是些七八十岁的老人，长海号子面临着失传的危险。

海洋号子（象山渔民号子）
申报地区或单位：浙江省象山县

象山渔民号子是流传于浙江省象山县的劳动号子，唐宋时期已初步形成，清康熙至民国年间传唱最为兴盛。象山渔民号子由传统渔业生产的渔民号子和海洋运输业中的船工号子等组成，是渔民集体劳动时在异常繁重的环境下为统一行动、调节情绪形成的劳动号子。象山渔民在不同工序的劳作中均要喊号子，主要有起锚号子、拔篷号子、摇橹号子等二十多种。按操作所需的力度大小又分为大号、一六号和小号，各类号子之间相互灵活通用。其曲调粗犷优美，有着鲜明的海洋文化特征。

象山海洋渔文化生态保护实验区的建立，使得象山渔民号子的保护传承有了依托，这一艺术形式也因此焕发出活力。

海州五大宫调

序号：72
编号：Ⅱ-41
批次：1
类别：传统音乐
申报地区或单位：江苏省连云港市

海州五大宫调是一种民间音乐演唱形式，流传于江苏省连云港市（古称"海州"）及周边地区，也称海州五大调、海州宫调牌子曲，以《软平》《叠落》《鹂调》《南调》《波扬》五个曲牌为主要内容，包含一百多首小调牌子曲。据记载，明代本地就已盛传《罗江怨》《粉红莲》等曲牌。随着明清两淮盐业的兴旺以及南北航运的发达，推动了南北方的小曲杂调在此融汇，海州五大宫调日趋成熟并广为流传。

海州五大宫调演唱以自娱为主，演唱者三人至十余人不等，多为一人演唱众人伴奏。常用乐器有二胡、琵琶、三弦、月琴、笛子、箫和碟琴，尤以竹筷敲击瓷盘、酒盅的碟琴的伴奏独具特色。

海州五大宫调按曲牌分为大调和小调。大调节奏舒缓，曲调委婉细腻，唱词典雅华丽，讲究格律，多用于抒情，常用两支以上的不同宫调牌子曲连缀成套曲演奏，有《软平》《叠落》《鹂调》《南调》《波扬》《码头调》《满江红》等；小调多为明清小曲，节奏明快，字多腔少，多用于叙事，有《叠断桥》《凤阳歌》《闹五更》《杨柳青》《打牙牌》等。

海州五大宫调完整保存了明代《寄生草》《山坡羊》等传统小曲，是古老的诸宫调的遗存，是江苏明清俗曲的重要组成部分。如今，在江苏连云港新浦、海州、板浦等地，自娱形式演唱宫调牌子曲的爱好者仍不乏其人。

国家级代表性传承人名单

姓名	性别	申报地区或单位	入选批次
赵绍康	男	江苏省连云港市	2
刘长兰	女	江苏省连云港市	2

河北鼓吹乐

序号：86

编号：Ⅱ-55

批次：1

类别：传统音乐

申报地区或单位：河北省永年县、抚宁县

河北鼓吹乐是以打击乐器和吹奏乐器等合奏的器乐乐种，主要流传于河北省永年、抚宁两县，主要用于当地婚丧嫁娶、年节喜庆和民间舞蹈的伴奏。

鼓吹乐有"一曲多变"的特点，手法主要有技巧变奏、板式变奏、移调指法变奏、借字变奏四种，展现了民间艺人在演奏家喻户晓的民间曲牌时表现出来的高度灵活性和创造性。永年鼓吹乐演奏方式多样，主要有吹奏乐、打击乐和咔戏三种，其演奏风格热烈粗犷、诙谐活泼。曲目有杂牌曲、套曲和吹咔曲三种，现存曲目二百余首，曲牌五十余种，代表性曲目有《一枝花》《太行情》《小放驴》《大登殿》《抬花轿》《大放驴》等。

抚宁鼓吹乐乐器形制独特，主奏乐器为不同形制的各类唢呐，此外还有用于咔戏的"咔碗"、花吹用的"口琴"及其他多种常用乐器。其演奏方式多样，有线上、加花、成字、花舌、颤指、三强音、变色等，更有用三节唢呐演奏的拔三节、别把、串吹等技巧。曲目有秧歌曲、大牌子曲、汉吹曲、花吹曲、杂曲五大类共二百余首，代表性曲目有《满堂红》《句句双》《柳青娘》《小磨房》《绣红灯》等。

在传承方式上，永年鼓吹乐以家族方式传承，抚宁鼓吹乐则有家传、干亲拜把子和拜师收徒等方式。由于演出需求减少、演出场所变化、年青一代没有兴趣等多方面的原因，永年鼓吹乐和抚宁鼓吹乐正日益萎缩、后继乏人，亟待抢救和保护。

国家级代表性传承人名单

姓名	性别	申报地区或单位	入选批次
刘红升	男	河北省永年县	2

河曲民歌

序号：33

编号：Ⅱ-2

批次：1

类别：传统音乐

申报地区或单位：山西省河曲县

河曲民歌主要流行于山西河曲县以及山西、陕西、内蒙古交界地域，民间称作"一鸡鸣三省"地区。河曲地处黄河弯道，历史上交通闭塞，土地贫瘠，十年九旱，形成了当地百姓春去冬回，到内蒙古大青山、河套一带打短工、拉长工的"走西口"生产生活方式。在年复一年的背井离乡、妻离子别的人生苦痛中，自然产生了抒发思念、期盼等情绪的"走西口"民歌，当地人称为"山曲"。其形成年代尚无确定，在方志中就有明代河曲"户有弦歌新治谱，儿童父老尽歌讴"的记载。

河曲民歌吟唱内容丰富，完全是人们即兴发挥，上句起兴，下句表情，在歌词中大量运用了民间土语、叠字、对比等，如"人家回来你不回，你在那口外刮野鬼""麻阴阴天气雾沉沉，想亲亲哭成泪人人""山在水在石头在，人家都在你不在""听见哥哥唱上来，热身子扑在冷窗台"等，往往一个上下句就展示了一种深邃的感情、一幅逼真的生活画面。代表性曲目有《三天路程两天到》《人家都在你不在》《割莜麦》《提起哥哥走西口》《真魂魂跟在你左右》《哥哥在东妹在西，天河隔在两头起》等。

河曲民歌是河曲人民生活历练的沉淀，反映了河曲人民丰富的想象力、创造力，以及质朴、诙谐、豪放的性格。河曲民歌就像一座活的民俗博物馆，堪称河曲社会生活的百科全书。近年来《妹妹早有巧安排》《夸河套》《那女人》等主题曲都属原生态民歌的新发展，河曲民歌始终是当地人们劳作和生活中不可缺少的一部分，至今仍在民间的各种集会和舞台演出中流传。

国家级代表性传承人名单

姓名	性别	申报地区或单位	入选批次
辛里生	男	山西省河曲县	2
吕桂英	女	山西省河曲县	2
韩运德	男	山西省河曲县	3

花儿

莲花山花儿会、松鸣岩花儿会、二郎山花儿会、老爷山花儿会、丹麻土族花儿会、七里寺花儿会、瞿昙寺花儿会、宁夏回族山花儿

序号：51
编号：Ⅱ-20
批次：1
类别：传统音乐
申报地区或单位：甘肃省康乐县、和政县、岷县、青海省大通回族土族自治县、互助土族自治县、民和回族土族自治县、乐都县，宁夏回族自治区

扩展名录：
花儿（新疆花儿） 新疆维吾尔自治区昌吉回族自治州、巴音郭楞蒙古自治州

花儿是中国西北部多民族的民歌，流传于甘肃、青海、宁夏、新疆四省区的汉族、回族、藏族、东乡族、保安族、撒拉族、土族、裕固族、蒙古族等民族中，因歌词中把女性比喻为花朵儿得名。花儿产生于明代初年（1368年前后），起源于古河州即今甘肃临夏，用汉语演唱，根据音乐特点、歌词格律和流传地区的不同，分为河湟花儿、洮岷花儿和盘山花儿三大类。花儿只能在村外、山野演唱，也称"野曲"，又称"少年"。除了在田间劳作、山野放牧、外出打工、旅行途中即兴演唱外，在甘肃、青海等地，每年有特定时间、地点举行规模盛大的民歌竞唱活动——花儿会。花儿音乐高亢、悠长，曲调有上百种，不同曲调有不同的令，按地区分为河州令、湟源令、川口令、互助令、循化令、西宁令等，按民族划分为土族令、撒拉令、保安令、东乡令等，按花儿衬词又分为白牡丹令、尕马儿令、花花尕妹令、好花儿令、溜溜儿山令、杨柳儿姐令、水红花令、咿呀咿令等。按内容可分为情歌、生活歌和本子歌等。其唱词浩繁，文学价值高，被誉为"大西北之魂"。20世纪80年代后，花儿不仅在民间盛行，还走上大舞台，发展为花儿舞台剧。

花儿（莲花山花儿会）
申报地区或单位：甘肃省康乐县

莲花山花儿会是甘肃省康乐县西南部莲花

山地区群众一年一度洮岷花儿的民歌盛会。莲花山花儿会规模宏大、程序完整，分拦路、游山、对歌、敬酒、告别等过程，从农历初一至初六主会场会期达六天，再经唐坊滩、上山、下山、足古川、王家沟门、紫松山等地，辐射三州（地）六县七十八个会场，汉、回、藏、土各民族参加人数达十万以上。代表曲目有《莲花山令》等。

花儿（松鸣岩花儿会）
申报地区或单位：甘肃省和政县

松明岩花儿会是每年农历四月二十六至二十九在甘肃省和政县松鸣岩举行的民歌盛会，也称四月八花儿会、龙华歌会。松鸣岩位于和政县南三十公里的吊滩乡小峡风景区，是河州花儿的发祥地。其突出特点是用四弦、咪咪等乐器伴奏，有独唱、对唱、齐唱，内容有赞美生活、颂扬劳动、歌唱爱情和历史故事等。代表曲目有《河州令》《牡丹令》等。

花儿（二郎山花儿会）
申报地区或单位：甘肃省岷县

二郎山位于岷县城南、千里岷山的起首处。二郎山花儿会最早源于岷县的祭神赛会，形成于明代。每年农历五月，岷县均要举行大规模的祭祀湫神（龙神）活动，以祈祝丰收。祭祀当天人们赛唱洮岷花儿，在岷县境内大小四十多处的会场中，以五月十七的二郎山花儿会规模最大，参与人数达十余万。

花儿（老爷山花儿会）
申报地区或单位：青海省大通回族土族自治县

老爷山花儿会是每年农历六月初六在青海省大通回族土族自治县老爷山举行的大型民歌演唱活动，产生于明代，随着岁月交替，逐渐从娱神演变为娱人的民间岁时活动。老爷山花儿会的显著特点是演唱河湟花儿，有汉、回、土、藏等多个民族的歌手，均用汉语唱，内容以歌唱爱情为主，也涉及宗教、民俗、生产劳动、历史故事等。代表性曲目有《大通令》《东峡令》《老爷山令》等。

花儿（丹麻土族花儿会）
申报地区或单位：青海省互助土族自治县

丹麻土族花儿会是每年农历六月初六在互助县丹麻镇举行的群众性传统集会。丹麻土族花儿会起源于明代后期，兴盛于清代、民国年间以及20世纪50年代，起源于当地土族居民祈求风调雨顺、期盼五谷丰登的传统朝山、庙会活动，经过长期的历史演变，现已成为集戏曲表演、花儿演唱、商品贸易为一体，展示土族民俗风情的重要集会，会期五天。代表性曲目有《尕联手令》《黄花姐令》《杨柳姐令》等。

花儿（七里寺花儿会）
申报地区或单位：青海省民和回族土族自治县

七里寺花儿会是在民和县古鄯镇境内小积石山麓举行的民歌盛会，已有百年历史。每年农历六月初六，六七万人云集此地，通宵达旦对唱花儿，歌者用手轻捂耳朵演唱，曲令丰富，达四十余种，许多歌曲在其他花儿会上很难听到，内容多为情歌，代表曲目有《古鄯令》《马营令》《二梅花令》。

花儿（瞿昙寺花儿会）
申报地区或单位：青海省乐都县

瞿昙寺花儿会是农历六月十四至十六在青海

◎传统音乐

省乐都县瞿昙寺举行的庙会和民歌盛会。其起源于清道光年间庙会,至清末民初逐渐发展成一定规模的花儿会,参加者以汉族为主,周边回族、藏族也踊跃参加。演唱形式有独唱、对唱和联唱,最具特色的是花儿与藏族拉伊民歌两个演唱阵营的对歌赛唱。代表曲目有《碾伯令》《白牡丹领》《尕马儿令》《水红花令》《三闪令》。

花儿（宁夏回族山花儿）
申报地区或单位：宁夏回族自治区

宁夏回族山花儿俗称干花儿、山曲子、野花儿,是传唱于宁夏回族聚居区的民歌形式。起源于7世纪初,属于自娱自乐并在小范围传唱的民歌形式,它在继承古陇山民歌"三句一叠"的基础上,多以单套短歌的形式即兴填词演唱,融信天游、爬山调、洮岷花儿、河湟花儿以及伊斯兰文化的音乐元素为一体。歌曲既有山歌的粗犷豪放,又有小调的流畅优美,三句一叠,双字押韵,风格独特,呈现复合型、多元性文化特征。代表曲目有《黄河岸上牛喝水》《看一趟心上的尕花》《花儿本是心上的话》等。

花儿（新疆花儿）
申报地区或单位：新疆维吾尔自治区昌吉回族自治州、巴音郭楞蒙古自治州

新疆花儿是流传于新疆维吾尔自治区乌鲁木齐市、昌吉回族自治州等地回族聚居区的民歌。新疆花儿是西迁的回族进入新疆后,融合当地文化而成,保留了原有的曲令,唱词融入了"河湟"的比喻,曲调吸纳了"洮岷"的婉转,节奏上借鉴维吾尔族音乐的节奏,演唱上吸纳了哈萨克族阿肯弹唱的幽默,形成了独具地域特色的新疆花儿。代表性曲目有《莲花山令》《高音少年令》《花花尕妹令》等。

国家级代表性传承人名单

姓名	性别	申报地区或单位	入选批次
马金山	男	甘肃省和政县	2
马得林	男	青海省大通回族土族自治县	2
马明山	男	青海省互助土族自治县	2
赵存禄	男	青海省民和回族土族自治县	2
张英芝	女	青海省民和回族土族自治县	2
王存福	男	青海省乐都县	2
马生林	男	宁夏回族自治区	2
汪莲莲	女	甘肃省康乐县	3
刘郭成	男	甘肃省岷县	3
张明星	男	宁夏回族自治区	3
韩生元	男	新疆维吾尔自治区乌鲁木齐市米东区	3

土族花儿会

徽州民歌

序号：577

编号：Ⅱ-78

批次：2

类别：传统音乐

申报地区或单位：安徽省黄山市

徽州民歌是传唱于安徽省古徽州地域的民歌,主要流传于安徽省黄山市的屯溪、黄山三区和歙、黟、休宁、祁门四县，以及古徽州范围内的绩溪、旌德、石台等县和邻省部分地区。

徽州民歌产生于先民的劳动生产活动，最早形成的是劳动号子。劳动号子当地称"喊号子"，如歙县的抬杠号子、锯板号子，整首只有"咿呀嗬嘿"四字，音乐个性粗犷豪迈、坚定有力。

徽州民歌内容丰富，体裁多样，有号子、山歌、小调及佛教、道教歌曲等。小调中又有不少民俗、歌舞。山歌通常为即兴创作，音乐节奏自由，曲调悠长。民俗小调尤具特色，如在婚礼仪式中的歌曲《哭轿》《接房》《敬酒》《交杯》《撒帐》等，直接展现出当地的民俗风貌。徽州民歌的代表性曲目有屯溪民歌《小石桥》、歙县民歌《牧牛花鼓》《猜谜对歌》《十二月花》等。

目前，徽州地区的民歌手越来越少，也没有定期展示民歌艺术的活动，徽州民歌正面临着失传的境地，迫切需要采取有效的保护抢救措施。

回族民间乐器

序号：94
编号：Ⅱ-63
批次：1
类别：传统音乐
申报地区或单位：宁夏回族自治区

宁夏回族乐器是由宁夏古代乐器和西北边塞乐器及其音乐发展而来的独具特色的回族民间乐器。据考证，流传在宁夏的民间乐器哇呜、咪咪、口弦，分别是汉唐以来古乐器埙、羌笛、芦管、簧的流变和遗存。

宁夏回族乐器有独特的演奏技艺、制作工艺和弹唱艺术风格。回族艺人制作的回族乐器形制独特，装饰着回族的艺术图案、线条，雕刻着阿拉伯文书法等，具有鲜明的回族文化特征。咪咪用无名指粗细的竹管制成，有六个音孔，分单管和双管两种，为竖吹乐器，最适合吹奏"少年"曲调。口弦多以黄铜、红铜或白银制成，大小不一，中间安装有一细小铜片作为发声器，是回族姑娘喜爱的一种小乐器。哇呜，也称泥哇呜、泥箫、牛头埙，用黏合力强、结实耐用的黄胶泥制成，适合吹奏一些简单、缓慢的曲调，如《北风吹》《小白菜》和民间小调等。回乡谚语"哇呜唱，庄稼长；咪咪吹，牛羊壮"正是回乡风俗的写照。

由于传统的生活方式发生了改变，回族文化赖以生存的土壤迅速消失，"口弦""咪咪""哇呜"等宁夏回族器乐面临传承危机。

国家级代表性传承人名单

姓名	性别	申报地区或单位	入选批次
马兰花	女	宁夏回族自治区	2
杨达吾德	男	宁夏回族自治区	3

回族宴席曲

序号：617
编号：Ⅱ-10918
批次：2
类别：传统音乐
申报地区或单位：青海省门源回族自治县

回族宴席曲是回族的一种音乐表现形式，又称"家曲""菜曲儿"，主要流传于青海省门源回族自治县。宴席曲由宋代宫廷的"燕乐"转化而来，在回族迁徙到门源定居后逐渐发展形成，据传在当地流行已有三百多年历史。

回族宴席曲多在婚礼、伊斯兰节日、宴请宾客等场合演唱。一般无乐器伴奏，表演形式活泼自由，有说有唱，载歌载舞。内容有祝词、叙事曲、五更曲、打枉辩、散曲等。祝词常用于婚礼仪式的祝福，主要叙述民族渊源；叙事曲也称大传，是宴曲的核心；五更曲以五更比兴，生动抒情；打枉辩也称打搅儿，是一种说唱形式，与宴席歌舞交错进行；散曲多为小调，结构自由，曲风灵活。

门源地区的宴席曲有一百多种曲令，基本是一词一曲。宴席曲运用细腻、活泼、优美等多种情感的声腔演唱，有独唱、二人唱、合唱等多种表演形式。代表性曲目有《拉骆驼》《拉鹅》《小放牛》等。

宴席曲有西域古歌和蒙古族古调的音乐色彩，又吸收了中国西部各民族民间音乐元素，保留着元、明、清时代西北少数民族歌舞小曲的古老风貌，其曲调风格几乎涵盖了西北民间音乐的特点，是记录门源回族历史、文化、民俗的小百科全书。

随着时代的变迁，回族宴席曲濒临失传，亟待有关部门采取有效措施加以保护。

国家级代表性传承人名单

姓名	性别	申报地区或单位	入选批次
安宝龙	男	青海省门源回族自治县	3

惠东渔歌

序号：592

编号：Ⅱ-93

批次：2

类别：传统音乐

申报地区或单位：广东省惠州市

惠东渔歌主要流传于广东省惠州市惠东县沿海地区的一种民歌。据记载，它是宋代由福建沿海传入惠东的。惠东最早的渔民称为"疍民"，也叫"后船疍民"，以海上打鱼为生，他们长期过着海上漂流的生活，在单一生产方式、生活比较枯燥的情况下，学会了以歌解忧。

惠东渔歌曲调丰富，品种繁多，有"啊啊香调""啦打啼嘟啼调""呵呵香调""贤弟调""罗茵调"等二十多个品种，大多采用潮语演唱。惠东渔歌只限于渔民们在船上演唱，有独唱和齐唱等形式，渔民们以"答歌"（即对歌、斗歌）为乐，均无乐器伴奏。其歌词纯朴，修辞简练，内容均来自渔民生活，通过对人和事物等的叙述表达情感。旋律具有咏叹调的韵味，音域不宽，乐曲短小，大多有衬词和拖腔，以徵调式居多，具有浓厚的地方戏曲和庙堂音乐特色。曲式结构多为上、下句，一呼一应句式。

惠东渔歌对现代歌词的创作具有较高的借鉴和启发作用，大型歌舞剧《南海长城》等即取材于惠东渔村，其音乐素材就取自惠东渔歌。

在外来文化的冲击下，惠东渔歌逐渐被当地渔民忽视，随着老年渔歌手的相继辞世，惠东渔歌传承无人，濒临失传，急需抢救。

冀中笙管乐

屈家营音乐会、高洛音乐会、高桥音乐会、胜芳音乐会

序号：90

编号：Ⅱ-59

批次：1

类别：传统音乐

申报地区或单位：河北省固安县、涞水县、霸州市

扩展名录：
冀中笙管乐（白庙村音乐会）
　　　北京市大兴区

冀中笙管乐（雄县古乐）
河北省雄县

冀中笙管乐（小冯村音乐会）
河北省固安县

冀中笙管乐（张庄音乐会）
河北省霸州市

冀中笙管乐（军卢村音乐会）
河北省廊坊市安次区

冀中笙管乐（东张务音乐会）
河北省廊坊市安次区

冀中笙管乐（南响口梵呗音乐会）
河北省廊坊市安次区

冀中笙管乐（里东庄音乐老会）
河北省文安县

冀中笙管乐（辛安庄民间音乐会）
河北省任丘市

冀中笙管乐（安新县圈头村音乐会）
河北安新县

冀中笙管乐（东韩村拾幡古乐）
河北省易县

冀中笙管乐（子位吹歌）
河北省定州市

冀中笙管乐是盛行于冀中平原的鼓吹乐品种，主要流传于北京、天津、河北、山东等地。因主要用管子领奏以及笙等乐器合奏，故称"笙管乐"，此外，云锣、笛、鼓、铙、钹、铛铛等乐器也被广泛使用。其主要在当地祭祀、礼仪、丧葬等民俗活动中演奏。

冀中笙管乐原有"北乐会""南乐会"两种演奏形式。"北乐会"乐队编制8～10人，演奏风格古朴端庄，旋律缓慢，比较典雅；"南乐会"乐队编制通常在十人以上，演奏时声音洪亮，旋律多变，风格欢快风趣，气氛比较热烈。冀中笙管乐既有清虚的寺庙宗教色彩，又有浓郁的地方特色和质朴的乡土气息。

冀中笙管乐分套曲、小曲及独立成套的打击乐三类。套曲篇幅长，结构复杂，是笙管乐的主要组成部分。代表性曲目有《放驴》《小二番》《大二番》《万年欢》《集贤宾》等。

由于笙管乐的演出收入低，年青一代无心继承，人才青黄不接，冀中笙管乐的传承出现危机。

冀中笙管乐（屈家营音乐会）
申报地区或单位：河北省固安县

屈家营音乐会主要流传于河北省廊坊市固安县，相传其源于元明时期的寺院佛教音乐。屈家营音乐会主要用于祭祀和丧礼仪式，有管、笛、笙、云锣等传统乐器，采用工尺方式记谱。其特点是既有北方音乐的古朴粗犷，又兼有南方音乐的婉转清幽。其乐队有二十四名乐手演奏为"满棚"音乐，十二名乐手演奏为"半棚"音乐。屈家营笙管乐曲目丰富，乐谱完整，现存《玉芙蓉》等十三支套曲、《金字经》等七支大板曲、《五圣佛》等二十多支小曲和一套打击乐。屈家营音乐会通过口传心授的方式传承，乐手必须背会所有曲牌方可接触乐器。

冀中笙管乐（高洛音乐会）
申报地区或单位：河北省涞水县

高洛音乐会主要流传于河北省保定市涞水县高洛村，也称"高乐蓝旗音乐圣会""音乐大善会"，高洛村古名"高乐"，音乐会因此得名。高洛音乐会原用于黄帝庙祭祀、迎神祭祀、丧葬仪式、祈福、求丰收等民俗活动中，1949年后广泛用于民间的丧葬、节庆及自娱自乐的演出。高洛音乐会传承习俗严格，有"不准增加新曲目，增加乐器种类，改变演奏方式，严格按老艺人传下来的规矩进行演奏（表演），不准走样"的会规，虽历经多年传承仍然保留着"奏、打、舞、唱"的遗风。

冀中笙管乐（高桥音乐会）
申报地区或单位：河北省霸州市

高桥音乐会主要流传于河北省霸州市信安镇高桥村，相传由清康熙年间云游的乐僧所传，也称"和尚经""北音乐"。其演奏乐器形制较小，音乐节奏较快，乐手有特定的着装。演奏时由管子领奏，有三个和尚诵经，十二个乐师演奏。代表性曲目有《锦堂月》等。

冀中笙管乐（胜芳音乐会）
申报地区或单位：河北省霸州市

胜芳音乐会主要流行于河北省霸州市胜芳镇，由寺院佛教音乐流传民间后，融民间音乐元素而成。清乾隆时，霸州即建起了十二道"音乐会"，尤以胜芳镇南音乐会最为著名。胜芳音乐会主要在丧葬仪式、庙会、"琉璃佛"（即冰灯大会）等活动中演奏。其音乐风格古朴，对演奏方式、内容、曲牌、乐器等都有严格规定。此外还广泛使用幡旗、角灯、鼓架、茶挑等道具。现保存传统曲牌三十多支。

冀中笙管乐（白庙村音乐会）
申报地区或单位：北京市大兴区

白庙村音乐会主要流传于北京市大兴区长子营镇白庙村，于明代末年从佛教寺院潭柘寺传到本地，融道家和民间音乐元素发展而成，因此具有北京禅乐和民间鼓吹乐的特点。白庙村音乐会分为以笙、管、笛为主的吹奏乐器，以及锣、鼓、钹、铙为主的击奏乐器。乐队由十五人组成，前场由小镲开场，打击乐器演奏；后场由锣等击奏乐器演奏，前、后两场交替循环演奏，乐曲肃穆、高亢。其乐谱均用工尺谱记谱，现存曲谱七十余部，有《玉芙蓉》《翠竹帘》等。

冀中笙管乐（雄县古乐）
申报地区或单位：河北省雄县

雄县鼓乐主要流传于河北省雄县，兴起于宋元，繁盛于明清，属于吹鼓乐的北乐支系，与宫廷音乐密切相关。它通常在迎春纳福、节庆娱乐时演奏。雄县现在有亚古城、开口、赵岗和杜庄四家民间音乐会。其演奏有文、武场之分，其中文场以管为领奏乐器，笙、笛、云锣为辅，曲目庄严肃穆，分套曲、开堂曲、散曲等；武场以大镲、铙、钹、鼓为主，气势宏伟，演奏从开堂钹开始，后钹头结尾，高亢激昂。雄县古乐均以工尺记谱，有佛教、道教和民俗等内容的曲目近百首，代表性曲目有《孔子探颜回》《小花园》《骂玉郎》等。

冀中笙管乐（小冯村音乐会）
申报地区或单位：河北省固安县

小冯村音乐会主要流传于河北省固安县渠沟乡，始创于明代，因为由道家所传，也称"道乐"。小冯村音乐会的演奏采用大工调（降B调），曲牌内容涉及祭祀、道场、传说、宗法、节令等。吹奏谱为"四一上尺工六五凡合乙"十个音符，采用平仄变声和阴阳变调技法、多变的"那口"垫音，音乐悠扬动听。小冯村音乐会阵容大，使用笙管和打击乐器演奏，乐手三十多人，由八支管、八支笛、八攒笙、两架锣和木鱼、引铃等构成。代表性曲目有套曲《颜回》《小花园》《骂玉郎》等。

冀中笙管乐（张庄音乐会）
申报地区或单位：河北省霸州市

张庄音乐会主要流传于河北省霸州市信安镇张庄，俗称"老道经"，属于道教正一派道传音乐。音乐会主要在丧葬仪式等活动中演奏。演奏时根据活动的每个环节选取相应的曲目，如"取水"时奏《取水小赞》，"观灯"时奏《金燃神灯》。它有文、武场之分，文场以小管、笛、笙、云锣等乐器为主；武场用鼓、钹、铙、小镲等演奏。其使用工尺曲谱，记录曲牌一百四十五支。代表性曲目有《玉宝毒》《二节》《琥珀苗儿》等。

冀中笙管乐（军卢村音乐会）
申报地区或单位：河北省廊坊市安次区

军卢村音乐会主要流传于河北省廊坊市安次区杨税务乡。19世纪末，义和团成员将业已存在的传统音乐会变成了鼓舞士气的军乐。军卢村音乐会分文、武场，十人组成乐队，其中文、武乐手各五名。文场乐器由管子、笛子、云锣和两攒笙组成；武场乐器有钹、小镲、堂鼓（或扁鼓）和两副铙组成。代表性曲目有《堂头令》《望江南》《浪淘沙》等。

冀中笙管乐（东张务音乐会）
申报地区或单位：河北省廊坊市安次区

东张务音乐会主要流传于河北省廊坊市安次区落垡镇，清末由寺院传入民间，属于禅宗临济派和曹洞派并传的佛乐。它通常在节日和农闲时演奏。在1900年的义和团运动中，东张务音乐会的乐师曾创作《上马台》《鹅浪子》等军乐曲，在落垡阻击战中演奏以鼓舞士气。东张务音乐会演奏曲目丰富，现流传有三十余首，代表性曲目有《三皈赞》《普庵咒》《往生咒》等。

冀中笙管乐（南响口梵呗音乐会）
申报地区或单位：河北省廊坊市安次区

南响口梵呗音乐会是主要流传于河北省廊坊市安次区落垡镇的佛教音乐。其音乐形成于明代，至今有五百多年历史，已传承24代。南响口梵呗音乐会主要在寺庙诵经、散灯坑儿、迎会、庙会以及丧葬等活动中演奏。乐队有固定编制，由五吹四打一圆帽等10个乐手组成。

冀中笙管乐（里东庄音乐老会）
申报地区或单位：河北省文安县

里东庄音乐老会是流传于河北省文安县里东庄村的民间吹奏乐。明代嘉靖年间，由来自北京智化寺的里东庄村"观音庙"主持传授音乐乐谱，并创建了里东庄音乐老会，距今已有五百多年历史。里东庄音乐老会采用工尺曲谱，在传承过程中逐步形成了佛、道、儒并重的，具有宫廷、民间、寺院音乐元素的、雅俗共赏的民间吹奏乐。演奏乐器有九孔管、曲笛、笙、鼓、钹、镲等，由九孔管领奏，鼓为打击乐统领。乐队12～24人不等。代表性曲目有大套曲《大走马》《锦堂乐》《青吹山坡羊》等。

冀中笙管乐（辛安庄民间音乐会）
申报地区或单位：河北省任丘市

辛安庄民间音乐会主要流传于河北省任丘市的民间笙管乐，始创于明永乐年间，至今已有六百多年历史。1756年其曾受皇封，故音乐会标旗均为宫廷专用的黄色。辛安庄民间音乐会每年有较大规模的演出二十多次，乐队有乐手四十余名。乐器主要有管子、笙、曲笛、锣、镲、鼓等。曲牌内容以历史传说、典故等为主。乐曲风格舒缓流畅。现存演奏曲目三十余套。

冀中笙管乐（安新县圈头村音乐会）
申报地区或单位：河北省安新县

安新县圈头村音乐会主要流传于河北省安新县城东南圈头村的北方民间音乐。其音乐会于明末清初由僧人传入，多在本村及周边地区民间丧礼、祭祀、庆典等活动中无偿演出。安新县圈头村音乐会使用的乐器均为E调，演奏乐曲有全套曲目和一套打击乐"坐禅谭"，包括小塌曲、小尖曲、小大曲等；节拍可分为散板、倒板、节子板、慢流水板和快流水板五种。代表性曲目有《柳黄烟》《五四牌》《大走马》等。

冀中笙管乐（东韩村拾幡古乐）
申报地区或单位：河北省易县

东韩村拾幡古乐主要流传于河北省易县凌云册满族回族自治乡东韩村的古典音乐。演奏时使用乐器达一百零八件，因此用"拾"字概括全貌，且在演出时仪仗队使用十面幡旗，故称为"拾幡古乐"，也称"拾幡圣会"。东韩村拾幡古乐由清朝宫廷传入民间，已传承九代，至今有二百多年历史。东韩村拾幡古乐吸收了宫廷音乐和江南丝竹的音乐成分，演奏时使用的乐器中有火不思、轧琴、提琴等古老而稀有的乐器。演奏形式有行乐和坐乐，曲谱以工尺谱为依据，有文、武曲四十余首。曲式结构分只曲、联曲和套曲三类，代表性曲目有《山桃红》《万年欢》《春来》等。

冀中笙管乐（子位吹歌）
申报地区或单位：河北省定州市

子位吹歌主要流传于河北省保定定州市的民间吹打乐，由古代鼓吹乐和清代饶歌发展而成，至今已有二百多年历史。其演奏形式有坐摊和行进两种，坐摊是乐队围桌或横排而坐演奏，又称撂场演奏；行进是乐队按云锣在前，笛、笙等随后等依次排列行进演奏，又称踩街演奏。演奏速度较快，旋律多变，声音高亢。子位吹歌曲目丰富，有民歌曲牌、地方戏曲唱腔和器乐曲牌等，代表曲目有《放驴》《打枣》《朝天子》《茉莉花》等。

国家级代表性传承人名单

姓名	性别	申报地区或单位	入选批次
冯月池	男	河北省固安县	2
蔡玉润	男	河北省涞水县	2
尚学智	男	河北省霸州市	2
胡德明	男	河北省霸州市	2
夏老肥	男	河北省安新县	3
刘 勤	男	河北省易县	3
王如海	男	河北省定州市	3
胡国庆	男	河北省固安县	4

嘉善田歌

序号：586
编号：Ⅱ-87
批次：2
类别：传统音乐
申报地区或单位：浙江省嘉善县

嘉善田歌是流传于浙江嘉善的一种歌谣形式，此外在江苏吴江、上海青浦等地也影响广泛。宋代郭茂倩编著《乐府诗选》"吴声歌曲"中就收录有嘉善田歌。明清至民国早期，嘉善田歌非常盛行，各村不仅有田歌手组成歌班竞赛，还会到邻村斗歌。

田歌一般在田间劳作、摇船或闲暇时演唱。演唱内容以反映农村生活为主，唱词以七言四句为主，多用衬字衬词，大量使用吴音俚语，擅长谐音双关的比喻手法。歌曲旋律曲折，音调悠长，起伏较大。曲调有"平调""滴落声""埭头歌""羊骚头""落秧歌""急急歌""嗨啰调"七种。一般由一人演唱，几人配合，形成独唱、接唱、齐唱的形式。嘉善田歌的特点是"接唱"，演唱时先由第一人唱主头（第一句），第二人接唱头卖（虚词），第三人再唱主头（实词），第四人唱二卖（虚词），循环往复，歌声不绝。代表性曲目有《五姑娘》《呆老公》《小犀牛》《四个姑娘去踏车》等。

嘉善田歌表达了水乡农民对生活的真实感受，凸显了平原水乡的农耕文化特色，是江南地方文化中极具个性色彩的民歌品种。

嘉善田歌的演唱者现在仅剩几十人，且大多年事已高，其发展传承陷入困境，急需加强保护。

国家级代表性传承人名单

姓名	性别	申报地区或单位	入选批次
顾友珍	女	浙江省嘉善县	3

江河号子

黄河号子、长江峡江号子、酉水船工号子

序号：597
编号：Ⅱ-98
批次：2
类别：传统音乐
申报地区或单位：黄河水利委员会河南黄河河务局，湖北省宜昌市夷陵区、伍家岗区、巴东县、秭归县，湖南省保靖县

江河号子是流传于长江、黄河及其支流上劳作的船工们所唱的各种号子。《宋史·河渠志》记载："凡用丁夫数百或千人，杂唱齐挽，积置于卑薄之处，谓之埽岸"，"杂唱"指的就是号子。江河号子是以江河为生的先民在与洪水的抗争中，共同协作，逐渐形成有节奏、有规律、有起伏的声音（号子）。

因行船至江河中湍急、地貌等状态不同，江河号子可分为多种类型，有轻松的"下水号"，舒缓的"平水号"，更有高度紧张、大声呼喊的"上水号"和"拼命号"等。

江河号子（黄河号子）
申报地区或单位：黄河水利委员会河南黄河河务局

黄河号子是流传于黄河及其沿岸的劳动号子。黄河在治理过程中有不同的工种，因而也产生了许多类别的号子，有抢险号子、夯硪号子、船工号子、运土号子等。其中抢险号子又分为骑马号、绵羊号、小官号、花号，主要用于打桩、拉捆枕绳和推枕等。骑马号节奏明快，声调高亢激昂，催人上进。绵羊号节奏缓慢，可调整紧张情绪得。小官号节奏先慢后快，柔中有刚，将紧张气氛融于娱乐之中。夯硪号子也有许多种类，主要有老号、新号、预备号、缺把号、紧急风、板号、大定刚号、打丁号、重叠号、二人对号等，是黄河中下游每年春、秋两季筑堤劳动中最为壮观的劳动号子。

黄河号子有领唱、齐唱等演唱方式，一领众和是劳动号子的音乐特点，领唱者也是集体劳动的指挥者。其曲调高亢、节奏沉稳，调式变化频繁，唱词常有即兴变化。在劳动相对舒缓时，号子的"领句""和句"较长；劳动较为紧张时，"领句""和句"较短促，以吆喝、呐喊的方式演唱。

随着机械化的发展，黄河两岸的生产方式发生了很大改变，黄河号子的生存环境受到威胁，后继乏人，面临着失传的危险，亟待保护。

江河号子（长江峡江号子）
申报地区或单位：湖北省宜昌市夷陵区、伍家岗区、巴东县、秭归县

长江峡江号子是流传于长江三峡的劳动号子，主要传唱于湖北省境内的宜昌市。长江三峡俗称峡江，流经秭归一带江面狭窄、水流湍急，故而形成了巴楚船工抒发感情的号子。其类型主要有船工号子、搬运号子等。其中船工号子包括拖扛、搬艄、推桡、拉纤、收纤、撑帆、摇橹、唤风、慢板等；搬运号子包括起舱、出舱、发签、踩花包、抬大件、扯铅丝、上跳板、平路、上坡、下坡、摇车和数数等。现存长江峡江号子一百二十六首。

长江峡江号子行腔中以"腔旋律"居多，也有"韵调旋律"，带有古老的徵羽式乐风，伴随着劳动节奏而歌，其曲调高亢、浑厚、雄壮、有力，呈现出力度感与节奏性强的突出特点。表现形式为一领众和，有喊唱、呼啸、翻唱等。结构多为联曲体，也有单曲体，舒展自由，灵活多变。

目前由于交通运输工具和劳动方式的改变，且长江三峡已建坝蓄水，长江峡江号子也逐渐随之消亡。

江河号子（酉水船工号子）
申报地区或单位：湖南省保靖县

酉水船工号子是在酉水上下游间行船所唱的劳动号子。酉水是湖南四大水系之一沅水的支流，是重庆酉阳和湘西等地沿岸百姓通往外界的主要通道。在长年的行船过程中船工们形成了协调动作、调节情绪、统一节奏的号子。

酉水船工号子分为橹号子、桨号子、纤号子、卸货号子等，类型达五十多个。曲调高亢，领唱伴唱配合默契，带有浓郁的土家族音乐特色，内容多反映历史传说、水路分段记述和风俗生活等。其演唱形式主要有行船的"桨""橹"号子、岸边号子和休闲坐唱等。桨号子一般是一人领唱众人和声，在风平浪静的河面行船时演唱，突出悠闲、轻松的感受；橹号子多即兴编唱，修辞采用讽刺、夸张、比喻的手法，旋律性不强；岸边号子包括纤号子和装卸号子，纤号子是在行船遇到险滩、上岸拉纤时演唱，装卸号子是船工在码头上货、下货时演唱；岸边号子和休闲坐唱多在船头休息、上茶馆时演唱，内容为土家族山歌或民间小调。代表性曲目有《歌老司》《号子蒿》《大河涨水小河满》《龙船调》等。

酉水船工号子是酉水流域土家族人生产生活、民俗风情、地理环境、宗教信仰等民族文化的缩影，是研究土家族民族文化重要的参考资料。

目前，酉水流域已没有固定的船工，酉水船工号子的传唱范围也逐渐缩小，如果不及时抢救，这一民间音乐形式将不再有生存之地。

江南丝竹

序号：71
编号：Ⅱ-40
批次：1
类别：传统音乐
申报地区或单位：江苏省太仓市，上海市

扩展名录：
江南丝竹　　　　浙江省杭州市

江南丝竹是流行于江苏、上海、浙江等地

区的民间音乐。因乐队使用二胡、中胡、扬琴、琵琶、三弦、秦琴、笛、箫、笙等丝竹类乐器演奏得名。据记载,丝竹乐曲在清代就已在民间流行。至清末民国初年,上海出现"清平社""丝竹班"等丝竹乐演奏团体,并以上海为中心,逐渐向周边省区发展,形成以上海、杭州、太仓为代表的江南丝竹乐。

江南丝竹特点是演奏精细,即兴发挥,有"小、细、轻、雅"的风格。乐队编制灵活,演奏者通常为2～8人。演奏江南丝竹的组织分为"清客串"和"丝竹班"两种。"清客串"为市民在茶馆、私人住宅等地的自娱性组织,演奏风格细腻;"丝竹班"为农村职业性乐手,多在婚丧喜庆的场合演奏,其风格粗犷朴实,气氛热烈。

丝竹乐的乐曲多来自民间婚丧喜庆和庙会活动的风俗音乐,以及长期流传的古典曲牌。在曲式结构上分为基本曲调的变奏、类似西洋音乐回旋曲式的循环式结构、多曲牌联奏的套曲三类。代表性曲目有《中花六板》《三六》《行街》《四合》和《云庆》等。江南丝竹在全国产生了深远影响,如音乐家聂耳将传统乐曲《倒八板》改编为《金蛇狂舞》,成为家喻户晓的名曲,刘天华改编创作的《变体新水令》也早已成为乐坛名曲。

国家级代表性传承人名单

姓名	性别	申报地区或单位	入选批次
陆春龄	男	上海市	2
周皓	男	上海市	2
周惠	男	上海市	3
沈凤泉	男	浙江省杭州市	3

绛州鼓乐

序号:88
编号:Ⅱ-57
批次:1
类别:传统音乐
申报地区或单位:山西省新绛县

绛州鼓乐主要流行于山西省新绛县的打击乐。

绛州鼓乐以花敲鼓著称,其乐器是多面形制不同的鼓,演奏者充分利用鼓的各个部位以及鼓槌、鼓架的最佳声音进行演奏,现有击鼓边、敲鼓边、磨鼓钉、蹭鼓面、打鼓帮、抽鼓皮、磕鼓环、碰鼓架、单槌滚、双槌擂、槌相搓、槌相击、槌相打、捶相挑等十几种敲奏技法。绛州鼓乐素有"地动山摇""闻声十里"之誉。

绛州鼓乐分赛社锣鼓和鼓吹锣鼓。其中赛社锣鼓也称闹年锣鼓或社火锣鼓,主要用于赛社和春节期间的社火活动,是绛州鼓乐的主要代表。鼓吹锣鼓主要是指婚丧寿喜所用的锣鼓乐,属于吹打乐。绛州鼓乐曲牌丰富,尤以《秦王破阵乐》最为出名,相传是唐太宗李世民而作。民间将绛州鼓乐分三路,各自有常用曲目:南路有《叽呱啦》《啦呱叽》《扎咚呱》等;中路有《钉缸》《麻雀踩蛋》等;北路有《牛斗虎》《凤凰单展翅》《狮子撩绣球》等。

虽然目前绛州鼓乐已走向省外演出,迈出了国门,目前,新绛县越来越多的乡村以自己的鼓乐队为荣,以交流鼓艺、提高鼓艺为乐。但也面临发展中的困扰,如资金、场地的困窘,演奏水平参差不齐、队伍良莠不齐等。

津门法鼓

挂甲寺庆音法鼓、杨家庄永音法鼓、刘园祥音法鼓

序号：621
编号：Ⅱ-122
批次：2
类别：传统音乐
申报地区或单位：天津市河西区、北辰区

津门法鼓是流传于天津民间的一种音乐舞蹈艺术，原为佛教音乐，法鼓指僧、道在法堂上做法事活动时演奏的音乐，后传入民间，是天津民间花会的重要项目。

法鼓常在庆丰收、贺新年、节庆及庙会等场合演出。法鼓会所用乐器有鼓、钹、铛子等。演奏时，以鼓为主，居乐队中央；钹在左、右；铬子（小镲）、铛子跟在鼓后。各种手持的乐器均要"耍"着轮流表演，其声雄浑嘹亮，节奏丰富多变，令人激奋昂扬。代表性曲目有《老西河》《摇通鼓》等。

津门法鼓（挂甲寺庆音法鼓）
申报地区或单位：天津市河西区

挂甲寺庆音法鼓是流传于天津市河西区挂甲寺及其周边地区的民间音乐形式。清雍正九年（1731），挂甲寺僧人凭借明崇祯后妃赏赐的半副銮驾，成立了挂甲寺庆音法鼓銮驾老会。

挂甲寺庆音法鼓是一个融精美道具、高超表演技巧、优美舞蹈动作为一体的民俗文化形式。其最初为民间文法鼓，后武法鼓传入后，又加入飞铙、飞钹。庆音法鼓有铛子、铬子（小擦）、钹、铙、鼓五种打击乐器和乐谱曲套数十种，常用乐谱包括集合队员的开场、改点等乐谱。在运用这些曲套时，其最独特的是五套隔一套，变化多样，旋律优美动听。法鼓表演动作刚柔并济，尤其是上擂的飞钹，有龙腾虎跃、燕飞凤舞、插花盖顶、十字鞭红等，动作精彩，令人惊叹。代表性曲套有《对联》《桥头》《瘸腿》《绣球》《老河西》等。

由于会所拆迁、人员老化等原因，庆音法鼓趋于衰落，急需保护和扶持。

津门法鼓（杨家庄永音法鼓）
申报地区或单位：天津市河西区

杨家庄永音法鼓流传于天津市河西区挂甲寺街杨家庄及其周边地区。相传在清代康熙年间，由天津大觉庵的和尚在佛教音乐基础上创造了鼓牌子，并传教于附近的村庄，建立了法鼓会，此后逢年节喜庆日时出会表演。杨家庄永音法鼓老会和庆音法鼓銮驾老会，是天津两道著名的传统民间花会。

杨家庄永音法鼓表现的是太子出游的盛况场面，一般人数在四十左右，有文场、武场之分。文场即仪仗队，演奏时按顺序排列出行，很有气势。会员肩挑茶炊、龙梢、点心箱、衣饰箱等，在鼓点声中，上下颤动，款款而行；武场主要是乐队，各种打击乐器按一定的词牌、曲牌演奏，情绪激昂，气氛热烈。文场的器具多装饰玻璃镶嵌，有彩绘和镂花浮雕，十分精美。代表性曲牌有《富贵图》《阴阳鱼》《对联》《四时如意》《八卦图》《绣球》等。

永音法鼓会的会所已被拆迁，在道具破损、成员老化的状况下，其发展陷入困境，亟待有关部门加以保护传承。

中国非物质文化遗产百科全书·代表性项目卷

津门法鼓（刘园祥音法鼓）
申报地区或单位：天津市北辰区

刘园祥音法鼓主要流行于天津市北辰区刘园，最早出现于清道光年间，原为寺院娘娘出巡时以随驾法鼓会的形式表演，后演变成民间娱乐盛会。

刘园祥音法鼓出会时，前面是前彩和乐队组成仪仗队，由引锣指挥。前彩是娘娘出巡时警示人们回避和随身携带起居用品的编队，包括大门旗、高照、灯牌、衣箱、茶饮等仪仗和起居用品及鼓、钹、铙等乐队器具。其中四十人拿着手旗维持程序，三十个少年扛着供演奏长曲表演时使用的凳子，浩浩荡荡，场面壮观。

刘园祥音法鼓会原有十套歌谱，现保存五套。每年正月，各花会要举行以庆丰收、贺新年为主题的礼节性互相拜访。三月三娘娘出巡日，各花会云集北仓，祥音法鼓在皇会中是随驾会，所以安排在娘娘的宝辇左右设摆表演。祥音法鼓会展示长龙彩灯群，乐队的五声打击乐按乐谱演奏，使用单打、轮打、合打等方式表演各种套路和动作，呈现了法鼓的气势和浓郁的民间文化特色。

因道具陈旧破败，会中条件有限，各方面发展不尽如人意，急需相关部门给予扶持和保护。

晋南威风锣鼓

序号：87
编号：Ⅱ-56
批次：1
类别：传统音乐
申报地区或单位：山西省临汾市

威风锣鼓是由锣、鼓、铙、镲合奏的一种民间打击乐，最早称为"锣鼓"，俗称"家伙"，主要流行于山西省临汾市区及霍州、洪洞、浮山等县。

威风锣鼓兴起于祭祀土神和求神祈雨，后逐渐发展为在民间社火和喜庆节日活动中表演的压轴节目。早期威风锣鼓队规模较小，一般十四人一队，称为一堂，因表演时用锣八面，所以又称为"八面威风"。20世纪中后期以来，演出阵容日趋庞大，少则百人，多则三四百人，一般由炮队、门旗、龙旗、乐队组成，表演技巧有鼓技、锣花、铙花、钹花、槌花、队列造型等。

威风锣鼓在音响、曲式、场面、舞姿上都呈现出"威风"的特色，表演形式主要有两种：一是挎鼓表演，平阳大多地方都由鼓手挎一面圆形大鼓边敲打边表演；二是架子鼓，主要盛行于浮山县，表演时队形变化较少，在行进中边走边打。

由于传承的变化和地域的差异，威风锣鼓形成了河东、河西两个流派，常见曲目有《七牌子》《牛腰子》《乱如麻》《风搅雪》《银扭丝》《倒垂帘》等。

随着经济的快速发展，威风锣鼓也面临着现代文化的冲击，近年来在各级政府的重视下，虽然威风锣鼓的队伍在不断增加，看似兴盛，但缺乏精品、缺少表演人才，因此传承与发展并重不容忽视。

国家级代表性传承人名单

姓名	性别	申报地区或单位	入选批次
王振湖	男	山西省临汾市	3

京族独弦琴艺术

序号：1084

编号：Ⅱ-154

批次：2

类别：传统音乐

申报地区或单位：广西壮族自治区东兴市

京族独弦琴艺术是京族独有的艺术表现形式，主要流传于广西壮族自治区东兴市京族聚居区，包括东兴市江平镇的巫头、山心、澫尾三个岛屿，以及附近的潭吉、竹山、红坎、恒望、米漏等村。

独弦琴，属弹拨类弦鸣乐器，因独有一根弦而得名。传统的独弦琴，是用竹、木两种材质制作的，琴身长约一米，宽、厚分别约十厘米、八厘米。在琴身一端打一楔子用以固定琴弦，另一端则凿洞插入厚竹片做摇杆。琴弦只有一根，古时用麻绳或用竹篾代替，弦的一头固定在琴身的右端，另一头则系在琴身左端的摇杆上。如今改进后的独弦琴，用钢丝弦替换了麻绳、竹篾，用牛角替换竹片制摇杆，音色和音域得到极大改善。

演奏时，琴师右手弹拨琴弦，令其发出震颤的声音，左手则同时扶摇竹杆，使声音袅袅颤变以形成旋律。琴师可通过弹、挑、推、拉、揉弦、拉揉、推揉等多种手法奏出泛音和基音，高音清晰、中音明亮、低音丰满，表现力极为丰富，既能描绘椰林、山川等大自然的美景，也能淋漓尽致地抒发人们的思想感情。代表性曲目有《过桥风吹》《高山流水》《打鱼归来》《船夫谣》等。

独弦琴演奏的传统传承方式主要为父子相传，20世纪90年代以来，政府加大力度不仅在民间积极保护传承人的技艺，还通过培养演奏艺人、学校教育、舞台演出、独弦琴改良等形式进行综合的抢救与传承，京族独弦琴艺术得到很好的保护与发展。

靖州苗族歌鼟

序号：54

编号：Ⅱ-23

批次：1

类别：传统音乐

申报地区或单位：湖南省靖州苗族侗族自治县

靖州苗族歌鼟是流传于湖南省靖州苗族侗族自治县锹里及周边苗族聚居区的苗族多声部民歌的总称。鼟是击鼓的声音，苗族先民在生产劳动、狩猎过程中发现了音律，模拟鸟叫、蝉鸣、流水、林涛等大自然的和声，经过长期提炼加工，创造了苗歌。

靖州苗族歌鼟与苗族民俗紧密相连，在结婚、坐夜、打三朝、立夏节、踩芦笙、祭祖等场合都会演唱。根据靖州苗族的风俗习惯和演唱方式，苗歌可分为茶歌调、酒歌调、饭歌调、山歌调、担水歌调和三音歌调等。演唱时，单人低声部先起歌，中高声部后进入，多个声部相互交替流动，采取由低至高、由轻至重、由少至多的递进方式。演唱语言用当地苗族土语（酸话，汉化的苗语），歌词为七言四句，采用比兴、夸张、拟人等修辞方法，题材广泛，包括历史传说、祭祀礼仪、生产劳动、婚姻恋爱、劝事说理、唱咏风物等。代表性曲目有《山歌》《担水歌》《茶歌》《二歌》等。

歌鼟是记录苗族生活状况、传承苗族文化的重要载体。但目前苗歌赖以生存的传统文化空间逐渐萎缩，歌师逐年递减，靖州苗族歌鼟面临传承危机。

九江山歌

序号：1071
编号：Ⅱ-141
批次：3
类别：传统音乐
申报地区或单位：江西省九江县

九江山歌主要传唱于江西省西北部九江县的民间歌谣。九江山歌传唱历史悠久，唐代诗人白居易《霖雨苦多江湖暴涨块然独望因题北亭》中所写"篱根舟子语，巷口钓人歌"，即是当时九江山歌流传的盛况；明代九江府志中载有"山歌本是古人留，不长山歌忘了祖"。

九江山歌题材广泛，歌词想象力丰富，语言真挚、朴实，手法巧妙，回味无穷，大多以劳动和生活感情为主要内容，有唱古人、唱地名、唱农时节令、五谷杂粮等。九江山歌的典型特征是"三声腔"，其特点是：一是声腔多变，分高腔、平腔、低腔。高腔山歌定调高，句幅宽、拖腔长，俗称打窄音、挣红脸；平腔山歌定调低，句幅匀称，刻画细腻，擅长抒情；低腔发音低弱，常用于吟唱长篇故事。二是唱白口，即兴创作。三是体裁为三声宫调五句体式，歌词多用排比句。目前已搜集整理《九江县民歌集》二百六十余首，其中"三声腔"山歌一百余首。

九江山歌具有广泛的群众基础。至今在九江山歌的起源地九江县城门乡，还保留着每个周末都要举行九江山歌擂台赛的习俗，少则几十人，多则上百人。

随着人们生活观念的改变，年轻人更多地选择了现代音乐，传承古老山歌的热情正在丧失，原生态的九江"三声腔"山歌出现生存危机。

柯尔克孜族库姆孜艺术

序号：632
编号：Ⅱ-133
批次：2
类别：传统音乐
申报地区或单位：新疆维吾尔自治区克孜勒苏柯尔克孜自治州乌恰县

库姆孜，是柯尔克孜族语，意为"美丽的乐器"，是柯尔克孜族特有的古老弹拨乐器，主要流传于新疆克孜勒苏柯尔克孜自治州乌恰县、阿合奇县和阿克陶县的柯尔克孜族聚居区。

库姆孜历史悠久，琴声优美。据传，柯尔克孜族先民曾将这种乐器作为贡品献给唐王朝。库姆孜既可被用来演奏民间音乐，也可被用来与称为"多兀勒巴斯"的战鼓一起演奏进行曲，以鼓舞士气。

库姆孜一般用红松制作，有木质蒙革的三弦弹拨琴、经改进后全木质的三弦弹拨琴"亚克其库姆孜"、木质铁三弦弹拨琴"帕米尔库姆孜"，以及各种质地的四弦琴等类型。现常用的是一种三弦弹拨乐器，全木质结构，长一米左右，琴箱微扁近似梨形，上安一细长的颈。古代用羊肠做弦，近现代后改用丝弦，琴轸并列一侧。其演奏形式多样，可独奏、对奏、二重奏、合奏、伴奏等。乐曲有固定形式，也有即兴演奏、说唱演奏。代表性曲目有《夜莺曲》《松树上的啄木鸟》《枣遛马驹》等。

库姆孜是柯尔克孜族使用最广泛、传承最完整的乐器。由其伴奏演唱的史诗《玛纳斯》以艺术的形式记录了柯尔克孜民族的演变和发展历史，是柯尔克孜民族的标志。

近年来，许多库姆孜老艺人相继病逝，传承乏人，这一民族艺术正面临消失的危险，对此，必须加紧开展保护工作。

国家级代表性传承人名单

姓名	性别	申报地区或单位	入选批次
阿迪里别克·卡德尔	男	新疆维吾尔自治区乌恰县	3

口弦音乐

序号：635

编号：Ⅱ-136

批次：2

类别：传统音乐

申报地区或单位：四川省布拖县

扩展名录：
口弦音乐　　四川省北川羌族自治县

口弦是一种广泛流传于少数民族群众中的小型乐器。在我国文献中，口弦曾被称作"口琴"，明代《南诏野史》中就有"男吹芦笙，女弹口琴"的记载，清代《滇南虞衡志》详细记载了"口琴"的形成和制作。

布拖彝族口弦，当地彝语称为"勒果"。制作口弦的材料有竹质和金属两种。其中竹质口弦长十五厘米左右，宽一厘米，形如短剑；铜质口弦长八厘米左右，形如树叶。根据簧片数目的不同，口弦有单片弦和多片弦。演奏方式为指弹，演奏时，左手执口弦尾部，将口弦放于微张的嘴唇间，右手指拨动排成扇形的簧片，利用口腔的共鸣和唇、舌、口形的变动使簧片振动发出声音。为了增加共鸣和扩大音量，演奏者在演奏口弦的时候，双唇要向前突出，形成筒状。借助口形的变化和控制呼吸的气流等，演奏出音色多变的乐曲。

口弦的演奏形式有独奏和合奏，其音质独特，旋律悦耳动听，善于模拟内心情感语言。彝族谚语有"口弦会说话，月琴会唱歌"，因为口弦音乐能够传递感情、交流信息。彝族口弦音乐内容极其丰富，据说有九十三调之多。代表性曲目有《彝族口弦》《口弦情》《口弦声声》等。

口弦音乐
申报地区或单位：四川省北川羌族自治县

北川羌族口弦为竹质，长约11厘米，厚约0.15厘米，从中分为一头宽约1.3厘米，另一头宽约0.8厘米，成酒瓶形状的小竹块，再将中间雕刻成长约8厘米的簧片。口弦两头各凿一小孔，前孔（小头处）穿麻线，左手无名指、小指挽之，大指和食指捏穿孔处，横侧贴腮靠近微微张开的嘴唇间，以气鼓簧片。后孔（大头处）用近30厘米的麻线穿之，以右手食指和中指挽线将其徐缓牵动，鼓顿有度，其簧闪颤成声。根据牵动力度大小和口腔形状、气息大小和唇舌位置的改变，构成音阶和旋律。口弦表演形式有独奏和合奏，曲调大多即兴创作，音域一般在八度之内，系五声音阶，扯动麻线竹簧即发音响，发音优美，音量细小，娓娓动听，流传较广。代表性乐曲有《吆羊歌》《薅草歌》等。

目前，口弦的生存环境发生了巨大改变，现有的竹质口弦已经很少，处于灭绝边缘，如果不及时抢救保护，北川羌族口弦将面临消亡的命运。

蓝田普化水会音乐

序号：93

编号：Ⅱ-62

批次：1

类别：传统音乐

申报地区或单位：陕西省蓝田县

蓝田普化水会音乐是流传于陕西省蓝田县普化镇一带专门用于佛事、善事和祭祀类活动伴奏的民间吹打音乐。"水会"是过去天旱时人们祈雨的祭祀活动，伴同取水活动的这种吹打乐就叫"水会音乐"。水会音乐源于隋，盛于唐，是唐朝宫廷音乐传至民间后逐渐演绎成的一种地方乐种。蓝田县境内的蓝田悟真寺水陆殿在唐代已是官方和民间举办大型佛事的重要地点。在佛事活动中，以吹鼓乐助兴营造气氛，蓝田普化水会音乐这一形式就由僧人和民间乐手传承至今。

演奏蓝田普化水会音乐的主要吹奏乐器有竹笛、笙、管箫等，打击乐器如高把鼓、镶镶子、贡锣、三星锣、梆子、木鱼、击子、铛子、大铙、铰子、碰铃、磬等十多件。演奏形式分为行乐（进行中演奏）和坐乐（室内诵经时演奏）两类，因演奏严肃、庄重，故从不用于喜庆婚俗场合。手抄传谱原有八十多种曲牌，其记谱法为唐代燕乐半字谱。代表性曲目有《清江颂》《小曲子》《三联子》《八板》《宫调》《老钉缸》等。

蓝田普化水会音乐在乐队乐器构成、曲目、记谱法等方面显示了很高的历史价值和学术研究价值。但如今乐谱所剩无几，乐器亦大量丢失损毁，老艺人相继谢世，面临着传承危机。

老河口丝弦

序号：603
编号：Ⅱ-104
批次：2
类别：传统音乐
申报地区或单位：湖北省老河口市

老河口丝弦主要流行于湖北省西北部汉水流域老河口地区的民间音乐形式。老河口丝弦源于明清时期流传下来的汴梁小曲的分支，由河南传入湖北，至今已有四百多年历史。老河口丝弦的现存曲目《坡下》《打枣杆》《银纽丝》《叠断桥》《劈破玉》都是明清时期流传于河南开封（汴梁）的民间小调曲牌。

老河口丝弦最初为文人、墨客、商贾聚会时操琴聚会、以琴会友、自娱自乐的消遣方式，后逐渐演变成地方乐种。清朝末年，老河口丝弦在民间广泛流传，仅老河口城区演奏班子就有几十个之多，演奏者近千人。晚间、节假日时，茶馆、商行的庭院内，随处听到吹拉弹唱的丝弦声。

传统的老河口丝弦演奏程序十分讲究，聚会时宾主均要参与表演，轮到谁，谁便起立，拿起牙板，先恭敬地向大家作揖，说完献丑后，丝弦响起，唱上一段。

老河口丝弦主要采用合奏、独奏和丝弦弹唱的形式演奏。合奏时以三弦、古筝、琵琶、月琴等弹拨乐器为主；独奏时主要用三弦、古筝和琵琶；丝弦弹唱主要演奏古曲牌。曲牌讲究对称和规则，每个曲目一个标题，有一百多个曲种，其中丝弦曲牌就达五十多首。老河口丝弦曲风古朴，旋律典雅，具有浓郁的鄂西北民间音乐特色。代表性曲目有《苏武思乡》《陈杏之和番》《打雁》等。

老河口丝弦保留了传统的演奏形式，将曲调、说唱融为一体，至今仍出现在大型晚会活动中，深受当地群众喜爱。

国家级代表性传承人名单

姓名	性别	申报地区或单位	入选批次
余家冰	女	湖北省老河口市	3

黎族民歌

琼中黎族民歌

序号：610

编号：Ⅱ-111

批次：2

类别：传统音乐

申报地区或单位：海南省琼中黎族苗族自治县

黎族民歌主要传唱于海南省通什镇、保亭、乐东、东方、琼中、白沙、陵水、昌江、宦县等黎族聚居区。黎族民歌用海南汉族方言和黎族语言演唱，使用海南黎族特有的竹木乐器伴奏，有独唱和对唱的形式，通常歌、舞、乐连为一体，形成鲜明的民族特色和浓厚的古风。歌词采用赋、比、兴的手法。民歌中以情歌数目最多，有叙事长歌《抗婚歌》，还有劳动歌、婚礼歌、盛典歌等。

琼中黎族民歌主要流传于海南岛琼中黎族苗族自治县及其周边地区。在黎族聚居区，唱民歌是人们交流感情、互换信息的主要手段，在生产、生活、婚嫁、入宅，丧葬等活动中，人们都要唱民歌。琼中黎族民歌根据其内容可分为劳动歌、时政歌、礼仪歌、生活歌、情歌等。时政歌主要是反映各历史时期时事政治的歌谣；劳动歌如《开山歌》《放牛歌》《打猎歌》等；礼仪歌反映传统礼仪习俗，如《婚嫁歌》《丧葬歌》《祭典歌》和《礼仪歌》等；生活歌反映黎族人日常生活的各个方面，如《劝教歌》《景物歌》《娱乐歌》等；情歌反映黎族人的爱情生活，如《探情歌》《初识歌》《交情歌》《定情歌》《盟誓歌》等。

琼中黎族民歌蕴藏深厚，现已收集整理黎族民歌三百多种，其中三十多种最具代表性，包括以衬词命名的罗尼调、四亲调、少中娃调、杜杜利调，以区域命名的红毛调、水满调、三平调、番阳调，还有以方言命名的哈方言调、杞方言调、润方言调，以歌词内容命名的砍山调、哭丧调、求神调，以曲调长度命名的长调、短调。黎族民歌音乐形态自由、古朴、简约，结构为"曲不定句，句不定字"的自由体。

受时尚文化的冲击，琼中黎族民歌受到冷落，对此，必须采取有力措施进行抢救和保护。

国家级代表性传承人名单

姓名	性别	申报地区或单位	入选批次
王妚大	女	海南省琼中黎族苗族自治县	3

黎族竹木器乐

序号：634

编号：Ⅱ-135

批次：2

类别：传统音乐

申报地区或单位：海南省保亭黎族苗族自治县、五指山市

黎族竹木器乐主要流传于海南省保亭黎族苗族自治县、五指山市等五指山南麓的黎族聚居区。其形成历史悠久，宋代《太平寰宇记》中就有"琼州聚合推鼓歌乐"的记载，清康乾年间最为盛行。黎族有俗语"歌声不停，笛音不止"，反映了黎族的民间乐器与民歌一样历史悠久。

黎族传统乐器主要有独木鼓、叮咚木、鼻箫、口弓、唎咧、口拜、洞勺、哔哒等，是黎族取材于大自然中的各种竹木、畜兽皮等原料手工制作而成。每逢喜庆日、传统节日三月三等举办活动，黎族人就会即兴演奏，借以抒发情感，赞美生活，愉悦身心。青年男女也将借竹木乐

器演奏传递感情。

黎族竹木器乐曲丰富，音调古朴，特色各异，其中鼻箫委婉，口弓缠绵，唎咧高亢，口拜悠扬，洞勺宽厚，哔哒清脆，琴弦音清，独木鼓浑厚，叮咚悦耳。乐曲表现内容涉及劳动、爱情、婚丧、礼仪、祭祀、娱乐等多种题材。曲目丰富，代表性曲目有《罗尼调》《四亲调》《喂格罗调》。

黎族竹木乐器与黎族的生活息息相关，例如最早出现的独木鼓，据黎族古民歌传述，是作为招众、祭祀和乐器使用的，而叮咚木是以敲响的叮咚声驱赶山猪，后来发展成为跳舞娱乐所用的打击乐器。原始音乐的色彩，浓郁的民歌韵味，以及传统器乐古朴简约的特征，体现了黎族历史文化的发展变化，也是黎族崇尚自然的生动体现。

受时尚音乐的冲击，黎族竹木器乐渐趋式微，民间乐手青黄不接，很多曲目已失传，急需大力抢救。

澧水船工号子

序号：64
编号：Ⅱ-33
批次：1
类别：传统音乐
申报地区或单位：湖南省澧县

澧水船工号子是一种由小调转化而成的水上劳动号子，主要流传于湖南省澧县。澧县位于西洞庭湖边缘，境内有澧水、涔水，是湘西北的交通重镇，有"九澧门户"之称，明清时期成为重要的商埠码头。沿岸百姓大多靠水路行船运货为生，纤夫们在逆水行船拉纤的过程中，为了凝聚力量、统一步调，独特的劳动号子应运而生。

澧水船工号子无固定的唱本和唱词，主要靠先辈口授。演唱时一般是一人领唱众人合唱，内容主要反映船工的生活和劳动场面。根据地域不同分为上河腔和下河腔，上河腔流传于湖南石门县至桑植县一带，此段河流由于山高水急，河窄滩多，号子多高亢有力，节奏明快；下河腔流传于澧县至津市安乡一带的湘北平原，因河面宽阔，水流平缓，号子舒畅优雅，节奏稍慢。

20世纪80年代以来，由于汽车、火车运输代替了澧水流域传统的运输模式，绝大多数船民改行，船工拉纤已成陈迹，古老的澧水船工号子也随之濒临失传。

利川灯歌

序号：1072
编号：Ⅱ-42
批次：3
类别：传统音乐
申报地区或单位：湖北省利川市

利川灯歌是喜庆、集会时载歌载舞的民间歌唱表演形式。主要流传于湖北省恩施土家族自治州利川市柏杨坝镇一带。根据利川柏杨坝现存灯歌的第五代代表性传承人全友发的传承谱系推算，利川灯歌应始于明末清初，已有三百多年的历史。

利川灯歌主要在土家族人逢年过节、喜庆集会活动时演唱，源于玩灯的习俗。表演时画地为台，由人物扮演，以彩龙船、车车灯、龙灯、狮子为道具，锣鼓等打击乐演前奏，打一遍锣鼓，划一遍船，再唱一段歌。演唱内容以贺喜祝福、农事耕作、山川风光和男女爱情等题材为主，有固定唱词的传统唱段，也可即兴创作。歌词以七字句破四字、三字加衬词最为普遍。代表性曲目有《龙船调》《筛子关门眼睛多》《打把扇子送情》等。

利川灯歌是鄂西南土家族民歌的代表，彩龙船是对清江流域划龙船习俗的艺术再现。近年来，利川灯歌的演出时间从年节活动逐渐扩展到了喜庆集会和休闲活动，从一种习俗逐渐变成了一种随时都可以进行的群众文化歌舞活动。经调研，虽然民间发现了不少民歌及传承人，但传统灯歌在民间流传仅存五十余首，尚在传唱的不足十首。由于利川灯歌的传承环境发生改变、缺乏经济保障、老龄化现象严重等诸多因素，传承状况不容乐观。

傈僳族民歌

序号：48
编号：Ⅱ-17
批次：1
类别：传统音乐
申报地区或单位：云南省怒江傈僳族自治州、泸水县

傈僳族民歌主要流传于云南省怒江傈僳族自治州和维西傈僳族自治县等地的傈僳族聚居区。其民歌包括木刮、摆时和优叶等种类。

木刮是最重要、流传最广的傈僳族民歌种类之一，内容为传统叙事古歌，曲调朴实、深沉。节日、集会时中老年人盘腿围坐火塘边，一问一答对唱，或一人领唱众人和，以酒助兴，相互竞赛，有时对歌可持续几天几夜，内容涉及人类繁衍、民族起源、生产生活、风俗习惯、宗教信仰等。代表性曲目有《创世纪》《生产调》《牧羊歌》《逃婚调》。

摆时广泛流传于泸水县、兰坪县，主要在节日、庆丰收、婚嫁、集会等喜庆场合时歌唱。其曲调热情奔放，多为集体性男女对唱，也可一人自娱自性独唱，内容有传统叙事长诗、即兴编唱爱情、时事等。代表性曲目有《竹弦歌》《忆苦歌》《孤儿泪》等。

优叶流传于福贡县，有两种演唱形式，一是由中老人围坐火塘饮酒对唱，其曲调低沉而平稳，内容为悲欢离合的故事，目前已较少传唱；二是风格轻松活泼的男女青年情歌对唱。代表性曲目有《打猎歌》《悄悄话》《砍柴歌》等。

傈僳族民歌在内容上涵盖了傈僳族社会生活的各个方面，对研究傈僳族历史文化、艺术等方面具有重要价值。但随着老一辈歌手的相继离世，目前已少有歌手能完整歌唱傈僳族木刮古歌和长篇叙事歌。

国家级代表性传承人名单

姓名	性别	申报地区或单位	入选批次
王 利	男	云南省泸水县	2
李学华	男	云南省泸水县	3

梁平癞子锣鼓

序号：84
编号：Ⅱ-53
批次：1
类别：传统音乐
申报地区或单位：重庆市梁平县

梁平癞子锣鼓是流传于重庆市梁平县境内的一种民间器乐，因其创始人的绰号叫"癞子"而得名，明清时就已在当地广为流传。由他所创的锣鼓由十八个段子组合成，后人称之为"十八癞子"。

梁平癞子锣鼓常在节日盛会、婚丧嫁娶、各类庆典等民俗活动中演奏。其乐曲称为"锣鼓引子"，尤以"十八癞子"锣鼓最具代表性。主要有"老癞子""花癞子""鸳鸯癞子""刁癞子""干癞子""重葫芦""南山网"，以及"金银灯""金银花""红绣鞋"等上百种

锣鼓引子。乐队由五人组成，演奏乐器包括二鼓、马锣、钹、大锣、钩锣、镲子六种。演奏时，一口气要打十八个段子，三个段子组成一组，共六组，每组必有马锣、钹和大锣开头的段子。其中十八癞子的主要曲目有《老癞子》《佬癞子》《花癞子》等。头与尾常用的曲目有《金银灯》《战灵芝》《急尾子》。

随着社会的变迁，老艺人有的年岁已高，有的相继去世，年轻人又不愿学，导致锣鼓艺人日渐减少，梁平癞子锣鼓濒临灭绝。

国家级代表性传承人名单

姓名	性别	申报地区或单位	入选批次
刘官胜	男	重庆市梁平县	2

辽宁鼓乐

序号：70
编号：Ⅱ-39
批次：1
类别：传统音乐
申报地区或单位：辽宁省辽阳市

辽宁鼓乐是由多种民族管乐器和民族打击乐器组合而成的一种传统器乐演奏形式，流行于辽宁境内，其中以辽南海城、牛庄、南台、鞍山、沈阳等地最为兴盛。其历史悠久，辽阳市出土的汉魏时期古墓壁画中就有古代鼓吹演奏图。辽宁鼓乐早期为笙管乐，明清时期加入了唢呐乐，清代中叶乐队定型并趋于成熟。

辽宁鼓乐通常在婚嫁、祝寿、办满月酒等喜庆场合演奏，分为"唢呐乐"和"笙管乐"两种演奏形式。唢呐乐以唢呐为主奏乐器，兼备堂鼓、小钹、乐子（铛）、包锣、大号（或挑子号）等。笙管乐演奏时以管（单管或双管）和笙为主。演出形式分坐堂和行路。坐堂又称坐乐、坐棚，是艺人坐在主家门前演奏；迎亲、送葬等活动中边行走边演奏的称为行乐。其曲目有元、明以来的南北曲牌子、戏曲唱腔、民歌和器乐曲牌等，代表性曲目有《工尺上》《梅花调》《上菜曲》《句句双》《桂枝花》等。

鼓乐的演奏者有职业和半职业艺人两种，有着自己的传承谱系，家族班社遵循"以师带徒，口传心授"的祖训，世代相传至今。

目前，辽宁鼓乐虽盛行不衰，但传统曲目日渐减少，能完整演奏大牌子曲和汉曲者寥寥无几。

国家级代表性传承人名单

姓名	性别	申报地区或单位	入选批次
刘振义	男	辽宁省	2

聊斋俚曲

序号：53
编号：Ⅱ-22
批次：1
类别：传统音乐
申报地区或单位：山东省淄博市

聊斋俚曲是清代文学家蒲松龄将自己创作的唱本配以当时流行的俗曲时调而形成的一种民间歌曲，因蒲松龄斋名为"聊斋"而得名。蒲松龄故居淄博市淄川一带是明清俗曲的流行地区，自明清以来广泛流行于城乡普通百姓阶层。晚年时期的蒲松龄集一生的阅历，融诸宫调、南北曲等曲牌，汇明清俗曲的精华连套成曲，完成了十五部俚曲的创作。

聊斋俚曲采用当地方言和流行于淄川一带的民间小调写成，内容大多反映农家百姓的日常生活，在当时广为流传。代表性曲目有《耍孩儿》《粉红莲》《叠断桥》等。俚曲以独特魅力影响了其他姊妹艺术的发展，仅以戏曲为例，俚曲故事改编剧本的就有五音戏、柳子戏、川剧、京剧、秦腔、河北梆子等。因其在文学、音乐上具有极高价值，被誉为"我国明清俗曲的活化石"。

现存的聊斋俚曲手抄本十五种，均已整理出版，遗存较原始曲牌五十余支。近年来，随着唱俚曲的老一代人日渐衰老，靠蒲氏家族及后人口耳相传的聊斋俚曲也出现了传承危机。

国家级代表性传承人名单

姓名	性别	申报地区或单位	入选批次
蒲章俊	男	山东省淄博市	2

临高渔歌

序号：1074
编号：Ⅱ-144
批次：3
类别：传统音乐
申报地区或单位：海南省临高县

临高渔歌是主要传唱于海南省临高县渔民中的一种民歌。其形成历史久远，萌芽于汉代；宋代时此地渔业已相当发达，渔民夜晚聚于海滩斗歌，渔歌不断。

临高渔歌题材广泛，内容包括当地人文历史、渔乡风光、捕鱼劳动、爱情生活、祭祀海神等，记录了临高渔民的生产生活风俗和生产历史，具有浓郁的海洋文化特征。渔歌曲调抒情、优美，或粗犷豪放或婉转悠扬。尤其是"哩哩美"渔歌是传唱最广的渔歌，以"哩哩美"为衬词而得名。其歌词善用"比""兴""叠"等直斜形式，男女见景生情自由抒发，尤其是双关比喻使这一民歌艺术更具韵味。哩哩美的音乐基本结构独具一格，它以三个乐段组成，第一、二乐段为主歌，第三乐段为副歌。独唱时多用主歌，对唱时以主歌为领唱，副歌为齐唱衬托对唱气氛。哩哩美渔歌产生于男女年轻人谈情说爱和取乐的方式，后来演变成大众化的渔家男女老少在生产生活中最喜欢传唱的歌谣。随着时间的推移和生活的需要，哩哩美渔歌逐渐走进婚嫁、建房、上学、赶考、拜年、迎客、送客等不同场合。

临高渔歌在创新发展上取得了很大的成就，如20世纪八九十年代传遍大江南北的影片《南海风云》的主题歌——《西沙，我可爱的家乡》的创作即取自临高渔歌哩哩美。但是，随着传统生产劳作方式的改变，渔歌哩哩美的数量和题材均在急剧减少，目前传承状况堪忧。

芦笙音乐

侗族芦笙、苗族芒筒芦笙

序号：628
编号：Ⅱ-129
批次：2
类别：传统音乐
申报地区或单位：湖南省通道侗族自治县，贵州省丹寨县

芦笙是流行于苗、侗、水、仡佬、瑶、壮、彝等民族中的一种多管型簧管乐器。芦笙由古老的簧管乐器发展而来，距今已有两千多年历史。

芦笙由带簧笙管、笙斗、吹管和共鸣筒几个部分组成，形制多样。它有独奏、重奏和合奏几种表现形式。演奏时，笙管竖置，双手捧

斗，手指按音孔，吹吸发音，多用单吐法吹奏。表演者常边奏边舞，站、坐、走、跳时均可吹奏，形式活泼多样。芦笙音高独特，可奏出八度、六度、五度、四度和音及三和弦效果。

芦笙音乐（侗族芦笙）
申报地区或单位：湖南省通道侗族自治县

侗族芦笙广泛流传于湖南省通道侗族自治县境内。芦笙由竹子制造而成，材料主要用楠竹、紫竹、锦竹、水竹、绵竹、白竹、苦竹等，其中白竹是制作芦笙的最佳材料。一般采用三年以上的老竹，每年的立秋以后和立春前制作，以保证芦笙坚硬、不生虫。

芦笙通常在逢年过节、红白喜事、丰收庆典时吹奏。根据吹奏形式和表演技法的不同，芦笙可分为地筒、特大芦笙、大芦笙、中芦笙、小芦笙、最小芦笙等六种，传统芦笙有三个音十二个调。侗族演奏时，常用一支最高音的芦笙领奏和指挥，配以两支高音芦笙、三支中音芦笙、十支次中音芦笙、二支低音芦笙、一支倍低音芦笙和一支地筒，组成芦笙乐队，高低音交相呼应，音域宽阔，音调多样，气势恢宏。侗族芦笙共有十二个曲牌，代表性曲目有《集合曲》《进堂曲》《踩堂曲》《上路曲》《走曲》《圆圈曲》等。

随着市场经济的快速发展，侗族芦笙文化正面临消失和变异的危险，演奏人才断层，对此，必须加紧开展对侗族芦笙的抢救和保护工作。

芦笙音乐（苗族芒筒芦笙）
申报地区或单位：贵州省丹寨县

苗族芒筒芦笙主要流传于贵州省丹寨县境内苗族村寨以及附近的雷山、榕江、三都等县的苗族聚居区。据传芦笙是三国诸葛亮南征西南时用当地水竹制成的多簧气鸣乐器，后来当地的少数民族就将此作为常用的娱乐工具。宋代，丹寨苗族祖先"嘎由"用当地楠竹和水竹，制成了一种重低音共鸣乐器，取名为"莽筒"，与芦笙一同演奏，即是后来的"芒筒"。丹寨现保存着最大的芒筒，长4.5米，竹筒直径约25厘米，重量达40公斤，被誉为"世界巨芒"。

苗族芒筒芦笙的功能是娱神，多用于大型庆典、祭祖、丧葬等活动。芒筒芦笙乐队一般由16人组成，其中包括3支芦笙、13支芒筒。演奏时由芦笙领队，芒筒随后，围成圆圈逆时针边吹边舞，曲调悲壮肃穆。芒筒芦笙曲目众多，代表性曲目有用于祭祀的曲调《怀祖曲》《邀约曲》《离别曲》等，用于丧葬的曲调《过路曲》《安慰曲》等。

苗族芒筒芦笙的许多珍贵资料和曲目已失传，丧葬制度的改革也威胁到它的生存发展，基于此种情况，芒筒芦笙前景不容乐观，急需加强抢救保护。

国家级代表性传承人名单

姓名	性别	申报地区或单位	入选批次
杨枝光	男	湖南省通道侗族自治县	3

鲁南五大调

序号：602

编号：Ⅱ-103

批次：2

类别：传统音乐

申报地区或单位：山东省郯城县、日照市

鲁南五大调是流行于山东省南部郯城、临沭、莒南、日照等地的大型民歌套曲，也传播到鲁北广饶和江苏连云港地区，又称"郯马调""郯马五大调"。鲁南五大调形成历史久远，是由元曲小令和散套演变而来，是众多的客商把苏浙民歌带到鲁南后，与当地风俗文化相结合，形成的独具特色的五大调。

鲁南五大调由满江红、玲玲调、大寄生虫、淮调、大调五种曲调构成，五个曲牌又包含《五景》《五盼》《七多》《七赞》《八恨》等曲目，现保存一百三十余首。作为鲁南五大调之首的满江红，多在渔民出海归来的宴席中演唱，有"细曲""雅歌"之称，其主曲抒情、典雅，夹曲轻快活泼、节奏多变，情感表达淋漓尽致。

鲁南五大调的演唱形式有坐唱和群唱两种。坐唱流行于郯城等地，演唱者1～2人，伴奏以三弦为主，演唱与伴奏者围桌而坐。群唱有数人至十多人不等，大家围圈或横排为两行，边演唱边伴奏，有吹、拉、弹、打。鲁南五大调常用的伴奏乐器有笛子、箫、笙、四胡、三弦、琵琶、月琴等管弦乐器，以及瓷碟、瓷碗、竹筷等。其旋律轻柔，节奏平缓，词曲大方。代表性曲目有《耕读渔樵》《遇多情》《大观园》《华容道》《情人已去无其奈》《四盼》等。

五大调的题材内容广泛，有反映社会生活、历史传说、民间故事，讴歌自然风光的，还有表现生离别怨、美好爱情等内容的，蕴含着大量元曲音乐以及山东半岛经济发展和商贸活动的信息，是研究古代山东经济文化的重要资料。

目前，山东郯城、日照等地的老艺人相继谢世，鲁南五大调面临后继无人的危险，急需抢救和保护。

鲁西南鼓吹乐

序号：76

编号：Ⅱ-45

批次：1

类别：传统音乐

申报地区或单位：山东省嘉祥县

扩展名录：
鲁南五大调（鲁西南鼓吹乐）
山东省菏泽市牡丹区、巨野县、单县

鲁西南鼓吹乐是一种以唢呐吹奏为主的民间器乐，主要流传于山东省济宁、枣庄、菏泽三市及其周边地区，其中以嘉祥鼓吹乐最为典型。鼓吹是由民间吹奏乐器与打击乐器配合演奏的一种民间器乐种类。

鲁西南鼓吹乐在节日庆典、婚丧嫁娶等民俗活动中演奏。其常见的乐队组合有五种：一是以一支唢呐为主奏，以笛、笙、小镲、鼓等乐器为辅的演奏，称为"单大笛"；二是以两支唢呐为主奏，以小镲、云锣、汪锣、乐鼓等乐器为辅的演奏，称"对大笛"；三是以锡笛为主奏或锡笛、笙、笛合奏的形式，打击乐器只用小镲或梆子；四是笙、笛合奏形式；五是"咔戏"乐队的演奏，所用管乐器有唢呐、笙、笛子，打击乐器有皮鼓、简板、小镲、小锣、大锣。

鲁西南鼓吹乐调式多样，曲目丰富，目前保留的有三百多首，代表性曲目有《百鸟朝凤》《六字开门》《一枝花》《大合套》《风搅雪》《抬花轿》等。

至今，鲁西南鼓吹乐还活跃在节日联欢、开业庆典、参军升学、丰收喜庆等场合，既丰富了城乡民众的文化生活，也使其传统得到很好的传承。

国家级代表性传承人名单

姓名	性别	申报地区或单位	入选批次
伊双来	男	山东省嘉祥县	2
李广福	男	山东省菏泽市牡丹区	4

吕家河民歌

序号：582
编号：Ⅱ-83
批次：2
类别：传统音乐
申报地区或单位：湖北省丹江口市

吕家河民歌是主要流传于湖北省丹江口市官山镇吕家河村的民歌。吕家河民歌历史源远流长，早在周宣王时期就广为流传。

吕家河民歌内容丰富，演唱形式多样。如今搜集整理的民歌有五千余首。其主要可分阴歌、阳歌和长篇叙事诗等几大类。阴歌又称孝歌，可为分歌头、劝善歌、翻田埂、还阳歌四部分，专用于丧事葬礼，数量极大，几乎占吕家河民歌总数的百分之七十，一般在夜间演唱。阳歌与日常风俗紧密相连，大都诙谐风趣，有喜庆歌、灯歌、劝酒歌、祝寿歌、劳动歌、儿歌、谜语歌、牧童战歌等。长篇叙事诗，有《龙三姐拜寿》《杜吉莲哭监》《梁山伯与祝英台》《打蛮船》《秦雪梅吊孝》等。初步统计，吕家河流传的长篇民间叙事诗有十五部以上。吕家河民歌音乐以徵调式为主，其次是宫调式。旋律构成以五声音阶为主。

吕家河地处湖北、河南、陕西交界处，因而吕家河民歌具有南北交融、东西荟萃的特点。民歌曲调十分优美，有江南小调的缠绵，又有北方民歌的豪放；既有中原曲调的圆润，又有西北民歌的高亢。

目前，吕家河民歌发展陷于停顿，生存岌岌可危，亟待有关方面采取措施加以保护。

国家级代表性传承人名单

姓名	性别	申报地区或单位	入选批次
姚启华	男	湖北省丹江口市	3

啰啰咚

序号：589
编号：Ⅱ-90
批次：2
类别：传统音乐
申报地区或单位：湖北省监利县

啰啰咚是流传于湖北省监利县的一种秧田号子。其历史可溯源至春秋战国时期，啰啰咚接力式的传声唱法与《接舆歌》的接响传声十分相似。

啰啰咚通常是人们在田间劳动时演唱，目的是协调动作、振作精神、消除疲劳、鼓舞干劲。人们在插秧的时候，田埂上由一人打鼓作为指挥，在鼓的伴奏中演唱。后来发展到无伴奏，主要依靠发头音的人用人声喊号指挥。

啰啰咚的主要特点是以民间戏曲唱本为演唱内容，属接力式的传声唱法。曲式结构具有复调音乐和无伴奏自然和声的特点，俗称"打和声"。演唱时分头声、二声和三声，三声后接合唱（掀兜子），再循序唱到高潮。其用鄂中、鄂东南、湖南洞庭湖区等多地语言音调汇合成的监南方言演唱，保留着"下平声六麻"的楚国古音。啰啰咚节奏自由，音域宽广，旋律高亢悠长，具有很浓的原始野趣以及平原地区山歌的特点，属楚商、楚徵体系的民歌。代表性曲目有《花"啰啰咚"》《也"啰啰咚"》《五色绒线绣一枝花》《粗倒腿之歌》《幺妹子吵嫁妆》等。

啰啰咚是平原地区具有山歌特点的原生态民歌，歌曲通过大量的衬词衬腔、复调音乐等艺术表现形式反映农耕劳动生活的文化特点，有很高的艺术研究价值。

近年来，能够演唱啰啰咚的老艺人相继去世，这一古老的民歌形式濒临消亡，抢救和保护工作已迫在眉睫。

◎传统音乐

锣鼓艺术

汉沽飞镲、常山战鼓、太原锣鼓、泗泾十锦细锣鼓、大铜器、开封盘鼓、宜昌堂调、韩城行鼓

序号：622
编号：Ⅱ-123
批次：2
类别：传统音乐

申报地区或单位：天津市汉沽区，河北省正定县，山西省太原市，上海市松江区，河南省西平县、郏县、开封市，湖北省宜昌市，陕西省韩城市

扩展名录：
锣鼓艺术（云胜锣鼓）　山西省原平市
锣鼓艺术（中州大鼓）　河南省新乡市
锣鼓艺术（鄂州牌子锣）湖北省鄂州市
锣鼓艺术（小河锣鼓）　重庆市渝北区

锣鼓艺术是我国流传广泛的民间器乐演奏形式，在河北、天津、山西、上海、河南、湖北、山西等地都有分布。各地所用乐器虽有区别，但均以锣、鼓、铙、钹等大音量打击乐器为主。锣鼓艺术多在民间吉庆、典礼等活动中演奏，演出场面壮观，气氛热烈。

锣鼓艺术（汉沽飞镲）
申报地区或单位：天津市汉沽区

汉沽飞镲是主要流传于天津汉沽区沿海渔村的一种民间广场艺术，大约产生于清代光绪年间。镲原为一种武器，打鱼为生的汉沽人用飞镲引诱鱼蟹入网。出海前，村中均要打飞镲，祈祷亲人平安归来，后来逐渐发展成为民间祈愿丰收、祈祷平安的喜庆酬神活动。

汉沽飞镲以四对镲、一面大鼓、两面大铙为演奏乐器，镲既是乐器，也是道具。演奏时，镲与大鼓、大铙互相配合，边演奏边耍镲。耍镲技法多样，有淴镲、镲缕、掏镲、怀镲、分镲等。表演者在吵子、幺二三、长量、进香等鼓点中，做出老树盘根、插花盖顶、亮翅等动作，同时不断变化成圆圈、二龙吐须、交插、穿裆、众星捧月等队形，表演动作刚劲有力，手、眼、身、步协调统一。

由于老艺人相继去世，汉沽飞镲面临失传的危险，急需采取有效措施加以保护传承。

锣鼓艺术（常山战鼓）
申报地区或单位：河北省正定县

常山战鼓主要流传于河北省正定县，是由鼓、大钹、中钹、小钹、小锣等打击乐器组合而成的一种民间锣鼓乐表演艺术，因正定在历史上属常山郡而得名。常山战鼓历史悠久，早在战国时期已具雏形，宋元时期战鼓表演已经非常成熟，至明代已在民间广泛流传。建于隋朝的正定隆兴寺大佛石座上就刻有古人击鼓的浮雕。

常山战鼓多见于嫁娶寿宴、节庆典礼以及广场表演等场合，乐队有几十人至数百人不等，演奏时要用到鼓、大钹、中钹、小钹、小锣等打击乐器。其表演雄壮威武，气势磅礴，鼓点紧凑，声响高亢嘹亮。其曲牌多由独立的锣鼓段子连缀组合而成，套路多样，曲牌繁多有九章七十二套。代表性曲牌有《大传帐》《迈大步》《二跺脚》《霸王鞭》等。

随着时代变迁，常山战鼓的演出空间日益萎缩，发展前景不容乐观。

锣鼓艺术（太原锣鼓）
申报地区或单位：山西省太原市

太原锣鼓主要流行于山西太原及晋中、吕梁部分地区，其渊源可追溯到先秦时期。

太原锣鼓常见于民俗社火、节庆庆典等喜庆活动中。表演时击鼓动作丰富多彩，有打鼓心、磕鼓边、舞鼓花、磨鼓钉、击鼓键等技巧。其演奏主要有"齐打""对打""大小家具对打"三种形式。其中齐打是指铙、钹、鼓同时演奏，这是太原锣鼓最早的表演形式，至今已有八百多年历史；对打是指两组铙、钹乐队竞技比赛的形式，产生于20世纪60年代；大小家具对打是一种传统的演奏形式，已有四百多年历史，大家具指铙、钹、鼓，小家具指马锣、小战鼓、二钹、铰子、手锣等。太原锣鼓现存有名的套曲七套，常用曲牌五十余首。代表性曲牌有《流水》《双一二五》《牛斗虎》《旋风镲》等。

目前，太原锣鼓的许多表演重形式而轻音乐内涵，影响其正常发展，对此，应尽快采取措施加以保护。

锣鼓艺术（泗泾十锦细锣鼓）
申报地区或单位：上海市松江区

十锦细锣鼓主要流传于上海松江区泗泾区，曾是松江泗泾民间演出团体"阳春堂"吹打班的保留曲目，距今已有三百多年历史。由于种种原因，1947年以后，十锦细锣鼓有很长一段时间没有演出过，1986年经挖掘整理，再次与世人见面。

泗泾十锦锣鼓是吹打艺人们在保留地方戏曲和民歌小调音乐特点的同时，吸收了昆腔的特点，从而形成了独具特色的民间音乐。十锦细锣鼓演奏时，一个人要兼带几件乐器，敲一段锣鼓点板后，再拿起丝竹来演奏，交替进行，一专多能。十锦细锣鼓的艺术特色是锣鼓的运用。同一面锣鼓，由于敲法、轻重不同，点板落处不同，能敲出不同的音色、音质。锣梗、鼓梗的敲头，通常用木质较重的材料，这样发出的声响短促而沉闷。特别与众不同的是十锣梗的敲头可以勒上脱下，演奏时用槌赶头敲奏，音质效果别具一格。

随着城市化进程的加速，民间艺术正慢慢淡出人们的视野，传承人不断减少，泗泾十锦锣鼓前景堪忧，亟待加强保护。

锣鼓艺术（大铜器）
申报地区或单位：河南省西平县、郏县

大铜器是一种民间吹打乐，多用于求神、祭天、唤雨、驱邪消灾、节日庆典等大型活动仪式，演奏起来声音洪亮，粗犷豪放。大铜器是我国北方打击乐种的典型代表，也是世界上最响亮的打击乐器和乐器最多的打击乐种之一。其中河南西平大铜器和郏县大铜器独具特色。

西平大铜器属隋唐燕乐余音。大铜器在西平县民间流传广泛，素有"城东喇叭、城西铜器"之说。据传承谱系记载，西平大铜器的可考历史有三百余年。所用器乐主要有大鼓、大铙、大镲、边鼓等，演奏人员15～60人不等，演奏技巧强，表演形式多样。全县80%的自然村都有铜乐队，大铜器是当地群众参与最广泛的一种民间艺术表演形式，至今还保留了一百多支传统曲牌。

郏县大铜器始于东汉晚期。其乐器以鼓、铙、镲、锣等为主奏乐器，节奏灵活，风格粗犷酣畅。代表性传统曲牌有《五虎下西山》《马面川》《呼雷炮》等三十六个。

近年来，郏县大铜器的老一辈艺人年事渐高，后继乏人，加之资金投入不足，如果不及时加以保护传承，将面临失传的危险。

锣鼓艺术（开封盘鼓）
申报地区或单位：河南省开封市

开封盘鼓是流传于河南省开封市的一种民间广场鼓乐表演艺术，它与宋至明代间流传于开封的迓鼓乐密切相关。其早期在军队中使用，清代后曾广泛用于祈雨等仪式。开封盘鼓外形如磨盘，是一种木框扁鼓，直径50厘米，高32厘米，鼓边两侧铁环配以250厘米的长襻带，鼓槌用柳木制成。表演者以左肩斜承，挎于身上，使鼓位于腰前，鼓面向上。

开封盘鼓一般在集市、节庆或祭祀等活动中表演，所用乐器以鼓为主，配以大镲、马锣等铜器。乐队十几人至几百人不等，表演者在令旗指挥下在行进中边击打边舞蹈。表演气势恢宏，威武壮观。

开封盘鼓自进入市场以来，演出队伍缺乏培训，资金投入也不足，传承人日益减少，对此，有必要加强规划，大力改善保护和传承工作。

锣鼓艺术（宜昌堂调）
申报地区或单位：湖北省宜昌市

宜昌堂调是流传于湖北省宜昌境内的民间吹打艺术，也称堂鼓、坐堂鼓、坐堂吹打等，因多以坐堂形式演奏而得名。其形成历史悠久，长阳和枝江出土的东汉、宋代文物均有佐证。清雍正年间，宜昌堂调吸纳了民间戏曲的艺术元素，将戏曲中人的声音改为用唢呐、京胡等吹打乐曲来表现，又融入民间歌舞音乐，不断丰富发展。

宜昌堂调多在当地婚丧节庆等民俗活动中表演，表现形式有散曲和套曲两种，其中套曲是堂调的代表作，主要用于特定的礼仪程序，如婚嫁席中的"茶调""菜调"，严格按迎宾、入席、上菜、送客等程序演奏。宜昌堂调现存一千多个曲牌，多为六声音阶，以羽音为主。

受商品经济的冲击，宜昌堂调的生存出现危机，很少有年轻人自觉接受和承延这一传统艺术形式，对此，急需采取措施加以保护和传承。

锣鼓艺术（韩城行鼓）
申报地区或单位：陕西省韩城市

韩城行鼓是流行于陕西省韩城境内的一种民间鼓乐形式，俗称"挎鼓子"。据传在元朝灭金后，蒙古骑士曾击鼓欢庆胜利，韩城百姓争相效仿，经长期发展形成了民间鼓乐。韩城行鼓在历史上曾用于祭神，每逢过节、求神祈雨等，就会敲响锣鼓。击鼓的农民，一改脸朝黄土背朝天的形象，头顶战盔，身披黄马褂，洋溢着神圣的喜悦。

韩城行鼓表演时，鼓手头戴战盔，腰束遮鞍战裙，呈骑马蹲裆式仰天击鼓，模拟蒙古骑士的神姿。届时鼓手们摆开鼓阵，挥舞令旗，百鼓齐鸣，鼓点似黄河咆哮，如万马飞奔。

目前，韩城行鼓在演出队伍的培训和资金的投入上还存在很大问题，对传承工作也缺乏重视，导致传承人日益减少，对此，必须采取切实有效的措施以加大保护力度。

锣鼓艺术（云胜锣鼓）
申报地区或单位：山西省原平市

云胜锣鼓，也称云冈大锣鼓、晋北大锣鼓，主要流传于晋北地区，其中以山西原平市永兴村最为著名。据传早期主要用于百姓为出征将士助威，待将士得胜归来时还会大奏锣鼓以示庆贺。战争结束后，这种锣鼓乐主要用于民俗节日演奏。乐器主要有鼓、小镲、锣、木鱼等。其曲目丰富，现存一百三十三首，有三十七种独特指挥方法。演奏方法独特，一品到三品二档以上的曲目，演奏员就不用鼓棒而只用手指击鼓,各种乐器都有男女合击一种乐器的"鸳鸯"打法的绝活等。

由于现代生活方式的改变,人们的娱乐生活也发生了很大变化,云胜锣鼓这种传统的艺术形式失去了适宜的社会氛围,逐渐衰落下去。

锣鼓艺术（中州大鼓）
申报地区或单位：河南省新乡市

中州大鼓是主要流传于河南省新乡市的鼓、铙、镲等打击乐器相结合演奏的民间艺术,形成于明朝万历年,距今已有四百多年历史。中州大鼓原用于战争中鼓舞士气,后多用于祭祀和节日庆典中。中州大鼓在鼓乐艺术中较为独特,其一,大鼓在背挎鼓中尺寸最大,直径3.5尺,重五十余斤,且鼓内有拉簧,敲打时发出悦耳的金属声;其二,鼓谱独特,分为"大忽雷炮"和"小忽雷炮"两种,前者鼓调厚重沉稳,节奏缓慢;后者鼓调欢快,流畅。中州大鼓的演奏形式大多以齐奏为主,但鼓和镲的节奏各不相同,鼓的节奏缓慢、结实有力,多打在强拍子上,而镲节奏急促而密集,鼓与镲结合营造出一种气吞山河、排山倒海的雄壮气势。

目前,中州大鼓在一批老艺人和相关部门的帮助下,经过全面的系统整理,逐步从声、形到服装进行了大胆的改革和创新,发展前景越来越好。

锣鼓艺术（鄂州牌子锣）
申报地区或单位：湖北省鄂州市

鄂州牌子锣是一种混牌子自由连缀的民间乐种,流传于长江中下游一带,其中湖北鄂州是主要传承地。根据鄂州牌子锣传人陈新凤家传牌子锣手抄本,以及其祖父曾是清朝著名的"长号手"（三节号）等资料判断,牌子锣最晚在清中晚期已成规模。牌子锣在民间红白喜事、迎神赛会、寿诞贺喜、传统节日等活动中广泛应用。使用乐器有吹管乐和打击乐乐器。演奏曲调节奏严谨、多变,音色丰富。内容为企盼风调雨顺、人寿年丰等。牌子锣曲目繁多,在目前保留的1916年的牌子锣工尺谱手抄本中,有曲牌二百二十五首,锣经的"点子"四十多个。

鄂州牌子锣相关资料现已得到部分整理,梁子湖区陈太村的牌子锣世家也被发现,目前仍需加紧抢救和保护。

锣鼓艺术（小河锣鼓）
申报地区或单位：重庆市渝北区

小河锣鼓是以大小唢呐、大锣、盆鼓等乐器组合演奏的民间吹打乐,主要流传于重庆市渝北区。其形成于清代,因在两条小河交汇处修建大湾场时邀约民间吹打乐班朝贺,而得名小河锣鼓。小河锣鼓分喜事乐和丧事乐。喜事乐班有坐堂和行走两种演奏形式。坐堂是乐队根据红白喜事的不同,选择约定俗成的曲牌演奏;行走是按婚俗程序,发亲吹《早上轿》、起轿吹《娘送女》《送妹》等。丧事乐班分吹坐堂和送葬两种。吹坐堂以成堂曲牌为主,兼吹单支悲调曲牌增加丧事气氛;送葬多在野外,鼓乐齐鸣,常演奏夹吹夹打的曲目。

小河锣鼓曲牌繁多,演奏形式多变,吹奏、敲击技艺高超,各种乐器巧妙搭配,不同节奏交替,旋律有激昂欢快的,也有悲戚缓慢的。乐班按谱系以"工尺谱""啷当调"传承。

随着经济的发展,这种具有乡土风味的艺术形式逐渐失去了生存土壤,急需相关部门给予重视和保护扶持。

国家级代表性传承人名单

姓名	性别	申报地区或单位	入选批次
刘耀文	男	山西省太原市	3

马山民歌

序号：580

编号：Ⅱ-81

批次：2

类别：传统音乐

申报地区或单位：湖北省荆州市荆州区

马山民歌是主要流传于湖北省荆州市荆州区马山镇一带的民歌形式。

马山民歌蕴含丰富，内容广泛，涵盖历史朝代故事、生产生活知识、四季花鸟虫鱼、婚丧习俗礼仪、节日玩灯贺彩等各个方面。马山民歌在类型上可分为田歌、号子、小调、灯歌、儿歌、风俗歌、宗教歌等数十种。其中田歌数量很多，反映了以稻作农业为主的马山人栽秧、扯草、收割、打场等生产劳作的过程。田歌中的"五句子歌"又有"喊五句""赶五句""穿五句"之分，在马山民歌中占有极其重要的地位。五句成歌、句尾点题的唱词结构，是荆楚文化的瑰宝。演唱时伴奏乐器有鼓、锣、钹、小锣、唢呐等。

马山民歌旋律流畅动听，曲调优美，风格独特，节奏鲜活明快，歌词精练，通俗上口，其中"喇叭调""伙计调""嘚嘚调""叮口当调""哦嗬调"五大调在民间流传最为广泛，均采用一人领唱众人合唱、主句与穿句结合的结构形式。马山民歌的代表性曲目有《翻一个对牡丹》《我说老板是条牛》《今年丰收有指望》《一收衣裳二看郎》《一个蛤蟆一张嘴》等。

马山民歌自古至今传延不绝，虽然有代表性的传承人，然而由于种种原因，它已处于濒危状态，抢救保护工作刻不容缓。

国家级代表性传承人名单

姓名	性别	申报地区或单位	入选批次
王兆珍	女	湖北省荆州市荆州区	3

码头号子

上海港码头号子

序号：598

编号：Ⅱ-99

批次：2

类别：传统音乐

申报地区或单位：上海市浦东新区、杨浦区

码头号子是在码头、货场等地装卸货物时所唱的劳动号子。演唱时唱词无实际意义，多为呼喊性感叹词，种类繁多，有起重号、上肩号、扛包号、板车号、推车号等，地域不同，风格各异。

上海港码头号子形成历史悠久，唐宋时期上海有青龙镇（今上海市青浦县东北）港口，清代上海成为中国航运中心。民国时期，上海港口进出口吨位居世界第七，成为远东航运中心。来自五湖四海的货物，完全靠码头工人的肩扛，因而形成了统一步伐、协调动作，繁重劳动中迸发出来的号子。上海港码头工人来自全国各地，因方言差异大，所唱的号子风格也各不相同，最具代表性的是"苏北号子"和"湖北号子"。

上海港码头号子节奏与劳动节奏契合，唱者都是男性，一领众和，音域宽广、嘹亮，多高音区，尽显阳刚之美。因所装卸货物、搬运路线和搬运方法不同，号子分为搭肩号子、肩运号子、堆装号子、杠棒号子、单抬号子、挑担号子、起重号子、摇车号子、拖车号子等。音乐家聂耳所创作的《码头工人歌》就取材于上海港码头号子。

上海港码头号子是一种艺术化的劳动指挥号令，传承方式是一种自然传接的"劳动传承"，其见证了上海港码头的历史变迁。

随着时代的变迁，码头号子已淡出上海的城市生活，渐渐不为人知，因此有必要采取一定措施，对其进行抢救和保护。

漫瀚调

序号：591

编号：Ⅱ-92

批次：2

类别：传统音乐

申报地区或单位：内蒙古自治区准格尔旗

漫瀚调是主要流传于内蒙古自治区伊克昭盟准格尔旗的民歌音乐形式，此外也传唱于达拉特旗和包头市土默特右旗、呼和浩特市土默特左旗等地。"漫瀚"是蒙古语，汉意为"沙丘""沙梁""沙漠"。清代末年，大批汉族流入准格尔旗，随着清政府实行"借地养民"政策，大批移民开拓农业经济，同时也促使蒙汉文化艺术在此交流与融合，漫瀚调也由此而生。

漫瀚调内容丰富，曲目繁多，以鄂尔多斯蒙古族短调民歌为主，将汉族民歌融入其中，演唱时汉语、蒙语混合使用。按歌词内容，可分为思苦、颂歌、情爱、渴盼、哀怨、离愁、新声七种类型。漫瀚调属于民间小调，由笛子、四胡、扬琴、梆子、四块瓦等乐器组成乐队伴奏。调式有羽、宫、徵、商四种，以羽调式为主，曲调流畅，音域宽广，旋律跳动幅度大，表现力强，既可表现奔放炽烈的情感，也可塑造洒脱委婉的音乐形象。演唱形式有独唱、齐唱、对唱，而主要表现形式是对歌，男女对歌时，男女同腔，男声多用假声唱法。代表性曲目有《柳树大河畔上栽》《天下黄河九十九道湾》等。

随着社会的发展，漫瀚调的生存环境遭到破坏，其传承出现了严重断层，需要进一步加强研究保护工作。

国家级代表性传承人名单

姓名	性别	申报地区或单位	入选批次
奇附林	男	内蒙古自治区准格尔旗	4

茅山号子

序号：1080

编号：Ⅱ-150

批次：3

类别：传统音乐

申报地区或单位：江苏省兴化市

茅山号子是传唱于茅山的一种民歌形式，主要在江苏省兴化市、苏中里下河地区广泛流传。其形成历史可追溯到秦始皇时代，传说秦始皇大征民夫修建长城，孟姜女寻夫送寒衣到了长城，见民夫抬石扛土，不堪重负，便教民夫用"哼号""刻号"一问一答的方法来顺气省力，消除疲劳。后来茅山籍的民夫将号子带回家乡并运用在劳动生产中，世代传唱。

茅山号子用号子形式配以号词，激发情绪，统一号令，协同劳作。其音调旋律舒缓悠长，音乐节奏明快有力，演唱速度快慢自由，歌唱形式分合有致，形成了高低协调、咏叹自如的独特的民歌风格。从表现形式看，茅山号子可分为车水号子、栽秧号子、薅草号子、挑担号子、掼把号子、牛车号子等。从音乐结构上可分为长号子、短号子。根据性别和劳动分工，有粗犷豪放、急促有力的男青壮年号子，如车水号子、挑担号子等；还有清脆甜美、婉转悠扬的女青。在演唱风格上，茅山号子行腔稳健、咬字有力、吐音清晰。演唱形式有一人领唱众人和、一问一答、一唱一和等。演唱场合可在田间地头、堤坝院落，也可在乡村舞台。代表性曲目有《小妹妹》《十二月长工苦》《十八送》《厚脸婆娘》等。

茅山号子在苏中里下河甚至全国久负盛名。早在20世纪50年代，茅山镇民歌手朱香琳就把茅山号子唱进了中南海。在不同的历史时期，始终被广大民众所喜爱。

梅州客家山歌

序号：42
编号：Ⅱ-11
批次：1
类别：传统音乐
申报地区或单位：广东省梅州市

梅州客家山歌是梅州市境内客家人用客家方言演唱的民歌，流传于广东东北部客家人聚居地区，并传播到海外梅州（籍）客家人聚居地。梅州位于福建、广东、江西交界处，从宋代开始，不断有中原汉族迁徙至此，梅州客家山歌正是中原文化和当地畲、瑶等土著文化相互融合的产物，伴随着具有显著特征的客家人系的形成于宋、明时期传播繁衍。

梅州客家山歌继承了《诗经》的传统风格，受到唐律绝和竹枝词的影响，同时又吸收了南方各地民歌的成分，有国风、吴歌的余韵。语言生动，善用比兴手法，尤其以双关见长。歌词结构大致相同，每首四句，每句七字。歌有数万首，内容包括劳动歌、时政歌、仪式歌、礼俗歌、情歌、生活歌和儿歌等。唱腔近百种，音调高扬、音区较高、音域较窄，几乎所有曲调都有颤音、滑音、倚音等装饰音，节拍自由，常有多种节拍混合而歌。

梅州客家山歌是客家文化的重要组成部分，对历史学、语言学、民俗学、客家学等研究具有重要的参考价值。其主要由民间口头传承，除了民间歌手、艺人在山间田野即兴演唱，宗教人士在特定场景下的演唱也承担着一定的传承功能。随着老一代歌手逐渐离世，山歌演唱青黄不接，传统客家山歌后继乏人。

国家级代表性传承人名单

姓名	性别	申报地区或单位	入选批次
余耀南	男	广东省梅州市	2
汤明哲	男	广东省梅州市	3

蒙古族长调民歌

序号：34
编号：Ⅱ-3
批次：1
类别：传统音乐
申报地区或单位：内蒙古自治区

扩展项目：
蒙古族长调民歌　新疆维吾尔自治区巴音郭楞蒙古自治州、和布克赛尔蒙古自治县

蒙古族长调民歌是蒙古族的民歌形式，蒙古语称"乌日汀道"，"乌日汀"为"长久、永恒"，"道"为"歌"，直译为"长歌"，是北方草原游牧民族在生产劳动中创造的抒情歌曲。主要流传于我国内蒙古、新疆地区以及蒙古国。蒙古族长调已有两千多年的历史，早在蒙古人祖先从额尔古纳河向蒙古草原迁徙时，就随着

生产方式从狩猎业转变为畜牧业而产生发展了。

长调是蒙古游牧民族在长期的放牧劳作中创造的民歌形式，多用于叙事、抒情。野外放牧、婚礼、迁居、婴儿降生以及社交、宗教仪式、传统节日"那达慕"等活动中都能听到长调演唱，歌词一般为上、下各两句，通常根据演唱者对自然的感悟和生活积累来发挥，以歌唱草原，赞美骏马、骆驼、牛羊、蓝天、白云、江河、湖泊以及感怀父母、仰慕英雄、讴歌爱情为内容。特点是大量使用装饰音和假声，音域宽广、字少腔长、高亢悠远、舒缓自由，以"诺古拉"（蒙古语：波折音、装饰音）的演唱方式形成的华彩唱法最具特色。代表性作品有《辽阔的草原》《六十个美》《辽阔富饶的阿拉善》《走马》《小黄马》《圣主成吉思汗》等。

蒙古族长调民歌具有鲜明的游牧文化和草原文化特征，它以独特的演唱形式展示了蒙古民族对历史文化、人文习俗、道德、哲学和艺术的感悟，被称为"草原音乐的活化石"。

蒙古族长调是靠口耳相传的民间艺术，主要靠家庭、血缘、师徒授业传承。已故长调民歌大师哈扎布是我国唯一掌握所有长调技术的歌手，早在20世纪50年代就以"草原抒情男高音"而蜚声国内外，著名歌唱家胡松华、拉苏荣、德德玛等都是他的得意门生。近些年，随着老艺人的相继离世、马背民族走下马背，长调的传承面临危机，在长调一度繁荣的东土默特部、科尔沁部、蒙郭勒津部，现已基本消失。如今，政府相关部门和社会力量共同努力，采取了将长调演唱引入课堂、招收长调流行牧区生源重点培养、成立长调传承基地等举措，蒙古族长调正在渐渐焕发新生。

2005年，中国、蒙古国联合申报的"蒙古族长调民歌"（蒙古国称"乌日汀道"）入选联合国教科文组织第三批"人类口头和非物质遗产代表作"。

国家级代表性传承人名单

姓名	性别	申报地区或单位	入选批次
巴德玛	女	内蒙古自治区	2
额日格吉德玛	女	内蒙古自治区	2
莫德格	女	内蒙古自治区	2
宝音德力格尔	女	内蒙古自治区	2
扎格达苏荣	男	内蒙古自治区	3
阿拉坦其其格	女	内蒙古自治区	3
淖尔吉玛	女	内蒙古自治区	3
赛音毕力格	男	内蒙古自治区	3
加·道尔吉	男	新疆维吾尔自治区和布克赛尔蒙古自治县	3

蒙古族长调民歌传承人

蒙古族绰尔

序号：633

编号：Ⅱ-134

批次：2

类别：传统音乐

申报地区或单位：新疆维吾尔自治区阿勒泰地区

蒙古族绰尔，又称冒顿潮尔、胡笳、潮尔，是蒙古族的一种古老的竖吹管乐器。蒙古族绰尔历史悠久，产生于秦汉时期，至唐代时已在今内蒙古自治区及新疆维吾尔自治区阿勒泰地区的蒙古族聚居区广泛流传。

蒙古族绰尔，形似箫，其制作简便，由每

年深秋采集的当地生长的一种草本植物的茎秆制作而成，长约六十厘米，管身有三孔，没有簧片和堵头，两头通透。绰尔的演奏技巧十分独特，吹奏时，演奏者双手持管，管身竖置，两手的食指、中指分别按住三个音孔，管口贴近下唇，先从喉中呼出一气喉鼻长音，然后吹奏出旋律，可奏出十二度的五声音阶，常以喉音吹奏或与管音结合同时发音。绰尔擅长吹奏蒙古族长调乐曲，音色柔和优美、浑厚自然，可用于独奏、合奏或伴奏。代表性曲目有《鄂毕河的波涛》《哈瓦河的流水》《卡纳斯河》《鲜艳的花朵》等。

一管两声的蒙古族绰尔是传统边棱气鸣乐器和吹管乐器的原始标本，对民族音乐史研究有重要参考价值。

由于社会生产方式的改变，蒙古族绰尔的生存发展陷入困境，抢救保护工作刻不容缓。

蒙古族呼麦

序号：35
编号：Ⅱ-4
批次：1
类别：传统音乐
申报地区或单位：内蒙古自治区

扩展名录：
蒙古族绰尔（蒙古族呼麦）
新疆维吾尔自治区阿勒泰地区

呼麦，蒙语又名"浩林·潮儿"，是蒙古族复音唱法的演唱形式，原意指"喉咙"，即"喉音"，是一种由喉咙紧缩而唱出的"双声"泛音咏唱技法。在中国少数民族民歌中，这种特殊的声音技巧是独一无二的。呼麦主要流传在我国内蒙古自治区的锡林郭勒、呼伦贝尔、呼和浩特等地区，新疆维吾尔自治区的阿勒泰地区，以及蒙古国、俄罗斯联邦图瓦共和国等国家的部分地区。据考证，呼麦的历史可以追溯到匈奴时期，最迟在13世纪成吉思汗建立大蒙古国，将操不同语言的匈奴、东胡等各部落统一为蒙古臣民，形成了新的民族共同体——蒙古民族前后，这种音乐形式就产生了。

演唱时，歌者用自己的发声器官，在同一时间唱出两个声部，用声带发出低沉的基音，口腔发出高亮的泛音，在气息的调控下，口腔共鸣点在高音部形成类似口哨、金属声的旋律，进而合成多声部形态。呼麦的演唱内容大体有三种：一是咏唱大自然，如《阿尔泰山颂》《额布河流水》；二是模拟动物，如《布谷鸟》《黑走熊》；三是赞美草原和骏马，如《四岁的海骝马》。

呼麦作为蒙古族最古老的艺术形式之一，更多地保留了原始歌唱的元素，传达着蒙古族人民对自然及宇宙万物的认识和感悟，表达了蒙古民族追求人与自然和谐共存的生活理念和审美情趣，对研究蒙古族的历史和文化具有重要价值。

据蒙古国相关机构研究认为，呼麦的唱法有十余种。而在我国，内蒙古自治区的呼麦艺术家只能演唱其中几种，新疆阿勒泰地区的呼麦已濒临失传。20世纪90年代以来，我国政府部门高度重视呼麦的传承与发展，组织人员向蒙古国、图瓦共和国的艺术家学习呼麦艺术，对其进行挖掘整理和学术研究，如今已取得丰硕成果。

2009年，蒙古族呼麦被联合国教科文组织批准列入《人类非物质文化遗产代表作名录》。

国家级代表性传承人名单

姓名	性别	申报地区或单位	入选批次
胡格吉勒图	男	内蒙古自治区	4

蒙古族马头琴音乐

序号：66
编号：Ⅱ-35
批次：1
类别：传统音乐
申报地区或单位：内蒙古自治区

扩展名录：
蒙古族马头琴音乐　吉林省前郭尔罗斯蒙古族自治县

蒙古族马头琴音乐是蒙古族音乐文化的典型代表。马头琴蒙古语称潮儿，又名胡兀尔、胡琴、马尾胡琴，是蒙古族常用的一种弓弦乐器，因在琴首雕饰马头造型而得名。主要流行于内蒙古、辽宁、吉林、黑龙江、甘肃、新疆等地的蒙古族中。

马头琴音乐除了在正式和隆重的场合演奏，还广泛应用于民间的婚庆礼仪、亲友聚会等日常生活中。演奏时一般有独奏、与四胡等乐器合奏以及民歌、说书的伴奏等形式，伴奏时多用三度、四度的颤音模仿歌唱，常模拟马的嘶鸣。其传统曲目多从民歌演化而来，大致可分为五类：原生民歌，如《朱色恋》《八雅铃》等；英雄史诗曲牌，如《奔马调》《打仗调》等；马步调，即表现马的形象的曲调；琴调，如《荷银花》《莫德列》等；汉族古老曲调，如《普安咒》《柳青娘》等。

马头琴音乐充分反映了蒙古族游牧生活的历史形态，承载着丰富的历史文化信息。但随着传承人日渐减少，曲目失传现象严重。

国家级代表性传承人名单

姓名	性别	申报地区或单位	入选批次
齐·宝力高	男	内蒙古自治区	2
布林	男	内蒙古自治区	3

元宵节·四百马头琴手齐奏

蒙古族民歌

科尔沁叙事民歌、鄂尔多斯短调民歌、鄂尔多斯古如歌、阜新东蒙短调民歌、郭尔罗斯蒙古族民歌

序号：604
编号：Ⅱ-105
批次：2
类别：传统音乐
申报地区或单位：内蒙古自治区通辽市、鄂尔多斯市、杭锦旗，辽宁省阜新蒙古族自治县，吉林省前郭尔罗斯蒙古族自治县

扩展名录：
蒙古族民歌（乌拉特民歌）
　　内蒙古自治区乌拉特前旗

蒙古族民歌内容丰富，节奏自由，情感细腻，

曲调高亢，悠扬婉转。从音乐特点看大致分为长调民歌和短调民歌两类。长调民歌一般用蒙古语演唱，篇幅较长，气息宽广，情感深沉，带有细腻的颤音装饰。其节奏舒缓，字少腔长，因地区不同而风格各异，具有豪爽、粗犷的草原民歌特色。短调民歌篇幅较短小，曲调紧凑，音域较窄，节奏鲜明，歌词简单，广泛运用叠字，即兴演唱，主要流行于蒙汉杂居的半农半牧地区。

蒙古族民歌（科尔沁叙事民歌）
申报地区或单位：内蒙古自治区通辽市

科尔沁叙事民歌是流传于内蒙古东部的科尔沁草原上的民间艺术形式。蒙古叙事民歌最早见于元代，著名作品有《阿莱钦布歌》《鹿羔之歌》等。在漫长的历史发展过程中长篇叙事民歌几乎绝迹，到清末民初重新得到发展，其数量之大、内容之丰富，在中国民歌发展史上极为罕见。

科尔沁叙事民歌多以爱情、思乡和英雄传奇故事为表现内容，歌词篇幅较长。其节奏明快，常以短小的音乐旋律反复咏唱长篇歌词。伴奏乐器主要有四胡、三弦、扬琴、马头琴、潮尔等。多运用丰富的变化音、离调、转调、调式交替等技法，使其曲调特色鲜明。演唱形式可分为独唱、对唱、带伴奏的演唱、无伴奏演唱等。代表性曲目有《嘎达梅林》《达那巴拉》《韩秀英》《陶格陶呼》等。

随着社会经济和科学技术的发展，科尔沁叙事民歌正逐渐失去适宜的生存环境，濒临消亡，抢救保护工作迫在眉睫。

蒙古族民歌（鄂尔多斯短调民歌）
申报地区或单位：内蒙古自治区鄂尔多斯市

鄂尔多斯短调民歌是流传于内蒙古自治区西南部鄂尔多斯市的民歌形式。其风格形成可上溯到元代。鄂尔多斯短调民歌结构短小精悍，句法整齐，节奏明快活泼，曲调优美，具有强烈的舞蹈韵律。其调式多变，曲体单一，利于传唱。调式以蒙古族特有的羽调式为主，兼有宫、徵、商、角调式等，宫调式代表歌曲如《金色的百灵鸟》等，商调式歌曲如《瞭望》等，角调式歌曲如《哈地温都尔》等，徵调式歌曲如《我有钱的弟弟呀》等。伴奏乐器有四胡、扬琴、笛子、三弦、筝、马头琴等。旋律多由五声音阶构成，也有六声音阶和七声音阶，代表性曲目如《协布仁喇嘛》《森吉德玛》《巴音杭盖》等。

随着社会的快速发展，鄂尔多斯短调民歌的传承人日益减少，其发展陷入困境，面临着衰亡的危险，急需采取保护措施。

蒙古族民歌（鄂尔多斯古如歌）
申报地区或单位：内蒙古自治区杭锦旗

鄂尔多斯古如歌是流传于内蒙古自治区鄂尔多斯杭锦旗的民歌形式，以杭锦旗独贵特拉镇、吉日嘎朗图镇最为兴盛，梁外原白音恩格苏木及其沿河地区也有流传。鄂尔多斯古如歌历史悠久，以《圣主的两匹骏马》为代表的歌曲大都形成于蒙元时期。

鄂尔多斯古如歌多在宫廷或盛大宴会等重大活动及仪式中演唱，以歌唱时政、故乡、父母、骏马为主题内容，也有一部分是咏唱爱情的。其主题严肃，内容正统，以说教为主，演唱讲究规矩，在非正式场合均不能吟唱。演唱时三首歌曲为一组，称为"三支首歌"或"三首正歌"。

鄂尔多斯古如歌的音乐有苍凉、空灵、悲壮的美，旋律缓慢而不拖沓，节奏轻盈，旋法跌宕起伏，并夹杂有自然和鸣声，是一种游牧民族多声部演唱的原生态歌曲。代表性曲目有《圣主的两匹骏马》《乌甘汗台》《三十二个蒙古象棋》等。

鄂尔多斯古如歌是蒙古族长调最古老的形态，是蒙古族古典音乐的活化石，也是记录远古蒙古族民族发展史及古老文明的活标本。

目前，鄂尔多斯古如歌仅存少量曲子，会唱的人寥寥无几，面临消亡的危险，亟待抢救保护。

蒙古族民歌（阜新东蒙短调民歌）
申报地区或单位：辽宁省阜新蒙古族自治县

阜新东蒙短调民歌是流传于辽宁省西北部阜新蒙古族自治县的蒙古族民歌，至今已有三百多年的历史。据记载，1637年，第一任土默特右翼旗旗主善巴率部族到阜新，即蒙古勒津部驻地定居，经过长期的发展，逐渐形成了游牧文化和农耕文化相互融合的民间文化。这造就了阜新东蒙短调民歌既保留了蒙古族音乐高阔辽远、粗犷豪放的风格，又有农耕文化质朴欢快、节奏鲜明的特点，此外还吸收融合了宗教音乐的醇厚清新、庄重肃穆，具有浓郁的蒙古勒津（阜新地区）地方特色。

阜新东蒙短调民歌的歌词由过去对草原蒙古包的赞颂变为对草房、檩子、土墙的描述，歌唱内容为人物、山河、经济、宗教、风俗等。根据题材可分为酒歌、婚礼歌、祭祀歌、赞颂歌和情歌等几大类。歌词为叙事体民歌中的"章节重叠复沓"形式，同时运用比兴、对仗、夸张等叙事手法。调式以羽调式、徵调式为主，其次是宫调式，商调式和角调式较少使用。其曲调平和流畅，节奏平稳，节拍鲜明。演唱一般采用独唱、对唱、合唱等形式。伴奏乐器有四胡、马头琴、扬琴、竹笛、笙和九音锣等。代表性曲目有《送亲歌》《祭火歌》《六十三》《万里》等。

目前，当地的短调民歌艺人年事已高，传承乏人，急需有关部门采取措施加以抢救保护。

蒙古族民歌（郭尔罗斯蒙古族民歌）
申报地区或单位：吉林省前郭尔罗斯蒙古族自治县

郭尔罗斯蒙古族民歌是历代蒙古族民间艺人根据真人真事编创的民间歌曲，主要流传于吉林省松原市前郭尔罗斯蒙古族自治县，其多数作品形成于20世纪初至40年代期间。

郭尔罗斯蒙古族民歌演唱内容形式多样，有喜宴伴奏歌、情歌、教诲歌、怨恨歌、婚礼歌、儿歌、祭祀歌和安代歌等。根据演唱场合可分为图林道和育林道，图林道主要指正式庄重场合演唱的正歌；育林道是非正式场合演唱的副歌。根据音乐特点又可分为乌日图道和宝古音道，前者是长调民歌，节奏自由，情感深沉，豪爽辽阔；后者是短调民歌，节奏整齐，音域较窄，演唱灵活。总体上，郭尔罗斯蒙古族民歌以短调民歌居多。演唱时可清唱也可乐器伴奏，可自弹自唱，也可由乐队伴奏演唱。常用伴奏乐器有马头琴、四胡、蒙古筝等。代表性曲目有《陶克涛胡》《龙梅》等。

郭尔罗斯蒙古族民歌是蒙汉兼容、农牧相宜、长短调结合的艺术形式，是古老的郭尔罗斯民间文化的遗存。

蒙古族民歌（乌拉特民歌）
申报地区或单位：内蒙古自治区乌拉特前旗

乌拉特民歌主要流传于内蒙古自治区乌拉特前、中、后旗牧区以及包头西部蒙古族聚居区。其中乌拉特前旗比较完整地保留了古老乌拉特民歌原生态的文化特色。乌拉特民歌分为长调和短调。乌拉特长调民歌在当地影响广泛，成为乌拉特民间大小酒席场合的规矩和特定模式。其演唱内容有着严格规定，一般开头曲唱"三福"（包括《缔造之福》《永恒之福》《早先的祝福》），这是宴会的第一组歌曲。一般情况下，三组九首歌曲必须唱完，由邀请来的歌手两人到三人主唱诗歌，歌手每唱完一首歌曲，群体随着加唱"衬歌"，这时主唱歌手可适当得以休息。《阿拉腾杭盖》是结尾的歌曲，只要唱了这首歌曲就说明必须散席了，这就是乌拉特民歌不同于其他地区蒙古族歌曲的区别。

目前，乌拉特民歌的传承人日益减少，许多曲目面临失传，抢救保护工作刻不容缓。

国家级代表性传承人名单

姓名	性别	申报地区或单位	入选批次
哈勒珍	女	内蒙古自治区	4

蒙古族四胡音乐

序号：67

编号：Ⅱ-36

批次：1

类别：传统音乐

申报地区或单位：内蒙古自治区通辽市

扩展名录：

蒙古族四胡音乐 吉林省前郭尔罗斯蒙古族自治县，黑龙江省杜尔伯特蒙古族自治县

蒙古族四胡，蒙古语称"侯勒""胡兀尔""胡尔"，是蒙古族的弓拉弦鸣乐器，因有四根琴弦而得名。四胡历史悠久，它源于我国北方奚部的奚琴，元朝以后，一度风靡于内蒙古自治区、辽宁、吉林、黑龙江和华北等地区。通辽市是目前四胡艺术最为繁盛的地区。

蒙古族四胡是最具蒙古族特色的乐器之一，分高音四胡、中音四胡和低音四胡三类。高音四胡又称小四胡，音色明快、脆亮，音量较大，多用于独奏、重奏、器乐合奏；中音四胡有两个八度，音色圆润、明亮，可用于独奏、重奏、器乐合奏，是四胡重奏和民乐合奏中的主要中音乐器；低音四胡又称大四胡和好来宝四胡，为便于马上携带，通常琴体可以装拆成琴筒、两截琴杆、弦轴和弦弓几个部分。中音和低音四胡适合演奏抒情性乐曲，常作为科尔沁民族说唱艺术乌力格尔和好来宝的伴奏。蒙古族四胡音乐的代表性曲目有《赶路》《八音》《荷英花》《阿斯尔》《莫德列马》《弯弯曲曲的葡萄藤》等。

蒙古族四胡音乐表现力丰富，技艺独特，旋律古朴，是蒙古族人民智慧的结晶。目前四胡演奏不仅在专业文艺团体中得到了继承和发展，而且在群众中得到了普及。

国家级代表性传承人名单

姓名	性别	申报地区或单位	入选批次
吴云龙	男	内蒙古自治区通辽市	2
特格喜都楞	男	内蒙古自治区通辽市	2
巴彦保力格	男	内蒙古自治区通辽市	4
孟义达吗	男	内蒙古自治区通辽市	4

弥渡民歌

序号：1075

编号：Ⅱ-145

批次：3

类别：传统音乐

申报地区或单位：云南省弥渡县

弥渡民歌是流传于云南省大理白族自治州弥渡县境内的民歌。弥渡，曾是南来北往游民、

马帮杂居之地，驿站的商业繁荣，产生了怀乡吟唱的弥渡山歌。清代《滇系》记载"山歌九章"证明了弥渡民歌的历史悠久。

弥渡境内汉族、彝族、回族、白族等民族交错杂居，民族文化相互交流，因而民歌的内容十分丰富，从民族上可分为汉族民歌和少数民族民歌两类。弥渡民歌真实地反映了当地群众的生产生活和思想感情，形式多样，根据音乐体裁可分为山歌、小调、舞蹈歌、风俗歌等，曲调极为丰富，旋律婉转悠扬。代表性曲目：山歌有《小河淌水》《弥渡山歌》《放羊调》等；小调有《赶马调》《绣荷包》等；舞蹈歌有《十大姐》《打调歌》等；风俗歌有《迎亲调》《指路歌》《祭祀歌》等。

20世纪50年代以来，《小河淌水》《十大姐》《绣荷包》等民歌经改编后被广为传唱，成为我国知名度很高的民歌品类。虽然弥渡山歌在弥渡县乃至全国广为传唱，政府通过保护传承人、民歌进校园、乡土教材、从娃娃抓起等多种手段并行，但老艺人年事已高，相继离世，传统精品曲目日渐减少等情况仍不容忽视。

国家级代表性传承人名单

姓名	性别	申报地区或单位	入选批次
李彩凤	女	南省弥渡县	4

苗族民歌

湘西苗族民歌、苗族飞歌

序号：608
编号：Ⅱ-109
批次：2

类别：传统音乐
申报地区或单位：湖南省吉首市，贵州省雷山县、剑河县

苗族民歌是苗族在长期生产生活中创造的民族民间音乐形式，主要流传于贵州省东南部、广西大苗山、海南岛以及贵州、湖南、湖北、四川、云南、广西壮族自治区等省区交界的苗族聚居区。根据内容其可分为游方歌（情歌）、酒歌、苦歌、反歌、丧歌、劳动歌、时政歌、儿歌、谜语歌等。

苗族民歌（湘西苗族民歌）
申报地区或单位：湖南省吉首市

湘西苗族民歌主要流传于湖南省湘西土家族苗族自治州、湖北省恩施土家族苗族自治州、重庆市秀山县、贵州省松桃县和铜仁市这四省市交界的苗族聚居区。湘西苗族民歌历史悠久，清代乾隆《永绥厅志》就有"鼓藏跳至戌时乃罢""男女各以类相聚，彼此唱苗歌"的记载。

湘西苗族民歌渗透在苗族人的生活中，即兴而歌，全靠口耳相传。民歌优美动听，曲调丰富，可分为五腔十调，包括高腔、平腔、仡佬腔、飞腔、叭固腔五大声腔，以及接亲调、送亲调、古歌调、情歌调、工夫调、儿歌调、哭嫁调、老司调、扛仙调、玩调十种腔调。歌词有七言、九言、十言、十三言。伴奏竹乐器有鼓、竹桚、唢呐、牛角等。

湘西苗族民歌多用湘西苗语演唱。调式很多，有宫、商、角、徵、羽和大小调。结构完整，有上、下句组成的一段体、两段体、三段体歌曲，也有复乐段和多段体的歌曲。节奏自由而复杂，多用散板演唱。旋律多装饰音和滑音，下滑音更是独特。演唱时，真假声转换自如，润腔方法特殊。

随着民族语言逐渐汉化，老歌手相继离世，苗歌演唱者越来越少，对此，有必要采取有效措施加强保护工作。

苗族民歌（苗族飞歌）
申报地区或单位：贵州省雷山县、剑河县

苗族飞歌是苗族特有的民歌演唱形式，主要流传于贵州省雷山、台江、剑河、凯里等县市的苗族聚居区。苗族飞歌演唱时起腔以真声为核心音调，明快动听，有强烈的感染力；正腔运用假声，音调高昂响亮，声振山谷，余音绕山梁，因此有飞歌之称。

苗族飞歌多在过苗年、赛龙舟、喜庆和迎送宾客等场合演唱，内容以邀约亲朋、赞美来宾、抒发胸臆为主，演唱形式有独唱、对唱、合唱。飞歌节奏舒缓，旋律起伏大，长音处要尽量延长气息，句间可调整休止，句内用滑音连续级进，句尾收腔使用甩音，结束时用假嗓，高呼一声"啊呼"。代表性曲目有《赞美家乡歌》《祝福老人歌》等。苗族飞歌综合运用词、曲、假声、真声等元素，通过对节奏、气息的熟练把握，将词、曲、调融为一体，充分体现了诗、舞、乐合一的艺术境界。

目前，雷山地区二十五岁以下的年轻人中很少有人会唱苗族飞歌，其发展前景不容乐观，急需加强保护。

国家级代表性传承人名单

姓名	性别	申报地区或单位	入选批次
陈千均	男	湖南省吉首市	3

木洞山歌

序号：57
编号：Ⅱ-26
批次：1
类别：传统音乐
申报地区或单位：重庆市巴南区

木洞山歌是流传于重庆市巴南区木洞镇的一种山歌。木洞山歌的渊源可追溯到上古时代的"巴渝歌舞"，战国时代的"下里巴人"、汉代的"巴子讴歌"、唐代的"竹枝"，直至明清时逐渐演化成为"木洞山歌"。

木洞山歌主要在生产、生活和民俗活动中演唱，主体是被称为薅秧歌、庄稼歌或庄稼人歌的禾籁。禾籁分高腔禾籁、矮腔禾籁、平腔禾籁、花禾籁和连八句等样式，每一种样式还有若干种子样式，如高腔禾籁包括依呀禾籁、也禾籁、锣鼓腔、依依腔、呀呀腔、四平腔等，其地域特色浓郁，曲调曲目丰富。其他艺术样式还包括把生活中的正常现象颠倒演唱、逗乐取笑的神歌；对歌形式演唱的盘歌；劳作中为协调动作、鼓舞情绪而唱的劳动号子（包括船工号子、搬运号子、作坊号子、农事号子等）；民间礼俗和祭奠仪式中演唱的民俗歌（包括节气歌、婚嫁歌、丧事歌、寿礼歌、酒歌等）；玩龙灯、舞狮子、打莲箫、赛龙舟等活动中边唱边舞的舞歌等。

目前已收集整理木洞山歌曲目上千首。其中较为流行的有春播季节薅秧时唱的"打薅歌"，秋收时节的"打赛谷歌"，打鱼人的"摸鱼歌会""螃蟹歌会"，牧童的"坡上赛歌"，婚礼上的"闹房歌会"等。

随着社会的发展，生产劳作方式的改变，滋生山歌的环境也发生了变化，目前部分山歌濒临消亡。

国家级代表性传承人名单

姓名	性别	申报地区或单位	入选批次
潘中民	男	重庆市巴南区	2
喻良华	男	重庆市巴南区	3

那坡壮族民歌

序号：63

编号：Ⅱ-32

批次：1

类别：传统音乐

申报地区或单位：广西壮族自治区那坡县

那坡壮族民歌是流传于广西那坡县的壮族民歌形式。那坡县壮族自称"敏""仲""嗷"，人人皆着全黑色衣装，因而得名黑衣壮。

那坡壮族民歌按不同声调可分为"虽敏""论""尼的呀""春牛民歌调""请仙歌""盘锐"六大种类共一百六十多套曲。其中"尼的呀"，意为"好的呀"，是流传在黑衣壮民歌中常用的衬词。"尼的呀"山歌曲调清新明丽，艺术魅力独特，已经成为壮族音乐的重要标志。

按内容分，那坡壮族民歌主要有反映神话传说、人物传记、环境变迁、历史事件等的叙事歌；记录自然节气、生活经历的农事歌；向往美好生活的赞颂歌；待人接物的礼仪歌；表现传统习俗的风俗歌；吊唁奔丧的祭祀歌；庆祝诞辰、婚嫁、新居落成的祝酒歌；还有包含抒情、初恋、定情、相思、离情、重逢、白头偕老等内容丰富的情歌。代表性曲目有《虽待客》《论造》《酒歌》《盘歌》《祭祖歌》等。

由于社会环境的变化，传承民歌的活动场地逐渐缩小、师承断层等原因，那坡壮族民歌面临严峻的传承危机。

国家级代表性传承人名单

姓名	性别	申报地区或单位	入选批次
罗景超	男	广西壮族自治区那坡县	2

演唱那坡壮族民歌

纳西族白沙细乐

序号：1082

编号：Ⅱ-152

批次：2

类别：传统音乐

申报地区或单位：云南省丽江市古城区

纳西族白沙细乐是纳西族先民创制的集器乐、声乐及舞蹈为一体的古典音乐套曲，主要流传于云南省丽江市古城区和玉龙纳西族自治县。关于其历史渊源，有多种说法，有说始自元代，是元代蒙古族军队入滇后，元世祖与纳西先祖临别所赠，故白沙细乐又名"别时谢礼"；也有说为纳西族民间凭吊战争亡灵的音乐。据已故纳西族著名老艺人可考传承谱系，此乐在丽江至少已盛行两百多年。

纳西族白沙细乐通常在丧葬仪式、起房盖屋、节日庆典、宗教礼仪、群众集会等活动时演奏。按照演奏方式的不同可以分为三个乐器组：一为吹管乐器，有竖笛、横笛、波伯，横笛是主奏乐器，波伯是纳西族特有的竹制乐器。二为弹拨乐器，主要有筝、琵琶、苏古笃等。三为拉弦乐器，只有二簧一种，其形制类似胡琴。乐队编制并不固定，至少要有八人并以合奏为主，同时也伴歌舞。演奏者按年龄的大小依次排列，年长在前，年幼在后。

白沙细乐是元明遗音和纳西族民间音乐相融合的多元文化的艺术结晶，曲调抒情，旋律委婉。相传其有十个调，现存《笃》《一封书》《三思吉》《阿丽哩格吉拍》《美命吾》《跺磋》《抗磋》《幕布》八个乐章。曲调大多为羽调式，包括五声性的七声音阶、六声音阶，个别部分运用五声音阶。

目前，由于演绎传统曲目的老人年事已高，老艺人相继过世，原生态的演出形式越来越少且不被接受，加之20世纪八九十年代相继成立的古乐队日渐萎缩，传承举步维艰。

花曲子和背工曲子。其花曲子以抒情见长，演唱形式有独唱、对唱、一领众和、齐唱等，演唱时，男声多用高腔，男女皆可用平调，曲调有南方小调的平稳，也有北方小曲的活跃和跳荡，代表性曲目有《采花》等。背工曲子主要用于演唱短、中篇故事的叙事性民歌，有单曲体和联曲体两种结构，演唱仅有独唱和齐唱两种方式，唱词多为长短句，吐字较重，音域宽广，旋律跳动性大，代表性曲目有《盼红军》等。

南坪曲子演唱难度较大，目前能完整地掌握其曲目和歌唱技巧的人少之又少，它已处于危机存亡的重要关头，亟待保护传承。

南坪曲子

序号：587

编号：Ⅱ-88

批次：2

类别：传统音乐

申报地区或单位：四川省九寨沟县

南坪曲子是主要流传于四川省九寨沟县一带的一种自弹自唱的民间艺术。九寨沟县原名南坪县，因而得名南坪曲子，也称南坪小调琵琶弹唱。清朝雍正、嘉庆年间，大批陕、甘移民迁入南坪，随之陕甘、巴蜀文化及回、藏等民族文化在此交融，造就了独具特点的南坪曲子。

南坪曲子表演时采用弹唱形式，用当地汉语演唱，主要伴奏乐器是南坪琵琶，也有瓷碟、碰铃等打击乐器。演唱时，众人聚于庭前树下，或围坐火塘旁，由一人或多人弹唱，其他人弹三弦琵琶帮腔伴奏，敲着瓷碟、碰碗等引吭高歌，气氛热烈。歌词内容丰富，题材包括爱情生活、农耕生活、历史传说故事等。

按曲调结构和演唱风格，南坪曲子可分为

南溪号子

序号：56

编号：Ⅱ-25

批次：1

类别：传统音乐

申报地区或单位：重庆市黔江区

南溪号子是流行于重庆市黔江区的一种山歌，其雏形是土家族在劳动中解乏鼓劲的劳动号子和山歌号子。

黔江区鹅池镇的南溪，素有"南溪左右二面坡、男女老少会唱歌"之说，这里传唱的号子有别于广泛传唱在武陵山区的其他劳动号子和山歌号子，与薅草锣鼓近似。歌词多为即兴创作，无伴奏乐器，以情歌为主，唱腔和唱法比较固定，唱腔有大板腔、九道拐、三台声、打闹台、南河号、喇叭号等十余种；唱法上基本为一人领喊，两人至三人尖声喊高音，多人喊低音，众人应和。一首号子多为四句，一句七个字，中间有大量衬词，如"新打船儿下余渡，余渡有个两夫妇，生下幺姑一尺五；六幺妹生下地，团团转把媒提，幺妹还在娘怀里"。演唱不分场合、地点，在红白喜事时都会演唱，内容不仅唱劳动、生活，还包含土家族历史、地理、风物传说。代表曲目有《大板腔》《九道拐》《三台声》等。

但目前尚能唱南溪号子的不到十人，且年过半百，靠口头传承的这一民间音乐样式处境濒危。

国家级代表性传承人名单

姓名	性别	申报地区或单位	入选批次
杨正泽	男	重庆市黔江区	2

南音

序号：102

编号：Ⅱ-71

批次：1

类别：传统音乐

申报地区或单位：福建省泉州市、厦门市

南音是集唱、奏于一体的表演艺术。主要流传于福建省闽南地区泉州、漳州、厦门一带。南音形成历史久远，两汉、晋、唐、两宋等各朝的中原移民将中原音乐文化带到闽南，与当地民间音乐融为一体，逐渐形成具有中原古乐遗韵的一个大乐种。

南音音调古朴、典雅，多以民间爱情故事为题材，擅长抒发忧伤、思念之情，极富感染力。南音由大谱、散曲和指套三大部分构成。大谱是有标题的器乐套曲，没有曲词，内容多为描述四季景色、花鸟昆虫、骏马奔驰等，代表性曲目有《四时景》《梅花操》《八骏马》《百鸟归巢》等。散曲，又称草曲，只唱不说，有谱、有词，内容为抒情、写景和叙事三类，主要取材于唐传奇、话本以及宋、元、明代的戏剧人物故事，代表性曲目有《山险峻》《出汉关》《共君断约》《因送哥嫂》等。指套，是一种有词、有谱、有指法的套曲，代表性曲目有《自来》《一纸相思》《趁赏花灯》《心肝拨碎》《为君出》等。南音用泉州方言演唱，主要用琵琶、洞箫、二弦、三弦、拍板等乐器伴奏。

现存南音曲目有器乐曲和声乐曲两千余首，保留了自晋至清以来的商乐、唐大曲、法曲、燕乐和佛教音乐及宋元明以来的词曲音乐、戏曲音乐等内容，是中国现存最古老的乐种之一。其演唱形式、乐器形制、宫调旋律、曲目曲谱及记谱方式独特，是研究中国古代音乐的重要信息。

目前，南音的保存状况良好，无论是专业化的泉州南音乐团，还是活跃在泉州各县市乡镇的民间南音社团均对这一传统文化的传承起到积极的作用。

国家级代表性传承人名单

姓名	性别	申报地区或单位	入选批次
黄淑英	女	福建省泉州市	2
苏统谋	男	福建省泉州市	2
吴彦造	男	福建省泉州市	2
丁水清	男	福建省泉州市	2
苏诗永	男	福建省泉州市	2
夏永西	男	福建省泉州市	2
吴世安	男	福建省厦门市	2
杨翠娥	女	福建省泉州市	3
王秀怡	女	福建省厦门市	3

◎传统音乐

爬山调

序号：590
编号：Ⅱ-91
批次：2
类别：传统音乐
申报地区或单位：内蒙古自治区呼和浩特市、乌拉特前旗

爬山调是流行于内蒙古中西部地区的一种短调民歌，也叫爬山歌、山曲儿。其艺术风格源于古风，可在《诗经》里找到源头。其具体产生于清代乾隆、嘉庆年间，当时大批汉族从晋、冀、陕、豫移民内蒙古，在长期交往过程中，最终形成了汉地民歌与蒙古族、回族、满族等民族音乐元素相互融合的爬山调。

爬山调可分为山区爬山调和平原爬山调两种类型。山区爬山调节奏自由多变，旋律跳进多、起伏大、音域广，音调高亢奔放。以武川为代表的山区爬山调，因蒙汉杂居，故而又常含有蒙古族民歌的音调。以河套地区为代表的平原爬山调则节奏匀称规整。

爬山调的演唱形式有室内、室外之分。室外爬山调歌者多为男性，腔长调宽，以劳动歌、社会歌、生活歌和爱情歌为主。室内爬山调歌者多为女性，调门较低，旋律柔美婉转，以生活歌、爱情歌和恩怨歌为主。

爬山调常用比兴、夸张、排比等手法，歌词多用乡土重叠词，歌手即兴演唱，合辙对称，上口押韵，具有灵俏幽默的艺术风格和浓厚的山野风味。代表性曲目有《想亲亲》《阳婆里抱柴瞭哥哥》《大黑牛耕地犁黄土》等。

爬山调朴实无华，平中见奇，既是塞北人民情感的自然流露，也是社会历史、风土人情和时代生活的真实写照。

目前爬山调的生存环境正在逐渐发生变化，许多优秀的爬山调歌曲已濒临失传，亟待保护。

琵琶艺术

瀛洲古调派、浦东派、平湖派

序号：618
编号：Ⅱ-119
批次：2
类别：传统音乐
申报地区或单位：上海市崇明县、南汇区，浙江省平湖市

琵琶为拨弦类弦鸣乐器。有关琵琶的记载最早出现在两千年前。东汉学者刘熙在《释名》中写道："枇杷，推手前曰枇，引手却曰杷，像其鼓时，因此为名。"但当时的琵琶形状与现在的不同，其形状为直颈，音位和弦数不固定，被称作"秦琵琶"或"秦汉子"，实际上是如今我国民乐器中阮的前身。5～6世纪随着中原与西域交流的加强，从中亚地区传入一种曲项琵琶，当时称作"胡琵琶"，其形状为曲颈，梨形音箱，有四柱四弦，现代的琵琶就是由这种琵琶发展而来的。唐代时琵琶成为非常盛行的乐器，从演奏技法到制作构造都得到很大发展。在演奏技法上最突出的改革是由横抱演奏变为竖抱演奏，由手指直接演奏取代了用拨子演奏。构造方面最明显的改变是音位由四个增至十六个。目前标准的琵琶已有八相三十品。琵琶的指法上，右手指法分轮指系统和弹挑系统，左手指法分按指系统和推拉系统。

琵琶艺术（瀛洲古调派）
申报地区或单位：上海市崇明县

瀛洲古调派琵琶演奏技艺发源并长期流传于上海崇明岛，因崇明古称瀛洲而得名。明末

清初，北派琵琶传入崇明，几代琵琶演奏名家融合崇明风土人情及南北琵琶演奏风格，逐渐形成了"瀛洲古调"。

早期的"瀛洲古调"琵琶曲谱为工尺谱，通过手抄传承。瀛洲古调派指法要求"捻法疏而劲，轮法密而清"，主张"慢而不断，快而不乱，雅正之乐，音不过高，节不可促"。轮指以"下出轮"见长，其音色细腻柔和，善于表现文静、幽雅的情感。

瀛洲古调派演奏曲目多为文板小曲，表现内容与崇明的民风、民俗、民情相关，是典型的标题音乐，可独立演奏，也可小曲组合演奏，这是我国琵琶流派中绝无仅有的。代表性曲目有《飞花点翠》《昭君怨》《鱼儿戏水》等。

瀛洲古调传人日渐减少，曲目也不完整，对它的抢救保护工作已迫在眉睫。

琵琶艺术（浦东派）
申报地区或单位：上海市南汇区

浦东派琵琶是主要流传于上海市南汇区的琵琶演奏艺术流派。浦东派于清乾隆年间由被誉为"鞠琵琶"的南汇县惠南镇人鞠士林所创。

浦东派琵琶的演奏指法独特，轮滚四条弦、并弦、大摭分、扫撇、拖奏、夹弹、夹扫，以及多样的吟法和锣鼓奏法等均是其突出特点。曲目有文套和武套之分，其艺术特征为文曲沉静细腻，武曲气势雄伟。代表性曲目有《夕阳箫鼓》《武林逸韵》《月儿高》等文套，《普庵咒》《阳春白雪》等大曲，《十面埋伏》《平沙落雁》《将军令》等武套。

目前在上海南汇这一浦东派琵琶发源地，浦东派传人已屈指可数，有关部门急需采取有效措施加以保护。

琵琶艺术（平湖派）
申报地区或单位：浙江省平湖市

平湖派是主要流传于浙江省平湖市的琵琶演奏艺术流派。平湖派以清代平湖人李芳园为代表，他不仅技艺超群，还编撰了《南北派十三套大曲琵琶新谱》，也称为《李氏谱》。平湖派在传统琵琶古曲的基础上，将民间小曲融会贯通，编订了自创的指法，形成独特的琵琶理论和演奏体系。

平湖派琵琶弹奏的特色指法有下出轮指、蝴蝶双飞、抹复扫、七操、马蹄轮、挂线轮等。轮指有上、下出轮两种，平湖派基本采用下出轮，小指、无名指、食指依次弹下，然后大指挑上；兼用上出轮，食指、中指、无名指、小指依次弹下，然后大指挑上。其艺术风格丰满华丽，坚实淡远。代表性曲目有《淮阳平楚》《郁轮袍》《海青拿天鹅》等。其中名曲《春江花月夜》即源于平湖派《夕阳箫鼓》。

现今平湖派琵琶仅有的一位传承人已不再从事琵琶演奏，导致这一艺术形式无法传承，亟待有关部门采取措施加以保护传承。

国家级代表性传承人名单

姓名	性别	申报地区或单位	入选批次
殷荣珠	女	上海市崇明县	3
林嘉庆	男	上海市南汇区	3
朱大祯	男	浙江省平湖市	3

千山寺庙音乐

序号：98
编号：Ⅱ-67
批次：1
类别：传统音乐
申报地区或单位：辽宁省鞍山市

千山寺庙音乐是流传于辽宁省鞍山市佛道两教圣地千山寺的宗教音乐。

千山寺庙音乐分为佛乐和道乐两种。佛乐分为声乐和器乐两个部分。其中声乐部分又分为"禅乐"和"应付韵"两部分：前者的特点是用打击乐器伴奏，后者是用笙管乐器伴奏。器乐曲主要是笙管乐。佛乐在诵唱形式方面也很丰富，有独唱、合诵、直唱、韵白等，大都是由"维那师"领腔起调，众僧应和。直唱是佛曲中独具风格的一种唱法，有歌唱型和半歌唱型两种，前者旋律较强，后者近于说唱。道乐，则是康熙年间从铁刹山刘祖传入无量观，后经来自梨园世家的两位阚氏道士加工，创作出了"东北新韵"六小韵、十三大韵和走马韵等四百余首乐曲。佛乐和道乐都主要是由笙、管、笛、鼓、磬、钹、铛子、木鱼、撞钟等民族管乐器、打击乐器和法器相结合进行演奏的。

目前，千山佛教笙管乐仅有几个居士尚能演奏，曲目大部分失传，保留至今的不过二十首，如《鸾凤鸣》《天尊韵》《三皈依》等。千山道教采用的是东北新韵，目前保存基本完整，但有一些长的韵调由于使用得较少，多数道士已不会了，其中一些韵调如今完全无人会念。千山寺庙音乐濒临消亡。

国家级代表性传承人名单

姓名	性别	申报地区或单位	入选批次
洪振仁	男	辽宁省鞍山市	3

潜江民歌

序号：581
编号：Ⅱ-82
批次：2
类别：传统音乐
申报地区或单位：湖北省潜江市

潜江民歌主要流传于湖北省中南部潜江境内。早在周代，潜江民歌就归属《周南》歌诗体系，列于十五国风之首；楚汉战争中的"四面楚歌"所唱即是潜江的《鸡鸣歌》；在汉代以"艳"为称的"楚歌"及魏晋的"西曲歌"中，潜江民歌都是不可或缺的组成部分。

潜江民歌与农事劳作紧密相关，民歌类型可按劳动区域分布分为水田区、河堤区、白田区三个类型。水田区有栽秧歌、车水锣鼓、哦号子、坐丧鼓、小调、儿歌等；临近河堤区有薅草歌、打麦歌、小调等，以哦号子和搬运号子最具特色；纵贯潜江以东全境的白田区，以薅草歌、花歌子、打麦歌、小调、儿歌为主。另外潜江还有许多革命历史民歌。

潜江民歌音乐以徵调式为主，部分属于楚国古老的"三音列"民歌，常用的有徵三音列（1、5、2）、宫三音列（3、1、5）、羽三音列（1、6、3）、孪生三音列（6、5、2）四种形态。这些三音列相互交替、渗透，创造了民歌音乐的丰富多彩。其代表性曲目有《数蛤蟆》《催咚催》《哪有闲空回娘家》《薅黄瓜》《十许鞋》等。

由于种种原因，目前传唱潜江民歌的社会氛围正在消失，导致这一古老的民歌形式处于濒危境地，亟待抢救。

羌笛演奏及制作技艺

序号：69
编号：Ⅱ-38
批次：1
类别：传统音乐
申报地区或单位：四川省茂县

羌笛是一种主要流传在四川省阿坝藏族羌族自治州茂县等羌族聚居区的单簧气鸣乐器。羌笛历史悠久，东汉时期的马融在《长笛赋》中就曾有"近世双笛从羌起"的记述。据史料记载，西汉前羌笛面上有四孔，发展到近代已成六孔。

羌笛是一种竖吹乐器，吹奏时采用鼓腮换气法，一口气可吹奏几分钟，还有喉头颤音、手指的上下滑音等技巧，加之双管制作的律差、双簧共振的音响，其音色清脆高亢，并带有悲凉之感，最适于独奏，也可为歌舞伴奏。羌人常用它来抒发喜怒哀乐及思念向往等情感。代表性曲目有《折柳词》《思想曲》《莎郎曲》等。

羌笛用当地高山上生长的油竹制成，一般选用竿直、筒圆、节长、头尾粗细较均匀、不易开裂的箭竹为材料，并根据筒管的长短、厚薄、大小测定音准。羌笛全长15～20厘米，制作时将两根筒孔大小一致的竹管并在一起，用丝线缠绕，笛管上端装有4厘米长的竹制吹嘴，吹嘴正面用刀削平，并在上端约3厘米处用刀切开一薄片作为簧片。

国家级代表性传承人名单

姓名	性别	申报地区或单位	入选批次
龚代仁	男	四川省茂县	2

青海汉族民间小调

序号：1076
编号：Ⅱ-146
批次：2
类别：传统音乐
申报地区或单位：青海省西宁市

青海汉族民间小调是主要流传在青海东部汉族聚居区的民间歌舞小曲。每年春节期间，当地都会举行热烈、隆重的民间社火活动，届时，人们一边扭秧歌、玩龙灯、舞狮子、划旱船，一边载歌载舞。其中所唱民歌多为富有地方特色的传统小调。小调，又称小曲、俚曲、时调等，由职业艺人与半职业艺人传唱，是人们在劳动之余和婚丧节庆等场合抒发情怀、娱乐消遣的民歌。

青海汉族民间小调蕴藏丰富，具有特有的高原风格。其流传广泛，形式规整，词曲相对固定，表现手法多样，旋律动听。根据内容，可分为抒情歌、诙谐歌、儿歌和风俗歌四类。内容涉及社会生活各个方面，凡民俗风情、颂古论今、故事传说、妇女苦难、农工商活动等，都是青海汉族小调的咏唱材料。青海汉族民间小调多为分节歌形式，歌词以五字句、七字句为主，多字句往往与历史故事、人物或叙事歌有关。伴奏乐器有三弦、竹笛、板胡、碰铃等。代表性曲目有《放风筝》《织手巾》《五更鸟》《四季歌》等。

青海汉族民间小调对研究当地人文历史、宗教信仰、民风民俗等有重要参考价值。目前，虽然有职业、半职业艺人在各种集会活动中传唱着民间小调，随着老艺人的渐渐离世，抢救与整理传统的精品曲目、加大传承力度等仍是有效保护青海民间小调的一个长期的工程。

泉州北管

序号：103
编号：Ⅱ-72
批次：1
类别：传统音乐
申报地区或单位：福建省泉州市

泉州北管是流传于福建省泉州市泉港区的一种丝竹音乐，新加坡、马来西亚和中国台湾等国家和地区也都有北管社团。清光绪初年，江淮一带的盐兵、淮河难民等南下进入泉州，也将民间音乐带到了当地，逐渐形成了泉州北管音乐。每逢节庆，泉州北管作为当地独特的民间文化代表，都要参与化装、游行、迎神、装阁等各种活动。

泉州北管分为曲、谱两大类，曲即声乐曲，谱即器乐曲。曲大多来源于明清时期的江淮小调，谱大多数源自广东音乐、江南丝竹和京剧曲牌。在曲的前奏部分和乐句、乐段结束处，演唱者边唱边击打乐器伴奏，采用官话（即湖广话）演唱。歌词以叙事抒情、写景抒情为主，在乐句、乐段、乐曲结束处常使用衬词"哎哟"。演唱中常出现提高八度的状况，同时还借鉴了莆仙音乐、南音的一些演唱方法，使得歌声既高亢有力又悠扬柔婉。谱演奏时一般不用锣鼓，只用板或木鱼鼓打强拍。以多首曲牌连缀的形式较为常见，也有以板式变化手法构成的曲式。乐队沿用江南丝竹乐器，主奏乐器有京胡、笛子，另有月琴、三弦、双清等特色乐器。代表性曲目有曲《四大景》《采莲》《采桑》《玉美人》等，谱《六串》《草琴》《广东串》《苏州串》等。

在泉州市泉港区至今仍活跃着数十个民间北管乐社，各级政府将泉州北管视为泉州的文化名片，不仅扶持乐社的发展，还将传承技艺引入学校，文化传承得以良性循环。

国家级代表性传承人名单

姓名	性别	申报地区或单位	入选批次
庄龙宗	男	福建省泉州市	4

桑植民歌

序号：41
编号：Ⅱ-10
批次：1
类别：传统音乐
申报地区或单位：湖南省桑植县

桑植民歌是流传于湖南省桑植县境内所有民歌的总称。桑植地处湖南西北部湘鄂交界之地，是汉族、苗族、土家族、白族等多民族共居区域，古称充县，隶属西楚荆州。

桑植民歌起源于原始农耕时期，在长期劳动过程中，人们用歌声表达情感、调节情绪，也吸收了荆楚祭祀活动的音乐元素，代代口耳相传。桑植民歌艺术风格质朴、粗放、风趣、诙谐，涵盖了传统民歌的多种体裁，有嘹亮的山歌、动听的情歌、抒情的小调、活跃的花灯、哀怨的曲艺，还有激扬向上的劳动号子、薅草锣鼓，以及礼仪歌、傩腔等。其结构严谨，曲式多样，尤其是衬词的运用，在烘托气氛、揭示人物内心情感方面达到极高的艺术境界。桑植民歌具有浓郁的民族特色，例如有节奏鲜明庄重的土家族《摆手歌》，曲调肃穆深沉的梯玛歌，声调深厚雄壮的白族祭祖歌等。

代表性曲目有《板栗开花一条线》《四季花儿开》《门口挂盏灯》《冷水泡茶慢慢浓》《马桑树儿搭灯台》等。20世纪50年代被广为传唱的《挑担茶叶上北京》《甜甜的山歌》等作品就是音乐家们在吸纳桑植民歌元素基础上所创作的。

桑植民歌特殊的三句体歌词结构、润腔方法和气声演唱技法，不仅丰富了民歌演唱理论，也为声乐演唱提供了独特范例。

当地政府及相关部门高度重视桑植民歌的传承，正通过整理挖掘、积极保护民间艺人、民歌的普及教育从娃娃抓起等方式，努力保护这一珍贵的传统文化。

森林号子

长白山森林号子、兴安岭森林号子

序号：5996

编号：Ⅱ-100

批次：2

类别：传统音乐

申报地区或单位：吉林省文学艺术界联合会民间文艺家协会，黑龙江省伊春市

森林号子是林区伐木工人在伐树、运木、垒木等劳动过程中所唱的号子，主要流传于东北长白山、大小兴安岭和西北、华南各个林区。因劳作内容不同，号子名目不同，如长白山区的运木号子有蘑菇头号、大掐子号、拽大绳子号、瞭号、瓦杠号、流送号等，华中、华南各林区还有排筏号子等。曲调皆高亢粗犷、气势豪迈。

森林号子（长白山森林号子）
申报地区或单位：吉林省文学艺术界联合会民间文艺家协会

长白山森林号子是流传于吉林省长白山区伐木工人抬木头时唱的一种劳动号子。千百年来它与长白山采伐劳动相伴，流传在森林中。

工人们运送木头时，喊着号子便于抬木行走迈步整齐，使木头悠起来，从而平分压力。长白山森林号子可分为串坡号子、归楞号子、上跳号子、拽大绳等。演唱时，由抬木的领头人"杠子头"（号子头）来"领唱"（起号），其余的人"接唱"（接号），每首号子的起号声"甩"特别重要，发出的呼声大小、高低、粗细、强弱决定着其他人员的力气、步伐以及对运送距离和时间的掌握。"甩"又有上甩、下甩之分，上甩即上挑，意在告诉接号者往上使劲，下甩则相反。起号内容丰富多彩，变化万千。从开始的"哈腰挂"到"撑腰起""迈开步""往前走"，触景生情，即兴发挥，不但为大家解闷，还要"指挥"上跳（上跳板）发出的注意警告事项。到了"楞上"（木堆或车上）怎么放木、哪边先落等，都要由号子指挥。其节奏清晰，旋律优美，振奋人心。长白山森林号子的代表性曲目有《老母猪哼哼》《老太太调》《蛤蟆调》《十八挂》等。

长白山森林号子的内容融入了东北地区人民生存的哲理箴言、民间谚语、民间故事、笑话和传说等，是反映长白山区人民生活和自然风貌的百科全书。

近年来，由于机械化程度的提高，加之民间艺人逐步老龄化，森林号子逐渐走向衰落，传承乏人，急需抢救和保护。

森林号子（兴安岭森林号子）
申报地区或单位：黑龙江省伊春市

兴安岭森林号子是在松花江流域运送木材时所唱的一种劳动号子，主要流传于黑龙江省大、小兴安岭地区。

兴安岭森林号子曲调起伏跌宕、粗犷豪放，具有东北民间音乐的特点。其类型可分为伐木号子、抬木号子、滚木号子、流送号子等。其中伐木号子最为简单，只有"顺山倒""上山

倒""下山倒""横山倒"四句。抬木号子分大掐子号、蘑菇头号、拉鼻子号、哈腰挂号等，主要用于平地运木、归楞等劳动。滚木号子分为拽大绳号、瓦杠号、瞭号等。流送号子分为拉羊拽号、拆垛号、洋工号、山字号等。兴安岭森林号子在劳动过程中起到统一步调、提高生产效率、增强凝聚力的作用，是森林文化及东北民间文化的典型代表。

随着林业生产的机械化，兴安岭森林号子的生存环境受到破坏，目前已处于濒危状态，亟待保护。

陕北民歌

序号：572

编号：Ⅱ-73

批次：2

类别：传统音乐

申报地区或单位：陕西省榆林市、延安市

陕北民歌是流行于黄土高原的各类民间歌曲的统称。陕北民歌源于古代巫歌和祭祀秧歌调，产生于周代中期，至汉代成形，是中国古老的民歌形式之一。

陕北民歌来源于生活，融会了当地的语音腔调、地域环境、生产劳作、感情生活，从各方面展现了陕北人民的社会生活。其曲调高亢粗犷、质朴纯真且委婉悠扬。陕北民歌种类繁多，主要有信天游、山曲、爬山调、大秧歌调、酒曲、榆林小曲、清涧道情、传统小调、革命历史歌曲等类型，共有二万七千余首。其中，信天游篇幅比较短小，为歌者即兴创作，其节奏明显，韵脚多变，以七字句或十字句为基础，上句主比兴或写景状物，下句多主表意，虚实结合，抒情色彩浓，代表性曲目有《走西口》《兰花花》等。以叙事为主的小调，一般都有场景，有人物，有故事情节，还有细节描写，代表性曲目有《害娃娃》《探瑜姐》《送情郎》《四保揽工》等长篇叙事体民歌。土地革命、抗日战争、解放战争时期，许多陕北民歌直接反映了中国革命斗争的历史，例如《东方红》《翻身道情》《三十里铺》《绣金匾》等曲目传遍全国，在新中国音乐史上占有一定地位。

目前，陕北民歌在传承过程中出现了断层现象，老一辈民间艺人、民歌手日渐衰迈，后继一代在认识、理解上存在许多偏差，导致陕北民歌的发展陷于停滞。

国家级代表性传承人名单

姓名	性别	申报地区或单位	入选批次
王向荣	男	陕西省榆林市	3
贺玉堂	男	陕西省延安市	3

上党八音会

序号：89

编号：Ⅱ-58

批次：1

类别：传统音乐

申报地区或单位：山西省晋城市

上党八音会是流传于山西省东南部长治、晋城的民间吹打乐。上党，是古时对山西省东南部一带的称谓。八音会是民间组织的音乐班子，因使用鼓、锣、铙、笙、箫、笛、管等八种乐器合奏，而得名八音会。其形成于元明之际，至明末清初成熟兴盛。

上党八音会主要活跃在庙会、节日庆典、婚丧嫁娶等民间各种娱乐场合。其吹打乐器主要为吹奏类的唢呐、笙、口嚼子、哑腔；拉弦类的高音呼胡、中音呼胡、老呼胡、板胡、二胡、扬琴、二弦等；打击类的老鼓、同鼓、扁鼓、手板、锣、梆子等。八音会的打击乐为"武场"，吹管弦乐为"文场"。

上党八音会艺术特色鲜明：一是吹打并重，热烈奔放，演奏时不仅要击打出鼓乐的音色，还要边吹打边亮相表演；二是广泛吸纳了宫廷、庙堂、戏曲、民歌、小曲等音乐精华，使演奏曲目常演常新；三是乐队规模变化灵活，一支乐队规模小的有十几人，规模大的达上百人，乐曲层次分明。代表性曲目有《大十番》《小十番》《十样景》等。

现今的八音会在传承上也发生了改变，呈现多种状况。有的八音会转为为庆典提供一条龙服务，走向商业化道路；有的创建八音艺术团，在北京、上海等地巡演；而传统的八音会因传承人年事已高，后继乏人，技艺传承濒危。

国家级代表性传承人名单

姓名	性别	申报地区或单位	入选批次
黄一宝	男	山西省晋城市	3

畲族民歌

序号：38
编号：Ⅱ-7
批次：1
类别：传统音乐
申报地区或单位：福建省宁德市

扩展名录：
畲族民歌　　浙江省景宁畲族自治县、泰顺县

畲族民歌是畲族人民所创作的一种音乐表演形式，流行于福建、浙江、江西、广东、安徽等畲族聚居区。

畲族有语言而无文字，唱山歌是一种重要的文化生活，男女老少大都善歌。上山劳动、迎送宾客、婚嫁喜庆、逢年过节、谈情说爱要对歌，丧葬悲哀时也以歌代哭，有拦路情歌、来客"比肚才"歌、"做表姐""做亲家"等。歌会是畲族民歌流传的主要形式，有福安牛石岗歌会、福安留洋白云山歌会、福安营坑白云山歌会、福安城关镇歌会、霞浦城关马洋目莲山歌会、溪南葛云山歌会等。按题材内容可分为叙事歌、杂歌、仪式歌，按曲调可分为山歌调和师公调，多用假声歌唱，有评讲调、假声唱、放高音三种。代表曲目有叙述先祖盘瓠身世、业绩和民族起源的长篇叙事歌《高皇歌》（也称《盘瓠王歌》），以及反映社会生活各个方面的《二十四节气歌》《采茶歌》《风吹竹叶尾提提》等。

畲族民歌的传承主要有歌场传承、家族代代相传、师承、手抄歌本传承、创作传承、祭祀活动中传承六种方式。畲族民歌是畲族文化的重要组成部分，是畲族人民传授历史文化、生产生活等社会知识和进行文化娱乐活动的重要工具，对研究畲族文化具有较高价值。

随着社会经济的发展、老艺人的相继离世与年迈，畲族民歌的传承出现濒危，亟待抢救。

国家级代表性传承人名单

姓名	性别	申报地区或单位	入选批次
雷美凤	女	福建省宁德市	3
蓝陈启	女	浙江省景宁畲族自治县	3

◎传统音乐

笙管乐

复州双管乐、建平十王会、超化吹歌

序号：620
编号：Ⅱ-109
批次：2
类别：传统音乐
申报地区或单位：辽宁省瓦房店市、建平县，河南省新密市

笙管乐是中国各地寺院道观的宗教仪式中普遍采用的器乐演奏形式。笙管乐一般由管子、笙、笛子、云锣等乐器组成。主奏乐器为管子，古代称"筚篥"，属双簧气鸣乐器，因能营造清虚静恬的气氛，在历代宫廷音乐和寺庙音乐中被广泛应用。

管子多用木制，管上开有八个音孔，前七后一排列，哨子用硬质的芦苇制成。更换大小哨子即可调定音高。管子有大、中、小三个型号，其中小管音色尖锐高亢；管子还有单管、双管之分，双管是将两支单管并排合在一起而成。管子的演奏技巧有打音、颤音、涮音、花舌音、滑音、泛音等。

笙管乐（复州双管乐）
申报地区或单位：辽宁省瓦房店市

复州双管乐主要流传于辽宁省瓦房店境内，清朝乾隆年间由山东传至关外，至今已有两百多年历史。因历史上瓦房店地区统归复州管辖，故将流传该地区的双管乐称为复州双管乐。复州双管乐最初在道观和寺庙的诵经、法师活动中伴奏，后来在民间广泛传播，成为民间婚丧嫁娶和各种庆典活动中重要的伴奏乐。

复州双管乐能吹奏出大二度、三度、五度、八度的滑音，双管的演奏增强了强弱变化的艺术效果，具有刚柔相济的特征，其音色可粗犷、豪放、高亢，又可深沉委婉、细腻柔美，将喜怒哀乐的情感表达得淋漓尽致。演奏内容和场所根据不同需要确定，庙前、河边、海边、屋内、院外均可吹奏。

复州双管乐在演出、发展过程中，还吸收了西洋管乐的一些演奏方法，形成其独特的演奏特色。鼓乐班由四人至十几人组成。复州双管乐有秦家、李家、于家和刁家等比较著名的管乐班，且传承谱系清楚。

改革开放以来，社会风俗倡导丧事从简，复州双管乐逐渐失去了赖以生存的基础，濒临消亡，亟待抢救和保护。

笙管乐（建平十王会）
申报地区或单位：辽宁省建平县

建平十王会是流传于辽宁省建平县三家乡及赤峰市个别乡镇的民间音乐形式。"十王会"又称"双会""经会"，是一种笙管乐，所用乐器有管子、笙、笛、箫、云锣、手鼓、堂鼓、小钹、大钹、大铙、碰、板十二种。"十王会"由喀喇沁王府喇嘛乐队的演奏技艺演变而来。据传，每当王府到王子坟祭祀，都带喇嘛乐队，最多时乐队跟随达六十人。据考证，建平十王会与女真人的鼓笛及辽、宋以来的清乐、散乐、马后乐有着历史渊源。至清中晚期，这种演奏形式逐渐与鼓乐合流，被鼓乐所代替。

建平十王会主要用于民间婚丧寿诞和喜庆活动。其乐谱用毛头纸抄录，从右至左竖行书写，与工尺谱相同，右侧点板。它有六个套曲和《挂金锁》《山坡羊》《无声佛》等四十首小牌子，还有三首锣鼓谱。调式采用正宫调、小宫调。建平十王会是传统十番乐以及古代乐器和曲谱的遗存。

建平十王会流传时间已近百年，传承人均为北票三家乡南四家子村人，现已传承至第六代。目前有这方面技能的人越来越少，技艺面临失传，亟待保护、传承。

笙管乐（超化吹歌）
申报地区或单位：河南省新密市

超化吹歌是流传于河南省新密市超化镇的吹奏乐形式。吹歌兴起于汉代，最早用于宫廷，明朝传至供奉着释迦牟尼真身舍利的河南新密超化寺。清朝初年，超化寺僧人传给当地百姓，从此流传民间。

超化吹歌以管子为主奏乐器，沿用传统工尺谱，乐曲分古曲、民歌、寺庙祭祀音乐、调式音乐和占子五个部分。其中古曲为宫廷音乐，有十二首；民歌为当地民间小调，有十五首；寺庙祭祀音乐属较为庄重的乐曲，有十首；调式音乐是练习曲；占子是小段乐曲。演奏时表演者身着长袍道服，前排演奏吹奏乐，后排演奏打击乐，乐曲风格质朴、明快、高雅。

超化吹歌的几个掌门人相继谢世，演奏者也仅能演奏十几个曲牌，生存发展困难重重，令人担忧。

国家级代表性传承人名单

姓名	性别	申报地区或单位	入选批次
刁登科	男	辽宁省瓦房店市	3
王国卿	男	河南省新密市	3

石柱土家啰儿调

序号：46
编号：Ⅱ-15
批次：1
类别：传统音乐
申报地区或单位：重庆市石柱土家族自治县

石柱土家啰儿调主要流传于地处武陵山脉与长江交会地带的重庆市石柱土家族自治县，因歌词中常用"啰儿"而得名。其传唱历史悠久，与唐代巴渝地区广泛流传的竹枝词一脉相承。

石柱土家啰儿调旋律简洁，音域多在八度以内，调式多为徵、羽、商调式，歌词大多为七字句，有传统曲目，也可即兴歌唱，有生活歌、山歌、情歌、对歌、诙谐歌、号子等种类。歌词中大量运用"啰儿""啰儿啰""啰"等方言衬词，曲调与土家方言的四声调结合，表现了土家族人乐观、豁达、睿智、幽默的性格特征。代表性曲目有《太阳出来喜洋洋》《长年歌》《怀胎歌》《小情郎》等。

石柱土家啰儿调真实反映了当地土家族人的生活、劳动、民风民俗和宗教信仰等内容，较全面地记录了土家族的礼俗活动、生存状况和民族文化的演变过程。20世纪五六十年代，石柱县还有三百多人能唱啰儿调，目前只有七十多人能唱了，且歌手年事已高，啰儿调的传承面临困境。

国家级代表性传承人名单

姓名	性别	申报地区或单位	入选批次
刘永斌	男	重庆市石柱土家族自治县	2
黄代书	男	重庆市石柱土家族自治县	3

苏州玄妙观道教音乐

序号：99

编号：Ⅱ-68

批次：1

类别：传统音乐

申报地区或单位：江苏省苏州市

苏州玄妙观道教音乐是流传于江苏省苏州道观玄妙观的道教音乐。其形成历史悠久，可追溯至西晋，在继承古代音乐传统基础上，吸取庙堂音乐、堂名音乐、江南丝竹、昆曲、吴歌等音乐元素，成为独树一帜的道教音乐。明朝施亮生真人的《斋天》等书和清代道士曹希圣重订的《钧天妙乐》至今仍是玄妙观道教音乐的规范。

苏州玄妙观道教音乐属于正一派道乐，包括器乐和声乐两大部分。器乐主要有笛曲、鼓段、套曲。声乐为道教的经韵，包括"赞""颂""偈""诰""咒""符"等多种形式。在赞、颂、偈等行腔中，采用民歌（吴腔）韵调，是苏州道教音乐的一大特点。演奏方式有坐奏和行乐等。

苏州玄妙观道教音乐根据法事内容的需要演唱不同的乐曲，有序曲、有歌有舞、有尾声，有独唱、齐唱、独奏、齐奏等，其结构完整，对比强烈，表现力丰富。玄妙观作为苏州道教宫观之首，也是苏州道教音乐研习和演奏的中心，观内道士精于音律、善于编曲，演奏技艺精湛，吟唱造诣深厚，在道乐界具有很大影响。

苏州玄妙观道教音乐继承了宫廷音乐的传统，至今其乐曲还使用"工尺"谱，曲调古朴典雅，有"姑苏仙乐"的美誉。

国家级代表性传承人名单

姓名	性别	申报地区或单位	入选批次
毛良善	男	江苏省苏州市	2
薛桂元	男	江苏省苏州市	2

唢呐艺术

序号：68

编号：Ⅱ-37

批次：1

类别：传统音乐

申报地区或单位：河南省沁阳市，甘肃省庆阳市

扩展名录：

唢呐艺术（唐山花吹） 河北省唐海县

唢呐艺术（丰宁满族吵子会）
　　　　　　　　　　河北丰宁满族自治县

唢呐艺术（晋北鼓吹） 山西省忻州市、阳高县

唢呐艺术（上党八音会）
　　　　　　　　　　山西省长子县

唢呐艺术（上党乐户班社）
　　　　　　　　　　山西省壶关县

唢呐艺术（丹东鼓乐） 辽宁省丹东市

唢呐艺术（杨小班鼓吹乐棚）
　　　　　　　　　　黑龙江省肇州县

唢呐艺术（于都唢呐公婆吹）
　　　　　　　　　　江西省于都县

唢呐艺术（万载得胜鼓）
　　　　　　　　　　江西省万载县

唢呐艺术（邹城平派鼓吹乐）
　　　　　　　　　　山东省邹城市

唢呐艺术（沮水呜音） 湖北省保康县

唢呐艺术（呜音喇叭） 湖北省南漳县

唢呐艺术（青山唢呐）	湖南省湘潭县
唢呐艺术（永城吹打）	重庆市綦江县
唢呐艺术（绥米唢呐）	陕西省绥德县、米脂县
唢呐艺术（远安呜音）	湖北省远安县
唢呐艺术（徐州鼓吹乐）	江苏省徐州市
唢呐艺术（砀山唢呐）	安徽省宿州市
唢呐艺术（长汀公嫲吹）	福建省长汀县

唢呐是我国各地广泛流传的民间吹奏乐器，俗称"喇叭"。唢呐是古代波斯语 Surna 的音译，古称琐嘹、苏尔奈，在亚洲、非洲、欧洲的多个国家广泛流传。3 世纪唢呐在中国出现，新疆拜城克孜尔石窟壁画就有吹奏唢呐的形象；金元时期传入中原；到了明代，古籍多有记载，唢呐已在戏曲、军乐中普遍应用；明末清初有同乐会、贾家班；清末民国时期有麻金班、毛旦班、银河班等唢呐演奏组织，影响极为广泛。

唢呐不仅被广泛应用于民间生老病死、婚丧嫁娶、娱人娱神的各项活动中，还用于民间的歌会、秧歌会、鼓乐班和地方曲艺、戏曲的伴奏，民乐队的合奏和戏曲、歌舞的伴奏，是具有特色的、表现力很强的独奏乐器。唢呐由哨、气牌、侵子、杆和碗五个部分构成，发音高亢嘹亮，按杆的长短不同分为小唢呐、中唢呐、大唢呐。根据演奏风格，唢呐可分为南北两派，南方多用中小唢呐，音色柔和，吹奏唢呐牌子（包括戏曲伴奏），运用循环换气法一字一音，较少演奏技巧装饰旋律，广泛流传于我国浙江、江苏、广东、福建等南方各省；北方多用大唢呐，多表现高难度演奏技巧，如滑音、吐音、气拱音、气顶音、三弦音、箫音等，还模仿鸡鸣鸟鸣、人声歌唱等特殊技巧，主要流行于东北、山海关和冀东一带。

代表性曲目有《百鸟朝凤》《粉红莲》《银纽丝》《闹五更》《雁落沙滩》等。

唢呐艺术（唐山花吹）
申报地区或单位：河北省唐海县

唐山花吹主要流传于河北省唐山地区，是集传统鼓吹乐演奏、表演于一体的乐种，形成于清代光绪年间，多在婚嫁、丧葬、开业、节庆、庙会等活动中表演。唐山花吹由两只大杆喇叭、堂鼓、小钹组成，喇叭为主奏乐器。唐山花吹音色脆亮，穿透力强，音量较大。花吹演奏技巧灵活，喇叭吹奏有反腕、点腕、正反摩挲等，堂鼓花奏有单点、双点、阴阳打等，小钹花奏有正反打、绕打、背打等。代表性曲目有《满堂红》《大姑娘的爱》《拉洋片》《绣得勒》等。

唢呐艺术（丰宁满族吵子会）
申报地区或单位：河北丰宁满族自治县

丰宁满族吵子会主要流传于河北省承德市丰宁满族自治县的十余个乡村，已有三百多年历史。吵子会多在婚丧嫁娶、民间花会、满月寿诞、开张开业等活动中演奏。其分为吹打曲和杂曲，乐器以唢呐和打击乐器为主，乐队由两名唢呐手和十名打击乐手组成。演奏分起鼓、凤阳歌、柳新年、鼓揸子、斗鹌鹑、祭腔、扫地风、结尾等十六个部分。丰宁满族吵子会在保留满族曲牌基础上，吸收了其他民族的音乐元素，有北方音乐的剽悍，也有中原地区的柔美，是满族传统文化的典型代表。

唢呐艺术（晋北鼓吹）
申报地区或单位：山西省忻州市、阳高县

晋北鼓吹是流传于山西省大同、忻州市一带的鼓吹乐，源于元明时期北方流行的鼓吹乐，明代成形，清末兴盛，主要在节庆、祭祀、婚丧、社火等活动中演奏。

晋北鼓吹以"八音会班"为单位，乐队由十人组成，唢呐为主奏乐器，鼓、锣、镲等烘托气氛。其曲调源于民歌和民间乐曲、戏曲曲牌、宗教音乐，常演奏"八大套""大得胜套"等套牌音乐，代表性曲目有《将军令》《水龙吟》《百鹤宴》《大雁落》等。晋北鼓吹融庙堂、关塞、游牧、农耕音乐文化为一体，是中原历史文化与山西地域文化的结晶。

唢呐艺术（上党八音会）
申报地区或单位：山西省长子县

上党八音会流传于山西省长子县一带，起源于唐代，明清时期兴盛，主要用于迎神赛社、婚丧嫁娶、节日庆典等活动。八音是指金、石、土、革、丝、木、匏、竹等八种乐器，上党八音会因主要使用鼓、锣、镲、笙、笛、哨、管、胡八种乐器而得名。上党八音会以打击乐为主，兼奏鼓吹乐，分文吹和武吹两种。文吹内容多为民间小调戏曲唱段和戏文等；武吹除吹奏外还要表演各种乐器的杂技绝活，演奏者边奏边表演连击、挂鼓钉、锣镲上下翻动等动作。乐曲融宫廷大曲、戏曲音乐、民歌、小曲等精华，奔放嘹亮，尽显晋北风格。有《打地鼓》《劝金杯》《大赐福》《迎神鼓》等曲牌，代表性曲目有《霸王鞭》《大十番》《节节高》《戏牡丹》等。

唢呐艺术（上党乐户班社）
申报地区或单位：山西省壶关县

上党乐户班社是流传于山西省东南部的上党地区包括长治和晋城两市的民间器乐演奏形式。演奏中使用唢呐、笙、鼓、锣、钹、巨琴、板胡、三弦、月琴等吹奏、打击和弹拉三类乐器。乐户班社曲目丰富，演奏内容有上党梆子、上党落子、壶关秧歌、襄武秧歌、河南豫剧、河北涉县落子等戏曲音乐，代表性曲牌有《太平鼓》《朝天子》《迎仙客》《大赐福》《小八板》等。

唢呐艺术（丹东鼓乐）
申报地区或单位：辽宁省丹东市

丹东鼓乐是流传于辽宁省丹东市境内的鼓吹乐，分为以唢呐为主奏乐器的唢呐乐和以管子为主奏乐器的笙管乐。其中唢呐乐又分为喇叭乐（低音唢呐为主奏）、小喳子乐（高音唢呐为主奏）、三不搁（低音、高音、中音三支唢呐合奏）和咔戏等演奏形式。鼓乐的曲体结构分为堂吹曲、牌子曲和套曲三类。堂吹曲也称坐堂，由引子、身子、尾子构成；牌子曲常用于喜庆场合，曲风活泼欢快；套曲由若干乐曲组成，包括散板、慢板、快板、水板等板式。代表性曲目有《南池涝》《金沙滩》《前后风》等。

唢呐艺术（杨小班鼓吹乐棚）
申报地区或单位：黑龙江省肇州县

杨小班鼓吹乐棚是流传于黑龙江省肇州县城内的民间礼俗乐队。1904年从山东莱州闯关东到东北的杨殿甲在吉林扶余创建了乐班，并活跃于黑龙江省"三肇"地区。杨小班鼓吹乐棚主要在婚丧、节庆、祭祀等活动中演奏。记谱和解读用祖传工尺谱手抄曲目。乐器组合分唢呐配置和笙管配置。演奏的乐曲有套曲、组曲、牌子曲、改良曲和变奏曲等，曲牌有《小放牛》《打枣》《送情郎》《靠山调》等，代表性曲目有《鸿雁落沙滩》《大花篮子》等。其音乐风格以满汉唢呐、塞北音乐为主。乐队以家庭方式传承。

唢呐艺术（于都唢呐公婆吹）
申报地区或单位：江西省于都县

于都唢呐公婆吹是流传于江西省于都县的唢呐演奏艺术，主要分布在宽田乡、禾丰镇、靖石乡、盘古山镇等地区，并辐射到邻近的瑞金、会昌、石城等县市。其在当地客家人的婚丧嫁娶、庙会祭祀、贺新房、拜寿、文艺活动等场合演奏。扁鼓和唢呐为主奏乐器，配以小钹、马锣。演奏时使用两种不同音色的唢呐，低沉浑厚的称"公"，高亢嘹亮的称"婆"，交替吹奏、齐奏、对吹、吹打并重，讲究鼓板分明，高昂悠扬。其音乐吸收了赣南采茶戏中灯腔、茶腔的特点，分为喜调和悲调。曲牌达二百八十余首，代表性曲目有《斑鸠调》《公婆吹》《拜将台》等。

唢呐艺术（万载得胜鼓）
申报地区或单位：江西省万载县

万载得胜鼓是流传于江西省万载县的民间打击乐，主要分布在潭埠镇、株潭镇、黄茅镇、岭东镇、高城乡一带，形成于北宋年间，在婚丧嫁娶、生日祝寿、节庆典礼等活动时演奏。其内容主要取材于唐代"平定安史之乱"的历史事件，展示朝廷平乱胜利的过程，分为请战、四将、二将、皇帝登台、游兵、下战、进城、登台退位、大小圆台九个乐段。万载得胜鼓是民间唢呐曲和锣鼓乐相结合的艺术形式，演奏时唢呐与锣鼓同步，在节奏、旋律、力度等方面变化幅度大，特别是唢呐的单指抖音技巧、模仿战马嘶鸣、鼓的重击等，别具特色。

唢呐艺术（邹城平派鼓吹乐）
申报地区或单位：山东省邹城市

邹城平派鼓吹乐是流传于山东省邹城市一带的民间鼓吹乐，大约形成于清代嘉庆末年。其演奏乐器主要有唢呐、笛子、笙、管子、鼓、锣、铙、钹、木鱼、琵琶等。唢呐用铜皮制成，杆长二十五厘米，铜碗直径约六厘米，音色清亮，穿透力强。音域有两个八度，可演奏平调、雅调、越调、五字调、凡调等。演奏技法多样，有吐音、滑音、指花、颤音、三弦音、箫音、循环换气等。有时还加入魔术、杂技同台表演。曲目丰富，主要有《哭长城》《集贤宾》《十样景》《鸟兽闹春》等。

唢呐艺术（沮水呜音）
申报地区或单位：湖北省保康县

沮水呜音是流传于湖北省保康县一带的民间吹打乐，先秦时即盛行于当地。沮水呜音原主要用于祭祀远祖祝融（火神）和祭奠亡灵等，现逐渐应用在红白喜事中。沮水呜音的演奏程式规范，乐曲由头、腹、尾组成，与《楚辞·九歌》的结构一致。乐器主要由长号、巫音喇叭、战鼓、边鼓、锣、镲、木鱼、竹笛等组成。音乐采用徵、羽、宫、商、角五声调式，旋律舒展，节奏稳健。代表性曲目有《靠锅》《叶叶落》等。

唢呐艺术（呜音喇叭）
申报地区或单位：湖北省南漳县

呜音喇叭是流传于湖北省南漳县巡检镇峡口及与保康县接壤地区的吹奏乐形式。据研究，其渊源可追溯至春秋战国时期，为楚国宫廷音乐流至民间。传统曲牌有一百多种，是古代楚地音乐文化的活态遗存。呜音喇叭主要在婚嫁、丧葬、节庆、祭祀等活动中演奏。乐器有长号、喇叭、边鼓、凸锣、大钹、小镲、勾锣等。演奏曲牌严格遵守祖训，不同场合曲牌不同，常用曲牌分喜调和悲调，旋律多为徵调式。代表性曲目有喜调《娶亲调》《虎报头》《何仙姑》，悲调《上山坡》《叶叶落》《普天落》等。

唢呐艺术（青山唢呐）
申报地区或单位：湖南省湘潭县

青山唢呐是流传于湖南省湘潭县青山桥、石鼓、分水等乡镇及其周边地区的民间吹打乐，主要在婚丧嫁娶、佛道仪式、巫傩祭祀、节庆舞龙耍狮等活动中演奏。其主要分为夜鼓牌子、路鼓牌子和堂牌子。其中夜鼓牌子是专用于丧葬的曲牌；路鼓牌子以唢呐、锣鼓组合为主，在行进中演奏；堂牌子也称坐乐、坐堂、大乐，与民间戏曲通用。其乐曲结构、曲牌名称、旋律特点、演奏风格等保留了较为原始的风貌。代表性曲目有《哭懵懂》《对角飞》《双采莲》《九腔》《得胜令》等。

唢呐艺术（永城吹打）
申报地区或单位：重庆市綦江县

永城吹打是流传于重庆市綦江县一带的吹打乐，其渊源可追溯至明末清初，綦江演奏永城吹打的刘家乐班已传承十八代，历经三百多年。永城吹打以唢呐演奏见长，其音域宽广、音色高亢，乐器中仅唢呐就有叽呐子、大台（大唢呐）、特台（倍低音唢呐）等七种形制，还有川钹、竹节鼓、铰子、大鼓等打击乐器。活动形式有坐堂、行路两种，演奏形式有"贯吹贯打""夹吹夹打"。曲目有上千首，代表性曲目有《哥哥送亲》《闹新娘》《吊丧》《焰灯蛾》等。

唢呐艺术（绥米唢呐）
申报地区或单位：陕西省绥德县、米脂县

绥米唢呐是流传于陕西省绥德、米脂及其周边地区的吹奏乐形式，渊源可追溯至明代，已有六百多年历史。绥米唢呐乐班由多人组成，其中上手吹高音唢呐，下手吹低音唢呐，还有鼓手、锣手、镲手数人。由两把长号、唢呐下手、鼓手组合吹奏的形式称为"大吹"，由小海笛、笙、管子、小铰子、小铜锣等乐器吹奏的组合形式称为"小吹"。大吹多在迎亲、出殡、秧歌、谒庙、请神等活动中行进演奏，小吹多在厅堂、院落中围坐演奏。绥米唢呐曲牌丰富，风格多样，乐曲来自民间小调、戏曲音乐和宗教音乐。代表性曲目有《下江南》《哭长城》《水龙吟》《千声佛》等。而曲牌《大摆队》《大楚将军》《三通鼓》《得胜回朝》等则体现了军乐特征。

唢呐艺术（远安呜音）
申报地区或单位：湖北远安县

远安呜音是流传于湖北省远安县荷花镇、洋坪镇、河口镇等地的鼓吹乐，又称"巫音"，已传承近二百年，主要在民间红白喜事及庙会等活动中演奏，常与道士做法事配合。呜音即喇叭，是远安县独有的吹奏乐器，形似唢呐，比唢呐大，杆上只有六孔。远安呜音演奏使用呜音（喇叭）、人号、马锣、边鼓、包锣、二胡、三弦、琵琶等，流传曲谱五十多个。

唢呐艺术（徐州鼓吹乐）
申报地区或单位：江苏省徐州市

徐州鼓吹乐主要流传于江苏省徐州市，多用于婚丧嫁娶、祭祀、节庆等场合，经常在乡村、广场演奏。徐州吹鼓乐的特色乐器"铜杆"（即唢呐），由铜皮制作而成，筒身短细，筒腔窄小，演奏难度大。有时两支唢呐同时演奏（也称对大笛），其声音清脆，穿透力强。演奏技法独特，有滑音、吐音、气拱音、气顶音、三弦音、箫音等，还可模仿鸟鸣、人声。徐州鼓吹乐保留了相当数量的古老曲牌，代表性曲目有《混江龙》《哭长城》《鸟兽闹春》《十样景》等。

唢呐艺术（砀山唢呐）
申报地区或单位：安徽省宿州市

砀山唢呐是流传于安徽省宿州市的吹打艺术。唢呐，当地人又称喇叭、大笛，明朝正德年间已在此地流行。砀山唢呐应用广泛，婚丧嫁娶、升迁祝福、节日庆典、民间歌会等场合均要演奏。砀山唢呐有两种，笛杆粗且长，发音浑厚的叫海笛或塌笛，适于表现气势宏大的乐曲；笛杆细而短，发音清脆的叫尖笛，适于表现高亢激昂的乐曲。吹奏形式有咔腔、闷腔、咔戏，吹奏技巧有单吐、双吐、三吐等。代表性曲目有《百鸟朝凤》《六字开门》《拜堂》《抬花轿》等。

唢呐艺术（长汀公嫲吹）
申报地区或单位：福建省长汀县

长汀公嫲吹是流传于福建省长汀县的民间器乐。在客家话中，嫲是母，代表雌性，与公对应。公嫲吹源于明代，因使用"公吹""嫲吹"两件乐器演奏而命名，多用于红白喜事中。"公吹"和"嫲吹"形似唢呐，但比唢呐长3倍，"公吹"音色低沉，音域宽广；"嫲吹"音色柔和，圆润清亮。演奏时除用"公吹"和"嫲吹"对吹，还辅以二胡、扬琴、三弦、中胡、大堂锣、大堂鼓等乐器，有交替吹奏，也有乐器齐鸣。旋律表现或欢快或哀怨的情绪，似一对相爱的老夫妻回忆美好的岁月，述说离别之情。

国家级代表性传承人名单

姓名	性别	申报地区或单位	入选批次
贺德义	男	河南省沁阳市	2
李金海	男	河南省沁阳市	2
姚少林	男	河北省唐海县	3
卢补良	男	山西省忻州市	3
牛其云	男	山西省壶关县	3
刘有生	男	江西省于都县	3
莫柏槐	男	湖南省湘潭县	4
李岐山	男	陕西省米脂县	4
汪世发	男	陕西省绥德县	4
马自刚	男	甘肃省庆阳市	4

塔吉克族民歌

序号：1079

编号：Ⅱ-149

批次：2

类别：传统音乐

申报地区或单位：新疆维吾尔自治区塔什库尔干塔吉克自治县

塔吉克族民歌是塔吉克族的民间歌曲，主要流传于新疆维吾尔自治区塔什库尔干塔吉克自治县，以及莎车、泽普、叶城、皮山等塔里木盆地西部边缘地区。

塔吉克族民歌通常是在节庆和婚礼等场合演唱，伴奏乐器有纳依（鹰笛，鹰翅骨制的短笛）、巴朗孜阔木（弹拨的七弦琴）、达甫（手鼓）和热瓦甫等。塔吉克族民歌有"拜依特"（一般民谣）、"麦依丽斯"（叙事歌曲）、"菲来克"（斯里库勒方言的悲歌）、"塔勒肯"（葬礼歌）等。其内容十分广泛，主要反映古老社会生活、伦理道德、民情风俗、宗教活动和歌颂爱情等。其中最多的是情歌，通常采取"柔巴依"（四句一联）的形式对唱。塔吉克族民歌的代表性曲目有《古丽碧塔》《古力阿洛甫》《斯别》《孜尧法特米克纳姚热木》等。著名电影插曲《花儿为什么这样红》就来源于塔吉克族最著名的情歌《古丽碧塔》。

民歌是塔吉克族生命的一部分，保留了古朴、独特的帕米尔高原文化特点和民族特色，记录了塔吉克族的发展历史，是塔吉克族传统音乐的重要遗产。

塔吉克族民歌主要靠自然传承和家族传承，随着社会的发展变化以及多元文化的影响，民间歌手数量不断在减少，中老年歌手间出现断层与断代的现象，如果政府不建立相应的保护与传承的机制，塔吉克族民歌有可能"人走歌亡"，濒临灭绝。

塔吉克族民歌伴奏

天门民歌

序号：1073

编号：Ⅱ-143

批次：3

类别：传统音乐

申报地区或单位：湖北省天门市

天门民歌主要流传于湖北天门市的民间歌曲。天门民歌除在汉江平原、汉水流域的天门流传外，还广泛流传于沔阳（仙桃）、潜江、汉川、洪湖、钟祥、京山和应城等县市。天门，古称竟陵，因境内西北有天门山而得名"天门"。

天门民歌内容涉及历史、宗教、劳动、生活、爱情各个方面，有号子、田歌、小调、灯歌、风俗歌、宗教歌、儿歌等类型。其中号子包括打麦歌、车水歌、栽秧歌、薅草歌、船工号子、装卸号子等。其风格特点是衬词应用广泛，常用"啊""呀""啦""依"，还有"金梭""银梭""羊儿梭""海洋梭""梭里马子郎当""杨柳子青青""一呀一支梅花""嗨嗬衣嗬嗨嗬嗨""海呀海棠花"等上百种。目前，已收集传统天门民歌八百余首，代表性曲目有《幸福歌》《小女婿》《薅黄瓜》等。

天门民歌是荆楚音乐的重要组成部分，歌词既有古代楚辞清雅、新奇的特点，还有楚乐"八音"的特征，具有江汉平原水乡的地域特色。天门民歌是天门以及整个江汉平原多种艺术的母体，孕育了荆州花鼓戏主腔的高腔、打锣腔，其小调成为歌腔皮影的唱腔和碟子小曲、三棒鼓的固定曲牌。电影《洪湖赤卫队》主题歌中的《洪湖水，浪打浪》即取材于天门民歌《襄河谣》《月望郎》。在政府相关部门、词曲创作人员的共同努力下，天门民歌得到了很好的传承和发展。

铜鼓十二调

序号：91

编号：Ⅱ-60

批次：1

类别：传统音乐

申报地区或单位：贵州省镇宁布依族苗族自治县、贞丰县

铜鼓十二调是布依族古老的打击乐器合奏曲，流传于贵州镇宁布依族自治县、贞丰县的

布依族聚居区，并辐射到周边的关岭县、六枝特区、普定县等地区，形成了一个布依族民间铜鼓文化圈。

布依族铜鼓用铜铸成，呈圆墩形，曲腰，中空，圆形敞口底，鼓面主体多饰太阳纹，周围为多层同心环带，由宽窄不等的图案组成。在布依族人传统习俗中，铜鼓被视为传家宝，是氏族、宗教团结的象征，敬若神灵，岁岁年年对其祭祀。

布依族铜鼓十二调通常在庆典、祭祖、祭祀等仪式中演奏，由"喜鹊调""散花调""祭鼓调""祭祖调""三六九调""祭祀调""喜庆调"等组成。演奏时，由铜鼓担任主奏，并常与唢呐、皮鼓、大镲、铙钹、锣等合奏，曲调雄浑厚重。有铜鼓的村寨和大姓，都有人懂得鼓调。

铜鼓十二调以家族方式口传心授世代沿袭，始终与布依族的生活、文化联系在一起，基本保存着古代乐器的演奏风格，是内容丰富的古代音乐作品和古代音乐信息的宝库。

由于现代经济和外来文化的冲击，导致传统观念发生迅速改变，现已少有人了解布依族铜鼓，而年青一代也无兴趣，铜鼓调的传承已处于濒危状态，亟待抢救和保护。

土家族打溜子

序号：85
编号：Ⅱ-54
批次：1
类别：传统音乐
申报地区或单位：湖南省湘西土家族苗族自治州，湖北省五峰土家族自治县、鹤峰县

土家族打溜子是主要流传在湖南和湖北土家族聚居区的一种民间器乐合奏，又称打家伙、打路牌子。

打溜子通常在逢年过节、婚娶祝寿、丰收迁居等喜庆场合演奏，一般由3～4人合奏演出。其主要乐器有溜子锣、头钹、二钹、马锣等，有的地区还加用唢呐。打溜子节奏感强，旋律富于变化，曲牌繁多，现存曲牌一百多个。曲谱分为文谱和武谱：文谱用于红、白喜事礼仪；武谱除用于喜事之外，还用于玩灯（舞狮、舞龙）等。其演奏形式分为走式、立式、坐式三种。走式即边击边奏演，用于婚嫁过程，途径村寨都要奏打。立式用于婚典"拦门"仪式、新居落成，以及"迎宾"等。坐式多用于自娱。根据演奏内容，打溜子分为绘声、绘神和绘意三大类：绘声类如《鲤鱼漂滩》《雁儿拍翅》等；绘神类如《小纺车》《闹年关》等；绘意类如《四季发财》《观音坐莲》等。此外，代表性曲目还有《安庆》《迎风》《八哥洗澡》《画眉跳杆》《双龙出洞》《燕排翅》《古树盘根》《扭插秧》等。

在传承方式上，传统的"传内不传外，传男不传女"模式已随着社会的发展变迁而打破，现如今的打溜子已不局限于酉水流域的土家族聚居的山寨，而是扩大到了湘、鄂、渝、黔边区广大的土家族集聚的乡镇、旅游区、大中小学校园。

国家级代表性传承人名单

姓名	性别	申报地区或单位	入选批次
罗仕碧	男	湖南省湘西土家族自治州	2
田隆信	男	湖南省湘西土家族自治州	2
简伯元	男	湖北省五峰土家族自治县	3

土家族咚咚喹

序号：624
编号：Ⅱ-125
批次：2
类别：传统音乐
申报地区或单位：湖南省龙山县

咚咚喹是土家族一种古老的单簧管竖吹气鸣乐器，主要流传于湖南省湘西土家族苗族自治州龙山县等土家族聚居区。咚咚喹经历了长期的发展过程，从1994年发掘的贝丘遗址所发现的两枚骨哨分析，应起源于六千多年前的新石器时代，经历了从只吹一个音的骨哨到两个音的鸟哨，最终成为三孔一筒音的咚咚喹。

咚咚喹用细竹管制作，管身长10～14厘米，直径1厘米。竹管上端留有竹节，节下切一斜口劈出薄片为簧，管壁开有三孔，形成三孔一筒音。

咚咚喹既是器乐和声乐共有的曲牌的名称，也是咚咚喹歌调演唱时的衬词、衬句。

咚咚喹可独奏、齐奏、合奏。演奏时，采用竖吹的方式，左手食指按住第三音孔，右手食指、中指分别按住第二和第一音孔，口衔舌簧吹奏。其发声清脆明快，悠扬悦耳，兼有打音、颤音，有模拟虫鸣鸟叫和清风流水的声音，也有固定曲牌。其曲牌丰富，内容以土家族语儿歌为主，大多有固定标题和唱词，保留了土家族古代歌谣的特色，代表性传统曲牌有《咚咚喹》《巴列咚》《呆都哩》《乃哟乃》《拉帕克》等。

目前，这种古老的乐器演奏形式正面临消亡的危险，急需加强抢救和保护工作。

国家级代表性传承人名单

姓名	性别	申报地区或单位	入选批次
严三秀	女	湖南省龙山县	3

维吾尔族鼓吹乐

序号：626
编号：Ⅱ-127
批次：2
类别：传统音乐
申报地区或单位：新疆维吾尔自治区

维吾尔族鼓吹乐是维吾尔族特有的器乐乐种，广泛流传于新疆维吾尔自治区境内的维吾尔族聚居区。

维吾尔族鼓吹乐主要使用纳格拉、苏乃依、冬巴克、卡娜依和达普等乐器，其中苏乃依和纳格拉是主奏乐器。纳格拉和冬巴克均为用木棍击奏的罐状单面皮鼓。纳格拉源自羯鼓，南北朝时期经西域传入内地。苏乃依是吹奏乐器，源自阿拉伯，后传入西域。

维吾尔族鼓吹乐常用于节日、婚礼、人生礼仪等喜庆场合，也在民间举行的各种麦西来甫、朝拜圣裔麻扎的礼仪、民间杂技"达瓦孜"表演等活动中演奏。其旋律流畅，节奏鲜明，发声高亢，擅长渲染喜庆气氛。

鼓吹乐队常由一支苏乃依、三对纳格拉和一只冬巴克组成，也可加入若干支卡娜依和达普，人数不固定。

维吾尔族鼓吹乐种类丰富，多来源于民间歌曲、舞曲、民间说唱及木卡姆古典音乐。代表性鼓吹乐套曲有《伊犁维吾尔族十二套鼓乐套曲》《吐鲁番维吾尔婚礼鼓吹乐套曲》，库尔勒的二十八套《赛乃姆》，喀什的《萨玛舞曲》《谢地亚娜》等。

目前，维吾尔族鼓吹乐尚未得到系统全面的搜集整理，老一辈鼓吹手相继离世，后继乏人，急需采取有效措施保护传承这一古老的民族音乐样式。

国家级代表性传承人名单

姓名	性别	申报地区或单位	入选批次
于苏甫	男	新疆维吾尔自治区	3

维吾尔族民歌

罗布淖尔维吾尔族民歌

序号：615

编号：Ⅱ-116

批次：2

类别：传统音乐

申报地区或单位：新疆维吾尔自治区尉犁县

维吾尔族民歌主要流传于新疆维吾尔自治区天山以南的喀什、和田和阿克苏、库尔勒地区，以及天山以北的伊犁等维吾尔族聚居区。

维吾尔族民歌蕴藏丰富，按内容可分为爱情歌、劳动歌、历史歌、生活习俗歌等。其中，爱情歌用比兴手法表达男女青年的感情，在民歌中数量最多；劳动歌有猎歌、牧歌、麦收歌、打场歌、挖渠歌、纺车谣、砌墙歌等；历史歌是反映重大历史事件的歌曲，代表曲目有《筑城歌》《往后流》等；习俗歌主要在婚丧嫁娶、节日庆典、祭礼活动中吟唱，有婚礼歌、迎春歌、迎雪歌、丧歌（又称"挽歌"）、封斋歌等。伴奏乐器有弹拨尔、热瓦甫、独它尔、卡龙笛子、手鼓等。

罗布淖尔维吾尔族民歌是传唱于新疆孔雀河畔、塔里木河两岸的罗布人的传统歌唱形式，主要流传于新疆维吾尔自治区尉犁县农牧区各乡、场，以及若羌县的部分乡、场等地。

罗布人是新疆维吾尔族的一个支系，"淖尔"是湖泊之意，"罗布淖尔"因罗布人居住的湖畔而得名。罗布人是新疆单一的食鱼族群，被称作沙漠瀚海中的打鱼人。在北魏《魏书·吐谷浑》、清《回疆志》《西域闻见录》《兰州辑略》等古书中均有土著居民罗布人的记载。

罗布淖尔维吾尔族民歌历史悠久，内容丰富，旋律优美，有的抒情悠扬，有的热烈奔放，感染力极强。其类型主要有爱情歌、劳动歌、狩猎歌、历史歌、叙事歌、思念歌，以及婚嫁歌、喜庆歌、丧葬歌等民俗歌。代表性曲目有《卡拉库逊的后代》《我去米兰服劳役》等。

罗布淖尔民歌反映了罗布淖尔居民的生活和精神世界，既是罗布人精神世界的解读，也是研究罗布淖尔人与古代音乐、文化、历史的重要资料。

近年来，受市场经济大潮的冲击，民间歌手维持生计困难，传承面临困境，如果不及时采取措施加以保护，罗布淖尔维吾尔族民歌将有可能失传。

文水鈲子

序号：95

编号：Ⅱ-64

批次：1

类别：传统音乐

申报地区或单位：山西省文水县

文水鈲子是源于并主要流传于山西省文水县岳村的一种民间乐种。之所以被称为鈲子，一是因主奏乐器是一种钹面直径约20厘米、重约3公斤的小钹，被当地人称为鈲子；二是因击打小钹所发出的声音"鈲"而得名。

文水鈲子起源于清嘉庆年间，当地人在"接麻衣仙姑"祈雨活动中，在鈲子伴奏下迎神起舞。经过多年传承，既保持着仪式音乐的庄严性，也逐渐成为当地逢年过节、闹社火、喜庆丰收、迎神赛社和日常迎宾的仪仗音乐。

鈲子音乐所使用的乐器有小钹、大钹、大铙、大鼓（雷公鼓），演奏时敲击乐器模拟风、雨、雷、电等自然界的声音，通过不同乐器的组合、独特的敲击方法和演奏姿势等呈现出独特的音响效果，有很强的艺术性和观赏性。演奏时有"双龙出水""二龙戏珠"等流动队形和"方阵""菱形阵"等固定阵形。代表性曲目有《雷公闪电》《乌云翻滚》《普降甘霖》《喜庆丰收》等。

文水鈲子，具有浓郁的黄土风情，是我国古代劳动人民祭祀祈雨文化的缩影，其风格豪放雄浑、古朴厚重，被誉为"三晋锣鼓中的一绝"。

水文鈲子以家族和师徒传承为主，口传心授代代传习，由兼职民间艺人组成的队伍四处演出。经过多年的恢复整理，文水鈲子音乐多次参加全国性的比赛，多次获得殊荣，成为文水县的传统艺术品牌。

国家级代表性传承人名单

姓名	性别	申报地区或单位	入选批次
武济文	男	山西省文水县	3

乌孜别克族埃希来、叶来

序号：616

编号：Ⅱ-117

批次：2

类别：传统音乐

申报地区或单位：新疆维吾尔自治区艺术研究所、伊犁哈萨克自治州、喀什地区

乌孜别克族埃希来、叶来是乌孜别克族民歌重要的组成部分和表现形式，主要流传于新疆维吾尔自治区喀什市、莎车市、叶城县以及伊犁州伊宁市、塔城县、乌鲁木齐市等地区。乌孜别克族民歌形成历史悠久，来源于今撒马尔罕的"康国乐"、今布哈拉的"安国乐"和今塔什干的"石国乐舞"，于魏晋南北朝至隋唐时期，与"龟兹乐""疏勒乐""高昌乐"等西域乐舞一起东传，对中原汉族及东南亚乐舞文化产生了重大影响。

"埃希来"也称"大艾修来""穹艾修来"，是长篇叙事民歌，曾为宫廷音乐。内容多为感叹人生苦难、咏唱失恋痛苦、劝人行善止恶等。其结构严谨，篇幅较大，为多段式发展型结构。全曲音域宽广，曲式恢宏。演唱时常用回音、颤音、倚音、滑音等装饰，音色苍老、深沉，独具特色。主要由民间歌手埃希来奇或阿皮孜在"喔朵鲁希"等各种聚会上演唱。

"叶来"也称"也勒来"，是流传于民间的回答式短篇、小段民歌，大多能为舞蹈伴唱，内容以表现爱情为主。其音乐结构短小，节奏鲜明，情绪明快，多在节庆、婚礼等喜庆的民间集会上演唱。代表性曲目有《博斯唐》（绿洲）、《亚里亚》（情人）等。

埃希来、叶来音乐文化对研究东西文化交流、乌孜别克民族的社会历史及中华民族乐舞发展史，有着重要价值。由于种种原因，埃希来、叶来已濒临失传，亟待抢救和保护。

国家级代表性传承人名单

姓名	性别	申报地区或单位	入选批次
排孜拉·依萨克儿	男	新疆维吾尔自治区喀什地区	3

五河民歌

序号：75

编号：Ⅱ-76

批次：2

类别：传统音乐

申报地区或单位：安徽省五河县

五河民歌是流传于安徽省五河县及周边地区的一种民歌形式。关于五河民歌的记载历史最早见于1458年所修县志《五河县志》，如"除夕前二三日小儿打腰鼓唱山歌来往各村谓之迎年"，"南浦渔歌北原牧唱……东沟鱼唱西坝农歌"。

五河民歌种类多，曲目丰富，有劳动号子、秧歌（田歌）和小调三大类，其中以小调类最多，也最具有特色。表演方式以演唱和白口为主，兼有独唱、对唱、说唱、小演唱等。五河民歌风格独特。其曲调呈小波浪式，节奏平稳，拖腔，抒情性很强，同时旋律中还有淮北侉腔侉调、粗犷豪迈的特点，体现着刚柔兼济的艺术风格。在调式上，多为徵调式，也有徵调式与小调相互交替的调式，如《四季颂淮北》开始是宫调式，后转入徵调式，最后一句结束在羽音上，给人意犹未尽、意味深长的新鲜感。五河民歌在演唱中以清唱为主，后逐渐发展成为有伴奏的演唱，其伴奏乐器分为拉弹、吹奏、打击三类，主要有二胡、唢呐、笛子、笙、梆子等。代表性曲目有《摘石榴》《四季颂淮北》《打菜薹》等。

五河地处淮北、淮南、苏北交界，受到中原文化、吴文化和楚文化的影响，形成了交融并进的民歌特色。五河民歌是淮河中下游民间音乐文化、地域文化和民间文化的杰出代表。

五河民歌现在只剩下几位老艺人健在，传承后继乏人，濒临灭绝，保护和抢救刻不容缓。

五台山佛乐

序号：97

编号：Ⅱ-66

批次：1

类别：传统音乐

申报地区或单位：山西省五台县

五台山佛乐是流传于山西省佛教圣地五台山的佛教音乐，其始于北魏，唐代时达到繁盛。

五台山是全国唯一兼有汉传佛教（称"青庙"）和藏传佛教（称"黄庙"）的佛教圣地，佛乐也表现为汉传和藏传两种特点。青庙音乐讲究"入法"，即规矩，风格幽雅、静谧，从五台山向全国辐射。黄庙音乐要求不甚严格，曲调明朗，更富有民间色彩，仅在五台山繁衍发展。演奏形式分声乐和器乐两类：声乐是在法事仪式中对各种经文的演唱，主要有和念、令调、吟诵和直数四种形式；器乐是由若干件乐器和法器组成乐队，诵咏经文时伴奏或单独进行器乐演奏。其乐器由打击乐和吹奏乐器组合而成。青庙乐器有手鼓磬、铛子、中木鱼、方锣、鼓、铙、忏钟、行磬、管子、笙、梅等。黄庙乐器有大把鼓、藏铃管子、笙、大木鱼、大号、海螺、铙、钹、唢呐、海笛等。

五台山佛乐的谱系是工尺谱，在点笙（调音）方面有独特的技术手段和调音法，以师父带徒弟的口传心授方式传承。在近两千年的发展过程中，五台山佛乐始终沿用佛教的"歌赞""转读""唱导"等形式，保存有唐宋以来各时期流行的歌曲和乐曲。代表性曲目有早课曲目《楞严咒》《大悲咒》《十小咒》等，晚课曲目《弥陀经》《忏悔文》《蒙山文》等。

20世纪60年代以来，随着五台山佛事和法会减少，佛乐也随之少用，一些传统的曲目有所遗失，传承人也较以前少了。进入21世纪后，经过当地政府的努力，总体上来看，五台山佛教音乐正处于逐步恢复的状态。

国家级代表性传承人名单

姓名	性别	申报地区或单位	入选批次
释汇光	男	山西省五台县	3
章样摩兰	男	山西省五台县	3
果祥	男	山西省五台县	4

武当山宫观道乐

序号：100
编号：Ⅱ-69
批次：1
类别：传统音乐
申报地区或单位：湖北省十堰市

武当山宫观道乐是流传于湖北武当山宫观的配合道场各种仪式活动所使用的音乐。唐代贞观年间武当山始建五龙祠，此后，道教的正一、全真等教派在此开宗布道，加之历代高道名师的隐居修炼，长期的宗教活动留下了极为丰富的音乐资料，形成了既有全真派"十方韵"音乐特色，又有多教派音乐风韵的武当山宫观道乐。

武当山宫观道乐分为声乐和器乐两大部分。演奏中大多是歌、舞、乐一体的表演形式。其体裁形式可分为韵腔和牌子两大类。根据演奏场合、对象和目的的不同，又可将韵腔分为阳调、阴调，将牌子分为正曲、耍曲、法器牌子。根据道士修持的日常功课、祭祀祈祷仪式、念经超度等活动内容，也可分为修道法事、斋醮法事和纪念法事音乐三大类。常见曲牌器乐有《山坡羊》《梧桐月》《迎仙客》等，唱诵曲牌有《普供养》《斗老赞》《王母赞》等。

目前，武当山宫观中的"玄门日诵早晚课""祖师表""萨祖铁罐施食焰炼科范"等科仪音乐得到了完整的保存。

西安鼓乐

序号：92
编号：Ⅱ-61
批次：1
类别：传统音乐
申报地区或单位：陕西省

西安鼓乐是流传在陕西省西安及周边地区的民间大型鼓吹乐。在民间以鼓乐社的形式存在，目前鼓乐社组织主要分布在西安的村镇和寺院，以西安东仓、城隍庙、长安区何家营、周至县集贤村、蓝田县等最为著名。

西安鼓乐源于唐代燕乐，后融入唐宋宫廷音乐，经过多年传承与发展，逐渐形成了一套完整的大型民族古典音乐形式。演奏形式有坐乐和行乐。坐乐，是在室内围绕着桌案坐奏的，以竹笛为主奏乐器，吹奏乐器有笛、笙、管，击奏乐器则有坐鼓、战鼓、乐鼓、独鼓，以及大铙、小铙、大钹、小钹、大锣、马锣、引锣、铰子、大梆子、手梆子等，有时还加上云锣。其曲调是一种有固定结构的套曲，即"花鼓段坐乐全套"和"八拍鼓段坐乐全套"。行乐，即在行进中演奏，有彩旗、令旗、社旗、万民伞、高照斗子等道具辅助，使用高把鼓、单面鼓、小吊锣、铰子、供锣、手梆子、方匣子等打击乐器，以及笛、管、笙等管乐器演奏。每年农历六月初一终南山南五台古公和六月中旬的西安城内西五台古会是最盛大的鼓乐会演。

如今所使用的乐谱，仍然是古代的半字谱（公尺谱系列），全系手抄本，较早的出自明代，至今保留着唐宋时期的记写方式。现存清乾隆二十八年西安鼓乐手抄谱珍藏本的谱字与宋代姜夔十七首自度曲所用的谱字基本相同，证明这一珍藏本是明清以来已渐失传的俗字乐谱。

西安鼓乐曲目众多，现存一千一百余首曲目，其中包含唐代大曲、唐宋燕乐曲、教坊大曲等唐宋音乐同名的曲目，代表性曲目有《鼓段子》《打扎子》《引令》《套词》《南词》《曲破》《杂曲》等。

西安鼓乐是中国传统器乐文化的典型代表，中国音乐的律、调、曲、词、乐谱、乐器、结构、旋法等音乐因素在这个古老的乐种中留下了遗迹，堪称我国古代音乐的"活化石"。

近年来，随着社会的发展变化，传统观念发生了变革，原西安鼓乐赖以生存的民间庙会等人文环境正在逐步消亡，加之老艺人相继谢世，后继乏人，西安鼓乐濒临灭绝，亟待抢救和保护。

国家级代表性传承人名单

姓名	性别	申报地区或单位	入选批次
赵庚辰	男	陕西省	2
顾景昭	男	陕西省	2
田中禾	男	陕西省	2
何忠信	男	陕西省	3

西坪民歌

序号：579
编号：Ⅱ-80
批次：2
类别：传统音乐
申报地区或单位：河南省西峡县

西坪民歌是主要流传于河南省南阳市西峡县西坪镇的民间歌曲。据考证，西坪民歌起源于汉代的歌谣传唱，唐代开始盛行。

西坪民歌的题材丰富，有劳动歌、时政歌、仪式歌、情歌、生活歌、历史传说等近千首。其中，劳动歌中有劳动号子、夯歌，具有协调动作、指挥劳动、鼓舞情绪的作用；田歌、渔歌描绘劳动情景，诉说劳动感受；情歌，表达方式朴素、生动、幽默、风趣，抒发爱情和相思；生活歌主要反映社会生活。

西坪民歌的调门包括大对花、小对花、陪郎、留郎、拜年调、绣荷包、采茶曲、石榴烧火、四六句等三十多个。唱腔以真嗓演唱为主，男声高亢质朴，女声柔美酣畅，抒情叙事灵活自如。演唱形式有独唱、多人唱、合唱等，其中生活歌以对歌形式较多。常用打击乐器和器乐伴奏。演唱西坪民歌时，常与高跷、花轿、彩云舞、采茶舞蝶、竹马等众多艺术形式相结合。代表性曲目有《我在房中绣绒花》《正月采茶正月嗦》《批花线》《大对花》《小对花》《对花》等。

目前，西坪绝大多数民歌手已届古稀之年，无法继续演唱，且后继乏人，濒临消亡，急需保护传承。

弦索乐

菏泽弦索乐

序号：1081
编号：Ⅱ-151
批次：2
类别：传统音乐
申报地区或单位：山东省菏泽市

弦索乐是由几件弹拨乐器和拉弦乐器结合在一起演奏的合奏形式。其组合形式早见于宋元戏曲和曲艺的伴奏，如金董解元的《诸宫调西厢记》，故有"弦索西厢"之称。明清"北曲"亦用弦索伴奏。弦索乐因其风格典雅而有"雅乐"之称，又因其形成历史久远而被称为"古乐"。北京的"弦索十三套"，山东的"碰八板"，河南的"板头曲"，广东的"潮州细乐"等均称弦索乐。

弦索乐多在庙会、年节活动、冬闲时,在寺庙、庭院等室内演奏,是民间艺人们自娱自乐的一种活动方式。常用乐器有筝、琵琶、扬琴、三弦、胡琴等。弦索乐代表性曲目:"弦索十三套"有《十六板》《合欢令》等;"碰八板"有《大板第一》(筝奏《汉宫秋月》、扬琴奏《满洲乐》)等;"板头曲"有《打雁》《小飞舞》等;"潮州细乐"有《大八板》《昭君怨》《平沙落雁》等。

菏泽弦索乐主要流行于山东省菏泽市郓城、鄄城等县的乡村。菏泽弦索乐有古曲十大套,每套是"八板体"的套曲,俗称"碰八板"。又因其每个曲子的八个乐句各有八板,全曲另加四板的结构形式,又称"六十八板"。其旋律优雅柔美,和声织体浑厚动听。

长,节奏自由,有独唱和对唱形式。有一种传唱于奉家山一带的"特高腔"的"呜哇山歌",唱时多用假声。还有一种"滚板山歌",演唱时一人起头众人和,起音极高,跳跃性强,最后以"呵呵"结尾,气势磅礴。低腔山歌多流传于丘陵平原,音调较低,拖音较短,也以独唱和对唱形式演唱。

新化山歌内容广泛,有劳动歌、时政歌、仪式歌、风俗歌、陶情歌、儿歌等。代表性曲目有《资水滩歌》《闹洞房》《打四门》《峒事歌》《颂歌》等。其中高腔山歌《神仙下凡实难猜》曾唱到了中南海,成为新化山歌最为著名的作品。

目前,新化山歌这种古老的民歌形式已处于濒危状态,抢救保护任务迫在眉睫。

新化山歌

序号:594
编号:Ⅱ-95
批次:2
类别:传统音乐
申报地区或单位:湖南省娄底市

新化山歌是主要流传于湖南省娄底市新化县的民间歌曲。新化山歌起源于先秦,兴盛于唐宋,传承至今。新化县古称"梅山峒蛮",原是少数民族聚居之地,经过长时期的民族融合,如今虽已汉化的居民仍保持着演唱山歌的习俗。

新化山歌多在耕作之余、喜庆节日、婚丧嫁娶活动时演唱。山歌调式古老,句式长短有致,俚俗方言衬词较多,多用"呜啊""哇呜""喔火火""嗨嗨"等语气衬词。语言上多引用比喻、排比、夸张等修辞手法。

新化山歌可分为高腔和平腔(低腔)两类。高腔山歌流行于高山地带,音调高亢,拖音较

新疆维吾尔木卡姆艺术

十二木卡姆、吐鲁番木卡姆、哈密木卡姆、刀郎木卡姆

序号:101
编号:Ⅱ-70
批次:1
类别:传统音乐
申报地区或单位:新疆维吾尔自治区、鄯善县、哈密地区、麦盖提县

新疆维吾尔木卡姆艺术是一种集歌、舞、乐于一体的大型综合艺术形式,是流传于新疆维吾尔族聚居区的各种木卡姆的总称,在南疆、北疆、东疆等维吾尔族聚居区,以及乌鲁木齐等大、中、小城镇广为流传。"木卡姆"为阿拉伯语,意为"聚会"等,如今转意为"古典音乐",是穆斯林诸民族的一种音乐形式,木

中国非物质文化遗产百科全书·代表性项目卷

卡姆音乐现象分布在阿拉伯、波斯、土耳其、印度以及中亚、北非等十九个国家和地区。

新疆维吾尔木卡姆有着漫长的形成和发展历史，它继承和发扬了古代西域音乐中的《龟兹乐》《疏勒乐》《高昌乐》《伊州乐》《于田乐》等音乐传统，在汉唐时期已形成了完备的艺术形式。

新疆维吾尔木卡姆的歌唱内容，包含了哲人箴言、文人诗作、先知告诫、民间故事等，是反映维吾尔人民生活和社会风貌的百科全书。歌曲体裁有叙咏歌、叙事歌；演唱方式有合唱、齐唱和独唱；唱词格律与押韵方式复杂多样。载歌载舞，是维吾尔木卡姆的特色，舞蹈技巧丰富，集体舞的队形组合和步伐富于变化。演唱时主要以萨它尔、艾捷克、卡龙、弹布尔、独它尔、热瓦甫、达普等拉弦乐器、弹拨乐器跟腔伴奏，以达普击节相伴。

新疆维吾尔木卡姆艺术是维吾尔族优秀的古典音乐，其音乐形态丰富多样，显示出鲜明的民族特色和强烈的感染力，在发展历程中形成了最具代表性的十二木卡姆、吐鲁番木卡姆、哈密木卡姆、刀郎木卡姆流派。

十二木卡姆主要流传在喀什、和田、阿克苏等南部新疆地区和伊犁河谷各大小绿洲中，由十二套大型套曲组成，每一套又由大乃格曼（大曲）、达斯坦（叙事诗）和麦西热甫（民间歌舞）三大部分构成。完整演唱一次十二木卡姆需要二十多个小时。吐鲁番木卡姆主要流传于吐鲁番地区鄯善县鲁克沁镇及吐鲁番市、托克逊县，有十一部，完整演奏一次约需十个小时。哈密木卡姆主要流传在新疆东部哈密地区，有十二套大型套曲共有二百五十八首曲目、数千行歌词。刀朗木卡姆主要分布在塔里木盆地西北部以叶尔羌河至塔里木河流域为中心的刀郎地区，尤以麦盖提县为盛，据说原有十二套套曲，如今收集了九套，完整演唱约需一个半小时。

长期以来，木卡姆靠师徒相传，口传心授，但由于木卡姆体系庞大，曲牌绵长，这种传承形式难以延续。20世纪50年代开始，在政府相关部门支持下，相继成立木卡姆研究室和木卡姆艺术团，出版系列书籍和光盘，加大了对木卡姆的抢救力度。

国家级代表性传承人名单

姓名	性别	申报地区或单位	入选批次
玉素甫·托合提	男	新疆维吾尔自治区	2
阿布来提赛来	男	新疆维吾尔自治区	2
吐尼莎·萨拉依丁	女	新疆维吾尔自治区	2
乌斯曼·艾买提	男	新疆维吾尔自治区	2
买买提·吾拉音	男	新疆维吾尔自治区鄯善县	2
吐尔逊·司马义	男	新疆维吾尔自治区鄯善县	2
艾赛提·莫合塔尔	男	新疆维吾尔自治区哈密地区	2
玉苏因·亚亚	男	新疆维吾尔自治区麦盖提县	2
阿不都吉力力·肉孜	男	新疆维吾尔自治区麦盖提县	2

新疆维吾尔木卡姆演唱

◎传统音乐

信阳民歌

序号：578
编号：Ⅱ-79
批次：2
类别：传统音乐
申报地区或单位：河南省信阳市

信阳民歌是流传于河南省信阳市境内各区县包括商城、潢川、固始、新县、光山、罗山等县的民间歌曲。

信阳民歌题材广泛，涵盖了社会生活的各个方面。其在类型上主要有小调和劳动歌曲两大类，其中包括情歌、小调、叙事歌、仪式歌、号子、山歌、田歌、灯歌、会歌、儿歌、叫卖歌等十余种。小调、情歌多无伴奏，即兴演唱；灯歌、会歌有管弦乐或打击乐伴奏，常用唢呐、竹笛、笙、板胡、二胡、琵琶、扬琴、堂鼓、钹、大小锣等；劳动歌曲如水歌、打夯歌等多在劳动器具的击打声中进行。其曲式、调式丰富多样，旋律以民族五声调式为主，兼有宫、商、角、徵、羽各调。有的歌曲还出现变宫、清角等音，成为六声、七声调式。

信阳因地处中州南部边缘，又与鄂、皖交界，是南北民歌的过渡地带，因此信阳民歌有南北民歌刚柔并济的艺术特点。其代表性曲目有《八月桂花遍地开》《送郎当红军》《花轿到门前》《车水歌》《茶妹子》等。

社会生活方式的改变使民歌的生存环境日益窘迫，加之大批民歌艺人相继辞世，传承乏人，古老的信阳民歌已呈岌岌可危之势，急需抢救保护。

兴国山歌

序号：39
编号：Ⅱ-8
批次：1
类别：传统音乐
申报地区或单位：江西省兴国县

兴国山歌是流传在江西、广东、福建、广西等省区的客家民歌，主要流行于江西省兴国县，故通称兴国山歌。兴国山歌历史悠久，相传是秦末兴国人上洛山造阿房宫的伐木工所唱的歌。中原客家先民南迁后，当地民谣渗透其内，因此，中原的古风遗韵和当地文化的融合形成了独具特色的兴国山歌。兴国山歌故有"唐时起，宋时兴，唐宋流传到至今"的说法。

兴国山歌生动活泼，形式多样，有独唱、对唱、"三打铁"、联唱、轮唱等形式和锁歌、盘歌、斗歌、猜花、丢观音、黄鳅咬尾、绣褡裢、藤缠树、树缠藤等种类。在表演形式上，有在乡野田间唱和的遥唱体山歌，内容涵盖男欢女爱、生产、生活、时政等方方面面；也有由巫公、巫婆演唱的有人物、故事情节的室内叙事体山歌；还有在庙会、婚丧嫁娶、建房祝寿、满月席等场合，由职业歌师演唱的民俗歌等。代表性曲目有《园中芥菜起了芯》《绣香包》《行行都出状元郎》《赞八仙》等。

跳觋是兴国山歌的一种重要传承方式。为保佑平安吉庆，村落里每年都要举行跳觋仪式，跳觋师除掌握一整套跳觋的程式外，更重要的是演唱大量民俗山歌，通宵达旦载歌载舞。

兴国山歌生活气息浓郁，饱含着丰厚的客家文化信息，对研究客家文化有重要价值。随着社会和科技的进步，传统的生产生活方式已发生改变，兴国山歌在现代流行歌曲的冲击下日渐衰微。

国家级代表性传承人名单

姓名	性别	申报地区或单位	入选批次
徐盛久	男	江西省兴国县	2
王善良	男	江西省兴国县	3

兴山民歌

序号：40

编号：Ⅱ-9

批次：1

类别：传统音乐

申报地区或单位：湖北省兴山县

兴山民歌是流传于湖北兴山县各乡镇及其周边地区的民歌形式，因其特有的"兴山三度音程"而被定名为"兴山民歌"。兴山民歌历史悠久，兴山三度三声腔民歌的结构与湖北境内出土的曾侯乙编钟、商周青铜"猪磬"的三声音律结构相似，唐代《东坡集》载有"二三月皆群聚讴歌，其词固不可解，其音亦不中律吕"，刘禹锡《在建平听里中儿联歌》说"聆其音，中黄钟之羽"，均为兴山民歌的形成历史提供了佐证。

兴山民歌音调奇特，让人不识高音、不辨调式、不易歌唱，因为在其音阶结构中含有一个介于大、小三度之间的音程，即"兴山三度音程"。兴山民歌强烈的"悲音""哭调"，与汉唐时期竹枝歌"悲苦、愁绝"反悲为喜的美学特征同出一辙。兴山民歌主要存在于兴山薅草锣鼓和兴山丧鼓两种载体之中，尤以薅草锣鼓最为典型。代表性曲目有《征东》《征西》《薛刚反唐》《十送》《十想》《五更》等。

兴山民歌揭示了荆楚古歌的原貌，证明了我国现存民间艺术的载体中，依然存在与出土乐器相一致的律学原理，对研究我国古代音乐史、传统民歌的变异与传承有着极高的学术价值。

随着时代的变迁与发展，兴山薅草锣鼓在生产劳动中的表现已经绝迹，而且薅草锣鼓民间艺人90%均为70岁以上的老人，其传承与保护状况令人担忧。

国家级代表性传承人名单

姓名	性别	申报地区或单位	入选批次
陈家珍	女	湖北省兴山县	2
彭泗德	男	湖北省兴山县	3

秀山民歌

序号：583

编号：Ⅱ-84

批次：2

类别：传统音乐

申报地区或单位：重庆市秀山土家族苗族自治县

秀山民歌是主要流传于重庆市秀山土家族苗族自治县的民间音乐形式。秀山地处渝、湘、黔、鄂四省（市）交界，是"处蜀僻远""百里阻荒"之地，民歌长期在此流传。秀山民歌历史悠久，其源于上古时期的巴渝歌舞，兴盛于唐、宋，延续至今。

秀山民歌可分为劳动歌、山歌、风俗歌、生活时政歌四大类。劳动歌有薅草歌、船工号子、石工号子、农事歌等；山歌有对歌、盘歌、情歌等；风俗歌有孝歌和婚嫁歌；生活时政歌反映社会生活各个层面，如控诉旧政府的《抓壮丁》等。

秀山民歌属单声部民歌，节奏规整，以徵调式为主。独唱、对唱时一般无乐器伴奏，但演唱薅草歌时，歌手需在锣鼓伴奏下对唱或轮唱，花灯歌曲的伴奏更多，如堂鼓、竹笛、大小唢呐等。民歌中衬词、衬腔独具特点，常用衬词有"哋哩吼""奴的娇""小情歌""哥呀哈里呀"等，风趣诙谐，地方色彩浓重。衬腔篇幅有长有短，运用方法灵活多样。

秀山民歌曲目丰富，有上千首，其代表性曲目有《黄杨扁担》《一把菜籽》《上田号子》《划船调》《黄花草》等。

秀山民歌蕴含了诸多湘、黔地域文化的因子，在地方历史和民间艺术发展史等方面的研究中具有重要的参考价值。目前秀山民歌后继无人，濒临灭绝，积极开展抢救保护工作已成为相关部门的当务之急。

崖州民歌

序号：44
编号：Ⅱ-13
批次：1
类别：传统音乐
申报地区或单位：海南省三亚市

扩展名录：
崖州民歌　　　　海南省乐东黎族自治县

崖州民歌是海南古老的民歌种类之一。公元927年宋太宗在海南设置崖州，州治设于今三亚市崖城镇，领宁远、古阳两县（今三亚、乐东黄流一带）。随着中原移民不断迁入此地，传入的各地民歌与当地语言、民风民俗不断融合，逐渐形成了具有浓郁地方特色的崖州民歌。

崖州民歌题材广泛，内容有吟咏生产劳动、歌唱美好爱情、反映社会生活、表现乡间民俗、讲述古老传说等。它带有明显的佛教"斋歌"和唐代七言诗格式的痕迹。唐代佛教传入海南，在崖州建有大云寺，崖州民歌的嗟叹调就出自"斋歌"，与寺庙的念诵吟唱有关。其歌词多为七言，后来发展有"三七句""长藤句"等多种句式。民歌分对唱和独唱两种，独唱按固定歌词演唱，对唱多为一男一女即兴发挥。曲调有号子、叫卖歌、拉大调、柔情调、嗟叹调、哼小调等，已发现的叙事长诗有百余首。代表性曲目有《十送情郎》《梁生歌》《张生歌》《孟丽君》《驻春园》等。

崖州民歌对研究古崖州历史、文化、民俗、艺术等方面具有重要意义。如今随着老一代歌手的陆续去世，这一古老民间音乐形式也出现传承危机。

姚安坝子腔

序号：595
编号：Ⅱ-96
批次：2
类别：传统音乐
申报地区或单位：云南省姚安县

姚安坝子腔是流传于云南省楚雄彝族自治州姚安县的一种民歌形式，主要传唱于姚安县境内的汉族村寨中。其形成历史悠久，据传是明代洪武年间从中原传入，并与当地民歌小调融合而成。

姚安坝子腔分上坝子腔和下坝子腔。上坝子腔流传于栋川镇以南、仁和、太平、官屯等地，唱腔融入了山区彝族的情歌小调，演唱时即兴编词，音律低沉优雅，声音圆润，低沉优雅，俗称"小变腔"。下坝子腔流传于栋川镇以北、龙岗、光禄、大龙口一带，音域宽广，声音高亢，旋律跳跃性大，且最考究演唱人的嗓音和口才。姚安坝子腔的歌词由主词和副词两部分组成，两者在内容上区别较大，一般主词为两句，副词为六句至十句不等。副词，又称"垛叶子""垛板"，即演唱中的绕口令，沿用了京剧、滇剧中的"垛板"，在数和唱时无半点停顿，一气呵成,演唱技巧难度极大,要求唱者具备音域高、口齿吐字清晰的技能。"垛板"演唱时将姚安坝子的村寨、地名等说唱在歌词中,充分展示了语言和知识功底。

姚安坝子腔多在野外、田间演唱,其表现形式为独唱和男女二人对唱,配以笛子、二胡和打击乐伴奏。代表性曲调有"十二属""十二月采花""猜调""数姚州""数地名"等。

姚安坝子腔是姚安坝子农民在生产生活中创造的最原始的歌谣,具有鲜明的民族民间文化特性,是研究彝族和杂居民族间民歌形态与民族关系的重要参考资料。

现今能演唱姚安坝子腔的人已寥寥无几,这一民间艺术正面临着失传的境地,亟待抢救和保护。

瑶族民歌

花瑶呜哇山歌

序号:609
编号:Ⅱ-110
批次:2
类别:传统音乐
申报地区或单位:湖南省隆回县

瑶族民歌主要流传于广西、湖南、云南、广东、江西、海南等省区的瑶族聚居区。瑶族民歌内容十分广泛,上自天文地理,下至民间百事,从盘古开天,到农事婚丧喜庆,随口而出,即兴演唱。因分布地域广泛,曲调繁杂,结构形式多样,有五言、七言、曲牌体和长短句等多种形式。按题材可分为情歌、风俗歌、生产歌、苦歌、反抗斗争歌等,情歌又分为引情歌、恋歌、分别歌、寄情歌、爱憎歌、自由歌、盘歌等。代表性曲目有《酒歌》《蝴蝶歌》《拉发歌》《香哩歌》,以及长篇史诗《密洛陀》和古歌总集《盘王歌》等。

瑶族民歌(花瑶呜哇山歌)
申报地区或单位:湖南省隆回县

花瑶呜哇山歌是花瑶族独有的一种民间音乐艺术,主要传唱于湖南省邵阳市隆回县虎形山瑶族乡。当地瑶族因着装艳丽,从头到脚似花的世界,而得名"花瑶"。呜哇山歌源于花瑶祖先的劳动号子,至今已有上千年历史,经过长期的发展,最终演变成一种高腔山歌,演唱时常用"呜哇"作衬词,因此得名"花瑶呜哇山歌"。

花瑶呜哇山歌内容取材于生产、生活及民间传说,可分为历史歌、风俗劝勉歌、生产劳动歌和情歌等种类。山歌多由成年男子演唱,真假声交替使用,多为合唱。其曲调节奏自由,高亢嘹亮,有较长的甩腔。句段整齐,有七言、九言、十一言,每首六句歌词,采用比喻、夸张、起兴、排比、问答等修辞手法。呜哇山歌的韵脚叫调子,每种调子都有三个字组成的固定名称,现在流传下来的有如"少年乖""我老哥""我个贤""话来听"等十余个调子。

老一代花瑶歌手健在的已不多,花瑶呜哇山歌的传承问题急需解决。

国家级代表性传承人名单

姓名	性别	申报地区或单位	入选批次
戴碧生	男	湖南省隆回县	3

◎ 传统音乐

宜昌丝竹

序号：78
编号：Ⅱ-47
批次：1
类别：传统音乐
申报地区或单位：湖北省宜昌市夷陵区

宜昌丝竹是宜昌民间器乐艺术的代表体裁。主要流传于湖北宜昌，并以宜昌市夷陵区鸦鹊岭为中心，辐射毗邻的枝江、枝城、当阳等县市。其传承至今已近二百年，历经七代乐人。它是一种用竹制吹奏乐器与弦乐器为主奏乐器演奏曲牌，与打击乐合成的民间器乐，也称"细乐"。

宜昌丝竹的演奏主要见于婚丧嫁娶和节庆等民俗活动中。乐班组成或八人或四人，所用乐器有二胡、月琴、竹笛、竹箫、大堂边鼓、花鼓、恒锣、马锣、小锣等。其曲牌有明显的丝竹曲牌特点，有以"一曲生五曲、五曲生七调"的曲牌派生法，还以起调毕曲音构成主导乐句贯穿全曲。宜昌丝竹曲调优美，多表现优美抒情、轻快活泼的情趣，具有柔、细、轻的音乐特征。

宜昌丝竹有乐曲六十余首，仅鸦鹊岭一镇就有六十多个乐班、七百余乐人。常见曲目有《水龙吟》《戏球》《小起堂》《小开门》《客丧》等。

国家级代表性传承人名单

姓名	性别	申报地区或单位	入选批次
黄太柏	男	湖北省宜昌市夷陵区	2

彝族海菜腔

序号：62
编号：Ⅱ-31
批次：1
类别：传统音乐
申报地区或单位：云南省红河哈尼族彝族自治州

彝族海菜腔是彝族人的民歌演唱形式，主要流传于云南省石屏县异龙湖畔、陶村鸭子坝、牛街、龙朋六街等地的彝族支系尼苏人聚居地区。传说是当地人在异龙湖上采摘一种名为"海菜"的水生草本植物时边划船边唱歌而得名的。

海菜腔形成于彝族青年"吃火草烟"的社交习俗，即在男女青年恋爱交往时，姑娘给小伙子装烟丝、燃烟，小伙子吸烟，通常是一边点烟、吸烟，一边唱海菜腔、跳烟盒舞表达情意，称为"吃火草烟"。海菜腔用汉语演唱，曲调保留了彝族音乐的风格，其节奏细致多变，旋律悠长。海菜腔原为民歌小调，现已发展成数十种"曲子"，曲子有试曲、勾曲、抽曲、热曲、扫曲、离曲、挂曲、怨曲、闲曲、怪曲等，曲体分为"曲子""侃白话""花点儿"。其演唱内容也不再局限于反映彝族青年爱情生活，还涉及劳动生产、社会生活各个方面。演唱场所也从传统的青年社交场所不断扩大，在祭祀、节日、婚丧嫁娶、生产劳动、谈情说爱、盖建新房等活动中都能听到海菜腔。其代表性曲目有《哥唱小曲妹来学》《石屏橄榄菜》等。

随着社会的发展，表现海菜腔的男女交际方式"吃火草烟"习俗也在消亡，同时老一辈"曲子师傅"的相继离世，年青人中少有海菜腔的爱好者，其传承面临严重危机，亟待保护。

国家级代表性传承人名单

姓名	性别	申报地区或单位	入选批次
后宝云	男	云南省红河哈尼族彝族自治州	2
阿家文	男	云南省红河哈尼族彝族自治州	2

彝族民歌

彝族酒歌

序号：612
编号：Ⅱ-113
批次：2
类别：传统音乐
申报地区或单位：云南省武定县

扩展名录：
彝族民歌（彝族山歌） 贵州省盘县

彝族民歌主要流传于云南、四川、贵州和广西等省区的彝族聚居区域。彝族民歌内容丰富，可分为叙事歌、山歌、情歌、舞蹈歌和儿歌等。演唱形式有独唱、对唱、重唱、一唱众和等，有时几种演唱形式同时出现在同一首歌中，艺术表现别具一格。彝族民歌曲调多样，有爬山调、进门调、迎客调、吃酒调、娶亲调、哭丧调等。男声调雄浑高亢，女声调柔和细腻。著名歌曲如《马儿快些跑》《远方的客人请您留下来》等都是根据彝族民间曲调创作而来。

彝族民歌（彝族酒歌）
申报地区或单位：云南省武定县

流传于云南省楚雄彝族自治州武定县境内的彝族酒歌是彝族一种古老的民歌艺术。酒歌粗犷、奔放，按武定彝族的习俗，酒歌可分为"挪衣""道嘎""命熬""起除挪衣八""起除""早除""南嘎""所隐切答除"等，其中"挪衣"，意为听古代流传的歌，以历史、传说为题材；"道嘎"指用通俗易懂的语言所唱的小调，多以格言、警句为内容；"命熬"意为唱起歌来如同眼见般，多为叙事诗；"起除挪衣八"是婚嫁调与古歌的结合，用宫调式和商调式演唱；"起除"是婚嫁调，有一百四十余首；"早除"为颂歌，表现祝贺、赞美、恭维等内容；"南嘎"属于对唱和齐唱的形式；"所隐切答除"是贵宾敬酒调，曲调很多，有固定歌词。酒歌的代表性曲目有《迎宾酒歌》《祝酒歌》《敬酒歌》《劝酒歌》《留客酒歌》等。

演唱酒歌时，大都无须乐器伴奏，只有唱祭祀酒歌时，有专用的树叶、羊皮鼓、法铃等伴奏，此外在庄重的迎宾场合也有乐器伴奏，主要有月琴、大三弦、大号、地筒等。

彝族酒歌反映了彝族社会生活、历史传说、民俗风情、伦理道德观等方面内容，是研究古代彝族音乐、礼俗、社会生活的重要文献。

彝族民歌（彝族山歌）
申报地区或单位：贵州省盘县

流传于贵州省六盘水市盘县的彝族山歌，当地人称为"拉山腔"，其中以盘县淤泥乡的山歌最具代表性。演唱的场合、时间自由灵活，演唱形式有独唱、对唱等，可用彝语或汉语演唱。歌词以倡导尊老爱幼、夫妻恩爱、邻里和睦、勤劳善良、人与自然和谐相处等为内容，种类上分为情歌、酒歌、劳动歌、叙事歌等，展示了彝族人丰富多彩的社会风俗。

由于彝族的生活习俗不断向汉族靠近，彝族山歌这一艺术形式面临着消亡的危险，应立即着手加以保护。

吟诵调

常州吟诵

序号：626
编号：Ⅱ-137
批次：2
类别：传统音乐
申报地区或单位：江苏省常州市

吟诵就是用乐音方式诵读古典诗文，是汉文化圈中的人们对汉语诗文的传统诵读方式，有着三千年以上的历史。"吟"是用较长的音或几个音连缀而成的拖腔来"读"一个字，节奏较为宽缓；"诵"则是一个字配一两个较短的音，节奏较为紧凑。吟诵过程中，"吟"和"诵"往往结合、相间进行。吟诵的内容是经典和诗文，吟诵的形式是依照汉语的特点和诗词格律而进行的。

吟诵调是中国传统文化尤其是儒家礼乐文化的重要组成部分，在中国流传广泛，各地都有分布，因方言不同而形成多种流派，此外，在日本、韩国及东南亚各国等受汉文化影响较深的国家也流传着吟诵汉诗的传统。目前，吟诵人较多、吟诵保留尚比较系统的地区主要有江苏常州、福建漳州、广东广州、湖南长沙、河北河间、北京等地。

吟诵调（常州吟诵）
申报地区或单位：江苏省常州市

常州吟诵是运用常州方言进行吟诵的一种传统艺术形式，属于吴地吟唱流传下来的一脉，其悠久的历史可追溯到先秦时期，如《战国策·秦策二》中就有"诚思则将'吴吟'"的描述。

常州吟诵的内容主要包括古体诗（四言、五言、六言、杂言诗等）、近体诗（五绝、七绝、五律、七律等）、律词（长短句词调）、古文名篇四大类。吟诵没有乐谱可循，主要在于口头传承和灵活自如地运用，不用乐器伴奏。由于常州吟诵采用的是常州方言声调，比较接近中古汉语音韵体系，因而较多地保留了古典诗词文学的音韵美。在吟诵上注重感情的表达，强调气势与韵味，故而有"吟文四十八法"和"阳刚""阴柔"之说。若从音乐角度看，大致可归纳为四种基本腔法：一是"格律腔法"，多适于近体诗；二是"显基本腔法"，多适于五言、七言古体诗；三是"隐基本腔法"，多适于古文、古体诗；四是"核心腔法"，多适于律词小令。特别是其音步、节律特征，主要以"诵"为基础性节奏，通常是在与"吟"相结合的情况下体现出节奏特色（如两字一短顿、一句一长住），故"亦诵亦吟"是最常见的节奏形态。虽然不同传承人之间的吟诵腔调不尽相同，民间有"一人一调"说法，但总体上音乐风格依然统一。

常州吟诵是中国古代诗歌吟唱形式流传于今的重要见证，它不仅展现了历史上文人阶层吟诵音乐的风貌，也很好地保存了吴语的音韵特色，为了解中古时期南方诗歌的演唱特点提供了重要的参考依据，具有很高的历史与文化价值。此外它对于增强海峡两岸和海外华人的文化认同感，也具有重要意义。

现实的社会环境不利于常州吟诵的生存，如果不加紧抢救，这一传统艺术将难以避免消亡的危险。

国家级代表性传承人名单

姓名	性别	申报地区或单位	入选批次
秦德祥	男	江苏省常州市	4

酉阳民歌

序号：584
编号：Ⅱ-85
批次：2
类别：传统音乐
申报地区或单位：重庆市酉阳土家族苗族自治县

酉阳民歌是主要流传于重庆市酉阳土家族苗族自治县的民间音乐形式。酉阳地处湘、鄂、黔、渝四省（市）交界，是土家、苗、汉等各民族杂居之地。酉阳民歌便是各民族文化交融的产物。

无论在节日喜庆、婚丧祭祀还是在劳动生产等场合，都能听到酉阳民歌。其种类繁多，可分为劳动歌、祭祀歌、爱情歌、闲情歌、哭嫁歌、儿歌、红军歌和新民歌等。目前已收集整理酉阳民歌一千七百多首。其曲调丰富，大多是自由体山歌和小调，以宫调式、徵调式、羽调式为主。代表性曲目有《不要愁来不要焦》《太阳去了坡背凉》等。

酉阳民歌中最具特色的是劳动号子，多用来抒发情感、统一劳动动作、激发劳动兴趣，以及传授劳动经验等。演唱时有独唱、对唱和一领众和等形式，无须乐器伴奏，即兴而歌。其表现形式多样，功能齐全，如黑水号子有下秧号、栽秧号、薅秧号等；楠木号子有起号、上田号、溜溜号、长号等；井岗号子有晨号、中午号、下午号、晚上号、煞号等。各地号子一方一调，但其高腔旋律均是从低到高的音程大跳，演唱时高音延长，还采用边音。这些号子隐含着苗族飞歌的元素，增添了土家族、汉族的音乐成分，风格清新悦耳，自然流畅，别具特色。

酉阳民歌的老艺人多已作古，古老的民歌传承乏人，亟待抢救保护。

裕固族民歌

序号：50
编号：Ⅱ-19
批次：1
类别：传统音乐
申报地区或单位：甘肃省肃南裕固族自治县

裕固族民歌是裕固族的民间音乐形式，流传于河西走廊中部、祁连山北麓的甘肃省肃南裕固族自治县等裕固族聚居区域。据记载，裕固族源于7世纪的回鹘，9世纪时回鹘从蒙古高原向西、向南方向迁徙，南迁到河西走廊的回鹘与蒙古人、汉人、藏人融合，形成了今天的裕固族。裕固族语言有两种，一种称"尧胡尔"语，与维吾尔语、哈萨克语密切相关；另一种称"安格尔"语，与蒙古语关系密切。因此，裕固族民歌与回鹘民歌、蒙古民歌有着密不可分的源流关系。

裕固族民族文字已失传，主要依靠民间歌手来传承各个时期的历史文化。根据语言和居住区域不同，其民歌分为东部民歌和西部民歌，东部民歌粗犷、奔放，音调接近蒙古族民歌；西部民歌较平和、深沉，更多地继承了回鹘民歌的传统。在题材上可分为叙事歌、情歌、劳动歌等，有小曲、号子、小调、宴席曲、酒曲、擀毡歌、奶幼畜歌等。代表性曲目有《裕固姑娘就是我》《阿斯哈斯》《萨娜玛珂》《黄黛琛》《尧达曲格尔》等。

裕固族民歌生动地反映了裕固族文化变迁和社会生活各方面，是研究北方少数民族民歌和北方游牧民族文化历史的重要依据。随着社会的变化发展，民歌传唱越来越少，传承人趋于老龄化，大多数传统民歌已消失，仅存的民歌也在退化，面临失传。

国家级代表性传承人名单

姓名	性别	申报地区或单位	入选批次
杜秀兰	女	甘肃省肃南裕固族自治县	3
杜秀英	女	甘肃省肃南裕固族自治县	3

国家级代表性传承人名单

姓名	性别	申报地区或单位	入选批次
切吉卓玛	女	青海省海南藏族自治州	2

藏族拉伊

序号：52

编号：Ⅱ-21

批次：1

类别：传统音乐

申报地区或单位：青海省海南藏族自治州

藏族拉伊是一种专门表现爱情内容的山歌，流传于青海、甘肃、四川等安多方言藏区，以青海湖环湖和黄河流域为中心向四周辐射。"拉"是藏语"山"之意，"伊"为"歌曲"。7世纪藏区卫藏、康巴、安多三大方言区的划分，促成了拉伊在"下部多康"的安多藏区广泛传播。

拉伊蕴藏丰富，数目众多，内容涉及爱情生活的各个层面，没有固定歌词，青年男女在山野间触景生情而即兴编唱，用比喻的手法，生动地表达感情，不少歌词还采用了六世达赖喇嘛仓央嘉措的情诗。其对歌程序包括引歌、问候歌、相恋歌、相爱歌、相思歌、相违歌、相离歌、相思歌和尾歌等。曲调风格多样，因地域不同而变化，有的节奏紧凑，有的旋律深沉，有的节奏规整。代表性曲目有《阿中》等。

拉伊作为藏族古老的民歌，反映了安多藏区的经济、政治、文化和民俗特点，对人类学、民族学、民俗学等学科研究具有重要价值。拉伊靠口传心授延续发展，每年农历六月二十二在青海省海南藏族自治州举行的"拉伊会"，是传承这一民歌形式的盛会。

藏族民歌

川西藏族山歌、玛达咪山歌、华锐藏族民歌、甘南藏族民歌、玉树民歌

序号：614

编号：Ⅱ-115

批次：2

类别：传统音乐

申报地区或单位：四川省甘孜藏族自治州炉霍县、阿坝藏族羌族自治州、九龙县，甘肃省天祝藏族自治县、甘南藏族自治州，青海省玉树藏族自治州

扩展名录：

藏族民歌（藏族赶马调） 四川省冕宁县
藏族民歌（班戈昌鲁） 西藏自治区班戈县

藏族民歌主要流传于西藏自治区及青海省海北、黄南、果洛、玉树等藏族自治州和海西蒙古族藏族自治州、甘肃省甘南藏族自治州和天祝藏族自治县、四川省阿坝藏族羌族自治州、甘孜藏族自治州和木土藏族自治县以及云南迪庆藏族自治州等藏族聚居区。藏族民歌题材广泛，内容丰富，形式多样，可分为山歌（牧歌）、劳动歌、爱情歌、风俗歌和诵经调等。按其结构和表达形式，藏族民歌可分为"鲁"和"谐"两大类。"鲁体"民歌又分为"拉鲁"（山歌）和"卓鲁"（牧歌）。"谐体"民歌的品种较多，按地区划分有流行于雅鲁藏布江上游地区的"堆

谐"、流行于昌都以东藏区的"康谐"、四川巴塘的"巴谐";从内容与形式划分有"谐青"（在仪式、典礼上唱的颂歌）、"勒谐"（劳动歌）、"果谐"（圆圈舞）、"达谐"（箭歌）、"热谐"（铃鼓舞中唱的歌）、"酓谐"（酒歌）等。

藏族民歌（川西藏族山歌）
申报地区或单位：四川省甘孜藏族自治州炉霍县、阿坝藏族羌族自治州

川西藏族山歌主要流传于四川省甘孜藏族自治州炉霍县、阿坝藏族羌族自治州马尔康、金川等藏族聚居区。早在公元8世纪以前文献中就记载有名为"鲁"的民歌体裁，这是藏族山歌的最初形态。

川西藏族民歌以歌唱生产劳动、自然环境等内容为主，是当地藏族人在放牧、田间劳作等过程中，为缓解疲劳、抒发感情而创作的歌曲。其主要来源于传统的"拉伊"（情歌）、"多勒"（颂歌）、"斗勒"（悲歌），牧区有牧歌、割草歌、挤奶歌、赶毡歌等，农区有割麦歌、背柴歌、锄草歌、打墙歌、耕地歌等。

川西藏族山歌节奏自由，旋律基本上采用分节歌的形式，多由上、下两个乐句或两个至三个乐句构成乐段。常见调式为羽调式、商调式、徵调式，旋律为五声音阶，在乐句中常出现密集音符组成多变音型的情况，音域宽广，音程起伏大，有"康巴昂叠"（即康巴华彩性山歌）和"康巴昂任"（康巴长调）之称。

在现代文明的不断冲击下，目前川西藏族山歌后继无人，处于濒危状态，亟待保护。

藏族民歌（玛达咪山歌）
申报地区或单位：四川省九龙县

玛达咪山歌主要流传于四川省甘孜藏族自治州九龙县大河边片区的子耳乡、魁多乡、烟袋乡等地。玛达咪山歌来源于生产劳动，因山歌以衬词"玛达咪唉"作为歌曲的开头和结尾而得名，至今已有上千年历史。

玛达咪山歌原为抒情歌曲，后来逐渐发展出劳动夯歌、丧歌和婚仪歌等。劳动夯歌主要在劳动生产活动中演唱，男女分列，一唱一和，起到调节情绪、缓解疲劳的作用；丧歌多在老人过世后的丧礼中由前往吊丧者演唱，借以表示哀悼；婚仪歌在婚礼过程中，由男女双方推选的有威望的老妇人排座对唱，在婚庆中烘托气氛。山歌每首有四句歌词，以抒情为主，领唱和独唱相结合。音乐多为三段式，旋律深沉，调式起伏程度较大。代表性曲目婚仪歌有《嘎尔宏》《索咪阿伍》《咪拉卓卓》，丧歌有《措火迟》《措呷》《实呷》等。

受现代文明的冲击，玛达咪山歌的生存面临危机，亟待抢救和保护。

藏族民歌（华锐藏族民歌）
申报地区或单位：甘肃省天祝藏族自治县

华锐藏族民歌是流传于甘肃省天祝藏族自治县及其周边华锐藏族中的一种民歌形式。华锐藏族是藏族的一支，世居甘肃省天祝藏族自治县。华锐藏族民歌分为"勒"（酒曲，也称家曲）和"拉伊"（山曲，也叫情歌）。主要在节庆活动、宴会、闲暇时演唱。内容包罗万象，数量繁多，种类齐全，大致可分为叙事歌、情歌、哭嫁歌、讽喻歌、劝解歌、诙谐歌、迎宾曲等。有独唱、对唱、齐唱、载歌载舞及问答式等多种演唱形式。其唱词精练，旋律优美动听，口头传唱，文学性强，具有可诵、可唱也可伴舞的特点，是华锐民族民间文化中的精华。代表性曲目有《创世纪》《珠东论战》《格萨尔大王歌》等。

目前华锐藏族民歌的传播途径日趋狭窄，生存出现危机，急需尽快开展抢救和保护工作。

藏族民歌（甘南藏族民歌）
申报地区或单位： 甘肃省甘南藏族自治州

甘南藏族民歌是流传于甘肃省甘南藏族地区的民歌形式。

甘南藏族民歌主要有"勒""拉伊"两种形式。"勒"是男女老少皆宜的一种很普遍的歌唱形式，在从事劳作时常以歌相伴，因节奏感很强，起到鼓干劲、增强和调节气氛的作用。其中酒歌，藏语称"强勒"，一般在年节、盖新房、办喜事等喜庆活动中演唱，其曲调节奏自由，热情豪放，歌词以庆贺和祝福为主。"拉伊"是放牧、行路、打猎、田间劳动时唱的爱情歌曲，"拉"意为山坡，"伊"意为歌，其音调高亢辽阔、柔和细腻，音乐情感热烈奔放。

甘南藏族民歌可分为颂歌、悲歌、对歌、吉祥歌等，在演唱风格上，牧区和农区表现形式不同，在牧区演唱时曲调节奏自由、热情豪放、高亢粗放；农区的则细腻、活泼、流畅。歌唱形式以独唱和合唱为主，还有趣味性对答式演唱。代表性曲目有《敬酒歌》《阿香唠唠》等。

由于现代生活方式的改变，年青一代不愿接受和学习民间艺术，导致甘南藏族民歌的传承出现危机，急需采取有效措施加以保护。

藏族民歌（玉树民歌）
申报地区或单位： 青海省玉树藏族自治州

玉树民歌是流传于青海省玉树藏族自治州的藏族歌曲。玉树民歌主要由"勒""拉伊"、"闯勒""吉模""琼勒""均勒""哟啦"几种形式组成。其中"勒"和"拉伊"与其他藏族地区相同，"闯勒"表现流浪者自由、漂泊的生活经历以及思念、幽怨的内容；"吉模"是青年男女占卜爱情的卦情歌；"琼勒"即酒歌；"哟啦"为收割打场歌。此外，玉树民歌还有婚礼曲、迎宾曲、挤奶曲等风格各异的音乐形式。演唱时可自吟自唱或对歌互答。其结构一般为三段式，前两段喻物，第三段点题，这是玉树民歌的基本表现手法。代表性曲目有《格吉杂松章》《君色达哇卓嘎》等。

玉树民歌各种类歌曲的流布极为分散，不利于传承和发扬，加之多数艺人年事已高，后继乏人，其发展已陷入困境，急需加强抢救和保护。

藏族民歌（藏族赶马调）
申报地区或单位： 四川省冕宁县

藏族赶马调是流传于四川省冕宁县的藏族民歌，藏语称"木弱加"，是安宁河流域牦牛古道和滇西南茶马古道上流传已久的赶马调的一部分，其产生可追溯到汉代活动于川西的古羌人白狼、牦牛等部落。其曲调高亢绵长、节奏自由，以五声、六声调式为主。在赶马调中"呜呼呼"的衬腔、"呕"的装饰音等，保留了西北和川西藏族的音调。其歌词内容主要反映赶马人的社会生活和民风民俗，是川西古道文化的折射。

目前，相关部门已采取切实有效的措施加强对藏族赶马调这一艺术形式的保护。

藏族民歌（班戈昌鲁）
申报地区或单位： 西藏自治区班戈县

班戈昌鲁是流传于西藏自治区班戈县的藏族民歌，班戈，藏语为"吉祥保护神"，班戈昌鲁因班戈县境内的"班戈错（湖）"而得名。

昌鲁是藏北民歌的基本体裁，昌鲁即侠盗歌。其歌词多即兴创作，语言口语化，大量采用比兴、比喻的手法。曲调高亢嘹亮，节奏自由，唱词的陈述部分节奏密集、咏唱部分宽放悠长。演唱时常表现为一开始就出现高音，先声夺人，有的因音域高而使用真假声结合的歌唱方法。

国家级代表性传承人名单

姓名	性别	申报地区或单位	入选批次
马建军	男	甘肃省天祝藏族自治县	3
华尔贡	男	甘肃省甘南藏族自治州	3
达哇战斗	男	青海省玉树藏族自治州	3

藏族扎木聂弹唱

序号：630

编号：Ⅱ-131

批次：2

类别：传统音乐

申报地区或单位：青海省海南藏族自治州

藏族扎木聂弹唱是藏族人的弹唱艺术，主要流传于青海省海南藏族自治州的共和、同德、兴海、贵南、贵德等县。

扎木聂是藏语，意为"悦耳的琴声"，是藏族传统的弹拨乐器，已有一千多年历史。扎木聂包括四弦琴、十六弦琴和六弦琴等，尤以六弦最为普遍。扎木聂通常用红木、核桃木或檀香木制成，全长约110厘米。音箱呈半葫芦形，上部较小，呈棱形，下部较大，呈椭圆形，蒙山羊皮或獐子皮。琴杆细长，指板无品。琴头顶端雕刻成龙头或无饰。弹奏时将琴放在右肩上，左手持琴按弦，右手拨弦，可以边唱边舞。其音色浑厚、响亮，常用于歌舞和弹唱伴奏。

藏族扎木聂弹唱保留了当地藏民族的民间音乐成分，还吸收了说唱和舞蹈的音乐旋律，按内容可分为史诗《格萨尔王》说唱和即兴说唱两类，包括诗赞论说唱和乐曲说唱等。表现形式可一人或两人弹唱，也可多人合唱。其音乐以商、徵和宫调式为主，多五声音阶，歌词为多段式叙事诗，演唱时有唱有道白，节奏欢快，整齐流畅。代表性曲目有《格萨尔降魔》《赛马称王》等。

目前，扎木聂弹唱老一辈艺人已经去世，传承出现断层，随着社会的变迁，弹唱表演的生存空间也越来越小。扎木聂弹唱已处于濒危境地，急需制订抢救保护方案并迅速实施。

镇巴民歌

序号：585

编号：Ⅱ-86

批次：2

类别：传统音乐

申报地区或单位：陕西省镇巴县

镇巴民歌是主要流传于陕西省南端镇巴县境内的民间音乐形式。

镇巴民歌根据内容可分为劳动号子、山歌调子、茅山歌、小调、民俗歌、祭祀歌等。劳动号子的演唱形式多为一领众和，其类型有源于河流船运的劳作方式的"拉石头号子""打夯号子""抬丧号子""船工号子"等，还有调整劳动情绪的"背二哥号子""拉风箱号子"等。山歌多以爱情题材为主，一般在劳动中唱，演唱形式有独唱、齐唱、对唱等，男用高腔或平腔演唱，既高亢嘹亮，又豪放雄壮，女声用平腔演唱，拖腔缠绵，委婉细腻，代表性曲目有《打仙桃》《小小脚儿红绣鞋》等。小调以反映生活的喜怒哀乐和悲欢离合为内容，多在夜间、农闲时节，三五成群在屋里、院落里，采用多段叙事形式演唱，流传广泛的完整唱本有《梁山伯与祝英台》《十里亭》等。民俗歌曲有劝诫歌谣《十劝贤良》，婚嫁活动时演唱的《哭嫁歌》《娘训女》《离娘床》等，以及寿诞、造屋等场合演唱的歌曲。祭祀歌曲有丧葬仪式中演唱的孝歌等，演唱时用盆鼓（自制的羊皮鼓）、大锣、云锣、镲等打击乐器伴奏。

镇巴民歌曲调自然流畅，以徵调式为主，歌词多用比兴手法。其数量众多，现已收集整理四千余首。镇巴民歌是记录镇巴人文历史、风土人情的载体，也是文化传承、社会教化的主要工具。

目前，演唱镇巴民歌的人日渐减少，传承中出现断层现象，急需投入大量人力、物力、财力进行抢救和保护。

枝江民间吹打乐

序号：79
编号：Ⅱ-48
批次：1
类别：传统音乐
申报地区或单位：湖北省枝江市

枝江民间吹打乐是由打击、丝弦、吹奏等乐器结合在一起演奏的民间音乐形式，主要流传于湖北省枝江市。

枝江民间吹打乐主要在民间婚丧嫁娶、各种庆典、劳动和岁时节庆活动中演奏。枝江民间吹打乐吸纳了枝江本地山歌、田歌、五句子、小调等民间音乐元素，形成了"十番鼓"的种类和风格。其打击乐器包括鼓（大鼓、堂鼓、板鼓、书鼓、战鼓等）、梆子（木鱼、木梆、竹梆）、锣（大锣、小锣、苏锣、马锣、京锣、云锣、虎音锣）、钹（大钹、小钹、川钹、小京镲）等；丝弦包括二胡、京胡、四弦等；唢呐包括高音唢呐和中音唢呐，另还有大号等乐器。

根据演奏形式，枝江民间吹打乐可分为"粗乐"和"细乐"。粗乐又称武场，由打击乐器组合进行演奏；细乐又称文场，在打击乐器组合中加入唢呐、笛子、二胡、京胡等进行吹奏，还加入丝弦乐器进行演奏。根据演奏技艺，它还可分为上河（又称荆河）和下河两流派；按地域则分为南河和北河两路。常用曲目有《山歌调》《六字流板》《正宫流板》《春来》《万年欢》等。

枝江民间吹打乐虽几度处于濒危，但在地方政府及相关部门的共同努力下已到得较好的保护和传承。

国家级代表性传承人名单

姓名	性别	申报地区或单位	入选批次
杜海涛	男	湖北省枝江市	2

制作号子

竹麻号子

序号：601
编号：Ⅱ-102
批次：2
类别：传统音乐
申报地区或单位：四川省邛崃市

制作号子是制作劳动过程中演唱的劳动号子，流行于各中小城镇和乡村的造纸、榨油、染布等手工作坊作业中，以吆喝的形式协调劳作，节奏鲜明，唱腔丰富。

竹麻号子是造纸工人在打竹麻时所唱的一种劳动号子，主要流行于四川省成都市所辖的邛崃市平乐镇同乐村的芦沟、金华村的金鸡沟、金河村杨湾和花楸村等地。早在宋代，平乐镇就以造纸闻名，一般手工造纸须二十人左右一起配合，全部流程需要三个月的时间，在漫长而单调的劳动过程中，为舒缓疲劳，工人们自然敞开喉咙，引吭高歌，竹麻号子应运而生。

竹麻号子演唱风格为一人领唱众和的形式，领唱者手执长钩子，把需要打的竹麻交给工人时，竹麻号子就开始在整个造纸作坊中响起，速度由慢到快，随着号子的节奏，工人们的动作也越来越有力，当竹麻快打完时，工人们的情绪和竹麻号子的咏唱也达到高潮，气氛十分热烈。打竹麻造纸过程中所唱号子各不相同，有的激烈，有的舒缓，形式和内容都很丰富。竹麻号子的唱腔质朴、粗放、高亢，包括高腔、平腔、连环扣、银丝调和扯麻花等，常用"嗦咿""喂""哟嗬"等衬词，唱腔具有浓郁的川西文化特色和艺术魅力。代表性曲目有《上工号子》《中午号子》《手工号子》等。

随着科学技术的发展，造纸业的生产方式发生了极大的改变，与传统造纸生产紧密关联的竹麻号子发展停滞，生存空间日益缩小，必须尽快开展保护和扶持工作。

智化寺京音乐

序号：96

编号：Ⅱ-65

批次：1

类别：传统音乐

申报地区或单位：北京市

智化寺京音乐是流传于北京智化寺的宗教音乐。智化寺始建于1444年，是明代司礼太监王振"舍宅为寺"所建的佛教寺院，他把宫廷中的部分音乐移入寺院，并组建乐队，用于寺院佛事和一些民间活动。因常为皇室做佛事，使智化寺京音乐名噪一时。清道光、咸丰年间，智化寺京音乐逐渐向京城十多座寺院传授，从而成了北方佛曲的代表，被称为"京音乐"。

智化寺京音乐分为两类：一类是吹奏乐器，主要有管、笙、笛；另一类是击奏乐器（称为法器），有云锣、鼓、铛子、钹、铙、铪子等。其风格庄重、古朴、典雅，曲体结构庞大、规范，演奏技法丰富。它有明确纪年的工尺谱本，有特色的乐器、曲牌和词牌，有按代传承的演奏艺僧。所使用的乐器有云锣、铛子、铙、钹、铪子、管（古称筚篥）、笙、笛八种。乐队编制为九人十四件乐器。代表性曲目有《喜秋风》《拿天鹅》《清江引》《梅花引》《小华严》《醉翁子》等。

智化寺京音乐融宫廷音乐、民间音乐和宗教音乐为一体，展现了中国传统音乐的博大精深，传承五百多年来，保存了中国传统音乐的基本风貌，被誉为中国古代音乐的"活化石"。

智化寺京音乐从20世纪80年代起即得到政府、音乐和佛教界人士的发掘抢救。但是，由于音乐传人数目还十分缺乏，乐队也不能达到原有的规模。加之受现代社会文化生活的冲击，智化寺京音乐发展举步维艰。

国家级代表性传承人名单

姓名	性别	申报地区或单位	入选批次
张本兴	男	北京市	2
胡庆学	男	北京市	4

中山咸水歌

序号：43

编号：Ⅱ-12

批次：1

类别：传统音乐

申报地区或单位：广东省中山市

中山咸水歌是生活在海边的疍家人用广东方言演唱的一种渔歌，又称咸水叹、叹哥兄、叹姑妹，主要流传于广东中山、番禺、珠海、南海等地的农民和渔民中。据记载，明末清初时咸水歌就已流行在珠江三角洲一带，传为"有咸水的地方就有咸水歌"。

生产劳动中，为增进友情、调剂生活，人们以歌传情，逐渐形成一种对歌酬答的习俗。各地多在闲暇、收获之后搭起歌台，进行比试；中秋时节，人们还摇船至江心竞歌。

广东中山县坦洲镇的咸水歌形成历史悠久，曲调众多，内容丰富，保留着采用粤方言中山次方言演唱的传统，衬词用"啊咧""啊"，衬句用"妹好啊咧""弟好啊咧"。人们在劳作、行船、婚丧嫁娶时触景生情，即兴编唱。主要类别包括长短句咸水歌、高棠歌、大缯歌、姑妹歌和叹家姐等。代表性曲目有《对花》《海底珍珠容易》等。

中山是咸水歌的发源地，20世纪五六十年代中山咸水歌曾繁荣一时。然而，歌王何福友、陈石等相继去世，如今能系统演唱咸水歌的人屈指可数，年轻人的文化意识发生变化，咸水歌的传承面临危机。

国家级代表性传承人名单

姓名	性别	申报地区或单位	入选批次
吴志辉	男	广东省中山市	2

舟山锣鼓

序号：74

编号：Ⅱ-43

批次：1

类别：传统音乐

申报地区或单位：浙江省舟山市

舟山锣鼓是流传于浙江省舟山市的民间吹打乐。

舟山锣鼓是大套复多段吹打乐，乐队中吹、拉、弹、打各项乐器配制齐全，以锣、鼓、钹及唢呐为基调，间以丝竹，其中两大主奏乐器是由十三面锣组成的排锣和由五面鼓组成的排鼓，演奏风格独特，音响洪亮，旋律奔放，气氛热烈，具有鲜明的海岛特色。代表性传统曲目有《舟山锣鼓》《八仙序》《渔家乐》《沙调》《潮音》等。

旧时的舟山锣鼓多用于民间乡里的红白喜事、庙会庆典、渔民祭海等活动中，形式单一，锣鼓简单。在同外来民间文化的交往中，舟山锣鼓不断丰富发展，先后出现"太平锣""船型锣"、"三番锣鼓"等复杂形式。1949年后，这一民间音乐形式在专业音乐工作者的参与和整理下正式定名为"舟山锣鼓"。近年来，舟山锣鼓在民间的发展十分迅速，当地有着数支颇有地方特色的舟山锣鼓队，活跃在各种节日庆典、文艺演出等文化活动中。

国家级代表性传承人名单

姓名	性别	申报地区或单位	入选批次
高如丰	男	浙江省舟山市	2

紫阳民歌

序号：49

编号：Ⅱ-18

批次：1

类别：传统音乐

申报地区或单位：陕西省紫阳县

紫阳民歌是产生并流传于陕西省紫阳县境内民间歌曲的总称。紫阳位于陕南中部，因道教紫阳真人张伯端而得名。紫阳民歌形成历史悠久，我国最早的诗歌总集《诗经》中"周南"和"召南"歌谣，其流传地主要就包括紫阳在内的汉水上游。紫阳自古是中原通往荆襄、巴蜀的重要通道，鄂、川、湘、皖、赣、豫、闽、粤等地客民不断迁入，各地民歌也随之进入紫阳，从而形成了风格兼容的紫阳民歌。

紫阳民歌是南北文化相融的产物，曲调既有北方的高亢，也有南方水乡的婉柔，音乐风格大多有着较强的抒情性、叙事性和舞蹈性。体裁包括号子、山歌和小调几大类，歌种有社火歌曲、风俗歌曲、宗教歌曲、曲子等。歌词风趣幽默、借喻巧妙，所用方言有川、楚遗风。代表性曲目有《郎在对门唱山歌》《洗衣裳》《唱山歌》《南山竹子》等。

紫阳民歌的传承依托各种民俗活动，反映当地丰富的民俗文化内容，再现了南北文化合一的独特文化景观，具有浓厚的乡土性、通俗性、地域性、多元性。

左权开花调

序号：32

编号：Ⅱ-1

批次：1

类别：传统音乐

申报地区或单位：山西省左权县

开花调是流行于太行山区左权、和顺、武乡、襄垣等县的一种民歌形式，这种民歌的每一首歌词都以"××开花"开始，以"开花"为比兴。其中，以左权开花调最具代表性。

据《辽州志》记载，宋元以来，当地就有"闹元宵、社火、红火"的传统习俗。历经多年的传承、发展，人们逐渐创造出山歌、小调、号子、套曲、小花戏和吹打等民间音乐体裁。左权开花调是20世纪30年代从小调中派生出的一种山歌，多属情歌，音调简洁，大多由相互呼应的上下两个乐句组成，上句起兴，下句点题，歌词大都是人们在乡间田野劳作时即兴而作，上句借喻花开，下句说情叙事，所谓的"花"，不仅植物可以开"花"，日常生活用品、物品中的剪刀、笤帚、石头等也可开"花"，如"门搭搭开花扑来来，门外走进哥哥来""玻璃开花里外明，远远照见俺咯蛋儿亲""山药蛋开花结疙瘩儿，吃蛋亲是俺的心肝瓣儿"。本地方言"啊咯呀呀呆""亲咯蛋儿""亲呀咯亲呀么呆呀咯呆"作为衬词、衬句，凸显了左权的方言特征，也表达了一种亲昵、爱恋的情感。左权开花调的代表曲目主要有《桃花白 杏花红》《有了心思慢慢来》《会哥哥》《咯旦亲》《想亲哥》《土地还家》等。

开花调在20世纪七八十年代曾一度衰微，近年新的传人相继出现，为其传承和保护提供了较好基础。

国家级代表性传承人名单

姓名	性别	申报地区或单位	入选批次
刘改鱼	女	山西省左权县	3

传统舞蹈

◎传统舞蹈

阿谐

达布阿谐

序号：681
编号：Ⅲ-84
批次：2
类别：传统舞蹈
申报地区或单位：西藏自治区比如县

阿谐是一种由劳动场面演变而来的民间舞蹈，在西藏广泛流传。

阿嘎土是西藏传统建筑业中一种用于铺设屋内地面和屋顶的建筑材料，类似混凝土。在建房劳动时，青年男女边劳动边歌舞，用阿嘎（在一块扁圆形的石块中插入一根长木棒而成）把阿嘎土打实。通常是十几个人排成两队，唱着歌、按一定的节奏前后左右移动步伐，同时用阿嘎敲打脚下的阿嘎土。他们所唱歌曲类似于劳动号子，以劳动人员生息地的民间词曲为主，歌词内容丰富幽默，有颂歌、情歌，也有景物、讥讽、生活趣事等多种题材。这种民间称为打阿嘎的劳动形式就是阿谐的来源。

阿谐将劳动与歌舞完美地结合在一起，以丰富多变的形式、欢快的舞姿表现了西藏人民对劳动和生活的热爱。

阿谐（达布阿谐）

申报地区或单位：西藏自治区比如县

达布阿谐流传于西藏自治区那曲地区比如县境内。

达布阿谐相传为比如第五世达布活佛所创，至今已有近百年的历史。达布活佛是西藏有名的佛学家、哲学家和艺术家，20世纪20年代他在修建朱得寺期间创立了达布阿谐，让劳工边工作边舞蹈，以缓解疲劳、鼓舞士气。

达布阿谐曲调灵活多样，舞步矫健明快，共分三十一个章节，内容涉及政治、宗教、文化、自然、地理、生活风俗等方方面面。达布阿谐表演人数不限，单人、双人、上百人均可，演唱方式有合唱、齐唱、独唱等，舞蹈技巧丰富，队形变化多样。跳夯地舞时，舞者右手持阿嘎一边歌舞一边有节奏地砸夯。

现在，随着生活方式的改变，达布阿谐的传承后继乏人，亟须保护。

安塞腰鼓

序号：116
编号：Ⅲ-13
批次：1
类别：传统舞蹈
申报地区或单位：陕西省安塞县

安塞腰鼓是流传于陕西省北部安塞县一带的一种民间大型舞蹈艺术形式。

安塞腰鼓源于战争和祭祀，后来演变为民间的娱乐活动，至今已有数千年的历史。以鼓报警，以鼓助威，以鼓告急，以鼓为乐，这些都曾是安塞腰鼓的功能。它在长期流传过程中将舞蹈、武术、体操、打击乐、吹奏乐和民歌等艺术形式融为一体，形成了粗犷豪放、剽悍威武的特点。

安塞腰鼓依据不同的表演风格韵律有文、武之分。文腰鼓潇洒活泼，动作欢快流畅，类似秧歌的风格；武腰鼓则有踢打、腾空飞跃和旋转等大幅度动作，快收猛放，有张有弛，尽显西北高原男子的阳刚之美。在表演上强调整体效果，要求动作统一、队形变化规范，群而不乱，表演人数可多可少，当上千人一同表演时，密集的击鼓声、雄壮的呐喊声和豪迈的舞姿极具冲击力,其磅礴的气势和精湛的表现力令人震撼。

安塞腰鼓昂扬奋进的姿态是中华民族精神风貌的再现,也是黄河流域文化的重要组成部分。它不仅深受广大群众的喜爱,而且名扬海外。

国家级代表性传承人名单

姓名	性别	申报地区或单位	入选批次
曹怀荣	男	陕西省安塞县	2

安昭

序号:1098

编号:Ⅲ-109

批次:3

类别:传统舞蹈

申报地区或单位:青海省互助土族自治县

安昭是一种在民间节庆和婚庆等仪式中用以礼赞、祈福的群众歌舞,主要流传于青海省互助土族自治县。

跳安昭舞的地点和参与人数没有限制,庭院、打麦场或林中空地,两三人至数百人均可起舞,无论男女老少都可随时加入。舞蹈时无乐器伴奏,人们按男前女后的顺序站成圆圈,沿顺时针方向边唱边舞。通常有一两位杜日金(歌唱能手)领唱领舞,众人紧随其后,和唱歌曲的衬词,一唱众和,气氛和谐热烈。

安昭舞是一曲一舞,每个舞段由一首歌曲和数个主要动作组成。歌曲有《兴马老》《召引召》《拉热拉莫》《索罗罗》等,歌词主要内容是歌颂先民的开拓奋斗、赞美山川神祇的恩泽、祈愿平安吉祥和五谷丰登。舞蹈的一个基本动作是先向下弯腰,两臂随步态左右摆动数次,然后高跳一步向右转一圈,转圈时两臂上举。另一个基本动作是两手从右胯旁起向左上方至右上方划圆弧后,变为左手屈于胸前,右手高举于后,似雄鹰展翅。动作周而复始,女性舞步轻盈优美,男性粗犷大方。

安昭舞反映了土族人民的风土人情,具有民族历史文化方面的研究价值。

巴当舞

序号:1097

编号:Ⅲ-108

批次:3

类别:传统舞蹈

申报地区或单位:甘肃省岷县

巴当舞古称播鼗,是一种传统的祭山神舞蹈,源于古羌人的祭山会,现流传于甘肃省岷县小寨、中寨、堡子、维新等乡(镇)的部分村社。每年正月,当地的村民都要跳巴当舞祭山神,祈求山神保佑风调雨顺、五谷丰登。

巴当舞主要道具巴当是一种用羊皮加工的双面手摇鼓,俗称拨浪鼓、长柄鼓,巴当舞中最关键的人物是春巴。春巴是经过专门训练的领舞者,每个村寨一位,他们要学习并负责保存藏文的《巴当舞曲谱》,接受严格的步法训练。春巴是这种古老文化的继承者、传承者与教导者。

巴当舞大致由安场、敬山神和扯节勒三部分组成。安场时,本村男子在春巴带领下,手摇巴当,列队歌舞,所唱古羌语舞曲共有九段唱词,配合直脚步、春巴洋、春巴洋撒等九种舞步。敬山神是巴当舞的主要部分,由春巴点燃大火,引领众舞者拜五方,然后在新立的秋千下尽情歌舞,此过程的舞步与安场时有所不同,但步法都基本沿袭了唐宋时期的踏歌,节奏明快、铿锵有力。在最后的扯节勒中，所有舞蹈者开始吃饭、喝酒、品茶，集体进行藏语大合唱。围观的群众也参与其中，或拍手，或歌唱，非常壮观。

巴当舞对研究我国边陲民族的历史发展、文化交融和演变有一定的参考价值。

国家级代表性传承人名单

姓名	性别	申报地区或单位	入选批次
杨景艳	男	甘肃省岷县	4

巴郎鼓舞

序号：688

编号：Ⅲ-91

批次：2

类别：传统舞蹈

申报地区或单位：甘肃省卓尼县

巴郎鼓舞，藏语称为莎姆，是流行于甘肃省甘南藏族自治州卓尼县藏巴哇乡、洮砚乡和柏林乡的一种民间舞蹈，因其使用的羊皮鼓形状和击打方式颇似货郎用的拨浪鼓（即莎姆）而得名。巴郎鼓舞的起源与羌人的祭祀活动有关，至今已有一千五百多年的历史。

在卓尼，每年正月十五是莎姆的起日，正月十五为歇日，正月十六将巴郎鼓供起来以供来年再用，活动场所叫莎姆场，跳莎姆的这段日子叫曼拉节。表演的时候，莎姆场中点燃熊熊篝火，主客双方轮流上场，围着篝火互相对歌，歌词含蓄古朴，曲调内容丰富；集体表演《库松加里》《吉热腾》《尼盖刀央》《春雅撒》《沙爱》等传统曲目，其对应的汉语意思分别为转圈舞、扯绳舞、神箭舞、牦牛舞和种子舞。相关曲目有十多种，每种曲目都有曲名、固定的使用程式和相应的舞蹈动作，演唱均使用藏语。舞者手里拿着双面羊皮鼓道具，随着舞蹈节奏上下转动手柄，并高声齐唱，歌声浑厚响亮，鼓声咚咚，舞步沉稳劲健，节奏感强烈。

巴郎鼓舞是吐蕃古老的民间宗教文化的遗存，作为当地群众继承至今的神舞，对研究中国少数民族民间音乐舞蹈史有不可替代的作用。目前，对巴郎鼓舞唱词、唱腔的搜集整理还在进行中，还在世的老一代艺人已经不多，抢救保护工作时间紧迫。

国家级代表性传承人名单

姓名	性别	申报地区或单位	入选批次
卢永祥	男	甘肃省卓尼县	3

博巴森根

序号：665

编号：Ⅲ-68

批次：2

类别：传统舞蹈

申报地区或单位：四川省理县

博巴森根是一种民间大型叙事性群众锅庄舞蹈，发源并主要流传于四川省理县嘉绒藏族地区甘堡藏寨。19世纪中期（清道光年间），从东南沿海归来的屯兵们为纪念抗击英军的战斗和牺牲的战友创作了博巴森根，以歌颂屯兵骁勇善战的英雄形象。"博巴"藏语意为藏人，"森根"意为狮子。

博巴森根活动于每年的端午节举行，全村男女老少都要参加。舞蹈分为两部分，整个表演过程约需两个小时。第一部分由领舞者手持串铃，带领众舞者绕圈而行，领舞者领唱一遍，众舞者跟唱一遍，边唱边舞。唱完一段后，开始"钻"，即其中两舞者右手高抬，由领舞者开始从中钻过，其他舞者依次跟随，边钻边唱。随后是"扭"，即每位舞者的左手与前面舞者的右手相握并搭靠在前面舞者的右肩上，然后开始"解"，即所有舞者从"扭"的动作恢复变化至手牵手的状态，在这个过程中逐步将领舞者围在中央。这部分的唱词叙事性较强，唱腔旋律深沉，节奏缓慢，曲调中浸透着悲壮和追忆的情绪。第二部分由德高望重者在圈中独唱，众舞者则原地蹲坐倾听、跟唱，演唱屯兵在东南沿海作战时的英勇和艰辛。演唱完毕，众舞者齐声欢呼，抛撒龙达（汉语称为经幡），祈求吉祥如意。表演自此结束。

博巴森根表现了藏族人民的坚忍与团结，深受当地人民喜爱。

布朗族蜂桶鼓舞

序号：674

编号：Ⅲ-77

批次：2

类别：传统舞蹈

申报地区或单位：云南省双江拉祜族佤族布朗族傣族自治县

布朗族蜂桶鼓舞是布朗族的传统舞蹈，因以蜂桶鼓作为主要乐器和道具而得名，在云南省双江拉祜族佤族布朗族傣族自治县邦丙乡、大文乡等布朗族村寨中流传。

蜂桶鼓舞源于布朗族的创世传说。传说在人类遭受大洪灾后，是蜜蜂把天神带到一座高山上，一对兄妹侥幸得救，人类才得以繁衍至今。于是人们按照天神的旨意给蜜蜂做蜂桶，在制作过程中受到启发创编了蜂桶鼓舞。

蜂桶鼓直径约三十厘米，高七八十厘米，用攀枝花树或柳树木挖空树心，两端蒙上牛皮制成，鼓棒长四五十厘米，两端系彩色布条。跳蜂桶鼓舞人数可多可少，排成单行或男女各一行。演出时，由两名舞者双手各持一条帕节（毛巾）在前面随着鼓点的节奏边甩边舞，其后是蜂桶鼓队，一般为4~6只，后紧随2只象脚鼓，之后是大、中、小铓和锣、镲等伴奏的打击乐器，最后是跟着跳舞的人们及助兴的老人儿童。蜂桶鼓舞的基本步伐有三步和五步两种，其中三步舞动作优柔缓慢，五步舞动作激越刚健。

蜂桶鼓舞反映了布朗人的历史观、价值观和思维方式，具有极强的民族凝聚力和艺术感染力。

国家级代表性传承人名单

姓名	性别	申报地区或单位	入选批次
俸继明	男	云南省双江拉祜族佤族布朗族傣族自治县	3

沧州落子

序号：643

编号：Ⅲ-46

批次：2

类别：传统舞蹈

申报地区或单位：河北省南皮县

落子也叫乐子，是河北省具有代表性的民间舞蹈之一，主要流传于河北沧州地区，尤以沧县、南皮县为盛。据《沧县县志》记载，落子原是大秧歌中的一个小场子，起源于清代嘉庆、道光年间，距今已有一百五十多年的历史。

落子由一对对男女青年手执（彩）扇、（竹）板、（霸王）鞭载歌载舞表演，有文武之分。文落子以唱为主，鞭、板、扇穿插配合。武落子是在文落子的基础上减少了唱，增多了舞蹈成分，并在舞蹈中吸收了一些武术和戏曲中的动作技巧，道具则只用鞭和板。

落子表演者最初就穿着生活服装，后来多穿戴戏曲服饰，女角扮如武旦或花旦，男角扮似戏曲舞台上的黄天霸形象。落子的舞姿和动律有鲜明的武术特征，讲究"走似水上漂，跑似草上飞，跳似凌空燕，转似燕翻身"。男性舞者的动作变化只在上身，双腿始终是屈膝的"虚步"和"跺子"。落子女性舞者讲究曲线美，"三道弯"是其基本舞姿，艺人们把动作要领总结为"屈膝拧腰，腆胸错肩，含胸拔背，颠脚夹裆，一蹬三颤"。

沧州落子的传统节目多表现爱情故事和旧社会劳动人民的生活，如《茉莉花》《放风筝》《叹情郎》《绣手绢》《尼姑思凡》等。

沧州落子对于研究当地社会历史变迁和戏曲文化发展具有重要价值。

国家级代表性传承人名单

姓名	性别	申报地区或单位	入选批次
张洪通	男	河北省南皮县	3

查玛

序号：654
编号：Ⅲ-57
批次：2
类别：传统舞蹈
申报地区或单位：内蒙古自治区阿拉善盟

查玛俗称跳神或打鬼，是一种包括舞蹈、歌剧、音乐、美术、油塑、木偶等的综合性艺术。查玛原是藏传佛教弘扬佛法的一种宗教仪式，随格鲁派（黄教）传入内蒙古，至今已有四百多年的历史。

查玛舞是以演述宗教经传故事为内容的面具舞，先由徒弟喇嘛根据佛经的道理创作，经活佛、高僧审定后才能公开演出。查玛舞有殿堂舞、米扩佛传舞、寺院舞、大场舞四种表演形式，其中独舞、双人舞、多人舞、大群舞一应俱全，表演程式化、规范化，有跳、唱、念、打等动作。内蒙古地区两千多座寺庙跳的查玛舞共有三四十种，其中以阿拉善广宗寺的比较具有代表性。

广宗寺查玛共有14个舞段，全部跳完需要60分钟，大致分为赞颂舞、欢乐舞和鸟兽舞三种。赞颂舞歌颂帝王将相和一些威震四方的英雄人物，表演他们在战场上的射、刺、砍、杀等动作，很有气势；欢乐舞主要表现神仙活佛战胜邪恶、赐福于民，是一种有着浓厚宗教色彩的舞蹈；鸟兽舞是模拟鸟兽形态的舞蹈，如狮子舞、龙舞、凤凰舞、鹿舞等。参演者有严格的出场顺序及各自的固定位置和动作。查玛乐队有15人，用钹、法号和甘登、比西古尔等特制乐器伴奏，表演时世俗百姓都前往观看。

查玛对蒙古族舞蹈、音乐的发展有重大的影响，具有宗教学、民俗学和艺术等多方面的研究价值。

国家级代表性传承人名单

姓名	性别	申报地区或单位	入选批次
道儿吉	男	内蒙古自治区阿拉善盟	4

朝鲜族鹤舞

序号：655
编号：Ⅲ-58
批次：2
类别：传统舞蹈
申报地区或单位：吉林省延边朝鲜族自治州

扩展名录:
鹤舞（三灶鹤舞）　　广东省珠海市

鹤舞是一种以模拟鹤的动作为明显特征的民族舞蹈，广泛流传于吉林省延边朝鲜族自治州西南部的安图县。鹤舞发源于朝鲜，最早是大型宫廷歌舞五方处容舞中的一种穿插表演形式，到了李氏王朝，形成了独立的鹤立莲花台舞，表演形式为两只鹤围绕两朵莲花翩翩起舞。鹤舞传入中国已有百年的历史，经民间艺人的加工整理后，演出形式更加完善，深受朝鲜族人民喜爱。

朝鲜族自古以飞鸟为民族图腾，人们把仙鹤作为长寿和幸福的象征，视仙鹤栖息之地为吉祥之地。鹤舞表演时，舞者用道具装扮成鹤，模拟鹤搭颈、啄鱼、展翅等动作和种种悠闲姿态，舞姿优美舒展，风格朴素柔和，形象地表现了朝鲜族人民对仙鹤的崇敬和对善与美的追求。

鹤舞是中朝两国文化交流的结晶，丰富了中国民族舞蹈形式。目前，鹤舞艺术人才老化，骨干力量流失严重，导致人才断档，鹤舞的传承状况堪忧。

鹤舞（三灶鹤舞）
申报地区或单位: 广东省珠海市

三灶鹤舞是广东省珠海市三灶镇的一种传统舞蹈，一般在春节期间活动，流传至今已有七百多年的历史。

中国民间常常把鹤作为长寿的象征，三灶鹤舞也是三灶人为老人拜寿、为年长者祈福的一种礼仪习俗。在舞白鹤贺年之前，凡36岁以下的男性村民，都要向自己同一宗族的36岁以上的长辈送一张红帖，帖内写着某日或某晚上仙鹤会降临，并题写恭贺新禧等祝福的词语。

三灶鹤舞的白鹤造型生动逼真，舞蹈动作轻盈灵动，形象地演绎了白鹤临门、觅食、捕鱼、梳毛、飞翔、嬉戏、鸣叫、归巢等情态。表演时，以鼓、锣、钹敲打伴奏，间唱吉祥和劝人从善的鹤歌，场面欢快、热烈、祥和。

在三灶镇，表演鹤舞有一套约定俗成的礼仪，包括开光（祭拜仪式、给鹤点睛）、拜老（逐户拜寿祈福）、羽化（将鹤衣在村口处烧掉）三个程式，有着丰富的文化内涵。

目前，三灶鹤舞老艺人年事已高，年青一代对学习鹤舞没有兴趣，其传承后继乏人。

国家级代表性传承人名单

姓名	性别	申报地区或单位	入选批次
陈福炎	男	广东省珠海市	4

朝鲜族农乐舞

象帽舞，乞粒舞

序号：127
编号：Ⅲ-24
批次：1
类别：传统舞蹈
申报地区或单位：吉林省延边朝鲜族自治州，辽宁省本溪市

扩展名录:
朝鲜族农乐舞　　辽宁省铁岭市

农乐舞简称农乐，是一种融音乐、舞蹈、演唱为一体的综合性民族民间艺术，流传于吉林、黑龙江、辽宁等朝鲜族聚居区。农乐舞来源于农业劳作，其历史可追溯到古朝鲜时代春播秋收时祭天仪式中的踩地神，带有祭祀性质。

农乐舞一般有两种形式，一种是以舞蹈和哑

剧形式进行的情节性演出；另一种是在新年伊始和欢庆丰收的时节，以热烈而丰富的传统舞蹈为主要内容的群众性表演活动。届时，各个村寨都派出自己的舞队。舞队的最前方由令旗和一面写有"农业为天下之本"的农旗为先导，接着是一名敲打小锣担任总指挥的男子，随后是手拿太平箫、喇叭及一些鼓类乐器的乐队和各种不同装扮的人物组成的演出队伍，阵容强大。

农乐舞表演共包括十二部分，其中有青年男子表演的小鼓舞，舞童表演的叠罗汉，传统的扁鼓舞，男女都可表演的长鼓舞，多人持大型花扇表演的源于古代巫舞的扇舞，模拟仙鹤的假形舞蹈鹤舞，以及压阵的男子象帽舞。其中长鼓是朝鲜族独具特色的乐器和舞具，呈圆筒形，两端粗而中立，中段细而实，两端鼓皮音色高低不同，表演者把长鼓系在胸前。根据节奏快慢的需要，用细长的竹鼓鞭、木质鼓槌和指掌配合敲击两端鼓皮，其音色和舞蹈姿态千变万化。表演的最后，一个个头戴圆帽的男青年将盘在帽子上的彩带甩出各种圆弧，令人目不暇接。手持小鼓、身挂扁鼓和长鼓的舞者再度登场，在纷飞的彩带中共同起舞，作为农乐舞的高潮和终结。之后，人们转入自娱性的集体舞蹈，作为欢度节日的继续。

2009年，朝鲜族农乐舞被列入《人类非物质文化遗产代表作名录》。

朝鲜族农乐舞（象帽舞）
申报地区或单位：吉林省延边朝鲜族自治州

象帽舞是朝鲜族富有代表性的一种舞蹈形式，在延边朝鲜族自治州的汪清县一带广为流传。象帽舞是农乐舞中重要的一部分，是朝鲜族农乐舞最高技巧和最高兴奋点的代表。

早期的象帽由锯成一半的葫芦为主体制作材料，将一根木棒插于葫芦底部，然后用牛皮绳绑上长长的窗户纸固定在木棒上即成。现在，象帽大多由硬塑制成，其彩带也演变为一种玻璃纸。因材质和装饰不同，象帽可分为线象帽、羽象帽、火花象帽等；长、中、短象帽则因其彩带的长短不同而得名，短者仅1米多，长者达12米甚至28米。

甩象帽是象帽舞的基本动作，舞者以颈项的力量频频摇动头部，使象帽的飘带似飞轮般在舞者的周围划出耀眼的彩环。其表演技巧丰富且有难度，有左右甩、前后立象尾；有单甩、双甩甚至三甩；有站立甩、蹲甩、跪甩、扑地甩等。象帽舞是群体表演，有一定的步骤和程序。舞者先甩短象帽，配以手鼓，做较简单的舞蹈动作；接着换中象帽，配以长鼓，做钻圈、旋子、扶地翻转等动作；最后，由1～3人甩长象帽，做跳纸条、上台阶、圈人等高难度动作，使舞蹈达到高潮。

象帽舞活泼优雅，节奏欢快舒畅，充分反映了朝鲜族人民的民族气质。象帽舞有一定的难度，现在练习的人越来越少，其传承和保护面临困难。

朝鲜族农乐舞（乞粒舞）
申报地区或单位：辽宁省本溪市

流传于辽宁省本溪市的乞粒舞是一种朝鲜传统舞蹈，它原是农乐舞的一种，后来逐渐发展成为融自娱性和表演性于一体的独立舞种。

在货币还没产生的时候，朝鲜族群众以米代替货币进行商品交换。乞粒活动有两种形式：一种是为了集资举办大型活动，能歌善舞的人到富户人家或商号门前表演以筹款；另一种则是为了建造、修缮庙宇，和尚手拿铜钹到各家各户化缘。

乞粒舞把乞粒活动中的歌舞部分和拔河比赛中的双层舞（孩子站在大人肩上歌舞）结合起来，形成独特的表演形式。乞粒舞有着相对稳定的传统程式，又有很强的即兴性。当表演者情绪高涨时，大家各显神通，男子晃动象帽，划出道道美丽的弧线；姑娘一边敲击长鼓一边快速旋转，以形体的动感和美感传情达意。

现在，乞粒舞主要在朝鲜族的节日、喜庆之时或大型活动中演出，如在作周（一周岁生日）、回甲（六十大寿）、回婚（结婚六十周年纪念日）、婚礼、店铺开张、建造和修缮庙宇时，村里老人都会牵头，组织歌舞表演。

乞粒舞一般通过家族传承，参与人员多，影响广泛。

朝鲜族农乐舞
申报地区或单位：辽宁省铁岭市

铁岭朝鲜族农乐舞源于祭祀性活动，在发展过程中逐渐演变成一种自娱性舞蹈，现流传在辽宁铁岭一带的朝鲜族中。

铁岭朝鲜族农乐舞是一种大型综合性舞蹈，由假面舞、小鼓舞、长鼓舞和象帽舞等组成，其中假面舞是其特色节目。表演队伍以打击乐器锣鼓为先导，打锣者也是整个表演的指挥。农乐舞表演中没有演员和演奏者之分，一般都是演员边演奏边舞蹈。演出过程中，铜锣、铮、大鼓、小鼓、洁鼓、长鼓、大平箫、喇叭、螺角等演奏的旋律称为十二拍。十二拍是按照舞蹈构成的方法排列的，并以此规定舞蹈的动作和队形变化。

铁岭朝鲜族农乐舞是民族杂居地区朝鲜农乐舞的典型代表，在促进民族文化认同方面具有重要作用。

国家级代表性传承人名单

姓名	性别	申报地区或单位	入选批次
金明春	男	吉林省延边朝鲜族自治州	2
金明焕	男	吉林省本溪市	3
韩奎昇	男	辽宁省铁岭市	3

朝鲜族长鼓舞

序号：656

编号：Ⅲ-59

批次：2

类别：传统舞蹈

申报地区或单位：吉林省图们市

朝鲜族长鼓舞是朝鲜族最具代表性的民间舞蹈之一，主要流传在吉林省延边朝鲜族自治州及其他朝鲜族聚居区。它脱胎于朝鲜族传统的农乐舞，至今已有上千年的历史。

朝鲜族长鼓为两面鼓，形状是两头粗、中间细，左边鼓筒直径比右边鼓筒直径大1厘米，且左边鼓皮比右边鼓皮厚，敲击时音色不同。表演朝鲜族长鼓舞时，表演者肩挎长鼓，右手用鼓鞭敲打高音鼓面，左手以指掌拍打低音鼓面，边击边舞，以柔软的扛手、伸肩、鹊雀步等动作为主，身、鼓、神融为一体。舞蹈通常由慢板起拍，几经跌宕，节奏逐渐加快，最后在舞者飞快的旋转中戛然而止。由于长鼓两面音高不同，节奏不同，两个不同的音响参差交错，两种不同的音色忽隐忽现，清丽鲜明，变化多端的鼓点再加上优美的舞姿，令人赏心悦目。

现在的朝鲜族长鼓舞有两种击打法：一种是舞蹈开始时只用鼓鞭，舞至高潮时，抽出插在鼓上的鼓槌进行技巧表演，另一种是始终持鼓鞭随乐起舞，鼓鞭是一条长尺许的细竹鞭。

朝鲜族长鼓舞有独舞、双人舞、群舞等多

种表演形式，女性长鼓舞优雅飘逸，男性长鼓舞活泼潇洒。

朝鲜族长鼓舞在朝鲜舞蹈史上占有重要地位。现在，长鼓舞的传承后继乏人，一些高难度的击鼓技巧已经失传。

陈塘夏尔巴歌舞

序号：1096
编号：Ⅲ-107
批次：3
类别：传统舞蹈
申报地区或单位：西藏自治区定结县

陈塘夏尔巴歌舞是西藏自治区定结县陈塘镇夏尔巴人的自娱性民间集体歌舞。

陈塘镇位于喜马拉雅山北麓、珠穆朗玛峰东南侧的原始森林地带，生活在这里的夏尔巴人善于背运。陈塘夏尔巴歌舞一般在节假日、集会和迎客时表演，场地大小不限，男子用占列（六弦琴）和比旺（胡琴）伴奏，歌舞者以女性为主。众人搭腰连臂围成圆圈或半圆，开始时轻歌曼舞，以慢板的旋律绕圈移动，逐渐加速进入中板舞，紧接着转入快板，最后在欢快热烈的气氛中结束歌舞。舞蹈讲究手势、脚法及臀部的摆动和弯曲。传统的歌词以古代传说、农牧技能、宗教颂歌等内容为主，新编歌词内容更为广泛，以歌颂山川美景、男女爱情为主。

每逢歌舞时，夏尔巴妇女都要盛装打扮：身穿黑色的氆氇（藏语音译，一种羊毛织品），头戴鲜花和孔雀羽毛装饰的帽子，帽子两边有白色的银丝条子和一串串银币做的链条，帽边到帽顶拉着一串串珍珠；脖子上挂着由两百多个银环连成的项链，胸部佩带六条银制小链子，腰系银带，手腕上戴大白海螺；耳朵上还挂着金耳环，跳起舞来全身的配饰叮当作响，闪闪发光。

夏尔巴人没有文字，歌舞承载着他们的历史，表现他们对生活的热爱。

达斡尔鲁日格勒舞

序号：131
编号：Ⅲ-28
批次：1
类别：传统舞蹈
申报地区或单位：内蒙古自治区莫力达瓦达斡尔族自治旗，黑龙江省哈尔滨市

在内蒙古和黑龙江嫩江流域的达斡尔族聚居区，鲁日格勒舞是其民间舞的统称。它因地而异，有阿罕伯、郎突达贝、哈库麦、哈根麦勒格等不同称谓。鲁日格勒的汉语意思为燃烧或兴旺，在达斡尔语中还可以引申为"跳起来吧"。

鲁日格勒舞历史悠久，其形成与达斡尔族人民的生产生活习俗有着密切的关系。春天的夜晚，劳作了一天的古代达斡尔族人聚集在草坪上，围着熊熊燃烧的篝火，以舞蹈形式抒发心声，消除疲劳。

鲁日格勒舞以群舞为主，一般两人为一组，众人围成圆圈舞蹈，以呼号和歌唱来协调步伐。舞者上身和手臂的动作较为丰富，脚下以侧滑步为主，舞蹈开始时大家先唱轻缓的舞歌，并随着歌声轻柔地舞动，旁观者可随意加入。随着气氛逐渐热烈，舞者节奏加快，不断穿插交换位置，舞蹈达到高潮时，众人同时发出"哲嘿哲、德乎达"的呼号声，脚上踏出有力的节拍。鲁日格勒舞多表现狩猎和劳动场面，有采集、提水、捕鱼、飞翔、禽类斗闹等舞蹈形象。

聚居在黑龙江省的达斡尔族的鲁日格勒舞又称哈库麦勒。哈库麦勒歌舞有比较清晰的三段式表演程式，第一段"比歌"以歌为主，以舞为辅；

第二段"赛舞"则以舞为主,以歌为辅;第三段"打斗"时,舞者在高昂的呼号声中,振臂挥向对方,盘旋打斗在一起,最后决出胜负来结束歌舞表演。哈库麦勒歌舞与满族莽式宫廷歌舞有很多相似的地方,这种相似之处值得进一步研究。

由于各种外界因素的影响,如今在鲁日格勒的原生地区,这种民间舞蹈渐被冷落,面临失传,亟须采取必要的措施加以保护。

傣族象脚鼓舞

序号:658
编号:Ⅲ-61
批次:2
类别:传统舞蹈
申报地区或单位:云南省潞西市、西双版纳傣族自治州

象脚鼓舞是一种男子民族传统舞蹈,因挎着形似象脚的鼓起舞而得名,在我国的傣族、德昂族、景颇族和阿昌族等少数民族中广为流传,其中傣族象脚鼓舞比较有代表性。

象脚鼓外形似一只高脚酒杯,用整段的轻质木材挖空、两端蒙皮而成。象脚鼓挂在击鼓人的左肩,击鼓人夹鼓于左肋下,双手击鼓面。

傣族象脚鼓按形状分为长象脚鼓、中象脚鼓、小象脚鼓三种,跳法也各不相同。长象脚鼓舞的舞蹈动作不多,以打法变化多、鼓点丰富见长,有一指打、二指打、三指打、掌打、拳打、肘打,甚至脚打、头打,多为一人表演,常作为舞蹈伴奏。中象脚鼓一般用拳打,个别地区用槌打,没有太多鼓点,一般一拍打一下,以鼓音长为特色。中象脚鼓舞舞蹈动作较多,舞步稳重刚健,表演人数不限,人少时对打,人多时围成圆圈打。小象脚鼓在云南西双版纳较多见,小象脚鼓舞舞步灵活跳跃,以斗鼓、赛鼓为特点。一般二人对赛,两人灵活机智地进攻防让,最后以抓住对方的帽子或包头为胜。

傣族象脚鼓舞中的一些典型动作来自采摘树上果实、从背篓里取种撒种等生产活动。舞蹈动作以下半身为主,步伐丰富,有前点半步蹲、后点半步蹲、踏步全蹲、大八字、悠腿等,有时还配以身体的轻微闪动。

傣族象脚鼓舞充满阳刚之气,是傣族人抒发欢乐情绪的手段,在傣族的文化生活中占有重要的位置。

旦嘎甲谐

序号:685
编号:Ⅲ-88
批次:2
类别:传统舞蹈
申报地区或单位:西藏自治区萨嘎县

旦嘎甲谐是藏族民间的一种集体性民间歌舞,主要流传于西藏自治区萨嘎县,其中旦嘎乡的甲谐比较有代表性。

甲谐的汉语意思是隆重的歌舞表演,关于它的来源有三种说法,一说是为庆祝战争胜利而跳的舞蹈,二说是庆祝歌舞比赛获胜时跳的舞蹈,三说是唐朝时为庆祝文成公主进藏而跳的舞蹈。第三种说法流传最广。

旦嘎甲谐一般在每年的藏历新年和其他重大节日时表演,其服饰道具不同于藏族其他舞蹈:服装用高级绸缎制成,颜色以红色和黄色为主,显示出高贵典雅的气质。表演者所戴的帽子大而圆,四周有长长的流苏,跳舞时不停地摇摆,相传是仿照松赞干布迎接文成公主进藏时戴的帽子做的。道具主要是长叶腰刀、马鞭、装在刀鞘内的小刀和筷子等,凸显藏民族剽悍的气质。

旦嘎甲谐传统的表演方式是男女各站半圆围成圆圈，鼓手盘腿坐在中间，表演者边唱边舞并沿顺时针方向移动，或男女轮流表演。旦嘎甲谐歌词内容丰富，每段歌词都有相应的表演动作，歌词有长有短，表演的时间也随之有长有短，长的可以连续跳一整天。

现在，传统的旦嘎甲谐几近消失，亟待抢救和保护。

国家级代表性传承人名单

姓名	性别	申报地区或单位	入选批次
扎西	男	西藏自治区萨嘎县	4

得荣学羌

序号：663
编号：Ⅲ-66
批次：2
类别：传统舞蹈
申报地区或单位：四川省得荣县

得荣学羌是一种自娱性的民间歌舞表演形式，主要流传于四川省甘孜州境内得荣县子庚乡、子实、阿村等地。得荣学羌历史悠久，一直使用得荣方言传承至今。

得荣学羌舞蹈刚劲有力而古朴大方，脚下的踏跺组合是其动作的主要特点，舞者跺脚有力，踏脚轻脆，俯身变化时则显得柔韧洒脱。跺脚与踏脚动作的组合创造出学羌舞蹈独特的韵味。

学羌舞曲调较单一，每段曲子旋律多以不稳定的角音结束，伴以舞者的踏点填补空白，给不稳定的余音造成稳定的结尾，使单一的舞曲充满生机。

作为一种民俗性舞蹈，得荣学羌与民俗活动紧密相连。每逢节日和聚会，得荣县村村寨寨的男女老少都会欢聚一堂，跳起学羌以示和睦吉祥。特别是秋收之夜，人们围着燃烧的熊熊篝火，边跳学羌边放声歌唱，还会玩跳火堆的游戏，尽情表达丰收的喜悦。

得荣学羌洋溢着浓郁的民族风情和淳朴的生活气息，在历史文化、民俗学、舞蹈学方面有重要的研究价值。

国家级代表性传承人名单

姓名	性别	申报地区或单位	入选批次
格玛次仁	男	四川省得荣县	4

灯舞

青田鱼灯舞、莆田九鲤灯舞、鲤鱼灯舞、沙头角鱼灯舞、东至花灯舞、苏家作龙凤灯舞

序号：642
编号：Ⅲ-45
批次：2
类别：传统舞蹈
申报地区或单位：浙江省青田县，福建省莆田市，江西省吉安市，广东省深圳市，安徽省东至县，河南省博爱县

扩展项目：
灯舞（无为鱼灯）　　　安徽省无为县

灯舞是以彩灯作道具的民间舞蹈形式，流传于全国各地，因灯的造型不同而各有名称。灯的造型大体可分为三类：一是模拟动物形象的，如龙灯、鱼灯、鹤灯、凤凰灯、麒麟灯、百鸟灯等；二是模拟花卉的，如荷花灯、蝶花灯等；三是其

他形状的，如船灯、车灯、伞灯、云灯等。

灯舞主要在元宵节表演，有上千年的历史，明清两代已经非常盛行，清代有关灯舞的记载比较多。灯舞表演形式多种多样，有的担在肩上舞，有的挂在腰间舞，有的缀于腿上舞，有的在地上摆图案；有的一人舞一灯，有的一人舞两灯，有的多人舞一灯。灯舞多为群舞，主要在夜间表演，彩灯缤纷，气氛热烈，再伴以锣鼓和烟花爆竹，热闹壮观。

灯舞（青田鱼灯舞）
申报地区或单位：浙江省青田县

青田鱼灯舞主要流传于浙江省青田县，是青田鱼文化与民间艺术结合的产物。据说，籍贯青田的明代开国功臣刘基把军事阵图融入鱼灯舞中，并增加了鱼灯的种类和数量，由此形成带有军事操习风格的青田鱼灯舞。

青田鱼灯舞中的鱼形道具是根据瓯江淡水鱼的形象制作的，舞蹈动作也来自对鱼生活习性的模拟。演出时以锣、鼓、镲、钹等打击乐器伴奏，演员包头巾、系腰带、扣护腕、打包腿，俨然古代武士的装扮。灯舞人数各地不同，领队手举长柄大红珠，其余参演者各举鱼灯一盏，大红珠后面是龙头鱼身的红鲤鱼，最大的两条叫头鱼，为全队的鱼王，接着是鳡鱼、鲢鱼、草鱼、鲫鱼、田鱼、塘鱼、青龙鱼、滩婆、虾、河豚等，在领队指挥下走各种阵图。表演一般以进门阵开始，行进时以编篱阵为基本阵图，表演至高潮时依次列出春鱼戏水、夏鱼跳滩、秋鱼恋浒、冬鱼结龙等阵图，最后以鲤鱼跳龙门结束。表演要求"操灯要活，起伏要大，跳跃要高，速度要快"。

每逢喜庆节令，青田民众都要进行鱼灯舞表演，表演现场锣鼓喧天，灯火辉煌，晶光闪闪，鱼腾人跃。群众竞相围观，欢声雷动，一派喜庆。

灯舞（莆田九鲤灯舞）
申报地区或单位：福建省莆田市

流传于福建省莆田市荔城区黄石镇沟边村的九鲤灯舞最初源于唐代百戏，脱胎于莆田民间元宵节舞灯，成形于宋元，兴盛于明清。

九鲤灯舞因有蛟龙、鳖鳘、鲈鱼、鳊鱼、鲤鱼、鲫鱼等九种水族灯组成而得名。鱼灯以竹篾扎制骨架、外部糊纸并画上鱼鳞、鱼鳍制作而成。制成的鱼灯一般长1.5米，最宽处0.4米，为首的稍大。鱼的肚底装有木柄，供舞者握持。鱼灯内点燃烛火，舞蹈时流光溢彩。

莆田九鲤灯舞队以手持鱼灯的9人为主，还配有5人手持火把，4人肩扛龙门。舞者身着古代服饰，双脚足踝各系两只小铜铃。灯舞主要表现水族们抢龙珠、跃龙门的情景，整套舞蹈分为五段：嬉游、觅珠、围珠、抢珠、跃龙门。舞者随着打击乐的节奏舞动，模仿不同水族穿梭游弋，时而嬉戏，时而争抢，时而跳跃，不断变换动作和阵形，动作流畅而粗犷。只有最后一只鱼行动迟缓，显得呆笨，因抢不到龙珠而气得横冲直撞，令人发笑。莆田九鲤灯舞表演中既有热烈奔放的打击乐，又有轻快悦耳的足铃声。闪耀的鱼灯间还有冲天的火把和不断炸亮的鞭炮，场面格外红火。

莆田九鲤灯舞表演须遵循一定的仪式，它能留存至今，得益于严格的家族传承方式。

灯舞（鲤鱼灯舞）
申报地区或单位：江西省吉安市

鲤鱼灯舞流传于江西省吉安固江棚下村，其起源和表演内容与民间神话传说有关。

鲤鱼灯舞表演带有情节性，表演队伍由一条外表庄严内心慈爱的鳌鱼、九条活泼灵敏的金丝鲤鱼和一只天真淘气的小虾组成。它们亲密地团结在一起，互相咬着尾巴前进，共同奔向幸福美好的境地——龙门。在前进途中，它们有时迷失方向，有时遇上乌贼的侵犯。但在鳌鱼的带领下，它们敢于拼搏，终于从漆黑的夜晚走向了光明。整套表演有鳌鱼进场、鲤鱼出洞、单拆篾塔、双拆篾塔、斜拆篾塔、双斜拆篾塔、三盏球、劈柴、寻食、跳龙门、穿龙门、咬尾等十六个环节。

鲤鱼灯舞抓住水的特征和鱼虾的特性，用生动的艺术形象和丰富的舞蹈动作细腻展现了水中鱼跃虾跳的画面，欢快灵动。尤其是在夜间表演时，光影舞动，观众仿佛置身水底，获得赏心悦目的艺术享受。

鲤鱼灯舞借助舞蹈艺术形象思维的比兴手法，通过拟人化的舞蹈动作和语言，反映人们的思想、感情和愿望。同时，人们还把鲤鱼作为吉祥、幸福的象征，寄托人们对美好生活的向往。

灯舞（沙头角鱼灯舞）
申报地区或单位：广东省深圳市

沙头角鱼灯舞在广东省深圳沙头角、盐田及香港新界部分地区流传。它起源于清代康熙年间，为广东新安县（现深圳市）沙头角沙栏吓村吴氏族人的祖先所创造，至今已有三百多年的历史。

沙头角鱼灯舞是广场男子群舞，一般在晚上演出。舞蹈场地设四根龙柱并用蓝色水布绕场，仿佛海底世界一般。二十多名男演员手举鱼灯，始终保持低马步，俯身曲背藏身于鱼灯后面穿梭起舞。场地内不用灯光，观众利用龙柱和鱼灯的光亮，只看到"海底"各种鱼类在舞蹈。

沙头角鱼灯舞是情节性舞蹈：各种鱼类在海底自由自在地生活，恶鱼黄鳢角游来欺侮众鱼，于是众鱼团结反抗，打败恶鱼，重新过上幸福的生活。舞蹈中的黄鳢角象征欺压渔民的海盗，众鱼象征不畏强暴、向往幸福生活广大渔民。

沙头角鱼灯舞用锣、鼓、钹、高音唢呐、低音唢呐和螺号来伴奏，其中的鼓很特别，是长身小鼓，牛皮鼓面呈头盔状，四十厘米高，直径二十多厘米。

沙头角鱼灯舞的道具、场景、伴奏、情节安排都非常精巧，让观者得到美轮美奂的艺术享受。

灯舞（东至花灯舞）
申报地区或单位：安徽省东至县

东至花灯舞的历史可上溯到唐代后期，至今已有三百多年的历史，主要在安徽省东至县石城、张溪、高山、官港、木塔等乡镇的二十多个大姓家族中流传。东至花灯舞的演出以家族为单位，一般从正月初二开始，至正月十五结束，有的要舞到二月初二圆灯，习俗不一，但都以请神祭祖、驱邪纳福、祈求太平为目的。

东至花灯由六兽灯、磨盘灯、八仙过海灯、五猖太平灯、龙灯、狮子灯、蚌壳灯、旱船等十余种形态各异的花灯组成，表演形式丰富多彩，还伴有民歌、山歌、戏曲、舞蹈等。

东至花灯舞是安徽农村重要的民俗活动，它汇集了本地原生和异地流入的工艺美术、戏剧、舞蹈、音乐、武术等多种民间艺术形式，是把扎彩灯、唱文南词、黄梅戏、敲十番锣鼓汇集于一体的民间艺术大荟萃，其古朴粗犷的原始风貌沉淀了诸多历史文化信息，具有丰富的文化内涵。

灯舞（苏家作龙凤灯舞）
申报地区或单位：河南省博爱县

苏家作龙凤灯舞主要流行于河南省博爱地区。

旧时，博爱县苏家作村人以务农为主，每年春节和火神庙会期间，苏家作人为庆贺丰收，期盼来年获得更好的收成，将龙、凤、麒麟、老虎、荷花等象征富贵吉祥的动植物形象制成花灯，除在各家门口悬挂外，还根据一些民间故事把花灯组织起来编排舞蹈。清道光二年是博爱县的大耍灯年，苏家作毋姓艺人把龙灯和凤灯结合起来，在龙凤共舞的基础上增加了数十种伴舞灯，编排了若干灯舞节目。在当年农历二月十九日苏家作火神庙会期间演出。自此，苏家作龙凤灯舞全面形成。

苏家作龙凤灯舞的龙凤灯制作精巧，做工精细，特点是用白纱布彩绘出凤衣图案，龙腹上系45只铜铃，表演时除了龙凤灯外，还有各种各样的伴舞灯，参与者可达500人，行进队伍长达1公里，场面热烈、气势宏大。龙凤灯舞以龙游场、龙戏凤、龙脱皮、百鸟朝凤等表演最为精彩，主要节目有《文王拉纤》《姜子牙钓鱼》《龙凤回头看牡丹》《龙凤对戏》等。

苏家作龙凤灯舞节奏快，对人的体能要求很高，现在喜爱该项目的年轻人越来越少，后继乏人的现状成为苏家作龙凤灯舞发展的瓶颈。

灯舞（无为鱼灯）
申报地区或单位：安徽省无为县

无为鱼灯主要流传于安徽省无为县，传说北宋时，包公到陈州放粮回朝后，曾普召全国各地向朝廷敬供花灯。当时无为人敬献了八条鱼（鱼灯），得到朝廷赞扬。从此，无为鱼灯被编排为民间舞蹈流传了下来。

在无为，每年正月十五元宵节到正月三十民间都要玩鱼灯。玩鱼灯的第一天叫开灯，最后一天叫收灯。从开灯第一天起摆供桌，全村人负责祭礼，请道士做道场，一直到收灯。如村里有疫病或农作物遭受虫害，人们也要玩鱼灯来驱邪求平安。当地有"烧香打醮、抵不上红灯一绕"（红灯即鱼灯）的俗谚，人们还称鱼灯为吉祥灯、太平灯、幸福灯。

无为鱼灯寄托了人们对美好生活的祈愿。

国家级代表性传承人名单

姓名	性别	申报地区或单位	入选批次
陈金文	男	福建省莆田市	3
吴观球	男	广东省深圳市	3
毋启富	男	河南省博爱县	3

定日洛谐

序号：684
编号：Ⅲ-87
批次：2
类别：传统舞蹈
申报地区或单位：西藏自治区定日县

定日洛谐是一种集歌、舞、乐一体的综合艺术形式，流传在西藏自治区定日县境内，已有六百多年的历史。定日县古时称为"洛"（南部的意思），"谐"泛指歌舞。

定日洛谐歌舞结合，表演时男子弹扎念琴或三弦琴演唱，定日洛谐的慢唱腔特色鲜明，伴奏音乐自成一体，舞蹈中强调和突出了原民间舞四分之一节拍的后拍起步，四、二拍节奏变化，上身呈九十度弯腰低头姿势，舞蹈动作以摆动双臂双手体现了藏西南庄重典雅的远古舞蹈风格特点。男女分班，一唱一和，此起彼伏，舞蹈中不时相互交叉组合，步伐稳扎结实。

定日洛谐在舞蹈中主要通过脚步的节奏变

化抒发情绪，上身动作不多。男子边弹边舞，穿插小跑旋转、腾跃等技巧动作，庄重豪放。女子手拉手连臂踏歌，顿地为节，伴着连点步跳踏，上身微微起伏，双手在胸前自如地左右甩动，舞姿显得典雅轻快。

定日洛谐继承了西藏的民间歌舞艺术形态，又融合了外来的多元文化，形成独特的艺术魅力。目前，这一传统民间舞蹈面临传承乏人的状况，亟待保护。

堆谐

拉孜堆谐

序号：679
编号：Ⅲ-82
批次：2
类别：传统舞蹈
申报地区或单位：西藏自治区拉孜县

堆谐是西藏西部地区的一种民间圈舞。"堆"为上或高地之意，藏族人把雅鲁藏布江上游的昂仁、定日、拉孜、萨迦及阿里一带叫作堆，"谐"是歌舞的意思。堆谐就是从这一带源起的民间歌舞，在流传过程中经过艺人们的加工提炼，逐渐演变为脚下打点的踢踏舞形式。现在，堆谐实际上是指流传在西藏各地的踢踏舞。

堆谐的音乐可分降谐和觉谐，降是"慢"的意思，"觉"是快的意思。堆谐的表演也相应地分为两部分：前一部分以歌唱为主，节奏舒缓悠扬；后一部分以舞蹈为主，节奏活泼热烈，现在以舞蹈形式在舞台上表演的都是觉谐伴奏的后一部分。舞步特点是四二拍节奏的后半拍起步，以三步一变为基础变化组合，脚下发出各种连点踏步音响，所有舞蹈者必须踏点准确，以保持集体舞蹈的整齐统一。

传统的堆谐音乐歌词大部分都带有宗教色彩，还有就是歌颂爱情的。堆谐的伴奏乐器有札木聂（六弦琴）、竖笛、胡琴等。

堆谐分南北两派，以定日为代表的堆谐是南派，以拉孜为代表的堆谐是北派。大致来说北派风格是欢快、有力，南派风格是自由、活泼。

堆谐是藏族传统文化的重要表现形式，也具有较高的艺术价值。

堆谐（拉孜堆谐）
申报地区或单位：西藏自治区拉孜县

流传在西藏自治区拉孜县的拉孜堆谐以六弦琴为伴奏乐器，拉孜县大部分群众都会弹唱六弦琴，每逢重大节庆活动，人们都要进行堆谐表演。

参加拉孜堆谐表演的人数可多可少，既可独跳弹唱，也可双人或多人组合弹唱。表演时，演员一边弹唱一边踢踏起舞，对动作协调性要求较高。

在长期发展过程中，拉孜堆谐通过群众和艺人的加工，逐步形成程式化的表演模式。按内容和形式的不同，拉孜堆谐可分成五十多个类型，有头后、腰间、胸前三种主要的表演姿势。

拉孜堆谐内容丰富，旋律优美，动作洒脱流畅，呈现出独特的艺术风格。

国家级代表性传承人名单

姓名	性别	申报地区或单位	入选批次
拉巴	男	西藏自治区拉孜县	3

多地舞

序号：687
编号：Ⅲ-90
批次：2
类别：传统舞蹈
申报地区或单位：甘肃省舟曲县

多地舞即罗罗舞，是甘南地区的一种藏族民间舞蹈，主要流传在甘肃省舟曲县、迭部县等藏族聚居区，是当地藏族群众在节日、喜庆、祭祀之时喜欢表演的舞蹈。多地舞有一千多年的历史，在漫长的流传发展中，演化出赖萨多地、格班多地、贡边多地等十多种类型，不同类型有不同的表现形式和意义。

多地舞由多地、嘉让和甸录三部分内容组成。多地的开头动作为头顶三下、脚顿三下，象征先民开天辟地，然后叙述日月星辰、山川湖海的由来，颂扬大自然。表演过程中用舞蹈形态表现天空、云层、山峰、森林、草原、湖海等，以及这些自然景观中的奇异变化，具有丰富的想象力。嘉让是一种以妇女为主的集体舞，人们携手围成圆圈，腾足于空，顿地为节，一人摇铃领唱，众人和声或轮班唱和，从舒展的慢歌到欢快的歌舞，在热烈的气氛中结束嘉让，圆圈队形随即散开分成两排，转入甸录部分。甸录是结尾的歌舞曲，歌唱家乡、美景、节日等。多地舞的舞姿以下肢的屈、挪、踩、绕为主，腰部俯仰之间、膝部屈颤瞬间展示了山地女性的体态之美。

多地舞是羌文化和藏文化交融的产物，在藏羌文化起源、发展的研究中有较高的参考价值，在凝聚舟曲群众精神方面有重要作用。

国家级代表性传承人名单

姓名	性别	申报地区或单位	入选批次
李扎西	男	甘肃省舟曲县	3

鄂温克族萨满舞

序号：1093
编号：Ⅲ-104
批次：3
类别：传统舞蹈
申报地区或单位：内蒙古自治区根河市

鄂温克族萨满舞俗称跳神，是萨满（巫师）表演的一种祭祀性舞蹈，流传在内蒙古鄂温克族聚居的地区。萨满原意为因兴奋而狂舞的人，后来成为对萨满教巫师的通称。

鄂温克族萨满舞主要在祈神、祭祀、驱邪、治病等活动中由男女巫师分别表演。表演时，萨满头戴鹿角帽或熊头帽，服装饰以兽骨、兽牙，动作也多模拟动物形象姿态，表演程序一般有祝祷、请神、神附体、送神等部分。萨满一边手击抓鼓一边念唱祷词或咒语，腰部小幅度甩动，脚下动作多为走步、回旋和蹦跳几种，舞至高潮，鼓声急促，动作激越。萨满认为达到众神附体的境界后，便做出各种厮杀动作并伴有强烈的呼喊声，以驱赶邪魔。

鄂温克族萨满舞所用的抓鼓既是法器又是伴奏乐器，这是一种无把的圆形单面皮鼓，缀有小铜钱。抓鼓表演动作可分为碎打鼓、半转鼓、整转鼓等几种。碎打鼓是以左手抓鼓竖在胸腰之间，右手拿鼓槌有节奏地敲打鼓面。半转鼓，即鼓面一上一下反复翻动。整转鼓是在过肩位置当手腕从外向里翻的时候打一下鼓面，在腰胯位置当手腕由里向外翻动时又打一下鼓面，如此循环不断，使鼓像一个在转动的球体。

鄂温克族萨满舞是原始宗教信奉万物有灵和图腾崇拜的表现，充满神秘色彩。

翻山铰子

序号：652
编号：Ⅲ-55
批次：2
类别：传统舞蹈
申报地区或单位：四川省平昌县

翻山铰子是一种以挥舞和击打铰子为主要动作的男子民间舞蹈，主要流传在四川平昌一带，按师徒传承代数推算，距今已有一百五十多年。

铰子是一种铜质小镲。根据铰绳长短不同，翻山铰子可分为长绳铰和短绳铰两种。表演时，在唢呐和锣鼓的伴奏声中，铰子手合着节拍，挥动双铰，不时放长或收短铰上所系的绳子，忽而甩过头顶，忽而绕过腰腿翻旋飞转，在各个不同部位击打铰子。其打法有四十多个动作，主要由打、擦、翻、转四种方式构成。大多数动作都冠以形象化的名称，如风吹杨柳、团鱼晒壳、青蛙晒肚、朴地蓬花、跑马射箭等。

翻山铰子表演时，无论动作怎样变化，无论时间持续多久，其进行的节奏总为中速，均匀而平稳。为了配合节拍，翻山铰子的伴奏曲牌虽然有三十多种，但常用的也只有《花引子》《南瓜花》《丝瓜花》《浪淘沙》等，其余的则用于烘托气氛。

在四川平昌，铰子原是端公（巫师）跳神驱鬼叫的法器，翻山铰子过去也多用于法事，现在则演变为当地人喜爱的民间舞蹈，在喜庆时刻表演，有"离了和尚不念经，离了铰子不送亲"的说法。

国家级代表性传承人名单

姓名	性别	申报地区或单位	入选批次
吴华得	男	四川省平昌县	3

嘎尔

序号：682
编号：Ⅲ-85
批次：2
类别：传统舞蹈
申报地区或单位：西藏自治区

嘎尔是藏族的一种礼仪性歌舞，主要流传于西藏阿里地区。嘎尔历史悠久，起初是民间艺人在节日时表演的歌舞，而后逐渐流入西藏各地的大寺庙，经过加工后成为寺院大型宗教活动时的必演节目。

嘎尔分嘎尔鲁和嘎尔两种，嘎尔鲁过去是西藏的宫廷乐舞，表演形式主要是童声齐唱，表演者由十多名男童担任，伴奏乐器由横笛、根卡、铁琴、扎年（六弦琴）、扬琴、云锣等组成。嘎尔是舞蹈部分，这部分的音乐自由、宽广而又悠长，常用达玛鼓和竖笛等乐器来演奏，其舞蹈造型雕塑感非常强，舞者动作高度规格化，动作激烈、幅度大，表演时队形变化丰富。嘎尔的表演者全部为男性，嘎尔巴是歌舞者，嘎尔珠巴是男童歌舞者，嘎尔本是负责人。

嘎尔主要在大型典礼和迎送班禅大师等重要场合表演，是研究西藏地区古代礼仪习俗的宝贵资料，但嘎尔的音乐多采用古藏语，歌词难懂，能熟练掌握这门艺术的人较少；嘎尔舞蹈的表演动作规范性强，难度大，表演规模日渐缩小，种种因素给嘎尔的全面传承带来很大的困难。

国家级代表性传承人名单

姓名	性别	申报地区或单位	入选批次
平措玉杰	男	西藏自治区	3
扎西次仁	男	西藏自治区	4

高跷

高跷走兽、海城高跷、辽西高跷、苦水高高跷

序号：112
编号：Ⅲ-9
批次：1
类别：传统舞蹈
申报地区或单位：山西省稷山县，辽宁省海城市，辽宁省锦州市，甘肃省永登县

扩展项目：
高跷（盖州高跷）	辽宁省盖州市
高跷（上口子高跷）	辽宁省大洼县
高跷（独杆跷）	山东省泰安市
高跷（高抬火轿）	河南省沁阳市

高跷也叫高跷秧歌，是一种广泛流传于全国各地的民间舞蹈，因舞蹈时多用双脚踩踏木跷而得名。高跷历史悠久，来源传说众多，北魏时已有踩高跷的石刻画像。

高跷舞队人数十多人至数十人不等，表演者多扮演古代神话或历史故事中的人物，服饰一般模仿戏曲行头，常用道具有扇子、手绢、木棍、刀枪等。高跷表演形式有踩街和撂场两种，其中撂场又分大场和小场两种。大场由舞队集体表演，边舞边走出各种队形图案；小场由两三人表演，多为男女对舞，常常边舞边唱。各地高跷所使用的木跷长为30～300厘米不等。根据表演风格又可分为文跷和武跷，文跷重扭踩和情节表演，武跷重炫技表演。

高跷（高跷走兽）
申报地区或单位：山西省稷山县

高跷走兽是山西省稷山县清河镇阳城村庙会文化活动中的一种表演形式，它盛行于清朝雍正初年，至今已有三百多年的历史。

高跷走兽由兽头、兽身和表演人员组成。两位表演者足踩高跷，腰间装饰巨大的兽身，从外观看像真人骑兽，行走起来威风凛凛。其实两位表演者均负重荷，需在锣鼓、花鼓等打击乐中按曲牌节拍才能保证同步行走、协调一致，难度极大。

现有的走兽形象基本都是一代一代流传下来的，虽经多次修补，原貌仍存。兽头由技术很高的艺人做出模型，再用软布、麻纸、草纸经多层裱糊、取模、油漆上色而成，兽身主要由竹板、麻丝、麻绳、铁丝、软布、草纸等缝制绑缚，最后粘贴装饰而成。稷山县清河镇阳城村分为南、北阳城，北阳城的走兽有独角兽、猃狼、麒麟、竹马、猫等，南阳城的走兽包括黑狸虎、梅花鹿、貘等。人和兽造型威猛奇特，在鼓乐声中列阵行进，气势宏伟。

高跷走兽这一民间舞蹈活动增强了人与人之间的团结和谐，还体现了当地老百姓祈盼风调雨顺的美好愿望。但现在，阳城村几乎没有大型的庙会祭祀活动，高跷走兽缺少活动机会，部分精彩节目已经失传。

高跷（海城高跷）
申报地区或单位：辽宁省海城市

流传于辽宁省海城地区的海城高跷经过三百多年的不断演变，发展成为集舞蹈、杂技、音乐、小戏于一体的民间艺术，到清末已经形成一支半职业的艺人队伍。艺人们各有绝技，其传承谱系蔚为壮观。

海城高跷的主要角色为四梁四柱，即头跷、

二跷、老生、老䶍、上装（女角）、下装（男角）等。表演者的脸谱夸张，装束以大红大绿为主调，以手绢、彩扇、烟袋、马鞭等为道具。表演题材多为群众喜爱的戏曲和神话故事。表演程序一般是从起鼓到过街楼、骑象、大场、小场，最后是下武场。海城高跷的配乐以唢呐和锣鼓乐为主，曲牌有《满堂红》《大姑娘美》等。

海城高跷表演风格火爆热烈，欢腾奔放，风趣诙谐，雅俗共赏。这些风格特点，充分体现在民间艺人总结的扭、浪、逗、相等表演技法上。

如今的喜庆节日、集会庆典，海城仍少不了高跷表演，但大部分演员靠兴趣参与，队伍青黄不接，海城高跷艺术也面临着失传的危险。

高跷（辽西高跷）
申报地区或单位：辽宁省锦州市

据可考的史料，流传于辽宁省锦州地区的辽西高跷秧歌已有二百多年的历史。

踩高跷讲究扔、跨、蹲、别、拧五字硬功，有搭肩、推磨、过网、打对、燕子翻身等高难度动作。辽西高跷的跷最低的有90厘米，依次升高，最高的可达240厘米，演员演出前需坐在房檐上绑跷腿。因跷高且有弹性，舞者在动作中为保持全身平衡，双臂必须上下不停地大幅度摆动，由此构成辽西高跷"大大舞"的基本动律，形成了美、浪、俏、哏、逗等表演形态，当地人总结了扭中美、美中浪、浪中俏、俏中哏、哏中逗等表演特色，充分展现了辽西人的豪迈性格。

辽西高跷表演走阵时讲究上装一条线（女角），下装（男角）左右串，可形成二龙吐须、三连环、龙摆尾等多种场图，表演场面火爆热烈。

辽西高跷秧歌有家族传承、师徒传承、自然传承等不同传承方式，许多爱好者在反复观看演出中自学成才，成为新军。但由于老艺人相继去世，一些表演技艺，特别是特高高跷，面临失传的危险。

高跷（苦水高高跷）
申报地区或单位：甘肃省永登县

高高跷是甘肃省永登县苦水街一带祖辈相传的民间表演艺术，也是农历二月二龙抬头当地社火中的一个传统保留节目，深受民众喜爱。

苦水高高跷起源于元末明初，到现在已有近七百年的历史。苦水高高跷的特点就是高，跷腿的高度达3～3.3米，有一层楼高，更有高达四米的，再加上表演者的身高，能到五米多高。表演者穿上传统的戏剧服装，画上秦腔剧目中人物的脸谱，拿上道具，踩上高高跷，排成长队，在太平鼓队的引导下进行走街式表演。街道旁人潮涌动，上百人的高高跷队伍从低到高依次走来。表演者的彩绸服饰迎风飘动，好似天神天将，甚是威武壮观。

苦水高高跷难度大，表演者最好年轻力壮，而且需要从小开始练习。当地文化部门一直在采取相关措施，鼓励年轻人加入苦水高高跷的表演行列。

高跷（盖州高跷）
申报地区或单位：辽宁省盖州市

盖州高跷是辽宁省盖州地区劳动人民自娱自乐的一种民间舞蹈形式，它是在古代民间杂技、踏跷和百戏基础上发展演变形成的，主要在春节、庆典、庙会和祭祀活动中表演。

盖州高跷具有扭、稳、浪、俏、哏、相、逗、兴、默等艺术特点，活泼浪漫，炽烈火爆，舒展豪放，乡土气息浓郁。

盖州高跷兴于明末清初，历史上出现了不少著名艺人，民国中期至新中国成立后，有红极一时的郭锡成等四大名旦。现在，能全面继承盖州高跷技艺的新生代人才极少，部分绝活已经失传。

高跷（上口子高跷）
申报地区或单位：辽宁省大洼县

上口子高跷是一种带有浓厚地方特色的民间舞蹈，发源并流传于辽宁省大洼县东部西安镇上口子村，至今已有三百多年的历史。

据传，清代康熙年间，来自关内的民间艺人将高跷秧歌带到大洼县。光绪年间，艺人们把耍孩儿、喇叭戏和二人转等当地民间艺术融入高跷秧歌中，渐渐形成了上口子高跷的地方特色。新中国成立后，大洼县的跷会越来越多，基本上每村一个，艺人队伍的壮大使高跷的技艺得到进一步提高。至20世纪初，艺人们又在两三人的小场中增加了地方戏曲落子腔，表演动作中增加了难度较大的杂技成分，跷腿也有所增高。

上口子高跷表演风格喜庆欢快，深为地方民众喜爱，但由于高跷队入不敷出，目前仍面临生存困难。

高跷（独杆跷）
申报地区或单位：山东省泰安市

独杆跷又称独脚跷，是一种极具特色的民间舞蹈，发源于山东省泰安新泰市羊流镇的大洼村。

独杆跷产生于清光绪二十三年（1897）。当时，新泰一带经济发达，民间杂耍汇集，高跷表演队众多，高手如云。为了在高跷竞技中获胜，有技艺高超的艺人创造了单腿踩跳台阶的绝技，由此将高跷发展为单脚跷，后经第二代传人王家络完善，形成了独杆跷的基本模式，即以高约1.8米、直径0.45米的圆木为跷，跷杆中部设踏板，表演时双脚踩踏板，在锣鼓伴奏下在地上蹦跳走动。第三代传人王兆杰又将民间戏曲融入单一的技艺表现中，编创了独杆跷的经典剧目《刘海戏金蟾》。表演时，刘海做双踩、单踩、交叉踩、蹦跳踩等高难度动作，金蟾做蛙跳、蛙爬、四爪朝天等诙谐幽默的动作，既惊险又有趣。经过几代人的发展，独杆跷从道具、乐器、造型、道白到绝技表演，已形成了完整的表演体系。

独杆跷系家族传承，但王家新一代传人对此没有太多兴趣，当地文化部门正积极采取措施，努力让这门技艺不失传。

高跷（高抬火轿）
申报地区或单位：河南省沁阳市

高抬火轿是河南一种形式独特的民间舞蹈，流传在河南沁阳市山王庄镇万南村。

高抬火轿舞蹈表演的历史可追溯到唐宋，那时，当地人就有踩高跷、抬花轿闹新春的习俗。到了明代，朱元璋第九世孙、郑王朱载堉将踩高跷和抬花轿两种民间艺术结合在一起，创造了新的表演形式。他的初衷是想用艺术手段提高轿夫的地位，让人们以仰视的角度看轿夫。后来他又将普通花轿改为火轿，布轿改为纱轿，在轿子的四周插上蜡烛点燃，寓意红红火火。并把演出时间从白天改到晚上。现在的高抬火轿表演中还保留着朱载堉的《锣鼓经谱》《醒世词》和《清理词》。

高抬火轿以舞蹈和说唱结合的形式进行表演，16个人分两班，交替踩着5尺的高跷抬花轿行进。坐在轿内的演员且说且唱，管子、唢呐和锣鼓从旁伴奏。此外，还有4～6人踩着6尺高跷，转动祥伞引领火轿前行，数人踩着2～5尺不等的高跷，打着宫灯、纱灯、棋子灯和回避肃静牌，分别模拟皇帝、官员出巡和百姓婚嫁等场面。

高抬火轿表演观赏性强，在当地影响广泛。

国家级代表性传承人名单

姓名	性别	申报地区或单位	入选批次
刑传佩	男	辽宁省海城市	2
杨敏	女	辽宁省海城市	3
王新惠	男	辽宁省盖州市	3
段铁成	男	山西省稷山县	4

高山族拉手舞

序号：662

编号：Ⅲ-65

批次：2

类别：传统舞蹈

申报地区或单位：福建省华安县

拉手舞是高山族的一种自娱性民间舞蹈，流传于福建、浙江等沿海地区和台湾岛的部分地区，距今已有一千多年的历史。

高山族拉手舞一般在喜庆节日之时表演，也用于平时娱乐，男女均可参加，少则三五人，多则数百人。参加者围成一圈或数圈，沿着圆圈舞蹈或面向圆心进退，此外还有单排、双排、螺旋、龙摆尾等队形。舞蹈中通常由一位歌舞能手担任领唱，歌词内容多是歌颂祖先、赞美英雄、鼓励劳动、歌唱团结等，或即兴而歌。歌词中有很多虚词和衬词，如"哪罗弯哪依哪哟""因乃哟嗬因海呀"等，有时一段歌从头至尾都用虚词。

跳拉手舞时拉手的形式有两种：一种是相邻的舞者双手自然拉起，或以小拇指互相勾连，通常称为小拉手；另一种是相隔一人拉手，形成相互交叉的连臂拉手，此为大拉手。小拉手时舞者双臂可以前后大幅度甩动，身体前后俯仰，大拉手则侧重队形变化。众人一起引吭高歌，整齐地变换舞步，统一抬脚顿足。拉手舞的步法主要有上步、撒步、抬腿、踏脚等，跳到兴奋之时，有些男子会弯下腰用头上的雉羽扫过地面，再起身继续向前跳动，如此重复，身体不断地起伏，羽冠上下飞舞，把舞蹈推向高潮，围观者不断被卷入歌舞的海洋中。

高山族拉手舞在增进海峡两岸文化认同方面有重要的作用。

鼓舞

花钹大鼓、隆尧招子鼓、平定武迓鼓、大奏鼓、陈官短穗花鼓、柳林花鼓、花鞭鼓舞、八卦鼓舞、横山老腰鼓、宜川胸鼓、凉州攻鼓子、武山旋鼓舞

序号：639

编号：Ⅲ-42

批次：2

类别：传统舞蹈

申报地区或单位：北京市昌平区，河北省隆尧县，山西省平定县，浙江省温岭市，山东省广饶县、冠县、商河县、栖霞市，陕西省横山县、宜川县，甘肃省武威市、武山县

扩展项目：
鼓舞（万荣花鼓）　　山西省万荣县
鼓舞（土沃老花鼓）　山西省沁水县
鼓舞（稷山高台花鼓）山西省稷山县
鼓舞（乌拉陈汉军旗单鼓舞）
　　　　　　　　　　吉林省吉林市

鼓舞是以鼓为伴奏乐器和道具的民间传统舞蹈。古人把鼓声与雷声相比，认为鼓声有助于春耕和农作物的生长，鼓与舞结合的形式久已有之。《易·系辞》中有"鼓之舞之以尽神"

之语，既反映了中华鼓舞历史悠久，又道出了鼓舞的主要功能。

几千年来，鼓舞被用于祭祀、求雨、驱邪、鼓舞士气、喜庆丰收，全国各地涌现出各种类型的鼓和形式多样的鼓舞，鼓谱丰富、情绪热烈、底蕴深厚。

鼓舞大多是伴随民俗活动产生和发展的，有对民间习俗的依存性特征，民俗的变迁使得鼓舞的传承大多面临危机。

鼓舞（花钹大鼓）
申报地区或单位：北京市昌平区

花钹大鼓原名雷音圣会子弟花钹，百姓俗称大鼓会，是融合鼓舞和钹舞的民间儿童舞种，流传于北京市昌平区小汤山镇后牛坊村，传说起源于清朝乾隆年间。

花钹大鼓中的大鼓鼓面直径73厘米，高36厘米，由成年人敲打，用于伴奏和指挥；铜钹直径17厘米，既是伴奏乐器又是舞蹈道具，表演时由多名儿童边击钹边舞蹈。

花钹大鼓表演形式灵活多样，表演场地不限，舞台、广场、街道均可；表演人数不限，少则数人，多则上千人；舞蹈语汇丰富，可以根据不同情景编排出多种表演套路。花钹大鼓现存鼓谱有《长行鼓》《老八架》《隆通通》《上调》《下调》和《三钹起鼓》等十余种，音乐节奏有二拍子、三拍子、四拍子、五拍子等。花钹大鼓舞蹈动作有弹跳、换跳、自转、对钹、扔腿接钹等，不同的动作配合不同的鼓乐节奏，均以膝颤的律动贯穿始终。

目前，花钹大鼓中一些难度较高的动作已经无人能做，全套鼓谱只存留在老艺人的记忆中，亟待整理和抢救。

鼓舞（隆尧招子鼓）
申报地区或单位：河北省隆尧县

隆尧招子鼓广泛流传在河北隆尧东部滏阳河与澧河一带，以千户营乡最为盛行，其标志是小鼓演员背部有一杆引人注目的鼓招子，招子鼓由此得名。

隆尧招子鼓所用乐器大致分鼓、锣、镲三类，鼓又分为大鼓、小鼓。小鼓表演者腰系扁形革鼓，背部插高约五尺的木棍，木棍顶端扎有彩色鸡毛掸子，即鼓招子。表演时鸡毛掸子随着舞者的动作颤动，杆上还有彩旗、护身条随风抖动，弹簧绒球上下颤动，小响铃叮叮有声，增加了舞蹈的表现力。

隆尧招子鼓表演分为行进表演和定点表演两种方式，人数可多可少。行进表演时，队伍分为两大部分。第一部分由四路纵队组成，中间是两队小鼓，两侧队伍分别是大钹和大铙。总指挥手持令旗在前，指挥队伍前进的速度和节奏，另有两名丑角手持小扇、脚踩鼓点在鼓队中来回穿花逗乐。第二部分是一辆机动车，载着一面直径两米的大鼓，由四人轮流或同时击打，两侧有小马锣，车头上方插鼓会的会旗。队伍在雄壮的鼓声中行进。定点表演时，大鼓和马锣停驻表演场地一侧，小鼓和大钹队伍在鼓声中变化出二龙出水、五股穿心、龙盘柱等场图，舞者跑动时以小碎步和蹲步为主。

隆尧招子鼓的乐谱特点是休止符多，在演奏方法上，有齐奏、轮奏、合奏等多种形式，组合变化无穷。

隆尧招子鼓具有欢乐、红火、曲调明快等浓郁的民间风格，有着深厚的群众基础。

鼓舞（平定武迓鼓）
申报地区或单位：山西省平定县

平定武迓鼓流传于山西省平定县。由文献记载看，迓鼓沿革脉络清晰：它产生于北宋熙宁六年，在勾栏瓦舍中为杂剧，在市井乡间则变为"元宵迓鼓""村里迓鼓""河转迓鼓"。经过几百年的演变，至清代，形成文、武、丑三种迓鼓。

平定武迓鼓通过象征手法表现战争生活，代表性节目有《朱全上梁山》《赵匡胤下河东》等，舞蹈有成套的锣鼓曲牌，所用乐器有扁鼓、音锣、小镲、铙、云锣等6种共21件。21名演员人手一件，一边演奏一边舞蹈。武迓鼓的表演包括耍回和走阵两部分。耍回以内外圆场为基础，表现梁山武士与敌人短兵相接、激烈厮杀的战斗场面，有狗相咬、头回等15个套路。走阵的阵法变化多样，有剪股阵、四人阵等，表现攻城略地的过程。演员身着古代武社火服饰，背插单靠旗，胸挽八宝绳花，女角正额及两颊各画一朵梅花图案，头饰及脸谱与戏曲略同。

平定武迓鼓保留完整的锣鼓乐曲牌和演阵路线是研究古代军中鼓乐和演阵的重要资料。现在，武迓鼓渐渐失去了其生存环境，一般只在元宵节时表演，也唯有平定井芝峪村的表演还保持其原有风貌。

鼓舞（大奏鼓）
申报地区或单位：浙江省温岭市

大奏鼓原名车鼓亭、大典鼓，是流传在浙江省温岭市石塘镇一带的渔村舞蹈，反映渔家女迎接男人出海归来时的喜悦心情，至今已有三百多年的历史。

大奏鼓舞者均为健壮男子，八九人、数十人不等。除敲鼓者外，全部男扮女装、重彩化装：用浓重的白粉涂在古铜色的脸上，双颊涂一大片红色油彩，上穿深蓝色斜襟短袄，下穿橘黄色大口裤，衣裤边角上绣橘红色鱼纹花边，头戴橄榄形黑色羊角帽，耳挂金花大耳环，套手镯脚镯，赤脚扮成渔婆状，手执木鱼、扁鼓、唢呐、汤锣、铜钹、铜钟等不同乐器，边奏边跳，动作粗犷，诙谐有趣。

大奏鼓的马蹲跃步、摆浪步、颤肩四方步、小踏步等主要舞步都是夸张地模仿妇女姿态，表演时队形变化丰富，常用队形图案有一箭绕八、双箭翻浪、元宝阵、滚浪翻花、龙门阵等。大奏鼓演出曲目众多，代表作品《台州湾渔鼓》《箬山大奏鼓》《太阳鼓》等，系根据原有素材改编而成。

现在，石塘当地有老人班、青年班、少年班、妇女班等多种大奏鼓表演班社，活跃了海滨渔村的文化生活，也开始向城市舞台挺进。

鼓舞（陈官短穗花鼓）
申报地区或单位：山东省广饶县

陈官短穗花鼓流传在山东省东营市广饶县陈官乡一带及商河县等地。它起源于明清时期，原是流浪艺人借以乞讨谋生的手段。

陈官短穗花鼓由一人打镲说唱，一人击鼓表演。唱腔都是乡味十足的民间小调，如《串九州》《十二月》等。舞蹈动作舒展奔放，讲究"打场脚微颤、八字腿弓箭、击打头略晃、跑鼓轻如仙"。短穗花鼓用以打鼓的不是鼓槌，而是系住鼓槌一端的鼓穗——60厘米长的短鞭，中间部位系两个灯笼穗，鞭梢编成疙瘩穗，穗头长12厘米。击鼓套路有三四十种，如张飞骗马、苏秦背剑、就地十八滚等。花鼓在腰间是活动的，表演者在大幅度的跳动中，手持双鞭击鼓又准又稳，需要高超熟练的技能。短鞭的灯笼穗随表演者飞舞，颇具观赏性。

现在，民间艺人和舞蹈工作者将陈官短穗花鼓加工提炼后搬上了舞台，使之成为一种民间艺术。表演形式改革为一人唱或两人对唱，多人以锣、镲伴奏。但因为动作难度大，加上文化生态环境的改变，陈官短穗花鼓的传承情况不容乐观。

鼓舞（柳林花鼓）
申报地区或单位：山东省冠县

柳林花鼓是鼓子秧歌的一种，流传于山东省冠县柳林镇。

柳林花鼓大约起源于清朝初年，所演绎的故事取自《水浒传》中宋江、吴用等梁山好汉化装成花鼓艺人劫法场救卢俊义一节。百姓将这一故事与本地流传的鼓子秧歌结合，成为固定的表现形式延续下来，最终发展成柳林花鼓。

柳林花鼓原来有两部分，第一部分表现梁山好汉化装进城、一路载歌载舞的情形；第二部分表现劫法场救卢俊义的战斗场面，现在保留下来的仅是第一部分。

柳林花鼓以花鼓为主要道具，舞蹈特色鲜明：一是鼓带特别长，鼓垂至舞者左膝下，舞者在剧烈的扑打转跳中有节奏地击鼓，而鼓不离腿，堪称绝技。二是表演文武兼备，武场只舞不唱，文场只唱不舞，演唱曲调庞杂，有《绣帐幔》《好一朵奴女花》《喜歌》《河南有个王员外》等。三是人数固定，舞者十四人且每人都有固定角色，分别扮演吴用、宋江、柴进、花荣、扈三娘等，持伞、锣、鞭等不同道具表演各自的动作，有严格的表演程序，演出时缺一不可。四是需要演员有相当的武术功底。五是具有强烈的地方色彩，唱词中充满了当地百姓的俗词俚语，对研究当地民间文化的发展具有重要意义。

柳林花鼓一直活跃在民间文艺舞台上。

鼓舞（花鞭鼓舞）
申报地区或单位：山东省商河县

花鞭鼓舞在山东省商河县张坊乡一带最为盛行。光绪年间，商河以卖唱为生的王立礼、王文义两兄弟在北京卖艺时，拜流落在京的艺人李桂珍、李明雄兄弟为师，学会了花鞭鼓舞。王氏兄弟回乡后苦练技艺，并将其传授给乡人，一直流传至今。

花鞭鼓舞舞者武生打扮，白毛巾罩头，身着短衣，腰间系一条红绸子，双手各持一鞭。鞭杆长22厘米，鞭条用牛皮条制作，长50厘米，粗如小指，上面缠有各种彩色毛线，因此称为花鞭。鞭梢结成疙瘩，用于击鼓。花鞭鼓舞有前八步、后八步、鹞子翻身、鲤鱼跳龙门、古树盘根、张飞骗马、苏秦背剑、二龙吐须等三十多种动作套路。花鞭鼓舞用的鼓是一般的腰鼓，挎于舞者左肋下，表演时两条花鞭上下翻飞，从舞者背后、胸前、胯下准确地击打鼓面，鞭飞鼓鸣，花鞭翻腾似金蛇狂舞，鼓音咚咚似战马奔腾，令人眼花缭乱。

鼓舞（八卦鼓舞）
申报地区或单位：山东省栖霞市

八卦鼓舞是一种属于道教文化的广场舞蹈，主要流传于山东省栖霞庙后镇一带，现只有庙后镇上林家村有八卦鼓舞的传人。

据史料记载，元代以来，栖霞道教活动频繁，道教斋醮仪式需以鼓乐配合，八卦鼓舞由此产生，并很快在民间流传开来，用于祭祖、祈福和辟邪。

八卦鼓舞以男女对舞的形式演出，一般有八男八女，乃是阴阳之分。男为壮年，挎八卦鼓于左腰前，击鼓时，手柄处铜钱相击，发出沙沙的声音，与咚咚的鼓声交织，形成一种神秘的视听感觉。女演员则双手擎伞起舞。表演者步法要求走"8"字，舞步特点为轻、飘、蹲、转。舞至高潮，演员"嗬、咳"的呼喊声与笙、管、八卦鼓和打击乐的敲击声汇成震耳欲聋的声响。

八卦鼓舞队形变化较为简单，常常出现的有八条街、双龙吐须、辫麻花、单串花、按波花等。队形变换以圆为中心，左旋必右转，转换进圆，圆中见转，形成八卦鼓舞鲜明的艺术特色。

作为道教文化衍生的民间舞蹈形式，八卦鼓舞具有较高的研究价值。

鼓舞（横山老腰鼓）
申报地区或单位：陕西省横山县

横山老腰鼓又称文腰鼓，主要流传于陕西省横山县的芦河川、小理河川、大理河川流域，以黑木头川南塔乡张村地村最具代表性，其历史可以追溯到明代中期。

横山老腰鼓的舞队由伞头、鼓子手、腊花、杂色丑角等组成，主要道具有虎撑、伞、腰鼓、鼓槌、旋子，表演形式包括单人打、双人打、四人打、八人对打、群场打等。表演由伞头统一指挥，表演程式为"舞—唱—舞"三段体。鼓子手动作幅度大、矫健有力，在场面上频繁穿插。腊花含嗔含羞、步履轻盈，与鼓子手成双配对。舞蹈的主要动作有二脚不落地、蹬腿打、踹腿打、反身连转步打、过堂对打、缠腰对打、过堂连身转打等，而图变化多端，快收猛收、有张有弛、群而不乱。

横山老腰鼓基本保持了原生态的击鼓技法，显示出豪放粗犷、激越诙谐的传统风格。

鼓舞（宜川胸鼓）
申报地区或单位：陕西省宜川县

宜川胸鼓是将鼓挂在胸前敲击起舞的一种鼓舞形式，有些地方称为花鼓，主要流传于陕西省宜川、洛川和定边一带。

宜川胸鼓多在春节或农闲时表演，表演人数不限，舞者有男有女，穿不同短衣，头扎英雄巾，佩带武士缨，胸打英雄结，身背英雄花，腰系彩色绸，下腿扎裹缠，脚穿登云鞋。男子胸前斜挂扁圆形小鼓，左手握木制硬鼓槌，右手持牛皮软鞭，轮换击鼓起舞。有的鼓手还可一人身背五六个鼓，头上顶着，右肩扛着，大腿小腿上挂着，打出许多花样来。女子有的手持霸王鞭或彩扇舞蹈，有的持小锣、小镲围绕男鼓手边敲边舞。

宜川胸鼓表演形式可分过路鼓、场地鼓两种，场地鼓的表演主要突出丰富的队形变化和舞蹈技巧。舞者运用秧歌步和跑跳步进行队形图案变化，主要阵形有双龙摆尾、金蛇摆阵、雪花飘飘、葵花向阳、四柱撑角、荷花怒放等。常用的舞蹈动作有二起脚、软腰、二人对鼓、缠腰踢腿等。技艺高超者可在板凳上表演，或在两人抬着的扁担上表演高难度动作。舞者在击鼓过程中，重视情绪和神韵的表现。艺人舞至高潮时，情不自禁地摆头、抖肩，使表演具有不一般的艺术感染力。

现在，年轻人对胸鼓艺术兴趣不浓，老鼓手年事已高，年轻鼓手中技艺优秀者寥寥无几，宜川胸鼓的发展举步维艰。

鼓舞（凉州攻鼓子）
申报地区或单位：甘肃省武威市

凉州攻鼓子又称武威攻鼓子，主要流传于甘肃省武威凉州区四坝镇的杨家寨。四坝镇历史上一直是多民族聚居地，凉州攻鼓子是西域乐舞与中原乐舞融合产生的鼓舞艺术。

凉州攻鼓子是古代出征乐舞的遗存，方方面面都体现"攻"的特征。表演者均为男性，几十人至数百人不等，头戴黑幞帽，左右两侧插野雉翎，帽边缀扇形白色纸花，身着黑色十三太保衣，腰挎红色鼓子，双手握鼓槌。表演时两人一对，八人一组，击鼓动作可以用"双手胸前画弧线，交错击鼓轮换翻。上步踏地凭脚力，挺胸抬头身不弯"四句口诀加以概括。

凉州攻鼓子表演者神情冷峻刚毅，步履沉稳矫健，时而马步对攻，时而振臂击鼓，不断变换猛虎出山阵、双将对斗阵、四门兜底阵等队形，无一不表现出古代武士英勇剽悍、勇往直前的阳刚之气，给人以威武而神秘的美感，在当地有沙漠黑旋风的美誉。尤其是"会攻子"表演时，数十支甚至上百支鼓队汇聚一地，同击一种节拍，同列一个长阵，表现出一支强大的军队向敌人发起进攻的气势。

凉州攻鼓子集娱乐性、艺术性、自发性和民族性于一体，具有较高的审美价值和文化认同意义。

鼓舞（武山旋鼓舞）
申报地区或单位：甘肃省武山县

武山旋鼓舞又称为扇鼓舞或羊皮鼓舞，是羌族人民的一种传统民间舞蹈，流传于甘肃省天水武山县的滩歌镇、洛门镇百泉村、龙台乡、山丹乡等乡镇村庄。武山旋鼓舞的主要道具形如芭蕉叶面，似扇非扇，在铁圈上蒙上去毛的羊皮制成。鼓面直径一般为三十厘米，鼓槌由藤条或羊（牛）皮编织而成，槌柄缀着九枚形似古币的铁环。

武山旋鼓舞历史久远，在长期流传过程中，发展出北部山区旋鼓舞和南部山区旋鼓舞两大类型，其特点都是"旋"。北部川区旋鼓舞是先"撺神"，然后鼓手们组队形围火堆"旋"；南部山区旋鼓舞是在旷野山地"旋"，沿着崎岖山道蜿蜒蛇行，鼓声回旋。

每年春末夏初，先由幼童到各村寨敲鼓，酝酿情绪，准备迎接端午节的旋鼓舞高潮。五月初一清早，人们穿着节日的盛装汇集在开阔的滩地上，等候各村旋鼓舞队的到来。旋鼓舞队成员几十人至几百人不等。除了鼓以外，演出道具还有幡和彩旗等，伴奏乐器主要有钹、锣和响铃。旋鼓舞动作技巧性强，有喊山岳、千斤压顶、旋风骤起等典型动作和二龙戏珠、白马分鬃、丹凤朝阳等传统套路，表演者在舞动中的主要特征还是"旋"。

武山旋鼓舞的传承以自愿为特征，多为社会松散型，整理和保护的难度比较大。

鼓舞（万荣花鼓）
申报地区或单位：山西省万荣县

万荣花鼓流传于山西省万荣县南景村一带，也在晋南地区的河津、浮山、稷山、翼城、闻喜等地流传。据南景村清康熙八年（1669）的碑文记载："花鼓乃民间社火，由七、八、九人组成，女演奏者持手锣，凤头蛇身，男者腰鼓，蛇身龙体，曲牌流畅……"

万荣花鼓有三种形式：第一种是低鼓，即腰鼓；第二种是高鼓，即胸鼓；第三种是多鼓，即将鼓系于舞者头部、胸部、右肩及两腿中间，最多者一人可系十多个鼓。三种鼓的基本打法相同，即以右手为主，左手为辅，右手击上鼓面打前半拍"咚"，左手击下鼓面打半拍颤音"都儿"，连续音响则为"咚都儿"。左手技法简单，右手花样繁多。

万荣花鼓舞套路很多，有一点油、风搅雪、干炒豆、狗撕咬、紧三锤以及狮子滚绣球、凤凰双展翅等高难度技巧。万荣花鼓不仅讲究打鼓技巧，也注重跑场子图形变化，演出图形有十字花、倒推磨、枣花、缠住脚、穿八字、蛇蜕皮、龙摆尾、连环套等。

传统的万荣花鼓演出时，在表演完一段后插进几段歌曲，让花鼓表演者休息片刻。曲调是随意哼唱的民歌小调，或是从戏本中截取的唱词，演唱时无舞蹈动作，也无乐器伴奏。

鼓舞（土沃老花鼓）
申报地区或单位：山西省沁水县

土沃老花鼓是集打、唱、跳为一体的舞蹈表演形式，流传于山西省沁水县，有二百多年的历史。

土沃老花鼓表演队伍20～50人均可，主要角色有老丑、小丑、花姑、老汉、老婆、腰鼓手、报马童和担鼓，化装基本模仿戏曲的生、末、净、旦、丑各行当，每个角色都有自己独特的动作。全场表演的队形有双龙出水、三盏灯、双插花、九道湾、荷花转、双分头等。表演者主要的步法是曲曲步，要求全脚擦地行进，身体左右拧转，如风摆杨柳。其中最有特点的是小丑。他们舞蹈时口咬固定在小鼓上的口嚼环，双手持软鼓槌上击下打，其特有的丹鹤弹步走起来形似鹤行，惟妙惟肖。演唱时，小丑将鼓握在手上，唱完后又把鼓叼在口上。

土沃老花鼓的乐谱有两种，一种是舞蹈谱（走场锣鼓），分为走场谱和登场谱；一种是曲调谱（花鼓调），分为老调和新调，歌词一般是即兴编唱，伴奏使用小堂鼓、腰鼓、大锣、小锣、小钹、小镲、小勾锣等乐器。

由于民俗的变化，土沃老花鼓现在处于濒危状态。

鼓舞（稷山高台花鼓）
申报地区或单位：山西省稷山县

稷山高台花鼓流传于山西省稷山县，以吴壁、桐上、东蒲、西位、寺庄等地较为有名。

最初的稷山高台花鼓表演是由单人男子佩戴胸鼓、腰鼓进行，击鼓的技巧、动作也比较简单。现在的稷山高台花鼓表演人数最多时达二百人，表演者集头鼓、肩鼓、胸鼓、腿鼓于一身。舞蹈套路有板凳对打、高台花打、高台倒打、缠腰甩打等，表演形式有单打、对打、混合打，鼓声与花锣、钹、镲以及板凳敲击声融汇，热闹非凡。在表演高潮时，用板凳搭成高台，每层两条板凳，一般是三层五凳、五层九凳，可搭十三层，高九米，鼓手分层用腿脚勾住板凳展示孔雀开屏、凤凰展翼、倒挂金钟等多种高难度技巧。除了完成各种大幅度的肢体动作外，鼓手还要进行队列变化。

稷山高台花鼓除了在祭祀和闹社火时表演外，还在踩院、闹后场、贺满月等喜庆场合表演，在当地有广泛的群众基础。

鼓舞（乌拉陈汉军旗单鼓舞）
申报地区或单位：吉林省吉林市

乌拉陈汉军旗单鼓舞是吉林省吉林市乌拉陈汉军旗常氏、张氏家族祭祀活动中表演的舞蹈。常氏家族称其为单鼓，张氏家族称其为太平鼓。

单鼓，辽代时称为臻蓬蓬鼓，是萨满跳神不可缺少的神具。乌拉陈汉军旗单鼓舞的特点是手敲单鼓、摆动腰铃。表演时，舞者以脚步的移动带动腰部摆扭，使腰间悬挂的三十二个腰铃相互碰撞，发出节奏鲜明、清脆悦耳的"哗哗"声，同时双手敲击单鼓与之配合。

乌拉陈汉军旗单鼓舞的舞蹈形式多样，有单人舞、双人单鼓舞、群舞和双人腰铃舞等，舞步是连续变化的，有丁字步的蹉步、走圆环形的回旋步、前进三小步后退一步等。

乌拉陈汉军旗单鼓舞虽用于家族祭祀活动，但对研究我国东北地区满汉文化的交融历史有重要意义。

国家级代表性传承人名单

姓名	性别	申报地区或单位	入选批次
李成元	男	陕西省横山县	3
杨门元	男	甘肃省武威市	3
代三海	男	甘肃省武山县	3
高如常	男	北京市昌平区	4
王企仁	男	山西省万荣县	4

最小的两人就可以表演,最大的六十多人。表演人员在鼓点的变化中时而演奏,时而舞蹈,队形变化多端,气势雄伟。

数百年来,官会响锣已经发展演变成一种独具地方特色的民间艺术形式,一直活跃在豫东广大农村的红白喜事、庙会庆典活动中,深受群众的喜爱。但年轻人大多不太喜欢参与活动,官会响锣的发展正面临着后继乏人的困境。

官会响锣

序号:648

编号:Ⅲ-51

批次:2

类别:传统舞蹈

申报地区或单位:河南省项城市

官会响锣是一种以锣为道具的民间舞蹈,在河南省项城流传甚广。传说在清朝乾隆年间,皇帝下江南体察民情,安徽、河南、山东一带的官员到官会迎接。当地人把锣和舞连到一起,编排出响锣舞来欢迎皇帝。舞蹈得到了民众和官员的一致认可,官会响锣从此就流传下来,仅官会镇王氏一家就传承了十辈,距今已有三百多年。

传统的官会响锣打击乐只有锣,主要打法有七点锣、九点锣、十二点锣、十六点锣和二十四点锣,过去对不同打法所用的场合有严格规定。官会响锣的表演套路众多,有二龙戏珠、龙摆尾、龙翻滚、龙盘柱、跳龙门、龙穿、青蛙啃泥、天女散花、寇准背靴、二郎担山、狮子滚绣球、张果老倒骑驴等十二套表演套路。每个套路都形象逼真,充满了浓烈的乡土气息,具有独特的表演程式及演奏技巧。

锣既是伴奏乐器也是舞蹈道具,演员时打时舞,并用锣组成各种造型。锣阵有大有小,

锅庄舞

迪庆锅庄舞、昌都锅庄舞、玉树卓舞

序号:123

编号:Ⅲ-20

批次:1

类别:传统舞蹈

申报地区或单位:云南省迪庆藏族自治州,西藏自治区,青海省玉树藏族自治州

扩展名录:

锅庄舞(甘孜锅庄)	四川省石渠县、雅江县、新龙县、德格县
锅庄舞(马奈锅庄)	四川省金川县
锅庄舞(称多白龙卓舞)	青海省称多县
锅庄舞(囊谦卓干玛)	青海省囊谦县

锅庄舞是藏族民间舞蹈之一,又称为果卓、歌庄、卓等,藏语意为圆圈歌舞,分布于西藏昌都和那曲,四川阿坝和甘孜,云南迪庆及青海、甘肃的藏族聚居区。

根据规模和功能,锅庄舞可分为在大型宗教祭祀活动中表演的大锅庄、民间传统节日表演的中锅庄和亲朋聚会表演的小锅庄。按照不

◎ 传统舞蹈

同的分类标准，锅庄舞还可分为群众锅庄和喇嘛锅庄、城镇锅庄和农牧区锅庄等。舞蹈时，一般男女各围半圆拉手成圈，一人领头，分男女一问一答，反复对唱，无乐器伴奏。整个舞蹈由先慢后快的两段舞组成，舞者手臂以撩、甩、晃为主要动作变换舞姿，腿部基本动作有悠颤跨腿、趋步辗转、跨腿踏步蹲等。锅庄舞者舞蹈时按顺时针行进，圆圈时大时小，偶尔变换龙摆尾等队形。

锅庄舞（迪庆锅庆舞）
申报地区或单位：云南省迪庆藏族自治州

迪庆锅庄舞广泛分布于云南迪庆藏族自治州，根据从丽江石鼓轿子村出土的唐代藏文画像碑中的舞蹈形象推测，迪庆锅庄舞已有上千年的历史。

迪庆锅庄舞以德钦县奔子栏镇和香格里拉市沾塘镇、小中甸镇的最具代表性。奔子栏人在待客时用锅庄舞表现一系列的礼仪程序，有祝福锅庄、逐客锅庄、赞颂锅庄、相会锅庄、辞别锅庄、挽留锅庄、送别锅庄、祈福锅庄等种类。香格里拉锅庄舞分古、新两种。擦尼是古锅庄舞，歌词内容和舞蹈动作都比较古老，具有浓厚的祭祀性质，多为宗教界和老年人所喜爱；擦司是新锅庄舞，系随着时代发展而新编的歌舞。迪庆锅庄舞的唱词以三句为一段，曲调分为吆、卓金、霞卓和卓草四个部分。凡遇喜庆佳节、新居落成、婚嫁喜事，男女老幼聚集在一起，通宵歌舞。

迪庆锅庄舞有丰富的藏族文化内涵，民族风格浓郁，群众基础深厚。

锅庄舞（昌都锅庄舞）
申报地区或单位：西藏自治区

位于西藏自治区东部的昌都县是锅庄舞的发祥地。根据昌都锅庄舞的歌词和民间传说来分析，昌都锅庄舞早在吐蕃时期（7～9世纪）就存在了，现广泛流传于西藏各地。

每逢节日庆典和婚嫁喜庆之时，广场上、庭院里，男子穿着肥大的筒裤，女子脱开右臂袍袖披于身后，男女各围半圆拉手成圈，按顺时针方向边歌边舞。一般由男子带头起唱，女子随后唱和，歌声嘹亮，穿透力极强。

昌都锅庄舞的动作大多模拟动物形态，如猛虎下山、雄鹰盘旋、孔雀开屏等，表演时注重表现情绪变化。昌都锅庄舞的节奏在表演中前后有三次变化，序舞时众人站好自己的位置，缓慢轻柔地交替迈步。序舞过后逐渐进入慢板舞蹈，舞姿舒展优美。最后进入粗犷奔放的快板舞蹈，大家一起撒开双臂挥舞双袖，侧身拧腰大蹉步跳起，奔跑跳跃快速变换动作。男子动作幅度较大，伸展双臂犹如雄鹰盘旋奋飞；女性动作幅度较小，点步转圈有如凤凰摇翅飞舞。这时，所有人的情绪达到高潮，场面极为热烈。舞圈中央通常搁置青稞酒和哈达，舞毕由长者或组织者敬献，兄弟姐妹情谊借此得到升华。

昌都锅庄舞表现了藏族人民热爱生活、热爱劳动、热情豪迈的民族特性，充满力量美和民族自豪感。

锅庄舞（玉树卓舞）
申报地区或单位：青海省玉树藏族自治州

玉树卓舞流传于青海省西南部的玉树藏族自治州一带。卓舞的历史可以追溯到原始社会，随着藏族六大氏族的形成，玉树卓舞逐渐以部落文化的形态发展起来。

玉树卓舞按功能可分为世俗性较强的普通

223

卓舞和宗教色彩很浓的法卓两类，完整的演出由祭奉神佛的序舞、表现广泛内容的正部和祝福吉祥的尾声三个部分构成。玉树卓舞的动作主要围绕甩袖来进行。舞者的袖子很长，男子舞蹈时甩袖幅度大，腿部配合甩袖做抬腿、撩腿、转身等大幅度的跳跃移动，动作路线以弧线为主，充满阳刚之美。女子的舞蹈动作与男子基本相近，但幅度较小，展现出女性的柔美端庄。

玉树卓舞种类繁多，主要表现对家乡和自然风光的赞美，同时广泛反映社会生活的各个方面，在人类学、民族学和民俗学研究中都有重要的价值。

锅庄舞（甘孜锅庄）
申报地区或单位：四川省石渠县、雅江县、新龙县、德格县

甘孜锅庄形成并流传于四川省甘孜藏族自治州。民国时期，甘孜每年都要组织一个锅庄队到寺庙为土司及头人表演，逐渐形成了舞差制。这种制度新中国成立后被取消，但甘孜锅庄活动更趋活跃，成为节日聚会时必不可少的一项群众性娱乐活动。

跳甘孜锅庄舞时男女围成大圆圈，或男女各围成小圈，各有一名卓本（领舞人）。男队唱跳时，女队只唱不跳，反之亦然。传统的甘孜锅庄舞有一定的程序，不可随意变动，即一唱欢聚，二唱祈祷，三唱赞扬，四唱逗趣，五唱婚嫁，六颂佛法，通常要跳10支舞曲才结束一个锅庄，舞蹈节奏由慢渐快，最后进入高潮以快节奏结束。

甘孜锅庄的歌词形式属于对歌或长诗，最常见的是三段体，每段2～8句不等。歌词内容则随着时代变化不断创新。

锅庄舞（马奈锅庄）
申报地区或单位：四川省金川县

马奈锅庄长期在四川省金川县境内流传，它起源于苯教在金川修建雍忠拉顶寺时期，迄今已有一千多年的历史。

马奈锅庄最初属于本教的祭祀活动，表演中融入了本教文化的内容，形成一套特殊的程式。最早的时候，在马奈锅庄表演前要先请本教高僧诵经、煨桑（燃烧柏树枝）祭祀麦尔多神山等。后来改为表演前向部落首领、头人敬献珍贵的兽皮和鹿角等礼品，或是向出征的亲人敬献哈达。现在表演前先在场地中央摆放一两坛咂酒，由德高望重的艺人祝词开坛，同时点燃柏枝。

马奈锅庄表演时，男女舞队齐声唱起婉转绵延的歌曲，男女领舞人随着歌声来到场中央，女领舞人双手捧着哈达，行过三拜礼之后将哈达献给男领舞人，男领舞人同样行三拜之礼，表演就正式开始。马奈锅庄舞蹈忽动忽静，唱词格律严谨，旋律优美，起伏不大。马奈锅庄的服饰为三件套，最外层是长1.8米、宽1.3米、黑白相间的披风，后来改为红白相间；第二层为大襟藏袍；最里层为彩色百褶长裙。

现在，随着生活环境的巨变，年青一代对马奈锅庄的感情日趋淡漠，必须尽快采取措施对之进行保护，以免这种珍贵的民间舞蹈在孤独中走向衰亡。

锅庄舞（称多白龙卓舞）
申报地区或单位：青海省称多县

称多白龙卓舞流传于青海玉树藏族自治州称多县称文镇白龙村，有着悠久的传承历史。

称多白龙卓舞既保持了藏族舞蹈粗犷绵延的姿态，又多了些活泼轻快的风格，舞蹈动作忽动忽静，身体重心下沉，以脚下的步伐组合和手臂的摆动为主，舞动时主要由腿部发力，上半身呈随动状态。

称多白龙卓舞是锅庄流派中的重要支系，作为曾经的宴会舞或迎宾舞，九百多年来一直为藏族同胞所喜爱。随着时代变迁，称多白龙卓舞已风光不再，其发祥地白龙村原有的80个舞种只剩下30个，而仅存的十几位艺人中能完全掌握这30种卓舞的几乎没有。

锅庄舞（囊谦卓干玛）
申报地区或单位：青海省囊谦县

囊谦卓干玛是青海省玉树藏族自治州囊谦县境内流传的一种古老民间舞蹈，相传起源于北宋宣和年间，至今已有近九百年的历史。

囊谦卓干玛最早是由贵族家庭在宗教活动或节日中进行表演的，以颂歌加舞蹈的形式表现。囊谦卓干玛表演时舞者手牵手，男女分班唱和，歌词以藏语创作，押韵且对仗工整；舞动时腿部主要发力，上半身呈随动状态，脚下步伐多变；伴奏乐器以鼓为主，还有笛子和牛角胡。

囊谦卓干玛的服饰颇有特色。男子头上盘红黑相间的长辫，藏语称为杂罗；上身内着白色丝绸长袖衣，外套酱红色氆氇藏袍；腰扎用皮革和金银制成、珊瑚装点的火镰、藏刀和弹夹腰带；下身着白色丝绸灯笼裤，脚蹬皮制藏式长靴。女子头上梳五六十个小发辫，并饰以藏式绸缎缝制的长条装饰玉腰印，顶部有三个琥珀，两鬓戴金银制藏式发卡。

囊谦卓干玛是囊谦藏族人民集体智慧的结晶，具有广泛的群众性。

国家级代表性传承人名单

姓名	性别	申报地区或单位	入选批次
达珍区批	男	云南省迪庆藏族自治州	2
徐桂莲	女	云南省迪庆藏族自治州	2
松吉扎西	男	西藏自治区	3
洛松江村	男	西藏自治区	2
昂加措	男	青海省玉树藏族自治州	2
阿德	女	四川省新龙县	3
白马尼麦	男	四川省新龙县	3
才哇	男	青海省称多县	3
布扎西	男	青海省囊谦县	3

哈萨克族卡拉角勒哈

序号：1100

编号：Ⅲ-111

批次：3

类别：传统舞蹈

申报地区或单位：新疆维吾尔自治区伊犁哈萨克自治州

卡拉角勒哈是哈萨克族的民间舞蹈，广泛流传于新疆维吾尔族自治区境内的哈萨克族聚居区。

卡拉角勒哈是哈萨克语，意为黑色的走马。马是哈萨克族人民生活中不可缺少的伙伴，而英姿飒爽的黑走马更是马中尤物。骑上黑走马，犹如进入人在舞、马亦在舞的艺术境界。于是，卡拉角勒哈成为哈萨克族民间乐舞的名称。

卡拉角勒哈舞蹈中男性的动作轻快有力，刚健苍劲，尤其是模仿黑走马的走、跑、跳、跃等姿态，在全身一张一弛的律动中展现阳刚之美。女性动作则活泼含蓄，如显示姑娘美丽而自豪的"花儿赞"，窥视恋人的"羞窥"等。表演者时常把劳动生活中所见所为杂糅于舞蹈之中，由此衍化出熊舞、鹰舞、擀毡舞、挤奶舞、绣花舞、拉面舞等。舞蹈动作以动肩和跳马步为典型特征。

卡拉角勒哈既可以在大型集会的广场上，也可以在小小的毡房里进行表演。除了民俗活动时需要戴毡帽，着衬衫、坎肩和靴子，扎牛皮腰带外，不需要专门的服饰和道具，随时随地即兴起舞表演。可以单人独跳，也可以双人对跳或多人集体表演。舞法亦可以因人因地因时而异，或轻松愉快，或刚强有力，或幽默滑稽。

卡拉角勒哈以同名的专用乐曲伴奏，节奏感极强。哈萨克族人在劳动之余，常常伴着冬不拉的琴声跳起卡拉角勒哈，高歌欢舞通宵达旦。

禾楼舞

序号：650
编号：Ⅲ-53
批次：2
类别：传统舞蹈
申报地区或单位：广东省郁南县

禾楼舞是一种民间娱乐节目，主要流传于广东省郁南、高州、化州、台山、阳江等地。据考证，禾楼舞原是秦汉时期越族乌浒人庆祝丰收、祭祀神灵的一种舞蹈，至今已有两千多年的历史。

禾楼舞在不同地域呈现不同的风格。在郁南县连滩镇，每年的正月十五元宵节晚上，村民们在河滩竹林边，一边围着温暖的火堆，一边观赏禾楼舞。舞者脸戴面具，头顶蓑帽，足蹬麻鞋，身穿黑衣，手持火把围绕火堆亦歌亦舞。在古朴而悠扬的音乐中，身披红袍的"族长"左手举牛头锡杖，右手摇一个系有彩带的铜铃。众族人依次出场，过火门，拜"族长"，双手将稻穗举过头顶，庆祝五谷丰登，祈求上天再次赐福。舞者舞步轻快，号声呼呼，歌词唱曰：

"登上楼台跳禾楼，风调雨顺庆丰收，瑶户欣歌太平世，众执穗铃咏金秋。"

化州北部的禾楼舞则以祈年为主，每年农历七月十四，人们在禾堂载歌载舞。禾楼舞舞者的面具滑稽可笑、古朴幼稚，洋溢着浪漫主义色彩。

禾楼舞是原始巫文化与傩文化结合的产物，对研究古代百越生产生活、宗教信仰及岭南民间舞蹈史有重要的价值。现在，其传承后继乏人，亟待相关措施保护这一远古稻作文化的"活化石"。

花鼓灯

蚌埠花鼓灯、凤台花鼓灯、颍上花鼓灯

序号：109
编号：Ⅲ-6
批次：1
类别：传统舞蹈
申报地区或单位：安徽省蚌埠市、凤台县、颍上县

花鼓灯是集舞蹈、灯歌和锣鼓音乐于一体的民间舞种，是典型的民间广场艺术。花鼓灯最迟起源于宋代，在淮河流域的河南、安徽、山东和江苏等省的部分地区广为流传。

花鼓灯表演中男角称鼓架子，女角称兰花（或拉花），一般包括舞蹈、歌唱、后场小戏和锣鼓演奏四部分，舞蹈又包括大场（或大花场）、小场（或小花场）、盘鼓等部分。大场是一种集体表演的情绪舞，由数人到十多人表演；小场是双人或三人表演的情节舞，主要表现男女相互爱悦嬉戏的情景，是舞蹈的核心部分；盘鼓则是舞蹈结合武术、杂技等艺术形式的技巧表演。

花鼓灯歌唱部分统称灯歌，曲调抒情缓慢，

而花鼓灯舞蹈节奏明快，因而歌时不舞，舞时不歌。

后场小戏是一种小歌舞剧，有《四老爷坐独杆轿》《推小车》等经典剧目。

花鼓灯锣鼓音乐是中国打击乐中的精华之一，节奏鲜明，边打边舞，极富表现力，花鼓灯舞蹈的节奏、步伐和动律均产生于锣鼓音乐。

花鼓灯舞蹈既有北方舞蹈刚劲爽朗的特点，又有南方舞蹈柔美细腻的风韵，它存储了淮河人的文化观念、审美情趣和民风民俗记忆，并以活态的形式传承至今。

花鼓灯（蚌埠花鼓灯）
申报地区或单位：安徽省蚌埠市

蚌埠花鼓灯流传于安徽省蚌埠市及其周边地区，蚌埠市现有几十家花鼓灯班子，禹会冯嘴子村3000人中，有80%的人会表演花鼓灯。

蚌埠花鼓灯包含四百多个语汇、五十多种基本步伐，舞蹈动作难度高，时间差大，瞬间舞姿复杂多变，这些构成了花鼓灯丰富系统的舞蹈语言体系，使花鼓灯成为用肢体语言表达复杂情节的优秀民间舞蹈形式之一。

蚌埠花鼓灯的舞姿和动作讲究放与收、动与静的巧妙结合，节奏性强，且富有变化。蚌埠地区曾出现了冯国佩、常春利、郑九如等一批花鼓灯名家，还产生了《游春》《抢扇子》等一批有影响的节目。但现在原生形态的蚌埠花鼓灯已经很少看到，具有影响力的民间艺人年事已高，民间传承的机制有待重新建立。

花鼓灯（凤台花鼓灯）
申报地区或单位：安徽省凤台县

凤台花鼓灯主要流传于安徽省凤台及周边地区。

凤台花鼓灯讲究男女角色配合，表演者运用折扇、手绢和花伞，通过优美细腻的动作着重刻画人物情感。凤台花鼓灯舞蹈动作内涵丰富，其中典型动作三掉弯（或三道弯）强调腰部的扭动，是东方舞蹈的重要特征"S"形在花鼓灯舞蹈中的充分体现。

花鼓灯（颍上花鼓灯）
申报地区或单位：安徽省颍上县

颍上花鼓灯主要流传于安徽省颍上等二十多个县、市地区。

颍上花鼓灯表演者由数名鼓橛子、腊花对偶组成，通常由领首的第一个鼓橛子（叫权伞把）领舞出场。颍上花鼓灯舞蹈动感强烈，动作韵味十足，架势变换频繁，表演场面炽热欢腾，演员情绪欢快激昂，整个演出气氛富丽堂皇。与舞蹈配合的演唱和锣鼓伴奏多是即兴，唱腔粗犷高亢，锣鼓经无谱，随舞蹈变化而变化，节奏紧促有力。

颍上花鼓灯有《抢板凳》《抢手绢》等一批有人物有情节的传统舞蹈节目和一些有代表性的民间艺人。

国家级代表性传承人名单

姓名	性别	申报地区或单位	入选批次
冯国佩	男	安徽省蚌埠市	2
郑九如	男	安徽省蚌埠市	2
陈敬芝	男	安徽省凤台县	2
王传先	男	安徽省颍上县	2
杨再先	男	安徽省蚌埠市	3
邓虹	女	安徽省凤台县	3
张士根	男	安徽省凤台县	3
石春彩	男	安徽省蚌埠市	4

火老虎

序号：645
编号：Ⅲ-48
批次：2
类别：传统舞蹈
申报地区或单位：安徽省凤台县

火老虎是流传于安徽省凤台县刘集乡山口村和大山镇淮丰村的一种民间舞蹈，至今已有上千年的历史，演出活动一般在农历正月初三到正月十五进行。

火老虎所用老虎道具由虎头、虎身和虎尾三部分组成，虎头用竹篾扎成骨架，然后缀上捻子；虎身是用细铁丝把21块泡桐板连接起来，每块泡桐板等距离钻12个小孔，每个小孔里都安进火药捻子；虎尾用桑树条弯成上翘的形状。一只威武凶猛的老虎就展现在人们面前，整体风格夸张写意。

火老虎表演的角色有老虎、雄狮、雌狮、狮崽、土地神及领狮者。演出时雄狮和雌狮先出场嬉戏，然后雌狮卧地生产，狮崽出生后参拜四方。正在狮子一家其乐融融之时，场外点燃一堆大火，另由数人同时点燃火老虎头上身上的捻子，火老虎从火堆上跃窜进场。雄狮和雌狮为保护狮崽，与火老虎展开生死搏斗。火老虎气势汹汹，张牙舞爪，每当其剪尾、抖毛、弹爪时，全身火星四溅、硝烟弥漫、噼啪作响，场面惊险壮观，加上锣鼓伴奏，场面更加热烈。最后，火老虎不敌，满身带火扑进水塘里，演出方告结束。火老虎的表演者须身着防火服，接受火与水的考验。

火老虎这一自娱自乐的艺术形式体现了淮河流域民众吃苦耐劳的品质和坚定乐观的生活信念，具有民俗学等方面的研究价值。

国家级代表性传承人名单

姓名	性别	申报地区或单位	入选批次
孙永超	男	安徽省凤台县	3

基诺大鼓舞

序号：141
编号：Ⅲ-38
批次：1
类别：传统舞蹈
申报地区或单位：云南省景洪市

基诺大鼓舞是一种以鼓为主要道具的民族民间舞蹈，流传于云南省西双版纳傣族自治州景洪市基诺山基诺族乡的基诺族村寨。

在基诺族《阿嬷尧白造天地》的神话传说中，他们的祖先是从大鼓里出来的。因此，大鼓是基诺族的礼器、重器和神物，制造大鼓要遵循很严格的程序，而且只能挂在卓巴（寨老）家的神柱上。

基诺族的大鼓长约一米，直径四五十厘米，两面蒙牛皮。鼓的两端嵌有十数根细木棍，形似太阳放射出的光芒，所以人们又把它称为太阳鼓。基诺人平时禁止敲击大鼓，只有在过特懋克节（打铁节）和祭祀家神铁罗嬷嬷时，方能敲击大鼓和跳大鼓舞。跳大鼓舞有一套完整的仪式：舞前，寨老们要先杀一头乳猪和一只鸡供于鼓前，由七位长老磕头拜祭，其中一人念诵祭词，祈祷大鼓给人们带来吉祥平安。祭毕，由一人双手执鼓槌边击边舞，另有若干击镲和伴舞伴歌者。大鼓舞有专门的舞曲，现在记录下来的有《特模阿咪》（过年调）和《乌悠壳》（拜灵）等，大鼓舞的歌词内容大多表现基诺人的历史、道德和习惯等。舞蹈动作有拜神灵、欢乐跳等，主要特征是屈腿、举手、转身。基

基诺族大鼓舞具有丰富的历史文化内涵，也有一定的艺术性和观赏性

目前，只有几名年过七旬的老人尚能掌握大鼓舞仪式的全部过程及舞蹈动作，蕴涵着丰富历史文化内涵的基诺大鼓舞亟须抢救和保护。

甲搓

序号：664
编号：Ⅲ-67
批次：2
类别：传统舞蹈
申报地区或单位：四川省盐源县

甲搓即锅庄舞或打跳舞，是摩梭人在生产生活中形成的一种原始民间舞蹈，长期以来一直在四川省凉山泸沽湖畔及其周围地区广泛流传。其起源可以追溯到石器时代，与摩梭原始宗教达巴教及生产、狩猎、战争密切相关。

"甲"为美好之意，"搓"是舞，甲搓意即为美好的时辰而舞蹈。甲搓舞舞姿粗犷，节奏明快，一般傍晚时才开始表演。每逢盛大的节日或喜庆之时，人们在院内或场坝中间燃起篝火，领舞人用竹笛或芦笙伴奏，跳舞的人们紧挽手臂，五指交叉，面向火堆，沿逆时针方向起舞，舞步随音乐节奏速度快慢而变化，快时豪放刚健，慢时悠然自得，时而喊出"阿喏—喏""炯巴拉—炯巴拉—炯嘿嘿"的呼声，气氛热烈。场外的人不断加入舞蹈，跳舞的人越来越多，人们尽情欢跳，常常通宵达旦。

相传甲搓原有七十二种曲调和舞蹈，现在完整流传的仅有《搓德》《了搓优》《格姆搓》《阿什撒尔搓》等十多种。作为一种原始的歌舞艺术，甲搓具有多方面的研究价值。

京西太平鼓

序号：104
编号：Ⅲ-1
批次：1
类别：传统舞蹈
申报地区或单位：北京市门头沟区

扩展项目：
京西太平鼓（石景山太平鼓）
北京市石景山区
京西太平鼓（怪村太平鼓）
北京市丰台区

京西太平鼓是老百姓自娱自乐、集体传承、集体发展的一种民间舞蹈艺术，流行于京西地区，在当地的民俗活动中发挥着重要的作用。

太平鼓自明代起在北京流传，盛行于清。历史上门头沟很多村落家家户户、男女老少都会击打太平鼓，清代宫廷在旧历除夕也要击打太平鼓，取其太平之意，所以北京也称太平鼓为迎年鼓。太平鼓表演在每年的腊月和正月最为活跃，烘托节日气氛，表达老百姓对国泰民安的期盼。

京西太平鼓是一种有柄有环的单面鼓，圆形，鼓面用羊皮或皮纸制成，鼓边上或配几个红色绒球，鼓柄下端有闪亮的小铁环。耍鼓时表演者左手持鼓，右手持鼓槌，可边打边舞，也可间打间唱，唱曲是当地的民间小调。击鼓技法有正面击、反面击、敲鼓心、打鼓沿、上下左右震颤铁环等，音色清脆丰富。表演者成双成对，一面击鼓抖环，一面腾挪跳跃，讲究人鼓合一。太平鼓具有一套完整的民间肢体语言，如因过去妇女缠足形成的扭劲和颤劲、男性舞者特有的扇劲和艮劲，以及你追我赶、男追女逐的情趣。

京西太平鼓的标志性舞具——太平鼓从制作工艺到在舞蹈中发挥的竞技性、趣味性和即

兴表演等多种作用，已经超脱了单纯的乐器功能，而成为具有强烈地域文化象征的器物。

京西太平鼓（石景山太平鼓）
申报地区或单位：北京市石景山区

石景山太平鼓至今已有二百多年的历史，在北京市石景山区的五里坨、模式口、北辛安、古城村、衙门口等村最为盛行。

石景山太平鼓形如蒲扇，下有鼓柄，鼓形有正圆、扁圆、梯形、八角形等。太平鼓表演时可边打边舞，也可间打间唱，鼓和舞有机配合，通过节奏的变化表现出不同的情绪，风趣幽默、生活气息浓郁。石景山区太平鼓的音乐由鼓点和曲调两部分组成，鼓点有十几种之多。

石景山太平鼓主要的传承方式首先为家族式传承，其次为村民自发学习，最后为婚姻传承。现在，由于表演空间逐渐消失，年青人又多不愿意学习，石景山太平鼓的传承与发展面临重重问题，亟待保护。

京西太平鼓（怪村太平鼓）
申报地区或单位：北京市丰台区

北京丰台区王佐镇怪村的太平鼓来源于满清宫廷，至今已有二百多年的历史。

怪村太平鼓的表演套路曾多达几十种，目前保留的有圆鼓、圆鼓代推磨、四方斗、六方斗、八方斗、卧娃娃、三人两头忙等十三套。怪村太平鼓的内容多取自村民的日常生活，有浓郁的生活气息，其舞蹈动作幅度小、节奏明快、感情含蓄，而且简单易学，深受当地居民喜爱。

怪村太平鼓的伴奏乐器有板胡、二胡、鼓、锣、号等乐器，同时还有伴唱的歌曲，现在收集到的有《绳歌》《十二月古人名》等，表演者在表演时打一段鼓唱一段曲。

现在，怪村人正致力于培养太平鼓表演的后备力量，挖掘和整理即将失传的珍贵资料，绘制动作图谱，努力把这种深受群众喜爱的艺术形式完整地传承下去。

国家级代表性传承人名单

姓名	性别	申报地区或单位	入选批次
高洪伟	男	北京市门头沟区	2
吕翠琴	女	北京市丰台区	4

井陉拉花

序号：106

编号：Ⅲ-3

批次：1

类别：传统舞蹈

申报地区或单位：河北省井陉县

井陉拉花产生并流传于河北井陉县境内，是一种当地特有的民间舞蹈。井陉拉花起源于明清，有关拉花称谓的传说很多。一说拉花是在拉运牡丹花过程中形成的舞蹈，故称拉花；又说拉花是在逃荒中形成的舞蹈，拉花即拉荒的谐音；还说因舞蹈中的女主角叫拉花而得名。

井陉拉花类属北方秧歌，以拧肩、翻腕、扭臂、吸腿、撇脚等动作为主要舞蹈语汇，形成刚柔相济、粗犷含蓄的艺术风格，擅于表现悲壮、凄婉、眷恋和欢悦等情绪。表演者道具各有其象征寓意，如伞象征风调雨顺，包袱象征丰衣足食，太平板象征四季平安，霸王鞭象征文治武功，等等。传统井陉拉花代表作品有《六合同春》《卖绒线》《盼五更》等。表演人数可多可少，表演形式分为行进演出和场地演出两种。

井陉拉花的音乐为独立乐种，现在整理出的十几首曲牌既有河北吹歌的韵味，又有寺庙和宫廷音乐的色彩，刚而不野、柔而不靡、华而不浮、悲而不泣。传统拉花音乐节奏偏慢，大多为4/4拍。管、笙、笛、云锣是拉花音乐中的主奏乐器，其中管起领奏作用。

井陉拉花源于民间节日、庙会、庆典、拜神之时的街头广场花会。近年来，井陉拉花各流派的老艺人相继谢世，大量拉花技艺已不能真传实教。

国家级代表性传承人名单

姓名	性别	申报地区或单位	入选批次
武新全	男	河北省井陉县	2

靖边跑驴

序号：653

编号：Ⅲ-56

批次：2

类别：传统舞蹈

申报地区或单位：陕西省靖边县

靖边跑驴是陕西省靖边社火中的一种歌舞表演形式，有骑毛驴、耍驴儿、拉犟驴、赶毛驴等俗称，主要流传于靖边的宁条梁镇、东坑镇、镇靖乡等乡镇。据《靖边县志》记载，靖边跑驴在清代已经相当盛行。

靖边跑驴道具所用的驴，过去是用柳条、竹条、丝麻、线绳制架，外面糊纸、刷墨汁而成。制作时分前后两截，下部围上黑布，另外用笤帚和裤子、鞋袜、绑腿等做成两条假腿。表演者在演出前将驴挂绑在腰间，两条假腿挂绑在驴鞍两侧，与自己露出的上身连成一体即可。现在的驴用钢筋铁丝焊架，加上小轮子，再以动物皮毛进行装饰。这种驴不仅可以动耳、摇尾、眨眼、张嘴，还可以表演旋转90°侧骑、旋转180°倒骑等高难度动作。

靖边跑驴的表演形式多为双人跑驴，一个骑，一个赶，也有一人跑驴和多人跑驴的形式。跑驴基本动作有慢步闪腰、上坡步、下坡步、过河步、小跑步、大跑步、撒欢跳等，组合动作有惊驴打斗、陷泥救驴等。传统的跑驴纯属情趣性即兴表演，男女之间互相挑逗，后来民间艺人整理编排出夫妻探亲、回娘家、爷孙赶集等内容，表演特点是将驴拟人化，传神传情、诙谐幽默。

靖边跑驴具有浓郁的乡土风情和生活气息，体现了当地独特的地理环境，是陕北地区的代表性艺术。

国家级代表性传承人名单

姓名	性别	申报地区或单位	入选批次
张有万	男	陕西省靖边县	3

卡斯达温舞

序号：136

编号：Ⅲ-33

批次：1

类别：传统舞蹈

申报地区或单位：四川省黑水县

卡斯达温舞是流传于四川省阿坝州黑水河流域的一种民间舞蹈，汉语称为铠甲舞。在黑水方言中，"卡斯达"为铠甲之意，"温"是穿的意思。

据考证，卡斯达温舞最初可能是古羌部落在游牧、狩猎过程中产生的祭祀礼仪。唐代以前，由于黑水河流域战事连连，它逐渐演变为将士出征前所举行的一种征战祭祀活动，现在则成为节日庆典、喜丧仪式中的歌舞活动。

在黑水县的不同地区，卡斯达温舞的内容和表现形式略有差异。扎窝乡朱坝村的卡斯达温舞主要表现狩猎；红岩乡俄恩村的卡斯达温舞主要表现征战；维古乡的则主要表现男女道别和祭祀逝去的勇士。表演时，男性表演者多身穿铠甲、手持兵器。卡斯达温舞所用的铠甲有漆牛皮甲、象皮甲、藤甲、铁皮甲四种，其中漆牛皮甲使用最多；漆牛皮甲又分为整片甲和千叶甲两种，其中以千叶甲使用最为普遍。铠甲不穿的时候，把它堆放好作为神器供奉。

卡斯达温舞是远古羌文化和吐蕃文化长期融合的产物，具有藏、羌舞蹈中弓腰、曲背、弯膝、碎步移动、抖铃等基本动作特征。在表演过程中，舞者反复吟唱的旋律为十小节，其中出现连续的强拍，表现出雄壮有力的艺术气势。

卡斯达温舞对黑水民族史、语言学、民俗学的研究有重要价值。如今，卡斯达温舞的生存环境正受到现代生活方式的极大冲击，急需抢救性保护。

国家级代表性传承人名单

姓名	性别	申报地区或单位	入选批次
斯旦真	男	四川省黑水县	2

孔雀舞

序号：130

编号：Ⅲ-27

批次：1

类别：传统舞蹈

申报地区或单位：云南省瑞丽市

孔雀舞，傣语称作嘎洛涌和嘎楠洛，是傣族的传统表演性舞蹈，流传于云南省德宏傣族景颇族自治州的瑞丽、潞西及西双版纳、孟定、孟达、景谷、沧源等傣族聚居区，其中以云南瑞丽市的孔雀舞最具代表性。

孔雀是傣族人心中的圣鸟，是幸福吉祥的象征。相传一千多年前，傣族领袖召麻栗杰数模仿孔雀的优美姿态学舞，后经历代民间艺人加工形成孔雀舞，并在流传过程中发展出众多流派。在傣族聚居的坝区，几乎月月有摆（节日）。每逢泼水节、关门节、开门节、赶摆等民俗节日，傣家人都会聚集在一起，敲锣打鼓跳孔雀舞。

瑞丽傣族的孔雀舞以单人舞为主，也有双人或三人舞，传统的孔雀舞者以男性居多。孔雀舞有多种多样的手形动作，如五位提腕手、四位摊掌立掌手等，手势也有掌式、孔雀手式、腿式、嘴半握拳式、扇形手式等。四肢和躯干的各个关节皆重拍向下屈伸，全身均匀颤动，形成优美的三道弯舞姿。丰富的舞蹈语汇惟妙惟肖地模拟了孔雀飞跑下山、林中窥看、漫步森林、抖翅、点水等姿态。

孔雀舞的伴奏乐器有象脚鼓、锣、钹等打击乐，娴熟的伴奏者能随着舞者动作和情绪的变化而灵活变换节奏。

孔雀舞风格轻盈灵秀，是傣族人民智慧的结晶，有较高的审美价值，也是傣族颇有文化认同感的舞蹈。

国家级代表性传承人名单

姓名	性别	申报地区或单位	入选批次
约相	男	云南省瑞丽市	2
旺措	男	云南省瑞丽市	2

廓孜

序号：686
编号：Ⅲ-89
批次：2
类别：传统舞蹈
申报地区或单位：西藏自治区曲水县

廓孜是藏族船夫的一种娱乐歌舞，流传于西藏自治区拉萨河与雅鲁藏布江交汇处北岸的曲水县俊巴村。在藏语中，廓意为牛皮船，孜意为舞蹈，所以廓孜又叫牛皮船舞，其历史可以追溯到三百多年前。

跳廓孜舞时，阿热（领舞者）手执塔塔（五彩旗杆）唱歌跳舞，4～6名舞者背着牛皮船跟着阿热跳舞，舞姿具有西藏民间舞蹈灵活多变、顿地为节的特征。完整的廓孜有四段：第一段为述道白，由阿热说一段开场白。第二段为仲孜（即牦牛舞），船夫们伴随着木桨击船的声音起舞。第三段为挑哈达，阿热边唱边跳，把哈达放在沙地上，其他舞者边跳边向前弯腰，用背着的牛皮船从地上把哈达挑起来。第四段为祝福歌。整个舞蹈铿锵有力，粗犷朴实，一般在藏族的传统节日表演。

两千多年前，藏民就开始使用牛皮船，一艘牛皮船由四张大畜皮做成，重者达九十斤。船夫们背着船，用双手扶住船两边，一支船桨从船夫的腰背上穿过，舞动时颤膝摆动，船桨与船相撞击发出"杂昂、杂昂"的响声。这响声奔放热烈而又深沉低回，表现出船夫们的强健、坚忍与耐力。

廓孜是在特殊的历史背景和生活条件下形成的，表演难度大，道具沉重，村里的年青人都不愿学习，牛皮船的制作技艺也几近消亡，廓孜的传承面临危机。

国家级代表性传承人名单

姓名	性别	申报地区或单位	入选批次
扎桑	男	西藏自治区曲水县	3

拉祜族芦笙舞

序号：676
编号：Ⅲ-79
批次：2
类别：传统舞蹈
申报地区或单位：云南省澜沧拉祜族自治县

拉祜族芦笙舞是拉祜族具有代表性的民间舞种，流行于云南省澜沧拉祜族自治县境内。

在拉祜族的创世神话中，至高无上的厄莎神创造了孕育人类的葫芦籽，他们在歌中唱道"说千来了说万来，打开葫芦人类来"。拉祜族男子个个都会吹芦笙、跳芦笙舞。跳舞时一般男子吹起芦笙围圈而舞，女子牵手在外围伴舞。

拉祜族芦笙舞现已收集整理了98套舞蹈动作：祭祀礼仪舞10套，其中开门舞嘎祭和收尾舞嘎祭根的动作基本上是一步一跺脚，表现对神灵的顶礼膜拜；生产劳动舞35套，基本是模仿劳动的动作，从选地、磨刀、钐地、扒草、烧杂草、犁地、撒谷子到打谷子、背谷子等，反映了拉祜族先民刀耕火种的生活，动作较简单；反映生活的舞13套；模拟动物生活习性的舞20套；情绪舞20套，表现丰收、猎获后的狂欢，这类舞蹈动作除开头结尾外，中间部分可即兴创造。

拉祜族在民族节日中跳芦笙舞时要求按一定程序跳完所有套路，在婚丧、娱乐聚会时则较随意。

拉祜族芦笙舞是维系拉祜族民族精神的纽带。现在，拉祜族芦笙舞的套路逐渐流失，活动内容也日益萎缩，亟须实施有效的保护。

国家级代表性传承人名单

姓名	性别	申报地区或单位	入选批次
李增保	男	云南省澜沧拉祜族自治县	3

拉萨囊玛

序号：678

编号：Ⅲ-81

批次：2

类别：传统舞蹈

申报地区或单位：西藏自治区拉萨市

拉萨囊玛是藏族的传统歌舞音乐，据说这种歌舞因过去常在布达拉宫内的囊玛岗（内室）演出而得名，现流传于西藏拉萨、日喀则、江孜等地区，至今已有上千年的历史。

拉萨囊玛的音乐由引子、歌曲和舞曲组成。最常见的形式是中速的引子接慢板的歌曲，然后是快板的舞曲，结构完整，对比鲜明。

表演开始时，先演奏一段引子。歌唱开始之后一般不跳舞或配以简单的舞蹈动作，舞者齐声纵情歌唱，歌词有民间创作和喇嘛创作两类，内容丰富，有关宗教、爱情、赞美家乡、向往未来等。唱段完毕，随着一声"勒似"的呼叫，欢快热情的舞曲奏起来，大家便撒开衫袖边唱边舞，舞蹈动作给人以自由飞翔的感觉，有后撤前冲步、两步两跺、撩腿步、连踏步、前后甩手、行礼手等基本步伐和手势。有时舞者脚下垫一块木板，脚在木板上踏出明快的节奏声。拉萨囊玛的舞蹈表演者多是女性，男性一般持乐器在旁伴奏。

拉萨囊玛音乐可单独演奏，过去要求必须由七种乐器组成，即笛子、六弦琴、扬琴、京胡、特琴（类似二胡）、根卡和串铃，现在民间只要有其中任何一种乐器伴奏即可表演。

拉萨囊玛现在面临后继乏人的困境，亟待抢救和保护。

国家级代表性传承人名单

姓名	性别	申报地区或单位	入选批次
洛布曲珍	女	西藏自治区拉萨市	4

兰州太平鼓

序号：118

编号：Ⅲ-15

批次：1

类别：传统舞蹈

申报地区或单位：甘肃省兰州市

兰州太平鼓是一种传统民间舞蹈，至今已有六百多年的历史，流传于甘肃兰州、永登、酒泉、张掖、靖远等地。每逢当地有大的庆典活动，太平鼓表演都是整个活动的高潮部分。

兰州太平鼓以圆柱体为基本造型，体积较大。鼓身长75厘米左右，双面蒙牛皮，鼓面直径45～50厘米，绘有二龙戏珠等图案，鼓带较长。鼓手可把鼓挎在肩上击打，也可将鼓抛向任何一个方向。鼓手擂鼓不是用鼓槌，而是用麻拧成的鼓条（或称鼓鞭）。根据挎鼓的位置不同，兰州太平鼓的打法分为低鼓、中鼓和高鼓三种。其中中鼓最需要技巧，此时鼓置于鼓手膝盖下方，没有任何支撑点，鼓手却要在一系列复杂的动作中完成击鼓表演。

兰州太平鼓鼓队有24～48人，多的达到108人。表演时，鼓手在领队的号令下变换各种阵法，低鼓、中鼓、高鼓穿插其间，跳打、蹲打、翻身打不断变化。鼓点铿锵有力，气氛热烈奔放。在表演黄河激浪时，鼓手轮番将鼓抛向空中，一层落下，一层又起，尽显黄河汹涌澎湃的气势。

在不断的发展中，兰州太平鼓加入了节奏丰富的背景音乐，还在击鼓中糅进舞蹈和武术动作，提高了观赏性。

现在，兰州太平鼓的活动人数已大幅度减少，尤其是年轻的乡村行家越来越少，亟待采取相关措施进行保护。

国家级代表性传承人名单

姓名	性别	申报地区或单位	入选批次
缪正发	男	甘肃省兰州市	2

老古舞

序号：1090

编号：Ⅲ-101

批次：3

类别：传统舞蹈

申报地区或单位：海南省白沙黎族自治县

老古舞在古籍中称为告祖先，是一种古老的黎族民间祭祀舞蹈。现在，该舞蹈仅留存于海南白沙的细水乡等黎族乡村。

老古舞除了在丧事和祭拜活动中出现之外，村寨中有人患病、做噩梦或有不吉利的事发生时，也要举行告祖先活动，请祖先神灵消灾解难。如果平安无事，全村则每二年举行一次告祖先活动，跳老古舞祭祀先辈。

跳老古舞的场地中间插着上千条高约两米、顶部插香的细竹棍，竹棍中间用草绳两两相连。竹阵正前方是祭祀的灵台，其他三面倒放着数个舂臼，舂臼上供着灵牌。老古舞角色众多，其中称为苟它的领舞者站在队伍最前面，还有扮演猎人和举鲤鱼灯、拿灯笼的男性舞者、戴面具的装疯卖傻者、女性丑角、男性丑角等。村民自由参与，人数不限。

乐队的伴奏乐器有唎咧、毕达、唢呐、黎鼓、大锣、小镲等。

老古舞分为四个步骤："起师"是请四方祖先神灵归来；"开阙"时，苟它带领舞者围舂臼绕圈，表示迎接的路途迂回长远。"挽嚷"时表演耕田、狩猎、捕鱼等舞蹈，表现归来的祖先神灵与人们同乐；最后是"走洪围"，苟它带领舞队从竹阵中穿绕，并解开全部绳索，表示灾难消解，祖先神灵归去。

老古舞传递着原始社会以来当地人类生产生活、宗教信仰等许多方面的信息，有一定的研究参考价值。如今，老古舞已难得一见，仅在偏僻的细水乡黎族村尚有遗存，亟待抢救。

国家级代表性传承人名单

姓名	性别	申报地区或单位	入选批次
钟朝良	男	海南省白沙黎族自治县	4

乐作舞

序号：671

编号：Ⅲ-74

批次：2

类别：传统舞蹈

申报地区或单位：云南省红河县

乐作舞是彝族和哈尼族共有的一种集歌舞乐为一体的古老民间舞蹈，流传于云南省红河县的哈尼族、彝族村寨。彝语称乐作舞为栽比，意思是成双成对跳起来，哈尼族民间称之为哈塞塞，当地汉人则称为龙纵。

跳乐作舞不受时间、地点、人数和形式的限制，但有一定的程序。舞前先是抒情性的歌唱，有乐队伴奏，乐队人员不参加舞蹈，而随着伴奏的节拍摇晃身体，并高声呼喊助兴。然后舞者男女成对围成圆圈，边跳边唱，忽动忽停，间或拍手，有时交错，有时翻身自转。舞者膝盖伸屈富有弹性，舞动时双臂舒展、双手立掌，如同蜻蜓振翅。乐作舞的表演套路丰富而完整，例如在节日喜庆时跳的乐作舞，引子中有表现劳动生活的开荒舞、踩荞舞、栽秧舞、割谷舞和模拟动物生活的猴子舞、老鹰叼小鸡舞、鸭子舞等。乐作舞的程序、套路虽然比较多，但可以自由处理。大家根据具体情况在舞前约定，或按顺序不间断地跳完，或选择中间的几套来跳，或反复跳某一套。

乐作舞伴奏乐器有笛子、巴乌、二胡、三弦、四弦等，还可以是草秆和树叶，配以击掌拍打节奏。

大体来说，彝族的乐作舞偏于柔美，哈尼族的趋于粗犷。乐作舞是哈尼族和彝族人民的精神纽带，在各民族青年男女的交往中起到了重要作用。

黎族打柴舞

序号：135

编号：Ⅲ-32

批次：1

类别：传统舞蹈

申报地区或单位：海南省三亚市

打柴舞是黎族民间的代表性舞种，黎语称为转刹或太刹，在整个海南黎族地区广为流传。它来源于古崖州地区（今海南省三亚市）黎族的丧葬习俗，原本是古代黎族人用于护尸、驱赶野兽、压惊及祭祖的一种丧葬舞。

打柴舞有一套完整的舞具和跳法。跳舞时将两条垫木隔两米左右平行摆放于地面上，垫木上横放若干条木棍。每人执握两条木棍，两两相对，上下左右分合、交叉拍击，碰击出有节奏的声音，称为打柴。持棍者有坐、蹲、站三种姿势，在表演时不断变化。在有节奏的碰击声中，舞者在木棍分合的瞬间敏捷地进退跳跃，并做出各种优美的动作。打柴舞由平步、磨刀步、搓绳小步、小青蛙步、大青蛙步、狗追鹿步、筛米步、猴子偷谷步、乌鸦步等九个相对独立的舞步组成，动作多模仿人类劳动和各种动物的姿态。当舞者灵巧地跳出木棍时，持竿者会高声地呼喊"嘿！呵嘿！"气氛热烈。

打柴舞具有较强的娱乐性和竞技性，随着时代变迁和习俗变化，如今它已成为一种带有民族文化色彩的体育健身活动。过去女打男跳的习惯改为男女混合打跳，道具也由木棍变为竹竿，故又称为竹竿舞。目前，仅三亚市崖城镇郎典村仍保留着丧葬仪式跳打柴舞的古俗。

国家级代表性传承人名单

姓名	性别	申报地区或单位	入选批次
黄家近	男	海南省三亚市	2

傈僳族阿尺木刮

序号：138

编号：Ⅲ-35

批次：1

类别：传统舞蹈

申报地区或单位：云南省维西傈僳族自治县

阿尺木刮是傈僳族的一种传统自娱性民间歌舞，流传于云南省迪庆藏族自治州维西傈僳族自治县叶枝镇的同乐、新乐一带。维西历史上交通闭塞，傈僳族少与外界往来，生产方式处于半农半牧阶段，山羊是家家必养的牲畜。阿尺木刮在傈僳语中意为山羊的歌舞或学山羊叫的歌调。

阿尺木刮在傈僳族人婚丧嫁娶、节日喜庆、

喜迎客人之时表演，特点是不用乐器伴奏，踏歌起舞。参与者分为男女两队，每队一名领唱者，其余人合唱，唱词内容十分丰富，神话传说、生产生活方方面面的都可以，可承袭前人留下的唱词，也可即兴自编自唱。每一曲开头都有一个无唱词内容的起音，颤抖悠扬，宛如旷野里山羊的悠悠长鸣。阿尺木刮舞蹈的跳法有十多种，包括舞圆环、进退舞步、三步跺脚、跳山羊、舞旋风等，不同的跳法配有大圆圈、直纵队、半圆弧等不同的队形。

阿尺木刮舞者的服饰独特，据清代余庆远《维西见闻录》记载，表演阿尺木刮时，"男挽髻戴簪，编麦草为缨络缀于发间，出入常佩利刃。妇挽发束箍，盘领衣，系裙裤"。现在阿尺木刮表演时仍"编麦草为缨络缀于发间"的唯有叶枝镇境内的傈僳族，一些传统的舞蹈套路也只有部分老人还会跳，亟待保护。

国家级代表性传承人名单

姓名	性别	申报地区或单位	入选批次
熊自义	男	云南省维西傈僳族自治县	2

龙舞

铜梁龙舞、湛江人龙舞、汕尾滚地金龙、浦江板凳龙、长兴百叶龙、奉化布龙、泸州雨坛彩龙

序号：107
编号：Ⅲ-4
批次：1
类别：传统舞蹈
申报地区或单位：重庆市，广东省湛江市、汕尾市，浙江省浦江县、长兴县、奉化市，四川省泸县

扩展项目：

龙舞（易县摆字龙灯）	河北省易县
龙舞（曲周龙灯）	河北省曲周县
龙舞（金州龙舞）	辽宁省大连市金州区
龙舞（舞草龙）	上海市松江区
龙舞（骆山大龙）	江苏省溧水县
龙舞（兰溪断头龙）	浙江省兰溪市
龙舞（大田板灯龙）	福建省大田县
龙舞（高龙）	湖北省武汉市汉阳区
龙舞（汝城香火龙）	湖南省汝城县
龙舞（九龙舞）	湖南省平江县
龙舞（埔寨火龙）	广东省丰顺县
龙舞（人龙舞）	广东省佛山市
龙舞（荷塘纱龙）	广东省江门市蓬江区
龙舞（乔林烟花火龙）	广东省揭阳市
龙舞（醉龙）	广东省中山市
龙舞（黄龙溪火龙灯舞）	四川省双流县
龙舞（浦东绕龙灯）	上海市浦东新区
龙舞（直溪巨龙）	江苏省金坛市
龙舞（碇步龙）	浙江省泰顺县
龙舞（开化香火草龙）	浙江省开化县
龙舞（坎门花龙）	浙江省玉环县
龙舞（龙灯扛阁）	山东省临沂市
龙舞（火龙舞）	河南省孟州市
龙舞（三节龙）	湖北省云梦县
龙舞（地龙灯）	湖北省来凤县
龙舞（芷江孽龙）	湖南省芷江侗族自治县
龙舞（城步吊龙）	湖南省城步苗族自治县
龙舞（香火龙）	广东省南雄市
龙舞（六坊云龙舞）	广东省中山市

龙舞，也称舞龙，民间又叫耍龙、耍龙灯或舞龙灯，在全国各地和各民族间广泛流传，形式多样。商代的甲骨文中就出现了记录祭龙求雨的文字，汉代董仲舒《春秋繁露》中已有关于舞龙求雨的明确记载，此后历朝历代表现宫廷或民间舞龙的诗文屡见不鲜。至今，龙舞仍是民间喜庆节令之时常见的舞蹈形式之一。

龙舞基本的表现手段是其道具造型、构图变化和动作套路。根据龙形道具扎制材料的不同，可分为布龙、纱龙、纸龙、草龙、钱龙、竹龙、棕龙、板凳龙、百叶龙、荷花龙、火龙、鸡毛龙等；从色彩上可分为黄、白、青、红、黑等，以黄龙最为尊贵。北方龙形的制作一般高大粗重，南方龙形则精巧细致。龙舞的构图和动作一般具有圆曲、翻滚、绞缠、穿插、窜跃等特征。龙舞的传统表演程序一般为请龙、出龙、舞龙和送龙，可以一人舞双龙，也可数百人舞一大龙。

龙是中华民族的图腾，龙舞是华夏精神的象征，它体现了中华民族团结协作、奋发开拓的精神面貌，气氛热烈，催人奋进。

因为民俗的变化，现在各地的龙舞传承遭遇种种困难，须采取措施给予保护。

龙舞（铜梁龙舞）
申报地区或单位：重庆市

铜梁龙舞是流传于重庆市铜梁县境内的一种以龙为主要道具的舞蹈艺术形式，它兴起于明，鼎盛于清，在当代重放异彩。

铜梁龙舞包括龙灯舞和彩灯舞两大系列，舞蹈套路多、伴奏音乐丰富、动律谐趣。龙灯舞主要包括大蠕龙、火龙、稻草龙、笋壳龙、黄荆龙、板凳龙、正龙、小彩龙、竹梆龙、荷花龙十个品种。其中，大蠕龙体长可达百米，龙身各节伸缩随意、转动自如。火龙以铁水打金花，辅以不同材质的导引火、口中火、脊上火、腹中火、场中火、升天火等，组成狂热的立体火阵。彩灯舞主要包括鱼跃龙门、泥鳅吃汤圆、三条、十八学士等十二个品种。

铜梁龙舞有广泛的群众基础，舞者参与自由，退出方便。在铜梁，每个乡镇和村，各个机关、企业和厂矿，都有自己的舞龙队。每年正月初一至十五，县城举办盛大的灯会，所有舞龙队、花灯队竞相出动，场面热烈壮观。

现在，随着老一代扎龙艺人和舞龙师傅相继离世，铜梁龙舞中的一些扎龙技艺已经失传，多数龙舞品种的传承也后继乏人，亟待保护和拯救。

龙舞（湛江人龙舞）
申报地区或单位：广东省湛江市

广东省湛江东海岛东山镇东山圩村的人龙舞大约始于明末。据传，被清军打败的明军撤退到雷州半岛和东海岛，适逢中秋，地方百姓为鼓舞明军士气，编排了人龙舞。此后人龙舞便流传开来，至清乾嘉时达于鼎盛，至今仍是东海岛乃至雷州半岛大型广场娱乐活动的重要组成部分。

湛江人龙舞表演时，数十名至数百名青壮年和少年身着短装，以人体相接，组成一条长龙，在惊天动地的锣鼓和号角声中起舞。湛江人龙舞有起龙、龙点头、龙穿云、龙卷浪等表演程式。表演者练就了快速托人上肩的稳健动作和步法，队形流畅多变，动作一气呵成。远远望去，龙头高昂，龙身翻腾，龙尾劲摆，一如蛟龙出海，排山倒海，势不可当。

湛江人龙舞将古海岛群众娱龙、敬龙、祭海、尊祖、奉神等多种风俗融于一体，形成了独具一格的龙舞表演形式和人龙精神。

龙舞（汕尾滚地金龙）
申报地区或单位：广东省汕尾市

根据广东省汕尾市陆丰南溪村老人黄天枢藏书中的记载，汕尾滚地金龙始创于南宋，明嘉靖年间，黄氏光昭公一支从福建漳州移居广东陆丰，带来《滚地金龙演史传》的传本。黄氏滚地金龙传承了十七代，后来流传到陆丰的潭西镇、大安镇、西南镇和城东镇等地。

表演汕尾滚地金龙时，二人钻入龙身被套，一人舞龙头，一人舞龙尾，模仿龙的旋舞飞腾、戏水嬉耍、沉思奋醒、柔静盘曲、勇猛奋进等动作舞蹈。整个表演过程分为开场见礼、打围巡洞、游潭戏水、抻筋洗鳞、伏蛰闻雷、迎雷起舞、驾云飞腾和收场还礼八个舞段。汕尾滚地金龙的伴奏多是打击乐、吹奏乐和少许弦乐，以嘹亮开阔的海陆丰正字戏牌子大锣鼓为主，大唢呐则按不同的表演情节吹奏不同的曲调，有《宫娥怨》《哭皇天》《山坡羊》《八板头》等曲牌。

汕尾滚地金龙体现了龙能刚能柔、善静善动、能显能藏、自强不息的积极进取精神。

龙舞（浦江板凳龙）
申报地区或单位：浙江省浦江县

板凳龙是用一条条凳板串联而成的龙灯，俗称长灯，流行于浙江省浦江县的浦江板凳龙是其中一种。

浦江板凳龙由龙头、龙身和龙尾三部分组成，根据龙头造型可分为仰天龙、俯地龙、大虾龙等。一条浦江板凳龙从头到尾有八十多条凳板，每两条凳板用一根木棍相连。每条凳板上都扎着花灯，花灯有方灯、酒坛灯、字灯等十多种造型，上面的图案都按各自的喜好所画，各不相同。一条浦江板凳龙就是一个集书法、绘画、剪纸、刻花、雕塑艺术和扎制编糊工艺为一体的艺术综合体。

浦江板凳龙是地道的百姓文化，广泛性、广场性和惊险性为其主要特征。每逢节日或重大庆典，长龙在震天的锣声、号角和铳声中起舞，主要表演阵式有麦饼团、剪刀箍、甩尾巴等。到了夜晚，凳板上花灯内的烛光点燃，长长的灯龙在田野上、山间和小巷中游走，流光溢彩。

浦江板凳龙保留了中国江南沿海一带龙信仰的民间文化传统，具有民俗、历史研究价值和民间工艺传承功能。

龙舞（长兴百叶龙）
申报地区或单位：浙江省长兴县

长兴百叶龙发源并流传于浙江省长兴县林城镇一带，至今已有一百六十多年的历史。

长兴百叶龙的龙身由特别扎制的荷花缀结而成，荷花变龙是其表演最大的特点。表演开始时，演员手持荷花和荷叶形道具分开站立，边唱边舞，表现湖水荡漾、荷叶摆动、荷花盛开、彩蝶扑飞等江南水乡风光。片刻，演员将特制的道具翻转成龙头与龙尾，其他人用荷花道具配合形成龙身，在荷叶形成的云彩簇拥下，一条花龙顿时腾空而起。荷花变龙之后是蛟龙嬉戏，主要动作有游龙、滚龙、龙盘柱、腾龙、卧龙、睡龙、龙出水、龙吐须等，最后龙变荷花，完成一次优美的舞蹈讨程。

传统的长兴百叶龙多在庙会和节庆时表演，现在根据表演场合的需要发展出舞台舞、行街舞、广场舞等不同形式。

百叶龙的制作工艺复杂，单单制作一个龙头就要使用八十多种材料、经过一百三十多道工序，而且纯属家庭作坊手工制作。目前百叶龙的制作和舞蹈传承情况都不容乐观，地方政府已拟定一系列措施来保护这一独具地方特色的民间艺术。

龙舞（奉化布龙）
申报地区或单位：浙江省奉化市

奉化布龙因起源和流传于浙江奉化而得名，它由敬神、请神、娱神的民间仪式逐渐演变成为富有特色的民间舞蹈，迄今已有八百多年的历史。

奉化布龙以彩色布为主要原料，配以竹、木等材料制作而成，龙圈环环相扣，龙身紧紧缠绕。由于龙身轻，奉化布龙舞动起来速度非常快。整个舞蹈由盘、滚、游、翻、跳、戏等四十多个套路和小游龙、大游龙、龙钻尾等过渡动作组成，有的已用作国家体育舞龙比赛的规定动作。舞者动作矫健，舞姿变化多端，所有舞蹈动作都在龙的游动中进行，动作间的衔接和递进十分紧凑。舞蹈要求是"形变龙不停，龙走套路生""人紧龙也圆，龙飞人亦舞"。舞得活、舞得圆、神态真、套路多、速度快是奉化布龙的主要艺术特征，再加以热烈奔放的锣鼓乐，整个表演令人屏息凝神，目不暇接，有一种翻江倒海的磅礴气势。

由于奉化布龙的文化价值较突出，当地非常重视其传承工作，把它列为部分中小学的体育课项目加以保护。

龙舞（泸州雨坛彩龙）
申报地区或单位：四川省泸县

四川泸州雨坛乡自古就有设坛耍龙以求风调雨顺、五谷丰登的习俗，雨坛乡亦因此得名。清光绪年间，当地艺人开始尝试将原有的草把龙改为彩龙，至1919年，第一条雨坛彩龙出现。自此，每逢年节或婚丧嫁娶，当地百姓都要舞彩龙。

雨坛彩龙的表演重在一个活字，要求舞龙者"动于中而形于外""心有性情，手显神色"，人与龙的情感交融为一体。雨坛彩龙按连绵不断的太极图案行进表演，在龙舞中对龙的个性特征和生活情态进行生动的描摹，相继呈现龙出洞、龙夺宝、龙拖宝、龙抱蛋、龙擦痒、龙叹气、龙滚宝、跳龙门、龙脱衣、龙翻滚、龙砌塔、龙背剑等数十个动作，最大限度地展示了人们对龙的想象。整个表演以川味浓郁的锣鼓吹打乐伴奏，音乐紧密配合龙的情绪表现和动作速度。

雨坛彩龙的龙头主要依据泸县全国重点文物保护单位——龙脑桥的龙头设计，额高，嘴短，双目突出可动，下颌开合自如，形象既威武有神，又憨愚可亲。龙身用竹篾扎成圈，相互串联，分组分节，可长可短，套上龙衣后灵活多变。龙尾则类似鲢鱼尾巴，紧随龙身起伏摇摆，诙谐有趣。

四川泸州雨坛彩龙以历史悠久和表演浪漫著称。

龙舞（易县摆字龙灯）
申报地区或单位：河北省易县

河北省保定市易县西陵镇忠义村位于清西陵范围内，深厚的满族文化内涵和陵寝文化特色为摆字龙灯的生长、传承提供了特殊的环境。摆字龙灯因龙体内置灯，并可用龙体摆出各种字形而得名，又因龙体分节而有节龙、段龙的别名。

易县摆字龙灯一般由13节龙节组成，每节长1.2米，直径约0.5米，外罩绘有龙鳞、龙爪的龙衣，中间有一个供手持的把手，内设蜡烛签3个。这种蜡烛签设置精巧，舞动时烛火始终朝上不灭。13位表演者分别持龙节表演，另有1位扮作蜘蛛的引龙人持绣球领舞。绣球上绘有蛛网和黑蜘蛛，有降妖避邪之意。表演常在晚上进行，当周围的光线全部暗下来后，伴随着锣鼓镲铙的伴奏，龙灯变化出龙摆尾、地卧龙、天卧鱼、龙塔垛、跑八字等队形，在队形变化中不断摆出汉字，组成"天下太平""安居乐业"等吉祥祝福的词句。在表演时，龙尾常常单独行动，每个字的最后一笔均由龙尾完成。每摆好一字，龙尾都要绕场一周，再到达它应去的位置，给表演平添风趣。

目前，易县摆字龙灯的传承已经出现断代，亟待抢救保护。

龙舞（曲周龙灯）
申报地区或单位：河北省曲周县

曲周龙灯起源于宋代，是河北曲周县的一种传统民间舞蹈。曲周龙灯最初兴起于曲周的东街村、南甫村，现已流传到十多个村落，其中以东街村的龙灯最为典型。

曲周龙灯的龙体造型威武雄壮，总长15～25米，龙头用竹篾编成；龙身用绳索串联上百个竹圈而成，龙身下面每间隔两米设一把手；龙鳞用窗户纸染就，火龙染成红色，水龙染成蓝色；龙尾用麻束扎而成，长一米左右。龙体内的灯用纸先搓成半尺长的捻子，再入锅用动物油熬制，牛油熬制的捻子最佳，亮度大，不易熄灭。龙舞表演基本在夜间进行，鼓乐手敲锣打鼓，扮成鱼鳖虾蟹等水族的表演者在龙前引领，打开场子。而后十来个舞龙人踩着鼓点摆开架势，一位舞者手举红蜘蛛上蹿下跳，龙头紧咬蜘蛛不放，龙身一节带动一节舞动起来。龙灯内点燃的油捻子映照着舞动的鳞片，旁边持火把者舞动烟火，冒出带着浓烟的火球，给表演笼上一层神秘的色彩。

曲周龙灯现在因制作和演出没有保障、后备人才缺乏等原因陷入严重的生存危机，亟待抢救。

龙舞（金州龙舞）
申报地区或单位：辽宁省大连市金州区

金州龙舞又称西门外龙舞，流传于辽宁省大连市金州区，至今已传承九代。清光绪年间，在这里驻防的清军每逢元宵节都会在军营内表演龙舞，但不许外传。后来金州西门外园艺村的扎棚匠陈德员和纸匠李田英利用观看龙舞的机会观察并描摹了龙形，在仿造的基础上不断加以改进，形成了今天的金州龙舞。

金州龙舞多在农闲和节庆时表演助兴。一支舞龙队由两条龙和一个龙珠组成，共十九人参与表演，其舞姿变化多端，有四十多种动作套路，伴奏音乐主要是东北秧歌的曲牌。

金州龙舞经过长期发展，已成为具有辽南地区特色的民间舞种。近年来，年轻人大多不爱参与龙舞，金州龙舞传承困难，目前只有两支舞龙队坚持活动。

龙舞（舞草龙）
申报地区或单位：上海市松江区

舞草龙求雨是上海市松江区叶榭镇的古老习俗。相传，这一带在唐代遇到一场旱灾，八仙中的韩湘子是叶榭人，为解家乡危难，他召来东海青龙普降甘霖。从此以后，乡民每年都用金黄色的稻草扎成牛头、虎口、鹿角、蛇身、鹰爪、凤尾的四丈四节草龙，以祈求风调雨顺，在流传过程中，逐渐形成了草龙舞、滚灯舞、水族舞等民俗舞蹈。

舞草龙是一种群体性的祭祀活动，每年农历的五月十三、九月十三在当地关帝庙会时举行。整个仪式包括祷告、行云、求雨、取水、降雨、滚龙、返宫七个段式，首先要摆上粮食瓜果、鲤鱼等供品供奉象征韩湘子的神箫和青龙王牌位。舞草龙时，舞龙人充分运用手（甩、摆、翻）、眼（望、顾、盼）、身（转、仰、扭）、步（踩、蹲、蹉）四法，全体舞者协调配合，把草龙舞得风生水起。演到降雨段式时，八名村姑一边跳欢快的丰收舞，一边将手中盆或桶里的水不断泼向四周，称为泼龙水，被泼到龙水即为吉利，故而观者纷纷争着让村姑把水泼向自己，将草龙舞推至高潮。

现在，随着庙会的式微，舞草龙逐渐从民间宗教活动衍化为节日喜庆的表演节目和民间健身活动。但在演变过程中其文化内涵消失，许多技艺也失传了。

龙舞（骆山大龙）
申报地区或单位：江苏省溧水县

骆山大龙起源于明代，至今已有四百多年的历史，主要流传于江苏省溧水县骆山村。骆山村临近的石臼湖冬季为枯水期，宽阔的湖滩是舞龙的好场所，舞龙活动是当地重要的民俗活动，一般从头年的腊月二十四开始，至来年的正月十八结束，村里家家户户出人出钱参与扎龙、舞龙。

骆山龙舞主要由三部分构成：一是跳珠，掌珠人在龙首前面手持火红龙珠舞动，百般引诱挑逗；二是跳龙，大龙跟随龙珠高低起伏，左右摆动，其阵式有巨龙摆尾、一字长蛇阵、盘旋阵等；三是跳云，六十六名8～12岁的男童身着彩衣、彩帽和绣鞋，每人手持两块绘有云彩的云板，在龙身围起的场地中进行表演，表演有图阵和字阵两种。

骆山大龙有两大特点：一是龙身巨大，龙头高2.3米、宽2.2米，每节龙身长2.8米，一共24节，总长近百米，无论白天黑夜都要在龙身里点放蜡烛；二是参与者众多，骆山龙舞的表演者多达五百人，分别承担换蜡烛、放马蹄炮、敲锣打鼓、吹唢呐、吹喇叭、掌旗、掌灯、舞龙、跳龙、跳云等任务。

由于种种原因，骆山大龙活动一度中断，扎龙技艺也已失传。2005年重新恢复后，传承情况仍不容乐观。

龙舞（兰溪断头龙）
申报地区或单位：浙江省兰溪市

断头龙是流传于浙江省兰溪市水亭畲族乡的一种民间龙舞，其起源与一则民间故事密切相关。据说唐朝贞观年间，连年大旱，龙王为了拯救凡间百姓，违背玉帝旨意连降大雨，结果获罪被斩，身首分离。兰溪百姓特制作断头龙，在春节期间沿街而舞，以示纪念。

兰溪断头龙最大的特点是头身分离，整条龙由龙珠、龙头和七节龙身组成。龙头和龙珠可单独表演出多套高难度的技巧动作。龙身每换一个阵图，龙头和龙珠就舞出一个套路。龙头、龙珠和龙身中都可点燃红烛，夜间起舞时光影闪烁，色彩斑斓。兰溪断头龙在传承中不断发展创新，现在已形成双元宝、金瓜棚、八仙跌等二十多个表演套路，还尝试由单龙变双龙，使表演更加丰富。

目前，由于生存空间不断缩小，传承日益艰难，兰溪断头龙后继乏人，面临消亡的危险，亟待抢救保护。

龙舞（大田板灯龙）
申报地区或单位：福建省大田县

大田县地处福建省中部，板灯龙在唐末传入，至今盛行在大田的18个乡镇。每年元宵节全县都要舞板灯龙，当地人称之为迎龙。

大田板灯龙分为龙珠、龙头、龙身和龙尾几部分。传统的龙头一般高3米，在一块木板上用竹片扎成龙头的形状，糊上彩纸，画上鳞纹制成。构成龙身的灯板少则几百节，多则千余节、长达三千米。每节灯板长约两米，上面钉着两三个灯座，每个灯座插一支粗长的龙烛。灯座外裱贴着透明的龙纸，龙纸上画着鳞纹、花草，或写着"五谷丰登""安居乐业"一类的祈颂语。龙尾的灯板略长，扎有龙鳞、尾鳍等彩饰。

每节灯板的前后两端各有一个锄把大小的圆孔，圆孔中穿插一根尺把长的硬木龙轴，将一节节灯板连缀成龙。活动中，龙丁（舞龙者）持龙轴舞动，互相配合让板灯龙高低起伏，蜿蜒前行。

大田板灯龙的制作耗时费力，年轻人大多不愿意学。当地政府通过组织舞龙队和迎龙活动、建立板灯龙制作培训基地等措施来积极保护抢救这一珍贵的民间艺术。

龙舞（高龙）
申报地区或单位：湖北省武汉市汉阳区

汉阳高龙盛行于湖北省武汉市汉阳区江堤乡、永丰乡及蔡甸区部分地区。它起源于唐代贞观年间，至今已有一千三百多年的历史。清末民初以来，经过数代民间扎龙、舞龙艺人的传承，汉阳高龙取得了长足的发展。

高龙的特点在于其采用竖式舞法，其高昂的龙头高达四米多，整个龙体重四十多公斤，呈"Z"字造型。表演者口衔齿托高高托起龙体，利用身体的摆动将高龙舞得飒飒生风，动作套路包括叩高龙、扫高龙、举高龙、抖高龙等。高龙舞场面宏大、气势壮观，其扎制、开光、焚烧抢福等过程也颇有特色。

高龙在纸扎工艺、结构和造型等方面显示出华中地区舞龙纸扎工艺的鲜明特征。

龙舞（汝城香火龙）
申报地区或单位：湖南省汝城县

流传于湖南省汝城的香火龙最早起源于祀龙止雨和祀龙止水，其形象主要来自当地寺庙中有关龙的壁画和雕塑。

传统的汝城香火龙扎制工艺非常讲究，先用稻草扎成直径4厘米粗细的赵公鞭；然后按照设计图用赵公鞭分别扎成龙头、龙颈、龙身（每节一拱）和龙尾。龙头结构复杂精美，先生角，次生嘴，龙须、龙眼、龙耳、龙牙、龙鼻、鼻须、龙额、龙珠依次成型，环环紧扣。待各部分扎成后，沿水平方向于龙身两侧插入长约六十厘米的龙香，每隔两厘米插一支，一条龙须插龙香四万支，密密匝匝，十分壮美，装上抬杆，煞是好看。

舞香火龙的招龙仪式有一套完整的程序，在每年元宵节前后的夜间进行，以祈求来年风调雨顺、国泰民安。舞龙时一百多位青壮年头顶草帽，身穿防火衣一齐上阵，表演龙的翻滚、喷水、沉海底、跳跃、吞食等动作。黑夜中，点燃龙香的香火龙万点红光闪闪，在一片瑞霭祥烟中舞动，四周鼓乐喧天，鞭炮齐鸣，欢声鼎沸。

千百年来，汝城年年都有舞龙盛会，各村都有一整套的相关器具、锣鼓点子和唢呐牌子，各具特色，成为地域标志性的文化。

龙舞（九龙舞）
申报地区或单位：湖南省平江县

九龙舞发源于湖南省平江县的伍市镇并在当地长期流传。相传爱国诗人屈原投江后，每年端午节人们都要划龙舟前去打捞，感动了洞庭龙王的9个儿子。9条小龙大闹洞庭，逼着老龙王把屈原的遗体送回人间。因为感激九龙的义举，人们便模仿其舞姿创造了九龙舞。

九龙舞表演阵容强大，9条彩龙配以4面龙旗、4面大堂鼓、4面大铜锣和4把长号，还有8面写有"政通人和""四海升平"等愿语的条幡，参与演出的共有二百多人。九龙舞表演套路复杂，从洞庭大阵开始，经过二龙戏珠、五龙捧圣、七层花楼、九龙戏水、群龙聚首等环节，最后以龙归大海结束。9条龙时而相互缠绕，时而组成各式图案，转换神速，环环相扣，令人目不暇接。曾有一本规范九龙舞表演套路的《龙谱》在当地姚姓家族中传承，其范式沿用至今。

表演所用的大鼓音色浑厚低沉，抛天锣音色清脆嘹亮，二者形成16度音差，对比强烈。

传统的九龙舞是祭祀活动的重要组成部分，每次出龙前都有庄重的祭龙仪式。近年来，扎龙和舞龙艺人日渐老化，九龙舞后继乏人，亟须加大保护力度。

龙舞（埔寨火龙）
申报地区或单位：广东省丰顺县

埔寨火龙是广东省丰顺县埔寨镇村民闹元宵的传统节目。据《丰顺县志》记载，早在乾隆六年（1741），埔寨镇就有火龙表演的习俗。

埔寨火龙表演由燃放烟架、禹门、火龙三部分组成。烟架高达10米，以木料搭成，上下若干层，每层景观不同，内装烟花，从下到上依次燃放。禹门高6米，宽10米，表演时门上焰火交织，门下是表演者装扮的水族在嬉戏。烧火龙是压轴戏，火龙最早以稻草扎结，缚上硫黄、白硝和木炭制成的火药即成。在长期的发展改进中，其制作工艺日益复杂，火龙也变得十分精致美观。现在的火龙全长可达35米，主体用竹篾扎制，内装各式烟花，外部用纸裱面，彩绘之后整条龙栩栩如生。制成的火龙可以张嘴、吐珠、躬身、摇尾、喷火。火龙表演由火缆队、喜炮队、龙灯队和鼓乐队共一百多人配合表演。表演者赤膊上阵，高擎龙头，舞动龙身，摆弄龙尾，各种烟花一齐点燃发射。一时间，啸声大作，万箭齐发，流星漫天，旁边"鱼虾"穿梭，场面蔚为壮观。

每逢元宵节，埔寨镇村民家家户户都会出钱出力制作火龙，并于元宵夜晚在埔寨的龙身（地名）进行表演，祈求风调雨顺，岁岁平安，这种民俗沿袭至今。

龙舞（人龙舞）
申报地区或单位：广东省佛山市

广东省佛山市顺德区杏坛镇光华村是有名的南派武术之乡，其人龙舞是吸收民间舞蹈和武术的元素发展而成的一种广场舞蹈。清代中叶，光华村人梁耀枢高中状元。村里的武林高手发起180人表演人龙舞，迎接状元荣归故里。此后，光华村每逢喜庆节日都会表演人龙舞助兴，沿袭至今。

人龙舞表演时，百余人组成长达数十米的龙形。担任龙趸者需体魄强健，能承托扮演龙身者。担任龙身者骑坐在龙趸肩膀上，身体后仰躺在后一龙趸的肩上，双手挥动红色绸带作龙爪。龙头由3人组成，一人双手持龙角道具骑坐在一龙趸肩上，另一人双脚紧夹该龙趸腰部，上身悬空向前伸出作龙舌。龙尾也由3人组成，一人身体后仰手持龙尾道具骑坐在一龙趸肩上，最后的龙趸用头部承托其背部，也有的由一人双手合掌高举作龙尾。

人龙舞队员服饰鲜艳，在铿锵的锣鼓声中变化出各种高低起伏的造型，表演各种丰富的舞段，尽显阳刚之美。

龙舞（荷塘纱龙）
申报地区或单位：广东省江门市蓬江区

荷塘镇位于广东省江门市东北部西江主航道下游的江心岛，分散在外的海外华侨和港澳台同胞有4万人。荷塘纱龙起源于荷塘镇篁湾村，据说是明代时篁湾举人李唐佐在本地草扎游龙的基础上，借鉴四川彩龙扎成纱龙，后来屡经改进，传承至今。

荷塘纱龙全长五十多米，材料和工艺都很讲究，以竹篾、木板等材料作龙身骨架，纱布作龙衣，彩色布贴作龙鳞。夜晚舞龙时，龙体内还要安装特制的防风防滴蜡烛。

荷塘纱龙有平面式和立体式两种舞龙套路，平面式为行进中的舞蹈，立体式为技巧性龙舞造型。整套荷塘纱龙表演需一个小时左右，技巧性强，高难度动作频出，龙体内蜡烛始终不灭。舞龙者每轮26人，接力交替时不停舞、不乱阵。

荷塘纱龙具有鲜明的地方特色，是加强海外侨胞文化认同感的重要纽带。

龙舞（乔林烟花火龙）
申报地区或单位：广东省揭阳市

俗称烧龙的乔林烟花火龙是广东省揭阳一种隆重的民间艺术活动。烧龙起源于明朝末年，原是揭阳乔林乡人成功抗击外来势力入侵后欢庆胜利的一种方式，后来演化为祈求平安吉祥的贺岁民俗，传承至今已有六百多年的历史。

舞动一条乔林烟花火龙需要三十多名青年表演者，舞蹈动作有许多花样套式，动作洒脱干练，风格刚强威猛。表演时，掌珠人在前面引导舞龙队伍前行，龙头、龙身、龙尾曲折蜿蜒、火花四溅，十分壮观。

乔林烟花火龙融舞蹈、服饰、潮州音乐和武术于一体，有多方面的研究价值。

龙舞（醉龙）
申报地区或单位：广东省中山市

醉龙因起舞时醉态蒙眬而得名。醉龙起源于广东省中山市西区长洲村，并辐射到石岐张溪、沙溪、大拥等周边地区，还传到澳门。它原是舞龙者在拜祀过程中随意舞动龙头、龙尾的即兴舞蹈，称为转龙，后发展成为道具舞蹈。

最早的醉龙舞所用木龙道具分为龙头、龙身和龙尾三节，用坚硬的杂木精雕、漆绘而成。传至清代时，三节木龙改为二节，龙头一节，龙身和龙尾合为一节。

醉龙在每年农历四月初八浴佛节祭祀后表演，包括拜祀、插金花、请龙、三叩九拜、喝酒、席间舞龙、灌酒和巡游等内容。表演时，舞龙者必须先被灌酒，然后带醉而舞。只要舞龙者稍稍清醒，持酒埕者必从旁强灌，务使舞龙者保持醉态。舞龙者口喷酒水，手抱龙头，醉步起舞。似醉非醉的舞步看似踉跄，实则内含套路，并非随意乱舞。舞者以步醉心不醉、形醉意不醉为追求境界。

醉龙融合了南拳、醉拳和杂耍等技艺，深受当地群众欢迎。目前，醉龙主要传承人年事已高，传承和保护工作迫在眉睫。

龙舞（黄龙溪火龙灯舞）
申报地区或单位：四川省双流县

火龙灯舞是四川省双流县黄龙溪一项传统的群众文化活动。它起源于南宋，这里的先民根据民间流传的主宰光明和黑暗的烛龙、主管风雨的应龙及龙生九子的神话传说，融合蛇身、鹿角、虎眼、牛耳、象腿、马鬃、鱼鳞和兽须，创造了火龙灯，以舞龙灯来祈求来年风调雨顺、五谷丰登、六畜兴旺。

每年正月初二至十五和其他典礼盛会，黄龙溪火龙灯舞都要大放异彩。表演时，宫灯、排灯和牌灯在前开道，在锣鼓等伴奏乐中，龙身随着龙头起伏舞动。舞龙的高潮是烧火龙，舞龙者赤裸上身，以桐油或清油擦抹胸背，仅穿一条紧扎裤脚的短裤。放花者预备了大量烟花，随时准备袭击舞龙人。现在人们还研制出火花艳丽但放热少的独特火药。双方在龙舞与焰火中你来我往，你烧我挡，攻防进退，场面十分热闹。

黄龙溪火龙灯舞是当地春节必不可少的汉族传统民俗。

中国非物质文化遗产百科全书·代表性项目卷

龙舞（浦东绕龙灯）
申报地区或单位：上海市浦东新区

绕龙灯是旧时上海浦东民众对舞龙活动的俗称。明清时期，浦东地区的舞龙活动盛行，往往在岁时节庆、庙会、迎神赛会时与其他民俗活动一起出现。当地的舞龙队主要由村镇、氏族和行帮自发组建，最负盛名的是三林镇挑行口帮（即搬运、装卸工人）组织的舞龙队。

浦东绕龙灯在发展中博采众长，不断丰富其表演形式和内容。现在的浦东绕龙灯有适合不同年龄层次表演的百米巨龙、布龙、花龙、稻草龙、香火龙、变色龙、焰火龙、烟雾龙、灯光龙、夜光龙、荷花龙、彩带龙、风筝龙等，并将舞蹈的肢体语言、戏曲的亮相步法、武术的精气神韵融入舞龙技巧中，讲究艺术性和观赏性，形成具有海派风格的舞龙艺术。

浦东绕龙灯，不仅是浦东的一张文化名片，也已成为了三林人生活的一部分。

龙舞（直溪巨龙）
申报地区或单位：江苏省金坛市

直溪巨龙流传于江苏省金坛市直溪镇巨村，因源于巨村，且龙形巨大而得名。

直溪巨龙始于明代，至今已有六百多年的历史。最早的巨龙以稻草为材料扎制而成，长15～30米，舞龙者最多达20名。此后数百年间制作工艺不断发展，至清末，巨龙改为用竹篾扎制骨架，外裹以龙鳞状的布皮和灯饰。龙身也不断增长，现在所舞的巨龙龙身有100节，全长二百多米，需一百多人协同表演。

直溪巨龙整场表演由游龙、串八卦阵、翻小花、翻花、舞三步、跪舞、坐舞、过仙桥、罗汉盘龙、长龙翻身等18道程序组成，通过跳、钻、游、叠、戏、盘等过渡动作衔接表演程序，环环相扣，十分紧凑。龙身虽长但舞动灵活，所有舞蹈动作都在龙的游动中进行。这需要上百名表演人员动作娴熟，配合默契。

直溪巨龙表演从头至尾都在铿锵有力的锣鼓声中进行，气势磅礴。

龙舞（碇步龙）
申报地区或单位：浙江省泰顺县

碇步龙是流传于浙江省泰顺县仕阳镇的一种龙舞。

仕阳镇的仕水碇步是国家级文物保护单位，它修建于清乾隆五十九年（1794），长144米，共有233齿，连接溪东与朝阳二村。以碇步为表演平台的碇步龙，始创于清嘉庆三年（1798）。据仕阳镇朝阳村林氏族谱记载，林氏后裔为庆祝朝阳林氏宗祠落成，首创在碇步上舞龙灯。

碇步龙的龙形用竹篾编成圆形笼子，笼外蒙上绘有龙鳞的布，节节相连，每一节都装有用来把持的木手柄。碇步龙舞蹈从开龙门到关龙门共有六十多个套路，包括搭龙坪、龙戏珠、龙舔珠、龙咬珠、排寿字、蹲马龙等，全部动作均在溪水中的石碇步上表演。因而不但需要舞龙演员技巧娴熟、体力充沛，而且要求所有演员敏捷稳定、步调一致。

碇步龙表演时，观众站在两岸欣赏，只见身着金黄色装束的演员们双手执龙，在铿锵的鼓乐声中，迈着矫健的舞步在窄小的碇步上腾挪跳跃。充满节律动感的舞姿倒映在如镜的水面上，让人赞叹不已。

近年来，许多老艺人年事已高，不能再进行这样高强度的表演，年轻人又大多不愿意学习继承这门技艺，碇步龙的传承情况不容乐观。

龙舞（开化香火草龙）
申报地区或单位：浙江省开化县

中秋节舞香火草龙是流传于浙江开化县18个乡镇的一种民间习俗，其中苏庄镇富户村的香火草龙比较有代表性。

据《汪氏宗谱》（康熙二十八年所修谱）记载，元至正二十二年（1362），红巾军首领朱元璋与陈友谅交战于江西九江，朱受挫后退至浙江云台（即今开化苏庄镇）休整。恰逢中秋，当地百姓杀猪宰羊、舞香火草龙犒劳红巾军将士。朱元璋观看之后，称草龙为神龙。洪武六年（1373），朱元璋派大臣中书舍人叶琛到苏庄封金溪村为富楼村。当地人认为龙是帝王化身，应有銮驾相伴，便扎制了宝扇、桂花树、人物像、吉字匾和蝴蝶、飞鸟、天鹅、鱼虾等为草龙伴舞。这一表演形式传承至今。

开化香火草龙用稻草扎成龙身，并插上密匝匝的香火。舞龙时点燃全部香火。在月光朦胧的夜色里，烟雾缭绕，香气飘逸，香火草龙在其中狂奔飞舞，仿佛一条火龙在腾云驾雾。开化香火草龙的舞龙套路丰富。有蟠龙昂首、龙身入肚、九曲弯身等。銮驾舞则有竹枝挂彩、水族扬波、蝴蝶穿花、仙鹤贺寿等多种表演形式。

开化香火草龙还有一整套隆重的仪式，舞龙前先要祭神龙：摆香案、焚香燃烛、诵祭词、放炮奏乐。龙舞结束后将草龙送入河中，意为龙归大海。

龙舞（坎门花龙）
申报地区或单位：浙江省玉环县

坎门花龙是流传于浙江省玉环县坎门渔乡的一种龙舞，当地民众又称其为滚龙或弄龙（闽南话）。过去，只有在海边居住的渔民以舞花龙祈求神龙庇护他们出海平安、满载而归，现在则广泛流传于玉环陆上居民中。

坎门渔民认为衔珠而舞的花龙是"已经成正果的海里的龙"，从扎制到舞龙都有讲究。农历腊月择吉日扎制龙头、龙尾，正月十八要将龙头和龙尾烧掉，称之为"化龙归海"。新年期间，舞龙队进村表演，各家各户喜气洋洋地迎接花龙。接龙的人家将原先系在龙头上的红布条解下来钉在自家的门楣上，并给龙头系上新的红布条，然后舞龙队就为这户人家舞上一场。

大幅度跳跃和龙绕柱是坎门花龙表演的主要特色。在龙头的带领下，8段龙节和龙尾在32根甚至64根竖立的柱子间穿插迂回，时起时伏，盘绕腾跃。龙头基本动作为举、甩、扑、腾、转、跳；龙尾基本动作为蹲、蹦、逗、引、串、摆；各龙节的动作则以盘、游、翻、钻、串为主，各环节配合默契。在欢快热烈的鼓点和唢呐声中，鞭炮齐鸣，龙头、龙尾同时快速向外迂回，名为出洞，然后甩头、摆尾，转身腾跃，传统的套路有开门、跳三档、穿针、翻肚、打半回等。整个舞蹈豪放奔突、热烈洒脱，现场气氛不断高涨。

龙舞（龙灯扛阁）
申报地区或单位：山东省临沂市

龙灯扛阁是一种民间龙舞和扛阁结合表演的广场舞蹈，发源并流传于山东省临沂市河东区九曲街道三官庙村一带，至今已有一百七十多年的历史。龙灯扛阁过去用于祀神和求雨，现在则成为喜庆节日的传统娱乐项目。

龙灯扛阁的彩龙总长25米，舞龙者为青壮年，分两组轮番上场，每组10人，其中1人擎珠。8副扛阁由16人表演，8个成年人为下扛，各自扛起1个儿童。这8个儿童为上扛，多扮童男童女或神话传说中的形象，例如《八仙过海》中的人物。

表演时，彩龙在擎珠者指挥下按套路舞动，

基本套路有站龙翻腾、卧龙翻腾、盘龙、双窜龙、龙盘柱等。扛阁以走场为主，龙舞动作激烈时，扛阁在一侧交叉变换队形；龙舞节奏舒缓时，扛阁插入龙队中穿行回旋。

伴奏主要用大鼓大锣、大钹等打击乐曲，曲牌有《流水》《急急风》两种，表演进入高潮时，有专人在场外打口哨，以渲染气氛。龙灯扛阁表演粗犷奔放、气势宏大，一直受到当地老百姓的喜爱。

龙舞（火龙舞）
申报地区或单位：河南省孟州市

火龙舞又叫五色火龙舞，流传于河南省孟州市龙台村。

龙台村后有个蟠龙岭，岭上有座五龙庙，庙内塑有五条不同颜色的龙。当地民间传说，隋炀帝年间，天下大旱，唯独五龙庙周边依然鸟语花香。隋炀帝生怕五龙神威压了他的天子龙威，便下令用铁链将庙内的五龙紧锁在锁龙柱上。从此，五龙庙周边旱灾频频，百姓们穷苦不堪。于是，他们制作了5条喷火龙，农历二月二那天，在锁龙柱旁举办舞龙祈雨盛会。在盛会中，5条火龙同时喷火，将锁龙柱一举烧毁，而后天降喜雨。从此，节庆期间表演五色火龙舞成为当地的习俗延续至今。

火龙舞有五龙花、五龙柱、大盘龙、摆龙阵等多种表演套路和五龙汇、镇五方、拜龙王、摆火阵、跳龙门等造型。龙体中点亮的灯是由传统工艺制作而成：匠人先把棉籽熬制成油，然后削好竹签，缠上棉花，最后蘸上棉籽油，当地人称之为油沽肚灯。火龙龙身有7～9节，每节内置两个油沽肚灯。演到高潮处，从5条巨龙口中一起喷出火来，五彩斑斓，气势恢宏。

龙舞（三节龙）
申报地区或单位：湖北省云梦县

三节龙，即三节龙·跳鼓舞，流传于湖北省云梦县伍洛镇一带，因其舞动的龙身由龙头、龙身、龙尾三节组成，并与数十名击鼓者同舞而得名。

三节龙表演时，一条老龙和两条小龙为一组。老龙红色白须，两条小龙，一条黄色红须，一条黑色乌须。小龙由龙头、龙身、龙尾三节组成，长六米左右，龙嘴含珠，身披绣花衣，龙尾扎成燕尾状。

每条龙由三人分别舞龙头、龙身和龙尾。将龙舞成圆形，让龙头自咬其尾，是三节龙的特色表演动作。在鞭炮声中，三节小龙翻滚盘旋。龙的周围是数十人组成的跳鼓队，男鼓手左手持鼓，右手持槌围在龙的四周，一边吆喝，一边跳跃击鼓，以此象征雷鸣，祈求神龙保佑风调雨顺。鼓舞的要求是跳得高、打得响、吼得欢，随着龙的起伏且鼓且舞。一时间，鼓槌飞舞，鼓声如雷，龙腾人欢，煞是壮观。

龙舞（地龙灯）
申报地区或单位：湖北省来凤县

地龙灯流传于湖北省来凤县旧司乡大岩板村和板沙界村一带，距今已有三百多年的历史，当地人称之为巴地梭。

"地龙灯，地龙灯，不用篾篓不用棍，巴地梭着走，活像真龙行。站的骑马桩，弓腰箭步行，似同狮子灯。"当地人用俗谚总结了地龙灯的特点。表演地龙灯时不用木棍举龙，九名表演者藏在龙身内，一手抓住龙身内的圆形篾圈，一手抓住前者的腰带，因全身为彩色龙衣所遮盖，表演者只能通过感觉和默契配合，使龙翻腾舞动。地龙灯另一个特点是龙、凤、虎共舞，现在又加上鱼、虾等水族伴舞。

表演开始时，一男子手举元宝，在喧天的锣鼓声中引龙上场，逗引双龙追珠抢宝。彩凤（一男子套彩装扮演）围绕地龙左右飞舞，忽而与龙嬉闹，忽而展翅为龙遮阳。地龙憨拙地晃头摆尾，表演套路有龙起身、龙抢宝、龙盘饼、龙回首、龙过桥、龙盘树、龙困滩、凤骑龙、龙盘凤、龙走太极等十二种。锣、钹、鼓等打击乐的伴奏随舞蹈内容变化节奏。表演至高潮时，彩凤腾身跃上龙背，顿时红鞭齐爆，鼓乐高奏，一派龙凤呈祥的祥瑞气象。

龙舞（芷江孽龙）
申报地区或单位：湖南省芷江侗族自治县

流传在湖南省芷江侗族自治县土桥乡富家团村的芷江孽龙是由二人表演的龙舞，又称劣龙或蛇龙。过去，每逢元宵佳节，艺人都要走村串户在各个屋场上表演。

关于芷江孽龙的来源，有多种传说，目的都是震慑邪祟、祈求丰年。芷江孽龙从制作、表演，到最后化龙都有一定的讲究。从山上砍回竹子，在族长家中堂屋神龛上烧香祭祀后方能开竹破篾扎龙。孽龙做成后，将其供上神坛，进行开咽喉仪式：祭祀者烧香、叩首、诵唱祝辞后，点燃三根香将龙的咽喉烧开三个小洞。开过咽喉的龙才能起舞，正月十五舞龙结束后，要在溪边举行化龙仪式。

芷江孽龙的主要表演动作有马花盖顶、古树盘根、青山牛摆尾、鹞子翻身等。表演时，一人手举篾扎纸糊的龙首蛇身道具，另一人双手各持一个篾扎的龙珠，在打击乐的伴奏下回旋起舞。两个人表演虽然体力消耗大，但比较灵活，基本不受场地等条件约束，只要配合默契便可因时因地自由发挥，尽显狂放之美。

龙舞（城步吊龙）
申报地区或单位：湖南省城步苗族自治县

流传于湖南省城步县丹口镇下团村的吊龙是一种独特的龙舞：通过长短不一的撑竿高高撑吊起彩龙的不同部位，在运动中塑造巨龙不同的姿态和动势，宛如飞龙在天，所以吊龙也称飞龙。

每逢喜庆活动，城步县苗乡的各村寨都要以舞龙灯的形式祈祷风调雨顺、五谷丰登，并以东南西北中五方区分龙灯的颜色和形象。其中丹口镇下团村属西方村寨，以舞吊龙为主，当地又称金龙。制作吊龙时先用数根长短不一的竹片和红绳分别制成小吊、中吊，小吊挂在中吊上；然后把篾扎布裱的龙节吊在小吊上；再用一根长扁担和高两米的竹竿制成大提将其吊起来。舞时，将龙头和各组龙节连缀，舞者高举竹竿，在打击乐伴奏下，由舞龙者引领起舞。

下团村的舞龙活动有一整套礼节程序，舞龙队每到一处，都要在村口、寨门、堂屋举行请龙、接龙和贺龙仪式。舞龙方致贺词，接龙方行答礼。双方在一贺一答中以吟诗作对的形式颂扬神龙和祖先，赞美天时地利人和。

城步吊龙展现了丰厚的民族文化底蕴，但现在掌握吊龙扎制、表演技艺的老艺人年事已高，而村寨中的年轻人都不愿意学习这门技艺，城步吊龙的传承不容乐观。

龙舞（香火龙）
申报地区或单位：广东省南雄市

广东省南雄市的香火龙发源于百顺镇白竹片村，距今已有三百多年的历史。每年正月初二到元宵节，香火龙都要隆重登场，当地人称之为闹春。

南雄香火龙用稻草扎制而成，有公母之分，每条龙由9人舞动。公龙体长9.9米，母龙长9米，每条龙重29公斤，寓意地久天长。表演的当天，待夜幕降临后，在开阔的打谷场上，18名舞者紧张有序地为草龙插香、燃香，他们要在15分钟之内在2条龙身上分别插1800根香火。此时，锣鼓声、鞭炮声响起，一位站在中央的老者舞动龙珠（火球）逗引双龙出场。舞龙者双手举着火龙，表演双龙戏珠、跳跃龙门、双龙出海、游云四海等套路。

点点香火构成金光闪闪的火龙，在夜幕下快速地飞舞盘旋，流光溢彩，只见双龙不见人。

龙舞（六坊云龙舞）
申报地区或单位：广东省中山市

六坊云龙舞流传于广东省中山市古镇镇六坊村，它从春节游神的习俗发展而来，传承至今已有三百多年的历史。

每年正月二十左右，六坊村都会举行游神活动。村里二百名男性青壮年从村中祠堂里请出云龙，于入夜时分点燃蜡烛钻进龙身。云龙通体光亮，由幡旗、灯笼开路，由龙珠引领，在云彩、鲤鱼等道具伴随下，从六坊村出发，沿着邻近的村庄巡游，巡游活动持续三晚。

六坊云龙舞的龙形长五十三米，有走之字、双飞蝴蝶、跳龙脊、团龙、走龙云、寻龙珠、舔龙柱、走梅花阵、双团龙、舔龙脊等十四套表演动作。其中跳龙脊难度最大：巨龙盘旋时，后面的龙身交错着要跃过前面的龙身，看上去整条龙都在跃动。这需要舞者一个接一个地交替跳跃，稍有不慎，便倒在一起了。整个舞蹈过程中都有八音班伴奏，八音班以锣、鼓和钹为主要乐器。

六坊云龙舞一般在晚上表演，舞龙者上穿白纱衫、下穿与龙被颜色相同的裤子，远远看去，只见云龙在舞动翻腾而不见舞龙者，效果十分奇特。

国家级代表性传承人名单

姓名	性别	申报地区或单位	入选批次
黄廷炎	男	重庆市	2
黄锐胜	男	广东省汕尾市	2
谈小明	男	浙江省长兴县	2
陈行国	男	浙江省奉化市	2
罗德书	男	四川省泸县	2
郑玉华	男	河北省曲周县	3
费士根	男	上海市松江区	3
杨书范	男	江苏省溧水县	3
黄焯根	男	广东省中山市	3
李成家	男	辽宁省大连市金州区	4
杨木海	男	江苏省溧水县	4
邓斌	男	湖北省来凤县	4
田宗林	男	湖南省芷江县侗族自治县	4
丁志凡	男	湖南省城步县苗族自治县	4
蔡沾权	男	广东省中山市	4

洛川蹩鼓

序号：117
编号：Ⅲ-14
批次：1
类别：传统舞蹈
申报地区或单位：陕西省洛川县

洛川蹩鼓是一种男子集体民间舞蹈，主要流传于陕西省洛川县黄章、永乡、旧县等乡村。陕西方言称蹦跳为"蹩"，此舞以蹦跳为特征，故称蹩鼓。洛川为战国时秦、晋、魏争夺之地，战事频繁，蹩鼓表演由军阵演变而来，后来与祭祀祈雨活动结合流传至今。洛川黄章乡已确知的蹩鼓表演传承谱系达六代。

洛川蹩鼓表演者均为男性，表演人数少则十多人，多则数百人，他们头包战巾、背插战旗、腰系战裙、腿扎裹带。鼓手腹前拎一个直径约五十厘米的扁圆鼓，还有持锣和持钹者，都在不停地蹦跳中边击边舞，基本动作有单跳、双跳、蹉步和拧摆等，击打节奏单一，强调表演的整齐性，场图变化主要有白马分鬃、蝎子拧尾、单骑扑阵、四壁合围、品字组合等。表演者在锣鼓齐鸣中左冲右扑，拼杀搏斗，如临战场，动作剽悍豪放，富于力感。根据表演方式不同，它又可分为大场鼓、小场鼓和过街鼓。

蹩鼓学艺者一般是从小先学打锣和敲镲，等到二十多岁体格健壮时才有力气打鼓。大鼓仅用一条宽二十厘米的布带挂在胯上，击鼓蹦跳时鼓既不能掉，又不能翻，没有三年的功力是挂不住的。

洛川县已采取多项措施对这项民间艺术进行保护，如成立蹩鼓艺术协会、举办两年一度的蹩鼓艺术节等。

国家级代表性传承人名单

姓名	性别	申报地区或单位	入选批次
张万玖	男	陕西省洛川县	2

芒康三弦舞

序号：683

编号：Ⅲ-86

批次：2

类别：传统舞蹈

申报地区或单位：西藏自治区芒康县

芒康三弦舞是西藏地区的一种民间舞蹈，起源并流传于西藏昌都地区芒康县曲孜卡乡的达许村，至今已有四五百年的历史。

芒康三弦舞以纯木制作的三弦琴为伴奏乐器，表演时不受人数和场地的限制，男女各半分开，男子拉弦子站立排头，带领人群拂袖起舞。众人随着音乐边唱边舞，时而聚圆，时而散开，时而绕行。芒康三弦舞的唱词为当地民歌，也可以即兴创作。男女一唱一和，按男子拉弦子的音乐节奏此起彼伏。舞蹈动作奔放流畅，歌词清朗动听，由舒缓悠扬渐趋欢快热烈，把众人的情绪推向高潮。

芒康三弦舞寄寓了人们庆祝丰收、祈求吉祥的美好心愿。芒康三弦舞形式独特，民族气格强烈，高原特色浓郁，歌舞内容丰富，弥足珍贵。目前，原生态的芒康三弦舞受到生活方式改变等因素影响，日趋消亡，亟待抢救保护。

国家级代表性传承人名单

姓名	性别	申报地区或单位	入选批次
江白轮珠	男	西藏自治区芒康县	3

毛南族打猴鼓舞

序号：660

编号：Ⅲ-63

批次：2

类别：传统舞蹈

申报地区或单位：贵州省平塘县

打猴鼓舞是毛南族群众在丧事习俗中由巫师表演的民间舞蹈，主要流传于贵州省平塘县的毛南族聚居区，一直在不足十万人口的毛南族中传承发展，至今已有六百多年。

毛南族打猴鼓舞的表演分为男子独舞、双人舞和三人舞三种形式，全舞共分为猴王出世、猴子敲桩和猴火引路三段。猴王出世再现毛南族先人在迁徙途中克服千难万险的奋斗历程；

猴子敲桩展示毛南人在深山中顽强生存、艰苦创业的情景；猴火引路表现了毛南人继承先人遗志、奋勇前进的开拓精神。打猴鼓舞表演前先吹牛角，再吹大号，然后在鼓声依次表演各段，表演时间一共十分钟，伴奏乐器以铜鼓和皮鼓为主。表演中以木凳或竹编椅代表树桩，表演者在地上、凳上跳上跳下，翻滚的同时敲击木棒，节奏欢快，动作夸张滑稽。整个舞蹈呈现狂、野、粗、灵的风格特点。

打猴鼓舞是毛南族民风民俗和图腾文化的体现，具有多方面的研究价值。目前还在世的从事民间法事活动的人都已年过七旬，无法再跳打猴鼓舞，毛南族打猴鼓舞的传承状况堪忧。

蒙古族安代舞

序号：132
编号：Ⅲ-29
批次：1
类别：传统舞蹈
申报地区或单位：内蒙古自治区库伦旗

蒙古族安代舞是流传于内蒙古通辽市周边地区的一种民间舞蹈。安代舞发源于库伦旗，大约形成于清朝中期。当时库伦体制是政教合一，寺庙林立，各地闯关东的移民大量拥入，不同地域的文化风俗糅合铸就了库伦蒙古族文化，孕育了具有广泛群众性的安代舞。

蒙古族安代舞有强烈的自娱性和浓郁的生活气息，轻松愉快，简单易学。人们通常在节庆或闲暇时活动，一人领唱众人应和，男女老少皆可入场欢跳，从十几个人到数百人均可，只要按音乐的节奏甩巾踏步、与领唱歌手相应和即可。安代舞的唱词除开场和收场部分因仪式需要基本固定之外，其他的可随编随唱。歌手可以尽情地用诙谐幽默的唱词抒发情感，或赞美，或嘲讽，或嬉笑怒骂，不拘一格。

四百多年来，安代舞以其浓郁的民间本色和癫狂之舞的特征备受蒙古族人民喜爱，渐渐地成为内蒙古地区蒙古族宗教礼仪和那达慕盛会上最受欢迎的狂欢之舞。人们高兴的时候可以从傍晚跳到天亮，连跳好几天，甚至长达四十多天。

安代舞已成为蒙古民族的文化标识之一。近年来，蒙古族安代舞的生存空间日益受到限制，舞种延续受到极大威胁，亟须整理和抢救。

国家级代表性传承人名单

姓名	性别	申报地区或单位	入选批次
那仁满都拉	男	内蒙古自治区库伦旗	2

蒙古族萨吾尔登

序号：691
编号：Ⅲ-94
批次：2
类别：传统舞蹈
申报地区或单位：新疆维吾尔自治区和静县

扩展名录：
蒙古族萨吾尔登（萨吾尔登）
新疆维吾尔族自治区博湖县

萨吾尔登是新疆蒙古族民间歌舞曲的曲牌名称，又是当地民间舞蹈的统称，除了新疆维吾尔自治区的蒙古族聚居区外，在各地蒙古族聚居区都有流传。

关于"萨吾尔登"一词的由来有很多种说法，其中认同度比较高的说法是形容马的一种奔跑姿态和声音，萨吾尔登中就有许多表现马的曲调和舞蹈。

◎ 传统舞蹈

在节日、婚礼、迎送、家庭邻里聚会等各种场合，人们都会表演蒙古族萨吾尔登，男女老少都可以参加，人数不限。蒙古族萨吾尔登的动作十分丰富，有表现劳动和日常生活的，如挤奶、捣奶、套马、献茶、敬酒、擀毡、播种、收割等；有表现妇女生活的，如照镜、描眉、梳辫等；有模拟动物形态的，如雄鹰、山羊、田鼠和鸟类的各种动作及各种马步；还有表现爱情和模拟各种人物形象的。舞蹈时下肢动作比较简单，多为大步半蹲移动或拖擦步。上身动作则比较丰富：手、腕、臂的弹、压、推、拉、揉、绕；肩部动作有动肩、抖肩；以腰为轴的前俯后仰等。脚慢手快和双膝始终带弹性的曲伸颤动形成蒙古族萨吾尔登的鲜明特点。

萨吾尔登表演时以民族乐器伴奏，其中主奏乐器托布秀尔是蒙古族特有的弹拨弦鸣乐器。

现在，随着人们生活方式的改变，过去以集体娱乐活动为主要传承方式的萨吾尔登因为活动减少而面临传承发展危机，亟待保护。

苗族芦笙舞

锦鸡舞、鼓龙鼓虎——长衫龙、滚山珠

序号：126
编号：Ⅲ-23
批次：1
类别：传统舞蹈
申报地区或单位：贵州省丹寨县、贵定县、纳雍县

扩展名录：
苗族芦笙舞　　贵州省雷山县、关岭布依族苗族自治县、榕江县、水城县

芦笙舞，又名踩芦笙、踩歌堂等，是以吹芦笙为舞蹈伴奏和自吹自舞为主要特征的民族民间舞蹈，广泛流传于贵州、广西、湖南、云南等地的苗、侗、布依、水、仡佬、壮、瑶等民族聚居区。从已出土的西汉铜芦笙乐舞俑分析，芦笙舞至少已有两千多年的历史。

芦笙舞大多在年节、集会、庆贺等喜庆时刻表演，主要分为自娱、竞技、礼仪三种类型。

芦笙舞（锦鸡舞）
申报地区或单位：贵州省丹寨县

锦鸡舞发源于贵州省丹寨县排调镇境内，流传于苗族嘎闹支系中穿麻鸟型超短裙服饰的排调、也改、加配、党早、麻鸟、羊先、羊告、也都和雅灰乡境内雅灰、送陇等苗族村寨。传说这支苗族的祖先辗转迁徙到丹寨县定居之初，锦鸡帮助他们获得小米种，从而度过了饥荒。于是，他们视锦鸡为吉星，并仿照锦鸡的模样打扮自己，模拟锦鸡的求偶步态跳舞。锦鸡舞常常在婚庆、迎客和青年男女跳月（一种风俗）活动中表演，也是每十二年举行一次的祭祖活动中的主要舞蹈形式。

表演锦鸡舞时女性打扮得像美丽的锦鸡一样：绾发高耸、插戴锦鸡形状的银饰；身穿彩线绣花的短百褶裙，戴全套银项圈和手镯；脚穿翘尖绣花鞋。男性吹芦笙作前导，女性随后起舞，沿逆时针方向转圆圈跳。锦鸡舞伴奏的芦笙曲调丰富，有一百多首乐曲。随着芦笙曲调的节拍，女子头上的银饰颤动，腿边的花带飘闪，酷似锦鸡在觅食行乐。舞蹈动作以四步为主，兼以六步转身。腰和膝的自然颤动为舞蹈的基本特点，每跳一步，舞者双膝同时自然向前颤动。上肢动作较少，双手于两侧自然放开，悠然摇摆。人多时，男性芦笙手在中间围成圆圈吹跳，女性舞者在外围成圆圈漫舞。

锦鸡舞凸显苗族人民古老而绚烂的美感追求，体现了人与自然的和谐友好。

芦笙舞（鼓龙鼓虎—长衫龙）
申报地区或单位：贵州省贵定县

鼓龙鼓虎—长衫龙是流传于贵州省苗岭山麓小花苗聚居区贵定县新埔乡谷撒村的一种苗族芦笙舞蹈，距今已有一千多年的历史。据明代熊大木所著的《大宋中兴史话》记载，苗族英雄黑蛮龙跟随岳飞抗金立功，被封为龙虎将军，后因岳飞父子遇害，他"痛哭几日绝食而死"。人们以鼓龙鼓虎—长衫龙纪念这位英雄，并一代一代地流传下来。

鼓龙鼓虎—长衫龙过去仅在丧葬和祭寨神的仪式中表演，现在重大节日、集会，还有婚嫁、立房、跳月等活动中都会表演，成为开展娱乐竞赛、增进情谊的重要活动方式。鼓龙鼓虎—长衫龙包括男子双人舞、四人舞和群舞等形式，整个舞蹈分为三节，分别表示群龙出现、龙腾虎跃和群龙抢宝的情景。表演者身着黑色大襟长衫，头插两根野鸡翎，顶龙面牛角图腾，戴髯口，拴红色银饰腰带。舞蹈时他们手执芦笙，自吹自跳，随着芦笙的旋律做出龙斗角、龙吐水、龙出洞、龙飞膀子、莲花、拜见等动作。鼓龙鼓虎—长衫龙伴奏用的笙管粗长，声音低沉浑厚，音乐节奏鲜明，舞蹈动作与音乐结合紧密。

由于社会环境的改变，现在只有一个苗寨不足三十人会跳鼓龙鼓虎——长衫龙，亟须相关措施保护这一古老的民间艺术形式。

芦笙舞（滚山珠）
申报地区或单位：贵州省纳雍县

苗族芦笙舞滚山珠原名地龙滚荆，是集芦笙吹奏、舞蹈表演、杂技艺术为一体的苗族民间舞，流传在贵州省纳雍县猪场苗族彝族乡。传说远古时期，苗族祖先大迁徙，途中道路坎坷，荆棘遍野，英勇的苗族青年为了给父老乡亲们开辟一条通道，就用自己的身躯在荆棘林中滚出一条路。人们为了纪念这些青年的功绩，就将他们滚倒荆棘的动作编成了芦笙舞。

滚山珠表演时先把6支长约20厘米的铁制梭镖镖尖向上插入地下，围成一个直径约0.7米的圆圈，或用对顶的饭碗摆成圆圈，上面的碗装满水代替梭镖。表演者手执芦笙，一边吹奏，一边跳跃，围着梭镖或水碗翻滚，而碗中的水不能倾泻。表演技巧性强，充满惊险。现在的滚山珠由以往的单人表演发展为多人表演，表演者头戴插箐鸡尾的帽子（雄性箐鸡的标志）或红线花帽（雌性箐鸡的标志），表演对脚掌、扣肩倒立、跪步等技巧动作，难度随表演进程不断增加，艺术化地再现了苗族同胞在迁徙途中不畏艰险、勇往直前的场面。

苗族芦笙舞滚山珠以其粗犷豪放的风格、高难惊险的动作受到人们的赞赏，其中所蕴含的不屈不挠的民族性格是一份宝贵的精神财富。

苗族芦笙舞
申报地区或单位：贵州省雷山县、关岭布依族苗族自治县、榕江县、水城县

苗族芦笙舞是苗族人民举行祭祖和节日、喜庆活动时所跳的传统民间舞蹈，源于古代播种前祈求丰收、收获后感谢神灵和祭祀祖先的仪式性舞蹈，广泛流传于贵州省雷山县、关岭布依族苗族自治县、榕江县和水城县等苗族聚居区，各地的舞曲和舞步大同小异。

芦笙舞曲根据内容可以分为礼乐曲、叙事曲、进行曲、歌体曲和舞曲等。吹笙者不舞或在场中小舞，周围男女层层环绕舞蹈，场面热烈壮观。芦笙舞动作可概括为走、移、跨、转、立、踢、别、勾、翻等类型，或庄重，或生动，或敏捷，表现了苗族人民丰富多彩的生活。

雷山苗族芦笙舞因节日不同而舞姿各异，每种舞姿都包含一定的意义。关岭苗族芦笙舞蕴含了大量原始文化祭祀礼仪，其中歪梳苗支系每年都要在绕坡活动中表演芦笙舞。滚仲苗族芦笙舞流传于贵州榕江县的多个乡镇，表演中芦笙曲调丰富，音色高亢清亮，男性动作欢快，女性动作飘逸。水城苗族芦笙舞又称为箐鸡舞，是聚会时表演的一种集体竞技性舞蹈，以水城县南开乡小花苗支系芦笙手所跳的舞蹈最具代表性。

国家级代表性传承人名单

姓名	性别	申报地区或单位	入选批次
李金英	女	贵州省丹寨县	2
余贵周	男	贵州省丹寨县	2
王景才	男	贵州省纳雍县	2

木鼓舞

反排苗族木鼓舞，沧源佤族木鼓舞

序号：128

编号：Ⅲ-25

批次：1

类别：传统舞蹈

申报地区或单位：贵州省台江县，云南省沧源佤族自治县

木鼓舞是以敲击木鼓起舞祭祀的民间舞蹈，主要流传于西南地区的苗族、彝族和佤族人中。木鼓舞一般为族群全体参与的大型祭祀活动中的一部分，以敲木鼓、跳木鼓舞为核心的祭祀活动充满着强烈的祖先崇拜和自然崇拜的寓意，具有鲜明的原始文化特征。木鼓多是截取自然生长的树木躯干凿空内部而成型，是族群的象征。

木鼓舞（反排苗族木鼓舞）
申报地区或单位：贵州省台江县

木鼓舞是贵州省台江县苗族群众所喜爱的一种民间舞蹈，主要有反排木鼓舞和施洞、革东木鼓舞两大种类，其中流传于台江县反排村的反排木鼓舞影响较大，传说它缘于一对跟从鸟虫学跳舞的古代兄妹。

每逢丑年，在十二年一次的祭鼓节中表演的反排木鼓舞最为隆重。反排木鼓舞主要有高斗（斑鸠）舞、高斗大（斑鸠合翅）舞、扎夏（五祖宗）舞等五个章节，表现苗族祖先的由来和劳动生活场景。其结构完整，起承转合具备，采用递进方式，逐步把情节推向高潮。木鼓的鼓点也相应分成五个章节，采用单击、合击、交错敲击等演奏手法形成节奏明快的反排木鼓曲。演员随着鼓点歌舞并进，甩同边手，踏二四拍，动作粗犷奔放，头、手、脚开合度大，摆动幅度大，风格热烈豪迈。

反排木鼓舞在反排村世代相传，在当地形成了以反排木鼓舞为主要文化特征的苗族文化生态圈。作为苗族祭鼓节重要的活动环节，反排木鼓舞也是连接苗族社会过去、现在和未来的重要文化纽带。

木鼓舞（沧源佤族木鼓舞）
申报地区或单位：云南省沧源佤族自治县

沧源佤族木鼓舞流传于云南省临沧市沧源佤族自治县的岩帅、单甲、糯良、勐来、勐角、班洪等乡镇，这里村村寨寨都有自己的木鼓歌场，大多数人都能跳木鼓舞，唱木鼓歌。

沧源佤族木鼓舞由拉木鼓、进木鼓房、敲

木鼓、祭木鼓四部分组成。每逢年节庆典，佤族男女老少都会穿戴一新，在木鼓的敲击伴奏下，围绕着木鼓房，携手成圈按逆时针方向行进舞蹈。舞蹈动作以甩手、走步和跺脚为主，第一拍右脚向右斜前方上一步，双手曲肘举至头斜上方，身体后仰；第二拍左脚跟踏一步，双手甩至身后斜下方，身体前倾，如此循环反复。舞者动作炽热狂野，不时发出高亢的歌声和欢呼声。木鼓歌的歌词述说民族历史、祭祀和生产生活等方面的内容，由敲打木鼓者领唱，众人则踏节而歌。

木鼓是佤族传说中的通天神器，被视为民族繁衍的源头，因此，制造木鼓和木鼓舞活动是村寨中的大事，在魔巴（巫师）的主持下严格按程式进行，全村男女老少都要参加。

除了在凝聚民族精神方面有不可替代的作用外，木鼓舞还集中体现了佤族的民间歌舞、文学艺术成就及宗教信仰，有较高的研究价值。

国家级代表性传承人名单

姓名	性别	申报地区或单位	入选批次
万政文	男	贵州省台江县	2
陈改保	男	云南省沧源佤族自治县	4

纳西族热美蹉

序号：673

编号：Ⅲ-76

批次：2

类别：传统舞蹈

申报地区或单位：云南省丽江市古城区

纳西族热美蹉也称窝热热，是纳西族流传数千年的一种原始集体歌舞，在云南省丽江市古城区坝子东北的大东乡保存得较为完好。

纳西族热美蹉活动人数不限，少则十余人，在重要的丧葬场合有数百人。男女老少手拉手围着火堆按顺时针方向踢腿踏歌，舞蹈动作简单自然，腿部前屈，舞步豪迈粗放，沉重有力。唱腔近乎呼喊，其音乐素材直接来源于自然界，无乐器伴奏，无音阶、音列法则。男声由"左罗巴"领唱，女声由"热勒美"领唱，众男子唱完诵词后，以"窝热热"的声音结尾，女子则以"哎嘿嘿"的颤音相应和，多声部之间刚柔并济，形成富有原始艺术美感的不协和音程。

纳西族热美蹉歌舞完全自然而为，不可能准确记录，纳西人都是从年幼时开始通过长辈的口传心授和长期参与实践习得相关技巧。这样的传承方式在生活环境改变的状态下非常脆弱，需要制定特别的措施加以保护。

国家级代表性传承人名单

姓名	性别	申报地区或单位	入选批次
和振强	男	云南省丽江市古城区	4

南县地花鼓

序号：1088

编号：Ⅲ-99

批次：3

类别：传统舞蹈

申报地区或单位：湖南省南县

南县地花鼓是流传在湖南省益阳南县及其周边地区的一种民间舞蹈。南县地花鼓从民间山歌、小调和劳动号子的基础上演化而来，起源于清代嘉庆三年（1796）。

南县地花鼓有对子地花鼓、竹马地花鼓、围龙地花鼓、蚌壳地花鼓和板凳地花鼓五种形式，现仅存第一种。对子地花鼓也称单花鼓，两男子装扮为一旦一丑，二人载歌载舞，依次按十二月望郎、拖板凳、十月看姐、采茶、插花、扇子调、送财歌的歌词内容玩套子，擅长用扇子和手帕表现人物情绪与性格。竹马地花鼓在对子地花鼓的基础上增加了武士的角色。武士手持马鞭，通过肩背或腰挎罩上各种颜色的竹马，与丑、旦穿插表演，有的还配有翻筋头的马夫，表演场面威武。围龙地花鼓中旦、丑的表演程式较前两种形式略有不同，进门有送财，出门有辞东，舞龙表演者配合地花鼓舞出戏珠、起井、盘柱、顶蝴蝶、睡罗汉等套式，或摆出"五谷丰登"等字样，渲染喜庆和吉祥的气氛。

地花鼓舞蹈动作固定，特点是下沉、稍屈膝、扭腰、晃肩、绕扇花等。无论调度和造型，旦、丑都相距很近，"背靠背，面对面"，不能超过一条板凳的长度，所以表演不受场地限制，堂屋、稻场、阶檐均可。

南县地花鼓以朴实粗犷的动作、活泼自如的表演和浓郁的生活气息扎根于民众之中。

傩舞

南丰跳傩、婺源傩舞、乐安傩舞

序号：110
编号：Ⅲ-7
批次：1
类别：传统舞蹈
申报地区或单位：江西省南丰县、婺源县、乐安县

扩展项目：
傩舞（寿阳爱社）	山西省寿阳县
傩舞（祁门傩舞）	安徽省祁门县
傩舞（邵武傩舞）	福建省邵武市
傩舞（湛江傩舞）	广东省湛江市麻章区
傩舞（文县池哥昼）	甘肃省文县
傩舞（永靖七月跳会）	甘肃省永靖县
傩舞（浦南古傩）	福建省漳州市

傩舞是祭祀活动傩仪中的舞蹈部分，其历史悠久，成型于周代宫廷大傩之礼，在《周礼》中有明文记载。在原始的傩舞中，舞者佩戴面具，一手持戈，一手持盾，奔向各个角落，跳跃舞打，边舞边"傩、傩、傩"地呼喊，搜寻不祥之物，以驱除疫鬼，祈求平安。后来傩舞发展成为兼具祭祀和娱乐的风俗活动，一般在正月表演，也在各种开工、迁居、婚寿和祈福仪式中表演。现存傩舞主要分布在江西、安徽、贵州、广西、山东、河南、陕西、湖北、福建、云南、广东等地，各地有不同的称谓和不同的表演风格和样式。

傩舞表演者一般都佩戴角色面具，其中有神话人物，也有世俗人物和历史名人，由此构成了庞大的傩神谱系，"摘下面具是人，戴上面具是神"。傩神庙是众神（面具）栖息之地，也是举行傩仪的主要场所。

傩舞伴奏乐器简单，一般为鼓、锣等打击乐器。表演傩仪的组织被称为傩班，成员数量少的有五六人，多则二十余人，有严格的班规。傩舞在漫长的传承和发展过程中，融合了人类学、社会学、历史学、宗教学、民俗学、戏剧学、舞蹈学、美学等多种学科内容，积淀了丰厚的文化底蕴。现在，随着城镇化发展的趋势加快，传统民俗生态的依托渐渐消失，各地傩班越来越少，艺人队伍后继乏人。

傩舞（南丰跳傩）
申报地区或单位：江西省南丰县

南丰跳傩流传于江西省南丰县的一百八十个村庄，是民众喜爱的民间舞蹈形式。

据有文字可考的历史，南丰跳傩自汉开始，

原为祭神驱疫的仪式舞蹈，到明清时期，融合了戏曲、木偶、灯彩、武术等民间表演艺术，变得更加世俗化和娱乐化。

南丰傩仪结构复杂，由跳傩仪式、杂傩仪式等构成。跳傩仪式由起傩、跳傩和驱傩等基本程序构成，其中驱傩是核心部分；杂傩仪式有跳竹马、跳和合及跳八仙三种仪式。南丰傩仪中各部分的舞蹈节目丰富，现留存有八十多个，其中包括单人舞《开山》《钟馗》《财神》《哪吒》、多人舞《跳判》《傩公傩婆》《对刀》、技巧舞《演罗汉》《观音坐莲》《普贤骑象》及舞剧节目《西游记》等。

南丰跳傩面具造型各异，多达一百八十种，其中包括驱疫神祇、民间俗神、释道神仙、传奇英雄、精怪动物和世俗人物等。其所用道具法器名物众多，主要可为五类，兵器类有斧、刀、枪等；法事器具类有铁链、桃剑、棕叶等；灯烛炮仗类有火把、蜡烛等；食物供品类有三牲（肉、鱼、鸡）等；生活用具类有手巾、镜子、酒杯等。

南丰跳傩在漫长的传承和发展过程中，积淀了丰厚的文化底蕴，具有多方面的研究价值。

傩舞（婺源傩舞）
申报地区或单位：江西省婺源县

流传于江西省婺源县的婺源傩舞俗称鬼舞或舞鬼。

通过多年的调查统计，婺源傩舞节目有一百多个、傩面两百多个。现存婺源秋口镇长径村的驱傩神班有演员十九人，面具三十多个，其中四个是原始木雕面具，可表演二十四个节目。婺源傩舞节目丰富，《开天辟地》中舞者头挂盘古氏面具，手持大斧，四面砍劈，表现盘古开创乾坤的英雄气概。《判官醉酒》表现判官与小鬼嬉耍斗酒的醉态，饶有生活情趣。《舞花》则是表现秦二世胡亥篡夺皇位的一组大型舞剧。

婺源傩舞表演形式有独舞、双人舞、三人舞和群舞等，舞蹈动作十分丰富，如《丞相操兵》中的上十字架、中十字架、下十字架、操兵步、拍手一照、拍腿过河，《太阳射月》中的摸胡点、单摸胡、双摸胡，还有模拟女性舞步的妮行步等。这些动作多顺拐、屈膝、下沉、含胸、挺腹，沉而不懈、梗而不僵，保留着粗犷夸张的原始风貌。

婺源傩舞表演遵循舞止曲终的原则，其音乐伴奏由打击乐、曲牌和唱腔三个部分组成，有专用的锣鼓谱和曲牌，是研究中国舞蹈艺术难得的活资料。

傩舞（乐安傩舞）
申报地区或单位：江西省乐安县

流传于江西乐安县的乐安傩舞有三大流派：东湖村的滚傩神、流坑古村的戏傩和鳌溪镇罗山村傩舞，其中东湖村的滚傩神是现存最古老的傩仪之一。

滚傩神已有近千年的历史，是当地一种驱邪纳福、保境安民的仪式，在东湖村的杨姓氏族中传承延续至今。此仪式规约森严，概不外传。

滚傩神所戴的面具与其他傩舞不同，不是整个罩住脸部，而是由上额和下嘴两个断片组合而成，有猪嘴、鸡嘴、鹅王、东岳、判官、白虎精和歪嘴婆婆等十八面。东湖傩班现由十二人组成，如遇瘟疫灾害，傩神全部出动，走村串户搜索驱邪，整个过程显得较为原始。他们主要表演的节目有《鸡嘴》《猪嘴》《板叉》《唱文戏》《捉鬼》《牛魔王》等，既有独舞，也有双人舞。表演者多持道具，舞蹈动作古朴粗犷，有踢腿蹲裆、反弹射箭、拂脸甩手、汇步等动作。最后一个节目《踩爆竹》尤其精彩，在急促的锣鼓声中，村民把点燃的一串串鞭炮丢在鸡嘴神与猪嘴神脚下，一时间火光耀眼，响声震耳，硝烟弥漫。表演者赤脚踩在不断炸响的爆竹上，一边口念祷词，一边翻滚手中的器械，表示驱赶瘟疫。

滚傩神的伴奏音乐为一鼓一锣，节奏为反3/4拍，弱拍在前，强拍在后，很有特色。乐安傩舞是至今幸存的最古老的傩仪和傩舞之一，需要精心保护和传承。

傩舞（寿阳爱社）
申报地区或单位：山西省寿阳县

寿阳爱社是一种傩舞，仅流传于山西寿阳县境内，当地人称之为耍鬼。

寿阳爱社借助于巫傩形式演绎轩辕大战蚩尤的神话传说和远古人类狩猎时代的信仰风俗。爱社傩舞主要在轩辕黄帝生日庆典、祭祀和祈雨的时候表演。舞队由24人组成，其中6个大鬼是主演，舞蹈动作主要有软势、猴势、抱势、推门等。18个小鬼面向中央站成马蹄形，每人手拿小锣敲击，时而发出"嗷嗷"的叫声助阵。整个演出约50分钟，表演程序有武势（战前准备）、倒上墙（摆阵对垒）、直墙（变化队形）、小场（攻城失败，重新布阵）、过关（脱靴偷袭，越城夺旗）、耍桌（攻城胜利，百姓沿街犒赏）等。表演节奏平稳，气氛沉闷，呈现一种古朴、单调和森严的神秘色彩。

寿阳爱社傩舞保留着远古神鬼信仰和祭祀傩舞的重要信息，反映了人类由狩猎文明向农耕文明演变的历史进程。

傩舞（祁门傩舞）
申报地区或单位：安徽省祁门县

祁门傩舞流传于安徽祁门一带。在徽州，汉代就出现了驱魔除邪的方相舞和十二神舞，其后傩的内涵日益丰富，增添了祭祀祖先、祈祷丰收等内容，还出现了表现劳动生活和民间传说的节目。

祁门傩舞在明清时代最为盛行，祁门很早就有傩仆制度：大户人家养着傩戏班，每逢庙会、祭祀、送灶、迎春，都会演出傩戏傩舞。舞者头戴木刻面具，身穿蟒袍，手执干戚等兵器，在节奏强烈的音乐伴奏下表演驱鬼仪式和神话传说中的故事。祁门芦溪村的傩仪至今仍保持着古代傩祭的原始风貌，傩班沿村行傩，边走边舞。他们每年正月初二先进行请神仪式，然后开始傩舞表演，节目有《先锋开路》《土地杀将军》《刘海戏金蟾》等。初三至初六到本村许平安愿的人家表演，各家以木盘盛米酬神。演毕，舞者将米带走。全部演出节目均无唱腔和对白，仅以锣鼓伴奏。

从祁门傩舞中，可以看到古代先民的宗教意识和民俗民风。

傩舞（邵武傩舞）
申报地区或单位：福建省邵武市

邵武傩舞流行于福建省邵武大埠岗、和平、肖家坊、桂林、金坑等乡镇的一些村庄。据和平镇前山坪村遗存的一方清道光十五年（1835）的石碑记载，邵武傩舞始于宋代，迄今已有上千年的历史。

在邵武，当地人并不使用傩舞这个名称，而以跳番僧、跳八蛮、跳弥勒等具体节目名相称，各村跳傩的时间和奉祀的神不尽相同。

邵武傩舞留存着傩仪中乐舞的原生形态，没有故事情节也没有说唱。表演时，舞者头戴面具，脑后缀一块红布，伴随着鼓点乐曲穿梭、跳跃、呼号。除了驱疫逐鬼外，邵武傩舞现在还增添了祈求健康平安、生子添丁、学业有成之类的内容。

邵武傩舞是中原文化、楚文化和古越文化的交汇融合，同时又融释、道、儒和民间信仰于一体，还有弥勒教、无为教和摩尼教的流传痕迹，具有历史文化、民俗、宗教等多方面的研究价值。

傩舞（湛江傩舞）
申报地区或单位：广东省湛江市麻章区

湛江傩舞流传于广东省湛江市的麻章区湖光、太平，雷州市南兴、松竹、雷高、杨家、白沙、附城、沈塘和吴川市的黄坡、博铺等地，是古代湛江地区人民祭雷遣灾、祷神求安的一种民间舞蹈。

湛江傩舞在农历正月十三至正月二十八或二月十二表演，以雷首公和东、南、西、北、中五方雷公将的活动为主要表现内容，还有土地公婆和艄公婆等，俗称走清将、舞巫、走成伥、舞六将、舞二真等。东岭村则称傩舞为考兵、练兵或驱魔，演出队伍由车、麦、李、刘、洪五位将军和土地公婆组成，舞蹈形式也有所不同。

湛江傩仪活动由道士在庙前设坛，先向神灵燃烛、焚香、烧纸宝、供三牲，接着颁令颁符，敬请五色旗队、傩舞队和其他表演团队到坛前扎寨练兵，然后到各家各户赶鬼驱邪，保佑平安，之后游神队伍浩浩荡荡开到村镇中各土地公管辖地敬祭。游神完后，队伍回到庙前广场，再次举行祭神仪式以告结束。

湛江傩舞的面具有木质面具、樟罟质面具、牛皮质面具及彩绘脸谱等，武相粗犷狞厉，文相端庄俊秀。湛江傩舞集民间武术、舞蹈、音乐和雕刻于一体，是对古代雷州半岛人民敬雷崇雷文化的传承。

傩舞（文县池哥昼）
申报地区或单位：甘肃省文县

文县傩舞池哥昼又称为鬼面子和白马面具舞，流传于甘肃文县铁楼乡和石鸡坝、天池等地。在白马藏语中，"池哥"为山神之意，"昼"表示舞蹈。

文县池哥昼是村寨的群体性活动，集歌、舞、乐于一体，有固定的表演形式。池哥昼舞队一般由九人组成，其中四人扮成池哥（山神），两人扮成池姆（菩萨），两人扮成池玛（夫妻），还有个十多岁的少年扮成猴娃子。池哥戴青面獠牙的木雕彩绘面具，头插锦鸡翎，形象凶猛。池姆戴菩萨面具，身穿宽袖对襟长裙，舞姿柔和优雅。池玛穿着白马人的生活装束，妻子唱说白马人的苦难和历史。猴娃子脸抹锅灰，身穿破衣烂衫，说笑逗乐，类似戏剧中的丑角。表演场面古朴豪放、庄重热烈，既富有宗教祭祀的神秘气氛，又充满浓厚的娱乐色彩。

每年春节期间，各村都要组织祭祀活动。池哥昼舞队正月十三从铁楼乡的麦贡山村开始，逐村逐户地为村民除恶驱邪、祈福迎祥，大村寨跳两天，小村寨跳一天，正月十八跳至李子坝、迭堡寨村结束。每个村寨的池哥昼都要跳到凌晨，结束之后众人还要祭拜神灵。

白马人没有文字，民族舞蹈便是他们记录历史的肢体语言。文县池哥昼千百年来承载着这个民族的喜怒哀乐。

傩舞（永靖七月跳会）
申报地区或单位：甘肃省永靖县

永靖傩舞戏俗称七月跳会，主要流传于甘肃省永靖县西部山区的杨塔、王台、红泉等乡镇。据永靖炳灵寺石窟墨书题记和明代《河州志》记载，唐代永靖有"防秋健儿"戴上狰狞的面具防御蕃人抢收麦子的习俗，七月跳会中的古旧面具成为史书的实物例证。

七月跳会一般在丰收后酬神还愿并祈求来年风调雨顺的仪式上表演。整个傩舞由下庙、献盘、献牲、会手舞、发神舞、面具戏等环节组成。傩舞队由九辖、牌头、会手、旗手、锣鼓手、面具等五六十人组成。两名九辖身着八卦衣，手握大刀走在前面；牌头和会手身穿长袍彩服，紧随九辖；旗手随之变化各种队形，口中不时发出"好好呀呀"的吆喝声。面具（俗称脸子）有刘备、关羽、张飞、周仓、曹操、吕布、貂蝉、三眼二郎、老虎、牛、马及红、绿二鬼等。

永靖七月跳会表演的剧目丰富、类型多样。其中歌舞型以歌唱、舞蹈和锣鼓伴奏为表现形式，剧目有《斩貂蝉》《二郎降猴》《方四娘》等；戏剧型用人物之间的道白和简单的唱腔展开故事，演出时间较长，保留着早期戏剧的雏形，剧目有《李存孝打虎》《出五关》等；杂耍型的面具造型滑稽，表演幽默，主要有《笑和尚赶过雨》《小鬼》等剧目。

傩舞（浦南古傩）

申报地区或单位：福建省漳州市

浦南古傩流传于福建省漳州市芗城区浦南镇的傩舞，当地人称之为弄大尪或大头尪仔。浦南古傩自唐末出现以来，至今已有一千多年的历史。

浦南古傩有两尊人尪，一尊是七品县官形象，一尊是书童形象。大尪是以竹条为材料编成鼓形的竹筐即大尪的骨架、外面罩上绣有精美图案的服饰制作而成。表演时，舞者钻进筐里用肩膀扛起筐来，面具不是直接戴在表演者头上，而是顶在筐顶上。无论是竹筐骨架还是面具，都格外庞大。县官手握"国泰民安""风调雨顺"的牌子，书童则拿着扇子，踩着锣鼓点舞蹈，另外有一个大头娃娃在他俩之间蹦蹦跳跳，舞蹈动作夸张滑稽。

浦南古傩最初是当地居民迎神赛会、驱逐鬼疫的一种仪式，后来逐渐变为祈福的民俗活动。浦南古傩与台湾宜兰地区的大神尪仔在外形、制作方法和表演形式上基本相同，对研究闽台民间信仰的渊源和传承关系有重要的价值。

国家级代表性传承人名单

姓名	性别	申报地区或单位	入选批次
罗会武	男	江西省南丰县	2
胡振坤	男	江西省婺源县	2
程长庆	男	江西省婺源县	3
彭英芳	男	广东省湛江市麻章区	3
余杨富	男	甘肃省文县	3
范廷禄	男	甘肃省永靖县	3
韩富林	男	山西省寿阳县	4
汪宣智	男	安徽省祁门县	4
龚茂发	男	福建省邵武市	4
程金生	男	江西省婺源县	4

跑帏子

序号：647

编号：Ⅲ-50

批次：2

类别：传统舞蹈

申报地区或单位：河南省汤阴县

跑帏子也叫帏子舞，是一种古老的民间舞蹈，流传在河南省安阳市汤阴县城东白营、胡营、东西隆村一带。跑帏子始于殷商或春秋时期，传承至今已有两千六百多年的历史，关于其来源有多种传说，均和战争有关。

跑帏子具有古代战争和民间祭祀活动的双重特点，舞蹈阵容庞大，有72架帏子、24面扭鼓、24面彩旗、24架銮驾、24名执侍、24个铜锣以及大号、小号、罗伞、大战鼓等。帷子以木质长杆上饰以红、黄、蓝、黑、褐、绿色幡状彩带和铜铃制成。

演出开始，在一阵震耳欲聋的土炮声中，两名衙皂打扮者手提大筛锣鸣锣开道，两名壮士手持令旗身跨大马绕场。接着，乐声四起，两名手持龙头的帷子手带领彩旗手和鼓手组成的乐队进场，跳起粗犷欢快的民间舞蹈。鼓乐队舞蹈结束后，分列两旁，继续奏乐。这时，一支由72名手擎帷子的青年组成的庞大舞队进场。帷子手们踏着鼓点屈膝、微蹲作小步跑，富有节奏感地来回奔跑穿梭，跑出太极阵、河图阵、五行阵、围魏救赵、李渊劝阵等不同阵式。阳光之下，银光闪烁，彩带翻飞，铃声哗哗，气势磅礴。

跑帷子活动舞前以龙头开道，舞后以凤尾告终，整个表演组织严密、仪式性强，是当地民俗活动重要的一部分。

普兰果儿孜

序号：1095

编号：Ⅲ-106

批次：3

类别：传统舞蹈

申报地区或单位：西藏自治区阿里地区

普兰果儿孜是一种表现藏族古代兵士征战的歌舞，流传于西藏自治区阿里地区普兰县。果儿孜是藏语音译，意为双手持着矛和盾相互玩斗，早期的果儿孜由一名鼓手伴奏，以一一对打或格斗等形式起舞。

每年藏历二月下弦月八日和九日分别被称为小次杰和大次杰，是普兰西德寺的两个重要宗教节日，果儿孜在此期间表演。

小次杰时果儿孜是彩排，观众只有三四十人，大部分是演员的家人。大次杰时正式演出，届时演出20个段落，节目内容围绕着西德寺的历史展开，其中果儿孜是第十一段。果儿孜的歌舞表演分为4个程序，第一是开场，以鼓乐伴奏为主，节奏缓慢；第二是慢板歌舞，歌词内容主要是赞美日、月、星、鹰、士兵等；第三是节奏较快的歌舞，歌词内容主要是解说舞者佩戴的盔甲和手持的盾、宝剑等武器的来源和用处，并用舞蹈展示和赞美；第四是结尾，节奏较快，以动作灵活的舞蹈赞美士兵。整个舞蹈以赞美出征的将士和崇拜保家护国的兵器为主题。

普兰果儿孜不但有独特的艺术欣赏价值，而且是研究藏族传统文化的珍贵资料。

普米族搓磋

序号：675

编号：Ⅲ-78

批次：2

类别：传统舞蹈

申报地区或单位：云南省兰坪白族普米族自治县

普米族搓磋是普米族的一种民间舞蹈，主要流传于云南省兰坪县的通甸、河西、啦井、金顶等乡镇普米族聚居的村寨。搓蹉汉语意为跳舞，因其以比柏（四弦）伴奏，以羊皮鼓打击节奏，因此又叫羊皮舞和四弦舞。

普米族搓磋分为开放式搓磋和封闭式搓磋两个类型。其中开放式搓磋属自娱性舞蹈，传说原有十二套舞步，经过长期流传，各地的舞步都有新的发展。不过表现手法大同小异，音型、节奏基本固定。跳舞时踏跺的力向为纵的关系（力点在前脚掌），跨步的力向为横的关系（力点在胯部）；退步时前俯，上身和下身力向相反；前进时后仰，上下身力向亦相反，每种步法都有各自的代表性舞蹈。舞蹈速度慢时，舞步轻盈飘洒，仿佛微风有节奏地牵动着衣裙。速度加快时，舞步粗犷有力。舞蹈时的队形主要有手牵手的单圆圈、双圆圈及半圆圈，一般习惯逆时针方向跳，也可顺时针方向跳。围成双圆圈时，同方向跳和不同方向跳均可。舞蹈不受时间、地点和人数的限制，参加跳舞的人可随时介入，也可先后起步，也可部分人起舞，部分人边走边唱，唱完后再行起舞。

普米族搓磋保留了古代艺术歌舞乐三位一体的特点，有张有弛，深受普米族人的喜爱。和其他民族民间舞蹈一样，原生态普米族搓磋也受到民俗商业化的冲击，急需制定相关措施进行保护。

麒麟舞

序号：640
编号：Ⅲ-43
批次：2
类别：传统舞蹈
申报地区或单位：河北省黄骅市，河南省兰考县，广东省海丰县

扩展项目：
麒麟舞（麒麟采八宝）　山西省侯马市
麒麟舞（睢县麒麟舞）　河南省睢县
麒麟舞（坂田永胜堂舞麒麟）
　　　　　　　　　　　广东省深圳市
麒麟舞（大船坑舞麒麟）　广东省深圳市
麒麟舞（樟木头舞麒麟）　广东省东莞市

麒麟舞是广泛流传于全国各地的一种传统民间舞蹈，至今已有五百多年的历史。麒麟是我国民间传说中的神兽，是太平、吉祥的象征。麒麟舞寄托着人们祈求风调雨顺、国泰民安的美好心愿。

麒麟舞集歌、舞、乐于一体，所舞麒麟道具用竹篾扎骨架、彩布做皮制成。麒麟舞一般在农闲时节或喜庆节日时演出，两位舞者藏盖于麒麟道具之中，扮成麒麟表演各种动作，以节奏感强烈的锣鼓加唢呐伴奏。

河北黄骅的麒麟舞凭借高大的艺术造型和惊、险、奇的高难度杂技动作征服观众，展示出慷慨激昂的燕赵地方特色。河南兰考的麒麟舞保留着传统的表演形式、内容和风貌，具有鲜明的中原文化特征。广东海丰的麒麟舞在表演麒麟打滚、舐脚、洗须等富有生活情趣的动作后，紧接着是海丰麒麟舞的精华——武术表演，主要有打拳、弄棍、搬刀、舞尖串、尖串对铁尺、辗藤牌等。

麒麟舞既有艺术欣赏价值，又有民俗学、历史学等方面的研究价值。由于扎制麒麟道具用料庞杂、费时费力费钱，表演动作难度又很大，目前各地的麒麟舞表演规模日渐缩小，面临失传的危险，亟须抢救保护。

麒麟舞（麒麟采八宝）
申报地区或单位：山西省侯马市

麒麟采八宝是一种麒麟舞，从清代中晚期开始在山西省侯马市新田乡乔村一带流传。二百多年来，乔村人口传身授，代代相传至今。

麒麟采八宝通常在农村的晒谷场或空地上表演，舞蹈分为三个部分：第一部分是云舞，由八个金童玉女手持云朵翩翩起舞，展示麒麟在天上生活的场所。第二部分为麒麟舞，两只麒麟在太阳引导下交替舞蹈。每只麒麟由两人扮演，分为头套和尾套，统称麒麟套。随着打击乐器奏出轻、重、缓、急的节奏，麒麟时而腾空跃起、时而匍匐在地，表现两只麒麟施法镇灾避邪。麒麟口吐神火，翻腾跳跃，把舞蹈气氛推向高潮。第三部分为采宝舞，表现麒麟向往人间的美好事物，采集"琴、棋、书、画、

古、楼、瓶、博"八宝带回天宫。

采八宝中麒麟的造型是龙头、鹿身、马蹄、牛尾，麒麟头用竹篾扎制骨架、金银彩纸和棉纸装裱而成，麒麟皮用各色彩布做成，分成头尾两截，中间穿孔，舞者表演前站在穿孔处将麒麟系在身上。舞蹈伴奏乐器主要是锣、钹、鼓等打击乐器和唢呐。

麒麟采八宝表达了人民对美好生活的期盼。

麒麟舞（睢县麒麟舞）
申报地区或单位：河南省睢县

睢县麒麟舞流传于河南省商丘市睢县的大刘寨村。相传，麒麟舞原是明朝宫廷娱乐项目。明朝灭亡后，掌管宫廷文化娱乐的文林郎冯玮隐归故里，将带回的一对麒麟皮道具送给睢县大刘寨的冯氏族众，并亲授麒麟舞。从此，麒麟舞便在大刘寨村扎下根来，至今已传十五代。

睢县麒麟舞的传统表演形式可分为三段，分别是盘门、平地表演和桌上表演，其中桌上表演最为惊险。十三张方桌摆为三层，两只麒麟做着各种动作往上跳跃，把整个舞蹈推向高潮。其舞蹈动作难度大，特别是蹲桌过桥、猫调尾、登山望月等技巧，舞者没有扎实的武术功底根本做不到，麒麟舞套路本身就和武功套路一脉相承。

睢县麒麟舞的师承关系比较特殊，以冯氏家传为主，吸收本村爱好文体活动的亲眷组成表演团体，逐代延续。因此，大刘寨村冯氏被称为麒麟世家。目前，只有年过八旬的冯敏义老人能掌握全套舞蹈动作。

麒麟舞（坂田永胜堂舞麒麟）
申报地区或单位：广东省深圳市

坂田永胜堂舞麒麟主要在广东省深圳龙岗区坂田街道、宝安区西乡街道流传，由坂田永胜堂麒麟队创始人熬头四（花名）于1840年创编，至今传承了12代，其命名寓意"麒麟永远胜利"。

坂田永胜堂舞麒麟的传统表演约1小时，主要包括麒麟舞和武术表演。麒麟舞主要通过模仿猫科动物摇头、摆尾、嬉戏、玩耍的动作和情景，并融合武术步法，表演麒麟出洞、嚼脚、弄麒麟尾、打瞌睡、采青、水仙花、十字清、鹅花园、麒麟翻王等套路。武术表演有护卫麒麟的含义，包括拳术、大刀、棍、铁钗、内针、对打等。

每逢春节拜年、婚嫁迎亲、新宅落成等喜庆活动，坂田永胜堂麒麟队便会被邀舞麒麟。一人舞头，一人舞尾，麒麟随着锣、鼓、唢呐的伴奏，在鞭炮声中起舞，气氛热烈，深受当地群众喜爱。

麒麟舞（大船坑舞麒麟）
申报地区或单位：广东省深圳市

大船坑舞麒麟始于明嘉靖年间，至今已经有四百多年的历史，主要流传于广东省深圳宝安区大船坑村。这里的居民均为客家人，相传先祖来自河南乌衣巷，后经福建迁入广东。

大船坑舞麒麟的麒麟一般长六米，眼睛可以转动，口部可以张合，披红挂绿，鳞片闪闪。新制作的麒麟首先要开光见青，即凌晨时分在预先选择好的古树下烧香，供神位，麒麟队中最长者将麒麟头上的红布揭去，同时敲锣打鼓放鞭炮，使麒麟"出生"时便见到了青青的树叶，这是吉祥的象征。

大船坑舞麒麟的基本套路共有八段：拜前堂、走大围（圈）、双麟会、采青、游花园、打瞌睡、走大围、三拜，其中采青是最重要的表演环节。舞麒麟时，一人舞头，一人舞尾，配合默契，把麒麟的喜怒哀乐及醉酒、瞌睡等情态表现得栩栩如生。舞麒麟结束后有长约二十五分钟的武术表演，套路众多，其中飞铊一项已经失传。表演伴奏乐器主要有鼓、铜锣、铜钹和唢呐。

大船坑舞麒麟是客家民俗的典型体现。

麒麟舞（樟木头舞麒麟）
申报地区或单位：广东省东莞市

樟木头舞麒麟是广东省东莞市樟木头镇的客家传统舞蹈，据说是明末清初由客家人从北方带来的，距今有四百五十多年的历史。

樟木头舞麒麟一般由一名青年男子舞麒麟头，一位少年舞麒麟尾，舞蹈在锣鼓和唢呐的伴奏下进行。樟木头舞麒麟分头套和尾套，头套又叫麟趾呈祥，表现麒麟梳理、舔脚、洗脸等动作；尾套又叫采青赐福，表现麒麟寻青、闻青、逗青、采青、吃青、吐青的过程，表示麒麟降福人间。舞麒麟后是武术表演。

樟木头麒麟道具非常耐用，整只麒麟用黄竹扎框，优质纸张糊面制成。麒麟上画有色彩鲜艳的牡丹、桃花、菊花、蝴蝶，使麒麟看起来既威武又轻盈，充满灵性。

樟木头舞麒麟的传承依靠口传身授，多为世代相传，每个姓氏自立一门。每年秋后，村里同宗同姓的年轻人集中到本族祠堂的拳馆练习武功，由本族的舞麒麟师傅传授技艺。

国家级代表性传承人名单

姓名	性别	申报地区或单位	入选批次
杨印海	男	河北省黄骅市	3

羌族羊皮鼓舞

序号：659
编号：Ⅲ-62
批次：2
类别：传统舞蹈
申报地区或单位：四川省汶川县

羌族羊皮鼓舞又称为跳经，羌语称为莫尔达莎，原是羌族释比做法事时跳的一种宗教舞蹈，后演变为民间舞蹈，主要在四川阿坝藏族羌族自治州汶川县的龙溪、雁门、绵篪等地流行。

释比也称许，或尊称阿爸许，他们既是羌族宗教活动的主持人，也是羌族文化艺术的传承者和传播者。每逢春耕的祭山、农历十月初一的羌历年和其他宗教民俗活动，羊皮鼓舞队便会在释比引领下击鼓而舞，以祭祀万物。羊皮鼓是释比的法器，单面蒙以羊皮，鼓框里置有横梁以便抓握。

跳羊皮鼓舞时，领舞的释比头戴金丝猴皮帽，左肩扛神棍，右手执铜铃。其他表演者持羊皮鼓，围成圈沿逆时针方向且敲且舞。羊皮鼓舞无乐曲伴奏，刚开始时鼓声沉闷，盘铃轻响，单一迟缓的舞步形成神秘的气氛，意在祈求天神下凡。在"神灵附体"后，鼓点节奏加快，动作力度也随之加强，表示驱除邪魔。由于羊皮鼓大而沉，全靠表演者身体转动，伴以膝的上下颤动才得以起舞，尤其足拧腰转身击鼓、持鼓绕头、屈腿左右旋转和一些蹲跳击鼓动作，既要稳健又要利落，看似简单难度却很大，也由此形成羌族羊皮鼓舞庄严粗犷的风格。

在敲鼓舞蹈时释比口诵经文，经文内容反映人类起源传说和民族迁徙经历、歌颂英雄等，蕴含着羌族的历史文化记忆。

国家级代表性传承人名单

姓名	性别	申报地区或单位	入选批次
朱金龙	男	四川省汶川县	3

泉州拍胸舞

序号：115

编号：Ⅲ-12

批次：1

类别：传统舞蹈

申报地区或单位：福建省泉州市

拍胸舞是一种民间舞蹈，又称拍胸、打七响、打花绰或乞丐舞，流传于福建省泉州各县区以及漳州、厦门等部分地区，还有中国台湾金门一带。尤其是在泉州，大大小小的集会庆典和民间的迎神赛会，以至普通百姓家的婚丧喜庆，随处可见拍胸舞。

拍胸舞形式简单，仅一两人便可随时随地随意起舞。拍胸舞传统的舞者为男性，头戴草箍，上身裸露，赤足。其基本动作为打七响，即双手首先于胸前合击一掌，接着依次拍打左右胸部，双臂内侧依次夹打左右肋部，双手再依次拍打左右腿部，共得七响。双脚的蹲裆步同时有节奏地跳跃，身体随之左右晃动，配以怡然自得的颤头动作，如此循环往复，产生别具一格的摇晃动律。随着情景变化，舞者动作节奏也可随意变化，激越时可双脚反复顿地，双手将全身拍得通红，动作粗犷而热烈；舒缓时则抚胸翻掌，扭腰摆臀，动作圆柔而诙谐。拍胸舞原本没有音乐伴奏，现在有舞蹈工作者为其配上音乐，把打七响变为打八响，使得表演场面整齐有序。

拍胸舞表演者所戴草箍上的蛇形头饰保留了秦汉古闽越族原住民蛇图腾崇拜的遗风，其表演形式也保留了原始舞蹈的遗风。从舞种分布来看，它与黎族、高山族等南方少数民族的舞蹈颇有渊源，这种文化的传承关系极具研究价值。

国家级代表性传承人名单

姓名	性别	申报地区或单位	入选批次
邱剑英	男	福建省泉州市	3
郭金锁	男	福建省泉州市	4

热巴舞

丁青热巴、那曲比如丁嘎热巴

序号：124

编号：Ⅲ-21

批次：1

类别：传统舞蹈

申报地区或单位：西藏自治区

热巴舞是由藏族热巴艺人表演的一种舞蹈形式，流传于西藏昌都、工布、那曲等地及四川、青海、甘肃等藏族聚居区。热巴是一种融说唱、谐（歌舞）、杂技、气功、热巴剧于一体的综合性艺术，铃、鼓是其主要道具和伴奏乐器，因而热巴舞又称铃鼓舞。过去表演热巴的是卖艺为生的流浪艺人班子，他们一般以家庭为基本单位组成，这些艺人也被称作热巴。

据史料记载，热巴起源于11世纪，由藏传佛教噶举派第二代祖师米拉日巴创建，其前身是西藏原始宗教苯教的巫术和图腾舞，融合了古象雄文化、宗教文化和民间艺术，具有很高的艺术价值和研究价值。

热巴舞（丁青热巴）
申报地区或单位：西藏自治区

丁青热巴流传于西藏昌都地区丁青县一带，丁青县原名琼波，所以丁青热巴也称为琼波热巴。传说西藏昌都地区丁青县原属热带气候，有大象在此生存，人们猎杀大象后取其皮铺在地上，并在上面跳舞祭神，由此创造了热巴舞。

丁青热巴在发展过程中形成了三个主要流派。流行于色札的嘎措热巴，也叫色札热巴，距今有五百多年的历史，其主要特色是将弦子舞与热巴舞嫁接，艺人一边跳舞一边拉自制的二胡。流行于觉恩的窝托热巴距今已有九百多年的历史，特点是技巧难度高，爬杆、腹上破石、夹刀旋转等都是窝托热巴的绝技。流行于桑多的冬洛热巴，也称康沙热巴，距今有三百多年的历史，其传统节目有一点鼓、三点鼓、六点鼓、九点鼓等，同时穿插一些弦子舞、卓舞及男女对辩（相当于滑稽相声）的表演。三种热巴的表现形式大同小异，均以粗犷豪放的舞蹈动作和高难度的舞蹈造型著称，内容多表现避灾祛祸、庆祝丰收、祝福吉祥等，伴奏音乐高亢激昂。

新中国成立后，在民间热巴艺人和文艺工作者的共同努力下，丁青热巴在演技和服饰方面有所创新，并成功地登上了国内外舞台，受到广大观众的喜爱。

热巴舞（那曲比如丁嘎热巴）
申报地区或单位：西藏自治区

那曲比如丁嘎热巴是西藏那曲地区比如县夏曲乡丁嘎村流传的一种民间舞蹈。据当地艺人的回忆和《那徐持如历史》藏文本介绍：1040年，藏传佛教噶举派第二代祖师米拉日巴和热穷巴在原有的民间热巴基础上创作发展出那曲比如丁嘎热巴，使其成为一门独立的舞蹈艺术。这种热巴在历史上经历了从民间进入寺院，又从寺院回到民间的发展演变过程。

现存的丁嘎热巴分为寺院喇嘛表演的热巴和民间艺人表演的热巴两种形式，共有传统节目三十多个，主要表现藏族历史和传说故事，也有宣扬宗教思想的，用于寺院祭祀活动，代表性剧目包括《欧冬》（击鼓）、《曲杰罗桑》（罗桑王子）、《斯白巴玛感果》（原始的老父母）、《甲沙公觉郎巴》（迎请文成公主）等。丁嘎热巴以顺拐的牧民舞蹈动作为基本步法，上身动作则借鉴了昌都地区热巴女子的手鼓舞。丁嘎热巴中还有许多风趣的表演动作、模拟动物的动作及一些富有情节的小戏。

过去，民间艺人表演的丁嘎热巴主要以家族父子传承的方式代代延续，现在成立了以村为单位的热巴队，传承面得到一定扩展。

国家级代表性传承人名单

姓名	性别	申报地区或单位	入选批次
丹增曲塔	男	西藏自治区	2
四郎曲珍	女	西藏自治区	2
嘎乌	男	西藏自治区	2

日喀则扎什伦布寺羌姆

序号：125
编号：Ⅲ-22
批次：1
类别：传统舞蹈
申报地区或单位：西藏自治区

扩展名录：
羌姆（拉康加羌姆）　　西藏自治区洛扎县

羌姆（直孔嘎尔羌姆） 西藏自治区墨竹工卡县
羌姆（曲德寺阿羌姆） 西藏自治区贡嘎县

羌姆是一种宗教舞蹈，俗称跳神，广泛流传于西藏自治区。羌姆流派众多，西藏日喀则扎什伦布寺僧人表演的藏传佛教格鲁派羌姆被称为色莫钦姆羌姆，意为观赏大型宗教舞蹈。

1862年，第七世班禅丹白尼玛借鉴其他寺院的羌姆，在原有古多（驱鬼）羌姆的基础上了正式创建了色莫钦姆羌姆，一直延续至今。

每年藏历八月，日喀则扎什伦布寺要举行为期三天的金刚神舞节。跳羌姆的场地主要是在寺庙的庭院内，跳神喇嘛戴着各种角色的面具，身穿戏装，手持鼓刀斧等，逐次表演金刚、骷髅、鹿牛、比丘、鸦鹠、六长寿等数十节神舞。

羌姆的面具分全面具和半面具两种，全面具有牛头、鹿头、狮子头、凤头等，半面具有骷髅、死鬼、白老头等，服装多是绸缎蟒袍，袖口呈喇叭状。羌姆舞蹈形式有独舞、双人舞、群舞，各种角色有不同的代表动作，舞蹈节奏缓慢，气氛庄重神秘，中间还穿插一些诙谐幽默的哑剧小品。神舞的乐队有喇嘛鼓、大法号、腿骨号、金唢呐、大铜钹、小铜钹等，乐师多达六十多人，鼓乐声惊天动地。

作为罕见的藏传佛教宗庙祭祀舞蹈，日喀则扎什伦布寺羌姆具有较高的研究价值。

羌姆（拉康加羌姆）
申报地区或单位：西藏自治区洛扎县

拉康加羌姆是西藏山南地区洛扎县拉康镇俗人（民众）表演的藏传佛教噶举派羌姆。

每年藏历十二月二十五日，洛扎县拉康镇举行传统的边境贸易交流会。拉康加羌姆是边贸会首演的节目，是当地群众和外来客商喜闻乐见的民间文艺形式。

拉康加羌姆曾中断了三十年，1978年以后，这一独特的民间歌舞再度得以传承和发展。

羌姆（直孔嘎尔羌姆）
申报地区或单位：西藏自治区墨竹工卡县

直孔嘎尔羌姆是西藏自治区墨竹工卡县精美的直孔替寺的宗教舞蹈。"嘎尔"意为歌舞或乐舞。

直孔替寺第九嗣二十八代活佛多吉结波（1284～1350）时期，大修行者扎巴坚赞在直孔溪乌卡尔地区首次跳了《四臂护法神》祭祀舞蹈。从此，羌姆就传入了直孔替寺，后来经过历代直孔高僧不断修改和发展，逐渐趋于完善，成为该寺的嘎尔羌姆。

直孔替寺每年藏历四月二十五日举行盛大的宗教活动直孔昂却，其间，直孔嘎尔羌姆要表演三天。直孔嘎尔羌姆具有一套完整的舞蹈动作、伴奏音乐和严格的表演程式。跳神开始时，场上鼓钹、蟒号齐鸣，先由铁棒喇嘛带领仪仗队出场，然后黑帽金刚、各护法神、鬼怪、骷髅依次鱼贯而行，绕场一周，展示各种佛法形象。礼毕，再分段表演各种神鬼舞。在表演各舞段之间，还要表演宣扬乐善好施的佛本生故事片段，如哑剧《舍身饲虎》《割肉贸鸽》等。最后一场是排甲兵驱鬼迎祥，土枪火炮齐鸣，口哨声、吆喝声响成一片，以驱一年之邪，祈来年之福。

作为宗教舞蹈，直孔嘎尔羌姆具有丰富的文化内涵。对直孔噶尔羌姆的抢救和保护，对丰富和完善西藏舞蹈历史有重要作用。

羌姆（曲德寺阿羌姆）

申报地区或单位：西藏自治区贡嘎县

阿羌姆即鼓舞，是西藏自治区山南地区贡嘎县贡嘎曲德寺僧人表演的一种宗教舞蹈。曲德寺阿羌姆是1464年由宗巴·贡嘎朗杰创作的，距今已有五百多年的历史。

曲德寺阿羌姆一年表演两次：第一次是在藏历元月十五日曲德寺"曲追堆庆"（宗教喜庆节日）时，第二次是藏历二月二十三日在拉萨举行"措曲斯蚌"（俗称供宝会）时。

曲德寺阿羌姆的舞者为十六人，另有一名钹手击钹伴奏。曲德寺阿羌姆没有复杂的情节和角色，舞者不戴面具，只画黑色脸谱，他们将体积大、分量沉的大鼓竖着背在身后，边敲边舞，威严稳健，表演队形有顺时针方向绕圈行进和竖排行进两种，其中穿插双人鼓舞表演。当地人认为跳阿羌姆可祈祷风调雨顺，阖家吉祥，还可以抵御各种天灾人祸。

曲德寺阿羌姆和其他寺院阿羌姆一样，不得随意表演，更不得传授给俗人，只能在规定的时间和地点由寺院指定的人表演。

国家级代表性传承人名单

姓名	性别	申报地区或单位	入选批次
喇嘛·次仁	男	西藏自治区	2
喇嘛·米玛	男	西藏自治区	2
凸玛群久	男	西藏自治区洛扎县	4
土坦群培	男	西藏自治区贡嘎县	4

肉连响

序号：649

编号：Ⅲ-52

批次：2

类别：传统舞蹈

申报地区或单位：湖北省利川市

肉连响是一种民间舞蹈，流行于湖北省利川市都亭、汪营一带。该舞蹈以独特的肢体表演为特色，表演者以手掌击打额、肩、脸、臂、肘、腰、腿等部位发出有节奏的响声，因此大家称之为肉连响。

新中国成立前，乞讨者挨家挨户乞讨时，将稀泥涂抹在身上，双手拍打身体起舞，迫使主人施舍，俗称泥神道。20世纪80年代，泥神道传承人吴修富和相关文化工作人员对泥神道进行加工整理，并配上莲花落的曲调，辅以锣鼓点子，演绎成今天的群体健身舞——肉连响。

肉连响多由男子表演，表演场地大小不限，表演者只穿背心、短裤或者赤膊上阵，也不需要任何道具。肉连响舞蹈的动律讲究圆转，随着击打部位的转移，表演者要自然地不断改变身体的倾斜角度，柔和协调。肉连响的主要动作有秧歌步、穿掌吸腿跳、颤步绕头转身、双打、十响、七响、四响、三响等十几种。表演风格生动诙谐、活泼自由。最初的肉连响演出没有唱腔和乐器伴奏，由艺人自编自唱，同时用舌头弹动的声响伴奏，增添了舞蹈的欢乐气氛，这种表演形式现在依然存在。

肉连响表演的动作要求极高，因而习艺者不多，以致这一民间艺术传承链比较脆弱。

国家级代表性传承人名单

姓名	性别	申报地区或单位	入选批次
吴修富	男	湖北省利川市	3

萨玛舞

序号：1099
编号：Ⅲ-110
批次：3
类别：传统舞蹈
申报地区或单位：新疆维吾尔自治区喀什市

萨玛舞是维吾尔族的一种民间舞蹈形式，主要流行于新疆喀什、莎车一带，尤以喀什市艾提尕尔清真寺前广场举行的大型萨玛舞活动最为典型。"萨玛"一词源自阿拉伯语，意为苍穹、天河或高空。

萨玛舞最初只在宗教祭祀活动中进行，现在演变成维吾尔族的男子广场集体舞蹈。在穆斯林传统的肉孜节、古尔邦节来临之际，人们聚集在清真寺前的广场上举行盛大的庆典活动。当鼓乐奏响萨玛舞曲时，众人纷纷进场，里里外外围成几层圆圈，在铁鼓和唢呐的伴奏下起舞。

萨玛舞的动作和鼓的节奏配合紧密。鼓敲击出"咚"的时候，舞者多是全脚着地，稳而有力。手多是自然形态的半握拳，下甩打开和弯曲收回，都有明显的悠劲。身体随着手的悠摆，有左右微晃的感觉，单步擦地跳起接空转、单步跳转等是萨玛舞中常见的技巧动作。舞者神情专注，步履沉稳，有古朴凝重的宗教舞蹈遗风。随着时间推移，进场舞蹈的人不断增多，逐渐形成几十个甚至上百个圆圈，布满整个广场。人群按统一的节奏律动，时而里进外出，时而沿逆时针方向缓缓行进，并有节奏地呼喊出"嘿依、嘿依"声，远远望去，犹如大海涌动。

萨玛舞节奏强烈、极富动感，舞蹈现场气氛动人心魄。

桑植仗鼓舞

序号：1087
编号：Ⅲ-98
批次：3
类别：传统舞蹈
申报地区或单位：湖南省桑植县

桑植仗鼓舞又叫跳邦藏，是白族男子的一种集体舞蹈，主要流传于湖南省桑植县马合口、麦地坪、芙蓉桥、洪家关、走马坪、淋溪河、刘家坪等白族聚居乡镇。仗鼓舞为宋末元初从云南大理迁徙至桑植的白族先民所创造，迄今已有七百多年的历史。

仗鼓舞所用的仗鼓是细腰长鼓，长约1.2米。在节日庆典、游神庙会、祭祀等民俗活动中，桑植白族人民都会跳仗鼓舞，表演者少则数人，多则一二十人。围观者也可以随意拿起烟杆、火钳、饭篓子等生产生活用具即兴参加。起舞时，人们手持道具，以倒丁字步为主要步伐，三人一组，鼎足而立，所有人围成一个大圆圈且行且跳。舞蹈伴奏音乐以打击乐器为主，同时还用横笛吹奏主旋律，夹以海螺、长号和唢呐伴奏。鼓点在敲"咚咚咚咚咚锵锵"时，舞者须持道具摆动；锣在敲"锵锵锵锵"时，舞者须转身变换方位。桑植白族仗鼓舞以跳、摆、转、翻为基本动作，组合成多种套路，有硬翻身、狮子坐楼台、野猫戏虾、兔儿望月、五龙捧圣、三十二连环、四十八花枪等九九八十一套路，其中有许多武术动作。舞至兴浓时，观众不断发出"哦吼"的呼喊声助兴，场面热烈。

桑植白族仗鼓舞丰富的艺术内涵为研究白族人民的生产、生活习俗提供了重要依据。

国家级代表性传承人名单

姓名	性别	申报地区或单位	入选批次
钟会龙	男	湖南省桑植县	4

山南昌果卓舞

序号：142

编号：Ⅲ-39

批次：1

类别：传统舞蹈

申报地区或单位：西藏自治区

山南昌果卓舞是一种腰鼓舞，起源于西藏山南地区加查一带。相传8世纪中叶，第37代藏王赤松德赞在莲花生等佛教大师的协助下，在雅鲁藏布江北岸上兴建西藏第一座寺院桑耶寺，可白天工匠们辛辛苦苦修建的墙壁到晚上就被妖魔毁掉了。为迷惑鬼神，莲花生大师从达布地区邀请了卓巴七兄弟（跳卓舞的演员）跳卓舞镇魔，从此卓舞就在西藏山南地区盛行开来。

山南昌果卓舞所用的腰鼓鼓帮上有两条鼓带，分别围扎在表演者腰间和大腿根部，将腰鼓竖着固定于表演者腰左侧。表演时传统的队形为圆形，舞蹈共由三步鼓点、鹦歌、安土净地、雄狮跳跃、虎狮争斗、连环套、旃檀仙女、桑耶墙角的基石等18段组成。表演者分领舞（阿热）和群舞（卓巴）两类。领舞者2～6名，由熟知整个卓舞动作顺序、有较长表演经历的人员担任。他们不带腰鼓，主要任务是提醒群舞者变换动作，控制节奏速度。群舞表演者边击鼓边按鼓点节奏起舞，同时随着舞蹈动作把长发或辫子挥舞成"∞"、"○"等形态，动作粗犷豪放、刚劲威武。

山南昌果卓舞集动作、韵律、技巧于一体，需各方面协调统一，因难见巧。近年来，山南昌果卓舞在民间的保存状况不容乐观，需加大保护力度。

国家级代表性传承人名单

姓名	性别	申报地区或单位	入选批次
索朗	男	西藏自治区	2
边巴次仁	男	西藏自治区	2

商羊舞

序号：646

编号：Ⅲ-49

批次：2

类别：传统舞蹈

申报地区或单位：山东省鄄城县

商羊舞，是发源并流传于山东省鄄城县境内北部地区的一种古老的民间舞蹈，以鄄城县李进士堂镇杏花岗村的最为著名。

据考证，商羊舞源于商周时期，成熟于春秋战国时期，宋明时期达于鼎盛。商羊是传说中的一种鸟名，据说商羊飞舞必有大雨来临。古代人最初是模仿商羊的动作进行求雨活动，后来又与祭祀仪式结合起来，经过不断完善形成了一套完整的舞蹈模式。除了天旱求雨外，商羊舞一般固定在每年的农历三月初三进行表演。

商羊舞是一种集体舞，舞者12～16人，男女各半。表演者头戴柳条圈或花环，身着彩衣裤，腰系彩带，脚腕手腕戴串铃，在乐队的伴奏下模仿商羊的动作起舞，同时双手执响板有节奏地撞击，发出脆响，模仿商羊的叫声。舞蹈主要队形变化有下山、上山、卷箔、二龙吐须、交麻花、商羊戏水等。

商羊舞的伴奏乐器之前是以鼓为主的打击

乐器，所以商羊舞也叫商羊鼓舞。后来，人们又加进了笛、笙、二胡、坠琴等乐器。其伴奏音乐共分为两段：从开始到变换队形的散板为第一段，音乐旋律沉稳抒情；散板后的第二段音乐节奏由慢变快，逐渐把舞蹈推向高潮。

商羊舞在人类学、民俗学方面的特殊研究价值虽已受到多方面关注，但其传承后继乏人，亟待保护。

则柔

尚尤则柔

序号：690
编号：Ⅲ-93
批次：2
类别：传统舞蹈
申报地区或单位：青海省贵德县

则柔又名阿什则，是一种藏族歌舞形式，流行于青海黄南、海北、海南州和贵德的藏族聚居地，已有四百多年的历史。则柔意译为玩耍，在婚嫁、迎宾、祝寿、添丁等喜庆宴席中由男女老少一起表演。由于其广泛的参与性和社会基础，则柔在数百年的演变历程中发展到二十多种，贵德下排村的则柔因原生态保留完整而比较典型，被称为尚尤则柔，尚尤就是下排的意思。

尚尤则柔一般在逢年过节、藏族姑娘戴头（12～15岁时给姑娘举行成年礼）和婚礼上表演。表演时男女成对，少则两人，多则上百人，从两面出场，或穿插，或对舞，或排成圆形，队形随时变化，舞蹈动作幅度大、姿态豪放。尚尤则柔歌颂正义、劳动和牧区牛羊肥壮的丰收景象，鞭挞邪恶，保留曲目主要有《鹿舞》《阿柔玛》《催奶曲》和《安召》。

尚尤则柔结合了仪式性、表演性和自娱性，在藏族群众心目中有着很重要的位置，过去一直以集体娱乐活动的方式传承。现在，活动机会越来越少，艺人出现断层，少数人单纯的表演行为丧失了其原有的生动性和文化意境，使得尚尤则柔的发展空间越来越窄。

狮舞

徐水舞狮、天塔狮舞、黄沙狮子、广东醒狮

序号：108
编号：Ⅲ-5
批次：1
类别：传统舞蹈
申报地区或单位：河北省徐水县，山西省襄汾县，浙江省临海市，广东省佛山市、遂溪县、广州市

扩展项目：

狮舞（白纸坊太狮）	北京市
狮舞（沧县狮舞）	河北省沧县
狮舞（小相狮舞）	河南省巩义市
狮舞（槐店文狮子）	河南省沈丘县
狮舞（席狮舞）	广东省梅州市
狮舞（丰城岳家狮）	江西省丰城市
狮舞（布依族高台狮灯舞）	贵州省兴义市
狮舞（马桥手狮舞）	上海市闵行区
狮舞（古陂蓆狮、犁狮）	江西省信丰县
狮舞（青狮）	广东省揭阳市
狮舞（松岗七星狮舞）	广东省深州市
狮舞（藤县狮舞）	广西壮族自治区藤县

◎传统舞蹈

| 狮舞（田阳壮族狮舞） | 广西壮族自治区田阳县 |
| 狮舞（高台狮舞） | 重庆市彭水苗族土家族自治县 |

狮舞是一种民间舞蹈形式，又称狮子舞、狮灯、舞狮、舞狮子，多在年节和喜庆活动中表演。狮子被中华各族人民视为瑞兽，象征着吉祥如意。人们通过舞狮活动寄托消灾除害、求吉纳福的美好意愿。

狮舞历史久远，《汉书·礼乐志》中记载的象人便是狮舞的前身，唐宋诗文中多有对狮舞的生动描写。在长期的流传发展中，通过民间艺人的不断创造，不同地区的狮舞形成了不同的风格与特色，狮子造型的制作也不尽相同，可以粗略地分为南狮和北狮两大类。南狮意在神似，北狮则重形，造型逼真，配乐都以锣、鼓、钹等打击乐为主。

现在，业余休闲方式的多样化使传统民间艺术受到冷落，艺人青黄不接，各地的狮舞都面临传承危机。

狮舞（徐水舞狮）
申报地区或单位：河北省徐水县

河北省徐水县北里村狮子会创建于1925年，以民间花会的形式存在，新中国成立后得以迅速发展。

徐水舞狮的活动时间主要在春节和寺庙法会期间，表演时由两人前后配合。前者双手执道具戴在头上扮演狮头，后者俯身双手抓住前者腰部，披上用牛毛缀成的狮皮扮演狮身，两人合作扮成一只大狮子，称太狮；另由一人头戴狮头面具、身披狮皮扮演小狮子，称少狮；手持绣球逗引狮子的人称引狮郎。

徐水狮舞分文狮和武狮，文狮多表现狮子的生活情状，如挠痒、舐毛、打滚、抖毛、弓腰、啃爪等动作，细腻逼真，风趣可爱。武狮表现狮子威猛的一面，有耍长凳、梅花桩、360°拧弯、独立单桩跳、前空翻二级下桩、后空翻下桩等高难度技巧动作。引狮郎在整个舞狮活动中具有重要作用，他们一般都有武术功底，能表演前空翻过狮子、后空翻上高桌等动作。引狮郎与狮子的默契配合是狮舞的一个重要特征。

徐水舞狮的狮子造型夸张，狮头圆大，眼睛灵动，大嘴张合有度，既威武雄壮，又憨态可掬。

目前，由于舞狮道具昂贵、培养新人不易等原因，徐水舞狮面临传承危机，亟待有关部门加以抢救和扶持。

狮舞（天塔狮舞）
申报地区或单位：山西省襄汾县

山西省襄汾陶寺的狮舞始于隋唐时期，历经宋元明清，经久不衰，因在表演中狮子要攀上板凳搭成的塔台而被称为天塔狮舞，又叫狮子上板凳。

塔台一般由29条板凳搭成，有15层，共高9米，凳子之间没有连接固定装置。表演开始，在鼓乐声中，领狮人引领大小狮子上场亮相。群狮一番嬉戏之后，开始围着塔台翻腾蹦跳，跃跃欲试，表演渐渐进入高潮。在急促的锣鼓声中，领狮人迅捷地在塔内转动攀爬，数秒中就达到塔顶。随着领狮人在高空吹起一阵响亮的口哨，群狮快速蹬着板凳向上攀爬，达到顶端后的狮子还会表演水中捞月、蜻蜓点水、瑶池摘星等高难度的动作。观众屏住呼吸，直到领狮人和群狮重新回到地面，才敢松一口气。

天塔狮舞中的狮子造型活泼可爱，眼、舌、尾活动自如，憨态可掬。

天塔狮舞在力量中融入技巧，具有惊、险、奇、绝、美的艺术特征。塔台高高耸立，动作大起大落，道具设置和动作设计均含力学原理，加上安全的保护措施，整个表演有惊无险。

狮舞（黄沙狮子）
申报地区或单位：浙江省临海市

黄沙狮子始创于北宋年间，主要流传于浙江临海市西北山区白水洋镇的黄沙洋一带。此地民风剽悍，崇尚习武，舞狮风俗由来已久。每年从大年三十到来年二月初二，艺人们走村串乡表演黄沙狮子，以祈求风调雨顺、五谷丰登。

民间武术与传统舞狮表演相结合是黄沙狮子的特点。传统的黄沙狮子表演，通常在开头先来一段武术表演，接着，铿锵的锣鼓声响起，狮子抖抖身子上场，开始表演飞桌。狮子翻飞的同时，还表演过堂、拍桌、桌上筋斗、悬桌角、叠罗汉等动作，这叫翻桌。翻桌过后，八仙桌被叠起来，狮子在上面表演翻九台、蛤蟆吃水、插蜡烛等动作，此为跳桌。跳桌表演难度较高，最多的时候九张桌子依次单叠起来，最上面的桌子桌脚朝天，狮子就在四个桌脚点上凌空跳跃。还有的表演用四十多张桌子呈梯形相叠为十多米高的塔台，最上面的一张桌子也翻过来，艺人在四个桌脚点上跨步移动，脱鞋脱袜，尽显绝技。

如今，尚且健在且能够表演黄沙狮子的老艺人已寥寥无几，这种传统民间舞蹈正面临失传的危机。

狮舞（广东醒狮）
申报地区或单位：广东省佛山市、遂溪县、广州市

醒狮是广东民间舞种，由唐代宫廷狮子舞脱胎而来。五代十国之后，随着中原移民南迁，舞狮文化传入岭南地区。明代时，醒狮在广东南海县出现，现流行于佛山、遂溪、广州等地，还流传至广西及东南亚各国的华侨聚居地。

广东醒狮是融武术、舞蹈、音乐为一体的文化活动。表演时，锣鼓擂响，表演者先打一阵南拳，称为开桩，然后一人头戴笑面大头佛道具、手执大葵扇引狮登场。醒狮造型最大的特点是头上多一角。一头狮子由两人扮演，舞狮人大多有武术功底，动作以南拳马步为主，主要表演套路有采青、高台饮水、狮子吐球、踩梅花桩等。其中采青是醒狮舞的精髓，设起承转合等环节，具有戏剧性和故事性。击鼓手是狮舞表演的核心，鼓声的强弱快慢配合狮子不同的动作。

在长期的流传发展过程中，广东醒狮形成了各地的特色。遂溪的醒狮从传统的地狮逐步发展到凳狮、高台狮、高杆狮，又由高杆狮发展到桩狮。桩狮的难度还在不断增大，增加了走钢丝、腾空跳等表演项目，以新、高、难、险著称。

自古以来，广东醒狮被认为是驱邪避害的吉祥瑞物，每逢节庆或重大活动，必有醒狮助兴，代代相传至今。醒狮亦是海外同胞认祖归宗的文化桥梁，其文化价值和意义深远。

狮舞（白纸坊太狮）
申报地区或单位：北京市

北京的狮舞有太狮和少狮两种，单人扮演的小狮子为少狮，两人扮演的大狮子为太狮。白纸坊太狮起源于北京市宣武区白纸坊地区的太狮老会。这个民间花会成立于清代乾隆五年（1740），其后几经兴衰，清同治九年（1870），白纸坊地区的大户李庭朴和陈子鹤出面重整太狮老会。陈子鹤为清工部火药局的四品官员，他参照紫禁城太和殿门前的石狮子重新设计了太狮造型。狮身长约一丈二尺，狮头重七十多斤，缀挂七个大铜铃铛，大碑额头、窝窝眼、翻鼻孔、血盆大口，形象威武凶猛。陈子鹤又聘请了民间舞狮艺人刘五传授表演技艺，常年参加京城各处的行香走会。

按照黄毛狮子蓝毛吼的民间传说，白纸坊太狮表演时，一般是一黄一蓝两只狮子同时出场。传统的狮舞表演有十三套路、二十把活，包括小三样、长五相、单团式、对头、金钱章子、戏水等，表演风格凶猛粗犷、形神兼备。

自白纸坊太狮老会重整起，白纸坊太狮传承脉络清晰有序。现在，业余休闲方式的多样化使传统民间艺术受到冷落，白纸坊太狮也出现了人才断档的危机。

狮舞（沧县狮舞）
申报地区或单位：河北省沧县

沧县狮舞起源于汉朝，明朝时以同乐会形式在河北省沧县广泛流传，早期多在庙会和春节民间花会时活动。

沧县狮舞分为文狮和武狮两类。早期的狮舞称为狮戏，多为文狮表演，以沧县兴济镇为代表。文狮表演重在一个逗字，主要模仿猫科类动物的本能行为和戏耍动作。随着鼓点的变化，动作有动有静，有紧有慢。武狮由文狮发展而来，以沧县黄递铺乡北张村的为代表。武狮在表演中杂糅了叠立、走钢丝、上高凳、爬杆、高台翻滚、走立绳等武术和杂技类动作，鼓点以快节奏为主，火爆热烈。打击乐在狮舞中起引导作用，舞狮人根据鼓点的变化进行表演，而打鼓者根据演出环境的需要变化节奏。

沧县狮舞中传统型的狮子头重七八十斤，狮皮重二三十斤。引狮人和舞狮人都需要有较深的武术功底方能胜任。一支舞狮队一般有两三头大狮子、一两头小狮子，大狮子由两人装扮，小狮子由一人装扮。

20世纪80年代以前，沧县村村同乐会都有舞狮活动。现在，只剩下黄递铺乡的北张、刘吉、纸房头乡南小营等村子有数支狮子队活动。

狮舞（小相狮舞）
申报地区或单位：河南省巩义市

流传于河南省巩义市小相村的小相狮舞从明代后期开始演出，有较为清晰的传承脉络。

小相狮舞表演有文狮、武狮和群狮之分。文狮一般在地台或桌上表演，武狮是高台表演，群狮则在高二十多米的巨型老杆上表演。巨型老杆以大圆木为中轴，最下边有转动装置，四面以大绳牵扯固定。老杆中轴上段搭有三层方形平台，四角也各搭表演台，顶端中心的表演台最高。群狮在转动的老杆上同时起舞，技巧性极高。

小相狮舞表演多有一定的故事情节，其间既有诙谐的动作表现人与动物的和谐相处，又有刚劲的舞姿表现狮子的威武勇猛。传统的舞狮人多由武僧担任，表演时手握绣球，倒立行走，以翻、跳、腾、跃、扑、卧等动作逗引狮子，很见功底。

近年来，小相狮舞团队中艺人年龄老化，加之资金缺乏等原因，其活动受到极大的影响，急需相关措施加以保护。

狮舞（槐店文狮子）
申报地区或单位：河南省沈丘县

流传于河南省沈丘县槐店镇的槐店文狮子源于汉唐时期西域的五方狮子舞和胡人假狮子。南宋末年，文狮子舞随被征入伍的波斯尼沙布尔人海鼻耳传入中原，并长期流传于沈丘县槐店回族镇，在发展过程中与当地汉民的兽舞融合，逐渐形成了独角虎舞、麒麟舞和狮舞三部分内容。槐店文狮子伴奏乐器为打击类和吹奏类，打击类乐器主要是鼓、锣和镲，吹奏乐器为别里子（波斯螺号）。表演通过拟人手法演绎带有情节的生动场面，随着乐器奏出虎啸、麒鸣、狮吼之音而转换内容，先是独角虎出场巡回瞭望，然后是麒麟送子，最后文狮子登场，表演巡山、搔痒、饮水、舔毛、观景、生小狮子等一系列动作。

槐店文狮子造型和善，动作安闲柔顺，表现民众对政治清明、社会安定的期盼。在传统民俗节日不断商业化的今天，槐店文狮子逐渐失去演出平台，许多艺人因年事已高不能登场，这一富含文化内涵的民间艺术面临严重的生存危机，亟待保护。

狮舞（席狮舞）
申报地区或单位：广东省梅州市

席狮舞也称打席狮，因表演者以草席罩身模仿狮子起舞而得名，是广东省梅州市梅江区客家人的一种传统民间舞蹈。

唐朝文宗太和年间，佛教传入梅州，与当地的文化结合形成香花派。席狮舞是香花佛事的项目之一，其流传与梅州客家特殊的人文地理环境有关。古代梅州人多依山傍水而居，房舍矮小，住处极为分散。在当地的风俗中，办一次丧事需要连续好几个昼夜，而前来参加丧礼的亲朋众多，住宿就成了难题，席狮舞因而成为人们寄托哀思的重要环节。在梅州客家繁杂的信仰体系中，人们都深信狮子能驱邪、带来吉祥和安康。

席狮舞有较为固定规范的表演程式。跳舞时，一人卷起草席扮作狮子，另一个人拿青（长命草、柏树枝等）持扇伴舞，舞步多以蹲、跨、跳、跃交替进行。整个表演包括出狮、引狮、舞狮、种青、偷青、藏青、抢青、逗狮、入狮等数个环节，共需二十分钟，用锣、鼓、钹、客家大锣鼓等打击乐器伴奏。

席狮舞表演诙谐风趣，讲究神似，其所用道具和伴奏都很简朴，显现出一种特有的质朴亲和之美，颇有"鼓盆而歌、长歌当哭"的意境，是梅州丧葬文化的重要组成部分。

狮舞（丰城岳家狮）
申报地区或单位：江西省丰城市

岳家狮是江西丰城民众为纪念英雄岳飞而创造的一种民间艺术活动，源于宋代，成于明代，广泛流传于江西新建、安义、崇仁、樟树等地，已有四百多年的历史，当地人们一般称之为打狮子。

岳飞遇害后，民间掀起了习练岳家拳的热潮。相传武师罗洪先的先祖曾为岳家军旧部，是岳家拳的正宗传人。明代爱国名将邓子龙幼年师从罗洪先，宦途失意被贬回老家丰城后，他融合丰城的学门拳和岳家拳创建了岳家狮。

丰城岳家狮表演由武打开场，表演者先根据各自的特长，尽情展示岳家枪、岳家锤、岳家拳，然后依次表演各种刀刃、棍棒和板凳。狮子由流星引出，在雪花盖顶、流星赶月、过背、连环手等流星动作的陪衬下，表演引颈、伸懒、梳须、舔尘、拜母等动作，然后上席（又叫上山或上桌）表演，下席后便咆哮、滚翻，作怒发冲冠状。卧地稍息片刻后，狮子再次梳洗舔尘，跃上第二席。如此往返，一层层往上加，一次次向上攀。当狮子登上最高层后，破狮人（亦叫带狮人）上场，表现人与雄狮搏斗的激烈情景，最后以人狮和睦共舞结束。岳家狮表演强调硬功夫，用锣、鼓、钹配以简单有力的调子伴奏。

岳家狮将武术、舞蹈杂糅一体，具有较高的艺术和历史文化研究价值。

狮舞（布依族高台狮灯舞）
申报地区或单位：贵州省兴义市

布依族高台狮灯舞流传于贵州省兴义市马岭镇。从元代开始，狮舞就在这一带的布依族中广泛流传，特别是瓦嘎村，素有狮子窝窝之称。

布依族高台狮灯舞表演时，用六张或八张

八仙桌叠成高台，最上面的一张翻转过来四脚朝天。狮子自下盘旋而上，时而转动，时而跳跃，同时完成翻、滚等惊险动作。上到顶部之后，狮子在四个桌脚点上凌空起舞，表演高难度的跳脚，即迅速准确地在桌脚点上跳来跳去。高台狮灯舞的配乐由马锣、钹、堂锣、鼓等打击乐组成，当地人称之为响器，打法有上百种，变化多端。

布依族高台狮灯舞活跃于布依族的传统节日和婚丧嫁娶等场合，生动地展示了布依族的生产状况、生活习俗和宗教信仰。

狮舞（马桥手狮舞）
申报地区或单位：上海市闵行区

马桥手狮舞，是由舞者手举狮子道具表演的舞蹈，又叫手带狮舞，俗称调狮舞、狮子灯，主要流传于上海市闵行区马桥、北桥、老闵行及松江叶榭和新桥等地区。

马桥手狮舞的道具有大手狮、中手狮和小手狮，皆用竹、篾、麻、彩纸或绢扎制裱糊而成，轻者三十多斤，重者过百斤。大狮由二人舞动，中狮和小狮由一人舞动。表演时一般是一头大狮、四头中狮和两头小狮出场，大狮的特色动作有逗雄嬉球、八字绕狮、前滚翻腾、围身盘狮、叠身舞狮等。小狮动作与中狮大多相仿，有吉狮祝福、八字绕狮、俯身追球、倒挂金钩等。

马桥手狮舞表演糅合灯彩和杂技为一体，技巧性强，要求表演者体格强壮、臂力过人。在其发展过程中，还吸取了龙舞翻滚、跌扑等基本技巧；因乡镇街道窄，两旁屋檐低矮，为避免行街表演时发生碰撞，又形成了以矮蹲步为基础的横移、直进、三进三退等步伐和贴身绕狮等特色技法。

马桥手狮舞用鼓、锣、镲、钹、小锣等打击乐伴奏。舞狮者随着锣鼓声的轻重疏密即兴发挥，有时声随舞，有时舞促声，常用曲谱有《七记头》《三记头》《蛇脱壳》等，节奏热烈、明快、流畅。

狮舞（古陂蓆狮、犁狮）
申报地区或单位：江西省信丰县

蓆狮、犁狮是在江西省信丰县古陂镇流传的两种狮舞。

蓆狮流传于古陂镇古陂圩，是当地谢氏家族独有的狮舞形式；犁狮流传于古陂镇黎明村，是在清光绪年间，黎姓农民看到古陂圩的蓆狮后创作的狮舞形式。蓆谐音谢，犁谐音黎，这两种狮舞在当地已成为这两个家族的象征。

蓆狮的狮身框架长两米多，用竹片扎成，蒙上草蓆，外轮廓用粗稻草绳扎制，全身插满线香。舞蹈时，三人站在框架内，在头戴香火帽的回回（引狮人）引领下表演。

犁狮的形象是狮头牛身，以木条制架、草蓆蒙面、芋头作眼睛，外轮廓扎上粗稻草绳，草绳上插满线香，总体造型看上去像牛。表演时点燃线香，犁狮与引牛人、扶犁人密切配合，在四个分别举着"春""牛""耕""田"字牌的人带领下前行，后面三条香火龙紧随起舞。一时间，牛犁田、龙翻卷，展现出一幅春牛耕田的画面。

蓆狮表演动作简练粗犷，用打击乐伴奏，节奏明快有力。犁狮表演主要是模拟犁田的场面，除了打击乐，还用唢呐吹奏赣南采茶戏的曲牌伴奏。

作为古老的民俗文化现象，蓆狮和犁狮有重要的研究价值。

狮舞（青狮）
申报地区或单位：广东省揭阳市

青狮俗称青狮白目眉，也称开口狮，是潮

汕地区的一种狮舞。在潮汕，早期的舞狮除了有习武和娱乐功能外，还有驱逐疫鬼的含义。广东省揭阳市榕城地区现在仍保留着舞青狮驱邪的传统习俗，至今已有三百多年的历史。

青狮由传统手工制作而成，先用木头作为支架，然后用牛皮纸一层层涂贴，达到一定厚度之后再上色。制成的青狮前额突出，鼻孔粗大，眼似铜铃，长须鬓毛，狰狞威猛，一抹洁白的眉毛特别醒目。一头青狮由两人装扮表演，一人高撑狮头，一人罩于狮身内，表演动作以打狮节为主。打狮节又称咬虱或套头，有狮咬脚、狮咬虱、睡狮、狮翻身、踏七星、踩八卦、狮过桥、耍狮等十八节，表演难度依次增加。此外，还有采青表演，包括高青和地青。高青表演有擎天柱、上碟、上膊三种技法。地青的表演形式更多，难度大，技巧性强。

青狮舞主要以潮汕大锣鼓伴奏，表演气氛热烈昂扬。

狮舞（松岗七星狮舞）
申报地区或单位：广东省深圳市

松岗七星狮舞自清末民初起在广东省深圳市宝安区松岗街道及相邻地区流传，至今已有百余年。松岗原住民多为文氏后代，每年的七星狮舞表演都在文氏大宗祠前举行，蕴含了对民族英雄文天祥大义凛然的民族气节和尚武精神的推崇、传承之意。

七星狮舞分为武狮、文狮两种，特色节目有逗蛇、逗蜈蚣、逗螃蟹、逗鲤鱼、踩砂锅、狮子书法等，伴奏的锣鼓乐节奏为七拍半。七星狮舞套路多而复杂，舞蹈词汇相当丰富，表演者头、手、身躯的扭摆幅度很大，需要一定的武术功底和相当高的技巧。尤其是逗蛇环节，其所逗之蛇是当地人称为过山风的活眼镜蛇，表演者完全根据蛇头方向，采用交叉步、虚步、垫步、靠步、反步等步法，长时间以舞蹈形态与蛇缠斗。

松岗七星狮舞国家级代表性传承人文琰森是文天祥第二十六代侄孙。1947年，年仅九岁的文琰森正式拜七星狮传人焦贤为师，成为七星狮舞的第二代传人，现在他已年逾古稀，但弟子中尚无人能全盘接班。

狮舞（藤县狮舞）
申报地区或单位：广西壮族自治区藤县

藤县狮舞流传于广西壮族自治区藤县。藤县舞狮技艺最早形成于唐代，在其不断的发展过程中，融合了武术、杂技、体操、舞蹈等技艺，形成了惊、险、奇、美的艺术效果。

藤县狮舞分为两种，一种是侧重地面技艺的采青狮，一种是侧重桩上技艺的高桩狮。青有狭义和广义之分，广义的青指狮子表演时需要破解的阵法，如蟹青、高青、八卦青之类；狭义的青是一份采物，代表狮子需要采摘、捕获的食物，通常用红包代替。采青表演一般有主题，犹如一场有故事情节的舞蹈剧。高桩舞狮是从中国武术的梅花桩演变而来的，富有竞技性，舞狮技艺要求高，需要舞者有扎实的武术功底。藤县狮舞的表演者创造了侧空翻下桩、钢线前滚翻、探峰攀崖、独桩挟腰转体450°等高难度动作，把狮子的喜、怒、醉、乐、猛、惊、凝、动、静、醒等形态表现得淋漓尽致，在惊险中体现力与美，受到广大观众的好评。

狮舞（田阳壮族狮舞）
申报地区或单位：广西壮族自治区田阳县

据可考的史料记载，田阳壮族狮舞已经在广西壮族自治区田阳县流传了四百五十多年。

田阳壮族狮舞套路多，节目丰富，主要分为地面狮舞和高空狮舞两种表演形式。地面狮舞属文派狮舞，狮子由戴着马骝（猴子）和大头佛面具的演员一前一后带路引逗，在爆竹声和锣鼓打击乐的配合下，在地面表演闪、扑、挪、腾、滚和各种滑稽动作，突出狮子活泼可爱的顽皮形象。这种狮舞一般用于节日庆祝、拜年、集会、婚庆等活动中，代表节目有《群狮迎宾》《幼狮戏球》《凤凰台狮技》等。高空狮舞属武派狮舞，主要特点是把武术、杂技、舞蹈动作融进狮舞中。一般由一名手持狮珠的引狮者引领狮子表演各种扣人心弦的造型动作，可攀上二十多张凳子叠起的高台施展雄姿，可在悬空的钢索上翻滚跳跃，可在刀尖上表演顶肚旋转等，代表节目有《狮子上金山》《狮子过天桥》《金狮雄风》等，突出高、难、惊、险的特点，体现出浓郁的民族特色。

近年来，田阳舞狮人数大减，舞狮绝技濒临失传，传承形势十分严峻。

狮舞（高台狮舞）
申报地区或单位：重庆市彭水苗族土家族自治县

流传于重庆市彭水苗族土家族自治县的高台狮舞有清晰的传承脉络，靛水乡古文村唐家湾的舞狮队唐家班已传至第六代，至今约有一百五十年。

在彭水，搭台上架的高台狮舞用于重大节庆和比赛活动，常常与地面狮舞连为一体，但核心部分还是空中表演。表演时用方桌搭台，最少7张，多则24张，最多能达108张。彭水高台狮舞可以单狮表演，也可以双狮表演。一般由一人或者两人戴大头和尚、猪八戒等面具，手持绣球、钉耙等道具，在狮子的前面以各种滑稽的动作挑逗狮子。狮舞表演者身披长约2米的彩绘狮皮，踩着锣鼓、钹等伴奏乐器的节奏，从第一层开始往上爬。层层攀升时，狮子要穿过每一张方桌，直达一炷香，即最高层。在上面，狮子进行各种动作的立桩表演，惊险刺激。

高台狮舞有蹬黄冬儿、打羊角桩、鹞子翻叉、扯链盖拐、翻天印、黄龙缠腰、钻圈、高杆夺绣球等动作套路。

高台狮舞要求表演者有一定的表演技能和良好的体力。近年来，大多数青壮年已外出打工，高台狮舞班只剩下年老体弱者，无法进行正常表演，传承情况堪忧。

国家级代表性传承人名单

姓名	性别	申报地区或单位	入选批次
王利忠	男	河北省徐水县	2
李登山	男	山西省襄汾县	2
王曰友	男	浙江省临海市	2
李荣仔	男	广东省遂溪县	2
王建文	男	北京市	3
尹少山	男	河北省沧县	3
李大志	男	河南省沈丘县	3
杨敬伟	男	北京市	4
孙炳祥	男	上海市闵行区	4
谢达祥	男	江西省信丰县	4
李金土	男	河南省巩义市	4
李道海	男	河南省沈丘县	4
文琰森	男	广东省深圳市	4
唐守益	男	重庆市彭水苗族土家族自治县	4

十八蝴蝶

序号：644
编号：Ⅲ-47
批次：2
类别：传统舞蹈
申报地区或单位：浙江省永康市

十八蝴蝶是流传于浙江省永康境内的民间舞蹈，又名彩蝶迎春。该舞蹈源于宋代方岩胡公庙会的娱神活动，1946年，村民王春山等人从蚌壳舞演员背挂蚌壳道具的张合动作中得到启发，制作出蝴蝶道具并用之编排舞蹈，由此形成了绚丽多姿的十八蝴蝶。

十八蝴蝶可在舞台、广场，甚至街头巷尾表演，演出时十八名少女背负竹篾和丝绸制作的五彩蝶翅扮演彩蝶，与花神结伴翩翩起舞。舞蹈过程中不断变化队形，排列成各种优美的图案。十八蝴蝶表演的情节大致可以分为三个部分：唤春、恋春和闹春。

十八蝴蝶舞蹈的基本动作有大飞和小飞两种，均强调手的摆动与脚步密切配合，动作重心在下。大飞时演员两臂前后大幅度摆动，带动套在臂中部连接双翅的铁丝圈，使翅膀扇动起来，脚走绞花步，身体随步伐自然扭动，基本特点是"缓而不重"。小飞摆动双臂的幅度稍小、频率稍快，脚下走碎步。花神的基本动作是脚走圆场步，双手交替向外甩绸带。

十八蝴蝶舒展飘逸的舞姿，悠扬婉转的音乐，精致绚烂的道具，以及少女的美妙身段，展现了江南文化的秀丽之美、人与自然的和谐之美。

塔吉克族鹰舞

序号：144
编号：Ⅲ-41
批次：1
类别：传统舞蹈
申报地区或单位：新疆维吾尔自治区塔什库尔干塔吉克自治县

塔吉克族鹰舞是一种以模拟鹰的动作形态为主要特征的民族舞蹈，流传于新疆塔什库尔干塔吉克自治县，还有莎车、叶城、泽普等县的塔吉克族聚居区。塔吉克族被称为鹰之族，他们视鹰为强者和英雄。

塔吉克族鹰舞特色的形成和伴奏乐器密切相关，鹰笛、手鼓、热瓦甫、布兰孜库姆、艾捷克都是塔吉克族广泛使用的民间乐器。其中用鹰的翅骨制成的鹰笛最为典型，吹奏技法繁难，声音清脆动听。

鹰舞的主要形式有恰甫苏孜、买力斯和拉泼依等。恰甫苏孜在塔吉克语中意为快速、熟练，是即兴表演并带有竞技性的舞蹈形式，以双人对舞为主。表演时多由一名男子邀请另一名男子同舞，两人先是徐展双臂，沿场地边缘缓缓前进，如双鹰盘旋翱翔；随后节奏变快，两人互相追逐嬉戏，如鹰起隼落，由低到高拧身旋转，扶摇直上；最后，舞蹈在两人的旋转竞技中结束。买力斯意为特定节拍，是以民乐伴奏或民歌伴唱为主的自娱性舞蹈，以原地连续旋转为特色，妇女尤其喜欢。拉泼依是家庭内只用一个热瓦甫伴奏的舞蹈形式，舞蹈动作自由轻快，技艺高的演奏者可以把热瓦甫放置在肩上弹奏起舞。

现在，随着生活方式的改变，塔吉克族鹰舞渐渐失去生存的土壤，亟待抢救和保护。

国家级代表性传承人名单

姓名	性别	申报地区或单位	入选批次
库尔班·托合塔什	男	新疆维吾尔自治区塔什库尔干塔吉克自治县	2
买热木汗·阿地力	女	新疆维吾尔自治区塔什库尔干塔吉克自治县	2

跳曹盖

序号：1091
编号：Ⅲ-102
批次：3
类别：传统舞蹈

申报地区或单位：四川省平武县

跳曹盖是流传于四川省平武县及甘肃省文县白马人山寨的民间祭祀舞蹈。曹盖意为面具，是达纳尸界（黑熊神）的形象。

白马藏人崇奉黑熊神，相信黑熊神能震慑鬼怪，故将面具做成熊头形象。这些面具一般都雕刻得凶猛异常，有的面具额头上有双蛇盘绕，或并列几个人头，或配有一对羊角，或插有一条牛尾，奇异古朴。跳曹盖的面具平时挂在家里大门的上方，驱邪纳吉，保一家平安。跳曹盖者除了佩戴面具外，还穿着长毛衣服。

在平武县白马乡等地，每年正月初五晚上，人们便在寨外空坝上搭建祭棚，燃起篝火，白莫（巫师）围在火堆旁念经，初六大清早人们就开始跳曹盖。首先，村民在巫师主持下杀牛祭神。然后，由数名成年男子头戴曹盖，反穿羊皮袄，手持大刀、锯子等，在锣鼓声中沿逆时针方向围绕篝火起舞，舞蹈动作模仿熊的动作和砍杀追击的姿态，凸显其凶猛威武。跳至高潮时，还要从火堆上纵身越过。最后，跳曹盖的队伍挨家挨户去驱鬼，主家鸣鞭炮恭迎，以酒水食品款待。跳曹盖的队伍人数一般是单数，群众也可随队起舞，一直跳到田边地角为止。据说，这是将鬼怪赶出寨外，保一年人畜平安、五谷丰登。

跳曹盖的舞蹈动作粗犷威严，变化较少，保留着白马人原始宗教祭祀活动的古朴风貌，对于了解原始艺术的发生、原始先民的心理、信仰等有参考作用，具有一定的学术价值。

跳花棚

序号：1089

编号：Ⅲ-100

批次：3

类别：传统舞蹈

申报地区或单位：广东省化州市

跳花棚是民间傩祭活动中的舞蹈，流传于广东省化州市官桥镇长尾公、卷塘尾等地。

每年秋收后，村民便在草坪、土地庙或祖庙前搭棚准备傩祭，傩舞老艺人会提前几天在村中挑选十六岁以上的男子集中教练吟唱和舞蹈。正日子那天，人们焚香供拜、接神安座后，再开棚门表演傩舞。届时，由村老发令指挥，表演者戴上用樟木雕成的面具，手持斧头、镰刀和锄头等道具，在锣鼓号角的伴奏下，按科本一一表演，边舞蹈边吟唱。科本共有接神、安座、开棚门、小孩儿、道叔、秀才、后生唱歌、依前、陈九、锄田、钓鱼、判官、监棚、送虫、量棚、八仙、拆棚、独脚和尚等十八科。舞蹈动作大多来自对生产生活情形的模拟，粗犷简朴；吟唱内容多为农事耕耘、男女情感、生活趣谈以及祈求神灵保护风调雨顺、五谷丰登等。

跳花棚反映了农耕文化形成的生活习俗和宗教信仰，为研究当地社会和生产力发展情况提供了历史佐证。随着时代的变迁，跳花棚曾一度濒临失传，当地文化部门正积极加以抢救保护。

跳马伕

序号：1086

编号：Ⅲ-97

批次：3

类别：传统舞蹈

申报地区或单位：江苏省如东县

跳马伕俗称烧马伕香，是流传在江苏省如东县一带的男子集体民间舞蹈，在如东丰利、马塘、掘港、潮桥等地尤为盛行。

跳马伕原是祭神舞，所祭之神为都天王爷

张巡。据说，安史之乱时，张巡在既无粮草又无战马的绝境中仍率众坚守城池。他曾令军士身系马铃奔跑，使叛军疑是援军已到，但终因寡不敌众，以身殉国，被唐肃宗追封为都天王爷。也有说该舞是为纪念元末农民起义领袖张士诚而创编的。

传统的跳马伕没有音乐伴奏，主要靠舞者身上佩戴的马铃声伴舞，现在整理后加入鼓等简单的打击乐。舞者少则三五百人，多则数千人，身系马铃，口衔银针，头戴红缨嵌宝牌面，手执马扦，腿裹素布，胸悬护心挂锁，舞时目不斜视，动作以跳为主：踩步跳，横步跨，荡步跳，纵步跨，伴随着"呵呵、哈嘿"的吼声，动作简朴沉稳，坚实有力。节奏越来越快，众舞者步应鼓点，阵随锣变，时而飞鸟穿林，时而巨龙吐须，队形瞬息万变。锣鼓声、马铃声、呐喊声，惊天动地。蓦地，各种声音戛然而止，跳马伕全过程遂告结束。整个舞蹈充满尚武精神，洋溢着战斗气息。

跳马伕中的舞者扮演的马伕似马非马，既是马，又是马伕。这种写意的表现手法象征奋斗不息的精神，是对英烈的追念、崇敬和对神明消灾降福的企盼。

铜鼓舞

彝族铜鼓舞、文山壮族铜鼓舞

序号：129
编号：Ⅲ-26
批次：1
类别：传统舞蹈
申报地区或单位：云南省文山壮族苗族自治州

扩展名录：
铜鼓舞（田林瑶族铜鼓舞）
　　广西壮族自治区田林县
铜鼓舞（雷山苗族铜鼓舞）
　　贵州省雷山县

铜鼓舞是以击打铜鼓而舞为特征的中国民间舞蹈，长期流传于中国西南彝族、苗族、壮族、瑶族、水族、布依族等少数民族中。

铜鼓舞是中国最古老的舞种之一，早在公元4世纪之前（春秋末期），铜鼓就出现在乐舞场面之中了，云南楚雄出土的铜鼓距今已有两千六百多年。铜鼓可能由铜釜演化而来，原为炊具或礼器，被视为吉祥之物。

现在铜鼓舞所用的铜鼓大多一头蒙面，中空无底，呈平面曲腰状。铜鼓舞表演时，鼓手有节奏地击鼓，通过鼓点节奏的变化引领舞蹈队形和动作的变化。铜鼓舞中的集体舞讲究队形变化，男女可以围成圆圈，也可以排列成半圆形、一字形、纵形、四方形等。舞者情绪随舞蹈节奏而起伏，舞姿矫健有力、粗犷灵活，舞蹈场面欢快动人，有鲜明的民族和地域特色。

铜鼓舞（彝族铜鼓舞）
申报地区或单位：云南省文山壮族苗族自治州

铜鼓舞是云南东部彝族人民喜爱的传统民间舞蹈，当地人称之为妻丽，流传在云南省文山壮族苗族自治州的富宁、广南、麻栗坡、西畴等县。

每年打公节，即农历六月十五日前后，彝族人民百十人为一群，击铜鼓为乐，连跳三天三夜才尽兴而散。舞者围成圆圈，踏着鼓声节奏沿逆时针方向行进起舞，跳完一组舞蹈动作再跳另一组，内容都是彝族农耕生产生活的反映。麻栗坡、富宁等几个村寨中的铜鼓舞主要用于祈雨、求丰收和老人丧葬等民俗活动。

彝族铜鼓舞的风格和律动别具一格，舞蹈动作以胸、腰及胯部的大幅度扭摆为基调，步伐不复杂，基本是一步一并脚，向前进或横走，膝部随扭摆而屈伸。舞者有时拉手，有时左右手交替上下甩动，边舞边唱，跳到高潮时大声呼叫，情绪激越。击鼓者不参加舞蹈。

伴奏用的铜鼓大小各一，成为一套，大鼓为雌，小鼓为雄。击鼓者右手执软木棒，交替敲击两个相对的鼓面，左手执竹棍，敲击小鼓梆，可演奏十二种音调组合，简称十二调。据说公鼓代表太阳，母鼓代表月亮，十二调则代表一年十二个月。

彝族铜鼓舞包含着本地民族的历法文化内容，不仅积淀着彝族先民自然崇拜、祖先崇拜等历史文化内涵，也具有重要的艺术价值。

铜鼓舞（文山壮族铜鼓舞）
申报地区或单位：云南省文山壮族苗族自治州

文山壮族铜鼓舞流传于壮族地区的东兰、马山、都安等县，多在春节和庆丰收时表演。

云南文山壮族苗族自治州紧邻广西壮族自治区，两地的铜鼓舞同出一源。表演时一般是将4面铜鼓挂在村前的大榕树上，由四个小伙子敲击作为伴奏；前面置一大皮鼓，一老鼓手双手持棍边敲鼓边舞蹈，有正面打、抬腿打、转身打、翻身打等各种击鼓动作，节奏由慢到快，反复变化。老鼓手是舞蹈的主要表演者，另有两个小伙子，一个左肩扛竹筒，右手持竹棍边敲竹筒边舞，另一个拿雨帽为击鼓者扇凉，边扇边舞，三人穿插跳跃，舞姿灵活敏捷。

文山壮族春节期间的赛铜鼓最为壮观。铜鼓比赛以红水河为界，各村的铜鼓队把自己的铜鼓扛上河岸旁的山顶上，双方隔河遥遥相对。比赛开始，击鼓健儿奋力敲击，鼓声震撼山川。助战的伙伴拿着草笠，为击鼓者扇凉鼓劲，呐喊助威，围观的群众漫山遍野。比赛会持续到夜间，火把串串，川流不息，最后以铜鼓声最响亮、打鼓时间最长者为胜。双方往往打到铜鼓声哑，有一方认输为止。然后大家便心满意足地唱着山歌，排着长队返回寨子。

文山壮族铜鼓舞是壮族文化的瑰宝，代表了壮族深厚的稻作文化。

铜鼓舞（田林瑶族铜鼓舞）
申报地区或单位：广西壮族自治区田林县

瑶族铜鼓舞是瑶族人民的一种民间舞蹈形式，流传于广西田林县的木柄瑶和长发瑶支系中，至今已有二百多年的历史。

每年大年三十或正月初二，全寨男女老少都要穿上节日盛装，由族中长老主持，举行一年一度的起宝仪式。众人将分为一公一母的两个铜鼓从地下挖出来，设香案，摆供品。祭罢铜鼓，寨老指挥寨中青年把鼓挂起来。主祭人先打一轮鼓，而后其他人轮流击打。然后，从农历正月初二至二月初二，各瑶寨都要跳铜鼓舞，以纪念先人，欢庆节日，祈求健康、丰收。

铜鼓舞开始时，敲鼓者动作缓慢轻柔，随后逐渐加快，鼓声随之变得高亢激昂，最后如疾风骤雨般持续震响。两位敲鼓人也是领舞者，他们边打边舞，时而正面打，时而转身打，鼓槌不停地在他们的脑后、腰后、胯下出没，击打在鼓面上，节奏鲜明，动作协调。场上的男女老少纷纷加入舞蹈行列，先跳圆圈舞，再跳迎春舞、扁担舞，全寨居民都可参与，场面壮观热烈。每年跳完铜鼓舞后，铜鼓又被埋入地下，埋藏地点秘不外宣。

田林瑶族铜鼓舞在田林瑶族文化的认定中有着重要的意义。

铜鼓舞（雷山苗族铜鼓舞）

申报地区或单位：贵州省雷山县

雷山苗族铜鼓舞是苗族的一种民族民间舞蹈，主要流传于贵州省雷山县大塘乡掌坳村。苗族有崇拜鼓的风俗，每个支系都有一只木鼓或铜鼓。一般每13年就要过一次鼓藏节，宰水牯牛或猪来祭鼓，这时跳的鼓舞最为隆重。

据贵州《八寨县志稿》记载，在击铜鼓时"力击，以绳耳悬之，一人执木槌力击，一人以木桶合之，一击一合，使其声洪而应远"。现在常见的苗族铜鼓舞是将铜鼓悬于庭前或场坝之中，由击鼓者一手执木槌敲击鼓腰，另一手执皮头槌击鼓面。舞者围成圆圈，踏着鼓点且进且退，跳至情绪高昂时击掌呼号，喊出"嗨哧哧"之声以助兴。

苗族铜鼓舞以胯部的扭动和上身的摆动为主要特点，动作幅度大、难度高。相传雷山苗族铜鼓舞有十二种，人们目前收集到的有捉蟹舞、翻身舞、迎客舞、获猎舞、鸭步舞、捞虾舞、祭鼓舞、送鼓舞等十一种，舞蹈动作主要来源于农耕狩猎生活和对动物的模拟。除了鼓藏节，人们还在庆祝丰收、祭祖等活动中跳铜鼓舞，因活动不同而选择不同风格的舞蹈种类。

由于雷山苗族铜鼓舞流传地域较窄，其传承很容易受到别的因素影响，目前有的铜鼓舞和击鼓技艺已经失传。

国家级代表性传承人名单

姓名	性别	申报地区或单位	入选批次
陆孝宗	男	云南省文山壮族苗族自治州	2
黄正武	男	云南省文山壮族苗族自治州	2
班点义	男	广西壮族自治区田林县	4

土家族摆手舞

序号：120
编号：Ⅲ-17
批次：1
类别：传统舞蹈
申报地区或单位：湖南省湘西土家族苗族自治州

扩展项目：
摆手舞（恩施摆手舞） 湖北省来凤县
摆手舞（酉阳摆手舞） 重庆市酉阳土家族苗族自治县

摆手舞是土家族古老的传统舞蹈，土家语叫舍巴、舍巴日等，各地称呼不尽相同。湘西土家族摆手舞主要流传于湖南湘西龙山、永顺、保靖和古丈等地。根据清代八部大王庙残碑和有关记载推测，摆手舞已有上千年的历史。

土家族摆手舞产生于古老的祭祖仪式中，分为大摆手和小摆手两种。大摆手活动祭祀族群始祖，规模浩大，舞者逾千，观者过万；小摆手活动祭祀本姓祖先，规模较小。土家族摆手舞表现开天辟地、人类繁衍、民族迁徙、狩猎捕鱼、桑蚕绩织、刀耕火种、古代故事、神话传说、饮食起居等历史和社会生活内容。其舞蹈动作来源于日常生活、劳动和战斗，例如狩猎舞有赶猴子、犀牛看月等动作，农事舞则有插秧、纺棉花等动作。摆手舞的基本动作有单摆、双摆、回旋摆、边摆边跳等，动作特点是顺拐（同边手）、屈膝、颤动、下沉。

土家族摆手舞的音乐包括声乐伴唱和器乐伴奏两种，声乐有起腔歌和摆手歌，伴奏乐器主要是鼓和锣。曲目根据舞蹈内容而改变。表现战斗动作时，节奏高亢激越；表现追忆祖先的动作时，节奏舒缓庄重。锣鼓声伴随着众人发出有节奏的"嗬也嗬"的和唱声，营造出一种热烈庄重的氛围。

土家族摆手舞丰富而广泛的内涵是研究土家族的重要资料。

土家族摆手舞（恩施摆手舞）
申报地区或单位：湖北省来凤县

恩施摆手舞是湖北恩施地区土家族居住区盛行的一种民众文化活动，流行于恩施酉水流域。《湖广通志》中描绘了一千多年前土家人围着普舍树跳摆手舞的情景，这是恩施摆手舞在史籍中的最早记载。

在该地区，过去百户之乡都建有摆手堂，有的还建有排楼和戏台。来凤县的舍米糊和大河等地至今有摆手堂遗迹。舍米糊村的小摆手舞较为完整地保留了原始摆手舞的特色。舞时男女齐集摆手堂前的坪坝，击鼓摆手。动作特点是弓腰屈膝，以身体扭动带动手的甩动。摆手舞以狩猎、农事和社会生活为主要表现内容，间有锣鼓伴奏和歌唱。参与者一般围成多层圆圈，一人领舞，众人随跳，具有很强的即兴性。

摆手舞是土家人世代传承的精神财富，具有祭祀、娱乐、教育、交际等多方面的社会功能。

土家族摆手舞（酉阳摆手舞）
申报地区或单位：重庆市酉阳土家族苗族自治县

酉阳摆手舞流传于重庆市酉阳土家族苗族自治县境内酉水河沿岸的土家人聚居地。历史上，土家族的强宗大姓彭、白、田三族之祖曾在洞庭湖地区多次遭遇战争，被迫逆流而上，定居于酉阳，土家族摆手舞就此传入。

酉阳摆手舞的动作多模仿跋山涉水、战斗和生产生活中的各种姿态，有单摆、双摆、抖蚝虫、撵野猪、叫花子烤火、岩鹰展翅等二十多种基本动作，表演队形有环形摆、双圆摆、双铜钱、插花摆、一条龙、螺丝旋顶、绕山涉水等三十多种。

酉阳摆手舞史诗般地表现了土家族远道迁徙、狩猎征战、刀耕火种的历史，汇聚了丰富的民歌民谣和民间传说，成为土家族文化传承延续的重要方式。

国家级代表性传承人名单

姓名	性别	申报地区或单位	入选批次
田仁信	男	湖南省湘西土家族苗族自治州	2
张明光	男	湖南省湘西土家族苗族自治州	2
田景仁	男	重庆市酉阳土家族苗族自治县	3
田景民	男	重庆市酉阳土家族苗族自治县	4

土家族撒叶儿嗬

序号：121

编号：Ⅲ-18

批次：1

类别：传统舞蹈

申报地区或单位：湖北省长阳土家族自治县

土家族撒叶儿嗬是湖北清江中游地区长阳土家族的一种祭祀歌舞，撒叶儿嗬是土家语，汉族称之为跳丧或跳丧鼓。

撒叶儿嗬在土家山寨流传了数千年之久，山寨里有人去世，奔丧者几人一组，踏着鼓点，和着唱词，在灵堂上高歌狂舞。唐樊绰《蛮书》在谈及土家先民巴人葬仪时写道："初丧，击鼓以道哀，其歌必号，其众必跳。"乡亲们聚在亡者的灵柩前，男人载歌载舞，女人们穿戴鲜亮的服饰围观助兴，这种活动往往通宵达旦地举行。土家族认为人的生死有如自然的四季变化，享尽天年的老人辞世是顺应自然规律，值得庆贺。

撒叶儿嗬虽是祭悼亡灵的风俗舞蹈，但舞

蹈表现的内容远远超出了祭祀范围，包括先民图腾、渔猎生活、农事生产、爱情及民族发展的历史等。跳舞时先由歌师击鼓叫歌，男性舞者应声起舞。舞蹈有风夹雪、凤凰展翅、滚身子、美女梳头、牛擦背、犀牛望月等二十四种套路，舞姿刚劲，其动律特点是顺拐、屈膝、悠颤。

撒叶儿嗬配乐只有大鼓，唱腔以男嗓高八度运腔，歌调是一种古老的特性三度，仅存于清江迤北长江三峡北岸的兴山一带，其曲体结构与楚辞相似。

撒叶儿嗬表现了土家人旷达的生死观。

国家级代表性传承人名单

姓名	性别	申报地区或单位	入选批次
覃自友	男	湖北省长阳土家族自治县	2
张言科	男	湖北省长阳土家族自治县	2

土族於菟

序号：143

编号：Ⅲ-40

批次：1

类别：传统舞蹈

申报地区或单位：青海省同仁县

土族於菟是一种民族民俗文化形态，流传于青海省同仁县年都乎村，于每年农历十一月初五至二十日举行，主要意义是驱魔逐邪，祈求平安。於菟是古汉语，意为老虎，又是土族於菟中舞者的称谓。

关于於菟习俗的历史渊源，有楚风说、羌俗说、本教仪式说等多种观点。土族於菟仪式有一定的程序，首先要请二郎神，由法师主持祭祀。第二天，被法师选定的八名男子来到二郎神庙，脱去上衣，挽起裤腿，用墨汁或锅灰在全身绘上虎豹的斑纹，并用法师施过咒的白纸条把头发扎成发怒状，恰似猛虎即於菟。然后，於菟们握持用经文裹定的木棍蹦跳，挨家挨户去吃供品。待於菟们从各家出来后，村民们纷纷将中间有孔的馍馍穿在他们手持的棍子上。接着，法师诵经驱赶於菟。於菟边跳边舞边走出村子，逃窜到河边洗去身上的彩绘。在回来的路上，人们燃起一堆火，让於菟从火上跨过去，表示妖魔邪恶已经除去。

土族於菟的舞蹈语汇与节奏相对单一，垫步吸腿跳是整个舞蹈的主要动作，带有原始拟兽舞的特征。

土族於菟系列民俗活动至今已有数百年历史，曾在青海隆务河流域部分村落中流传，现仅在年都乎村传承沿袭。

国家级代表性传承人名单

姓名	性别	申报地区或单位	入选批次
阿吾	男	青海省同仁县	2

维吾尔族赛乃姆

序号：693

编号：Ⅲ-96

批次：2

类别：传统舞蹈

申报地区或单位：新疆维吾尔自治区哈密地区、莎车县

扩展名录：
赛乃姆（若羌赛乃姆）
　　　　新疆维吾尔自治区若羌县
赛乃姆（且末赛乃姆）
　　　　新疆维吾尔自治区且末县
赛乃姆（库尔勒赛乃姆）

赛乃姆（伊犁赛乃姆）
新疆维吾尔自治区库尔勒市
新疆维吾尔自治区伊宁县

赛乃姆（库车赛乃姆）
新疆维吾尔自治区库车县

赛乃姆是维吾尔族的一种民间歌舞形式，广泛流传于新疆天山南北城镇乡村，是维吾尔族人民日常生活中不可缺少的一部分。每逢喜庆佳节、婚礼仪式和亲朋欢聚，维吾尔人都要举行麦西来甫（聚会），都要跳赛乃姆。

维吾尔族赛乃姆舞蹈自由活泼，舞者多为即兴表演，合上音乐节奏即可，可一人独舞，两人对舞，也可三五人甚至更多的人同舞。舞蹈时，一般由中速逐渐变快，当歌舞进入高潮时，大家伴着激越的音乐热情地呼喊"凯——那"（意为加油），情绪热烈。

赛乃姆的舞蹈姿态大多是从生活中提炼而来的，常见的有托帽式、挽袖式、拉裙式、瞭望式、抚胸式等。移颈、摇头等动作，则是新疆人在生活中遇到开心事时的表现方式。其舞蹈特点表现在头、肩、手腕、腰、小腿部分的运作和巧妙的配合上，如绕腕、翻腕、揉腕；胸腰、侧腰、后腰；点、踢、踩、辗、转等。

维吾尔族赛乃姆的伴奏乐器有弹拨尔、热瓦甫、都它、沙塔尔、达甫（即手鼓）等。手鼓在赛乃姆中起着重要作用，既掌握速度，又渲染气氛。

新疆地域辽阔，赛乃姆在不同地方有不同的风格，人们习惯在赛乃姆前面冠以地名以示区别。

赛乃姆（若羌赛乃姆）
申报地区或单位：新疆维吾尔自治区若羌县

新疆维吾尔自治区巴音郭楞蒙古自治州若羌县，地处塔克拉玛干大沙漠东南边缘，与周边地区距离遥远且相对隔离，所以该县的民间乐舞的原生态保存得较为完整，最具代表性的就是赛乃姆。

若羌赛乃姆的伴奏乐器一般有冬不拉、盘子（类似古筝的乐器）、羌（类似二胡的乐器）和手鼓等，唱词主要歌颂爱情、丰收和人民坚强勇敢的精神。

若羌赛乃姆是若羌人举行麦西来甫时主要的舞蹈项目，它以其奔放欢快的舞姿、昂扬热情的曲调和自由发挥的特性，深受当地群众喜爱，在若羌维吾尔族人民的生活中不可或缺。

赛乃姆（且末赛乃姆）
申报地区或单位：新疆维吾尔自治区且末县

且末赛乃姆流传于新疆且末县的各个乡镇，以自娱性舞蹈为主。

且末赛乃姆主要以独塔尔、弹拨尔、艾捷克、手鼓、库修克和萨帕依等民间乐器伴奏，舞蹈时以手鼓控制节奏和速度。除了没有节拍的散板序曲和尾声以外，其他乐曲始终配合舞蹈，由慢转快，旋律优美。且末赛乃姆舞蹈形式自由，室内室外均可进行。开始表演前，群众围坐，乐队和伴唱者聚集一处。音乐开始后舞者进场表演。伴唱歌词主要分为爱情和生活两大类，表现且末维吾尔族人民对美好生活的向往。

赛乃姆（库尔勒赛乃姆）
申报地区或单位：新疆维吾尔自治区库尔勒市

库尔勒赛乃姆流传于新疆孔雀河流域的维吾尔族聚居区，一般多在婚礼、节庆和各种麦西来甫上表演。

库尔勒赛乃姆有一定的表演程序，一般开场前先演奏木卡姆（一种以音乐为主的综合艺术形式）乐曲，紧接着由老木卡姆艺人带头演唱木卡姆。在每组独舞开始前都要演唱两段木卡姆。木卡姆演唱完毕，曲调转入赛乃姆歌曲，赛乃姆舞蹈正式开始。舞者以各种体态动作以及眉目传情的形态，表达细致入微的情感。此时，在场观众纷纷加入舞蹈行列，整个场面热闹非凡。

赛乃姆（伊犁赛乃姆）
申报地区或单位：新疆维吾尔自治区伊宁县

流传于新疆伊宁地区的伊犁赛乃姆是北疆比较典型的维吾尔族赛乃姆，一般在麦西来甫、婚礼和各种庆祝仪式中表演。

伊犁赛乃姆由十七段曲式段落构成，有固定的歌词，可以从头到尾不间断地演唱完成，也可以单独演出。序曲《噢兰》（成家）之后是《嗨嗨噢兰》（结婚成家）、《喂，亚尔赛乃姆》（啊，我的爱）、《森木阿旦，孟木阿旦》（你也是人，我也是人）等，最后以《亚力木、亚力木多斯》（你是我唯一的爱）结尾终曲。伊犁赛乃姆的舞蹈特点之一是用眼睛来表达、传递感情，典型动作是舞蹈者把手放在胸前或脑后，敞开胸膛，伴着快速的节拍，半跪着旋转，或往前跳跃，动作潇洒豪放，轻快利落。因为北疆是多民族聚居地，伊犁赛乃姆也融入了一些其他民族的舞蹈风格，不时出现戛然而止和幽默风趣的小动作。舞蹈基本形式是男女对跳、舞者相互交叉跳、一人围着另一人转着跳等，现在还创编了多人舞。

随着生活方式的改变，伊犁赛乃姆在人们社会生活中的需求也在日趋淡漠，它的传承和发展受到了不容忽视的冲击。

赛乃姆（库车赛乃姆）
申报地区或单位：新疆维吾尔自治区库车县

库车赛乃姆流传于新疆库车地区。新疆库车县古称龟兹，16世纪，居住在中亚一带的赛兰木（地名）人大批迁徙到龟兹，把他们的胡旋舞和柘枝舞也带入新疆，并与龟兹地区的乐舞融合形成独特的艺术形式，人们称之为赛兰木，后来逐渐演化为赛乃姆。库车赛乃姆中很多动作都表现了龟兹乐舞与西域乐舞的融合，如移颈、弄目、弹指、跷脚等。

库车赛乃姆是自娱性民间歌舞，表演自由活泼，舞者不歌，歌者不舞。随着鼓乐和伴唱声，参与者陆续入场，男女不限，人数不限，舞蹈时可以随时更换舞伴，并可按照自己的兴致和舞技，和着节拍自由发挥。观者拍掌助兴，热闹非常。

库车赛乃姆的歌词以表达爱情内容的居多，男女共舞时，情感交流比较含蓄。

国家级代表性传承人名单

姓名	性别	申报地区或单位	入选批次
艾买提·司马义	男	新疆维吾尔自治区哈密地区	3
那斯尔·奴苏尔	男	新疆维吾尔自治区库车县	4

蜈蚣舞

序号：651

编号：Ⅲ-54

批次：2

类别：传统舞蹈

申报地区或单位：广东省汕头市澄海区

蜈蚣舞是流传于广东澄海的一种民间大型广场舞蹈。该舞始创于清光绪年间，当时，澄海游神赛会之风极盛，酷爱民间舞蹈的澄海西门乡人陈成锦和石文勇受蜈蚣爬行启发，设计制作了蜈蚣道具并编创了整套模仿蜈蚣习性的舞蹈动作，因受到当地民众喜爱而迅速流传开来，并一直传延不绝。

蜈蚣舞所用道具蜈蚣全长二十二米，分头、身、尾三个部分。嘴两侧有一对犀利的牙齿，两眼嵌透光的绿灯。身躯为扁圆形，用二十八节硬、软布框衔接而成，屈伸自如。硬框用竹篾作骨，配足两对；软框只用布料缀成，称为软肚。尾部由两根藤扎成剪刀形状，并套上红绸。蜈蚣全身涂上斑斓的色彩，还配有一颗蜈蚣彩珠。

表演蜈蚣舞时，一人擎彩珠在前引领，15人执蜈蚣紧随其后起舞。舞者弯腰屈腿，运用武术的丁字马、单弓等动作把蜈蚣舞得形态万千：能不断变化出3、6、8、9等数字造型和水波纹、蟠梅花点等图案造型，同时还能做出快速咬尾、翻肚等高难度动作。夜间表演时，偌大的蜈蚣两眼青光闪烁，躯体内点上火烛后通明透亮，一条红尾巴高高翘起，俯仰穿梭，蜿蜒起伏，加上鼓乐伴奏和焰火助威，宏伟壮观。

蜈蚣舞表演时，常用《龙摆尾》《出闸》《飞凤衔书》《柳青娘》《水底鱼》等曲牌以及民间小调作为伴奏乐曲。

蜈蚣舞经不断演化完善，在研究潮汕传统文化和祭拜民俗中有特殊历史价值；艺术价值方面，蜈蚣舞融音乐、舞蹈、武术于一体，观赏性强，场面壮观。

国家级代表性传承人名单

姓名	性别	申报地区或单位	入选批次
陈喜顺	男	广东省汕头市澄海区	4

锡伯族贝伦舞

序号：692

编号：Ⅲ-95

批次：2

类别：传统舞蹈

申报地区或单位：新疆维吾尔自治区察布查尔锡伯自治县

锡伯族贝伦舞是锡伯族民间舞蹈的统称，主要流传于新疆维吾尔自治区察布查尔锡伯自治县、塔城地区和其他锡伯族散居区。

在锡伯语中，贝伦就是舞蹈的意思。贝伦舞风格多样，异彩纷呈，具有群众性和自娱性，不论时间地点，只要有兴致，乐手弹起贝伦舞曲，人们便翩翩起舞。舞蹈时，除了传统的锡伯族民间乐器东布尔外，现在也用小提琴等乐器来伴奏。

锡伯族贝伦舞有十多种：锡伯贝伦是贝伦舞的基础舞蹈，适合中老年人；单阿克苏儿是一种单步踢舞，移动范围小，要求严，多为行家表演；行礼舞大多在婚嫁和迎接贵宾的场合表演，文雅庄重又不乏幽默；拍手舞主要由男性青年表演，舞时双手时而击胸，时而拍腿，可拍身体的各个部位也可双手在头、胸上下左右相拍，活泼明快，欢畅热烈；招媳妇舞锡伯语叫赫赫胡拉热贝伦，往往在节日和婚礼上跳，是小伙子和姑娘表演有情节性的舞蹈……还有模拟动物的仿形舞和走马舞，表现日常生活的烧茶舞等。大多数贝伦舞的主要动作体现在上肢，有绕手、拍胸、揉肩和涮腰等二十多种基本舞蹈动作。

锡伯族贝伦舞体现了锡伯族人民的生活习俗和精神风貌。现在，年轻人跳的贝伦舞和舞台上的贝伦舞变异较大，锡伯族贝伦舞的原始形态正不断消失，亟须相关措施进行保护。

国家级代表性传承人名单

姓名	性别	申报地区或单位	入选批次
月香	女	新疆维吾尔自治察布查尔锡伯自治县	3

弦子舞

芒康弦子舞、巴塘弦子舞

序号：122
编号：Ⅲ-19
批次：1
类别：传统舞蹈
申报地区或单位：西藏自治区，四川省巴塘县

扩展项目：
弦子舞（玉树依舞） 青海省玉树藏族自治州

弦子舞，常简称为弦子，是用乐器弦子伴奏的综合性歌舞艺术，流传于西藏东部及云南、四川、青海等藏族聚居区，是藏族人民生活中不可缺少的自娱性活动。弦子，又称谐、叶、巴叶，是藏族特有的一种胡琴，一般由男子演奏。弦子舞表演时男子拉弦子，女子舞彩袖，男女各围成半圈，时而聚圆，时而疏散，且歌且舞。男子舞姿重在舞靴、跺脚，显示豪放粗犷之美；女子长袖挥舞，突出轻柔舒展之美。弦子舞的曲调繁多，歌词丰富，舞步多变，歌词大部分为迎宾、相会、赞美、辞别、祝愿等内容。

弦子舞表现出藏族人民独到的审美观和艺术情趣，是藏民族文化中继承和发展下来的宝贵文化遗产之一，如今依然是藏族群众重要的娱乐方式。

弦子舞（芒康弦子舞）
申报地区或单位：西藏自治区

流传于西藏自治区芒康一带的芒康弦子舞在藏语中叫蕃谐羌，"蕃"意为藏族，"谐"为歌舞，"羌"为跳。弦子在当地被称为比旺，在史书中称为胡琴。据考证，唐朝时期芒康就出现了弦子舞。

每逢节日，人们相聚一处，一位或几位男子一边拉琴一边频频起舞，其他人跟在后面甩动长袖蹁跹起舞。在清晰婉转的琴声下，弦子舞队或聚拢散开，或列队绕行，或扬袖旋转。舞者随着弦子乐曲发出阵阵颤声，舞蹈动作也产生相应的颤法。芒康弦子舞舞姿圆浑，狂放而流畅，有拖步、点步转身、晃袖、叉腰颤步等动作。这些动作多模拟动物的姿态，如孔雀吸水、兔子欢奔等。

芒康弦子舞是当地人重要的娱乐方式，芒康16个乡（镇）的藏族群众都会跳弦子舞，由此形成了各具地域特色的流派，如端庄稳重的盐井弦子舞、潇洒飘逸的徐中弦子舞、动作难度较大的索多西弦子舞、自由开放的曲邓弦子舞等。

弦子舞（巴塘弦子舞）
申报地区或单位：四川省巴塘县

四川省巴塘县地处川滇藏结合部，这里古代属白狼国领地。白狼国的白狼歌是一种集诗、乐、舞于一体的礼仪歌舞，巴塘弦子舞为其后世遗风。经过千余年的发展，成为当地藏族人民喜爱的一种民间歌舞。

巴塘弦子舞的特点是长袖善舞，表演时，数名男性持胡琴在队前演奏领舞，其余舞者和他们一起边歌边舞。三步一撩、一步一靠是巴塘弦子舞的基本律动特点，含胸、颤膝及长袖的绕、托、撩、盖等动作形成了舞蹈的特色。每逢喜庆佳节，或劳动之余，人们聚集在林卡（林中空地）或坝子上跳起弦子舞，男女不拘，人数不限，重在自娱。

弦子音乐一般分前奏、间奏、尾声三部分，音乐柔中带刚，节奏富于舞蹈性。有着几千首

◎传统舞蹈

曲目的巴塘弦子成为藏族民间音乐的宝藏，其音乐和唱词已经渗透于藏族其他艺术形式之中。

弦子舞（玉树依舞）
申报地区或单位：青海省玉树藏族自治州

玉树依舞是青海省玉树藏族地区广泛流传的一种民间舞蹈。位于澜沧江、通天河两岸的玉树地区，农业相对发达，人口集中，自旧石器晚期起，藏族先民就在此繁衍生息，在劳动中创造了载歌载舞的玉树依舞。

玉树依舞有近二百种，各地名称不尽相同，如阿拉塔拉、格萨拉、拉查毛、琼珠索娜措、扎西才琼才达等。舞彩袖是玉树依舞的基本特征，三步一弯是其律动特点。玉树依舞的舞蹈动作大起大落，粗犷豪放，是从骑马、狩猎、挤奶、剪毛、打酥油等生产劳动姿态中发展提炼而来的。女舞者的脚步动作有摆步、扭步、辗转、垫步跳、左右悠腿、前踏后撤等九种；男舞者手持弦子，边拉边唱，脚步动作与女舞者相似。玉树依舞的歌词以赞美家乡、歌唱劳动生活、祈祷吉祥幸福为主。

玉树依舞深为玉树藏族民众所喜爱，经过艺术加工后，玉树依舞成为专业舞蹈学校中民间舞蹈专业的必学舞种之一。

国家级代表性传承人名单

姓名	性别	申报地区或单位	入选批次
次仁旺堆	男	西藏自治区	2
江措	男	西藏自治区	2

湘西苗族鼓舞

序号：133
编号：Ⅲ-30
批次：1
类别：传统舞蹈
申报地区或单位：湖南省湘西土家族苗族自治州

湘西苗族鼓舞是一种民族民间舞蹈。据历史文献记载，该舞源于汉代以前，产生于苗族祭祀活动中，现流传于湖南省湘西土家族苗族自治州境内的吉首市和凤凰、泸溪、保靖、花垣、古丈等县。该舞产生于苗族祭祀活动中，现已成为苗族人民节日、聚会的娱乐活动。

湘西苗族鼓舞的主要特点是表演者打鼓起舞，双手交替击鼓，两脚轮换跳跃，全身不停扭摆，动作舒展大方。鼓舞的动作来自生产、生活、武术和对动物的模仿，基本步伐有四种：三步（左右脚在前面交叉替换）、小踢腿步、翻滚（打鼓时身体翻滚）、踩三角走三步，不同的步伐适用于不同种类的鼓舞。鼓舞有数十种，各有特点：猴儿鼓舞灵巧诙谐；花鼓舞温婉柔美；男女鼓舞豪放刚健；女子鼓舞含蓄抒情；团圆鼓舞激荡活泼……跳鼓舞时除敲鼓边伴奏外，还配有铜锣、唢呐、土号等乐器，大型活动还加上二胡、三弦等伴奏。表演者无论男女身着盛装，佩戴全套苗族银饰，现场气氛热烈。

在与外来势力的争斗和反抗封建朝廷的过程中，苗鼓曾起到号召与激励民众的作用，成为湘西苗族的圣物。保护和开发湘西苗族鼓舞对研究苗族的历史、战争、宗教、迁移、生产、民俗等有重要的意义。

国家级代表性传承人名单

姓名	性别	申报地区或单位	入选批次
洪富强	男	湖南省湘西土家族苗族自治州	2
石顺民	女	湖南省湘西土家族苗族自治州	2

湘西土家族毛古斯舞

序号：134

编号：Ⅲ-31

批次：1

类别：传统舞蹈

申报地区或单位：湖南省湘西土家族苗族自治州

毛古斯舞是湖南省湘西土家族一种古老的舞蹈形式，土家族语称谷斯拔帕舞、帕帕格次或拨步卡，汉语多称为毛古斯或毛猎舞。毛古斯舞产生于土家族祭祀仪式中，现主要流传于湘西的龙山县、永顺县、保靖县和古丈县。

毛古斯舞是一种具有人物、对白、简单的故事情节和一定表演程式的原始戏剧舞蹈，它以类似戏曲的写意、虚拟、假定等艺术手法表演土家先民渔猎农耕的生产生活。毛古斯舞表演大多与跳摆手舞穿插进行，有时也在一定场合单独表演，表演人员10～20人不等。表演者身披稻草扎成的草衣，赤脚，面部用稻草扎成的帽子遮住，头上是稻草和棕树叶拧成的冲天大辫子，表演时碎步进退，屈膝抖身，左跳右摆，摇头耸肩，头上的大辫子不停地摆动，全身茅草唰唰作响。对白时表演者要改变腔调，使观者辨认不出自己的真实身份，观者也可以答话插白，问答之间把土家先人迁徙、狩猎、劳作时的艰辛淋漓尽致地表现了出来。

毛古斯舞的程序分为扫堂、祭祖、祭五谷神、示雄、祈求万事如意等几个大段落，每个段落中细节繁多，如在祈求万事如意中，有打露水、修山、打铁、犁田等细节表演。

毛古斯舞表演形态中所保留的远古信仰符号和原始艺术元素，对研究土家族最初的生活形态有着十分重要的价值。

国家级代表性传承人名单

姓名	性别	申报地区或单位	入选批次
彭英威	男	湖南省湘西土家族苗族自治州	2
彭南京	男	湖南省湘西土家族苗族自治州	4

协荣仲孜

序号：1094

编号：Ⅲ-105

批次：3

类别：传统舞蹈

申报地区或单位：西藏自治区曲水县

协荣仲孜是流传于西藏自治区拉萨曲水县才纳乡协荣村的野牛舞。仲，藏语意为野牦牛，孜为舞或者玩耍的意思。

协荣仲孜集唱腔、道白、舞蹈于一体，一般由7名男子表演：阿热（领舞）1人，扮演雌雄牦牛的各2人，击鼓、钹者各1人。表演开始，头戴藏戏面具、手持塔塔（五彩旗杆）的阿热在鼓钹声音中以六步一抬的步子出场，念道白："……来自协荣的两头雌雄野牛，与我一起，祝福生活幸福吉祥。"道白结束后，两头黑色的牦牛奔跑出场，队形无论是圆圈形、三角形还是"一"字形，阿热始终站在场地中间，边舞边说唱，内容是表示吉利和一些挑逗牦牛的词。随着伴奏音乐加快，两头牦牛跳得更欢，接下来，阿热向天空撒糌粑，两头牛时而蹦跳，时而吼叫，时而原地甩头，时而打滚斗角，并用犄角挑起哈达献给最尊敬的客人，使表演达到高潮。最后，在阿热又一段道白后，表演者集体在原地起舞宣告结束。舞蹈以拟人化的手法，塑造了雪域高原上野牦牛不畏风雪艰难、勤劳勇敢、坚强不屈的形象。

协荣仲孜以祝福、吉祥和圆满为主题，在每年西藏传统的雪顿节上都会演出。协荣仲孜至今依然保存着原始、古朴的遗风，从中可看出藏族祖先的精神寄托和审美追求。

国家级代表性传承人名单

序号	姓名	性别	申报地区或单位	入选批次
04-1587	桑珠	男	西藏自治区曲水县	4

谐钦

拉萨纳如谐钦、南木林土布加谐钦

序号：680
编号：Ⅲ-83
批次：2
类别：传统舞蹈
申报地区或单位：西藏自治区拉萨市城关区、南木林县

扩展项目：
谐钦（尼玛乡谐钦） 西藏族自治区班戈县

谐钦是一种古老的仪式歌舞形式，流传于西藏拉萨、山南、阿里等地区，过去多在宗教仪式或重要的节日活动中表演。在藏语中，谐意为歌舞，钦为盛况或隆重之意。

谐钦融诗、乐、舞为一体，规模较大，形式结构复杂。一部完整的谐钦由多首带有标题的歌舞曲组成，首尾乐曲分别为谐果（引子）及扎西（吉祥），每首歌舞曲由慢板和快板，或由慢板、中板、快板组成，音乐古朴热烈，歌词内容有人类起源、历史传说、赞颂祝福等。谐钦舞蹈和其他藏舞一样，以下肢活动为主，下肢活动又以膝的颤动为核心，具有三步一变、后撤前踏、倒脚辗转、四步回转的共同规律，顺、左、绕则是上肢舞袖的动律特征。舞步时而向前，时而后退，时而向左，时而向右，脚下发出不同节奏的声音。

谐钦演出时一般有三十二名演员，男女各半，其中谐本（领歌领舞者）也是男女各一，过去的演员是由地方政府、贵族分派的世袭艺差。

谐钦具有悠久的历史和丰富的内涵，基本保存了古代藏族歌舞的风貌。在长久的继承和发展过程中，谐钦成为自娱性的集体歌舞艺术，各地表演形式类似，但歌词内容各异。

谐钦（拉萨纳如谐钦）
申报地区或单位：西藏自治区拉萨市城关区

拉萨纳如谐钦流传于西藏自治区拉萨市城关区纳金乡纳如村一带，相传起源于7世纪的吐蕃王朝时期。

拉萨纳如谐钦分为男歌和女歌两种，表演开始先唱几段，唱时不舞，但可结合歌词内容做一些简单的手势，唱完后紧接着说几段道白并同时开始舞蹈，道白词句和舞蹈关系密切，内容可根据情境变化而改变。

拉萨纳如谐钦韵调古朴，显示出浓郁的西藏风情，具有较高的文化研究价值。

谐钦（南木林土布加谐钦）
申报地区或单位：西藏自治区南木林县

南木林土布加谐钦又名次久谐钦，次久意为藏历初十，是历代班禅前往驻锡地扎什伦布寺沿途所举行的迎送活动中的一种民间舞蹈，流传在西藏自治区日喀则地区南木林县一带。土布加谐钦起源于1855年，由八世班禅丹贝旺秋创建，距今已有一百五十多年的历史。

土布加谐钦以歌舞为主，其歌词有二十五篇，内容丰富。土布加谐钦在特定的时间、场合表演，大部分有相对规范的结构，表演中的调式、手势、旋律、节奏都有一定之规。服饰典雅庄重，男演员穿缎袍，戴圆形黄绒帽；女演员穿彩缎藏袍，戴弓形或三角形头饰。

南木林土布加谐钦是研究西藏宗教史、文化史和艺术史的重要载体。

谐钦（尼玛乡谐钦）
申报地区或单位：西藏自治区班戈县

尼玛乡谐钦流传于西藏自治区班戈县尼玛乡，是藏北牧民群众在生产生活中提炼和创造的。

尼玛乡谐钦的传统歌词有百首之多，源自一千多年前祖辈们到藏北驮盐时的盐歌、到藏南运粮时的粮歌、剪羊毛时的剪羊毛歌、打酸奶时的奶桶歌、赞美家乡山水的山歌、赞美牛羊肥壮的放牧歌等。歌曲有二十多种曲调，可组合二十多种舞蹈，如诺布叮超、古冬、巴扎夏过、卓冬尼等。

在表演尼玛乡谐钦时，舞者站成圆形、半月形或直线形。舞蹈动作根据歌词内容和特点而定。男女舞蹈动作相同，但男子激扬奔放，女子幅度较小，含蓄柔美。

藏北广大牧民通过尼玛乡谐钦表达对美好生活的热爱和向往。

国家级代表性传承人名单

姓名	性别	申报地区或单位	入选批次
索朗次仁	男	西藏自治区拉萨市城关区	3
次旺丹增	男	西藏自治区南木林县	3

宣舞

古格宣舞、普堆巴宣舞

序号：677

编号：Ⅲ-80

批次：2

类别：传统舞蹈

申报地区或单位：西藏自治区札达县、墨竹工卡自治县

宣舞是一种说、唱、跳相结合的藏族民间传统舞蹈，宣即歌舞之意，流传于西藏部分地区。宣舞的起源可追溯到古象雄文明时期，在古格王国时期得到进一步发展，至今已有上千年的历史。在古格王国遗址红庙大殿内，绘有古格王室迎请印度阿底峡大师传法的欢迎仪式壁画，其中十位跳宣舞的女子身着艳丽服饰列成一排，牵手交臂，踏地起舞。

宣舞整个舞蹈给人以层次分明、循序渐进、恬静中蕴含欢快的感觉，具有独特的风格和魅力。

宣舞（古格宣舞）
申报地区或单位：西藏自治区札达县

在西藏自治区札达县，最初的宣舞属于宫廷乐舞，被称为古格十三宣或十三宣舞。十三宣舞共有十三段，每段都有不同的音乐和唱词，内容多为创世传说和歌颂神山圣湖等，反映了藏族人原始的自然崇拜。这种宣舞只能在特定

的时间和地点由特定的演员身着特定的服饰进行表演,不得在民间演出,只有世代担任宣果(领舞人)的家族后代才有资格领舞,歌词也是口口相传。如今,十三宣舞的宣果已无一人在世,表演服饰也无处可寻,其歌词、曲调和动作在千年之间散佚了大部分。

现在人们看到的古格宣舞是流传于西藏自治区阿里札达县境内的底雅、楚鲁松杰、莎让等地的宣舞表演形式。表演人数不限,表演时一名男性舞者手持皮鼓,女舞者手臂相连,边唱边跳,以"龙体"线条变化队列。舞蹈节奏性强,先慢后快,循序渐进。歌唱内容丰富,通常是一人起头,其他人跟唱起来,共有十三种曲目,如果全部演完需要十天十夜。

古格宣舞承载了诸多历史文化信息和原始记忆,具有多方面的研究价值,对古格宣舞的整理保护工作刻不容缓。

宣舞（普堆巴宣舞）
申报地区或单位：西藏自治区墨竹工卡自治县

普堆巴宣舞是藏族一种古老的自娱性歌舞,起源于西藏自治区阿里地区札达县底雅一带,长期流传于墨竹工卡县门巴乡地区。据直贡·旦增白玛坚参《直贡法嗣》记载,直贡第十二代法嗣灌顶大国师顿珠杰布(约生活在14世纪)从内容、动作和服饰等方面对原有的普堆巴宣舞进行了规范和发展,使其艺术性和观赏性得到极大的提升,普堆巴宣舞由此达于鼎盛。

普堆巴宣舞以说唱节奏进行舞蹈,节奏鲜明欢快,动作少且简单,但其韵味很难掌握。舞者边唱边舞,也有的只舞不唱。

普堆巴宣舞以服饰独特华贵、歌声优美动听、舞步典雅稳健而著称,过去只在迎请直孔法王、法王坐床典礼、寺院开光等重大典礼上表演。该舞舞蹈服饰昂贵,一般人无法承受,在其流行地的帮躲仓、替雪仓、杂堂本仓、仲堆等大户人家以差役的形式组织表演。

普堆巴宣舞涵盖了宗教、礼仪、风俗、节庆等各方面的内容,具有显著的民俗特色。现在,熟练掌握普堆巴宣舞的老艺人相继去世,人亡艺绝,给普堆巴宣舞的传承和发展带来困难,亟须抢救保护。

国家级代表性传承人名单

姓名	性别	申报地区或单位	入选批次
昂嘎	女	西藏自治区墨竹工卡县	3
罗杰	男	西藏自治区墨竹工卡县	4

秧歌

昌黎地秧歌、鼓子秧歌、胶州秧歌、海阳大秧歌、陕北秧歌、抚顺地秧歌

序号：105
编号：Ⅲ-2
批次：1
类别：传统舞蹈
申报地区或单位：河北省昌黎县,山东省商河县、胶州市、海阳市,陕西省绥德县,辽宁省抚顺市

扩展项目：
秧歌（济阳鼓子秧歌） 山东省济阳县
秧歌（临县伞头秧歌） 山西省临县
秧歌（原平凤秧歌） 山西省原平市
秧歌（汾阳地秧歌） 山西省汾阳市
秧歌（小红门地秧歌） 北京市朝阳区
秧歌（乐亭秧歌） 河北省乐亭县
秧歌（阳信鼓子秧歌） 山东省阳信县

秧歌是中国（主要在北方地区）广泛流传的一种极具群众性和代表性的民间舞蹈的类称。踩跷表演的被称为高跷秧歌，不踩跷表演的被称为地秧歌。

秧歌源于插秧耕地的劳动生活，与祭祀农神所唱的颂歌有关，在发展过程中不断吸收农歌、民歌、民间武术、杂技以及戏曲等技艺和形式，逐渐发展成为一种集歌、舞、戏为一体的综合艺术。至清代，秧歌已在全国各地广泛流传。为示区别，人们常把某地区名或某种特征冠于秧歌前面。

秧歌队少则几人，多则数百人。大多数秧歌表演有四个特点：一是扭，表演者手持扇子、手帕和彩绸等道具，踩着锣鼓点边扭边舞。二是走场，大场是边走边舞，队伍随之变化出各种场图。小场是由两三个人表演带有简单情节的歌舞小戏。三是扮，舞者扮成民间故事中的各种人物，如公子、少妇、丑婆、货郎和小孩等。四是唱，伴随着唢呐和锣鼓声，舞者或歌者演唱当地的民间歌谣。

秧歌服装一般色彩对比强烈，红、蓝、黄、绿，五彩缤纷，秧歌表演形式多种多样，生动活泼、红火热闹，既能娱人也能自娱，深受老百姓的喜爱。

各地秧歌传承面临的主要问题是，因为娱乐方式越来越多，不仅愿意学习练习秧歌的年轻人越来越少，熟悉其文化内涵的舞者更是匮乏。

秧歌（昌黎地秧歌）
申报地区或单位：河北省昌黎县

昌黎地秧歌流行于河北省昌黎、卢龙、抚宁、乐亭、滦县等地。它产生于元代，一直流传至今。

昌黎地秧歌有场子秧歌和排街秧歌两种表演形式，场子秧歌是固定场所的表演，排街秧歌则是走街串巷行进表演，伴奏为大喇叭加鼓、镲等打击乐。

昌黎地秧歌的行当分为妞、丑、㧟（中年或老年妇女）和公子几种。最初各行当均由男性扮演，道具大多为劳动工具和日常生活用品，如棒槌、烟袋、扇子、手帕等。昌黎地秧歌在角色、结构和服饰上深受蒙古族文化影响，丑所戴的缨子帽就是从蒙古族服饰发展而来的，丑的晃肩动作也带有蒙古舞蹈的特点。各行当的表演各有特点，但都要求腰柔、肩活、腕灵、眼有神，显得诙谐有趣。

昌黎地秧歌注重戏剧性，艺人广泛取材，把戏曲和电影片段、生活中的小故事编排成秧歌出子，使昌黎地秧歌的表演戏连戏，其代表作有《锯缸》《王二小赶脚》《跑驴》等。

秧歌（鼓子秧歌）
申报地区或单位：山东省商河县

鼓子秧歌流传于山东鲁北平原的商河一带，商河民间男女老幼都爱学会跳，全县二十一个乡镇的八百多个村组织了秧歌队。

鼓子秧歌乐队由大鼓、大锣、钹、铙、镲和旋子组成，其中大鼓是鼓子秧歌表演的总指挥。鼓子秧歌舞蹈队中有伞头、鼓子、棒槌、腊花、丑角五种角色，伞头又分为头伞和花伞。

鼓子秧歌表演分为行程和跑场两部分。行程是队伍在行进中演出，此时乐队在前开路。跑场是鼓子秧歌表演的主体部分，又分为文场、武场和文武场。文场主要是跑，舞者在头伞组织下按照表演线路快速穿行，使演出场地像一个旋转的舞台，在旋转中不断变化出丰富的场图。鼓子秧歌的场图极为丰富，有牛鼻钳、勾心梅、一街二门、六六大顺、八条街、四门斗等百余种，其形态来自劳动生活用具、花卉建筑和神话传说等各个方面，特征是外圆内方，动向是左进右出。跑场图需要表演者严格按照路线行进，形成了鼓子秧歌组织严密、形式完整、气势磅礴的特色。武场主要是打，舞者在规定的场图里进行武打表演，鼓棒齐响。文武场则是在跑动过程中，舞者于中心处或队伍交叉处轮番做动作。整个演出文武结合，此起彼伏。

秧歌（胶州秧歌）
申报地区或单位：山东省胶州市

胶州秧歌又称地秧歌、耍秧歌、跷秧歌、扭断腰、三道弯等，流行于山东省胶州市东小屯村一带。胶州秧歌起源于清咸丰年间，据清代宋观炜所作《秧歌词》的描述推测，当时的胶州秧歌舞蹈动作、行当名称和服装道具与现在基本相同。

胶州秧歌有膏药客、翠花、扇女、小嫚、棒槌、鼓子等行当，主要舞蹈动作有翠花扭三步、撇扇、小扭、棒花、丑鼓八态等。表演程序有开场白、跑场和小戏三部分。跑场的场图有十字梅、两扇门、正反挖心、绳子头等。小戏现在有一百三十五个剧本，代表作有《送闺女》《三贤》《小姑贤》《双推磨》等。胶州秧歌音乐由打击乐、唢呐曲牌和民间小调三种风格迥异的音乐组成。

胶州秧歌中，女性舞蹈动作抬重踩轻腰身飘，行走如同风摆柳，扭断腰、三道弯为其代表动作，展现了农村女性的健美体态和性情魅力。

秧歌（海阳大秧歌）
申报地区或单位：山东省海阳市

海阳大秧歌是民间社火中的舞蹈部分，是一种集歌、舞、戏于一体的民间艺术形式，遍布海阳的十余个乡镇，并辐射至周边地区。

海阳大秧歌阵容强大，表演队伍主要由三部分组成。出行时排在最前列的是执事部分，其次是乐队，随后是舞队。舞队有各类角色数十人，其中包括指挥者——乐大夫，集体表演者——花鼓、小嫚和霸王鞭，双人表演者——货郎与翠花、箍漏匠与王大娘、丑婆与傻小子、老头与老婆、相公与媳妇等，排在最后的是秧歌剧人物或戏曲杂扮者。海阳大秧歌舞蹈动作的突出特点是跑扭结合，舞者在奔跑中扭动，女性扭腰执扇、上步抖肩，活泼大方；男性颤步晃头、挥臂换肩，爽朗风趣。

海阳大秧歌角色众多，表演内容丰富，以粗犷奔放、感情充沛和风趣幽默的表演风格深受当地老百姓喜爱。"没有秧歌不叫年"是当地的一句口头禅。

秧歌（陕北秧歌）
申报地区或单位：陕西省绥德县

陕北秧歌是流传于陕北高原的一种具有广泛群众性和代表性的传统舞蹈，又称闹红火、闹秧歌、闹社火、闹阳歌等。它主要分布在陕西榆林、延安、绥德和米脂等地，其中绥德秧歌最具代表性。绥德的农村至今保留着古代乡人驱傩的神会秧歌和二十八宿老秧歌。

陕北秧歌一般有三种角色：伞头、文（武）身子和丑角。伞头是秧歌队的领头人，一手持伞，一手持虎撑。伞寓意庇护众生，风调雨顺；虎撑是消灾祛病的象征物，又是指挥表演的响器。伞头通晓传统秧歌唱段，能根据情况即兴编唱。演唱时，他领唱，其他人重复他的最后一句唱词，形式简朴热闹，词句生动易懂。

陕北秧歌男女舞者身着彩色或带云角装的秧歌服，男的用毛巾包头，女的手持彩肩和汉巾，舞蹈动作的主要特点是扭，在锣鼓乐器伴奏下以腰部为中心点，头和上身随双臂大幅度扭动，脚下以十字步做前进后退、左腾右跃的走动。秧歌队表演起来步调整齐，彩绸飞舞，彩扇翻腾，红火热闹。

陕北秧歌的小场表演内容有水船、跑驴、高跷、霸王鞭等，也可根据表演风格划分为文场子、武场子、踢场子和丑场子等，其中踢场子是表现男女爱情生活的双人舞，有软腰、三脚不落地、金钩倒挂等难度较高的舞蹈动作。

秧歌（抚顺地秧歌）
申报地区或单位：辽宁省抚顺市

抚顺地秧歌，也被称为鞑子秧歌，是一种地域特色极为浓厚的民间舞蹈形式，主要流传于辽宁省东北部的抚顺市。

抚顺地秧歌系在承袭"踏锤""莽式"等满族先人民间舞蹈的基础上，融合汉族秧歌的表演形式，逐渐演变发展而来。抚顺地秧歌中具有代表性的人物是旗装打扮的鞑子官和反穿皮袄、斜挎串铃、手持长鞭打场的克里吐（俗称外鞑子）。其他人物还有拉棍的、上装（女性角色）和下装（男性角色），表演服装均以颜色区分旗属。

抚顺地秧歌的表演动作多源自跃马、射箭之类狩猎活动，也有的模仿鹰、虎、熊等动物而来。扬、蹲、跺、盘、摆、颤等典型动作刚劲豪放，具有鲜明的渔猎生活和八旗战斗生活特色。其伴奏音乐来自满族萨满跳神的打击乐，有老三点、七棒、快鼓点等演奏方式。

抚顺地秧歌表现出满族人民崇尚武功的民族精神和注重礼仪的古老民风，不仅是满族生活方式的体现，也是八旗制度、兵民合一的艺术体现。在抚顺现有的秧歌队中，渊源和传承人谱系较为清楚的有四支。

秧歌（济阳鼓子秧歌）
申报地区或单位：山东省济阳县

济阳鼓子秧歌是一种群众自编自创、自导自演、自娱自乐的传统民间艺术活动，至今已有两千多年的历史。

济阳鼓子秧歌的主要角色伞、鼓、棒、花是根据舞者所持道具命名的。伞分为丑伞和花伞，丑伞扮相为老者，丑伞中的第一和第二把伞是演出的指挥者和领舞者。花伞扮相多为青年，表演时手持彩色绸布拼成的花伞，比丑伞所持的伞小一些。鼓分大鼓和小鼓，大鼓打击主旋律，小鼓和音。鼓的角色用来表现强健威武的中年男性形象。表演者左手持鼓，右手握系有红绸的鼓槌，做跳、转、劈、蹲等动作之前都要把鼓抡起来，整体动作大起大落，粗犷凝重。棒表现活泼好动的青少年形象，其道具是两根长约六十厘米的圆木棍，两端绑有花布。表演者主要运用腕力，有节奏地上挑下盖、左搓右擦，清脆的棒击声和谐地穿插在锣鼓点的空拍中。花又称拉花，代表少女形象。花双手分别持彩色长绸和扇子、花枝，舞动起来活泼优美。

济阳鼓子秧歌的表演形式有街筒子和跑场子两种，街筒子是走街串巷行进表演，跑场子是定点表演。根据节奏、道具和表演风格不同，济阳鼓子秧歌大致有3个流派：慢板鼓子秧歌、快板鼓子秧歌和小伞派鼓子秧歌。

秧歌（临县伞头秧歌）
申报地区或单位：山西省临县

临县伞头秧歌是一种大型民间歌舞活动，起源于我国古代祭祀活动，主要流行于山西省吕梁山区的临县、离石、柳林、方山、中阳、石楼，还有与山西相邻的陕北吴堡、绥德、佳县一带，其中尤以临县最盛。

临县伞头秧歌在街头或广场表演，规模较大，少则百八十人，多则数百人，演出时前有门旗、彩旗和鼓乐队开道，中间有架鼓子、小会子、杂会子等歌舞戏曲表演，后面由龙舞或狮子舞收尾。所有表演者在伞头带领下踩着锣鼓唢呐的节奏尽情舞蹈，浩浩荡荡的队伍远望如一条欢腾的彩色巨龙。

手执花伞的伞头负责指挥全局，唱秧歌也

主要是伞头的事，大多是即兴编唱。唱词一般为四句一首，一首秧歌表达一个完整的意思。四句同韵是伞头秧歌唱词最常见的押韵方式，演唱起来朗朗上口。例如《拜观音庙》一首："锣鼓打得将军令，观音老母在上听，你老给咱多显灵，保佑全村都安宁。"从流传至今的唱词来看，祭神拜庙一直是伞头秧歌的重要活动内容之一。

秧歌（原平凤秧歌）
申报地区或单位：山西省原平市

原平凤秧歌是一种民间集体歌舞，流传于山西省原平市北贾村一带，从最早可考的民间艺人李正环开始，传承至今已有六代。

凤秧歌常在当地上院、踩街、攒旺火等民俗活动中进行表演，村庆和庙会时，人们也常常聚集一处，一连几天围几个圈子进行秧歌表演。

原平凤秧歌的表演有三种形式：踩街、踩圈和开轱辘。踩街是在街道上行进表演，队伍由一个击水镲者指挥，表演队伍分成几行，边扭边舞，交错向前。踩圈是踩街后的定场表演唱，歌词以描景说事为主要内容，风趣幽默。开轱辘是演出带有故事情节的歌舞小戏。三种表演形式既可以接连进行，也可以单独演出。凤秧歌的节目内容大多数反映农村生活，如《观灯》《看地》《五峰山赶会》等。

原平凤秧歌的男角身挎特制小鼓，头戴附有竹圈的小帽，竹圈由一根富有弹性的竹条制成，表演时可甩出收回，上下翻飞。甩竹圈的同时，表演者还要敲击腰间的小鼓。女角手持特制小锣，在击锣的过程中，头部、两臂前后交替摇滚，造型如同鲤鱼摆尾。受道具的影响，凤秧歌的舞步呈现出慢悠悠、晃悠悠的特点。

秧歌（汾阳地秧歌）
申报地区或单位：山西省汾阳市

汾阳地秧歌流传于山西省汾阳市、孝义市一带，是一种广场性民间歌舞艺术。

汾阳地秧歌分为以舞蹈为主的武场地秧歌和以演唱为主的文场地秧歌。武场地秧歌表演场图丰富，有二龙出水、蛇蜕皮、蒜辫子等。除了场内打小锣的女角之外，武场地秧歌的表演者大多会几招拳脚功夫，大多数舞蹈动作也是由武术动作演变而来的。其中花棒手有弓马势、虎势等基本动作，腰鼓手有凤凰单展翅、朝天一捧香等动作。文场地秧歌就是现在的汾阳磕板秧歌，以表演唱为主，歌者不舞。演唱不用伴奏，没有曲牌，调子高低、节奏快慢全由演唱者自行掌握，只要同台演唱的人能统一到一个调上即可。

汾阳地秧歌的传承为松散型，大多数人是纯属爱好在农闲季节学艺或参加活动，以自娱为目的，但现在学艺的年轻人越来越少了。

秧歌（小红门地秧歌）
申报地区或单位：北京市朝阳区

小红门地秧歌是流传于北京市朝阳区小红门地区的一种传统秧歌舞蹈，主要由太平同乐秧歌圣会表演。该会保留至今的一面会旗上，有"左安门外红寺村太平同乐秧歌圣会诚起于乾隆二年"字样，会中人员均由男子组成，以满族人居多。该秧歌会有严格的会规和礼仪。

小红门秧歌主要在逢年过节和各种喜庆活动中表演。秧歌队有21人：扮演陀头、小二哥、文扇、武扇、渔翁、樵夫的各2人；打锣、打鼓者4人；击大锣者1人；旗手2人；挑幌2人。

过去小红门地秧歌的表演是唱舞结合，现在表演时已经不唱了。虽然秧歌会中还存有大量的秧歌歌词，但没有谱子，会唱的人寥寥无几，小红门地秧歌曾有的64套表演套路目前保留下来的也只有22套了。

秧歌（乐亭地秧歌）
申报地区或单位：河北省乐亭县

乐亭地秧歌是在河北省乐亭县广泛流传的民间传统舞蹈，内容丰富、形式活泼。

乐亭地秧歌分为大场秧歌和打场秧歌。大场秧歌中的串街秧歌是沿街串巷的行进表演，动作简捷，注重整体效果，气氛热烈红火，伴奏曲牌一般使用平缓的中板，常用队形有一条龙、二龙出水、二级登楼、编花等。打场秧歌是有固定场所的表演，有大场、小场之分。小场秧歌又称小出子，表演带有故事情节的节目，如《大头和尚逗柳翠》《锔大缸》《傻柱子接媳妇》等。秧歌队中的行当，大致可分为文丑、武丑、文公子、武公子、妞（少女、少妇）、文扽（老婆）、武扽（老头）和童子等。

乐亭秧歌的舞蹈动作丰富多彩，脚部动作有俏步、大弹步、小弹步、平步和小碎步等；腰部动作有扭腰、闪腰、探腰等；肩部动作有错肩、绕肩、抖肩等；头部动作有扭头、颠点头、摇头等。乐亭秧歌主要以扇子和手绢为道具，舞扇和舞绢的动作也不断发展创新，如背扇、中翻花、分心扇、双抖、单抖、掸绢、抹绢、转绢、里缠绢、外缠绢等。

乐亭秧歌的舞蹈和音乐配合默契，常用的伴奏乐器一般为唢呐、大鼓和铙钹等，唢呐曲牌有《满堂红》《柳青娘》《句句双》《上天梯》等。

秧歌（阳信鼓子秧歌）
申报地区或单位：山东省阳信县

阳信鼓子秧歌主要流传于山东省滨州市阳信县洋湖乡、温店乡、流坡坞、劳店乡及周边地区，当地人称之为武秧歌。

与阳信县邻近的惠民县古称武定府，秦朝开始设县，城外驻有兵营。每年正月十五军民同乐，将士们手拿兵器和旗伞舞蹈，舞姿粗犷豪放，舞到高潮，和尚道士等也加入其中，形成了今天阳信鼓子秧歌的雏形。

现在的阳信鼓子秧歌主要角色有伞、鼓、棒、花。一个秧歌队不少于三十二人，多则数百人。整个表演过程是典型化的古代军事演练过程，即阅兵、点将、布阵、开打、收兵，重在跑阵，体现两兵对垒和冲锋陷阵。据老艺人介绍，阳信鼓子秧歌表演的是古代军事家孙膑和庞涓打仗的故事，头伞扮演的便是孙膑。

阳信鼓子秧歌的主要伴奏乐器是大鼓和大锣、手锣、钹、大镲、小镲等，其中直径一米的大鼓是核心乐器。鼓点主要是节奏较快的三点子、节奏缓慢的五点子和中速的七点子，表演者动作随大鼓节奏变化而变化。

国家级代表性传承人名单

姓名	性别	申报地区或单位	入选批次
周贺华	男	河北省昌黎县	2
于振江	男	河北省昌黎县	2
杨克胜	男	山东省商河县	2
吴英民	男	山东省胶州市	2
王发	男	山东省海阳市	2
鞠洪钧	男	山东省海阳市	2
李增恒	男	陕西省绥德县	2
贺俊义	男	陕西绥德县	3
姚大新	男	山东省济阳县	3
赵凤岭	男	北京市朝阳区	4
秦梦雨	男	河北省昌黎县	4

◎传统舞蹈

瑶族猴鼓舞

序号：661
编号：Ⅲ-64
批次：2
类别：传统舞蹈
申报地区或单位：贵州省荔波县

瑶族猴鼓舞，瑶语称为玖格朗，是瑶族白裤瑶支系祭祀祖先的民间舞蹈，仅流传于贵州省荔波县瑶山瑶族乡的白裤瑶聚居地区。

瑶族猴鼓舞大多是在丧葬祭祀祖先的场合中表演。舞蹈由男子表演，鼓师（木鼓手）为该舞的主要舞者，也是指挥者。舞蹈分为单人舞、双人舞、集体舞三段式进行，猎枪鸣响拉开序幕，首先，鼓师擂响木鼓自奏自舞，全部铜鼓也铿锵齐鸣。稍过片刻，铜鼓声突然中止，鼓师双手持鼓槌，面对铜鼓手相击三次示谢，而后绕木鼓起舞。另有一男子跟在鼓师身后与鼓师一起一跳一蹲，模仿猴子取食、攀援和跳跃的姿态，动作粗犷敏捷而又刚劲有力，周围亲友们配合他俩的表演发出一阵阵"唔唔"的呼喊声。双人表演之后，鼓师站立于木鼓后擂鼓，七名或九名男子穿着烂衣裤、披着破斗篷、背着斗笠围着木鼓起舞，他们踩着鼓点节奏，时而蹲下，时而站立，犹如跋山涉水一般，其余亲友则原地踏步，助兴助威，场面热烈。舞蹈无旋律伴奏，由鼓手敲击木鼓和铜鼓的节奏统一舞步，牛角不定时吹奏以增添气氛。

现在，瑶族猴鼓舞的民间传承人已寥寥无几，且年事已高，年轻人大多对此不感兴趣，使得仅靠口传心授方式传承的瑶族猴鼓舞面临同化、异化、失传和消亡的威胁。

瑶族长鼓舞

序号：657
编号：Ⅲ-60
批次：2
类别：传统舞蹈
申报地区或单位：湖南省江华瑶族自治县，广东省连南瑶族自治县，广西壮族自治区富川瑶族自治县

扩展名录：
瑶族长鼓舞（小长鼓舞）
　　广东省连山壮族瑶族自治县
瑶族长鼓舞（黄泥鼓舞）
　　广西壮族自治区金秀瑶族自治县

瑶族长鼓舞是瑶族的一种民间舞蹈，流行于广东、广西、湖南等省（自治区）的瑶族聚居地区。瑶族长鼓舞历史悠久，起源于瑶族祭盘王仪典和一些巫术活动中的舞蹈，现在发展成为群众性文娱活动，多在瑶族传统节日和庆祝丰收、乔迁、婚礼等喜庆的日子里表演。

瑶族长鼓中间小两头大，两头蒙牛羊皮，鼓身彩绘装饰，表演者可在击鼓的同时持鼓腰翻转起舞。瑶族长鼓舞表演的内容和动作源自生产生活，如建房造屋、犁田种地、制鼓、祭祀等，还有的是模仿禽兽姿态，表演形式有单人舞、双人舞和群舞。

在湖南江华，由于瑶族进入江华地区的时间和所处地理环境不同等原因，长鼓舞演变出盘古长鼓舞、芦笙长鼓舞、羊角短鼓舞、锣笙长鼓舞等多种形式。广东连南瑶族长鼓舞是隋唐时期排瑶祖先迁徙时带入的。每逢春节、三月三、六月六、十月十六等传统节日和耍歌堂的日子，排瑶必聚集到空地上吹响牛角、敲起铜锣、击长鼓而舞以欢庆节日。舞者右手以指掌拍打鼓头发出"咚"的一声，左手持竹片弹击鼓尾发出"啪"的一声，双手同时拍击鼓面发出近似"咣"的

301

一声，三种音响组合变化形成了长鼓舞的鼓谱。广西富川瑶族长鼓舞场面壮观，大长鼓、小长鼓、竹笛、芦笙、小锣一起表演，形成多部和声，同时，表演者还齐声呼号增添气氛。

瑶族长鼓舞的舞蹈语汇十分丰富，从各个方面反映了瑶族的生产生活习俗和宗教信仰。现在，制鼓人越来越少，表演艺人也日益减少，瑶族长鼓舞面临衰落的危机。

瑶族长鼓舞（小长鼓舞）
申报地区或单位：广东省连山壮族瑶族自治县

小长鼓舞是瑶族支系过山瑶的民间舞蹈，距今有一千五百多年的历史，流传在广东省连山壮族瑶族自治县三水联合村、三水口等过山瑶聚居地区，因其舞蹈所用鼓较小而称为小长鼓舞。

小长鼓是小长鼓舞的唯一舞具，用木质轻盈的泡桐木制作，中间的鼓腰细至成年人指掌可握。小长鼓舞素有"七十二套路"之称，主要有盖新房舞和造鼓舞。盖新房舞表演顺序为转天转地、寻屋地、挖屋地、铲屋地、平屋地、量屋地、垫石脚、砍木、量木、锯木、背木、架木马、承木、凿木、立柱、串方、承低、承高、上梁、拉梁等，直至安门、安神位，表现了盖新房的全过程。造鼓舞则表现祖先造鼓的全过程，寻鼓木、砍鼓木、量鼓木、斗鼓木、修鼓、封鼓、听鼓等。这其中的每套动作都须与动作"莲花盖顶"和"飘摇过海"相结合，构成独立的一组，如莲花盖顶—寻屋地—飘摇过海。每组动作均按逆时针走向，从东开始，到北、西、南四个方位各表演一次，回到原位后才做第二套动作，伴奏乐器有鼓、小锣、钹、堂锣、唢呐等。

小长鼓舞是过山瑶举行"还盘王愿"祭祀祖先盘王的重要内容，世代相传不绝。

瑶族长鼓舞（黄泥鼓舞）
申报地区或单位：广西壮族自治区金秀瑶族自治县

黄泥鼓舞是瑶族支系坳瑶的传统舞蹈，主要流传于广西金秀瑶族自治县的六巷乡、罗香乡的坳瑶聚居地区。黄泥鼓舞表演在坳瑶祭祀盘王活动时最为隆重，祭祀活动一般在秋收后进行，由一个村寨或几个村寨联合举行，也有的由一家一户举行。

黄泥鼓分公鼓、母鼓两种，公鼓腰部细长，母鼓腰部粗短，击打时要先用湿黄泥涂糊鼓面以校准鼓音，黄泥鼓也因此而得名。持黄泥鼓起舞的都是男子，母鼓斜着横背于胸前，以双手拍击；公鼓则竖起以左手持握，右手拍击。一般一只母鼓配四只公鼓，舞时母鼓是舞蹈的轴心，公鼓围着母鼓以顺时针方向跳转。母鼓的鼓点掌控整个舞蹈的节奏，公鼓则应和母鼓的鼓点。因此，打母鼓的常常是寨子里的老鼓手。

在跳黄泥鼓舞的过程中，还加入唱盘王歌的表演，由一名歌师带领身着节日盛装的少女，边唱边绕着舞队缓步而行。歌舞内容反映祖先来历和劳动生活场景。

公鼓和歌队把母鼓紧紧围绕，犹如群星拱月。母鼓手动作悠然自得，柔中有刚；公鼓手动作矫健有力，热情奔放。公鼓音色高亢激越，母鼓音色浑厚洪亮，一并击之，具有和声效果。不同音色的鼓乐在山谷中回荡，神秘而厚重。

瑶族人民逢年过节、喜庆丰收、祭祀祈祷等许多重要场合都会跳起黄泥鼓舞，承载着瑶族古老的文化内涵。

国家级代表性传承人名单

姓名	性别	申报地区或单位	入选批次
赵明华	男	湖南省江华瑶族自治县	3
盘振松	男	广西壮族自治区金秀瑶族自治县	4

彝族打歌

序号：667
编号：Ⅲ-70
批次：2
类别：传统舞蹈
申报地区或单位：云南省巍山彝族回族自治县

彝族打歌也称踏歌，是云南省巍山县彝族人民一种自娱性的民间舞蹈。据清代嘉庆时的《景东直隶厅志》记载，打歌当时已经广为流传。每逢节庆、婚嫁、聚会，人们都会彻夜歌舞。

彝族打歌多在晚上进行，人们在场地中央点燃篝火，以火为圆心围成一圈或数圈。打歌开始，圈子中央有几位称为歌头的人吹响自制的芦笙或笛子跳跃起来，然后大家就跟着踏步为节、边舞边唱，有的地方还用三弦和月琴伴奏。彝族打歌曲调众多，分别用于喜事、节日、忧事、庙会、平常娱乐，歌词主要是即兴创作，反映生活的方方面面。彝族打歌舞蹈动作套路丰富，随着歌唱内容不同而改变，动作源于对生产生活和动物形态的模拟，如斑鸠喝水、喜鹊登枝、孔雀开屏等。

打歌在巍山彝族聚居地区非常普及，四山八寨，风情各异。巍山打歌会盛大隆重。东山打歌有规定的日期和程序。西山打歌比较随意，只要芦笙一响，人们就围起来打歌。五印打歌活动时男子用手掩耳，用假嗓唱调，男女一唱一和，他们用汉语演唱打歌词，因此又叫打汉歌。马鞍山打歌活动时有一人舞关刀或棍，这一带每年正月初三至十五都要打歌，各村轮流做东道主。

从古到今，打歌就是彝家人生活的一部分。

国家级代表性传承人名单

姓名	性别	申报地区或单位	入选批次
茶春梅	女	云南省巍山彝族回族自治县	3

彝族葫芦笙舞

序号：139
编号：Ⅲ-36
批次：1
类别：传统舞蹈
申报地区或单位：云南省文山壮族苗族自治州

彝族支系花倮人的葫芦笙舞是一种古老的民族民间舞蹈，以躯体"S"形前后曲动的舞姿为其显著特征，流传于云南省文山壮族苗族自治州西畴县花倮人聚居的村落。在云南开化古铜鼓图饰上，有四个头戴羽冠、衣着羽衣、吹着葫芦笙翩翩起舞的舞人饰纹，舞姿正是典型的"S"造型。这证明彝族葫芦笙舞由古滇舞蹈传承而来。

在重要的节日，花倮妇女身着盛装，在葫芦笙的伴奏下围成圆圈跳舞。传统的花倮葫芦笙舞是男吹女跳，舞蹈有牙虐（站着跳）、牙庆（起步跳）、牙拉（移步翻身）、牙降（走圆圈）、牙稳（穿花）、牙搞（对点头）和牙敢（前跳又后跳）七种套路。每一种套路配有不同的葫芦笙舞曲，音乐大多节奏缓慢，基本舞姿是以一拍一次的膝部屈伸来带动腰肢、胸部和下颌呈"S"形前后扭动。舞蹈时，不管队形怎样变化，舞圈都要不断向右或沿逆时针方向行进。

花倮人的葫芦笙制作工艺特别，五根长短不一的竹管，根部嵌竹制或铜制簧片，插入葫芦制成音斗。其中三根管侧面开有音孔，最短的一根在音斗背后开有音孔，最长的一根顶端还套有一个小葫芦，以增加共鸣效果。

过去，由于花倮人长期居住于高山之巅，人口稀少而又几乎处于与外界隔绝，花倮葫芦笙舞完全保留了原始舞蹈的遗风。如今，由于生产生活方式的改变，彝族葫芦笙舞的文化内涵逐渐减弱，表现形式日趋单一，应尽快加以保护和抢救。

国家级代表性传承人名单

姓名	性别	申报地区或单位	入选批次
钟天珍	女	云南省文山壮族苗族自治州	2
杨应金	男	云南省文山壮族苗族自治州	2

彝族老虎笙

序号：669

编号：Ⅲ-72

批次：2

类别：传统舞蹈

申报地区或单位：云南省双柏县

彝族老虎笙也称跳老虎，是一种兼具祭祀性和自娱性的传统舞蹈，属于云南省楚雄州双柏县法脿镇小麦地冲彝族罗罗颇支系的舞种。

小麦地冲彝族人民虔诚地崇虎，他们的先民认为虎尸分解形成了万物。每年农历正月初八至十五，是当地一年一度的虎节，又称老虎笙，全部仪式由接虎神、跳虎舞、虎驱鬼扫邪和送虎四部分组成。其间，人们祈福消灾，合族同乐。

跳老虎笙的队伍一般有16人，分别装扮成8只虎、2只猫、2名山神和1名道人，此外还有2个击鼓者和1个敲锣者。跳虎者用灰黑色的毡子捆扎成有虎耳、虎尾的虎皮披在肩上，脸、手、脚等身体裸露部位分别用各色颜料画上虎纹，装扮成老虎的样子，在铓锣和羊皮扁鼓伴奏下入场跳虎图腾舞。彝族老虎笙有表现老虎生活习性的12套虎舞和表现生产劳动的一系列舞蹈，其中有老虎开门、老虎出山、老虎招伴、老虎搭桥、老虎接亲、老虎交尾、老虎收割等动作。

作为彝族虎图腾的活史料，老虎笙承载了许多历史文化信息和原始记忆。目前，受到民俗活动商业化的影响，彝族老虎笙原生态的面貌已经发生改变，亟须相关措施予以抢救和保护。

彝族铃铛舞

序号：666

编号：Ⅲ-69

批次：2

类别：传统舞蹈

申报地区或单位：贵州省赫章县

彝族铃铛舞俗称跳脚，彝语为垦合呗，是彝族人民祭祀活动中的一种传统民间舞蹈，主要流传于贵州省赫章县珠市乡、雉街乡及周边地区。其历史可以追溯到公元前8世纪彝族先民笃尔帝分封六侯的时代。那时，各诸侯氏族部落全民皆兵，在国王首领举行祭祀追悼先王时，都要组织兵马队和歌舞队展示骑战风采，表演者舞动时摇响手中的马铃控制节奏，铃铛舞由此得名。

过去的彝族铃铛舞只在丧葬祭祀场合演跳，舞者皆为男性。祭祀开始，各家带领人马扛着彩旗，敲锣打鼓，吹长筒号和唢呐，拿灯笼火把，浩浩荡荡，围绕灵房绕场，铃铛舞队随之边行边舞。两人扛五彩纸马在队伍中穿插，如骏马奔驰。绕至灵前空地，队伍要绕行太极图、"之"字形和马蹄拐三个图案，如古代军事检阅的阵式。绕灵后，歌师对歌，铃铛舞队又到灵柩前跳舞。舞者右手执马铃铛，左手执彩带，以腰部为轴心，腰腹前后左右来回旋动，双手左右上下转腕摇铃挥舞彩带，时而抬首后仰，时而弓步前倾，时而下蹲，时而靠地翻滚。舞蹈风格豪放粗犷。经过改编后的彝族铃铛舞形式和内容都有所变化，女子也可以参与表演。

现在，随着文化生态环境的改变和老艺人的相继去世，彝族铃铛舞的文化内核也渐渐瓦解，亟须抢救和保护。

彝族三弦舞

阿细跳月、撒尼大三弦

序号：672
编号：Ⅲ-75
批次：2
类别：传统舞蹈
申报地区或单位：云南省弥勒县、石林彝族自治县

彝族三弦舞是彝族的一种民间舞蹈，主要流传于云南彝族聚居区，在不同的地区或不同的彝族支系对其有不同的称谓，风格也有所差异。

彝族三弦舞是一种群体性舞蹈，男女都可参加，但跳舞时只有男子使用三弦，女子只是踏节伴舞。根据使用三弦的大小不同，彝族三弦舞可分为大三弦舞和小三弦舞两种。一般年轻人跳节奏欢快、情绪热烈的大三弦舞，中老年人跳节奏较为缓慢的小三弦舞，基本动作都是走三步踢两脚，并以此为基础不断地变换队形。

长期以来，欢乐祥和的彝族三弦舞在增强群体意识、促进民族团结方面发挥着积极的作用，也为舞蹈起源和发展的研究提供了宝贵的材料。

彝族三弦舞（阿细跳月）
申报地区或单位：云南省弥勒县

阿细跳月是彝族支系阿细人的代表性民间舞蹈，因多在月光下的篝火旁起舞而得名，阿细语称之为"嘎斯比"，意为欢乐跳。阿细跳月在云南省弥勒县彝族阿细人聚居的村寨及泸西、陆良等地广泛流传。

阿细跳月突出的特点是男青年挎着一个大而沉重的大三弦边弹边跳，女子踏节伴舞。舞者双臂左右摆动、按节拍掌的同时，换脚跳三步，空中蹬两脚，由五拍组合成"三步弦"，舞步有踹脚跳、鹤步单腿跳、弹跳步等。阿细跳月整个舞蹈过程保持较大幅度的跳跃状态。相传很久以前，阿细地区的人们过着刀耕火种的奴隶生活。每到播种季节，为了抢时间，人们就赤脚在尚有烧荒余火的田地上翻地劳作，为使双脚少受灼烧，便一边跳跃一边劳作。在这种跳跃动作的基础上，逐渐发展出今天的阿细跳月。

阿细跳月参加者少则几人，多则上千人，多在祭祀、节日和盛典时表演，可分为老人舞和青年舞。表演时，大家随着领舞者不时变化队形，如潮涨潮落，不时发出"阿啧啧"的呼号和尖啸的口哨声，气氛炽热。伴奏乐器除了三弦外，还有大中小竹笛、三胡、月琴、唢呐、哨子等彝族民间自制乐器。

阿细跳月展现了独特的阿细文化特征，现在，许多传统的舞蹈套路失传，原生态的阿细跳月正渐渐消失，亟待保护。

彝族三弦舞（撒尼大三弦）
申报地区或单位：云南省石林彝族自治县

撒尼大三弦是彝族支系撒尼人的一种民间舞蹈，撒尼人大多聚居在云南省石林、丘北一带。

大三弦是撒尼人娱乐、抒情的主要乐器。大三弦的筒腔用椿木等木质较轻的木材制作，

既可用一整段原木掏挖出腔体，也可用多块木板拼接胶粘而成，腔筒口蒙以羊皮为面，然后配上三弦杆、三根皮线等制成。

大三弦舞又叫快三步，是撒尼人借鉴阿细跳月发展起来的一种集体舞蹈，主要特点是在三步一踢的基础上变化队形。舞蹈时，男子边弹边跳，女子先是手牵着手踏着节拍呈"一"字形横排急步向男子跳过来，然后面对面拍掌起舞。女子跳三步以后一般会转身360°，因为运动量大，每次跳四五分钟后需要休息片刻。

大三弦舞节奏明快，情绪热烈，比较适合年轻人，所以又叫青年舞。每到夜晚，哨声脆响，金笛齐鸣，急迫的弦声响起，青年男女欢快地跳起大三弦，伴之以歌唱和"哦哦"的呼声，与乐声、掌声一起掀起激昂的声浪。

撒尼人家家都有大三弦，人人都会跳大三弦，大三弦是撒尼人生活中不可或缺的一部分。

彝族跳菜

序号：668

编号：Ⅲ-71

批次：2

类别：传统舞蹈

申报地区或单位：云南省南涧彝族自治县

彝族跳菜又称奉盘舞或抬菜舞，是一种礼节性风俗舞蹈，流传于云南省南涧无量山、哀牢山一带彝族聚居区。它起源于祭祀，其历史可追溯至母系社会。

彝族跳菜有宴席跳菜和表演跳菜两大类。无论是婚丧嫁娶，还是喜庆节日，彝家人办宴席时桌子往两面摆开，中间留路。宴席跳菜开始，只听数声锣响，大号、唢呐齐鸣，主持办事的总理一声令下，两位跳菜者从厨房里相继而出，他们头顶托盘，双手各托一个托盘，在忽高忽低、忽急忽缓的音乐声中一边跳舞一边做怪相，时而"苍蝇搓脚"，时而"鹭鸶伸腿"，还有两位手舞毛巾的搭档如彩蝶戏花般前后左右跳跃，幽默滑稽，而跳菜者托盘里装得满满的菜碗丝毫不洒。跳菜者多为男性，两人一对，一对跟着一对跳，姿势各异，变化多端。

按上菜方式不同，彝族跳菜可分为头功跳菜、口功跳菜和手功跳菜三种。其中最有特色的是口功跳菜，跳菜者口中紧衔两柄大铜勺，勺上各置一碗菜，头上顶着装满菜的托盘，边跳边上菜。跳菜要功夫，摆菜也有讲究，常见的摆法有回宫八阵、梅花形、一条街等。

表演跳菜以宴席跳菜为基础、以彝族打歌步伐为舞步形成，又可分为舞台跳菜和广场跳菜两种形式。

彝族跳菜是一种特有的饮食文化，体现了彝族人民的热情好客。

国家级代表性传承人名单

姓名	性别	申报地区或单位	入选批次
鲁朝金	男	云南省南涧彝族自治县	3

彝族烟盒舞

序号：140

编号：Ⅲ-37

批次：1

类别：传统舞蹈

申报地区或单位：云南省红河哈尼族彝族自治州

彝族烟盒舞又称跳弦、垄偬、跳乐等，是云南彝族支系尼苏泼的一种群众性民间舞蹈，因舞者手拿竹或木棉蝗烟盒起舞而得名。彝族烟盒舞历史悠久，元明时期已趋于成熟，现流传于滇南个旧、石屏、建水、蒙自、开远、通海、元江等地的彝族聚居区。

彝族烟盒舞包括正弦和杂弦两部分，舞蹈套路有二百多套，目前搜集整理了117套，其中正弦62套，杂弦55套，跳舞时一般先跳正弦，然后才能跳杂弦。正弦只有乐器伴奏，舞者光跳不唱。每套正弦的命名根据动作而来，如三步弦就由登步、过堂步和蹲步剪子口这三种动作组合而得名。杂弦大多数是载歌载舞的，又分为自娱性和表演性两种形式。

烟盒舞舞蹈形式多样，有双人舞、三人舞和群舞等，舞者手持旧时盛火草烟的圆形木制烟盒，在四弦的伴奏下，弹击盒底击节起舞，节奏明快，气氛热烈。舞蹈动作大多来自生产生活，如斗蹄壳明显模仿动物斗蹄子而来，踩谷种、踩茨菇则反映农业耕作，还有仙人搭桥、蚂蚁搬家、倒挂金钩等技巧动作。

彝族烟盒舞既可健身又可怡情，深受群众喜爱，有山区和坝区两种风格和多种流派。但随着时代变迁，吃火草烟的习俗已经消失，彝族烟盒舞的许多套路已经失传，亟待抢救。

国家级代表性传承人名单

姓名	性别	申报地区或单位	入选批次
施万恒	男	云南省红河哈尼族彝族自治州	2

彝族左脚舞

序号：670
编号：Ⅲ-73
批次：2
类别：传统舞蹈
申报地区或单位：云南省牟定县

彝族左脚舞，古名堕左脚，是云南省牟定彝族人的一种传统民间舞蹈，距今已有一千多年的历史。

左脚舞在彝族不同的支系中有不同的跳法和称谓，其中俚颇支系玛咕和倮倮颇支系的咕遮比较有代表性。玛咕又称老年舞，共24跺脚，舞者一般都在40岁以上，以三胡为主要伴奏乐器，节奏舒缓平和，舞蹈动作古朴优雅。在活动中，必须由村中的长者跳完玛咕后，年轻人方可尽情欢跳。咕遮参与面广泛，但凡喜庆节日、聚会宴席、农闲时节，人们便会自发邀约，少则十几人，多则成百上千人，田间地头，院内棚下、姑娘房中，小伙子们弹起彝家自制的龙头四弦，姑娘们和之以舞，边跳舞边唱左脚调，通宵达旦。

彝族左脚舞以先跐左脚再出右脚为主要特征，注重脚步的整齐和协调，脚步的基本动作有三跐一、置脚、跐脚、踏脚、提脚、赶脚、合脚等，双腿的颤动贯穿始终。不同舞蹈有不同的上身动作和组合，一个调子一种跳法，目前牟定境内共有三百多支左脚调，也就是说，左脚舞有三百多种跳法。左脚调的唱词从内容上分为爱情、赞颂、叙事、讽刺、幽默、劝世、教育、敬酒八大类，囊括了彝族人民生活的方方面面。

在民俗活动商业化的影响下，彝族左脚舞的文化内涵逐渐消解，具有歌、舞、乐综合能力的传承人越来越少，亟待抢救保护。

翼城花鼓

序号：114
编号：Ⅲ-11
批次：1
类别：传统舞蹈
申报地区或单位：山西省翼城县

翼城花鼓是集歌、舞、技为一体的综合表演艺术，是山西省翼城县百姓庆丰收、祭祖先的例行表演形式。翼城杨家祠堂牌匾上写道："唐太宗坐定长安城，黎民百姓喜在心，年年有个元宵节呀，国邦定，民心顺，国泰民安喜迎春，花鼓打的热哄哄。"落款为大唐贞观三年正月。《翼城县志》有"明万历年间李太后回翼城省亲赏花鼓银子三千两"的记载，可见翼城花鼓在明万历以前就已存在。

翼城花鼓动作粗犷，节奏欢快，情绪热烈。表演形式以行进表演和广场表演为主，也有舞台表演。其乐器比较简单，有花鼓、大苏锣（背花锣或大锣）、呆锣（斗锣或引锣）、小战鼓（俗称救鼓子）等。翼城花鼓根据表演者挂鼓的不同部位分为头鼓、肩鼓、胸鼓和腰鼓等，一个鼓手最少挂三面鼓，最多能挂九面。鼓手双手在身体的上、下、左、右、前、后快速击打，移动时动作幅度大、速度快，耸肩瞪眼，表情夸张。整个表演鼓点始终清脆响亮，接连不断，群鼓飞舞时更是气势宏伟。其艺术风格可概括为：气势逼人似猛虎，神态逗人像顽猴，灵巧多变节奏快。翼城花鼓唱腔多为当地民歌，一般由花鼓手和女苗子（旦角）领唱，众人齐和，舞中带唱，唱中带舞。

翼城花鼓世代流传，为后人了解古代翼城的社会变迁、历史沿革提供了一份珍贵的史料，同时也是音乐学、民俗学等领域的重要研究课题之一。挖掘、整理和保护翼城花鼓对丰富民间舞蹈将起到积极的推进作用。

国家级代表性传承人名单

姓名	性别	申报地区或单位	入选批次
杨作梁	男	山西省翼城县	2

英歌

普宁英歌、潮阳英歌

序号：111
编号：Ⅲ-8
批次：1
类别：传统舞蹈
申报地区或单位：广东省揭阳市、汕头市

扩展项目：
英歌（甲子英歌）　　　广东省陆丰市

英歌，又称鹰歌、鹦哥、唱英歌或秧歌，是一种融舞蹈、南拳套路、戏曲演技于一体的民间广场舞蹈，流传于广东、福建等地，多由男子表演，有歌颂英雄的含义。

英歌已有三百多年的历史，其来源有多种说法，主要的三种是傩舞说、秧歌说和《水浒传》说。英歌一般在逢年过节时演出，演出分为前棚和后棚两段。前棚为锣鼓乐演奏和英歌舞，后棚为各具特色的小戏。英歌舞的基本动作是舞棒，舞者多为双数，舞时每人各执两根被称为英歌槌的圆形短木棒——一般直径十厘米、长二十厘米，双手随锣鼓节奏挥动双棒交错翻转叩击，头和身体随之自然晃动。双脚成骑马蹲裆步，提腿横向跃动。

英歌按节奏划分有慢板、中板、快板三类，表演套路有洗街、拜年、布年、背槌、过胯等，舞蹈极具阳刚之美，舞至高潮，呐喊声与乐声响彻四方，气势磅礴，震撼人心。英歌不仅有浓郁的地方特色，其突出的精神价值、社会价值和艺术价值也得到社会各界的认可。

目前因传承人老化等原因，英歌队伍青黄不接，出现濒危状况，亟待抢救保护。

◎ 传统舞蹈

英歌（普宁英歌）
申报地区或单位：广东省揭阳市

普宁英歌流传于广东省揭阳市普宁地区，迄今已有三百多年的历史。

普宁英歌主要表现梁山泊英雄攻打大名府的英雄气概。除了玩蛇者外，表演人数应该是偶数，少则24人、36人，多则72人，最多可达108人。表演者按梁山泊英雄形象造型，勾画脸谱，着紧身短打武士服，手执特制双短棒叩击起舞，配以锣鼓、螺号伴奏。

普宁英歌全班表演分为三部分。前棚是唱英雄，是全班的主要部分。表演时队列变化丰富，有双龙出海、猛虎下山、麦穗花、田螺圈等图形，动作套路也很丰富，均由练兵和攻城的阵法演变而来。表演的主要情节有下山打探、急水渡泊、化装卖艺、乘机闯府、救卢出府、英雄会师、凯旋归山等。

中棚是化装拉弦唱戏，有《洗佛》《牵猪》《拖车》《抛网》《双摇橹》《桃花过渡》等节目，每次演出不少于三个节目。

后棚为打布马。一身穿清朝服、头戴红缨帽、挂鼻须的老爹手执双铜，腰装一头布马做骑马的姿态，与一和尚装扮、手持长棍者对打。最后以老爹被打败而逃走作为整个活动的结束。

壮美阳刚的普宁英歌在当地是扬正压邪、吉祥平安的象征，深受群众推崇，具有广泛的群众基础和社会基础。它在发展过程中还出现多个流派，如代表慢板英歌的南山英歌、代表中板英歌的泥沟英歌等。

英歌（潮阳英歌）
申报地区或单位：广东省汕头市

流传于广东省汕头市潮阳区的潮阳英歌是民间广场舞蹈和傩文化形态的延续，并在其发展中吸收融合了北方鼓子秧歌等多种民间艺术形式，成为集戏剧、舞蹈、武术于一体的综合民间艺术。

潮阳英歌按舞蹈节奏可分为慢板、中板和快板三种。

慢板英歌节奏较慢，鼓点中间有停顿和拉长。表演者所用舞棒较长，舞法是由三槌或四槌构成的一组动作，慢中见势，势中显气，凝重古朴。其中的醉槌英歌，舞时舞者形似醉汉，别具神韵。

中板英歌节奏比慢板英歌略快，鼓点连续不断。五槌、七槌、八槌、十槌、十一槌、十三槌都可构成一组动作，舞步以南拳中的大战马为基础。表演形式灵活多变，司鼓兼指挥者化装为宋江。慢板英歌和中板英歌主要流传于潮阳文光、棉北、城南一带。

快板英歌的鼓点紧、节奏快。表演者画梁山好汉脸谱，表演形式、套路和图案多生变化。表演者所用的英歌槌较短，运槌灵便。快板英歌还分为对打套式、南山文派和南山武派三类。

潮阳英歌极具阳刚之气，以豪放遒劲著称。

英歌（甲子英歌）
申报地区或单位：广东省陆丰市

甲子英歌流传于广东汕尾陆丰市甲子镇，作为民间敬神的活动。英歌舞明初从福建传入陆丰甲子镇，后来经过当地武师的改编，形成了今天特色鲜明的甲子英歌。

甲子英歌是队列式舞蹈，表演队伍分为四大行列，分别负责打义旗、舞英歌、演小戏和扛大旗，主要表现梁山泊好汉乔装打扮攻打大名府的场面。

甲子英歌表演队伍定制为一百零七人，表演时，先由手舞银蛇的时迁领头，往前冲杀，接着李逵带领两行队列紧跟而上：武生脸谱的武畔手舞双棒，花脸脸谱的文畔旋转手中的小铃冬鼓，每人脚穿带有小铜铃的草鞋，伴随鼓点一上一下同时起落。李逵指挥队列在行进中分行、合拢，变化各种队形，舞者边舞边前行，主要动作有削槌、伏槌、掺槌等，动作中还有击打、拾步、返身、背向等武术招式。舞棒的敲击声、鼓声、脚下的铜铃声与伴奏的锣鼓声，和着舞步齐鸣，别有气势。

舞蹈进行中，两个花鼓婆踩在花鼓公肩上，手舞小棒，在英歌舞队周围来回走动表演。英歌舞队后面的小戏也是边走边演，有《偷抱猪仔》《傻婿上厅》《公背婆》等滑稽有趣的节目，使整个舞蹈既刚劲豪迈又轻松活泼。

国家级代表性传承人名单

姓名	性别	申报地区或单位	入选批次
陈来发	男	广东省揭阳市	2
杨卫	男	广东省汕头市	2

永新盾牌舞

序号：113
编号：Ⅲ-10
批次：1
类别：传统舞蹈
申报地区或单位：江西省永新县

扩展名录：
盾牌舞（藤牌舞）　　浙江省瑞安市

盾牌舞是来源于古代军中盾牌战术的一种民间舞蹈，又叫男子群舞藤牌舞或滚挡牌，主要流传于江西永新的龙源口、烟阁等地，是当地元宵节不可缺少的节目，至今已有二百多年的历史。

传统盾牌舞的表演形式颇具悲壮色彩，习练前舞者要在族长的带领下杀雄鸡祭祀祖先牌位。盾牌舞主要表现两军对垒破阵、相互攻守的战斗场面，由男子集体表演。表演时，舞者右手握兵器，左手执盾牌。两名铁叉手与众多（八个以上）牌丁在一系列动作中，变幻出四角阵、一字长蛇阵、八字阵、黄蜂阵、搭牌、龙门阵、荷包阵、打花牌等八个阵式。舞者动作幅度小、频率快，表演时需掌握"推、挡、搭、架、逼、闪、跌、滚"八字诀，做到功架不倒，疾而不乱。

盾牌舞的盾牌由竹、藤编扎后蒙上兽皮制成，有圆形、椭圆形、燕尾形、长方形等，牌面图案大都是各种动物的首形，造型威武。盾牌舞的伴奏音乐是在打击乐的基础上融入灯彩唢呐曲牌中的快板锣鼓等形成的。音乐随着表演情节的发展时缓时急，加上短刀响环撞击声和演员们"嗬嗬"的呐喊声，现场气氛十分热烈。

在永新一带，盾牌舞深受民众喜爱，有不练盾牌不是男子汉的说法。就艺术价值而言，盾牌舞集武术、杂耍、舞蹈、造型于一体，是地方文化的典型代表。

现在，文化生活的快速变化以及老艺人的相继去世，使盾牌舞面临失传的危险，抢救工作刻不容缓。

盾牌舞（藤牌舞）
申报地区或单位：浙江省瑞安市

藤牌舞是一种以藤牌为主要道具、模拟古代练兵的传统舞蹈，流传于浙江省瑞安市。因为该舞蹈摆阵多、滚翻动作多，当地人又称之为打藤牌、藤牌阵、藤牌滚等。

明嘉靖年间，瑞安曾先后六次遭倭寇抢掠烧杀。镇守闽浙的名将戚继光创建浙兵，用藤牌作为抗倭杀敌的防御武器，取得了最终的胜利。藤牌就此成为明清两朝军队的主要兵器，并形成了一整套技巧动作。后来，一些瑞安籍的老兵和团勇把军事操练动作编成藤牌舞，在庙会和一些庆典活动中进行表演，受到民众推崇，藤牌舞便延续下来。新中国成立后，经过当地民间艺人的整理加工，藤牌舞成为结构完整、有一定情节性的演出本。从出场造型开始，到六首操、打对子、偷营劫寨、庆功唐牌结束，表演套路有双刀战藤牌、流星枪战藤牌、双铜拦云棍、匕首藤牌、洋枪和藤牌对打、单刀皮牌、槌叉战藤牌、阵头刀阵头叉等，配以《将军令》《得胜令》等乐曲，伴奏乐器有大鼓、锣、大钹、长号、唢呐等。

改编后的藤牌舞风格鲜明，更适合广场和舞台演出。

国家级代表性传承人名单

姓名	性别	申报地区或单位	入选批次
吴三桂	男	江西省永新县	2

余杭滚灯

序号：119
编号：Ⅲ-16
批次：1
类别：传统舞蹈
申报地区或单位：浙江省杭州市余杭区

扩展项目：
滚灯（奉贤滚灯）　　上海市奉贤区
滚灯（海盐滚灯）　　浙江省海盐县

余杭滚灯是节庆和灯会期间表演的具有强烈竞技特点的民间舞蹈，起源并流传于浙江余杭翁梅一带。南宋诗人范成大在诗作《上元纪吴中节物俳谐体三十二韵》中有如下描绘："掷烛腾空稳，推球滚地轻"，可见滚灯已有八百多年的历史。

余杭地处杭州近郊，南宋时为京畿之地，各种庙会活动频繁，滚灯作为其中的特色节目盛行一时。余杭翁梅临钱塘江北岸，古代盐业兴旺，海盗频频入侵，当地民众又以滚灯竞技来震慑海盗。数百年来，余杭民众一直把滚灯作为一种吉祥之物、强体之宝、娱乐之器，世代相传。

滚灯使用的主要道具是由竹篾编成的球，有大、中、小三种，大的直径一米多，重一百多斤。球的中心装一竹编球形小灯，内燃蜡烛，有红、黑之分，红心的称文灯，黑心的称武灯。余杭滚灯有霸王举鼎、金猴戏桃、旭日东升、荷花争放等九套二十七个动作，融体育和舞蹈于一体，深受群众喜爱。

现在，传统庙会大多消失，滚灯活动机会减少。再者，滚灯制作工艺传人已所剩无几，有濒临失传的危险，发掘、抢救和保护余杭滚灯的工作十分紧迫。

滚灯（奉贤滚灯）
申报地区或单位：上海市奉贤区

奉贤滚灯是起源并流传于上海市奉贤区西部的一种民间舞蹈，当地人称之为跳滚灯，至今已有七百多年的历史。

奉贤地处杭州湾入海口，历史上水患频繁，于是民间产生了戴二郎神面具舞滚灯以求降伏水魔的祭祀仪式。在长期的发展过程中，奉贤滚灯从祭神走向娱人。每逢奉贤各镇灯会或者节庆，必有滚灯表演。滚灯体积大，在人群拥挤的地方舞动起来，围观人群马上就闪到两边，为后面的表演队伍开了路。因此，滚灯表演一般在最前面，被民间称为百灯之王。

奉贤大滚灯直径1.20米，重约三十公斤，中滚灯直径0.80米，小滚灯直径0.35米，均用毛竹片扎制。大滚灯有白鹤生蛋、鲤鱼卷水草等动作，集中跳、爬、窜、转、旋、腾、跃、甩等多种肢体语言。中滚灯和小滚灯也有各自的代表动作，彩云拱月、嫦娥盘头等中滚灯动作与小滚灯的小花、甩手等动作相互配合，大、中、小三种滚灯的各种动作套路组合使表演丰富多彩。滚灯表演以锣鼓伴奏，服饰以民间戏服为主。

现在，滚灯老艺人相继谢世，年轻人多不愿学习，一些高难度技巧失传，亟须加大抢救扶持的力度。

滚灯（海盐滚灯）
申报地区或单位：浙江省海盐县

海盐滚灯是浙江民间在节庆和灯会期间表演的一种竞技舞蹈，起源于浙江省嘉兴市海盐县，南宋和清代的海盐地方文献中对滚灯均有记载，距今已有八百多年的历史。

海盐历史上经常遭受海患和海盗侵袭，形成了当地的尚武之风，民间一直盛行滚灯竞技比武活动。比武时有的村出红心灯，有的村出黑心灯，夺到黑心灯的村是胜者。滚灯后来发展成为海盐庆祝元宵节的固定项目，现在又被搬上了舞台。

海盐滚灯动作套路丰富，有的重技巧，有的重力度。舞蹈时，表演者除了不停地上下左右旋转竹灯外，还要围着灯做虎跳、旋子等翻滚动作，并辅之以晃手、涮腰、踏步翻身等古典舞蹈动作。

海盐滚灯以节奏较快的锣鼓乐曲伴奏，以烘托紧张气氛，是当地人民文化活动的重要内容。

国家级代表性传承人名单

姓名	性别	申报地区或单位	入选批次
汪妙林	男	浙江省杭州市余杭区	4

藏族螭鼓舞

序号：689

编号：Ⅲ-92

批次：2

类别：传统舞蹈

申报地区或单位：青海省循化撒拉族自治县

藏族螭鼓舞是一种大型民间祭祀仪式舞蹈，流传于青海省循化撒拉族自治县藏族聚居区，于每年农历六月举行，旨在祈求神灵保佑、禳灾驱邪。螭是传说中的龙生的九子之一，嘴大能吞海，螭鼓舞就是对水龙的祭祀。

藏族螭鼓舞流传下来的有单击鼓、双击鼓、绕环等十三段（套）动作，结构严谨完整，动作整齐划一，舞者不能自由发挥。其中循化宁巴村的螭鼓舞比较有代表性，表演时由多名男子组成舞队，舞者头戴五峰吉祥帽，身披金色菱形披肩，左手执彩绘羊皮鼓，右手拿鞭，脚系响铃，一边击鼓一边跳跃舞蹈，并无乐器伴奏。前曲腿勾脚击鼓与膝部曲伸颤动构成藏族螭鼓舞独特的律动，舞姿棱角分明，富于阳刚之美。表演队形有顺时针方向走圆圈、方阵、螭摆尾、斜线交叉、螺旋绕圈等。每一段动作变化一种队形，领舞者以鼓点为信号指挥每段动作的起始结束。

藏族螭鼓舞以集体舞形式表现请神、敬神、送神、降魔等祭祀过程，反映了原始宗教的面貌。近年来，由于社会环境的急剧变化，这一古老的舞蹈样式陷入生存困境，出现了传承危机。

国家级代表性传承人名单

姓名	性别	申报地区或单位	入选批次
道吉才让	男	青海省循化撒拉族自治县	4

㑇舞

序号：137

编号：Ⅲ-34

批次：1

类别：传统舞蹈

申报地区或单位：四川省九寨沟县

㑇舞是四川白马人的一种民间舞蹈。㑇舞在白马语中意为吉祥面具舞，汉语俗称十二相舞。它源于白马人崇尚万物有灵的原始时期，带有一定的祭祀性质。

㑇舞一般由7人、9人或11人表演。表演者在浑厚有力的鼓号声中，头戴木雕面具以碎步沿逆时针方向转圈而舞，舞姿多模拟各种禽兽的动作。领舞者戴号称百兽之王的狮头面具，其余舞者所戴面具依次为牛头、虎头、龙头、豹头、蛇头、鸡头、小鬼、大鬼。不同部族所戴面具略有差异，但大多凶猛夸张。㑇舞以圈舞的点踏步、穿花的踮跳步为基本步伐，舞蹈的基本动律以蹉步、小腿划圈蹲步、左右跳转圈为主，结合粗犷神秘的上肢动作，栩栩如生地表现了所扮动物的形态，体现了白马人独有的审美意识。

㑇舞舞蹈组合的第一套动作叫纽，一般在大型的祭祀活动和神灵面前表演，如祭祀祖神和祭山时。第二套动作叫尕，汉语俗称跳小鬼，一般在场坝里表演。它是双人舞，舞者代表一公一母，其中母的一方为男扮女装，舞蹈展现白马人男欢女爱的情景。第三套动作称央，是一套祝福的舞蹈，多用于走村串户、礼拜长辈和互道祝愿。

㑇舞的整体仪式充分体现了白马人对大自然的崇拜，传达了白马人希望与自然和谐相处的心愿，同时也体现了远古时百兽率舞的文化遗存。现在，经过几代文艺工作者的艰苦努力，收集和整理了一批内容相对完整的㑇舞资料，使濒临失传的古老㑇舞得到了保护。

竹马

东坝大马灯、邳州跑竹马

序号：641

编号：Ⅲ-44

批次：2

类别：传统舞蹈

申报地区或单位：江苏省高淳县、邳州市

扩展项目：
竹马（蒋塘马灯舞）　　江苏省溧阳市

竹马也叫跑马灯、活马、竹马灯，是一种传统的民间舞蹈样式。它大约始于宋代，经过历代民间艺人反复实践，形成了固定的表演形式，多在春节、元宵节的庙会中演出。

竹马的制作一般是先用竹篾扎成骨架，再在外面糊上数层厚纸，彩绘后涂抹桐油而成。马脖部位系铃铛，马身下面围白布，白布上画有奔驰状的马腿。表演者于腰背部位系上做好的竹马，表演时作骑马状，边演边走。表演动作比较简单，以跑动走场为主，不断变换步法和队形，观众则一路追看，气氛喜庆热烈。竹马表演的人数可多可少，一人为独马，做跳卧等表演；二人表演《小两口回家》；四人则多演《三英战吕布》。竹马表演用锣、鼓、镲等打击乐器伴奏，也有的地方用唢呐吹奏民间乐曲，加强节奏感。

竹马现在面临艺人老化、道具陈旧等一系列问题，急需进行抢救性的扶持和保护。

竹马（东坝大马灯）
申报地区或单位：江苏省高淳县

流传于江苏省高淳县的东坝大马灯起源于唐，盛行于明清，至今已有千余年的历史。

东坝大马灯用竹制马架、绒布做马皮，并饰以马鞍、缰绳、铜铃等，形神兼备。其马形道具比较大，由两人合作表演一匹马。前面一人戴道具扮马头，后面一人曲身紧抓前面人的腰带，披戴马皮道具作马身，两人互相牵制，表演难度较大，需要苦练才能达到协调统一，把假马演活了。

东坝大马灯表演队列一般由七匹马组成，音乐响起，扮作刘备、关羽、张飞、赵子龙、黄忠、马超、旗牌报手等三国人物的演员跃马出征，在旌旗招展、战鼓雷鸣中策马扬鞭，不断变换阵法，由跑单穿、双穿、布阵列队、信马由缰，到围阵对敌。七匹马昂首长啸，奋蹄奔腾，栩栩如生。最后，马队按"天下太平"四字的笔画走阵收场。

东坝大马灯的表演人员都是东坝村村民，往往老少三代同台表演，体现了高淳人民崇尚忠义的思想和对和谐社会的向往。

竹马（邳州跑竹马）
申报地区或单位：江苏省邳州市

邳州跑竹马又称竹马舞、竹马会，流行于江苏省邳州的滩上镇、八路镇、官湖镇、燕子埠地区，在当地已有二百多年的历史。

称之为跑竹马，是因为整个表演过程最突出的特点就是跑，"跑出姿态、跑出阵势、跑出气势"是邳州跑竹马的要领。表演者扮作不同历史人物，腰挂竹扎坯、纸糊面制成的马或麒麟跑出各种阵势。其阵势有一字长蛇、二龙取水、三裁阵、四门兜底、五虎寻羊、八卦阵、十字梅花、剪马股、双套环、单套环、双穿花、狗尾圈等，表演节奏由慢渐快，逐渐进入高潮。整个舞蹈以"跑"字贯穿始终，强调"阵法千变、一人不乱"，跑出的阵容要棱角分明，前后距离均匀。

邳州跑竹马在跑阵中表现一定的内容情节，有《五马投唐》《杨家将》《金兀术打围》《鞑子游春》等诸多节目，依附于跑竹马活动的民间舞蹈还有《姜老驮姜婆》《旗锣会》《大锯缸》《两小鬼打架》等。

邳州跑竹马表演过程以打击乐、唢呐及歌唱等音乐形式伴奏，载歌载舞，场面热闹非凡。邳州跑竹马具有浓郁的乡土气息和地域文化特点，舞蹈内容也极具历史文化内涵，表现出强烈的爱国精神，在一定程度上代表和反映了民间艺术的价值取向。

20世纪90年代以来，当地政府坚持"保护为主、抢救第一、坚持演出、继承发展"的原则，探索政府保护和民间保护相结合、财政投入和社会资助相结合的路子，正努力把邳州跑竹马的保护工作提高到一个新的水平。

竹马（蒋塘马灯舞）
申报地区或单位：江苏省溧阳市

蒋塘马灯舞流传于江苏省溧阳市社渚镇蒋塘村一带。民间传说蒋塘马灯舞始于明朝嘉靖年间，缘于蒋塘义军首领虞顺祭祀抗辽英烈杨家将的仪式。除了春节之外，蒋塘马灯舞还在每年农历十月初一活动，传承至今已有五百多年历史。

蒋塘马灯舞的表演队列有十匹神马，各自配有神将、马童、护卫者、执事人、旗鼓铳手等。

十位神将各有自己的角色名称，身披不同战袍，头戴木雕面具，其余表演人员身着黄衣。

蒋塘马灯舞表演时分上、下两场。上半场表现杨家将率众抗击敌军、浴血奋战的场面。令旗指挥十匹神马，首先是包围敌军，十匹神马踩着鼓点围场转圈，先小圈后大圈，先慢走后快跑，越跑越快，直至跳跃飞腾，象征正在包围一座城池；然后是力杀四门、攻破敌城；最后全歼敌军。十位战神手握刀枪剑戟，在神马护卫中奋力刺杀，一时间人喊马嘶、刀光剑影。下半场表演军民共庆胜利的喜悦场景，十匹神马兴高采烈，十位神将欢欣鼓舞，逐次排列出"天、下、太、平"阵图，祝福万民安居乐业。

蒋塘马灯舞具有讴歌民族英雄的鲜明主题，对于丰富人民群众文化生活、促进本土文化建设具有积极作用。

国家级代表性传承人名单

姓名	性别	申报地区或单位	入选批次
汤裕道	男	江苏省高淳县	3

棕扇舞

序号：1092

编号：Ⅲ-103

批次：3

类别：传统舞蹈

申报地区或单位：云南省元江哈尼族彝族傣族自治县

棕扇舞是哈尼族的一种传统舞蹈，流传于云南省红河与元江两县交界的哈尼族村寨。

棕扇舞最初主要用于祭祀活动，发展到今天，已成为哈尼族人逢年过节、人生礼仪和农事休闲时的自娱性活动。在祭祖节、六月节、十月节等举行盛典的日子，人们把酒菜沿广场摆成长长的宴席，举行规模宏大的棕扇舞活动。

棕扇舞现在整理出六十多种套路。舞蹈前，由长者吟唱古歌和祝词并手持棕扇领跳。参与者自由围成圆圈，长者先跳，小辈跟进。舞至酣畅时，众人争相进入圈内展示自己的舞技。

传统的棕扇舞不求统一，人们各自起舞，每个动作均有象征性，例如长者领舞时的动作多为甩手抖身，意为跳掉身上的灰尘和疾病。其他动作均来自对日常生产生活和飞禽走兽形态的模拟，有白鹇展翅、蜂蝶采花、老熊洗脸、猴子作揖、猴子抱瓜、老鹰叼小鸡、公鸡斗架、猴子掰苞谷等。舞蹈基本动作多脚步颤动、起伏开胯及大小手臂甩转，部分舞姿与当地岩画上的舞图相似。棕扇舞以铓、鼓、钹、唢呐和三弦等为伴奏乐器。

棕扇舞不仅是哈尼族人民喜爱的娱乐活动，对民族凝聚力的形成也有积极作用。其主要传承方式为师徒相传。为了加大传承的力度，棕扇舞现在已经走进了元江的中小学校园，成为学生们的课间操。

国家级代表性传承人名单

姓名	性别	申报地区或单位	入选批次
龙正福	男	云南省元江哈尼族彝族傣族自治县	4

传统戏剧

安顺地戏

序号：234

编号：Ⅳ-90

批次：1

类别：传统戏剧

申报地区或单位：贵州省安顺市

安顺地戏，是流传于贵州省安顺市的地方戏，其产生与明初来自安徽、江苏、江西、浙江、河南等地的安顺屯军有关。

安顺地戏演出以村寨为单位，演员是地道的农民。一般一个村寨一堂戏，演员二三十人，由"神头"负责。在春节期间演出二十天左右，称为"跳新春"，是岁终新正的聚戏活动，与逐疫、纳吉礼仪一起举行。在农历七月稻谷扬花时节也举行地戏演出。安顺地戏的演出程序一般分为开箱、请神、顶神、扫开场、跳神、扫收场、封箱等。其中跳神是正式演出，又分为设朝、下战表、出兵、回朝，其余部分是带有驱邪纳吉成分的傩戏活动。

地戏演出时，演员无一例外都要戴上面具。面具用丁香木或白杨木精雕细刻而成。面相分文、武、老、少、女五类，俗称"五色相"。演出者首蒙青巾，腰围战裙，戴假面具于额前，手执戈矛刀戟之属，随口而唱，应声而舞。其表演的是七言和十言韵文的说唱，在一锣一鼓伴奏下，一人领唱众人伴和，有弋阳老腔余韵，其舞主要表现征战格斗的打杀，雄浑粗犷，古朴刚健。

安顺地戏内容全部是金戈铁马的征战故事，现存剧目有：《封神演义》《大破铁阳》《东周列国志》《楚汉相争》《三国演义》《大反山东》《四马投唐》《罗通扫北》《薛仁贵征东》《薛丁山征西》《薛刚反唐》等。

当前，由于社会发展、经济原因等大环境发生变化，老艺人相继离世，传承发生断层，经费短缺，演出机会越来越少，使安顺地戏面临传承困境。

国家级代表性传承人名单

姓名	性别	申报地区或单位	入选批次
顾之炎	男	贵州省安顺市	2
詹学彦	男	贵州省安顺市	2

巴陵戏

序号：178

编号：Ⅳ-34

批次：1

类别：传统戏剧

申报地区或单位：湖南省岳阳市

巴陵戏，是一种湖南地方戏曲剧种，原称巴湘戏，因艺人都出自湖南的巴陵（今岳阳）和湘阴而得名。又因它的形成和主要活动地区是岳阳（旧岳州府），民间称为岳州班。1952年始定名为"巴陵戏"。巴陵戏主要流传于湘北、湘西、鄂西南、赣西。

巴陵戏声腔以弹腔为主，兼唱昆腔和杂腔小调。巴陵戏弹腔有较完整的各种板式，以板式变化来表现人物的各种情绪，不同的行当产生了多种不同的嗓音。昆腔剧目仅剩三个，多数曲牌已逐渐成为唢呐吹奏曲牌。杂腔小调则生动活泼、节奏明快，多见于丑角和跷子戏中。

巴陵戏的伴奏音乐包括唢呐牌子、丝弦牌子和锣鼓经等。弹腔的伴奏，习惯称为"九根弦"，即胡琴、月琴和小三弦，还有唢呐、笛子、长杆子。月琴有"满天飞"的伴奏特技。过场曲牌分唢呐和丝弦两种牌子，多无唱词，为配合剧情和人物感情而用。巴陵戏有一套完整的锣鼓经，成为将唱、做、念、打等表演程式组成一体的纽带。巴陵戏的角色分生、旦、净三大行，演员用中州韵、湖广音结合湘北方言演唱，特别注重人物性格的刻画。其表演有"内八功"和"外八功"，特别注重眼神，常用的眼神有三十多种。

巴陵戏现存传统剧目三百七十多出，内容多取材于历史演义和话本中的政治军事题材，代表性剧目有《打严嵩》《打差算粮》《张飞滚鼓》《夜梦冠带》《崔子弑齐》《三审刺客》等。

民国中后期，巴陵戏开始走向衰落，1949年以后经过抢救得到复兴。现在由于现代文化的冲击，湖南仅存岳阳市一个巴陵戏专业剧团，巴陵戏已处于濒危状态，急需得到救助和保护。

国家级代表性传承人名单

姓名	性别	申报地区或单位	入选批次
何其坚	男	湖南省岳阳市	4

白剧

序号：738

编号：Ⅳ-137

批次：2

类别：传统戏剧

申报地区或单位：云南省大理白族自治州

白剧，是一种少数民族戏曲剧种，原名吹吹腔，流传于云南西部洱源、云龙、大理、漾濞、鹤庆、剑川等白族聚居地区。吹吹腔与明代的弋阳腔有渊源关系，清代乾隆年间就已在这一带流行，光绪年间最为兴盛，后来在吸收了白族说唱艺术大本曲的一些曲调后，得到进一步丰富提高，1962年定名为"白剧"。

白剧兼有吹吹腔抒情之长和大本曲叙事之便，它以吹吹腔的二十多种唱腔为基础，吸取大本曲三腔、九板、十八调，音乐表现力更为丰富。唱词形式基本上用白族诗歌常用的"山花体"，用白语和汉语演唱。白剧伴奏音乐包括传统吹吹腔的唢呐曲牌、打击乐和大本曲的三弦曲牌，亦吸收了部分民间吹打乐和歌舞乐。有的唱腔按行当分为小生、小旦、摇旦、须生腔；有的按人物身份和动作分为英雄腔、哭腔、苦腔；有的按节拍、唱法分为平板、高腔、一字腔、流水板等。另外还有风绞雪、课课子和白族民歌曲调麻雀调、泥鳅调、朝山调等。

白剧传统剧目三百多个，内容主要有袍带戏、生活剧、民间传说故事剧、新编历史剧和现代戏五类。大理白族自治州白剧团于1962年成立后排演的《红色三弦》《苍山红梅》《望夫云》《阿盖公主》《情暖苍山》《苍山会盟》《白月亮白姐姐》等剧目深受群众喜爱。

白剧因长期处于封闭环境，受外界影响较少，所以一批传统剧目和一套古朴的演出程式完整保存至今，成为白族一份宝贵的历史文化遗产。目前，白剧在民间仍然十分活跃，以原样的形态向广大群众展现着它生生不息的艺术活力。

白字戏

序号：218

编号：Ⅳ-74

批次：1

类别：传统戏剧

申报地区或单位：广东省海丰县

白字戏，地方戏曲剧种之一，是元末明初从闽南流入粤东地区的剧种在吸纳竹马、钱鼓、渔歌和潮剧音乐等民间艺术的基础上，改用广东海丰、陆丰方言演唱，而逐步形成的剧种。起初白字戏和潮剧都称白字戏，后来白字戏一名用来专指海陆丰白字戏。

白字戏唱腔结构以曲牌联套体为主，也有部分板式唱腔。它音乐优美，有联曲、滚唱、一唱众和等形式和特点。传统乐队七人，乐器包括一对鼓、一对吹、一对锣、一副大铙，后来文、武场乐器都有所增加。白字戏分生、旦、丑、净、公、婆、贴七个角色行当。白字戏以演文戏见长，擅演儿女恋情。其剧目分为小锣戏和大锣戏两大类，前者唱腔活泼明快，后者音乐庄重典雅，具有高腔音乐的特点。白字戏有"半夜反"的演出习俗，上半夜讲官话，演来自正字戏的科白（提纲）武戏，下半夜演说方言的文戏。

白字戏的主要剧目"八大连"，包括英台连《同窗记》、陈三连《荔镜记》、高文举连《珍珠记》、秦雪梅连《三元记》、蒋兴哥连《珍珠衫》、王双福连《临江楼》、袁文正连《还魂》、崔鸣凤连等，另有《白鹤寺》《白蛇传》《书琴缘》等优秀传统剧目和《金菊花》《红珊瑚》等现代剧。

随着娱乐产业的发展和审美的多元化，其演出市场逐渐萎缩，传统剧目和富有特色的行当艺术及其他舞台艺术等濒临消亡。

国家级代表性传承人名单

姓名	性别	申报地区或单位	入选批次
吴佩锦	男	广东省海丰县	2
钟静洁	女	广东省海丰县	2

北路梆子

序号：164
编号：Ⅳ-20
批次：1
类别：传统戏剧
申报地区或单位：山西省忻州市

扩展名录：
北路梆子　　　山西省大同市

北路梆子，是华北地区较有影响的汉族戏曲剧种之一，又名上路戏，主要流传于晋北以及内蒙古、河北的部分地区。北路梆子起源于梆子腔盛行的清代初期，属山陕梆子在晋北流变的产物。山陕梆子在晋南演化为蒲剧，传入晋北后与当地民间音乐、庙堂音乐、小戏融汇，并从元曲、昆曲、吹腔中引进吸纳曲牌，最终形成北路梆子，迄今已有三百多年的历史。

北路梆子的腔调高亢激越，表演强健有力，节奏欢快慷慨，自成一体的"咳咳腔"等唱法独具北地艺术风格。其音乐包括唱腔、曲牌、锣鼓经三部分，且有大北路和小北路之别，大北路是指雁门关以北直至内蒙古包头一带，小北路是指雁门关以南。不少艺人在演唱中还创造了许多花腔（俗称"弯调"），为高亢激越的唱腔增添了感情色彩，富有高原风味。北路梆子曲牌调式多样，有的来自民歌俗曲，有的则是佛道音乐的移植。传统的乐器有梆胡、二弦、三弦、四弦，通称"四大件"，此外还有笙、管、笛、唢呐等。行当分为红、黑、生、旦、丑五大行。其中胡子生、大花脸、青衣合称"三大门"，极重唱工；小生、小旦、小丑合称"三小门"，侧重学业。

北路梆子代表性剧目主要有《九件衣》《玉宝钏》《金水桥》《铡美案》《杨八姐游春》等两百多个。

如今，在现代社会，北路梆子和时代拉开了距离，那种万人争睹的景况已经一去不复返。传承乏人、演出市场萎缩等问题长期困扰着北路梆子，这个古老的剧种正面临着传承危机。

国家级代表性传承人名单

姓名	性别	申报地区或单位	入选批次
李万林	男	山西省忻州市	2
瞿效安	男	山西省忻州市	2
杨仲义	男	山西省忻州市	3
成凤英	女	山西省忻州市	3
张彩平	女	山西省大同市	4

布依戏

序号：228

编号：Ⅳ-84

批次：1

类别：传统戏剧

申报地区或单位：贵州省册亨县

布依戏，是一种少数民族戏曲剧种，在布依语中称"谷艺"，主要分布于贵州南部及西南部布依族聚居的册亨、安龙、兴义等县。

布依戏主要由村寨的民间业余戏班加以传承，每年春节期间演出，以禳灾祈福、驱鬼逐疫。布依戏曲调有长调、扮官调、二黄、二六等。音乐曲调由八音坐弹、板凳戏发展而来，有正调、长调、京调、起落调、翻演调、马倒铃、八普调、反调、二黄、二六等。其伴奏以特制的尖子胡琴、朴子胡琴、短箫等布依族民间乐器为主，兼用大锣、钹等。布依戏表演时有固定的程序，一般由祭祀、请祖师开箱、降三星、打加官、正戏、扫台、封箱等部分组成。表演有生、旦、丑及大王、大将等分工，各角色的舞台调度都是三步或五步一转身，演唱过程中对面穿梭，形式活泼，风格质朴。

布衣戏的剧目包括本民族剧目和移植剧目两类。本民族剧目以讲述布依族传说故事为主，唱、白均用布依语，有《三月三》《六月六》《罗细杏》《人财两空》等。移植剧目主要从汉族民间故事移植而来，用"双语"表演，人物出场念"引子""定场诗""自报家门"时说汉语，演唱、对白、插科打诨时用布依语，有《玉堂春》《蟒蛇记》《秦香莲》《祝英台》等。

目前布依戏发展速度缓慢，困难重重，主要存在以下问题：戏队减少，剧目大幅缩水；财政困难，经费投入不足；人才匮乏，研究不够深入；个性特色逐渐消解，民族语言文字日益淡化。

国家级代表性传承人名单

姓名	性别	申报地区或单位	入选批次
黄朝宾	男	贵州省册亨县	2
罗国宗	男	贵州省册亨县	2

采茶戏

赣南采茶戏、桂南采茶戏

序号：209

编号：Ⅳ-65

批次：1

类别：传统戏剧

申报地区或单位：江西省赣州市，广西壮族自治区博白县

扩展名录：
采茶戏（阳新采茶戏）　湖北省阳新县
采茶戏（高安采茶戏）　江西省高安市
采茶戏（抚州采茶戏）　江西省抚州市临川区
采茶戏（粤北采茶戏）　广东省韶关市

传统戏剧

采茶戏，是流传于江南地区和岭南一些省区的一种地方戏曲剧种。采茶戏的产生，与盛产茶叶有关。明朝，赣南、赣东、赣北茶区每逢谷雨季节，劳动妇女上山，一边采茶一边唱山歌以鼓舞劳动热情，这种在茶区流传的山歌，被人称为采茶歌。采茶歌最早只唱小调，每句仅有四句唱词，小曲生动活泼，委婉动听。后来，采茶歌由采茶小曲组成了采茶歌联唱，名曰十二月采茶歌。之后，十二月采茶歌又与民间舞蹈相结合，进入元宵灯彩行列，成为采茶灯。它由姣童扮成采茶女，每队八人或十二人，另有稍长者二人为队首，手持花篮，边舞边唱十二月采茶歌。在茶区，茶农为了接待茶客，常用采茶灯的形式即兴演出以采茶为内容的节目。采茶女中分出二旦一丑的"三角班"，姐妹二人表演上山采茶，边唱边舞，扮丑角的手持纸扇在中间穿插打趣。再后来不断增加新的内容，涌现了表演其他劳动生活的、由二旦一丑或一旦一丑扮演的小戏，因用采茶调演唱，一唱众和，尚无管弦伴奏，便统名为"采茶戏"。

近年来，多元文化的冲击，观众群体的缺失，不同程度地导致传统文化的衰退。各地采茶戏走向低迷，许多县剧团撤销或改为歌舞团，不少采茶戏演员转行，编剧创作队伍锐减，采茶戏面临着传承困境。

采茶戏（赣南采茶戏）
申报地区或单位：江西省赣州市

赣南采茶戏，俗称灯子戏、茶蓝戏，发源于明末清初的赣南信丰、安远一带。赣南采茶戏以当地流行的采茶歌和采茶灯为基础，并吸收赣南其他民间艺术，逐步形成一种有人物和故事情节的民间小戏，主要流传于赣南、粤北和闽西等地。

赣南采茶戏属于曲牌连缀体，曲牌的来源一般都是从赣南地区的民歌、山歌演变的，内容贴近生活，语言诙谐幽默，传统曲牌有二百八十余首，根据其来源、风格、弦路、调式及使用情况等，可分为茶腔、路腔、灯腔、杂调四类。赣南采茶戏的主奏乐器为勾筒，因其能挂在墙上，行走时勾在肩上，故取名勾筒，它形似二胡却又不同于二胡的音色、构造及演奏风格。演员在伴奏音乐中灵巧地运用独特的矮子步、扇子花、单长水袖及模仿动物形象的一些表演动作，载歌载舞，显示出浓郁的乡土气息和鲜明的客家特色。

赣南采茶戏的传统剧目有《南山耕田》《打猪草》《九龙山摘茶》《妹子》《同年》《钓》《上广东》《卖花线》《大劝夫》《四姐反情》《补皮鞋》《补缸》等。

采茶戏（桂南采茶戏）
申报地区或单位：广西壮族自治区博白县

桂南采茶戏于清代中叶从江西赣南经粤北传入桂南。其广泛流传于广西东南部的玉林各县以及钦州、梧州和南宁等市的部分县区。

桂南采茶戏所演唱的内容以"十二月采茶"为主，演唱的次序为：开台茶（又叫恭贺茶或参拜茶），开荒，点茶，采茶，炒茶，卖茶。采茶戏曲牌，一是茶腔，即原套采茶曲调；二是茶插，即以南昌小曲、四季莲花为基础，吸取各地民间小曲而成。唱腔语言以客家话为主。伴奏多以锣、鼓、钹、木鱼等打击乐器和唢呐、笛子、二胡等。道具有彩带、钱鞭、花扇和手绢。表演程式以载歌载舞为主，通常由一人扮作茶公，两人扮作茶娘，在歌舞中穿插一些有情节的生活小戏。

桂南采茶戏中演唱历史故事或民间传说的被称作"采茶串古"，多为喜剧、闹剧。代表性剧目如《卖红线》《卖水粉》《卖杂货》《斩柴得妻》《剃头二借妻》《虔诚娶妻》等。

采茶戏 （湖北阳新采茶戏）
申报地区或单位：湖北省阳新县

湖北阳新采茶戏是在采茶歌的基础上逐渐形成的戏剧剧种，主要流传于湖北省阳新县。

采茶戏音乐由正腔、彩腔、击乐三大部分组成。正腔包括北腔、汉腔、叹腔、四平等。这类声腔属板式变化体，曲调优美、可塑性大、表现力强。彩腔包括专用小调插曲四十余支。以彩腔为主的小戏载歌载舞、表演动作朴实奔放，情感质朴浓烈。采用方言演唱，人声帮腔。

湖北阳新县采茶戏剧团成立以来，曾排演了大批优秀剧目，如《闯王杀亲》《张无奈拾印》《三姑出宫》《山中一片云》《载梦的小船》等。

采茶戏 （高安采茶戏）
申报地区或单位：江西省高安市

高安采茶戏流传于江西宜春地区，起源于江西高安的民间彩灯，后受赣南、浙江小调及高安锣鼓戏的影响，于1917年前后形成，开始仅用丝弦（胡琴）伴奏，不用打击乐，故亦名"高安丝弦戏"，在发展过程中，受到了京剧较多的影响，采用了京剧以及民间吹打中的一部分锣鼓经。

高安方言声调的特点是"变音"较多，在戏曲唱腔中"变调"行腔，使得音域更宽。音乐曲调有老本调、花旦本调、小生本调、服药调、争夫调等。曲牌多来自本地区的民间吹打，其锣鼓点子有一百多个，旋律流畅悦耳，节奏跳跃欢快。

高安采茶戏代表剧目有《四九看妹》《小保管上任》《孙成打酒》《喜鹊闹梅》《闯关》等。

采茶戏 （抚州采茶戏）
申报地区或单位：江西省抚州市临川区

抚州采茶戏在明代茶灯戏的基础上，吸取抚州当地的民歌小调发展而成。其唱腔大都来自民歌小调，传统的唱腔是专曲专用的曲牌体腔调，后经发展创新，出现大量板腔体唱腔。它的词格一般为上下对偶的五字句、七字句或者十字句乐段。旋律特征为字多腔少，简洁明快，每一唱段的行腔与地方语言的音调结合甚密，似吟似诉，具有说唱音乐的风格。演唱时男女分腔，字多腔少，特别讲究吐字的清晰和运腔的圆润。抚州采茶戏讲究唱做并举，手势、眼神、身段、步法配合协调。因其脱胎于灯彩歌舞，故以反映短衣罗裙的小人物见长。

抚州采茶戏代表剧目有《临川四梦》《牡丹亭》《紫钗记》《重开玉茗堂》等。

采茶戏 （粤北采茶戏）
申报地区或单位：广东省韶关市

粤北采茶戏产生于粤北客家地区，是在粤北山歌和民间山调的基础上，吸收赣南和湖南益州民间艺术精华创造而成的地方戏曲，主要流传于广东省北部的韶关地区和东部的梅州市梅县区、惠阳地区。原有南雄灯子、韶南大戏、连阳调子三种流派，1959年统称为粤北采茶戏。

粤北采茶戏音乐风格活泼明快，以锣鼓管弦伴奏，唱腔分为采茶戏、灯调、小调。唱腔结构基本是曲牌连缀。行当有生、旦、丑三行，以旦、丑为主。旦角又分花旦、正旦（或称"嫂旦"）、彩旦（或称"摇旦""丑旦"）、老旦几类。演唱形式常采用一唱众和，以客家方言演唱。表演充满了生活情趣，展现了轻松活泼、淳朴幽默的喜剧风格。

粤北采茶戏传统剧目有一百五十个，代表性剧目如《补皮鞋》《装面眉》《阿三戏公爷》等。

国家级代表性传承人名单

姓名	性别	申报地区或单位	入选批次
陈声强	男	广西壮族自治区博白县	2
李家高	男	湖北省黄石市阳新县	3
陈宾茂（赣南采茶戏）	男	江西省赣州市	4
万安安（抚州采茶戏）	女	江西省抚州市临川区	4
吴燕城（粤北采茶戏）	女	广东省韶关市	4

彩调

序号：220

编号：Ⅳ-76

批次：1

类别：传统戏剧

申报地区或单位：广西壮族自治区

彩调，是广泛流传于广西城乡的主要剧种之一，各地又称为调子戏、采茶戏、嗬嗨戏、大采茶、山花灯等，1955年以后统称为彩调。它是清代北方的柳子戏流传到桂北以后与当地民间俚曲小调结合而形成的地方剧种。

彩调唱腔属联曲体，分板、腔、调三大类，同一曲调可以根据行当、人物的不同，在板和腔上加以变化，有"调多共用，板腔细分"之说。此外，其唱腔中还吸收了一些流行于江南一带的民间小调，如鲜花调、十月花等。音乐伴奏分左、右场，左场为弦管乐，有调胡（类似二胡）、扬琴、琵琶、三弦以及唢呐、笛子等；右场为打击乐，锣鼓点较简单，常用的有一条龙、四钹、一钹、三点头等。表演时采用桂柳方言，以小生、小旦、小丑（三小）等载歌载舞的表现形式为主，其中丑角和旦角的步法、转身、亮相、扇花、手花极富特色，尤以步法最为突出，如蹩脚步、扭丝步、蹬踢步、试探步、横挪步等。表演风格内容谐趣、形式活泼。扇子、手帕、彩带是彩调中的"三件宝"。

彩调剧目多以劳动、爱情、家庭生活等为主题，代表性剧目有《刘三姐》《王麻接姐》《王三打鸟》《媳厉婆》《恶媳变牛》等。

目前，广西有两千多个业余彩调队活跃在广大农村地区，而城市专业彩调只有三家：广西彩调团、桂林彩调团、柳州彩调团。由于受多种娱乐形式的冲击，彩调剧团主要吸引的是老年观众，因而专业彩调面临观众少的困境。

国家级代表性传承人名单

姓名	性别	申报地区或单位	入选批次
傅锦华	女	广西壮族自治区	2
覃明德	男	广西壮族自治区	4

潮剧

序号：148

编号：Ⅳ-4

批次：1

类别：传统戏剧

申报地区或单位：广东省汕头市、潮州市

扩展名录：
潮剧　　广东省揭阳市
潮剧　　福建省云霄县

潮剧，又名潮州戏、潮音戏、潮调、潮州白字、潮曲，是用潮州话演唱的地方戏曲剧种。它是宋元南戏的一个分支，距今已有四百三十多年的历史，主要分布于粤东、闽南、中国台湾、中国香港和东南亚一些地区。

潮剧行当齐全，生、旦、净、丑各有应工的首本戏，表演细腻生动，身段做工既有严谨的程式规范，又富于写意性，注重技巧的发挥。生旦戏《扫窗会》被誉为中国戏曲以歌舞演故事的典型代表。潮剧丑角分为十类，其中项衫丑的扇子功蜚声南北。老丑戏《柴房会》中丑角的溜梯功为潮剧所独有，在戏曲界享有盛誉。潮剧在过去一直实行童伶制，小生、青衣、花旦均由儿童艺人担任，这些艺人长大后，声音改变，即被淘汰，这一体制严重阻碍潮剧艺术的发展。新中国成立后，废除了童伶制，并在各方面锐意改革，培养了一大批优秀演员。

潮剧传统剧目可分为两大类：一类是来自宋元南戏与元明清传奇杂剧，如《琵琶记》《白兔记》《破窑记》《玉簪记》等，此类剧目文词典雅，乐曲古朴；一类是取材于地方民间传说的剧目，如《荔枝记》《苏六娘》《金花女》《龙井渡头》等，这类剧目故事生动，戏文雅俗共赏，颇受当地观众喜爱。

近年来，潮剧受到多种现代文艺形式的冲击，经费缺乏，人才流失，艺术水平下降，优秀的传统表演艺术濒临灭亡，正处在艰难发展的状态之中。

潮剧
申报地区或单位：广东省揭阳市

宋元时期南戏传入潮汕地区，至明中叶形成了风格独特的潮州戏，古邑揭阳始终是潮剧的中心舞台。揭阳潮剧唱腔既重传统潮味，又重人物、情绪需要，努力求美。舞美、服装设计注重时代特征、剧情气氛、色彩调和。

揭阳市潮剧传统剧目有：《父子三登科》《怒斩玉面狼》《魂断马嵬坡》《潇湘秋雨》《陈琳救太子》《包公审郭槐》等。

潮剧
申报地区或单位：福建省云霄县

福建省云霄县作为潮剧发源地之一，由于同广州潮州地缘相近，习俗相同，语言相通，使这一剧种迅速流行，成为漳州地区传唱最热、习演最烈之地。

自清至民国初，云霄戏剧演出活跃，涌现出锦秀春、寿楼春、永正兴、老正兴等多个职业班社。抗战期间，厦门、潮汕相继沦入日寇之手，云霄戏班一蹶不振。新中国成立后，云霄一些曲馆、业余剧社恢复活动，戏曲于民间渐成风尚。目前，云霄共有专业剧团1个，民间职业潮剧团30个。全县9个乡镇各行政村，村村建有戏台。云霄民间职业剧团，每年除了本县演出，大都辗转于闽南粤东及中国香港地区，有的远赴印度尼西亚、马来西亚、泰国、新加坡进行商业演出，成为拓展闽台、中外戏曲文化交流的友好使者。

云霄潮剧团创作了大量优秀传统剧目，《菱花传》《左良玉》等剧目历演三十余年而不衰，还有《太子登基》《曲判记》《狄青会姑》《百花挂帅》《三打王英》等保留剧目。

国家级代表性传承人名单

姓名	性别	申报地区或单位	入选批次
方展荣	男	广东省汕头市	2
姚璇秋	女	广东省汕头市	2
陈鹏	男	广东省潮州市	2
郑舜英	女	广东省潮州市	2

楚剧

序号：202

编号：Ⅳ-58

批次：1

类别：传统戏剧

申报地区或单位：湖北省

楚剧，湖北地区主要的地方剧种之一，是清代道光年间鄂东流行的哦呵腔与武汉市黄陂区、孝感市一带的山歌、道情、竹马、高跷及民间说唱等融合而形成的一个地方剧种，主要流传于湖北的武汉、孝感、黄冈、荆州、咸宁、宜昌、黄石等地。

楚剧属于板腔类唱腔，包括迓腔、悲腔、仙腔、应山腔、四平、十枝梅等。迓腔是楚剧的主腔，其节奏灵活多变，既可叙事，又能抒情，表现力强。悲腔只有女腔，为宫徵交替调式，其曲调凄楚婉转，长于表现悲伤凄凉的情感。仙腔为徵、商交替调式，擅长表达激昂悲愤的情绪。应山腔原为北路花鼓的一个腔调，现已成为楚剧的主要唱腔之一，其曲调活泼清新、甜美流畅。四平曲调明快华丽，长于表现欢快喜悦的情绪。而十枝梅曲调欢快柔和，擅长表现欢快或忧虑的情绪。

楚剧的表演艺术是在对子戏的基础上，吸收京剧、汉剧的表演艺术精华发展而成的。角色行当主要分为生、旦、丑三类，其他行当亦由生、旦、丑演员兼演。

楚剧现存剧目约五百个，代表性剧目如《秦雪梅吊孝》《银屏公主》《赶斋》《杀狗惊妻》《三世仇》《吴汉杀妻》《九件衣》《乌金记》《卖棉纱》《哑女告状》《白扇记》《思凡》《赖婚》《汲水》《董永卖身》等。

如今，许多楚剧专业剧团处于瘫痪和解散状态，剧团在数量上日趋减少，在观众群上日趋老龄化和萎缩，楚剧艺术已经出现濒危状况。

国家级代表性传承人名单

姓名	性别	申报地区或单位	入选批次
方展荣	男	广东省汕头市	2
熊剑啸	男	湖北省	2
张一平	女	湖北省	3
张巧珍	女	湖北省	3
荣明祥	男	湖北省	4
张光明	女	湖北省	4

川剧

序号：156

编号：Ⅳ-12

批次：1

类别：传统戏剧

申报地区或单位：四川省，重庆市

川剧，是中国西南部影响最大的地方剧种，主要流传于四川省东中部、重庆市及云南、贵州、湖北省的部分地区。

明末清初，昆曲、弋阳腔、青阳腔、陕西梆子、湖北汉调、徽调等声腔先后流入四川，并在乾隆、嘉庆年间与当地音乐逐渐融合，基本完成了外来声腔"四川化"的演变过程。辛亥革命前后，由于高腔、昆曲、胡琴、弹戏及四川本土的灯戏经常同台演出，逐渐融为一体，形成"五腔共和"的川剧，一直延续至今，成为四川文化的一大特色。

高腔是川剧中最有特色、最有代表性的一种声腔形式，主要特点是：行腔自由，为徒歌式，不用伴奏，只用一副拍板和鼓点调剂节奏。高腔的唱腔高昂响亮，并有帮腔和之。川剧帮腔有领腔、合腔、合唱、伴唱、重唱等方式。川剧语言生动活泼，幽默风趣，充满鲜明的地方色彩、浓郁的生活气息。川剧唱、做、念、打齐全，艺人在表演中创造了不少绝技，如托举、开慧眼、变脸、钻火圈、藏刀等，善于利用绝技创造人物。川剧分小生、旦角、生角、花脸、丑角五个行当，各行当均有自成体系的功法程序，尤以文生、小丑、旦角的表演最具特色。

川剧传统剧目和创作剧目六千余个，代表作有《黄袍记》《九龙柱》《幽闺记》《春秋配》《东窗修本》《五子告母》《神农涧》《情探》等。

近年来，川剧同其他各种地方戏曲一样出现了生存危机，观众减少，演出市场萎缩，经费不足，传承发展举步维艰。

国家级代表性传承人名单

姓名	性别	申报地区或单位	入选批次
陈智林	男	四川省	2
陈巧茹	女	四川省	2
晓艇	男	四川省	2
陈安业	男	重庆市	2
夏庭光	男	重庆市	2
沈铁梅	女	重庆市	2
任庭芳	男	四川省	3
徐寿年	男	四川省	3
肖德美	男	四川省	3
高凤莲	女	重庆市	3
周继培	男	重庆市	3
许倩云	女	重庆市	3
魏益新	男	四川省	4
余开源	男	四川省	4

淳安三角戏

序号：1104

编号：Ⅳ-142

批次：3

类别：传统戏剧

申报地区或单位：浙江省淳安县

淳安三角戏，地方戏曲剧种之一，源于清末，因流传于古睦州（现浙江淳安、常山、开化一带）而又得名睦剧。因早期演出属歌舞类小戏，只有一丑一旦一生三个角色，故名三角戏。其主要传行于浙江省西部淳安、开化、常山等地，以及安徽屯溪、歙县和江西婺源一带，在淳安境内演出尤多，一般都用淳安方言说唱。新中国成立后，三角戏定名为睦剧。目前的专业团体淳安县睦剧团成立于1951年。

淳安三角戏是由采茶戏与民间歌舞竹马班相结合形成的地方剧种。其曲调及表演形式均接近赣东采茶戏，内容大多反映家庭生活，曲调主要是湖广调和三角调，并伴以锣鼓之类的打击乐，演出角色以小生、小丑、小旦为主。表演风格淳朴粗狂，活泼生趣，极富乡土气息。

淳安三角戏的传统剧目内容大都反映农村日常生活，其剧目分大戏和小戏两类：大戏有"二十四本"，基本上是二十四个折头，如《马房逼女》《蓝桥会》《张三开屠》《拷打红梅》《金莲送茶》《山伯访友》等；小戏则有《三矮子牧羊》《卖花线》《南山种麦》《看相》《补缸》《看花灯》《补背褡》等。创作演出的现代戏剧目有《雨过天晴》《光辉的旗帜》《铁门关》等。

由于现代生活方式的改变，文化娱乐与消费的多样化，使淳安三角戏观众群大量流失，市场严重萎缩，许多老艺人相继离世，大批艺人离开了剧团，淳安三角戏困难重重，濒临失传。

打城戏

序号：715

编号：Ⅳ-114

批次：2

类别：传统戏剧

申报地区或单位：福建省泉州市

打城戏，又名"法事戏""和尚戏""道士戏"，是以清中叶福建泉州、晋江一带的僧道法事仪式为基础而形成的地方戏剧种，主要流传于泉州、晋江、南安、龙溪及厦门、金门等地。

打城戏的音乐曲调是在道情和佛曲的基础上，大量吸收木偶戏音乐曲调混合而成的，后来虽然也加进一些南音和民歌，但仍以傀儡调为主。其表演动作多侧重跳跃跌打和武打杂技，有时也表演一些少林拳技。后期武戏受京剧的影响，较多采用京戏的武技表演；文戏则吸收了梨园戏和高甲戏的某些科步动作。该剧种的生、旦、净上下场都要念场诗。韵白较多，唱白发音较重，但比高甲戏轻柔，接近口语。此外，它还有其他剧种所没有的"开大笼"，里面装有表演各种类型舞蹈节目的衣套，可随演随用。

打城戏的传统剧目大致可分为神话、神怪剧、历史故事和武侠剧几类。新中国成立以来，创作了一批新的剧目，如《郑成功》《龙宫借宝》《岳云》《宝莲灯》《潞安州》等。

近年来，打城戏有逐渐被其他剧种同化的趋势，剧目遗失和人才流失现象日益严重，整个剧种陷于濒危状态。

国家级代表性传承人名单

姓名	性别	申报地区或单位	入选批次
吴天乙	男	福建省泉州市	3

大平调

序号：170
编号：Ⅳ-26
批次：1
类别：传统戏剧
申报地区或单位：河南省濮阳县、滑县、延津县

扩展名录：
大平调　　　　　山东省成武县
大平调　　　　　河南省浚县
大平调　　　　　山东省东明县
大平调　　　　　山东省菏泽市牡丹区

大平调，是主要流传于河南北部和东部、河北南部、山东西南、安徽北部及周边地区的地方剧种。其起源于明代中叶，至今已有五百多年的历史。其唱腔音乐属梆子腔系统，因比山东梆子、河南梆子、河北梆子的音调低，故称平调或大平调。大平调在黄河以北的广大地区有着很大影响，逐渐形成三个支派，即以濮阳为中心的东路平调，以滑县为中心的西路平调和以山东东明为中心的河东平调。

大平调唱腔属梆子腔系统，为板式变化体，唱腔板头有慢板、二八板、流水板、三板、正板倒三拨、一串铃等三十多个。大平调用真声吐字，假声行腔，甩腔时翻高八度，后音挂"讴"，声激音扬，极富韵味。音乐曲牌丰富，现存曲牌有"水上漂""滚龙珠"等一百三十多个。主要伴奏乐器有大弦、二弦、三弦、大梆、大号等。在大平调的角色行当中，黑脸和红脸居于主要地位，其表演气势恢宏，场面宏大，唱做念打并重，粗犷豪放，刚中带柔。

大平调的剧目内容主要取材于《三国演义》《水浒传》《隋唐演义》《杨家将》《包公案》等小说，常演剧目有《下高平》《下燕京》《反阳河》《晋阳关》《反徐州》《收姜维》《百花亭》《战洛阳》《秦香莲》《铡赵王》《赵公明下山》《金鞭记》《张飞滚鼓》等。

20世纪80年代以后，随着社会的变迁和人们审美情趣的转变，戏剧市场的低迷也直接影响了大平调的发展。大平调后继乏人，民间艺术濒临失传，观众群体日益萎缩。

国家级代表性传承人名单

姓名	性别	申报地区或单位	入选批次
张相彬	男	河南省濮阳县	2
魏守现	男	河南省滑县	2
杜学周	男	河南省延津县	2
曹秀芝	女	河南省延津县	2
何西良	男	山东省菏泽市牡丹区	3
李德平	男	河南省浚县	4

大弦戏

序号：188
编号：Ⅳ-44
批次：1
类别：传统戏剧
申报地区或单位：河南省滑县、濮阳县

扩展名录：
大弦戏　　　　山东省菏泽市

大弦戏，又称弦子戏、老弦子。它源于唐代宫廷的梨园戏，由"弦索"发展而来，后来继承了宋元杂剧北曲的传统，吸收了青阳腔、罗罗腔等和民间俗曲小令，多用于祭祀祈年、敬神娱神等场合，流传于豫北、鲁西、冀南一带。

大弦戏唱腔中音节跳度较大，演员吐口用真嗓，行腔则用假嗓。唱腔多于尾音处提高八度，道白多用韵白。大弦戏唱腔音乐属曲牌体，主要由五大套曲和散曲组成，还吸收了其他民间俗曲小令的音乐。五大套曲为：海里花、江头金桂；高黄莺、塌黄莺；驻云飞、驻马听；懒画眉、懒画杆；二反、皂角。散曲有山坡羊、步步娇等。大弦戏的伴奏有软场、硬场之分。软场主要乐器包括三弦、锡笛、大笛、横笛、笙等，其中锡笛是大弦戏独有的乐器；硬场除一般打击乐器外，还使用四大扇、尖子号及螺号等，以烘托紧张、激越的气氛。大弦戏的角色行当有五生、五旦、五花面之分，花面脸谱细腻讲究。大弦戏保留了"跳加官"戏和宋元杂剧中的"滑稽戏""拴搐艳段"及"赤膊戏"等，身段特技表演真刀真枪上阵，表演以梅花拳、洪拳为基架，粗犷、古朴。

大弦戏剧目多以忠奸斗争、杀伐征战及除霸安良为主，代表性剧目有《反五关》《黄花寺》《西厢记》《杨府选将》《战洛阳》《下南唐》等。

自20世纪90年代以来，由于娱乐节目日渐丰富多彩，大弦戏的演出市场不断萎缩，主要是过古会、搞庆典、祝寿、续家谱的时候唱。目前，河南仅有濮阳大弦戏剧团和滑县大弦戏剧团两个专业演出团体，由于经费紧张，演员经济收入逐年减少，生存和演出条件急剧恶化，表演人才青黄不接，许多剧目、曲牌、特技失传。

而在山东菏泽，"文革"前，菏泽原有"菏泽地区地方戏曲院大弦子剧团"，演出剧目屡获大奖并深受群众喜爱，"文革"期间，剧团被撤，直到2010年，当地开始恢复大弦子戏，但依然面临各种困境。

国家级代表性传承人名单

姓名	性别	申报地区或单位	入选批次
韩庆山	男	河南省滑县	2
戴建平	男	河南省濮阳县	2
宋自武	男	河南省滑县	3
姚继春	男	河南省濮阳县	4

傣剧

序号：230
编号：Ⅳ-86
批次：1

类别：传统戏剧

申报地区或单位：云南省德宏傣族景颇族自治州

傣剧是云南的一种少数民族戏曲剧种。它发源于有一定人物情节的傣族歌舞表演及佛经讲唱，后吸收滇剧、皮影戏的艺术营养，逐步形成比较完整的戏曲形式。

傣剧唱腔可分为羽调式和徵调式两大类。前者为男角专用，后者为女角专用，后又演变出小生腔、老生腔、草王腔（净腔）和女悲腔。羽调式主要流传于云南德宏的盈江、梁河、陇川一带；徵调式主要流传于潞西。演唱为徒歌形式，只有打击乐伴奏舞蹈和烘托气氛。伴奏乐器，早期有象脚鼓、铓锣、钹等，后吸收滇剧的大锣、大钹、堂鼓、碗锣、葫芦丝等。傣剧音乐民族特色浓郁，是以朗诵性较强的佛教唱诗形式进行的。这种僧诵的形式，由于诗文优美，押韵动听，演唱悦耳，故受到教徒的普遍欢迎。久而久之，演唱的曲调相对稳定下来，出现了"喊火令""喊数端""候达拉"等常用曲调。傣剧的表演，传统剧目多以唱为主，有简单的表演动作，如骑马、打斗、行船等。

傣剧传统剧目有的源自傣族民间故事、叙事长诗或佛经故事，如《千瓣莲花》；有的翻译移植自汉族剧目，如《庄子试妻》《杨门女将》等。20世纪60年代以来，艺人们整理改编和创作演出了《娥与桑洛》《竹楼情深》等一大批剧目。

如今，随着时代的变化，人们已经不太关注傣剧，傣剧在传承方面的困难日益凸显。

国家级代表性传承人名单

姓名	性别	申报地区或单位	入选批次
刀保顺	男	云南省德宏傣族景颇族自治州	2
金星明	男	云南省德宏傣族景颇族自治州	3

◎ 传统戏剧

道情戏

晋北道情戏、临县道情戏、太康道情戏、蓝关戏、陇剧

序号：215

编号：Ⅳ-71

批次：1

类别：传统戏剧

申报地区或单位：山西省右玉县、临县，河南省太康县，山东省莱州市，甘肃省

扩展名录：

道情戏（洪洞道情）	山西省洪洞县
道情戏（沾化渔鼓戏）	山东省沾化县
道情戏（神池道情戏）	山西省神池县
道情戏（商洛道情戏）	陕西省商洛市

道情戏是我国黄河流域流行的一种民间小戏。它起源于唐代道士所唱的"经韵"，宋代发展成为唱白相间的曲艺形式道情鼓子词。

道情戏的伴奏乐器文场有笛子、四胡、大板胡、小板胡，武场除渔鼓、简板外，其他乐器与梆子相同。角色则分红（须生）、黑（净脚）、生、旦、丑五行，表演重文轻武，以唱功取胜。

道情戏的早期剧目内容多反映道家生活和宣扬道教教义，如《纫堂会》《二度林英》《高楼庄》等。中期剧目内容多为道家修贤劝善的故事，代表性剧目有《王祥卧冰》《郭巨埋儿》《小桃研磨》等。中后期剧目内容多反映民间生活的故事，代表性剧目有《老少换妻》《打灶君》《顶灯》《打刀》等。

在现代文化的强烈冲击之下，道情戏也陷入了濒临衰亡的困境，演出团体及演出场次锐减，传承链几乎中断，处于被大剧种和时尚文化所取代的困境。

道情戏（晋北道情戏）
申报地区或单位：山西省右玉县

晋北道情戏流传于晋北二十余县及内蒙古南部、陕北东部、河北西北部，分神池、代县、应县三个艺术流派。道情音乐约于金代流入晋北一带，主要演唱道教故事，宣传教义。清代中叶，搬上舞台，内容广泛触及社会生活。清末民初，职业班社林立，晋北道情戏蓬勃发展。

晋北道情戏主要为曲牌连缀体，同时也吸收了北路梆子的音乐元素。唱腔曲调，相传有72大调，若干小调，今存套曲13种96曲。

晋北道情戏的代表剧目，主要是宗教故事和劝善故事，如《韩湘子出家全图》《庄周梦》《郭巨埋儿》等，还有一些生活小戏和移植剧，如《老少换妻》《八义图》等。

道情戏（临县道情戏）
申报地区或单位：山西省临县

山西临县道情传统唱腔为曲牌体，分为平调和小调两大类。平调唱腔是早期说唱道情时所用的曲牌，主要有耍孩儿、浪淘沙等；小调唱腔主要是明清俗曲和地方小曲，主要有太平调、五更调、小放牛等。近现代以来借鉴了板腔体唱腔的结构方式，使唱腔向板腔化发展。

临县道情伴奏乐器在说唱道情阶段有"文八仙"和"武八仙"，即"文场四大件"管子、四胡、竹笛、笙和"武场四大件"渔鼓、简板、小镲、木鱼。

临县道情传统剧目有以反映道家内容为主的"韩门道情"戏和明清时广泛流行的"民间小戏"。临县成立专业剧团后，创作、移植排演了一批现代戏。

道情戏（太康道情戏）
申报地区或单位：河南省太康县

太康道情戏，古时称"鱼鼓道情"，俗称"道情筒子"，因源于道士唱乐歌时配以鱼皮筒鼓伴奏而得名。

太康道情戏以唱为主，剧本多唱词而少插白，一板下来就是上百句唱词。其唱腔中板腔和曲牌兼而有之，主要板式有慢板、流水、裁板、大过、单过等。曲牌有锁落枝、老桃红等。演唱时男女唱腔都用真嗓，咬字清晰。唱二八或流水时有重叠句，而且有"哪呼嗨""哪嗨依"的衬词，其曲调淳厚朴实，唱词通俗易懂。

太康道情戏代表性剧目有《王金豆借粮》《前进路上》《雷保同投亲》《张廷秀私访》《春桃借牛》《敢干的姑娘》等。

道情戏（蓝关戏）
申报地区或单位：山东省莱州市

蓝关戏，是元代就已形成的弋阳腔的一支遗脉。其唱腔以"错用乡语"的音调特征，沿袭、模仿弋阳腔"其节以鼓，其调喧"的表现形式并吸收了胶东民间曲调及其他成分长期演变而成。蓝关戏的突出特征是一个人在台上独唱，众人在后台帮腔，只用打击乐伴奏，不用丝竹管弦相伴，一直处于以"干唱为特点的徒歌形式"，由于"帮、打、唱"三位一体，其音乐独具特色并具有一定的交响性。

蓝关戏上演的剧目有近百出，主要为《东游记》与《西游记》两部大型连台本戏。

道情戏（陇剧）
申报地区或单位：甘肃省

陇剧是甘肃独有地方戏曲，其前身是流传于甘肃环县环江地带的陇东道情，在流传过程中逐渐吸收了当地民间音乐营养，增加二股弦等乐器，衍化为皮影唱腔音乐。经环县民间皮影艺人解长春（清代同治时人）改造唱腔后在宁夏、内蒙古、陕北及当地广为流传。

陇剧唱腔为板式、曲牌、麻黄的结合体，分花音和伤音，花音明快活泼，伤音抒情委婉，尤以麻黄最富特色，一唱众和，气氛热烈，有"一句一黄，两句一帮"之说。伴奏乐器有陇胡、唢呐、渔鼓、水梆子。表演融入皮影侧身造型，舞台美术借鉴皮影镂空、彩绘、装饰手法及旦角高髻燕尾头饰等，形成独特风格。

其代表性剧目有《旌表记》《草原初春》《谢瑶环》《假婿乘龙》等。

道情戏（洪洞道情）
申报地区或单位：山西省洪洞县

洪洞道情，诞生于山西省洪洞县，演出范围遍布晋南，涉及河南北部、陕西关中、河套、晋北、内蒙古自治区等地。

音乐体制属曲牌体结构，音乐分三类：官调、平调、高调，为二十八调、十四个小调。以歌舞为主，用唱、念、做、打和手、眼、身、步、法来创造角色形象，人们将其称为"四功五法"。舞台美术与故事情节融为一体，并且有其独特的戏曲功夫与特技。

其剧目多以神仙道化为主借以反映现实生活。传统剧目二十五个，有《龙虎山》《郭巨埋儿》《得黄金》《眼前报》《石花景》《三世修》《小姑贤》《打灶君》《桂香研磨》《断乌盆》《大劈棺》《三度林英》《三英卷》《清官谱》《王小买干哒（爸）》《安安送米》《卖豆腐》《林英降兵》《董永哭街》《王祥卧冰》《刺浪冀》《阴阳扇》《送茶》《重台》《十万金》《二度梅》。

道情戏（沾化渔鼓戏）
申报地区或单位：山东省沾化县

沾化渔鼓戏，发祥于山东省沾化县胡家营村。1723年（清雍正元年），胡家营村重修道观时，有道士来此说唱，村民学会其腔调，并逐渐予以衍化，把说唱形式的渔鼓搬上舞台化妆演出，遂发展成为行当齐全、文武兼备的渔鼓戏。

沾化渔鼓戏集渔鼓（道情）、地方歌舞、武术和渔民号子于一身，吸纳弋阳腔（高腔）和其他剧种之优长，使其衍化为一个以板式变化体为音乐体制的古老剧种。其唱腔旋律以高亢、古朴、明快、跳荡见长，尤以五度、八度至十一度的旋法跳进促成唱腔的极度灵活变化，为其他剧种所少见。句式结构以主要板腔"三句一扣"为标志，这种俗称"三条腿"的句式结构，打破了一般唱词音乐的对称规律。加之结合当地船号形成的"一人唱众人和、领和呼应"和"帮、打、唱"三位一体的演唱形式，形成跌宕起伏的艺术特色。表演形式是以武当派的"福寿长拳南宫靠"之一脉——孙家拳为基础，吸收其他剧种的表演程式，构成了"硬功为实、花架为辅"亦功亦舞的套路。

演出剧目多是以颂扬八仙为主要内容的神话故事连续剧，而其中主要角色便是韩湘子，如《东游记》《蓝关》《湘子出家》《二度林英》《三度林英》等；其他剧目还有《八仙庆寿》《画保安》《李世民游阴》《魏征斩小白龙》《西游记》等。

道情戏（神池道情戏）
申报地区或单位：山西省神池县

山西神池道情戏，流传于山西省境内的晋西北和雁北地区一带，还传播到内蒙古自治区的巴彦淖尔盟、土默川，陕西的府谷、神木等地。

神池道情的音乐分唱腔、曲牌、锣鼓经三大部分。其中一些曲调，是盛行于唐宋元的词牌，像"耍孩儿""西江月"等，基本上保持原有的格式。在唱腔上，又糅进了地方戏曲的某些音乐特色，如"流水""介板"等，主要汲取了山西北路梆子的音乐。唱腔的节奏形式包括艺人口中的"单梆子"和"双梆子"。其演唱特色，一是多用"虚词""重句"；二是说唱色彩较强，似唱似念，字重腔轻；三是润腔多用倚音、滑音等装饰音，尤以旦角为著。

神池道情剧目有一百余部，早期剧目有《湘子传》《张良传》《庄周传》等；中期剧目有《翠莲传》《小桃研磨》《烙碗记》等；中后期剧目有《三贤》《四劝》《打灶君》等；近期剧目有《醉陈桥》《斩黄袍》《金沙滩》等。

道情戏（商洛道情戏）
申报地区或单位：陕西省商洛市

陕西商洛道情的唱板有慢板、紧板、二八板、辘子、尖板、滚白、嘛韵。各唱板又有欢音、苦音之分，唯滚白只有苦音。嘛韵，亦称嘛簧，即后台伴唱帮腔，是道情剧种独特的风格之一。在传统唱腔中多为两句一嘛韵，亦有多句嘛韵的"串句"形式，也有多句不定数定韵的。以二人转的击打形式演唱，经过几代文艺工作者的努力加工提高，已能表现大型剧目、充分表现各类戏剧人物的内心情感，以表现苦音最具特色。

代表性剧目有《一文钱》《农家媳妇》《山花姑娘》《望春花》《青山谣》《红石匠》《夜审》。

国家级代表性传承人名单

姓名	性别	申报地区或单位	入选批次
张瑞锋	男	山西省临县	2
任林林	女	山西省临县	2
朱锡梅	女	河南省太康县	2
黄凤兰	女	山西省神池县	4
刘浩智	男	陕西省商洛市	4

灯戏

梁山灯戏、川北灯戏

序号：221

编号：Ⅳ-77

批次：1

类别：传统戏剧

申报地区或单位：重庆市梁平县，四川省南充市

扩展名录：
灯戏　　　　　湖北省恩施市

灯戏（梁山灯戏）
申报地区或单位：重庆市梁平县

灯戏不仅是一种非常具有四川地方特色的民间戏曲，它也属川剧的五大声腔之一（另外四大声腔是高、昆、胡、弹）。由于其演出多与春节、灯节、社火、庆坛等民俗活动结合在一起，所以形成小戏多、喜戏多、闹戏多的特点。

重庆市的梁山灯戏，因梁平县在新中国成立前又名梁山县而得名。表演采用方言，唱词通俗自然，生动活泼，极富生活气息。此外，由于灯戏的娱乐性很强，情节夸张，矛盾突出，嬉闹诙谐，所以演员们表演起来往往动作夸张，

带有舞蹈的特性。其唱腔音乐主要有胖筒筒类的灯弦腔、徒歌类的神歌腔和俚曲类的小调，其中"梁山调"灯弦腔比较独特。梁山灯戏的表演特点为"嬉笑闹"与"扭拽跳"。伴奏乐器有扬琴、笛子、琵琶、二胡等。

其剧目丰富，有两百种以上，最具代表性的如《吃糠剪发》《送京娘》《湘子度妻》《请长年》等，这些剧目大都改编自民间戏曲或民间故事。

目前，灯戏专业剧团的演出人员普遍老化，会唱灯戏的老艺人已屈指可数，口传剧目大量流失，面临失传的危险。

灯戏（川北灯戏）
申报地区或单位：四川省南充市

川北灯戏由花灯歌舞发展而来，是川北地区一种重要的传统民间艺术形式。演出形式生动活泼，内容多歌颂正义，鞭挞丑恶，语言通俗易懂，诙谐风趣，寓教化于嬉乐之中。其剧目一般以喜剧、闹剧为主，正剧、悲剧题材也多用喜剧表现。因小戏多、喜剧多、闹剧多，故丑行在川北灯戏的表演中占有特殊地位。灯戏的丑行有男丑、女丑之分，男丑又叫小花脸、三花脸，女丑又叫彩旦、摇旦、婆。丑既扮反面人物，也扮正面人物和中间人物。

川北灯戏唱腔有板式变化的正调类唱腔体系，也有曲牌连缀的唱腔。板式与曲牌联唱也可综合使用于同一剧目中。其主要伴奏乐器是"胖筒筒"、胡琴，除此以外还有花灯锣鼓等，后又逐渐增加了二胡、笛子等。川北灯戏的表演中融进了民间舞灯及木偶、皮影、杂技等技巧，用以刻画人物、表现情节。

灯戏
申报地区或单位：湖北省恩施市

恩施灯戏，地方俗称唱灯儿，是以民间花灯歌舞为基础发展形成的。该剧于清代乾隆、嘉庆年间由四川传入恩施，主要流传于恩施州所属的恩施市、利川市、宣恩县、咸丰县、来凤县及建始县广大农村。灯戏因演出意义不同而名称各异，例如新春元宵时称"贺新灯"，清明祭祀时称"清明灯"，寿诞时称"寿灯"，男婚女嫁、抱子添孙时称"喜灯"，烧香还愿、酬神祭祀时称"公灯"。

恩施灯戏的声腔主要由正腔和小调两类组成。正腔类有本腔、七句半、一字板、悲腔、神狗调、四平调及辰河调等，均为板腔体。其中本腔为恩施灯戏的主要唱腔，在演唱中使用最广泛。其唱腔为上下句结构，生旦同腔。恩施灯戏人物少，角色行当有生、旦、丑三行，出台常为一男一女，最多不超过四人。服装道具简单，一件官衣、一顶纱帽、三副口条、一把剑而已。

国家级代表性传承人名单

姓名	性别	申报地区或单位	入选批次
陈德惠	女	重庆市梁平县	2
阙太纯	男	重庆市梁平县	2
彭潢	男	四川省南充市	2
汪洋	男	四川省南充市	2
孟永香	女	湖北省恩施市	3

滇剧

序号：733
编号：Ⅳ-132
批次：2

类别：传统戏剧

申报地区或单位：云南省滇剧院、玉溪市滇剧团、昆明市

滇剧是云南主要的地方剧种，大约形成于清朝道光年间，在云南的广大地区和四川、贵州的部分地区广泛流传。

滇剧的三大声腔即丝弦腔、胡琴腔、襄阳腔分别源于秦腔、徽调与汉调等，但经过与当地的语言、风土人情和地方戏曲长期融合，已经与原风格有很大差异。丝弦腔的唱法有"甜品""苦品"之分，悲喜均可，它以枣木梆击节，具有秦腔高亢、激越、强烈的特点，也不乏云南民歌的委婉、细腻、欢快，称为"滇梆子"；胡琴腔源于与二黄同源的徽调石牌腔，近似京剧二黄，但没有原板；襄阳腔旋律流畅，适于表现愉快、喜悦与激奋的感情。滇剧的伴奏乐器中，丝弦腔以锯琴为主，襄阳腔、胡琴腔以胡琴为主。滇剧的表演善于刻画人物，富于生活气息，语言通俗流畅，具有民间歌谣的风格。

滇剧的剧目有一千多个，有秦腔路子、川路子、京路子和滇路子之分。代表剧目有《春秋配》《花田错》《高平关》《打渔杀家》《坐宫》等。新中国成立后，整理了大批传统剧目，并创作了很多反映白、傣、侗、哈尼等少数民族生活的剧目，如《蝴蝶泉》《望夫云》《版纳风光》《独手英雄》《佤山前哨》《瘦马御史》《阿诗玛的新族人》等，其中《牛皋扯旨》《闯宫》《送京娘》《借亲配》等颇具影响力。

随着时代的发展，滇剧在各种文化的冲击下有了衰败的迹象。20世纪90年代以后当地提出了保护古老剧种，"文华奖""梅花奖"等各种奖项的设立、滇剧花灯艺术周的举办等在一定程度上保护、促进了滇剧的发展。

侗戏

序号：227
编号：Ⅳ-83
批次：1
类别：传统戏剧
申报地区或单位：贵州省黎平县

扩展名录：
侗戏　　湖南省通道侗族自治县
侗戏　　广西壮族自治区三江侗族自治县

侗戏，是一种少数民族戏曲剧种，是侗族文学、音乐、舞蹈的综合艺术，具有鲜明的民族风格。它盛行于贵州省的黎平、从江、榕江，湖南省的通道，广西壮族自治区的三江、龙胜等县的侗族村寨。侗戏大约产生于清代嘉庆至道光年间，始创人黎平县腊洞村侗族歌师吴文彩在侗族长篇说唱叙事歌的基础上，根据汉族说唱本《二度梅》编制出第一部侗戏《梅良玉》，之后不断汲取其他戏曲剧种的营养，逐渐提高和完善，最终演变成独立剧种。

侗戏主要曲调包括"平板"和"哀调"等，此外还有"仙腔"和"戏曲大歌"等。表演时一般由两人用侗语对唱，每唱完最后一句，表演者便在音乐过门中走"∞"字交换位置，然后再接着唱下一句，如此反复直至一段唱词结束。伴奏乐器包括二胡、牛腿琴、侗琵琶、月琴、低胡、扬琴、竹笛、芦笙等，开台和人物上下场时用鼓、锣、钹、镲伴奏。侗戏舞台一般长、宽均约为丈余，不用布景，仅挂一块底幕和两块花色门帘。脸谱以黑白二色为基础。服装以侗族艳装为主，也有专门的戏装。侗戏没有严格的行当划分，唯有丑角的表演有独特程式，无论从哪个方向出场，都只能向里跳，人称"跳丑角"。

侗戏的代表性剧目有《梅良玉》《毛洪玉英》

◎传统戏剧

《刘知远》《江女万良》《珠郎娘美》等。

在侗族地区,多数村寨都有群众自己组织的业余侗戏班。但随着社会的变革和现代传媒的发展,侗戏不再在民众的娱乐生活中占据绝对优势地位。侗族没有文字,过去戏师们全凭记忆传授给演员,这种方式的脆弱性也影响侗戏的顺利传承。

国家级代表性传承人名单

姓名	性别	申报地区或单位	入选批次
张启高	男	贵州省黎平县	2
吴胜章	男	贵州省黎平县	2
吴尚德	男	湖南省通道侗族自治县	3

二股弦

序号:725
编号:Ⅳ-124
批次:2
类别:传统戏剧
申报地区或单位:河南省武陟县

二股弦,地方戏曲剧种之一。其起源并流传于河南省焦作市武陟县大司马村,这里是一个传统文化丰厚、戏曲活动历来兴盛的地方。据说明代嘉靖年间,大司马村就有了二股弦的演唱活动,有了二股弦戏班,清代道光以前一度辉煌,后来逐步衰微。

二股弦唱腔十分丰富,有清板、二板、散板、八板、捻板、五字篇、朔腔、寒韵、刷腔、挡板、哑板、大跌板、非板、跺板等诸多板式。曲调舒缓悠扬,很有地域特色。二股弦的乐器分文场、武场,艺人自制的桑弓二股弦胡琴、铜板鼓音色独特。乐谱有铜器谱、乐器谱。经过长期的发展,二股弦戏拥有五个曲牌、十八个唱腔板式和一百多个剧目。说唱用本地方言,采用历史上留传的古老五音谱。

二股弦主要剧目主要是对当地民间生活故事、宗教故事进行整理创编,如《刘全砍柴》《李翠莲上吊》《唐王游地狱》《刘全进瓜》等均为武陟大司马本土故事。

"文革"时期,当地仅有的五个二股弦班社停办,这一独特的地方剧种几乎销声匿迹,直到1993年,大司马村的二股弦剧团才重新得到恢复。目前,武陟通过开展戏曲比赛、定期举办演出等活动发展壮大二股弦剧团,但依然面临后继乏人、演出市场萎缩等诸多困境。

国家级代表性传承人名单

姓名	性别	申报地区或单位	入选批次
丁瑞魁	男	河南省武陟县	4

二夹弦

序号:714
编号:Ⅳ-113
批次:2
类别:传统戏剧
申报地区或单位:安徽省亳州市,河南省开封市、滑县,山东省定陶县

二夹弦是一个地方戏曲剧种,因其主要伴奏乐器四胡是每两根弦夹着一股马尾拉奏而得名,山东称为"两夹弦",河南和安徽多叫"二夹弦",也有的地方称为"大五音"或"半碗蜜",主要流传于山东西部以及河南东部及北部、江苏北部、安徽北部一带,迄今有三百多年的历史。

二夹弦唱腔最初是在"纺纱小调"基础上发展起来的,曲调由黄河船歌、渤海沿岸的渔

民号子、打夯号子及民歌小调等融合变化而成。在发展中又汲取了花鼓、梆子、琴书等民间歌舞、戏曲的音乐营养，经历代艺术创造逐步形成了自己的唱腔。演唱技法上以大本嗓子吐字（唱词）假声拖腔，即句尾用鼻音和胸音的有机结合，模仿手工纺车音色的特殊效果，形成了真假声频繁交替的二夹弦声腔特色。

二夹弦经典传统剧目有所谓"老八本"即《头堂》《二堂》《休妻》《花墙》《大帘子》《二帘子》《花轿》《抱牌子》，另有《站花墙》《梁祝下山》《安安送米》《吕蒙正赶斋》《小姑贤》《王定保借当》等九十余出，多是反映民间生活的小戏。

二夹弦曾深受广大观众的喜爱，在其流行地区甚至有"不吃不穿不过年，也要去听二夹弦"的说法。但是如今随着时代的变迁，二夹弦面临着后继乏人、传承困难的濒危局面。

国家级代表性传承人名单

姓名	性别	申报地区或单位	入选批次
田爱云	女	河南省开封市	3
李京华	女	山东省定陶县	3
宋瑞桃	女	山东省定陶县	3

二人台

序号：217

编号：Ⅳ-73

批次：1

类别：传统戏剧

申报地区或单位：内蒙古自治区呼和浩特市

扩展名录：

二人台　　　　　　**陕西省府谷县**

二人台（东路二人台）内蒙古自治区乌兰察布市

二人台是流传于河套地区的民间戏曲，又名二人班，俗称打玩意儿。其原始曲调为当地的民歌，牌子曲在传播中吸收了许多晋剧曲牌、民间吹打乐和宗教音乐而形成。以呼和浩特为界，二人台的风格流派分为西路与东路：西路二人台最初叫"蒙古曲"，主要流传于呼和浩特市、包头市、巴彦淖尔盟、伊克昭盟、榆林地区、忻州地区；东路二人台初名"蹦蹦"或二人台，主要流传于乌兰察布盟、雁北地区、张家口地区。

二人台的唱腔多承用民歌曲调，有些经过各种速度的变化处理，已走向板式化。最基本的曲调有"爬山调"和"烂席片"，此外，还吸收了其他民歌的曲子和其他剧种的一些曲牌，以丰富其表现力。音乐具有优美、清新、秀丽、明朗等特点。二人台的伴奏主要有扬琴、笛子、四胡、二胡、四页瓦等乐器，道具有扇子、手绢、霸王鞭等。二人台的道白，多为广为流行的幽默诙谐的串话、谚语和歇后语。其演唱形式分硬码戏、带鞭戏与对唱三大类。硬码戏注重唱、念、做，要求表演者有较好的嗓音条件；带鞭戏注重舞蹈表演；对唱由二人交替演唱。

二人台的行当早期只有一丑一旦，后东路二人台发展出小旦、彩旦、老旦、娃娃旦、小生、老生、小丑、娃娃生等，但仍以丑、旦二人演唱为主。旦角一般头戴凤冠，身穿红袄绿裙；丑角戴毡帽，身穿黑袄彩裤，鼻梁画一蛤蟆或蝎子图案。

西路二人台的代表性剧目有《打金钱》《打樱桃》《打后套》《转山头》《阿拉奔花》等；东路二人台有《回关南》《拉毛驴》《摘花椒》《卖麻糖》《兰州城》等。

如今，二人台在内蒙古中西部、晋北、陕北、冀北、宁北等地区仍然十分兴盛，并且主要体现为三种生存样态：盈利型民间戏班、自娱自乐的文化大院、从属于国家政府的专业演出团体，这体现着二人台在不断发展变化的社会中适时作出自我调整以求生存的特点。

二人台
申报地区或单位：陕西省府谷县

陕西府谷二人台表演形式大致有三种：一种是清唱（俗称座腔），一般不化妆；一种是跑场（亦称滚边），一般由男女对唱并加念白及表演；第三种是小戏，多有故事情节、人物超过两人。说念道白，插科打诨语言颇有地方性，方言妙语横生，歌词句式丰富。演唱采用真假声结合，抑扬顿挫、亮板拖腔。乐器简单独特，其中四弦为之"梁柱"，四页瓦强化节奏。

府谷二人台的内容，以反映农村生活情趣为多。其中反映男情女爱、反封建的剧目占较大比例，如《五哥放羊》《打樱桃》《十爱》等；有反映社会黑暗苦难生活的剧目，如《走西口》《劝世人》《转山头》等；有反映民俗风情的剧目，如《放风筝》《打秋千》《闹元宵》等；有反映历史传说的剧目，如《珍珠倒拷帘》《英台下山》《四大对》等；有描写花名的剧目，如《十对花》《五月散花》等；有描叙货郎、挑夫生活的剧目，如《王成卖碗》《刘青卖菜》《钉缸》等；有刻画青楼女、尼姑之苦的剧目，如《吃醋》《思凡》等。

二人台（东路二人台）
申报地区或单位：内蒙古自治区乌兰察布市

东路二人台，始于清末咸丰年间，形成于民国初年。东路二人台的唱腔是在民歌和社火的基础上，吸收了大秧歌、道情、北路梆子等音乐元素而发展衍变来的。其唱法早先以高打低唱为主，用真声，后来以真假声相结合。在较自由的行腔中大致可分"满、花、闪、捏、口"五种唱法。在曲调运用上，最初的唱腔较为简单，从一曲专用或一曲多用，发展成多曲联用的套曲形式。随着剧目戏剧性的增强，部分唱腔已突破了原来较为规整的民歌体形式，同时也有了简单的板式变化。唱法高低起伏变化小，定调比西路二人台略高。唱词多用比兴手法，衬词叠字使用频繁，唱念简练生动，诙谐幽默，唱词中主要采用地区方言。传统乐队由笛、四胡、扬琴（三大件）、四页瓦组成，演奏风格热烈。

经常演出的传统剧目有七十多个，其中有一定故事情节和人物形象的大型剧目有《小放牛》《卖麻糖》《拉毛驴》《回关南》《割红缎》《拉骆驼》《探妹妹》《三女拜寿》《串河湾》等；小型剧目有《打金钱》《五哥放羊》《挂红灯》《打连城》等；移植改编的剧目有《朝阳沟》《卷席筒》《柜中缘》等；现代戏有《分粮》《嫁娶新风》《光棍娶妻》《媳妇登门》《如此儿媳》等。

国家级代表性传承人名单

姓名	性别	申报地区或单位	入选批次
冯来锁	男	内蒙古自治区呼和浩特市	2
史万富	男	河北省康保县	2
冯俊才	男	河北省康保县	2
杜焕荣	女	山西省河曲县	3
武利平	男	内蒙古自治区呼和浩特市	3
贾德义	男	山西省河曲县	3
淡文珍	男	陕西省府谷县	3
许月英	女	山西省河曲县	4
霍伴柱	男	内蒙古自治区呼和浩特市	4

赣剧

序号：1106
编号：Ⅳ-144
批次：3
类别：传统戏剧
申报地区或单位：江西省赣剧院

赣剧是江西地方戏曲赣语剧种之一，是一个兼唱高腔、乱弹、昆腔及其他曲调的多声腔剧种。其起源于明代的弋阳腔。

赣剧的唱腔以高腔为主，弹腔为辅。高腔有弋阳腔和青阳腔两种，其中弋阳腔一直保持"其节以鼓，其调喧"的原始风貌；青阳腔由安徽传入江西北部，因它和弋阳腔有历史渊源，亦归入赣剧演唱。在音乐上，除青阳腔的"横调""直调"以笛子、唢呐伴奏外，都以锣鼓助节，不用管弦，一人干唱，众人帮腔为特点。弋阳腔高昂激越，青阳腔柔和婉转。赣剧的乱弹腔，以"二凡""西皮"为主。"二凡"即二黄，来自本地的宜黄腔，"西皮"传自湖北汉剧。乱弹腔曲调平直朴素，板眼大致与京剧相同，但无慢三眼的唱法。此外尚有"唢呐二凡"和"反调"。其他声腔还有文南词、秦腔（即吹腔）、老拨子、浙调、浦江调、安徽梆子、昆腔等。赣剧的表演行当分老生、正生、小生、老旦、正旦、小旦、大花、二花、三花，称之为"九角头"。其表演风格古朴厚实，亲切逼真。口白以中州韵为基础。

新中国成立后整理改编的弋阳腔剧目有《珍珠记》《尉迟恭》《张三借靴》《送衣哭城》等；青阳腔戏有《双拜月》《百花赠剑》等；弹腔戏《梁祝姻缘》《借女冲喜》《白蛇传》《装疯骂殿》《孟姜女》等；昆腔戏有《悟空借扇》《相梁刺梁》等；创作的现代戏有《一群穆桂英》《红色宣传员》《奇袭边平》《祭碑出征》等。

如今，江西省赣剧院采取走出去的方式进行演出，让赣剧走进农村、走进社区，使更多的普通百姓能够看到赣剧，这在一定程度有利于赣剧的传承和发展。但赣剧依然面临演出市场萎缩、观众减少等困境。

高甲戏

序号：192
编号：Ⅳ-48
批次：1
类别：传统戏剧
申报地区或单位：福建省泉州市、厦门市

扩展名录：
高甲戏（柯派） 福建省晋江市

高甲戏，是一个地方戏曲剧种，又名"弋甲戏""九角戏""大班""土班"，主要流传于福建的晋江、泉州、厦门、龙溪等闽南语系地区和中国台湾，以及东南亚的华侨聚居地。

高甲戏孕育于明末清初，最初是闽南民间装扮"水浒传"的化装游行，随后出现专演宋江故事的业余戏班，时称"宋江戏"。清中期，"宋江戏"突破局限，兼演文武戏、宫廷戏、丑旦戏等，内容及表演艺术逐渐丰富，成为"合兴戏"。至清末，"合兴戏"又吸收京剧、昆剧、傀儡戏的精华，走向专业化组织形式，并上演连台本戏，形成了有自己的风格和丰富多彩的传统的地方剧种。

高甲戏的音乐唱腔兼用南曲、傀儡调和民间小调，而以南曲为主，并在旋律节奏上进行了必要的改革，唱功用本嗓，唱字行腔雄浑高昂，也有清婉细腻的音韵。高甲戏使用的乐器，以管乐、唢呐为主，此外还有横笛、二弦、三弦等。高甲戏行当的划分与京剧大致相同，丑角戏的表演最为突出。丑行有男丑、女丑之分，男丑又分文、武丑。文丑有长衫丑和短衫丑，武丑有师爷丑和捆身丑。女丑则有夫人丑、媒人丑、老婆丑、婢丑等几十种。丑行表演艺术丰富多彩，创造了公子丑、破衫丑、傀儡丑等表演类型。高甲戏的武打中吸收了提线木偶和民间舞狮的技艺，形成别具特色的"冷煎盘""大碰场""凤摆尾"等动作。

高甲戏剧目大部分来自京戏、木偶戏和布袋戏，小部分是吸收梨园戏的，还有一些是艺人根据历史小说和民间传说的创作。如《桃花搭渡》《扫秦》《连升三级》《真假王岫》《大闹花府》《笋江波》《许仙谢医》等。

20世纪20～40年代，高甲戏发展很快，"文革"时期一度中断，直到1982年，闽南各地的高甲戏剧团相继恢复，目前晋江市、南安市、惠安县、永春县、安溪县以及跨地区的厦门市和三明市的大田县各有一个国办高甲戏剧团，从业人员五百余人。

高甲戏（柯派）
申报地区或单位：福建省晋江市

柯派高甲戏形成于1930年。当年22岁的柯贤溪受聘于晋江"福庆成"班，以丑角挑大梁，1935年，柯贤溪应菲律宾桑林社邀请赴菲律宾演出，场场爆满，被誉为"闽南第一丑""丑大王"。1952年，柯贤溪与名老艺人洪金乞组建晋江民间高甲戏剧团。柯贤溪根据性别、年龄、职业、身份和性格特征，创造出相当完整的丑行表演体系。

柯派高甲戏丑行有男女丑之分，男丑分为长衫丑、短衫丑（破衫丑）、官袍丑（大服丑）、布袋丑、傀儡丑等。女丑则是柯派艺术最具特色的表演：俊俏滑稽的扮相，婀娜多姿的身段，细腻精巧的做功，悠扬动听的唱腔，唱、念、做、打无一不精。柯派女丑的艺术精华主要有"身段表演""女丑坐场"和"跑驴"三大部分。"身段表演"依照从少女到老妪风韵姿态的不同表演程式。"女丑坐场"是女丑表演的核心。就"坐场"的表演，柯贤溪编排了"女丑十八法"的表演程式。"跑驴"是女丑表演的另一精华，广泛吸收各行当的技艺及丑行眉、眼、嘴、颈、肩、腰、腿、跟等各方面的基本功，使人物的骑相和抽象的驴子相辅相成，在舞台上翻腾跳跃。

柯贤溪主演的《管甫送》《唐二别妻》《番婆弄》等很受观众喜爱。柯派第一代传人赖宗卯在柯贤溪口述改编的《金魁星》一剧中将柯派女丑艺术发挥得淋漓尽致。

国家级代表性传承人名单

姓名	性别	申报地区或单位	入选批次
赖宗卯	男	福建省泉州市	2
曾文杰	男	福建省泉州市	2
颜佩琼	女	福建省泉州市	2
纪亚福	男	福建省厦门市	2
陈炳聪	男	福建省厦门市	2
林英梨	女	福建省厦门市	3
吕忠文	男	福建省泉州市	3
苏燕玉	女	福建省泉州市	3

高腔

西安高腔、松阳高腔、岳西高腔、辰河高腔、常德高腔

序号：151

编号：Ⅳ-7

批次：1

类别：传统戏剧

申报地区或单位：浙江省衢州市、松阳县，安徽省岳西县，湖南省辰溪县、泸溪县、常德市

高腔，是对一种戏曲声腔系统的总称。其起源于江西弋阳。由明代弋阳腔演变派生的诸声腔剧种，都属于高腔声腔系统。其特点是表演质朴，曲词通俗，唱腔高亢激越，只用锣鼓等打击乐器敲击，不用管弦乐伴奏，台上一人唱，台后众人帮腔。自明代中叶后，它开始由江西向全国各地流布，并在各地形成不同风格的高腔，川剧、湘剧、赣剧、滇剧、辰河戏、调腔等剧种中都有高腔的唱法。

高腔（西安高腔）
申报地区或单位：浙江省衢州市

西安高腔大约形成于明代嘉靖年间，因衢州古名西安而得名。它是在弋阳腔影响下形成的地方戏，以衢州为中心，流传于浙江的温州、金华及江西东南部、福建西北部等地。

西安高腔形成后，深受当地群众喜爱，到清道光年间达到鼎盛，有西安高腔戏班二十多个。之后，因战乱不断，至民国初年戏班仅剩三个，1940年日寇入侵衢州，戏班全部偃旗息鼓，西安高腔流散于民间。

西安高腔音乐"向无定谱，只沿土俗"，早期，"其节以鼓，其声喧"，后受昆山腔影响加入管弦，字多声少，一唱众和，管弦金鼓相随，洪亮粗犷，高昂激越。西安高腔音乐属曲牌连缀体，可一曲多用，亦可几曲联用。曲调的进行起伏较大，音域较宽，旋律流畅，婉转优美，富于表现张力。西安高腔在唱腔上"大吼大叫"，风格夸张、豪放；在表演中"大蹦大跳"，重在写意，大笔勾画，讲究气势；在舞美上讲究"大红大绿"，在乐器上多运用"大鼓大号"，乡土气息浓厚，在剧目、行头、唱法、行当体制、演出程序等方面基本上原汁原味地保留了古南戏的风貌，对南戏研究具有重大意义和价值。

西安高腔传统剧目有《槐荫树》《合珠记》《芦花絮》等。

新中国成立后，地方政府对西安高腔进行了抢救，保存了西安高腔的大量资料，上演了部分西安高腔的剧目，其中《槐荫分别》于1954年9月在华东第一届戏曲会演中获得一等奖。近几年，在衢州市政府的重视与支持下，有多部西安高腔传统剧目被重新排演，西安高腔重新走上了舞台，受到国内众多戏曲专家的赞扬。

高腔（松阳高腔）
申报地区或单位：浙江省松阳县

松阳高腔是浙江八大高腔系统中的独立分支，属单声腔剧种。它始于明代，以松阳地方杂剧为主，吸收昆腔等外来声腔的艺术因素而最终成形，在清代乾隆至光绪年间达到鼎盛时期。松阳高腔现在主要流传于以松阳为中心的浙西南农村地区，远及闽、赣、皖等地。

松阳高腔的唱腔、文武场曲牌以当地民间音乐为基础，特别是高腔艺人中有许多是道士，不但给松阳高腔注入道士调，而且把道士"打醮"等表现手法也带入高腔表演之中。

松阳高腔的角色早期分生、旦、净、丑、小、贴、外、夫八个行当，清末以来又增加了二旦、作旦、老外、二花、四花等行当。松阳高腔采用管弦伴奏，是高腔系统中较为特别的一种，乐器包括板、鼓、笛、唢呐、二胡、小锣、大锣、大钹等。原有曲牌一百多支，保存下来的有七十多支。

松阳高腔现存剧目四十多个，代表剧目有《夫人戏》《三状元》《八仙桥》《买水记》《鲤鱼记》《火珠记》《酒楼杀家》等。

20世纪50年代和20世纪80年代，浙江省有关部门先后多次对松阳高腔进行恢复继承和挖掘整理，取得了初步成果。目前由于松阳高腔艺人年龄老化，年轻艺人青黄不接，口传心授的传承方式面临挑战，同时民间剧团难以走向市场，面临濒危。

高腔（岳西高腔）
申报地区或单位：安徽省岳西县

岳西高腔是安徽省岳西县独存的古老稀有剧种，由明代青阳腔沿袭变化而来，有三百多年的传承历史。

岳西高腔的音乐体制基本属曲牌联套体，一唱众和，锣鼓伴奏，"唱、帮、打"三位一体，风格古朴。岳西高腔剧目有一百二十余种，二百五十多出，可分为"正戏"和"喜曲"两类，其中"正戏"占绝大多数，包括《荆钗记》等南戏五大传奇剧目的精彩折子，其最大特征是继承了"滚调"艺术并发展成在曲牌之外加唱大段唱的"畅滚"；"喜曲"所唱均为吉庆之词，主要用于民俗活动，是岳西民俗文化的重要组成部分。

岳西高腔的演唱形式有三种，分别是围鼓坐唱、舞台表演和在民俗活动中表演，它全面融入境内各民间灯会，成为本土民俗文化的有机组成部分。

清末以来，岳西高腔几度兴衰，新中国成立前夕已处于濒危境地。新中国成立后，县政府组建专业高腔剧团，专门对岳西高腔进行传承和研究。如今岳西高腔依然面临后继乏人的困境。

高腔（辰河高腔）
申报地区或单位：湖南省辰溪县、泸溪县

辰河高腔是包括高腔、弹腔和少部分昆腔在内而以高腔为主的地方戏曲剧种，流传于湖南省沅江中上游的支流辰河一带，辐射到贵州省、四川省的部分地区。

早期的辰河高腔分生、旦、净、丑、外、副、末、贴八个角色行当，清末民初之后变为生、旦、净、丑四行，其中生角又分为正生、老生、红生、小生，旦角又分为正旦、小旦、摇旦、老旦等。

辰河高腔的声腔高亢激昂，音域宽广，可在高、中、低音区回旋。演员的表演带有浓郁的乡土气息，具有讲究唱功、多唱传奇本高腔、擅演目连戏的特点。演出时的伴奏乐器包括唢呐、笛子、京胡、二胡、三弦、大鼓、小锣、云锣、钹、小鼓等。

辰河高腔有四十八本"目连戏"及《黄金印》《红袍记》《一品忠》《琵琶记》《装疯油锅》等剧目。

由于经费紧张、人才缺乏及受众局域化、老龄化等问题，现在辰河高腔已到了几乎失传的地步，只有少数剧团在艰难的生存条件下坚持演出。

高腔（常德高腔）
申报地区或单位：湖南省常德市

常德高腔是在本地原始祭祀歌舞等乡土音乐的基础上不断吸收明代弋阳腔、青阳腔等早期戏曲声腔而逐渐发展成熟的，主要流传于西洞庭区、武陵山系、辰水、沅水流域，远及鄂西南和黔东一带，1986年更名为武陵戏。常德高腔为常德汉剧高、昆、弹三大声腔之一。

常德高腔角色分为生、旦、净、丑四行，其中包括青须、白须、小生等"三生"，正旦、小旦、老旦等"三旦"，大花脸、二花脸、小花脸等"三净"。常德高腔有三十余种基本腔和七十余种曲牌，演唱形式有滚唱、帮腔等。演唱时有本嗓、边嗓、夹嗓、小嗓等多种表现方法。

常德高腔中的代表性剧目有《祭头巾》《思凡》《两狼山》《双猴斗》《程咬金娶亲》等，新中国成立后又出现了《芙蓉女》《紫苏传》等新编高腔戏。

早在清代嘉庆、道光时，众多常德高腔班社已相继解体或改唱弹腔，导致大批剧目失传，传承关系几近中断。1954年，常德市举办高腔

学习班，挖掘传统剧本二十余个并恢复上演了其中的少数剧目，使几近消亡的常德高腔重新萌发了生机。近年来，随着社会的变迁，常德高腔又一次陷入濒危的艰难境地。

国家级代表性传承人名单

姓名	性别	申报地区或单位	入选批次
严帮镇	男	浙江省衢州市	2
汪家惠	男	浙江省衢州市	2
吴陈基	男	浙江省松阳县	2
陈春林	男	浙江省松阳县	2
蒋小送	男	安徽省岳西县	2
王琦福	男	安徽省岳西县	2
陈　刚	男	湖南省辰溪县	2
向　荣	男	湖南省泸溪县	2
龚锦云	女	湖南省常德市	2
李少先	男	湖南省常德市	2
吴陈俊	男	浙江省松阳县	3

歌仔戏

序号：208

编号：Ⅳ-64

批次：1

类别：传统戏剧

申报地区或单位：福建省漳州市、厦门市

歌仔戏，地方戏曲剧种之一。相传明末清初，民族英雄郑成功东渡收复台湾时，将流传于闽南地区的汉族曲种"锦歌"带到台湾，很快在台湾广泛传唱，群众自发组织了演唱锦歌的"乐社"和"歌仔阵"。20世纪初，歌仔戏兴于台湾岛内，不久传及厦门，并迅速流布闽南地区和东南亚华侨聚居的地方。

歌仔戏的音乐曲调包括七字调、哭词、杂念调等，道白则是以厦门、漳州方言合成的台湾腔。唱词视情节而定，可长可短。在一百多种传统曲调中，既有悠扬高亢的七字调、大调和背思调，又有民谣诉说式的台湾杂念调，更有忧郁哀伤的各种哭调。此外，它还吸收了台湾当地的民歌小调和部分戏曲音乐作为补充。按照表演形式和剧场形态的不同，可分为落地扫歌仔阵、野台歌仔戏、内台歌仔戏等，后来还出现广播歌仔戏、歌仔戏电影及电视歌仔戏等。歌仔戏伴奏乐器分文、武场。武场主要有通鼓、铜铃、板鼓、木鱼、钹、锣等。文场早期以壳仔弦、大广弦月琴、台湾笛为主，后来又有二胡、洞箫、鸭母笛、唢呐等。歌仔戏初以一男一女的对唱为主，后发展为有生、旦、丑三行并兼备科、曲、白的成熟戏剧。其生行有小生、老生、文生、武生，旦行有苦旦、正旦，丑行有三花、老婆等。

歌仔戏的内容以演唱民间故事为主，其代表性剧目有《陈三五娘》《刘秀复国》《八仙过海》《济公传》《梁山伯与祝英台》等。

目前，随着社会的变迁，受现代文化艺术形式发展的影响，歌仔戏等传统戏在青年人中不再受欢迎，歌仔戏这一闽南传统剧种面临着诸多传承困境。

国家级代表性传承人名单

姓名	性别	申报地区或单位	入选批次
郑秀琴	女	福建省漳州市	2
吴兹明	男	福建省漳州市	2
纪招治	女	福建省厦门市	2
陈志明	男	福建省厦门市	2

关索戏

序号：1113

编号：Ⅳ-151

批次：3

类别：传统戏剧

申报地区或单位：云南省澄江县

关索戏，属于古老傩戏的一种，为云南省澄江县阳宗镇小屯村所仅有。它最初为古代用以驱邪逐疫的傩祭舞蹈，北宋时传入宫廷后，才逐渐从傩舞向表达故事情节的小戏形式发展，形成娱神娱人兼有的古老而独特的戏剧。

关索剧的声腔较复杂，伴唱掺杂其间。唱法源于高腔，又杂合当地民歌小调以及诵佛唱经的旋律。其无固定板式，演唱者不受音域节奏的限制，即便同一曲调，各人所唱均有出入。在演出形式上，它仍保留着较原始的面貌，演出时一般头戴面具，边唱边舞，有娱神歌舞的遗风。开演时要举行祭祀，朝拜乐王庙，专演三国故事。行当有生、旦、净三行，且多以净行为主，以面具和服饰来区别角色，流传至今有生、旦、净三类面具共二十具。演出时无弦索伴奏，全用鼓点起落。一般情况是由小军或马童先上场，道说情况以后，即开始各种各样的翻滚动作以吸引观众，在表演中说说唱唱，唱唱打打，没有固定程式，演员可以自由发挥。

关索戏在演出期间，有一套成规仪式贯穿始终，如每年演出前的祭药王、练武，正月初一日开始演出时的按日出巡、踩村、踩街和踩家，每次演出时的第一个节目必演《点将》，当日演出结束后的辞神，正月十六日全部演出结束后的装戏箱、送药王等，均有其固定的程序和要求。

关索戏一直保持父传子、子传孙、不外传的传统，始终由小屯村的村民表演。随着社会变迁和外来文化的影响，这种传承方式和小范围环境使关索戏面临着传承困境。

广昌孟戏

序号：158

编号：Ⅳ-14

批次：1

类别：传统戏剧

申报地区或单位：江西省广昌县

广昌孟戏是一种以孟姜女哭长城为题材的地方戏曲，主要流传于江西省广昌县境内，俗称孟戏，又名盱河戏，约起源于明初。

广昌原有三路孟戏，现存赤溪曾家孟戏和大路背刘家孟戏两路，舍溪孟戏已于20世纪60年代湮灭。曾家孟戏被认为是元本，全剧共64场，分为两本，一个晚上演一本。剧中孟姜女哭倒长城，为保贞节而投河自尽。刘家孟戏是明传奇本，始演于明万历年间，全剧共69场，分三个晚上演出，剧中孟姜女虽因丈夫死于长城下而悲伤，却并无反抗意识，结果被秦王封为一品夫人，获赠金银。孟戏每年只在本村演出一次，其中大路背刘家孟戏每年农历二月初一演出。演出习俗主要是"出帅"和"请神"。广昌孟戏剧场融祭拜、表演为一体，演出过程中带有仪式因素，经常会有烧纸钱、烧香、放鞭炮等祭拜行为。

广昌孟戏属曲牌体，以高腔演唱，一唱众和，多在后句的下半句帮腔，并有"杂白混唱"的特点。曾家孟戏吸收了海盐腔的成分，字多腔少，以广昌官话演唱，以鼓、锣、钹等打击乐器为伴奏，节奏较快，显现出简单、原始的古曲特征。刘家孟戏主要以海盐腔演唱，同时加入了弋阳腔、青阳腔和徽州腔。

20世纪80年代初，广昌创办了"江西省文艺学校广昌分校盱河（孟戏）班"，2004年初，甘竹赤溪孟戏剧团的老艺人成立了"孟戏少儿艺术班"，使得这一剧种得到一定传承，但随着社会变迁及现代多种文化的影响，广昌孟戏整体上依然面临着发展困境。

国家级代表性传承人名单

姓名	性别	申报地区或单位	入选批次
李安平	男	江西省广昌县	2
曾国林	男	江西省广昌县	2

广东汉剧

序号：730

编号：Ⅳ-129

批次：2

类别：传统戏剧

申报地区或单位：广东汉剧院

汉剧，地方戏曲剧种之一。广东汉剧旧称乱弹、外江戏、兴梅汉戏，是清代雍正至乾隆年间徽剧传入广东后形成的。1933年广东大埔县人钱热储著《汉剧提纲》，定名为汉剧，因其艺术风格有别于湖北汉剧，1956年定名为广东汉剧。广东汉剧流播于粤东、粤北和闽西、闽南、赣南等地区，并辐射至中国台湾、中国香港及东南亚客籍华侨聚居地。

广东汉剧的音乐唱腔以皮黄为主，另有四平调（大板）、吹腔（安春调），还有少量昆曲、小调和佛曲等，并保存很多古老的曲牌。朴实淳厚，高昂悲壮，是广东汉剧音乐唱腔固有的风格特点。其角色行当分公脚、老生、小生、老旦、正旦、花旦、红净、乌净、丑脚九大行。它的伴奏乐器也颇有特色，头弦、大苏锣及号头是广东汉剧特有的伴奏乐器。头弦是领奏弦乐，适合伴奏成人假嗓。大苏锣音色柔和，深沉肃穆，伴奏较为缓慢、平稳的腔调。号头音色高尖、雄壮猛烈，常用于开场与结束，其音又有凄厉恐怖之感，故在两军鏖战，法场名斩的场面中，能烘托紧张激烈、悲戚恐怖的气氛。广东汉剧伴奏音乐有整套锣鼓经、唢呐曲牌一百多首、民间小调一百多支，丝弦乐曲四百余首，可用于烘托剧情气氛，配合人物表演。

广东汉剧传统剧目有八百多个，代表性的如《百里奚认妻》《齐王求将》，现代剧目有《一袋麦种》等。

广东汉剧行当齐全，表演艺术多姿多彩，至今为当地观众喜闻乐见。

国家级代表性传承人名单

姓名	性别	申报地区或单位	入选批次
梁素珍	女	广东汉剧院	3

桂剧

序号：181

编号：Ⅳ-37

批次：1

类别：传统戏剧

申报地区或单位：广西壮族自治区

桂剧，是广西主要的地方剧种，主要流传于广西桂林市、柳州市、贺州市、河池市一带及梧州市部分官话地区。桂剧是在清代嘉庆年间，湖南祁剧传入桂林后，经过一段时期的语言变化，才逐渐演变为桂剧。

桂剧与徽剧、汉剧、湘剧、祁剧有密切的血缘关系，它融合并吸收昆山腔、弋阳腔和乱弹等几种戏曲声腔，形成了以弹腔为主，兼唱高腔、昆腔、吹腔及杂腔小调等五种声腔艺术的剧种。其弹腔分南路（二黄）、北路（西皮）两大类。它们的反调形式阴皮和背弓，又都自成体系。桂剧用桂林方言演唱，声调优美，抑扬有致，唱腔委婉动人。桂剧在表演上侧重做工，即便武戏也多是文做，注重以细腻而富于生活气息的表演手法塑造人物。桂剧的伴奏为二弦、月琴、三弦、胡琴以及曲笛、梆笛、唢呐、小堂鼓、星子、碰铃等。

桂剧的角色分为生、旦、净、丑四大行当。生行又分生、末、外、小、武；旦行中又分旦、占、贴、夫；净行则分为净、副净、末净；丑行只分丑和小丑。另有一些跑龙套的下手，统称为"杂"。

桂剧剧本的创作可追溯到清代光绪二十二年（1896），唐景崧为"桂林春班"撰写《看棋亭杂剧》四十出，成为桂剧第一批独有剧目。桂剧代表性剧目有《打金枝》《烤火下山》《断桥会》《抢伞》《穆桂英》《闹严府》《合凤裙》《李逵夺鱼》《泗水拿刚》《排风演棍》《刘青提》《盗甲》等。

桂剧和许多地方的老剧种一样，已陷入濒危境地，人才断档，剧目和技艺失传，民间演出举步维艰，发展形势严峻。

国家级代表性传承人名单

姓名	性别	申报地区或单位	入选批次
秦彩霞	女	广西壮族自治区	2
周小兰魁	男	广西壮族自治区	2
罗桂霞	女	广西壮族自治区	4

哈哈腔

序号：216
编号：Ⅳ-72
批次：1
类别：传统戏剧
申报地区或单位：河北省清苑县、青县

哈哈腔，地方剧种之一，又名柳子调，艺人口语呼之为合合腔，由冀东南和鲁西北一带所流行的民间弦索小曲衍变而成，它约形成于明末清初，清末民初达到鼎盛。根据不同的艺术风格和音乐特点，哈哈腔分为三路流派：东路流传于山东省的德州、惠民地区和河北省的东南部；中路流传于沧州、衡水地区；西路流传于保定地区及廊坊部分地区。

哈哈腔唱腔属于板腔体，主要板式有头板、二板、流水板、三板、拨子和哭板等，流水板是核心板式。哈哈腔各行当唱腔大体相同，分男腔、女腔两种，男女同调，唯旋律稍有区别。哈哈腔用清苑方言演唱，唱词系七字、十字的上下句式。其上下句尾音均落"1"音，上句落于眼上，下句落于板上。哈哈腔乐器以"拙笙、巧弦、浪荡笛"三大件为主，西路的笛子尤其突出，富于民间吹打乐的特点。其最富特色的托腔手法，是吸收民间吹歌艺术的音型化伴奏，俗称"小抬杠"。哈哈腔的行当分生、旦、净、丑四个门类，各门类均有系统的表现程式。

哈哈腔传统剧目有一百余种，以喜剧风格见长，有反映民间生活的小戏，也有从梆子移植的大戏，代表性剧目有《王小打鸟》《三拜花堂》《双灯记》《小过年》《李香莲卖画》《金锁记》《唐知县审诰命》《全忠孝》等。

目前由于造诣较深的老艺人大多年事已高，后继乏人，哈哈腔处于濒危境地。

国家级代表性传承人名单

姓名	性别	申报地区或单位	入选批次
裘印昌	男	河北省清苑县	2
王兰荣	女	河北省清苑县	2
刘宗发	男	河北省青县	2

嗨子戏

序号：1105
编号：Ⅳ-143
批次：3

类别：传统戏剧

申报地区或单位：安徽省阜南县

嗨子戏，是安徽的地方戏曲剧种之一，因演唱以"嗨"字音起腔而得名，主要流传于安徽西北部阜南、颍上、临泉及河南淮滨、固始、商城、息县等地，约形成于清朝中叶，至今已有二百多年历史。

嗨子戏唱腔分为主调和花调两大类。主调有老生调、喜娃子、苦娃子三种，花调有下陕西、放鹦哥、打货、祭塔调等六七十个。嗨子戏以板腔为主，曲牌为辅，帮腔和声，打击乐间奏，唱、帮、打三位一体。嗨子戏的曲牌音乐亦叫杂调，是直接采用民歌舞"地灯"的音乐，共三十余种，常用的有凤阳调、彩调、打长工、开门调等。伴奏音乐较简单，仅有大锣、小锣、大面钹三件打击乐器。开戏前，打击乐紧凑，类似"急急风"，用以招徕观众。伴奏时压低响声，和着演员的唱做念打节奏击乐。唱词通俗易懂，语言生活化，具有浓厚的乡土气息，行当分生、旦、净、丑，以演生旦爱情折子戏见长。

嗨子戏的传统剧目有本戏、折子戏、三小戏一百多出，较流行的有《打桃花》《站花墙》《王员外休妻》等，演出的现代戏有《小二黑结婚》《焦裕禄》等。

由于多种原因，阜南嗨剧团于1982年撤销，民间班社活动也迅速萎缩，且后继乏人。近年来，当地加大了对文化遗产保护工作的力度，阜南嗨子戏得到了重点关注。

海城喇叭戏

序号：701

编号：Ⅳ-100

批次：2

类别：传统戏剧

申报地区或单位：辽宁省鞍山市

海城喇叭戏，是广泛流传于辽宁省海城一带的地方小戏剧种，其起源于辽宁海城西部的牛庄镇一带，因用海城方音演出，又统一用秧歌队的唢呐（俗称喇叭）伴奏，故俗称为"海城喇叭戏"。

海城喇叭戏形成于明代，是由山西到辽宁经商的商人传入海城牛庄的，仅在山西商人的新春乐会上作业余演出。清代中后叶，海城高跷秧歌盛行，并与传入海城的山东柳腔、河北地秧歌等民间艺术融合，最终发展而成。

海城喇叭戏的唱腔音乐属于曲牌体，柳腔和杂腔小调是其重要的组成部分。海城喇叭戏集秧歌与高跷表演于一身。进入演出高峰期时，喇叭戏艺人白天在高跷上演出，一般称为"下清场"；晚上下跷在炕头、场院、戏楼舞台演出，习称"唱灯碗儿"。早期喇叭戏"唱灯碗儿"的表演场地，多设在屋内南北大炕的中间处。炕沿下蹲着小孩，成人则坐在炕上、行李上或窗台上，形成"阶梯式座席"，屋内的四根柱子上各挂一盏油灯，表演区自然形成。

海城喇叭戏传统剧目，多为反映劳动人民生活的"三小戏"（即以小旦、小生、小丑为主的小戏），其中，部分系根据当地民间传说、故事编成。如《大茨儿山》《张山赶会》《摔镜架》《王二姐思夫》《合钵》《梁祝下山》《双拐》等。另一部分取材于元明传奇。

海城喇叭戏现有的艺人为数不多，且都年过古稀，后继乏人，其传统剧目也在逐步流失，面临濒危困境。

国家级代表性传承人名单

姓名	性别	申报地区或单位	入选批次
赵有年	男	辽宁省鞍山市	3

海南斋戏

序号：1120
编号：Ⅳ-158
批次：3
类别：传统戏剧
申报地区或单位：海南省海口市

海南斋戏，是流传于海南省境内的一种祭祀性民间戏曲剧种，类似于我国北方的傩戏，素有"北有傩戏，南有斋戏"之说。斋戏是海南戏曲的初生形态，大约明代已产生，至今已有四百年以上的历史。

早期的祭祀仪式只是简单的舞蹈和念唱咒文，海南民间称为"做斋"。随着外地戏曲剧种的传入，祭祖仪式吸收了"戏曲""以歌舞演故事"的营养，发展成为斋戏。海南最大的地方剧种琼剧就脱胎于斋戏，如今人们看琼剧还说"看斋"。海南斋戏唱腔曲调以海南民间小调为主，在发展的过程中受粤剧的影响较大。板腔有中板、数字板、自由板、程途、古腔等。伴奏乐器以竹胡、唢呐、大管箫、三弦为主。海南斋戏有班社、有艺员、有剧目、有音乐、有表演程式，自成系统、风格独特。

斋戏融会了海南民间故事、歌谣、民间戏曲、音乐、杂技、工艺等艺术元素，成为保存海南传统文化艺术的载体。但随着社会变迁，因受外来文化及时尚文化的冲击，斋戏面临失传危机。

汉调二簧

序号：175
编号：Ⅳ-31
批次：1
类别：传统戏剧
申报地区或单位：陕西省安康市

扩展名录：
汉调二簧　　　湖北省竹溪县

汉调二簧，又称陕二簧、山二簧，因原来用双笛伴奏，笛以竹作"簧"，故称"二簧"。为与京二簧区别，又称土二簧。它源自陕南汉江流域的山歌、牧歌、民歌，清代初叶受秦腔影响，并吸收昆曲、吹腔、高拨子等曲调，糅合当地方言，形成了独立的声腔剧种。汉调二簧流传于陕西的安康、汉中、商雒、西安及四川、甘肃、湖北的部分地区。

汉调二簧唱腔以西皮、二黄为主。西皮用于表现愉快、爽朗的情绪和场面，二黄用于表现悲哀、肃穆的情绪和场面，演唱中根据剧情需要交替使用，形成甜音、苦音之分。其伴奏乐队的文场使用胡琴、二胡、月琴、三弦、阮、唢呐、笛子、喇叭等乐器，武场则使用牙板、梆子、暴鼓、尖鼓、锣、铙、钹等。汉调二簧角色共分末、净、生、旦、丑、外、小、贴、夫、杂十个行当，在发展中曾形成安康、汉中、商雒、关中等流派。汉调二簧的脸谱样式众多，其表演讲究细腻精到。

汉调二簧传统剧目丰富，仅安康一地就有一千二百多种，已挖掘整理出本戏 420 个，折子戏 517 个。这些剧目的题材多取自《东周列国志》《三国演义》《封神演义》及其他历史故事和民间传说，代表性剧目有《文姬辨琴》《胡笳十八拍》《战蚩尤》《尝百草》《萧天荡》《清风亭》《二度梅》《打龙棚》《梁红玉》等。

当前，由于大众传媒方式的改变、群众性娱乐形式的多样化、市场经济对传统文化艺术的冲击等原因，安康汉调二簧的形势堪忧。

中国非物质文化遗产百科全书·代表性项目卷

汉调二簧

申报地区或单位：湖北省竹溪县

湖北竹溪的汉调二簧，是清代乾隆、嘉庆年间随湖北的荆、襄移民带进湖北西北山区的楚调与地方方言民乐长期吸纳、融合而形成的。其唱腔包容性广，有西皮、二黄、唢呐二黄、反二黄、四平等，均属板腔体，少数剧目唱昆曲。特别是唢呐二黄，唱腔高亢激越，富于抒情达意，表现悲壮深沉情感。汉调二簧唱词语音基本是"官话"，道白夹杂方言便语，诙谐幽默逗趣。

该剧最初传承到竹溪时，主要是靠艺人代代传承，直到1978年，竹溪县才正式成立了山二簧剧团，也是目前全国唯一一个创作演出山二簧剧目的艺术表演团，并被外界誉为传唱山二簧的"天下第一团"。竹溪山二簧剧团代表剧目有《贵客临门》《生活的旋律》《娘子县官》《杨柳青青》《村官拜师》《茶嫂招亲》《路为媒》等。

为进一步保护和发扬光大山二簧，当地政府专款支持剧团发展，并先后在竹溪应用科技学校、十堰艺术学校开办了山二簧专业班，促进山二簧的发展。

国家级代表性传承人名单

姓名	性别	申报地区或单位	入选批次
王发芸	女	陕西省安康市	2
龚尚武	男	陕西省安康市	2

汉调桄桄

序号：161
编号：Ⅳ-17
批次：1
类别：传统戏剧

申报地区或单位：陕西省汉中市

汉调桄桄，又称汉调秦腔、南路秦腔、桄桄戏，是明代末年关中秦腔传入汉中地区与当地方言和民间音乐结合而形成的剧种，主要流传于陕西南部的汉中、安康一带，并曾流传到川北、陇东、鄂北等地。

汉调桄桄的唱腔属板腔变化体，既有秦腔的高亢激越之美，又体现出陕南地方音乐优雅柔和的特点。旦角唱腔高昂，讲究唱"硬三眼调"；花脸擅用"犟音"，声高八度，多以假声演唱，尾音拖腔较长。唱腔的板路包括二流、慢板、尖板、拦头等多种，且有软、硬、快、慢之分。"软"为表现悲凉情绪的苦音，"硬"为表现欣悦情绪的欢音，"快"为快板，"慢"为慢板。汉调桄桄的伴奏有文、武场之别，文场原以盖板二弦为主奏乐器，后改为板胡，另有京胡、海笛、三弦等与之配合；武场使用尖鼓、平鼓、钩锣、铙、钹、梆子、牙子、木鱼等打击乐器。

汉调桄桄的表演追求大幅度夸张，有箍桶、撒莲花、耍椅子、棍架子、吊毛盖、变脸、换衣、揣火等许多独特的技巧，还有不少刀枪、棍棒、拳脚、腾翻的特有身段。

汉调桄桄传统剧目有七百多个，本戏五百六十多本，折子戏一百七十多出，其中《刘高磨刀》《镔铁剑》《夕阳山》《水灌晋阳》《红缨披》等百余种剧目为汉调桄桄所独有。

近年来，汉中地区文化主管部门对戏曲剧目推陈出新方面做了大量工作，对汉调桄桄的传统剧目进行了发掘整理，使这一古老剧种得以发展延续。

国家级代表性传承人名单

姓名	性别	申报地区或单位	入选批次
陶和清	男	陕西省汉中市	2
许新萍	女	陕西省汉中市	2
李天明	男	陕西省汉中市	2

汉剧

序号：174
编号：Ⅳ-30
批次：1
类别：传统戏剧
申报地区或单位：湖北省武汉市

汉剧，地方戏曲剧种之一，清代中叶形成于湖北境内，曾称楚剧、汉调，从民国初年起开始改称"汉剧"，是湖北主要的戏曲剧种。它主要流传于湖北，远及湘、豫、川、陕、粤、皖、赣、黔、晋等省的部分地区。

汉剧声腔以西皮、二黄为主，首创皮黄合流，丰富完善了板腔体音乐的表现功能。西皮，唱腔高亢激越，爽朗流畅，节奏灵活多变，可塑性强，使用范围较广。二黄，曲调柔和委婉，舒展流畅，节奏较平稳。西皮、二黄在传统演唱中还有一些独具特色的专用曲调和特定唱腔，如襄阳调、九腔十八板、灯笼竿、西反腔、黄反腔、马蹄调、琵琶词等。汉剧曲牌有四百余首，包括唢呐、笛子、丝弦三类。汉剧的伴奏乐器有胡琴、二胡、月琴、三弦、笛子、琵琶、唢呐、锣、钹等，并夹用马锣的"川打"，特色鲜明。汉剧的角色行当共分末、净、生、旦、丑、外、小、贴、夫、杂十大行。曾先后涌现出米应先、余三胜、余洪元、李彩云、吴天保、陈伯华等众多杰出的艺术家，并形成了吴（天保）派和陈（伯华）派两大表演艺术高峰。

汉剧剧目繁多，大多取材于历史演义和传说故事，代表性剧目有《斩李虎》《哭祖庙》《双尽忠》《两狼山》《生死板》《打花鼓》《合银牌》等。

中华人民共和国成立后，汉剧曾一度蓬勃发展，但之后各地汉剧团急剧减少，许多剧目和传统技艺正随着老艺人的谢世而失传，目前汉剧的整体状态与前景不容乐观。

国家级代表性传承人名单

姓名	性别	申报地区或单位	入选批次
陈伯华	女	湖北省武汉市	2
程彩萍	女	湖北省武汉市	3
胡和颜	女	湖北省武汉市	3
程良美	男	湖北省武汉市	4

合阳跳戏

序号：734
编号：Ⅳ-133
批次：2
类别：传统戏剧
申报地区或单位：陕西省合阳县

合阳跳戏，是流传于陕西省合阳县沿黄河一带的古老剧种，当地群众称此剧为跳调、调戏、调杂戏、调调戏。跳戏草创于金、元时代，清道光、咸丰年间最为兴盛，新中国成立前当地还有业余班社数十处，以新池镇行家庄跳戏闻名全县。

合阳跳戏属社戏性质，表演形式主要有两种：一是哑跳（也称广场跳），表演者只有动作没有唱词，常常是数十人乃至上百人同场表演，气势恢宏，动作刚劲有力；二是上台跳，演出时无唱腔，无弦乐，只用大锣、大鼓、大铙和唢呐伴奏，演出者用说、吟完成剧情，表现方式是较机械的古代民族舞蹈动作。

跳戏演出前，先由"春官"出台，这是元明杂剧中"副末开场"的遗存。春官词无定例，即兴自编，语言诙谐风趣。接下来是"锣鼓打台"，营造热闹气氛，然后开戏。跳戏表演的独特之处在于，开戏后，凡武角上台均需"上势"，动作威武雄壮，舞蹈性极强；文角和女角叫"踩场"，步态轻盈。武角上势动作是跳戏的艺术精华，分为"平势"和"凹势"两大类，十八种势灵活搭配，展示不同人物的性格特点，加上锣鼓和唢呐伴奏，极具观赏性。曲牌纯用唢呐吹奏，主要曲牌有割韭菜、大钉缸、迎亲、扑灯蛾、耍孩儿、老虎磨牙等。

合阳跳戏的剧目有五六百种之多，多取材于《三国》《水浒》《杨家将》等内容的武打戏，也有《玛瑙环》一类的"文跳"剧目。跳戏剧本台词简洁，雅俗共赏，多为四句七言。

如今随着一些名老艺人的谢世与传承的中断，大部分村庄已没有演跳戏的艺人，跳戏的曲牌音乐也相继失传，跳戏面临传承危机。

国家级代表性传承人名单

姓名	性别	申报地区或单位	入选批次
党中信	男	陕西省合阳县	3

河北梆子

序号：166
编号：Ⅳ-22
批次：1
类别：传统戏剧
申报地区或单位：河北省

扩展名录：
河北梆子　　北京市河北梆子剧团
河北梆子　　天津河北梆子剧院

河北梆子，是河北的地方戏曲剧种之一，由流入河北的山陕梆子演化而成，最早形成于清道光年间。清光绪二十六年（1900）前后，在北京盛行的河北梆子被称为"老派"，在天津盛行的为"新派"。老派在演唱上杂有山陕韵味，新派则以普通话为基础，讲求唱功，既用本嗓，也用背工嗓。河北梆子现主要流传于河北、北京、天津及山东、东北的部分地区。

河北梆子的唱腔属板腔体，唱腔高亢激越，擅于表现慷慨悲愤的感情。主要板式有慢板、二六板、流水板、尖板、哭板以及各种引板和收板等。慢板有大、小慢板之分。大慢板是河北梆子唱腔中曲调性最强、演唱速度最慢的一板三眼，多用于青衣、老生行当，善于表现剧中人物的抑郁、愁烦、缅怀、沉思等情绪。小慢板是一种用途很广的板式，生、旦、净、丑各行都可运用，这种板式既可用来抒情，也可用来叙事。男女声唱腔，采用同宫同腔。正调唱腔是徵调式，反调唱腔为宫调式。唱腔中的四、五度大跳进，是旋律进行的突出特点。演唱上讲究腭嗽、喷口、砸夯等特殊技巧。河北梆子主要伴奏乐器有板胡、笛、梆子、笙等。

河北梆子的角色行当包括须生、小生、武生、青衣、花旦、老旦、大净、二净、文丑、武丑等。

河北梆子剧目有五百余种，代表性剧目有《杜十娘》《宝莲灯》《秦香莲》《窦娥冤》《教子》《断桥》《苏武牧羊》等。

河北梆子于20世纪五六十年代发展极为迅速，但80年代后期以后，在各种现代艺术形式的不断冲击下，其演出市场萎缩，人才流失严重，演员青黄不接，专业剧团数量锐减，河北梆子的生存出现危机。

河北梆子
申报地区或单位：北京市河北梆子剧团

北京市河北梆子剧团成立于1960年。剧团还下设燕山情艺术团及天桥乐民俗艺术团两个分社，分别以综艺节目及北京民俗节目表演为主。

建团以来创演了《忒拜城》《美狄亚》《蝴蝶杯》《王宝钏》《窦娥冤》《拜月记》《杨七娘与杨七郎》《状元打更》《团圆之后》《大刀王怀女》《柜中缘》《梅林山下》《革命自有后来人》《沙家浜》《琼花》等一百八十余

出剧目，题材广泛，艺术精湛。该团培养、造就了一批为事业献身的优秀演员、演奏员和艺术创作人员，如一级演员李秀芬，第一届《中国戏剧》梅花奖获得者，一级演员刘玉玲，第四届《中国戏剧》梅花奖获得者，一级演员王凤芝、李二娥等。

河北梆子
申报地区或单位：天津河北梆子剧院

天津市河北梆子剧院创建于1958年，剧院建立后，为繁荣这一古老的剧种做出过积极的贡献。特别是剧院下属小百花剧团，曾获得一系列优异的成绩。小百花剧团的新编古装戏《荀灌娘》和经过推陈出新的《喜荣归》《观阵》《断桥》《泗州城》等剧目，受到了群众的一致好评。该团刘俊英、阎建国、孙秀兰、韩玉花、傅家珍、马惠君等一批青年演员在群众中享有盛名。

近年来，天津河北梆子的舞台艺术，明显存在向京剧、话剧靠拢的倾向。从技巧表演到发声吐字、回声归韵，从扮相、脸谱到服饰、道具，梆子特色逐渐减少，导致河北梆子个性的削弱。这也是河北梆子观众逐年减少的原因之一。值得欣慰的是，剧院演出的新编古装戏《袁凯装疯》于1994年获得了文化部颁发的文华新剧目奖，1997年演出的现代戏《庄稼院的红辣椒》获得中宣部"五个一工程"奖。

国家级代表性传承人名单

姓名	性别	申报地区或单位	入选批次
齐花坦	女	河北省	2
张惠云	女	河北省	2
裴艳玲	女	河北省	2
田春鸟	男	河北省	3
刘玉玲	女	北京市河北梆子剧团	4
刘俊英	女	天津河北梆子剧院	4
许荷英	女	河北省	4

湖剧

序号：1103

编号：Ⅳ-141

批次：3

类别：传统戏剧

申报地区或单位：浙江省湖州市

湖剧，是一种地方戏曲剧种，原名"湖州滩簧"，形成于清道光、咸丰年间，主要流传于浙江湖州、嘉兴及杭州的余杭、临安，江苏的吴江、宜兴，安徽的广德等地。

湖剧由当地流行的曲艺滩簧、湖州琴书和民歌小调结合而成。清末民初湖剧还只是一种流行在当地的民间小调，后逐渐发展成为装扮人物表演故事的有小生、小旦、小丑角色的"三小戏"。在湖州做小戏的也多为琴书艺人，他们三人以上合起来做戏，拆开来坐唱琴书。20世纪30年代，湖州滩簧进入城市演出，并受杭剧、沪剧和锡剧的影响，除继续演唱传统小戏外，也开始演出大戏，角色增加到"八小生、八小旦"，并形成注重人物性格刻画，以抒情的唱腔和细腻的表演见长的演出风格。湖剧带有浓郁的水乡情调，不仅语言亲切柔和，曲调清新流畅，而且表演文雅，宜演悲欢离合的家庭爱情戏。常用曲调有本滩调、烧香调、小戏调等。

湖剧表演以文戏为主，具有生活气息浓厚的特点。湖剧的传统剧目有小戏《拔兰花》《马浪荡》《借披风》等七十二出，大戏有《借黄糠》《庵堂相会》《活捉姚麒麟》等九十六本，其中较常演的有《陆雅臣》《借黄糠》《庵堂相会》《卖妹成亲》《太湖红浪》等。

随着现代化进程的加快，一些依靠口授和行为传承的文化遗产正在不断消失，湖剧也在其中。如今老一辈湖剧艺术家年龄大多在六七十岁以上，年龄老化、后继乏人的局面严重，保护和传承湖剧传统文化的工作已刻不容缓。

沪剧

序号：198

编号：Ⅳ-54

批次：1

类别：传统戏剧

申报地区或单位：上海市

沪剧，是上海的代表性剧种。它起源于浦江两岸的田头山歌和民间俚曲，在流传中受到弹词及其他民间说唱的影响，演变成说唱形式的滩簧，后采用文明戏的演出形式，发展成为小型舞台剧"申曲"。1941年，上海沪剧社成立，开始把申曲改称沪剧。它主要流传于上海、苏南及浙江杭州、嘉兴、湖州等地。

沪剧音乐委婉柔和，曲调优美动听，唱腔主要分为板腔体和曲牌体两大类。板腔体唱腔包括以长腔长板为主的一些板式变化体唱腔，辅以迂回、三送、懒画眉等短曲和夜夜游、紫竹调、月月红等江南民间小调。曲牌体唱腔多数是明清俗曲、民间说唱的曲牌和江浙俚曲，也有从其他剧种吸收的曲牌及山歌、杂曲等。

沪剧的伴奏乐器以竹筒二胡为主，辅以琵琶、扬琴、三弦、笛、箫等，属于江南丝竹类型配备，也采用支声复调手法演奏。沪剧的打击乐很简单，采用了前奏曲、幕间曲及贯穿全剧的主题音乐。沪剧的角色行当有生行、丑行、旦行。生行包括小生、老生，小生又分正场小生、风流小生。旦行又名包头，分正场包头、娘娘包头、花包头、老包头、邋遢包头等。

沪剧演出剧目丰富，有《庵堂相会》《杨乃武和小白菜》《珍珠塔》等传统剧目，也有《家》《雷雨》《罗汉钱》等新编的现代题材剧目。

近年来，随着现代化进程的加速，沪剧艺术面临着越来越严重的生存危机。由于以上海为代表的吴语地区本土文化的缺失，以及民众不重视方言的心态，沪剧的社会演出市场日益萎缩，观众减少，沪剧从业人员收入偏低，出现人才流失和断层现象，以有力措施抢救和保护沪剧艺术已刻不容缓。

国家级代表性传承人名单

姓名	性别	申报地区或单位	入选批次
杨飞飞	女	上海市	2
马莉莉	女	上海市	2
王盘声	男	上海市	2
陈瑜	女	上海市	2
沈仁伟	男	上海市	3
韩玉敏	女	上海市	3
茅善玉	女	上海市	3

花朝戏

序号：219

编号：Ⅳ-75

批次：1

类别：传统戏剧

申报地区或单位：广东省紫金县

花朝戏，为广东省汉族客家戏曲剧种之一。它源于广东省紫金县乡村的"神朝"祭祀仪式，后来借鉴吸收了粤剧、采茶戏和汉调木偶戏等剧种的剧目、曲牌小调和表演技艺而形成，用客家话演唱，主要流传于广东东部客家地区。

花朝戏音乐唱腔由庙堂音乐、民间小调两大类组成，属多段联曲体形式。唱腔曲牌有一百多种，主要由神朝腔和民间小调构成，有时也采用客家山歌。唱词以七言四句一阕居多，演唱时，男女均用平喉，尾句常有帮腔。花朝戏浅显易懂，常用俚语、歇后语、双关语，道白口语化，常将快板穿插其中。传统的伴奏乐器有唢呐、胡笛、二弦、椰胡、木鱼、高边锣、单打等。花朝戏的角色分生、旦、丑三个行当，其中扇花、手帕花、砻勾脚、穿心手等技艺颇有特色，表演载歌载舞，质朴清新。根据客家人的穿戴和风俗习惯，花朝戏在化装上别具一格，如旦行脸谱一般为线眉凤眼，肤色颇深润，头戴花帕或凉帽；丑行脸谱虽然多种多样，但大多为白鼻梁加个"半"字，头戴宽大的加笃帽；腰系长围巾。

花朝戏传统剧目丰富，代表剧目有《秋丽采花》《卖杂货》《三官进房》《过渡》《苏丹》《紫云英》《红石岭》《铁公鸡新传》《送菜》《巧遇回头店》等。

近年来，在现代文明的冲击下，花朝戏面临观众逐渐流失、专业人才流失严重、戏剧自身发展不足、缺乏必要的经济支撑等空前的压力和挑战。

国家级代表性传承人名单

姓名	性别	申报地区或单位	入选批次
钟石金	男	广东省紫金县	3

花灯戏

思南花灯戏、玉溪花灯戏

序号：222
编号：Ⅳ-78
批次：1
类别：传统戏剧
申报地区或单位：贵州省思南县，云南省玉溪市

扩展名录：
花灯戏	贵州省独山县
花灯戏	云南省花灯剧团
花灯戏	云南省弥渡县
花灯戏	云南省姚安县
花灯戏	云南省元谋县
花灯戏	贵州省花灯剧院

花灯戏是广泛流传于中国南方的江西、广西、浙江、湖南、湖北、云南、贵州、重庆、四川以及陕西等地的一种戏曲艺术形式，属于民间小戏剧种。花灯戏由花灯歌舞发展而来，俗称灯夹戏、花戏等。

近年来，各地的花灯戏都面临着剧场演出日益减少、经费短缺、新剧目编排上演困难、编创演出人员后继乏人等问题，急需采取措施对花灯戏这一地方特色剧种进行抢救、保护。

花灯戏（思南花灯戏）
申报地区或单位：贵州省思南县

思南花灯戏，形成于清代道光年间，是在土家族花灯歌舞的基础上，吸取土家族傩堂戏、湘剧、辰河戏以及其他戏剧的表演形式而构成的地方剧种。

思南花灯戏的基本唱腔即花灯歌舞中的男女出台调。其音乐艺术是"大筒筒""小筒筒"两种形式的组合体。"大筒筒"是在当地花灯、小调、说唱的基础上，借鉴了傩堂戏的唱腔和辰河戏中的高腔而形成的；而"小筒筒"是在当地花灯基础上融进了辰河戏的弹腔。在唱腔上两者都模仿辰河戏中的板、弦、韵味，再结合本地民歌、曲艺而逐渐形成。

思南花灯戏的行当，生、旦、净、丑俱有，其表演以"扭"为特点，演员常用折扇与手帕为道具表示情感。舞蹈的步法有二步半、四方步、快三步、慢三步、野鸡步、梭步、碎米步、矮桩步、妇田步、快上步等；扇子耍法有小花扇、大花扇、交扇、盖扇、差扇、扑蝶扇等；身段有犀牛望月、膝上栽花、黄龙缠腰、海底捞月、雪花盖顶、岩鹰展翅等。

思南花灯戏的剧目内容丰富，程式庞杂，有传统的正灯，如盘灯、开财、万事兴、说春、说十二花园妹妹、上香、打梁山、拜闹子等二十多种。代表剧目有《红灯记》《蟒蛇记》《穆桂英大战洪州》《南山耕田》《槐荫别》《杀狗劝夫》《秋胡戏妻》《兰桥汲水》等。

花灯戏（玉溪花灯戏）
申报地区或单位：云南省玉溪市

云南玉溪花灯戏是明代军民屯田、江南军民移居玉溪后形成的，当时以演唱江南小曲为主。这种民歌演唱与当地土主神祭祀的结合成为当地社火活动的主要内容。

玉溪花灯戏最初演出的是歌舞成分很重的花灯小戏，后受滇戏等大戏影响，艺人在改进情节复杂的剧目时，也吸收相关曲调加以变化，创立了花灯戏新调。新编的灯调采用曲调连接的编曲方式，具有板腔音乐的某些特点，适合演出传统大戏。此外，玉溪花灯戏的曲调还有各种民歌小调。花灯戏演出很注重舞蹈，云南花灯戏舞蹈的基本特征是"崴"，民间有"无崴不成灯"的说法。"崴步"都有手部动作配合，手中的道具和扇子的"手中花"及"扇花"的种种变化是其具体表现。

玉溪花灯戏的代表剧目有《探干妹》《闹渡》《刘成看菜》《三访亲》等。

花灯戏
申报地区或单位：贵州省独山县

独山花灯是贵州南路花灯的代表。独山花灯最早是"地灯"，其源于正月闹元宵玩灯的习俗。"地灯"是一种不择场所徒步于地上表演的艺术形式，多以扇帕为主要道具载歌载舞。后"地灯"的表演形式被"还愿"的习俗所借用，形成"愿灯"，其内容是娱神、酬神了愿，驱魔祛邪、消灾化劫等。"愿灯"逐渐形成一整套程序，其中要扎灯、搭台唱灯，就出现了"台灯"，这标志着独山花灯戏形成了。演出剧目多根据当时流传的唱本或民间故事编演，无固定的唱词，表演者根据剧情随意发挥，称所谓"条纲戏"。演员均为男性，男扮女装。

独山花灯有三百余首曲调，四十多个舞蹈身段动作，上百个传统剧目。最早是以歌舞为主，演出节目有《灵宫扫台》《踩新台》《打头台》等，后来出现了如《红灯记》《金铃记》《八宝记》《蟒蛇记》《槐荫记》《还魂记》《五鼠闹东京》《九件衣》《前娘后母》等花灯传统剧目。

花灯戏
申报地区或单位：云南省花灯剧团

成立于1954年的云南省花灯剧团是云南花灯剧种中具有代表性的剧团。多年来剧团培养了大批艺术人才，创作排演的大小戏（剧）节目如《玉海银波》《云岭华灯》《石月亮》《梭楞寨》等参加全国、全省各类比赛，频频获奖。建团以来，剧团创作、移植、整理并保留了一大批优秀剧目，如花灯歌舞《游春》《大茶山》《十大姐》，花灯戏《探干妹》《喜中喜》《老海休妻》《闹渡》《红葫芦》《依莱汗》《孔雀公主》等，历演不衰。

花灯戏
申报地区或单位：云南省弥渡县

云南弥渡县花灯剧团成立于1956年。剧团成功打造了大型现代花灯剧《正月十五闹花灯》《山村医生》和花灯小戏《惊蛰》《老皮赌钱》《普发兴推炉》《十星农家》，以及情景剧《爱在天地间》等一批精品剧目，并在历次省调演中获奖；以弥渡原生态花灯民歌为题材，精心打造了《弥渡山歌》《小河淌水》《十大姐》等一大批歌舞节目；创作演出了《法官老倌》《都是公鸡惹的祸》等多部反映廉政文化的优秀文艺作品。

花灯戏
申报地区或单位：云南省姚安县

云南花灯戏有昆明、呈贡、玉溪、弥渡、姚安、蒙自花灯等九个支派。而姚安花灯与昆明、玉溪两地花灯齐名，但也有其独到之处。其演出形式分为戏剧（折子）、歌舞（拉花）和小唱。1956年花灯剧团的成立，使姚安花灯从民间走上舞台，从业余走向专业。代表性剧目有《拉花》《秋老鼓》《踩连厢》《鞑子拉花》《拐干妹》《开财门》《大补缸》《打花鼓》。

花灯戏
申报地区或单位：云南省元谋县

元谋花灯，是一个以民间歌舞为基础，兼容并蓄外来剧种的艺术成分而逐步形成的地方剧种，多在乡间节庆、祭祀等日子隆重演出。元谋于1958年成立了县花灯剧团，使得元谋花灯由"场院灯""簸箕灯"，正式走向演出舞台。根据元谋花灯《说春》改编的《游春》、《临江打渡》改编的《闹渡》，以及元谋花灯整理改编的《探干妹》《三访亲》《二楞子招亲》《大补缸》《小红宝回门》等剧目已成为云南花灯的经典剧目。

花灯戏
申报地区或单位：贵州省花灯剧院

贵州省花灯剧院成立于1956年。经过几代花灯艺术家的辛勤探索，终于把一个原本程式单调的民间艺术形式打造成载歌载舞、风格独特、形式多样、雅俗共赏的地方剧种。贵州省花灯剧院创作排练了百余部形式生动活泼、艺术风格浓郁的大、中、小型花灯剧及数以百计的花灯歌舞，其中具有代表性的大型花灯剧有《七妹与蛇郎》《平凡的岗位》《乌江云、巴山雨》《灯班传奇》《月儿弯弯》《月照枫林渡》《征人行》等，花灯小戏有《拜年》《打鸟》《打舅娘》《典型人家》《调查》《富裕之后》《村长醉酒》《新官宴》等，花灯歌舞有《踩新台》《庆丰收》《新春乐》《春韵》《梅花》《蒲扇舞》等。

国家级代表性传承人名单

姓名	性别	申报地区或单位	入选批次
秦治凤	女	贵州省思南县	2
刘芳	女	贵州省思南县	2
李鸿源	男	云南省玉溪市	2
陈克勤	男	云南省玉溪市	2
刘胜杨	男	贵州省思南县	4

花鼓戏

序号：713
编号：Ⅳ-112
批次：2
类别：传统戏剧
申报地区或单位：安徽省宿州市、淮北市、宣城市，湖北省随州市、麻城市，湖南省岳阳市、邵阳市、常德市

扩展名录：

花鼓戏（荆州花鼓戏）	湖北省仙桃市
花鼓戏（襄阳花鼓戏）	湖北省襄阳市
花鼓戏（衡州花鼓戏）	湖南省衡阳市
花鼓戏（临湘花鼓戏）	湖南省临湘市
花鼓戏（长沙花鼓戏）	湖南省花鼓戏剧院

花鼓戏，是我国各地方小戏花鼓、灯戏的总称，有湖南、湖北、皖北花鼓戏等，以湖南花鼓戏影响较大。

花鼓戏源于民歌，后逐渐发展成一旦一丑的初级表演形式，清代嘉庆时已有演出，清代同治初年已出现书生、书童、柳莺、婢女四个角色，演出也具有一定规模。早期花鼓戏只是半职业剧社，农忙务农，农闲从艺，称为半台班。在长期的流传过程中，它不断借鉴和融合各种艺术因素，最终发展成为独立的戏曲剧种。

花鼓戏的音乐曲调基本上是曲牌联套结构，辅以板式变化，粗犷、爽朗。表演朴实、明快、活泼，行当仍以小丑、小旦、小生的表演最具特色，洋溢着浓厚的乡土气息。演员的步法和身段比较丰富，长于扇子和手巾的运用，拥有表现农村生活的各种程式，诸如划船、挑担、捣碓、砍柴、打铁、打铳、磨豆腐、摸泥鳅、放风筝、捉蝴蝶等。后期由于剧目的发展，表演艺术也有所丰富，如吸收了兄弟剧种的一些毯子功和把子功，充实了武功表演。

花鼓戏因各地方言不同，师承起源不同，流派不同，每个地区的花鼓戏都有各自的风格特色，但都与当地群众的生活关系非常密切，反映了当地的风土人情。

花鼓戏剧目丰富，如湖南各地的剧目就有四百余出，湖北有"大本三十六，小出七十二"的说法，大多是反映人民劳动、男女爱情和家庭矛盾的内容，如《打鸟》《盘花》《雪梅教子》《鞭打芦花》《绣荷包》《赶子上路》《刘海砍樵》《补锅》《告经承》《荞麦记》《天仙配》《酒醉花魁》等。

中华人民共和国成立后，各地花鼓戏在原来班社的基础上分别成立专业剧团，进入城市剧场公演，挖掘、整理和改编了许多传统剧目，"文革"时期曾被禁止演出，20世纪80年代重新恢复发展，近年来随着时代的变迁，各地花鼓戏都不同程度地出现传承困境。

花鼓戏（荆州花鼓戏）
申报地区或单位：湖北省仙桃市

荆州花鼓戏俗称"花鼓子"，早期因多按农事季节活动，农闲演出，农忙务农，故也称为"犁尾戏""麦黄戏"，1954年取名天沔花鼓戏，1981年改名为荆州花鼓戏，主要流传于湖北省仙桃地区及邻近的鄂南、湘北等地。

荆州花鼓戏的音乐属打锣腔，唱腔分主腔和小调两大类。唱腔曲牌有八十多种，多是当

地的民歌小调。主腔有"高腔""打锣""四平""圻水",其他小调有"思儿""绣荷包""双撒笋"等。传统的演唱形式为"一唱众和,锣鼓伴奏"和"一唱一接,一帮一衬"的对唱形式。其唱腔高亢朴实,曲调音域宽阔,旋律进行中大跳较多。男女唱腔都用本音和假嗓相结合演唱,加上唱、帮、打三者紧密配合,形成了花鼓戏独有的演唱风格。

传统的荆州花鼓戏剧目约有一百九十七出,如《抽门闩》《掐菜薹》《告老爷》《站花墙》《双撒笋》《打莲湘》《江汉图》《贺端阳》等。

花鼓戏（襄阳花鼓戏）
申报地区或单位：湖北省襄阳市

襄阳花鼓戏的前身是流传于襄樊地区的民歌小调和其他说唱艺术形式,由于受到当时清戏、汉剧、湖北越调影响,逐渐形成了以打锣腔为主,并具鄂北方言与艺术的特点。

襄阳花鼓戏最初只有"二小戏"（即小生、小旦）、"三小戏"（即小生、小旦、小丑）,适合反映农民的家庭生活。后来由单纯的打击乐,增加了唢呐、笛子和嗡琴（胡琴的一种）,唱腔也形成了五大类,即桃腔、汉腔、四平、梆子和彩腔,并逐步完善发展成"四梁"（男角中的小生、小丑、老生、大花脸）、"四柱"（女角中的花旦、老旦、彩旦、青衣）的行当体制。

1951年襄阳成立了花鼓戏演出队,1956年襄阳、枣阳等县先后成立了花鼓专业剧团。该团排演了一系列现代戏,如《血泪仇》《南海长城》《一筐花》《海防线上》等,以及传统剧目《梁祝姻缘》《白扇记》等。

花鼓戏（衡州花鼓戏）
申报地区或单位：湖南省衡阳市

衡州花鼓戏流传于湘南各地。其前身在衡阳、衡南、耒阳、常宁一带叫"马灯",衡山、衡东一带叫"花鼓灯",攸县、茶陵一带叫"花灯"或"唱调"。1982年,将流行在湘南以各县县名命名的花鼓戏,统称为衡州花鼓戏。

衡州花鼓戏是在当地民间灯会、采茶歌和民间傩舞等歌舞唱曲的基础上逐渐形成的。其声腔可以分为三大类：一是锣鼓牌子,是有锣鼓点子断句、包腔,加上唢呐伴奏、人声演唱的一种声腔形式；二是锣鼓间奏式,其特点是锣鼓伴奏与人声演唱是分开的；三是小调类,包括民间小调与丝弦小调两大类。

衡州花鼓戏源于民间歌舞演唱,表现时载歌载舞,轻松活泼。从角色行当来看,该剧种早期仅有旦行、丑行两种,后期生、旦、净、丑各行逐渐完备。

衡州花鼓戏保留下来的传统剧目有165出,其中小戏104出,中型剧目35出,大戏26出。从声腔分,则川调戏126出,锣鼓班子戏27出,小调戏12出。中华人民共和国成立之后,创作、改编、整理了一批现代剧目,如《婆媳比武》《补锅》《春山坳》《重相遇》《两锅汤》等。

花鼓戏（临湘花鼓戏）
申报地区或单位：湖南省临湘市

临湘花鼓戏起源于临湘境内龙窖山下的桃林河流域,主要流传于以临湘为中心的湘鄂赣毗邻地区,流传到湖北通城、崇阳后演变成提琴戏,流传到岳阳县后变成了岳阳花鼓戏。

临湘花鼓戏的声腔主要为琴腔,曲调有单句子、夹句子、梦调、阴调、哀调等。其他民歌小调如思夫调、相思调、闹五更、十绣、回门调、十杯酒、梅花引等,常穿插其间使用。

临湘花鼓戏的传统剧目有《王妹子回门》《孟氏割股》《董永卖身》《韩湘子化斋》《孟姜女》《雪梅教子》《张广大拜寿》《刘海砍樵》《七姐下凡》《赶春桃》《韩湘子》等，现代剧目有《大兴与兰兰》《村官本是打工仔》《堂客拨的扶贫款》等。

花鼓戏（长沙花鼓戏）

申报地区或单位：湖南省花鼓戏剧院

长沙花鼓戏形成于清代，流传于湘中、湘东和洞庭湖滨，该剧在发展过程中逐渐形成许多流派，其中以浏阳、宁乡、益阳、西湖、平浏醴五路为主。这五路花鼓戏都以近长沙话为统一的舞台语言，所以通称长沙花鼓戏，也是湖南花鼓戏中影响最大的一种。

长沙花鼓戏的声腔主要为川调、打锣腔、小调。川调是长沙花鼓戏的主要声腔，演时以大筒（低胡）为主，唢呐一般只吹奏过门。因以全套丝竹乐器伴奏，故又有弦子腔之称。打锣腔的特点是锣鼓干唱，不插管弦。小调包括民歌小调和丝弦小调。该剧生、旦、净、丑诸行角色皆有，小丑、小旦、小生代表着本剧种独特的艺术风格。其中小丑分为褶子丑、短身丑、官衣丑、烂布丑、奶生丑等。

长沙花鼓戏的演出剧目很多，影响较大的有《小姑贤》《南庄收租》《讨学钱》《刘海砍樵》，以及现代戏《三里湾》《打铜锣》《双送粮》《送货路上》《野鸭洲》《补锅》等，其中《刘海砍樵》《打铜锣》《补锅》最为人们熟悉和喜爱，堪为花鼓戏珍品。

国家级代表性传承人名单

姓名	性别	申报地区或单位	入选批次
吕金玲	女	安徽省宿州市	3
周钦全	男	安徽省淮北市	3
迟秀云	女	安徽省宣城市	3
杨玉屏	女	安徽省宣城市	3
杨建娥	女	湖南省常德市	3
潘爱芳	女	湖北省仙桃市	4
杨小兰	女	湖南省衡阳市	4
欧阳觉文	男	湖南省花鼓戏剧院	4

滑稽戏

序号：1118

编号：Ⅳ-156

批次：3

类别：传统戏剧

申报地区或单位：上海滑稽剧团，江苏省苏州市

滑稽戏，是20世纪三四十年代由上海的曲艺"独角戏"接受了中外喜剧、闹剧和江南各地方戏曲的影响而逐步形成的新兴戏曲剧种。它流传于上海、江苏、浙江的许多地区。

滑稽戏擅演喜剧和闹剧，以引人发笑为艺术特色，讲究情节滑稽、表演夸张。滑稽戏的音乐，沿用独角戏的"九腔十八调"。其表演，是以独角戏、相声等曲艺的表演为基础，又吸收了文明戏的表演。滑稽戏孕育于文明戏，其行当划分亦按文明戏旧例，有滑稽、老生、小生、旦、老旦，而以滑稽为主。由于其表演身段动作保持生活的原有形态，略加夸张，由此而产生风骚旦、悲旦、言论小生、言论老生、阴险小生、马褂滑稽、马甲滑稽等角色。

滑稽戏的剧目大致可分五类：第一类，是根据独角戏的"段子"发展和改编成的，有《三毛学生意》《七十二家房客》等；第二类，是

从文明戏移植而来，主要有《方卿见姑娘》《包公捉拿落帽风》《济公》等；第三类，是新中国成立初期从话剧、戏曲、电影剧本移植、改编的，有《苏州二公差》《好好先生》等；第四类，是根据外国剧本改编的，如《活菩萨》等；第五类，是新创作的剧目，如《样样管》《不夜的村庄》《满园春色》《性命交关》《一千零一天》等。

滑稽戏于"文革"时期一度禁演，改革开放使滑稽戏迎来一个黄金时代，20世纪八九十年代涌现了一批具有重大影响的优秀剧目。进入21世纪后，受主客观因素影响，滑稽戏逐渐式微。

国家级代表性传承人名单

姓名	性别	申报地区或单位	入选批次
翁双杰	男	上海滑稽剧团	4
严顺开	男	上海滑稽剧团	4
顾芗	女	江苏省苏州市	4
张克勤	男	江苏省苏州市	4

怀梆

序号：169
编号：Ⅳ-25
批次：1
类别：传统戏剧
申报地区或单位：河南省沁阳市

怀梆是河南省古老的稀有地方剧种，主要流传于河南沁阳、博爱、济源、孟州、温县、武陟、修武、原阳、获加、焦作、新乡一带，因沁阳旧名为"怀庆府"而得名。怀梆始于明末，清朝成形，清至民国时期成熟。

怀梆属于板腔体，演唱时须用枣木梆击打节奏，其板式主要有慢板、二八板、流水板、三板、非板五大类，在具体唱段中又有各种板式的不同连接，变化多端、丰富多彩。唱词和念白均为怀府方言。唱词多为七字句、十字句和长短句，上下对应，合辙押韵，结构规整。男女均用大本腔演唱，慢板中常见的花柳腔和二八扬簧、栽板及板式连接过程中常见的"挑后嗓"演唱形式更是令人叫绝。伴奏乐器包括大弦、板胡、月琴、鼓板、大锣等。怀梆生、旦、净、末、丑行当齐全，表演粗犷奔放，擅演朝代蟒靠架子戏。

怀梆有三百多本传统戏，且多无剧本，全以老艺人口授方式传承。代表性剧目有《反西京》《古槐案》《张春醉酒》《老少换》《红珠女》《赶秦三》《辕门斩子》《九头案》《桃花庵》《凤仪亭》《老征东》《五女拜寿》等。

如今，随着时代的变迁，在怀梆赖以生存、发展的社会基础发生了变革的形式下，出现演出市场低迷、演员跳槽等严重现象，整个剧种面临青黄不接、后继乏人的局面。

国家级代表性传承人名单

姓名	性别	申报地区或单位	入选批次
郭全仁	男	河南省沁阳市	2
赵玉清	女	河南省沁阳市	2

淮北梆子戏

序号：1117
编号：Ⅳ-155
批次：3
类别：传统戏剧
申报地区或单位：安徽省宿州市、阜阳市

淮北梆子戏，是安徽省的地方戏曲剧种之一，又称"沙河调""沙河梆子"，俗称"土梆子""高梆",流传于我国安徽淮北沙河两岸及阜阳等地。关于它的起源大致有两种说法:一种说法是山西、陕西梆子流传到淮北地区后,唱腔受安徽语音的影响而形成的剧种;另一说法是由河南梆子的一支"沙河调"传入后,结合皖北土语及民间曲调发展而成。

淮北梆子戏的唱腔活泼婉转、激昂嘹亮,既能表达愉快舒畅的心情,也能表达慷慨壮烈的气氛。演唱时用枣木梆子击节,唱词多带衬字,曲调中吸收了淮北的灶王戏、坠子翁、鼓书说唱、叫卖声以及劳动号子、船工号子等音调。腔内多衬"哪""啊""吼""哇""嗷""呀"等虚字,起到装饰唱腔的作用,会产生唱词满、吐字巧及腔弯俏的效果。其唱腔属板腔体,曲调除一般所用之外,还有朝阳歌、五马、苦中乐、金钱、二藩等。板式包括慢板、流水、二八、飞板、跺子、呱达嘴、滚白等。伴奏乐器有"九根弦一喇叭"之说,有月琴(四弦)、三弦(三弦)、狗头翁(二弦)和一支尖子(唢呐)。锣鼓点除一般的锣鼓点之外,另有豹子摧连城、三百六等特有的传统鼓点。

淮北梆子戏的剧目,大多以历史题材改编或移植,传统剧目有七百多出,如《渭水河》(又名《文王访贤》)《火烧子都》《伐苏秦》等。

近年来,淮北梆子创作的新剧目和演员多次在国家级和省部级的重大艺术活动中获奖,但由于大众传媒方式的改变、群众性娱乐形式的多样化等原因,整体依然面临传承困境。

国家级代表性传承人名单

姓名	性别	申报地区或单位	入选批次
张晓东	女	安徽省宿州市	4

淮调

序号:1109
编号:Ⅳ-147
批次:3
类别:传统戏剧
申报地区或单位:河南省安阳县

淮调,是在豫北、冀南流行甚广、影响甚大的一个地方剧种。其起源于江淮小调,吸收豫南民间音乐和方言演变发展而成。据记载,淮调始于隋唐,至清朝康熙、嘉庆年间达到鼎盛。

淮调的唱腔板式有十几种,如慢板、流水、二八、紧二八、散板、呱哒嘴等。男唱腔苍劲豪放,悲壮激昂,一咏三叹,意犹未尽。女唱腔刚柔相济,高昂明快又透出婉转和妩媚。淮调多唱哀怨泣诉之词,故其曲调缠绵悱恻。演唱时,除常伴以"哎哟""你就""来""罗""哎"等衬字外,还用瓷碟击打出许多花点,如雨打芭蕉、燕别翅、三点头、珠落玉盘等。

淮调行当有五生、五旦、五花面之分。和许多强调以唱为主的戏曲不同,淮调在演出形式上,动作古朴、粗犷,继承了祭祀舞蹈的动作特点,还有古杂技功底和大洪拳架势及大扭大摆舞蹈技巧,在舞台上经常可以见到艺人们展示刀枪剑戟、斧钺钩叉等十八般兵器的绝技。淮调伴奏乐器以大弦、二弦、唢呐、板胡、马号为主,其中马号是淮调中保留比较古老而独特的伴奏乐器。

淮调剧种有传统剧目三百多出,大多是以颂忠除奸、保家卫国为主的历史剧,《杨家将》《潘杨颂》等都是淮调的经典剧目;经常演出的现代剧目有四十多个,如《五凤岭》《老羊山》《两郎山》《老包说媒》《三战吕布》等。

淮调历史悠久,个性鲜明,遗产丰富,但近年来生存状态每况愈下,市场萎缩,演员队伍青黄不接,一些有价值的剧目和表演语汇在流失,亟须保护。

国家级代表性传承人名单

姓名	性别	申报地区或单位	入选批次
孙国际	男	河南省安阳县	4

淮海戏

序号：704

编号：Ⅳ-104

批次：2

类别：传统戏剧

申报地区或单位：江苏省怀安市、连云港市

淮海戏，是江苏省地方剧种之一，旧称"淮海小戏"，流传于江苏淮阴地区、连云港市及盐城、徐州、扬州地区的部分乡镇和皖北一带。淮海戏源出于海州、沭阳、灌云一带流行的"拉魂腔"，因以三弦伴奏，又称"三括调"，至今已有两百多年的历史。

淮海戏的唱腔大体为男女同弦异腔，男女主要曲调分别是"东方调"和"好风光调"。这种曲调，可塑性大，风格性强，有各自的功能，各为其多种行当演唱。组腔时，"好风光"调唱法变化多样，可构成大、小唱段。"东方调"中间数唱自由，可变换多种感情，形成长短不一的完整唱段。其他辅助调有"二泛子""彩调""金风调"等。它们各有个性，格调鲜明，表现叙述、抒情、悲愤、欢乐等感情和情绪各有所长。伴奏乐器以板三弦和淮海高胡为主。淮海戏表演有极其浓郁的乡土气息和丰富的民间色彩，具有独特艺术价值，如猪吊腰、鸡刨塘、野鸡溜、驴打滚、狗拜年、鳖爬走、脚尖走、膝盖走、鬼扯转、穿八字、矮步蹬等艺术表演形式。

淮海戏的传统戏剧大多来自淮海地区的民间传说和人民的真实生活。如《节妇吟》《大唐女帅》等古装戏，以及大量的优秀现代戏剧目，如《拾稻头》《借驴》《闸上风云》《生死怨》《果园风情》《小镇有口甜水井》《草包村长》《粉祸》《临时爸爸》《回娘家》《赶集》《豆腐宴》《老县长的第二春》等。

随着经济的发展和社会的变革，人们忙于生产经营，生活节奏加快，听众越来越少，年老的艺人难以继续演唱，年轻艺人纷纷改行，出现后继乏人、濒临灭亡的危险。

国家级代表性传承人名单

姓名	性别	申报地区或单位	入选批次
杨秀英	女	江苏省淮安市	3

淮剧

序号：703

编号：Ⅳ-102

批次：2

类别：传统戏剧

申报地区或单位：江苏省盐城市

扩展名录：
淮剧　　　　　江苏省淮安市
淮剧　　　　　江苏省泰州市

淮剧，地方戏曲剧种之一，原称江淮戏、盐城戏或江北小戏，广泛流传于淮阴、盐城、扬州地区和上海、南京、苏州、无锡、常州及安徽滁州、浙江长兴等地。最初的淮剧是在苏北民间酬神的香火戏基础上，结合"门叹词"等民间说唱，又受徽戏和京剧的影响，一些京剧艺人先后加入淮剧班社，带来了京剧剧目、表演艺术、音乐唱腔。淮剧艺术也不断从京剧中汲取养料，趋向成熟，进入皮夹可（或称京夹淮）阶段。新中国成立后正式定名为淮剧。

淮剧的唱腔音乐属板腔体，以淮调、拉调、自由调为三大主调，具有鲜明的地域特色。围绕三大主调而派生的曲牌有《叶子调》《穿十字》《南昌调》《下河调》《淮悲调》《大悲调》等数十首。与此同时，从民间小调中吸收并衍化成戏曲唱腔的还有《兰桥调》《八段锦》《打菜台》《柳叶子调》《拜年调》等一百六十多首。这些曲调除部分民间小调外，其主调的调式、调性都较相近，结构形式亦完整统一。

淮剧表演上素称能时、能古、能文、能武，由于曾与徽剧、京剧同台演出，所以它较多地吸收了两个剧种的表演程式，同时又保持了民间小戏和说唱艺术的某些特色，如以唱功见长等。武打受徽剧影响较深。

当前，随着时代的变迁，演出市场萎缩，很多淮剧团解散、淮剧人才流失，淮剧面临着发展困境。

淮剧
申报地区或单位：江苏省淮安市

淮剧，又叫江淮戏、淮戏。因产生和发展的地区有所差异，故淮剧有北派（西路、东路）和南派（苏沪）之分。淮安市淮剧团是西路淮剧的代表剧团。

西路淮剧基本上以民歌曲牌连缀起来演唱为主，但已形成系统戏曲板腔，在演唱形式上基本以清唱为主，伴奏只有简单的竹板和锣鼓。西路淮剧以"淮调"为主，其特点是尾腔拖音少，调硬腔重，长于叙述。西路淮调以词多和叙述性大段的唱腔，而受到观众的青睐，重字重声韵，以字行腔，以腔润字，以达字正腔圆，被人们称为"淮蹦子"。

1955年，淮安市淮剧团（原名淮阴市淮剧团）成立，它的前身是清江市淮剧团，由西路淮剧老艺人周茂贵、杨洪文等创办，是西路淮剧的代表团体。剧团先后排演了《白虎堂》《包公下辰州》《白蛇传》《红灯记》《斩韩信》等百余部传统剧目。现代戏《情与法》《未了情》《高原雪魂——孔繁森》《庄家少爷》，以及大型新编淮剧《吴承恩》荣获多项大奖。

淮剧
申报地区或单位：江苏省泰州市

20世纪50年代，淮剧正式进入泰州，淮剧以其特有的艺术魅力，在泰州地区迅速发展和流行起来。

泰州淮剧的演唱、音乐创作、伴奏形成了本剧种独特的艺术风格。其内容质朴、生动、贴近生活，演唱悲剧最为擅长，曲调丰富多彩，旋律优美、流畅，表现力强。泰州淮剧不仅能演家庭伦理、帝王将相、才子佳人、神话传说一类的古装戏，还特别擅长表现劳苦大众，平民百姓、历代清官，尤为擅长表现时代的英雄。

泰州市淮剧团于1956年成立，其前身是上海市合义淮剧团，1954年在无锡演出后，在当地登记后成为无锡市合义淮剧团。1956年调至泰州，由淮剧界著名的"四少一芳"四大小生之一的王少春担任首任团长。

淮剧精品剧目《新婚礼葬》《黄河故道》《板桥应试》《祥林嫂》《信访局长》《诺言》《李斯》在历届国家、省级戏剧大赛活动中获得优秀奖项。优秀传统剧目有《赵五娘》《莲花庵》《腊月雷》《双玉蝉》《荆钗记》《玉蜻蜓》《牙痕记》。创排剧目《刘贵成私访》《团圆之后》《天要下雨娘要嫁人》《周仁献嫂》《洞房惊奇》《李三娘》《郑元和与李亚仙》等演遍大江南北。

国家级代表性传承人名单

姓名	性别	申报地区或单位	入选批次
筱文艳	女	上海淮剧团	3
马秀英	女	上海淮剧团	3
张云良	男	江苏省盐城市	3
裔小萍	女	江苏省盐城市	3
武筱凤	女	上海淮剧团	4
程少梁	男	上海淮剧团	4
何双林	男	上海淮剧团	4
德林	男	江苏省泰州市	4

黄龙戏

序号：702

编号：Ⅳ-101

批次：2

类别：传统戏剧

申报地区或单位：吉林省农安县

黄龙戏是吉林省农安县地方戏曲剧种。黄龙戏的雏形大约出现在19世纪末，因农安在辽、金时期曾是黄龙府，1959年据此正式将该剧种定名为黄龙戏。

黄龙戏以"此地影"（当地民间艺人对本地皮影戏的俗称）音乐为基础，融合了东北的民间小调、戏曲曲牌、皮影专调、萨满腔、神调等多种音乐，形成了独立剧种。它拥有高亢、粗犷又朴实、鲜活又细腻的独特唱腔和音乐风格。黄龙戏的唱腔音乐属于板腔体式，可以分为南腔和北腔两种。其中南腔以吸收辽宁、冀东影调的成分较多；而北腔则以吸取吉林、黑龙江影调的成分为较多。黄龙戏又根据传统的称呼区别，按唱段与感情，分为思量出子、惆怅出子、欢喜出子、夸奖出子、悲调、数落唱、叠落唱；按照各剧种的字数、音节、辙韵的不同，又分为五字赋、七字锦、三顶七、十字锦、硬折、垛口句、啰唆句等。

黄龙戏在表演上主要借鉴京戏和评剧的表演程式，产生之初，只有小生、小丑、小旦三行。后在实践中，充实了刀马旦、老生和老旦。并从人民群众的现实生活中提炼了不少表演动作。

黄龙戏的内容主要反映辽金时期历史人物在黄龙府一带的活动，代表剧目有《魂系黄龙府》《大漠钟声》《圣明楼》《铁血女真》《鹰格夫人》《兀术与鹰格》等。

自20世纪80年代初到90年代中期，由农安县剧团排演的系列大型剧目，曾在中国第二届戏剧节、全国地方戏曲会演、布拉格国际舞台美术展览活动中共获二十个奖项，黄龙戏因此而声名远播。但近年来，随着时代的变迁，黄龙戏的传承与发展不容乐观。

国家级代表性传承人名单

姓名	性别	申报地区或单位	入选批次
赵贵君	男	吉林省农安县	3

黄梅戏

序号：204

编号：Ⅳ-60

批次：1

类别：传统戏剧

申报地区或单位：安徽省安庆市，湖北省黄梅县

扩展名录：

黄梅戏　　　安徽省黄梅戏剧院

黄梅戏，是中国五大戏曲剧种（即京剧、华剧、豫剧、越剧、黄梅戏）之一，也是安徽省的主要戏曲剧种，原称黄梅调、采茶调。它

起源于湖北黄梅一带的采茶歌。清道光前后在湖北、安徽、江西三省毗邻地区形成以演唱"两小戏""三小戏"为主的民间小戏，后吸收青阳腔和徽剧的音乐和表演艺术以及民间音乐，开始演出大戏。由于在以怀宁为中心的安徽安庆地区长期流行，用当地方言讲唱，所以曾被称为"怀腔"，1921年正式出现"黄梅戏"这个称谓。

黄梅戏唱腔委婉清新，分花腔和平词两大类。花腔以演小戏为主，有夫妻观灯、蓝桥会、打猪草等，多用衬词如"呼舍""喂却"之类。平词常用于大段叙述、抒情，听起来委婉悠扬，有梁祝、天仙配等。现代黄梅戏在音乐方面增强了平词类唱腔的表现力，突破了某些花腔专戏专用的限制，吸收民歌和其他音乐成分，创造了与传统唱腔相协调的新腔。在音乐伴奏上，早期黄梅戏由三人演奏堂鼓、钹、小锣、大锣等打击乐器，同时参加帮腔，号称"三打七唱"。新中国成立以后，黄梅戏正式确立了以高胡为主奏乐器的伴奏体系。

黄梅戏的角色行当体制是在"二小戏""三小戏"的基础上发展起来的，包括正旦、正生、小旦、小生、花旦、小丑、老旦、老生、花脸、刀马旦、武二花等行。

黄梅戏有许多为人熟知的优秀剧目，而以《天仙配》《女驸马》《牛郎织女》《夫妻观灯》《打猪草》《纺棉纱》等最具代表性。

进入21世纪的黄梅戏，因文化大环境的影响，目前黄梅戏流行区域正在萎缩，各级黄梅戏剧团特别是县级剧团的生存日益艰难。

黄梅戏
申报地区或单位：安徽省黄梅戏剧院

安徽省黄梅戏剧院原称安徽省黄梅戏剧团，成立于1953年，1988年扩建为剧院。多年来，剧院集中了一代代黄梅戏的优秀艺术人才，严凤英、王少舫等老一辈艺术家把黄梅戏由安徽民间推向全国，走向海外，一度辉煌；马兰、黄新德等中青年优秀演员，使今天的黄梅戏成为海内外观众广泛喜爱的剧种。剧院在开拓剧目题材的同时，充分发挥黄梅戏音乐长于抒情，演员善于塑造性格和剧种富有田园牧歌的特色，力求使黄梅戏艺术尽善尽美。

历年来，剧院整理、改编、创作了四百多出剧目，如《天仙配》《女驸马》《红楼梦》等传统剧目。从1955年起，先后拍摄了黄梅戏电影艺术片《天仙配》《女驸马》《春香闹学》《槐荫记》《牛郎织女》《孟姜女》；同时，还拍摄了多部黄梅戏电视艺术片，如《定婚照的风波》《这家没男人》《风流杏花村》《英宁》等。

国家级代表性传承人名单

姓名	性别	申报地区或单位	入选批次
韩再芬	女	安徽省	2
赵媛媛	女	安徽省	2
黄新德	男	安徽省	2
周洪年	男	湖北省黄梅县	2
吴亚玲	女	安徽省黄梅戏剧院	4

徽剧

序号：173

编号：Ⅳ-29

批次：1

类别：传统戏剧

申报地区或单位：安徽省黄山市，江西省婺源县

徽剧，地方戏曲剧种之一，主要流传于安徽省境内和江西省婺源县。

明末清初，乱弹声腔传入安徽，与地方声腔及民间音乐结合，在安庆府的石牌、枞阳、

桐城等地形成拨子。乾隆年间，拨子与四平腔脱胎而来的吹腔逐渐融合，形成二黄腔。二黄腔又与湖北西皮形成皮黄合奏，奠定了徽剧的基础。

徽剧的音乐唱腔可分徽昆、吹腔、拨子、二黄、西皮、花腔小调等类。徽昆以演武戏为主，多用唢呐、锣鼓，气势宏大。吹腔以笛和小唢呐为主奏乐器，有曲牌、板式变化加曲牌体、板式变化体三类唱腔结构体制。拨子用枣木梆击节，以唢呐、笛、徽胡伴奏。二黄以徽胡为主奏乐器，有导板、原板、回龙、流水等板式。西皮则有文武导板、散板、摇板、二六等板式，同样用徽胡为主奏乐器。花腔小调多为民间俗曲，生活气息浓郁。

徽剧角色分行早期为末、生、小生、外、旦、贴、夫、净、丑九行。在表演上具有动作粗犷、气势豪壮的特点，特别擅长武戏，有翻台子、跳圈、蹿火、飞叉、滚灯、变脸等许多特技，并吸收民间武术如"红拳"等成为武打中具有特色的招式。

徽剧传统剧目丰富，其中徽昆剧目以武戏为主，有《七擒孟获》《八阵图》《八达岭》等；昆弋腔剧目有《昭君出塞》《贵妃醉酒》《芦花絮》等；吹腔、拨子剧目有《千里驹》《双合印》《凤凰山》等；西皮剧目有《战樊城》《让成都》等；皮黄剧目有《龙虎斗》《反昭关》《宇宙锋》等；花腔小戏有《李大打更》《探亲相骂》等。

目前徽剧面临着困顿的局面，班底的衰减式微，曲目散佚流失，艺术传承乏人，应继续对其进行保护。

国家级代表性传承人名单

姓名	性别	申报地区或单位	入选批次
章其祥	男	安徽省	2
李龙斌	男	安徽省	2
江裕民	男	江西省婺源县	2
江湘璈	男	江西省婺源县	2
谷化民	男	安徽省	3
王丹红	女	安徽省	4

晋剧

序号：162

编号：Ⅳ-18

批次：1

类别：传统戏剧

申报地区或单位：山西省

扩展名录：

晋剧	河北省张家口市
晋剧	河北省井陉县
晋剧	内蒙古自治区呼和浩特市
晋剧	山西省太原市

晋剧，地方戏曲剧种之一，又称山西梆子、中路梆子，也叫中路戏，后改称晋剧。清代初年，蒲州梆子流入晋中，与祁太秧歌、晋中民间曲调相结合，经晋商和当地文人的参与而形成晋剧。其后几经变化，在晋中、晋北以至内蒙古、河北、陕北的部分地区发展传播开来。

晋剧唱腔，包括乱弹、腔儿和曲子（即昆曲、越调等）。乱弹的板路丰富，分平板、夹板、二性、流水、介板、倒板、滚白七种，每种板路又有许多变化，如流水板，又分大流水、小流水、紧流水、慢流水、二流水等。腔儿有三花腔、五花腔、倒板腔、四不像、苦相思和使用呼吸气的方法从喉咙里发出的"二音子"或鸣腔等，这些腔儿常纳入板路中使用。演唱时，除"二音子"外，一般都用真嗓，做到吐字清楚，行腔圆润。晋剧演唱形式是运用两人以上的对唱、轮唱方式。晋剧传统乐队由九人组成，旧称"九手面"，分文武场。文场伴奏有呼胡、二弦、三弦、四弦，称"十一根弦"；武场有鼓板、铙钹、小锣、马锣、梆子，其中马锣既重且大，声音不散不躁。晋剧的行当有"三大门"（须生、正旦、大花脸）与"三小门"（小生、小旦、小花脸）之分，各行均有专工戏。

晋剧代表性剧目有《渭水河》《打金枝》《临潼山》《乾坤带》《沙陀国》《战宛城》《白水滩》《金水桥》《火焰驹》《梵王宫》《双锁山》等。

目前由于商品经济的影响和现代生活方式的冲击，上演剧目迅速减少，城市观众大量流失，农村观众则以老年群体为主，晋剧的前途令人忧虑。

晋剧
申报地区或单位：河北省张家口市

自清朝以来，随着京张铁路的开通，晋商不断拥入河北张家口，山西梆子随之开始流传并逐渐成为当地的主要戏曲剧种。张家口晋剧名伶辈出，好戏连台。最著名的有侯俊山的《打金枝》、刘德荣的《算粮登殿》、李子健的《英杰烈》、刘名山的《三娘教子》、张宝魁的《凤台关》等。

晋剧
申报地区或单位：河北省井陉县

河北井陉与山西接壤，故井陉人酷爱晋剧。19世纪中叶，晋剧传入井陉，到20世纪初，可谓"村村有戏楼，人人唱晋剧"。这些晋剧戏班逢年过节、婚丧嫁娶都要开锣唱戏。

井陉晋剧的唱腔，既有山西梆子的柔润、河北梆子的高亢，还有井陉口音的刚硬，三者融为一体，刚柔相济。井陉晋剧的念白，以京剧道白为基础，字清、音刚。井陉晋剧的表演，不同于山西梆子的以唱为主，以武打为辅，而是文武兼备。井陉晋剧的剧本80%都是自创和改编的剧目。井陉晋剧有剧目三百多个、曲牌五百余种，自创剧目在省、市连获大奖，并有《火烧庆功楼》《皇姑出家》等16个剧目被录制成光盘出版发行。

晋剧
申报地区或单位：内蒙古自治区呼和浩特市

晋剧在内蒙古的传播过程中，入乡随俗，音随地改。它在语言上受当地生活语言与二人台等民间艺术语言的影响而渐趋地方化，在音乐上更加高亢激越，具有了塞外粗犷奔放的风味。表演技巧也随着人们生活习惯、性格特点的影响更加自然地在戏剧表演中体现出来。内蒙古晋剧的唱腔和念白，早已渐渐脱离了山西晋剧的标准，出蒙古民族题材的剧目时，一些蒙古族音乐元素的进入，使得内蒙古晋剧更加具有鲜明的地区特色和民族特色。

新中国成立后，晋剧在内蒙古中、西部地区蓬勃发展，创编了《嘎达梅林》《巴林怒火》《席尼喇嘛》《王昭君》《三娘子》《满都海》等多部反映蒙汉人民斗争生活题材的优秀剧目。

晋剧
申报地区或单位：山西省太原市

1960年，山西省选调王爱爱、田桂兰、马玉楼、冀萍等大批优秀演员，组成山西省晋剧院青年演出团。剧院多次奉命赴大庆油田、云南边防前线等地慰问演出，盛誉载道，成为山西人民的骄傲。

近年来，剧院声誉日隆，为加强与国内外的文化艺术交流，剧院多次应邀赴港、深、京、津、渝、杭、闽等地，参加了"中国艺术节""中国地方戏曲展""东方戏剧展演""中国首届艺术节"及中央电视台、中国剧协组织的多项艺术活动，为晋剧走出山西、走向世界做出了卓越的贡献。经典剧目有《清风亭》《富贵图》《金水桥》《打金枝》《算粮登殿》《大脚皇后》《审陈琳》《小宴》《教子》《取洛阳》等。

国家级代表性传承人名单

姓名	性别	申报地区或单位	入选批次
牛桂英	女	山西省	2
郭彩萍	女	山西省	2
王爱爱	女	山西省	2
武忠	男	山西省	2
马玉楼	女	山西省	3
田桂兰	女	山西省	3
牛学祯	女	河北省张家口市	3
程玉英	女	山西省	3
吴同	男	河北省张家口市	3
冀萍	女	山西省	4
高翠英	女	山西省太原市	4
李月仙	女	山西省太原市	4
阎慧贞	女	山西省太原市	4
谢涛	女	山西省太原市	4

京剧

序号：172
编号：Ⅳ-28
批次：1
类别：传统戏剧
申报地区或单位：中国京剧院，北京市，天津市，辽宁省，山东省，上海市

扩展名录：

京剧	湖北省京剧院
京剧	江苏省演艺集团
京剧	江苏省淮安市

京剧，中国五大戏曲剧种（即京剧、评剧、豫剧、越剧、黄梅戏）之一，是在北京形成的戏曲剧种，至今已有二百年历史。它是在徽戏和汉戏的基础上，吸收了昆曲、秦腔等一些戏曲剧的优点和特长逐渐演变而成的。京剧流播全国，影响甚广，有"国剧"之称。

京剧属于板腔体，主要唱腔有二黄、西皮两个系统。常用唱腔还有南梆子、四平调、高拨子和吹腔等。京剧伴奏分文场和武场两大类。京剧伴奏中的管弦乐队称为文场。一般重唱功的文戏，以管弦乐伴奏为主，文场乐器主要有：京胡（胡琴）、京二胡、月琴、弦子（小三弦）、笛、笙、唢呐、海笛子（即小喇叭）及云锣等。京剧伴奏中的打击乐队称为武场，音响强烈，节奏感鲜明。武场的基本乐器包括鼓板、大锣、铙钹、小锣。

京剧的角色分为生、旦、净、丑、杂、武、流等行当，后三行现已不再立专行。各行当内部还有更细的划分，如旦行就有青衣、花旦、刀马旦、武旦、老旦之分。其划分依据除人物的自然属性外，更主要的是人物的性格特征和创作者对人物的褒贬态度。各行当都有一套表演程式，唱念做打的技艺各具特色。

京剧继承了皮黄戏的丰富剧目，不仅有属于二黄系统的二黄、西皮、吹腔、四平调、拨子等剧目，而且还包括昆腔、高腔、秦腔、罗罗腔、柳枝腔等声腔剧目。这类传统剧目，其题材和形式也多种多样，有文戏、武戏、唱功戏、做功戏、对儿戏、折子戏、群戏、本戏等，如《宇宙锋》《玉堂春》《群英会》《挑滑车》《拾玉镯》《四进士》《八大锤》《空城计》《霸王别姬》等，数百年来盛演不绝。同时还新编、

改编、移植了一大批剧目，如《赵氏孤儿》《穆桂英挂帅》《杨门女将》等。新中国成立后，又创作了一批现代戏，如《红灯记》《芦荡火种》《智取威虎山》《杜鹃山》《黛诺》等。

京剧有"京派"和"海派"之分，不同时期出现过许多优秀的演员，如清末的程长庚、余三胜、张二奎、梅巧玲、谭鑫培、孙菊仙、汪桂芬、刘鸿声、田桂凤、余紫云、陈德霖、王瑶卿等，民国年间的余叔岩、言菊朋、高庆奎、马连良、杨宝森、梅兰芳、程砚秋、荀慧生、尚小云、周信芳、金少山等。

京剧作为中国传统戏剧的重要剧种，具有独特的社会功能、文化特质和艺术底蕴。以梅兰芳命名的京剧表演体系已经被视为东方戏剧表演体系的代表，与斯坦尼斯拉夫斯基及布莱希特表演体系并称为世界三大表演体系。但近年来随着社会的变迁，观众锐减，上演剧目萎缩，京剧的保护和振兴面临着挑战。

京剧
申报地区或单位：湖北省京剧院

湖北省京剧院成立于1970年9月，隶属湖北省文化厅，为湖北省内最大的京剧表演艺术团体。其前身为湖北省京剧团。剧院的演员多数来自全国及省内艺术院校的毕业生，受教于京剧表演艺术家陈鹤峰、贺玉钦、杨玉华等，又得张君秋、袁世海、吴素秋、高盛麟、厉慧良、王金璐、李鸣盛、孙盛武、马长礼等名家的悉心传授，行当齐全，整体艺术水平较高。

建院以来，剧院上演传统剧目达百余个，其中《杨门女将》《玉堂春》《群借华》《四郎探母》《祭江》《伐子都》《女杀四门》《十八罗汉收大鹏》等一批优秀传统剧目久演不衰，成为保留剧目。《一包蜜》《徐九经升官记》《药王庙传奇》《膏药章》《法门众生相》等优秀创作剧目，屡获文华大奖、程长庚银奖、飞天一等奖、"五个一工程"奖、优秀剧目奖、优秀演出奖、优秀创作奖及湖北省文艺最高奖屈原奖等五十个奖项。

京剧
申报地区或单位：江苏省演艺集团

江苏省演艺集团京剧院是中国南方实力雄厚的京剧表演艺术团体。1953年由苏南大众京剧团和苏北实验京剧团合并成立了江苏省大众京剧团，1955年更名为江苏省京剧团，1960年，以江苏省京剧团为基础，合并了南京市青年京剧团和南京市京剧团、扬州专区京剧团部分演职员，在南京正式成立了江苏省京剧院。至今已有五十余年历史。2005年被文化部评为"国家级重点京剧院团"。

半个世纪以来，剧院拥有的程派传承人新艳秋，谭派传承人王琴生，麒派传承人赵云鹤，武生名家梁惠超、周云亮、王正堃，武旦周云霞等几代艺术家尽展才华，为京剧院的创建与发展作出了重要贡献。

剧院成立至今，在继承传统的基础上，始终将剧目创作作为剧院发展的立身之本。从20世纪50年代至今，创作了《倩女离魂》《虹桥赠珠》《耕耘初记》《革命家谱》《江姐》《就是他》《伏虎》《英姑》《迎春岩》《长缨在手》《琵琶泪》《姊妹花》《双阳公主》《白眉毛徐良》《采儿化虹》《真假孙悟空》《五鼠闹东京》《王熙凤大闹宁国府》《张文祥刺马》《董小宛》《王昭君》《荣辱鉴》《红佛传》《两世姻缘》《杏花小镇》《车祸回响曲》《三上门》《马前泼水》《红菱艳》《宝烛记》《青蛇传》《骆驼祥子》《天下归心》《英子》《西施归越》《精忠报国》《飘逸的红纱巾》等数十个具有重大反响的优秀剧目，并在全国重大艺术活动中多次获得文华大奖、梅花奖、电视大赛最佳表演奖、上海白玉兰戏剧主角奖、江苏文化艺术茉莉花奖等国家和省级各类高层次奖项。

京剧

申报地区或单位：江苏省淮安市

1960年，由沭阳、泗阳、泗洪、宿迁、涟水、盱眙六个县京剧团整合成立了"淮阴地区京剧团"，属全民所有制事业单位，1963年改为集体所有制。改革开放的春风吹绽这苏北大地京剧之花。1983年，随着淮阴地区"撤地改市"，剧团更名为"淮阴市京剧团"，2001年淮阴市改名淮安市，团又更名为"淮安市京剧团"。2002年，为充分发挥著名京剧大师宋长荣的"名人效应"，更有力地打好品牌，弘扬国粹，经申请，由江苏省文化厅、淮安市编委批准更名为"江苏省长荣京剧院"。

该院排演的荀派名剧《红娘》《红楼二尤》《金玉奴》等十多出先后被拍成电影、电视或被录音、录像。新编历史剧《桃花酒店》，由中央电视台拍成电视剧播放，获广电部"星光奖"一等奖；新编传统戏《鸳鸯帕》，获全国戏曲电视片《金纸奖》"荣誉奖"；传统剧《渔藻宫》，在中央电视台播放；现代京剧《两家欢》，由江苏电视台拍成电视片播放；《劫案之后》获市"五个一工程"奖，《葫芦架下》获省农民艺术节二等奖；儿童剧《闪闪的红星》由中央电视台多次播放，获江苏省"五个一工程"奖、第四届中国京剧节"儿童题材京剧特别奖"；大型历史京剧《主仆奇冤》2007年入选江苏省舞台艺术精品工程，并荣获第五届江苏省戏剧节优秀剧目二等奖。目前该院能正常上演的大小剧目达五十余出。

国家级代表性传承人名单

姓名	性别	申报地区或单位	入选批次
李世济	女	中国京剧院	2
张春华	男	中国京剧院	2
刘秀荣	女	中国京剧院	2
刘长瑜	女	中国京剧院	2
李金泉	男	中国京剧院	2
杜近芳	女	中国京剧院	2
杨秋玲	女	中国京剧院	2
谭元寿	男	北京市	2
梅葆玖	男	北京市	2
孙毓敏	女	北京市	2
赵燕侠	女	北京市	2
李维康	女	北京市	2
叶少兰	男	北京市	2
王金璐	男	北京市	2
李长春	男	北京市	2
张幼麟	男	天津市	2
李荣威	男	天津市	2
周仲博	男	辽宁省	2
汪庆元	男	辽宁省	2
陈少云	男	上海市	2
孙正阳	男	上海市	2
尚长荣	男	上海市	2
王梦云	女	上海市	2
关栋天	男	上海市	2
杨乃彭	男	天津市	3
张学津	男	北京市	3
冯志孝	男	中国京剧院	3
王晶华	女	中国京剧院	3
张春孝	男	中国京剧院	3
赵葆秀	女	北京市	3
邓沐玮	男	天津市	3
艾世菊	男	上海市	3
汪正华	男	上海市	3
李炳淑	女	上海市	3
童祥苓	男	上海市	3
周少麟	男	上海市	3

续表

姓名	性别	申报地区或单位	入选批次
朱世慧	男	湖北省京剧院	3
朱绍玉	男	北京市	4
钮骠	男	北京市	4
宋丹菊	女	北京市	4
谢锐青	女	北京市	4
蔡英莲	女	北京市	4
王玉璞	男	上海市	4
关松安	男	上海市	4
张信忠	男	上海市	4
梁斌	男	上海市	4
张善元	男	上海市	4
周云亮	男	江苏省演艺集团	4
沈小梅	女	江苏省演艺集团	4
宋长荣	男	江苏省淮安市	4
杨至芳	女	湖北省京剧院	4
李祖铭	男	中国京剧院	4
刘琪	女	中国京剧院	4
朱秉谦	男	中国京剧院	4
李景德	男	中国京剧院	4
沈福存	男	中国京剧院	4

荆河戏

序号：179
编号：Ⅳ-35
批次：1
类别：传统戏剧
申报地区或单位：湖南省澧县

扩展名录：
荆河戏　　湖北省荆州市

澧县荆河戏，是在湘西北及湖北荆州、沙市等地流传的一个戏曲声腔剧种，因流传于长江荆河段而得名，历史上曾有上河路子、大班子、大台戏等名称，1954年正式定名为荆河戏。荆河戏兴起于明初永乐年间，明末清初秦腔戏班到湖南澧州，后来逐渐与楚调南北交融，形成别具韵味的当地剧种。

弹腔是荆河戏的主要声腔，包括北路和南路以及特定腔调三类。其中北路高亢刚劲，南路细腻婉转，特定腔调跌宕多变。荆河戏唱腔响亮、气势宏大，演员用嗓根据行当不同而有所区别。须生多用边嗓和沙嗓，小生、旦用假嗓，花脸用"本带边"，小花脸、老旦则用本嗓。念白主要采用澧州官话。荆河戏的伴奏乐器中马锣的传统打法极为特别，是将锣抛到空中再打。荆河戏以武戏见长，角色行当分生、小生、旦、老旦、花脸、丑六行。生分老生、杂生、正生、红生四种，旦分正旦、闺门旦、花旦、武旦、摇旦五种，花脸则分大花脸、毛头花脸和霸霸花脸三种。荆河戏的表演讲究内、外八块的功夫，"内八块"功夫指人物的八种内心情感，"外八块"功夫则指云手、站档、踢腿、放腰、片马、箭步、摆裆、下盘八种外部形体程式动作。

荆河戏的传统剧目较为丰富，剧目大多来源于元明杂剧传奇、章回小说、民间故事，代表性剧目有《百子图》《楚宫抚琴》《大回荆州》《双驸马》《沙滩会》《三娘教子》《一捧雪》《四下河南》等。

近年来，由于市场经济的冲击，湖南五个荆河戏专业剧团，有四个已先后解散或解体，只剩一个澧县荆河剧团，荆河戏的传承和发展面临严重危机。

荆河戏
申报地区或单位：湖北省荆州市

荆州荆河戏是以荆州本地的民歌小调为基础，广泛吸收汉剧和高腔唱腔的优点融合而成的，以荆州地区的方言为主要演唱语言，富有荆州当地风俗特征的曲艺品种。

荆州荆河戏的唱腔分为高腔、昆腔、弹腔三种声腔。高腔是在荆州本地原始祭祀歌舞等乡土音乐的基础上不断吸收明代弋阳腔、青阳腔等早期戏曲声腔而逐渐发展成熟的，其主要特色是一唱众和。昆腔，诞生于元末明初，因它成形于昆山，便被称作昆山腔。昆腔进入荆河戏比较晚，在演唱时一般用笛子或唢呐伴奏，因而又有吹腔之称，后逐渐被弹腔所替代。清初基本形成了楚调唱腔与秦腔唱腔的南北融合，初步形成荆河的南北路唱腔，荆河戏在这一时期基本成形。

荆河戏传统剧目极为丰富，保留下来的有"三杀""五图""十二山"以及《大回荆州》《打黄盖》等五百余本。

20世纪50年代荆河戏盛行，遍及整个荆州地区。目前在荆州，荆河剧没有职业剧团，老一批爱好者年纪大了，青年人对其不感兴趣，荆河剧面临传承困境。

国家级代表性传承人名单

姓名	性别	申报地区或单位	入选批次
张又君	男	湖南省澧县	2
萧耀庭	男	湖南省澧县	2
刘厚云	男	湖北省荆州市	3

荆州花鼓戏

序号：203
编号：Ⅳ-59
批次：1
类别：传统戏剧
申报地区或单位：湖北省潜江市

荆州花鼓戏，是湖北省江汉平原地区的汉族戏曲剧种之一，原称沔阳花鼓戏。其历史可以追溯至明朝流传于湖北天门、沔阳（今湖北仙桃市）的采莲船、三棒鼓、敲碟唱等民间说唱形式，1954年定名为天沔花鼓戏，1981年改称荆州花鼓戏。

荆州花鼓戏唱腔分高腔、圻水调、四平调、打锣腔四大主腔和一百多种小调。主腔属于板腔体。其唱腔高亢朴实，曲调音域宽阔，旋律进行中大跳较多，男女唱腔都以本音结合假嗓演唱，"唱、帮、打"三者紧密配合，形成独特的演唱风格。小调分单篇牌子、专用曲调、插曲三类，多来自民歌和各种民间说唱音乐。荆州花鼓戏音乐属打锣腔系，乐曲短小，旋律优美，节奏轻快，色彩丰富。主要伴奏乐器包括边鼓、竹梆、钹、大锣、马锣、小锣、唢呐等。荆州花鼓戏早期的角色行当主要为小生、小丑、小旦，后来逐渐形成小生、生脚、正旦、花旦、丑五个行当。其表演自由灵动，轻松活泼，有摘花、带彩、咬碗等特技。

荆州花鼓戏的剧目约有二百出，如《抽门闩》《掐菜苔》《告老爷》《站花墙》《双撇笋》《打莲湘》《江汉图》《贺端阳》《打补丁》《戏蟾》《三官堂》《辞店》《阴审》《告经承》等。

近年来，由于大众传媒方式的改变、群众性娱乐形式的多样化、市场经济对传统文化艺术的冲击等原因，荆州花鼓戏遇到了不可抗拒的危机。

国家级代表性传承人名单

姓名	性别	申报地区或单位	入选批次
胡新中	男	湖北省潜江市	2
孙世安	女	湖北省潜江市	4

昆曲

序号：145
编号：Ⅳ-1
批次：1
类别：传统戏剧
申报地区或单位：中国艺术研究院，江苏省，浙江省，上海市，北京市，湖南省

昆曲，是中国古老的戏曲声腔、剧种，又称昆腔、昆山腔、昆剧。其发源于十四五世纪的苏州昆山曲唱艺术体系，糅合了唱念做表、舞蹈及武术的表演艺术，被称为"百戏之祖"。

昆山腔与海盐腔、余姚腔、弋阳腔，并称为明代四大声腔，同属南戏系统。明嘉靖初叶，唱曲名家魏良辅等人以原昆山腔为基础，兼收南北曲之长，形成低回婉转，悦耳动听的"水磨调"风格，昆曲至此基本成形。明代戏剧家梁辰鱼用改革后的昆曲形式编写了剧本《浣纱记》，并搬上舞台，使原来主要用于清唱的昆曲正式进入戏剧表演领域。从明代隆庆、万历之交，到清代嘉庆初年，昆曲兴盛的时间约长达230年之久。清末，昆曲逐渐衰落。新中国成立以来，昆曲艺术出现了转机，先后建立了7个有独立建制的专业昆曲院团。目前昆曲主要由专业昆曲院团演出，演出多集中在江苏、浙江、上海、北京、湖南等地。

昆曲音乐旋律婉转缠绵，演唱技巧规范纯熟。在节奏上除了通常的一板三眼、一板一眼外，又出现了增板，扩大了音乐布局的空间，字分头腹尾的发音吐字方式及流丽悠远的艺术风格使昆曲音乐获得了"婉丽妩媚，一唱三叹"的艺术效果。昆曲的伴奏乐器，以声若游丝的笛为主，辅以笙、箫、唢呐、三弦、琵琶等。昆曲的表演抒情性强、动作细腻，歌唱与舞蹈的身段结合得巧妙而和谐，形成了独特的艺术特色。随着表演艺术的全面发展，昆曲将歌、舞、介、白等表演手段高度综合，其角色行当分工越来越细。生旦净末丑，手眼身法步，各个行当都在表演上形成自己的一套程式和技巧，在描绘人物性格、表达人物心理状态、渲染戏剧性和增强感染力方面，形成了昆曲完整而独特的表演体系。其代表性剧目主要有《琵琶记》《牡丹亭》《长生殿》《鸣凤记》《玉簪记》《红梨记》《水浒记》《烂柯山》《十五贯》等。

昆曲融诗、乐、歌、舞、戏于一炉，在中国文学史、戏曲史、音乐史、舞蹈史上都占有重要的地位，对众多戏曲品种都产生过深远而直接的影响。

我国现在主要昆曲剧团有北方昆曲剧院、上海昆剧团、江苏省昆剧院、浙江省昆剧团、苏州昆剧院、湖南省昆剧团、浙江永嘉昆曲传习所。虽然近年来昆曲保护工作不断加强，昆曲院团面临的一些困境有所缓解，但由于历史和体制的原因，昆曲界依然存在一些困难和问题，如编剧人才严重缺乏、传统剧目流失、院团经费严重不足等。

国家级代表性传承人名单

姓名	性别	申报地区或单位	入选批次
张继青	女	江苏省	2
王芳	女	江苏省	2
汪世瑜	男	浙江省	2
林为林	男	浙江省	2
林天文	男	浙江省	2
蔡正仁	男	上海市	2
计镇华	男	上海市	2
倪传钺	男	上海市	2
梁谷音	女	上海市	2
张洵澎	女	上海市	2
刘异龙	男	上海市	2
岳美缇	女	上海市	2

续表

姓名	性别	申报地区或单位	入选批次
张静娴	女	上海市	2
侯少奎	男	北京市	2
杨凤一	女	北京市	2
傅艺萍	女	湖南省	2
张富光	男	湖南省	2
石小梅	女	江苏省	3
黄小午	男	江苏省	3
张寄蝶	男	江苏省	3
胡锦芳	女	江苏省	3
林继凡	男	江苏省	3
柳继雁	女	江苏省	3
林媚媚	女	浙江省	3
辛清华	男	上海市	3
王芝泉	女	上海市	3
韩建成	男	北京市	3
丛兆桓	男	北京市	3
雷子文	男	湖南省	3
沈世华	女	北京市	4
王大元	男	北京市	4
张铭荣	男	上海市	4
顾兆琳	男	上海市	4
周雪华	女	上海市	4

莱芜梆子

序号：720

编号：Ⅳ-119

批次：2

类别：传统戏剧

申报地区或单位：山东省莱芜市

莱芜梆子，是山东一种地方剧种，发源于山东泰沂山区，流行于山东莱芜、泰安、新泰一带。清乾隆末年，徽班"老阳春"社流入泰安一带，同时秦晋梆子也经河南流传至汶上地区，形成了粗犷高昂的本地梆子腔。"老阳春"便吸收这种梆子腔的演唱风格，在当地方言等因素的影响下逐步发展演变，最终形成了莱芜梆子。

莱芜梆子唱腔属板腔体，主要板式有慢板、流水板、梆子戏、散板四大类别，此外还有曲牌一百余个，唱腔音乐非常丰富。其唱腔道白字正、声硬、音直，高亢雄壮、激越奔放。唱法以真声为主，女腔的尾声翻高八度，使用假声；男腔中有"力嗓"，用极高的假声倒吸气唱出。莱芜梆子旋律朴实，行腔流畅，没有大幅度的旋律变化和音符跳跃以及较长的花腔拖腔，演唱起来吐字清晰，节奏明快，如唱似说，质朴自然。主要伴奏乐器为梆胡与无品八楞月琴，音色独特。角色行当分类较细，古装戏表演粗犷奔放，长于夸张。

莱芜梆子的传统剧目资源丰富，其基本剧目称为江湖十八本。新中国成立前传统剧目已达323种，其中除梆子戏173种外，还有老西皮、老二黄、老皮黄、乱弹、拨子、昆曲等剧目一百余种。

目前，莱芜梆子剧团是全国唯一一家莱芜梆子专业剧团，随着社会变迁，莱芜梆子面临着演出市场萎缩、观众减少等困境。

老调

保定老调

序号：694

编号：Ⅳ-93

批次：2

类别：传统戏剧

申报地区或单位：河北省保定市

扩展名录：
老调（安国老调）　　河北省安国市

老调，戏曲剧种之一。保定老调又称"老调梆子"，起初为白洋淀周边花会中演唱的俗曲"河西调"，流传至清代道光、咸丰年间已具戏曲雏形。早期老调行当以生、净为主，而生、净两行又分行不分腔，同唱老生调，故称老调。老调流行的地区除河北保定外，还在沧州、衡水、石家庄、邢台、邯郸、张家口以及北京、天津和山西部分地区传播。

保定老调唱腔质朴激越，叙述性较强，雄浑宽厚、粗犷高亢，具有燕赵地区的慷慨悲歌的特质。唱腔结构形式为板腔体，板式有二板、头板、三板、回龙、拨子等十余种。曲牌多来自京剧、河北梆子、昆曲。其基本曲调是由结构相似、结音相同的上下句组成，每个唱段都由若干个循环反复的"上下句"组成，唱词的格式是说唱体的上下句，与大鼓词颇相近。

保定老调行当齐全，有老生、老外、小生、武生、青衣、花旦、刀马旦、老旦、彩旦、花脸、丑等。其表演自然流畅、亲切朴实，一伸手一投足，包括念白，都带有浓烈的乡土气息。

保定老调内容多描写王侯将相、绿林好汉的传奇故事，剧目的来源主要有两方面：一是改编流行在当地的木板大鼓的曲目，如《杨家将》《呼家将》等；二是移植高腔的一些剧目，如《大战棋盘街》《山海关》《请清兵》等。

在市场萎缩与大戏种对地方戏种文化同化的影响下，保定老调面临着资金周转困难、后续人才缺乏、整体艺术水平下降的困境。

老调（安国老调）
申报地区或单位：河北省安国市

安国老调是一个流传冀中、冀南广大地区，深受观众喜爱的民间戏曲。它虽和保定老调同源于元明以来流行的民间小曲"河西调"，在近代唱腔板式及文武场伴奏上大致相同，但它却是独立发展起来的一个剧种。清朝雍正年间，安国药业蓬勃发展，南北药材云集于此，同时也带动了文化的交融，流传于白洋淀西部的民间小调河西调，也随之传入安国。河西调传唱百余年后，至光绪初年形成地方戏雏形。当时，比较有名的艺人张金奎、张林山、崔相云等博采众长，既融入同台丝弦的高亢激昂，又吸收白洋淀一带老调的婉转悠扬，从而形成自己独特的唱腔。所以，安国老调又称南路老调。

安国老调于民国初年趋于成熟，不仅有《万寿山》《反徐州》《呼延庆打擂》《封神榜》等完整的演出剧目，而且文武场齐备，各种行当健全。程各庄、张乡、大章、西崔章纷纷组建老调戏班，到深泽、武邑、饶阳、安平一带演出，形成老调一家独占冀南的局面。

安国县老调剧团从1958年起开始上演现代戏，编创移植了《野火春风斗古城》《赤道战鼓》《刘三姐》《三月三》等三十多出现代戏，设计出新式布景，加上管弦乐，为适应剧情发展需要，又编创了文腔中低回婉转的"反调"，填补了文腔中哀婉不足的空白，同时还对花脸唱腔进行改革，增加老生垛板的运用，受到观众的欢迎。

国家级代表性传承人名单

姓名	性别	申报地区或单位	入选批次
王贯英	女	河北省保定市	3
辛秋花	女	河北省保定市	3

雷剧

序号：1112
编号：Ⅳ-150
批次：3
类别：传统戏剧
申报地区或单位：广东省雷州市

雷剧，是广东的一个地方剧种，起源于广东省雷州市（原海康县），广泛流传于雷州半岛以及雷州话方言地区。雷剧起源于明末清初的雷州半岛，经过姑娘歌、劝世歌、大班歌、雷剧四个发展阶段，已有五百多年历史。

雷剧用雷州地区方言表演，以雷胡为主要伴奏乐器，声腔体系完整、曲调优美。雷剧是由高台、雷讴两大戏曲声腔组成。唱腔创作以板式变化结构为主，采用原雷讴散、慢、中快板，高商雷讴散、中、快板，高台羽调慢、中板，高台宫调中板，原腔混合复、慢板等十一种板式，根据剧情和不同的意境采用女声伴唱，男女声重唱的作曲手法来渲染不同的戏剧氛围。雷剧用雷州地区方言表演，伴奏乐器主要有雷胡、笛子、唢呐、萨克管、锣、钹、鼓等。

雷剧剧目经过整理演出的传统戏有《符兆鹏》《千里缘》《斩周忠》《秦香莲》《张文秀》等，新创作的剧目有《陈瑸放犯》《雷州义盗》《武大娘辞轿》《智驯雷州虎》《龙珠奇缘》等。

近年，经过雷剧工作者的不断探索、改革，雷剧已拥有八十多种腔调，其演出人物众多，场面宽阔，内容丰富，深受群众的喜爱，成为广东四大剧种之一。

国家级代表性传承人名单

姓名	性别	申报地区或单位	入选批次
金由英	女	广东省雷州市	4

梨园戏

序号：146
编号：Ⅳ-2
批次：1
类别：传统戏剧
申报地区或单位：福建省泉州市

梨园戏，是福建省的地方戏曲剧种之一。广泛流传于泉州、漳州、厦门三角地带，并远至台湾省及东南亚各国华侨、华裔居住的闽南方言地域。其发源于宋元时期的泉州，距今已有八百余年的历史。

梨园戏，被称为"古南戏遗响"。它是南戏传入泉州、晋江一带后，与当地的百戏、歌舞、杂剧、傀儡戏结合，并吸收本地声腔"泉音"而形成的。梨园戏保存了《朱文》《刘文龙》《蔡伯喈》《王魁》等二十五种南戏剧目。棚是梨园戏传统的演出场地，演出前需要举行"献棚"仪式，供奉戏祖师田都元帅，之后才开始扮角、跳加官。与一般戏曲舞台的一桌二椅不同，棚的正后方只摆设长条椅。梨园戏由于使用泉州方言歌唱，融合部分民间音乐，形成了独特的梨园戏南曲唱腔，曲牌联套，一出戏中，既可以用一种宫调中的曲牌连缀，也可以用不同宫调中的曲牌组套。

梨园戏有一整套严格规范的表演形式，基本动作称为"十八步科母"，各个行当都须遵守这种规范。所有传统戏目都是文戏，没有武打场面。如有战斗或动武情节，都用台词交代，作暗场处理，必须要做的武行表演，也用特有的身段示意，舞而不武。梨园戏音乐保留了南戏以鼓、箫、弦伴奏为主的形式，打击乐以南鼓（压脚鼓）为主，打法独特。

梨园戏具有典雅、细腻的艺术风格，其剧本文学、音乐唱腔、表演科范，在中国戏曲的艺术长廊中，堪称别具一格。当前由于时代的变迁，梨园戏观众日渐减少，使得梨园戏的生存出现了严重危机。

国家级代表性传承人名单

姓名	性别	申报地区或单位	入选批次
许天相	男	福建省泉州市	2
曾静萍	女	福建省泉州市	2
蔡娅治	女	福建省泉州市	3
王胜利	男	福建省泉州市	3
陈济民	男	福建省泉州市	3

灵丘罗罗腔

序号：186
编号：Ⅳ-42
批次：1
类别：传统戏剧
申报地区或单位：山西省灵丘县

灵丘罗罗腔，是流传于山西省灵丘县及其周边地域的戏曲剧种，它由弋阳腔演变而来，兴盛于清代乾隆年间。罗罗腔由一人在前台演唱，众人在后台帮腔，和之以"罗罗哟哟"之声，"罗罗腔"之名即由此而来。

灵丘罗罗腔音乐唱腔主要有甩板、平板、垛板、散板、数词、流水、娃子、哭腔、起腔等十多种，其中说唱性较强的数词是代表性的唱腔。罗罗腔演唱中在每句的句尾常用假嗓"耍腔"，其伴奏方式较为特别，"唱时不伴"，乐器过门在每句的尾音处进入。乐队不拖腔伴奏，只在每个乐句尾音部分加入伴奏，过门之后即停，给演员的唱演留下很大的发挥余地，能说能唱，节奏可快可慢，音量可大可小。罗罗腔形态古老，唱腔中保留有早期的传统曲牌，如"娃子""彩腔""山坡羊"等。伴奏乐器通常有小板胡、笛子、笙、唢呐、三弦、战鼓、堂鼓、琵琶、扬琴等。

灵丘罗罗腔剧目生活气息浓厚，台词生动活泼、通俗易懂，说唱性强，有曲艺说唱的味道。它在发展中形成了一批传统剧目，如《飞天闸》《描金柜》《审土地》《小二姐做梦》《锦缎记》《龙宝寺》《黑驴告状》《两狼山》《杨家将》《罗通扫北》等四十多出。

1960年成立的灵丘县罗罗腔剧团是仅存的一个专业演出团体。当前古老的罗罗腔在现代社会陷入了生存的困境，由于资金缺乏，演出市场萎缩，演员纷纷流失。

国家级代表性传承人名单

姓名	性别	申报地区或单位	入选批次
范增	男	山西省灵丘县	3

柳腔

序号：718
编号：Ⅳ-117
批次：2
类别：传统戏剧
申报地区或单位：山东省即墨市

柳腔，地方戏曲剧种之一，是由民间说唱"本肘鼓"演变形成的，因早期没有曲谱，使用"溜腔"演唱，后来就以同音的"柳"字代替"溜"，故称为"柳腔"。这一剧种大致产生于清代中叶的即墨西部地区，广泛流传于山东半岛。

柳腔声调委婉悠扬，柔和细腻，对白运用即墨方言。唱腔从音乐风格上，分有悲调、花调、生调、反调及借鉴其他剧种的南锣、娃娃腔等，其中悲调和花调是基本唱腔，被称为"母曲"。花调欢快舒展，适于演喜剧；悲调低沉而缠绵，多用于唱悲哀之戏。板头有慢板、二板、三板、四不像、导板、娃娃、哭迷子等。演唱时，演员往往一唱就是几十句、上百句，道白很少。在柳腔音乐中，每当剧中人物演唱中间需要换韵或告一段落时，便吹唢呐当作过门衬垫，叫作"吹垛子"。主要伴奏乐器有四胡、二胡、月琴等。

柳腔的传统剧目有上百出，以"四京""八记"为主，内容多取材于一些历史故事和民间传说，反映和宣扬男女爱情、伦理道德等。"四京"是《东京》《西京》《南京》《北京》；"八记"是《罗衫记》《玉环记》《火龙记》《绣鞋记》《钥匙记》《金簪记》《风筝记》《丝兰记》。

柳腔清新质朴，风趣生动，受到流传地群众的热烈欢迎，被誉为"胶东之花"。由于柳腔有着很强的艺术感染力及广泛的群众基础，即墨市除有专业柳腔剧团外，不少村庄都有业余柳腔剧团。

柳琴戏

序号：207
编号：Ⅳ-63
批次：1
类别：传统戏剧
申报地区或单位：山东省枣庄市

扩展名录：
柳琴戏　　　　江苏省徐州市
柳琴戏　　　　山东省临沂市

柳琴戏，戏曲剧种之一，早期称肘鼓子、小戏，后也有称拉魂腔、拉后腔等，1953年正式定名为柳琴戏，因其主奏乐器为柳叶琴而得名。它形成于清代中叶以后，主要流传于江苏、山东、安徽、河南四省接壤地区。其来源有两种说法：一说是以鲁南民间小调为基础，受当地柳子戏的影响发展起来的；一说是由江苏海州传播而来。

柳琴戏唱腔分为男、女两类。男唱腔粗犷豪放，尾音下滑五度；女唱腔委婉活泼，尾音翻高八度，有的拖腔一句可唱五六十拍。柳琴戏在唱段中不时穿插使用叠句花腔、叶里藏花、弹舌、含腔、柔腔、四句腔、茂腔长调、停腔、立腔、射腔等专用曲调和花腔，以丰富整个唱段的表现力。柳琴戏节奏独特，由板后起和切分音连续使用而形成的"强声转位"，给人以轻快、跳跃的感觉。连板起的自由吟唱，唱念交融，在不脱离基本旋律的情况下，演员可以自由发挥。柳琴戏的主要伴奏乐器有柳叶琴、笛子、坠琴、板胡、唢呐、笙、大锣等。

柳琴戏的角色有自己特殊的名称，如小头（即闺门旦）、二头（即青衣）、二脚梁子（即青衣兼花旦）、老头（即老旦）、老拐（即彩旦）、大生（即老生）、勾脚（即丑）、毛腿子（即花脸）、奸白脸（即白面）等。其表演粗犷朴实，演员的身段、步法明显带有民间歌舞的特点。

柳琴戏传统剧目丰富，有本戏、折子戏180个，连台本戏41个，代表性剧目如《鲜花记》《鱼篮记》《断双钉》《四平山》《八盘山》《小鳌山》《雁门关》《白罗衫》《喝面叶》《小书房》等。

20世纪80年代以来，柳琴戏观众逐渐减少，表演团体悄然萎缩，柳琴戏正慢慢地淡出人们的视野。

柳琴戏
申报地区或单位：江苏省徐州市

徐州地处苏、鲁、豫、皖交界，南北文化交融，因此产生于徐州地区的江苏柳琴戏不同于山东柳琴戏，既有南方音乐的古朴舒雅，又有北方音乐的火爆激越，形成了现在清丽、秀美、热烈、泼辣的风格，这种文化艺术品质，正好切合徐州一带原住民的强悍粗犷而又热情仗义的性格，因此徐州周边才有"三天不听拉魂腔，吃饭睡觉都不香"的说法。

江苏柳琴戏以基本腔为基础、以色彩腔为调节、以民歌小调为补充组成唱腔和唱段，虽有板腔体音乐发展趋势，也留有联曲体音乐的痕迹。柳琴戏有自己的角色行当，如大生、小生、小头、二脚梁子、老头、老拐、勾脚等。这些行当的划分都是前辈艺人根据剧目的要求，不断从世间男女老少行为百态中提炼出来的。柳琴戏还从生活中提炼出一整套身段、步法及舞台调度方式与格局。

1958年，徐州市柳琴剧团晋升为省级剧团，改名为"江苏省柳琴剧团"。柳琴戏唱腔丰富，有"九腔十八调，七十二哼哼"之说。演唱时拖腔独特，男腔粗犷高亢，女腔柔韧细腻、委婉华丽。表演艺术粗犷、明快、朴实，具有浓厚的乡土气息，尤擅长喜剧表演手法。

剧目有大小三百余出，"篇子"二百多个。艺人把最有影响的剧名连接起来编成顺口溜："东西回龙二五反，点兵四告大花园，大小隔帘老少换，禅州西岐小燕山。"据艺人讲，在柳琴戏两三百年的发展过程中，并没有文人介入，所以柳琴戏剧目中的故事及铺展、人物品质行为等都是艺人自己的生活体验的展现。小戏以传统剧目《喝面叶》为最著名，大戏以现代戏《大燕和小燕》艺术性最高。近年来创作、移植了许多新剧目。其中《大燕和小燕》由中央电视台全剧录像向全国播放。

柳琴戏
申报地区或单位：山东省临沂市

山东柳琴戏的声腔风格独特，以丰富多彩的花腔，别致的拖腔，区别于其他剧种。女腔委婉华美，男腔朴实浑厚。突出特点为丰富多彩的花腔，基本集中在女腔中。一如器乐曲中的华彩乐段，起伏跌宕，摇曳多姿。"拉魂"的美称同它有直接的关系。

山东柳琴戏唱词常以口语入唱，通俗易懂。格式以三字句、七字句、十字句为主。对韵律、平仄的要求并不十分严格，但有几种特殊的格式，在别的剧种中较为少见。比如，"娃子""羊子""三句撑""五字紧""倒脱靴""狗咬狗""一条鞭"等，平仄、用韵都很严格。

山东柳琴戏的剧本也有自己的风格，文辞通俗生动，包含大量的俚俗语言，有的直白，有的诙谐，妙趣横生。即使是从其他剧种移植过来的剧本，念白和唱词也有很大的差别。剧目的来源大致是从兄弟剧种移植过来的，特别是从柳子戏移植的剧目相当之多；由曲艺段子如扬琴、渔鼓、大鼓等改编而成；依据回章小说、历史故事改编而成。此外，还有从篇子扩展而来的，一些生活气息和情趣非常浓厚的小戏，也属于此类。

山东柳琴戏就其题材来看大致可分为以下几个门类：清官戏，如《黑驴驮尸》《白马驮尸》《大鳌山》《小鳌山》等；杨家将戏，如《拦马》《斩子》等；薛家将戏，如《东回龙》《西回龙》《三反》《五反》等；明代戏，如《南北京》《二龙山》等；爱情婚姻戏，如《打干棒》《小书房》等；生活故事小戏，如《喝面叶》《拾棉花》《吵年》《双换妻》《砸纺车》《打枣》等；连台本戏，如《金镯玉环记》《五女兴唐》《金鞭记》《空棺记》等。

国家级代表性传承人名单

姓名	性别	申报地区或单位	入选批次
朱树龙	男	江苏省徐州市	3
王传玲	女	山东省枣庄市	3
张金兰	女	山东省临沂市	3

柳子戏

序号：187
编号：Ⅳ-43
批次：1
类别：传统戏剧
申报地区或单位：山东省

扩展名录：
柳子戏　　　　河南省清丰县

柳子戏，地方戏曲剧种之一，因其曲牌中有一种柳子调而得名。历史上，柳子戏广泛流传于山东、河南、河北、江苏、安徽五省交界的三十余个县，各地对其的叫法也不尽相同，流传于运河以东的曲阜、泰安、临沂、莒县、沂南一带的，习惯称为"弦子戏"；黄河以北的则称为"北（百）调子""糠窝窝"；在临清田庄的称为"吹腔"。

柳子戏是以元、明、清以来流传于中原一带的民间俗曲小令为基础，并吸收高腔、青阳腔、乱弹、昆腔、罗罗腔、皮黄等声腔的部分剧目及唱腔，逐渐发展演变而成的。柳子戏音乐风格委婉动听，能够表现人物复杂细腻的心理情感。它主要由俗曲和柳子两部分构成，俗曲部分比重较大，现存曲牌一百余支，曲调一般分为越调、平调、下调、二八调、昆调、转调等。柳子属板式变化体，用通俗的七字句演唱，而以三弦和笙伴奏。俗曲以三弦、横笛、笙等乐器伴奏，演唱时可用"挂叙"的方法，在长短句中插入大段七字句或十字句的唱词。

柳子戏角色分工较为细致，为四生、四旦、四花脸，三大门头十二行，表演以粗犷豪放为特色。柳子戏现存的传统剧目有二百多出，其代表剧目如《孙安动本》《张飞闯辕门》《白兔记》《金锁记》《燕青打擂》《打登州》等。

目前随着社会的变迁，只剩下号称"天下第一团"的山东省柳子剧团一家还在支撑着"东柳"的门面，对这一古老剧种的保护已刻不容缓。

柳子戏
申报地区或单位：河南省清丰县

清丰柳子戏在元代属北曲诸宫调说唱长篇故事的曲艺形式，明代形成传奇戏，用多场戏表演复杂的故事。

清丰柳子戏音乐结构华丽，无论雅曲，还是俗曲；是高腔，还是小调，音乐节奏和旋律极有规律，曲子之间慢和快的速度差层次较多，构成复杂的音域，具有较高的音乐成就。因而，此剧种有其音域复杂、不易传承的特征。唱腔以俗曲和柳子调为主。

清丰柳子戏表演程式粗犷豪放，风格独特；人物动作设计，惟妙惟肖，生活气息浓厚。如武将出场，必先在台上表演踢腿、打飞脚、亮相；发怒时双脚跳起，表示急躁情绪；对打时多用真刀真枪。

代表性剧目有《白兔记》《金锁记》《孙安动本》《玩会跳船》《抱妆盒》《燕青打擂》《三盗芭蕉扇》等。

清丰柳子戏生存形势极不乐观，演出市场萎缩，演员老龄化严重，剧团发展步履维艰。

国家级代表性传承人名单

姓名	性别	申报地区或单位	入选批次
李艳珍	女	山东省	2
黄遵宪	男	山东省	2
李松云	女	山东省	3
孔祥启	男	山东省	3
冯宝泉	男	山东省	3
迟皓文	女	山东省	4
杨香玉	男	河南省清丰县	4

庐剧

序号：201
编号：Ⅳ-57
批次：1
类别：传统戏剧
申报地区或单位：安徽省合肥市、六安市

扩展名录：
庐剧（东路庐剧）　　安徽省和县

庐剧，是安徽省主要的地方声腔剧种之一，原名倒七戏，又名小倒戏、到集戏、捣七戏、稻季戏等。它流传于安徽境内皖中、皖西、沿江的大片地区和江南的部分地区。庐剧是在皖西大别山一带的山歌、合肥门歌、巢湖民歌、淮河一带的花灯歌舞的基础上吸收锣鼓书、端公戏、嗨子戏的唱腔发展而成的，因其创作、演出中心在皖中一带，古属庐州管辖，故最后定名为庐剧。

庐剧的唱腔分主调和花腔两部分。主调是折戏和本戏的主要唱腔，有旦和小生唱的"二凉""寒腔""三七"，老生唱的"正调""哀调"，老旦唱的"正调""哀调"，老生、老旦唱的"端公调"，丑与彩旦唱的"丑调"，以及神鬼出场用的"神调""鬼对子"等。主要唱腔又有寻板、抹拐、伸腔、大小过台等变化。落板时常用帮腔，满台齐唱，称为"邀台"。花腔多为民歌小调，常用于三小戏，有四十多种，大多专戏专用。庐剧分皖西、皖中和皖东三路，各有不同的艺术特色。西路唱腔高亢，假声较多，称为"山腔"；东路婉转抒情，称为"水腔"；中路明快朴实，介乎两路之间。

庐剧的传统剧目分本戏、折戏和花腔小戏几种，本戏以爱情、公案等为主要内容，折戏是从本戏中抽出的精彩部分，花腔小戏以小喜剧和闹剧为主。代表性剧目如《药茶记》《天宝图》《讨学钱》《卖线纱》《借罗衣》《打芦花》等。

庐剧在20世纪50～80年代非常红火，但80年代后期，由于人才、市场、机制、投入等诸多原因，全省的专业庐剧团锐减，到目前为止，仅存十余家，情势不容乐观。另一方面，民间庐剧职业剧团的私营班社发展红火，活跃在流行区的有两百多个。

国家级代表性传承人名单

姓名	性别	申报地区或单位	入选批次
黄冰	男	安徽省合肥市	2
武克英	女	安徽省六安市	2
孙邦栋	男	安徽省合肥市	3
丁玉兰	女	安徽省合肥市	3

吕剧

序号：717
编号：Ⅳ-116
批次：2
类别：传统戏剧
申报地区或单位：山东省吕剧院、济南市、博兴县、东营市东营区

扩展名录：
吕剧　　　　山东省滨州市

吕剧，地方戏曲剧种之一，又名"化装扬琴""琴戏"，迄今有百余年历史，起源于山东以北黄河三角洲地区，流传于山东和江苏、安徽部分地区。

吕剧是从民间俗曲演变而来的，其形成过程经历了坐唱、拉地摊、地方小戏等阶段，它属于乡村艺术，演农家事，唱农家情，唱词和

道白多来源于民间俚语。吕剧既是戏曲又是曲艺，其唱腔以板腔体为主，兼唱曲牌，基本板式有四平、二板、娃娃三种。主要伴奏乐器有坠琴、扬琴、二胡、三弦等。演唱时，男女腔均用真声为主，个别高音之处则采用真假声结合的方法处理，听起来自然流畅。吕剧的唱腔讲究以字设腔，以情带声，吐字清晰，口语自然。润腔时常用滑音、颤音、装饰音，与坠琴的柔音、颤音、打音、泛音相结合，以及上下倒把所自然带出的过渡音、装饰音浑然一体，唱腔优美顺畅，使其享有"拴老婆橛子"之称。吕剧行当体制日趋完善，以小生、小旦、小丑为主，演出风格较为生活化。

吕剧大体可分两种：一种是小戏，如《小姑贤》《小借年》《王定保借当》等，这是其基本戏；另一种是连台本戏，多根据鼓词、小说和琴书的脚本改编，如《金鞭记》《金镯玉环记》《五女兴唐》等。

吕剧传统戏的道白中多乡言俚语，非常适应普通群众的欣赏习惯，处处体现着山东人质朴的性格，是最能体现山东特色的剧种。随着剧种的发展，唱腔音乐得以丰富，表现力不断加强，具有通俗易懂和鲜明的时代性特征。

吕剧
申报地区或单位：山东省滨州市

吕剧起源于山东省滨州市博兴县阎坊镇（现吕艺镇）一带，迄今已有一百四十多年的历史。

20世纪初，经过老艺人的历次改革，基本唱腔已固定在"四平""二板""流水""娃娃腔"等曲调上。剧目增加了不少章回小说为底本的连台戏，有《王华买父》《刘公案》《兴唐诗》《大八义》等，由原来的"三小"（小丑、小生、小旦）为主，发展到生、旦、净、末、丑等行当。

历年来，滨州市和部分县、区吕剧团演出的传统戏有《后娘打孩子》《三打四劝》《李怀玉借妻》《王定保借当》《借年》《井台会》《小姑贤》等二十多出；现代戏有《李二嫂改嫁》《小二黑结婚》《中秋之夜》《沂河两岸》《都愿意》《半边天》《隔墙姐妹》《王邪招亲》《杨广和》等。

国家级代表性传承人名单

姓名	性别	申报地区或单位	入选批次
郎咸芬	女	山东省吕剧院	3
李岱江	男	山东省吕剧院	3
李渔	男	山东省吕剧院	3
林建华	女	山东省吕剧院	3
王永昌	男	山东省滨州市	4

乱弹

序号：183
编号：Ⅳ-39
批次：1
类别：传统戏剧
申报地区或单位：浙江省台州市、浦江县

扩展名录：
乱弹（威县乱弹）　　河北省威县
乱弹（诸暨西路乱弹）　浙江省诸暨市

乱弹，地方戏曲剧种之一。台州乱弹，形成于明末清初，流传于浙江台州、温州、宁波、绍兴、丽水等地区。

台州乱弹唱腔以乱弹为主，兼唱昆曲、高腔、徽调、词调、滩簧等，其语言以中原音韵结合台州官话，通俗易懂。伴奏乐器有文场、武场的分别。文场分丝竹管弦乐曲和唢呐曲两类，武场分闹台锣鼓和表演锣鼓两类。台州乱弹的角色行当分"上四脚"和"下四脚"，"上四脚"

包括生、旦、净、丑，"下四脚"包括外、贴、副、末。台州乱弹有大小传统剧目三百余本，其中《奇缘配》《锦罗衫》《罗汉寺》等十余本是本剧种独有的剧目。

浦江乱弹，起源于南宋末年，形成于明代中叶，主要流传于浙江的浦江、临安、建德、桐庐一带及江西、福建等地。

浦江乱弹是以浦江当地民歌"菜篮曲"为基础，在诸宫调讲唱艺术和南戏的相互影响下发展而成的。浦江乱弹的主要腔调有三五七、乱弹三尖、二凡、芦花调、拨子等，伴奏乐器有文堂、武堂之分，文堂包括笛子、板胡、科胡、唢呐等，武堂包括鼓板、大小锣、大小钹等。浦江乱弹的角色行当包括花旦、正旦、贴旦、老旦、小旦、大花、二花、小花、四花、老生、老外、副末、小生等，其表演具有文戏武做、武戏文做的特点。浦江乱弹代表剧目包括《百花台》《寿红袍》《卖胭脂》等。

从1988年开始，由于越剧的兴盛以及剧团体制等多种原因，台州乱弹几近瘫痪。1992年，台州乱弹销声匿迹。直至2004年，当地政府成立了"台州乱弹抢救保护研究工作室"。2006年组建了民营专业剧团台州市海东方乱弹剧团，这也是全国唯一的一家台州乱弹剧团。而浦江乱弹也逐渐走向萧条，随着浦江县婺剧团的解体，一些在改革开放中应运而生的农村浦江乱弹剧团也纷纷消亡，艺术人才严重流失，目前仅有三四个剧团勉强生存下来。

乱弹（威县乱弹）
申报地区或单位：河北省威县

威县乱弹戏始于明末，因起源于河北省邢台市威县而得名。20世纪二三十年代，是乱弹的发展时期，班社众多，名伶辈出。1918年和1928年，威县乱弹曾两次赴天津演出。新中国成立后，威县、藁城、隆尧、临清四县先后建立了专业性的乱弹剧团，农村业余剧团也相继出现。乱弹戏剧目计有三百多个。威县乱弹戏著名艺人史桂枝演绎的文武老生戏、花脸戏都很有名，如杨家将戏的杨继业、铜锤花脸包拯。

威县乱弹原来为多声腔剧种，其声腔包括乱弹腔、昆腔、扬州乱弹、高腔、罗罗唢呐二黄和杂腔小调。现在唱腔均以板腔体的"乱弹腔"为主，特点是男女腔均为本字咬音，假嗓拖腔。威县乱弹乐器以唢呐为主，音乐高亢激越、浑朴粗犷，明显带有"慷慨悲歌"的燕赵之风。其特色可概括为：风格古朴，表演粗犷，唱腔独特，音乐流畅，特技惊人，文武兼具。

威县乱弹剧目丰富，有三百多出，代表剧目有《临潼关》《广武山》《煤山》《两狼山》《石佛寺》《全忠孝》《白逼宫》《王莽篡朝》《大上吊》《赵氏孤儿》《满江红》《潘杨讼》《碧血扬州》《红灯照》《宝莲灯》等。

威县乱弹剧团目前多改制为股份制演出团体，主要在城乡民间礼俗等场合演出。由于演员流失，服装道具、灯光音响均老化严重，目前剧团已无法完成大型演出。

乱弹（诸暨西路乱弹）
申报地区或单位：浙江省诸暨市

西路乱弹，又名诸暨乱弹，是明末清初南戏在传播中融入诸暨地方官话、民间俚曲，发展、衍变形成的乱弹剧种。以演唱乱弹为主，常与杭嘉湖水路班合流，兼演徽戏、梆子和少数调腔剧目的多声腔地方剧种，演员多为诸暨艺人，主要流行于诸暨周围一带，如杭州、绍兴、金华等地部分县。

诸暨乱弹以"三五七""二凡"为基本唱腔，"三五七"有起板、小桃红、顶头板、叠板等形式，演唱格局极为严整，分"头""尾"主调，定弦分尺调、正宫、小宫之类。过门，需要演员与乐师之间的配合，为浙江其他乱弹所少有。

"二凡"有倒板、流水、紧慢板等五六种形式。该剧曲牌极为丰富，鼎盛时期多达二百余种，剧目数量众多，曾经演出过的乱弹剧本至少有四百余本。

诸暨乱弹角色分十三个行当，分别为四自脸、四花脸、五包头；表演或高亢雄健，或抒情流畅，丰富多样，大多为讲究唱做的文戏，较少武功；道白用诸暨地方官话，极富乡土气息、地方特色。

新中国成立后，鉴于西路乱弹濒临绝迹，浙江省文化部门拨款抢救西路乱弹。1961年4月，"诸暨乱弹剧团"成立，先后上演新编历史剧《于谦》和《智取威武山》《社长的女儿》《渡口》等现代剧目。

目前，西路乱弹民间艺人匮乏。为保护这项民间艺术，诸暨市文化部门在东和乡十里坪村成立了西路乱弹传承基地，由当地村民担当演员排练传统剧目，使其得以传承和发展。

国家级代表性传承人名单

姓名	性别	申报地区或单位	入选批次
许定龙	男	浙江省台州市	2
傅林华	男	浙江省台州市	2
孟凡真	男	河北省威县	3

罗卷戏

序号：724

编号：Ⅳ-123

批次：2

类别：传统戏剧

申报地区或单位：河南省汝南县、范县

罗卷戏，戏曲剧种之一，俗称喇叭戏，是由"罗戏"和"卷戏"这两个中州大地的古老剧种融合而成的，主要流传于河南、河北、山东、山西、陕西等省境内。

罗戏清朝初年流入汝南，戏以唱俗曲曲牌为主，其中尤以"耍孩儿"使用率最高。演唱上是男女同腔同调，只用真声，不用假声。罗戏行腔粗犷豪放，激越高亢，适合出演神话戏、宫廷戏和征战之类的武打戏。

卷戏起源于明末时期汝南县的燕亭店、楚铺和戴堂村，它是僧人们在做道场和佛事时吹奏、敲打、哼唱着的一种音乐，僧人们称之为"卷调"，后来又和当地的一些民间小调与传说故事融合在一起，使"卷调"逐步演变成了带有故事情节的"卷戏"。卷戏多演出民间传说、乡土风情和男女爱情题材的剧目。

罗戏善演武场戏，卷戏善演文场戏，后来艺人们摸索总结，终于把两者合二为一。老百姓统一称其为"罗卷戏"。罗卷戏唱词独特，每一大段唱词都由三长一短为一组的句子组成。道白多用当地方言土语和中州韵。唱腔极讲究音韵，时而婉转清新，优雅高亢，时而豪迈雄壮，粗犷奔放。罗卷戏的行当也很有特色，生、旦、净、丑样样俱全，可以表演多种性格的人物。各表演行当从不同角度把武术、杂技、舞蹈、高跷、旱船等民间艺术吸收进来，形成了独特的风格。

罗卷戏不仅是艺人们谋生的手段和抒情言志的方式，更是承载民族精神与情感的重要载体。然而，如今的年轻人不愿学演罗卷戏，传承断代，后继乏人，这门戏剧面临剧目失传的困境。

锣鼓杂戏

序号：232

编号：Ⅳ-88

批次：1

类别：传统戏剧

申报地区或单位：山西省临猗县

锣鼓杂戏，也称铙鼓杂戏、龙岩杂戏，是主要流传于晋南河东一带的一种古老的仪式戏剧。因演唱时不配丝弦，只以锣鼓伴奏而得名。

锣鼓杂戏的唱腔音乐体制为吟诵体，以"吟"为主，间以散文念白。诗的朗诵，叫作"云"。每云一句，中间夹一声锣，云完一段，敲一阵锣鼓。锣鼓杂戏有少量曲牌，如越调、官调、油葫芦等。其伴奏无弦乐，乐队由鼓、锣、唢呐组成。其中大鼓主奏，同时承担乐队指挥之责，基本鼓点有擂鼓、战鼓、走鼓、刹鼓、列儿鼓、跌场鼓、行营鼓等八种。锣鼓杂戏演员扮演的角色固定，以家族世袭为主。角色均为男性，每剧数十人。在表演上有许多固定的程式动作，如武戏中的枪挑盔缨、刀削马蹄、搭弓射箭、交战突围之类，多源于武术而适当虚化。列鬼对阵是锣鼓杂戏的主要表演身段，表演者右臂弧形伸向右前上方，手掌朝外，左臂稍向后伸，手掌朝左后方展开；脸面向前，神气充溢，称之为"列鬼"。一个人表演"独把列鬼"，两个人为"双列鬼"，还有三把鬼、对对鬼、五把鬼、燃烧鬼、带刀鬼等；对阵的套子有三把阵、五把阵、老套阵、冲阵等。整个过程节奏缓慢，风格古朴。

锣鼓杂戏演出剧目以军事题材为主，"三国戏"尤多，代表性剧目有《三山会》《天井观》《三请诸葛》《铜雀台》等。

目前，锣鼓杂戏艺术形态保存完好的村落只有临猗县的孙吉村和新庄村，代表性老艺人"雄毅许褚"李正勤、"活张飞"高仰星和"满堂红"姚宝琦也年过八旬，锣鼓杂戏艺术传承面临困难。

国家级代表性传承人名单

姓名	性别	申报地区或单位	入选批次
李正勤	男	山西省临猗县	3
张军	男	山西省临猗县	4

落腔

序号：1110
编号：Ⅳ-148
批次：3
类别：传统戏剧
申报地区或单位：河南省内黄县

落腔，是今河南安阳内黄的一个地方戏曲剧种，原名"落子腔"，也称"安阳腔"，因其曲调轻快欢乐，故又名"乐腔"，主要流传于河南北部安阳、内黄、清丰一带，迄今有三百多年历史。落子腔是由民间曲艺"莲花落"演变而成的，是宋代路岐人和露台弟子借以谋生的歌曲，别名"呱嗒板""顺口溜"，主要曲调有过街腔、站板腔，发展到元代成为一种长调，到清代则演化成一丑一旦登场演唱故事的形式。

落腔曲调轻快，表演形式古朴自然，唱腔音乐优美轻快，为板腔体结构，主要有慢板、流水板、占子板、娃娃、散板等板式，表现力非常丰富，曲牌音乐除部分早期剧种的历史遗存外，还有一些杂曲小调。落腔现存独有唱腔音乐六类二十三种，曲牌和打击乐类五十八种。落腔多为舞台化装戏，生、旦、净、末、丑行当齐全，演奏以管弦乐器为主，吹打乐配合，特色乐器主要有嗡子（头弦）、闷笛等。

落腔内容多为家庭生活小戏，如《蓝桥会》《安安送米》等，文辞通俗，表演富有生活气息；有一些移植上演的传统剧目如《李天保吊孝》《姊妹易嫁》《女驸马》《拉郎配》《胭脂》《花烛恨》等；有现代戏如《朝阳沟》《李双双》《蝶恋花》等。

当前落腔仅剩一个专业的剧团，传播地域小、观众人数少，而且剧目呈现出的陈旧感、落后感等诸多问题，也限制它的存活和发展。

国家级代表性传承人名单

姓名	性别	申报地区或单位	入选批次
袁章考	男	河南省内黄县	4

茂腔

序号：211

编号：Ⅳ-67

批次：1

类别：传统戏剧

申报地区或单位：山东省高密市、胶州市

茂腔，地方戏曲剧种之一，曾有肘鼓子、周姑子、轴棍子、正歌子等名称，流传于山东青岛、胶州、高密、诸城一带。在清代咸丰、同治年间，其在民间小调"周姑子"基础上，吸收采用了本地花鼓秧歌及柳琴戏的韵曲调和伴奏乐器而形成，后来又受了京剧和河北梆子较多的影响。

茂腔唱腔属于板腔变化体，同时兼用部分曲牌小调。其曲调质朴自然，唱腔委婉幽怨。茂腔中女腔尤为有特色，给人以悲凉哀怨之感，最能引起妇女们的共鸣，故茂腔俗称"拴老婆橛子戏"。茂腔在早期只有鼓、钹、锣等打击乐伴奏，后来开始使用柳琴伴奏，之后受京剧、梆子等的影响，采用京胡为主奏乐器，按京剧二黄定弦，并用二胡、月琴配合，陆续增添了唢呐、笛、笙、低胡、扬琴等民族乐器。在行当方面，茂腔起初只分生、旦、丑，后来根据京剧行当划分角色，分工更加细致齐全。

茂腔有一百多个剧目，其中代表剧目有称为"四大京"的《东京》《西京》《南京》《北京》和称为"八大记"的《罗衫记》《五杯记》《风筝记》《钥匙记》《火龙记》《丝兰记》《绒线记》《蜜蜂记》等。

目前茂腔的专业剧团现仅存三家，都处于举步维艰的境地。20世纪20年代前后的老艺人大部分已去世，目前许多传统剧目濒临失传，抢救这些剧目已刻不容缓。

国家级代表性传承人名单

姓名	性别	申报地区或单位	入选批次
曾金凤	女	山东省胶州市	2

眉户

运城眉户、华阴迷胡、迷糊戏

序号：700

编号：Ⅳ-99

批次：2

类别：传统戏剧

申报地区或单位：山西省运城市，陕西省华阴市，新疆生产建设兵团

扩展名录：
眉户（晋南眉户）　　　　山西省临汾市

眉户，戏曲剧种之一，也称眉鄠、迷糊、迷胡、曲子戏、弦子戏。眉户盛行于关中，而山西、河南、湖北、四川、甘肃和宁夏等部分地区也有流行。眉户以其曲调委婉动听，具有令人听之入迷的艺术魅力而得名。

中华人民共和国成立后，相继成立了华阴县眉户剧团、山西临汾地区眉户剧团、临猗县眉户剧团以及四川广汉县剧团等专业团体，创作和改编了不少现代戏和历史故事戏，深受当地群众喜爱。但目前随着社会的变革和娱乐方

式的多元化，眉户的生存空间变得越来越小，面临着严重的传承困境。

眉户（运城眉户）
申报地区或单位：山西省运城市

运城眉户又称曲子，起源于陕西省的眉县、户县，清嘉庆、道光年间传入运城，最初是以山歌、小调、情歌为主的民歌演唱形式，在长期流传过程中逐渐演变为说唱，后由说唱艺人搬上舞台演出，最后出现职业演出班社，在运城地区广为流传。

运城眉户属联曲体戏曲音乐。眉户素有七十二大调，三十六小调之说，最初的伴唱乐器仅有三弦与四页瓦。过渡为舞台戏曲音乐后，相继加进板胡、笛子、二胡、低胡、扬琴、大小提琴、琵琶、黑管、双簧管、长笛等。打击乐加进鼓板、刺板、梆子、锣、钹等。

运城眉户搬上舞台初期，演出剧目多为小生、小旦和小丑扮演的小戏。艺人在演出过程中，不断吸收、借鉴蒲剧的音乐和表演方式，形成了自己独特的艺术形式，经典演出剧目有《卖水》《烙碗记》《如意店》《柳毅传书》《张羽煮海》《三进士》等。

眉户（华阴迷胡）
申报地区或单位：陕西省华阴市

华阴迷胡是陕西地方戏曲之一，属秦腔派系。在陕西关中广为流行，历史上曾称为"二华曲子"，原以自乐班、坐唱、清唱形式出现，是农民在耕作之余的一种消遣娱乐活动。清朝乾隆年间，随着秦腔等戏曲艺术的发展，眉户逐渐地被搬上了舞台。它曲调缠绵悱恻，委婉动听，富于表现深沉凄楚的情调和气氛，能使观众沉浸其中"迷糊"起来，所以便逐步被称为"迷胡"。迷胡有两个流派，东路以二华为中心，分布于关中东部及相邻的晋南、豫西地区；西路以眉县、户县为中心，分布于关中西部。成了西北地区的主要剧种之一。所以，陕西很早就有"同州的梆子合阳的线（指吊线木偶），二华的曲子耐人看"的说法。

华阴迷胡有"七十二大调，三十六小调"之说。大调以唱悲伤剧情为主，如《老龙哭海》《罗江怨》《老五更》等；小调以唱欢喜剧情为主，如《采花》《银红丝》《一串铃》等。新中国成立后，演出了许多深受群众欢迎的新剧目，如《兄妹开荒》《大家喜欢》《十二把镰刀》。

眉户（迷糊戏）
申报地区或单位：新疆生产建设兵团

眉户戏原盛行于陕西、甘肃等省，19世纪中期随着清代移民进疆，眉户进入并落户新疆，成为受新疆人民喜爱的戏曲音乐，当地称为迷糊戏。它流传于新疆生产建设兵团的五家渠、茅草湖、新湖及红旗等各垦区。

迷糊戏与秦腔、迷糊剧、甘肃大鼓以及陕甘宁的山歌在唱腔、唱词韵味上具有密切的血缘关系，在世代的传承发展中吸收了当地的曲子戏等剧种，形成了自己独特的风格和弹唱技巧，并具有浓厚的乡音韵味、方言土语和唱腔，演唱时以三弦、二胡、笛子、梆子、碰铃、竹板等乐器演奏。

迷糊戏在新疆民间以师承先贤、口口相传的方式传承，它唱腔通俗，易学易懂，一些剧目广为流传，如《李彦贵卖水》《张连卖布》等。

眉户（晋南眉户）

申报地区或单位：山西省临汾市

晋南眉户，又称"迷胡""清曲""曲子"，是一种以当地民歌小调为基础，吸收借鉴蒲州梆子音乐，发展为由地摊子演唱过渡到舞台戏曲的音乐形式。它形成于清嘉庆、道光年间，距今有近二百年的历史，主要流传于山西南部临汾的临猗县、永济县、万荣县等二十余县。

晋南眉户戏曲调丰富，乡土气息浓郁，以朴素的语言表现当地人民的生活，易记易唱，朗朗上口。它的唱腔属曲牌体，素有七十二大调和三十六小调之说。清乾隆年间，所载的十二首民歌曲调中两头忙、银纽丝、醉太平等，是晋南眉户保留下来的主要曲调。

晋南眉户的演唱十分讲究字正腔圆，依字行腔，尤其是那些常用的通俗化、口语化的小调牌子，其行腔可以说是晋南官话语音的曲折和伸延，有时竟如同白话一般。其表演程式吸收了蒲州梆子的水袖、帽翅、靴子、翎子、椅子、帕子等。

眉户地摊子时期，仅用三弦伴奏，以碰铃、四页瓦击节。自搬上舞台后，逐渐地增加了板胡、笛子、唢呐，击节乐器改用鼓板和梆子，同时还加进了马锣、铙钹、小锣等乐器。形成了舞台戏曲的文武场伴奏形式。

晋南眉户主要剧目有《烙碗记》《如意店》《打经堂》《三讲十》《卖水》《四差捎书》《张连卖布》等。

国家级代表性传承人名单

姓名	性别	申报地区或单位	入选批次
李英杰	男	山西省运城市	3

闽剧

序号：189

编号：Ⅳ-45

批次：1

类别：传统戏剧

申报地区或单位：福建省福州市

闽剧，地方戏曲剧种之一，主要流传于闽中、闽东、闽北地区，并传播到台湾省和东南亚各地，是现存唯一用福州方言演唱、念白的戏曲剧种。

闽剧的音乐唱腔由洋歌、江湖调、逗腔和小调四大类组成。其中前三类都不同程度地受到弋阳腔、昆曲和徽调的影响，并保留着高腔的帮腔形式，后台帮腔叫作掏岭。小调由本地和外地传入的俗曲俚歌形成。演唱时男女均用本嗓，以高亢激越、朴实粗犷为主要特点。闽剧的主要伴奏乐器有横箫、唢呐、头管、二胡、椰胡以及打击乐器青鼓、战鼓、锣、钹、磬等。

闽剧的角色分行，早期较简单，由生、旦、丑三个角色构成"三小戏"，后来吸收徽班、京剧的分行，角色渐趋完整，增加到七个，曰"七子班"，再到九个，称"九门数"。随着行当的细致化，又逐渐发展为"十二角色"，有小生、老生、武生、青衣、花旦、老旦、大花、二花、三花、贴、末、杂等。

闽剧的传统剧目有一千多种，大都取材于民间传说、历史演义或古代传奇、杂剧，其代表性剧目有《炼印》《开封府》《孟姜女》《秦香莲》《杜十娘》《秋兰送饭》等。

近年来，众多民间职业剧团都面临演员素质下降、人才队伍青黄不接、办团经费不足等问题，加之演出市场竞争激烈等因素，导致许多民间闽剧团的发展陷入了生存困境。

国家级代表性传承人名单

姓名	性别	申报地区或单位	入选批次
林培新	男	福建省福州市	2
林瑛	女	福建省福州市	2
陈新国	男	福建省福州市	3
陈乃春	男	福建省福州市	3

闽西汉剧

序号：177

编号：Ⅳ-33

批次：1

类别：传统戏剧

申报地区或单位：福建省龙岩市

闽西汉剧，地方戏曲剧种之一，旧称外江戏、乱弹，主要流传于闽西、粤东、赣南、闽南、中国台湾等地，影响遍及东南亚地区。清代乾隆年间，乱弹流入闽西后，不断吸收当地方言和民间音乐，于嘉庆年间逐步衍化成闽西本地的地方戏曲剧种，原来称为乱弹，20世纪30年代初定名为汉剧，50年代末为与湖北汉剧相区别，正式改称闽西汉剧。

闽西汉剧唱腔以西皮、二黄为主，兼用昆腔、梆子腔、弋阳腔等多种声腔，并吸收了大量在闽西、闽南广泛流行的民间小调和佛、道教音乐。在闽西汉剧的声腔中，各行当有不同的发音方法。小生、青衣、花旦、正旦用假嗓；老生、老旦、丑用本嗓；黑净发炸音；红净真假嗓结合，强调鼻腔与后脑共鸣，嗓音清纯洪亮，行腔雄浑舒展，刚柔相济，在全国较为少见。道白与唱词以官话为基础，押中州韵，又结合闽西方言，故有"土官话"之称。闽西汉剧伴奏是以吊规、提胡、扬琴、小三弦为基础，加上椰胡、中胡、阮、竹笛、唢呐、号头等民族乐器。闽西汉剧的角色行当分生、旦、丑、公、婆、净六大类，表演程式各行当不同，即使是同一行当也有差异。每个行当均有一套传统的基本功，如倒吊莲、画眉跳架、过火坑、跳刀尖、桌上翻等武功技艺就为闽西汉剧所独有。

闽西汉剧传统剧目多达836个，代表性剧目有《醉园》《兰继子》《时迁偷鸡》《臧眉寺》《审六曲》《洛阳失印》《百里奚》《大闹开封府》《二进宫》等。

如今，闽西的专业汉剧团仅剩龙岩市汉剧团和永定、上杭、武平汉剧团，虽然龙岩、长汀、连城等县也都有业余汉剧团和民间职业剧团，但生存都相当艰难。

国家级代表性传承人名单

姓名	性别	申报地区或单位	入选批次
邓玉璇	女	福建省龙岩市	3

木偶戏

泉州提线木偶戏、晋江布袋木偶戏、漳州布袋木偶戏、辽西木偶戏、邵阳布袋戏、高州木偶戏、潮州铁枝木偶戏、临高人偶戏、川北大木偶戏、石阡木偶戏、邵阳提线木偶戏、泰顺药发木偶戏

序号：236

编号：Ⅳ-92

批次：1

类别：传统戏剧

申报地区或单位：福建省泉州市、晋江市、漳州市，辽宁省锦州市，湖南省邵阳县，广东省高州市、潮州市，海南省临高县，四川省，贵州省石阡县，陕西省，浙江省泰顺县

扩展名录：

木偶戏（孝义木偶戏） 山西省孝义市
木偶戏（杖头木偶戏） 江苏省扬州市
木偶戏（平阳木偶戏） 浙江省平阳县
木偶戏（单档布袋戏） 浙江省苍南县
木偶戏（湖南杖头木偶戏） 湖南省木偶皮影艺术剧院
木偶戏（五华提线木偶） 广东省梅州市
木偶戏（文昌公仔戏） 海南省文昌市
木偶戏（三江公仔戏） 海南省海口市
木偶戏（海派木偶戏） 上海木偶剧团
木偶戏（杖头木偶戏） 江苏省演艺集团
木偶戏（泰顺提线木偶戏） 浙江省泰顺县
木偶戏（廿八都木偶戏） 浙江省江山市
木偶戏（广东木偶戏） 广东省木偶艺术剧院有限公司
木偶戏（揭阳铁枝木偶戏） 广东省揭阳市

木偶戏，古称傀儡戏、傀儡子，是由艺人操作木偶表演故事的一种戏曲形式。中国木偶戏历史悠久，三国时已有偶人可进行杂技表演，隋代则开始用偶人表演故事。木偶戏的流传范围很广，先后在各地出现多个分支。就演出形式而言，可概括为提线木偶、杖头木偶、布袋木偶、铁枝木偶、药发木偶五种。

当前，在市场经济的冲击下，各地木偶戏都存在很多困境，木偶戏的演出市场正在逐步萎缩，从事木偶戏表演的艺人日渐减少，观众大量缩减，而且随着现代文化传媒的普及及流行时尚艺术带来的审美观的变化，使很多年轻人对木偶戏不感兴趣，木偶戏存在后继乏人的危机。木偶演出的剧种也大都以古代戏曲为主，难以被年轻人所接受，因而对于传统木偶剧的改革创新势在必行。

木偶戏（泉州提线木偶戏）
申报地区或单位：福建省泉州市

泉州傀儡戏，古称悬丝傀儡，今称提线木偶戏。泉州地区每逢民间婚丧嫁娶、寿辰、婴儿周岁、修建新房、迎神赛会、谢天酬愿等，都必须演提线木偶戏以示大礼。因此，泉州自古以来便称提线木偶戏为"嘉礼"戏、"加礼"戏。泉州傀儡戏至今保存七百余出传统剧目和由三百余支曲牌唱腔构成的独特剧种音乐"傀儡调"（包括"压脚鼓""钲锣"等古乐器及相应的演奏技法），并且形成了一整套精巧成熟的操线功夫"传统基本线规"和精美绝伦的偶头雕刻、偶像造型艺术与制作工艺。

在泉州傀儡戏传统剧目中，保存着大量古代泉州地区民间婚丧喜庆及民间信仰、习俗的内容，保存着"古河洛语"与闽南方言俚语的语词、语汇、古读音，还保存着许多宋元南戏的剧目、音乐、演剧方法、演出形态等珍贵资料。

木偶戏（晋江布袋木偶戏）
申报地区或单位：福建省晋江市

晋江布袋木偶戏即南派布袋戏，指泉州地区掌中木偶戏，以泉腔演唱，有别于唱北调的漳州北派布袋戏。

晋江布袋木偶戏的音乐是南管音乐系统，其中有提线木偶的傀儡调，更多的是梨园戏的音乐唱腔。传统唱腔曲牌近百首，场景音乐用十音谱伴奏居多。音乐的基调清脆幽雅，悦耳动听。乐器有唢呐、三弦、二弦，有时也用琵琶和洞箫。打击乐以独特的南鼓（压脚鼓）、钲锣、草锣为主，还有通鼓、花鼓、大锣、小锣、响盏等。

晋江布袋木偶戏的剧目非常丰富，有生旦戏、武打戏、宫廷戏、审案戏、连本戏和折子戏等，其中有些剧目如《玉真行》等是从梨园戏移植过来的。

木偶戏（漳州布袋木偶戏）
申报地区或单位：福建省漳州市

漳州布袋木偶戏又称景戏、指花戏、掌中戏，是傀儡戏剧种之一。它已有一千多年历史，南宋时兴盛于漳州，明末即流传到广东、中国台湾和东南亚一些地区。清中叶以来漳州各地大量出现专业布袋戏班社，形成若干不同的流派，其中主要有"福春""福兴""牡丹亭"三派。

漳州布袋木偶戏的特点是用指掌直接操纵偶像进行戏剧性的表演，使之活灵活现，既能体现人戏的唱、念、做、打，以及喜、怒、哀、乐的感情，又能表演一些人戏难以体现的动作。布袋木偶戏的操纵是用手由下而上，以手掌作为偶人躯干，食指托头，拇指和其他三指分别撑着左右两臂。技艺高超的艺人双手可以同时表演两个性格、感情各异的偶人。布袋木偶戏尤为擅长武打场面和善于刻画人物性格。

木偶戏（辽西木偶戏）
申报地区或单位：辽宁省锦州市

辽西木偶造型艺术是雕塑、绘画、结构装置相结合，它着重于人物形象本身的刻画，表现人物本身的形貌特征和思想品格。辽西木偶的造型艺术和结构装置经过长期的实践，逐渐发展到提线木偶、杖头木偶、布袋木偶、铁枝木偶、杆式木偶、人偶一体、卡通人偶、荧光木偶等不同的种类。

辽西杖头木偶和布袋木偶是演员把木偶举过头顶表演，所以，舞台上要设一道帷幕遮挡演员，帷幕上边表演木偶戏，帷幕的大小由木偶的大小决定。舞台上的布景安装高脚，舞台灯光布局设置需面光、侧光、顶光、天幕光及其他效果流动光位。舞台设置边幕、沿幕、天幕、帷幕等，景区设置网景、纱幕、推景、转景、吊景等。舞台设施组成一种轻便灵活，具有框式结构的多功能木偶戏舞台，以适应多种表演形式的木偶戏，增强综合艺术效果。

木偶戏（邵阳布袋戏）
申报地区或单位：湖南省邵阳县

邵阳布袋戏发源于湖南邵阳县九公桥镇白竹村燕窝岭。据刘氏家谱记载：元末明初，为避战乱，刘姓祖宗胜公携家眷肩挑布袋戏逃难至燕窝岭定居，至今已有六百余年。

邵阳布袋戏的表演方式和表演技巧为：一个艺人一副戏担，不管大戏小戏、文戏武戏，生旦净末丑，吹打弹唱耍，全靠艺人一个人手、脚、口、舌并用，十指灵活调度。音乐以祁剧唱腔为主，风格清新、古朴、纯真。邵阳布袋戏的代表性剧目有《封神榜》《三国演义》《西游记》《杨孝打虎》等，以武打戏、鬼怪戏、滑稽戏居多。

木偶戏（高州木偶戏）
申报地区或单位：广东省高州市

高州木偶戏，也称傀戏、傀仔戏。它的原始形态为单人木偶戏，由一名艺人表演，集唱、做、吹、打于一身。木偶表演的全部道具，用一担木偶箱则可全部装下。逢年过节或农闲时，木偶艺人便肩挑着木偶箱，走村串巷，利用村中屋旁的空地或在屋厅中央，摆放一张方桌，则可以架设成木偶表演的舞台。高州木偶戏以杖头木偶为主，附加布袋木偶。高州木偶戏唱词为七字诗体句式，唱腔称木偶腔，以高州山歌调为基础，以叙事方式进行。高州木偶像头雕刻精巧，表演技艺精湛，偶像可做眨眼、喷烟喷火、杀头等高难度动作。木偶戏内容多取自历史演义、公案小说、民间传奇、神话故事，传统剧目有数百种。

◎ 传统戏剧

木偶戏（潮州铁枝木偶戏）
申报地区或单位：广东省潮州市

潮州铁枝木偶，俗称纸影戏，是由南宋时期随中原移民传入的皮影戏演变而来的。其发展过程是由平面剪影逐步经历"阳窗纸影"（平面）、"圆身纸影"（立体）而成为现在的木偶。

潮州铁枝木偶偶像由连在后面的三根铁枝操纵，保留了皮影操纵特点。剧目、表演动作、音乐唱腔与潮剧相同，戏班演出时要先搭建舞台，台上铺着草席，操纵木偶的人盘膝而坐。传统的铁枝木偶戏班由9人组成，操纵、演唱、伴奏各3人，剧种角色多的时候，操纵和伴奏的人也要兼演唱。基本表演手法有推、拉、提、拨、抖等，表演过程根据人物行当和剧情需要表演飞天、入地、点火、射箭、骑马、张扇、划船、武打等动作，呈现独特的操纵技艺。

木偶戏（临高人偶戏）
申报地区或单位：海南省临高县

临高人偶戏，又称佛子戏，主要流传于海南省西北部的临高县及周边的海口市、澄迈县、儋州市等市县中操临高话的乡镇，是全国唯海南独有的稀有剧种。

临高人偶戏的主要特点是，舞台不设布幛，演员手擎木偶化装登台，人与偶在台上同扮一个角色，以人的表演弥补木偶感情之不足。在唱腔上以来自本地民歌调"阿罗哈"和来自道士调的"朗叹"作为主要唱腔，优美动听。其代表性剧目有《江姐》《秦香莲》《张四姐下凡》《春草闯堂》《海瑞驯虎》《海花》《闹钟爷爷》《荔枝树下》《一碗鸡汤》等。

木偶戏（川北大木偶戏）
申报地区或单位：四川省

川北大木偶已有三百余年历史。清初湖广人青发荣、青发旺在湖广填四川移民时，将大木偶艺术带到了川北仪陇县，后来青氏又将此技艺传给了杨三合。1914年仪陇县木偶艺人李约之买了杨三合后代的木偶，创建了"福祥班"，或称"李家班"。此后，大木偶艺术在川北地区活动频繁，妇孺皆知，人称"川北大木偶"。

川北大木偶偶身高大，人物造型以写实为主，眼、眉、口、头、耳、鼻、手、腰以及关节均可以活动，表演时能取物握物、穿衣解衣、戴帽脱帽、穿靴脱靴、吹火点蜡、拂袖掸尘、变脸下腰，神乎其技，与人无二。同时翎子功、扇子功、水袖功等亦无异于生人。

木偶戏（石阡木偶戏）
申报单位或地区：贵州省石阡县

石阡木偶戏是主要流传于贵州省石阡县各民族中的一种民间傀儡戏曲剧种，其远祖可追溯到汉魏以远的"刻木人像"的"傀儡"，为宋元时期杖头傀儡的遗存。

石阡木偶戏属于杖头木偶，形象大方，表演生动。木偶头、手以乌柏木制作。头面及颈部长约十五厘米，分别刻绘生、旦、净、末、丑及其他猴头、鹰怪等面部造型。每个戏班基本头面二十四个，多的有三十几个。头面套上戏装，整体长约八十厘米。木偶的手有握空拳和立掌两种造型，握拳居多，以备装上各种武器及道具。木偶戏演出有特制的篷布舞台，适于在庙堂、场院露天演出。

木偶戏（郃阳提线木偶戏）
申报地区或单位：陕西省

陕西郃阳提线木偶戏，又称郃阳线胡，是中国北方提线木偶的独有之秀。

郃阳提线木偶戏的主要表演方法是提线，偶人系线根据角色的不同而定。偶人通高80～90厘米，重3.5～5公斤。通过线戏艺人巧妙地运用提、拨、勾、挑、扭、抢、闪、摇等方法，赋予木偶以艺术生命，动作栩栩如生，可以自然地做卸帽子、脱衣服、搬椅子、抢杆子、单双闪官翅等特技动作。

郃阳提线木偶戏的代表性剧目有"三箱（厢）"（《百宝箱》《囊哉装箱》《西厢记》）、"二楼"（《谪仙楼》《鸳鸯楼》）、"双钗"（《金琬钗》《双凤钗》）以及《蝴蝶杯》等。

木偶戏（泰顺药发木偶戏）
申报地区或单位：浙江省泰顺县

泰顺药发木偶戏，又称放花木偶，是将烟花与木偶相结合的木偶戏，主要用于农村中庙会、年节、寿诞等大型活动。泰顺药发木偶戏的原生态技艺仅在泰顺县域内完整保留。

泰顺药发木偶艺人将戏曲人物、神话人物等木偶造型混于烟花之中燃放，在烟花的带动下，焰光中木偶凌空飞舞，五彩纷呈，栩栩如生。药发木偶的基本单位为"树"，因为它的一切活动是在一根长度为13～15米的毛竹竿上完成的。具体制作和演出过程分为五步：制火药（硝）、烟花及造型制作、花树主干制作、花树组装、竖立及燃放。

木偶戏（孝义木偶戏）
申报地区或单位：山西省孝义市

孝义的木偶戏于宋代传入，明清达到鼎盛。其属于杖头木偶戏，造型简洁粗犷，神态灵活生动，机关奇巧适用，极具北方特色。早先，木偶、皮影各成班社，孝义木偶戏用孝义秧歌干板腔调，以后用皮腔调，中路梆子兴起后采用中路梆子腔调，即晋剧声腔。上演的剧目也以移植晋剧剧目为主，如《三度梅》《忠报国》《明公断》《三击掌》《走山》《九件衣》《斩黄袍》等。

因上演木偶戏夜间照明设备差，无法演出，而皮影班社只能在夜间演出，白天只能坐等，于是木偶、皮影逐渐合成一个班社，即灯影班。灯影班独具特色，少则七人，多则九人就能开台演戏，俗称"七紧八慢九消停"。灯影班白天上演木偶戏，晚上上演皮影戏，早年群众说"白昼间木偶作怪，夜晚时牛皮成精"。孝义木偶班社演出形式丰富，素有"两种形式，三种唱腔"之称，即木偶、皮影两种演出形式，皮腔、碗碗腔、晋剧三种唱腔。

1956年，孝义皮影木偶艺术团成立，20世纪80年代排演的《三打白骨精》《三调芭蕉扇》《通天河》等大型木偶戏曾一度久演不衰。

木偶戏（杖头木偶戏）
申报地区或单位：江苏省扬州市

扬州木偶起源于泰兴一带，泰兴县素有"苏北木偶之乡"的称誉，其杖头木偶于清道光二十年（1840）前从安徽传入。

杖头木偶戏演员必须练好托举木偶的托举功、操纵木偶的扦子功、掌握各种人物步伐特征的台步功等基本功；要把握好操纵木偶的坐立要稳、方向要正、身体要直、行动要平等表演要素。除了一般的技艺要求外，杖头木偶戏表演艺术家在各个新创节目中，还形成了很多特殊的表演技艺，如水袖功、扇功、长绸功、书画功等，成为杖头木偶戏表演艺术的一大亮点。

新中国成立前有百余家木偶戏班，后在此基础上成立了泰兴县木偶剧团（扬州市木偶剧团前身）。杖头木偶戏吸取京剧中的身眼手步法，采用地方戏的曲牌和民歌的曲调，别具一格。代表剧目有《嫦娥奔月》《三打白骨精》等。

木偶戏（平阳木偶戏）
申报地区或单位：浙江省平阳县

平阳木偶戏，是以提线为主，集布袋、杖头、人偶等四位一体的综合木偶艺术，民间还传承着古老的药发木偶。早在南宋时期平阳民间就有木偶戏活动。木偶行话有"傀儡，木偶，南有泉州，北有温州"。所谓温州木偶，其实即平阳木偶。

其唱腔丰富，兼唱高、昆、徽、乱、时、滩六种声腔；语言兼唱官话、瓯语与闽语；制作精美，完整保存了一批明、清以来的木偶头与戏装。

平阳木偶戏剧目繁多，仅传统剧目就有三百多个，代表剧目如《水漫金山》《时针飞转》《西游记》《三打白骨精》《白蛇传》《断桥》《花灯缘》《蓝星星之歌》等。

木偶戏（单档布袋戏）
申报地区或单位：浙江省苍南县

单档布袋戏流传于苍南闽南方言区。一座可由一个人挑着走的小戏台，内坐一个艺人，手、脚、嘴巴并用，操纵数十个小木偶并演奏乐器，便能热热闹闹演出一台戏。

苍南的单档布袋木偶戏演出以道白为主，故有"七分白，三分唱"的说法。道白运用闽南方言，短的语句仅一个字，长句则字数不限。节奏唱腔多为七字句，生、旦、花、杂各有不同的唱腔，均以套用温州乱弹的唱腔为主，但亦可由表演者即兴发挥，灵活套用浙南民歌调、京剧、越剧唱腔等，亦可一台戏用多类唱腔。表演时一人唱多角。人物的出场，均有一段自我介绍式的道白，共六句，前两句称"台引"，后四句称"坐台白"，源于元杂剧，为布袋戏演出的特色之一。

苍南布袋戏的演出剧目有连台本、单本、插出等多种形式。剧目题材多为人情戏或公案戏，也有一部分宫廷戏及武侠戏，单本很少有长书大传本的历史戏。主要传统剧目有《黄恩佩义》《擂台报》等八十多种、三百余本。

木偶戏（湖南杖头木偶戏）
申报地区或单位：湖南省木偶皮影艺术剧院

湖南杖头木偶戏，在湖南不同的地区有不同称呼，如木脑壳戏、棒棒戏、矮台戏、低台戏等，最早见于史籍为公元865年(唐咸通六年)。

湖南杖头木偶戏曾以表演传统剧目著称，《拦马》《鸿门宴》《芦花荡》《盗仙草》《水漫金山》《打面缸》都是很有艺术特色的剧目。通过继承与创新，湖南省木偶皮影艺术剧院创作的《金鳞记》《八百里洞庭》《马兰花》《火云鸟》《猎人海力布》《石三伢子》等剧目在国内外木偶艺术节中屡屡获奖。

木偶戏（五华提线木偶）
申报地区或单位：广东省梅州市

广东梅州市五华县的提线木偶戏于明朝初年由福建传入。其木偶制作精细、体形高大，木偶脸谱与剧本人物性格吻合，木偶造型生动逼真。

近年来，五华木偶戏在表演艺术技巧方面

创新了不少高难度绝技，如舞狮、拉二胡、吹唢呐、耍扇、拔剑、射箭、翻筋斗、喷火、书法等。李新贤于2000年开创的木偶书法表演被誉为"天下一绝"：小小木偶迈着轻盈的步伐走上舞台，款款向观众点头致意，然后走近书写台，举手、握笔、蘸墨、运笔，遒劲有力的书法便跃然于纸上。更让人吃惊的是木偶书法表演的书写速度和效果几乎与常人无异，精湛技艺堪称一绝。

五华木偶剧团自成立以来，排练了一百多部剧目，每年演出数百场，足迹遍及海内外。《水漫金山》《化子进城》《庆丰收》《大闹天宫》《木偶书法》等剧目已被录成影视剧或纪录片。

木偶戏（文昌公仔戏）
申报地区或单位：海南省文昌市

文昌公仔戏，是具有海南地方特色的戏曲表演艺术品种之一。因它的产生比海南大戏曲剧种——琼剧还要早，故琼剧艺人称公仔戏艺人为"师兄"。

海南在元代已出现手托木头班。手托木头班俗称公仔戏。公仔戏的公仔（木偶），头部用木头雕刻而成，上半身由藤竹编织成肩膀，下半身用袍裙遮掩，再以靴、鞋代脚，两手用木刻，偶身插以木棍或藤条，以便操纵。演出舞台阔一丈左右，用布幔围遮，台挂幕布，导演在幕后一边唱戏，一边操纵偶像在幕前表演。偶像有生、旦、净、末、丑、佛祖、女娲、海龙王、圣母、雷公、雷婆、老虎、仙女等二十多种。偶像表演程式有手势摆动、拱手作揖、跺脚、拂袖、跪马、射箭、玩扇花、罢牛耳、打虎架、滚翻、眼睛转动、嘴巴张合、双手抓拿等十多种，根据剧情的需要灵活运用。常用的唱腔有中板、高腔、程途、小曲等三十多种。常用演出剧本有《罗卜挑经》《三江考才》《张文秀》《搜书院》等五百多个。

木偶戏（三江公仔戏）
申报地区或单位：海南省海口市

三江公仔戏的家当，就是几条长板凳铺上木板就成了台底，有时候连台底都不用，操纵者直接站在地面上表演。布景一般能遮住操纵者，操纵者站在幕后用手托高木偶来表演，观众只会看到木偶的表演。

三江公仔戏的公仔制作、角色以及表演程式均与文昌公仔戏相似。三江公仔戏早期，一般只演武打的"科白戏"，只有念白，没有唱腔，一般是用锣和鼓伴奏。后来吸收了其他剧种的腔调和本地民歌的曲调，开始有了自己的唱腔，在清朝康熙年间，公仔戏已经形成了"板腔为主，并有少量曲牌"的唱腔体系。

演出的剧目除了外地传入的杂剧、传奇剧目外，还有本地艺人根据传说和本地故事改编而成的戏目。据不完全统计，公仔戏继承传统剧目大概有《罗卜挑经》《三江考才》《张文秀》《搜书院》等五百多个，新剧目有一百多个。根据其表演形式和内容可以分为三大类，就是武戏、文戏和现代戏。

木偶戏（海派木偶戏）
申报地区或单位：上海木偶剧团

上海在清末民初就有木偶剧演出的文字记载。20世纪初，以传统戏曲为主的提线木偶戏和布袋木偶戏来到上海；20年代末30年代初，左翼文化人运用了现代的创作理念，将改编的外国儿童文学作品首次搬上了中国木偶舞台，以至于从内容到形式，从创作机制到服务对象都有了质的变化，为"海派木偶戏"风格的形成乃至今后的发展奠定了坚实的基础。

20世纪50年代，来自江浙地区的三个杖头木偶剧团和五个提线木偶剧团繁荣了上海的木偶戏舞台。其中江苏泰兴的红星木偶京剧团，其前身为清末年间的一个杖头木偶戏班，1953年更名为上海红星木偶京剧团，它以精良的艺术立足上海，1960年上海市文化局在其基础上正式组建了上海木偶皮影剧团，1964年更名为上海木偶剧团。

上海木偶剧团创造出许多新的木偶品种，如横挑木偶、布料铁枝木偶、海派特技杖头木偶、折纸杖头木偶、杖头橡胶木偶、绒线木偶、线条木偶、人形木偶、巨型木偶等，并且以独树一帜的舞台表演风格，创作出了一大批剧目。其中《高大的伊万》一剧中的人和木偶首次并存在木偶舞台上，代表剧作还有《小八路》《孙悟空三打白骨精》《红宝石》《迷人的雪顿节》《春的畅想》《卖火柴的小女孩》《哪吒神遇钛星人》《蛤蟆与鹅》等。

木偶戏（杖头木偶戏）
申报地区或单位：江苏省演艺集团

江苏省演艺集团木偶剧团传承了杖头木偶戏的举功、捻功、走功、头功，并不断推陈出新，创新发展了木偶作画的绝技，在业界受到了高度的关注和赞扬，并在长期的演出中形成了"形神兼备、飘逸俊秀"的艺术个性。

木偶戏（泰顺提线木偶戏）
申报地区或单位：浙江省泰顺县

泰顺木偶戏源于宋代，盛于明清。其由管弦乐为编组和演奏的乐曲，习惯称之为"文场"，以区别由锣鼓为主组成的"武场"。文场器乐曲，是剧种的重要组成部分。泰顺木偶戏文场大都来自昆曲。文场器乐曲分丝竹管弦乐曲、唢呐吹打乐曲两类。

泰顺木偶戏后台一般为4～6人，最多的可十多人。表演非常热闹，有似千军万马之力排山倒海之势，宏伟壮观。泰顺木偶戏融合了南戏音乐主要精华，成为泰顺民间音乐的主体。虽然戏剧在全国走下坡路，但泰顺民间仍然活跃着南戏的余音。泰顺木偶戏主要剧目类型有高腔、昆剧、乱弹、和调、传本、现代戏。代表性剧目有《真假牛魔王》《水漫金山》《钟馗醉酒》《平北海》《七国记》《翁家传》《双凤奇缘》《三国传》《七姑传》《隋唐演义》等。

木偶戏（廿八都木偶戏）
申报地区或单位：浙江省江山市

廿八都木偶戏系提线木偶，明代正德年间由江西传入浙江省江山市廿八都。新中国成立前，廿八都"金家班"木偶戏班就活跃在浙、闽、赣三省边境的仙霞山区，颇具影响力。

廿八都木偶戏至今仍保存有部分明、清木偶头像道具（包括木偶头像道具四十多具，十二生肖等动物道具十多具），还有较多传统木偶的手抄剧本（包括古传手抄剧本一百多本）。廿八都木偶戏除了有十多种提线技艺外，音乐上，它以锣鼓助节，一人干唱，众人帮腔，有时以唢呐伴奏，使其高昂激越的唱腔中更显婉转流利；唱腔以江西赣剧为主要唱腔，保留了部分古老弋阳高腔的唱腔特点，也有乱弹腔和江西化了的昆曲特色。生、旦、净、末、丑行当齐全。

其经常演出的剧目有连台戏12本、正本戏43剧和折子戏33出。主要剧目有《扫北》《征东传》《征西传》《反唐》《西游》《万花楼》《盘九龙》《赐金剑》《碧桃庵》《火焰山》《五鼠闹东京》等。

木偶戏（广东木偶戏）
申报地区或单位：广东省木偶艺术剧院有限公司

广东木偶戏大约在元代由福建传入潮州。明清两代，粤西的吴川、高州、化州、电白、廉江等地盛行演木偶戏，因而人们称粤西地区是广东的"木偶之乡"。

广东木偶戏的种类很多，有杖头木偶、提线木偶、铁枝木偶、布袋木偶等。各自分布在省内粤语、潮语、客家话、雷州话等方言区。

1956年广东省木偶剧团（广东省木偶艺术剧院有限公司前身）在广州创办，创作和排演了脍炙人口的传说、神话、现代木偶剧与寓言、成语、课本木偶剧以及人偶童话剧三百多个，并多次在国内外大赛或专业汇演中获大奖。主要有《芙蓉仙子》《孙悟空三调芭蕉扇》《白雪公主》《丑小鸭》《拇指姑娘》《孙悟空大战六耳猴》《木偶奇遇记》等。

木偶戏（揭阳铁枝木偶戏）
申报地区或单位：广东省揭阳市

揭阳铁枝木偶虽形似木偶，其渊源却是民间的皮影戏，俗称"纸影戏"，是我国木偶艺术的稀有品种，系由南宋时期随中原移民传入的皮影戏演变而来。清代以后，为满足观众视觉欣赏需要，艺人们逐渐把舞台蒙上的白纸去掉，把偶像从平面改为圆身，于是"捆草为身、扎纸为手、削木为足、塑泥为头"，在当时称为"圆身纸影"。后经艺人不断实践，逐步形成偶像舞台表演。

铁枝木偶偶像由连在后面的三根铁枝操纵，保留了皮影操纵特点。剧目、表演动作、音乐唱腔与潮剧相同。表演时后台由3~4人操纵木偶，盘腿而坐，每人操纵1~2尊，后面伴唱、伴乐者9~12人。基本表演手法有推、拉、提、拨、抖等。表演过程根据人物行当和剧情需要表演飞天、入地、点火、射箭、骑马、张扇、划船、武打等动作，呈现独特的操纵技艺。

国家级代表性传承人名单

姓名	性别	申报地区或单位	入选批次
陈应鸿	男	福建省泉州市	2
陈志杰	男	福建省泉州市	2
李伯芬	男	福建省晋江市	2
庄陈华	男	福建省漳州市	2
陈锦堂	男	福建省漳州市	2
王娜	女	辽宁省锦州市	2
刘永安	男	湖南省邵阳县	2
刘永章	男	湖南省邵阳市	2
何文富	男	广东省高州市	2
曹章玲	女	广东省高州市	2
丁清波	男	广东省潮州市	2
陈培森	男	广东省潮州市	2
陈少金	女	海南省临高县	2
王春荣	男	海南省临高县	2
李泗元	男	四川省	2
饶世光	男	贵州省石阡县	2
付正华	男	贵州省石阡县	2
王红民	男	陕西省	2
肖朋芳	女	陕西省	2
周尔禄	男	浙江省泰顺县	2
林聪鹏	男	福建省泉州市	3
王建生	男	福建省泉州市	3
颜洒容	女	福建省晋江市	3
陈炎森	男	福建省漳州市	3
武兴	男	山西省孝义市	3
殷大宁	男	江苏省扬州市	3
华美霞	女	江苏省扬州市	3
卓乃金	男	浙江省平阳县	3
吴明月	男	浙江省苍南县	3
郑国芳	男	上海木偶剧团	4
季桂芳	男	浙江省泰顺县	4

目连戏

徽州目连戏、辰河目连戏、南乐目连戏

序号：231

编号：Ⅳ-87

批次：1

类别：传统戏剧

申报地区或单位：安徽省祁门县，湖南省溆浦县，河南省南乐县

目连戏，戏曲剧种之一，是保存于民俗活动中的戏曲演出，因主要扮演目连救母的故事而得名。

目连救母的故事最早载于佛家经典，最早见于东汉初由印度传入我国的《佛说盂兰盆经》。其故事主要内容大致为：傅相一生广济孤贫，斋布僧道，升天后受封。傅妻刘氏青提（又叫刘四娘）不敬神明，破戒杀牲，死后被打入阴曹地府。其子傅罗卜为救母往西天求佛超度，佛祖为他所感，准其皈依佛门，改名大目犍连，并赐其《盂兰盆经》和锡杖。目连在地狱历尽艰险，最终寻得母亲，一家团圆超升。

几百年来，经过无数艺人的锤炼，目连戏以其博大纷繁的戏剧形式、无所不包的表演手段、积淀深厚的音乐素材及情景交融、观演互动的演出排场，在民间盛演不衰，一度广泛流布于安徽、江苏、浙江、江西、湖北、湖南、四川、山西、福建、河南等地。

目连戏有"中国戏剧的活化石"之称，为中国戏剧起源、沿革及发展传承等的研究提供了极富价值的材料。但是，当前只在部分地区乡间保留目连戏，民间艺人日渐老迈。专业院团里人才流失严重，大量珍贵的文字及录音录像资料逐渐散佚、损毁，目连戏急需抢救保护。

目连戏（徽州目连戏）
申报地区或单位：安徽省祁门县

明万历年间，安徽祁门清溪人郑之珍在以往杂剧、变文及传说等的基础上撰写出《新编目连救母劝善戏文》。目连戏在祁门、休宁、石台、婺源、歙县等地广为流传。

徽州目连戏以鼓击节，锣钹伴奏，不用管弦，上寿时则用唢呐。其基本唱腔古朴，为明中叶流行于徽州一带的"徽池雅调"，即徽州腔、青阳腔，保留"滚调"特点。角色分生、旦、末、净、杂、襟，脸谱有鬼脸、标脸、花脸等。表演吸收民间武术、杂耍的一些技巧，能走索、跳圈、蹿火、蹿剑、蹬桌、滚打等，这些表演特技被巧妙地融入剧情当中，成为表演武戏的特殊招式，为后来徽班的武戏表演奠定基础。演出班社大多以宗族为单位组班，即一个班社均由同宗同族的人氏组成，外姓人不得加入。目连戏演出形式有二：一为演员直接扮演，谓之"大目连"；二为演员操木偶演唱，谓之"托目连"。

目连戏（辰河目连戏）
申报地区或单位：湖南省溆浦县

辰河目连戏是盛行于湖南西部溆浦县的民间戏曲，通常在宗教仪典"罗天大醮"和祭祖及修谱时演出。辰河高腔目连戏现流传于溆浦县及其周边辰溪、沅陵、泸溪、芷江、洪江、中方等县（市）及沅水中上游广大地域。

辰河高腔《目连传》颇具特色，全剧分为"前目连""后目连"和"花目连"，共保留高腔原型曲牌两百余支和许多打击乐曲牌子。剧情中有许多精彩绝伦的故事，表演中百戏杂陈，哑剧、曲艺、武功、杂耍、绝活等穿插接续，各尽其妙。许多大量外加的成分，还能独立成戏，被称为"花目连"（意即添姿加彩、如花艳美），再加上衍演《梁传》《香山》等剧目，便成为一个庞大的演出体系，

有"四十八本目连"之说。它在形式上具有开放性，演出时有许多演员观众共同参与的大场面，如大送鸡米、抬灵官、抬按院、放河灯等。

目连戏（南乐目连戏）
申报地区或单位：河南省南乐县

南乐目连戏是流行于河南省南乐县民间的一个口述本，就其情节和思想内容及主要人物，与唐代的目连变文一脉相承。

南乐目连戏集戏曲、舞蹈、杂技、武术于一身，有锯解、磨研、吞火、喷烟、开膛、破肚带彩特技和盘叉、滚叉、金钩挂玉瓶、玩水蛇、挖四门等舞蹈动作及金刚拳、武松采花拳、五龙出动拳诸多拳路，服装、道具、化装、表演均有独特之处。唱腔初为花鼓调，明末大平调兴起后，因其动作大、架子大、真刀真枪、雄浑豪放，适于目连戏的武打表演，故自清代改为大平调。由于深藏河南民间，至今仍保留粗犷、原始的本来面目。目连戏既可登台演出，又可扎场表演，游街时鼓乐齐鸣，三眼枪助阵以壮行色。

国家级代表性传承人名单

姓名	性别	申报地区或单位	入选批次
王长松	男	安徽省祁门县	2
叶养滋	男	安徽省祁门县	2
周建斌	男	湖南省溆浦县	2
谢香文	男	湖南省溆浦县	2
张占良	男	河南省南乐县	2
贺书各	男	河南省南乐县	2

南剧

序号：726
编号：Ⅳ-125
批次：2
类别：传统戏剧
申报地区或单位：湖北省来凤县、咸丰县

南剧，是形成和流传于湖北恩施土家族苗族自治州一带的地方剧种。"南剧"一名，一般认为是取"施南"之南，又叫"施南调"。由于该剧种常在庙台演出，又长于演连本戏，俗称"高台戏"或"人大戏"。其形成于清代乾隆、嘉庆年间，成熟于道光年间，至今已有两百多年历史。

南剧是以南路、北路、上路声腔兼昆曲、杂腔小调的多声腔剧种。南、北路声腔源于楚调，与荆河戏有直接渊源关系，其南路声腔温柔婉转，北路声腔高亢舒展；上路系弹戏、川梆子，声腔由秦腔演变而成。三大声腔同台演出，长期流传，与地方艺术、语言、民乐、土俗相融合，逐渐演变成具有本地特色的剧种。南剧舞台语言统一为中州韵与鄂西南方言相结合，伴奏音乐由弦乐、击乐两部分组成。南剧分生、旦、净、丑四大行。净角、小生、生角、老旦、摇旦（即花旦）唱本音，正旦、小旦唱边音。南剧在化装和人物造型方面具有鲜明的土家族民族特色。

南剧集土家文化、巴文化和汉文化等诸多元素于一体，具有恩施山民歌、摆手舞、小调等地方文化特色，剧目多是传奇戏和历史故事戏，传统剧目有近千个。南剧连本戏有《封神》《吴越春秋》《楚汉相争》《三国》《隋唐》等二十多部，整本戏共有南路、北路及上路声腔剧目三十多个。

南剧原是当地土司和地主阶层欣赏的艺术，后来逐渐走入百姓生活，深受当地群众喜爱。但近年来，随着社会的变迁，南剧传承和发展形势堪忧。

宁海平调

序号：153
编号：Ⅳ-9
批次：1
类别：传统戏剧
申报地区或单位：浙江省宁海县

宁海平调，是浙江的地方戏曲剧种之一，属于新昌调腔的分支，其起源于明末清初，至今已有三四百年的历史。它以浙江宁海为中心，流传于象山、黄岩、温岭、临海、仙居、天台、奉化等地。因多为宁海人组班，故又称"宁海本地班"。

宁海平调的唱腔声调高亢而婉约，一唱众帮，不用管弦而单以锣鼓衬托。其帮腔有混帮、清帮、全句帮、片段帮、一字帮等多种形式。演出中除小丑对白外，基本使用宁海方言。"耍牙"是宁海平调表演中独具的一门绝活儿，至今已有一百多年的历史。它是一种粗犷中不失细腻、野性中凸显灵动的"变口"技艺，主要分一咬、二舔、三吞、四吐等几个步骤。例如：艺人取猪的下颚骨上獠牙含在口中，以舌为主要动力，用齿、唇、气辅助表演，时而快速弹吐，时而刺进鼻孔，时而上下左右翕动，有两颗牙始终藏于口内，仍要唱、做、念、打，表现角色狮舞张狂与暴烈。耍牙看似轻松，实则是一门需要数年艰苦练习才能掌握的苦功。20世纪50年代后，耍牙在传统的基础上得到改进和提高，由原来的六颗耍发展成十颗耍。《小金钱》因其与耍牙的技艺紧密结合，而成为宁海平调中最富于特点的代表剧目。

随着社会经济的发展，生活方式的多样化，以及外来文化的冲击，社会文化生态发生了巨大变化。曾经红火的戏剧，逐渐淡出了人们的生活，宁海平调日渐式微，归于沉寂。

国家级代表性传承人名单

姓名	性别	申报地区或单位	入选批次
叶全民	男	浙江省宁海县	4

傩戏

武安傩戏、池州傩戏、侗族傩戏、沅陵辰州傩戏、德江傩堂戏

序号：233
编号：Ⅳ-89
批次：1
类别：传统戏剧
申报地区或单位：河北省武安市，安徽省池州市，湖南省新晃侗族自治县，湖南省沅陵县，贵州省德江县

扩展名录：
傩戏（万载开口傩）	江西省万载县
傩戏（仡佬族傩戏）	贵州省道真仡佬族苗族自治县
傩戏（鹤峰傩戏）	湖北省鹤峰县
傩戏（恩施傩戏）	湖北省恩施市
傩戏（任庄扇鼓傩戏）	山西省曲沃县
傩戏（德安潘公戏）	江西省德安县
傩戏（梅山傩戏）	湖南省冷水江市
傩戏（荔波布依族傩戏）	贵州省荔波县

傩戏，又称傩堂戏、端公戏，是在民间祭祀仪式基础上吸取民间戏曲而形成的一种戏曲形式，广泛流传于安徽、江西、湖北、湖南、四川、贵州、陕西、河北等省。

傩戏的角色行当分生、旦、净、丑，多数戴面具表演。面具用樟木、丁香木、白杨木等不易开裂的木头雕刻、彩绘而成。按造型可分为整脸

和半脸两种，整脸刻绘出人物戴的帽子和整个脸部，半脸则仅刻鼻子以上部分，没有嘴和下巴。

傩戏的演出剧目有《孟姜女》《庞氏女》《龙王女》《桃源洞神》《梁山土地》等，此外还有一些取材于《目连传》《三国演义》《西游记》故事的剧目。

由于历史背景和所接受的艺术影响不同，傩戏分为傩堂戏、地戏、阳戏三种。地戏是由明初"调北征南"留守在云南、贵州屯田戍边将士的后裔屯堡人为祭祀祖先而演出的一种傩戏，没有民间生活戏和才子佳人戏，所演都是反映历史故事的武打戏。而阳戏则恰恰相反，它是端公法师在做完法事后演给活人看的，故以演出反映民间生活的小戏为主，所唱腔调亦多吸收自花鼓、花灯等民间小戏。

傩戏是历史、民俗、民间宗教和原始戏剧的综合体，蕴藏着丰富的文化基因，具有重要的研究价值。各地的傩戏主要流传于乡间，随着社会的发展，娱乐活动不断丰富，愿意观看傩戏演出的人日益减少，傩戏传承困难。

傩戏（武安傩戏）
申报地区或单位：河北省武安市

河北的武安傩戏最早出现在夏商时期，距今已有3000年历史。

武安傩戏是以《捉黄鬼》为主而沿街演出的哑剧，其角色有阎罗王、判官、大鬼、二鬼、跳鬼和被捉拿的对象黄鬼。黄鬼既是洪涝、虫害、疫病等灾异的人格形象，又是人间忤逆不孝、欺负弱小等邪恶势力的代表。通过对黄鬼的极刑处置和上述一系列仪式，表现了人民群众战胜自然灾异，祈求风调雨顺、五谷丰登、人畜平安、世道安宁的美好愿望，同时对人们进行尊老爱幼等伦理道德教化。配合其演出的有队戏（包括脸戏即面具戏）、赛戏，以及花车、旱船、龙灯、狮子舞、武术、霸王鞭、秧歌等民间艺术形式。演出队伍庞大，总数不下千人。整个演出期间还有迎神、祭祀虫蝻王和冰雨龙王、送神等仪式。

武安傩戏有宋代宫廷大傩的遗风。武安傩戏演出中的特殊角色——掌竹，是我国宋金杂剧引戏人"竹竿子"在当今的遗存。

傩戏（池州傩戏）
申报地区或单位：安徽省池州市

池州傩戏，起于明代，盛于清朝，主要流传于安徽池州市贵池区的刘街、梅街、茅坦等乡镇几十个大姓家族，当地称"无傩不成村"。

池州傩戏是一种在"社"（祭祀圈或祠堂，或堂屋，或社坛，或社树下）的范围内活动、以宗族为演出单位、以请神祭祖和驱邪纳福为目的、以戴木质彩绘面具为表演特征的古老艺术形式。它既无职业班社也无专职艺人，传承靠口传心授，世代沿袭，宗族师承。每年农历正月初七至十五以及农历八月十五进行演出。其主要表现形式有傩仪、傩舞和傩戏。傩舞是正戏演出前后的舞蹈，内容多是驱灾逐疫、祈求丰收、平安吉祥的吉利语，舞时大多用锣鼓伴奏，节奏明快，动作性强，粗犷有力。池州傩戏唱腔分为高腔和傩腔两大类。

池州傩戏传统剧目有《刘文龙》《孟姜女》《章文选》等，其经典之作《舞回回》堪称唐代乐舞《醉胡腾》的翻版。

傩戏（侗族傩戏）
申报地区或单位：湖南省新晃侗族自治县

侗族傩戏，又叫咚咚推，因演出时在"咚咚""推"的锣鼓声中跳跃进行而得名，主要流传于湖南省新晃侗族自治县贡溪乡四路村天井寨。

侗族傩戏音乐多由当地山歌、民歌发展而成，常用的曲调有溜溜腔、石垠腔、吟诵腔、垒歌等。侗族傩戏有简单情节的舞蹈，演员的双脚一直是合着"锣鼓点"，踩着"三角形"，不停地跳动。所有角色全戴面具，常用的面具称为"交目"，共有三十六个。剧中各种角色戴上面具之后，头上均缠长约三米的黑色丝帕，帕两端从脑后长拖于地，表演时，头帕自双肩搭过，双手各执一端进行各种象征性的表演，如摸胡子、牵牛、骑马，乃至开肠破肚。

侗族傩戏的剧目有反映本民族生活的《跳土地》《癞子偷牛》《老汉推车》等，也有《关公捉貂蝉》《古城会》等以关公为主角的三国戏。

傩戏（沅陵辰州傩戏）
申报地区或单位：湖南省沅陵县

沅陵辰州傩戏是由湖南五溪文化区域巫师冲傩还愿的歌舞发展而成的祭祀性仪式戏剧，现存于怀化沅陵民间，是一种有着浓厚宗教色彩的地方戏剧。

沅陵辰州傩戏内容有三部分，即傩祭、傩戏、傩技。傩祭就是做法事。傩戏可分为傩堂正戏、小戏、大本戏。正戏是法师请神演变而成，表演的剧情简单；小戏已具小型戏曲特征；大本戏的戏曲变化程度较高，主要剧目有《孟姜女》《龙玉女》《七仙女》《鲍三娘》等。傩技即绝技表演，主要有上刀梯、过火槽、踩犁头等。

傩戏（德江傩堂戏）
申报地区或单位：贵州省德江县

德江傩堂戏，又称傩戏、傩坛戏，当地土家人称其为杠神，是一种佩戴面具表演的宗教祭祀戏剧，演出目的是驱邪纳吉、酬神娱人。因该戏剧主要在愿主家的堂屋内表演，故名傩堂戏。

德江傩堂戏演出程序为开坛、开洞、闭坛。开坛时要设置"香案"，挂上"三清图"和"司坛图"。演出时，演员要净手、焚化纸钱、燃放鞭炮、跪在坛前叩首礼拜，用手蘸米酒，轻弹于地，嘴里念着历代神灵、先师的名字，望其保佑，爆竹齐鸣之后，轮流喝下"敬师酒"才开始演出。演出结束，也要举行类似的仪式。开洞和闭坛为酬请神和送神，表示对祖先、神灵、先师的祈求与忠诚。傩戏是傩堂戏的主体部分，有正戏和插戏之分，共有八十多支，其中正戏十六支。除傩戏之外，一般还要进行傩技表演。

傩戏（万载开口傩）
申报地区或单位：江西省万载县

万载开口傩是当地民间驱鬼逐疫、祈福求平安的极具特色的民俗文化活动，源于元末明初。当地民众"祀杨吴将军欧阳晃"为傩神，俗称"欧阳金甲将军"。

万载开口傩传演六百余年来，形成如下基本特点：每支傩队都建有一幢稍具规模的傩庙，每个傩庙都供奉数尊欧阳金甲大将军面具，其余小面具、服装、道具等一应俱全；各傩队行傩程序规矩严谨、井然有序，历代很少变化；每年新春跳傩，各庙跳傩人员基本固定；傩神生日已成为当地的一个庆典日，旧时尤为隆重；表演不需宽敞的舞台和高额费用，且观看者可与跳傩者共舞。

开口傩的音乐以打击乐贯穿始终，其节奏强烈、粗犷。伴奏乐器颇具特色，为两面直径两尺左右的大腰锣和一面班鼓，伴唱加小锣、小钹，配合其表演动作，显得平稳流畅。角色有生、旦、净、丑，唱、念、做、打齐全。其剧目有《三国演义》《比刀》《开山》《关王下书》《关鲍大战》《小鬼戏判官》《土地》《团将》等。

傩戏（仡佬族傩戏）
申报地区或单位：贵州省道真仡佬族苗族自治县

道真傩戏文化，至迟在元、明时期即已传入境内。其大小形式，也称法事，总计一百三十余种，依法事目标不同，有大巫、小巫之分。大巫有打保福、冲傩、梓潼戏、阳戏等多种内容；小巫有和梅山、祭坛、谢土等数十种。各形式均由被称为"道士先生"的民间艺人所组成的班子执掌，并以祈福迎祥、圆满人愿、服务当世为目标。傩戏的主要角色面具有七十多种，常用打击乐十余种，蟒袍等常用服饰头饰各二十多种，口条十余种，师刀等道具五十多种，"清水柳""摇板"等唱腔三十余种。在长期的发展过程中，道真傩戏融合了佛、道文化内容，呈现多宗混合的走向。

演出时，伴以锣、鼓、钹、唢呐等乐器，佩有山王、秦童等角色面具，有歌有舞，或说或唱，庄谐并重，文武相济。演示因信众目标、坛门派别不同而异，参与者一两人至十余人不一，时间亦一两时至七天七夜不等。据初步估计，其全部演示过程，约需两月之久，记录成文，约有八百余万字。

其常演剧目有两三百种，如《跑功曹》《五岳归天》《大战洪山》《降妖造斧》《盘学》《裁缝偷布》《春兰卖酒》《湘子度妻》《平桂回窑》《双城配》《仙鹤配》等。

傩戏（鹤峰傩戏）
申报地区或单位：湖北省鹤峰县

鹤峰傩戏，也称傩愿戏，是一种以傩坛为载体、以祭仪为形式、以还愿为依托，由傩坛（戏班）法师、巫伶头戴面具扮演角色，载歌载舞，插科打诨，神俗融合的原始演剧样式，可谓祭中有戏，戏中有祭，迄今已有三百多年的历史。

一堂傩戏要经过三个阶段，即许愿、显愿、还愿。鹤峰傩戏有一套完整的祭仪，称"24戏"，亦称24堂法事，一套简约的祭仪也要八出，称为"正八出"。傩戏在人物塑造上借助面具来烘托，即木雕面具和兽皮面具。脸谱造型注重人物性格刻画，根据不同的人物选用不同的兽皮。在祭仪之间，一般在"邀罡"之后开始插演"正戏"，正戏多为大型剧目，内容自成一套，与傩仪联系紧密，内容为天、地、水、阳"四大团圆"戏。

鹤峰傩戏音乐用锣鼓间奏，称打锣板。打锣板分为法师腔、祭戏腔、正戏腔三个部分。其剧目丰富，唱词多为七字韵文，语言质朴率真。傩戏剧目有《槐荫会》《孟姜女寻夫》《拷打小红》《汉五关》《请家庆》《花子盘学》等。

傩戏（恩施傩戏）
申报地区或单位：湖北省恩施市

恩施傩戏的内容包括迎神、祈福、除邪、纳祥。在恩施，傩戏除了一般民间祭祀活动外，大多参与喜庆活动。恩施傩戏中的分支曲目"耍耍"十分有名，与东北的"二人转"相似。恩施傩戏用本地方言演唱，唱腔各异，跌宕起伏。多数傩戏只使用锣、鼓、钹等打击乐器。道白诙谐圆滑，动作粗犷豪放。傩戏的角色行当与京剧相差不大，也分为生、旦、净、丑，多数戴面具表演。面具用樟木、丁香木、白杨木等不易开裂的木头雕刻、彩绘而成，按造型可分为整脸和半脸两种。演员人数不拘。代表剧目有《小开山》《还阳傩》《鲍家庄》《姜女下池》《青家庄》《瞧像》《王货郎卖货》《小说媒》等。

傩戏（任庄扇鼓傩戏）
申报地区或单位：山西省曲沃县

任庄扇鼓傩戏形成于北宋。据《曲沃县志》记载，北宋许孝恭利用在汴京主管宫中仪仗、梨园教场之便，把一些年事已高的老艺人请回故里，教族人演习宫廷中的常设礼仪"傩礼"，并以本族系成员设坛祭祀，从事表演扇鼓傩戏。戏中奉请的神，除儒、释、道三教外，还有各类俗神。唐、宋时，曲沃凡有社的地方都设坛，设坛必献祭，献祭必演傩戏。

任庄扇鼓傩戏的表演，依《通雅》："傩神凡十二，皆使之追恶凶。"取《后汉书·礼仪志》十二神驱鬼之义，以十二人组成"十二神家"举行傩礼仪式。这说明至迟在东汉以前，黄河流域就有以傩礼祀神的习俗。演出分"议定""摆坛"和"祀神、收灾、献艺"三个阶段。演出人员由"十二神家"（12人）、锣鼓队（16人）、花鼓队（6人）三部分组成。传统的演出是按照清宣统元年（1909）的《扇鼓神谱》抄本中所载而进行的，只是该抄本后半部分脱落遗失，经参加1944年和1945年元宵节演出活动的"十二神家"健在者集体回忆，在演出中补充完整。传统剧目有《吹风》《打仓》《攀道》《猜谜》《采桑》《坐后土》等。

傩戏（德安潘公戏）
申报地区或单位：江西省德安县

德安潘公戏最早可追溯到唐末宋初。当地人每年正月初一至十五白天游春，晚上表演。演出内容主要是祈神保佑、驱鬼逐魔、消祸灭灾等，并杂有农事生活，亦有一定的宗教礼仪、杂技表演色彩。表演形式有请神、驱鬼、捉蛇、寻医、关公耍大刀、竖杨树桩、单双杠翻杠、倒立表演、拜天拜地等。

德安潘公戏的特点是开棚做戏，棚为布帐（幕），做戏即演员头戴傩面（鬼脸壳）表演。语言及唱歌均属当地原生态的民歌唱段，乐器仅限锣、鼓、笛三种，表演器具有木偶（装有三根支杆、二尺来长杖头），面具使用樟木雕刻的各种人头像，以油漆化妆。游春和表演都有严格的程序和各种仪式，既有人物故事、场次故事，又有歌舞，唱、念、做、打、杂技等综合性表演手段，所唱段子的音韵都是傩歌《柳七娘子游春》音韵的主旋律。

傩戏（梅山傩戏）
申报地区或单位：湖南省冷水江市

梅山傩戏，是流传于湖南古梅山地区的原始演剧形式，至今在冷水江市仍有九个乡镇的二十余个傩坛二百多名艺人频繁演出傩戏。现存《搬开山》《搬六娘》《搬架桥》《搬锯匠》等十余个剧目，唱腔为民间小调，现存面具有开山、郎君、判官、土地公、土地婆、歪嘴和尚等九个种类，供奉的神祇有东山圣公、南山小妹、梅山神等。梅山傩戏地处湘中，记录了千年来湘中的历史、文化、艺术、宗教的演化过程。

傩戏（荔波布依族傩戏）
申报地区或单位：贵州省荔波县

荔波布依傩戏于元末明初传入境内，当时由广西河池地区思恩县（今环江县）傩戏坛祖玉氏传授至翁昂乡。翁昂最早设有9个坛门，每个坛门设阳师1人，祭师1人，表师1人，学徒20～25人。另一支由翁昂乡的江风寨何氏传授至播尧乡的布依村寨。后由于多种原因，许多傩戏唱本和道具大部分被烧毁或流失。目前，翁昂仅剩久尾和江风两个坛门的一些唱本、道具、面具、衣物保存较好之外，其他地方仅剩一两具面具遗存于民间，其表演技艺已逐步失传。

布依傩书，是布依傩戏的唱本。在布依群众中，称傩戏为"桥"。演出时间"小桥"1～3天，"大桥"3～13天。傩戏活动分为坛内祭祀和坛外戏剧。坛内由傩书先生唱念，并挂36路神像画案，代表布依族信奉的36路神仙。唱的内容包括万岁天尊圣母、花林、托生、六乔、沙罗、三界公爷、三元、师公、师傅、社王、三祖、孤独等神灵，每个神灵都有相应的一张面具。坛外戏剧也由傩书先生表演，剧目有《蒙官断案》《瑶伙计打山》《龙公卖牌》《杨家将》《朱买臣卖柴》《文龙妻等夫》《丁兰雕偶敬爷娘》《孟姜女哭长城》《梁山伯与祝英台》《汉朋妻龙女》《董萱公而忘家》《孟宗哭冬笋》《董永卖身葬父》等。

国家级代表性传承人名单

姓名	性别	申报地区或单位	入选批次
李增旺	男	河北省武安市	2
刘臣瑜	男	安徽省池州市	2
龙子明	男	湖南省新晃侗族自治县	2
李福国	男	湖南省沅陵县	2
张月福	男	贵州省德江县	2
姚家伟	男	安徽省池州市	2
龙开春	男	湖南省新晃侗族自治县	2
安永柏	男	贵州省德江县	2
蒋品三	男	湖北省恩施市	3
桂训锦	男	江西省德安县	4
苏立文	男	湖南省冷水江市	4

瓯剧

序号：707

编号：Ⅳ-106

批次：2

类别：传统戏剧

申报地区或单位：浙江省温州市

瓯剧，是浙江省地方戏曲剧种之一，它以"书面温话"作为舞台语言，故称"温州乱弹"，大约形成于清代初年。因温州地处瓯江下游，古称"东瓯"，1959年定名为瓯剧。主要在浙江温州各县及丽水、台州部分地区流传，并远播闽北及赣东北一带。

瓯剧是多声腔剧种，明末清初以唱高腔和昆曲为主，后乱弹腔盛行，班社均兼唱"高""昆""乱"，继而又兼唱部分徽戏、滩簧和时调。现代瓯剧以唱乱弹腔为主，兼唱他腔。瓯剧的乱弹，分为正乱弹和反乱弹两种，均为板式变化体结构。定调正、反相差五度，各有原板、叠板、紧板、流水和起板、抽板、煞板等变化，并有"洛梆子""二汉"等其他曲调。乱弹腔曲调华彩，优美动听，由于用中原音韵结合温州方言演唱，唱腔极具地方特色。瓯剧的广场曲牌有丝竹曲和唢呐曲两种。多能伴以各种锣鼓，富有地方色彩。其中什锦头通、西皮头通、一封书，为瓯剧著名的"三大头通"。瓯剧的表演，唱做并重，以做功见长。如小生可分穷生戏、风雅戏、花戏、箭袍戏、雌雄戏、童生戏、胡子戏。

欧剧剧目基本来自南戏、元明杂剧及明清传奇。其中正宗传统大戏八十四本，较有影响的传统剧目有《高机与吴三春》《阳河摘印》以及现代戏《东海小哨兵》等。

近年来，随着社会的变迁、大众传媒方式的改变、市场经济对传统文化艺术的冲击等原因，瓯剧面临着传承和发展危机。

国家级代表性传承人名单

姓名	性别	申报地区或单位	入选批次
陈茶花	女	浙江省温州市	3
李子敏	男	浙江省温州市	3

皮影戏

唐山皮影戏、冀南皮影戏、孝义皮影戏、复州皮影戏、海宁皮影戏、江汉平原皮影戏、陆丰皮影戏、华县皮影戏、华阴老腔、阿宫腔、弦板腔、环县道情皮影戏、凌源皮影戏

序号：235
编号：Ⅳ-91
批次：1
类别：传统戏剧

申报地区或单位：河北省唐山市、邯郸市，山西省孝义市，辽宁省瓦房店市，浙江省海宁市，湖北省潜江市，广东省汕尾市，陕西省渭南市、华阴市、富平县、乾县，甘肃省环县，辽宁省凌源市

扩展名录：

皮影戏（北京皮影戏）	北京市宣武区
皮影戏（河间皮影戏）	河北省河间市
皮影戏（岫岩皮影戏）	辽宁省鞍山市
皮影戏（盖州皮影戏）	辽宁省盖州市
皮影戏（望奎县皮影戏）	黑龙江省望奎县
皮影戏（泰山皮影戏）	山东省泰安市
皮影戏（济南皮影戏）	山东省济南市
皮影戏（定陶皮影戏）	山东省定陶县
皮影戏（罗山皮影戏）	河南省罗山县
皮影戏（湖南皮影戏）	湖南省木偶皮影艺术剧院、衡山县
皮影戏（四川皮影戏）	四川省阆中市、南部县
皮影戏（河湟皮影戏）	青海省
皮影戏（昌黎皮影戏）	河北省昌黎县
皮影戏（巴林左旗皮影戏）	内蒙古自治区巴林左旗
皮影戏（龙江皮影戏）	黑龙江省哈尔滨市
皮影戏（桐柏皮影戏）	河南省桐柏县
皮影戏（云梦皮影戏）	湖北省云梦县
皮影戏（腾冲皮影戏）	云南省腾冲县

皮影戏，旧称影子戏或灯影戏，是一种用灯光照射兽皮或纸板做成的人物剪影以表演故事的民间戏剧。表演时，艺人们在白色幕布后面，一边操纵影人，一边用当地流行的曲调唱述故事，同时配以打击乐器和弦乐，有浓厚的乡土气息。其流行范围极为广泛，并因各地所演的声腔不同而形成多种多样的皮影戏。

当前，各地皮影戏的现状不容乐观，制作和表演艺人呈高龄化，观众急剧减少、演出市场萎缩，而且传统的皮影戏自身也存在一定局限性，皮影制作难度大、技术要求好、耗时长，难以批量生产，剧目也以传统故事为主，无法吸引年轻人，这些都是皮影戏发展需要解决的困境。

皮影戏（唐山皮影戏）
申报地区或单位：河北省唐山市

唐山皮影戏初创于明代末期，是中国皮影戏中影响最大的种类之一。

唐山皮影戏的主要操纵演员有两个人，即

"上线"和"下线"，支配影人动作的杆子有三根。唐山皮影戏演出通常有拿、贴、打、拉、唱五种分工，有"七忙八闲"之说。唐山皮影戏以乐亭方言为基础，音乐为板腔体，其基本板式有大板、二性板、三性板、散板以及平唱、花腔等各种腔调。其常用格律种类很多，唱词以对偶的上下句为其结构的基本单位，每段唱词一般都是由若干对声韵相同的上下句组成。唐山皮影戏的剧本又称"影卷"，现存至少五百多部，传统剧目有《五锋会》《二度梅》《青云剑》等。

皮影戏（冀南皮影戏）
申报地区或单位：河北省邯郸市

冀南皮影戏主要流传于河北邯郸多个县区，是宋代中原皮影戏重要的嫡脉。

冀南皮影戏剧目丰富，对白幽默风趣，通俗易懂，演唱没有文本，主要靠口传心授。皮影造型古朴，体制简练，雕绘结合，体现着我国皮影戏的早期风貌。冀南皮影戏的道具主要有皮影造型、表演幕窗、伴奏乐器。乐队配有板胡、二胡、闷笛、三弦、唢呐、笙等乐器，现在又配上了电子琴。武场配有板鼓、战鼓、大鼓、大锣、小锣、大镲、小镲、马号、梆子等。冀南皮影戏班社依然保持着传统的习俗，基本上体现了原生态皮影戏的表演形式。

皮影戏（孝义皮影戏）
申报地区或单位：山西省孝义市

孝义皮影戏起于战国，孝义是我国最早的皮影发源地之一。孝义皮影造型粗犷，简练夸张，线条遒劲有力，极富韵味。在明代之前皮影以羊皮为雕刻材料，体高58～60厘米，俗称"二尺影"。到清代，皮影体高缩至42～48厘米，俗称"五尺影"，三岁牛皮为雕刻上等材料。孝义皮影以麻纸糊窗作屏幕，凭借悬吊在纸窗后的麻油灯亮影。纸窗糊制有严格的裁纸、毛边、对口、粘贴、平整等五道工序，其窗平整无皱雪白无瑕。皮腔是皮影戏的曲调，皮腔音乐以唢呐为主要伴奏乐器。孝义皮影剧目丰富，现收藏有二百余本。

皮影戏（复州皮影戏）
申报地区或单位：辽宁省瓦房店市

复州皮影戏是在明朝万历年间由陕西来东北戍边的士兵传来的。到清朝嘉庆年间，河北一带"白莲教"盛行，有的皮影艺人也参加"白莲教"，被清政府诬为"悬灯匪"，并下令禁演皮影戏。河北滦州皮影艺人被迫大量流入东北并进入辽南。复州皮影戏就是在这种背景下产生和发展的。

早期皮影班演出时都是"流口影"，演唱时没有剧本（即影卷），唱词都是师傅口传下来的，因此在演唱和表演上难免粗糙、随意，但唱词通俗易懂，富有浓郁的生活气息。后来，皮影艺人学习外地艺人按"影卷"演唱，皮影艺术才有了新的发展和提高。经常演出的节目有《万宝阵》《群仙阵》《樊梨花征西》《界牌关》《锁阳关》《木阳关》《铁丘坟》《五女兴唐传》等。

皮影戏（海宁皮影戏）
申报地区或单位：浙江省海宁市

海宁皮影戏于南宋时期传入当地，是保留着南宋风格的古典剧种之一。

海宁皮影的人像用羊皮或牛皮为材料，主要特点是少雕镂、重彩绘、单线平涂，脸形圆活、单眼侧面、少夸张、近实像、富"人情"味；

整体以单手、并足（侧身）为主。海宁皮影戏音乐以弋阳腔和海盐腔两大声腔为基调，曲调高亢、激昂，婉转幽雅，以笛子、唢呐、二胡等江南丝竹相配，节奏明快悠扬，极富水乡韵味。其唱词和道白使用海宁方言，是民间婚嫁、寿庆、祈神等场合的常演节目。

统剧目有四大连戏：《高文举连》《祝英台连》《秦雪梅连》《吕碧英连》；另外还有《三十六变》《桃花过渡》《张碧英》《珍珠记》《杜十娘》《波月洞》《李彦荣认妻》等剧目；新中国成立后编排了《红军桥》《集体有余》等现代题材的节目。

皮影戏（江汉平原皮影戏）
申报地区或单位：湖北省潜江市

江汉平原皮影戏以湖北省中南部的潜江、天门、沔阳（今仙桃市）一带为流传的核心地区。

江汉平原皮影戏的雕镂（造型）艺术、唱腔艺术和口头文字艺术是其显著艺术特征的主要表现。其雕镂艺术，源于潜江的"汤格"和"郭格"，以图案精细、圆润舒展、人物造型逼真生动、影大见长。其唱腔以歌腔、渔鼓腔为主。江汉平原皮影戏演唱的剧目繁多，有三百多部，但其"剧本"上只有剧目的条文，在表演时全靠艺人根据历史故事展开情节和刻画人物，唱、做、念、打浑然一体。

皮影戏（陆丰皮影戏）
申报地区或单位：广东省汕尾市

陆丰皮影戏于南宋末期由闽南移民带到现在的海陆丰地区，是我国南路影戏硕果仅存的一支。

陆丰皮影戏的唱腔称白字曲，拉腔唱"啊咿嗳"。以福佬方言（闽南语系）道白、演唱，唱腔结构为曲牌连缀体，常常运用滚唱、滚白。曲牌有四朝元、下山虎、驻云飞、锁南枝、红纳袄等。唱腔还辅以正字曲和民歌。表演者边唱边操作，把多个角色的不同性格表演出来。剧目不同，表演亦异，有的以唱腔取胜，做功细腻；有的表演粗犷、夸张，擅于变幻。其著名的传

皮影戏（华县皮影戏）
申报地区或单位：陕西省渭南市

陕西皮影有四大流派：东路的碗碗腔皮影，南路的道情皮影，西路的弦板腔皮影，北路的阿宫腔皮影。华县皮影戏是陕西东路皮影的代表，又名华县碗碗腔皮影戏，形成于清代初叶，主要流传于关中东府渭南二华、大荔一带。

清代乾隆、嘉庆年间，戏剧家李芳桂等为碗碗腔皮影著有《十大本》等传统剧目，并被其他剧种移植、改编搬上舞台，久演不衰。华县皮影戏具有以下几大特点：皮影一般由牛皮刻成，皮质优，雕工精细，造型逼真，含义深刻，个个堪称艺术精品；唱腔选用碗碗腔，其腔调分花音、平音、哭音，一般情绪用平音，表现高兴时用花音，表现激昂时用哭音，生旦净丑各种角色，全由一人包唱，非绝等深厚的演唱功底者所不能为；一个剧团一般仅有五人，除演唱和对白之外，还有挑线、二弦、板胡、月琴、碗、锣、鼓、镲、梆、唢呐、号等二十多件乐器，每个人都要充当四个以上的角色，因此表演者个个都身怀绝技。

皮影戏（华阴老腔）
申报地区或单位：陕西省华阴市

华阴老腔是明末清初时在当地民间说书艺术的基础之上发展形成的一种皮影戏曲剧种。长期以来，华阴老腔成为华阴县泉店村张家户

族只传本姓本族、不传外人的家族戏。其声腔具有磅礴豪迈、刚直高亢的气魄；落音又引进渭水船工号子曲调，采用一人唱众人帮和的拖腔；伴奏音乐不用唢呐，独设檀板的拍板节奏。这些构成了该剧种的独特风格。

皮影戏（阿宫腔）
申报地区或单位：陕西省富平县

阿宫腔在陕西关中中北部地区皮影戏中独具特色。其唱腔旋律清悠秀婉、不沉不躁；行腔中的"翻高""低遏""一唱三遏"独具风格。阿宫腔音乐擅长刻画、抒发人物复杂的内心活动，如《白蛇传》借伞中许仙与白素贞对唱婉转情切、缠绵悱恻，《王魁负义》中焦桂英唱段的凄楚哀怨、热耳酸心，《杜鹃山》中雷刚哭大江则高亢激越、荡气回肠。

皮影戏（弦板腔）
申报地区或单位：陕西省乾县

弦板腔皮影戏形成于清代初年，流传于关中乾县、兴平、礼泉、咸阳等地。弦板腔，又称板板腔，因主要伴奏乐器"二弦子"和敲击乐器"板子"而取名。弦板腔皮影戏最早为一人左手摇二板子、右手掌蚱板子的说唱形式，到了清代中叶，艺人们加上了自制的土三弦和土二弦等弦乐伴奏，开始形成了以弦子调为主的正板调，并相继延伸出慢板、二六等曲调。清代道光、咸丰年间，礼泉的王秀凯，又以正板为基础，创造出大开板等多种唱调，乐器又加进了二胡，采用二板子配二弦和三弦的伴奏形式，形成了浑厚、清脆、明快的声腔特色，奠定了弦板腔音乐的基本格局。新中国成立后，乾县、兴平、礼泉等地的弦板戏登上舞台，形成了皮影与舞台演出相兼的演出形式，长期流传于民间。

皮影戏（环县道情皮影戏）
申报地区或单位：甘肃省环县

甘肃省庆阳市的环县道情皮影是道情与皮影艺术相结合的产物，历史悠久。至今传唱的一百八十余部剧目中，还保留着"图""卷"等古老文化符号。其价值主要体现在优美独特的道情音乐唱腔和精湛的皮影制作及表演上。道情皮影因吸纳了道教音乐的旋律和曲调而更显婉转悠扬。道情音乐为徵调式，分为"伤音""花音"，以坦板、飞板两种速度演唱，曲牌体与板式体并存。其伴奏乐器中的四弦、渔鼓、甩梆子、简板均为自制，音色独特。戏班演出时，前台一人挑杆表演，并承担所有角色的坐唱念白，后台四五人伴奏并"嘛簧"，一唱众和，粗犷高亢。

皮影戏（凌源皮影戏）
申报地区或单位：辽宁省凌源市

凌源皮影戏是中国北方皮影戏的一个重要支脉，由河北省唐山传入，距今已有三百多年的历史，其雕刻艺术、唱腔、演唱方法与唐山皮影较为接近。

凌源皮影戏的影人经由选皮、泡皮、镂皮、晾皮、择皮、勾图、雕镂、浆洗、晾晒、平压、染色、上亮油和组装等十几道工序制成，具有造型古朴、色彩艳丽、线条流畅、雕刻精美、玲珑剔透的特点。

凌源皮影戏的唱腔广泛吸收了民间音乐、民间小调、叫卖调、哭丧调、民歌的旋律，又借鉴了其他剧种的声腔音乐，最终形成乡土气息浓郁的板腔体声腔音乐。尤其是男演员掐嗓演唱的发声方法独具特色，其声音高亢洪亮，音域宽广，富有极强的表现力。皮影艺人都有自己的看家绝活儿，有的擅拿"长靠"（武生角色的一种，穿厚底靴），有的擅拿"短打"（武生角色的一种，穿薄底靴），有的"换茬子"敏捷迅速。

皮影戏（北京皮影戏）
申报地区或单位：北京市宣武区

北京的皮影戏分为东、西两派，东派已消亡，现存的西派形成于明代正德年间。

北京西派皮影艺术的传承人是路家人。清末民初，路景达五兄弟在天桥市场长期上演具有西派特色的皮影戏。从"德顺影戏班"时期到新中国成立后，以路景达为代表的一代，囊括了编、唱、耍、弹奏、设计、雕镂这些皮影艺术的种种技艺。天桥西派皮影戏的声腔和唱腔有自身的特色，传承中受陕西"碗碗腔"及河北的"合合腔"影响，又吸收了昆曲、京剧、曲艺等剧种的精华，形成了北京西派皮影唱腔高亢与委婉相结合的艺术特点。在皮影人物的造型设计中，更加突出了人物的情感和神态的塑造，注重人物角色与着装的统一，衣饰冠戴的合理性。路景达先生开创性地将京剧脸谱融进他的作品之中，使北京皮影造型更具独特的艺术风格。

新中国成立后，北京宣武皮影木偶剧团成立。1967年剧团被解散。1979年，恢复剧团，团址设在宣武门外香炉营四条，更名北京皮影剧团。

皮影戏（河间皮影戏）
申报地区或单位：河北省河间市

河间皮影戏是冀中皮影戏的重要代表。冀中皮影戏是我国西部皮影戏在华北平原的流传，相传为明代时由甘肃、陕西迁民带过来的，民间艺人称之为"兰州影"，主要流传于河北的保定、沧州、廊坊、石家庄一带。目前，冀中皮影戏在保定、廊坊等地基本消失，而在河间还有着比较完整的保存。

河间皮影戏的唱腔叫"老虎调"，唱腔风格粗犷、奔放、朴实，与当地语言结合紧密。其板式运用的是安板、手锣稳、一鼓开，唱腔上又分平调、声调、琴调、大悲调、小悲调、疙瘩调。乐队分文武场，文场伴奏是板胡、二胡、笙、笛等，武场是板鼓、阴阳板、锣、镲。

河间皮影戏按照地理位置大致可分为东支（景和镇）、西支（九吉乡）两个支系，保留着丰富的口传剧目。东支王庄村演出的传统剧目有《拿蛛蛛》《混元盒》《五鼠闹东京》，西支卢村演出的传统剧目有《四大名山》《白蛇传》《绣花灯》《丝鸾带》等。民间虽有少量演出剧本，但主要靠口授心记，演出时不看剧本。

皮影戏（岫岩皮影戏）
申报地区或单位：辽宁省鞍山市

岫岩皮影戏始于明末清初，距今已有三百多年历史。

岫岩皮影的音乐、唱腔特别丰富，有三赶七、硬唱、七言句子、五字锦、十字锦、答拉嘴组成唱词类别，有大慢板、慢板、流水、快流水、快板五个板式。弦挂具有鲜明的特点，不仅影味浓纯，而且富有强烈的感情色彩。岫岩皮影演唱中旦角、青衣保留了男演员演唱的风格。

目前岫岩皮影有近百部传统剧目，二十余部现代剧目。新中国成立初期，全县有十九箱六十多部影目，传统影目有《四平山》《五凤山》《西游记》《万宝阵》《凌花镜》《破洪州》等。1950年后出现新编历史故事《黄巢》，并创作现代影目《参军光荣》《识字好》《送公粮》《刘胡兰》《中朝两国》等二十余部。

皮影戏（盖州皮影戏）
申报地区或单位：辽宁省盖州市

盖州皮影戏，又称辽南皮影，源于明代万历年间，长期流传于辽南地区，并远播吉林、黑龙江一带。盖州影人以刮薄透明的驴皮为原料进行雕刻，涂以矿物色，制作精细，人物造型优美独特。场景、唱腔别具特色，音乐唱腔主要分为影调、外调、杂牌三种，在创作上采用地方口语化，念白多为乡音俚语，唱词格式风格独特，有着自己的独特词牌，具有明显的辽南民歌风味。伴奏乐队文、武场齐全。其中盖州何屯的张洪书首创用梧桐四胡为影戏伴奏，为国内皮影乐器所独有。

皮影戏（望奎县皮影戏）
申报地区或单位：黑龙江省望奎县

望奎的皮影戏可追溯到清代光绪年间，当时河北皮影艺人到此落脚卖艺，从此皮影戏在当地延续发展。

望奎皮影戏的影调属"边外"东北影腔，将河北影调与当地影调进行融合，创造出独具望奎特色的"两合水"影调。以七字赋、三项七、五字紧等为基本影调，各有慢板、二六板及数着唱、重叠唱等板式变化。在演奏上，弦挂极具特点，弦挂是皮影戏演唱的前奏，其大体上可以分为苦支挂、乐支挂、思想支挂三种。在表演上，拿影技法纯熟，影人上场讲究套路，场景道具摆设讲究主次。特别是对影人的表现，吸收了戏曲程式化表演方式，按剧情表现人物，注重展现戏剧的矛盾冲突。望奎皮影戏传统影卷大都以公案、剑侠、征战、市井民俗、寓言故事等为题材。代表性剧目有《五峰会》《双失婚》《岳飞传》《杨家将》《秃尾巴老李》《三请樊梨花》《红月娥做梦》等。

皮影戏（泰山皮影戏）
申报地区或单位：山东省泰安市

泰山皮影戏是山东皮影戏的嫡脉流传和重要代表。泰山皮影戏的基本特点有：在题材上，许多剧目取材于泰山文化传说，如"泰山石敢当系列"《石敢当大战荆葛王》《石敢当龙角山除狼》《石敢当战独角》等；在表演上以人少而著称，所谓泰山皮影戏"十不闲"，即演员调动全身所有器官，表演、操纵、伴奏、演唱、道白均由一个人完成；在皮影制作上，刀法简练明快，着色对比强烈，人物形象造型多借鉴泰山民间剪纸和传统戏曲脸谱；在唱腔上，以山东大鼓为主，刚中有柔，具有杂家风格。演出无剧本，完全靠演员记忆表演发挥。

皮影戏（济南皮影戏）
申报地区或单位：山东省济南市

济南皮影戏，是1917年由皮影艺人李克鳌自山东邹县带入济南，后经几代人的传承和发展，逐渐形成了具有鲜明地域特色的济南皮影戏。

济南皮影戏，影人线条粗犷，造型写意、夸张，眼大身小，银幕显像清晰，特别是彩雕人物更显生动。在皮影舞台艺术上，济南最初的皮影舞台只有二尺八寸高、三尺三寸宽，影人活动范围较小。后来银幕改为六尺高、一丈二尺宽，加强了影人的活动能力，能做到大、中、小影人相结合，近景、远景相陪衬，各色灯光相映照的美术设计，增强了演出的艺术效果。济南皮影的唱腔初为"摩调"，是一种和尚念经调，旋律呆板、单调。后来又吸收了西河调、山东琴书、河南坠子中的部分唱腔，以及京剧中的"四喜头"鼓点，加深了艺术感染力。

皮影戏（定陶皮影戏）
申报地区或单位：山东省定陶县

定陶皮影，起源于清朝末期张湾镇后冯村，相对于山东其他地方皮影的近乎说唱艺术而言，定陶皮影则近乎地方戏曲，在山东皮影艺术中可谓独树一帜。定陶皮影的影人用牛皮制作，形制巨大，高一尺有余，风格质朴粗犷，色泽古拙，刻工劲健，很接近鲁西南的剪纸风味。定陶皮影广泛吸收鲁西南地方戏和民歌曲调的风格，韵味独特，悠扬婉转，语气诙谐，故事生动。乐队以板胡为主奏乐器，文武场齐全。武打场面紧锣密鼓，影人枪来剑往，上下翻腾。文场的音乐与唱腔更是音韵缭绕、优美动听。常演剧目有《封神演义》《西游记》《杨家将》等。

皮影戏（罗山皮影戏）
申报地区或单位：河南省罗山县

罗山皮影源自河北滦州，从明代嘉靖年间开始在河南信阳市罗山县繁衍生长。

罗山皮影的演出班社俗称"一担箱"，一般由8个人组成，全箱道具为120套剪影，一块长2米、宽1米的白布作影幕，每个影人由3根竹竿支撑。表演时，乐手在幕后既伴奏又配音，还要伴唱。伴奏乐器主要是胡琴、唢呐、锣鼓。最有特点的是唱腔，不局限于某种戏曲音乐，而且还有豫南的山歌、民歌、灯歌等多种形式，唱腔选择相当宽泛。其道白多于唱词，一切人物故事的起因、发展和高潮，都通过道白来表现。道白用豫南地方方言，其间很多地方或引经据典或夹以农事谚语、民间笑话、乡村俚语。罗山皮影演唱的内容十分丰富，经常唱的有49本231个剧目，很多是古典名著，如《封神演义》《三国演义》《水浒传》《岳飞传》《杨家将》等。

皮影戏（湖南皮影戏）
申报地区或单位：湖南省木偶皮影艺术剧院、衡山县

湖南省木偶皮影艺术剧院组建于1956年。湖南木偶皮影戏素以操纵稳健准确、表演细腻传神、造型精美生动、神态栩栩如生而闻名，尤其是皮影的童话剧和寓言剧，在皮影界独树一帜。剧院建立以来，创作演出了多个优秀剧目，如《柜与鹤》《两朋友》《三只老鼠》等。

湖南衡山皮影戏大约出现在清代顺治年间。据说是衡山福田铺乡农民彭凤举从外地学艺归来，便成立专事皮影戏的"老龙会"，由此开创了衡山皮影戏的先河。衡山皮影大多采用纸制，将七八层纸用蜂蜜做的糨糊，杂以明矾、油膏等粘在一起，晾干之后再勾描图案；根据图案不同，将彩色透明纸剪成所需形状贴于其上以给图案上色；再经过镂空、雕刻、上桐油等环节制作完成。衡山皮影基本唱腔为道情腔和四平腔，此外有昆腔、洞腔、仙佛、圣赞、小调等；唱词有五字句、七字句、十字句和十三字句。乐句一般为上下句结构，结束时加捎腔。其主要伴奏乐为打击乐，主要乐器有大锣、小锣、板鼓、小鼓、大钞，另有云板或渔鼓筒等。常演剧目有《封神榜》《东周列国》《三国演义》《草船借箭》《岳飞传》《杨家将》《琵琶进宫》《水浒传》《宝莲灯》《梁祝》。

皮影戏（四川皮影戏）
申报地区或单位：四川省阆中市、南部县

阆中皮影，主要流传于以阆中为中心的四川北部地区。影人制作材料通常为牛皮，6～10岁的嫩牛皮韧性、透明度皆佳，是上好材料。牛皮剥下后须经绷皮、发汗、擂皮、裁料、保水后，经刮、磨、洗、刻制成皮，再经雕刻、着色方可成为影人。影人造型较高，头帽相连，头身可以更换，按尺寸分为大、中、小三种，大的高约七十厘米，俗名"大门神"，中型高50～60厘米，叫"二门神"，小巧别致的高25厘米，叫"小门神"。唱腔多借用川剧声腔，杂以川北民歌小调及佛教、道教音乐等。伴奏乐器有鼓、锣、钹、胡琴、唢呐等。

在四川南部县的皮影艺术表演中，被人们称为"皮影世家"的何家班皮影最具代表性，其成立于清代道光三年（1823）。何家班的影人造型，融有古代壁画、佛像、戏曲脸谱、戏曲服装、民俗装束与剪纸等民间艺术的精髓，影人形制多以直线造型、刻工精细，以上等纸质或兽皮制成，经削、磨、洗、刻、着色等二十几道工序而成。其唱腔属于碗碗腔与川剧的融合。在演唱过程中，宣叙调与咏叹调交替使用，帮腔与唱腔互为增辉，加之以紧锣密鼓的配合，能使舞台气氛变化无穷。伴奏乐器主要是大筒筒胡琴，这种胡琴的琴杆粗而短，琴筒较大，音略带"嗡"音，新中国成立后加进了川二胡之类的弦乐器。何家班皮影所演剧目除历史、神话、传说外，还多反映现实生活剧，多为谐剧，很有地方特色。

皮影戏（河湟皮影戏）
申报地区或单位：青海省

河湟皮影戏，主要流传于以西宁为中心的青海省东部农业区。

河湟皮影戏的唱腔属于板腔体。板式唱腔大体上分为紧板、慢板、散板三类，其中紧板唱腔是基本唱腔。紧板有阴腔、阳腔两个唱腔，在整个唱腔中有主导作用。除这三类板腔外，青海道情中的道歌、三下果、阴腔、阳腔也常用于皮影戏里。河湟皮影戏剧目丰富，但无抄录的剧本，全靠师徒口耳相传。演唱的传统戏分为"大传"和"窝窝"。"大传"指连台本戏，即把四五个折子戏合成一个大戏演出，如《杨家将》《岳飞传》《西游记》等。"窝窝"指单本戏，如《渭水访贤》《满春园》《三困锁阳》等。有时还唱折子戏，如《藏舟》《岳母刺字》等。新中国成立后，艺人还编演了《妇女代表》《白毛女》《三世仇》等现代戏。

皮影戏（昌黎皮影戏）
申报地区或单位：河北省昌黎县

昌黎皮影历史悠久，产生于辽金时代，至清初基本成熟定型。昌黎皮影影人的创意造型，借鉴庙宇神像，通过扩大头部、眼部，加长上肢，形成独具昌黎民间美术特色的侧面造型和躯干的夸张结构。制作影人的原材料是净膜驴皮，经刮制、压平、阴干后，即可进行雕刻着色，着油后缝连而成。昌黎皮影的行当，既遵循戏曲艺术的行当划分，其称谓又有别于戏曲艺术，称旦为"小儿"、称小生为"生儿"、称老生为"髯儿"、称净为"大儿"、称丑为"花生儿"。演唱昌黎皮影的舞台为影窗，舞台上的人物是用驴皮刻制的影人，操纵影人的二人称上、下掌线，窗后由演员伴唱。

皮影戏（巴林左旗皮影戏）
申报地区或单位：内蒙古自治区巴林左旗

巴林左旗皮影最早于民国年间传入。巴林左旗皮影大多是东北皮影。其影人选用透明、无孔、光泽度较好的驴皮制作，细腻华美，头部的线条流畅圆润，刀法精雕细刻，眉眼刻画生动传神，尤以表现室内陈设、人物发式、服装等见长，层次分明。后来，一些艺人将唐山皮影带入当地。经过各路艺人的探索，从唱腔、行当，到吹拉弹唱，唱念做打，逐渐形成了以东北皮影曲调为基础，唐山皮影和草原民歌相融合的，具有巴林左旗演唱风格的皮影戏。巴林左旗皮影剧本的题材比较广泛，包括历史演义、民间传说、神话故事，以及反映了不同历史时期社会现实的内容等，如编演过《陈胜王》《红娘子》《爱国爱家》《夫妻识字》《刘巧儿》等剧目。

皮影戏（龙江皮影戏）
申报地区或单位：黑龙江省哈尔滨市

晚清时一些民间艺人将皮影从河北带到黑龙江。后来，这些河北皮影艺人和黑龙江当地的艺人共同将皮影戏发展创新，自成一派，称为"龙江皮影"。龙江皮影戏深受河北"乐亭影""辽宁影"等流派的影响，吸收了东北地方戏和民歌的营养，成为在中国皮影界独树一帜的皮影戏。20世纪50年代是龙江皮影戏的辉煌时期，演出场场爆满，传统剧目《猪八戒背媳妇》在东北家喻户晓。1959年国庆，哈尔滨儿童艺术剧院皮影剧团携《秃尾巴老李》应邀进京汇报演出，得到极高赞誉。龙江皮影戏的传统剧目有《鹤与龟》《三个和尚》等，新创剧目有《母子情》《老鼠送礼》《魔女巧梳妆》等。

皮影戏（桐柏皮影戏）
申报地区或单位：河南省桐柏县

桐柏皮影戏约于北宋末年由开封传入，清代中叶至民国初年最为兴盛。桐柏皮影戏属于豫南皮影戏的西路派，是目前河南省尚存最古老、最原始的一种皮影戏。其整个音乐由唱腔、唢呐起腔、打击乐曲牌三个部分组成。基本唱腔有请神调、平腔、小腔、大腔、老生调、老婆婆调、悲调、丑调等，其中悲调和老生调已基本失传。唱腔有严格的使用规则，每个角色行当有固定的唱腔，如请神调用于请神戏，平腔用于小生行，小腔用于旦行，大腔用于净行，丑调用于丑行，老婆婆调用于老旦行。乐器为吹奏乐和打击乐，没有丝弦。各行当均由男演员演唱，一人多角，所以在声音的运用上有各自不同的特点，如旦角和生角均用假嗓；老生、老旦和净角用本腔演唱，净角发音粗犷，唱腔刚劲；丑角亦用本腔间或使用假声，以表现其活泼、滑稽的性格。主唱与伴奏者在一个段落高潮时出现帮腔。

流传剧目较多，有些已经失传，现保留下来仍在演出的剧目有《杨家将》《狄青传》《五虎平西》《隋唐演义》以及《西游记》《三仙斗》等六十多个剧目。

皮影戏（云梦皮影戏）
申报地区或单位：湖北省云梦县

云梦皮影戏始于清中叶。云梦皮影轻装简从，二人一台戏。前台演唱兼操纵，后台司击乐伴奏，俗称"打锣腔""二人台"，有"戏剧轻骑"之称。皮影制作仿戏剧服饰和脸谱，用料从纸到塑料片，透雕镂空，花纹精细，色彩鲜亮。唱腔属西乡高腔，音调高昂，甩腔多用假嗓衔接，一唱众和，不用管弦乐器，只用锣鼓击乐伴奏，故又称"打锣腔"。

演唱剧目多达数百种，其表演剧目一般以长篇书目为主，如《杨家将》《岳飞传》《李自成》《包公案》《三国演义》等；此外，还有很多传统文学著作和民间故事，如《西游记》《水浒传》《天仙配》《龟与鹤》等。这些剧目大多没有文字剧本，只有简单的脚本条目，在表演时，艺人们全凭对故事梗概的掌握，即兴编唱，唱、念、做、打临场发挥。

皮影戏（腾冲皮影戏）

申报地区或单位：云南省腾冲县

腾冲皮影是大约在明朝初年由江南、湖广、四川一带屯垦边地的移民传入腾冲的。由于地域、语言的差异，腾冲皮影戏有东腔和西腔之分，东腔出自东练（洞山、勐连一带），西腔出自西练（固东、明光、瑞滇一带）。东腔以图像高大，旋律优雅，气氛庄重闻名；西腔以图像精巧，节奏明快，情绪昂扬著称。唱腔有男腔、女腔、走马腔、碱云腔、悲板等。其经常上演的戏目有《水浒》《施公案》《昭君出塞》《方世玉》《楚汉相争》《英烈传》《杨家将》《七侠五义》《封神演义（榜）》等。

国家级代表性传承人名单

姓名	性别	申报地区或单位	入选批次
丁振耀	男	河北省唐山市	2
齐永衡	男	河北省唐山市	2
傅希贤	男	河北省邯郸市	2
申国瑞	男	河北省邯郸市	2
梁全民	男	山西省孝义市	2
李世伟	男	山西省孝义市	2
宋国超	男	辽宁省瓦房店市	2
孙德深	男	辽宁省瓦房店市	2
徐二男	男	浙江省海宁市	2
汤先成	男	湖北省潜江市	2
刘年华	男	湖北省潜江市	2
蔡锦镇	男	广东省汕尾市	2
彭忠	男	广东省汕尾市	2
刘华	男	陕西省渭南市	2
魏金全	男	陕西省渭南市	2
潘京乐	男	陕西省渭南市	2
王振中	男	陕西省华阴市	2
张喜民	男	陕西省华阴市	2
李育亭	男	陕西省乾县	2
丁碧霞	女	陕西省乾县	2

续表

姓名	性别	申报地区或单位	入选批次
史呈林	男	甘肃省环县	2
高清旺	男	甘肃省环县	2
徐积山	男	辽宁省凌源市	2
刘景春	男	辽宁省凌源市	2
刘佳文	男	河北省唐山市	3
李修山	男	河北省邯郸市	3
王钱松	男	浙江省海宁市	3
张坤荣	男	浙江省海宁市	3
沈圣标	男	浙江省海宁市	3
谷宝珍	女	黑龙江省望奎县	3
范正安	男	山东省泰安市	3
李兴时	男	山东省济南市	3
陈光辉	男	河南省罗山县	3
张向东	男	河北省昌黎县	4
薛兆平	男	黑龙江省哈尔滨市	4
秦礼刚	男	湖北省云梦县	4
李桂香	女	湖南省木偶皮影艺术剧院	4
王彪	男	四川省阆中市	4
刘永周	男	云南省腾冲县	4
汪天稳	男	陕西省渭南市	4
靳生昌	男	青海省	4

评剧

序号：195

编号：Ⅳ-51

批次：1

类别：传统戏剧

申报地区或单位：天津市宝坻区，河北省滦南县，辽宁省沈阳市

扩展名录：

评剧	北京市中国评剧院
评剧	天津评剧院
评剧	河北省石家庄市

评剧
评剧　　　辽宁省沈阳市和平区
评剧　　　黑龙江省评剧院

评剧，是流传于中国北方的一个戏曲剧种，习称"蹦蹦戏"或"落子戏"，又有"平腔梆子戏""唐山落子""奉天落子""平戏""评戏"等称谓。19世纪末，河北唐山一带的贫苦农民于农闲时以唱莲花落谋生，后来逐渐出现了专业的莲花落艺人。莲花落即称"落子"，是一种长期流行在民间的说唱艺术，评剧就是在莲花落基础上发展起来的。1935年正式使用评剧的名称。

评剧唱腔还吸收东北二人转、京剧、河北梆子等冀东和京津一带地方戏曲的音乐成分，其特点为抒情性强，流畅自然，乡土味浓。唱腔为板腔体结构，由一板三眼、一板一眼、有板无眼、无板无眼四种节拍形式组成。常用的板式有慢板、反调慢板、二六板、垛板、流水板、散板、尖板等。评剧分男腔和女腔两种。男腔中创造发展出"老生腔"和"花脸腔"，女腔有众多的演唱流派。评剧伴奏乐器分为拉弹类、打击类和吹奏类三种。早期评剧只有男、女角色之分，在发展过程中逐渐有了生、旦、丑三个行当，后来又受京剧和梆子的影响，形成青衣、花旦、老旦、小生、老生、小丑等行当。

评剧的代表剧目有《王二姐思夫》《安安送米》《马思远开茶馆》《小女婿》《刘巧儿》《小二黑结婚》《秦香莲》《杜十娘》等。成兆才是评剧的创始人，也是评剧的第一位剧作家，他的代表作品《马寡妇开店》《花为媒》《杨三姐告状》等已成为评剧的经典保留剧目。

现今的评剧发展状况并不令人乐观，评剧市场持续低迷，评剧人才严重流失，都在制约着评剧艺术的传承与发展。

评剧
申报地区或单位：北京市中国评剧院

1955年1月中央文化部决定中国戏曲研究院所属的中国评剧团改建为中国评剧院，由张东川任院长、薛恩厚任副院长，由文化部直接领导。建院方针为"以演现代戏为主的国家级示范性剧院，同时上演新编历史剧和经过整理的优秀传统戏以及西方名著改编剧目"。五十多年来，剧院整理和创作了三百多出优秀现代戏及传统剧目，如《杨三姐告状》《秦香莲》《花为媒》《刘巧儿》《小女婿》《金沙江畔》《高山下的花环》《评剧皇后》《黑头与四大名旦》等，也造就了如小白玉霜、新凤霞、喜彩莲、花月仙、李忆兰、魏荣元、马泰、张德福、席宝昆、陈少舫、赵丽蓉、胡沙、贺飞、张玮、苏丹、张尧、谷文月、刘萍、李惟铨、戴月琴等几代优秀评剧艺术家。其中有二十多部剧目和八十多位演职员先后获中宣部、文化部、北京市多个奖项。

近年来，剧院坚持建院方针，继往开来，与时俱进。先后创作演出《红岩诗魂》《贫嘴张大民的幸福生活》《刘巧儿新传》《长霞》《拜月记》《马本仓当官记》《马寡妇开店》《林觉民》等优秀剧目。

评剧
申报地区或单位：天津评剧院

评剧艺术在天津有着广泛的群众基础。近百年来，天津评剧界产生了一大批评剧名作和评剧名家，使天津评剧在全国占有重要的地位，天津评剧院已成为全国著名的戏曲院团之一。该院始建于1958年，系天津文化局直属戏曲演出单位，其前身是1953年在正风剧社的基础上成立的天津市评剧团，1958年，进步剧社、民艺剧社与天津市评剧团合并成立评剧院，下设演传统戏的一团和演现代戏的二团，另有青年剧团。1966年改为天津市评剧团，1980年9月恢复院制。

天津评剧院建院四十年来共排演了不同题材、不同形式的剧目二百一十余出，在天津戏曲院团中剧目生产尚属首位。在不同时期也涌现出一些质量较高、社会反响较大的剧目。如20世纪50年代的：《牛郎织女》《海河儿女》《包公三勘蝴蝶梦》《杜十娘》《张士珍》；60年代的：《刘胡兰》《回杯记》《夫人城》；70年代的：《破雾扬帆》《祥林嫂》《花木兰》；80年代的：《双烈女》《闺女大了》《村南柳》；90年代的：《白云深处》《杀妃剑》《夫人令》《狗不理传奇》《九九艳阳天》《路在脚下》等。

评剧
申报地区或单位：河北省石家庄市

石家庄评剧院下设一团和青年团。一团始建于1947年，由原河北省评剧团、石家庄地区评剧团、石家庄市评剧团合并而成。石家庄评剧院一团主要演出流派有小喜彩莲的"喜派"，李红霞、刘淑琴的"新派"和尚丽华的流派，尚丽华被誉为无宗无派的评剧艺术家，其弟子袁淑梅曾获梅花奖。该团演出剧目有《西柏坡》《窦娥冤》《杨三姐告状》《花为媒》《红珠女》《秦香莲》《万花船》《三娘教子》《杨八姐游春》《半把剪刀》《状元与乞丐》《屠夫状元》《铡阁老》《神河口》《淀上人家》等。石家庄评剧院青年团成立于1987年，建团以来多次赴北京、天津等地演出，深受广大观众好评和戏剧界专家同行的赞许。

评剧
申报地区或单位：辽宁省沈阳市和平区

沈阳评剧以"韩、花、筱"三大艺术流派作为代表，驰名全国。早在1920年，奉天落子等大量涌进了刚建立的北方戏曲界。新中国成立初期，以大观茶园为基础，吸收各地评剧艺术骨干，组建了唐山评戏院，即是沈阳评剧院的前身。评剧表演艺术家韩少云、花淑兰、筱俊亭就是在此时先后应邀来该剧团的。沈阳评剧院成立于1959年11月，由辽宁评剧团、辽宁评剧二团、沈阳市评剧团合并组成。

为振兴评剧，多年来，沈阳评剧院不懈地努力着。每个时代都创作出经典的剧目，例如，《风流寡妇》表现的是改革开放初期，随着物质文化的提高，人们对精神生活的渴求；《疙瘩屯》描写的是农民靠科技致富；《天职》则讴歌了非典中守护人们生命的白衣天使。

评剧
申报地区或单位：黑龙江省评剧院

在评剧史上，黑龙江省曾是我国北部地区评剧发展的中心。评剧创始人成兆才先生创作的评剧代表剧目《杨三姐告状》就是1919年在黑龙江省评剧院松花江剧场（原名新舞台）由李金顺首演的。很多早期评剧艺人纷纷在黑龙江省演出后取道去俄罗斯远东地区演出，把评剧艺术传到了海外。

黑龙江省评剧院1950年12月5日成立于牡丹江市，1951年迁入哈尔滨，始称松江省文联评剧团，1953年改称黑龙江省评剧团，1990年改为黑龙江省评剧院。黑龙江省评剧院组建五十余年，共演出大、中、小剧目三百多部，代表剧目有：《花木兰》《千河万流归大海》《茶瓶计》《龙江颂》《杜鹃山》《苗岭风雷》《铁流战士》《啼笑姻缘》《夜半歌声》《贼老爷》

《血溅乌纱》《少奶奶的扇子》《谁是强者》《女伯乐》《宋庆龄和孩子们》《泪美人》《塞外悲歌》《悲天曲》等。

国家级代表性传承人名单

姓名	性别	申报地区或单位	入选批次
刘秀荣	女	河北省	2
洪 影	女	河北省	2
冯玉萍	女	辽宁省沈阳市	2
筱俊亭	女	辽宁省沈阳市	2
周 丹	女	辽宁省沈阳市	3
陈佩华	女	天津市评剧院	3
刘 萍	女	北京市中国评剧院	3
谷文月	女	北京市中国评剧院	3
张俊玲	女	河北省滦南县	4
袁淑梅	女	河北省石家庄市	4
李红霞	女	河北省石家庄市	4

屏南平讲戏

序号：716

编号：Ⅳ-115

批次：2

类别：传统戏剧

申报地区或单位：福建省屏南县

屏南平讲戏，是闽东方言区最具有影响力的地方高腔剧种，是闽剧的前身之一，起源于福建省屏南县，它用当地方言演唱，平俗如讲话，因而得名。屏南平讲戏源于明末清初时流行于闽东北民间的"驮故事"，亦称"肩头棚"，表演时，小演员化装成戏中角色，由人驮在肩上，敲锣打鼓边走边演。

屏南平讲戏唱腔中多吸收当地民歌俚曲，如柴牌、诉叠、游春调、采茶、花鼓调、花灯调，以及道腔释乐等。演唱时只用"刀鞘板"配合锣鼓打出节奏，道白歌唱皆用福州土官话，前台唱，后台帮，即"一人启口，众人接和"，唱词每句中间都有二三处穿插"唉"音叹词，尾句三字多由后台演员帮腔。其表演质朴粗犷，而且接近生活。服饰化装也很简朴，一般以印花土布缝制戏衣。小丑只在两颊画个白圆蛋，再插上两条鼻须即可上台，小生、小旦只用"厦门桃"在眉心、嘴唇和两颊上各捺一点红就上场表演。

屏南平讲戏的剧目，主要从江湖十八本发展起来，传统剧目有"三十六本头"，后期发展到五十多个剧目。常演的剧目有《双封侯》《双状元》《赠宝塔》等，此外有折子戏《楼台会》《小方卿唱道》《云头送子》等。

屏南平讲戏保存着白字弋阳高腔的艺术特色和古朴的表演风格，为高腔的研究提供了重要的参照系。2000 年以来，当地开展了屏南平讲戏的抢救挖掘工作，取得了很大成果，但总体上其发展形势依然不容乐观。

国家级代表性传承人名单

姓名	性别	申报地区或单位	入选批次
张贤读	男	福建省屏南县	3

莆仙戏

序号：147

编号：Ⅳ-3

批次：1

类别：传统戏剧

申报地区或单位：福建省莆田市

莆仙戏，是福建的地区戏曲剧种之一，旧称兴化戏，1954 年改称莆仙戏。它主要流传于福建省莆田、仙游以及闽中、闽南等地区。莆仙戏历史悠久，与唐朝盛行中原的百戏有一定的渊源，形成于两宋交替时期，距今有九百多年历史。

莆仙戏的音乐传统深厚，唱腔丰富，迄今仍保留不少宋元南戏音乐遗响。莆仙戏的声腔主要是"兴化腔"，它综合了莆仙民间歌谣俚曲、十音八乐、佛曲法曲、宋元词曲和大曲歌舞而形成，用方言演唱，有音乐曲牌一千多支，锣鼓经三百多种。莆仙戏的角色行当沿袭南戏旧规，原来只有生、旦、贴生、则旦、靓妆（净）、末、丑七个角色，俗称"七子班"，清末增加了老旦，故称"八仙子弟"。

莆仙戏表演吸收了民间歌舞百戏的特点，如舞蹈、武打、杂技、说唱等，吸收了"吴歌""楚谣"及杂剧表演，逐渐形成了既有戏剧故事，又综合了唱、念、做、打和服饰化装，在戏棚上表演的戏曲。莆仙戏演员表演基本功集中在步、手、肩三个部分，要求头、身、腰的配合，动作多种多样，如旦角的蹀步、扣手、千金坠，靓妆的挑步、摇步、鸳鸯步等，表演时生、旦动作细腻优美，靓妆、末、丑朴实粗犷。

莆仙戏曲牌有一千多首，历代俗称"大题三百六、小题七百二"。大题是腔多字少的抒情曲牌，小题是字多腔少的叙事曲牌。莆仙戏用本嗓演唱，要求用丹田之气，依字行腔、字正腔圆、声情并茂。

莆仙戏现存剧目约有五千，剧本八百，其中保留宋元南戏原貌或故事情节基本类似的剧目有八十多个。有剧本流传的有五十多个，如《目连救母》《活捉王魁》《蔡伯喈》《张洽》《刘知远》《蒋世隆》《杀狗》《琵琶记》等。

近年来，由于受到市场经济的冲击，莆仙戏剧团面临着许多困境，许多优秀艺人转行，而且服饰、脸谱及声腔等也受到外来剧种和其他艺术形式的严重同化，莆仙戏曲艺术的独特性正在逐渐削弱。

国家级代表性传承人名单

姓名	性别	申报地区或单位	入选批次
黄宝珍	男	福建省莆田市	2
朱石凤	男	福建省莆田市	2
王少媛	女	福建省莆田市	3
谢宝燊	男	福建省莆田市	4

蒲州梆子

序号：163
编号：Ⅳ-19
批次：1
类别：传统戏剧
申报地区或单位：山西省临汾市、运城市

蒲州梆子，地方戏曲剧种之一，也称蒲剧，主要流传于我国山西、甘肃、青海、陕西、河南等地。它大约形成于明代嘉靖年间，因兴起于山西南部的蒲州（今永济一带）而得名，也是晋剧、北路梆子等戏曲剧种的前身。清乾隆以来，由于蒲州与陕西相邻，所以与陕西的同州梆子相通并搭班演出。在长期的发展中，晋南的蒲剧形成了南路和西路这两派，南路的蒲剧比较文雅，而西路的则显火爆激越。

蒲州梆子的音乐音域宽广，旋律跳跃幅度大，演唱时采用真假声结合的方法，起调高，唱腔高昂，擅长表现慷慨激昂、悲壮凄楚的英雄史剧。它的音乐属板腔体，唱腔部分以板式变化为主，有花腔和杂腔两种。其板式有慢板、二性、小送板、折板、流水、间板、滚白、导板、大送板等。花腔包括十三湾、二音腔、三倒腔等；杂腔包括靠山、一串铃、娃娃、钉缸等。其角色行当分须生、老生、小生、正旦、小旦、老旦、大花脸、二花脸、三花脸等。其表演最鲜明的特点是火爆奔放，刚健大方，舒展明快。

蒲州梆子擅用特技表现人物，仅特技绝活就有三十余种，帽翅功、髯口功、翎子功、梢子功、鞭子功、椅子功、扇子功、耍纸幡、彩功等表演特技在全国享有盛名。

蒲州梆子剧目众多，已知剧目有一千四百多个，其中《窦娥冤》《薛刚反唐》《麟骨床》等影响较大。

在梆子腔剧种体系中，蒲州梆子是山西四大梆子中诞生最早的一种，它与陕西梆子之间存在渊源，是考察中国地方戏曲传承演变轨迹的活资料，对于山西地方文化研究也能发挥重要作用。在商业大潮的冲击下，蒲州梆子正陷于危机之中，观众大量流失，演员队伍青黄不接，这种局面需要尽快得到扭转。

国家级代表性传承人名单

姓名	性别	申报地区或单位	入选批次
张峰	男	山西省临汾市	2
任跟心	女	山西省临汾市	2
郭泽民	男	山西省临汾市	2
武俊英	女	山西省运城市	2
王秀兰	女	山西省运城市	2
康希圣	男	山西省运城市	4
景雪变	女	山西省运城市	4
王艺华	男	山西省运城市	4

祁剧

序号：729
编号：Ⅳ-128
批次：2
类别：传统戏剧
申报地区或单位：湖南省祁剧院、衡阳市、祁阳县

祁剧，地方戏曲剧种之一，因形成于湖南祁阳而得名，是明代中叶弋阳腔传入祁阳后与当地民间小调等艺术形式长期融合的结果。在发展过程中祁剧形成永河和宝河两派，唱白均用祁阳官话。祁剧广泛流传于湖南省的祁阳、衡阳、邵阳、零陵、郴州、怀化等地区，以及广西壮族自治区的全州、桂林、平乐、柳州和赣南、粤北、闽西一带。

祁剧有高、昆、弹三种声腔，音乐高亢、激越，演唱咬字注重单、双、空、实。乐器主要有高音战鼓、帽形燥鼓、硬弓祁胡等。为适应这种高声调，故须生用沙音，以显其苍老；小生用子音，以显其文秀；旦角用窄音，以显其秀媚；花脸用霸音或喝音，以显其粗豪。祁剧过场音乐分大小牌子两类，大牌子曲调丰富，用以渲染气氛和情绪；小牌子曲调轻快、流畅，用以表现动作和思想盛情。

祁剧表演粗犷朴实，富有山野气，其传统表演程式，对"亮相""开衫子""出手""出脚"，都有严格要求。表演动作要求"归子午"，即眼睛、鼻子、胸膛、手指、脚尖的动作目标的一致性。同时还有变脸、打叉、翎毛功、罗帽功、紫镏金冠功等不少特技与绝招。

祁剧曲牌十分丰富，传统剧目达九百多个。其中被祁剧艺人视为高腔之祖的《目连戏》，可以连演七天，从不重复。现存的传统演出本《目连正传》有124折。

近年来，古老的祁剧面临着演出市场萎缩，人才缺乏等系列问题，迫切需要对其进行抢救保护。

国家级代表性传承人名单

姓名	性别	申报地区或单位	入选批次
刘登雄	男	湖南省祁剧院	3
张少君	女	湖南省衡阳市	4

黔剧

序号：732
编号：Ⅳ-131
批次：2
类别：传统戏剧
申报地区或单位：贵州省黔剧团

黔剧，地方戏曲剧种之一，是由流传于贵州的曲艺扬琴发展起来的新兴地方剧种，又名"文琴""贵州弹词"，1960年定名为黔剧，主要流行于贵阳、毕节、遵义、安顺、黔西南等地区。

黔剧的基本唱腔是在贵州扬琴的七个常用唱腔的基础上，按板式变化体进行归类和发展，形成多系统基本唱腔格局，有扬调腔、二板腔、二黄腔这三个腔类。黔剧唱腔用贵州方言演唱，以贵阳官话及黔西话为代表，其声、韵、调都有自己的鲜明个性。它的表演是在吸收、借鉴昆剧等戏曲表演的基础上，同时受到当地各民族民间表演艺术的影响而形成的。伴奏乐器除扬琴外，还有瓮琴、月琴、小京胡、二胡、琵琶、三弦、箫、笛、怀鼓、碰铃、引磬、摔板等。

黔剧现存传统唱本四百余折，大多由古典小说和戏曲剧本改编而成，以《搬窑》《珍珠塔》《三难新郎》等为代表作。唱词以韵文为主，沿用讲唱文学的"三、三、四"和"二、二、三"两种句式。

近年来黔剧曾先后创作、改编、移植、上演了大量剧目，其中，改编侗剧传统剧目《秦娘美》、苗族历史故事剧《张秀眉》、彝族历史故事剧《奢香夫人》以及现代戏《山高水长》《血披毡》《考幺女》《把关》等，在编、导、演、音乐、舞美等方面，都达到新的水平。

秦腔

序号：160
编号：Ⅳ-16
批次：1
类别：传统戏剧
申报地区或单位：陕西省

扩展名录：
秦腔　　　　甘肃省秦剧团

秦腔，地方戏曲剧种之一，起源于古代陕西、甘肃一带的民间歌舞，因周代以来关中地区就被称为"秦"，秦腔由此而得名，它盛行于陕西、甘肃、青海、宁夏、新疆等地，又因其以枣木梆子为击节乐器，所以又叫梆子腔。明清之际，秦腔由陕西商人传入中原及华东、华中、华南一带，在清初成为全国有重大影响的戏曲剧种。

秦腔的表演朴实、粗犷、豪放，富有夸张性。秦腔唱腔为板式变化体，包括"板路"和"彩腔"两部分。每部分均有欢音、苦音两种，前者长于表现欢快喜悦情绪，后者善于抒发悲愤凄凉情感。秦腔曲牌分弦乐、唢呐、海笛、笙管、昆曲、套曲六类，主要为弦乐和唢呐曲牌。

秦腔角色体制有生、旦、净、丑四大行，各行又分多种，统称为"十三头网子"。演唱时须生、青衣、老生、老旦、花脸多角重唱，所以也叫作"唱乱弹"。秦腔的脸谱讲究庄重、大方、美观，颜色以三原色为主，间色为副，平涂为主，烘托为副，所以极少用过渡色。秦腔表演技艺十分丰富，常用的有趟马、拉架子、吐火、扑跌、扫灯花、耍火棍、枪背、顶灯、咬牙、转椅等。

秦腔传统剧目大多出自民间文人之手，题材广泛。代表剧目有《血泪仇》《一家人》《穷人恨》等。新中国成立后整理、改编的剧目有《游龟山》《游西湖》《三滴血》《赵氏孤儿》

《窦娥冤》《铡美案》《白蛇传》《法门寺》《烈火扬州》等，创作的现代戏中以《三世仇》《祝福》《西安事变》等影响较大。

秦腔历史上曾流传至中原和沿海一带，影响数十个地方剧种。但20世纪80年代以后，由于受到现代文化的巨大冲击，专业演出团体生存艰难，优秀演艺人才缺乏，秦腔传统表演技艺正面临失传的危险。

秦腔
申报地区或单位：甘肃省秦剧团

甘肃秦腔，又称"老秦腔"，清乾隆年间在甘肃境内已盛传。

甘肃秦腔唱腔高亢激越，感情饱满，变化强烈。其声腔体制的特点是：板式兼以曲牌，曲牌杂以佛曲。目前所能收集到的"老秦腔"中可供入词演唱的曲牌和佛曲就不下百首，而且皆系"甘所有陕所无"的孤品。甘肃秦腔音乐旋律，也极富"错用乡语"的特点，与当地方言四声音韵以及词曲结合。甘肃戏班的演出方式一般大都先以唱"曲子"为开场，而后再转入唱秦腔，当地观众把这种曲子、秦腔混杂演出的局面，形象地戏称为"风雪搅"。甘肃秦腔舞蹈动作多粗犷有力，变化幅度大，重功架，如趟车、对打、扑跌、翻跟斗等，突出地反映了秦地人尚武的特征。甘肃秦腔的传统剧目以表现战争和忠臣良将为多，如《封神》《列国》《三国》《杨家将》《燕青打擂》等。

国家级代表性传承人名单

姓名	性别	申报地区或单位	入选批次
吕明发	男	陕西省	3
李爱琴	女	陕西省	3
贠宗翰	男	陕西省	3
康少易	男	陕西省	3
马友仙	女	陕西省	3
余巧云	女	陕西省	3
肖玉玲	女	陕西省	3

青阳腔

序号：150

编号：Ⅳ-6

批次：1

类别：传统戏剧

申报地区或单位：安徽省青阳县，江西省湖口县

青阳腔，地方戏曲剧种之一，是明代嘉靖年间弋阳腔流入青阳地区，与当地方言及民歌小曲相结合而形成的一种地方腔调，因青阳属池州府，故又称池州调、徽池雅调，主要流传于安徽省青阳县及江西省湖口县等地。

青阳腔属南戏高腔体系，其表演高昂、刚健，一般是用锣鼓伴唱，一唱众和，杂白混唱，腔滚结合（滚调）。唱腔灵活多样，戏曲语言、唱词通俗易懂。青阳腔丑行别具一格，它保留了宋杂剧的插科打诨、滑稽调笑的遗风，同时又改变了行当结构，增添舞台趣味与活力，使丑角可主演正剧，能刻画多重复杂心理活动的人物。青阳腔表演技艺精湛，早期青阳腔演出《目连戏》中穿插了杂技表演艺术，到后来，青阳腔又不断吸收其他戏曲剧种的表演艺术，开始向戏曲化、艺术化、程式化、规范化的舞台艺术发展。青阳腔表演在旦角、生角的表演艺术上也创造了像《金锁记·斩娥》中链步、甩发、

跪步、跪步甩发、三托跳，以及《思凡》《追舟》《秋江别》《百花赠剑》《贵妃醉酒》中的水袖、扇子、云帚、翎子等各种新的表演程式和技艺。

青阳腔的剧目上起元明南戏，下到后世的各种文人传奇，数量众多，历史上曾出现过《词林一枝》《摘锦奇音》《玉谷新簧》《徽池雅调》等一批青阳腔剧目刊本，现在能收集到的青阳腔大小剧目有近百个。

20世纪80年代末以来，古老的青阳腔也陷入了危机和困境。老艺人相继辞世，后继无人，演出队伍青黄不接，剧团经济状况拮据，戏曲演出的组织大大减少，青阳腔存在失传的危险。

国家级代表性传承人名单

姓名	性别	申报地区或单位	入选批次
汪正科	男	安徽省青阳县	2
殷武焕	男	江西省湖口县	2

琼剧

序号：731

编号：Ⅳ-130

批次：2

类别：传统戏剧

申报地区或单位：海南省琼剧院、海口市

琼剧，是海南主要的民间戏曲剧种，旧称"海南戏"或"土戏"，俗称"斋"，海外侨胞称之为"琼州戏""琼音"，与粤剧、潮剧、汉剧合称为岭南四大剧种，主要以海南话为戏曲语言，因此流传地域亦仅限于海南岛及两广之间。

琼剧唱腔曲调优美，慷慨激昂，它的板腔分为程途、中板、苦叹板、腔类、专腔专用类五大类。还有一种专门操台的锣鼓谱。此外，还吸收海南道坛乐曲如芙蓉、志高、金线、金字科、灵宝科等曲调以及其他民间音乐、歌舞音乐。唱腔以中板为核心，这种唱腔由帮腔的七字板演变而成，有较大的适应性，表演喜怒哀乐的不同感情变化时都可以使用，是琼剧较为古老的唱腔。

琼剧行当角色为生、旦、净、末、丑、杂六大行当。文戏的小生大都手执白纸小扇，以示文雅、潇洒。花生鼻梁只涂小块白粉，扇子往往插于颈间，脚多于前后左右伸缩，以表轻浮放荡，表演不大讲究。生、末登帐、升堂，往往踢开袍角，叠上碎步。武戏的开功属南派，使用铁、铜武器，还掺有杂技、魔术的表演。

传统的琼剧剧目分三部分：一是文戏，如《槐荫记》《琵琶记》等八百多出；二是武戏，如《杨家将》《封神演义》等历史、神话小说戏等四百多出；三是文明戏，又称时装旗袍戏，如《空谷兰》《断肠草》等一百三十多出。

琼剧是海南人民世代发展传承的一种地方戏曲文化，但近年来，却面临着演出市场萎缩、优秀人才缺乏等诸多困境。

国家级代表性传承人名单

姓名	性别	申报地区或单位	入选批次
王英蓉	女	海南省琼剧院	3
陈育明	男	海南省海口市	3
梁家梁	男	海南省琼剧院	4

曲剧

序号：212

编号：Ⅳ-68

批次：1

类别：传统戏剧

申报地区或单位：河南省

○传统戏剧

曲剧，是河南的主要地方戏曲剧种之一，也称高台曲，流传于河南全省及其周围邻近地区。它是在当地流行的曲艺鼓子曲（洛阳曲子、南阳曲子）和踩高跷的表演形式的基础上，于20世纪20年代前后正式发展形成的。

曲剧的唱腔是采用曲牌体式，由两句、三句、四句以及各种垛子组成，有大牌子（大调）、中小杂牌（小调）和丝弦曲牌之分。曲剧音调优美，唱腔曲牌众多，如阳调、满舟月、哭皇天、莲花落、打枣杆、银纽丝、哭书韵、上流、平垛、诗篇等，具有鲜明的可塑性和可变性，不仅连接变化自由灵活，而且还不断融入板式变化腔体，以扩充音乐旋律的表现力。曲剧的主奏乐器是曲胡，另外还有三弦、唢呐、琵琶、二胡、筝、笙、月琴等。河南曲剧的表演载歌载舞，节奏鲜明，具有强烈的动感。这一特征是它从踏跷、踩唱、玩社火的演化过程中带来的天然特色。走走扭扭，追追赶赶，是它特有的表演韵律。曲剧擅长生戏、旦戏、丑角戏，擅长生活气息浓郁的"针线笸箩戏"。

曲剧的题材一般多为民间故事、家庭生活及男女恋情等。代表性剧目有《胡二姐开店》《安安送米》《小观灯》《打灶君》《李豁子离婚》《陈三两爬堂》《卷席筒》《风雪配》《寇准背靴》《下乡》《赶脚》《游乡》等。

近十几年，随着文化艺术的多元化以及电视、网络等媒体的迅速发展，河南曲剧专业艺术团体的数量急剧下降。人才的流失、剧目单一，导致了观众的减少，演出市场很不景气。

国家级代表性传承人名单

姓名	性别	申报地区或单位	入选批次
马琪	男	河南省	2
王秀玲	女	河南省	2
高桂枝	女	河南省	3

曲子戏

敦煌曲子戏、华亭曲子戏

序号：213
编号：Ⅳ-69
批次：1
类别：传统戏剧
申报地区或单位：甘肃省敦煌市、华亭县

扩展名录：
曲子戏　新疆生产建设兵团
曲子戏　甘肃省白银市

曲子戏，是流传于中国西北五省区的民间小戏。它源于明清时期的汉族民间俗曲，清末民初在各地形成具有不同风格的地方小戏，如敦煌曲子戏、华亭曲子戏、新疆曲子戏、宁夏曲子戏等。曲子戏的主要特点是主题集中，短小精悍，短者在台上演出十几分钟。剧目的题材除部分源于大戏（秦腔等）的某一特定片段（折戏）外，也有许多结合现实生活艺人编创的内容。在乐器伴奏上，文场以三弦为主，配以板胡、二胡、笛子；武场原以四页瓦、碰铃为主，后来受秦腔等大戏的影响，加上了干鼓、铙钹、勾锣等。

各地曲子戏以民间业余演出为主，专业演出团体很少。当前随着社会的变革和娱乐方式的多元化，曲子戏的生存空间变得越来越小，受到了严峻的挑战。

曲子戏（敦煌曲子戏）
申报地区或单位：甘肃省敦煌市

敦煌曲子戏，源于明清时期敦煌的民间俗曲，如今每到逢年过节，民间仍有曲子戏的小规模演出。敦煌曲子戏唱腔属联腔体，在发展过程中又吸取了秦腔、眉户的艺术成分。其演出形式有舞台演出和地摊坐唱两种。舞台演出俗称彩唱，有演出场地、文武乐队和服装道具，道白均用敦煌方言中的河东腔和河西腔，对演员具有较高的表演要求。地摊坐唱，俗称清唱，不受演出场地的限制，不需服装道具，只要唱得好就可以入座献唱。敦煌曲子曲调非常丰富，欢调使人兴奋无比，悲调能够催人泪下。敦煌曲子流传下来的敦煌曲子戏主要有《小放牛》《老换少》《磨豆腐》《绣荷包》等。

"缠头老二"戏班子，有二百余年的历史。与秦腔、迷糊剧、甘肃大鼓以及陕甘宁的山歌在唱腔、唱词韵味上具有密切的血缘关系，是在上述剧种的基础上逐步演变形成的一种特殊的剧种。

新疆曲子戏在当地民间艺人传唱的基础上，借鉴眉户剧、民间小调流传百年，后来，与秦腔相伴成为地方文化生活的一大特点。演唱的主要曲目有《李彦贵卖水》《张良卖布》《月牙照花台》等六十多个，曲调有一百多种，主要乐器有二胡、笛子、管弦打击乐器等，内容反映了民间的生产、生活、爱情等。

曲子戏（华亭曲子戏）
申报地区或单位：甘肃省华亭县

华亭曲子戏，起源于宋、元时期，盛于明、清，尤以民国为最，主要流传于甘肃省华亭县及邻近地区。华亭曲子戏唱腔属联腔体，由众多的曲牌连缀而成。从内容上分为正剧、喜剧和悲剧。曲子以《前月调》《后背宫》曲牌开头，《月调尾》收场。在剧终唱词中报剧名，一唱到底，唱词的长短句式及宫调，具有元曲、宋词遗风。华亭曲子戏的行当分为生、旦、丑，乐队分文、武。演出时节大多在正月初五至元宵节，平时婚丧及庙会时也演出。做功主要在表情和行为动作上，表演无固定程式，旗作轿、鼓作磨、鞭作马、帐子为床。华亭曲子戏剧目多为短小折戏，如《李彦贵卖水》《推磨》《张粮布》《花子拾金》和《下四川》等颇受当地群众欢迎。

曲子戏
申报地区或单位：新疆生产建设兵团

新疆曲子戏主要流传于新疆昌吉回族自治州地区和农六师奇台垦区、芳草湖垦区、新湖垦区及红旗农场垦区，始于清朝的军屯、民屯和奇台

曲子戏
申报地区或单位：甘肃省白银市

甘肃白银市作为丝绸之路、茶马古道的必经之地，历史悠久，文化繁荣，人杰地灵，曲子戏保留了民间艺术、曲艺的原生形态。

白银曲子戏中的经典剧目《西厢调》已经在民间流传了一百三十余年，至今逢年过节，民间仍有小规模演出。1870年，对元曲颇有研究的"甘肃白银大川渡举人"张海润（字晓霞）入国子监期间，为活跃家乡文化，丰富民间娱乐，研读《西厢记》及其他戏曲作品，并以此为鉴，大胆创新，移风易俗，集民歌，搜古调，唱地摊，闹丰年，编写出了二十七种西厢调和八种歌舞小曲，冠名《西厢调》小曲，该曲分为《游寺》《借庙》《酬韵》《请宴》《传简》《递简》《越墙》和《拷红》八个部分，共五千余字，配曲调近三十阕。1875年该小曲在甘肃白银大川渡首次登上舞台，便一炮打响，以至于从清光绪初年到民国前夕的三十多年间，都出现"每至春节，排演乡傩，以闹丰年"的局面，后经高映珠等人的传承，《西厢调》小曲得以发展，盛行于今白银水川黄河两岸和甘、宁、青等地区。

◎传统戏剧

国家级代表性传承人名单

姓名	性别	申报地区或单位	入选批次
康和	男	甘肃省华亭县	2
肖德金	男	甘肃省敦煌市	3

赛戏

序号：696

编号：Ⅳ-95

批次：2

类别：传统戏剧

申报地区或单位：河北省邯郸市、武安市、涉县，山西省朔州市

赛戏，又称"赛"或"赛赛"，是流传于晋北的大同、忻州，陕北的佳县、吴堡、绥德一带，河北的邯郸、张家口等地的一个戏曲剧种。赛戏历史久远，与周代就已成形的"傩"及其衍生出的傩戏可能有一定的历史渊源。

"赛"的本意是古代的祭祀活动，意在酬报神福，祈求平安。赛戏没有唱腔，只有道白和道诗吟诵。赛戏表演较为粗犷、原始。除祭祀活动中特有的表演程式之外，还吸收了民间舞蹈、民间武术等表演技巧。赛戏整体演出活动，包括祭祀仪式、民乐吹奏、戏剧演出、广场社火、说书讲史等几个部分。演出伴奏以大锣、大鼓、人镲等打击乐器为主。

赛戏舞台上有主帅无兵丁，有皇帝无侍从。各主要角色的演员大都子承父业，世代家传。赛戏剧目大体分两类，一类是祭祀性的特有剧目，如《调鬼》《斩旱魃》等；另一类是一般性的演出剧目，有六十余个，为佛道度化、历史故事等题材。

目前，随着社会经济技术的迅速发展，多元文化的影响，信息网络、电视的普及，娱乐方式的多样化，加上传承人年事已高等诸多因素，赛戏受到了严峻的前所未有的挑战。

国家级代表性传承人名单

姓名	性别	申报地区或单位	入选批次
庞小保	男	河北省武安市	3

山东梆子

序号：719

编号：Ⅳ-118

批次：2

类别：传统戏剧

申报地区或单位：山东省荷泽市、泰安市、嘉祥县

山东梆子，地方戏曲剧种之一，又名"高调梆子"，简称"高梆"。它是明代末年山西、陕西梆子传播到山东后，受到当地语言、民间歌曲、戏曲声腔的影响，逐渐演变发展而来的，距今已有四百多年历史。它主要流传于山东西南部的菏泽、济宁、泰安等地的大部分县市，以及聊城、临沂等地区。

山东梆子唱腔音乐属板式变化体。唱词结构为上下句式，以七字句和十字句为主，也有字数不等的长短句及分逗不规则的唱词。男女声腔同宫调，都是七声音阶徵调式，过去全用"大本腔"（真嗓）演唱，旦角尾音翻高，后来逐渐变化，多用"二本腔"（假嗓）演唱，也有用"大本嗓"（真声）吐字，"二本嗓"甩腔。其中净行的发音则带沙音和炸音，使唱腔粗犷奔放。女声各行当，都采用真假声相结合的演唱方法，发音多用口腔共鸣，声音圆润、音域宽广。山东梆子动作粗犷，架式夸张，不同行当的表演异彩纷呈，以红脸、黑脸为主要角色。

山东梆子的传统剧目题材广泛,表现力强。常演剧目有六百余个,如《宇宙锋》《王二姐抛彩》《红鬃烈马》《大登殿》《玉虎坠》《老羊山》等。新中国成立后,经过整理的传统剧目有《两狼山》《黄牛分家》《烧桃园》等;创作的现代戏有《前沿人家》《三回船》《七品红娘》《万紫千红》《拣豆种》《柳下人家》等。

近年来。随着社会的变迁,山东梆子因演出市场萎缩、人才流失、经费困难等面临着传承和发展危机。

国家级代表性传承人名单

姓名	性别	申报地区或单位	入选批次
刘桂松	女	山东省菏泽市	3
郝瑞芝	女	山东省泰安市	3
开瑞宝	男	山东省嘉祥县	3

山南门巴戏

序号:225
编号:Ⅳ-81
批次:1
类别:传统戏剧
申报地区或单位:西藏自治区

门巴戏,即门巴藏戏,是门巴族的戏曲剧种,流传于喜马拉雅山东南门巴族聚集区,即现在的西藏山南地区错那县勒布区。据史料记载,门巴戏产生于西藏藏传佛教五世达赖时期(1617～1682)。门巴戏的剧本是直接使用藏戏的藏文剧本,民间习惯称这种戏曲为"门巴阿吉拉姆","阿吉拉姆"是藏族人对藏戏的称谓。

门巴戏的表演源自门巴族的民间舞蹈、歌舞和宗教艺术表演。其音乐则源自门巴族民歌"萨玛"(酒歌),此外又吸收了门巴族的说唱音乐、古歌、悲歌和宗教音乐。门巴戏的表演按开场戏"顿羌"、正戏"雄"和结尾戏"扎西"依次进行,有六个演员和一个司鼓钹的伴奏员参加,表演者皆为男性。正戏开始后,六个演员除分别扮演剧中六个角色外,还要轮流串演其他角色,串演时服装、装扮都不变换。此外,一般戏班还有一个管理人,他也要参加开场演出,穿黑藏装,戴"薄独"帽,举一面保护神"杜嘎日"的旗帜,第一个出来绕场一圈,并引六个演员出场表演。鼓钹师的要求更高,他除司奏小鼓小钹外,还要谙熟全部剧情、戏词及全部唱腔、舞蹈动作和表演,以使鼓钹点与整个戏剧节奏相吻合。

门巴戏演出的剧目主要有两个:《诺桑法王》和《卓娃桑姆》。《卓娃桑姆》是门巴族自己的历史传统剧目,其故事源自门巴族历史上格勒旺布国王时期的传说。

在门巴戏的发源地勒布沟,当地仅居住着六百多名门巴族人,观众主要局限在当地。作为一种古老戏种,门巴戏继承了门巴族民间文化里丰富的神话传说、歌舞和宗教跳神动作,并在长期发展过程中形成了独具一格的戏剧表演艺术形式。

国家级代表性传承人名单

姓名	性别	申报地区或单位	入选批次
格桑旦增	男	西藏自治区	2
巴桑	男	西藏自治区	2

商洛花鼓

序号:205
编号:Ⅳ-61
批次:1

类别：传统戏剧

申报地区或单位：陕西省商洛市

商洛花鼓，是主要流传于陕西省商洛地区的地方剧种。清光绪三年湖北郧阳遭受水灾，大批灾民进入商洛地区，带来了郧阳流行的花鼓戏。后来花鼓戏逐渐改用商洛地区方言演唱，并吸收了许多商洛的民歌小调，最终形成商洛花鼓。

商洛花鼓戏的音乐结构属于联曲体。它把一支支花鼓小调有机地连缀起来，或单独使用或用几首曲调来表现戏剧内容，构成具体的花鼓戏唱腔。其音乐形式依据内容可分为大筒子、八岔子和花鼓子三种。

因其流行地域和语音的不同，商洛花鼓逐渐形成了北路和南路两大流派。北路花鼓以关中语系为主，杂以当地土语，曲调流畅优美，婉转柔和；南路花鼓以鄂西北语系为主，掺用本地土语，曲调高亢洪亮、欢快明朗。

商洛花鼓以演出"三小戏"为主，小生、小旦、小丑是其主要角色。表演生动活泼，是一种在"跳"和"舞"中说唱的民间艺术。花鼓跳法多样，有蹦跳、闪跳、弹跳、兔子跳、麻雀跳、侧身跳、单腿跳、双蹬跳等。表演时没有固定程式，由演员自由发挥。

商洛花鼓代表剧目有《打铁》《打草鞋》《哥接妹》《瞎子摸妻》《贾金莲回河南》《坐西楼》《送香茶》《小东楼》《小牙楼》《蓝桥担水》《刘海戏金蟾》《血刀记》《万寿图》《山伯访友》《四姐下凡》《正德王访贤》等。

20世纪90年代以后随着花鼓戏老观众大部分离世，而新一代对花鼓戏并没有培养起自己的审美情趣，导致戏剧与公众之间也就越来越疏远。虽然有一批以革命历史题材为内容的原创剧目如《山魂》《大云寺》《月亮光光》一度在社会上产生不小的影响，但其生存空间日益缩小确是不争的事实，商洛境内各县基层剧团纷纷停戏关门，花鼓戏陷入了生存与发展的困境。

上党梆子

序号：165

编号：Ⅳ-21

批次：1

类别：传统戏剧

申报地区或单位：山西省晋城市

扩展名录：

上党梆子　　　山西省长治市

上党梆子，地方戏曲剧种之一，因其产生和主要流传于古时的上党郡（今晋东南太行山脉西南部的一块高原地区）而得名。晋南人称东府戏，河北邯郸一带称西府调、泽州调，也曾称作上党宫调，1954年定名为上党梆子，主要流传于山西东南部。

上党梆子以演唱梆子腔为主，兼唱昆曲、皮黄、罗罗腔、卷戏，俗称"昆梆罗卷黄"。唱腔以板腔体为主，有时也用曲牌体。板腔体中运用最多的是大板和四六，曲牌体唱腔有靠山吼、一串铃等。上党梆子的音乐绝大多数从民间音乐（如八音会曲牌）直接吸收而来。伴奏乐器有大锣、大鼓、巨琴、二把和呼胡。

上党梆子的角色行当主要有生、旦、净、丑四种，各行当的基本表演程式名为"三把"，运用时演员昂头挺胸，稳健有力，表现手法是粗线条、大轮廓、直出直入、强烈明快。行当方面须生的作用最突出，其次是净角、青衣和武小生。其脸谱图案非常独特，旦角有一种叫"破面"，演出时用白粉在品行不端者的右眼睑上横画一笔，或在角色右颧骨处画上一朵小小的兰花或菊花。

上党梆子共有剧目七百出，表现杨家军、岳家军的剧目比较多，代表性剧目有《三关排宴》《天波楼》《雁门关》《董家岭》《巧缘案》《夺秋魁》《甘泉宫》《东门会》《徐公案》《闯幽州》等。

目前由于受到现代文化和经济大潮的冲击，上党梆子观众大量流失，演出水准逐渐下降，不少剧团被迫解散，后继人才匮乏，剧团前景堪忧，迫切需要采取措施予以支持和保护。

上党梆子
申报地区或单位：山西省长治市

上党梆子与山西的蒲剧、北路梆子、晋剧合称四大梆子，是流传于山西东南部上党地区的一个古老剧种，约形成于明末清初，迄今已有三百六十多年的历史。它包括昆、梆、罗、卷、黄五种声腔，以梆子腔为主。

山西省长治市上党梆子剧团组建于1993年，选调了长治地区各县的优秀艺术骨干。该团在山西晋东南老区赢得广大观众的高度赞扬，多次参加国家、省、市艺术赛事，并荣获全国戏剧"牡丹奖""红梅奖"及山西省"五个一工程奖"等多项奖励。上党梆子剧团凝聚着上党老区一大批艺术中坚力量，是一个行当齐全、阵容整齐的艺术表演团体。如崔嫦娟、李学斌、索伟琴、赵艳琴、李慧琴、侯跃清、袁有顺、李力强、暴红星、王素红等在舞台上引人注目的中青年艺术人才，是目前剧团阵容的顶梁柱，他们创造了许多舞台上鲜活的人物。

上党梆子剧团的优秀剧目有：《汉阳堂》《闯幽州》《秦香莲》《三关排宴》《晋阳公主》《乾坤带》《收姜维》等，在百姓中享有盛誉。

国家级代表性传承人名单

姓名	性别	申报地区或单位	入选批次
马正端	男	山西省晋城市	2
张保平	男	山西省晋城市	3
张志明	男	山西省长治市	3
吴国华	女	山西省晋城市	3
张爱珍	女	山西省晋城市	3
郭孝明	男	山西省晋城市	4

上党二黄

序号：1101
编号：Ⅳ-139
批次：3
类别：传统戏剧
申报地区或单位：山西省晋城市城区

上党二黄，是一个主要流传于山西晋城地区的地方剧种，又称上党皮黄，当地称其为"土二黄"，为西皮与二黄之合称，迄今已有两百多年历史。

上党二黄的唱腔，分西皮、二黄两大种类，包括反二黄在内，总称皮黄，属板腔体。西皮有原板、西皮二板（分慢、中、快）、散板、摇板；二黄有正二黄、反二黄、原板、二板。西皮声腔具有北方剧种声腔的艺术特色，圆润、委婉、清脆，易于抒发感情，多被生、旦两行采用。二黄腔板式少，变化也不多，但其委婉清丽、音调略低之特点又极具南方戏剧之韵味。此外还有一种"平板二黄"，已失传。上党二黄唱腔板式变化丰富，注重唱、做两功，表演文雅朴实、细腻逼真，唱腔圆润委婉、变化多端，在过去常和昆曲做伴演出。

上党二黄的武场打击乐与众不同，用鼓、板、中音锣、钢叉、高调小锣。文场主奏乐器是京胡，配奏乐器是京二胡。

上党二黄的传统剧目有《打金枝》《挂龙

灯》《取西川》《五丈原》《清河桥》《二进宫》《女起解》《佘塘关》《玉堂春》等一百余出，其中三国戏有三十出，新编的历史故事戏有《皇帝与门官》《巧会虹霓》等。

20世纪80年代以来，戏剧市场不景气，演出逐年减少，艺人生活得不到保障，后继乏人，传承困难，急需扶持保护。

上党落子

序号：699
编号：Ⅳ-98
批次：2
类别：传统戏剧
申报地区或单位：山西省潞城市、黎城县

上党落子，山西的地方戏曲剧种之一，原名"黎城落子"，民间也称"黎城闹"或"闹戏"，1955年被山西省文化事业管理局定名为"上党落子"。它于清代道光年间形成于浊漳河西岸黎、潞交界地带，流行于晋东南，晋南的安泽、洪洞、乡宁、曲沃、夏县、闻喜，晋中的榆社、左权，河北涉县等地。

上党落子的音乐唱腔是宫调式的，以板腔体的唱腔为主、曲牌体唱腔为辅。板腔体的板式，最主要的有流水、清流水、散板刀。其中"流水"用量最大，官话应性强，能紧能慢，分为漫流水、二性流水、紧流水三种速度，能够表现平静、喜悦、悲哀等多种情绪；"清流水"，节奏清新稳健，长于叙事；"散板"，有眼无板，节奏自由，曲调高昂，宜于表现人物的激情。曲牌体唱腔，有"凹板""八板""锁板"等。它以四句体乐段为基础，最后与"流水"板连接，大部分都是专曲专用。上党落子的乐队分文、武场，角色行当比较齐全，且比其他剧种多一个二套须生，有"七紧、八惯、九消停"之说。

上党落子的传统剧目计有二百余个，有较大影响的有本戏《打鸾英》《下边廷》《搜杜策》《密松林》及小戏《斩子》《骂殿》《三关排宴》《茶瓶计》《程婴救孤》《朱元璋斩婿》等。

近十几年，随着文化艺术的多元化以及现代媒体的迅速发展，上党落子演出市场很不景气，形势堪忧。

国家级代表性传承人名单

姓名	性别	申报地区或单位	入选批次
李仙宝	男	山西省黎城县	3

绍剧

序号：710
编号：Ⅳ-109
批次：2
类别：传统戏剧
申报地区或单位：浙江省绍兴市

绍剧，地方戏曲剧种之一，也称"绍兴乱弹"、"绍兴大班"，1953年定名为绍剧，流传于浙江绍兴、宁波、杭州地区和上海一带。它于明末清初时期形成于绍兴地区，兴盛于清康熙、乾隆年间，迄今已有三百多年历史。绍剧源出于秦腔，受到弋阳腔、赣剧、徽戏等剧种的影响，并吸收了流行于绍兴地区的余姚腔、新昌调（高）腔以及民间戏曲的特色，逐步发展成为绍兴乱弹，并在剧目、音乐唱腔和表演艺术等方面，有很大发展和提高。

绍剧唱腔的主要曲调为"二凡""三五七"和"阳路"。唱词以七字齐言对偶为基础，剧作内容多为忠奸争斗、征战杀伐之事。绍剧伴奏乐器以板胡为主其音色高亢，打击乐器用大锣、大鼓、大钹等,气势宏伟。锣鼓点自成一套,粗犷、朴实,具有浙东地方的风格特点,称为"绍班锣鼓"。绍剧的武功,受明代目连戏的影响,把子、毯子等功夫造诣很深,且颇多特技,如打短手、九窜滩、手顶、窜刀、甩桌、推手跟斗、布上七十二吊、叠罗汉等,均颇有特色。

绍剧的剧目从题材上看,以历史戏居多,家庭戏次之。就其风格特点来说,多为情绪愤慨、斗争激烈、感情奔放的一类戏,流传的传统剧目达三百多个。绍兴著名剧目《孙悟空三打白骨精》拍成电影后,先后发行世界七十几个国家和地区。

当前在现代娱乐业迅速发展的形势下,绍剧市场收到很大冲击,日益萎缩,其前景堪忧。

国家级代表性传承人名单

姓名	性别	申报地区或单位	入选批次
章宗义	男	浙江省绍兴市	4
刘建杨	男	浙江省绍兴市	4

石家庄丝弦

序号:184

编号:Ⅳ-40

批次:1

类别:传统戏剧

申报地区或单位:河北省石家庄市

石家庄丝弦,是河北的一种地方剧种,起源于明末,流传于河北省大部分地区和晋中地区东部及雁北地区。丝弦剧种按其方位不同可以分为五路丝弦,即东、西、南、北、中五路,石家庄丝弦为"中路丝弦"。

石家庄丝弦在明清俗曲的基础上衍变而来,唱腔独特,激越悠扬,慷慨奔放。唱腔全部音域是两个八度,下方八度用真声唱字,上方八度用假音。唱词最后一字,旋律以六度至十二度向上大跳翻高后,再用假声拖腔,旋律顺级进下行甩腔。丝弦音乐属弦索声腔,有音乐曲谱五百多支,伴奏曲牌一百多种,分官腔、越调两大部分。丝弦乐队分文、武场,文场乐器包括弦索、月琴、大三弦、小三弦,武场乐器包括板鼓、大筛锣、大铙、哑钹等。丝弦的角色分生、旦、净、丑,表演热烈火炽,粗犷豪放。

石家庄丝弦有传统剧目五百余出,代表性剧目有《空印盒》《白罗衫》《小二姐做梦》《赶女婿》《金铃计》《杨家将》《花烛恨》《生死牌》《宗泽与岳飞》等。

石家庄丝弦生存空间日趋狭窄,市场萎缩、剧目老化、经费紧张、专业人才青黄不接等一系列问题成了制约石家庄丝弦戏生存和发展的瓶颈。

国家级代表性传承人名单

姓名	性别	申报地区或单位	入选批次
张鹤林	男	河北省石家庄市	2
边树森	男	河北省石家庄市	2
安录昌	男	河北省石家庄市	3

寿宁北路戏

序号:190

编号:Ⅳ-46

批次:1

类别:传统戏剧

申报地区或单位:福建省寿宁县

寿宁北路戏,是清代中叶传入福建的乱弹与当地民间戏曲融合形成的一种地方戏曲声腔剧种,主要流传于福建寿宁、福安、宁德、罗源、屏南、古田、霞浦、福鼎及闽北地区和浙江南部等地。

寿宁北路戏的唱腔除极少数具有高腔曲牌体特征外，大多数均属板腔体，曲调旋律优美，节奏欢快，行腔顺畅，带有叙事性的表现特征。其道白、唱腔均使用普通话，这已成为北路戏的一个突出特色。其唱腔可分为平板正调、平板反调、叠牌和小调曲牌。寿宁北路戏音乐中的伴奏有琴串、吹牌两种。琴串主要有头万串、一枝春、一枝花等。吹牌有清如水、大尾声、风入松等。锣鼓经有水花浪、浪淘沙、十九锤、九鼎环等。伴奏乐器主要是长膜笛，佐以麻胡、板胡、三弦、月琴、唢呐等。

寿宁北路戏各行当角色，在唱曲前都有"叫介"（或称"叫头"），用拖长的声调唱念，为无伴奏的干唱，然后转入唱腔。其乐队俗称"后台"，有"软介""硬介"之分，由6人组成，俗称"六条椅"。乐队以鼓板为尊，正吹次之，正吹即北路戏主奏者，除了拉头把（麻胡）外，还主奏横哨、唢呐。

寿宁北路戏的代表性剧目主要有《探阴山》《对珠环》《纸马记》《凤娇与李旦》等。

寿宁北路戏虽曾经盛行于闽东地区，有百余个业余剧团，但在1959～1960年，成为国有剧团的却仅有寿宁唯一的一个县级剧团。寿宁地处闽浙交界处，交通不发达，经济发展滞后，无法在剧团的挖掘整理和创演新剧目等建设方面给予有力支持，使该剧种于20世纪末早现萎缩状态。

国家级代表性传承人名单

姓名	性别	申报地区或单位	入选批次
缪清奇	男	福建省寿宁县	2
刘经仓	男	福建省寿宁县	2

四股弦

冀南四股弦

序号：694

编号：Ⅳ-94

批次：2

类别：传统戏剧

申报地区或单位：河北省巨鹿县、馆陶县、魏县、肥乡县

冀南四股弦，是河北省地方戏曲剧种之一，又名四根弦。四股弦主要伴奏乐器为大弦，上有四股丝弦，四股弦戏也得名于此。冀南四股弦起源于19世纪初，最早由民间花鼓戏发展而成，由山东临清传入馆陶，在民间俚曲的基础上，借鉴吸收乱弹、京剧、河北梆子等剧种，逐渐演变而来，它盛传于河北省巨鹿县、馆陶县、魏县、肥乡县等地，并远播京、津、鲁地区。

冀南四股弦属于板腔体系，兼有曲牌体，唱腔优美、通俗朴实，分黑板（生腔）、红板（旦腔）两大类。它的板式有大摔板、小摔板、二板、尖板、导板、三七腔、散板、哭板、哭迷子等。四股弦使用本地语言演唱，以巨鹿方言为代表。

冀南四股弦生、旦、净、末、丑行当齐全，角色语言诙谐风趣，通俗易懂。在内容上，起初大多是反映民间家庭生活的小戏，后逐渐转变为演出历史传统戏和连台本大戏。其传统剧目有《三进宫》《打金枝》《辕门斩子》《困南唐》等，现代戏有《红灯记》《沙家浜》《奇袭白虎团》等。

20世纪90年代以后，随着时代的变迁和生活方式的改变，受影视艺术和经济大潮的冲击，人们对传统戏的兴趣愈来愈淡薄。另外，一些颇有造诣的老艺人因年事已高逐步退出舞台，使得四股弦的发展举步难艰。

四平调

序号：194
编号：Ⅳ-50
批次：1
类别：传统戏剧
申报地区或单位：河南省商丘市、濮阳市

扩展名录：
四平调　　山东省金乡县、成武县

四平调，地方戏曲剧种之一，由流传于山东、江苏、安徽、河南等省接壤地区的一种民间花鼓演变而成，迄今只有七十余年的历史。因它以花鼓为主，吸收评剧、京剧、梆子等剧种的曲调而形成，有人便称它为"四拼调"，后改称"四平调"；也有人认为，其名是根据其曲调四平八稳、四句一平而得。

四平调音乐属于板腔体，声韵属北方语音系统，有十三道韵辙，以鲜明的宫调式为特征，男女均以本嗓演唱为主。其女声质朴平易、委婉流畅、细腻俏丽，男声则节奏明快、高昂豪放、刚柔兼备，保持了浓厚的说唱特性。它兼备了西皮、二黄两种风格的腔调，自由灵活，上下句的落音十分随意。唱词通俗易懂，乡土特色浓郁；唱腔旋律优美、纯朴、抒情缠绵，叙事性较强，有梆子音乐的风格特点。四平调伴奏乐器以高胡为主，还有唢呐、笛、扬琴、二胡、三弦、琵琶、坠琴、锣、鼓等。

四平调的剧目，以反映民间男女婚姻家庭伦理的"三小戏"（小生、小旦、小丑）为多，新中国成立后又移植和编写了现代剧目百余个。经常上演的剧目有《陈三两爬堂》《三告李彦明》《何文秀私访》《三元会》《金鞭记》《彩楼记》《紫金镯》《大红袍》等。

经过了20世纪六七十年代的辉煌，四平调的演出市场逐渐萎缩，剧团出现入不敷出的现象，加上演员青黄不接，四平调这个稀有剧种面临着濒危境地。

国家级代表性传承人名单

姓名	性别	申报地区或单位	入选批次
邹爱琴	女	河南省商丘市	2
拜金荣	女	河南省商丘市	2
崔太先	男	河南省濮阳市	2
张绪斌	男	河南省濮阳市	2
刘玉芝	女	山东省金乡县	3
王凤云	女	山东省成武县	3

四平戏

序号：155
编号：Ⅳ-11
批次：1
类别：传统戏剧
申报地区或单位：福建省屏南县、政和县

四平戏，地方戏曲剧种之一，又名四评戏、四坪戏、四棚戏、四蓬戏。它由明代中叶流行的四大声腔之一的弋阳腔演变而来，清康乾时期在福建成鼎盛之势，清末趋于衰微。在全国诸多高腔剧种中，以"四平"命名的剧种只存于福建省屏南、政和部分地区。

四平戏唱腔属高调系统，古朴粗放，继承了弋阳腔"一人成声而众人相和"的古老传统。后台只有锣、鼓、钹、板鼓四种打击乐器，以鼓为主指挥，音律抑扬顿挫。四平戏唱白皆用"土官话"，并杂用乡语。四平戏的"唱、白"，表现程式大抵可分为唱曲、韵白、家常白、引子、对、诗、接口行板（亦称数板）及叫头等若干种。

早期的四平戏，行当只有生、旦、净、末、丑、贴、外七个。清初发展成"九角头"。脸谱继承宋元南戏化装传统，以红、白、黑为基本色调，线条简单明朗。角色表演动作有腾、挪、滚、打等，随鼓缓急进退，不同角色行当的手、脚动作都有规定的口诀。

四平戏传统剧目十分丰富，常演的有《拜月亭记》《杀狗记》《琵琶记》《苏秦》《英雄会》《九龙阁》《陈世美》《芦林会》《八卦图》《赶白兔》《刘锡》《反五关》《崔君瑞》《中三元》《白鹦哥》《孟宗哭竹》《虹桥渡》等八十多本。

四平戏记谱是用符号，很多人都不会，加大了传承难度。由于四平戏流行地区处在大山深处，使得剧团演出更加艰辛，在经济大潮的冲击下，这一古老剧种的传承已出现了严重的问题。

国家级代表性传承人名单

姓名	性别	申报地区或单位	入选批次
陈秀雨	女	福建省屏南县	2
陈大并	男	福建省屏南县	2
张孝友	男	福建省政和县	2
李式青	男	福建省政和县	2

泗州戏

序号：206
编号：Ⅳ-62
批次：1
类别：传统戏剧
申报地区或单位：安徽省宿州市、蚌埠市

扩展名录：
泗州戏　　　　江苏省泗洪县

泗州戏，是地方戏曲剧种之一，发源于苏北海州一带，发展、成熟于泗州（其辖境相当于今江苏宿迁的泗洪、泗阳，淮安的盱眙，徐州的邳州、睢宁及安徽宿州的泗县，蚌埠的五河等地），距今已有二百多年历史。

泗州戏的唱腔曲调源于当地的民歌小调、劳动号子及农民生活、劳动的音调，并吸收了花鼓、琴书等民间艺术形式的音调。唱腔随意性很强，讲究自由无拘，要求伴奏跟着演员的演唱走。泗州戏交融了南、北方的唱腔风格，婉约与豪放并蓄，尤其是女声唱腔，婉转柔情、优美动人，被群众誉为"有拉魂的魅力"。

泗州戏的角色主要分大生、老生、二头、小头、丑等几类，其表演在说唱基础上大量吸收民间的压花场、小车舞、花灯舞、旱船舞等舞蹈表演形式，明快活泼、质朴爽朗。其中，压花场是泗州戏表演艺术的根本。演员在表演时，必须注意手、眼、腰、腿、步等各部位的协调与配合。演出时有许多独特的身段和步法，如抽梁换柱、燕子拨泥、怀中抱月、四台角、旋风式、仙鹤走等。伴奏乐器以土琵琶为主，辅以三弦、笙、二胡、高胡、笛子等，另有板鼓、大锣、铙钹、小锣四大件打击乐器。

泗州戏的代表剧目有《三蜷寒桥》《杨八姐救兄》《樊梨花点兵》《皮秀英四告》《大花园》《罗鞋记》《绒花记》《跑窑》《拾棉花》等。

随着时代的变迁，近年来泗州戏面临着市场萎缩、演出亏损、人才流失、传统技艺濒临失传等困境。

泗州戏
申报地区或单位：江苏省泗洪县

清后期，泗州戏主要分布在泗洪境内上塘、魏营、峰山、归仁、朱湖、梅花灯等二十个乡镇，多为家庭戏班。1952年定名为"泗州戏"，1953年经泗洪县人民政府批准，正式成立泗洪县泗州戏剧团。

泗州戏是由民间说唱发展起来的比较典型的板腔体唱腔剧种。其唱腔南、北方风格交融，婉约与豪放并蓄。尤其是女声唱腔，婉转柔情、优美动人。泗州戏的艺术表演以"压花场"为基础，分"单压"和"双压"两种，具有明快爽朗、粗犷有力的鲜明特色。

泗州戏剧目丰富，如传统剧目《大出观》《三蜷寒桥》《樊梨花点兵》《走娘家》《拾棉花》《喝面叶》等长期盛演不衰。

国家级代表性传承人名单

姓名	性别	申报地区或单位	入选批次
陈若梅	女	安徽省宿州市	2
李宝琴	女	安徽省蚌埠市	2
鹿士彬	男	安徽省蚌埠市	2

苏剧

序号：199

编号：Ⅳ-55

批次：1

类别：传统戏剧

申报地区或单位：江苏省苏州市

苏剧，是地方戏曲剧种之一。它起源于江苏苏州地区的曲艺"苏滩"（又名对白南词，俗称"打山头"，是一种围坐清唱的曲艺形式），苏滩在清代乾隆年间就已在江浙一带盛行。苏剧是苏滩在发展过程中与昆曲合流而形成的一种地方戏曲，主要流传于苏南和浙北地区。

苏剧音乐唱腔主要有昆曲曲牌、南词和滩簧曲调。因深受昆腔影响，所以苏剧的音乐风格婉转清丽，细腻动人。伴奏以二胡为主乐器，兼用江南丝竹。常用的传统曲调有太平调、弦索调、挑袍调等数十种，另外还有源自昆曲的曲头、一江风、点绛唇、朝元歌等以及苏州一带流传的民歌小曲。苏剧的角色行当与昆剧基本相同，现有老仆、老生、副末、冠生、巾生、雉尾生、穷生、老旦、正旦、作旦、四旦、五旦、六旦、净、副、丑等行当，演员往往一人兼几行。

苏剧的传统剧目分为前滩和后滩两大类。绝大部分前滩剧目源于昆曲，《西厢记》《牡丹亭》《红梨记》《烂柯山》等为其代表性剧目。后滩剧目有从昆曲等剧种和曲艺中改编移植过来的内容，也有由丑独唱的时调小曲和时事段子等，如《嵩寿》《探亲相骂》《卖草囤》《打斋饭》等剧目。

近年来，流行文化和现代艺术对苏剧冲击很大，观众锐减，剧团生存艰难，抢救、保护这一重要的地方剧种迫在眉睫。

国家级代表性传承人名单

姓名	性别	申报地区或单位	入选批次
蒋玉芳	女	江苏省苏州市	2
尹斯明	女	江苏省苏州市	2
丁杰	男	江苏省苏州市	3

泰宁梅林戏

序号：176

编号：Ⅳ-32

批次：1

类别：泰宁梅林戏

申报地区或单位：福建省泰宁县

梅林戏，是福建省的地方戏曲剧种之一，俗称土戏、土京戏，是清代乾嘉年间，徽调经浙江、江西两路传入福建泰宁后，与当地方言和民歌小调、道教音乐相融合，形成具有地方特色的剧种。梅林戏主要流传于福建的泰宁、将乐、顺昌、邵武、光泽等地。

梅林戏的唱腔优美动人，它以皮黄、拨子、吹腔为主，此外还有南词北调、弦索、徽州词、浙江调、四平调、青板、小调等。梅林戏的伴奏乐器分文乐和武乐两类。文乐包括京胡、二胡、三弦、月琴、琵琶、扬琴、唢呐、竹笛等，武乐包括大鼓、大平鼓、京锣、小锣、大小钹等。梅林戏的角色行当比较齐全，有"五门十七行头"之说，表演风格古朴粗犷，服装和化装比较朴素，具有严格的程式，唱、做、念、打都具有鲜明的个性。表演中有类似古时"娱神"和提线木偶的科介动作，还有耍獠牙、叶火变裙、变脸、耍叉、挺僵尸、下高台等众多的传统特技。

梅林戏传统剧目丰富，已收集记录有剧本的一百三十多个，传统剧目有《飞龙带》《蓝腰带》《鸳鸯带》《雌雄鞭》等三十多个。

目前，泰宁县有专业与业余梅林戏剧团各一个。由于演出市场的萎缩、人才的断层等原因，梅林戏剧的生存困难重重。

国家级代表性传承人名单

姓名	性别	申报地区或单位	入选批次
黎秀珍	男	福建省泰宁县	2

提琴戏

序号：727
编号：Ⅳ-126
批次：2
类别：传统戏剧
申报地区或单位：湖北省崇阳县

提琴戏，是湖北的一种地方戏曲剧种，因以提琴为主要演奏乐器而得名。它形成于清末，源于湖南临湘的岳阳花鼓戏，是以岳阳花鼓戏"琴腔"为主旋律，融合湖南长沙花鼓戏部分腔调和曲牌，以及湖北通城县和崇阳县本地山歌、夜歌、民间道教音乐为一体的剧种。

提琴戏曲调有正调、哀调、梦调、西湖调、阴调、一字调、反十字调（打采调）等及各种花腔小调，曲调优美，旋律明快。该剧最具特色的是男腔"尾音翻高收腔"。生、旦行当均用真嗓演唱，收腔时用假声。以唢呐"锁斗"（呵腔）结尾。提琴戏还有一套表现力丰富的锣鼓经，其用法千变万化，有着闹台、起板、连接、收尾、伴奏、烘托气氛等作用。

提琴戏角色行当主要包括老生、小生、奶生、正旦、花旦、闺门旦、婆旦和小丑，称为"三生、四旦带一丑"，其中丑角兼演摇旦和净角，民间有"七紧八松"之说。武功戏较少，因而没有专业武生行当。

提琴戏的传统剧目有一百二十多个，家庭戏多，唱功戏多，武功戏较少。其大多取材于民间生活和神话传说，如《七姐下凡》《母女讨饭》《慈母泪》《三子争父》《赶春桃》《双合莲》《张广大上寿》《卖茂郎》《二姐下凡》《朱买程卖柴》《金钗冤》《韩湘子》等。

当前，尽管湖北省崇阳县从 2000 年开始着手提琴戏剧团演职人员的培训、促进提琴戏的保护和发展，但这一地方剧种依然面临着演出市场萎缩、人才缺乏等诸多困境。

国家级代表性传承人名单

姓名	性别	申报地区或单位	入选批次
甘伯炼	男	湖北省崇阳县	4

通渭小曲戏

序号：1114
编号：Ⅳ-152
批次：3
类别：传统戏剧
申报地区或单位：甘肃省通渭县

通渭小曲，是形成于甘肃通渭县的一种曲牌体民间戏曲，是明清时期通渭民间艺人在陕、甘、宁、青民歌的基础上，吸收和糅合了陇东道情、碗碗腔和山歌的各种韵味而不断丰富、发展形成的。因常以地摊和农家院会的方式自发组织演出，与传统大戏（秦腔）相比规模较小，故称"小曲"或"小曲戏"。

通渭小曲的曲牌唱调是在隋唐燕乐、南北俗曲、明清时调的基础上发展而来的，在长期流传过程中由于"错用乡语"而"音随地改"，逐渐形成了其独具特色的地域风格。通渭小曲由"词""曲""本""乐"四部分组成，各部分相互依从，密不可分，构成了一套完整的音乐体系，并由此派生出零歌散调、说唱曲艺、舞台戏曲等不同的艺术形式。通渭小曲演出方便灵活，五六人即可，十多人不限，演唱用通渭方言，曲调优美动听，脚本故事浅显易懂，乡土气息浓厚，深受当地群众喜爱。

目前通渭小曲搜集整理出的脚本有一百多部，流行的曲牌大约有一百二十六个，其中纯器乐曲牌二十六个，除曲牌之外，通渭小曲也使用大量的民间小调音乐如《绣荷包》《小放牛》《放风筝》《十二月》《割韭菜》《闹元宵》等。

随着时代变迁，面对现代传媒多样化的迅猛冲击，通渭小曲戏已处濒危边缘，急需采取有效的保护措施。

同州梆子

序号：723
编号：Ⅳ-122
批次：2
类别：传统戏剧
申报地区或单位：陕西省大荔县

同州梆子，陕西省地方戏曲剧种之一，又名东路秦腔、同州腔，也称老秦腔。因其历史悠久，影响深远，多被奉为梆子腔鼻祖。明代末叶已有班社和演出活动。它以同州（今陕西省大荔县）为中心，流传于北至绥德，东到潼关，南抵洛南，西行渭南，并流传到甘肃、宁夏、青海、新疆及北京、山西、河南、湖北、湖南等地。

同州梆子唱腔属板式变化体，有欢音和苦音之分。板式主要有塌板、滚板、代板、摇板、尖板等，彩腔较多，善用"安"字拖腔。唱腔具有"本嗓吐字，正腔滑音，高亢激越，直起直落"的特色，唱腔过门较为短促，更显"繁音激楚"之美。伴奏乐器以两股弦为主，辅有三弦、胡琴、琵琶、琥珀等。该剧角色行当齐全，尤其重花脸、须生、正旦与武生，被称为"四梁四柱"，并以正旦、老旦、老生、花脸、武生戏见长，居各路秦腔戏之首，且袍带戏和靠甲戏为多。表演讲究功架与特技表演，如翎扫灯花、碗打碗、三节棍、打连枷、鞭扫灯花、喷火等。

同州梆子传统剧目一千多本，大部分失传，抄藏者仅二百余本，多为历史题材戏，代表剧目如《破宁》《辕门斩子》《临潼山》《三对面》《黄逼宫》《鼓滚封刘》《石佛口》《三气周瑜》《孟良搬将》等。

由于大文化环境的改变，现代文明对民间传统文化的冲击，同州梆子的传承后继乏人，活动空间明显缩小，专业剧团人才青黄不接，处于濒危状态。

◎传统戏剧

童子戏

序号：706
编号：Ⅳ-105
批次：2
类别：传统戏剧
申报地区或单位：江苏省通州市

童子戏，是江苏省地方戏曲剧种之一，由古代江苏通州民间的"上童子""童子会"等宗教祭祀仪式演化而成。童子戏起源于唐朝，由古老的汉族祭祀舞蹈演变，与巫术有着密切关系，至清代中叶，逐步完成了从娱神到娱人的过渡，发展为一种戏剧样式。它主要流传于江苏省南通市及通州市中西部和周边的部分地区。

童子戏起源于"以舞降神"的巫觋演唱，与当地的方言、文化、风俗、民情相交融，保存了古代"打七""了愿"等民间习俗，使用南通的方言土语，唱俚曲小调，逐渐形成了具有鲜明地方色彩的传统戏剧。它唱腔高亢清亮，如泣如诉，主要有铃板腔、点鼓腔、圣腔、书腔、喜腔。唱词句式多为老百姓喜欢的七字句、十字句。童子可分文童子、武童子两种。文童子以念唱为主；武童子的表演形式融杂技、气功为一体。其伴奏先为狗皮鼓，后加入二胡、三弦，唱腔粗犷而单调，含有牛歌、夯歌成分，乡土气息浓厚。童子戏演员均为男性，也分角色演唱，传承主要有师徒相授及家族传承两种。

童子戏演出的内容涉及天文、地理、军事、疆域、医药、民俗、农事、渔盐劳作、乡规民约、政治变迁、儒释道三教等堪称南通的一部民俗百科全书。演唱的剧目主要有《目连救母》《二十四孝》等。

当前，由于大众传媒方式的改变、市场经济对传统文化艺术的冲击等原因，童子戏传承和发展的形势堪忧。

国家级代表性传承人名单

姓名	性别	申报地区或单位	入选批次
胡夕平	女	江苏省通州市	3

宛梆

序号：168
编号：Ⅳ-24
批次：1
类别：传统戏剧
申报地区或单位：河南省内乡县

宛梆是一个河南省稀有的地方戏曲剧种，起源并流传于河南南阳及周边广大地区，早期人们称它为唧唧梆、老梆子、南阳梆子等，因南阳古称"宛"，故命名"宛梆"。宛梆是明末清初时陕西的东路秦腔（同州梆子）传入南阳后，与当地的民歌小调、民间说唱融合后，演变形成的一个戏曲剧种。

宛梆既有陕西梆子的高亢激越，又有中原音乐的平整规范，还有楚乐的委婉清丽。其音乐属于板腔体，唱腔分为本腔与假腔两种。本腔有唱词，音发丹田；假腔接于本腔之后，音发脑后，有音无词，高本腔八度，犹如鸟鸣，多以烘托感情，是宛梆唱腔的一大特色。男声用大本嗓，给人以粗犷、奔放、明朗的感觉，女声唱腔的高八度呕音花腔，委婉清亮，配之主弦发出的"唧唧"声，犹如鸟鸣，堪称一绝。宛梆常用的调门有慢板、流水、二八、散板四大部分。伴奏乐器包括大弦、二弦、唢呐、小锣、手镲、大鼓、枣木梆子等。宛梆主弦为秦腔早期大弦，发音高亢，与枣木梆子搭配，风格独特。

宛梆传统剧目有四征、四铡、八大山、大小十八本等数百个。四征又分《雷振海征北》《马三保征东》等男四征和《穆桂英征东》《樊梨花征西》等女四征，以及《秦英征西》《姚刚征南》《燕王扫北》等武生戏；四铡有《铡西宫》《铡越王》等；八大山有《两郎山》《豹头山》《青铜山》等征战戏。

20世纪30年代后期，由于豫剧的兴起和迅速流传，宛梆就已渐趋衰落。目前只剩下内乡县一家国有宛梆专业剧团还在艰难地传承着这一古老剧种。

国家级代表性传承人名单

姓名	性别	申报地区或单位	入选批次
李建海	男	河南省内乡县	2
周成顺	男	河南省内乡县	2
程建坤	男	河南省内乡县	2
范应龙	男	河南省内乡县	4

碗碗腔

孝义碗碗腔

序号：193

编号：Ⅳ-49

批次：1

类别：传统戏剧

申报地区或单位：山西省孝义市

扩展名录：
碗碗腔（曲沃碗碗腔） 山西省曲沃县

碗碗腔，是在山西孝义民间皮影戏的基础上发展而成的一种地方戏曲剧种，因有一碗状铜铃参与伴奏而得名"碗碗腔"。其形成年代，无文字记载可考，但清乾隆年间碗碗腔的主要唱腔已经形成。孝义碗碗腔主要流传于山西的孝义及周边地区。

碗碗腔唱腔结构属于板腔体，唱起来腔随字走，四声严明，素有"以声传情，以唱制胜"的传统。碗碗腔唱腔多用"虚词假声腔"。假声唱法分"二音子"和"尖音子"两种。"二音子"是一种翻高八度的假声拖腔，有时按韵行腔，有时变韵行腔，全部旋律用衬字"咦"来唱出。"尖音子"是比"二音子"更尖更细的假声，是把唱句尾音或"二音子"的尾音翻高八度后，按韵唱出的一种短尾腔。伴奏乐器有月琴、硬弦（二股弦）、板胡、唢呐、马号（喇叭）、梆子、铜碗、边鼓等。碗碗腔的唱腔没有行当之分，只有男女之别，表现人物感情，塑造人物个性，主要靠演唱者不同的唱法。在表演上，碗碗腔继承皮影艺术一手叉腰一手做戏的传统，人物在激动时常有上身前躬、猛挺等动作，并保留了皮影侧面造型的处理手法。布景也常采取皮影雕刻剪纸图案来表现典型环境。

碗碗腔的代表剧目有《香莲佩》《春秋配》《十王庙》《玉燕钗》《白玉真》《紫霞宫》《万福莲》《蝴蝶媒》《火焰驹》《清素庵》等。

新中国成立前，碗碗腔就已出现衰落，新中国成立后对其曾有大力扶持，但目前由于现代市场和文化艺术多元化的影响，其仍然面临衰微状态。

碗碗腔（曲沃碗碗腔）
申报地区或单位：山西省曲沃县

清乾隆年间，陕西艺人分两路将碗碗腔传入山西，一路至孝义汾阳，一路至曲沃新绛。由于受到方言和地方艺术的影响，在剧目、音乐、乐器等方面而各自成派，形成了碗碗腔在山西有"南路腔"和"北路腔"之势。

曲沃碗碗腔为南路腔，它吸收了曲沃秧歌、蒲剧和眉户的腔调，并借鉴了民间音乐曲牌，后又吸收了蒲剧、越居、川剧、晋剧等剧中的服饰、脸谱、舞台美术、念白及表演程式。曲沃碗碗腔将皮影的表演风格保留下来，如旦角抒发情怀时，一手指前，一手指后，身体小幅度前仰后颠；生角走台步时，两臂微屈，宽袖前后摆动，侧身缓缓而行。曲沃碗碗腔的音乐细腻、优雅。其唱腔属板式变化体，分上下句行腔，七字句、十字句居多。音乐是徵调式，无固定调高，以艺人嗓音条件定调。

碗碗腔的剧目中有表现爱情的《赵兰英进京》《五花马》《莫愁女》等，有歌颂英雄的《困铜台》《逼上梁山》等，有颂扬高风亮节的《青自居》《十五贯》等，有揭露封建社会黑暗的《六月雪》《恩仇记》等，还有传统历史剧《大西汉》《白杨河》等。

国家级代表性传承人名单

姓名	性别	申报地区或单位	入选批次
张建琴	女	山西省孝义市	2
田学思	男	山西省孝义市	2

文南词

序号：712

编号：Ⅳ-111

批次：2

类别：传统戏剧

申报地区或单位：安徽省宿松县

文南词，又称文词戏、文词腔，是一种流传于安徽池州市的东至县、安庆市的宿松县等地的古老的戏曲剧种，素有黄梅戏姐妹腔之称，迄今已有三百年的历史。清末湖北黄梅一带的卖唱艺人将渔鼓小调带入安徽宿松，后来逐渐与当地灯会歌舞、民乐结合，再进一步与流传于长江中下游一带的"文词腔"融汇，于是真正意义上的文南词诞生。

文南词主要声腔有文词、南词等，"文南词"一名即取二者首字而来。文南词声腔发展，经过坐唱时期的"单曲叠用""多曲连缀"，形成正本戏后的板腔体，唱腔分小调、文词、南词三大部分。进入宿松后，文词逐渐成为"当家腔"，板式有正板、慢板、哭板、就板、乐板等。新中国成立后经音乐人整理完善，又分老生文词、小生文词、旦角文词、丑角文词、花脸文词等五种，各以润腔和音色等特点而异。在音域上又以四度之差而分为"男文词"与"女文词"，男腔高亢稳健，女腔委婉跳跃。特别是文词中"商"与"徵"的调式交替，突破了本地以"徵"为主的局限，从而色彩大增。

文南词底蕴深厚，表现形式灵活，题材大多贴近百姓生活，文南词在不同的时期有不同的代表剧目，如《纳袈衣》《卖杂货》《卖草墩》《纺线纱》等是早期文南词的剧目，后期还有《苏文表借衣》《打樱桃》等特色剧目。

在发展过程中，文南词深深影响了周边的地方剧种，它所包含的许多艺术元素为后起的黄梅戏所吸纳，对黄梅戏的变革发展起到了推动作用。但当前，这一古老剧种也面临着演出市场萎缩、观众急剧减少、人才缺乏等诸多困境。

国家级代表性传承人名单

姓名	性别	申报地区或单位	入选批次
余杞朝	女	安徽省宿松县	4

五音戏

序号：210

编号：Ⅳ-66

批次：1

类别：传统戏剧

申报地区或单位：山东省淄博市

五音戏，是山东地区独有的戏曲剧种，其发源于山东章丘、历城一带，最初由边打鼓边歌唱的秧歌腔发展而来，迄今有二百余年历史，曾广泛流传于山东中部的济南、淄博及周边地区。

五音戏的唱腔音乐以板腔体为主，曲牌体为辅。表演时一般是先吐字，后行腔，曲调口语化，腔调旋律变化较多。其演唱用本嗓，女腔尾音旋律延长，后尾用假嗓翻高，称为"云遮月"，曲调优美质朴，适于抒发多种感情。五音戏的剧词，生活气息浓厚，群众词汇丰富，常用民间谚语和形象比喻，具有民间口头文学的特点。五音戏的表演早期以二小（小旦、小生）戏、三小（小旦、小生、小丑）戏为主，无文场伴奏，内容多反映民间生活，后经发展增添了文场伴奏，剧目也更为丰富。

五音戏内容多表现当地农村妇女的形象和生活状态，传统剧目主要有《王小二赶脚》《王二姐思夫》《拐磨子》《彩楼记》《王定保借当》《墙头记》《赵美蓉观灯》《王林休妻》《乡里妈妈》《王婆说媒》《张四姐落凡》《松林会》《亲家顶嘴》《安安送米》等。

五音戏植根于民间，曾是流传地区百姓节假婚庆、自娱自乐不可缺少的艺术形式。近年来，社会、经济、文化等方面的急剧变革给五音戏带来极大的影响和冲击。

国家级代表性传承人名单

姓名	性别	申报地区或单位	入选批次
霍俊萍	女	山东省淄博市	2

武安平调落子

序号：196
编号：Ⅳ-52
批次：1

类别：传统戏剧
申报地区或单位：河北省武安市

武安平调落子，是河北省武安市独有的两个地方剧种即"武安平调"和"武安落子"的总称，流传于河北省南部的邯郸、邢台，河南省北部的安阳、新乡及山西省东南部的长治等地区。

武安平调约在明末清初由河南怀调演变而来。武安平调属于梆子腔系，有慢板、二八板、散板、流水板、栽板等板式。文场主要用二弦、轧琴、板胡等伴奏；武场除一般普通打击乐器外，另有大锣、大铙、大镲、战鼓，称为"四大扇"。平调角色行当齐全，有红生、小生、老生、配生、青衣、小旦、彩旦、老旦、大脸、二脸、三花脸、杂花脸等行当，合称"四梁八柱"。平调的武打自成一格，粗犷豪放。表演中的念白以武安话为基础。

武安平调有传统剧目两百多个，代表性的如《三进帐》《姚刚征南》《董家岭》《天河配》《三上轿》《桃花庵》《朱彦荣吊孝》《铡赵王》《司马懿观山》等。

武安落子原名莲花落，清末由武安民间流行的"花唱"发展而来。武安落子唱腔属板式变化体，有慢板、高腔、娃子、悲腔、迷子等板式和腔调。早期伴奏乐器只有锣踏鼓，后增添镲、钹、笛子、板胡、二胡等。武安落子角色齐全，主要分小旦、青衣、小生、小丑、老生等行当。其表演不以武功和戏曲程式见长，而是将秧歌、高跷等民间舞蹈和生活动作融于戏中。

武安落子有传统剧目一百四十余出，代表性的如《借笛笛》《吕蒙正赶斋》《老少换妻》《小过年》《借当》《何文秀》《王小赶脚》《闹驴》《跪花厅》《闹书房》等。

20世纪90年代以来，武安平调落子各专业剧团开始步入低谷，人员流失过多，演出无法正常进行，随着一些平调落子老艺人的相继去世，使许多珍贵的资料没有保留下来，武安平调落子面临着严重危机。

国家级代表性传承人名单

姓名	性别	申报地区或单位	入选批次
杜银方	男	河北省武安市	2
陈淮山	男	河北省武安市	2

武当神戏

序号：1111

编号：Ⅳ-149

批次：3

类别：传统戏剧

申报地区或单位：湖北省丹江口市

武当神戏，是湖北省丹江口市习家店镇青塘村王氏家族，在汲取武当文化及当地民间戏曲和民歌小调的基础上，演化成的当地一种独特的传统戏曲种类，至今已有近四百年历史。武当神戏的特点是其与武当山道教祭神仪式的密切结合。道教仪式之前要先唱敬神戏，以示虔诚，后来香客集会、大户人家许愿甚至帮会活动时都要演唱"祭神戏"。

武当神戏分为调子戏和八岔子戏两个剧种，是中国民间戏曲中少有的"一戏两剧种"，其唱腔丰富。调子戏的唱腔有九腔十八调，百转千回，具有浓郁的地方特色；八岔子戏的唱腔有五个调，一人主唱，幕后众人帮腔，幕前幕后互为衬托。武当神戏主要用锣鼓伴唱，包括二腔（新腔、老腔）、五调（紧八岔调、慢八岔调、二流调、拉花调、卖翠花调），乐器包括锣、鼓、边鼓、唢呐配笙。

武当神戏中现存的"调子戏"剧目有神戏《天空之事》《韩湘子化斋》等；"八岔子戏"有《送香茶》《四劝》《张和休妻》《东楼会》等。武当神戏反映了武当地域文化的发展脉络和人民群众的生活状况及社会进步历程，对研究道教文化、戏曲发展轨迹及武当山建设与发展都具有历史参考价值。

近年来，随着时代变迁，武当神戏逐渐被各种现代艺术形式所代替，仅有十余名老艺人，后继无人，剧种已濒临灭绝。

武都高山戏

序号：735

编号：Ⅳ-134

批次：2

类别：传统戏剧

申报地区或单位：甘肃省陇南市

武都高山戏，甘肃省独有的特色剧种之一，又名高山剧，发源于甘肃省陇南市武都区的鱼龙镇，因这一带高山连绵而得名。1959年以前鱼龙、隆兴等地人叫它演故事、走过场、社火戏等，1959年定名为高山戏。武都高山戏起源民间祭祀和传统社火，至今已有一百五十多年的历史，主要流传于甘肃省陇南市武都区的鱼龙、隆兴、金厂、龙坝、汉王等地。

武都高山戏属曲牌体戏曲剧种，其唱腔分为欢音和伤音两大类。欢音类唱腔如古碌、十把扇、进状元、状元回府、进花园、门墩儿、太平年等，明快活泼、玲珑华美。伤音类唱腔如胭脂泪、滚白带哭腔、旺哥等，缠绵凄楚、哀怨动人。高山戏的舞台演出程式一般分为踩台、开门帘、打小唱、演故事等。其中演故事是高山戏的正式内容，其他表演如圆庄、上庙、走印等则带有明显的祈福、娱神和自娱等性质。高山戏语言是地道的武都方言，大量衬词和灵活的帮腔形式构成了高山戏独特的演唱风格。高山戏伴奏乐器分为武乐和文乐，武乐有大鼓、大锣、四页瓦，文乐有大筒子、土琵琶、二胡等。

武都高山戏代表性传统剧目有《咸阳讨账》

《刘四告状》《老换少》《白玉霜》《康熙拜师》《儿嫌娘丑》等，创作剧目有《开锁记》《孬女婿》《挡车》《人老心红》《夜逃》《特殊党费》等。

当前，随着社会的变迁，武都高山戏面临着演出市场萎缩、传承后继乏人等诸多困境，急需抢救和保护。

国家级代表性传承人名单

姓名	性别	申报地区或单位	入选批次
尹维新	男	甘肃省陇南市	3

婺剧

序号：711
编号：Ⅳ-110
批次：2
类别：传统戏剧
申报地区或单位：浙江省金华市、江山市

婺剧，浙江省地方戏曲剧种之一，俗称"金华戏"。它以金华地区为中心，流传于金华、丽水、临海、建德、淳安以及江西东北部的玉山、上饶、贵溪、波阳、景德镇等地。

早期婺剧班社主要在四乡集市、庙会，19世纪30年代初，才开始进城，以金华城隍庙、西华寺等为演出场地，后逐渐经常在长乐、北山、金城、群众等戏院演出。在农村，早期的业余班社以坐唱自娱为主，每逢迎神赛会，则敲锣打鼓沿街挨村游动演唱，后来发展为化装上台演出。

婺剧唱腔音乐体系是高腔、昆腔、乱弹、徽戏、滩簧、时调六种声腔的综合。婺剧唱腔优美，韵味独特。音乐大锣大鼓，雄壮豪放。表演上具有古朴浑厚，强烈夸张，生活气息浓郁的特色。它不但保留了许多面具以及傀儡、傩舞等古老的表演动作和程式，且拥有变脸、耍珠、舞叉、蹿梁、耍叉、打飞锣、踢剑、穿火圈、穿刀、双龙出海、七十二吊等大量特技表演；各行角色大都文武不挡，有文戏武做、武戏文做的表演风格。

婺剧剧目丰富，传统深厚，拥有八百多个大小剧目、三千余首曲牌。

在现代娱乐业迅速发展的形势下，婺剧市场受到很大冲击，目前，婺剧的传承和发展困难重重，前景堪忧，亟待抢救和保护。

国家级代表性传承人名单

姓名	性别	申报地区或单位	入选批次
葛素云	女	浙江省金华市	3
郑兰香	女	浙江省金华市	3
姜志谦	男	浙江省江山市	3
张建敏	女	浙江省金华市	4
陈美兰	女	浙江省金华市	4

西河戏

序号：1107
编号：Ⅳ-145
批次：3
类别：传统戏剧
申报地区或单位：江西省星子县

西河戏，地方戏曲剧种之一，又称"弹腔戏"，俗名"星子大戏"，因有西河水流经星子地区，1982年定名为"西河戏"。它主要流传于江西星子、德安、九江一带。

西河戏的基本唱腔是"西皮""二黄"两条主线，但支流很多。西皮有导板、正板、原板、垛子、裁板、三六板等；二黄有导板、正板、慢板、八板头、还魂调、倒扒浆、平板等。西皮唱腔的主要特点是旋律高亢奔放，浑厚淳朴，长于表现激情、奔放、欢乐、得意、粗犷的情绪，节奏明快爽朗，大方干脆。二黄唱腔的主要特点是旋律沉稳严肃，长于表现沉思、忧愁、内心复杂、伤感哀叹的情绪，其节奏缓慢、平静稳定。

在西河戏唱腔中，老一辈艺术家引入了很多民间音乐，如《打龙蓬》中丫鬟唱的《补缸调》，《芦花荡》中船夫唱的《过山丢》，《双卖武》中阮三爷唱的《乐天歌》，《双珠凤》中小姐与丫鬟对唱的《十杯子酒》等，这些民间小调，丰富了西河戏的唱腔，增添了演出效果。

西河戏现有传统剧目一百五十多种，题材多取材于历史故事，剧本结构冗长，内容崇尚忠、义、廉、孝，台词念白多乡音俚语，服装道具也古色古香。代表剧目有《清宫册》《下河东》《三关调将》《白虎关》《二进宫》等。

2010年11月，为保护和挖掘地方优秀汉族传统文化遗产，星子县编撰、整理的非物质文化遗产项目类书籍《西河戏》正式出版发行，这对于保护、发掘、弘扬西河戏这一优秀传统文化遗产将起到积极的推进作用。

西路梆子

序号：1116

编号：Ⅳ-154

批次：3

类别：传统戏剧

申报地区或单位：河北省海兴县

西路梆子，地方戏曲剧种之一。其前身为山陕梆子，经商人传入今河北海兴一带，当地人结合本地的哈哈腔、罗罗腔、柳子戏、渔鼓戏、秧歌剧及地方民歌、鼓词等说唱艺术兼容武术、杂技、舞蹈等民间技艺，形成了西路梆子，并迅速传播开来。西路梆子与山东同样由山陕梆子演变而成的东路梆子并称。该剧深受冀鲁边区一带群众喜爱，曾在京、津、沪、鲁、冀等地广泛传播并盛行一时，清末进入宫廷，深受帝王及王公重臣推崇。

西路梆子唱腔高亢、激昂，表演粗犷，念白多用海兴一带方言土语，主弦伴奏与当今河北梆子伴奏指法明显不同，唱词的语言结构比较灵活，口语化成分较重。西路梆子表演形式内容丰富，角色生、旦、净、丑行当俱全，尤以武生、武丑、刀马旦戏份最重，要求演员有极好的武术功底。旦角的青衣、花旦等行当的表演也独具特色，后来对京剧的表演也产生了很大影响。

西路梆子传统剧目多表现当地民风民俗，且大多来源于当地的传说及故事。演出以生动活泼的形式教育人们尊老爱幼、积德行善、勤劳耕织、尚文进取等。代表剧目有《张三打拳》《张三跑马》《走矮人》《耍轴棍》《吊小辫》《抖帽翅》《仙人脱衣》等。

目前，西路梆子只有极少数民间艺人能够演唱、伴奏，且仅有的几个传承人年事已高，后继乏人。珍稀剧本急需加紧挖掘、整理，并进行抢救性编演。演出团体队伍急需组建并壮大。进一步挖掘、整理、保护西路梆子，是一项十分艰巨的任务。

西秦戏

序号：191

编号：Ⅳ-47

批次：1

类别：传统戏剧

申报地区或单位：广东省海丰县

西秦戏，地方戏曲剧种之一，是明代西北

地区的西秦腔流入海陆丰，与当地民间艺术和语言结合，逐渐形成的一种地方剧种，主要流传于广东海丰、陆丰、潮汕和福建南部及中国台湾等地。

西秦戏的音乐唱腔为齐言对偶句的板式变化体，曲调有正线、西皮、二黄、小调四类。正线是西秦戏的主要声腔，又分二方、平板、梆子三种。西秦戏唱、白沿用中州音韵，男女异声同调，男唱真嗓，女唱假嗓。乐队分"文畔""武畔"两种，"文畔"使用头弦、二弦、三弦、月琴、唢呐、号头等乐器，"武畔"主要使用锣鼓等打击乐器。西秦戏表演风格粗犷豪放，雄浑激昂，长于武戏，其武打技巧取法南派武功。西秦戏角色分"打面行""打头行""网辫行""旗军行"几种，"打面行"包括红面、乌面、丑等；"打头行"包括正旦、花旦、蓝衫、婆脚等；"网辫行"包括老生、文生、武生、公末等；"旗军行"包括乌军、红军等。

西秦戏传统剧目有一千多个，代表性的如《龚克己》《三官堂》《宝珠串》《贩马记》等"四大弓马戏"，《打李凤》《棋盘会》等"三十六本头戏"，《斩郑恩》等"七十二提纲戏"，以及《回窑》《葛嫩娘》《秦香莲》《赵氏孤儿》《游西湖》等。

由于艺人外流，造成海丰县西秦戏剧团目前青黄不接、行当不全，致使在剧目创作、艺术生产和演出上都存在不少问题，亟待解决。

国家级代表性传承人名单

姓名	性别	申报地区或单位	入选批次
吕维平	男	广东省海丰县	2
严木田	男	广东省海丰县	3

锡剧

序号：704
编号：Ⅳ-103
批次：2
类别：传统戏剧
申报地区或单位：江苏省演艺集团锡剧团、无锡市、常州市

锡剧，江苏省主要地方剧种之一，别名"滩簧""常锡文"，其雅号为"太湖红梅"。发源地一是江苏省常州市武进区，原为常州地方滩簧。另一发源地是江苏省无锡市羊尖、严家桥等太湖沿岸农村地区。流传于苏南、上海、浙江北部、苏中、安徽东南部。锡剧始于清代乾嘉以来的吴语滩簧，迄今已有一百多年历史。

锡剧唱腔曲调基本上是上下句的板式变化体结构，常在上下句之间插入一段或长或短的清板。主要曲调为簧调，曲调柔和、流畅，以"簧调"为基本曲调，同时兼有大陆板、铃铃调等数十种曲调，有男、女分腔的显著特点，锡剧音乐富有江南水乡民间音乐的特色，柔和抒情，清快悦耳。

锡剧表演行当以花旦、小生为主，代表剧目有《双推磨》《庵堂相会》《庵堂认母》《双珠凤》等，锡剧在后来的发展中以古装戏为主，主要参照京剧的表演程式和艺术手段。部分剧团还聘请京剧和昆剧演员进行辅导，学习京、昆的舞蹈身段、形体动作，向载歌载舞、唱做念打方向发展，但一般仍以"唱"为重点。

锡剧艺术是吴越文化的重要代表，它生长植根在吴越大地，和吴越人民有着密切的关系，具有朴实的感情、生动的语言、浓厚的乡土色彩，它与同属滩簧戏的沪剧、甬剧、苏剧同为江南戏曲艺术的瑰宝，为江南地方文化的研究提供了丰富的资源。

国家级代表性传承人名单

姓名	性别	申报地区或单位	入选批次
倪同芳	女	江苏省演艺集团锡剧团	3
王兰英	女	江苏省演艺集团锡剧团	3
沈佩华	女	江苏省演艺集团锡剧团	3
姚澄	女	江苏省演艺集团锡剧团	3
吴雅童	男	江苏省常州市	3
王根兴	男	江苏省演艺集团锡剧团	4

弦子腔

序号：1115

编号：Ⅳ-153

批次：3

类别：传统戏剧

申报地区或单位：陕西省平利县

弦子腔，地方戏曲剧种之一，又名弦子戏，因用弦胡主奏而得名，音乐属板腔体。自清嘉庆年间产生以来，以陕西平利县为中心，流传于陕西安康、旬阳、岚皋、镇坪、白河及湖北房、竹地区。

弦子腔声腔以平利方言为基础，有13种唱腔板式，常用的曲牌8首，唢呐曲牌18首，锣鼓打头30种。弦子腔的说唱性、每段唱腔尾接观众互动的"喊腔号子"以及乐器中的弦胡和"莲花落"是弦子腔有别于其他剧种的三个显著的个性特征。弦子腔唱腔板式齐全，既有喜悦类型的"平腔"，又有悲苦类型的"苦腔"，还有号子"喊腔"。唱腔以上下句为基础，依不同板式而变化，表现戏剧冲突。板式变化的一般规律是：慢曲在前，中曲次之，急曲在后，一头一尾往往是散板起、散板收。弦子腔以皮影戏为主要表现形式。"玩子班"坐唱式则不加表演；现代弦子腔保留其调式特点，丰富了伴奏音乐，使弦子戏更加完美。丰富的调式使弦子腔宜于表现各种题材的大小剧目，仅传统剧目就有八百多个，非一般小戏剧种所能及。传统剧目有《松岭钟声》《飞山堰》《九连珠》《拾玉镯》《两相喜》《追箱》《摘匾》等。平利弦子腔，好学易懂，演唱方便，观众参与伴唱这一独有的互动性和平民化特色，在其他剧种中是不多见的。

目前，当地文化主管部门做了大量发掘、抢救工作，但仍存在不少困难和问题：技艺高超的民间艺人相继谢世、传承机制不够完善、资金匮乏、现代传媒和西方文化的影响下市场萎缩等。

湘剧

序号：728

编号：Ⅳ-127

批次：2

类别：传统戏剧

申报地区或单位：湖南省湘剧院、长沙市、桂阳县

湘剧，是湖南省的一种地方戏曲剧种，迄今有六百年历史，主要流传于长沙、湘潭、株洲、桂阳一带。

湘剧源于明代的弋阳腔，后又吸收昆腔、皮黄等声腔，形成一个包括高腔、低牌子、昆腔、乱弹的多声腔剧种，并吸收了青阳腔、四平调、吹腔以及南罗腔、银纽丝、鲜花调等杂曲小调。在长期的衍变过程中，高腔和乱弹已成为当今湘剧艺术中的主要声腔。高腔曲牌有三百余支，有南北之分，南曲多于北曲。每支曲牌一般由"腔"和"流"两部分构成。凡属句幅大、旋律强、用人声和打击乐帮钹声作为结尾的乐句称为"腔"；而字多声少，朗诵性强，只有鼓、板击节的"滚唱"称为"流"。伴奏以小唢呐、

447

锣鼓为主，曲调活泼轻快，适于演歌舞戏。湘剧表演重功架与特技，且融百戏、杂技、武术等于其中。

湘剧的"四大连台"和"六大记"，是演出时间最早、保留时间最长的代表剧目。高腔的"四大连台"为《封神传》《目连传》《西游记》《精忠传》，每本可连台演出五日至七日。"六大记"为《金印记》《投笔记》《白兔记》《拜月记》《荆钗记》《琵琶记》。乱弹的"八大连台""江湖十八本"和"三十六按院"，则是经常演出并为观众所熟悉的剧目。

由于现代文化的冲击，湘剧与观众的关系越来越淡薄，加上资金缺乏、人才流失等问题，湘剧的生存正面临着严峻的形势。

国家级代表性传承人名单

姓名	性别	申报地区或单位	入选批次
曾金贵	男	湖南省长沙市	3
曹汝龙	男	湖南省长沙市	3
谢忠义	男	湖南省桂阳县	3

新昌调腔

序号：152
编号：Ⅳ-8
批次：1
类别：传统戏剧
申报地区或单位：浙江省新昌县

新昌调腔，是浙江省的地方戏曲声腔之一，又名掉腔、绍兴高调、新昌高腔。清初，它以杭州为中心，流传甚广。清末民初，迭经战乱，又因新兴剧种兴起，调腔因之而衰。新昌地处浙东山区，这里环境相对闭塞，民风淳朴，因而调腔在这一隅之地得以保存下来。

新昌调腔的演唱有帮腔、叠板和干唱等方式。其中帮腔是演员在演唱时，唱腔的句尾则由后场帮唱或接唱，根据剧中人的心理状态和典型环境，有规律、分层次地予以应和。调腔的伴奏乐队构成简单，仅由6人组成，负责鼓板、小锣等的演奏。调腔的角色行当有"三花、四白、五旦堂"之称，三花为大花脸、二花脸、小花脸，四白为老生、正生、副末、小生，五旦堂为老旦、正旦、贴旦、小旦、五旦。其表演以精湛细腻著称，有擎椅、掌烛、背身踢靴等绝技。

调腔的伴奏不用管弦，只有打击乐，分文武场，不同音色的文武场打击乐器有28种之多，后因受当地昆腔和乱弹剧种影响，在极少数折子戏中增加了笛子及板胡伴奏，仍保留尾音帮腔。

新昌调腔剧目丰富，既有源于目连戏、南戏、元杂剧、明清传奇的各种剧目，又有近现代新编的历史故事剧和现代剧。在调腔的艺术档案中，保存下来的晚清以前的古剧抄本有159种，其中属于元杂剧的《北西厢》《汉宫秋》《妆匣记》等剧目为调腔所独有，极为珍贵。

早在清末民初时新昌调腔就走向衰落。新昌调腔剧团是全国尚能演出元杂剧《西厢记》的唯一剧团。目前新昌调腔戏受社会变革的影响，处于濒危状态，剧团资金匮乏，演艺人员青黄不接，断层严重。

国家级代表性传承人名单

姓名	性别	申报地区或单位	入选批次
章华琴	女	浙江省新昌县	2
蔡德锦	男	浙江省新昌县	2

◎ 传统戏剧

醒感戏

序号：1102
编号：Ⅳ-140
批次：3
类别：传统戏剧
申报地区或单位：浙江省永康市

醒感戏，地方戏曲剧种之一，又名醒惑戏、永康省感戏，因第一个上演的剧目为《毛头花姐》，故也叫"永康毛头花姐戏"。它是一种"劝人反省，导人归正"，直接为道教、佛教服务的戏曲剧种。醒感戏产生于浙江永康，流传于永康及毗邻的磐安、东阳、义乌、缙云、武义、金华等市县。

醒感戏是在当地的民间传说、民歌、小调的基础上，吸收了侯阳高腔、松阳高腔而发展起来的，属于曲牌体高腔腔系剧种。醒感戏音乐以高腔音乐为主，民歌与道士腔等曲调同时并用，念白采用通俗易懂的方言，表演过程中有"翻九楼"等杂技。

演醒感戏的班社叫省感班，他们的组织、剧目、表演、音乐等和婺剧各班社均有相似之处。省感班由24人组成，其中演员13人，包括包头（旦堂）5人、花面（花面堂）4人、白面（白面堂）4人；后场（乐队）5人；箱房3人；伙房3人。省感班共有九本戏，因为其演出与宗教活动密切配合，故又叫"省感九殇"，即《毛头花姐》《断缘殇》《撼城殇》《精忠殇》《逝女殇》《孝子殇》《狐狸殇》《草集殇》《溺水殇》。

有着深厚群众基础的醒感戏也一度陷入濒危境地。目前，在当地政府的高度重视与扶持下，醒感戏的演出与发展逐渐走出困境。班社数量增多，在当地集市、庙会等民俗活动中经常演出。

徐州梆子

序号：722
编号：Ⅳ-121
批次：2
类别：传统戏剧
申报地区或单位：江苏省徐州市

徐州梆子，是江苏省地方戏曲剧种之一，也称江苏梆子。明朝后期，陕西、山西梆子传入徐州一带，受徐州地区民歌小调、杂耍曲艺、地方说唱和方言习俗影响，逐步衍化成徐州梆子。它广泛流传于苏鲁豫皖四省接壤的广大地区，特别是徐州的丰县、沛县、铜山三地。

徐州梆子声腔属板腔体，常用的板式以"慢板""流水""二八""非板"四大板为主，由此派生出"垛子""栽板""迎风""金挂钩""倒三拨"等板式。伴奏用的曲牌有两百余首，特别是唢呐牌子最具特色。徐州梆子的声腔主要由陕西、山西梆子衍化而来，但在调式、旋律节奏以及语言音韵和演唱风格上，都体现了徐州方言介于中州语系与吴越语系间的特点。徐州梆子戏表演节奏强烈，程式上规范严谨，技巧性高，多采用"文戏武唱"，用大段唱腔来塑造人物，把剧情推向高潮。生、旦、净、丑各行当分工更为精细，什么样的嗓音决定什么行当，特别是黑、红脸唱腔激越高亢、慷慨悲壮，真假声结合，具有鲜明的艺术特色。

徐州梆子戏的传统剧目有"四大征"：《薛礼征东》《樊梨花征西》《姚刚征南》《燕王征北》；"四大铡"：《铡赵王》《铡美案》《铡郭嵩》《铡郭槐》及"老十八本""新十八本"等。

近年来，由于受到现代多元文化的冲击和观众审美情趣的转移，徐州梆子戏已处于经费紧张、人员流失、后继乏人的濒危状态，亟待对其进行保护和扶持。

449

国家级代表性传承人名单

姓名	性别	申报地区或单位	入选批次
蒋云霞	女	江苏省徐州市	3

雁北耍孩儿

序号：185
编号：Ⅳ-41
批次：1
类别：传统戏剧
申报地区或单位：山西省大同市

雁北耍孩儿，是一种以曲牌名命名的戏曲声腔剧种，又称咳咳腔。它起源于山西原雁北地区的大同、怀仁和应县一带，是以金、元时代盛行的"般涉调·耍孩儿"曲调为基础，并受其他戏曲音乐和民歌的影响发展起来的。它是以曲牌名命名的一个戏曲声腔剧种，至今已有六百年以上的历史，现主要流传于山西省北部的大同市及周边地区。

雁北耍孩儿的唱腔属曲牌体，名为"平曲子"，有"本体""主插体""异体"三种结构类型。以主曲为骨架，嵌入"喜钹子""苦钹子""倒三板""半钹子""垛钹子""梅花钹子""串儿"等曲调，同时又巧妙地吸收梆子戏中"介板"和"滚白"的唱法，使板腔体音乐和曲牌体音乐融为一体，转换自如。

耍孩儿的唱腔很有特色，发声使用后嗓子，声音从喉咙后部发出，先咳后唱。唱词叠褶也是耍孩儿的一个特点。耍孩儿传统的伴奏音乐分文、武场，文场以板胡、笛子为主要伴奏乐器，武场则使用大锣、小锣、鼓、钹等。耍孩儿的角色分红、黑、生、旦、丑五行，表演上大量吸收民间舞蹈动作。

耍孩儿传统剧目丰富，代表性的如《白马关》《七人贤》《三孝牌》《打佛堂》《对联珠》《送京娘》《金木鱼》《狮子洞》《花园会》《二龙山》《赶脚》等。

雁北耍孩儿过去相当受当地群众喜爱，但近些年逐渐走入低谷，城镇的演出市场日益萎缩，乡村的情况也不容乐观。近年来耍孩儿专业剧团在城镇的演出基本上是公益性演出或为配合旅游、庆典而进行，境况堪忧。

国家级代表性传承人名单

姓名	性别	申报地区或单位	入选批次
薛瑞红	女	山西省大同市	2
王斌祥	男	山西省大同市	2

秧歌戏

隆尧秧歌戏、定州秧歌戏、朔州秧歌戏、繁峙秧歌戏

序号：214
编号：Ⅳ-70
批次：1
类别：传统戏剧
申报地区或单位：河北省隆尧县、定州市，山西省朔州市、繁峙县

扩展名录：

秧歌戏（蔚县秧歌）	河北省蔚县
秧歌戏（祁太秧歌）	山西省祁县、太谷县
秧歌戏（襄武秧歌）	山西省襄垣县、武乡县
秧歌戏（壶关秧歌）	山西省壶关县
秧歌戏（泽州秧歌）	山西省泽州县

秧歌戏，是我国北方地区广泛流传的一种民间戏曲，主要分布于山西、河北、陕西及内蒙古、山东等地。它起源于农民在田间地头劳动时所唱的歌曲，后与民间舞蹈、杂技、武术等表演艺术相结合，在每年的正月社火时演唱带有故事情节的节目，逐步形成戏曲形式。清代中叶，梆子腔剧种兴盛以后，山西、河北、陕西的秧歌戏在不同程度上借鉴和吸收了当地梆子戏的剧目、音乐和表演艺术，逐渐发展为舞台演出，向地方大戏演变。

各地秧歌戏的传统剧目分小戏和大戏两类，小戏俗称"耍耍戏"，包括《王小赶脚》《借》《拐磨子》《绣花灯》《做小衫衫》《天齐庙》等，大戏包括《花亭会》《九件衣》《芦花》《日月图》《白蛇传》《老少换妻》《梁山伯下山》《李达闹店》《安安送米》等。秧歌戏角色原只有小丑、小旦、小生"三小门"，后在此基础上增加了须生、花脸、青衣"三大门"。其音乐唱腔吸收了梆子腔的特点，形成曲牌体与板腔体兼容的体制，表演也有了较大的丰富和提高。

近年来，随着时代变迁，现代多元文化的冲击和受表演的时限性影响，各地秧歌戏都面临困境，演出队伍不断萎缩，演出机会逐渐减少，缺乏创新剧目，渐渐走向濒危境地，急需抢救保护。

秧歌戏（隆尧秧歌戏）
申报地区或单位：河北省隆尧县

隆尧秧歌戏，发源于河北隆尧县和邢台市的巨鹿、任县、宁晋以及石家庄市的赵县等。它诞生于明末清初，至今已有四百多年历史，是河北省古老的地方剧种之一。

隆尧秧歌的主要特点：一是表演舞台性，行当齐全，唱念做打完善，不同于民艺舞蹈扭秧歌；二是地域乡土性，表演风格饱含乡土气息；三是剧目丰富，据统计达二百余出；四是语言通俗，唱词道白朴实生动，口语民风浓，唱腔简单明快；五是伴奏简易，徒歌干唱，前期只有武场，以鼓锣镲梆为主，后期增添弦笙笛等文场乐器。

秧歌戏（定州秧歌戏）
申报地区或单位：河北省定州市

定州秧歌戏，因发源地在定州而得名，主要流传于华北平原中西部。

定州秧歌唱腔均以宫调式为主，演唱是用本嗓、真嗓大喊的方法，传统演唱没有文乐伴奏，无固定调门，演员随意起调，加上管弦乐伴奏后，调值为D调。唱腔中大量运用衬字虚词。旋律以下行旋律较多，但唱法中不乏诙谐俏皮。节奏以一板一眼为主，传统板式达二十八种之多，仍旧保留了全用打击乐伴奏（即大锣腔）的形式。其戏文浅显易懂，有大量方言俚语，生活气息浓厚。

秧歌戏（朔州秧歌戏）
申报地区或单位：山西省朔州市

朔州秧歌戏，主要流传于山西朔州市及周边内蒙古南部的集宁、呼市、包头及河套一带。它以舞蹈和戏曲两种艺术形式活动于民间，以舞蹈为主的秧歌称为"踢鼓子秧歌"，以演戏为主的秧歌称为"大秧歌"。

"大秧歌"唱腔集中了当地流行的民歌小调，借鉴了其他戏曲的唱腔结构和曲调，形成了独特的板腔与曲牌的综合体。剧目以道教故事和民间故事为主。"踢鼓子秧歌"，主要是在节庆和祝寿、拜女婿、应邀还愿等场合中表演。男角称"踢鼓子"，女角称"拉花"，男女成对表演。演员多扮成《水浒》《西游记》中的人物，表演粗犷奔放。

秧歌戏（繁峙秧歌戏）
申报地区或单位：山西省繁峙县

繁峙秧歌，主要流传于山西北部、内蒙古自治区南部和河北西北部一带。

繁峙秧歌气氛热烈、曲调浑厚。唱腔结构由板腔体和曲牌体混合组成。其唱腔最初为小曲小调，后吸收北路梆子、晋北道情、耍孩儿以及民间乐曲的部分曲调和板式，发展为梆子声腔与民间小调相结合的唱腔。其中板腔体的基本板式有10种，曲牌体的训调有17种，另外还有若干个小调，器乐曲牌75个。

繁峙秧歌戏的剧目有86个，其中有早期的民间小戏，也有逐渐发展的连本大戏，经典剧目如《孟姜女》《墙头马上》《玉棋子》《樊梨花斩子》《丢姑爷》《杨志华》等。

秧歌戏（蔚县秧歌）
申报地区或单位：河北省蔚县

蔚县秧歌，产生于旧时的蔚州（即今河北蔚县和山西广灵、灵丘一带），流传于河北张家口地区和山西省雁北、晋北地区及内蒙古自治区一些旗县，并远播到蒙古国。早在明末清初时期，蔚县一带的民歌小调广泛流传，人们把这些即兴唱出来的民歌称为"赛"，并把它们从田间地头搬上舞台演唱，从而逐渐形成了后来的蔚县秧歌。

蔚县秧歌唱腔音乐分民歌体和板腔体两大体系。民歌体唱腔在蔚县秧歌中总称为"训调"。这是蔚县秧歌的基本唱腔，过去有七十多种，现存二十多种。板腔体唱腔，由大悠板、头性、二性、三性、导板、介板、滚白种等基本板式所组成。

伴奏音乐包括丝弦曲牌（弦奏类）、唢呐曲牌（吹奏类）和打击乐三种。蔚县秧歌传统剧目有《回龙阁》《打瓦罐》《花亭会》《九件衣》《杀嫂》《穆桂英挂帅》《宝莲灯》等，新编剧目有《陆判官》《雷公》《烟鬼显魂》《联庄会》等。

秧歌戏（祁太秧歌）
申报地区或单位：山西省祁县、太谷县

祁太秧歌，流传于晋中地区祁县、太谷、榆次、平遥、介休、交城、文水、汾阳、太原等地。祁太秧歌的早期表演类型是元宵节闹灯踩街秧歌，大都是以第三人称说见闻、数典故、叙景致的歌舞形式。祁县、太谷等地有秧歌自乐班社活动，逢年过节时便会编演剧目。

祁太秧歌音乐共包括三百余首秧歌曲调、少量的曲牌音乐（丝弦曲牌及唢呐曲牌）和部分打击乐。祁太秧歌的唱腔音乐属民歌体，句式复杂多变，没有成套的唱腔体式，不受任何框架约束，活泼自由。另外，衬字、嵌词的广泛应用也使得唱腔更加灵活多变、生动有趣。祁太秧歌的表演迄今还没有形成较严格的程式和完整的套路。剧情内容以农村社会生活为主。传统剧目有《吃油馍》《采茶舞》《哭五更》《翠屏山》《大算命》《并蒂莲》《五谷丰登》等。现代戏如《朝阳沟》《李双双》《李二嫂改嫁》《三换肩》《挑女婿》《送嫁妆》等。

秧歌戏（襄武秧歌）
申报地区或单位：山西省襄垣县、武乡县

襄武秧歌产生于山西襄垣、武乡一带，流传于潞城市、高平市、长治市、晋城市以及晋中地区。襄武秧歌属于民间歌舞类型诸腔系。唱腔的结构形式为板腔体。唱腔以上下两句为一个基本单位，有规律地变化，反复进行。传统唱腔有流水和吃联两大类。曲牌主要分文乐曲牌和击乐曲牌两类，文乐曲牌又包括弦乐曲牌和唢呐曲牌两种。襄武秧歌有传统剧目239本，如《兰英进京》《玉凤配》等，现代剧目有157本，如《李有才板话》《小二黑结婚》《老八路》等。

秧歌戏（壶关秧歌）
申报地区或单位：山西省壶关县

壶关秧歌产生于山西壶关县赵屋及长治县西火一带，主要流传于壶关、长治及长子、屯流、潞城、陵川、平顺一带。该剧兴起于清代咸丰、同治年间，原为逢年过节打铁挖煤时唱的调子，于道光年间盛行。

壶关秧歌唱腔充分利用了垫字、衬字和虚字，如"啊、呀、这、就、哪个、呀嘚儿、喽嗨、里嗨"等，形成了清、淡、雅、素的秧歌唱腔格调。演员演唱用自然发声法，道白属汉语北方语系、中州音韵。演唱形式不拘一格，往往根据场地、道具、人员的不同，采用清唱、对唱、轮唱、坐板凳唱和地圪圈唱。由于只有简单的打击乐器，没有弦乐，故也称"干板秧歌"。

壶关秧歌传统剧目有近三百本，如《雇驴》《天齐庙》《苏姐姐梦梦》《打酸枣》《侍女登科》等，编演的现代戏有《初次见面》《新老队长》《爱在深处》等。

秧歌戏（泽州秧歌）
申报地区或单位：山西省泽州县

泽州秧歌，因其流传于山西南部地区古代泽州（即今晋城市）而得名，源于清代乾隆晚期，最初由迎神赛社和元宵社火演唱的地圪圈秧歌发展而来，并吸收了上党梆子的艺术成分而形成。

泽州秧歌属板腔体，唱腔多以字数多少来分类，一般分为五字腔、七字腔、十字腔和多字腔四类。在唱法上，有悲板、怒板、乐板之分。唱词多白话，大部分剧目以唱为主，道白很少，有的剧目甚至一唱到底，没有道白。

泽州秧歌内容大都以反映家庭矛盾、婚姻纠纷、惩恶扬善为主题，演出剧目有《打棒槌》《打酸枣》《小姑贤》《打油堂断》《杀狗劝妻》《三娘教子》《喜日》《新羊工》等传统剧与现代剧二百多部。

国家级代表性传承人名单

姓名	性别	申报地区或单位	入选批次
刘巧菊	女	河北省隆尧县	2
吴年成	男	河北省隆尧县	2
张占元	男	河北省定州市	2
张元业	男	山西省朔州市	2
张福	男	山西省朔州市	3
苗根生	男	山西省祁县	3
张润来	男	山西省繁峙县	3
白美云	女	山西省太谷县	3
任森奎	男	山西省武乡县	3
武玉梅	女	山西省繁峙县	4
杨升祥	男	山西省襄垣县	4

扬剧

序号：200
编号：Ⅳ-56
批次：1
类别：传统戏剧
申报地区或单位：江苏省扬州市

扩展名录：
扬剧　　江苏省演艺集团扬剧团、镇江市

扬剧，地方戏曲剧种之一，其发源于江苏扬州，成长于上海，它以古老的花鼓戏和香火戏为基础，吸收了扬州清曲、民歌小调而形成，主要流传于苏北、南京、上海和安徽部分地区。

扬剧的音乐属于曲牌体，唱腔刚柔并济的风韵，主要蕴含了花鼓戏曲调的轻绵细腻、香火戏曲调的阳刚粗犷、民歌的隽永清新以及清曲的情感多变。扬剧的唱腔曲调十分丰富，有来自扬州清曲、扬州花鼓、扬州香火三个方面的一百多种曲牌，扬州清曲占主导位置，其中如满江红、梳妆台、银纽丝等，均为扬剧的主要曲牌。扬剧的表演艺术，一方面继承本地乱弹和扬州民间的花鼓、香火、秧歌、杂耍、龙灯、麒麟唱、荡湖船等歌舞艺术传统，另一方面又从流传于扬州的弋阳腔、昆曲、徽调等戏曲声腔吸取养料。扬剧伴奏有文、武场之别，文场有主胡、正弓、琵琶、三弦、扬琴、笛、唢呐等乐器，武场有板鼓、大锣、小锣、铙钹、堂鼓等打击乐器。

扬剧的角色行当齐全，有生、旦、净、丑，在唱腔上只分男、女腔，各行当的表演艺术多从昆剧、京剧吸收而来，丑角尤为突出。在表演现代题材剧目方面，还借鉴了话剧的某些手段，但仍不改其传统的喜剧特色。

扬剧的传统剧目有四百多种，代表剧目如《玉蜻蜓》《王昭君》《闹灯记》《三戏白牡丹》《鸿雁传书》《百岁挂帅》等。

近十多年来，由于受到现代社会多元文化的冲击，人们的审美观念发生改变，扬剧观众减少，剧团生存艰难，整个剧种面临生存危机。

扬剧
申报地区或单位：江苏省演艺集团扬剧团、镇江市

早在清代中叶，花鼓戏和清曲已在镇江一带盛行。民国初期，镇江有臧雪梅、方少卿等一批唱花鼓戏的能手，同时也是优秀的清曲玩友。他们从自娱自乐发展到唱家庭堂会，并开始把花鼓戏同清曲相结合，在花鼓戏中大量吸收、融合清曲曲牌、曲目。因其演唱多用清曲"窄口"的唱法（即小嗓门），唱腔婉转细腻，且仅以丝竹伴奏，故而被俗称为"小开口"，并很快四处传播，这便是扬剧的雏形。

江苏省演艺集团扬剧团（原江苏省扬剧团）于1953年经文化部批准正式成立。作为代表剧种水平的省级院团，从建团起便集中了一批在扬剧界久负盛名的艺术家，形成了以高（秀英）、华（素琴）两大流派为主，各流派兼容并蓄的艺术团体。剧团经过近六十年的长足发展，已形成了具有自身特点的表演、演唱风格，同时也造就了一批颇有建树的艺术人才，编演了不少在全国有影响的剧目。扬剧经典《百岁挂帅》，曾奉调进京，剧组成员受到周恩来等党和国家领导人亲切接见，《恩仇记》曾获省会演十数项大奖，并被全国百余家剧团移植上演。《马娘娘》《三把刀》《巡按还乡》《我想有个家》《母亲河》《三女审子》《丹凤湖畔》《鸿雁传书》等都在省内外享有佳誉。

国家级代表性传承人名单

姓名	性别	申报地区或单位	入选批次
李开敏	女	江苏省扬州市	2
汪琴	女	江苏省扬州市	2
吴蕙明	女	江苏省	3
姚恭林	男	江苏省镇江市	3
蒋剑峰	男	江苏省	3
筱荣贵	女	江苏省镇江市	3

姚剧

序号：709
编号：Ⅳ-108
批次：2
类别：传统戏剧
申报地区或单位：浙江省余姚市

姚剧，属吴语系滩簧类地方剧种之一，其前身为"余姚滩簧"，发源于浙东余姚，脱胎于当地车子灯、采茶篮、旱船等民间歌舞及"雀冬冬"等民间艺术，距今已有二百五十余年发展历史，在浙东余姚和慈溪市中西部及上虞市曹娥江以东地区流传。

姚剧的音乐唱腔以活泼流畅节奏明快见长而极具民间性。其演唱曲调以"基本调"（平四、紧板）为骨干，辅之以各种"小调"（杂曲），唱词、道白皆通俗易懂，民间语汇丰富，表演风格质朴自然、幽默诙谐，生活气息浓郁。姚剧原有"串客"和"花鼓"之称，又因其节目中往往有大段对白和清唱，词句通俗，十分流畅，群众赞赏其巧嘴弄舌，故也称"鹦哥班"。

姚剧班社的规模一般为"四花"（生角）"四旦"（俗称"八勿拆"）"三后场""一里厢"等十二人左右。上演剧目多为一花（生）一旦的"对子戏"和多角"同场戏"，如《卖草囤》《打窗楼》《十不许》《前、后落发》《人闹花灯》等称之为"七十二本"传统戏。剧目以反映农村生活及爱情题材为多，念白用余姚方言，通俗淳朴，表演粗犷，唱腔优美淳厚，节奏明快。

姚剧以其贴近时代、贴近生活、贴近群众的剧目特色与艺术特点，长期以来为浙东地区广大农村观众所喜闻乐见，并对绍兴滩簧、桐乡花鼓戏、小歌班等地方戏剧种产生了积极的影响，但近年来随着时代的变迁出现衰微趋势。

国家级代表性传承人名单

姓名	性别	申报地区或单位	入选批次
沈守良	男	浙江省余姚市	3

一勾勾

序号：223
编号：Ⅳ-79
批次：1
类别：传统戏剧
申报地区或单位：山东省临邑县

一勾勾，又称四股弦、河西柳，是清末在山东高唐一带流传的花鼓基础上发展而成的一种地方戏曲剧种。一勾勾来自"一讴吼"。由于它的唱腔中带有一讴或一吼，时间长了人们就把它说成了"一勾勾"。其流传地区以山东的临邑、齐河、禹城、夏津、高唐、临清为中心，传播至德州、惠民、济南、泰安、潍坊以及河南省东部和河北省南部。

一勾勾的唱腔声情并茂，通俗易懂。男声粗犷豪放，刚劲有力；女声迂回婉转，优美动听。唱腔特色是真声吐字、假声托腔和唱字无腔，如说如念，行腔无字，伴奏相随。即先把字送入人耳，然后行腔一勾，伴奏过门花噪好听，造成和谐的效果。一勾勾的唱腔板式有头板、二板、三板、安板、尖板、导板、甩板（也叫"砍头橛儿"）等，有山坡羊、娃儿娃儿等曲调。伴奏乐器有四弦、板胡、笛子，后来充实了二胡、三弦、笙等。角色行当有青衣、花旦、胡生、小生、花脸丑等。

一勾勾有传统剧目七十多个，主要有《东秦》《西秦》《坐楼杀惜》《梁山伯与祝英台》《胡林抢亲》《三进士》《女驸马》等，也排演了多部现代戏。

当下，人才老化断层、挖掘整理难度大是一勾勾面临的最大难题，人走艺亡的现状使得这一剧种的保护迫在眉睫。

宜黄戏

序号：182

编号：Ⅳ-38

批次：1

类别：传统戏剧

申报地区或单位：江西省宜黄县

宜黄戏，江西省的赣语戏曲之一，旧称宜黄班、宜黄调，发源于江西省宜黄县，始于明末清初的"宜黄腔"，主要流传于江西的宜黄、南城、南丰、广昌等县，远及赣东北、赣南和福建闽西一带。

宜黄戏的唱腔曲调主要有宜黄腔（二凡）、反调（凡字）、唢呐二凡、西皮、浙调、南北词等，还保留有西秦腔时代的吹腔，俗名"平板吹腔"。其唱腔较原始，唱腔音乐的板式结构为上下对偶格式，由一对或多对上下句的反复形成唱段。每句唱词为比较正规的七字句和十字句。旋律特征为简单平直质朴，起唱与落腔音少而声短，以字就腔，近似口语。现宜黄戏以二凡、凡字、西皮垛子等几种声腔旋律为骨，以当地民歌、地方小调为肉，对一些传统戏和现代戏的唱腔作革新，念白采用"宜黄官话"上韵。

宜黄戏的角色分为正生、小生、老生、副生、正旦、小旦、二旦、老旦、大花、二花、三花等。宜黄戏中表现人物骑马，采用元明杂剧的方式，将马形扎于身上，随着锣鼓打出的马蹄声应节而舞，做出跑马的身段。

宜黄戏早期剧目中，专唱宜黄腔的有五十八种，这是现今全国皮黄戏剧目保留二黄腔最多的一个古老剧种。其传统剧目有《清官册》《闹沙河》《药茶记》《肉龙头》《松蓬会》《宝莲灯》《下河东》《奇双配》《四国齐》《打金冠》《打登州》《孟津会》《庆阳图》等。

1989年，宜黄戏剧团撤销解散后，宜黄戏这一古老剧种逐渐处于濒危状况。

彝剧

序号：737

编号：Ⅳ-136

批次：2

类别：传统戏剧

申报地区或单位：云南省大姚县

彝剧，是产生于楚雄彝州的一个地方民族剧种，它来源于彝族古老的说唱艺术，并融汇了滇剧、花灯戏等地方剧种。

彝剧音乐由彝族流行的山歌小调、舞曲和器乐曲结合形成唱腔，称为"山歌体"，尚未形成固定的板腔和联曲体。主要曲调有梅葛调、过山调、放羊调、大松平调、曼嫫若调等，乐曲有芦笙曲、唢呐曲、月琴曲等。彝族"跳歌"用的笛子、三弦（或月琴）、芦笙也是彝剧的主要伴奏乐器，俗称"三大件"。在表演上以彝族人民日常活动作为基础，并借鉴其他地方剧种的表演技巧，衍化出欢快步、迎客步、送客步、劳作登山步、俯身步、跌脚步等一系列动作，具有浓郁的地方特点和民族色彩。

彝剧的剧本文学以散文体、七言体、十言体为其唱词格式，人物对白采用汉语彝腔，并采用彝族擅长的比兴手法润饰，凸显彝族白话中的幽默感。代表剧目有现代戏《半夜羊叫》，民间传说故事剧《曼嫫与玛若》等。近年来，彝剧艺术家不断努力，收集了大批彝族曲调和民间歌谣，经过整理研究，已创作出了六十多个剧目，如《歌场两亲家》《查德恩塔》《核桃树下》《山林青青》《阿燕娜》等受到了普遍欢迎。

彝剧真实地表现了彝族的社会生活，展现出彝族人民的民族精神、宗教信仰和价值取向，在少数民族艺术和人类学、民族学、民俗学等的研究中具有重要价值。

国家级代表性传承人名单

姓名	性别	申报地区或单位	入选批次
李茂荣	男	云南省大姚县	3

彝族撮泰吉

序号：229
编号：Ⅳ-85
批次：1
类别：传统戏剧
申报地区或单位：贵州省威宁彝族回族苗族自治县

撮泰吉，为彝文译音，意思为"人类刚刚变成的时代"或"人类变化的戏"，简称"变人戏"，是仅存于贵州省威宁彝族回族苗族自治县板底乡裸嘎寨的一种古老的戏剧形态。

撮泰吉的演出，一般是在阴历正月初三到十五的"扫火星"民俗活动中举行，旨在驱邪祟、迎吉祥、祈丰收。其表演主要分为祭祀、耕作、喜庆、扫寨四个部分。祭祀开场，由山神老人惹戛阿布领着几个脸罩面具的"撮泰"老人，手拄棍棒，踉踉跄跄，发出猿猴般的怪叫声，以示从遥远的原始森林走来。他们向天地、祖先、山神、谷神斟酒祭祀。祭祀后跳古老的祭祀舞蹈"铃铛舞"。之后表演戏剧，演出的内容有迁徙、送种、开荒、收割、庆贺、酬神等，主题是祈求粮食丰收和民族的繁衍兴旺，劳作休息时还有交媾、喂奶等人口繁衍方面的示意动作。戏剧表演之后是舞狮喜庆活动。最后是收场祭祀活动。山神老人惹戛阿布领着"撮泰"老人们走家串户，消灾祈福。

撮泰吉表演者用白色头帕将头缠成尖锥形，身体及四肢用布紧缠，象征裸体；部分人头戴面具，分别扮作彝族老人、老妇人、苗族老人、汉族老人及小孩。面具通常长约一尺，前额突出，鼻子直长，眼睛及嘴部挖出空洞，用锅烟涂为黑色，又以石灰及粉笔在额头和脸部勾出各种线条，黑白相间，极显粗犷、神秘。表演中不戴面具者为山林老人或山神，是自然与智慧的化身。

由于受传承人少、传承手段单一等多方面的影响，目前撮泰吉已濒临失传的危险。

国家级代表性传承人名单

姓名	性别	申报地区或单位	入选批次
罗晓云	男	贵州省威宁彝族回族苗族自治县	2
文道华	男	贵州省威宁彝族回族苗族自治县	2

弋阳腔

序号：149
编号：Ⅳ-5
批次：1
类别：传统戏剧
申报地区或单位：江西省弋阳县

弋阳腔，是流传在江西弋阳一带的一种地方戏曲声腔，也叫"弋腔"，俗称"高腔"。弋阳地处闽、浙、皖、赣的交通要道，素有江东望镇之誉。南宋中期，勃兴于浙江的南戏，经信江传入江西，在弋阳地区以佛道故事为核心，融南曲戏文与当地音乐于其间，于元末明初产生了一种新的弋阳腔。

弋阳腔的曲调高亢、激越，且喜用节奏强

烈的打击乐器如锣鼓等为之伴奏，以追求"铙鼓喧阗、唱口嚣杂"的热闹演出氛围，这样的演出方式非常适合于乡间村野的广场草台，因而得到广泛流传。

弋阳腔在演唱上主要采用一唱众和的方式，即一人启口，众人齐声帮腔，且帮腔须用假嗓翻高八度演唱。弋阳腔的另一艺术特点是创造了"滚"这样一种新的表现形式。"滚"即根据唱词内容需要，在曲前、曲中、曲尾插入通俗的韵文或惯用成语，以作为解释剧情、刻画人物、调剂声腔的手段，利于演员酣畅地抒发情感和表述剧情。

弋阳腔的角色行当分为九行，即三生、三旦、三花，俗称九脚头或九老图，民间有"九顶网子打天下"的说法。九行体制既保留了弋阳腔初期尚武表演的成分，又明显地具有文武并重的表演格局，且各行当自成系统，各有各的当家剧目、路数和绝招。

弋阳腔剧目题材广泛，内容丰富，有相当一部分是继承了宋元南戏的传统戏，如《琵琶记》《拜月亭记》《白兔记》《荆钗记》《杀狗记》《金印记》《绣襦记》等，还有一部分是在长期与海盐、昆山等腔交流演出中吸收来的，如《玉环记》《浣纱记》《红拂记》《玉簪记》《红梅记》《水浒记》等。

20世纪末期，弋阳境内及周边地区农村演唱弋阳腔的民间业余剧团已难寻踪迹，弋阳腔剧目、曲牌资料也寥寥无几，弋阳腔日渐衰落。

邕剧

序号：739
编号：Ⅳ-138
批次：2
类别：传统戏剧
申报地区或单位：广西壮族自治区南宁市

邕剧，广西的地方戏曲剧种之一。它形成于南宁（古称邕州），早在清道光年间，就流传于广西壮族自治区南宁、百色、钦州等地，曾被称为广戏、老戏、五六腔等，新中国成立后，正式定名为邕剧。

邕剧是在宾阳戏和武鸣老戏的基础上发展形成的，属皮黄系统，唱腔和剧目与桂剧相近，也吸收粤剧的一些艺术因素，后来在外来戏曲文化的刺激和当地民间音乐、风土民情和桂西南官话的熏陶影响下逐步与祁剧、桂剧、丝弦剧等剧分野。邕剧以其精美圆熟的艺术技巧、优美典雅的独特风格、机智的戏剧语言而独具特色。邕剧表演注重说白、武功，以南派武功见长。行当有生、旦、净、丑四大类，以小武、武生、散发、花脸四行当家，其唱腔绝大多数以皮黄声腔（南北路）为主，安庆调、七句半（罗罗腔）、补缸调及地方小调为辅。音乐伴奏以大锣、大钹、二弦、喉管为主。邕剧的表演淳朴雄壮，是南派武功和粤西风骨的结合，武打沉稳勇敢，大打"五色真军器"，用真刀真枪在舞台上对练。其传统变脸、耍獠牙、跳台铲椅等武功特技深受广大观众的欢迎。

邕剧代表剧目有《拦马过关》《李槐卖箭》《红布恨》《春满柜台》《百鸟衣》《十五贯》《阮文追》等。

为了使邕剧得到更好的传承和发展，从1987年开始，南宁市的有关部门对邕剧展开了一系列的抢救工作，使得邕剧观众爱好者不断增多，市场不断扩大。

国家级代表性传承人名单

姓名	性别	申报地区或单位	入选批次
洪琪	女	广西壮族自治区南宁市	3

永安大腔戏

序号：154

编号：Ⅳ-10

批次：1

类别：传统戏剧

申报地区或单位：福建省永安市

永安大腔戏，福建省的地方戏曲剧种之一，属于弋阳腔系统，因是"大锣大鼓唱大戏，大嗓子唱高腔"而得名大腔戏。它是福建省迄今发现的最古老剧种，有"弋阳腔活化石"之称。其形成于明代中期，现仅存于福建永安市青水乡丰田村。

永安大腔戏唱腔结构为曲牌连套式，起伏大，音高亢，唱时大小嗓结合，"字多腔少，一洲百尽"。唱词多为长短句格式，属中州音韵。演员发声以大嗓为主，大小嗓结合，演出中后台不断帮腔。其角色行当分"四门九行头"，"四门"为生、旦、净、丑，"九行头"即正生、小生、副生、正旦、小旦、夫旦、大花、二花、三花，此外还有老旦和贴旦。锣鼓是大腔戏音乐的重要组成部分。戏班一般由十五人组成。舞台陈设很简单，仅有一桌二椅，化装用色通常只有红、黑、白三种。服饰则根据不同角色，设计出别具一格的"须套"，成为大腔戏的象征性服饰。司鼓坐在椅上打鼓，并自始至终不停地干唱，与演员配戏。

永安大腔戏的传统剧目有一百多个，常演的有《白兔记》《金印记》《中三元》《葵花记》《取盔甲》《黄飞虎》《破庆阳》《三代荣》《合刀记》《白罗衫》《月台梦》《卖水记》等。

如今丰田村大腔戏剧团成员不足二十人，演出范围仅限于本村和本乡。随着文化生活的不断丰富，丰田当地群众对大腔戏的兴趣逐年递减，大腔戏的业余演出活动越来越少，艺人的年龄也趋于老化，演出市场的萎缩和后继乏人的窘境使得永安大腔戏处于濒危状态。

国家级代表性传承人名单

姓名	性别	申报地区或单位	入选批次
熊德钦	男	福建省永安市	2
邢承榜	男	福建省永安市	2

永年西调

序号：697

编号：Ⅳ-96

批次：2

类别：传统戏剧

申报地区或单位：河北省永年县

永年西调，河北省的地方戏曲剧种之一，又称泽州调，源于清朝末期，是由山西上党梆子传入永年后，不断吸引当地人加入，并将当地方言语音逐渐渗透其中，经过较长时间的磨合而形成的剧种。永年西调普遍流传于河北邯郸市永年县，因该剧种多演出袍带戏，舞台多设一搭板，又俗称"三搭板"。

永年西调唱腔属板腔体，板式繁复多样，成本成套，有二慢板、三慢板、四六板、垛板、介板、慢长皮等，运用真、假声相结合的演唱方法，长于表现高亢、激昂、奔放的感情和活泼欢快的情绪。永年西调的伴奏乐器十分独特，特别是头弦锯琴，为地道的自制民族乐器，琴杆较短，琴筒用楸木或桐木掏成，比较粗长，用皮做弦，采用五度定弦，内六外三。其余还有土制京胡二把弦、三把弦等乐器。永年西调角色行当齐全，表演上主要借鉴了京剧、河北梆子的表演程式和翻打技巧，风格粗犷豪迈，简练朴实。

永年西调传统剧目共一百多出，其中梆子腔剧目有六百多出，如《小过山》《罗章跪楼》等；黄腔剧目有《探阴山》《空城计》等三十多出；

昆腔剧目有《封相》《赐福》等；罗腔剧目有《打面缸》《上坟》《顶砖》等；原有的卷戏剧目大多失传。

目前西调艺术正在遭遇衰落，文化多样性的冲击、市场的萎缩、戏价的低迷、演出环境的恶劣等，都成为西调艺术眼下最大的威胁，急需进行保护和继承。

国家级代表性传承人名单

姓名	性别	申报地区或单位	入选批次
张海臣	男	河北省永年县	3

甬剧

序号：708

编号：Ⅳ-107

批次：2

类别：传统戏剧

申报地区或单位：浙江省宁波市

甬剧，是用宁波方言演唱的地方戏曲剧种，最早在宁波及附近地区演唱，清乾嘉年间时称"串客"。1890年"串客班"到上海演出后又称"宁波滩簧"。1924年"宁波滩簧"在上海遭禁演后称"四明文戏"，1938年上演时装大戏后又称"改良甬剧"和"甬剧"，最终定名为甬剧。它早期集中在鄞县、奉化一带，后逐渐流传于整个宁波地区及舟山一带乡镇。

甬剧音乐曲调丰富，约有九十种。主要有从农村田头山歌、对山歌、唱新闻演化而来的基本调、四明南词和从宁波乱弹班中带来的月调、三五七、快二黄、慢二黄及一些地方小调等。甬剧基本调主要用于塑造人物，叙述故事情节，小调则用来作为情节片段之间的穿插，"四明南词"表现人物较复杂的思想感情，"二黄"主要用来表现高亢激昂的情绪。近五十年来，各种曲调交叉融汇，形成了一些新的综合曲调。

甬剧适于演清装戏、20世纪30年代西装旗袍戏和现代戏，特别适于演现代戏。新中国成立后上海成立堇风甬剧团，宁波成立宁波市甬剧团。上海堇风甬剧团以改编整理传统剧目为主，如《半把剪刀》《天要落雨娘要嫁》《双玉蝉》《借妻》等。宁波市甬剧团以编演反映现代生活剧目为主，如《两兄弟》《亮眼哥》《红岩》等，同时也整理了如《田螺姑娘》等一批传统戏。

目前甬剧已出现衰落趋势，专业表演团体仅存宁波市甬剧团一家，急需有关方面予以保护扶植。

国家级代表性传承人名单

姓名	性别	申报地区或单位	入选批次
杨柳汀	男	浙江省宁波市	4

豫剧

序号：167

编号：Ⅳ-23

批次：1

类别：传统戏剧

申报地区或单位：河南省

扩展名录：
豫剧（桑派）　　河北省邯郸市

豫剧，是在中国具有广泛影响力的戏曲剧种之一，发源于河南省，主要流传于河南全省以及陕西、甘肃、山西、河北、山东、江苏、安徽、湖北等省的部分地区。因其早期演员用本嗓演唱，起腔与收腔时用假声翻高尾音带"讴"，又叫河南讴。其又曾名河南梆子、河南高调、靠山吼等，新中国成立后才统一改为豫剧。豫剧传承至今已有上百年的历史，早在清代乾隆年间，已成为河南很有影响的戏曲剧种。

豫剧唱腔结构为板式变化体，不仅有多种地方唱调，还容纳了多种曲牌，唱词通俗易懂，多为七字句或十字句。音乐板式结构可分为慢板、流水板、二八板、飞板四大板类。豫剧主要流派分为豫东调与豫西调。豫东调的男声高亢激越，女声活泼跳荡，擅长表现喜剧风格的剧目。豫西调的男声苍凉、悲壮，女声低回婉转，擅长表现悲剧风格的剧目。文场乐器主要包括板胡、二胡、三弦、月琴、皮嗡、笛子等；武场乐器则包括板鼓、梆子、大锣、小锣等。四生、四旦、四花脸构成豫剧的角色行当体制。"四生"为老生、大红脸、二红脸、小生；"四旦"为青衣、花旦、老旦、彩旦；"四花脸"为黑脸、大花脸、二花脸、三花脸。

豫剧在发展中形成了众多艺术流派，涌现出常香玉、王润枝、马双枝、陈素真、崔兰田、马金凤、阎立品等一批名家。豫剧剧目大部分取材于历史小说和演义，《花木兰》《穆桂英挂帅》《红娘》《对花枪》《唐知县审诰命》《五女拜寿》等传统剧目深受观众喜爱。

近年来，由于社会的变迁，豫剧的生存开始出现危机，观众数量缩减，表演人才缺乏，许多传统剧目特别是具有代表性的地域流派剧目几近失传，急需对其进行抢救和保护。

豫剧（桑派）
申报地区或单位：河北省邯郸市

豫剧桑派艺术是豫剧中的重要流派。它的创始人是已故著名豫剧艺术表演家、教育家桑振君先生。

豫剧桑派的声腔艺术创造了偷、闪、滑、抢及离调等技巧，有一套与之相应的"咬字、发声、行腔、用气"的唱法。唱腔设计强调以塑造人物为中心，坚持"以字代声、以声传情、声情并茂"的理念，依据剧情和人物的需要，打破传统的板式结构，重新进行整合和构架，并博采各大流派之精华，精心吸收姊妹艺术中的有益成分，巧妙地融合于桑派的声腔艺术中，使人物的音乐形象"一人一貌"，这被称为"豫剧一绝"，从而拓展了豫剧声腔艺术的空间和表现力度。

代表剧目有《对绣鞋》《桃花庵》《秦雪梅观文》《打金枝》《下陈州》《八件衣》《白莲花》《黛玉葬花》《英雄》等。

国家级代表性传承人名单

姓名	性别	申报地区或单位	入选批次
虎美玲	女	河南省	2
张宝英	女	河南省	2
马金凤	女	河南省	2
吴碧波	女	河南省	2
贾廷聚	男	河南省	2
张梅贞	女	河南省	2
李树建	男	河南省	2
王冠君	男	河南省	3
冯占顺	男	河南省	3

粤剧

序号：180
编号：Ⅳ-36
批次：1
类别：传统戏剧
申报地区或单位：广东省文化厅，香港特别行政区民政事务局，澳门特别行政区文化局

粤剧，是我国南方一大戏曲剧种，又称大戏、广东大戏，是融汇明清以来流入广东的海盐、

弋阳、昆山、梆子等诸腔并吸收珠江三角洲的民间音乐所形成的以梆子、二黄为主的地方剧种，主要流传于广东、广西和港澳台地区。

粤剧唱腔音乐以板腔体为主，曲牌体为辅。板腔体有梆子、二黄两类。梆子有首板、慢板、中板、芙蓉、叹板、煞板等板式；二黄有首板、慢板、二流、滚板等板式。此外，还有西皮、恋坛、南音、板眼、木鱼、粤讴等腔调。曲牌有牌子和小曲两类。牌子大多自昆曲和弋阳诸腔中吸收，少数为广东民间礼仪牌子乐曲；小曲包括戏曲过场音乐、江南丝竹、广东音乐。

粤剧的角色行当原为末、生、旦、净、丑、外、小、夫、贴、杂十大行，后精简为"六柱制"，即文武生、小生、正印花旦、二帮花旦、丑生、武生。粤剧的表演艺术保持了早期粗犷、质朴的特点。不少名演员都具有单脚、筋斗、滑索、踩跷、运眼、甩发、髯口等方面的绝招。武打以"南派武功"为基础，包括刚劲有力的靶子、手桥、少林拳以及高难度的椅子功和高台功。

粤剧较有影响的剧目有传统剧《平贵别窑》《凤仪亭》《赵子龙催归》《宝莲灯》《西河会》《罗成写书》以及现代戏《山乡风云》等。

粤剧因为有一个相对稳定、较高收入的演出市场，加上各方的经费投入，所以粤剧的生存状态相对较好，粤剧艺术队伍基本稳定。

国家级代表性传承人名单

姓名	性别	申报地区或单位	入选批次
陈剑声	男	香港特别行政区	2
红线女	女	广东省广州市	2
罗家宝	男	广东省文化厅	4

越调

序号：171
编号：Ⅳ-27
批次：1
类别：传统戏剧
申报地区或单位：河南省周口市

扩展名录：
越调　　河南省许昌市
越调　　河南省邓州市

河南越调，是河南省的地方戏曲剧种之一。由于其主要演奏乐器是"象鼻四弦"，所以旧时又将越调称为"四股弦"。越调清代乾隆年间开始在南阳等地流行，其后逐渐演变为专门的声腔剧种，清朝末年走向兴盛。它主要流传于河南、湖北北部、陕西南部等地区。

越调的唱腔形式最初为曲牌体，清代中叶以后逐渐变为板腔体。其调式也相应地主要用宫调式，一般只在插曲性质的曲牌调子中偶尔采用其他调式来演奏。越调的板式有慢板、导板、铜器调、赞字、哭腔、流水、飞板、紧打慢唱等，同时具备慢、中、快、散等多种节拍形式。

越调演员用本嗓演唱，辅以假声，净行唱腔的主音比其他行当高五度。其伴奏分文、武场，文场乐器包括象鼻四弦、月琴、坠胡、笛子、二胡、唢呐、三弦、琵琶等，武场乐器包括板鼓、大小锣、手镲等。越调的角色行当齐全，包括大红脸、二红脸、文生、武生、大净、二毛、三花脸、正旦、花旦、闺门旦、浪旦、武旦、老旦等十几种。

越调传统剧目丰富，分为"正庄戏""外庄戏"两类。其中"正庄戏"是取材于历史类演义小说，它的题材唱少白多，词句语意较深。剧中的人物以"外八角"（男性角色）为主。

而"外庄戏"则大多取材于民间传说、公案故事。并且剧中的人物角色多以"内八角"为主。代表性剧目有《收姜维》《下南唐》《白奶奶醉酒》《火焚绣楼》《诸葛亮吊孝》《一捧雪》《十王宫》《乌江岸》《两狼山》《乳石关》等。

近年来，越调面临着严重的生存危机。2009年，河南省只剩下河南省越调剧团和许昌市越调剧团两个专业演出团体，资金缺乏，新剧目产生困难，艺术人才青黄不接，急需对其进行抢救和保护。

越调
申报地区或单位：河南省许昌市

许昌越调其历史可追溯到清乾隆年间，最早是在禹县衙门及马车场组建起越调班社有邓县老越调班、长葛县长庆班、舞阳大越调班、许昌一道辙班、襄城石行班与七班、禹州马车场班、新郑县四街戏班等。在此期间，以舞阳班的老桂红为首的一批女演员开始登上越调舞台。进入抗日战争时期，河南地区的职业班社逐渐减少，越调的传播也受到限制，到新中国成立前夕，保留下来的专业班社已经寥寥无几了。1959年在许昌举行了越调剧种会演。许昌市越调剧团以历史剧演出为主，兼演现代戏，20世纪50年代演出的《大保国》《送灯》《无佞府》等被评为优秀剧目。《无佞府》"校场点兵"一场被北京电影制片厂拍成戏曲艺术片，开许昌戏曲拍电影之先河。

越调
申报地区或单位：河南省邓州市

邓州市越调，又称"南阳大越调""邓县老越调"，始于南宋，明嘉靖年间基本定型，清代盛行。邓州越调声腔上有九腔十八调、七十二调门，起腔使用以假声演唱的"花腔"点缀。邓州市越调剧团是全国现存唯一的传承豫西越调的专业艺术表演团体，创作了二百多部不同题材的现代剧目、新编历史剧和传统剧目，继承了豫西越调的艺术风格。代表剧目有《大保国》《大封王》《长坂坡》《白玉娘》《秦英征西》《李天保吊销》《白奶奶醉酒》《镇江知府》《绣花女传奇》《抬花轿》等，连台戏有《藏龙舍子》《张廷秀私访》等，现代戏有《子为媒》《酷情》《铁面天使》《李家沟的新鲜事》等。

国家级代表性传承人名单

姓名	性别	申报地区或单位	入选批次
何全志	男	河南省周口市	2
毛爱莲	女	河南省许昌市	3

越剧

序号：197
编号：Ⅳ-53
批次：1
类别：传统戏剧
申报地区或单位：浙江省嵊州市，上海市

扩展名录：
越剧（尹派）　　福建省芳华越剧团

越剧，地方戏曲剧种之一，曾称小歌班、的笃班、绍兴文戏等。前身是浙江嵊县一带流行的说唱形式"落地唱书"，清朝光绪年间开始演变为在农村草台演出的戏曲形式，艺人初始基本上是半农半艺的男性农民，故称男班。1925年9月17日上海《新闻报》演出广告中首次以"越剧"称之。它主要流传于上海、浙江、江苏、福建、江西、安徽等江南地区，以及北京、天津等北方地区。

越剧曲调清悠婉转，优美动听，长于抒情，主要有尺调、四工调、弦下调三大类，其中尺调又分慢板、中板、连板、散板、嚣板、二凡、流水板等。在演唱方法上，大都集中在唱字、唱声、唱情等方面来显示自己的独特个性，通过发声、音色以及润腔装饰的变化，形成不同的韵味美。越剧的角色行当分为小旦、小生、老生、小丑、老旦、大面六大类。

越剧在其发展过程中，一方面学习昆曲、京剧优美的舞蹈身段和表演方式，使外部动作更细致、更具节奏感，一方面吸收话剧、电影的表演方法，真实、细致地刻画人物的性格和心理活动。这两方面相结合，形成了越剧独特的艺术风格。

越剧的代表性剧目有《梁山伯与祝英台》《红楼梦》《祥林嫂》《西厢记》《追鱼》《情探》《盘夫索夫》《柳毅传书》《碧玉簪》《三看御妹》《打金枝》《玉堂春》《琵琶记》《孔雀东南飞》等。

如今，随着人们文化娱乐方式的多元化，越剧的演出每年都在减少，人们对越剧的兴趣在逐渐减弱，观众流失，市场萎缩，越剧艺人年龄老化，越剧自身缺乏创新等，使越剧的发展面临困境。

越剧（尹派）
申报地区或单位：福建省芳华越剧团

尹派是尹桂芳创立的越剧小生流派。尹桂芳，1919年生于浙江新昌，她初学花旦，后改小生，20世纪40年代积极从事越剧改革，在继承传统的基础上，博采众长，刻意求新，创立了独树一帜的流派。

尹派在唱法上讲究以字行腔，字重腔轻，内紧外松，赋予字音浓厚的感情色彩。该派继承了我国说唱艺术的优良传统，唱腔流畅，演唱时注重腔词的声调和音调的熨帖结合，使字音唱得自然，听来字字清晰。尹派唱腔的旋律多在中低音区回旋，但在重要的关键句上，常用异峰突起的手法，增强表现力。尹派的慢板优美舒展，尤其擅用大段叙述性"清板"细致刻画人物感情。

芳华越剧团由尹桂芳于1946年2月创建于上海。剧团成立后，进行了全面的艺术改革，建立了严格的导演制与排练制，并以新的剧本、技巧，配合着新的舞台条件，先后上演了《沙漠王子》《浪荡子》等二十多出优秀剧目。1959年剧团因支援福建前线来到福州，更名为福州市芳华越剧团，1962年划归福建省文化局领导，更名为福建省芳华越剧团，先后排演了《武则天》《秦楼月》等多个优秀剧目。

国家级代表性传承人名单

姓名	性别	申报地区或单位	入选批次
茅威涛	女	浙江省	2
董柯娣	女	浙江省	2
袁雪芬	女	上海市	2
徐玉兰	女	上海市	2
傅全香	女	上海市	2
王文娟	女	上海市	2
范瑞娟	女	上海市	2
张桂凤	女	上海市	2
吕瑞英	女	上海市	3
金采风	女	上海市	3
毕春芳	女	上海市	3

藏戏

拉萨觉木隆、日喀则迥巴、日喀则南木林湘巴、日喀则仁布江嘎尔、山南雅隆扎西雪巴、山南琼结卡卓扎西宾顿、黄南藏戏

序号：224
编号：Ⅳ-80
批次：1
类别：传统戏剧
申报地区或单位：西藏自治区，青海省黄南藏族自治州

扩展名录：

藏戏（德格格萨尔藏戏）	四川省德格县
藏戏（巴塘藏戏）	四川省巴塘县
藏戏（色达藏戏）	四川省色达县
藏戏（青海马背藏戏）	青海省果洛藏族自治州
藏戏（尼木塔荣藏戏）	西藏自治区尼木县
藏戏（南木特藏戏）	甘肃省甘南藏族自治州

藏戏，是一种藏族戏曲剧种，藏语中叫"阿吉拉姆"或"拉姆"，是"仙女姐妹"或"仙女"的意思。藏戏起源于8世纪藏族的宗教艺术。17世纪时，从寺院宗教仪式中分离出来，逐渐形成以唱为主，唱、诵、舞、表、白、技等基本程式相结合的生活化的表演。藏戏是一个非常庞大的剧种系统，由于青藏高原各地自然条件、生活习俗、文化传统、方言语音的不同，它拥有众多的艺术品种和流派，如青海的黄南藏戏、甘肃的南木特藏戏、四川的色达藏戏等。

藏戏的服装从头到尾只有一套，演员不化装，主要是戴面具表演。藏戏有白面具戏、蓝面具戏之分。蓝面具戏在流传过程中因地域不同而形成觉木隆藏戏、迥巴藏戏、湘巴藏戏、江嘎尔藏戏四大流派。

藏戏演出程式分为开场戏、正戏、结尾三个部分。开场戏又称"温巴顿"，具有净化场地、祈神赐福的意义；正戏又称"雄"，主要表演传统剧目，内容上多是佛经故事，有时还穿插藏族歌舞及民间艺术；结尾又称为"扎西"，是演出结束后祝福吉祥的仪式。

藏戏的传统剧目相传有"十三大本"，经常上演的是《文成公主》《诺桑法王》《朗萨雯蚌》《卓娃桑姆》《苏吉尼玛》《白玛文巴》《顿月顿珠》《智美更登》等"八大藏戏"，此外还有《日琼娃》《云乘王子》《敬巴钦保》《德巴登巴》《绥白旺曲》等。

藏戏历史悠久，具有缜密的表演程式，在藏族人民精神生活中具有无法替代的地位，至今在藏族地区有较好的留存。不过近年来，藏戏和内地的戏曲剧种一样，随着时代的变革，现代艺术和娱乐形式的出现，藏戏也面临着观众减少、剧团生存艰难、传统表演技艺逐渐流失等问题。

藏戏（拉萨觉木隆）
申报地区或单位：西藏自治区

觉木隆藏戏是在所有藏戏剧团和流派中艺术方面发展最为完备丰富、影响最大、流传最广的一种。觉木隆是拉萨堆龙德庆县的一个村落，而这个村落附近的一座寺庙，就是蓝面具藏戏拉萨流派的源起之地。觉木隆藏戏团是旧西藏地方政府唯一的带有专业性的剧团，归西藏地方政府"孜恰列空"和贡德林寺共同管理，但无薪俸。除参加雪顿节会演可得赏银和食物外，其他时间则到西藏各地卖艺度日。他们唯一的权力是可任意挑选演员。为此，他们持有西藏地方政府发的一纸文书，声明他们所到之处，在业余藏戏团体中如发现优秀演员，可马上挑走，该团体不得阻拦。

觉木隆藏戏经过唐桑、米玛强村、扎西顿珠等几代艺术家的精心创造，逐步兴盛起来，还出了如阿妈拉巴、阿妈次仁、阿古登巴、次仁更巴等著名演员，其中次仁更巴在觉木隆传统特技上有很深的功夫，如躺身蹦子，藏戏中叫"拍尔钦"，双臂平伸与地面呈60°转大圈旋舞，最多时能在一个大场地或大舞台上一气转四大圈，计有一二十个蹦子。

藏戏（日喀则迥巴）
申报地区或单位：西藏自治区

迥巴藏戏是蓝面具戏中成立最早的剧团，所在地是昂仁县迥·日吾齐，位于雅鲁藏布江上游地区。藏戏祖师汤东杰布的家乡就在这里，日吾齐寺即是他的主寺。相传汤东杰布在六百多年前为造福雅鲁藏布江两岸的人民，在其家乡日吾齐的江上修建铁索桥，为此募捐资财，以藏区白面具藏戏形式为基础，创建了第一个蓝面具藏戏班。迥巴藏戏，上承白面具藏戏古老的传统，下启蓝面具藏戏，流传于西藏的昂仁、定日、拉孜和四川的甘孜等县。

昂仁县迥巴藏戏艺术内涵丰富，表演形式自成体系，既开创了新颖华丽的蓝面具藏戏风格，又保持了藏族最为古老的发声法，以及宗教祭祀与古老杂技糅合为一体的表演。因此，它曾被十三世达赖喇嘛授予金耳环和面具上日月金子徽饰。

迥巴藏戏的代表性剧目有《智美更登》《朗萨姑娘》《卓娃桑姆》。

藏戏（日喀则南木林湘巴）
申报地区或单位：西藏自治区

湘巴藏戏，也称"常·扎西直巴"。五世达赖时一个贵族叫扎西直巴，后来当过嘎伦。他命家乡南木林"多确·常"的人学习江嘎尔藏戏，组织了一个藏剧团，逐渐演唱流行起来，因为都是在南木林山沟中的湘河边，就被称为香巴藏戏。而后来，嘎厦的"则恰列空"登记为"常·扎西直巴"。八世班禅、九世班禅对湘巴较为重视，扶持了一段时间，逐渐壮大，自成一派。新中国成立前夕的戏师根角，才艺出众，谙熟剧本，他是八世班禅选定的戏师，在湘巴藏戏史上影响最大。

湘巴藏戏经过一代又一代艺人的创新完善，不断吸收融会新的富有时代特征的内容，形成了独特的风格、曲调。其唱腔高亢嘹亮，粗犷豪放，表演入神、细腻。湘巴藏戏在民间广为流传，在历年的拉萨雪顿节上都能以其独特的风韵赢得观众的喜爱。湘巴藏戏保留了《文成公主》《赤美贡旦》《朗萨雯蚌》等传统剧目。

藏戏（日喀则仁布江嘎尔）
申报地区或单位：西藏自治区

江嘎尔藏戏全称叫"班典江嘎尔曲宗"，因产生和流传于现今仁布县仁布乡江嘎尔曲宗而得名。相传江嘎尔藏戏创建于八世达赖时。八世达赖生于西藏南木林"多吉·常"，被选定护送拉萨时，路过江嘎群宗寺，这里的头人专程护送到拉萨西郊甘参洛登。这时江嘎尔藏剧团组织起来了，以后每年到拉萨参加雪顿节。6月25日是八世达赖的生日，江嘎尔藏戏团在这一天都要到甘参洛登表演藏戏。

江嘎尔藏戏表演时多戴面具，配有法号、铜钹、三弦等乐器伴音，表演过程集歌唱、舞蹈和道白于一体，唱腔高亢深厚、古朴粗犷，舞蹈动作优美，节奏悠缓。江嘎尔藏戏的代表性曲目有《曲杰诺桑》《阿佳朗莎》《文成公主和尼泊尔公主》，其中《曲杰诺桑》影响最大。江嘎尔藏剧团每年参加拉萨会演后，回日喀则后要在扎什伦布寺演出。藏历八月二日要赶回仁布到强钦寺演出。

藏戏（山南雅隆扎西雪巴）
申报地区或单位：西藏自治区

雅隆扎西雪巴藏戏是西藏白面具藏戏的杰出代表。其名称是以本地五个极具吉祥意义的名称而定，即扎西雪巴（村名）、扎西妥门（村名）、扎西桑巴（桥名）、扎西孜（宗名）、扎西曲登（寺名）。

在五世达赖时期，雅隆扎西雪巴每年必须前往拉萨参加"哲蚌雪顿"的藏戏演出，支藏戏差。这期间还需到拉萨的各寺院和部分西藏地方政府官员府邸进行表演。每年藏历一月四日到架桑寺献演。

雅隆扎西雪巴用鼓钹伴奏、唱腔、服饰等与西藏其他藏戏不同。在表演过程中"唉哈哈哈哈"的叫声，表现的是藏戏始祖汤东杰布看了自创的藏戏时满意地发出笑声的情形。

藏戏（山南琼结卡卓扎西宾顿）
申报地区或单位：西藏自治区

白面具派藏戏琼结卡卓扎西宾顿是西藏藏戏艺术的一个著名演出团队，距今有六百多年的历史。琼结卡卓扎西宾顿主要演出剧目为《曲杰诺桑》。该团以独特的唱腔闻名于全藏，并且在藏戏演出过程中要表演一段名为《吉祥九重》的歌舞，这在其他藏戏演出中是没有的。另外，该团的演员均为男性，女性角色也由男性扮演。

藏戏（黄南藏戏）
申报地区或单位：青海省黄南藏族自治州

黄南藏戏是青海黄南地区藏族戏曲剧种。黄南藏戏属于安多语系藏戏的一个重要支系，它的发展经历了17世纪中期到18世纪中期的说唱阶段；1740～1794年夏日仓三世时期三人表演的形成阶段；1854～1946年吉先甲时期的成熟阶段；1910～1973年多吉甲时期的兴盛发展阶段；1980年以来的提高革新阶段。

黄南藏戏有如下特点：具有广泛的群众性和民间传承性，民间和寺院的藏戏队始终与社会民众保持着密切联系；音乐方面保留了宗教音乐的成分，也吸收了当地民歌、舞蹈音乐等素材；演出剧目除八大传统藏戏外，还有《格萨尔王传》《国王官却帮》等其他藏区没有的剧目；保留了《公保多吉听法》这出古老而珍贵的原始戏剧形态的仪式剧；即兴表演独具特色；历代黄南藏戏艺人在长期的艺术实践中，总结出各种行当及成套的表演程式，手式指法、身段步法和人物造型，吸收黄南寺院壁画人物形态，融入寺院宗教舞蹈、民间舞蹈及藏族生活素材、动作等，形成独有的艺术风格。

20世纪80年代以后，青海藏剧团在黄南成立，创作演出了《意乐仙女》《藏王的使者》《金色的黎明》等优秀剧目。

藏戏（德格格萨尔藏戏）
申报地区或单位：四川省德格县

德格格萨尔藏戏是流传于四川甘孜藏族自治州德格县的特色戏曲形式。公元15世纪，受藏戏鼻祖汤东杰布的影响，德格藏戏初步形成。

德格藏戏的音乐，主要源于寺庙音乐和民间音乐。寺庙音乐古朴肃穆，用于国王登殿、宫廷议事等，民间音乐以民间歌舞为主，常用于民间欢庆，为表演伴奏。德格藏戏音乐大体分为唱腔音乐和伴奏音乐。唱腔音乐以剧中人物的身份和等级命名并设计。唱腔的词格，均系诗词格式，大都是几个字为一句，少数为七字一句。唱时，每段唱词少者四句，多则六句至八句不等。一次只能唱完两句唱词，需反复多次才能唱完一段。旋律为声音阶调式，有宫调式、商调式和羽调式。一般情况下演唱时既无伴奏，也无帮腔，行腔保持了较为古老的原生态民族唱法，多数为山歌风味的散板唱腔。

德格藏戏没有角色行当体制，它是按剧情需要而安排人物角色。表演方式可分为三种类型，即正戏表演、插入性表演和滑稽性表演。德格藏戏表演动作比较规范化，它由各种舞蹈动作组合而成，动作源于寺庙酬神舞和民间舞蹈，也采取生活中一些动作。

藏戏（巴塘藏戏）
申报地区或单位：四川省巴塘县

巴塘藏戏，藏语称江嘎冉，源于西藏蓝面具剧种中的江嘎冉派，于1653年传入康区。由于战乱等原因，巴塘藏戏时演时辍，几经兴衰，在20世纪中期方才初具规模，形成定制。

巴塘藏戏分舞台演出和坝子演出两种形式。演出一般分为四个部分：第一部分为序幕，主要是祝贺节日吉祥如意；第二部分是开场式，主要是向观众介绍演员，预告剧目及其内容，有时还会有一段歌舞；第三部分为正式演出，按剧目的故事情节分场演出，一个剧目长则演两天，短则演两三个小时；第四部分是谢幕，全体演员伴随着歌舞，接受观众的捐赠，并表示感谢，预祝来年丰收，基本上是一个迎福祈祥仪式。

巴塘藏戏演出时，表演者头戴面具，身穿彩色长绸袍，腰系多褶皱短裙，扮演仙女者则头上插珠钗、玉簪。尤注重脸谱的运用，观众可以从不同的化装色彩、面具形象和表演动作上，区别出剧中人物的美丑善恶。

巴塘藏戏以鼓、钹等打击乐器伴奏，也有一些剧目采用长号、唢呐、笛子、胡琴等。演唱时，除前场的演员主唱外，后场的演员也可帮腔。表演者要根据自己所扮的角色，保持一种唱腔，并以多种表情来表现人物的内心世界。巴塘藏戏经典剧目有《扎西协瓦》《江甲热瓦》《卓娃桑姆》《诺桑王子》《苏吉尼玛》《智美更登》《顿月顿珠》《朗萨雯蚌》《白玛文巴》《朗莎姑娘》《文成公主》等。

藏戏（色达藏戏）
申报地区或单位：四川省色达县

色达藏戏为四川甘孜藏族自治州藏戏剧种之一。藏戏分南派和北派，色达藏戏属于北派，源于安多拉卜楞寺藏戏，是安多藏戏在康巴藏区的继续与发展。

1948年，色达县夺珠寺活佛日洛率二十余名僧人赴甘肃拉卜楞寺学习安多藏戏，带回《松赞干布》，结尾部分的颂词由日洛活佛增编，并购置了仿拉卜楞寺剧团的布景、道具、服饰、乐器。1949年藏历一月在色达首演。之后，日洛活佛相继改编传统剧《智美更登》《卓娃桑姆》，自此成习，每年在藏历一月演出，并逐渐形成风格。

色达藏戏在寺庙乐舞的基础上，从安多、西藏、汉地、康区戏剧及歌舞中汲取艺术养分。以当地语言为主、安多语言为辅而形成地区白话风格，适于生活化表演。念诵道白清晰，表演自然，不重脸谱而注重人物的刻画与表演。

色达藏戏经典剧目有《赛马登位》《阿里央宗》《地域救妻》《岭国七勇将》等。

藏戏（青海马背藏戏）
申报地区或单位：青海省果洛藏族自治州

马背藏戏始创于青海省果洛州甘德县龙恩寺，主要流传于甘肃甘南，四川甘孜、阿坝和青海玉树等藏区。

马背藏戏是在马背上表演的一种艺术形式，在马背上每个角色兼唱、念、舞、技等于一身。演出不受空间的制约，即圆场、绕场和过场皆在演出广场外围，利用崇山峻岭、河流草原、马匹进行表演，以表示人物在行路、追逐。而戏剧冲突及唱、念、舞、技等则在场地内表现，各角色在马上或下马在场地内一段轮番演唱后，继续在场外山坡上按顺时针绕行一周，再回至场地表演，类似于戏曲中的"过场戏"。这种表演形式是表示舞台空间的转换。马背藏戏表演风格强悍、干练，场面宏大，有着浓郁的藏民族的生活气息。

马背藏戏除主角佩戴面具外，其他演员一般面着粉色或红色胭脂，演员服饰也根据扮演的角色而定，大部分以盔甲着装，色彩亮丽。剧中的音乐多是藏族民间音乐，而马背藏戏的队形常以"莲花"等吉祥图案出现。

马背藏戏经典剧目有《天岭卜筮》《英雄诞生》《十三轶事》《赛马称王》《霍岭之战》等。

藏戏（尼木塔荣藏戏）
申报地区或单位：西藏自治区尼木县

尼木塔荣藏戏属西藏白面具戏的旧派，该流派是第五世达赖喇嘛时期发展起来的。尼木藏戏班，在20世纪50年代中期改演蓝面具戏，剧目也由《诺桑王子》一种扩大到《智美更登》《朗萨雯蚌》等多种，但在雪顿节献演时仍演白面具戏，从而兼具白、蓝两种面具戏的表演风格。

藏戏（南木特藏戏）
申报地区或单位：甘肃省甘南藏族自治州

南木特，在藏语里是传奇故事之意，其剧目以传奇色彩见长，表现手法大胆浪漫。甘肃拉卜楞地区的南木特藏戏起源于拉卜楞寺。20世纪40年代，拉卜楞地区受军阀控制，拉卜楞寺第五世嘉木样大师为了弘扬民族文化，鼓舞藏族人民的斗志，决定排演藏戏。1946年冬，第一台南木特藏戏《松赞干布》由拉卜楞青年喇嘛职业学校的六十余名学员在德央宫大院演出，南木特藏戏由此诞生。该戏一般在法会期间演出，从正月十一到十六都会上演。演出地点在红教寺。

南木特藏戏以拉卜楞地区的歌舞、哈欠木跳神剧为原型，并在与各地文化艺术长期相互交流过程中，综合融会，吸收提炼而成的一种有着自己风格的戏剧形式。其音乐分为三个部分，即唱腔音乐、舞蹈音乐、间奏音乐。演员演唱系说唱形式，一般采用连珠韵白。南木特藏戏继承和发扬了拉卜楞歌舞精华，如闪、跳、甩、摆、转、抵、顺等舞姿，并将其自然而巧妙地运用到剧中不同性格的人物身上，使人物形象更加鲜明。

南木特藏戏经典演出的剧目共有九个：《松赞干布》《达巴旦保》《智美更登》《卓娃桑姆》《诺桑王子》《罗摩衍那》《阿德拉茂》《赤松德赞》《降魔》。

国家级代表性传承人名单

姓名	性别	申报地区或单位	入选批次
旦达	男	西藏自治区	2
次旦多吉	男	西藏自治区	2
朗杰次仁	男	西藏自治区	2
次仁	男	西藏自治区	2
次多	男	西藏自治区	2
次仁旺堆	男	西藏自治区	2
尼玛次仁	男	西藏自治区	2
嘎玛次仁	男	西藏自治区	2
白梅	男	西藏自治区	2
仁青加	男	青海省黄南藏族自治州	2
多杰太	男	青海省黄南藏族自治州	2
欧噜雪吧	男	西藏自治区尼木县	4
李先加	男	青海省黄南藏族自治州	4

枣梆

序号：721
编号：Ⅳ-120
批次：2
类别：传统戏剧
申报地区或单位：山东省菏泽市

枣梆，山东省的地方戏曲剧种之一，原名"本地招"，清光绪年间，由上党梆子艺人潘朝绪传至鲁西南，受到当地语言的影响而发生变化，因而得名"本地招"，即"本地的山西梆子"之意。1960年，谐其原音，并因其用枣木梆子击节，定名枣梆。它主要流传于山东菏泽、郓城、梁山、巨野、鄄城、定陶等地。

枣梆的唱腔音乐属于板腔体，板式有大花腔、慢板、落二板、二八铜、流水板、垛板、栽板、倒反拨、一串铃、靠山吼等。在唱腔上，既高亢激昂，又委婉活泼，旦角、花腔优美动听。板式、旋律等依然保留了上党梆子的唱腔特点，但它不同于上党梆子的一个明显特点是：唱腔中真假嗓结合，真嗓吐字，假嗓拖腔，而且真假嗓变化截然，由真嗓突然翻高而成假嗓，假嗓拖音甚长，小生、小旦的拖腔皆用"咿""呀"，黑脸、红脸的拖腔皆用"啊""呕"，听起来别具风味。在表演艺术上，枣梆具有粗犷、豪迈的特色，注重表现力。在表演传统剧目的时候，曾有先演出"表头潮"的习俗，由三红脸在开戏之前登场，简单地向观众介绍剧情大意，然后才演出正戏。

枣梆剧目多以民间流传的演义小说为主，传统剧目有《彩仙桥》《出岐山》《狄青借衣》等八十余出，早期还保存有唱昆腔的《赐福加官》，唱罗罗的《时迁打铁》，唱皮黄的《天水关》《李密投唐》《沙陀国》等剧。

近年来，随着社会的变迁，人们休闲娱乐方式日趋多元化，枣帮与其他传统戏剧艺术一样，演出市场不景气，演员青黄不接，缺乏创新剧目，面临着生存危机。

国家级代表性传承人名单

姓名	性别	申报地区或单位	入选批次
房灵合	男	山东省菏泽市	3
张文英	女	山东省菏泽市	3

张家界阳戏

序号：1119
编号：Ⅳ-157
批次：2
类别：传统戏剧
申报地区或单位：湖南省张家界市永定区

张家界阳戏，是流传于湖南张家界地区的地方戏曲剧种，又称大庸阳戏、北河阳戏或北路阳戏。

◎传统戏剧

它发祥于湖南大庸（今张家界市永定区）教子垭、官坪、茅岗一带土家族聚居地，创始人乃该地中湖乡犀牛峪土家族覃氏先祖，迄今近三百年。

张家界阳戏的舞台方言以张家界方言为基础，它的特点是平仄音分明，儿化韵较多，阴平、阳平、上、去、入五声具备。阳戏唱腔由正调和小调两部分组成，共十七个曲牌。正调部分的唱腔均用真假嗓结合演唱，尾腔突然翻高八度，叫"窄音"。张家界阳戏最大的特点是真假嗓结合，前半句用本嗓，后半句高八度上去，叫"金线吊葫芦"，难度较大。全国唯独张家界的阳戏是这样演唱的，这是区别于其他地方阳戏的关键所在。这是土家人把大山号子融进戏剧的最为独特的唱法，极具音韵的穿透力。张家界阳戏表演重做功少武打，多演文戏、家庭戏、悲剧，生活气息浓。旦角在阳戏中居各行之首。

傩堂戏经常与张家界阳戏同台演出，二者在艺术上互相影响。阳戏移植傩戏剧目，吸收傩戏唱腔；傩戏借鉴阳戏脸谱化装，去掉脸子壳；一些阳戏老艺人会演傩戏的《打求财》《扛扬公》等剧目，傩堂戏的"三女戏"《孟姜女》《龙王女》《庞氏女》等也为各地的阳戏剧团搬演至今。

近年来，随着社会的变革，张家界阳戏面临消亡危险，如有"湘西梅兰芳"之美称的丁祖雪等一些阳戏名家的优秀剧目和优美唱腔濒临失传，艺术传承后继乏人。

鹧鸪戏

序号：1108
编号：Ⅳ-146
批次：2
类别：传统戏剧
申报地区或单位：山东省淄博市临淄区

鹧鸪戏，是全国为数不多的由村庄完整保存下来的民间稀有剧种之一。鹧鸪是一种鸟，其叫声婉转悠扬，鹧鸪戏是模仿鹧鸪鸟的叫声而表演的一类剧种。它起源于清乾隆年间的临淄县孙家庄（现淄博市临淄区朱台镇上河村）。当时，青岛一才女在崂山修行，被鹧鸪鸟婉转之声吸引，便模仿其啼鸣，独创出一种新的声腔。后来该女子来到临淄，与上河村举人孙兆楚在此创立戏班，至此鹧鸪戏在当地流传开来。

鹧鸪戏具有独特的曲牌和音乐，唱腔与念白取材于当地方言，又吸取了京剧的精华。鹧鸪戏的演唱特点是在每句的唱腔中加入似鹧鸪鸣叫一样的拖音，拖音有悲调也有喜调，如同鹧鸪鸣叫婉转悠扬，清脆嘹亮。鹧鸪戏有匀板、亲家斗调、悲、刨等十五个曲牌。音乐伴奏以打击乐为主，并有一种特殊的乐器鹧鸪胡。

鹧鸪戏的代表剧目有《胭脂》《龙宝寺》《采茶案》《粉红江》《五凤岭》《太公传》等五十余部剧本。

当前，由于资金、传承人等问题，鹧鸪戏的发展已经到了非常困难的地步，急需抢救和保护。

正字戏

序号：159
编号：Ⅳ-15
批次：2
类别：传统戏剧
申报地区或单位：广东省陆丰市

正字戏，是主要流传于广东的地方戏曲剧种之一，又名正音戏，因其语言用中州官话（闽南、潮州等地称为"正音"或"正字"）唱念而得名，流行于广东海丰、陆丰、潮汕以及闽南和台湾等地。其形成于明宣德年间，是元明南戏的一支。

正字戏表演风格古朴，气魄宏大，特别擅演

连台本戏。文戏的唱腔保留着古老的面貌，以曲牌体的正音曲、唱牌子为主，杂以乱弹、小调等。正音曲以奚琴领奏，大锣、大鼓伴奏，唱牌子以笛子、大小唢呐伴奏。正音曲中有很多曲牌直接继承了弋阳、青阳古腔，滚唱运用得较为普遍。武戏即提纲戏，没有或少有唱腔，用吹打牌子伴奏以渲染气氛，气氛热烈火爆，有抖靠旗、抖肌肉、抖髯口、跑布马、展示南派武功等精彩表演，能很好地表现各种历史、军事场景。正字戏传统有红面、乌面、白面、老生、武生、白扇、正旦、花旦、帅主、公末、婆、丑等十二行当，演出中有些行当勾画脸谱。正字戏的脸谱有毛面、水龟目、鹰嘴、虎目等两百多种图案。

正字戏代表剧目有"四大苦戏"《三元记》《五桂记》《满床笏》《月华缘》，"四大喜戏"《荆钗记》《葵花记》《琵琶记》《白兔记》和"四大弓马戏"《忠义烈》《千里驹》《铁弓缘》《马陵道》，统称十二真本戏。

正字戏是古老南戏的变体，为戏曲声腔的流变和地方文化对戏曲的影响等研究提供了有力的证据。目前正字戏的生存出现危机，需要有关方面及时加以抢救和保护。

国家级代表性传承人名单

姓名	性别	申报地区或单位	入选批次
彭美英	女	广东省陆丰市	2
黄壮营	男	广东省陆丰市	2

壮剧

序号：226
编号：Ⅳ-82
批次：2
类别：传统戏剧
申报地区或单位：广西壮族自治区

扩展名录：
壮剧　　云南省文山壮族苗族自治州

壮剧，是一种壮族戏曲剧种，又叫"壮戏"，是在壮族民间文学、歌舞和说唱技艺的基础上发展而成的，主要流传于广西的西部和云南省文山壮族苗族自治州的富宁、广南一带。

由于流行地区和语言、音乐唱腔、表演等的不同，壮剧分为北路壮剧、南路壮剧、师公戏以及云南文山壮剧等支系。

广西北路壮剧流传于使用壮语北部方言的地区，以马骨胡、葫芦胡、月琴等为伴奏乐器，唱腔主要包括正调、平调、卜牙调、毛茶调、骂板、恨板、哭调、哀调等，部分角色有特定唱腔，剧目有《卜牙》《文龙与肖尼》《刘二打番鬼》等。

广西南路壮剧包括壮族提线木偶戏和马隘壮戏，流传于使用壮语南部方言的地区，以清胡、厚胡、小三弦等为伴奏乐器，唱腔主要包括平板、叹调、采花、喜调、快喜调、高腔、哭调、寒调、诗调等，行腔时采用帮腔形式，剧目有《宝葫芦》《百鸟衣》等。

壮族师公戏脱胎于壮族民间师公教的祭祀娱神歌舞，流传于广西河池、柳州、百色等地，表演初时着红衣、戴木面具，后改为化装、着戏服，以蜂鼓、锣、钹和无膜笛伴奏，剧目有《莫一大王》《白马姑娘》等。

目前，由于现代化进程的加速推进，壮剧受到多元文化和强势文化的冲击，随着壮剧老艺人相继去世，不少地方壮剧的传承出现断代，这一特色剧种生存出现危机。

壮剧

申报地区或单位：云南省文山壮族苗族自治州

云南壮剧，流传于云南文山壮族苗族自治州，原系壮族支系土族的民族戏曲，曾称"土剧"。

清代嘉庆前后，文山土民在丰富的民间文学、音乐、舞蹈和杂耍技艺的基础上，吸收汉族戏剧的一些表演形式而形成了壮剧这种新的戏曲形式。云南壮剧有富宁土戏、广南沙戏和文山乐西土戏三个分支。

云南壮剧传统剧目大部分取材于《东周列国志》《三国演义》等章回小说；也有较多生活小戏，都在一定种度上反映了壮族生活和乡土风尚。

国家级代表性传承人名单

姓名	性别	申报地区或单位	入选批次
张琴音	女	广西壮族自治区	2
闭克坚	男	广西壮族自治区	2

坠子戏

序号：698
编号：Ⅳ-97
批次：2
类别：传统戏剧
申报地区或单位：河北省深泽县、安徽省宿州市

坠子戏，地方戏曲剧种之一，因以"坠子弦"（今称坠胡）为主要伴奏乐器而得名的一种地方戏曲剧种，起源于安徽萧县一带，后传入华北地区。它以传统坠子书目为基础，运用原有的音乐唱腔，套用京剧、河北梆子的锣鼓经，穿上戏曲服装，增设了灯光布景，因而也称为化装坠子，于1950年形成。

坠子戏的传统音乐唱腔有：过板、引子、平腔、大小寒韵、五字嵌、十字韵、快板扎等。唱腔丰富多彩，采用单唱、对口唱、多人分唱等方式，男腔"大口"铿锵有力，女腔"小口"婀娜多姿，花腔小调幽默诙谐，"寒韵"震撼人心。表演接近生活，偏重于写实，自然洒脱。其主要演奏乐器为坠子弦，由小三弦改制而成，演奏时，多用顿亏、滑奏等手法，音色悠扬动听，表现力极为丰富。其他伴奏乐器有二胡、二弦、笛、笙、唢呐、大提琴等。坠子戏的表演和唱腔及舞台语言均带有淮北本土地域文化的特色，同时也融入了北方的民俗文化，具有很强的创造性和广泛影响力。

坠子戏剧目多由坠子书中的中、长篇传统书目改编而成，故多为连台本戏，如《海公案》《刘公案》《回龙传》《大宋金鸠计》《丝绒计》《双金线》《双合印》《王清明投亲》《二度梅》等。

近年来，随着社会的变迁，群众性娱乐形式多样化，现代大众传媒方式的改变，坠子戏受到很大冲击，其传承和发展困难重重，亟待抢救和保护。

国家级代表性传承人名单

姓名	性别	申报地区或单位	入选批次
朱月梅	女	安徽省宿州市	3

曲艺

◎ 曲艺

北京评书

序号：750
编号：Ⅴ-57
批次：2
类别：曲艺
申报地区或单位：北京市宣武区，辽宁省鞍山市、本溪市、营口市

北京评书是北方评书的主体，是北方地区影响深远的一种曲艺说书形式，它形成于北京，盛行于北京、天津、河北、辽宁、吉林、黑龙江等地，并辐射全国其他地区。

北京评书相传为清初鼓曲艺人王鸿兴去江南献艺时向柳敬亭学艺，回京所创。其表演形式，早期为一人坐在桌子后面，以折扇和醒木为道具，身着长衫。至20世纪中叶，渐渐变成站立说演，衣着也不再固定。传统评书的表演程序一般是先念一段"定场诗"，或说段小故事，然后进入正式表演。正式表演时，以叙述故事并讲评人情事理为主。"古事今说，佐以评论"是评书艺术的重要特征，从论古而谈今，收醒世之效果。评书贵在"评"，精在"评"。北京评书的传统书目主要有《西汉演义》《东汉演义》《三国演义》《三侠五义》《岳飞传》等。

以北京评书为代表的中国评书艺术，是最具中国民族特点、最富中国审美特色的艺术类型之一。北京评书具有很高的艺术价值，对于丰富群众的文化生活起到了非常重要的作用。

国家级代表性传承人名单

姓名	性别	申报地区或单位	入选批次
连丽如	女	北京市宣武区	3
单田芳	男	辽宁省鞍山市	3
刘兰芳	女	辽宁省鞍山市	3
田连元	男	辽宁省本溪市	3

布依族八音坐唱

序号：282
编号：Ⅴ-46
批次：1
类别：曲艺
申报地区或单位：贵州省兴义市

布依族八音坐唱又叫"布依八音"，是布依族世代相传的一种民间曲艺说唱形式，因使用牛腿骨、竹筒琴、直箫、月琴、三弦、铓锣、葫芦、短笛八种乐器合奏而得名，流传于贵州省西南部南盘江、北盘江流域的布依族村寨。

据传，布依八音源自宫廷雅乐，以吹打为主。元明以后，在布依族民族审美意识的影响下，逐渐发展为以丝竹乐器为主的曲艺形式。八音坐唱的表演形式为八人分持八种乐器围圈轮递说唱。表演以第一人称的"跳入"铺叙故事，以第三人称的"跳出"解说故事，也有加入勒朗、勒尤、木叶等布依族乐器进行伴奏的情形。表演时唱用布依语，道白用汉语。演唱时，男艺人多采用高八度，女子则在原调上进行演唱，以此产生强烈的音高和音色对比，增加了演唱的情趣。八音坐唱的唱腔曲调有三十多个，最常用的为"正调"，其他曲调统称为"闲调"。最具代表性的传统节目有《布依婚俗》《贺喜堂》《迎客调》《敬酒歌》《梁山伯与祝英台》等。八音坐唱旋律优美，常在民族节日、婚丧嫁娶、建房、祝寿等场合演奏，深受布依族群众喜爱。

八音坐唱历史悠久，具有鲜明的民族特色和很高的审美价值。它还衍生出布依戏等姊妹艺术形式，对于研究民间曲艺的传承和发展具有重要的参考价值。

国家级代表性传承人名单

姓名	性别	申报地区或单位	入选批次
梁秀江	男	贵州省兴义市	2
吴天玉	男	贵州省兴义市	2

长沙弹词

序号：744

编号：Ⅴ-51

批次：2

类别：曲艺

申报地区或单位：湖南省长沙市

长沙弹词又称"唱讲""讲评""平讲曲"，是湖南的一种曲艺说唱形式，流传于湖南湘江、资水流域的长沙、益阳、湘潭、株洲等地。

长沙弹词源于渔鼓道情，形成于清末民初。长沙弹词用长沙方言表演，有说有唱，以唱为主。说白又有散白、韵白两种，也有一唱到底的短篇唱段。演出形式有一人怀抱月琴自弹自唱的"单档"，也有两人合作的"双档"。长沙弹词的唱腔早期比较简单，以板式变化体为主，在发展过程中逐渐吸收湘剧高腔、昆曲和一些民间小调的唱腔，成为板式变化体与曲牌联套体相结合的曲调形式。长沙弹词的唱词通俗生动，讲究韵律。长沙弹词题材广泛，曲目丰富，具有代表性的有《五虎平西南》《残唐五代》《月唐传》《七国志》等。长沙弹词还有独具特色的"现场问答"表演，要求艺人根据观众的情况临场发挥，很有感染力。

长沙弹词富于地方特色，具有很高的艺术价值，深受长沙地区群众的喜爱。

国家级代表性传承人名单

姓名	性别	申报地区或单位	入选批次
彭延坤	男	湖南省长沙市	3

常德丝弦

序号：263

编号：Ⅴ-27

批次：1

类别：曲艺

申报地区或单位：湖南省常德市

扩展名录：

常德丝弦（丝弦）   湖南省武冈市

湖南丝弦是湖南重要的地方曲种，因使用扬琴、琵琶、三弦、二胡、月琴、京胡等弦乐乐器伴奏而得名。流传于湖南各地，其中以流传于常德地区、用常德方言演唱的"常德丝弦"最为繁盛。

湖南丝弦由清代初年江浙一带流入湖南的时调小曲和湖南本地的民歌曲调融合发展而成。在湖南各地的流传中又形成了以常德为中心的"常德丝弦"、以长沙为中心的"长沙丝弦"、以浏阳为中心的"浏阳丝弦"、以平江为中心的"平江丝弦"、以衡阳为中心的"衡阳丝弦"和以邵阳为中心的"邵阳丝弦"等各具特色的支派。湖南丝弦的传统表演形式为多人分持扬琴、鼓板、京胡、二胡、三弦和琵琶等围坐一圈，轮递说唱，座次及乐器的位置均有一定之规，所谓"扬琴对鼓板，京胡对二胡，三弦对琵琶"，表演以唱为主，间有道白。道白分"表白"（第三人称）、"说白"（第一人称）、对白和插白四种，多为散文形式，偶有韵白。节目则多为《西厢记》《二度梅》《秦香莲》等长篇传奇故事。后来湖南丝弦走上高台，变为一人至两人以简板等打节拍站唱，另有多人分持扬琴、鼓板、京胡、二胡、三弦和琵琶等专司伴奏，节目也趋于精短，具有代表性的有《秋江》《追韩信》《徐策跑城》等。常德丝弦有一百多个传统曲目，大部分取材于历史故事和民间传说，其中以《宝玉哭灵》《鲁智深醉打山门》《双下山》等最为著名。中华人民共和国成立后，又涌现出《新事多》《夸货郎》《风雪探亲人》等一批反映现实生活的新曲目。

湖南丝弦具有鲜明的地方特色和乡土气息，它的音乐结构完整、演唱方法独特、表演形式灵活自由、伴奏手法丰富多彩，艺术价值很高。

国家级代表性传承人名单

姓名	性别	申报地区或单位	入选批次
谌晓辉	女	湖南省常德市	2
朱晓玲	女	湖南省常德市	2

唱新闻

序号：1128

编号：Ⅴ-104

批次：3

类别：曲艺

申报地区或单位：浙江省象山县

唱新闻又称"锣鼓书"，是流传于浙江省象山县及其周边地区的曲艺品种。唱新闻以所唱内容多为时事而得名，象山境内的唱新闻皆用象山方言表演，内容大多反映当地的风土人情，又称"象山唱新闻"，简称"新闻"。

唱新闻说唱相间，以唱为主，分单口（一人演出）和双口（两人演出）两种。单口演出时，艺人左手持小锣、竹板，右手持鼓槌、锣片，左腿上放一只小腰鼓，自行伴奏说唱。双口演出时，一人自敲鼓板主唱，另一人伴奏并伴唱。一般在开场前先敲一阵锣鼓招徕观众，称为"闹场"，开演时先唱四句或者六句唱词，称为"书帽子"，然后再进入"正书"或称"当家书"表演。唱新闻曲调丰富，除了基本调"新闻调"，还有"镇海调""词调""赋调"等。传统书目有《双兰英》《邬玉林》《白月琴》《钉鞋记》以及象山特有的《吊发圈》等。

唱新闻富于地方特色，内容雅俗共赏，是当地群众喜闻乐见的艺术形式。

朝鲜族三老人

序号：773

编号：Ⅴ-80

批次：2

类别：曲艺

申报地区或单位：吉林省和龙市

朝鲜族三老人，是朝鲜族传统的民族曲艺形式，主要流传于吉林省和龙市朝鲜族聚居区。

朝鲜族三老人于20世纪50年代形成于延边地区，是一种新兴的艺术形式。它以说为主，唱演为辅，采用延边地区的方言。演出由三名演员分别模拟进步、中间、落后三种类型的老人，以争辩形式演出，在笑声中表扬先进人物、新生事物，批评错误思想、落后现象。三老人对白朴实，风格幽默。先进者正气凛然，彰显智慧；中间派墙头草形象，左右逢源，对白滑稽；落后者易走极端，头脑简单。三个人物相得益彰，浑然成趣。在插科打诨中缓解矛盾，起到教育作用。唱词通俗易懂，朗朗上口。音乐具有朝鲜族风格，易学易唱。朝鲜族三老人具有人物类型化、结构程式化、情节戏剧化的特点，曲目多反映新时代风貌，具代表性的有《百年大计》

《新的长征》《去开会的路上》《老人足球队》等。

朝鲜族三老人融朝鲜族的曲艺才谈、小丑戏、漫谈、幕间剧等形式为一体，是具有浓郁民族特色的地方艺术，对于研究少数民族曲艺发展有着不可替代的作用。

车灯

序号：781

编号：Ⅴ-88

批次：2

类别：曲艺

申报地区或单位：重庆市曲艺团

车灯又称"车末妹""幺妹灯""车车灯"，是一种西南地区的曲艺说唱形式，主要流传于四川、重庆等地。

车灯形成于明末清初，在发展过程中吸收了民间小调的音乐，用四川方言演唱。车灯演唱以二胡和四页瓦伴奏。表演时男扮女装的"幺妹"站立"车"内，随着手执彩扇的"丑伴娘"的领唱和推车的"车夫"或推船的"艄翁"的帮唱而边唱边跳。唱腔属于板腔体，采用"起—平—落"的曲式，平句分为"上平""下平"的对称句式，并增加前引、后缀、过门等。帮腔"金钱梅花落"或"荷花闹海棠"是其特征性尾句。车灯的传统节目有《懒汉和鸡蛋》《犟姑娘》等，中华人民共和国成立后编演的新节目有《俩师徒》《三峡红灯》等。

车灯地方特色浓郁，丰富了当地群众的文化生活，具有较高的民俗学研究价值。

国家级代表性传承人名单

姓名	性别	申报地区或单位	入选批次
谭柏树	男	重庆市曲艺团	3
黄吉森	男	重庆市曲艺团	3

达斡尔族乌钦

序号：277

编号：Ⅴ-41

批次：1

类别：曲艺

申报地区或单位：黑龙江省

扩展名录：
达斡尔族乌钦　内蒙古自治区莫力达瓦达斡尔族自治旗

达斡尔族乌钦又称"乌春"，是达斡尔族特有的曲艺形式，流传于黑龙江省齐齐哈尔市梅里斯达斡尔族区、富拉尔基区、富裕县和龙江县，内蒙古自治区莫力达瓦达斡尔族自治旗、呼伦贝尔盟、喜桂图旗，以及新疆维吾尔自治区塔城地区等达斡尔族聚居地。

乌钦本是在清朝年间由达斡尔族文人用满文创作并以吟诵调朗读的叙事体诗歌，后来民间艺人口头说唱表演这些作品，乌钦逐渐演变成含有"故事吟唱或故事说唱"之意的一个曲艺品种。最初的演出多为徒口吟唱，后来出现了艺人采用"华昌斯"（四弦琴）自拉自唱的形式。演唱的曲调也丰富起来，除了原有的吟诵调外，也采用叙事歌曲调和小唱曲调表演。乌钦的节目内容丰富，有讲唱民族英雄莫日根故事的，有反映爱情和婚姻生活的，有歌唱家乡山水风光的，也有讲述神话、童话和传说的。在这些节目中，尤以反映民族英雄莫日根历史功绩的故事、具有史诗风格的《少郎和岱夫》及改编自汉族古典名著《三国演义》《水浒传》等的故事最受达斡尔族群众的欢迎。中华人民共和国成立后，编演的新节目有《歌唱英雄黄继光》《祖国母亲》《一只铁桶的来历》《自从见到毛主席》等。

乌钦具有鲜明的民族风格和地域特色，深受广大达斡尔族人民的喜爱。它是达斡尔族艺术的代表形式，具有独特的审美价值和重要的历史价值。

国家级代表性传承人名单

姓名	性别	申报地区或单位	入选批次
色热	男	黑龙江省	2
那音太	男	黑龙江省	2

答嘴鼓

序号：273

编号：Ⅴ-37

批次：1

类别：曲艺

申报地区或单位：福建省厦门市

答嘴鼓是一种以闽南语表演的曲艺谐谑形式，流传于福建省闽南地区和台湾省及东南亚闽南籍华裔聚居地。

答嘴鼓的起源没有明确记载，一般认为源自闽南地区小贩招揽生意的"市声"，在市声的基础上发展出一种"念四句"的韵语形式，后来吸收其他民间艺术形式得以形成。答嘴鼓近似对口相声，但对白却是严格押韵的韵语，语言节奏感很强，并长于运用丰富多彩、生动活泼、诙谐风趣的闽南方言词语和俚俗语，注重情节的展示与人物的刻画，讲究使用"包袱儿"与"韦登笑科"（爆笑料）以获得喜剧性效果，深受广大群众的喜爱，并成为海峡两岸民间文艺交流的一种重要形式。

答嘴鼓使用闽南方言进行表演，具有浓郁的乡土气息，成为海外专家学者研究闽台民俗和语汇的宝贵资料。

国家级代表性传承人名单

姓名	性别	申报地区或单位	入选批次
陈清平	男	福建省厦门市	2
杨敏谋	男	福建省厦门市	2

大调曲子

序号：762

编号：Ⅴ-69

批次：2

类别：曲艺

申报地区或单位：河南省南阳市

大调曲子原名"鼓子曲"，是河南重要的曲艺唱曲形式，因河南曲剧俗称"小调曲子"，鼓子曲改为大调曲子，主要流传于南阳地区。

大调曲子源于明清俗曲，初兴于河南开封，清乾隆年间传入南阳后，逐渐形成不同于开封鼓子调的曲种。大调曲子采取坐唱形式，多为一人演唱，也有少数二人对唱或三人对唱的曲目。一般情况下，演唱者与伴奏者围坐在一起，伴奏乐器主要为三弦、琵琶、古筝。演唱中遇到需要众人和唱的调门时，伴奏者加以应和，听众也可顺口帮腔。大调曲子的唱腔音乐属曲牌联缀体，有单曲和套曲两种形式。单曲用一个曲牌演唱一段故事或表现一个情景；套曲则将多支曲子按照表达需要组合起来，分为鼓子套曲、垛子套曲、越调套曲、码头套曲等。大调曲子的音乐曲调非常丰富,现存曲调二百余种,如阳春白雪的《高山流水》《汉宫秋月》,也有通俗风趣的《唧唧咕》《葡萄架》。大调曲子的传统曲目也非常丰富,《拷红》《林冲夜奔》《残花自叹》等是其中比较有代表性的作品。

大调曲子雅俗共赏,音乐曲调丰富,对于研究民间曲艺的发展具有非常重要的参考价值。

歌谣、神话和传说,对于研究傣族历史文化具有重要价值。

国家级代表性传承人名单

姓名	性别	申报地区或单位	入选批次
玉光	女	云南省西双版纳傣族自治州	3
康朗屯	男	云南省西双版纳傣族自治州	3

傣族章哈

序号:280

编号:Ⅴ-44

批次:1

类别:曲艺

申报地区或单位:云南省西双版纳傣族自治州

章哈又称"赞哈",是傣族传统的曲艺唱曲形式,流传于云南省西双版纳傣族自治州及思茅市江城、孟连、景谷等地傣族村寨,与傣族毗邻而居的布朗族中也有传唱。表演这种曲艺的艺人也被称为章哈。

章哈的具体演出形式可分为独唱和对唱两种,其中对唱有赛唱的性质。演出因伴奏乐器不同也分为两种形式,一种以傣族拉弦乐器玎伴奏,演唱内容多为山歌、情歌,多倾诉小伙子对姑娘的爱慕之情,称作"哈赛玎";另一种以单簧吹管乐器筚伴奏,称作"哈赛筚"。章哈的演唱既有即兴演唱,也有程式化的祝福歌、祈祷歌,还有固定本子的叙事长歌等。章哈曲调的旋律与唱词语调的高低联系密切,朗诵性与歌唱性有机结合,常用滑音、颤音、装饰音等,具有柔美抒情的特色。章哈演出极为广泛,傣族各种喜庆场合都要请艺人演唱章哈。

章哈是傣族群众最为喜闻乐见的民间艺术形式,在傣族社会生活中有着不可替代的作用。章哈曲目众多,保存了诸多傣族最原始古老的

单弦牌子曲

含岔曲

序号:742

编号:Ⅴ-49

批次:2

类别:曲艺

申报地区或单位:北京歌舞剧院有限责任公司,北京市西城区

单弦牌子曲简称"单弦",是一种曲艺说唱形式,流传于北京、天津及华北、东北的部分地区。

单弦是在北京岔曲和八角鼓演唱艺术的基础上发展起来的,大约形成于清代乾隆时期。单弦的演唱形式,可以一人自弹自唱,也可以一人自击八角鼓演唱,另一人操三弦伴奏,还可以拆唱(对唱)、群唱。单弦的音乐属于曲牌联缀体,常用曲牌有"太平年""云苏调""罗江怨""南城调""怯快书""剪靛花"等,大都出自民间小曲,有的擅长抒情,有的适合叙事,表演时根据内容需要选用曲牌。单弦的唱词有长短句、上下句两种形式,句中常加入三字头、垛句、嵌字、衬字以增强表现力。单弦的传统曲目非常丰富,具代表性的有《凤仪亭》

482

《翠屏山》《高老庄》《黛玉葬花》等。

岔曲是北京八角鼓和单弦牌子曲的主要曲调，用作曲牌联缀体的曲头或曲尾，也可单独演唱。其最主要的表演方式是一人持八角鼓演唱，一人操三弦伴奏，也有两人操八角鼓演唱的，还有群唱的。其基本唱腔结构为一段八句或六句，分头、尾，中间有一个大过门。唱词以七字句、四字句为主，句中可加嵌字、衬字。岔曲的曲调主要有"平调韵""荡韵""黄鹂调""石韵"等。岔曲传统节目数量众多，著名的有《踏雪寻梅》《怕到黄昏》《太虚幻境》《风雨归舟》等。

单弦和岔曲从内容到形式都非常高雅，是北京曲艺的艺术源头，具有重要的审美价值和研究价值。

国家级代表性传承人名单

姓名	性别	申报地区或单位	入选批次
张蕴华	女	北京市西城区	4

东北大鼓

序号：242
编号：Ⅴ-6
批次：1
类别：曲艺
申报地区或单位：辽宁省沈阳市，黑龙江省

扩展名录：
东北大鼓　　辽宁省锦州市、瓦房店市、岫岩满族自治县，吉林省榆树市，黑龙江省五常市

东北大鼓是主要流传于我国东北辽宁、吉林、黑龙江三省的鼓书暨鼓曲形式，因一度盛行于沈阳，曾称作"奉天大鼓"和"辽宁大鼓"。

东北大鼓约形成于清代中期，早期主要在乡村流行，俗称"屯大鼓"。演唱的曲调是当地人们熟悉的土腔土调，唱词也不甚讲究。在长期的传播过程中，东北大鼓融入了一些京剧、京韵大鼓和东北民歌的唱腔，艺术上逐渐成熟。在长期的发展过程中，东北大鼓形成了不同的艺术流派，主要有以沈阳为中心的"奉调"，以吉林为中心的"东城调"，以哈尔滨松花江以北为中心的"江北派"，以营口为中心的"南城调"，以锦州为中心的"西城调"。东北大鼓的表演形式为演员一人自击书鼓、书板，配以一人至数人伴奏，主要伴奏乐器为四胡、琵琶、扬琴等。东北大鼓的音乐结构属板腔体，唱词的基本形式为七字句的上下句式。唱腔板式有大口慢板、小口慢板、二六板、快板、散板等，还有悲调、西城调、怯口调等辅助唱腔。东北大鼓传统曲目众多，可分为子弟书段、三国段、草段三类。子弟书段大多取材于明清小说和流行戏曲，唱词高雅。三国段主要是写刘关张和诸葛亮的曲目。草段是民间艺人编演的通俗唱词，题材广泛。中华人民共和国成立后，东北大鼓编演了不少新节目，如《烈火金刚》《红岩》《节振国》等长篇大书和《杨靖宇大摆口袋阵》《白求恩》《刑场上的婚礼》等短篇唱段。

东北大鼓在东北人民的娱乐生活中占有重要地位，其唱词和音乐也影响了其他艺术形式，如《忆真妃》被多种鼓曲移植，唱腔曲牌"慢西城"被东北二人转吸收等。

国家级代表性传承人名单

姓名	性别	申报地区或单位	入选批次
夏晓华	女	黑龙江省	2
陈丽洁	女	辽宁省锦州市	4

东北二人转

序号：271
编号：Ⅴ-35
批次：1
类别：曲艺
申报地区或单位：辽宁省黑山县、铁岭市，吉林省，黑龙江省海伦市

扩展名录：

东北二人转　　黑龙江省绥棱县，内蒙古自治区通辽市

二人转是一种有广泛影响的曲艺唱曲形式，用东北方音说唱表演，因表演时载歌载舞、曲舞相衬，故旧名"蹦蹦"，主要流传于辽宁、吉林、黑龙江三省和内蒙古自治区东部。

一般认为二人转约在清代中期由东北大秧歌与关内传来的莲花落融合而成。它在发展过程中广泛吸收东北民歌、太平鼓、东北大鼓等姊妹艺术的音乐唱腔和表演技巧。二人转最常见的表演形式是二人扮成一旦一丑，边说边唱，边唱边舞。还有一人边唱边舞的"单出头"和多人扮成各种角色表演的"拉场戏"。二人转唱腔音乐十分丰富，素有"九腔十八调，七十二咳咳"之称，常用的唱腔曲牌有"胡胡腔""喇叭牌子""文咳咳""武咳咳""三节板""抱板""四平调""五字锦""红柳子"等，伴奏乐器有板胡、唢呐、竹板等。二人转唱词以七言和十言为主，兼有长短句式；表演讲究唱、说、做、舞四功的综合运用，其中唱功讲究"字儿、句儿、味儿、板儿、腔儿、劲儿"，高亢火爆，亲切动听；说功分"说口""成口"（亦称套口）、"零口"，丑逗旦捧，多用韵白，也有说白和数板，语言风趣幽默；做功（亦称扮功）讲究以身段和动作辅助演唱，强调手、眼、身、法、步等功法的综合运用；舞功以跳东北大秧歌舞为主，也吸收其他民间舞蹈和武打的成分，并有耍扇子、耍手绢、打手玉子、打大竹板等杂技性的绝活穿插其间。二人转的传统节目众多，拿手好戏有"四梁四柱"之说，四梁指大四套曲目《钢鉴》《清律》《浔阳楼》《铁冠图》，四柱指小四套曲目《西厢》《蓝桥》《阴魂针》《李翠莲盘道》。中华人民共和国成立后，编演了《三只鸡》《接姑娘》《柳春桃》《丰收桥》等新节目。

长期以来，二人转深受东北广大人民群众特别是农民朋友的喜爱，东北民间流传着"宁舍一顿饭，不舍二人转"的说法。二人转对于研究东北文化和民俗具有不可替代的作用。

国家级代表性传承人名单

姓名	性别	申报地区或单位	入选批次
李秀媛	女	辽宁省黑山县	2
赵本山	男	辽宁省铁岭市	2
王中堂	男	吉林省	2
赵晓波	女	黑龙江省海伦市	2
石桂芹	女	黑龙江省海伦市	2
董孝芳	女	吉林省	4
韩子平	男	吉林省	4

东山歌

序号：270
编号：Ⅴ-34
批次：1
类别：曲艺
申报地区或单位：福建省东山县

扩展名录：
歌册（潮州歌册）　　广东省潮州市

东山歌是在广东潮州歌传入福建东山后经过地方化而发展形成的一种曲艺形式，民间俗称"唱歌册"。传唱过程中先后融入了南音等其他曲种的艺术因素与曲调，具有东山地方特色。

东山歌的表演形式是由一人照本宣科式地吟唱长篇韵文体的叙事"歌册"。节目内容故事性强，文字浅显，唱词押韵顺口，唱腔韵律平稳。传统的歌册节目主要有两类，一类是根据小说改编而成的，如《隋唐演义》《薛刚反唐》等；另一类是根据民间传说改编而成的，如《崔鸣凤》《陈世美》等。中华人民共和国成立后的新节目有《渔家女》《织网歌》等。东山歌在旧时的妇女阶层中普遍流传，几乎是妇女生活的教科书。东山妇女通过听唱歌册，认识历史，了解社会，增长知识，学做人，知善恶，识礼仪。人们视会唱歌册为体面之事，以歌册作陪嫁，形成新娘厅堂唱歌册的风俗，故有"女书"的说法。

东山歌具有浓烈的地方特色，为当地群众所喜爱，对当地曲艺发展历史和民俗研究具有重要价值。

歌册（潮州歌册）
申报地区或单位：广东省潮州市

潮州歌册俗称"笑歌册"，是一种用潮州方言说唱的民间曲艺形式，主要流传于广东潮州地区以及福建的诏安、东山、云霄等地。

潮州歌册由明清时期的弹词演变而来，民间艺人将弹词抄本刻印出来，装订成册，表演时照本宣科地说唱。潮州歌册音韵整齐，语言通俗，故事情节完整。唱词多为七字句，四句一节，一节一韵。潮州歌册的传统作品多取材于历史演义和民间传说，代表作品有《刘明珠》《一世报》《二度梅》《薛仁贵征西》等。中华人民共和国成立后编演的新节目有《花好月圆》《冤孽姻缘》《红灯记》《白毛女》等。

潮州歌册富于地方特色，具有很高的历史文化价值。

国家级代表性传承人名单

姓名	性别	申报地区或单位	入选批次
蔡婉香	女	福建省东山县	2
黄春慧	女	福建省东山县	2

独脚戏

序号：761

编号：Ⅴ-68

批次：2

类别：曲艺

申报地区或单位：上海市黄浦区，浙江省杭州市

独脚戏又称"滑稽"，是一种使用吴语方言进行表演的曲艺形式，流传于上海、江苏、浙江一带。

独角戏源自民间说唱和文明新戏，形成于清末民初。独脚戏一般有两种类型，一种以说为主，一种以唱为主。前者主要是讲滑稽故事或笑话，也可学各地方言；后者主要学唱各地戏曲声腔和民歌小调。独脚戏的表演技巧与相声类似，讲究说、学、做、唱。独脚戏表演时，舞台上常用堂幔（或以屏风替代），堂幔前置一横放的半桌，半桌左右各有一张椅子。半桌上放置常用道具，如春锣、木鱼、三巧板等。半桌和椅子可随表演内容而移动，变成"象征性"的实物道具，如用半桌代表柜台、代表墙，用椅子代表黄包车、轿车等。常见的表演形式分为一人表演的"单卖口"，两人搭档的"双卖口"，

还有简单化妆扮演角色的"彩扮"。独脚戏曲目丰富，内容包罗万象，如《阿福上生意》《各地堂倌》《水果笑话》《游码头》等，均具有很高的艺术水准。

独脚戏诙谐风趣，深受流传地群众的喜爱，它保存了大量民国时期上海、杭州的社会风情，也是滑稽小戏的艺术源头，具有很高的历史文化价值。

国家级代表性传承人名单

姓名	性别	申报地区或单位	入选批次
杨华生	男	上海市南浦区	3
王汝刚	男	上海市南浦区	3
刘树根	男	浙江省杭州市	3
姚祺儿	男	上海市黄浦区	4

端鼓腔

序号：1138
编号：Ⅴ-114
批次：3
类别：曲艺
申报地区或单位：山东省东平县、微山县

端鼓腔又名"端供腔"或"端公腔"，是流传于山东省东平县、微山县的微山湖沿湖一带的民间传统曲艺形式。

端鼓腔起源于渔民在"敬河神"仪式上的说唱表演，至迟在清代中叶就已形成。传统表演形式为一人或多人手持羊皮制的端鼓，边敲击边走动演唱。现代增加了扬琴、笙、二胡、笛子、琵琶、三弦、中阮等伴奏乐器，特别是以高胡做主弦。端鼓腔是板腔体和联曲体相结合的综合体式，其板腔部分以"十字韵""七字韵"两个曲牌为基础，还有"请神调""送神调"等。唱腔的主要特点是五声音阶的"宫""徵"互相变换，旋律跳动幅度较大，拖腔长而委婉。端鼓腔常在逢会设坛的民间仪式上表演，说唱之中夹杂舞蹈动作。端鼓腔演出剧目众多，大体可分为三类：一是篇幅较短的风趣段子，如《小秃闹房》；二是民俗性较强的中篇故事，如《刘文龙赶考》等；三是传奇性较强的神话故事，如《魏征梦斩小白龙》等。

端鼓腔富于微山湖水乡的生活气息，具有鲜明的审美特色和丰富的民俗研究价值。

鄂伦春族摩苏昆

序号：279
编号：Ⅴ-43
批次：1
类别：曲艺
申报地区或单位：黑龙江省

"摩苏昆"是鄂伦春语，意为"讲唱故事"。摩苏昆是鄂伦春族特有的一种曲艺形式，流传于黑龙江大、小兴安岭鄂伦春族聚居区。

摩苏昆形成于清代末期，其演出形式多为一个人徒口表演，没有乐器伴奏，说唱结合。其内容多讲唱英雄"莫日根"的故事，故事情节曲折，人物形象生动，语言讲究文学性。摩苏昆曲调不固定，不同流行地有所不同，如逊克多用"库亚若调"，呼玛多用"库尧勒调"，黑河多用"因交调"，属于"类型曲调"。还有根据不同节目而使用不同曲调的情形，如演出《阿尔旦滚滚蝶》时必用"四季来临的时候"，演出《双飞鸟的故事》必用"渡口河边"，演出《猎人和心爱的妻子》必用"妻子的礼物"，属于"定型专用调"。另有自由选用或借用各种曲调表演的情形。摩苏昆的艺术传承一直以口耳相传的方式进行，传统节目有《英雄格帕欠》《宝贝年末日根》《坤玛布库末日根》《鹿的传说》等。

摩苏昆在鄂伦春族人民的文化生活中扮演着非常重要的角色，对于了解和研究包括鄂伦春族在内的北方各渔猎民族的社会、历史、经济、文化和宗教传统意义十分重大。

国家级代表性传承人名单

姓名	性别	申报地区或单位	入选批次
莫宝凤	女	黑龙江省	2

恩施扬琴

序号：767

编号：Ⅴ-74

批次：2

类别：曲艺

申报地区或单位：湖北省恩施市

恩施扬琴又名"恩施丝弦"，是湖北省重要的地方曲种之一，主要流传于恩施、咸丰、宣恩、来凤、利川等地。

恩施扬琴于清代同治、光绪年间在融合湘剧、南剧、楚调和民间小调的基础上形成。恩施扬琴的演唱形式为坐唱，不搭台、不化妆、无表演，演员自操乐器，围桌而坐。曲目按生、旦、净、末、丑、副、杂递唱，剧情进入高潮或煞尾时，众人合腔渲染气氛。伴奏乐器中扬琴居首，称为"坐统子"，加上碗琴、二胡、三弦、月琴、京胡、鼓（竹节制成）、尺，称为"八音"。恩施扬琴的音乐唱腔，属于板式变化体与曲牌联套体相结合的音乐体制。按唱腔、曲牌的性能、结构与特点，可分为"宫调""月调""皮簧""小调"和没有唱词的器乐曲五类。恩施扬琴的唱词，文字精练严整，题材丰富多彩。曲目开头和结尾的诗句用第三人称。在人物对话和故事情节的描绘中，也夹有诗白。其基本结构是：词四句，点明主题；诗四句，介绍内容梗概；白，进入角色以叙事；唱词、对话，分角色行当展开故事情节；四句尾诗，结束交代，点出接唱曲目。传统曲目有《大宴》《修诏》《伯牙抚琴》《黛玉葬花》等。

恩施扬琴洋溢着浓郁的地方气息，显示出独特的艺术风格，深受当地群众的喜爱，具有较高的历史文化价值。

凤阳花鼓

序号：272

编号：Ⅴ-36

批次：1

类别：曲艺

申报地区或单位：安徽省凤阳县

凤阳花鼓又称"花鼓""打花鼓""花鼓小锣""双条鼓"等，是一种集曲艺和歌舞为一体的民间表演艺术，但以曲艺形态的说唱表演最为重要和著名。凤阳花鼓主要分布于凤阳县燃灯、小溪河等乡镇一带，一般认为形成于明初。

凤阳花鼓的表演形式是由一人或二人自击小鼓和小锣伴奏，边舞边歌。历史上艺人多以此为出门乞讨的手段，凤阳花鼓因此传遍大江南北。凤阳花鼓的主要道具是花鼓，早期为腰鼓，后艺人为了携带方便，改为小手鼓。花鼓小巧玲珑，鼓面直径三寸左右，鼓条是两根一尺半左右的竹鞭（或细竹根）。表演者单手执鼓，另一手执鼓条敲鼓，因此也称为"双条鼓"。凤阳花鼓的音乐源自当地的民歌小调，在演唱者乞讨卖艺的过程中，吸收了各地的民歌精华，形成了独具特色的曲调。传统的曲目主要有《凤阳歌》《十杯酒》《王三姐赶集》等。

凤阳花鼓充满乡土气息和地方特色，对于研究江淮地区的民歌音调和风土人情具有重要价值，对于了解明初以来凤阳地区的历史文化也有参考价值。

国家级代表性传承人名单

姓名	性别	申报地区或单位	入选批次
孙凤城	女	安徽省凤阳县	2

福州评话

序号：239
编号：Ⅴ-3
批次：1
类别：曲艺
申报地区或单位：福建省福州市

福州评话是以福州方音讲述并有徒歌体唱调穿插吟唱的独特说书形式，流传于福建省的福州、闽侯、永泰、长乐、连江、福清、闽清等十几个县市及台湾省和东南亚的福州籍华侨聚居地。

福州评话约形成于明末清初，相传是柳敬亭的大弟子居辅臣到福州双门楼授徒传艺而流传下来的。福州评话的道具有醒木、折扇和一片铙钹（配以扳指、竹箸）。唱词多为七字句，也有八、九字句的。福州评话的唱调分为序头、吟唱和诉牌三类。序头用以演述正书之前的短篇书赞，类似古代说书的"入话"；吟唱是基本唱腔，可用于表唱，也可表现人物的内心独白和人物之间的对话，曲调包括"高山流水""浪淘沙""连珠""滴滴金"等；诉牌的音乐性较强，在人物表白身世和倾诉冤情时使用，唱时以筷子敲铜铙钹来间奏。福州评话的传统节目分为长解书、短解书、半长短书、公案书、家庭书五种。长解书讲的都是历史故事，有《三国》《隋唐》《精忠岳传》等；短解书讲的是武侠故事，有《七侠五义》《彭公案》《施公案》等；半长短书有《水浒》等；公案书专讲清官为民请命和平冤决狱的故事，如《王公十八判》《珍珠被》《长泰十八命》等；家庭书多反映家庭伦理与悲欢离合的故事，如《甘国宝》《双玉蝉》《玉蝙蝠》等。中华人民共和国成立后，编演了《九命沉冤》《流水欢歌》《小城春秋》《保卫延安》等新节目。

福州评话在伴奏乐器的形制、吟诵表演的方式、独特的曲本体裁和传统的话本题材等方面，都具有重要的历史和文化价值。

国家级代表性传承人名单

姓名	性别	申报地区或单位	入选批次
陈如燕	女	福建省福州市	2
毛钦铭	男	福建省福州市	2

福州伬艺

序号：251
编号：Ⅴ-15
批次：1
类别：曲艺
申报地区或单位：福建省福州市

福州伬艺是一种传统的曲艺唱曲形式，流传于福建省的福州市及闽侯、长乐、连江、福清等县，并传播到台湾省及港澳地区，在东南亚的福州籍华侨聚居区也有演唱。

福州伬艺相传是由民间卖唱艺人在民歌小调的基础上参照民间社火活动创造的，约形成于明代嘉靖年间。原名为伬唱，自1943年从业艺人成立"福州市艺乐唱联谊会"始定名为福州伬艺。福州伬艺使用福州方音说唱，表演形式通常为一人至两人自操二胡或三弦说唱表演，以唱为主，间有说表，另有人以三弦、月琴、低胡等伴奏。多人各操二胡、三弦、月琴、低胡及板鼓、檀板、摔磬、单钹、横笛、笙、小唢呐等自行伴奏围唱或轮递演唱的方式称为"全堂"。传统社火表演中进行的福州伬艺表演还辅助以跑旱船、踩高跷、台阁、马上、打莲花棍等杂技性的动作表演。福州伬艺的唱腔曲牌分"逗腔""江湖""歌""小调"四类，另有"采莲鼓""贺年歌""螃蟹歌""数落"等民间小调。其节目以中篇故事为主，辅之以散曲演唱。传统节目按照使用的唱腔曲牌，分为"江湖本""歌本""逗腔本"和小调唱篇四类，其中属于"江湖本"的代表性节目有《珍珠塔》《金龟母》等，属于"歌本"的代表性节目有《白扇记》《拣茶记》等，属于"逗腔本"的代表性节目有《紫玉钗》《猴告状》等。中华人民共和国成立后，编演了《红色三兄弟》《锦绣河山》等现代节目，还整理演出了《思凡》等优秀的传统曲目。

福州伬艺是福建五大地方曲艺之一，语言通俗生动，曲风粗犷活泼，深受当地群众的喜爱，对繁荣地方文化起到了重要作用。

国家级代表性传承人名单

姓名	性别	申报地区或单位	入选批次
钱振华	男	福建省福州市	2
强淑如	女	福建省福州市	2

鼓盆歌

序号：268
编号：Ⅴ-32
批次：1
类别：曲艺
申报地区或单位：湖北省荆州市

鼓盆歌是一种非常古老的曲艺形式，源于我国古代丧礼上"扣一个盆子当鼓打，唱歌陪丧家"的民俗活动，故又俗称"丧鼓""丧鼓歌""打鼓闹丧"，流传于江汉平原的沙市、荆州、江陵一带。

鼓盆歌具体的形成年代已无法考证。其表演形式通常为一人或两人自击鼓板独唱或对唱。民间演出时热心的听众可参与帮腔，即在每段唱词的开头和结尾一起齐唱。也有一人无伴奏的清唱形式。鼓盆歌唱腔有"平板""敲板""三句半""湖腔"等，具有鲜明的地方特色。鼓盆歌表演有着程式化的演唱过程，唱前有开场词，结束时有闭场词。鼓盆歌表演中鼓的伴奏独具特色，其节奏在音乐的上下句落尾处出现强拍无重音的现象，悖于音乐节拍之常理，在中外音乐史上比较罕见。鼓盆歌用方言进行演唱，在不同流传地声腔有所不同。鼓盆歌演唱的内容非常丰富，帝王将相、才子佳人、戏曲故事、民间传说、神话演义、市井习俗、人生疾苦无所不包，歌词讲究文学性，使用较多的修辞手法。

鼓盆歌除了具有独特的艺术价值，还有着民俗学、社会学和文化学等多重价值。

国家级代表性传承人名单

姓名	性别	申报地区或单位	入选批次
望熙谱	男	湖北省荆州市	2

广西文场

序号：780

编号：Ⅴ-87

批次：2

类别：曲艺

申报地区或单位：广西壮族自治区桂林市

广西文场又名"文场""文唱""文玩子""小曲""杂调""扬琴小调""莺歌小调"等，是广西的一种曲艺清唱形式，流传于广西桂北官话地区，在桂林、柳州、荔浦等地最为盛行。

广西文场的传统表演形式主要为数人坐唱，有生、旦、净、丑等行当之分，根据唱本中的人物来决定演唱人数，每人承担一个角色。每个演唱者还要兼操一件伴奏乐器，主奏乐器为扬琴，加上琵琶、小三弦、二胡、笛子，合称"五件头"，击节乐器则有云板、碟子、酒盅、鼓等。也有化妆、穿戏装演唱的，叫"文场挂衣"。还有演唱者一人手执云板或碟子击节演唱的"立唱"以及歌唱与舞蹈相结合的"走唱"。广西文场的音乐包括大调唱腔、小调唱腔、大小过门、引子、尾子和过场音乐等。大调唱腔包括俗称"四大调"的"越调""滩簧""丝弦""南词"；小调唱腔有"寄生草""倒扳桨""码头调""扬州红"等。广西文场的传统曲目丰富，多取材于明清的传奇小说。成套的唱本有《玉簪记》《白蛇传》《琵琶记》等，单出唱本有《双下山》《王婆骂鸡》《东方朔上寿》等，段子有《武二探兄》《醉打山门》《贵妃醉酒》等。

广西文场是广西最具影响和最有代表性的曲艺形式之一，对于繁荣地方文化，丰富群众生活发挥了重要作用。在研究民间曲艺发展方面也具有重要的研究价值。

国家级代表性传承人名单

姓名	性别	申报地区或单位	入选批次
何红玉	女	广西壮族自治区桂林市	4
陈秀芬	女	广西壮族自治区桂林市	4

哈萨克族阿依特斯

序号：281

编号：Ⅴ-45

批次：1

类别：曲艺

申报地区或单位：新疆维吾尔自治区伊犁哈萨克自治州

扩展名录：
哈萨克族阿依特斯 甘肃省阿克塞哈萨克族自治县

哈萨克族阿依特斯是哈萨克族曲艺的典型代表，是一种竞技式的对唱表演形式，流传于新疆维吾尔自治区伊犁哈萨克自治州和甘肃省阿克塞哈萨克自治县。

阿依特斯艺人称为"阿肯"。阿依特斯的对唱没有固定的曲牌或相应的唱腔流传，阿肯一般根据对唱的内容从语言本身生发旋律与节奏，并且多弹奏冬不拉为自己伴奏，也有不用冬不拉伴奏的徒口清唱。阿依特斯的唱词均为即兴创作，因此阿肯必须具备渊博的知识和敏捷的才思，能够出口成章，以理服人。由于是竞技式的对唱，阿肯们在表演时通常采取扬己抑人的方式，力图先声夺人，语言比较尖刻，但表演结束后双方能够互相谅解。阿依特斯的表演一般在婚丧嫁娶、节日庆典等众人聚集的场合下举行，通常在不同部落、不同地区的阿肯之间展开。

阿依特斯的传统节目主要表现哈萨克民族的历史、文化和情感，具有传播文化知识、凝聚民族精神的重要意义。阿依特斯从唱词到音乐都充满浓郁的民族特色，具有很高的审美价值。

国家级代表性传承人名单

姓名	性别	申报地区或单位	入选批次
布比玛丽·贾合甫拜	女	新疆维吾尔自治区伊犁哈萨克自治州	3
加玛勒汗·哈拉巴特	女	新疆维吾尔自治区伊犁哈萨克自治州	4

哈萨克族铁尔麦

序号：789

编号：Ⅴ-96

批次：2

类别：曲艺

申报地区或单位：新疆维吾尔自治区伊犁哈萨克自治州

铁尔麦是哈萨克语"撷取精华""精选""集萃"的意思，作为地方曲艺形式的哈萨克族铁尔麦是从哈萨克族谚语、格言、诗歌或其他文艺作品中撷取精华，配以曲调演唱的一种"劝喻歌"。主要流传于伊犁哈萨克自治州（伊犁、塔城、阿勒泰）及巴里坤哈萨克自治县、木垒哈萨克自治县等哈萨克族聚居区。

哈萨克族铁尔麦通常在众人聚集的场合公开表演，没有固定的曲调或者唱腔，艺人须根据所唱内容从语言本身生发旋律和节奏，边唱边弹冬不拉或库布孜伴奏，也可徒口清唱。铁尔麦唱词均为即兴创作，因此铁尔麦艺人必须具备渊博的知识和敏捷的才思，用精练、通俗、优美的诗歌语言表达见解和抒发感情。铁尔麦对唱则通常在不同部落、不同地区的艺人之间展开，具有竞技的特点，艺人们在表演时往往采取扬己抑人的方式，力求以理以才服人。

铁尔麦是哈萨克族曲艺的典型代表，其中承载着哈萨克族的历史文化和民族情感，具有民族传统的教育功能。它对哈萨克族民俗学、音乐、文学等方面的研究有着重要意义。

韩城秧歌

序号：783

编号：Ⅴ-90

批次：2

类别：曲艺

申报地区或单位：陕西省韩城市

韩城秧歌俗称"唱秧歌"，属民间流传的"小对对戏"形式，是两三个演员表演的秧歌小歌舞，主要流传于陕西韩城及其周边地区。

韩城秧歌形成于清代同治、光绪年间。通常由一旦一丑（最多不超过三个角色）来表演有情节、有人物的小戏。表演有固定的程式：首先由丑角登台"拜场"，唱一支"四六曲"，然后开始"请场"即请旦角上场，旦角唱"开门调"亮相，接着丑角"数花"即数落旦角，旦角唱"四六曲"推让，丑角唱"四六开门曲"承接。正曲一般由丑角和旦角联唱，以叙述故事情节。退场时二人唱"四六曲"以示自谦，并引出下一个节目。韩城秧歌的唱腔曲调属曲牌联缀体，唱腔音乐曲调丰富，优美动听。舞蹈带有乡土气息，欢快矫健，富于变化。唱词内容通俗易懂，生动幽默，很有感染力。韩城秧歌常演的剧目很丰富，有历史传奇、神话传说、民俗风情、民间故事等多种题材，还有来自传统戏曲的折子戏或片段。

韩城秧歌是一种非常独特的且具有浓郁地方风情的艺术形式，也是一种集民歌、舞蹈、说唱于一体，且具有戏曲因素的歌舞剧雏形的民间艺术形式。

国家级代表性传承人名单

姓名	性别	申报地区或单位	入选批次
徐忠德	男	湖北省汉川市	2

汉川善书

序号：269

编号：Ⅴ-33

批次：1

类别：曲艺

申报地区或单位：湖北省汉川市

汉川善书简称"善书"，因艺人常以"未开言来，泪流满面"开头，又称"未开言"，是广泛流传于湖北汉川、天门、沔阳、潜江、孝感等地的曲艺说书品种。它在汉川最为兴盛，传统也最为深厚。

汉川善书形成于清末民初，由清初开始的"圣谕"宣讲活动发展演变而来。传统的表演形式为一人徒口说唱，民国时期发展为二人或多人分行当说唱。多人宣讲时，有"主案"与"宣词"之分，主案种说教，宣词说兼唱。其表演程式分"宣""讲""答""对"等项，内容多具高台教化和劝善祈福的色彩。善书的唱词为十字句，上下句式结构，不能随意增字减字，一韵到底。善书原为徒歌形式，后经改革加入丝弦伴奏。唱腔曲调有"大宣腔""小宣腔""丫腔""梭罗腔""怒斥腔""哀思腔"等。善书节目有"案"有"传"，"案"取材于官府所判案件，"传"取材于民间故事。传统节目有《滴血成珠》《蜜蜂汁》《安安送米》《节烈坊》等。中华人民共和国成立后，编演的新节目有《双团圆》《飞鸽案》等。

汉川善书表演形式简便，内容通俗易懂，有问有答，有说有唱，主要就是劝善和祈福，对于弘扬传统道德具有积极意义。它是清代善书曲艺中保存最为完好的一种，对考察清代乡约俗规具有参考价值。

杭州评词

序号：745

编号：Ⅴ-52

批次：2

类别：曲艺

申报地区或单位：浙江省杭州市

杭州评词俗称"杭州小书"，还曾称为"文书"，是一种曲艺说唱形式，流传于浙江杭州及其周边地区。

杭州评词由明代的弹词演变而成，用杭州方言说唱、道白。表演形式为一人自拉二胡伴奏演唱，说表时以醒木、扇子、手帕作道具，同时借助身体语言和表情刻画人物。杭州评词的唱腔属板腔体，基本曲调称为"平调"，其中又有"喜调""怒调""悲调"之分。唱词通俗易懂，多采用七字句，也有少量三字句、五字句，有时还在句中加入衬字。讲究逢双押韵。杭州评词的曲目分为两类，一类是精短的唱段，名为"提唐诗"，又名"开篇"，全部为七字韵文，如《韩信问卜》《西湖十景》等。另一类是传统长篇书目，称为"正书"，如《双珠凤》《珍珠塔》《黄金印》《白蛇传》等。中华人民共和国成立后，编演的新书目有《苦菜花》《平原枪声》等。

杭州评词具有浓郁的地方特色，对于研究民间曲艺发展演变具有重要的参考价值。

国家级代表性传承人名单

姓名	性别	申报地区或单位	入选批次
胡正华	男	浙江省杭州市	3

杭州评话

序号：746

编号：Ⅴ-53

批次：2

类别：曲艺

申报地区或单位：浙江省杭州市

杭州评话俗称"杭州大书"，是一种曲艺说书形式，流传于浙江杭州及其周边地区。

杭州评话的源头可追溯到南宋时期临安的"说话""说史"，至明末清初逐步形成。杭州评话用杭州方言说表，杭州评话是一人说表，只说不唱，用扇子、手帕作道具，以醒木拍桌来加强气氛。以说书人口吻叙述情节、分析人物的部分称作"表"，以第一人称为书中人物代言称为"白"。杭州评话在表演中"表""白"结合，夹叙夹议。还常用七言韵文的"赋赞"来增强节奏、渲染气氛，如《花园赋》《阵战赋》等就是其中的经典段落。杭州评话的传统节目可分为讲史、公案、侠义、神话四类，其代表性的有《西汉》《东汉》《杨家将》《岳飞传》等。

杭州评话带着浓郁的地方特色，有着独特的艺术魅力，具有较高的历史文化价值。

国家级代表性传承人名单

姓名	性别	申报地区或单位	入选批次
李自新	男	浙江省杭州市	3

好来宝

序号：788

编号：Ⅴ-95

批次：2

类别：曲艺

申报地区或单位：内蒙古自治区科尔沁左翼后旗

好来宝意译为"连韵说唱"，是一种蒙古族曲艺说唱形式，表演特点与汉族的数来宝和莲花落近似。流传于内蒙古科尔沁草原及其周边地区。

好来宝形成于12世纪前后。它用蒙古语演唱，有固定的曲调，有一定的韵律。表演者均为男性，有单口好来宝、对口好来宝、群口好来宝。演唱时，演员每人拉一把马头琴或四胡，自拉自唱。表演风趣幽默，节奏明快又酣畅淋漓。好来宝曲调丰富，音乐变化多端，节奏轻快活泼，多人演出时会采用领唱、对唱、齐唱、伴唱等多种形式，还辅以一定的动作。唱词朴实优美，语言形象动人。四句一节，押头韵。或四句一押韵，或两句一押韵，也有几十句唱词一韵到底的情形。好来宝题材多样，除一般的儿女风情、世态变化和知识性的内容外，还有许多民间长篇故事以及改编的古典章回小说。

好来宝具有浓郁的民族风格和地方特色，具有艺术学、民俗学、文化学、社会学等多方面的价值。

河洛大鼓

序号：248

编号：Ⅴ-12

批次：1

类别：曲艺

申报地区或单位：河南省洛阳市

河洛大鼓起源于清末民初，是在洛阳琴书的基础上发展起来的一种曲艺形式，用洛阳方音演唱，流传于以洛阳为中心的豫西地区。

洛阳琴书旧称"琴音"，早期的伴唱乐器是我国传统的七弦古琴。"琴音"在官宦、商绅和文人之间传唱，词曲典雅，流入民间后，改称"琴书"，其琴也改为扬琴。19世纪初，洛阳琴书和"单大鼓"结合，并吸收了河南坠子的一些曲调形成河洛大鼓，早期被人们称为"大鼓书""鼓碰弦""钢板书"。20世纪50年代初定名为"河洛大鼓"。河洛大鼓常见的表演形式为，主唱者左手打钢板，右手敲平鼓，另有乐师以坠胡伴奏。演唱风格欢快活泼，气氛热烈，在洛阳地区乡间婚丧嫁娶、节日庆典等聚会场合，有邀请河洛大鼓表演的习俗。河洛大鼓唱腔属"板腔体"。在长期的发展过程中，河洛大鼓吸取了洛阳琴书、河南坠子、豫剧等兄弟艺术形式的长处，板式丰富，曲调丰富，音乐富于表现力。在洛阳大鼓的传统节目中，以公案书、武侠书和袍带书等长篇书目为多。

河洛大鼓集多种地方音乐素材为一体，是独具特色的豫西曲艺形式，深受洛阳地区城乡居民喜爱，具有很强的艺术魅力。

国家级代表性传承人名单

姓名	性别	申报地区或单位	入选批次
陆四辈	男	河南省洛阳市	2

河南坠子

序号：256
编号：Ⅴ-20
批次：1
类别：曲艺
申报地区或单位：河南省

扩展名录：
河南坠子　　河北省临漳县

河南坠子是一种比较独特的曲艺形式，俗称"坠子书""简板书"或"响板书"，因使用坠子弦（又名坠胡）伴奏而得名。它流传于河南等中原地区和华北的部分省市。

河南坠子约在清代道光年间形成，使用河南方音说唱表演，以唱为主，唱中夹说。河南坠子的伴奏乐器有专职伴奏者使用的脚梆和坠胡，说唱演员使用的简板、矮脚书鼓与醒木等。其中由道情改演河南坠子的艺人多用简板击节，由三弦书改演河南坠子的艺人多用铰子击节，由大鼓书改演坠子的艺人多用矮脚书鼓，醒木则多在说唱长篇书时使用。说唱表演的方式除了早期一个人演出的"单口"和后来发展出的双人演出的"对口"外，还有三个人搭档演出的"群口"，几种方式各有适宜的节目。唱腔分为起腔、平腔、送腔、尾腔四种，板式主要有"平腔""快扎板""武板""五字坎""垛板"等。河南坠子常演的节目有《偷石榴》《小姑贤》《三打四劝》《王麻休妻》等"段儿书"和移植自道情说唱的《回龙传》《响马传》《五虎平西》《狸猫换太子》等"长篇书"。中华人民共和国成立之后，编演了《黄道翻身桥》《李逵夺鱼》《双枪老太婆》《双赶车》等新节目。

河南坠子一直保持着朴素的乡土风味和浓厚的生活气息，深受中原地区群众的喜爱，以至产生"看了坠子，卖了被子"的俗谚。河南坠子具有很高的艺术价值，对于研究我国民间曲艺的发展演变也具有重要意义。

国家级代表性传承人名单

姓名	性别	申报地区或单位	入选批次
刘宗琴	女	河南省	2
宋爱华	女	河南省	3

河州平弦

序号：1137

编号：Ⅴ-113

批次：3

类别：曲艺

申报地区或单位：甘肃省临夏市

河州平弦也称"临夏平弦"，是流传于甘肃省临夏市（古称河州）及其周边地区的曲艺弹唱形式。

河州平弦约形成于清代末年，多在文人雅士之中流传，以唱为主，兼有说白。其传统表演形式为一人自弹三弦说唱，也有用二胡、竹笛、碰铃、四叶瓦伴奏的情形。河州平弦的唱腔为曲牌联缀体，按"前岔—述腔—杂调—述腔—后岔"的顺序连接，曲调优美婉转。唱词多为七字句和十字句，不少来自元明杂剧名篇，文雅清丽。河州平弦传统节目内容丰富，有《孔子拜师》《渔樵耕读》《伯牙抚琴》《苏武牧羊》等"大本"，《阳欢乐》《宋江投朋》《白猿盗桃》《莺莺饯行》《十里亭》等"小书"，还有《玩月光》《叹十声》《全家福》《十不亲》等"小段"或"小点"。

河州平弦从曲到词都比较高雅，具有很高的审美价值。

赫哲族伊玛堪

序号：278

编号：Ⅴ-42

批次：1

类别：曲艺

申报地区或单位：黑龙江省

伊玛堪是赫哲族特有的曲艺说唱形式，流传于黑龙江省的赫哲族聚居区。

据现有资料，伊玛堪至迟在清末民初就已形成。伊玛堪的表演形式为一个人说唱结合地进行徒口表演，大体上以说为主，以唱为辅，没有乐器伴奏。伊玛堪的语言既古朴平实，又讲究合辙押韵，具有较高的文学性。伊玛堪的唱腔高亢嘹亮，具有原始粗犷的山野气息。音乐具有鲜明的民族特色，因流行地和艺人的不同，所采用的唱腔曲调也各有区别，常见的曲调有"赫尼那调""赫里勒调""苏苏调""喜调""悲伤调""下江打渔调"等。伊玛堪的节目类型及演出风格有"大唱"和"小唱"之分。"大唱"即"伊玛堪大唱"，是指以说为主的表演，侧重于和擅长表现英雄与传奇性的节目内容，如各种"莫日根（英雄）"故事和赫哲族人的创世传说；"小唱"即"伊玛堪小唱"，是指以唱为主的表演，侧重于和擅长表现抒情性内容的短篇节目。传统节目长、中、短篇均有，代表性作品有《什尔达鲁莫日根》《满格木莫日根》《木竹林莫日根》《英土格格奔月》《亚热勾》《西热勾》等。

伊玛堪是赫哲族人民的文化生活中不可缺少的艺术种类，它还具有传承本民族历史文化的"教科书"功能，价值独特，意义重大。

国家级代表性传承人名单

姓名	性别	申报地区或单位	入选批次
吴明新	男	黑龙江省	2
吴宝臣	男	黑龙江省	2

湖北大鼓

序号：754
编号：Ⅴ-61
批次：2
类别：曲艺
申报地区或单位：湖北省武汉市、团风县

湖北大鼓原名"鼓书""打鼓说书""打鼓京腔""说善书"等，1950年定名为湖北大鼓，是一种曲艺鼓书形式，主要流传于湖北武汉、孝感、黄冈及其周边地区。

湖北大鼓形成于清代道光年间，有说有唱，以说为主。传统表演形式为一人自击鼓、板说唱。后来又发展出二人对口唱和多人群口唱等形式，并有二胡、三弦等乐器伴奏。故事情节、人物对话及不同人物性格描绘，往往通过说技表达；而人物感情的体现、内心的变化、故事情节高潮的渲染与烘托，则主要通过鼓、板与唱技来完成。湖北大鼓唱腔以"四平调"为基本曲调，风格平稳朴实，既可用于叙事，又能用于抒情，而且还能根据表达的需要变化为"快四平""慢四平""四平悲棚""四平数板""四平快流水板"等不同的板式。湖北大鼓的唱词以七字句、十字句为主，其中也穿插一些五字句。湖北大鼓传统书目众多，长篇有《包公案》《三国演义》等，中篇有《杨门女将》《白蛇传》等，短篇有《聚宝盆》《木兰从军》等。

湖北大鼓富有地方特色，具有艺术学、文化学、民俗学等多方面的研究价值。

国家级代表性传承人名单

姓名	性别	申报地区或单位	入选批次
张明智	男	湖北省武汉市	3

湖北评书

序号：751
编号：Ⅴ-58
批次：2
类别：曲艺
申报地区或单位：湖北省武汉市

湖北评书是用湖北方言表演的曲艺说书形式，主要流传于武汉、沙市、宜昌等长江沿岸城市，以及与之相近的荆州、孝感、黄冈等地。

明朝末年，大将左良玉驻军武昌，招江南艺人柳敬亭为幕客，在军中说书，湖北评书在柳氏的影响下发展起来。湖北评书由一人站在书桌后表演，只说不唱，以醒木、折扇、手帕为道具，故事情节每到关键时刻猛击一下醒木，听众为之一振。湖北评书表演善于模拟书中的各种人物，并借助手势、身段、口技等渲染气氛。其描述景物时喜欢使用骈体对话时则使用来自民间的口语。湖北评书的书目丰富多彩，主要有两大类：一类是仅按小说底本讲述的"底子书"和在"底子书"基础上发展加工而成的"雨夹雪"，书目有《三国》《水浒》《隋唐》《岳飞传》等；另一类被称为"路子书"，这类书目是演员自己编创并演出的，较追求情节的惊险热闹，书目有《王莽忠孝图》《八门斗智》等。

湖北评书的表演从内容到形式都具有鲜明的地方特色，深受湖北人民的喜爱，对于民间曲艺发展演变具有较高的研究价值。

国家级代表性传承人名单

姓名	性别	申报地区或单位	入选批次
何祚欢	男	湖北省武汉市	3

湖北小曲

序号：763
编号：Ⅴ-70
批次：2
类别：曲艺
申报地区或单位：湖北省武汉市

湖北小曲原名"汉滩小曲""汉滩丝弦""外江小曲"，是湖北的一种曲艺唱曲形式，主要流传于汉口、沙市、宜昌等长江沿岸地区。

湖北小曲源于明清俗曲，由汉滩小曲和天沔小曲融合而成。汉滩小曲又称"汉口滩小曲""外江小曲"，主要流传于湖北境内的汉口、沙市、宜昌等大中城市，以坐唱折子戏为主。天沔小曲也叫"内河小曲"，主要流传于汉水沿岸湖北境内的天门、潜江、沔阳、汉阳、汉川等县镇及农村，以敲碟子演唱民间小调著称。湖北小曲表演说唱相间，以坐唱为主，也可站唱、走唱。坐唱分单人、双人、多人，以双人坐唱为主，男女合档；男演员兼操四胡，女演员手持云板击节。湖北小曲唱腔一般为多曲体，也有单曲体的。曲牌非常丰富，由"南曲""文词""西腔""滩簧"四个腔系百余支民歌小曲组成，常用曲牌有"南曲头""南曲正板""南曲尾""文词调""滩簧调""西腔"等。唱词多为七字、四字、十字的上下句结构，也有五字句、长短句、垛句。传统曲目有南曲的《抢伞》《秋江》《跳粉墙》等；西腔的《拷红》《想情郎》等；文词的《宋江杀惜》《安安送米》等。中华人民共和国成立后又编演了《雷锋参军》《江姐进山》等新曲目。

湖北小曲，具有浓郁的湖北地方特色，在社会历史、地域文化、民间艺术等方面均有一定的研究价值。

国家级代表性传承人名单

姓名	性别	申报地区或单位	入选批次
何忠华	女	湖北省武汉市	4

讲古

序号：753
编号：Ⅴ-60
批次：2
类别：曲艺
申报地区或单位：福建省厦门市思明区

讲古是用厦门方言表演的一种曲艺说书形式，主要流传于厦门及其周边地区。

闽南讲古形成于清代中后期，以闽南话进行表演，节目内容也多与闽南历史文化相关。传统表演形式为演员一人手持折扇或书本，绘声绘色地谈古论今，讲说中穿插着一些闽南俗语，风趣幽默。闽南讲古有"文讲"与"武讲"之别。"文讲"擅长讲《西厢记》《红楼梦》等才子佳人故事和《包公案》《彭公案》等公案故事，儿女情长，丝丝入扣；"武讲"则善讲《薛仁贵征东》《薛丁山征西》等战争故事和《水浒传》《七侠五义》等侠义故事，步战短打，刚劲激烈。中华人民共和国成立后，闽南讲古推陈出新，还讲述闽南地区古往今来的著名人物，以及一些具有闽南风情的民间故事。

闽南讲古具有浓郁的地方特色，对于弘扬地方文化，丰富群众生活具有独特的价值。

胶东大鼓

序号：247
编号：Ⅴ-11
批次：1
类别：曲艺
申报地区或单位：山东省烟台市

扩展名录：
胶东大鼓　　　山东省青岛市

胶东大鼓是流传于胶东半岛上的一种鼓曲形式，以前一般由盲人演唱，又称"盲人调"。

胶东大鼓已有两百多年的历史。初为盲人所创，早年的演唱者都是说书兼算卦。到了清代嘉庆之后，结合"靠山调"慢慢发展成早期大鼓的曲调。20世纪20年代以后，胶东大鼓吸收了东路大鼓、莱阳弹词、茂腔等唱腔曲调，得到新的发展。胶东大鼓简便易唱，不需化妆，不需行头，一两个人，两三件乐器即可表演，主要伴奏乐器为三弦、书鼓、钢板（上为月牙形，下为长方形）。属板腔结构体，七声宫调式，主要板式有起腔、二板、平腔、落板等，有时还穿插"满洲迷""茉莉花""娃娃调"等曲牌演唱，穿插京剧唱腔演唱者亦不少，所以也叫"二黄大鼓"。传统书目丰富，有段儿书《田秀英圆梦》《刘伶醉酒》等，中长篇书《紫金镯》《双兰记》等。

胶东大鼓在胶东民间民俗文化中占有重要地位，是丰富多彩的胶东民间民俗文化的一个缩影，具有独特的艺术价值和文化价值。

国家级代表性传承人名单

姓名	性别	申报地区或单位	入选批次
梁金华	女	山东省烟台市	3

金华道情

序号：771
编号：Ⅴ-78
批次：2
类别：曲艺
申报地区或单位：浙江省金华市、义乌市

金华道情是道情的一种，又叫"唱新闻""劝世文"，与杭州小热昏、温州鼓词、宁波走书、绍兴莲花落合称浙江五大地方曲种，主要流传于金华及其周边地区。

金华道情形成于明代末年，用金华方言表演。伴奏乐器为一个情筒（又名渔鼓）和两块简板。通常的表演形式为一人自行伴奏坐着说唱，有连白带唱、唱中插白、间插平板几种方式。金华道情的音乐属徵调式乐，结构完整，有头有尾，节奏多样，可快可慢。唱腔分为"平调""悲调""哭调"等。平调平缓稳健，多用于叙述故事情节；悲调低沉凄凉，多用于描述人物的痛苦遭遇；哭调模仿女性哭泣，多用来渲染悲剧气氛。唱词情节曲折，语言生动。金华道情的传统曲目非常丰富，且多取材于金华当地的故事，有《黄金记》《迎金记》《金瓜记》《银台记》等四百多部。

金华道情具有鲜明的地域文化特色，深受当地群众喜爱，对于研究金华地区三百年来社会、经济、民俗等方面的演变，具有重要的参考价值。

国家级代表性传承人名单

姓名	性别	申报地区或单位	入选批次
朱顺根	男	浙江省金华市	3
叶英盛	男	浙江省义乌市	3

金钱板

序号：784

编号：Ⅴ-91

批次：2

类别：曲艺

申报地区或单位：四川省成都市

扩展名录：

| 金钱板 | 重庆市万州区 |

金钱板是流传于四川、重庆等地的一种曲艺说唱形式，因使用道具"金钱板"击节伴奏而得名。

金钱板约形成于清代道光年间，用四川方言表演。表演形式为一人手持长约三十厘米、宽约三厘米的三块楠竹板自行伴奏说唱。其中两块还嵌有铜钱或其他金属片，表演时竹板互击，能发出金属的声音，艺人们以它为道具进行表演，习称"金钱板"，也有人称其为"金鉴板"，还有人称其为"三才板"。其唱腔既有"老调""狗撵羊""富贵花""红衲袄"等川剧曲牌，也有来自四川民歌小曲的音乐。金钱板唱词多是七字句、十字句，亦可用长短句。格律要求严格，要句句押韵，并要一韵到底，中途不得转韵。在语言上要通俗易懂，形象生动，其中穿插大量歇后语，谚语和象声词，但又要做到俗不伤雅。金钱板的传统书目有长篇的"长条书"，还有取材于民间寓言、故事、笑话的二三十句的小段，叫作"诗头子"。传统书目中有最吸引听众的三段"买米书"，即《武松赶会》《武松闹庙》《武松打店》。此外，还有习称"三打五配"的《打董家庙》《打洞庭》《打毗芦荡》和《胭脂配》《芙蓉配》《龙凤配》《金蝉配》《节孝配》等一大批优秀节目。

金钱板机制十分灵活，艺术价值很高，深受当地群众的喜爱，对于研究巴蜀地区的风土人情也具有一定的参考价值。

国家级代表性传承人名单

姓名	性别	申报地区或单位	入选批次
邹忠新	男	四川省成都市	3
张徐	男	四川省成都市	3

锦歌

序号：262

编号：Ⅴ-26

批次：1

类别：曲艺

申报地区或单位：福建省漳州市

锦歌原名"杂锦歌"，"锦歌"是通行的简称。它是闽台地区一种重要的曲艺形式，流传于以漳州为中心，包括厦门、晋江、龙溪在内的闽南平原地带及台湾省。

锦歌大约产生于明末清初，兴盛于清代中期，与泉州南音并称为闽南民间艺术的姐妹之花。锦歌的表演形式为多人围坐演唱，同时分持琵琶、洞箫、二弦、三弦及木鱼、双铃等自行伴奏。其唱腔音乐丰富繁杂，包括"五空仔""四空仔"等常用的主要曲调，"杂碎仔""念杂仔"等念诵性的曲调，"杂歌""花调仔"等吸收自姊妹艺术形式的曲调。锦歌植根于民间，唱词通俗易懂，曲调优美流畅，具有浓郁的乡土气息。在漳州乡间，节日庆典中常见锦歌表演。锦歌的主要曲目有四大柱：《陈三五娘》《秦雪梅》《山伯英台》《孟姜女》，八小节：《妙常怨》《董永》《井边会》《吕蒙正》《刘永》《寿昌》《闵桢》《高文举与玉贞》。

锦歌是闽南最古老的曲艺品种之一，它善于吸取其他艺术形式的长处，具有独特的艺术魅力。明末清初，郑成功收复台湾，锦歌被带至台湾，并与当地民歌小调相结合，形成了"唱歌仔"的新形式。锦歌对于研究曲艺发展演变的历史具有重要价值。

国家级代表性传承人名单

姓名	性别	申报地区或单位	入选批次
王素华	女	福建省漳州市	4

京东大鼓

序号：246

编号：Ⅴ-10

批次：1

类别：曲艺

申报地区或单位：天津市宝坻区

扩展名录：

京东大鼓　　　河北省廊坊市

京东大鼓是一种采用京东方音说唱表演的曲艺鼓书暨鼓曲形式。主要流传于北京、天津及其周边地区。

京东大鼓约形成于清代中叶，在不同时期和不同地方有过不同的称谓，如京东怯大鼓、乐亭调、平谷调大鼓、平谷调、乐亭调大鼓、四平调大鼓、乐亭大鼓（与形成并流传于河北乐亭县的乐亭大鼓名同实异）、铁片大鼓、铁板大鼓、承德地方大鼓等，1935年在天津表演时定名为"京东大鼓"。京东大鼓源于京东河北的三河、香河与天津的宝坻地区，后逐渐传到北京、唐山等地。表演形式为一人击鼓站唱，另有人分持三弦、扬琴等乐器伴奏。京东大鼓是板腔式曲种，"起腔"是它的基本唱腔，"平腔"是用来叙事的核心唱腔，"十三咳"则是用来抒情的插入腔。唱词基本是七字句，但句首常加三字头，句中可以嵌入字、词或短语，

句尾唱加"啊""哪"等虚字。京东大鼓传统曲目和书目非常丰富，短篇鼓曲有《王婆骂鸡》《耗子告猫》《杨八姐游春》《湘子上寿》等，中篇鼓书有《响马传》《包公出世》《王定保借当》《葛红霞扫北》等，长篇鼓书有《大八义》《小八义》《杨家将》《呼家将》等。

京东大鼓富于京东地方风味，唱腔丰富，特色鲜明；唱词质朴，为群众喜闻乐见，是一种具有独特价值的艺术形式。

国家级代表性传承人名单

姓名	性别	申报地区或单位	入选批次
董湘昆	男	天津市宝坻区	3

京韵大鼓

序号：741

编号：Ⅴ-48

批次：2

类别：曲艺

申报地区或单位：北京市歌舞剧院有限责任公司，天津市曲艺团

京韵大鼓又叫"京音大鼓""小口大鼓"，是北方地区重要的曲艺鼓书形式，广泛流传于河北省和华北、东北的部分地区。

京韵大鼓由河北沧州、河间一带流行的木板大鼓发展而来。木板大鼓传入北京后，在三弦的基础上增加了四胡和琵琶伴奏，改以北京语音演唱，吸收石韵书、马头调和京剧的一些唱法，大量采用"清音子弟书"的曲本，形成了韵味独特的京韵大鼓。表演形式为演唱者自击鼓、板说唱，旁边有三名乐师持大三弦、四胡、琵琶伴奏，有时还有低胡。伴奏方式可分为"过板音乐"和"唱腔伴奏音乐"。过板音乐是单

纯的乐器音乐段落，唱腔伴奏音乐则是随腔伴奏，京韵大鼓的唱腔属板腔体。唱词基本采用七字句，有时会在句中加入嵌字、衬字和垛句，一个唱段大多一韵到底。说白也讲究语气韵味，半说半唱，与唱腔衔接得十分自然。京韵大鼓的曲目以短篇为主，包括传统叙事作品、写景抒情小段等，比较有代表性的有《单刀会》《战长沙》《刺汤勤》《探晴雯》等。

京韵大鼓是我国北方说唱音乐中艺术成就较高的曲种，同时在全国的说唱音乐曲种中也占有相当重要的地位。

国家级代表性传承人名单

姓名	性别	申报地区或单位	入选批次
陆倚琴	女	天津市曲艺团	4
刘春爱	女	天津市曲艺团	4

兰溪摊簧

序号：254

编号：Ⅴ-18

批次：1

类别：曲艺

申报地区或单位：浙江省兰溪市

扩展名录：
摊簧（杭州摊簧、绍兴摊簧）
浙江省杭州市、绍兴市

摊簧是形成于清乾隆年间并流传于浙江中西部兰溪地区的一种曲艺唱曲形式。流传于金华、衢州等地的名为"兰溪摊簧"；流传于杭州地区的名为"杭州摊簧"，简称"杭摊"，又名"安康"；流传于绍兴地区的名为"绍兴摊簧"，又名"绍兴鹦哥戏"。

摊簧表演时分行当说唱，五人为一班，生拉胡琴，旦弹琵琶，净弹三弦，末击鼓，丑打板。也可加入筝、笙、箫、笛、扬琴等。摊簧演唱前先以《四合如意》《二六》《行街》等合奏曲静场，然后先唱开篇，再唱正书。其唱腔包括基本调、曲牌、民间小曲三类。基本调有男女宫之分，使用的板式有平板、快板、流水板等；曲牌名主要有"点绛唇""端正好""风入松"等；民间小曲有"四喜调""杨柳青""采茶调"等。摊簧的传统曲目，分为"前摊""后摊"两类。"前摊"多从昆曲移植而来，文辞典雅，如《白兔记》的《产子》《送子》《出猎》《回猎》等；"后摊"用方言演唱，较为市井化，如《卖草囤》《荡湖船》《磨房串戏》《草庵相会》等。摊簧的音乐也被杭剧、绍剧所吸收，促进了地方曲艺的发展。

兰溪摊簧相传形成于清乾隆末年，源自传来的"摊簧"曲调，采用当地方言演唱。兰溪摊簧文辞典雅，演唱讲究字清腔纯和字正腔圆，一直为文人雅士所喜好。唱奏者多穿长衫，举止文雅，素有"摊簧先生"之称。兰溪摊簧许多优美的唱腔曲调被婺剧吸收。运用兰溪摊簧创编的婺剧《李渔别传》《苦菜花》和《僧尼会》等都成为艺术精品。近年来编演的兰溪摊簧新节目《兰花吟》《杨梅红艳艳》等也广受好评。

摊簧是具有独特品位的一种民间曲艺形式，具有很高的艺术价值，对繁荣地方文化起到了重要作用，具有多方面的研究价值。

国家级代表性传承人名单

姓名	性别	申报地区或单位	入选批次
宋小青	女	浙江省绍兴市	3

兰州鼓子

序号：260
编号：Ⅴ-24
批次：1
类别：曲艺
申报地区或单位：甘肃省兰州市

兰州鼓子是用兰州方音表演的曲艺形式，主要流传于甘肃省兰州地区。

相传清代中晚期，甘肃农村流传的以唱"打枣歌"和"切调"为主的"送秧歌"形式流入兰州后以清唱方式表演，形成兰州鼓子，此后又受到北京传来的"单弦八角鼓"和陕西传来的"迷胡子"（眉户）等的影响，艺术上进一步定型。兰州鼓子表演形式为多人分持三弦、扬琴、琵琶、月琴、胡琴、箫、笛等坐唱，走上高台后由一人自击小月鼓站唱，另有多人用三弦、扬琴、琵琶、月琴、胡琴等伴奏。兰州鼓子唱腔的音乐结构属于曲牌联套体，常用的唱腔曲牌有"坡儿下""罗江怨""边关调"等四十余支。兰州鼓子传统节目很多，既有历史故事和民间传说题材的中长篇，也有咏赞景物和喜庆祝颂的短段。广受听众欢迎的节目有"闺情曲"和"英雄曲"两类，前者如《别后心伤》《莺莺饯行》《独占花魁》等，后者如《武松打虎》《林冲夜奔》《延庆打擂》等。中华人民共和国成立后，编演了一些新节目，具代表性的有《杨子荣降虎》《夺取杉岚站》《劫刑车》等。

兰州鼓子唱词内容质朴，表演气氛热烈，是兰州地区家喻户晓的曲艺形式，对于丰富当地群众的文化生活起到了重要作用。

国家级代表性传承人名单

姓名	性别	申报地区或单位	入选批次
魏世发	男	甘肃省兰州市	3
陈增三	男	甘肃省兰州市	4

乐亭大鼓

序号：244
编号：Ⅴ-8
批次：1
类别：曲艺
申报地区或单位：河北省乐亭县

乐亭大鼓是北方较有代表性的曲艺鼓书暨鼓曲形式，广泛流传于河北东北部、北京、天津及辽宁、吉林、黑龙江等地。

乐亭大鼓相传1850年前后由温荣创立于河北乐亭县，与评戏、唐山皮影并称"冀东民间艺术的三朵花"。乐亭大鼓演出时由一人自击书鼓、梨花板站立说唱，另有人分持大三弦等乐器伴奏。乐亭大鼓用乐亭方言进行表演，说唱结合，鼓词灵动文雅，文学价值较高。唱腔音乐为板腔体，曲调丰富多变，有所谓的"九腔十八调"。除有完整的慢板、流水板、快板、散板外，还有上字调和凡字调两种不同调性的往复转换，板式变化十分灵活。乐亭大鼓传统节目有两百多个，长篇有《隋唐演义》《杨家将》《岳飞传》等，中篇有《瓦岗寨》《回杯记》《呼延庆打擂》等。中华人民共和国成立后，还编演了《烈火金刚》《桐柏英雄》《平原枪声》等现代节目。

乐亭大鼓以其丰富的板腔、完整的曲式、鲜明的地方特色，深受北方广大群众的喜爱，具有很高的艺术价值。

国家级代表性传承人名单

姓名	性别	申报地区或单位	入选批次
何建春	男	河北省乐亭县	2
张近平	男	河北省乐亭县	2
王立岩	女	河北省乐亭县	3
贾幼然	男	河北省乐亭县	4

莲花落

序号：1121

编号：Ⅴ-97

批次：3

类别：曲艺

申报地区或单位：山西省太原市

流传于山西各地的莲花落是一种古老的曲艺品种，广泛流传于山西各地，别称"晋中落子"，尤以太原为盛，故又常称"太原莲花落"。

莲花落约在清代中叶传入山西。一般的表演形式为一人自击竹板伴奏，以唱为主，间有道白。也有两人和多人演出的方式。太原莲花落的表演者一手执两块大竹板，一手执五块小竹板，大竹板打板，小竹板打眼，互相配合有板有眼，七块竹板合称"七件子"。太原莲花落唱词基本上以七言四句为一段，以太原方言来合辙押韵，符合当地人的口味。传统节目有长篇的《五女兴唐传》《万花楼》《呼延庆打擂》和短篇的《小两口打架》《小寡妇上新坟》等。中华人民共和国成立后，艺术家曹强对传统的表演内容进行了创新，编演的新节目以现实生活题材为主，讲究幽默风趣，深受好评。

太原莲花落富有地方特色，是当地群众喜闻乐见的曲艺形式，具有较高的艺术价值。

国家级代表性传承人名单

姓名	性别	申报地区或单位	入选批次
曹有元	男	山西省太原市	4

临海词调

序号：748

编号：Ⅴ-55

批次：2

类别：曲艺

申报地区或单位：浙江省临海市

临海词调又称"台州词调""才子调""仙鹤调"，是一种曲艺唱曲形式，流传于浙江临海及其周边地区。

临海词调的源头可追溯到南宋末年的"海盐腔"，在融合民间小曲的声腔、音乐，结合本地方言之后，逐渐演变而成。临海词调的唱词和道白，均为台州府官话。表演时少则三五人，多则十多人，大家身着长衫，团团围坐，手持各种乐器自拉自唱。表演者均为男子，其中嗓音细者唱旦角，用檀板击节。其他角色所用的乐器有二胡、洞箫、竹笛、三弦、琵琶、扬琴、檀板、碰钟等，以二胡为主要乐器。曲调以"词调"为主，分散板、中板、流水板等，常用曲牌有"男工""女工""平和"等。唱词辞藻华丽，讲究韵味格调。临海词调的传统曲目大多取材于历史故事和民间传说，保留曲目有《三国》《水浒》《断桥》《大庆寿》等。

临海词调是一种雅俗共赏的艺术形式，深受当地群众喜爱，具有很高的历史文化价值。

龙舟歌

序号：267
编号：Ⅴ-31
批次：1
类别：曲艺
申报地区或单位：广东省佛山市顺德区

龙舟歌在民间又称"唱龙舟"或简称"龙舟"，是流传于珠江三角洲地区的一种曲艺形式。

一般认为，龙舟歌形成于清代乾隆年间，为一名原籍顺德龙江的破落子弟所创。历史上的龙舟歌多由艺人带着一个木雕龙舟走街串巷演出，演唱内容多为吉利语，艺人会根据住户的身份，临时编唱适合对方的祝颂词，称作"吉利龙舟"。吉利龙舟是龙舟艺人的副业，更重要的是说唱故事，称作"说唱龙舟"。具体表演形式为一人或二人自击小锣或小鼓作间歇伴奏吟唱。龙舟歌声腔短促，高昂跌宕，诙谐有趣，富有宣泄效果。唱词以七言韵文为基本句式，四句为一组。腔调简朴流畅，富有乡土气息，宜于叙事抒情。节目内容丰富，从神话故事、民间故事到时事新闻几乎无所不包。但由于民间艺人识字不多，且多为口耳相承，流传下来的并不多。在重大的民族节日或各种喜庆场合很容易见到龙舟艺人的身影。

龙舟歌中蕴含着大量的民俗信息，影响所及，连粤剧也吸收其唱腔为演唱的重要曲牌，曲牌的名字就叫"龙舟歌"或"龙舟"。龙舟歌反映了劳动人民的喜怒哀乐，保持着通俗、粗犷的风格，对于研究珠江三角洲地区的风土民俗具有重要价值。

国家级代表性传承人名单

姓名	性别	申报地区或单位	入选批次
伍于筹	男	广东省佛山市顺德区	2
尤学尧	男	广东省佛山市顺德区	2

潞安大鼓

序号：245
编号：Ⅴ-9
批次：1
类别：曲艺
申报地区或单位：山西省长治市

潞安大鼓是北方富有鲜明地域特色的传统鼓书暨鼓曲形式，又称"潞安老调"，因流传于古潞安府（今山西长治）一带而得名，另外还有"干板腔"和"潞安鼓书"等别称。

一般认为至迟在清代中叶潞安大鼓就已经形成了。早期艺人主要为盲人，后来有了明目人，20世纪50年代出现了女艺人。民间传统的潞安大鼓表演形式为多人分持鼓板、三弦、二胡、低胡等分行当围圈说唱；走上高台后通常由一人敲击鼓板站立说唱，另有专人分司三弦和二胡等伴奏。潞安大鼓在发展过程中，吸收了襄垣鼓书、武乡琴书、上党落子、上党梆子等的唱腔音乐，唱腔比较丰富，创造了花板、悲板、垛板以及起、送、转等过渡板式，板式富于变化体，旋律优美，富于乡土气息。潞安大鼓的传统节目有《打登州》《破孟州》《燕王扫北》《巧连珠》《巧奇缘》《拙老婆》等。

潞安大鼓善于吸收兄弟艺术形式的长处，具有很高的艺术价值，对丰富群众生活、繁荣地方文化起到了重要的作用。

锣鼓书

序号：258
编号：Ⅴ-22
批次：1
类别：曲艺
申报地区或单位：上海市南汇区

锣鼓书是一种独特的曲艺说唱形式，主要流传于上海及其周边地区。

锣鼓书旧称"太保书"，"太保"由上海郊县农村中求保佑太平的活动"太卜"衍化而成。因演出时由演员自击锣鼓演唱故事，民间亦称之为"堂锣书""神鼓书"，中华人民共和国成立后，合其名称为"锣鼓书"。"太卜"仪式类似道教的道场，其目的是驱瘟逐疫，以说唱形式表现，有道白、吟唱、独唱、对唱等。内容系民间传说和历史故事，用以乐神娱民。久而久之，这种形式逐渐从宗教仪式中脱胎而出，发展为单独的民间说唱形式。锣鼓书的基本演出形式是演员自击锣鼓，唱表说书。早期都是单人坐演，后来逐渐改为双人或多人站立说唱乃至表演唱，伴奏乐器亦逐渐增加，配有琵琶、扬琴等丝弦小乐队，而常用的主要演出形式为单人说唱配乐队。锣鼓书传统书目有"小书"（重唱的文书）与"大书"（重说的武书）之别，但以"小书"居多，如《网船过渡》《九更天》《高桥八美图》《双珠球》等；"大书"则有《英烈传》《罗通扫北》《呼家将》《七剑十三侠》等。《王婆骂鸡》《芦花荡里稻谷香》等短篇节目，《打盐局》《林冲夜奔》等中篇节目及《十二月野花名》《螳螂做亲》等开篇节目都有一定的代表性。

锣鼓书的内容多取材于民间传说、演义小说和家庭伦理与历史故事，具有浓厚的乡土风情与地方特色，对于丰富当地群众的文化生活起到了重要作用。

国家级代表性传承人名单

姓名	性别	申报地区或单位	入选批次
谈敬德	男	上海市南汇区	2
康文英	女	上海市南汇区	2

洛南静板书

序号：1135
编号：Ⅴ-111
批次：3
类别：曲艺
申报地区或单位：山西省洛南县

洛南静板书是流传于陕南一带的曲艺说书形式。

洛南静板书至迟在清代道光年间就已形成。以唱为主，兼有说白。表演时通常在桌子两侧各竖一根竹竿，再用两条绳子牵连，上绳吊大锣、小锣，下绳紧靠锣边，防止打击时锣体摇摆。桌上用麻绳圈仰放小铜镲，桌腿上捆着脚踏梆子。说书人的膝盖下绑着四片竹制蚂蚱板，怀抱三弦，自行伴奏说唱。一人操控六种乐器，集拉弹、敲、打、说、唱于一身。说唱时只用脚踏梆子打击节奏，过门时才用其他乐器渲染气氛，唱腔清晰文雅，故称"静板"。洛南静板书的唱词融入了大量俗语、歇后语和方言土语，具有浓郁的生活气息。洛南静板书的表演多在民间求神、祈雨、婚丧嫁娶等场合用来助兴，传统书目丰富，如《包公案》《杨家将》《二十四孝》《八仙传奇》等。现代节目则有《拉荆把》《马前泼水》《尿床王》《性子急》等。

洛南静板书是洛南土生土长的曲种，深受当地群众喜爱，它独特的表演形式对于研究民间曲艺发展具有重要的参考价值。

眉户曲子

序号：782
编号：Ⅴ-89
批次：2
类别：曲艺
申报地区或单位：陕西省户县

眉户曲子是西北地区的一种曲艺唱曲形式，主要流传于陕西省户县和眉县及其周边地区。

眉户曲子由地摊子说唱和社火发展而来，萌芽于明代正德年间，形成于清代初年。眉户曲子采用清曲坐唱的形式演出。以三弦为主要伴奏乐器，板胡、笛子、四页瓦、碰铃为辅，有时还加入碟子。演员可多可少，不需化妆，又不需要搭建舞台，深受人们的欢迎。在乡村很多喜庆场合都能看到眉户曲子的表演。眉户曲子的唱腔属曲牌联缀体，曲调丰富，有"三十六大调、七十二小调"之称。"大调"较为古老，曲体结构复杂，旋律富于变化，拖腔悠长委婉；"小调"多为民歌小曲，结构精短，旋律流畅。艺人演唱时往往根据所唱内容选择相应的曲调。其唱词多表现民间生活，富于乡土气息。眉户曲子的题材可分为民俗风情、历史演义、传奇故事、神仙灵怪和开篇小曲等，代表性的传统曲目有《皇姑出家》《寡妇验田》《秦琼观阵》《雁塔寺祭灵》等。

眉户曲子的表演诙谐生动，丰富了当地群众的文化生活。所用的曲牌有北曲、弹词的遗存，大多还是明清时的小曲和时调，对于戏曲历史研究具有参考价值。唱词中保留了不少对明清社会生活的描写，对于民间文学、民俗学具有研究价值。

木板大鼓

序号：243
编号：Ⅴ-7
批次：1
类别：曲艺
申报地区或单位：河北省沧县

木板大鼓我国北方的一种曲艺形式，有小口大鼓、清口大鼓、梅花调、老木板子、老北口木板、怯大鼓、鼓碰弦儿、弦子鼓儿、木板西河调、憋死牛等别称。流传于河北大部分地区。

木板大鼓相传形成于清代乾隆年间，在沧州地区发展得较有特色。木板大鼓表演时一人左手持木板，右手持鼓楗，站立说唱中轮番敲击木板和书鼓，使其与说唱相配合，另有人持三弦专司伴奏。木板大鼓唱腔音乐为板腔体，曲调简洁独特，按节奏可分为头板、二板、三板。唱腔粗犷浑厚，地方色彩浓郁，句尾声调较重，多为背宫腔。木板大鼓的传统节目非常丰富，短篇有《老鼠告猫》《劝人方》《湘子上寿》等百余段；中篇有《二度梅》《响马传》《武松传》等上百段；长篇有《左传春秋》《吴越春秋》《英烈春秋》《走马春秋》《金盒春秋》等"五大春秋"和《薛家将》《杨家将》《呼家将》《包公案》《刘公案》《海公案》等"三将三案"，以及《飞龙传》等数十部。

木板大鼓对北方许多鼓书与鼓曲如西河大鼓、京韵大鼓、京东大鼓、乐亭大鼓、竹板书等的形成与发展，都产生过不同程度的影响，具有十分独特的艺术价值。

国家级代表性传承人名单

姓名	性别	申报地区或单位	入选批次
唐贵峰	男	河北省沧县	2
刘银河	男	河北省沧县	2

木鱼歌

序号：1133
编号：Ⅴ-109
批次：3
类别：曲艺
申报地区或单位：广东省东莞市

木鱼歌又称"摸鱼歌"或"沐浴歌"，是一种流传于岭南广府语系地区特别是东莞非客家区域的曲艺说书形式。旧时多由盲人表演，故又俗称"盲佬歌"。

木鱼歌约形成于明末清初，采用粤语方言表演，以唱为主，兼有说白。通常由一人弹三弦自行伴奏，坐着说唱。也有用二胡、琵琶、古筝伴奏的，还有用木鱼击节的情形。伴奏的方式为间奏式。唱腔为板腔体，旋律简朴流畅，节奏比较平稳，偶有变化。唱词格式为上下句体，以七字句为主，间有三字、五字、九字的，通常四句一段。对格律的要求较为严格，下句押韵，只押平韵。木鱼歌题材多样，传统节目众多，如宗教神话类的《目连救母》《观音出世》，小说传奇类的《白蛇雷峰塔》《仁贵征东》，现实生活类的《金山客自叹》《华工诉恨》，以《花笺记》《二荷花史》影响最大。

木鱼歌是历史悠久的弹词类曲种，富于岭南地方特色，对于研究岭南地区曲艺发展具有重要的参考价值。

南京白局

序号：774
编号：Ⅴ-81
批次：2
类别：曲艺
申报地区或单位：江苏省南京市秦淮区

南京白局是一种流传于江苏南京及其周边地区的曲艺说唱形式，因旧时表演者多系自娱，演唱不取报酬，"白唱一局"而得名。后来出现收取酬劳的演出则称为"红局"。

南京白局起源于明代织锦工人在南京云锦织机机房的相互自娱对唱，其表现形式是用南京方言演唱俗曲、小调、民歌，至清代中叶逐步发展成为南京民间的戏剧曲种。南京白局的表演形式为开席坐唱，一般七八人围坐一桌。一人主唱，其他人以胡琴、月琴、三弦、笙、箫、铙、钹等乐器从旁伴奏。白局的表演有说有唱，偶尔加上身体动作，使用的是地道的南京方言，称为"新闻腔"或"数板"。唱腔常采用上下句结构的俗曲曲牌"数板"，句与句之间用过门连接，可以无限反复。还有"银纽丝""穿心调""梳妆台""剪剪花"等。唱词通俗易懂，贴近生活。南京白局多取材于当地的新闻时事和大众的日常生活，代表曲目有《机房苦》《抢官米》《打议员》《倒文德桥》等，也有描绘南京风土人情的《金陵遍地景》《南京风俗景》等。

南京白局是一种极具浓郁地方特色的说唱艺术，也是南京地区最为古老的地方曲种，具有不可替代的艺术价值和研究价值。

南平南词

序号：252
编号：Ⅴ-16
批次：1
类别：曲艺
申报地区或单位：福建省南平市

南平南词是流传于福建北部南平地区的一种独特曲艺形式，一般认为是江南的南词于清代乾隆、嘉庆年间由苏州传入南平之后逐渐与当地的民歌小调融合发展而成的。

南平南词是坐唱形式的曲艺，演唱者三五人至十余人不等，其中一人主唱，其他人各操扬琴、三弦、琵琶、笙、苏笛、壳胡以及大锣、大钹、词钹、渔鼓等乐器列坐左右，一边演奏一边轮递配合说唱，大多以昆曲戏文为主，其律柔美优雅，婉转动听。南词以唱为主，间以说白，唱、白均采用苏州"土官话"，后来，为了使典雅的文辞变得通俗易懂，南词演唱时逐渐改长短句为七字句，以适应城乡中下层广大听众的品位。南平南词俗称"八韵南词"，即正板唱八句，一句一个韵，古称"八韵"。传统剧目有《出猎回猎》《昭君出塞》《白蛇传》《僧尼会》《牡丹对药》《西厢》《借衣劝友》等本戏和折戏。

南平南词至今已有两百多年的历史，艺术传统非常深厚，艺术生命力十分顽强。南平南词富有地方特色，是当地群众喜闻乐见的艺术形式。

南曲

序号：764

编号：Ⅴ-71

批次：2

类别：曲艺

申报地区或单位：湖北省五峰土家族自治县

南曲也叫"丝弦"，是流传于长阳、五峰等地的一种地方小曲。在长阳叫"长阳南曲"，在五峰就叫"南曲"。

南曲形成于清代中叶，在发展过程中，吸收了土家族民歌小调和皮影戏的音乐元素。南曲表演主要采取坐唱形式，多为一人自弹自唱，也可多人自弹自唱或一人弹奏，一人边打云板边唱，根据曲目内容还可对唱。伴奏乐器有小三弦、二胡、四胡、扬琴、月琴、云板等，以小三弦为主。南曲的唱腔属曲牌联缀体，分为"南曲"和"北调"两大腔系。南曲类曲牌众多，其中"南曲头""垛子""上下句""南曲尾"为南曲的当家曲牌；北调类只存"寄生"一个曲牌。南曲曲目众多，多取材于小说戏曲、民间传说，也有用于应酬劝诫、咏景抒情的。代表性曲目有《才子游江》《三国英雄》《昭君和番》《打渔杀家》等。

南曲具有浓郁的民族特色和鲜明的地方风格，是土家族和汉族文化交融而产生的艺术结晶，具有独特的研究价值。

南音说唱

序号：1136

编号：Ⅴ-112

批次：3

类别：曲艺

申报地区或单位：澳门特别行政区

南音说唱又称"南音"，是与流传于闽南地区的南音名同实异的一个曲艺品种，主要流传于广东省珠江三角洲地区和香港、澳门一带。

南音说唱用粤语方音演唱，一般认为是在木鱼歌、龙舟歌的基础上吸收扬州弹词的曲调发展而成的。传统表演形式为一人自弹古筝、椰胡、三弦或秦胡等说唱。后来也有二人对唱的情形，并加入了扬琴、拍板、洞箫等伴奏乐器。南音的唱腔分为"本腔""扬州腔""梅花腔"。对于句格、声韵要求相当严格，有伴奏、有快板与过门音乐，旋律婉约优美，富于岭南地方色彩。早期南音传唱多在文人雅士之中传唱，传统作品也多是伤春怨梦之作，以长篇为主，新节目多短篇。

南音说唱是音乐性很强的地方曲种，审美价值很高，对于研究民间曲艺的发展演变也具有重要的参考价值。

国家级代表性传承人名单

姓名	性别	申报地区或单位	入选批次
吴咏梅	女	澳门特别行政区	4

宁波走书

序号：760

编号：Ⅴ-67

批次：2

类别：曲艺

申报地区或单位：浙江省宁波市鄞州区、奉化市

宁波走书原称"莲花文书"，又称"犁铧文书"，1956年定名为宁波走书，与杭州小热昏、温州鼓词、绍兴莲花落、金华道情合称为浙江五大地方曲种，主要流传于浙江宁波及其周边地区。

宁波走书形成于清代光绪年间，采用宁波方言表演，有说有唱，说唱并重，辅以形体动作。最初的表演形式为一人自操乐器自行伴奏的"坐唱"，后逐渐演变为演唱者可在台上走动的"走唱"，并从单档发展出双档乃至男女双档。四弦胡琴是主奏乐器，还有琵琶、二胡、三弦等。演出道具为一张桌子，桌上放有折扇、手帕、醒木。单档表演时，主唱者坐桌子左边，伴奏者坐桌子右边，伴奏者有时为主唱者帮腔、随唱和对白。双档演出时，两位演唱者分坐桌子两边，乐队坐在舞台后方。宁波走书的基本曲调为"四平调""马头调""赋调"，俗称"老三门"。"四平调"一般用作书目的开篇；"马头调"适于叙述；"赋调"可表现情感的变化。此外，还有"还魂调""三五七""二簧""三顿"等多种曲牌。唱词一般采用"二二三"结构的七字句，双句结尾处用韵。宁波走书的表演富有生活气息，在乡村深受欢迎，有"文书唱华堂，走书唱农庄"的说法。传统书目包括《大红袍》《绿袍》《英烈传》等"大书"和《双珠球》《玉连环》《十美图》等"小书"，以前者为主。

宁波走书富于乡土气息，具有独特风格，深受宁波地区农村群众欢迎，具有较高的历史文化价值。

盘索里

序号：1126

编号：Ⅴ-102

批次：3

类别：曲艺

申报地区或单位：辽宁省铁岭市，吉林省延边朝鲜族自治州

盘索里是朝鲜语"大庭广众下唱的歌"的意思，盘索里是朝鲜族的一种曲艺说唱形式，主要流传于吉林、辽宁、黑龙江三省的朝鲜族聚居区。

盘索里产生于18世纪，用朝鲜语表演，有说有唱，以唱为主。传统表演形式为一人站立执扇子说唱，另一人坐着击鼓伴奏，也有加入伽倻琴或扬琴伴奏的情况。盘索里表演的特色是一人多角，讲究"化入化出"，演唱者仅用歌声、道白、身体语言和道具扇子刻画形象，叙述情节。唱腔曲调有平调、上平调、界面调、半界面调、卜界面调等。盘索里的传统节目多取材于朝鲜族的传说故事，也有根据汉族文学故事编演的节目和反映现代生活的节目。其五大代表性曲目为《春香歌》《沈青歌》《赤壁歌》《水宫歌》《兴夫歌》。盘索里常常在宴会、节日、庆典等场合演出，深受朝鲜族人民喜爱。

盘索里富于民族特色，是朝鲜族喜闻乐见的曲艺形式，艺术价值很高，对于研究朝鲜族的历史文化也有参考价值。

国家级代表性传承人名单

姓名	性别	申报地区或单位	入选批次
姜信子	女	吉林省延边朝鲜族自治州	4

平湖钹子书

序号：759

编号：Ⅴ-66

批次：2

类别：曲艺

申报地区或单位：浙江省平湖市

平湖钹子书旧称"说因果""农民书"，是江南吴语区特有的曲艺形式，主要流传于浙江平湖一带，上海郊区亦有保留。

平湖钹子书形成于明末清初，以平湖方言演出，集说、唱、演于一体，而以说表为主。通常表演形式为单档，演唱者以竹筷自击钹子伴奏说唱，辅助道具有醒木。也有乐师从旁以二胡、弦子、琵琶、扬琴等伴奏的。平湖钹子书的曲调节奏明快，有长调、慢调、急调、哭调之分。唱词基本上为七字句，具有吟诵风格，句末略有拖音。语言通俗易懂，带有浓郁的乡土气息。传统节目分"开篇"和"正书"两类，正书有《八义侠》《天宝图》《彩妆楼》《金告传》等长篇故事百余种。

平湖钹子书富于地方特色，深受当地群众欢迎，具有较高的文艺价值。

国家级代表性传承人名单

姓名	性别	申报地区或单位	入选批次
徐文珠	女	浙江省平湖市	3

萍乡春锣

序号：756

编号：Ⅴ-63

批次：2

类别：曲艺

申报地区或单位：江西省萍乡市

萍乡春锣是一种民间曲艺形式，主要流传于江西萍乡及其周边地区。

萍乡春锣由明末流传于江西西部的"报春"演变而来，每逢春节之后，报春人身背锣鼓，挨家挨户去提醒人们注意及时播种、耕田。随着时代的发展，春锣演唱的内容变为向人们恭贺新年、传吉报喜，并逐步发展为说人物、扬善贬恶的一种艺术形式。春锣用萍乡方言演唱，它的基本唱法是七字句，有时为了增加节奏的变化，它也采取戏曲中的垛板滚唱。演唱者身披一黄色绸或布袋，将一面小鼓系在左腹部，鼓边挂一同样大小的小铜锣，左手持鼓签，右手持锣槌，敲打出"咚咚咚呛"的节奏，作为曲首的过门和段落之间的间奏音乐。传统春锣演唱的最大特征是"见赞"：文武百官、三教九流、平民百姓、男女老少，见人赞人；烟茶酒果、绸缎丝棉、竹禾药材、桌椅摇篮，见物赞物；起屋造船、修桥补路、蒸酒熬糖、纺纱织布，见事赞事。萍乡春锣的传统曲目多为短篇，如《赞春》《赞酒》《进门》《喝茶》等，后来开始演唱《八仙过海》《桃园三结义》等中长篇故事。

萍乡春锣富于乡土气息和地方特色，具有重要的历史文化价值。

浦东说书

序号：752
编号：Ⅴ-59
批次：2
类别：曲艺
申报地区或单位：上海市浦东新区

浦东说书又称"沪书""农民书"，因表演者单手击打钹子又称"钹子书""唱单片""敲刮子"，是极具乡土特色的地方曲艺说书形式。浦东说书起源于黄浦江以东包括川沙、南汇、奉贤在内的"浦东"，分布于上海市郊全境及浙江平湖、嘉兴等地。

浦东说书由民间的"说因果""因果书"演变而来，还吸收了当地民歌和姊妹曲种"打连发"的旋律。浦东说书以浦东方言表演，用钹子伴奏，以醒木、折扇、手帕为辅助道具。传统的表演形式一般为单人坐唱，演员身着长衫，演出开始用竹筷敲钹子唱四句诗或词，再唱开篇，后说长篇正本，在长篇时开头也是唱一段，长篇以说为主，时有穿插唱。说唱时敲钹子以渲染气氛，增加美感。钹子声的轻重缓急随着情节的发展和人物感情的变化而变化。曲调节奏明快，有"长调""慢调""急调""哭调"等。语言通俗生动，富有生活气息。浦东说书传统书目有《包公案》《施公案》等，近代则有《马永贞》《霍元甲》等，中华人民共和国成立后编演的新书目有《铁道游击队》《林海雪原》等。

浦东说书是上海土生土长的曲艺形式，深受当地群众喜爱，对于研究地方曲艺的发展历程具有重要的参考价值。

祁阳小调

序号：1131
编号：Ⅴ-107
批次：3
类别：曲艺
申报地区或单位：湖南省祁阳县

祁阳小调又称"调子"或"小曲子"，是流传于湖南祁阳及其周边地区的曲艺唱曲形式。

祁阳小调的表演形式一般为一位女艺人自击碟子站立演唱，一名男艺人拉二胡伴奏。也有女艺人拿手绢，男艺人手拿扇子边唱边舞的对唱形式。伴奏乐器还有月琴、三弦、扬琴、琵琶等。唱腔为曲牌体，常用曲调有"五更留郎""四季花开""割韭菜""采花调"等。唱词一类为七言四句形式，用词比较典雅；一类为灵活自由不规则的形式，语言比较通俗。祁阳小调的传统节目大多短小精悍，常以演唱曲调来命名，《五更留郎》《兄妹生产》等影响较大。

祁阳小调富于地方特色和乡土气息，具有很高的审美价值，深受当地群众喜爱。

秦安小曲

序号：765
编号：Ⅴ-72
批次：2
类别：曲艺
申报地区或单位：甘肃省秦安县

秦安小曲又叫"秦安老调"，是形成并主要流传于甘肃秦安及其周边地区的古老曲艺种类。

秦安小曲形成于明代中叶，采用秦安方言演唱。表演形式或为一人自弹中三弦自唱；或为二人分持三弦与摔子（铜质碰铃）对唱；或多人分持三弦、摔子、四片瓦等轮唱。唱腔属曲牌连缀体式，分为"大调"和"小调"，常用的曲牌有"越调""越尾""穿字越调""四六越调"等四十多个。根据曲牌的要求，秦安小曲的唱词句数、字数均有严格的规定，大多数曲牌的唱词为长短句，也有七言的"上数落"，八言的"乐一乐"，十言的"下数落"等。语言文雅精练，节奏明快，往往一韵到底。秦安小曲的传统曲目是由不同的历史时期积累而成的，著名的有明代流传下来的《玉腕托帕》，清代的《小登科》《重台赠钗》以及民国的《伯牙抚琴》《百宝箱》等。

秦安小曲历史悠久，不仅丰富了当地群众的文化生活，而且具有文化学、人类学、民俗学和美学等多方面的研究价值。

青海平弦

序号：785
编号：Ⅴ-92
批次：2
类别：曲艺
申报地区或单位：青海省西宁市

青海平弦又称"西宁赋子"，是青海重要的戏曲唱曲形式，因其主要伴奏乐器三弦的定弦格式属于"平弦"而得名，流传于青海西宁及其周边的河湟地区。

青海平弦是在江浙地区"赋子"曲调的基础上，融入地方民间小曲和河州平弦、兰州鼓子等曲艺形式的曲调而形成的，只唱不说。平弦的乐器以三弦为主，用月琴、琵琶、扬琴、笛子等伴奏，由演唱者手持筷子，一手夹瓷碟互相敲击掌握节奏。许多曲调演唱时带有"拉梢子"，也就是观众可以"帮腔"。青海平弦属联曲体的形式，素有"十八杂腔、二十四调"之称，曲牌众多。赋子类曲调是标志其曲种风格的主要曲调。其音乐旋律委婉绮丽、温柔典雅、优美动听。唱词以七字句和十字句韵文为主，对仗工整，格律严谨，诗词化程度较高，有些甚至直接是古典诗词歌赋的名作。传统曲目多取材于历史故事、民间传说、元明杂剧和古典小说，具代表性的有《白猿盗桃》《孔子拜师》《密建游宫》《水漫金山》等。

青海平弦是河湟地区影响较大的曲种之一，是当地历史文化的重要载体，在民间曲艺发展演变的研究方面具有重要的参考价值。

国家级代表性传承人名单

姓名	性别	申报地区或单位	入选批次
刘钧	男	青海省西宁市	3

青海下弦

序号：788
编号：Ⅴ-95
批次：2
类别：曲艺
申报地区或单位：青海省

青海下弦是一种青海土生土长的曲艺唱曲形式，因唱腔以"下弦调"为主而得名，主要流传于青海西宁及其附近的河湟地区。

青海下弦来源于乾隆时期"流栖所"中盲人的演唱，在清代末期逐渐形成。青海下弦的表演形式为一人或二人坐唱。男艺人单独演唱时自操板胡或三弦伴奏，女艺人单独演唱时自操三弦，两人结伴演唱则男拉板胡，女拉三弦。青海下弦主要曲调为"下弦调""仿下弦调""软下弦调"，音乐结构严谨，适于叙事抒情，演唱者可根据字数多少加以相应的变化，以增强艺术感染力。此外，还有"下背工"等套曲和"前背工""后背工""离情""皂罗"等固定曲牌。青海下弦曲词一般为四句一段，每句字数可长可短，讲究对称和押韵。传统曲目有《林冲买刀》《出曹营》《三顾茅庐》《岳母刺字》等长篇和《十二月开花》《鸿雁传书》等小段。

青海下弦具有浓郁的地方色彩，对于研究河湟地区的曲艺发展史具有重要的参考价值。

国家级代表性传承人名单

姓名	性别	申报地区或单位	入选批次
刘延彪	男	青海省	4

青海越弦

序号：786

编号：Ⅴ-93

批次：2

类别：曲艺

申报地区或单位：青海省西宁市

青海越弦又叫"月弦""月调""背调""越调""座场眉户"等，是青海的一种曲艺唱曲形式，主要流传于青海西宁及其附近的河湟地区。

青海越弦于清代中期由陕西传入，其主要曲调的名称、唱词的句式规律等与陕西眉户基本相同，在流传过程中，艺人们大量吸收青海民间小调，使之在语言、唱腔等方面形成了独特的风格。传统的表演形式为一人手持一对俗称"水子"的碰铃登台演唱，既用来击节，也可用作舞台道具。也有二人、三人联唱的。乐队的伴奏乐器主要有板胡、二胡、扬琴、三弦、梆子等。青海越弦属联曲体，唱段结构有固定的顺序，由前岔—前北宫—主体部分（使用其他曲调，如"五更""西京""岗调""紧诉""慢诉""东调""剪靛花"等）—后北宫—后岔组成。主体部分音乐丰富，唱腔众多，表现力丰富。曲词通俗生动，富于生活气息。青海越弦的传统曲目大多取材于唐宋传奇、金元杂剧、明清小说，尤以表现民间生活的题材见长，如《小姑贤》《烙碗记》《秋莲拾柴》《冯爷站店》等均广为流传。

越弦有着浓郁的地方特色，深受当地群众喜爱，对于研究青海民间曲艺的发展具有重要的参考价值。

国家级代表性传承人名单

姓名	性别	申报地区或单位	入选批次
李得顺	男	青海省西宁市	3

曲沃琴书

序号：1124

编号：Ⅴ-100

批次：3

类别：曲艺

申报地区或单位：山西省曲沃县

曲沃琴书是一种流传于山西曲沃县及其周边地区的曲艺说书形式。因表演时艺人手持八角鼓和单扇钹交替击节伴奏，故又称"鼓儿书"或"铰子书"。

一般认为，曲沃琴书是清代道光年间由河南南阳传入的"越调"与当地的小调结合发展而成的。曲沃琴书采用曲沃方音表演，说唱相间，以唱为主。通常的表演形式为一人手持梆子自行伴奏坐着说唱，也有自拉四胡脚踏木鱼表演或者一手弹小扬琴一手击挎板表演的情形。也有多人搭档的演出方式，主演者手持八角鼓或者单扇钹击节伴奏说唱,其他人手持四胡、扬琴、板胡、三弦、笛子、二胡等列两旁作伴奏。曲沃琴书有"铰子腔"和"鼓子腔"两种唱腔曲调。"铰子腔"属板腔体,是唱腔的主体。"鼓子腔"属单曲体结构,是演唱中插入"铰子腔"的唱腔。曲沃琴书的传统曲目比较丰富,有取材于古典小说的长篇书,有来自文人墨客创编的中篇书,有取材于民间传说和神话故事的小段书,还有一些诙谐幽默的小书帽等。

曲沃琴书富于地方特色,深受当地群众欢迎,具有较高的艺术价值。

三棒鼓

序号:1130

编号:Ⅴ-106

批次:3

类别:曲艺

申报地区或单位:湖北省宣恩县

三棒鼓又称"花鼓"或"喜花鼓",是流传于湖北宣恩及湘鄂交界酉水流域的一种曲艺形式。

三棒鼓以抛耍三根特制的短棒击鼓伴唱而得名,起源可追溯到唐代的三杖鼓。三棒鼓的表演一般为三人,一人击鼓唱词,一人敲锣伴奏,一人耍花棒。也有以短刀、钢叉代替花棒的特色表演,抛刀、耍棒与说唱互相协调配合,需要很高的技巧。三棒鼓的唱腔属单曲体,2/4节拍,四句一循环,句与句之间、段与段之间由锣鼓间奏。唱词以"五五七五"句式为主,句句押韵,讲究对偶、比兴等修辞手法。三棒鼓的传统曲目,有反映旧社会人民痛苦及对统治者不满的《逃水荒》《宣统皇帝坐金銮》等,也有以描述人物和景色的《十绣》《唱八景》等,还有采自民歌小调的《月望郎》《叹五更》等。

现代曲目有《我们湖乡新事多》《敲锣打鼓上北京》等。

三棒鼓的表演集唱、奏、耍于一体,具有极高的观赏性。三棒鼓作为形式独特的曲艺形式,承载着丰富的地域文化和民俗信息,具有重要的研究价值。

三弦书

沁州三弦书、南阳三弦书

序号:757

编号:Ⅴ-64

批次:2

类别:曲艺

申报地区或单位:山西省沁县,河南省南阳市

三弦书又称"三弦铰子书""腿板书",是一种曲艺说唱形式,因用三弦、铰子(小铜钹)为主要伴奏乐器而得名。主要流传于晋东南的沁县、武乡、沁源、襄垣,晋中的左权、榆社,晋南的安泽、浮山等地,以及河南南阳及其周边地区。

三弦书形成于明末清初。最初演出形式为单档坐唱型,一人怀抱三弦、腿束节子(脚板)自弹自唱。后来,逐渐发展为双档班、三合班的站唱型。双档班由一人主唱,兼操铰子和八角鼓,另一人弹三弦、蹬脚梆,兼插科打诨与帮腔。三合班即在双档班的基础上增加一人掌牙子,或把铰子与八角鼓由两位演唱者分持,也有加坠琴伴奏而仍由一人主唱的。沁州三弦书的唱腔属板腔体,由"月调""平调"两部分组成。"月调"包括平板、跺板、颤板、哭板等板式;"平调"由六个腔句组成,曲调优美,主要用来说唱一些小段。沁州三弦书表演前通

常先演奏一段器乐曲牌，接着吟诵四句"提纲"，然后"起板"，才转入"正书"说唱。沁州三弦书的传统书目以长篇故事为主。

南阳三弦书的唱腔属板式变化体，大致分为铰子腔、鼓子腔两大类。有慢板、快板、二六板、二八板等多种板式。演唱时多以铰子腔开始，中间转入鼓子腔，最后回复铰子腔，以"二六板""快板"收尾。南阳三弦书传统曲目众多，以《鞭打芦花》《张良辞朝》为代表。

三弦书具有浓郁的乡土气息，深受人民群众的喜爱，是一种典型的民间说唱，具有文化学、民俗学等多方面的研究价值。

国家级代表性传承人名单

姓名	性别	申报地区或单位	入选批次
栗四文	男	山西省沁县	3
雷恩久	男	河南省南阳市	3

山东大鼓

序号：240
编号：Ⅴ-4
批次：1
类别：曲艺
申报地区或单位：山东省

扩展名录：
山东大鼓（梨花大鼓） 河北省鸡泽县、威县

山东大鼓是我国北方现存最早的鼓书暨鼓曲形式，又名"犁铧大鼓"，或作"梨花大鼓"。它发源于鲁西北农村，一度由山东城乡扩展到徐州、南京、上海、郑州、洛阳、武汉、重庆，北至北京天津和东北各地，在不同的流布地区有山东调、山东柳儿、梅花调、鼓碰弦、犁铧片、铁片大鼓、怯大鼓、何老风等名称，现主要流传于山东省及冀中、冀南广大城乡地区。

山东大鼓相传形成于明代末期，已有三百多年的历史。山东大鼓最初只是敲击犁铧碎片伴奏，采用山东方言来演唱当地的民歌小调，后逐渐发展为有板式变化的成套唱腔、敲击矮脚鼓和特制的半月形梨花片并有三弦伴奏的说唱表演形式。其表演形式为单人站唱，也有二人对唱形式。唱腔属板腔体，一般分慢板（头板）、二板（流水板）、三板、快板等板式。山东大鼓传统曲目繁多，中篇有《三全镇》《金锁镇》《大破孟州》《大送嫁》等数十部；短篇段儿书尤为丰富，以《三国》题材的唱段最多，有《东岭关》《长坂坡》《河北寻兄》等六十余段；其次是《红楼梦》题材的唱段，有《黛玉葬花》《宝玉探病》等十余段；《水浒》唱段有《李逵夺鱼》《燕青打擂》等。另外还有一些根据戏曲故事、民间传说编写的唱段，以及由子弟书移植过来的唱段等。中华人民共和国成立后，还编演了不少新曲目。

山东大鼓历史悠久，音乐唱腔独特，曲目蕴藏丰富，地方色彩浓郁，它促进了山东快书的形成，并对"乔派"河南坠子和西河大鼓等的形成与发展产生过重大影响，具有很高的历史文化价值。

国家级代表性传承人名单

姓名	性别	申报地区或单位	入选批次
左玉华	女	山东省	2

山东快书

序号：275
编号：Ⅴ-39
批次：1
类别：曲艺
申报地区或单位：山东省

山东快书是非常典型的韵诵表演的曲艺说书形式，主要流传于以山东为中心的华北地区。因早期主要表演武松故事，武松行二，俗称"武老二"，人们将快书艺人称为"说武老二的"或"唱武老二的"；因武松身材高大，人们又将艺人称为"唱大个子的"。这一曲艺形式还有过"竹板快书""滑稽快书"的名称。1949年定名为"山东快书"。

一般认为山东快书为清代道光年间的傅汉章始创。经过几代艺人的努力，发展成为影响整个华北和华东部分地区的大曲种。山东快书的表演采用山东方音，以韵诵为主，间有说白。唱腔为典型的韵诵体，早期偏重"吟诵"，后来趋向"板诵"。唱法上有所谓"平口""俏口""贯口"和"散口"之别，说白所使用的"白口"又分为穿插说明性的"表白"和打岔议论性的"过口白"。唱词是以七字句为主的韵文，具有口语化和形象性的特点。山东快书的传统看家节目是长篇《武松传》，但演出常常选取其中的回目或者段落，如《景阳冈》（又名《武松打虎》）《十字坡》《快活林》《闹公堂》等。中华人民共和国成立后，新曲目不断出现，有宣传抗日的《智取袁家城子》《大战岱崮山》等，表现抗美援朝的《一车高粱米》《三只鸡》等，反映社会主义建设和军队生活的《青海好》《师长帮厨》等。

山东快书灵活简捷、易演易编，许多经典段子深受群众喜爱，具有很高的艺术价值。

国家级代表性传承人名单

姓名	性别	申报地区或单位	入选批次
孙镇业	男	山东省	2
高景佐	男	山东省	4

山东落子

序号：778
编号：Ⅴ-85
批次：2
类别：曲艺
申报地区或单位：山东省单县

山东落子又名"莲花落""莲花乐"，因其伴奏乐器为俗称"光光"的单页大钹，又有"光光书""铙铙书"的别名，是一种流传于山东境内和江苏、安徽北部的曲艺说唱形式。

山东落子演变自古代的"莲花落"，至清朝中叶流传于山东各地，通称"山东落子"，以其流行地域、语言、唱腔不同，又分为三种。在泰安以南流传的为"南口"，流传于济南及鲁西北的为"北口"；流传于潍县、平度一带的称"东口"。山东落子演唱时一人左手自打铜钹，右手以大竹板击节演唱的叫"荷叶吊板"；一人敲钹，一人打竹板演唱的叫"擎板"。山东落子半说半唱，唱腔较为随意，属吟唱型板腔体，有"慢板""中板""快板""垛子"等板式。唱词大致押韵，多为上下句结构的七字句或十字句。山东落子的传统书目较为丰富，有《刘秀下两广》《周仓偷孩子》等长篇故事和《孙二娘外传》《黄桂英大闹双雄镇》等短篇作品。

山东落子善于吸取当地姊妹艺术形式的长处，地域特色鲜明，在民俗学、社会学、方言研究方面具有一定的参考价值。

山东琴书

序号：257
编号：Ⅴ-21
批次：1
类别：曲艺
申报地区或单位：山东省

扩展名录：
山东琴书　　　山东省菏泽市
　　　　　　　山东省郓城县

山东琴书是山东重要的地方曲艺种类，又称"唱扬琴"或"山东扬琴"。主要流传于山东省及其周边地区。

它源于明代中期鲁西南菏泽（古曹州）地区兴起的民间小曲自娱演唱形式"庄家耍"（又称"玩局"），至清代中期，原来唱曲使用的伴奏乐器古琴和古筝改为扬琴（又称"蝴蝶琴"）、四胡、古筝、琵琶、简板和碟子，表演形式为多人分持不同乐器自行伴奏，分行当围坐表演，以唱为主，间有说白或对白。在长期的传承过程中，山东琴书发展出以菏泽为中心的南路，以济南为中心的北路，以及胶东地区的东路三个流派。山东琴书采用山东方音表演，因脱胎于民间的"小曲子"联唱，所用唱腔曲调十分丰富，有曲牌二百多支。发展为琴书说唱之后，使用的曲调逐渐集中，以所谓"老六门主曲"即"上合调""凤阳歌""叠断桥""汉口垛""垛子板""梅花落"最为常用，清末民初以来又进一步发展为以"凤阳歌"和"垛子板"为主要曲调，穿插少量小曲进行说唱的音乐形式，节目也以中长篇书为主，兼唱小段儿。山东琴书的传统代表性节目很多，长篇有《白蛇传》《秋江》及移植来的《杨家将》《包公案》《大红袍》等，中篇有《王定保借当》《三上寿》《梁祝姻缘记》等，短段儿多为早期小曲子节目中传承下来的经典之作。中华人民共和国成立后，加工整理了优秀传统节目《水漫金山》《盗灵芝》等，新创作了中篇《夺印》及短篇《十女夸夫》《姑娘的心愿》等。

山东琴书文化底蕴丰厚，对吕剧的发生发展产生过重大影响，是山东吕剧的直接母体，其历史文化价值比较独特，在繁荣地方文化方面发挥了重要作用。

国家级代表性传承人名单

姓名	性别	申报地区或单位	入选批次
李湘云	女	山东省	2
姚忠贤	男	山东省	2
刘士福	男	山东省	4
朱丽华	女	山东省	4

陕北道情

序号：772
编号：Ⅴ-79
批次：2
类别：曲艺
申报地区或单位：陕西省延安市、清涧县

陕北道情原名"清涧道情"，后因"陇东道情"和山西"神池道情"流入陕北，形成了"三边道情"和"神府道情"，故统称为"陕北道情"。陕北道情分布于陕西北部的延安、榆林地区。最集中的是子长县、延川县和清涧县。其辐射区域到内蒙古河套一带，晋西北及甘肃、宁夏靠近陕北的地区。

陕北道情的源头可追溯到唐代道教的经颂，形成于明代初年。按来源可分为西路"老调"和东路"新调"。西路为商调式，风格细腻委婉；东路为徵调式，风格高亢明快。但二者所用曲牌大致相同，有"平调""十字调""一枝梅""凉腔"等，其中"平调"又称"七字调"，为上下句结构，是陕北道情最基本的调式。这些调式又能根据表达情绪的需要衍生出不同的调式和板式，使得陕北道情的音乐特别丰富。陕北道情的表演形式为一人或多人演唱，乐队以小三弦、四胡、小锣、小镲伴奏。陕北道情有连台本戏、本戏和回回小戏，传统剧目多表现道教故事、历史故事和生活故事，主要有《高老庄》《湘子度林英》《唐王游地狱》《刘秀走南阳》等。

陕北道情是陕北群众喜闻乐见的艺术形式，它保留了古代的道教音乐风格，有其独特的艺术价值，对于研究民间曲艺的传承具有重要的参考价值。

陕北说书

序号：250
编号：Ⅴ-14
批次：1
类别：曲艺
申报地区或单位：陕西省延安市

陕北说书是西北地区十分重要的曲艺形式，主要流传于陕西省北部的延安和榆林等地。

陕北说书最初是由穷苦盲人运用陕北的民歌小调演唱一些传说故事，后来吸收眉户、秦腔及道情和信天游的曲调，逐步形成为说唱表演长篇故事的说书形式。陕北说书的传统表演形式是艺人采用陕北方音，手持三弦或琵琶自弹自唱、说唱相间地叙述故事。根据伴奏乐器的不同，或称之为"三弦书"，或称之为"琵琶书"。后来发展成用大三弦（或琵琶）、梆子、耍板、名叫"麻喳喳"的击节木片和小锣（或钹）五种乐器进行伴奏的曲艺说书形式。陕北说书素有"九腔十八调"之称，其中常用的有"单音调""双音调""西凉调""山东腔""平调""哭调""对对调""武调"等。陕北说书传统节目很多，其中代表性的长篇节目有《花柳记》《摇钱记》《观灯记》《雕翎扇》等，短段有《张七姐下凡》等。20世纪40年代，陕甘宁边区文协成立了说书组，先后编演了《刘巧团圆》《王丕勤走南路》《宜川大胜利》《翻身记》《我给毛主席说书》等新书目。

陕北说书的唱词通俗流畅，有浓郁的地方特色；曲调比较丰富，风格激昂粗犷，这种独特的艺术形式深受当地群众的喜爱。

国家级代表性传承人名单

姓名	性别	申报地区或单位	入选批次
韩应莲	女	陕西省延安市	2
解明生	男	陕西省延安市	2

绍兴词调

序号：747
编号：Ⅴ-54
批次：2
类别：曲艺
申报地区或单位：浙江省绍兴市

绍兴词调又名"花调""话词"，是一种曲艺说唱形式，流传于浙江绍兴及其周边地区。

绍兴词调的源头可追溯到元明时期在浙东地区流行的词话，是弹词向摊簧过渡的曲种。最初多由盲艺人（女性居多）表演，有三品、五品、七品、九品之分，也就是由三人至九人坐在一起分角色自弹自唱。伴奏乐器有三弦、二胡、扬琴、月琴、提琴、琵琶、笛、箫、双清，以弹奏三弦者为主演，称为弦位先生。绍兴词调表演时，生、旦、净用绍兴官话，丑角则用绍兴方言。

绍兴词调唱腔古朴,主要有"蓑衣调""本调""十字调"三种。其中"蓑衣调"是基本曲调,叙事抒情均可使用;"本调"哀婉忧伤,适合哭诉;"十字调"声韵拖腔悠长,适合表达柔情。此外,还有"耍孩儿""绣花袄""吟诗调"等少数民歌小调为辅。唱词多为代言体,通俗易懂。绍兴词调的传统节目较多,有开篇用的"节诗"《宫怨》《游炉峰》《螳螂成亲》《二十四节气》等,"正书"《珍珠塔》《白玉戒》《梅花戒》《白狐裘》等,其中不少是绍兴词调特有的曲目。

绍兴词调是江南弹词在绍兴的延续,历史文化内涵丰富,对于研究民间曲艺形式的发展演变具有重要的参考价值。

绍兴莲花落

序号:259

编号:Ⅴ-23

批次:1

类别:曲艺

申报地区或单位:浙江省绍兴市

绍兴莲花落又名"莲花乐""莲花闹",因演唱中有"哩哩莲花落"之类的帮唱过门而得名,与杭州小热昏、温州鼓词、宁波走书、金华道情合称浙江五大地方曲种,主要流传于绍兴及其周边地区。

绍兴莲花落形成于清代道光、咸丰年间。最初艺人们的行艺方式为沿门说唱,多演唱恭喜发财、吉祥如意之类的套词,后逐渐形成有故事情节的段子,称为"节诗"。节诗包括《娘家节诗》《长婆节诗》《分家节诗》《大衫节诗》等,大多取材于民间日常生活或民间传说,一个节诗叙述一个情节较为简单的故事,具有滑稽、夸张、讥讽、幽默的特点。此后艺人又以绍兴方言说唱长篇书目,其语言通俗生动,幽默风趣,有说有唱,以唱为主。绍兴莲花落的唱腔曲调早期为"哩工尺",由一人主唱,旁有一两人以"工尺"为词帮和。20世纪20年代后,开始以四胡伴奏,逐步形成传承至今的"基本调"。"基本调"说唱形式为,说唱者一人手执三敲板、芝山,桌上有醒木。伴奏有敲板一人,拉四胡一人,或增加弹琵琶一人。现在绍兴莲花落有了较大发展,除演唱基本调外,有时还穿插绍剧、越剧和民歌小调等,并尝试男女双档演出。除说唱外,还增加动作表演。代表性的传统长篇节目有《闹稽山》《马家抢亲》《天送子》等,以后借鉴和吸收戏剧及其他说唱文艺的本子,又出现了《何文秀》《百花台》《顾鼎臣》等书目。中华人民共和国成立后,编演了《血泪荡》《回娘家》等新节目。

绍兴莲花落演唱生动活泼,唱词通俗易懂,唱腔朴实流畅,富有浓郁的生活气息和乡土气息,为当地群众所喜闻乐见。

国家级代表性传承人名单

姓名	性别	申报地区或单位	入选批次
胡兆海	男	浙江省绍兴市	2
倪齐全	男	浙江省绍兴市	2

绍兴平湖调

序号:253

编号:Ⅴ-17

批次:1

类别:曲艺

申报地区或单位:浙江省绍兴市

绍兴平湖调又称"越郡南词",简称"绍兴平调",是流传于浙江绍兴及其周边地区的一种曲艺形式,因所唱主要曲调为"平湖调"而得名。

一般认为，绍兴平湖调初创于明代初期，成型于清代初期。绍兴平湖调的表演方式为一人自弹三弦说唱，以唱为主，间有说白。另有二人、四人或六人专司伴奏，称为"三品""五品""七品"。主要的唱腔曲调为"平湖调"，具体又分"蓑衣谱"和"细调"两种。此外，还有"方调""唐调"等十余种杂曲小调。绍兴平湖调唱词高雅，具有较强的文学性。节目分"节诗"和"回书"两种，"节诗"为短篇唱段，"回书"为中长篇内容。一般演唱时，先唱"节诗"开头，后接"回书"。绍兴平湖调的传统节目有《甘罗记》《古玉杯》《双鱼坠》《双珠凤》《白蛇传》《玉蜻蜓》等。

绍兴平湖调曲调优美，风格独特，具有较高的艺术价值。对于研究明清江南曲艺唱曲艺术的传承和发展，具有重要的参考价值。

国家级代表性传承人名单

姓名	性别	申报地区或单位	入选批次
郑关富	男	浙江省绍兴市	2
王玉英	女	浙江省绍兴市	2

绍兴宣卷

序号：776
编号：Ⅴ-83
批次：2
类别：曲艺
申报地区或单位：浙江省绍兴市

绍兴宣卷是一种具有宗教色彩的曲艺说唱形式，主要流传于浙江绍兴及其周边地区。

绍兴宣卷形成于清末民初，起初主要用于祭神祈福。宣卷的唱本，统称"宝卷"。宝卷的格局，有唱有白，韵文与散文相间而以韵文为主。一个卷本分成若干回。回书中表唱、表白较少，故相当接近戏剧剧本，唯开首多例唱"××宝卷初展开，诸佛菩萨降凡来"，结尾多有大段勉世劝善之词。艺人在演唱时，置卷本于桌，照本宣唱，故称宣卷。一般的宣卷是徒歌清唱，称为"平卷"；如果加入二胡、三弦、月琴等伴奏，则称为"花卷"。绍兴宣卷的唱腔音乐称为"宣卷调"，其中包括来自绍剧的"五宫调""耍孩儿"，来自高腔的"阴四平""佛莲花"，来自民间小调的"单双""阴世调"等。唱词以七字句和十字句为主，唱调音乐以上下句末三字始，帮唱必接以"南无阿弥陀佛"的词腔。绍兴宣卷的卷本，总计百本左右。宣卷的内容，有的与佛教经籍有关，如《目连宝卷》《刘香女宝卷》；有的与戏曲同目，如与绍兴调腔同目的《琵琶记》《西厢记》《循环报》《粉玉镜》等，与绍剧或越剧同目的《三官堂》《凤凰图》《碧玉簪》《龙凤锁》等，与苏州弹词、绍兴词调同目的《玉蜻蜓》《珍珠塔》《玉鸳鸯》《碧玉钗》等。

绍兴宣卷在民间文化生活中曾扮演重要角色，对于宗教学、民俗学、社会学研究具有参考价值。

国家级代表性传承人名单

姓名	性别	申报地区或单位	入选批次
何云根	男	浙江省绍兴市	3

说鼓子

序号：779
编号：Ⅴ-86
批次：2
类别：曲艺
申报地区或单位：湖北省公安县、松滋市

说鼓子，又名"说鼓""唱鼓子""荆州说鼓""公安说鼓子"，是湖北的一种曲艺说唱形式，流传于湖北省公安县、松滋市及其周边地区。

说鼓子的源头可追溯至宋代的鼓子词，至明末清初逐渐形成。说鼓子以说为主，说中带唱，击鼓说书，用唢呐伴奏，辅以一定的动作表演。传统表演形式分为三种：一人自行伴奏说唱；一人击鼓说书，一人以唢呐从旁伴奏；一人击鼓说书，二人左右伴奏。以第二种最为普遍。说鼓子以说为主，说中带唱，往往是在一段有韵律的说白之后，以两句唱腔来结尾，称为"唱煞"。收腔后用唢呐重吹一遍下句的旋律，打一阵鼓，然后再起下一个段落。唱腔曲牌分为"香莲""浪子""花腔""过岗"四种。说鼓子文辞通俗易懂，生动形象，多为七字句。说鼓子传统曲目丰富，题材分为笑话趣闻、民间传说、历史演义和武侠公案等，代表性的节目有《桃花坞》《芒砀山》《白罗衫》《雕龙扇》等。

说鼓子具有浓郁的地方特色，深受当地群众的喜爱。在民间文学、民俗学、音乐学等方面均有研究价值。

四川评书

序号：1134
编号：Ⅴ-110
批次：3
类别：曲艺
申报地区或单位：重庆市曲艺团

四川评书又称白话演说、评话，是主要流传于重庆市和四川省的曲艺说书形式。

四川评书至迟在清代咸丰年间就已形成。四川评书用四川方言表演，其表演形式为一人站立于书案后徒口讲说，辅以醒目、折扇等道具。由于书路和表现手法的不同，有"清棚"与"雷棚"之分。清棚以说烟粉、传奇之类的风情故事为主，讲究谈吐风雅，以情动人。雷棚以金戈铁马、朴刀杆棒一类的书目为主，讲究模拟形容，强调语气节奏。四川评书的传统节目丰富，根据来源有"墨书"与"条书"之分。墨书指由小说改编的节目，如《三国》《水浒》等；条书则是自行创编的节目，如《金鸡芙蓉图》《铁侠记》等。

四川评书富于地方特色，具有很强的艺术感染力，深受巴蜀地区群众的喜爱。

国家级代表性传承人名单

姓名	性别	申报地区或单位	入选批次
徐勍	男	重庆市曲艺团	4

四川清音

序号：770
编号：Ⅴ-77
批次：2
类别：曲艺
申报地区或单位：四川省成都艺术剧院

扩展名录：
四川清音　　重庆市曲艺团

四川清音原名"唱小曲"，因演唱时多用琵琶或月琴伴奏，又名"唱琵琶""唱月琴"，中华人民共和国成立后定名为四川清音，是传统的曲艺唱曲形式，主要流传于四川盆地汉族地区。

四川清音由明清时调小曲和四川民歌融合发展而来，至明末清初形成。传统的演唱方式为坐唱，演唱者坐在听客对面，主唱者居中（多数为女艺人），琴师坐在主唱者的左右两边，月琴、琵琶或三弦在左面，碗碗琴、二胡或小胡琴在右面。乐队有时兼作帮腔。四川清音的唱腔音乐非常丰富，现存曲牌二百多个。既有单曲体唱腔，又有联曲体的"月调""马头调"，还有板腔体的"汉调""反西皮"。四川清音的保留曲目有百余种，如《尼姑下山》《昭君出塞》《关王庙》《断桥》等都是非常优秀的作品。

四川清音音乐曲牌十分丰富，唱腔细腻圆润，深受当地群众的喜爱。其对于研究巴蜀地区曲艺发展具有重要的参考价值。

国家级代表性传承人名单

姓名	性别	申报地区或单位	入选批次
程永玲	女	四川省成都艺术剧院	3
肖顺瑜	女	四川省成都艺术剧院	3
李静明	女	重庆市曲艺团	4

四川扬琴

序号：768

编号：Ⅴ-75

批次：2

类别：曲艺

申报地区或单位：四川省曲艺团、四川省音乐舞蹈研究院、四川省成都艺术剧院

扩展名录：
四川扬琴　　重庆市曲艺团

四川扬琴又名"四川琴书"，是一种曲艺琴书形式，因主要伴奏乐器为扬琴而得名，主要流传于四川盆地汉族地区。

四川扬琴源自单人弹唱的"话鼓扬琴"，约形成于清乾隆年间。四川扬琴的传统演出形式为五名演员分生、旦、净、末、丑五个角色表演，各操一件乐器伴奏，以扬琴为主，另有鼓板、怀鼓、三弦、京胡、二胡等。一般为坐唱，也可站唱。以唱为主，以说为辅。四川扬琴的唱腔音乐分省调和州调。省调流传于成都地区，其中又有"大调""月调"之分。大调属板腔体，有"一字""快一字""二流""三板"等板式；月调属曲牌联缀体，有"月头""叠断桥"等曲牌。州调分布于成都以外的地区，属板腔体，有"清板""二流""三板"等板式。四川扬琴的唱本类似于小戏曲剧本，唱词多为七字句、十字句。传统曲目多取材于历史故事，如《华容道》《清风亭》《活捉三郎》《秋江》等。

四川扬琴是四川最具代表性的地方曲种之一，与川剧有着密不可分的联系，对于研究巴蜀地区的文化艺术具有重要的参考价值。

国家级代表性传承人名单

姓名	性别	申报地区或单位	入选批次
徐述	女	四川省曲艺团	3
刘时燕	女	四川省曲艺团	3
陈再碧	女	重庆市曲艺团	4

四川竹琴

序号：769

编号：Ⅴ-76

批次：2

类别：曲艺

申报地区或单位：重庆市三峡曲艺团、四川省成都艺术剧院

四川竹琴俗称"打道筒""唱道筒"，是一种曲艺说唱形式，因采用竹琴为主要伴奏乐器而得名，主要流传于四川盆地汉族地区。

四川竹琴的传统表演形式为数人持竹琴、简板分角色坐唱。竹琴也就是竹制的渔鼓筒，长三尺，直径二寸。表演时演员斜抱竹琴，用指尖拍击竹筒下端；另一手持两块竹制的简板，板上端系有小铜铃，简板相碰时铃响板响，音韵铿锵。四川竹琴的唱腔属于板腔体，有"一字""三法""三板""摇板"等唱腔和"苦腔""数板"等辅助唱腔。按流传地域，可分为成都地区的扬琴调和其他地区的中河调。竹琴以散文解说，韵文歌唱。唱词以第一人称代言体为主，第三人称叙述体为辅，语言典雅华美，有很强的文学性。四川竹琴的传统曲目比较丰富，有长篇《三国演义》《东周列国志》，中篇《琵琶记》《铡美案》，短篇《浔阳江》《渔夫辞剑》等。

四川竹琴广泛吸收四川扬琴、四川清音、川剧等姊妹艺术形式的优点，艺术性很强，对于研究巴蜀地区的民间曲艺发展具有重要参考价值。

国家级代表性传承人名单

姓名	性别	申报地区或单位	入选批次
华国秀	女	重庆市三峡曲艺团	3
吴卡亚	女	重庆市三峡曲艺团	4
刘国福	男	重庆市三峡曲艺团	4
张永贵	男	四川省成都艺术剧院	4

四明南词

序号：749
编号：Ⅴ-56
批次：2
类别：曲艺
申报地区或单位：浙江省宁波市

四明南词也叫"四明文书""宁波文书"，是一种曲艺说唱形式，流传于浙江宁波一带。

四明南词由江南弹词演变而来，形成于明末清初，用宁波方言说唱。演出通常采用双档形式，一人自弹三弦说唱，另一人用扬琴伴奏。也有增加其他乐师以琵琶、二胡、笙箫等伴奏的情形。四明南词是唱、奏、念、白、表相间的表演形式。主唱人要有"一白、二唱、三弦子"的硬功夫。四明南词的音乐风格清丽，基本唱腔有"赋调""词调""平湖调"。其中"赋调"紧凑流畅，主要用于叙事；"词调"婉约缠绵，多用于表现哀怨低回的情绪；"平湖调"活泼明快，多用于表现欢快豪放的情绪。三种曲调又各有丰富的花腔变化，调和调式转换较多，也有板腔变化。唱词通常为七字句，多用"懒画眉""三五七""得胜令""四合如意"等曲牌，尤以"将军令"最具特色。四明南词的传统曲目以长篇为主，《珍珠塔》《因果录》《玉蜻蜓》《大红袍》是其中经典之作，《西湖十景》《八仙上寿》则是短篇中的代表作。

四明南词艺术性很强，对于宁波走书、唱新闻等姊妹曲艺形式产生过深刻影响，具有重要的历史文化价值。

苏州评弹

苏州评话、苏州弹词

序号：237
编号：Ⅴ-1
批次：1
类别：曲艺
申报地区或单位：江苏省苏州市

扩展名录：
苏州评弹（苏州评话、苏州弹词）

上海市书场工作者协会，江苏省演艺集团，浙江省曲艺杂技总团

苏州评话是采用以苏州话为代表的吴语方言徒口讲说表演的曲艺说书形式，流传于江苏南部和浙江北部，包括上海大部的吴语地区，通常与苏州弹词合称"苏州评弹"。在流传地区，苏州评话俗称"大书"，苏州弹词俗称"小书"，总称"说书"。苏州评弹与扬州评话、徐州琴书合称江苏三大地方曲种。

苏州评话至迟在明末清初就已形成，清代中叶进入鼎盛时期。表演以第三人称即说书人的口吻来统领叙述，中间插入第一人称即故事中人物的语言进行摹学。摹学故事中人物的语言举止叫作"起角色"，第三人称的说演称"表"，第一人称的说演称"白"，表和白以散文为主，也有用作念诵表演的部分韵文，包括赋赞、挂口、引子和韵白等。表演注重制造喜剧性的噱头。又因演员在语言运用和"起角色"等方面的不同特色，形成了不同的风格流派。如说演严谨，语言表达基本固定，叫作"方口"；善于即兴发挥，为适应不同的听众而随时变化，叫作"活口"；语如联珠，铿锵有力，叫作"快口"，相反则为"慢口"；以说表见长，少起角色，称为"平说"。苏州评话的传统节目众多，其中包括讲史性的《西汉》《东汉》《三国》《隋唐》等，俗称"长靠书"，又称"着甲书"；侠义性的《水浒》《七侠五义》《小五义》《绿牡丹》等，俗称"短打书"；此外还有神怪故事和公案书，如《封神榜》《济公传》《彭公案》《施公案》等。苏州评话的节目多属长篇故事，分回逐日连说。其艺术表现以单线顺叙为主，用"未来先说、过去重提"的方法进行前后呼应，并用不断设置"关子"的办法来制造悬念，吸引听众。中华人民共和国成立后，编演了一批新书目，如《江南红》《铁道游击队》《林海雪原》《烈火金刚》等。

苏州评话艺术传统深厚，艺术手段丰富，其艺术上的成就为同类说书形式所少有，具有不可替代的审美价值。

苏州弹词

苏州弹词是以说唱相间的方式用苏州方言表演的"小书"类曲艺说书形式，发源并流传于以苏州为中心的江苏东南部、浙江北部和上海等吴语方言区，大约形成于明末清初。由于和苏州评话同属说书行业，曾经拥有共同的行会组织，民间将二者合称为"苏州评弹"。

苏州弹词的表演通常以说为主，说中夹唱。唱时多用三弦或琵琶伴奏，说时也有用醒木击节拢神的情形。演唱采用的音乐曲调为板腔体的说书调，即所谓的"书调"。因流传中形成了诸多的音乐流派，故"书调"又被称为"基本调"。早期演出多为一个男艺人弹拨三弦"单档"说唱，后来出现了两个人搭档的"双档"和三人搭档的"三人档"表演。苏州弹词讲究"说噱弹唱"。"说"指叙说；"噱"指"放噱"即逗人发笑；"弹"指使用三弦或琵琶进行伴奏，既可自弹自唱，又可相互伴奏；"唱"指演唱。其中"说"的手段非常丰富，有叙述，有代言，也有说明与议论。艺人在长期的说唱表演中形成了诸如官白、私白、咕白、表白、衬白、托白等功能各不相同的说表手法与技巧，既可表现人物的思想活动、内心独白和相互间的对话，又可以以说书人的口吻进行叙述、解释和评议。艺人还借鉴昆曲和京剧等的科白手法，运用嗓音变化和形体动作及面部表情等来"说法中现身"，表情达意并塑造人物。苏州弹词的节目以长篇为主，传统的代表性节目有《三笑》《倭袍传》《描金凤》《白蛇传》等。中华人民共和国成立后，编演了一批新书目，长篇有《白毛女》《新儿女英雄传》等，中篇和常独立演出的"选回"有《老地保》《厅堂夺子》和《一定要把淮河修好》

《海上英雄》等。

苏州弹词的艺术传统非常深厚，技艺十分丰富，其艺术上的成就为同类弹词形式所少有，具有独特的审美价值。

国家级代表性传承人名单

姓名	性别	申报地区或单位	入选批次
邢晏芝	女	江苏省苏州市	2
金丽生	男	江苏省苏州市	2
王月香	女	江苏省苏州市	3
邢晏春	男	江苏省苏州市	3
张国良	男	江苏省苏州市	3
金声伯	男	江苏省苏州市	3
杨乃珍	女	江苏省苏州市	3
陈希安	男	上海市	3
余红仙	女	上海市	3
江文兰	女	上海市书场工作者协会	4
赵开生	男	上海市书场工作者协会	4

天津时调

序号：265

编号：Ⅴ-29

批次：1

类别：曲艺

申报地区或单位：天津市

天津时调是天津曲艺中最有代表性的曲种之一，主要流传于天津市。

天津时调源于明清小曲，清末民初形成并流传于天津城区，以天津方言语音演唱。天津时调的表演形式为一人或两人执节子板站唱，另有人操大三弦和四胡等伴奏。天津时调曲调非常丰富，包含许多天津地方民歌小调和外地流入天津的曲调，如天津本地流行的"靠山调""鸳鸯调""大数子"和一些外地流入但天津化了的民歌小曲如"拉哈调""秦楼悲秋""怯五更""后娘打孩子""叉杆解狱""对花""十杯酒"等。天津时调的唱词，最多不过五六十句，少则二三十句。唱腔上，周而复始地唱定型的曲谱。板式上，只有慢板、二六板、快板三种。天津时调强调豪放，演唱爽朗泼辣，很能表现天津人的性格和感情。

天津时调具有浓郁的地方特色和乡土气息，深受当地群众尤其是劳动人民的喜爱，对于研究民间曲艺的发展具有参考价值。

国家级代表性传承人名单

姓名	性别	申报地区或单位	入选批次
王毓宝	女	天津市	2

温州鼓词

序号：249

编号：Ⅴ-13

批次：1

类别：曲艺

申报地区或单位：浙江省瑞安市

扩展名录：
温州鼓词　　浙江省平阳县

温州鼓词，俗称"唱词"，因过去的艺人多为盲人，又称"瞽词"或"盲词"，与杭州小热昏、宁波走书、绍兴莲花落、金华道情合称浙江五大地方曲种，主要流传于温州及其周边地区。

温州鼓词用温州方言表演，在清代中期已见流传。温州鼓词的主要道具有扁鼓、三粒板、牛筋琴、小抱月等，表演形式为说唱相间，其演出以一人"单档"为主（也有夫妻、兄妹、师徒等双档形式），演员自己敲奏几种乐器伴奏说唱。唱腔音乐为板腔体，基本曲调为"吟调"，节奏整齐，朗朗上口，板式变化丰富。其唱词多为七字句，也有五字句和叠板等形式。温州鼓词传统节目众多，包括神话题材的《南游》《封神》，公案题材的《包公案》，讲史题材的《征东》《征西》，世情题材的《十二红》《八美图》，武侠题材的《七侠五义》《七剑十三侠》等。中华人民共和国成立后，新编节目有《海英》《铁道游击队》《小二黑结婚》《秋香爱社》等。

温州鼓词具有浓厚的地方特色和独特的艺术风格，其词通俗易懂，雅俗共赏，深得当地群众喜爱。

国家级代表性传承人名单

姓名	性别	申报地区或单位	入选批次
阮世池	男	浙江省瑞安市	2
方克多	男	浙江省瑞安市	2
陈志雄	男	浙江省瑞安市	4

温州莲花

序号：777
编号：Ⅴ-84
批次：2
类别：曲艺
申报地区或单位：浙江省温州市鹿城区、永嘉县

温州莲花，是浙江温州的地方曲种，流传于温州全境及台州、丽水的部分地区。

温州莲花由温州道情演变而来，形成于清末民初。最初只用一支道情筒（渔鼓）和一副阴阳板（竹板）伴奏，分为只唱不说的"大莲花""小莲花""对口莲花"和说唱相间的"说唱莲花"。20世纪中叶，温州莲花艺人们创造出"伴琴莲花"，加入牛筋琴、三弦、琵琶等。温州莲花的唱腔属于板腔体，是在当地民间小调的基础上形成的，以"莲花调"为基础，辅以"凤凰调"等，艺人演唱时，会根据表达的需要，灵活运用"快板""慢板""散板""叠板"等。唱词多为七字句，也有五字句和十字句的，一般双句押韵，可嵌字、衬字，以增强节奏。温州莲花传统书目较为丰富，有神话题材的《大开天》《八仙》，传说题材的《麒麟豹》《水晶宫》，还有《高机与吴三春》《黄三袅与林宝郎》《刘文龙》《双江渡》《赐金牌》《九曲伞》等一批故事发生在温州一带的特有书目。

温州莲花具有很强的地域特色，对研究浙南民间文化和社会风俗具有重要参考价值，亦具有很高的历史文化价值。

国家级代表性传承人名单

姓名	性别	申报地区或单位	入选批次
戴春兰	女	浙江省温州市鹿城区	3

乌力格尔

序号：276
编号：Ⅴ-40
批次：1
类别：曲艺
申报地区或单位：内蒙古自治区扎鲁特旗、科尔沁右翼中旗，辽宁省阜新蒙古族自治县，吉林省前郭尔罗斯蒙古族自治县

扩展名录：
乌力格尔　　　　内蒙古自治区通辽市

乌力格尔是一种蒙古族的曲艺形式，约形成于明末清初，广泛流传于内蒙古自治区及相邻的黑龙江、吉林和辽宁等省蒙古族聚居地区。乌力格尔的汉语意思是"说书"，因采用蒙古语表演，故又被称作"蒙语说书"。

在蒙古族民间，徒口讲说表演而无乐器伴奏的乌力格尔称作"雅巴干乌力格尔"，又称"胡瑞乌力格尔"；使用潮尔伴奏说唱表演的乌力格尔称作"潮仁乌力格尔"；使用四胡伴奏说唱表演的乌力格尔称作"胡仁乌力格尔"。有伴奏乐器的乌力格尔表演通常为一人自拉胡琴说唱，唱腔的曲调丰富多彩、灵活多变，其中功能特点比较明确的有"争战调""择偶调""讽刺调""山河调""赶路调""上朝调"等。乌力格尔的传统节目有短篇、中篇和长篇之分，尤以长篇最为吸引人，《镇压蟒古斯的故事》《唐五传》（即《哭喜传》《全家福》《殇妖传》《契僻传》《羌胡传》）《忽必烈汗》《黄金史》等都是其中的经典。乌力格尔节目的题材来源非常广泛，有的源于民间故事，如《太阳姑娘》；有的出自文人或艺人创作，如《青史演义》；有的源于民间叙事诗、叙事民歌，如《嘎达梅林》《达那巴拉》；有的根据现实事件创作，如《红太阳》《烟酒之害》；还有的从汉族相似形式或文学故事移植改编而来，如《三国演义》《封神演义》等。中华人民共和国成立后，编演的新节目有《二万五千里长征》《刘胡兰》等。

乌力格尔是蒙古族群众文化生活的重要方式，对于研究蒙古族历史文化具有重要的参考价值。

武林调

序号：775

编号：Ⅴ-82

批次：1

类别：曲艺

申报地区或单位：浙江省杭州市

武林调又名"杭曲"，是一种曲艺唱曲形式，流传于浙江杭州及其周边地区。

武林调由民间的宝卷宣讲演变而来，形成于清代后期。武林调的表演形式为四人到五人扮成生、旦、净、末、丑并分行当说唱。有时根据剧情需要，也可以一人模拟几个人物。伴奏乐器有二胡、三弦、琵琶，击节乐器为鼓、板。武林调的唱腔曲调属板腔体，主要板式有"大陆板""二六板""平板""游魂调"，还可根据表达需要引入民歌小调和姊妹艺术形式的曲调。唱词多为七字句和十字句，下句押韵。说白视行当而定，生、旦、净、末均使用杭州官话，丑角则使用市井方言。

武林调的传统曲目有四十多部，《方卿见姑》《岳飞传》《玉堂春》《何文秀》是其中的代表。

武林调富于地域文化特色，深受当地群众喜爱，它在形成过程中博采众长，对于研究民间曲艺的发展演变具有非常重要的参考价值。

西河大鼓

序号：241

编号：Ⅴ-5

批次：1

类别：曲艺

申报地区或单位：河北省河间市

扩展名录：

西河大鼓　　　河北省廊坊市

西河大鼓是北方较为典范的鼓书暨鼓曲形式，由木板大鼓发展而来，普遍流传于河北境内并流传于周边河南、山东、北京、天津和内蒙古及东北地区。在流传过程中曾有过"大鼓书""梅花调""西河调""河间大鼓""弦子鼓"等名称，20世纪20年代在天津被定名为"西河大鼓"，沿用至今。

一般认为西河大鼓创始人是木板大鼓的著名艺人马瑞河（马三疯子），起源时间约在清代道光、咸丰年间，至20世纪初在艺术上已经成熟。西河大鼓的道具为大鼓、大三弦和犁铧片。表演形式为一人自击铜板和书鼓说唱，另有专人操三弦伴奏。西河大鼓的音乐，是以冀中方言的自然音韵为基础，吸收地方小调的音乐发展而来的。其唱腔简洁苍劲，风格似说似唱，韵味非常独特。传统节目长、中、短篇都有，已知名目的有中长篇一百五十余部，书帽及小段三百七十余个。《响马传》《呼家将》《薛家将》《刘公案》《施公案》《前后七国》《小两口争灯》等经典节目，情节曲折，语言生动，广受欢迎。

西河大鼓善于吸收兄弟艺术的长处并加以创新发展，具有很高的艺术价值。

国家级代表性传承人名单

姓名	性别	申报地区或单位	入选批次
伍振英	女	河北省	2
张领娣	女	河北省	2

贤孝

凉州贤孝、河州贤孝

序号：255
编号：Ⅴ-19
批次：1

类别：曲艺
申报地区或单位：甘肃省武威市、临夏市

扩展名录：
贤孝（西宁贤孝）　　　青海省西宁市

贤孝（凉州贤孝）
申报地区或单位：甘肃省武威市

凉州贤孝又称"凉州劝善书"，是流传于甘肃省武威市凉州区城乡及毗邻的古浪、民勤和金昌市永昌县部分地区的一种古老而历史悠久的民间曲艺说书形式。

根据相关史料，凉州贤孝形成的历史至少可追溯到元末明初。历史上凉州贤孝的演唱者多为盲人，师徒相承，口传心授。其内容主要以表演英雄贤士、烈妇淑女、孝子贤孙、帝王将相和才子佳人的故事为主，寓隐恶扬善、喻时劝世、因果报应、为贤尽孝等宗旨于其中，故名"贤孝"。凉州贤孝的表演形式为一人用三弦自行伴奏说唱。凉州贤孝的音乐唱腔十分丰富，并保留着许多古老的曲牌，既有"凉州杂调"，又吸收了地方民歌的曲调，融汇化用，自成一格。唱词语言以凉州方言为主，通俗易懂，幽默风趣。表演中，艺人们会根据听众兴趣即兴发挥，往往妙语连珠。

凉州贤孝历史悠久，感染力强，具有非常高的艺术价值和历史文化价值。

贤孝（河州贤孝）
申报地区或单位：甘肃省临夏市

河州贤孝又称"河州唱书""贤孝弹唱""河州三弦善书""临夏贤孝""河州调"等，是流传在甘肃临夏地区（古称河州）的一种传统曲艺形式。它形成于明末清初，因表演内容多宣扬劝善惩恶、忠臣良将、妻贤子孝的内容而得名。

河州贤孝的传统表演形式为一人（过去主要是盲人）手持三弦，自弹说唱。音乐是曲牌联缀形式，唱腔有吟诵性质的"述音"，如泣如诉的"哭音"，铿锵有力的"武音"、热烈明快的"夸官调"。唱词非常灵活，字数、句数均可即兴增减。河州贤孝传统节目众多，其中表现国家兴亡、忠臣良将的节目叫"国书"，《伍子胥过江》《三国演义》《薛仁贵征东》《杨家将》《包公案》等即属此类；反映日常生活中孝顺父母、男女情爱的节目叫"家书"；此外还有《王祥卧冰》《郭巨埋儿》《孟宗哭竹》等以"二十四孝"故事为内容的节目和《白猿盗桃》《花厅相会》《小丁丁》等节目。

河州贤孝历史悠久，形式古朴，具有独特的历史文化价值。

贤孝（西宁贤孝）
申报地区或单位：青海省西宁市

西宁贤孝主要流传于以西宁为中心的青海东部农业地区，以演唱内容多为惩恶扬善、彰孝劝化而得名，形成于明代中期。

西宁贤孝演出形式一般为男女二人对唱，男拉板胡，女弹三弦。单人表演则以三弦自弹自唱。唱腔曲牌分为大贤孝调、小贤孝调、小曲等。唱段分前岔曲、主曲、后岔曲三部分。其音乐曲调和旋律结构为西宁地区所独有。西宁贤孝传统节目主要分为演义、传奇、志怪、劝喻、生活故事等，代表性节目有《白鹦哥吊孝》《赵五娘吃糠》《白猿盗桃》《李翠莲上吊》等。

西宁贤孝富有地方特色，具有特殊的历史文化价值。

国家级代表性传承人名单

姓名	性别	申报地区或单位	入选批次
冯兰芳	女	甘肃省武威市	2
沈永宁	男	青海省西宁市	4

相声

序号：740

编号：Ⅴ-47

批次：2

类别：曲艺

申报地区或单位：中国广播艺术团，北京市歌舞剧院有限公司，天津市

相声是一种以说笑话或滑稽问答引起观众发笑的民间曲艺形式。相声艺术源于华北，流传于京津冀，辐射全国各地。

一般认为，相声由宋代的"像生"演变而来，形成于清咸丰、同治年间。相声主要用北京话表演，各地也有以当地方言说的"方言相声"。相声以引人发笑为艺术特点，以"说、学、逗、唱"为主要艺术手段。表演形式有单口、对口、群口三种。单口相声由一个演员表演，讲述笑话；对口相声由两个演员一捧一逗，通常又有"一头沉"和"子母哏"两类；群口相声又叫"群活"，由三个以上演员表演。相声的传统段子非常丰富，有《连升三级》《珍珠翡翠白玉汤》等单口作品，《白事会》《关公战秦琼》等对口作品，《扒马褂》《金刚腿》等群口作品。反映现实生活的新作品则以《夜行记》《买猴》《帽子工厂》等影响较大。

相声从群众中吸取智慧和幽默，相声以其精湛的生活内容和独特的艺术形式，成为优秀的民族艺术之花。

国家级代表性传承人名单

姓名	性别	申报地区或单位	入选批次
常宝霆	男	天津市	3
姜昆	男	中央广播艺术团	4

襄垣鼓书

序号：755

编号：Ⅴ-62

批次：2

类别：曲艺

申报地区或单位：山西省襄垣县

襄垣鼓书俗称"说书""脚蹬梆"，是一种地方曲艺鼓书形式，主要流传于山西襄垣及相邻的沁源、武乡、屯留等地。

襄垣鼓书是20世纪30年代在当地的"柳调"和"鼓儿词"的基础上形成的，以襄垣方音表演，说唱相间，以唱为主。襄垣鼓书通常为多人合作表演，其中作为演出掌板的鼓师手脚并用，一人可操作平板鼓、卦板、木鱼、脚梆、小锣、小镲、镗锣、脚打大锣等全套击乐。其余说唱者根据自身条件及内容情节，分行当进行说唱。或轮递说唱，或一领众和，或二人对唱，或众口齐唱。单人表演则表演者只操月琴自弹自演；两人表演则分持月琴和八角鼓自行伴奏说唱。襄垣鼓书的表演通常为坐唱，也有站唱和走唱的情形。襄垣鼓书的唱腔属板腔体，有"快""慢""跺""抢"等多种唱法和"起板""二性板""紧板""慢板""散板"等多种板式，还有一些别具特色的闹场曲牌。襄垣鼓书的传统节目可分为历史、公案、侠义等类，有《三国》《包公》《水浒》《奇巧断》等百余种。

襄垣鼓书是现存北方鼓书类曲艺中历史较为悠久的一种，不仅保存了许多宋元"鼓子词"的艺术基因，而且吸收了明清以来当地民间艺术的精华，具有很高的艺术价值和历史文化研究价值。

国家级代表性传承人名单

姓名	性别	申报地区或单位	入选批次
王俊川	男	山西省襄垣县	3

小热昏

序号：274

编号：Ⅴ-38

批次：1

类别：曲艺

申报地区或单位：浙江省杭州市

扩展名录：
小热昏　　　　江苏省常州市

小热昏是广泛流传于浙江、江苏和上海一带的曲艺谐谑形式，因表演时敲击小锣伴奏，又名"小锣书"，俗称"卖梨膏糖的"。浙江杭州是小热昏的中心流传地，杭州小热昏与温州鼓词、宁波走书、绍兴莲花落、金华道情合称浙江五大地方曲种。江苏常州也是小热昏的重要流传地。

小热昏源于清末杭州街头的"说朝报"。朝报是当时杭州的地方小报，卖报人为了招徕顾客，一面敲小锣，一面念出报上的主要新闻，称为说朝报，后演变为"说新闻、唱朝报"。这种说唱朝报的形式被运用到卖梨膏糖上，说唱的内容也由新闻朝报和生活趣事变为有简单故事情节、有人物性格和矛盾冲突的节目。因大多数节目表达了对现实生活的不满，经常招致官差驱赶，为逃避追究，故取名为"小热昏"，意思是演员自己发昏说的胡话。小热昏多为露天表演，形式简单，一副三脚架、一张长凳代替舞台，多是二人搭档说唱。一个打竹板，一个拉胡琴或敲小锣。一般先敲小锣招徕观众，接着讲笑话，说新闻，最后唱长篇。小热昏用吴语方言演唱，常用曲调有"锣先锋""三巧赋""东乡调"以及"五更""四季""十叹"等流行小调。

小热昏形式滑稽幽默，内容风趣，唱词通俗易懂，唱腔又是百姓熟悉的民歌和小调，深得人们喜爱，而且影响了独脚戏等姊妹艺术的形成与发展，具有较高的艺术价值。

国家级代表性传承人名单

姓名	性别	申报地区或单位	入选批次
安忠文	男	浙江省杭州市	2
周志华	男	浙江省杭州市	2

新疆曲子

序号：266

编号：Ⅴ-30

批次：1

类别：曲艺

申报地区或单位：新疆维吾尔自治区昌吉回族自治州

扩展名录：

新疆曲子　　新疆维吾尔自治区巴里坤哈萨克自治县

新疆曲子是一种具有独特风格的地方曲艺形式，俗称"小曲子"，是由汉、回、锡伯等民族群众共创共演的曲艺品种，主要流传于北疆沿天山一带的昌吉州八县市、乌鲁木齐、石河子、沙湾、伊宁、霍城、察布查尔和东疆的哈密、巴里坤及南疆的焉耆等地区。

新疆曲子孕育形成于清代晚期，青海平弦（"平调"）、西宁赋子（"赋调"）、陕西曲子（"越调"）、兰州鼓子（"鼓调"）等西北民间俗曲传入新疆后，受新疆汉语方言字调的影响，并与新疆当地各民族的音乐相融合，逐渐形成新疆曲子。其表演形式为多人分持三弦、二胡、板胡和碰铃等自行伴奏，轮递演唱，唱腔曲调十分丰富。新疆曲子的唱词分为雅、俗两类。属于历史故事、英雄人物和闺情内容的，讲究文词典雅；属于民间故事、传说的，语言则比较通俗质朴。其道白采用昌吉回族自治州吉木萨尔县方言的语音进行表演。

新疆曲子是多民族艺术融合的结晶，深受新疆各族群众喜爱，在他们的文化生活中发挥了重要的作用。

国家级代表性传承人名单

姓名	性别	申报地区或单位	入选批次
郭天禄	男	新疆维吾尔自治区昌吉回族自治州	2
侯毓敏	男	新疆维吾尔自治区昌吉回族自治州	2

徐州琴书

序号：766

编号：Ⅴ-73

批次：2

类别：曲艺

申报地区或单位：江苏省徐州市

徐州琴书又名"苏北琴书"，旧称"丝弦""唱扬琴"等，与苏州评弹、扬州评话合称江苏三大地方曲种，流传于以徐州为中心的江苏、山东、安徽、河南四省接壤地区。

徐州琴书源于明代小曲，形成于清代后期，

用徐州方言演唱，说唱相间，以唱为主。表演形式分为单人唱、二人对唱、三人坐唱和多人联唱等。主唱者执檀板兼敲扬琴说唱，伴奏者操坠胡、笙、箫等，根据需要可以对唱，还可以帮腔或合唱。徐州琴书的唱腔为板腔体，音乐结构分为"起板""慢四板""大八板"或"花四板""过板"几个部分。主要曲调为"凤阳歌"，还有"莲花落""摩诃萨""银纽丝""刮地风"等。徐州琴书的基本句式为七字句，可以加三字头和衬字。唱词源于百姓日常生活，多为家长里短，所以唱琴书又叫"唱针线筐"。徐州琴书传统曲目有《张廷秀赶考》《李双喜借年》《金钱记》《罗衫记》等，中华人民共和国成立后新编的曲目有《邱少云》《雷锋与战友》等。

徐州琴书文化底蕴深厚，艺术价值丰富，对于研究民间曲艺发展具有重要的参考作用。

国家级代表性传承人名单

姓名	性别	申报地区或单位	入选批次
魏云彩	男	江苏省徐州市	3
张巧玲	女	江苏省徐州市	4

为主，弹唱为辅。原由一人自弹三弦坐唱，故称"弦词"。后发展为双档演出，增加了琵琶伴奏，故称"对白弦词"。其表演与评话大致相同，但是更加讲究字正腔圆，语调韵味；并且演示动作幅度更小，连手的动作都很少做，重在面部表情。其说表多用扬州方言，起角色时也用外地"码头话"，以区别人物和刻画形象。双档演出时，两位艺人模拟不同人物的口吻、声调进行对话。上手演员侧重于叙述，下手演员侧重于唱曲。扬州弹词常用的曲调有"锁南枝""耍孩儿""三七梨花""沉水"等。伴奏中三弦疏放朴实，琵琶则润密多变，有"三弦骨头琵琶肉"之说。扬州弹词的唱词安排在书词当中，有代言体和叙事体两种，以七字句为主。代表性的书目有《双金锭》《珍珠塔》《落金扇》《刁刘氏》等。

扬州弹词历史悠久，朴实典雅，具有较高的审美价值。

国家级代表性传承人名单

姓名	性别	申报地区或单位	入选批次
李仁珍	女	江苏省扬州市	3

扬州弹词

序号：743
编号：Ⅴ-50
批次：2
类别：曲艺
申报地区或单位：江苏省扬州市

扬州弹词原名"弦词""对白弦词"，是以扬州方言为基础的弹词系统曲种，流传于江苏扬州、镇江、南京和苏北里下河一带。

扬州弹词和扬州评话属于姊妹艺术，弹词形成较晚，约始于明末清初。扬州弹词表演以说表

扬州评话

序号：238
编号：Ⅴ-2
批次：1
类别：曲艺
申报地区或单位：江苏省扬州市

扩展名录：
扬州评话　　　江苏省演艺集团

扬州评话是以扬州方言徒口讲说表演的曲艺说书形式，与苏州评弹、徐州琴书合称江苏

三大地方曲种,主要流传于苏北地区和镇江、南京、上海等地。

扬州评话兴起于清初,至清中叶达到极盛。扬州评话在艺术上以描写细致、结构严谨、首尾呼应、头绪纷繁而井然不乱见长,表演讲求细节丰富,人物形象鲜明,语言风趣生动。扬州评话的说表,有"方口"和"圆口"之分。方口语句整齐,富有节奏感。圆口近似于生活语言,较为灵活。一般表演方口、圆口兼用。表演者还运用一定的手势、身段、步法、眼神与说表结合来刻画人物。艺人在创作和表演中还十分注意穿插渲染扬州的本地风光和民风民俗,具有浓郁的地方色彩。扬州评话的传统节目分为三类,其中包括讲史演义类的《东汉》《西汉》《三国》《隋唐》等,公案侠义类的《绿牡丹》《八窍珠》《九莲灯》《清风闸》等,神话灵怪类的《封神榜》《西游记》《济公传》等。其中《三国》和《水浒》是两部深受欢迎又自成流派的长篇节目。中华人民共和国成立后,还编演了《烈火金刚》《林海雪原》《红岩》《挺进苏北》等新节目。

扬州评话善于借鉴吸纳兄弟艺术的长处,是一种形态非常发达的曲艺形式,具有很高的艺术价值。

国家级代表性传承人名单

姓名	性别	申报地区或单位	入选批次
王丽堂	女	江苏省	2
李信堂	男	江苏省	2
惠兆龙	男	江苏省扬州市	3

扬州清曲

序号:261
编号:Ⅴ-25
批次:1
类别:曲艺
申报地区或单位:江苏省扬州市

扬州清曲是在明清时期流传于扬州一带的俗曲和小调基础上发展形成的曲艺形式,又名"广陵清曲""维扬清曲",俗称"小唱""唱小曲",用扬州方音表演,主要流传于江苏省的扬州、镇江和上海等地。

扬州清曲在清代初期即已形成。传统的表演形式为一两人至八九人分持琵琶、三弦、月琴、四胡、二胡、扬琴及檀板、碟子、酒杯等自行伴奏坐唱,走上高台后大多由五人分持琵琶、三弦、二胡、四胡和扬琴自行伴奏坐唱。唱腔曲调为各类曲牌,早期主要用"劈破玉""银纽丝""四大景""倒扳桨""叠落金钱""吉祥草""满江红""湘江浪"等,后来主要用"软平""骊调""南调""波扬""春调""补缸""鲜花调""扬子调""杨柳青""雪拥蓝关"等。节目分为采用单支曲牌演唱的"单片子"和两支以上曲牌联缀或联套演唱的套曲两种类型。套曲又分为"小套曲"和"大套曲",以"满江红"为主要曲调的套曲俗称"五瓣梅"。传统的代表性节目有《十杯酒》《做人难》等"单片子",《三国》《水浒》《西厢记》《红楼梦》《白蛇传》《珍珠塔》等套曲。中华人民共和国成立后编演的新节目有《刘胡兰》《工农兵》等。

扬州清曲是历史较为悠久的唱曲形式,许多元明以来的古代民间俗曲,包括一些俗曲的原词,都在扬州清曲中得到了很好的保存。由于传播时间较长,它在传布中对其他地区的许多同类曲种产生过不同程度的影响。

翼城琴书

序号：1123
编号：Ⅴ-99
批次：3
类别：曲艺
申报地区或单位：山西省翼城县

翼城琴书又名"铰子书"，俗称"本地书"，是一种流传于山西翼城及其周边地区的曲艺说书形式。

翼城琴书源于民间小曲，至清代末期兴盛起来，艺术上基本定型。翼城琴书用翼城方音表演，说唱相间，以唱为主。最初的表演形式为一人敲击铰子自行伴奏说唱。后来出现双人档和多人档表演。双人表演时，主演敲击八角鼓说唱，另一人弹月琴伴奏。多人表演时，主演持八角鼓或单扇钹立于书案后说唱，其他人分坐两旁分持不同乐器伴奏或参与"拆唱"。伴奏乐器除八角鼓、单扇钹外，还有扬琴、三弦、四胡、竹笛等。翼城琴书的唱腔属板牌混合体，包括以八角鼓击节的"鼓儿腔"和以单扇钹击节的"钹儿腔"。唱腔高亢而富于变化。唱词格式以七字句为主，分上、下句，下句押韵。翼城琴书传统剧目众多，共有大本书五十余部，小本书七十余部，其中《梁山伯与祝英台》《金镯玉环记》《状元谱》等影响最大。

翼城琴书历史悠久，富于地方特色，具有较高的审美价值，深受当地群众喜爱。

莺歌柳书

序号：758
编号：Ⅴ-65
批次：2
类别：曲艺
申报地区或单位：山东省菏泽市

莺歌柳书又名"莺歌柳子"，是流传于鲁西南、鲁南地区及豫东、苏北一带的一种民间曲艺说唱形式。

莺歌柳书相传由产生于明代的柳子戏曲牌"莺歌柳"演化而成，形成于清代中叶。莺歌柳书演唱形式以双档为主，一人自击八角鼓伴奏说唱，另一人在旁弹三弦应和。莺歌柳书唱白相间，为反复使用的单曲演唱体，有"节子韵""越调""平调"等曲牌。基本唱腔为四句腔，其余唱腔均由此深化。而四句腔后，必有搭尾衬腔"哪、哎、哎呀、哎哎、嗯"。莺歌柳书的主要节目有《偷诗》《卷箔记》《妙常产子》《兔子拐当票》等段儿书，《龙凤镯》《汗衫记》《关公辞曹》《杨宗保下山》等长篇。莺歌柳书曲目十分丰富，一部分风格高雅，文辞艰涩，另一部分通俗易懂，清新浅显，显示出曲目来源的多元性。其唱腔音乐早期丰富多彩，而后期唱腔音乐则古朴呆板。

莺歌柳书是北方曲艺中的稀有曲种，与柳子戏关系密切，它还直接促生了坠子书，具有多方面的研究价值。

永康鼓词

序号：1127
编号：Ⅴ-103
批次：3
类别：曲艺
申报地区或单位：浙江省永康市

永康鼓词俗称"唱古事"或"唱故事"，是流传于浙江永康及其周边的武义、缙云、磐安等地的曲艺鼓书形式。因旧时的艺人多为盲人，又被称为"瞽词"或"盲词"。

永康鼓词采用永康方音表演，以唱为主，兼有道白。表演形式通常为一人自击书鼓自行伴奏说唱。永康鼓词的表演道具十分简单，只有盆鼓和腊尺。盆鼓又称扁鼓，由六块黄檀木拼制而成，含义是古代的吏部、户部、礼部、兵部、刑部、工部六部。腊尺又称"拍板""檀板"，由两块红木板组成，也称"子母板"或"阴阳板"，属于击拍乐器。永康鼓词唱腔曲调丰富，有悲调、喜调、怒调和适宜叙事和抒情的水平调。唱词既通俗易懂，又讲究押韵合辙。常见的传统节目有《大红袍》《水红菱》《孝贤坊》《双金线》等，题材大多是家长里短和儿女情长。

永康鼓词具有鲜明的地方特色，形式简便，雅俗共赏，在当地群众的文化生活中发挥着重要的作用。

渔鼓道情

序号：1129

编号：Ⅴ-105

批次：3

类别：曲艺

申报地区或单位：安徽省萧县

渔鼓道情是一种以渔鼓为主要伴奏乐器的曲艺说唱形式，广泛流传于皖北豫东地区。

渔鼓道情源于明末清初，由表现道教内容的"道情词"演变而来，因使用渔鼓伴奏而得名。在发展过程中，渔鼓道情不断吸收邻近地区其他曲艺形式的营养，成长为一种节奏明快、曲调舒畅的独特曲种，被认为是全国二十六个主要曲种之一。其表演形式为一人自击渔鼓和简板自行伴奏说唱，以唱为主，说白为辅。渔鼓道情在不同的分布地形成了不同的流派，安徽萧县的一支唱腔为板腔体，板式有"慢板""平板""数板""韵白""便白"等，唱腔根据表现功能和演唱风格有"寒腔"和"花腔"之分。渔鼓道情的传统节目有长篇《金鞭记》《三侠剑》《杨家将》等，中篇《王定保借当》《雷公子投亲》《八马骏》，短篇《马前泼水》《王祥卧冰》《丁兰刻木》等。

渔鼓道情富于乡土气息，在丰富流传地群众文化生活、传承传统文化方面发挥了重要作用。

榆林小曲

序号：264

编号：Ⅴ-28

批次：1

类别：曲艺

申报地区或单位：陕西省榆林市

榆林小曲是形成并主要流传于陕北榆林地区的曲艺唱曲形式。

榆林小曲相传由明代驻扎在榆林一带的军官蓄养的歌伎从江南带来，后在长期的发展演变过程中，以当地方言演唱并吸收化用了当地的民歌小调，丰富完善为今天的曲艺品种。榆林小曲的表演形式为一人或二人主唱，多人分持扬琴、古筝、琵琶、三弦、京胡、碟子等伴奏并分不同行当兼唱。其唱腔音乐十分丰富，唱腔体裁为曲牌体，或单曲反复，或联曲串唱。曲目多演绎男欢女爱和儿女情长的内容，尤擅表现离愁别怨。榆林小曲的唱词雅俗共赏，以七字句为主，体现的往往是市民阶层生活的不同侧面，具有浓郁的里巷之音的特点，与质朴粗犷的陕北民歌形成鲜明的对照。榆林小曲传统的节目有短有长，《日落黄昏》《妓女告状》《放风筝》及《梁山伯与祝英台》《张生戏莺莺》等皆为代表性作品。

榆林小曲作为"南腔北调"合二为一的独特艺术，兼具北方的阳刚之气和南方的阴柔之美，具有独特的艺术价值，在当地人的文化生活中扮演着重要的角色。

国家级代表性传承人名单

姓名	性别	申报地区或单位	入选批次
林玉碧	男	陕西省榆林市	2
王青	男	陕西省榆林市	2

粤曲

序号：1132

编号：Ⅴ-108

批次：3

类别：曲艺

申报地区或单位：广东省广州市

粤曲是用广州方言表演的曲艺品种，流传于广东省及广西的粤语方言区并流传到中国香港、澳门地区及海外粤籍华侨聚居区。

粤曲脱胎于粤剧，起源于清代道光年间。表演形式为一人或二人站立演唱，另有多人分持高胡、扬琴、琵琶、横箫、二弦、月琴等伴奏。在长期的发展过程中，粤曲吸收了梆子、二黄、龙舟歌、木鱼歌、南音、粤讴等姊妹艺术形式的曲调，唱腔音乐非常丰富，属于皮黄系统的板腔体。唱法分为"大喉"（男角唱腔，多用高音区）、"平喉"（男角唱腔，多用中音）、"子喉"（女角专用唱腔）三类。粤曲的曲调优美动听，富有岭南地方特色。粤曲代表性的传统曲目有八大名曲：《百里奚会妻》《辨才释妖》《黛玉葬花》《六郎罪子》《弃楚归汉》《鲁智深出家》《附荐何文秀》《雪中贤》。

粤曲是岭南地区最大的曲种，形态非常丰富，具有很高的艺术价值，对于研究岭南地区的曲艺发展具有不可替代的作用。

泽州四弦书

序号：1125

编号：Ⅴ-101

批次：3

类别：曲艺

申报地区或单位：山西省泽县

泽州四弦书是一种主要流传于山西省泽县及其周边地区的曲艺说书形式，因以四弦为主要伴奏乐器而得名。

泽州四弦书至迟在清代光绪年间已经形成。用泽州方音表演，说唱结合，以唱为主。早期表演形式为一人用四弦和腿板自行伴奏说唱，后来出现多人伴奏，伴奏乐器有三弦、胡胡、钹等。伴奏方式为间奏式，演唱时不伴奏。泽州四弦书唱腔曲调属板腔体，主要板式有平板、紧板、介板、三倒板等。唱词格式为七字上下句体，下句押韵。旧时泽州四弦书艺人多为盲人，乡间的酬神、还愿和庆典等场合都会邀请他们前来演唱。常演的传统节目有《游天台》《大八仙》《富贵长春》《斧劈华山》等。中华人民共和国成立后编演的新节目有《考神婆》《吴全有接闺女》等。

泽州四弦书是泽县土生土长的曲种，富于地方特色和乡土气息，具有较高的艺术价值。

长子鼓书

序号：1122

编号：Ⅴ-98

批次：3

类别：曲艺

申报地区或单位：山西省长子县

◎曲艺

长子鼓书是一种流传于山西省长子县的曲艺说书形式。

长子鼓书是源于长子当地的木板书,是在融合柳树道情、山东铁板书、河南板儿书以及当地的干板秧歌等曲调上发展形成的,采用长子方音表演。表演形式通常为一人敲击书鼓和简板并自拉二胡伴奏说唱,也有双人或多人分持不同乐器伴奏配合说唱的情况。除书鼓、简板、二胡外,伴奏乐器还有竹板、板胡、低胡等。伴奏方式为间奏式,即演唱时不伴奏。长子鼓书唱腔为板腔体,主要板式有流水板、数板、垛板、悲板等。传统节目以中长篇为主,有《金镯玉环记》《包公案》《徐公案》《回杯记》等,现代节目以短篇为主,有《风雷》《小二黑结婚》《江姐》《烈火金刚》等。

长子鼓书是长子土生土长的主要曲种,具有较高的艺术价值,在当地群众的文化生活中发挥了重要作用。

传统体育游艺与杂技

八卦掌

序号：797
编号：Ⅵ-25
批次：2
类别：传统体育、游艺与杂技
申报地区或单位：河北省廊坊市

扩展名录：
八卦掌　北京市西城区、河北省固安县

八卦掌，也称为转掌、游身八卦掌、龙形八卦掌、八卦连环掌、八卦游身掌等，与太极拳、形意拳等通称为内家拳，是一种以掌法变换和行步走转为主的拳术。由于它运动时纵横交错，分为四正四隅八个方位，与"周易"八卦图中的卦象相似，故得名八卦掌，由清代河北省文安县人董海川所创。

八卦掌即单换掌、双换掌、顺势掌、背身掌、翻身掌、磨身掌、三穿掌和回身掌，各地流传内容不完全相同，有以狮、鹿、蛇、鹞、龙、熊、凤、猴八形为代表的，也有用双撞掌、摇身掌、穿掌、挑掌等作为基本八掌的内容。其中每一掌都可以衍化出很多掌法，素有一掌生八掌、八八六十四掌之说。

八卦掌注重身法的灵活性，要求练者在不断走圈中，改变敌我之间的距离及方向，避正击斜，伺机进攻；出手讲究随机应变，发挥掌比拳和勾灵活多变的特性。其手法有推、托、盖、劈、撞、搬、截、拿等。八卦掌的运动特点是一走、二视、三坐、四翻，这些特点为发展身手的矫捷、灵活，特别是下肢的力量提供了必要的锻炼条件。八卦掌以"行桩""蹚泥步"内功功法为入门基础，以拧翻走转为基本运动形式，以掌法的变化为主要技击手段。八卦掌的动作要求顺颈提顶、松肩垂肘，畅胸实腹，立腰溜臀，缩胯合膝，十趾抓地。其器械主要有子午鸳鸯钺（日月乾坤剑）、八卦刀、八卦棍、八卦枪、春秋刀、战身枪、连环剑、连环纯阳剑、连环蟠龙棍、五行棒、昆仑铲等。

北京作为董海川首传八卦掌的地方，传承兴盛。1982年成立的北京武术运动协会八卦掌研究会是新中国成立后的第一个民间单项拳种研究会。它的成立有力地推动了挖掘、整理和发展八卦掌的工作。

国家级代表性传承人名单

姓名	性别	申报地区或单位	入选批次
任文柱	男	河北省廊坊市	3
孙志均	男	北京市西城区	4

八极拳

序号：800
编号：Ⅵ-28
批次：2
类别：传统体育、游艺与杂技
申报地区或单位：河南省博爱县

八极拳为武术拳种之一，又称"开门八极"，因发源于河南省博爱县的月山寺，所以也称"岳（月）山八极拳"，是由月山寺第二代住持崇苍（苍公）始创于金大定二十五年（1185）。

月山八极拳以六大开、八大招为技术核心。六大开指顶、抱、单、提、挎、缠六种基本技法，为各种技法之母。八大招是阎王三点手、猛虎硬爬山、迎门三不顾、霸王硬折缰、迎风朝阳掌、左右硬开门、雄鹰双抱爪、立地通天炮。徒手套路有八极拳小架、八极拳大架、八极拳对接等；器械套路主要是六合枪对练。

月山八极拳经过八百多年的发展，形成了一些基本特征。其步型要求：丁不丁、八不八、弓不弓、马不马，以利于实战。其技击手法要求：

寸截寸拿，硬开硬打，挨、戳、挤、靠、崩、撼突击。身法要求：含胸拔背、顶项拔腰、沉肩垂肘、气灌丹田。通过步法、技法、身法的规范要求，达到"拳似流星眼似电，腰如蛇形脚如钻，尾闾中正神贯顶，刚柔圆活上下连，体松气圆神内敛，满身轻灵顶头悬，阴阳虚实急变化，命意源泉在腰间"的效果。

月山八极拳历史悠久，传承谱系清晰，是中国武术阳刚派的代表。2006年，河南省博爱县当地政府成立了月山八极拳研究会，对八极拳文化进行普查、搜集、整理、研究，并建立了八极拳文武学校，促进八极拳的传承和发扬。

国家级代表性传承人名单

姓名	性别	申报地区或单位	入选批次
马德行	男	河南省博爱县	3

蔡李佛拳

序号：808
编号：Ⅵ-36
批次：2
类别：传统体育、游艺与杂技
申报地区或单位：广东省江门市新会区

蔡李佛拳是岭南拳术流派之一，相传为广东新会崖西京梅人陈亨于清道光十六年（1836）始创。他综合了蔡家拳、李家拳和佛家拳三家之长而形成一支新派，故得名蔡李佛拳。该拳在广东、香港、澳门及东南亚一带盛行。

蔡李佛拳是以挂、哨（扫）、插为主，融合了佛家掌法、蔡家拳短手与腿技，再加上李家的长手打法，偏身偏马，步稳架大。出名招式有连环插捶、扭马挂捶、姜子插等。吸气蓄劲，吐气发声。动作舒展，肩松腰活。拳术以"穿、捞、挂、哨、插、擒、拿、镖、顶、撞"十口诀为主，另有"阴、阳、刚、柔、虚、实、偷、溜"八心诀，被称"南拳北腿佛家掌"，有"北拳南方化"的特点。该拳不仅有丰富的拳法，而且腿法动作也多种多样，主要有前踢、侧踢、横踩、后蹬、单飞腿和箭弹等。拳法与腿法互相配合，可使动作开展，勇猛灵活。

蔡李佛拳不仅可以强身健体，更注重传承者的品格养成，所谓"饮水思源，锲而不舍"是它独特的人文关怀，具有普世文化价值。

目前，武术的发展整体陷于低谷，蔡李佛拳难以再现昔日繁荣，许多拳法濒临失传，亟待保护。

沧州武术

序号：292
编号：Ⅵ-10
批次：1
类别：杂技与竞技
申报地区或单位：河北省沧州市

扩展名录：
沧州武术（劈挂拳、燕青拳、孟村八极拳） 河北省沧州市
沧州武术（六合拳） 河北省泊头市

河北沧州，号称京津南大门，历史上是兵家必争之地、商贾云集之处、人犯流放之所，人们习练攻防格斗之术以求生存，因此武术盛行。沧州在明清时期出过武进士、武举人1937名，乾隆年间已成为华北一带的武术重镇。

沧州武术历史悠久，源于春秋，兴于明朝，盛于清代，清末民初甚为繁盛。门类众多，有六合、八极、秘宗、功力、太祖、通臂、劈挂、唐拳、螳螂、昆仑、飞虎、太平、八盘掌等53个门类

拳械，占全国129个武术门派拳种的40.3%。沧州武林名师众多，如击败沙俄大力士、受到康熙皇帝召见嘉赏的丁发祥，宣统皇帝的武术教官八极拳师霍殿阁、助谭嗣同变法声震京城的王正谊，"神力千斤王"王子平等。

沧州武术独树一帜，除有代表性拳种的八大门派以外，疯魔棍、苗刀、戳脚、阴阳枪等拳械为沧州所独有。沧州武术还兼收并蓄，积累了雄厚的传统武术资源，近年来又吸纳跆拳道和规范武术套路等成分，取得新的发展。

劈挂拳由清初传入沧州。风格为迅猛剽悍，大劈大挂，起落钻伏，伸收摸探，拧腰切胯，开合爆发。双臂密如雨，劈挂赛抽鞭，势如江河流水，起伏跌宕，一泻千里。虽无定式，但动作急爆而节奏清晰，劲力饱满而舒展飘洒。手似流星眼似电，腰似蛇行足似钻。

燕青拳约于清乾隆时期传入沧州。特点是架势较小，腿法突出，拳腿相随，虚实相辅，变化灵活。出手连三招，出腿勾为重。步法多为斜行拗步，进退闪跨，跃纵腾挪。身法讲侧、转、钻、翻、吞、吐、俯、仰，随机应变，一法数招。演练风格姿势优美，快慢有度，潇洒大方。

八极拳，发祥地为沧州孟村，距今已有近四百年历史。拳法发劲刚猛，爆烈骤变。跃进中以势险而夺人，进击中以节短而取胜。其招术，以挨、崩、挤、靠、戳、撼、顶、抱、裹、挂、突、击为主。动如绷弓，发若炸雷，三盘连击，八节并用，势动神随，疾如闪电。

六合拳起源于沧州泊头，传自泊头红星八里庄曹振朋。此拳法套路多，内容广。其招式舒展轻敏，手法连贯，稳中有动，动中有静，刚柔并蓄，动静分明，飘洒实用。主要拳法有劈、砸、掼、冲。主要腿法有弹、踢、蹬、踹、勾、挂、旋。

沧州于1992年被正式命名为全国首批"武术之乡"，并定期举办"沧州武术节"。至今沧州练武、尚武精神蔚然成风，习武人数众多，武术被列为中小学校体育课教学内容，得到很大的传承和发展。

国家级代表性传承人名单

姓名	性别	申报地区或单位	入选批次
石同鼎	男	河北省沧州市	1
陈敬宇	男	河北省沧州市	3
吴连枝	男	河北省沧州市	3

苌家拳

序号：806
编号：Ⅵ-34
批次：2
类别：传统体育、游艺与杂技
申报地区或单位：河南省荥阳市

苌家拳，中国传统拳术之一，又称苌门拳、苌家锤，由清朝乾隆年间河南原汜水县（今为荥阳辖）苌家村人苌乃周所创。主要流行于河南荥阳、巩县、密县、安阳、开封等地。

苌乃周自幼博学，苦习搏击之术，后潜心《周易》，洞彻阴阳起伏之理，创拳立派，成为技术精湛的武术实战家和伟大的武术理论家，被誉为"中国武术史上旷古罕见之通才"。苌乃周将研究心得著书绘谱，流传后世，《中气论》是苌家拳的核心理论，是指导苌家拳械的纲领。其中《刚柔相济论》《养气论》等武术理论，被武林同道奉若至宝。苌乃周所著《拳谱》《枪谱》《剑谱》《棍法之说》诸书，理法精微，图文并茂，堪称武林一绝。苌家拳最初以苌乃周所编的"二十四拳"为核心，后又逐渐衍化出罗汉拳、黑虎拳、白虎拳、炮拳等，器械上有猿猴棒、桓侯枪（又名三十六枪）等。

苌家拳内容丰富，文武并重，形气合一，

刚柔相济，技法独特，是中华武术宝贵遗产的重要组成部分。然而，受"不得在人前卖弄""三不传"等择徒授艺方面的理念束缚，致使其继承和发扬陷入困境。

国家级代表性传承人名单

姓名	性别	申报地区或单位	入选批次
苌红军	男	河南省荥阳市	3

朝鲜族跳板、秋千

序号：296

编号：Ⅵ-14

批次：1

类别：杂技与竞技

申报地区或单位：吉林省延边朝鲜族自治州

朝鲜族跳板和秋千是朝鲜族女性喜爱的两种民间传统体育运动，流行于吉林省延边朝鲜族自治州及其他朝鲜族聚居地。

跳板一般长约六米，宽四十厘米，厚五厘米，大多用木质坚硬又极具弹性的水曲柳木板制成。跳板中央的下面放一个板垫，使木板两端可以上下活动。跳时两人分别站在两端，轮流起跳，利用跳板的反弹力把自己和对方弹向空中，并做出各种花样动作。跳板比赛有抽线拉高比赛和表演技巧比赛两种：前者是在规定时间内，以腾空者将系在脚脖上的线抽拉出来的长度定胜负；而后者是由裁判员视表演高度、动作难度、姿态优美程度来评定分数。

秋千的制作比较简单，过去一般将秋千绳拴在高大树木的横枝上，现在多用木头或铁管制作专用秋千架，横梁上系两条绳索，下拴蹬踏的木板即可。秋千有单人荡和双人荡两种。比赛时，先在秋千架正前方竖两根高高的杆子，杆子间系一条绳索，绳索中间挂上树枝、花枝或铜铃，谁能用脚踢着树枝，或者用嘴叼着鲜花，或者踢着铜铃的次数最多，谁就是优胜者。

如今，压跳板和荡秋千不仅是朝鲜族过端午节、中秋节等喜庆日的娱乐项目，也是一种体育竞赛项目。

传统箭术

南山射箭

序号：814

编号：Ⅵ-42

批次：2

类别：传统体育、游艺与杂技

申报地区或单位：青海省乐都县

南山射箭是流行于青海乐都的一项传统民间体育活动，于明朝时传入当地，至清代成型。

南山射箭保留了很多传统的仪式和礼节，包括祭弓、烧箭茶、请箭、比赛、置公馆、送箭手等几个环节，比赛采用主客场制，按照一对一或一对多的形式，主客双方各出一名队员轮流上场，捉对比试，最后计算总分。值得一提的是，比赛过程也是表演过程，每当一方射中一箭，自方队员全体出动，或唱或跳，用最擅长的方式祝贺射中命靶。所以，南山射箭更看重的是比赛过程。

乐都南山地区射箭活动具有独特性：一是具有较强的自发性；二是具有浓厚的随意性，箭手自愿参加射箭活动，不受限制和强迫；三是具有独特的民族性，汉、藏、回、土等民族共同参与；四是娱乐性，南山射箭同时也是"花儿会"和物资交流会。每到比赛日，各方商贩云集，观看的群众唱起"花儿"和"拉伊"（当地藏族情歌），整个赛场气氛热烈。

南山射箭比赛方式独特，内容丰富，深受当地汉、藏、回、土等各民族的喜爱，是当地全民健身运动的主要形式。但随着现代化生活方式的推进，南山射箭的规模已经远远不能与过去相比。

蹴鞠

序号：299

编号：Ⅵ-17

批次：1

类别：杂技与竞技

申报地区或单位：山东省淄博市

蹴鞠，是我国一种传统的技能和体育运动。"蹴鞠"一词最早载于《史记·苏秦列传》，"蹴"即用脚踢，"鞠"即皮制的球，"蹴鞠"就是用脚踢球。

蹴鞠在我国历史悠久，起源于春秋战国时期的齐国故都临淄；在汉代获得较大发展，汉朝人把蹴鞠视为"治国习武"之道，不仅在军队中广泛展开，而且在宫廷贵族中普遍流行；在唐宋时期最为繁荣，在制球工艺上大为改进，并有了女子足球；从元明时期开始走向衰弱，清代主要在民间流行，近现代只在少数地区开展。

蹴鞠比赛有直接对抗、间接对抗和白打三种形式。有球门的蹴鞠比赛可分为双球门的直接竞赛和单球门的间接比赛。双球门的直接竞赛是汉代蹴鞠的主要方式，且被用于军事练兵。进行直接对抗比赛时，设鞠城（即球场），周围有短墙，比赛双方都有像座小房子似的球门，场上队员各十二名，双方进行身体直接接触的对抗，踢鞠入对方球门多者胜。单球门的间接比赛是唐宋时期蹴鞠的主要方式，主要用于朝廷宴乐和外交礼仪竞赛表演。比赛时中间隔着球门，球门中间有两尺多宽的"风流眼"，双方各在一侧，使在球不落地的情况下穿过"风流眼"多者胜。无球门的散踢方式称为"白打"，主要是比赛花样和技巧，亦称比赛"解数"。每一套解数都有多种踢球动作，如拐、蹑、搭、蹬、捻等。

如今中国传统的蹴鞠活动被现代足球所取代，仅在山东淄博市的临淄地区还保留着这项运动。

达斡尔族传统曲棍球竞技

序号：297

编号：Ⅵ-15

批次：1

类别：杂技与竞技

申报地区或单位：内蒙古自治区莫力达瓦达斡尔族自治旗

达斡尔族传统曲棍球竞技，是达斡尔族的一项传统体育运动。曲棍球运动在我国历史悠久。有关曲棍球运动的记载早在唐宋时就有了。到了辽代，此项运动开始在契丹人中盛行。之后，曲棍球运动在我国其他民族中逐渐消失，而作为契丹人后裔的达斡尔族却始终保持着这一古老的传统体育活动。达斡尔族的主要聚居地内蒙古莫力达瓦达斡尔族自治旗是中国现代曲棍球的发源地，被称为"曲棍球之乡"。

达斡尔球棍选择根部弯曲、枝干挺直的柞木削磨加工而成。球分木球、毛球、火球三种，偶尔也使用骨球。木球用柞树根削磨制成；毛球用畜、兽毛搓制而成；火球主要用于夜间运动，以桦树上长出的已硬化的白菌制成，壳硬内空，球上穿通数孔，注入松明，点燃后烟火不熄。

场地大多选在平坦的草地上或村中开阔的

地方。届时，球场两端各设一个营门，两队上阵队员各11人，各有1人守门。门前各有2人守卫，其余负责进攻。在场地中心开球，打入对方营门即得分，得分多者为胜。有一个裁判员在场地内负责裁判工作。比赛双方队员不得从左侧抢球和击球，不得用球棍打人或绊人，除守门员外不得用手按球、以脚踢球。

曲棍球运动在莫力达瓦十分普及。每逢节庆，达斡尔人都要举行曲棍球比赛。莫力达瓦于1975年建立了中国第一支男子曲棍球专业队，培育出中国第一个曲棍球国际裁判和第一个曲棍球国际女裁判，并为国家输送了大批优秀教练员和运动员，成为中国现代曲棍球运动的摇篮。

地术拳

序号：1141
编号：Ⅵ-58
批次：3
类别：传统体育、游艺与杂技
申报地区或单位：福建省精武保安培训学校

地术拳，是中国传统武术中的一个拳种，又称地术犬法、狗拳，是一种地躺拳法。相传明末清初时福建白莲庵尼姑"四月大师"，根据女人身材娇小、体力无法与男人抗衡等缺点，观察模仿狗的格斗动作，创编了灵巧多变、快速凶猛的地术拳，传习至今。目前福州一带传承的地术拳，传自拳师陈依九。

地术拳练功讲"身、基、腰、马、威、势、气、力"八个字，又有"奇、巧、变、轻、速、硬"六字诀。演练时讲究"虾背龟身"，摇转借力，其技法有滚、翻、扑、跌、窜、勾、摔、奔、跳、钻。拳分上、中、下三盘，尤以下盘为绝，其中犬法下地风车轮是最常见的动作，即习练者倒地后，两手撑地，两腿有节奏地、刚劲有力地挥舞绞绊。腿法有蹬、踢、剪、勾、扫、弹、绊、缠、捆、绞十种。

地术拳功法有八磅锤、打沙袋、提沙瓮、扔石锁等，套路有三战拳、七星拳、三十六手、连步拳、四门箭、十八联珠、梅花秀等。

目前福州成立了福建武术协会地术拳委员会，并开办多处培训基地，以传承、发扬地术拳。

叼羊

维吾尔族叼羊

序号：816
编号：Ⅵ-44
批次：2
类别：传统体育、游艺与杂技
申报地区或单位：新疆维吾尔自治区巴楚县

叼羊是维吾尔族、哈萨克族、柯尔克孜族、塔吉克族等多个民族普遍喜爱的传统体育活动，一般都在节庆或表演时进行。

参加叼羊的人数可多可少，少则可以几十人，多则上百人。叼羊一般分三种比赛方式：第一种方式是分组叼，被叼的羊要预先割掉头，扒掉内脏，放在场地中间。参赛者十人为一组。主持者一声令下，两队骑手急驰而去，马快且马上功夫好者把羊抄起提着夹在蹬带下或驮着，不择路地奔跑，其他人催骑追赶抢夺。经过反复的互相争夺，当某队最后把羊放到指定地点时，就算获胜。第二种方式是两人单叼，由两个代表不同单位的单骑者将羊抄起开始叼夺，或者由另一个人拿起羊，让两个单骑去抓，发出号令后开始叼夺。经过两人奋力在马上拉扯争抢，谁最后夺到羊，谁就为胜。第三种形式是群叼，骑手不分队，多人策马争夺，各显身手，以最后夺得羊并放到指定地点者为胜。

叼羊运动对抗性强，争夺激烈，表现了骑手的勇敢和娴熟的马术。

东北庄杂技

序号：821
编号：Ⅵ-49
批次：2
类别：传统体育、游艺与杂技
申报地区或单位：河南省濮阳市

东北庄杂技，是一种民间杂技。河南省濮阳市华龙区东北庄村是全国闻名的杂技之乡。东北庄杂技形成于元末明初，主要有刘姓、乔姓、李姓三个演出群体。刘家班形成于明初，乔家班形成于清中期，李家班起于清朝末年。清乾隆年间，乔家班曾奉清廷之命由乔志清率团到日本、印度等二十多个国家巡演。清光绪年间，慈禧太后亲授乔家班万寿龙灯两盏，以彰其技之优。

使东北庄村杂技走向全国、走向世界的是乔家班第三代传人乔治清。他汲取东北庄和吴桥两村杂技的精华，将武术、气功、体操、马术、魔术、驯兽等融为一体，在大小武术、软气功、马术、杂技等方面都创造出了具有东北庄乔家班特色的、出神入化的独特节目，更新和丰富了杂技内容。杂技表演中还有西洋乐器伴奏，使杂技中西结合，从表演形式到表演内容都焕然一新。东北庄杂技的代表节目有《双层晃板》《草帽》《女子排椅》《晃梯》《飞叉》等。

2000年，中国杂技家协会将濮阳市华龙区东北庄村命名为"中国杂技之乡"，与河北吴桥并称为中国杂技"南北两故里"。

◎传统体育、游艺与杂技

抖空竹

序号：286
编号：Ⅵ-4
批次：1
类别：杂技与竞技
申报地区或单位：北京市宣武区

抖空竹是一种用线绳抖动使空竹高速旋转而发出响声的技艺，流行于全国各地，北京、天津及辽宁、吉林、黑龙江等地尤为盛行。抖空竹在我国历史悠久，明代《帝京景物略》一书中就有空竹玩法和制作方法的记述。

传统手工竹木空竹，从选材到制作完成需要经过截板、锯竹筒、磨口、扣盖、缠麻、灌胶、找平衡等工序。如今空竹有塑料、金属等多种材质。根据空竹轮盘与轮轴的不同组合，大致可分为双轮空竹、单轮空竹、双轴空竹、双轴多轮空竹和双轮多层空竹等。

空竹的操作技巧有扔高、换手、一线二、一线三等多种形式，其花样有上百种，如"金鸡上架""翻山越岭""织女纺线""夜观银河"等。其中"蚂蚁上树"很有特色，将长绳一端系于树梢，另一端手持；另有一人抖动一只空竹，忽然将飞转的空竹抛向长绳，持绳者用力拉动长绳，将空竹抖向高空，可飞上十米高空，待空竹落下时，抖空竹者稳稳接住。

北京是抖空竹这一民间体育活动发展传承最具代表性的地区之一，群众基础稳定，技术技巧成熟。如今北京有专门的民间组织，即北京玩具协会空竹专业委员会，其中既有制作空竹的能手，也有抖空竹的高手。

国家级代表性传承人名单

姓名	性别	申报地区或单位	入选批次
张国良	男	北京市宣武区	1
李连元	男	北京市宣武区	1

峨眉武术

序号：795
编号：Ⅵ-23
批次：2
类别：传统体育、游艺与杂技
申报地区或单位：四川省峨眉山市

峨眉武术是中国传统武术流派之一，发源于中国佛教名山峨眉山，与少林、武当并称为中华武术三大宗派。据记载，峨眉武术起源于殷商时期。峨眉武术有非常深厚的人文底蕴，融合了释、儒、道多种文化。

峨眉武术既重视内气的修炼又讲究形体的结合，快慢相间，刚柔相济。峨眉武术技击特点为出手画圈，出脚走边，走动含暗腿，掌握变化疾，步活势敏捷，身灵劲脆沉，以诱、随、逼、闪为主，善使手法。要求重单手，讲化劲，以力为本，以快硬为上，以柔脆发劲，以闪化巧变手法制敌。提倡运用脚手打，近身用肘法，贴身用摔跌，粘手就擒拿，有"脚似醉汉、手如电、头似波涛、身如柳"的说法。在内功方面，峨眉内功通过形体圆运动、呼吸、导引、发声、炸气，形成体内功力核心，从而释放出强大的爆发力。

峨眉武术内容繁多，形式多样。据1983年国家体育总局对四川峨眉武术的挖掘整理，峨眉武术共有68个拳种和门派，1093个徒手套路，518个器械套路，41个对练套路，276个练功方法和14个技击项目。根据峨眉武术各门派技法的技法内容、运动形式、技击特点以及不同的作用，峨眉武术大致可划分为峨眉拳、峨眉派兵杖（器械）、峨眉扣手法、峨眉散手法和峨眉练功法，其中峨眉拳可分为四大类（峨眉高桩拳、峨眉矮桩拳、峨眉客架拳、峨眉法象拳）、八大门、十八家拳等。

2004年中国峨眉武术研究会成立，发展会员，整理峨眉派武术资料，培养青少年，已经涌现出"峨眉十三剑"等一批年轻的高手。

鄂温克抢枢

序号：812
编号：Ⅵ-40
批次：2
类别：传统体育、游艺与杂技
申报地区或单位：内蒙古自治区鄂温克族自治旗

鄂温克抢枢是鄂温克族的一项传统体育竞技游戏项目，已有上千年历史。"抢枢"中的"枢"，鄂温克语为"销子"之意，是指游牧民族所使用的勒勒车的车轴上固定车轮以防止车轮从车轴上脱落而定位的木制卡销。"体能"在鄂温克语中有"抢"的意思，因此"抢枢"又称为"枢体能"。

鄂温克抢枢比赛分为男队和女队，双方队员五人以上。场地为等腰梯形。梯形场地上边的星状为藏枢区，底部圆为车轮区，场地直长为40米，梯形场地分为A、B、C三区，A区为前锋区，B区为中锋区，C区为后卫区。A区与B区之间的圆为共同区，B区与C区之间的圆也是共同区，共同区为罚枢和发枢区。抢枢时可以推、拉、挡、摔，但比赛队员不得搂抱对方队员腰部以下部位，不得抱腿，持枢队员被对方队员摔倒后15秒内不把枢传出要停止比赛，并由对方队员重新从最近的发枢区发枢。鄂温克抢枢集合了鄂温克人日常游牧、狩猎过程中的众多技能，是一项集教育性、娱乐性、观赏性为一体的民族体育运动。

随着鄂温克族逐步迁向城区，鄂温克抢枢的文化环境和内涵逐渐淡化，面临着传承困境。

国家级代表性传承人名单

姓名	性别	申报地区或单位	入选批次
哈森其其格	女	内蒙古自治区鄂温克族自治旗	3

成九层，高约十米，难度较大，很少表演。

如今，翻九楼被人们视为祈求平安、驱凶辟邪的一种民俗表演。由于危险性高，这项技艺面临着后继乏人的困境。

翻九楼

序号：825
编号：Ⅵ-53
批次：2
类别：传统体育、游艺与杂技
申报地区或单位：浙江省杭州市、东阳市

翻九楼，是流行于浙南地区及闽东北的一种传统民俗活动。按照本地的汉族民俗，旧时当人们死于非命时，需要进行"翻九楼"表演以超度亡魂。

表演翻九楼，一般需要选择一块平坦的空地，中间竖起两根经过连接的杉木柱，上面吊上小滑轮，然后将九张八仙桌一张张地拉上去，层层叠高，并固定在两根杉木柱上。在这个基础上，表演者还会放上两张不固定的小叠桌，作为表演的"舞台"。这个"舞台"高达十一米左右。当喇叭、锣鼓响起，表演者会先做一个"穿博"的动作。如果穿过的话，表示有一个好的开头，这次表演能够顺利进行。正式表演开始时，表演者首先从下面的第二张八仙桌逢双向上翻跟斗，最后到达小叠桌上，进行金鸡独立、童子拜观音、老鹰扑飞、向上磨豆腐、倒挂紫金钟、头顶头等表演动作，最后用一个倒立动作作为结束。然后再依次逢单从第九张八仙桌向下翻跟斗到第一张八仙桌结束。表演动作全在高空中完成，并无任何安全措施。

翻九楼形式有"小九楼"和"大九楼"之分，"小九楼"以方桌九顶直叠，规模较小；而"大九楼"要用四十九顶方桌，呈宝塔形层层堆叠，

风火流星

序号：824
编号：Ⅵ-52
批次：2
类别：传统体育、游艺与杂技
申报地区或单位：山西省太原市

风火流星，俗称"火流星"，是一门融杂技与武术精髓为一体的民间社火表演艺术，主要流传于山西省太原市晋源一带。风火流星的创始人是清末民初太原县人韩荣华，他自幼习武，是山西形意拳名家。

风火流星是一种在绳子两头装上燃烧的木炭在手中舞动的民间传统表演。表演时间一般是在晚上。表演开始之前先在铁笼中填满木炭，用火点燃后，用手飞快地扳动绳子，使得铁笼在空中飞转，此时火花四溅，火借风势，风助火势，并伴有火烧木炭的"噼啪"声，场面十分壮观。

风火流星有单人或多人表演，由小锣鼓来配乐，表演者在不同的鼓乐声中变换动作，时而紧凑，时而舒缓，时而高昂，时而低沉，扣人心弦。群体表演则可以表现出飞龙飞舞的气势。人在表演中可以做出行、站、坐、卧、翻滚等动作。人在火中，火围人转。表演的套路与武术套路大致相似，有双龙开道、火龙缠身、悟空舞棍、火龙十八滚等。

风火流星要求演员有武术功底，所以表演比一般的杂技更加具有观赏性，是古晋阳民间社火艺术的一枝奇葩。

20世纪70年代，风火流星在晋源郭家垴垛城隍庙一带的元宵节上最后一次亮相，之后销声匿迹。由于一直无人问津，这一技艺几乎到了人亡艺绝的地步。

佛汉拳

序号：1142

编号：Ⅵ-59

批次：3

类别：传统体育、游艺与杂技

申报地区或单位：山东省东明县

佛汉拳，中国传统拳术之一，亦称佛汉捶、佛拳，源于河南嵩山少林寺。流传于山东东明一带的佛汉拳，相传是明末清初少林寺南院武僧普净大师（俗名徐修文）行至如今东明县马头镇贾庄村时所传。

佛汉拳具有拳路简洁、朴素实用、不用器械、实战性强、近距离发力等特点，以铁爪硬功偎身，靠打为奇。其主要内容包括套路、散打、功法三类练习方法。套路主要有三十八路佛汉拳，分上、中、下三盘，均为对打套路。对练时动作连贯，紧凑精巧，步身相应，手法多变，连破带打，一招完成。散手单练式有七十二擒拿手、三十六底盘腿，共一百零八式。攻守常变，见招递招，递中见打，打中带防。"高低苗"是佛汉拳的基本功。演练时以腿围轴，身如转轮，身体重心忽高忽低，手法随之高戳低打，故称"高低苗"。主要有铁爪功、鹰爪功、盘手工、桩功等功法。

佛汉拳传入东明已有一百八十余年，"文革"以前，作为一种少林拳术并未在民间流传，之后佛汉拳外传。目前东明练习佛汉拳的人数众多，影响广泛。

国家级代表性传承人名单

姓名	性别	申报地区或单位	入选批次
李义军	男	山东省东明县	4

高杆船技

序号：1151

编号：Ⅵ-68

批次：3

类别：传统体育、游艺与杂技

申报地区或单位：浙江省桐乡市

高杆船技是在蚕神祭祀仪式上表演的模拟蚕宝宝吐丝作茧动作的水上民间杂技项目。其起源于明末清初，以清代后期和民国时期为盛。表演时间为每年清明节前后三日的蚕花水会，表演地点为浙江桐乡清河村双庙渚、南松村富墩桥和含山等附近水面上。

高杆船由两只农用木船并排绑扎，船面铺满木板。高杆是一支较长的带梢毛竹，以石臼为杆基，用三支较粗的毛竹绑扎成三角支撑竖立。表演时利用人的重力、毛竹天然的柔韧性，使毛竹的上端自然弯曲约九十度与水面平行，形成类似于单杠的表演区域。平伸出的毛竹将表演者的落地点引出船体而置身于水面之上，貌似惊险实则安全。

表演时，表演者着白色服装，攀爬至杆顶，远望犹如蚕宝宝上簇，蜷曲昂首，吐丝作茧。爬高杆的全套动作有十八个，包括顺撬、反撬、反张飞、硬死撑、勾脚面、扎脚踝、扎脚尖、坐大蒲团、咬大升箩、咬小升箩、围竹、掮竹、蜘蛛放丝、立绷、躺丝、张飞卖肉、田鸡伸腰、倒扎滚灯，表演呈现出鲜明的水乡和蚕乡特色。

高杆船技表演是一项危险性大、对身体素质要求很高的竞技活动。目前随着老一辈表演者年纪增大，高杆船技面临着后继乏人的困境。

红拳

序号：796
编号：Ⅵ-24
批次：2
类别：传统体育、游艺与杂技
申报地区或单位：陕西省

红拳，中国传统拳术之一，是山西、陕西、河北南部、河南北部地方拳的主流派，其起源于周秦，形成于唐宋，盛行于明清。

在陕西境内，红拳又以潼关、大散关为标志分为"关东红拳""关中红拳"和"关西红拳"三支。陕西境内不少拳术派列，大都是在"关中红拳"的基础上演变的。"关中红拳"中小红拳、大红拳、二路红拳、太祖红拳、粉红拳、六趟、六架势、炮锤、四八锤等习练者最为广泛。

红拳的功法名目繁多，最基本的为软硬十大盘功，内练十八法，小红拳，炮锤及徒手、器械等各种功法。红拳拳势有直闯硬进、强攻中路之势，偏闪巧击，层出不一，尚脆快，而兼长柔。红拳又被称为"软拳"，要求行拳时不用力，拳架工整，舒展而优美，刚柔相济，但其中典型招式，如"揭抹捅斩"则是鲜明的直冲直进，猛攻硬上，"斧头破硬柴"有排山倒海的气势。这些看似反差极大的特点便是红拳的风格。

红拳修炼者注重自然力的恢复和求取，结合"以气为本"的哲学与医学文化，在以放松、凝神的前提下，以心法为主导，强调神统意颂，导气循经，其刚柔紧松、沉稳轻灵、滚缠伏纵，随意而就，故松则气自通，通则力自重。

陕西红拳文化研究会近年来对红拳进行了整理和研究，举办红拳传承人交流大会，促进了拳术的传承和发扬。

花毽

序号：1152
编号：Ⅵ-69
批次：3
类别：传统体育、游艺与杂技
申报地区或单位：山东省青州市

花毽，亦称踢花毽或踢毽子，是我国一项传统体育活动。踢毽子是从古代蹴鞠演变而来的。青州花毽主要流传于山东青州市，而今扩展到潍坊市。

青州花毽以花毽制作、踢毽运动和花样比赛为基本内容。制作时，先备好中间带孔的铁片、胶水以及剪好的小圆牛皮垫。花毽主要原材料多选用火鸡或乌鸡的毛，将其洗净、晾干、染色，用手工将鸡毛仔细地绑到塑胶条上。青州花毽从类别上分一般毽、观赏毽和比赛毽。从花毽的踢法上，分单人踢和多人踢。多人踢难度更高，花样更丰富。其踢法花样共有108式，包括天罡36式和地煞72式，前者是将踢花毽技艺形象与青州风土民情、山川景物紧密结合来命名的，后者是指历代积累的踢花毽各种技巧动作的名称。

青州花毽既包含了武术的阳刚之气，又吸取了舞蹈的柔美之姿，能强身健体，至今仍在当地广泛流传。

华佗五禽戏

序号：1146

编号：Ⅵ-63

批次：3

类别：传统体育、游艺与杂技

申报地区或单位：安徽省亳州市

华佗五禽戏发源于亳州，是东汉末年华佗（145—208）依据中医学的阴阳、五行、脏象、经络、气血运行法则，观察多种不同禽兽的活动姿态，在总结了前人模仿鸟兽动作以锻炼身体的传统做法基础上创编的一套养生健身功法。

华佗五禽戏仿效虎、鹿、熊、猿、鸟等动物的动作和姿态。虎戏中，虎属肾，练骨，能益气补肾，壮腰健骨。鹿戏中，鹿阳性属肝，练筋，可活动全身筋络骨髓关节。猿戏中，猿属火，练心、脑，性喜动不喜静，既有攀援跳窜伸缩之能事，又有闪躲隐藏进退之技巧。熊戏中，熊属脾，练肌肉，能调理脾胃，充实四肢。鸟戏中，鸟属金，练皮毛，主肺。

华佗五禽戏发展至今，已形成不少流派，也不限于模仿五禽，但都是根据动物动作并结合自身练功体验所编的仿生式导引法，以活动筋骨、疏通气血、防病治病、健身延年为目的。2003年，国家体育总局把改编后的五禽戏作为四种健身气功之一向全国推广。新编的五禽戏动作为：虎举、虎扑；鹿抵、鹿奔；熊运、熊晃；猿提、猿摘；鸟伸、鸟飞。每种动作都是左右对称地各做一次，并配合气息调理。

国家级代表性传承人名单

姓名	性别	申报地区或单位	入选批次
董文焕	男	安徽省亳州市	4

回族重刀武术

序号：291

编号：Ⅵ-9

批次：1

类别：杂技与竞技

申报地区或单位：天津市

回族重刀武术，是回族的一种传统刀术，原名"曹门刀式"。相传燕王朱棣的一个金陵籍回族将领惯用一把60斤重的大刀征战，他随朱棣北伐平定天津，后举家迁至天津，于是有了津门曹氏大刀，代代相传。至近现代时，与霍元甲并称为"回汉双侠"的重刀传人曹金藻，可以舞动160斤的重刀。曹金藻之子曹克明继承父业，在本门刀、礅、抱石、拳铲等功夫基础上，挖掘整理独创曹门刀式，后被规范定名为回族重刀武术。曹克明以"弘扬武术，强身爱国"为宗旨，组建了天津市第一家回族武馆"回族大刀花样举重队"，传承发展回族重刀武术。

回族重刀武术在表演形式上，吸收了历史上武科考试中的弓、刀、石、马步、箭等技艺，苦练礅子、石锁、抱石等，并将其中之技巧糅进大刀表演的一招一式之中。回族重刀武术主要有插、背、拧、云、撇、水磨、腰串、狮子披红、乌龙摆尾、雪花盖顶、比摆荷叶、掌中花、叠罗汉等招式。其特点是刚柔相济，动静结合，集力量与技巧于一体。大刀舞起，动如风，静如松，提刀千斤重，舞刀鸿毛轻，刀飞钢环响，刀落寂无声，既惊险雄劲，又轻盈灵动。

回族重刀武术至今已有百余年历史，现已嫡传五代，在津门体坛独树一帜，其传承方式也由家族世袭变为开放式师徒传授。

国家级代表性传承人名单

姓名	性别	申报地区或单位	入选批次
曹仕杰	男	天津市	1

国家级代表性传承人名单

姓名	性别	申报地区或单位	入选批次
卜树权	男	江苏省建湖县	4

建湖杂技

序号：820
编号：Ⅵ-48
批次：2
类别：传统体育、游艺与杂技
申报地区或单位：江苏省建湖县

建湖杂技是流传于江苏省盐城市建湖县境内的杂技艺术。历史上，该县庆丰镇所属八十三华里方圆内的十八个村庄，统称"十八团"。这里的杂技艺术源远流长，与河北吴桥、山东聊城齐名，是中国杂技艺术三个发祥地之一，以具有独特的风格和精湛的艺术技巧而享誉中外。

建湖杂技在节目类型上以技巧型、柔韧型为主，如《走索》《串芦席》《抛球》《蹬技》《手技》《钻桶》《耍花坛》等。在节目的表演上，讲究细腻柔美，力求把高、准、险的杂技动作糅进轻松快捷的表演之中，让观众从演员的表演中体味生活的情趣。如《转碟》《空中飞人》《走钢丝》等，动作惊险高难，动人心魄，在高空动作中增加了敦煌飞天的优美造型，使人耳目一新，于紧张的同时又观赏到了南派杂技的柔和之美。其次在综合艺术上，注重音、舞、光、技的完美结合，打造高、新、美的艺术境界。建湖杂技的传统节目有《对手顶碗》《双人钢丝》《滚杯》《扛翻梯》《高车踢碗》《双人花坛》《敦煌造型》《变脸》《春江花月》等。

建湖杂技是中国杂技艺术的重要组成部分，系南派杂技的代表，它内容丰富，形式多样，技艺精湛，具有极高的审美价值。

口技

序号：1153
编号：Ⅵ-70
批次：3
类别：传统体育、游艺与杂技
申报地区或单位：北京市西城区

口技是表演者用人体发声器官来模拟和表现人们在现实生活和自然界中发出的各种声音，同时配以表情、动作进行表演的一种技巧和技艺。

口技历史悠久。上古时代，人们为了狩猎经常要模仿鸟兽叫声，这是最早口技的雏形。在《史记》中就有战国孟尝君靠门客学鸡鸣脱险出函谷关的故事。口技作为表演艺术不晚于宋代，口技艺人开始在茶楼酒肆活跃，走堂会。宋代最出名的是口技艺人是"刘百禽"，能学百鸟鸣。这一时期出现了隔壁戏，即表演者多隐身在布幔或屏风后边。

明清以来北京口技迅速发展。清光绪年间，被称为北京天桥一绝的"百鸟张"张昆山的"百鸟争鸣"是一绝。20世纪30年代，"开口笑"尹士林把口技变成了视听艺术，走出了八尺屏障，登上了舞台直接表演。周志成和周志良等也是北京口技界的代表人物。口技传人牛玉亮对口技技艺进行了改革创新，创造出双呼吸、双发声的技巧。

口技表演讲究声有韵，韵传神，神化艺，艺有情，后来其用途越来越广，不仅作为杂技节目表演，还应用于各种艺术表演形式中。

国家级代表性传承人名单

姓名	性别	申报地区或单位	入选批次
牛玉亮	男	北京市西城区	4

拦手门

序号：1139

编号：Ⅵ-56

批次：3

类别：传统体育、游艺与杂技

申报地区或单位：天津市河东区

拦手门是中国传统武术项目，主要流传于天津地区，尤以河东区习练者居多。相传，拦手门武术的前身是明朝战将郑海宁创编的拦路拳和河南人郑天兴所传的练手拳。清初叶，天津大直沽的李金刚等人在这两种拳的基础上创编出拦手拳。

拦手门的武术招法简捷实用，气势雄壮，劲力浑厚，功底扎实，招法清楚，步活桩稳，结构严谨。其注重臂、腿、腰、桩的基本功训练。打法讲求刁、滑、毒、疾、突，要求以气催力，以攻代守，上下互助，内外合一。手法有缠、崩、按、摇、斩、拦、戳、抱、撕等，以拦为核心。腿法有进、撤、闪、滑、插、碾等。另有三种气功功法：童子功、凝神养气功、丹道呼吸功。

拦手门基本功有十三太保和十个大架练气增力，以及抖杆子、抓坛子、拧棒子、跑板子、蹲坑子、打木桩、搓沙子等；另有母拳四套，即操、拦、翻、炮。

拦手门练习的兵器有大枪、花枪、春秋大刀、朴刀、方便铲、棍、单刀、双刀、单剑、双剑、短棍、大小梢子、流星锤、甩头一指、十三节虎尾鞭等。

2002年拦手门第七代传人张文仲创办了"津门拦手拳研究会"，促进了拦手门的整理研究和传承发扬。

聊城杂技

序号：284

编号：Ⅵ-2

批次：1

类别：杂技与竞技

申报地区或单位：山东省聊城市

聊城是中国杂技发源地之一，是中国著名杂技艺术之乡。聊城杂技文化现分布于东阿、茌平、阳谷等县及其周边地区，东阿县孟庄、贺庄等村都是著名的杂技村。

聊城杂技历史悠久。春秋战国时期，聊城杂技马戏初步发展，到汉代已经基本成熟。三国时期，马戏在东阿一带已很盛行，成为一种以杂技为主兼有其他技艺的表演形式。清末民初，聊城出现了"李半仙"李禄友、"张大辫"张义成、"盖山东"李凤英等著名杂技表演艺术家。民国初年，仅东阿县就有几十个杂技马戏班。1955年，东阿县正式组建马戏团八个。1970年，聊城地区杂技团成立。

聊城杂技主要包括马戏、魔术、表演三大类别，重视腰腿顶功，突出新、难、奇、美、险，艺术风格朴实、英武、粗犷。目前主要的传统保留节目有《顶碗》《小小炊事员》《飞叉》《板凳游戏》等。

1993年聊城杂技被文化部列入国家蒲公英计划，成立了蒲公英聊城少儿杂技培训基地，使杂技传承后继有人。

◎ 传统体育、游艺与杂技

掇石锁

序号：1147
编号：Ⅵ-64
批次：3
类别：传统体育、游艺与杂技
申报地区或单位：河南省开封市

掇石锁是一种武术功法运动。据传其产生于唐宋时期，古时行伍之人把它当作训练武术功力的一项很重要的基本功，元代以来为河南开封回族群众所喜爱。清代及民国时期，开封曾涌现出周开元、沈少三等不少掇石锁高手。

石锁用石头制成，为长方体。凿刻石锁时，要注意各部位的重量及厚薄。掇石锁的手法丰富多彩，按运动方式可分为翻花、接花及组合套花。翻花有手花、打头花、托底花、云花、横推锁、横翻锁、拨浪鼓等。接花有石锁上拳、上肘、上三指、上头顶、托塔、抱印、挂印、手托元宝、脚踢花篮等。掇石锁按形态和肢体舒展程度又可分为小花和大花。大花是在石锁翻转抛接运动过程中配以腰腿身形步法等肢体动作组合而成的。初学者练的石锁有7公斤重，功力深厚者达36公斤。掇石锁不仅能练力量，还能锻炼身体的柔韧性、灵敏性和平衡性。

如今在开封东大寺，掇石锁的技艺依然在延续发展着。

国家级代表性传承人名单

姓名	性别	申报地区或单位	入选批次
沈少三	男	河南省开封市	4

马戏

埇桥马戏

序号：823
编号：Ⅵ-51
批次：2
类别：传统体育、游艺与杂技
申报地区或单位：安徽省宿州市埇桥区

马戏，是中国传统的一门民间艺术。马戏在埇桥有着悠久的历史。明末清初，安徽省宿州市埇桥区蒿沟乡一带就已经盛行杂技和民间曲艺。到清朝末年，该项艺术已具相当规模。20世纪20年代，以尹清云、顾传标、吴清云为代表的杂技名人，率先将动物表演融入杂技演出，取得了很大成功，并有着"宁走三江口，不过蒿桃柳"的美誉。至30年代末，诸如狗熊站立行走、羊蹬花瓶、猴子拉车、老虎钻圈、小狗识数等演出节目已经成熟，埇桥真正意义上的马戏艺术由此逐步形成。

新中国成立后，宿县政府在埇桥民间演出团的基础上，组建了我国第一家国有性质的"大众动物表演团"和"宿县杂技团"，曾排演出《狮虎大坐》《狮虎过桥跨人》《狗熊走钢丝》等高难度节目，埇桥马戏以惊、奇、险、趣等特点，赢得了海内外观众的好评，被形象地称为东方的"迪士尼"。

2006年，中国文联、中国杂技家协会授予埇桥"中国马戏之乡"，成为我国首个也是唯一一个获此荣誉的县区。

国家级代表性传承人名单

姓名	性别	申报地区或单位	入选批次
李正丙	男	安徽省宿州市埇桥区	4

满族二贵摔跤

序号：811

编号：Ⅵ-39

批次：2

类别：传统体育、游艺与杂技

申报地区或单位：河北省隆化县

满族二贵摔跤是流传于河北省隆化县城乡的一种满族传统民间道具舞蹈，形成于清朝道光末年。

满族二贵摔跤为单人表演形式，表演者背负一个装成两个人的木架，呈摔跤架势。表演时"两个人"穿着不同颜色的服装，表演时双腿全蹲，双手直接拄地，形成两个夸张的矮人摔跤姿态。在道具围子的隐藏下，表演者以抡、转、滚、翻、摔、扫、踢、挡、下绊、托举、互相扭摔等武术套路、摔跤技巧和舞蹈语汇，做出滑稽、幽默、逼真的摔跤动作。全套动作一气呵成，在鼓乐的烘托下，越发显得生龙活虎，热烈火爆。其深受群众喜爱，是民间花会中的"压街"节目。

二贵摔跤是满族的花会行当，也是一种体育活动。它集独特的道具、体育、艺术于一身，表演强撼有力，动作诙谐幽默，集体表演气势恢宏，场面壮观，极具观赏性和独特的艺术魅力。

近年来，二贵摔跤已由一人表演增加为6～8人，变成群舞，增强了气氛。但由于现代文化的冲击等原因，二贵摔跤已日渐衰败。

满族珍珠球

序号：810

编号：Ⅵ-38

批次：2

类别：传统体育、游艺与杂技

申报地区或单位：吉林省吉林市

珍珠球是满族的一项传统体育项目，源于满族古老的采珍珠生产活动，其发源地为如今的吉林省吉林市龙潭区乌拉街满族镇。远在清太祖努尔哈赤时代，居住在东北地区的满族男女在采珍珠之余及欢庆丰收时，在陆地上用"绣球"比作大颗珍珠，采珠人在"水区"设法摆脱"蛤蚌区"的防守，将"绣球"投到伙伴手里。随着1644年清军入关，满族人把这项活动带到北京城。

球的外壳用皮革或橡胶制成，内装球胆，表面应为珍珠（白）色。球的圆周长54～56厘米，重量为300～325克。球拍为蛤蚌形状，用具有韧性的树脂材料制成。抄网兜口为圆形，兜口内径为25厘米。

珍珠球场地长28米、宽15米，分为水区（内场区）、蛤蚌区（封锁区）和威呼区（得分区）。每场珍珠球比赛由两队参加，每队上场7名队员。水区内双方各有4名队员负责进攻和防守，进攻者可将球传到任何方向，向抄网内投球争取得分。蛤蚌区内双方各有2名运动员，持蛤蚌用封、挡、夹、按等技术动作阻挡对方进攻队员向抄网内投球。威呼区内双方各有1名手持抄网的运动员，任务是用抄网抄本方队员投来的珍珠球。比赛分为上下两个半场，每半场比赛时间为20分钟，中间休息10分钟。竞赛采用单循环赛制，得分多者为胜方。

三百多年来，珍珠球备受当地人的推崇，它是满族渔猎生活的活化石，对于传承满族文化有着深远的历史意义。目前，珍珠球活动远远未能形成应有规模，亟待发扬光大。

◎ 传统体育、游艺与杂技

蒙古族搏克

序号：298
编号：Ⅵ-16
批次：1
类别：杂技与竞技
申报地区或单位：内蒙古自治区

搏克为蒙语音译，意为摔跤，是一种蒙古族传统体育娱乐活动，是蒙古族男子三大技能（即摔跤、赛马、射箭）之一。搏克历史悠久，西汉初期开始盛行，元代时广泛开展，至清代得到空前发展。

搏克比赛有独特的服装、规则和方法。摔跤手上身着牛皮或帆布制成的紧身短袖坎肩，边沿镶有铜钉或银钉，腰间系有红、蓝、黄三色绸子围裙，下身穿肥大的摔跤裤，外套一条绣有各种动物或花卉图案的套裤，脚蹬蒙古靴或马靴。优胜者脖颈上配套五色彩绸制成的项圈，这是摔跤手获胜次数多少的标志。

按传统习惯，比赛前先推一位族中长者对摔跤手进行编排和配对。摔跤手挥舞双臂、跳着舞步入场，行礼，然后由裁判员发令，比赛双方握手致意后比赛开始。摔跤技巧很多，可用捉、拉、扯、推、压等十三个基本技巧演变出一百多个动作。比赛时不限时间，摔跤手也不受年龄和体重限制，要求不得抱腿，膝盖以上任何部位着地为负。

搏克至今在蒙古草原上仍广泛流行。2003年，国家体育总局把搏克运动与中国式摔跤融为一体，正式纳入全国摔跤锦标赛中。中国还与蒙古国、俄罗斯等成立了国际蒙古族搏克联合会，并定期召开国际蒙古族搏克节。

蒙古族象棋

序号：792
编号：Ⅵ-20
批次：2
类别：传统体育、游艺与杂技
申报地区或单位：内蒙古自治区阿拉善盟

蒙古象棋，蒙语称为"沙塔拉"，亦写为"喜塔尔"，是自蒙古古代社会就流行的一类棋种。

蒙古象棋的某些走法与中国象棋相同，如"车"通行无阻，马走"日"字，卒子只准前进不准后退等。但是蒙古象棋又有自己的特色，如马无别足限制和不得最后将死对方的官长，官长和车之间一般不能易位，需易位时，先动官长向车走两格，然后让车从官长上面跳过去，马或驼不能直接做杀，一般不允许吃光对方，要给对方留一子。它的棋盘是由颜色深浅交替排列的64个小方格组成的正方形，与国际象棋的棋盘一模一样。浅色的叫白格，深色的叫黑格，棋子也分白、黑两种，共32个，下棋者每方都有诺颜（王爷）、哈昙（王后）各1个，哈萨嘎（车）、骆驼、马各2枚，厚乌（儿子）8个，相当于卒和兵。蒙古象棋造型具有鲜明的草原特色。

蒙古象棋常被列为那达慕大会的比赛项目。20世纪80年代中期，内蒙古棋协蒙古象棋分会成立以后，蒙古象棋的提高和发展进一步受到重视，使蒙古象棋的比赛更为规范和广泛。

挠羊赛

序号：813
编号：Ⅵ-41
批次：2

类别：传统体育、游艺与杂技

申报地区或单位：山西省忻州市

挠羊赛是一种以一只活羊作为奖品的摔跤比赛。挠在山西方言里意为"扛"，挠羊就是"扛羊，把羊拉走了"。挠羊赛，就是赢或者输羊的比赛，主要流行于山西省忻州一带。

挠羊赛的摔跤手是不穿跤衣的。他们赤背上阵，下身可随意穿长穿短。在摔跤中，由于摔跤手上身赤背，相互无处可抓，便把可以抓到的地方集中在下身，但不能抓裤子，谁抓了对方的裤子，就算谁输。可是抓裤子上的腰带是允许的。在实际比赛中，挠羊赛的参赛者，绝不用皮子扎裤带，而只用一条麻秧丝，一抓就断。麻秧丝一旦抓断，比赛就必须停止，待重换一条裤子并系好麻秧丝后才能继续比赛。挠羊赛的摔跤手都是以一跤见胜负，除脚原本就站在地面外，身上其他部位只要一沾地就算输。不作循环赛，输者淘汰，赢者继续与新手比赛。连续摔倒六个对手的摔跤手，即为挠羊汉，可夺得比赛最高奖赏即肥羊一只。

挠羊赛在忻州有着深厚的群众基础，无论在田间地头，还是在街头院落，只要有一小块平坦之地，人们就愿意将它变成跤场。其规则严格，赛场气氛火爆，极具娱乐性。但近年来，由于青壮年外出打工，农村文化活动减少，加之时尚文化的影响，参加挠羊赛的人员锐减，这一活动正面临着前所未有的危机。

国家级代表性传承人名单

姓名	性别	申报地区或单位	入选批次
崔富海	男	山西省忻州市	3

宁德霍童线狮

序号：288

编号：Ⅵ-6

批次：1

类别：杂技与竞技

申报地区或单位：福建省宁德市

扩展名录：
线狮（九狮图）　　　　浙江省永康市、仙居县

霍童线狮是现留存于福建宁德霍童镇的一种通过绳索操纵道具狮子表演各种动作的独特民俗游艺表现形式，又称抽狮、打狮。

线狮表演之前，从舞台制作、灯光效果配置到绳子布局均由人工操作。操纵线狮所用的线，其用料是霍童产的一种大麻绳。线狮的制作工艺讲究，全身由多种材料制成，最重可达30～40公斤，一般以竹篾为框架，依次填充棉花、布料等物，狮毛选用特殊的彩色塑料丝制作。线狮所衔的球精致灵巧，大球网筐内套有旋转自如的小球，小球配有灯光。绳索的穿结是线狮表演的关键环节。霍童线狮分有单狮（雄）、双狮（一雄一雌）、三狮（一母二子）、五狮（一母四子）四种。

线狮表演最早是沿途边走边舞，后来转为固定台表演。表演时，舞狮者站在台后提绳子，人距离狮子少则5米，多则超过10米。数十位训练有素的线狮艺人分成数组，每组中一人为主，其他人为辅，密切配合。舞狮者以不同的节奏拉扯绳索，表演出狮子的各种动作神态。

霍童线狮不仅拥有丰富的表演内容，还具有一套独特的传承方式，有传男不传女的家族传承特点，这也是导致后继乏人的原因之一。

线狮（九狮图）

申报地区或单位：浙江省永康市、仙居县

九狮图，又名九狮挪球。每逢重大节日，浙江省永康市和仙居县都要举行这种别具一格的舞狮表演。它由狮笼（狮子架）、9只狮子和1个彩球组成，狮子和彩球连有38根纤绳，由狮笼后的11名演员操纵表演。表演时，在锣鼓声中，狮王首先跳出，腾挪跳跃，衔住长杆上的彩球，欢舞一阵，再引带狮笼中的4只小狮子，接着又窜出笼顶上方的2只守门狮，7狮群舞嬉戏。最精彩的是狮笼上方的一个彩球突然打开，窜出2只幼狮，爬近狮王。表演时，九狮的头、口、耳、目灵活自如，栩栩如生。

国家级代表性传承人名单

姓名	性别	申报地区或单位	入选批次
陈新发	男	福建省宁德市	3
胡金超	男	浙江省永康市	3

宁津杂技

序号：822
编号：Ⅵ-50
批次：2
类别：传统体育、游艺与杂技
申报地区或单位：山东省宁津县

山东省宁津县是中国杂技艺术的重要发祥地。宁津杂技起源于秦汉，兴盛于明清和民国。宁津杂技质朴粗犷，刚柔相济，凸显"惊险、奇、美、新"五大艺术特色，具有极高的审美价值、观赏价值和文化价值。宁津杂技门类齐全，具有表演类、魔术类、马戏类、驯兽类四个类别，其中表演类有六十余个节目。古老中幡、柔术叼花和滚灯、空中飞人、爬竿、钢丝高车、叠罗汉、走钢丝、蹬技、地圈、对口叼花等十余种节目深受观众喜爱及业内人士赞誉。代表节目有《蹬板凳》《舞中幡》《小花旦抖空竹》等。

1995年，宁津县被文化部命名为"中国民间艺术（杂技）之乡"。宁津杂技以其久远的发展历史、广泛的群众基础、深厚的文化底蕴、精湛的演出技艺，对中国杂技艺术的发展产生了重大影响，至今在行内还流传着"没有宁津人，难成杂技团"之说。目前，宁津杂技团及民间团体近百个，足迹遍布全国，还多次应邀赴韩国、泰国、沙特、俄罗斯等三十多个国家进行演出，受到广泛欢迎。

赛龙舟

序号：1148
编号：Ⅵ-65
批次：3
类别：传统体育、游艺与杂技
申报地区或单位：湖南省沅陵县，广东省东莞市，贵州省铜仁市、镇远县

赛龙舟是一项传统体育游艺文化活动，在中国南方很流行。各地龙舟大小不一，划手人数不一。龙舟一般都狭长、细窄，船头饰龙头，船尾饰龙尾。各地赛龙舟表现出不一样的民俗特点。

湖南沅陵传统赛龙舟基本形制是：每只赛船48人，其中前引水、后艄公、头旗、二旗、锣手、鼓手各1人。赛程以江面水涨水落而定，分上下水排阵，横江而竞。划龙舟技艺多姿多彩，划船时有跪式划、坐式划、坐式立式共用，还有单槌擂鼓、双槌催船、单艄掌舵、双艄齐下等不同式样。沅陵传统赛龙舟已形成一套包括偷料、关头、绕河、绕庙、赏红、抢红、冲滩、

559

毁船等"沅陵龙舟经"。

在广东东莞，每年农历四月初八起，东莞人便开始做赛龙舟的准备。直到五月底，其间人们划龙舟、洗龙舟水、趁龙舟景、吃龙舟饼、食龙舟饭、唱龙舟歌，持续一个多月，称为"龙舟月"。龙舟月的中心活动是竞渡，也称"龙舟景"。竞渡有两种形式：一种是友谊赛，称为"趁景"，不设奖品，不需专门组织，两条或以上的龙舟在江面上相遇时自发进行比赛；另一种是"赛龙夺景"，亦称"放标""斗标""斗大景"。

在贵州铜仁，每年农历四五月，各村寨的村民便将搁置了一年的龙船漆上桐油，画上龙纹，安上龙头，下水操练。端午时，大家聚集在城南双江汇流处赛龙舟，此外还有祭龙船、点龙睛、龙船下水、抢鸭子、垂钓等一系列传统习俗。在贵州镇远，每年端午时也会举办赛龙舟活动，此外还有传统的祭龙仪式、舞龙舞狮游街、彩船游江、水中抢鸭子、放河灯、燃礼花和文艺表演等活动。

沙河藤牌阵

序号：295
编号：Ⅵ-13
批次：1
类别：杂技与竞技
申报地区或单位：河北省沙河市

藤牌阵原是我国北方的一种古代兵法实战技术，如今仅存于河北省沙河市十里铺村，当地人称为"打藤牌"。相传沙河藤牌阵源于明末，李自成军队从北京溃败南退。其中有一人秘密逃至十里铺村，将藤牌阵传授给村民。

藤牌制作的主要原料是北方太行山一带常见的藤条，经过沤泡后变得柔软而坚韧。制作者用其编成一顶大圆形藤制品，在中间夹上棉花之类的物料，再在尖顶部罩上画有虎头的生牛皮。

藤牌阵使用的武器除藤牌外，还有短刀、三齿刀、长矛、木棍等。开战时，可以二人对打或多人对打或一人防守多人攻打。实战时藤牌阵法变化无穷，常见的有一字长蛇阵、八卦连环阵、梅花五方阵、四门迷魂阵、八门穿心阵等，阵容可随实战需要扩大到成千上万人。藤牌阵在对打竞技或集会表演时，有鼓乐伴奏，其器具有战鼓、大锣、大铙、镲等。鼓法有进军鼓、退却鼓、变阵鼓、得胜鼓等十多种。

如今藤牌阵已成为人们防身健体的一种竞技形式以及民间艺术助兴表演活动。

国家级代表性传承人名单

姓名	性别	申报地区或单位	入选批次
胡道正	男	河北省沙河市	1

沙力搏尔式摔跤

序号：794
编号：Ⅵ-22
批次：2
类别：传统体育、游艺与杂技
申报地区或单位：内蒙古自治区阿拉善左旗

沙力搏尔式摔跤是阿拉善和硕特蒙古族所独创并保留至今的一项民族传统体育运动项目，已有两千多年历史。"沙力搏尔"一词是裤子的意思。沙力搏尔式摔跤在阿拉善盟各苏木镇和新疆、青海、甘肃的部分蒙古族聚居区广为流行。

沙力搏尔式摔跤不受性别、年龄、场地、时间、服装的限制。沙力搏尔式摔跤参赛人数必须是2的乘方数，不分体重级别，一跤定胜负。竞赛时摔跤手赤足穿三角短裤从赛场两角迎面而上，分别抓好对方短裤后开始进攻。沙力搏尔式摔跤技巧较多，有前攻、猛背、偷袭、后推、左拉右拧、内外夺脚、旋转猛压、上压、空旋、单打、松肩、硬抗、上翻下扣等。摔跤技艺中的砍铲、膝折、抓领等动作，是模仿公驼相互争斗动作特性而命名的。在阿拉善"乌日斯"盛会上获胜的冠军，可以得到绵羊等九样奖品和"神圣摔跤手"的称号。

沙力搏尔式摔跤这一传统项目曾面临失传境地。近年来，经过广大体育工作者和运动员的挖掘整理，列为旗、盟、自治区那达慕大会和少数民族运动会的比赛和表演项目，并涌现出格力哥、喜宁、巴拉登官布、阿拉腾乌拉等优秀摔跤手。

少林功夫

序号：289
编号：Ⅵ-7
批次：1
类别：杂技与竞技
申报地区或单位：河南省登封市

少林功夫是指在河南登封嵩山少林寺这一特定佛教文化环境中形成的，以佛教神力信仰为基础，充分体现佛教禅宗智慧，并以少林寺僧人修习的武术为主要表现形式的一个传统文化体系。

河南登封嵩山少林寺始建于北魏太和十九年（495），诞生于此的少林功夫历经上千年历史发展，逐渐形成了完整、系统的禅武文化体系。

禅宗智慧赋予了少林功夫深厚的文化内涵。少林功夫的传承人首先应具有对佛教的信仰，包括智慧信仰和力量信仰。少林功夫的智慧信仰主神为禅宗初祖菩提达摩，力量信仰主神为紧那罗王。

少林功夫具体表现是以攻防格斗的人体动作为核心，以套路为基本单位的武术体系。套路是由一组动作组合起来的。动作和套路讲究动静结合、阴阳平衡、刚柔相济、神形兼备，其中最著名的是"六合"原则：手与足合、肘与膝合、肩与胯合、心与意合、意与气合、气与力合。

据少林寺流传的拳谱记载，历代传习的少林功夫套路有数百套，其中流传有序的拳械代表有数十种，另有七十二绝技、擒拿、格斗、卸骨、点穴、气功等门类独特的功法。少林寺目前流传的少林功夫拳术、器械和对练等套路合计255种。

少林功夫的传习方式主要以口诀为媒介，与少林寺传统的宗法门头制度相结合，其核心内容是师父的言传身教和弟子的勤学苦练。

少林功夫流传至今，以其悠久历史、完备的体系和高超的技术境界独步天下。

国家级代表性传承人名单

姓名	性别	申报地区或单位	入选批次
释永信	男	河南省登封市	3

十八般武艺

序号：1145
编号：Ⅵ-62
批次：3
类别：传统体育、游艺与杂技
申报地区或单位：浙江省杭州市余杭区

十八般武艺，指能使用十八般兵器的本领，亦泛指多种武艺，其内容在各个时期有所不同。浙江杭州余杭区的五常十八般武艺相传是明代曾任刑部尚书的五常人洪钟告老返乡后所创，他结合常规兵器和民间实用物件，演化成了五常独特的十八般兵器及操练法。

五常十八般兵器均为木制，有龙刀、凤刀、三尖二刃刀、尚阳刀、兄弟刀（两件）、金刚伞、大劈锁、龙鱼斧、笔艺抓、文耙、武耙、阳镗、阴镗、李公拐、方天戟、金瓜锤、枣逆锤。其中文耙、武耙、枣逆锤及大劈锁由农具改制而成。据说大劈锁根据方腊所使铡刀改制而成，龙鱼斧由程咬金的开山斧改制，阴镗、阴镗出自鲁智深的日月铲，李公拐源自铁拐李手中的拐。

五常十八般武艺将刀法、棍法、拳法、阵法等糅合在一起，融入了五常特色的拳、械操练法，带有浓郁的水乡特色。其阵法多样，套路丰富，有群刀会、日月阵、五连阵、威武阵、玉手笔艺爪阵、大操练等。

五常街道五常社区至今保留着二百多年前传下来的兵器，十八般武艺在当地依然广泛流传。

苏桥飞叉会

序号：827
编号：Ⅵ-55
批次：2
类别：传统体育、游艺与杂技
申报地区或单位：河北省文安县

苏桥飞叉会，是主要流传于河北省文安县的一种民间杂技表演活动。清末民初，河北文安民间艺人靳文斌将通背、太极、花叉三技融为一体，创办了苏桥飞叉会。

苏桥飞叉会的表演以古代兵器花叉为主要道具，以鼓、钹以打击乐为主要配器。最早表演内容为《五鬼拿刘氏》。苏桥镇表演《五鬼拿刘氏》时间为7天，每天2个小时，五鬼每天换1个脸谱，7天共变换35个脸谱。飞叉共136个动作，其基本技巧有迎面花、手串儿、鲤鱼挺身、倒流水、前后左右四踢、软硬高矮四踢、反正打叉、左右打叉、单手打叉、双手打叉、水磨、金丝缠腕、单指纺线、小鬼推磨等。苏桥飞叉会的表演有单、双叉之分，叉头有单、双叉头之分，可单人耍，也可双人、众人耍，一人耍双叉，两人耍三叉等。苏桥飞叉会成员全部都是农民。飞叉表演极大地丰富了当地群众的文化生活。

随着农村经济的发展变化，农民在农闲季节从事商业贸易和劳动力输出已成为普遍现象，且表演存在一定的危险性，愿意学习的年轻人越来越少，这些都使苏桥飞叉会的传承严重受阻。

孙膑拳

序号：1143
编号：Ⅵ-60
批次：3
类别：传统体育、游艺与杂技
申报地区或单位：山东省青岛市市北区、安丘市

孙膑拳，是我国传统武术中的一个拳种，现主要在山东青岛、淄博、济南、聊城等地流传。孙膑拳是后人假托孙膑之名编创的，相传由山东阳谷县阿城人杨明斋（1882—1941）所创。

孙膑拳在技法和演练上均独具一格。拳谱记载：孙膑传下长袖拳，三百六十手相连，鸡腿龙腰泼猴性，鹰眼猿臂象鼻拳。孙膑拳在理法上遵循孙子兵法"出其不意，攻其不备""静如处子，动如脱兔"等理论，在战略上主张运用空、诓、实、虚、晃的方法以牵引对手，在战术上强调速、巧、软、绵、小的技法以制服对手。主要手法有24字：弹、崩、勾、挂、拧、绞、

缠、旋、劈、碰、钻、点、抄、拉、挑、截、掏、抓、捅、摆、封、堵、擂、砍。出手多发鞭梢抽打劲，力透手指，迅猛刚烈。主要腿法有12字：踢、踹、蹬、搓、踩、跪、扫、摆、插、挂、碰、截。步法为"蹒跚"步，左右晃摆，虚实相间，寻机而进。此拳在技击上讲求出手见招，以击为先，手手相连，手脚并用。其主要套路有大架拳、小架拳、十二相架拳、孙膑三十二手连拳、六十四手连拳等。行拳时讲求脚踩中门、进退起落、转折往复、直来直去。

孙膑拳具有强身健体、养生自卫的作用，其套路完整，谱系清晰，对于弘扬中华民族传统武术文化发挥着积极的作用。

塔吉克族马球

序号：809
编号：Ⅵ-37
批次：2
类别：传统体育、游艺与杂技
申报地区或单位：新疆维吾尔自治区塔什库尔干塔吉克自治县

马球，史书称为"毛丸"或"击鞠"，是当今世界上最古老的体育项目之一，已有两千五百多年的历史。塔吉克族马球运动，是塔吉克民族从各类马背运动中发展起来的一项体育运动。在塔什库尔干地区，凡是传统节日、大型活动等欢庆场合，都要开展马球比赛活动。

马球赛场的场地设在地面平整的草地。赛场场地长180米、宽75米，全场从中间平分为二。场地中间画个直径为8.2米的圆圈，该圆圈为比赛的发球点。球门宽度为5米，高度为2米。边线的宽度为10厘米。出场队员，每个队有6名队员，其中1名守门员、2名后卫、3名前锋。马球比赛的用球，过去使用胡杨木制作的直径为10厘米的圆形球。现在使用的标准球系用牛皮制作、重量为2公斤的实心球。

马球比赛的赛时，全场比赛时间为70分钟，分上、下两个半场举行。参赛队员出场必须分别身着两种颜色带有编号的队服，头上佩戴与自己队服颜色相同的头巾。所骑的赛马额头，也须系有颜色相同的标识物。参赛队员脚上须着靴。马球比赛的成绩，主要以进球的多少判定。如果双方成绩持平，则进行加时赛。如果加时赛仍然持平，则进行点球决定胜负。

目前，塔吉克族马球的传承人都已到高龄阶段，面临着后继乏人的传承困境。

国家级代表性传承人名单

姓名	性别	申报地区或单位	入选批次
热合曼库力·尕夏	男	新疆维吾尔自治区塔什库尔干塔吉克自治县	3

太极拳

杨氏太极拳、陈氏太极拳

序号：293
编号：Ⅵ-11
批次：1
类别：杂技与竞技
申报地区或单位：河北省永年县，河南省焦作市

扩展名录：
太极拳（武氏太极拳） 河北省永年县

太极拳是中国拳术的一种，为练身、练意、练气三结合的整体运动。其重点是以意念引导动作，意动身随，动作柔中有刚，拳姿优美。太极拳的拳理来源于《易经》《黄帝内经》《黄

庭经》《纪效新书》等中国传统哲学、医术、武术等经典著作，并在长期发展中吸收了道、儒、释等文化的合理内容，被称为"国粹"。

永年杨式太极拳发源于河北永年县广府古城，创始于清道光年间，是由永年人杨露禅及其子杨健侯、其孙杨澄甫等人在陈式老架太极拳基础上发展创编的。杨氏太极拳主要包含两方面内容：一是太极拳套路，主要包括大、中、小架，快架，三十二短打等；二是杨氏太极拳器械，主要包括太极剑、太极刀、太极十三杆等。其拳架舒展简洁，结构严谨，身法中正，动作和顺，轻灵沉着兼而有之；练法上由松入柔，刚柔相济，形成独特的风格。如今广泛流行的24式简化太极拳、88式太极拳就是以杨氏太极拳为蓝本编写的。

陈式太极拳创于明末清初，由河南省焦作市温县陈家沟陈氏九世陈王庭所创。由陈氏支派先后繁衍成武式、杨式、吴式、孙式等不同风格的太极拳种。在近代陈式太极拳的传播中，陈式十七代宗师陈发科起了积极作用，他增加了螺旋缠绕动作，创造了新的拳式，如三换拳、背折靠、退步压肘、中盘、双震脚等。现在普遍流行的陈式太极拳83式就是陈发科晚年的套路。陈式太极拳又分老架和新架两种。老架是清初陈王庭所创，在不断实践中形成了现在流行的陈式太极拳第一路和第二路套路：第一路拳动作较简单，柔多刚少；第二路拳动作较复杂，要求疾速、紧凑，刚多柔少。陈式新架套路也有两种：一种是陈有本创编的小圈拳；另一种由陈青萍创编，因为在河南温县赵堡镇首先传开，故称为赵堡架。

永年武氏太极拳起源于清代咸丰、同治年间，由河北永年人武禹襄所创。武氏太极拳将陈氏新架与老架结合起来，又把杨露禅"大动作"与陈氏"小动作"结合起来，行拳时重视身法，强调开合虚实，以心行气，以气运身。其动作简洁紧凑，舒缓平稳，架势虽小却不局促，胸部、腹部的进退旋转始终保持中正，步法严格，虚实清楚，小巧灵活。其身法要点包括提顶、吊裆、含胸、拔背、松肩、沉肘、裹裆、护臀肫、腾挪、闪战、尾闾正中、气沉丹田、分清虚实等。

太极拳流派众多，群众基础广泛，是中国武术拳种中非常具有生命力的一支，成为受到人们普遍喜爱的武术运动和健身活动项目。

国家级代表性传承人名单

姓名	性别	申报地区或单位	入选批次
杨振河	男	河北省永年县	1
韩会明	男	河北省永年县	1
王西安	男	河南省焦作市	1
朱天才	男	河南省焦作市	1
杨振国	男	河北省永年县	3
陈小旺	男	河南省焦作市	3
陈正雷	男	河南省焦作市	3

螳螂拳

序号：805
编号：Ⅵ-33
批次：2
类别：传统体育、游艺与杂技
申报地区或单位：山东省莱阳市

扩展名录：
螳螂拳　　　　山东省栖霞市
螳螂拳　　　　山东省青岛市崂山区

◎ 传统体育、游艺与杂技

螳螂拳是一种模仿螳螂动作演变而来的传统拳术，是中国武术优秀拳种之一，被列为全国武术表演比赛项目。螳螂拳为明末清初胶东人王朗所创，距今已有三百多年历史。以栖霞、海阳、莱阳为代表的胶东广大地区为螳螂拳的主要传承地。

螳螂拳的手法主要是："勾、搂、采、挂、粘、沾、贴、靠、刁、进、崩、打"十二字诀。要求："不刁不打，一刁就打，一打几下"的连环进攻。螳螂拳的风格是快速勇猛、斩钉截铁、勇往直前。其特点是：正迎侧击、虚实相互、长短兼备、刚柔相济、手脚并用，使人难以捉摸，防不胜防；用连环紧扣的手法直逼对方，使敌无喘息机会。手法很丰富，既有大开大合的长打手，又有短小快捷的偷漏手，既有肘靠擒拿，又有地趟摔打。在套路演练方面，讲究快而不乱、刚而不僵、柔而不软。套路结构严谨，动作之间衔接巧妙。外功是铁砂掌，内功是罗汉功。

螳螂拳是一种有着鲜明技击特点，实战威力强，强身健体，祛病延年的体育运动项目，至今在胶东地区有着众多的习练者。

天桥摔跤

序号：793
编号：Ⅵ-21
批次：2
类别：传统体育、游艺与杂技
申报地区或单位：北京市宣武区

扩展名录：
天桥摔跤（朝鲜族摔跤）
　　　　　　吉林省延吉市
天桥摔跤（彝族摔跤）
　　　　　　云南省石林彝族自治县

天桥摔跤（维吾尔族且力西）
新疆维吾尔自治区岳普湖县

天桥摔跤，又称中国式摔跤，是流传于北京天桥地区的一种传统运动项目。摔跤在汉代就有相关文字记载，历经两千余年的发展过程。到了清代，清朝统治者崇尚武功，建立了"善扑营"，专门选拔训练优秀跤手拱卫京畿。清朝灭亡后，善扑营扑户流落于民间，开设跤馆或街头卖艺。天桥市场、天津"三不管"等地是摔跤卖艺最为集中的地方。在天桥专业撂地摔跤的有沈三、宝三，他们都是清善扑营头等扑户宛八爷（宛永顺）的传人。

20世纪20年代，宛八爷的徒弟宝善林先生把单一摔跤表演逐渐演变成艺术摔跤形式，同时吸收了相声表演的艺术形式。比赛开始前，照例先"圆粘子"（江湖术语，"招徕观众"之意），艺人们边喋喋不休地说话，边绕场漫步，同时穿好褡裢（褡裢是数层粗白布纳成的半袖、无领、露胸的跤衣），腰间用骆驼绒绳系紧，下穿深色中式灯笼裤，足登刀螂肚的薄底靴。摔跤表演翻打跌扑精彩激烈，解说语言丰富、滑稽幽默，吸引了大批观众。比赛规则为三局两胜制，每场必满三跤。

目前，天桥摔跤虽然有所延续，但依然面临着后继乏人的传承困境。

朝鲜族摔跤
申报地区或单位：吉林省延吉市

朝鲜族摔跤的历史可以追溯到公元4世纪以前，吉林集安高句丽古墓壁画上就绘制有摔跤场景。

朝鲜族摔跤一般分为儿童、少年、壮年三个级别的比赛。比赛双方穿上特制的摔跤服，右腿上扎一束白带子，带长三米，用麻布或白棉布制作。运动员彼此用左臂穿过对方腿上的带子后，两手扶着对方的腰，单腿跪地，裁判员喊开始后，双方运动员站起来使用进攻方法，以使对方三点着地为胜一跤。摔倒对方一跤后，裁判员给胜利者头上系一根带子，表示胜了一跤。胜两跤者为胜利。比赛过程中，不许扭对方的脖子和胳膊，不准用头或手击打对方，一旦选手故意伤害对方，裁判当即发出警告制止，情节严重者，勒令其退场。摔跤技巧有内勾、外勾、背独自摔倒等多种。比赛的得胜者，将会得到一头大黄牛，并在锣鼓声中骑牛绕场一周，向观众示意。

彝族摔跤
申报地区或单位：云南省石林彝族自治县

摔跤是彝族传统体育运动，是在火把节、春节和彝年期间重要的运动项目。

摔跤裁判者根据自己的经验和眼力，判定选手的体重和年龄，将对方领进场内，开始比赛。根据参赛的人数多少，在摔跤场上可以同时进行几对，甚至几十对。彝族摔跤不分体重级别，没有时间限制。彝族摔跤的基本方式是从站立摔，转为跪撑摔的循环式。主要动作是抓住对方腰带、抱单腿、过背、夹臂翻、穿腿等。在摔跤的过程中，使对方双肩着地为胜。彝族摔跤比赛一般采用三赛两胜制。败者退下，另外换运动员上场。胜者直至无人与其较量，将被誉为"大力士"，并奖红布数丈。

维吾尔族且力西
申报地区或单位：新疆维吾尔自治区岳普湖县

"且力西"是维吾尔语，指维吾尔民族式摔跤的一种，字面含义为"搏斗""较量"。

维吾尔族且力西一般是在维吾尔族节日、聚会等场合中，由群众自发组织开展。从摔跤形式上看，且力西分为喀什葛尔式和吐鲁番式两种。其有站立式和卧倒式之分。比赛不分重量级别，对服装和鞋袜也无特殊要求。比赛双方都要系上宽松的、不同颜色的腰带，双方先抓好对方腰带才开始比赛。在比赛中，运动员双手均不得离开对方的腰带去抓握对方的其他部位。运动员可以使用绊、切、拉、抱等比赛技巧，以双方膝关节以上部位着地为裁判胜负的依据。比赛一般采用三局两胜制，分出胜负后负者不再上场。

天桥中幡

序号：285
编号：Ⅵ-3
批次：1
类别：杂技与竞技
申报地区或单位：北京市

扩展名录：
中幡（安头屯中幡）　　河北省香河县
中幡（正定高照）　　　河北省正定县
中幡（建瓯挑幡）　　　福建省建瓯市

天桥中幡是流传于北京天桥市场的一种传统绝技，其表演形式是表演者用手或身体其他部位触碰一根长约10米的幡旗，并保持幡不离身，竿不落地。幡按大小分为硕幡、中幡和小幡三类。硕幡的长度一般有12米以上；小幡长度只有3～4米，一般用于小场地表演。中幡的主干是一根长约10米的竹竿，竿顶悬挂一面0.5米宽、5.5米长的长条锦旗，旗的正面绣有祝福语句和吉祥图案。

耍中幡源于晋朝军中。幡旗形制壮丽，常用于仪仗活动。耍中幡是在行军或打猎休息期间，旗手们挥舞耍动大旗以博皇上欢心。清代时耍中幡曾是朝佛、庆典等走会活动的必备项目，逐渐成为颇具特色的杂技节目。乾隆年间中幡会属于镶黄旗佐领管辖，属内八档会之一，受过皇封，盛极一时。清朝末年，天桥艺人王小辫从宫中耍中幡的哥哥处学得此艺，变成卖艺性质的表演传入民间。清末民初，八旗子弟为谋生计纷纷到天桥市场卖艺。其中由沈友三、宝善林、张文山等率众表演的中幡、摔跤是撂地表演中最受欢迎的项目。

耍中幡要求稳、准、快，手眼配合一致，以扔得高、立得稳为准则。表演者用手掌、手背、肩膀、额头、下颚等部位分别完成举、顶、牙剑、脑剑、单山等动作，不断晃动、抛起、落下。表演时，艺人们将竿子竖起托在手中，可舞出许多花样，例如将竿子抛起用脑门接住为霸王举鼎，单腿支撑地面用单手托住竹竿为金鸡独立，此外还有龙抬头、老虎撅尾、封侯挂印等样式。

"文革"时期，曾经盛极一时的天桥市场被取消，天桥中幡也销声匿迹。20世纪80年代后，北京付氏天桥宝三民俗文化艺术团成立，使天桥中幡等一批天桥绝活儿得到传承。但目前舞幡已逐渐非职业化，专业艺人匮乏，耍中幡技艺仍处于濒危状态。

中幡（安头屯中幡）
申报地区或单位：河北省香河县

安头屯中幡主要流传于河北香河县安头屯，起源于隋唐时期。在清代，安头屯中幡极为盛行，曾受到清乾隆、咸丰两朝皇帝御封。

安头屯中幡已形成成熟的中幡表演动作一百多个。其中前把幡变换手法有起幡托塔、摘肩托塔、晃肋托塔、托塔盘肘等三十多个动作；后把幡变换手法有插剑脑件、插花脑件、左插剑灌耳蹲裆牙件等动作。与中幡同时表演并对中幡表演起伴奏作用的大挎鼓表演的内容也相当丰富，包括三十套鼓调，每调存有鼓谱，分连打和摘打。此外，花钹可与铛铛、大鼓齐奏，也可单打，还可与铛铛穿插对打。

中幡（正定高照）
申报地区或单位：河北省正定县

正定高照（即中幡）所用道具主要是粗大竹料，最重的达七十二公斤。表演前把竹竿用龙凤小旗缠绕，上竖两把花伞，竿顶还要插十支雄鸡翎等作为装饰。高照的表演主要在传统节日、喜庆、农闲之时，表现农民在太平年间庆祝丰收等的喜悦之情。一般由几个汉子轮流表演，动作灵活多变，主要动作套路有托塔、盘肘、二踢脚、双武花、单武花、旱地拔葱、孙猴背剑、二郎担山、老虎大撅尾、跨篮等。表演时，有鼓、乐、锣伴奏，还有彩旗、竹幡助威。

中幡（建瓯挑幡）
申报地区或单位：福建省建瓯市

建瓯挑幡活动相传已有三百多年历史。据传明朝将领郑成功在闽组织"复明"大军抗清，并筹备收复台湾，建宁府（今建瓯）大洲青年纷纷入伍。收复台湾战役结束后，建瓯将士将带回的大旗高挂竹竿上，竞相擎持，以示纪念，久而久之，逐渐演化成建瓯特有的挑幡习俗。

建瓯挑幡制作工艺上有独特风格。就形制而言，要求选用约十米长的笔直毛竹，削去枝叶，刷上朱红油漆，画上各种吉祥图案。竿顶扎着彩灯，彩灯之下是一座用竹骨和彩绸制成的六角宝塔，四周缀挂着数只小铜铃，塔底顺竿悬挂绵幡一幅，幡幅上绣有褒颂词句。

在表演上，如今的建瓯挑幡在保留传统技法基础上形成了新套路，如手舞东风转、肩扛南天松、肘擎中军令、牙咬北海塔、口挑百战旗、鼻托乾坤棒、脚踢西方柱等招式。

国家级代表性传承人名单

姓名	性别	申报地区或单位	入选批次
付文刚	男	北京市	1

调吊

序号：826

编号：Ⅵ-54

批次：2

类别：传统体育、游艺与杂技

申报地区或单位：浙江省绍兴市

调吊是一项纯粹运用肢体语言进行表演的空间悬垂运动，因表演者悬于布带上做各种仿生的舞蹈动作而得名。"调"意为舞，"吊"意为悬空。其在清代中期就出现于浙江绍兴和安徽安庆一带。

绍兴第一个有名的调吊艺人是清末时居住绍兴城里仓桥头的金阿祥，以摇船为业，借鉴安徽艺人"三上吊"的技艺，创造性地在河岸边伸向河心的树枝上吊了一根绳子，独自在绳索上不断摸索技艺，创造出"十八吊"至"四十九吊"的复杂吊技动作。在迎神赛会和庙会中，他用两条长梯作柱子，梯子间横上一根大竹杠，竹杠吊了又粗又软的土布来做表演。后来经过子孙几代的努力，又把调吊的动作发展到"七十二吊"等吊技。清末民初，调吊被目连戏和绍剧"平安大戏"所借用，成为其中最精彩的节目"男吊"。20世纪50年代，调吊表演者将调吊技艺从舞台发展到了运动场上。1953年曾代表华东地区参加全国民族形式体育和竞赛大会，获得金质奖章。

调吊的很多动作是从观察虫、鸟、鱼等动物和在生活中受到启发而创造出来的。如看到青蛙从岸上纵身跳到水里，就创造出"青蛙劈水"的动作，"鲤鱼跳龙门"的动作来源于鱼蹿出水面的场景，还有"蜘蛛脱丝放"等。调吊动作难度更大，惊险刺激，其表演充满生活情趣和浓郁的水乡地方文化特色，很具艺术性和观赏性。

国家级代表性传承人名单

姓名	性别	申报地区或单位	入选批次
金寿昌	男	浙江省绍兴市	3

通背缠拳

序号：1140

编号：Ⅵ-57

批次：3

类别：传统体育、游艺与杂技

申报地区或单位：山西省洪洞县

通背缠拳是我国传统武术中的一个拳种。山西洪洞县所传通背缠拳，始于清乾隆年间由郭永福传授于洪洞县苏堡村天官府第内的习武者，如今广泛流传于晋南一带。

通背缠拳有鲜明独特的拳理、拳法和技术要求。"通背"，即周身通达、力从背发之意。"背"为周身活动中心。"缠拳"者含义有三：其一，为缠绕之意，为化敌力之法；其二，即手法，变化无穷，攻防不止，破法不断，如同缠住对方一般；其三，此拳有二十七路"缠手"。

通背缠拳是一套完整系统的拳种，分为母拳、子拳、器械套路、对练套路四大类。母拳有九排，共一百零八势，前五十四势为天空星，后五十四势为天地星。另有八大金刚，四大明手，七十二拿法，二十四腿法，二十四手法等套手。子拳有三十二路套手，二十七路缠手。器械有长、短、杂、软四种。对练套路有徒手对练、器械对练、多人对练、徒手对器械对练等。行拳时内外功相结合，以巧力胜人，虚实相济，刚柔兼用，特别注重快、准、狠、巧的拳法。

该拳种历代武功秘籍、经典套路有遗失现象，目前洪洞县成立了通背缠拳协会，以保护这一传统竞技文化遗产。

矫健的身手俯仰自如，并做出"寒鹊探梅""金鸡独立""雄鹰展翅"等优美惊险的动作，令观者怦然心动，拍手叫绝。观看的人还不时地帮推木梯，使之加速旋转。有时，一大群服装艳丽的男女青年在旁边围成圆圈，载歌载舞。

20世纪90年代，轮子秋开始以其独特的艺术魅力由乡间的打麦场走上了代表民族文化艺术的表演场，成为土乡民俗风情旅游的亮丽景点。

土族轮子秋

序号：817

编号：Ⅵ-45

批次：2

类别：传统体育、游艺与杂技

申报地区或单位：青海省互助土族自治县

轮子秋是土族民间一种传统的集体育和舞蹈于一体的表演项目，主要流行于青海互助土族自治县。土族语称其为"卜日热"，意为旋转，即转轮轮，多在农闲和喜庆节日举行。

关于轮子秋的起源，有一则美丽神奇的传说。相传土族先民为了寻求生活的出路，先后用青龙和野牛犁地，都失败了，最后用黄牛耕地，获得了丰收。人们制作木车运送收割的庄稼，当最后一车麦捆运上场时，车子翻倒，两个光屁股娃娃在朝天的那扇车轮上飞舞，口唱丰收的家曲《杨格喽》。从此，每年冬季碾完场后，人们在平整宽阔的麦场或者宽敞的地场上，把卸掉车棚的大板车车轴连车轮竖立起来，稳固住重心。朝上的一扇车轮上平绑一架长木梯，梯子两端牢固地系上皮绳或麻绳挽成的绳圈。两人相向推动木梯，使之旋转，然后乘着惯性分别坐或站在绳圈内，快速转动起来。飞旋的轮子上，参加表演的土族阿姑和小伙子以

围棋

序号：790

编号：Ⅵ-18

批次：2

类别：传统体育、游艺与杂技

申报地区或单位：中国棋院、北京棋院

围棋是中国古人发明的一种智力游戏，古时有"弈""碁""手谈"等多种称谓，是古代知识阶层修身养性的一项必修课目，属于琴棋书画四艺之一。作为一种传统智力竞技游戏，围棋至今已有四千多年的历史。

围棋是一种策略性两人棋类游戏，使用格状棋盘及黑、白二色棋子进行对弈。围棋子分为黑、白两色，黑子181个，白子180个。棋盘由19条横线、19条竖线组成，棋子要下在线的交叉点上，方格中不能放入棋子。棋盘上画了9个点，术语称作"星"，中央的星点又称为"天元"。围棋的规则为对局双方各执一色棋子，黑先白后，交替下子，每次只能下一子。棋子下在棋盘的点上。棋子下定后，不得向其他点移动。轮流下子是双方的权利，但允许任何一方放弃下子权。一个棋子在棋盘上，与它直线紧邻的空点是这个棋子的"气"。棋子直线紧邻的点上，如果有同色棋子存在，则它们便相互连接成一

个不可分割的整体。棋手围棋水平的高低用段位和级位来区分，从低到高分别为业余级位、业余段位、职业段位。

围棋反映了中国传统思想文化的精髓，也被认为是世界上最复杂的游戏之一，至今在我国广泛传承。

维吾尔族达瓦孜

序号：287

编号：Ⅵ-5

批次：1

类别：杂技与竞技

申报地区或单位：新疆维吾尔自治区

达瓦孜，意为"高空走索"，是维吾尔族一种古老的传统杂技表演艺术。其早先流行于新疆和田、莎车、英吉沙和喀什一带，后传至库车、吐鲁番、哈密、伊犁和乌鲁木齐。达瓦孜历史悠久，在1072～1074年由维吾尔学者穆罕穆德·喀什葛里撰写的《突厥语大词典》中就有相关记载。

达瓦孜表演多在露天进行，其特点是把多种多样的杂耍技艺搬到数十米高空的绳索或钢丝上演练。表演者手持长约六米的平衡杆，不系任何保险带，在维吾尔族民间乐曲的伴奏下，踏着节拍跳舞唱歌，在高空绳索上表演前后走动、盘腿端坐、蒙上眼睛行走、脚下踩着碟子行走、飞身跳跃等一系列技艺。如今达瓦孜不断融合其他杂技艺术，如顶碗、骑单车、咬花等，使表演更加精彩。

新疆杂技团的阿迪力·吾守尔是达瓦孜表演世家的第六代传人，他在继承传统表演技术的基础上创造了在高空钢丝上小顶倒立、劈叉、骑独轮车、弯腰采莲等创新性的高难技巧，并多次打破高空行走的世界纪录，被誉为"高空王"。

达瓦孜历史悠久，技艺独特，在高空杂技节目中独树一帜。但是，达瓦孜高难度、高危险的表演特点以及目前表演市场的萎缩，使技艺传承出现困难。

国家级代表性传承人名单

姓名	性别	申报地区或单位	入选批次
阿迪力·吾休尔	男	新疆维吾尔自治区	1

吴桥杂技

序号：283

编号：Ⅵ-1

批次：1

类别：杂技与竞技

申报地区或单位：河北省吴桥县

吴桥有"杂技之乡"的美誉，吴桥杂技文化如今主要流布于河北省吴桥县、山东省宁津县和陵县的部分地区。

吴桥杂技历史悠久。战国时期中山国成王墓中已有演练杂技形象的银首人俑铜灯出现。晋代墓室中已有宴乐杂技表演的壁画出现。宋朝时杂技走向民间，出现"勾栏""瓦舍"等演出形式。明代时杂技艺术迅速发展，在宁津和吴桥交界处的黄镇还形成一个九月杂技庙会，此庙会持续到1937年日本入侵后逐步消亡。改革开放后，吴桥杂技得到恢复和发展。1987年起开始举办中国吴桥国际杂技艺术节。

吴桥杂技门类繁多。明中叶，其逐渐形成两派：一派以北牟乡为中心的东派，后逐步蔓延到宁津、南皮等县；一派以仓上乡、范屯乡为基地的西派，后来实力强大，流传到吴桥全县。西派中以刘家门、齐家门、陶家门最出名。到清末民初，各门逐渐融为一体。1917年，各门联合成一个庞大杂技集团，编为四大门类：武术、杂耍、驯兽（包括马术）、幻术和魔术。现今传统节目主要有肢体技巧、道具技巧、乔装仿生、驯兽、马术、传统魔术、滑稽7大类486个单项。

吴桥杂技形成了独特的表演、道具、管理以及传承等方面的规则，构成了完整的行业文化体系，受到全国杂技界的推崇，素有"十方杂技九籍吴桥""没有吴桥人不成杂技班"之说。

国家级代表性传承人名单

姓名	性别	申报地区或单位	入选批次
王保合	男	河北省吴桥县	1

五祖拳

序号：803
编号：Ⅵ-31
批次：2
类别：传统体育、游艺与杂技
申报地区或单位：福建省泉州市

五祖拳是福建武术的一大流派，全称为五祖鹤阳拳。它是由清末福建泉州武术家蔡玉明结合人祖、达尊（罗汉）、玄女、白鹤拳、猴拳五大拳术的精华，发展、创编出来的一个拳种。

五祖拳流行套路约有七十余种。其中徒手套路主要有三战、二十四拳、天地人间、大套三战、平马战、左战、五虎战、挑卡、打角、双绥、三战十字、中管、对壮、千字打、连环等。五祖拳要求头正项直、两肩下坠、尾闾要落，故有"鹅头蜻蜓腰"之说。手法讲求"吞、吐、浮、沉"四字：吞如洪水卷地，吐如疾箭离弦，浮如风吹羽毛，沉如顽石投江。冲拳时先松后紧，先收后放；发劲时先柔后刚，以气催力。

步法要求步先稳而后身动，稳固沉实。步形的基本练法有两种：一是十趾抓地，步法变化轻盈；二是十趾跷，步法稳健落地重。无论哪种练法均要求"紧裆抿胯"，其特点是动作简练，拳势激烈，劲力刚猛。手法较多而腿法偏少偏低，手不离中门，技不离子午。发力时，以蹬腿（踏足挺膝）、转腰、卸肩、力着于点的"金刚劲"而示勇猛之形，适时提气撼声以助拳势。

五祖拳主张内外兼修，在传统武术中独具人文情怀。明清以来广泛传播到港澳台和东南亚等地，成为泉州武术的支派，也是闽南文化的重要组成部分。

虽然经过有关组织悉心整理、研究和推广，但由于精通五祖拳者多数年事已高，这一古老拳法仍面临传承困境。

国家级代表性传承人名单

姓名	性别	申报地区或单位	入选批次
周昆民	男	福建省泉州市	4

武当武术

序号：290
编号：Ⅵ-8
批次：1
类别：杂技与竞技
申报地区或单位：湖北省十堰市

武当武术，中国武术流派之一，也称道家武术、内家拳，发源地在湖北武当山，其创始人是元末明初的武当道人张三丰。

武当武术在继承古代武术攻防理论基础上，把中国古代太极、阴阳、五行、八卦等哲学理论，用于拳理、拳技、练功原则和技击战略中，逐渐形成自己的理论体系和独特的套路风格。其理论核心是阴阳消长，八卦演变，五行生克。它以宇宙整体观、天人合一观为宗旨，以厚德载物、道法自然为原则，以动静结合、内外兼修为方法，形成诸多各具特色的拳功剑法，既有功理和功法，也有套路操作和主旨要领，这些都集中体现在张三丰的《太极拳总论》《太极拳歌》和《太极拳十三式》三大经典之中。它将武功与养生方法结合在一起，以养生练功、防身保健为宗旨，具有尚意不尚力、以柔克刚、后发制人等特点以及延年益寿、祛病御疾等功能。

武当武术经历代宗师不断充实和发展，派生出众多门派和种类。其中包括太极门的无极功、太极拳、太极剑、太乙五行拳、太乙玄门剑等，八仙门的八仙剑、八仙棍、八仙拳等，武当北派的龙化拳、龙化剑、玄功拳、玄功刀、玄真拳、三十六路弹腿等。另外还有内气功、硬气功、童子功及各种强身健体的气功、功法等。

武当武术历史悠久，作为中华武术一大流派，至今在国内外有深远影响。

国家级代表性传承人名单

姓名	性别	申报地区或单位	入选批次
赵剑英	女	湖北省十堰市	1

戏法

赵世魁戏法

序号：819
编号：Ⅵ-47
批次：2
类别：传统体育、游艺与杂技
申报地区或单位：黑龙江省杂技团

扩展名录：
戏法　　天津市和平区

赵世魁（1914～1990），直隶（今河北）乐亭人，杂技演员，人称"十三刀"。1922年拜师学艺，曾在东北卖艺谋生，1946年后任哈尔滨曲艺改进协会魔术演员，哈尔滨市杂技团演员、教师，擅长传统戏法，是黑龙江北派传统魔术的代表人物。他的手彩活《仙人摘豆》《砸杯过米》变幻莫测。表演的"罩子"出神入化，被同行和观众誉为"罩子魁"。

赵世魁最拿手的是从直径20厘米、高40厘米的空桶罩子中一一变出水果、皮球、串灯、四喜青花大酒坛，并最终将摆放罩子的桌子变成一只硕大的花篮。赵世魁的魔术表演细腻自然、大方得体、滴水不漏，将魔术表演的神秘融于稳重之中，耐人寻味。经典演出的节目有《罩子》《砸杯过米》《仙人栽豆》等。

赵世魁表演继承了中国传统戏法艺术的风格特征，是中华民族优秀文化艺术的代表。赵世魁的魔术使用了大量失传已久的技巧，文化部和中国杂技家协会曾专门举办过"赵世魁魔术技艺讲学会"，将此技艺在全国魔术界进行传承发扬。

戏法
申报地区或单位：天津市和平区

天津戏法的鼻祖当属籍贯山东的宫廷戏法大师、曾在清宫内务府"掌仪司"任职的四品顶戴张宝清。辛亥革命爆发后，他离开北京，到天津献艺，组建中国戏法艺人的第一个戏法行业协会"义和堂"，为戏法界"四大堂"之首，同时在天津广收门徒，培养出五位大师级的戏法艺人，这就是被称为"五大文"的罗文涛、穆文庆、闫文锦、刘文治和王文韶。

明清时期，天津一直是北方"地当九河津要，路通七省舟车"的水旱码头和通俗文化的聚处。近代以来，天津又成为北方最早和最大的开放城市，以及中外文化交流的前沿阵地。中国传统表演艺术"戏法"一方面在天津得到传承和创新发展，一方面又由天津走向世界，进而奠定了天津在中国戏法艺术传承与交流中的中心地位。

国家级代表性传承人名单

姓名	性别	申报地区或单位	入选批次
肖桂森	男	天津市和平区	4

象棋

序号：791
编号：Ⅵ-19
批次：2
类别：传统体育、游艺与杂技
申报地区或单位：中国棋院、北京棋院

象棋，是一种二人的对抗性游戏，由于用具简单，趣味性强，成为流行极为广泛的棋艺活动。

象棋在中国有着悠久的历史，始于春秋战国时期，之后不断发展，于北宋末定型成近代模式。古代象棋被列为士大夫们的修身之艺，属于琴棋书画四艺之一。

现今通行的象棋为棋子三十二枚，红黑各半。两人对弈，红方以帅统仕、相及车、马、炮各二，兵五；黑方以将统士、象及车、马、炮各二，卒五。弈时双方轮流行棋，以"将死"或"困毙"对方将（帅）为胜。象棋的棋子设置受到古代两军作战形式的影响。棋子活动的场所，叫作"棋盘"。在长方形的平面上，绘有九条平行的竖线和十条平行的横线并相交组成，共有九十个交叉点。棋盘中的九宫象征皇宫，代表皇帝的帅（将）及代表皇帝身边近卫的士只能在九宫中活动，代表大臣的象（相）则只能围绕九宫行走，代表战士的兵（卒）只能前进不能后退。

1956年起，象棋列为国家体育项目。象棋是中华民族的传统文化，能丰富文化生活，陶冶情操，更有助于开发智力，启迪思维。不仅在国内深受群众喜爱，而且在韩国、日本等多个国家也得到广泛流传。

心意六合拳

序号：802
编号：Ⅵ-30
批次：2
类别：传统体育、游艺与杂技
申报地区或单位：河南省漯河市、周口市

流传于河南的心意六合拳，是我国传统拳术之一。由于此拳术是由心生意，又由意转化为拳招，故又名心意拳。心意拳相传为明末清初的山西武术家姬际可所创，后来，洛阳回族人士马学礼习得并传授此拳，至今已有近三百年历史。河南地区的心意六合拳基本在信仰伊斯兰文化的河南回族中传承，很少传于汉民，也被称为教门拳，其传承方式具有独特性。

心意六合拳动作刚、猛、狠、毒，刚中含柔，动作简单，内涵丰富。要求每动作含六势：鸡腿、龙身、熊背、鹰捉、虎抱头、雷声。要求内外动作要做到内三合与外三合：在内要心与意合、意与气合、气与力合；在外要手与足合、肘与膝合、肩与胯合。一动无有不动，一停无有不停，一合无有不合，一枝动百枝摇。动时手随意出，力随意发，出手如放箭，发劲如炮崩，迈步如猫行。六合拳内容有心意把、单把、双把、摇闪把、挑领把、鹰捉把、追风赶月把、横拳把、中门头、裹横把、十字把和龙形。十大形有龙形、虎形、猴形、马形、鸡形、燕形、蛇形、鹞形、熊形、鹰形。

心意六合拳取十种动物的真意特长习练身法，所以此拳集养生、健身、技击为一体，适合少年、成人和老者等不同年龄层次修炼所需。

国家级代表性传承人名单

姓名	性别	申报地区或单位	入选批次
买西山	男	河南省周口市	3
吕延芝	女	河南省周口市	3
李洳波	男	河南省漯河市	4

心意拳

序号：801

编号：Ⅵ-29

批次：2

类别：传统体育、游艺与杂技

申报地区或单位：山西省晋中市

扩展名录：
心意拳　山西省祁县

心意拳，是我国传统拳术之一，与太极拳和八卦拳并称为中国上三门拳法。心意拳、六合心意拳、心意六合拳、形意拳，是一个拳种的四个不同名称。此拳由明末清初时期山西人姬际可开宗创派以来，历经数百年、十余代人传承，已形成了庞大的武学体系。

心意拳的精髓是十大真形，这是一门技击性很强的古老传统实战派拳法。十大真形，其动作简捷，古朴纯真；阴阳互济，内外兼修；刚柔相济，形神兼备；能快能慢，善顾善打；动静结合，心意相连；讲究头、肩、肘、手、胯、膝、足七星并进。心意拳传系主要以劈、蹦、钻、炮、横五行拳，龙、虎、猴、马、蛇、鸡、燕、鹞、鹰、熊十形拳，七小形，三拳，三棍，七步丹田功，一趟至五趟螳螂杂式捶，四把，蹲猴势桩、浑元桩、三才桩、两仪桩、童子功等功、技、法、式为其拳法的传承载体。兵器主要有六合刀、六合枪、六合棍、峨眉刺等。

心意拳秉承了我国道家"天人合一"和儒家的"中和之道"的思想，兵家的"兵行诡道"思想，医学家的"人与天地相应"的思想，所以，心意拳讲究"阴与阳，刚与柔，进与退"等中和之道的修炼，其包容量之大也成为我国武学宝库中一门难得的上乘拳法。

国家级代表性传承人名单

姓名	性别	申报地区或单位	入选批次
梁晓峰	男	山西省晋中市	3

邢台梅花拳

序号：294

编号：Ⅵ-12

批次：1

类别：杂技与竞技

申报地区或单位：河北省邢台市

扩展名录：
梅花拳　河北省威县

梅花拳，中国传统拳术之一，全称为"干枝五式梅花桩拳"，过去因在桩上演练而得名，后来在地面演练较为广泛，称为"干枝五式落地梅花桩拳"，也称梅花桩、梅拳，主要流传于河北、河南和山东等地，以河北邢台市广宗县、平乡县和威县一带为代表。

梅花拳的布桩图形有北斗桩、三星桩、繁星桩、天罡桩、八卦桩等。桩势有大势、顺势、拗势、小势、败势等五势，套路无一定型，其势如行云流水，变化多端，快而不乱。梅花拳多以口传身授形式授徒，强调文武双修，基本内容包括文理和武功两大类。文理吸收了佛、道、儒三教的思想理论，融合了周易八卦阴阳五行等精义妙法，讲究修身养性，要求练功者身心并练、文武兼备。关于武功，梅花拳基本功内容主要有拳法、腿法、腰法、步法等，武功锻炼的层次和形式分为架子、成拳、拧拳、器械四部分。

据《广宗县志》和《平乡县志》记载，梅花拳在明末清初传入河北邢台的广宗县和平乡县，当地梅花拳以爱国爱民为拳规拳训，师承关系清晰，现已传至第七代，并有拳谱存世。1997年这两县被河北省体委、河北省体育总会授予"河北省梅花拳之乡"称号。

威县梅花拳，据传其历史可追溯至明朝永乐年间。当时，威县李家寨张姓梅花拳的一支随山西移民迁至威县，后平乡梅花拳的两支先后传入威县。目前威县梅花拳以威县李家寨梅拳和平乡邹、张三支为主。

国家级代表性传承人名单

姓名	性别	申报地区或单位	入选批次
张西岭	男	河北省邢台市	1
李玉琢	男	河北省邢台市	1

形意拳

序号：798
编号：Ⅵ-26
批次：2
类别：传统体育、游艺与杂技
申报地区或单位：河北省深州市

扩展名录：
形意拳　山西省太谷县

形意拳，是我国传统拳术之一，与太极拳、八卦掌齐名，同属内家拳。形意拳发源于山西太谷，流行于中国北方，分成河北、山西、河南三个系统。其创始者为明末清初时期山西的姬际可。现代盛行的形意拳，是由河北深州李洛能从山西戴氏心意拳发展出来的，并加以定名。

形意拳以五行拳（劈、蹦、钻、炮、横）和十二形拳（龙、虎、猴、马、鸡、鹞、燕、蛇、鼍、骀、鹰、熊）为基本拳法，其桩法以三体式为基础。山西一些地区有以"站丹田""六合式"为基本桩法的。其他单练套路有五行连环、杂式捶、八式拳、四把拳、十二洪捶、出入洞、五行相生、龙虎斗、八字功、上中下八手。对练套路有三手炮、五花炮、安身炮、九套环。器械练习以刀、枪、剑、棍为主，多以三合、六合、连环、三才等命名。河南一带流行的形意拳多称为"心意拳"，拳法以十大形（龙、虎、鸡、鹰、蛇、马、猫、猴、鹞、燕）和四拳八式（头拳、挑领、鹰捉、粘手）为基本拳法。桩法有鸡腿桩、鹰熊桩。单练套路有龙虎斗、十形合一、上中下四把等。各地流行的形意拳，除技术内容有所不同外，在风格上也各具特色。如河北一带的形意拳，拳势舒展，稳健扎实；山西流传的形意拳，拳势紧凑，劲力精巧；河南一带的心意拳，拳势勇猛，气势雄厚。

形意拳自清末民初以来名手辈出。1914年，形意拳家郝恩光东渡日本，教授留日学生，遂把形意拳介绍到国外。中华人民共和国成立以后，形意拳被列为全国武术表演和比赛项目，在全国各地都有开展，此外，在东南亚、日本、美国等也有形意拳传习。

国家级代表性传承人名单

姓名	性别	申报地区或单位	入选批次
张玉林	男	河北省深州市	4

鹰爪翻子拳

序号：799

编号：Ⅵ-27

批次：2

类别：传统体育、游艺与杂技

申报地区或单位：河北省雄县

鹰爪翻子拳，中国拳术中象形拳之一，在明代名"八闪翻"，后俗称"翻子拳""翻子"，是吸收鹰的形、意和击法发展而成的一种拳术，清朝中期由河北省雄县人刘仕俊所创。其主要流行于河北、北京、湖南、湖北、广东、广西、四川等地。

鹰爪翻子拳，前身是"岳氏散手"，后融合少林鹰爪功和翻子拳技而大成。该拳的特点是：姿势雄健、手眼犀利、身步灵活、发力刚爆。其手形似鹰爪，即手指的第二、三指节勾屈，手背后张。手法有：抓、打、拿、掐、翻、砸、锁、靠、崩、截、拦、挂等，注重抓拿；腿法有：蹬、弹、撩、踹、缠、穿、连环腿等；身法有：俯、仰、拧、转、伸、缩、闪、展等，讲究收腰紧劲；眼法有：环、瞰、注、随等；劲力讲究脆、锉、提、紧。其功法主练鹰爪功（力）和桩功。其套路有鹰爪拳、罗汉拳、十二路行拳、八步追、八面追、五十路连环拳等。在河北、京津一带传习的还有六手翻、燕青翻、鹰爪翻等。翻子拳的套路一般短小精悍，发力迅猛，双拳密集如雨，架势俯伏闪动，动作一气呵成，所以拳谚称"翻子一挂鞭"。翻子拳的劲道，强调脆、快、硬、弹。近年来，翻子拳与戳脚、劈挂相配为伍，因此也追求吞吐发力、辘轳反扯和搅靠劈重的劲道。翻子拳特有的器械有八步连环进手刀、绵战刀等。

鹰爪翻子拳不仅具有独特的观赏价值、健身价值，其刚猛的技击性又使它具有很强的实战价值，当今很多专业擒拿套路都从中借鉴。

国家级代表性传承人名单

姓名	性别	申报地区或单位	入选批次
陈桂学	男	河北省雄县	4

迎罗汉

序号：1149

编号：Ⅵ-66

批次：3

类别：传统体育、游艺与杂技

申报地区或单位：浙江省缙云县

迎罗汉是流传在浙江省缙云县农村中的一项民间游艺活动。罗汉是神通广大者的化身。缙云百姓尊称身强力壮、武功高超的人为罗汉，称习武的团队为罗汉班。

缙云迎罗汉活动始于南宋。据记载，宋高宗时，当地村民为防御外寇，习武自卫，村自卫队，民众称之为"罗汉班"。其后，迎罗汉表演形式融入传统节日、庙会等活动中，世代传承。

迎罗汉由一个或多个罗汉班参加，每班数十人到上百余人不等。各班在开演前要在本村举行祭旗仪式，然后在指定地点集结，在阵头旗、神幡的带领下，伴随着先锋、锣鼓声，按照约定路线以一字长蛇阵进行踩街，每到一村都会选择一处宽阔场地轮番表演。其形式主要有罗汉阵、耍武、叠罗汉等。罗汉阵阵法有大团圆、半月阵、四方阵、大交叉、十字阵、九连环、梅花阵、龙门阵、蝴蝶阵、小盘龙、剪刀阵、双龙出海等十六个阵式。耍武时，队员展演舞刀花、四门叉、滚钢叉、罗汉拳等武术技艺。叠罗汉是压轴节目，由数十人互相配合，组成各种造型动作，如观音扫殿、罗汉井、大小荷花、牌坊、花篮、金桥车等。

迎罗汉在缙云县依然广泛流传，目前全县有罗汉班三十多个，分布在县域十多个乡镇、五十多个村。

岳家拳

序号：807
编号：Ⅵ-35
批次：2
类别：传统体育、游艺与杂技
申报地区或单位：湖北省武穴市

岳家拳是宋朝名将岳飞在与敌作战中结合传统优秀拳法拳理所创的一种拳术。相传岳飞第四子岳震和第五子岳霆避难湖北时，将此拳术传授给民间，在鄂东一带流传。

岳家拳博采各种拳术的精华，技击风格独特。其武术系统分为：武德修养、练功手法、步法、硬功练习法。岳家拳内容主要有：八母棒、五行锏、十宗剑、柔功单刀、手巾化套路；擒拿、点穴秘术；岳家拳柔术功法、拳术理论的研究；中医药理论及药方、保健养生等。流传下来的拳术套路主要有：一字拳、二梅花、三门桩、四门架、五法、六合、七星、八法、九连环、十字桩。十套拳法由易到难，循序渐进，而且每一套动作都古朴自然，紧凑严密，节奏鲜明，简练易学。岳家拳拳法有七虚七实之说。七虚为动则虚、变则虚、劳则虚、曲则虚、短则虚、刚则虚、退则虚；七实为静则实、逸则实、直则实、正则实、长则实、柔则实、进则实；且同一招式依情况而定，虚实变幻。岳家拳因其特定的历史背景，要求"容情莫动手，动手莫留情"，其中"单刀赴宴""降龙伏虎"为绝技中之绝技。岳家拳讲究内外兼修，注重精神、意识、气息的锻炼，通过内练培养人体的元气和正气。

随着时代的变迁，一批批老拳师先后辞世，传承的人越来越少，岳家拳已经到了濒危状态。

查拳

序号：804
编号：Ⅵ-32
批次：2
类别：传统体育、游艺与杂技
申报地区或单位：山东省冠县

查拳，是一种回族传统拳术。其起源于山东冠县张尹庄，由唐朝回纥人查元义（查密尔）、滑宗岐等人创编，并在回民中广泛传播。查拳在鲁西南地区有着广泛的群众基础，近现代以来流传到河南、北京、山西、上海、江苏等地。

历经数百年的实践和演变，查拳形成了现今的冠县的"张式"查拳和"杨式"查拳，以及任城的"李式"查拳三大流派。三派的套路内容不同，练法也各有其妙，但其拳理相同，要求也大体一致。查拳的风格特点是：姿势舒展挺拔，发力迅猛，动静有致，刚柔兼备，节奏鲜明，步法灵活多变，结构严谨，功架整齐。无论往返进退，上下起伏，力求协调配合，整个套路表现出一种潇洒、剽悍、矫捷的形态，是长拳类型中较为系统的拳种。查拳的基础套路有五步拳、五虎拳、拳打四方、六路转、拳术二十法；十路滑抄、十路弹腿及四路弹腿副拳。查拳的器械套路有查刀、二路查刀、五虎群羊刀、四门刀、缠丝双刀、春秋大刀、关公十八刀、朴刀，锁喉枪（锁口枪）、六趟枪、大花枪，盘龙棍、五虎群羊棍、二路五虎群羊棍，昆吾剑（一路查剑）、三才剑、三路查剑、二龙剑等。查拳技术系统完整，内容丰富，功法全面，艺理俱精。

随着武术的整体衰落，完整传承查拳也变得艰难起来，对查拳的抢救、整理、保护已是刻不容缓的事情。

肘捶

序号：1144
编号：Ⅵ-61
批次：3
类别：传统体育、游艺与杂技
申报地区或单位：山东省临清市

肘捶是一种拳法，因其能够巧妙使用多种肘法、拳法而得名，萌发于山东聊城临清，为山东临清唐元乡瑶坡村人张东槐（1844～1901）所创，主要流传于鲁西、冀东一带。

肘捶内容主要包括基本功、徒手套路、对练套路、器械套路、肘捶论五个部分。基本功以"龙光普照，虎威团聚"为主要内容，此二式叫"两通"。徒手套路主要包括两通功单练和天地人三字号单练技法。对练套路中，以十路捶法为主，辅以通过两通单练所成小组合对练，以及揉捶对练、搂挑打对练、四季捶对练、七星锤对练等。器械套路主要包括大枪、单刀、双捌十六法、方天画戟等。肘捶论讲究理法用则，内外兼修，法理合一；主张学一式得一法，得其法明其所用，学一法须知法中之理，以其理举一反三，变化多端。肘捶论核心拳理有肘捶内功说、肘捶打手说、三法归一说等。

临清肘捶传承至今，目前面临着后继乏人的严峻困境。

左各庄杆会

序号：818
编号：Ⅵ-46
批次：2
类别：传统体育、游艺与杂技
申报地区或单位：河北省文安县

左各庄杆会是流传于河北文安地区的一项传统体育项目。左各庄杆会始建于明永乐十三年（1415），现今有文字记载的证物就是文安县左各庄镇崇新村保留下来的一根大杆，杆的底部刻有"明永乐十三年"字样。

左各庄杆会的主要器具是一个长10米的大竹杆，节密，底粗25厘米，节粗20厘米，通体较为匀称，另配有鼓、大小钹、绳子、套子等。左各庄杆会与其他地区杆会不同，主要使用活杆，可以随时随地表演。主要技术动作包括：打挺（单双）、串子、单臂折鱼、抓三叨两、仰丫转、圈上睡觉、挂脚面（单双）、倒脚面、掭脚面、挂脚后跟（单双）、粘糖人、手摆旗、脚摆旗、驴打滚、金鸡独立、耍流星、单横棍等。

左各庄杆会技艺精湛，有着严格的传承方式，在相对封闭的农村保存下来，具有原汁原味的特点，对研究中国古代杂技艺术演变具有较高的学术价值。同时杆会以特有的方式在民间传承生存，包含着丰富的民俗信息，成为研究民俗文化的珍贵资料。至今杆会拥有固定的专用训练场地，杆会成员上百人，每年参加各类表演，在当地得到了很好的传承和发展。

中国非物质文化遗产
百 科 全 书

The Encyclopedia of Chinese
Intangible Cultural Heritage

冯骥才 ⊙ 总主编

代表性项目卷
Represental Projects

下 卷

中国文联出版社
http://www.clapnet.cn

《中国非物质文化遗产百科全书》总编委会

总顾问：孙家正　　赵　实

顾　问：李　屹　　左中一　　夏　潮　　李前光　　郭运德　　陈建文

总主编：冯骥才

常务副总主编：罗　杨　　向云驹　　揣振宇

副总主编：周燕屏　　朱　庆　　奚耀华

总编委（按姓氏笔画排序）：

万建中	马雄福	王　娟	王勇超	王锦强	韦苏文	乌丙安	户晓辉
尹虎彬	孔宏图	叶　涛	叶舒宪	冯骥才	吕　军	朱　庆	朱辉军
乔晓光	向云驹	刘　华	刘晓春	刘晔原	刘铁梁	刘锡诚	刘魁立
齐　欣	安德明	李耀宗	杨利慧	吴元新	邹明华	沙马拉毅	张　锠
张志学	陈玉胜	陈连山	陈泳超	陈勤建	苑　利	林继富	罗　杨
岳永逸	周燕屏	郑土有	孟慧英	赵　书	赵　琛	施爱东	索南多杰
奚耀华	高丙中	陶立璠	陶思炎	萧　放	曹保明	康　丽	彭　牧
揣振宇	潘鲁生

编　辑：

柴文良　　王东升　　周小丽　　王柏松　　龚　方　　王素珍　　李婉君

《中国非物质文化遗产百科全书·代表性项目卷》编委会

主　编：罗吉华

副主编：陶　颖　张旭东

顾　问：揣振宇　王云霞　雍继荣　们发延

编　委（按姓氏笔画为序）：

马小红　　王云霞　　们发延　　辛宇玲　　张　霜　　张旭东
罗吉华　　赵海森　　顾世宝　　郭　萍　　陶　颖　　康嘉岐
揣振宇　　雍继荣

本卷撰稿：

民间文学：顾世宝

传统音乐：陶　颖

传统舞蹈：张旭东

传统戏剧：辛宇玲

曲　艺：顾世宝

传统体育、游艺与杂技：罗吉华　辛宇玲

传统美术：张旭东

传统技艺：郭　萍

传统医药：陶　颖

民　俗：罗吉华　张　霜

图片供稿：王锦强

◎总序

总 序

  《中国非物质文化遗产百科全书》是一项旨在集结前人智慧、体现学术精华、弘扬传统文化的智力成果。编纂《中国非物质文化遗产百科全书》之所以能够成就，与当下的时代背景和文化繁荣息息相关，既满足了迫在眉睫的文化需求，又顺应了弘扬中华文明的大势所趋。

  首先，"非物质文化遗产"是我们这个时代具有象征意义的文化样式。在学术界和文化艺术界又成为最具时代感和最时尚的一个名词，甚至有人将我们这个时代称为"非遗时代"。我国作为世界上的"非遗"大国，"非遗"资源就达87万项，这些项目反映在我国的各个民族和文化的各个领域。作为人类古老的文明形态，非物质文化遗产不是一种孤立的文化表象，它与物质文化遗产和自然文化遗产、甚至与我们精神文化遗产都有着内在的依存关系，涉及人类文化的诸多根脉和基因问题。因此，联合国教科文组织在2002年通过的《伊斯坦布尔宣言》中强调了非物质文化遗产的重要性，认为"非遗"是人类文化多样性的熔炉和可持续发展的保证。对"非遗"项目的立档、保存、研究、宣传、普及、弘扬、传承和振兴成为保护"非遗"的关键所在。

  其次，盛世修典。在历史上，我国历朝历代都有修典撰志之风尚，唐代有《艺文类聚》、宋代有《太平御览》、明代有《永乐大典》、清代有《古今图书集成》、当代有《中华大典》。传统文化作为一个民族国家精神的实质内核，在当下仍然具有无可替代的功能和作用。它对综合国力的强弱越来越具有决定性的影响，成为综合国力竞争的关键因素。我国已经成为国际社会的重要成员，文化的交流和互动日益成为与国际社会沟通的重要方式，因此，普及性和大众化的读物在满足我国日益增长的物质文化和精神文化需求方面发挥着越来越大的作用。任继愈先生认为，一个民族的历史和文化是"国家兴亡之学、民族盛衰之学"。科学、抢救性地记录和汇总我国各民族传统知识的精华，使之得到在地化保存，即是保护和传承中华民族优秀文化遗产的有力举措。在此基础上，普及和教育传统文化，用普及性读物弘扬中华文明就成为我们这个时代和这代人肩负的重要使命，是实现中华民族伟大复兴的战略要求，也是全球化视野中保护文化多样性，促进与人类不同文明传统间对话、交流之必需。

  再次，2006年5月20日，国务院批准文化部确定并公布第一批国家级非物质文化遗产名录518项。2008年6月14日，国务院又发布了第二批国家级非物质文化遗产名录510项和第一批国家级非物质文化遗产扩展项目名录147项。2011年6月10日，国务院公布了批准文化部确定的第三批国家级非物质文化遗产名录 191 项和国家级非物质文化遗产名录扩展项目名录 164 项。至此,国家级非物质文化遗产名录项目已达 1219 项,各省(区、市)人民政府也公布了省级非物质文化遗产名录近 1 万项。大部分市、县也建立了本级非物质文化遗产名录。同时,我国积极参与国际合作,推动国际非物质文化遗产保护规则制定,目前入选联合国教科文组织"人类非物质文化遗产代表作名录"30 项,"急需保护的非物质文化遗产名录"7 项,总数达 37 项,成为世界上入选项目最多的国家。

  2012 年,经中国文联出版社立项,并由中国文联文学艺术基金会资助,中国非物质文化遗产首次向读者展示其"百科全书"的真正面目。经过近两年的努力,我们对目前国内外有关非物质文化遗产研究方面的学术成果进行了全面系统的综合性盘点、梳理,吸收和借鉴最新的学术成果,编纂出这部"百科全书"。书中所列条目和内容清晰、全面、明确,编者对相关研究进行了细致、深入的梳理,这在国内尚属首次,这也是本书所具有的最大价值。同时,本书对于弘扬优秀的传统中国文化,促进各民族、各地区之间的文化交流,增进不同民族、不同地域人民之间的相互了解,推动我国文化多样性的保护和发展,增强中华民族的凝聚力都将具有重要的现实意义和深远的历史意义。

《中国非物质文化遗产百科全书》编委会

目 录

七、传统美术

北京绢花 581
汴绣 581
布老虎黎侯虎 581
彩扎 582
 彩扎（凤凰纸扎）............................ 582
 彩扎（秸秆扎刻）............................ 583
 彩扎（彩布拧台）............................ 583
 彩扎（邳州纸塑狮子头）................ 583
 彩扎（佛山狮头）............................ 584
草编 584
 草编（大名草编）............................ 585
 草编（徐行草编）............................ 585
 草编（莱州草辫）............................ 585
 草编（沐川草龙）............................ 586
 草编（湖口草龙）............................ 586
 草编（哈萨克族芨芨草编织技艺）....... 586
常州梳篦 587
潮州木雕 587
 潮州木雕 588
传统插花 588
瓷板画 589
灯彩 589
 灯彩（仙居花灯）............................ 590
 灯彩（硖石灯彩）............................ 590
 灯彩（泉州花灯）............................ 590
 灯彩（东莞千角灯）........................ 591
 灯彩（湟源排灯）............................ 591
 灯彩（北京灯彩）............................ 591
 灯彩（上海灯彩）............................ 591

 灯彩（秦淮灯彩）............................ 592
 灯彩（苏州灯彩）............................ 592
 灯彩（佛山彩灯）............................ 592
 灯彩（潮州花灯）............................ 593
 灯彩（洛阳宫灯）............................ 593
 灯彩（汴京灯笼张）........................ 593
 灯彩（忠信花灯）............................ 594
东阳木雕 594
侗族刺绣 595
上党堆锦 595
凤翔木版年画 596
佛山木版年画 596
阜新玛瑙雕 597
高密扑灰年画 597
顾绣 598
哈萨克毡绣和布绣 598
汉绣 599
汉字书法 600
核雕 600
 核雕（光福核雕）............................ 601
 核雕（潍坊核雕）............................ 601
 核雕（广州榄雕）............................ 601
衡水内画 602
 内画（北京内画鼻烟壶）................ 602
 内画（广东内画）............................ 603
葫芦雕刻 603
 东昌葫芦雕刻 603
湟中堆绣 603
灰塑 604
徽州三雕 605

中国非物质文化遗产百科全书·代表性项目卷

婺源三雕 605
惠安石雕 605
嘉兴灶头画 606
剪纸 607
    剪纸（蔚县剪纸）........................... 609
    剪纸（丰宁满族剪纸）....................... 609
    剪纸（中阳剪纸）........................... 610
    剪纸（医巫闾山满族剪纸）................... 610
    剪纸（扬州剪纸）........................... 611
    剪纸（乐清细纹刻纸）....................... 611
    剪纸（广东剪纸）........................... 611
    剪纸（傣族剪纸）........................... 612
    剪纸（安塞剪纸）........................... 612
    剪纸（广灵染色剪纸）....................... 612
    剪纸（和林格尔剪纸）....................... 612
    剪纸（庄河剪纸）........................... 613
    剪纸（岫岩剪纸）........................... 613
    剪纸（建平剪纸）........................... 613
    剪纸（新宾满族剪纸）....................... 614
    剪纸（长白山满族剪纸）..................... 614
    剪纸（方正剪纸）........................... 614
    剪纸（上海剪纸）........................... 614
    剪纸（南京剪纸）........................... 615
    剪纸（徐州剪纸）........................... 615
    剪纸（金坛刻纸）........................... 615
    剪纸（浦江剪纸）........................... 616
    剪纸（阜阳剪纸）........................... 616
    剪纸（漳浦剪纸）........................... 616
    剪纸［泉州（李尧宝）刻纸）］............... 616
    剪纸（柘荣剪纸）........................... 617
    剪纸（瑞昌剪纸）........................... 617
    剪纸（莒县过门笺）......................... 617
    剪纸（滨州民间剪纸）....................... 618
    剪纸（高密剪纸）........................... 618
    剪纸（烟台剪纸）........................... 618
    剪纸（灵宝剪纸）........................... 618
    剪纸（卢氏剪纸）........................... 619

    剪纸（辉县剪纸）........................... 619
    剪纸（孝感雕花剪纸）....................... 619
    剪纸（鄂州雕花剪纸）....................... 620
    剪纸（仙桃雕花剪纸）....................... 620
    剪纸（踏虎凿花）........................... 620
    剪纸（苗族剪纸）........................... 621
    剪纸（庆阳剪纸）........................... 621
    剪纸（包头剪纸）........................... 621
    剪纸（新干剪纸）........................... 621
    剪纸（延川剪纸）........................... 622
    剪纸（旬邑彩贴剪纸）....................... 622
    剪纸（会宁剪纸）........................... 622
建筑彩绘 623
    建筑彩绘（白族民居彩绘）................... 624
    建筑彩绘（陕北匠艺丹青）................... 624
    建筑彩绘（炕围画）......................... 624
    建筑彩绘（传统地仗彩画）................... 625
金石篆刻 625
    西泠印社 625
柯尔克孜族刺绣 626
乐清黄杨木雕 626
    黄杨木雕 627
梁平木版年画 627
料器 628
    北京料器 628
    料器（葡萄常料器）......................... 628
临夏砖雕 629
    砖雕（山西民居砖雕）....................... 629
柳编 630
    柳编（广宗柳编）........................... 630
    柳编（维吾尔族枝条编织）................... 630
    柳编（固安柳编）........................... 631
    柳编（黄岗柳编）........................... 631
    柳编（霍邱柳编）........................... 631
    柳编（博兴柳编）........................... 632
    柳编（曹县柳编）........................... 632
龙档 632

乐清龙档 ……………………………… 632	木雕 …………………………………… 647
麦秆剪贴 ………………………………… 633	木雕（曲阜楷木雕刻）…………… 648
满族刺绣 ………………………………… 633	木雕（澳门神像雕刻）…………… 648
满族刺绣（岫岩满族民间刺绣）…… 634	木雕（武汉木雕船模）…………… 648
满族刺绣（锦州满族民间刺绣）…… 634	木雕（紫檀雕刻）………………… 649
满族刺绣（长白山满族枕头顶刺绣）… 634	木雕（海派紫檀雕刻）…………… 649
蒙古族刺绣 ……………………………… 635	木雕（莆田木雕）………………… 649
绵竹木版年画 …………………………… 635	木雕（花瑰艺术）………………… 649
面花 ……………………………………… 636	木雕（剑川木雕）………………… 650
面花（阳城焙面面塑）…………… 636	纳西族东巴画 …………………………… 650
面花（闻喜花馍）………………… 637	泥塑 ……………………………………… 651
面花（定襄面塑）………………… 637	泥塑（天津泥人张）……………… 651
面花（新绛面塑）………………… 637	泥塑（惠山泥人）………………… 652
面花（郎庄面塑）………………… 638	泥塑（凤翔泥塑）………………… 652
面花（黄陵面花）………………… 638	泥塑（浚县泥咕咕）……………… 653
面人 ……………………………………… 639	泥塑（苏州泥塑）………………… 653
面人（北京面人郎）……………… 639	泥塑（聂家庄泥塑）……………… 653
面人（上海面人赵）……………… 639	泥塑（大吴泥塑）………………… 653
面人（曹州面人）………………… 640	泥塑（徐氏泥彩塑）……………… 654
面人（曹县江米人）……………… 640	泥塑（苗族泥哨）………………… 654
面人（面人汤）…………………… 640	泥塑（杨氏家族泥塑）…………… 654
苗画 ……………………………………… 641	泥塑（惠民泥塑）………………… 655
苗绣 ……………………………………… 641	宁波金银彩绣 …………………………… 655
民间绣活 ………………………………… 642	宁波泥金彩漆 …………………………… 656
民间绣活（高平绣活）…………… 643	宁波朱金漆木雕 ………………………… 656
民间绣活（麻柳刺绣）…………… 643	瓯塑 ……………………………………… 657
民间绣活（西秦刺绣）…………… 643	瓯绣 ……………………………………… 657
民间绣活（澄城刺绣）…………… 644	盆景技艺 ………………………………… 658
民间绣活（红安绣活）…………… 644	盆景技艺（扬派盆景技艺）……… 659
民间绣活（阳新布贴）…………… 644	盆景技艺（徽派盆景技艺）……… 659
木版年画 ………………………………… 645	盆景技艺（英石假山盆景技艺）… 659
木版年画（平阳木版年画）……… 645	盆景技艺（苏派盆景技艺）……… 660
木版年画（东昌府木版年画）…… 645	盆景技艺（川派盆景技艺）……… 660
木版年画（张秋木版年画）……… 646	平遥纱阁戏人 …………………………… 660
木版年画（夹江年画）…………… 646	萍乡湘东傩面具 ………………………… 661
木版年画（滑县木版年画）……… 646	羌族刺绣 ………………………………… 661
木版年画（老河口木版年画）…… 647	青田石雕 ………………………………… 662

清徐彩门楼 ... 663	糖塑 ... 680
庆阳香包绣制 ... 663	糖塑（丰县糖人贡）... 680
香包（徐州香包）... 664	糖塑（天门糖塑）... 680
曲阳石雕 ... 664	糖塑（成都糖画）... 681
热贡艺术 ... 665	桃花坞木版年画 ... 681
软木画 ... 666	挑花 ... 682
上海绒绣 ... 667	黄梅挑花、花瑶挑花 ... 682
嵊州竹编 ... 667	挑花（望江挑花）... 683
竹编（东阳竹编）... 668	挑花（花瑶挑花）... 683
竹编（舒席）... 668	土族盘绣 ... 683
竹编（瑞昌竹编）... 668	维吾尔族刺绣 ... 684
竹编（梁平竹帘）... 669	武强木版年画 ... 685
竹编（渠县刘氏竹编）... 669	锡伯族刺绣 ... 686
竹编（青神竹编）... 669	锡雕 ... 687
竹编（瓷胎竹编）... 669	湘绣 ... 687
竹编（益阳小郁竹艺）... 670	镶嵌 ... 688
竹编（毛南族花竹帽编织技艺）... 670	镶嵌（彩石镶嵌）... 688
石雕 ... 671	镶嵌（骨木镶嵌）... 689
石雕（煤精雕刻）... 671	镶嵌（嵌瓷、潮州嵌瓷）... 689
石雕（鸡血石雕）... 672	象牙雕刻 ... 690
石雕（嘉祥石雕）... 672	新会葵艺 ... 690
石雕（掖县滑石雕刻）... 672	岫岩玉雕 ... 691
石雕（方城石猴）... 672	扬州玉雕 ... 691
石雕（大冶石雕）... 673	杨家埠木版年画 ... 692
石雕（菊花石雕）... 673	杨柳青木版年画 ... 693
石雕（雷州石狗）... 673	瑶族刺绣 ... 694
石雕（白花石刻）... 674	椰雕 ... 695
石雕（安岳石刻）... 674	夜光杯雕 ... 696
石雕（泽库和日寺石刻）... 674	彝族 ... 696
寿山石雕 ... 675	（撒尼）刺绣 ... 696
蜀绣 ... 676	永春纸织画 ... 697
水族马尾绣 ... 676	玉雕 ... 697
苏绣 ... 677	玉雕（北京玉雕）... 698
苏绣（无锡精微绣）... 677	玉雕（苏州玉雕）... 698
苏绣（南通仿真绣）... 678	玉雕（镇平玉雕）... 698
塔尔寺酥油花 ... 678	玉雕（广州玉雕）... 699
滩头木版年画 ... 679	玉雕（阳美翡翠玉雕）... 699

玉雕（海派玉雕）..................699
粤绣..700
藏族编织、挑花刺绣工艺............700
藏族格萨尔彩绘石刻....................701
藏族唐卡....................................701
　　藏族唐卡（勉唐画派）..........702
　　藏族唐卡（钦则画派）..........703
　　藏族唐卡（噶玛嘎孜画派）...703
　　藏族唐卡（墨竹工卡直孔刺绣唐卡）...703
　　藏族唐卡（甘南藏族唐卡）...703
漳州木版年画..............................704
漳州木偶头雕刻..........................704
　　木偶头雕刻（江加走木偶头雕刻）...705
朱仙镇木版年画..........................705
竹刻..706
　　竹刻（嘉定竹刻）................706
　　竹刻（宝庆竹刻）................707
　　竹刻（无锡留青竹刻）..........707
　　竹刻（常州留青竹刻）..........707
　　竹刻（黄岩翻簧竹雕）..........708
　　竹刻（江安竹簧）................708
砖塑..708
　　甄城砖塑............................708
棕编..709
　　新繁棕编............................709

八、传统技艺

阿昌族户撒刀锻制技艺................713
白茶制作技艺............................713
　　福鼎白茶制作技艺................713
白沙茅龙笔制作技艺...................714
白族扎染技艺............................714
斑铜制作技艺............................715
保安族腰刀锻制技艺...................716
北京四合院传统营造技艺............716
贝叶经制作技艺..........................717
蚕丝织造技艺............................718

蚕丝织造技艺
　　（余杭清水丝绵制作技艺）...718
蚕丝织造技艺（杭罗织造技艺）...718
蚕丝织造技艺（双林绫绢织造技艺）....719
蚕丝织造技艺（杭州织锦技艺）.........719
蚕丝织造技艺
　　（辑里湖丝手工制作技艺）...719
茶点制作技艺............................720
　　富春茶点制作技艺................720
长沙窑铜官陶瓷烧制技艺............720
成都漆艺....................................721
成都银花丝制作技艺...................721
澄城尧头陶瓷烧制技艺................722
楮皮纸制作技艺..........................723
传统棉纺织技艺..........................723
　　传统棉纺织技艺
　　（南通色织土布技艺）..........724
　　传统棉纺织技艺
　　（余姚土布制作技艺）..........724
　　传统棉纺织技艺
　　（维吾尔族帕拉孜纺织技艺）...724
传统面食制作技艺......................725
　　传统面食制作技艺
　　（龙须拉面和刀削面制作技艺）...725
　　传统面食制作技艺
　　（抿尖面和猫耳朵制作技艺）...725
　　传统面食制作技艺
　　（天津"狗不理"包子制作技艺）......726
　　传统面食制作技艺
　　（稷山传统面点制作技艺）...726
传统木船制造技艺......................726
磁州窑烧制技艺..........................727
傣族、纳西族手工造纸技艺........728
傣族慢轮制陶技艺......................728
傣族织锦技艺............................729
德格印经院藏族雕版印刷技艺.....729

中国非物质文化遗产百科全书·代表性项目卷

藏族雕版印刷技艺
　（波罗古泽刻版制作技艺）..........730
德化瓷烧制技艺..........730
地毯织造技艺..........731
　地毯织造技艺（北京宫毯织造技艺）....731
　地毯织造技艺（阿拉善地毯织造技艺）...731
　地毯织造技艺
　　（维吾尔族地毯织造技艺）..........732
雕版印刷技艺..........732
　雕版印刷技艺..........733
　雕版印刷技艺（杭州雕版印刷技艺）....733
　雕版印刷技艺（同仁刻版印刷技艺）....733
雕漆技艺..........734
定瓷烧制技艺..........735
侗锦织造技艺..........735
侗族木构建筑营造技艺..........736
都一处烧麦制作技艺..........736
豆瓣传统制作技艺..........737
　郫县豆瓣传统制作技艺..........737
豆豉酿制技艺..........738
　豆豉酿制技艺（永川豆豉酿制技艺）....738
　豆豉酿制技艺（潼川豆豉酿制技艺）....738
端砚制作技艺..........739
俄罗斯族民居营造技艺..........739
鄂伦春族狍皮制作技艺..........740
仿膳（清廷御膳）制作技艺..........740
风筝制作技艺..........741
　风筝制作技艺（潍坊风筝）..........741
　风筝制作技艺（南通板鹞风筝）..........742
　风筝制作技艺（拉萨风筝）..........742
　风筝制作技艺
　　（北京风筝哈制作技艺）..........743
　风筝制作技艺
　　（天津风筝魏制作技艺）..........743
　风筝制作技艺
　　（北京风筝制作技艺）..........743
枫溪瓷烧制技艺..........744

枫香印染技艺..........745
福州脱胎漆器髹饰技艺..........745
腐乳酿造技艺..........746
　王致和腐乳酿造技艺..........746
古书画临摹复制技艺..........746
官式古建筑营造技艺..........747
　北京故宫..........747
广彩瓷烧制技艺..........747
国画颜料制作技艺..........748
　姜思序堂国画颜料制作技艺..........748
哈萨克族毡房营造技艺..........748
赫哲族鱼皮制作技艺..........749
黑茶制作技艺..........750
　黑茶制作技艺（千两茶制作技艺）..........750
　黑茶制作技艺（茯砖茶制作技艺）..........751
　黑茶制作技艺（南路边茶制作技艺）..........751
　黑茶制作技艺（下关沱茶制作技艺）..........751
衡水法帖雕版拓印技艺..........752
红茶制作技艺..........752
　祁门红茶制作技艺..........752
湖笔制作技艺..........753
花茶制作技艺..........753
　张一元茉莉花茶制作技艺..........753
　花茶制作技艺
　　（吴裕泰茉莉花茶制作技艺）..........754
花丝镶嵌制作技艺..........754
桦树皮制作技艺..........755
黄金溜槽堆石砌灶冶炼技艺..........756
徽墨制作技艺..........756
　徽墨制作技艺
　　（曹素功墨锭制作技艺）..........757
徽派传统民居营造技艺..........757
火腿制作技艺..........758
　金华火腿腌制技艺..........758
　火腿制作技艺（宣威火腿制作技艺）......758
加牙藏族织毯技艺..........759
建窑建盏烧制技艺..........759

酱菜制作技艺	760
六必居酱菜制作技艺	760
酱油酿造技艺	761
钱万隆酱油酿造技艺	761
界首彩陶烧制技艺	761
金陵刻经印刷技艺	762
金漆镶嵌髹饰技艺	762
金星砚制作技艺	763
银细工制作技艺	763
景德镇传统瓷窑作坊营造技艺	764
景德镇手工制瓷技艺	765
景泰蓝制作技艺	765
剧装戏具制作技艺	766
聚春园佛跳墙制作技艺	767
聚元号弓箭制作技艺	768
弓箭制作技艺（锡伯族弓箭制作技艺）	768
弓箭制作技艺（蒙古族牛角弓制作技艺）	769
钧瓷烧制技艺	769
烤鸭技艺	770
客家土楼营造技艺	771
孔府菜烹饪技艺	771
拉萨甲米水磨坊制作技艺	772
兰州黄河大水车制作技艺	772
蓝夹缬技艺	773
黎族传统纺染织绣技艺	773
黎族船型屋营造技艺	774
黎族树皮布制作技艺	775
黎族原始制陶技艺	775
黎族钻木取火技艺	776
醴陵釉下五彩瓷烧制技艺	776
凉茶	777
临清贡砖烧制技艺	777
浏阳花炮制作技艺	778
烟火爆竹制作技艺（南张井老虎火）	778
烟火爆竹制作技艺（万载花炮制作技艺）	779
烟火爆竹制作技艺（萍乡烟花制作技艺）	779
烟火爆竹制作技艺（蒲城杆火技艺）	779
烟火爆竹制作技艺（架花烟火爆竹制作技艺）	779
琉璃烧制技艺	780
六味斋酱肉传统制作技艺	780
龙泉宝剑锻制技艺	781
龙泉青瓷烧制技艺	781
龙舟制作技艺	782
泸州老窖酒酿制技艺	782
鲁锦织造技艺	783
绿茶制作技艺	784
绿茶制作技艺（西湖龙井）	784
绿茶制作技艺（婺州举岩）	784
绿茶制作技艺（黄山毛峰）	785
绿茶制作技艺（太平猴魁）	785
绿茶制作技艺（六安瓜片）	785
绿茶制作技艺（碧螺春制作技艺）	786
绿茶制作技艺（紫笋茶制作技艺）	786
绿茶制作技艺（安吉白茶制作技艺）	786
毛笔制作技艺	787
毛笔制作技艺（周虎臣毛笔制作技艺）	787
毛笔制作技艺（扬州毛笔制作技艺）	788
毛纺织及擀制技艺	788
毛纺织及擀制技艺（彝族毛纺织及擀制技艺）	789
毛纺织及擀制技艺（藏族牛羊毛编织技艺）	789
毛纺织及擀制技艺（东乡族擀毡技艺）	789
毛纺织及擀制技艺（维吾尔族花毡制作技艺）	790
茅台酒酿制技艺	790
蒙古包营造技艺	791
蒙古族勒勒车制作技艺	791

中国非物质文化遗产百科全书·代表性项目卷

蒙古族马具制作技艺 ……………………… 792
苗寨吊脚楼营造技艺 ……………………… 792
苗族蜡染技艺 ……………………………… 793
苗族芦笙制作技艺 ………………………… 794
苗族银饰锻制技艺 ………………………… 794
  银饰制作技艺（苗族银饰制作技艺）…795
  银饰制作技艺（彝族银饰制作技艺）…795
  银饰制作技艺（畲族银器制作技艺）…796
  银饰制作技艺（苗族银饰锻制技艺）…796
苗族织锦技艺 ……………………………… 797
民族乐器制作技艺 ………………………… 797
  民族乐器制作技艺
  （长子响铜乐器制作技艺）…………… 798
  民族乐器制作技艺
  （朝鲜族民族乐器制作技艺）………… 798
  民族乐器制作技艺
  （苏州民族乐器制作技艺）…………… 799
  民族乐器制作技艺
  （漳州蔡福美传统制鼓技艺）………… 799
  民族乐器制作技艺
  （维吾尔族乐器制作技艺）…………… 799
  民族乐器制作技艺
  （宏音斋笙管制作技艺）……………… 800
  民族乐器制作技艺
  （蒙古族拉弦乐器制作技艺）………… 800
  民族乐器制作技艺
  （马头琴制作技艺）…………………… 800
  民族乐器制作技艺
  （上海民族乐器制作技艺）…………… 801
  民族乐器制作技艺
  （苗族芦笙制作技艺）………………… 801
  民族乐器制作技艺
  （傣族象脚鼓制作技艺）……………… 801
闽南传统民居营造技艺 …………………… 802
明式家具制作技艺 ………………………… 803
  家具制作技艺
  （京作硬木家具制作技艺）…………… 803

家具制作技艺
  （广式硬木家具制作技艺）…………… 804
家具制作技艺（晋作家具制作技艺）…… 804
家具制作技艺（精细木作技艺）………… 804
木版水印技艺 ……………………………… 805
木拱桥传统营造技艺 ……………………… 806
木活字印刷技术 …………………………… 807
南京金箔锻制技艺 ………………………… 807
南京云锦木机妆花手工织造技艺 ………… 808
南通蓝印花布印染技艺 …………………… 809
  蓝印花布印染技艺 …………………… 809
内联陞千层底布鞋制作技艺 ……………… 810
  手工制鞋技艺
  （老美华手工制鞋技艺）……………… 811
酿造酒传统酿造技艺 ……………………… 811
  酿造酒传统酿造技艺
  （封缸酒传统酿造技艺）……………… 811
  酿造酒传统酿造技艺
  （金华酒传统酿造技艺）……………… 812
牛羊肉烹制技艺 …………………………… 812
  牛羊肉烹制技艺
  （东来顺涮羊肉制作技艺）…………… 812
  牛羊肉烹制技艺
  （鸿宾楼全羊席制作技艺）…………… 813
  牛羊肉烹制技艺
  （月盛斋酱烧牛羊肉制作技艺）……… 813
  牛羊肉烹制技艺
  （北京烤肉制作技艺）………………… 813
  牛羊肉烹制技艺
  （冠云平遥牛肉传统加工技艺）……… 814
  牛羊肉烹制技艺（烤全羊技艺）……… 814
配制酒传统酿造技艺 ……………………… 815
  菊花白酒传统酿造技艺 ……………… 815
皮纸制作技艺 ……………………………… 815
  皮纸制作技艺（龙游皮纸制作技艺）…816
平遥推光漆器髹饰技艺 …………………… 816
普洱茶制作技艺 …………………………… 817

普洱茶制作技艺（贡茶制作技艺） ……817
普洱茶制作技艺（大益茶制作技艺） ……818
漆器髹饰技艺 ……818
漆器髹饰技艺（徽州漆器髹饰技艺） ……818
漆器髹饰技艺（重庆漆器髹饰技艺） ……819
漆器髹饰技艺（绛州剔犀技艺） ……819
漆器髹饰技艺
（鄱阳脱胎漆器髹饰技艺） ……820
漆器髹饰技艺（潍坊嵌银髹漆技艺） ……820
漆器髹饰技艺（楚式漆器髹饰技艺） ……820
漆器髹饰技艺（阳江漆器髹饰技艺） ……821
铅山连四纸制作技艺 ……821
铅锡刻镂技艺 ……822
青铜器修复及复制技艺 ……822
清徐老陈醋酿制技艺 ……823
老陈醋酿制技艺
（美和居老陈醋酿制技艺） ……824
汝瓷烧制技艺 ……824
撒拉族篱笆楼营造技艺 ……825
伞制作技艺 ……825
伞制作技艺（油纸伞制作技艺） ……825
伞制作技艺（西湖绸伞） ……826
厦门漆线雕技艺 ……826
晒盐技艺 ……827
晒盐技艺（海盐晒制技艺） ……827
晒盐技艺（井盐晒制技艺） ……828
绍兴黄酒酿制技艺 ……828
盛锡福皮帽制作技艺 ……829
石库门里弄建筑营造技艺 ……829
石桥营造技艺 ……830
石湾陶塑技艺 ……830
蜀锦织造技艺 ……831
水密隔舱福船制造技艺 ……831
宋锦织造技艺 ……832
苏州缂丝织造技艺 ……832
苏州御窑金砖制作技艺 ……833
素食制作技艺 ……834

功德林素食制作技艺 ……834
滩羊皮鞣制工艺 ……834
唐三彩烧制技艺 ……835
陶器烧制技艺 ……836
陶器烧制技艺（钦州坭兴陶烧制技艺） ……836
陶器烧制技艺（藏族黑陶烧制技艺） ……836
陶器烧制技艺（牙舟陶器烧制技艺） ……837
陶器烧制技艺（建水紫陶烧制技艺） ……837
陶器烧制技艺（荥经砂器烧制技艺） ……838
陶器烧制技艺（黎族泥片制陶技艺） ……838
陶器烧制技艺（荣昌陶器制作技艺） ……838
天福号酱肘子制作技艺 ……839
天台山干漆夹苎技艺 ……839
同盛祥牛羊肉泡馍制作技艺 ……840
铜雕技艺 ……840
土家族吊脚楼营造技艺 ……841
土家族织锦技艺 ……842
土碱烧制技艺 ……843
万安罗盘制作技艺 ……843
维吾尔族传统小刀制作技艺 ……844
维吾尔族花毡、印花布织染技艺 ……844
维吾尔族卡拉库尔胎羔皮帽制作技艺 ……845
维吾尔族民居建筑技艺 ……846
阿依旺赛来民居营造技艺 ……846
维吾尔族模制法土陶烧制技艺 ……847
维吾尔族桑皮纸制作技艺 ……847
桑皮纸制作技艺 ……848
乌龙茶制作技艺 ……848
铁观音制作技艺 ……848
乌泥泾手工棉纺织技艺 ……849
乌铜走银制作技艺 ……849
芜湖铁画锻制技艺 ……850
五芳斋粽子制作技艺 ……850
武夷岩茶（大红袍）制作技艺 ……851
婺州传统民居营造技艺 ……851
歙砚制作技艺 ……853
夏布织造技艺 ……853

香山帮传统建筑营造技艺 854
香云纱染整技艺 854
新疆维吾尔族艾德莱斯绸织染技艺 855
杏花村汾酒酿制技艺 856
宣笔制作技艺 856
宣纸制作技艺 857
砚台制作技艺 857
 砚台制作技艺（易水砚制作技艺）...... 858
 砚台制作技艺（澄泥砚制作技艺）...... 858
 砚台制作技艺（洮砚制作技艺）...... 858
 砚台制作技艺（贺兰砚制作技艺）...... 859
雁门民居营造技艺 859
扬州漆器髹饰技艺 860
阳城生铁冶铸技艺 860
 生铁冶铸技艺（干模铸造技艺）...... 861
窑洞营造技艺 862
 窑洞营造技艺（地坑院营造技艺）...... 862
 窑洞营造技艺（陕北窑洞营造技艺）...... 862
耀州窑陶瓷烧制技艺 863
宜兴紫砂陶制作技艺 863
彝族漆器髹饰技艺 864
银铜器制作及鎏金技艺 865
印泥制作技艺 865
 印泥制作技艺（上海鲁庵印泥）...... 866
 印泥制作技艺（漳州八宝印泥）...... 866
玉屏箫笛制作技艺 866
月饼传统制作技艺 867
 月饼传统制作技艺
 （郭杜林晋式月饼制作技艺）...... 867
 月饼传统制作技艺
 （安琪广式月饼制作技艺）...... 868
越窑青瓷烧制技艺 868
藏香制作技艺 869
藏族邦典、卡垫织造技艺 869
藏族碉楼营造技艺 870
 碉楼营造技艺（羌族碉楼营造技艺）...... 871
藏族金属锻造技艺 872

藏族金属锻造技艺（藏族锻铜技艺）...... 872
藏族金属锻造技艺（藏刀锻制技艺）...... 872
藏族金属锻制技艺
（扎西吉彩金银锻铜技艺）...... 873
藏族矿植物颜料制作技艺 873
藏族造纸技艺 874
榨菜传统制作技艺 874
 涪陵榨菜传统制作技艺 874
张小泉剪刀锻制技艺 875
 剪刀锻制技艺
 （王麻子剪刀锻制技艺）...... 875
真不同洛阳水席制作技艺 876
镇江恒顺香醋酿制技艺 876
蒸馏酒传统酿造技艺 877
 蒸馏酒传统酿造技艺
 （北京二锅头酒传统酿造技艺）...... 878
 蒸馏酒传统酿造技艺
 （衡水老白干传统酿造技艺）...... 878
 蒸馏酒传统酿造技艺
 （山庄老酒传统酿造技艺）...... 878
 蒸馏酒传统酿造技艺
 （板城烧锅酒传统五甑酿造技艺）...... 879
 蒸馏酒传统酿造技艺
 （梨花春白酒传统酿造技艺）...... 879
 蒸馏酒传统酿造技艺
 （老龙口白酒传统酿造技艺）...... 879
 蒸馏酒传统酿造技艺
 （大泉源酒传统酿造技艺）...... 879
 蒸馏酒传统酿造技艺
 （宝丰酒传统酿造技艺）...... 880
 蒸馏酒传统酿造技艺
 （五粮液酒传统酿造技艺）...... 880
 蒸馏酒传统酿造技艺
 （水井坊酒传统酿造技艺）...... 880
 蒸馏酒传统酿造技艺
 （剑南春酒传统酿造技艺）...... 881
 蒸馏酒传统酿造技艺
 （古蔺郎酒传统酿造技艺）...... 881

蒸馏酒传统酿造技艺
（沱牌曲酒传统酿造技艺）..............881
直隶官府菜烹饪技艺..............882
纸笺加工技艺..............882
制扇技艺..............883
　　制扇技艺（王星记扇）..............884
　　制扇技艺（荣昌折扇）..............884
　　制扇技艺（龚扇）..............884
中式服装制作技艺..............885
　　中式服装制作技艺
　　（龙凤旗袍手工制作技艺）..............885
　　中式服装制作技艺
　　（亨生奉帮裁缝技艺）..............885
　　中式服装制作技艺
　　（培罗蒙奉帮裁缝技艺）..............886
　　中式服装制作技艺
　　（振兴祥中式服装制作技艺）..............886
周村烧饼制作技艺..............887
竹纸制作技艺..............887
装裱修复技艺..............888
　　装裱修复技艺（古字画装裱修复技艺）...888
　　装裱修复技艺（古籍修复技艺）..............889
　　装裱修复技艺
　　（苏州书画装裱修复技艺）..............889
壮族织锦技艺..............890
淄博陶瓷烧制技艺..............890
自贡井盐深钻汲制技艺..............891

九、传统医药

传统中医药文化..............895
　　传统中医药文化
　　（鹤年堂中医药养生文化）..............895
　　传统中医药文化
　　（九芝堂传统中药文化）..............895
　　传统中医药文化
　　（潘高寿传统中药文化）..............896

传统中医药文化
（陈李济传统中药文化）..............896
传统中医药文化
（同济堂传统中药文化）..............896
傣医药..............896
　　睡药疗法..............896
侗医药..............897
　　过路黄药制作工艺..............897
胡庆余堂中药文化..............897
回族医药..............898
　　回族医药（张氏回医正骨疗法）..............898
　　回族医药（回族汤瓶八诊疗法）..............898
蒙医药..............899
　　蒙医药（赞巴拉道尔吉温针）..............900
　　蒙医药（火针疗法）..............900
　　蒙医药（蒙医传统正骨术）..............900
　　蒙医药（蒙医正骨疗法）..............900
　　蒙医药（血衰症疗法）..............900
苗医药..............901
　　苗医药（骨伤蛇伤疗法）..............901
　　苗医药（九节茶药制作工艺）..............902
　　苗医药（癫痫症疗法）..............902
　　苗医药（钻节风疗法）..............902
畲族医药..............902
　　畲族医药（痧症疗法）..............903
　　畲族医药（六神经络骨通药制作工艺）...903
同仁堂中医药文化..............903
维吾尔医药..............904
　　维吾尔医药（维药传统炮制技艺）..............904
　　维吾尔医药
　　（木尼孜其·木斯力汤药制作技艺）...905
　　维吾尔医药（食物疗法）..............905
　　维吾尔医药（库西台法）..............905
瑶族医药..............906
　　药浴疗法..............906
彝医药..............906
　　彝医水膏药疗法..............906
藏医药..............907

藏医药（拉萨北派藏医水银洗炼法）....908
藏医药（藏药仁青常觉配伍技艺）.......908
藏医药（甘孜州南派藏医药）.........908
藏医药（藏医外治法）................908
藏医药（藏医尿诊法）................909
藏医药（藏医药浴疗法）..............909
藏医药（甘南藏医药）................909
藏医药（藏药炮制技艺）..............909
藏医药（藏药七十味珍珠丸配伍技艺）...909
藏医药（藏药珊瑚七十味丸配伍技艺）...910
藏医药（藏药阿如拉炮制技艺）........910
藏医药（七十味珍珠丸赛太炮制技艺）...910
藏医药（藏医骨伤疗法）..............910

针灸..911
针灸（刘氏刺熨疗法）................911
针灸（陆氏针灸疗法）................911

中药炮制技术.................................912
中药炮制技术（四大怀药种植与炮制）...912
中药炮制技术（中药炮制技艺）........913

中医传统制剂方法.............................913
中医传统制剂方法
（龟龄集传统制作技艺）...............914
中医传统制剂方法
（雷允上六神丸制作技艺）.............914
中医传统制剂方法
（东阿阿胶制作技艺）................915
中医传统制剂方法
（廖氏化风丹制作技艺）..............915
中医传统制剂方法
（达仁堂清宫寿桃丸传统制作技艺）....915
中医传统制剂方法
（定坤丹制作技艺）..................915
中医传统制剂方法
（六神丸制作技艺）..................916
中医传统制剂方法
（致和堂膏滋药制作技艺）............916
中医传统制剂方法
（季德胜蛇药制作技艺）..............916

中医传统制剂方法
（朱养心传统膏药制作技艺）..........916
中医传统制剂方法
（漳州片仔癀制作技艺）..............916
中医传统制剂方法
（夏氏丹药制作技艺）................917
中医传统制剂方法
（马应龙眼药制作技艺）..............917
中医传统制剂方法
（罗浮山百草油制作技艺）............917
中医传统制剂方法
（保滋堂保婴丹制作技艺）............917
中医传统制剂方法
（桐君阁传统丸剂制作技艺）..........918

中医生命与疾病认知方法.....................918

中医养生......................................919
中医养生（药膳八珍汤）..............919
中医养生（灵源万应茶）..............920
中医养生（永定万应茶）..............920

中医诊法......................................920
中医诊法（葛氏捏筋拍打疗法）........921
中医诊法（王氏脊椎疗法）............921
中医诊法（道虎壁王氏中医妇科）......921
中医诊法（朱氏推拿疗法）............922
中医诊法（张一帖内科疗法）..........922

中医正骨疗法.................................922
中医正骨疗法（宫廷正骨）............923
中医正骨疗法（罗氏正骨法）..........923
中医正骨疗法（石氏伤科疗法）........923
中医正骨疗法（平乐郭氏正骨法）......923
中医正骨疗法（武氏正骨法）..........924
中医正骨疗法（张氏骨伤疗法）........924
中医正骨疗法（章氏骨伤疗法）........924
中医正骨疗法（林氏骨伤疗法）........924

壮医药......925
  壮医药线点灸疗法......925

十、民俗

安国药市......929
  药市习俗（樟树药俗）......929
  药市习俗（百泉药会）......929
  药市习俗（禹州药会）......930
白族绕三灵......930
宾阳炮龙节......930
布依族"三月三"......931
布依族查白歌节......931
蚕桑习俗......932
茶艺......932
  潮州工夫茶艺......932
查干淖尔冬捕习俗......933
长白山采参习俗......933
厂甸庙会......934
朝鲜族传统婚俗......934
朝鲜族服饰......935
朝鲜族花甲礼......936
成吉思汗祭典......936
重阳节......937
  重阳节（皇城村重阳习俗）......938
  重阳节（上蔡重阳习俗）......938
春节......938
  春节（怀仁旺火习俗）......939
  春节（查干萨日）......939
打铁花......939
大理三月街......940
大禹祭典......940
傣族泼水节......941
德昂族浇花节......941
灯会......942
  灯会（苇子灯阵）......942
  灯会（胜芳灯会）......943
  灯会（河曲河灯会）......943

灯会（肥东洋蛇灯）......943
灯会（南安英都拔拔灯）......943
灯会（石城灯会）......944
灯会（渔灯节）......944
灯会（泮村灯会）......944
灯会（自贡灯会）......944
侗年......945
侗族萨玛节......945
都江堰放水节......946
独龙族卡雀哇节......946
独辕四景车赛会......947
端午节......947
  端午节（屈原故里端午习俗）......948
  端午节（西塞神舟会）......949
  端午节（汨罗江畔端午习俗）......949
  端午节（苏州端午习俗）......949
  端午节（罗店划龙船习俗）......949
  端午节（五常龙舟胜会）......949
  端午节（安海嗦啰嗹习俗）......950
  端午节（五大连池药泉会）......950
  端午节（嘉兴端午习俗）......950
  端午节（蒋村龙舟胜会）......950
  端午节（石狮端午闽台对渡习俗）......951
  端午节（大澳龙舟游涌）......951
俄罗斯族巴斯克节......951
鄂尔多斯婚礼......952
鄂伦春族古伦木沓节......952
鄂温克驯鹿习俗......952
鄂温克族瑟宾节......953
歌会......953
  歌会（瑞云四月八）......954
  歌会（四十八寨歌节）......954
哈萨克族服饰......954
汉族传统婚俗......955
洪洞走亲习俗......956
胡集书会......956
黄帝陵祭典......957

黄帝祭典（新郑黄帝拜祖祭典）……957
　　黄帝祭典（缙云轩辕祭典）……958
回族服饰……958
惠安女服饰……958
婚俗……959
　　婚俗（朝鲜族回婚礼）……959
　　婚俗（达斡尔族传统婚俗）……960
　　婚俗（彝族传统婚俗）……960
　　婚俗（裕固族传统婚俗）……960
　　婚俗（回族传统婚俗）……961
　　婚俗（哈萨克族传统婚俗）……961
　　婚俗（锡伯族婚俗）……961
祭敖包……962
　　祭敖包（达斡尔族沃其贝）……962
祭孔大典……962
　　祭孔大典（南孔祭典）……963
祭寨神林……963
祭祖习俗……964
　　祭祖习俗（大槐树祭祖习俗）……964
　　祭祖习俗（沁水柳氏清明祭祖）……965
　　祭祖习俗（太公祭）……965
　　祭祖习俗（石壁客家祭祖习俗）……965
　　祭祖习俗（灯杆彩凤习俗）……965
　　祭祖习俗（下沙祭祖）……966
江孜达玛节……966
界首书会……967
京族哈节……967
景颇族目瑙纵歌……968
径山茶宴……968
柯尔克孜族驯鹰习俗……969
黎族服饰……969
黎族三月三节……970
傈僳族刀杆节……970
洛阳牡丹花会……971
珞巴族服饰……971
妈祖祭典……972
　　妈祖祭典（天津皇会）……973

妈祖祭典（洞头妈祖祭典）……973
马街书会……973
毛南族肥套……974
蒙古族服饰……974
蒙古族养驼习俗……975
苗年……976
苗族独木龙舟节……976
苗族服饰……977
苗族鼓藏节……978
苗族四月八姑娘节……979
苗族跳花节……979
苗族系列坡会群……980
苗族栽岩习俗……980
苗族姊妹节……981
庙会……981
　　庙会（妙峰山庙会）……982
　　庙会（东岳庙庙会）……982
　　庙会（晋祠庙会）……982
　　庙会（上海龙华庙会）……983
　　庙会（赶茶场）……983
　　庙会（泰山东岳庙会）……983
　　庙会（武当山庙会）……983
　　庙会（火宫殿庙会）……984
　　庙会（佛山祖庙庙会）……984
　　庙会（药王山庙会）……984
　　庙会（北山庙会）……985
　　庙会（张山寨七七会）……985
　　庙会（方岩庙会）……985
　　庙会（九华山庙会）……985
　　庙会（西山万寿宫庙会）……986
　　庙会（汉阳归元庙会）……986
　　庙会（当阳关陵庙会）……986
民间社火……987
　　民间社火（桃林坪花脸社火）……988
　　民间社火（永年抬花桌）……988
　　民间社火（本溪社火）……988
　　民间社火（义县社火）……988

民间社火（朝阳社火） 989
民间社火（浚县民间社火） 989
民间社火（洋县悬台社火） 989
民间信俗 990
民间信俗（千童信子节） 990
民间信俗（关公信俗） 991
民间信俗（石浦—富岗如意信俗） 991
民间信俗（汤和信俗） 991
民间信俗（保生大帝信俗） 991
民间信俗（陈靖姑信俗） 992
民间信俗（西王母信俗） 992
民间信俗（梅日更召信俗） 993
民间信俗（锡伯族喜利妈妈信俗） 993
民间信俗（闽台送王船） 993
民间信俗（清水祖师信俗） 993
民间信俗（嫘祖信俗） 994
民间信俗（波罗诞） 994
民间信俗（悦城龙母诞） 994
民间信俗（长洲太平清醮） 994
民间信俗（鱼行醉龙节） 995
仫佬族依饭节 995
那达慕 995
南海航道更路经 996
农历二十四节气 997
农历二十四节气（九华立春祭） 997
农历二十四节气（班春劝农） 997
农历二十四节气（石阡说春） 998
怒族仙女节 998
诺茹孜节 998
女书习俗 999
女娲祭典 999
女娲祭典（秦安女娲祭典） 1000
七夕节 1000
七夕节（乞巧节） 1001
七夕节（石塘七夕习俗） 1001
七夕节（天河乞巧习俗） 1001
羌年 1001
羌族瓦尔俄足节 1002
秦淮灯会 1002

青海湖祭海 1003
清明节 1003
清明节（溱潼会船） 1004
清明节（介休寒食清明习俗） 1004
全丰花灯 1005
热贡六月会 1005
撒拉族服饰 1006
撒拉族婚礼 1007
三汇彩亭会 1007
畲族服饰 1008
畲族三月三 1008
石宝山歌会 1009
水书习俗 1009
水乡社戏 1010
水族端节 1010
舜帝祭典 1011
苏州甪直水乡妇女服饰 1011
塔吉克族婚俗 1011
塔吉克族服饰 1012
塔吉克族引水节和播种节 1013
塔塔尔族撒班节 1014
抬阁（芯子、铁枝、飘色） 1014
抬阁（葛渔城重阁会） 1015
抬阁（宽城背杆） 1016
抬阁（隆尧县泽畔抬阁） 1016
抬阁（清徐徐沟背铁棍） 1016
抬阁（万荣抬阁） 1016
抬阁（峨口挠阁） 1016
抬阁（脑阁） 1017
抬阁（金坛抬阁） 1017
抬阁（浦江迎会） 1017
抬阁（肘阁抬阁） 1017
抬阁（大坝高装） 1017
抬阁（青林口高抬戏） 1018
抬阁（庄浪县高抬） 1018
抬阁（湟中县千户营高台） 1018
抬阁（隆德县高台） 1018
抬阁（阁子里芯子） 1018

抬阁（周村芯子） ……………………… 1018	楹联习俗 …………………………………… 1035
抬阁（章丘芯子） ……………………… 1019	渔民开洋、谢洋节 ………………………… 1035
抬阁（霍童铁枝） ……………………… 1019	裕固族服饰 ………………………………… 1036
抬阁（福鼎沙埕铁枝） ………………… 1019	元宵节 ……………………………………… 1037
抬阁（屏南双溪铁枝） ………………… 1019	元宵节（敛巧饭习俗） ………………… 1037
抬阁（南朗崖口飘色） ………………… 1019	元宵节（九曲黄河阵灯俗） …………… 1037
抬阁（台山浮石飘色） ………………… 1019	元宵节（柳林盘子会） ………………… 1038
抬阁（吴川飘色） ……………………… 1019	元宵节（蔚县拜灯山习俗） …………… 1038
抬阁（河田高景） ……………………… 1020	元宵节（马尾—马祖元宵节俗） ……… 1038
抬阁（海沧蜈蚣阁） …………………… 1020	元宵节（泉州闹元宵习俗） …………… 1039
抬阁（宜章夜故事） …………………… 1020	元宵节（闽台东石灯俗） ……………… 1039
抬阁（长乐抬阁故事会） ……………… 1020	元宵节（枫亭元宵游灯习俗） ………… 1039
抬阁（通海高台） ……………………… 1020	元宵节（闽西客家元宵节庆） ………… 1040
太昊伏羲祭典 ……………………………… 1021	元宵节（永昌县卍字灯俗） …………… 1040
太昊伏羲祭典（新乐伏羲祭典） ……… 1021	元宵节（九曲黄河灯俗） ……………… 1040
泰山石敢当习俗 …………………………… 1022	元宵节（豫园灯会） …………………… 1041
土家年 ……………………………………… 1022	元宵节（上坂关公灯） ………………… 1041
土族服饰 …………………………………… 1023	月也 ………………………………………… 1041
土族婚礼 …………………………………… 1024	藏历年 ……………………………………… 1042
土族纳顿节 ………………………………… 1024	藏族天文历算 ……………………………… 1042
网船会 ……………………………………… 1025	藏族服饰 …………………………………… 1043
维吾尔刀郎麦西热甫 ……………………… 1025	中和节 ……………………………………… 1044
维吾尔族服饰 ……………………………… 1026	中和节（永济背冰） …………………… 1044
尉村跑鼓车 ………………………………… 1027	中和节（云丘山中和节） ……………… 1044
锡伯族西迁节 ……………………………… 1028	中秋节 ……………………………………… 1045
小榄菊花会 ………………………………… 1028	中秋节（中秋博饼） …………………… 1045
秀山花灯 …………………………………… 1029	中秋节（佛山秋色） …………………… 1045
雪顿节 ……………………………………… 1029	中秋节（泽州中秋习俗） ……………… 1046
蟳埔女习俗 ………………………………… 1030	中秋节（秋夕） ………………………… 1046
炎帝陵祭典 ………………………………… 1030	中秋节（大坑舞火龙） ………………… 1046
炎帝祭典 ………………………………… 1031	中元节 ……………………………………… 1046
炎帝祭典（随州神农祭典） …………… 1031	潮人盂兰胜会 …………………………… 1046
瑶族服饰 …………………………………… 1031	珠算 ………………………………………… 1047
瑶族盘王节 ………………………………… 1032	装泥鱼习俗 ………………………………… 1047
瑶族耍歌堂 ………………………………… 1033	壮族歌圩 …………………………………… 1048
火把节 ……………………………………… 1033	壮族蚂𧊅节 ………………………………… 1048
彝族火把节 ……………………………… 1033	壮族铜鼓习俗 ……………………………… 1049
彝族年 ……………………………………… 1034	附录 ………………………………………… 1050
仡佬毛龙节 ………………………………… 1034	索引 ………………………………………… 1139

传统美术

◎传统美术

北京绢花

序号：846
编号：Ⅲ-70
批次：2
类别：传统美术
申报地区或单位：北京市崇文区

北京绢花也称宫花、京花，是流行于北京的一种彩扎艺术。老北京妇女都喜欢在头上或衣服上戴绢花，这种风俗一直延续到20世纪50年代。清代康乾年间，北京崇文门外花庄、花局、花作甚多，制作销售规模化，成为京花的集散地，被称为花市，这个名称沿用至今。

以绸、绫、绢、纱、绒等为原料，通过各种工艺制作而成的北京绢花种类繁多，形象逼真，具有浓郁的装饰色彩。绢花制作工艺可以大致概括为"凿、染、捼、粘、攒"五字。凿是用模具在绫罗绸缎上按设计形状初步制出花瓣；染色所用的五种基本色为蓝、黄、桃红、紫粉、雪青，其他颜色均通过这五种颜色调配制作；凿染后的花瓣用捼锤捼成各种花瓣造型；捼好的花瓣粘成花朵；最后将所有花瓣按顺序攒在花茎上，花茎系用铁丝缠棉线制成。北京绢花成品分绢枝花和绢盆花两大类，现有八千多个品种。

北京过去有"花儿刘""花儿金""花儿高""花儿龚"等一批绢花制作世家。随着时代变迁，绢花的主要市场萎缩，北京绢花厂已经倒闭。现在，掌握北京绢花制作技艺的艺人已寥寥无几，亟待抢救。

国家级代表性传承人名单

姓名	性别	申报地区或单位	入选批次
金铁岭	男	北京市崇文区	3

汴绣

序号：850
编号：Ⅲ-74
批次：2
类别：传统美术
申报地区或单位：河南省开封市

汴绣是流行于河南开封一带的传统刺绣艺术，因产生于北宋都城汴京（今开封）而得名。北宋时期汴京刺绣业兴盛，无论是宫廷刺绣还是民间刺绣都达到了很高的水平，《东京梦华录》中有"金碧相射，锦绣交辉"之誉。宋朝南迁后，汴绣也日渐衰落。直到新中国成立后，经过几代汴绣艺人的发掘整理，汴绣才重现光彩。

现在，汴绣总结出三十六种针法，不同针法适用于不同的刺绣景物，如蒙针绣山水树木、双合针绣绳索、悠针绣动物等。工艺品种有单面绣、双面绣、双面异色绣、双面三异绣等。除了传统的花鸟鱼虫、飞禽走兽等题材外，汴绣以摹绣中国古代名画见长，针法严谨细致，绣品古朴典型。

汴绣以绣工精致、针法细密、图案严谨、格调高雅、色彩秀丽而著称。

国家级代表性传承人名单

姓名	性别	申报地区或单位	入选批次
王素花	女	河南省开封市	3

布老虎黎侯虎

序号：871
编号：Ⅶ-95
批次：2

类别：传统舞蹈

申报地区或单位：山西省黎城县

黎侯虎是流行于山西黎城一带的民间老虎布艺，因黎城古称黎侯国而得名。黎城西关村西周古墓的出土文物表明，早在商周时期，黎城人即以虎为图腾，虎形器在当时的社会生活中占有重要地位。黎侯虎就是这种习俗的重要表现。

黎侯虎制作工艺主要有以下几个步骤：选用红、黄两种颜色的布料，代表喜庆吉祥；裁剪好虎身的两大块布料和虎身花纹备用，剪的时候要精裁细剪，不能有差错，这代表一种虎威；将虎身两大块布密缝后，往里填充木屑使之成形，填的时候要捣实，使虎有王者气度；将事先绣制好的眼、眉、耳等部位与虎体纹饰缝制到位，一般用蓝缎缝制眉目，代表虎的怒点，身体纹饰多旋风图案，虎蹄足端处饰以篆书体"心"字纹。黎侯虎有大、中、小各种规格，讲究雌雄配对，其区别在于虎脊的纹饰——用整块布料剪成一阴一阳、彼此相合的波纹，分别贴于两虎背上而成一对。

黎侯虎肢体造型粗、短、胖，表现出敦厚健壮的形态；四足微微外撇，呈扎地生根状；头微昂，从态势上塑造了虎虎生威的精神劲和孩子般天真可爱的味道。历经数千年岁月的更迭，黎侯虎化为一种民俗文化，深深地植根于黎城人的生活中，寄寓着百姓祈福避邪的美好愿望。

彩扎

凤凰纸扎、秸秆扎刻、彩布拧台、邳州纸塑狮子头、佛山狮头

序号：842

编号：Ⅶ-66

批次：2

类别：传统美术

申报地区或单位：湖南省凤凰县，河北省永清县、邯郸市，江苏省邳州市，广东省佛山市

彩扎是一种流行于全国各地的传统民间仿真工艺，也是综合性的手工艺术，它与祭祀、节庆、游艺等民俗活动密不可分。早在唐代，彩扎艺术已开始在我国盛行，宋代为顶峰时期。

各地所用彩扎材料不尽相同，多数是以竹篾制骨，裱以纸面或布面，同时辅以彩绘等艺术手段，通过艺人巧妙的构思和娴熟的技艺，扎制成各种飞禽走兽、名山古刹和戏曲故事场景，惟妙惟肖、生动传神。总的来说，北方彩扎粗犷豪放，南方彩扎文秀细腻。

经过上千年的衍生发展，彩扎已在我国民间形成巨大的影响力。

彩扎（凤凰纸扎）
申报地区或单位：湖南省凤凰县

凤凰纸扎主要流行于湖南省凤凰地区。

根据相关史料记载，纸扎在唐代传入湘西，清末和民国初年发展到顶峰，小小的一个县城就有十多家纸扎铺子，一年四季都有应时的纸扎制品，包括各色人物、动物、花草、用具等，各种民俗礼仪需要的纸扎长年不断。

凤凰纸扎工序一共有十四道：整平竹节骨、

破竹、刮篾、篾条作防腐处理、晾干、制作形状篾、纸缠篾、搓纸捻、扎制骨架、裱糊、彩绘、走金线条、装饰、组装。诸多工序按部就班，环环相扣，其中制作形状篾和扎制骨架是难点，需要下狠功夫练习和长时间地琢磨才能掌握。

凤凰纸扎结构严谨、造型夸张、色彩鲜明，并与湘西土家族、苗族神话传说紧密相关，展现了湘西古老文明的历史进程。

彩扎（秸秆扎刻）
申报地区或单位：河北省永清县

秸秆扎刻是以高粱秸秆为原材料的民间扎制工艺，河北省永清县的秸秆扎刻比较具有代表性。

永清盛产高粱，手巧的家庭妇女常常用秸秆扎成盖板和盛放食物的器皿，在此基础上逐渐发展出秸秆扎刻技艺。秸秆扎刻以上好的高粱秸秆为材料，用自己改装的刀、剪、钳、锉、锥和小电锯等工具，通过选、剪、削、雕、刻、咬合等工艺流程制作，作品有花鸟虫兽、古建筑、人物肖像、花灯等。

徐艳丰是永清秸秆扎刻艺术的代表人物。20世纪60年代，徐艳丰向老艺人高善福学习用秸秆扎制蝈蝈笼，因为爱好而钻研，技艺不断精进，开始扎制观赏价值极高的秸秆花灯和古建筑模型，作品问世之后得到广泛好评。徐艳丰扎制的仿古建筑模型精致工整，涉及几何学、物理学、力学、建筑学原理，具有较高的工艺价值。

因为愿意学艺的年轻人很少，永清秸秆扎刻技艺现在发展缓慢，需要有关方面加以保护和扶持。

彩扎（彩布拧台）
申报地区或单位：河北省邯郸市

彩布拧台是流行于河北省邯郸市大隐豹村的一种民间彩扎艺术。相传彩布拧台技艺起源于灵棚搭建，后来大隐豹村民创造性地将之移植到戏台、楼阁上，成为人们喜爱的彩扎艺术，距今已有六百余年的历史。

凡遇丰年庆典，大隐豹村家家户户出人出力，共同攒齐布匹、绳子、板架等物，然后送到"花草房"，由村里的巧手将布分色整理，先根据需要拧成燕子穿柳、喜鹊登枝和狮子托宝瓶等图形备用；戏台骨架是木头搭造的，绑扎好后在上面用各色花布拧扎；最后组装成仿古的鼓楼、戏楼和表演场面。一座长7.5米，宽5.5米，高7.5米的楼阁需要3000块大小不一的粗布拧成，从台脊、瓦楞、小檐、走水、屏风到圆柱、方楞、斗拱、匾额，无一不用柔软的彩布拧扎而成。台上的戏曲人物、花鸟鱼虫等造型也用彩布拧扎。在彩布拧台的前檐、左檐、右檐上分别拧出二龙戏珠、白鹤献寿和丹凤朝阳造型，正面还悬挂一方"三看匾"，从左面看到龙、从右面看到虎，从正下方则看到"娱乐亭"三个字。

彩布拧台活动一般都是从正月上旬酝酿，中旬开始行动，直到农历二月初八的庙会前竣工。

彩布拧台是冀南地区古老民间手工技艺的遗存，对它的发掘、抢救和保护，对民俗学的研究和促进民间工艺美术的发展都有一定的价值。

彩扎（邳州纸塑狮子头）
申报地区或单位：江苏省邳州市

邳州纸塑狮子头流行于江苏邳州地区，是一种集雕塑、裱糊、扎制、绘画于一体的综合造型艺术，已有五百多年的历史。

邳州纸塑狮子头主要用于民间狮舞表演，为适应不同舞蹈套路和动作的需要，狮子头有各种形制。狮子头制作使用的原料和工具颇为繁杂，大概流程是以竹篾扎骨、糊纸塑型，再施以绘画，最后用染色的苘麻扎制毛须，再点缀金属小铃以烘托演出效果。

邳州纸塑狮子头造型独特，略呈梯形结构，青蛙嘴，不塑耳朵，用色借鉴传统的木版年画，以红、绿、黑、黄、白五色为主，狮子脸面的描绘仿拟戏剧花脸脸谱，色彩对比强烈。

邳州纸塑狮子头与邳州其他民间艺术形式和当地民俗根脉相连，共生共荣。

彩扎（佛山狮头）
申报地区或单位：广东省佛山市

佛山狮头流传于广东佛山地区，其制作技艺始创于清代，距今已有二百多年的历史。

佛山狮头汲取了广东石雕狮子的造型特点，追求神似，其制作主要包括扎作、裱贴、彩绘、装配四道工序。狮头造型是双腮、圆唇、明牙、震舌，两边嘴角后面还有细腮和细翅。狮头脸面图案多采用传统的吉祥纹样，如云头纹、太极纹、万字纹等，色彩以红黄绿为主，并以黑、白色圆点调节。每个狮头配一百多个七彩绒珠，三百多面铜镜片（或金胶片），其他的装饰还有兔毛、马尾毛、明珠等，光彩照人，鲜艳夺目，艺人们还别出心裁地设计出一个狮角，使狮头外形更加醒目，故有"佛山醒狮"之称。

佛山狮头主要分为文狮、武狮、少狮三大类。文狮以刘备、关羽的面相为脸谱，表现狮子温良驯顺的神态；武狮以张飞面相作脸谱，表现狮子勇猛好斗的性格；少狮是专供儿童玩耍的狮头面具，造型活泼可爱。

佛山狮头是地方民俗活动的重要用具，为传统文化的继承发扬和中外文化的沟通交流发挥了积极的作用。

国家级代表性传承人名单

姓名	性别	申报地区或单位	入选批次
聂方俊	男	湖南省凤凰县	3
徐艳丰	男	河北省永清县	3
周廷义	男	河北省邯郸市	3
石荣圣	男	江苏省邳州市	3
黎伟	男	广东省佛山市	3

草编

大名草编、徐行草编、莱州草辫、沐川草龙、湖口草龙

序号：830

编号：Ⅶ-54

批次：2

类别：传统美术

申报地区或单位：河北省大名县，上海市嘉定区，山东省莱州市，四川省沐川县，江西省湖口县

扩展名录：
草编（哈萨克族芨芨草编织技艺）
新疆维吾尔自治区托里县

草编是以草本植物为主要原材料的一种传统编结手工艺品及其相关技艺。早在远古时代，编结就成为中华先民制造实用物品的重要手段。目前可见的中国最早的草编遗物是河姆渡人制作的，距今已有七千年之久。据《礼记》载，周代已有蒲草编制的莞席了，而且当时已有专业的"草工"从事编结，秦汉时期，草编就成为民众生活用品的重要来源。

草编技艺在中国民间流传了数千年，不断发展创新。各地工匠因材施艺，充分利用草本

植物柔韧的秆、皮、芯、叶、根，创造并总结出编、结、辫、扣、扎、绞、缠、网、串、盘等技法，编结出席、帘、垫、篮、扇、帽、鞋等实用品和一些用作陈设的观赏品，具有很强的实用性和艺术性。

我国草本资源丰富，南北方均有适合编结的原材料，因此各地草编种类繁多，各具特色。

草编（大名草编）
申报地区或单位：河北省大名县

大名草编是一种传统民间家庭编结手工艺，流传于河北省大名县卫河以东地区。清朝雍正年间，草编技艺从山东传入大名后成为当地农民的一项经济来源。

传统的大名草编主要是以麦秆为原材料，制品以草帽、提篮居多。现在，草编工艺师在传统工艺基础上结合现代技术，增加了服饰、提袋、茶垫、坐垫、地席、门帘、果盒、纸篓、拖鞋以及装饰画、装饰盒等，已开发草编产品千余种。

草编看似简单，但工序不少，仅仅处理原料就需要若干环节。收来的麦秆通常有六节，能用以编织的只有麦穗以下、第一节以上的茎秆，第二、三节作配料，其余的都不可用；茎秆在水里浸泡一会儿，变软之后才能掐编；编的时候，要按茎秆的颜色搭配才能编出有规律的花纹；编好的草辫放在大箱子里用硫黄熏以增加光泽。这样处理好的草辫就能用来编结草帽等物品了。

现在，因为当地小麦品种改变，可供编结的原材料大幅度减少，加之草编费时费力，其编织技艺无法用机器替代，难以适应市场要求，从业者不断减少，大名草编正面临衰亡的危险，亟须扶持。

草编（徐行草编）
申报地区或单位：上海市嘉定区

徐行草编主要流传于上海嘉定古镇徐行。早在一千多年前的唐代，当地农民就开始用野生黄草编织拖鞋（俗称蒲鞋或凉鞋）和其他编织品。清同治年间，以徐行镇为中心的黄草编织区已形成规模，以凉爽舒适为特色的黄草拖鞋远销东南亚和欧美各地。

徐行黄草色泽淡雅，质地光滑坚韧，用它编出的工艺品细密匀称，松紧有度，平整光洁，染色或缀以鲜艳的花纹图案后更加精致美观。徐行草编制品有拎包、果盆、杯套、盆垫、拖鞋等二十大类上千个品种。

黄草编织之前须经过去苞（将晒干的黄草顶部的花苞剪去）、开辟（将较粗的黄草秆茎分成2～4毫米的细茎）、染色等工序，编织时不同的织品有不同的编织方法。

徐行草编所有工序都是纯手工制作，费时费力，无法形成规模化生产。如今，编织艺人大多转行，仅有少数农村妇女利用闲暇时间编织一些草鞋、提包零星销售。此外，由于嘉定城市化建设步伐的加快，大片黄草消失，以致草编原料匮乏，徐行草编技艺正面临着消亡的危险。

草编（莱州草辫）
申报地区或单位：山东省莱州市

莱州草辫产于山东莱州沙河镇一带，距今已有一千五百多年的历史。19世纪60年代莱州草辫开始出口，是我国最早进入西方市场的商品之一，沙河镇由此成为全国草辫生产和出口的中心。

草辫是许多草编制品的材料，编织草辫被当地人称为掐草辫。莱州草辫的掐法有三根草掐法、五根草掐法和七根草掐法等。花样虽各不相同，但基本掐法一致：拇指掐正面，食指掐反面，经过压、挑成辫。几根麦秆在艺人手里左右上下翻飞，片刻就成为一根草辫。莱州草辫的品种有两千多个，是莱州不少农民家庭的主要收入来源。

现在，因为原料所限，传统的麦秆草辫越来越少，取而代之的是一些机织半成品原料、玉米皮辫等新型草艺品原料。如不及时采取措施保护，传统的莱州草辫编织技艺将迅速消亡。

草编（沐川草龙）
申报地区或单位：四川省沐川县

沐川草龙又称黄龙，是流传于四川省乐山市沐川县一带的民间草扎技艺，当地人把草龙视为祥瑞的象征。

沐川草龙扎制工艺非常讲究，主要程序为：选材—熏蒸—上骨架—上草—连接—上龙筋。编扎材料是从当年收割的稻草中精选的上品，颜色金黄，秆身没有斑点，经过熏蒸处理后待用。整个编扎过程要采用编、织、镶、缠、绕等十多种手法。编扎的重点在龙头，编龙头的骨架时，先做上下颚。骨架绑扎好后从下颚开始上草，依次向上，每上一根稻草都要绑扎一下，一草一扎，环环相扣，然后再扎龙须、胡子、龙角、火焰、齿、舌等。做龙身部分首先要编扎两百多个竹圈，然后呈鳞片状在竹圈周围依次上草。龙身龙尾编扎完毕之后编龙筋，龙筋全部用稻草编织而成，长五十米，安装在龙背上。最后安装调整，大功告成。舞龙者都是训练有素的强壮男子，他们描花脸、露上臂、头戴草巾、身披草肩、腰系草裙、脚穿草鞋，在锣鼓伴奏下翻腾狂舞，满目灿烂，一片金黄，令人叹为观止。

草编（湖口草龙）
申报地区或单位：江西省湖口县

湖口草龙又称谷龙，是流传于江西湖口一带的民间草扎技艺，据说起源于隋唐时期。按照当地的习俗，每年秋收以后，人们都用稻草扎龙，村村舞龙庆丰收。

湖口草龙编扎工艺极为复杂，以竹木为骨、稻草为身，龙身节段为单数，一般为9～21节。编扎艺人用刀、钳、锯、锤、针、线等工具，前后采用编、插、织、嵌、镶、缠、绕、悬、挂、空、别、剔、镂、透等十多种手工技艺扎制。龙头里悬空吊一盏撞花灯，灯用剔空的草节编成，球里又有球，龙头一摆动，球滴溜溜地转动。每一节龙身都用草环串成，每节36环，环环相扣，中间用细绳连接，伸缩自如。编扎一条11节、长28米、龙身直径0.38米的草龙，需优质稻草八万余根，耗费300个工时。编扎成的草龙浑然天成，舞龙时由金童玉女举龙灯引路，热闹非凡。

由于草龙编扎工艺复杂，很少有人专心致志地从师学艺，这一民间工艺濒于失传，湖口草龙国家级代表性传承人喻芳泽的女儿现在是唯一的传人。

草编（哈萨克族芨芨草编织技艺）
申报地区或单位：新疆维吾尔自治区托里县

芨芨草手工编织在哈萨克语中称为棋托乎，是哈萨克族妇女世代相传的一项手工编织技艺，主要流传于新疆维吾尔自治区伊犁河谷、塔城地区、阿勒泰地区、木垒哈萨克自治县、巴里坤哈萨克自治县等地。在公元18世纪若羌孔雀河遗址出土的文物中就有芨芨草编织的篓子。

芨芨草手工编织技艺的主要材料是芨芨草和羊毛。芨芨草主茎挺直，表面光滑，每年9月，逢雨后天晴芨芨草的草根较软时，牧民拔出粗长的芨芨草，剥去每根草的外皮，晾干后打捆成束；剪下的羊毛捻成羊毛线，染色晾干后待用。

芨芨草编织的工艺流程比较原始。首先，编织者按照图案的需要将芨芨草逐根缠绕不同颜色的羊毛线；其次，在高宽约两米的木架子上进行编织；最后，将编织品两头多余的芨芨草砍齐，一件带着草原气息的编织品就诞生了。

芨芨草编织品的图案丰富，美观耐用，琼木其（类似于草席）是典型代表。哈萨克族妇女将编织好的琼木其顺着毡房围一圈，既可挡风雨也可以阻止动物入侵，还可以悬挂在毡房内作装饰品。

国家级代表性传承人名单

姓名	性别	申报地区或单位	入选批次
喻芳泽	男	江西省湖口县	3

常州梳篦

序号：844

编号：Ⅲ-68

批次：2

类别：传统美术

申报地区或单位：江苏省常州市

常州梳篦是江苏省常州地区的一种特色传统手工艺品。据地方文献记载，常州梳篦制作工艺在明清已达到相当高的水平，被选为宫廷贡品，有"宫梳名篦"之誉。鼎盛时期，常州西门和南门一带有几万人从事梳篦生产，均是世代相传，清乾隆年间的《常州赋》载："削竹成篦，朝京门内比户皆为。"

常州梳篦制品包括梳篦和木梳两个品种，梳篦又称为篦箕，齿距较木梳细密。篦箕以毛竹、牛骨、生漆等为原料，经七十多道工序制成。木梳以黄杨、山梨木为原料，生产过程包括二十八道工序。无论是篦箕还是木梳，通常都运用雕、描、刻、烫、嵌五种工艺进行装饰。雕，是在梳背上浅雕花鸟、鱼虫、人物等图案；描，是在篦箕骨梁和梳背上，用笔彩绘出多种戏曲人物和花草图纹；刻，是用特制的刀刻出各式艺术字及梅兰竹菊图案；烫，是用电笔烫烙图案；嵌，是在木梳背或篦箕梁上嵌珠、嵌银。

常州梳篦现有七百多个款式，月亮梳、蝴蝶梳、竹节梳古朴典雅；四大美女、红楼十二钗系列工艺观赏梳赏心悦目；双龙戏珠、戏剧脸谱旅游纪念梳精巧雅致。常州梳篦不仅美观，而且齿尖圆滑，去污不吃发，有较高的实用价值。

常州梳篦制作过程烦琐，费时费力，作为生活用品，其市场已大幅度萎缩，一些制作技艺已经失传，亟须抢救和保护。

国家级代表性传承人名单

姓名	性别	申报地区或单位	入选批次
金松群	男	江苏省常州市	3

潮州木雕

序号：339

编号：Ⅶ-40

批次：1

类别：传统美术

申报地区或单位：广东省潮州市

扩展名录：
潮州木雕　　　广东省揭阳市、汕头市

潮州木雕是广东潮州地区的一项民间雕刻艺术，用于装饰建筑、家具和祭祀器具。潮州木雕技艺主要流传于潮州市湘桥区意溪镇莲上村、西都村，传播至饶平、汕头、潮阳、揭阳等十多个县市和福建东南部沿海一带,并在长期的流传过程中出现了一些地方性的风格差异。

潮州木雕历史悠久,现潮州开元寺天王殿梁架上一个草尾装饰的斗拱为唐代遗物,而悬挂铜钟的木龙则为宋代遗物。

潮州木雕工艺有浮雕、沉雕、圆雕、镂雕、通雕等多种手法,以多层镂通为特色。木雕多以金箔贴饰,以黑漆或五彩烘托,前者称黑色装金,后者称五彩装金,也有保持木材原本纹理的本色素雕。现代著名木雕艺人张鉴轩把潮州木雕技艺总体归纳为"匀匀、杂杂、通通"六个字,"匀匀"指虚实中主次分明,"杂杂"指多层次和多穿插,"通通"指镂通剔透。

潮州木雕题材大致有博古、珍禽瑞兽、花果草虫、山水人物等种类。在构图处理上,潮州木雕或模仿中国画,或仿照戏曲舞台,在一件作品上常以"之"字形布局构图,利用山水亭阁将连续的故事巧妙地分割开,力求繁而不乱。

现代居住环境的改变和民俗的日益淡化,使得潮州木雕的用武之地日渐减少。加之手工操作,既辛苦又无法形成规模化生产,导致潮州木雕技艺陷入后继乏人的境地。

潮州木雕
申报地区或单位:广东省揭阳市、汕头市

揭阳木雕中金漆木雕最有特色,主要流传在广东省揭阳和汕头一带,制作时先在樟木或杉木上凿粗坯,然后精雕细刻,磨光之后层层髹漆,最后贴以金箔,可达到金碧辉煌的艺术效果。揭阳木雕一般采取柔性造型方式,以弧线、曲线及由其产生的曲面组成造型。

揭阳木雕和汕头木雕都因应用和题材广泛而保持着生机。

国家级代表性传承人名单

姓名	性别	申报地区或单位	入选批次
李得浓	男	广东省潮州市	1
陈培臣	男	广东省潮州市	1
辜柳希	男	广东省潮州市	4

传统插花

序号:869

编号:Ⅲ-93

批次:2

类别:传统美术

申报地区或单位:北京林业大学

传统插花是一种以花枝为材料的生活艺术。

传统插花在六朝以前就出现了雏形,宋元时代进入繁荣昌盛阶段。隋唐时期,中国传统插花传入日本。在过去的一千七百多年中,我国出现不少关于插花的著作,其中比较有代表的是唐朝的《花九锡》,明朝的《瓶史》《瓶花谱》和《瓶花三说》等。

传统插花崇尚自然简约之美,善于运用花枝的线条和不对称的构图营造诗情画意的境界,疏密有致,体现了中国人传统的审美意识。传统插花分为民间插花、寺观插花、宫廷插花、文人插花四种类型,其中文人插花以其深刻的含义,结合清雅优美的造型,成为东方插花艺术的代表。文人插花不单把花材看成表现形式美的要素,还讲求材必有义,用象征、寓意、谐音等技巧以花传情,借花明志,如被人们称为"岁寒三友"的松、竹、梅象征傲雪凌霜、不畏严寒的品格;梅、兰、竹、菊"花中四君子"象征君子之儒雅脱俗;玉兰、海棠、牡丹、桂花谐音"玉堂富贵",都是传统插花的常用花材。

传统插花的主要容器为瓶、盘、碗、篮、缸、筒六大类,插花流程分为构思、构图、选材、修剪、固定、调整、陈设等环节,其间包含丰富的文化内涵和审美观念,至今受到人们青睐。

制作不仅需要精妙的画工,还要有高水平的烧瓷技术与之配合,艺术跨界与融合是当今的艺术潮流之一。

瓷板画

序号:865
编号:Ⅲ-89
批次:2
类别:传统美术
申报地区或单位:江西省南昌市

南昌瓷板画又称肖像画、瓷像,是用瓷作为载体的一种绘画艺术,主要流传在江西省南昌、景德镇和九江等地。真正意义上的瓷板画出现在明代中期。从清中期开始,瓷板画走向兴盛。

民国初年,南昌人梁兑石在中山路繁华地段开设丽泽轩瓷庄,聘请艺人按顾客要求绘制肖像和粉彩瓷器,开创了肖像瓷绘的先河。随后,南昌涌现出梁燮亭、吴月山、杨厚兴等一大批肖像瓷绘画家和中华瓷庄、肖庐瓷像馆等多个画庄。

瓷板画是在瓷板平面上完成的手工绘画,画成后上釉,再经高温烧制而成。瓷板画可装裱观赏或嵌入屏风中做装饰。瓷板画品种多样,瓷板有青化、青化釉里红、五彩、素二彩、粉彩、墨彩等,图案内容有人物、山水、花卉、虫鸟、鱼藻及吉祥图案等,形制则有长方、圆形、椭圆、多方、多角、扇面等多种。瓷板画是在中国传统绘画技法、陶瓷彩绘技术和西方摄影艺术的基础上发展起来的,其作品可以表现出东西方各种绘画流派的艺术风格。陶瓷的质地使瓷板画人物肖像能取得近似于摄影作品的效果,是瓷板画的代表。

瓷板画是绘画艺术和陶瓷艺术的结合,其

灯彩

仙居花灯、硖石灯彩、泉州花灯、东莞千角灯、湟源排灯

序号:349
编号:Ⅶ-50
批次:1
类别:传统美术
申报地区或单位:浙江省仙居县,浙江省海宁市,福建省泉州市,广东省东莞市,青海省湟源县

扩展名录:

灯彩(北京灯彩)	北京市崇文区、朝阳区
灯彩(上海灯彩)	上海市卢湾区
灯彩(秦淮灯彩)	江苏省句容市
灯彩(苏州灯彩)	江苏省苏州市
灯彩(佛山彩灯)	广东省佛山市
灯彩(潮州花灯)	广东省潮州市湘桥区
灯彩(洛阳宫灯)	河南省洛阳市
灯彩(汴京灯笼张)	河南省开封市
灯彩(忠信花灯)	广东省连平县

灯彩,又叫花灯,是一种传统民间工艺品,与元宵赏灯的习俗密切相连。据考证,元宵赏灯始于西汉,盛于隋唐,明清尤为风行。两千多年前的西汉时期,每年的农历正月十五元宵节前后,人们都挂起象征团圆意义的红灯笼,营造一种喜庆的氛围。后来灯笼在中国就成了

喜庆的象征，经过历代灯彩艺人的继承和发展，形成了丰富多彩的品种和高超的工艺水平。

灯彩在其发展过程中，不断与中国传统文化和各种民间艺术结合，充实自身的内涵，成为民间文化艺术的强大载体。

灯彩（仙居花灯）
申报地区或单位：浙江省仙居县

仙居花灯又称仙居针刺无骨花灯，主要特点是灯面图案由刀凿针刺成孔、灯身无骨。其发源地在浙江省仙居县皤滩，后流传至横溪、白塔、田市、下各、朱溪等乡镇。相传仙居花灯始于唐代，所以当地人又称之为唐灯。

仙居花灯融绘画、刺绣和建筑艺术于一体，是传统女红技艺的杰作。整个花灯不用一根骨架，只以大小不等、形状各异的纸张粘贴接合，再覆以刺凿的花纹图案纸片粘贴而成。光线透过针孔，显出精致的花纹图案，晶莹剔透。仙居花灯制作工序复杂，从大面上分就有十三道工序，其中刺绣工艺要求极高，制作者先要培训持针、用针等基本功。

仙居花灯造型千变万化，图案丰富多彩，单灯有荔枝灯、龙凤八卦灯、菊花灯、绣球灯等。组灯有长旗灯、古亭灯、牌坊灯、宝塔灯、财神灯等，宝塔灯塔身有五六层，塔顶张灯，塔角挂灯，气势恢宏。

在仙居当地，花灯既用作馈赠的礼物，又用于民居装饰，在民间节庆活动中占有重要的地位。仙居花灯品种曾经多达八十余种，现已抢救恢复了二十七种，挖掘和保护工作还有待进一步深入。

灯彩（硖石灯彩）
申报地区或单位：浙江省海宁市

硖石灯彩主要流传于浙江省海宁市硖石镇。早在唐代，硖石灯彩已誉满江南，南宋时被列为贡品，清代更是形成了演灯、斗灯的盛况，灯彩的制作工艺亦有较大突破，出现了龙舟、采莲船等品种。

硖石灯彩的灯体以宣纸、竹篾、铅丝为主要材料，有画、拗、刻、扎、针、裱、糊、结八大制作技法，其针工尤为精巧。艺人用排针、钩针、花针、乱针、破花针、补针等不同的针法微刻精雕。针刺密度平均每平方厘米18～32孔，一件精美的图案刺片有数百万个针孔。灯彩制成后以灯映画，玲珑剔透。

现在，硖石灯彩有座灯、提灯、壁灯、挂灯和礼品灯五大品种，观赏和收藏价值不断提升。

灯彩（泉州花灯）
申报地区或单位：福建省泉州市

泉州花灯主要流传区域为福建省泉州市鲤城区、丰泽区，延及周边的晋江市、惠安县、南安县和永春县。

泉州花灯按工艺可以分为彩扎灯、刻纸灯和针刺无骨灯三类，以刻纸、针刺工艺和料丝镶装技艺闻名。

制作传统的彩扎灯时，艺人先用纸捻将竹篾绑扎成灯的骨架，再把裁好的纸或绸布粘在骨架上，然后贴上花边，描上图案，挂上丝穗即成。

刻纸灯的工艺出现较晚，首创者是泉州刻纸大师李尧宝（1892～1983）。制作者先设计好花灯的所有图案，再用刻刀在纸板上刻出来。刻纸灯不用骨架，全以刻好图案的纸板拼成。后来，李尧宝又在这些镂空的图案内镶上玻璃丝，创作出精美绝伦的刻纸料丝灯。

艺人蔡炳汉是针刺无骨灯技艺的代表人物。这种灯用制图纸裁剪后拼合而成，拼合之前用钢针在上面刺出精美的图案，光亮从无数针孔中透出，璀璨夺目，具有极高的观赏价值。

灯彩（东莞千角灯）
申报地区或单位：广东省东莞市

东莞千角灯，是广东省东莞市特有的一种花灯。在东莞方言中，千角灯和千个丁发音类似，寓意百子千孙，人丁兴旺。

据《赵氏族谱》记载，千角灯由东莞赵氏家人制作，每十年制作一盏新灯。所制作的灯，一定要有一千个角，每个角点燃一盏灯。东莞赵氏为宋代皇族后裔，灯虽不断重制，但配饰的二十四条灯带仍为宋物，一向由赵家珍藏，20世纪60年代被毁。

千角灯的骨架是最关键的部分，制作者用铁丝和竹篾扎成主体框架，并将已制作好的小立方体按照一定结构和顺序绑在上面，要求结构非常精确，各种配件需受力均衡。其扎制工艺并无图纸，只由师傅口传身授。2004年，在当地政府邀请下，尹全和张佛两位老艺人带领家人费时八个月扎制成了一盏千角灯。如今，两位老人已经离世，东莞千角灯制作技艺亟待保护和抢救。

灯彩（湟源排灯）
申报地区或单位：青海省湟源县

湟源排灯是流传于青海省湟源县的一种民间灯彩艺术，其历史可追溯至清代嘉庆、道光年间。当时内地客商云集湟源县城，商铺为招徕顾客，纷纷制作里面燃点蜡烛的名号招牌悬挂在外，后来逐渐发展成有底座、有图案，形式多样的灯彩艺术。

湟源排灯的框架用上好木料制成，框边雕刻精细考究。排灯由单格或多格纱窗组成，形状有长方形、马鞍形、扇形等，每格都绘有图案。绘画内容有山水花鸟、人物风情，还有的取自历史故事和民间传说，每架排灯以连环画形式，通过多格画面展现一个故事或某段情节。

湟源排灯由店铺招牌向灯彩艺术的演化发展，记载了湟源县作为海藏咽喉、茶马商都的商业文明史。

现在，湟源排灯在传统的悬挂式基础上发展出落地式，成为一种室内装饰；在艺术表现手法上不断吸取剪纸、堆绣、皮影等各种民间工艺，用以制作灯面图案。

灯彩（北京灯彩）
申报地区或单位：北京市崇文区、朝阳区

永乐十九年（1421），明成祖朱棣迁都北京后，北京的各类灯彩开始兴旺起来，出现了一批灯彩手工业作坊。在发展过程中，宫廷灯彩逐步成为具有北京地方特色的民间艺术。

北京灯彩按形式分有吊灯、座灯、壁灯、提灯等几大类；按制作材料分类，有纱灯、金属灯、料丝灯等；按造型则可分为宫灯、走马灯、立体动物灯等。其制作技艺丰富，包括裱糊、编结、刺绣、雕刻、剪纸、书画等。

旧时，北京的灯节活动从正月初八开始，至十三进入高潮，到十七结束。由于和商业交易相结合，又称灯市。现在，灯节早已消失，灯彩空间缺失，灯彩艺术濒临失传。

灯彩（上海灯彩）
申报地区或单位：上海市卢湾区

上海近代灯彩艺人继承古代灯彩的优秀技艺并不断发展，在材质和品种方面都有创新，现有撑棚灯、走马灯、宫灯、立体动物灯四大类，

其中何克明创制的立体动物灯是上海灯彩艺术的代表。

灯彩艺术大师何克明十三岁便开始学习扎制灯彩，从艺八十多年。他博采南北灯彩精华，又吸收西洋雕塑艺术，自成一派。何氏灯彩以动物造型作为骨架结构，用铅丝缠绕皱纸代替传统的竹篾，使扎制的动物骨骼结构更加准确，成品的造型更加生动传神。

现在，灯彩技艺在上海几乎失去生存空间，海派灯彩传承人已无力扎制精品巨作，只能做些小型的旅游纪念品维持生计。传统灯彩技艺难以继承发展，亟待抢救和保护。

灯彩（秦淮灯彩）
申报地区或单位：江苏省句容市

秦淮灯彩也称金陵灯彩、南京灯彩，是南京地区的一种民间艺术。早在东晋时期，南京就出现有关灯彩的文献记载。南朝开始有灯会，自明太祖朱元璋在南京倡导元宵灯节活动以后，秦淮灯彩艺术得以迅速发展。

秦淮灯彩融合了编扎、绘画、书法、剪纸、皮影、刺绣、雕塑等多种技艺，造型简约，具有浓厚的南京本土气息，传统种类主要有荷花灯、金鱼灯、元宝灯等单灯，现在则发展到各种组灯。

秦淮灯彩的制作技艺以家庭传承为主，例如李氏灯彩、陆氏灯彩、曹氏灯彩、成氏灯彩等，各自有其特长技艺。为了保护和发展秦淮灯彩，从1985年开始，当地每年举办一届秦淮灯会，并成立了秦淮工艺灯彩协会。

灯彩（苏州灯彩）
申报地区或单位：江苏省苏州市

苏州灯彩是流行于苏州地区的一种传统民间艺术，在当地的节日庆典活动中发挥着重要的作用。

苏州灯彩制作可以追溯至南北朝，距今已有一千五百多年的历史。其造型主要以苏州古典园林的亭台楼阁为范本，灯体以苏州上等丝绸为面料，灯面以吴门画派的艺术技法绘制，灯花以苏州套色剪纸制成。苏州灯彩形制大小兼备，大到三十多米的灯船，小到十厘米的兔子灯，皆工艺精巧，如上桥落马灯，灯面上绘有小桥流水人家，粗看无人，点上蜡烛即隐约出现一个骑马的人影，跑到桥头，人与马分离，马影先过桥，人影随后，过桥后又跨上马背，渐渐隐去，让人惊叹。走马灯的原理是冷热空气对流使轮轴转动，轮轴上的剪纸投影便在灯面上不断移动。

苏州灯彩从材料、题材到制作手法，无一不体现出吴地文化的典型特征。

灯彩（佛山彩灯）
申报地区或单位：广东省佛山市

流行于广东佛山一带的佛山彩灯俗称灯色，是岭南民间艺术的代表。

佛山彩灯有头牌灯、人物故事组灯、彩龙、灯笼四大门类，制作流程包括设计、扎廓、扪衬、装配四大工序。彩灯主要用佛山独有的铜衬剪纸作装饰，图案有寓意吉祥的龙凤、金钱、"寿"字和各种花纹，色彩艳丽，金碧辉煌。

佛山彩灯具有中国南方灯彩精巧秀丽的特色，民间艺术社制作的龙船灯高三层，雕梁画栋，龙船内还有整套的彩扎人物和台椅陈设，极富艺术性和观赏性。

佛山彩灯的发展与当地民俗紧密相关，现在随着民俗淡化和老艺人相继离世，而年青一代里还没有出现技术全面的传承人，亟须加强保护。

◎ 传统美术

灯彩（潮州花灯）
申报地区或单位：广东省潮州市湘桥区

潮州花灯是民间喜闻乐见的传统工艺品，流传于广东省潮州市所辖的广大地区。潮剧传统剧目《荔镜记》中就有元宵观花灯一节。这个故事发生在明代中叶，由此可知潮州花灯至少有四百多年的历史了。

潮州花灯大体上可分为挂灯和屏灯两大类。挂灯形制丰富，几何图案、花果鱼虫、飞禽走兽无所不包。屏灯是选取戏曲经典场景或神话传说为素材，扎制出特定的人物和场景，组成整屏花灯。

屏灯是潮州花灯的特色，其人物形象有生、旦、净、丑四类，光脸谱就有六百多种，服饰常常采用金银绣品；道具均仿照戏剧中的原型扎制；场景布置，如楼台亭阁、海天山水等，则需通过雕塑、绘画等多种艺术手法塑造。屏灯工艺复杂，一般包括构思、扎坯、装裱、装饰、组装等环节。其制作技艺在清代就已经达到很高的水准，潮州民歌《百屏灯》就是历史上潮州花灯盛况的写照。

潮州花灯是广东省汉族民间艺术宝库中的一大瑰宝。新中国成立以后，新一代艺人在继承传统的基础上潜心研究，进行了大量的技术革新，使潮州花灯更臻完美。

潮州花灯

灯彩（洛阳宫灯）
申报地区或单位：河南省洛阳市

河南省洛阳市是著名的古都，流传在这里的花灯艺术最早起源于宫廷，后来逐渐散布到民间。现在所说的洛阳宫灯，包括因民俗需要发展而来的各种灯彩。

作为老样宫灯的圆形纱灯是洛阳宫灯的主打产品，它以篾扎骨外糊纱绢制成，灯面有文字或图案装饰。这种灯骨架可以开合，易于收藏。还有工艺更复杂的拼装架彩绘宫灯，也是洛阳宫灯的重要品种。旧时洛阳宫灯并不像现在所见的一片红，传统的宫灯注重实用性，多用白绢或白纱做面，以便透光，红灯笼只用于还愿等特定用途。

过去洛阳制灯艺人众多，涌现出杜、李、朱、王等一批宫灯世家，现在只剩下王家还有传人在制作宫灯。若不及时采取保护措施，这一蕴含着丰富历史文化内涵的民间艺术行将消亡。

灯彩（汴京灯笼张）
申报地区或单位：河南省开封市

河南开封古称东京、汴京，开封灯彩历史悠久，北宋定都开封后，元宵赏灯活动盛况空前，丰富的灯彩品类在宋代孟元老的《东京梦华录》中有详细的描述。汴京灯笼张就是在开封民间灯彩技艺的基础上发展创新而来的，其创始人张泰全（1743～1803）擅长书画和装裱，能印会刻，喜欢灯彩，他结合自己的专长制作的木版灯、画灯和宋式宫灯名噪一时，渐渐成为开封灯彩的代表。

汴京灯笼张的主要品种有龙凤呈祥灯、莲生贵子灯、牡丹富贵灯、吉星高照灯等，均体现追求吉祥如意的传统文化内涵。

汴京灯笼张现已传承至第七代。

灯彩（忠信花灯）

申报地区或单位：广东省连平县

忠信花灯主要流传于广东省河源市连平县东南部忠信镇，其历史悠久，民间至今还保留着清代的花灯纹样印版。

忠信花灯是集绘画、剪纸、书法、对联、诗词、编织等于一体的综合性艺术。现存的忠信花灯有缭丝灯、宫廷灯、参灯、磨灯、紫灯、龙凤灯、宝莲灯、百公灯、五福灯等十多种。其基本结构呈柱形，用竹编骨架，有四角、六角、八角、十二角等，最大的直径有十二米，最小的四十多厘米，无论大小，皆精致美观。忠信花灯从上到下分为灯盖、灯身、灯裙，从里到外一般有2～4层，外层配以各种图案。灯裙由各种各样的彩色灯带组成，灯带有对联、诗词、书法，也有添丁发财、吉祥如意等祝福语，内容根据个人喜好选用，灯内装置各种形象的画片旋转流动，流光溢彩。

忠信花灯的传承与当地的民俗紧密相关，由于历史原因曾一度中断。恢复后，技师减少，制作趋于简单化，花灯类型也逐渐减少，亟待扶持和保护。

国家级代表性传承人名单

姓名	性别	申报地区或单位	入选批次
李湘满	男	浙江省仙居县	1
陈伟炎	男	浙江省海宁市	1
李珠琴	女	福建省泉州市	1
蔡炳汉	男	福建省泉州市	1
杨增贵	男	青海省湟源县	1
张金培	男	广东省东莞市	3
何伟福	男	上海市卢湾区	3
陈柏华	男	江苏省句容市	3
邓辉	男	广东省佛山市	3
林汉彬	男	广东省潮州市湘桥区	3
杨玉榕	女	广东省佛山市	4

东阳木雕

序号：342

编号：Ⅶ-43

批次：1

类别：传统美术

申报地区或单位：浙江省东阳市

东阳木雕是一种民间雕刻工艺，主要流传在浙江东阳各乡镇，延及周边县市。

根据东阳《康熙新志》的相关记载，可知唐代太和年以前东阳木雕已发展到一定程度。明清时期，东阳木雕广泛应用于建筑和家具装饰，形成整套的技艺和完善的风格。1914年在杭州开设的仁艺厂是最早的东阳木雕厂家。20世纪50年代后，东阳木雕厂家遍布全国各地。

东阳木雕以椴木、白桃木、香樟木、银杏木等材质为原料，因其成品色泽清淡，不用彩绘，大多保留原木天然纹理色泽而被称为白木雕。东阳木雕以平面浮雕为主，有薄浮雕、浅浮雕、深浮雕、高浮雕、多层叠雕、透空双面雕、锯空雕、满地雕、彩木镶嵌雕等类型。其工艺类型有无画雕刻与图稿设计雕刻两类，均注重创意和绘画性。

东阳木雕的题材多为历史故事和民间传说，构图方法采用中国传统绘画的散点透视或鸟瞰式透视，不受近大远小、近景清远景虚等绘画规律的束缚，充分展现画面内容，可谓画中有画。

近年来，现代建筑较少使用传统木雕装饰，东阳木雕在失去主要市场后逐渐走向衰落，必须尽快对之进行抢救和保护。

国家级代表性传承人名单

姓名	性别	申报地区或单位	入选批次
陆光正	男	浙江省东阳市	1
冯文土	男	浙江省东阳市	1
吴初伟	男	浙江省东阳市	4

侗族刺绣

序号：1164

编号：Ⅶ-107 3

批次：1

类别：传统美术

申报地区或单位：贵州省锦屏县

侗族刺绣是一种传统的民族民间工艺，盘轴绲边绣是侗族刺绣中的精品，尤以流传在贵州省黔东南苗族侗族自治州锦屏县平秋、石引、黄门等地区的侗族盘轴绲边绣最为有名。

盘轴绲边绣的基本绣法由盘轴绣和绲边绣两种刺绣方法结合而成。盘轴绣是取一根彩色丝线作引线，即轴线，再用手工将两根彩色丝线紧密地缠绕在一起，使之成为一条较粗的预制绣线，即盘线。绣制时，将引线从纹样底面向上绣并拉直，用盘线绕引线根部一圈并拉紧，如此反复，绣出花纹的轮廓，此为盘轴绣。绲边绣是取一根白线作引线，再用手工将两根白线紧密地缠绕在引线上，使之成为一条三合一的预制绣线，将其在已完成的盘轴绣的花纹图案轮廓周围镶嵌上一道边，称为绲边绣。花纹图案的轮廓中间用五颜六色的丝线进行填绣。填绣手法一般也是盘轴绣，其余部分用平绣、挑花、乱针、跳针等刺绣工艺完成。

盘轴绲边绣是纯手工制作，须经过作模、打面浆、粘布、拟模、贴面、镶边和绣化等数十道工序，制作一件完整的盘轴绲边绣品往往要花一年的时间，绣品以头巾、婴儿背带、花鞋、鞋垫、烟袋、挎包等实用品居多。

盘轴绲边绣的绣品不仅具有浅浮雕的质感，而且结实耐用，是侗族刺绣艺术的代表。

在侗族的刺绣品上，还有些独特的起点缀作用的附属物，如金黄色纸片、铜片和玻璃片，大多为圆形，也间有方形和三角形的。可以用来填充图案空间，还增加服饰品的光彩。当姑娘们在节日里穿戴上这些服饰翩翩起舞时，熠熠生辉。

国家级代表性传承人名单

姓名	性别	申报地区或单位	入选批次
陈显月	女	贵州省锦屏县	4

上党堆锦

序号：847

编号：Ⅲ-71

批次：2

类别：传统美术

申报地区或单位：山西省长治市堆锦研究所、长治市群众艺术馆

堆锦又名堆花，是一种以丝绸为面料的工艺画及其制作工艺的统称，流传在山西省长治市及其周边地区的上党堆锦颇具代表性。长治在古时曾称为上党。

上党堆锦以丝绸织物为主要面料，草板纸、棉花等为辅料，经剪裁、贴飞边、压纸捻、絮棉花、拨硬折、捏软褶、渲染描绘等十余道工序制成。其成品中的单体造型小巧精致，以人物为例，一般身高为15～25厘米。人物的手部和佩饰、道具等，任何细节都要求色泽形制逼真；手指制作时必须内填棉花、外包绸缎；头饰、道具则要用金银箔料刻制，一些地方还要加以彩绘。

上党堆锦制作中各部分所絮棉花厚薄不均，边缘粘贴的纸捻粗细各异，再加上拨折叠压时的顺序变化，使成品画面产生强烈的立体感和空间感。因为丝绸织物的柔软光亮、纹理细腻和色彩丰富等特点，上党堆锦制作的佛和菩萨造像不仅能体现佛教艺术庄严和神秘的色彩，而且成功地融入了人们的审美情趣，集中体现

了堆锦艺术独特的视觉效果。

上党堆锦工艺不仅需要制作者有良好的美术基础，而且需要多年的堆制经验才能出作品，现在的年轻人多不愿意学习继承这门需要精工细做的民间工艺，上党堆锦的传承发展面临困境。

国家级代表性传承人名单

姓名	性别	申报地区或单位	入选批次
弓春香	女	山西省长治市群众艺术馆	4

凤翔木版年画

序号：311

编号：Ⅶ-12

批次：1

类别：传统美术

申报地区或单位：陕西省凤翔县

凤翔县的木版年画是流传于陕西省凤翔县的民间版画，是西北农村辞旧迎新必不可少的装饰品。

凤翔木版年画有文字记载的年代，可追溯至明正德年间。据凤翔县南肖里村邰氏祖案记载，明正德二年（1507）前，邰氏家族已有八户从事年画生产，至今已传承了二十代。凤翔年画在民国时期最兴旺，一直持续到新中国成立前。

凤翔木版年画以手工雕版，土法印制，局部手绘染填而成。大多数年画在套色之后还要套金套银，色彩对比强烈，造型饱满夸张。由于地处西北，受外部美术影响很少，凤翔木版年画保留了粗犷朴实的古版年画艺术风格。

在凤翔，每逢腊月二十三，家家户户都要扫社，把旧年画撤下来烧掉，"送上天"祭灶王。到了大年三十，门扇上贴门神，门框上贴对联，院子灶房贴家宅六神，天神贴上院中，土地守至门口，灶王进厨房，仓神到粮仓，龙王看水井，牛马王护马房。大户人家客厅挂中堂画，屋内贴风俗画，戏剧故事满炕墙。

凤翔木版年画根植于民间，保留了古版年画古朴自然的艺术风格，充分体现了中国西部农民的民俗风情和浓郁的传统美术特色，成为研究中国西部农村生活和文化风貌的珍贵艺术资料。

1978年，邰氏传人主持成立了凤怡年画社，对流散民间的版画古样进行挖掘、整理和复制，目前能从事创作研究的只有邰立平一人，其传承面临危机，亟待抢救和保护。

国家级代表性传承人名单

姓名	性别	申报地区或单位	入选批次
邰瑜	男	陕西省凤翔县	1
邰立平	男	陕西省凤翔县	1

佛山木版年画

序号：308

编号：Ⅶ-9

批次：1

类别：传统美术

申报地区或单位：广东省佛山市

佛山木版年画是产于广东省佛山的一种民间版画。

早在宋元时期，广州、佛山一带已流行刻绘门神的习俗，早期就直接在门板上手绘刻画，后来另置木板绘刻复印、行销于市。佛山地理位置优越，商品流通快，客观上促进了年画的发展。

以技艺划分，佛山木版年画包括原画、木印、木印工笔三种类型；以题材划分，则有门画、神像画和岁时风俗画三种类型；在形式上，则有门画、神像、榜边、灯画、祥符等，其主要功用为祭祀、祈福和装饰环境，体现人们驱邪纳福的愿望。

佛山年画使用佛山著名特产银珠制成的红丹作底色，色彩强烈，适应南方日照时间长而经久不褪色的需要，有万年红之称；人物衣饰上的花纹用线条流畅的写金描银渲染，俗称写花，是佛山年画的显著特征。佛山年画在线条处理、造型格调、设色技巧、题材选择上都具有广府文化的特征，反映了佛山本地文化的历史根源以及佛山传统民间绘画和印刷工艺的基本情况。

目前佛山木版年画的传承人仅剩冯氏一家，"冯均记"是手工绘制佛山木版年画的代表，已有一百多年的历史。

国家级代表性传承人名单

姓名	性别	申报地区或单位	入选批次
冯炳棠	男	广东省佛山市	1

阜新玛瑙雕

序号：329

编号：Ⅶ-30

批次：1

类别：传统美术

申报地区或单位：辽宁省阜新市

阜新玛瑙雕指以辽宁省阜新为中心的玛瑙雕刻技艺及其成品。阜新是中国主要的玛瑙产地之一，其玛瑙雕刻工艺距今已有千年的历史。阜新清河门辽墓出土的莲花式盅及玛瑙项链、酒杯、围棋等，工艺已经相当精美。清代乾隆年间，宫廷所用玛瑙饰物和雕件的用料及工艺大部分来自阜新。现在，中国最大的玛瑙批发市场在阜新十家子镇。

玛瑙属中档宝石，硬度可与翡翠媲美，且具有多种天然色彩和丰富的条带花纹，是雕刻的理想材料。阜新玛瑙雕有人物、鸟兽、花卉、素活和水胆玛瑙制品五大类，以素活见长。玛瑙素活的主要器型有薰、炉、瓶、鼎、壶、钟、斛等。制成一件精美的玛瑙雕要经过选料、剥皮、设计、抛光、初雕、细雕和配座七道大工序。打钻掏膛、取链活环、肩耳制作、透雕活球、装饰雕刻等技艺是阜新玛瑙雕的特色工艺。1974年根据周恩来总理指示雕成的阜新玛瑙雕《水帘洞》，现藏于中国国家博物馆。

阜新玛瑙雕在取得辉煌业绩的同时，发展也面临着不少问题。阜新玛瑙雕传统技艺主要通过家族传承，国家级代表性传承人李洪斌大师年事已高，但现在能独立完成素活的新生代人才还没有出现。

国家级代表性传承人名单

姓名	性别	申报地区或单位	入选批次
李洪斌	男	辽宁省阜新市	1

高密扑灰年画

序号：305

编号：Ⅶ-6

批次：1

类别：传统美术

申报地区或单位：山东省高密市

扑灰年画是中国年画中一个古老的画种，主要产地在山东高密北乡姜庄、夏庄一带的三十多个村庄。

高密扑灰年画始见于明代成化年间，盛行于清代。它在发展过程中吸收各种绘画风格，形成了两个主要流派:"老抹画"继承传统画法,仍以画墨屏为主,画风典雅;"红货"借鉴天津杨柳青、潍县杨家埠两种木版年画的特点,作品艳丽红火,对比强烈。

扑灰年画多以仕女、胖娃、戏曲人物、山水花卉为题材,内容大都表现喜庆,适于民间节日张贴,如《牛郎织女》《万事如意》等。高密扑灰艺人作画时先用柳枝烧制的炭条打好草稿,再用毛笔勾描、白纸拓印,一稿可拓扑多张,"扑灰"由此得名。然后艺人在拓扑的画稿上粉脸、手,敷彩,描金,勾线,最后在重点部位涂上明油即告完成。为了提高工效,民间艺人还创制了鸳鸯笔、排线笔和各种型号的刷笔,这些工具进一步塑造了扑灰年画以色代墨、豪放粗犷、写意味浓的风格。扑灰年画也被称为民间写意画,其独特的技法,粗犷的风格,引起了专家学者的高度重视,成为研究收藏的珍品,在国内外都有很大影响。

扑灰年画手工扑拓和绘制的特点使其制作周期长、产量低,至清代光绪年间整个行业开始衰落。时至今日,高密扑灰年画技艺的传承陷入后继乏人的困境,亟待抢救、挖掘和保护。

国家级代表性传承人名单

姓名	性别	申报地区或单位	入选批次
吕臻立	男	山东省高密市	1

顾绣

序号:316

编号:Ⅶ-17

批次:1

类别:传统美术

申报地区或单位:上海市松江区

顾绣是上海地区的工艺品种之一,因明代嘉靖年间由松江府顾名世家女眷所创而得名,它是以古代名画为蓝本的画绣。

韩希孟是顾名世的孙媳,在顾绣名手中最有代表性。她具有很高的艺术素养,认为刺绣不应只是衣裙的装饰,而应具有独立的艺术地位。到了清代,顾名世的曾孙女顾兰玉开始设立刺绣作坊,传授顾绣技法。自此,顾绣在上海附近地区流传开来。

顾绣技艺的特点主要有三:第一,半绣半绘,互相补色借色,例如在《群仙祝寿图》中,画中人物所穿锦裳是在画笔描绘的底色上刺绣锦纹状而成,云雾则只用画笔渲染,而不加刺绣;第二,用料奇特,针法复杂多变;第三,运用中间色化晕。顾绣为了更形象地表现出绘画中原物的自然色泽和国画上层次丰富的色彩效果,采用深浅、浓淡等各种中间色调,进行补色和套色。

顾家的几代女眷为模仿绘画的笔墨技巧,在研究继承宋代闺阁绣的基础上创造出散针、套针、滚针等多种针法。

顾绣是民间绣艺与文人画相结合的产物,从业人员须具备一定的艺术修养,且制作费时耗工,很难普及。上海20世纪50年代以后所办的顾绣厂现在都已关闭,必须采取措施对这一传统绣艺进行抢救、保护、整理和挖掘。

国家级代表性传承人名单

姓名	性别	申报地区或单位	入选批次
戴明教	女	上海市松江区	1

哈萨克毡绣和布绣

序号:859

编号:Ⅲ-83

◎传统美术

批次：2

类别：传统美术

申报地区或单位：新疆生产建设兵团农六师

哈萨克毡绣和布绣手工技艺主要流传于新疆兵团农六师红旗农场、107团和奇台农场一带，历史悠久。

在布料上施绣即为布绣，主要用于服饰。在毡子上施绣即为毡绣，绣花的毡子被称为花毡，是哈萨克族最具有代表性也是最为普及的家庭工艺品。走进哈萨克毡房，首先映入眼帘的就是铺于地面的花毡。这是对家中女性刺绣技艺的展示，深为哈萨克妇女所重视。花毡刺绣有云彩、菱形等图案，以花为图案的主要是梅花造型，有四瓣、六瓣、八瓣、十瓣等花头图案，颜色搭配有黑底红花、白底黄花、黄边绿叶、绿边白花等，五颜六色，把毡房点缀得华丽美观。

俗话说"千针万线绣花毡"，花毡绣制工艺复杂，图案繁多，耗工费时，成品美观大方，结实耐用。双层施缝的花毡可用十多年，是草原上一道美丽的风景。

毡绣 图1

毡绣 图2

汉绣

序号：851

编号：Ⅲ-75

批次：2

类别：传统美术

申报地区或单位：湖北省武汉市汉江区

汉绣是流行于湖北荆州、武汉、仙桃、潜江一带的传统刺绣艺术。

汉绣始于汉朝，在漫长的历史发展过程中，它以楚绣为基础，融汇南北诸家绣法之长，逐渐形成以铺、平、织、间、压、缆、掺、盘、套、垫、扣为主要针法，以平金夹绣为主要表现形式的刺绣艺术体系。汉绣的鼎盛期是在清末民初，咸丰年间在汉口设有织绣局，集中各地绣工绣

布绣

599

制官服和各种饰品。抗战时期，日军侵占武汉，汉绣日趋凋零。新中国成立以后，汉绣才重放光华。20世纪80年代，汉绣产品已由原来的民用小绣品和少量古典戏剧绣服发展到帐帘、披风、被面、枕套、服装、大幅、中堂、条屏、折页、摇件和屏风等十多个品种。

汉绣追求充实丰满、富丽堂皇，绣品可以枝上生花，花上生叶，叶上还可出枝，充分体现"花无正果，热闹为先"的美学思想，呈现出浑厚、富丽的色彩。在具体表现手法上，汉绣用色浓艳，分层破色，突出层次感和立体感。汉绣下针果断，图案边缘齐整，名之曰"齐针"，绣品多从外围启绣，然后层层向内走针，进而铺满绣面。

汉绣无处不在的楚风遗韵，使其自成一格。

汉字书法

序号：839
编号：Ⅶ-63
批次：2
类别：传统美术
申报地区或单位：中国文学艺术界联合会书法家协会，中国艺术研究院，中国书法院

汉字书法习称书法，是流行于中国各地的一种汉字书写艺术。具体说，汉字书法是以汉字为基础、用毛笔书写、具有四维特征的抽象符号艺术，反映了人作为主体的精神、气质、学识和修养。

作为规律性的汉字书写手段和表情达意的艺术形式，书法在中国经历了数千年的发展，从中国商朝晚期（前14～前11世纪）的甲骨文开始，到石鼓文、金文（钟鼎文）演变为大篆、小篆、隶书，定型于东汉、魏、晋的草书、楷书、行书诸体，以特定的文辞、用笔、结体和章法体现着中华民族的思维方式、价值观念和审美意识，成为民族文化重要的组成部分。

书法的书写方式有描摹、临写、背临、创作四种，无论是单字成幅还是多字组合成幅，对于运笔的力度、起承转合、收笔等技术的配合运用，都必须经过一定的训练方能掌握。

20世纪以来，随着中国现代化进程的不断深入，汉字书法赖以生存的社会基础逐渐变异。字形的简化、书体的标准化和书写的数字化使得汉字特有的审美意味和文化内涵不断流失，硬笔、电脑和打印机的普及深刻地改变了人们的书写、阅读和交流方式，使得汉字书法的实用性、亲和力及影响力大大减弱。在此形势下，有必要采取有力措施，对之进行大力提倡和全面保护。

2009年10月，中国书法入选《人类非物质文化遗产代表作名录》中国项目。

核雕

光福核雕、潍坊核雕、广州榄雕

序号：835
编号：Ⅶ-59
批次：2
类别：传统美术
申报地区或单位：江苏省苏州市，山东省潍坊市，广东省增城市

核雕是以核桃壳及各种果核为原材料的一种民间微型雕刻工艺。中国核雕历史悠久，从明末魏学洢在《核舟记》中的描绘来看，核雕技艺在明代已经达到很高的水平。

核雕一般选用核桃壳、桃核、橄榄核、杏核、樱桃核等质地致密的果核（壳）为雕刻材料，利

用核桃壳或果核的天然形态和起伏变化，采用雕、镂、镌、锉、凿、钻等技法在其上雕刻文字和各色人物、花鸟鱼虫、山水楼阁等形象。

核雕的主要工具有刀、锉、凿和钻。锉有毛锉、光锉和圆锉，凿刀有方凿、圆凿等，刀则有平刀、半圆刀、角刀、修光刀等十多种。核雕需要全面布局、周身施刻，构思周密而严谨，刀法畅快利落，力求浑然天成、无雕琢痕迹。

江苏、山东和广东等地的核雕艺术在长期流传过程中形成了一定的传统，所创作的核雕作品各具特色。

核雕（光福核雕）
申报地区或单位：江苏省苏州市

光福核雕是苏州核雕具有代表性的一部分，发源于苏州光福镇和香山街道舟山村。苏州核雕在明清时代已达到很高的艺术水准，清代乾隆初年，苏州微雕艺人杜士元在桃核上雕刻的《东坡游赤壁》被时人称为"鬼工"。

光福核雕主要以质地坚硬而细腻的广东乌杭橄榄核为材料，雕镌时基本保持果核原形，成品样式有珠串式、坠件式和摆件式，题材内容有吉祥如意系列、神仙人物系列、民间民俗故事系列和山水园林系列。

光福核雕作品线条明晰，立体感强，形象刻画生动传神，集中反映了苏州雕刻"精、细、雅"的技艺传统。

现在，由于市场萎缩，从事核雕的艺人很少，核雕技艺也渐渐流失，亟待保护。

核雕（潍坊核雕）
申报地区或单位：山东省潍坊市

潍坊核雕是流行于山东省潍坊地区的一种传统雕镌艺术，它以桃核为主要材料。当地以桃木避邪的古老习俗推动了这一民间艺术的发展。

潍坊核雕大约始于清末，品种主要有车、船、印章、山水、鱼虫、人物、亭台楼阁等，其中最普遍的题材是核舟。潍坊核雕国家级代表性传承人王绪德雕刻的核舟，上面的门、窗皆可自由开启，船尾垂下的锚链由四十五节比米粒还小的椭圆环连接而成，每节转动自如。

潍坊核雕巧妙利用桃核上纵横无序、深浅不定的纹理，雕刻出栩栩如生的景物立体造型，作品布局简练，概括性强，有融天地万物于方寸之间的气象。除了艺术价值外，潍坊核雕与民俗紧密结合，有深刻的文化内涵和社会意义。

潍坊核雕技艺难度较大，不下苦功夫无法掌握，且短期内不容易出成果，如今很少有人能坚持学艺，潍坊核雕技艺正面临后继乏人的困境，亟待保护。

核雕（广州榄雕）
申报地区或单位：广东省增城市

广州榄雕是流行于广东增城一带的传统雕镌艺术，增城自古盛产乌榄，乌榄核大而仁小，适合雕刻。清朝广州籍宫廷匠人陈祖章和民间艺人湛谷生都有《东坡夜游赤壁》的作品传世，这个题材现在仍为广州榄雕所常用。

20世纪中叶以来，广州榄雕产品增加到五十多种，有多层花舫、通雕蟹笼、撒网渔船、吊链宫灯、花塔、古鼎、国际象棋等。按形式分，广州榄雕则有座件、挂件、珠串等。广州榄雕工艺秉承了岭南文化的风格特征，雕刻精细入微，形态小巧玲珑，其技法以浮雕、圆雕、镂空雕为主。传统的广州榄雕一般保持橄榄核的原色，不着意上色，极具岭南工艺美术的特色。

由于乌榄树遭到大量砍伐，榄雕材料紧缺，加上产值不高，规模性的榄雕生产已经不复存在。目前，增城一带的老艺人多把榄雕视为自娱自乐的消遣，专业从事榄雕者寥寥无几。

国家级代表性传承人名单

姓名	性别	申报地区或单位	入选批次
宋水官	男	江苏省苏州市	3
王绪德	男	山东省潍坊市	3
黄学文	男	广东省增城市	3

衡水内画

序号：314
编号：Ⅶ-15
批次：1
类别：传统美术
申报地区或单位：河北省衡水市

扩展名录：
内画（北京内画鼻烟壶） 北京市西城区
内画（广东内画） 广东省汕头市

衡水内画是指流传在河北省衡水市的一种鼻烟壶内壁绘画技艺。内画鼻烟壶是鼻烟传入中国后出现的一种民族手工艺品种，在流传中形成了京派、冀派、鲁派、粤派等流派。衡水内画即冀派，主要分布在河北衡水市及其周边地区。

鼻烟是将烟草精工炮制并混入香草、香料研制成赫黄色粉末，有"消寒辟疫"之功效。1696年，康熙皇帝设立了第一个玻璃工厂，专门制作鼻烟壶，乾隆末年，内画鼻烟壶诞生。晚清时京城出现了一批内画大师，衡水内画创始人王习三早年师从京派老艺人，后来自创了冀派内画的特殊工具——金属杆勾毛笔，即习三弯勾笔。衡水内画在继承京派厚朴古雅的基础上，融合鲁派的细腻流畅，又将国画皴、擦、染、点、勾、丝等技法引入内画。1981年，该画派经过摸索掌握了油彩内画技法，打破了内画传统单一的水彩作画的局限，完成中西合璧的创举。

衡水内画的题材有山水人物、花鸟鱼虫、肖像风景等，色彩典雅，富有诗情画意，其中人物肖像以着色清淡、层次分明、富有质感见长。

衡水内画工艺精妙异常，"寸幅之地具千里之势"，从清代开始就成为重要的外事礼品。

目前，衡水内画只有王习三的师徒传承谱系，此外并无系统的文字记录或著述，若不及时采取保护措施，这一特色技艺将难以为继。

内画鼻烟壶

内画（北京内画鼻烟壶）
申报地区或单位：北京市西城区

北京是内画鼻烟壶的发源地，1890年至1945年间，内画鼻烟壶发展到高峰期，出现了号称"四大内画名家"的周乐元、丁二仲、马少宣和叶仲三先生。

艺人用竹笔或柳木笔作画，画面以厚朴古雅的国画风格见长。叶派内画创始人叶仲三大师的后人叶蓁祯、叶蓁禧、叶蓁祺，以及叶蓁祺之女叶淑英，继承并发展了叶派内画艺术。他们的第一位外姓弟子王习三创立了冀派内画，弟子刘守本则成为现代京派的领军人物。1980年以来，刘守本不断收徒，北京内画鼻烟壶有了第四代传人。

内画（广东内画）
申报地区或单位：广东省汕头市

流传在广东汕头的内画艺术是中国传统内画粤派的唯一代表，其创始人为中国工艺美术大师吴松龄。

广东内画凭借独特的瓶体造型、瓶外描金加彩的装饰效果和自创的彩绘工具卓然成派。受岭南画派画风影响，汕头内画线条纤秀，色彩浓艳，表现内容丰富多彩。

吴松龄与儿子吴泽鲲在汕头市特种工艺厂先后培养出内画艺徒三十五人，使这门绝技得到传承。

国家级代表性传承人名单

姓名	性别	申报地区或单位	入选批次
王习三	男	河北省衡水市	1
刘守本	男	北京市西城区	3

葫芦雕刻

东昌葫芦雕刻

序号：837
编号：Ⅶ-61
批次：2
类别：传统美术
申报地区或单位：山东省聊城市

东昌葫芦雕刻是一种以葫芦为原料的雕刻工艺。山东省聊城市东昌府区位于黄河下游的鲁西平原腹地，在历史上就以盛产质量上乘的葫芦而闻名。东昌葫芦雕刻流传区域以东昌府区堂邑镇为中心，辐射至周边的梁水镇、阎寺、柳林、桑阿镇、辛集乡等乡镇。

东昌葫芦雕刻的历史悠久，据说始于宋代。据史料记载，明清时期，葫芦雕刻一度是运河两岸农家生产的重要商品。

东昌葫芦品种繁多，造型各异。下部圆大的大葫芦用来雕刻人物和山水；形似两个球体，上小下大、中间有细腰的亚腰葫芦多用来雕刻花鸟鱼虫走兽；扁圆葫芦刻上花纹或者镂空用来蓄养蝈蝈或蛐蛐。其他如长柄葫芦、瓠子等可雕刻加工成装饰用的工艺品以及杯、盘、碗、盒、笔筒等日用品。

东昌雕刻葫芦常用工具有定格圆规、斜口刀、透孔器等二三十种，其中有不少工具是艺人在长期的实践中根据实际需要自行创制的。东昌葫芦雕刻一般要经过选坯、绘制、着色三道基本工序。挑选采摘下的葫芦经刮皮、醋洗、暴晒，待表面颜色近于土黄色，坯子就算出炉了。雕刻图案后，用锅底灰或麦秸灰混油（棉籽油或豆油）搅拌均匀抹在葫芦上，油灰中可加入颜料，最后用布把葫芦表面擦拭干净，留在图案刻线凹槽里的油灰便使图案凸显出来，且久不褪色。东昌葫芦是中国葫芦文化的重要组成部分。

在当地政府的扶持下，东昌葫芦雕刻渐渐形成产业。

湟中堆绣

序号：848
编号：Ⅲ-72
批次：2
类别：传统美术
申报地区或单位：青海省湟中县

湟中堆绣是一种运用剪和堆等技法塑造形象的艺术，主要分布在青海省湟中县，距今已有六百多年的历史。

湟中堆绣多用于藏族唐卡制作，内容以藏传佛教题材为主，也有花鸟、人物、风景等大众观赏作品，代表作有珍藏在湟中塔尔寺的《十六尊者（罗汉）显神通》《释迦牟尼佛像》《狮子吼佛像》等。

湟中堆绣工艺精细复杂，制作时艺人首先设计整体图案，然后将各色布料比照每个单体图案剪裁、粘贴、填充以羊毛或棉花等，最后将各色图案堆贴在设计好的大幅布幔上，构成一组完整的画面。艺人们在长期的实践中对材料选用形成一套丰富的经验：轻薄柔韧的绢渲染后可做画面背景；薄软光滑的绸多用来做花卉及人物服饰；软厚光亮的缎做青花瓷瓶显得格外逼真；棉布和麻布既可做底衬布，也可做人物的服饰、佩饰；各种颜色的纯棉绣线一般用来制作叶脉、人物五官、花蕊等。

湟中堆绣有平面堆绣与立体堆绣之分。平面堆绣的图案中间不填充羊毛或棉花；图案中间填充材料的立体堆绣也叫棱堆，棱堆作品高低起伏，有较强的立体感。

湟中堆绣是汉藏文化融合的结晶，它将刺绣和浮雕艺术结合在一起，具有较高的工艺美术价值和审美价值，作品质朴而华美，呈现出动人的民族特色和强烈的艺术感染力。现在，当地有关部门正采取措施保护和鼓励民间发展堆绣工艺。

灰塑

序号：863
编号：Ⅲ-87
批次：2
类别：传统美术
申报地区或单位：广东省广州市

灰塑俗称灰批，是一种以石灰为主要材料塑形的传统建筑装饰工艺，流传于广东省广州市的灰塑具有一定的代表性。据记载，灰塑在唐代已经出现，明清时代最为盛行，尤以祠堂、寺庙和豪门大宅用得最多。

广州灰塑主要用于装饰建筑物的门额窗框、山墙顶端、屋檐瓦脊和亭台牌坊，其原料石灰耐酸、耐湿、耐温，适合广州一带的湿热气候。灰塑不需要烧制，可现场施工，匠人施工时根据建筑物及其地理地形状况进行设计，巧妙地留出装饰性的通风孔，以减轻台风冲击力。灰塑题材广泛，多为人们喜闻乐见的人物、花鸟、虫鱼、瑞兽、山水、书法和戏曲故事等。古代建筑多以黑白色调为主，色彩鲜艳的灰塑格外醒目。

灰塑的工艺制作复杂，大致包括材料配制加工、造型构思、固定骨架、造型打底、批灰、上彩等步骤。材料制作包括制作草根灰、纸筋灰和色灰，其间还需密封糅合，需要二十多天。在骨架周围用草根灰进行初次造型打底时，每次涂抹草根灰不得超过五厘米厚，然后间隔一天才能继续塑型，每层草根灰都必须压紧，直至完全定型，制作时匠人还要注意造型的仰视效果。

现在，传统建筑行业式微，附着其上的灰塑技艺也随之衰落，需要大力保护和抢救。

国家级代表性传承人名单

姓名	性别	申报地区或单位	入选批次
邵成村	男	广东省广州市	4

徽州三雕

婺源三雕

序号：336

编号：Ⅶ-37

批次：1

类别：传统美术

申报地区或单位：安徽省黄山市，江西省婺源县

徽州三雕是古代徽州地区流传的木雕、砖雕和石雕三种工艺的统称，它们均为古代徽州地区明清建筑的装饰性雕刻，具有浓厚的地方文化色彩。古代徽州辖地包括今天的安徽省黄山市和江西省婺源县。

徽州古建筑以民居、官宅、宗祠、庙宇、廊桥和牌坊为主，无论建筑部件还是家居陈设都十分注重雕刻装饰。房子的月梁、额枋、斗拱、雀替、榫饰、钩挂、隔扇门窗格心、裙板、莲花门、窗格、窗栏板、栏杆、轩顶、楼檐护板等部位都以木雕进行装饰，床、榻、椅、柜、桌、梳妆架、案几等家具面上也有精美的雕刻。砖雕用于装饰民居的门楼、门罩等部位。石雕则主要用于装饰祠堂的石栏板，民居门墙的础石、漏窗及石牌坊。

徽州三雕与建筑整体配合严密稳妥，其创作题材受儒家文化的影响殊深，多为情节化的人物和故事，如神话、戏曲、民情风俗等。动物图案多舞跃姿态，如狮子、麒麟、马、鹿等，还有花鸟、名胜、博古吉图等。从中可看出汉唐以来我国建筑装饰雕刻艺术的传承脉络，同时也能看到新安画派、徽派版画、徽派篆刻等其他徽州文化艺术的影响。

婺源三雕是指江西省婺源县境内明清古建筑中的砖雕、石雕和木雕，它属于徽派建筑艺术的支系。从别号"雕三雕"的刘三元始，婺源三雕的技艺自成谱系。明万历二十四年（1596），户部侍郎、工部尚书余懋学兴建于婺源县的"尚书第"建筑上的装饰可视为婺源三雕最初的实例。

徽州三雕（婺源三雕）的制作程序因材料和工具不同而有差异，但雕刻技法都是浮雕、透雕、圆雕、线刻等多种技法并用，其传统制作技艺在民间建筑与雕刻行业中广为流传，但现今由于建筑材料、工具的变化及建筑成本核算等原因，费时费工费料且刀法复杂的传统雕刻技艺逐渐被人们摒弃，许多技艺已经失传。

国家级代表性传承人名单

姓名	性别	申报地区或单位	入选批次
方新中	男	安徽省黄山市	1
冯有进	男	安徽省黄山市	1
王金生	男	安徽省黄山市	3
俞有桂	男	江西省婺源县	3
蒯正华	男	安徽省黄山市	4
曹永盛	男	安徽省黄山市	4

惠安石雕

序号：335

编号：Ⅶ-36

批次：1

类别：传统美术

申报地区或单位：福建省惠安县

惠安石雕工艺在当地叫打巧，是以硬质青石料为主要原料的传统雕刻艺术，主要流传在福建省泉州的惠安县。惠安石雕成品多用于建筑装饰，早期主要服务于宗教。

惠安石雕工艺源于黄河流域的中原文化，又汲取了闽越文化和沿海上丝绸之路传入的外来文化，逐渐形成自己的艺术风格，从南宋以

来就有传承谱系记载,流派众多。

惠安石雕传统工艺流程主要包括捏、镂、摘、雕四道工序。捏是打坯样,先在石块上画出线条,而后进行初步的雕凿;镂是根据造型把坯样内部无用的石料挖掉,这是石雕工匠的基本功;摘是剔去雕件外部多余的石料;雕是进行最后的琢剁加工使雕件定型,最后修细、配置坐垫。

惠安石雕品类有碑石加工、环境园林雕塑、建筑构件、工艺雕刻、实用器皿五大系列,主要工艺有圆雕、浮雕、线雕、沉雕、影雕、透雕、微雕等,其中影雕技法是惠安石雕艺人创造的。他们利用本地产玉昌湖青石琢凿能显示白点的特性,用微雕钢针按照临描于石板表面的图像线条细细琢凿,靠钻点的大小、深浅、疏密的有机结合,使图像显示出来。

惠安石雕具有强烈的民族性和鲜明的时代性,很早就传播到海外,在东南亚等地备受推崇。目前,手工雕刻技艺正日渐为机械所取代,惠安石雕的传统技艺亟待扶持和救护。

惠安石雕艺人王经民

惠安石雕

国家级代表性传承人名单

姓名	性别	申报地区或单位	入选批次
王经民	男	福建省惠安县	4

嘉兴灶头画

序号:1156
编号:Ⅶ-99
批次:3
类别:传统美术
申报地区或单位:浙江省嘉兴市

灶头画又称灶画、灶壁画,是以灶壁为载体的一种传统美术形式。浙江嘉兴的灶头画除了在本地流传外,对周边地区的相关艺术样式都有影响。据嘉兴民间灶头画艺人赵祥松第八代灶头画传承人的考察,嘉兴灶头画至少出现在清朝中期,已有二百多年的历史。

在嘉兴,施画的灶头一般是柴火灶,按形状分有花篮灶、小方灶和木桶灶,绘画装饰部位主要是灶身、烟箱、灶山和灶帽,共有4~6平方米,面积大且结构复杂,需要艺人整体构思、依灶绘画。20世纪80年代以前,嘉兴每个村都有两三名土生土长的灶画艺人。他们先根据灶头的结构分割出大小不一的方形画框,一般总体上把画面组合分上、下两大部分,上半部分讲究形状对比,下半部分或等幅排列,或通幅彩绘,一座灶头绘图的数量少则十幅,多则达二十幅。绘制必须在灶壁半干半湿的时候进行,灶山和烟箱上一般画动物、财神和八仙过海、古城会等故事;灶身绘以荷花、石榴、仙桃、牡丹、万年青等花草和鲤鱼跳龙门、喜鹊闹春、聚宝盆等图案。此外,还有花边和文字,大多为"福"字、"喜"字、年年有余、丰衣足食等吉祥语。图案造型以黑线勾勒,敷以红、黄、蓝、黑、白等色，为使色彩鲜艳且能渗入灶壁不流滴，须用白酒调制颜料。

如今，随着生活方式的改变，灶头都改为瓷砖贴面，民间老一辈的灶头画艺人也相继去世，灶头画开始淡出人们的生活。

剪纸

蔚县剪纸，丰宁满族剪纸，中阳剪纸，医巫闾山满族剪纸，扬州剪纸，乐清细纹刻纸，广东剪纸，傣族剪纸，安塞剪纸

序号：315
编号：Ⅶ-16
批次：1
类别：传统美术

申报地区或单位：河北省蔚县、丰宁满族自治县，山西省中阳县，辽宁省锦州市，江苏省扬州市，浙江省乐清市，广东省佛山市、汕头市、潮州市，云南省潞西市，陕西省安塞县

扩展名录：
剪纸（广灵染色剪纸）	山西省广灵县
剪纸（和林格尔剪纸）	内蒙古自治区和林格尔县
剪纸（庄河剪纸）	辽宁省庄河市
剪纸（岫岩剪纸）	辽宁省岫岩满族自治县
剪纸（建平剪纸）	辽宁省建平县
剪纸（新宾满族剪纸）	辽宁省新宾满族自治县
剪纸（长白山满族剪纸）	吉林省通化市
剪纸（方正剪纸）	黑龙江省方正县
剪纸（上海剪纸）	上海市徐汇区
剪纸（南京剪纸）	江苏省南京市
剪纸（徐州剪纸）	江苏省徐州市
剪纸（金坛刻纸）	江苏省金坛市
剪纸（浦江剪纸）	浙江省浦江县
剪纸（阜阳剪纸）	安徽省阜阳市
剪纸（漳浦剪纸）	福建省漳浦县
剪纸[泉州（李尧宝）刻纸]	福建省泉州市
剪纸（柘荣剪纸）	福建省柘荣县
剪纸（瑞昌剪纸）	江西省瑞昌市
剪纸（莒县过门笺）	山东省莒县
剪纸（滨州民间剪纸）	山东省滨州市
剪纸（高密剪纸）	山东省高密市
剪纸（烟台剪纸）	山东省烟台市
剪纸（灵宝剪纸）	河南省灵宝市
剪纸（卢氏剪纸）	河南省卢氏县
剪纸（辉县剪纸）	河南省辉县市
剪纸（孝感雕花剪纸）	湖北省孝感市孝南区
剪纸（鄂州雕花剪纸）	湖北省鄂州市
剪纸（仙桃雕花剪纸）	湖北省仙桃市
剪纸（踏虎凿花）	湖南省泸溪县
剪纸（苗族剪纸）	贵州省剑河县
剪纸（庆阳剪纸）	甘肃省镇原县
剪纸（包头剪纸）	内蒙古自治区包头市
剪纸（新干剪纸）	江西省新干县
剪纸（延川剪纸）	陕西省延川县
剪纸（旬邑彩贴剪纸）	陕西省旬邑县
剪纸（会宁剪纸）	甘肃省会宁县

剪纸，是中国民间流行最广的美术形式之一。剪纸是一种镂空艺术，主要特点表现在空间观念的二维性、刀味纸感、线条与装饰、写意与寓意等，在视觉上给人以透空的感觉和艺术享受。

早在春秋战国时期，人们就运用薄片材料，

通过镂空雕刻的技法制成工艺品。真正意义上的剪纸，应该从汉代纸的出现开始，唐代处于大发展时期。宋代造纸业成熟，纸品繁多，为剪纸的普及提供了条件，明清时期剪纸手工艺术走向成熟，并达到鼎盛。

剪纸载体一般是纸张、金银箔、树皮、树叶、布、皮革等片状材料。剪纸工具是剪子或刻刀，技法有阳刻、阴刻和阴阳刻结合。阳刻以线为主，把造型的线留下，线线相连，称为正形；阴刻以块为主，把图形的线去掉，线线相断，称为负形。

民间剪纸的存在依附民间特定的文化背景与生活环境，但在完成民俗作用之外，民间剪纸又极力显示出自身的审美价值。这种艺术上的独立性，正随着社会变革而渐趋明显。

民间剪纸不受自然物象固有形的束缚，为追求造型的完整性，将不同时空的不同景物进行组合描绘。夸张和变形是剪纸最常用的表达语言，种种质朴怪诞而又率真至美的剪纸造型，来源于原始的视觉思维方式和民间求全的审美情感。民间剪纸的创作者往往把剪纸视为生活的一部分，托物寄语，表达自己对美好生活的向往以及对远古图腾的崇拜。

2009年，中国剪纸是被列入《人类非物质文化遗产代表作名录》的中国项目。

剪纸　满乡三姐妹

剪纸　满阿哥

剪纸　吃火锅

剪纸　五月节的八宝葫芦

◎传统美术

剪纸　罗嗦杆

剪纸　锔锣锅

民间艺人在代代相传中融入年画的艺术特色，并在题材、品种和技法上不断创新，使蔚县剪纸成功地走向市场。但是随着蔚县剪纸作为商品的不断繁荣，许多传统的内涵也渐渐丢失。

蔚县剪纸　麒麟送子

剪纸（蔚县剪纸）
申报地区或单位：河北省蔚县

流传于河北省蔚县的剪纸在当地又称窗花，至今已有二百多年的历史。

蔚县剪纸的用纸为薄薄的宣纸，以小巧锐利的雕刀刻制，用明快绚丽的色彩点染，其基本制作工艺为：设计造型—熏样—雕刻—染色。

塞北农村的玻璃窗户上面有许多小方格子，方格子上糊一层麻纸，贴在麻纸上的剪纸既要穿透又要艳丽。因此，蔚县剪纸以阴刻为主，阳刻为辅，用色浓艳。在剪纸品种上，既有表达农村生活内容的飞禽走兽、花鸟虫鱼，也有农村人喜闻乐见的戏剧人物、京剧脸谱和神话传说人物。这些造型生动的作品被贴在纸窗上，通过阳光的照射，栩栩如生，五彩缤纷。农村过年贴窗花的习俗是蔚县剪纸长盛不衰的重要原因。

剪纸（丰宁满族剪纸）
申报地区或单位：河北省丰宁满族自治县

丰宁满族剪纸是流传于河北省丰宁满族自治县的民间剪纸。丰宁满族剪纸始于清代康熙年间，至乾隆年间形成了具有地域特征与民族特色的新异风格，清末民初进入鼎盛时期。

丰宁满族剪纸以阳刻为主，阴刻为辅，批毛纤长，剪工精细，剪纸内容有吉祥祈福、花鸟鱼虫、山水风光、人物等几大类，从表现形式上可分为单色剪纸（红、白、黑等）、点染剪纸、填色剪纸、复色组合剪纸等。根据具体用途，丰宁满族剪纸又可分为窗花、祭神（祖）吊签、节令剪纸、礼花（结婚用的喜庆剪纸和丧葬用的素色剪纸等）、日常室内装饰用的顶棚花、风斗花和炕围剪纸等。

目前，丰宁满族剪纸的传统技艺大多留存

609

在七十岁以上的老人手中，面临失传的危险，亟待抢救和保护。

剪纸（中阳剪纸）
申报地区或单位：山西省中阳县

中阳剪纸主要分布于山西省中阳县境内的南川河流域、刘家坪地区和西山边远山区。南川河流域的民俗剪纸细腻、典雅，占据主流地位。刘家坪的剪纸纯朴、刚健；西山边远地区的剪纸粗犷、浑厚。中阳剪纸因为当地民俗文化积淀深厚而具有古老的文化内涵与艺术形态。

在中阳出土的汉代画像中就有许多关于剪纸的图案，可以证明中阳剪纸在汉代就有。唐宋以后，由于交通不便，中阳与外界的联系越来越少，使得秦汉艺术古风在这里得到很好的保留，至今在当地民间剪纸艺人的作品中还有完整的体现。

中阳剪纸既有以鱼、蛙、蛇、兔为主题的装饰纹样，也有配合岁时节令和人生礼仪的民俗剪纸，还有以民间神话为题材的剪纸作品，多以红纸剪成，体现着喜庆热烈的民俗气氛。

中阳剪纸的主要创作者是农村劳动妇女，剪纸是她们日常生活中一项重要的内容，是她们审美情趣、聪明才智和理想追求的集中表现。其技艺的传承关系一般是自发的，亦有以家族方式传承的。现在主要传承人已经相继离世，应尽早采取措施，对之进行抢救。

剪纸（医巫闾山满族剪纸）
申报地区或单位：辽宁省锦州市

医巫闾山满族剪纸在辽宁医巫闾山地区的北宁市、凌海市、阜新市、义县等地流传了数百年，世代相承。

医巫闾山地区满族人在原始崇拜活动中往往要制造图腾形象，或用树皮、兽皮剪刻诸神形象，或用木材雕刻神偶形象。这种仪式造像活动相沿成习，发展成为剪纸艺术。

医巫闾山满族剪纸具有丰富的萨满文化内涵，以原始的自然神崇拜（如山神）、生殖崇拜（如腹乳如山、养育万物的女神嬷嬷人）、植物图腾（如柳树妈妈）、动物图腾（如狐神、牛神）、祖先崇拜以及满族风俗为主要表现内容，记载了大量的远古文化符号。

医巫闾山满族剪纸保留了原始的剪纸艺术生成形态，造型简洁，不用烦琐细密的剪法，不求精致准确的造型，具有朴拙古茂的神韵。

剪纸 畈鱼

剪纸 斗鸡

剪纸 拉手人

剪纸（扬州剪纸）
申报地区或单位：江苏省扬州市

流传于江苏省扬州市的扬州剪纸历史悠久，唐宋时期扬州就有剪纸报春的习俗。扬州人在立春之日都要剪纸为花，做成春蝶、春线和春胜等样式，"或悬于佳人之首，或缀于花下"。至清代，扬州商业兴盛，出现了一批技艺高超的剪纸艺人。扬州剪纸艺人过去经常制作的是刺绣的底样，大至门帘帐檐、被服枕套，小至镜服香囊、绢帕笔袋，有绣花必有剪纸样，所以扬州人称剪纸艺人为"剪花样的"。

扬州剪纸用纸以安徽手抄宣为主，厚薄适中，无色染，质地平整。扬州剪纸题材广泛，有人物花卉、鸟兽虫鱼、奇山异景、名胜古迹等，尤以四时花卉见长。其特点是以画为稿，为适应刺绣的需要，构图简练、线条圆滑，具有优美、清秀、细致、玲珑的艺术风格和地方特色。

剪纸（乐清细纹刻纸）
申报地区或单位：浙江省乐清市

乐清细纹刻纸主要流传于浙江省乐清市象阳镇的寺前村、后横村，北白象镇的东才村及乐成镇、柳市镇、翁阳镇等地。

乐清剪纸源于民间剪纸龙船花，至今已有七百多年的历史。据《乐清县志》记载，元代大德年间，"社里笙歌达旦，通衢剪彩为众共赏，与民同乐"。这里的"剪彩"就是剪纸。每年正月十五，乐清乡间各地都有龙船灯巡游。龙船纸扎和细纹刻纸是龙船灯的基本工艺和装饰。早期龙船灯上的细纹刻纸只有几何图案，后来增加了花卉鸟兽、戏曲人物、神话故事等题材，代表作有《九狮图》《八角双鱼》等。

乐清细纹刻纸刀法精妙入微，最突出的特点就是细，最细的能在一寸见方的纸上刻出五十二根线条。细纹刻纸的工艺使各种图案纹样都能在几厘米见方的纸上得到细致而丰富的表现。

细纹刻纸技艺难度大而且耗时，一幅碗口大的细纹刻纸作品要十多天才能完成，一般要有数十年的功夫才能创作出精美的作品。目前，老艺人年老力衰，乐清细纹刻纸技艺传承后继乏人。

剪纸（广东剪纸）
申报地区或单位：广东省佛山市、汕头市、潮州市

广东剪纸主要由流传于佛山地区的佛山剪纸、流行于潮汕地区的潮阳剪纸和流传于潮州地区的潮州剪纸构成。

佛山剪纸结合当地民俗风情及手工业、商业发展，至清代已逐步成行成市，并出现了行会组织。20世纪初，与佛山剪纸有关的金花、磨花纸、蘸料纸、打铜、铜箔、朱砂年红染纸、花红染纸、染色纸等行业蓬勃发展，店号数百家。佛山剪纸分为纯色剪纸、衬料剪纸、写料剪纸、铜凿剪纸四大类，剪纸手法有剪和刻两大类。剪，每次只能剪两三张，刻则便于大量复制，粗犷的图案一次可刻近百张。传统佛山剪纸中喜庆吉祥、驱邪纳福、多子长寿的题材最受民间欢迎。与这些主题相应，佛山剪纸艺人以金碧辉煌的铜箔搭配鲜明的色纸，形成具有特色的铜凿剪纸。

潮阳剪纸最大的特点是阴阳剪交替使用，加上花中套花的手法，增加了剪纸的表现力。

潮州剪纸艺人善于将三五张色纸叠在一起剪出各种花纹图案。潮州剪纸有一个品种称为錾纸，制作方法是将图案放在色纸或金箔上，用刻刀錾刻而成。色錾纸俗称大钱，用于祭神祭祖或游神活动。

剪纸（傣族剪纸）
申报地区或单位：云南省潞西市

流行于云南省德宏傣族景颇族自治州潞西市的傣族剪纸源于傣族祭祀仪式所用的纸幡，后来在佛教文化和中原文化的影响下逐步充实，形成独特的风格。

傣族剪纸以特制的剪刀、刻刀、凿子和锤子为工具，其剪刀和刻刀尖、利、仄、薄，一次可剪八层纸；凿子和锤子稳、钻、活，一次可凿五十多层纸。傣族剪纸有剪和凿两种方法。对于熟练的艺人来说，无须稿样，休息的时候拿出工具随手可剪，凿则需要按照稿样打制凿刻。傣族剪纸的主要品种为扎、佛幡、挂灯、吊幢、板等，多用来装饰佛殿的门窗、佛伞及演出道具、节日彩棚、泼水龙亭等。常见图案既有龙凤、孔雀、大象、狮子、麒麟、马鹿等奇兽异鸟，也有各种花木，还有佛经故事和民间传说。

傣族剪纸风格朴实，从内涵到表现形式均折射出傣族人民的历史文化传统和审美追求。

剪纸（安塞剪纸）
申报地区或单位：陕西省安塞县

安塞剪纸流行于陕西省安塞县。大凡喜庆的日子，安塞妇女都要围在一起铰剪纸、贴窗花。

安塞剪纸在长期的流传中，各地的剪纸呈现不同的风格。杏子河川的剪纸造型简单，意境概括；西河川的剪纸外形简练古朴，而内部装饰繁丽，多采用线面结合的手法；延河川的剪纸多抽象的纹理造型，寓意含蓄；坪桥川的剪纸外形古朴，以块为主，和石刻山像的造型颇为近似。

安塞剪纸的剪法有双铰、单铰和零铰。双铰，即折铰，用于剪一些对称图案和纹饰；凡不能对称剪的图形，就用单铰。零铰，是将一幅剪纸局部形象分开来单独剪出，然后在纸上拼成完整的图案。剪纸创作者大多不画草稿，而是剪随心走，信手剪来。作品线条粗犷明快，寓意单纯质朴，充满对平安吉祥的祈盼之情。安塞剪纸主要用于节日、婚礼、宗教礼仪装饰和一些手工制作底样。

安塞剪纸不仅造型美观，剪工精致，而且具有深邃的历史文化内涵，包含了美学、历史学、哲学、民俗、考古学、文化人类学等多方面的内容，被誉为文化"活化石"。

剪纸（广灵染色剪纸）
申报地区或单位：山西省广灵县剪纸文化艺术工作者协会

广灵染色剪纸是刀刻宣纸、品色点染而成的彩色剪纸，主要流传于山西省广灵县。

一张广灵染色剪纸的成形要经过设计图样、拨样、熏样或晒样、刻制、剪裁、染色等工序，其特点在染色上。广灵染色剪纸点染用色丰富，艺人可以按需要调出五六十种颜色，点染一幅作品用色最多可达三十种，使剪纸具有绘画的用色效果。艺人用品色加白酒调和点染，一次可染透十几张，而且水彩只向下层渗透，不向四周浸染。染色特有的工艺还可以做到在浅色之上点染深色且互不干扰，使得色彩形成层次感。

考究的染色造就了广灵染色剪纸色彩鲜艳、造型生动传神的艺术风格，也丰富了中国民间剪纸艺术。

剪纸（和林格尔剪纸）
申报地区或单位：内蒙古自治区和林格尔县

流传于内蒙古自治区和林格尔县的剪纸是在游牧文化与农耕文化长期共存、民族交融的背景下不断发展成熟的民间艺术。

和林格尔剪纸由牧民，主要是劳动妇女集

体创造，他们善于抓住事物的本质特征，不追求细节刻画，而着重于物象的大轮廓。在大轮廓定下来后，他们才开始在图形内部进行随心所欲的修饰，运用锯齿纹、月牙纹和雨点纹，把剪纸装饰纹样发挥到饱和状态，并在制作中根据需要采用不同的运剪方式，或裁，或剪，或锥，或挤，或锉，或压，一剪多用，拓展了剪纸艺术的技法。

随着社会发展，人们居住环境改变，昔日的窑舍或木格纸窗渐渐消失，剪纸原有的生存空间日渐萎缩，而新的空间又尚未形成；民间剪纸老艺人纷纷故去，而新一代艺人队伍又未能形成，出现青黄不接状况。和林格尔剪纸艺术的生存和发展面临危机。

剪纸（庄河剪纸）
申报地区或单位：辽宁省庄河市

庄河剪纸指产生和流传于辽宁省庄河市的剪纸艺术，从明清时开始流行。

庄河剪纸的类型有窗花、棚花、团花、墙花、喜花及单纯的剪纸画等。庄河剪纸多是单色剪纸，以阳刻为主，强调对自然物象进行主观改造，具有抽象的形式美。庄河剪纸作品中经常出现比大象肥的猪、比娃娃高的公鸡、一个人搂不过来的鲤鱼等夸张造型，形象饱满厚重，代表作品有《十二生肖图》《双喜凤凰》《麒麟送子》等。

为了传承发展这一宝贵的民间艺术，新中国成立后建立了庄河民间剪纸艺人档案，收集了上万幅剪纸作品。随着老艺人纷纷离世，庄河市文化馆积极在学校开展剪纸课程教育，让民间艺术扎根校园，让庄河剪纸艺术后继有人。

剪纸（岫岩剪纸）
申报地区或单位：辽宁省岫岩满族自治县

流行于辽宁省岫岩满族自治县的岫岩剪纸迄今已有三百多年的历史。满族人盛行用挂旗供奉祖先，这种民俗促进了当地剪纸的发展。

真正形成岫岩民间剪纸艺术的年代是明末清初，乾隆年间最为流行。岫岩剪纸以满族农家妇女为创作主体，最大的特征是写形、写意、写神、写心，造型夸张奇特。过春节时，家家户户都要用五色彩纸剪成长约四十厘米、宽约五厘米的挂笺。挂笺中间镂刻有"丰""寿""福"等字，下端剪成犬牙穗头，悬挂于门窗横额、室内大梁等处，把家里装饰得喜气洋洋。

岫岩剪纸的其他形式也和民间的习俗活动关系密切，带有鲜明的满汉融合的特征。

岫岩剪纸目前处境艰难，老的剪纸艺人逐渐减少，新的一代对剪纸艺术缺乏兴趣，使剪纸艺术面临后继无人的困境。

剪纸（建平剪纸）
申报地区或单位：辽宁省建平县

流传于辽宁省建平县的建平剪纸，受当地环境影响，形成了以蒙古族萨满文化为主体、融合多民族乡土文化的艺术风格。

建平剪纸在艺术上运用了对立统一的手法，以白色基调为主，线与面巧妙结合，相互衬托，对比强烈，富有韵律感。作品多用锯齿纹和月牙纹，有定规而不拘束，剪出了粗犷而精巧、简约而不单调、质朴而灵秀的艺术效果。剪纸的主要工具有剪刀和香。很早以前剪纸艺人的剪刀都是到铁匠处专门定做的。即使是买来的大剪刀也都要进行加工，使剪刀的刀尖、刀刃更加锋利，以便精细部分的创作。香是用来烧眼睛部位的。

从建平剪纸中可以了解蒙、满、回少数民族

与汉民族文化相融合的历史过程，可以解读从远古流传下来的文化符号。然而，随着老艺人的相继离世，建平剪纸中有一些特有的语言符号已经无法破译。相关部门对建平剪纸采取了一些有效的保护措施，但仍存在诸多亟待解决的难题。

剪纸（新宾满族剪纸）
申报地区或单位：辽宁省新宾满族自治县

新宾满族剪纸流传于辽宁省新宾满族自治县境内，有着二百多年的传承历史，其题材取自满族宗教信仰、民间传说、神话故事、乡风民俗及自然风物等，乡土气息浓烈。

新宾满族剪纸朱白对比强烈，常常配上满文，图文并茂。民间艺人在制作剪纸时不描不画、不打底稿，全凭一把剪子，剪随心动，一气呵成，有时还根据需要用木炭、烟头或香头烫出点线来加强表现。吊线剪纸、立体组合剪纸是新宾满族剪纸的特色品种。剪、说、唱一体，心、脑、手并用，是新宾满族剪纸的又一大特色。

剪纸（长白山满族剪纸）
申报地区或单位：吉林省通化市

长白山满族剪纸主要分布在吉林通化、白山、吉林市、延边、伊通等地区。

长白山满族剪纸源自满族萨满教，最早用于祭祀，在艺术上具有自己特定的语言和风格，题材也有鲜明的地方特色，其表现内容多为挖参、狩猎、放排等满族传统生活方式和民俗风情，作品风格粗犷大气，结构布图以大块的红白对比为主，人物脸部多采用阳剪（红脸）的方式。除了用纸以外，长白山满族剪纸民间艺人还能用桦树皮、树叶等制作剪纸，别具一格。

剪纸（方正剪纸）
申报地区或单位：黑龙江省方正县

流传于黑龙江省方正县的剪纸因为受到当地汉、满、蒙、朝、回等多民族长期聚居的影响，不但体现出多民族民间剪纸艺术相互融合渗透的特点，而且流派纷呈。

从中原流传到方正的剪纸艺术与满族剪纸艺术互相渗透、影响，使得方正剪纸造型和技法更加复杂、精细，题材和表现内容则多以象征吉祥、美好心愿的四季平安、迎福祈福及神话、历史故事为主。

因为地理纬度高，方正县的冬季农闲时间漫长，妇女们便坐在炕上交流女红技艺，形成了方正剪纸的创作风气。创作群体决定了方正剪纸内容以民风民俗为主，风格以粗犷简练见长。人们还在长期的创作中按照需要改制剪刀，经过打磨、整形后的剪刀使方正剪纸的表现力更加丰富。

方正剪纸传承脉络广泛，主要分为家族式传承、非家族式传承和组织式传承。其中，家族式传承为方正剪纸文化的流传发挥了基础性作用。

剪纸（上海剪纸）
申报地区或单位：上海市徐汇区

上海剪纸最早始于清朝乾隆、嘉庆年间，经由苏浙传入，带有传统江南文化底色。随着上海开埠，在经济发展和文化碰撞的背景下，在兼容并蓄的海派文化中，上海剪纸日渐呈现出自己的特色。

上海剪纸起初多用作门笺、鞋花和绣花样。新中国成立后，一些艺术家和民间艺人投入了剪纸的创作。这个群体文化品位较高，艺术修养颇深，对剪纸艺术兴趣浓厚，他们充实了上海剪纸的技术与艺术，使之与刺绣花样逐渐分离，形成了一种独立的艺术门类。

艺人们具备吸纳中西艺术滋养的条件，受到多种文化意识交叉影响，将传统与现代很好地统一起来，把北方剪纸的粗犷朴实、简练奔放和圆润饱满与南方剪纸的细腻秀丽、线条流畅等特点糅合，形成了独特的海派风格。

剪纸（南京剪纸）
申报地区或单位：江苏省南京市

南京剪纸主要流传于江苏南京及其周边地区。据清代道光年间甘熙撰写的《白下琐言》等史料记载，南京剪纸在明代初年已十分盛行。

南京剪纸融北方剪纸的粗放和南方剪纸的细腻为一体，特点是花中有花、题中有题，粗中有细、拙中见灵。南京剪纸的传统品种有喜花、斗香花、门笺和刺绣花样，旧时南京人婚嫁喜庆，多聘请艺人来家用大红纸剪各式喜花，用于装饰点缀箱、柜、被、枕等嫁妆。用于装饰祭祀用香的斗香花刻纸为特色品种，斗香花是一种套色剪纸，一种花纹，一次刻成，却可以拼出多种色彩效果的剪纸作品，丰富了我国民间剪纸的艺术宝库。

南京剪纸具有鲜明特征和很高的美学价值。南京剪纸艺人手艺高超，不用画稿，起剪后线条连绵不断，犹如一笔画，一气呵成。这样的剪纸手艺本身就很有观赏性。

南京剪纸艺术有着深厚的文化底蕴，众多专家学者的参与和指导开创了民间剪纸与文人文化相结合的典范，也大大提高了南京剪纸的艺术水平。

剪纸（徐州剪纸）
申报地区或单位：江苏省徐州市

徐州剪纸技艺主要在江苏徐州的邳州、新沂、沛县等地世代相传，品种有装饰剪纸（窗花、顶棚花、盆花、枕花、帐花、灯花等）、绣花纹样和特种剪纸。徐州剪纸题材在发展中不断充实创新，既有收割、养殖、运输、建筑等劳动生活场景，也有历史故事、民间传说、戏剧人物等。

徐州剪纸艺人用独特的艺术语言，对黑白关系进行大胆处理和把握。作品中有时会出现大面积的空白，有时又在大面积的色块中不着一剪或只稍加点缀。这样的处理使剪纸作品显得既大胆泼辣，又明快清新，具有很高的艺术价值和人文价值。

剪纸（金坛刻纸）
申报地区或单位：江苏省金坛市

流传于江苏省金坛地区的刻纸历史可以追溯到明清时期。那时，民间为了驱鬼祛邪、祈福迎祥，逢年过节家家户户依照风俗，在门楣、梁檐、船头仓尾和神龛等处贴挂门笺、喜笺和花笺。这便是金坛刻纸的源起。

金坛刻纸的工艺主要由手工绘画和镂空刻制组成，无论幅面大小，都有清晰完整的构图和造型，又保证整体线条间的互相连接，常采用填彩、点彩、衬彩等综合技法，还创造了叠层表现手法——利用宣纸半透的效果映衬人物形体线条，使作品具有层次感，表现细腻丰富。

金坛刻纸具有制品幅式灵活、刻制手法多样、构图精细繁茂等艺术特点。刻纸艺人充分运用刻刀的灵活性，不仅可以刻出掌上小品，还可以刻出鸿篇巨制，极大地丰富了刻纸的题材内容和艺术形式。金坛刻纸近年来创作了不少气势恢宏的巨幅作品，均表现出浓郁的时代生活色彩，展现了一幅幅江南民间生活的优美风俗画卷，对于民间手工艺制作的研究，也是一个很有价值的标本资料库。

剪纸（浦江剪纸）
申报地区或单位：浙江省浦江县

流传于浙江省浦江县的剪纸与戏曲关系密切。清代以后，地方戏曲在浙江省浦江县空前发展，形成了独具特色的浦江乱弹。受其影响，浦江出现了戏曲人物剪纸。经过世代传承，这种人物剪纸发展成为风格秀丽、情调高雅的浦江剪纸。

浦江发达的戏剧文化为浦江剪纸提供了大量的创作素材，代表作有《对课》《断桥》等。浦江剪纸一般取染色土纸5～10张叠好覆以样稿，用绵纸钉扎住，然后用特制镂花剪，由里而外依次剪出。创作稿原稿一般要用水粘贴在另一张薄纸上，用松枝或油灯烟熏黑，取得黑白分明的复稿，又叫花样。一张精彩的花样会随着戏剧迅速流传开来。

浦江剪纸中戏曲窗花最具特色，大多作品有规整的外框，如圆形、方形、六角形、八角形、海棠形、书卷形、屏风形等，强调画面的完整性。其内容多是表现当地人们喜闻乐见的戏剧故事和民间传说。在艺术表现上，注重情景交融。一般以阴剪（呈阴纹）手法表现背景物象，构成线条的韵律，与前景人物形成虚实对比。

现在，传统的浦江剪纸技法几乎濒临失传。

剪纸（阜阳剪纸）
申报地区或单位：安徽省阜阳市

流传于安徽省阜阳市的剪纸是皖西北劳动人民自娱自乐的一种民间艺术。历史上，阜阳农村妇女大都具备剪纸的手艺，且世代相传。

从现存资料看，阜阳博物馆收藏的《兰桥会》《牧笛》和《祭塔》等，都是清代的阜阳剪纸作品，做鞋花、袜底花之用。

阜阳剪纸主要有两种用途，一种是在喜庆节日用红纸剪作装饰，如窗花、门笺、灯花、喜花等，内容多象征吉祥与喜悦；另一种是作为鞋帽、围嘴、肚兜等儿童服饰上的刺绣底样，取材一般为花卉、鸟、虫等。根据制作者的需要，可以采用单色、彩色和拼贴等形式，再灵活地应用剪、刻、撕等手法。许多作者都是土生土长的当地妇女，她们以自己的作品来表达生活情趣，美化环境，也形成了阜阳剪纸乡土气息浓郁的艺术特色。

剪纸（漳浦剪纸）
申报地区或单位：福建省漳浦县

漳浦剪纸流传于福建省漳州市漳浦县沿海一带。

漳浦剪纸最初只是作刺绣的底样，随着民间民俗活动的盛行，同时受北方贴窗花等中原文化的影响，漳浦剪纸开始应用于婚礼和祭拜活动中。发展到明清以后，剪纸逐渐脱离刺绣而成为一种独立的艺术形式。

来自民间的漳浦剪纸老艺人借鉴刺绣的表现手法，创造了排剪技法，充分表现出漳浦剪纸纤巧细腻的特点。那种细而又细、成组成排、反复出现的线条，可以丝丝入扣地表现羽毛、花瓣等事物。

漳浦剪纸见证了漳浦民间习俗演化的进程，对了解漳浦民俗、闽南民俗民情民风具有积极的意义。

剪纸［泉州（李尧宝）刻纸］
申报地区或单位：福建省泉州市

流传于福建省泉州的泉州（李尧宝）刻纸起初用于节庆装饰，是泉州花灯重要的造型手段。

李尧宝（1892～1983），字国富，福建泉州市人。其父以油漆彩画为生，其兄则工于刻纸。李尧宝自幼跟随父兄学艺，不仅继承了泉州刻纸技艺，而且从堆塑、贴瓷、木刻、建筑和彩绘中汲取艺术营养，在刻纸制作中创造性地运用描、剪、刻、剔等手法，使泉州刻纸技艺出现了较大的突破。李尧宝的刻纸作品有龙凤、喜庆、博古、人物等六大类别，其刻纸图案被广泛应用于生活中，如戏剧服装、刺绣、家具和木雕等。此外，李尧宝还成功地将刻纸技艺应用到无骨料丝花灯上，创造出立体的刻纸艺术。

李尧宝先生去世后，现在只有他的女儿和孙女继承了泉州（李尧宝）刻纸艺术。

剪纸（柘荣剪纸）
申报地区或单位：福建省柘荣县

柘荣剪纸是福建宁德市的一种汉族民间艺术。

受地域文化的影响，柘荣剪纸风格质朴粗犷。当地妇女是柘荣剪纸的创作主体，她们不用打稿，不用粉本，先剪外形，然后镂空，作品多是夸张、变形的鸟兽虫鱼，稚朴可爱，妙趣横生，呈现似与不似的艺术效果，质朴而自然，画面整体繁而不乱，给人以欢愉之感。

流传于福建省柘荣县的剪纸艺术有广泛的群众基础，或装饰窗户，或覆盖于箱、笼、枕、被和坛口上装饰嫁妆，或节日祈福，从婚嫁、小孩满月到丧葬，柘荣剪纸无处不在，其生命力来自人民的精神生活需要。过去，柘荣的小女孩八九岁就开始学习抠花样。现在，由于民俗的日益淡化，柘荣剪纸的功能逐渐弱化，柘荣剪纸面临生存发展的重重困难。

剪纸（瑞昌剪纸）
申报地区或单位：江西省瑞昌市

流传于江西省瑞昌市的瑞昌剪纸历史悠久。1972年，在江西瑞昌发掘的西晋古墓中，考古学家们发现古墓砖及陪葬陶器上的饰纹图案与今天瑞昌剪纸的常用花纹十分相似，其手法和风格也如出一辙。

瑞昌地处南北交汇处，南北文化相互浸润与渗透，渐渐形成了瑞昌剪纸粗细有致、刚柔并济的艺术特色。瑞昌剪纸采用反常的非镂空技法，形成画面时而模糊时而清晰的艺术效果，使作品显得含蓄神秘。

瑞昌剪纸过去主要应用于宗教、祭祀、婚丧、制衣等领域，瑞昌民间有"无户不剪纸，无女不绣花"的说法，足见瑞昌剪纸在当地流传之深广。现在，民间剪纸艺术家突破传统，采用新技术，不断拓展题材，用剪纸反映现实生活和富有鲜明时代气息的情境。有关部门积极进行市场化运作，瑞昌剪纸正在逐步形成剪纸产业的格局。

剪纸（莒县过门笺）
申报地区或单位：山东省莒县

流传于山东省莒县的过门笺是莒地剪纸艺术的代表作，春节贴过门笺是当地流传久远的古老习俗。

过门笺中间为镂空的字或图案，周围饰以各种图形的花纹，贴在大门、二门和堂屋门楣上，一般五张一套，称为一门。五色纸门笺颜色通常为大红、绿、黄、粉红和蓝紫（或蓝）。家里其他地方，如窗户、橱门、粮囤、水缸、纺车、织机、大农具、大树等，只贴一张。

清代以前，莒县过门笺多是村中妇女制作，只简单地剪出穗头和花样即可。清末民初以来，莒县过门笺的刻制工艺已形成了比较固定的模式：先按过门笺的尺寸设计出图案、刻成模板，然后把模板放在彩纸上面，再放在蜡盘上，用各种刀具刻制。过门笺的加工工艺有单色、多色和套色法几种。所谓套色法，是将各色彩纸叠在一起放在蜡盘上按刻，刻完后调换纸的颜色、位置和纹样，人们谓之"换膛子"，以实形填补虚形，背面则用纸片粘贴住，使色彩更加丰富有序。

随着莒县城镇化的进程加快，越来越多的人住进了楼房，贴过门笺的习俗正在日渐淡化。

剪纸（滨州民间剪纸）
申报地区或单位：山东省滨州市

滨州民间剪纸流传于黄河、徒骇河流域山东境内的一些乡村集镇。

滨州民间剪纸是当地民俗活动的重要组成部分，内容反映人民生活的方方面面：民俗活动、岁时节令、人生礼仪和民间传说等。

滨州民间剪纸与黄河流域的文化遗存一脉相承。从纹饰的表现形式来看，剪纸广泛地吸收了彩陶、青铜器、汉画像等古代艺术纹饰，如锯齿纹、旋涡纹、月牙纹等。从内容方面看，剪纸取材寓意深远，如常见的葫芦纹样，因为以葫芦做瓢，两瓢合并一体，寓团结之意；葫芦多籽，含多子多福之意。盖碗是瓢演变而来的器皿，故剪纸又多取材于盖碗。

为了传承和保护这一传统民族艺术形式，滨州许多中小学都开设了剪纸课程，一些高等院校也开设了剪纸艺术欣赏等课程。

剪纸（高密剪纸）
申报地区或单位：山东省高密市

高密剪纸流传于山东高密一带。明朝初年，朱元璋下旨移民，山西、河南、河北、江西等地各有一些民众汇集高密，也把各地的剪纸艺术带到了高密。经过交流融合，高密剪纸逐渐呈现出稳定鲜明的特色。

高密剪纸的突出特点是线条刚劲挺拔，金石味浓。这与当地的气候条件有关，高密地处胶东半岛西部，农村室内比较干燥，如果剪纸线条太细或太粗，都会影响装饰效果和保存时间。高密剪纸还有一个特点是善用线、块和黑、白、灰相互衬托，给人较强的视觉效果。

剪纸（烟台剪纸）
申报地区或单位：山东省烟台市

早在清代，烟台剪纸已在山东烟台各地普遍流行。

烟台剪纸样式繁多，从工艺上看，主要有单色剪纸、勾染色剪纸、拼色剪纸和衬色剪纸四种类型。单色剪纸多用红纸。勾染色剪纸是在剪的基础上勾勒墨线，再施以色彩。拼色剪纸是用各种色纸剪制局部再拼贴完成。衬色剪纸以烟台莱州和招远的墙花最有代表性，制作时先用黑纸镂刻出基本形象，然后在镂空处染色或衬贴各种色纸。

烟台剪纸除了装饰、祭祀和陪衬民俗之外，还有哄小孩儿玩的玩具剪纸和文人士大夫书斋中的文人剪纸。

剪纸（灵宝剪纸）
申报地区或单位：河南省灵宝市

灵宝剪纸流传于河南省灵宝市，灵宝悠久的历史文化底蕴为灵宝剪纸的发展提供了充足的养分。

灵宝剪纸分为单色和染色两种，制作以剪为主，也有刻的方式，窗花是其代表作。灵宝剪纸与民俗关系密切，顶棚花、角花、墙围花、炕屏花、灯花、壶花和盆花等多用来装饰喜房，表达人们对婚姻美满、多子多福的美好期盼。每逢元宵节，人们都会用剪纸来装饰彩灯，走马灯上的彩灯剪纸最为典型，灯的上下两部分都贴有精雕细刻的剪纸图案，中间的火伞上还有"走马人子"剪纸，灯转影动，流光溢彩。除此以外，灵宝剪纸还有祭祀、丧葬用的纸扎剪纸，主要题材是建筑、花鸟和宣扬儒家思想的历史故事。与民俗和巫术有关的剪纸作品有《扫晴娘》《金剪镇五毒》《金牛图》等，寄寓人们扶正祛邪的祈愿。

剪纸（卢氏剪纸）
申报地区或单位：河南省卢氏县

卢氏剪纸流传于河南省卢氏县境内。

据清代《卢氏县志》记载，远在春秋时期，卢氏民间的劳动妇女就有在树叶上描花的习惯。到西汉时期，卢氏民间开始用树叶和比较柔韧的植物表皮制作所需要的图形，用于祭祀祖先或神灵。到了唐宋，卢氏民间剪纸已广为流行，成为日常生活的一个重要组成部分。农家妇女用剪刀和彩纸制作剪纸装点生活、赠送亲朋。到明朝时期，大规模的移民进入卢氏，也把各地民间剪纸艺术带入卢氏。卢氏剪纸在发展中形成了两种风格：粗犷豪放的卢氏黄河流域民间剪纸和委婉流畅的卢氏长江流域民间剪纸。

目前，活跃在卢氏县的新老剪纸艺人有一百多人，在当地文化部门的鼓励和引导下，卢氏民间剪纸正在尝试走向市场。

剪纸（辉县剪纸）
申报地区或单位：河南省辉县市

辉县剪纸艺术产生于明末清初，主要流传于河南省辉县市西部山区沙窑乡、薄壁镇的五十多个村庄。

辉县剪纸一直保留着浓郁的乡土气息，在构图和造型上不受形式的限制，大多使用组合的手法，在造型上夸张变形，在图案处理上利用对称、均齐、平衡、组合、连续等形式美法则，不受空间、时间及地点的限制。比如辉县民间剪纸艺术家李爱荣的剪纸作品《碾麦》，画面中出现了麦场、人物、毛驴、石磙以及场边放置的麦袋子。其中麦穗在形象和比例上进行了大胆的夸张处理，凸显了特征，加强了美感。辉县剪纸多为单色剪纸，使用的工具和材料也非常简单，以阳刻为主，题材多是人物、动物和花木等。通过这些形象表达农民祈福驱邪的愿望，是原生态艺术的活版本。

剪纸（孝感雕花剪纸）
申报地区或单位：湖北省孝感市孝南区

流行于湖北省孝感的剪纸历史可以追溯到西晋，南朝宗懔著《荆楚岁时记》说："正月七日为人日，以七种菜为羹，剪彩为人，或镂金箔为人，以贴屏风，亦置头之鬓。"明代，孝感出现了卖花样的职业艺人，他们创作了大量剪纸绣花样，各种枕花、鞋花、帽花、肚兜花、帐帘花等，使孝感的剪纸艺术日趋成熟。

孝感雕花剪纸的工艺手法大体包括剪和雕两种，主要用小刀镂刻，十分讲究刀功。民间艺人总结的技法要领是"握刀要正，下刀要顺，行刀要匀，用片要严"，对艺术造型的总结则是"图外有形，形中有景，线条圆润，对比分明，花中有花，粗中有细，均衡对称，大胆夸张"。

现在，因为孝感雕花剪纸的市场需求小，从艺者越来越少，加上老艺人纷纷离世，孝感雕花剪纸技艺濒临失传的危险。

剪纸（鄂州雕花剪纸）
申报地区或单位：湖北省鄂州市

流行于湖北鄂州的雕花剪纸是一种传统的民间装饰艺术，《武昌县志》中就有清光绪年间雕花剪纸的记载。1935年，鄂城花样剪纸工会成立。早年的鄂州雕花剪纸艺人身背花样箱，手摇货郎鼓，走村串户，出售花样，活动范围涉及周边五省。

鄂州雕花剪纸刀剪俱用，剪纸品种有帽花、鞋花、拖鞋花、袜底花、扣带花、背心花、兜花、围涎花、枕头花、帐檐花等，内容包括生活的方方面面，构图匀称，风格细腻，集实用性与装饰性为一体。新中国成立后，人称"花样窝子"的燕矶、华容等地成立了雕花剪纸互助组，先后创制了两千多种花样品种。

剪纸（仙桃雕花剪纸）
申报地区或单位：湖北省仙桃市

流传于湖北仙桃地区（原沔阳）的雕花剪纸历史悠久，据《沔阳县志》记载，沔阳剪纸在明末清初已形成自己的风格，以构图匀称、雕工纤细见长。

制作仙桃雕花剪纸时，民间艺人先用刻刀和白纸在蜡盘上雕出花样子。刻刀多为闹钟发条和手术刀加工而成，蜡盘则用菜油、白蜡和香炉灰合成物盛于小木圆盘中做成。艺人们雕出的花样子多为《喜鹊登梅》《鸳鸯戏水》《龙凤呈祥》《金鱼闹莲》《鹿鹤同春》等寓意吉祥的图案，一般用于鞋、鞋垫、帽子、枕头、涎兜、帐飘、帐帘、门帘等刺绣纹样。

仙桃雕花剪纸构图丰满均衡、黑白虚实分明，装饰性强，深受当地民众喜爱，因而能够集样成本，代代传承。

剪纸（踏虎凿花）
申报地区或单位：湖南省泸溪县

踏虎凿花是湖南省湘西土家族苗族自治州泸溪县的一种民间传统手工艺，因传说起源于该县踏虎村而得名。

据《泸溪县志》记载，泸溪踏虎剪纸起源于清乾隆年间，并渐由剪纸向凿花演变。踏虎凿花源于苗族服饰的纹样蓝本，花样繁多，女服和童服的衣花尤其丰富，因部位不同，有几十种不同的形状和图案，仅衣襟花就分为胸襟花和背襟花，胸襟花图案以花鸟为主，花多为牡丹、荷花或其他组合花卉，鸟有燕子、鸳鸯、鹭鸶和凤凰等。未婚姑娘和已婚女性的衣襟花图案还有区别，这也是识别女性婚嫁状况的标志之一。其他诸如围裙、袖口、裤边等，都有不同的图案。帽子上的帽花更为复杂，根据性别、年龄和场合的不同，佩戴的帽子有不同的形状和图案，含有不同的寓意，反映了苗族人民的生活习俗和精神追求。因此，踏虎凿花被称为绣在衣服上的文明。除了用于服饰外，踏虎凿花还出现在苗族地区的各种祭祀和婚丧仪式中，其中一些内容表现苗族的盘瓠图腾崇拜和巫鬼文化。

踏虎凿花用刻刀凿制而成，凿花卖花曾是不少泸溪人养家糊口的方式。他们世代以此为业，手摇铃鼓，肩挑篾箱，足迹踏遍湘鄂川黔，对推动这些地区的民间文化传播和发展有不小的贡献。

近年来，泸溪县创立踏虎凿花传习所，不断探索新方法，努力让这门艺术走进群众生活，增强群众的保护和传承意识。

◎传统美术

剪纸（苗族剪纸）
申报地区或单位：贵州省剑河县

苗族剪纸俗称花纸、剪花和绣花纸，苗语称为"西给港"和"西给榜"，汉语意为动物剪纸和花卉剪纸。在贵州省剑河县流传的苗族剪纸按地区分为革东型和新民、新合型两种，风格有所不同。

苗族剪纸历史悠久，黔东南一带苗族中世代传唱的《苗族古歌·跋山涉水》一节中就有剪纸的叙述。苗族剪纸主要采用剪、刻、扎的方式，无论剪或刻，都先把图案在表层纸上画好。剪纸题材包括苗族神话传说和自然界中的动植物形象，刻记了大量的宗教文化信息和原始艺术特征。其中经常出现的双头龙、双头鸟、双头蛇和双身共头龙等是苗族巫仪的延伸，是研究剑河县境内苗族历史和生活习俗的形象资料。

苗族剪纸主要用途是作为苗族服饰刺绣纹样稿，它与服饰款式及其他装饰构成部落徽记，是苗族不同支系成员的外形识别标志。因其特别的社会功能，使得苗族剪纸纹样的母题和表述形式具有鲜明的地域性和稳定的历史承继性。

剪纸（庆阳剪纸）
申报地区或单位：甘肃省镇原县

流传于甘肃省庆阳的庆阳剪纸艺术历史悠久，民俗底蕴深厚。

庆阳剪纸种类繁多，因用途不同而内容各异，有喜庆剪纸、礼仪剪纸、祛病剪纸、福寿剪纸、婚喜剪纸、生殖剪纸、丧葬剪纸、底样剪纸和现代生产劳动剪纸等。这些剪纸大都有底样，妇女们把底样夹在杂志书籍中，视为传家宝，代代相传，又由于庆阳交通闭塞，较少受外来文化冲击，使得庆阳剪纸保留了大量远古文化信息。例如，《八卦娃娃》双手举禾黍，头顶太阳蛛网八卦，是原始社会炎帝部落太阳崇拜的遗存；《人头鱼》是以鱼为图腾的原始文化的传承；有双鸟的轴对称剪纸《生命之树》是两汉广为流传的图样；《双鱼枕》等剪纸是古代中国阴阳哲学观的载体。

庆阳的剪纸作者多是农村妇女，她们的手艺来自上一辈的口传心授。

剪纸（包头剪纸）
申报地区或单位：内蒙古自治区包头市

包头剪纸主要流传于内蒙古包头及其周边地区。

包头地区是多民族聚居区，各民族风俗文化的融合，形成了包头剪纸的特色。从内容来看，包头剪纸既有北方游牧民族的图腾表现，如包头各地都有的《动物十字纹》，麻池镇的《鹰》《回头鹿》等；也有仰韶文化中生育崇拜的遗存，如麻池镇剪纸《蛙》《碗里卧鱼》等；还有多元文化交融的体现，如《狮顶灯》《壶里藏花》、东园乡的民间剪纸《猴子钓鱼》、土右旗的《老鼠舔灯盏》、达茂旗的《龙吃鱼》等，其中最具特色的是《蒙人骑骆驼》《骑马扛枪》等民俗生活的剪纸。从表现形式上看，包头剪纸以各种形式多变的拉手娃娃、十二生肖和吉祥连续纹样为多。

经过多年的发展与传承，包头剪纸涌现出一批传承群体和个人。

剪纸（新干剪纸）
申报地区或单位：江西省新干县

新干剪纸主要流传于江西省新干县境内，在漫长的历史发展过程中，新干剪纸以家传或互教的方式传承发展至今。

新干剪纸以线条造型为主，画面简练质朴，与新干出土的商代青铜、玉器文物纹饰一脉相承，是典型的农耕文明产物。

新干剪纸主要功能是装点服饰、居室和用于民俗活动，如妇女用的裙花、鞋花、头盖花，春节用的彩帘，丧事用的灵屋、寿鞋等，色彩以大红大绿为主，气氛热烈，感情淳朴，有广泛的群众基础。

剪纸（延川剪纸）
申报地区或单位：陕西省延川县

延川剪纸是流传于陕西省延川县境内的民间艺术之一，其起源与祈福驱祸的民间风俗有关，多用于民间祭祀等民俗活动。

延川剪纸已有数千年历史，以妇女为创作主体，反映纷繁有趣的社会风情和家庭生活，体现农村妇女祈求平安幸福的心愿。20世纪90年代，当地涌现出上万名剪纸艺人，代表人物有高凤莲、高河晓、刘洁琼，作品均有鲜明的个性色彩。

延川剪纸题材有神仙佛像、吉祥吉庆、农事耕作、节令习俗、人物、故事、飞禽走兽、纺线织布、风景花卉、生殖繁育等，表现形式有窗花、墙花、顶棚花、灯花和礼花等。剪纸表现的形象造型简练纯朴，外轮廓或方或圆，线条粗犷，便于运剪，利于粘贴仿剪，具有粗犷浑厚、热情奔放的地方特点，堪称北方农耕社会生活的缩影和民俗生活的大观园。

保留了古老图腾文化和艺术形态的延川剪纸如今面临后继无人的传承困境。

剪纸（旬邑彩贴剪纸）
申报地区或单位：陕西省旬邑县

旬邑彩贴剪纸主要流传于陕西省旬邑县境内的中塬张洪镇、太村镇、职田镇和赤道乡等地。旬邑剪纸相传起源于汉代，至清代末年，由单色剪纸发展演变为彩贴剪纸。

剪纸是旬邑当地妇女必会的技能，逢年过节的窗花、墙画，婚丧嫁娶的仪帐，服装刺绣的底样，盖在馍馍上的花样，生活中处处都离不开剪纸装饰。旬邑彩贴剪纸通过剪、贴、衬三种工艺把彩纸加工成为一幅幅艺术作品，善于用各种圆形拼贴组合来烘托人物形象，有的作品多达两千个彩色圆圈。彩贴剪纸的画面可大可小，最大尺幅在四米以上，而且每一幅作品都有相对应的民谣。剪纸艺人一边创作一边歌唱，内容多为当地流传的戏曲故事、神话传说等。

旬邑彩贴剪纸以花卉、民俗、民歌、宗教信仰为题材，富丽堂皇，神秘诡谲，浪漫夸张，被评价为"既传统，又现代；既淳朴，又艳丽"。

旬邑历史悠久，是华夏文化的发祥地之一，汉、氐、狄、回纥、匈奴等民族在这里繁衍生息，形成了多彩的民俗文化，在旬邑汉族传统美术特别是彩贴剪纸中有着丰富的遗存。

剪纸（会宁剪纸）
申报地区或单位：甘肃省会宁县

会宁剪纸主要流传于甘肃省会宁县的各个乡镇，以甘沟驿乡最具代表性。

会宁剪纸广泛应用于当地民间社会生活中，美化家居，烘托节日气氛，常见的题材有山水草木、飞禽走兽、民间传说和文学中的生动场面、典型人物等，表现形式以窗花、灯笼花和炕围花为多，剪纸图案的画面结构以整体对称和十字对称为主，造型自由生动，富有浓郁的乡土气息。

会宁剪纸以妇女为主要创作主体，在农闲时节和逢年过节，他们互相交流观摩，用剪纸表现生存状态、表达人生理想。剪纸成为他们的生活乐趣和交往方式。

国家级代表性传承人名单

姓名	性别	申报地区或单位	入选批次
周兆明	男	河北省蔚县	1
张冬阁	男	河北省丰宁满族自治县	1
王计汝	女	陕西省中阳县	1
汪秀霞	女	辽宁省锦州市	1
赵志国	男	辽宁省锦州市	1
张秀芳	女	江苏省扬州市	1
林邦栋	男	浙江省乐清市	1
陈余华	男	浙江省乐清市	1
思华章	男	云南省潞西市	1
李秀芳	女	陕西省安塞县	1
高金爱	女	陕西省安塞县	1
陈永才	男	广东省佛山市	3
倪秀梅	女	黑龙江省方正县	3
张方林	男	江苏省南京市	3
王桂英	女	江苏省徐州市	3
杨兆群	男	江苏省金坛市	3
吴善增	男	浙江省浦江县	3
陈秋日	女	福建省漳浦县	3
袁秀莹	女	福建省柘荣县	3
刘诗英	女	江西省瑞昌市	3
范祚信	男	山东省高密市	3
栾淑荣	女	山东省烟台市	3
杨春枝	女	河南省卢氏县	3
张家忠	男	湖北省鄂州市	3
胡毅光	男	湖北省仙桃市	3
邓兴隆	男	湖南省泸溪县	3
周广	男	河北省蔚县	4
周淑英	女	河北省蔚县	4
段建珺	男	内蒙古自治区和林格尔县	4
刘静兰	女	内蒙古自治区包头市	4
关淑梅	女	辽宁省新宾满族自治县	4
倪友芝	女	吉林省通化市	4
奚小琴	女	上海市徐汇区	4

续表

程兴红	男	安徽省阜阳市	4
王朋草	女	河南省灵宝市	4
管丽芳	女	湖北省孝感市孝南区	4
邵梅罕	女	云南省潞西市	4
高凤莲	女	陕西省延川县	4

建筑彩绘

白族民居彩绘、陕北匠艺丹青、炕围画

序号：872

编号：Ⅶ-96

批次：2

类别：传统美术

申报地区或单位：云南省大理市，陕西省，山西省襄垣县

扩展名录：
建筑彩绘（传统地仗彩画）
辽宁省沈阳市

建筑彩绘既指利用色彩、涂料和油漆等原料在建筑物墙体上进行平面描绘，也指借助土、石、木、布、纸、陶等材料对建筑物及其内部陈设进行装饰。

基于地理和民俗的差异，中国各地区、各民族的建筑彩绘在整体风格和细节处理等方面都有各自的风格，从材质、手法、色彩到内容都体现出浓郁的地方特色，充分显示了各地群众因地制宜的聪明才智。

随着人们居住环境的变化，建筑彩绘使用越来越少，其技艺传承面临困境。

建筑彩绘（白族民居彩绘）
申报地区或单位：云南省大理市

白族民居彩绘普遍流行于云南省大理市及周边白族聚居地区。

大理境内的白族建筑多为土木结构，呈现青砖、白墙、灰瓦的外观，建筑彩绘也以黑、白、灰为主，着重突出和体现素白这一主体色调。彩绘用以装饰房屋的大门、照壁、山墙、腰线等部位，图案主要有香草纹（如草龙、草凤、缠卷草纹等）、如意云纹、回纹（又称万字纹），还有渔樵耕读、琴棋书画、火龙吐水、流云飞鹤、锦上添花、四季平安、金玉满堂等图案。

白族民居彩绘多为雕画结合，彩绘工艺的打底程序颇为讲究。木结构建筑一般用猪血、桐油和石灰调配成的油灰打底后进行彩绘；泥砖墙面则用熟石膏与白棉纸拌和，制成纸筋灰抹在需要彩绘的部位，待半干时进行彩绘。这样制作的彩绘能经风历雨而不易褪色。彩绘颜料多以矿物质颜料为主。

白族建筑彩绘不仅用于宗祠、庙宇和大型古建筑群体，还广泛用于白族民居建筑。民居彩绘在装饰房屋的同时，也被白族人民赋予祛邪避灾、祈祥求福等美好的寓意。

建筑彩绘（陕北匠艺丹青）
申报地区或单位：陕西省

陕北匠艺丹青是流行于陕西省榆林、延安地区的绘画性装饰艺术，包括建筑彩画、庙宇壁画、炕围画、灶台画、家用木器装饰画、玻璃镜匾画等。

陕北匠艺丹青的从业者甚众，他们多为农民，往往多才多艺，一身兼画师、塑匠、木匠、石匠、纸扎匠、建筑设计师甚至阴阳师等多种角色。其中不少人出身于民间绘画世家，有完整的传承谱系，而且还有绘画图像图案谱系，形成了独特的艺术创造体系。

陕北匠艺丹青以民间工匠为创作和传承主体，是陕北人民生活的有机组成部分，具有人类学、民俗学、美术史学等多方面的研究价值。

建筑彩绘（炕围画）
申报地区或单位：山西省襄垣县

炕围画也叫炕围子，是一种在炕围墙上作画的民间绘画艺术，流传于山西省襄垣及邻近地区的炕围画比较有代表性。

襄垣炕围画最初是当地民众为防止炕围墙面脱落而污损衣服被褥的实用性装饰，在长期的发展过程中，形成集诗、书、画、印于一体的组合式民间艺术形式。炕围划分为中心炕围、炕背、条屏和地围四大部分，中心炕围又可分为边道、花边、池子、内心等部分，形式非常规整。绘画内容一般是群众喜闻乐见的民间传说、花鸟瑞兽、书法图案，寓意驱邪纳福、吉祥喜庆。

襄垣炕围画根据用途和内容大致分为上、中、下三等。上等炕围画也称硬架炕围，多用于婚庆，制作较为精细，其中又有"单层楼"与"楼上楼"之分；中等炕围画也叫软架炕围，适宜于中老年人使用；下等炕围画图案简洁，在生活中应用最为普遍。

襄垣炕围画的制作具有一定的程式与技巧，包括选料、泥墙、裱糊、刷底、打腻、托花拓样、绘制着色、刮矾、上漆等工序。

随着土炕、窑洞等传统民居逐步退出人们的生活，炕围画也日益衰落。

◎传统美术

建筑彩绘（传统地仗彩画）
申报地区或单位：辽宁省沈阳市

东北古建筑传统地仗（油饰）、彩画是对古建筑承重木构件进行加固、防腐处理的一种技艺，是我国修缮复原古建筑的装饰流派之一。

东北的地仗（油饰）运用桐油、麻、白面和血料等配制材料，在木结构建筑表面涂刷油饰，形成保护层。由于东北地区具有冬季高寒、冬夏温差大、湿度差异大的气候特征，匠人需要在地仗（油饰）工艺中采取一些独特的技艺，比如根据季节来调整桐灰油与血料的配比、根据光照调整施工时间、采取局部遮挡措施、伏天不施工等，还要在油饰所用的桐油中加入银朱等颜料调配，以防紫外线和干裂。

东北古建筑彩画中的一部分是清代的官式彩画，画面总体色调偏暗；另一部分是特有的寺庙彩画，修复时各式彩画符号并用，表现手法灵活，有金顶墨、墨顶金、小红花等独特技法。

20世纪50年代到90年代，沈阳故宫的修缮工作基本采用了东北古建筑传统地仗彩画技艺，经过修缮的古建筑至今依然保存完好。

国家级代表性传承人名单

姓名	性别	申报地区或单位	入选批次
李云义	男	云南省大理市	3
李生斌	男	陕西省	3

金石篆刻

西泠印社

序号：331
编号：Ⅶ-32
批次：1
类别：传统美术
申报地区或单位：浙江省杭州市西泠印社

金石篆刻是在金属和石头器物上进行文字雕刻的艺术形式，与书法艺术密切结合。篆刻艺术是由古代印章艺术发展而来的，从形式上看没什么不同，都是刻印，但印章本质上是实用艺术，篆刻则是观赏艺术，讲究章法、篆法和刀法，有系统的理论和审美取向。

西泠印社创立于清光绪三十年（1904），是主要从事金石篆刻创作与研究，同时兼及书画创作的民间社团。社址坐落于浙江省杭州市西湖景区孤山西麓，包括多处明清古建筑遗址，园林精雅，摩崖题刻、名人墨迹随处可见。

西泠印社由多位浙派篆刻家共同发起创建。1913年，近代艺术大师吴昌硕被推为首任社长，李叔同、黄宾虹、马一浮、潘天寿、傅抱石、丰子恺等精擅篆刻、书画、鉴赏、考古的大家和而应之。包括河井荃庐、长尾甲在内的日本、韩国、新加坡二十多位外国篆刻书画界重要人物也渡海前来加盟。西泠印社由此声誉日隆，每年春、秋两季，同雅集，形成独特的活动模式。

西泠印社秉承"保存金石、研究印学、兼及书画"之宗旨，在艺术创作、学术研究和文物考古等方面均取得较大成就，成为金石篆刻史上时间最悠久、成就最高、影响最大的学术团体。在经过20世纪80年代后期的一段沉寂之后，西泠印社在改革创新中又渐渐走上了可持续发展之路。

柯尔克孜族刺绣

序号：858

编号：Ⅲ-82

批次：2

类别：传统美术

申报地区或单位：新疆维吾尔自治区温宿县

柯尔克孜族刺绣是流行于新疆柯尔克孜族聚居区的民间刺绣艺术。

柯尔克孜族妇女擅长刺绣，刺绣制品主要有头巾、枕头、被面等生活用品和用于悬挂的各种布面装饰品，最常见的还是服饰。柯尔克孜族男子传统服饰为白色圆领衬衫，外套是无领长衫"袷袢"。女子服饰为宽大无领、镶嵌银扣的对襟上衣。样式简单，全靠领、袖和前襟上的刺绣装饰。男女老少一年四季戴的帽子上也都有精美的刺绣。

柯尔克孜族刺绣图样中，山峰是必不可少的。柯尔克孜族人眼中的山是圣洁的雪山。在他们的手下，山峰大多被绣成白色，纯白的三角形山峰沿着衣领、裤脚、袖边绵延起伏，也有代表土山的黑色三角形和红绿相间的三角形。其他常用题材还有日月星辰、花草树木、飞禽走兽和各种几何图案。

柯尔克孜族的服饰和日用品颜色以红色、蓝色和白色为主，红色是柯尔克孜族人最喜欢的颜色。

乐清黄杨木雕

序号：341

编号：Ⅶ-42

批次：1

类别：传统美术

申报地区或单位：浙江省乐清市

扩展名录：
乐清黄杨木雕（黄杨木雕）　上海市徐汇区

乐清黄杨木雕是以黄杨木为材料的一种观赏性圆雕艺术，主要流行于浙江省乐清市的翁洋镇南街村、象阳镇后横村、柳市镇、乐城镇一带，传播至温州、杭州、上海等地。

乐清黄杨木雕创始于宋、元，流行于明、清。乐清地处瓯江口岸，常遇洪水，当地有做龙档消灾避邪的习俗。龙档以樟木制作，上有人物雕刻，正是这种民间工艺孕育了乐清黄杨木雕。

黄杨木质地坚韧光洁，纹理细腻，色黄如象牙，年久色渐深。因其生长周期慢，有"千年难长黄杨木"之说。乐清黄杨木雕有3种类型，其造型理念、技艺及程序都不一样。一是传统类，以单独的人物造型为主，亦有群雕或拼雕。这种类型的雕刻有人物范型，工艺流程有泥塑构稿、选材取料、敲坯定型、实坯定格等。二是根雕类，以黄杨木根块为材料进行造型。根雕类不用泥塑构稿，而需要灵活的构思能力，重在保持树根自有的造型意味。三是劈雕类，将无法用作人物雕刻的木块劈开，在劈裂后木材自然纹理的基础上立意雕刻，充分展现了民间工匠的智慧。

黄杨木雕工艺流程复杂，对原材料的构思和雕刻技法都无法用现代技术替代，无法形成规模化生产，加之可供雕刻的黄杨木材日益减少，这些状况都影响着乐清黄杨木雕的传承和发展。

◎传统美术

黄杨木雕

国家级代表性传承人名单

姓名	性别	申报地区或单位	入选批次
王笃纯	男	浙江省乐清市	3
虞金顺	男	浙江省乐清市	4
高公博	男	浙江省乐清市	4

梁平木版年画

序号：309

编号：Ⅶ-10

批次：1

类别：传统美术

申报地区或单位：重庆市梁平县

黄杨木雕
申报地区或单位：上海市徐汇区

海派黄杨木雕是20世纪30年代上海开埠时期产生的一种雕刻艺术，其创始人徐宝庆曾在外国人开办的孤儿工艺院学习。经过七十多年的锤炼，徐宝庆创立发展了具有地域特色的海派黄杨木雕艺术体系。

海派黄杨木雕的特点是中西融合，它将西方写实雕塑技巧与中国传统雕刻技法结合起来，生动地表现汉族传统历史典故、民间故事及神话传说、传统道德人物及故事、文学作品和人物、传统民间游戏、民间技艺、农村题材和动物题材等，善于捕捉生活中的瞬间，作品生动传神。

海派木雕艺术有极高的文化价值、艺术价值、审美价值和社会价值，不仅需要雕刻者有相当的文化修养，还需时间磨砺。徐宝庆老人生前收过上百个徒弟，但现在几乎没有人专门从事黄杨木雕工作，迫切需要有关方面采取相关措施，以免海派黄杨木雕技艺失传。

梁平木版年画是流传于重庆市梁平县的民间版画，至今约有三百年的历史。

1536年，梁平县屏锦镇最初出现印刷红纸的刷房，刷房在红纸上用墨印出神灵等各种图案，以满足百姓婚丧嫁娶的需要，后来开始生产年画。清乾隆年间，年画业成立了行会，为梁平年画的发展奠定了基础。清末，梁平木版年画进入鼎盛时期，每年生产数百万幅，"驰名京省处"。

梁平木版年画所用的纸张为产自本地的白夹竹手工纸。画师描绘出画稿后，刻版工匠用糯米饭捣碾成的浆状物将画稿粘贴在光滑的梨木板上，刻出主要轮廓线，再刻成各种套色版，一色一版。梁平木版年画在绘制技法上不仅继承了传统水印版年画的工艺流程和川派雕刻技术，也吸取了徽派、金陵派的雕版套色技术，还运用西洋绘画中的透视，巧施阴阳（明暗画法），区分远近。梁平木版年画的人物五官造型别具一格，人物的两个黑眼珠距离很近，两目对视却炯炯有神，夸张变形却格外威武。画师还在人物眉眼的上缘、鬓发的内侧部位手绘大笔触墨黑色块，同时又在其下缘或外侧勾出数根平行墨线，形成了一种具有立体感的中间色调，富有节奏韵律。梁平木版年画追求现实主义和浪漫主义的统一，赋予朴实无华的民间年画以独特的美学魅力与巨大的艺术感染力。

梁平年画的品种有水货、托货、清章和花笺四大类，内容大体可分三类，一是门神，如《将帅图》《立刀顿斧》；二是神话传说，如《麒麟送子》；三是戏曲故事，如《四郎探母》。

随着现代民间习俗的变化，梁平木版年画逐渐淡出人们的生活，雕版珍品散落民间，年画技艺后继乏人，亟须抢救和保护。

料器

北京料器

序号：860
编号：Ⅲ-84
批次：2
类别：传统美术
申报地区或单位：北京京城百工坊艺术品有限公司

扩展名录：
料器（葡萄常料器）　　北京市东城区

北京料器是流传于北京的传统手工艺品，是在中国传统琉璃工艺基础上发展起来的特种工艺美术品，有六百多年的历史。清朝康熙年间，皇帝命工部在北京琉璃厂设置御厂，制造料器供奉内廷，时称"宫料""御琉璃"。清王朝衰落后，料器由宫廷艺术转变为民间工艺美术。

制作北京料器所用材料棍颇有讲究，需使用硅酸盐和纯碱按比例配以其他金属氧化物为原料，如铅、锌、铜、铝、镁等，熔化后手工拉制而成。根据制作作品的需要，添加的金属氧化物也不同。现在，一些料棍的配方已经失传。制作料器时，艺人将各色料棍在灯火上烧烤，待软化后迅速捏塑，使用简单的小工具时而拉，时而粘，时而用剪子铰，时而用镊子拽，塑造出形态各异的作品。作品一次成型，一气呵成，中间不能停歇，不用模具，也没有图稿。

北京料器做工精细、莹润剔透、色彩斑斓，料器制品由最初的各种首饰发展到包括日用装饰品、鸟兽、花果、人物雕刻等在内的七千多个品种，尤其是仿制的玉石、翡翠、玛瑙、珊瑚工艺品，几可乱真。

由于北京料器制作工艺难度高，学艺时间长，从业人员少之又少。现在，北京料器技艺面临失传的危险。

料器（葡萄常料器）
申报地区或单位：北京市东城区

葡萄常料器是常姓家族用祖传工艺制作的葡萄造型工艺品，是北京的一种传统民间工艺。

清光绪年间，居住在北京崇文门外花市地区的蒙古族后裔常在继承母亲做泥葡萄的技艺的基础上独创出玻璃葡萄制作技艺，其作品以形象生动名扬京城，人称葡萄常。常家有"传女不传男，传内不传外"的规矩。一百多年来，葡萄常几经沉浮，现在已传至第五代。

葡萄常料器葡萄采用配制后的玻璃为原料，经过蘸火吹制、做葡萄梗、葡萄叶和葡萄须子、上色、涂蜡、上霜、攒活等十多道工序制成。其中吹制是用特制的铁管（或玻璃管）一端蘸玻璃水，另一端用嘴吹。蘸多少玻璃水，要根据葡萄的大小而决定，这是制作工艺的一道难关。上霜则是制作葡萄珠的最后一道难关，也是葡萄常的家传绝技。上过霜的葡萄、好似刚从葡萄架上摘下来的一样，新鲜水灵。

由于传承方式的局限，葡萄常料器的制作技艺现在只有两个人掌握，需要加以保护。

国家级代表性传承人名单

姓名	性别	申报地区或单位	入选批次
邢兰香	男	北京京城百工坊艺术品有限公司	3

临夏砖雕

序号：337

编号：Ⅶ-38

批次：1

类别：传统美术

申报地区或单位：甘肃省临夏县

扩展名录：
砖雕（山西民居砖雕） 山西省清徐县

临夏砖雕，也称河州砖雕，是流传于甘肃省临夏县的一种传统建筑装饰雕刻。根据该县境内的墓葬出土文物推测，临夏砖雕始于秦汉，是当时民间木雕技艺的延伸。

甘肃临夏在古代丝绸之路上，这里聚居着汉、回、藏、东乡、撒拉、保安、土等民族。临夏砖雕在发展过程中，形成了以回族为主体、融合其他民族文化的多元化艺术风格。临夏砖雕主要用来装饰寺、庙、观、庵及民居中的深宅大院，雕刻题材有自然景物、社会生活场景及富有民族特色的装饰纹样等。

临夏砖雕从制作工艺上分为捏活和刻活两种。捏活是先用泥塑成各种造型，而后入窑焙烧而成，制作脊兽、宝瓶等多用此法。刻活是以土窑绵砖雕制而成，多用来装饰山墙、影壁、台阶等。刻活的一个图案往往由十几块甚至几十块砖拼接在一起，制作过程包括打磨、构图、雕刻、细磨、过水、编号、拼接安装、修饰八道大程序，制作工具有折尺、锯子、刨子、铲、錾、刻刀等，其中铲、錾和刻刀有多种规格适应工艺要求，其雕刻技法主要有阴线刻、凹面线刻、凸面线刻、浅浮雕、高浮雕、镂空式透雕等。

临夏砖雕在一度冷落后，近二十年又得以复兴，但分段制作的现代流水线生产方式，导致砖雕缺乏统一的风格和生动的气韵。

砖雕（山西民居砖雕）
申报地区或单位：山西省清徐县

山西民居砖雕是流传于山西省境内的砖雕技艺。从山西省清徐县保留的隋、唐、宋、元各代的寺庙砖瓦中都可以看到雕刻的痕迹。明后期至清前期的二百多年中，随着晋商的崛起，各村各社建造坛庙寺观蔚然成风，促进了砖雕的发展。

山西民居砖雕能保存上千年，一个重要的原因是材质好。用于雕刻的青砖要经过选土、制泥、制模、脱坯、晾坯、入窑、看火、上水、出窑九道工序制成，成砖出窑后还要经过严格剔选才能用于雕刻。一件很小的砖雕作品也需要经过打稿、落稿、打坯、出细等烦琐的工序制成。

山西民居砖雕广泛应用于砖瓦建筑中，主要存在形式有脊领、影壁、花墙、墀头、门楼等。装饰纹样大致有神祇人物、祥禽瑞兽、花草山水、器物、锦纹等，装饰主题可概括为祈福纳吉、伦理教化、驱邪禳灾三类。

现在，居住环境改变，庙宇又不断被拆除，山西民居砖雕市场几乎消失，其工艺面临失传危机。

柳编

广宗柳编、维吾尔族枝条编织

序号：831

编号：Ⅶ-55

批次：2

类别：传统美术

申报地区或单位：河北省广宗县，新疆维吾尔自治区吐鲁番市

扩展名录：
柳编（固安柳编）　河北省固安县
柳编（黄岗柳编）　安徽省阜南县
柳编（霍邱柳编）　安徽省霍邱县
柳编（博兴柳编）　山东省博兴县
柳编（曹县柳编）　山东省曹县

柳编是以柳树等木本植物枝条为主要原材料的一种传统编结手工艺。早在新石器时代，中国就出现了用柳条编织的篮筐。春秋战国时期，用柳条编成的杯、盘等，外涂以漆，称为杯棬。在几千年的传承发展中，柳编工艺不断改进完善，逐渐成熟。

柳编常用原料有沙柳、白柳、杞柳等柳树枝条，桑条和荆条也可用作编织材料。柳条剥皮后表面光滑、色泽新润、柔软坚韧，编成的器具经久耐用。柳编技法有平编、纹编、勒编、砌编、缠边等，不同的产品和同一产品的不同部位采用不同的编法，与编织技法配套的还有劈条、布套、漂白、染色、着色、上油等辅助工艺。

柳编制品以箩筐、提篮、簸箕、笆斗、箱包、食盘、椅凳、几架等实用品居多，也有一些制作精细的陈设品，具有较高的实用价值和艺术价值。

柳编（广宗柳编）
申报地区或单位：河北省广宗县

广宗柳编是流行于河北广宗一带的传统编结手工艺，它源于清初，至今已有三百多年的历史。

广宗县地处黄河冲积平原，土地沙碱参半，为防沙抗盐碱而大规模栽种柳树，为柳编业打下了物质基础。柳编艺人将采集的柳条趁湿褪去皮，在阴凉处放置几天，待柳条具有柔韧性后方能使用。柳编过程对湿度要求很严，过去家庭作坊的艺人一般在潮湿的地窖子中进行编制工作。

广宗柳编制品有簸箕、篮子、簸箩、盛面粉用的八斗、结婚时用的八角盒子、矿工帽等器具。柳编使用的镰刀、锥子、麻绳、线刀等工具都是艺人自制的，柳编制品的形制也全靠艺人的经验决定，其制作技艺传承方式主要是家传和师传，口传心授，没有文字材料记录。

随着时代的变迁，柳编制品在日常生活中逐渐减少，从业人员也随之锐减，有关部门正采取相关措施保护这一传统技艺。

柳编（维吾尔族枝条编织）
申报地区或单位：新疆维吾尔自治区吐鲁番市

维吾尔族枝条编织流行于新疆吐鲁番一带，据史料记载和古墓葬出土的树条筐、箭袋等实物来看，至少有三千年的历史。

维吾尔族民众可以用当地的榆树枝、红柳枝、杨树枝、桑树枝、柳树枝等为原料编织出二百多种制品，有柳条耙子、抬把子等农具，食槽、鸡笼等畜牧用具，笊篱、篮子、果盘等生活日用品和花瓶、葫芦、苏公塔等工艺品。

维吾尔族枝条编织用的枝条一般在每年的4月和10月进行采集，编织前根据制品的大小和用途选定枝条。选定的枝条要在水中浸泡三天后捞出阴干，使之更加柔韧。基本的编织方法

有平织和麻花织两种：平织是在经干间穿进突出，麻花织用于编织器物边沿。编织图案有菱形、链条形、波浪形、椭圆形等，具有鲜明的地域特色。

现在，维吾尔族枝条编织不仅继续发挥着它的实用价值，而且成为吐鲁番的象征之一。

柳编（固安柳编）
申报地区或单位：河北省固安县

固安柳编是河北省固安县主要的民间工艺之一，迄今已有五百多年的历史。

固安县境内多为两河冲积平原，为防水患，多种植杞柳，为柳编工艺提供了充足的原料。明嘉靖《固安县志》记载："柳器，屈杞柳所为，如升斗簸箕栲栳之类。"清乾隆年间，固安柳编之家比比皆是。1931年，固安县柳编职业工会成立，固安柳编逐渐形成外贸产业，从杞柳种植到柳编的全套技术，形成了一个完整的体系。

固安柳编的产品在发展中不断增加，有箩、箕、篮、斗、罐、帽、箱、几、盘、盒等十多个大类七百多种。20世纪80年代，固安县柳编从业人员达25000人，柳编制品畅销三十多个国家和地区，还向外传授柳编技艺、输送柳编技艺人才。

近年，由于柳编制品在人们日常生活中日益减少，曾经辉煌的固安柳编已呈现衰微状态。

柳编（黄岗柳编）
申报地区或单位：安徽省阜南县

黄岗柳编流传于安徽省阜南县黄岗镇及其周边地区。黄岗周围多滩涂湿地，自然生长着大片喜湿之柳。据明正德《颍州志》记载："淮濛盛产水荆（即杞柳），采伐加工，洁白如玉，坚韧如藤。"柳编很早就成为当地农民的主要副业，民间一直流传着"编筐打篓，养家糊口"的俗语。近代以来，黄岗成为远近闻名的柳编产品集散地。

黄岗柳编制品的生产过程大体分为选料、上色、浸泡、编织、熏蒸、晾晒、刷漆七个环节，全部采用手工制作，连编织用的模具和梁棍等工具也是编织而成的。熟练的编织工从上经、盘底到收口、拿沿，一气呵成。

黄岗柳编产品有书架、花瓶和盛放各种食物的盘子，广泛用于生活的各个方面，其中既有洁白无瑕的光条编，也有绚丽多姿的彩色编，皆形体圆润、结构严密、结实耐用。

柳编（霍邱柳编）
申报地区或单位：安徽省霍邱县

霍邱柳编主要流传于安徽省霍邱县临淮岗乡、临水镇、周集镇、城西湖乡、宋店乡、新店镇等地，是当地群众世代相传的民间工艺。霍邱县地处淮河南岸，多滩湖洼地，生长着取之不尽的杞柳、芦苇等喜湿作物，为编织工艺提供了原料。据《霍邱县志》记载，当地柳编工艺起源很早，至明清时已成为农民的主要副业。

霍邱柳编的编织手法由传统的单色编现已发展到精编、细编、透花编、套色编、染色编、混合编（柳竹混、柳麻混、柳木混、柳草木混）等几十种，编织产品年年有创新，形成篮、筐、斗、箱、桌椅等两千多个种类的产品体系。

霍邱柳编从原料处理到编织安装，完全系手工完成，其中径编、立编是其特色编织技巧，具有较高的传承价值。但由于柳编工序烦琐，刮皮、烘烧等工序做起来颇为辛苦，年轻人不愿意学习。随着一些老艺人的相继去世，部分工艺已经失传，霍邱柳编技艺亟待抢救和扶持。

中国非物质文化遗产百科全书·代表性项目卷

柳编（博兴柳编）
申报地区或单位：山东省博兴县

博兴柳编主要流传于山东省滨州市博兴县的麻大湖畔和锦秋街道，这一带的湿地生长着杞柳及蒲草、毛草、玉米叶、冬麦秆等纤维均匀、质地柔软的编织原料，柳编工艺在明清时代开始在当地的妇女中流传，后来成为重要的副业。

传统的博兴柳编要采集伏天里的杞柳，这时的杞柳刚刚成熟，质地柔软，韧性强，容易剥皮，且色泽白润，最适合用作手工编织。熟练的编织工人将图案牢记在心，穿、拧、系、编、织、缠、绞等多种技法并用，柔韧的柳条在工人手中翻飞跳跃，渐渐成形。过去，为了保证柳条的湿度，艺人都在阴暗潮湿的地窨子里进行劳作。现在，仍旧有一些老艺人保持着这种传统的编织方法。

博兴柳编对工艺的严格要求和不断创新使其柳编制品手感柔软、美观耐用，成为地方特色产品进入市场。

柳编（曹县柳编）
申报地区或单位：山东省曹县

曹县柳编主要流传于山东省曹县的倪集乡岳楼村、魏庄村和古营集镇，这一带的柳条具有皮薄、柔韧、洁白、实心、着色力强等特点，易于编织。二百多年来，当地民众就地取材，家家户户从事柳编，父子相承，将柳编技艺传承至今。

曹县柳编主要品种是较为轻巧的篮子、箩筐、簸箕等生活用品，现在增加了礼盒、壁挂等观赏品。编织原料从单纯的柳条扩展到柳条、藤条、草绳、木片混用，编织技术也随之丰富，柳木混编、柳铁混编、柳草混编等混编技术不断成熟。

柳编制品经济环保，当地正采取各种措施，努力把曹县柳编打造为优质产业。

国家级代表性传承人名单

姓名	性别	申报地区或单位	入选批次
王文忠	男	安徽省阜南县	4

龙档

乐清龙档

序号：843
编号：Ⅶ-67
批次：2
类别：传统美术
申报地区或单位：浙江省乐清市

乐清龙档又称板凳龙，是流行于浙江乐清地区的一种传统民间灯彩工艺。乐清地处瓯江口岸，经常遭遇洪灾，古时人们为了消灾避邪，用樟木等制作龙档以求风调雨顺。清朝同治年间，每年正月，乐清柳市一带都要举行声势浩大的龙档游行，现在则成为当地群众的自娱活动。

乐清龙档以樟树和榆树为原料，采用立体圆雕、浮雕、镂雕等多种雕刻技法，结合油漆彩绘、刺绣、彩扎等工艺制作而成。龙档由一块块厚薄相间的狭长木板连接而成，能自由屈伸。厚板称为档身，薄板称为档板。龙档的两头为龙头龙尾，档身通常用金漆彩绘，上面装插各色戏文雕刻、灯笼、彩旗和响铃，下面装有木柄，供表演舞龙档的人持握操作。2007年送往法国参展的乐清龙档全长35米，共24节。全档共由126个故事、七百多个人物组成，其中的故事情节多取自四大名著，如《三国演义》

632

里的天水关、水淹七军，《水浒传》中的野猪林、十字坡，《西游记》中的八卦炉，还有《杨家将》《说岳全传》《隋唐演义》《西厢记》《红楼梦》《白蛇传》中的故事。其中龙头雕刻最见功力，不仅龙眼神光炯炯，龙须翘然伸展，龙口还含着一颗直径13厘米、5层镂空雕刻的龙珠。龙档体现着乐清当地的民风民俗，是古代瓯越文化的重要组成部分。

国家级代表性传承人名单

姓名	性别	申报地区或单位	入选批次
黄德清	男	浙江省乐清市	3

麦秆剪贴

序号：845

编号：Ⅲ-69

批次：2

类别：传统美术

申报地区或单位：浙江省浦江县

麦秆剪贴是一种民间工艺画，又称麦秆画和麦秆剪贴画，其主要技艺是利用麦秆的自然光泽和易于成丝的特性，或平贴，或逐层粘堆制成画面。流行于浙江省浦江的麦秆剪贴较为有名，明朝末年，浦江县艺人开始用麦秆剪贴作品来代替刺绣，后来又将其加工为挂屏、台屏等观赏品。至清代，浦江麦秆剪贴发展成为独立的工艺品种。

特种大麦秆是浦江麦秆剪贴的主体材料。艺人剪下大麦秆的第一节和第二节，放入清水中浸泡十天，先用刀剖开、刮平，分成麦秆皮和麦秆肉两层，然后用硫黄熏蒸或露天漂白后分别放入有各色染料的水中煮沸，捞出后漂净、晾干才可使用，也可以利用本色的麦秆进行制作。常用工具有笔、刀、尺、镊子、针等，画面一般采用国画的形式构图，既可制成平面剪贴画，也可堆贴成更具立体感的花鸟鱼虫、山水楼阁、人物肖像等。制成的麦秆剪贴作品多嵌贴于镜框内，用作装饰或馈赠礼品。

麦秆剪贴原是农耕社会的一种农民艺术，逐渐发展成为一种工艺复杂、具有较高艺术水准的传统美术。但是，麦秆剪贴市场较小，利润也很微薄，势必影响其技艺的传承发展。

满族刺绣

岫岩满族民间刺绣、锦州满族民间刺绣、长白山满族枕头顶刺绣

序号：856

编号：Ⅶ-80

批次：2

类别：传统美术

申报地区或单位：辽宁省岫岩满族自治县、锦州市古塔区，吉林省通化市

满族刺绣是满族妇女传统的民间手工工艺，流传于各地的满族聚居区。

满族刺绣是在吸收各地绣技的基础上，与本民族的审美观念和生活习俗融合发展而来的。满族妇女除继承明代以前的半金、平绣、戳纱、铺绒等传统技法外，还创造了堆绫、打子、穿珠、补绣等刺绣技艺。

满族刺绣在满族人民生活中具有很强的实用性，在日常用品和服饰上随处可见，刺绣图案多以山水、花卉、动物、果品为素材，纹样主要为福禄、富贵、八宝、吉祥等，反映了满族妇女对大自然的热爱和对美好生活的向往。其中枕头顶绣最具代表性，满族人用的枕头形状一般呈长方体，枕头顶指枕头的两端。

同其他地方的民间刺绣一样，在人们生活方式改变和机绣制品的冲击下，满族民间刺绣的传承状况不容乐观。

满族刺绣（岫岩满族民间刺绣）
申报地区或单位：辽宁省岫岩满族自治县

岫岩满族民间刺绣流行于辽宁省岫岩满族自治县，距今已有四百多年的历史。

岫岩是多民族聚居区，岫岩满族民间刺绣广泛吸收苏绣、蜀绣、广绣的针法，形成了完整的技法体系。扎绣用于白纱、丝网等面料；包绣也称垫绣，是用厚布或纸样剪成所需图形，再绣在底布上；还有缎绣、编绣、补绣、滚绣、拉绣等。其中比较有特色的是割绣，它使用的底料要厚挺一些，绣制前把两个绣品面紧贴一起并固定在画绷上，绣好后用刀从中间将线均匀地割开，便得到两个完全相同的绣品。这种方法用于绣制对称图案或枕顶图案。

岫岩满族民间刺绣绣品主要有衣鞋、披肩、烟袋、桌围、床罩等用品，图案布局十分讲究，延续了我国传统的"疏能跑马，密不透风"的民间刺绣构图法则，疏密相间，点、线、面有机结合，三角、菱形、方形、圆形巧妙穿插，具有较高的艺术水准。

随着社会发展，人们生活中绣品的使用越来越少，岫岩满族民间刺绣技艺面临失传的危险。

满族刺绣（锦州满族民间刺绣）
申报地区或单位：辽宁省锦州市古塔区

锦州满族民间刺绣主要流行于辽宁锦州一带满族人聚居的乡村地区。

锦州满族民间刺绣通常以家织布为底衬、以红、黄、兰、白为主调的各色丝线绣制虎头帽、头帕、披肩、绣裙、肚兜、绣鞋、鞋垫等服饰和荷包、香囊、幔帐、门帘、被面、枕顶等日用品，还有喜庆节令时用的盖头、嫁衣、寿帐、幡帐和戏曲行头等。

锦州地处满汉文化交融汇合的辽西走廊，其刺绣品既保留了女真人以皮革作补绣的工艺风格，常有生命树、嬷嬷人、满族神话传说等体现萨满文化的图案和内容；又吸收了鲁绣、苏绣等汉族刺绣技艺和文人画的艺术营养，形成了构图粗犷、技艺细腻的艺术风格。

锦州满族民间刺绣保留着满族原始的思维结构和原始造型，是东北地区满族手工母体艺术最基本的载体之一，传承方式以家庭传承为主。

满族刺绣（长白山满族枕头顶刺绣）
申报地区或单位：吉林省通化市

长白山区满族枕头顶刺绣是满族民间刺绣艺术有代表性的组成部分，流传于吉林省通化市一带满族人聚居的长白山区。

长白山区满族枕头顶刺绣的流传与当地的婚俗有关。旧时，长白山区满族人家的女孩从小就要学习绣嫁妆，绣枕头顶是其中的重要内容，至结婚前要自行绣出几十对甚至上百对枕头顶。结婚时，这些枕头顶刺绣要绷到一幅苫布上，由人挑着从娘家抬到婆家，并搁置在洞房最显眼的地方展览，任参加婚礼的亲朋品评。新婚后，这些枕头顶刺绣是馈赠亲朋的珍贵礼物。

长白山满族枕头顶刺绣题材多样、色彩艳丽、内容吉祥喜庆，是研究满族婚嫁习俗和历史、信仰的重要史料。现在，随着婚俗的改变，枕头顶刺绣技艺已无人继承，面临消亡。

◎传统美术

蒙古族刺绣

序号：857
编号：Ⅲ-81
批次：2
类别：传统美术
申报地区或单位：新疆维吾尔自治区博湖县

新疆蒙古族刺绣在蒙古语中称为哈塔戈玛拉，是流行于新疆巴音郭楞蒙古自治州博湖县及和硕县、和静县、焉耆回族自治县等地蒙古族聚居区的一种民间刺绣艺术。

元代以前，蒙古人就开始广泛使用刺绣制品。新疆蒙古族刺绣有绣花、贴花、缉花等主要技艺方式，多用于服饰和生活用品的装饰。蒙古包的顶部和边缘装饰以及门帘都要用贴花刺绣方法装饰，地下铺的密缝毡子也要绣出各种图案，成为一种富有装饰性的艺术品。蒙古袍和长坎肩的前襟花、衣侧花刺绣构图严谨多变，小花小鸟点缀，浅黄、粉绿色镶边，非常悦目。还有赛马服的衣领、袖口、大襟及靴子、帽子、褡裢、耳套等，日常用品主要是碗袋、枕套、蒙古包、马鞍垫等，上面都有精彩的刺绣，刺绣图案多用龙凤、犄纹、盘肠、哈木尔、鸟兽、卷草、蝴蝶等。绣线多浮凸于布帛或皮革之上，富有立体感。

新疆蒙古族刺绣以凝重质朴见长，对比鲜明的色彩和饱满充实的格局体现了蒙古人民敦厚的品质和旷达的情怀。

国家级代表性传承人名单

姓名	性别	申报地区或单位	入选批次
米代	女	新疆维吾尔自治区博湖县	4

绵竹木版年画

序号：310
编号：Ⅶ-11
批次：1
类别：传统美术
申报地区或单位：四川省绵竹市

绵竹木版年画是我国西南地区的一种民间版画，其技艺主要流传在四川省绵竹市城区剑南镇和北部的拱星镇、清道镇、新市镇、孝德镇等地。

绵竹木版年画创于明末，清代乾隆、嘉庆前后为盛期，当时绵竹有大小年画作坊三百余家，年画专业人员逾千人，年产年画一千二百多万张，远销至印度、日本、越南、缅甸等国家。

绵竹木版年画制作包括起稿、刻版、印墨、施彩、盖花等工序。其艺术特点之一是没有套色版，线版在年画中只起勾画轮廓作用，然后全靠手工彩绘，同一张版因不同艺人的手绘而效果不一；二是对称性构图；三是运用色相和色度对比，尤善用金色，如沥金、堆金和贴金。

绵竹木版年画按体裁有红货和黑货之分。红货指彩绘年画，因施彩工艺不同又分为明历明挂、色金、印金、花金、常行、水墨和填水脚七种，其中填水脚最见功力，寥寥数笔，重在写意，非绵竹年画高手不能为之。黑货指以烟墨或朱砂拓印的木版拓片。绵竹年画按规格有大毛、二毛、三毛之分（毛是绵竹年画专用粉笺纸的开张），形式则有斗方、横披、中堂、条屏等，内容大致有避邪迎祥、历史人物、戏曲故事、民俗民风、名人字画、花鸟虫鱼等。绵竹年画与地方习俗紧密联系在一起，仅张贴就有许多讲究。

20世纪50年代以后，绵竹木版年画在多次政治运动中受到毁灭性的打击。近年，绵竹年画博物馆成立，开始对其进行整理、研究和开发，绵竹木版年画的生产制作才渐渐恢复。

635

中国非物质文化遗产百科全书·代表性项目卷

国家级代表性传承人名单

姓名	性别	申报地区或单位	入选批次
陈兴才	男	四川省绵竹市	1

面花

阳城焙面面塑、闻喜花馍、定襄面塑、新绛面塑、郎庄面塑、黄陵面花

序号：829

编号：Ⅶ-53

批次：2

类别：传统美术

申报地区或单位：山西省阳城县、闻喜县、定襄县、新绛县，山东省冠县，陕西省黄陵县

面花也称面塑，民间还称为花馍、窝窝花、糕花等，是流行于山东、山西、河南、陕西、甘肃等北方地区的一种传统食用塑作艺术，同时也是一种与社会生活非常密切的民俗艺术。

面花的起源与民间饮食和祭祀习俗有关，其历史源远流长。在宋代《东京梦华录》等书中，详细记载了当时东京汴梁城制售的各种面花和相关的民间习俗。明代的《宛署杂记》中记录了在河南南阳一带，每年的农历正月，为了祈求来年丰收，人们用面粉做成各种"果食"，"花样奇巧百端"，相互赠送，还挂在田间地头，以犒劳天地之神。

在我国北方地区，面花塑作有着深厚的群众基础。随着社会的不断进步，面花这一古老的面食艺术，已由供神的祭品，变成了新民俗活动中馈赠亲友的礼品。每逢传统佳节，家家户户都会制作面花。这种自发的面花塑作活动体现了民众的审美理想和艺术才能，使蕴含在民间习俗中的文化传统得到自然的传承和彰显。各地不尽相同的风土人情造就了面花丰富的表现形态，将传统节日的文化空间装点得分外美丽。

面花　图1

面花　图2

面花（阳城焙面面塑）
申报地区或单位：山西省阳城县

山西阳城县的面塑样式繁多，根据制作方法不同而有生面、炸面、蒸面和焙面之分，其中焙面面塑最有特色，俗称焙面娃娃。

焙面面塑以上好的白面为主料，配以杏仁水、糖稀搭色水、黑豆和花椒籽等辅料捏塑成形。烤焙用具是一种特制的砂土套锅，套锅为上下一对，中间夹铁錾，烤焙之前需加热，烤焙时不能翻动，必须掌握好火候，一次成形。这样做出的焙面面塑看着美、闻着香、吃着脆。

焙面面塑内容丰富，民间传说、戏曲故事、飞禽走兽、花鸟鱼虫都可以作为表现对象，常

见的有《八仙过海》《白蛇传》《刘海戏蟾》《武松打虎》《时迁偷鸡》《胖娃娃》《人首鱼》《双石榴》等百余种，有大有小，各具形态。

现在，阳城地区的人文和自然环境发生了很大的改变，焙面面塑赖以生存的传统习俗遭到冲击，加上一些掌握传统塑作技艺的老人相继去世，这种民间食用塑作艺术面临失传的危险，亟须保护。

面花（闻喜花馍）
申报地区或单位：山西省闻喜县

流传于山西省运城市闻喜县的花馍是用面做成的各种造型的馒头，花式繁多，历史悠久，与当地的传统习俗紧密相连。

当地人把闻喜花馍分为花糕、花馍和盘顶三大类。花糕因为表现内容丰富而分量最大，可重达二十公斤，分好几层，例如龙凤糕、鱼跃龙门糕等。花糕是喜丧节典和日常交往活动中的馈赠佳品，用于婚事的叫上头糕，用于建房的叫上梁糕，还有寿糕、布篮糕、节节糕等，可大可小，常见的有两斤多重的，也有半斤多重的。盘顶是祭祀活动中的专用品，一般不食用。

闻喜花馍的制作工艺讲究，需经过凝水、箩面、制酵、揉面、捏形、醒馍、蒸制、着色、插面花九个大工序一百多道小工序，全靠手工揉捏而成，做出一个像样的大花馍至少要四五天。闻喜花馍没有范本和底样参照，过去全凭巧妇捏制，被誉为"母亲的艺术"。

制作精美的闻喜花馍现在开始尝试作为具有地方文化特色的土特产进入商品市场。

面花（定襄面塑）
申报地区或单位：山西省定襄县

流传于山西省定襄县的面塑其最大的特点是偏重素色，形象简练概括、粗犷豪放、朴实丰厚，有一种雅拙的原始美。

定襄面塑历史悠久，是远古人类饮食文化、民俗文化和传统美术的综合遗存。例如，七月十五中元节家家都要捏制辨不清，辨不清也称多子争头，是传统美术的传统题材，寓意多子多孙、世代繁衍。春节时的定襄面塑主要是枣山，枣山形制较大，制作时把半发的面擀成大三角形，上面铺一层红枣，再用面做成盘云、盘龙、盘兔、如意纹样，以元宝、小鸟、兔子之类点缀，以五谷杂粮点睛镶鼻。洁白的面与深红的枣、五彩的豆形成强烈的色彩对比。婚嫁时娘家要给女儿做陪嫁的宫食儿，宫食儿一般要三五斤白面做一对，造型多是玉兔驮仙桃或者金鱼背石榴，上面精塑十二生肖造型。丧礼用的面塑叫作小饭，就是用面捏成较小的狮子、老虎等放在供桌上。在为老人祝寿庆贺时，儿女们送老人九狮拱菊，寓意九世共居。

从事民俗和民间艺术研究的专家，往往把定襄面塑与剪纸、刺绣、雕刻等民间艺术联系在一起进行综合性研究，探寻民间艺术的渊源和规律。现在，随着民间习俗的淡化，定襄面塑日益遭到冷落，面临人亡艺绝的危险，应加紧抢救保护。

面花（新绛面塑）
申报地区或单位：山西省新绛县

新绛是山西省小麦主要产区之一，新绛面塑在当地被称为花馍。早在宋代，当地人就开始用面塑代替真猪、真羊来祭祀，发展成为今天的新绛面塑。

在新绛，人们根据岁时节令，用白面塑成

动物、瓜果、花卉等各种不同的物品，用于祭奠和人情往来。元宵节，人们多捏猪、牛、羊、小麦囤、卷包等以求来年六畜兴旺，五谷丰登；端午节以捏老虎为主，以求防病祛邪；七月十五捏面人，是为纪念民族英雄岳飞；八月十五中秋节捏月饼馍、石榴和桃；过年多捏枣山、枣糕，一层面、一层枣地往上摆成塔形或糕状。生日、满月、老人祝寿等都有不同形制的面塑。

新绛面塑的品种有六十多种，由于受面团软和、发酵所限，所塑之物只求神似，不求形似，它似陶非陶，像瓷非瓷，极富观赏性。目前，随着年轻一代对传统习俗的淡漠，新绛面塑日渐失去以往的社会功能，面临失传的危险。

面花（郎庄面塑）
申报地区或单位：山东省冠县

流传于山东省冠县的郎庄面塑在当地俗称面老虎。传说明朝洪武年间，有郎姓兄弟从山西迁徙至此，以姓立村，称为郎庄。因"郎"和"狼"同音，凶气太重，就有巧手的村民捏成面老虎以制"狼"克邪，祈求平安。这种做法后来相沿成习，经过后人不断完善发展，形成具有地方特色的郎庄面塑。

在数百年的发展过程中，郎庄面塑形成了自己独特的制作工艺，其工艺流程有十多个步骤。郎庄面塑一般形制不大，高6～15厘米，取材广泛，十二生肖、历史传说、戏曲故事、花鸟虫鱼、菜蔬水果样样俱全。面塑多为半浮雕式，蒸熟后"发胖"，显现出一种浑厚的造型美。郎庄面塑着色大胆，常涂以大面积的红、黄、绿等原色，间以多变的线条，再用少量的钴蓝和白粉点缀成花骨朵和小梅花，最后用墨绿色勾画出人物眉眼和发色，造成色相度的对比，具有浓郁的乡土气息。

面花（黄陵面花）
申报地区或单位：陕西省黄陵县

陕西省黄陵县因境内有轩辕黄帝陵寝而得名，黄陵面花是流传在这一地区的民间传统风俗礼馍。

黄陵面花在当地的岁时节令、婚丧嫁娶、诞育寿庆等民俗活动中占有重要的地位。在不同的场合，黄陵面花有不同的叫法，例如花供、供、罐罐、油馎馎、喜斗子、油馍、硬盘、茧等。农历正月十五元宵节的面花叫插花供，用绿色纸缠绕高粱皮作杆，把捏制的牡丹、菊花等各色花卉和十二生肖、吉祥动物等造型插在杆上，再把杆插在大圆馍上蒸制出笼便成为插花供，用以祈求来年风调雨顺。当然，黄陵面花最隆重的登场是在祭奠黄帝之时。

清明时节，黄陵面花能人纷纷显露身手，按照公祭的最高标准捏制出形神兼备、栩栩如生的面花作品，如《二龙戏珠》《百花争艳》等。公祭活动结束后，妇女也纷纷拿出自己蒸制的罐罐馍来到黄帝陵前敬献。清明扫墓用的罐罐馍必须带腰带，就是在圆馍上缠上三条搓成的带状面条，周围再饰以指尖大小的小鸟等动物，圆馍顶子上还有捏制的牛头、猪头、虎头、盘蛇、麦垛及各种粮食、花卉等，由本家人带到祖先陵前供献，这种习俗一直流传至今。

黄陵面花自古以来就和黄帝的祭典融为一体，为挖掘整理黄陵礼俗提供了重要的参考资料。

◎ 传统美术

面人

北京面人郎、上海面人赵、曹州面人、曹县江米人

序号：828
编号：Ⅶ-52
批次：2
类别：传统美术
申报地区或单位：北京市海淀区，上海工艺美术研究所，山东省菏泽市牡丹区，山东省曹县

扩展名录：
面人（面人汤）　　　北京市通州区

面人也称面塑、江米人，是一种以面粉、糯米粉为主要原料的民间传统塑作，流行于全国各地。

面人多以动物和神话传说、历史故事、地方戏曲中的人物为题材，基本形制有签举式和案置式两种。签举式一般是娱乐儿童的食用玩品，造型简略，多用澄粉、生粉制作。案置式是用于陈设的艺术品，做工考究，还需在原料中混入石蜡、蜂蜜等添加剂作防裂防霉防虫处理。

艺人制作面人一般先采用捏、搓、揉、掀等手法塑造大体形制，再用小竹刀等工具灵巧地点、切、刻、划，刻画手脚面部等局部细节，最后加上发饰和衣裳等配件，一个栩栩如生的艺术形象便脱手而成。

过去，面人艺术主要靠走街串巷的游方艺人即兴创作。他们掌握了娴熟的塑造技艺，对题材、造型和配色等工艺了然于心，为中国民间历史、习俗和艺术的研究提供了重要的实物资料。

面人（北京面人郎）
申报地区或单位：北京市海淀区

北京面人郎由郎绍安先生（1909～1992）所创，他曾跟从著名的"面人大王"赵阔明先生学艺，在长期的实践中形成了自己的面塑艺术风格。

郎绍安的面塑作品题材广泛，尤其注重表现现实生活，对三百六十行的情形和老北京各种民俗都有生动的反映，例如《剃头的》《耍猴儿的》《逛庙会》等。经过三十多年的艺术实践，他练就了看得准、拿得稳的捏塑绝技，其作品人物造型准确，形象逼真，装饰简洁。1957年，郎绍安之女郎志丽随父学习面塑，对面人郎的技艺特点进行了系统整理并集结出版。近年来，郎志丽还创建了面人郎艺术工作室，致力于北京面塑艺术的传承和发展。

北京面人郎的面塑作品不仅有较强的艺术欣赏价值，对研究老北京民俗风情和民间手工技艺也具有一定的参考价值。

面人（上海面人赵）
申报地区或单位：上海工艺美术研究所

上海面人赵由"面人大王"赵阔明先生（1900～1980）开创，其技艺主要流传于上海地区，影响非常广泛。

赵阔明先生在继承前人技艺的基础上归纳总结了面塑的"手掐八法"和"工具八法"，加强了对人物相貌和形象质感的表现力。上海面人赵的作品人物众多，场面宏大，衣带装饰轻灵飘逸，具有鲜明的海派文化特色，代表作有《二进宫》《关公夜读》《友谊长城》等。

赵阔明先生的创造性努力推动了面塑艺术的雅化，使之由民间玩物发展为精致的工艺品。现在，为了在市场环境中生存，面塑往往追求迅捷简便，渐渐丧失了面人赵精工细作的特色。

长此以往，这门技艺势必走向消亡，保护上海面人赵已经成为一项紧迫的任务。

面人（曹州面人）
申报地区或单位：山东省菏泽市牡丹区

山东菏泽古称曹州，曹州面人最早起源于今菏泽市牡丹区马岭岗镇穆李村。

古代祭祀时用面粉调和后捏成猪、羊等代替活物用于祭祀，称之为花供，曹州面人便是在花供基础上发展起来的，唐代已出现生面塑、熟面刷色塑和熟面染色塑三种面塑。经过六代艺人的传承发展，曹州面人逐渐脱离民俗功用，成为一种观赏性的民间工艺品。20世纪20年代，曹县面人行业出现了"文武二李"的李俊兴、李俊福兄弟，李俊兴擅长捏塑才子佳人，李俊福则擅长捏塑武将侠客，成为曹州面人的代表。

曹州面人来源于生活，具有浓郁的乡土气息，它造型概括、色彩艳丽、工写结合，是中华民间艺术的瑰宝。

面人（曹县江米人）
申报地区或单位：山东省曹县

曹县江米人是由古代祭祀供品演变而来的传统面塑，流行于山东省曹县一带。

曹县江米人捏塑之前要先配面、和面，然后盘面。在这个不停揉捏面团的过程中，每隔一段时间，艺人就得在手心打一些黄蜡，防止面粘手。面盘好后开始配色，又经过反复地捏、揉、搓，制成黑、黄、绿、大红、二红、白等颜色各异的料面以备使用。捏塑江米人的工具有刀子、剪子、梳子、拨子、竹签、平皮梳等。剪刀剪出人物的手、脚等部位；梳子细密的齿可压出人物胡须、脸部皱纹；拨子是江米人的主要塑形用具，一般四个为一套，大小不一，区别在于拨子两头的尺寸。

除了作为供品之外，曹县江米人主要是艺人边做边卖的签举式儿童食玩。现在，曹县江米人的生存空间不断缩小，面临极大的发展传承危机，亟待抢救和保护。

面人（面人汤）
申报地区或单位：北京市通州区

面人汤面塑艺术始于清末，由近代著名面塑艺术家汤子博先生（1882～1971）创立。

汤子博先生有深厚的艺术功底，他年轻时四处学艺，将国画艺术和面塑艺术结合起来，又广泛吸收各地的雕塑艺术，将此前民间艺人的签举式面塑改为托板式案头面塑，使面塑成为工艺品。面人汤创作了精细无比的核桃面人，能在半个核桃壳里塑造二十七个人物，还创作了浮雕面塑、悬塑面塑和制钱面塑等样式。面人汤在面塑的使用材料上也有突破，除了面粉外，还有木、泥等，并采用羊毛、羽毛、棉花等材料来制作配饰，以加强形似。

面人汤面塑制作手法丰富，注重神气动态。如今，汤子博先生的次子汤凤国先生继承了父亲的面塑艺术，并努力培养新的传人。

国家级代表性传承人名单

姓名	性别	申报地区或单位	入选批次
郎志丽	女	北京市海淀区	3
赵艳林	女	上海市工艺美术研究所	3
李金城	男	山东省菏泽市牡丹区	3
汤凤国	男	北京市通州区	4

◎ 传统美术

苗画

序号：1155
编号：Ⅶ-98
批次：3
类别：传统美术
申报地区或单位：湖南省保靖县

苗画是在传统的单色绣花样稿基础上发展起来的独立画种。湖南省保靖县的苗画具有代表性，主要用于湘西苗居门帘、窗幔、被面等生活用品和室内装饰。

苗族刺绣原先采用剪纸作品为绣花底样，至清代末期，有擅长绘画的艺人使用白色粉浆直接在深色布料上绘画，作为底样供妇女们刺绣，以代替剪纸。因为这种形式的绘画本身就受到人们喜爱，便逐渐发展成为布底彩绘的苗画，同时也出现了在纸张上创作的苗画。

20世纪初，保靖县的苗族艺人梁求瑞继承了绘制苗画的技艺，并在其家族中传承发展至今。梁氏家族创作的苗画作品题材广泛，反映了苗族的生产生活、民间信仰等历史与现实状况。苗画的主题多寓意喜庆吉祥和人寿年丰，画面上常见的形象有龙凤、鱼虾、虫鸟、花草、竹木、山川河流、日月星云等，画师再将苗族的图腾崇拜、传说中的神仙人物和反映苗族先祖迁徙的历史有机地结合起来，特别注重底色和图案色的对比，主色和辅色的线面和穿插，而且画面上的每一个图案和每种配色都有一定的内涵。

苗画构图大胆，色彩丰富，艳而不俗，呈现出一种独特的审美价值和古朴奔放的浪漫风格。

苗画曾一度面临失传，在梁求瑞、梁永福、梁德颂祖孙三代的苦心传承、创新下，才得以重焕生机。

苗绣

雷山苗绣、花溪苗绣、剑河苗绣

序号：321
编号：Ⅶ-22
批次：1
类别：传统美术
申报地区或单位：贵州省雷山县、贵阳市、剑河县

扩展名录：
苗绣　　　　　贵州省凯里市

苗绣是苗族民间刺绣品的总称，流传在贵州各地的苗绣有着不同的形式与风格。

贵州省黔东南苗族侗族自治州雷山县是苗族的主要聚居地之一。雷山苗绣主要用于苗衣、百褶裙和彩带裙等苗族服饰上，其刺绣图案多为经过夸张变形的动植物和吉祥物形象，还有文字绣衣。雷山苗绣技法多样，双针锁绣、绉绣、辫绣、丝絮贴绣等比较多见。

贵阳市花溪的苗绣技艺中最有特色的是从苗族蜡染脱胎而来的挑花工艺，创作者以十字绣为基本针法，数纱而绣，不用底样。常见的挑花图案有太阳、牛头、羊头、狗头、浮萍、荷花、稻穗、灯笼、铜钱、青蛙、螃蟹、燕子、田园、河流、苗王印等。早期的挑花底布为自织青色麻布，色彩单纯，以银色调为主，图案有几何化、程式化的特征，现在挑花底布的色彩、质地和挑花图案都呈多样化趋势。挑花在花溪苗族的日常生活、节日庆典及民俗宗教仪式中应用广泛。

剑河县苗族锡绣技艺在贵州省剑河县境内的南寨、敏洞、观么等乡镇已流传了五六百年。锡绣以藏青色棉织布为底布，先用棉纺线在布上按图案穿线挑花，然后将金属锡丝条绣缀于

图案中，再用黑、红、蓝、绿四色蚕丝线在图案空隙处绣成彩色的花朵。其核心图案犹如一座迷宫，充满强烈的神秘意味。银白色的锡丝绣在藏青色的布料上，明亮耀眼，质感强烈，与苗族人喜欢佩戴的各种银饰相得益彰。

苗绣是苗族文化的重要组成部分，也是中国服饰文化的瑰宝，以其古老、神奇以及文献特性著称。如今，随着人们审美观念的变化，穿着本民族服装的年轻人越来越少，苗绣的传统技艺流失很快，应尽快采取措施，以保证这一古老的民族工艺顺利传承下去。

苗族蓝靛染料制作

苗绣
申报地区或单位：贵州省凯里市

苗族堆绣也叫堆花绣，苗语称为干亮，是流传在贵州省黔东南苗族侗族自治州凯里市的苗绣中的一个特色品种。

堆花绣所用绫缎是苗家人自己种桑养蚕、纺织成匹、染色浆硬制成的。制作堆花绣时，苗家女子用剪裁好的一个个三角形绫缎片按自己的构思堆积成立体的图案，结合打籽绣、两针绣等平面绣技缝制在衣物上，使之成为一件具有浮雕感的工艺品。

苗族堆花绣适宜制作各种几何图案和经过夸张变形的花鸟鱼虫，通过和其他刺绣技法的有机结合，善于表现神话故事、苗族风俗礼仪活动场面，画面工整规律，主体感强。苗族服饰多为藏青色、紫红色或黑色，把五彩缤纷的堆花绣衬托得更为亮丽多姿。

苗族堆花绣是千百年来流传下来的苗族艺术，在苗族妇女的传承和发展过程中记载了苗族历史，记载了祖先的生活和记忆，记载了迁徙的历史，成为文化载体。

苗绣

国家级代表性传承人名单

姓名	性别	申报地区或单位	入选批次
吴通英	女	贵州省台江县	4

民间绣活

高平绣活、麻柳刺绣、西秦刺绣、澄城刺绣、红安绣活、阳新布贴

序号：853

编号：Ⅶ-77

批次：2

类别：传统美术

申报地区或单位：山西省高平市，四川省广元市，陕西省宝鸡市，陕西省澄城县，湖北省红安县、阳新县

民间绣活是一种传统的民间工艺，又名针绣、扎花、绣花。由于它多系妇女所为，又习

称女红。民间绣活运作时以针穿色线在织物上刺缀，使绣迹成为特定的纹样或文字。民间绣活历史悠久，与民众的日常生活关系密切，其成品也是民俗活动中不可缺少的礼品和装饰物，具有丰富的文化内涵。

民间绣活流传地域遍布大江南北，在各地得到了创造性的发展，形成了不同的风格。

近年，由于乡村生活方式的改变，民俗日渐淡化，加之现代机绣产品的冲击，民间绣活不同程度地出现传承危机，亟待保护。

民间绣活（高平绣活）
申报地区或单位：山西省高平市

高平绣活是流行于山西高平一带的民间刺绣艺术。据相关留存物考证，其历史可以追溯到明代中期。

高平在历史上种植桑麻很普遍，当地妇女大多能纺善绣。在漫长的创作实践中，根据作品用途和表现内容的不同，高平绣活形成了丰富的针法体系，大体可分为丝线绣和布贴绣两大类。丝线绣有平针绣、打籽绣、盘金（银）绣、披金（银）绣等针法。平针绣长短针交错运用，力求齐整，绣品光洁细腻，表现力丰富，比较常用；打籽绣每绣一针都将丝线绕成粒状的小疙瘩，这些小疙瘩细密地排列成形，绣品因此结实耐磨，它一般用在儿童的帽尾巴、针线包和鞋上，还可以用来绣鸟的眼睛和花蕊等；盘金（银）绣和披金（银）绣则使绣品显得富丽堂皇；布贴绣是对裁剪衣物剩下的各色布头的再利用，制作时把布头按照构思剪裁成各种形状，然后堆贴在底布上锁边绣成，成品朴素大方，色彩艳丽。在实际运用中，各种刺绣手法往往交叉使用。

高平绣活多以花卉、瓜果、虫鱼、蝴蝶、吉祥鸟和瑞兽等为题材，一般以黑、蓝、红、鱼肚白为衬底，上面用艳丽明快的颜色绣出图案，明朗而不耀眼。为了增强装饰效果，高平绣活常常将表现内容加以夸张变形，重神采而不求形似，表现了当地民众的审美趣味。

民间绣活（麻柳刺绣）
申报地区或单位：四川省广元市

麻柳刺绣是流传于四川省广元市朝天区境内的麻柳、鱼洞、临溪、小安等一带的刺绣工艺的总称。广元地区素有"谁家女儿好，要看针线好"的说法，当地女孩六七岁就开始学习刺绣。

传统的麻柳刺绣用黑、白、红、蓝等土布做底衬和彩色棉线为绣线，现在多用白布为底衬，绣线品种则更加丰富。

麻柳刺绣制品多为各类日常生活用品，如帐帘、枕套、枕巾、围腰、手巾等，其绣法多样，如全挑、全绣、半挑半绣等，有的还采用补花、滚边等方法，以增加绣品的立体感和表现力。绣制时，熟练者不用底样，成图在心，通过数纱布上的丝线来确定图案的位置。其构图方式主要是连贯式和分段式两种，或单独使用，或交替使用，巧妙组合，所绣图案，或耕种收割，或婚嫁礼仪，或人物鸟兽，都具有浓郁的乡土气息。

民间绣活（西秦刺绣）
申报地区或单位：陕西省宝鸡市

西秦刺绣是流行于陕西省宝鸡地区的民间刺绣艺术。在宝鸡的西周井姬墓葬中曾发现刺绣遗迹，可见刺绣在当地有着十分悠久的历史。

西秦刺绣采用平绣、悬绣和拼贴缝制等多种技法，绣制出平面式、立体式和浮雕式等形式多样的布艺作品，如虎头帽、猪头鞋、鱼枕、五毒肚兜、绣帐、门帘、鱼钱包及各种动植物玩具挂件。历代相传的刺绣题材有龙凤呈祥、吉庆有余、琴瑟和谐、花好月圆等。

西秦刺绣和当地人民的生活民俗紧密相连，从儿童衣物玩具、婚嫁礼品到丧葬祭品，西秦刺绣几乎伴随人的一生，艺术地体现了当地民众对自然和社会的认识。

民间绣活（澄城刺绣）
申报地区或单位：陕西省澄城县

澄城刺绣是流行于陕西省澄城县一带的民间刺绣艺术，它被广泛地应用在生产生活、婚丧嫁娶和节日祭祀等各种民俗活动中，源远流长数千年。

澄城刺绣的绣品种类繁多。走进一户澄城的普通家庭，就像走进民间刺绣博物馆，绣在枕顶、被面上的是花好月圆、龙凤呈祥；绣在围裙、信插上的有凤穿牡丹、四季花草；鱼戏莲披肩和鱼莲变娃裹肚是主妇当年的嫁妆；老人马甲上除了绣有寓意长寿的松柏、仙鹤图，还有企盼儿孙成才的五子登科和官上加官；布老虎护佑家中小儿健康成长。

澄城刺绣的特点是淡雅适度，清秀劲拔，没有大红大绿的渲染，颜色搭配和谐大气，想象奇异丰富，施针用线和配色不拘一格，以适应各种主题的需要。

民间绣活（红安绣活）
申报地区或单位：湖北省红安县

红安绣活是流行于湖北省红安县一带的民间刺绣艺术，过去以连袜绣花鞋垫为突出代表，现在则是绣花鞋垫。

连袜绣花鞋垫将鞋垫和袜子合二为一，不仅美观还延长了使用寿命，是民间智慧的体现。现在，因为实用需要，连袜绣花鞋垫已不多见，而主要是绣花鞋垫。在红安，绣花鞋垫既是一种平常的生活实用品，又是具有特别意义的民俗艺术。妇女们借此来展示才艺，制成的鞋垫既可作为馈赠礼品，又可作为男女传情的信物。鞋垫图案色彩搭配大胆夸张，表现出清新夺目的质朴美。

红安有"无女不绣花"的俗语，忙完了地里的农活，村里的妇女们就聚在一起绣鞋垫。这已经成为当地农村妇女表达心愿和交往沟通的重要方式。

民间绣活（阳新布贴）
申报地区或单位：湖北省阳新县

阳新布贴是流行于湖北阳新一带的民间布艺。根据其婆媳传承的世系来推测，它在当地至少有二百年的历史。

阳新布贴是农村妇女用缝衣时裁剪剩余的边角碎料，通过剪样、拼贴、缝制、刺绣制作成各种五彩斑斓的图案。制作图案取材于民间故事、戏曲人物、民俗风情和乡间景物，如观音坐莲、福寿八宝、金鸡鲤鱼、桃榴茶兰等。阳新布贴没有样图，也不用笔勾图，完全是随心造型，制作时多用黑色或深蓝色土布为底布，而以鲜艳亮丽的各色花布拼贴缝绣，色彩和明度对比强烈，使成品有黑漆点金般的视觉效果。

阳新布贴应用广泛，从日常穿戴到庙堂蒲团、吊幡等用品，有三十多个品种，特别是用于装饰儿童服饰、鞋帽和帐檐等，一系列的细密叠缝使这些物品不仅保暖而且耐用。现在，在阳新县的一些村庄里，还能寻到原生态的阳新布贴。

木版年画

平阳木版年画、东昌府木版年画、张秋木版年画、夹江年画、滑县木版年画

序号：841
编号：Ⅶ-65
批次：2
类别：传统美术
申报地区或单位：山西省临汾市，山东省聊城市、阳谷县，四川省夹江县，河南省滑县

扩展名录：
木版年画（老河口木版年画）
湖北省老河口市

木版年画是中国民间在年节之际用于迎新纳福的一种传统艺术样式，在中国广为流传，是中国传统美术的重要组成部分。

木版年画历史悠久，宋代称之为纸画，明代则叫画帖，清代正式定名为年画。木版年画采用传统的木版水印方法制作，一般都要经过画稿、刻版、上色、印刷等工序完成，它的出现与雕版印刷关系密切。木版年画题材可分为驱凶避邪、祈福迎祥、戏曲传说、喜庆装饰、生活风俗五大类，主要样式包括贡笺、中堂、对屏、历画、炕围等。

在千百年的发展过程中，中国逐渐形成了相对集中的木版年画产地，既保持着与其他地区的技术交流，又保持着自身因地域文化差异而产生的独特风格，木版年画因而承载着丰富的历史文化信息，蕴含了深刻的民族心理和人文观念。

现在，各地传统木版年画的手工制版和印刷受到现代印刷技术的冲击，都遭遇传承的困境。

木版年画（平阳木版年画）
申报地区或单位：山西省临汾市

平阳木版年画流传于山西省临汾地区，它始于宋金、兴盛于明清，发源地在山西河东路的平阳府（今临汾市）。

平阳木版画的制作需要三个环节，一是刻制木版，二是染色套色，三是印刷。临汾一带的木版画多使用枣木做刻版，用麻纸印刷。

平阳木版年画的形式随着实用的需要而发展，有中堂画、门画、影壁画、门头画、窗画、条屏画、灶龛画等。在创作方法和表现手法上，平阳木版年画不受客观事物的约束，力求画面完整，造型夸张，形象生动，主题突出，装饰性强，给人以豪放洒脱的印象。

山西平阳木版年画不但是民间喜闻乐见的艺术形式，也对研究中国绘画史有一定的参考价值。

木版年画（东昌府木版年画）
申报地区或单位：山东省聊城市

山东省聊城古称东昌府。东昌府木版年画至今已有三百多年的历史，民国时一度达到鼎盛，现主要流传在聊城市东昌府古城内的东关街、清孝街、堂邑镇和部分乡村。

东昌府木版年画具有年画、门神画合为一体的特点，构图简洁，整体感强，取材大致有两类：天仙配、钟馗等神话传说和麒麟送子、双喜临门等吉庆内容。其人物造型特点是眼形窄长，鼻翼瘦窄，形象丰满质朴。东昌府木版年画历来只有草版，即只印不画，画面全部用木版分色套印，有丹红、粉红、黄绿、青、黑五种基本色，最多的为七色八版，整个画面五彩缤纷。人物面部一般不着色，人物形象因此而更加醒目。

明清时期至新中国成立前后，山东、河南、

河北三省交界的运河两岸民间盛行折扇，东昌府木版年画艺人制作的扇面画非常畅销。扇面画长30厘米，高12厘米，套色有大红、水红、丹红、黄绿、绛绿、蓝、紫、黑八种版，色彩对比强烈。

东昌府木版年画的粗犷和神秘反映农业社会的艺术气象，是历史文化的载体。

木版年画（张秋木版年画）
申报地区或单位：山东省阳谷县

张秋木版年画流传于山东省聊城市阳谷县，元朝时从山西、陕西传入，至今已有数百年的历史。清末民初，张秋木版年画生意兴隆，画店林立，春天印扇面画销给制扇子的手工业者；农历八月底开始印年画，十一月初一挂牌出售，一个冬天来镇上贩卖年画的商贩上千人，主要销往山西、河南、河北及东北三省。抗战时期，源茂永画店等老字号配合冀鲁豫文联的文艺工作者，创制了一批新内容的木版年画，鼓舞了军民的抗战热情。

张秋木版年画以神像为主，有三百多个品种。扇面画多取材于《东周列国志》《三国演义》及戏曲故事；对子画有全家福、八仙、五彩花等；月饼笺画多为嫦娥、玉兔；迎亲的轿子围子有麒麟送子、囍字图案；还有门神、房门画等，用途和内容不尽相同。

张秋木版年画人物刻画夸张朴实，眼睛窄长，眼皮纹路清晰，画面以亮青、大红、粉红、丹红、大绿、绛绿、宝蓝、黄八种颜色为主，明快沉着兼而有之。

木版年画（夹江年画）
申报地区或单位：四川省夹江县

流传于四川省夹江县的夹江年画历史悠久，明代中叶，夹江县已经出现年画作坊，当地著名的董大兴荣作坊至今已有二百多年的历史。

黄丹门神是夹江年画的代表，因年画的主色为黄丹而得名，年画内容有天爷、灶爷、土地等，总之，农家的每一扇门都有其相应的门神。包括黄丹门神在内的夹江年画多以木版套色印制，先用黑烟子印出墨线和黑发眉眼及衣饰，接着印黄色，再套印橘红、槐黄、品绿、佛青等色，最后用红色印制衣纹。其工艺精细，一张年画，所用的刻版有时竟然达到二十多个，第一道刻版印上去的是人物和图案的基本轮廓，此后的刻版，分别印眼睛、鼻子、嘴巴……雕版刀法粗犷朴质，富有稚拙之美。夹江年画也有只用雕版印轮廓、画工执笔完成所有细节的，这种年画对画工的技艺要求较高。

传统的夹江年画制作烦琐，仅仅颜料配制就极为费时费力，如黄色是用水冬瓜木和槐花熬水，再加入适量的白泥浆和桃胶调和而成。加之近年来年画市场萎缩，夹江年画的传承陷入困境。

木版年画（滑县木版年画）
申报地区或单位：河南省滑县

滑县木版年画流传于河南省安阳滑县，当地俗称画轴，现在主要产地集中在滑县马兰集与慈周寨乡前二村一带。滑县木版年画起源于明朝武宗年间，前后经历二十七代人的传承，至今已有五百多年的历史。

滑县木版年画色彩较为淡雅，大幅画，如长达两米的卷轴中堂，先用线版墨印，人工着色时颜料大多用水稀释至半透明，整体色彩和谐，人物造型鲜活。小幅画，如门神，人工着色更淡，

◎ 传统美术

如套色则以大黄、大红、大绿、朱红为主。

滑县木版年画人物造型粗犷夸张，线条刚劲有力，构图对称均衡。在形式上，滑县木版画除了年画外，还有家族族谱、中堂、对联等表现形式，记载了当地的民风民俗。现在保存的滑县木版画对联中有不少文字，至今尚难破译。

木版年画（老河口木版年画）
申报地区或单位：湖北省老河口市

老河口木版年画流传于湖北省老河口市。

老河口木版年画制作精细，雕版所用的木料通常为梨木，因为梨木"有骨无筋"，能最好地将雕刻效果呈现出来。梨木锯刨平整后，将画好的图样反转贴印其上并固定。雕刻时，先要用尖刀将所有线条都走一道，然后用圆刀将曲线连接，最后用平刀清底。

老河口木版年画内容大多取材于戏剧、小说和民间故事，也有为了需要而刻制的农历、农事谚语、书法条幅等。年画构图饱满而主次分明、线条密实而一丝不苟、颜色丰富且对比鲜明，整体表现方式质朴原始，有着强烈的民族原生态气质。

现在，随着胶印年画的普及，耗工费时的木版年画逐渐退出历史舞台，老河口木版年画也面临着同样的窘境。

国家级代表性传承人名单

姓名	性别	申报地区或单位	入选批次
韩建峰	男	河南省滑县	4
陈义文	男	湖北省老河口市	4

木雕

曲阜楷木雕刻、澳门神像雕刻、武汉木雕船模

序号：834
编号：Ⅶ-58
批次：2
类别：传统美术
申报地区或单位：山东省曲阜市，澳门特别行政区，湖北省武汉市硚口区

扩展名录：

木雕（紫檀雕刻）	中国紫檀博物馆
木雕（海派紫檀雕刻）	上海市
木雕（莆田木雕）	福建省莆田市
木雕（花瑰艺术）	海南省澄迈县
木雕（剑川木雕）	云南省剑川县

木雕是指以木材为原料的一种传统民间雕刻工艺及其制品。木雕技艺在中国最早可以追溯到战国时期，早期的木雕多用于神像塑造和建筑装饰，明清时期，木雕摆件和日用器物的制作得到长足发展，并渐渐形成了富有地域特点的众多木雕艺术流派。

木雕一般选用质地细密坚韧、不易变形的树种木材为原料，如楠木、紫檀、樟木、柏木、银杏、沉香木、红木等，还有的采用自然形态的树根进行雕刻。在雕刻过程中多是圆雕、浮雕、镂雕几种技法并用。

木雕的主要工具是刀，种类很多，有圆刀、平刀、斜刀、中钢刀、三角刀等，用途不一，辅助工具有敲锤、木锉、斧子、锯子等，现在还有小型电动木工抛光机和电动手枪钻。木雕工艺流程大致包括选材、设计、粗坯、修光、打磨和着色上光等。

现在，由于木雕机械制作和手工制作的成本、价格差异太大，传统的手工木雕已处于社会文化的边缘。如不加以保护抢救，传统的木雕技艺行将消亡。

木雕（曲阜楷木雕刻）
申报地区或单位：山东省曲阜市

楷木雕刻也称楷雕，流传于山东曲阜，至今已有两千多年的历史。

山东曲阜楷木雕刻以当地特有的楷树木材为原料。楷树属稀有树种，树龄达千年以上，木质坚硬细腻，呈金黄色。

传统的曲阜楷木雕刻产品以寿杖和如意为主，现在发展为孔子像及其他人物像、花虫鸟兽摆件和文具等近百个品种。如意图案也更为丰富，主要有龙、凤、蝙蝠、鹿、鹤、八仙、三星等吉祥题材。

楷木雕刻交叉使用圆雕、浮雕、透雕、镂空雕等雕刻技法，制作工艺有十多道。雕刻刀法沿袭古朴简约、浑厚精细的风格，赋予作品高贵典雅的独特神韵。

木雕（澳门神像雕刻）
申报地区或单位：澳门特别行政区

流行于澳门地区的神像雕刻源于民间的宗教信仰。起初是因为海上作业风险大，于是澳门渔民多在船上放置各种神像随船出海，以求平安，后来陆上居民也开始供奉神像，推动了澳门神像雕刻的发展。

在漫长的历史演变中，澳门神像雕刻秉承我国古典造像艺术的传统，保持了包括金漆工艺在内的古法髹饰，同时借鉴了缅甸佛像等外来造像艺术和接合方法，经历了从简朴到精致，从小型到大型，从单体到组装的发展过程。

澳门神像雕刻以木雕佛像为主，制作过程包括选材、设计、雕刻、接合、打磨、造底、上彩、金漆、贴金箔等主要工艺环节，雕刻作品有五个系列：渔民信仰神像、道教及民间信仰神像、佛像及神龛佛具、民居商号装潢和公共雕塑、木雕大型佛像。

因社会变迁，神像制作业的兴盛状况不再，现在澳门的神像雕刻店只有大昌佛像雕刻木器和广荣造像雕刻木器两家，前者是百年老店，坚持着澳门神像雕刻选料上乘、造型严谨、装饰华美的风格。

木雕（武汉木雕船模）
申报地区或单位：湖北省武汉市硚口区

流传在湖北武汉的木雕船模是我国木雕工艺的一个品种，它的起源与武汉所处的地理环境以及当地发达的造船业密切相关。19世纪末，艺人龙启胜开始以小作坊形式从事木雕船模制作，经过五代人的传承发展，逐渐形成了现在的武汉木雕船模制作技艺。

武汉木雕船模主要以柏木、黄杨木、红木等为原材料，按比例制作各类木船，整个制作过程包括设计、出料、放样、船体制作、零部件制作、髹漆、装配等主要环节。船模品种繁多，有木帆船、古代漕船、战船、画舫、龙舟、凤舟、彩船等。在雕刻技术上，除了采用圆雕、浮雕、镂雕等传统木雕技艺外，还独创镂空精梭和精工制模等独特的工艺。镂空精梭能使镂空的花纹宽度控制在一毫米之内，且清晰匀称，精细入微。精工制模则要求模型衔接无缝，转动部位灵活自如。

讲究的工艺使得武汉木雕船模精美考究，造型逼真，具有一定的艺术和收藏价值，对了解中国舟船的历史和建造技术也有参考价值。

◎传统美术

木雕（紫檀雕刻）
申报地区或单位：中国紫檀博物馆

传统的紫檀雕刻技艺主要应用于明清的宫廷家具制作。

紫檀雕刻以珍贵的黄花梨、紫檀等硬木为原材料，讲究手工制作。每件作品都要经过木材的烘干、开料、镂锯加工、组装、手工砸膘、雕刻、清地、打磨、打蜡等十几道工序方可完成制作。作品以雕代笔，以刀作画，以山水、花卉、鸟兽、博古为题材，构图繁茂饱满，画面深邃悠远，图案纹样均蕴含吉祥如意的美好愿望，融合了线雕（阳刻、阴刻）、浅浮雕、深浮雕、平雕、圆雕、毛雕、透雕等各种技法。紫檀家具一般使用精密巧妙的榫卯结构雕，通体不用一根钉子，完全依靠榫卯契合，天衣无缝。制作一件紫檀作品少则一年，多则需要数年时间。

紫檀雕刻工艺考究、造型稳重、纹饰精美、寓意深厚，代表了当时中国工艺技术的最高水平。

现在，机械制作已渗透到家具制造的每个环节中，传统的紫檀木雕工艺正面临消亡的危险。

木雕（海派紫檀雕刻）
申报地区或单位：上海市

海派紫檀雕刻是传统红木雕刻艺术的一种。

据史料记载，海派紫檀雕刻工艺始于明代，创始人为屠诗雨。晚清时，其传人屠文卿在清宫造办处设计制作紫檀家具，是苏式紫檀雕刻名家。近代以来，屠氏后人把西方雕塑技法融入紫檀雕刻工艺，逐渐形成了海派紫檀雕刻中西融合的特色，并针对紫檀材质坚硬的特点对雕刻工具进行了改革，提高了工艺水准。

海派紫檀雕刻尤其擅长制作大件的作品，例如《万世师表》《世纪龙舟》《道德天尊》等。

木雕（莆田木雕）
申报地区或单位：福建省莆田市

福建省莆田市境内出产的莆田木雕有着上千年的历史，它兴于唐宋、盛于明清。唐初，莆田木雕已经开始运用于寺庙的建筑装饰、佛像和刻书。宋元时期，由于妈祖信仰的盛行，神像雕刻大量问世，莆禧天妃宫内的妈祖木雕像至今保存完好，不仅脸部表情生动，手脚还可以上下左右活动。清代乾隆年间，莆田的贴金透雕作品被选作朝廷贡品。

莆田木雕造型优美，工艺精湛，尤以立体圆雕、精微细雕、三重透雕等传统工艺著称，雕刻作品有佛像、仕女及山水摆件、家具、把玩杂件等。莆田木雕使用的材料都是比较昂贵的龙眼木、黄杨木、檀香木和红木，其作品多用于收藏。

木雕（花瑰艺术）
申报地区或单位：海南省澄迈县

花瑰艺术是海南民间对木雕神像、偶像和人物像及装饰图像的俗称。在海南，澄迈县的花瑰艺术最具有代表性。

花瑰艺术历史悠久，其发源与宋代佛教、道教、儒教的兴盛有关。明代，澄迈县兴起军坡节，又称游公节。节日期间，人们将民间各路保护神抬出来游行，似人祭井。清代的佛、道活动更甚，几乎月月都有作斋（庙会活动），促进了花瑰艺术的发展。

花瑰艺术多以沉木、树根、木化石为原料，完全靠手工塑作而成。它既承载着历史、宗教、民俗信仰等许多重要信息，又体现了民间艺人的聪明才智。现今，由于社会生活的变迁，传统的花瑰艺术正面临消亡的危险。

木雕（剑川木雕）

申报地区或单位：云南省剑川县

剑川木雕流传于云南省大理州剑川县，有上千年的历史。宋代，就曾有剑川木雕艺人进京献艺，名动京华。清代学者在《滇南新语》中记道："善规矩斧凿者，随地皆剑民也。"

剑川木雕手法以浮雕为多，其木雕制品现已发展为嵌石木雕家具、工艺挂屏和坐屏、格子门、古建筑及室内装饰、旅游纪念品小件和现代家具六个门类二百六十多个品种。其中格子门特色鲜明，一般以4扇或6扇为一堂，置于寺庙大殿和居家正厅，有2～4层镂空浮雕，题材多是富贵根基（牡丹和公鸡）、喜鹊登梅、鸳鸯戏水、鹿鹤同春、八仙过海等，层层镂空，空间层次明朗，生动活泼。

剑川木雕做工精细、用料考究，坚硬柔韧、抗腐蚀、不变形，展现了白族人民的智慧。

国家级代表性传承人名单

姓名	性别	申报地区或单位	入选批次
颜景新	男	山东省曲阜市	3
龙从发	男	湖北省武汉市硚口区	3
屠杰	男	上海市	4
方文桃	男	福建省莆田市	4
余国平	男	福建省莆田市	4
曾德衡	男	澳门特别行政区	4

纳西族东巴画

序号：312
编号：Ⅶ-13
批次：1
类别：传统美术
申报地区或单位：云南省丽江市

纳西族东巴画是一种民族美术形式，流传于云南省丽江市古城区和玉龙纳西族自治县地区，主要用于东巴教的各种仪式中。东巴是纳西族原始宗教中的经师或祭司，东巴画是东巴文化的重要内容之一。

东巴画主要有经卷图画、木牌画、纸牌画和卷轴画等形式。经卷图画包括东巴图画文字、封面装帧画、经书扉页和题图等。木牌画是在简制的木牌上绘制出神或鬼的图像，主要用于祭祀活动。纸牌画中的一类是神像，或竖于神坛供人祭拜，或戴在祭司头上；另一类是绘画谱典，或用作绘画者的范本，或用作绘画传承时的教本。卷轴画多绘于麻布或土布上，四周用蓝布装裱，上有天杆，下设地轴。卷轴画在纳西族传统绘画的基础上借鉴了藏、汉等民族的绘画技法，又吸收了佛、道文化元素，其代表作《神路图》全长十几米，由一百多幅分格连环画组成，直幅长卷上共描绘了三百六十多个人物及动物形象，反映了纳西族灵魂不灭的生命意识和完善人生的伦理观念。

东巴画主要以木片、东巴纸、麻布等为材料，用自制的竹笔蘸松烟墨勾画轮廓，然后敷以各种绚丽色彩，历经数百年而不褪色。其绘画形象具有强烈的原始意味，以线条表现为主，并不注重比例关系。许多画面亦字亦画，保留了浓郁的象形文字书写特征，是研究人类原始绘画艺术的活化石。

国家级代表性传承人名单

姓名	性别	申报地区或单位	入选批次
和训	男	云南省丽江市	1

泥塑

天津泥人张、惠山泥人、凤翔泥塑、浚县泥咕咕

序号：346
编号：Ⅶ-47
批次：1
类别：传统美术
申报地区或单位：天津市，江苏省无锡市，陕西省凤翔县，河南省浚县

扩展名录：

泥塑（苏州泥塑）	江苏省苏州市
泥塑（聂家庄泥塑）	山东省高密市
泥塑（大吴泥塑）	广东省潮安县
泥塑（徐氏泥彩塑）	四川省大英县
泥塑（苗族泥哨）	贵州省黄平县
泥塑（杨氏家族泥塑）	宁夏回族自治区隆德县
泥塑（惠民泥塑）	山东省惠民县

泥塑是一种古老的以泥土为原材料的民间艺术。我国泥塑艺术可上溯到距今四千年至一万年前的新石器时期，史前文化地下考古常有发现。

自新石器时代以来，中国泥塑艺术一直没有间断，发展到汉代已成为重要的艺术品种。两汉墓葬中发掘了大量陶俑、陶兽、陶马车、陶船等，其中有手捏的，也有模制的。丧葬习俗客观上为泥塑的发展和演变起了推动作用。

两汉以后，随着道教的兴起和佛教的传入，道观、佛寺和庙堂兴起，直接促进了泥塑艺术的发展。唐代，泥塑艺术达到顶峰。到宋代，小型泥塑玩具也发展起来。

元代之后，历经明、清、民国到如今，泥塑艺术品在社会上仍然流传不衰。尤其是小型泥塑，既可陈设观赏，又可让儿童玩耍，几乎全国各地都有生产。

泥塑（天津泥人张）
申报地区或单位：天津市

天津泥人张是北方流传的一派民间彩塑，创始于清代道光年间，流传、发展至今已有一百八十多年的历史。

张明山是泥人张的创始人，他"技艺高深、触手成像"，十八岁即得艺名泥人张。泥人张以家族形式经营，泥塑作坊塑古斋现已传承至第六代。在政府的支持下，泥人张的几代传人都到文艺创作或教学部门工作，培养了一大批彩塑艺术专门人才，也让泥人张彩塑艺术从家庭作坊走向社会。

天津泥人张彩塑属于室内陈列性雕塑，一般尺寸不大，内容取材于神话、戏剧、小说及现实生活，通过塑造和绘色展现人物形象，注重刻画人物性格。其制作所用主要材料是含沙量低、无杂质的胶泥，经风化、打浆、过滤、脱水，加棉絮反复砸揉后成为黏合性极强的熟泥。塑形时的辅助材料还有木材、竹藤、铅丝、纸张、绢花等。塑造好的作品待自然风干后再入窑烘烧，温度要达700℃左右，出窑后经打磨、整理即可着色。一件完整的作品一般需要三十天左右。过去的颜料为水粉色，覆盖力差，容易爆裂、脱落、褪色，难以长久保存。现在使用丙烯色克服了以上缺点，作品还可以用水冲洗。

泥人张彩塑把传统的捏泥人提高到圆塑艺术的水平，在我国传统美术史上占有重要的地位。

泥塑（惠山泥人）
申报地区或单位：江苏省无锡市

无锡泥人的生产和销售都集中在江苏无锡惠山附近，故无锡泥人又称惠山泥人。惠山泥人的制作始于明末，清代开始出现惠山泥人手工作坊，形成有名的泥人街。20世纪初，惠山镇的泥人店不少于一百二十家，并一直延续至今。

惠山泥人分粗货与细货两类，粗货一般是模具印坯，手工绘彩，大多以喜庆吉祥题材为表现内容，如大阿福、老寿星、渔翁等，造型简洁，色彩明快。细货即手捏泥人，这类作品主要取材于戏曲场景、神话传说和民风民俗。惠山手捏泥人对材质要求严格，须取当地稻田一米深处的乌土为材料，制作工艺也极为复杂，有搓、揉、挑、捏、印、拍、剪、色、压、贴、镶、划、扳、插、推、揩、糊、装等技艺。彩绘在整个泥人的制作工艺中占有较高的比重，有三分塑七分彩之说。惠山泥人有成套的上色技法，民间艺人对配色、运笔、上色的顺序、速度和次数等都有详细的总结。

现在，惠山泥人面临着知识产权受侵害、手工制作成本飙升、人才流失、惠山泥日益减少等问题，急需抢救性的保护措施。

泥塑（凤翔泥塑）
申报地区或单位：陕西省凤翔县

凤翔泥塑为陕西省凤翔县的一种传统美术，当地人称之为泥货，现主要流传于凤翔城关镇六营村及周边地区。凤翔县境内出土的春秋战国及汉唐墓葬中均有泥塑的陪葬陶俑，可见其泥塑工艺历史之久。

凤翔泥塑有三大类型，一是泥玩具，以动物造型为主，例如十二生肖；二是挂片，有脸谱、虎头、牛头、狮子头、麒麟送子、八仙过海等；三是立人，主要为民间传说及历史故事中的人物造像。凤翔泥塑共有一百七十多个花色品种，有半人高的巨型蹲虎、虎挂脸，也有小到方寸的兔子和狮子。其制作材料有黑黏土、大白粉和皮胶等，用模具定型，彩绘时用色不多，用黑墨勾线，敷以大红、大绿和黄色等，对比强烈，艳丽喜庆。

凤翔泥塑装饰繁芜饱满，形态稚拙可爱，有浓郁的乡土气息。过去，凤翔当地人有购泥塑置于家中，用以祈子、护生、避邪、镇宅、纳福的习俗。现在，随着民俗的淡化，艺人根据市场需要以销定产，使得许多传统产品消失，也使得凤翔泥塑逐渐失去原有的文化内涵。

凤翔泥塑　图1

凤翔泥塑　图2

泥塑（浚县泥咕咕）
申报地区或单位：河南省浚县

浚县泥咕咕是浚县民间对泥塑小玩具的俗称，因泥塑尾部多有两个小孔，吹时发出咕咕的声音，故称泥咕咕。河南省鹤壁市浚县黎阳镇杨玘屯是泥咕咕的主要产地。

浚县泥咕咕形体较小，大的不足二十厘米，小的只有四五厘米，有人物、走兽、飞禽三大类一百多个品种。制作方法有模具制作、手工捏制和模具手工并用三种。艺人用经过和水、揉搓制成的黄胶泥塑坯，然后用笔蘸上松香（现改为墨汁）和颜料在塑型坯上涂绘，多以黑色为底色，然后用红、黄、蓝、绿等比较鲜艳的颜色绘出各种图案，再罩以清漆，最后放入一米见方的砖砌小土窑烘烤。

浚县泥咕咕仍以家庭手工作坊生产为主。农闲时节，全家围坐在一起，各司其职，边制作边说笑，每家每户的窗台、墙头和灶台上都摆满泥咕咕，成为浚县一道独特的风景，但现在大多数年轻人对这种传统手艺没有什么兴趣。

泥塑（苏州泥塑）
申报地区或单位：江苏省苏州市

苏州泥塑起源并流传于江苏省苏州，有两千多年的历史。

苏州泥塑可分为两大类，一类是大型泥塑，即庙宇的神佛塑像，称苏帮泥塑；另一类是泥塑小品，因为以前都集中在虎丘山塘一带，所以又称虎丘泥人。

苏州神佛塑像一般取当地的山泥，经过钉骨架、配制泥、上泥、彩绘或装金等工艺步骤塑造成型。每个大步骤里面还包含若干小步骤，完成一件作品起码需要一两年。制作虎丘泥人所需的泥土则取自虎丘周边的黏土，这种土黑、细、黏，非常适合塑造小品泥人。虎丘泥人的特点是写实性强，一般高10～15厘米，多以戏文故事为表现题材。其中最有特色的是捏相，又称塑真，即面对特定人物，在最短的时间内抓住人物特点，用各种颜色的泥当场捏出人物形象，所塑人物惟妙惟肖，形神兼备。

苏州泥塑集民俗、宗教、雕塑、绘画、书法等多种艺术于一体，具有很高的艺术和历史文化研究价值。

泥塑（聂家庄泥塑）
申报地区或单位：山东省高密市

流传于山东省高密市姜庄镇的聂家庄泥塑至今已有四百多年的历史。据《聂氏家谱》记载，明朝万历年间，聂家庄艺人开始把锅子花（一种以泥墩作外壳，中间装火药的小型礼花）的泥墩做成娃娃之类，人们放完焰火后便可将泥娃娃当作玩具或摆设品。到清代康熙后期，聂家庄艺人由做锅子花向做泥塑转变，几乎家家户户都做泥塑，供民俗活动使用、家庭观赏和儿童玩耍。

聂家庄泥塑制作过程较为复杂，有十几道工序，成品造型稚拙憨朴，鲜艳醒目，最大的特点是形、色、声、动四者俱全，能动会叫，特别受儿童喜爱。但现在玩具市场已被塑料、毛绒和电子类产品占据，聂家庄泥塑的主要市场消失殆尽，陷入发展困境。

泥塑（大吴泥塑）
申报地区或单位：广东省潮安县

广东省潮州市潮安县浮洋镇的大吴村是我国有名的泥塑之乡，大吴泥塑的历史可追溯到南宋理宗嘉熙元年（1237）。清代中叶至民国初年是大吴泥塑发展的鼎盛时期，泥塑作坊遍及全村，出现了以吴潘强为代表的一大批泥塑艺人。

大吴泥塑的题材多取自潮剧情节、民间传说和日常生活，其作品分为戏曲故事人物类，脸谱、童头、木偶头、纱灯头类，肖像类，神（佛）像类，儿童玩具（也称杂锦）类等。

大吴泥塑的制作技术有雕、塑、捏、贴、刻、印、彩，其中贴塑是大吴泥塑的最大特点，例如塑造戏剧人物，先塑制包括四肢的主身，再根据人物角色的需要，单独塑其衣袍、帽子、头像和手掌，最后一一贴上主身。贴塑技法使大吴泥塑作品局部和整体都具有较高的观赏性。

大吴泥塑与许多民间艺术一样，如今渐渐被市场冷落了，传承出现断层危机。

大吴泥塑

泥塑（徐氏泥彩塑）
申报地区或单位：四川省大英县

徐氏泥彩塑流传于四川省大英县一带。艺人徐得亲和儿子徐兴国是徐氏泥彩塑的代表性人物，徐氏父子曾受聘承担丰都鬼城的雕塑工作，八年中设计并完成了两千多尊塑像。

徐氏泥彩塑施工时先绘图设计（包括白描、效果图和施工图），再扎架、砌粗坯、上细泥。白坯干透后开始修补，刮灰打磨，做立彩花纹，上彩贴金，最后开相完成。其人物造型传统，服饰多彩画，绘画工笔重彩，尽显古风雅韵。

徐氏泥彩塑多以家教故事和历史人物为题材，劝化向道，作品多见于四川、湖南和台湾等地的旅游景点和寺观庙宇。

泥塑（苗族泥哨）
申报地区或单位：贵州省黄平县

苗族泥哨是贵州省黄平县旧州镇寨勇村苗族老艺人吴国清（苗名贵乜）在传统泥俑和陶俑的基础上创制的一种泥捏儿童玩具，泥哨下部留有回气孔，能吹出清脆的响声，深受儿童喜爱。

苗族泥哨成形于20世纪30年代，吴国清老人授徒百余人，工艺传承至今已八十多年。泥哨以手工将黏土捏制成形，而后低温烘烧，再施以彩绘、罩以清漆制成。泥哨造型以儿童喜爱的各种动物为主，现有四百多种动物造型，还有组合作品《十二生肖》《八骏》等。

泥哨在用色上借鉴当地苗族挑花刺绣和女性服饰的特点，先用柴火将泥哨熏烧出漆黑的底色，再在黑底上以红、蓝、白、绿、紫等色涂绘，使泥哨醒目鲜明、古朴大方，体现出较高的艺术水准。

黄平泥哨形式多样、色彩丰富，具有鲜明的地方民族特色与一定的收藏价值，现在品种已发展到一百种，每年有数十万个泥哨销往省内外。

泥塑（杨氏家族泥塑）
申报地区或单位：宁夏回族自治区隆德县

宁夏德隆民间雕塑艺术早在唐代就出现了，德隆温堡乡杨坡村的杨氏家族泥塑起源于清道光十二年（1832），其创始人经多方拜师学艺，融会泥塑、绘画、木刻、剪纸、烫画等各种民间艺术，形成了杨氏家族泥塑的基本艺术风格，如今成为德隆雕塑的代表。

杨氏家族泥塑工艺流程复杂，工艺要求高，有配料、酿泥、造像、敷彩等二十多道工序，塑形时使用圆雕、浮雕和透雕等多种手法，成品造型夸张，以精美见长。

杨氏家族泥塑技艺是现任传承人杨栖鹤和祖辈们长期实践的智慧结晶，难以用现代艺术手段代替，蕴藏着丰富的艺术价值。

泥塑（惠民泥塑）
申报地区或单位：山东省惠民县

山东省惠民县皂户李乡的河南张村因为泥塑而闻名，惠民泥塑通常指的就是河南张泥塑，当地称为娃娃张，据传有二百多年的历史。

惠民泥人其实就是不倒翁，村里人叫作扳不倒，附近村民在庙会上买回去图个吉利。惠民泥塑的主要材料是黄河淤泥，因其深埋于地下，挖出晒干后状如狗头，所以被称为狗头淤泥。淤泥运回后先风干一两年再掺入棉絮和面浆捣捶以增加其黏性，塑泥的配制关系到成品质量，很费工夫。泥塑制作须经制坯、糊纸、上泥浆、擦粉、上色、开眼、涂胶等十来道工序，仅头发上色就要涂九遍。惠民泥塑的涂色侧重正面，背面从简或不涂色，所用颜色以火红、桃红、绿、黄、紫为多，配以墨线和金线，色彩艳丽，以烘托节日的喜庆氛围。开眼是其中最讲究的一道工序，开好了泥人精神焕发，开坏了则黯然失色。

河南张泥塑品种繁多，有牛郎织女、白蛇传、武松打虎等戏剧故事造型；有坐在莲花上抱鱼和桃的坐孩；有安装哨子或肚子里装弹簧的响孩；也有狮、猴、鱼、鸡、桃、杏、葡萄等动植物，不仅是可供欣赏的民间艺术品，也是儿童玩具，更是人们心中的吉祥物，已成为研究地方民俗的主要物证之一。

国家级代表性传承人名单

姓名	性别	申报地区或单位	入选批次
喻湘涟	女	江苏省无锡市	1
王南仙	女	江苏省无锡市	1
胡深	男	陕西省凤翔县	1
王学锋	男	河南省浚县	1
吴玉成	男	河北省玉田县	3
吴光让	男	广东省潮安县	3
徐兴国	男	四川省大英县	3
杨栖鹤	男	宁夏回族自治区隆德县	3
聂希蔚	男	山东省高密市	4

宁波金银彩绣

序号：1161
编号：Ⅶ-104
批次：3
类别：传统美术
申报地区或单位：浙江省宁波市鄞州区

金银彩绣又称金银绣，是一种以金（银）线为主，结合各色丝线在丝绸上刺绣而成的工艺品。浙江宁波地区自唐代以来就遍植桑梓，素有"家家织席，户户刺绣"的传统，金银彩绣是宁波绣品的一种，主要流传于宁波市鄞州区及其周边地区。

宁波金银彩绣的主要技法是盘彩绣和叠彩绣，盘彩绣是在垫实纹样的基础上，利用各种色线疏密结合绣出画面色彩的浓淡效果。叠彩绣主要采取针上晕色的技艺，即将数种颜色的丝线各剖成二分之一、四分之一乃至十六分之一，共同穿入一根针上进行刺绣，从而使色彩变化富有层次感，常用于绣制风景图案。

宁波金银绣充分利用材料的特性，按照绣品的用途大面积地使用金银色与各种色彩调和。

例如用于喜庆祀神的实用性金银彩绣，一般选用大红、橘黄等鲜亮色彩，并与对比色如绿色、紫色配绣，形成强烈的对比效果。用于室内陈设的观赏性金银彩绣，则采用黑色、灰色、石青、赭黄、灰绿等冷色调掺入金银色中，表现出富丽堂皇又不失典雅的艺术效果。

宁波金银彩绣的题材多取自民间喜闻乐见的龙凤、麟麒、福禄寿、牡丹、梅兰竹菊、百鸟等图案，其绣品中的戏服以华美著称。

随着时代变化，宁波当地制作金银彩绣的人已经很少，个别中老年人虽有艺在身，但因其收益小等原因而不愿重操旧业。

国家级代表性传承人名单

姓名	性别	申报地区或单位	入选批次
许谨伦	男	浙江省宁波市鄞州区	4

宁波泥金彩漆

序号：1166

编号：Ⅶ-109

批次：3

类别：传统美术

申报地区或单位：浙江省宁海县

泥金彩漆是一种以泥金工艺和彩漆工艺相结合为主要特征的漆器工艺，是浙江宁波的传统工艺之一，历史悠久，至"大明宣德年间，宁波泥金彩漆、描金漆器闻名中外"（《浙江通志》），现主要流传于宁波市宁海县及其周边地区。

宁波泥金彩漆的工艺手法主要有平花、沉花、浮花三大类，技法流程比较复杂，对制作的气候和环境条件要求较高。

平花是在髹漆后的器物表面进行描绘贴金，装饰图案与底漆膜持平。这种手法经常用在装饰家具上很少被擦摸的地方，以免掉色。

沉花又称暗花或漆下彩，是把漆过的器物打磨退光后再贴金描绘，然后罩以清漆，制成的图案一般不会被磨损。这种工艺除装饰大件家具外，还应用于各种桶、盆、盘、盒的内部装饰。

浮花即花纹高高凸起，又叫堆漆，主要工艺是用生漆、桐油、瓦灰、蛎灰、香灰按比例捣制的漆泥在木胎漆坯上堆塑出山水、花鸟、人物和楼阁等图案。堆塑后漆泥经数月逐渐干燥，坚硬如石而不开裂，此时再进行贴金上彩、表面髹漆、铺贴云母螺钿、分天地色、修边、挖朱等工艺，至少三个月才能完成一件作品。堆漆是宁波泥金彩漆的特色工艺，可广泛应用于家居建筑、日常生活器具等表面装饰，也可用作厅堂陈列的艺术品，还可用于陶坯、竹坯漆器装饰，图案立体感强，绚丽华美，且经久耐用。

宁波泥金彩漆，不仅继承了中国古代漆器工艺优秀传统，而且发展了自己的漆艺工艺，形成了具有风格鲜明的汉族传统漆艺工艺。

国家级代表性传承人名单

姓名	性别	申报地区或单位	入选批次
黄才良	男	浙江省宁海县	4

宁波朱金漆木雕

序号：340

编号：Ⅶ-41

批次：1

类别：传统美术

申报地区或单位：浙江省宁波市

宁波朱金漆木雕简称朱金木雕，是以在木

雕上贴朱金漆为主要特点的民间工艺，流传范围以浙江省宁波市为中心，延及慈溪、余姚、奉化、象山、宁海、镇海、鄞州等地。

宁波地区的髹漆工艺可上溯到新石器时代的河姆渡文化，宁波朱金漆木雕与汉代雕花髹漆盒金箔贴花艺术同源，至唐代基本成形。明清以来，朱金漆木雕广泛应用于民间日常生活，特别是婚嫁中的"千工床"和"万工轿"。另外，还用以装饰迎神、赛会、灯会的雕花木船、鼓亭、台阁及宗教造像、古戏台等。其富丽堂皇、金光灿灿的艺术效果非常适合民俗活动和民间审美心理的需求。

三分雕刻七分漆是朱金漆木雕艺人的经验总结，可见其特色主要在于漆，关键是漆料和漆艺。一件简单的朱金漆木雕小器物也需要十八道工艺流程，其中修磨、刮填、上彩、贴金、描花等漆工活技术含量较高。

宁波朱金漆木雕的人物题材多取自京剧，被称为京班体。石上有树为山，有鸟有云为天空，有景为陆，有船为河；武士无颈，美女无肩，老爷凸肚……这些程式化的表现手法使宁波传统的朱金漆木雕充满妙趣。

现在，为了降低成本，工匠常简化制作环节或使用替代品。如果缺乏保护措施，宁波朱金漆木雕工艺将很难以原来的形态传承下去。

国家级代表性传承人名单

姓名	性别	申报地区或单位	入选批次
陈盖洪	男	浙江省宁波市	3

瓯塑

序号：861

编号：Ⅲ-85

批次：2

类别：传统美术

申报地区或单位：浙江省温州市

瓯塑，俗称彩色油泥塑，又称彩色浮雕，是流传于浙江省温州的民间塑作艺术，因温州地处瓯江之滨而得名。温州仙岩塔发掘出来的、距今九百多年前的北宋时期的瓯塑梳妆盒已经具有相当高的工艺水平。

瓯塑由中国漆器艺术中的堆漆工艺演化而来，其基本技法是用桐油、细泥和各色颜料混合制成原料，运用堆塑技艺塑型。现在的瓯塑将绘画、浮雕和泥塑融为一体，吸收了东西方绘画技法，特别是西方绘画用光线和色彩原理表现立体空间的手法，用富于可塑性的五彩油泥堆塑成人物、山水、风景、花卉、兽禽等。成品具有层次清晰，色彩明快，立体感强的特点。经过改进后的油泥色泽鲜艳，附着力强，坚固耐磨，可洗可刷，不易褪色。

传统的瓯塑用于装饰寺院、庙宇门壁和民间嫁妆品，如梳妆盒、家具漆器等。现在的瓯塑产品不仅题材广阔，而且品种繁多，有壁画、挂（台）屏、家具、首饰箱和各类包装盒。

国家级代表性传承人名单

姓名	性别	申报地区或单位	入选批次
周锦云	男	浙江省温州市	3

瓯绣

序号：849

编号：Ⅲ-73

批次：2

类别：传统美术

申报地区或单位：浙江省温州市

瓯绣又名温绣，是流行于浙江温州一带的传统刺绣艺术，因温州地处瓯江之滨而得名。瓯绣始于一千多年前的唐代锦衣，兴盛于明清时期。温州民间妇女善于刺绣，古时就有"十一十二娘梳头，十二十三娘教绣"的传统。

瓯绣制品针法繁多，做工精细，具有色彩鲜艳、绣面光亮、绣画结合、针法灵活、构图简练等特点。因其人物形象传神、针法灵活多变而极富观赏、装饰和收藏价值。清光绪年间，瓯绣销往欧美与南洋各地。瓯绣中的画帘颇有特色，制作者将毛竹刮去青皮、分层开片、水煮抽丝后编织成竹帘，然后用颜料和彩线在上面绣制花鸟、山水、人物等作品。

瓯绣产品有欣赏品与日用品两大类，以欣赏品为主，创作题材一般选用老百姓喜闻乐见的吉祥图案，如八仙过海、麻姑献寿等，寓大雅于大俗之中。

瓯绣是手工刺绣，花费时间长，报酬又较低，绣工完全靠对传统工艺的喜爱和作为家庭手艺的继承才传承下来，难免日趋衰落，抢救和保护工作迫在眉睫。

盆景技艺

扬派盆景技艺、徽派盆景技艺、英石假山盆景技艺

序号：870
编号：Ⅶ-94
批次：2
类别：传统美术
申报地区或单位：江苏省扬州市、泰州市，安徽省歙县，广东省英德市

扩展名录：
盆景技艺（苏派盆景技艺）
江苏省苏州市
盆景技艺（川派盆景技艺）
四川省盆景艺术家协会

盆景技艺是一种传统的人工置景手段，它将植物、美石和其他材料种植和布置于盆内，经过艺术加工使之成为微缩自然景观的一种陈设品。盆景制作综合了园艺、雕塑造型等众多工艺技巧，成为一种源于自然又高于自然的艺术创作。

从古代各种壁画和绢画上可以看到，汉代已经出现了"构石为山"的盆景，魏晋时期盆景技艺得到较大发展，唐代盆景成为富贵人家的常见陈设品，清代盆景艺术进入兴盛时期。盆景艺人在长期的实践中，总结出许多有关制作技艺的口诀，例如"枝无寸直，一寸三弯"、"疏处可走马，密处不透风""一枝见波折，二枝分长短，三枝讲聚散，多枝有露有藏""景成之日，功在十年"等。

盆景主要分为山水盆景和树桩盆景两大类别。山水盆景将自然美石经过剪裁、胶合和雕琢、拼接等技法布置于盆中，点缀以微型亭台楼阁、小桥、行人，配上池水、草木等，营造出峰峦叠嶂、深远幽邃的中国山水画意境。树桩类盆景则将木本植物栽植于盆中，借助修剪、绑扎等工艺，经过长期管理加工，成为奇特的植物造型。

中国各地的盆景技艺各有风格，总体上都是小中见大，虚实相间。既讲究艺术加工，又追求自然品格，反对过分的雕琢和修饰。

中国盆景艺术经过千余年的传承，已成为东方文化的一部分。

盆景技艺（扬派盆景技艺）
申报地区或单位：江苏省扬州市、泰州市

流传于江苏扬州的扬派盆景技艺是中国盆景技艺的流派之一。

扬派盆景造型的代表是云片式，这种造型以观叶类的松、柏、榆、黄杨（瓜子黄杨）等树种为主。云片即用棕丝精扎细剪，使枝叶成为平整的薄片，有如蓝天中簇拥的层云。盆景中1～3层云片的造型称台式，多层的称巧云式，其树木几乎每根枝条都扎成很细密的蛇形弯曲，且叶叶俱平而仰，平行而列，所谓"一寸三弯，功在剪扎"。疙瘩式也是扬派盆景常见的造型，即在树木幼小的时候将其主干基部打一个死结，或绕一圆圈，使其长出苍古奇特的形状。疙瘩式多用于观花类的梅花和碧桃，松柏类及其他树种也多见。有的盆景以山石散布在盆中作配件，惯称点石。在山石的对比和衬托下，数寸高的植物往往显出参天气势。

扬派盆景受扬州明清时期画风的熏陶，融诗、书、画、技为一体，严谨而富于变化，清秀而不失壮观，是扬州文化的一部分。

泰州盆景属于扬派盆景。泰州盆景园至今还养护着一盆明崇祯年间的古柏盆景，名为《郭子仪带子上朝》，这是江苏省境内现存的唯一的活态老盆景。20世纪50年代，继承家传技艺的盆景艺人王寿山总结了泰州盆景传统造型技法并加以发展，使泰州盆景技艺达到新的艺术高度。

盆景技艺（徽派盆景技艺）
申报地区或单位：安徽省歙县

徽派盆景技艺是中国盆景技艺的流派之一，始于南宋，盛于明清，发展至今已有一千多年的历史，发源并主要流传于地属古徽州的安徽歙县卖花渔村。

适于制作树桩盆景的植物材料必须耐湿抗旱、耐修剪、适应性强，安徽境内树种资源丰富，尤其是品种繁多的徽梅，为盆景创作提供了得天独厚的条件。徽派盆景主要造型有游龙式、扭旋式、三台式、迎客式、圆台式、疙瘩式、劈干式、枯干式、悬崖式、提根式等，其中游龙式梅桩是徽派盆景的代表。其制作要经过炼苗、审苗、绑衬、弯干、屈枝、剪叶、提根、点石、铺苔、松绑等程序，需要数年甚至十多年。选择梅花是因为其枝干韧性好，罗汉松、紫薇、银杏、贴梗海棠等也适合制作游龙式盆景，成品讲究整齐美、对称美和庄严美。

徽派盆景的主要特点为苍古、奇特、自然、刚劲、庄重、幽雅，被誉为"无声的诗，立体的画"。

盆景技艺（英石假山盆景技艺）
申报地区或单位：广东省英德市

英石假山盆景技艺是流传于广东省英德市的传统手工技艺，英石因主产地在英德市中部的英山而得名。当地人很早就利用英石的特性制作各种景观，宋代杜绾的《云林石谱》、明朝计成的《园冶》、清朝屈大均的《广东新语》等书中对此均有论述。

英石由无数松散的板块构成，在暴冷暴热、多风雨的气候条件下，经长期风化腐蚀，发育独特，具有"瘦、皱、漏、透"的特点。其褶皱明快有力，脉纹变化多端，易于构成各种山形地貌。匠人于盆景中将英石造型为峰、峦、岭、峡、崖、壑、岛、矶、嶂等，点缀以花草树木、亭台楼阁、小桥流水行人，在方寸之间展现万水千山，涌动千般意境。

英石大者可独石成景，小者是制作山水盆景的上乘材料。传统英石假山盆景主要有山水式、旱山式、树附石式、石附树式等，皆古朴简约，富有自然神韵。

盆景技艺（苏派盆景技艺）
申报地区或单位：江苏省苏州市

苏派盆景技艺主要流传于江苏省苏州市及其周边地区，是中国盆景技艺的流派之一。

苏州地处长江下游，气候湿润，雨量充沛，适合植物生长繁殖。苏派盆景的树种多以当地生长的松、柏、雀梅、榔榆、黄杨、三角枫等为主，传统造型有单干式、斜干式、双干式、卧干式、悬崖式、丛林式、露根式、枯干式等，典型的表现形式是所谓的六台三托一顶。制作时在小树苗树干的左、右、后三边各留三个侧枝，在它缓慢生长的过程中，左、右两边的枝叶各扎为三片，成为对称的六片，即六台；后面的枝叶也扎成三片，即三托；树顶扎成一个大片，即一顶。这十片枝叶全用棕丝扎成圆片状，需要十年以上的时间定型完成。20世纪40年代以后，苏州盆景艺人改变了盆景制作中重绑扎的传统，形成粗扎细剪的核心技术，以剪为主，以扎为辅，快速成型。粗扎是用棕丝或铝丝进行绑扎造型，有全扎和半扎两种工艺。细剪是对修剪的要求，可分为生长期修剪和休眠期修剪，其代表作有雀梅作品《虎踞龙盘》、刺柏作品《龙凤呈祥》、榆树作品《一枝呈秀》等。

不同技艺制作的苏派盆景均有苏州古典绘画清淡简约、意境深远的风格。

盆景技艺（川派盆景技艺）
申报地区或单位：四川省盆景艺术家协会

川派盆景技艺主要流传于四川省成都市及其周边地区，是中国传统盆景技艺的流派之一。川派盆景历史悠久，清代开始从文人的书房走向寻常人家，还出现了专门从事盆景交易的花帮。

经过历代盆景艺人的摸索和实践，川派盆景在制作技艺上形成了自己的风格和技法。川派盆景的造型有规则式与自然式两种，其中规则式是其代表。规则式讲究身法，即蟠缚树木主干形成的造型，有三弯九拐、方拐、三翻拐、对拐、掉拐、汉纹拐、挂弓拐、一弯二回三掉拐、滚龙抱柱、两弯半、大弯垂枝、接弯掉拐、直身加冕等十多种。规则式造型的树桩初时显得呆板，经过数年甚至几十年精心培植修剪后才显出古朴苍劲的形态。自然式则不用绑扎，取树干的自然弯曲或直立形状，修剪枝条成型。枝条的形状有三类五枝型，三类即立式、卧式、悬崖式；五枝型为平枝、垂枝、滚枝、半平半滚枝和自然枝。

川派盆景制作材料一般选用罗汉松、银杏、紫薇、贴梗海棠、梅花、茶花、杜鹃等树材和砂片石、钟乳石、云母石、砂积石、龟纹石等石材。其树桩盆景古朴严谨，虬曲多姿；山水盆景则气势雄伟，凸显高、悬、陡、深，表现了巴山蜀水的自然风貌。

国家级代表性传承人名单

姓名	性别	申报地区或单位	入选批次
赵庆泉	男	江苏省扬州市	3

平遥纱阁戏人

序号：1158
编号：Ⅶ-101
批次：3
类别：传统美术
申报地区或单位：山西省平遥县

平遥纱阁戏人俗称纱阁人人，是一种微缩戏剧演出实况的塑形艺术，主要在山西省平遥县流传。艺人将采用多种工艺手法制作的戏剧人物置于木阁内，一阁一戏，犹如小小舞台，供人欣赏。

平遥纱阁戏人每阁都由木阁、隔断、戏人和道具四部分组成。木阁形制规范，宽、高、进深一般都有固定尺寸。隔断是用宣纸画成屏风的式样贴于木阁后壁而成，绘有诗文或图画。戏人是纱阁的灵魂，一般先用秸秆、谷草扎制骨架固定在木阁地板上，再装上泥塑成的头和四肢。裹纸是制作戏人中最精细的一道工序，不同姿态的形体全靠草纸裹紧后展示出来，最外一层用洒金宣纸精心裹粘出服饰的褶皱层次与轻纱般的质感。最后还要对戏人进行装饰，脸谱直接画在脸上，服饰贴上刻花或彩绘，头饰是用草纸制成帽、盔之类后再上色、贴花、簪花，工艺非常复杂。道具也是以秸秆扎骨、纸糊表面制成。纱阁戏人生末净旦丑俱全，或张口高唱，或刀枪对打，活灵活现。

清光绪三十二年（1906），平遥城六合斋纸扎店的著名艺人许立廷制作了36阁纱阁戏人，用于社火或民间丧事活动陈列，有《鸿门宴》《飞虎山》《岳飞北征》等历史故事和《铁钉床》《狐狸缘》等神怪故事，现保留下来的28阁藏在平遥清虚观内，是研究传统美术和戏剧艺术的珍贵资料，具有重要的文物价值。

平遥纱阁戏人的传承面临困境，不仅传承人匮乏，而且年轻艺人的传统戏曲知识缺失，不能把握纱阁戏人的文化内涵。

国家级代表性传承人名单

姓名	性别	申报地区或单位	入选批次
雷显元	男	山西省平遥县	4

萍乡湘东傩面具

序号：344

编号：Ⅶ-45

批次：1

类别：传统美术

申报地区或单位：江西省萍乡市

湘东傩面具是一种民间传统雕刻，流传于江西省萍乡湘东一带。

湘东傩面具的雕刻技艺有唐代雕法和宋代雕法之分，唐代雕法比较粗陋，宋代雕法比较精细。现存湘东傩面具雕刻技法主要是宋代雕法，于清代时由湖南传入，在湘东已传承三代，目前的传承人能够雕刻四百四十个完整的宋代人形傩面。

湘东傩面具多由香樟木雕制，并加以油漆彩绘。傩面造型主要以古代名人为原型，注重角色的性格刻画。雕刻艺人用夸张与写实相结合的手法，主要以五官的变化和装饰来完成人物剽悍、狰狞、威武、狂傲、奸诈、滑稽、忠诚、温柔、慈祥等形象的塑造。傩面具的神情及其冠饰具有特定的意义指向。

傩面具是傩文化的重要组成部分，被赋予了复杂而神秘的宗教和民俗含义，用于傩仪、傩舞和傩戏。湘东面具雕刻艺人被称为处士，专职雕刻面具。如何对待面具，往往要遵守约定俗成的各种戒律。

制作一个湘东傩面具需经十多道程序，手工雕刻技术难度大，花费时间长。目前，机械化的生产方式正在进入傩面具制作行业，湘东傩面具在走向市场化的同时，许多独具特色的手工技艺也走向消亡。

羌族刺绣

序号：852

编号：Ⅲ-76

批次：2

类别：传统美术

申报地区或单位：四川省汶川县

羌族刺绣是流行于四川省汶川等地羌族聚居区的一种传统刺绣艺术。明清时期，羌族挑花刺绣已十分盛行，劳动之余，羌族妇女挑针走线，在实践中创造出富有民族特色的羌族刺绣。

羌族刺绣的针法以架花（挑花）为主，此外还有织字（提花）、纳花（扎花）、撇花（平绣花）、勾花（链子扣）等几种。羌族刺绣图案有一百多种，多以花草蔬果、飞禽走兽和吉祥象征为题材，对大多数图案作了几何化的处理，使得构图严谨、布局匀称。羌族刺绣主要用于羌族服饰，衣裙、头帕、腰带、飘带、背带、裤子、鞋子、鞋垫、手帕、香包等，刺绣无处不在，绣样装饰部位均系服饰易于破损之处，密密麻麻的针脚增加了衣物的耐磨性。其中云云鞋和绣花围腰是羌族刺绣中最具代表性的工艺品。云云鞋鞋型貌似小船，鞋尖微翘，鞋底较厚，鞋帮上绣有彩色云纹和杜鹃花纹样图案，故有云鞋、勾尖布鞋之称，羌族人民在喜庆的日子里都喜欢穿它。

羌族刺绣是这个历史悠久的民族风俗习惯、生活方式的审美性的象征，如今的羌族人民依然喜欢身着带有刺绣的传统服装。

羌绣

国家级代表性传承人名单

姓名	性别	申报地区或单位	入选批次
汪国芳	女	四川省汶川县	3

羌族刺绣

青田石雕

序号：332

编号：Ⅶ-33

批次：1

类别：传统美术

申报地区或单位：浙江省青田县

青田石雕是以青田石为材料的传统石雕艺术，因取材于浙江省青田县所产青田石而得名。

青田石地质学名为叶蜡石，质地温润，软硬适中，色彩丰富，花纹奇特，种类繁多，其分子结构均匀细密，雕镂的线条可细若发丝而不断裂。既是篆刻艺术的最佳印材，又是石雕艺术的理想石料。

据史料记载，青田石雕工艺发端于六朝时期，浙江博物馆就藏有六朝时墓葬用的青田石雕小猪四只。石雕工艺讲究因势造型，因色取巧，有相石、开坯、雕琢、封蜡、润色等工序。

至宋代，青田石雕艺人充分发挥青田石石质的优势，在圆雕、高浅浮雕和线刻的基础上开创了多层次镂雕技法，强调精致入微的刻画和复杂层次的处理，使作品具有"精、细、美、奇、真"的特点。

青田石雕题材广泛，鱼虫花鸟、山水人物皆有，写实尚意诸法齐备，受到世人青睐。截至2009年从事青田石雕创作、生产、经营的已有两万多人，年产值达数亿元。

目前，优质青田石历经千余年的开采，资源已近枯竭，青田石雕手工作坊规模也逐渐缩小，当地政府正采取相关措施保护这门传统技艺。

国家级代表性传承人名单

姓名	性别	申报地区或单位	入选批次
倪东方	男	浙江省青田县	3
张爱廷	男	浙江省青田县	4

清徐彩门楼

序号：1159
编号：Ⅶ-102
批次：3
类别：传统美术
申报地区或单位：山西省清徐县

清徐彩门楼是一种集民间古建筑技艺、美术和手工技艺于一体的综合艺术。

清徐彩门楼起源于唐代，逢年过节，人们采回柏叶绑在竹杆和木棍上，插在自家房顶的最高处，以求来年百业兴旺，到宋代发展为用杆子搭架绑以柏叶枝、两边写对联的柏叶门楼，立于自家门前，经过历代商家改进，渐渐形成今天的彩门楼。

清徐彩门楼根据装饰材料不同，可分为柏叶门楼、柏叶彩门楼、扭彩彩门楼、彩绘彩门楼和喷绘彩门楼五种，它们的骨架制作基本相同。单层的柏叶门楼一般搭在家门或单位门前，双层的一般是过街门楼，由门柱、横梁、门楼、楼顶、脊檩组合而成，形似古牌楼。在柏叶门楼基础上搭建的柏叶彩门楼，区别是在门楼明显部位用五色彩布进行了装饰。扭彩彩门楼的顶部、横梁和门柱为扭彩装饰部位，当地艺人能用彩布扭出结鱼网、尖对尖、编九针儿、打灯笼景、拉瓦棱等样式。彩绘彩门楼的门柱多是红底金字或者是红底加祥云图案，中门和小门横梁的彩绘图案样式一般要有区别。喷绘彩门楼则是利用现代科技手段进行装饰的门楼。

清徐彩门楼是我国门楼艺术中一种特点鲜明的样式。"狮子龙灯跑旱船，彩楼当街撑面面"是在山西省清徐县流传多年的民谚，形象地概括了清徐彩门楼在当地民俗活动中的重要地位。现在，清徐彩门楼采用了许多新技术和新材料制作，造型更加丰富。

庆阳香包绣制

序号：325
编号：Ⅶ-26
批次：1
类别：传统美术
申报地区或单位：甘肃省庆阳市

扩展名录：
香包（徐州香包）　　江苏省徐州市

庆阳香包绣制是流传在甘肃省庆阳市的香包缝制技艺。香包是一种立体造型和平面刺绣兼容的手工艺制品，在庆阳当地又称耍货或绌绌。"绌"最初指原始骨针的一种缝制方法，后借指用布缝制、袋口能松能紧的包袋。

庆阳地区自古就有端午节制作佩戴绌绌的习俗。《黄帝内经》的作者岐伯为庆阳人，曾携药袋以防疫驱瘟、禁蛇毒，并开创了熏蒸法。草药被称为香草，因而药袋便被称为香包或绌绌。据说这是庆阳香包的起源。至明清两代，庆阳香包已十分兴盛，成为人们佩戴或馈赠的佳品。

庆阳香包构型简单质朴，香包内一般填充丝绵和中草药料，按制作技艺分绌绌类、线盘类、立体刺绣类和平面刺绣类四大类型。绌绌类香包采用藏针绣，其特点是把针线痕迹藏起来，用造型状物，以形神兼备而不见线迹为佳。线盘类香包是用各色线条盘成五角菱形的粽子形状，这种香包可以随身佩戴，也可以悬挂于门庭。立体刺绣类香包形式繁多，有单面挂佩件、双面挂佩件、立体挂件和摆件等近四百种样式，其制作工艺也很复杂，制品讲究神似而不求形似。平面刺绣类香包则讲究针法，风格敦厚凝重。祝愿祈福，禳灾避邪，祛病保安是庆阳香包文化的永恒主题。

现在，庆阳香包绣制面临着手工产品被现代复制品取代的局面，刺绣工艺渐已失传，研究及技艺后继乏人，亟待抢救和保护。

香包（徐州香包）

申报地区或单位：江苏省徐州市

香包，又称香囊、香缨，俗称香布袋、料布袋，是一种传统的配饰物，流传于江苏徐州的香包制作以工艺精细、造型丰富著称。

徐州香包的造型主要有心形、圆形、菱形、元宝形、蝴蝶形、花瓶形、水滴形、长方形、人物、娃娃和动物形象等。其制作流程大体上有以下步骤：配制中草药（十八种中草药研磨混合而成）、刺绣图案、下板型、添加中草药与丝绵、手工缝制、缝锁边缘、添加中国结等各种饰品。

徐州香包的刺绣题材多是表现喜庆吉祥的文字和图案，如龙凤呈祥、鸳鸯戏水、松鹤延年、喜鹊闹梅等，也有简洁夸张的花草纹案，均寄托着人们祈求祥瑞的美好愿望。传统香包的色彩突出暖色调，如大红色或橘黄色，显示出一种华丽之美。

徐州香包形状敦实淳朴，色彩对比强烈。整体上粗犷简洁，局部刺绣却严谨细腻，既能装饰房间，又可驱蚊除味，还有较强的民俗意义。徐州香包目前可查考的传承谱系主要有曹氏谱系和王氏谱系。

国家级代表性传承人名单

姓名	性别	申报地区或单位	入选批次
贺梅英	女	甘肃省庆阳市	1

曲阳石雕

序号：333

编号：Ⅶ-34

批次：1

类别：传统美术

申报地区或单位：河北省曲阳县

曲阳石雕指以河北省曲阳县为中心的石雕技艺及其工艺品。曲阳大理石储量丰富，石质洁白晶莹、经久耐磨，是石雕的优质原料。曲阳石雕迄今已有两千多年的历史。自西汉始，曲阳石工就用大理石雕刻碑碣。北魏时曲阳石雕中的佛像、石狮已有相当高的工艺水平。唐代时曲阳成为我国北方汉白玉雕像的发源地及雕造中心。元代，曲阳涌现出一大批杰出的民间雕刻艺人，天安门前的金水桥就是元代的曲阳石雕艺人杨琼设计监造的。新中国成立后，曲阳石雕艺人先后参加了人民英雄纪念碑、人民大会堂等北京十大建筑工程和毛主席纪念堂的雕刻工作。

随着曲阳雕刻材质从大理石、玉石到木质、象牙、青铜、不锈钢等的扩展，石雕技艺也更加丰富，出现了圆雕、透雕、镂雕、浮雕等多种技法。其雕刻工艺既善于利用刨荒、刨光、开脸等特技，又善于目测定型，采用上细工艺，达到了线直、面平、弯活的标准。

为了适应市场的需求，现在的曲阳石雕品种和题材丰富多彩，既有传统的仿古建筑饰品，又有现代人物雕像；既有园林雕塑，又有家庭装饰；既有飞禽走兽，又有游鱼花卉；既有重达数十吨的巨雕，又有精细无比的微雕。

然而，随着石雕科技工艺的发展，手工刨荒、工具制作、手工锤钎等传统工艺已近失传。

国家级代表性传承人名单

姓名	性别	申报地区或单位	入选批次
卢进桥	男	河北省曲阳县	1
甄彦苍	男	河北省曲阳县	1

热贡艺术

序号：348

编号：Ⅶ-49

批次：1

类别：传统美术

申报地区或单位：青海省同仁县

热贡艺术是我国藏传佛教艺术的重要流派，包括唐卡、堆绣、雕塑、建筑彩画、图案、酥油花等多种艺术形式，发源于13世纪青海省黄南藏族自治州同仁县隆务河畔的热贡，并流传至今。

传统的热贡艺术服务于宗教，主要在寺院内部创作和传承，题材以藏传佛教中的佛本生故事、藏族历史人物和神话传说为主，也包括一些世俗化的内容。1958年宗教改革以后，大量佛徒还俗，热贡艺术开始在民间传播。

在热贡地区的五屯、年都乎、郭麻日、尕沙日等村落，数百年来村中男子十有八九都传承着从宗教寺院走出来的佛教绘塑艺术，从艺人员众多，每个村落都形成了自己的创作体系和特长项目。例如，五屯村以唐卡绘画为主，兼事雕塑和堆绣。

热贡艺术的绘画对其他艺术形式有广泛的影响。热贡绘画多工笔重彩，笔法细腻，色彩艳丽富于装饰性，取景布局不受时空限制，把同一主题但发生在不同时间、不同地点的事物组合在一起，使一幅作品犹如一本连环画。绘画种类大体有斯巴霍、传记画、偶像画、历史画、风俗画和故事画等。斯巴霍即《生死轮回图》或《六道轮回图》，旨在表现因果报应、轮回转世等；故事画以《猴子变人》最为著名，反映了藏族人民对人类起源的认识。

热贡雕塑包括泥塑、木雕、砖刻、石刻等；堆绣是运用剪和堆塑形的艺术，结合了刺绣与浮雕；建筑彩绘和图案是依附建筑物、室内摆设、日常用具存在的装饰艺术，实用性较强；酥油花的用色和绘画一脉相承。

热贡艺术独特的原材料、审美观念和传承习惯，对于研究藏传佛教、传统美术、建筑都有重要的历史价值和艺术价值。2009年，热贡艺术被列入《人类非物质文化遗产代表作名录》。由于受到世界各地艺术爱好者关注和当地旅游业不断繁荣，粗制滥造的现象越来越多，热贡艺术的精品越来越少，急需相关保护措施。

软木画

序号：866

编号：Ⅲ-90

批次：2

类别：传统美术

申报地区或单位：福建省福州市

软木画，又称软木雕、木画，是一种软木雕刻工艺品，主要流行于福建省福州一带。

软木画形成于20世纪初，发源地是福建省福州市东郊的西园村，由福州雕刻家陈春润、吴启棋和建筑花板技师郑立溪等结合西方美术和中国传统木雕技艺潜心研究而成。软木画产品从创始初期的小型纸板贺卡发展到现在，有挂屏、屏风、大小摆件等三百多种花色品类。

福州软木画使用的材料是西班牙、葡萄牙等国进口的、被称为软木的栓皮栎树的木栓层，其质地轻、软、柔韧、富有弹性，且纹理细润、色调淡雅。创作者将软木削成片，而后运用浮雕、圆雕、透雕等雕刻技法，以刀代笔，精雕细镂成花草树木、亭台楼阁、栈桥船舫和人物，再用通草做成白鹤、孔雀等鸟兽。最后根据整体画面设计，将其组合配制成立体或半立体的木画。

软木画工艺精细，为了将软木切成不同规格的薄片，近百年来，软木画艺人发明、制作了十多种工具。软木画多表现园林山水，代表作有《武夷风光》《福州西湖》《泉州东西塔》等，画中楼阁的窗棂、椽子、柱子等都细若发丝，密密的屋瓦宽不足一厘米，松树的松针更是细超发丝。这些全都靠手工制作。

因为市场销路打不开，年轻人不愿意从艺，软木画技艺面临着传承中断的危险。

吉祥四瑞图

热贡艺术

国家级代表性传承人名单

姓名	性别	申报地区或单位	入选批次
更登达吉	男	青海省同仁县	1
启加	男	青海省同仁县	1
西合道	男	青海省同仁县	3
娘本	男	青海省同仁县	3
夏吾角	男	青海省同仁县	3
罗藏旦巴	男	青海省同仁县	3

◎ 传统美术

国家级代表性传承人名单

姓名	性别	申报地区或单位	入选批次
吴学宝	男	福建省福州市	4

上海绒绣

序号：1160
编号：Ⅶ-103
批次：3
类别：传统美术
申报地区或单位：上海市浦东新区

绒绣又称绒线绣或毛绒绣花，是一种用彩色羊毛绒线作绣线和特制网眼麻布作面料的刺绣工艺。上海是中国绒绣制品的主要产地之一。

绒绣原流行于欧洲，20世纪初传入中国。当时绒绣主要用于拖鞋和手提包等日用品的装饰，用色简单。20世纪30年代末，上海绒绣艺术家刘佩珍等刘氏五姐妹率先采用绒绣制作人物肖像，50年代初，上海绒绣艺术家高婉玉开始尝试自行染色、配色，使绒绣用线颜色从几十种增加到近千种，并运用擘线、拼色、加色等技法，解决了绣制时色彩过渡的难题，使绒绣的表现对象扩展到人物、风景和油画名作及彩色照片的复制。

绒线绣因为绒线较粗，使用的针法不太复杂，主要是呈斜点形的打点绣和乱针、十字针、扒针、掺针、拉毛等，绣制时一般先绣出轮廓，再绣各色彩块面，最后进行细部刻画。

随着工艺改进，上海绒绣制品种类日益丰富，除了常见的靠垫、沙发套、镜框画外，小到粉盒和眼镜套，大到巨幅室内装饰壁挂，都可以按客户要求制作。绒线质地厚实，有毛茸感，不反光，绒绣的画面因而具有沉着庄重的风格和艺术表现力。

国家级代表性传承人名单

姓名	性别	申报地区或单位	入选批次
唐明敏	女	上海市浦东新区	4

嵊州竹编

序号：350
编号：Ⅶ-51
批次：1
类别：传统美术
申报地区或单位：浙江省嵊州市

扩展名录：

竹编（东阳竹编）　　浙江省东阳市
竹编（舒席）　　　　安徽省舒城县
竹编（瑞昌竹编）　　江西省瑞昌市
竹编（梁平竹帘）　　重庆市梁平县
竹编（渠县刘氏竹编）四川省渠县
竹编（青神竹编）　　四川省青神县
竹编（瓷胎竹编）　　四川省邛崃市
竹编（益阳小郁竹艺）湖南省益阳市
竹编（毛南族花竹帽编织技艺）
广西壮族自治区环江毛南族自治县

竹编是指用竹丝篾片编织制作而成的竹编产品及其相关技艺。

浙江嵊州竹资源丰富，其竹编技艺始于两千多年前的战国时期，汉晋时工艺已很精细，至明清，竹编器皿成为民间必不可少的生活用品。清光绪年间，嵊州出现了竹编作坊。

嵊州竹编有篮、盘、罐、盒、瓶、屏风、动物、人物、家具、灯具等十二个大类七千余个花色品种，其中竹编动物是其特色产品。嵊州竹编的制作一般要经过设计、造型、制模、估料、加工竹丝篾片、防蛀防霉、染色、编织、雕花配件、装配、油漆等工序，仅竹丝篾片加工工艺就有锯竹、卷竹、剖竹、开间、劈篾、劈丝、抽篾、刮丝、刮篾等步骤。编织技法更有插筋、弹花、穿丝等一百多种，既能在3厘米内编进150根竹丝，也能充分利用竹材本身的弹性进行插编。篾片烫印花筋是其特色工艺，花筋工艺是把印有各种图案的篾片，插在器物的中间和两端以装饰。

嵊州竹编除具有实用价值和艺术价值外，还为研究竹编生产历史和江南农村的民俗民情提供了重要的考察线索。20世纪90年代以后，各式各样的塑料制品代替了竹编日用品，嵊州工艺竹编厂已于2002年停产，嵊州竹编技艺后继乏人，亟待抢救和扶持。

竹编（东阳竹编）
申报地区或单位：浙江省东阳市

浙江东阳竹资源丰富，东阳竹编在殷商时代就出现了，其竹编花灯在宋代已闻名四方。据清代康熙年间《东阳县志》记载："笙竹软可作细篾器，旧以充贡。"

东阳竹编以立体编织为主，与烫金、印花、刻镂等技艺相结合，表现形式丰富。东阳竹编厂曾并入东阳木雕厂，竹编与木雕相互融合，促进了竹编在题材、设色等方面的发展。其竹编产品主要有两大类，一类是篮、筐、箱、箩等生活用具；另一类是立体陈设和建筑装饰，如屏风、壁挂、摆件等。

目前，东阳竹编传承人老龄化趋势明显，而学习竹编工艺的年轻人越来越少，东阳竹编技艺的传承陷入困境。

竹编（舒席）
申报地区或单位：安徽省舒城县

流传于安徽省舒城县的舒席编织技艺有着悠久的历史。20世纪七八十年代，舒城县境内的战国墓葬中即有竹编物的痕迹，西汉墓葬中出土的竹席纹理及工艺与后世的舒席基本相同。明代天顺年间，舒席被英宗皇帝赞为"顶山奇竹，龙舒贡席"。

艺人精选节少、质细的小叶水竹，经过裁料、开竹、破条、切头、划条、起黄、匀撕、蒸煮、刮篾、制样、编织、收边、检验等十几道工序制作成席。其中关键部分是编织，不仅要求篾纹笔直整齐，而且要求编织艺人懂画理，根据构图搭配篾色，人物、山水、字画均能编织入席。制成的舒席柔软细腻，折卷不断，便于携带，夏天使用有凉爽消汗之功效。

舒席编织艺人在传统睡席的基础上，现在又开发出枕席、垫席、壁画席等品种，受到国内外消费者的喜爱。

竹编（瑞昌竹编）
申报地区或单位：江西省瑞昌市

位于长江中游南岸的江西省瑞昌市有六万多亩山竹，包括毛竹、筋竹、水竹、淡竹等十多个品种。瑞昌竹编历史久远，当地的商周古铜冶炼遗址中出土过运送矿石的竹筐。

在瑞昌，林区农民很早就开始加工出售竹器。人们的生活时时处处都离不开竹编，床、桌椅、橱柜、簸箕、米筛、凉席、笼子都由竹编制而成，现在又开发出各种用途的钵、篮、盒和用于观赏陈设的动物竹编。

瑞昌竹编工艺复杂，编织要求精密细腻，加之品种繁多，难以用现代机器生产代替，现在的年轻人又多不愿意学习继承，以致竹编技艺后继乏人。

◎ 传统美术

竹编（梁平竹帘）
申报地区或单位：重庆市梁平县

梁平竹帘又称梁山竹帘，是民间手工艺品竹帘画的一种，流传于重庆市梁平县一带。《辞海》记载："竹帘画，在细竹丝编织的帘子上加上画的工艺品，产于四川省梁山县（今重庆市梁平县）。"梁平竹帘起源于宋代，迄今已有一千多年的历史。

梁平竹帘采用当地盛产的慈竹为主要原料，通过劈丝、编织、绘制、成品修整等工序制成，细分则有八十多道工序。艺人劈出的竹丝可以穿过绣花针眼，难度最大的是在编织之前粘连竹丝，要把两个细微的竹丝头削出斜面才能完全黏合；现在的编织工具由织布机改进而来，提高了制作效率；绘制有书画、刺绣、植绒等多种手法。

梁平竹帘品种繁多，有对联、门帘、灯罩和各种形式的屏风、装饰画，外观典雅，经久耐用，携带方便，既有实用性，又有装饰性和观赏性。

竹编（渠县刘氏竹编）
申报地区或单位：四川省渠县

四川省渠县盛产慈竹。2300年前，渠县先民就开始用竹材编制劳动工具和生活用具。到了唐代，渠县竹编业已十分发达，人们住竹房、坐竹椅、背竹筐、戴竹笠、持竹扇，处处离不开竹编。清代，渠县竹编工艺臻于精美，竹丝宫扇和细篾凉席被列为朝廷贡品。

渠县刘氏竹编是渠县竹编的主要代表，工艺产品有十大类上千个花色品种，其中竹编字画、提花竹编、双面竹丝编以编工精细见长。

渠县刘氏竹编从砍伐竹子到成品有三十多道工序，技艺复杂，是现代技术和机器无法替代的，编织一件工艺品少则半月、多则数月，作品极富笔情墨趣，各种图案栩栩如生，具有浓郁的民族风格和地方特色，具有很高的工艺价值和艺术价值。

竹编（青神竹编）
申报地区或单位：四川省青神县

青神竹编是流传在四川省眉山市青神县的一种古老的民间工艺，在当地应用很广。

早在五千多年前的新石器时代，青神县的先民便开始用竹编簸箕养蚕。唐代，荣县人张武率民众编竹篓填石拦堰、引水灌溉农田。明代以后，青神竹编在日常生活中的应用更为广泛。

青神县竹资源十分丰富，沟边山坡遍布慈竹、斑竹等几十种竹子，具有竹筒长、纤维长、拉力好、韧性强以及耐水、耐酸、耐碱等特性。当地群众在不断的竹编实践中，将艺术性、观赏性和实用性融于一体，开发了平面竹编、立体竹编、竹编套绘三大类三千种的庞大产品体系。

现在，青神县从事竹编业的农民达六千余人，竹编成为当地的支柱产业之一。

竹编（瓷胎竹编）
申报地区或单位：四川省邛崃市

瓷胎竹编又称竹丝扣瓷，是流传在四川省邛崃市境内的一种民间手工工艺。

瓷胎竹编技艺起源于清代中叶，以精细见长，民间艺人总结为"精选料、特细丝、紧贴胎、密藏头"。挑选竹节较长的慈竹，先刮青、破节、晒色成为竹片，然后通过选料、烤色、锯节、启薄、定色、冲头、揉丝、抽匀、染色等十几道工序加工成丝。加工后的竹丝要求粗细一致，断面为矩形。编织时将竹丝紧扣瓷胎，以挑压方式进行编织，编织过程包括起底、翻底、翻顶和锁口等环节，要求不露丝头。瓷胎竹编工艺有三大类：普通编织一般是编织几何图案；提花编织用于各类单色图案文字；五彩编织则可制作山水花鸟、飞禽走兽、人物故事等丰富多彩的图案。

瓷胎竹编依胎成型，既可以保护器皿，又起到装饰作用。但因其附加值不高，技艺要求却很高，年轻人多不愿意学。目前能全面掌握瓷胎竹编工艺者只有不到三十人，如不抢救保护，瓷胎竹编将从人们的生活中消失。

竹编（益阳小郁竹艺）
申报地区或单位：湖南省益阳市

益阳小郁竹艺是流传于湖南省益阳市的竹器制作工艺，"郁"是湖南益阳的方言，指将竹等材质加热弯曲，使之符合造型需要的一种工艺。

据《益阳市志》记载，明代初年，益阳竹器即成行业，从业者遍布城乡各地。清代，茅竹湖的水竹凉席、贺家桥的小郁竹器、三里桥的竹骨纸伞被誉为"竹城三绝"。在当地，竹子制作的器具广泛应用于生活的各个方面，房屋、家具、日常生活用品，无所不包。

益阳小郁竹艺选料做工讲究，一般采用直径五厘米以下的刚（麻）竹制作骨架、毛竹制作其他部件。艺人以郁结合拼、嵌、榫合等技法进行制作，一件竹器要经过选料、下料、烧油、烙花、着色、浸泡、调直、划墨、做围折、劈折篾、开郁口、挖铲郁口、郁制等三十多道工序才能完成。这样制作的竹器美观耐用，兼具观赏价值和实用价值，一直受到百姓的喜爱。

竹编（毛南族花竹帽编织技艺）
申报地区或单位：广西壮族自治区环江毛南族自治县

毛南族花竹帽编织技艺主要流传于广西壮族自治区环江毛南族自治县西南部的毛南族聚居区，已有数百年的历史。毛南族称花竹帽为顶卡花，意为在帽底编织花纹。

毛南族花竹帽的基本造型是平面和圆锥体的立体组合。编织竹材选用当地夏至后立秋前砍下的筋竹和墨竹，艺人破竹裁条制篾，手工制成的篾丝细如发丝，分别染成黑篾和黄篾。编织时用竹片作纬线、篾丝作经线，作纬线的竹片也很细薄，能在直径为0.7米的锥面上编织出近百道圆圈。竹帽的上沿用黑篾编出花边，外沿用黄黑色两色篾丝交织编成花带，花带上有对称工整的菱形图案，极似壮锦。花竹帽编制完毕、整合定型后还要以桐油炼膏涂刷，其成品美观耐用。

花竹帽是毛南族青年男女的定情信物，被视为吉祥和幸福的象征。在社会的演进中，花竹帽的功能已不复存在，象征意义也日趋淡化。加之近年来墨竹减少，毛南族花竹帽编织技艺的传承状况不容乐观。

国家级代表性传承人名单

姓名	性别	申报地区或单位	入选批次
俞樟根	男	浙江省嵊州市	1
何福礼	男	浙江省东阳市	3
宋增礼	男	江西省瑞昌市	3
牟秉衡	男	重庆市梁平县	3
刘嘉峰	男	四川省渠县	4

◎传统美术

石雕

煤精雕刻、鸡血石雕、嘉祥石雕、掖县滑石雕刻、方城石猴、大冶石雕、菊花石雕、雷州石狗、白花石刻、安岳石刻、泽库和日寺石刻

序号：832

编号：Ⅶ-56

批次：2

类别：传统美术

申报地区或单位：辽宁省抚顺市，浙江省临安市，山东省嘉祥县、莱州市，河南省方城县，湖北省大冶市，湖南省浏阳市、湖南省工艺美术研究所，广东省雷州市，四川省广元市、安岳县，青海省泽库县

扩展名录：
石雕（菊花石雕） 湖南省工艺美术研究所

石雕也称石刻，是以石材为原料的一种传统手工雕刻技艺。中国的石雕艺术有着悠久的历史，千百年来承延不绝，流传至今。

在中国，各地可供石雕创作的天然石材种类丰富，也造就了不同风格的石雕作品。石雕创作过程多采用圆雕、浮雕、透雕、线刻等雕刻技法，传统的石雕都以斧、凿、锤等为工具，近代开始采用一些机械类工具。石雕作品按照用途可分为三类：一是建筑构件和建筑装饰，如台基、牌坊、石狮等；二是神佛像，如著名的山西云冈石窟、河南龙门石窟造像等；三是既可欣赏又具实用性的器物，如案头摆件、文房用品等。

随着时代的发展，石雕工艺日臻完善，种类日益丰富，成为别具艺术魅力的流通商品。

石雕

石雕（煤精雕刻）
申报地区或单位：辽宁省抚顺市

煤精雕刻是流传于辽宁省抚顺的一种民间雕刻艺术，以当地特产的煤精为雕刻原料。

煤精又名煤玉，古称石墨精，是一种腐泥混合类型煤，夹杂于一般煤层中间，质地细密坚韧，黝黑发光，没有纹路，比一般煤炭轻。1906年，从京城迁徙抚顺的河北木雕艺人赵昆生、赵景霖兄弟发现煤精适于雕刻，便开始进行开发和制作。依靠口传身授，煤精雕刻技艺如今已传承至第七代传人。

煤精雕刻沿用传统手工工艺，雕刻过程全凭艺人的灵感和经验，就地取材，不打画稿，成图在胸，因材施技。为适应材质本身的特性，煤精雕刻形成了砍、铲、走、抢、磨、抛、滚、擀、剁、刨、钻、搓等一系列独特的技法和工艺。

煤精雕刻作品分为人物、动物和素活三大系列，品种达二百多种，成品材质细腻，色泽乌黑，光亮如莹，风格独特，代表作品都具有鲜明的中国文化特征。

煤精雕刻技艺难度大，习艺周期长，年轻人都不愿意学习，还有一些经营者为了谋利而简化工艺，粗制滥造，煤精雕刻传统工艺的传承状况堪忧。

石雕（鸡血石雕）
申报地区或单位：浙江省临安市

鸡血石雕是流传于浙江省临安市大峡谷镇的一种传统雕刻艺术，它采用当地玉岩山出产的鸡血石为雕刻原料。

鸡血石鲜红艳丽、晶莹剔透，质地细腻温润，其发现和开采有一千多年的历史，明清时期开始被广泛利用。

天然血色是鸡血石的宝贵之处，同时也增加了雕刻的难度。雕刻师拿到鸡血石，首先要相石，不仅在雕刻题材设计上要合理运用石料中的"血"，而且还要在雕刻过程中，沿着"血"脉走向的变化随时调整雕刻方案。若在出人意料的地方发现了"血"，雕刻师还要因材施艺，随"血"应变，使鸡血石雕既不失天然本色又不令作品主题逊色。历史上鸡血石雕曾被列为贡品，用作帝王的印玺。鸡血石雕至今仍是收藏珍品。

石雕（嘉祥石雕）
申报地区或单位：山东省嘉祥县

嘉祥石雕是流传在山东省嘉祥地区的传统雕刻艺术。自古嘉祥"家家闻锤响，户户操钎忙"，其石雕技艺在东汉时期已经达到相当高的水平，当地的武氏墓群石刻、隋开皇三年隋碑和五代后唐时期的石佛都见证了嘉祥石雕的辉煌成就。

嘉祥石雕以当地出产的天青石为主要原料，以大理石、花岗石、汉白玉等为辅料，刻制的人物雕像、石麒麟、石狮、石碑、石塔、石亭、牌坊等作品，造型端庄凝重，线条简劲，气势恢宏，凸显中国北派石雕的艺术风格。

嘉祥石雕经过千百年的传承发展，作品遍布海内外，形成了一批石雕世家，但现代雕刻工具的大量使用，使传统工具和工艺正在逐渐退出，嘉祥石雕的艺术面目也发生了变异，若不及时抢救保护，这一传统民间工艺将很快走向衰亡。

石雕（掖县滑石雕刻）
申报地区或单位：山东省莱州市

掖县滑石雕刻是流传于山东莱州的传统雕刻艺术，掖县是莱州的旧称。

莱州福禄山、黑山、毛家山等地盛产镁石和滑石，邻近的西青山所产冻玉质地柔润细腻，还有漆黑如炭的乌玉石、花纹酷似豹纹的斑石、流云石、竹叶石、毛公石、翠星石等均为本地独有石种。诸多矿产资源和人文环境为掖县滑石雕刻提供了文化和物质基础。掖县滑石雕刻至今有一千五百多年的历史，明清以来，当地从事滑石雕刻的家庭作坊如雨后春笋般出现，新中国成立后，莱州市雕刻厂成立，雕刻艺人遍布八十多个村庄，从业人员数以千计。

经过历代艺人的创新发展，掖县滑石雕刻逐渐形成一套完整的技法。主要技法有圆雕、立雕、镂雕、透雕、衬雕、浮雕、线雕、巧雕等，雕刻设计中注重对比、分层、呼应、均衡、穿插。上光、打蜡是工艺中的重要环节，为滑石雕刻成品增添了无穷的光彩，掖县滑石雕刻是莱州汉族传统美术工艺中的一颗璀璨明珠。

掖县滑石雕刻有炉瓶、花鸟、动物、山水、人物、钮章、文具、器皿八大类两千多种产品，已初步形成产业。

石雕（方城石猴）
申报地区或单位：河南省方城县

方城石猴是以猴子为主要雕刻形象的一种民间石雕艺术，流传于河南方城地区。方城石猴雕刻已有一千多年的历史，它与当地民俗紧密相关，石猴谐音"时候"，中原民间自古就有"时候到门前，四季保平安"的说法。清末，方城出现了以王建奎等为代表的石猴雕刻艺人，其技艺以家族传承方式延续至今。

方城石猴属于微型石雕艺术品，雕刻主要材料滑石在方城被称为花石。它质地松软，色白面光，中间夹杂淡黄色纹理。刻制石猴须经选材、制坯、打磨、雕刻、蒸煮、上色、晾晒、涂桐油等工序。雕成的小石猴高3～5厘米，刀法简洁、造型别致，分素色和彩色两种。彩猴用古法特制的黄、绿、红、黑四种颜料涂染而成，色彩对比强烈。方城石猴形态多样，有单猴、母子猴、猴背猴、马上猴、猪八戒背猴等，蕴含祖师封侯、辈辈封侯、马上封侯等意。

方城石猴在当地被视为吉祥物，常用以佩挂、珍藏或馈赠，有突出的民俗意义。

石雕（大冶石雕）
申报地区或单位：湖北省大冶市

流传于湖北大冶的石雕主要以大冶市保安镇尹解元村为代表。据《尹氏家谱》载，唐代时，尹家先人由甘肃天水迁到江西，若干年后又辗转至大冶，定居尹解元村。他们依山采石，以雕刻为生，石雕技艺从"国"字辈到"成"字辈，传承了二十代。

大冶石雕留存于尹解元村方圆几十里的桥梁栏杆、门牌、碑记、窗栏上。走进这个村，踩的是石板路，蹬的是长条石台阶，每家大门顶上都嵌有一块雕刻着不同图案的长方形石板。现在仍珍藏于尹解元村的浮雕《渔樵耕读》系清代艺人尹光德创作，长1米许，高0.7米，构图严整，透视准确，雕刻精致，具有强烈的空间感，富有装饰趣味，凸显了大冶石雕的特征。

大冶石雕可用于制作生产、生活、建筑、装饰、纪念等多方面的石雕产品，其中以碑碣和石狮为多。

现在，由于青壮年大都不愿意从事石雕行业，加之大冶石雕的生存空间日渐缩小，石雕技艺的传承已出现断层，亟须保护扶持。

石雕（菊花石雕）
申报地区或单位：湖南省浏阳市、湖南省工艺美术研究所

菊花石雕是以湖南省浏阳县永和镇出产的菊花石为原料的雕刻艺术。

菊花石又名石菊花，是一种珍贵的天然石材，生成于距今2.7亿年的二叠纪早期。由于特别的地质构造，它色泽呈灰色或灰黑色，上面显现出怒放的菊花状白色花纹，其花纹洁白晶莹，奇趣天成。更奇妙的是，天然形成的石菊花花芯有单芯、双芯、三芯和无芯数种，与竹叶菊、绣球龙葵菊、蒲叶菊和金钱菊花形类似。雕琢艺人利用菊花石这些特点，精工设计，巧施雕琢，添枝加叶，将石料中的菊花造型凸显出来。

因为石材的特点，菊花石雕技艺有一套特别的工艺，整个雕制过程由采料、选料、开花、设计、雕刻、上漆封蜡、制底座等十几个环节构成。菊花石雕成品有砚台、屏风、花瓶、假山、案头摆件等品种。

菊花石雕必须依据原石造型，所以每件菊花石雕均为孤品。近年来，菊花石原料日渐稀少，菊花石雕的传统工艺面临失传的危险。

石雕（雷州石狗）
申报地区或单位：广东省雷州市

雷州石狗是流传于广东省雷州半岛、与民俗文化密切相关的一种民间雕刻艺术。

古雷州是古越族俚、僚、傜、僮、苗、黎人聚居之地，百越部族都有各自的崇拜图腾。在杂居相处中，对狗图腾的崇拜逐渐被雷州百越族先民认同，成为雷州石狗文化的源流。石狗作为守护神、司仪神，被安放在人们经常出入的门口、巷口、村口、路口、井口、河口、庙前等地，逢年过节或遇红白喜事时加以拜奉。

雷州石狗大多由玄武岩雕刻而成，最大的有一米多高，最小的仅高十厘米，大多数石狗跟真狗大小差不多。雷州石狗总体风格是写意性的。从造型上看，大致可以分为三个时期：春秋至秦汉时期的石狗造型大多粗犷古朴，形简神肃，昂首朝天，具有天人感应的图腾特征；隋唐至宋元时期的石狗造型大多注重结构、线条的表现，强调生殖器的刻画；明清时期的石狗多用拟人化的手法表现，形神兼备，刻工精致，纹饰细腻。石狗或蹲或站，神态各异，纹饰主要有云雷纹、莲花瓣纹、凤尾纹、风火纹等。

雷州石狗包含着丰富的历史文化信息，具有文化人类学、民族学、社会学等多方面的研究价值。

石雕（白花石刻）
申报地区或单位：四川省广元市

白花石刻是以大巴山白花石为原料的一种雕刻艺术，流传于四川省广元市地区。石刻艺术在广元地区有着悠久的发展历史，从北魏到隋唐，广元曾出现过众多的石窟雕刻和摩崖造像，清代以来，白花石刻得到很大的发展，形成富有地方特色的雕刻艺术。

以广元为中心，辐射半径六十公里的大巴山中，出产一种罕见的赤白或绿白相间的白花石。艺人巧妙地利用其赤（绿）白相间的自然纹理，多取山水、人物、花鸟、走兽为题材，采用镂空雕等多种雕刻手法，制成各种文房用品及花架、石屏等装饰物件。白花石刻须因材施艺，将石料的天然色彩纹理和构思巧妙地统一在作品上，达到浑然天成的效果。

传统的白花石刻完全系手工雕制完成，现在，年轻人不愿意学习这门费时费力的技艺，加之白花石开采过度，白花石刻的传承发展面临重重困难，亟待相关措施加以保护和扶持。

石雕（安岳石刻）
申报地区或单位：四川省安岳县

安岳石刻是流传在四川省安岳地区的一种传统雕刻艺术，以摩崖造像为代表。

安岳的摩崖造像始于南北朝而盛于唐、五代和宋，以佛教造像为主，也有道教造像，距今已有1300年的历史。安岳县境内现有古代摩崖石刻105处，造像10万尊。

安岳石刻继承和延续古代摩崖造像的艺术传统并加以发展，采用圆雕、塔雕、壁雕等技法，雕制的人物形象生动而富有情趣，显示出丰富的文化底蕴和高超的工艺水平。代表作《紫竹观音》因背倚竹林而得名，观音身体大部分采用浮雕技法，其右手臂、荷叶、莲花、五指和巾带却采用镂空雕技。莲台和观音足踏的莲蕊间都镂刻出大量空间，而以观音肩搭的披巾与主体连接，减轻了巨石重量，又给人以和谐美感，让观者不论从哪个角度都能获得同样的审美效果。

安岳石刻是中国南北朝、唐代、五代十国和宋代时期佛教文化盛行的见证，是世界佛教文化的重要组成部分。

石雕（泽库和日寺石刻）
申报地区或单位：青海省泽库县

泽库和日寺石刻是一种藏族民间雕刻艺术，流传于青海省泽库县和日乡和日寺及其周边地区的。它起始于清代嘉庆年间和日寺寺主三世德尔敦迎请石刻艺人刻制经文和佛像，其后历经几代民间艺人的传承发展，至今已有上百年的历史。

泽库和日寺石刻有经文雕刻和佛像雕刻两

大类型，主要采用线刻、浮雕和圆雕等雕刻技艺，刻成的经文字体清秀工整、遒劲有力，石佛舒张丰满、线条流畅。和日寺的石经墙高三米，长两百多米，全由石板砌成。石上除镌刻大量经文外，还有佛像、图案、佛教故事画等两千余幅，石墙曾遭受破坏，近年来经石刻艺人修复补刻，已恢复原貌。

泽库和日寺石刻为藏学研究提供了珍贵的"石书"资料，具有很高的历史文化价值。

国家级代表性传承人名单

姓名	性别	申报地区或单位	入选批次
钱高潮	男	浙江省临安市	3
贡保才旦	男	青海省泽库县	3

寿山石雕

序号：334
编号：Ⅶ-35
批次：1
类别：传统美术
申报地区或单位：福建省福州市

寿山石雕是以产于福州北部山区北峰的寿山石为材料制作的小型雕刻，主要用于赏玩，其技艺流传在福州市晋安区鼓山、岳峰镇、象园、王庄街道和寿山乡。

寿山石的石色、石形和石纹均极丰富，晶莹滋润，是上等的雕刻彩石。具有独立造型的寿山石雕早在1500年前就出现了。南宋时，寿山石矿得到开采，经过元、明、清三代的发展，寿山石雕形成产业。清圣祖等皇帝均用寿山石制宝玺。清代同治、光绪年间，寿山石雕出现东门和西门两大流派。以林谦培、林元珠为代表的东门派擅长于人物、山水和动物的圆雕，以潘玉茂、潘玉泉为代表的西门派则从传统的印钮技法中创造出具有中国画特色的薄意技法，在此基础上又出现了林清卿的薄意雕刻，往往是几刀几笔带过，与其说是雕刻不如说是在石头上绘画，使寿山石雕进入诗意的境界。

寿山石颜色品种繁多，相石便成为寿山石雕技艺的一大特点，讲究利用石形石色，巧施技艺，石头刻进去以后出现其他颜色还要进一步构思，对雕刻者的艺术修养有一定的要求。

寿山石雕技法和题材都非常丰富，在国内外有一定的影响力。但因寿山石的开发一度处于无序状态，导致资源枯竭。此外，寿山石雕的一些技艺也因为传统的师承关系发生变化而失传，亟待抢救。

寿山石雕

国家级代表性传承人名单

姓名	性别	申报地区或单位	入选批次
冯久和	男	福建省福州市	1
林亨云	男	福建省福州市	1

蜀绣

序号：320
编号：Ⅶ-21
批次：1
类别：传统美术
申报地区或单位：四川省成都市

扩展名录：
蜀绣　　　重庆市渝中区

蜀绣又称川绣，是以四川省成都市为中心的刺绣品的总称，以渝中区为中心的重庆市也是蜀绣的主要流传区域之一。

自古以来，四川盛产丝帛。汉末时，蜀锦、蜀绣已经驰名天下。隋唐后，随着丝绸之路的贸易往来，织绣品需求剧增，蜀绣得以迅速发展。明清两代，除闺阁女红外，四川出现了许多刺绣作坊。到20世纪70年代末，川西农村几乎是"家家女红，户户针工"，刺绣从业人员达四五千人之多。

蜀绣以本地织造的红绿色缎和散线为原料，其技艺以针法见长，讲究针脚整齐、线片光亮、紧密柔和、车拧到家（车，指由中心起针，向四周扩展；拧，指长短针从外向内作添针或减针的处理）。针法共有十二大类一百二十二种，如五彩缤纷的衣锦纹满绣、绣画合一的线条绣、精巧细腻的双面绣和晕针、纱针、点针和覆盖针等，根据需要各种针法交错使用，形成了蜀绣严谨细腻、光亮平整、构图疏朗的风格。

蜀绣题材多为山水、花鸟鱼虫、动物和人物。蜀绣除了用于制作纯欣赏的绣屏以外，还用于被面、枕套、衣、鞋、靠垫、桌布、头巾、手帕等生活日用品。

近年来，受到电脑绣花等工艺冲击，蜀绣在生产规模和商业收益上明显衰减，导致大量熟练的手工艺人改行流散，一些传统的刺绣工艺失传。

国家级代表性传承人名单

姓名	性别	申报地区或单位	入选批次
郝淑萍	女	四川省成都市	1
康宁	女	重庆市渝中区	3

水族马尾绣

序号：322
编号：Ⅶ-23
批次：1
类别：传统美术
申报地区或单位：贵州省三都水族自治县

水族马尾绣是水族妇女世代传承的以马尾作为重要原材料的一种刺绣技艺，流传在贵州省三都县境内三洞、中和、廷牌、塘州、水龙等乡镇的水族村寨。

水族马尾绣主要用于制作背小孩的背带、翘尖绣花鞋、女性的围腰和胸牌、童帽、荷包、刀鞘护套等。其制作工艺十分复杂，一件绣服往往要耗费一个妇女数年甚至十多年时间才能完成。马尾绣制作时首先用白色丝线把三四根马尾毛紧密地缠绕起来，制成绣花线；然后将这种白丝马尾芯的绣线盘绣于传统刺绣或剪纸纹样的轮廓上；再用七根彩色丝线编制成扁形的彩线，填绣在盘绣花纹轮廓的中间部位；最后再按照通常的刺绣工艺绣出其余部分，有的还要钉上闪亮的小铜片以增加绣品亮度。这种工艺制作的绣品具有浅浮雕感，美观耐用。

虽历经时代和环境的变化，但马尾绣的图案造型基本不变，是研究水族民俗、民风、图腾崇拜及民族文化的珍贵艺术资料。如今，随着穿戴水族传统服饰的年轻人越来越少，水族马尾绣工艺传承出现严重断层。

国家级代表性传承人名单

姓名	性别	申报地区或单位	入选批次
宋水仙	女	贵州省三都水族自治县	4
韦桃花	女	贵州省三都水族自治县	4

苏绣

序号：317

编号：Ⅶ-18

批次：1

类别：传统美术

申报地区或单位：江苏省苏州市

扩展名录：
苏绣（无锡精微绣）　　江苏省无锡市
苏绣（南通仿真绣）　　江苏省南通市

苏绣为苏州刺绣品的简称，发源地在苏州吴县一带，历史上曾广泛流传于苏州城乡各地。近年来苏绣行业逐渐萎缩，现主要集中于苏州市区和高新区东渚镇、镇湖街道一带。

据西汉刘向《说苑》记载，早在两千多年前的春秋时期，吴国就将苏绣用于服饰了。从《清秘藏》的叙述看来，宋代苏绣的工艺水平已经很高了。元代的苏绣残片表明，当时一件作品运用的刺绣针法多达九种。清代，苏绣成行成市，苏州因而有绣市之称，道光元年（1821），苏州女子丁佩总结刺绣工艺规律的著作《绣谱》问世。20世纪50年代，苏州刺绣研究所建立，研究和创制了多种绣法与针法，使苏绣技艺不断发展。

苏绣技艺注重运针变化，有四五十种刺绣针法，讲究"平、齐、和、光、顺、匀"，其仿画绣、写真绣以逼真的艺术效果著称，具有传统的书画韵味和浓厚的地方色彩。

自明代以来，苏绣大师辈出，流派纷呈，目前尚有确切传人并有影响的苏绣可分为三大谱系：一是传统细绣；二是清末民初沈寿所创的仿真绣；三是20世纪30年代杨守玉所创的乱针绣。这三大谱系都有完整而系统的技艺法理。

苏绣一直受到当地政府的重视和保护，但由于电脑绣花技术的普遍应用和知识产权等问题，苏绣的发展面临不少困难。

苏绣　图1

苏绣　图2

苏绣（无锡精微绣）
申报地区或单位：江苏省无锡市

江苏无锡的精微绣是一种精致微小的刺绣作品。无锡早在两千五百多年前就已有刺绣服饰。清朝年间，艺人创造了切马鬃绣、堆纱绣、填色稀辅法、乱针绣等精微绣技法，并在著作中进行了理论总结，20世纪80年代初，又在继承传统的基础上发展出双面精微绣。

无锡精微绣卷幅微小，构思巧妙，主要采用双面绣技法进行绣制，技术要求极高。灵活运用不同粗细的丝线是创作中的关键，刺绣细部时甚至要将一根丝线分成七十至八十分之一。一幅作品从绘画设计开始，先将画白描在纸上，再描到绢面上，然后配针法、配色，直到绣制完毕需要一年多的时间。其代表作之一《丝绸之路》，在38厘米长、18厘米宽的绢面上绣有24人、21匹骆驼、4匹马、5头小毛驴、3条猎犬及种种器物，用了数百种颜色，寸人豆马，蝇足小字，毫发毕现。人物头部只有绿豆大小，五官无法用笔墨勾勒，全凭艺人心手合一、手眼相通才能绣成。人物服饰所绣的花纹和字体，须借助放大镜才能看清。

无锡精微绣与中国书画艺术结合紧密，要求艺人不但绣艺高超，而且还需有较高的艺术修养和极大的耐心。其绣品主要用于观赏和收藏，消费市场小，从艺人员流失多，技艺传承后继乏人。

苏绣（南通仿真绣）
申报地区或单位：江苏省南通市

南通仿真绣是苏绣的一个分支，因其由清末民初的刺绣艺术家沈寿所创，所以又被称为沈绣。

沈寿在清末时曾任农工商部工艺局绣工科总教习，1914年，她受邀到江苏南通主持女红传习所。沈寿在传统苏绣的基础上，吸收西方绘画用光、用色的技法创立了仿真绣，以创造性的旋针和虚实针来表现物体的肌理，更接近自然形象；用几种色线并于一针来润色调绣，丰富了色彩的表现力，仅仅一种颜色以浓淡色差分类就有一二十种，用以体现油画、铅画、摄影作品中物象受光不同所产生的明暗关系变化。仿真绣绣制的油画人物肖像和风景生动逼真，尤其是人物绣，变化多端的针法能表现出人物五官、表情的神韵。沈寿口述、张謇执笔的刺绣理论著作《雪宧绣谱》将仿真绣及中国刺绣艺术从实践经验提升到理性认识的层面，书中对染线设置的色阶表沿用至今。在沈秀"以新意运旧法"的艺术思想启发和影响下，仿真绣传人又陆续创制了双面绣、双面异色绣、双面异色异形绣、彩锦绣等一批新绣种，使刺绣艺术达到新的高度。

目前，南通地区从事刺绣和相关研究的人才很少，且处于松散的状态，仅以个人工作室或加工点的形式进行绣品创作和销售，艺术精品凤毛麟角，仿真秀技艺传承后继乏人。

国家级代表性传承人名单

姓名	性别	申报地区或单位	入选批次
李娥瑛	女	江苏省苏州市	1
顾文霞	女	江苏省苏州市	1
姚建萍	女	江苏省苏州市	3
赵红育	女	江苏省无锡市	3
金蕾蕾	女	江苏省南通市	3
余福臻	女	江苏省苏州市	4
张玉英	女	江苏省苏州市	4
蒋雪英	女	江苏省苏州市	4
姚惠芬	女	江苏省苏州市	4
张美芳	女	江苏省苏州市	4

塔尔寺酥油花

序号：347

编号：Ⅶ-48

批次：1

类别：传统美术

申报地区或单位：青海省湟中县

◎传统美术

扩展名录：
酥油花（强巴林寺酥油花）
西藏自治区昌都地区

酥油花是一种用酥油（黄油）塑形的技艺。酥油花最早起源于西藏苯教，从施食供品上的小小贴花不断演变发展为工艺复杂的大型作品。

1463年，堆龙人簇顿朗卡巴瓦主持西藏昌都强巴林寺时，兴起塑造酥油花供奉神变法会进行祈愿的活动。从1983年开始，强巴林寺定于每年藏历正月举行为期二十一天的神变大法会，其间在寺庙大殿供展祈愿酥油花。

酥油花的制作有扎骨架、制胎、敷塑、描金束形、上盘、开光六道工序。塑造的第一道原料是用前一年酥油花拆除下来的陈旧酥油掺和麦草灰捣砸而成的黑色油泥，用以制胎塑形。第二道原料是用各色矿物质颜料和新鲜的乳白色酥油调和而成，用以涂塑在胎体上。

大型酥油花以宗教题材为主，兼及藏戏、神话传说和历史人物。一架酥油花，亭台楼阁数十座，人物、走兽数量以百计，大至一两米的菩萨金刚、小至十几毫米的花鸟鱼虫无所不备。

塔尔寺位于青海省湟中县鲁沙尔镇，每年正月十五都有隆重的酥油花灯节。塔尔寺设有上花院和下花院两个专门制作酥油花的机构，每院有艺僧二十人左右，这些艺僧一般在十五六岁入院，终身从艺。两个花院分别有总监（称掌尺）主持，决定当年酥油花的制作题材和分工等事项。

塑制酥油花必须在低温环境中进行，制作技艺主要靠口手相承、师徒相传。酥油花无法长期保存，不容易得到范本，加大了技艺传承的难度。

国家级代表性传承人名单

姓名	性别	申报地区或单位	入选批次
尕藏尖措	男	青海省湟中县	3
罗藏昂秀	男	青海省湟中县	4

滩头木版年画

序号：307
编号：Ⅶ-8
批次：1
类别：传统美术
申报地区或单位：湖南省隆回县

滩头木版年画是手工木版水印年画，流传于湖南省隆回县滩头镇，以浓郁的楚南地方特色自成一派。

据民间口传历史资料，滩头最初的木版年画作坊起源于明末清初。清嘉庆年间，滩头木版年画被称为"五色纸"，列入贡品送往宫廷。同治年间，滩头木版年画已行销全国，20世纪初达到全盛时期。

滩头镇自古巫风炽盛，用于祭祀的纸马品种繁多，其制作工艺与后来的滩头木版年画有着内在的传承关系。滩头木版年画从造纸到成品二十多道工序全部在滩头当地完成，形成了一个完善的生产系列。年画画版采用当地的梨木刻制，印制采用木版套色和手绘结合的方法，人物面部常常用手绘，称之为开脸。其制版难度在于线板雕刻，在这方面"高福昌"年画作坊的"陡刀立线"技术很有名，其行刀角度一致，使用均匀的暗劲，转折、交叉处稳当不乱，完全靠感觉和技巧把握。在年画印制之前，还要先在当地的土纸表面刷一层白粉，刷过白粉后的土纸在上色后色彩鲜明饱和，使年画具有浮雕的艺术效果。

传统的滩头木版年画有四十多个品种，分为门神画像、寓意吉祥、戏文故事三大类，《秦叔宝》《尉迟恭》和《花园赠珠》等年画品种在20世纪初行销全国。

如今，历经三百多年风采依然的滩头木版年画虽然成为多国博物馆的藏品，但由于民间年画市场急剧萎缩，滩头木版年画现只剩两家作坊还保留着门面勉强支撑，作坊主人的子女无一人继承祖业，不少技艺已经失传，亟待抢救和保护。

国家级代表性传承人名单

姓名	性别	申报地区或单位	入选批次
钟海仙	男	湖南省隆回县	1
李咸陆	男	湖南省隆回县	1
高腊梅	女	湖南省隆回县	4

糖塑

丰县糖人贡、天门糖塑、成都糖画

序号：864

编号：Ⅶ-88

批次：2

类别：传统美术

申报地区或单位：江苏省丰县，湖北省天门市，四川省成都市

糖塑是中国传统的民间塑作艺术。

糖塑利用食糖的可塑性进行制作，多采用俗称糖稀的麦芽糖饴和玉米糖为原料，借鉴中国民间绘画、雕塑、刻印、装饰等技艺，综合利用吹、拉、搓、扯、捏、压、剪、堆、贴等制作手段和绘、染、刻、印、插、缀等装饰手法完成作品塑造。

糖塑作品造型生动、色彩和谐，特别是糖料本身变化万千的肌理与成品光滑的表面形成鲜明的对比，赋予其特殊的美感。糖塑作品既可欣赏又可食用，流传于中国南北各地，与民俗生活息息相关。

糖塑（丰县糖人贡）
申报地区或单位：江苏省丰县

丰县糖人贡是流行于江苏省丰县的民间塑作艺术，在当地俗称贡品。糖人贡早期曾用于宫廷祭祀，后流入民间，清代中期传入丰县，其制作技艺以家族方式已承延至第六代。

丰县糖人贡以优质白糖为原料，用模具注塑成型，主要用于丰县及周边地区传统的丧葬祭祀礼仪。

丰县糖人贡的基本制作过程分制作模具和制作糖人贡两部分。模具选用梨木雕制而成，制作糖人贡时将白糖加水、化浆，熬至170℃左右，然后迅速倒入模具中，冷却后拆模、再冷却、上色，即为成品。丰县糖人贡造型包括仙佛诸神、动物、果品、古代建筑、祭祀器具等，主要作品有《寿桃》《石榴》《老寿星》《王母娘娘》《天官》《盘龙柱》《公鸡》《鲤鱼》等。丰县糖人贡作品通体雪白，润泽如玉，晶莹透亮，用食用色素稍加描绘点缀后显得纯净而艳丽，质朴而典雅。

目前，因为民俗淡化，丰县糖人贡的传承陷入困境。

糖塑（天门糖塑）
申报地区或单位：湖北省天门市

天门糖塑俗称吹糖人，是流行于湖北省天门一带的民间塑作艺术。

天门糖塑中的大玩意，如《龙凤烛》《福

禄寿三星》等，用于祭祀、寿诞和婚庆等礼仪。艺人挑着担子走街串巷制作的小型糖人一般用于孩童玩耍食用，其塑作题材更加广泛，飞禽走兽、器物用具、人物故事，无所不包，常见的作品有《连年有鱼》《二龙戏珠》《西天取经》《老鼠拖葫芦》《穆桂英挂帅》等。

天门糖塑制作技法主要有两种，即吹和塑，行话称为泡活和头子活。大部分作品都由两种技法并用制成。吹讲究快和准确，因为糖膜在20℃以下的温度中会迅速凝固，艺人须眼疾手快，气息均匀，让作品迅速成型。塑讲究结构和色彩，要求糖塑艺人除了手上功夫外，还要具备一定的审美意识。具体制作时先将麦芽糖加热，使其变软，调入红、绿、黑、黄四种色素备用。然后，糖塑艺人用一根小木棍挑出一点糖稀来，放一点食用石膏粉，捏成一个小气袋，迅速拉出一根气管，放在口中徐徐吹来。随着两手手指不停地拉、扯、揪、捏，那小气袋在艺人手中不断地旋转变化，转眼间，一个活灵活现的人物或动物造型就出现了，最后用剪刀、小梳、小篦刀等工具整形、点缀，有的还加上小弹簧让作品活动起来。

现在，以此谋生的艺人非常少，天门糖塑艺术行将消失。

糖塑（成都糖画）
申报地区或单位：四川省成都市

成都糖画俗称倒糖饼儿、糖粑粑儿、糖灯影儿等，是流行于四川地区的一种兼具雕塑性和绘画性的民间手工艺。

糖画就是用融化的糖汁作画，艺人端坐于糖画摊前，执勺在手，飞快地将勺中的糖液按构思挥洒在光洁的大理石板上，糖液很快凝固成型。最后，艺人用一根竹签粘在作品上提拿起来，就完成了一幅作品。糖画既可观赏又可食用，特别受儿童喜爱。

四川糖画的表现手法丰富多彩，艺人们称之为大货的是形状较大、构图复杂的作品，诸如龙凤、孔雀、狮虎、花篮等。小货则是指形状小而简单的作品，如单个的虫、鸟、水果等。子子货，即直接倾倒形成的一个个圆形糖饼儿，制作时要求艺人手腕灵活，动作利索，倾倒过程绝不能拖泥带水，最能体现糖画艺人的基本功。丝丝货，是以糖液所形成的线条来构图，有中国民间剪纸的韵味。此外，还有板板货、填装货、拭皮子、按头子等诸多技法。

糖画艺人善于观察，将糖画与川剧相结合，创作的川剧糖画作品逼真生动，富有地方特色。在成都和邻近地区的集市、庙会上，至今仍可以看到糖画艺人的精彩表演。

国家级代表性传承人名单

姓名	性别	申报地区或单位	入选批次
樊德然	男	四川省成都市	3

桃花坞木版年画

序号：302
编号：Ⅶ-3
批次：1
类别：传统美术
申报地区或单位：江苏省苏州市

桃花坞木版年画是流传于江苏省苏州市桃花坞大街及其周边地区的一种民间版画，它由绣像图演变而来，到明代发展成为民间艺术流派，因曾集中在苏州城内桃花坞一带生产而得名。

苏州年画在明末已有完整的独特风格，当时被称为"姑苏版"年画，清雍正、乾隆年间，苏州年画质量、销量空前提高。因有部分画室集中在桃花坞报恩寺一带，桃花坞年画的名声随之传遍大江南北。

桃花坞木版年画制作工艺较为复杂，一般分为画稿、刻版、印刷、装裱和开相五道工序，其主要工具为拳刀，其他工具还有弯凿、扁凿、韭菜边、针凿、修根凿、扦凿、水钵、铁尺、小棕帚等。其中刻版工序又分上样、刻版、敲底和修改四个步骤。套色印刷亦有一套程序，主要包括看版、冲色配胶、选纸上料（夹纸）、模版、扦纸、印刷、夹水等步骤。

桃花坞木版年画以门画、中堂、条屏为主要形式，题材多为祈福迎祥、驱凶避邪、时事风俗、戏曲故事等。桃花坞木版年画色彩明快，富有装饰性，曾广泛流传于江南一带，清代繁盛时期出现了张星聚、张文聚等一大批画铺，曾远渡重洋流传到日本、英国和德国，对日本的浮世绘产生了重要影响。桃花坞木版年画作为旧时主要传统美术样式之一，现已成为一种珍贵的文物。学习和研究桃花坞年画，对于发展新的艺术，弘扬中华民族的传统文化是有着重要意义的。

桃花坞木版年画的制作过程讲究分工明确、流水作业。如今，只有不到十人掌握相关的技艺，加之木版年画在当地民间几乎没有市场，技艺传承后继乏人，亟待抢救和保护。

国家级代表性传承人名单

姓名	性别	申报地区或单位	入选批次
房志达	男	江苏省苏州市	3

挑花

黄梅挑花、花瑶挑花

序号：324
编号：Ⅶ-25
批次：1
类别：传统美术
申报地区或单位：湖北省黄梅县，湖南省隆回县

扩展名录：
挑花（望江挑花）安徽省望江县
挑花（花瑶挑花）湖南省隆回县、溆浦县

挑花是一种极具装饰性的刺绣工艺，不同地域的挑花技艺各具特色。黄梅挑花又名架子花、十字挑花，起源于唐宋，兴于明清，广泛流传于湖北省黄梅县，蔡山、新开、孔垅等地最为兴盛，当地有"黄梅有女皆挑花"的俗谚。

黄梅挑花重在挑，多以元青布作底，用针将七彩丝线挑绣在底布经线和纬线交织的网格上，形成色泽绚丽、立体感强的图案。黄梅挑花讲究特殊针法，分十字针、双面针、直线针、空针、牵针五种，其中针脚为"×"字形的称十字绣，针脚为"一"字形的称平线绣。在工艺制作上，有单面挑和双面挑之分，双面挑作品正反两面都十分整齐，都可看出相同的图案，且背面没有针线接头，十分平整，并不同于现在流行的、从欧洲舶来的十字绣。

黄梅挑花图案变化多端，各种团花、填心花、边花、角花，能组合构成上千种图案。受当地戏曲文化的影响，黄梅挑花图案除了一些程式化的纹样外，还有很多表现戏剧故事情节，如七女送子、状元游街、穆桂英挂帅等。挑花制品大至被面、门帘，小至香袋、袜带、烟袋等，均为日常生活穿戴和卧房用品。作为一种独特

的艺术样式，挑花体现出浓厚的民族特色和乡土气息。

现在，民族服饰正不断被外界所同化，老艺人纷纷去世，年轻人不愿从艺，挑花技艺传承已出现断裂，亟待抢救。

挑花（望江挑花）
申报地区或单位：安徽省望江县

流传于安徽省望江县的挑花技艺始于唐代。人们最早是用麻布和毛发为材料挑制祭祀用品，随着材料和工艺的发展，挑花逐渐成为日常家居用品和服装的装饰。

望江挑花主要有挑、钻、游、织四种针法技艺，其中用得最多的是挑和钻。挑是一种十字针法，分单十字和双十字，以挑绣为主的图案细腻鲜明，绣品正反图案花纹一致；钻绣的绣品正面是阳花，背面是阴花，图案立体感强，有提花工艺的效果。

望江挑花构图元素非常丰富，多取材于生活，除各类几何图形外，常见的还有梅花、竹叶、牡丹、金瓜、莲花等植物及其藤蔓、花果、茎叶；蝴蝶、蜜蜂、孔雀、鲤鱼等动物及十二生肖。太极、八卦、宫灯、日月星云、吉祥图案文字，甚至各类人物的生活生产及喜庆、图腾、宗教活动也呈现在绣品中，为研究当地地域文化提供了生动的材料。

挑花（花瑶挑花）
申报地区或单位：湖南省隆回县、溆浦县

花瑶挑花在汉代以前就已兴起，流传在湖南省隆回县、溆浦县等地花瑶聚居区。花瑶是瑶族的一个支系，因其服饰色彩艳丽，特别是女性挑花技艺精湛，故被称为花瑶。

花瑶挑花很多是以深蓝色粗布作底、白色粗线挑制，用白色底布和彩色丝线挑制的也不少见。挑花女不用描图和模具，只遵循土布的经纬徒手挑制，数纱而绣，多采用图中套图的填充工艺。在主体图案两边，配七彩丝线挑绣的彩色花饰。花纹种类很多，使用最多的有太阳纹、万字纹、灯笼纹（也叫南瓜纹）、铜钱纹、牡丹纹、蕨叶纹、勾勾藤等。其工艺精细，疏密有致，繁密处针针相套，不现底色，简练处仅一枝花或几条线，"远看颜色近看花"，具有较强的视觉冲击力。

花瑶女子服饰上到处都有挑花，除筒裙后片以外，其他地方一般是彩绣。筒裙后片是在藏青色的直纹布上用白线挑绣，一条筒裙挑花需三十多万针，是瑶族挑花的代表。

花瑶挑花图案取材广泛，多达千余种，大体分为动物类、植物类、历史故事类和日常生活类。动物类图案中蛇图案最为丰富，体现了花瑶部落的图腾崇拜。日常生活类中反映花瑶传统习俗的对歌定情、打蹈成婚等图案，人物众多、场景宏阔，但因为掌握其中一些高难度挑花技艺的寥寥无几，现在只有留存下来的几幅作品，难得一见。

国家级代表性传承人名单

姓名	性别	申报地区或单位	入选批次
石九梅	女	湖北省黄梅县	1
奉雪妹	女	湖南省隆回县	1

土族盘绣

序号：323

编号：Ⅶ-24

批次：1

类别：传统美术

申报地区或单位：青海省互助土族自治县

盘绣是土族刺绣中最主要的绣法，主要流传在甘肃互助县东沟、东山、五十、松多、丹麻等乡镇。在青海省都兰县发掘的土族先祖吐谷浑墓葬中，就出土有类似盘绣的绣品，可见4世纪左右盘绣工艺已经出现。

盘绣是丝线绣，用黑色纯棉布作底料，根据需要再选其他面料贴上，然后用红、黄、绿、蓝、桂红、紫、白七色绣线绣制。绣品一般七色俱全，鲜艳夺目。

盘绣的针法十分独特，操针时同时配两根色彩相同的线，一作盘线，一作缝线。盘绣不用绷架，直接用双手操作，绣者左手拿布料，右手拿针，作盘线的那根线挂在右胸上，作缝线的那根线穿在针上。上针盘，下针缝，一针二线，这种针法虽费工费料，但成品厚实华丽，经久耐用。图案具有浓郁的民族风格，包括法轮、太极图、五瓣梅、神仙魁子、云纹、菱形、雀儿头等几十种样式。土族人的服饰及枕巾、荷包、烟袋、背包等日用品上都有盘绣。

土族盘绣以母女相传为主，亦在姊妹、妯娌、婆媳间传承。盘绣曾是土族女人的必修课，土族姑娘出嫁的时候必须佩带自己亲手制作的花腰带，现在则被婚纱取代了。即使有喜欢刺绣的妇女也选择普通的刺绣工艺，而不愿学习费时耗力的盘绣工艺，以致土族盘绣技艺传承后继乏人。

土族盘绣饰品　图2

国家级代表性传承人名单

姓名	性别	申报地区或单位	入选批次
李发秀	女	青海省互助土族自治县	1

维吾尔族刺绣

序号：855

编号：Ⅲ-79

批次：2

类别：传统美术

申报地区或单位：新疆维吾尔自治区哈密地区

维吾尔族刺绣是流行于新疆哈密地区的民族民间刺绣艺术，它是在伊斯兰教文化的基础上借鉴、融合满汉民间工艺发展而来的，流传历史久远。

维吾尔族妇女都精于刺绣，在工艺上，维吾尔族刺绣主要吸取北京和苏州地区的绣技，有平绣、结绣、盘金银绣、十字绣、扎绒绣、格架绣等多种绣法。传统的维吾尔族刺绣所用色线都是自织自染，成品色彩鲜艳夺目。

刺绣广泛运用于维吾尔族人民的服饰和日常生活中，其中最典型的是花帽花、枕头花、衣边花和裤单花。维吾尔族花帽图案纹样千变

土族盘绣饰品　图1

◎ 传统美术

万化，巴旦木花帽的图案是用巴旦木（一种椭圆形坚果，世界各地均有产出，中国的产地主要在新疆）核变形并添加其他花草纹样构成，多是黑底白花，古朴大方，维吾尔族男性老幼都喜欢戴这种花帽。奇依曼花帽主要是女性穿戴，帽子图案以"米"字为骨架，各种花草枝叶交错，花纹以枝干连接或线条分隔，整体呈多个正反三角和菱形格局。维吾尔族人热爱花草，石榴、杏花、无花果、葡萄及其叶、蕾、藤、蔓、芽、种子都表现在刺绣作品中，羊角、鹿眼、圆月、哈萨克文字也是刺绣常见的纹样，是维吾尔族游牧民时期的文化遗存。

维吾尔族刺绣　图2

维吾尔族刺绣　图1

国家级代表性传承人名单

姓名	性别	申报地区或单位	入选批次
阿吉尔·赛买提	女	新疆维吾尔自治区哈密地区	4

武强木版年画

序号：301

编号：Ⅶ-2

批次：1

类别：传统美术

申报地区或单位：河北省武强县

武强木版年画是流传于河北省武强地区的一种民间版画，因其产地而得名。

武强木版年画的产生，可以追溯到元代以前，明代初年，武强木版年画已有相当高的造型设计能力和镌刻水平，趋于成熟。至清代康熙、嘉庆年间，武强县城南关形成全国最大的年画集散中心，出现许多著名画店和各村难以数计的小作坊。武强木版年画传承了中国古代的雕版印刷术，完全手工制作，经过绘、刻、印三道工序完成。武强木版年画的刻版以阳刻为主、兼施阴刻，着色以大红大绿为主，简单浓烈，每幅画都有一个主色调。武强年画表现形式多以现实为依据夸张变形，大胆取舍，突出主要部分，风格粗犷。

武强木版年画形式多样，有门画、窗画、炕画、斗方、条屏、贡笺、灯画、对联、中堂画、年历画等几十个品种，有单幅、对幅和多幅连环画等不同形式，内容大致分为驱凶避邪、祈福迎祥、戏曲传说、生活风俗几大类。《灶神》《弼马温》是过年敬神张贴的；《女十忙》《男十忙》《爱钱钻钱眼》反映世俗风情，讽刺不良品行，宣扬传统美德；《三国演义》《嫦娥奔月》连环画故事完整、人物突出；《五谷丰登》《福禄寿》《年年如意》气氛热烈，符合劳动人民祈求人寿年丰、大吉大利的心理，充分反映了民俗、民情和人民的愿望。武强木版年画以其深厚的民间民俗、独特的民族艺术风格而享誉国内，驰名海外。

武强木版年画在明、清两代最为鼎盛，民国时期的战乱导致行业迅速萎缩。新中国成立后，武强县仅存的四十家画业作坊合并为武强画厂。1985年，武强木版年画博物馆建立，对于保护武强木版年画起到一定作用。改革开放后，其传承人结合现代人的审美理念，复制了大量的优秀传统年画，并不断有新的作品问世。

国家级代表性传承人名单

姓名	性别	申报地区或单位	入选批次
马习钦	男	河北省武强县	1

锡伯族刺绣

序号：1165

编号：Ⅶ-108

批次：3

类别：传统美术

申报地区或单位：新疆维吾尔自治区察布查尔锡伯自治县

锡伯族刺绣是锡伯族妇女的传统手工技艺之一，主要流传于新疆维吾尔自治区察布查尔锡伯自治县内锡伯族的聚居区。在民族迁徙的过程中，锡伯族吸收了众多民族的刺绣技艺，形成技法繁多的刺绣工艺体系。

在锡伯族人的传统观念中，刺绣手艺的好坏是衡量女子品性与能力的标准之一，能绣一手好绣品的年轻女子往往是年轻男子追求的对象。旧时，锡伯族姑娘出嫁前要绣制花鞋、枕头顶、被帐、手帕等，出嫁时带到婆家展示。已婚妇女要绣制旗袍、马甲、坎肩、鞋袜等服饰和门窗罩帘、枕头顶、墙围等各种生活用品，尤其需要精心设计绣制丈夫随身携带的烟口袋。绣品常用图案是寓意吉祥的牡丹、莲花、蝙蝠、仙鹤和龙等。

因为锡伯族刺绣采用串珠、刺花、镶嵌、彩漆、描金、雕花、编织、贴花、金银线、拼花、挑花、扎花等多种技法进行绣制，所以对色彩搭配要求比较高。其色彩处理有两种基本形式，一类是深底浅花，看起来花在后，光色在前，对比强烈，多用于绣制茶具盖布之类。另一类是浅底深花，看起来花在前，光色在后，这时纹样采用暗色系，使绣品浓淡有致，多用于绣制床单、窗帘等。

随着民俗的变化，现在锡伯族刺绣已经呈现衰落的趋势，亟待保护。

国家级代表性传承人名单

姓名	性别	申报地区或单位	入选批次
杨秀玉	女	新疆维吾尔自治区察布查尔锡伯自治县	4

锡雕

序号：838

编号：Ⅶ-62

批次：2

类别：传统美术

申报地区或单位：山东省莱芜市，浙江省永康市

锡雕也称锡艺、锡器，是广泛流行于中国民间的锡作艺术。锡无毒、不生锈、有光泽、耐酸碱，而且质地软、熔点低、易加工，是制作器皿用具的好材料。早在商周时期，中国制锡工艺已相当成熟。宋代，锡器在民间的使用已经相当普遍，以生活用品和供奉用品为主。锡作工艺因材料特点而自成体系，包括熔化、铸板、造型、剪料、刮光、焊接、打磨、抛光、雕刻、装饰等几十道工序。锡雕常用浮雕、凹雕、线雕、圆雕多种雕刻技法并用。

莱芜锡雕流行于山东省莱芜地区，在清朝乾隆年间发展至鼎盛。由王时行创始的王家锡雕是莱芜锡雕的代表，迄今已有8代传人。莱芜锡雕以锉、锤、刀为主要工具，除了雕刻外，锻、塑、焊、镶嵌等多种技法并用，打造出精巧雅致的锡雕作品，按类别可分为礼器、饮具、灯烛具、烟具、薰具、文具、化妆盒、纪念章、浮雕摆件、花瓶、储藏用品等。

永康锡雕在浙江省永康世代相传，直到民国时期，锡作仍是当地重要的手工艺行当，从业者逾千。永康锡雕有罐子、酒壶、果盒等生活用品和婚嫁时的传统嫁妆，也有烛台、仪仗道具和佛事法器。永康锡雕成品光泽清亮，晶莹夺目，有明显的地域风格特征。

近年来，随着塑料制品的出现，作为日用品的锡器市场需求萎缩，而作为工艺品的锡器也大多为机器生产，传统的锡雕艺人已寥寥无几。如不及时加以保护，千百年来锡雕艺人在实践中积累并口口相传的技艺将不复存在。

国家级代表性传承人名单

姓名	性别	申报地区或单位	入选批次
应业根	男	浙江省永康市	3

湘绣

序号：318

编号：Ⅶ-19

批次：1

类别：传统美术

申报地区或单位：湖南省长沙市

湘绣是湖南长沙一带刺绣产品的总称，传统产区主要分布在长沙市及其所辖的长沙县、望城县、开福区的数十个乡镇。

1972年长沙马王堆一号汉墓出土的大量刺绣残片证明湖南刺绣已有两千多年的历史。湘绣起源于湖南的民间刺绣，吸取了苏绣和粤绣的优点发展起来。清末，湘绣艺人李仪徽首创掺针绣法，再经后人与极为精细的劈丝技术相结合，使刺绣作品能表现物体形象的色阶渐变、色调混合和色彩浓淡。新中国成立后，湘绣艺人余振辉发明了毛针法，使湘绣中的狮、虎成为一绝。通过数代艺人的传承和发展，湘绣技艺现已形成5大类72种针法体系。

湘绣以硬缎、交织软缎、透明玻璃纱等为底料绣制，工艺制作程序主要包括制稿、临稿、

选料、印版、配线、饰绷、绣制、拆绷、整烫、饰裱等。湘绣绣线色彩特别丰富，有88种原色，能染制成745种不同的色彩，可以说有色皆备。刺绣作品按针法分类有单面绣和双面绣，其中双面绣难度较大，即在一块透明底料的两面分别绣出两个完全不同的物象。

湘绣既用于制作供欣赏的艺术品，也用于装饰生活用品，主要品种有屏风、画片、被面、枕套、床罩、靠垫、桌布、手帕及各种绣衣。

目前，湘绣受到机器印刷冲击和人才青黄不接等因素影响，正在走向衰落，亟待保护。

湘绣《威震山河》

国家级代表性传承人名单

姓名	性别	申报地区或单位	入选批次
刘爱云	女	湖南省长沙市	1
柳建新	女	湖南省长沙市	4
江再红	女	湖南省长沙市	4

镶嵌

彩石镶嵌、骨木镶嵌、嵌瓷

序号：867

编号：Ⅶ-91

批次：2

类别：传统美术

申报地区或单位：浙江省温州市鹿城区、瓯海区，浙江仙居县、宁波市，广东省汕头市、普宁市

扩展名录：
镶嵌（潮州嵌瓷）
广东省潮州市工艺美术研究院

镶嵌是一种传统的民间工艺，镶是贴在表面，嵌是夹在中间。中国镶嵌历史久远，殷商时代的铜器铸造中已出现金镶玉的装饰纹样。明清以后，比平面镶嵌更富于立体感的浮雕镶嵌方法广泛运用于各种工艺品的装饰。

随着工艺水平的提高，天然彩石、卵石、贝壳、螺钿、宝石、玻璃和料器、陶瓷、木料都成为镶嵌原料。在长期的发展过程中，镶嵌工艺发展积累了许多重要的技术手段，包括直接镶嵌法、预制法、反贴反上法、正贴正上法等。

镶嵌工艺品因为不同材质而产生不同的光色效果，具有独特的艺术感染力。因为镶嵌特有的装饰效果一直受到人们喜爱，其技艺也在传承中不断发展创新。

镶嵌（彩石镶嵌）
申报地区或单位：浙江省温州市鹿城区、瓯海区、仙居县

彩石镶嵌是一种传统装饰艺术，主要流行于浙江省温州市鹿城区，并向温州瓯海区、瑞安市、文成县和台州仙居县等周边地区辐射。

彩石镶嵌制作利用石材的天然纹理和色彩，根据题材内容要求，将块面经过光、影、明、暗处理，结合温州石雕和木雕工艺，随类赋彩，配石成图，镶嵌成品。彩石镶嵌表现手法有平磨平嵌、黑地平磨镶嵌、浅色地彩石平磨镶嵌、满地嵌，可与描金图案、彩绘背景和建筑物外墙壁画相结合。

彩石镶嵌工艺品既有挂屏、立屏等大件，

也有小巧的摆件，或描绘山水小景，或表现重大历史事件，或复制经典字画，具有很强的装饰性。温州艺雕厂老艺人王培珍、吴振德等人创作的《中国古代八大发明家》彩石镶嵌屏风现陈列于北京人民大会堂。

镶嵌（骨木镶嵌）
申报地区或单位：浙江省宁波市

骨木镶嵌是浙江省宁波市的一项传统工艺，有着悠久的历史。

宁波骨木镶嵌是以象牙、黄杨木、红木、花梨木、牛骨、螺钿、铜片、蜡石等为原料，在木坯上起槽后用胶粘嵌入花纹，再经打磨、雕刻、髹漆而成。这种工艺多见于家具、屏风、文具和一些生活日常器物之上。明末清初，铜丝锯的发明和应用使得可镶嵌的材料丰富起来，对骨木镶嵌的发展起到了重要的促进作用。

骨木镶嵌常见制作方法有高嵌、平嵌和高平混嵌三种。所谓高嵌即花纹凸起，平嵌则是镶嵌花纹与木坯齐平。为了让木材上挖去的部分与镶嵌的材质互相契咬紧实，艺人必须对图案形象的外轮廓加以变形夸张，形成多孔、多棱角、多块面、多曲线的结构，使得最后的成品具有剪影的效果。

宁波骨木镶嵌作品的常见题材有传说故事、风俗情景、梅兰竹菊等，代表作有红木镶嵌大地屏《群芳雅图》、博古组合橱《西湖春泛图》等。

镶嵌（嵌瓷、潮州嵌瓷）
申报地区或单位：广东省汕头市、普宁市，广东省潮州市工艺美术研究院

嵌瓷，潮汕人俗称为聚饶、贴饶或扣饶，是流行于广东省潮汕地区的一种民间建筑装饰艺术。

嵌瓷产生于明代，最早是民间艺人用陶瓷生产过程中的废弃碎片嵌贴成简单的图案来装饰美化建筑。清代中后期，嵌瓷艺术逐渐成熟，瓷器作坊便和嵌瓷艺人密切配合，专门烧制各色低温瓷碗。这种瓷碗被彩以各种色釉，制成的嵌瓷色彩浓艳、五彩斑斓，附着于建筑物上经风历雨而不褪色。

嵌瓷以绘画和雕刻为基础，把特制的瓷碗进行剪裁之后，用纸灰泥镶嵌、粘接、堆砌成各种造型。装饰庙宇或祠堂屋脊的正面，一般采用双龙戏珠、双凤朝牡丹等吉祥图案；装饰墙头多以人物为主，如《封神演义》人物或郑成功等英雄人物；装饰檐下墙壁的，多是花卉、鸟兽、鱼虾、昆虫等图案；照壁上常见的有麒麟、狮、象、仙鹤、鹿、梅花等形象。

嵌瓷工艺手法主要有平贴、浮雕和立体圆雕（俗称圆身）。其中，平面或浮雕工艺操作起来比较简单，按照图样趁灰泥未干时直接组拼粘贴即可。立体嵌瓷则比较复杂，要先用铁线扎好骨架，然后用特制的筋灰塑成雏形，再在其表面嵌贴瓷片。

近年来，潮汕嵌瓷又发展出一个独立于建筑装饰的艺术品种——嵌瓷屏画，其工艺更为精巧。

国家级代表性传承人名单

姓名	性别	申报地区或单位	入选批次
缪成金	男	浙江省温州市鹿城区	3
陈明伟	男	浙江省宁波市	3
卢芝高	男	广东省潮州市工艺美术研究院	3

象牙雕刻

序号：326
编号：Ⅶ-27
批次：1
类别：传统美术
申报地区或单位：北京市崇文区，广东省广州市

象牙雕刻是指以象牙为材料的雕刻工艺及其成品，也称牙雕。北京和广州的象牙雕刻有着不同的艺术风格。

北京牙雕可考的历史可追溯到两千多年前，历代帝王都把象牙列为皇家贡品，明清时期有专为皇宫制作牙雕制品的作坊。各地的优秀牙雕工匠聚集北京不断交流切磋，经过数百年的实践，形成了北京牙雕雅、秀、精、巧的宫廷艺术风格，在工艺上要求精细、润洁、光滑。北京牙雕以小件器物居多，一般是文房用品摆件等，清代晚期也曾出现大件作品。

广州牙雕产品主要分为三类，一是欣赏品，包括象牙球、花舫、蟹笼、花塔、花瓶、鸟兽、人物等；二是实用品，包括折扇、烟嘴、笔筒、图章、梳具、筷子、牙签、书签、象棋等；三是装饰品，包括手镯、项链、耳环、戒指、别针等。镂雕牙球、花舫和微刻书画是广州牙雕的代表作品。

圆雕、浅浮雕、高浮雕、镂雕等雕刻手法在象牙雕刻中运用较多。广州牙雕以镂空、透深的雕刻技法闻名，讲究牙料的漂白和色彩装饰，形成了质白莹润、玲珑剔透的风格。广州牙雕作品整体布局繁复热闹，并镶嵌紫檀、犀角、玳瑁等多种材料，使牙雕更富层次感，华丽而美观。

象牙雕刻因牙材本身的品质而具有高洁的美感，成为中国特种工艺美术的一部分，但其发展面临原材料紧缺和传承方式不稳定等困难。

国家级代表性传承人名单

姓名	性别	申报地区或单位	入选批次
孙森	男	北京市崇文区	1
王树文	男	北京市崇文区	1
柴慈继	男	北京市东城区	4
李春珂	男	北京市东城区	4
张民辉	男	广东省广州市	4

新会葵艺

序号：868
编号：Ⅲ-92
批次：2
类别：传统美术
申报地区或单位：广东省江门市新会区

新会葵艺是流传于广东省江门新会地区的、以蒲葵为主要材料的民间系列工艺品。

新会盛产蒲葵，东晋时期就开始种植蒲葵并进行葵艺加工。经过千余年的探索发展，新会艺人综合运用编织、绣花、印花和绘画工艺，开发出五百多种葵艺制品，大致可以分为葵扇、工艺品和葵副产品三类。

葵艺品的制作过程是非常烦琐细致的。从采葵到制成工艺品，要历经剪、晒、焙、削、漂染、合或编织、勾花或嵌花、印花、绣花等近二十道工序。葵扇是新会葵艺的主要产品，是用葵叶经剪、晒、焙、焗、合或编织、缝制加工而成的扇子，有牛心扇、鸡心扇、玻璃扇、火画扇、漂白绣花扇、胶花织扇等上百个品种，其中火画扇对工艺要求最高。工艺品类包括葵花篮、葵通帽、葵藤席、葵藤垫席、汽车坐垫、葵画帘等，多数是利用葵藤经漂白、染色、编织而成，再施以其他工艺进行装饰，其中仅葵花篮就有近三百个花式品种。葵副产品指用剪裁葵扇后的下脚料制成的扫把、绳子等。

新会葵艺有着高超的造型艺术，并融汇了编织、绣花、绘画、印花等工艺，体现了劳动人民的智慧。

随着社会的发展，葵扇逐渐退出了人们的日常生活，新会葵艺也随之衰落。

国家级代表性传承人名单

姓名	性别	申报地区或单位	入选批次
廖惠林	男	广东省江门市新会区	3

岫岩玉雕

序号：328

编号：Ⅶ-29

批次：1

类别：传统美术

申报地区或单位：辽宁省岫岩满族自治县

岫岩玉雕指以辽宁省岫岩地区为中心发展起来的民间玉石雕刻工艺及其成品。

岫岩出产的岫岩玉是中国名玉，简称岫玉。5000年前的红山文化遗址中就出土了用岫岩玉制作的玉龙、玉猪、人面纹玉琮、兽面纹玉琮等工艺品。清末民初，岫岩地区形成了数百人从业的玉石街，出现了以江保堂为首的"玉雕八大匠"和以李得纯为代表的"素活二李"。

岫岩玉雕技法丰富，以立体圆雕及浮雕为主，辅以线刻、镂刻、透刻，并有勾花、勾散花、顶撞花等手法，善于因料施艺剜脏去绺，俏色巧用，化瑕为瑜，以柔环、活链为其典型工艺，难度很高。

岫岩玉雕造型古朴典雅，作品分为素活、人物、花鸟、动物四大类，尤以炉、瓶、熏等素活见长。素活由古代玉雕艺人根据商、周、春秋战国时期的青铜器及有关器皿的造型演变而来，被单列为玉雕中的一类。在规模上，岫岩玉雕既有重达数百吨的大件，也有寸许大的微型小件。代表作品岫玉塔熏《华夏灵光》，高达3.15米，而代表作《蝈蝈篓》则以精巧入微著称。

目前，高科技工艺进入玉雕领域，手工技艺受到冲击，加之岫岩玉雕老艺人逐渐离世，需加强培养中青年玉雕人才，以免传统工艺失传。

国家级代表性传承人名单

姓名	性别	申报地区或单位	入选批次
王运岫	男	辽宁省岫岩满族自治县	1

扬州玉雕

序号：327

编号：Ⅶ-28

批次：1

类别：传统美术

申报地区或单位：江苏省扬州市

扬州玉雕指流传于江苏扬州的玉雕技艺及其成品。扬州是我国玉雕的主要产区，琢玉工艺源远流长。在江淮东部龙虬新石器时代部落遗址中出土了玉璜和玉管，扬州汉代墓葬也出土了品类繁多、用多种技法雕刻的玉器。唐宋时期，扬州玉雕工艺达到高峰。清代扬州建隆寺设有玉局，大量承办宫廷玉器。1840年后，扬州玉雕行业渐渐衰落。20世纪50年代，扬州玉器厂成立，扬州玉雕技艺重新得到传承。

扬州玉雕大致有炉瓶、人物、花鸟、走兽、仿古、山子雕六个品类，历代扬州玉雕分别保留了不同时期的艺术特征，如西汉的《白玉蝉》采用汉八雕的手法，推磨极见功夫；清代的《大禹治水》则多种雕刻手法并用，前后雕琢六年才完成。

扬州玉雕使用的玉料丰富，如新疆的白玉、青玉、碧玉，辽宁的岫玉、玛瑙、黄玉，江苏的水晶，湖北的绿苗、松耳石及巴西的玉石、缅甸的翡翠和日本的珊瑚等，有"天下玉，扬州工"之说。玉石质地坚硬缜密，手工雕琢工艺特点主要是琢和磨，即琢玉与碾玉。扬州玉雕将阴线刻、深浅浮雕、立体圆雕和镂空雕等多种技法融为一体，形成秀丽典雅、玲珑剔透的艺术风格。

目前，扬州玉器生产企业面临成本高、费用高、赋税高但艺人报酬不高等问题，玉雕技艺后继乏人，亟待保护。

国家级代表性传承人名单

姓名	性别	申报地区或单位	入选批次
江春源	男	江苏省扬州市	1
顾永骏	男	江苏省扬州市	1
薛春梅	女	江苏省扬州市	4
高毅进	男	江苏省扬州市	4

杨家埠木版年画

序号：304
编号：Ⅶ-5
批次：1
类别：传统美术
申报地区或单位：山东省潍坊市

杨家埠木版年画是流传于山东省潍坊市杨家埠的一种民间版画。

明代洪武年间，杨家埠木版年画已初具工艺基础，至清代咸丰年间达到鼎盛，画店百家，画种上千，年画产品行销大半个中国。数百年来，杨家埠木版年画按照农民的风俗信仰、审美观点和生活需要逐步发展形成了淳朴鲜艳的风格，以浓郁的乡土气息闻名。

杨家埠木版年画制作方法简便，分勾描、刻版、印刷三道工序，初期为小案子坐印，后改为大案子站印。艺人首先用柳枝烧制的炭条、香灰作画，名为朽稿，在朽稿基础上再完成正稿，描出线稿，反贴在梨木版上雕刻，分别雕出线版和色版，经过调色、夹纸、兑版、处理跑色等程序后进行手工印刷。年画印出来后，还要手工描绘补点。

杨家埠木版年画题材丰富、形式多样，从大门上的武门神、影壁墙上的福字灯、房门上的美人条、金童子到房间内的炕头画、窗户两旁的月光画，乃至牛棚禽圈的栏门坎、大车、粮囤上都有专用张贴的年画，无处不及、无所不有。每年春节，杨家埠木版年画题材都会更换一次，反映了社会变迁和民间生活情况。

新中国成立后，因战乱而一度萧条的杨家埠木版年画重新焕发了生机。1979年，杨家埠木版年画研究所成立，专门对杨家埠木版年画进行挖掘整理和研究创新，但其发展还是受困于没有年轻人愿意学习制作技艺。

杨家埠年画　图1

◎传统美术

杨家埠年画 图 2

杨家埠年画 图 3

杨家埠年画 图 4

杨家埠年画 图 5

国家级代表性传承人名单

姓名	性别	申报地区或单位	入选批次
杨洛书	男	山东省潍坊市	1

杨柳青木版年画

序号：300

编号：Ⅶ-1

批次：1

类别：传统美术

申报地区或单位：天津市

杨柳青木版年画是我国北方的一种民间木刻版画，因发源于天津西南千年古镇杨柳青而得名。

杨柳青木版年画产生于明代崇祯年间，继承了宋、元绘画的传统，吸收了明代木刻版画、工艺美术、戏剧舞台的形式，采用木版套印和手工彩绘相结合的方法，创立了鲜明活泼、喜气吉祥、富有感人题材的独特风格。杨柳青木版年画在清代中叶先出现了两大派，即以表现历史故事为主的齐家和以表现小说戏曲为主的戴家，到清末，又出现了集两者之长的霍家，至此，杨柳青木版年画三大派形成鼎足之势。

杨柳青木版年画的制作方法为半印半画。

693

一幅杨柳青木版年画要经过勾、刻、印、画、裱五大工序。勾，即勾勒轮廓；刻，即将勾成的轮廓刻成版样；印，即把版样印在纸上；画，即对纸上套过单色版的图画进行描绘涂彩；裱，即将成型的图画装裱起来。其中画的工序费时较多，也形成了其刻绘结合的艺术特色。印上了版样的宣纸贴在板上，作画者站立在地上往板上描绘，边画边端详。有时要画十多天，直到感觉完美才收笔，人们称之为画门子。

杨柳青木版年画色彩典雅、绘制细腻、构图饱满、取材内容广泛。贴在大门上的年画又称门画，如财神和门童画。其他题材包括诸如历史故事、神话传奇、戏曲人物、世俗风情以及山水花鸟等，代表作《庄稼忙》《文明娶亲》《抢当铺》等不仅富有艺术欣赏性，而且具有史料研究价值，是记录历史进程的"活化石"。

明代永乐年间，杨柳青木版年画随着京杭大运河的开通而兴盛，后来曾一度衰落，抗日战争时期全部停业，损失最为惨重。新中国成立后，经过政府组织人员多次抢救、搜集和挖掘，杨柳青木版年画又获得了新生。

杨柳青木版年画 金玉满堂图

国家级代表性传承人名单

姓名	性别	申报地区或单位	入选批次
霍庆顺	男	天津市	1
霍庆有	男	天津市	1
冯庆钜	男	天津市	1
王文达	男	天津市	1

瑶族刺绣

序号：1162

编号：Ⅶ-105

批次：3

类别：传统美术

申报地区或单位：广东省乳源瑶族自治县

流传于广东省乳源瑶族自治县的瑶族刺绣是中国瑶族刺绣之一。史载，瑶人"好五色衣裳"，清康熙二十六年（1687）《乳源县志》亦载："猺（瑶）人男女或衣彩绣裙。"

居住在乳源的瑶族属于过山瑶支系，刺绣是当地妇女的终生手艺，家家户户、巷口村头，随处可见瑶家女埋头刺绣的身影。她们从小就跟随长辈学习执针引线，从绣制衣襟花边、花带和脚绑入手，习练基本功，长大后精心刺绣的花袋、荷包、香包和头帕是馈赠情人和亲友的礼物，以展示自己的才华、博得他人的赞赏和敬爱。作为嫁妆的嫁衣更是她们的呕心沥血之作。结婚之后，日用品和家人服饰上的刺绣是贤妻良母的标志。从古至今，乳源过山瑶的服饰用刺绣装饰得五彩斑斓。其无论巾帽、襟领、胸背、腰带还是绑腿直至伞袋、挎包，都绣有五彩图案花纹，显得花团锦簇、鲜艳夺目。

乳源瑶绣有深山瑶和浅山瑶两个流派。深山瑶刺绣色彩厚重，图案丰满；浅山瑶刺绣则浅淡明快，疏密有致。两个流派的刺绣手法均采用反面刺绣法，即反面挑花正面看。瑶家女子刺绣时不需绣架和底稿，只在布的反面根据布纹经纬线，先用黑线或白线绣出一层层方格或条纹，然后在其中配入自己喜爱的图形。绣线常用的颜色有红、黄、蓝、白、绿、黑、紫等，图案有正方形、三角形、梭形、圆形、水纹形、波浪形以及双蝶恋花、双龙戏珠、稻穗和鲜花等造型。瑶绣所有图案都由对角线、垂直线和平行线构成，角度分别为45°、90°和180°，无弧线，图案组合皆有象征意义

瑶族刺绣是过山瑶在漫长的社会发展中积累形成的传统技艺，反映了瑶族的历史、家庭、宗教和生活等方面，是过山瑶"五彩文化"的缩影。

瑶族刺锈

瑶族刺锈百花图

椰雕

海南椰雕

序号：836

编号：Ⅶ-60

批次：2

类别：传统美术

申报地区或单位：海南省海口市

海南椰雕是以椰壳、椰木和椰棕为原料的一种传统雕刻艺术，主要流行于海南地区。海南气候炎热，盛产椰子，为发展椰雕提供了得天独厚的条件。早在一千多年前的唐代就有了关于椰雕的记载，明清时期的椰雕制作工艺已经具有相当高的水平，被作为珍品进贡朝廷，赢得"天南贡品"的美称。

海南椰雕一般分为三类：一是椰壳雕。艺人利用椰子壳的天然形态，把椰壳和贝壳嵌镶结合拼接成工艺品，主要产品有椰碗、茶叶盒、牙签筒、烟灰缸、花瓶等。二是椰棕雕。艺人利用椰棕的自然肌理，采用切、割、烫等方法加工成椰猴、椰猪、椰妹等各种人物、动物造型工艺品。三是椰木雕。在海南民间，椰木向来被加工成木梁盖房子，现在则开始用椰木雕刻加工筷子、发夹等产品。椰雕工艺品种已发展到四百多个，近年又出现了椰雕画。海南椰雕的雕刻手法有平面浮雕、立体浮雕、通花浮雕等，细分之下还有带棕立体雕刻和贝壳镶嵌雕刻等诸多类型。

海南椰雕带有浓郁的地方特色，而且变废为宝、物尽其用，当地相关部门一直将其作为家庭手工项目进行推广。

夜光杯雕

序号：330
编号：Ⅶ-31
批次：1
类别：传统美术
申报地区或单位：甘肃省酒泉市

夜光杯是一种琢玉而成的名贵饮酒器皿，夜光杯雕指夜光杯雕刻工艺，起源并流传于甘肃省酒泉一带。酒泉市肃州区在历史上曾称为酒泉郡，自西汉设郡至今已有两千多年的历史，是丝绸之路上重要的历史文化名城，也是夜光杯最初的出产地。唐代诗人王翰在《凉州曲》中写道："葡萄美酒夜光杯，欲饮琵琶马上催。"由此可见，夜光杯至少在唐代就已出现。

夜光杯的制作要经过二十八道复杂的工序。首先要在祁连山老山窝子精选上乘玉料，然后根据酒杯的尺寸切成不同规格的圆柱体，制成毛坯。毛坯经过切削、精磨和掏膛基本成型。基本成型的夜光杯还要通过细磨、冲、碾、拓、抛光、烫蜡等十四道工序后，再用马尾网打磨，才能制成晶莹剔透的夜光杯。

夜光杯纹饰天然，杯薄如纸，光滑细腻。工匠们对制作工艺经不断改进，现已能生产六大类三十多种造型的夜光杯。其中仿古夜光杯造型精致，有爵杯、凤杯、牛头觥、觚、双凤杯、双龙海棠杯等。

夜光杯造型优美，玲珑剔透，早已远销海外。但长期以来，假冒伪劣夜光杯充斥市场，困扰着夜光杯的发展，也影响了其技艺的传承。

国家级代表性传承人名单

姓名	性别	申报地区或单位	入选批次
黄越肃	男	甘肃省酒泉市	1

彝族

（撒尼）刺绣

序号：854
编号：Ⅲ-78
批次：2
类别：传统美术
申报地区或单位：云南省石林彝族自治县

撒尼是云南彝族的一个支系，彝族（撒尼）刺绣是流行于云南省石林彝族自治县撒尼人聚居区的一种传统刺绣艺术，彝语称为拿窝。

撒尼女性一般自幼就开始学习刺绣，刺绣品在其日常生活中有重要的作用。撒尼姑娘贴身的挑刺品花腰带是男女的爱情信物，姑娘戴的刺绣包头以红、绿、蓝、紫、黄、青、白七种颜色的丝绸配制，包头两边的蝴蝶饰品是少女未婚的标志。

彝族（撒尼）刺绣按布纹的经纬运针走线，以斜十字针组成花纹，有单挑、双面挑、素色挑、彩挑等多种手法，绣制品多为包头、围腰、花边等服饰和背包、桌布、窗帘等生活用品。刺绣图案多源于生活，独具特色的山川地貌、风物特产，生活中常见的花鸟鱼虫、飞禽走兽，经过撒尼人的模拟、提炼、概括，精心构思，巧妙布局，成为变化多端、鲜艳夺目的图案。美雨花、太阳花、八角花等与花朵相关的图案表现了撒尼人的审美观念和祈福心理。彝族（撒尼）刺绣图案布局匀称，色彩明丽，用色搭配均有一定的象征意义，对研究撒尼人的历史和民俗有一定的参考价值。

◎传统美术

永春纸织画

序号：1157
编号：Ⅶ-100
批次：3
类别：传统美术
申报地区或单位：福建省永春县

纸织画是福建省永春县的一种传统民间艺术品，系用纸条编织而成。永春纸织画历史悠久，曾有唐代诗人为纸织画赋诗。据《永春州志》记载，"织画此为永春特产。其法以佳纸作字或画，乃剪为长条细缕而以纯白之条缕经纬之，然后加以彩色，与古所谓罽画及香笔记挈画相类"。有清代文人赞曰"是真非真画非画，经纬既见分纵横"。

永春纸织画主要经过绘画、剪裁、编织和装裱四道工序完成。纸织画的绘画同国画一样，但为了在编织后保持作品的色泽，颜色要用得浓重一些。画好的中国画用特制的利刀裁切成宽一两毫米、头尾不断的纸条作为经线。裁切的过程对工艺要求很高，稍有疏忽整张画就作废了。再取白色宣纸裁切成与经线等宽的纸条作纬线。剪裁之后将纸条像织布一样放在特制的织纸机上重新编织成画面。如果是人物和鸟兽图，编织后一般还需要填色才能装裱成画。纸织画除保持中国画特具的淡雅品格之外，还因为白色纬线的编入增添了一种朦胧之美。整幅作品远观像覆盖了一层薄纱，近看则纸痕交织，经纬明显。

永春纸织画题材广泛，内容丰富，山水花鸟、飞禽走兽、历史人物、神话故事，应有尽有，常见的形式有中堂、挂屏和对联等。永春纸织画将传统绘画以编织方法制作出来，丰富了民间工艺品种。

现在，因为销路不广，艺人纷纷改行，永春纸织画陷入传承困境。

玉雕

北京玉雕、苏州玉雕、镇平玉雕、广州玉雕、阳美翡翠玉雕

序号：833
编号：Ⅶ—57
批次：2
类别：传统美术
申报地区或单位：北京市玉器厂，江苏省苏州市，河南省镇平县，广东省广州市荔湾区、揭阳市

扩展名录：
玉雕（海派玉雕）　　上海市

玉雕是以玉石为材料的雕刻技艺及其作品。早在原始社会阶段，我们的祖先就用玉石制作镞、矛、刀、斧、铲一类的生产工具和各式各样的装饰品。商周时期，制玉即成专业，玉器成为礼仪用具和装饰佩件。经过唐宋的飞跃发展，明清时玉器制作达于鼎盛。

玉雕的品种很多，有人物、器具、鸟兽、花卉等大件作品，也有别针、戒指、印章、饰物等小件作品。玉石质地坚硬，加工时必须使用特殊的技法和工具。玉器雕琢主要包括选料、剥皮、设计、粗雕、细雕、修整和抛光等工序。雕刻技法有线雕、圆雕、半圆雕、浮雕、透雕、镂空雕等。琢和磨是玉雕的两种基本工艺，不同规格的磨头则是其基本工具，现在一般用电机来带动磨头。

从大的流派来说，中国当代玉雕工艺可分为南北两派，其下还有众多支派。在中国，玉历来被视作君子风范和美好事物的象征，玉雕是中国玉文化的组成部分，在世界上也享有很高声誉。

玉雕发展面临的主要问题是高精艺人少，与玉器市场缺乏管理有一定的关系。

中国非物质文化遗产百科全书·代表性项目卷

玉雕

玉雕（北京玉雕）
申报地区或单位：北京市玉器厂

北京玉雕流传于北京，又称北京玉器，其技艺源远流长，深厚精湛。明代宫廷御用监下设玉作，汇集全国治玉良师，北京的宫廷玉雕业由此出现兴盛局面，清代发展至历史高峰。在此基础上，北京民间玉雕业日渐兴旺，出现了潘秉衡、刘德盈等一批著名艺人。

北京玉雕用料讲究，因材施艺，种类齐全，主要有器皿、人物、花卉、鸟兽、盆景、首饰等，作品特点是质地坚硬、晶莹细腻、色彩绚丽、图纹工艺比较复杂，具有宫廷艺术的风格。北京玉雕的圆雕和浮雕作品较多，动物形圆雕大都丰满圆润，器皿类则较为厚重平稳。

20世纪80年代以来，由于资金短缺、人才断档，北京玉雕的特色品种和技艺不断流失，抢救和保护工作刻不容缓。

玉雕（苏州玉雕）
申报地区或单位：江苏省苏州市

流传于江苏苏州的玉雕工艺源远流长，考古发现，苏州地域内有距今6000年前的玉雕作品出现。明人宋应星在《天工开物》中有"良玉虽集京师，工巧则推苏郡"之说。至清乾隆年间，苏州琢玉作坊已达八百三十多户，到处可闻一片"沙沙"的琢玉声。苏州玉雕历史上能工巧匠辈出，许多玉工被宫廷召集赴京制作玉器并在北京安家落户，其琢玉技艺影响广泛。

苏州玉雕制作时多采用白玉、翡翠等名贵材料，讲究因材施艺，一边设计一边雕作，巧妙利用材质的天然纹理颜色进行"巧雕"，全靠艺人匠心独运。苏州玉雕以小件为主，多制作炉瓶、鸟兽等陈设摆件和佩、坠、环、簪、镯等饰品，其薄胎器皿件充分运用圆雕、浮雕、镂空雕、阴阳细刻、取链活环、打钻掏膛等技术进行雕作，成品华美精巧，成为"苏帮"细作工艺的扛鼎之作。

苏州玉雕的艺术特色可以概括为"空灵、飘逸、细腻、精巧"八字，空灵，即疏密得当、虚实相称；飘逸，即清新雅致、线条流畅；细腻，即八面玲珑、琢磨工细；精巧，即构思奇妙、意蕴无穷。

玉雕（镇平玉雕）
申报地区或单位：河南省镇平县

镇平玉雕主要流传于河南省南阳市镇平县。河南省南阳独山出产闻名遐迩的独山玉，又称独玉。这种玉具有色泽鲜艳、透明度好、硬度高的特点。镇平玉雕除了使用独山玉外，还广泛使用东北岫玉和外国进口的翠玉、碧玉等一百五十多种玉石作为原料。

镇平玉雕在产业化的过程中，博采众长，形成了丰富的产品体系，按技法可以分为花熏、动物、侍女等花活和项链、耳环等素活。花活以技巧见长，刀法复杂、造型新颖；素活以色显贵，讲究玉料的色泽和质地。

镇平玉雕的代表作《九龙转动花熏》《鸳鸯转心壶》主要以内雕和透雕技艺制作，体现了镇平玉雕的特色。

玉雕（广州玉雕）
申报地区或单位：广东省广州市荔湾区

广州玉雕主要在广东省广州市流传，其历史相当久远，距今四千多年的广州飞鹅岭新石器时代人类遗址中就有玉环存在，系统的玉雕工艺则形成于唐代中后期，清代道光年间广州玉雕已成行成市。广州人认为玉器有定惊避邪和脱难消灾之功，民俗有力地推动了广州玉雕的发展。

广州玉雕艺人在广州牙雕的基础上博采中国各地玉雕技术，在雕刻品种、技艺和用料方面都形成了自己的特色。

广州传统玉雕多以广东省信宜所产的南方玉为原材料。南方玉呈草绿色，半透明，多自然斑纹，磨琢后晶莹通透。艺人在继承宋代"七巧色玉"传统技艺的基础上，创造了留色的特技，在作品中巧妙地保留原玉的天然色彩。广州玉雕工艺品主要分为玉器首饰和摆设两类。首饰有玉镯、戒指、耳环、玉坠等，还有用金银宝石镶嵌的玉饰；摆设品有花卉、人物、鸟兽、瓶罐、玉球等。其中玉球是镂空成十几层的圆球，大球套小球，球球厚薄均匀，层层自由转动，并逐层雕上山水、花卉、人物、鱼虫、花鸟等精细的衬花。目前，玉雕球已能雕至二十层，形成一组球雕系统，工艺精巧至极。

20 世纪 80 年代以来，受到玉器市场萎缩的影响，从业人员锐减，玉雕人才出现断层趋势，亟须加强保护。

玉雕（阳美翡翠玉雕）
申报地区或单位：广东省揭阳市

阳美翡翠玉雕兴起于 20 世纪初，流行于广东省揭阳市东山区磐东镇阳美村一带。

阳美翡翠玉雕用料考究，主要采用缅甸北野人山区和国内出产的优质玉石。高档的翡翠晶莹剔透，硬度极高，通常采用"素"身的雕刻形式来表现其自然本质。阳美翡翠玉雕产品以消费者喜欢的风格和题材为主，即神佛、瑞兽、吉祥等图案，主要形式为小型翠牌或挂件。

阳美翡翠玉雕工艺从传统玉器加工技术发展而来，在发展中汲取了潮汕传统的木雕、石雕、刺绣等手法，如木雕的镂空、通花等，同时借鉴南派、北派玉雕技艺的精华，形成了阳美翡翠玉雕奇、巧、精、特的风格特点，具有鲜明的岭南地方特色。

玉雕（海派玉雕）
申报地区或单位：上海市

海派玉雕指以上海为中心地区的玉石雕刻艺术派系，是中国玉雕的重要流派。

海派玉雕的特点在于"海纳"和"精作"。"海纳"即包容万象，绘画、雕塑、书法、石刻、民间皮影和剪纸，乃至当代抽象艺术，都吸收消化，不留痕迹地融于玉雕创作中。"精作"体现在构思、雕琢等方方面面，从相料开始，审皮色、审料性、审瑕疵、审形势，审后才开始构思，琢玉则更加精细。

上海玉雕作品题材主要有四大类：炉瓶、人物、飞禽和走兽，其中以炉瓶类最为著名。炉瓶种类很多，有炉、瓶、鼎、卣、爵、熏、杯、盒、灯等，仅炉就有三脚炉、四脚炉、鹤炉、凤炉、鹰炉等，造型稳重典雅，纹饰古朴精美，富有浓厚的青铜器意味，以规矩、对称、端庄享誉业界。

上海玉雕作品形制有大有小，大的如重达两千多公斤的大型玉雕《红旗插上珠穆朗玛峰》，小的以牌子及手玩件为主，大件小件均力求精细和精美。

上海玉雕在发展过程中出现了一大批玉雕精品，也曾涌现一批玉雕名家。由于对工艺要求极高，目前从事该行业的人越来越少，海派玉雕传承面临后继无人的困境。

国家级代表性传承人名单

姓名	性别	申报地区或单位	入选批次
宋世义	男	北京市玉器厂	3
仵海洲	男	河南省镇平县	3
高兆华	男	广东省广州市荔湾区	3
柳朝国	男	北京市玉器厂	4
李博生	男	北京市玉器厂	4
袁耀	男	上海市	4
洪新华	男	上海市	4
翟念卫	男	上海市	4
杨曦	男	江苏省苏州市	4

粤绣

广绣、潮绣

序号：319

编号：Ⅶ-20

批次：1

类别：传统美术

申报地区或单位：广东省广州市、潮州市

粤绣是以广东省广州市为中心产区的手工丝线刺绣品的总称，分为广绣和潮绣两个绣派，至今已有一千多年的历史。唐代苏鹗《杜阳杂编》中就已有南海少女卢眉娘"工巧无比，能于尺绢绣《法华经》七卷"的记载。

粤绣的工艺特点是注意结合材料形质进行创作，突出表现在用线的多样性上，除丝线、绒线外，还用孔雀毛绩线，用马尾缠绒作线，近年还开发了珠绣；其次是用色明快，多用金线作刺绣花纹的轮廓线，装饰花纹繁缛丰满，

讲求华丽的效果；粤绣还有一个特点是传统绣工多男性。粤绣绣法可分为绣、垫、贴、拼、缀五种，针法有六角三叠踏针锦、垫棉过金针、双丁鳞等二百多种。潮绣的金银线垫绣法把形象中需要隆起的部分，用线或棉絮先垫高、处理表层后再绣制，这种方法能充分表现动物的肌体，使花纹呈现浮雕效果，富于质感。广绣则以绒绣见长。两者的针法不尽相同。

粤绣以花卉水果、龙凤和其他飞禽走兽为题材，绣品多为日常用品、祭祀用品、艺术欣赏品和戏服装饰品等，品种有被面、枕套、床帷、披巾、头巾、绣服、鞋帽、戏衣等，也有镜屏、挂幛、条幅等。绣品图案构图饱满、均齐对称，色彩对比强烈、富丽堂皇。

国家级代表性传承人名单

姓名	性别	申报地区或单位	入选批次
陈少芳	女	广东省广州市	1
林智成	男	广东省潮州市	1
康惠芳	女	广东省潮州市	4
孙庆先	男	广东省潮州市	4

藏族编织、挑花刺绣工艺

序号：1163

编号：Ⅶ-106

批次：3

类别：传统美术

申报地区或单位：四川省阿坝藏族羌族自治州

藏族编织、挑花刺绣工艺是嘉绒藏族的传统工艺。嘉绒藏族聚居在四川省阿坝藏族羌族自治州内的金川、小金、马尔康、理县、黑水和汶川部分地区，以及甘孜州、雅安市、凉山州等地。

◎传统美术

嘉绒藏族生活在高山峡谷、丛林地带，这里气候温暖，生产方式主要以农耕为主，兼营牧业，有丰富的畜牧资源。他们充分利用当地物产，穿着用手工编织的羊毛毡子剪裁缝制的衣服，捆扎彩线编织的花腰带，妇女都腰系挑花围裙、头戴刺绣花头帕、脚穿绣花鞋。各种口袋和放牧用具等日常生产生活物品也都用牛羊毛搓线编织而成。姑娘们从十二岁起就开始学习编织和挑花刺绣，几乎家家都有一部编织机和一柄纺线锤。过去，嘉绒妇女的所有农闲时间几乎都消耗在织机旁。织绣技艺以母女传承为主，兼有集体传承。

嘉绒藏族刺绣针法不受经纬限制，适宜绣花草纹样；而编织多由各种直线和几何图形组成简洁美观的纹样。材质和图案的特点使得无论是编织还是刺绣均有方折的力度感和厚重感，体现了嘉绒人的审美风格，是民族的象征和文化的载体。

国家级代表性传承人名单

姓名	性别	申报地区或单位	入选批次
陈少芳	女	广东省广州市	1
杨华珍	女	四川省阿坝藏族羌族自治州	4

藏族格萨尔彩绘石刻

序号：338
编号：Ⅶ-39
批次：1
类别：传统美术
申报地区或单位：四川省色达县

藏族格萨尔彩绘石刻是一种民族石刻艺术，属于格萨尔文化的一种遗存，主要分布在四川省甘孜藏族自治州色达、石渠、丹巴三县境内，以色达县最有代表性。两个多世纪前，格萨尔彩绘石刻就在色达县所在地区孕育产生。

藏族格萨尔彩绘石刻以英雄史诗《格萨尔》的内容为表现对象。石刻以色达县出产的天然板石为材料，制作时多保持石材的自然形状，先以线描构图，再用立刻、刮刻等手法雕刻。绘刻完成后，在刻石的画面上通刷一道白色颜料为底，干后着彩。色彩多用红、黄、蓝、白、黑、绿六色，一般不用中间色。这些色彩都具有特定的意义，与《格萨尔》中的各位将士相对应。

色达县的格萨尔彩绘石刻主要留存在泥朵乡、色柯镇、年龙乡和翁达镇，其中泥朵乡的石刻规模最大。这里的彩绘石刻存放在普吾寺白塔刻石经墙中的一座大石台上。石台共分5层，安放着千余幅彩绘石刻，表现了格萨尔王及岭国30员大将、80位将士的前世，还有天竺80大成就者和百位文武尊神的形象，形成完整的人物谱系和刻绘工艺体系。格萨尔彩绘石刻不仅为格萨尔文化提供了一种新的传承方式，而且填补了格萨尔文化在藏族石刻中的空白。

格萨尔彩绘石刻长期露天放置，高原严寒和强烈的紫外线照射造成严重的自然损坏，后又遭到人为破坏，有关刻绘技艺基本失传。20世纪80年代以来，在阿亚喇嘛的发起和组织下，藏族格萨尔彩绘石刻薪火复燃，但还没有人能全面传承其技艺。

藏族唐卡

勉唐画派、钦则画派、噶玛嘎孜画派

序号：313
编号：Ⅶ-14
批次：1

类别：传统美术

申报地区或单位：西藏自治区，四川省甘孜藏族自治州

扩展名录：
藏族唐卡（墨竹工卡直孔刺绣唐卡）
　　　　西藏自治区墨竹工卡县
藏族唐卡（甘南藏族唐卡）
　　　　甘肃省夏河县

藏族唐卡是一种民族美术形式，广泛流传于藏族聚居区。唐卡是藏语音译，意为布画。

唐卡起始的准确年代不详，现存唐卡除有少数宋元时期的作品外，大多都是五世达赖罗桑嘉措时的集体作品。从五世达赖起，成立了相当于画院的机构，唐卡创作进入了专门化创作时期。七世达赖格桑嘉措时，成立了官方性质的画院，推动了唐卡艺术的发展，也逐渐出现许多流派。

唐卡起源于壁画，主要反映宗教内容，包括藏族的创世传说、藏族的起源、量理学、工巧明、医学、天文、历算、文学、诗歌、戏剧、美术等。以画言史、以画叙事是唐卡的突出特点，可以说是藏族的一部百科全书。

唐卡的主要功能是服务于宗教，悬挂于寺院供信徒膜拜，其创作者以各寺院的喇嘛为主。绘制唐卡前要先把画布缝在一个细木画框上，再用绳子把细木画框牢牢地绑在大画架唐卓上，先后用胶水和有石灰的糨糊涂抹画布，涂层干后用玻璃、贝壳或圆石等光滑的东西反复摩擦布面，直到画布的布纹看不见了才能作画。经过处理后的画布就不会吸附颜料了。

唐卡按张挂方式可以分为画片唐卡和卷轴唐卡；按颜色可分为彩唐、金唐、黑唐、红唐、淡唐、浅唐六种；按制作方法不同，可分为绘画唐卡、堆绣唐卡、刺绣唐卡、印刷唐卡、织锦唐卡和缂丝唐卡六类，其中卷轴唐卡类的彩唐数量居多。

唐卡具有鲜明的民族特点、浓郁的宗教色彩和独特的艺术风格。对研究藏民族民间和宗教艺术均有一定的社会价值和学术价值，同时具有可供世人观赏和收藏的价值。

由于唐卡制作程序复杂，成本昂贵，方法考究，且制作技艺长期以来均是师徒相承、口耳相传，维系力量十分微弱，极易中断。现在传统的天然颜料制作方法和使用技法都面临着失传的危险，亟待保护。

唐卡　六臂玛哈嘎拉

藏族唐卡（勉唐画派）
申报地区或单位：西藏自治区

勉唐画派又称为门赤画派，以拉萨为活动中心，主要流行于卫藏地区。

该画派的创始人是勉拉·顿珠嘉措，他出生于洛扎勉唐（今山南地区），勉唐画派由此而得

名。勉唐画派造像注重绘画线条的运用，工整流畅，法度精严而变化丰富，色调亦活泼鲜亮。

现在遗存在布达拉宫、罗布林卡和拉萨哲蚌寺、色拉寺、甘丹寺的壁画、唐卡多为勉唐画派画师所绘。历代勉唐画派画师经过若干世纪的实践，将早期流行的印度尼泊尔样式与汉族地区明清时期的绘画艺术风格融会贯通，逐步形成了藏民族独特的宗教绘画样式。

藏族唐卡（钦则画派）
申报地区或单位：西藏自治区

钦则画派因其创始人为贡嘎岗堆·钦则钦莫而得名，形成于15世纪中叶以后，主要流行于后藏和山南地区。

钦则画派在构图上保持了尼泊尔绘画中主尊较大的特点，但在风景表现上吸收了汉族地区的绘画风格。这个画派尤其擅长表现具有阳刚之美的怒相神，还善于绘制坛城，刻画精致，配色细腻，装饰味很浓。

藏族唐卡（噶玛嘎孜画派）
申报地区或单位：西藏自治区，四川省甘孜藏族自治州

噶玛嘎孜画派流行于藏区东部，以四川省甘孜德格和西藏昌都为中心，相传在16世纪由南喀扎西活佛创建，以噶玛巴大法会而得名，简称噶孜派。

噶玛嘎孜画派的风格来源较为复杂，其创派人物以南亚梵式铜佛像为范，又深受勉唐派的影响，与同时期的八世噶玛巴活佛米久多吉总结经验，撰成《线准太阳明镜》，奠定了噶孜画派的理论基础。其后，十世噶玛巴曲英多吉借鉴了汉族界画和山水画技法，开始以工笔重彩绘制唐卡，作品具有浓郁的汉族绘画风格。

噶孜画派的特点是施色浓重，对比强烈。他们在数百年中逐渐形成一套颜料制作使用的特殊技法，以白、红、黄、蓝、绿为母色，能调出9大支32中支进而变化出158小支色相。黄金的运用是藏传佛教绘画的一大特色，因为使用金色被视为对神佛最神圣的供养。噶孜画派有一套研制金汁及涂金、磨金、勾金线、刻金、染金的绝技。他们将金色进行多种变化，可用金线勾画出不同的层次效果，还可在大片涂金的地方用九眼石制成的笔撮出各种线条（俗称宝石线），使噶孜画派的唐卡看上去富丽堂皇。

藏族唐卡（墨竹工卡直孔刺绣唐卡）
申报地区或单位：西藏自治区墨竹工卡县

墨竹工卡直孔刺绣唐卡是唐卡众多流派中极富特色的一支，其创始人为赤列多吉，已经过五代家族式的传承。

墨竹工卡直孔刺绣唐卡的拼、刺、绣、缝等工艺全部用手工完成，制作时首先画图，再根据图形进行刺绣。刺绣采用上等丝线，面积在十平方米以上的大型唐卡仅仅是所用丝线的制作就很复杂：把五六根马尾毛捻在一起，先用生牛羊肉涂抹，以起到黏合作用，外面再以各色绸布包裹制成。完成一幅直孔刺绣唐卡，少则一年，多则数载。

墨竹工卡直孔刺绣唐卡将绘画和刺绣相结合，使得画面凹凸有致，极富立体感、质感和动感。

藏族唐卡（甘南藏族唐卡）
申报地区或单位：甘肃省夏河县

流传于甘肃省甘南藏族自治州的甘南藏族唐卡构图不受真实时空的限制，即使在很小的画幅中也能表现出广阔的境域，上有天堂，中

有人间，下有地界，还巧妙利用变形的山石、祥云和花卉等图案将复杂的情节内容自然分割开来，形成独立又连贯的传奇故事画面。

国家级代表性传承人名单

姓名	性别	申报地区或单位	入选批次
丹巴绕旦	男	西藏自治区	1
格桑次旦	男	西藏自治区	1
颜登泽仁	男	四川省甘孜藏族自治州	4
罗布斯达	男	西藏自治区	4
希热布	男	甘肃省夏河县	4
九麦	男	甘肃省夏河县	4

漳州木版年画

序号：303

编号：Ⅶ-4

批次：1

类别：传统美术

申报地区或单位：福建省漳州市

漳州木版年画是流传于福建省漳州市芗城区和闽南、岭南一带的一种民间版画，因流传地域而得名。

木版年画在唐代时由中原传入漳州。宋代，福建的刻书业开始兴盛，迅速带动了民间版画刻印技术的发展。到了明代，漳州的木版年画逐渐兴盛，于清末民初达到鼎盛，出现了二十多家年画作坊，产品远销到东南亚、日本及中国台湾、中国香港等国家和地区。

繁多的民间民俗活动是漳州木版年画业生存和发展的基础，年画内容主要也是喜庆迎新和避邪祈福两大类，形式以门画居多。门画按照制作方法不同分为粗神和幼神。粗神指以大红或朱红纸为底印制的门画；幼神指直接以本色纸印制，而人物背景套印淡红色的门画。

漳州木版年画先在木质平板上镌刻画稿（分色版和墨线版），而后套印于纸上。印制幼神人物背景色的版是很特别的阴版，雕版上所有线条和色块的边缘都向外倾斜，便于印制时调节水分。印制时先上色版，后上黑线条版，对色位的把握全凭印制者的经验。漳州木版年画中有一种用黑纸印制的年画，在黑色底纸套印彩版时，艺人还大胆用金、银印线压色，整个作品显得金碧辉煌。

漳州木版年画的版材多选梨木，纸张全部采用闽西纸。年画作坊有红房和黑房之分，黑房专门印制文字书籍，红房专门印制年画。

随着民间民俗活动的变化，漳州木版年画的实用性减弱，造成市场萧条，从事年画生产的人员大大减少。若不及时抢救、保护，其制作技艺难免要走向消亡。

漳州木偶头雕刻

序号：343

编号：Ⅶ-44

批次：1

类别：传统美术

申报地区或单位：福建省漳州市

扩展名录：
木偶头雕刻（江加走木偶头雕刻）
福建省泉州市

漳州木偶头雕刻是用于木偶戏道具制作的雕刻技艺，主要流传于福建省漳州市、厦门市、泉州市及周边地区。

漳州木偶头雕刻技艺以家族传承的方式为主，一直流传至今。其代表性传承人徐竹初从艺半个多世纪来，在继承祖辈雕刻手法的基础上不断创新发展。他强调以形写神，在下刀之前对人物的身世、性格反复揣摩。他设计的戏曲人物造型多达六百种，生、旦、净、末、丑各行当齐全，其中既有传统名剧中的关公、曹操、梁山好汉等角色，又有神话传说中的神仙魔怪等形象，神态各异，生动传神。徐竹初的木偶雕刻技法除了讲究刀工以外，世袭的秘制涂料也很重要。一件作品每种色彩都要涂上数十遍，使木偶保存百年都不会掉色、变形。

漳州木偶的整体造型包括头、四肢、服装和冠盔等，木偶头雕刻仅指头部造型，也是最重要的部分。作为戏曲舞台人物头像的雕刻，漳州木偶头雕刻非常注重人物性格特征的刻画，夸张的造型、丰富的表情和类型化的处理方式是其主要特征。

如今，民间木偶戏演出的衰落状况让木偶头雕刻技艺的传承也面临困境。如果离开戏曲舞台，木偶头雕刻只能成为单纯的观赏品，其中许多活态的文化就会丢失。

木偶头雕刻（江加走木偶头雕刻）
申报地区或单位：福建省泉州市

雕刻大师江加走是泉州木偶头雕刻艺术发展过程中一位承前启后的重要人物，他制作的木偶头像，被称为加走头或花园头。

江加走（1871～1954），字长清，福建泉州市人。其父江金榜是雕刻兼粉彩神像的民间艺人。江加走从小随父学艺，发展创作出285种不同性格的木偶头像，其中250种都有称谓，头像的发型有十多种。

江加走通过对人物形象长期的观察和认真研究，总结出木偶雕刻的规律。他认为一个人形象的美丑忠奸贤及表情的喜怒哀乐，都会在五形（两眼、两鼻孔和嘴巴）三骨（眉骨、颧骨和下额骨）上引起复杂的变化。按照剧情和人物性格，江加走对木偶面部的骨骼和肌肉结构进行概括、夸张和变形，把不会动的木偶变

得活灵活现。

江加走木偶头是雕刻和彩绘的完美结合，缺一不可，其雕刻和粉彩技艺工序繁杂，学艺周期长，收入有限，年轻人难以接受，江加走木偶头雕刻技艺的传承陷入困境。

国家级代表性传承人名单

姓名	性别	申报地区或单位	入选批次
徐竹初	男	福建省漳州市	1
徐聪亮	男	福建省漳州市	1
黄义罗	男	福建省泉州市	3

朱仙镇木版年画

序号：306
编号：Ⅶ-7
批次：1
类别：传统美术
申报地区或单位：河南省开封市

朱仙镇木版年画是流传于河南省开封市朱仙镇及其周边地区的一种民间版画。

据《东京梦华录》记载，早在北宋，朱仙镇就有了木版年画。北宋末期，由于金兵的入侵，京都沦陷，大量年画艺人流落江南，东京的木版年画业迁至东京四十五里外的商业重镇朱仙镇。木版年画在繁荣的商埠迅速恢复，声名大振。直到清末，由于朱仙镇河道阻塞，航道不通，木版年画与其他商业随之日趋萧条。

朱仙镇木版年画有四大特点：一是以矿物和植物作原料，手工磨制的颜料色彩纯净，印制的年画明快鲜艳，不易褪色。艺人在用色上讲究五行相生，用黑、铜绿、槐黄、大红、章丹、葵紫为主色，辅以苏木红、金色、银色。二是多表现高大正义的英雄人物，形象夸张。三是

采用古代人物画的铁线描技法，线条粗犷，宁折不弯，具有北方民族纯朴厚实的民风。四是构图饱满紧凑，留白少。"朱仙镇的木版年画很好，雕刻的线条粗健有力，和其他地方的不同，不是细巧雕琢。这些木刻很朴实，不涂脂粉，人物也没有媚态，颜色很浓重，有乡土味，具有北方木版年画的独有特色。"这是鲁迅先生对朱仙镇木版年画生动的概括。

朱仙镇年画多是神祇画、民间故事画和吉祥年画，富丽堂皇，烘托民间过年的欢乐气氛。

朱仙镇木版年画的生产都是家庭作坊模式，印制规模小，老艺人年事已高，其技艺无人传承，特别是传统的矿植物颜色磨制方法已鲜为人知，应对其及时加以保护。

朱仙镇木版年画　刘海戏金蟾

国家级代表性传承人名单

姓名	性别	申报地区或单位	入选批次
郭泰运	男	河南省开封市	1

竹刻

嘉定竹刻、宝庆竹刻

序号：345
编号：Ⅶ-46
批次：1
类别：传统美术
申报地区或单位：上海市嘉定区，湖南省邵阳市

扩展名录：

竹刻（无锡留青竹刻）	江苏省无锡市
竹刻（常州留青竹刻）	江苏省常州市
竹刻（黄岩翻簧竹雕）	浙江省台州市黄岩区
竹刻（江安竹簧）	四川省江安县

竹刻又称竹雕，指用竹根、竹材雕刻成的工艺品，或在竹材、竹制器物上雕刻的文字、图画等，主要流行于中国南方各地。竹刻是中国竹文化的一部分。

因为竹材不易保存，在考古发掘中很少发现竹刻。根据史料记载可知，在唐宋时，中国的竹刻工艺已经有相当高的水平。任何艺术发展到一定阶段总会形成流派。中国竹雕艺术于明末清初成熟后，众多流派也逐渐形成并展示出来。

竹刻（嘉定竹刻）
申报地区或单位：上海市嘉定区

嘉定竹刻工艺流传于上海市嘉定地区，该地区盛产竹子。嘉定竹刻技艺为明代正德、嘉靖年间朱鹤所创，距今已有四百多年的历史。

朱鹤擅长诗文书画，他开创了以透雕、深

雕为特征的深刻技法，使竹刻成为一门独立的观赏艺术。朱鹤和儿子朱缨、孙子朱稚征祖孙三代潜心研究竹刻艺术，奠定了嘉定竹刻艺术的基本品格。"三朱"之后，嘉定竹刻不断发展，流派纷呈，晚清时，嘉定城内竹刻作坊林立，店铺繁多。

嘉定竹刻艺人以刀代笔，以书法刻竹，将书、画、诗、文、印诸种艺术融为一体，赋予竹刻作品书卷之气和金石品味，其形制多适合文人口味，审美价值超过实用价值。嘉定竹刻品种有笔筒、香筒（熏）、臂搁、插屏、抱对等，也有以竹根刻成的人物、山水、草木、走兽等。

嘉定竹刻系纯手工操作，难以形成规模化生产。现在的画家无人操刀刻竹，竹刻艺人又缺少文化素养，致使嘉定竹刻的文化内涵逐渐丧失。当地政府部门正采取措施抢救嘉定竹刻技艺。

竹刻（宝庆竹刻）
申报地区或单位：湖南省邵阳市

宝庆竹刻是一种从实用竹器工艺中脱胎而来、集观赏性和实用性于一体的民间工艺。湖南省邵阳市旧称宝庆府，盛产楠竹。

明代编修的《宝庆府志》，曾记载过万历年间宝庆竹刻名师潘一龙及其竹艺作品。清代康熙年间，宝庆竹刻艺人王尚智发明了翻簧工艺和翻簧竹刻。制作翻簧竹刻时，艺人先将竹子去青去节，剖削出竹子内壁的簧面，经煮、晒、碾等工序后，压平贴于木胎或竹胎之上，再抛光打磨，运用不同手法在上面雕刻出人物、山水或花鸟。竹簧色泽犹如象牙，宝庆竹刻的历代大师擅长运用竹簧的材质，将竹刻技巧与中国古典书画的意境融会贯通，创作的竹刻作品格调高雅，是收藏佳品。

20世纪90年代，邵阳原有的九家竹艺厂全部破产倒闭，技师流散各地。宝庆竹刻技艺濒临消亡，亟待抢救和保护。

竹刻（无锡留青竹刻）
申报地区或单位：江苏省无锡市

留青竹刻是竹刻的一种，它留用竹子表面一层竹青来雕刻图案，然后铲去图纹以外的竹青，露出竹肌作底。竹青色浅，呈微黄，质地细润，竹肌色较深，两者色质的差异使留青竹刻呈现鲜明的层次感。

无锡留青竹刻历史久远，技法多样。早在明代，无锡籍竹刻家张希黄即创立留青浅刻山水技法。1915年，无锡籍竹刻家、金石家张瑞芝开设双契轩艺坊，其留青竹刻技艺以家族传承的方式延续至今，历代传人均工书善画，精通诗文。早期的无锡竹刻以摹刻金石文字为主，其次是名家书画。

无锡留青竹刻的主要技法有阴文浅刻、毛雕、留青浅刻、薄地阳文、浅浮雕、高浮雕、透雕和圆雕等，其设计和制作理念是主张以画法刻竹，挂屏、臂搁可看作中国书画中的立轴；扇骨、镇纸可看作屏条；而笔筒图样展开来，则可看作手卷或通景屏一类。无锡留青竹刻与无锡的文学、书画艺术有着水乳交融的关系，具有重要的人文价值。

无锡市民间艺术博物馆自筹资金保留了两名竹刻艺人，使其免于流散，也为竹刻艺术爱好者提供了交流、切磋的平台。

竹刻（常州留青竹刻）
申报地区或单位：江苏省常州市

留青竹刻是江苏常州地区传统的民间工艺。

常州留青竹刻产品有台屏、挂屏、笔筒和臂搁等多种类型，其制作过程主要有整形、描图、切边和铲底四个步骤。整形是按照需要，将竹材制成各种物件的形状并打磨光滑；描图是将书画稿描印或自画在竹面上；切边是以不同角度切割竹材边缘；铲底是铲刮竹底，绘画作品必须根据笔墨的浓淡、深浅、虚实决定竹青是全留、多留、少留还是不留，完成一件作品需费数月之功。成品具有很高的观赏性和珍藏价值，为人们所喜爱、珍藏。

常州留青竹刻现有以徐素白、白士风为代表的两大流派。

竹刻（黄岩翻簧竹雕）
申报地区或单位：浙江省台州市黄岩区

黄岩翻簧竹雕是浙江省黄岩地区民间传统的工艺品种，始创于清同治九年（1870）。黄岩是国内最早制作翻簧竹雕的地区之一，也是国内保存该手工工艺流程最完整的地区之一。

翻簧竹雕因在毛竹内壁的簧面上雕刻而得名，亦称贴簧、反簧。其传统工艺是将毛竹去青取簧，经过煮、压、刨、晒后，胶合或镶嵌在木胎或竹片上，然后磨光，配以红木等其他装饰材料，制成花瓶、笔筒、茶叶盒等工艺品，再在厚度不到半毫米的竹簧面上雕刻各种图案。黄岩翻簧竹雕的主要技法是浅浮雕和线雕，其独有的技艺是制作翻簧时保留竹节和采用三棱雕刀进行雕刻。

黄岩翻簧竹雕产品品种主要有茶叶盒、邮票盒、烟盒、首饰盒、糖果盒、笔筒、花瓶、台灯等实用品，有还台屏、挂屏、壁挂等装饰性强的欣赏品，具有纹质细洁、花色多彩、色泽古雅、牢固耐用等特点，在国内外有一定的知名度。

竹刻（江安竹簧）
申报地区或单位：四川省江安县

江安竹簧是江安竹工艺的一部分。位于四川省南部的江安县盛产竹类，数量品种繁多的竹类是当地人的生存资源之一。竹公神像的出土，证明在明代正德年间，江安竹工艺已经成熟，并形成了一定的规模。

江安竹簧的工艺特色是堆雕和明筋镶嵌。堆雕是将多层竹簧嵌压在一起进行雕刻，每层保留图案，去掉多余部分，成品具有较强的立体效果。明筋镶嵌是利用竹块横截面的花纹斑点（俗称明筋）镶嵌成几何图案，贵在镶嵌后浑然一体，难觅人工痕迹。

江安竹簧制品现有竹簧、竹筷、竹雕、竹根雕、竹编、竹具、竹装修七大类上千个花色品种，既有典型的文人意趣，又有突出的民俗特征，具有较高的实用价值和历史价值。

江安竹簧在发展过程中形成致和派、玉竹派、王氏派和综合派四大流派，其工艺的传承谱系在四五代以上。

国家级代表性传承人名单

姓名	性别	申报地区或单位	入选批次
曾剑潭	男	湖南省邵阳市	1
乔锦洪	男	江苏省无锡市	3
徐秉方	男	江苏省常州市	3
罗启松	男	浙江省台州市黄岩区	3
张宗凡	男	湖南省邵阳市	4

砖塑

鄄城砖塑

序号：862
编号：Ⅲ-86
批次：1
类别：传统美术
申报地区或单位：山东省鄄城县

鄄城砖塑是流传在山东省菏泽市的一种传统雕塑艺术，以菏泽鄄城彭楼镇彭楼村谢家的砖塑为主要代表。谢家砖塑从清代光绪年间创始人谢光芳开始，至今已历三世。

甄城谢家砖塑保留了传统的民间捏塑和土陶工艺特色，运用泥土塑形烧制而成。谢家砖塑制作讲究，仅仅制泥就有若干小工序，其中有的工序还需要重复几遍。原料要选择淤土，晾干后再加水和开，和泥时的硬度全凭经验掌握，过干则裂，过湿则不易成型。

甄城谢家砖塑烧制的神庙、家祠、民居建筑构件广泛流传在鲁东豫西一带，主要有戏曲砖塑和花鸟砖塑两种。戏曲砖塑一般用于正房山墙墙垛（沿建筑物短轴方向布置的横向外墙称为山墙。古代建筑一般都有山墙，其作用主要是与邻居的住宅隔开和防火），花鸟砖塑主要用于山墙上端。除此之外，还有用于装饰屋顶的脊兽等。

甄城谢家砖塑造型生动传神，线条清晰流畅，其戏曲砖塑选取戏曲故事中的经典场面，采用高浮雕和浅浮雕相结合的手法，表现正邪、忠奸和善恶，寓教于乐，传承历史文化。目前，由于现代建筑形式的普遍流行，作为传统建筑的甄城砖塑日趋衰落，亟须大力保护。

国家级代表性传承人名单

姓名	性别	申报地区或单位	入选批次
谢学运	男	山东省甄城县	3

棕编

新繁棕编

序号：1154

编号：Ⅶ-97

批次：3

类别：传统美术

申报地区或单位：四川省成都市新都区

棕编是以棕榈树叶为原料编制的民间手工工艺及其工艺品。流传于四川成都市新繁镇一带的棕编是当地的传统产品，清代嘉庆末年，新繁妇女即有"析嫩棕叶为丝，编织凉鞋"的传统，距今已有二百多年的历史。

新繁棕编的原料主要产自四川都江堰、彭州、大邑、邛崃等山区。每年4月，艺人们将采集的绿色嫩棕叶用排针梳理成形似绿色挂面的棕丝，然后将部分棕丝搓成棕绳，再将棕丝、棕绳经过浸泡、硫熏、晒晾断青等工艺制成洁白柔软的棕编材料，一些棕丝还需染色用于装饰点缀。

棕编制作过程中的产品造型大多使用模具，编织技法主要有三种：第一种叫胡椒眼法，即将棕丝等距排列的经线相互交叉编成菱形，再用两根纬线穿于菱形四角，依此类推，编织出窗花般美观规则的图案。第二种为密编法，艺人采用疏密相同、距离相等且重复的方法进行细密的编织，多用于编织鞋、扇等产品。第三种是"人"字形法，即以人字图案来设计或控制棕编的经纬走向或构图，此法用于编织帽、席等生活用品。

在新繁地区，很多妇女都熟练掌握棕编技艺。艺人根据季节的变化和市场需求进行产品调整，夏季主要编制凉帽、拖鞋，秋季主要生产棕编提包和其他工艺品摆件。棕编制品实用美观，一直受到当地人民的喜爱，棕编技艺也在新繁妇女中代代相传。

传统技艺

阿昌族户撒刀锻制技艺

序号：391

编号：Ⅷ-41

批次：1

类别：传统技艺

申报地区或单位：云南省陇川县

阿昌族户撒刀锻制技艺是阿昌族的一种传统手工技艺。户撒刀，也叫阿昌刀，因产于阿昌族聚居的陇川县户撒阿昌族乡而得名。阿昌族户撒刀锻制技艺主要留存在户撒阿昌族乡的潘乐、户早、隆光、项姐、明社、曼炳六个村。

明代"三征麓川"（1441～1449）时，户撒成为"兵工厂"。阿昌族人学习了汉族的兵器制造技术，形成户撒刀锻制技艺。该技艺于明末清初走向成熟，民国年间生产达到鼎盛。

阿昌族户撒刀制作须经下料、制坯、打样、修磨、饰叶、淬火、刨光、做柄、制带、组装十道工序。制刀时，将云南保山、腾冲一带出产的钢材放到炉火中反复加热、锻打、刮磨成刀坯后，再蘸水淬火。淬火为户撒刀锻制的关键工序。通过热处理，能使刀叶的硬度和韧性达到最佳状态。

户撒刀种类繁多，有背刀（长刀）、砍刀、腰刀、藏刀（专为藏区生产）、匕首、宝剑等近百种，以背刀和藏刀最为精巧和典型。其中，银鞘长刀的刀鞘和刀柄具有浓郁的边疆民族风格，刀叶上的二龙戏珠、猛虎长啸、丹凤朝阳、十二生肖等图案则源于汉文化。

由于工艺精湛，户撒刀不仅为本民族所喜爱，也深受附近汉、傣、景颇、傈僳、藏、白等民族的欢迎，且远销国外。

国家级代表性传承人

姓名	性别	申报地区或单位	入选批次
项老赛	男	云南省陇川县	1

白茶制作技艺

福鼎白茶制作技艺

序号：1183

编号：Ⅷ-203

批次：3

类别：传统技艺

申报地区或单位：福建省福鼎市

白茶制作技艺是一项传统制茶技艺。福鼎白茶是白茶的一种。福鼎白茶制作技艺发端于福鼎太姥山，主要分布在国家风景名胜区太姥山山脉周围的点头、磻溪、白琳、管阳、叠石、贯岭、前岐、佳阳、店下、秦屿和硖门等十七个乡镇，各个乡镇的企业、民间的手工作坊，都留存有白茶制作的独特技术。

福鼎白茶传承古老制法，据民间传说和福鼎乡土文献记载有三个派系：1. 福鼎白琳翠郊吴氏。白琳翠郊吴氏系春秋时期吴国夫差的后裔，在清乾隆年间因经营白茶而发迹，至今留存规格宏大的清代吴氏古民居和相关的制茶工具。2. 点头柏柳。清代，福鼎点头柏柳陈焕、张吓钦等人发现"绿雪芽"茶树后，并移植家中繁殖。3. 梅山派。福鼎白茶的制茶原料为国家级茶树良种福鼎大白茶（华茶1号）或福鼎大毫茶（华茶2号）的芽、叶，其制作须经鲜叶、萎凋、拣剔、正茶、匀堆、烘焙、装箱等工序，其中，萎凋和干燥为主要工序。制茶时，先将刚采下的茶叶放在竹席上晒干水分并抖散，然后将铺好的茶叶进行晾晒，这一工序称为"萎凋"。晒茶时，先于背光处晾晒，待茶叶晒至五六成干时再调整竹席方位正面晒茶。晒茶工序完成后即可用木炭烘干茶叶，烘焙时须保持恒温。烘焙两小时后需翻动茶叶，升温后继续进行烘焙。福鼎白茶制茶无须炒制，此为其特色之一。

福鼎白茶制品主要包括白毫银针、白牡丹、寿眉（贡眉）、新工艺白茶、福鼎老白茶、紧压福鼎白茶等。其外形白毫显露，汤色杏黄明亮，滋味清鲜甘醇，香气素雅芬芳，制作中不炒不揉，文火烘干，极大程度地保留了茶叶中的营养成分。

福鼎白茶制作技艺的传承情况存在缺失或断层现象，福鼎白茶自创制开始，是地方的支柱产业，农村广泛种茶，并会制茶，但主要传承人脉络产生分化，所记载的传承白茶者，其后代难以完全掌握先祖遗传。随着社会的发展，在新的历史时期，制茶技艺走向科研，集中于工厂、企业，民间传统的古老制茶技艺方法在传承和流失中并存。

国家级代表性传承人名单

姓名	性别	申报地区或单位	入选批次
梅相靖	男	福建省福鼎市	4

白沙茅龙笔制作技艺

序号：915

编号：Ⅷ-132

批次：2

类别：传统技艺

申报地区或单位：广东省江门市

白沙茅龙笔制作技艺是广东的一项传统制笔技艺。白沙茅龙笔是以新会圭峰茅草为主要材料，经多道工序制作而成的一种书写工具。其创始人为明代理学家、诗人、书法家陈白沙先生，因此又称"白沙茅龙笔"。白沙茅龙笔制作技艺主要留存于广东省江门市蓬江区和新会区等城镇。

白沙茅龙笔制作历史悠久。清康熙年间新会已有捷元斋笔庄专门制作茅龙笔，清末至抗日战争前更出现了成规模的"做笔街"，茅龙笔远销日本、东南亚及澳洲。

白沙茅龙笔制作需经选裁、锤砸、浸泡、刮青削草、捆绑装饰等工序。制作时，需选摘背风向阳、不老不嫩、茎秆粗大、长短适宜的茅草，加以剪裁后将茎部锤砸成扁状，经晒干并浸泡2～3天。然后即可按照设计的笔形进行"刮青削草"，即用利刀、锉刀对草料进行快速刮削并手拉成笔坯。此道工序最为关键，直接关系到茅龙笔的成型和使用效果。笔坯经浸胶、风干和梳整后，再用红、白丝绒绕扎，并配以笔帽、丝带等饰物，即完成茅龙笔制作。

茅龙笔做工考究，古朴雅致；笔锋修长，极富弹性；笔触苍涩，牵丝飞白相得益彰。用茅龙笔书写，笔锋特别，笔画中留有空隙，形成难有的"飞白"效果，别具一格。

当前由于工艺流程长、成本高等原因，只有为数不多的人在从事制作，白沙茅龙笔已临后继乏人、技艺失传的困境，亟待进行抢救和保护。

白族扎染技艺

序号：376

编号：Ⅷ-26

批次：1

类别：传统技艺

申报地区或单位：云南省大理市

扩展项目：
扎染技艺（自贡扎染技艺） 四川省自贡市

白族扎染技艺是白族的一种纺织品染色技艺。云南省大理白族自治州大理市周城村和巍山彝族回族自治县的大仓、庙街以及四川省自贡市等地至今仍保留着白族扎染技艺。明清时期，洱海白族地区的染织技艺已达到很高水平，出现了染布行会。

扎染一般以棉白布或棉麻混纺白布为原料，主要采用植物蓝靛作为染料，工具为染缸、染棒、晒架、石碾等。扎染技艺主要包括扎花、浸染、漂晾三道工序。先在布匹上印上设计好的花纹图样，按照图样要求，分别使用撮皱、折叠、翻卷、挤揪等方法，将图案部分缝紧，呈疙瘩状。经反复浸染，晾干拆线，被线扎缠缝合的疙瘩部分色泽未渍，呈现各种花形，一块蓝底或青底白花的扎染布便制成了。由于不同部分扎的手法及松紧程度不一，在花纹与底色之间往往呈现出渐变的效果，图案产生自然晕纹。近年来，白族扎染技艺还发展出彩色扎染和"反朴法仿扎染"，后者图案花纹兼有扎染与泼画的风格，色晕层次更为丰富。

白族扎染品种多样，图案多为自然形的小纹样，分布均匀，题材寓意吉祥，具有浓郁的民间艺术风格，反映了制作者的审美情趣和当地民情风俗。扎染成品可用于制作衣裤、被子、枕巾、桌布等，其色泽自然，褪变较慢，不伤布料，经久耐用，穿着舒适。

自贡扎染工序与白族基本一致，只是在使用的原料和图案上有所区别。自贡扎染原料包括棉、麻、丝缎等各类纯天然织物和皮革等，图案也较为多样，包括几何图案、写意图案等。

不过，随着扎染的产业化，扎染所需的植物染料开始出现供不应求的情况，部分传统扎染技艺流程也存在消亡的危险。

国家级代表性传承人名单

姓名	性别	申报地区或单位	入选批次
张仕绅	男	云南省大理市	1

斑铜制作技艺

序号：901
编号：Ⅷ-118
批次：2
类别：传统技艺
申报地区或单位：云南省曲靖市

斑铜制作技艺是云南特有的一项传统制作技艺。斑铜，因天然铜矿中含有各种金属，经冶炼熔铸后在铜器表面形成结晶斑而得名。其技艺主要流传于会泽县、昆明市及东川（现为昆明市东川区）等地区。

斑铜工艺至今已有三百多年的历史了。早在先秦时代，云南就以铜器制作而闻名。明代时，当地工匠开创了斑铜制品的制作。

依原料、制作技艺不同，斑铜成品有"生斑""熟斑"之分。"生斑"是以天然铜为原料，经锻打、烧斑、打磨、显斑等二三十道工序制成的铜器。"生斑"制作对原材料和制作时间的要求均较高，需以云南会泽、东川一带出产的含铜量为90%以上的天然铜为原料，历时两三个月完成。制作时，用粟炭温火冶炼生斑，待纯铜原料烧红略显白色时取出，进行手工锻打，然后对初成品进行手工打磨、抛光，最后进行精加工。由于作为原料的天然铜本身含有其他金属成分，制作完成后，成品表面会自然形成晶斑。"熟斑"则是将铜金属熔化后添加其他金属，铸造成型，再用化学品显斑制成的铜器，一般需经选料、除杂质、出毛料、初劈、出壳子、升起来、勒口、成型、打磨、烧斑、闹斑、煮斑、露斑、护漆等数十道工序。

斑铜制作技艺以前主要在家族内传承，传男不传女。新中国成立后，云南省手工业管理局集中一批斑铜艺人，进行规模生产。1978年成立昆明市工艺美术厂，专门设立了斑铜车间。结合现代雕塑手法和先进工艺，在充分显示斑花特点的前提下辅以简洁洗练的装饰图案，使其达到艺术的完美和统一。

国家级代表性传承人名单

姓名	性别	申报地区或单位	入选批次
张克康	男	云南省曲靖市	3

保安族腰刀锻制技艺

序号：392

编号：Ⅷ-42

批次：1

类别：传统技艺

申报地区或单位：甘肃省积石山保安族东乡族撒拉族自治县

保安族腰刀锻制技艺是保安族的一种传统手工技艺。保安腰刀是保安族传统手工艺制品，因其常被拴在腰间而得名。其主要产于甘肃省积石山保安族东乡族撒拉族自治县大河家镇、刘集乡及周边地区。

保安腰刀的出现与元代军事活动密切相关。13世纪以后，因成吉思汗东征而形成的保安族已开始制作主要用于防身的腰刀。迁徙到大河家以后，保安族开始用腰刀交换牧民的牛羊和其他日常生活用品，腰刀制作规模逐渐扩大。

传统保安族腰刀制作技艺工序为三十道到八十多道不等，包括锻制、雕刻、刀柄制作、刀鞘制作等环节。锻制腰刀时，先反复锻打事先择好的铁，劈开加钢后进行淬火。刀面上多刻有七颗星、五朵梅、一条龙、一把手等图纹，纹饰精细。制作刀柄时，需对黄铜片、红铜丝、白铁丝、牛角、塑料等材料分别进行加工，然后将其叠合胶铆而成，再雕绘上种种栩栩如生的精美图案，最后抛光打磨。刀鞘多为铁鞘铜箍，配以装插的钢制镊子，既增添了刀鞘样式的美观，又可防止刀体从鞘中滑出。腰刀规格多见5寸、7寸、10寸三种，种类包括什样锦、雅王其、波日季、一刀线、双落、满把、扁鞘、蒙古刀、哈萨克刀、鱼刀等。

保安腰刀造型优美，工艺精湛，不仅是生活用具，也是别致的装饰品，受到西北各族人民的喜爱。

国家级代表性传承人名单

姓名	性别	申报地区或单位	入选批次
马维雄	男	甘肃省积石山保安族东乡族撒拉族自治县	1
冶古白	男	甘肃省积石山保安族东乡族撒拉族自治县	1

北京四合院传统营造技艺

序号：1188

编号：Ⅷ-208

批次：3

类别：传统技艺

申报地区或单位：中国艺术研究院

北京四合院传统营造技艺是北京的一项传统建筑技艺。北京四合院是一种老北京人世代居住的极为普遍的传统合院式住宅。

四合院房屋建筑主要由地基、墙体、屋顶三部分组成。其以木材为房舍支撑物和骨架结构，以减轻墙体的负重量。房屋之间以木制板壁和隔扇隔离。屋顶骨架主要为木质结构，分为柁、檩、椽、枋等几部分。屋顶多为"人"字形，铺上泥瓦后其侧面似山峰，可达到迅速排水、隔温保暖的效果。四合院窗格有灯笼紧、套方、盘肠、乱劈柴、双笔管、斜向眼等样式，檐枋、隔扇等构件上多雕刻花卉、花纹或施以彩画。

北京四合院包括小四合院、中四合院、大四合院、变体四合院、三合院及大杂院等类型，以外观规矩、中轴对称为其典型特征。其多为单层，院落宽阔，占地面积较大。院内建筑大体分布为大门、第一进院（前院）、垂花门（二门）、第二进院（正院）、正房、耳房等，两侧有厢房，之间有游廊连接。第一进院为对外空间，用于接待客人和用人居住等，第二进院供家族成员居住。不同建筑的朝向、位置、宽窄、高低均有不同，以体现居住者的地位或等级。

北京四合院建筑布局严谨、做工精细、造型优美典雅，与胡同共同成为北京市井文化的象征。其布局所折射出的传统社会家庭组织的伦理内涵，具有重要的社会学意义。

我国以往对传统建筑的保护主要通过各级文物保护单位的形式，侧重物质和静态的层面，而对非物质层面的营造技艺和传承人的保护重视不足。目前传统建筑的许多做法已经失传，虽有很多传统建筑类型的营造技术和工艺仍在各地沿用，但大多是通过师徒之间的言传身教的方式来传承，所以对北京四合院传统营造技艺的传承和发扬任重而道远。

贝叶经制作技艺

序号：925
编号：Ⅷ-142
批次：2
类别：传统技艺

申报地区或单位：云南省西双版纳傣族自治州

贝叶经制作技艺是主要流传于云南傣族地区的一项传统技艺。贝叶经是用钢针笔在贝多罗树叶上所刻写的佛教经文。它最早源于古印度，公元7世纪前后传入斯里兰卡，然后经缅甸、泰国传入我国云南。如今，在云南西双版纳、德宏、临沧等地较为完整地继承了贝叶经制作技艺。

贝叶经制作的主要原料为贝叶，即贝多罗树的树叶。刻经工具为特制的钢针笔，用于着色的墨汁为锅灰和食用油调制而成。贝叶经制作大致需经取、煮、洗、制匣、穿绳、刻写等工序。贝叶采集一般在每年的3～4月，采集后对贝叶进行筛选整理，切割成书写需要的长度和宽度，然后把捆扎好的贝叶一束束放进锅里煎煮，煎煮后再晒干。晾晒的时候，为使叶子平整，需用木夹夹好每一片贝叶，而后裁边、晾晒。晒好后，在每片叶子上画线、刻写，再上色、装订、封边，刻完十余页便可以用麻绳制成册。

贝叶经本做工精细，规格统一，给人以古朴、大方、美观之感。在西双版纳发现的贝叶经有巴利文本和傣文本两种。除佛教经文外，贝叶上还记载了傣族的天文、地理、历史、政治、法规、文学、民族医药学、民俗故事等诸多内容，是傣族文化的重要载体。

现今随着社会的发展，习得傣文的人越来越少，制作贝叶经的技艺主要掌握在老人手中，面临着后继乏人的困境。

国家级代表性传承人名单

姓名	性别	申报地区或单位	入选批次
波空论	男	云南省西双版纳傣族自治州	4

蚕丝织造技艺

余杭清水丝绵制作技艺、杭罗织造技艺、双林绫绢织造技艺

序号：882

编号：Ⅷ-99

批次：2

类别：传统技艺

申报地区或单位：浙江省杭州市余杭区、杭州市福兴丝绸厂、湖州市

扩展名录：
蚕丝织造技艺（杭州织锦技艺）
　　　　浙江省杭州市
蚕丝织造技艺（辑里湖丝手工制作技艺）
　　　　浙江省湖州市南浔区

蚕丝织造技艺（余杭清水丝绵制作技艺）
申报地区或单位：浙江省杭州市余杭区

余杭清水丝绵制作技艺是浙江一带传统的民间手工艺，主要留存于浙江省杭州市余杭一带。早在周代，余杭已家家户户种桑养蚕，到唐代时，余杭清水丝绵已远近闻名。

制作清水丝绵需经选茧、煮茧、清水漂洗、剥茧做"小兜"、扯绵撑"大绵兜"、甩绵兜、晒干七道工序。其中，选茧需遴选双宫茧、黄斑茧等大个形茧；煮茧需将装在纱布袋中的蚕茧置于加入老碱、香油和水的大锅内烧煮至丝胶溶解、茧层发松、已无生块时起锅；清水漂洗，即边踏边用清水冲洗煮好的茧；剥茧做"小兜"，是将熟茧放入冷水中剥开、拉扯后套在手上，做成"小绵兜"；扯绵撑"大绵兜"，是在水面上将"小绵兜"绷到绵扩上，扯匀并敲掉生块、捡净附着物后撑成厚薄均匀、无杂质的"大绵兜"；甩绵兜，是将大兜甩开并用线串连；晒干，为将串连的"大绵兜"挂于竹竿上，晒干后即成丝绵。一般1斤丝绵约需3斤干茧。

但随着经济的发展，丝绵生产逐渐被现代免翻技术所取代，浙江省余杭区清水丝绵也仅在小范围内制作以供家用。

蚕丝织造技艺（杭罗织造技艺）
申报地区或单位：杭州市福兴丝绸厂

杭罗由纯桑蚕丝以平纹和纱罗组织联合构成，因产于杭州而得名。主要留存于杭州一带。杭罗生产历史悠久，发端于南宋时期。

杭罗织造技艺包括原料蚕丝拣选、浸泡、晾干、翻丝、纤经、摇纤、织造、精练、染色、服装、绣花、成衣等工艺流程。其中，原料蚕丝拣选，是对进厂丝的均匀度、强度进行检验及筛选、分类，好的做经线，稍差的做纬线；浸泡，即将厂丝放入清水中，加入适量酸性溶液并煮沸20分钟后捞出，放入清水缸中脱胶约24小时；晾干，即将丝捞出并挂在竹竿上晾干，用手将丝拉伸、分离，使之恢复松软；翻丝，即将晾干的丝装上翻丝车并绕在竹竿上，使其呈筒状；纤经，即将竹竿排列在沙盘上，利用纤经车将竹竿上的厂丝构成经轴；摇纤，即将另一批经过浸泡的厂丝放在摇纤车上，构成纬线；织造，即在杭罗机上穿综、穿筘、穿柳身线，形成经纬规律，织造杭罗；精练，即将已织成的杭罗粗坯吊挂在机筒中脱胶，然后将其放入清水中漂洗为半成品；染色，即将半成品杭罗吊挂在机筒中，配置适当的染料进行染色，然后放入清水中漂洗，晾干为成品。完成杭罗织造后，即可用成品杭罗缝制服装、在服装上绣花并完成衣服制作。杭罗穿着舒适凉快且透气，多用作帐幔、夏季衬衫、便服面料等。

杭罗织造技艺是手工织造杭罗的传统手工

艺，由于工艺复杂，历来传人不多，现在更面临着失传的危机。

蚕丝织造技艺（双林绫绢织造技艺）
申报地区或单位：浙江省湖州市

绫绢是绫与绢的合称，用纯桑蚕丝织制而成，"花者为绫，素者为绢"。双林绫绢织造技艺留存于浙江省湖州市双林镇。

双林绫绢生产历史源远流长。东晋太元六年（381）有文史记载，唐代成为朝用贡品，宋、元双林盛产绫绢。南宋时，双林绫绢就远销林邑（越南）、扶南（柬埔寨）、天竺（印度）、狮子国（斯里兰卡）等十多个东南亚国家。明代，双林绫绢生产达到鼎盛。

双林绫绢织造需经浸泡、翻丝、纤经、放纤、织造、炼染、砑光、整理等二十余道工序，成品具有轻如蝉翼、薄如晨雾、质地柔软、色泽光亮的特点。双林绫绢共有轻花、重花绫、阔锦绫、工艺绝缘纺、阔花绫、双色花绫、画绢、矾绢、宋锦等十四个品种，竹菊、冰梅、云鹤、双凤、锦龙、带子凤、麒麟等七十多个花色。

改革开放后，面临绝境的绫绢生产重放光彩，绫绢产量更是成倍增长。

蚕丝织造技艺（杭州织锦技艺）
申报地区或单位：浙江省杭州市

织锦是杭州丝织工艺品中的传统品种。杭州织锦技艺主要留存于杭州都锦生丝织厂及杭州的一些丝织作坊中。

杭州织锦历史可追溯至五代十国，吴越国王钱镠在杭州设立了官营丝绸作坊"织室"。明清"杭州织造局"是三大官办织造机构之一，产品专供宫廷使用。优质的蚕丝，精湛的技艺，使杭州织锦成为中国著名的丝织品种，在中国织锦发展史上占有重要的地位。

杭州织锦技艺包括小样、意匠、克箍儿、吊三位一体、加拈、整经、投梭、换梭、打样、镶边、上排须等五十八道工序。其中，五彩织锦的织纹穿吊装造法和盘梭（纬）法、换道（纬）法、抛梭（纬）法、通经回纬挖花法等工艺为杭州所特有。杭州织锦的织物组织突破了以平面块状表现物体的方法，发明了缎纹组织由经面逐步过渡到纬面阴影过渡的立体表现织物组织方法，既能织出细腻紧密的织锦底纹，又能织出质地饱满、色彩富丽的织锦花纹。杭州织锦中的"五彩织锦"，由至少五种以上染色丝线织成；"黑白像景"则由黑、白两色织成，具有黑白照片的效果；"彩色像景"则是在"黑白像景"基础上手工着色而成的。

目前唯一保存杭州织锦传统织造技艺的杭州都锦生丝织厂，厂里技术人员都已进入老年，亟待后继有人，继承发展这项宝贵的传统技艺。

蚕丝织造技艺（辑里湖丝手工制作技艺）
申报地区或单位：浙江省湖州市南浔区

辑里湖丝，又称"辑里丝"，因产于浙江省湖州市南浔镇辑里村而得名。其手工制作技艺留存于辑里村及其周边的练市、善琏、双林一带的农村。

辑里湖丝制作选用的蚕种为自育"莲心种"，又称"湖蚕"，品种优良。缫丝所用丝车为木制三绪缫丝车，也称"湖制丝车"，由脚踏板、车架、集绪和捻鞘部分的牌楼架及卷绕部分的车轴等二十六个部件组成；所用水源为村内水质极好的雪荡河。辑里湖丝手工制作技艺主要包括搭"丝灶"（专为缫丝所建的灶头）、烧水、煮茧、捞丝头（又称"索绪"）、缠丝窠（又称"添绪"）、绕丝轴、炭火烘丝（也称"出水干"）等工序，一般都是以家庭成员代代相传的方式传承，尤以女性为多。

在现代自动化缫丝技术日益发展的今天，辑里湖丝的传统手工制作技艺已逐渐远离了人们的生活。

茶点制作技艺

富春茶点制作技艺

序号：944

编号：Ⅷ-161

批次：2

类别：传统技艺

申报地区或单位：江苏省扬州市

茶点是茶道中分量较小的精致食物，在茶的品饮过程中发展起来。江苏省扬州市富春茶社创建于1885年，其茶点制作技艺独具特色。

富春面点采用传统面粉发酵法制作。其点心成形的手法较为多样，以"包""捏"为特色。在选料、刀功切配、调味、加工、掌握火候等方面，富春茶点制作均有要求。如翡翠烧卖，把青菜剁碎拌做馅心，包皮极薄，能透出馅心的绿色，故名"翡翠"；"三丁包子"采用鸡肉丁、猪肉丁、鲜笋丁做馅心，包子包身似"荸荠鼓"，颈口三十二个裙褶折纹均匀排列，收口像"鲫鱼嘴"；富春干丝（烫干丝）切出的干丝细而匀，烫的次数和时间都有规定，调味包括小磨麻油、三伏秋油、姜丝、虾米等。

富春茶社日常供应的茶点品种有青菜包、鲜肉包、洗沙包、干菜包、三丁包、千层油糕、翡翠烧卖、糯米烧卖、笋肉蒸饺等；筵席点心有双麻酥饼、萱花酥、动物船点、瓜果粉点、各式糕团等；随季节上市的茶点有蟹黄包、野鸭菜包、荠菜包、雪菜包、冬瓜烧卖等。

富春点心为淮扬细点的代表，以造型美观、馅心多样、甜咸适度、风味佳美为其特点，市场需求广泛。此外，富春茶点制作技艺体现了文化和技艺、传统和现代的结合，是中国茶文化的重要组成部分。

国家级代表性传承人名单

姓名	性别	申报地区或单位	入选批次
徐永珍	女	江苏省扬州市	3

长沙窑铜官陶瓷烧制技艺

序号：1171

编号：Ⅷ-191

批次：3

类别：传统技艺

申报地区或单位：湖南省长沙市望城区

长沙窑铜官陶瓷烧制技艺是湖南省的一项传统烧制陶瓷技艺，主要流传于湖南省长沙市望城区湘江东岸的铜官镇。铜官窑是世界陶瓷釉下多彩的发源地。铜官三面环山，一面临水，湘江水域沿镇而过，形成了天然的水上通道。铜官地貌呈小丘陵状，广阔的地层下面蕴藏着丰富的陶土资源。这些为铜官制陶业的发展提供了天然优势。

长沙窑铜官陶瓷烧制技艺的形成源远流长。在殷商之前，舜帝就带领先民在湘江一带开始了制陶之业，进行原始的手工制作。至唐代长沙窑铜官陶瓷烧制技艺就已十分成熟。

制作时使用篾折、母布、篾制突嘴雕具、金属刀片、刮花小竹片等工具。其烧制技艺包括釉下多彩、拉坯成型、捏坯成型、雕塑成型、画花装饰、堆花装饰、烧成、刮花装饰等。其中，釉下多彩以孔雀石、洞庭潮泥、山坡黄泥、铜粉、柴灰、石灰等为基料相互搭配，以烧制出青、黄、蓝、绿、褐、黑、铜红等多彩釉色。拉坯成型是将篾织转盘装在有公母栓的木套上，利用转盘的离心力拉坯。捏坯成型主要应用于缸类产品，先按缸类的不同规格做好缸底，经搓揉、合压、堆接等工序使缸体成型。雕塑成型，是以捻、塑、雕等手法，用陶泥制成人物、山水、飞禽走兽等造型。画花装饰，是用毛笔蘸彩釉在陶坯器壁上涂画或写字。堆花装饰，是一种用泥土向坯体上堆砌花纹的手法。刮花装饰一般用在花缸绣墩上，先在陶坯体壁上糊上化妆土，然后根据花纹图案需要用竹篾刮掸化妆土，显露的底色为装饰图案。

长沙窑铜官陶瓷产品按用途可分为日用陶、美术陶、建筑陶、工业陶和石瓷五类，在造型、成型、烧成、装饰等诸多方面均独具特色。

长沙窑铜官陶瓷烧制技艺的传承有家传、师传两道谱系。至今铜官陶瓷产业中造诣颇深的釉料技术人员不乏其人，产业的发展形成了不断传承的局面。

成都漆艺

序号：406

编号：Ⅷ-56

批次：1

类别：传统技艺

申报地区或单位：四川省成都市

成都漆艺，又称卤漆，是我国最早的漆艺之一。成都漆艺现存于成都市青羊区。四川盛产生产漆器的主要原料——漆和朱砂，成都由此成为中国漆艺的发源地之一，是我国古代著名的漆器制作基地。

战国、秦汉时期，成都漆艺的水平已经相当高超。直至明清两代、民国抗战初期，成都都是全国著名的雕漆填彩漆器产地之一。

成都漆艺以天然生漆、实木为原料，包括雕嵌填彩、雕填影花、雕锡丝光、拉刀针刻、隐花变涂等修饰工艺。以雕嵌填彩技艺为例，其主要包括以下步骤：第一，设计胎样、装饰图稿和制作木胎，而后经漆工多次上灰、刷底漆、打磨后，涂上几道推光漆，每一道都须干后研磨。第二，雕填，即先将设计好的装饰图稿拷贝到胎体上，用刀雕出阴刻画面。然后将调制好的彩漆刮入阴纹，干后再用细砂纸研磨至纹路与漆面齐平。也可在阴纹中贴金银箔，再罩上多层透明漆并研磨。第三，推光、揩清，即在漆器表面涂上推光漆，待干后研磨，再用头发或棉花蘸植物油摩擦，经多次清抛光，使漆器表面光泽华丽。

采用成都漆艺生产的漆器有木胎、麻布脱胎、纸胎、塑料胎等多个品种，主要产品有漆器屏风、攒盒、出土文物复制品、漆画艺术品等，具有精美华丽、光泽细润、图彩绚丽等特点。成都漆艺既是成都地区历代习俗的重要见证，也是中国传统审美观念的重要载体。

新中国成立以来，成都漆器多次作为国家级礼品赠送外国首脑和友人。不过，成都漆器无法量产，而只能通过手工劳动制出成品，因此产量有限，生存空间也一被再挤压。

国家级代表性传承人名单

姓名	性别	申报地区或单位	入选批次
宋西平	女	四川省成都市	1
尹利萍	女	四川省成都市	1

成都银花丝制作技艺

序号：904

编号：Ⅷ-121

批次：2

类别：传统技艺

申报地区或单位：四川省成都市青羊区

成都银花丝制作技艺是一种以高纯度白银为原材料，运用白银丝的粗、细、光、花的对比和花丝、点錾等技法，制作首饰、摆件及生活用品的手工技艺，主要留存于四川省成都等地区。

成都金银器制作历史悠久，至今已有两千多年历史。北郊羊子山出土的战国墓葬中，就发现有用于车马上的银管、银饰漆器边缘的银扣。汉代，政府在成都、广汉设立专管金银器制作的工官。经历代工匠努力，清代成都银饰的造型、纹饰、色彩调配，已炉火纯青，至当代也有诸多传世之作。

成都银花丝制作需经设计、备料、制作、焊接、化学处理等三十多道工序，使用剪刀、镊子、锉刀、钉锤、规尺、掐丝板、小焊枪等工具。制作时，先将银材料抽拉成不同粗细的白银丝，制作出图形边框，再用不同技法对图纹进行填充和编织，然后通过手工绞合、穿丝碾压等加工成花丝，再用喷枪焊接。最后在焊接好的半成品上以手工无胎成型、堆垒、打磨、抛光、镶嵌、洗色、防氧化处理等十几种技法完成制作流程。

20世纪50年代，中国人民银行川西分行开始招收部分金银器制作艺人，组建成立了国营成都金银饰品店，后更名成都金银制品厂和成都金银制品有限责任公司，在成都的商业繁华地带春熙路开业。在一批老艺人的带领下，成都的银花丝技艺又获得了新生。

国家级代表性传承人名单

姓名	性别	申报地区或单位	入选批次
道安	女	四川省成都市青羊区	3

澄城尧头陶瓷烧制技艺

序号：362

编号：Ⅷ-12

批次：1

类别：传统技艺

申报地区或单位：陕西省澄城县

澄城尧头陶瓷为陕西省澄城县尧头镇出产的粗瓷。当地煤炭资源丰富，又有坩土矿分布于沟涧的石崖中，夹生白、紫两色的原料，便于烧制陶瓷、砂器。澄城尧头窑是渭北历史上著名的民间瓷窑，已有一千三百年的烧造历史。

制造尧头陶瓷，夏秋制坯彩绘，入冬烧窑销售，由当地农民利用农闲时节烧制而成。其全部用土法手工生产，原料采自当地坩土，加工过程包括泥浆、制坯、施釉、煅烧四道工序。浆泥先取干土矿石粉碎，投入水池浸泡数日，再搅拌成浆，分池沉淀。粗泥制成瓮、盆等大件器皿，细泥做碗、碟等精细瓷器。粗瓷的釉色多为白、青、黑三色，花色除白、黄之外，还有蓝色及棕红色。各种器物上装饰的花卉、动物与当地的剪纸、面花造型同出一源，内容多是莲花、牡丹、菊花或福、禄、寿、禧等字样。其装饰艺术则主要有黑釉刻花、黑釉划花、白釉铁锈花、白地青花、黄地铁锈花、青釉刻花等。

澄城尧头陶瓷曾在当地享有盛誉，但由于其制作工艺没有提高和改进，逐渐呈现消亡趋势。

国家级代表性传承人名单

姓名	性别	申报地区或单位	入选批次
李义仓	男	陕西省澄城县	1

◎传统技艺

楮皮纸制作技艺

序号：914

编号：Ⅷ-131

批次：2

类别：传统技艺

申报地区或单位：陕西省西安市长安区

楮皮纸制作工艺是一种以楮树皮为唯一原料的传统手工制纸工艺。陕西省西安市长安区北张村是造纸术的发源地之一。历史上当地百姓一直以来就依靠楮树资源，以造楮皮纸维持生计。其造纸历史可以追溯到西汉时期，两千多年来一直传承至今。清代时北张村所造楮皮纸被选作奏折和科举考试用纸。

楮皮纸制作技艺包括采集原料、剥皮、浸泡、蒸皮、碾压、浸泡、踏碓、切翻、捣浆、抄纸、除水、晒纸、揭纸等工序。制作时，将楮树剥皮并切成定长后晒干，通过浸泡使树皮软化，然后将树皮隔水蒸。待树皮纤维松软后，即可在石碾上进行碾压。碾压过的树皮置于生石灰水中浸泡，再次隔水蒸后放置过夜。蒸好的瓤经浸泡后即进入踏碓工序，即反复砸压楮皮纤维，使纤维帚化成扁平状的毛片。用切翻刀将翻子切成碎块后，将皮料放进石臼反复捶打。而后，将纸浆放入纸槽，使浆中的纤维覆盖在纸帘上形成湿纸。再经将湿纸除去水分、形成纸砖的"除水"工序及将纸从纸砖上揭下并晒干的"晒纸"等工序后，即可将晒干的纸撕开并整理成沓。

北张村楮皮纸制作技艺有"古法造纸的活化石"之称，是研究古代造纸历史的重要材料。采用古法技艺造出的楮皮纸，具有韧性好、耐保存的特点，主要用来写毛笔字、画画、裱糊和做布鞋。

目前在北张村里只有一家用传统工艺造这种纸了，楮皮纸古法制作技艺的传承状况不容乐观。

国家级代表性传承人名单

姓名	性别	申报地区或单位	入选批次
张逢学	男	陕西省西安市长安区	3

传统棉纺织技艺

序号：883

编号：Ⅷ-100

批次：2

类别：传统技艺

申报地区或单位：河北省魏县、肥乡县，新疆维吾尔自治区伽师县

扩展名录：
传统棉纺织技艺（南通色织土布技艺）　江苏省南通市
传统棉纺织技艺（余姚土布制作技艺）　浙江省余姚市
传统棉纺织技艺（维吾尔族帕拉孜纺织技艺）　新疆维吾尔自治区拜城县

自7世纪棉花从印度传入后，我国的棉纺织业开始发展。到元代，在黄道婆纺织技术改革的影响下，多个地区的纺织业逐步兴盛起来。

河北省魏县和肥乡县留存着传统的土织土纺棉纺织技艺。这一传统技艺主要包括搓花结、纺线、打线、染线、浆线、络线、经线、印布、掏缯、闯杼、绑机、织布等十余道工序。其中，经、纬色线的设计排列和缯的多少决定纺织布条格和花纹；缯则有二页缯、三页缯、四页缯三种。二页缯能用单梭织白布、条纹布，而经、纬色线的有序排列则能织出多样的方格布。河北省魏县可生产二百余种条格、花纹土布种类，可作为工艺服装、工艺性生活用品和工艺性装

饰品布料；肥乡县则可利用二十二种基本色线变换出胡椒眼、斜纹、鱼眼等一千多种图案，成品质地柔软舒适、透气性好，样式古朴大方。

新疆伽师县维吾尔族传统手工棉纺织技艺包括弹花、纺线、拐线、络线、经线、印布、织布等工序，以木质脚踏式纺车为纺织工具。其成品主要可分为白布和印花土布两类。刚织出的土布即为白布；白布织成后，用自制染料配上刻版或者模子调染印花，即成印花土布。印花土布用途广泛，可加工为室内装饰品或用于制作衣服、被褥等。

如今，随着中国棉纺织技术和设备的不断进步，传统棉纺织技艺正在面临较大挑战，存在技艺流失等问题。

传统棉纺织技艺（南通色织土布技艺）
申报地区或单位：江苏省南通市

传统南通土布大致分为本色土布（俗称大布）与花式土布（俗称蓝货）两类。蓝货中的色织土布是南通民间工艺土布中的上品。

南通色织土布采用单锭手摇纺车纺纱、脚踏手投梭木机织造，其织造包括棉花加工、搓棉条、纺线、染色、摇筒、牵经、络纬、穿综、嵌筘等工序。色织土布区别于其他类别土布的地方在于：色织土布是先将纱线染色后织造图案，而不是在白坯布上染色。土布上的图案造型皆取自当地水乡景物，其织纹包括平纹、斜纹、提花、织锦等，纹样则有蚂蚁纹、芦花、柳条、桂花、金银丝格、竹节、枣核、双喜、芦纹格子、皮球花、彩格布等，可呈现素净朴实和用色明快等多种风格。受各地棉乡地理条件、民俗风尚、生活习惯差异的影响，南通色织土布在表现形式和风格上形成了不同的地域个性特征与风格流派，民间流传的南通土布品类多达六大类数百余种。

南通色织土布技艺复杂，构图用色讲究变化，其织造技艺和图案都是南通地区人民特有的风俗习惯、生活方式、个性特征与审美情趣的反映。

传统棉纺织技艺（余姚土布制作技艺）
申报地区或单位：浙江省余姚市

余姚土布是过去余姚棉区的家庭纺织产品。因余姚旧属越地，故余姚土布又称为"越布"。

余姚土布以余姚棉花为原料加工而成，其制作须经分棉加工、纺纱、调纱、染色、浆纱、经布等十多个环节、上百道工序，使用五十多项织布工具。土布品种有紫花布、净白布、原色布、青花布、茄花布、方格布、斜纹布、各色条子布等数十种，具有工艺细致、花色美观、实用牢固的特点。此外，在余姚土布制作技艺发展过程中，还产生了诸如"请布神""摸鸡蛋讨彩头"等相关民俗民习。

传统棉纺织技艺（维吾尔族帕拉孜纺织技艺）
申报地区或单位：新疆维吾尔自治区拜城县

"帕拉孜"是维吾尔族传统工艺品，用彩色羊毛纺织编织而成。维吾尔族帕拉孜纺织技艺是古老的手工纺织技艺，主要留存于新疆维吾尔族聚居区域。"帕拉孜"有羊毛纺织、棉线纺织以及棉线做经线、羊毛线做纬线三种。纺织所用染料有植物和矿物染料两种，植物染料主要取自当地，原料有沙棘树根、野山花、鲜核桃绿皮、石榴皮、奥依丹根等。织造"帕拉孜"的机具主要由一个普通木架与一个刀形翻板（用来编经、压经）构成。纺织时将不同颜色的毛线固定在两端，通过木架子进行纺织。"帕拉孜"可按规格、大小不同，用于缝制地毯、口袋、褡裢、墙围子、炕围子等。

国家级代表性传承人名单

姓名	性别	申报地区或单位	入选批次
常张勤	女	河北省魏县	3
吐尔逊木沙	男	新疆维吾尔自治区伽师县	3
帕热坦木·吐尔迪	女	新疆维吾尔自治区拜城县	4

传统面食制作技艺

龙须拉面和刀削面制作技艺、抿尖面和猫耳朵制作技艺

序号：943
编号：Ⅷ-160
批次：2
类别：传统技艺
申报地区或单位：山西省全晋会馆、晋韵楼

扩展名录：

传统面食制作技艺（天津"狗不理"包子制作技艺）　　天津市和平区

传统面食制作技艺（稷山传统面点制作技艺）　　山西省稷山县

传统面食制作技艺（龙须拉面和刀削面制作技艺）

申报地区或单位：山西省全晋会馆、晋韵楼

山西自古以来是农耕文化与游牧文化交融、盆地耕作与山区种植并存、中原习俗与北方各兄弟民族习俗相结合的特殊地区，食用农作物以麦类与小杂粮为主，人们的家常食物主要用这两类作物磨制的面粉制作而成。明清时期山西面食已经成为一个独立种类，开始进入市井酒肆。至清代末期传统山西面食的品类已拥有三百多个。

龙须拉面和刀削面是山西传统面食中的重要品种。龙须拉面因细如须发而得名，刀削面因制作时直接将面以条状削入锅中而得名。

拉面种类包括大拉面、小拉面、龙须面及空心面等。其制作须经和面、饧面、加拉面剂折搋面、溜条、下剂、拉面、煮面等工序。龙须面配料精细，制作讲究。在山西，人们寿诞生辰、聚友团圆时，常常吃龙须面，以示长寿和喜庆。

刀削面对和面时水、面的比例要求较严。削面刀为特制弧形削刀。操作时，厨师以左手托住揉好的面团，右手持刀，手腕要灵，出力要平，用力要匀，技艺高超的厨师每分钟能削二百刀左右，每个面叶的长度均为二十厘米。

山西传统面食，从选择原料到制作流程再到面食成品，都有相当的讲究，其中包含着独特的手工技艺和山西面食文化内涵，是研究山西古代岁时年节、人生礼仪习俗的重要实证材料。但近年来，西式快餐业的发展给传统面食的制作和销售带来一定的冲击。

传统面食制作技艺（抿尖面和猫耳朵制作技艺）

申报地区或单位：山西省全晋会馆、晋韵楼

抿尖面是山西省中部家庭日常的一种面食，"抿"字表示此种面食的制法，"尖"是指此种面食出锅后的形状。抿尖面约在民国年间开始流行于太原郊区。

抿尖面制作须使用抿尖床。抿尖床架为木制，呈井字形，中间开长形口，口上放置抿尖拍子。抿尖拍子为铁或铜制，呈凹形，拍面上开密集且排序整齐的小孔眼。制作抿尖面前先将抿尖床搭在滚沸的锅沿上。制作时，将豆面加水和成黏糊状，用铁勺挑在抿尖床上，右手按床架，左手把糊状豆面一下下抿到沸水锅里。

煮熟后，将抿尖面用笊篱捞在碗里，加山药条与各种调料食用。此外，抿尖汤加黄米捞饭混合食用别有风味。

猫耳朵为山西中部、北部等地区的传统面食，俗称"碾疙瘩""碾饦饦"等，因形似猫耳而得名。猫耳朵历史悠久，与北魏《齐民要术》中讲到的"馎饦"形似，约有一千五百年的历史。

制作猫耳朵时，先和面，然后切成小块，用大拇指在案板上一捻即可成形。再将捻好的猫耳朵用清水煮后捞出，浇上菜或卤等食用。在雁北、忻县等高寒地区也会用莜面或荞面制作猫耳朵，风味独特。

传统面食制作技艺（天津"狗不理"包子制作技艺）

申报地区或单位：天津市和平区

天津"狗不理"包子因乳名为狗子的人制作出的口感柔软、鲜香不腻的包子而得名。其始创于1858年清朝咸丰年间，经过一百五十多年的变革发展传承至今。

天津"狗不理"包子品种有猪肉包、野菜包、极品三鲜包等。猪肉包以猪肉为主要原料，加姜、酱油、香油、味精、排骨汤等拌馅，包上外皮后蒸制而成；野菜包以猪肉和生长于黄河入海口盐碱滩上的野菜"黄金菜"为主要原料制成；极品三鲜包以猪肉、辽参、基围虾为主要原料制成。

"狗不理"包子制作对选料、配方、搅拌、揉面、擀面均有明确的规格标准，如包子要求褶花匀称、每个包子均为十八个褶等。"狗不理"包子大小整齐、色白面柔，具有口感鲜美、香而不腻的特点。

目前"狗不理"已成为拥有大型饭店、中型酒家、排挡式餐厅、快餐、商品零售、物流商贸和烹饪学校以及在国内外设有七十余家连锁企业的集团公司。

传统面食制作技艺（稷山传统面点制作技艺）

申报地区或单位：山西省稷山县

稷山传统面点制作技艺以稷山麻花制作为代表。麻花是油炸食品之一，外形呈铰链状，故又称"铰链棒"，有甜、咸两味之分。

据传，麻花原是宫廷食品，传至民间时成为两股面粘在一起的形状。清乾隆年间，翟店镇西位村的一位商人把它带回家乡稷山，制作出售，食者甚多。后来，这位商人不断改进制作技术，使之成为山西面食的一种特色。

稷山麻花以面粉、砂糖粉、碱粉、奶粉、植物油、盐等为原料制成，其制作需经培养酵块、和面搓面、匀揪擦油、出锅淋油、添加辅料等十八道工艺流程。炸制麻花时，将面节在桌上抻长后对折并腾空抖动一下，麻花即成型；然后将麻花下入油锅，由掌锅师傅双手各持一双两尺长筷，在锅中搅动即完成麻花炸制过程。炸制完成后，可添加巧克力、五香等各种辅料，使麻花具有不同口味。稷山麻花色泽金黄、圆润透亮，具有食时酥脆适口、油而不腻、嚼后无渣的特点。

目前，稷山麻花已进入北京、深圳、黑龙江等多个省市销售，颇受欢迎。

传统木船制造技艺

序号：920

编号：Ⅷ-137

批次：2

类别：传统技艺

申报地区或单位：江苏省兴化市，浙江省舟山市普陀区

木船是水乡人重要的生产生活工具，在长期的实践过程中，水乡人形成了独特的木船制造技艺。

江苏省兴化市竹泓镇是典型的水乡泽国。这里的群众生活、出行、劳作等一切活动都离不开船，故相继出现了制作木船的手工作坊，由此而形成了独特的木船制造技艺。

兴化传统木船以老龄杉木为主要原料，辅以铁钉、麻丝、石灰、桐油等。木船制造需经选料、备料、断料、配料、破板、分板、拼板、投船、打麻油船等十多道工序，使用大锯、大料锯、狭条锯、角尺、墨斗、镰凿、码口、斜剡等工具。兴化传统木船有鸭船、秧船、渡船、龙船、披风船、捣网船、拉网船、脚划子、海溜子、旅游船等种类，具有船体轻盈、小巧、灵活、美观等特点，可用于农业生产、渔业生产、观光旅游等。

浙江省舟山市普陀区的岑氏木船作坊传承了传统木帆船制作技艺，并融合了西方木船制作技术，具有海岛地域特色。岑氏木船制作需综合运用"绿眉毛""背舢船""丁松头""倒八字头"等工艺，要求曲、直木料区别选用，斧、刨等工具灵活兼施，木料榫、搭对接因地制宜，钩子、穿钉、螺栓配套安排合理，油灰填缝细致到位等。

传统木船制造技艺是中国舟船文明的重要组成部分，也是船文化延续发展的直接表现形式。木船在现代水乡生活中仍发挥重要作用，而且不少木船上都装饰有较为精细的木雕和民间绘画，具有很强的欣赏性和实用价值。

随着木帆船在渔业生产中被淘汰，木帆船修造业日渐衰落。百年造船技艺需要保护和传承。

国家级代表性传承人名单

姓名	性别	申报地区或单位	入选批次
周永干	男	江苏省兴化市	3
岑国和	男	浙江省舟山市普陀区	4

◎传统技艺

磁州窑烧制技艺

序号：360
编号：Ⅷ-10
批次：1
类别：传统技艺
申报地区或单位：河北省峰峰矿区

磁州窑是中国古代北方民窑的代表之一。磁州窑址位于邯郸市磁县观台镇和峰峰矿区彭城镇一带，古代属磁州，磁州窑由此得名。

新石器时代，河北省峰峰地区就已能制造精美的陶器。宋代时，磁州窑步入兴盛期。明代时，彭城成为当时的北方瓷都。至清末，由于"洋瓷"大批调入，磁州窑产量下降，品种锐减，传统的艺术风格也渐趋没落。

磁州窑原料为产于本地的青土、白碱、缸土、笼土、黄土（黑药土）、紫木节、紫砂土、耐火黏土、水冶长石等。磁州窑烧制技艺包括原料加工、泥料制练、拉坯或托坯成型、洗坯、施釉、装饰、烧成八个主要步骤。磁州窑的制坯技艺也较为丰富，有雕塑、拉坯、盘条、印坯等技法。其装饰艺术主要分为化妆白瓷、黑釉瓷和低温彩釉瓷三大系列，装饰技法包括化妆白瓷、白釉刻画花、珍珠地刻花、黑釉刻画花、宋三彩、红绿彩、白地黑花、清代褐彩、民国蓝花及现代磁州窑图案等。

磁州窑烧制技艺以施用化妆土为基本特征，创造了多种装饰技法，把中国的传统绘画、书法技艺与陶瓷工艺结合起来，艺术风格质朴、豪放。

目前，磁州窑传统烧制技艺面临着老艺人退休、传统生产方式和制作观念改变、生产资金缺乏、手工技艺失传的局面。

国家级代表性传承人名单

姓名	性别	申报地区或单位	入选批次
刘立忠	男	河北省峰峰矿区	1

傣族、纳西族手工造纸技艺

序号：418

编号：Ⅷ-68

批次：1

类别：传统技艺

申报地区或单位：云南省临沧市、香格里拉县

傣族、纳西族手工造纸技艺是傣族和纳西族的一项传统手工技艺。

傣族聚居于云南西双版纳和德宏州一带。明代中叶，傣族地区已有造纸业。至清代时，四川、湖广等地工匠将造纸技术传入云南少数民族地区，该技艺得以进一步成熟及完善。东巴纸制作技艺随着东巴经的出现而产生并得以发展，该技艺在纳西族东巴文化发祥地——迪庆藏族自治州香格里拉县三坝纳西族乡白地村得以传承至今。

傣族手工造纸称为"缅纸"，其质薄而柔软、韧性好且防腐、防蛀，主要用于制作高升、孔明灯和书写佛经。纤维较粗、木质化多的构树皮和含杂质较多的纸浆则用来制造纸毯，多作为垫子用于老人丧葬和傣族男孩升和尚，也可用于垫床。缅纸以构树皮为原料制成，其制作需经浸泡、蒸煮、淘浆、抄纸、晾晒五个流程，共十一道工序。造纸工具包括铁锅、竹木器具并辅以石块，浇纸用的竹帘由自制土布和竹片制成。

纳西族手工造纸为"东巴纸"或"白地纸"，用于书写东巴经。东巴纸色白质厚、不易遭虫蛀，可长期保存。东巴纸以当地独有的植物"阿当达"（瑞香科丽江荛花）树皮为原料制成。其制作需经采集原料、晒干、浸泡、蒸煮、洗涤、舂料、再舂料、浇纸、贴纸、晒纸等工序，使用纸帘、木框、晒纸木板、木臼等工具。

傣族、纳西族手工造纸技艺一直以家庭作坊为单位进行生产且不外传，再加上手工造纸成本高、劳动强度大、周期长，这一传统技艺的发展前景并不乐观。

国家级代表性传承人名单

姓名	性别	申报地区或单位	入选批次
和志本	男	云南省香格里拉县	1
玉勐嘎	女	云南省临沧市	3
周小三	女	云南省临沧市	4

傣族慢轮制陶技艺

序号：355

编号：Ⅷ—5

批次：1

类别：传统技艺

申报地区或单位：云南省西双版纳傣族自治州

傣族慢轮制陶技艺是傣族的一项传统手工技艺。慢轮是新石器时代的原始人类在学会用手捏制陶坯后发明的重要的制陶工具，其底座为木质，再套上石材做的轮盘。随着时代的发展，因为快轮更易拉坯成型，慢轮制陶逐渐被快轮制陶所取代。西双版纳傣族自治州的景洪曼斗寨、勐罕曼恋站寨、勐海曼扎寨及勐龙寨等地依然保留着较为完整的慢轮制陶技艺。

傣族制陶技艺由妇女世代相承。制陶的主要工具有转轮、木拍、竹刮、石球等，主要制作流程包括舂土、筛土、拌沙、渗水、安装转盘、制坯、打坯、干燥、准备烧陶、烧陶等环节。用料上主要以泥土加砂石料来改善成型性能；

焙烧方式有露天焙烧和封闭半焙烧等；成坯方法有无转轮制坯、脚趾拨动慢轮、手拨动转轮等。

如今，除了少量用于建筑物屋脊的装饰品和佛教礼器外，在其他场合已较少看到传统傣族陶器，加之陶器制作的经济效益不理想，学习和从事制陶技艺的人越来越少。

傣族织锦技艺

序号：889

编号：Ⅷ-106

批次：2

类别：传统技艺

申报地区或单位：云南省西双版纳傣族自治州

傣族织锦技艺是傣族的一项传统手工技艺。傣族织锦技艺留存于傣族世居的云南德宏、西双版纳、耿马、孟连等地的河谷平坝地区及景谷、景东、元江、金平等县和金沙江流域一带。

傣族人早在唐宋时期就会用棉线和丝线织傣锦。南诏时期，地方官员把傣锦作为上贡朝廷的礼品，并有傣锦向朝廷进贡的记录。

傣锦有棉织锦和丝织锦两类，多为单色面，用纬线起花。其中，棉织锦大多用通纬起花，以本色棉纱为底，织以红色或黑色纬线；丝织锦则既有通纬起花，又有断纬起花。织造时，傣族妇女将花纹组织用细绳系在"纹板"（化本）上，用手提脚蹬的动作使经线形成上下两层后开始投纬，如此反复循环，可织成傣锦。设计一幅傣锦，需几百根至上千根细绳在"纹板"上表现出来，倘若结错细线，就会使整幅傣锦图案错乱。

如今傣族织锦技艺在继承传统的基础上得到了发展和提高。除了制作筒裙、挎包、床单、被面、窗帘、手巾外，还设计制作出了傣锦屏风、沙发垫等新品种，以其鲜明的色调、瑰丽的图案，受到国内外人士的喜爱。

国家级代表性传承人名单

姓名	性别	申报地区或单位	入选批次
叶娟	女	云南省西双版纳傣族自治州	3

德格印经院藏族雕版印刷技艺

序号：430

编号：Ⅷ-80

批次：1

类别：传统技艺

申报地区或单位：四川省德格县

扩展名录：

藏族雕版印刷技艺（波罗古泽刻版制作技艺）　　西藏自治区江达县

德格印经院藏族雕版印刷技艺是留存于该印经院的运用藏纸及雕版印刷佛经的一项传统手工技艺。德格印经院全名为"文化宝藏德格印经院大法库吉祥多门"，又称"德格吉祥聚慧院"，建于1729年，坐落于四川省甘孜州西北部的德格县境内，德格县是以藏民族为主的多民族聚居县，藏民族传统文化在此得到了较好的保存。

德格印经院藏族雕版印刷技艺包括造纸、制版、印刷等程序。其中，经文和画像用纸多以瑞香狼毒草根、采用传统浇纸法手工自制。用此技艺生产的藏纸具有不被虫蛀、吸墨性强、分量轻、韧性好的特点。制版用的经版则以红桦木为原料，经火熏、粪池、水煮、烘晒、刨光等工序，再经十二次审校后用来雕刻，可几百年不变形。印经院的经版文字雕刻很深，而且书法十分优美，适合反复印刷；印刷流程则完全延续了传统印刷工艺。整个印刷过程由三人组成，一人负责更换印版，并且搬走印过的经版，搬来新的经版，一人刷墨汁，一人印制。

德格印经院藏族雕版印刷技艺基本保存其传统方法，为已濒临消失的雕版印刷技艺提供了不可多得的例证。目前，由于雕版印刷手工生产成本颇高、工艺复杂，且藏墨生产工艺尚未恢复，加上活字版技术又被更先进的计算机照排所替代，德格印经院藏族雕版印刷技艺传承面临困境。

用一种能防虫蛀的植物熬成水汁，将其浸泡再清洗，而后交付工人印刷即可。用该技艺制作的木刻雕版按内容可分为雕版经文内容的经书版，以雕版佛像、风马旗等图案为主的佛像版和美术版三种，具有选材优质、雕刻技艺高超、做工精美的特点。

目前，在波罗峡谷区域各村各寨，木版雕刻仍大多以家传或师徒相授的方式得以传承及发展。

藏族雕版印刷技艺（波罗古泽刻版制作技艺）
申报地区或单位：西藏自治区江达县

波罗古泽刻版制作技艺是流传于藏族地区的一项制作木刻雕版的传统技艺，主要留存于西藏自治区昌都地区的江达县，并发展到四川德格县、石渠县，西藏昌都类乌齐、林芝波密等地。这些地区地处高山峡谷，出产质地优良、适合精雕细刻的优质木材，因此在相当长的时间内，当地不少民众主要靠雕刻维持生计。

波罗古泽木刻雕版起源于1676年，由当时的德格第12世土司和第6世法王却吉·登巴次仁发起，当时四川的德格、白玉以及西藏的江达都隶属德格土司管辖，加之当时盛行佛教，用于印制佛教经文及图案的木板雕刻工艺得到了空前的发展和壮大，推动了波罗木刻印刷技术的全面发展。现今德格印经院中百分之八十以上的印经版均为昌都地区江达县波罗乡所制。

波罗刻版做工精致，一部经文的木板雕刻工艺流程可分为裁纸、撰写、内文校对、印刷、临摹雕刻、经文校对、进油、晾晒、兑制朱砂、上色、防护、分页、核对、捆扎包装等近二十道工序。在制作中，刻版内文须经享有盛名或民间公认的藏文书法家书写而成。经过严格校对之后，将文字用特殊液体印制在木板上并晒干，再由雕刻艺人按照原文临摹刻制，出成品后须经十二次严格校对；确定无任何差错后刷上酥油汤晾晒。然后将雕版晾干、涂上朱砂颜料，

国家级代表性传承人名单

姓名	性别	申报地区或单位	入选批次
彭措泽仁	男	四川省德格县	1
多吉登次	男	西藏自治区江达县	3

德化瓷烧制技艺

序号：361
编号：Ⅷ-11
批次：1
类别：传统技艺
申报地区或单位：福建省德化县

德化瓷烧制技艺是一项传统手工技艺。德化窑是我国古代南方著名瓷窑，因窑址位于福建省德化县而得名。德化瓷制作兴于唐宋，盛于明清，技艺独特，至今传承未断。

德化瓷的制作方法可分两种，一是选用优质的高岭土直接塑造成型，一是翻制模具后再注浆或拓印成型。塑造技艺包括捏、塑、雕、刻、刮、削、接、贴等多道工序。德化白釉古瓷的装饰艺术，包括刻花、画花、刻画印花、堆贴花以及雕塑等技法。德化瓷一般在土坯干后再根据需要决定是否上釉，而后放入窑中，在摄氏一千多度的高温中烧制出成品。

德化瓷包括日用陶瓷产品和艺术陶瓷作品。

◎传统技艺

其中，德化窑白瓷不求色彩之华丽，而是追求单纯、素洁、典雅之美，是中国白瓷的代表。

德化瓷源远流长，一直是我国重要的对外贸易品，具有重要的历史地位和国际影响。近年来，由于生活方式的改变和外来文化的影响，年青人多不愿投身于这一学习周期长、见效慢的传统行业，目前掌握技艺的艺人多在六十岁左右，德化瓷烧制技艺面临传承危机。

国家级代表性传承人名单

姓名	性别	申报地区或单位	入选批次
苏清河	男	福建省德化县	1
邱双炯	男	福建省德化县	4

地毯织造技艺

北京宫毯织造技艺、阿拉善地毯织造技艺、维吾尔族地毯织造技艺

序号：893
编号：Ⅷ-110
批次：2
类别：传统技艺
申报地区或单位：北京市，内蒙古自治区阿拉善左旗，新疆维吾尔自治区洛浦县

地毯织造技艺（北京宫毯织造技艺）
申报地区或单位：北京市

北京宫毯，即官坊毯，因曾为皇宫专用品而得名，是北京富有地域特色和宫廷特色的手工艺制品。其织造技艺主要留存于北京地区。

北京宫毯织造技艺历史悠久，元代开始兴起，并成立专门为皇宫织造地毯的作坊。清咸丰年间，大批西藏织毯工匠进京，手工地毯在北京更加兴盛繁荣，并开始走向民间。

北京宫毯织造原材料以羊毛、丝线为主，制作工具包括织毯设备和织毯专用工具、量具两部分。其织造工大体包括前期准备、织毯成型、美化整理三道工艺流程。其中，前期准备包括剪毛、纺纱、染纱、绘制四个环节；织毯成型包括上经、拴绞、打底、结扣、过纬、剪荒毛、下机七个环节；美化整理包括平毯、片毯、洗毯、剪活、修剪五个环节。

北京宫毯具有保暖、隔音、装饰等作用，而且宫毯图案精美、织结坚牢且毯面柔软，具有较高的实用价值和艺术欣赏价值。此外，通过对传统宫毯织造技艺的研究、挖掘，有助于了解明清宫廷的生活状况及历史。

现今由于手工产品的工艺很多都是靠口授和亲身传授，这对北京宫毯制作技艺的传承发展不利；宫毯制作技艺复杂难学，现有员工年事渐高却难以寻到合适的继承人，使得北京宫毯制作技艺的传承与发展面临着严峻的考验。

地毯织造技艺（阿拉善地毯织造技艺）
申报地区或单位：内蒙古自治区阿拉善左旗

阿拉善地毯织造技艺主要留存于内蒙古自治区阿拉善左旗的城镇工厂和部分家庭中。

内蒙古阿拉善地区传统手工地毯是中国地毯五大路系之一，形成于1736年左右，至今已有二百七十多年的历史，它继承了阿拉伯和京式宫廷地毯的传统，以其精细独特的制作工艺、古朴美观的图案样式而著称于世。

阿拉善地毯织造技艺包括图案设计、配色、染纱、上经、手工打结、平毯、片毯、洗毯、投剪、修整等一百多道工序，所需主要工具包括纺线车、染缸、织做架子、耙子、剪刀等。三蓝仿

古地毯为阿拉善地毯代表作，其以阿拉善土种绵羊毛为原料，以苍天厚土的蓝、黄为主色调，沿用民间流传数千年的结扣工艺，仿宫廷图案制成。地毯图案题材多见龙、凤、八仙、文房四宝和各种吉祥图案以及云纹、回纹、万图案等，淳朴秀美且寓意吉祥。阿拉善地毯继承了阿拉伯和京式宫廷地毯的传统，具有质刚、弹性强、拉力强、光泽好的特点。

如今新中国成立初期建立的地毯厂因诸多原因而停产，阿拉善地毯制作技艺进入家庭生产，原地毯厂职工在家中进行小作坊式生产。

地毯织造技艺（维吾尔族地毯织造技艺）
申报地区或单位：新疆维吾尔自治区洛浦县

维吾尔族地毯织造技艺是广泛应用于维吾尔族生活中的民间传统手工技艺。其织造技艺主要留存于新疆的和田、喀什、库尔勒、乌鲁木齐等地。维吾尔族地毯织造技艺历史悠久，距今已有两千多年历史。

维吾尔族地毯以新疆和田地区优良异质半粗毛羊所产羊毛为原料。织造时，将羊毛捻成毛纱，以"Z"向加捻（即反手）后染色，然后根据需要将毛纱合股，分别用作经线、地纬、绒纬（俗称绒头）。织毯时将一组经线上下交织成平纹式的基础组织，再将经过染色的绒头按一定程序拴结于基础组织的经线上，以显示出地毯的不同色彩与图案、纹样，图案、造型多为植物花、果枝叶及各类动物等。

维吾尔族地毯具有弹性大、拉力强、光泽好、不倒绒、不挂粘、不易变形、使用寿命长、式样繁多、图案别致等特点，其吸收了东西方文化艺术与宗教艺术精华，实用性和装饰性较强。

维吾尔族地毯织造技术不断改进，地毯原来以染毛线的染料上色，多为植物和矿物等制成的天然染料，现已改用化学活性染料，色彩更为鲜艳、着色牢固且经久不褪。

国家级代表性传承人名单

姓名	性别	申报地区或单位	入选批次
康玉生	男	北京市	3
刘赋国	男	内蒙古自治区阿拉善左旗	3
买吐送·吐地	男	新疆维吾尔自治区洛浦县	3

雕版印刷技艺

序号：428
编号：Ⅷ-78
批次：1
类别：传统技艺
申报地区或单位：江苏省扬州市

扩展名录：
雕版印刷技艺　福建省连城县
雕版印刷技艺（杭州雕版印刷技艺）
　　　　　　浙江省杭州市西湖区
雕版印刷技艺（同仁刻版印刷技艺）
　　　　　　青海省同仁县

雕版印刷技艺是一项传统手工技艺。江苏扬州自唐代以来就是雕版印刷业的重要区域之一。清代，曹寅受命主持刻印《全唐诗》，将扬州雕版印刷业推至前所未有的高峰。民国年间，扬州地区雕版印刷趋于衰微，但余风犹存，仍刻印了不少书籍。

雕版印刷技艺大致可分为备料（包括制版、备纸、备墨）、雕版（包括写版、校正、上版、雕刻）、刷印与套色和装帧四个环节，每个环节又可分为若干工序。具体来说，先将书稿编订后，由善书者依版式写于纸上，经校对后反贴于木板上，再由刻工逐字雕刻，即成印版。印刷时将印版和纸张分别固定于刷印台，用棕刷蘸墨均匀施于版面。铺纸后于纸面给以均匀的压力，印版上的图文就转印到纸张上，即完成一次印刷。雕刻版面需要大量人工和材料，但雕版完成后一经开印，就显示出效率高、印刷量大的优越性。

雕版印刷技艺为活字印刷术开创了技术上的先河，是世界现代印刷术最古老的技术源头。不过，由于雕版印刷术手工技术繁杂、成书速度慢、成本高、色彩单一，已逐渐退出历史舞台。

雕版印刷技艺
申报地区或单位：福建省连城县

福建省连城县四堡乡留存有传统的雕版印刷技艺。当地及其周边地区盛产枣木、梓木、梨木和小叶樟，为雕版印刷提供了纸张、烟墨等重要原材料。

四堡雕版印刷技艺初创于明万历年间，至清朝初期、中期时逐渐走向鼎盛。随着1906年科举制的废止，大量"四书五经"等四堡所主要出产的刻书无人问津，该技艺逐渐走向衰落。

四堡雕版印刷技艺大致可分为坯版制作、坯版书写、雕版制作、刷印、装订五个阶段。具体来说，坯版书写包括写样、上版两个环节；雕版制作包括刻版、打空、拉线、修版四个环节；刷印包括固板、刷墨、覆纸、刷印、晾干五个环节；装订包含折页、配帖、弯刀裁纸、锥子打眼、穿线等环节，有简策装、卷轴装、旋风装、经折装、蝴蝶装、包背装、线装七种装订法。其中线装是最常用的装订方法。

受现代印刷业冲击，四堡雕版印刷技艺已逐渐失去其实用价值，几近失传，再加上部分闽西客家雕版印刷雕版、书籍、印刷工具等文物被虫蛀腐坏或流失严重，该技艺及其实物的保护状况不尽理想。

雕版印刷技艺（杭州雕版印刷技艺）
申报地区或单位：浙江省杭州市西湖区

杭州雕版印刷技艺初创于隋代末期，至今已有一千四百余年历史。宋、明、清三代，杭州文化荟萃，印刷业发展迅速，形成了"官、私、坊"共同发展的格局。

印刷时，先在印版表面刷墨，再将纸张覆于印版，用干净刷子均匀刷过，揭起纸张后，印版上的图文清晰地转印到纸张上，从而完成一次印刷。整个过程大体分为选材、雕刻、印刷三个程序，包括浸蒸、取板、刨涂、磨板、描稿、拳刀、崩刀、重刀、铲底、成型、对稿、夹纸、对版、调色、干印、湿印、"刷""砑""撑"、饾版、拱花二十一种技法。

在现代印刷技术的冲击下，传统杭州雕版印刷技艺存在效率低且成本较高等劣势，其传承和发展形势较为严峻。

雕版印刷技艺（同仁刻版印刷技艺）
申报地区或单位：青海省同仁县

同仁刻版印刷技艺产生于元代，因留存于青海省同仁县而得名，其工艺流程与其他雕版印刷技艺基本一致。该技艺主要用于印刷经书、书籍和龙达、人兽和睦图、八卦图、各种佛像等的绘画图案，印刷题材包括祭祀山神、祭天、祭地、农事耕作、节令习俗等，是青海省同仁县民众农耕生活和民俗生活及藏传佛教文化的缩影，是藏族传统文化的载体，具有较高的文化价值和历史价值。

不过，在现代印刷技术的冲击下，古老的同仁刻版印刷技艺的生存状况不容乐观。

中国非物质文化遗产百科全书·代表性项目卷

国家级代表性传承人名单

姓名	性别	申报地区或单位	入选批次
陈义时	男	江苏省扬州市	1

雕漆技艺

序号：400
编号：Ⅷ-50
批次：1
类别：传统技艺
申报地区或单位：北京市崇文区

扩展名录：
雕漆技艺　　　甘肃省天水市秦州区

雕漆技艺是一种将天然漆料在胎上涂抹出一定厚度，再用刀在堆起的平面漆胎上雕刻花纹的传统手工技法。宋代为雕漆技艺的发展时期。至元代时，该技艺由浙江嘉兴等地传入北京，并日臻完善，北京雕漆工艺的独特面貌即在这一时期形成。

北京雕漆有金属胎和非金属胎两种，前者是珐琅里，后者为漆里。雕漆需经制胎、烧蓝、作底、着漆、雕刻、磨光等十几道工序。其中，着漆需逐层涂积，涂层为几十层到三五百层不等；然后以刀代笔，按照设计画稿，雕刻出山水、花卉、人物等浮雕纹样。漆色以朱红为主，黄、绿、黑等做底色，分为剔红（堆朱）、剔黄、剔绿、剔彩、剔犀等工艺品类。在雕漆配色方面，过去只有黑、红、黄、绿四种颜色，目前已发展到白、杏黄、茶红、粉红等二十多种，每种作品也由过去的单一色彩发展到多种套色。雕刻刀法方面以前主要是平雕，现在则大量使用浮雕、镂空雕、立体圆雕等。

雕漆品种有瓶、罐、盒、桌面、绣墩、衣箱等日用品和小件首饰等，具有防潮、抗热、耐酸碱、不变形、不变质等特点。

新中国成立后，北京市召集分散在民间的雕漆传人并为其提供生产场所，北京雕漆技艺得以传承、发展。20世纪90年代以后，由于市场转型、生产周期长、投资大及管理体制变化等原因，雕漆行业开始萎缩，真正的手工雕漆品也越来越少。

雕漆技艺
申报地区或单位：甘肃省天水市秦州区

天水雕漆技艺因其留存于甘肃省天水市而得名。天水市境内生漆木材资源丰富、漆质优良，为雕漆技艺的发展提供了最重要的原料，春末秋初的充足日照，使生漆得以迅速干燥和稳定。

天水雕漆技艺可上溯至两千多年前。早期的漆器产品主要是家用器具，多系木胎。清代末年，雕填技术传入天水市，促成文人书画与雕漆工艺结合，并一直延续至今。

天水雕漆技艺选用的胎底种类包括木胎、皮胎（已失传）、脱胎等，完成雕漆需经雕填、镶嵌、推光、平磨螺钿、描金、胎花、印锦、脱胎、刻灰、绒金、堆漆、研磨、彩绘等工艺流程。制作时，先将松木、桦木、椴木等优质木材制成器物，然后用当地生漆在器物表面涂上厚厚一层，经数次鬃饰制成漆胎。再将漆胎打磨光滑后雕刻填彩，最后在漆地上镶嵌装饰材料。其中，雕漆时可选择青田石、寿山石、绿冻石、珊瑚、象牙、玉石、螺钿、玛瑙等镶嵌材料，制作人物、花鸟、鱼虫、山水等图案。

天水雕漆作品可镶嵌于屏风、壁挂、桌椅等家具、器皿和各种工艺品上，具有色彩绚丽、漆色油润、造型古朴典雅、图案生动逼真和经久耐用等特点。

改革开放以来，天水市雕漆业发展十分迅速。不过，也有一些雕漆产品在制作时放弃了传统的雕漆技艺，或以化学漆代替天然漆，使得这一传统技艺的传承面临尴尬局面。

国家级代表性传承人名单

姓名	性别	申报地区或单位	入选批次
文乾刚	男	北京市崇文区	1
张国栋	男	江苏省苏州市	3
殷秀云	女	北京市东城区	4

定瓷烧制技艺

序号：875

编号：Ⅷ-92

批次：2

类别：传统技艺

申报地区或单位：河北省曲阳县

定瓷烧制技艺是河北的一项传统烧瓷技艺。定瓷是宋代定、汝、官、哥、钧五大名瓷之一，以白瓷而驰名。窑址在今河北省曲阳涧磁村及东、西燕川村一带，因曲阳在宋代属定州辖区而得名。

定瓷始烧于晚唐、五代，兴盛于北宋，金、元时期逐渐衰落。从北宋中期到北宋晚期，是定瓷的全面发展期，这一时期定瓷出现刻画花装饰手法并成为主流，定窑也一跃成为宋代五大名窑之一。同时覆烧法的出现，使定瓷的生产效率大幅提高，生产规模不断扩大，数量持续增加。

定瓷烧制需经取土、碾土、淘洗、制坯、修坯、装饰、施釉、装烧、出窑等工序。制作时，从当地掘取石英、长石、黏土等原料，按一定配比加工成泥料，经陈腐后方可进行拉坯成型操作；修坯后，由刻花手进行刻画装饰。定瓷装饰主要采用白釉印花、白釉刻花和白釉画花、白釉剔花和金彩描花等技法。装饰后，用浸入法施釉并进行芒口处理，即可将器坯入窑烧制。其烧制技艺主要留存于河北省曲阳县涧磁、北镇、燕川一带。

定瓷成品多以盘、碗、瓶、樽、炉、枕等居多，具有胎质坚密、细腻，釉色透明、柔润的特点。定瓷多见白色定瓷制品，以装饰见长，具有较高的欣赏价值。

受战乱等因素影响，元代时，定瓷细瓷技艺已失传，唯粗瓷烧制工艺遗存。如今，科技人员采用现代工艺技法，已经能够生产出仿定瓷制品，瓷质和纹饰已接近古定瓷。

国家级代表性传承人名单

姓名	性别	申报地区或单位	入选批次
陈文增	男	河北省曲阳县	3

侗锦织造技艺

序号：887

编号：Ⅷ-104

批次：2

类别：传统技艺

申报地区或单位：湖南省通道侗族自治县

侗锦是一种用棉纱和多种不同颜色的丝线编织而成的侗族传统民间纺织品，湖南通道、贵州黎平和广西三江地区的侗锦最为驰名。侗锦最早可溯源至春秋战国时期，是侗族女性通过母女和近亲代代相传的纯手工艺品，现已成为展示中国"女织"文化的活化石。

织造侗锦使用的材料包括侗布、五色丝绒、绒线等，其织造需经轧棉、纺纱、排纱、织锦等十多道工序，使用织锦机、绣针、挑针等工具。侗锦有"素锦"和"彩锦"之分。其中，"素锦"用黑白棉纱经纬交织而成，通经通纬，正反两面起花，织出黑、白、灰三色图案，具有粗犷大方、朴实稳重和素雅的特点；"彩锦"用红、绿、紫、黄、蓝丝为纬，青、蓝棉纱为经交织而成，花纹多为矩形纹，间以小花或蜂、蝶、鸟、鱼、人等画面，色彩较为丰富。

侗锦图案多为几何形、菱形、四方形、圆形、三角形，以鸟、兽、虫、鱼、花、人、楼等为主体，其内容包括远古神话传说、图腾神话故事、山区日常生活场景等，构图手法具有概括、抽象和夸张的特点，且结构严谨、图案精美，可用来制作大型的壁挂、被面、床单和小型的枕巾、头巾、手巾、挎包、背带、腰带、衣兜、围裙、绑腿及服装边角等织品。

如今侗锦仍在侗族妇女手中被一代代传承下来，心灵手巧的侗族妇女们把侗锦织成样式新颖的各类成品，深受人们的喜爱。

国家级代表性传承人名单

姓名	性别	申报地区或单位	入选批次
粟田梅	女	湖南省通道侗族自治县	3

侗族木构建筑营造技艺

序号：380
编号：Ⅷ-30
批次：1
类别：传统技艺
申报地区或单位：广西壮族自治区柳州市、三江侗族自治县

扩展名录：
侗锦织造技艺（侗族木构建筑营造技艺） 贵州省黎平县、从江县

侗族木构建筑营造技艺是侗族的一项传统手工技艺，其主要流传于广西、贵州等地的侗族聚居区。相传三国时期，侗族先人"依树积木，以居其上，名曰干栏"，木构建筑营造技艺逐渐形成。

侗族建筑工匠以竹签为标尺，以"墨师文"为设计标注，使用凿子、斧头、木刨等工具完成建筑过程。建筑凿榫打眼、穿梁接拱和立柱连枋均以榫卯连接，不用铁钉。此外，通过凿刻、雕塑、绘画、叠砌等手法，工匠多在建筑的屋脊、挑手、檐部、柱头等部分装饰组合规整、均衡对称且造型生动的各种花纹图案。

侗族木构建筑为干栏式结构，建筑类型有民居、鼓楼、风雨桥、寨门、井亭、凉亭等，以风雨桥、鼓楼为代表。其结构牢固、接合缜密且造型美观，具备很高的实用价值和艺术价值。楼、桥上的各种图案及雕刻则是侗族文化特性的集中体现。

不过，由于侗族建筑工匠后继乏人，木材来源匮乏，加之木构建筑防火能力极弱，易损毁而难再生，侗族木构建筑营造技艺的传承存在危机。

国家级代表性传承人名单

姓名	性别	申报地区或单位	入选批次
杨似玉	男	广西壮族自治区三江侗族自治县	1

都一处烧麦制作技艺

序号：954
编号：Ⅷ-171
批次：2
类别：传统技艺
申报地区或单位：北京便宜坊烤鸭集团有限公司

都一处烧麦制作技艺是北京的一项传统食品制作技艺。北京都一处烧麦馆以其整套精湛的烧麦制作技艺而闻名，创建于清代乾隆三年（1738），起初是山西人开设的小酒店"王记酒铺"，1752年更名为都一处，主营烧麦。

都一处烧麦制作技艺包括制皮和包馅两道工艺流程。制皮时的走槌压皮技艺为其特色之一，用中间细、两头粗的走槌作为擀面工具。制皮时，面点师右手执擀杖，左手揉面团，将三寸大小的白面皮压出二十四个花褶，代表二十四节气。包上馅后，手一扭一抹，烧麦口即呈花形。上笼蒸熟后的烧麦清莹透亮，顶端泛着白霜，褶纹整洁清晰，酷似丛丛麦穗开的朵朵白花，故又称"梢麦"。

都一处烧麦有十余个系列三十余个品种。根据季节时令的不同，都一处还会制作四季烧麦，如春季的春韭烧麦、夏季的西葫芦烧麦、秋季的蟹肉烧麦和冬季的猪肉大葱烧麦等。都一处烧麦外形美观，皮薄透馅，封口露馅不干，食之香而不腻，回味无穷。

目前，资金短缺、发展空间受限、人才培养难度大等多方面的问题困扰着都一处的发展，也影响了烧麦制作技艺的传承。

豆瓣传统制作技艺

郫县豆瓣传统制作技艺

序号：938
编号：Ⅷ-155
批次：2
类别：传统技艺
申报地区或单位：四川省郫县

郫县豆瓣传统制作技艺是四川省成都市郫县的一项传统的食品制作技艺。豆瓣酱是一种以大豆（或蚕豆）和面粉为主要原料，由各种微生物相互作用，产生复杂生化反应后酿造而成的发酵红褐色调味料。

明末清初，一位陈姓人士流落四川，在特殊情况下将发霉的胡豆瓣以辣椒拌食，竟发现味道奇佳。陈氏家族落户郫县后，开始经营酿造业。经过几百年的不断发展，郫县豆瓣传统手工制作技艺已趋于完善与成熟。

郫县豆瓣以四川当地盛产的二荆条海椒、二流瓣蚕豆、面粉、黄豆和蚕豆为原料。制作时，先精选色泽红亮辣味适中的二荆条海椒，用铁锹剁切成一寸二分长左右的碎节，加入盐后置于槽桶中曝晒，一天翻搅两次；然后将浸泡过的蚕豆放入开水锅中略煮片刻，捞起后用石磨碾压去皮；再将黄豆磨制成粉，与糯米、面粉及去皮蚕豆一起搅拌均匀，放入箩筐中发酵；接着将发酵充分的豆瓣与海椒混合；最后将制成的豆瓣酱进行翻、晒、露，等到一年左右，豆瓣色泽红亮、滋味鲜美时即完成制作过程。如果生产颜色更深、滋味更浓的黑豆瓣酱，则需酿制一年半以上时间。

郫县豆瓣具有色泽红润、味辣香醇、瓣子酥脆等特点，极大地影响了四川当地的餐饮习惯和饮食文化。

由于传统制作技艺生产周期过长，无法满足市场需求，豆瓣生产逐渐工业化，郫县豆瓣传统制作技艺面临传承困境。

国家级代表性传承人名单

姓名	性别	申报地区或单位	入选批次
雷定成	男	四川省郫县	3

豆豉酿制技艺

永川豆豉酿制技艺、潼川豆豉酿制技艺

序号：939
编号：Ⅷ-156
批次：2
类别：传统技艺
申报地区或单位：重庆市，四川省三台县

豆豉酿制技艺（永川豆豉酿制技艺）
申报地区或单位：重庆市

豆豉是一种豆类发酵后配盐加工而成的豆制品，主要用来调味。按使用的微生物不同，中国豆豉可分为传统毛霉型发酵豆豉、米曲霉发酵豆豉及细菌型发酵豆豉三类。重庆的永川豆豉属于毛霉型发酵豆豉。永川豆豉制作约始于明代崇祯十七年（1644）至民国年间，已有十三家作坊从事生产。

永川豆豉以黄豆或黑豆为原料制成，酿制需经选杂、浸泡、蒸煮、制曲、拌和、发酵等工序。酿制时，先将筛选出的颗粒均匀的黄豆去杂洗净，放入清水中浸泡，待泡至黄豆发胀无皱皮、略有硬心时装入竹箩内晒干；然后将黄豆煮7～8小时并焖焐2小时，倒出熟料散热；再将熟料送入曲室内自然发酵结饼。待毛霉生长出来后，还需上下翻动发酵一次，促使发酵均匀。发酵期一般为半个月。最后将成熟后分解成颗粒状的发酵坯与食盐、高粱白酒、醪糟等混合拌匀，装入坛内密封保存半年，即完成酿制过程。

永川豆豉具有光亮黝黑、滋润散籽、清香滋润、味美适口等特点，营养丰富且具有一定的保健功能。

永川豆豉质量和工艺均属上乘，但在市场经济状况下，其手工酿制方法由于价格较高，竞争力较差，应尽快采取措施对其进行保护。

豆豉酿制技艺（潼川豆豉酿制技艺）
申报地区或单位：四川省三台县

潼川豆豉酿制技艺留存于潼川府（今四川省绵阳市三台县）。潼川豆豉属毛霉型发酵豆豉。据《三台县志》记载：清代康熙九年（1670），邱氏家族从江西迁到潼川府。邱家人采用毛霉制曲生产工艺酿造了色鲜味美的豆豉。康熙十七年（1678），潼川知府以此作为贡品，使得潼川豆豉名噪一时。

潼川豆豉以黑豆、褐豆或黄豆为原料、采用毛霉制曲工艺酿制而成，酿制需经选料、泡料、蒸料、制曲、拌料、加辅料、发酵及贮藏、成品八项工艺流程。蒸料需先后使用两个木甑。前甑蒸2.5小时左右，后甑蒸2.5小时左右，待后甑散发大量热汽并滴水时出甑散热；制曲期间为当年立冬（农历十月）至次年雨水（农历一月）；制曲完成后，将曲倒入曲池内拌曲并加入定量食盐和水，混匀后浸闷1天，然后加酒精度50度以上定量白酒拌匀备用，即为拌料；将拌好的曲料装满浮水罐并发酵12个月后即可将成品贮藏起来。如果密封得当，潼川豆豉可保存5～6年。

潼川豆豉具有颗粒松散、色黝黑而有光泽的特点，营养丰富且具有一定的保健功能。

潼川豆豉品质优良，但由于采用手工酿制，成本高，在市场竞争激烈的今天维持下去已相当困难，有必要尽快采取措施加强对其传统酿制技艺的保护。

◎ 传统技艺

端砚制作技艺

序号：425

编号：Ⅷ-75

批次：1

类别：传统技艺

申报地区或单位：广东省肇庆市

端砚为中国四大名砚之一，具有下墨如风、发墨如油、不耗水、不结冰、不朽（磨出的墨汁防蛀）、护毫等特点。端砚的原料——端溪石产于广东省肇庆市东郊羚羊峡斧柯山和北岭山一带，尤以老坑、麻子坑和宋坑三地的砚石为最佳。其发源地和制作核心区域为肇庆市黄岗镇白石村、宾日村一带。

端砚生产始于唐初，起初仅作为书写实用工具，石面上无任何图案或花纹装饰。至唐代中叶，端砚雕刻兴起，端砚逐渐成为实用工艺品。

端砚制作主要需经采石、维料、制璞、雕刻、磨光、配盒等工序。采石工具包括粗细不等的尖口铁凿、铁笔、铁锤、炮凿等，雕刻工具包括锤、凿、凿卡、木钻、锯、滑石及工夫台等。其中，采石，即砚石开采工序。因端溪石大多不抗震，至今仍以手工开采为主；制璞，又称选料制璞，即将开采出的砚石进行筛选并区分等级；雕刻，是雕刻艺人对砚璞"因材施艺""因石构图"，使之成为艺术品的工序。端砚雕刻主要有深刀（高深雕）与浅刀（低浮雕）雕刻，还有细刻、线刻以及通雕（镂空）；磨光，是用油石、幼河砂、滑石、幼砂纸、水磨砂纸等工具使砚台手感光滑的工序。磨光后，还需"浸墨润石"，过一两天后褪墨处理；配盒，是指端砚雕刻完毕后需搭配木盒，以起到防尘和保护砚石的作用。

目前，机械生产对手工端砚制作造成较大冲击，口耳相传的传承方式也使端砚制作技艺面临传承危机。

国家级代表性传承人名单

姓名	性别	申报地区或单位	入选批次
程文	男	广东省肇庆市	1

俄罗斯族民居营造技艺

序号：967

编号：Ⅷ-184

批次：2

类别：传统技艺

申报地区或单位：新疆维吾尔自治区塔城地区

新疆维吾尔自治区俄罗斯族民居及其营造技艺是俄罗斯族根据新疆的地理环境和气候条件，吸收维吾尔族、哈萨克族等民族的文化，借鉴汉族的建筑技巧，发展出的独具特色的技艺。

俄罗斯族民居营造技艺是在清代咸丰元年（1851）俄罗斯人迁居新疆塔城等地区时传入的，以此技艺营造的民居主要集中在塔城、伊犁、乌鲁木齐、阿尔泰等地。

俄罗斯族民居多为砖木或土木结构，地基由厚度为60～80厘米的园石或砖块砌成。民居屋顶为"人"字形。搭建时用方木、圆木搭成三角形，再用木板将三脚架盖严，钉上铁皮上漆即可。天棚由加五板铺成，以三角形图形木块构成花边。房屋内地面多用加五板铺成地板，地板与地面空间之间以圆木顶柱为支撑。房门多为两扇门板，以圆形、方形图案装饰，门上框中间刻有建房年代。窗户为双层木制框。门外设雨棚，由木板、护栏搭成，并设靠凳和台阶。民居的窗扇、天花板、阳台栏杆等地方一般点缀有颜色鲜亮的雕花。

俄罗斯族民居具有冬暖夏凉、坚固实用的特点。在建筑结构、建筑风格上均体现出欧式

739

建筑特点，在我国少数民族民居和建筑中独具特色。此外，俄罗斯民居及其营造技艺对研究中国新疆俄罗斯族的文化、历史、建筑艺术、民俗等方面均具有重要意义。

目前，新疆俄罗斯族民居营造技艺传承乏人，许多民居遭到破坏，需要尽快采取措施加以保护和抢救。

国家级代表性传承人名单

姓名	性别	申报地区或单位	入选批次
张怀升	男	新疆维吾尔自治区塔城地区	3

鄂伦春族狍皮制作技艺

序号：895

编号：Ⅷ-112

批次：2

类别：传统技艺

申报地区或单位：内蒙古自治区鄂伦春自治旗，黑龙江省黑河市爱辉区

鄂伦春族狍皮制作技艺是鄂伦春族一项传统手工技艺，主要留存于内蒙古自治区鄂伦春自治旗地区和黑龙江省黑河市爱辉区等地。狍子是鄂伦春人生活重要的资源之一。鄂伦春人所着服饰很多都是由狍皮制作而成的。

缝制狍皮服饰时，需先"熟皮"，使狍皮变得平展并适于剪裁。熟狍子皮的方法是：先把皮子晒干，将煮熟的狍肝捣烂后涂抹在皮板上，喷一些水或摊一层朽木屑，包好闷几天，使皮板变软。熟皮子时，人坐在地上，用双脚夹住皮子一角，先用"克得热"（一种约六十厘米长的弧形带锯齿刮具）反复刮鞣，待皮膜和污垢暴起，再用"毛乌旦"（又称"茅乌克得日勒"，为一种约六十厘米长的弧形钝刃刮刀）刮掉，反复揉刮至皮板柔软且富有弹性。然后将柔软的皮撑开置于文火上方温烤，同时由几个人围成圈均力拉抻，即完成熟皮流程。缝制衣物的针主要有由狍子小腿骨制成的骨针、落叶松制成的木针，线则由兽筋（如狍筋、犴筋等）加工而成。狍角可做锥，用于缝厚皮子或上鞋底。

鄂伦春族狍皮服饰以袍式为主，主要有皮袍、皮袄、皮裤、皮套裤、皮靴、皮袜、皮手套、皮坎肩、狍头帽等。狍皮制作技艺是鄂伦春族在适应居住地气候过程中创造出来的独特手工技艺，具有较强的实用价值；此外，不少女式狍皮服饰制作精美，是鄂伦春人审美追求的体现。

20世纪90年代初，各级政府在鄂伦春族内施行"禁止猎业""禁猎转产"的政策，在维护生态平衡，拯救濒危的野生动物的同时，鄂伦春族的狍皮制作工艺也随之濒临失传。

国家级代表性传承人名单

姓名	性别	申报地区或单位	入选批次
孟兰杰	女	黑龙江省黑河市爱辉区	3

仿膳（清廷御膳）制作技艺

序号：1184

编号：Ⅷ-204

批次：3

类别：传统技艺

申报地区或单位：北京市西城区

仿膳（清廷御膳）制作技艺是北京的一项传统菜肴制作技艺。清廷御膳是满菜和汉菜相互结合而形成的菜品精华，也是中国宴席的集大成者和佼佼者，它具有礼仪隆重、奢华、用料华贵、菜点繁多、技艺精湛等风格与特点。

1925年，晚清御厨在北京的北海公园北岸开设"仿膳"茶社，经营仿照宫廷御膳的制作手艺而烹饪的糕点和菜肴。虽名为仿膳，但创始人赵仁斋、孙绍然和王玉山等人都是清宫御膳房的原班人马。这所立于民间的御膳房完整地传承了宫廷菜的制作工艺，使得皇室御膳至今传世。

仿膳以还原完整的满汉全席为胜，食单源自《扬州画舫录》中满汉全席的详细记载，选用"三十二珍"为原料，严格按古法而制。仿膳满汉全席的最大特色，在于它的"精、繁、丰、珍"，即膳食的选料精细、烹制的工艺复杂、品种的丰富多样和原料的珍贵稀少。满汉全席选用山八珍、海八珍、禽八珍、草八珍等名贵材料，采用满人烧烤与汉人炖焖煮炸等技法，可谓汇聚满汉南北口味之精粹，丰富多彩、蔚为大观。完整的满汉全席包括134道热菜、48道冷荤及各种点心、果品，通常分四餐至六餐食完，全部吃下来大约需要三天。

如今，北京市仿膳饭庄在原来宫廷菜制作的基础上有所创新和发展。作为现代餐饮市场的一分子，其在烹饪方法、出品质量、食品安全等方面，早已与现代标准接轨。

风筝制作技艺

潍坊风筝、南通板鹞风筝、拉萨风筝

序号：438
编号：Ⅷ-88
批次：1
类别：传统技艺
申报地区或单位：山东省潍坊市，江苏省南通市，西藏自治区拉萨市

扩展名录：
风筝制作技艺（北京风筝哈制作技艺）
北京市海淀区
风筝制作技艺（天津风筝魏制作技艺）
天津市南开区
风筝制作技艺（北京风筝制作技艺）
北京市东城区、海淀区

风筝制作技艺（潍坊风筝）
申报单位：山东省潍坊市

风筝制作技艺是一项传统手工技艺。风筝制作起源于中国，至今已有两千余年历史。潍坊风筝制作技艺因留存于山东省潍坊市而得名。潍坊市位于山东半岛中部，北濒渤海湾，南临黄海，春天风多雨少，且风向单一。在这一特殊的地理环境下，潍坊风筝得以孕育产生。目前，潍坊风筝制作技艺主要留存于潍坊市寒亭区杨家埠一带和奎文区、潍城区。

潍坊风筝兴于明初的杨家埠村，开始时仅自娱自乐或馈赠亲朋好友，后逐渐发展为商品。至乾隆年间，风筝已成为当地重要的手工业。

潍坊风筝一般选用三根到七根竹条扎制骨架，采用高档丝绢蒙面、手工绘画，制作时要求竹条均匀、骨架周正、左右对称、重心拴线、形象简练、色彩鲜艳。其中，扎骨架工序包括选竹材、破竹材、削竹条、修竹条、弯竹条、扎结竹条等。潍坊的风筝绘画吸取了潍县木版年画的技法，线条粗犷，色彩以红、黄、蓝三色为基础色。除板子风筝需要坠外，其他潍坊风筝种类不需要任何辅助物都能平稳地直升蓝天。

潍坊风筝种类有软翅类、硬翅类、龙头串式类、板子类和立体桶子类等，有起飞平稳、放飞高等特点。在艺术表现手法方面，潍坊风筝讲究形象简练、色彩鲜艳、对比强烈。风筝题材丰富，设计夸张变形，兼具娱乐和审美价值。

741

近年来，不少风筝制作艺人使用尼龙布和碳素钢管代替丝绢面和竹条，影响了潍坊风筝地方特色的表达，传统潍坊风筝制作技艺受到冲击。

风筝制作技艺（南通板鹞风筝）
申报单位：江苏省南通市

板鹞风筝因造型如一块平板而得名。南通市位于江苏省东部、长江入海口北岸，三面环水，气候温和，风量、风速、风力较为均匀，非常适宜形体较大的板鹞风筝放飞。南通板鹞风筝起源于北宋年间，目前，板鹞风筝制作技艺集中留存于江苏省南通市郊的闸东乡、闸西乡、秦灶乡和通州区的李港乡、刘桥镇、四安镇等地。

南通板鹞风筝制作包括扎裱造型、配色绘画、音律设计、"哨口"雕刻等工艺，其基本特征在于"哨口"设计，风筝上缀满大小不等的"哨口"，多者达数千。"哨口"由哨面和哨筒两部分组成，其大小、形状和材料的差异，使发出的音量、音质、音调千变万化。哨面通常由竹片或质地松脆的木块雕刻而成；哨筒分管状和球状两大类，管状哨口统称"哨"；球状哨口统称"口"，通常用葫芦、果壳、蚕茧等制成。标准的哨口板鹞无论大小，均可承受5级以上风力；即使在7～8级大风中，板鹞风筝仍可稳悬于数百米高空，并发出美妙的声音。风筝装饰图案多工笔重彩，内容有"八仙""凤戏牡丹""三国故事"等，喜用红、黑、青、紫色，以造成强烈的色彩对比。

南通板鹞风筝形状有正方形、长方形、六角形和八角形，以六角板鹞为多（即由一个长方形和一个正方形组合而成的有六个凸角的风筝），也有由多个几何图形组合而成的"七联星""九联星""十九联星"等，具有用料考究、工艺精准、整体协调性能和驭风性能优越等特点。

不过，由于"哨口"雕刻技术难度大，且能画会雕者越来越少，南通板鹞风筝制作技艺的传承也遭遇瓶颈。

风筝制作技艺（拉萨风筝）
申报单位：西藏自治区拉萨市

拉萨风筝制作技艺留存于西藏自治区的拉萨、日喀则、泽当等地。

拉萨风筝制作具有季节性。每年秋季在拉萨、日喀则等城镇有人专门做风筝出售。上"那"工序是拉萨风筝制作的主要特色。利用拉萨风筝"打架斗殴"时，以最后断线飘走者为败。因此，在拉萨风筝制作过程中，有一道风筝线制作工序"上'那'"。"那"的主要成分为玻璃碎粉，在碎粉中加入一种黏性较好的植物"旺拉"，调上捣碎的大米、白糖和水搅拌煎熬。等冷却到一定温度时，将"那"放在手心，将风筝线从指间穿过，粘上粗细不等的"那"。

拉萨风筝的形状几乎全是菱形，颜色以白色为主，讲究彩绘图案，有"加沃"（大胡子）、"古玛或古那"（钉头或黑头）、"米洛"（瞪眼）、"其瓦"（龇牙）、"帮典"（围裙）、"嘎林"（腿骨号）六种。拉萨风筝图案多与宗教有关，具有鲜明的地方特色。

拉萨风筝的放飞有许多习俗。在时间上，拉萨在雪顿节后放飞，日喀则必须由东头宗的俗官先行放飞。风筝的形制与使用有年龄规定，如六轴、八轴、十轴风筝，必须按年龄大小分开选择。

目前，随着一批有造诣的风筝艺人相继去世或年逾古稀，拉萨风筝制作技艺濒临失传。

风筝制作技艺（北京风筝哈制作技艺）
申报地区或单位：北京市海淀区

北京风筝哈因其创始人哈国梁而得名。清朝光绪年间，哈国梁在北京琉璃厂开设风筝店铺。此后，哈氏家族几辈艺人代代相传，经过不断继承、创新和发展，最终形成"哈记风筝"独特的艺术风格。

风筝哈制作技艺综合运用"扎、糊、绘、放、风、线"六项技能。根据不同风力大小，风筝哈可测量竹料薄厚以制作不同应力的风筝，其制作用料讲究、造型比例适中、交接严谨、美观大方、构图丰满，繁而不失整，简而不失丰富。

风筝哈主要品种有云龙、五蝠、云幅、沙燕、梢罐、大门灯、钟馗、刘海等，尤以"大沙燕"较为著名。

目前，北京风筝哈制作技艺主要在哈氏家族内部得以传承。

风筝制作技艺（天津风筝魏制作技艺）
申报地区或单位：天津市南开区

天津风筝魏因其创始人魏元泰而得名。清代光绪年间，魏元泰在天津鼓楼创立"魏记长清斋扎彩铺"，以制作风筝为主。七十余年间，魏元泰将木工的打眼扣榫、锡焊工的铜箍连接和天津民间绘画技法相结合，移植到风筝制作上，制作出可拆展、折叠的软翅风筝。

风筝魏制作技艺包括创意、设计、选料、扎架、彩绘、糊面、试飞、总装八项工艺流程。风筝面料以真丝织物及毛竹为原料，选型上有人物、器物、动物等。全部工艺均为手工制作，能够拆展折叠，具有"送饭"、变形、鸣响等特技。

风筝魏分整体类和组合类两种，从功能上则可分为装饰型、放飞型、放飞兼装饰型三类。风筝尺寸大小不等，巨型风筝可达上百米，微小的为火柴盒般大小。魏记风筝具有造型多变、彩绘逼真、飞行平稳、特技精湛和便于携带等特点，并具有较高的收藏价值。

近年来，风筝魏运用现代化技术手段，改变了传统的"口传心授"带徒方式，通过在生产中传授、在展示中传授、在对外交流中传授等方式传承风筝魏制作技艺。

风筝制作技艺（北京风筝制作技艺）
申报地区或单位：北京市东城区、海淀区

除风筝哈外，费氏风筝和曹氏风筝也是北京风筝的重要流派。

费氏风筝因其制作和技艺传承人费保龄而得名，以扎燕风筝为代表。费氏风筝以竹篾条、麻绳、白胶、宣纸和颜料等制作而成，其制作技艺分为"扎、糊、绘、放"四项工艺，讲究"三停谋正和十法"，在扎制时注重运用我国传统文化中的意象美学并融入文学特征。制作费氏风筝需使用劈刀、平刃刀、大钳子、小钳子、尖嘴钳、锉、剪子、锯条、尺子、画笔等工具。费氏风筝色彩鲜明、线条醒目，既好起又好飞。费氏风筝每种都绘有骨架图、彩绘图，并配有扎糊诀和画诀，图文并茂，具有图案化、拟人化等特点，已成为中外藏家的收藏品。

曹氏风筝是金福忠先生的《宫廷风筝图谱》与孔祥泽先生1943年抄录的《南鹞北鸢考工志》两部著作结合后，形成的风筝流派之一，因其制作技艺主要以曹雪芹遗著《南鹞北鸢考工志》中所载风筝制作技法为基础而得名。其主要制作流程为扎、糊、绘、放，包括削竹、绑扎、涂胶、蒙面、染色等工序。曹氏风筝做工细腻、用料考究、绘制精美，其中尤以拟人化的扎燕凸显其北京特色。曹氏风筝制作技艺是宫廷风筝与民间风筝艺术的结合，它题材广泛，种类繁多，制作精良美观，具有较强的收藏价值。

枫溪瓷烧制技艺

序号：879
编号：Ⅷ-96
批次：2
类别：传统技艺
申报地区或单位：广东省潮州市枫溪区

枫溪瓷烧制技艺是广东的一项传统烧瓷技艺。枫溪瓷是一种雕贴、镂空瓷器，因主产地为广东省潮州市枫溪区而得名。

潮州陶瓷制作历史悠久，潮州枫溪境内曾发现六千多年前的贝丘遗址及陶器，还有唐宋窑址的遗迹。宋代以后，枫溪成为陶瓷生产中心并延续至今。

枫溪瓷的烧制一般需经选料、洗泥、塑制、翻模、注浆成型、施釉、装烧、彩绘、烤花等工序，使用雕、塑、镂、捏、贴、刻、划、印、压等技法，装饰手法包括潮彩、粉彩、釉下彩、贴花、印花、装饰土等。制瓷工匠在瓷坯体上连续雕通几何图纹或多种花卉、人物、动物形象图案，经高温装烧。按釉料对温度的不同要求，装烧又分氧化烧和还原烧两种。装烧后由人工彩绘花纹，再将瓷坯放入烤花窑中，烧制出成品。

枫溪瓷可分为日用瓷、艺术瓷、建筑卫生瓷和特种用瓷四类，其中艺术瓷以瓷质洁白、釉色丰润、造型精美、格调清新而著称。通花瓷为枫溪瓷烧制技艺代表，其主要特点是在瓷坯体上雕通连续的几何图纹或花卉、人物、动物等形象。通花瓷经常与捏贴瓷花相结合，称"寄花通花"。枫溪瓷烧制技艺既继承了唐宋以来潮州瓷艺的精华，又借鉴吸收了潮州泥塑、花灯、木雕、刺绣、抽纱等民间工艺的技法、手法，在中国陶瓷史上具有重要地位。

枫溪至今是中国瓷都的龙头，现有陶瓷生产企业四千多家，生产工人七万多人，产品远销世界一百五十多个国家和地区。

北京曹氏风筝传人孔令民正在制作风筝

曹氏风筝

国家级代表性传承人名单

姓名	性别	申报地区或单位	入选批次
郭承毅	男	江苏省南通市	1
韩福龄	男	山东省潍坊市	3
魏永珍	女	天津市南开区	3
哈亦琦	男	北京市海淀区	4
费保龄	男	北京市东城区	4

国家级代表性传承人名单

姓名	性别	申报地区或单位	入选批次
王龙才	男	广东省潮州市枫溪区	3
吴为明	男	广东省潮州市枫溪区	4

枫香印染技艺

序号：891

编号：Ⅷ-108

批次：2

类别：传统技艺

申报地区或单位：贵州省惠水县、麻江县

枫香印染技艺是贵州省的一项传统印染工艺，主要流传于贵州省惠水县城东南部的苗族、布依族中，雅水镇播潭小岩脚是其主要产地。

枫香印染使用枫香油为原料，主要工具是毛笔。枫香油为百年以上老枫香树脂掺以牛油，用文火煎熬过滤而成。制作枫香印染时，用毛笔蘸枫香油，在白棉布上描绘所需要的花、鸟、鱼、虫等图案，再用蓝靛浸染，染色完毕后用沸水脱去油脂，即呈现白色花纹，再用清水漂洗、晾干、碾平即可。为得出图案中所需的浅蓝色，枫香染通常要分两次封染。

枫香印染色调为青、蓝、白三色，图案整体清新明快，画面精细，装饰纹样吉祥，承载着少数民族的审美理想和对美好生活的渴望。苗族、布依族日常所用的衣裙、背扇、被面、床单、帐檐等多喜用枫香印染。

目前懂得枫香印染技艺的仅剩下为数不多的数十位老人，这项传统技艺面临着失传的危机。

国家级代表性传承人名单

姓名	性别	申报地区或单位	入选批次
杨光成	男	贵州省惠水县	4

福州脱胎漆器髹饰技艺

序号：404

编号：Ⅷ-54

批次：1

类别：传统技艺

申报地区或单位：福建省福州市

福州脱胎漆器髹饰技艺是流传于福州地区的一项传统手工技艺。福州脱胎漆器是我国漆器的著名品种，以"轻"为其最大特点。福州脱胎漆器首创于清代乾隆年间，且一度成为宫廷贡品。

依胎质不同，福州脱胎漆器的制作方法可分为两种：一种为脱胎，是以泥土、石膏等塑成胎坯，以大漆为黏剂，然后用夏布（苎麻布）或绸布在胎坯上逐层裱褙，待阴干后脱去原胎，留下漆布雏形，再经上灰底、打磨、髹漆研磨等工序，最后施以各种装饰纹样，制成成品；另一种为木胎及其他材料胎质，是以硬材为坯、不经脱胎直接髹漆而成，工序与脱胎基本相同。漆器髹饰技法有黑推光、色推光、薄料漆、彩漆晕金、锦纹、朱漆描金、嵌银上彩、台花、嵌螺钿等。

漆器产品大致分为实用和欣赏两大类，常见的有大花瓶、大屏风、各种磨漆画等，具有光亮美观、不怕水浸、不变形、不褪色、坚固、耐温、耐酸碱腐蚀的优点。其在我国传统的朱、黑等漆色基础上以金粉、银粉作调和料，解决了一般漆色干后变为黝黑、难以与其他鲜艳颜料调和的困难，并增加蓝、绿、褐等多种鲜艳漆色；有的装饰还使用刻银丝、刻金丝、螺钿、镶嵌等技法，使漆器更加精美。

目前，福州脱胎漆器的生产和研究状况均不乐观，"印锦""台花"等脱胎漆器髹饰的技法也已失传，福州脱胎漆器髹饰技艺的传承面临危机。

国家级代表性传承人名单

姓名	性别	申报地区或单位	入选批次
郑益坤	男	福建省福州市	1
黄时忠	男	福建省福州市	4

腐乳酿造技艺

王致和腐乳酿造技艺

序号：940

编号：Ⅷ-157

批次：2

类别：传统技艺

申报地区或单位：北京市海淀区

腐乳酿造技艺是我国的一项传统食品制作技艺。腐乳是一种将豆腐发酵、腌制后二次加工而成的豆制食品，一般用于佐菜或烹调。北京的王致和腐乳因其发明者为清代康熙年间举人王致和而得名，他于康熙十七年（1678）创办了王致和南酱园。经过几百年的发展，其生产规模不断扩大。

王致和腐乳以大豆为原料，以红曲、白酒、白糖、食盐为辅料酿造。酿造采用毛霉型发酵腐乳制作工艺，需经大豆筛选、清洗、浸泡、磨浆、浆渣分离、豆浆加温、凝固、压榨、切块、接菌、前期发酵、腌制、灌装、后期发酵等几十道工序，历时约一百天。传统王致和腐乳酿造技艺使用的器具包括大缸、篱笊、石磨、柴锅、石块、木板、笼屉、坛子等。

王致和腐乳以红腐乳和青腐乳为主，以"细、软、鲜、香"为其主要特点，易于消化且营养价值较丰富。

近年来，王致和腐乳得到了很大发展，被商务部确定为"中华老字号"。目前，王致和腐乳行销全国各省市以及美国、加拿大、澳大利亚等多个国家和地区，广受海内外消费者的青睐。

古书画临摹复制技艺

序号：1182

编号：Ⅷ-202

批次：3

类别：传统技艺

申报地区或单位：故宫博物院

古书画临摹复制技艺是一项传统临摹技术，北京的故宫博物院留存有这一技艺。

故宫博物院的古书画临摹复制技艺主要包括勾稿、落墨、上色、做旧、题款及印章的摹制等工艺。勾稿，也叫勾胶版，先将薄膜或透明胶版蒙在画作的复制品或放大照片表面，勾出原件线条后取下。落墨，即在勾好线条的塑料薄膜上铺上做好的画绢，参照原件的用笔和墨色轻重，将画稿落在绢布上。落墨后即可上色。上色分为背后脱色和正面上色。上色过程中需进行做旧处理。做旧和上色可同步或交叉进行。临摹过程中，主要通过技法和色彩达到"旧"的质感，而非采用化学药剂将新画做旧，对临摹者的绘画功底及临摹经验的要求较高。

新中国成立后，故宫文物修复工厂的大师们临摹复制了诸多国宝级古书画文物，如冯仲莲摹《清明上河图》、金仲鱼摹崔白的《寒雀图》、陈临斋摹《韩熙载夜宴图》、刘炳森摹马王堆出土西汉帛画等。

古书画临摹复制技艺，能使所摹作品在最大程度上接近原件，成为传承中国古代书画艺术的重要手段。但掌握这一技艺需要深厚的文化功底、扎实的临摹技术，需要很长的训练时间，因而培养传承人的任务非常艰巨。

国家级代表性传承人名单

姓名	性别	申报地区或单位	入选批次
祖莪	女	故宫博物院	4

官式古建筑营造技艺

北京故宫

序号：957
编号：Ⅷ-174
批次：2
类别：传统技艺
申报地区或单位：故宫博物院

北京故宫是中国现存规模最大、最完整的宫殿建筑，初步建成于明代永乐十八年（1420）。官式古建筑营造技艺（北京故宫）是在建造、维修故宫的过程中形成的一整套宫殿建筑施工技艺。

北京故宫的官式古建筑营造技艺包括瓦作、木作、石作、搭材（彩）作、土作、油漆作、彩画作、裱糊作八大作，其下细分为上百工种。其中，瓦作工艺主要体现在古建筑的地面、墙面和屋顶三个部分，内容包括砌砖基础、刷浆、砍磨细砖等；木作以规矩和口诀为精髓，如"柱高一丈，柱径一尺"等；搭彩作包括架木搭设、扎彩、棚匠等；石作包括采石、石料的分割、石料的平整等；传统土作包括夯、下地丁、打桩等；油漆作主要内容分为地仗和油皮两项；彩画工序包括起谱子、落墨、扎孔、纹饰、沥粉、贴金、刷色等；裱糊作的工作主要为室内顶棚、墙面裱糊等。从材料、用色到做法，官式古建筑营造都需严格遵循营造则例。

北京故宫是官式古建筑营造技艺的典范，其优美的建筑造型对中国（尤其是北方地区）的古建筑技术发展发挥了重要的引领作用。但是随着建筑手段的更新和发展，传统的土作、搭材（彩）作、裱糊作等工艺面临传承困境。

国家级代表性传承人名单

姓名	性别	申报地区或单位	入选批次
李永革	男	故宫博物院	4
刘增玉	男	故宫博物院	4

广彩瓷烧制技艺

序号：880
编号：Ⅷ-97
批次：2
类别：传统技艺
申报地区或单位：广东省广州市

广彩瓷烧制技艺是流传于广州的一种传统手工技艺。广彩瓷为"广州织金彩瓷"的简称，是广州生产的一种釉上彩瓷，是我国清代外销瓷的主要品种之一。

广彩瓷始于明代的广州三彩，以后发展为五彩，并在清代乾隆年间逐步形成了具有浓郁东方民族特色的独特艺术风格。17世纪广彩瓷对外贸易发展到了鼎盛时期，欧洲贵族竞相追捧。20世纪40年代，广彩瓷渐趋衰落，生产一度中断，直到1956年才恢复生产。

广彩瓷所需素白瓷胎来自江西、湖南、广东等瓷区，所用颜料有大红、西红、水青、大绿、鹤春、艳黑、双黄等二十多种。匠师们采用织、填、染、洗、描、堆、刻、刷等陶瓷器装饰技巧，用各种颜色和金银水在白胎瓷器的釉上绘制花卉、山水、人物等花纹图案。绘图完成后，将瓷胎置于立式或井式电窑中，以800℃左右低温烤烧制成广彩瓷器成品。

广彩瓷以构图紧密、色彩浓艳、金碧辉煌为特色，可分为陈设瓷、日用瓷两类。广彩瓷的彩绘图案既有我国传统彩绘艺术的风格，又吸收了欧美的艺术精华，是中西文化交流的产物和物证，具有较高的历史价值和艺术价值。

作为岭南文化的重要载体，广彩瓷烧制技艺至今在海内外仍享有很高的声誉。

国家级代表性传承人名单

姓名	性别	申报地区或单位	入选批次
余培锡	男	广东省广州市	3
陈文敏	男	广东省广州市	4

国画颜料制作技艺

姜思序堂国画颜料制作技艺

序号：1178
编号：Ⅷ-198
批次：3
类别：传统技艺
申报地区或单位：江苏省苏州市

国画颜料是国画创作中不可或缺的工具，是中国传统文化传承的重要因素。江苏苏州的姜思序堂是我国著名的中国画颜料专业店铺，创始于清代乾隆年间。姜思序堂国画颜料选料纯正且制作精良，其成品具有色泽鲜净、入水即化、与墨相融、着纸能和、多裱不脱、经久不变等特点，书画印泥则有不渗油、不嵌章、耐晒、色泽庄重等特点，是国画颜料中的杰出代表。

姜思序堂国画颜料制作技艺包括膏状颜料、粉状颜料和传统书画印泥的制作技艺。具体而言，膏状颜料制作需经选料、粉碎、研磨、下胶、革脚、煎色、晾干、成型、干燥、称量、包装、盖章等十多道工艺，粉状颜料制作需经进料、粉碎、研磨、下胶、沉淀漂洗、干燥、称量、包装、盖章九道工艺，传统书画印泥制作需经炼油、漂油、选料、配料、搅拌、研磨、捶打、称量、光平等工序。

姜思序堂生产的膏状类颜料包括特级花青膏、轻胶花青膏、轻膏、赭石膏、牡丹红膏、胭脂膏等，粉状类颜料包括特级头青、二青、三青、四青、头绿、二绿、三绿、四绿、漂净铅粉、蛤粉、特级朱砂粉、顶上朱砂粉等，书画印泥包括珍珠印泥、八宝印泥、朱膘印泥、丹朱印泥、芷兰印泥、象牙黑印泥、古色印泥等。

由于制作国画颜料的部分原料日见匮乏，工艺大多依赖手工，制作繁杂，使一些年轻人视学艺为畏途，加上产品市场有一定的局限性，传统国画颜料工艺目前面临后继乏人的困境。

哈萨克族毡房营造技艺

序号：966
编号：Ⅷ-183
批次：2
类别：传统技艺
申报地区或单位：新疆维吾尔自治区塔城地区

◎ 传统技艺

哈萨克族毡房营造是哈萨克族的一项传统造房技艺。哈萨克族一般春、夏、秋季住毡房，冬季住土房或砖房。哈萨克族毡房是一种由白色毡子制成的哈萨克族传统民居，其营造技艺主要留存于新疆的塔城等哈萨克族聚居区。

哈萨克族毡房包括围墙、房杆、顶圈、房毡和门等五部分。毡房营造主要须使用柳木、毡子、芨芨草和绳子等材料。毡房骨架包括圆栅和顶圈，以红柳木为原料搭成。柳木上端加热将其折弯，以使毡房中部有弧度。屋架搭好后，即可在围墙及顶部铺盖毛毡，围上由缠有彩色丝线的芨芨草编制的帘子。毡房顶部中央设天窗，上有活动毡盖。为抗御大风，毡房外用毛绳固定，内部以彩色毛线织扎带围于墙壁四周，既美观又实用。

搭好的毡房由顶毡、篷毡、围毡三部分组成，上为穹形，下为圆柱形，可分为简易小毡房，4块、6块、8块房墙的毡房四种。毡房内一般分住人、待客、堆放物品与做饭等几个空间。毡房门向东开，一般雕有花纹或绘有图案。

毡房便于拆卸、携带且具有一定的抗震能力，是哈萨克族游牧生活的产物，也是哈萨克族审美观念、人文思想、民俗特色和历史记忆的载体。不过，随着牧区居民住房条件的改善及生产、生活方式的转变，哈萨克族毡房营造技艺面临传承困境。

国家级代表性传承人名单

姓名	性别	申报地区或单位	入选批次
达列力汗·哈比地希	男	新疆维吾尔自治区塔城地区	3

赫哲族鱼皮制作技艺

序号：435
编号：Ⅷ-85
批次：1
类别：传统技艺
申报地区或单位：黑龙江省

赫哲族鱼皮制作技艺是赫哲族的一项传统手工技艺，主要流存于黑龙江省饶河、抚远两县的赫哲族中。

赫哲族人以渔业为主，在历史上以"鱼皮部落"为世所知。20世纪50年代以前，赫哲人大都喜欢穿以鱼皮为面料做成的套裤、手套、绑腿、长衣等。

赫哲族鱼皮制作主要可分为选料和制作两个过程。做鱼皮衣服一般选择体较大和较有重量的鱼。针对当地各种鱼皮特点，做不同衣物的材料需选用不同鱼皮，如胖头鱼、狗鱼、捣子鱼的皮，可做鱼皮线和裤子；槐头鱼皮较大，适合做套裤、口袋以及绑腿、鞋帮等。选料完毕后，将鱼皮剥下、晾干，用木槌在槌床上反复捶打至鱼皮柔软。做鱼皮线时，将鱼皮剥下撑开晾干，把四角不整齐的地方切去，在上面抹一层鱼肝油，使鱼皮潮湿后卷起来，再用小木板紧紧按住，用快刀切成细线，线的一头较细以便穿针，再将其用野花染成各种颜色，便可以根据生活需要，裁剪、缝制各种衣物。

鱼皮制品是以北方冷水鱼的鱼皮为原料制成的生产、生活用品。赫哲族鱼皮服饰包括鱼皮袍、套裤、鱼皮靴等种类。此外，一些年轻人利用传统鱼皮剪贴技术创制了现代鱼皮技艺品及鱼皮画，使鱼皮文化延伸到旅游、艺术等领域。赫哲族鱼皮制作技艺是赫哲族人积极适应并改造生活环境的历史见证。

如今，随着现代服装面料的输入，鱼皮服

饰已逐渐在赫哲族人的生活中消失，赫哲族鱼皮制作技艺面临传承困境。

国家级代表性传承人名单

姓名	性别	申报地区或单位	入选批次
尤培锡	男	广东省广州市	3

尤文凤正在制作鱼皮服

鱼皮画

黑茶制作技艺

千两茶制作技艺、茯砖茶制作技艺、南路边茶制作技艺

序号：935
编号：Ⅷ-152
批次：2
类别：传统技艺

申报地区或单位：湖南省安化县、益阳市，四川省雅安市

扩展名录：
黑茶制作技艺（下关沱茶制作技艺）
　　云南省大理白族自治州

黑茶制作技艺（千两茶制作技艺）
申报地区或单位：湖南省安化县

黑茶制作技艺是一项传统的制茶技艺。黑茶为利用菌发酵方式制成的一种茶叶，因成品团块茶叶的色泽为黑褐色而得名，主要品种有湖南黑茶、四川边茶、云南普洱茶等。千两茶为湖南黑茶，其制作技艺流传于湖南省益阳市安化县境内。

明代万历年间，安化黑茶就被定为官茶。清代道光元年（1821），当地茶商为运输方便，将黑茶踩捆成小圆柱形，每支定为100两，同治三年（1863）又增加为1000两，因而得名安化千两茶。

安化千两茶制作需经制作黑毛茶和千两茶精深加工两个阶段，使用锯子、剖刀、刮刀、茶权、湿布、灶炉、筛子、风车、篾篓、抽屉、木棒、压杠、扎篾等工具。制作黑毛茶需经杀青、揉捻、渥堆、复揉、烘焙五道工序。渥堆是形成黑茶色香味的关键性工序，需将初揉后的茶坯立即堆高约一米左右，上面加盖湿布、蓑衣等物。渥堆过程中需进行一次翻堆，整个渥堆工序历时二十四小时左右；千两茶精深加工，即将黑毛茶筛分、拼配后，经软化、装篓、踩压、扎箍、锁口、冷却、干燥等工序，然后日晒夜露五十余天。

安化千两茶具有外形古朴、茶叶品质优异等特点，并具有一定的保健功能。千两茶选用的优质黑毛茶原料和古朴的加工方法使其产生特殊的饮用价值，受到了国内外消费者的青睐。

黑茶制作技艺（茯砖茶制作技艺）
申报地区或单位：湖南省益阳市

茯砖茶为一种由黑毛茶加工而成的黑茶，因其效用类似土茯苓、形状似砖块而得名。据史书记载第一块茯砖茶诞生于陕西咸阳泾渭之滨。数百年来，茯砖茶以其不可替代的独特功效成为许多民族的生活必需品。

茯砖茶压制需经原料处理、蒸汽沤堆、压制定型、发花干燥、成品包装等工序。其压制程序与黑、花两种茶砖基本相同，不同之处在于砖的厚度和定型后的工序。茯砖特有的"发花"工序，要求砖体松紧适度，便于微生物的繁殖活动；此外，茯砖从砖模退出后，不直接送进烘房烘干，而是为促使"发花"，先包好商标纸，再送进烘房烘干。茯砖茶烘期比黑、花两种茶砖长一倍以上，以求缓慢"发花"。

茯砖茶外形为长方砖形，规格为35厘米×18.5厘米×5厘米，每块砖净重均为2公斤。依据品质不同，茯砖茶可分为特制和普通两类。特制茯砖茶砖面色泽黑褐，具有香气纯正、滋味醇厚、汤色红黄明亮的特点；普通茯砖砖面色泽黄褐，具有内质香气纯正、滋味醇和尚浓、汤色红黄较明的特点。

茯砖茶集医药价值、收藏价值于一体，对人们的物质和文化生活产生深刻的影响。

黑茶制作技艺（南路边茶制作技艺）
申报地区或单位：四川省雅安市

南路边茶是四川生产的、专销藏族地区的一种紧压茶。清朝乾隆年间曾规定雅安、天全、荥经等地所产的边茶专销康藏，称"南路边茶"；灌县、崇州、大邑等地所产专销川西北松潘、理县等地的边茶则称为"西路边茶"。

南路边茶制作原料为较粗老的茶树老叶或当年枝叶、成熟新梢枝叶。按加工方法不同，南路边茶可分为毛庄茶和做庄茶。采割下来的鲜枝叶，杀青后未经茶揉而直接干燥的称为"毛庄茶"，也称金玉茶，叶质粗老不成条，均为摊片，色泽枯黄，品质不如做庄茶；采割下来的枝叶，杀青后经扎堆、晒茶、蒸、渥堆发酵等程序后再进行干燥的称"做庄茶"。做庄茶分四级、八等，茶叶粗老含有部分茶梗，外观叶张卷折成条、色泽棕褐如猪肝色、汤色黄红明亮、内质香气纯正，有老茶香且滋味平和。

南路边茶是青藏高原藏族人民生活中不可缺少的茶叶品种，具有较广泛的市场需求。

黑茶制作技艺（下关沱茶制作技艺）
申报地区或单位：云南省大理白族自治州

下关沱茶为普洱紧压茶，因主要产于云南省大理白族自治州下关镇而得名。现在的云南沱茶创制于清光绪二十八年（1902），至今已有一百多年的历史，是由思茅地区景谷县所谓"姑娘茶"（私房茶）演变而成的。

下关沱茶以云南大叶种晒青茶为原料制成，其制作需经选料、筛分、拣剔、拼配、称量、蒸揉、压制成型、干燥、包装等十几道工序。下关沱茶为碗臼状，下有一凹窝，外径8.3厘米，高4.3厘米，每个重量为100克。

下关沱茶外形紧结端正、色泽乌润、外披白毫，具有香气馥郁清香、汤色橙黄明亮、滋味醇爽回甜等特点，并具有一定的保健功能。

下关沱茶制作技艺为紧压茶制作技艺的典型代表，在中国茶叶发展史上具有重要地位，曾获"国家级名茶""中国茶叶名牌"等荣誉称号。

国家级代表性传承人名单

姓名	性别	申报地区或单位	入选批次
甘玉祥	男	四川省雅安市	4

衡水法帖雕版拓印技艺

序号：1181

编号：Ⅷ-201

批次：3

类别：传统技艺

申报地区或单位：河北省衡水市桃城区

法帖，是将名家书法墨迹镌刻在木板或者石板上，然后拓成墨本并装裱成卷或册，作为人们学习书法的范本。衡水法帖雕版拓印技艺主要留存于河北省衡水市桃城区阎庄，其起于明朝中期，鼎盛于清代乾隆年间。

衡水法帖雕版拓印以杜木、梨木、桃木为雕版木料，可分为雕版和拓印两个环节。雕版时，先将多次用墨后可防虫蛀的木头经浸、干、刨、磨等工艺制成板材，然后将勾摹的字帖压印到木板上开始雕刻。根据字体不同，可灵活选用切、冲、挑、锥、钝、掠等刀法雕刻。刻完后，经清底、修整等工序完成帖版制作。拓印时，根据帖版和内容选用适宜木刻法帖的宣纸，以湿覆法或干覆法覆于帖版上，然后调墨拓印。拓印方法主要有乌金拓、擦拓和蝉翼拓等，阎庄人在此基础上还总结出捶拓和擦拓两种技法。拓印完成后，将揭下的平整拓片，经装裱、复背后进行折叠式装制，即完成法帖的雕版拓印流程。

衡水法帖雕版拓印技艺精湛娴熟，书体潇洒飘逸、字形秀美、字体齐全，能全面展现不同历史时期、不同流派书者的气度与书法技艺，具有较高的艺术价值。

红茶制作技艺

祁门红茶制作技艺

序号：932

编号：Ⅷ-149

批次：2

类别：传统技艺

申报地区或单位：安徽省祁门县

红茶制作技艺是一项传统的制茶技艺。祁门红茶是以祁门工夫红茶为主的红茶和其精加工中自然产生的碎茶、片茶和末茶等类别花色的总称，因产于安徽省祁门县而得名。

祁门红茶的历史可追溯至南北朝时期。清代光绪二年（1876），祁门红茶创制成功，一经问世，即以其出众的品质蜚声中外。

祁门红茶制作需经初制和精制两个工艺流程，共十多道工序，手工和机械制作在该茶制作中均十分普遍。初制的目的在于将鲜茶叶加工成祁门红茶毛茶，手工初制需经萎凋、揉捻、发酵、干燥等工序。机械初制工序不变，只是鲜（生）叶置于贮放间，萎凋时使用萎凋槽，揉捻用不同型号的揉捻机和解块分筛机，发酵在控温控湿的发酵室内进行，烘焙用自动烘干机。手工精制需经初抖、分筛、打袋、捞筛、毛抖、毛撩、净抖、净撩、割脚、风选、飘筛、撼盘、手拣、补火、拼配、匀堆、装箱等工序，使用抖筛、圆筛、飘筛等工具；机械精制需经筛分（毛抖、紧门、分筛、撩筛）、切断（切细）、风选、拣剔（机拣、手拣）、补火、拼配、匀堆（官堆）、装箱及封口、刷唛等工序，使用滚筒圆筛机、撩筛机等工具。

祁门红茶是发酵茶的一种，其外表色泽乌润、条索紧细，汤色红艳透明、叶底鲜红明亮，茶汤带砂糖香或苹果香，其中又蕴含兰花香，芳香馥郁持久。

近年来，受国内外茶叶市场的影响，祁门红茶销路不畅，传统手工制作技艺也后继乏人，急需采取有效措施保护这门传统手工艺。

湖笔制作技艺

序号：422
编号：Ⅷ-72
批次：1
类别：传统技艺
申报地区或单位：浙江省湖州市

湖笔制作技艺是一种传统的手工制作毛笔的技艺。湖笔是湖州毛笔的简称，因产于浙江省湖州市而得名。浙西天目山北麓灵峰山出产鸡毛竹，湖笔即以此为原料制作。湖笔的发源地和主产地则在浙江省湖州市善琏镇。镇上几乎家家户户会制笔，涌现出许多湖笔世家。

善琏制笔业约始自晋代。唐、宋两代，湖笔制作技艺得到进一步发展。至元代，湖笔声名鹊起，与徽墨、端砚、宣纸一起被称为"文房四宝"。

湖笔制作需经择料、水盆、结头、装套、蒲墩、镶嵌、择笔、刻字等一百二十多道工序，其中以水盆和择笔要求最高。水盆，是一项由技工们在木盆中梳洗、逐根挑选毫毛并将其分类、组合，做成刀片状刀头毛，然后置于水中缕析毫分、剔除不合格毫毛的工序；择笔，是一项让半成品毛笔笔头在干燥状态下散开，一手握住笔杆，一手拿着修理工具，迎着光线将没有锋颖的笔毛拣去的工序。水盆和择笔两道工序对于坐姿有特殊要求，宜侧身而坐，身朝南而面稍偏东，处于自然光线照射之下。

湖笔具有尖、齐、圆、健等特点。以笔毛材料分，湖笔主要有羊毫、紫毫、狼毫、鸡毫、兼毫笔五类；以笔毛软硬程度分，可分为软毫笔、硬毫笔等；以笔毛长短分，可分为"鹤脚"、长锋笔、短锋笔等；以适宜书写字体大小分，可分为揸笔、斗笔、大楷笔、中楷笔、小楷笔、须眉笔等。

随着书写工具的更新，湖笔的需求量锐减。加上湖笔生产中出现次品泛滥、工匠流失、传承乏人的状况，其制作技艺传承受到较大冲击。

国家级代表性传承人名单

姓名	性别	申报地区或单位	入选批次
邱昌明	男	浙江省湖州市	1

花茶制作技艺

张一元茉莉花茶制作技艺

序号：930
编号：Ⅷ-147
批次：2
类别：传统技艺
申报地区或单位：北京张一元茶叶有限责任公司

扩展名录：
花茶制作技艺（吴裕泰茉莉花茶制作技艺）　　北京市东城区

花茶制作技艺是一项传统的制茶技艺。茉莉花茶是将绿茶与茉莉鲜花多次窨制而成的茶类。北京的张一元茶庄留存有茉莉花茶制作技艺。茶庄于清代末年由张昌翼开办，其制茶技艺流传至今。

张一元茉莉花茶以福建烘青绿茶"春茶"作茶坯原料，利用茉莉花吐香特性及茶坯吸香特性制作而成，其制作需经茶坯制作、鲜花处理、茶坯、鲜花的原料验收、茶花拌和、静置窨花、通花、起花、烘焙、提花、匀堆装箱等十余道工序。制作茉莉花茶时，先将茶叶鲜叶经摊晾、杀青、揉捻、烘焙等过程制成毛茶，再经整型、分级后制成茶坯；鲜花处理需经采摘、摊晾、养花、筛花等工序；茶花拌和，即将茶坯和鲜花按比例拌和、混匀；静置窨花，即将茶花拌和在一起后提高温度，使茉莉鲜花逐渐开放，使茶坯在吸收茉莉花水分的同时吸收茉莉花吐出的香气；通花，即将在窨的茶堆摊晾；起花，即在窨花时间达10～12小时，花将失去生机，茶坯吸收水分和香气到达一定状态时分开茶和花；提花，即将已窨花复火过的花茶半成品，用少量优质茉莉鲜花再窨一次；匀堆装箱，即提花起、花后进行匀堆，使全堆品质基本一致。

张一元茉莉花茶制作技艺成品具有汤清、味浓、入口芳香、回味无穷等特点，其风味独特且物美价廉，具有广泛的市场需求。

花茶制作技艺（吴裕泰茉莉花茶制作技艺）
申报地区或单位：北京市东城区

北京的吴裕泰始创于清代光绪十三年（1887）。吴裕泰茉莉花茶窨制技艺以其"香气鲜灵持久，滋味醇厚回甘，汤色清澈明亮"的品质传承百年。

吴裕泰花茶制作技艺包括茶坯制作、花源选择、鲜花养护、窨制拼和、通花散热、起花、烘焙、反复窨制、匀堆装箱、裕泰密配十个步骤。窨制前需将茶坯充分干燥，以增强其吸收花香的能力；窨花时需将茉莉花分层铺在茶坯上，不停拌和，以让花香充分浸入茶叶；鲜花萎蔫时需通花散热；通花后一段时间可起花并干燥茶叶；烘干茶叶后需进行第二次窨花，每窨一次即烘一次茶，一般需经三次以上完成窨制。吴裕泰高等级茉莉花茶窨制次数较多，且同一批茶坯需用3～7批鲜花。窨制完成后需进行"拼配"，即将不同香气特征、不同产地的茶按一定比例和工艺进行混合，混合时需根据花茶的条索、色泽、匀整度、香气、滋味、汤色、叶底等不同标准进行搭配。

吴裕泰茉莉花茶有高碎、茉莉雪针、茉莉银毫、茉莉毛尖、茉莉虾针、茉莉银芽等十多个品种，具有香气持久、滋味醇厚、汤色清澈等特点。

目前，吴裕泰的专业技师与知名学府合作，不断加强对茉莉花的种植栽培、加工和综合利用，正因为如此，吴裕泰茉莉花茶一直深受广大群众的喜爱。

国家级代表性传承人名单

姓名	性别	申报地区或单位	入选批次
王秀兰	女	北京张一元茶叶有限责任公司	3
孙丹威	女	北京市东城区	4

花丝镶嵌制作技艺

序号：908
编号：Ⅷ-125
批次：2
类别：传统技艺
申报地区或单位：北京市通州区，河北省大厂回族自治县

花丝镶嵌制作技术是一门传统的宫廷手工技艺，是使用金、银、铜等材料，运用各种技法制成各种首饰、器物等装饰品。北京和河北大厂回族自治县的花丝镶嵌技艺在行业中最为著名。

花丝镶嵌在春秋时期初见雏形，至明代已达到很高的艺术水平。清代的花丝镶嵌更

是集历代技艺之大成，不仅更加讲究精益求精，而且涌现许多传世名品，其中不少成为宫廷贡品。

花丝镶嵌分为两类：花丝，即将金、银抽成细丝，用堆垒、编织技法制成工艺品；镶嵌，即将金、银薄片锤打成器皿，然后錾出图案，镶以宝石而成。北京花丝镶嵌制作时，首先将金银拉成细丝，再将多根金银细丝捏成花丝，编织出各种吉祥图案，再镶嵌珠宝。花丝采用掐、填、攒、焊、编织、堆垒等技法，镶嵌采用挫、锤、打、崩、挤、镶等技法。大厂花丝镶嵌则需经设计、下料、制胎、描图、画线、做丝、粘丝、焊丝、锼活、洗活、选石、粘嵌、组合、镀金、镀银等多道工序。

北京花丝镶嵌以编织、堆垒见长，具有明显的宫廷风格，多饰以吉祥纹样和传统民族图案，还常用点翠工艺，即把翠鸟的蓝绿色羽毛贴于金银制品之上。大厂花丝镶嵌则融合了多朝代、多民族的宗教、文化、美学等文化因素，形成了独特的手工工艺和造型特征。

不过，由于近年来国内、国际传统工艺品市场萎缩，多家花丝工艺厂倒闭，导致不少花丝镶嵌传统工艺失传，并面临后继乏人的困境。

国家级代表性传承人名单

姓名	性别	申报地区或单位	入选批次
白静宜	女	北京市通州区	3
马福良	男	河北省大厂回族自治县	3

桦树皮制作技艺

序号：433

编号：Ⅷ-83

批次：1

类别：传统技艺

申报地区或单位：内蒙古自治区鄂伦春自治旗，黑龙江省

扩展名录：
桦树皮制作技艺（鄂温克族桦树皮制作技艺、鄂伦春族桦树皮船制作技艺）
　　内蒙古自治区根河市，黑龙江省大兴安岭地区

桦树皮制作技艺是一种以白桦树皮为原料制作生产、生活用品或装饰品的传统手工技艺，是我国北方游猎民族的独特手工技艺，留存于内蒙古鄂伦春自治旗、鄂温克族自治旗、莫力达瓦达斡尔族自治旗、根河市和黑龙江流域。在这些民族生活区域内生长着大片白桦林，其日常生活与桦树皮密不可分。

桦树皮制作技艺主要有四个步骤：一是剥取树皮；二是将皮子浸软或煮软；三是将桦树皮以兽筋、马尾绳等进行剪裁缝合；四是装饰图案。装饰手法有砸压、剪贴等，图案主要为象征吉祥、喜庆、平安、丰收的各类图形，图样多源于生产、生活中常见的花草、树木、山峰、虫鱼、石崖等。

桦树皮成品主要有船、篓、箱、盒、碗、帽、鞋等种类。由桦树皮制成的器具轻便、易携带、不易破碎，且具有良好的防水、抗腐蚀性能，是狩猎民族喜爱的生产工具和生活用品。此外，桦树皮制品上往往装饰有花草、树木、山峰、虫鱼、石崖等图案，具有较高的欣赏价值。

如今，随着游猎民族生产生活方式的变化，狩猎文化日渐式微，桦树皮制作技艺也逐渐衰落。

国家级代表性传承人名单

姓名	性别	申报地区或单位	入选批次
付占祥	男	黑龙江省	1
郭宝林	男	黑龙江省大兴安岭地区	4

黄金溜槽堆石砌灶冶炼技艺

序号：899

编号：Ⅷ-116

批次：2

类别：传统技艺

申报地区或单位：山东省招远市

山东招远是我国最大的黄金采冶基地，黄金溜槽堆石砌灶冶炼技艺是招远人的发明创造，它是一种通过重力选矿再经高温熔炼提取黄金的冶炼方法，自宋代传承至今已有千年。

这一传统技艺由破碎、磨矿、拉流和熔炼等工序组成。破碎俗称"破砂"，即将矿石破碎至与花生米大小。磨矿，即将破碎的矿石用清水搅拌均匀后进行碾磨。选矿，俗称"拉流"，即通过重力原理，将被称作"金泥"的精矿选出来，是整个工艺过程的关键环节。拉流时，将矿粉置于溜槽板上方均匀铺开并用扒齿压出一排浅沟。待溜槽板上方缸内的水流入后，用笤箒均匀地左右轻划或轻拍以控制水流。石渣随清水流走，留下俗称"金泥"的含金矿粒。拉流结束后，将金泥用泥碗盛装并用火烘干，再将金泥清理到纸上，包成纸包存放待炼；冶炼，俗称"化火"。化火时，将包有金泥的纸包放入坩埚内进行熔炼。金泥融化后，将杂质形成的泡沫由人工用生铁钳提取出来，其间不断加入芒硝和硼砂提纯黄金。当熔炼的金水提纯到一定程度时倒入金模，即完成黄金冶炼。

黄金溜槽堆石砌灶冶炼技艺是招远市黄金开采历史的产物，也是现代黄金采冶技术的基础。这一技艺的核心工序至今仍得到应用，具有很强的实用价值和历史价值。不过，随着现代化开采工艺的普及，掌握这一技艺全部工序的艺人已越来越少。

国家级代表性传承人名单

姓名	性别	申报地区或单位	入选批次
王金勇	男	山东省招远市	3

徽墨制作技艺

序号：423

编号：Ⅷ-73

批次：1

类别：传统技艺

申报地区或单位：安徽省绩溪县、歙县、黄山市屯溪区

扩展名录：
徽墨制作技艺（曹素功墨锭制作技艺）　上海市黄浦区

徽墨制作技艺是一项传统手工制墨技艺。徽墨因产于古徽州府而得名。安徽省绩溪县、黄山市屯溪区、歙县为徽墨制造的重要产地，当地盛产松树且溪水清澈，提供了徽墨制作所需的高档松烟及和料所需用水。

徽墨制作可追溯到唐代末期。明清时期，徽墨制作进入盛世阶段，其产量激增，制墨技艺也不断进步，徽墨特色即在这一时期形成。

徽墨以松烟、桐油烟、漆烟、胶等为主要原料，制作需经刻墨印、炼烟和胶、做墨、晾墨、打磨、描金等工序。依技艺特色不同，徽墨制作分为不同流派。在一派内，针对不同制墨原料，会采用不同生产工艺。如桐油、胡麻油、生漆均有独特的炼制、点烟、冷却、收集、贮藏方法；松烟窑的建造模式、烧火及松枝添加时间与数量、收烟及选胶、熬胶、配料和剂等也有讲究。

徽墨品种繁多，主要有漆烟、油烟、松烟、全烟、净烟、减胶、加香等，应用于工业制图、

装潢美术、印刷、医药、描瓷等领域，具有拈来轻、磨来清、嗅来馨、坚如玉、研无声、一点如漆、万载存真的特点。徽墨制作集绘画、书法、雕刻、造型等艺术于一体，本身就是一种综合性的艺术品。此外，徽墨制作技艺特征鲜明、技艺独特、流派品种繁多、科技内涵丰富，在中国制墨史上占有重要地位。

不过，由于原料不足和工匠后继乏人，徽墨生产前景堪忧，其制作技艺也存在失传的危险。

国家级代表性传承人名单

姓名	性别	申报地区或单位	入选批次
周美洪	男	安徽省歙县	1
汪爱军	男	安徽省绩溪县	3
鲁建庆	男	上海市黄浦区	4

徽墨制作技艺（曹素功墨锭制作技艺）

申报地区或单位：上海市黄浦区

曹素功墨锭制作技艺是一种手工制作中国书画墨锭的传统技艺，因其创始人曹素功而得名。曹素功于清康熙六年（1667）在安徽歙县岩寺镇创设曹素功墨庄。上海开埠后，同治三年（1864），曹素功墨庄从苏州迁居上海，曹素功墨锭制作技艺开始创新，发展出具有海派特色的制墨技艺。

曹素功墨锭以桐油为原料制作而成，辅料包括麻油、猪油、广胶、天然麝香、梅片、冰片、珍珠、金箔等。其制作需经炼烟、和料、制墨、模雕、翻晾、描金十二道工序，全部制作流程历时近一年。

成品有油烟、特烟、松烟、精烟、选烟、加香墨、彩色墨等十多个大类，四百多个品种，色泽如漆且香味浓郁。

1957年，曹素功墨庄恢复高级墨生产，几百年来一直广受欢迎的"紫玉光""苍龙珠"等名墨得以重新在市场上出现。次年，墨庄与上海胡开文厂合并为上海墨厂，技术力量集中，生产设备较前完备，曹素功墨锭制作技艺也呈现出更加良好的发展态势。

徽派传统民居营造技艺

序号：961

编号：Ⅷ-178

批次：2

类别：传统技艺

申报地区或单位：安徽省黄山市

徽派传统民居营造技艺是极富地方特色的传统木结构营造技艺。徽派传统民居以建筑格局紧凑精细而为人所称道，加之建筑风格统一且鲜明，建筑装饰丰富多样，营造技艺精湛高超，堪称中国传统民居建筑的典型代表。其营造技艺主要留存于原古徽州地区，包括今安徽省黄山市歙县、休宁县、黟县、祁门县、宣城市绩溪县和江西省婺源县等地。

徽派传统民居营造技艺历史悠久，最早可追溯至秦汉时期。那时流行的是"穿斗式"建筑，发展到宋朝时，建筑技艺已发生了明显的变化，融"穿斗式"与"抬梁式"为一体，建筑技艺有了较大的提升。到了明代形成了内设"天井"三间五架这种模式的建筑格局，并基本形成了固定模式，徽州建筑传统技艺也基本趋于稳定，并按照以师带徒、口传手授的方式，代代相传。

依据分工不同，徽州传统民居建筑工匠可分为砖、木、石、铁、窑五种，使用锯、凿、尺、刀、板、锤、铲等工具。铁、窑两种工匠为建造房屋提供建筑材料；砖、木、石三种工匠相互配合，负责建造。砖匠施工程序包括拌制灰泥、砌筑、抹灰、地面施工、屋面铺砖、盖瓦等；木匠施工程序包括出山料、起工驾马、画墨接、排料、竖屋请梁、理柱等；石匠施工程序包括挖脚、采石、砌石基、制作安装细料等。在民居装饰方面，木雕、砖雕、石雕为徽派传统民居特色。工匠使用线刻、浅浮雕、高浮雕、透雕、圆雕和镂空雕等手法，在民居上创作出以传统戏曲、民间故事、神话传说、生活场景等为主题的装饰作品。此外，彩画艺术在民居装饰中也得到较好应用。

改革开放以后，建筑遗产资源受到了重视和保护，一批民间老艺人被重新组织起来，并开始收徒传艺，徽派传统民居营造技艺已越来越引起人们的重视。

国家级代表性传承人名单

姓名	性别	申报地区或单位	入选批次
胡公敏	男	安徽省黄山市	4

火腿制作技艺

金华火腿腌制技艺

序号：949

编号：Ⅷ-166

批次：2

类别：传统技艺

申报地区或单位：浙江省金华市

扩展名录：
火腿制作技艺（宣威火腿制作技艺）
云南省宣威市

火腿为腌腊肉食的一种。浙江金华火腿以其色、香、味、形"四绝"而闻名。早在唐代，金华已有了火腿的腌制技艺。明代，金华火腿被列为贡品，生产遍布金华地区。

金华火腿以金华本地良种猪"两头乌"的后腿为主要原料腌制而成，制作需经整修、腌制、洗腿、整形、发酵、堆叠、分级等八十余道工序。整修，即用刀刮去皮面残毛和污物，并将后腿修成琵琶形，使其腿面平整；腌制，即将食盐撒布在猪腿上，使其慢慢溶化后渗透肉里。整个过程约需一个月，一般擦盐6～8次；洗腿，即将腌好的火腿放入清水中浸泡一段时间并进行洗刷；整形，即在修坯基础上进一步修正火腿的腿脚和腿型，制作工序包括削、割、修、压、绞、敲、捧、拍等；发酵，即在酶的作用下，使金华火腿肉中的蛋白质和脂肪等各种成分发生一系列变化后产生浓郁香气，形成火腿风味。

根据所用原料、加工季节以及腌制方法不同，金华火腿可分为在隆冬季节腌制的"正冬腿"、腿修成月牙形的"月腿"、挂在锅灶间由竹叶烟熏烤而成的"熏腿"等，皮色黄亮，瘦肉呈玫瑰红色、肥肉晶莹透亮，具有肥而不腻、芳香独特、口味鲜美的特点。此外，金华火腿便于贮存，在自然温度下贮存三四年仍能保持原有品质。

千年的历史传承造就了金华火腿独特的腌制技艺和与之相关的地方民俗文化。金华火腿在国际餐饮业享有很高的声誉，成为海外华人餐饮中的高级佐料。

火腿制作技艺（宣威火腿制作技艺）
申报地区或单位：云南省宣威市

宣威火腿，是宣威汉族在数百年腌腊肉的实践中创造出的腊肉精品。宣威火腿也称"云腿"，因产于云南省宣威市而得名。宣威火腿历史悠久，最迟始于明代，清朝雍正年间已成名并广为流传。

宣威火腿制作原料为当地所产乌蒙猪的后腿。制作时，将后腿切成琵琶状，用盐巴反复搓揉直至盐渗入肉中再进行腌制，待自然发酵半年后完成腌制。当火腿皮稍呈绿色时，用针在三个不同部位试针，如有"三针清香"时，即为合格产品。

宣威火腿形似琵琶，表面呈绿色，具有皮薄肉厚、肉色红艳、香气浓郁的特点，可以炒、煮、煎、炸、蒸、烩等多种方式烹饪食用，还可作为云腿月饼的主要馅料之一。

宣威火腿享誉中外，是宣威市的传统名特产品，属中国三大名腿之一。现今宣威火腿已实现专业化、规模化、系列化生产，发展前景十分广阔。

国家级代表性传承人名单

姓名	性别	申报地区或单位	入选批次
于良坤	男	浙江省金华市	3

加牙藏族织毯技艺

序号：372

编号：Ⅷ-22

批次：1

类别：传统技艺

申报地区或单位：青海省湟中县

加牙藏族织毯技艺是藏族的一项传统手工技艺。加牙藏毯属于安多藏毯，其主要产地为青海省湟中县加牙村及上新庄，以及藏族居住区玉树、海南、海北、果洛藏族自治州及贵德、平安、乐都、湟源等县。

加牙藏毯制作包括选料、纺纱、染色、编织等流程。其原材料来自青海藏系绵羊毛、山羊绒、牦牛绒和驼绒等。染色原料为橡壳、大黄叶根、槐米、板蓝根等天然植物。织毯时，织毯匠人将染好色的毛线环绕在绕线杆上，织完一行，就将毛线扣全部拉紧，再用刀具将杆上的绕纱割开，此时在毯面上出现层层毛线的断面，这一制作工艺被称为手工连环结。之后再用剪刀对整张藏毯进行打磨。加牙藏毯毯面较厚，在15毫米以上，并保留了传统藏毯边缘不缠线的特点，具有色泽艳丽、弹性好和不脱色掉毛的优良品质。

加牙藏族织毯产品以卡垫、马褥毯、炕毯、地毯为主，如以藏式吉祥图案为主的传统藏毯、包芯卡垫藏毯、丝绒藏毯等。图案具有风格粗犷、大气、配色艳丽、雍容华贵等特点，既是藏族的常备生活用品，又是精美的工艺品。

近年来，自然环境和气候的变化对加牙藏族织毯所需毛绒原料的供应造成不利影响。此外，织毯技艺仍靠口耳相传，这也影响了该技艺的传播广度和深度。加上手工编织技艺费时费力，很多年轻人不愿意学习，加牙藏族织毯技艺的传承面临较大挑战。

国家级代表性传承人名单

姓名	性别	申报地区或单位	入选批次
杨永良	男	青海省湟中县	1

建窑建盏烧制技艺

序号：1168

编号：Ⅷ-188

批次：3

类别：传统技艺

申报地区或单位：福建省南平市

建窑建盏烧制技艺是一项传统手工技艺，特指福建南平窑黑釉茶盏烧制技艺。

建窑，宋代名窑之一，亦称"建安窑""乌泥窑"，分布在福建省南平建阳水吉窑、南平茶洋窑、武夷山遇林亭窑，三处窑址统称建窑系。建窑以烧黑釉瓷闻名于世。建窑黑瓷中碗类占绝大多数，宋代文献称之为"瓯"或"盏"，俗称建盏。

建盏生产创烧于晚唐五代时期，兴盛于两宋，元代中后期趋于衰落，明代停烧。技艺一度失传。1979 年，栗金旺等人着手恢复建窑系列传统技艺，历经三十余年，终于使失传的建窑建盏系技艺复原。

建盏采用闽北地产含铁质较多的红、黄壤土等粉碎加工后制成，其烧制主要经过选瓷矿、瓷矿粉碎、淘洗、配料、陈腐、练泥、揉泥、拉坯、修坯、素烧、上釉、装窑、焙烧十三道工序，手工拉坯成型。建盏所施黑釉含铁量较高，属于古代结晶釉的范畴。因黑釉普遍釉汁肥厚，为避免在烧制过程中底部发生粘连，其外壁多施半釉，且口沿釉层较薄，而器内底聚釉较厚。在高温熔烧过程中，由于窑内火候和窑温的变化，使建盏釉面自然产生奇特花纹。从形态上可分为敞口、撇口、敛口和束口四类，大多口大底小、形如漏斗，多为浅圈足，足根多见修刀。除茶器外，建盏还有少量高足杯、灯盏、罐、瓶等器型。依据釉面纹理的不同，建盏大致可分为乌金、兔毫、油滴、鹧鸪斑、曜变和杂色六大类。其胎质厚实坚硬，截面呈黑色或灰黑、黑褐色，叩击可闻金属之声。

建窑建盏造型古朴浑厚、流畅简练且手感压沉，是中国古代黑釉瓷的杰出代表。2008 年，孙建兴等人创办了南平市建阳建窑陶瓷研究所，进行系列建盏的研发，使建窑建盏的技艺得以完善并传承、发展。

国家级代表性传承人

姓名	性别	申报地区或单位	入选批次
孙建兴	男	福建省南平市	4

酱菜制作技艺

六必居酱菜制作技艺

序号：941

编号：Ⅷ-158

批次：2

类别：传统技艺

申报地区或单位：北京六必居食品有限公司

酱菜制作技艺是一种将蔬菜先行盐腌而后酱制的食品制作技艺。北京的六必居酱菜独具风格。六必居老酱园建于明代嘉靖年间，因其注重产品质量的"六必"经营理念而得名。"六必"是对酱菜和生产工艺的六项要求，可理解为"用料必须齐全，下料必须充足，制作过程必须清洁，火候必须掌握适当，设备必须优良，泉水必须纯香"。

六必居酱菜制作所需原料均选自固定产地。以黄酱为例，其黄豆选自河北丰润县马驹桥和通州永乐店，白面选自京西涞水县，由六必居自行加工成细白面。制作黄酱时，先将温水浸泡过的黄豆上屉蒸熟，而后将黄豆拌白面后碾碎并放进模子里，上盖净布并踩硬；然后将其从模子中取出，拉成三条并切成长方块，码放在木架上，用席箔包封严以促其发酵。接着将酱料放入大缸中，适量加盐、水以将硬块酱料浸泡稀软。浸泡期间用木耙在大缸里上下翻动，使其再发酵。经过一个伏天后完成黄酱制作。

六必居酱菜为北京传统佐菜食品，品种包

括稀黄酱、铺淋酱油、甜酱萝卜、甜酱姜芽、甜酱八宝荣、甜酱什香菜、甜酱瓜、白糖蒜等十余种，以色泽鲜亮、酱味浓郁、脆嫩清香、咸甜适度为其特点。

六必居在管理和经营方式上讲究规范，以诚信为本，同时还重视文化宣传，为现代企业文化建设和商业运营模式的建立提供了良好的借鉴。

国家级代表性传承人名单

姓名	性别	申报地区或单位	入选批次
杨银喜	男	北京六必居食品有限公司	3

酱油酿造技艺

钱万隆酱油酿造技艺

序号：937

编号：Ⅷ-154

批次：2

类别：传统技艺

申报地区或单位：上海市浦东新区

酱油是一种以豆、麦、麸皮等原料酿造的液体调味品。上海的钱万隆酱油酿造技艺在我国酱油酿造行业中独具代表性。

清代光绪六年（1880），钱锦南创办了万隆酱园。光绪二十三年（1897），其子钱子荫将酱园名称改为钱万隆酱园。后来因经营有方，酱园信誉良好，酱油质量优良，江浙两省衙门特颁发"官酱园"青龙牌匾作为奖励，其传统的酱油手工酿制技艺传承至今。

钱万隆酱油酿造以东北大豆和面粉为主要原料，使用竹匾、箩、缸、木榨床等工具。制作时需经搬料、浸豆、蒸豆、拌料、制曲、制酱醅、晒酱、榨油、炒酱色、配酱色、晒油、酿成出缸十二道工序。酱油酿造以自然晒制为主。春天投料时，将黄豆洗净、浸泡，放到土灶上闷蒸，之后经拌料、木架制曲、自然酵化等过程制成酱料。制成的酱料需每十天人工掀酱一次，其间经八个月日晒夜露，待酱成后存放一年成为陈酱，再压榨出酱油。

钱万隆酱油有酿红、原汁红、特酿、佳酿等十六种系列产品，具有质地厚、鲜味好、色泽红、香味足、久储不变等特点。

近年来，由于市场竞争激烈，低价竞争使钱万隆酱油卖不出应有的价格，企业连年亏损。加上这种特殊的酱油酿造手工技艺后继乏人，传承出现危机，亟待有关部门加以扶持和帮助。

界首彩陶烧制技艺

序号：352

编号：Ⅷ-2

批次：1

类别：传统技艺

申报地区或单位：安徽省界首市

界首彩陶烧制技艺是一项传统的手工制陶技艺。界首彩陶因其产于安徽省界首市而得名。

界首彩陶烧制技艺源于唐代，历史上主要分布在安徽省界首市颍河南岸的十三个村。1958年，界首市在颍河北岸顺河路组建技艺陶瓷厂，现已成为彩陶的主要制作地。

界首彩陶烧制时使用的陶土为当地所产黄胶泥，窑工又称之为"黄河淤"，即黄河泛滥后沉积下来的黄色黏土。在胎面制作上，界首彩陶饰以两层化妆土，在刻画过程中表现出赭、黄或赭、白两种基本对比色；在刻画题材上，除以生活中的花、鸟、鱼、虫为创作对象外，还着重吸取了传统戏曲中的艺术元素；在烧制方面，需先除潮，然后素烧，成品为砖红色的刻画陶；素烧后釉烧两天两夜，成品为红底白花的彩陶。

界首彩陶成品吸纳了唐三彩、剪纸、木版年画等传统艺术风格，体现了农民敦厚朴实的性格和大拙大巧的审美意趣，反映了中国民间艺术崇尚自然、追求和谐的审美趋向。

近年来，受现代工业产品的冲击，以传统技艺生产的界首彩陶制品出现滞销，市场萧条。年轻人也多不愿从师学艺，界首彩陶烧制技艺面临后继无人的困境。

国家级代表性传承人名单

姓名	性别	申报地区或单位	入选批次
王京胜	男	安徽省界首市	1
卢群山	男	安徽省界首市	1

金陵刻经印刷技艺

序号：429
编号：Ⅷ-79
批次：1
类别：传统技艺
申报地区或单位：江苏省南京市

金陵刻经印刷技艺是由南京市金陵刻经处所掌握的传统木刻水印佛经技艺。南京古称金陵。金陵刻经处位于江苏省南京市白下区淮海路35号，是我国著名的佛教文化机构，也是融古代经书、经版收藏，经书雕刻、印刷、流通及佛学研究为一体的佛经出版机构。

金陵刻经处于清同治五年（1866）由我国近代佛教文化复兴奠基人杨仁山等创办，专司传承我国古代佛经、佛像木刻雕版印刷技艺。金陵刻经印刷技艺以口传心授的方式传承，现已传到第七代。

金陵刻经印刷技艺由刻版、印刷、装订三个环节组成。刻版，包括写样、上样、雕刻等工序；印刷，包括放版、刷墨、复纸、压擦、揭纸等工序；装订，包括分页、折页、撮齐、捆扎压实、数书、齐栏、串纸捻、贴封面封底、配书、切书、打装订眼、贴书名签条等工序。

金陵刻经选本精严，内容纯正，校勘严谨，版式疏朗，字大悦目，刻印考究，纸墨精良，又称"金陵本"。

但是，由于手工印刷线装经书比平装机印刷经书成本高，且其购买对象相对有限，金陵刻经印刷技艺的市场发展潜力较弱，面临传承危机。

国家级代表性传承人名单

姓名	性别	申报地区或单位	入选批次
马萌青	男	江苏省南京市	4

金漆镶嵌髹饰技艺

序号：909
编号：Ⅷ-126
批次：2
类别：传统技艺
申报地区或单位：北京市

金漆镶嵌髹饰技艺是一项传统的手工技艺。金漆镶嵌是中国传统漆器工艺的重要门类。漆艺最早出现和应用最广的是漆绘，除了颜料绘制之外，便是漆与金的结合，如描金、贴金、镀金、扫金、洒金、戗金等。明代漆艺专著《髹饰录》称之为"金髹"，一名"金漆"。"金漆"与"镶嵌"工艺的结合称为"金漆镶嵌"。

北京是中国历史上重要的漆器产区，官府手工艺作坊如元代油漆局、明代雕漆工场果园厂及清宫内务府造办处的兴起，为北京漆器的发展奠定了基础。清王朝的灭亡，使漆器这一宫廷艺术走向了民间。如今北京金漆镶嵌很多技艺及风格都直接源于明清宫廷的漆器制造艺术。

制作金漆镶嵌髹饰漆器，主要需经设计、制作木胎、髹饰漆胎、装饰四道工艺流程。其中，设计要求造型美观、结构科学、主题突出、布局合理、适应工艺且便于操作。木胎为红白松木等上好木材经烘制定型处理后制成。髹饰漆胎时，首先在木胎上披麻或裱糊布、纸，涂刮数道灰腻子并打磨，再施以数道中国天然大漆或合成大漆并打磨平整。如使用天然大漆，则需将漆胎窨干。金漆镶嵌髹饰技艺的装饰手法包括镶嵌、彩绘、雕填、刻灰、断纹、虎皮漆等，由此形成不同风格的金漆镶嵌漆器。

虽然传统金漆镶嵌工艺目前发展良好，但也不无忧虑。金漆镶嵌技艺精湛，产品精美，但劳动强度比较大，比较艰苦，年轻人大都不愿选择这一职业，这一古老技艺面临着传承后继无人的困境。

国家级代表性传承人名单

姓名	性别	申报地区或单位	入选批次
柏德元	男	北京市	4

金星砚制作技艺

序号：426
编号：Ⅷ-76
批次：1
类别：传统技艺
申报地区或单位：江西省星子县

金星砚制作技艺是一种传统手工制砚技艺。金星砚又名金星宋砚，以金星石为原料磨制、雕刻而成，因砚石上有凤眼、金圈、金晕、金花浪纹、鱼子纹、眉子纹等黄色金点而得名。江西省星子县横塘镇驼岭山出产金星石，山下的宋村自古以采石制砚为业。

金星砚制作技艺历史悠久。在北宋米芾所著《砚史》中，已有星子青石砚的记载。明代时，金星砚制作一度中衰，至清代中叶又渐中兴。民国时期，星子县境内有制砚作坊百余家。

金星砚以金星石为原料制作而成。这种石料由轻微泥岩构成，内含硫化铁结晶。其石质坚韧细腻，温润莹洁，纹理缜密，色彩和纹理具有自然美。金星砚制作需经开采、选料、制坯、雕刻、打磨抛光五道程序。其中，开采和选料都在金星石产地进行，然后将选好的金星石料运至加工场地，按照不同品种和规格标准进行粗加工和制坯，再对坯石进行图案设计和雕刻。最后，将金星砚打磨抛光，即成成品砚。

传统金星砚的造型与图饰取材于当地物产、山水和人文传说，极具地域性色彩。其风格古朴大方，简略写意。金星砚发墨极快，且储水不涸，久磨无粉，发出的墨富于光泽，艺术价值和实用价值兼具。

近年来，由于金星石开采过度，石砚产品品质良莠不齐，加之从业人员疏于传技，金星砚声誉遭到损害，其制作技艺的传承也受到影响。

银细工制作技艺

序号：900
编号：Ⅷ-117
批次：1
类别：传统技艺
申报地区或单位：上海市黄浦区，江苏省南京市、江都市金银细工制作技艺是一门以金银为主要材料，制作供室内陈设欣赏或兼具实用功能的金银器物的精细工艺。其历史悠久，起源于商周，是从传统青铜器浇铸工艺的基础上发展而来的，迄今已有三千多年的历史。到东汉时期，掐丝、累丝、炸珠、焊接、镶嵌等精细工艺大体完备。经唐至清一千多年的发展，金银器制作工艺更臻完善，特别是明代以后景泰蓝工艺的运用，使之更加流光溢彩、金碧辉煌。金银细工制作技艺中，上海的老凤祥、江苏南京的宝庆银楼和江都的金银细工技艺可称为这一行业中的代表。

上海的老凤祥创始于清代道光二十八年（1848），历经数代人的传承，全面继承了中国金银细工的精湛工艺。半立体抬压为上海老凤祥大件金银摆件制作的主要技术，其工艺流程包括取金银片、上胶水板、贴样、錾轮廓线、起胶抬压、上胶成型、开色等。一般器皿摆件的工艺流程则包括来料、成型材、铸模压制、焊接、修饰整型、电镀光亮等，制作过程中可综合使用泥塑、钣金、拗丝、镶嵌、雕琢等技法。

南京的宝庆银楼创于清代嘉庆年间。其金银细工制作技艺包括绘图、雕塑、翻模、拼装、焊接、绘錾、砑光、景泰蓝、镶嵌、装配等几十道工艺流程。制作工具则主要分为雕塑、制模、拼装、焊接、雕錾、表面处理、印记七类。

江苏省江都传统金银细工制作技艺传承了我国古代金银细工的传统技法。其历史悠久，东汉时已能制作精细的小金饰件，清代康乾时期，金银细工行业得到飞速发展，制作技艺日趋成熟完善，传承至今。

如今金银细工制作技艺的工匠们博采众长，在继承历代优秀传统技艺精华的基础上，创立了完整、独特的金银细工制作体系。以老凤祥和宝庆银楼等知名企业为代表，将金银文化的精髓不断发扬光大。

国家级代表性传承人名单

序号	姓名	性别	申报地区或单位	入选批次
03-1375	王殿祥	男	江苏省南京市	3
04-1882	张心一	男	上海市黄浦区	4

景德镇传统瓷窑作坊营造技艺

序号：379

编号：Ⅷ-29

批次：1

类别：传统技艺

申报地区或单位：江西省

景德镇传统瓷窑作坊营造技艺是江西景德镇的一项传统手工技艺。景德镇是中国著名的瓷业城市，景德镇传统瓷窑作坊是成就景德镇"瓷都"地位的场所保障。

景德镇四面环山，从祁门的大洪山向西贯穿江西的昌江流经景德镇。昌江各支流流经的地方，多为陶瓷原料和燃料产地，是景德镇制瓷原料、燃料供给和陶瓷产品对外运输的重要通道。

南宋年间，南迁的工匠把北方先进的制瓷技术带到景德镇。到元代，景德镇即因烧制青花瓷而闻名于世。明代后期，景德镇的城市范围和规模基本稳定，两平方公里的老城区内密布各类瓷业建筑。

景德镇传统瓷窑作坊营造技艺主要为窑房建筑技艺和坯房建筑技艺。其独特性在窑体、窑房和坯房的形状、结构、材料和功能中都有体现。例如，清代雍正年间以来，景德镇盛行蛋形的"镇窑"。其属于平焰窑，综合了龙窑、馒头窑、葫芦窑的优点。坯房（即作坊）则布局紧凑，兼具生产场所和居住功能，要求工艺高超而又别具风格。在很长一段时间内，景德镇老城区内密布的各类瓷业建筑成为城市建筑的主体。

景德镇传统瓷窑作坊宽敞通风、经济实用，兼具仓库、生产车间和生活间的三重功能，是中国工场手工业罕见的场所物证，具有独特而丰富的历史价值、科学价值和旅游价值。

在近几十年的工业化和城市化过程中，景德镇大部分传统窑房作坊被拆除，许多老建筑工匠也相继故去，景德镇传统瓷窑作坊营造技艺濒临消亡。

国家级代表性传承人名单

姓名	性别	申报地区或单位	入选批次
余云山	男	江西省	3

景德镇手工制瓷技艺

序号：357

编号：Ⅷ-7

批次：1

类别：传统技艺

申报地区或单位：江西省景德镇市

景德镇手工制瓷技艺分布在江西省景德镇市城乡各地。景德镇市素有"瓷都"之称。其自五代开始生产瓷器，重要成型工序在宋代即初步建立。宋、元两代，景德镇制瓷业发展迅速。至明清时在现珠山区一带设御厂，成为全国制瓷中心。

景德镇手工制瓷技艺专业化程度较高，包括采矿、淘洗、制坯、练泥、陈腐、拉坯、利坯、画坯、施釉、烧窑、画红、烧炉、选瓷、包装等工序。核心工序则为拉坯、利坯、画坯、施釉和烧窑五项。景德镇瓷文化、艺术的传承，都有赖于几十道工序构成的手工技艺制瓷产业链，以及由此衍生的辅助产业，如毛笔、匣钵、木工、铁匠等。

新中国成立以来，随着瓷业机械化生产的不断发展，一些传统景德镇手工制瓷技艺环节及相关器具和设备被淘汰。传统技艺虽然得到部分保留与发展，但不少工序环节仍不断流失或消亡。

国家级代表性传承人名单

姓名	性别	申报地区或单位	入选批次
陈圣发	男	江西省景德镇市	3
王炎生	男	江西省景德镇市	3
曹开永	男	江西省景德镇市	3

景德镇瓷器

景泰蓝制作技艺

序号：393

编号：Ⅷ-43

批次：1

类别：传统技艺

申报地区或单位：北京市崇文区

景泰蓝制作技艺是一项传统的工艺品手工制作技艺。景泰蓝是一种瓷铜结合的珐琅工艺品。明朝景泰年间，用于珐琅器的蓝釉料中出现如蓝宝石般浓郁的宝蓝，因此得名"景泰蓝"。到现代，虽然景泰蓝工艺品已是各种色彩具备，但仍沿用旧称。景泰蓝是北京市著名的传统特种工艺品。

景泰蓝制作技艺成熟于明朝景泰年间。明、清两代，御用监和造办处均在北京设有专为皇家服务的珐琅作坊，技艺从成熟走向辉煌。近代以来，社会动荡不安，北京景泰蓝技艺曾一度衰微。1949年后，因国家采取积极的保护、扶持政策，这一古老技艺得以迅速恢复和发展。

景泰蓝制作技艺又称"铜胎掐丝珐琅"，包括型制作（制胎）、掐丝、点蓝、磨光、镀金等十几道工序。制作时，先将紫铜片按图下料，裁剪成不同的扇形或切成不同的圆形，并用铁锤打制铜胎；然后在胎上作画，将细铜丝轧扁后以手工制成各种图案，掐、焊、贴在胎体上，再施色彩不同的珐琅釉料镶嵌在图案中，再用高度火烧制，经反复磨光、镀金等多道工序制成成品。在工艺上，景泰蓝制作既运用了青铜和烧瓷等传统技术，又吸收了传统绘画和金属錾刻工艺，体现出中国传统工艺门类之间相互学习和借鉴的传统。

景泰蓝种类包括花瓶、碗、盘子等传统产品和景泰蓝保健球等新产品类型，其造型典雅，纹样繁缛，色彩富丽，具有宫廷艺术特点。

景泰蓝曾多次参加国内外重要展览，还经常被作为国礼馈赠外宾。但是，近年来，在市场经济的冲击下，景泰蓝制作工厂或破产或濒危，景泰蓝制作技艺传承面临困境。

国家级代表性传承人名单

姓名	性别	申报地区或单位	入选批次
钱美华	女	北京市崇文区	1
张同禄	男	北京市崇文区	1

剧装戏具制作技艺

序号：432
编号：Ⅷ-82
批次：1
类别：传统技艺
申报地区或单位：江苏省苏州市

扩展名录：
剧装戏具制作技艺　　北京剧装厂

剧装戏具制作技艺是一项传统的手工技艺。剧装戏具是戏剧表演时使用的一整套类型化、程式化的戏剧专用服装、道具，具有可舞性、装饰性、观赏性的特点。

明清以来，苏州一直是丝绸和棉布的主要产地，苏州刺绣以其技艺精湛而著称。苏州剧装戏具制作可上溯至明代中叶，与当时南戏北调中的昆曲相伴而生。伴随着中国戏曲的发展，各种为戏曲配套的戏衣和道具逐渐出现，其制作的手工艺体系也日臻完善。

苏州剧装戏具采用一件一制的方式手工制作而成。根据角色身份、年龄、性格和剧种、戏班风格，苏州剧装戏具行业分别以绫缎、绵绸、绉纱、夏布作衣料，选用丝线粗细、色泽均有讲究，并有金银丝、宝素珍、排须织物、五彩光片等工艺配套。服装类工具有干粉袋、水粉袋、竹浆刀、铜浆刀、剪刀、竹尺、熨斗、别浆针等；盔帽类工具有竹剪、钳子、凿刀、蜡盘、烙铁、卷线筒、摇杠、沥粉嘴等；靴鞋和口面等项工具有锥子、批皮刀、榔头、浆刷、楦头、夹板、锉刀等。

苏州剧装戏具涵盖昆曲、越剧、京剧等戏剧种类，其技艺融汇了绘画、刺绣、色彩、历史、文学等各种元素，并结合造型、印绘、缝制、制革等手法，其刺绣色彩体现出苏州水乡淡雅秀丽的特色。

目前，全国仅有苏州能完成戏衣、盔帽、靴鞋、刀枪、口面、头饰六大类一千余个剧装戏具品种的制作，其中戏衣类378种，戏帽类246种，刀枪类276种，戏靴类41种，髯口头面类79种，头饰光片类23种。不过，随着传统戏剧的衰微，苏州剧装戏具制作规模已大大缩小。

剧装戏具制作技艺
申报地区或单位：北京剧装厂

北京剧装戏具制作技艺伴随着京剧艺术的诞生达到鼎盛，并在参酌唐、宋、元、明、清五个朝代的日常生活服装样式的基础上，经历代艺术家提炼、概括、美化、装饰最终形成。

北京剧装厂所制作的剧装戏具分为衣（戏衣）、盔（头盔、帽子等）、杂（髯口、靴鞋等）、把（刀枪把子等）等，以黑、黄、红、蓝四色为主色，具有用料高档华贵、技艺规范考究、做工缜密精巧、风格雍容大气的特点。

刺绣是京剧戏服制作中十分重要的环节。北京剧装厂所传承的剧装戏具制作技艺即主要以"京绣技艺"为特色。该技艺最初主要运用于宫廷服饰制作，后转为戏服所用，主要有设计、扎样刷活、刺绣、剪裁承做四个工艺流程。其中，在设计环节，京绣的部分纹样为其专属，如龙袍上的十二章纹样和五爪金龙纹只有皇帝才能使用；扎样刷活，是将设计好的半透明纸样贴放在布料上，然后用专门设计出的扎孔机扎出细密小孔。扎好孔迹的图案纸样和衣料平铺到案台上，刷上厂里独家调配的浆料；在刺绣环节，则综合运用京绣的打籽绣、捻针绣、垫绣、盘金盘银绣等针法技艺制作戏服；剪裁承做，是绣活做好后的加工环节，是指将绣片绷片、加衬、配里等，然后经剪裁、缝制、加装饰等工序完成戏服制作。

目前，北京剧装厂所制作的剧装戏具主要用于满足京戏、古装、影视剧等的服装和戏具需求。

国家级代表性传承人名单

姓名	性别	申报地区或单位	入选批次
李荣森	男	江苏省苏州市	1
孙颖	女	北京剧装厂	3

聚春园佛跳墙制作技艺

序号：955

编号：Ⅷ-172

批次：2

类别：传统技艺

申报地区或单位：福建省福州市

"佛跳墙"为福建省福州市著名坛煨菜肴。聚春园创始于1865年，坐落在福州市中心东街口。"佛跳墙"是该店传统名肴，它继承了传统的"佛跳墙"制作工艺，又加以丰富和发展，传延至今。

聚春园佛跳墙制作一般需使用三十多种原料和配料。制作时，先将鱼翅、海参、鸡脯、鸭肉、猪蹄筋、羊肘、干贝、鲍鱼、鸽蛋等二十多种主要原料经过分别处理，配以香菇、冬笋、香葱、姜片、冰糖、茴香、桂皮、料酒等多种佐料；然后按原料的性质、特点，将准备好的原料和配料依次装入绍兴酒坛中。坛口用纸密封，再用盖子盖紧。将前述坛中的原料、配料用旺火烧沸后改用文火慢煨5~6小时，即完成佛跳墙制作。上菜时，一般采用小盅上菜的方法，从煨制好的佛跳墙中选取出鱼翅、鲍鱼、干贝等材料按顺序排放在小盅里，灌入煨制的原汤，盖上盅盖，再放入蒸笼中加热后上桌，每人一盅。

聚春园佛跳墙选料严格、制作工艺要求较高。其成品不仅香味浓郁、嫩软鲜美、荤而不腻，还具有一定的补气养血、温肺润肠、治虚寒等功效，营养价值较高。

如今佛跳墙制作技艺已遍布四方，还流传至美国、加拿大、新西兰等国家，受到世界人民的欢迎。

国家级代表性传承人名单

姓名	性别	申报地区或单位	入选批次
罗世伟	男	福建省福州市	3

聚元号弓箭制作技艺

序号：394
编号：Ⅷ-44
批次：1
类别：传统技艺
申报地区或单位：北京市朝阳区

扩展名录：
弓箭制作技艺（锡伯族弓箭制作技艺）
　　新疆维吾尔自治区
弓箭制作技艺（蒙古族牛角弓制作技艺）
　　内蒙古师范大学

北京聚元号弓箭制作技艺是一项传统手工技艺。聚元号为清朝皇家专设的兵工厂。

聚元号弓箭制作技艺已有三百余年历史。清代时，聚元号弓箭铺位于北京东四十字路口西南角的原弓箭大院内，其制作的弓以供应皇宫为主。清末，弓箭作为兵器被洋枪洋炮所取代，皇家弓箭工场逐渐成为民间作坊。至民国时期，弓箭铺规模进一步缩小。

聚元号弓箭制作技艺分成弓的"白活"和装饰的"画活"两个环节，使用板凳、锯刀、木锉、筋梳子、弓枕等十多种工具。弓的主体内胎为竹，外贴牛角，内贴牛筋，两端安装木质弓。弓弦多采用棉线制作，需经制胎、插销子、铺牛角、铺牛筋、上板凳五个步骤、二百余道具体工序；制箭主要包括调杆、打皮、刮杆、安装箭头和尾羽等步骤。聚元号弓箭制作需历时三四个月。其制作程序和许多关键流程的完成完全依仗工匠的技艺和经验，少有具体数据可供参考。

聚元号弓箭制作技艺承袭了中国双曲反弯复合弓的优良传统，完整保存了传统弓箭制作的生产工艺流程、工序和技术，是中国传统弓箭发展轨迹和弓箭文化的见证。

目前，由于弓箭早已淡出人们的视野，聚元号弓箭制作技艺的传承和发展均面临困境。

弓箭制作技艺（锡伯族弓箭制作技艺）
申报地区或单位：新疆维吾尔自治区

锡伯族人世代以打猎捕鱼为生，多善骑射。其最初游牧于兴安岭、黑龙江一带，18世纪中叶迁至新疆察布查尔等地。锡伯族弓箭制作技艺目前主要留存于新疆维吾尔自治区察布查尔锡伯自治县。

锡伯族弓箭属于复合双曲弓类。制作一把锡伯族弓箭需经一百八十多道工序，用时一年。其中，冬天做弓胎，春天刨牛角，夏天扎牛筋，秋天黏合所有材料。弓的内胎为竹木、外贴牛角、内贴牛筋，两端安装木质弓梢，以牛角、竹木、动物胶、丝棉、原漆、牛筋、动物骨、皮革、金属丝等多种材料制成，有"制胎、切角、粘筋、锉梢、整身、饰体、编弦、造箭、制袋、制扳、制臂"十一道制造流程。

如今，锡伯族用于军事的弓箭逐渐转化为民间竞技的工具，又再转化为现代射箭项目。由于弓箭已经失去了作为生产工具和武器的功能，加上牛角、牛筋、鱼胶等原料较难获得，锡伯族弓箭制作技艺已濒临失传。

弓箭制作技艺（蒙古族牛角弓制作技艺）
申报地区或单位：内蒙古师范大学

蒙古族以精骑善射闻名，弓箭在蒙古人生产、生活中占据重要地位。蒙古族牛角弓制作最早可追溯到匈奴时期，迄今已有两千多年历史。

蒙古族牛角弓以上等水牛角或岩羊角、牛背筋或牛蹄筋、弹性好的橘木、木瓜树木、荆木、竹等材料制作，采用马或其他动物的皮熬成的天然胶等材料作为黏合剂。制作时，用细且有韧性的柳条作为弓骨，在弓骨背面贴上牛角片。每个牛角片长2～3寸，用动物胶粘在弓背面。然后在粘好的牛角外面粘上经软化、拉细的牛筋丝。牛筋丝接缝的地方用牛筋捆扎并粘住，使整个弓成为整体。在弓两头磨出两个槽口，用来勒弓弦。也可在两头另外插两个牛角插，上面磨出槽口勒弓弦。最后，在牛角弓外层裹上蛇皮作为装饰即完成牛角弓制作。从选材、取料、加工到组合成成品弓，蒙古族牛角弓制作需经一百多道工序，耗时两年。

如今，牛角弓的主要用途已变为竞技和娱乐。为顺应这一需求，牛角弓制作中所用的弓弦和箭头材质也发生了变化，以牛角弓射箭仍是那达慕的主要比赛项目之一。

国家级代表性传承人名单

姓名	性别	申报地区或单位	入选批次
杨福喜	男	北京市朝阳区	1

钧瓷烧制技艺

序号：876
编号：Ⅷ-93
批次：2
类别：传统技艺
申报地区或单位：河南省禹州市

钧瓷烧制技艺是河南的一项传统烧瓷技艺。钧瓷是宋代钧、汝、官、哥、定五大名瓷之一，是我国唯一以自然窑变呈现艺术效果的瓷种。北宋徽宗时期，官府在今河南省禹州市区东北部设置官窑，为皇宫烧制贡瓷。因窑址邻近古代春秋战国的钧台，故名为钧台窑，简称钧窑，所产瓷器名为钧瓷。

钧瓷烧制技艺历史悠久，创烧于唐，兴盛于宋，北宋灭亡后，钧窑停烧。流散的匠人将此技艺传至各地。金元时期，不少地方曾仿制过钧瓷，但无法和宋代官窑制品相比。明、清两代，钧瓷生产发展缓慢。新中国成立后，进入全面恢复时期。

钧瓷以黏土、长石、石英等为坯料，多样矿物质成分为釉料烧制而成。传统钧瓷烧制需经配料、成型、上釉等七十二道工序。在现代生产中，钧瓷烧制一般需经加工、造型、制模、成型、素烧、上釉、釉烧、检选八道工序。钧窑需经过两次烧制，素烧成型后还要上釉进行再一次的釉烧，即在素胎表面通过刷、浇、浸、涮等方式附上一层以天然矿石及化学元素为原料的釉浆再入窑烧制。在高温条件下，钧釉以铜、铁为着色剂，釉色与纹路相交叠置，出窑后可呈现色彩斑斓、变化万千的窑变效果。

钧窑瓷器常发生窑变，除本色釉外还会变出其他颜色，而钧瓷的名贵正在于其独特的窑变釉色，其釉色是烧制过程中自然形成，非人工描绘，每一件钧瓷的釉色都是唯一的，故有"钧瓷无双"的说法。

钧瓷烧制技艺中的自然窑变打破了中国高温陶瓷单一釉色的格局，其成品釉色不可复制，具有较为突出的审美价值。但随着陶瓷行业机械化技术和电炉等的应用，传统的钧瓷烧制技艺日渐式微。

国家级代表性传承人名单

姓名	性别	申报地区或单位	入选批次
杨志	男	河南省禹州市	3
任星航	男	河南省禹州市	4
孔相卿	男	河南省禹州市	4
苗长强	男	河南省禹州市	4

烤鸭技艺

全聚德挂炉烤鸭技艺、便宜坊焖炉烤鸭技艺

序号：950

编号：Ⅷ-167

批次：2

类别：传统技艺

申报地区或单位：北京市全聚德（集团）股份有限公司、北京便宜坊烤鸭集团有限公司

烤鸭为北京特色食品之一。全聚德和便宜坊为北京烤鸭店的代表。

北京全聚德烤鸭店创始于清代同治三年（1864），创办人为杨全仁。全聚德挂炉烤鸭采用挂炉、明火烧果木的方法烤制而成，制作需经制坯和烤炙两道流程，制坯包括宰杀、烫毛、煺毛、吹气、开生、掏膛、支撑、洗膛、挂钩、烫皮、打糖、晾皮等工序；烤炙包括堵塞、灌水、入炉、燎档、转体、出炉等工序，烤制时间为四十五分钟左右。

全聚德烤鸭体型饱满，全身呈均匀枣红色，油光润泽，具有皮质酥脆、肉质鲜嫩并带果木清香的特点。食用时可配荷叶饼、葱、酱等，也可将烤鸭蘸甜面酱和葱条、塞进空心芝麻烧饼中食用。北京全聚德烤鸭风味醇香，蜚声中外，被列为北京特产之首。

北京便宜坊烤鸭店创建于明代永乐十四年（1416），以经营焖炉烤鸭为主。"焖炉"是一种用砖直接在地上建造的炉子，体积为一立方米左右。砖为特制，可耐火调温。焖烤鸭子前，需先将秫秸等燃料放进炉内点燃，使炉膛升高到一定温度，再将其灭掉，然后将鸭坯放在炉中的铁罩上，关上炉门用暗火烤制。2005年，便宜坊推出了"蔬香酥"和"花香酥"烤鸭。"蔬香酥"烤鸭选用十余种绿色蔬菜为主要原料，以特殊工艺将鸭坯脱油、入味，然后将配比菜汁灌入鸭膛后烤制；"花香酥"烤鸭有茶香、莲香和枣香三种口味，在烤制前需分别将茶香、莲香、枣香入味于鸭坯。便宜坊焖炉烤鸭成品呈枣红色，外皮油亮酥脆，肉质洁白、细嫩，口味鲜美。

"便宜坊"是商务部首批授牌的"中华老字号"。目前，便宜坊的烤鸭师傅已为数不多，青年技师的培养无法满足传承发展的需要，急需采取有力措施保护这一传统手工技艺。

国家级代表性传承人名单

姓名	性别	申报地区或单位	入选批次
白永明	男	北京便宜坊烤鸭集团有限公司	3

客家土楼营造技艺

序号：378

编号：Ⅷ-28

批次：1

类别：传统技艺

申报地区或单位：福建省龙岩市

扩展名录：
客家土楼营造技艺　　福建省南靖县、华安县

客家土楼营造技艺是客家人的一项传统造房技艺。客家土楼是福建省的传统大型生土民居形式，主要分布于福建省龙岩市永定县、漳州市南靖县、平和县、华安县和诏安县。

客家土楼营造技艺历史悠久。福建省龙岩市永定客家土楼源于唐代，后在元末明初时为附近区域所接受并且流传开来。

客家土楼营造技艺包括夯土技术和整体造型两个部分。土楼外墙以没有杂质的细净红土为主要原料，制土时掺入一定比例的细河沙、淤泥和老墙泥，充分搅拌均匀后加水用锄头反复翻整发酵。在整体造型方面，客家土楼以一圈高可达五层的楼房围成方形或圆形巨宅，内为中心院，祖堂一般设在楼屋底层与宅院正门正对的中轴线上；或在院内建平房围成第二圈，甚至第三、四、五圈。一、二层是厨房和谷仓，对外不开窗或只开极小的射孔，三层以上住人开窗，也可用于射击，具有防卫功能。

客家土楼主要有三类：五凤楼、方楼和圆楼。此外，土楼还有诸多变异形式，如五角楼、半月楼、万字楼等。福建土楼还可分为内通廊式土楼和单元式土楼。前者二层以上的各房间门前有走马廊连通，每层有四五部公用楼梯，其代表如永定县湖坑镇振成楼；后者各层没有连贯各户的走马廊，土楼分割为一套套的垂直单元，各单元有独立的门户、庭院和楼梯，其代表如华安县二宜楼。

客家土楼具有中轴线鲜明、以厅堂为核心、廊道贯通全楼的特点，其营造技艺是客家建筑文化的生动表现，它继承了中原古老的生土构筑技艺，保留了大量优秀的建筑传统，是古建筑技艺研究的活化石。

目前随着当地居民居住观念的变化，目前已不再建筑新的土楼。原有的永定客家土楼则年久失修，客家土楼营造技艺的传承出现危机。

国家级代表性传承人名单

姓名	性别	申报地区或单位	入选批次
徐松生	男	福建省龙岩市	1

孔府菜烹饪技艺

序号：1186

编号：Ⅷ-206

批次：3

类别：传统技艺

申报地区或单位：山东省曲阜市

孔府菜是孔子后裔在长期生活实践中形成的一种独具特色的官府菜系。孔府菜始于公元前272年，经过了百年来孔府名厨的潜心切磋，在继承传统技艺的基础上进行创新，逐渐形成了独具一格，名馔珍馐齐备，品类丰盛完美，色、香、味、形、器、意俱佳的孔府菜。

在烹调技法方面，孔府菜以烧、炒、煨、炸、扒见长。菜品制作程式一般较为复杂，往往需经三四道程序完成。以菜品"金钩银条"为例，是将绿豆芽茎和切得匀细的肉丝一起快火翻炒而成的。剩下的绿豆芽头摘下并制作成丁香花造型，与用刀刻出十五个侧面的豆腐共同构成

菜品装饰。孔府菜精于以汤调味，孔府"三套汤"以鸭、鸡、猪肘等为主料，经三次反复熬制而成，大约需用十小时，为调味上品。此外，孔府菜对盛器也有要求，银、铜、锡、瓷、玻璃、玛瑙等各质餐具俱备，因菜设器，按席配套。其布席、就座、上菜均沿袭古制，礼仪庄重，规格严谨。代表菜品有瓢金钱香菇拼酱汁茄子、珍珠棒子鱼、丁香豆腐、金钩银条、带子上朝等，风味清淡鲜嫩，软烂香醇。

孔府菜烹饪技艺具有用料讲究、做工精细、注重口味并巧于变换调剂的特点，其形成和发展体现了孔子"食不厌精，脍不厌细"的饮食观和养生之道，并对我国的烹饪文化，特别是鲁菜的形成和发展产生了重大影响。

目前市场经营的孔府菜的经典菜品中许多没有依据严格的标准制作，一些菜品又缺乏顺应市场需求而改进创新，加之菜系对厨师的要求过于苛刻，需要的技艺太精湛，因此孔府菜的传承和发展不容乐观。

甲米水磨坊约出现于公元17世纪，曾向多代达赖喇嘛供奉甲米糌粑。七世达赖时，甲米水磨坊成为向达赖喇嘛供奉糌粑的定点磨坊，并获得正式命名。过去，每月藏历15日和30日为甲米水磨坊专门磨制达赖喇嘛糌粑的吉日。

甲米水磨坊大都建在河边或大江支流沿边的草地上，水渠源头设有控制流量的闸门。水流通过从高到低的木槽注入磨坊底层，推动连接磨盘中轴的木转轮。磨坊上层设有大小相等、直径1～1.2米的上薄下厚的同心圆石质磨盘。磨盘四周是糌粑蓄池，磨盘上方吊有盛青稞的布袋，布袋底部装有出料管并与磨盘接触。随着石盘的转动，青稞自动均衡地通过磨孔落入磨擦面。在糌粑池边设有升降木杆与转轮底座相连，通过杠杆原理调节磨盘之间的缝隙宽度，并可根据用户喜好加工不同粗细的糌粑。按照习俗，水磨转向必须是逆时针。

由于水磨效率不高、产量低，甲米水磨坊受到电动磨面工具冲击，其制作技艺的发展前景不甚乐观。

拉萨甲米水磨坊制作技艺

序号：397
编号：Ⅷ-47
批次：1
类别：传统技艺
申报地区或单位：西藏自治区

拉萨甲米水磨坊制作技艺是藏族的一项传统手工技艺。在西藏农区和部分牧区，人们利用山间水的落差建造水磨坊，用来加工糌粑、面粉及家畜饲料，其中以甲米水磨坊最为著名，它位于拉萨市北郊的娘热沟，距拉萨市中心六公里。娘热沟丰富的水资源使这里形成了拉萨市郊最具规模的水磨坊群，近两公里的水边修建了近二十座水磨坊，这在整个藏区是绝无仅有的。

兰州黄河大水车制作技艺

序号：398
编号：Ⅷ-48
批次：1
类别：传统技艺
申报地区或单位：甘肃省兰州市

兰州黄河大水车制作技艺是兰州的一项传统手工技艺。兰州黄河大水车是一种利用黄河水流自然冲击力工作的廉价高效的灌溉工具。

兰州市地处亚欧大陆腹地，干旱少雨。黄河自西向东穿城而过，河面距地面有十多米至二十多米落差，由此带来丰富的天然水力资源。

1556年，兰州人段续借鉴云南通河的筒车灌溉技术，在兰州创制了适合于本地的水车，架设在现今广武门外的黄河北岸。明末以后，黄河大水车在黄河流域的皋兰、白银、泾川、平凉、银川及陕西等地得到广泛使用。

黄河大水车有单辆车、双辆车和多辆车等类型。水车轮辐半径为五米到近十米不等。轮辐中心为合抱粗的轮轴，轮轴周边装有两排并行的辐条，每排辐条的尽头装有一块刮板，刮板之间挂有可以活动的长方形水斗。支架和轮子两侧筑有石坝，以固定架设水车和向水车下面聚引河水。水车上方横空架有木槽。水流推动刮板，驱使水车转动，水斗则依次舀满河水并缓缓上升，当升到轮子上方正中时，斗口翻转向下，将水倾入木槽，由木槽导入水渠，再由水渠引入田间，一辆水车可灌溉农田七八百亩。

兰州黄河大水车制作技艺是黄河文化的重要组成部分，体现了中华民族的创造力，为中国农业文明和水利史研究提供了见证。但是，自电力灌溉技术普遍应用后，兰州黄河大水车的数量逐年减少，其制作技艺面临传承困境。

蓝夹缬技艺

序号：1172

编号：Ⅷ-192

批次：3

类别：传统技艺

申报地区或单位：浙江省温州市

蓝夹缬技艺为一种印染蓝花布的手工技术，主要流传于浙江省温州市以及下辖的苍南、瑞安和乐清等地，再向台州市、丽水市等接壤地辐射。夹缬起于秦汉，盛于唐宋，唐明皇曾将其作为国礼馈赠给各国遣唐使。

夹缬制作时将两块刻有图案纹样且能互相吻合的雕版夹住织物后浸染，染液无法渗透花纹的凸状部分而通过凹状部分进行染色，即呈现各种纹样图案。

蓝夹缬技艺以蓝靛为染液，由雕版、制靛及印染三个环节组成。雕版以棠梨木、枫树、杨梅树、红柴等为木板原料，纹样多为人物戏剧或花鸟走兽。制靛以植物靛青为原料。制作时，先将靛青的叶和梗发酵，然后通过投放碱剂使其氧化。将氧化后形成的靛花提取出来，待靛蓝沉淀后过滤，即制成靛蓝膏。印染时，取靛蓝膏投入染缸，同时加入发酵剂及发酵培养剂后即成染液。然后将白土布对折，放入两块雕刻着同样花纹图案的雕版中间，夹紧固定好后置于染缸中浸泡。染一块布需经十六次浸泡、氧化，需时一天。染色完成后拆开固定雕版的框架，即可得到蓝底白花的夹缬产品。其色泽鲜明，构图对称，富有浓郁的乡土气息和鲜明的艺术特征，曾是浙南民间婚嫁必备用品。

蓝夹缬是我国唯一以戏曲人物为主要纹样的传统染织品，温州至今完整保存雕版、制靛、印染等工艺流程。

蓝夹缬技艺传承谱系基本为师承或家传，随着一些蓝夹缬老艺人的相继离去，后继无人的状况令人堪忧。

黎族传统纺染织绣技艺

序号：369

编号：Ⅷ-19

批次：1

类别：传统技艺

申报地区或单位：海南省五指山市、白沙黎族自治县、保亭黎族苗族自治县、乐东黎族自治县、东方市

黎族传统纺染织绣技艺是海南黎族妇女创造的一种集纺、染、织、绣于一体的传统手工

技艺。黎族聚居区有极为丰富的木棉、野麻等纺织、印染原料。宋代以前，黎族妇女就会纺织布，织出彩色床单幕布。

黎族传统纺染织绣技艺包括纺纱、染色、织布、刺绣四个流程。纺纱，即将棉花脱籽、抽纱，把纱绕成锭；染色，即运用黎族传统染料为纱上色，染料包括野板栗树皮、苏木等制成的植物染料，以牛皮胶、动物血液等制成的动物染料和以朱砂粉制成的矿物染料；织布，即用腰机和脚踏织机进行织布。其中以腰机较为常见，具有简单轻巧、易操作的优点。踏板织机仅在美孚方言黎族地区使用；刺绣，可分为单面刺绣和双面刺绣两种，主要针法有平绣、贴布绣、挑绣、堆绣、抽纱绣、珠绣、饰片绣等，常见人形图、祖先图、动植物图、福禄寿图、"卍"字图、波浪、藤条等崇尚自然、寄托愿望和追求美感的图案。

成品称为"黎锦"，有麻织、棉织、织锦、印染（包括扎染）、刺绣、龙被等品种。其中龙被是黎锦中的珍品，它集纺织、印染、刺绣、织造等多种技艺于一体，制作精巧，色彩鲜艳，图案典雅，款式多样，在黎锦中技艺最为突出、文化艺术价值最高，因而成为海南地区历代进贡的珍品。

随着社会发展和环境变化，掌握黎锦技艺的妇女逐渐减少。目前，掌握双面绣技艺的屈指可数，而龙被制作技艺则已无人能够完整地掌握，黎锦技艺生存已临濒危。

国家级代表性传承人名单

姓名	性别	申报地区或单位	入选批次
容亚美	女	海南省乐东黎族自治县	1
刘香兰	女	海南省五指山市	3
符林早	女	海南省东方市	4

黎族船型屋营造技艺

序号：965
编号：Ⅷ-182
批次：2
类别：传统技艺
申报地区或单位：海南省东方市

黎族船型屋营造技艺是黎族的一项传统建筑技艺。黎族船型屋为一种原始的干栏式住宅，是茅草屋的一种，因其外形似船篷而得名，其营造技艺留存于海南省的黎族聚居区。

建造船型屋时，先捆扎竹木作为屋的框架，然后将浸泡至腐烂的稻草根与有黏度的红土掺和后逐块捞出，糊在搭好的竹架上做墙。墙造好后即可用茅草和竹条搭建屋顶。搭建时用竹条将晒干的茅草捆扎后运至屋顶，再用竹条捆扎连接并铺在屋顶上。由于屋顶茅草经一段时间后会腐烂漏雨，需每一两年更换一次茅草。屋内为泥土地。将从外面挖回的黏土在地面上铺平并浇上水，双脚踩平后晒干或晾干地面即可。

黎族船型屋有高架船型屋与低架（落地式）船型屋两种，其外观呈拱形，分上下两层结构。居者沿竹梯而上，上层住人，下层饲养家畜。船型屋一般有三间，中间为厅，两边为居室；也有前后两间的船型屋，前面为前廊，后面为居室。

黎族船型屋的圆拱造型利于抵抗台风侵袭，架空结构具有防湿、防瘴、防雨的功能。其为黎族传统民居之一，是黎族优秀建筑技艺的典型体现，也是黎族民族文化的载体之一。如今随着人们居住条件的改善，黎族船型屋营造技艺逐渐消失。

黎族树皮布制作技艺

序号：434

编号：Ⅷ-84

批次：1

类别：传统技艺

申报地区或单位：海南省保亭黎族苗族自治县

黎族树皮布制作技艺是海南黎族的一项古老的手工技艺。树皮布，即用树皮制成的布料。古代文献中所称的"楮冠""谷布衣"，就是用树皮制成的衣冠产品。海南岛黎族树皮布制作技艺主要分布在中南部黎族聚集区，包括三亚、五指山、东方等市及琼中、保亭、陵水、乐东、昌江、白沙等县。

据古代典籍记载，至少在三千年以前，海南岛便出现了树皮布。在棉纺织技术传入后，树皮布也未被麻、棉制品所完全取代，依然有人用楮树皮制作垫单、衣服、腰带等生活用品。

制作树皮布的原料为厚皮树、黄久树、箭毒树、构树等多种树的树皮，制作工序包括扒树皮、修整、将树皮放在水中浸泡脱胶、漂洗、晒干、拍打成片状和缝制等。树皮布制作所用工具以捶打工具为主。此外，石拍也是制作树皮布的器具之一，是树皮布文化的标志。树皮布成品有帽子、枕头、被子、上衣、裙子、兜卵布、口袋等诸多种类。

树皮布是人类衣物从无纺布到有纺布发展过程的历史见证，在人类学及文化史上有着不可替代的特殊地位。

如今，随着人们生活方式的改变，海南岛上的树皮布及石拍已经在人们生活中消失，黎族树皮布制作技艺面临失传困境。

国家级代表性传承人名单

姓名	性别	申报地区或单位	入选批次
黄运英	男	海南省保亭黎族苗族自治县	3

黎族原始制陶技艺

序号：354

编号：Ⅷ-4

批次：1

类别：传统技艺

申报地区或单位：海南省昌江黎族自治县

黎族原始制陶技艺是海南黎族的一项传统手工技艺，保留在海南省昌江黎族自治县的哈方言、润方言、赛方言、美孚方言等区域。

海南省制陶历史悠久，在黎族聚居地区的史前遗址中曾发现过陶片，文献中也不乏相关记载。黎族原始制陶技艺中留存有泥条盘筑法等原始制陶工艺，是史前制陶史研究的重要实物资料。

黎族原始制陶技艺的制陶工具包括木杵、木臼、木拍、木刮及竹刀、蚌壳、钻孔竹棍、竹垫等，制陶过程包括挖陶、挑陶土、晒陶土、粉碎陶土、筛陶土、和泥、制坯、干燥、准备烧陶、点火烧陶、取陶、加固十二个步骤。其制成品主要有釜、甑、瓮、碗、罐、蒸酒器、蒸饭器等器型。

如今，随着社会的发展、生活水平的提高和社会文化的趋同，瓷器、玻璃器、金属器、塑料器等陶器进入日常生活，黎族原始制陶技艺逐渐萎缩，懂得制陶的黎族艺人寥寥无几，制陶技艺濒临消亡。

国家级代表性传承人名单

姓名	性别	申报地区或单位	入选批次
羊拜亮	女	海南省昌江黎族自治县	1

黎族钻木取火技艺

序号：437

编号：Ⅷ-87

批次：1

类别：传统技艺

申报地区或单位：海南省保亭黎族苗族自治县

黎族钻木取火技艺是海南黎族的一项传统手工技艺。钻木取火是远古人类获取火种的主要手段。先秦文献《韩非子·五蠹》中已提到我国古代有燧人氏钻木取火的传说。目前，黎族钻木取火技艺主要留存于海南岛中南部的三亚、五指山、东方等市及琼中、保亭、陵水、乐东、昌江、白沙等县的黎族集聚区。

黎族钻木取火工具由钻火板和钻杆（或弓木）两部分组成。钻火板用较软的山麻木砍制，一般长35厘米，宽7～10厘米，厚3～5厘米，钻火板一侧挖有若干小穴，穴底为流灰槽，火星由此下落。钻杆（或弓木）长50～60厘米，用硬杂木制成，直径为3～5厘米，下端略尖，如圆锥状。此外，需用芯绒、芭蕉根纤维、木棉絮等作为引燃物。取火时，用脚踏住钻火板，将钻杆插在小穴内，以双手搓动钻火棒或弓，使机械能转为热能，产生火星。火星沿槽而落，点燃引燃物。当引燃物冒烟时，迅速将之拿起来吹风助燃，从而引出火来。

如今，钻木取火在大多数地区早已被现代取火方式取代，这一传统技艺面临失传困境。

醴陵釉下五彩瓷烧制技艺

序号：878

编号：Ⅷ-95

批次：2

类别：传统技艺

申报地区或单位：湖南省醴陵市

醴陵釉下五彩瓷烧制技艺是留存于湖南醴陵的一种传统烧瓷技艺。釉下彩瓷是我国一种传统的陶瓷装饰艺术。醴陵釉下五彩瓷是一种先在半成品坯上彩绘图案，再施釉进入高温窑焙烧而成的多色釉下彩绘瓷器。醴陵窑是在隋唐五代时期长沙窑的基础上发展起来的，以首创釉下五彩瓷而闻名于世。

釉下五彩所采用的基础颜料不像釉上颜料那样需采用含铅熔剂来发色和降低焙烧温度，也不需以低温熔剂为结合剂使彩料固着在制品上，而是以各金属氧化物或它们的盐类为着色剂，并掺和一定量的硅酸盐原料所制成。烧成后的图案被一层透明釉膜覆盖，显得晶莹透亮。醴陵釉下五彩瓷器的釉下彩绘，包括青花、釉里红和釉下五彩三个主要品种。采用氧化钴作彩饰原料，可烧成釉下青花瓷；采用草青、海碧、艳黑、赭色和玛瑙红等多种釉下颜料，运用国画双勾分水填色和"三烧制"法，则可烧制出釉里红和釉下五彩等。

醴陵釉下五彩瓷可分为陈设瓷和日用器皿两类，瓷器上所绘彩饰题材内容包括花鸟、山水、虫鱼、人物、走兽和传统题材中的龙凤、历史故事以及书法印章等。醴陵釉下五彩瓷具有无毒、耐酸、耐碱、耐磨损、画面平滑光亮、晶莹润泽、纹样五彩缤纷等特点，制成的日用器皿实用性较强，并具较高的艺术欣赏价值。

近年来，釉下五彩瓷陆续在全国各产瓷区以不同的制作规模和各自的艺术风格烧造，已成为瓷器釉下装饰工艺中最主要的一种,广泛地博得了国内外人民群众的喜爱。

国家级代表性传承人名单

姓名	性别	申报地区或单位	入选批次
邓文科	男	湖南省醴陵市	3
陈扬龙	男	湖南省醴陵市	4

凉茶

序号:439

编号:Ⅷ-89

批次:1

类别:传统技艺

申报地区或单位:广东省文化厅,香港特别行政区民政事务局,澳门特别行政区文化局

凉茶是广东、香港、澳门地区人民根据当地的气候、水土特征,在长期预防疾病与保健的过程中,以中医养生理论为指导、中草药为原料配制的一种日常饮料。

306年,东晋道学医药家葛洪南来岭南,由于当时瘴疠流行,他得以悉心研究岭南各种温病医药。葛洪所遗下的医学专著以及后世岭南温派医家总结劳动人民长期防治疾病过程中的丰富经验,形成了岭南文化底蕴深厚的凉茶,其配方、术语世代相传。

凉茶采用粤、港、澳地区民间常用的复方或单味的药性寒凉和能消解内热的土产草药煎熬而成。依功效不同,凉茶可分为清热解毒茶、解感茶、清热润燥茶、清热化湿茶四类。其中,清热解毒茶主要适合内热、火气重的人,适饮于春、夏季和秋季;解感茶主要用于医治外感风热、四时感冒和流感,四季适饮;清热润燥茶尤其适饮于秋季,对口干、舌燥、咳嗽均有较好功效;清热化湿茶主要适合湿热气重、口气大、面色黄赤的人饮用,适饮于夏季。凉茶品种有王老吉凉茶、黄振龙凉茶、廿四味凉茶、石岐凉茶、葫芦茶、金银菊五花茶等。

凉茶是广东、香港、澳门地区人们日常生活中不可或缺的生活元素,因而至今销量仍为可观。

临清贡砖烧制技艺

序号:874

编号:Ⅷ-91

批次:2

类别:传统技艺

申报地区或单位:山东省临清市

临清贡砖烧制技艺是山东的一项传统手工技艺。临清贡砖因其烧制砖窑位于山东的临清而得名。临清官窑建于明代永乐年间。明代中叶以后,临清官窑的制品成为建筑皇宫的主要用材,成为临清贡砖。临清贡砖质地好,色泽适宜,不碱不蚀,敲击有声,广泛运用于明清皇家及王府建筑。

明清两代临清为州,官窑的分布以临清为中心,南至现河北省馆陶县境内,北至山东省德州市武城县、夏津县,东至现临清魏湾乡,原清平县的漳卫运河及会通河两岸。临清当地的运河淤积土质好,有红、白、黄相间的泥土,人称莲花土,以细腻无杂质、沙黏度适宜而闻名,而且临清傍临运河,运输方便,因而成为当时生产贡砖的首选之地。临清砖窑在明、清两朝达到鼎盛,约有数百座,分布在运河沿岸,范围达三四十公里,窑工达数万人之多。

临清贡砖传统烧制工序包括碎土、澄泥、熟泥、制坯、晾坯、装窑、焙烧、洇窑、出窑等。用土时,先将土用大、小筛子各筛一遍再用水

过滤,待其沉淀后将泥取出,用脚反复踩踏均匀后脱砖坯。砖坯要求棱角分明,光滑平整;脱好的砖坯经晾干之后便可装窑烧制。每窑砖需烧制半个月,再经一周时间洇窑后出窑。

随着帝制时代的终结,临清贡砖一度停止烧制,至1966年重建了临清第一砖瓦厂。目前,临清永祥贡砖生产基地的砖窑已有八座,是全国唯一专业生产贡砖并已注册的规模化生产基地。近年来因仿古建筑修建兴起及古建筑修缮产生的贡砖需求,极大地刺激了临清贡砖的需求量与生产量。

浏阳花炮制作技艺

序号:436
编号:Ⅷ-86
批次:1
类别:传统技艺
申报地区或单位:湖南省浏阳市

扩展名录:
烟火爆竹制作技艺(南张井老虎火)
　　　　　　　　河北省井陉县
烟火爆竹制作技艺(万载花炮制作技艺)
　　　　　　　　江西省万载县
烟火爆竹制作技艺(萍乡烟花制作技艺)
　　　　　　　　江西省上栗县
烟火爆竹制作技艺(蒲城杆火技艺)
　　　　　　　　陕西省蒲城县
烟火爆竹制作技艺(架花烟火爆竹制作技艺)　　　　陕西省洋县

浏阳花炮制作技艺是一项传统的手工制作花炮技艺。花炮,又称"烟花""鞭炮""焰火""花火"等,在传统节日或祭祀庆典等特定场合燃放花炮是中国传统风俗。

湖南浏阳花炮制作历史悠久。据载,其始于唐,盛于宋,清代康熙年间,生产已具相当规模,至清代光绪年间,它已销往中国香港、澳门、南洋诸国,成为名牌产品。

浏阳花炮制作技艺以土纸、土硝、硫黄、炭末、红白泥土等作为加工原料,包括炮身制作,火药制作和引线制作三个步骤七十二道工序。

浏阳花炮品种较多。按燃放效果分,花炮主要有喷花类、旋转类、旋转升空类、火箭类、吐珠类、小礼花类、烟雾类、造型玩具类、组合烟花类、摩擦炮类、礼花弹等十三大类。此外,浏阳市还生产主要供大型焰火晚会欣赏的大型烟花。随着科学技术的发展,花炮制作从业人员研制出安全可靠无公害的无烟烟花、冷光烟花、日观烟花、室内和舞台烟花等产品,花炮燃放也可由传统的手工点火改为遥控点火,燃放程序全部由计算机编排操控。

1995年浏阳市被国家授予"中国烟花之乡"的荣誉称号。浏阳现已成为我国最大的花炮产销地。

烟火爆竹制作技艺(南张井老虎火)
申报地区或单位:河北省井陉县

"老虎火"即为用制作成老虎状的道具放烟火,其制作技艺留存于河北省井陉县南张井村。制作南张井老虎火时,先将干柳木劈开烧成木炭,置以瓮中洒水覆以湿布;而后晾干洒酒,用石碾碾成块状,再晾干用擀杖碾烂过箩,配硝和硫黄,即成药。南张井老虎火主要有起火、锅子火、伞火、老虎火、三国故事火、老杆火等种类。南张井老虎火制作技艺再现了明清烟火制作过程。

烟火爆竹制作技艺（万载花炮制作技艺）
申报地区或单位：江西省万载县

万载花炮产地集中在江西省万载县城以西的潭埠、株潭、黄茅等乡镇。万载传统花炮以土纸、黑火药为主要原料制作，其制作需经花炮搓筒、糊筒、打角、钻孔、裁引、结鞭等七十多道工序。其中，土纸为本地所产的"表芯纸"，黑火药为硝酸钾、杉木炭和硫黄的混合物。万载花炮有全红礼炮、大小彩炮、鸡公炮、雷鸣炮等六十多个品种，具有响声好、响率高、有香味、质高价廉的特点。

烟火爆竹制作技艺（萍乡烟花制作技艺）
申报地区或单位：江西省上栗县

萍乡烟花制作技艺主要分布在江西省萍乡市上栗县的金山、桐木、鸡冠山、长平、福田、赤山、东源和县委、县政府所在地上栗镇等乡镇。传统烟花制作技艺均采用手工操作，包括裁纸、扯筒、褙筒、成封、成箱、造硝、磨硝、割引纸、造纸、做引等七十二道工序。自唐代以来，烟花制作技艺一直是上栗人"饭饱不饿肠"的谋生手艺，烟花制作业为上栗县的支柱产业。

烟火爆竹制作技艺（蒲城杆火技艺）
申报地区或单位：陕西省蒲城县

杆火又叫"架子花"，为低空烟火，因所有造型均为绑在木杆上燃放而得名。蒲城杆火分为文火和武火，又称为文程子和武程子，每种程子都有不同内容。制作文火时，先根据造型需要，设计火线，而后经破篾、烧烤造型、蘸水定型、纸胶扎缠、大小分层、组装成型、装饰上活、装封底盖、装箱等工序完成烟火制作。文火燃放前为叠放，燃放时机关自动打开。制作武火时，首先用铁棍或竹竿造成架子，通常叫火斗（可多次使用），然后设计造型、上活、连接火线、装潢外表、上杆。文、武火一般高4～12米，一杆火需3～5天时间制作。施放杆火时，用"码子"（火箭式导火索）自动点火燃放。首先以火船、火马、盘火、地摊子为开场花火，火船、火马一般由人驾驶，在全场跑动，渲染气氛；然后施放文火、武火。杆火分为全架（96个杆，另加2个老杆，2盘管篮火，共100杆）、半架（50个杆）、一角（25个杆）三种，共有百余种造型。

烟火爆竹制作技艺（架花烟火爆竹制作技艺）
申报地区或单位：陕西省洋县

陕西省洋县架花烟火是以高杆梁架为扎制形式，以反冲式火箭（民间称"来回码子""祖先童子"）来回自动点火、高空燃放的一种大型组合焰火。架花烟火爆竹制作主要经切纸、制筒、打底、打喷口、下引线、制珠装药、组装、包装、成品入库等工艺流程。其中，制珠装药流程可细分为单质原材料粉碎过箩、按配方称量、用铜丝箩混和过筛、加酒精造料珠、自然晾晒干燥、检验、分类、标记入库、装配成品药珠等工序。架花烟火爆竹有八十余个品种，与之配合燃放的其他焰花品种有二百余种，多以历史故事人物为表演形式并命名，如火焰驹传信、白蛇传断桥相会、哪咤闹海等。洋县杆架花焰火主杆上的焰花一般可安装为12楼、24楼、48楼。

国家级代表性传承人名单

姓名	性别	申报地区或单位	入选批次
钟自奇	男	湖南省浏阳市	3
尹昌太	男	河北省井陉县	3
张巍岱	男	江西省万载县	3

琉璃烧制技艺

序号：873

编号：Ⅷ-90

批次：2

类别：传统技艺

申报地区或单位：北京市门头沟区，山西省

琉璃烧制技艺是一项传统手工技艺。琉璃，是中国古代建筑以及现代中式建筑的重要装饰构件，用于宫殿、庙宇、陵寝等重要建筑。琉璃烧制技艺主要留存于北京门头沟区琉璃渠村和山西省阳城县、太原市、河津市、介休市等地。

琉璃烧制技艺历史悠久，如北京琉璃烧制始于辽代，山西阳城的琉璃烧制始于元代，太原、河津的琉璃烧制始于明代万历年间。

琉璃制作大体要经过备料、成型、素烧、施釉、釉烧等几个阶段。琉璃胎的主要成分是陶土，其成分是二氧化硅、氧化铝和少量的氧化铁、氧化钙、氧化锰。琉璃胎经1100℃以上高温烧制后涂上釉料，然后进行800℃～900℃的低温烧制。琉璃大都采用浇釉、蘸釉的方法施釉。釉料分为氧化剂、着色剂和石英三部分。其中，氧化剂为黄丹（氧化铅）和火硝（硝酸钾）；着色剂包括氧化铁、氧化铜、氧化钴、二氧化锰等金属氧化物，按照各种着色剂不同的比例搭配，调制出黄、蓝、绿、白、孔雀蓝、茄皮紫等颜色。除了考虑颜色差别外，琉璃釉料配比还需注意与坯料的膨胀系数相匹配。

琉璃可以烧制成瓦、砖、盆、缸等，但最广泛的用途还是用于建筑构件。建筑所用的琉璃构件包括琉璃瓦、正脊、鸱吻、脊兽、雕花琉璃砖（琉璃影壁用）、琉璃砖等。

如今，随着传统建筑形式的衰微，琉璃的需求量逐渐减少，存在产业萎缩、制作技艺流失等问题，琉璃烧制技艺这一传统工艺已面临濒危境地。

国家级代表性传承人名单

姓名	性别	申报地区或单位	入选批次
蒋建国	男	北京市门头沟区	3
葛原生	男	山西省	3
乔月亮	男	山西省	4

六味斋酱肉传统制作技艺

序号：953

编号：Ⅷ-170

批次：2

类别：传统技艺

申报地区或单位：山西省太原六味斋实业有限公司

山西太原的六味斋为著名的中华老字号，创建于清代乾隆三年（1738），其生产的酱肉为三晋名吃，曾被作为贡品进献清廷。

六味斋酱肉制作保持了传统的以手工技艺为基础的加工方法，需经选料、分割、加入药材和调味料、炖煮、卤制、酱制、刷酱等工序。肉和其他材料装锅的层次、顺序均有严格要求。煮制时，需加入几十味中药材并以文火慢慢炖煮。炖煮时需"一摸、二看、三听、四闻"，即用手摸来判断煮制质量，看火、看肉、看汤，听汤的浓度，闻肉的气味。

六味斋酱肉外观为酱红色或红褐色，具有

熟而不烂、甘而不浓、咸而不涩、辛而不烈、淡而不薄、香而不厌、肥而不腻、瘦而不柴的特点，广受山西民众欢迎。此外，由传统技艺制作而成的酱肉，其所含的饱和脂肪酸和胆固醇分别降低30%～50%和50%，营养丰富且健康。

六味斋酱肉传统制作工艺比较复杂，且完全采用手工操作，传承不易，应加紧制定措施给予保护。

龙泉宝剑锻制技艺

序号：387

编号：Ⅷ-37

批次：1

类别：传统技艺

申报地区或单位：浙江省龙泉市

龙泉宝剑锻制技艺是一项传统手工技艺。龙泉宝剑又称"七星剑"，是中华古兵器的代表，因产于浙江省龙泉市而得名。

龙泉宝剑锻制技艺据传迄今已有两千五百余年历史，相传春秋末期，越国铸剑大师欧冶子在龙泉秦溪山铸成龙渊、泰阿、工布三把名剑，并以龙渊为乡名，由此传下技艺。后因避唐高祖李渊讳，以"泉"代"渊"，龙渊改称龙泉。

龙泉市出产矿石"铁英"、磨剑的"亮石"和做剑鞘的花榈木，这些都是锻造龙泉宝剑所需的原料。传统龙泉宝剑以"铁英"锻制剑身，目前则广泛使用纯钢作为剑身锻制材料。从原料到成品，龙泉宝剑锻制需经炼、锻、铲、锉、刻花、嵌铜、冷锻、淬火和磨等二十几道主要工序，并以秦溪山泉淬剑。

依式样不同，龙泉宝剑可分为长锋剑（单剑、双剑）、短剑、手杖剑等；依性能不同，可分为硬剑、软剑和传统武术剑等。此外，龙泉宝剑还有云花剑、手杖剑、鱼肠剑、鸳鸯剑等二十多个品种近百种款式。其具有坚韧锋利、刚柔相济、寒光逼人、纹饰巧致等特点。

但是，锻剑工艺的现代化对传统龙泉宝剑锻制技艺造成巨大冲击，也影响了锻制质量，锻剑地环境也受到破坏。

国家级代表性传承人名单

姓名	性别	申报地区或单位	入选批次
沈新培	男	浙江省龙泉市	1

龙泉青瓷烧制技艺

序号：359

编号：Ⅷ-9

批次：1

类别：传统技艺

申报地区或单位：浙江省龙泉市

龙泉青瓷烧制技艺是一项烧瓷的传统手工技艺。龙泉，位于浙江西南部，以出产青瓷著称。这里烧制青瓷的古代窑址有五百多处，仅龙泉市境内就有三百六十多处，这个庞大的瓷窑体系史称龙泉窑。龙泉窑是中国陶瓷史上烧制年代最长、窑址分布最广、产品质量最高、生产规模和外销范围最大的青瓷名窑。

龙泉青瓷烧制始于西晋，北宋时已粗具规模，南宋中晚期进入鼎盛时期。明代时龙泉青瓷质量有所下降，至清代逐渐衰落。新中国成立后，传统青瓷烧制技艺逐步恢复。

龙泉青瓷以中国浙江龙泉一带的瓷土、紫金土、石灰石和石英等为原料，烧制技艺由配料、成型、修坯、装饰、施釉和素烧、装匣、装窑、烧成八个环节组成，其中施釉和烧成两个环节极富特色。坯件干燥后施釉，可分为荡釉、浸釉、涂釉、喷釉等步骤。厚釉类产品通常要施釉数层，施一层釉素烧一次，然后才进入正烧。素烧时温度较低，一般在800℃。而釉烧则在1200℃左右，按要求逐步升温、控温，控制窑内气氛，最后烧成成品。龙泉青瓷色泽淡雅、含蓄、敦厚、宁静，有"类玉"之美。

随着青瓷器皿功能逐渐被现代物品所代替，其生产规模已逐渐减小，一些技艺渐被遗忘，加上现代机械的介入，传统龙泉青瓷烧制技艺面临严峻挑战。

国家级代表性传承人名单

姓名	性别	申报地区或单位	入选批次
徐朝兴	男	浙江省龙泉市	1

龙舟制作技艺

序号：922

编号：Ⅷ-139

批次：2

类别：传统技艺

申报地区或单位：广东省东莞市

龙舟制作技艺是一项传统手工技艺。广东省东莞市中堂镇已有一百年以上的龙舟制作历史，该镇斗朗村、马沥村和东向村留存有传统龙舟制作技艺。

龙舟制作分为大头龙舟和鸡公头龙舟两类，以大头龙舟为主，也最具代表性。龙舟以杉木制作，主体结构分龙头、龙尾、龙骨、龙肠、山板五个部分。其制作需经选底骨（龙骨）、起底（钉、起蝴蝶底）、起水（拗弯龙骨，使其呈流线型）、打水平（中线定位，平衡蝴蝶底）、转水（安装挡水板）、做大旁（合舟两侧，也称钉花旁）、做横挡、做坐板、安龙肠、加固中肠（用竹片加固坐座与龙肠，也称抓篾）、上桐油灰、刨光、涂清漆、制作安装龙头、安装尾舵等十五个步骤，整个过程需时6～7天。除主体外，还须配以木桨、龙艄、龙船鼓、双铜锣、龙棍及龙旗等饰物，才能构成一条完整的龙舟。

中堂大头龙舟有大型、中型、小型三种规格，大型舟长28.5米，可载28排共56位划手，加上跳头、锣鼓手、艄工等共约六十人。其造型特点是船身狭长，两头翘起，线条优美，潇洒流畅，尤其龙头硕大、高高翘起，故称大头龙舟。中堂龙舟所制龙舟风格独特，极富象征意义。

随着社会经济的快速发展，传统的乡土生活逐渐淡化，龙舟竞渡之类的活动已不常举办，加之龙舟制作技艺复杂，目前从事相关行业的人日益减少，制作技艺濒临失传，急需保护。

国家级代表性传承人名单

姓名	性别	申报地区或单位	入选批次
冯怀女	男	广东省东莞市	3

泸州老窖酒酿制技艺

序号：408

编号：Ⅷ-58

批次：1

类别：传统技艺

申报地区或单位：四川省泸州市

泸州老窖酒酿制技艺是一项传统手工酿酒技艺。四川省南部的泸州市是泸州老窖酒酿造技艺的产生、传承和发展地。该市城区坐落着已被国务院列为国家级重点文物保护单位的四百多年历史的老窖池，另有三百多口分布于城区及周边县的百年以上老窖池。这些窖池是泸州老窖酒酿造技艺传承、发展的根基。

泸州老窖酒酿造技艺历史悠久，兴于唐宋，

并在元、明、清三代得以创制、定型及成熟。

泸州老窖酒以糯高粱为原料、泸州特产软质小麦为制曲原料酿制而成，其酿制技艺包括泥窖制作维护、大曲药制作鉴评、原酒酿造、挖槽、看花摘酒、出甑、摊晾、讲酒经、洞藏、勾兑尝评等工艺。泸州老窖酒发酵期为六十天，发酵工艺包括混蒸混糟、续渣配料等。此外，"分层回酒"和"双轮底"发酵工艺的采用，可提高成品酒的浓郁香味。

泸州老窖酒因采用多年老窖发酵而得名，是中国浓香型白酒的代表。根据其质量，泸州老窖大曲酒可分为特曲、头曲、二曲和三曲。其中以泸州特曲酒为优，具有浓香、醇和、味甜、回味长等特点。

泸州老窖酒酿制技艺至今仍难以为现代技术所替代，在我国酒类行业中享有"活文物"之称，是我国酿酒技术和酒文化的典型实例。

国家级代表性传承人名单

姓名	性别	申报地区或单位	入选批次
赖高淮	男	四川省泸州市	1
沈才洪	男	四川省泸州市	1
张良	男	四川省泸州市	4

鲁锦织造技艺

序号：886
编号：Ⅷ-103
批次：2
类别：传统技艺
申报地区或单位：山东省鄄城县、嘉祥县

鲁锦织造技艺是山东省的一项传统手工技艺。鲁锦，是山东的一种手工土布，是用彩色棉线分经纬织造而成的，因其上的几何图案绚丽似锦，故名鲁锦。其技艺主要流传于山东省济宁、菏泽两市及周边地区，尤以鄄城和嘉祥两县为代表。

鲁锦织造历史悠久。在春秋时期，鲁锦工艺就已经相当成熟。明朝初期，鲁锦织造技艺达到了炉火纯青的境界。清代鲁锦曾作为贡品进献朝廷。清末，随着洋布的大量涌入以及民族纺织工业的发展，手工织造的鲁锦受到冲击，渐趋衰微。

鲁锦织造需经纺线、染线、抻线、经线、闯杼、刷线、掏缯、吊机子、织布九道主工序，每道主工序里包括诸多子工序。使用纺车、锭子、经线杆、经线橛、杼、闯杼篦、棕刷、织机、梭等工具。掏缯是织锦的重要工序，缯越多，形成的织口变化越多，织物的纹样也越趋于丰富多彩。目前，机器织布仅能织两匹缯、四匹缯，而手工织造的鲁锦则可织更复杂的六匹缯、八匹缯等。

如今社会崇尚回归自然的消费潮流，使得鲁锦再次引起人们的关注。鲁锦所具有的纯棉质地、手工织造、民族图案三大特点显得尤为珍贵。现今对鲁锦织造技术的传承制定了保护措施和保护规划，把这项传统生产方式和民俗风情完整保留下来。

国家级代表性传承人名单

姓名	性别	申报地区或单位	入选批次
赵芳云	女	山东省嘉祥县	3

绿茶制作技艺

西湖龙井、婺州举岩、黄山毛峰、太平猴魁、六安瓜片

序号：931

编号：Ⅷ-148

批次：2

类别：传统技艺

申报地区或单位：浙江省杭州市、金华市，安徽省黄山市徽州区、黄山区、六安市裕安区

扩展名录：
绿茶制作技艺（碧螺春制作技艺）
江苏省苏州市吴中区

绿茶制作技艺（紫笋茶制作技艺）
浙江省长兴县

绿茶制作技艺（安吉白茶制作技艺）
浙江省安吉县

绿茶制作技艺是在我国广泛流传的一项制茶技艺。绿茶，又称不发酵茶，是以适宜茶树新梢为原料，经杀青、揉捻、干燥等典型工艺过程制成的茶叶。其干茶色泽和冲泡后的茶汤、叶底以绿色为主调，故得绿茶名。绿茶的特性，较多地保留了鲜叶内的天然物质。

绿茶制作历史悠久。古代人类采集野生茶树芽叶晒干收藏，可以看作广义上的绿茶加工的开始的，距今至少有三千多年历史。但真正意义上的绿茶加工，是从唐朝时期发明蒸青制法开始的到宋朝时又发明炒青制法，绿茶加工技术已比较成熟，一直沿用至今，并不断完善。

绿茶为我国产量最大的茶类，产区分布于各产茶省、市、自治区。其中以浙江、安徽、江西三省产量最高、质量最优，是我国绿茶生产的主要基地。

绿茶制作技艺（西湖龙井）
申报地区或单位：浙江省杭州市

西湖龙井茶为中国知名绿茶，主要产于浙江省杭州市西湖区，西湖的龙井村盛产优质绿茶，故名之为龙井茶。它源于唐，成名于宋元明时期而盛于清代。

制作西湖龙井需经采摘、摊放、炒制三道工艺流程。春茶一般以一叶一芽为标准进行采摘，清明前后应旺采。采摘下来的鲜叶付炒前须摊放，一般需薄摊4～12小时，失重17%～20%，叶子含水量70%～72%。西湖龙井茶的炒制在一口特制的光滑的锅中进行，需经摊放、青锅、摊晾(筛分)、辉锅、(筛分)挺长头等加工环节，其炒制技艺可归纳为"抓、抖、（透）搭、拓（抹）、捺、推、扣、甩、磨、压"十大手法。

西湖龙井茶具有色绿、香郁、味醇、形美的特点。但在机械化生产代替手工操作的形势下，龙井茶手工炒制工艺也逐渐衰微，传承保护西湖龙井茶制作技艺已经迫在眉睫。

绿茶制作技艺（婺州举岩）
申报地区或单位：浙江省金华市

婺州举岩又称金华举岩，因金华旧属婺州治，产茶之地巨岩重叠，犹如仙人举岩而得名。

婺州举岩茶的制作始于唐，兴于宋，盛于明清。唐五代时期是十大茗品之一，明清时期更是作为进献皇家的供品。

举岩茶采摘时间为清明至谷雨期间，采摘标准为一芽一叶和一芽二叶初展，炒制一千克干茶需采约六万个芽叶。该茶制作需经摊青、青锅、揉捻、二锅、做坯、烘焙、储存等工艺流程。炒制时以烘为主，炒烘结合。

婺州举岩为半烘炒绿茶，具有外形茶条紧结蟠曲、色泽银白交辉、香气清香持久、滋味鲜醇甘美、汤色嫩绿清亮、叶底嫩绿匀整等特点。

目前，婺州举岩茶原料紧缺，茶园面积不足一百亩，同时，许多制茶老技师年事已高，年轻人又不愿学习这门手工艺，婺州举岩茶制作技艺面临着后继无人的危险局面，需要尽快采取措施加以抢救保护。

绿茶制作技艺（黄山毛峰）
申报地区或单位：安徽省黄山市徽州区

黄山毛峰因产于安徽省歙县黄山，且新制茶叶白毫披身，芽尖峰芒而得名。清代光绪元年（1875），徽州漕溪人谢正安在当地创办"谢裕大茶行"，至今已有一百多年的历史。

黄山毛峰的制作包括杀青、揉捻、烘焙三道工序。杀青需使用直径为五十厘米左右的桶锅单手翻炒，杀青程度要求适当偏老；揉捻，即各级原料在杀青达到适度时或起锅后，继续在锅内抓带几下或及时散热并轻揉至稍卷曲成条，起到轻揉和理条的作用；烘焙，分初烘和足烘两种。初烘时每只杀青锅配四只烘笼，待初烘叶有8～10烘时并为一烘，进行足烘。足烘温度为60℃左右，文火慢烘至足干。经拣剔去杂后，再复火一次即可趁热装入铁桶，封口贮存。黄山毛峰为烘青类条形绿茶，共有特级和一级、二级、三级四个等级。

特级黄山毛峰形似雀舌、峰显毫露、色如象牙，具有清香高长、汤色清澈、滋味鲜浓、醇厚、甘甜等特点。

黄山毛峰因其品质上乘而享有很高的声誉，在国内外的茶博会上屡获金奖，誉满海内外。

绿茶制作技艺（太平猴魁）
申报地区或单位：安徽省黄山市黄山区

太平猴魁主要产于安徽省黄山市黄山区。黄山区原名太平县，该茶产于太平县猴坑、猴岗一带，且品质位于尖茶的魁首，加之首创人名叫魁成，太平猴魁因此得名。

早在一千多年前的唐代天宝年间，黄山区就有茶叶生产的记载。太平猴魁茶创制于清光绪二十六年（1900），至今已有百余年历史。

太平猴魁制作需经鲜叶采摘、拣尖、摊放、杀青、头烘、二烘、三烘、装桶等工艺流程。采摘标准为一芽三四叶；拣尖，即拣剔出能制太平猴魁的芽叶，遵循"一芽二叶""八不要"等标准；鲜叶需摊放在竹匾、晒垫上4～6小时；杀青采用锅式杀青，杀青锅为平口深锅且以木炭为燃料；烘干分头烘、二烘、三烘三道工序，均在烘笼上进行；烘干后可装桶，每桶装二十公斤后加盖密封，铁桶内衬垫"箬叶"以提高茶叶香气。

太平猴魁为绿茶类尖茶，分为极品、特级和一级、二级、三级五个等级，其外形扁展挺拔、色泽苍绿匀润、遍身白毫，具有汤色嫩绿鲜亮、滋味鲜爽醇厚、回味甘甜持久等特点。

太平猴魁以优良的品质在国内外久负盛名，它已成为国家礼品茶。

绿茶制作技艺（六安瓜片）
申报地区或单位：安徽省六安市裕安区

六安瓜片产于安徽省六安市，早在明代，徐光启的《农政全书》即指出："刘安州之片茶，为茶之极品。"清代，六安瓜片被列为供品，制作达到鼎盛。

制作六安瓜片需经提摘、炒生锅、炒熟锅、拉毛火、拉小火、拉老火等工艺流程，使用原始生锅、芒花帚和栗炭等工具。提摘时间为谷雨前后，采摘标准以一尖每芽2～3叶为主；炒生锅主要目的为杀青，锅温要求达到120℃，杀青要求杀匀、杀透；炒熟锅采用边炒边拍的手法，其目的为造型和干燥，锅温需比生锅低，为

90℃～100℃；烘毛火即烘湿坯，烘篮温度要求100℃左右，采用竹制烘笼、炭火烘坯；在拉毛火工序之后，六安瓜片制作还需经拉小火工序，小火烘笼温度为120℃左右，同时用手轻轻翻动，以免断碎；拉老火为对茶叶进行最后一次烘焙，需用大号烘笼以160℃～180℃温度进行。

六安瓜片是我国绿茶中唯一不采梗、不采芽、只采叶的片茶，其外形为瓜子形单片，具有滋味鲜醇回甘、汤色清澈透亮、叶底绿嫩明亮等特点。

六安瓜片在中国名茶中独树一帜，其产制历史虽然仅有百余年，但就目前生产规模和技术精熟程度而言，则为许多名茶无法相比。

绿茶制作技艺（碧螺春制作技艺）
申报地区或单位：江苏省苏州市吴中区

碧螺春茶产于江苏省苏州市太湖洞庭山，又名洞庭碧螺春。碧螺春茶始于明代，俗名"吓煞人香"。清朝以前为历代贡茶，现常被作为高级礼品茶。

制作碧螺春茶需经采摘、芽叶拣剔、摊放、杀青、揉捻、搓团显毫、烘干等工序。杀青、揉捻、搓团显毫、烘干四道工序在一锅内完成，需时40分钟左右。杀青为在温度为200℃的锅里快速翻炒嫩叶，炒法以抖为主；揉捻为在嫩叶炒热后退火、将锅温降至约70℃后，采用抖、炒、揉三种手法交替翻炒，形成条索；搓团显毫，即边炒边双手用力将全部茶叶揉搓成数个小团，不时抖散，反复多次，搓至条形卷曲；烘干，即采用轻搓轻炒手法烘制茶叶，以达到固定形状、继续显毫、蒸发水分的目的。

碧螺春为条索形绿茶，共有特一级、特二级、一级、二级、三级五个等级，具有外形卷曲如螺、水色翠绿如碧、幽香芬芳、滋味鲜醇甘厚等特点。

2009年起，洞庭碧螺春茶将实施新的国家产品质量标准，针对调整茶叶种植、加工生产、销售消费及政府监管的各个领域，这将带来碧螺春茶各方面的全面提升。

绿茶制作技艺（紫笋茶制作技艺）
申报地区或单位：浙江省长兴县

紫笋茶又名"长兴紫笋"，产于浙江省湖州市长兴县水口乡顾渚山及其附近山区，因其鲜茶芽叶微紫，嫩叶背卷似笋壳而得名。紫笋茶从唐肃宗年间（757～761）起即被定为贡茶。后来因宜兴贡茶数量大，才由长兴顾渚分造。

紫笋茶制作需经采茶、分拣、摊青、杀青、回晾、初拣、复炒、复回晾、复拣、初烘、复烘、贮香、品验、包装十四道工序，需时半月左右。紫笋茶上品茶叶舒展后呈兰花状，具有一定的观赏性。其芽形如笋、芽色带紫，具有芽味细嫩、尝之齿颊甘香、生津止渴等特点。此外，紫笋茶还有一定的驻颜悦色、治疗咽喉肿痛等功效。由品尝紫笋茶还发展出独特的"茶艺表演"流程，泡茶过程中讲究净手、置茶、渝茶、奉茶等各道程序。

紫笋茶以其"紧直带扁、色绿润、香气清高、鲜醇回味甘甜、芽细嫩绿清澈明亮"的品质特点和深厚的历史文化底蕴，先后被评为中国名茶、荣获农业部优质农产品奖、获中国绿色食品称号等。

绿茶制作技艺（安吉白茶制作技艺）
申报地区或单位：浙江省安吉县

安吉白茶产于浙江省湖州市安吉县溪龙乡，因其原料为一种全为白色的茶叶嫩叶而得名。900年前，宋徽宗在《大观茶论》中即已提到安吉白茶。

安吉白茶制作需经采摘、摊青、杀青、理条、初烘、摊晾回潮、复烘等工序。鲜叶需采摘一芽带一片或两片真叶；摊青，即将采摘的安吉白茶的新鲜嫩叶摊开在地上，使嫩叶质地发软、芽叶舒展；杀青需在高温下进行，且需先高后低、多抛少闷；理条，即在杀青后先慢后快地提高炒制速度至茶叶变细小且成挺直状；初烘，即等茶叶摊晾后用履带式或五斗式烘干机对茶叶进行烘干；摊晾回潮，即将初烘过的茶叶摊到软匾上；复烘，即二次烘干，需使用微型烘干机或名茶烘焙机进行。

安吉白茶为烘青型绿茶，可分为精品、特级、一级、二级四个等级，其鲜叶、干茶均叶白脉绿，具有茶叶汤色清澈、透亮，喝一口鲜味较足且香气高浓而持久的特点。

安吉白茶曾获浙江省一类名茶奖。因其数量少，市场上总是供不应求。

国家级代表性传承人名单

姓名	性别	申报地区或单位	入选批次
杨继昌	男	浙江省杭州市	3
谢四十	男	安徽省黄山市徽州区	3
储昭伟	男	安徽省六安市裕安区	4
方继凡	男	安徽省黄山市黄山区	4

毛笔制作技艺

周虎臣毛笔制作技艺、扬州毛笔制作技艺

序号：1180
编号：Ⅷ-200
批次：3
类别：传统技艺
申报地区或单位：上海市黄浦区，江苏省江都市

毛笔制作技艺是在中国有着悠久历史的一项传统手工制笔技艺。毛笔，是一种源于中国的传统书写、绘画工具，是用兽毛扎成笔头，再黏结在管状的笔杆上而制成。毛笔制作历史悠久，可追溯到新石器时代，而最早的毛笔实物是在距今两千五百年左右的战国中期楚墓中发现的。

毛笔的品种有二百多种。根据选用的原料不同，主要可分为羊毫、兼毫、紫毫和狼毫。另外，毛笔的大小尺度也有不同。最大的叫揸笔，笔杆比碗口还粗，有几十斤重；其次是提斗、条幅；再次是大楷、中楷（寸楷）和小楷；最小的是圭笔。

毛笔制作技艺（周虎臣毛笔制作技艺）
申报地区或单位：上海市黄浦区

周虎臣毛笔是我国著名的制笔工场的品牌，因其创始人为周虎臣而得名。

周虎臣毛笔制作历史悠久。康熙三十三年（1694）周虎臣在苏州开设周虎臣笔墨庄。上海开埠后，同治元年（1862）笔墨庄由苏州迁移到上海。1958年和1964年，周虎臣笔墨庄前后合并了上海近十家笔墨庄，成立了老周虎臣笔墨庄。1987年成立了上海老周虎臣笔厂。

周虎臣毛笔制作技艺繁复细巧。制笔的兽毛常用有山羊毛、黄鼠狼尾、山兔毛、淮兔毛等。制笔时选毫要求很严，素有"千万毛中栋一毫"之说，制作技艺非常繁复细巧，从选毫到刻字六大流程和洗、浸、拔、梳、连等七十九道工序。每个流程都有工艺标准，尤以水盆工艺为最，其书画笔的制作技法分"健腰法""顶齐法""尾锋法"，在制笔业中独树一帜

"周虎臣"曾为清朝康熙帝制作"寿笔"，为乾隆帝制作"御笔"，为书画家制作定制笔，为北京奥运会制作"龙凤对笔"。"周虎臣"集湖笔、水笔、书画笔三大制笔技艺之大成，

融会我国南方制笔技艺，创导了海派毛笔，使海派毛笔与海派书画相伴而生。

周虎臣的产品和技艺不仅在国内，且在日本、韩国、东南亚和中国香港等国家和地区有着广泛的市场和良好信誉。

国家级代表性传承人名单

姓名	性别	申报地区或单位	入选批次
吴庆春	男	上海市黄浦区	4
石庆鹏	男	江苏省江都市	4

毛笔制作技艺（扬州毛笔制作技艺）
申报地区或单位：江苏省江都市

扬州毛笔和安徽宣州的宣笔、浙江湖州的湖笔、北京的李福寿毛笔，并列为中国毛笔四大流派。扬州毛笔以其麻胎作衬而独树一帜，享誉四百余年。其制作技艺主要留存于位于江苏省江都花荡的江都国画笔厂。

扬州毛笔制作技艺独树一帜，取材天然，工艺复杂，全凭手感、舌感和目测制作。扬州毛笔以麻胎作衬为其特点，以狼毫和兔尖（兔背上的毛）等为主要原料，地产孔麻为辅料制成。制笔使用的笔杆材质有竹、楠木、海梅、牛角、玉、象牙、瓷、雕漆、景泰蓝等，辅助用料有松香、米土、明矾、硫黄、蚕丝线、带顶石、洋铅漆、修笔胶等。其制作大体分为水盆、装套、旱作三个环节，包括选料、撕毛、梳毛、腌毛、上毛、齐毫、压毫、拈毫、整毫、制麻衬、贴衬、拈衬、圆笔、盖毛、扎笔、选笔杆、平头、绞孔、置头、修笔、刻字等一百二十多道工序。扬州毛笔使用的笔杆，高档的由楠木、牛角、玉、象牙、瓷、雕漆、景泰蓝等高级材料制成，普通的就以竹为杆。

江都国画笔厂作为唯一保存着扬州毛笔完整制作技艺的单位，近年来多次为党和国家领导人精制专用笔，"龙川"牌毛笔多次荣获国家金奖和国际金奖，被誉为"国之宝"，生产的国画、书法毛笔已发展到五大类一千六百多个品种，成为亚洲重要的生产基地。

毛纺织及擀制技艺

彝族毛纺织及擀制技艺、藏族牛羊毛编织技艺、东乡族擀毡技艺

序号：884

编号：Ⅷ-101

批次：2

类别：传统技艺

申报地区或单位：四川省昭觉县、色达县，甘肃省东乡族自治县

扩展名录：
毛纺织及擀制技艺（维吾尔族花毡制作技艺）　　新疆维吾尔自治区柯坪县

毛纺织及擀制技艺是一种特殊的织造工艺。它先将羊毛、骆驼毛等用热水浸湿，然后加以挤压，用棍棒碾轧和揉搓等方式使毛绒黏合在一起，形成名为"毡"的无纺织型毛织品。其制作历史悠久，早在新石器时代，我国就已有用棍棒碾轧制毡的工艺了。

目前，毡的主要产地集中在四川、甘肃、新疆、内蒙古、青海、宁夏等少数民族地区，是当地日常生活中不可缺少的物品。

毛纺织及擀制技艺（彝族毛纺织及擀制技艺）
申报地区或单位：四川省昭觉县

四川凉山彝族自治州是我国最大的彝族聚居区，海拔两千五百米左右，这里盛产绵羊，彝族人在长期的生产生活中形成了以羊毛为原料而制作所需用品的优秀技艺。凉山彝族毛纺织及擀制技艺以"佳史"的擀制和"瓦拉"的纺织为代表。

佳史，汉语称为披毡，主要以羊毛擀制而成。擀制工具有竹席、弹弓、夹板、竹帘等。擀制时，在竹席上把羊毛弹松，铺到专用竹帘上，打湿并反复滚动，以使用竹帘裹着的羊毛黏结在一起。再将竹帘打开，继续用双手滚动擀制，之后将擀好的羊毛半成品上方提褶，用一毛绳嵌线收领便制成佳史。佳史分为用于日常劳动的单层佳史和作为节日盛装的双层佳史两类，颜色以黑、白色或染成蓝色为主，为凉山彝族的基本服饰。

瓦拉多用羊毛线织布缝制，也可使用牦牛毛，其制作工艺包含剪毛、捻线、弹毛、搓线、织毛布、缝制等工艺流程。制作时，将羊毛弹松并除去杂物，将其拧成毛线并用纺锤挽成线团后，即可使用腰机将毛线纺成毛布。毛布织成后可剪裁并缝制、连缀单幅毛布，并把垂线搓成一尺左右的吊须。最后，在领口处缝上扁形毛绳，收起领口，即完成瓦拉制作流程。瓦拉可分为有吊须和无吊须两种，可单件穿，也可搭在披毡外，夏能防雨，冬可保暖，是彝族人的基本衣物和饰物。除原毛色外，彝族人还使用植物"科"和矿物"扎"等原料把瓦拉染成蓝色和青色等。

以佳史和瓦拉为代表的凉山彝族毛纺织及擀制技艺，反映了彝族服饰文化的实用和审美观念，具有较强的实用和文化价值。如今，经济化、产业化不断冲击着彝族毛纺织及擀制技艺传统手工艺的传承和发展。

毛纺织及擀制技艺（藏族牛羊毛编织技艺）
申报地区或单位：四川省色达县

四川省色达县藏族牧民从日常生活到衣着、帐篷等，都离不开牛羊毛纺织手工技艺。

藏族以高原牲畜毛为原料，使用织机、搓条等工具，可编织出牛羊毛绒线。以这些绒线为原料，再运用纺织、擀制等工艺，可制作帐篷、毛袋、毡、毯、巾等各种居住、生活、生产所用的毛编织品。采用牛羊毛绒制作的这些毛编织品具有保温、防潮、经久、耐用的特点。

但是，由于传统编织技艺工序复杂、烦琐，且生产产品数量少，掌握并使用传统牛羊毛绒编织技艺的藏民已经越来越少。

毛纺织及擀制技艺（东乡族擀毡技艺）
申报地区或单位：甘肃省东乡族自治县

甘肃省东乡族地区盛产羊毛，毛毡的使用又极为普遍，因此，擀毡在东乡族中十分盛行。

东乡族擀毡工具主要有三件，即所谓的"毡匠3件宝，弹弓、竹帘、沙柳条"。制毡则包括弹毛、擀毡、洗毡等工艺流程。其中弹、洗、揉边技术性很强，尤其最后一道工序"揉弄毡边"最为讲究。因为参差不齐的毡边不能用剪刀裁齐，只能靠手工揉弄。没有丰富的经验和高超的手艺，很难做出笔直带棱的毡边。

东乡族毛毡种类较多，按羊毛种类分，有春毛毡、沙毛毡、绵毛毡等；按规格分，有四六毡（即宽4尺，长6尺）、五七毡、单人毡和穆斯林做礼拜用的拜毡等；按花色分，有白毡、花毡、红毡、瓦青毡等。东乡毛毡具有柔软、舒适、匀称、洁净、美观大方、经久耐用等特点。

随着现代社会的发展，东乡族民族民间文化遗产濒临消亡，一些古老传统工艺和民间艺术如东乡族擀毡技艺在逐渐失传。

毛纺织及擀制技艺（维吾尔族花毡制作技艺）

申报地区或单位：新疆维吾尔自治区柯坪县

花毡制作技艺是新疆各民族手工艺当中最普遍的民间传统手工艺。主要留存于新疆维吾尔自治区的南部和东部维吾尔族聚居的地方。

维吾尔族花毡共有补花毡、印花毡、绣花毡、擀花毡四种制作种类。其中，补花毡用色布或色毡套剪，正反对补，虚实相映。纹样多用羊角、树枝、卷云、水纹等样式，图案基调粗犷豪放，色彩对比强烈。制作印花毡时，先将素毡铺平，在不同面积上铺不同底色并勾出边线（多用黑色），然后用色料印出纹样图案。印花毡纹样细腻、艳丽，花色品种多，但图案耐久性较差。制作绣花毡，是以彩色丝线为原料，运用锁盘针法将各种纹样图案对称地绣在花毡上，其制作较为精良，主要铺在客厅主位上，是旧时贵族用品之一。制作擀花毡时，需将事先染织好的较薄的彩毡剪出所需形状，在草帘上摆拼出图案纹样；然后将草帘卷起并捆紧，由4～6人来回滚踏；接着将花毡在铺平的草帘上拽直拉平洒热水，使羊毛角质完全溶解，再滚动使其交织为一体，最后把擀好的花毡扯平、拉正，晾干即可。

花毡图案较多，如马莲、柳枝、石榴花鸡冠花等植物的变形图案，羊角、燕尾、马蹄、骆驼掌等的变形图案和宗教符号图案等。

随着时代的变化，人们对花毡的需求越来越少，这门技艺正面临着失传的危险。

国家级代表性传承人名单

姓名	性别	申报地区或单位	入选批次
马舍勒	男	甘肃省东乡族自治县	3
阿不力孜·吐尔逊	男	新疆维吾尔自治区柯坪县	4

茅台酒酿制技艺

序号：407
编号：Ⅷ-57
批次：1
类别：传统技艺
申报地区或单位：贵州省

茅台酒酿制技艺是一种传统酿酒制作技艺。茅台酒因产于贵州省仁怀市茅台镇而得名。茅台酒是我国大曲酱香型酒的代表，具有酱香突出、幽雅细腻、酒体醇厚丰满、回味悠长、空杯留香持久的特点。

茅台酒质量与其产地密切相关。建于茅台镇的茅台酒厂区位于赤水河上游，水质好、硬度低、微量元素含量丰富且无污染。峡谷地带的紫红色土壤为微酸性，气候高温高湿，千年酿造环境则使当地空气中充满适宜茅台酒酿制的微生物群落。

茅台酒酿制技艺历史悠久。汉武帝时期，茅台当地就能酿造枸酱酒。明末清初，以大曲参与糖化、发酵、蒸馏取酒的工艺日趋成熟。

茅台酒生产周期为一年，其酿制需经制曲、制酒、贮存、勾兑、检验、包装六个环节。具体来说，酿制茅台酒需端午踩曲，重阳投料，酿造期间九次蒸煮，八次发酵，七次取酒，经分型贮放、勾兑贮放五年后包装出厂。其技艺的特点可概括为"三高三长""季节性生产"。所谓"三高"，是指茅台酒生产工艺的高温制曲、高温堆积发酵、高温馏酒；所谓"三长"，是指茅台酒基酒生产周期长、大曲贮存时间长、茅台酒基酒酒龄长；所谓"季节性生产"，是指茅台酒酿制的季节性很强，其生产投料要求按照农历九月重阳节期间进行，此为其与其他随时投料生产的白酒的重要不同之处。

数百年来，茅台酒酿制技艺不断完善，至今仍完整地得以继承和沿用，在中国酒文化中占有十分重要的地位。

◎ 传统技艺

国家级代表性传承人名单

姓名	性别	申报地区或单位	入选批次
季克良	男	贵州省	3
袁仁国	男	贵州省	3

蒙古包营造技艺

序号：964

编号：Ⅷ-181

批次：2

类别：传统技艺

申报地区或单位：内蒙古自治区文学艺术界联合会、西乌珠穆沁旗、陈巴尔虎旗

蒙古包营造技艺是蒙古族的一项传统技艺。蒙古包为蒙古族牧民居住的一种用厚羊毛毡制成的圆形房舍，它是蒙古族和北方游牧民族最有代表性的民居，早在秦汉时期就以穹庐、毡帐等名称见之于我国史籍。

蒙古包主要由架木、苫毡、鬃绳三部分组成。架木由榆木、松木、桦木等制成，包括哈那、陶脑、乌尼和乌德等结构。哈那为支撑蒙古包的网状围墙；陶脑为圆拱形天窗，外围有方形插口，用以安装乌尼杆；乌尼为连接陶脑和哈那的辐射状细木杆。乌尼杆下端打小孔，孔内穿绳圈，固定在哈那顶端。牧民往往在陶脑、乌尼上彩绘装饰图案。乌德为蒙古包门。苫毡由顶毡、围毡、外罩、毡门头等组成。鬃绳为用马鬃、马尾搓成的绳索，包括扎带、围绳、坠绳等。扎带用于将相邻的两片哈那绑在一起并连接哈那与门框；围绳分内、外围绳，用于围捆、加固哈那；压绳用于固定顶毡；坠绳也叫拽带，为从天窗下垂在包内的绳索，大风起时将其拉紧，可防止蒙古包被风掀起。

蒙古包分移动式和固定式两种，其外观呈圆形、没有棱角，可抗风抗震，加之搭建方便、拆卸容易、运载省力，这一传统建筑的营造技艺一直留存至今。该技艺是游牧民族生产生活的产物，体现了蒙古族的审美观和高超的技能和智慧。

如今随着蒙古族牧民逐渐由游牧生活转为定居生活，这一传统技艺趋向衰微。

国家级代表性传承人名单

姓名	性别	申报地区或单位	入选批次
呼森格	男	内蒙古自治区西乌珠穆沁旗	4

蒙古族勒勒车制作技艺

序号：396

编号：Ⅷ-46

批次：1

类别：传统技艺

申报地区或单位：内蒙古自治区东乌珠穆沁旗

扩展名录：
蒙古族勒勒车制作技艺
　　　　内蒙古自治区阿鲁科尔沁旗

蒙古族勒勒车制作技艺是蒙古族的一项传统手工造车技艺。勒勒车是蒙古式牛车，又名辘轳车、罗罗车、牛牛车，"勒勒"原是牧民吆喝牲口的声音。

勒勒车的起源可上溯到《汉书》所记载的"辕辐"。历史上，勒勒车一直是草原牧人的重要交通运输工具。由于其在雪地和深草中行走迅速，在战争期间常作为战车使用。在平时生产生活中，勒勒车可用于拉水、运送燃料、装载蒙古包和其他生活用品。

勒勒车主要以草原上常见的桦木为制作原

料，也有用松木、柳木、榆木、柞木、樟木等，不用铁件，便于制造和修理，也易于在草原上行走。制作勒勒车时，将桦木或柞木烘烤软和，并使之弯曲成弧状，把两三段弯曲的木弧连接在一起，便成车轮。车构造分为上部和下部两部分，车上部由两根车辕、8～10条车撑、车槽组成；车下部由车轮、车辐、车轴组成。车辐多在15～20根，车轮直径最长的有1.5米左右。两辕顶端系有绳状柳条，套于牛脖子上的横木上，以供拉行。

勒勒车一般车身四米以上，车上可带篷，车身小，双轮大。勒勒车的近代用车主要有牛马拉大车、马拉轿车、牛车三种，主要用于搬运毡房、物资、生活用水。大的勒勒车队由十几辆甚至几十辆车组成，为了不使车队走散，每头牛的犄角都用绳子相连；最后一辆车拴有大铃铛，以便使前面的人能够听到。

目前，勒勒车已逐渐为机动车所取代，除少数偏僻地区还有牧民使用外，草原上已难以见到。

国家级代表性传承人名单

姓名	性别	申报地区或单位	入选批次
白音查干	男	内蒙古自治区阿鲁科尔沁旗	3

蒙古族马具制作技艺

序号：906

编号：Ⅷ-123

批次：2

类别：传统技艺

申报地区或单位：内蒙古自治区科尔沁左翼后旗

蒙古族马具制作技艺是蒙古族特有的民间手工技艺。马在蒙古族生产生活中发挥着十分重要的作用，蒙古族在长期实践中积累了丰富的马具制作经验。内蒙古自治区科尔沁左翼后旗手工艺人制作的马具，以其制作技术精良、用料考究、装饰华丽、使用舒适而享有盛名。

蒙古族马具制作涉及木工工具、铁匠工具、皮匠工具、刺绣工具等多种工具。其中，马笼头、马鞭、褡裢马具采用鬃毛、皮革、帆布以及玉石、金属等制成。蒙古族马具包括马鞍、套马杆、套马绳、缰绳、配套用具、装饰用具等，可分为普通马具和高档马具两类。前者为平时生活中使用的马具，制作工艺一般；后者为喜事或节庆等特殊活动上专用的马具，往往带花纹、镀金银，制作较为精细。

蒙古族马具制作集中体现了蒙古族的审美追求及民族文化特征，具有重要的文化价值。如今随着牧民居住习惯的变化，再加上现代交通方式较为便利，骑马已不再成为蒙古族最重要的出行方式，马具使用因此减少，蒙古族马具制作技艺面临后继乏人的困境。

国家级代表性传承人名单

姓名	性别	申报地区或单位	入选批次
陶克图白乙拉	男	内蒙古自治区科尔沁左翼后旗	3

苗寨吊脚楼营造技艺

序号：381

编号：Ⅷ-81

批次：1

类别：传统技艺

申报地区或单位：贵州省雷山县

苗寨吊脚楼营造技艺是苗族的一项传统手工技艺。苗寨吊脚楼是一种房屋撑柱悬空不落地，因地制宜而建的传统建筑，具有简洁、稳固、防潮的优点，还能节省耕地和建材。贵州雷山县西江千户苗寨留存着较为传统的苗寨吊脚楼营造技艺。

吊脚楼用当地盛产的木材建成，有半吊脚和全吊脚两种形式。建筑依山势而成，半边楼建于倾斜度较大的山坡上，后半边靠岩着地，前半边以木柱支撑，坡面开成上下两级屋基，下级竖较长柱，上级竖较短柱，使前面半间楼板与后面半间地面平行，形成半边楼。每排柱的最外一根自上而下截齐上屋基处，形成吊脚柱。建筑框架由榫卯连接，不用一钉一铆。吊脚楼一般有三层，上层储谷，中层住人，下层围棚立圈，堆放杂物和关牲畜，依山错落。

随着人们居住理念的改变，西江当地的年轻人不再愿意在吊脚楼居住，也无兴趣学习相关营造技艺，吊脚楼建造匠师后继乏人。而且吊脚楼营造对地质、木材有一定要求，建成后防山体滑坡、防火任务较重，苗寨吊脚楼营造技艺文化的延续和实物保护面临严峻挑战。

苗族蜡染技艺

序号：375
编号：Ⅷ-25
批次：1
类别：传统技艺
申报地区或单位：贵州省丹寨县

扩展项目：
蜡染技艺　　　贵州省安顺市
蜡染技艺（苗族蜡染技艺、黄平蜡染技艺）　四川省珙县、贵州省黄平县

苗族蜡染技艺是苗族的一项传统印染技艺，其在贵州省丹寨县、安顺市、黄平县和四川省宜宾市珙县罗渡苗族乡等苗族聚居区世代传承。据载，早在秦汉时期，苗族就已掌握了蜡染技术。

苗族蜡染主要有点蜡和画蜡两种技艺，制作工具主要有铜刀（蜡笔）、瓷碗、水盆、大针、骨针、谷草、染缸等。制作蜡染前先要制作好蓝靛、发染缸等。制作时，先用草木灰滤水浸泡土布，然后将黄蜡熔化后往布上点画。点好蜡花的布用温水浸湿，放入已发好的蓝靛染缸，反复浸泡多次。染好后，将布拿到河边漂洗，冲去浮色。再将布放进锅里加水煮沸，使黄蜡熔化浮在水面上，回收以备再用。之后，将蜡染反复漂洗，使残留的黄蜡脱净。丹寨蜡染在这之后还要使用植物染料拼涂红色和黄色。为了避免褪色，一般要待蜡染品制成后才着色。

苗族蜡染色调以蓝、白为主，也可之后再搭配红、绿等颜色或点缀彩绣。从图案上可分为几何纹和自然纹两大类，丹寨苗族蜡染图案主要是以自然纹为主的大花，安顺苗族蜡染则以几何纹样为主，四川省珙县苗族蜡染作品图案多呈几何形，以花卉装饰见长。蜡染成品可制作服装、床单、被面、背包等生活用品，也可制作艺术品。苗族蜡染技艺除了实用价值外，还承载着苗族历史、图腾等信息，是苗族文化的载体。

随着纺织品种类的不断丰富，蜡染作为贵州苗族和布依族地区主流纺织品的地位已逐渐动摇。而为了满足市场需要和追求经济收益，粗劣的蜡染制品大量涌现，对苗族蜡染技艺的有序传承构成威胁。

国家级代表性传承人名单

姓名	性别	申报地区或单位	入选批次
王阿勇	女	贵州省丹寨县	4

中国非物质文化遗产百科全书·代表性项目卷

贵州苗族蜡染作品

苗族芦笙制作技艺

序号：383

编号：Ⅷ-33

批次：1

类别：传统技艺

申报地区或单位：贵州省雷山县，云南省大关县

苗族芦笙制作技艺是苗族一项传统的乐器制作技艺。芦笙是苗族传统的簧管乐器，苗族人民逢年过节时都要举行各式各样、丰富多彩的芦笙会。苗族芦笙制作技艺在苗族地区广为流传，其中，贵州省雷山县苗族居住区村村有芦笙，是芦笙的重要产地，云南省昭通市大关苗族芦笙制作技艺主要流传于云南苗族聚居区的昭通市大关县天星镇。

苗族芦笙由笙斗、笙管、簧片和共鸣管构成。笙斗又称气箱，多用杉木、松木或梧桐木制作，以杉木最佳。制作时，将整块毛坯料从中破为两半，分别挖掏出内膛，待装入笙管后再用胶黏合，外部用细篾箍5～7圈而成。笙斗呈淡黄色，外部涂饰桐油。笙管多用白竹制作，在笙斗中，呈75°～90°角纵向插入两排笙管，多为六管，也有四管或八管。每管入斗处装有一个呈长方形、梯形、菱形或三角形的铜制簧片。近斗处开有一个圆形按音孔，笙管上端管口通透，下端管口堵塞不通。簧片多用响铜制作，尺寸依音高而定。簧料下好后，画出簧舌轮廓线，用凿、锉处理后放入炉火中加热成型。共鸣管是套在笙管上端的一截竹管，多使用毛竹制作，可使音量明显增大。

演奏时，笙管竖置，双手捧持笙斗下部，拇指、食指、中指分别按左右两排笙管音孔，嘴含吹口，吹吸均可发音，站、坐、走、跳均可吹奏。

苗族芦笙制作技艺历来都由师傅口传心授，无文字资料留存。此外，制作流程的复杂考究也使得这一技艺的传承面临困境。

国家级代表性传承人名单

姓名	性别	申报地区或单位	入选批次
莫厌学	男	贵州省雷山县	1
王杰锋	男	云南省大关县	1

苗族银饰锻制技艺

序号：390

编号：Ⅷ-40

批次：1

类别：传统技艺

申报地区或单位：贵州省雷山县，湖南省凤凰县

扩展名录：

银饰制作技艺（苗族银饰制作技艺）
贵州省黄平县

银饰制作技艺（彝族银饰制作技艺）
四川省布拖县

银饰锻制技艺（畲族银器锻作技艺）
福建省福安市

银饰锻制技艺（苗族银饰锻制技艺）
贵州省剑河县、台江县

794

◎ 传统技艺

苗族银饰锻制技艺是苗族一项传统的手工技艺。银饰是苗族喜爱的传统饰物，主要用于妇女的装饰。贵州省的雷山、黄平、剑河、台江等县和湖南省凤凰县的苗族锻造银饰较具代表性。

苗族银饰主要由家庭作坊内的银匠手工制作完成。其锻制需经绘图、铸炼、捶打、焊接、编结、洗涤等几十道工序。制作时，先将熔炼过的白银制成薄片、银条或银丝，利用压、刻、镂等工艺制出精美纹样，然后通过焊接或编织成各类银饰。苗族银匠善于从妇女的刺绣及蜡染纹样中汲取创作灵感，根据本民族的传统习惯、审美情趣，对细节或局部的刻画注重推陈出新。

按用途不同，苗族银饰可分为银冠、银衣、银项圈、银手镯、银耳环等。按工艺复杂程度分，则可分为项圈、手镯等粗件和银铃、银花、银索、银链、耳坠等细件，造型种类丰富，形状优美。苗族在其盛装中多佩银饰，意在将美与财富合为一体，苗族银饰锻制技艺正是这一审美观念的集中体现。

苗族银饰在苗族地区一直广为流传。但是，银饰锻制技艺一般在家庭内部承传，无法择优而授，加上原有艺人多已年老，这一传统技艺的传承状况并不乐观。

银饰制作技艺（苗族银饰制作技艺）
申报地区或单位：贵州省黄平县

贵州省黄平县的苗族银饰制作核心区在翁坪、谷陇等苗族聚居地。

从事黄平苗族银饰传统生产的银匠一般都在家中设有专门的简易作坊，以银圆或银制品为原料加工制作银饰，制作工具包括小风箱、火炉子、锤锻座和锤子、银槽、银窝、坯子、模型、火钳、蜡木板、焊接管、钉子、针杆等。银饰制作需经熔银、倒槽、冷却、锤锻、剪接、卷缠、煮洗等工序。

黄平银饰图案内容丰富，成品工艺精湛。银饰种类有银冠、耳环、项圈、项链、手圈、银腰带、背扇等，主要作为妇女头、耳、颈、手、腰和背部饰品。其中的盛装银饰，有银衣、背扇、银围腰、银腰带几个类别，制作精巧，花样古朴且富有想象力。每逢喜事和节日集会，黄平苗乡的苗族妇女们都会穿戴银饰。

随着经济的发展，越来越多的苗族年轻人不再对传统的苗族银饰制作技艺感兴趣，佩戴苗族银饰的热情也有所减弱，这一传统技艺面临失传危险。

银饰制作技艺（彝族银饰制作技艺）
申报地区或单位：四川省布拖县

彝族人普遍喜爱佩戴银饰。彝族银饰制作技艺在凉山彝族自治州内广泛流传，其中以布拖县银饰制作工艺较具代表性。布拖县位于四川省凉山州的东南部，是彝族阿都文化保留较为原始和完整的地区，为大、小凉山彝族聚居区的腹心地带，彝族银饰制作技艺在该县得到较为完整的传承。

彝族银饰制作基本不用模具，使用各种钳子、铁砧、铁锤、铜锅、坩埚、錾子、牙茄（汉语称皮老虎）、松香板、丝板、牛角印模（用于模压纽扣、领泡等半球形的物件）等工具，加工工艺主要有熔化、锤揲、錾刻、镂空、掐丝、镶嵌、焊接、包镶、酸洗等。

银饰种类有戒指、手镯、耳链、衣扣等，多饰有动植物纹样。彝族银饰种类繁多，形式多样，造型美观大方，状态各异，具有很强的装饰美感，体现了彝族人民的审美情趣。

不过，现在从事彝族银饰制作的人越来越少。随着一些手艺精湛的银饰工匠逐渐老去，这一传统技艺的传承问题也较为紧迫。

银饰制作技艺（畲族银器制作技艺）
申报地区或单位：福建省福安市

畲族银器制作技艺主要留存于福建省福安市。创制初期，畲族银器主要以家庭小作坊形式生产。明清时期，随着金属工艺水平的迅速发展和汉、畲两族文化的融合，畲族地区的银作坊逐渐成为一种民间职业，并越加兴盛。

畲族银器制作技艺包括制胎、掐丝、烧焊、点蓝、烧蓝等三十多道工序，操、錾、起、解、披五种技法以及平雕、浮雕、圆雕、镂空雕四种工艺。叶氏一脉的"珍华堂"银雕，在工艺上追求畲族文化纯朴、粗犷、神秘的色彩，并通过银料纯度和银坯厚度的控制，提升银料的延展性，从而提高银器的表现力。在银器表面光亮度处理和保洁方面则采用畲族独门秘方工艺，以起到防氧化、防腐蚀的作用。

畲族银器有银香炉、银茶具、银酒具、银餐具等种类，是中国传统银雕工艺与畲族文化相融合的典型表现，是畲族人民群众智慧的结晶，记载了只有语言而没有文字的畲族文化变迁历史，具有较高的历史、文化和科学价值。

改革开放以前，畲族银器制作技艺绝大部分以口传心授的传习方式进行传承。目前，福安市成立了两家较大的畲族银器制作公司，以生产性保护方式传承该技艺。

银饰制作技艺（苗族银饰锻制技艺）
申报地区或单位：贵州省剑河县

剑河苗族银饰锻制技艺原主要分布在贵州省剑河县革东镇、岑松镇的部分苗族村寨，主要在手工作坊内进行。

剑河县苗族银饰锻制需经熔银、锤片、拉丝、铸模、做花、绞丝、编花、焊接、洗花等工序。其中，银花制作手法有链状绞花、錾花、压花、编花等，一套银饰往往由几百个银花焊接而成，且无焊接痕迹。银饰成型后需放入硼砂与火硝的混合液中浸泡，再高温烘干并加热至红色，然后再放入明矾水中洗涤，去除污物和杂质，即可生成银金属特有的光亮度和质感。

贵州省剑河县的苗族银饰造型通常以龙、虎、牛、马、鸟、昆虫、花卉等动、植物图案为元素，其锻造工序繁复，造型生动美观，既是装饰品，也是苗族传统文化的体现。

早年，剑河苗族银匠所加工的银饰产品多靠走村串寨兜售，2001年后则多迁至新县城所在地革东镇定点经营。

银饰制作技艺（苗族银饰锻制技艺）
申报地区或单位：贵州省台江县

台江县是联合国教科文组织考定为世界十八个少数民族文化保护圈之一，该县施洞镇则是著名的苗族银饰产地，施洞镇许多居民都以制造销售银饰为生，苗族银饰锻制技艺在该镇得以完整留存并发展至今。

台江苗族银饰锻制技艺需经熔铸、压花、镂花、拉丝、绕丝、錾花、焊花等工序。其中以焊花较为特别，为用细径铜吹管将氧气吹入煤油灯上的火焰中，通过将所拼焊的部件接合部熔化而实现焊接效果。台江苗族银饰主要有银角、银头围、银雀、银簪、银梳、银头花、银羽、耳环、项圈、银链、胸锁、如意胸宝、手圈、银泡等。也可以以银片满缀上衣，称叫银衣。衣前银片多为小方块，每块压铸的花纹为龙、鸟、蝴蝶、鱼等动物，上有银铃吊坠，周边配半球状小银帽，衣袖刺绣块边亦配缀若干小银泡。银衣背部以圆形银片为主，花纹种类与衣前相同。也有全用银泡缀饰的银衣。此外，台江的苗族银饰刺绣将银饰制作与辫绣、绉绣、破绣、锁边绣等刺绣工艺相结合，成品精美且民族气息浓厚。

在贵州省台江县，苗族妇女在姊妹节或其

◎ 传统技艺

他苗族节日里佩戴各种苗族银饰已成为传统。其出产的苗族银饰种类有手镯、耳环、戒指、银帽、项圈等，制作种类丰富，造型精美细致。

目前，台江县银饰锻制多在手工作坊内进行，锻制技艺在家族内部世代传承。

国家级代表性传承人名单

姓名	性别	申报地区或单位	入选批次
杨光宾	男	贵州省雷山县	1
龙米谷	男	湖南省凤凰县	3
麻茂庭	男	湖南省凤凰县	3
吴水根	男	贵州省台江县	4
勒古沙日	男	四川省布拖县	4
林仕元	男	福建省福安市	4

苗族织锦技艺

序号：888
编号：Ⅷ-105
批次：2
类别：传统技艺
申报地区或单位：贵州省麻江县、雷山县

扩展名录：
苗族织锦技艺　　贵州省台江县、凯里市

苗族织锦技艺是苗族的一项传统编织技艺。苗锦是苗族妇女利用当地所产的蚕丝、苎麻、木棉等纤维染彩而织就，具有本色经细，彩色纬粗，以纬克经，只显影纬不露经线等特点。其织造技艺主要留存于贵州省台江县、凯里市、雷山县和麻江县以及湖南、云南等地的苗族聚居区域。苗族织锦技艺有着悠久的历史，距今已超过3000年，堪称中国纺织史上的"活化石"。

苗族织锦方法主要分编织和机织两种。编织，即以手代替挑板或综线来交错上下分开经线的纺织方法，其优点是方便携带。将牵好的经线卷好上箱（短箱）后随身携带，干活空闲时即可随时进行编织。机织，即用织布机织锦。织锦的织布机与一般织布设备有所不同：织平布用两综线，而织锦则至少需五综线。每一综线都连着踩板，踩板一般有四块，采用不同踩法控制踩板，所踩出的图案不一。每次只能踩两块，依次进行。

苗族织锦纹样为几何纹样或飞禽走兽、花鸟虫鱼和人物等纹样，主要用于衣服、围腰、背带、背包、腰带等作面料。

当前随着人们审美观念和趣味的不断变化，民族服装的市场越来越小，在此情势下，苗族织锦艺人的数量日渐减少，传统技艺面临失传。

民族乐器制作技艺

长子响铜乐器制作技艺、朝鲜族民族乐器制作技艺、苏州民族乐器制作技艺、漳州蔡福美传统制鼓技艺、维吾尔族乐器制作技艺

序号：907
编号：Ⅷ-124
批次：2
类别：传统技艺
申报地区或单位：山西省长子县，吉林省延边朝鲜族自治州，江苏省苏州市，福建省漳州市，新疆维吾尔自治区疏附县、新和县

扩展名录：
民族乐器制作技艺（宏音斋笙管制作技艺）　　北京市海淀区
民族乐器制作技艺（蒙古族拉弦乐器制

作技艺） 内蒙古自治区科尔沁右翼中旗

民族乐器制作技艺（马头琴制作技艺） 吉林省前郭尔罗斯蒙古族自治县

民族乐器制作技艺（上海民族乐器制作技艺） 上海市闵行区

民族乐器制作技艺（苗族芦笙制作技艺） 贵州省凯里市

民族乐器制作技艺（傣族象脚鼓制作技艺） 云南省临沧市临翔区

民族乐器制作技艺（长子响铜乐器制作技艺）
申报地区或单位：山西省长子县

长子响铜乐器制作技艺是一种以铜锡为主要原料，经熔炼制坯、反复锻造等多道工序完成乐器制作的传统技艺，主要留存于山西省长子县西南呈村一带。

长子响铜乐器制作技艺历史悠久，距今已有六百多年的历史。据《长子县金石志略》记载，唐贞观元年（627），在今长子县西南呈村的手工铜业作坊制作的响铜乐器就已遍及全国各地，享誉天下。

长子响铜乐器制作主要需经配料铸坯、锻打、成型、热处理、冷整形、抛光和定音七道工序。制作时，将铜坯放在土制火炉中升温至600℃取出进行热锻后放入盐水。并使用各种型号的铁锤和铁砧子加工乐器粗型，由于不同形状、大小的乐器各自有固定音阶，所以需在锻打过程中不断锤打校音，定出乐器的基本音调和音质。然后使用传统刮刀将乐器正反两面铲平刮亮。待完全抛光后，继续深入调整音色、音质和音调，做到同类乐器音响效果一致，不同类型乐器音响个性鲜明。

长子响铜乐器与地方戏剧、宗教音乐关系密切。制作出的乐器成品适用于晋剧、京剧、评剧、梆子腔等戏曲和道教、佛教音乐伴奏。

不过，长子响铜乐器制作技艺传承主要为家族传承和师徒传承两种形式。由于掌握全套制作技艺的艺人较少，再加上习艺周期长，体力劳动强度大，该技艺面临后继乏人的困境。

民族乐器制作技艺（朝鲜族民族乐器制作技艺）
申报地区或单位：吉林省延边朝鲜族自治州

朝鲜族民族乐器制作技艺是朝鲜族传统民间手工技艺。吉林省延边朝鲜族自治州首府延吉市是朝鲜族乐器的主要研究、开发、生产基地。

朝鲜民族的传统乐器距今已有近两千年的历史。19世纪末20世纪初，朝鲜族乐器的演奏和制作方法随着朝鲜民族的迁入传入我国，新中国成立后得到继承和发展。

其中，长鼓常用于声乐和舞蹈演奏，流行于吉林、黑龙江、辽宁的朝鲜族地区，其以铁圈为框，系皮条或绳索。鼓身长约七十厘米，系木质、呈圆筒形。鼓两端粗空，鼓面蒙皮，鼓腰细小而中实。演奏时，右手执细竹条敲击，左手敲击鼓的另一面。两手节奏交错，技法丰富。伽倻琴为弹拨乐器，其形状类似于汉族民乐器古筝，由共鸣箱、琴弦、琴码三部分组成。共鸣箱长150厘米、宽25厘米、中间厚5厘米。质料分别用梧桐树板和桦木板制作，琴线共13根弦，用蚕丝制作。琴弦两头分别固定在琴头和琴尾，琴头处有弦枕。13根琴弦用码子支柱，琴头可以左右移动，调节音阶。

朝鲜族乐器奏出的音乐以旋律清新、流畅、婉转、轻快以及长短节奏丰富而著称，既是朝鲜族传统音乐的缩影，也是研究中国传统乐器的珍贵史料。此外，大部分朝鲜族乐器保留了古朴典雅的传统形态，可作为舞蹈道具使用，具有较高的艺术价值。

民族乐器制作技艺（苏州民族乐器制作技艺）
申报地区或单位：江苏省苏州市

苏州民族乐器制作技艺主要流存于苏州及周边地区。苏州民族乐器制作的渊源可追溯到春秋时期，当时吴国的青铜冶炼技术十分发达，促进了乐器制作技艺的发展。

制作苏州民族乐器的材料包括紫檀木、酸枝木、花梨木、竹、蟒蛇皮、牛皮、铜、锡、铝、钢材等。一件乐器的完成需经选料、开料、配料、木工、雕刻、漆工、镶嵌、校音等工序，使用雕刻、镶嵌、髹漆等工艺手法。苏州民族乐器主要有拉弦乐器、弹拨乐器、吹管乐器、打击乐器四类近百种。

苏州民族乐器制作技艺记载和反映了中国民族音乐文化的发展，具有重要的历史价值。此外，苏州民族乐器的发展，和昆曲及许多传统表演艺术的发展形成互动，具有重要的研究价值。

民族乐器制作技艺（漳州蔡福美传统制鼓技艺）
申报地区或单位：福建省漳州市

漳州蔡福美传统制鼓技艺因其制作者为福建省漳州市"蔡福美"鼓铺而得名。制作技艺主要留存于福建省漳州市一带。

"蔡福美"鼓铺字号创立于乾隆年间，子孙相传已十三代。经过二百多年风雨的洗礼，漳州蔡福美鼓铺以其讲信用、重质量、鼓声纯正、美观耐用的风格在漳州乃至福建制鼓界独树一帜，历久不衰。

制作蔡福美鼓的材料主要为用于制作骨身的松木、杉木和制作鼓皮的水牛皮，制作工具包括龙虾锯、鲁班锯、砍刀、竹钉、双柄削刀、木屐刨刀、鼓钳等十余种。制成一面鼓，需经鼓身制作、鼓皮制作、蒙鼓以及检验等工艺流程。制鼓时，按鼓面直径大小取材制作鼓身，尺身小的鼓可用原木直接凿成；制作鼓面较大的鼓桶，需先将木片加工成内圆斜小、外宽较大的弯木，用水牛胶粘贴鼓墙后，将其扎成圆桶并熏烤，再用刨刀将多余的鼓身刨除；制作鼓皮，需经浸泡、晾干、削脂、打洞等工序；蒙鼓则需将晒干的鼓皮用钉锤将洞眼变大，以方便穿麻绳、加短棍准备绷鼓；在绷紧鼓膜的同时，用鼓槌捶打鼓面，或用水使牛皮软化。完成前述三道工艺流程后，需将鼓皮用铁钉固定在鼓身上，并将多余的鼓膜和麻绳割除，检查鼓身是否完全平滑并校验鼓的准度。

漳州蔡福美传统制鼓技艺成品包括庙鼓、狮鼓、龙船鼓、剧鼓、腰鼓、红鼓、小潮鼓等十三个品种二十多种规格。其既可作为戏剧、宗教等活动所需乐器，具有实用价值，也是研究闽台文化传承变迁及中华民族传统手工艺多元文化交融的材料。

民族乐器制作技艺（维吾尔族乐器制作技艺）
申报地区或单位：新疆维吾尔自治区疏附县、新和县

维吾尔族民间乐器制作技艺起源于汉代古龟兹国。维吾尔族乐器按结构和演奏规律可分为吹奏乐器、弹拨乐器、弓弦乐器和打击乐器四类五十多个品种。主要乐器品种有独它尔、热瓦甫、艾捷克、达甫、胡西塔尔、萨塔尔、卡龙、巴司、羌等，以上乐器以桑木为主要原料制成。以独它尔为例，从木材、牛角骨等材料的选择、拼贴牛角骨花纹、刷漆到上弦、调整，共经十几道工序完成乐器制作，通常需花费两名匠人一个月时间。

维吾尔族民间乐器制作精美，音色独特，多用于家庭宴乐，是维吾尔族传统文化的重要组成部分。此外，维吾尔族乐器也是精美的工艺品，具有很高的艺术欣赏价值。

民族乐器制作技艺（宏音斋笙管制作技艺）
申报地区或单位： 北京市海淀区

宏音斋，又名中国吴氏管乐社，是一家以制作与生产中国民族管乐器材为主的老字号，其笙管制作技艺于清朝后期由吴启瑞从清朝宫廷传承至今。

宏音斋笙管多以精选竹子和进口红木、乌木、紫檀木为主要原料制成，其制作技艺包括木材和竹子的驯化、掏膛、打眼、调音等十几道工序，完整保持了宫廷乐器制作工艺风貌。宏音斋可生产中国民族管弦乐团管乐声部的全部乐器，如笙、管、笛、箫、唢呐、埙等，并可复制敦煌仿唐乐器中的笙、管、笛、箫、竖笛、勾笛、排箫等乐器。其选材考究、做工精良、音色优美、造型美观大方，具有较高的音乐欣赏和艺术收藏价值。宏音斋将中国民族管弦乐器制作系统化，为中国民族音乐事业作出了贡献。

民族乐器制作技艺（蒙古族拉弦乐器制作技艺）
申报地区或单位： 内蒙古自治区科尔沁右翼中旗

蒙古族拉弦乐器包括潮尔、马头琴、四胡等。在蒙古族乐队演奏中，以马头琴和四胡较为常见。

蒙古族拉弦乐器以杏木、梧桐木、白松、桦木、紫檀、乌木等为主要原料制成，其制作需经原材料选取、木工、雕刻、漆工等工序。琴杆、琴筒可装饰采用牛角、牛骨雕刻而成的荷花、民族祥云图、五富图、龙门图、中国古典小说人物图案等。

马头琴多用于独（领）奏、重奏、合奏，以及与交响乐队、管弦乐队协奏，还常作为蒙古族叙事民歌"陶力"中演员的道具。四胡可为蒙古族说唱类唱腔伴奏，也可在民乐队和混合乐队中担任重奏、齐奏、合奏和独奏，并可弥补民乐队高音区之不足。

蒙古族拉弦乐器制作技艺与陶力、好来宝、乌力格尔、科尔沁叙事民歌密不可分，是蒙古族典型的民间工艺种类。

民族乐器制作技艺（马头琴制作技艺）
申报地区或单位： 吉林省前郭尔罗斯蒙古族自治县

马头琴是一种弓拉弦鸣音乐，为蒙古族民间乐器之一，因琴首雕有马头而得名。

马头琴由共鸣箱、琴头、琴杆、弦轴、琴马、琴弦和琴弓构成。共鸣箱呈正梯形，也有极个别制成六方形或八方形，琴箱框板多由乌木、红木或桑木等硬杂木制成。上下两框板中央开有装入琴弦的共鸣箱，板面上开出音孔，琴箱正背两面蒙以马皮、牛皮或羊皮，也可正面蒙皮、背面蒙以松木薄板，上绘精美图案。琴头、琴杆多用一整段优质木料制作，琴杆用梨木、红木制成，大者全长124厘米、小者全长70厘米。琴头呈方柱形，顶端向前弯曲，造型为雕刻精美的马头。弦槽后开，多有槽盖，两侧左右各横置一个弦轴，皮面中央置木制桥形琴马。琴弓用藤条或木料制作弓杆，两端拴以马尾为弓毛拉弦。马头琴琴弦用几十根长马尾合成，两端用丝弦结住并系在琴上。

演奏马头琴时通常采用坐姿，将琴箱夹于两腿之间，琴手拇指微扶琴杆，由于音位距离很小，各指都以指尖顶弦。右手执弓，左手食指、中指放在弓杆上，无名指和小指控制弓毛。

马头琴可拉奏、可拨弦弹奏，是蒙古族最主要的乐器之一。其造型、制作材料、音质音色、音乐表现风格和演奏方法都体现了蒙古族的性格内涵，是蒙古族传统文化的载体之一。

◎ 传统技艺

民族乐器制作技艺（上海民族乐器制作技艺）
申报地区或单位：上海市闵行区

上海民族乐器制作技艺是上海地区传统的民间手工艺。主要留存于上海一带。

上海的民族乐器制作技艺可追溯到清代乾隆、嘉庆年间，20世纪初，城隍庙大街（今方浜中路）、五马路（今广东路）、六马路（现北海路）一带集聚了几十家乐器作坊。经过不断地开拓创新，上海民族乐器一厂已成为全国规模最大的民族乐器生产基地，有国家级乐器制作高级技师五人，生产古筝、二胡、琵琶等一百多种民族乐器。

上海古筝制作在花色品种和制作工艺上均有创新，并将书法、绘画等文化元素与雕刻及骨粉、螺钿的镶嵌艺术相结合，其成品包括老红木扦雕筝（梅庄琴韵）、老红木镶嵌筝（蕉窗夜语）、红木竹刻筝（风摆翠竹）等。

在琵琶制作方面，上海民族乐器一厂曾首创将提琴音梁原理移植于琵琶，使琵琶音色获得重大突破。近年来，上海琵琶制作款式不断翻新，其中以红木牡丹琴首琵琶需求较为广泛。

在二胡制作方面，上海民族乐器一厂曾突破传统工艺，以猫皮、狗皮、鱼皮代替蛇皮制作二胡、京胡等拉弦乐器，以解决乐器制作原料短缺的问题。制成品具有受气候影响小、不易开裂、音域适应范围较宽的特点。电脑激光技术、雕刻等工艺在二胡制作方面的应用，则使二胡款式、样式不断丰富。

上海民族乐器制作技艺结合了造型、雕刻、彩绘、镶嵌等多种工艺手法，其制作技艺精良、装饰优美，具有突出的文化和艺术价值。

民族乐器制作技艺（苗族芦笙制作技艺）
申报地区或单位：贵州省凯里市

芦笙是苗族传统的簧管乐器，在苗族地区广为流传。

黔东南地区的苗族芦笙由笙斗、笙管、簧片和共鸣管构成。笙斗又称气箱，多用杉木、松木或梧桐木制作。制作时，将毛坯料从中破为两片后挖出内腔，待装入笙管后再用胶黏合，外部用细篾箍5～7圈。笙斗呈淡黄色，外部涂饰桐油，木纹清晰，外表美观；笙管多用白竹制作，上端管口通透，下端管口堵塞不通。制作时在笙斗中以适当角度纵向插入两排笙管，每管入斗处装铜制簧片，近斗处开圆形按音孔；簧片多用响铜制作，其尺寸依音高而定。制作时先画出簧舌轮廓线，用小凿子凿透、削掉毛刺，放入炉火中加热至微红，用钳子将簧框略微夹拢后放入水中定型。共鸣管是套在笙管上端的一截竹管，可使音量明显增大，多用毛竹制作，其长度依音高不同而异。黔中、黔南和黔西北还流行另一种用白竹或笋壳竹制作的芦笙，其下端管口不堵塞，上端用两道竹篾箍紧，笙斗制作时从粗端挖起，直通细端吹口部位，然后用圆木塞把粗端开口堵严，再用数道化篙皮箍住。

民族乐器制作技艺（傣族象脚鼓制作技艺）
申报地区或单位：云南省临沧市临翔区

象脚鼓是傣族古老的民族乐器，以椿树、杨柳、云槐、刺通树、攀枝花树等为主要原料制成，其制作需经选树、开工仪式、下料、测绘画线、内部镂空、外形凿刻、雕刻吉祥物、蒙制鼓面、打磨、上色彩饰等十来道工艺，使用锯、锤、斧、刀、铲、凿、锥等工具。一只象脚鼓从选树到制成需3～4个月。鼓身雕刻花卉、大象、马鹿、蝴蝶、龙、凤、蝙蝠等纹样并彩绘，鼓身上系有花绸带和彩球，用来挂在击鼓人的左肩。完

801

成制作的象脚鼓要在佛像前祭拜后才能使用。

傣族象脚鼓分长象脚鼓、中象脚鼓、小象脚鼓三种。依种类不同，与其配合的象脚鼓舞也不同。长象脚鼓舞蹈动作不多，以打法变化、鼓点丰富见长，多为一人表演，或为舞蹈伴奏；中象脚鼓一般用拳打，个别地区用槌打；小象脚鼓在西双版纳较多见，鼓舞的舞步灵活跳跃，以斗鼓、赛鼓为特点。

傣族象脚鼓制作技艺是乐器制作和传统木雕技艺、绘画技艺、编织技艺和祭祀礼仪相结合的产物。象脚鼓舞是傣族舞蹈中流传最广、最有特色的群众性男子舞蹈之一，象脚鼓制作技艺因此具有极强的实用价值。

国家级代表性传承人名单

姓名	性别	申报地区或单位	入选批次
闫改好	男	山西省长子县	3
金季凤	男	吉林省延边朝鲜族自治州	3
热合曼·阿布都拉	男	新疆维吾尔自治区疏附县	3
拉琼	男	西藏自治区日喀则地区	4
吴景馨	女	北京海淀区	4
哈达	男	内蒙古自治区科尔沁右翼中旗	4
徐振高	男	上海市闵行区	4
封明君	男	江苏省苏州市	4
艾依提·依明	男	新疆维吾尔自治区新和县	4

闽南传统民居营造技艺

序号：962
编号：Ⅷ-179
批次：2
类别：传统技艺
申报地区或单位：福建省泉州市鲤城区、惠安县、南安市

闽南传统民居营造技艺是闽南地区的一项传统技艺。闽南传统民居是与泉州的地理、气候条件及文化习俗等结合形成的一种独特的建筑形式。其营造技艺发源于福建泉州，并由泉州流传至漳州、厦门以及港澳台地区和东南亚地区。

闽南传统民居营造技艺可分为大木作、小木作、瓦作、砖石作、油漆作、彩画、堆剪作等工种。其中，大木作为核心工种，主要负责木构架建筑中柱、额枋、梁等承重结构；小木作负责门、窗、栏杆等非承重木构件；瓦作为屋面工程；堆剪作包含灰塑、陶作和剪贴等工艺，主要用于装饰构件。

俗称"皇宫起"的官式大厝为闽南传统民居的典型代表。"皇宫起"起源于唐五代时期，至今已有一千多年的历史。此种大厝有三开间、五开间、带护厝等类型，两边对称，横向扩展布局，纵深有二落、三落、五落不等，较多运用砖、瓦，多用石砌基础和红砖砌筑外围墙，以穿斗木构架作承重结构，并广泛采用硬山式屋顶和弯曲起翘的燕尾脊式屋脊。房屋的墙上、檐下、壁间和门窗往往饰有木雕、砖雕、漆雕和石雕。工匠们采用透雕、浮雕和平雕等手法，雕刻出麒麟、大象、花瓶、琴棋书画等形象。

闽南传统民居规制严谨且建筑饰件精美，其营造技艺传承和发展了中国传统建筑的内容和形式，并反映了闽南地方文化和经济社

会生态。

随着现代化进程的加速，很多闽南传统民居被拆迁或损毁，加之一些名师名匠改行，闽南传统民居营造技艺面临消亡的危险，急需有关方面加以抢救和保护。

国家级代表性传承人名单

姓名	性别	申报地区或单位	入选批次
王世猛	男	福建省惠安县	3

明式家具制作技艺

序号：395

编号：Ⅷ-45

批次：1

类别：传统技艺

申报地区或单位：江苏省苏州市

扩展名录：
家具制作技艺（京作硬木家具制作技艺、广式硬木家具制作技艺）
北京市崇文区，广东省广州市
家具制作技艺（晋作家具制作技艺、精细木作技艺）
山西省临汾市、江苏工美红木文化艺术研究所

明式家具制作技艺是江苏省的一项汉族传统手工技艺。苏州明式家具是指自明代中叶以来以苏州为中心的江南地区能工巧匠用紫檀木、酸枝木、杞梓木、花梨木等外来木材制作的硬木家具。

明式家具制作技艺的产生得益于明初的经济复苏政策，其技艺成熟时期为明中期至清早期，时间跨度二百余年。同时，花梨、紫檀等珍贵外来木材的大量进口，也为明式家具制作提供了原材料。

苏州明式家具制作技艺包括选材、设计、木工制作、雕刻、漆工等主要工序。其中，在选材上，明式家具多用花梨、紫檀、鸡翅木、铁梨等硬木为材料，也采用楠木、樟木、胡桃木、榆木及其他硬杂木，其中以花梨中的黄花梨效果最好；设计内容包括造型、家具结构、雕花纹样等；木工制作，即生坯制作，其基本流程包括画线、理线、装配、打磨等；雕刻，指按设计图样铲底、理顺边线、拉花、雕刻纹样等；漆工，包括打生坯、刮面漆、磨砂皮、做颜色、上头胶漆、缕砂皮面漆、缕砂皮、揩漆、推砂叶面漆、推砂叶、揩漆等十多道工序。

明式家具品种包括凳椅类、几案类、橱柜类、床榻类、台架类、围屏、插屏、落地屏风等。明式家具以榫卯技艺结合各部件，能适应冷热干湿变化；装饰以素面为主，线条流利。家具各部分比例权衡也有讲究，具有突出的实用性和装饰性。

苏州明式家具至今仍深受人们喜爱。不过，由于其制作所需花梨、紫檀等珍贵木材几乎完全依赖进口且较难获得，明式家具制作技艺的发展受到限制。

家具制作技艺（京作硬木家具制作技艺）
申报地区或单位：北京市崇文区

京作硬木家具，主要是指北京地区生产的以宫廷用器为代表的家具。其具有造型厚重、体形庞大、雍容大气、绚丽豪华等特点，雕饰细腻美观且注重陈设效果，并能适应北方地区的干燥气候。

京作硬木家具制作技艺诞生于北京皇城，系在明、清宫廷家具发展过程中，逐渐融合"广式""苏式"家具制作技艺而成。该技艺在清代康熙、乾隆年间达到鼎盛，嘉庆、道光以后

逐渐流散于民间。新中国成立后，京作硬木家具制作技艺得到一定程度的恢复和发展。

京作硬木家具用料和榫卯均十分讲究，其制作需综合运用设计、木作、雕刻、烫蜡等多种制作技艺。

在市场经济的冲击下，京作硬木家具面临高级技艺人员缺失、从业人员锐减的困境。

家具制作技艺（广式硬木家具制作技艺）
申报地区或单位：广东省广州市

广式硬木家具多选用紫檀、酸枝、花梨木等贵重硬木制作而成，而这些硬木的主产地在广州，故有"广式硬木家具"之称。广式硬木家具制作技艺现分布于广州市内各区及周边地区，尤多集中于荔湾区的上下九路、西关、新胜街一带。

清中叶以后，随着广州对外通商贸易和中西文化交往日渐频繁，广式硬木家具制作进入鼎盛时期，并广泛吸收了欧洲洛可可艺术和巴洛克艺术的表现手法和风格。

广式硬木家具制作技艺包括设计、开料、做坯、装饰、打磨、打蜡、装配等工序。其中，在装饰工艺方面，既有集雕刻、镶嵌、彩绘等于一身的巴洛克式风格，又具有洛可可式融汇多种技法、手法于一体的特点，综合采用雕刻、镶嵌、描金、彩绘、贴黄、掐丝珐琅等装饰手法，并将琥珀、玛瑙、珊瑚、宝石、金银、牙、角、木、瓷等材料运用在装饰中。

广式硬木家具有橱柜、床榻、桌案、椅凳等多个系列，图案装饰丰富多彩，造型雄浑稳重，风格繁密华缛。

由于贵重硬木原料日渐稀缺，掌握传统制作技艺难度大、成才率低，再加上现代新材料家具的冲击，广式硬木家具已面临经营困难、制作技艺传承断层的危机。

家具制作技艺（晋作家具制作技艺）
申报地区或单位：山西省临汾市

晋作家具产于山西。山西历史上文人商贾辈出，富甲一方，对房屋和家具的要求极高，许多晋作明式家具被视为中国古典家具之典范。

晋作家具制作技艺选用当地优质软木制作，其本色家具要经煮、泡、烤、磨、漆、光等工序；大漆家具要经过披麻、披灰、上漆、描金、画彩等工艺流程。此外，家具制作时常在家具不同造型部位雕饰图案，如椅背常雕刻如意云头及飞禽走兽纹，或对整块背板以透雕手法雕刻瓶花纹、缠枝花卉纹等。一些晋作家具制作中的绝活，如"龟裂断纹漆""竹木藤三木结构""五彩与描金""镂空雕刻及镶嵌"等，仅以家庭承袭和秘笈单传方式传承，此为晋作家具制作技艺传承特色之一。

以用途来分，晋作家具可分为椅凳类、柜橱类、桌案类、屏架类四类；以家具主要用料来分，则可分为木制家具和竹制家具两类。木制家具又分为本色家具、大漆家具、五彩及描金家具等；竹制家具为竹、木、藤结合再添加描金或五彩工艺的一类家具。晋作家具注重实用、用料大气且雕饰华丽，并具有明显的崇尚局部木雕装饰的特色。

近年来，仿古家具行业将明清家具融入时代的审美元素，晋作家具已进入百姓家庭。

家具制作技艺（精细木作技艺）
申报地区或单位：江苏工美红木文化艺术研究所

精细木作技艺，是一种细木工小件的加工制作技艺。木制家具上的精致雕花、妇女梳妆盒上的纹样，均为精细木作制品。这一传统技艺主要分布于扬州南郊和三义阁、永胜街等地。

在唐代，扬州木工技术已得到较快发展。至宋代时，扬州木工制作的床榻家具等产品则行销江南。清代为扬州精细木作发展的鼎盛时期，后逐渐走向衰败。

精细木作技艺主要以红木和楠木为材料，将其加工制作成床、桌、椅、几、架、箱等日常生活用品和工艺观赏用品。该技艺继承了燕尾榫卯结构、明榫暗榫混合结构等各种精湛技法，全面传承了古代木作工艺精华。扬州制作的盒匣、插屏、床榻等器物，曾作为珍品供历代帝王、权贵、文人收藏和赏玩。

精细木作技艺技术含量高、文化底蕴深厚，其成品精致华美，实用和欣赏价值兼备。以精细木作为代表的"扬州八匠"是扬州古老的民俗文化的代表，也是扬州城市文化的见证。

目前，在全国各类细木工小件制作技艺行业中，唯有扬州还完整保留传统技艺的全部工序。

国家级代表性传承人名单

姓名	性别	申报地区或单位	入选批次
许建平	男	江苏省苏州市	3
种桂友	男	北京市崇文区	3
杨虾	男	广东省广州市	3
曹运建	男	山西省临汾市	4
杨金荣	男	江苏工美红木文化艺术研究所	4

木版水印技艺

序号：427
编号：Ⅷ-77
批次：1
类别：传统技艺
申报地区或单位：北京市荣宝斋

扩展名录：
木版水印技艺　　上海书画出版社

木版水印技艺是在中国有着悠久历史的传统手工技艺。荣宝斋位于北京市宣武区琉璃厂西街19号，其木版水印技艺堪称一绝。荣宝斋木版水印技艺源于中国古代雕版印刷的"版"套印。所谓"版"套印，是根据画稿笔迹、设色及色相分版勾摹，刻成若干板块，然后对照原作，由深至浅，逐笔依次叠印，力求精确无误及以假乱真。

我国最早的雕版印刷，有确切纪年的是隋代。荣宝斋于1896年设帖套作，延聘刻、印高手，印制了大量精美的诗笺、信笺。民国期间荣宝斋重刊《十竹斋笺谱》，使彩色套印和拱花术获得了延续和发展。中华人民共和国成立后，荣宝斋木版水印由原来只能印大不及尺的诗笺、信笺发展到能惟妙惟肖、神形兼备地印制笔墨淋漓、气势豪放的《奔马图》及唐代周昉的《簪花仕女图》、宋代马远的《踏歌图》等大幅艺术作品，标志着雕版印刷术已发展到了巅峰，也说明荣宝斋木版水印技术已真正成熟。

荣宝斋木版水印采用纯手工印刷，以笔、刀、刷子、耙子、国画颜料、水等材料为基础工具，需经勾（分版）、刻（制版）、印（印刷）等基本工艺程序。其中，勾是由画师在画稿上覆盖赛璐珞版（即透明薄胶版）、燕皮纸等进行勾描，并依原作色调和印刷需要分别勾出几套版备用。此前，需将画稿分色，以将同色调的笔迹归于一套版内；刻版，是指将勾在燕皮纸上的画样粘在木板上再进行雕刻；印刷，是指各分版刻成后，依次逐版套印成画。印刷使用的纸（或绢）、墨、色等材料和原作材料完全一致。此外，荣宝斋木版水印还会运用刻、剔、掸、描等技法，以复原传统书画的艺术形态、笔墨、神采。

荣宝斋木版水印技艺主要用于仿制名人名家字画，继承并发展了中国传统雕版印刷技术，技艺过程及成品均具有很高的观赏价值。不过，由于木版水印存在后继乏人和市场运营成本高等问题，荣宝斋木板水印技艺的传承仍受较大限制。

木版水印技艺

申报地区或单位：上海书画出版社

上海书画出版社又名朵云轩，创立于1900年。朵云轩木版水印使用纸、绢、金笺等材料，运用工笔、没骨、写意等技法，经"勾描""雕版"和"水印"三道基本工艺流程再现各个时期的名家书画作品。其中，勾描需经"选稿""摹稿""分版""描稿""套校""发刻"等环节；雕版，也称刻版，包括"上样""刻版""剔空""修版"等环节；水印在专门的印刷台上进行，使用棕刷、棕耙和毛笔等工具，经"固纸""潮纸""对版""固版""制色""调色""刷色""掸色""砑印""衬干"等环节。

朵云轩木版水印作品有镜片、册页、立轴、手卷等形式，内容涵盖中国画人物、山水、花鸟等题材。

朵云轩传承的木版水印技艺适应江南地区的地理气候，并受海派文化影响，与荣宝斋木版水印共同形成中国木版水印"南朵北荣"两大流派。不过，由于工序复杂且费时费力，木版水印的实用功能已逐渐被新式印刷术所取代。目前，朵云轩木版水印技艺主要应用于书画藏品复制，以"生产性保护"的方式得以传承。

国家级代表性传承人名单

姓名	性别	申报地区或单位	入选批次
崇德福	男	北京市荣宝斋	1
王丽菊	女	北京市荣宝斋	1
高文英	女	北京市荣宝斋	3
蒋敏	男	上海书画出版社	3
肖刚	男	北京市荣宝斋	4

木拱桥传统营造技艺

序号：958
编号：Ⅷ-175
批次：2
类别：传统技艺
申报地区或单位：浙江省庆元县、泰顺县，福建省寿宁县、屏南县

木拱桥传统营造技艺是一项历史悠久的传统造桥技艺，主要分布在中国的浙江省、福建省两地。福建、浙江地处中国东南丘陵地带，境内山高林密、谷深涧险、溪流纵横，为木拱桥的建造提供了独特的自然地理环境和原料，使造桥技艺得到了长远的流传与发展。在浙江和福建境内有数量众多、造型丰富的木拱桥，如浙江庆元的后坑编梁木拱廊桥、浙江泰顺的溪东桥、福建寿宁的小东上桥、福建屏南的万安桥等，这些木桥历史悠久，造型美观，独具特色。

木拱桥传统营造技艺可追溯到北宋时期，到了明清时期，木拱桥传统营造技艺在中国南方的福建、浙江等地广泛流行。

木拱桥由桥台、桥身（包括拱架、桥面）、桥屋组成，其传统营造技艺包括选桥址、建桥台、测水平、搭拱架、上剪刀苗、立马腿、架桥屋等步骤，使用鲁班尺、木叉马、刨、锯、水架柱、天门车等工具。直的木材通过编梁方式交叉搭置、互相承托，构成拱形支撑；相对较短的木料通过榫卯连接，逐节伸展，实现跨越山谷溪涧的功能。

木拱桥有单拱、双拱和多拱之分，既是交通工具，也是当地居民交流信息、集会娱乐、神俗信仰、深化人际关系的重要聚会场所。伴随着木拱桥从动工兴建到完工的整个过程，产生出一系列文化民俗活动，有择日起工、置办喜梁、祭河动工、上梁喝彩、取币赏众、踏桥开走、

上喜梁福礼、完桥福礼、安置神龛等。

但是由于木拱桥不能通行载重车辆，难以适应现代交通需求，随着钢铁结构桥梁的普及，木拱桥传统营造技艺面临传承困境。

国家级代表性传承人名单

姓名	性别	申报地区或单位	入选批次
董直机	男	浙江省泰顺县	3
郑多金	男	福建省寿宁县	3
黄春财	男	福建省屏南县	4

木活字印刷技术

序号：918

编号：Ⅷ-135

批次：2

类别：传统技艺

申报地区或单位：浙江省瑞安市

木活字印刷技术是一项传统手工技艺。木活字印刷是中国已知唯一保留下来且仍在使用的木活字印刷技艺。

木活字印刷技术产生并流布于浙江省瑞安市西南部的平阳坑镇及曹村镇一带的一项技术。元初，隐居在福建省安溪县长泰里的王法懋开始编修宗谱，并以木活字印刷宗谱。从此王氏的"梓辑"（印刷编修）之艺问世。明代正德（1506～1521）年间，王法懋的部分后裔由闽迁入浙江平阳浦尾、翔源一带。清代乾隆元年（1736），王应忠率子孙由平阳翔源迁入瑞安东源。王法懋创始的"梓辑"之艺由此在东源村"落地生根"，并历代相承。

木活字印刷需经开丁（采访）、誊清（理稿）、刻字模、检字、排版、校对、印刷、打圈、画支、填字、分谱、草订、切谱、装线、封面、装订等工序。除此之外，平时需做好取材、制字模、写字（字形相反）、刻字等基础工作。其中，字模需以经雨淋日晒自然干燥后的上好棠梨木为原料，并以"老宋体"制成木活字，以备排版用。

不过，木活字之所以能够留存至今，主要是基于编修族谱的需要。随着族谱修订工作的基本完成，有修谱需求的家族日益减少；现代仿古印刷技术的发展则挤占了木活字印刷技术的生存空间；加上木活字印刷技术要求高、劳动强度大，木活字印刷技术面临传承困境。

国家级代表性传承人名单

姓名	性别	申报地区或单位	入选批次
王超辉	男	浙江省瑞安市	3
林初寅	男	浙江省瑞安市	3

南京金箔锻制技艺

序号：386

编号：Ⅷ-36

批次：1

类别：传统技艺

申报地区或单位：江苏省南京市

南京金箔锻造技艺是一种将黄金捶打并制成超薄的金片的手工技艺。南京金箔锻制业发源于栖霞区龙潭花园一带，其锻制技艺留存于南京市龙潭、江宁等地。该工艺始于东晋，距今已有一千六百多年历史。

南京金箔锻制需经化条、拍叶、落开子、炕炕、做捻子、打箔、出具、切箔等十多道工序。其中，做捻子，即将经过初步打压的10微米薄的金叶粘在两张乌金纸中间并包起来，放到机器上继续锤打；打箔最为辛苦，须先将金块打成薄片，再由两位金箔工人各自举着7斤重的锤子，轮流用力锤打上万次，直至把一块金"疙瘩"打成0.1微米左右的薄片；出具，即由有经验的师傅用鹅毛将打好的细金箔挑出来。经捶打出来的南京金箔，具有色泽纯正、厚薄均匀、薄如蝉翼、软似绸缎的特点。南京金箔的传统贴金工艺可用于装点宫殿、庙宇；此外，其在食用、化妆、建筑、工艺、装饰等领域也有应用。

目前，南京金箔锻制技艺大部分已被机器流水线代替，但做捻子、出具等工序仍只能手工完成。但由于打箔是高技巧、高体力消耗的劳动，年轻人多不愿从事该行业，南京金箔业后继乏人，市场上出现的多种金箔衍生品的替代品也导致其市场日益缩小，加上打箔机器的出现对一些传统工序造成冲击，南京金箔锻制技艺面临失传危险。

国家级代表性传承人名单

姓名	性别	申报地区或单位	入选批次
王必生	男	江苏省南京市	3

南京云锦木机妆花手工织造技艺

序号：363

编号：Ⅷ-13

批次：1

类别：传统技艺

申报地区或单位：江苏省南京市

扩展名录：
南京金箔锻制技艺（南京云锦木机妆花手工织造技艺） 江苏汉唐织锦科技有限公司

南京云锦木机妆花手工织造技艺是一项传统的丝绸织造技艺。南京云锦是一种传统提花丝织锦缎，因其绚丽多姿、灿若云霞而得名"云锦"，迄今已有一千五百多年的历史，其木机妆花则是中国四千七百多年丝绸织造史中唯一流传至今不可被机器取代，凭人的记忆编织的传统手工织造技艺，现主要流传于南京市的秦淮、建邺、白下、玄武、栖霞五区。

南京云锦织造历史悠久。一千五百多年前，史籍即有关于南京丝织品的文字记载。东晋末年，南京有了专门生产织锦的机构——斗场锦署。北宋南迁后，南京成为中国的丝织中心。元、明、清三朝，云锦均为御用贡品，皇室、宫廷、寺庙、佛堂为南京云锦木机妆花手工织造工艺的发展，提供了一个极大的文化空间。光绪末年云锦业开始走向衰落。

南京云锦采用传统的大花楼木织机为织造工具，每台织机分楼上、楼下两部分，由拽花工和织手两人相互配合，通过手工操作织造。织造时，楼上拽花工根据花本要求，提起经线；楼下织手对织料上的花纹，妆金敷彩，抛梭织纬。一根纬线的完成，需要小纬管多次交替穿织，自由换色，上、下两人配合，一天仅能织5～6厘米。老艺人有"一抢、二揿、三抄、四会、五提、六捧、七拽、八掏、九撒"的拽花字诀，要求织手做到足踏开口、手甩梭管、嘴念口诀、脑中配色、眼观六路、全身配合。云锦织造工艺则有"挑花结本""通经继纬"和"夹金织银"三项特点。

南京云锦主要品种有织金、库锦、库缎和妆花四大类，前三类可用现代机器生产，而妆花是云锦中织造工艺最为复杂的品种，也是最有南京地方特色并具代表性的提花丝织品种，妆花的"挖花盘织""逐花异色"工艺则至今仍只能用手工完成。

随着现代科技的发展，丝织新品种不断涌现，服饰面料更新换代加速，市场对云锦的需求量减少，加之云锦学艺周期长、劳动强度大，青年人多不愿从事此项工作，南京云锦木机妆花织造技艺已濒临失传。

国家级代表性传承人名单

姓名	性别	申报地区或单位	入选批次
朱枫	男	江苏省南京市	1
周双喜	男	江苏省南京市	3
金文	男	江苏省南京市	3

南通蓝印花布印染技艺

序号：374
编号：Ⅷ-24
批次：1
类别：传统技艺
申报地区或单位：江苏省南通市

扩展名录：
南通蓝印花布印染技艺（蓝印花布印染技艺） 湖南省凤凰县、邵阳县

南通蓝印花布印染技艺是江苏省南通市的一项传统手工技艺。技艺流传至今，遍及南通市各县，影响较大的作坊在如皋的石庄、通州的二甲和石港、海门的三阳、启东的汇龙及南通市区。

南通蓝印花布印染技艺历史悠久。南通滨江临海，适宜种植棉花。元、明两代以后，南通地区家家户户都有织女，是著名的纺织之乡、蓝印花布之乡。

南通蓝印花布以蓝草制成的蓝靛为染料。花布具体制作过程包括挑选坯布、脱脂、裱纸、画样（及替版）、镂刻花版、上桐油、刮浆、染色等步骤。印染时，以油纸裱糊作底版，然后用刀镂刻成花版，覆于织物之上；再用石灰、豆粉等调和成防染浆刷于花版，待干后将布浸入蓝靛，晾干后刮去防染浆即可。蓝底白花和白底蓝花为蓝印花布的两种典型图案。蓝底白花只需一块花版，构成的花纹互不连接。白底蓝花的制作难度较大，一般采用两块花版套印，印第一块花版称"头版"，待稍干后，再印第二块花版，称"盖版"。盖版是把第一块花版的连线部分遮盖起来，使纹样连接自然。

蓝印花布结实经用，图案美观，应用广泛，可做服装、头布、被面、布兜、包袱、门帘等。近年来，蓝印花布由单面印花发展成双面印花，在印制品种上由单色发展成复色，由印制小布发展成宽幅布，由纯棉发展成印染真丝、绵绸等多品种花布面料。

目前，一些蓝印花布制作已转为工业化或半工业化生产，传统南通蓝印花布印染技艺中的一些工艺流程存在消亡的危险。

蓝印花布印染技艺
申报地区或单位：湖南省凤凰县、邵阳县

凤凰蓝印花布印染技艺在湖南省凤凰县境内均有留存，并以沱江镇为中心。凤凰蓝印花布以大豆粉和石灰调水为防染剂，以雕花版作为拓印工具，以植物靛蓝为染料。其印染包括裱纸、描稿、刻版、上油、调料、刮浆、入染、晾晒、淌洗、卷布、碾布等工序。花布图案取材于民间故事和戏剧人物，或花鸟组合成的吉祥纹样。蓝印花布可分为纯蓝花布印染和彩蓝花布印染两类。纯蓝花布印染布面素净，没有或有较少的花纹图案；彩蓝花布印染面有复杂的花纹图案。

邵阳蓝印花布印染技艺主要流存于湖南省邵阳县五峰铺镇、塘渡口镇、塘田市镇、白仓镇、宝庆城及周边城镇。花布以植物靛蓝为染料印染而成，属镂空印花。制作时，先用厚实的油纸雕刻所需图案花版，然后将花版压在布料上，在花版镂空处刷上一种用石灰与豆浆调和的防染浆。待晾干后将布料投蓝靛染缸中加染，染后去灰浆、漂洗晾干整平即可。其选用的纹样素材寓意吉祥，图案内容包括凤凰牡丹、狮子绣球、金鱼戏莲、吉庆有余等，大多取材于民间传说或吉祥纹样。

随着人们需求观念的更新，凤凰县、邵阳县的蓝印花布生产规模不断缩小，掌握蓝印花布印染技艺的手工艺人也不断老化，这一传统技艺的发展面临危机。

国家级代表性传承人名单

姓名	性别	申报地区或单位	入选批次
吴元新	男	江苏省南通市	1
刘大炮	男	湖南省凤凰县	3

南通蓝印花布

内联陞千层底布鞋制作技艺

序号：898

编号：Ⅷ-115

批次：2

类别：传统技艺

申报地区或单位：北京市

扩展名录：
手工制鞋技艺（老美华手工制鞋技艺）
天津市和平区

内联陞千层底布鞋制作技艺是一项传统的民间制鞋工艺。北京的内联陞靴鞋店创立于清代咸丰三年（1853），创始人为赵廷，起初专为皇室和官员制作千层底朝靴。清朝覆灭后，内联陞将制作官靴的技艺用于千层底布鞋的制作，其成品质量优异，闻名于京城。

内联陞千层底布鞋制作原料为纯棉、纯麻、纯毛礼服呢等天然材料，制作一双完整的布鞋需经九十余道工序完成，包括前期准备工序八道、制底工序十六道、制帮及制垫工序三十三道、绱鞋工序三十余道。在纳制鞋底环节，要求每平方寸用麻绳纳制八十一针，且麻绳粗、针孔细、刹手紧、针码分布均匀。男鞋千层底的层数为三十四层，制作一双"一"字底布鞋需纳制两千余针。纳底完成后为捶底工序，需将纳好的鞋底经热水浸泡及热闷后用铁锤捶平，不能走样。绱鞋则要求鞋模子造型美观、大方，绱鞋的针码间距齐整，鞋帮与鞋底严合饱满、吃帮均匀。

内联陞根据季节、年龄、性别等不同，先后创制出一千五百多个品种及样式的布鞋产品，其千层底布鞋具有养脚、舒适等优点，深受消费者喜爱。

内联陞千层底布鞋制作技艺以师带徒的传统模式传承，由于这种技艺繁复，学习难度大，学艺时间长，所以学习这一技艺的人越来越少，传承面临危机。

手工制鞋技艺（老美华手工制鞋技艺）
申报地区或单位：天津市和平区

天津老美华始创于1911年，以生产坤尖鞋、绣花鞋、杭元鞋、骆驼鞍鞋起家，至今保留着制作三寸金莲的全套工艺和标准。

老美华手工制鞋技艺全部过程包含打夹纸、画样、剪底样、搓麻绳、纳底、闷底整形等50道工序，以千层底制作为其关键工艺。老美华千层底所打夹纸原料为两层白布，无杂色且不含纸，鞋底一律达到36～40层布。然后在夹纸上画样、剪底样、包边、垫夹层、搓麻绳、圈边口，用丝漏盖在布底上印上颜色并压上印，再手工搓麻纳底，纳底标准为每平方寸81针。纳底要求夏季用安徽麻，冬季用张家口一带的油麻。纳好的底码需在大缸中用60℃的水浸透，再用2寸厚的木盖压好，缸口四周密封24小时，确保底子和线不脱股。起缸后，再用木槌矫正鞋底形状，依靠阳光或烤箱烘干。坤尖鞋和绣花鞋的面料还增加青缎、粉缎、白缎、红缎等鞋面颜色，鞋面上绣有各种绣花图案。

老美华手工制鞋工艺考究、做工精细且穿着舒适透气，深受人们喜爱。但其也面临着后继乏人的传承困境。

酿造酒传统酿造技艺

封缸酒传统酿造技艺、金华酒传统酿造技艺

序号：928
编号：Ⅷ-145
批次：2
类别：传统技艺
申报地区或单位：江苏省丹阳市、金坛市，浙江省金华市

酿造酒，俗称黄酒，又称发酵酒、原汁酒，是把稻米、玉米等富含淀粉和糖质原料的物质发酵后再经过滤或压榨等工序而得的酒。酿造酒是我国传统的酒种，其酒色黄、清亮透明、香气浓郁，尤为江南人所喜爱。

中国是酿造酒的发源地。浙江绍兴早在春秋战国时代就能酿制黄酒。酿造酒主要产于浙江、江苏、上海等地，以浙江的绍兴市、金华市和江苏的金坛市最为著名。

酿造酒传统酿造技艺（封缸酒传统酿造技艺）
申报地区或单位：江苏省丹阳市、金坛市

封缸酒为一种以糯米为原料酿制的黄酒，因需长期封缸陈酿而得名。江苏丹阳、金坛的封缸酒都是黄酒的高档品种，其历史可追溯到2000年前的秦汉时代。

封缸酒酿造需经检米、浸米、淘米、蒸米、冷却、下酒药、下缸、兑酒、加入酒引二次封缸发酵、榨酒、灌装等工序，使用包淘箩、蒸锅、蒸桶、酒药、发酵罐（缸）及用于压榨兑酒的压槽、滤网、封存缸、储罐及灌装瓶等工具；丹阳市生产的封缸酒酿造需经糯米、过筛、泡米、搭米、冲洗、蒸饭、淋饭、入缸、加药拌饭、搭窝、来酿、加米白酒、开耙、养醅、榨酒、淀清、封陈等工序，使用蒸饭土灶、木甑桶、大陶缸、木榨盘、榨酒龙杠、榨酒石、粗榨绳、耙头、陶坛、坛叉、封坛芦叶、竹篾等工具。

以传统工艺生产的封缸酒为甜型黄酒，其色泽金碧自然、澄清明澈，具有久藏不浊、酒性中和、醇稠如蜜、馥郁芳香且营养丰富等特点。

随着现代人饮食习惯的改变，浓甜型黄酒的市场逐渐缩小，这给封缸酒的生产带来一定影响，需要及时采取措施对封缸酒传统酿造技艺加以保护传承。

酿造酒传统酿造技艺（金华酒传统酿造技艺）

申报地区或单位：浙江省金华市

金华酒为浙江省金华市酿造的优质黄酒的总称。早在春秋战国时期，金华地区就已出现以糯米酿造的白醪酒。唐宋以后，金华酒就已跻身名酒行列。明清时期，金华酒形成了寿生酒、三白酒、白字酒、桑落酒、顶陈酒、花曲酒、甘生酒等黄酒品种，其中以寿生酒较为著名。

寿生酒以白曲（麦曲）为主、兼用红曲（米曲）的发酵技艺为其特色。酿造时，将糯米配以用白曲（麦曲）和红曲（米曲）制成的糖化剂，按一定比例加酒母进行发酵，然后将该批料投料并分缸酿造。酿造季节需为农历立冬起到开春前止的正冬节气，以使其在低温环境下慢发酵，故素有"冬浆冬水酿冬酒"的说法。寿生酒发酵时间比普通酒长至5倍，以完成淀粉糖化、酒精发酵、成酸作用和成酯作用等，达到糖分浓度较低而味和曲香并存的效果。然后以荷叶等含香植物叶子密封并蒸酒灭菌。金华酒贮存期一般在两三年以上，以使酒液自然醇化，香味增浓。

金华酒具有色泽晶黄通透、味香醇厚、酒体丰富适口、滋味鲜美醇爽等特点。

金华酒一直采用家庭小作坊手工操作的方式酿造，目前掌握这门手艺的技师多已年届古稀，年轻一辈又不愿学习这种技艺，如果不及时采取保护措施，金华酒传统酿造技艺将面临失传危险。

国家级代表性传承人名单

姓名	性别	申报地区或单位	入选批次
许朝中	男	江苏省丹阳市	3

牛羊肉烹制技艺

东来顺涮羊肉制作技艺、鸿宾楼全羊席制作技艺、月盛斋酱烧牛羊肉制作技艺、北京烤肉制作技艺、冠云平遥牛肉传统加工技艺、烤全羊技艺

序号：951
编号：Ⅷ-168
批次：2
类别：传统技艺

申报地区或单位：北京市东来顺集团有限责任公司，北京市鸿宾楼餐饮有限责任公司，北京月盛斋清真食品有限公司，北京市聚德华天控股有限公司，山西省冠云平遥牛肉集团有限公司，内蒙古自治区阿拉善盟

牛羊肉烹制技艺（东来顺涮羊肉制作技艺）

申报地区或单位：北京市东来顺集团有限责任公司

北京的东来顺字号创建于清代光绪二十九年（1903），创始人为丁德山。它是北京清真餐饮的代表。东来顺涮羊肉制作技艺融合了羊肉批制和切肉、火锅制作、糖蒜制作、调料制作等多种技艺。东来顺涮羊肉是北方火锅的代表。

东来顺涮羊肉在选料、调料、糖蒜、火锅等方面均有要求。用于涮羊肉的羊为产自内蒙古锡林郭勒盟东乌旗、西乌旗的一年到一年半羯羊。羊肉切出来讲究形如帕、薄如纸、软如棉。涮羊肉所用的调料包括芝麻酱、绍酒、酱豆腐、韭菜花、虾油、辣椒油、酱油、米醋以及葱花、香菜等，分别盛在小碗中，吃时按个人口味不同可随意调配。火锅汤中放有海米、口蘑等增鲜。糖蒜选自河北霸州市大清河的大六瓣蒜，经去

皮、盐卤水泡、装坛倒坛、放气等工序制作完成，成品无异味，酸甜适口，口感清脆、开胃解腻。涮肉所使用的火锅锅身高、炭膛大、火力旺，汤总是呈沸腾状，羊肉片入汤后稍涮片刻即熟，且又嫩又鲜。

东来顺涮羊肉制作技艺保留了食物的营养价值，涮羊肉调料集中了甜、辣、咸等五味，使得涮羊肉既味美又科学。

如今的东来顺注重集约化经营，保持平民化、大众化的经营模式，使自身进一步贴近平民百姓的生活，深受群众喜爱。

牛羊肉烹制技艺（鸿宾楼全羊席制作技艺）
申报地区或单位：北京市鸿宾楼餐饮有限责任公司

北京的鸿宾楼创建于清代咸丰三年（1853），主营清真菜肴，原址设在天津，1955年迁入北京。

鸿宾楼全羊席共一百零八道菜，主要原料大都取自羊身上的不同部位，并因羊的不同部位而施艺，且冠名优美。全羊席中菜名并不出现"羊"字，如"迎风扇"原料为羊耳尖、"望风坡"原料为羊鼻梁骨上的肉、"明开夜合"原料为羊上眼皮肉、"千层梯"原料为羊上膛肉，等等。这些菜肴选料精细、讲究刀工、造型美观且配膳合理，具有质地软嫩、清爽、色雅、味浓的特点。

全羊席营养丰富且其菜肴制作和命名均具有较高的文化价值，为清真美食代表之一。作为中华老字号和特级餐馆，鸿宾楼饭庄已名扬天下，国内外宾客多慕名而至。

牛羊肉烹制技艺（月盛斋酱烧牛羊肉制作技艺）
申报地区或单位：北京月盛斋清真食品有限公司

北京的月盛斋创建于1765年，因店址选在前门箭楼西月形墙路南，于回族斋月期间开业，故名"月盛斋"。根据制作方式不同，月盛斋清真食品制作工艺分酱制和烧制两大类。其中，酱、烧牛羊肉为其代表性产品。

月盛斋酱烧牛羊肉制作工序较多，除选料、配方和兑"老汤"技术外，还包括验料、选裁、调汤、煮制等约二十道工序。以爆炖五香酱羊肉制作为例，先将水和黄酱一起煮沸，再根据部位的老、嫩程度，将分割好的肉块分层码入锅内。将上述原料投料灌汤后，先用旺火煮，使羊肉由生变熟，并除膻去腥；然后用文火煨，使五香味进入肉里。待熟透入味后，熄火开锅，将肉块捞出，冲汤（老汤）、浇油后即完成爆炖五香酱羊肉制作。

月盛斋酱烧牛羊肉具有肥而不腻、瘦而不柴、不膻不腻、浓香适口等特点。此外，这一传统技艺在综合吸收宫廷酱肉技术和民间传统特色基础上形成，并使用多种既可调味又有药用价值的香料，做出的肉味道鲜美且具有养生滋补价值。

随着市场经济的快速发展，月盛斋的经营遭遇了困境，酱烧牛羊肉制作技艺的传承也出现危机，亟待保护。

牛羊肉烹制技艺（北京烤肉制作技艺）
申报地区或单位：北京市聚德华天控股有限公司

北京烤肉是源于北方游牧民族的传统食品。"烤肉宛"和"烤肉季"两家店为北京烤肉的代表。

"烤肉宛"创始于1686年，主营北京烤牛肉及北京清真风味菜系，因店主是一宛姓回民而得名。其牛肉出自西口产四龄半的阉过的公牛或只产过一胎的乳牛的上脑、和尚头、外脊和子盖等部位，羊肉出自膻味不浓的西口羯羊的上脑、扁担肉、磨裆、三岔等部位。切时使用特制钢刀将肉"拉切"成柳叶形肉片。烤肉以果木为燃料，烤时将腌好的肉片放在炙子上，适时加入葱，来回翻烤至熟，再撒上香菜，熟透即可食用。吃时佐以糖蒜、黄瓜条、辣椒油，将芝麻烧饼中间掏空填上烤肉和配料，口感香而不腻、唇齿留香。

"烤肉季"创始于1848年，主营烤羊肉，因店主姓季而得名。烤肉季羊肉选自张家口以西的绵羊的后腿与上脑等部位，加工时，先将筋膜、碎骨等剔选干净，然后用小箅帘布包好，以冰块压二十四小时。切肉片的刀为特制，切的肉片比涮肉片稍小。烤肉时，在桌上放一口板沿大铁锅，锅沿放一铁圈，上边架上铁条炙子；铁圈上留几个火口，随时添加木炭。边烤边加葱和香菜，也可加入生鸡蛋同烤，烤好后可直接入口。此外，烤肉一般与烧饼同吃。

"烤肉宛"烤牛肉久盛不衰，扎根于北京民间，传延至今。而"烤肉季"从创立至今从未离开什刹海，已成为这一地区富有特色的风味小吃，游人食肉观景，其乐融融。

牛羊肉烹制技艺（冠云平遥牛肉传统加工技艺）
申报地区或单位：山西省冠云平遥牛肉集团有限公司

冠云平遥牛肉产自山西省平遥县。相传唐代文成公主进藏时，即有平遥牛肉加工技师随行，可知当时平遥的牛肉已达到了很高水平。明清两代，晋商崛起，平遥牛肉也随着当地商业的发展而传遍大江南北。

平遥牛肉加工需经屠宰、分割、煮熟牛肉等工序。屠宰时，须将血放尽，剔骨时须将牛的神经组织包骨皮与肌肉组织相连接，把整块肉按部位取下。剔骨后，根据牛的大小将牛肉分敦则、二道敦、夹肋、膀头、脖则、爪则等部位切割成16～20块，然后逐块涂上食盐，盐与肉的比重需合理。为使盐溶化均匀，需在厚块牛肉上刺上盐眼，将盐顶进去，然后将加盐的肉块依照先厚后薄的顺序分层入缸。腌制时间为夏季5～7天、春秋季15天、冬季30天。牛肉腌制好后，即可将腌期已到的生牛肉从腌缸取出，用清水洗净污物。等锅内水开后，将肉依照大小厚薄耐火程度分层入锅。烹制时先用急火煮2小时，然后逐渐减弱火力煮8小时即可灭火，再焖2小时出锅。出锅时的肉需放在案上晾开或用肉钩挂在架杆上逐渐降温，待全部冷却、肉质收缩时入库。

冠云平遥牛肉为山西传统肉食品，其色泽红润鲜亮，口感细软绵嫩、清香醇厚且营养丰富，并具有一定的养胃健脾功效。

随着技师年龄的老化，传统工艺出现断代现象，平遥牛肉传统加工技艺已面临传承危机。

牛羊肉烹制技艺（烤全羊技艺）
申报地区或单位：内蒙古自治区阿拉善盟

阿拉善烤全羊是在蒙古族传统火烤羊肉工艺基础上发展而来的宴席名菜。早在三百多年前就已成为阿拉善王府宴席上的珍品。

阿拉善烤全羊以阿拉善土种绵羯羊为原料，所用配料包括葱、蒜、姜、花椒、大料、盐、白糖、植物油、酱油等。烤全羊制作需经屠宰、烫毛、整理、配料、燃料准备、预热炉灶、烤制等十几道工序。屠宰完成后，需将羊整理成卧姿，然后将调料塞进羊的胸腔及四肢内侧，再把酱油和白糖熬成的汁涂于羊的外皮，稍干之后涂植物油。烤全羊的燃料为当地特有的梭梭柴，一次烤制需三四百斤柴。烤前需预热炉灶，即先将炉灶烧至120℃后拔出火。待温度降至80℃

时，将准备好的羊用铁链拴住，放入炉灶内，盖上铁锅，并用泥抹上铁锅和炉灶间的缝隙。烤全羊入炉后需烤制3～4小时。

烤全羊具有皮脆肉嫩、色泽光亮、浓香四溢的特点，其吃法也有讲究。烤全羊出炉后即端出让客人过目，由一长者或分肉人从羊尾巴上割下一片放在羊头上，同时主家人诵祝词，唱三首祝酒歌，给客人敬酒，然后按照皮、肉、骨的顺序依次分解装盘，请客人品尝。品尝时，配食荷叶饼、小葱、面酱等，最后吃烤羊原汁调配的清淡适口的柳叶面或羊肉汤稀饭。

蒙古族一般在隆重的宴会或祭奠时制作烤全羊。烤全羊的制作和吃法均有讲究，是蒙古族饮膳食俗的集中体现，至今在当地深受欢迎。

国家级代表性传承人名单

姓名	性别	申报地区或单位	入选批次
满运来	男	北京月盛斋清真食品有限公司	3
赵铁锁	男	内蒙古自治区阿拉善盟	3

配制酒传统酿造技艺

菊花白酒传统酿造技艺

序号：929
编号：Ⅷ-146
批次：2
类别：传统技艺
申报地区或单位：北京仁和酒业有限责任公司

配制酒是以蒸馏酒或发酵酒为酒基，加入可食用的辅料或食品添加剂，通过调配、混合或加工等方法制成的，已改变了原酒基风格的饮料酒。

菊花白酒，是以北方生产的高品质清香型白酒为酒基酿造的配制酒，其配制药材以菊花为主，辅以人参、枸杞、沉香等，有养肝明目、疏风清热、补气健脾、滋补肝肾之效，被视为重阳节的重要饮品。

中国古时曾有"重阳节赏菊花饮菊花酒"的习俗，寻常百姓多以菊花浸泡酒中，存放一定时日，至重阳节取出饮用。由于菊花酒有清洌芬芳、滋阴养阳之功效，为宫廷帝王所推崇。经过历代能工巧匠的精心研制，在民间菊花酒的基础上，发展为宫廷御用"菊花白"酒。至清代中晚期，为皇宫提供的生活用品部分转为民间承办，"仁和"即为皇宫专事酿造"菊花白"的酒坊。该酒坊于1862年由三位出宫的太监出资创办，至今已传承一百四十余年。

菊花白酒酿制周期漫长，从原材料加工开始到灌装入库为止，要经历几十道加工工序，约八个月的时间。主要工序有预处理、蒸馏、勾兑、陈贮等，其中"固液结合、分段取酒"的蒸馏工艺具有显著特点。工序中的关键点完全要由经验丰富的技师来掌控。

菊花白酒酿制技艺是传统宫廷文化的典范，对于研究宫廷文化具有重要的史料价值。其配方科学、严谨，酿制技艺对于传统的中医药养生研究具有很高的科学价值，是养生酒的代表性产品。

由于"菊花白"酒主要以重阳节为文化依托，具有季节性，加之其酿制成本高、手工酿制效率低等原因，技艺传承遇到困难，需加以保护和抢救。

皮纸制作技艺

序号：417
编号：Ⅷ-67
批次：1

类别：传统技艺

申报地区或单位：贵州省贵阳市、贞丰县、丹寨县

扩展名录：
皮纸制作技艺（龙游皮纸制作技艺）
浙江省龙游县

皮纸制作技艺是一项传统的手工造纸技艺。贵州为少数民族聚居区，该省许多地区仍然保留着古老的传统皮纸和竹纸制作技艺，其中以贵阳市香纸沟（布依族）、贞丰县小屯和丹寨县石桥（苗族）的手工纸品制作技艺最为著名。

香纸沟所产纸为竹纸，成品既绵且韧、有隐形竹纹，并有淡淡竹香。其制作技艺始于明代洪武年间，迄今已有六百多年历史。香纸沟皮纸制作需经伐竹、破竹、沤竹、蒸煮、碾篾、提浆、抄纸、压榨、烘晾等七十二道工序。

贞丰县小屯所产皮纸为白绵纸，具有绵韧、平整润柔的特点。其制作技艺始于清代咸丰年间，至20世纪末全乡仍有千余户从事皮纸生产。白绵纸以贞丰当地盛产的构树皮为原料制成，其制作需经砍、剥、晒、挽、浆、推、蒸、理、包等七十二道工序。

丹寨县所产白皮纸以构树皮为主要原料制成，纸质绵韧、光润，耐水性好。除白皮纸外，丹寨县还生产彩色纸，有云龙皱褶、凹凸、压平、花草、麻纸等六个品种，其制作过程一般有十多道环节。在制作白皮纸时需以"滑药"作为辅助材料。滑药多以当地常见的岩杉树根制成，此外，野棉花根、猕猴桃藤、滑树、糯叶等也可用于制作"滑药"。制作时，将棉絮状纸浆兑水加入"滑药"搅匀，经抄、压、晒、揭、包装后完成成品。

上述手工纸品制作技艺对原料、水质、工艺均有严格要求，技艺传承全靠口传心授，并由此产生了丰富的纸业习俗。随着现代造纸业的发展，复杂难学的古法纸制作技艺的传承正面临困境。

皮纸制作技艺（龙游皮纸制作技艺）
申报地区或单位：浙江省龙游县

龙游皮纸制作技艺主要留存于浙江省龙游县东南山区。龙游皮纸以龙游本地产的山桠皮、野棉皮等为原料制成，其制作主要分为皮料制作和成品制成两项流程，包括三十多道制作工序。其中，皮料制作流程主要包括砍条、蒸料、剥皮、蒸皮、踏洗、摊晾、制皮坯、撕选、蒸煮、揉洗、挤压、摊晒、洗涤、打料、选皮、洗涤、晾干、袋料等工序；成品制成流程，主要包括榨料、皮料下槽、划槽、加汁、搅拌、捞纸、榨纸、焙纸、检纸、切纸、包装等工序。制作过程中，需使用炕山刀、刮皮刀、铡刀、蒸锅、纸帘、帘床、槽角等五十余种工具。

龙游皮纸可加工成画仙纸、笺纸、国色纸、雁皮纸等三十多个品种，用于书画、装帧和包装等，具有洁白细韧、下墨湿厚、色泽耐久和不蛀不腐等特点。

目前，龙游县南部山区一些民间作坊还在以手工方式制作山桠皮纸和雁皮纸，但规模较为有限。

国家级代表性传承人名单

姓名	性别	申报地区或单位	入选批次
罗守全	男	贵州省贵阳市	1
刘世阳	男	贵州省贞丰县	1
王兴武	男	贵州省丹寨县	3
万爱珠	女	浙江省龙游县	4

平遥推光漆器髹饰技艺

序号：401

编号：Ⅷ-51

批次：1

类别：传统技艺

申报地区或单位：山西省平遥县

平遥推光漆器髹饰技艺是一项用炼制过的大漆髹饰木器家具和精致器皿，经过漆细磨及其他工艺绘饰出各种图案的传统手工技艺。该技艺发源于山西中部的平遥县，传播至北方广大地区。平遥县地处黄土高原，漆树资源丰富，为推光漆器髹饰技艺的发展提供了最重要的原料。

平遥推光漆器髹饰技艺形成历史悠久。春秋战国时期，平遥漆器已粗具雏形。自汉代至清代，随着晋商实力的增强，平遥漆器技艺发展较快，并远销蒙、俄、东南亚一带。新中国成立后，一批老艺人开始献艺授徒，推光漆器的生产进入黄金时期。

平遥推光漆器髹饰技艺主要包括以下八个步骤：第一，用特殊配方、技艺及设施炼制大漆；第二，以大漆和天然桐油炼制罩漆；第三，木胎披麻挂灰，其中生漆灰须褙布，猪血灰须披麻，黄土胶则需褙纸；第四，以人发、牛尾制作漆栓（髹饰工具）；第五，在特设的阴房内阴干漆器；第六，描金彩绘，包括平金开黑、堆鼓罩漆、勾金、罩金和蛋壳镶嵌等传统技法；第七，用砂纸、木炭、头发、砖灰、麻油等逐次推光，使漆器光亮如镜；第八，采用镶嵌、镂刻、罩金、刻灰等技艺进行装饰。

平遥推光漆髹饰品分为实用品（如漆柜、漆箱、条案、茶几）和陈设品（如屏风、漆画）两大类，外观古朴雅致、构造精细、漆面光洁、绘饰金碧辉煌、手感细腻滑润，耐热防潮且经久耐用，具有很高的实用价值和工艺价值。

受现代化学漆和腰果漆的冲击，以天然漆为原料的平遥推光漆器髹饰漆艺正日益萎缩，不少艺人改行和流失，漆艺产品质量也有所下降。

国家级代表性传承人名单

姓名	性别	申报地区或单位	入选批次
薛生金	男	山西省平遥县	3
梁忠秀	男	山西省平遥县	4

普洱茶制作技艺

贡茶制作技艺、大益茶制作技艺

序号：934

编号：Ⅷ-151

批次：2

类别：传统技艺

申报地区或单位：云南省宁洱县、勐海县

普洱茶属黑茶类，是采用绿茶或黑茶经蒸压而成的各种云南紧压茶的总称，包括沱茶、饼茶、方茶、紧茶等。云南普洱茶制作技艺最早可以追溯到商周时期。唐代，普洱茶已远销内地和西藏。宋代，在茶马互市中占有重要地位。明代销路更广。清代，被列为贡品，朝廷增设官茶局专司有关的茶事。

普洱茶制作技艺（贡茶制作技艺）
申报地区或单位：云南省宁洱县

普洱茶贡茶因清朝时曾作为贡品而得名。

普洱茶贡茶分散茶、紧压茶、茶膏三种。除茶膏外，制作技艺包括祭祀茶神、原料采选、杀青揉晒、蒸压成型四道程序。祭祀茶神为每年春茶开采之前对茶树王的祭拜活动；原料采选遵循"五选八弃"原则；杀青，指采用焖、抖结合的手法，使鲜叶受热，均匀地失去部分水分；揉捻，指用手直接搓揉已杀青的茶叶，将茶叶揉成条索状，然后晾晒成晒青茶；蒸压成型，指将晒青茶经蒸软、袋揉、压模、定型、干燥、包装等工序后制成各种形状的紧压茶。

茶膏制作需经选料、清洗、入水煎熬等工序。选料，即选择开春时最好的青毛茶作为制作茶膏原料；清洗，即洗去茶叶在运转中沾染的污物；入水煎熬，目的为让茶叶中的养料充分溶入水中，煎熬时需沥去茶渣，反复一次至两次后在文火中煎熬至糊状，经三个月以上自然风干成型。

贡茶对原料要求较高、制作工序较多且要求严格，是普洱茶中的精品。这一传统工艺的历史内涵及其相关的民俗文化是中国茶文化的重要组成部分，也是现代普洱茶工艺研发的基础。

普洱茶制作技艺（大益茶制作技艺）
申报地区或单位：云南省勐海县

大益茶制作技艺留存于云南省西双版纳勐海县勐海茶厂，该厂生产的"大益"牌普洱茶产品独具特色。1939年，著名茶人范和钧创建勐海茶厂，现在，"大益"已成为国内外著名的茶叶品牌。

大益茶制作以拼配工艺和人工生物发酵陈化工艺为特色。"拼配"，即用不同产地同一等级、同一产地不同级别或者不同年份的茶青按照配方进行混合加工，使茶叶的色、香、味、形符合标准，保证产品质量稳定性和一致性，并能生产出更具风格特点的产品；人工生物发酵陈化工艺，是一种通过控制茶叶堆的发酵温度、湿度和时间来加速普洱茶发酵过程和品质转变的发酵工艺。

大益茶可分为生茶和熟茶两类，其中的7572、7542等制茶配方受到广泛肯定，在普洱茶制作技艺发展史上具有独特地位。

2011年，大益集团勐海茶厂入选"中华老字号"名录。同年，"大益"被认定为中国驰名商标，这就为大益茶走向世界创造了条件。

漆器髹饰技艺

徽州漆器髹饰技艺、重庆漆器髹饰技艺

序号：910
编号：Ⅷ-127
批次：2
类别：传统技艺
申报地区或单位：安徽省黄山市屯溪区，重庆市

扩展名录：
漆器髹饰技艺（绛州剔犀技艺）
　　　　　　　山西省新绛县
漆器髹饰技艺（鄱阳脱胎漆器髹饰技艺）
　　　　　　　江西省鄱阳县
漆器髹饰技艺（潍坊嵌银髹漆技艺）
　　　　　　　山东省潍坊市
漆器髹饰技艺（楚式漆器髹饰技艺）
　　　　　　　湖北省荆州市
漆器髹饰技艺（阳江漆器髹饰技艺）
　　　　　　　广东省阳江市

漆器髹饰技艺（徽州漆器髹饰技艺）
申报地区或单位：安徽省黄山市屯溪区

徽州漆器髹饰技艺是中国传统漆器工艺的重要门类。徽州盛产漆树，当地的漆器髹饰技艺非常著名，传承至今已有上千年历史。其中的细嵌螺钿漆器早在宋代即已誉满全国，有"宋嵌"之称。

徽州漆器早期主要产地在安徽的歙县、岩寺（现徽州区）等地，明清时期传到扬州，后发展成著名扬州漆器工艺。民国以后安徽省黄山市屯溪区屯溪开始成为漆器工艺制作的中心。

徽州漆器髹饰技艺使用的主要原料包括生漆（植物漆）、桐油、木材、麻布、贝壳、各种天

然色彩的玉石、金粉、金箔、金丝以及牛骨、瓦灰、棉纸、猪血等，使用的漆胎主要有木胎、夹纻胎、竹胎、皮胎等。徽州漆器髹饰种类及制作工艺与中国传统漆器工艺一脉相承，其装饰方法有彩绘、雕、嵌、描、刻、填、堆、戗等百余种。

徽州漆器髹饰技艺成品包括镶嵌、刻漆、描金彩绘、磨漆、堆漆五类，产品有单幅挂屏、排屏等品种。漆器色泽则有黑色、天蓝等颜色。漆器工艺品装饰画的画面包括四季花卉、黄山风光、飞禽走兽、古代故事或神话故事等。

现在屯溪漆器工艺厂生产的漆器花色品种已达四五十个、六七千件，取材面广，图案新颖，具有浓郁的地方特色，产品远销东南亚、日本和欧美各国。

漆器髹饰技艺（重庆漆器髹饰技艺）
申报地区或单位：重庆市

重庆漆器髹饰技艺是中国传统漆器工艺的重要门类。重庆漆器历史悠久，它起源于商周，发展于秦汉，鼎盛于隋唐，绵延至两宋明清，传承至今。

重庆漆器髹饰技艺主要包括制漆、制胎、髹漆、装饰、打磨五种工艺。其中，制漆工艺，含透明漆、黑推光漆、厚料漆、明光漆、金足漆、快干漆等的制作工艺；制胎工艺，含木胎、脱胎、竹篾编织胎、皮胎、压胎、花瓶、人像、人型浮雕等的制作工艺；髹漆工艺，含灰底制作、髹漆等工艺；装饰工艺，含研磨彩绘、金银粉罩漆、堆漆、镶嵌、平绘、印漆、斑纹填漆等工艺；打磨工艺，含打磨、抛光等工艺。完成一部作品，需经数十道工序，且对漆性、三度（温度、湿度、干度）的掌握均有较严格要求。

重庆漆器髹饰技艺以研磨彩绘、金银粉分光罩漆、彩色蛋壳镶嵌、夹纻胎、堆漆塑像等工艺为其特色，其成品主要有生活用品、旅游纪念品、陈设观赏收藏品和建筑装修装饰四类，具有光润坚滑、色彩富丽、装饰纹样丰富等特点。

像绝大多数的传统工艺品一样，重庆漆器也一度陷入了困境。2001年，原重庆美术漆器厂下岗职工高玉平组建了明珠漆艺有限公司，请回了一批老艺人继续生产，但其工艺复杂，工时长，成本高，这一古老技艺依然面临失传危机。

漆器髹饰技艺（绛州剔犀技艺）
申报地区或单位：山西省新绛县

绛州剔犀技艺是中国传统漆器工艺的重要门类。剔犀为漆器髹饰工艺的一种，因其断面显露出不同颜色漆层，与犀牛角横断面层层环绕的肌理效果极其相似而得名。剔犀以雕刻线条简练、流畅、大方的"云纹"为主，故近代人多称之为"云雕"。

剔犀主要产于山西新绛县。据《新绛县志》记载，明代绛州名匠张凡娃经过精心研制并结合本地漆器特点，创造了具有北方特色的剔犀漆器。

绛州剔犀技艺包括木材选料、裱胎、灰胎、髹漆、制图、雕刻、推光等工序。其中，髹漆须在潮湿、不通风、干净无污染的地下室中进行。髹漆时，先在木胎或脱胎上将朱、黑、黄等两种或三种色漆逐层髹上色漆，使其堆积到一定厚度（0.3～0.5毫米）。待上一道漆阴干后再上一道，一般要涂饰八十道，几十道漆需时一个多月。待漆整体阴干后放置一段时间方可描绘图案和雕刻。雕刻时用V型刀雕刻花纹，刀口处可见不同色层，此为绛州剔犀技艺特色之一。每个图案均需经数次雕刻、修整，直到深浅、宽度、厚度都达到一定要求后再进行其他工艺。雕漆后的花纹多为回纹、云钩，断面显露宛若彩云的纹理色彩；刀口侧面处显现如同截开的犀牛皮质的断面层次。

绛州剔犀生产工艺虽然目前已粗具一定规模，但仍然存在着濒临失传的危机。

漆器髹饰技艺（鄱阳脱胎漆器髹饰技艺）
申报地区或单位： 江西省鄱阳县

鄱阳脱胎漆器髹饰技艺是中国传统漆器工艺的重要门类。它作为一门民间工艺，历经几千年流传至今，其纯手工制作的精密度和细腻度，是历代艺人心血和智慧的结晶，是一份宝贵的历史、文化遗产。

鄱阳脱胎漆器以天然大漆和棉麻布为主要材料制成，漆器胎质主要有木胎、夹纻胎、皮胎、藤胎等，其髹饰技艺包括造胎、上漆、脱胎、彩绘、打磨、贴箔、抛光等五十余道工序。传统鄱阳脱胎漆器制作需经模胎、割胎、粘胎等流程，工艺烦琐复杂。近年来，鄱阳脱胎漆器手工业匠人探索出一种新的凝固成型脱胎工艺，可使漆胎一次成型，省去割胎、粘胎等流程。这一工艺创新，使脱胎漆器的牢固度增强且内壁光洁无痕，造型随心所欲，成型简单快捷。

鄱阳脱胎漆器产品包括盛具、茶具、烟具、酒具、花瓶、方圆盒、横屏、台折屏等，漆面光泽明亮、内壁平滑且造型新颖、制作精巧，具有很强的艺术性和观赏性。

鄱阳脱胎漆器由于纯手工制作，工序繁杂，从业人员习艺时间较长，且工作辛劳，后继乏人，传承十分艰难。

漆器髹饰技艺（潍坊嵌银髹漆技艺）
申报地区或单位： 山东省潍坊市

潍坊嵌银髹漆技艺是中国传统漆器工艺的重要门类。潍坊嵌银漆器已有近二百年的历史，是世界上独有的特种工艺品。早在1915年，潍坊嵌银漆器就在巴拿马国际博览会上被授予"最优奖"。

潍坊嵌银髹漆技艺以名贵红木、天然漆和金银丝为主要原料，包括坯胎制作、雕刻、嵌银、打磨、上漆等工序。制作时，先将贵重红木经锯、刨、开榫、下卯、雕刻等工序制成各种器具；然后在木胎上贴设计图案，用刀或铲刻出各类造型；接着用小刀按纹样刻画出细槽，将金丝或银丝镶嵌在细槽中，用小锤砸紧砸实；再反复打磨已雕刻和嵌丝的制品后上漆。经7次涂漆后，将金银丝上的漆色除去，使镶嵌到木器中的金银图饰显出本色，即完成髹漆流程。嵌银艺术采用中国画的白描形式，其图案有山水、花鸟、古装人物和汉代青铜器花纹等。

潍坊嵌银髹漆技艺成品主要可分为工艺品和高档家具两类，其中，前者包括文房四宝、龙头百寿拐杖等，后者包括雕龙坐椅、雕龙床等。该技艺将传统雕刻、嵌银、木工技艺有机融为一体，成品洒脱简练、秀美飘逸、流光溢彩。

自新中国成立以后，潍坊嵌银艺人以弘扬嵌银技艺为宗旨，在继承的基础上不断创新，使这一被誉为中华瑰宝的文化遗产得以发展。1954年，潍坊嵌银漆器代表中国参加了在罗马尼亚举办的十四国展览，获得"罗马尼亚民间艺术展览会纪念章"。

漆器髹饰技艺（楚式漆器髹饰技艺）
申报地区或单位： 湖北省荆州市

楚式漆器髹饰技艺是中国传统漆器工艺的重要门类。荆州地处江汉平原、长江荆江段，自古就是优质木材、生漆和黄金的产地，为楚式漆器髹饰技艺的形成和发展提供了天然优势。楚式漆器髹饰技艺历史悠久，春秋战国时期其工艺已达到极高水平。

楚式漆器髹饰技艺以天然生漆为上漆原料，选用天然矿植物色素进行绘画，包括选料、雕刻、榫卯成型等近二十道工序。该技艺以榫卯组合成型为其特色，即漆器整体物件往往由分别雕刻成型的部件榫卯组合而成，造型生动且牢固。楚式漆器的装饰纹样以凤鸟、龙蛇等为主题。其使用的彩色漆料需经色料研磨、日晒脱水等多道工序制成。

楚式漆器中的髹漆彩绘木雕类器物可分为艺术品和实用品两类，包括鸳鸯造型的"鸳鸯豆"、金凤和莲花造型的"金凤莲花豆"、凤鸟造型的"双连杯"、鸳鸯凤鸟造型的文房用品、凤虎鹿造型的"虎座立凤"和"羽人"，等等。

目前荆州地区虽有漆器作坊近十家，但只有少数楚式漆器髹饰技艺传承人的技术比较成熟，且因资金和熟练技工的缺少而难有作为。老艺人年迈、后继者乏人与建立健全其保护机制等，是亟待解决的主要问题。

漆器髹饰技艺（阳江漆器髹饰技艺）
申报地区或单位：广东省阳江市

阳江漆器髹饰技艺是中国传统漆器工艺的重要门类，主要流传于广东省阳江地区。早在宋代时，阳江漆器制作技艺已相当精美了；到了清朝，阳江漆器生产曾盛极一时。

阳江漆器所用漆胎有皮胎、纸胎、木胎三种，其中以皮胎漆器最富传统特色。漆器髹饰手法包括平磨彩绘、描金、推漆等。在装饰上，阳江漆器多采用平磨彩绘手法，用笔简练、流畅生动且色调明快，装饰图案取材于花鸟山水。20世纪60年代，阳江漆艺工人制作出富有传统和地方特色的漆画。其以漆、熟桐油和经过加工的透明漆及黑漆为涂料，调入银朱、石黄、石绿等入漆颜料，利用螺钿、蛋壳、金银箔等材料，经描绘、镶嵌、髹罩、雕填、研磨等工序制作而成。

阳江漆器有漆皮箱、红漆枕、烟具、酒具、茶具等品种，素以平滑淡雅、久用愈亮、防潮耐用而著称。阳江漆器髹饰技艺的兴起与当地发达的造船业、桐油业有着直接关系，是阳江地区岭南文化的重要载体。

改革开放后，由于经营不善及社会环境变化等原因，受到物美价廉的塑料等制品冲击，漆器市场迅速萎缩。1996年，阳江漆器厂基本停产。如今，在阳江再难觅得专卖漆器的店铺，普通人家里也难见漆器的踪影。这一古老技艺濒临危机。

国家级代表性传承人名单

姓名	性别	申报地区或单位	入选批次
甘而可	男	安徽省黄山市屯溪区	3
陈思碧	女	重庆市	3
何俊明	男	山西省新绛县	4
李波生	男	江西省鄱阳县	4
邹德香	男	湖北省荆州市	4

铅山连四纸制作技艺

序号：416
编号：Ⅷ-66
批次：1
类别：传统技艺
申报地区或单位：江西省铅山县

铅山连四纸制作技艺是流传于江西省铅山县的一项传统手工造纸技艺。连四纸，又称"连泗纸"，纸质较厚者称为"海月纸"，是以嫩竹为原料制成的漂白纸，相传因其研制者福建邵武连姓兄弟在家族中排行老三、老四而得名。连四纸原产地在江西省铅山县，今属上饶市，这里盛产造纸所需的毛竹；今产地分布在武夷山脉南、北麓。

连四纸以立夏前后的毛竹嫩竹竿为主要原料制成，其制作需经七十二道工序，主要包括砍条、坐山阴干、叠塘冲浸、清水漂塘、剥离竹丝、洗晒竹丝等竹麻丝制作工艺，浸、沤、洗、蒸、煎、漂、捶、晒、碓、洗等作料工艺和洗浆、兑药、打槽等抄纸工艺，生产周期长达一年。

依靠几个月日晒雨淋使之自然漂白为连四纸制作特点之一，其制作技术关键有两点：一是水质，凡冲、浸、漂、洗所接触的水均不能有任何污染，须采用当地泉水；二是配药，药系采用水卵虫树制成。

连四纸质地洁白绵密并有隐约帘纹，具有耐虫防热、永不变色等特点。用连四纸印刷的书清晰明目，久看眼不易倦。连四纸对继承和传播中华文明发挥了极大作用。元代以后，我国许多典籍、字画、印谱、拓本多采用连四纸并因此得以传世。直至20世纪80年代，铅山连四纸仍是北京荣宝斋、上海朵云轩等指定的专用纸张。

不过，铅山连四纸制作技艺对原料、时间、工艺要求较高，且技艺仅靠口传心授传承，不利于该技艺的迅速推广。

铅锡刻镂技艺

序号：1174

编号：Ⅷ-194

批次：3

类别：传统技艺

申报地区或单位：湖北省荆州市

铅锡刻镂技艺是一种用于制作、复制古代青铜器的制模技艺，主要流传于湖北省荆州市，由荆州的敖氏家族传承，目前已传至敖兴华、敖兴强第五代。

铅锡刻镂技艺利用铅锡软、柔且延展性好的性能，通过打击、扭曲、编织、挤压、入模成型等手法，将平面的纹饰和立体、扭曲、镂空等造型相结合，并注重器物形状和动物形态的结合，最终完成精致的原模制作。该技艺对制模、雕刻等环节均有严格要求，并留存有相应的心法口诀。如制模时的技巧口诀有"圆刮方削成模道，动物成模先观形""分划分三四，六八方位出，宫格画纹饰，上下高低皆有度，反复比较能安心"等，雕刻则有"挑刀指用劲，以免伤眼窝"等下刀口诀和"单元相同刻一侧，花形相对刻一片，平起平走刻一排"等雕花口诀。

利用铅锡刻镂技艺制作、复制的古代青铜器，具有精细且纹饰流畅自如的特点。该技艺目前主要用于文物的修复和复制。铅锡刻镂技艺提升了我国青铜器制作工艺水准，并为青铜器金属制模研究提供了翔实的实物资料和完整的传统工艺过程，具有重要的艺术价值和学术价值。

国家级代表性传承人名单

姓名	性别	申报地区或单位	入选批次
敖朝宗	男	湖北省荆州市	4

青铜器修复及复制技艺

序号：1177

编号：Ⅷ-197

批次：3

类别：传统技艺

申报地区或单位：故宫博物院

青铜器是指以青铜为基本原料加工而制成的器皿、用器等。青铜，古称金或吉金，是红铜与其他化学元素（锡、镍、铅、磷等）的合金，其铜锈呈青绿色，因而得名。古代青铜器的修复，在历史上是随着金石学的发展而兴起的。修复方法是利用中国传统的锡焊法和铜胎打制法，将残破的青铜器复原，再用胶水调颜料涂抹，外罩一层黄蜡。

中国传统青铜器修复及复制技艺在春秋时期既已出现。明清时期，这一技艺分为北京派、潍坊派、苏州派、西安派等流派。故宫博物院的青铜器传统修复及复制技艺源于北京派的"古铜张"。

青铜器修复技艺主要包括整形、拼接、补配、粘接（焊接）、加固、作旧等工艺，有时还会涉及去锈、烫蜡（表面封护）等。每项工艺均有相应操作规范，并根据青铜器的具体损坏情况选择应用。青铜器复制技艺包括制作模具、翻模铸造、錾刻花纹、打磨作旧等工序。

青铜器修复和复制技艺目前主要用于文物修复和复制。从古铜张传人进入故宫博物院后，故宫博物院通过"师承制"的方式培养了一批掌握传统青铜器修复和复制技艺的专家，先后修复了班簋、立鹤方壶、齐史祖辛觯、司母辛鼎、二祀邲其卣、马踏飞燕等国宝级文物，复制了格伯簋、兽面纹瓿、兽面纹甗、鸢祖辛卣、西周牛尊、西周荣簋等重要文物。

这一传统技艺在保护和传承中华民族文化遗产方面发挥了较大作用。不过，由于该技艺用途有限，加之存在专业人员老龄化问题，其传承仍面临困境。

国家级代表性传承人名单

姓名	性别	申报地区或单位	入选批次
王有亮	男	故宫博物院	4

清徐老陈醋酿制技艺

序号：411

编号：Ⅷ-61

批次：1

类别：传统技艺

申报地区或单位：山西省清徐县

扩展名录：
老陈醋酿制技艺（美和居老陈醋酿制技艺）　　山西省太原市

清徐老陈醋酿制技艺是流传于山西省清徐县的一项传统酿醋技艺。清徐老陈醋因其主要产于山西省清徐县而得名，是中国四大名醋之一，主要产地在山西省清徐县内清源、徐沟等地。

早在春秋战国时期，清徐人便以液态发酵方式用缸、瓮酿醋。北魏时期，酿醋技艺由液态发酵改为固态发酵。这一酿造方式的改革在清徐世代相传，经不断改进、完善，形成一套北方风格的高级食醋酿制技艺流程。

清徐老陈醋以当地优质高粱和用豌豆、大麦制成的红心大曲为主要原料，以各种皮糠为辅料酿制而成，其制作需经配料、蒸料，固态醋酸人工翻醅，高温熏醅、高密度淋滤、陈酿等工序。一百斤高粱、五十斤大曲、六十斤谷糠、三十斤麦麸、五斤食盐、四两花椒，一般可生产二百五十斤淋醋。清徐老陈醋酿造时的蒸坯、发酵时间均较长。其中，醋酸发酵工序需将发酵过的原料配以谷糠、稻壳、麦麸皮、食盐以及花椒，装入缸内，用十几天时间完成发酵。出缸后，需再经一年"陈酿"后完成酿制过程。"陈酿"分为"伏晒"和"抽冰"两个步骤，即利用自然条件，开缸后在伏天暴晒和隆冬结冰后捞去冰块，以剔去醋中水分。

山西清徐老陈醋色泽亮丽，集酿香、料香、醇香、酯香为一体，其营养丰富，还具有一定的保健功效。

不过，由于根据传统工艺制作清徐老陈醋的成本较高，加之其制作工序繁多、标准高、要求严、手工操作劳动强度大，这一传统技艺的传承有后继乏人之忧。

老陈醋酿制技艺（美和居老陈醋酿制技艺）

申报地区或单位：山西省太原市

美和居老陈醋酿制技艺因其由醋坊"美和居"创制而得名。

明朝初年（1368），太原醋坊"美和居"酿醋师傅创造出"熏蒸"工序和"夏伏晒，冬捞冰"的陈酿工艺。又经六百多年传承和发展，一套与现代科学相匹配，以传统手工技艺为基础的山西老陈醋生产工艺逐渐形成。

美和居老陈醋酿制技艺大致包括蒸、酵、熏、淋、陈五个步骤。酿制时，将豌豆和大麦按照一定比例粉碎，养三个月后制成大曲。然后将高粱蒸熟，掺入一定比例大曲。经十八天酒精液态发酵后，加入谷糠、麸皮，搅拌均匀后入缸，经十天左右完成醋酸固态发酵。发酵后需进行熏醅，再经一年"冬捞冰、夏伏晒"后完成酿制过程。整个酿制过程需综合运用"低温酒醪液体发酵""高温接种引火，熏淋醋醅结合制醋""夏伏晒，冬捞冰的贮陈老熟"等多种工艺。

美和居老陈醋具有绵、酸、香、甜、鲜等特点，不仅可用于烹饪调味，营养价值也较高。不过，随着美和居老陈醋逐渐走向市场化，不能快速量产、成本高等问题使其酿制技艺的传承和发展面临挑战。

国家级代表性传承人名单

姓名	性别	申报地区或单位	入选批次
郭俊陆	男	山西省太原市	3
武润威	男	山西省清徐县	4

汝瓷烧制技艺

序号：1169
编号：Ⅷ-189
批次：3
类别：传统技艺
申报地区或单位：河南省汝州市、宝丰县

汝瓷烧制技艺是我国制瓷传统手工艺。汝瓷，为宋代汝窑烧制的青瓷统称，为宋代汝、官、钧、哥、定五大名瓷之一。其窑址在汝州境内（今河南汝州、宝丰一带）。汝州所辖临汝、宝丰、鲁山等地有着丰富的陶土和茂密的树林，得天独厚的高岭土、石英、煤炭资源优势，是汝瓷赖以生存并得以传承的天然环境。

汝瓷烧制始于唐，盛于宋。到北宋晚期，汝窑御用品烧制时以名贵的玛瑙入釉，以至汝窑瓷汁如堆脂，面若美玉，工艺愈加精湛，在当时的各个窑口，曾有"汝窑为魁"之称。北宋末年，金兵入侵，宋室南迁，官窑也随之被毁，作为一代名瓷的北宋官窑仅存世十八年，汝瓷烧制技艺随之失传。虽然元、明、清历代民间窑场仍然不断烧制，但因种种原因，均未成功。

汝瓷以方解石、钾钠长石、黄长石、砂岩石、半坡土、叶蜡石、萤石、硬质高岭土、软质高岭土、石英等为主要原料烧制而成，其烧制需经选料、破碎、球磨、注浆、滤泥、练泥、拉坯、压坯、素烧、施釉（玛瑙釉）、烧制、验级等七十多道工序。汝瓷以玛瑙入釉、浸釉法施釉，根据制品色泽要求，需施釉一次或两次。古代汝窑有生产民间用品的民窑和宫廷用品的官窑。根据釉色的区别，民窑多为豆绿釉、天蓝釉、月白釉；官瓷则以天青釉为主。这两种汝瓷在现代汝窑中均有生产，其成品称天青汝瓷、月白汝瓷、豆绿汝瓷等。其中天青汝瓷在重还原和高温环境下烧成，豆绿汝瓷在轻还原和低温环境下烧成，温度不同，汝瓷颜色不一，其品质和价值也相差较大。

汝瓷制品有荷花口瓶、荷花碗、八卦鼎、三羊尊、三足洗、盘口瓶、凤首壶、奉华尊、龙头瓶、孔雀瓶、淑女瓶、活环瓶、弦纹尊、观音瓶、虎头尊、旺财貔貅等种类，具有青如天、面如玉、薄如纸、声如磬的典型特征。

20世纪80年代，消失于元、明、清的汝瓷烧制技艺，在几代陶瓷技师的努力下得以恢复。

国家级代表性传承人名单

姓名	性别	申报地区或单位	入选批次
朱文立	男	河南省汝州市	4
孟玉松	女	河南省汝州市	4

撒拉族篱笆楼营造技艺

序号：968

编号：Ⅷ-185

批次：2

类别：传统技艺

申报地区或单位：青海省循化撒拉族自治县

撒拉族篱笆楼营造技艺是撒拉族的一项传统建筑技艺。撒拉族篱笆楼是一种木、石、土混建的古老民居建筑，因楼房墙体大部分以树条笆桩制成而得名，其营造技艺现仅存于青海省循化撒拉族自治县孟达地区。

元代撒拉族先民定居孟达村，开始营造平顶房院建筑。明清时期，青海循化撒拉族自治县孟达、白庄等地修建了众多篱笆楼，形成富有地方特色的建筑。

撒拉族篱笆楼均因地而建，建房讲究牢固、美观、经济、变通，突出防风、防震、适用、安全等功能。楼体框架由木质良好的松木构成，墙体由杂木枝条编织后建成，墙体中空，两面抹以草泥。使用这一方式建造房屋，既节省建筑材料又减轻楼体重量。房屋门窗和柱子多雕饰有各种精美图案。

篱笆楼建筑布局较为多样，有横字式、拐角式、三合院式等，通常分上、下两层，上层设卧室、客房等，楼底房间为仓库、畜圈等。

撒拉族篱笆楼具有冬暖夏凉、透气性强的特点，并具有浓郁的民族特色。篱笆楼与其营造技艺均为研究撒拉族社会经济、政治、文化、社会生活的宝贵资料。

目前随着农村经济的发展，人为拆除建筑群落的现象突出，篱笆楼建筑濒临绝迹，其技艺也面临失传危机。

国家级代表性传承人名单

姓名	性别	申报地区或单位	入选批次
马进明	男	青海省循化撒拉族自治县	3

伞制作技艺

油纸伞制作技艺、西湖绸伞

序号：923

编号：Ⅷ-140

批次：2

类别：传统技艺

申报地区或单位：四川省泸州市江阳区，浙江省杭州市

伞制作技艺（油纸伞制作技艺）
申报地区或单位：四川省泸州市江阳区

油纸伞制作技艺是一种传统手工技艺。早在明末清初，四川省泸州市已出现这种技艺，至今有四百多年的历史。江阳区分水岭乡是传统油纸伞制作技艺的传承者，它以传统手工方式展示了古老工艺的独特价值。

油纸伞主体由伞骨和伞面组成。伞骨制作原料为深山老楠竹，使用前需经防霉、防蛀等工序处理；伞面制作原料为特制手工皮纸。

油纸伞制作需经锯托、穿纹、网边、扎工、制版印花、切割成型、裱糊烘烤、幌油、防线穿伞、验收包装等九十多道工序，使用上百种工具，需时近半个月。其中，伞面由八张纸拼接而成，一般以手工石印绘上"龙凤呈祥""二龙戏珠""孔雀开屏"等图案。裱伞面是制作油纸伞的重要步骤，即由工人在伞骨上刷一层白胶，再将棉纸浮贴在伞架上。裱完伞面后，在伞面刷上特制桐油，以保证油纸伞不破裂、褪色、变形。制作高档油纸伞会运用"满穿"工艺，即在内部的短伞架内穿上五色丝线，这些丝线交错成类似盛开牡丹的形状，具有较强的观赏性。制成的油纸伞条子可反复撑收3000次不损坏，清水浸泡24小时不脱骨，顶5级大风行走不变形。

泸州油纸伞保留了传统湿糊伞技术与特殊的熟桐油配方，伞面经久耐用，可遮雨、遮阳且图案精巧美观。

泸州油纸伞深受群众和民间收藏者的欢迎，远销英、法等欧洲国家和中国港澳台地区，为中国传统文化的传播贡献了一份力量。

伞制作技艺（西湖绸伞）
申报地区或单位：浙江省杭州市

杭州西湖绸伞始创于1932年，其工艺由杭州都锦生丝织厂研创，传承至今已有八十余年。

西湖绸伞主体由伞骨和伞面组成。伞骨和伞面制作原料分别为江南特有的淡竹和特制的伞面绸。

制作西湖绸伞需经选竹、伞骨加工、车木、伞面装饰、伞骨撇青、上架、串线、剪边、折伞、贴青、刮胶、装杆、包头装柄、穿花线、钉扣、修伞、检验、包装等十八道工序。其中，上架和贴青的技术要求较高。"上架"即将伞面上到骨架上去，要求必须平整，不能起皱；"贴青"即将竹子的篾青与伞骨分开，分别编上号码，等将伞面夹在两者中间后，再按照对应的号码归位，以达到伞骨收拢后即为伞骨所用竹子形状的效果。西湖绸伞伞面一般加以刷花、绘花或绣花等装饰，题材包括杭州西湖风景、仕女、花鸟等。

西湖绸伞种类分为日用伞、装饰伞、舞蹈伞、杂技伞、排须伞等，"张开一把伞，收拢一根竹"是西湖绸伞的主要特点。西湖绸伞造型轻盈、设计奇巧、制作精细美观，具有很高的实用价值和欣赏价值。

当前，由于尼龙折叠伞的普遍流行，绸伞已慢慢从人们生活中消失，相关制作技艺也逐渐被淹没，急需有关部门加以抢救和保护。

厦门漆线雕技艺

序号：405
编号：Ⅷ-55
批次：1
类别：传统技艺
申报地区或单位：福建省厦门市

漆线雕是以漆线经特殊制作方法缠绕出各种金碧辉煌的人物及动物形象的传统手工技艺，为福建省厦门市历史悠久、独具特色的民间手工技艺。

漆线雕技艺在厦门地区的发展与民间宗教的兴盛及神佛雕塑行业的繁荣密不可分。其形成于明末清初，最初主要用于佛像装饰，系受宋元线雕工艺（特别是沥粉和泥线雕）的启发而产生。至晚清时，该技艺逐渐成熟。

传统漆线雕制作包括雕塑、粉底、漆线装饰、妆金填彩四方面内容，其制作工序包括备料、搓线、盘绕形体、表层贴金四个步骤。其中，备料，即用陈年砖粉和大漆、熟桐油等原料调和，经反复舂打成柔软而又富于韧性的泥团，俗称"漆线土"；搓线，即用特制搓板，由手工搓成各种粗细不同的柔软而有弹性的漆线，以表现各种图纹、形状；盘绕形体，即以连绵不断的线紧密地盘绕出层次丰富而繁复的纹样，纹样重叠以在光照下产生立体效果；表层贴金，即将24K金箔贴在已绕出的纹样的漆线上，制成漆线雕成品。

厦门漆线雕技艺关注漆线线条本身的审美特质，完整地保留了闽南民间艺术的特色，具有很高的艺术价值。

20世纪80年代后，由于工艺原始、流程复杂，历代匠师的技法也无文字记载，厦门漆线雕技艺濒临失传。后来，在手工艺人的努力下，该技艺得以保存并发展，由纯漆线雕工艺变为集景德镇陶瓷的古雅、福州脱胎漆器的神韵、北京景泰蓝的华彩三大工艺特色为一体的手工技艺。

国家级代表性传承人名单

姓名	性别	申报地区或单位	入选批次
蔡水况	男	福建省厦门市	1

晒盐技艺

海盐晒制技艺、井盐晒制技艺

序号：936
编号：Ⅷ-153
批次：2
类别：传统技艺
申报地区或单位：浙江省象山县，海南省儋州市，西藏自治区芒康县

晒盐技艺（海盐晒制技艺）
申报地区或单位：浙江省象山县、海南省儋州市

晒盐是一项古老的传统技艺。盐分为海盐、池盐、井盐三类。目前，浙江省宁波市象山县、海南省儋州市等地均留存有传统的海盐晒制技艺。浙江省象山县海盐晒制历史悠久，《新唐书·地理志》等书中已有象山晒盐的历史记载。海南省儋州市洋浦半岛盐田是当地重要的海盐产区，有些石槽已存在了一千多年。

浙江省象山县海盐晒制需利用海边滩涂及其咸泥（或人工制作掺杂的灰土），使其在日光和风力作用下蒸发，并通过淋、泼等手法制成盐卤，再通过火煎或日晒、风力等自然结晶成原盐。制成的海盐为正立方体且透明洁白，具有指捻不碎、手搓后粉碎不粘手、无羊毛硝析出等特点。象山海盐制作工艺与气候、季节、悬沙、潮汐等因素相关，蕴含着较为丰富的天文、海洋、自然科技等方面知识。

海南省儋州市海盐晒制需经晒盐泥、收盐泥、过滤、收盐等工序。晒制时，先用带齿的木耙纵横交错耙地，使泥松软并充分暴晒三天；然后用木板耙将晒好的泥放入盐池；待盐泥进池后将其踩踏实，再注入海水，过滤一天即得到卤水（饱和盐水）；接着于清晨6点将卤水倒入盐槽，暴晒一天后，下午五点即可用铁板刮盐，完成晒制过程。制成的海盐白且细，具有咸味适中纯正、不带苦味、可直接食用等特点。

海南省儋州市海盐晒制技艺是传统制盐手工业发展的历史见证，并由此衍生出相关民俗及民间传说，具有较高的历史和文化价值。

晒盐技艺（井盐晒制技艺）

申报地区或单位：西藏自治区芒康县

井盐晒制技艺因其制作需使用盐井而得名，西藏自治区芒康县盐井镇留存有传统井盐晒制技艺。据考证，当地在唐代就已开始晒盐。

盐民在流经当地的澜沧江某些特定地点的岩石上凿出坑洞，不久即会积蓄盐水。这些坑洞称为盐井，积蓄的盐水称为卤水。然后，经汲卤、背卤、晒盐、刮盐等工序后，即可得到井盐。汲卤，即采用卤水桶或抽水机将盐井中的卤水取出；背卤，即从井里背出卤水并倒入盐田。可直接将背出的卤水倒入浅池的盐田中，或先将卤水倒入贮卤池中，待需要时再将贮卤池中的卤水舀入浅池的盐田中；晒盐，即主要依靠太阳光和风力使盐田中的卤水析出盐，一般春季晒盐需1～2天，其他季节则需2～5天不等，晒后即出白色晶粒；刮盐，即用铁刀状工具将盐田中发白结晶盐粒刮出，用扫帚扫入容器中，并在竹篮中逐渐沥干水分。每块盐田每次能刮数十斤盐。先刮的盐较洁白，供人食用；后刮的盐含较多泥土，供牲畜食用。

芒康为"茶马古道"由四川进入西藏的第一站，曾为茶马古道的食盐运输作出贡献。此外，芒康井盐制作技艺十分独特，是盐业史和茶马古道相关研究的重要实证。

国家级代表性传承人名单

姓名	性别	申报地区或单位	入选批次
史奇刚	男	浙江省象山县	3
卓玛央宗	女	西藏自治区芒康县	3

绍兴黄酒酿制技艺

序号：410
编号：Ⅷ-60
批次：1
类别：传统技艺
申报地区或单位：浙江省绍兴市

绍兴黄酒酿制技艺是流传在浙江省绍兴市的一项传统酿酒技艺。绍兴黄酒是绍兴境内所产黄酒的总称，产地主要分布在鉴湖水系区域，包括绍兴市越城区、绍兴县和上虞市东关镇等地。

关于绍兴黄酒的文字记载可追溯至春秋战国时期，该技艺成于北宋、兴于明清，经数代越地先民传承和发展至今。

绍兴黄酒一般在农历七月制酒药，九月制麦曲，十月制淋饭（酒娘），大雪前后正式开始酿酒，到次年立春结束，发酵期为八十多天。其以糯米为原料制成，酿制需经筛米、浸米、蒸饭、摊晾、落作（加麦曲、淋饭、鉴湖水）、主发酵、开耙、灌罐后酵、榨酒、澄清、勾兑、煎酒、灌罐陈酿等工序。酿制工具主要有瓦缸、酒坛、草缸盖、米筛、蒸桶、底桶、木耙、木铲、漏斗、木榨、煎壶、汰壶等，大部分为木、竹及陶瓷制品，少量为锡制品。

绍兴酒主要有元红酒、加饭酒、善酿酒、香雪酒四大品种。因酿坊所处位置与操作技巧不同，绍兴酒还可分为"东路酒"和"西路酒"。绍兴城东斗门、马山、孙端、皋埠、陶堰、东关等地酿坊所产酒称为"东路酒"，具有酒味醇厚的特点；城西东浦、阮社、湖塘等地酿坊所产酒称为"西路酒"，具有色泽鲜明的特点。

近年来，由于绍兴黄酒酿造周期长、酿造用水及其他原料要求高、工艺复杂且需要经验，在扩大再生产方面面临许多困难。

国家级代表性传承人名单

姓名	性别	申报地区或单位	入选批次
王阿牛	男	浙江省绍兴市	1

国家级代表性传承人名单

姓名	性别	申报地区或单位	入选批次
李金善	男	北京市东城区	3

盛锡福皮帽制作技艺

序号：896

编号：Ⅷ-113

批次：2

类别：传统技艺

申报地区或单位：北京市东城区

盛锡福是以其皮帽制作技艺闻名于世的老字号。盛锡福于1911年由刘锡三始创于天津，20世纪20年代开始在北京展开经营。如今位于北京市东城区东四北大街368号。

盛锡福皮帽以狐、貂、貉、獭等动物毛皮为原料制成。在皮帽原料的挑选上，要求毛的倒向、长短、粗细、密度、颜色、软硬需一致。皮帽制作需经皮毛裁制、蒙皮面、勾扇、串口、纳里、缉皮面、包口等几十道工序。裁制皮毛时，需使用顶刀、人字刀、月牙刀、梯子刀、斜刀、弧形刀、直刀、鱼鳞刀等工具。缝制时，要求"顶子圆、吃头均、缝头匀"，蒙皮面需"缝对缝、十字平"；勾扇、翻帽、串口等工序均有细致要求；帽胎系采用棉花等天然原料制作而成。在此基础上，纳里、合里、缉皮面、包口等最后工序以及缝头尺寸和针距均有严格的质量要求。

盛锡福皮帽外形端雅大方、做工考究精致、穿戴轻软舒适。民国时期，盛锡福皮帽就备受人们推崇，"头顶盛锡福"成为高品质生活的象征之一。新中国成立后，盛锡福皮帽也曾作为馈赠国际友人的礼品，深受海内外消费者的好评。

如今能纯熟掌握盛锡福皮帽制作技艺的第四代技师仅有两位，其传承面临着一定困境。

石库门里弄建筑营造技艺

序号：1190

编号：Ⅷ-210

批次：3

类别：传统技艺

申报地区或单位：上海市黄浦区

石库门里弄建筑营造技艺是上海的一项传统建筑技艺。石库门是一种兼有江南传统民居合院式格局和欧洲联排式住宅毗连形式的中西合璧的民居建筑样式，其诞生于19世纪中叶的上海租界，是由中国传统匠帮营建的专供华人居住的联排简屋。因其门框用石条砌成，而沪语中用一种东西包套另外一种东西叫作"箍"，故被称为"石箍门"，后谐音为"石库门"。石库门里弄建筑主要分布在上海市卢湾、黄浦、虹口、闸北、静安、徐汇等区。

石库门以石头做门框、乌漆实心厚木做门扇。除部分设计模仿西洋联排式住宅外，其布局与江南普通民居大致相仿。进门后为天井，之后为客厅（上海人叫"客堂"），其后为后天井，最后为灶间和后门。天井和客堂两侧分别为左右厢房。二楼布局与底层相近。21世纪以来，石库门住宅的结构和样式演变为适宜小型家庭居住的"单进"（即无厢房）和"两进"（一客堂一厢房），里弄则演化出广式里弄、新式里弄、花园式里弄、公寓式里弄等改良形式。

石库门里弄营造技艺注重建筑空间的人性化，其技术工艺构件化、流程化，是一种节约型、工业化的住宅建筑营建方式，也是上海历史文化风貌的载体。

从20世纪40年代起，石库门里弄基本上停止建设，其营造技艺仅用于维持房屋的修缮、保养。20世纪末期，随着上海城市大规模的改造、开发，石库门里弄开始被陆续拆除。而对于留存的石库门里弄，由于长期不合理的使用，现代的居住需求与石库门住宅原设计功能也发生了极大的冲突，导致现有的石库门里弄建筑将面临被全面拆除的危机，而这项技艺也濒临消亡。

石桥营造技艺

序号：959

编号：Ⅷ-176

批次：2

类别：传统技艺

申报地区或单位：浙江省绍兴市

石桥营造技艺是一项历史悠久的传统造桥技艺。浙江省绍兴市内水道纵横，保存着上万座不同时代和造型的石桥，以这些石桥为载体的传统石桥营造技艺留存至今。绍兴最早的石桥见于史籍记载为灵汜桥，始建于越王勾践时期，此后历代又不断新建和重建。

绍兴石桥营造技艺包括各类浮桥、木梁桥、石梁桥、折边拱桥、半圆形拱桥、马蹄形拱桥、椭圆形拱桥、准悬链线拱桥等古桥的建造工艺。石桥营造需经选址、桥型设计、实地放样、打桩、砌桥基、砌桥墩、安置拱圈架、砌拱、压顶、装饰、保养、落成等工序。绍兴石桥营造技艺独特、用料质量讲究，布局、选址合理，造出的石桥一般寿命长达千年以上。部分古石桥（如八字桥、广宁桥等）的营造技艺为国内罕见。

绍兴被称为中国的"古桥博物馆"，其境内石桥形式多样、技术体系较为系统，具有结构装饰美、楹联诗文美、环境布局美等特点。绍兴石桥营造不但技艺高超，而且还有深厚的文化底蕴，显示出极高的美学价值，它在环境布局、结构装饰等方面所展露的美感令人充分领略到江南水乡文化特有的神奇魅力。

在市场经济时代，由于石桥营造成本高、工艺繁杂，一般建筑公司不愿承担石桥的营造或维修项目，绍兴古桥营造技艺面临传承困境。

石湾陶塑技艺

序号：353

编号：Ⅷ-3

批次：1

类别：传统技艺

申报地区或单位：广东省佛山市

石湾陶塑技艺是流传于广东省佛山市禅城区石湾镇街道及周边地区的一项传统手工技艺。陶塑，即陶质的雕塑艺术品。石湾自然资源丰富，依山傍水且水陆畅达，是中国岭南重要的陶业基地。

石湾陶塑技艺在日用陶器的基础上发展起来，从石湾东汉墓出土的陶塑可见其艺术雏形。该技艺的发展大致可分为四个时期，唐至明以前为形成发展期，明清时期为鼎盛期，民国时期为低谷期，中华人民共和国成立后，尤其是改革开放后为全盛创新期。

石湾陶塑制作工艺包括构思创作、泥料炼制、成型、装饰、上釉、龙窑煅烧六个环节。龙窑的上、中、下有高、中、低三种火，分别用于移动烧制物品的不同部位，火候全凭师傅的心得体会，只有技艺娴熟的工匠才能把握。

石湾陶塑技艺具有人文性、地方性、民族性的特点，在创作上具有独特的艺术风格。以人物造型为代表的"石湾公仔"陶塑技艺，吸收各种文化艺术精华，高度写实和适度夸张相结合，兼有生活趣味和艺术品位。

发展至今，石湾陶塑技艺中吸收了大量外来元素，在为其注入活力的同时也威胁着传统技艺的保存状况，加之市场空间有限，石湾陶塑技艺面临着后继无人的困境。

国家级代表性传承人名单

姓名	性别	申报地区或单位	入选批次
刘泽棉	男	广东省佛山市	1

蜀锦织造技艺

序号：366

编号：Ⅷ-16

批次：1

类别：传统技艺

申报地区或单位：四川省成都市

蜀锦织造技艺是四川省的一项传统织锦技艺。蜀锦是指四川成都地区制造的花锦。

蜀锦织造历史悠久，最早的文字记载见于春秋秦国的惠文王年间。战国时期，蜀锦已成为重要的贸易品，其兴于秦汉，盛于唐宋，衰于明末，于清代中晚期得以恢复，至近代再次陷入危机，新中国成立后逐步恢复。

传统的蜀锦织造使用花楼织机，其后开始使用有梭机械织机。要完成一件蜀锦作品，主要需经历初稿设计、定稿、点意匠、挑花结本、装机、织造等几个重要过程。其中，织造的基本技能有打结、打竿儿、拉花、投梭、转下曲、接头六项。

蜀锦织造大多以经向彩条为基础起彩，其图案繁华、织纹精细、配色典雅。蜀锦品种繁多，传统品种有雨丝锦、方方锦、铺地锦、散花锦、浣花锦、民族锦、彩晕锦等。

蜀锦织造技艺植根于蜀文化，是成都的标志性技艺，有着鲜明的地域特色。新中国成立后，蜀锦曾一度辉煌。不过，随着工业化进程的推进，手工织机逐渐被现代织机所取代，呈现出萎缩和衰退的趋势。

国家级代表性传承人名单

姓名	性别	申报地区或单位	入选批次
叶永洲	男	四川省成都市	1
刘晨曦	男	四川省成都市	1

水密隔舱福船制造技艺

序号：921

编号：Ⅷ-138

批次：2

类别：传统技艺

申报地区或单位：福建省晋江市、宁德市蕉城区

水密隔舱福船制造技艺是一种传统的造船技术。水密隔舱，是船舱中以横隔板分隔、彼此独立且不透水的一个个舱区。福船，是福建、浙江沿海一带对尖底古海船的统称。水密隔舱福船制造技艺以其水密隔舱制造技术而命名。

古代泉州素以发达的造船业著称。据载唐代天宝年间，泉州地区所造海船已有15个隔舱，最迟在宋代，海船已采用成熟的水密隔舱结构。宁德市蕉城区漳湾镇岐后村的造船技艺是明代洪武年间由闽南传入的。

水密隔舱福船制造包括船型设计、选料、建造等步骤。设计船型时，通常先制作模型，再据此放大建造真船。在选料方面，福船所选木料一般为樟木与杉木。与海水接触的船壳部分多用杉木，龙骨、梁座、梁头等船体的结构

部分多用樟木；制作桅杆一般用树龄几十年的福杉。在建造工艺方面，不同造船师傅可能选用不同工艺，如泉州地区多选用"船壳法"，即先安龙骨，在船体主要结构完成后开始甲板上的工程，最后完成树桅与治帆。此外，新船下水前需进行外观涂装，即用米汤调和蛎灰粉涂刷外壳，以防虫蛀。

水密隔舱技术提高了船舶航行的安全性，也有利于货物装卸，对人类航海史的发展产生了重要影响。

目前，水密隔舱福船制造技艺在泉州的晋江市和岐后村仍有存留，但随着现代交通事业的发展，木船逐渐失去生存的土壤，木船制造技艺也随之逐渐流失。对此，必须采取有效的抢救和保护措施。

国家级代表性传承人名单

姓名	性别	申报地区或单位	入选批次
陈芳财	男	福建省晋江市	3

宋锦织造技艺

序号：364

编号：Ⅷ-14

批次：1

类别：传统技艺

申报地区或单位：江苏省苏州市

宋锦织造技艺是一项传统的织锦技艺。宋锦为宋代发展起来的织锦，因主要产地在苏州，也称"苏州宋锦"。

苏州是我国著名丝绸古城。唐宋时，苏州成为国内丝绸生产中心。南宋时的苏州织锦出现了一种质地精美、技艺独特的新品种——苏州宋锦，除用于袍服衣着等服用外，还大量用于书画卷轴类技艺装裱之用，宋锦由此得名。

传统宋锦织造技艺的生产工序较多，从缫丝染色到织成产品，前后要经过二十多道工序。其产品的基本特点为采用经线和纬线联合显花的组织结构，应用彩抛换色的独特技艺，使织物表面色线和组织层次更为丰富。这一技艺特征被后来的云锦所吸收，并一直流传到当代的织锦技艺上。

宋锦的类别，根据织物的结构、技艺的精粗、用料的优劣、织物的厚薄以及使用性能等方面，分为重锦、细锦、匣锦和小锦四类，也可将重锦、细锦归为大锦。不同类别的宋锦有不同风格和用途。大锦包括全真丝宋锦、交织宋锦、真丝古锦、仿古宋锦等品种，常用于装裱名贵书画和装潢高级礼盒；合锦，常用于装裱一般书画的立轴、屏条等；小锦，包括月华锦、万字锦和水浪锦三种，多用于装潢小件工艺品的包装盒。

宋锦是中国丝绸传统技艺杰出的代表作。但由于其织造成本高且产量低，传统宋锦手工作坊现已停产，艺人、工具、纹样也多已散佚。

国家级代表性传承人名单

姓名	性别	申报地区或单位	入选批次
钱小萍	女	江苏省苏州市	1

苏州缂丝织造技艺

序号：365

编号：Ⅷ-15

批次：1

类别：传统技艺

申报地区或单位：江苏省苏州市

缂丝，又名"刻丝"，是一种古老的丝织技艺。采用该技艺织造的织物具有图案花纹不分正反面的特色。在图案轮廓、色阶变换等处，织物表面像用小刀划刻过一样，呈现出小空或断痕，因此得名"缂（刻）丝"。目前这一技艺主要留存于苏州及其周边地区。自南宋以来，苏州缂丝一直是缂丝的主要产地。明代苏州缂丝织造技艺更为精湛，以御用缂丝龙袍及缂丝书画中的开相织品著称。到了清代，出现缂、绘结合的新技艺。

苏州缂丝织造技艺的制作工艺分为嵌经面、画样、织纬和整理等十多道工序，主要使用古老的木机及若干竹制的梭子和拨子，经过"通经断纬"，将五彩的蚕丝线缂织成一幅色彩丰富、色阶齐备的织物。一般来说，整个工艺过程可概括为四步：把经丝上到木机上，包括落经线、牵经线、套扣、弯结、嵌后轴经、拖经面、嵌前轴经、捎经面、挑交、打翻头、拦经面十一道工序；用墨笔把纹样勾画在经面上；织纬；修剪反面的毛头。

缂丝产品分实用品和欣赏品两大类，前者有靠垫、手提包、团扇面、装裱面料等，后者包括屏风、书画屏条等。

缂丝作为最早用于艺术欣赏的丝织物，素以制作精良、古朴典雅、艳中带秀的艺术特点著称，被誉为"织中之圣"。同时由于经得起摸、擦、揉、搓、洗，又有"千年不坏艺术织品"之誉称。

在现代化冲击下，因生产周期长、成本高、价格贵，苏州缂丝织造技艺面临后继之人的困境。

国家级代表性传承人名单

姓名	性别	申报地区或单位	入选批次
王金山	男	江苏省苏州市	1

◎ 传统技艺

苏州御窑金砖制作技艺

序号：382
编号：Ⅷ-32
批次：1
类别：传统技艺
申报地区或单位：江苏省苏州市

苏州御窑金砖制作技艺是流传于江苏省苏州市的一项传统窑砖烧制技艺。所谓"金砖"，实际上是规格为二尺二、二尺、一尺七见方的大方砖的雅称。据古籍《金砖墁地》记载，金砖是专为皇宫烧制的细料方砖，其颗粒细腻，质地密实，敲之作金石之声。又因金砖制成后要运至北京的京仓，以供皇宫专用，故又有"京砖"之称，后逐渐演变为"金砖"。

金砖御窑位于苏州市相城区陆慕镇御窑村，该村原名余窑村，与其附近几个村镇均以烧制砖瓦及其他陶器制品闻名。明代永乐年间，明成祖朱棣迁都北京，大兴土木建造紫禁城。明宫中特地派出官员到苏州陆墓（现陆慕）监制金砖。由于陆慕镇的黄泥适宜制坯成砖，且做工考究、烧制有方、技艺独特，所产金砖细腻坚硬，所以永乐皇帝赐封陆慕砖窑为"御窑"。

御窑烧制金砖自1413年始。明清以来御窑金砖受到历代帝王的青睐，成为皇宫建筑的专用产品。到明代嘉靖时，金砖烧制进入全盛期。清朝末年以后，因战争连年，金砖的生产时断时续，直至1984年才完全恢复生产。

御窑金砖制作技艺工序有二十余道，主要工序包括选泥、练泥、制坯、装窑、烧制、窨水、出窑、打磨等。在目前的金砖制作工序中，除打磨、切削外，其余工序均沿袭数百年传统工艺。一块金砖从制作到出窑需要大半年时间，因此产量有限。

成品御窑金砖黛青光滑，古朴坚实。用御窑金砖铺成的地面具有光润耐磨、愈擦愈亮、不滑不湿等特点。可防止地下潮气上升，而且其品质上乘、美观大方，具有很高的实用价值和观赏价值。

当前，由于宫殿式建筑已成为历史，民间古典厅堂建筑也日渐消亡，金砖的市场需求量变小，生产规模一直无法扩大。而且，烧制金砖学习周期长、劳动投入大、经济收益低，年轻人无意涉足其中，苏州御窑金砖制作技艺的传承状况不甚乐观。

国家级代表性传承人名单

姓名	性别	申报地区或单位	入选批次
金梅泉	男	江苏省苏州市	1

素食制作技艺

功德林素食制作技艺

序号：947

编号：Ⅷ-164

批次：2

类别：传统技艺

申报地区或单位：上海功德林素食有限公司

功德林素食起源于寺庙素食制作，以素食荤烧闻名，其制作技艺留存于上海功德林素食有限公司。

清代同治年间，庙宇素食逐渐流入社会。功德林素食始于1922年，经过不断发展，以其独特的素食手工制作技艺和烹调方法赢得了广大上海市民的赞誉。

功德林素食制作技艺体现在原料挑选、制作、烹调等方面。原料主要为豆制品类、菌菇类、魔芋类、坚果类、蔬菜类、深海植物类。制作时，根据荤菜的不同菜名用刀工、手工制作成蟹粉、鳝丝、鱼片、虾仁、鸡丁、海参、肉丝等象形菜、成型菜。在烹调方面，功德林素食与荤菜烹调方法相同，主要采用蒸、炒、烤、熘、爆、烧等方法，通过火候掌握和调味烹调出仿真佳肴。除菜肴外，功德林素食产品还包括豆沙包、素菜包、素卤味、素中点、素西点、素休闲食品等常规品种。此外，功德林素食也制作季节性产品，如春节生产素卤味、清明生产清团、端午节生产粽子、重阳节生产重阳糕，等等。

功德林素食制作选料精细，用料考究，口味多样，兼具饮食与艺术欣赏双重功能。现今，功德林素食制作不断发展创新，仍以其鲜明的特色吸引着众多消费者。

国家级代表性传承人名单

姓名	性别	申报地区或单位	入选批次
赵友铭	男	上海功德林素食有限公司	3

滩羊皮鞣制工艺

序号：894

编号：Ⅷ-111

批次：2

类别：传统技艺

申报地区或单位：山西省交城县

滩羊皮鞣制工艺是一套独特的滩羊皮鞣制工艺。鞣制是使带毛滩羊生皮转变成毛皮的过程。滩羊皮鞣制工艺主要留存于宁夏海原县、山西交城县等地。滩羊皮鞣制工艺起源于明代中期，历经四百余年。

滩羊皮鞣制工艺以我国陕甘宁青区域戈壁滩的滩羊生皮为原料，黄蘗、皮硝、皂角等为辅料，包括洗、泡、晒、铲、钉、鞣、吊、压、裁、缝等二十道工序。其中，浸泡时，如果为干皮，可加酸或碱促其软化。鞣制时，应充分搅拌，隔夜后每天早晚各搅拌一次，每次搅拌30分钟，浸泡7～10天。检查鞣制合格与否的方法，是将毛皮肉面向外，叠成四叠，在角部用力压尽水分，如折叠处呈现为白色不透明的绵纸状，证明鞣制已经完成。鞣制结束后用水冲洗毛面即可进行整理，包括加脂、回潮、刮软、整形等工序。整形时，将毛皮面向下钉于木板上，使其撑开并阴干。充分干燥后，用浮石或砂纸将表面磨平，将羊皮从板上取下来，修整边缘。然后用梳子梳毛或用剪子修剪过长的毛，使其洁净美观。

新中国成立后，交城县成立了"地方国营交城毛皮厂"，交城滩羊皮鞣制工艺得到传承。然而，该厂20世纪80年代因经营不善破产，现在交城滩羊皮老艺工年龄都呈老龄化趋势，后继乏人，工艺濒临失传。

唐三彩烧制技艺

序号：877
编号：Ⅷ-94
批次：2
类别：传统技艺
申报地区或单位：河南省洛阳市

唐三彩烧制技艺是一项历史悠久的传统手工技艺。唐三彩是中国陶瓷烧制工艺的珍品，属于一种盛行于唐代的低温铅釉的彩釉陶。因其釉色以黄、绿、白三色为主，故称"唐三彩"。三彩是通称，并不限于三种颜色，除黄、绿、白外，还有红、黑、蓝、紫等颜色。唐三彩烧制主要分布在陕西的长安、河南的洛阳两地，均是陆上和海上丝绸古道的连接点，在长安的称西窑，在洛阳的则称东窑。

据考古资料分析，唐三彩起源于汉代的铅釉陶，是铅釉陶发展的新品种。南北朝时期，铅釉陶中出现了多色釉，为唐三彩的烧制打下了良好的基础。到了唐代，铅釉陶的制作工艺出现了一个飞跃，多种彩色同时交错使用，造型更加丰富，使得唐三彩生动活泼，极富表现力。

唐三彩采用二次烧成法烧制完成，其烧制需经原材料选择、雕塑造型、釉料配制、胎体上色、烧制等几十个生产环节。烧制时，将白色高岭土作胎在窑内以1000℃～1100℃的温度进行素烧，冷却后在胎上绘以各种釉料，再入窑进行釉烧。唐三彩釉质的主要成分为硅酸铝，呈色剂为各种不同的金属氧化物，即用含有铜（釉为绿色）、铁（釉为赭黄色）、锰（釉为紫色）、钴（釉为蓝色）、锑（釉为浅黄）等作釉料着色剂，并加入铅、铝作助熔剂。其釉色互相渗化，加上年代久远，部分颜色发生变化并产生新色，具有较高的装饰艺术水平。唐三彩吸取了中国国画、雕塑等工艺美术的特点，在造型和装饰工艺方面均具有较高的艺术欣赏价值。

唐三彩的复制和仿制工艺，在洛阳已有百年的历史。目前，洛阳唐三彩的生产厂数有十家，产品种类丰富，在海内外有有很高的声誉。

国家级代表性传承人名单

姓名	性别	申报地区或单位	入选批次
高水旺	男	河南省洛阳市	3

陶器烧制技艺

钦州坭兴陶烧制技艺、藏族黑陶烧制技艺、牙舟陶器烧制技艺、建水紫陶烧制技艺、荥经砂器烧制技艺

序号：881
编号：Ⅷ-98
批次：2
类别：传统技艺
申报地区或单位：广西壮族自治区钦州市，四川省稻城县，云南省迪庆藏族自治州，青海省囊谦县，贵州省平塘县，云南省建水县，四川省荥经县

扩展名录：
陶器烧制技艺（黎族泥片制陶技艺）
海南省白沙黎族自治县
陶器烧制技艺（荣昌陶器制作技艺）
重庆市荣昌县

陶器烧制技艺（钦州坭兴陶烧制技艺）
申报地区或单位：广西壮族自治区钦州市

坭兴陶，古称越陶，学名紫泥陶，其烧制技艺主要留存于广西壮族自治区钦州市。

钦州坭兴陶历史悠久，起源于唐代。在清朝中叶时期，当时都还没有确切的名称，至清朝咸丰年间，钦州陶器发展鼎盛，坭器得以广泛兴用，故得名"坭兴"。早在1915年美国召开的"巴拿马运河开航太平洋万国博览会"上，中国历史上第一次组团参加国际大赛，钦州坭兴陶就荣获金牌奖。

坭兴陶以钦州江东、西两岸特有的白膏泥和紫红陶土为原料制成，其烧制需经取土、碎土、制备坯料、成型、修坯、阴干、检验毛坯、装饰、烧制、验收产品、磨光等工序。紫红陶土为钦州特有，含多种着色氧化物。坭兴陶烧制时无须添加任何陶瓷颜料，当炉盘上升到1200℃时，极少部分胎体会因温度和气氛变化的不同而产生"窑变"，陶器出炉经打磨去璞后，便呈现天蓝、古铜、虎纹、天斑、墨绿等斑斓绚丽的色彩和纹理。

在装饰工艺方面，坭兴陶采用浮雕、平雕、线刻、镂雕等传统雕工技法，用手工在泥坯上直接刻画。坭兴陶有花瓶、茶具、咖啡具、花盆、文具、食具、熏鼎等品种，成品古色古香，具有光润柔和、音质铿锵、耐酸耐碱且透气不透水等特点，具有较高的实用价值和艺术欣赏价值。

近百年来，坭兴陶多次参加国际和国家级展览会评比并获得大奖，产品远销东南亚、东欧、美洲以及中国港澳台等三十多个国家和地区。目前，从事坭兴陶生产的厂家大小数十家，主要生产工艺陶、日用陶。

陶器烧制技艺（藏族黑陶烧制技艺）
申报地区或单位：四川省稻城县，云南省迪庆藏族自治州，青海省囊谦县

黑陶制品在藏族聚居区使用广泛。四川省甘孜藏族自治州稻城县赤土乡阿西村留存着"阿西土陶"传统土法烧制技艺。制作阿西土陶的原材料由白色黏土、红色黏土以及风化沙石研磨而成的石粉混合而成，制作工具为木拍、木刮、木垫、木榔头等木制工具。制作阿西土陶需经采土、晒土、舂土、筛土、和土、制坯、烧陶、埋陶、起陶、打磨等工序。按照不同用途，阿西土陶大致可分为日常生活用品和宗教用具两大类，如在藏区使用的各种餐具、炊具、茶具、酒具、饮具以及香炉、酥油灯等。

云南迪庆藏族自治州香格里拉县尼西乡汤堆都吉古村留存着"尼西黑陶"烧制技艺。尼西黑陶以土陶山特有的红土与白土为坯料，经备料、塑形、雕花、阴干、烧制等工序制作而成。

尼西黑陶成品器型以土锅、酥油茶壶、土奶瓶等生活用品为主，通体漆黑且光洁细腻。

青海省玉树藏族自治州囊谦县则留存着传统的囊谦藏黑陶手工制作技艺。制陶原料为当地纯净细腻的红黏土和黏土石，将其手工捣碎成末后，经筛选、拉坯、晾晒、修整、压光、绘纹等环节，再采用独特的"封罐熏烟渗炭"法，经十余天烧制完成。黑陶图案以玉树康巴藏族人文习俗、文化符号、宗教图腾等为素材，并融合现代艺术表现手法，成品具有"黑如炭、硬如瓷"的特点。每一件陶器器型差异与变化的掌控，全凭制陶艺人的感觉与经验。目前，整个玉树康巴地区，只有白玛群加和他的师傅即八十多岁的扎旺老人完全掌握囊谦黑陶烧制技艺。囊谦黑陶制品以坛、罐、壶、香炉、酥油灯具等日常生活用品为主，是藏汉文化相融合的产物，也是玉树地区藏族文化的重要组成部分。

陶器烧制技艺（牙舟陶器烧制技艺）
申报地区或单位：贵州省平塘县

牙舟陶器是贵州黔南布依族苗族自治州平塘县的著名工艺品，其技艺主要分布在贵州省平塘县牙舟镇及周边的高寨、小寨、新寨、冗平和抵楼。其历史可上溯到明代洪武年间。

牙舟陶器烧制技艺属自然龟裂的玻璃釉型工艺。牙舟陶器制作包括泥料、成型、制釉和上釉、烧窑四个步骤。在设计上，匠师们多以浮雕手法表现蜡染、刺绣、桃花等图案；制釉时的基础釉有玻璃釉和柴灰釉两类，施釉方法则有浸釉法、烧釉法和点釉法三种；烧窑使用阶梯窑，由若干孔小窑连接而成，泥坯放在泥板搭成的架子上，不用匣钵，由下向上一孔一孔地烧。烧制时，陶坯上的玻璃釉自然流淌，并随着温度的变化而产生各种纹理（俗称窑变）。

牙舟陶以黄、白、绿、紫、棕、褐色为基调色，以玻璃为基础釉，成品主要分为餐具、用具和玩具三类，器型包括杯、盘、壶、虎、牛、狗、马等，具有质地纯朴、色调古雅、施釉光泽等特点。

由于现代生活的冲击，牙舟陶器生产正面临着前所未有的困境，不少艺人年事已高，年轻人不愿学习，传承后继乏人，而且生产成本不断增高，设计人才缺乏，使其发展受阻。

陶器烧制技艺（建水紫陶烧制技艺）
申报地区或单位：云南省建水县

建水紫陶是云南省建水县的民间传统工艺品，产于该县的碗窑村。建水紫陶烧制技艺始于清道光年间。

建水紫陶采用建水近郊五色（红、黄、青、褐、白）陶土制作成型，其制作需经制泥、拉坯、绘制、刻坯、填泥、精修、烧制和磨制八道流程。其中，制泥需经风干、筛泥、醒泥、熟泥等工序；拉坯需经揉泥、拉坯成型等工序；绘制则通过在刻坯后用预先调配好的不同色泥进行填泥来实现。刻坯时沿着坯体上墨迹两侧的边缘垂直刻划，直至有墨迹的部分全部去除，形成底部均匀的凹槽；泥坯刻好后即可填泥，即根据画面色彩要求以铁片挑起色泥，拍嵌在泥坯刻画处，并将色泥抹平，反复数次直到色泥与坯体牢牢结合在一起；经过绘制、刻坯、嵌泥后，需根据器型要求，利用各种专用铁片或塑胶工具对坯体进行精修。横截面为圆形的器物可将泥坯放上陶车修坯；烧制采用气窑（液化气）或电窑，一般有氧化和还原两种烧制方法。建水陶烧成温度一般为1100℃～1200℃，烧制时间为7～12小时；磨制，分为去火皮、去丝和抛光三道工序。

建水陶器不需上釉，成品色泽深紫、花纹雪白，叩声如磬且质地润泽细腻，具有较高的实用价值和艺术价值。

如今，碗窑村仍有上千人从事陶器生产。

陶器烧制技艺（荥经砂器烧制技艺）
申报地区或单位：四川省荥经县

荥经砂器烧制技艺留存于四川省雅安市荥经县六合乡古城村。早在两千多年前，当地就已出现砂器生产。

砂器制作原料为古城黏土和烧煤所产生的煤灰（当地称"炭花粉"）的混合物，制砂器用的"火厂""釉坑"为就地掘土而建。制作时，先将黏土晾干碾细，然后与炭花粉混合，做成泥坯，经高温烧焙，再进行表面釉层加工后冷却，即完成烧制工艺流程。

荥经砂器成品是以红色、银灰色、黑色为主的单色砂器，有药罐、蜂窝煤炉、花盆、砂锅等器型，既是理想的饮具，也具有较高的艺术价值。

陶器烧制技艺（黎族泥片制陶技艺）
申报地区或单位：海南省白沙黎族自治县

泥片制陶是产生于手捏法之后、泥条盘筑法之前的一种广泛流行的制陶技术，因采用泥片贴筑法使陶器成型而得名，主要留存于我国海南省黎族聚居地。

黎族泥片制陶工具包括木杵、木臼、木拍、木刮及竹刀、蚌壳、钻孔竹棍、竹垫等，制陶需经黏泥粉准备、调制泥团、制陶坯、烧陶、加固陶器等步骤。其中，黎族烧陶没有陶窑设备，而是将陶坯直接置于火堆上烧。烧陶时，一般在村外平坦处架四块石头，上搭木杆，铺以竹木。然后将二三十个陶器逐一码放在上边，覆上茅草或稻草后引火焚烧。其制成品主要为炊具，有釜、甑、瓮、碗、罐、蒸酒器、蒸饭器等器型。

黎族泥片制陶技艺所采用的泥片贴筑法不用模具、纯以手制坯成型，是一种比泥条盘筑法更原始的陶制方法。该技艺为陶器发展史研究提供了实证，具有显著的历史价值。此外，陶器的造型呈现了古代黎族妇女的艺术造诣和审美观念，具有一定的观赏和收藏价值。

陶器烧制技艺（荣昌陶器制作技艺）
申报地区或单位：重庆市荣昌县

荣昌陶器是以鸦屿山陶泥烧制的器皿，其制作技艺主要留存于重庆市荣昌县安富镇一带，也称"安陶"。

荣昌陶器以荣昌当地的紫砂类红、白色陶土烧成，其制作需经选泥、晒泥、碾泥、搅泥、过浆、踩泥、揉泥、搅车、制坯、晾坯、打磨、刻花、上釉、打磨、装窑、祭窑、点窑、熏窑、烧窑、观窑、闭窑、出窑、检验等二十多道工序。荣昌陶器制作过程中的刻花、剔花等工艺发展较为成熟，得到广泛应用。

荣昌陶器制品包括日用陶、包装陶、工艺美术陶、园林建筑陶四类八百余个品种，以红如枣、薄如纸、亮如镜、声如磬而闻名。其样式美观大方，质地轻薄，传热快，高温不龟裂，用以盛放食物不易发馊变味，具有较强的实用性。荣昌陶器的皮陶、仿古陶、彩绘陶、仿铜陶等工艺陶器，造型独特典雅、装饰精美，具有较强的观赏价值。

国家级代表性传承人名单

姓名	性别	申报地区或单位	入选批次
李人帡	男	广西壮族自治区钦州市	3
孙诺七林	男	云南省迪庆藏族自治州	3
白玛群加	男	青海省囊谦县	4

天福号酱肘子制作技艺

序号：952
编号：Ⅷ-169
批次：2
类别：传统技艺
申报地区或单位：北京天福号食品有限公司

天福号酱肘子制作技艺是北京天福号的一种传统的食品制作技艺。北京的天福号始创于清代乾隆三年（1738），为著名的中华老字号，创始人为山东掖县人刘凤翔。天福号主营熟肉制品，其制作的酱肘子独具特色，具有肥而不腻、瘦而不柴、皮不回性、浓香醇厚的特点，曾被作为贡品敬献清廷。

天福号酱肘子以北京京东八县优质的奎拉耳朵黑毛猪为主料，百年秘制老汤和乾隆酱汁为酱汁，经八小时酱煮制作而成，其制作需经修割、去渍、炒抄坯、倒锅、码锅、煮炖、出锅、整形、掸汁调制等多道工序，制作过程中使用单钩、双钩、铲子、笊篱、锅箅子、箩、托盘等工具。近年来，随着饲料养猪的普及，京东八县的黑毛猪较难获得，天福号改选四川内江地区、广元地区和北京顺义区的天然喂养猪为酱肘子主料。除酱汁和老汤外，在制作酱肘子过程中还需添加十八种配料。每天生产结束后，需从已调制好的老汤和酱汁中各选留一桶，作为第二天的老汤和酱汁原料的引子。

天福号在中华美食文化特别是近代美食文化方面，有其特殊的历史文化价值。如今，为了老字号的发展，天福号不但保留和经营着传统产品，而且还有很多营销的创新举措，如引进和生产多种西式熟肉制品，恢复和开发了一系列的老字号产品等，在最大程度上保证了天福号产品的质量。

天台山干漆夹苎技艺

序号：403
编号：Ⅷ-53
批次：1
类别：传统技艺
申报地区或单位：浙江省天台县

天台山干漆夹苎技艺是一种为各种制品提供外表装饰和保护的传统技艺，因产于浙江省天台县而得名。天台县位于浙江中东部，盛产山漆、苎麻、香樟等干漆夹苎技艺所需的原材料。

早在东晋时期，干漆夹苎技艺已在天台民间得到应用。经过历代工匠不断传承、革新，这一技艺逐步走向成熟，后一度衰落。20世纪80年代，干漆夹苎被重新挖掘、整理并得到广泛应用。

天台山干漆夹苎技艺包括型模、上灰、夹苎、披灰到上漆、砂光、上朱、磨光、贴金等四十八道工序。该技艺采用的原料为天台本地的生漆、苎麻、五彩石粉、古瓦粉、火山灰、桐油、朱砂、五彩石等十三种天然材料。制作时，将麻布、漆料层层包粘、反复打磨后再涂以朱砂等辅料，贴上金箔和砑光，经工艺处理后完成作品。

干漆夹苎成品主要用于佛教造像，宫殿、庙宇建筑物的装饰、保护及民间器材的制作，具有经久不蛀、光泽润亮、不开裂、不变形等特点。在修复古建筑、古文物方面，该技艺能达到整旧如旧的效果，并对天台山佛教文化的发展起到了一定的推进和传播作用。

当前，由于干漆夹苎学艺难度大、周期长，许多年轻人不愿学习该技艺，加上原材料供应日渐匮乏，这一传统技艺的传承情况堪忧。

国家级代表性传承人名单

姓名	性别	申报地区或单位	入选批次
汤春甫	男	浙江省天台县	4

同盛祥牛羊肉泡馍制作技艺

序号：948

编号：Ⅷ-165

批次：2

类别：传统技艺

申报地区或单位：陕西省西安市

牛羊肉泡馍有着悠久的历史，先秦时期祭祀宗庙、招待上宾时便有"献羔祭韭""朋酒斯飨，曰杀羔羊"的礼仪，传沿演变至今已有两千多年的历史。陕西西安的同盛祥牛在20世纪20年代初从事牛羊肉泡馍等经营，经过不断创新，将牛羊肉泡馍发展成为具有鲜明地方特色的美食。

陕西西安的同盛祥牛羊肉泡馍制作技艺包括制馍和煮肉两项工艺。制馍时，以十分之九面粉、十分之一酵面为原料，经掺和、搅匀、揉制后烘烤即完成馍的制作。煮肉时，肉、骨头需分别处理。先将骨头置于清水锅中大火炖煮两个小时后撇去浮沫。然后放旧调料袋提味，再下肉块炖煮，并换上新的调料袋加味后武火烧开，再以文火炖煮一晚后完成煮肉过程。

根据烹调方法不同，同盛祥牛羊肉泡馍分为干泡（无汤）、口汤（食后余一口汤）、水围城（汤较多）和单走儿（吃馍喝汤）四种。吃泡馍时，将馍掰碎成黄豆般大小放入碗内，然后交厨师在碗内放入熟肉、原汤，并配以白菜丝、蒜苗（或葱末）、木耳、黄花、粉丝以及料酒、盐、味精等调料，吃时常佐以辣酱、糖蒜。

同盛祥牛羊肉泡馍汤色黄亮、略带麻味，具有料重味醇、肉烂汤浓、馍筋光滑、香气四溢的特点，加之营养暖胃、可口耐饥，广受民众喜爱。

同盛祥饭庄在继承传统的基础上不断发展创新，使牛羊肉泡馍在色香味形等各方面都得到了很大提高，成为陕西最具清真风味的代表性饮食。

国家级代表性传承人名单

姓名	性别	申报地区或单位	入选批次
乌平	男	陕西省西安市	4

铜雕技艺

序号：902

编号：Ⅷ-119

批次：2

类别：传统技艺

申报地区或单位：浙江省杭州市

铜雕技艺是一种以铜料为坯，运用雕刻、铸塑等手法制作雕塑的手工技艺。浙江杭州铜雕是古代青铜器制造的延续，吴越和南宋时期得到很大发展，至清代达于鼎盛至今已有上千年历史。

杭州铜雕制作一般需经金属冶炼、锻造、雕刻、镀金、磨光、上红等工序,并综合应用叠镶、三色、点刻、烘炼、制绿、熔铸、镂雕等技法。其中，叠镶是将铜件复合、叠合、熔汇在一起，形成立体式的铜制品；三色，是将铜板经过手工磨、抛、点、硫化、局部镏镀等多道工艺后，呈现出金、银、铜三种自然金属本色；点刻，包括点打、刻打、粗打、细打等，是指在铜雕上敲打出密密麻麻的麻点，使其组成所需图案；烘炼，是根据铜的属性，通过烘炼对铜板进行特殊处理以改变其内部结构，达到需要的展度、硬度；制绿，是一种在短时间内形成铜绿的工艺，可使铜雕免受大气污染和雨雪侵蚀，达到保护铜表面的目的；熔铸，包括失蜡法、模具法和熔铜法三种铸造方法。其中，失蜡法是用蜡制成模，外敷造型材料，成为整体铸型；模具法是将大型铜雕经分件浇铸后衔接成一个整体；熔铜法的核心工艺为"无模可控熔铸工艺"。镂雕，是一种通过镂空，用手工镶嵌夹层，形成多层次孔穴，并把字画刻在铜板上，制作出多形镂雕艺术品的工艺。

铜雕成品种类包括铜塔、铜殿、铜桥、铜船、铜墙以及铜书壁画等，具有很强的装饰性和很高的艺术价值。

但目前由于技艺难度大，学艺时间长，铜雕技艺面临着后继乏人的困境，而且随着社会生活的变迁，铜器等日用品逐渐被淘汰，铜雕生产也陷于一定的停滞状态。

国家级代表性传承人名单

姓名	性别	申报地区或单位	入选批次
朱炳仁	男	浙江省杭州市	3

土家族吊脚楼营造技艺

序号：1191
编号：Ⅷ-211
批次：3
类别：传统技艺
申报地区或单位：湖北省咸丰县，湖南省永顺县，重庆市石柱土家族自治县

土家族吊脚楼营造技艺是土家族的一项传统建筑技艺。吊脚楼，也叫"吊楼"，是数根木柱支撑的木瓦结构脚房，是中国鄂、渝、湘、黔交汇山区土家族等少数民族的传统民居。

湖北省咸丰县是武陵土家族地区现存吊脚楼实体最多、建造技艺传承最好的地区。其土家族吊脚楼营造技艺主要包括选择屋基、备料、立屋、装饰等流程。其中，"高杆"定位的发明、"穿斗式"房屋构架和"冲天炮"立柱的建造，巧妙解决了线面、角度、承重等建筑中的难点问题。咸丰县土家族吊脚楼以"翘角挑"的采檐、"龛子"（走廊）的配置为其特色，大多飞檐翘角，回廊吊柱。在营造技艺发展过程中，还产生了"看风水""拜山神""祭鲁班""砍梁木""说福事"等众多民俗。

湖南省永顺县土家族吊脚楼营造主要需经备料、加工、排扇、上梁等流程。备料，即选用椿木、柏木和紫木等做转角楼的柱和梁，杉木、松木等做转角的棋和枋。加工，即将选好的木料加工成梁、柱、棋、枋、金瓜、绣球等。排扇，即将加工好的柱、棋编成排扇，然后择黄道吉日立屋竖扇。上梁，即在立屋竖扇后的第二天清晨，邀约邻里乡亲、亲朋好友举行隆重的上梁仪式。永顺县吊脚楼的木质栏杆上一般雕有万字格、亚字格、四方格等象征吉祥如意的图案，悬柱有八棱形、六棱形、四方形等，底部雕刻有绣球、金瓜等图案，窗棂刻有双凤朝阳、喜鹊登枝、狮子滚绣球以及牡丹、菊花等各种花草，古朴雅秀，美观实用。

重庆市石柱土家族自治县境内吊脚楼以当地石、木材为原料，不用铁钉，全用木条做卯，牢固耐用。修建时，在住宅两端立四根木柱，沿山坡走向搭成木架，然后在与正屋地面平齐的高度上搭横木，盖上木板，三面装板壁或木走廊，楼下四面皆空，可用作堆积肥料，也可以临时拴牲口。吊脚楼第一层一般是全家饮食起居、闺女绣花的主要场所，外设走廊，中间安有凉台状曲栏座椅。当中为祭祀和社交的堂屋，两旁为厢房或正屋，再两边是厨房和火塘。二层可作卧室，也可存放杂物。吊脚柱下边为圈舍和柴房。

841

土家族吊脚楼有单吊、双吊、两层吊等形式，其营造工艺科学、构思巧妙、布局合理，在中国民居营造技艺中独具特色，并与相关营造习俗共同构成吊脚楼建筑文化的组成部分，对于土家族人的社会风俗和民族建筑研究有重要价值。

目前随着社会生活的变迁，新建筑元素的多元化，不少匠师转行，土家族吊脚楼营造技艺及其传承出现了断层危机。

国家级代表性传承人名单

姓名	性别	申报地区或单位	入选批次
万桃元	男	湖北省咸丰县	4
彭善尧	男	湖南省永顺县	4

土家族织锦技艺

序号：368
编号：Ⅷ-18
批次：1
类别：传统技艺
申报地区或单位：湖南省湘西土家族苗族自治州

土家族织锦技艺是土家族的一项传统织造品技艺。湖南湘西酉水流域土家族织锦技艺主要分布于永顺、龙山、保靖、古丈四县的土家族聚居区。

土家族织锦历史可以上溯到距今四千多年的古代巴人时期。唐宋时期，随着土家族地区与汉族经济交流的增多，土家族地区的纺织业呈现较快发展。明清时期，工艺进一步成熟。

土家族织锦使用斜织机的腰机式（把经线拴在腰上）织造，织造者眼看背面，手织正面，用棉线为经，各种色彩的丝、棉、毛线为纬，采用挖花工艺，手工挑织而成。其中，西兰卡普技艺流程包括纺捻线、染色、倒线、牵线、装筘、滚线、捡综、翻篙、捡花、捆杆上机、织布、挑织十二道工序，并以"反织法"挑织成图案花纹。花带是土家锦中普及面更广的品种，它采用"通经通纬"的古老"经花"手法，几乎不需专用工具，完全在织造者两膝间完成。

土家族织锦图案题材广泛，内容涉及土家人生活的方方面面，图案纹样包括自然物象图案、几何图案、文字图案等，其中有花鸟鱼虫、山川景物、吉祥文字等，还有民间故事、寓言等画面，具有浓郁的生活气息及鲜明的民族特点。其图案色彩鲜明热烈，喜用对比色，以红色为主，以黑色为辅，间之以黄、蓝、白等色参差点缀。

在现代化的冲击下，土家族织锦技艺逐步失去赖以生存的土壤和环境，濒临消亡。

国家级代表性传承人名单

姓名	性别	申报地区或单位	入选批次
叶水云	女	湖南省湘西土家族苗族自治州	1
刘代娥	女	湖南省湘西土家族苗族自治州	1

土家族织锦

土碱烧制技艺

序号：926

编号：Ⅷ-143

批次：2

类别：传统技艺

申报地区或单位：新疆生产建设兵团

土碱烧制技艺是一种以碱蒿子为原料烧制土碱的技艺，主要留存于新疆生产建设兵团农六师新湖农场和芳草湖农场等地，至今已有二百多年的历史。

碱蒿子为新疆一种耐碱、耐旱的野生植物，于每年七八月进行择选及晾晒。烧制土碱前，需先选择碱蒿子多、地势较高且土质较密、平整、潮湿的地方挖制土窑。土窑一般挖成喇叭口，上口直径80厘米，下口直径90～100厘米，高100厘米（窑的大小根据碱蒿子数量而定）。土窑由窑门、通风槽、四条火道（槽）等部分组成。烧制前，需在窑底的十字火道槽上盖上一块陶瓷瓦片或石板，以免燃烧的碱蒿子灰阻塞通风口。烧制时，需将碱蒿子从窑口上陆续加入，在窑内连续进行焚烧，全部烧完后盖住窑口。一两天后，焚烧的碱蒿子会凝结成绿色的土碱，即可起窑使用。一般300公斤碱蒿子可烧制10公斤左右的土碱。

用碱蒿子烧制的土碱，经济实用且成本低廉，在物质供应紧张的年代发挥了重要作用。然而，随着很多盐碱地被改良成耕地，作为土碱烧制原料的碱蒿子不断减少，再加上碱面和去污品等不再依赖土碱生产，这一传统技艺面临失传困境。

国家级代表性传承人名单

姓名	性别	申报地区或单位	入选批次
田希云	男	新疆生产建设兵团	3

万安罗盘制作技艺

序号：399

编号：Ⅷ-49

批次：1

类别：传统技艺

申报地区或单位：安徽省休宁县

罗盘是一种依靠指南针判定方位的工具。万安罗盘是现存全国唯一以传统技艺手工制作的罗盘，因其产于安徽省休宁县万安镇万安老街而得名。徽州本地人对于房屋建筑、墓穴选址等风水的讲究，为罗盘提供了市场空间。万安罗盘制作业至迟兴起于元末，清代中叶进入鼎盛时期，清末则几近衰败。

万安罗盘以"虎骨树"（学名重阳木）为坯料制成，其制作需经制坯、车圆磨光、分格、书写盘面、上油、安装磁针六道工序。其中，车圆磨光，是将毛坯用车床车圆成型，再以细砂纸和木贼草磨光，并挖好装磁针的圆孔；分格、书写盘面，是据秘藏图谱在盘面画格和书写，内容按太极阴阳、八卦二十四爻、天干地支、二十四向至、二十四节气、十二生肖、二十八宿分野和365周天依次排列；上油，包括熬炼桐油和往罗盘上上油两个步骤；安装磁针一般由店主在密室内单独操作，其制作包括磁化钢针、测定磁针重心、装针等。

按盘式分，万安罗盘主要有"三合盘""三元盘"和"综合盘"三种；按直径分，则有从2.8寸至18.6寸共11种规格。

万安罗盘曾广泛运用于天文、地理、军事、

航海、占卜以及居屋、墓葬选址中，承载着中国古代天文学、地理学、环境学、哲学、易学、建筑学等方面的文化信息，为研究中国古代科技史、社会史提供了资料。

近年，又有数家老字号罗盘店相继开业。不过，由于万安罗盘的实用功能逐步退化，市场需求萎缩，加之传承人较少，其制作技艺的传承情况并不乐观。

国家级代表性传承人名单

姓名	性别	申报地区或单位	入选批次
吴水森	男	安徽省休宁县	3

维吾尔族传统小刀制作技艺

序号：905

编号：Ⅷ-122

批次：2

类别：传统技艺

申报地区或单位：新疆维吾尔自治区英吉沙县

维吾尔族传统小刀是维吾尔族传统的手工艺品，其制作技艺主要分布在新建喀什地区英吉沙县和阿克苏地区沙雅县。

维吾尔族传统小刀以特种不锈钢为刀刃原料。制作时，需将不锈钢制成粗坯和细坯，用锉刀锉磨光后淬火。经名师淬火处理过的小刀锋刃锐利，双面流血槽，刀身水磨刻字。除刀刃锋利外，维吾尔族传统小刀还讲究造型，刀柄有铜质、骨质等，镶有银、铜、玉、宝石或色彩艳丽的有机玻璃等，图案精美。刀鞘则用牛、羊皮模戳压制成。

维吾尔族传统小刀一般长十几厘米到二十厘米。最大的达半米以上，最小的六厘米左右。英吉沙小刀目前已有十六个品种、三十多个花色，包括维吾尔族喜爱的凤尾式、百灵鸟式、黄鹂式、哈萨克喜爱的红嘴山鸦式、汉族喜爱的龙泉剑式、蒙古族喜爱的兽角式等；沙雅县传统小刀则有红月亮刀、动物角刀、孔雀刀、弯把角刀、沙雅刀尊等品种，观赏性和实用性兼具。

目前现代工业用品的大量使用，传统的维吾尔族传统小刀受到了市场冲击，掌握制作技艺的匠人越来越少，有些带有复杂工序的品种逐步面临失传。

国家级代表性传承人名单

姓名	性别	申报地区或单位	入选批次
吾甫尔·热合曼	男	新疆维吾尔自治区英吉沙县	3

维吾尔族花毡、印花布织染技艺

序号：373

编号：Ⅷ-23

批次：1

类别：传统技艺

申报地区或单位：新疆维吾尔自治区吐鲁番地区

扩展名录：
维吾尔族花毡、印花布织染技艺（花毡、印花布织染技艺）

  新疆维吾尔自治区且末县、塔城地区、英吉沙县

维吾尔族花毡、印花布织染技艺是维吾尔族的一项传统织染技艺。新疆维吾尔族的织造、印染技艺有着悠久的历史，其中以花毡和印花布最为著名。

花毡是维吾尔族居室装饰品之一，其种类主要有绣花毡、补花毡、擀花毡、印花毡四种，用于铺炕、铺地、拜垫和壁挂等。其中，绣花毡是用彩丝线锁盘针法在色毡上绣出纹样；补花毡是用彩色布套剪成羊角、鹿角、骨、树枝、云等纹样缝绣、贴绣到素毡上，正反对补，又称"贴绣花毡"；擀花毡是用原色羊毛和染色棉毛（又称"彩色毛絮"）在黑色羊毛或白色羊毛为底的毡基上摆成各种图案擀制而成，也称"压花毡"或"嵌花毡"；印花毡是在素毡上用木图章（木印模）拓印出图案。花毡的纹样及印花布纹样有百余种，如受汉文化影响的"寿"字纹、回文、博古纹，阿拉伯风格的几何、花卉纹样和维吾尔族独特的日常用品和生产工具纹样，伊斯兰教风格的净壶、圣龛等纹样，图案丰富、色彩鲜艳。

维吾尔族印花布织染技艺在工艺上分为模戳多色印花（又称"木模彩色印花"）和镂版单色印花（又称"镂版蓝印花"）两类。其中，模戳多色印花是将纹样覆画于梨木或核桃木上，雕刻成具有凹凸分明的图案的木模，之后用模戳蘸黑色染液印出黑色纹样。一个模戳为一个单独纹样。然后用模戳拓印形式多样的适合纹样、二方连续和四方连续纹样，形成一个组合的整体图案。然后再用不同的填色模戳或用毛笔、毛刷蘸上其他各种染液，按其纹样加以拓涂，制成色泽绚丽的多色印花布。镂版单色印花，是将纹样复画于厚纸板或铁皮上，镂空花纹成为印版。印染时将镂版置于白布之上，用石膏粉配以面粉和少量的鸡蛋清制成的灰浆涂抹于镂空花纹处，灰浆即粘在布上。取去镂版，待灰浆干后，将布放入染液中浸染、晾干，剥去灰粉，即现出色、白相间的印花来。这种镂版单色印花布一般以蓝靛草浸染，能表现出蓝底白花的效果。维吾尔族印花布织染所使用的染料多以槐花、核桃皮等植物和锈铁屑等为原料制成。织染成的印花布可制成棉袍衬里、腰巾、罩单、窗帘、门帘、尘垫套、壁挂、礼拜单、墙围布和炕围布等。

20世纪80年代以来，人们的居住条件逐步改善，生活方式也发生改变，对花毡、印花布的需求日益减少，花毡和彩印花布艺人纷纷改行转业，维吾尔族花毡、印花布织染技艺面临后继乏人的困境。

国家级代表性传承人名单

姓名	性别	申报地区或单位	入选批次
牙生·阿不都热合曼	男	新疆维吾尔自治区吐鲁番地区	1
尧尔达西·阿洪	男	新疆维吾尔自治区吐鲁番地区	1
买特肉孜·买买提	男	新疆维吾尔自治区且末县	3
木斯勒木江·恰尔甫汗	女	新疆维吾尔自治区且末县	

维吾尔族卡拉库尔胎羔皮帽制作技艺

序号：897

编号：Ⅷ-114

批次：2

类别：传统技艺

申报地区或单位：新疆维吾尔自治区沙雅县

卡拉库尔胎羔皮帽制作技艺是新疆维吾尔族的传统民间手工技艺，主要留存于新疆维吾尔族自治区沙雅县等地。新疆的卡拉库尔羊胎羔皮是世界珍贵裘皮，皮毛柔软坚韧，毛质紧密，富于光泽，花纹色泽温润、形态美观。沙雅卡拉库尔胎羔皮及胎羔皮帽的制作已有两千年的历史，在该县汉代古城玉什喀特古城中就曾发掘出卡拉库尔胎羔羊皮及胎羔皮做的帽子。

维吾尔族卡拉库尔胎羔皮帽制作所需材料包括胎羔皮、一般皮子、毛毡子、棉布、面胶、线、皮革、金丝绒、玉米面、水、盐、黑染料等，使用鞣革桶、棒子、梳子、剪子、圆刀、整修剪子、整修梳子、顶针、锥子、针、模子、钉子、石头、红柳杆子、铁锤、夹子、喷水器、子器具十八种工具。

制作胎羔皮帽需经鞣革、裁剪、上里子、缝制等工艺流程。鞣制前，需在浓度4%～6%的盐水中放入少量玉米面，然后泡入胎羔皮，皮泡好后即可鞣革。鞣制完成后即可将鞣好的胎羔皮整理、压平，拔掉不齐的毛。裁剪时，根据需制作的胎羔皮帽样式，将硬纸模型放在胎羔皮上裁剪，胎羔皮碎片可经修补后做帽子面；裁剪后即可上里子。里子一般以带毛皮为原料。制作时，将里子套在木头模具上，抹胶后粘上棉布和毡子，再套上皮面并缝边；上完里子后即可取下帽子，剪掉不齐的毛并进行梳剪、喷水整修。再经近三小时的缝、压、烫等工序后，即完成维吾尔族卡拉库尔胎羔皮帽制作流程。

维吾尔族卡拉库尔胎羔皮帽制作技艺、颜色、质地均体现了维吾尔族风俗和文化，具有很高的经济价值和文化底蕴。

随着各种肉奶多产的羔羊品种调入，受利益影响，卡拉库尔羊饲养量逐渐减少，胎羔皮产量大幅度减少，加之由于取皮鞣熟及制作工艺十分严格，熟练掌握此项技术并继续制作的人越来越少，此项技术逐渐面临濒危。

国家级代表性传承人名单

姓名	性别	申报地区或单位	入选批次
玉山·买买提	男	新疆维吾尔自治区沙雅县	3

维吾尔族民居建筑技艺

阿依旺赛来民居营造技艺

序号：1192
编号：Ⅷ-212
批次：3
类别：传统技艺
申报地区或单位：新疆维吾尔自治区和田地区

阿依旺赛来是一种维吾尔族传统民居。"阿依旺"指房顶中间凸出的建筑，"赛来"指招待来宾的客厅，整体建筑即称为"阿依旺赛来"。其营造技艺主要留存于沿塔里木盆地沙漠边缘的城镇和农村，如和田、墨玉、喀什等地。

阿依旺赛来为木柱承重框架结构，木柱分大、小两种，大木柱包括外墙木柱、内廊木柱、屋架和墙内柱等，小木柱包括藻井顶、天窗和门窗等。其外墙体由土坯砌成，有的室内墙面以树条编笆抹泥作墙，四面有儿女墙、外排水等设施。阿依旺赛来十分注重内外装修，门、炕沿、柱子、屋顶、廊檐等处都饰有雕刻精巧的花纹或几何图案。其门窗多为拱形，色彩常用原木本色，近代也用湖蓝、粉绿等颜色。

阿依旺赛来的空间一般分为室外庭院和室内居室两部分。居室空间为封闭型、内庭式的平面布局，由数个房间连接而成，房中套房，中间有过道，由冬季卧室、夏季卧室、客房、厨房、餐室、储藏室、淋浴室等若干小间组成，房与房之间可设木格棂花隔断。

阿依旺赛来的建筑布局、技艺、空间均有利于为居住者营造舒适的生活环境，并具有抵挡风沙的功能。其营造技艺中的修饰手法将中原、中亚、阿拉伯的建筑元素与装饰手法巧妙结合，是多元民族民俗艺术融合的产物。

维吾尔族模制法土陶烧制技艺

序号：356

编号：Ⅷ-6

批次：1

类别：传统技艺

申报地区或单位：新疆维吾尔自治区英吉沙县、喀什市、吐鲁番地区

扩展名录：
维吾尔族模制法土陶烧制技艺
　　　　新疆生产建设兵团

维吾尔族模制法土陶烧制技艺是维吾尔土陶制作工艺中的一种，已有两千多年历史，这一技艺随着丝绸之路的开通而兴起，其间不断发展创新，一直流传至今。在新疆维吾尔自治区英吉沙县、喀什市、吐鲁番地区等地都有传承。

英吉沙县烧制土陶分为素陶和琉璃陶两类，都以黄泥制坯，素陶直接烧制，琉璃陶则成坯施釉后再烧。喀什市古则尔社区下属的阔子其亚尔比西居民区世代从事土陶作业，制作者利用当地黏土制陶，不经任何加工，不添加配料，以水和泥制成器皿状，涂以不同颜色后，烧成光泽美观的生活用品。吐鲁番地区制作的土陶器可分为素陶、素釉陶和彩釉陶三种，制作工序有备土、和泥、闷泥、揉泥、造型、上釉、烧制、加工等。个少土陶制品明显带有佛教文化的印迹，同时又有鲜明的阿拉伯风格，是丝绸之路东西方交流的物证。

如今土陶器在人们日常生活中使用得越来越少，致使其品种骤减，花色也由繁变简。除花盆、花缸以外，土陶器基本退出了人们的生活，维吾尔族模制法土陶烧制技艺面临后继乏人的困境。

国家级代表性传承人名单

姓名	性别	申报地区或单位	入选批次
阿不都热合曼·买买提明	男	新疆维吾尔自治区英吉沙县	1

维吾尔族桑皮纸制作技艺

序号：420

编号：Ⅷ-70

批次：1

类别：传统技艺

申报地区或单位：新疆维吾尔自治区吐鲁番地区

扩展名录：
桑皮纸制作技艺
　　　　安徽省潜山县、岳西县

维吾尔族桑皮纸制作技艺是维吾尔族的一项传统手工造纸技艺。桑皮纸，是以桑树皮为原料制作的一种纸。维吾尔族聚居的新疆南部和东部气候炎热且水土丰饶，自古民间便有植桑采果的传统，丰富的桑树资源为桑皮纸制作提供了原料保障。至迟在唐代，当地便有用桑树枝嫩皮为原料造纸的手工行业。

维吾尔族桑皮纸制作需经剥削、浸泡、锅煮、捶捣、发酵、过滤、入模、晾晒、粗磨等工序。制作时，先浸泡桑树枝，取里层白色树皮煮熟软烂，再加入胡杨土碱。捞出煮熟桑皮后，将其放置在长方形薄石板上，用一种柄短头长的木制榔头砸桑皮，直至将桑皮砸成泥饼后放进半埋在地下的木桶内，并使用小十字木棒搅拌至桑皮浆均匀；过滤掉渣滓后，用大木瓢将纸浆舀入木制模具中，继续使用小十字木棒搅拌。然后将纸浆均匀铺在模具上，并放到阳光充足

的地方晾晒。待纸张干透后可进行必要的光滑处理，即通过粗磨剔除黏附表面杂质，使粗糙的原纸变得光洁平滑。每5公斤桑树枝可剥出1公斤桑树皮，1公斤桑树皮可制成20张桑皮纸。

桑皮纸可分为"生纸"和"熟纸"两种。"生纸"即未加工的黄纸，"熟纸"则是加工后变得洁白的纸张。成纸分高、中、低三个档次，具有坚韧、不洇墨、不怕虫蛀、不褪色等特点。

20世纪80年代后，桑皮纸已完全退出了维吾尔族人的日常生活，维吾尔族桑皮纸制作技艺面临失传困境。

桑皮纸制作技艺

申报地区或单位：安徽省潜山县、岳西县

安徽省潜山县、岳西县盛产野生桑树，自清代起，当地开始生产桑皮纸，并以家族内部世代相传的方式进行传承。

安徽省桑皮纸制作技艺包括选材、剥皮、出青、揉挤等七十二道工序，历时二十多天。制作时，先将桑树皮浸泡到发软，再按100斤桑树皮30斤石灰的比例，在木桶中放置一夜；然后将其倒入大铁锅，用泥封严实后烧一天一夜，使桑树皮皮、肉分开。再将其用疏口布、笋壳、稻草三层包住并用力踩踏至树皮渣滓呈纤维状。然后捞出桑树皮纤维，冲洗干净后拉起备用。再将纤维放在筑在溪水中的塘里漂洗几天几夜，弄成团后绞干水，用木榔头捣烂；再用镐刀镐碎，放入袋中用竹竿捣，并放入水缸中洗；接着将纤维用稻草灰水漂白，用木棍反复捣清后漂上一天一夜至清洗掉所有杂质；再于当夜沥出材料，放到流动的溪水中漂清后均匀地铺到帘子上，最后送往烤房内焙干，即完成桑皮纸制作过程。

桑皮纸按规格可分为"大汉、中汉、小汉"三种，在传统书画创作以及古画修复方面具有机器产品所不能替代的功用。

20世纪80年代末期，由于机制纸的快速发展，安徽省潜山县、岳西县的手工造纸业全面衰落。直至21世纪初，两县的桑皮纸制作技艺才由于古旧典籍修复等的特殊需要再次得以发展。不过，由于生产规模小且费时，在机械化生产的冲击下，桑皮纸制作技艺的发展前景不容乐观。

国家级代表性传承人名单

姓名	性别	申报地区或单位	入选批次
托乎提·吐尔迪	男	新疆维吾尔自治区吐鲁番地区	1
王柏林	男	安徽省岳西县	3
刘同烟	男	安徽省潜山县	4

乌龙茶制作技艺

铁观音制作技艺

序号：933
编号：Ⅷ-150
批次：2
类别：传统技艺
申报地区或单位：福建省安溪县

乌龙茶为半发酵茶，其品种包括铁观音茶、武夷岩茶、凤凰单枞茶、台湾乌龙茶等。福建安溪的铁观音制作技艺在我国茶类制作技艺中别具一格。

安溪产茶历史悠久，始于唐末，兴于明清而盛于现代。清代雍正、乾隆年间，因安溪所产茶品质特异，茶叶形似观音脸，沉重如铁，香韵形美，故得名铁观音。

铁观音制作需经采摘、晒青、静置、摇青、

杀青、整形包揉、揉捻、焙火等工序。采摘一般在晴天正午至下午三时进行；采摘后，需将鲜叶薄薄在地上摊晾，称为"晒青"；青叶经晒青后需归筛，放入做青室静置，静置后即可根据青叶的水分变化情况进行摇青。静置与摇青合称"做青"，要反复三四次交替进行；做青后即可"杀青"，其目的是利用高温迅速破坏酶的活性，巩固已形成的品质；整形包揉，即将杀青后的茶叶包在特制的布中，紧包成球状；揉捻，即将打包好的茶包进行揉捻做形，使茶叶慢慢形成颗粒状；焙火，即将茶团解块后摊铺在竹筛上，再将竹筛放在铁架上，置于炉中焙烤。初制铁观音拣完梗即为清香型铁观音。将清香型铁观音再进行烘焙即可成浓香型铁观音，俗称"熟茶"。

铁观音外形条索紧结、色泽砂绿，具有汤色金黄明亮、香气沉稳持久且茶水入口润滑稍苦后返甘甜的特点。

安溪铁观音传统制作技艺是安溪茶农长期生产经验和劳动智慧的结晶，具有较高的科学价值。2010年，安溪铁观音正式进驻世博会，成为世博会茶叶第一品牌，为安溪铁观音茶叶走向世界又上一个新台阶。

国家级代表性传承人名单

姓名	性别	申报地区或单位	入选批次
魏月德	男	福建省安溪县	3
王文礼	男	福建省安溪县	3

乌泥泾手工棉纺织技艺

序号：367
编号：Ⅷ-17
批次：1
类别：传统技艺
申报地区或单位：上海市徐汇区

乌泥泾手工棉纺织技艺是流传于上海的一项传统纺织技艺。源于宋末元初时黄道婆自崖州带回的纺织技艺。黄道婆为松江府乌泥泾（今属上海）人，她把从崖州（今海南岛）学到的植棉和纺织技术带回乌泥泾，加以改革及传播，并得以流传至今。

黄道婆改进了擀（搅车，即轧棉机）、弹（弹棉弓、椎弓）、纺（纺车、三锭脚踏纺车）、织（织机）等工具，形成了由碾籽、弹花、纺纱到织布的先进手工棉纺织技术工序，提高了纺纱效率；此外，她还推广和传授了"配色""挈花"成"折枝""团凤"的织造工艺，开发出众多精美的棉纺织品。

黄道婆所传播和改革的乌泥泾手工棉纺织技艺，不仅是汉、黎两族文化交流的见证，还改变了上千年来以丝、麻为主要衣料的传统，并推动了江南经济结构的转变，催生出一个新兴的棉纺织产业，江南地区的生活风俗和传统婚娶习俗也因之有所改变。

目前，掌握乌泥泾手工棉纺织技艺的传承人年龄均偏大，记载有关技术的专门书籍、影像资料又严重缺失，这一传统技艺面临失传危险。

国家级代表性传承人名单

姓名	性别	申报地区或单位	入选批次
康新琴	女	上海市徐汇区	1

乌铜走银制作技艺

序号：1175
编号：Ⅷ-195
批次：3
类别：传统技艺
申报地区或单位：云南省石屏县

乌铜走银是一种以乌铜为胎制成的金属工艺品。乌铜，是一种在优质铜中按配方掺入金、银等其他贵金属后形成的合金；走银，即镀银。

乌铜走银制作技艺由石屏县异龙镇冒合岳家湾岳氏兄弟始创于清雍正年间，历代独家经营。民国年间，年均产销量 3000～5000 件。

乌铜走银制作技艺包括熬铜、打坯、钻花、走银、打磨、捂黑等十几道工序。主要工具有风箱、熔炉、铁锤、钳子、大小不一的錾子。制作时，先在乌铜胎上雕刻各种花纹图案，然后将纯银（或金）熔化后镀入花纹图案的刻痕中，再利用高温和化学处理使银（或金）与铜融为一体，经冷却、打磨、抛光、捂黑等技术处理后，底铜自然变为乌黑，透出银（或金）纹图案，呈现出黑（或黑黄）分明的装饰效果。

乌铜走银制品具有古色古香、典雅别致的韵味，多为墨盒、笔筒、酒壶、香炉、花瓶等日常用具。其制作精细、造型奇巧，具有较高的艺术价值。

乌铜走银制作技艺是家族世代独传，工艺配方秘不外传，所以流传至今会此工艺的人很少，现面临后继乏人的困境。

芜湖铁画锻制技艺

序号：389

编号：Ⅷ-39

批次：1

类别：传统技艺

申报地区或单位：安徽省芜湖市

芜湖铁画锻制技艺是流传于江苏省芜湖市的一项传统手工技艺。铁画，也称"铁花"，是以低碳钢为原料，将铁片和铁线锻打焊接成的各种装饰画。芜湖自古铁冶业发达，芜湖铁画制作技艺即在此基础上发展形成。铁画始于清康熙年间，由芜湖铁工汤鹏与芜湖画家萧云从相互砥砺而成，至今已有三百余年历史。

芜湖铁画锻制技艺以熟铁为原料制成，锻制艺人依据画稿取料投入红炉，经冶炼、锻打、焊接、钻锉、整形、防锈烘漆等工序后，将成品衬以白底并装框成画。成品铁画的画面不涂彩，以保持铁的本色，其主题包括山水、人物、花卉、虫鱼、飞禽、走兽等。

铁画品种可分为三类：一类为尺幅小景，多以松、梅、兰、竹、菊、鹰等为题材，这类铁画衬板镶框；第二类为灯彩，一般由 4～6 幅铁画组成，内糊以纸或素绢，中间可以点燃蜡；第三类为屏风，多为山水风景。

芜湖铁画锻制技艺吸取了我国传统国画的构图法以及金银首饰、剪纸、雕塑等工艺技法，既有国画神韵，又有雕塑的立体美，还表现了钢铁的柔韧性和延展性，艺术风格独特。

不过，在市场经济的利益驱动下，铁画质量受到影响，加上兼备国画和文学修养的铁画艺人出现断代，芜湖铁画锻制技艺面临变异和失传的双重困境。

国家级代表性传承人名单

姓名	性别	申报地区或单位	入选批次
杨光辉	男	安徽省芜湖市	1

五芳斋粽子制作技艺

序号：1187

编号：Ⅷ-207

批次：3

类别：传统技艺

申报地区或单位：浙江省嘉兴市

五芳斋粽子制作技艺是一项传统的食品制作技艺，流传于浙江省嘉兴市，并辐射至长江三角洲流域。首家"五芳斋"粽子店是1921年由张锦全所开，位于嘉兴城内的张家弄口。

五芳斋粽子制作技艺主要包括选料、浸米、煮叶、制馅、打壳、包裹、扎线、烧煮等三十六道工序。其中，在浸米、制馅、烧煮等工序上，五芳斋粽子制作技艺均有其独到之处。浸米要求淘得快、洗得净，用清水冲后不用手搅拌，使米吸水量少，拌入酱油的咸味容易吸收。制馅时，用腿肉按横丝纹切成长方形的小块，不用酱油浸拌，而是加入少量的食盐、白糖、味精、白酒等，用手反复拌搓，直到肉块出现小白泡为止，以使肉块煮熟后香嫩且有火腿风味。粽子烧煮也和一般煮法不同，要求水开落锅，最大限度地保留粽子味道。

五芳斋粽子品种有鲜肉粽、豆沙粽、火腿粽、蛋黄粽、栗子粽、排骨粽、枣泥粽、南湖菱粽等百余个品种，具有糯而不糊、肥而不腻、肉嫩味香、咸甜适中的特点，是江南粽子的典型代表，深受广大消费者喜爱。

武夷岩茶（大红袍）制作技艺

序号：413

编号：Ⅷ-63

批次：1

类别：传统技艺

申报地区或单位：福建省武夷山市

武夷岩茶（大红袍）制作技艺是流传于福建省武夷山地区的一项传统制茶技艺。武夷岩茶是产于闽北武夷山岩上乌龙茶类的总称，以大红袍最为名贵，品质最优。大红袍产于福建省武夷山市武夷山东北部天心岩（峰）下天心庵（永乐禅寺）之西的九龙窠，因早春茶芽萌发时，远望通树艳红似火，似红袍披树而得名。

武夷岩茶的制作可追溯到汉代，宋、元时期已被列为贡品，清代初年，岩茶的制作技艺已臻于完善。

武夷岩茶（大红袍）制作共有采摘、萎凋、做青、双炒双揉、初焙、扬簸晾索及拣剔、复焙、团包和补火等十余道工序。其中，"复式萎凋""看青做青，看大做青""走水返阳""双炒双揉""低温久烘"等环节对茶质起关键作用。

武夷岩茶（大红袍）为乌龙茶名贵品种之一，其条索卷曲肥壮，色泽乌润而碧绿，且汤色橙红明亮，叶底柔软碧黄、红边明显，口感香气馥郁幽雅（岩骨花香）、滋味醇厚甜滑。

当前，受到市场经济利益的驱使和机械生产工艺的冲击，加上老艺人疏于传技，传统武夷岩茶（大红袍）制作技艺的传承已渐显颓势。

国家级代表性传承人名单

姓名	性别	申报地区或单位	入选批次
叶启桐	男	福建省武夷山市	3
陈德华	男	福建省武夷山市	4

婺州传统民居营造技艺

诸葛村古村落营造技艺、俞源村古建筑群营造技艺、东阳卢宅营造技艺、浦江郑义门营造技艺

序号：960

编号：Ⅷ-177

批次：2

类别：传统技艺

申报地区或单位：浙江省兰溪市、武义县、东阳市、浦江县

婺州传统民居营造技艺是浙江的一项传统建筑技艺，以其在建筑设计中注重和周围自然环境的结合，建筑装饰艺术丰富多样等特点闻名。浙江省中部的金华地区古称婺州。婺州传统民居在浙江省兰溪市、武义县、东阳市、浦江县等均有分布。

诸葛村古村落位于浙江省兰溪市，又称诸葛八卦村，因其依诸葛亮九宫八卦阵布局营建而得名。诸葛村总面积达六万多平方米，现有二百多幢保存完好的明清古建筑。该村以钟池为核心，八条小巷向外辐射，形成内八卦；村外八座小山环抱整个村落，形成天然的外八卦。诸葛村内存有丞相祠堂、大公堂、寿春堂、大经堂、隆丰禅院等建筑，厅堂、民居形制多、质量高，宗祠规模宏大、结构独特，各类建筑的木雕、砖雕、石雕工艺精湛，被专家学者们称为"江南传统古村落、古民居典范"，文化内涵深厚。

俞源村位于浙江省金华市武义县，系明朝开国谋士刘伯温按天体星象排列设计建造，因此也称俞源太极星象村。俞源村留存有宋、元、明、清时期的古建筑三百余幢，分上宅、下宅和前宅三大片。俞源村古建筑群的建筑类型包括堂楼、花厅、书馆、宗祠、庙宇、桥梁、戏台等。其中，宋代的洞主庙、元代的利涉桥、明代的雕花戏台等尤为著名。村内古建筑的木雕、石雕、砖雕做工精细并与建筑主体结构完美融合，其建筑类型丰富、形制多样、质量较高且保留了村落的完整形态和原有格局，具有较高的文化价值。

东阳卢宅是一组大型明清住宅建筑群，位于浙江省东阳市东郊卢宅村。卢宅建于明景泰七年（1456）至天顺六年（1462），其后经不断修建而成，是浙江省规模最大的明清住宅古建筑群之一。卢宅以肃雍堂轴线为主体建筑，前后九进，占地面积26800平方米，建筑面积16900平方米。卢宅内古建筑有肃雍堂、仪门、同寿堂、乐寿堂、世雍堂等。其建筑用材粗壮、雕饰华丽，融东阳木雕、石雕、砖雕及彩绘艺术于一体。雕刻及彩绘造型包括鱼、虫、花、草、飞禽走兽及人物故事等，其中尤以木雕艺术最为精湛。如嘉会堂的木雕"九狮戏球"三架梁，由整块香樟木雕刻而成，高5米、直径1.7米，采用深浮雕、透雕、圆雕等技法。此外，建筑中雕刻有大量的回纹、锦纹、夔纹、藤纹、龟纹及其他几何纹等纹饰，风格华丽。卢宅古建筑群华贵典雅、建筑风格多样且构件精美，体现了封建士大夫府第建筑的营造理念，加之其建筑构件集中反映了东阳木雕风格的流变，具有较高的艺术价值和文化价值。

浦江郑义门位于浙江省金华市浦江县郑宅镇，该镇为郑氏家族长期聚居地，至今留存有当年郑氏家族修身齐家的空间形态。郑义门营造技艺主要体现为郑义门古建筑群。该建筑群以郑氏宗祠为中心、白麟溪为主线，四周分布有孝感泉、九世同居碑亭、东明书院、崇义桥、老佛社、圣谕楼、昌七公祠、垂裕堂、尚书第、十桥九闸、建文井、元鹿山房等。其中，郑氏宗祠共六十四间两弄，占地五千多平方米，为郑氏先人举行典礼、祭祀先人、训诫子孙、议事集会的场所，也是奉行"和食同居"的郑氏族人每天听训和进餐的地方。宗祠内分设门廊、师俭厅、中庭、有序堂、拜厅、听训堂、会膳厅、寝室、粮仓、制膳房、总理室和厢房等，功能齐全、规模宏大。此外，建筑群内还留存有元代郑氏义门祠堂碑、白麟溪碑和郑德璋墓碑、明代文侯赐祭之碑、翰林学士宋文宪公碑等。郑氏家族曾由明太祖朱元璋亲赐"江南第一家"，以"修身齐家古遗风"闻名。郑义门营造技艺融古代建筑技艺、传统民俗和儒学文化为一体，该技艺及其所营造的古建筑群是中国封建社会以儒家礼仪治家的典范和缩影。

歙砚制作技艺

序号：424

编号：Ⅷ-74

批次：1

类别：传统技艺

申报地区或单位：安徽省歙县，江西省婺源县

歙砚是用歙石制成的砚，是中国四大名砚之一，因主要制作地和成名地在古徽州府歙县而得名。江西省婺源县原属徽州，所产砚也称歙砚。

歙县位于安徽黄山山脉与天目山、白际山之间，出产歙石。而歙石产地又以婺源与歙县交界处的龙尾山（罗纹山）下溪涧为最优。龙尾山是大部分存世歙砚珍品的石料出产地，故歙砚又称龙尾砚。

歙砚制作兴盛于唐代。至宋代时，歙石开采规模扩大，精品不断涌现，歙砚获得很大发展。

歙砚制作技艺以雕刻为中心，由选石、构思、定型、图案设计、雕刻、打磨、配制砚盒等多道工序构成。歙砚雕刻一般以浮雕浅刻为主，不采用立体镂空雕，但也会采用深刀雕刻技法。以深刀技法雕琢的殿阁、人物等，手法比较细腻，层次分明，砚池的开挖也能做到相互呼应。

按石材纹理区分，歙砚可分为罗纹、眉纹、金星、金晕、鱼子五类一百多个品种。歙石石质优良，莹润细密，有"坚、润、柔、健、细、腻、洁、美"八德。采用歙石制作的歙砚，具有涩不留笔、滑不拒墨等特点。

目前，用于制作歙砚的砚石原料逐渐短缺，歙砚制作技艺存在失传危险。

国家级代表性传承人名单

姓名	性别	申报地区或单位	入选批次
曹阶铭	男	安徽省歙县	1
郑寒	男	安徽省歙县	3
王祖伟	男	安徽省歙县	4

夏布织造技艺

序号：885

编号：Ⅷ-102

批次：1

类别：传统技艺

申报地区或单位：江西省万载县，重庆市荣昌县

夏布织造技艺是一种传统织造技艺。夏布原料为苎麻，因其适宜作为暑天衣料而得名。夏布织造技艺主要分布于江西、湖南、重庆、四川等省市部分地区，其中以江西省万载县和重头市荣昌县为主要代表。

万载夏布生产历史悠久，据传，南北朝时期，万载乡农蔺思源发现富有韧性的草本植物苎麻，并将它的表皮剥下，用以编制帷帐，效果很好。此后，万载人民逐渐改进绩麻之法，采用纯洁的苎麻纤维织造夏布。江西省的夏布织造技艺主要有苎麻处理、绩纱、织布三道工艺流程。其中，苎麻处理主要是对原料苎麻进行自然漂白，漂白方法有清水漂白法、日光漂洗法、露漂法、石灰水漂法、炭熏法、牛粪浸渍法六种。漂白后需将苎麻按质量及长度进行分类。绩纱，包括原麻漂白、撕片、卷缕、捻纱、绕纱五道工序。织布，包括刷布、上机、上浆、织造四道工序。

荣昌夏布历史久远，汉代称为"蜀布"；唐宋时期称为"斑布""筒布"，主要用作贡品；清代康熙年间作为商品生产，远销各地。荣昌夏布需经打麻、挽麻团、挽麻芋子、牵线、穿扣、

刷浆、织布、漂洗及整形、印染等流程。其中，打麻需经打、剥、洗、熏、刮（割）五道工序；漂白则有清水漂白法、日光漂洗法、露漂法、石灰水漂法、炭熏法五种方法；绩纱包括撕片、卷缕、捻纱、绕纱四道工序；加工工序有刻花板、印花、染色、晾晒等。荣昌夏布可分为细布、粗布、罗纹布三类。

夏布有生夏布和熟夏布之分，生夏布为淡草黄本色，可用于创作中国画，艺术欣赏价值较高；熟夏布经漂白后可成为布料，以颜色分有本色、漂白、染色、印花等多种，可加工为床上用品、褥垫、墙布、门帘、工艺品、工业用布等，具有透气、凉爽、坚韧耐用等特点。

如今夏布织造技术由原来的手工劳动改为机械化生产，大大提高了产品档次和生产附加值，然而这一改变势必使传统技艺走向衰微。

国家级代表性传承人名单

姓名	性别	申报地区或单位	入选批次
宋树牙	男	江西省万载县	3
颜坤吉	男	重庆市荣昌县	3

香山帮传统建筑营造技艺

序号：377

编号：Ⅷ-27

批次：1

类别：传统技艺

申报地区或单位：江苏省苏州市

香山帮传统建筑营造技艺是江苏省的一项传统手工技艺。香山帮是以江苏省苏州市吴中区胥口镇为地理中心，以木匠领衔，集泥水匠、漆匠、堆灰匠、雕塑匠、叠山匠、彩绘匠等古典建筑工种于一体的建筑工匠群体。

香山帮是一个传承千年的建筑流派，到明清时期达于鼎盛。北京故宫、苏州园林等举世闻名的建筑均是以蒯祥、姚承祖等为杰出代表的苏州香山帮匠人所造。

香山帮传统建筑营造技艺在土木工程上秉承了中国传统建筑的营造法式，在建筑装饰上以苏式风格的木雕、砖雕、彩画见长。其建筑多为矩形构架系统，每一部件的构形和部件之间都是木与木的连接，其刚度全靠榫卯结合，不用一钉一铁。既精巧美观，又十分稳固。香山工匠的木雕工艺精良，向来与浙江东阳木雕并驾齐驱。香山匠人的砖雕，以线条蜿蜒有力、形象生动传神、风格柔顺秀逸、图案寓意吉祥、情趣雅俗兼备、刀法洒脱著称，在苏州民居建筑中得到广泛运用和发展。香山帮传统建筑色调和谐、结构紧凑、制造精细、布局机巧，具有较高的实用和艺术价值。

20世纪以来，由于西方建筑文化的渗透，加之匠人收入低且工作量大，香山帮逐渐衰落。近年来虽有所恢复，但仍未摆脱濒危困境。

国家级代表性传承人名单

姓名	性别	申报地区或单位	入选批次
薛福鑫	男	江苏省苏州市	1
陆耀祖	男	江苏省苏州市	1

香云纱染整技艺

序号：890

编号：Ⅷ-107

批次：2

类别：传统技艺

申报地区或单位：广东省佛山市顺德区

◎ 传统技艺

香云纱染整技艺是一项传统的染整技艺。香云纱也被称为莨绸、云纱，是一种纯植物与矿物染整的丝绸面料，是中国丝绸的著名产品。它主要利用植物薯莨茎块的液汁多次晒涂于练熟的坯绸上，使织物表面形成一层黄棕色的胶状物质，再用含有氧化铁成分的泥土均匀涂于织物表面，经反复晾晒、水洗后使胶状物变成黑色而成。

香云纱染整技艺主要留存于广东佛山市的顺德，这里素有"南国丝都"的美称。香云纱从明代永乐年间（约15世纪）开始生产并远销海外；20世纪二三十年代达到顶峰，被当时的上海滩富豪视为高贵服饰。

香云纱染整工艺流程包括浸莨水、晾晒、洒莨水、封莨水、煮练、卷绸、过泥、洗涤、晒干、摊雾、拉幅、整装等十多道工序，前后历时15天。染整时，先将绸匹置于浓度最高的薯莨水中浸泡半天，用手不断翻动。随后在绸正上淋洒、涂扫薯莨液6次，再置于封槽中用莨水浸泡20次，其间需在45℃～50℃莨水中煮练绸匹2次。过泥为染整中最为关键的工序，须将灰黑色的纯净河泥搅成糊状，薄敷于经多次莨水浸泡的绸面，让薯莨中的单宁与河泥中的铁离子发生化学反应而将绸面染成黑、褐色。这一操作需在夜间进行，并于天亮前完成，以免因阳光照射染黑底面。过泥后经洗涤晒干，于黄昏时分将绸匹摊于草地上软化，即完成香云纱染整技艺工艺流程。

香云纱绸面富有光泽，其色泽经日晒、水洗牢度较好，织物防水性强且容易散发水分，宜制各种夏季便服、旗袍、香港衫，穿着凉快滑爽，耐穿易洗，因此深受广大消费者喜爱。

但由于香云纱是全过程纯手工制作的天然衣料，工艺复杂，产量少，使得这一传统技艺面临传承困境。

国家级代表性传承人名单

姓名	性别	申报地区或单位	入选批次
梁珠	男	广东省佛山市顺德区	3

新疆维吾尔族艾德莱斯绸织染技艺

序号：892

编号：Ⅷ-109

批次：2

类别：传统技艺

申报地区或单位：新疆维吾尔自治区洛浦县

新疆维吾尔族艾德莱斯绸织染技艺是新疆维吾尔族的一项传统民间手工艺。绸料为纯蚕丝制品，不添加任何辅助纺织原料。艾德莱斯绸主要产于新疆的喀什、莎车以及和田、洛浦等地。洛浦县的吉亚乡和布亚乡是艾德莱斯绸的重要发源地。

艾德莱斯绸织染技艺采用天然植物染料染色。其生产包括将蚕茧煮沸抽丝、并丝、卷线、扎染、图案设计、捆扎、分线、上机、织绸等工艺流程。其最大特点为采用古老的扎经染色法进行染色，即在经纱上扎结染色。先按图案要求，在经纱上加以布局、配色、扎结，然后分层染色、整经、织绸。通过染液渗润，使图案轮廓自然形成色晕，各种颜色参差错落，既有层次感又富于变化。所采用的图案则包括花卉、枝叶、木梳、流苏、宝石、木槌、锯子、镰刀、热瓦甫琴、独它尔琴等图案。

洛浦所产艾德莱斯绸讲究黑白效果，虚实变化，纹样粗犷奔放，色彩简单富有变化。这与喀什、莎车所产有所区别，这两地的艾德莱斯绸以色彩绚丽、鲜艳著称，其图案细腻严谨，常用翠绿、宝蓝、黄、青莲、桃花等颜色。

艾德莱斯绸具有质地柔软、轻盈飘逸、图案层次分明、布局对称、组合严谨、色彩艳丽等特点。它既是常用的衣裙原料，又可制作成装饰品等工艺品，深受消费者喜爱。

杏花村汾酒酿制技艺

序号：409

编号：Ⅷ-59

批次：1

类别：传统技艺

申报地区或单位：山西省汾阳市

杏花村汾酒酿制技艺是山西省的一项传统酿酒技艺。杏花村汾酒，因产于山西省吕梁市汾阳县杏花村得名。杏花村是中国著名的酒都，杏花村汾酒以清澈干净、清香纯正、绵甜味长即色、香、味三绝著称于世，是清香型白酒的典型代表。

杏花村汾酒酿制源于何时，尚无考证。但在杏花村已发现有六千年前的仰韶文化遗址，从出土器物可以判断当时就有酿酒的活动。

杏花村汾酒酿制技艺以晋中平原的"一把抓高粱"为原料，用大麦、豌豆制成糖化发酵剂，采用"清蒸二次清"等酿造工艺酿制完成，其酿制包括制曲和酿酒两个阶段，需经制曲、发酵、蒸馏等工序。其中，制作汾酒大曲需采用"两凉两热"发酵工艺制成三种曲型，再将三种曲按比例混合投入生产；在酿酒时，汾酒以"固态地缸分离发酵，清蒸二次清"的发酵和蒸馏方法为其特色。

自1953年以来，杏花村汾酒连续被评为全国"八大名酒"和"十八大名酒"之列。发展至今，以汾酒为母酒，还产生了老白汾酒、竹叶青酒、玫瑰汾酒、白玉汾酒等系列酒。但目前，汾酒的工业化生产对手工作坊式的传统酿造工艺造成冲击，与此同时，水源紧张、大气污染、高粱等原料短缺等问题也为杏花村汾酒酿制技艺的传承带来挑战。

国家级代表性传承人名单

姓名	性别	申报地区或单位	入选批次
郭双威	男	山西省汾阳市	3

宣笔制作技艺

序号：913

编号：Ⅷ-130

批次：2

类别：传统技艺

申报地区或单位：安徽省宣城市

宣笔制作技艺是一项传统的毛笔制作技艺。宣笔，因产于宣州而得名，其技艺主要流传于安徽省宣城市。宣城境内有丰富的竹种资源、优良的兽类毛料，为制作传统宣笔奠定了独特的自然优势。

宣笔制作历史悠久。源于秦代，盛于唐宋。唐代天宝二年（743）时，宣州以野兔紫毫制作的毛笔曾被作为贡品，宣州成为全国的制笔中心。宋末元初，战乱频繁，宣笔技艺逐渐式微。明清时期，再度兴盛。

根据用途不同，制作宣笔笔毫可选用兔毛、羊毛、黄鼠狼尾毛、石獾毛等，笔管原料包括竹、木、牛角、瓷、象牙等不同原料。由选毫到制成笔，宣笔制作需经选料、水盆、制杆、装套、修笔、镶嵌、刻字、检验包装八道工艺流程，共一百二十多道工序。按制作原料和弹性强弱，宣笔一般分为软毫、硬毫、兼毫三类。

宣笔柔韧相宜、笔匀基固、书写流畅、收发自如，既能蓄墨又不肥滞，是十分理想的书写工具。如今宣笔行销全国二十多个省市，供应北京荣宝斋、上海朵云轩等知名书画店，并远销东南亚及欧美市场。

国家级代表性传承人名单

姓名	性别	申报地区或单位	入选批次
张苏	男	安徽省宣城市	3
张文年	男	安徽省宣城市	4

宣纸制作技艺

序号：415

编号：Ⅷ-65

批次：1

类别：传统技艺

申报地区或单位：安徽省泾县

宣纸制作技艺是安徽的一项传统造纸技艺。宣纸以安徽宣城而得名。宣城本身并不产纸，只是周围纸产地都以宣城为集散地。宣纸产地为安徽泾县西南方小岭一带，该地出产宣纸制作所需的青檀树和长秆水稻。此外，该县境内乌溪上游两条支流的河水分别为淡碱性和淡酸性，满足了原料加工和成纸所需用水。这些因素使泾县成为著名的宣纸产地。

宣纸生产迄今已有一五千多年历史。元、明、清三代，山水画派的兴起刺激了宣纸业发展，其制作技艺也日趋成熟。约在18世纪后期，泾县宣纸在国际展览中获奖并传入欧美各国。新中国成立后，宣纸业得到复苏。

宣纸以青檀皮为主料、沙田稻草浆为辅料制成，其制作需经浸泡、灰掩、蒸煮、漂白、打浆、水捞、加胶、贴洪等百余道工序。制作时，先将青檀树枝条蒸泡、剥皮，晒干并加入石灰与纯碱（或草碱）复蒸。树皮洗涤并撕成细条，晾在朝阳处，经日晒雨淋变白后即可"打浆入胶"，即将加工后的皮料与草料分别打浆后加入植物胶（如杨桃藤汁）并充分搅匀，用竹帘抄成纸，再刷到炕上烤干、剪裁后整理成张。

宣纸品种繁多，按料比可分为棉料、净皮、特净三类。以造纸原料区分，宣纸可分为弱吸墨纸类和强吸墨纸类两类。其中，弱吸墨纸类多系竹纤维制成，以笺纸类为主，如澄心堂纸、蜀笺、藏经纸等；强吸墨纸类多系木纤维制成，以宣纸类为主。宣纸质地纯白细密，纹理清晰，绵软坚韧，百折不损，光而不滑，吸水润墨，宜书宜画，防腐防蛀，故有"纸寿千年""纸中之王"的美称。

不过，由于青檀皮、长秆水稻的经济效益较差，宣纸生产原料供应开始出现问题；此外，一些伪劣产品的存在也对宣纸声誉有所损害。

国家级代表性传承人名单

姓名	性别	申报地区或单位	入选批次
邢春荣	男	安徽省泾县	1

砚台制作技艺

易水砚制作技艺、澄泥砚制作技艺、洮砚制作技艺

序号：916

编号：Ⅷ-133

批次：2

类别：传统技艺

申报地区或单位：河北省易县，山西省新绛县，甘肃省卓尼县、岷县

中国非物质文化遗产百科全书·代表性项目卷

扩展名录:
砚台制作技艺（贺兰砚制作技艺）
宁夏回族自治区银川市

砚台制作技艺（易水砚制作技艺）
申报地区或单位: 河北省易县

易水砚也称易砚，是河北省易县的著名手工艺产品，因产于古易州（今河北省易县）而得名。其制作技艺主要分布在河北省保定市易县台坛村一带。易水砚的制作始于战国，盛于唐宋，至明代日趋成熟。

易水砚取材于太行山区西峪山的紫灰色水成岩，石料上往往点缀有天然的黄色、白色、绿色等颜色斑点、纹理，石面光泽，细润如玉，质刚而柔。制砚师以之为原料，运用阳雕、浮雕、平雕、透雕、立雕等雕刻手法，根据石料形体及纹饰，随料定型，顺理成章，雕出人物、花草、龙凤、鸟虫等，主题则包括"二龙戏珠""九龙戏凤""龙凤呈祥""八马俊图"以及"十二生肖"等。易水砚具有质地细腻、硬度适中、发墨快、不伤笔毫、墨汁滋润而不易蒸发干涸等特点。此外，易水砚做工精细，造型古朴大方，具有很好的观赏和收藏价值。

易水砚为世代书法家和收藏家所珍爱，曾多次被评为全国高档名砚。但近年来，传统的易砚生产受到挑战，不少易砚厂家已经转产或停业，发展趋势出现停滞状态。

砚台制作技艺（澄泥砚制作技艺）
申报地区或单位: 山西省新绛县

澄泥砚主要产于山西省新绛县，与端砚、歙砚、洮砚齐名，是四大名砚中唯一的陶质砚，是介于陶与瓷之间的一种炻器。澄泥砚制作始于西汉时期。它以沉淀千年黄河渍泥为原料，经特殊炉火烧炼而成，质坚耐磨，观若碧玉，抚若童肌，储墨不涸，积墨不腐，历寒不冰，呵气可研，不伤笔，不损毫，备受历代帝王、文人雅士所推崇，唐宋时皆为贡品。

制作澄泥砚时，首先将河泥放置在绢制的箩中过滤，滤出极为细致的澄泥，然后经澄泥过滤、绢袋压滤、陈泥、揉泥、制坯、阴房晾干、雕刻、砂磨、入窑烧制、出窑、成品水磨等工序完成澄泥砚制作，制成一方砚一般需一年半时间。澄泥砚一般一年烧10～12次，装窑量180～300方。成品率受季节、风力、窑温、窑变等等因素影响较大，一般一窑的成品率在30～40%之间，最多可达80%。澄泥砚质地细腻，具有贮水不涸、历寒不冰、发墨而不损毫、滋润胜水可与石质佳砚相媲美等特点。此外，由于原料来源和烧制时间不同，澄泥砚可烧制出鳝鱼黄、蟹壳青、绿豆沙、玫瑰紫等不同颜色，再加上制作时注重图案，讲究造型，澄泥砚具有很强的观赏性。

由于历史原因，澄泥砚制作技艺在明末清初几乎失传。1986年，蔺永茂经过不懈努力，恢复了已经失传数百年的绛州澄泥砚的传统生产工艺，绛州澄泥砚又重新在砚海中展露新姿，重新成为古城绛州的一大地方特产。

砚台制作技艺（洮砚制作技艺）
申报地区或单位: 甘肃省卓尼县、岷县

洮砚全称为洮河绿石砚，是一种以洮河绿石为石料雕刻而成的石砚，与广东端砚、安徽歙砚并称中国三大石质名砚。洮河绿石产于甘肃省南部洮河中游的卓尼、岷县、临潭三县交界的喇嘛崖一带的峡谷中，洮砚制作技艺也就在这一带流传。

洮砚历史悠久，始于唐，盛行于宋明清，距今已有一千三百多年的历史，清代乾隆年间钦定的《四库全书》中列为国宝。

洮砚制作需经采石、选料、下料、设计、制坯、开膛、合口、雕刻、打磨、上光、配盒等十几道工序，所使用的工具包括刀、锯、锤、铲、錾、铁笔、水沙等。雕刻为洮砚特色之一，洮砚雕刻以透雕和浮雕为主，辅之以线雕、圆雕、凸雕等多种技法。在造型上，洮砚以龙凤、花卉、山水、人物为纹样，用地方名胜景物图案或书法篆刻为雕饰，以古钟、古鼎、古琴、古钱等为外形。洮砚有圆、椭圆、正方、长方等各种形状，品种包括三边雕花砚、池头雕花砚、杂形雕花砚、自然雕花砚、素砚等，具有色绿雅丽、莹润如玉、发墨快而不损毫、储墨久而不干涸等特点。此外，不少洮砚雕刻精美，具有很强的艺术欣赏价值。

近年来洮砚生产在临洮县、卓尼县、临潭县、兰州等地生产厂家和家庭作坊逐年增加，品种齐全，全省各旅游景点都有洮砚陈列出售，备受国内外游客称赞。

砚台制作技艺（贺兰砚制作技艺）
申报地区或单位：宁夏回族自治区银川市

贺兰砚取材于被誉为宁夏"五宝"之一的贺兰石。贺兰石是一种含有多种微量元素的块状水成岩，具有结构均匀、质地细腻、易于雕刻、发墨利毫的特点。有史可考的宁夏贺兰砚制作有三百多年历史。

贺兰砚制作技艺能传承至今，与有一百多年历史的制砚世家，被银川人广泛称誉的"闫家砚"密不可分。清光绪年间，闫氏家族的砚台刻得好，在银川已有一定的名气，也制作出不少代表时代风格的好作品，为后人发展贺兰石砚雕刻艺术积累了较为丰富的技术和经验。

从贺兰石雕刻成贺兰砚，要经过八道工序。艺人们面对一块贺兰石石料，观其质，量其彩，反复构思推敲，方才下刀。先顺理走刀，粗凿重刻，根据所绘纹样或浮或镂，显出轮廓层理，然后再精雕细琢，挥艺传神，刀毕功就，砚成方休。一方佳砚，艺人们往往需要数月以至年余。

如今，机器制作的渗入，不仅导致了贺兰石原料的浪费和价格的猛跌，对手工制作工艺也形成了很大的冲击。

国家级代表性传承人名单

姓名	性别	申报地区或单位	入选批次
邹洪利	男	河北省易县	3
蔺永茂	男	山西省新绛县	3
李茂棣	男	甘肃省岷县	3
闫森林	男	宁夏回族自治区银川市	4

雁门民居营造技艺

序号：1189
编号：Ⅷ-209
批次：3
类别：传统技艺
申报地区或单位：山西省忻州市

雁门民居营造技艺是山西省极富地方特色的民间传统木结构营造技艺，主要流传于山西省忻州市代县雁门关及其周边地区。代县杨氏木匠家庭是本地区传统木结构建筑营造技艺的传承者，其祖先是南宋杨家将镇守三关时的随军木匠。

雁门民居营造技艺主要有扇骨麻花挑角、传统多层建筑的梁架结构起重运料安装、传统建筑的彩画和塑像等。其中，扇骨麻花挑角营造技艺是一种营造翼角的方式，因从建筑内部看，翼角椽的组合形态如"扇骨"或"麻花"而得名。建造时，需根据转角檐椽的形态制作翼角，不同程度地削薄、扭曲翼角椽尾部，并使翼角椽叠落于角梁上。"偷修"技术为传统多层建筑的梁架结构起重运料安装工艺的体现之一，即在不动大木构架的情况下更换柱、梁、枋、檩、板、椽、望板、斗拱和门窗等任意木构件，而整个木构架不受影响。工匠根据不同需要制作出多层木结构建筑中复杂多样的木构件，构件之间仅凭榫卯结合在一起，榫卯的形状、大小及相互之间的结合方式也不同。

雁门民居具有坚固、实用、省料、美观等特点。此外，其营造技艺还可应用于古建筑的维修、复建、拆迁、装修等，并已在代县边靖楼、雁门关关楼、代州文庙、应县木塔等文物保护单位的维修、复建中发挥了重要作用。

雁门民居营造技艺市场前景十分看好，包括北京故宫等古建维修工程都活跃着代县的木工技艺传人。为了更好地发展这项技艺，山西省还专门成立了一支具有代表性的由传承数代的木工世家子孙所组成的施工队，即山西杨氏古建筑工程有限公司。

国家级代表性传承人名单

姓名	性别	申报地区或单位	入选批次
杨贵庭	男	山西省忻州市	4

扬州漆器髹饰技艺

序号：402

编号：Ⅷ-52

批次：1

类别：传统技艺

申报地区或单位：江苏省扬州市

扬州漆器髹饰技艺是江苏省扬州市的一项传统手工技艺。扬州漆器是中国传统特种工艺品之一，产地为江苏省扬州市。髹饰是古代在艺术品上采用的一种传统工艺。

战国时期，扬州漆器髹饰技艺就已出现，到明清时期臻于鼎盛，出现剔红雕漆、平磨螺钿镶嵌、软螺钿镶嵌、百宝镶嵌等著名品种，形成独特的地方风格。

扬州漆器髹饰技艺的手法有涂、绘、勾、刻、填、雕、镂、磨、镶、嵌等，装饰工艺则有雕漆嵌玉、平磨螺钿、点螺、纯雕漆、骨石镶嵌、刻漆、雕填、彩绘、磨漆画、彩漆平嵌等十类，以多宝嵌漆器和螺钿漆器最为著名。多宝嵌漆器以翡翠、象牙、玛瑙等为髹饰材料，将其雕镂拼接于漆器上；螺钿漆器又分为平磨螺钿、点螺两大类。平磨螺钿是把各色贝壳打磨成薄片，做出人物、风景、花鸟虫鱼等图案，拼贴镶嵌于漆地上，经髹饰推光而成。点螺是将蚌壳、云母、夜光螺等优质贝壳切割成极细的点、丝、片，嵌于漆底上（还可间以金丝银片），再经髹饰推光而成，常采用细致的二方连续图案。

扬州漆器髹饰技艺成品包括屏风、桌椅几凳、瓶盘、茶具、烟具、文房四宝等千余品种，具有技艺精巧、绚丽多彩、格调清新的特点。

目前，由于人们的审美观念发生变化，扬州漆器市场已逐渐萎缩，加之漆艺从业人员培养周期长，收入偏低，扬州漆器髹饰技艺的传承问题日益凸显。

国家级代表性传承人名单

姓名	性别	申报地区或单位	入选批次
张宇	男	江苏省扬州市	1
赵如柏	男	江苏省扬州市	1

阳城生铁冶铸技艺

序号：385

编号：Ⅷ-35

批次：1

◎ 传统技艺

类别：传统技艺

申报地区或单位：山西省阳城县

扩展名录：
生铁冶铸技艺（干模铸造技艺）
河北省泊头市

阳城生铁冶铸技艺，是留存于山西省阳城县的一项传统手工技艺。中国自公元前6世纪即发明了生铁冶铸术，阳城则是中国生铁冶铸术的重要留存地。

阳城地处山西省东南部山区，盛产富铁矿，且距地表较浅，其矿石质软纯洁，含磷高、含硫低，而南部山区坚硬木料烧制的三寸茬、七寸炭的生熟木炭也是铸件的必要原料，这些地理条件为阳城当地生铁冶铸术的形成创造了良好基础。

阳城生铁冶铸术主要包括坩埚炼铁、犁炉炼铁和犁镜的铁范制作。冶铸时，先将采得的矿石粉碎，再经高温焙烧去硫后入炉。犁炉为中国式竖炉，由炉缸、炉腔、炉身及支架构成，其内腔呈曲线状，具有风流顺畅、利于炉况顺行的优点，并以当地江木等优质木材烧制的木炭作熔炼原料和还原剂。熔炼时，冶铸师傅凭借经验，通过看火色、辨铁水等方法掌握炉况、火候及铁水成色，把握铁水的化学成分和温度。其中，熔炼师傅通过从出铁口舀出一小勺铁水、观察其色泽及表层纹样变化来判定其成色，这一工艺称为"辨铁水"。阳城犁镜是犁上的重要配件，由原铁水浇铸，铸型以灰口铁作原料，用泥范铸成，具有坚固耐用且省力的特点。

阳城生铁冶铸技艺，堪称中国生铁冶炼术的代表。但从20世纪80年代起，随着社会经济转型和机耕的推广，阳城犁镜生产逐渐萎缩，至90年代后期冶铸作坊已全部停产，阳城生铁冶铸艺人及铸炼设备均大量流失。

生铁冶铸技艺（干模铸造技艺）
申报地区或单位：河北省泊头市

河北省泊头市位于大运河畔，其前身为交河县，是著名的铸造之乡，以其铸造历史悠久、铸造技术精湛、铸造人员众多而闻名。根据考古发掘成果，泊头市干模铸造技艺的历史可推至一千多年前。

河北省泊头市干模铸造技艺分为制作内范、外范、减支、合型浇铸等步骤。制作内范，是指用黄土或胶泥和成泥，制成要铸造的产品外型；制作外范，是指在内范表面涂上一层薄薄的蜡油，外面披上一层拌有碎麻头的麻刀泥，厚度视铸件大小而定。待外范晾到一定强度，确定一个分型面，然后用锋利的刀沿分型面切开，刻上记号，把外层麻刀泥与内范脱开。减支，是指用刀、铲、钩、勺等锋利的工具，将内范表层削去一层，铸件多厚，就削去多厚。合型是将外范按刻好的记号复原到内范外面，中间形成型腔，然后将分型面封死，做好浇铸口。在干模铸造技艺基础上还发展出硬模铸造技艺，该技艺以制作硬模（行话叫"浆模子"）为其关键环节，具有一模多型、多模同铸、连续作业的特点。其中，浆模的原料是炉灰渣、胶泥、麻刀、炭渣、黄泥等。

随着技术的更新，目前，泊头境内使用硬模铸造和勺炉的铸造企业屈指可数，生铁冶铸技艺（干模铸造技艺）面临失传危险。

国家级代表性传承人名单

姓名	性别	申报地区或单位	入选批次
吉抓住	男	山西省阳城县	1

窑洞营造技艺

序号：963

编号：Ⅷ-180

批次：2

类别：传统技艺

申报地区或单位：山西省平陆县，甘肃省庆阳市

扩展名录：
窑洞营造技艺（地坑院营造技艺）
　　河南省陕县
窑洞营造技艺（陕北窑洞营造技艺）
　　陕西省延安市宝塔区

窑洞是黄土高原特有的一种民居形式，是人类早期穴居发展演变的实物遗存，其营造技艺广泛留存于山西、陕西、甘肃等省。

山西省平陆县的窑洞也称"地窨院"。营造时，在平整的黄土地面上挖出边长20～30米、深7～10米的长方形或正方形深坑，再在坑四壁挖5～12孔窑洞，其中一窑与坑外一斜坡形通道相连，通向地面，为出入通道；坡道与门洞连接处用砖砌门楼并安装大门；门洞一侧挖一拐窑，窑内挖一深20～30米、直径1米的水井，解决人畜饮水。修建窑洞一般需三年时间，建成后可居住数百年。窑洞种类有独门独院、一门连二院的二进院和三进院等。

甘肃省庆阳市的窑洞可分为明庄窑、地坑院窑和箍窑三类，以土窑居多。其中，明庄窑也称崖庄窑，修建在山畔或沟边，先利用崖势将崖面削齐，然后修庄挖窑。地坑院窑在平原大塬上修建。修建时，先在平地上挖出5～8米深的长方形大坑，将坑内四面削成崖面，然后在崖上挖窑洞，并在一边崖上修直通地面的长坡巷道或斜洞作为人行道。箍窑一般是用土坯和麦草土黄泥浆砌成基墙、拱券窑顶而成。窑顶上填土呈双坡面，用麦草泥浆抹光，前后压短椽挑檐。

窑洞营造的生产资料投入成本较低，且具有冬暖夏凉、防盗防火的特点，是一种因地制宜的建筑形式，也是西北地区农耕文明及当地风俗习惯的重要载体。如今受现代居住文化的影响，窑洞营造技艺面临传承困境。

窑洞营造技艺（地坑院营造技艺）
申报地区或单位：河南省陕县

地坑院为窑洞的一种，又称"天井窑院"，在河南省陕县分布较为广泛。

修建地坑院时，先在平整的黄土地上挖边长10～12米、深6～7米的正方形或长方形深坑，然后在四壁凿挖8～12孔窑洞，再在窑院一角的一孔窑洞内挖出一个斜向弯道通向地面，作为居民出入院子的门洞。地坑院四周建有防止雨水倒灌和人畜坠落的矮墙，并有厕所窑、碾磨窑和水井等设施。

地坑院具有省工省料、冬暖夏凉、挡风隔音的优点，被誉为"人类穴居的活化石"和"地下四合院"，其营造技艺对研究生土建筑具有重要的文化和学术价值。

如今随着人们居住习惯的变化，地坑院新建数量和老建筑的质量均呈下降趋势，其营造技艺也面临失传困境。

窑洞营造技艺（陕北窑洞营造技艺）
申报地区或单位：陕西省延安市宝塔区

陕北窑洞是依山势开凿出来的拱顶的窑洞。陕北窑洞从建筑布局上可分为靠山式和沿沟式，从结构和建筑材料上可分为土窑、接口窑、砖窑、石窑等。

土窑须在向阳山崖上土质坚硬、土脉平行的原生胶土崖上挖掘。建造时先剖开崖面，然

后开一个竖的长方形缺口，由缺口挖入一两米后朝四面扩展至修成鸡蛋形的洞，再用宽镢刨光窑面，抹上黏泥，窑顶间隔用柳橼支撑作箍。建造接口窑时，需在原土窑开扩窑口，按窑拱大小加砌一两米进深的石头或砖做窑面，新做圆窗木门并用柳橼箍顶，并用麦鱼细泥将土拱与石（砖）拱接口处抹平。石窑，即为用石块、灰沙垒砌的拱形窑洞。窑面石料按尺寸凿方凿弧，砌面讲究缝隙横平竖直，窑面整体平整，拱圈圆缓，合乎规范标准。窑口安装大门及窗户，窗棂图案花样有"朝阳四射式""蛇盘九蛋式""勾连万字式""十二莲灯式"等。砖窑，即用砖和灰浆砌的拱式窑洞，结构与石窑大致相同，但不及石窑坚固。

目前，陕北新做窑洞以石窑为主，具有隔音、隔热、保温、冬暖夏凉等特点。然而，随着人们居住习惯的变化，陕北窑洞营造技艺的传承也受到冲击。

耀州窑陶瓷烧制技艺

序号：358
编号：Ⅷ-8
批次：1
类别：传统技艺
申报地区或单位：陕西省铜川市

耀州窑陶瓷烧制技艺是流传于陕西省铜川市的一项传统手工技艺。耀州窑是中国古代瓷窑之一，耀州窑址以陕西省铜川市黄堡镇为中心，其范围包括上店、立地坡、玉华、陈炉镇及耀县塔坡一带。此地在宋代辖于耀州，故名耀州窑。耀州窑盛产独具风格与特色的刻花和印花青瓷，是烧制北方青瓷的著名民窑工厂。

耀州窑在唐代就是中国陶瓷烧制的著名产地，宋代更进一步达到鼎盛，成为我国"六大窑系"中最大的一个窑系，其产品则成为北方青瓷的代表。元明两代，耀州窑青瓷的烧制明显衰落，一方面继续烧造姜黄釉青瓷，另一方面逐渐加强了黑、白、酱、茶叶沫釉瓷和白地黑花瓷的烧造。经过历史变迁，各陶场均已停烧，唯有陈炉镇窑场延续至今，成为西北地区的制瓷重镇。

耀州窑陶瓷烧制技艺主要体现在原料的采配、成分及加工，泥料的储备及练揉，手工拉坯及修坯，手工雕花、刻花、划花、贴花、印花，釉药的选配、制备及敷施，匣钵、窑具的制作及装窑，火焰气氛及烧成七个方面。一件制品完成需经采料、精选、风化、配比、耙泥、陈腐、熟泥、揉泥、手拉坯、修坯、釉料精选、配制、施釉、手工装饰（雕、刻、贴、印）、窑具制作、装窑、烧窑等十七道工序。

20世纪80年代以来，在现代化工业产品的冲击下，陈炉镇的陶瓷业一度萧条，传统陶瓷技艺也面临着后继无人的困境。

国家级代表性传承人名单

姓名	性别	申报地区或单位	入选批次
孟树锋	男	陕西省铜川市	1

宜兴紫砂陶制作技艺

序号：351
编号：Ⅷ-1
批次：1
类别：传统技艺
申报地区或单位：江苏省宜兴市

宜兴紫砂陶制作技艺是分布于江苏省宜兴市丁蜀镇的一种民间传统手工制陶技艺。紫砂是产于丁蜀镇黄龙山及附近地区的一种稀见的并具有特殊的团粒结构和双重气孔结构的陶土。紫砂陶，即用紫砂泥料制成的质地较坚硬的陶制品。

宜兴作为中国"陶都"，其制陶历史可以上溯到六千五百年前。到宋元时期，手工紫砂陶艺开始逐渐形成；明代中叶以后，紫砂陶制作工艺臻于成熟。由于特定的制陶原料和手工技艺体系的长期发育积淀成形，宜兴手工紫砂陶艺只分布于宜兴市丁蜀镇地区。

宜兴紫砂陶艺包括原料加工工艺、器物成型工艺、装饰工艺和烧成工艺四部分。其技艺特征是以紫砂泥料为原料，用多达百种以上的自制工具，以打泥片以及拍打身筒（圆器）、镶接身筒（方器）这一独特的"片筑法"，再加以雕塑（花器）、表面修光、陶刻装饰等工艺方法成型，技艺独特而鲜明。成品紫砂陶品类众多，有壶、杯、碟、瓶、盆、文具雅玩、人物雕塑等。紫砂陶具有良好的透气性且装饰技艺多样，富有实用和艺术鉴赏的双重特色。

经过几百年的传承，紫砂陶器的生存空间、技艺特征、衍生谱系、传统文化内涵等方面仍呈现良好的状态。但是，由于紫砂制陶的原料是一种稀缺的矿产资源，目前存在被过度开发和滥用的状况，再加上产业化的影响，紫砂制陶精品越来越少，紫砂陶制作技艺也受到较大冲击。

国家级代表性传承人名单

姓名	性别	申报地区或单位	入选批次
汪寅仙	女	江苏省宜兴市	1

宜兴紫砂陶制品

彝族漆器髹饰技艺

序号：911

编号：Ⅷ-128

批次：2

类别：传统技艺

申报地区或单位：四川省喜德县，贵州省大方县

彝族漆器髹饰技艺是彝族的一项传统工艺，主要流传于四川、贵州等地的彝族聚居区。

四川省喜德县依洛乡依洛村是著名的彝族漆器产地，这里的漆器髹饰技艺传承至今已有一千七百多年历史。当地的彝族漆器以杜鹃木、酸枝木等为原料，经选伐原木、干燥等四十余道工序完成漆器制作。在髹饰方法上，喜德县漆器一般以黑漆为底色，加绘黄色、红色花纹并组成各种图案，色泽对比强烈。

贵州省大方县是我国重要的产漆地区。大方漆器髹饰技艺最早出现于东汉年间，已有近两千年历史。大方的彝族漆器采用牛、马、羊的皮革，或棉、麻、绸等做胎坯，以当地优质生漆做髹饰原料。其漆器制作包括生漆收割、胎坯制作等步骤，共五十余道工序八十多道生产环节。其中，漆器髹饰工艺包括制漆、胎坯、灰地等工序。

彝族漆器髹饰技艺成品种类包括餐具、酒具、茶具、旅游纪念品、现代室内装饰器具等，具有做工精致、造型多样、质地坚实、经久耐用、无异味和无毒、耐酸碱、耐高温等特点，享誉海内外，深受广大消费者喜爱。

国家级代表性传承人名单

姓名	性别	申报地区或单位	入选批次
吉伍巫且	男	四川省喜德县	3

银铜器制作及鎏金技艺

序号：1176

编号：Ⅷ-196

批次：2

类别：传统技艺

申报地区或单位：青海省湟中县

银铜器制作及鎏金技艺是一项传统的金属工艺品制作技艺。青海省湟中县银铜器制作及鎏金技艺已有百余年历史。

湟中的银铜器制作及鎏金技艺可分为银器和铜器两种加工工艺。其中，银器加工工艺以形薄、光亮、轻柔、质纯而著称。铜器制作主要流程包括捶揲、模压、錾刻、镂空、拉丝、镶嵌、焊接、铆接等。在装饰方面，湟中银铜器制作深受佛教艺术的影响，常以"八吉祥徽"和曼陀罗、妙翅鸟、龙、凤、雄狮、怪兽、祥云、宝焰等作为装饰图案。鎏金工艺在湟中银铜器制作中也得到普遍应用。该工艺将金和水银合成的金汞剂涂在银器、铜器表面，然后加热使水银挥发，使金牢固附在银铜器表面，其工序包括煞金、抹金、开金、压光等。

湟中的银铜器及鎏金技艺制品可分为佛教艺术品和生活用品等，前者如金灯、佛像造型、佛塔法轮、大小铜灯、大小净水碗和其他法器供物等，后者如茶壶、茶盖、首饰等。

湟中银铜器制作工艺精细，图案丰富、造型逼真，表现手法独特。湟中银铜器及鎏金技艺是藏传佛教文化的重要组成部分，具有较高的艺术价值和文化价值。

随着青海旅游业的兴起，湟中银铜器的影响也越来越大，成为青海的知名品牌，具有很大的销售市场，其制作技艺得到较好的传承。

国家级代表性传承人名单

姓名	性别	申报地区或单位	入选批次
何满	男	青海省湟中县	4

印泥制作技艺

上海鲁庵印泥、漳州八宝印泥

序号：917

编号：Ⅷ-134

批次：2

类别：传统技艺

申报地区或单位：上海市静安区，福建省漳州市

印泥是图章盖印所使用的一种涂料，因其中的主要原料朱砂呈鲜红色，古代又称为丹泥、印朱等。印泥的发展已有两千年的历史，早在春秋秦汉时期就已使用，那时的印泥是用黏土制的，临用时用水浸湿，当时称之为封泥。到了隋唐以后出现了纸张，人们改用水调朱砂印在纸上，这就是印泥的雏形。到了元代，人们

开始用油调和朱砂，之后便逐渐发展成我们现代的印泥了。

印泥制作技艺（上海鲁庵印泥）
申报地区或单位：上海市静安区

上海鲁庵印泥由民国时期海派印泥大师张鲁庵创制，其制作技艺别具特色，在上海乃至整个江南地区独树一帜。

鲁庵印泥以朱砂、蓖麻油、艾绒为主要原料，并含有中药和多种化学成分。印泥制作方式主要有手工操作和自然氧化两种，制作过程包括朱砂漂研、搓艾绒、制蓖麻油、调制印泥等工序，使用量杯、烧杯、玻璃管、石棉板、空气泵、滤斗、磁铁等工具。调制印泥时，需将精制的蓖麻油、朱砂、艾绒以30:100:4的比例进行调制（如果为朱磦印泥，则需将油的比例调至20），经研磨、拌捣、自然氧化后完成印泥制作。

上海鲁庵印泥为海派印泥，系根据上海气候专门配制，具有印色鲜艳雅丽、质薄匀净、细腻、黏稠度高、热天不烂、寒天不硬、永不褪色等特点。

但目前，鲁庵印泥传承人只有两位，且都年事已高，加上这种印泥制作成本高，市场需求有限，发展前景不容乐观。

印泥制作技艺（漳州八宝印泥）
申报地区或单位：福建省漳州市

福建漳州的八宝印泥由魏长安创于清代康熙十二年（1673）。漳州八宝印泥因其主要制泥原料为八种中药而得名。魏长安开设丽华斋专营八宝印泥，并将之作为贡品呈上，导致八宝印泥的声誉大振。1956年，原丽华斋传人宋月娇携带配方进入漳州文教用品厂（八宝印泥厂前身），并研制出新的配方，使八宝印泥的生产和创制一直延续至今。

八宝印泥制作原料包括珍珠粉、辰州朱砂、红宝石、赤金粉、石钟乳、珊瑚屑、砗磲粉、水晶粉等。制作时，需先将天然原料进行加工。其中，天然红宝石、珊瑚需研细并多次漂制；珍珠需选用上品研制；蓖麻油需经自然阳光照晒与四季冷热处置，存放三年以上；艾绒需经挑选、漂制、摘绒加工等工序制成。将上述材料加工后，经配料、搅拌、研磨、检验细度等工序，再加入艾绒，并用石臼研砸匀细。随后将其放入缸内存置6～10个月，使油和料浸透、回性，即完成八宝印泥制作。

八宝印泥具有色泽朱红、鲜艳夺目、细腻浓厚、气味芬芳、冬寒不凝、夏暑不泄、燥热不干、阴雨不霉、印迹清晰、永不褪色等特点。

国家级代表性传承人名单

姓名	性别	申报地区或单位	入选批次
高式熊	男	上海市静安区	3
符骥良	男	上海市静安区	3

玉屏箫笛制作技艺

序号：384
编号：Ⅷ-34
批次：1
类别：传统技艺
申报地区或单位：贵州省玉屏侗族自治县

玉屏箫笛制作技艺是流传于贵州省玉屏侗族自治县的一种传统手工技艺。玉屏箫笛，也称"平箫玉笛"，是采用当地出产的水竹制成的箫和笛，因箫笛上多刻有雕刻精美的龙凤图案，又称"龙箫凤笛"，以音色清越优美、雕刻精致而著称，是我国著名的传统竹管乐器。

据载，玉屏箫笛中的平箫由明代万历年间的郑维藩所创，在明代一度被列为贡品；玉笛则始创于清代雍正五年。清代咸丰年间，郑氏传人开始专制平箫，并向外招徒传艺。20世纪80年代至90年代前期，玉屏箫笛发展达到鼎盛，最高年产量达到五十余万支。

玉屏箫笛制作大致分为取材、制坯、雕刻、成品四个工艺流程。其中，取材共有选材、下料、烘烤校直、检验入库四道工序。制坯，包括刨外节、刮竹、选材、下料、通内节、打头子、再次烘烤加热校直（称为精校）、刨二道节（也称精刨）、弹中线、滚墨线、打音孔、水磨等工序，箫制作须增加"开叫口""开花窗"两道工序。箫笛雕刻则分刻字、刻图，可大致分为脱墨磨字、粘贴图样、雕刻、水磨纸屑四道工序。成品流程则包括烘烤上镴水、水磨洗涤、填色、揩去颜色、上漆四道工序。从伐竹到制成，箫制作需经二十四道工序。

目前，随着现代化进程的加快，民族乐器受到很大的冲击，从事玉屏箫笛制作的老艺人大大减少，箫笛制作技艺的保护和发展形势严峻。

国家级代表性传承人名单

姓名	性别	申报地区或单位	入选批次
刘泽松	男	贵州省玉屏侗族自治县	1
姚茂禄	男	贵州省玉屏侗族自治县	1

月饼传统制作技艺

郭杜林晋式月饼制作技艺、安琪广式月饼制作技艺

序号：946
编号：Ⅷ-163
批次：2
类别：传统技艺
申报地区或单位：山西省太原市，广东省安琪食品有限公司

月饼传统制作技艺（郭杜林晋式月饼制作技艺）
申报地区或单位：山西省太原市

中秋节吃月饼为中国传统习俗。按产地分，中国月饼可分为京式、广式、苏式、台式、滇式、港式、潮式、徽式、衢式、秦式、晋式等十余种。

山西省太原市的郭杜林月饼为晋式月饼，其制作技艺最早可上溯到清代康熙年间，距今已有三百余年历史。光绪年间，郭杜林月饼已经享誉晋中、太原、大同等地，成为中秋馈赠的佳品。

郭杜林月饼制作主要包括制饼、烘烤、储存三道工艺流程。制饼时，将和好的热面团扒成若干个剂子，在柳木案板上揉圆压扁。饼剂中间厚、四周薄，捏成窝状包入饼馅，收口后揪去面头。然后将月饼压模并印上水波纹图案。压模后将月饼放入阳泉无烟煤吊炉中烤制，炉火与面饼之间以铁板分隔。入炉前在饼面上刷一遍糖浆，烤至微黄后再刷一遍糖浆，根据饼面起泡与否判断炉温，接着再烘烤，使成品出炉后色泽金黄发亮。刚出炉的成品皮硬馅软，需在陶瓷坛罐中存放一个月左右后方可达到皮

绵、馅酥、香酥一致的最佳口感。

郭杜林月饼外观油亮、饼纹清晰，具有入口香馨、食之酥软、余味绵长的特点，是晋式月饼的典型代表。

近年来，由于原料匮乏，传统的手工制作方式难以满足大批量生产的要求，在此形势下，晋式月饼制作技艺的生存空间受到威胁，迫切需要扶持保护。

月饼传统制作技艺（安琪广式月饼制作技艺）
申报地区或单位：广东省安琪食品有限公司

广式月饼因主要产于广东而得名。由于广东开放得较早，广式月饼最早走出国门，清末民初即已享誉国内外。

广东的安琪广式月饼馅料以莲蓉、豆蓉、咸蛋黄为主。用于制作莲蓉的莲子为当年产湘莲；咸蛋黄所用鸭蛋则来自湖北湖区放养的母鸭的蛋。

安琪广式月饼制作需经分皮、分馅、包馅、成型、烘烤、凉冻和包装等多道工序。分皮讲究糖浆皮、酥皮和冰皮的处理，以形成不同口感的饼皮；分馅、包馅需严格按照配方和分量控制馅料，再用饼皮包裹制成饼坯；经饼模压印后，即完成月饼造型。烘烤在200℃～220℃的炉温中进行，且需用木炭的"上火"和干柴的"下火"作双层烘烤，其间还要在饼面涂刷蛋浆，使色泽金黄油亮。

安琪广式月饼分纯甜和咸甜两大类，有莲蓉、单黄、双黄莲蓉、豆沙、豆蓉、蛋黄、五仁、叉烧五仁、七星伴月等数十个品种。饼面图案花纹玲珑浮凸、油润光亮、色泽金黄，具有皮薄馅丰、滋润柔软、味美香醇的特点。

安琪广式月饼曾获"中国食品博览会金奖""中国名优产品"等众多奖项，成为该地区的领导品牌。目前，安琪月饼公司致力于开拓国际市场，出口销售逐步增长，收效卓著。

国家级代表性传承人名单

姓名	性别	申报地区或单位	入选批次
赵光晋	女	山西省太原市	4
梁球胜	男	广东省安琪食品有限公司	4

越窑青瓷烧制技艺

序号：1167

编号：Ⅷ-187

批次：3

类别：传统技艺

申报地区或单位：浙江省上虞市、杭州市、慈溪市

越窑青瓷烧制技艺是中国古代南方青瓷窑的制作工艺，主要流传于浙江上虞、余姚、宁波等地。古时窑址统属越州管辖，且越州所产瓷器为我国古代的青瓷窑系，故名越窑青瓷。

越窑青瓷最早自东汉开始生产，唐朝是越窑工艺最精湛时期。隋、唐继承南宋风格，主要生产碗、盘、盘口四系壶、四耳罐、鸡头壶等产品。越窑青瓷上贡朝廷、下供庶民，还远销亚洲、非洲的二十多个国家和地区。

越窑青瓷烧制技艺有十多道烦琐的工序，需经开采、粉碎、筛选、淘洗、沉淀、陈腐、练泥、成型、晾坯、修坯、装饰、施釉、烧制等工序。其中，瓷土（石）选取、釉料制作、成型与烧成等环节最为重要。均以当地瓷石或瓷土为原料制成，胎呈灰色，釉色青黄或青绿。越窑青瓷烧制装饰手法包括刻、印、划花、彩绘、捏塑等。

越窑青瓷烧的特点是器型规整，一丝不苟。常将口沿做成花口、荷叶口、葵口，底部加宽，制成玉璧形、玉环形或多曲结构。胎体为灰胎，细腻坚致。釉为青釉，晶莹如玉。越窑青瓷种类较多，包括饮食器、贮存器、卫生器、寝具、照明具、陈设品、乐器、祭器、明器、玩具等。

越窑青瓷烧制技艺逾千年传承至今，在制瓷技艺、装饰工艺和造型款式上均达到了较高水平，对于中国陶瓷史的研究具有重要意义。但由于制瓷十分辛苦、乏味，年轻人多不愿意从事这个行业，导致传承人越来越少，烧制技艺也面临失传的危机。

国家级代表性传承人名单

姓名	性别	申报地区或单位	入选批次
嵇锡贵	女	浙江省杭州市	4

藏香制作技艺

序号：924

编号：Ⅷ-141

批次：2

类别：传统技艺

申报地区或单位：西藏自治区尼木县、墨竹工卡县

藏香制作技艺是藏族的一项传统手工水磨制香技艺。其中，西藏自治区拉萨市尼木县吞巴村生产藏香的历史最悠久，是西藏最大的藏香生产基地和藏香的发源地。

藏香相传为公元7世纪时由松赞干布的大臣吞米·桑布扎所创，他在家乡尼木县吞巴村广施慧德，将自己在印度所学的熏香技术改进、完善，利用天然纯净山泉和藏药材，制作了具有神奇医疗作用的水墨藏香。此后便有了吞巴村老百姓家家户户制作藏香的传统，沿袭至今。

传统的藏香制作技艺采用柏树干、麝香、白檀香等几十种香料作为原料，制作时先将主料柏树干混以当地的雪水，用水车研磨成木泥。制作者先将柏树干锯成去皮小段，中间打孔后用木楔子紧紧插上，再将木楔子嵌入水车摇臂。在水车带动下，柏木段在铺着石板的槽中摩擦并研磨成木泥。木泥研磨好后需制成泥砖，以便保存和方便操作。然后在木泥内掺入多种香料和药材一起搓揉，再将混着香料和药材的木泥放入一端开大口、一端开小孔的牛角内，挤压成笔直线条状，最后将其置于阳光充足但温度不高的地方晾晒成型。掺入的药材、香料一般有7～18种，常见的有藏红花、红景天、檀香、沉香、丁香、冰片、佛手参等。这些药材和香料让藏香具有不同的功能，如丁香能安神、冰片能清热解毒等。

藏香历史上主要供高僧大德在礼佛供养时使用，使用范围很有限。近年来，伴随着西藏旅游业和经济文化产业的不断发展和进步，越来越多的客人来到西藏旅游观光，尼木县的传统手工制作的藏香作为工艺品也受到了热烈的欢迎。

国家级代表性传承人名单

姓名	性别	申报地区或单位	入选批次
次仁平措	男	西藏自治区墨竹工卡县	3
次仁	男	西藏自治区尼木县	4

藏族邦典、卡垫织造技艺

序号：371

编号：Ⅷ-21

批次：1

类别：传统技艺

申报地区或单位：西藏自治区山南地区、日喀则地区

藏族邦典、卡垫织造技艺是藏族的一项传统手工毛织技艺。

邦典，为藏语音译，是藏族人常用的毛织围裙。邦典的编织精密、色彩艳丽，藏族人用其来制作妇女的坎肩、围裙和挎包，镶嵌在藏

袍边上或装饰客厅墙壁。西藏自治区山南地区贡嘎县杰德秀镇是藏族围裙的主要产地，生产毛织品已有一千多年的历史，生产围裙的历史也已有五六百年，被誉为"邦典之乡"。

邦典的织造工序包括将上好的羊毛梳毛捻线（细捻为经，粗捻为纬）、上织机（经机梭打、编织等）、织图、着色、反复浆染、揉搓、晾晒等。其中，染色是用藏族特别的民间工艺调制的岩石和植物染料，可染出二十多种颜色，且不易褪色。

卡垫是藏毯的一种，在"旺丹仲丝"的基础上衍变发展而来。卡垫一般长约二米，宽约一米，毯面柔软，结构紧密，色彩艳丽，多以龙、凤、鹿、花草为图案，具有浓郁的藏族艺术风格。西藏日喀则地区江孜县一直是西藏地毯的传统产区，有"卡垫之乡"的美称。

卡垫以一种斜靠在墙上操作的小型木制织机为织造工具，其织造需经数次提綖出绞、绕扣、过纬线、捶打等工序。根据编织工艺的不同，卡垫可分为仲丝、尺不戒、汪丹仲丝等几类。

藏族邦典、卡垫织造技艺反映了一千多年间藏族织造技艺发展的历史，其图案、纺线、染色、织造等都具有浓厚的高原情趣和独特的民族风格，在藏族中得到较好的传承和发展。

国家级代表性传承人名单

姓名	性别	申报地区或单位	入选批次
格桑	男	西藏自治区山南地区	1
边多	男	西藏自治区日喀则地区	3

藏族碉楼营造技艺

序号：969
编号：Ⅷ-186
批次：2
类别：传统技艺
申报地区或单位：四川省丹巴县

扩展名录：
碉楼营造技艺（羌族碉楼营造技艺）
四川省汶川县、茂县
碉楼营造技艺（藏族碉楼营造技艺）
青海省班玛县

藏族碉楼营造技艺是藏族的一项传统建筑技艺。四川省丹巴县是以嘉绒藏族为主的多民族聚居地，境内留存数量丰富、类型多样的古碉楼群。古碉堡楼的历史最早可追溯到秦汉时期。隋唐以后，古碉堡楼在丹巴西部和整个藏东地区大为盛行，并传延不绝。

石碉楼在丹巴当地也被称为"碉房"，结构上窄下宽，石墙下厚上薄。其建筑形式多样，有四角、五角、六角、八角、十三角等，其中四角碉较为多见。整个建筑角如刀锋，端正笔直，墙体光滑，墙壁厚实牢固。以丹巴古碉堡楼为代表的藏族砌石建筑传统技艺被称为叠石技艺，它能自然运用建筑力学原理，用天然石材砌筑造型优美、结构坚固的碉堡楼。

碉楼因地区不同而具有不同特点。建于城市的碉楼一般造型完整且装饰富丽。高度为3～5层，以石作墙，木头作柱，方木铺排作椽。楼层之间铺有木板，下层为库房，二层、三层住人，并设有经堂。中间为庭院，四周为围墙，旧时碉堡可作打仗或防御之用。乡间和山区的碉楼则一般依山而建，多为三层，其中一层饲养牲畜，二层为卧室、厨房和储藏室，三层设经堂，屋顶插经幡。房屋旁一般有转经筒，室内供有神龛、经书。寝、卧和坐具通常为垫子，不用床铺和桌椅。碉房门眉、窗眉、墙顶四角一般放有白石，作镇邪驱鬼之用。经堂的梁和柱一般饰有图案，墙上绘以壁画并挂有唐卡，室内供有佛像。碉楼外墙用石灰或白泥涂上日、月等吉祥图案。

丹巴县藏族碉楼造型庄重，结构考究，具有冬暖夏凉且坚固耐用的特点。

受现代文明的冲击，丹巴能熟练掌握砌石碉楼营造技艺的匠人已经不多，这一传统民间建筑工艺濒临失传。

碉楼营造技艺（羌族碉楼营造技艺）
申报地区或单位：四川省汶川县、茂县

羌族碉楼是一种以块石砌成的兼具居住和防御功能的传统建筑，其营造技艺留存于四川省阿坝藏族自治州汶川县、茂县、理县、黑水、松潘、绵阳北川、平武等地。早在两千年前的《后汉书·西南夷传》中就有羌族人"依山居止，垒石为屋，高者至十余丈"的记载。

羌族碉楼以土石为主要原料，其营造无须绘图、吊线，全凭工匠依世代相传的技艺和经验。碉楼墙体较厚，以薄且宽的块石砌成，上、下层块石横、竖交错。砌墙时须两面整齐，中间以大石头填心。此外，碉楼均以黏合力强的黏土砌筑，黏土是碉楼营造中不可或缺的一环。在内部结构上，碉楼营造采取石砌与木梁"空间划割"的方法，砌墙每达丈余，便架直径二十厘米的木横梁，上铺木板，以增加碉楼内部的抗拉力。自二层起，碉楼四周开内大外小的长方形小窗，用于通风、瞭望和射击。碉楼各层间以可抽取的独木梯连接。

碉楼从平面上看多呈四角、六角，还有八角甚至多达十二角。碉楼内房间层高比较低，一般仅有三层用于生产和生活。

碉楼结构严密，具有坚固、耐久、实用且冬暖夏凉的特点。但是，随着人们居住习惯的转变，现碉楼多做居住和仓储之用。

碉楼营造技艺（藏族碉楼营造技艺）
申报地区或单位：青海省班玛县

青海省班玛县藏族碉楼为当地藏民用夯土、石块和木料筑造的居所。这些民居距今有三百多年的历史，长期的战争及部落之间的争斗，使得班玛境内特别是玛柯河流域建起了大量以居住和防御为主的藏族民居。

依据营造材料和风格不同，藏族碉楼可分为石木、石式、石木混合式、新式四种。碉楼由藏族专门的石匠修建，其营造不吊线、不绘图，全凭工匠经验修筑而成。墙体石木交错，间隙夹杂黄土，多建于向阳坡地傍山处。碉楼整体高约十米，外形呈阶梯形，内部则一般分为2～3层。其中，下层圈养牲畜，中层住人，上层为库房，各楼层由独木梯衔接。独木梯由整根原木做成，一面砍平、一面凿出梯槽，可随意挪动。中层由居室、堂屋、厨房、走廊组成，房与房之间用横木墙体隔开，外墙留有床和烟道。上层库房外墙设有瞭望口。墙体、门窗、天棚、独木梯均为本色，不刷油漆。

由于藏族碉楼比较罕见，加之其特殊的营造技艺，使得它在研究古代藏族群体生活习性和藏式建筑工艺方面具有很高的艺术和研究价值。

国家级代表性传承人名单

姓名	性别	申报地区或单位	入选批次
果洛折求	女	青海省班玛县	4

藏族金属锻造技艺

藏族锻铜技艺、藏刀锻制技艺

序号：903
编号：Ⅷ-120
批次：2
类别：传统技艺
申报地区或单位：西藏自治区南木林县，四川省白玉县，西藏自治区拉孜县，青海省玉树藏族自治州

扩展名录：
藏族金属锻制技艺（扎西吉彩金银锻铜技艺） 西藏自治区日喀则地区

藏族金属锻造技艺（藏族锻铜技艺）
申报地区或单位：西藏自治区南木林县

藏族金属锻造技艺，是以金、银、铜、铁等金属为原料，辅以木料、动物皮毛等，通过生产、加工制作成各种器具的手工技艺，主要留存于西藏自治区日喀则、南木林县等地区。

藏族锻铜技艺有悠久的历史，早在吐蕃时期已出现了锻铜行业，进行专门生产，并经常向唐皇赠献。据现有史料和实物来看，吐蕃时代的锻铜技艺已经达到了相当高的水平。

这一传统技艺广泛用于佛教造像中，所用原料主要为紫铜、黄铜、白铜等，有时也采用金、银等材料。由于青铜和铁质硬而脆且缺乏延展性，不利于塑造锻制，在藏族锻铜中较少使用。锻造时，先将金属材料放在胶泥做成的坩埚中熔炼，待自然冷却成金属铸块后将其锻成金属板，而后经焊接造像、镏金、磨光、上红等环节完成佛像锻铸。

藏族锻铜技艺成品手法洗练，艺术风格独特。如今随着西藏社会的发展和旅游业的兴起，以藏族锻铜技艺生产的群众生活所需用品、宗教用品，以及其他旅游纪念品、工艺美术品等深受消费者喜爱。

藏族金属锻造技艺（藏刀锻制技艺）
申报地区或单位：四川省白玉县，西藏自治区拉孜县，青海省玉树藏族自治州

藏刀是藏族人的重要生活用品，可用于防身、狩猎或分割食物，还可作为装饰品。

藏刀把多用牛角、牛骨或木材制成，较高档的刀把用银丝、铜丝等缠绕，刀鞘则更为讲究，较简单的有木鞘或皮套，多数是包黄铜、白铜，甚至包白银、镀金等，上面刻有飞禽走兽及花草等各种图案，有的还镶嵌各种宝石、彩石。以规格尺寸分，藏刀大致分为长刀、短刀和小刀三种。长刀最长的有一米多，短刀约四十厘米，小刀则仅有十几厘米长。按形状分，有牧区式、康巴式、后藏式等；按用途分，则有林区砍树专用的砍树刀、屠夫用的屠宰刀等。

四川省甘孜藏族自治区白玉县的金属手工技艺较为著名，尤以刀具制作较具代表性，其成品称"白玉藏刀"。"白玉藏刀"的制作分刀叶、刀柄两部分进行。锻造刀叶需经冶铁、锻打、加钢成型、淬火等步骤，制作刀鞘需经卷形、焊接、描图与錾花、抛光与镀银等步骤。錾花所需錾刻工具多达数十种，长刀鞘一般需要50～60种，短刀鞘则需25～30种。

西藏自治区拉孜县所生产的拉孜藏刀以锋利著称。拉孜藏刀选用银、钢板、白铜、木料等为原料，其制作包括刀鞘制坯、焊接、加固、定边、刻花、上色以及刀刃的锻造、锉磨、抛光等十余道工序。拉孜藏刀的刀鞘由白银、黄铜等有色金属制成，一般雕龙、凤、虎、狮和锦花等图案，雕刻细腻。

◎ 传统技艺

青海省玉树藏族自治区的安冲藏刀以其选料考究、式样独特而在藏区享有盛誉。制作安冲藏刀的工具包括铁锤、铁钳、钢凿、钢剪、钢锉等，使用的鼓风机多为自制的羊皮吹风袋。藏刀外部镶饰材料主要有金属叶片、鲨鱼皮、珊瑚、绿松石等，刀鞘上刻有龙、凤、花草、宝瓶等纹样。男刀外观造型笔直、装饰简洁，女刀则镶金错银、精致华美。

藏刀上的镶嵌、浮雕等装饰体现了藏族人民的审美追求，具有较高的实用价值、艺术价值。此外，藏刀制作技艺是特定历史时期藏民族社会的历史变迁和生存状态的见证，具有较高的历史价值。

国家级代表性传承人名单

姓名	性别	申报地区或单位	入选批次
次旦旺加	男	西藏自治区拉孜县	3
龙多然杰	男	青海省玉树藏族自治州	3
列旦	男	西藏自治区南木林县	4
拉琼	男	西藏自治区日喀则地区	4

藏族金属锻制技艺（扎西吉彩金银锻铜技艺）
申报地区或单位：西藏自治区日喀则地区

西藏自治区日喀则地区的扎西吉彩村以金银锻铜技艺而闻名，聚集了众多金银铜匠。

扎西吉彩金银锻铜技艺包括金、银、铜制品的制作技艺。其中，制作银碗一般需经六七道工序。其中尤以洗银镀银最为关键。制作时，先将白铜碗表面的氧化物清洗掉，然后再利用一种特殊药水将白银直接镀在洗好的白铜碗上。锻铜时，需将加热过的铜皮靠在柏油制成的模具上，再用尖头凿在已经初步成型的铜皮上连续敲打，勾勒出明确的线条，最后用乙炔及桐油对部件之间进行拼装和焊接即完成锻铜流程。有的金银锻铜制品镶嵌有翡翠、玛瑙等多种宝石或雕刻有精美花纹图案。

根据用途不同，扎西吉彩金银锻铜技艺成品可分为宗教用品和日常生活用品两类。前者如铜佛、白塔上的铜配件等，后者如银碗、银质酥油灯、铜制饰物、铜水壶等，多雕刻装饰精美且坚固耐用，兼具实用与艺术价值。

藏族矿植物颜料制作技艺

序号：1179

编号：Ⅷ-199

批次：3

类别：传统技艺

申报地区或单位：西藏自治区拉萨市

藏族矿植物颜料为一种从雪域高原本地的矿植物中提取制作的绘画颜料。在西藏，制作和应用藏族矿植物颜料已有两千多年的历史。

历史上藏族矿植物绘画颜料制作技艺主要分布在西藏的拉萨、日喀则、昌都、山南等地，多以唐卡画家个人或画家组织自行加工制作的形式沿袭着。

制作藏族矿植物颜料所使用的器具包括采集器具、粉碎器具、分离器具、研磨器具、浸提蒸发器具五类，主要由石、陶、木、铁等材料手工加工而成。矿物颜料为从白土、南碱、朱砂、蓝靛石、紫铜矿等矿石中提炼的天然结晶矿物，可使画面产生光泽；植物颜料主要提取来自雪域地区的野菊花、绿绒蒿、高山蓼、牛膀子、藏红花等花、草、树木的叶、皮等，耐光耐热。其中，在矿物颜料制作过程中，根据矿物性质不同，制颜工艺也不尽相同。雌黄、雄黄、云母、白颜矿等经过挖掘采集后，因矿体本身品位较高，不需经过分离、提纯等工艺过程，即可直接进行粗磨。

873

藏族矿物质颜料色彩艳丽厚重、不褪色，植物颜料色泽纯正、耐光耐热，在寺庙壁画、佛像和庙宇、房屋装修中得到广泛应用，尤其适合长期暴露在外的房屋图案装饰。以藏传颜料绘制的西藏壁画、唐卡，已成为西藏文明的象征之一，在中国美术史中具有重要地位。

目前这种颜料加工工艺已由拉巴次仁、达瓦扎西、普布穷、普次等人传承。用这些材料绘制的作品以布达拉宫、古格王朝遗址等为代表，在遍及西藏全境的无数寺庙、古建筑里均有收藏。

国家级代表性传承人名单

姓名	性别	申报地区或单位	入选批次
阿旺晋美	男	西藏自治区拉萨市	4

藏族造纸技艺

序号：419

编号：Ⅷ-69

批次：1

类别：传统技艺

申报地区或单位：西藏自治区

藏族造纸技艺是藏族的一项传统手工技艺。藏族造纸技艺源于唐朝文成公主进藏时随行的造纸工匠传入的造纸术。自8世纪以来，藏族人民不断学习、借鉴周边民族的造纸技艺，生产出独具地方特色的藏纸。

藏族造纸以瑞香狼毒、沉香、山茱萸科的灯台树、杜鹃科的野茶花树为主要原料，需经去皮、划捣、蒸煮、沤制、漂洗、捣料、打浆、抄造等工序。根据原料品质不同，可以制成各种不同用途和等级的藏纸。以瑞香狼毒草根造纸为例。造纸时，将狼毒根的白色部分撕下来刮成细条后晒干，置于水中煮1～2个小时后捞起；然后将其放到石臼里用木槌打成浆状，再搁到酥油茶桶里捣作纸浆；再把木框绷纱布做成的捞纸框摆在水面上，倒纸浆后晃动框架，让浆液均匀平整后沥干水分，而后自然晾干。最后把纸揭下，用石头研光纸面，即可使用。

藏族造纸技艺可生产多种纸类，如藏东地区盛产康纸，藏南盛产金东纸、塔布纸、工布纸、波堆纸、门纸（珞巴、门巴地区的纸），卫藏地区盛产尼纸、聂纸（聂拉木纸）、猛噶纸、灰纸及阿里纸等。其纸质较为柔韧，经久耐用，色彩也丰富多样，具有装饰性。

藏族造纸技术不仅在西藏地区得到全面推广，还传入印度、尼泊尔、不丹等国。不过，造纸周期长、成本高等问题仍限制了该技艺的传承。

国家级代表性传承人名单

姓名	性别	申报地区或单位	入选批次
次仁多杰	男	西藏自治区	3

榨菜传统制作技艺

涪陵榨菜传统制作技艺

序号：942

编号：Ⅷ-159

批次：2

类别：传统技艺

申报地区或单位：重庆市涪陵区

榨菜是一种经盐腌榨制过的咸菜，因其腌渍过程中有一道采用木棍压榨脱水的工序而得名。重庆的涪陵榨菜创制于清代光绪二十四年

（1898），一直深受消费者喜爱。

重庆的涪陵榨菜以青菜头（芥菜的一个变种）、盐、辣椒和辅助香料等为原料，制作需经选料、剥皮穿串、晾晒、下架、头道腌制、淘洗、第二道腌制、淘洗、修剪砍筋、淘洗上囤、拌料入坛（第三道腌制）、后熟等十余道工序制作完成，使用刀、长杠、坛罐等工具。该技艺以"风脱水"为其特色，即将菜头剥皮抽筋后用篾条串起，晾晒于树枝或专门搭成的架子上，风干后再经入池、码盐、脱水、装坛、封藏等流程完成榨菜制作。涪陵榨菜发酵时间为两个月以上，发酵期越长，品质越好。

涪陵榨菜按品质可分为一等品、二等品、三等品三个等级，也可按外形分为全形榨菜、方便榨菜、高档榨菜等。其以鲜、香、嫩、脆且回味返甜为特点，可用于佐餐或入菜。

目前老一代的榨菜制作技师越来越少，加之农村劳动力的外流，涪陵榨菜的加工制作日趋衰微，制作技艺濒临失传，亟待抢救和保护。

张小泉剪刀锻制技艺

序号：388
编号：Ⅷ-38
批次：1
类别：传统技艺
申报地区或单位：浙江省杭州市

扩展名录：
剪刀锻制技艺（王麻子剪刀锻制技艺） 北京市

张小泉剪刀锻制技艺是浙江省杭州市的一项传统手工技艺。张小泉剪刀于清康熙二年（1663）由张小泉始创于杭州，曾为清宫御用品。抗日战争时期，受战争影响，张小泉剪刀遭受重创，濒临破产。新中国成立后，张小泉剪刀保持了其传统特色，并在工艺、产量和质量等方面有了进一步提高。

张小泉剪刀锻制技艺包括七十二道工序，以镶钢锻打和剪刀表面的手工刻花为其特色。其中，镶钢锻打工艺打破用生铁锻打剪刀的常规，选用浙江龙泉、云和等地好钢镶嵌在熟铁上，并采用镇江特产质地极细的泥精心磨制，经锤炼后制作成剪刀刃口，并用镇江泥砖磨削。此外，张小泉剪刀表面多雕刻西湖山水、飞禽走兽等纹样，栩栩如生，非常精美。

传统民用剪刀为张小泉剪刀的起家产品，有"信花""山郎""五虎""圆头""长头"五款，具有镶钢均匀、钢铁分明、磨工精细、刃口锋利、销钉牢固、开合和顺、式样精巧、刻花新颖、经久耐用、物美价廉等特点。

随着现代冲压、注塑工艺的应用，张小泉传统剪刀锻制技艺的不少工序逐渐失传，如今，能够从头至尾完成所有工序的制剪高手已不复存在，这一传统技艺面临传承困境。

剪刀锻制技艺（王麻子剪刀锻制技艺）
申报地区或单位：北京市

王麻子剪刀因其创始人王麻子而得名。王麻子剪刀锻制技艺传承经历了师徒传承、家族传承、集体传承等多种形式。王麻子剪刀生产始于清朝顺治八年（1651），因其创始人姓王，脸有麻子，故得名"王麻子"。清嘉庆二十一年（1816），"王麻子"正式成为剪刀商标。1959年，北京王麻子剪刀厂成立。1999年，北京栎昌王麻子工贸有限公司成立。

王麻子剪刀锻制技艺可分为炉上、炉下两个步骤，炉上从选料到平活有十三道工序，炉下从开刃到盘活也有十三道工序。王麻子剪刀锻制技艺具有两个特点：一是"槽口剪"，这一工艺增加了剪体强度，减小了摩擦面，使剪刀剪切既轻松又方便；二是"死活轴"，这一工艺使剪刀具有剪切多层布、不赶布、剪切轻松有力等特点。成品有碳钢刀、不锈钢刀、裁衣剪、煮黑剪、金龙剪、龙凤剪等品种，具有剪体横实、头长口顺、刃薄锋利、把宽受用、厚重大气等特点。

目前，王麻子剪刀厂的生产环境和方法不断改善和进步，炉上工序已基本实现了机械化和自动化，但炉下工序仍需手工锻打。

国家级代表性传承人名单

姓名	性别	申报地区或单位	入选批次
施金水	男	浙江省杭州市	1
徐祖兴	男	浙江省杭州市	1
史徐平	男	北京市	3

真不同洛阳水席制作技艺

序号：956
编号：Ⅷ-173
批次：2
类别：传统技艺
申报地区或单位：河南省洛阳市

真不同洛阳水席制作技艺是河南的一项传统的餐饮制作技艺。水席，是河南洛阳特有的地方风味菜肴，是豫菜的重要代表。水席起源于洛阳，这与其地理气候有直接关系。洛阳四面环山，地处盆地雨少而干燥。古时天气寒冷，不产水果，因此民间膳食多用汤类。之所以称为水席，一是它的每道菜都离不开汤羹；二是一道道地上，吃一道换一道，仿佛行云流水一般，故称水席。

洛阳水席形成于唐武周时期（705），是在中国饮食习俗由分食制转成合食制过程中，出现最早的同桌而餐的名宴之一。真不同饭店的洛阳水席制作历史较长且较为著名。

沿至今日的洛阳水席，全席二十四道菜，即八个冷盘、四个大件、四个压桌菜。其上菜程序是：席面上先摆四荤四素八凉菜，接着上四个大菜，每上一个大菜，带两个中菜，名曰"带子上朝"。第四个大菜上甜菜甜汤，后上主食，接着四个压桌菜，最后送上一道"送客汤"。二十四道连菜带汤，章法有序，毫不紊乱。

洛阳水席有高、中、低档之分。高档水席有海参席、鱼翅席、广肚席等；中档水席有鸡席、鱼席、肉席等；低档水席为大众席，以肉、粉条、蔬菜为主。由于洛阳水席菜色包括咸、甜、酸、辣等各种口味，且一菜一味、味道鲜美，加之选料可丰可简，在洛阳民众中广受欢迎。

现如今洛阳水席可谓店铺林立，各家口味不尽相同，但真正掌握洛阳水席精髓、能制作出高质量水席的唯有洛阳真不同饭店一家。

国家级代表性传承人名单

姓名	性别	申报地区或单位	入选批次
姚炎立	男	河南省洛阳市	3

镇江恒顺香醋酿制技艺

序号：412
编号：Ⅷ-62
批次：1
类别：传统技艺
申报地区或单位：江苏省镇江市

镇江恒顺香醋酿制技艺是流传于江苏省镇江市的一项传统酿醋技艺。镇江恒顺香醋是中国南方醋的优秀代表，因其创始人所创建的"朱恒顺糟淋坊"而得名。该技艺创始于1840年，作为关键工艺之一的固态分层发酵工艺即在这一时期形成。目前，该技艺主要留存于镇江市下辖的区、市内。

镇江恒顺香醋以江浙盛产的优质糯米为主要原料酿制，其酿制技艺可分为酒精发酵、醋酸发酵和淋醋、杀菌三个步骤、四十多道工序，耗时六十多天（不含储存时间）。酿造时，先在糯米饭中加入自制麦曲作为发酵剂，使之糖化和酒化，酿出作为醋醅的酒液。然后采用固态分层发酵工艺，在酒液中加入麸皮、稻糠拌成固态，接入醋酸菌种，并每天翻动一次。醋酸菌经二十多天生长繁殖，生成醋酸、氨基酸等。至此，将成熟的醋醅封存，加到淋醋缸中，用物理方法将醋醅内所含的醋酸溶解，放淋出生醋，再经过滤、煮沸灭菌后进行存储。存储时，需将煎煮的醋倒进陶罐容器中并置于露天环境下，使其经受风吹、日晒、雨淋，摆放半年至八年。通过长时间贮存，煎煮的醋产生自然浓缩、酯化增香等反应后酿制出成品，具有酸而不涩、香而微甜、色浓味鲜、愈存愈醇等特点。

如今镇江恒顺香醋拥有中国驰名商标、中国名牌、国家免检产品、原产地域保护产品、绿色食品等众多荣誉，成为镇江市的城市名片。

蒸馏酒传统酿造技艺

北京二锅头酒传统酿造技艺、衡水老白干传统酿造技艺、山庄老酒传统酿造技艺、板城烧锅酒传统五甑酿造技艺、梨花春白酒传统酿造技艺、老龙口白酒传统酿造技艺、大泉源酒传统酿造技艺、宝丰酒传统酿造技艺、五粮液酒传统酿造技艺、水井坊酒传统酿造技艺、剑南春酒传统酿造技艺、古蔺郎酒传统酿造技艺、沱牌曲酒传统酿造技艺

序号：927

编号：Ⅷ-144

批次：2

类别：传统技艺

申报地区或单位：北京红星股份有限公司、北京顺鑫农业股份有限公司，河北省衡水市、平泉县、承德县，山西省朔州市，辽宁省沈阳市，吉林省通化县，河南省宝丰县，四川省宜宾市、成都市、绵竹市、古蔺县、射洪县

蒸馏酒，是将富含天然糖分或容易转化为糖的淀粉等原料如蜂蜜、甘蔗、甜菜和玉米、高粱等，制成酒醅或发酵制成酒醪，然后通过蒸馏而得到高度的蒸馏酒液。蒸馏酒呈白色或微黄透明，因而俗称白酒。其约形成于宋代，至今已有八百多年历史。我国的蒸馏酒主要产于四川、贵州、河南、北京、河北等地，其酿造技艺的形成与当地的谷物、气候、水质及生活习俗等有密切的关系。

蒸馏酒传统酿造技艺（北京二锅头酒传统酿造技艺）

申报地区或单位：北京红星股份有限公司、北京顺鑫农业股份有限公司

北京二锅头酒因其酿酒工艺而得名。该工艺源于元代烧酒，成型于清康熙十九年（1680）。华北酒业专卖公司1951年注册的"红星"二锅头商标，全面继承了北京二锅头酒酿制技艺。

二锅头酒酿造技艺以高粱为主要原料，在老五甑发酵法、混蒸混烧、看花接酒等技艺基础上形成，并以"掐头、去尾、取中段"为其特色。蒸酒所用器具为锡锅，也称天锅。天锅由甑锅和釜锅两部分组成。在甑锅内撒放发酵好的酒醅，然后在釜锅内注入凉水，甑锅中的酒醅被加热后，蒸发出酒气，遇釜底凉水而凝聚成酒，用管引出。釜锅内的凉水温度升高后，需再换一锅凉水，以降低温度，继续使酒气冷凝成酒。每锅所冷凝出的酒从香气、口味上都有明显区别，只留取口感平和、味道醇厚的经第二次换入锡锅里的凉水冷却流出的酒，该锅酒即为"二锅头"。

北京二锅头酒是北京地区享誉盛名的历史名酒，具有甘润醇厚、绵甜爽净、回味悠长等特点，为中国清香型白酒的代表之一。

蒸馏酒传统酿造技艺（衡水老白干传统酿造技艺）

申报地区或单位：河北省衡水市

衡水老白干传统酿造技艺留传于河北省衡水市。"老"指历史悠久，"白"指酒色透明，"干"指酒质纯正，酒体燃烧之后没有水分。

这一传统技艺采用东北高粱为原料，并以本地小麦为制曲原料。制曲时需对小麦进行发酵培养，依靠自然接种、网罗、富集、培养有益微生物及其代谢产物，制成中温大曲作为糖化发酵剂。在酿造工艺上，该技艺采用传统的续茬配料、混蒸混烧老五甑等手工工艺，经地缸发酵、缓火蒸馏、分段掐酒、分级入库、陶坛贮存、勾调等流程完成酿造过程。

衡水老白干酒是中国白酒老白干香型的典型代表，是中国北方地区优质大曲白酒的典范，具有醇香清雅、酒体协调、醇厚甘冽、回味悠长的特点。

蒸馏酒传统酿造技艺（山庄老酒传统酿造技艺）

申报地区或单位：河北省平泉县

"山庄老酒"之名由清朝康熙帝于1703年御封得来，其酿造技艺留传于河北省承德市平泉县，这里自古就是天然酿酒的好地方。

山庄老酒酿制技艺产生形成于清初，康熙以后日趋成熟，民国至新中国成立初期逐渐走向衰落。20世纪90年代末开始，山庄老酒酿制技艺有了新的发展。

这一技艺以高粱为主要原料，并以小麦、大麦、豌豆混合配料酿制。酿造时，需先培制中、高温曲，而后采用中高温大曲并用续糟（或渣）配料，清蒸混烧，经发酵缓火蒸馏，掐头去尾，中温流酒，分段摘酒。最后取其精华并用陶罐密封，置于适温下最低贮存四年以上，即完成酿造过程。

山庄老酒为浓香型白酒，具有幽香淡雅、绵甜爽净、回味悠长、浓而不烈、香而不艳等特点。目前，山庄老酒在山庄集团的开发下已成为承德白酒市场的第一品牌。

蒸馏酒传统酿造技艺（板城烧锅酒传统五甑酿造技艺）

申报地区或单位：河北省承德县

板城烧锅酒传统五甑酿造技艺留传于河北省承德县。传说乾隆三十八年（1773），清高宗偕宠臣纪晓岚微服私访，来到下板城庆元亨酒店，酒酣之时以"板城烧锅酒"巧对"木土火金水"，一时传为佳话，板城烧锅酒因此得名。乾隆醉酒业有限责任公司的前身是庆元亨烧酒作坊，几百年来，公司不断挖掘和完善传统五甑酿造技艺，使之深受广大消费者喜爱。

该技艺采用高粱和小麦为主要原料，以中温大曲为糖化发酵剂，采用传统老五甑工艺进行酿造。酿造时，在窖内有四甑发酵原料，即大茬、二茬、小茬和回糟。将四甑原料出窖后加入新原料，而后将混合后的原料分成五甑进行酿造，其中四甑入窖发酵，一甑丢糟。将原料与酒醅同时蒸馏和糊化为板城烧锅酒传统五甑酿造技艺的特色。原料经多次发酵后，能提高原料和淀粉出酒率，并有利于增加白酒香味。

板城烧锅酒是北方浓香型白酒的代表，具有酒液清澈、窖香浓郁、回味悠长、饮后不上头的特点。

蒸馏酒传统酿造技艺（梨花春白酒传统酿造技艺）

申报地区或单位：山西省朔州市

梨花春白酒传统酿造技艺留传于山西省朔州市，它凝聚了千年来当地酿酒师的智慧，具有很高的历史文化价值。

该技艺以大麦、豌豆、麸皮为制曲原料，以应县东上寨村一带的"狼尾巴"高粱为酿酒原料，主要包括制曲和酿造两个工艺流程。其中，制曲分为润麦、粉碎、配料、人工踩曲、曲坯入室培养等步骤；酿造分为粉碎、配料、润料、拌料、蒸煮糊化、冷散、加曲、加水堆积、入缸发酵、出缸蒸酒等步骤。梨花春传统酿造综合采用中温制曲、堆积增香、地缸发酵、慢火蒸馏、分级贮藏等工艺，制曲、酿造、蒸馏、勾兑等工序技术均有其独到之处。

梨花春白酒为淡雅香型蒸馏酒，其口感具有绵甜爽口、低而不淡的特点。

蒸馏酒传统酿造技艺（老龙口白酒传统酿造技艺）

申报地区或单位：辽宁省沈阳市

老龙口白酒传统酿造技艺留存于辽宁省沈阳市大东区。清康熙元年（1662），山西太谷县一位酿酒商到盛京（今沈阳）小东门外投资兴建了"义隆泉"（后改称为万隆泉）烧锅。因烧锅地处清朝龙兴之地的"龙城之口"，酿出的酒后被称为"老龙口"白酒。

这一传统技艺以产自中国辽宁、吉林、黑龙江东北三省的红高粱为原料，以小麦、大麦、豌豆为原料制成中高温大曲，其酿造需经粉碎、清蒸排杂、醅料掺拌、蒸馏糊化、分质接酒、陈酿、勾兑、包装等工序；蒸馏糊化后剩余的混合物经糊化排酸、打量水、鼓风晾糟、加曲、入窖发酵等工序后成为酒醅，可加工为糟醅继续进入醅料掺拌工序。老龙口白酒为浓香型白酒，具有浓头酱尾、绵甜醇厚的特点。

老龙口白酒传统酿造技艺是东北寒冷地区酿酒技艺的典型代表，对北方酿酒历史及酿造技艺演进的研究具有重要参考价值。

蒸馏酒传统酿造技艺（大泉源酒传统酿造技艺）

申报地区或单位：吉林省通化县

大泉源酒因产于吉林省通化县大泉源乡而

得名。其酿造技艺创制于清光绪十年（1884），它在山西商人传入的传统酿酒技艺基础上融合当地酿造技艺，逐渐形成自己独特的风格。

大泉源酒酿造技艺以红高粱和小麦为原料，以中温大曲为糖化发酵剂，酿造过程主要需经制曲和酿造两个步骤。其中，制曲需经粉碎、拌料、踩曲、培养、入库贮存等工序；酿造以清蒸混入续糟法为主要工艺，需经高粱粉碎、加水稻皮、糊化、冷却、加水、糖化酶、大曲、生香酵母，入窖发酵、出窖、蒸馏、扔糟等工序。蒸馏要求"缓火蒸馏、大气追尾"，接酒要求"掐头去尾"。此外，大泉源酒的酿造对入窖温度、淀粉含量、酸度、水分含量、发酵时间等均有要求。

大泉源酒有清香型、浓香型和兼香型等多种，口感浑厚醇和、回味绵甜悠长。大泉源酒厂至今仍使用百年以上的古井、古地窖，保证了一直以来的好口碑，现已行销全国甚至海外。

蒸馏酒传统酿造技艺（宝丰酒传统酿造技艺）

申报地区或单位：河南省宝丰县

宝丰酒因产于河南省宝丰县而得名。其酿造历史可以上溯到夏禹时代，至唐宋年间达到鼎盛。

宝丰酒传统酿造技艺以高粱为酿酒原料，大麦、小麦、豌豆混合制曲，以"清蒸二次清"传统酿造古法为其特色。酿造宝丰酒主要需经制曲和酿造两个步骤。其中，制曲需经润料、除杂、压制成型、培曲等工艺流程，成品为中温大曲；酿需经堆集润料、入甑蒸粮、入缸发酵、装甑蒸馏、看花截酒、分级入库、贮陈老熟等工艺流程，具体则需经选料与粉碎、润糁、蒸料、扬冷、加曲、头糙入缸、撞锅等工序，其核心环节为"清蒸二次清"工艺，该工艺包括入甑蒸粮、入缸发酵和装甑蒸馏等工艺流程。

宝丰酒传统酿造技艺成品为清香型白酒，具有清香纯正、绵甜柔和、甘润爽口、回味悠长的特点。

蒸馏酒传统酿造技艺（五粮液酒传统酿造技艺）

申报地区或单位：四川省宜宾市

五粮液酒传统酿造技艺是一种用大米、糯米、玉米、小麦、高粱五种粮食合理配比，以独创"陈氏秘方"酿造白酒的技法，约从宋代开始即流行于四川省宜宾市，延续至今。

五粮液酒整个生产过程需经制曲、酿酒、勾兑三个工艺流程一百多道工序，包括"包包曲"制曲工艺、陈年老窖发酵、跑窖循环、续糟配料、分层起糟、分层入窖、分甑分级、量质摘酒、按质并坛等酿酒和原酒陈酿、勾兑调味工艺等。其中，五粮液的曲块成"包包状"，因此得名"包包曲"。在五粮液酿造过程中，窖泥和"包包曲"中的微生物起到把五谷杂粮营养成分和功能成分转化到酒中的"中间载体"作用；此外，老窖发酵的发酵期相对较长，为七十天以上。

五粮液酒传统酿造技艺以五种粮食的"多粮型"配方、"包包曲"工艺等为其特色，成品为浓香型白酒，具有香气悠久、味道醇厚、入口甘美、入喉净爽、各味协调的特点。

蒸馏酒传统酿造技艺（水井坊酒传统酿造技艺）

申报地区或单位：四川省成都市

水井坊酒传统酿造技艺以传统工艺与现代微生物技术结合而成的发酵工艺为其特色，留存范围包括成都市内水井街、牛王庙、土桥等核心区域，成都市府河、南河的交汇处及延伸区域。它起源于明清时期的成都东门府河、南河两江汇合处的水井街酒坊，传承至今。

◎ 传统技艺

水井坊酒采用回糟发酵、回酒发酵、翻沙等组合发酵工艺酿造而成。发酵周期长短是水井坊酒原酒和调味酒的主要区别。调味酒一般发酵周期较长。此外，水井坊调味酒发酵后还需经分层缓火蒸馏，分段量质摘酒，分贮存、分析、尝评、勾兑、调味、陈酿等工艺流程。从原料投入到产品出厂，需五年以上才能完成调味酒生产过程。

水井坊酒以浓香型白酒为主，具有窖香幽雅、陈香飘逸、甘洌醇厚、圆润爽口、香味谐调、尾净悠长的特点。

蒸馏酒传统酿造技艺（剑南春酒传统酿造技艺）

申报地区或单位：四川省绵竹市

剑南春酒传统酿造技艺现留存于四川省绵竹市。这项技艺在盛唐时期已基本成型，经过宋、元、明三代的传承发展，到清代康熙年间，以剑南春为代表的绵竹大曲酒传统酿造技艺不断完善，日趋成熟。

剑南春酒传统酿造技艺以糯米、大米、小麦、高粱、玉米五种粮食为原料，用小麦制成中高温曲，以泥窖固态低温发酵，采用续糟配料、混蒸混烧、量质摘酒、原度贮存、精心勾兑、调味等工艺。蒸馏为剑南春酒传统酿造技艺中最重要的一道工序，即将发酵好的固态酒醅采用续糟混蒸法在传统甑桶中缓火蒸馏。在蒸馏过程中，不同时间段流出的酒所含乙醇、酯、酸成分不同，因此需分段量质摘酒，掐头去尾、留中间。

剑南春酒为浓香型白酒，具有芳香浓郁、醇厚绵柔、甘洌净爽、余香悠长、香味谐调等特点。

蒸馏酒传统酿造技艺（古蔺郎酒传统酿造技艺）

申报地区或单位：四川省古蔺县

古蔺郎酒酿造技艺是一种以回沙工艺酿酒的传统技艺。因产于四川省泸州市古蔺县二郎镇而得名。北宋年间这项传统技艺已开始流传，清乾隆年间至民国初年，古蔺郎酒传统酿制技艺已初具雏形，之后不断发展创新，传承至今。

古蔺郎酒以高粱为原料、郎泉水为酿造用水，以小麦制成的高温曲为糖化发酵剂，酿造时需经高温制曲、两次投粮、凉堂堆积、回沙发酵、九次蒸酿、八次发酵、七次取酒、经年洞藏、盘勾勾兑等工序，并以回沙发酵工艺为特色。原酒酿造出来后，需封存入天然溶洞"天宝洞""地宝洞"中，以利于酒体醇化。后期进行勾兑时，需选用数百个品种的不同浓度、香型、酒龄、轮次的酒完成勾兑过程。从原料投入到成品酿制完成，古蔺郎酒生产周期可长达四年，整个生产工序约百余道。

古蔺郎酒有酱香型、浓香型、兼香型等白酒类型，以酱香型为代表，具有酱香浓郁、醇厚净爽、幽雅细腻、回甜味长等特点。

蒸馏酒传统酿造技艺（沱牌曲酒传统酿造技艺）

申报地区或单位：四川省射洪县

沱牌曲酒传统酿造技艺是在继承明代谢酒工艺的同时引进曲酒生产技术并加以创新的酿造技术。现仍留存于四川省遂宁市射洪县。

沱牌曲酒由唐代春酒、明代谢酒发展而来，历经一千三百多年的不断改革创新，传承至今。

沱牌曲酒以高粱、大米、糯米、小麦、大麦、玉米为原料，以小麦、大麦等制曲作为糖化剂。在酿造工艺方面，该酒以浓香型酒工艺为基础，结合其他香型酒的部分生产工艺。其中，酱香型酒的"堆积发酵"工艺，可使酒体香气幽雅、醇厚；清香型酒的"一清到底"工艺，可使酒体爽净；还可结合米香型酒的"大米酿酒"特点，在原料配方中提高糯米比例，使酒体怡畅、柔和；结合酱香型、浓香型、清香型酒的大曲特点，按一定比例混合使用高温、偏高温、中温曲，使酒体产生复合香味，然后经分层起糟、分层蒸馏、量质摘酒、分级并坛后完成酿造过程。

沱牌酒为浓香型白酒，具有香气幽雅、醇厚绵柔、细腻圆润、甘洌净爽、回味悠长等特点。近年来，沱牌曲酒开发出的舍得系列、沱牌特曲系列、陶醉系列等产品畅销全国，甚至已经出口马来西亚，远销澳大利亚，充分展示了沱牌生态系列酒卓越的内在品质。

国家级代表性传承人名单

姓名	性别	申报地区或单位	入选批次
高景炎	男	北京红星股份有限公司	3
商立云	女	河北省平泉县	3
秦文科	男	山西省朔州市	3
李玉恒	男	辽宁省沈阳市	3
陈林	女	四川省宜宾市	3
赖登烨	男	四川省成都市	3
李家顺	男	四川省射洪县	3

直隶官府菜烹饪技艺

序号：1185

编号：Ⅷ-205

批次：3

类别：传统技艺

申报地区或单位：河北省保定市

直隶官府菜烹饪技艺是河北省保定市的一项传统的菜肴制作技艺。直隶官府菜，是旧直隶官厨制作的供官僚阶层享用的菜肴。直隶是河北省在清朝及民国时期的旧称，保定为督府所在地。19世纪中叶起，退休返乡的直隶官厨开始兴办培训作坊，培养大批厨师，民间大型饭庄兴起。

直隶官府菜在烹调方法、工艺方面均具有浓郁的地方特色，在刀工、火工等方面都有独到之处。在口味方面，选取槐茂面酱作为重要的调味料，通过炒酱的手法体现直隶官府菜酱香浓郁醇厚的特征。如著名的李鸿章烩菜，即以海参、鱼翅、鹿筋、牛鞭等配白菜、豆腐、宽粉，加上槐茂甜面酱烩制而成。此外，大部分菜品均用吊汤来调口味，此为其特色之一。吊汤以鸡、鸭、肘等原料熬制。熬第一锅汤时，将其中一部分汤用于烹饪，另一部分置于固定位置保存。第二天再熬制时，将头一天的汤兑入精熬。

直隶官府菜以咸香为主并兼具多味，其代表菜品还有南煎丸子、清炖鱼肚、锅包肘子、鸡里蹦、桂花鱼翅等，具有选料精、用料严、烹饪精细、花色品种繁杂多样的特点。

直隶官府菜是我国北方菜肴的主要代表之一，充分体现了古城保定作为经济、政治、文化重镇所包含的中华饮食特色，是保定人民对高档饮食文化的成功探索，包含着丰富的宴会文化内涵。

纸笺加工技艺

序号：912

编号：Ⅷ-129

批次：2

类别：传统技艺

申报地区或单位：安徽省巢湖市

纸笺加工技艺是传统造纸工艺在技术上延伸和发展后形成的工艺门类，是一项对纸张进行再加工的工艺，以使纸张的质地更优异，外观更精美，文化内涵更丰富。

纸笺加工技艺历史悠久。早在东汉时期就已出现砑光、染潢防蛀及染色技艺；到了唐代，在皇宫内府的三省三馆中均设有熟纸匠制度，专门从事将生纸变为熟纸的工作。南唐的澄心堂纸及明代的宣德纸制造工艺曾名动一时。清代中期，安徽泾县宣纸逐步取代宣德纸，其时纸笺的加工技艺达到鼎盛。清末至民国年间，纸笺加工技艺日渐消亡。改革开放后，安徽省巢湖市的掇英轩文房房用品厂开始致力于这一古老技艺的研究和恢复。

纸笺加工技艺即通过染色、施胶、填粉、施蜡、托裱等多道工序，将原手抄原纸（生纸）做成加工纸。纸笺加工技艺成品包括手绘描金粉蜡笺、造金银印花笺、泥金笺、木板套色水印笺以及绢笺、砑花笺等。不同类型纸张的加工工艺流程有所不同，如粉蜡笺是以宣纸为原料，经染色、拖粉、加蜡、亚光，再施以泥金、泥银，用金银粉勾描出各种吉祥图案后描画加工而成，成本较高，耗时较长。通过纸笺加工技艺处理后，不少纸张具有防霉、防水、防虫蛀的特点。

巢湖的掇英轩近年来致力于对一些失传多年的对现今尚有实用价值的传统加工纸名笺进行恢复性的研究生产，已取得多项成就。

制扇技艺

序号：431
编号：Ⅷ-81
批次：1
类别：传统技艺
申报地区或单位：江苏省苏州市

扩展名录：
制扇技艺（王星记扇） 浙江省杭州市
制扇技艺（荣昌折扇） 重庆市荣昌县
制扇技艺（龚扇） 四川省自贡市

苏州制扇技艺，是流传于江苏省苏州市的一项传统手工技艺。苏扇是苏州特产，以雅致精巧，富有艺术特色而著称，包括折扇、檀香扇和绢宫扇三大类，统称为"苏州雅扇"。

苏州制扇技艺历史悠久。南宋时苏州便有人自制折扇。明代宣德年间，苏州已有制扇作坊专门从事苏州雅扇生产。明清以来，苏州雅扇在苏州及周边地区广泛流传。清代顺治年间，苏州雅扇成为皇家贡品，苏州制扇业一度兴盛。

苏州制扇技艺集造型、装裱、雕刻、镶嵌、髹漆等技艺于一体。其中，折扇扇头造型包括圆头、方头、尖头、玉兰头、竹节头等百余种，扇工还可运用磨、漆、嵌等技艺装饰扇头。扇面则大多用棉料宣纸裱成，分为"素面"和"画面"两种。画面由名家作各种书画，素面有仿古白素面、金面等多种；檀香扇为进口檀香木制作，由制扇工人将细钢丝锯条穿进檀香扇木上预先打好的细孔里，拉镂出数百个到上千个大小不等、形状各异的孔眼，然后用若干片扇骨组成图案，构图式样包括"拉花""烫花""画花"等；绢宫扇的扇柄或雕镂或彩绘，主要有圆形、六角形、长方形、腰圆形等形状，扇面往往绘以山水、花鸟、人物，并题有名人诗句。

苏州雅扇实用性较强，又是一种与诗词、书法、绘画、雕刻等艺术紧密结合的艺术品，具有较高的观赏价值。

20世纪80年代以来，随着人们生活方式的变化，扇子的重要性急剧下降。目前，苏州本地制扇艺人已为数不多，有些工艺已濒于失传。

制扇技艺（王星记扇）
申报地区或单位：浙江省杭州市

王星记纸扇制作技艺因创始人王星斋而得名。王星记纸扇制作技艺现留存于浙江省杭州市王星记扇厂。该扇厂历史可追溯至清光绪元年（1875）。其创建之初名为"王星斋扇庄"，后更名为"王星记扇庄"。创始人王星斋创制了洒金、泥金、贴花黑纸扇，成为杭州进贡朝廷的主要贡品。宣统元年，王星记开始出售檀香扇，后逐渐在市场上占据主导地位。

王星记扇共有十五大类四百多个品种三千多种花色，其中以黑纸扇和檀香扇最为著名，具有较高的艺术欣赏价值。此外，黑纸扇还有雨淋不透、暴晒不翘、纸不破、色不褪等特点。

王星记黑纸扇以广西、桂林地区的棕竹为扇骨料，扇面则经天目山纯桑皮纸上涂刷数层诸暨产高山柿漆而成，其制作包括制骨糊面、折面、上色、研磨、整形等八十多道工序，扇面装饰有泥金、泥银、剪贴、绘画、书法等形式。檀香扇是以檀香木为原料制成的折扇，主要装饰工艺为拉花、烫花、雕花、绘画等。"拉花"是将钢丝锯在扇片上用手工拉出上万个大小不等、形状各异的孔眼，在整个扇面上组成千变万化、虚实结合的各种精美图案；"烫花"又叫烙画，是用火笔在扇面上烫出深浅不一、褐色焦痕的图案；雕刻主要是在扇骨柄上雕镂出人物、山水、花鸟等图案。

目前，王星记扇制作仍保留了传统的纯手工制作工艺，其传承也主要靠师徒间口耳相传。制扇工艺技术难度大、习艺周期长和市场空间狭小等因素，对王星记扇制作技艺的传承造成不利影响。

制扇技艺（荣昌折扇）
申报地区或单位：重庆市荣昌县

荣昌折扇制扇技艺留存于重庆市荣昌县。清乾隆年间，两湖移民将折扇技艺传入荣昌，至今已有三百余年。

荣昌折扇主体分扇叶和扇骨两部分。其中，扇叶分黑、白两种，取材于书写纸、净水对方纸、宣纸、绢丝及夏布等；扇骨包括扇夹和扇心，取材于棕竹、楠竹（毛竹）、檀木、骨科、胶质、湘妃竹及乌木等。按用途分，荣昌折扇可分为实用型、装饰型和表演型三类。其中，实用型折扇长度按5.5～10寸十种规格制作；装饰型折扇长度按50～200厘米等十一种规格制作，扇夹一般经雕刻、镶嵌、漆面等处理，扇面一般是名人手书的书法或国画；表演型折扇则专为舞蹈演员表演使用而设计。

按扇骨分，荣昌折扇可分为棕竹扇、檀木扇、乌木扇及象牙扇等。在荣昌折扇品种中，以黑纸扇、棕竹扇、绸扇和夏布扇较为著名。

进入20世纪80年代以后，随着电扇和空调的普及，折扇的实用功能逐步被取代，荣昌折扇制作技艺也逐渐走向衰落。

制扇技艺（龚扇）
申报地区或单位：四川省自贡市

龚扇，也称竹丝扇，是一种工艺竹编扇，多呈桃形，以扇面薄似蝉翼著称。龚扇创制于清朝同治年间，由民间艺术家龚玉璋创制而成。百余年来，龚扇制作技艺一直在龚姓家族内部传承，并延续至今。

龚扇发源于四川省自贡市，该地盛产细黄竹，为龚扇制作提供了优质原材料。此外，自贡市盐业历史悠久，龚扇扇面主题也深受影响，多以盐文化为主。

龚扇选用一年青阴山黄竹为原料，从备料

制丝到编织共五个步骤，全由制扇人一人手工操作完成。制作时，以特制工具将黄竹加工成厚度为0.01～0.02毫米的竹丝，再对照名家字画，用700～2000根以上的竹丝行丝走篾，采用穿、吊、镶、破等工艺，将字画图案再现于扇面上。扇面内容取材丰富，有山水人物、传说故事等。除编织画面外，还要编织边条、上木模、缝锁扇边缘和上胶等，并采用白牛角做扇把，饰以丝质"流苏"。一把龚扇按复杂程度一般要编制十多天到数月之久。

目前，龚扇主要作为艺术品受到人们喜爱。不过，由于龚扇制作技艺难度大、周期长，其技艺传承范围始终有限。

国家级代表性传承人名单

姓名	性别	申报地区或单位	入选批次
徐义林	男	江苏省苏州市	1
陈子福	男	重庆市荣昌县	3
邢伟中	男	江苏省苏州市	4

中式服装制作技艺

龙凤旗袍手工制作技艺、亨生奉帮裁缝技艺、培罗蒙奉帮裁缝技艺、振兴祥中式服装制作技艺

序号：1173
编号：Ⅷ-193
批次：3
类别：传统技艺
申报地区或单位：上海市静安区、黄浦区，浙江省杭州市

中式服装制作技艺（龙凤旗袍手工制作技艺）
申报地区或单位：上海市静安区

龙凤旗袍手工制作技艺是流传于上海的手工制作海派风格旗袍的技术。其制作技艺可追溯到清乾隆末年。

龙凤旗袍以全手工、高质量的个性化精工制作为其特色。用苏杭丝厂的上等丝绸、锦缎等为原料制成，制作时需精确测量人体三十六个部位的尺寸，以保证旗袍能完美展现体型。在制作工艺方面，龙凤旗袍手工制作技艺继承了濒临失传的苏广成衣铺的镶、嵌、滚、岩、盘、绣等传统工艺，其图案均以手工镂、雕或绣出龙凤、如意、蝙蝠、花卉等各种图案，然后贴缝在旗袍或中式短袄上，十分精美。另外，盘扣为龙凤旗袍的标志性元素之一，有梅兰竹菊系列、福禄寿喜系列、龙凤鸟卉系列等。制作一个盘扣常需两三个小时，首先需剪出布条，然后将布条两边向内折叠，放入细铜丝，量出尺寸，再结成纽扣，盘成花形。

龙凤旗袍成衣效果佳且制作精美，具有较高的实用价值和艺术价值，是海派旗袍中的佼佼者。

但是，由于其制作工艺复杂且成品价格较高，销量较为有限，目前掌握该技艺的手工艺人只有几十人，这一传统技艺传承面临后继乏人的困境。

中式服装制作技艺（亨生奉帮裁缝技艺）
申报地区或单位：上海市静安区

亨生奉帮裁缝技艺是流传于上海的奉帮裁缝手工制作西服的技术。"亨生"由奉帮裁缝徐继生在1929年创立，是上海西服业著名的中华老字号企业。近代以来，上海人将来自浙江鄞州、奉化、镇海、定海一带的专做西服的裁缝称为"奉帮裁缝"。

亨生奉帮裁缝技艺在制作中讲究"四功"（刀功、车功、手功、烫功）、"九势"（胁势、胖势、窝势、戤势、凹势、翘势、剩势、圆势、弯势），其服装的特点可以用十六个字（平、服、顺、直、圆、登、挺、满、薄、松、匀、软、活、轻、窝、戤）概括，既是实用服装又堪称工艺品。在制作时，需考虑客人的体形特征，对衣服的衣片进行"推""归""拔"造型定型。为保证西服领驳处既活又挺，亨生裁缝采取手工"扎驳头"。做定型处理时采用"中间烫"工艺，即制衣过程中边做边烫，随时定型。推门覆衬后，需根据气候特点、空气湿度使衣片凉透、干透而定型。为使中山装造型更佳，在做中山装特有的立领、老虎袋时，亨生裁缝对传统工艺加以改进，使领面平服、领窝圆顺、左右领尖不翘、老虎袋宽松窝服。

亨生奉帮裁缝技艺制品包括男式西服、中山装、大衣、礼服等各类呢绒服装，以选料讲究、做工精良、款式新颖、穿着舒适为其特点。

亨生奉帮裁缝技艺在继承传统和经营发展理念下得到了发展，但在传承和发挥中华老字号的传统、培养传承人等方面还有很长的路要走。

中式服装制作技艺（培罗蒙奉帮裁缝技艺）
申报地区或单位：上海市黄浦区

培罗蒙奉帮裁缝技艺是流传于上海的海派西服制作技术。培罗蒙西服公司创建于1928年，以西服、礼服、大衣制作为代表。

以量体裁衣、度身定制为其特色，包括衣片打线钉标志、量体、选料、划样、整烫、锁眼、钉扣等一百三十余道工序。所选面料、里辅料均为进口名牌产品，面料经熨烫覆衬冷却二十四小时以上，辅料经热缩、水缩两次才能使用。然后即可画样、裁剪、缝纫、扎壳。"扎壳"即为西服定样，有毛壳和光壳之分。二者的区别在于，扎光壳时可以将前身完全做好。塔罗蒙制衣时先出毛壳，请顾客试穿；成为光壳后，再次试穿。边试边改，直到顾客满意为止。修改后即可整烫、锁眼、钉扣，完成西服制作。培罗蒙奉帮裁缝善于对斜肩、驼背、将军肚、体瘦等体型进行修饰，其制作出的西服具有平、直、挺的特点，是海派西服的杰出代表。

经过六代传人半个多世纪的努力，培罗蒙一代又一代技师用培罗蒙的"皮尺、剪刀、熨斗"三件宝贝创出了传统绝艺。如今培罗蒙西服销售网络遍及全国，其注册的英文商标获得世界上二十三个国家的认可，民族品牌远涉重洋。

中式服装制作技艺（振兴祥中式服装制作技艺）
申报地区或单位：浙江省杭州市

振兴祥中式服装制作技艺是流传于浙江杭州的以手工制作中式传统服装的独特技艺。

振兴祥中式服装制作技艺主要包括款式构思、量度尺寸、选用面料、裁剪、缝制、钉扣、成衣整烫、包装等工艺流程。其中，款式构思强调量身定做和个性化制作。量度尺寸，要求态度必须谦恭，手脚麻利，一量即准。选用面料，要求全部选用杭州本地所产的高档织锦缎或丝绸面料。裁剪分大裁、小裁、锁壳裁、对花裁等，要求确定面料图案纹饰的方位，不得随意颠倒。缝制时对针迹密度、纱线走向等都有具体要求。一件服装制作完毕，外观浑然天成，看不出针头线脚。缝制技法包括镶、嵌、滚、宕、盘、钉、勾、绣等，尤以花扣制作为亮点。钉扣，指用灌针钉上形态各异的花扣，起到画龙点睛的效果。钉扣完成后即可进行成衣整烫和包装。

振兴祥中式服装制作技艺以精工细制为其特点，其制作的中式服装种类有旗袍、长衫马褂、男女中式套装、丝棉袄等。

振兴祥中式服装制作技艺秉承独家传统工

艺，技艺传承完全是以师带徒，口口相传，百余年来从未间断，其制作技艺得到完整保留。

国家级代表性传承人名单

姓名	性别	申报地区或单位	入选批次
徐永良	男	上海市静安区	4
林瑞祥	男	上海市静安区	4
包文其	男	浙江省杭州市	4

周村烧饼制作技艺

序号：945
编号：Ⅷ-162
批次：2
类别：传统技艺
申报地区或单位：山东省淄博市

周村烧饼制作技艺是山东的一项传统的食品制作技艺。周村烧饼是山东省淄博市周村的地方特产，清末曾作为贡品进奉朝廷。

周村烧饼以小麦粉、白砂糖、盐、芝麻仁等为原料制作，使用晃盘、延盘等工具。周村烧饼制作需经选料、配料、混炼（即和面）、分坯切剂、揉剂、延展成型、着麻、贴饼（烘烤）等工序。制作时，由做饼师傅手持面剂，手指延展饼坯并将其旋转成较薄的生饼坯，然后将饼坯揭起，置于摊满芝麻仁的木盘内蘸满芝麻，然后揭起并反托在右手的指背上，送入炉室烘烤，即完成周村烧饼制作。

周村烧饼以"酥、香、薄、脆"为主要特点。形圆而色黄，正面贴满芝麻仁，背面酥孔罗列，薄似杨叶。周村烧饼入口一嚼即碎，落地则成碎片，俗称"瓜拉叶子烧饼"。烧饼种类有甜、五香、奶油、海鲜、麻辣、新鲜蔬菜等多种口味。此外，周村烧饼还具有不油污、久藏不变色不变味、易携带等特点，具有广泛的市场需求。

如今，周村烧饼有限公司作为百年老字号的继承者，传承了周村烧饼的制作技艺，并进一步将其发扬光大，赢得了良好的社会声誉。

竹纸制作技艺

序号：421
编号：Ⅷ-71
批次：1
类别：传统技艺
申报地区或单位：四川省夹江县，浙江省富阳市

扩展名录：
竹纸制作技艺　　福建省将乐县

竹纸制作技艺是一项传统的制纸技艺。竹纸是以竹为主要原料制作的纸，四川省夹江县和浙江省富阳市为竹纸的重要产地。

夹江的环境适合竹类生长，当地在唐代即开始以"竹料手工造纸"，竹纸制作技艺兴于明、盛于清，夹江竹纸曾被康熙皇帝指定为贡纸。夹江竹纸为书画纸，具有洁白柔软、浸润保墨、纤维细腻、绵韧平整等特点。它以嫩竹为主料，以手工舀纸术制作，其制作需经沤、蒸、捣、操等十五个环节七十二道工序。其中，"操纸"环节对技术要求最高，并以单人执帘为其特色。技艺高超的师傅能连操数百张纸，其纤维排列、纸张厚薄、沁润速度、抗拉能力等完全一致。

浙江省富阳市的竹纸制造技艺始于南宋，迄今已有一千多年历史。富春竹纸的主要品种有元书纸、京放纸、高白、海放、花笺等近二十种，具有纸质柔软、久置不腐、不易为虫蛀等特点。它以当年生嫩毛竹为原料，包括制浆、造纸等七十二道大小工序。在继承我国传统造纸技艺的基础上，富春竹纸形成了制浆技艺中的"人

尿发酵法"，抄制技艺中的"荡帘打浪法"等独有的制作技艺。

目前虽仍有人沿袭传统造纸技艺生产竹纸，但由于多种原因的影响，生产陷于窘境，竹纸传统制作技艺面临传承困境。

竹纸制作技艺
申报地区或单位：福建省将乐县

福建省将乐县龙栖山生产一种毛边纸，名为"西山纸"，取材于龙栖山的上等嫩毛竹，故也被称作"竹纸"。其纸质细腻柔韧、洁白如雪，具有吸水性强且久不变形、不腐不蛀等特点。

西山纸制作历史可上溯至宋代。民国时期最为辉煌，百余家作坊年产纸五万余担，为福建之最。20世纪50年代西山纸大量出口东南亚。到20世纪80年代，当地造纸作坊尚余六十多家。而到2006年，龙栖山造纸作坊是将乐仅存的一家。

西山纸制作需经砍嫩竹、断筒、削皮、撒石灰、浸漂、腌渍、剥竹麻、压榨、踏料、耘槽、抄纸、干纸、分拣、裁切等二十八道工序。

国家级代表性传承人名单

姓名	性别	申报地区或单位	入选批次
杨占尧	男	四川省夹江县	1
庄富泉	男	浙江省富阳市	1
李法儿	男	浙江省富阳市	4

装裱修复技艺

古字画装裱修复技艺、古籍修复技艺

序号：919
编号：Ⅷ-136
批次：2
类别：传统技艺
申报地区或单位：北京市荣宝斋、故宫博物院、国家图书馆、中国书店

扩展名录：
装裱修复技艺（苏州书画装裱修复技艺）　江苏省苏州市

装裱修复技艺（古字画装裱修复技艺）
申报地区或单位：北京市荣宝斋、故宫博物院

古字画装裱修复技艺是我国一门独特的传统手工技艺。其历史悠久，历经晋、唐、宋、元的长期发展，到明清时期基本定形。

中国古字画装裱修复主要用于书画、碑帖等的装饰，其技艺可分为两大流派，即北派装裱（简称北裱）和南派装裱（简称南裱），北京市荣宝斋和故宫博物院分别为北裱和南裱的典型代表。

从托心至完成，荣宝斋古字画装裱一般需经托、拉、镶、扶、砑光、上杆等工序；古字画修复则综合运用冲洗、揭旧、嵌补、全色等技艺。荣宝斋装裱具有"精、严、新、顺"的特点。"精"是指装裱材料精，工艺精益求精；"严"是指严格按照多年形成并逐渐完善的操作程序装裱字画；"新"是指不断在装裱形式、风格和技法诸方面探索创新；"顺"则为尊重客户的要求和喜好。经荣宝斋装裱的作品表面润滑、平整、光洁，柔韧性高，大气雅致。

故宫博物院装裱修复技艺沿袭了以淡雅风

格为特色的苏裱，属南裱的一种。其装裱修复总体上分为托画心、镶覆、砑装等几十道工序，每个工序分为几个小步骤，使用不同的专业工具。其中，修复需经清洗去污、揭背补缀、全色接笔、上墙重新装裱等步骤。

古字画装裱修复技艺修复了大量破损严重、濒临失传的古代艺术珍品，能有效延长这些古字画的寿命，进而有利于其历史、艺术价值的保存，具有重要的实用价值。但由于装裱修复技艺内容复杂，内涵丰富，对匠师提出了很高的要求，而且学艺时间长，因而传承有一定的难度。

装裱修复技艺（古籍修复技艺）
申报地区或单位：国家图书馆、中国书店

古籍修复技艺也称古籍装订修补技术，是一项修补破损古旧图书的技艺。古籍修复技术历史悠久，至少在唐代便已出现和运用。

古籍修复工具包括毛笔、刷子、敲锤、锥子等。国家图书馆古籍修复技艺共有准备、修整、复原三个阶段，包括配纸、染纸、淀粉提取、制糨糊、配丝线、染丝线、分解书页、拆书皮、书页去污、手工补书（包括溜口、补书页、托书页、托书皮等工序）、纸浆补书（包括固定书页、打浆、补书、吸水、压实、晾干等工序）、书芯装订、折页、剪齐、捶平、加护页、压实、下捻、包角、装书皮、订线、贴签等工序。开设于清代光绪年间的中国书店的肄雅堂古籍修复技艺则包括"补、溜、衬、镶、托"五个方面，补破、溜口、衬纸、金镶玉、托纸、捶平、包角、裁切、压平、做捻等工序。此外，古籍修复要求从事装订修补工作的人熟悉各个朝代书籍的形式和版本、纸张、书皮及装订风格，技术要求较高。

古籍修复技艺是保护历代古籍完整流传的至关重要的一环，被各界人士誉为古旧图书的"续命汤"，有利于中国文化遗产的保存和利用，具有重要的实用价值。

目前，面对需要修复的大量古籍，全国古籍修复人才数量严重不足，而且古籍修复人员培训大多沿用传统的师带徒方式，学艺时间长，这些都制约着古籍修复技艺的传承和发展。

装裱修复技艺（苏州书画装裱修复技艺）
申报地区或单位：江苏省苏州市

苏州书画装裱为"南裱"流派之一，也称"苏裱"。

苏裱分为"红帮""行帮"和"仿古装池"三类。"红帮"裱式较为简易，"行帮"专裱普通书画，"仿古装池"则专为书画名家和鉴古收藏家装潢珍贵新旧书画。在装裱手法上，苏州书画装裱手法沿革宋朝装裱款式，全部采用"宣和裱"。古旧书画修复在装裱新画的基础上另有漂、揭、洗、刮口、上胶矾、贴直条、隐补、全色等步骤。

苏裱从明朝起受吴门画派影响，具有选料精良、配色素雅、装砑熨帖、款式多样、裱工精佳等特点。新书画作品通过装裱能张挂欣赏，其绘画性得以充分体现。古旧字画通过修复，能恢复书画作品之原有面貌，使传统文化艺术得以抢救、保护、延续、传承，具有很强的实用性和艺术性。

国家级代表性传承人名单

姓名	性别	申报地区或单位	入选批次
王辛敬	男	北京市荣宝斋	3
范广畴	男	江苏省苏州市	4
徐建华	男	故宫博物院	4
杜伟生	男	国家图书馆	4
汪学军	男	中国书店	4

壮族织锦技艺

序号：370

编号：Ⅷ-20

批次：1

类别：传统技艺

申报地区或单位：广西壮族自治区靖西县

壮族织锦技艺是壮族的一项传统手工织造技艺。壮族织锦以结实耐用、技艺精巧、图案别致、花纹精美著称，其技艺主要流传于广西壮族自治区。

壮族织锦历史悠久，壮族先民在汉代织出的"斑布"就是其前身。壮锦技艺形成于唐宋时代，元明两代壮族织锦技艺逐渐发展，在明代被列为贡。至清代时，发展出用多种色彩的绒线编织的彩色壮锦。清末民初，壮锦开始衰落。

壮族织锦以棉纱为经、各种彩色丝绒为纬，采用通经断纬法进行织造。它以传统小木机为织锦工具，也称"竹笼机"，为一种装有支撑系统、传动装置、分综装置和提花装置的手工织机，机上设有"花笼"以提取花纹图案。

壮族织锦图案构成式样大致有三种：一是平纹上织二方连续和四方连续的几何纹，组成连绵的几何图案；二是以各种几何纹为底，上饰动植物图案，形成多层次的复合图形；三是用多种几何纹大小结合，方圆穿插，编织成繁密而富于韵律感的复合几何图案。壮锦图案往往由几种甚至十几种颜色搭配组成，多以红、黄、蓝、绿为基本色，并加入其他颜色作为补色，颜色对比强烈且经久耐看。

壮族织锦既可作工艺品，又具有较强的实用价值，可制作成被面、床毯、背带、挂包、台布、围裙、头巾、衣服边角饰等。

随着经济发展，如今的壮族织锦技艺不再是壮族妇女的基本技能，壮族织锦逐渐作为一种民族工艺美术品而被人们接受，但其由于制作耗时、经济效益低等原因，很难吸引年青一代，传统的壮族织锦技艺面临传承困境。

淄博陶瓷烧制技艺

序号：1170

编号：Ⅷ-190

批次：3

类别：传统技艺

申报地区或单位：山东省淄博市

淄博陶瓷烧制技艺是山东省淄博市的一项传统的陶瓷制作技艺。淄博陶瓷生产始于魏晋南北朝时期；唐宋时制瓷技艺不断提高，瓷窑遍布各地，有名的瓷窑有寨里窑、磁村窑、博山窑；明清时期，淄博成为全国一个重要的陶瓷生产销售中心。

淄博陶瓷烧制主要需经原料加工、拉坯、雕塑、施釉、烧制等工序。彩绘、刻瓷等修饰工艺为淄博陶瓷特色。淄博陶瓷首创立粉装饰画法，即以艺术釉为颜料，在施了乌金釉的陶坯上用木刻和国画写意相结合的手法进行绘画。在描绘细部时使用特制工具涂以立粉，从而增强画面的立体感。各种色釉经过烧制"窑变"后互相渗透、重叠、扩散，呈现出瑰丽多彩的艺术效果。刻瓷包括起稿、镌刻、赋色等工序，用刀笔在光滑的瓷器上镌刻出山水、人物、花鸟等图案。刻瓷艺术手法包括微刻、写实刻瓷、写意刻瓷、肌理刻瓷等。

淄博陶瓷依功能不同可分为高级日用瓷器、建筑陶瓷、艺术陶瓷、高级耐火材料等，具体则有乳白瓷、鲁青瓷、象牙黄瓷、高石英瓷、鲁玉瓷、鲁光瓷、骨质瓷、合成骨瓷、精炻器等品种。其中，美术瓷釉色众多，包括雨点釉、茶叶米釉、云霞釉、红金晶釉、鸡血红釉、金星釉和几十种黑釉系窑变花釉。

20世纪50年代以来，经过几代陶瓷专家的不懈努力，开拓创新，开发出新瓷种，形成自己的特色。如今，日用陶瓷、建筑陶瓷、艺术陶瓷、工业陶瓷等产品已经远销海内外70多个国家和地区。

自贡井盐深钻汲制技艺

序号：414
编号：Ⅷ-64
批次：1
类别：传统技艺
申报地区或单位：四川省自贡市、大英县

自贡井盐深钻汲制技艺是流传在四川的一项传统制盐技艺。井盐深钻汲制技艺的实质为顿钻技艺，也叫冲击式钻井技艺，是一种利用人、畜、机械等动力，使钻头破碎岩石，向地层深处钻孔，并不断捞出岩屑以获取盐卤资源的钻井技术。

四川井盐生产源远流长，自贡市及遂宁市大英县的井盐开采历史久、规模大，尤为著名。享誉世界的大英县卓筒井创始于北宋庆历年间。与大英县相比，自贡的井盐开采更是规模宏大，闻名遐迩。自贡被誉为中国的盐都，其井盐生产发端于东汉。

自贡是冲击式顿锉钻凿技术的发源地，这一技术经历了东汉至宋初大口浅井的孕育期、宋代卓筒井的转型期、明代至清代小口深井的成熟期等发展阶段，有一千九百多年的历史。

自贡井盐深钻汲制技艺包括钻井设计程序、钻前准备、钻井、修治、打捞、气卤鉴别和钻井中气卤资源显示前兆等步骤。其中，钻井、取卤、晒卤（滤卤）、煎盐等工序，沿袭了宋代汲制井盐的工艺流程。采用该技艺汲制井盐，钻井速度较慢，能及时发现井下产层的微弱变化，且无泥浆循环，产层不易被堵塞和污染，能有效地利用井下各产层资源，特别适于低压产层开采。

自贡市和大英县井盐汲制技艺传承几近千年，其流程至今保存完整，在生产中得到较广泛的应用。

国家级代表性传承人名单

姓名	性别	申报地区或单位	入选批次
严昌武	男	四川省大英县	1

传统医药

传统中医药文化

鹤年堂中医药养生文化、九芝堂传统中药文化、潘高寿传统中药文化、陈李济传统中药文化、同济堂传统中药文化

序号：971
编号：Ⅸ-11
批次：2
类别：传统医药
申报地区或单位：北京鹤年堂医药有限责任公司，湖南省九芝堂股份有限公司，广东省广州潘高寿药业股份有限公司、广州陈李济制药厂、贵州省同济堂制药有限公司

传统中医药文化是中国传统中医药水平的表现。一方一药、一技一招的积累，都关乎生命健康的知识体系，具有深厚的传统文化背景。既是中国传统文化的活态形式，也是传统文化发展的空间。其恬淡的养生之道，中庸的治疗法则，清心内守的性命理念，以人为本的医道准绳，诚信无欺的行业规范，始终贯穿在中医药理论和实践中，是所有中医药从业人士、中医药著作、中医药事业的灵魂，也是今天中医药行业引以为豪的优良传统和敬业精神，是东方文化的重要体现。

传统中医药文化（鹤年堂中医药养生文化）
申报地区或单位：北京鹤年堂医药有限责任公司

鹤年堂中医药养生文化由其独特的中医药养生思想、系统的养生方法和丰富而完善的养生制品构成。鹤年堂创建于明永乐三年（1405），由回族诗人、著名医学家、养生大家丁鹤年在北京菜市口创办，先后由曹蒲飒、王圣一、刘一峰等世医家族传承，是北京医药行业现存的历史最悠久的老字号，明清时期就以为皇宫配制药膳、养生酒、茶等扬名海内外。其治疗方剂、汤剂饮片、养生药膳、养生药酒、养生茶、煎剂、膏剂、养生功法等制作工艺保留完整。已挖掘整理出的108种药膳、138种药粥、36种药酒、82种药汤，大多来自宫廷秘方和民间验方。其技艺独特，堪称中医药养生宝库。

数百年来，鹤年堂始终坚持"生身以养寿为先，养身以却病为急"的理念，形成了以"调元气，养太和"为文化内涵的鹤年堂中医药养生文化。目前，由于中医药养生制品和传统技术推广手段滞后，加之老一辈传人年事已高，传统技术处于濒临失传状态。

传统中医药文化（九芝堂传统中药文化）
申报地区或单位：湖南省九芝堂股份有限公司

九芝堂创建于清顺治七年（1650），其前身为"劳九芝堂药铺"，由劳澄先生在湖南长沙坡子街所创。在创建之初，劳澄先生就效仿神农氏亲自试药，立下了"吾药必吾先尝之"的规矩，为九芝堂中药文化奠定了最早的规范。九芝堂发扬了湖湘文化"敢为人先"和"经世致用"的精神，以"悬壶济世、利泽生民"为文化精髓，秉承"药者当付全力，医者当问良心"的祖训，成为传统医药文化的一部分，世代相传。其经营理念是"恤苦济贫、优益行业""扶危救人""重质量、讲诚信""九分情、一分利"，促进了医药行业的发展。九芝堂将传统中药炮制技术和传统制剂技术进行了完善和提高，代表了湖湘传统中药制药技术和方法的最高水平。

传统中医药文化（潘高寿传统中药文化）
申报地区或单位： 广东省广州潘高寿药业股份有限公司

1890年，广东开平人氏潘百世、潘应世兄弟在广州高第街开设了"长春洞"药铺。之后，潘百世的四子潘郁生根据岭南气候特征，将具有润肺镇咳作用的川贝母和有祛痰作用的桔梗与枇杷叶一起熬炼，还在药液中加入香料和糖浆，淡化了药的苦，于1929年制成了具有止咳化痰的新药"潘高寿川贝枇杷露"，首创了独特的川贝枇杷露制作工艺。川贝枇杷露包装精致，潘郁生以父亲潘百世的真像和自己的画像为商标，并特意在自己的像旁注明潘四俶创制（潘郁生又名潘四俶），使人容易辨认。高品质的原材料，严格的制作工艺，使得潘高寿成为一个以制止咳药而闻名的国药老字号企业。

传统中医药文化（陈李济传统中药文化）
申报地区或单位： 广州陈李济制药厂

陈李济是中国最早建立的制药企业之一，是清末全国三大中药品牌之一，所谓"北有同仁堂，东有胡庆余堂，南有陈李济"。陈李济由商人陈体全和医生李升佐共同出资于明万历二十七年（1600）创立，陈李各取一字，以示永远合作，同心济世。陈李济中药文化的核心是"诚信为本，同心济世"。陈李济以生产蜡壳药丸闻名于世，将蜂蜡与木蜡混合，制成的蜡丸存放一百余年而不变。其生产的百年陈皮，对祛风化痰有卓绝的效果，曾被清帝钦定为贡品。

传统中医药文化（同济堂传统中药文化）
申报地区或单位： 贵州省同济堂制药有限公司

贵州同济堂创建于清光绪十四年（1888），由唐炯和于德楷二人合资开办。位于边远少数民族聚居区的同济堂，在弘扬中华传统医药文化的同时，也吸收了当地丰富的少数民族民间医药精华，形成了同济堂传统医药的特殊风格。

同济堂传统中药文化集中体现了"同心协力、济世为民"的价值观。其品牌、特殊标记和中药炮制技术，以及药材采购、仓库保管、饮片加工炮制、门市配方、丸散膏制作、财务管理及学徒培训等经营管理办法，在省内外得到很高的赞誉，是我国西南部较具规模的药房。

国家级代表性传承人名单

姓名	性别	申报地区或单位	入选批次
区欲想	男	广东省广州潘高寿药业股份有限公司	3
雷雨霖	男	北京鹤年堂医药有限责任公司	4

傣医药

睡药疗法

序号：1195
编号：Ⅸ-20
批次：3
类别：传统医药
申报地区或单位：云南省西双版纳傣族自治州、德宏傣族景颇族自治州

傣医药是傣族人在吸收古印度医学、中医学的基础上发展起来的一门传统医药学，主要应用于傣族聚居的云南省西双版纳傣族自治州、德宏傣族景颇族自治州等地区。

傣医药具有完整的理论体系，核心为"四塔五蕴"理论，四塔即土、水、火、风，代表人的肌体、水血、阳气、正气；五蕴即色、识、受、想、行。在此理论指导下，总结出"望、闻、

问、切""热病冷治、寒病温治、虚病补治"的诊断治疗方法。傣医用药主要有植物、矿物和动物药，据统计，共有两千五百多种。治疗方法有内治法和外治法，其中外治法较为普及。

暖雅（睡药疗法）主要用于治疗严重心血管疾病、中风偏瘫后遗症、风湿病等，分热睡和冷睡。热睡疗法用以治疗寒病，傣医根据患者病情，将配备的鲜品或干品傣药放置于锅内，加适量水和酒，炒热后平铺床上，患者用药包裹后睡在上面，加盖被褥，用药热透全身，以达到开毛孔发汗、通血道、活气血、祛风湿止痛的目的，治疗时间为30～45分钟。冷睡疗法用以治疗热病，傣医根据患者病情，配备适量的鲜品或干品傣药，将其捣碎，用适量药酒、旱莲草汁拌匀后，把药平铺在床上，让患者直接睡在药上，剩余的药用布包敷全身。治疗时间因病情而定，具有清热解毒、退热镇静、祛风止痛、保护脏器的作用。

傣医药不仅在傣族聚居的民间广泛应用，而且在西双版纳、德宏州的州级傣医院的诊疗中得到很好的传承与发展。

侗医药

过路黄药制作工艺

序号：976

编号：Ⅸ-16

批次：2

类别：传统医药

申报地区或单位：贵州省黔东南苗族侗族自治州

侗医药是侗族人民的传统医药，主要应用于贵州、广西等地区的侗族聚居区。侗医药早期以巫医为主，经历了原始医学、侗傩医学，通过世代积累，逐渐形成独具特色的侗医药学体系。其核心是天、地、气、水、人五位一体思想，主要强调气和水在维持人体功能活动中的重要性。侗医把疾病分为二十四大症、七十二小疾，治疗范围涉及内、外、妇、儿、骨伤等疾病，尤其对治疗骨外伤、刀箭枪伤和蛇虫咬伤等疾病有突出疗效。

在我国第一个苗族侗族药物标本馆——贵州黔东南州民族医药研究所苗族侗族药物标本馆的收藏标本中，有侗族常用药物标本六百余种，同时还用侗语、汉语、拉丁语记述侗药名及其功用主治，反映了贵州省黔东南州丰富的民族医药分布、生态环境及其保护和可持续利用等情况。已完成的《侗族医学》《侗族药物方剂学》《侗族常用药物图鉴》等民族医药专著中，详尽记录了侗药的配制和治疗方法，对侗医药学的研究起到了积极作用。

过路黄，为报春花科多年生草本植物，别称金钱草、真金草、走游草、铺地莲等，生长在山坡、路旁较阴湿处，全草可供药用，内服可治尿路结石、胆囊炎、胆结石、黄疸性肝炎、水肿、跌打损伤、毒蛇咬伤及毒蕈和药物中毒，外敷可治火烫伤及化脓性炎症。过路黄药的制作工艺是侗族传统医药的精华，在炮制工艺和检查病因、病机、诊断、用药、养生保健等方面独具特色。

侗医药因一直处于封闭和自给自足的境地，随着年青一代更多地接受西医治疗，传承出现危机。

胡庆余堂中药文化

序号：447

编号：Ⅸ-8

批次：1

类别：传统医药

申报地区或单位：浙江省杭州市

胡庆余堂是清代"红顶商人"胡雪岩于1874年创建的药铺。胡庆余堂地处杭州清河坊，这是南宋到明清时期形成的一条药铺长廊，是"古代中医药典"的发迹之地。作为"江南药王"的胡庆余堂，有着"北有同仁堂，南有庆余堂"的美誉。

胡庆余堂以南宋皇家药典《太平惠民和济药局方》为基础，收集和保存了各种民间古方、验方和秘方，并结合临床实践经验，精心调制庆余丸、散、膏、丹、胶、露、油、药酒方四百多种。著有《胡庆余堂雪记丸散全集》传世，至今仍继承祖传验方和传统制药技术，目前尚有身怀绝技、熟练掌握中药手工技艺的老药工健在。

胡庆余堂有着丰富独特的中药文化，如创立药铺时提出的"是乃仁术"，在制药上遵循"采办务真，修制务精"，在经营上提倡"真不二价"等，其中最核心的是"戒欺"文化。"戒欺"是胡庆余堂的店训，"戒欺"匾额由胡雪岩亲笔写就，秉承了中国传统伦理道德和中医药文化，成为胡庆余堂饮誉百年的立业之本。

国家级代表性传承人名单

姓名	性别	申报地区或单位	入选批次
冯根生	男	浙江省杭州市	1

回族医药

张氏回医正骨疗法、回族汤瓶八诊疗法

序号：977
编号：Ⅸ-17
批次：2
类别：传统医药
申报地区或单位：宁夏回族自治区吴忠市、银川市

回族医药是回民族的传统医药。回族医药学形成历史久远，是古代阿拉伯医学与西域地区民族医学相互渗透的结晶，既保留了传统医疗经验、香料药物，也继承了阿拉伯的文化特征，具有独特的卫生保健、医疗经验和理论知识。元代回医药著作《回回药方》，原书三十六卷，现仅存四卷。近年出版的《中国回族医药》《回族医药简史》《回族医药奥义》《回药本草》等医药著作，对回族医药做了全面深入的介绍，为回医药的传承与发展奠定了基础。

回族医药（张氏回医正骨疗法）
申报地区或单位：宁夏回族自治区吴忠市

张氏回医正骨疗法是回医用拔拉、接骨、复位、合位等传统正骨手法，采用世传"回回接骨"、金疮等自配秘方药剂，辅以自制材料（如小夹板等）外固定的方式，采取不开刀、不打石膏、不用金属物穿刺牵引，治疗骨折、关节脱位等骨伤疾病的治疗方法。

张氏回医正骨传人世代居住在现宁夏吴忠市，张氏先辈从清朝同治年间开始，就背着药箱走街串巷在民间行医看病，足迹遍及宁夏及西北各地。近年来，第三代传人张宝玉研制出的骨伤外用膏"活血化瘀回药膏""接骨续筋回药膏"因治疗骨折愈合、消肿止痛有良好效果，已被自治区药监局批准注册，并投入医院制剂生产和临床应用。同时，张宝玉传统回医骨伤专科医院已在宁夏银川市、吴忠市落成，是目前中国西部唯一的回族医学骨伤医院。

回族医药（回族汤瓶八诊疗法）
申报地区或单位：宁夏回族自治区银川市

回族汤瓶八诊是中国回族特色的非药物养生保健疗法之一，一直以口传心授、言传身教

○ 传统医药

的方式在陕西西安、河南、宁夏一带穆斯林中广泛流传。"汤瓶"特指穆斯林用于"阿布代斯"的器具，意为穆斯林"洗大净"和"洗小净"的水壶。

汤瓶八诊起源于中东，唐代时经波斯通过丝绸之路传入，后逐渐形成八种治疗方法，被后人称为"汤瓶八诊"。操作方法为：通过头诊、面诊、耳诊、手诊、脚诊、脉诊、骨诊和气诊八种疗法，用汤瓶水浴、末梢经络根传法、放血、刮痧、火罐等汤瓶的基本手法，以达到治疗、提高免疫机能、防病治病的目的。在治疗过程中，回医边口颂杜阿一，边实施汤瓶水疗。实施汤瓶八诊的诊疗器具包括汤瓶壶、牛角棒和刻有杜阿一的羊角棒。

回族汤瓶八诊疗法不仅在国内回族聚居区广为流传，还在马来西亚、新加坡、泰国、澳大利亚及中国香港、中国台湾等国家和地区运用和推广。

国家级代表性传承人名单

姓名	性别	申报地区或单位	入选批次
张宝玉	男	宁夏回族自治区吴忠市	4
杨华祥	男	宁夏回族自治区银川市	4

蒙医药

赞巴拉道尔吉温针、火针疗法

序号：972
编号：Ⅱ-25
批次：2
类别：传统医药
申报地区或单位：内蒙古自治区

扩展名录：
蒙医药（蒙医传统正骨术）
　　　　　内蒙古自治区中蒙医医院
蒙医药（蒙医正骨疗法）
　　　　　内蒙古自治区科尔沁左翼后旗
蒙医药（血衰症疗法）
　　　　　辽宁省阜新蒙古族自治县

蒙医药学是在游牧文化基础上产生和发展起来的传统医学，是蒙古民族世代积累并传承下来的科学结晶，主要应用于内蒙古地区、东北三省、青海、新疆、甘肃、北京等地区。

蒙医药学正式形成于13世纪初，成吉思汗统一蒙古各部后，随着蒙古帝国的日益强大，中医学、契丹医学、回回医学和古印度医学、阿拉伯医学、古希腊医学等交汇在一起，丰富了原始的蒙医药。17世纪以后，蒙医学者将藏医、印度医学的理论与蒙古传统医药结合起来，编撰了大量的蒙医药著作，为蒙医药的发展奠定了理论基础。

蒙医药学对消化、肝胆、心血管、呼吸、泌尿系统和脑血管等慢性疾患、风湿病、血液病等有独特治疗方法，在儿科呼吸道感染、消化系统疾病，妇科功能性出血、子宫肌瘤、产后疾患等方面也有独特的治疗经验。由于蒙古族主要从事畜牧业和狩猎业，在骑马、射箭、摔跤中经常发生跌伤、骨折脱臼、脑震荡等创伤，因此他们积累了治疗各种骨伤、慢性骨病、关节疾病经验。特别是"以震治震、震静结合、先震后静"的"震脑术"，是在蒙古族民间广为流传的一种专治脑震荡的奇特疗法。

蒙医药（赞巴拉道尔吉温针）
申报地区或单位：内蒙古自治区

赞巴拉道尔吉温针疗法是蒙医用特制的银针在病患身体固定部位给予针刺加温灸刺激，达到预防、治疗疾病和康复目的的一种蒙医传统疗法。创始人赞巴拉道尔吉，是19世纪著名蒙药学家、内蒙古原昭乌达盟奈曼旗第九任郡王巴拉朝格之子，台吉（蒙古族贵族的称号）人，生于1792年，少年时期受居士戒，后来入佛门勤修佛法，名扬天下，1855年圆寂。赞巴拉道尔吉温针疗法对治疗风湿性关节炎、腰椎间盘突出症、急慢性腰扭伤、腰椎骨质增生、颈椎病、肩周炎等疾病有很好的疗效。

蒙医药（火针疗法）
申报地区或单位：内蒙古自治区

火针疗法是蒙医用火将针烧红后快速刺入人体以治疗疾病的方法。此疗法具有温经散寒、通经活络作用，对于疖痈、炭疽、白喉、化脓等疾病有着显著的治疗功效。火针疗法理论体系独特，药物天然，疗效神奇，对人类健康具有极为重要的价值。

蒙医药（蒙医传统正骨术）
申报地区或单位：内蒙古自治区中蒙医医院

蒙医正骨术是流传于内蒙古地区的正骨疗法，其中以科尔沁正骨术最具代表性。蒙医正骨术源自民间，在长期发展中以萨满医的形式保存下来，随着20世纪70年代蒙医骨科医院在科尔沁建立，从此走向正轨。其治疗特色为在肢体骨折的治疗上采用手法整复、外固定、喷酒按摩、服用蒙药、功能锻炼等方法进行综合治疗，具有易操作、安全、患者痛苦小、疗程短、愈合快、不留后遗症等特点。

蒙医药（蒙医正骨疗法）
申报地区或单位：内蒙古自治区科尔沁左翼后旗

蒙医正骨疗法是蒙医治疗各类骨折与关节脱位、软组织损伤等一系列病症的疗法。在诊断上，实行望、问、切三诊，通过观察病人，询问病史和检查受伤部位，并结合X线进行综合分析做出诊断。在治疗上以手法整复为主，辅以蒙药治疗，主要包括骨折整复手法、骨折按摩法、震脑术等正骨疗法。治疗分整复固定、按摩、药浴治疗、护理和功能锻炼等六个步骤，达到解毒、舒筋、活血的治疗效果。有固定的矫形器械和支架，如凸面青铜镜或银杯、压板、压垫、缚带、沙袋、绷带等。用器械固定时，先用烈性白酒充分喷洒在伤肢骨折处和关节部位，再施以揉、捋、搓、掐、抻、拧等按摩法治疗。

蒙医药（血衰症疗法）
申报地区或单位：辽宁省阜新蒙古族自治县

血衰症疗法是应用蒙医综合疗法治疗血衰症的方法。血衰症，西医称为再生障碍性贫血，是多种病因引起的造血障碍，导致红骨髓总容量减少，代以脂肪髓，造血衰竭，以全细胞减少为主要表现的一组综合征，治疗较为困难。

辽宁阜新蒙医药研究所在总结蒙医药传人邢布利德传统蒙医疗法基础上，不断总结，制定并完善了血衰症治疗方法。蒙医治疗再生障碍性贫血主要通过"简、便、验、廉"的诊疗方法，对常见病、多发病进行诊断、对症治疗。在药物的使用上采取药材生用，以保持药物的天然活性。1991年，蒙医药治疗再生障碍性贫血通过了省级鉴定，治愈率达到31.4%。

国家级代表性传承人名单

姓名	性别	申报地区或单位	入选批次
乌兰	女	内蒙古自治区	3
阿古拉	男	内蒙古自治区	3
包金山	男	内蒙古自治区	4

苗医药

骨伤蛇伤疗法、九节茶药制作工艺

序号：975
编号：Ⅸ-15
批次：2
类别：传统医药
申报地区或单位：贵州省雷山县、黔东南苗族侗族自治州

扩展名录：
苗医药（癫痫症疗法）湖南省凤凰县
苗医药（钻节风疗法）湖南省花垣县

苗医药是苗族人民的传统医药，主要分布于贵州、湖南和云南等地的苗族聚居区域。苗族医药的起源很早，民间有"千年苗医，万年苗药"之说。

苗医药在疾病的病因、诊断、用药，药物的命名、加工炮制、养生保健等方面，形成了两纲、五经、三十六大症、七十二疾、一百零八小症和四十九翻的理论体系。认为病因是季节气候和外来毒素（如风毒、水毒、气毒、寒毒）等所致。疾病的治疗原则是"冷病热治、热病冷治"。

其诊断疾病方法是通过询问和观察病人的神、色、形态，以及用鼻嗅、手摸、指弹等。苗医掌握的疾病有二百余种，涉及内科、外科、妇科、儿科、骨伤科等，对治疗皮肤病、骨折、烧烫伤、结核病、骨髓炎、妇科、蛇咬伤等有突出效果。其特有的治疗方法有熏蛋、滚蛋、化水、踩铧口、挑筋、发泡、火针、爆打火、刮痧等疗法。

常用的药材有血藤、铁筷子、百金条、白龙须、蓝布正等，珍稀药材有八角莲、九月生、金铁锁、一支箭、仙桃草等。苗药剂型多种多样，常见的有水煎剂、水酒共煎剂、酒浸剂、油浸剂、煎膏剂、散剂、丸剂、灸剂、熏蒸剂等。还有将药物与猪脚同炖服、药物与蛋同煮服、药物用水酒或醋磨汁、鲜药捣烂外敷等多种用法。

苗医均为个人设诊，采取民间行医的方式诊治，至今仍以师承父授，或以苗谚歌诀口传心授传承。

苗医药（骨伤蛇伤疗法）
申报地区和单位：贵州省雷山县

骨伤蛇伤疗法是流传于贵州东南部雷山县境内，苗族治疗骨伤蛇伤的疗法。当地苗医擅长治疗上下肢骨、肋骨、颅骨、锁骨等外伤，外伤骨折中的"接骨"疗效尤为显著。一般以小夹板固定并外敷以伤药，常用的伤药有柏林接骨散药等，部分伤者还同时服用水煎剂。治疗骨折的方法有"背椅法""悬梯移凳法""双胳膊悬吊法"等，疗程短，治法简便。

雷公山地区的47种蛇类中有毒蛇9种，当地百姓出行时常遭毒蛇咬伤，苗医多用草药解蛇毒。其中豆科草本植物"蛇灭门"是治疗蛇毒常用的草药。蛇灭门外敷可快速消散蛇毒，内服可防蛇毒进入体内。因其散发出特殊的气味，使毒蛇不敢靠近，因此常常被种植在庭院附近。八角莲、半枝莲、七叶一枝花、鱼腥草等也是治疗蛇伤的有效草药。

苗医药（九节茶药制作工艺）
申报地区或单位：贵州省黔东南苗族侗族自治州

"九节茶接骨膏"是来源于贵州省黔东南自治州锦屏县、榕江县、黄平县等地的苗医经验方，属药膏型药剂，为金平县杨氏家族第五代苗医传承人杨忠华所创。九节茶有散血退肿、续筋接骨的功效，常用来治疗头晕、骨折、风湿疼痛等疾病。

九节茶接骨膏制作时，根据处方将九节茶、水冬瓜、水三七、野葡萄根等药物碎段成细块，滚山珠、螃蟹碾成细粉备用；取茶籽油倒入锅内加热，将备好的药材放入锅内炸至黄色；再取白蜡加入药油内溶化，倒入缸中待温，滚山珠、螃蟹粉兑入，搅匀成膏。最后将药膏放入搪瓷缸或陶瓷罐内，密封放置于阴凉处贮藏使用。

苗医药（癫痫症疗法）
申报地区或单位：湖南省凤凰县

苗医药癫痫症疗法是专门治疗癫痫病的独特疗法，由龙家医疗技艺的第十三代传人龙玉年所创，主要流传并传承于湖南省凤凰县沱江镇龙玉年苗医药诊所。

在治疗方法上采用猪心灌药治疗癫痫。苗医认为猪心有安神定志的作用，是"心脑通窍"养心补血的一味药。入药的猪心多用健壮的公猪，杀猪时不能刺破猪心。将七叶一枝花等十几味苗山特有的草药灌入猪心后蒸熟，内服猪心具有镇静开窍、舒筋活络的目的。同时，将一些开窍醒脑的草药敷在头顶上，配合内服药治疗，一般一个月为一个疗程。

苗医药（钻节风疗法）
申报地区或单位：湖南省花垣县

钻节风疗法是流传于湖南省花垣县专攻难治性关节炎的苗医药疗法。苗医认为毒、亏、伤、积、菌、虫是导致人体生病的六种因素，是毒素导致了疾病，故苗医有"无毒不生病"的说法。常见的毒有风毒、冷毒、火毒、气毒、水毒、盐毒等。苗医将紫葳科植物紫葳的根，利用其退火、败毒、补体、止痛、疏筋理骨等性能，配方制成苗药，专门治疗风毒、筋骨痛、坐骨神经痛、钻节风、风毒身痒、绕肩风等病症。

钻节风疗法共有十种，分为蒸（冲）、洗、挑、授、扯、扎、烧、敷、服、睡，几种方法交替使用，热疗、蒸汽、按摩、药物等结合治疗，将药物推到患处，起到祛风通络、活血舒筋的作用。如治疗膝关节筋膜炎时，将采自千米高山的新鲜草药捣烂敷在患处，再用带有药物分子的蒸汽对着敷药处喷冲，配合以推拿手法，通过热力和药力作用，便可将药物分子迅速导入病灶处。

国家级代表性传承人名单

姓名	性别	申报地区或单位	入选批次
龙玉年	男	湖南省凤凰县	2

畲族医药

痧症疗法、六神经络骨通药制作工艺

序号：973

编号：Ⅸ-13

批次：2

类别：传统医药

申报地区或单位：浙江省丽水市，福建省罗源县

畲族医药是畲族人民在长期生活实践中，为适应生活环境和生存健康的需求而创造出来的传统医学。畲族医药主要分布在浙江省丽水市景宁畲族自治县、莲都等七县（市、区）的畲族乡镇，也传播于浙江省泰顺、文成及福建省的部分乡镇。

由于畲族主要居住在山区和半山区，独特的自然环境和长期的医药实践，形成了畲族独特的治疗方法和用药习惯。畲医将疾病分为寒、风、气、血症和杂症五大类，治病时多数使用自采的青草药，或用针灸、抓痧等疗法配合治疗。畲医验方及畲药近千余种，在医治骨伤、蛇伤、风湿、黄疸肝炎、小儿疳积、肺炎、骨髓炎等方面积累了很多祖传秘方和经验方。畲族医药主要通过畲医口传心授的方式将医药知识代代相传，医药一体，重实践，具有自诊、自采、自制、自配、自用的特点，这也限制了其传承。

畲族医药（痧症疗法）
申报地区或单位：浙江省丽水市

痧症疗法是畲族医药中最具特色的治疗方法之一，主要流传于浙江省丽水市畲族聚居区。其治疗方法为病情较轻的，采用刮痧、撮痧、焠痧和搓痧等方法治疗；病情较重的，采用针刺、放血、挑痧，以及配合畲药治疗。常用药物有上苍子、破铜钱、塌地蜈蚣、粘花草、叶下白等。实施痧症疗法可使周身气血流畅，经络疏通，使脏腑秽浊之气通达于外，从而达到治疗的目的。

畲族医药（六神经络骨通药制作工艺）
申报地区或单位：福建省罗源县

六神经络骨通药制作工艺是畲族传统医药学的重要组成部分，主要流传于福建省罗源县松山镇八井畲族村，以及罗源县的塔里、黄家湾、旺岩、水口洋、山垅湾、庭洋坂等畲族村。

畲医认为人的生命由心、肝、肺、脾、肾、胆六脏的神来主宰（简称"六神"），"六神"各司其职，六神受损就会得六神病。六神病需及时采用六神草治疗，畲医根据病患发病的时间、部位、症状，按照十二时辰与二十四节气的变化，因人施药，开具治疗处方。畲族药材主要以植物为主，草药讲究新鲜。多用全草，有时用叶、根、茎、花、果、皮，有木本、藤本、蕨本、菌本等。

同仁堂中医药文化

序号：446

编号：Ⅸ-7

批次：1

类别：传统医药

申报地区或单位：中国北京同仁堂（集团）有限责任公司

北京同仁堂是中国传统医药的老字号，始建于1669年。自1723年"承办官药"起至1911年，同仁堂遵照皇家挑选药材标准、恪守皇宫秘方和制药方法，与清宫太医院、御药房之间有机地融合，形成了同仁堂中药的特色。

同仁堂创始人乐显扬精通医药。其后人在总结宫廷秘方、民间验方及祖传配方的基础上，编纂了《乐氏世代祖传丸散膏丹下料配方》和《同仁堂虔修诸门应症丸散膏丹总目》，对制药标准进行了严格规范，同时提出了"遵肘后，辨地产，炮制虽繁必不敢省人工，品味虽贵必

不敢减物力"的传统古训，后成为历代同仁堂人恪守的信条。

同仁堂经营的中草药和丸、散、膏、丹等，选料真实，炮制讲究，药味齐全。产品以"配方独特、选料上乘、工艺精湛、疗效显著"而享誉海内外。代表性中成药牛黄清心丸、大活络丹、乌鸡白凤丸、安宫牛黄丸等。

同仁堂将传统的中医药文化和优秀的中华文化有机结合，形成了自身特点鲜明的企业文化，强调"同修仁德，济世养生"的价值观，"讲信义，重人和"的经营理念以及"童叟无欺，一视同仁"的职业道德等。

国家级代表性传承人名单

姓名	性别	申报地区或单位	入选批次
卢广荣	女	中国北京同仁堂（集团）有限责任公司	1
金霭英	女	中国北京同仁堂（集团）有限责任公司	1
关庆维	男	中国北京同仁堂（集团）有限责任公司	1
田瑞华	男	中国北京同仁堂（集团）有限责任公司	1

维吾尔医药

维药传统炮制技艺、木尼孜其·木斯力汤药制作技艺、食物疗法、库西台法

序号：1196

编号：Ⅸ-21

批次：3

类别：传统医药

申报地区或单位：新疆维吾尔医学高等专科学校、新疆维吾尔自治区和田地区、莎车县，新疆维吾尔自治区维吾尔医药研究所

维吾尔医药是维吾尔族人民的传统医药。其应用以新疆维吾尔自治区的维吾尔族为主，也广泛应用于区内的汉族、哈萨克族、柯尔克孜族、塔吉克族、回族等民族。

维吾尔族人民在防病治病的过程中，积累了丰富的应用植物、动物、矿物防病与治病的经验和生产技术，并在本民族医学的基础上，汲取东西方不同地区和民族医药文化之精华，形成了比较完整、具有民族及地域特色的传统医药理论体系。维吾尔医药学是以爱尔康（四大物质）学说、密杂吉（气质）学说、合立体（液体）学说等为基础，按整体对个人、对症候的一整套诊治疾病原则、治疗技术和用药方法为主的传统医药。

在政府和各级相关部门支持下，通过开设维医和维药专业高、中等专业院校，挖掘整理并出版维医药专业书刊等多种形式，丰富了维吾尔医药的发展、传承，缓解了后继乏人的状况。

维吾尔医药（维药传统炮制技艺）
申报地区或单位：新疆维吾尔医学高等专科学校

维药（维吾尔药）传统炮制技艺是根据维吾尔医药学基础理论，按照医疗、调剂、制剂、贮藏等需要，对维吾尔药材进行各种加工处理的一项技术。维吾尔药物不论来源于植物、动物还是来源于矿物，大多都有恶心、呕吐、泻下、头痛等不良反应。为纠正药材的不良反应，提高疗效，通过加工炮制，以调理药性、降低毒性、增强疗效。维吾尔医药炮制法有净选、切制、干燥法、炒法、去毒法、库西台法、灸法、水蒸馏法、取汁法、取油法、浮尘法、取膏法、研磨法等二百多种，炮制工艺有简有繁，有严格的操作程序。

维吾尔医药（木尼孜其·木斯力汤药制作技艺）
申报地区或单位：新疆维吾尔自治区和田地区

维吾尔木尼孜其汤药（致病体液成熟剂）——木斯力汤药（致病体液清除剂）疗法是维吾尔医学"依拉吉"（汉译为"治疗"）学说的治疗方法之一，是指治疗体液型气质失调疾病之前，为了使致病体液成熟而应用的一种治疗方法。制作汤药时首先将处方中的药物经凉水（热水）浸泡数小时，加热煮成汤药后，口服使用。其制作技艺简单，使用方便，适于治疗体液型气质失调疾病。

维吾尔医药（食物疗法）
申报地区或单位：新疆维吾尔自治区莎车县

维吾尔医药非常重视饮食疗法，注重进食的时间和营养成分之间的关系。维医根据人们所摄取食物的营养成分，将食物分成五类。将食物的营养成分按冷性、中性、热性，合理安排一日三餐的饮食。维吾尔人的主食以小麦、大米为主。配以胡萝卜、洋葱、大白菜等蔬菜，四季不断。

在食疗中，维吾尔人擅长把食品烹调的味美和营养结合起来，形成了独特的饮食文化。如"恰玛古"是维吾尔药中保肺壮身的佳品，在民间的饮食中长期使用，特别是老人视其为饱肚腹、解疾患的长寿圣果。甜瓜、无花果、葡萄、杏、核桃、桑葚、大枣等天然的瓜果为维吾尔人所喜爱。它们既是最好的保健滋补品，也是维吾尔族人食疗的重要资源。

维吾尔医药（库西台法）
申报地区或单位：新疆维吾尔自治区医药研究所

库西台法，是维吾尔语"烧"或"致死"之意，是指用一定的器具和辅料或配料，将药物加热炼药的方法。

库西台法的药物加工方法主要有：一是"各立衣克买提"泥封闭炼法，也称装瓶炼法，多用于炼制黄金、朱砂、水银、蛋壳、贝壳、宝石、信石、硇砂、吉多果化石、生铁等。二是"各立衣克买提"泥包药炼法，多用于炼巴豆、肉豆蔻、芦荟、轻粉等。三是锅炼法，是将药物直接放入锅内，温火加热炼药的方法，多用于炼明矾、硼砂、珍珠、铜、石膏、信石、硫黄、硝石等。四是烟化炼法，是将药物加热后，使其产生烟气，之后将固化的烟气刮下来备用的方法，多用于炼水银、朱砂、雄黄等。五是加热滴馏法，是将药物用"各立衣克买提"泥包好后，温火加热使药物有效成分滴馏的方法，多用于炼轻盐、食盐、硇砂等。

库西台法有降低和消除药物的毒副作用、改变并缓和药性、便于调制和保存、保证药物的纯净度以及便于服用等六种功效。

国家级代表性传承人名单

姓名	性别	申报地区或单位	入选批次
阿布都吾	男	新疆维吾尔自治区和田地区	4
艾比不拉·玉素甫	男	新疆维吾尔自治区维吾尔医学高等专科学校	4

瑶族医药

药浴疗法

> 序号：974
> 编号：Ⅸ-14
> 批次：2
> 类别：传统医药
> 申报地区或单位：贵州省从江县

瑶族医药是瑶族人民的传统医药，主要应用于贵州、广西、云南等省区的瑶族聚居区。瑶医认为，人之所以会发病，除了风、气、虫、毒、饮食和外伤，还与体内的五脏六腑、气血有着密切的联系。瑶医用药大多就地取材，医药结合，自己诊病、采药、加工、配方、发药。常用的瑶药制剂有"五虎""九牛""十八钻""七十二风"等百余种瑶药材。治疗上，除了采草药内服、外洗、外敷和熏、熨、佩带等，还有放血、骨灸、药物灸、药棍灸以及拔罐、针挑、捶击、推拿和指刮、骨弓刮、碗刮、青蒜刮、秆草刮等方法。

瑶族药浴是瑶民用药物洗浴以强身健体、抵御风寒、消除疲劳、预防疾病的传统习俗，主要流传于贵州省从江县境内的高坡瑶寨。药浴所用的药由几十种甚至上百种新鲜草药配制而成，是瑶族人传内不传外的祖传秘方。药浴时使用的杉木桶一般高100厘米、宽60厘米、长70厘米，把配置好的药材用高温煮成药水，倒入杉木桶，人便坐在桶内熏浴浸泡。常用的药浴疗法有香薷浴（清热解表、退热）、菖蒲艾叶浴（辛温解表、祛风散寒）、生姜浴（祛风散寒）、龙石浴（舒筋活络、消肿止痛）等。

瑶族药浴打破了人类用药的常规，把服用改为"浴"用，且无副作用，对人体的内脏、血液、神经系统有益无害，符合现代人绿色医药的追求，至今仍在瑶族聚居区广为流传。

彝医药

彝医水膏药疗法

> 序号：1194
> 编号：Ⅸ-19
> 批次：3
> 类别：传统医药
> 申报地区或单位：云南省楚雄彝族自治州

彝医药是彝族人民的传统医药，主要应用于云南省楚雄彝族自治州和四川省凉山彝族自治州等彝族人聚居区。彝医药形成历史悠久，10世纪末的古彝文医书中已载有动物药的种类和功效，16世纪中叶的《双柏彝医书》中收载了动物药九十二种，《明代彝医书》是现存最早的彝医专著。

彝医用二气（清气、浊气）、五脏（心、肝、脾、肺、肾）、五体（血、骨、心、筋、肉）和五行（水、金、火、木、土）学说来解释人体的生理和病理现象，是彝族人民对生命和健康的认知，成为彝医学的基础。

彝族药物数达千种，包括有动物药、矿物药、植物药，其中以植物药和动物药运用较为广泛。其治病方法有内治和外治两类。内治法多服用复方制剂；外治法有敷、熏蒸、外洗、割治、放血、推拿、拔罐等。彝医擅长治疗跌打损伤，以散剂、酊剂和酒剂最为常用。

水膏药疗法是一种清热解毒的外治方法，用于治疗风湿肿痛、跌打损伤、腹泻腹痛等疾病。彝族生活的地区气候湿热，虫豸蚊蚋为害，瘴疠疫气为毒，疖肿痈疽时有发生。在病患的疖肿尚未破溃时，将一种或多种草药切碎捣烂，加井水或冰水、雪水（在冬天或从高山收集后贮藏在瓦罐内备用）调成糊状，敷于红肿热痛部位，外用纱布包住，一天至两天更换一次进行治疗。

所用草药如青叶胆、地胆、迎春花、野菊花等，加上水性透凉，具有清热、解毒、消肿、镇痛的作用。

彝医药在彝族聚居区广泛应用，其传承人的技艺也在地州级中医院的诊疗过程中得到很好的传承。

国家级代表性传承人名单

姓名	性别	申报地区或单位	入选批次
余惠祥	男	云南省楚雄彝族自治州	3

藏医药

拉萨北派藏医水银洗炼法、藏药仁青常觉配伍技艺、甘孜州南派藏医药

序号：448
编号：Ⅸ-9
批次：1
类别：传统医药
申报地区或单位：西藏自治区、四川省甘孜藏族自治州

扩展名录：
藏医药（藏医外治法）
　　　　　西藏自治区藏医学院
藏医药（藏医尿诊法）
　　　　　西藏自治区山南地区藏医院
藏医药（藏医药浴疗法）
　　　　　青海省藏医院
藏医药（甘南藏医药）
　　　　　甘肃省碌曲县
藏医药（藏药炮制技艺）
　　　　　西藏自治区藏医院
藏医药（藏药七十味珍珠丸配伍技艺）
　　　　　西藏自治区藏医院
藏医药（藏药珊瑚七十味丸配伍技艺）
　　　　　西藏自治区藏药厂
藏医药（藏药阿如拉炮制技艺）
　　　　　西藏自治区雄巴拉曲神水藏药厂
藏医药（七十味珍珠丸赛太炮制技艺）
　　　　　青海省金诃藏药药业股份有限公司
藏医药（藏医骨伤疗法）
　　　　　云南省迪庆藏族自治州

藏医药是藏族人民的传统医药，主要应用于西藏、青海、甘肃、四川、云南等地的藏族聚居区。藏医药形成历史悠久，是生活在青藏高原特殊环境下的人们积累起来的医学经验。藏医药学以"水、火、土、风、空"五原学说和"龙、赤巴、培根"三因学说为理论基础，以青藏高原的植物、动物、矿物和部分"南药"为基本药物，采用适应高原环境和游牧生活的行医方式，对高原缺氧环境中的常见病、多发病、地方病具有独特疗效。

著名医药学著作有《四部医典》《晶珠本草》等。其中《四部医典》成书于公元8世纪，由著名藏医学家玉妥·元旦贡布编著，展示了各种疾病的分类以及生理、病理、诊断疗法、药物配方等，至今仍是藏医、蒙医人必读的医药文献之一。

藏医诊断病情的方法独特，除望、闻、问、切外，更注重尿诊，通过观察尿液的颜色、泡沫、气味、漂浮物、沉淀物的变化来判断疾病。治疗时除使用植物、动物、矿物等药物外，还配以放血、火灸、寒热敷、药浴、涂抹等外治疗法。藏医早在8世纪就可以进行复杂的外科手术，

包括开颅手术。

藏药原料多取材于青藏高原，有植物、动物、矿物药。目前，有药用记录的藏药材达一千多种，常用的有四百余种，主要有虫草、贝母、天麻、红景天、雪莲花等。以藏药材为原材料生产的藏药品种达到三百五十多个，代表性藏药有七十味珍珠丸、常觉、芒觉、二十五味松石丸、二十五味珍珠丸、二十五味珊瑚丸等。

藏医药以历史久远、经典著作精深、医学理论系统完整、药物资源得天独厚、堪称珍宝的药品在世界传统医学中占有重要地位。

藏医药（拉萨北派藏医水银洗炼法）
申报地区或单位：西藏自治区

拉萨北派藏医药是藏医药的主要流派之一，藏医水银洗炼法，简称水银加工或佐珠钦莫，主要炮制的方法有火制法、水制法和水火合制法三种。水银加工的实践方法最早记载于《四部医典》中。13世纪末，邬坚巴·仁钦贝成功地进行了水银洗炼的冷热处理及祛毒的实践，并撰写了《制水银论典》等著作，开创了藏药水银加工系统完整的操作理论。后经噶玛巴·让琼多吉、苏喀·年尼多吉、贡珠·云丹嘉措等著名藏医药学家的不断实践和传承，使这一藏医药文化的精粹得以世世相传。

水银洗炼法就是将含有剧毒的水银与其他金、铁等矿物药，诃子等植物药，根据物种相克原理，经过复杂的特殊加工炮制后，炼制成无毒而具有奇特疗效的灰剂药物。水银洗炼加工后的制成品对脑溢血、麻风、痛风、黄水病等疑难杂症具有奇特疗效，对普通人也有强身健体、延年益寿的功效，是配制名贵藏成药的重要原料。

藏医药（藏药仁青常觉配伍技艺）
申报地区或单位：西藏自治区

藏药仁青常觉配伍技艺始于公元8世纪，始载于藏医典巨著《四部医典》。此方由一百二十多种西藏特有的天然动物、矿物、植物配伍而成，对陈旧性胃炎、胃溃疡、慢性萎缩性胃炎、肝胆等疾病具有独特疗效。由于受自然环境的变化，以及过度开发的影响，其中多数药材资源受到了不同程度的破坏，有些药材已出现种群衰退甚至濒临灭绝。

藏医药（甘孜州南派藏医药）
申报地区或单位：四川省甘孜藏族自治州

12～15世纪，藏医药学产生了以向巴·郎加扎桑为代表的北派藏医药和以宿喀·娘尼多吉为代表的南派藏医药。历史上把以康巴为中心的藏医药称为南派藏医药，康巴地区包括四川甘孜州、云南迪庆州、西藏昌都地区及青海玉树州。四川省甘孜藏族自治州是藏医药的发祥地之一，是南派藏医药的故乡。

南派藏医药经过杰巴泽翁、释迦汪秋、五世达赖喇嘛、达姆·门然巴洛桑曲批等藏医药学家的继承和发展，一度成为藏医药的中坚力量，领导了整个藏医药学的继承、发扬。19世纪初，以嘉央·青则江布等为杰出代表的南派藏医药学家，使藏医药有了空前的发展。

藏医药（藏医外治法）
申报地区或单位：西藏自治区藏医学院

藏医外治法是指用器械或外用药物治疗身体疾病的方法，外治法分放血法、火灸法、寒热敷法、药浴法和涂抹法五种。其中放血法主要治疗"血、赤巴"型的各类关节痛、肿胀等，其牛角放血法在临床中使用较广。火灸法用于治疗"龙、培根"型消化不良、水肿、脓肿、癫痫、精神病、半身不遂等疾病。寒热敷法用于治疗"龙、培根"型消化不良、急慢性疼痛及皮肤出痘等疾病。药浴法的病类有："龙、培根"型病发作期、四肢僵硬及萎缩、肌肉僵直、黄水、各类皮肤病等。涂抹法是利用药水、药物油、药膏涂抹身体并配合按摩，适于对体弱、面色苍白的治疗。

藏医药（藏医尿诊法）
申报地区或单位：西藏自治区山南地区藏医院

藏医尿诊法是通过观察尿液的颜色、蒸汽、泡沫、残渣物、浮游物、气味等鉴别疾病的方法。尿诊法最早起源于5世纪的象雄时期，兴盛于8世纪的吐蕃。尿诊有三个步骤：一是热尿期，看尿的色、雾、味、泡沫；二是消雾期，鉴别尿液中的残渣物和浮游物；三是冷尿期，鉴别颜色改变和冷尿的性质。

藏医药（藏医药浴疗法）
申报地区或单位：青海省藏医院

藏医药浴疗法是藏医的外治疗法，又称五味甘露浴，最早记载于《四部医典》中。藏医药浴主要有水浴、敷浴、汽浴三种。其中药水浴最为普遍、常用，是以圆柏叶、黄花杜鹃叶、水柏枝、高山麻黄、坎巴五种藏草药为主药加水熬煮后，供患者浸泡洗浴，可起到舒筋通络、活血化瘀、祛风除湿的作用，对于治疗风湿、类风湿性关节炎、皮肤病等有显著疗效。

藏医药（甘南藏医药）
申报地区或单位：甘肃省碌曲县

甘南藏族自治州位于青藏高原东北边缘，此地海拔在三千米以上，地域辽阔，药材丰富，且药物活性成分很高。7世纪，藏医药传入甘南地区。在甘南采集并加工炮制而成的藏药，其药性柔和、配伍适当，疗效显著。甘南藏医药治疗方法主要有内服法和外治法。其中外治法包括柔治（熏疗、药浴、涂擦三种）、糙治（剖部放血、火灸、棒刺三种）和峻治（剪割、截断、牵拉、清除四种）。

藏医药（藏药炮制技艺）
申报地区或单位：西藏自治区藏医院

藏药炮制是根据藏医药理论辨证施治，按照用药的需要和药物的性质以及调剂、制剂的不同要求所采取的一项制药技术。因大部分的藏药材不能生用，必须经过炮制后去除杂质、消除或降低毒副作用、改变药性，才能临床使用。藏药炮制包括净制、切制和炮灸三大工序，不同规格饮片炮制工艺不同，有蒸、炒、煅高温处理，有的需加入酒、盐、奶、药汁等再高温处理，以达到用药的安全标准。藏药炮制工艺中独特的增效减毒法，不仅用于藏药汤剂，也是生产藏成药的基础。

藏医药（藏药七十味珍珠丸配伍技艺）
申报地区或单位：西藏自治区藏医院

藏药七十味珍珠丸成方于8世纪，最早记载见于医著《四部医典》。藏药七十味珍珠丸的制作需选用青藏高原珍贵的天然药材，严格按照传统工艺的制备方法精制而成。其选料上乘、炮制特殊、做工考究、毒副作用小，有安神、镇静、通经活络、调和气血、醒脑开窍的功效。其用途广泛，在藏医临床上治疗中风、瘫痪、半身不遂、癫痫、脑溢血、脑震荡、心脏病、高血压等急重症具有重要作用。

藏医药（藏药珊瑚七十味丸配伍技艺）
申报地区或单位：西藏自治区藏药厂

珊瑚七十味丸是藏医治疗心脑血管疾病的名贵藏药品种，有调节人体血液循环，降低血液黏稠度，舒筋活络，改善心脑血管硬化，激活受损神经，安神定惊的功能，可有效预防和治疗高血压、多血症、冠心病、缺血性心脏病和脑血管疾病，以及肢体瘫痪、半身不遂等中风后遗症，对小儿麻痹、癫痫等神经系统疾病也有良好的治疗效果。

藏医药（藏药阿如拉炮制技艺）
申报地区或单位：西藏自治区雄巴拉曲神水藏药厂

阿如拉，是诃子的藏文译音，意为能治疗人体的各种疾病。它是君子科植物诃子或绒毛诃子的果实，生长于海拔800～1800米的森林中，是藏药材中应用最广泛的藏药材。阿如拉对应治疗广泛，它的根可医治骨骼病，茎可医治肌肤病，树枝治四肢的病，叶子可治人体经络的病，树皮可治皮肤病，花可治人体五官的病。

藏医药（七十味珍珠丸赛太炮制技艺）
申报地区或单位：青海省金诃藏药药业股份有限公司

七十味珍珠丸是藏药中最名贵的藏成药。经过"黄金炮制法"加工而成的"赛太"，是制作七十味珍珠丸的关键成分。把黄金经过四十多天时间、三百多道工艺流程的炮制，使之含有金、银等八大金属和八大矿物质即成"赛太"，这种化合物不能单独成药，一旦加入其他配方里，即可起到化腐朽为神奇的功效。如果七十味珍珠丸不含赛太，就失去了药用价值。

藏医药（藏医骨伤疗法）
申报地区或单位：云南省迪庆藏族自治州

藏医骨伤疗法由整复、外敷药加夹板或牵引固定、功能锻炼三个基本步骤构成。其中外敷药加夹板或牵引固定的疗法最具特色，包括骨折初期、中期、后期三个治疗阶段。初期使用外敷伤科一号（由铁箍散、冰片、红花、雪山一枝蒿等组成），夹板固定或持续牵引，内服藏药桑琼丸、十位乳香丸、十八味杜鹃花丸等，起到疏通筋骨脉络和活血化瘀的作用。中期使用外敷药伤科二号（由铁箍散、红花、骨碎补、当归等组成），内服藏药接骨消炎丸、八味榛皮丸、达尔强散，促进骨细胞生成、骨化、骨连接和消炎。后期用五味甘露药浴和内服，具有补肾壮骨、益气养血强筋骨、防止肌肉萎缩、关节僵硬等作用。藏医骨伤疗法吸取了藏族医药的精华，结合当地药材资源条件，独具特色。

国家级代表性传承人名单

姓名	性别	申报地区或单位	入选批次
强巴赤列	男	西藏自治区	
尼玛次仁	男	西藏自治区	1
索朗其美	男	西藏自治区	1
嘎务	男	西藏自治区	1
多吉	男	西藏自治区	1
唐卡·昂翁降措	男	四川省甘孜藏族自治州	1
格桑尼玛	男	四川省甘孜藏族自治州	1
米玛	男	西藏自治区藏医院	3
格桑次仁	男	西藏自治区山南地区藏医院	3
李先加	男	青海省藏医院	3
丹增彭措	男	西藏自治区藏医院	3
索朗顿珠	男	西藏自治区藏医院	3
洛桑多吉	男	西藏自治区藏药厂	3
白玛加措	男	西藏自治区雄巴拉曲神水藏药厂	3
俄日	男	青海省金诃藏药药业股份有限公司	3
尕玛措尼	男	青海省金诃藏药药业股份有限公司	3
桑杰	男	青海省金诃藏药药业股份有限公司	3
尼玛	男	青海省金诃藏药药业股份有限公司	3
占堆	男	西藏自治区	4

针灸

序号：444
编号：Ⅸ-5
批次：1
类别：传统医药
申报地区或单位：中国中医科学院、中国针灸学会

扩展名录：
针灸（刘氏刺熨疗法） 重庆市渝中区
针灸（陆氏针灸疗法） 上海市

针灸是中医利用金属针具或艾炷、艾卷等，在人体特定的部位进针施灸，用来治疗疾病、解除病痛的医疗方法。广泛流传于重庆、上海等内陆地区。

针灸形成历史久远，在长期医疗实践中，形成了独特的人体经络腧穴理论，创造了经络学说，产生了一套治疗疾病的方法体系。早在先秦时代的《山海经》中就有石针应用的记载。

被誉为"中华医祖"的扁鹊曾用神奇针术救死扶伤。西汉墓出土的黑漆小型木质人形，其体表正背面标有纵横方向的经脉路径，是我国迄今发现的最早的人体经脉模型实物。隋唐时期，针灸学在太医署专设有针博士、针助教、针师、针工和针生等职衔。北宋医官王惟一铸造了教学工具——铜人模型，对针灸学术发展起了极大的推动作用。明清以后，针灸理论、技术和器具不断改进，名家辈出，针灸疗法迅速发展。

针灸疗法有广泛的用途，疗效显著，操作简便，费用经济，副作用小。它不仅在中国得到广泛应用，还传播到一百四十多个国家和地区，繁衍出具有异域特色的针灸医学，为促进全人类的生命健康发挥了巨大作用。

针灸（刘氏刺熨疗法）
申报地区或单位：重庆市渝中区

刘氏刺熨疗法是流传于重庆市渝中区的刘氏家族治疗疾病的方法，清顺治年间由刘氏先祖创立，至今已传承了十五代。刘氏刺熨疗法包括刺血术和火熨术。刺血术有放痧、刮痧、揪痧、挑疳、药针、火针、放血、双针一罐等治疗方法。火熨术有滚蛋、烧灯、扑灰碗、趟热敷、滚药包、黄蜡灸、火酒、艾灸等治疗方法。刘氏刺熨疗法理论依据性强，专科疗效性好，有临床针对性、操作隐秘性及药材地源性等显著特征。其传承口诀既有核心传承疗法，又有临床指导理论。该疗法是中国传统民间医术的一个重要组成部分，是巴渝大地世代相传的民间医术绝活之一。

针灸（陆氏针灸疗法）
申报地区或单位：上海市

陆氏针灸疗法是以陆瘦燕为代表的中医针灸技法，主要流传于上海市，产生于清末民初。

陆瘦燕父亲李培卿有"神针"的美誉，她自幼就受父训导，18岁开始行医，在继承、普及、发扬、提高针灸医学的过程中，形成了自己独特的风格。其主要特点有：注重切脉，提高了诊断的准确性；提倡用奇法，提供了临床疗效；最早开展针刺疗法，促进了针灸医学的发展；提倡温针、伏针伏灸，冬病夏治；改良了针具，创制了"瘦燕式"金银质毫针及不锈钢毫针；创制了经络腧穴玻璃教学模型；完善了针灸理论等。陆氏针灸疗法以其精湛的技艺蜚声国内外。

国家级代表性传承人名单

姓名	性别	申报地区或单位	入选批次
王雪苔	男	中国中医科学院	1
贺普仁	男	中国针灸学会	1
刘光瑞	男	重庆市渝中区	3

中药炮制技术

序号：442

编号：Ⅸ-3

批次：1

类别：传统医药

申报地区或单位：中国中医科学院、中国中药协会

扩展名录：
中药炮制技艺（四大怀药种植与炮制） 河南省焦作市
中药炮制技艺（中药炮制技艺） 四川省成都市

中药炮制是指在中医理论的指导下，按中医用药要求将中药材加工成中药饮片的传统方法和技术。古时称"炮炙""修事""修治"。

中药炮制历史久远，相传起源于神农时代，经过汉、唐、元、明的积累，到明清时期已日趋成熟。例如汉代的《神农本草经》《伤寒杂病论》已有关于中药炮制详细的记述，炮制药物百余种；唐代《新修本草》标示有药物炮制的方法；明代李时珍的《本草纲目》中设有炮制专项；清代张叡的《修事指南》记载了二百三十二种炮制方法。

炮制是中药传统制药技术的集中体现和核心，经炮制后的药物，药效得到提高，毒副作用降低，且方便存储，是中医临床用药的必备工序。传统的炮制方法主要有蒸、煮、炒、焙、炮、煅、浸、飞等。例如，蒸，分为清蒸、酒浸蒸、药汁蒸；煮，分为盐水煮、甘草水煮、黑豆汁煮；炙，分为蜜炙、酥蜜炙、猪脂炙、药汁涂炙；浸，分为盐水浸、蜜水浸、米泔水浸、浆水浸、药汁浸、酒浸、醋浸等。许多炮制方法一直沿用至今。"饮片入药，生熟异治"是中药的特色和优势。

近年来，由于特效的传统炮制技术逐渐流失，一些老药工对传统炮制方法秘而不宣等原因，全国专门从事炮制工作的还不到百人。加之传统的"一方一法"的用药模式被现代的"常规化"用药方法所代替，炮制技术处于衰微状况。

中药炮制技术（四大怀药种植与炮制）
申报地区或单位：河南省焦作市

四大怀药是河南省的名贵中药材，指怀山药、怀地黄、怀牛膝、怀菊花。因历史上焦作属怀庆府管辖，故得名"四大怀药"。其药效是：怀山药可健脾补肾；怀地黄清热生津，滋阴补血；怀牛膝活血化瘀，利尿通淋；怀菊花有疏风清热、祛毒养颜作用。焦作地区气候温和，特有的土壤和气候条件，保证了四大怀药的药效和品质。四大怀药的种植，包括对育种、选地、整土、育苗、施肥、虫害防治、收获等都有严格规定。其加工有严格的传统工艺标准，怀地黄需九蒸九晒，怀山药要反复浸泡、熏蒸、晾晒和搓制等，

通过多种加工方法提升药材的药效。怀药在历史上不仅享有贡品之荣，还被中外客商称为"华药""怀货"，东南亚各国把"四大怀药"视为稀贵佳品。

中药炮制技术（中药炮制技艺）
申报地区或单位：四川省成都市

中药材炮制技艺是通过特殊的加工技术改变药物的性味，从而扩大药物用途中药制作技术，主要通过修拣、清洁、烘干、蒸炒炙煅等炮制工艺，使药物起到增效减毒、转变药性并产生新药效的作用。素有"天府之国""中药之库"之称的四川省，资源丰富，境内有五千余种药材，占全国中草药品种的75%、其中独有和主产药材三十余种。成都中医药历史悠久，对中药传统炮制、制药技术有深入研究，曾有"九制大黄""九转南星""仙半夏"等药物的炮制绝技，在"川帮"药物炮制中占有重要地位。20世纪50年代以前，成都有大小药房近百家，基本采用"前店后坊"的经营模式。由于当时中医行业十分兴盛，各店均有自己独特的炮制技艺，生产药效灵验、质量优良的中药制品。已故中医专家徐楚江所著《中药炮制学》奠定了成都在全国中药炮制技术领域的特殊地位。

由于现代中医师用药趋于常规化，加之身怀绝技的老药工后继乏人，许多特殊的炮制技术正逐渐被遗忘，炮制技术已大为萎缩，传承出现危机。

国家级代表性传承人名单

姓名	性别	申报地区或单位	入选批次
王孝涛	男	中国中医科学院	1
金世元	男	中国中医科学院	1
孙树武	男	河南焦作市	3
李成杰	男	河南焦作市	3

中医传统制剂方法

序号：443
编号：Ⅸ-4
批次：1
类别：传统医药
申报地区或单位：中国中医科学院、中国中药协会

扩展名录：
中医传统制剂方法（龟龄集传统制作技艺）　　山西省太谷县
中医传统制剂方法（雷允上六神丸制作技艺）　　江苏省苏州市
中医传统制剂方法（东阿阿胶制作技艺）　　山东省东阿县、平阴县
中医传统制剂方法（廖氏化风丹制作技艺）　　贵州省遵义市红花岗区、汇川区
中医传统制剂方法（达仁堂清宫寿桃丸传统制作技艺）
　　天津中新药业集团股份有限公司达仁堂制药厂
中医传统制剂方法（定坤丹制作技艺）　　山西省太谷县
中医传统制剂方法（六神丸制作技艺）
　　上海市黄浦区
中医传统制剂方法（致和堂膏滋药制作技艺）　　江苏省江阴市
中医传统制剂方法（季德胜蛇药制作

技艺）　　江苏省南通市

中医传统制剂方法（朱养心传统膏药制作技艺）　　浙江省杭州市

中医传统制剂方法（漳州片仔癀制作技艺）　　福建省漳州市

中医传统制剂方法（夏氏丹药制作技艺）　　湖北省京山县

中医传统制剂方法（马应龙眼药制作技艺）　　湖北省武汉市武昌区

中医传统制剂方法（罗浮山百草油制作技艺）　　广东省

中医传统制剂方法（保滋堂保婴丹制作技艺）　　广东省医药行业协会

中医传统制剂方法（桐君阁传统丸剂制作技艺）　　重庆市南岸区

中医传统制剂方法是在中医药理论指导下，以中药为原料，加工制成具有一定规格，可直接用于防病、治病的药品的方法。在中国内陆及沿海地区广为流传。

中医传统制剂方法形成历史久远。远在夏禹时代，祖先们在酿酒过程中就发现了曲剂。到了商代，汤剂已广泛应用。东汉时能根据药性选择剂型，记载有"药性有宜丸者，宜散者，宜水煎者，宜酒渍者，亦有一物兼宜者，亦有不宜入汤酒者，并随药性，不得违越"。张仲景在汤、丸、散、膏、酒的基础上，又创制了坐剂、导剂、洗剂、滴耳剂、糖浆剂及脏器制剂等十余种剂型。晋代葛洪创造了利用药物本身的黏合力将药物制成丸剂，产生了铅硬膏、蜡丸、浓缩丸、锭、条、灸等剂型。金、元时期发明了丸剂包衣。明代有"朱砂为衣"的工艺。明代李时珍集药物制剂方法之大成，记录了四十余种药物剂型。

中医传统制剂方法是历代医家在医疗实践中不断总结经验形成的独特制剂技术，是祖国传统医学宝库的重要组成部分。这些传统制剂方法流程复杂，工序细腻，传承有序，不少制作技艺和药剂配方均属"古方所未备，珍秘而不传"的国家级保密处方。

随着现代科学技术的进步，中药制剂出现了新剂型、新工艺、新技术，传统的制剂技术也受到了前所未有的挑战和冲击，汤剂、丸、散、膏虽仍被广泛使用，但一些传统剂型和技术已经失传、被淘汰。

中医传统制剂方法（龟龄集传统制作技艺）
申报地区或单位：山西省太谷县

龟龄集是我国中药复方升炼剂，它以独特的传统升炼技术炼制而成，功效卓著，被誉为"补王龟龄集"。明嘉靖元年（1522），方士邵元杰和陶仲文取《云笈七笺》延年益寿功效的药方之长，采用炉顶升炼技术制成所谓长生不老"仙药"献给皇帝，被嘉靖赐名为"龟龄集"，以求得千年神龟般的长寿、祥瑞。

龟龄集主要由人参、鹿茸、肉苁蓉、海马、淫羊藿等补气血、温阳益精的药草组成，常用于治疗阳痿、早泄、遗精等男科病症。龟龄集还具有调节神经、提高免疫力、促进新陈代谢、增强血液循环和心肌收缩力、调节内分泌等功能。后此药方传入山西"广盛药店"，成为山西太谷的传统名牌良药并流传至今。

中医传统制剂方法（雷允上六神丸制作技艺）
申报地区或单位：江苏省苏州市

雷允上六神丸是流传于江苏省苏州的治疗温热病的中成药。其形成于清代中期，由当时药业盛行的苏州吴门名医雷允上研制而成。雷允上六神丸在吸收吴门医派精华的基础上，结合长期临诊卖药的行医和制药经验，将大量古方、民间验方、单方融为一体，用麝香、犀角、牛黄、羚羊角、珍珠等名贵香料、细料及剧药的配伍，炼制出了六神丸等药剂。雷允上六神丸作为时疫急救药和外科多发病药，久负盛名。

中医传统制剂方法（东阿阿胶制作技艺）
申报地区或单位：山东省东阿县、平阴县

东阿阿胶制作技艺是制作阿胶的传统工艺，主要流传于山东省东阿县和平阴县。阿胶生产已有两千多年的历史，明代中期为鼎盛时期。东阿县地下水相对密度为1.0038，富含矿物质和微量元素，易去除阿胶杂质，使胶质纯正，易被人体吸收。阿胶传统生产工艺包括整皮、化皮、熬汁等五十多道工序，均为手工制作，其中熬胶、晾胶等工序最为复杂，挂珠、砸油、吊猴等环节最显功力。阿胶文化集中医药学、史学、哲学、养生、进补、膏方及古典文学为一体，是中华医药文化的代表。东阿阿胶工艺规程已列入国家医药局首批科技保密项目。

中医传统制剂方法（廖氏化风丹制作技艺）
申报地区或单位：贵州省遵义市红花岗区、汇川区

廖氏化风丹是由贵州大娄山人廖耀寅于明代崇祯十七年（1644）研制而成的药剂，有息风通络、镇惊祛痰、开窍醒脑的功能。化风丹在制作工艺上借鉴了白酒发酵窖藏工艺，制作时，需将核心药物制成药母，另十五味中药材用不同方法炮制后，与药母合磨成粉，制成丸剂，再将朱砂水、麝香混合剂均匀涂在丸剂表面，烘干而成。化风丹为朱红色丸剂，剖面呈棕黄色，味辛，对治疗四时瘴气、中风偏瘫、小儿高热惊风、癫痫、面部肌肉麻痹等有特效。

中医传统制剂方法（达仁堂清宫寿桃丸传统制作技艺）
申报地区或单位：天津中新药业集团股份有限公司达仁堂制药厂

清宫寿桃丸是天津达仁堂制药厂生产的独家品种，原名"蟠桃丸"，根据清朝乾隆皇帝的御用秘方研制而成，最早记载于《清宫医案》的乾隆朝医案中。天津达仁堂始创于1914年，其前身是具有三百多年历史并自雍正朝开始供奉御药的"乐家老铺"。

达仁堂清宫寿桃丸由鹿肾、人参、当归、地黄、枸杞子、分心木等多种名贵药材配置而成，在制作过程中坚持以清代宫廷制药的选料方法和原则，入药药材优质，并遵循清代宫廷独特的古法炮制技艺，使得寿桃丸保持着宫廷秘制药的水平，成为补肾益气、补脾益血、延缓衰老的滋补上品。

中医传统制剂方法（定坤丹制作技艺）
申报地区或单位：山西省太谷县

定坤丹是治疗妇科疾病的中药制剂。坤指女子，定坤意为女子子宫得到安宁之意。清代乾隆年间，御医根据《医宗金鉴》《竹林女科证治》等医著拟出医方，专治宫妃郁血病，疗效显著，定名为"定坤丹"。后定坤丹处方流落到民间广盛药店，在山西境内流传。其主要由人参、鹿茸、当归、熟地、砂仁、红花、三七、于术、香附、阿胶、五灵脂、元胡等二十多种名贵药材配制而成。定坤丹的治疗范围广泛，除调经活血外，还有补气生血、疏肝解郁、镇痛、止带，以及增强免疫力的功效。

中医传统制剂方法（六神丸制作技艺）
申报地区或单位：上海市黄浦区

六神丸由清代中期苏州吴门名医雷允上（1696～1779）所研制，主要用于治疗咽炎、扁桃体炎、痈、猩红热及无名肿痛等疾病。

六神丸的制作有独特的中药配伍理论，制作工序严格按采购、炮制、选配等步骤分解执行。所用药材为动物、矿物类，进药讲究季节，如珍珠只用濂珠，麝香只取"当门子"（麝体下最优质的部分），蟾酥都在春秋雨季直接从农村收购等。制药时由老药工指导，泛丸经过成型、起模、打光等工序，制成如菜籽般大小的药丸。原药制成后汇总到传人手中，由传人在封闭的房间里进行最后的合成。六神丸既保留了毒性药材中的有效成分，又降低了毒副作用。与同类传统中药相比，六神丸有剂量小、见效快的特点。现为上海雷允上药业有限公司的特色品种。

中医传统制剂方法（致和堂膏滋药制作技艺）
申报地区或单位：江苏省江阴市

致和堂膏滋药是用于冬令进补的传统中药产品，其制作技艺主要流传于江苏省江阴市柳致和堂。柳致和堂由清代名医柳宝诒于1890年创办，虽几经改名，但其制作膏滋药的传统技艺始终未曾间断。致和堂膏滋药用药因人而异，品种多样，其特点一是选用古代经典方和柳宝诒的验方，加以调整使用；二是医家所开药方、配药、用量，严格按照进补者的地区、年龄、体质及病情等综合情况配制；三是制药严格按照传统工艺流程，膏方经过药料浸泡、煎煮、浓缩、收膏、存放等特定程序严格操作，不添加任何化学制剂，在老药师检查、监督下进行。

中医传统制剂方法（季德胜蛇药制作技艺）
申报地区或单位：江苏省南通市

季得胜蛇药是由江苏省南通市著名蛇医专家季得胜根据六代祖传秘方制成的传统中成药。1954年季得胜将蛇药秘方献给政府，通过南通中医院小批量生产，1957年开始指定南通制药厂独家生产。季得胜蛇药从家庭手工生产到工业化生产，其制作技艺由工序严谨的原药材前处理加工技艺和成药后的特色工艺组合而成，制作技艺不断完善。季德胜蛇药不仅在医治毒蛇、毒虫叮咬方面具有神奇独特的疗效，在抗病毒、镇痛及有关医疗保健方面的功效也已日益显见。

中医传统制剂方法（朱养心传统膏药制作技艺）
申报地区或单位：浙江省杭州市

朱养心膏药制作技艺是专用于骨伤科的外用敷贴硬黑膏药制作技术，主要流传于浙江省杭州市。明代天启年间，创始人朱养心在古杭城开设了"朱养心药室"，专门从事骨伤科特色治疗。其药品有朱氏狗皮膏药、万灵五香膏、五香伤膏、童禄膏、消炎红膏药、清凉膏等，其中以狗皮膏药尤为著名。朱养心膏药配方独特，工艺繁杂，制药时严格按选料、炸药、下丹、收膏、去毒、烊膏、摊涂、加药等十余个步骤进行，特别是炼油环节中的"挂丝、滴水成珠"、收膏的"老嫩度"、摊膏中的"菊花心铜锣边"等关键技术，尤显精湛。

中医传统制剂方法（漳州片仔癀制作技艺）
申报地区或单位：福建省漳州市

片仔癀制作技艺是流传于福建省漳州市的中药制作工艺。片仔癀始创于明代，相传是一位宫廷太医在漳州东郊璞山岩寺出家时，依据宫廷配方研制而成的。片仔癀是既可外敷，又可内服的药锭，疗效显著，切一小片敷用即可消肿退癀（癀为闽南方言，为热毒肿痛之意），因此得名"片仔癀"。该药选用麝香、牛黄、蛇胆、田七等多种名贵中药材精制而成，主治功能是清热解毒、凉血化瘀、消肿止痛。其适用范围广，副作用小，被视为医药珍品。

中医传统制剂方法（夏氏丹药制作技艺）
申报地区或单位：湖北省京山县

夏氏丹制作技艺是流传于湖北省京山县的制丹方法。炼丹活动起源于战国时期，是在中医传统制剂基础上将药物加温升华的技术，所制药物有外用和内服两种。其外用丹仍在沿用，内服因毒性较大而逐渐被淘汰。

以湖北省夏大中、夏小中为代表的夏氏家族，至今仍延续着传统的制药方法，其技艺是通过烧炼水银、绿矾、火硝、食盐、雄黄、朱砂等矿物类药物制成"白降丹"，主要用作外用。外科丹药有红升丹、白降丹。其中，炼丹时罐口朝上，称为"升"，炼成的药剂称"升丹"；罐口朝下，称为"降"，炼成的药剂称"降丹"。以白降丹为主药的夏氏丹药有拔毒消肿、去腐杀虫的功效，主要用于治疗蜂窝组织炎、慢性骨髓炎、化脓性感染等病症。

中医传统制剂方法（马应龙眼药制作技艺）
申报地区或单位：湖北省武汉市武昌区

马应龙眼药制作技艺起源于明万历年间的河北定州。创始人马金堂总结出一套独特的制作技艺制成眼药，取名"定州眼药"。其继承者马应龙，以制造和经营眼药为业，将"定州眼药"更名为"马应龙定州眼药"。新中国成立后，改名为"武汉第三制药厂"，在古方验方的基础上遵循传统制药技艺，生产眼药、痔疮药等多种药品。1995年药厂更名为"马应龙药业股份集团有限公司"。

马应龙眼药以古方八宝眼粉为基础，采用麝香、炉甘石、冰片、珍珠、琥珀、牛黄、硼砂等名贵中药材制成，组方精妙，配伍严谨，具有明目止痛、退蒙化翳等功效。如今，马应龙药业传承马应龙眼药制作技艺，并融合现代科技成果，研制成马应龙八宝去黑眼圈眼霜等系列药妆产品。

中医传统制剂方法（罗浮山百草油制作技艺）
申报地区或单位：广东省

罗浮山百草油制作技艺是流传于广东省的中药制作技术。百草油药方来源于晋代医药学家葛洪，他采集罗浮山多种名贵药材，炼成百草油，用于治疗当地潮湿、瘴气等导致的病症。明代，罗浮山黄龙观道士陈伯辉按百草油处方加工定型，至今已有五百多年历史。罗浮山百草油所使用的药材多采于岭南地区，是经过蒸馏、过滤、配制等工艺制成的多用途油剂，由68味中草药提取的百草精油加11种植物精油配制而成，具有祛风解毒、消肿止痛、止痒等功效，适于治疗各种风毒、湿毒、热毒、暑毒引起的病症。

中医传统制剂方法（保滋堂保婴丹制作技艺）
申报地区或单位：广东省医药行业协会

广州的保滋堂创立于清康熙八年（1669）。其主打产品为创始人潘务庵根据民间验方创制的保婴丹，虽名为"丹"，实为散剂，主治小儿急惊风等疾病。保婴丹的处方由二十余味药组成，众药材分为君、臣、佐、使，彼此相辅相成，发挥药效，其中不乏珍珠、冰片、琥珀等名贵药材。保婴丹制作技艺的另一特点是"以蜡壳包装散剂",可有效地防止药品受潮,便于长期保存和使用。

中医传统制剂方法（桐君阁传统丸剂制作技艺）

申报地区或单位：重庆市南岸区

桐君阁由重庆名士许建安于1908年创办,最初为重庆川东道巴县"前门开店、后门制药"的桐君阁熟药房,店名取自南北朝时期医学家陶弘景所著《本草序》中提到的中医药鼻祖桐君。现今已逐步发展成为能生产12种剂型、250个品种,包括内服、外用,门类齐全的中成药生产经营企业。

桐君阁的中成药有丸、散、膏、丹、片等,以传统丸剂安宫牛黄丸、大活络丸、局方至宝丹、乌鸡白凤丸等最具代表性。其丸剂从处方药材的选料、炮制加工、干燥、配料、成粉等处理环节开始,均按品种不同,有各自严格的规矩。如采购人员需用眼观、手拈、鼻嗅、口尝的技巧,鉴别药材的形、色、气、味的真假优劣;药丸的制作工序有十多道,最多达三十道等。桐君阁因制药精良、疗效显著,有"北有同仁堂,南有桐君阁"誉称。

国家级代表性传承人名单

姓名	性别	申报地区或单位	入选批次
颜正华	男	中国中医科学院	1
张伯礼	男	山西省太谷县	1
杨巨奎	男	河南焦作市	3
李英杰	男	江苏省苏州市	3
秦玉峰	男	山东省东阿县	3
柳惠武	男	山西省太谷县	4
劳三申	男	上海市黄浦区	4
杨福安	男	山东省平阴县	4
夏小中	男	湖北省京山县	4

中医生命与疾病认知方法

序号：440

编号：Ⅸ-1

批次：1

类别：传统医药

申报地区或单位：中国中医科学院

中医生命与疾病认知方法是基于中华民族传统文化产生的认识生命现象和疾病规律的一种医学知识。其方法广泛流传于中华民族传统文化流行的中国、东南亚,以及海外侨胞聚居的华人地区。中医生命与疾病知识起源于传说中的远古黄帝、岐伯时代,以《黄帝内经》为标志,其知识体系形成有两千多年历史。

中医生命与疾病知识主要包括阴阳、五行、脏象、经络、疾病与症候、病因病机、辨证、法则治法、五运六气等内容。中医学运用阴阳对立统一的观念来阐述人体的生命活动,以及人与自然、社会等外界环境间相互依存的关系。用五行学说来阐述人与自然界的联系、疾病发生的机理,并指导疾病的治疗。认为脏象是人体的生命现象,经络是人体气血运行的通道,病因是研究疾病发生的原因和条件。病机学说是研究疾病发生发展规律的学说。辩论诊治是用望、闻、问、切等方法诊断，综合分析后确立治疗方法。法则治法是治疗疾病必须遵守的原则、方法和规律，主要有调整阴阳、扶正祛邪、标本缓急，以及因人、因时、因地制宜等。五运六气是研究探索人与自然、气候对人体健康与疾病产生的影响等系统知识。

中医生命与疾病的认知是构成中医学知识的核心，对养生、诊法、疗法、方剂、中药、针灸以及临床实践有重要的指导作用。

由于受西方医学的影响，传承这一知识的人正在逐步减少，中医生命与疾病认知方法面临传承与发展的困境。

国家级代表性传承人名单

姓名	性别	申报地区或单位	入选批次
路志正	男	中国中医科学院	1
王绵之	男	中国中医科学院	1
颜德馨	男	中国中医科学院	1
曹洪欣	男	中国中医科学院	1
吴咸中	男	中国中医科学院	1
陈可冀	男	中国中医科学院	1

中医养生

药膳八珍汤、灵源万应茶、永定万应茶

序号：970
编号：Ⅸ-10
批次：2
类别：传统医药

申报地区或单位：山西省太原市，福建省晋江市、永定县

中医养生是指通过各种方法颐养生命、增强体质、预防疾病，从而达到延年益寿的一种医事活动。中医养身方法广泛流传于中国及世界华人聚居区。《黄帝内经》记载"上古之人，其知道者，法于阴阳，和于术数，食饮有节，起居有常，不妄作劳，故能形与神俱，而尽终其天年"，强调人体主动的养护、调摄和预防，将养生思想贯穿于人的一生，对生命的养护做了很好的总结。

中医养生的内容包括居住环境、饮食起居、心理卫生和未病先防各个方面。中医学认为，人体的生命健康是人和自然适应的过程，是机体生、长、壮、老、已的变化过程。疾病是内外环境不平衡的结果，有自然气候变化，有意外伤害的侵袭等。养生强调人与自然的关系，认为人应顺应自然环境、四时气候的变化，主动调整自我。人们在生活实践中也创造了很多养生保健之方，不断丰富中医养生内容。

中医养生（药膳八珍汤）
申报地区或单位：山西省太原市

山西太原的傅山药膳八珍汤，俗名"头脑"，是一种对养生健体有良好功效的清真食品，创立于明崇祯年间，是太原地区独具特色的地方名吃。

八珍汤以羊肉、粮食和八种中草药为原料，经过精细复杂的工艺制成汤糊状食品，经常食用可舒筋活血、养心益肾、补血生阳、健脾开胃、益气调元、滋虚补亏。八珍汤制作时选料讲究，制作程序复杂。要精选成块的肥嫩上等肉做原料，经过清洗、净肉、加辅料煮炖、出锅晾存等诸道工序后，将煮熟的肉、撇出羊油的羊汤备用；同时将多种辅料按照定制法或煨，或腌，或煮，或蒸，做好备用。将上述材料按照既定的程序、比例，上火熬煮，并加入黄酒调制成八珍汤。

中医养生（灵源万应茶）
申报地区或单位：福建省晋江市

中华老字号"灵源万应茶"是由晋江灵源寺三十一世祖沐讲禅师研制，始创于明洪武元年（1368）。沐讲禅师采灵源的山茶、鬼针、青蒿、飞扬草、爵床、野甘草等十七味中草药，精心炮制后加工秘制"菩提丸"，广施万民，传世至今。

经多年的传承与精心研制，"菩提丸"成为如今的"灵源万应茶"。灵源万应茶具有清热解毒、祛痰利湿等功效，对感冒发热、中暑痢疾、腹痛吐泻等疾病有显著疗效。它是闽南地区特别是沿海一带人们预防疾病、增进健康的必备良方。

中医养生（永定万应茶）
申报地区或单位：福建省永定县

永定万应茶由福建省永定著名老中医卢曾雄将漳州独有的高山茶叶和三十多种当地名贵中药材，用独特的中药炮制工艺加工而成，始于清代嘉庆年间。永定万应茶主要适用于轻型腹泻、消化不良、饮食不调、水土不服、脾胃虚弱、外感风寒和中暑引起的头痛、头昏、恶心、腹胀，以及食物过敏、醉酒等。

永定万应茶，最早制成有如手指头大小的蜜丸状；道光年间压成扁圆状小饼，每块重一钱，因能治多种疾病，被命名为"万应茶饼"。

1988年，采善堂制药厂将现代工艺技术和传统工艺相结合，按原配方制作，成功研制了万应茶袋泡剂。既保留了"永定万应茶饼"原有的药效，又具有泡服方便、见效快的特点。

中医诊法

序号：441
编号：Ⅸ-2
批次：1
类别：传统医药
申报地区或单位：中国中医科学院

扩展名录：
中医诊法（葛氏捏筋拍打疗法）
　　北京市海淀区
中医诊法（王氏脊椎疗法）
　　北京市西城区
中医诊法（道虎壁王氏中医妇科）
　　山西省平遥县
中医诊法（朱氏推拿疗法）　　上海市
中医诊法（张一帖内科疗法）
　　安徽省黄山市

中医诊法是以中医理论为指导，运用望、闻、问、切等诊查疾病的方法，探求病因、病位、病势，以及辨别症候，对疾病做出诊断、提供治疗的依据，是中医诊查和收集疾病有关资料的基本方法。中医诊法主要流传于中国以及海外华人聚居区，形成历史久远，战国时期名医扁鹊擅长"切脉、望色、听声、写形，言病之所在"。《黄帝内经》对诸多诊法做了具体描述，奠定了四诊的基础。西晋王叔和撰集《脉经》，确立了中医脉诊的方法。宋代《三因极一病证方论》、明代《敖氏伤寒金镜录》、清代《望诊遵经》等近百种传世医典的形成，不断继承、完善了中医的诊法。

望诊、闻诊、问诊、切诊被合称为"四诊法"。望诊是医生通过观察病人身体有关部位及其分泌物和排泄物等了解病情的诊断方法，包括望舌、神、色、形态、脉络等。闻诊是医生通过听病人的声音、嗅其气味了解病情的诊断方法，

920

听指语言、呼吸、呕吐、呃逆等声音变化，嗅指嗅病人的口气、体气和排泄物等异常气味。问诊是医生为了全面了解病情而对病人或陪诊人进行针对性询问的一种诊断方法。切诊是医生用手的触觉对病人寸口及体表特定部位进行触摸、按压、体检的一种诊断方法。中医诊法是中国传统医学独特的诊断疾病的方法，其中，舌诊、脉诊等内容充分体现了中医诊查疾病的传统特点，具有鲜明的中国传统文化和地域特色。

虽然中医诊法有其独到的诊断疾病的方法，也有其潜在的科技与人文文化内涵。但是受西方医学的影响，中医诊法的应用也在日渐萎缩。

中医诊法（葛氏捏筋拍打疗法）
申报地区或单位：北京市海淀区

葛氏捏筋拍打疗法是治疗疾病的外科疗法，主要流传于北京，用于治疗颈、腰椎病、关节疼痛等骨科疾病。此法源于清末，由闯关东到辽宁锦州的山东蓬莱人葛献宝首创，已传承五代。20世纪50年代，第三代传人葛长海移民北京后，葛氏捏筋拍打治疗技艺随之传至北京。

葛氏捏筋拍打疗法依据我国古代传统的经筋学说理论而创，将"导引按跷"手法与武术的"点穴法"相结合，其治疗手法有打皮不打肉的虚打法、打肉不打皮的实打法两种。即用手指捏揉和着拍子拍打人体的七十二对脉位，促使气血畅通、调理肚腑，达到强筋健骨、调和气血、防病治病的目的。

第四代葛氏捏筋拍打疗法传承人葛凤麟现为北京世纪坛医院骨伤科主任，从事中医正骨治疗三十余年，不仅在北京为广大病患服务，其治疗方法还传承到了新加坡。

中医诊法（王氏脊椎疗法）
申报地区或单位：北京市西城区

王氏脊椎疗法主要用于治疗脊椎病、脑疾病，主要流传于北京。王氏脊椎疗法起源于清代顺治年间（1644～1661），由民间中医王汝清所创。早期主要用于治疗军队伤员的毒箭枪伤，因其疗效可靠、治愈率高，被留为宫廷御用。清末散落民间，至今已传至第十三代。王氏脊椎疗法的治疗原理为循经取穴、药物渗透和推拿按摩，通过穴位弹刺达到"药入邪出"的目的。治疗时，用竹罐作为给药工具，在利用竹子清热解毒、散风祛湿功效的基础上，通过高温、高压将药液注入竹罐。拔罐时产生负压，将药液渗入人体，达到治疗的目的。

王氏脊椎疗法第十三代传承人王兴致在北京开设国葆堂为广大病患诊治，传承并推广中医诊法。

中医诊法（道虎壁王氏中医妇科）
申报地区或单位：山西省平遥县

道虎壁王氏中医妇科是流传于陕西省平遥县道虎壁村的一种中医治疗方法，如今已传承二十九代，有八百余年历史。王氏中医主要治疗妇女月经不调、久婚不育、崩漏带下、卵巢囊肿、子宫肌瘤、腰困、出血淋漓不断等妇科疑难杂症。道虎壁王氏中医注重药材选用，加工炮制精细，丸、散、丹、膏采用日晒，露炼上糖、酒制、醋泡、盐泡、蒸、晒、蜜制等制作技艺，全凭经验掌握。道虎壁王氏中医实践经验丰富、治疗效果显著。家族有医著《傅山女科家传应用》流传。

目前，王氏妇科第二十七、第二十八、第二十九代传人有数十人在山西平遥、榆次、介休、交城、太谷、太原、广西南宁、天津、上海、北京等地从医并坐诊妇科。

中医诊法（朱氏推拿疗法）
申报地区或单位：上海市

朱氏推拿疗法是近代中医推拿的流派之一，由上海市嘉定黄墙中医世家朱春霆创立，其理论依据医著《黄帝内经》和达摩所创的一指禅推拿，手法有推、拿、按、摩等十余种，主要诊治脾胃病、小儿麻痹症、头痛、月经不调、小儿发育不良、颈椎病、骨关节炎等。朱氏推拿疗法特色是以指代针、内病外治，其万法归一、经络诊治、柔和舒适的理念和疗法在诊治内外疾病方面独树一帜。

由于"一指禅"推拿不仅需要天分，更需坚强毅力，常人往往难以胜任。除"朱氏一指禅推拿"代表性传承人、复旦大学附属华东医院推拿科主任——朱鼎成在继续行医问诊外，其技艺的传承后继无人。

中医诊法（张一帖内科疗法）
申报地区或单位：安徽省黄山市

张一帖内科疗法是流传于安徽省黄山市的中医内科诊治疗法，擅长诊治内科疑难杂症和急性热病。黄山，古称新安，新安医学是中国中医药发展史上影响较大的地域性医学流派，世传医家众多。明朝嘉靖年间，安徽歙县定潭的新安世医家族的中医张守仁因医技精湛，常常以一帖药剂治愈危急重症，故被称为"张一帖"。张一帖内科疗法流传至今已有十五代、四百五十余年历史。其治疗特点是妙方独具，用药猛、择药专、剂量重。至第十三代传人张根桂（1908～1957），不仅擅长治疗急性热病等危急重症，还创新发展了祖传药方的配伍、制法，至今皖南民间仍流传"定潭向有车头寺，半夜敲门一帖传"。

国家级代表性传承人名单

姓名	性别	申报地区或单位	入选批次
邓铁涛	男	中国中医科学院	1
周仲英	男	中国中医科学院	1
葛凤麟	男	北京市海淀区	4
王兴治	男	北京市西城区	4
王培章	男	山西省平遥县	4
朱鼎成	男	上海市	4
李济仁	男	安徽省黄山市	4
张舜华	男	安徽省黄山市	4

中医正骨疗法

序号：445
编号：Ⅸ-6
批次：1
类别：传统医药
申报地区或单位：中国中医科学院

扩展名录：
中医正骨疗法（宫廷正骨）
　　北京市护国寺中医医院
中医正骨疗法（罗氏正骨法）
　　北京市朝阳区
中医正骨疗法（石氏伤科疗法）
　　上海市黄浦区
中医正骨疗法（平乐郭氏正骨法）
　　河南省洛阳市，广东省深圳市
中医正骨疗法（武氏正骨疗法）
　　山西省高平市
中医正骨疗法（张氏骨伤疗法）
　　浙江省富阳市
中医正骨疗法（章氏骨伤疗法）
　　浙江省台州市
中医正骨疗法（林氏骨伤疗法）
　　福建省福州市仓山区

中医正骨疗法是中医治疗骨折、关节脱位等运动系统疾病的一种治疗方法。主要通过拔伸、复位、对正、按摩等手法，采用小夹板外固定的方式，治疗骨折、关节脱位等。正骨术中的"小夹板固定"属于中国首创。据记载，周代已有掌管骨科疾病专科治疗的分工，而医药典籍《肘后备急方》《千金要方》的记载证明，秦汉时期已形成基本理论和治疗技术。

中医正骨疗法以简单、实用、成本低见长。在长期的实践中，为中华民族的健康作出了积极的贡献。目前大部分中医院已基本放弃了这一疗法，中医正骨疗法的传承陷入困境。

中医正骨疗法（宫廷正骨）
申报地区或单位：北京市护国寺中医医院

宫廷正骨疗法以清代上驷院绰班处正骨科的疗法为基础，由清末御医夏锡五创立。经过多代宫廷御医和现代医师不断继承、发展，成为独有的学术流派。其特色是以手法治疗为主，辅以中医药及中医器具治疗。宫廷正骨的主要手法特点是"机触于外，巧生于内，手随心转，法从手出"。

宫廷正骨的治疗分为跌打紫金丹、健骨止痛丸等内服中药类；骨科熥药、跌打万应膏等外用中药类；以及外用器械类如元书纸排子等。如今护国寺中医医院继承了宫廷正骨术的脉系，其骨伤科医生作为宫廷正骨的第四、第五、第六代传人已经将这门有着三百多年历史的皇家医术带到了民间，让更多的患者从这门皇家医术中获益。

中医正骨疗法（罗氏正骨法）
申报地区或单位：北京市朝阳区

罗氏正骨法至今已有三百多年历史，其特点是以手法治疗复位扶正、接骨、续筋、固定和用药相结合，综合治疗骨伤。罗氏正骨法的重要传人和杰出代表罗有明，乐善好施、救死扶伤，以其高超的医术得到世人认可，有"接骨圣手""骨伤科圣手"等美誉。

中医正骨疗法（石氏伤科疗法）
申报地区或单位：上海市黄浦区

石氏伤科疗法是以"十三科一理贯之"的整体观念为指导，治疗各种骨伤疾病的诊疗方法，主要流传于上海市。石氏伤科疗法由石兰亭于1880年所创，至今已传承五代。石氏伤科疗法融传统武术正骨手法与中医内治调理方法为一体。其在理论上重视整体观念，强调气血兼顾、内外结合，治疗手法上强调稳而有劲、柔而灵活、细而正确。在用药上重视方随病变、药随病异。其著名验方有三色敷药、消散膏、麒麟散、新伤续断汤等。目前，已开发形成石氏热敷袋、石氏熏洗剂、骨密灵、骨密胶囊、椎脉回春汤等十六种系列药品，石氏伤科疗法在上海黄浦区深受病患的欢迎。

中医正骨疗法（平乐郭氏正骨法）
申报地区或单位：河南省洛阳市，广东省深圳市

平乐郭氏正骨法，又称"洛阳正骨""平乐正骨""白马寺正骨"，源于洛阳市孟津县乐平村郭氏家族，形成于清嘉庆年间。其诊疗特色为"正骨八法"（即辨症法、定槎法、压棉法、缚理法、摔置法、砌砖法、托拿法和推按法）。现主要流传于广东深圳。1985年第五代传人郭春园在广东省深圳市创办了乐平骨伤科医院，撰写医著《平乐郭氏正骨法》《世医正骨从新》，使平乐郭氏正骨法得到更广传播。

中医正骨疗法（武氏正骨疗法）
申报地区或单位：山西省高平市

武氏正骨疗法是流传于山西省高平市的传统中医骨伤科疗法。武氏正骨疗法源于清末，由其奠基人武根定在山西白云寺僧人的正骨技术和"唾骨正骨法"的基础上所创。武氏正骨整复手法采用的正骨整复手法有"问号法""提拉法""颈膝牵引法""坐位牵引法"以及"双拇指按压法"等。内服中药"武氏接骨方"用于骨折中期，尤有疗效。目前，受现代医药的冲击，也面临传承困境，亟须保护。

中医正骨疗法（张氏骨伤疗法）
申报地区或单位：浙江省富阳市

张氏骨伤疗法是以整复、杉树皮夹板外固定、百草伤膏治疗为特色的中医骨伤疗法。清道光年间由富阳中医张永积所创，至今已传承至第五代。其特点是在治疗四肢骨折和脊椎损伤、脑挫伤后遗症等方面有独到之处，杉树皮小夹板固定治疗骨折是张氏正骨一绝。目前，以张氏中医骨伤科为基础发展创立的富阳市中医骨伤医院，通过"师带徒"的形式培养了一批弟子，张氏骨伤疗法得到传承与发展。

中医正骨疗法（章氏骨伤疗法）
申报地区或单位：浙江省台州市

章氏骨伤疗法是通过正骨手法、中药内服外敷、杉树皮固定等方法治疗骨折筋伤等骨伤疾病的诊疗方法。清道光三年（1823）由中医章正传所创。章氏骨伤科源于浙江东南，其中草药内服外敷具有祛瘀止痛、温经通络、促进骨骼愈合的作用，对沿海的湿邪有独特疗效。二百年来，经过章氏七代人的不懈努力，至今已在浙江省境内创办了五家医院，吸引了浙闽及东南沿海地区的无数患者。

中医正骨疗法（林氏骨伤疗法）
申报地区或单位：福建省福州市仓山区

林氏骨伤疗法是流传于福建省福州市仓山区盖山镇的骨伤治疗方法。清末民国初年，盖山的林达年在吸收鹤巢寺僧人传授的骨伤科医术的基础上，不断总结经验，经过多年实践，创立了林氏骨伤疗法，成为当时福州一代骨伤名医。其孙林如高继承并发展了林氏医术，治愈骨伤病人无数。林氏中医骨科医术在骨伤疾患诊断、复位、固定，以及内外用药等方面均有独到建树。

国家级代表性传承人名单

姓名	性别	申报地区或单位	入选批次
郭维淮	男	中国中医科学院	1
孙树椿	男	中国中医科学院	1
施杞	男	中国中医科学院	1
刘钢	男	北京市护国寺中医医院	3
罗金殿	男	北京市朝阳区	3
石仰山	男	上海市黄浦区	3
郭艳锦	女	河南省洛阳市	3
武承谋	男	山西省高平市	4
张玉柱	男	浙江省富阳市	4

壮医药

壮医药线点灸疗法

序号：1193

编号：Ⅸ-18

批次：3

类别：传统医药

申报地区或单位：广西中医学院

壮医药是壮族人民的传统医药，主要流传于广西壮族自治区和云南省文山壮族自治州等壮族聚居区。

壮医药是在古代骆越文化与岭南文化影响下产生的，其医学理论是以阴阳为本，巧坞（脑）主神，人天地三气同步，脏腑骨血气血为体，是气道、谷道、水道"三道"和龙路、火路"两路"为用的民族传统医药。

壮医药线点灸疗法，是采用壮族地区出产的壮药炮制成药线，点燃后直接灼灸人体体表的一定穴位或部位，以治疗和预防疾病的一种医疗方法。壮医药线点灸疗法可用于治疗一百多种疾病。

壮医所用的药线，由直径0.25毫米、0.7毫米、1毫米不等的苎麻搓成，在药水中浸泡后，再使其干燥以备用。治疗时将置于患者体表穴位的药线点燃，通过灼热以达到疏通龙路、火路的目的。壮医认为，通过药线点灸的刺激，疏通龙路、火路气机，起到通痹、止痛、止痒、祛风、消炎、活血化瘀、消肿散结等作用。所取穴位有梅花穴、莲花穴、长子穴和经验穴等，也可用中医针灸穴位。

壮医药除适用于壮族聚居区，周边的苗、瑶、侗等民族也在广泛使用。壮医药线点灸疗法因应用方便，疗效较好，已作为农村适宜技术向全国推广。

民 俗

◎民俗

安国药市

序号：508
编号：Ⅹ-60
批次：1
类别：民俗
申报地区或单位：河北省安国市

扩展名录：
药市习俗（樟树药俗）　江西省樟树市
药市习俗（百泉药会）　河南省辉县市
药市习俗（禹州药会）　河南省禹州市

药市是有历史渊源的中药材集中集散地定期举行的交易集市，历代形成的中药集散地有百余处，其中影响广泛的有安国、樟树、百泉、禹州等药市。有名气的药市大多由药王会发展而来，药王会即以药王为信仰神主的庙会，也有的药市发端于药材的集市贸易。

河北的安国药市的兴盛，起源于药王庙。安国药王庙始建于东汉，祭拜东汉光武帝刘秀二十八大将之一的邳彤。明代时每年清明举办一次药材庙会。清雍正年间药材庙会有"春五秋七"之说，即春庙五个月，秋庙七个月，经年不断。春庙的正期是农历四月二十八日，冬庙则是农历十月十五日。药市庙会有独特的参拜礼仪，包括演戏、抬大供、献鼎、树伞、塑金身、挂匾、献袍、捐地、劳役等多种形式。礼仪则分三拜九叩和四叩礼等数种，另供面食、三牲祭品。其间还有丰富多彩的游艺活动。

随着药王庙会声望日隆，安国药材交易规模不断扩大，清代中期逐渐形成全国各地药商组成的十三帮及五大会，同时建立了招待商客、管理市场的安客堂，自此成为我国北方最大的药材交流中心，被誉为"药都"和"天下第一药市"。自明清至民国，庙会由十三帮轮流操办，每年初一、十五都要临庙祭祀。

安国药市曾一度中断，20世纪80年代以来，安国药业迅速恢复和发展。药王庙于1985年重修，传统的庙会文化活动随之恢复并日益活跃。此外当地举办的药交会和国际药材节也热闹非凡。

药市习俗（樟树药俗）
申报地区或单位：江西省樟树市

樟树药俗包括药材交易风俗、中药炮制工艺、药膳、药业信仰等。江西省樟树在三国时开始出现药摊，唐代辟有药墟，至宋已形成药市，明代有"药码头"之称，清代时已成为"南北川广药材总汇之所"。民国时，中医被限制，中药无销路，药材生产和交易均呈衰败之势，即便如此，樟树仍为全省药材之总市场。新中国成立后，樟树举办一年一度的全国药交会，无论参与地域还是成交品种和金额，均居全国南北药材市场之冠。除了全国药交会，樟树还于每年农历四月二十八和八月十五举行药王会，相传这两天分别是药王孙思邈的诞辰和樟树药业始祖葛玄飞升之日，主要活动为祭祀药王、戏班唱戏、打拳舞狮等，常持续三天左右。

药市习俗（百泉药会）
申报地区或单位：河南省辉县市

百泉药会最初起源于隋大业四年（608）卫源庙的河神祭祀活动，至唐高祖时祭祀规模进一步扩大，并逐渐加入了物质交易的内容。明洪武八年（1375），正式形成以药材为主的全国性商品交易市场。清康熙五十七年（1718），药商捐资在苏门山下修建了药王庙，供奉药王三真人，即神农氏、长桑君、孙思邈，于每年正月举办药王庙会。进行药材交流的同时，庙会上还有祭祀药王的活动，其中放水鸭、送河灯等民俗活动在当地有着较大的影响。1980年，百泉药交会被列为全国三大药交会和十大药市之一。每年4月，药商云集百泉，共谋发展。

药市习俗（禹州药会）
申报地区或单位：河南省禹州市

河南禹州在春秋战国时期已出现中药材交易活动，直至明代洪武年间这种交易方才形成规模。清乾隆年间，由官府倡导，每年在禹州设春、秋、冬三个会期，药材贸易昌盛。此后，随着禹州药交会规模扩大，逐渐形成了中药材、饮片、丸散、山货四大市场。到1949年，禹州已有药庄、药行、药棚、中药堂等上百家，结成二十多个行帮组织。各药帮建立了许多会馆，其中名气较大的有山西会馆、江西会馆、怀帮会馆、十三帮会馆等。

1985年，禹州中药材交流会重新恢复，相继建立了南、中、北三条街的药材市场。1996年，禹州中药材专业市场被批准为全国十七家中药材专业市场之一。自2002年起，禹州开始举办药王孙思邈医药文化节暨中国禹州中医药交易会。

白族绕三灵

序号：489
编号：Ⅹ-41
批次：1
类别：民俗
申报地区或单位：云南省大理白族自治州

白族绕三灵，是白族在农忙前祭祀神灵与游春娱乐的盛会，日期为农历四月二十三至二十五，主要流传于云南省大理白族自治州苍山洱海地区的白族村寨。三灵指三个神灵象征，是白族崇拜的几位重要本主及传入大理地区的佛教神祇，供奉庙宇分别为"佛都"崇圣寺、"神都"圣源寺和"仙都"金奎寺。

绕三灵时以每村为一队，人人身穿盛装，携带着祭祀用具和简单行李。队伍分为三部分：领队的为一男一女（有时也为两男或两女）两位手执柳树枝和牛尾的老人；中部除了吹笛子的一人外，还有手执霸王鞭、金钱鼓的男女舞者数十人；队尾则由吹树叶的一人和数十位亦歌亦舞、手执扇子或草帽的妇女组成，排成一字长蛇阵。

第一天，队伍到大理崇圣寺燃香祭拜，继而北行至喜洲庆洞村的圣源寺祭拜段宗榜本主，夜晚在附近田野、树林中歌舞狂欢。第二天，大家一路狂欢到洱海边河矣城村的金奎寺，祭拜洱河灵帝，夜晚依然歌舞达旦。第三天队伍沿洱海西畔往南，回到崇圣寺附近的马久邑村，祈求本主庇佑，活动结束。

绕三灵传承历史悠久，活动规模庞大，歌舞形式丰富，对研究白族历史、宗教信仰、文化艺术等有重要价值。随着社会的变迁，白族绕三灵习俗趋于衰微，面临传承困境。

国家级代表性传承人名单

姓名	性别	申报地区或单位	入选批次
赵丕鼎	男	云南省大理白族自治州	2

宾阳炮龙节

序号：981
编号：Ⅹ-74
批次：2
类别：民俗
申报地区或单位：广西壮族自治区宾阳县

宾阳炮龙节是广西南宁市宾阳县一带汉族、壮族共同举办的综合性民间节日。

宾阳炮龙节历史悠久，形成于宋元时代，清末民初趋于成熟。相传宋仁宗皇祐年间，宋朝名将狄青赴广西征剿侬智高，在宾阳昆仑关久攻不克，时值元宵前夕，狄青下令大办酒席，并令士兵扎龙起舞，宾州城内一派欢腾景象，以此使侬智高放松警惕。当夜，狄青率领精兵突袭夺下昆仑关。人们据此认为舞炮龙吉祥，每年此时必舞炮龙以求喜庆，流传至今。

节日期间要开展游彩架、灯酒会、舞炮龙等活动。游彩架，即彩架游行，是用儿童扮作戏曲、历史事件的人物并固定于彩架之上的沿街游行活动。游行队列由彩色台架、舞龙、舞狮、彩灯、音乐柜等组成，长达数里。灯酒会的活动内容有乡饮和取灯。乡饮是村屯居民聚会商讨农业生产、村规民约并共同会餐的活动。取灯则是当地取花灯求子嗣的仪式与习俗。

炮龙节活动的高潮是舞炮龙，包括开光、舞龙、舞炮龙、送龙等步骤。舞龙活动首先由一德高望重者为龙点睛开光，之后开始舞龙。舞龙者赤裸上身，周围的人点燃鞭炮扔向龙身炸龙，而袒胸露背的舞龙者则快速舞龙躲避，热闹激烈。人们则在鞭炮烟火中钻龙肚、抢龙珠以求新年平安幸福。最后人们生火将只剩骨架的龙焚烧，举行送龙升天仪式。

宾阳炮龙节流传数百年，随着社会变迁，炮龙节也曾一度衰微，近年来，炮龙节活动得到恢复，规模愈加盛大。

布依族"三月三"

序号：1202

编号：X-127

批次：3

类别：民俗

申报地区或单位：贵州省贞丰县、望谟县

三月三，即农历三月三日，是布依、壮、侗、白、畲等多个民族的传统节日。

在布依族地区，由于各地对"三月三"节日来源的解读不同，各地的活动内容也不尽相同。贵州贞丰县布依族村寨的人们一大早要扫寨驱邪，中午时每户的一个男家长去参加祭祀山神的活动，其余的听到祭祀时的鞭炮声后都要上山去"躲虫"，即躲避各种虫害、灾难和瘟疫，带上五花糯米饭、香肠、腊肉等食物。参加祭祀的人用龙竹建成寨门，横挡路口，禁止外寨人和本寨去"躲虫"的人入寨。"躲虫"者要等主持祭祀的寨老把害虫"封死"后，听到信号方可回家。之后，家家户户准备佳肴，吹木叶，对唱山歌等。

贵州望谟县布依族"三月三"的主要习俗有：家家户户在房屋四周插上枫香枝，大人头上插枫叶，小孩身穿枫香衣，烧香祭祖；男人在摩公主持下进行祭山神祈福活动；挂青（即扫墓），踏青；青年男女对唱山歌、对甩糠包，表达爱意；举行抛绣球、舞麒麟、斗鸡、打竹水枪比赛等体育活动。此外，还举行各类物资交流活动。

布依族"三月三"集中展示了布依族的民俗、信仰、歌舞等文化，但目前民俗活动趋于简化，对其进行保护和抢救，对于布依族传统文化传承和当地经济发展具有重要的现实意义。

布依族查白歌节

序号：469

编号：X-21

批次：1

类别：民俗

申报地区或单位：贵州省

查白歌节是贵州省兴义一带布依族的一个纪念性节日,于每年农历六月二十一至二十三在兴义市顶效镇的查白村举行。

关于查白歌节的来源,可见于布依族口传民间故事《查郎与白妹》。相传虎场坝的查郎非常英勇,打死虎怪,为民除了害。他与白妹青梅竹马,情深意切。可寨中有个财主为抢夺白妹,害死查郎。白妹投入火海为查郎殉情。人们为了纪念这对忠贞的夫妇,就将查郎和白妹的姓连在一起,把虎场坝改名为"查白场",将白妹殉情的日子即六月二十一日定为"查白歌节"。

节日里,男女老少汇集查白场,吃狗肉汤锅、五色糯米饭和冤枉坨,到查白井取水净心,到查白庙敬香,查姓村民要请端公主持祭祀活动。中老年人在查白树下用布依古歌唱查白,祭查郎、白妹,传承查白故事。青年男女则穿着节日盛装,到查白桥、查白河、松林坡、查白洞、查白井等地去交友、"浪哨"(布依语,是青年男女通过唱歌形式结识恋人、表达爱意的群体社交活动)。歌节的重要内容是赛歌,白天由歌手逐一献唱,夜间歌手们自由组会,在各家通宵喝酒、唱歌。

查白歌节是布依族传统文化的一个有特色的展现空间,具有广泛的群众性和民间传承性,对于了解布依族文化有重要价值。如今当地仍会举办查白歌节,但其原生态性已发生改变。

蚕桑习俗

含山轧蚕花、扫蚕花地

序号:1002
编号:X-95
批次:2
类别:民俗

申报地区或单位:浙江省桐乡市、德清县

桑蚕养殖加工是中国传统农业、商业文化的重要组成部分。在桑蚕业产生和发展过程中,各地形成了许多敬蚕、爱蚕、护桑的民间习俗。

轧蚕花是江南蚕乡崇拜蚕神的一种表现形式。"轧"为吴方言,意为"挤",指浙江省桐乡市含山镇(传说为蚕神发祥地)举行的祭祀蚕花娘娘庙会时人山人海拥挤的盛况。含山轧蚕花活动始于唐代,每年清明节(俗称"头清明")开始,至清明的第三天(俗称"三清明")结束。传统的含山轧蚕花庙会活动主要包括背蚕种包、上山踏青、买卖蚕花、戴蚕花、祭祀蚕神、水上竞技表演等内容。

扫蚕花地主要流传在浙江德清一带。旧时蚕农为祈求蚕桑生产丰收,在每年春节、元宵、清明期间,都要请艺人到家中举行扫蚕花地仪式。通常由一女子作歌舞表演,并有人伴奏,唱词内容多与养蚕相关,用舞蹈表演扫地、糊窗、采叶、喂蚕等一系列与养蚕生产相关的动作。现在德清的扫蚕花地表演大都在春节、清明时,在乡村举行的"马鸣王菩萨"庙会上表演,有多种曲调与风格。

扎蚕花、扫蚕花地习俗与古代蚕神信仰和驱赶巫术有着一定的渊源,保存了丰富的文化内涵,对研究蚕桑生产、民间信仰和民俗有重要的参考价值。

茶艺

潮州工夫茶艺

序号:1014
编号:X-107
批次:2

类别：民俗

申报地区或单位：广东省潮州市

潮州工夫茶艺是流传于广东潮汕地区的一种茶叶冲泡技艺，被视为中国工夫茶品饮艺术的代表，它是在唐宋时期"散茶"品饮法的基础上发展起来的。

潮州工夫茶艺要掌握"茶美、水好、器宜、艺精"的要旨。茶叶要形、味、色俱佳；烹茶用水要求洁净、甘醇，以山泉为上，江水为中，井水为下；盛茶器皿以江苏宜兴的朱砂泥制品为佳；瓷杯要选用细白透亮的精美小杯；泡茶讲究"高冲低洒、刮沫淋盖、关公巡城、韩信点兵"的手艺；品茶讲究色、香、味外，还讲究"喉底韵味"。冲泡潮州工夫茶的技艺环节，从用茶、取水、掌火、茶具到冲泡程式环环相扣，精致细腻而意味深长，体现了潮州人"和、敬、精、乐"的精神。潮州工夫茶的饮茶程式、礼仪更是繁复。比如茶冲出来后，一般是冲茶者自己不先喝，请客人或在座的其他人喝表示对客人的尊重；来了尊贵的客人，就得撤换茶叶重新冲茶以表示对客人的重视等。除冲泡独特外，潮州工夫茶另有一个突出的特点，就是以乌龙茶为主要茶品。

潮州工夫茶不仅是中国茶道的具体形态，还蕴含着深厚的传统道家文化中礼人、养生等传统与思想，是古代潮州人生活的缩影和潮州民俗文化的体现。

查干淖尔冬捕习俗

序号：1001

编号：X-94

批次：2

类别：民俗

申报地区或单位：吉林省前郭尔罗斯蒙古族自治县

查干淖尔冬捕习俗是蒙古族冬天在冰冻的湖中捕捞鱼类的习俗，流传于吉林省前郭尔罗斯蒙古族自治县的查干湖、月亮泡周边地区。

东北地区有着悠久的渔猎历史，查干湖向来都是天然的渔猎之地。蒙古族崇拜自然，素有祭天祭山祭水之俗。1211年，成吉思汗占领金国塔虎城后，特地前往查干湖祭祀，由此产生祭湖仪式。之后在查干湖地区进行的祭湖、醒网仪式逐渐固定化，形成查干淖尔冬捕习俗。

每年查干湖冬捕开始前都要举行传统的祭湖、醒网仪式，主要包括诵经、诵醒网词、撒祭品、饮壮行酒等程序。首先是喇嘛诵经，并绕圣火跳查玛舞；然后族人领袖、渔把头诵祭湖词；之后族人领袖、喇嘛大师、渔把头等将供品向冰窟湖水中抛撒，同时蒙古族青年跳起安代舞以示庆贺；最后由德高望重的族人为渔民赏赐壮行酒。仪式结束后，渔民们来到事先选定的入网口，凿开坚冰，将长渔网送入冰下，喊着号子，将成千上万斤的鱼拉出水面，场景非常壮观。

查干淖尔冬捕习俗是前郭尔罗斯世代相传的民俗文化和渔猎文化的集中反映，具有民族学、民俗学等方面的研究价值。目前，气候、环境和科技的发展变化使这种带有远古色彩的渔猎文化日趋衰落。

长白山采参习俗

序号：1000

编号：X-93

批次：2

类别：民俗

申报地区或单位：吉林省抚松县

长白山采参习俗是长白山地区人们在进山采挖野山参（也叫"放山"）的活动中所形成

的一系列风俗习惯，主要流传于吉林抚松一带的长白山区。

在长期采参过程中，采参人形成了一套专用语言、行为规则、道德操守、挖参技术、操作禁忌、野外生存技能、专用工具器物等多方面内容的独特习俗，在采参者中以口传身授的方式相传至今。进山采参时，一般是几个或十几个人一伙，称为拉帮；拉帮进山时，必须有一个经验丰富的山里通当"把头"。进山的第一件事是在窝风向阳处选好场地搭居住的窝棚，称为压仓子；之后再搭个老爷府，供奉山神爷。采参人搜山时要横排前进，彼此距离约一棍。如果发现人参，就要大声喊"棒槌"，这叫喊山。挖参时要用拴着大钱的红绳拴住一头防止人参跑掉。挖出人参后用青苔茅子、桦树叶，再掺上一些原土，把人参包起来。挖完参后要砍照头，即由把头在附近红松树树干上刻上采参人数和人参的叶品，让大家知道这是人参生长区，便于后来人通晓信息。

长白山采参习俗是当地人多年形成的融民俗信仰、道德规范、环保意识和传统技能等为一体的人参文化。目前，经验丰富的把头大都年事已高，系统掌握采参技艺的人已经不多，沿袭千年的长白山采参习俗濒临灭绝。

厂甸庙会

序号：490
编号：X-42
批次：1
类别：民俗
申报地区或单位：北京市宣武区

庙会，史称"社祭"，源于宗教活动，是一种集祭祀、娱乐、购物为一体的民间活动。北京市宣武区厂甸庙会始于明代嘉靖，兴于清代康熙，盛于乾隆，衰于民国，复苏于新中国成立后，消失于"文革"初。曾于1918年经北京市政当局确定为当时京城唯一官办的春节庙会。2001年，北京市政府对其恢复。四百余年里，厂甸庙会经历了由祭祀而灯市、书市，渐成贸易集市的演变过程。

历史上的厂甸庙会，北起和平门，南抵梁家园，西到南北柳巷，东至延寿寺街，以新华街、海王村、火神庙、吕祖祠为核心地带，又以琉璃厂东街为主。如今，庙会采取"两区一带"格局，即文市区（东、西琉璃厂）、民俗区（陶然亭公园）及文化体验带（南新华街—虎坊桥—虎坊路—太平街—陶然亭公园东门）。

厂甸庙会一向以书籍字画、古玩玉器、文房四宝独秀于林，旧时便以"文市"著称，特色小吃、传统工艺、日用百货等也颇具盛名，以"雅俗相济、商娱相融"而著称。如今，庙会实行开放型步行旅游商业街模式，有传统花会、老天桥绝活表演、传统剧目演出、书市等多种活动。

厂甸庙会是北京历史上八大庙会之一，历史悠久，规模宏大。如今它是展示北京民间文化、传统习俗、社会风貌和经济生活的重要窗口和平台。

朝鲜族传统婚俗

序号：1006
编号：X-99
批次：2
类别：民俗
申报地区或单位：吉林省延边朝鲜族自治州

朝鲜族传统婚俗是朝鲜族的一项重要礼俗，主要流传于吉林省延边朝鲜族自治州及东北其他朝鲜族聚居区。

朝鲜族曾长期实行"男归女家婚",即婚礼在新娘家举行,新郎需在新娘家住若干年后才回自己家。明清时,受儒家文化影响,朝鲜族创造出"半亲迎"方式的婚俗,即婚礼在新娘家举行,新郎只在新娘家住两天,第三天带领新娘回家,并在一段时期成为朝鲜族的主要婚娶方式。20世纪50年代后,朝鲜族婚嫁主要采用结婚当天就把新娘接回新郎家的"亲迎"方式。

传统的朝鲜族婚嫁包括议婚、大礼、后礼三个阶段。议婚包括核对生辰八字、书写婚书、定日期,行"冠礼"和"筓礼"(男女盘发髻以示成年)等内容。大礼包括新郎的"初行"和举行婚礼两个过程。娶亲时,新郎要在新娘家附近临时停留休息,称为"初行"。休息后,新郎带上"婚函"(礼物衣料等)和"许婚书"去新娘家。婚礼在新娘家举行,先后举行奠雁礼、交拜礼等仪式。礼毕,新郎接受"大桌"(婚席),"大桌"上最显眼的是嘴叼红辣椒昂首而卧的一只整公鸡,预示今后日子兴旺红火。后礼包括"于归"与"再行"。于归,即新郎在新娘家住三天后,同新娘一起返回自己家里。于归包括接受大桌、举行妇见舅姑礼等内容。再行是指新娘回娘家。

朝鲜族传统婚俗是儒家文化的具体体现,其形式带有鲜明的民族特色,历史悠久,文化内涵丰富。随着社会的变迁,朝鲜族传统婚俗趋于衰微,许多礼仪逐渐简化。

传统的朝鲜族服饰以白色为主,素净、淡雅、轻盈是其主要特点。后随着机织布和丝绢、绸缎等面料传入,服饰的颜色也随之多样化。

朝鲜族传统服饰分官服与民服两种。官服依官位、官职、身份而异,但基本式样大体一致,冕服为其代表。

朝鲜族民间男子一般穿素色短上衣,斜襟、宽袖、左衽、无纽扣,前襟两侧各钉有一飘带,穿衣时系结在右襟上方,外加坎肩;下穿裤腿宽大的灯笼长裤,裤脚系上丝带。外出时多穿斜襟以布带打结的长袍。

短衣长裙是朝鲜族妇女传统服装的一大特色。短衣,是一种斜领、无扣用带子打结,只遮盖到胸部的衣服;长裙,宽松飘逸,腰间有细褶。

朝鲜族儿童服装主要是七彩衣。朝鲜族认为彩虹是光明和美丽的象征,七彩衣意在让儿童美丽、聪慧、活泼可爱。

朝鲜族的船形鞋独具特色,鞋样像小船,鞋尖向上微翘。男鞋一般为黑色,女鞋多为白色、天蓝色、绿色。

朝鲜族服饰文化丰富,而且还继承了隋唐时期中原服饰的许多特点,对服饰史研究具有重要价值。

朝鲜族服饰

序号:1016

编号:X-109

批次:2

类别:民俗

申报地区或单位:吉林省延边朝鲜族自治州

朝鲜族妇女传统服装

夫妇以及亲属、子女必须穿着民族服装参加仪式。摆寿席之前，需先挂幕布或摆屏风，现场题写祝寿对联。摆寿席时，多是选择儿女双全、三世同堂、懂礼俗的妇女操办。寿辰当日要往桌案上摆各种糕点糖果、整鸡整鱼、大块肉、打糕等多种寿食，寿席要突出雄鸡造型，看上去丰盛美观。花甲礼的重头戏是献寿，即对寿星敬酒、行大礼的过程。首先由长子夫妇开始敬酒，行大礼，次子随后，一直到孙子辈依次献寿，祝福老人健康长寿。放寿席即寿星或其子女向宾朋敬酒答谢，宴席正式开始。晚宴结束后，家人及亲朋欢聚一屋，载歌载舞，通宵达旦闹寿夜。在亲朋临别之际，东家要分寿桌，即把寿桌上的糕点果品分赠给亲友。整个仪式充满和睦温馨的气氛。

朝鲜族花甲礼弘扬了尊老敬老的民族美德，有助于促进民族团结与社会和谐。但目前这种礼俗在民间趋于衰微。

朝鲜族花甲礼

序号：996

编号：X -89

批次：2

类别：民俗

申报地区或单位：辽宁省丹东市，吉林省延边朝鲜族自治州

扩展名录：
朝鲜族花甲礼　　黑龙江省牡丹江市

朝鲜族花甲礼是朝鲜族为年满60岁的老人而举行的一种重要庆祝仪式，主要流传于吉林省延边朝鲜族自治州及东北其他朝鲜族聚居区。

朝鲜族花甲礼有着比较严格的程序，主要分为摆寿席、献寿、放寿席、闹寿夜、分寿桌等项目。传统仪式一般在农家院里举行，寿星

成吉思汗祭典

序号：482

编号：X -34

批次：1

类别：民俗

申报地区或单位：内蒙古自治区鄂尔多斯市

成吉思汗祭典是蒙古族祭奠民族英雄成吉思汗（1162～1227）的习俗活动，是蒙古族最高规格的祭祀活动。1227年成吉思汗病逝后，按照当时的习俗实行秘葬。子孙为纪念先祖，建立"八白宫"（即八座可以移动的白色蒙古包），收集成吉思汗遗物供奉其中。现今的成吉思汗陵位于鄂尔多斯市金霍洛旗霍洛苏木。

成吉思汗祭典由圣主宫帐为核心的八白宫祭典和成吉思汗苏勒德祭典两大部分组成。其

圣主祭典以日祭与奉祭、月祭、米里亚古德祭（点奶祝福祭）、公羔祭、台吉祭、香火（灶）祭和四时大典组成。四时大典为农历三月二十一的春季查干苏鲁克大典、五月十五的夏季淖尔大典、九月十二的秋季斯日格大典、十月初三的冬季达斯玛大典。成吉思汗苏勒德祭典由日祭与奉祭、月祭、年祭、龙年威猛大祭等组成。各类祭典有不同规格，最隆重的是查干苏鲁克祭。达尔扈特部是成吉思汗陵守灵部落，近八百年来以世袭制的形式传承成吉思汗祭典。

成吉思汗祭典至今仍较完整地保留了13世纪以来的蒙古帝王祭祀仪式，主要表达对长生天、祖先、英雄人物的崇拜，再现了蒙古族古老的火祭、奶祭、酒祭、牲祭、歌祭等礼俗，祭典凝结着蒙古族人民的民族感情，是蒙古族历史文化中极珍贵的一份遗产。

国家级代表性传承人名单

姓名	性别	申报地区或单位	入选批次
王卫东	男	内蒙古自治区鄂尔多斯市	4

成吉思汗画像

◎民俗

重阳节

序号：454
编号：Ⅹ-6
批次：1
类别：民俗
申报地区或单位：文化部

扩展名录：
重阳节（皇城村重阳习俗）
　　山西省阳城县
重阳节（上蔡重阳习俗）
　　河南省上蔡县

重阳节是中国传统节日，时间为农历九月初九，因《易经》中把"六"定为阴数，把"九"定为阳数，九月九日，日月并阳，故而叫重阳，也叫重九。民间在该日有登高的风俗，所以又称登高节，此外，还有茱萸节、菊花节等说法。

重阳节早在战国时期就已形成，魏晋时期有了赏菊、饮酒的习俗，到了唐代被正式定为民间的节日，此后历朝历代沿袭至今。

节日期间，民间要举行各种活动，一般包括出游赏景、登高远眺、观赏菊花、遍插茱萸、吃重阳糕、饮菊花酒、放风筝、敬老、祭祖等。我国各地在庆祝重阳节时还有着一些独特的地方习俗，如河北香河县有姻亲关系的家庭在这一天会互相送礼，称为追节；山东昌邑北部人家在这一天喝辣萝卜汤；山东鄄城人称重阳节为财神生日，家家烙焦饼祭财神；江苏南京人家以五色纸凿成斜面形，连缀成旗，插于庭中；福建长汀县农家采田中毛豆相馈赠，称为毛豆节；中国港、澳、台等地举行祭祀海神的活动等。

2012年12月28日，全国人大常委会表决通过老年人权益保障法，法律明确规定每年农历九月初九为老年节，使这一传统佳节成为尊老、敬老、爱老、助老的新式节日。

重阳节（皇城村重阳习俗）
申报地区或单位：山西省阳城县

皇城村重阳习俗是流传在山西省阳城县以北留镇皇城村为核心区域的传统敬老民俗活动。

皇城村重阳节的各种习俗由来已久，至明、清两代，九九重阳、祭祖敬老、登高望远、赏菊饮酒、吟诗唱词，蔚然成风。1982年以来，皇城村积极抢救和保护了一大批与重阳节有关的古建筑、登高处、诗文曲词、风俗习惯等。至今，北留镇的皇城村与头南村、润城镇的上伏村仍保留着两镇三村同时举行"九九重阳庙会"的习俗，各家各户向老人敬酒祝拜、尽孝献爱，召开"敬老爱老表彰会"，开展登山、植树、下棋、晚会等丰富多彩的文体活动。

重阳节（上蔡重阳习俗）
申报地区或单位：河南省上蔡县

上蔡重阳习俗是流传于河南省上蔡县的传统重阳民俗活动。南朝梁人吴均《续齐谐记》有九月九日"盛茱萸以系臂，登高饮菊花酒"可以免灾的故事，传说故事主人公桓景登高处即今上蔡县城所在的芦岗。

目前上蔡保留的重阳节习俗主要有：节前家家户户采菊酿酒以备次年之用；节前家家户户缝制、佩戴茱萸绛囊；节日时家家忌荤食素；重阳节清晨家家户户登高，午饮菊花酒，食重阳糕；老人七十九，儿孙共敬菊花酒，老人六十三，儿媳闺女送"枣山"。

春节

序号：449
编号：X-1
批次：1
类别：民俗
申报地区或单位：文化部

扩展名录：
春节（怀仁旺火习俗）
　　山西省怀仁县
春节（查干萨日）
　　吉林省前郭尔罗斯蒙古族自治县

春节是中国民间传统节日，俗称"过年"，时间一般为从腊月初八的腊祭或腊月二十三的祭灶持续到正月十五，也有的到正月底，其中以除夕和正月初一为节日高潮。其间，我国的汉族和大多数少数民族以及海外华人都要举行丰富多彩的庆祝活动。

春节历史悠久，起源于殷商时期年头岁尾的祭神活动。自汉武帝改用农历以后，中国历代都以二十四节气中的立春日为春节，农历正月初一为新年。辛亥革命以后，南京临时政府开始采用公历（阳历）计年，称公历1月1日为元旦，称农历正月初一为春节，立春逐渐淡化；中华人民共和国成立后，继续使用此称呼。

春节的活动大多以祭祀神佛、祭奠祖先、除旧布新、迎禧接福、祈求丰年为主要内容。从腊月二十三起，人们便开始祭灶、祭祖、扫尘、贴春联和年画、采办年货等。除夕时全家吃年夜饭、守岁，燃放爆竹，互相祝福。正月初一以后，各种娱乐活动竞相开展，耍狮子、舞龙灯、扭秧歌、踩高跷、杂耍诸戏等。正月十五元宵节，有吃元宵、游灯会、猜灯谜等。

此时，正值立春前后，古时要举行盛大的迎春仪式，鞭牛迎春，祈愿风调雨顺、五谷丰

◎民俗

收。时至今日，除祀神祭祖等活动比以往有所淡化以外，春节的主要习俗都较好地得以继承与发展。

贴春联

春节（怀仁旺火习俗）
申报地区或单位：山西省怀仁县

旺火俗称拢火龙，是春节期间流行于山西省中北部地区的一种民俗活动。怀仁是旺火习俗代表性的传承地。

旺火习俗来源于旧时人们对土地与火的崇拜，明万历年间的《怀仁县志》有如下记载："正月、元旦：凤兴烧旺火，放爆竹，祀天地众神及先祖毕，家众以次拜族党、亲友，饮食相招，弥月乃止。"

每逢春节的除夕和元宵节，家家户户院落门前都要用大块煤炭垒成一个塔状。里面放柴，外面贴上大红字条，上写"旺气冲天"等字。午夜十二点，鞭炮齐鸣之时，将旺火点燃。男女老少都要来观看烤火，人们围成一圈，做游戏，放鞭炮。如今，此习俗有所变化，平日办婚丧大事或者重大节日时也可旺火。

春节（查干萨日）
申报地区或单位：吉林省前郭尔罗斯蒙古族自治县

查干萨日，蒙古语音译，意为"白色的新年"。蒙古族以白色为纯洁、吉祥之色，故称这一节日为"白节"，是蒙古族一年之中最隆重的节日。自元朝起，蒙古族开始使用中原历算法，由此，蒙古族白月与汉族春节的正月相符。

郭尔罗斯是蒙古族中一支古老的部落，明嘉靖年间迁至嫩江、松花江汇合流域后，逐渐形成了以农历春节为查干萨日的传统习俗。吉林省前郭尔罗斯蒙古族自治县蒙古族传承此节日至今。

查干萨日的内容包括庆小年、过除夕、迎初一、闹十五、终二月二等与汉族春节习俗类似的活动，同时，仍保留萨满祭火、除夕吃手把肉等蒙古族传统习俗。节日期间，人们互相拜年，敬酒、聚餐、歌舞、赛马，具有十分浓厚的草原游牧文化特色。

打铁花

序号：995

编号：Ⅹ-88

批次：2

类别：民俗

申报地区或单位：河南省确山县

打铁花，又名确山铁花，是河南省确山县流传的通过高温打铁制造焰火的表演活动，始于北宋，盛于明清。北宋时，确山打铁花大型表演是炼丹道士与民间五金工匠每年春节共同祭祀太上老君祖师爷而举行的一种仪式，后经千年流传，不仅增加了鞭炮、烟花，还将耍龙灯、打铜器、游社火等民间娱乐活动吸收进来，形成了一种气势磅礴、喜庆吉祥的独特表演风格。

打铁花表演时，需在一处空旷场地搭出六米高的双层花棚，棚上密布新鲜柳枝，上面绑满烟花鞭炮等。棚中间树立一根六米高的老杆，使花棚总高度达到十米以上。旁边设一个熔炉化铁汁，十余名表演者轮番用花棒将千余度高温的铁汁击打到棚上，形成十几米高的铁花，铁花又点燃烟花鞭炮，再配上"龙穿花"的表演，场景蔚为壮观、惊险刺激。

打铁花技艺既与道教艺术的世俗化密切相关，还融入了豫南地区民间信仰、民间舞蹈、民间音乐等生活内容，文化内涵十分丰富。

大理三月街

序号：1013

编号：Ⅹ-88

批次：2

类别：民俗

申报地区或单位：云南省大理市

大理三月街是白族人民盛大的传统节日，它始于唐代永徽年间，原是流传于云南大理地区的佛教讲经庙会（古时称观音市或观音会），后逐步演变成具有浓厚民族色彩的贸易集市和节日盛会。会期为每年农历三月十五至二十。

相传三月街集会是南诏细奴罗时，观音菩萨于农历三月十五到大理传经，善男信女们便搭棚祭拜、诵经，形成了盛大的庙会。由于大理是西南陆上丝绸之路的要冲，古代云南信佛者甚多，庙会逐渐演变成了滇西千年不衰的贸易集市和节日。

现在的三月街节每年都按时在大理城西的苍山脚下一片缓坡地街场举行。节日期间，商贾云集，商品交易活跃。三月街集会分为五个区域，即百货市场、牲畜市场、药材市场、赛马场和城里的综合市场。人们在不同的市场交易，买卖来自各地的商品。除了街场商品集市外，大理古城还举办民族文艺演出、赛马、赛龙舟、花山台赏花等活动。夜晚时，各种民歌对唱，"大本曲"演唱随处可见，热闹非凡。

大理三月街不仅是云南西部最盛大的商贸集市，还是大理各民族进行文化艺术交流、招商引资、技术合作等对外开放的重要集会，同时也是大理各族人民展示丰富多彩的民族文化和艺术的传统节日。

大禹祭典

序号：487

编号：Ⅹ-39

批次：1

类别：民俗

申报地区或单位：浙江省绍兴市

大禹祭典是为纪念我国古代治水英雄大禹而在大禹陵举办的祭祀活动。《越绝书·越绝外传记地传》称："禹因病亡死，葬会稽"，时为公元前2062年。大禹陵是大禹的葬地，位于浙江省绍兴市的会稽山，始建于南朝梁大同十一年（545），历代屡建屡毁，现存大殿建筑系1934年重建，其他部分大都是清代重建，是全国祀禹中心。

大禹祭典历史悠久。公元前21世纪中叶，夏王启首创祭禹祀典。公元前210年，秦始皇上会稽，探禹穴，祭大禹，开创了大禹祭典的最高礼仪。到明清两朝，祭禹仪式程序完备，典礼隆重；民国时改为特祭，每年9月19日举行，一年一祭。1995年4月20日，浙江省人民政府和绍兴市人民政府联合举行了"1995浙江省暨绍兴市各界公祭大禹陵典礼"，这是新中国成

◎民俗

立以来对大禹陵的第一祭，也是20世纪30年代后期停祭以后的第一祭。此后，祭禹成为绍兴市的一个常设节会，日期为公历4月20日。

如今，公祭典礼采用最高礼祭的"禘礼"形制，共有肃立雅静、鸣铳、献贡品、敬香、击鼓撞钟、奏乐、献酒、敬酒、恭读祭文、行礼、颂歌、乐舞告祭、礼成等仪式。祭祀典礼从九点五十分开始，寓意九五之尊。祭品用三牲、五谷、五果。除公祭外，还有民祭、族祭等形式。

大禹祭典延续千年，其制度和礼仪蕴含了丰富的民族传统文化，对弘扬民族精神、增强民族凝聚力具有重要作用。

大禹陵中的大禹雕像

扩展项目：
傣族泼水节　　云南省德宏傣族景颇族自治州

傣族泼水节又名"浴佛节"，傣语称"比迈"，意为新年，是傣族最重要的传统节日，节期为傣历六月中旬。它主要流传于我国傣族聚居的云南省西双版纳傣族自治州和德宏傣族景颇族自治州。此外，我国的阿昌、德昂、布朗、佤等民族，以及泰国、缅甸等信仰南传上座部佛教的国家也过泼水节。

泼水节起源于印度，曾是婆罗门教的一种宗教仪式，后为佛教所吸收，约在13世纪末14世纪初经缅甸传入中国云南傣族地区。随着南传上座部佛教在傣族地区影响的增大，泼水节的习俗也日益流行起来。

节日活动形式多姿多彩，主要包括信众赕佛、浴佛仪式、洒水祝福、赶摆、赛龙舟、章哈演唱、跳孔雀舞、斗鸡、丢包、放高升、放孔明灯等民俗活动。

泼水节是全面展现傣族传统文化和民间信仰的综合舞台，是研究傣族历史文化的重要窗口。如今，傣族泼水节已成为傣族地区集文化传承、艺术表演、经贸交流等为一体的重大节日，具有广泛的文化及社会功能。

傣族泼水节

序号：456
编号：Ⅹ-8
批次：1
类别：民俗
申报地区或单位：云南省西双版纳傣族自治州

德昂族浇花节

序号：985
编号：Ⅹ-78
批次：2
类别：民俗
申报地区或单位：云南省德宏傣族景颇族自治州

浇花节，是德昂族把佛陀诞生、成道、涅槃三个日期合并在一起举行纪念活动的日子，

941

是德昂族最重要的传统节日，主要流传于云南省德宏傣族景颇族自治州等地的德昂族聚居区。浇花节多在公历4月中旬举行，一般为3～5天。

节前，信徒们在佛寺搭建为佛祖洗尘的奘房和水龙。节日清晨，人们前往佛寺听佛爷念经，然后把佛像抬到奘房举行接佛洗尘仪式。之后，由德高望重的长者手持鲜花，蘸水洒向周围的人群以祝福大家，并祝贺新年开始。在象脚鼓乐和歌声中，年轻人将水筒举过头顶，将水滴洒在老年人的手上，祝愿他们快乐长寿；老人们则将水捧在手中，为年轻人道喜、祝福。然后，人们在象脚鼓声中拥向泉边、河畔，唱歌，跳舞，泼水。浇花节的第二、第三天，人们继续取水到奘房浇水，最后举行仪式，将洗得干干净净的佛像送回佛寺。节日期间，一些德昂族村寨要做客互访。

浇花节是德昂族文化的集中体现，涉及德昂族的宗教礼仪、歌舞、民间工艺等多方面内容，具有十分丰富的民族文化内涵。

灯会

苇子灯阵、胜芳灯会、河曲河灯会、肥东洋蛇灯、南安英都拔拔灯、石城灯会、渔灯节、泮村灯会、自贡灯会

序号：988
编号：Ⅹ-81
批次：2
类别：民俗
申报地区或单位：河北省邯郸市、霸州市、山西省河曲县、安徽省肥东县、福建省南安市、江西省石城县、山东省烟台市、广东省开平市、四川省自贡市

灯会是中国民间传统的群众性节庆活动，流行于全国各地。灯会多出现在元宵节期间，有的地方也在农历七月十五举行。元宵节也称灯节，元宵燃灯的风俗源自汉代，唐宋时得到进一步发展，明清时期各地灯会达到鼎盛。随着时间的推移，如今灯会活动更是丰富多彩，不同地区的灯会特色各不相同。

灯会

灯会（苇子灯阵）
申报地区或单位：河北省邯郸市

苇子灯阵是河北省邯郸市峰峰矿区东王看村的民众在春节期间用苇子做成花灯进行表演的活动形式。

苇子灯道具的杆是用竹竿或木杆制成的，灯架用苇秆或高粱秆插成，用彩纸装饰；灯的内外层均由绵纸和彩纸装饰，点灯的蜡烛用羊油特制。苇子灯有二十四杆，象征农历一年二十四个节气，每个节气都明灯闪耀，风调雨顺。苇子灯阵多在春节期间的夜晚进行表演，由三十二个年轻体壮的小伙子手擎苇子灯和小灯笼在墩鼓、小钹、大钹、小锣等乐器声中边走边舞，通过灯的流动，形成各种图案或字型，场面盛大，气势壮观。

灯会（胜芳灯会）
申报地区或单位：河北省霸州市

胜芳灯会是河北省霸州市胜芳镇于每年中元节、元宵节举行的花灯、冰灯展示活动。该灯会在明朝初年就已规模宏大，闻名京津华北。

胜芳花灯由盂兰盆灯会、元宵冰灯和元宵花灯三部分组成。盂兰盆灯会又称中元灯会，即每年农历七月十五晚上，渔民在河边放河灯即荷花灯祭鬼。元宵冰灯诞生于河南苇荡间高地渔民聚居区，渔民采来大块冰凌，精心雕刻成形态各异的冰雕佛像并配上灯火做成冰灯。元宵灯会是在街心老爷庙前搭起灯台，俗称"鳌山"，灯台上吊满数百种自制花灯。灯会期间，民间艺人白天踩街巡演，戏院书馆、酒肆茶楼等全天义演，晚上，百姓云集观灯听唱，观看表演，喧哗沸腾。

灯会（河曲河灯会）
申报地区或单位：山西省河曲县

河曲河灯会是农历七月十五前后三天，山西省河曲县民众在县城西门外黄河边放河灯，祈祷神灵消灾避难、风调雨顺的活动。

河灯会举办前要举行隆重的仪式祭奠大禹，其后，僧人诵经，人们把做好的河灯供于神龛前，祈求神禹保佑自己平安顺利。夜幕降临时，主持人鸣炮、点燃火把，僧人诵经将神位前的河灯送到渡口，船工驾船，载着河灯划向黄河。待准备就绪，乐工们奏起乐曲，一盏盏花灯被放入河中。整个活动持续三天，除了放河灯外，还有各种地方戏乐助兴。

灯会（肥东洋蛇灯）
申报地区或单位：安徽省肥东县

洋蛇灯是安徽省肥东县解集乡大邵村特有的传统灯艺。传说是为纪念"蛇神飞降，人口平安"这一逢凶化吉的大事，人们扎制蛇灯，取名"洋蛇"，意寓海洋蛇神。

洋蛇灯制作工艺复杂。蛇灯前导有蛇珠，外看似圆球，其实是99个小角，蛇身内有99盏灯。蛇身用竹蔑扎成鳞状，外蒙白布，不绘鳞。晚上玩灯时，腹内烛光照耀，现出满腹鳞纹，蛇头扁平，蛇舌伸缩自如，蛇眼有烛点燃，亮丽有神，活灵活现。蛇灯自元末明初开始，每18年才取出玩赏一次，每次玩赏就增加一节，节长约1.6米，至今蛇身已增至百余米。

大邵舞蛇灯的技艺颇为绝妙，主要有"洋蛇出海""走径折、暮摇大车""四蟒翻身""盘宝塔"等舞蹈动作。舞蛇灯时还有礼炮、民间乐曲"长槌""十番"等伴奏。

灯会（南安英都拔拔灯）
申报地区或单位：福建省南安市

拔拔灯是流行于福建省南安市英都镇英溪流域的民间灯会。拔拔灯是英都人把英溪船夫逆水行舟的拉纤劳动（俗称"拔船"）融合到了"游灯闹春"民俗活动之中而形成的，以祈盼河运平安，年丰丁旺。

农历正月初九是道教祭天的日子，拔拔灯活动从供天敬神开始。活动时每家出一盏灯，一个村子的灯用绳子串成一条由村民拉着绕村子走。以前灯笼用煤油芯或者蜡烛点燃，现在用电灯泡，一条长灯统一由一台柴油发电机供电。灯阵穿梭于村落之间，所到之处，家家户户在门口燃放焰火迎灯。游灯者之间需要相互协调配合，步调一致，有很高的技巧性。此外，依附拔拔灯会发展起来的"车鼓舞""花鼓唱"

等民间艺术也得以流传，成为灯会的重要组成部分。

灯会（石城灯会）
申报地区或单位：江西省石城县

石城灯会是客家人独特的灯会艺术形式，主要流传于江西的赣南、福建的宁化、长汀及广东梅县等地，寄托着客家人对神灵的崇拜和祈福平安的愿望。石城客家人在各种节庆及神灵诞辰日时，都要举行游垅、游垻、游街等灯会活动，其中元宵灯会最为隆重。

每年正月初一至十五，石城群众都会自发组成许多灯会进村入户表演灯彩。表演时使用的道具有龙灯、狮灯、马灯、菜篮灯、板桥灯等几十种。灯会表演时有石城民间打击乐伴奏，边唱边舞。龙灯和狮灯以踏、摆、转为主，并穿插武艺，动作粗犷、豪放；菜篮灯和船灯的表演人物有旦、丑之分，其舞蹈动作或轻盈或滑稽，或泼辣或诙谐。

灯会在石城有广泛的群众基础，目前全县有各种灯队三百五十余支，业余演员五千余名。

灯会（渔灯节）
申报地区或单位：山东省烟台市

渔灯节是山东烟台沿海渔民在元宵节祈求平安顺利的传统民俗节日，主要流传于烟台地区山后初家、芦洋、八角等十几个渔村。

每年正月十三或十四午后，渔民以户为单位，各自从家里抬着祭品，打着彩旗，放着鞭炮，先到龙王庙或海神娘娘庙送灯、祭神，祈求鱼虾满舱；然后到渔船上祭船、祭海；最后，到海边放灯，祈求海神娘娘用灯指引渔船平安返航。除了这些传统的祭祀活动，现在的渔灯节还增添了在庙前搭台唱戏及锣鼓、秧歌、舞龙等娱乐活动。

灯会（泮村灯会）
申报地区或单位：广东省开平市

泮村灯会是广东省开平市水口镇泮村在元宵节期间举办的传统灯会习俗。

人们先用竹、木和各色彩纸，制成一丈多高的精美大花灯。每年正月十三，各村村民们抬着三牲祭品，龙狮相伴，爆竹齐鸣，前往祖祠拜祖。拜祖仪式结束后，由三个三米多高的大花灯"起灯"。"起灯"的村民把灯高高举起，在村前的大空地慢走三圈，龙狮齐舞，热闹非凡。"起灯"之后开始"舞灯"，三个大花灯采取不同方向、不同路线游遍泮村四十八个自然村，每到一个村，鞭炮齐鸣，本村村民舞着醒狮或金龙在村口迎送，并一起游村。泮村灯会每年一小舞、三年一大舞，每隔六十年（凡甲申年）举行一次盛大庆典。

灯会（自贡灯会）
申报地区或单位：四川省自贡市

自贡灯会是流传于四川省自贡市的传统灯会习俗。自贡灯会历史悠久，早在唐宋年间这里就有新年燃灯习俗，到明清时逐渐发展为每年正月各祠庙举行的"天灯会""五皇灯会"，中元节的"飘河灯"，以及宏大的祭祀型"瞒天过海"灯会活动。

如今自贡灯会以元宵灯会最为著名。自贡元宵灯会气势壮观、规模宏大，历届灯会均组织几十组大中型组灯和数千只工艺灯参展。灯会在构思和制作工艺上不断创新，如用瓷器餐具、竹篾、废玻璃药瓶、丝绸等制作灯具，颇具地方特色和行业特色，表现出精湛的工艺水平和神奇的创造力。灯会将灯与景有机结合，将一个个精巧别致的工艺灯和大型灯相结合，巧妙布展于园林山水之中。灯会期间，还伴以耍"龙灯"，亦称"龙灯舞"，热闹非凡。

◎民俗

自贡彩灯

国家级代表性传承人名单

姓名	性别	申报地区或单位	入选批次
蔺文艺	男	安徽省肥东县	3
邵传富	男	安徽省肥东县	3

侗年

序号：1205

编号：Ⅹ-130

批次：3

类别：民俗

申报地区或单位：贵州省榕江县

侗年，又称为"冬节"或"杨节"，原为侗族杨姓家族节日，后来其他侗族人互相仿效，成为很多侗族人祭祖、喜庆丰收的传统节日。特别是贵州榕江县乐里七十二寨、剑河县小广寨以及广西三江县部分侗寨过侗年尤为隆重。各地过侗年时间不一，但多在农历十一月初一至十一举行。

在榕江乐里七十二侗寨，节日前夕，外出的侗家人、出嫁的女儿要回家来，家家户户要大打扫，宰猪杀牛。年前一天，人们要摆上"冻菜"（用酸水煮豆腐、鱼虾，经冷却后做成）、糯米、茶等祭品祭祀祖先。吃年饭前，全家坐在火塘边，家长举行"斗萨"活动，一边烧冥纸，一边练或唱祭祖吉利词。斗萨也是侗族人用歌谣形式表达感恩，教育下一代的独特方式。同时，主妇们要备好酸菜、冻鱼、糍粑等馈赠亲友，叫"吃杨粑"。待到农历大年三十时，对方要如数奉还，称"还杨粑"，意为互相帮助。过年时，人们要祭拜井、桥、土地庙、古树、巨石等，祈求各方神灵的保佑。从十一月初一到初五，侗寨要举行大规模的踩歌堂、跳芦笙、对歌、演侗戏、弹琵琶、斗牛等文化活动。

侗年蕴含了侗族祭祀、歌舞、饮食、服饰等丰富的文化内涵，对研究侗族历史文化、民俗、民间信仰等具有重要价值。

侗族萨玛节

序号：473

编号：Ⅹ-25

批次：1

类别：民俗

申报地区或单位：贵州省榕江县

扩展名录：
侗族萨玛节　　　　贵州省黎平县

萨玛节是贵州南部侗族地区现存最古老而盛大的传统节日，是一种对女性祖先的盛大祭祀活动，主要流传于贵州省榕江县、黎平县、从江县及周边侗族聚居区域，其中榕江县车江大坝三宝侗寨的萨玛节最有代表性。

萨玛，是侗语音译，可汉译为"大祖母"，她是整个侗族（特别是南部方言地区）共同的祖先神灵的化身。侗族人认为祖先神威巨大，能赋予人们力量去战胜敌人和灾害，赢得村寨的安乐。同时，萨玛又是传说中的古代女英雄。

萨玛节一般在春耕之前或秋收之后的农闲

期间举行。多数村寨都建有祭坛"然萨",也称萨玛祠、圣母祠。关于祭萨规模,一般为各村(团寨)各祭,也有邀请邻村、数村或相邻片区联祭的。参加祭萨的人员,各地不同,许多地方是全寨参加。榕江三宝侗乡各村寨则以已婚妇女为主体,也有少数德高望重的男性寨老参加,其祭萨活动带有远古母系氏族社会的遗风。祭萨活动包括敬萨、请萨出堂、与萨同乐、送萨回殿。祭萨后,人们绕寨一周,到达"耶坪",围成圆圈,拉手跳舞,齐声高唱赞颂萨玛的"耶歌",这种边唱边舞的形式,称为"多耶"。中午,人们在村街摆起长长的宴席欢宴亲友,宴毕就在鼓楼坪上尽情欢娱。

侗族萨玛节是侗族农耕文明社会传承的文化遗产,其祭司、登萨、歌师等是萨玛文化的重要传承人,对于研究侗族祖先崇拜和传统文化有重要价值。

都江堰放水节

序号:478
编号:Ⅹ-30
批次:1
类别:民俗
申报地区或单位:四川省都江堰市

都江堰放水节是都江堰水利工程所在地都江堰市在清明这天举办的一种民间习俗活动。

放水节初始于"祀水"。都江堰修筑以前,沿江两岸水患无常,人们为了祈求水神的保护,常常沿江"祀水"。公元前256年李冰修筑都江堰水利工程,根治了岷江水患,后人为纪念李冰,将"祀水"改为"祀李冰"。春季时内江灌溉区需水春灌,人们于清明在渠首举行隆重的"开水"仪式,放水入灌渠。唐朝时在岷江岸边举行的春秋设牛戏,就是最早的放水节。北宋太平兴国三年(978)正式将清明这天定为放水节。

放水节时要举行一系列的相关活动,包括官方祭祀和群众祭祀活动。官祭活动主要是主祭官宣读祭文,献祭品,到二王庙祭祀李冰父子。群众祭祀活动主要是拜谒二王庙,祈愿风调雨顺、五谷丰登。其中最为重要的活动是在都江堰渠首鱼嘴分水工程处砍断连接杩槎(杩槎是将三根木棒的顶端都扎在一起构成的三脚架,它和签子、搥笆等一起,填土筑堤,可截断流水)的竹索,使外江水流入内江。

放水节再现了成都平原农耕文化漫长的历史发展过程和民俗文化,体现了中华民族崇尚先贤、崇德报恩的优秀品质。如今,都江堰终年均可放水,但清明放水节仪式仍每年如期举行。

独龙族卡雀哇节

序号:471
编号:Ⅹ-23
批次:1
类别:民俗
申报地区或单位:云南省贡山独龙族怒族自治县

卡雀哇节,意为"祭天过年",是独龙族最隆重的传统节日,流传于云南省怒江傈僳族自治州贡山独龙族怒族自治县西部独龙江流域的所有独龙族村寨。卡雀哇节没有固定日子,一般在每年农历腊月底或次年正月初举行,节期最短三天,最长九天。各村寨节期前后相续,由居住于独龙江上游的村落最先揭开序幕,整个庆典前后持续一个月。

节前,家家户户就用结绳的方式向亲朋好友发出邀请。过节第一天,家家挂起彩色披毯,入夜时宾主饮酒并互赠祝词。之后,人们祭山神,用荞面捏出山神及各种野兽祭祀,还举行射弩弓、唱歌、跳舞活动,聚餐共食。其中,

◎民俗

最隆重的是剽牛祭天仪式，以祈祷人畜兴旺和农业丰收。牛被剽倒后，人们行祭，卜牛舌，分割牛肉，当场煮食，饮同心酒，载歌载舞。如今剽牛习俗已被废除，而举行民族歌舞活动，主要内容是跳"牛锅舞"。

卡雀哇节承载了独龙族历史、文化、艺术的传统风貌。1991年，贡山县把每年公历1月10日定为独龙族卡雀哇节。

平顺四景车设计独特，工艺精巧，是民间木制品从实用性到艺术性和观赏性的一个升华。抗日战争爆发后，一年一度的九天圣母庙大赛会被迫中断，四景车也随之消失。直到2005年九天圣母庙大赛会复会，四景车才再次出现。近年来，四景车制作技艺逐渐恢复，重新成为庙会主角，使这一传统工艺与民俗相结合的活动得以传承与发展。

独辕四景车赛会

序号：1211
编号：Ⅹ-136
批次：3
类别：民俗
申报地区或单位：山西省平顺县

独辕四景车赛会是山西省平顺县北社乡每年农历三月举办九天圣母庙庙会时进行的一项传统民俗活动。

九天圣母庙庙会是九天圣母的祭祀大典，四景车作为祭祀活动中的仪仗车，以其独特的设计和精美的形象备受人们喜爱，民间以是否参加过大赛会、是否观看过四景车为荣。

四景车结构巧妙，车高十三米，通体用彩色丝绸扎制，由车棚、盆、车楼、桅杆组成，车前套有两头梢牛。所谓"四景"，是指车身结构有四处巧妙的设计：一是一根独木辕套两头大犍牛；二是用一根牛角杆和三个木锧环环相套承驾辕头；三是第二节的主木构架，不用卯不开榫，直立在底平板上，用麻绳上下捆扎紧固；四是第二节主木构架上端和第三节主木构架下端的相接点，不用卯不开榫，而是用四条麻绳上下捆扎固定。车的动力除两只辕牛和两只梢牛拉拽外，前面由近百名粗壮劳力拉拽，车后和车左右还备有四根牵绳，以防车体歪闪倾倒。

端午节

屈原故里端午习俗、西塞神舟会、汨罗江畔端午习俗、苏州端午习俗

序号：451
编号：Ⅹ-3
批次：1
类别：民俗
申报地区或单位：湖北省宜昌市、秭归县、黄石市，湖南省汨罗市，江苏省苏州市

扩展名录：

端午节（罗店划龙船习俗）　上海市宝山区
端午节（五常龙舟胜会）　浙江省杭州市余杭区
端午节（安海嗦啰嗹习俗）　福建省晋江市
端午节（五大连池药泉会）　黑龙江省黑河市
端午节（嘉兴端午习俗）　浙江省嘉兴市
端午节（蒋村龙舟胜会）　浙江省杭州市西湖区

端午节（石狮端午闽台对渡习俗） 福建省石狮市

端午节（大澳龙舟游涌） 香港特别行政区

端午节是中国传统节日，时间为农历五月初五，又名重午、端五、蒲节等。我国的汉、壮、布依、侗、土家、仡佬等民族都过此节，日本、韩国等地也有端午习俗。

端午节历史悠久，始于春秋战国时期。关于端午节由来的传说故事有很多，如纪念春秋时期楚国诗人屈原、纪念春秋时期吴国大夫伍子胥、纪念东汉时期孝女曹娥救父投江、源于古越民族的图腾祭拜等，其中影响最广的是纪念屈原说。

端午节主要民俗活动有：纪念历史人物；赛龙舟；吃粽子；各种防五毒习俗，如贴端午符剪纸、挂艾草菖蒲、饮雄黄酒、佩戴香包等避邪物及兰汤沐浴等；游戏，如玩斗草、击球、射柳等。与端午节相关的主要器具、制品有龙舟、粽子、五毒图、艾草菖蒲、钟馗画、张天师画、屈原像等。

端午节是多民族共享的节日，对研究民族文化交流、民俗文化等有重要价值。2008年，端午节被列入中国法定节假日。

端午节给小孩戴的绣有五毒的肚兜

粽子

端午节（屈原故里端午习俗）
申报地区或单位：湖北省宜昌市、秭归县

屈原故里端午习俗是流传在湖北宜昌市秭归县一带的端午民俗活动。公元前340年左右，屈原诞生于秭归乐平里。据记载，端午节与纪念屈原结合起来始于魏晋南北朝。屈原故里端午习俗隆重而欢愉，一般端午分三次过。农历五月初五为"头端阳"，五月十五为"大端阳"，五月二十五为"末端阳"。五月初五，人们包粽子、煮鸡蛋、吃大蒜、喝雄黄酒，采来白艾和菖蒲用红纸条扎成束后悬于门前。到五月十五，亲人团聚，至五月二十五期间举办祭拜、划龙舟、投粽子、办诗会等活动。其中，自明代起，秭归农民就自发组织"骚坛诗社"，于端午时吟诵楚辞或作赋，相互唱和，这在全国各地端午习俗中独具一格，这项诗会活动一直流传至今。

端午节（西塞神舟会）
申报地区或单位：湖北省黄石市

西塞神舟会是湖北省黄石市西塞山区道士袱村民众庆贺端午节的传统民间盛会，至今已有千余年历史。神舟会从每年农历四月初八佛祖诞生之日举行龙舟的开工仪式，扎制神舟，到五月初五子时由道士主持仪式为神舟开光，直至五月十五至十八的神舟会正式会期，整个活动长达四十天。会期包括点光、建醮、巡游、祭祀、唱大戏、登江等民间活动。当地人们通过送神舟活动，祈求神舟带走疾病和灾难，祈盼幸福安康。

端午节（汨罗江畔端午习俗）
申报地区或单位：湖南省汨罗市

湖南汨罗江畔端午习俗是流传于汨罗江沿江一带的楚塘、渔街、凤凰山、河市、归义、红花、新市、浯口、长乐等地的端午民俗，时间一般从农历五月初一开始，至五月十五结束。当地除了办盛宴、吃粽子、插艾挂菖、喝雄黄酒、赛龙舟外，还有雕龙头、偷神木、唱赞词、龙舟下水、龙头上红、朝庙、祭龙和祭祀屈原等特殊风俗，还留下了如"宁荒一年田，不输五月船"等许多端午民谣。

端午节（苏州端午习俗）
申报地区或单位：江苏省苏州市

苏州端午习俗起源于纪念春秋时期吴国名将伍子胥。伍子胥被吴王夫差赐死，悬目于城门，尸首被装入牛皮袋，投入河中，是日正是五月初五。此后，伍氏后人都会在端午聚集苏州，祭祀仪式后，伍子胥后人和百姓争相往河中抛扔粽子，放生泥鳅和河蚌。

如今这一习俗已逐渐演化成苏州一年一度的盛大狂欢节。活动内容主要有：龙舟表演；表现苏州人适应自然、改善生活智慧的活动，如采草药、挂艾叶、挂菖蒲等；展现苏州悠久丝织文化和特有服饰文化的活动，如佩百索等；包粽子、吃端午饭等。

端午节（罗店划龙船习俗）
申报地区或单位：上海市宝山区

上海罗店镇的划龙船习俗在江浙沪端午竞渡活动中独具特色，保留了江南古老的民俗形态。龙船的船体脱胎于罗店滩船，平底、昂首、翘尾，能在当地曲折狭小的河道中灵活行使。划龙船以端午正日为始，通常进行5～7天，其中包含立竿、出龙、点睛、接龙、送标、旺盆等祭祀仪式，意在驱除瘟疫病灾，祈祷平安如意。

端午节（五常龙舟胜会）
申报地区或单位：浙江省杭州市余杭区

五常龙舟胜会是杭州市余杭区五常街道在端午举行的一项大型民俗活动。龙舟胜会的特点是竞技巧、闹龙舟，并不刻意强调以速度取胜。五常龙舟样式丰富，主要有满天幛龙船、半天幛龙船和赤膊龙船三种，前两者属于观赏性龙船。赤膊龙船是胜会上的主要龙船，较少装饰，只在船头竖立一个龙头，下面用黏泥固定。端午节中午开始，上百只来自各村的龙舟在五常滨口汇集，场面热闹非凡。此外，当地还有请龙王、讨飨、披红、龙船水洗门槛、谢龙王、喝龙王酒等传统民俗活动。

端午节（安海嗦啰嗹习俗）
申报地区或单位：福建省晋江市

安海端午嗦啰嗹习俗，又叫"采莲"，是流传于福建省晋江市安海镇的一种端午习俗。其源于中原地区的古民俗，清初时在本地就十分盛行，至清代中晚期，其活动时间从原来的农历五月初一变为五月初五。

端午节午后，人们抬出供奉的龙王头雕像焚香叩拜，走街串巷。行进间反复咏唱《采莲歌》，领唱者每唱一句歌词，众和声高歌"嗦啰嗹啊伊嘟啊啊咧"。整个队伍以头戴清兵笠、手持长杆艾旗的醉步汉子为前导，其后是敲锣打鼓及奏管弦的细乐队，最后是四人抬的龙王头。队伍两旁，一边是肩挑生猪脚、草鞋、装酒尿壶，手打破锣的"铺兵"，另一边是一位男扮花婆。每到一户人家，前导就装醉冲入，口喊吉祥语，在厅堂间挥旗拂扫一番，然后退出。男扮花婆给宅主送上鲜花并接受宅主的红包。宅主送至门口，大放鞭炮，叩送龙神。然后，队伍转入另一家。当地群众通过这一形式以祈求龙王赐福，扫除梅雨天气，驱除瘟疫。

端午节（五大连池药泉会）
申报地区或单位：黑龙江省黑河市

五大连池药泉会是黑龙江五大连池地区达斡尔、鄂伦春、蒙古、满、汉等民族群众在药泉举行的端午民俗活动。相传二百多年前，达斡尔族猎人发现了能祛病健身的药泉。此后，每年端午前后当地民众在药泉聚会，后又在药泉山上建钟灵寺，在池子旁建黑龙庙，敬神祈福，相沿成习，传承至今。

药泉会主要活动有：农历五月初四清晨祭敖包，晚上点燃篝火载歌载舞，初五凌晨抢子夜水；初五踏青、折柳、抹黑祈福，进行各类民俗表演，举行射猎饮泉仪式和泉湖灯会；初六举行钟灵庙会、黑龙庙会等活动。

端午节（嘉兴端午习俗）
申报地区或单位：浙江省嘉兴市

嘉兴端午习俗发端于纪念春秋时期吴国名将伍子胥，当地有"五月五日，时迎伍君"的说法。习俗活动丰富，主要有：祭祀伍子胥活动；在南湖举行龙舟竞渡和摇快船等节日娱乐活动；裹粽子习俗；挂菖蒲艾叶，燃熏苍术、白芷，佩香袋，吃"五黄"（黄瓜、黄鱼、黄鳝、黄泥蛋即咸鸭蛋、雄黄酒），吃"五白"（白干、白鳌、白菜、白切肉、白斩鸡），吃煨蛋等。

端午节（蒋村龙舟胜会）
申报地区或单位：浙江省杭州市西湖区

蒋村龙舟胜会是杭州西湖区蒋村街道在端午举行的赛龙舟民俗活动。蒋村端午习俗的一项重要内容是祭拜龙王。从农历四月二十四至五月十三期间，村民们在村里请龙王、供龙王、谢龙王、吃龙舟酒，祈祷风调雨顺。蒋村龙舟胜会注重龙舟的表演性、娱乐性。端午日，上百只龙舟汇聚在西溪湿地深潭口洋"胜漾"。胜漾有规定路线，每条龙舟要先划遍深潭口洋的四周，最后在深潭口洋中间原地做360度旋转（俗称"载泥坝"）。胜会结束后，村民们以村为单位吃龙舟酒。此外，端午当天，家家吃粽子、挂菖蒲艾叶、佩香袋、吃"五黄"（黄瓜、

◎民俗

黄鱼、黄鳝、黄泥蛋即咸鸭蛋、雄黄酒）等。新出嫁的女儿家要备粽子、毛巾、扇子等送至男方家，将物品分发给亲友，俗称"赞节"。

端午节（石狮端午闽台对渡习俗）
申报地区或单位：福建省石狮市

石狮端午闽台对渡习俗是海峡两岸民众在福建石狮市蚶江共同举行的水上端午节庆活动。传说五月初五是蚶江"五王爷"的生日，蚶江和中国台湾不少地方都要举行放王船仪式，通过五王爷巡游这种祭祀仪式来为两岸对渡祈福，此外还要进行采莲、海上泼水、龙舟竞渡、捉鸭子等传统民俗活动。中国台湾鹿港也于此日举办"送春粮"仪式，与蚶江的"放王船"活动相对应。

端午节（大澳龙舟游涌）
申报地区或单位：香港特别行政区

大澳龙舟游涌是香港渔业民众于每年端午在香港大屿山大澳举行的传统活动。相传百余年前大澳曾发生瘟疫，渔民将各庙宇神像放在小艇上于水道巡游，结果瘟疫消除，便成为习俗，延续至今。活动由大澳三个传统渔业行会举办，即扒艇行、鲜鱼行和合心堂。农历五月初四早上，行会成员前往大澳四间庙宇即杨侯古庙、新村天后庙、关帝庙、洪圣庙请神供奉。初五早上将神像放在龙舟上巡游各水道，沿岸居民焚香拜祭。游涌后，三条龙舟竞渡。下午，送神像回庙。当晚，行会成员聚餐，欢庆端午。为维持这个节庆传统，三个渔业行会于2008年联合组成了"香港大澳传统龙舟协会"。

俄罗斯族巴斯克节

序号：1199
编号：Ⅹ-124
批次：3
类别：民俗
申报地区或单位：内蒙古自治区额尔古纳市

巴斯克节，俄罗斯语音译，是俄罗斯族一个重要的传统节日，即耶稣复活节，此为东正教徒为纪念耶稣被钉死在十字架后第三天复活的节日，从每年春分后第一个月圆的第一个星期天开始，一般在公历4月下旬或5月上旬，节日通常持续一周。其主要流传于内蒙古额尔古纳等地的俄罗斯族聚居区。

节日前夕，人们粉刷房屋，精心布置圣像龛，烤制糕点，染彩蛋。其中必有一种圆柱形状的大蛋糕，俄语称"古里契"，上有"XB"形字母（俄文"基督复活"的缩写字头）的奶油花，这是敬神和招待宾客的上等食品。

节日里，人们要在圣像前燃起小蜡烛。节日当晚，家家灯光闪烁，彻夜通明。长者要向儿童赠送礼品，青年男女要到长者家请安祝福。其间，人们精心打扮，互相问候。见面时，大家用俄罗斯的礼节拥吻对方，说"耶稣复活了"，"对，真的复活了"。孩子们则在口袋里装满彩蛋，碰撞彩蛋比试硬度。家中备下丰盛的酒菜，大家相邀聚会，开怀畅饮，表演传统的俄罗斯民歌和舞蹈。其间，人们还要带着供品到死者的墓地与亲朋们一起吃喝歌舞，认为不要冷落死去的人。

居住在额尔古纳的俄罗斯族是19世纪从俄国陆续迁移而来的俄罗斯人与华人结合的华俄后裔，其依然保留了俄罗斯族的宗教信仰和文化习俗，至今巴斯克节仍是俄罗斯族一年中最隆重、最热闹的节日，但随着社会变迁和人们观念的变化，其宗教意义有所淡化。

鄂尔多斯婚礼

序号：503
编号：X-55
批次：1
类别：民俗
申报地区或单位：内蒙古自治区鄂尔多斯市

扩展项目：
蒙古族婚礼（阿日奔苏木婚礼）
内蒙古自治区阿鲁科尔沁旗
蒙古族婚礼（乌珠穆沁婚礼）
内蒙古自治区西乌珠穆沁旗
蒙古族婚礼（蒙古族婚俗）
吉林省前郭尔罗斯蒙古族自治县

蒙古族分布地域广阔，其婚礼仪式多种多样，但大体可分为定亲、迎亲、婚礼和回门等部分。其中尤以内蒙古鄂尔多斯蒙古族婚礼具有代表性。

鄂尔多斯婚礼发源于古代蒙古，形成于蒙元时期。15世纪，随着蒙古族鄂尔多斯部进入鄂尔多斯地区，祭祀成吉思汗的"八白室"安奉在鄂尔多斯境内的甘德尔敖包上，蒙古族的鄂尔多斯婚礼便以其特有的仪式程序流传于鄂尔多斯民间。

鄂尔多斯婚礼有哈达订亲、佩弓娶亲、拦门迎婿、献羊祝酒、求名问庚、卸羊脖子、分发出嫁、母亲祝福、抢帽子、圣火洗礼、跪拜公婆、掀开面纱、新娘敬茶、大小回门等一系列特定的仪式程序和活动内容。婚礼过程中往往伴随形式多样的歌舞表演，场面热烈隆重。

鄂尔多斯婚礼至今仍保留着古老的风格和情趣，它凝聚了蒙古民族礼仪风俗的精华，突出表现了蒙古人豪爽热情、讲究礼仪的民族性格。

鄂伦春族古伦木沓节

序号：461
编号：X-13
批次：1
类别：民俗
申报地区或单位：黑龙江省

古伦木沓节是鄂伦春族源于火神信仰的民族传统节日，"古伦木沓"为鄂伦春语，意为祭祀火神。鄂伦春族繁衍生息在黑龙江流域和大小兴安岭的密林深处，世代以狩猎和游猎为生，火对于鄂伦春人的生活尤其重要。

古伦木沓节由祭祀火神的仪式演变而来。鄂伦春人每到年节或吉日，都要在自家门前燃起篝火，焚香跪拜祷告，以求火神保佑平安；饭前还要向火塘洒酒抛肉，以示供奉。

人们习惯在每年春季举行古伦木沓节。届时大家带着好酒好肉及帐篷等物，骑马到预定地点参加活动。活动内容丰富多彩，夜间在篝火周围请萨满跳舞，祭神祭祖，白天则举行赛马、射箭、射击、摔跤及唱歌、跳舞、讲故事、下棋、玩木牌等活动。

然而，古伦木沓节活动曾长时间中断，后来虽有群众自发性地加以恢复，但活动方式和内容已发生了很大变化。近年来，黑龙江省各级政府实施了一系列保护和传承措施。2012年在黑河市爱辉区新生鄂伦春族乡举行了黑龙江省首届鄂伦春族古伦木沓节。

鄂温克驯鹿习俗

序号：998
编号：X-91
批次：2

◎民俗

类别：民俗

申报地区或单位：内蒙古自治区根河市

鄂温克族是聚居于内蒙古自治区根河市敖鲁古雅民族乡人口稀少的狩猎民族，历史上以狩猎和饲养驯鹿为生，被称为"中国最后的狩猎部落"。驯鹿原为野生动物，适应高寒山地气候，善于在雪地和沼泽中行走。经鄂温克先人的驯化，驯鹿成为游猎民族的主要交通运输和生产工具，被称为"森林之舟"。

鄂温克人拥有中国唯一的驯鹿种群，是驯鹿唯一的饲养者，被称为"使鹿部"。驯鹿被鄂温克人视为吉祥、幸福、进取的象征，是鄂温克族的吉祥物。按照古老的风俗，驯鹿还是鄂温克人嫁娶的聘礼和嫁妆；举行婚礼时，新郎新娘要牵着驯鹿在新搭的帐篷周围转几圈，表示人丁兴旺、驯鹿健壮。在长期的驯化野生驯鹿过程中，鄂温克狩猎民族逐步形成了自己独特的驯鹿文化，并学会了对鹿产品等资源进行合理的开发利用，其中包括鹿的驯养繁殖、鹿奶的制作使用、鹿奶制酒、鹿鞍制作、鹿产品加工、民族手工艺品制作等技艺。

鄂温克驯鹿习俗集生产知识和生活知识于一体，在传统的衣食住行、医药、工艺制作等各种技能中蕴含着丰富的文化内涵。

鄂温克族瑟宾节

序号：1200

编号：X-125

批次：3

类别：民俗

申报地区或单位：黑龙江省讷河市

"瑟宾节"是鄂温克族的传统节日，意为欢乐祥和的节日。

相传以游猎为生的鄂温克祖先每次猎到熊后，要唱歌跳舞庆贺三天，这是瑟宾节的雏形。但熊并不容易被捕猎到，后来鄂温克人猎到貂、鹿等动物时也要欢庆，瑟宾节也由熊祭祀过渡到了山神祭祀，狂欢内容不断丰富。清顺治年间，随着鄂温克部族的南迁、狩猎生产的衰落，进入嫩江流域及其支流地区的索伦部鄂温克人，在经历了由山林原始部落向山下游猎、渔猎、农耕阶段的过程以及与萨满信仰的互渗融合，瑟宾节原始神秘的色彩逐渐褪去，慢慢演变为乌力楞（家族）或部落一年一度的盛大狂欢。到清晚期，祭祀敖包、歌舞表演、赛马射箭等竞技、游戏、野餐酒宴、篝火晚会等由鄂温克人日常生产生活内容所演变出来的民俗活动渐成瑟宾节的传统内容。

黑龙江省瑟宾节的流传地是讷河市兴旺鄂温克民族乡。每年农历五月中下旬，居住在讷河农区的鄂温克人都会择日欢庆瑟宾节。届时部落里男女老幼身穿盛装，相聚在嫩江边的河谷草滩，以鄂温克人传统的民俗活动来共度佳节。1993年第三届全国鄂温克族研究会确定每年6月18日为鄂温克族瑟宾节。

歌会

瑞云四月八、四十八寨歌节

序号：1209

编号：X-134

批次：3

类别：民俗

申报地区或单位：福建省福鼎市，贵州省天柱县

歌会（瑞云四月八）
申报地区或单位：福建省福鼎市

瑞云四月八是居住在福鼎市硖门畲族乡瑞云村畲族人的传统节日。相传这是为纪念春秋时期楚国的两位歌王即钟子期、钟仪而设立的祭祀活动，畲家人每年农历四月初八这一天都要设坛祭祀，举行歌会。

节日期间，畲族人举办赛歌会、火头旺等独具民族特色的活动。歌会有在野地唱的，也有在自家门口唱的，集体对唱时三五人不等。瑞云畲歌内容丰富，形式多样，有情歌、生活歌、劳动歌、时政歌、仪式歌和杂歌等。唱歌时不用借助器乐伴奏，即兴而歌。而火头旺则是大家在夜色中，烧起火堆，尽情欢唱歌舞。

在长期生产生活过程中，瑞云四月八加入了新的内容。畲族农户历来爱惜耕牛，当地有"牛歇四月八，人歇五月节"之说。在四月八这天，人们不让牛下田耕地，不鞭打牛，并为牛洗身，在牛角上佩红布，备好"牛酒"专供牛食，并传唱牛歌，因而这一天又被称为"牛歇节"。

瑞云四月八是畲族传统文化的重要组成部分，对于研究畲族历史、传承民族特有生活习俗有重要意义。

歌会（四十八寨歌节）
申报地区或单位：贵州省天柱县

四十八寨歌节是以贵州省天柱县为主，贵州省锦屏县、湖南省靖州县为次的侗族、苗族人民群众聚众集会玩山、唱歌、交友、恋爱的民族节日，相传已有上千年的历史。该节日因最初流传于贵州与湖南交界的四十八个侗族、苗族村寨而得名，其中有百分之七十的村寨位于天柱县。

四十八寨歌节具有地域性、多元文化、多语言、原生文化等特征。四十八歌节中最著名的是"四大歌场"，即中寨四方坡、竹林龙凤山、茶亭四乡所、靖州四鼓楼，年代最久远，场面最隆重。如今当地已经衍生了数十个歌场，每个歌场每年举行一次，日期不统一，主要集中在农历五月、六月、七月三个月。每到歌场集会时间，人山人海，歌声此起彼伏，遥相呼应。在唱腔上，四十八寨歌节形成了根据活动地点进行不同唱腔的特征，其唱腔主要有河边调、高坡调、青山调、阿哩调等。在歌曲类型上，有赞让歌、参堂歌、玩山歌、侃古歌等。歌唱形式有合唱、对歌、独唱等。歌手在演唱中采用拟声、状形、达意、传情、描事等手法，随机应变，巧妙穿插。

四十八寨歌节是四十八寨人世代相袭的民俗活动，是苗族、侗族文化的缩影，是民族古歌的遗存。但随着社会变迁，歌节也面临着活动阵地缩小、一些著名歌师年事已高、出现断代现象等困境。

哈萨克族服饰

序号：1025

编号：X-118

批次：2

类别：民俗

申报地区或单位：新疆维吾尔自治区伊犁哈萨克自治州

哈萨克族是草原游牧民族，其民族服装多用羊皮、狐狸皮、鹿皮、狼皮等制作，保暖耐穿。哈萨克族服饰主要流传于新疆的伊犁哈萨克自治州、阿勒泰、木垒哈萨克自治县和巴里坤哈萨克自治县等地的哈萨克族聚居区。

哈萨克族男子通常外穿布面或毛皮大衣，内穿衬衣，套西式背心，腰束皮带，上系小刀；下穿大裆皮裤；戴的帽子分冬春、夏秋季两种。冬春季戴用狐狸皮或羊羔皮做的尖顶四棱形帽以遮风避寒；夏秋季戴羊毛白毡帽以防雨防暑。

哈萨克族妇女喜欢穿花色连衣裙和坎肩。妇女服饰因年龄不同和婚否有明显区别：姑娘婚前喜穿紫红色连衣裙、黑色和紫红色的坎肩，坎肩上缀满装饰品；婚后妇女仍穿花色连衣裙和坎肩，不过胸前不戴任何装饰品。年轻姑娘戴一种圆形花帽，帽上缀满了珠子和金银片，帽顶饰猫头鹰羽毛。中年以后，妇女要戴头巾，除了脸露在外面以外，脖颈、前胸和后背都被遮得严严实实；年轻妇女所戴的头巾上有花纹和图案，年纪大的则不绣花纹。

哈萨克族服饰展示了哈萨克人的智慧和审美情趣，是民族文化的重要体现。如今随着社会的变迁，哈萨克族服饰的材质和式样都更为丰富。

哈萨克族服饰　图1

哈萨克族服饰　图2

汉族传统婚俗

孝义贾家庄婚俗、宁海十里红妆婚俗、斗门水上婚嫁习俗

序号：1005

编号：Ⅹ-98

批次：2

类别：民俗

申报地区或单位：山西省孝义市，浙江省宁海县，广东省珠海市

汉族传统婚俗是汉族的一项重要礼俗。它一直被视为儒家"礼"的重要组成部分。自周代起，"六礼"（纳彩、问名、纳吉、纳征、

请期、亲迎）成为一种规范性习俗，在社会和婚姻生活中发挥着重要作用。随着时代变化，古老婚俗不断消失，但一些地方仍保留着具有特色的传统婚俗礼仪。

山西省孝义市贾家庄婚俗沿袭了古代婚嫁"六礼"之仪。整个婚俗分为婚前礼俗、嫁娶仪式、婚后礼俗三个阶段、四十多项礼仪。婚礼中新娘穿龙凤衣，戴凤冠；新郎着长袍马褂、礼帽。婚俗中每一件物品、每一个程序都蕴藏着深邃的文化寓意，为黄河流域婚俗文化的集中体现。

宁海十里红妆婚俗长期流传于浙江宁海及浙东地区。在宁海，每逢婚嫁，嫁妆队伍浩浩荡荡，绵延十里，因而得名"十里红妆"。宁海十里红妆婚俗主要包括定情、做媒、相亲、备嫁妆、迎嫁妆、花轿迎娶、拜天地、闹洞房、回门等。当地嫁女的嫁妆包括床铺家具、针头线脑，一应俱全。"千工床、万工轿、十里红嫁妆"是江南手工技艺和江南婚俗的集中体现。

斗门水上婚嫁是流传在珠海斗门水乡的一种独特的水上婚嫁习俗。婚俗程序共有夹年生、使日、坐高堂、上头、嫁仪、花船迎亲、回门等十三项。其中"祭龙王"等程序与水环境不可分离，整个婚嫁过程都贯穿沙田民歌（咸水歌）的演唱，独具水乡风情。

如今这些婚俗在当地虽然仍有传承，但总体上已普遍淡化，一些礼仪程序濒临失传。

洪洞走亲习俗

序号：1003
编号：Ⅹ-96
批次：2
类别：民俗
申报地区或单位：山西省洪洞县

在山西省临汾市洪洞县，当地传说地处汾河东岸的羊獬村为尧王故乡，是娥皇、女英两位女神的娘家；而位于汾河西岸的历山村为舜的故乡，是两位女神的婆家。两地及沿途居民因而互称"亲戚"，并形成了奇特的洪洞走亲习俗，民间称为"三月三走亲"或"接姑姑迎娘娘"。

每年农历三月初二，羊獬村民齐集姑姑庙前向女神跪拜辞行，男子们抬起姑姑的驾楼，在仪仗队、威风锣鼓队的护送下去往历山。途经各村均要设香案，摆点心、水果，组织锣鼓队迎接。到历山后，羊獬与历山锣鼓队大斗威风锣鼓；当地社首邀请来自羊獬"亲戚"回家吃饭、住宿。三月初三中午，历山人请出两位娘娘神像置于羊獬驾楼中，正式起驾回羊獬。途经万安村（传说舜的老家）时要夜宿万安娘娘庙。到农历四月二十八，历山人来羊獬给尧王拜寿，并将两位娘娘接回去，然后就要进入农忙季节了。

走亲习俗是民众共同记忆的重要方式，它维系着一个地域的社会秩序。它也是晋南人重要的信仰活动，影响着人们的生活态度、价值观和亲属观念，具有较高的民俗学价值。

胡集书会

序号：507
编号：Ⅹ-59
批次：2
类别：民俗
申报地区或单位：山东省惠民县

胡集书会是在山东省惠民县胡集镇于每年正月举办的一种民间曲艺集市盛会，其始于宋元，至清初极盛，至今已有七百多年历史。

书会分为前节、正节、偏节。正月十一日之前，来自山东、河北、北京、天津、辽宁、河南等地的说书艺人，带着乐器和被褥，沿途说书卖艺，陆续云集胡集，这称为"前节"。正月十二，说书人来到集上，摆下摊子，扯旗挂牌，登场献艺。上午十时，鼓乐四起，鞭炮齐鸣，书会正式开始，由这天一直到正月十六，为"正节"。其间有元宵节，当地民间有跑龙灯、扭秧歌、踩高跷、抬芯子等传统艺术表演，书会达到高潮。书会上曲种丰富，有西河大鼓、木板大鼓、毛竹板书、评书、渤海大鼓、山东快书、山东琴书、渔鼓书等。附近村镇群众爱好听书，各村还派出内行来挑选中意的节目，邀请艺人到本村演唱。从十七日至二十一日，为"偏节"。之后，书会散场，艺人们沿途卖艺归去。书会期间，艺人们互相拜年，交换书目，切磋技艺，收徒拜师。

胡集书会的形成历史悠久，影响深远，与河南的马街书会并列为我国北方两大书会。"文革"期间，书会被迫中断。1985年胡集曲艺厅落成，书会再现辉煌，但20世纪90年代后逐步衰微。2000年始，当地政府采取多种措施促进书会传承。

黄帝陵祭典

序号：480
编号：X-32
批次：1
类别：民俗
申报地区或单位：陕西省黄陵县

扩展名录：
黄帝祭典（新郑黄帝拜祖祭典）
　　河南省新郑市
黄帝祭典（缙云轩辕祭典）
　　浙江省缙云县

黄帝陵祭典是为了纪念中华民族始祖轩辕黄帝而在黄帝陵举行的隆重祭祀活动。位于陕西省中部的黄陵县，正因这里是黄帝陵墓所在地而得名。黄帝陵建于秦代，至今进行过多次修缮和扩建。

最早见诸史料的帝王祭祀是周威烈王四年（前422）秦灵公作吴阳上畤，专祭黄帝。汉代以后，祭祀黄帝形成朝廷定例。1911年，孙中山就任临时大总统，专程派人赴黄帝陵祭祖。抗战时期，国共两党几度同祭黄帝陵，毛泽东曾亲自撰写祭文。

黄帝陵祭典在长期实践中已形成一定的规模格式和礼仪，大致可分为公（官）祭、民祭两种形式。公祭仪式庄严、肃穆，祭桌上摆放祭器、时鲜水果、鲜花、蜡烛、面花等，祭祀过程包括击鼓鸣钟、敬献花篮、行鞠躬礼、恭读祭文、乐舞告祭、拜谒祖陵等内容。民间祭祀一般在清明节前后和重阳节期间，无固定仪式，往往根据祭奠者的愿望及习俗而定。

黄帝陵祭典历史悠久，不仅具有丰富的文化历史价值和民俗艺术价值，而且对于传承中华文明、增强文化认同和民族凝聚力具有重要现实意义。新中国成立后，尤其是20世纪80年代以来，黄帝陵祭祀越来越受到关注。

黄帝祭典（新郑黄帝拜祖祭典）
申报地区或单位：河南省新郑市

新郑黄帝拜祖祭典指每年农历三月初三在河南新郑举行的祭拜轩辕黄帝的大典。新郑是黄帝诞生、建都之地。五千年前，新郑为有熊国。据记载，农历二月初九，黄帝生于轩辕丘（今新郑市区北关），后来于三月初三在此地开国立都，开创中华民族古代文明。后人为纪念黄帝功业，在轩辕丘旁建轩辕故里祠，又在黄帝建功立业的具茨山（今始祖山，位于新郑市区西南）建轩辕庙。自春秋时起，每年三月初三，当地官民都在这两地举行祭拜，唐代以后渐成规制，盛世时由官方主拜，乱世时由民间自办，一直绵延至今。

黄帝祭典（缙云轩辕祭典）
申报地区或单位：浙江省缙云县

缙云是黄帝的一种官名，也是黄帝的别号。缙云县始建于武周万岁登丰元年（696），以境内有古缙云山而得名。《元和郡县》记载："缙云山，一名仙都，一曰缙云，黄帝炼丹于此。"

缙云祭祀轩辕氏活动，最早可追溯到汉朝。东晋年间缙云山建起了缙云堂，唐天宝年间，唐玄宗敕改缙云堂为黄帝祠宇。缙云是中国南方祭祀轩辕黄帝的唯一场所。

缙云轩辕祭祀，分春（清明）秋（重阳）二祭，形式分黄帝祠宇大殿祭拜、各地宗祠祭拜或自家"道坛"祭拜等多种，以黄帝祠宇大殿祭拜最为隆重。

回族服饰

序号：514
编号：Ⅹ-66
批次：1
类别：民俗
申报地区或单位：宁夏回族自治区

回族服饰，主要包括坎肩、戴斯达尔、麦赛海袜、准白、礼拜帽、盖头等。服饰随着年纪、季节、场合、职业和地区差异而不同。

回族男子服饰中，坎肩的原料为布、绸、绢、麻等，冬夏均可穿用。礼拜帽，是一种无檐小圆帽，以白、黑色为主，也有灰、蓝、绿等色。戴斯达尔，意为"清真寺的阿訇或教长头上缠的布"。麦赛海袜是一种皮袜子，伊斯兰教规定，穆斯林每日五次礼拜须洗小净，如果穿上此袜可以免去小净中的洗脚程序，用湿手在袜子的脚尖至脚后跟处抹一下即可。鞋，一般都是自制的方口或圆口布鞋，也有用麻、线制作的凉鞋。

回族女子的传统衣服一般都以大襟为主，装饰内容很丰富，多有镶色、滚边、绣花等。鞋头上也多有绣花。袜子主要讲究遛跟和袜底，常有绣花、几何图案等。盖头，是回族等穆斯林妇女传统的头巾，伊斯兰教把妇女头发列为"羞体"，因而用盖头遮住头发、耳朵、脖子，只露出面孔。大部分回族女子喜欢戴耳环、戒指、手镯等佩饰。

回族服饰是回族宗教信仰、生存环境、文化活动的生动写照，也是回族文化传承的重要载体。

惠安女服饰

序号：512
编号：Ⅹ-64
批次：1
类别：民俗
申报地区或单位：福建省惠安县

惠安女服饰是福建泉州市惠安县东沿海一带女性穿着的独特服饰。它源于闽越文化，并融合了中原文化和海洋文化的特点。其整体样式定型于唐代，至宋代渐趋成熟；清初发生较明显的变化，形成了款式奇异、装饰独特、色彩协调、纹饰艳丽的基本特征。

惠安女服饰包括服装、发型、佩饰等。关于服饰特点，当地有一句歌谣："封建头，民主肚，节约衫，浪费裤。"惠安女的头部被斗笠和头巾包裹得仅露出一张脸，如此能挡风防沙或遮阳；上身穿斜襟短衫，露出腰腹部，这样便于在海边劳作；下着大筒裤，利于劳作时被浸湿

◎民俗

后迅速风干。斗笠是服饰中最显眼的部分，主体色彩是纯黄色。头巾都是正方形的，边长约六十六厘米，色彩和花纹基本上是蓝底白花、绿底白花、白底绿花等。腰饰，一种是用各种色彩的塑料带编织而成的，总宽7~9厘米，色彩醒目；另一种是用银打制成的。裤子主色调为黑色，裤管肥大。惠安女还喜戴小巧的耳环、项链、戒指和手钏等。服饰会随着年纪、季节、场合和地区不同而略有差异。

惠安女服饰的发展变化，以适应生活和劳动为前提，并严格遵循自身的审美观念，具有突出的实用性和艺术性。其体现出的民间性、地方性，具有较高的民俗文化研究价值。但如今，随着生活方式的改变，穿着传统服饰的女性越来越少。

惠安女服饰

婚俗

朝鲜族回婚礼、达斡尔族传统婚俗、彝族传统婚俗、裕固族传统婚俗、回族传统婚俗、哈萨克族传统婚俗、锡伯族传统婚俗

序号：1214
编号：X-139
批次：3
类别：民俗
申报地区或单位：吉林省延边朝鲜族自治州，黑龙江省齐齐哈尔市富拉尔基区，四川省美姑县，甘肃省张掖市，宁夏回族自治区，新疆维吾尔自治区伊犁哈萨克自治州，新疆嘎善文化传播中心

婚俗（朝鲜族回婚礼）
申报地区或单位：吉林省延边朝鲜族自治州

朝鲜族回婚礼是朝鲜族纪念结婚六十周年举行的庆贺典礼。其主要流传于吉林的延边及东北三省的其他朝鲜族聚居区。朝鲜族先人把"六十甲子"轮回称为"周甲"或"回甲"，因此，朝鲜族有"回婚礼""回甲宴"（庆祝六十周岁宴席）习俗。举行回婚礼的夫妇必须达到三个条件：一是婚龄必须满六十周年；二是必须是原配夫妻；三是所生子女都得健在，且没有犯法服刑者。

回婚礼比普通婚礼更为隆重。婚礼这天，老夫妻衣着盛装打扮成新郎和新娘，在院子里举行奠雁礼、交拜礼、合卺礼仪式等，然后进屋接受丰盛的大桌（专为新郎新娘准备的宴席），接受子女亲友的祝贺。之后，新郎和新娘坐上轿子，在亲朋的簇拥下绕村游行一周。新式的回婚礼则在庆典前，新娘先在某个子女家等待，新郎前去接新娘到村里坐牛车或轿车周游一圈，

959

儿女亲朋随车载歌载舞，村里的年轻夫妇在路边向老夫妇敬酒，年轻人则跳起民族舞蹈以示祝贺。

婚俗（达斡尔族传统婚俗）
申报地区或单位：黑龙江省齐齐哈尔市富拉尔基区

达斡尔族传统婚俗主要流传于黑龙江、内蒙古等地的达斡尔族聚居区，其婚事要经过说媒、订亲、过礼、娶亲等程序。年轻人的婚姻通常先经媒人说合，女方家同意后，择日在媒人的带领下送彩礼到女方家，女方家则摆下酒宴将未来女婿介绍给亲朋好友，未婚女婿磕头礼拜即成订婚仪式。之后，男方要送结婚彩礼。到了约定的婚期，新郎提前一两天去迎娶新娘。新娘和送亲队伍连同数辆嫁妆车一同前往婆家，男方亲属均到门前迎接，送亲车必须沿着东方到男方家大门口停车，意为使新娘迎日出方向进婆家大门。新娘进门后，双方亲人行礼认亲，新娘向家中长辈一一行礼，婚礼即告完成。满月以后，新娘回娘家住满一个月。

达斡尔族婚俗从提亲到回门都穿插大量民歌，如"提亲歌""相思歌""哭嫁歌""回门歌"等。迎亲宴上，除唱歌外，宾主还有幽默诙谐的表演，有的诵以吉祥篇章，有的出谜逗趣，场面格外热闹。很多地方在订婚和结婚时还举行射箭、赛马等活动。

婚俗（彝族传统婚俗）
申报地区或单位：四川省美姑县

彝族传统婚俗因地域差异各有特色，但以四川省凉山彝族自治州美姑县为代表的凉山彝族传统婚俗以其古老、独特、内容丰富而著称。

凉山彝族的婚姻一般分恋爱、说媒、定亲、迎亲、回门五个程序。彝族婚嫁中有一些特别的风俗，如泼水、搭青篷（树枝搭的帐篷）、节食、哭嫁、抢亲、背新娘、新娘住茅草屋、唱酒歌、说克智诗（双方辩论）、洞房打斗等。定亲和迎亲过程中互相泼水，意味着驱邪或新娘婚后不用太远去背水。青篷供主宾对歌歇息。新娘节食是为避免迎娶途中方便。唱哭嫁歌述说父母对自己的养育之恩。抢新娘则表示对新娘的尊重与重视。背新娘是因为新娘脚落地有子嗣不旺之讳。洞房夜，新娘新郎打斗一番以示勇武与贞洁。在婚宴席间，唱酒歌、说克智诗、摔跤等活动富含浓厚的民族文化气息。

婚俗（裕固族传统婚俗）
申报地区或单位：甘肃省张掖市

裕固族传统婚俗主要流传于甘肃省张掖市肃南裕固族自治县。裕固族的婚配形式有"帐房戴头婚"和正式结婚两种。

帐房戴头婚，即女子成年时举行戴头仪式（戴上头面，改编发辫以示成年），在娘家另立帐房成家，这种男不娶女不嫁的婚姻形式是古老婚制的遗俗，现已失传。

正式结婚一般经历说媒、订婚、婚礼三个程序。说媒与订婚相对简单，婚礼较为隆重。婚礼第一天在女方家宴请宾客。第二天一早，新娘举行戴头仪式后，饮完上马酒，新娘舅舅带头唱起《送亲歌》为新娘送行。送亲队伍半途中要打尖（吃饭）。接亲队伍到达男方家门时，有冲毡房（踏帐）、新娘跳火（从火通过）、新郎射箭等习俗，意为考验勇气与驱除邪气，体现了游牧民族的鲜明特色。婚礼每个仪式中都要唱歌，婚礼时男女双方家都要请歌手。在新娘家唱哭嫁歌、劝嫁歌、送亲歌；在男方家婚宴上，歌手唱婚俗歌、祝酒歌，双方歌手对唱。婚礼结束后，新娘要按照喇嘛选定的吉日，放牧2～3天，表示新娘能干、勤俭，告知诸山神添了新人。

婚俗（回族传统婚俗）
申报地区或单位：宁夏回族自治区

宁夏回族结婚分为提亲、订婚、婚礼、回门四个程序。婚礼具有浓郁的伊斯兰教特征。回族结婚日大都选"主麻"日（星期五）。婚礼前一天，男方向女方家送礼，称"过大礼"。婚礼这天，男方家要请刚做完"晨礼"的阿訇和满拉到家里过"尔麦里"（祈祷），表示对安拉的感恩。婚礼仪式由阿訇主持，他先问新郎新娘是否愿意结为夫妻，当得到肯定的答复后，念《古兰经》中的"喜经"部分，然后宣布新郎新娘结为夫妻。新娘不出现在仪式中。婚礼结束时，大家一起感谢真主。宁夏回族传统婚礼的一大特色是唱"宴席曲"，主人会邀请一些有名的"唱把式"（歌手）来助兴。仪式结束后，宾客们进行"耍新郎""耍公婆"活动。

婚俗（哈萨克族传统婚俗）
申报地区或单位：新疆维吾尔自治区伊犁哈萨克自治州

哈萨克族传统婚俗充满浓郁的游牧民族风情，主要流传于新疆的伊犁哈萨克自治州、阿勒泰、木垒哈萨克自治县和巴里坤哈萨克自治县等哈萨克族聚居区。哈萨克族缔结婚姻要经过说亲、定亲、吉尔提斯（展示彩礼）、送彩礼、出嫁和迎亲等仪式。

礼品和彩礼在哈萨克婚俗中具有重要地位。说亲、定亲时，男方父母均要给女方送马、衣料等礼品。"吉尔提斯"是专门展示送给女方的彩礼仪式。婚礼前还要举行送彩礼仪式，也称登门仪式，女方家接收彩礼后，未婚女婿当晚可留宿女方家，这是哈萨克人的古老习俗即初婚仪式。

结婚仪式分为女方家送亲礼和婆家迎新礼两部分。歌声贯穿整个婚礼，在新娘家唱劝嫁歌、哭嫁歌、哭别歌；到了新郎家唱揭面纱歌、祝福歌。婚礼不用毛拉主持，而是由伴娘、伴郎和大家一起唱歌。婚礼上的歌没有固定歌词，而是即兴编唱。新娘进新郎大帐时，有拜火、绊新娘、新娘火中浇油的风俗。此外，婚礼期间还举行摔跤、赛马、姑娘追（小伙子骑马，姑娘拿皮鞭追赶）等娱乐活动。

婚俗（锡伯族婚俗）
申报地区或单位：新疆嘎善文化传播中心

锡伯族婚俗主要流传于新疆伊犁哈萨克自治州察布查尔锡伯自治县。其婚事包括提亲、订婚、办婚礼等程序。携烧酒提亲，磕头、装烟来确定婚事。婚礼举行三天，双方家庭要请"奥父""奥母"（族中有威望者）主持婚礼。第一天送喜车（彩礼）。女方家第一天宴席为小宴，招待近亲邻里。第二天为大宴，姑嫂们为新娘开脸，新娘母亲唱完《嫁女歌》后，新娘坐上篷车去新郎家。到新郎家后，要完成拜天地、挑盖头、白头之誓（用哈达将切成片的羊尾巴投入灶火中）、拜祖宗、接受磕头钱、拜席等一系列礼仪。婚后二天，新郎、新娘上坟祭祖。第九天新婚夫妇回娘家。

歌舞是重要的欢庆形式，如说亲歌、丁巴歌、嫁女歌、婚礼歌等。双方的萨尔沙（贵宾）中许多人都能说会道，幽默诙谐，大家互相对歌、对舞，气氛非常热烈。

国家级代表性传承人名单

姓名	性别	申报地区或单位	入选批次
安福成	男	甘肃省张掖市	4

祭敖包

序号：488

编号：Ⅹ-40

批次：1

类别：民俗

内蒙古自治区锡林郭勒盟

扩展名录：
祭敖包（达斡尔族沃其贝）
　　新疆维吾尔自治区塔城市

祭敖包是蒙古民族的传统习俗。敖包，在蒙语中意为"堆子"，多以石块堆积而成，一般都建在山顶或丘陵之上，形状多为圆锥形，高低不等。其中内蒙古锡林郭勒盟是祭敖包历史遗存保存较为完整的地区。

关于敖包，有说是草原上的界标或路边，也有说敖包在牧民心目中象征神在其位，祭敖包就是祭各种神灵。蒙古族牧民各地区的风俗习惯不同，祭敖包的形式各异，一般在农历五月至七、八月，有的由一个旗、一个苏木独祭，也有几个旗、几个苏木联合祭祀的。

古代敖包的建立和祭祀比较简单，由祭师宣布，选择敖包所在地。人们在此地用土或石头建成堆子，举行若干仪式后就建成了敖包，以后人们每年都到这里祭拜。藏传佛教传入蒙古族地区后，祭敖包的形式发生了一些变化，但牧民对敖包的参拜祭典始终不变。

祭敖包从日出前开始，仪式隆重、严肃。人们围绕敖包沿顺时针方向转三圈，边转边向敖包滴洒鲜奶和酒，然后在敖包正前方叩拜，将带来的石头添加在敖包上，并用柳条、哈达、彩旗等将敖包装饰一新。有的地方，要请喇嘛诵经祈祷。仪式结束后，人们举行摔跤、赛马、射箭等传统体育活动，唱歌跳舞，举杯畅饮。

祭敖包是蒙古族古老文化的缩影，包含了许多蒙古族的传统文化和习俗，对研究游牧文化、蒙古民族发展史具有重要价值。

祭敖包（达斡尔族沃其贝）
申报地区或单位：新疆维吾尔自治区塔城市

沃其贝，达斡尔语音译，意为"祭敖包"，是新疆塔城市达斡尔族民众最重要的传统节庆活动。

据记载，达斡尔族沃其贝始于元朝，盛行于清代。沃其贝每年分春、秋两次，多以哈拉（村落）为单位举行。祭祀时，人们为敖包添加山石，宰杀牲畜，由巴克其（主持人）致祷告词，参加者排成队，向敖包祭血、祭酒，绕行敖包三周，之后分食所祭之肉。之后还要举行赛马、射箭、摔跤等体育比赛。

清乾隆二十八年（1763），居住在黑龙江的一部分达斡尔族官兵奉命西征戍边，来到塔城阿西尔乡一带定居，把祈求五谷丰登、风调雨顺的沃其贝祭祀仪式流传了下来。

如今沃其贝一般在农历六月初八举行，届时人们身穿民族节日盛装，带上精心准备的食物，汇集在阿西尔达斡尔民族乡三眼泉的敖包前，参加沃其贝节庆典。

祭孔大典

序号：483

编号：Ⅹ-35

○ 民俗

批次：1

类别：民俗

申报地区或单位：山东省曲阜市

扩展名录：
祭孔大典（南孔祭典） 浙江省衢州市

祭孔大典是山东曲阜专门祭祀孔子的大型庙堂乐舞活动，主要于每年农历八月二十七日举行，相传此为孔子诞辰日。孔子（前551～前479）致力于兴办私学、传承古学、开创儒学，由于其卓越贡献和思想影响深远，被国人尊为至圣先师。

祭孔活动历史悠久，可追溯到公元前478年，鲁哀公将孔子故宅辟为寿堂祭祀孔子，这成为世界上第一座孔庙。汉武帝独尊儒术后，各地纷纷建孔庙。自唐玄宗于739年封孔子为"文宣王"后，祭祀孔子活动开始升格，到明代已达帝王规格，至清代更是隆重盛大，仅乾隆皇帝就先后八次亲临曲阜拜谒孔子。民国政府明令全国祭孔，对程序和礼仪做了较大变动，改献爵为献花圈，改古典祭服为长袍马褂，改跪拜为鞠躬礼。后来祭典曾一度中断，直到1984年，沉寂了半个世纪的祭孔大典在山东曲阜得以重现。

祭孔大典主要包括乐、歌、舞、礼四种形式。其最重要的程式是三献礼，即初献、亚献和终献。初献由正献官献帛爵，帛是黄色丝绸，爵指仿古酒杯。亚献和终献都是献香献酒，分别由亚献官和终献官奉上。如今的曲阜祭孔大典共分为明故城开城仪式、孔庙开庙仪式、现代公祭和传统祭祀四个部分。

新时期的祭孔大典，在弘扬优秀传统文化、构建和谐社会、凝聚民族精神方面发挥着重要的社会作用。

祭孔大典（南孔祭典）
申报地区或单位：浙江省衢州市

南孔祭典是指居住在南方的孔氏宗亲祭祀孔子的仪式，其中以每年孔子诞辰日在浙江衢州孔氏南宗家庙举行的祭典为代表。全世界建有许多孔庙、文庙，但孔氏家庙只有两处，北在山东曲阜，南在浙江衢州。

南宋建炎二年（1128），徽、钦二帝被掳，金兵入侵，宋高宗赵构仓皇南逃，孔子第四十八世孙衍圣公孔端友奉孔子夫妇木像，率宗室成员随宋室南渡，于建炎三年来到衢州，宋高宗诏命"权以州学为庙"祭祀孔子，由此开始了南宗祭孔。

南宗祭孔活动包括四大祭（四季仲月上丁日）、四仲丁（大祭后十天）、八小祭、节气祭以及生日、祭日的特别祭和逢初一、十五的一般祭拜等。广义上还包括南宗管辖的各地书院祭孔活动以及南宗私塾、读经班的开蒙仪式等。南宗祭孔活动在衢州一直延续了八百余年。新中国成立后一度中断，2004年南宗嫡长孙孔祥楷倡议恢复。在祭典中，参祭人员穿现代服装，行现代礼仪，改"献三牲"为"献五谷"，改乐舞为朗诵《论语》等，表现出"当代人祭孔"和"百姓祭孔"的特色。

祭寨神林

序号：1208

编号：Ⅹ-133

批次：3

类别：民俗

申报地区或单位：云南省元阳县

祭寨神林是哈尼族于每年春耕开始前（一般在一月中旬）举行的一种祭祀活动，以祈求风调雨顺，五谷丰登，人畜平安。其主要流传于云南南部元江、澜沧江两江中间地带的哈尼族聚居区。

在哈尼族地区，所有村寨都有自己的寨神林和寨神树，寨神树被视为寨神的偶像，寨神林也因此而神圣不可侵犯，全村每年都要到寨神树下祭寨神林。祭寨神林一般举行3～5天，由"咪谷"（民选领袖）主持杀一头猪或几只鸡来祭奠寨神林，之后各家分一份祭祀过神林的肉作为家庭祭祀供品。寨子里每户人家都要舂粑粑、做彩蛋作礼品，邀请乡邻亲友来过节。节日期间人们不从事生产活动，带着五彩蛋到处玩耍。节日最后一天，每户人家都要抬一桌丰盛的酒菜到寨子的街道上摆长街宴，吟唱古歌，尽情跳舞。

哈尼族宗教是以万物有灵为基础的自然崇拜为主要形式。祭寨神林活动集中展示了哈尼族传统祭祀宗教文化、民族历史传承与传统饮食文化等。

祭祖习俗

大槐树祭祖习俗

序号：997
编号：Ⅹ-90
批次：2
类别：民俗
申报地区或单位：山西省洪洞县

扩展名录：
祭祖习俗（沁水柳氏清明祭祖）　　　　　　　　　　　　　　山西省沁水县
祭祖习俗（太公祭）　浙江省文成县
祭祖习俗（石壁客家祭祖习俗）　　　　　　　　　　　　　　福建省宁化县
祭祖习俗（灯杆彩凤习俗）　　　　　　　　　　　　　　广东省揭东县
祭祖习俗（下沙祭祖）　广东省深圳市福田区

祭祖习俗（大槐树祭祖习俗）
申报地区或单位：山西省洪洞县

大槐树祭祖习俗是山西省洪洞县在清明节期间举行的寻根祭祖活动。

山西洪洞大槐树是我国宋代以来移民迁出活动的中心，其中以明代洪武初年至永乐十五年（1368～1417）的五十年为高潮，朝廷在此期间共十八次从山西迁出移民，这成为中国历史上规模最大的移民运动。集中迁出的移民地址即在原洪洞县广济寺外的大槐树下。几百年来，移民后裔利用各种机会回到大槐树下祭祖，形成了丰富的移民传说和悠久的祭祖传统。

从1991年开始，洪洞县政府开始于每年4月1日至4月10日举办"寻根祭祖节"，将历史悠久的大槐树祭祖习俗变成官民合祭的盛大民俗活动。祭祖仪式程序依次为：迎请神主，敬香通神，敬献三牲五谷，敬献时鲜面点，敬献福酒；三献礼之后敬致祝文，敬献乐舞、鼓祭；在饮福受胙环节，主祭人分发献点，赐饮福酒，代表先祖神灵护佑群生。最后所有人员列队，鞠躬辞神，感谢古槐庇佑，感谢先祖功德。

大槐树祭祖习俗是中华民族同根同族历史渊源的生动反映，它强化了海内外同胞的文化认同感，对增强民族凝聚力和祖国统一具有积极意义。

祭祖习俗（沁水柳氏清明祭祖）
申报地区或单位：山西省沁水县

沁水柳氏清明祭祖是山西省沁水县西文兴村河东柳氏族人（相传为柳宗元后裔）于每年清明节举行的祭祖活动。

每年清明节，柳氏家族要举行隆重的祭祖活动。清明节前三天到清明节当天，柳氏族人忌荤吃素；每天早饭的第一碗必须献祠堂，之后才能吃饭。清明节第一天各家各自上坟；第二天上祖宗坟；第三天全村回到祠堂祭拜共同的大祖宗。根据家族古训，祭祖程序和仪式、参与者的言谈举止、衣冠装束、献食祭品、感告时日等，都有严格的要求和规范。除祭祀外，柳氏家族还对生子、行冠、婚嫁等都有明文的规定。

柳氏家族祭祖礼仪是目前最典型的家族式庆典、祭祀活动，具有较高的历史价值。

祭祖习俗（太公祭）
申报地区或单位：浙江省文成县

太公祭是在浙江省温州市文成县南田镇举行以刘基为对象的家族及地方先贤祭祀活动。刘基，字伯温，谥号文成，明朝开国元勋，文成县南田镇是刘基故里，"太公"是后世人对其的尊称。先贤公祭日为刘基诞辰的农历六月十五。刘氏宗族固定每年农历正月初一、六月十五举行祭祀活动。

祭祀内容主要包括巡游、祭祀典礼等传统活动。祭日清晨，刘氏宗亲身着古装，手执各式祭器，手擎古式高灯、符牌、旗、帅、刀、枪等肃然列队，沿着南田镇街道依次有序地行进，夹杂着锣鼓声、唢呐声、爆竹声和鼎沸人声，热闹非凡。巡游结束后，祭祀队伍汇集到伯温广场刘基铜像前，进行精彩的舞龙舞狮等表演。随后，庄严隆重的祭祀仪式开始。身穿蓝色长衫、头戴金色礼帽的主祭人向铜像上香，后裔宗亲们也随着司仪宣唱号令，行三鞠躬礼。之后，刘氏后人在祭坛前献祭品、奏礼乐、焚香烛、颂祭文。

祭祖习俗（石壁客家祭祖习俗）
申报地区或单位：福建省宁化县

石壁客家祭祖习俗是福建省宁化石壁镇客家人的传统祭祀祖先的习俗。我国历史上几次重大的北人南迁，形成了一个独特的客家民系。客家人南迁均以宁化作为集聚地，因此这里被称为"客家祖地"。

石壁客家祭祖始于明洪武年间。祭祖沿袭古礼，包括出主、燃烛、设案、上香、跪叩、荐食、储食、初献、读祝、再献、三献、焚祭文、纳主、撤、馂等程序。祭祖分为春、秋两祭。春祭为清明节；秋祭为农历八月初一。祭祀分为公祭（或称官祭）和族祭（或称私祭）。公祭一般由官方主持，所祭祖先为包含众多姓氏的特定族群。族祭由同一姓氏后裔共同祭祀，在祭祀方式上，可分为祠祭和墓祭，前者祭祀地在祠堂，气氛主庄重肃穆，后者祭祀地在墓地，情绪多追怀抚昔。

祭祖习俗（灯杆彩凤习俗）
申报地区或单位：广东省揭东县

灯杆彩凤习俗是广东揭东县港畔村及其周边江姓族人（旧称龙砂族）为纪念其先祖——南宋爱国名相江万里举办的一种灯会祭祖活动。

相传南宋末年，元军进攻，江万里带兵镇守饶州城失败后，带其家人投江殉国。其幸存后人隐居揭东，偶见凤栖竹林，念及先祖喜凤，于是以"竖灯杆升彩凤"来形式来纪念先祖江万里。

竖灯杆升彩凤，即用一根十多米长的毛竹，尾部留着竹叶，竹尾挂上大红灯笼，灯笼上方"立"着一只五色"彩凤"，上面写着"吉祥""幸福"字样，凤下挂着风铃，风一吹，"彩凤"转动，铃声清脆悦耳。这一纪念仪式一般在农历十月上旬至十一月上旬举行，历时一个月。村民以户为单位竖一灯杆彩凤。其间，各村还举办潮剧演出、潮州弦乐演出、锣鼓标旗队巡游等文娱活动，热闹非凡。

祭祖习俗（下沙祭祖）

申报地区或单位：广东省深圳市福田区

下沙祭祖习俗是深圳市福田区下沙黄氏宗族祭祀祖先的活动。每年分春、秋两祭，春祭为清明节前，秋祭为农历九月十五重阳节。

下沙祭祖始于南宋时期，下沙村黄氏一世祖黄默堂去世后，其子孙每年重阳节到墓地祭祖。黄氏第九世祖黄思铭去世后，后人在村内建"黄思铭公世祠"以示纪念。自此，下沙祭祖的墓祭、祠祭的祭祀仪式有了固定程序，并延续至今。

每年春、秋两季，在下沙村内的黄思铭公世祠和莲花山的黄默堂墓地，黄氏宗亲祭祖都会如期举行。春祭较为简单，只拜祠堂；秋祭相对隆重，既要拜墓，又要拜祠堂，时间为农历九月十五日（拜墓）和九月十六日（拜祠堂）。此外，每次祭祖都会举行大型"大盆菜宴"，2002年春祭时席开5319桌，被评为"世界吉尼斯之最"。

下沙祭祖传承八百余年，保存完好，体现了敬老爱老的传统美德。同时，祭祖规模宏大，影响甚广，有助于加强海内外华人的联系，增强民族凝聚力。

江孜达玛节

序号：986
编号：X-79
批次：2
类别：民俗
申报地区或单位：西藏自治区江孜县

江孜达玛节，藏语意为跑马射箭，是流传于西藏江孜一带藏族人民的传统节日。藏历四月十日到二十八日，江孜附近藏族便聚集在宗山脚下，进行各种丰富多彩的体育表演和体育比赛，欢度达玛节。

达玛节原是纪念江孜法王饶丹贡桑帕巴桑布的祭祀活动，主要举行展佛、念经、跳神等典礼，此外还举行角力、跑马、抱石头等娱乐活动。旧时参加跑马射箭比赛的人员与马匹，由江孜地区三家最大的贵族摊派，规模较小。五世达赖统辖全藏后，达玛节上主要进行大规模的跑马射箭比赛，活动时间也由一天变成三天。第一天简单举行宗教仪式，然后检查验证马匹，烙上印记，参赛者不准再换马；第二天举行跑马比赛；第三天进行射箭比赛。比赛完毕，还要进行3～4天的郊宴活动。如今达玛节有赛马、赛牦牛、射箭、足球、篮球、拔河、负重、民兵实弹射击、专业和群众性文艺演出等活动，同时还要进行物资交流、经济贸易活动。

达玛节竞技活动和传统歌舞表演是藏族古老民间习俗与文化的遗存，承载着重大的历史文化信息，也是藏族同胞人际交往、商业活动的重要平台，有助于推动当地社会与经济发展。

界首书会

序号：1009

编号：Ⅹ-102

批次：2

类别：民俗

申报地区或单位：安徽省界首市

界首书会是安徽省界首市任寨乡苗湖村及周边地区民间艺人于每年农历六月初六至十一日举办的曲艺表演活动。该书会源于清代道光年间，苗湖偶遇难得的丰收，本村坠子翁艺人苗本林及邻村曲艺艺人聚集苗湖村编唱小曲，赞美丰收年，后经多年传承成为当地的民间习俗。

每逢会期，山东、江苏、湖北、河南等地曲艺艺人相继赴会演出，方圆数百里的民众也纷纷赶赴苗湖听书，热闹异常。"无时不说，无处不唱，无人不乐"是苗湖书会的一大特色，也是我国民间艺术原始趣味性的真实写照。书会上演唱的曲目，特别是鼓书、评词等民间艺术表演道具简单，演唱方便，不受场地和时间等的限制。其真挚朴实的演唱内容，表达了农民内心的情感世界，深受乡民喜爱。演唱曲目随时代变化推出陈新，特别是一些精悍的鼓书小段新作寓教于乐，陶冶情操。

界首书会曾于"文革"时期一度沉寂，1985年逐步恢复。它是富有地方特色与人文底蕴的活态文化，使坠子艺术得到更大的发展，并承载着地方曲艺和稀有曲种的交流与发展的重任，也推动了当地的经济发展与精神文明建设。

京族哈节

序号：455

编号：Ⅹ-7

批次：1

类别：民俗

申报地区或单位：广西壮族自治区东兴市

京族哈节是京族最隆重的节日，也称"唱哈节"。"哈"是京语译音，含有"歌"的意思。京族主要聚居在广西壮族自治区东兴市的万尾、巫头、山心三个小岛上，是15世纪末16世纪初从越南涂山迁徙来的。各地京族哈节日期不一样，万尾、巫头二岛为农历六月初十，山心岛为农历八月初十，海边的一些村落则在正月二十五。

关于哈节的起源有不少民间传说，其中较有代表性的是说古代有位歌仙来到京族三岛，以传歌为名，动员群众起来反抗封建压迫，她的歌声感动了许多群众，后人为纪念她，建立了哈亭，定期在哈亭唱歌传歌，渐成节俗。

哈节前，家家户户打扫门亭，布置一新，哈节当天，人们穿着盛装，聚集在哈亭，举行迎神、祭祖和唱哈等活动，非常热闹。节日活动历时3~5天，通宵达旦，歌舞不息。其中，唱哈的主角有三人，男歌手一人，称"哈哥"，专司抚琴伴奏，两位女歌手是"哈妹"，一个持两块竹板，另一个拿一只竹梆，击节伴奏，轮流演唱。歌的内容有民间传说、哲理佳话、爱情故事等。锣鼓声中常有少女登台献舞，其中最有特色的是"头顶天灯舞"。舞者头顶瓷碗，碗上叠盘，盘子里点燃蜡烛，同时两手端着酒杯，杯中也各有蜡烛一根，舞时三根蜡烛闪闪不灭，若有多人共跳此舞，则满眼烛光闪烁，美丽动人。

京族是我国唯一的海洋民族，哈节是京族唯一的本民族传统节日，每年都要隆重庆祝，成为京族传统文化的集中体现。

国家级代表性传承人名单

姓名	性别	申报地区或单位	入选批次
罗周文	男	广西壮族自治区东兴市	3

景颇族目瑙纵歌

序号：459

编号：Ⅹ-11

批次：1

类别：民俗

申报地区或单位：云南省陇川县

目瑙纵歌，意为"欢聚歌舞"，是景颇族最隆重的传统节日，流传于云南省德宏傣族景颇族自治州的景颇族聚居区。传说这是景颇人通过鸟雀从太阳神那里学习到的欢聚形式，以祈求吉祥幸福，欢庆丰收胜利。

每逢节日，景颇人身着盛装，成群结队，敲锣打鼓，兴高采烈地拥入目瑙广场。目瑙纵歌的重要标志之一就是竖立在舞场中心的目瑙示栋，一般由四竖二横六块厚实的长方形木牌加底座组成。中间两竖牌稍高，左边为雄牌，绘有太阳图案，右为雌牌，绘有月亮图案。下面螺旋形舞蹈图案，代表景颇族祖先的迁徙路线。再往下是犀鸟和孔雀领舞的传说图案。两侧稍矮的牌子是祖宗男女桩，顶端绘有传说中的祖先发祥地，下面有象征消灾辟邪、人类生殖繁衍等图案。横的上面一块绘有田地图案，下一块绘有畜禽、五谷图案，雌雄桩之间有交叉的刀箭相连。

举办目瑙纵歌时最主要的内容就是跳目瑙纵歌舞，必须由头戴鸟头羽冠的"瑙双"领舞开场。目瑙纵歌有苏目瑙（招财庆丰收）、巴当目瑙（庆祝胜利）、定栓目瑙（庆贺新居落成）、结如目瑙（出征誓师）等十余种，内容十分丰富，

表现了景颇族战争、生产、生活、迁徙和历史、文化、宗教信仰等。常有上万人参加歌舞，气氛隆重热烈。

1983年，目瑙纵歌被确立为德宏傣族景颇族自治州法定节日，节期为每年农历正月十五、十六日。如今，目瑙纵歌已成为展现景颇族文化、促进各民族团结和民族商品经济交易的重要盛会。

国家级代表性传承人名单

姓名	性别	申报地区或单位	入选批次
岳麻通	男	云南省陇川县	3

目瑙纵歌

径山茶宴

序号：1215

编号：Ⅹ-140

批次：3

类别：民俗

申报地区或单位：浙江省杭州市余杭区

径山茶宴是杭州市余杭区径山镇径山万寿禅寺接待贵客、上宾时的一种大堂茶会，是独特的以茶敬客的庄重传统的茶宴礼仪习俗。

径山茶宴历史悠久。径山万寿禅寺始建于

唐朝，兴盛于宋元，是佛教禅宗临济宗著名寺院，南宋时为皇家功德院，被誉为"东南第一禅院"。其茶宴也可追溯至唐朝，当时僧人举行茶宴，礼佛参禅，并制定了独特礼仪；到了宋朝，其影响覆盖江南，后流传至日本，并成为中日禅茶交流中心。

径山茶宴包括张茶榜、击茶鼓、恭请入堂、上香礼佛、煎汤点茶、行盏分茶、说偈吃茶、谢茶退堂等十余道仪式程序。其中，说偈吃茶为茶宴核心部分，分为点茶、献茶、闻香、观色、尝味、叙谊等程序。先由住持亲自冲点香茗"佛茶"，以示敬意，称为"点茶"；然后依次将香茗奉献给来宾，名为"献茶"；赴宴者接过茶后先闻香，再观赏茶汤色泽，而后才启口赞叹品味；茶过三巡后，即开始评品茶香、茶色，最后宾主或师徒之间用"参话头"的形式问答交谈，机锋偈语，慧光灵现。这是我国禅茶文化的经典样式。

径山茶宴具有悠久的历史价值和丰富的文化内涵，以茶论道，禅茶一味，体现了中国禅茶文化的精神品格。径山茶宴对中日文化交流、近代"茶话会"礼仪的形成及杭州地区民间饮茶礼仪习俗都有重要影响。但径山茶宴曾一度中断，20世纪80年代后试图恢复，如今依然面临失传困境。

柯尔克孜族驯鹰习俗

序号：1218

编号：Ⅹ-143

批次：3

类别：民俗

申报地区或单位：新疆维吾尔自治区阿合奇县

柯尔克孜族驯鹰是柯尔克孜族驯化猎鹰的一种绝学技艺。其主要流传于新疆的克孜勒苏柯尔克孜自治州等地的柯尔克孜族聚居区。

驯鹰习俗分为捕鹰（打鹰）、熬鹰、养鹰、驯鹰、放鹰五步骤。猎人先要捕捉鹰。为了消除鹰的野性，驯鹰人把鹰放在晃动的木棍上，使鹰无法稳定地站立与睡觉，在不睡不吃10～12天后，鹰的脂肪被"熬"掉，身手变得敏捷起来，野性也大都能去掉。熬鹰之后，驯鹰人把肉放在手臂的皮套上，让鹰前来啄食，当饥饿的鹰扑过来时，驯鹰人则一次次地把距离拉远，而且每次都不给它吃饱，这样反复训练，直到鹰能飞起来啄到肉为止，这个过程叫养鹰。鹰养好后，训鹰人把鹰尾的羽毛缝起来，用拴着绳子的活兔作猎物，让鹰从空中俯冲叼食。过些时日，把鹰尾线拆去，在鹰腿上拴根长绳，在驯鹰人的控制下捕捉猎物。经过一段时间的训练，鹰就成了猎鹰。当地有放鹰的习俗，猎鹰驯养五六年后，即让鹰回归大自然求偶，在自然界度过余下的数十年。

驯鹰在过去为柯尔克孜人捕猎起到了重要作用。在现代社会，随着牧民生活的变化，猎鹰的作用已经越来越小，同时鹰为国家保护动物，导致这种传统生活习俗濒临失传。

黎族服饰

序号：1018

编号：Ⅹ-111

批次：2

类别：民俗

申报地区或单位：海南省锦绣织贝有限公司、海南民族研究所

海南黎族传统服饰主要用海南岛棉、麻、木棉、树皮纤维和蚕丝等材料织制缝合而成，以黎族传统的纺、染、织、绣四大技艺为基础。服饰在各方言区有所不同。虽然不同服饰是黎

族不同族群的标志，但服饰的基本款式与风格大致相同，只是在颜色、图案、长短、饰物等方面有区别。

黎族男子服饰主要由衣、腰布和红、黑头巾组成。男子上衣开胸，无纽、无扣，仅用一条绳子绑住，衣的背后下部边缘多有无边穗。男子下装多为"丁"字形腰布，又称丁字裤或"犊鼻裤"，也叫"吊"；另一种下装为上窄下宽的开叉裙子。

黎族妇女服饰由上衣、下裙、头巾三个部分组成，每部分都绣着精致的花纹图案。直身、直缝、直袖的贯首上衣原是妇女的主要式样，后来发展为有腰身、有纽扣、对襟或偏襟样式。不同方言区的黎族上衣在颜色、大小、式样上都不同。妇女的筒裙有较大的地域差异：平地、丘陵、平原地区的妇女穿长筒裙；山区的妇女则穿小而短的筒裙，以便劳作。妇女盛装时头插银钗，颈戴银链、银项圈，胸挂珠铃，手戴银圈。各方言区妇女多系黑头巾。

如今随着社会的变迁，掌握传统纺、染、织、绣技艺的人越来越少，黎族服饰的传承受到严重冲击。

黎族三月三节

序号：460

编号：Ⅹ-12

批次：1

类别：民俗

申报地区或单位：海南省五指山市

黎族三月三节是海南黎族的传统节日，节期为每年农历三月初三，主要流传于海南省中南部的五指山市、琼中县、白沙县等地的黎族聚居区。

三月三节历史悠久，宋代史籍中就有相关记载。宋范成大《桂海虞衡志》云："春则秋千会，邻峒男女装束来游，携手并肩，互歌互答，名曰作剧。"在民间，三月三节的来历有多种说法，有说是黎族后代为了纪念天妃和南音兄妹二人传宗接代劳绩的节日，也有说是为了纪念俄娘为黎族百姓除去作恶多端的乌鸦精，并歌颂俄娘和阿贵爱情故事的节日，还有的说是为了纪念黎族远古祖先黎母诞生，庆祝黎族人民繁衍昌盛的节日。

人们在节日期间悼念勤劳勇敢的祖先，表达对爱情、幸福的向往之情。节日当天，黎族村寨男女老少身着节日盛装，挑着山兰米酒，带上竹筒香饭，从四面八方汇集一起，祭拜始祖，进行对歌、跳舞等。青年男女更是以歌舞会友传情，表达爱意。

三月三节是黎族传统文化最具体的表现，对了解黎族历史文化有重要价值。如今，每年三月三节，海南黎族各聚居区都要举行规模盛大、内容丰富的庆祝活动，已成为传播民族文化、促进民族经济发展的盛会。

傈僳族刀杆节

序号：475

编号：Ⅹ-27

批次：1

类别：民俗

申报地区或单位：云南省泸水县

傈僳族刀杆节是傈僳族的重要传统节日，主要流传于云南怒江傈僳族自治州、保山市腾冲县和龙陵县等傈僳族较集中的地区。腾冲傈僳族刀杆节一般在农历二月初七、初八举行，泸水县傈僳族刀杆节的节期是农历正月十五。

关于刀杆节的来历，民间相传是为纪念对傈僳族有大恩的明代汉族英雄王骥。王骥率兵平息叛逆，赶走敌人，并带领傈僳族傈僳族青年习武，发展生产，但却被听信谗言的皇帝下令毒死。傈僳人把英雄的忌日定为操练武功的日子，于是代代相传，形成节日。

节日这天，傈僳族群众穿着盛装，从四面八方汇集到会场，围着火堆欢快跳舞。其中"上刀山，下火海"是刀杆节的主要习俗表演活动，包括点花、点刀、耍刀、迎花、设坛、祭刀杆、竖杆、祭龙、上刀、折刀、下火海等步骤，其间有一套严格的程序和祭祀仪式。上刀山是将三十六把或七十二把利刀捆扎于树干上，每把刀相距尺许，刀刃朝上，表演者赤脚踏着锋利的钢刀，逐级爬至刀杆顶端，依次进行开天门、挂红、撒谷等表演。下火海是表演者上身裸露，光着脚，模仿各种禽兽的动作，在烧红的木炭上来回跳动，不时用手抓炭火在身上揩抹、搓揉，毫不畏惧。

刀杆节是傈僳族人不畏艰险的民族精神的体现。"上刀山，下火海"过去在傈僳族、彝族聚居地区广有分布，由于老艺人逐渐离世，在怒江州曾一度失传，近年来得以恢复。目前，当地已组建民族艺术团专门从事"上刀山，下火海"表演活动。

国家级代表性传承人名单

姓名	性别	申报地区或单位	入选批次
李学强	男	云南省泸水县	2

洛阳牡丹花会

序号：1010

编号：X-103

批次：2

类别：民俗

申报地区或单位：河南省洛阳市

洛阳牡丹花会是在河南洛阳举办的集观赏牡丹花、观灯、旅游、经贸等于一体的文化活动。

牡丹是中国名花之一。河南洛阳栽培牡丹花已有一千六百多年的历史。早在唐宋时期，洛阳就已掌握了独特的栽花技艺，并形成了赏花传统。宋代时，洛阳栽培的牡丹有一百多个品种，不少品种名贵非凡，赏牡丹活动尤受人们青睐。长期的栽花与赏花习俗创造出许多与牡丹有关的诗词、书画、传说、服饰等内容，并由此衍生出洛阳牡丹文化和与牡丹相关的系列文化活动。

从1982年起，牡丹成为洛阳的市花，每年4月15~25日洛阳要结合牡丹花期举办牡丹花会。花会期间，观赏者可以参加赏花、观看花灯表演，现场观看或绘画牡丹花，吟诗作赋等文化娱乐活动。随着社会发展，牡丹花会已从单纯的赏花观灯活动逐步发展成为融赏花、观灯、旅游观光、经济贸易、文化体育、树立地方形象等为一体的大型综合性节会活动。

珞巴族服饰

序号：1019

编号：X-112

批次：2

类别：民俗

申报地区或单位：西藏自治区隆子县、米林县

珞巴族主要聚居于西藏的米林、墨脱、察隅、隆子等地，其服饰与珞巴族长期从事采集、狩猎生产的活动方式及当地的气候条件密切相关，体现着高原民族粗犷豪放的风格，野生植物纤维和兽皮是珞巴族服装的主要原料。珞巴族男子一般穿自制的羊皮上衣或藏式氆氇长袍，外罩称为"纳木"的黑色套头大坎肩，戴熊皮压制的有檐盔帽，帽檐上套一个带毛的熊皮圈，

毛向四周伸张，帽后缀一块梯形带眼窝的熊皮，据说这种装扮在围猎时能起到迷惑猎物的作用。男子平时出门时，背上弓箭，挎上腰刀，再配上其他闪光发亮的装饰品，显得格外威武英俊。

珞巴族妇女喜穿麻布织的对襟无领窄袖上衣，外披一张小牛皮，下身围上略过膝部的紧身筒裙，小腿裹上裹腿，两端用带子扎紧。珞巴妇女很重视佩戴装饰品，除银质和铜质手镯、戒指外，还有几十圈蓝白颜色相间的珠项链，腰部衣服上缀有许多海贝串成的圆球及银币、铁链、铜铃、小刀、铜片等，种类繁多，重达十几斤甚至几十斤。这些装饰品成为家庭财产多寡的标志。每逢节日，妇女们都会盛装出来相互媲美。

珞巴族男女都爱系腰带，腰带由藤、皮革、羊毛等制成，并织有彩色图案。腰带除用来扎系衣裙，还用来悬挂小刀、火镰和其他铜、贝制作的饰物。

珞巴族服饰展示了珞巴人的智慧和审美情趣，是民族文化的重要体现。

妈祖祭典

序号：484

编号：X-36

批次：1

类别：民俗

申报地区或单位：福建省莆田市，中华妈祖文化交流协会

扩展名录：
妈祖祭典（天津皇会）
　　　　天津市民俗博物馆
妈祖祭典（洞头妈祖祭典）
　　　　浙江省洞头县

妈祖祭典是为了纪念妈祖而举行的祭祀活动。妈祖，原名林默，北宋建隆元年（960）农历三月二十三生于福建莆田湄洲岛，雍熙四年（987）因救助海难逝世。人们感念她生前行善济世，便在湄洲岛上立祠祭祀，称为妈祖祖庙，妈祖被尊为护航女神。自宋徽宗宣和五年至清朝，历代皇帝先后三十六次给妈祖褒封。妈祖信仰也随着华侨、海员和外交使节传到世界各地，成为具有世界影响的海神，妈祖分灵庙遍布世界二十多个国家和地区。

妈祖祖庙祭典在每年农历三月二十三日举行，行祭地点设在湄洲祖庙广场和新殿天后广场。祭典全程约四十五分钟，其程序主要包括：擂鼓鸣炮；仪仗仪卫队、乐生、舞生就位；主祭人、陪祭人就位；迎神上香；奠帛；诵读祝文；跪拜叩首；行初献礼；行亚献礼；行终献礼；焚祝文、焚帛；三跪九叩；礼成。

妈祖祭典习俗历史悠久，尤其在我国大陆沿海、中国港、澳、台地区和东南亚一带，妈祖文化影响深远。2004年10月，中华妈祖文化交流协会在福建莆田湄洲妈祖祖庙成立，为海内外妈祖文化机构和人员开展学术研究、进行联谊交流、弘扬妈祖文化等提供了重要平台。

妈祖祭典上香火旺盛

妈祖祭典（天津皇会）
申报地区或单位：天津市民俗博物馆

天津皇会是中国北方独有的一种妈祖祭典，原称"娘娘会"或"天后圣会"，民间口传源于元明时期，有文字记载的历史从清康熙四年（1665）始，后更名为"皇会"，是旧时天津民间极为隆重的民俗活动。

天津皇会活动一般从农历三月十五着手准备，十六送驾，十八接驾；二十、二十二两天辇驾出巡，俗称"巡香散福"；二十三为天后寿诞，达到高潮。皇会的种类分为三类：一是服务性质的，如扫殿会、净街会、请驾会、梅汤会等；二是仪仗性质的，如门幡会、太狮会、广照会、宝鼎会、接香会、日罩会、灯罩会、銮驾会、华辇会、护驾会、灯亭会、鲜花会等；三是以各类乡村民间花会为基础的表演，内容丰富多彩，包括杠箱、鲜花、法鼓、门幡、秧歌、提炉灯、大乐、高跷等四十多种。

天津皇会于1936年后曾一度中断，到1988年天津举办首届民俗文化博览周活动时得以再现，直到2001年举办"首届中国·天津妈祖文化旅游节"后，这数百年的民俗文化得以正式延续，成为集神祇崇拜、祈福还愿、赛会演剧、商贸交流等活动于一体的盛会形式。

妈祖祭典（洞头妈祖祭典）
申报地区或单位：浙江省洞头县

浙江洞头的妈祖信仰，始于明末清初，由福建莆田渔民传入。目前，全县建有妈祖宫十二座，其中建于清乾隆年间的东沙妈祖宫是浙江省尚存规模最大、构建最完整的妈祖庙。洞头渔民每逢造新船，要在船中舱设神龛供奉妈祖；鱼汛开始和结束时，要到妈祖庙祭拜；每逢妈祖诞生日要进行祭祀。从2010年洞头县开始举办妈祖平安节，按照妈祖出巡、诵读祭文、拜天、拜海、拜妈祖、渔船授令旗、游客进庙敬香等方式，举行盛大的妈祖祭拜仪式，将妈祖文化与滨海旅游紧密结合起来。

国家级代表性传承人名单

姓名	性别	申报地区或单位	入选批次
林金榜	男	福建省莆田市	4

马街书会

序号：506
编号：Ⅹ-58
批次：1
类别：民俗
申报地区或单位：河南省宝丰县

马街书会，又称"十三马街书会"，是河南省及省外各地的民间曲艺艺人于每年农历正月十三日汇集在河南省宝丰县杨庄镇马街村举行的曲艺盛会。

马街书会起源于元朝延祐年间（1316年前后），盛于明清，其规模宏大，历史文献上曾多次记载。清末民初，连年战乱，书会曾一度萧条。1947年宝丰解放，书会逐年兴旺起来。"文革"时期，书会曾被诋为"四旧"予以取缔，但艺人依然游转说书。

书会上，艺人们摆下阵式，扎起摊子，打起简板，拉起琴弦，开始了说唱。会上曲艺种类繁多，曲目丰富多彩。河南坠子是第一大曲种，其他还有湖北渔鼓、四川清音、山东琴书、凤阳花鼓、上海平话、徐州琴书、三弦书、大鼓书、评书、乱弹、道情等曲种。简板是河南坠子里说唱最常用的一种乐器，其他还有许多艺人自制的乐器，如板胡、古琴、唢呐等。

艺人在书会上说唱为"亮书",是艺人们在会场上摆阵对歌,以展示吹拉弹唱的技能。观众邀请艺人说唱为"写书",是观众因家中某些事由把中意的艺人请回家说唱几天,以示庆贺和隆重。

马街书会和山东惠民的胡集书会并列我国北方两大书会,是继承和发扬民族民间优秀传统文化的阵地,有突出的历史价值、艺术价值、经济价值和学术研究价值。20世纪80年代以后,古老的传统书会有了新的生机和活力,如今书会规模越来越大,影响越来越深远。

毛南族肥套

序号：465
编号：X-17
批次：1
类别：民俗
申报地区或单位：广西壮族自治区环江毛南族自治县

肥套,是对毛南族还愿等活动的总称,主要流传于毛南族聚居的广西环江毛南族自治县上南乡、中南乡、下南乡一带。

毛南族肥套盛行于明清之际,初为毛南族借助傩祭祀天地自然万物的仪式,在传承过程中融合毛南族口头文学、山歌、戏剧、舞蹈、音乐、打击乐等艺术元素,成为内容丰富的民俗活动。

毛南族肥套的主要表现形式有傩歌、傩舞、傩戏、傩乐、傩故事、傩面具雕刻等。还愿仪式由一班师公主持,应还愿主家的邀请而做法事。主唱的师公念经文巫语、唱歌词,当念请某一位神灵时,旁边的师公即戴上该神的木面具开始舞蹈。整个仪式中,师公们要轮番戴木面具扮演几十位大神,如三元、三光、瑶王、万岁娘娘、雷王等。男性神多身穿龙袍、蟒袍,袍上绣着各种鲜艳的图形,并配上闪光片;女性神则上衫下裤,不穿裙,与民间妇女的服饰大致相同。

肥套是毛南人传统的祭祀仪式,集唱、跳为一体,动作粗犷,旋律优美。肥套中的傩神面具形象生动逼真,是毛南族最具特色的民间艺术作品。肥套承载着毛南人祈求生生不息、冀望风调雨顺、五谷丰登的愿望,是毛南族传统文化的珍贵遗产。但由于社会发展和人们价值观念的变化,毛南族肥套面临着传承困境。

国家级代表性传承人名单

姓名	性别	申报地区或单位	入选批次
谭三岗	男	广西壮族自治区环江毛南族自治县	4

蒙古族服饰

序号：1015
编号：X-108
批次：2
类别：民俗
申报地区或单位：内蒙古自治区,甘肃省肃北蒙古族自治县,新疆维吾尔自治区博湖县

蒙古族服饰沿袭了北方游牧民族传统,以长袍、腰带、靴子、首饰为主要特征,融合了蒙、满族服饰的主要优点。由于蒙古族分布广泛,所以服饰有一定的地区差异。

各地蒙古族男女皆喜穿宽领大袖,便于骑乘的蒙古袍。蒙古袍分单、夹、棉、皮四类,并配以坎肩、马褂等。蒙古袍地区差异较大,尤其是女子长袍,如科尔沁等地受满族影响,女式长袍宽大超长,两侧开衩;锡林郭勒地区女袍肥大窄袖镶边不开衩;布里亚特长袍是束腰裙式;而青海地区的蒙古袍与藏袍较为相近。蒙古袍男装多

◎民俗

为蓝、棕色，女装多用红、粉、天蓝色。

腰带是为适应高原寒冷多风天气而扎系的，一般用长三四米的绸缎或棉布制成。男子腰带上多挂刀子、火镰、鼻烟盒等饰物。

蒙古族靴子分皮靴、布靴、毡靴三种，适应草原不同的气候条件。

佩挂首饰、戴帽是蒙古族的传统习惯。首饰可分为头饰、项饰、胸饰、腰饰等种类，其中女子头巾、头簪、耳坠等首饰最为精美绚丽。蒙古族男女在冬季都戴帽子，帽子多为皮毛制成，呈圆锥形。夏季女子多用红、蓝色头帕缠头。

蒙古族服饰具有浓郁的草原民族文化特色，集裁缝、金属加工、饰品制作于一体，是我国服饰文化的重要组成部分。

内蒙古鄂尔多斯蒙古族婚礼服饰

国家级代表性传承人名单

姓名	性别	申报地区或单位	入选批次
斯庆巴拉木	女	内蒙古自治区	4
米的可	女	新疆维吾尔自治区博湖县	4

蒙古族女服

蒙古族养驼习俗

序号：999

编号：X-92

批次：2

类别：民俗

申报地区或单位：内蒙古自治区阿拉善盟

975

骆驼历来是内蒙古阿拉善地区蒙古族牧民重要的生产、生活资料，因此当地形成了独特的养驼习俗。蒙古族养驼习俗包括赛驼、祭驼和驼具制作工艺三个方面。

赛驼即骑骆驼比赛，主要流行于阿拉善盟及蒙古族聚居旗县，是蒙古族传统体育竞技项目。赛驼主要分为传统速度赛和相关的表演赛等。速度赛分为远程赛、田径赛（跑圆圈）、接力赛、团体赛四种，以远程越野赛最为传统，由赛前准备、祭祀、比赛、赞头驼、颁奖等部分组成。

祭驼是祭祀骆驼的仪式，主要以阿拉善双峰驼产区最具代表性。祭祀的主要内容为祭公驼、祭母驼、祭驼群。祭公驼是区域性的组织活动，一般在寺庙集中举行；祭母驼和祭驼群则是以水井为中心的相邻牧户为片区，分散进行。

驼具制作具有广泛的群众基础，人们普遍制作驼具为自己使用。驼具主要分为绳类、鞍类、鼻棍、阉驼用具、驼褡裢等。相关器具主要有蒙古刀、萨巴（掸毛用具）等。阿拉善的驼具工艺精细，种类繁多，形成了一套系统的制作技巧。

养驼习俗蕴含了蒙古族的生活理念与民俗文化，也对地区经济和社会发展有重要影响。但目前阿拉善地区养驼习俗有日渐衰微的趋势。

苗年

序号：990

编号：Ⅹ-83

批次：2

类别：民俗

申报地区或单位：贵州省丹寨县、雷山县

苗年即苗族新年，是苗族的传统节日。在贵州的清水江、都柳江流域的苗族聚居区，苗年是一年中最重要的节日。苗历的岁首即苗年，每年苗年时间都不一样，且不同苗寨轮流过苗年，一般安排在农历十月至十二月期间的丑、卯、辰日。

过年前，苗家人要打糯米粑、杀年猪，准备各种年货。过年那天，人们要开"财门"、敬"年神"；鸣放鞭炮或鸟枪驱邪；用各种美味佳肴祭祖；在牛鼻子上抹酒以示对牛的酬谢。有的地方人们还拿酒肉到田里去祭祀，庆贺收获，祈祷来年丰收。

苗年期间，小伙子们吹芦笙，姑娘们跳起踩堂舞。男青年手提马灯吹着笛子来到村寨附近的游方场去游方（即青年男女的社交恋爱活动），村村寨寨歌声不断。"结同年"也是苗年的重要习俗，村寨之间互为主客，互结同年进行联欢活动。此外，还举行斗牛、斗马、斗鸟、射击、爬杆等传统体育比赛活动。

苗年是传承和展示苗族传统文化的载体，对研究苗族古代历法、社会文化、民俗等有重要价值。但如今，过苗年的传统活动日趋减少，苗年的传统节俗趋于衰微。

苗族独木龙舟节

序号：982

编号：Ⅹ-75

批次：2

类别：民俗

申报地区或单位：贵州省台江县

台江苗族独木龙舟节，是贵州省台江县及其周边的苗族同胞在清水江举行的传统赛龙舟盛会，是苗族群众祈愿风调雨顺、五谷丰登的节日。龙舟节从农历五月二十五开始，持续五天。

苗族独木龙舟别具一格，舟身用三根高大的杉木掏空而成，中间一根独木为母舟，两边各置一根子舟，每条龙舟约乘坐四十人。

龙舟出发前，各寨的巫师手提一只公鸡站在桌边念巫词，召集山神、树神、祖宗前来保佑龙舟顺利比赛并平安回归。之后巫师用茅草沾河水洒向龙舟，并一刀把鸡杀死，比赛结束后，巫师又用同样的方法欢送山神、树神、祖宗。龙舟节当日，各地独木龙舟从各自村寨下水后集中在唐龙村河段，在清水江中举行竞渡比赛。比赛时，龙舟上有专人负责敲锣打鼓、呐喊、放炮，舟上的人齐声大喊"嗨！嗨"；岸上的亲友也跟着龙舟奔跑并高声叫喊，气势磅礴。比赛结束后，龙舟靠岸，亲友们燃放鞭炮，把馈赠的鸭鹅挂满龙颈，大家开始分享随龙舟带来的糯米饭、肉和酒。

独木龙舟节保存了从制龙舟开始的一系列祭祀性巫术礼仪，是研究苗族历史与文化的活化石。独木龙舟赛也是传统民族体育竞技活动，对活跃当地文化生活有重要意义。

苗族服饰

昌宁苗族服饰

序号：513

编号：Ⅹ-65

批次：1

类别：民俗

申报地区或单位：云南省保山市

扩展名录：
苗族服饰
湖南省湘西土家族苗族自治州，贵州省桐梓县、安顺市西秀区、关岭布依族苗族自治县、纳雍县、剑河县、台江县、榕江县、六盘水市六枝特区、丹寨县

苗族服饰为苗族穿着物品的总称。苗族主要分布于贵州、湖南、云南、四川、广西、广东、湖北等省区，支系众多，苗族服饰也因此千姿百态，绚丽多彩。尤以苗族妇女服饰最具代表性，图案花纹色彩斑斓，多刺绣、织锦、蜡染、挑花装饰。衣裙颜色以红、蓝、黄、白、黑为主。衣料以居住地出产的原料为主，主要是棉布、麻布，经过家庭手工作坊精编细织而成，也有部分用丝绸。

由于历史条件、经济状况、自然环境、生活习惯等原因，各地服饰有较大差异。根据地域，如今苗族服饰可分为湘西型、黔东型、黔中南型、川黔滇型和海南型五种。

湘西型：男子穿对襟短衣、长裤，缠头帕，打绑腿。妇女上穿圆领大襟右衽宽袖衣，下穿宽脚裤，系绣花围裙。衣襟、袖口、裤脚均饰有花边。天冷时外套坎肩。包头帕。节日时，妇女喜戴银饰。

黔东型：男子传统服装为对襟短衣或大襟长衫，着长裤，扎腰带，用长巾缠头。妇女服饰地区差异较大，清水江流域的多为交领、右衽、筒袖半体衣；都柳江流域的多为大领、对襟、敞胸短衣，内挂菱形胸衬；雷山、丹寨、榕江等县部分地区的为大襟衣。下装多穿百褶裙，仅个别地区穿裤。系围帕，裹绑腿。衣料多以自织自染的青色、咖啡色棉布为主，制作亮布是这个地区的特点。在服饰工艺上，刺绣、挑花、蜡染、编织的运用比较广泛，图案以动植物花纹和几何花纹为主。关于银饰，妇女银饰多达四五十种，尤以台江最为突出。妇女蓄发挽髻于顶，多用布包头。

黔中南型：传统男装为大襟长衫，束腰带，着长裤，重大节日"跳花"时，也有着女式花衣和围裙的。女服的基本款式多为交领对襟衣、中长褶裙，且上衣多附有披带、背牌、多层衣脚等配件。工艺手法多样，以挑花最为普遍，间用蜡染、平绣、锁丝、色布镶补、织花等，图案多为几何纹,也有鸟蝶花卉等纹样。妇女头饰各地有别,有以布缠头、戴帽、包帕。银饰有耳环、项圈、手镯、头簪等,但较黔东型少。

川黔滇型:男子传统装束为对襟或大襟长衫,喜佩绣花披领或花披肩,平时多着汉装。女装基本款式为大襟或对襟短衣,有些附有后披领。下为中长裙,前系围腰,后垂多联飘带。有的地区盛装时在衣外罩一件缀有花披肩的长筒衣。服饰工艺以挑花、蜡染为主,织花、镶补也很有特色。花纹多为几何纹。妇女头饰或缠头帕,或掺假发盘头,或在发髻上别一木梳,银饰很少。其中云南保山昌宁苗族服饰独具特色,一套完整的昌宁苗族服饰由包头、上衣、披肩、围腰、腰带、百褶裙等十八件套组成。

海南型:传统男服为青色立领枇杷襟短衣,下着长裤,缠青布头帕。妇女穿深蓝色圆领右偏襟及膝单衣,腰系丝织彩带,下围蜡染短裙。天冷时裹绑腿。妇女束发,或包挑花头帕,一角垂于额前,或戴有花饰的尖角头帕,或盖顶部留有圆洞的巾帽。

国家级代表性传承人名单

姓名	性别	申报地区或单位	入选批次
陶美元	女	云南省保山市	4

贵州台江苗族服饰

苗族鼓藏节

序号:467
编号:Ⅹ-19
批次:1
类别:民俗
申报地区或单位:贵州省雷山县

鼓藏节,苗语称"牯哝江略",是苗族以血缘宗族形成的地域组织"鼓社"为单位进行的祭祖活动。鼓藏节并非所有苗族的祭祀节日,主要流传于贵州省雷山及榕江、台江等地。

苗族经典《苗族古歌》里有关于鼓藏节的来历,说人类祖先姜央过鼓藏节是为了祭祀创世的蝴蝶妈妈。传说蝴蝶妈妈是枫树生出来的,既然祖宗的老家在枫树心里,用枫树做成的木鼓就成了祖宗安息的地方,祭祖便成了祭鼓。

鼓是祖先神灵的象征,所以鼓藏节的仪式活动都以鼓为核心来进行。鼓藏节的仪式由鼓社组织的领导"鼓藏头"操办,鼓藏头由群众选举产生。

鼓藏节每隔十二年举办一次,每次持续四年之久。鼓藏节第一年二月申日举办"招龙"仪式。全鼓社男女老幼集中到迎龙场的枫香神树脚,由鼓藏头在五彩宝辇下主持招龙仪式。第一年七月寅日举办"醒鼓"仪式。第二年十月卯日举办"迎鼓"仪式。第三年四月吉日举办"审牛"仪式。第四年十月丑日举行杀猪祭鼓仪式,称为"白鼓节",是鼓藏节的结束仪式。如今鼓藏节改为每次持续三年。

苗族鼓藏节的传统祭祀大典规模宏大,节日仪式复杂,如今鼓藏节祭祀过程中的一些"鼓藏隐语"绝大部分村民已不会说,程序已简化。

◎民俗

苗族四月八姑娘节

序号：984
编号：Ⅹ-77
批次：2
类别：民俗
申报地区或单位：湖南省绥宁县

扩展名录：
苗族四月八姑娘节（苗族四月八）
湖南省吉首市

苗族四月八姑娘节是苗族聚会欢庆的重大传统节日，又称黑饭节。

苗族四月八姑娘节主要流传于以湖南绥宁为中心的苗族聚居区。据《绥宁县志》等地方志载，相传宋代时苗族生活困苦，飞山峒蛮女英雄杨黎娘的哥哥因反抗官府被关押，黎娘为救哥哥，在四月初八探监时，给哥哥送去用家乡杨峒树叶制特的乌米饭，使哥哥顿时增添神力，挣断了铁锁链，兄妹俩与埋伏在各处的人马杀得官兵大败而逃。从此，每年农历四月初八，出嫁的当地苗族姑娘都要回娘家，与姊妹们一起吃黑饭、唱山歌、比女红、叙旧聊天。久而久之，这一天就成为当地苗族群众的姑娘节，流传至今。绥宁姑娘节的主要习俗有：吃黑饭、回娘家、背媳妇、祭先祖、祭英雄、祭狗祭猪、舂糍粑、安龙舞狮、对山歌、吹木叶、爬藤、逗春牛、抬故事、跳傩舞、跳花跳月等。

湖南省吉首市苗族庆祝四月八的活动丰富多彩。节日这天要举行一场隆重的祭祖仪式，苗民们挑着猪肉、羊肉、米酒等，祭拜祖先，祈求平安与丰收。"赶歌场"是庆祝节日的主要内容，苗族男女穿上节日盛装，拥入歌场周围对唱苗歌。苗歌演唱几乎贯穿节日活动的全过程，内容涉及苗族的社会生产生活、历史事件、历史人物、风情习俗等。苗鼓舞表演也是活动的重要内容，苗族青年把击鼓表演与苗族舞蹈结合在一起，形成了富有特色的鼓舞表演。此外，有的村寨还举行斗牛、跳芦笙、撑船捕鱼等民俗表演。

姑娘节以吃黑饭、祭女祖为主要内容，保存了大量苗族古代的祭祀礼仪、口头文化和古代歌舞音乐，成为集历史文化、民风民俗、艺术娱乐于一体的民族文化空间。

苗族跳花节

序号：983
编号：Ⅹ-76
批次：2
类别：民俗
申报地区或单位：贵州省安顺市

跳花节是贵州苗族为祝愿风调雨顺、五谷丰登而举行的一种民俗活动，尤以贵州安顺地区苗族于每年正月在固定地点即花坡举行的活动最具规模。

不同村寨举行跳花活动的具体日期不同。安顺市现仍有二十四处固定跳花坡，正月里几乎每天都有花坡在举行跳花活动。节日期间，苗族群众穿上节日盛装，男子吹起欢快的笙舞曲，女子摇着银铃拿着手帕起舞附和，围绕花树翩翩起舞。此外，还举行爬花杆、射弩、赛针线、武术表演、斗牛等活动。每个花坡跳花日期为三天。第一日栽花树，苗家人在寨老主持下用多种万年青树组成一棵花树；次日清晨全寨前往花树下吹芦笙、唱山歌，青年男女以歌舞交流择偶；第三日，跳花结束，客人到近处苗寨食宿，饮酒吹笙弄弦欢乐，通宵达旦。花树由寨老送至长期不生育者家中供奉，主人则要宴请宾客。

如今，随着社会的变迁，民族传统文化逐渐衰微，人们参加跳花活动的热情也逐渐减弱。

国家级代表性传承人名单

姓名	性别	申报地区或单位	入选批次
梁炳光	男	广西壮族自治区融水苗族自治县	4

苗族系列坡会群

序号：495

编号：X-47

批次：1

类别：民俗

申报地区或单位：广西壮族自治区融水苗族自治县

苗族系列坡会群，是指广西融水县境内以苗族为主的各民族在每年农历正月初三至十七日期间举办的系列节日活动。

融水苗族有个风俗：正月初一不吹芦笙也不出门，初二可吹芦笙但不可出村，而从初三到十七则是集体活动娱乐的时间，到了农历正月十八，则进入了生产阶段，各村寨的芦笙便封存起来直到秋收完毕。这种风俗使得融水苗族坡会大都集中在正月初三到十七这段时间，当地人根据坡会举办的日期排序命名，从"三坡"到"十七坡"，这就是融水苗族坡会群形成的基础。

节日期间，人们穿着盛装，吹着芦笙，齐聚坡会，烧香鸣炮，禳灾祈福，还举行芦笙踩堂、舞龙耍狮、斗马、斗鸟等活动。芦笙是苗家最喜欢的乐器，坡会上必有芦笙，芦笙曲有迎宾曲、送客曲、借路曲、欢庆曲等。坡会上的踩堂舞是苗族舞蹈的典型代表，青年妇女围圈而舞，场面热烈。坡会上青年男女更以互唱苗歌来表达情意。

坡会群集中展示了当地苗族文化，具有广泛的群众性，同时也为物质交易、技术交流等提供了平台，有着突出的文化价值和社会价值。

苗族栽岩习俗

序号：1217

编号：X-142

批次：3

类别：民俗

申报地区或单位：贵州省榕江县

栽岩，也叫埋岩，即将一块长方形石条埋入泥中，半截露出地面，栽岩习俗是苗族民间传统的一种公众议事和立法活动。由于苗族过去没有文字，所以用栽岩作为立定法律、规范乡规的备忘碑。栽岩习俗广泛流传于贵州榕江、广西融水等地的苗族聚居区。

栽岩活动有严格程序。在苗族地区，当出现迫切需要解决的问题时，头人或头人代表经过商量，确定时间和地点，召开群众大会或代表大会，共同协商解决措施，并采用栽岩形式，通过相关决议（古时称"议榔栽岩"）。栽岩决议一经通过，就产生法律约束力。决议要向参会者宣布，再由参会者回到各村寨向群众传达。以后若有族人触犯相关规约，则视具体情况对其进行不同程度的惩罚，在过去，严重者会以杀头修榔。栽岩会议内容一般不以汉字记录，直到19世纪后，才有个别决议用汉文刻成碑文，立于会址。

栽岩既是近代以前苗族法律文化、社会状况的真实写照，又曾是治理苗族社会秩序的有效手段，对研究苗族社会历史文化有重要参考价值。这种古老的立约习俗至今仍有遗存和流布。

◎民俗

苗族姊妹节

序号：470
编号：Ⅹ-22
批次：1
类别：民俗
申报地区或单位：贵州省台江县

贵州苗族姊妹节主要是指贵州省台江县、施秉县以及剑河县等地的苗族由女人们主持的吃姊妹饭的节日，时间因地而异，俗定于农历二月十五或三月十五。其中最为典型的是台江县施洞地区三月十五至十七的苗族姊妹节。

关于苗族姊妹节的传说，各地不一，流传最广的是金丹与阿姣冲破阻碍结为夫妻的爱情故事。姊妹节历史悠久，作为一种民俗、婚恋、社交方式传承至今。

吃姊妹饭是节日的重要事项。姊妹们用姊巅、密蒙花等花草制成的各色汁液浸泡糯米，将糯米上甑蒸熟，就成了五彩姊妹饭。晚上，青年男女相聚于游方场上对唱情歌，男方向女方讨姊妹饭，姑娘们在饭里藏入信物以表达对男方的感情。节日后，小伙子要回家了，姊妹们用竹篮盛装姊妹饭，饭里藏匿松针、椿芽等爱情标识一起送给男子。下田撮鱼捞虾也是活动之一，一个寨子的姑娘与另一个寨子的小伙子相约，以撮鱼捞虾活动来寻找意中人。踩鼓是整个社区参与活动的重要方式，姑娘们在父母的精心打扮下，身有盛装聚向鼓场踩鼓，展示精美服饰。此外，还要举行斗牛、斗鸟、赛马等活动。

苗族姊妹节展现了人类社会由母系氏族社会向父系氏族社会变迁的男女情爱生活景象，其间举办的种种活动对于研究苗族服饰艺术、歌舞文化、民俗等有重要价值。

庙会

妙峰山庙会、东岳庙庙会、晋祠庙会、上海龙华庙会、赶茶场、泰山东岳庙会、武当山庙会、火宫殿庙会、佛山祖庙庙会、药王山庙会

序号：991
编号：Ⅹ-84
批次：2
类别：民俗
申报地区或单位：北京市门头沟区、朝阳区，山西省太原市晋源区，上海市徐汇区，浙江省磐安县，山东省泰安市，湖北省十堰市，湖南省长沙市，广东省佛山市，陕西省铜川市

扩展名录：
庙会（北山庙会）　　　吉林省吉林市
庙会（张山寨七七会）　浙江省缙云县
庙会（方岩庙会）　　　浙江省永康市
庙会（九华山庙会）　　安徽省池州市九华山风景区
庙会（西山万寿宫庙会）江西省新建县
庙会（汉阳归元庙会）　湖北省武汉市汉阳区
庙会（当阳关陵庙会）　湖北省当阳市

庙会，又称"庙市"或"节场"，是指在寺庙附近聚会，进行祭神、娱乐和购物等活动，是中国民间广为流传的一种传统民俗活动。庙会起源于古时候的宗庙社交制度，先民们在宫殿或房舍里通过供奉与祭祀神灵来祈求保佑。每逢祭祀之日，人们还会演出社戏，也称庙会戏，摊贩售卖商品，庙会便由此形成。各种庙会都有自己规定的会期，大多为某个传统农历节日或宗教及民间信仰纪念日。各地庙会各有特色，活动内容丰富多彩。

庙会（妙峰山庙会）
申报地区或单位：北京市门头沟区

妙峰山位于北京西北。妙峰山庙会始于明代中后期。妙峰山传统庙会每年举办两次，农历四月初一至十五为春香，七月二十五至八月初一为秋香，其中以春香为盛。庙会活动区域分为娘娘庙和香道茶棚两部分。

农历四月初一至十五，妙峰山开山半个月。京都的善男信女们都去娘娘庙进香朝顶，有的以黄布包头，有的头戴"朝山进香"大红绒字，边走边喊"虔诚"。各种民间香会，朝顶进香，沿途边走边练，鼓钹齐鸣。在去往妙峰山的沿途均搭有茶棚，以招待香客饮茶休息。

妙峰山庙会的特色在于其众多香会与香客。清代香火最盛时，香会有三百余档，门派不同，香客数十万。会首是香会的组织者和指挥者，也是主要传承者，仅北京市就有二百多人。会中的各种规矩、礼仪、技艺均为师徒相传。

妙峰山庙会保留了华北地区以民间信仰为特点的传统民间吉祥文化，庙会保留下来的许多香会组织，保留和传承了许多民间艺术、体育竞技活动和民间手工艺。

妙峰山庙会

庙会（东岳庙庙会）
申报地区或单位：北京市朝阳区

东岳庙庙会是北京历史上形成较早的庙会之一，它于元代已有雏形，明代正式成形，清代达到鼎盛。历史上东岳庙庙会会期主要在东岳大帝诞辰日（农历三月二十八）、春节和每月朔望之日。

庙会期间，人们祭祀东岳大帝和民间吉祥神，祈福求吉。各地民间香会行善助善，各行业也于此举办行业活动，东岳庙内外商贩云集，百货杂陈，形成了规模极大的庙市。

东岳庙庙会保留了北京及周边的传统民间文化与民俗样式，为研究华北地区民风民俗提供了重要根据。如今东岳庙庙会主要在春节期间举办，在继承传统习俗的基础上，增加了展览、游园等活动内容，成为北京最有影响的节庆庙会之一。

庙会（晋祠庙会）
申报地区或单位：山西省太原市晋源区

晋祠位于山西省太原市西南郊，祠中的圣母殿建于北宋太平兴国九年（1984），供奉周武王之妻邑姜。明洪武二年（1369）为圣母加封后，形成了农历七月初二祭祀圣母的盛典，后来逐步变成晋祠传统庙会，明清以来长盛不衰，延续至今。

每年从农历七月初一开始，戏班子就在水镜台演戏酬神。七月初二是祭祀圣母诞辰的正日，县、乡、村社的官员、乡神、社首们齐聚晋祠祭拜圣母。自起，戏班子在水镜台连续演戏五日。晋祠附近百姓齐到圣母殿跪拜叩头，上香祈福。从七月初四起，是圣母出行日，县城绅耆率领百姓举办迎圣母出行仪式，四街组织社火表演。初五早晨，全城百姓举行仪式请迎东关龙王神像十七尊，并供奉于南关龙王庙。至此，活动基本结束。庙会期间，商贾云集，各种民间传统风味小吃、工艺、玩具、杂耍纷至沓来，也是商业交流的盛会。

庙会（上海龙华庙会）
申报地区或单位：上海市徐汇区

上海龙华庙会是华东地区著名的传统庙会之一，是独特的海派庙会。相传龙华庙会是由每年农历三月初三为弥勒菩萨举办的纪念法会发展而来的。清代，龙华庙会与赏桃花习俗结合，正日由农历三月初三推后为三月十五，庙会进入全盛时期。龙华庙会在上海民众心中有重要地位，即使在战争岁月，民众依然自发组织庙会。新中国成立后，政府参与组织龙华庙会，使庙会进入新兴阶段。

庙会以龙华寺为中心，主要分布于上海市区北起龙华路茂公桥（华容路口），南至中山路（今龙华西路）和天钥桥路相交处的长达千米的狭长地带。都市性、商贸性和娱乐性是龙华庙会的基本特征。龙华庙会的发展直接导致了龙华及上海地区的形成和发展，对江南地区在信仰、文化娱乐和商业贸易等方面有较大影响。

庙会（赶茶场）
申报地区或单位：浙江省磐安县

赶茶场是浙江省磐安县百姓在古茶场举行的庙会活动。磐安古茶场位于磐安玉山镇马塘村，始建于宋代，是目前全国发现得最早的古代茶叶交易场所遗存。

相传晋代许逊为当地发展茶叶生产、销售做出过巨大贡献，百姓尊之为"茶神"，并建庙立像。宋代时，当地为茶神重建庙宇，并在附近开设茶场，庙宇被称为"茶场庙"，并形成以茶叶为中心的春社、秋社两季庙会。

春社时间为立春后的第五个戊日，当地茶农盛装打扮，来到茶场，祭拜茶神，并在茶场内举行演社戏、挂灯笼、迎龙灯等活动。秋社时间为立秋后的第五个戊日，茶农携带茶叶和货物到茶场赶集。庙会期间，各种民间艺术表演多种多样，有迎大旗、大凉伞、三十六行、大花鼓等。赶茶场也是亲友走访、青年男女定情的好时机。

赶茶场有一整套茶神祭祀仪式和丰富多彩的民间艺术活动，流传时间长，群众参与面广，至今仍有很强的影响力。

庙会（泰山东岳庙会）
申报地区或单位：山东省泰安市

泰山东岳庙会是在位于山东泰安的泰山东岳庙所举办的庙会活动，汉代初步形成，唐宋两代得到发展，元明清及民国时期渐趋鼎盛。自宋代始，将东岳大帝诞辰日农历三月二十八日定为祭祀日，形成传统庙会的固定会期。

现在的东岳庙会会期在5月6～12日，一般在岱宗坊西侧的广场举行。庙会期间，要举行祈福纳祥的拜山仪式及古代帝王的封禅大典等古代祭祀宗教活动；各种民间曲艺、游艺竞技竞相表演；庙会商品交易活跃，民间工艺品、旅游商品，应有尽有。泰山东岳庙会是一种融宗教文化与商业贸易为一体的综合性活动，是中国民俗文化的重要组成部分。

庙会（武当山庙会）
申报地区或单位：湖北省十堰市

湖北十堰的武当山庙会是由道教信徒们朝山进香的宗教活动演绎而成的，是融道家文化、武当武术、民俗风情为一体的民间文化活动。

武当山庙会分两期，农历腊月二十三至次年三月十六日、九月初一至初十，其中以三月初三、九月初九的庙会最为隆重。相传三月初三是武当山主神——北方水神"玄天上帝"的诞辰日，九月初九是其得道飞升之日。

武当山庙会的活动内容上大致有朝山进香、做斋醮道场、民间艺术活动等。朝山进香主要有三种形式：香会进香、道教信徒苦行进香、进散香。做斋醮道场是各宫观道士为信徒做道场，超度祖先。另外还举行盂兰法会、设法台等大型法事活动及举行拜龙头香、信物开光、撞吉祥钟等独具特色的系列宗教活动。民间艺术活动有民间戏剧、高跷、说书、演唱、杂技杂耍等表演。

庙会（火宫殿庙会）
申报地区或单位：湖南省长沙市

湖南长沙的火宫殿原是为纪念火神祝融而建的火神庙，曾一度被毁，至清乾隆十二年农历六月二十三日，火神庙重修落成，以后这一天就被被定为火神寿辰祭日。每年的这天，地方官府出资筹办隆重的祭祀仪式，地方商会组织商家参与。

祭祀火神是火宫殿庙会的重要内容，传统的火宫殿祭祀火神分为官祭和民祭两种。首先是官方举办的规模宏大的祭祀仪式，之后，人们抬着火神爷绕城游行。祭祀期间，民间地方戏社要唱湘剧大戏三天以示敬意。庙会期间，演社戏、玩杂耍、唱长沙弹词等民众文艺活动丰富多彩。而长沙独特的"有火灾就要请戏班"的规定则更是让火宫殿成为集戏曲、饮食等文化于一体的场所。

2001年起，长沙市有关部门更是着力恢复火宫殿原貌，并先后举办各种火神庙会几十余次。"想看热闹去庙会，想尝湘菜来火宫殿"，庙会成了当地民众生活的重要组成部分。

庙会（佛山祖庙庙会）
申报地区或单位：广东省佛山市

北帝诞庙会是流行于珠江三角洲一带的融民间信仰、世俗性、群众性、娱乐性为一体的综合性民间文化活动，其中以广东佛山祖庙北帝诞庙会影响最大。

北帝是道教司水之神，每年农历三月初三是北帝诞日，庆贺活动规模盛大。佛山祖庙北帝诞庙会活动内容分为两部分：一是北帝诞庆典期间的仪式，包括赴庙肃拜、北帝巡游、演戏酬神和烧大爆等；二是与北帝诞相关的活动，如正月初一至十五及每月的初一、十五的行祖庙，正月初六至三月三十的北帝坐祠堂，二月十五、八月十五的春秋谕祭，九月初九的北帝崇升"飞升金阙"等。

佛山祖庙北帝诞庙会曾一度中断，20世纪80年代在民间自发恢复起来，近年来更是呈现"鼓吹数十部，喧腾十余里"的盛况。

庙会（药王山庙会）
申报地区或单位：陕西省铜川市

药王山位于陕西省铜川市耀州区，古称五台山，因被尊为药王的唐代大医学家孙思邈曾归隐在此，改称药王山。

药王山庙会是当地民众为纪念药王而兴起的庙会。早年纪念药王的庙会从药王故里孙家塬开始，后来转向药王山。明时会期较长，清末至民国期间会期改为十天，即由二月初二起会，初六开始演戏，十一日结束。

每逢庙会，前来烧香磕头的男女老少不计其数，有献祭面塑的，有取神水的，祈望百病脱身，健康长寿，山上香烟缭绕，钟磬喧天。地方戏、歌舞、杂技竞相表演，热闹非凡。

◎民俗

庙会（北山庙会）
申报地区或单位：吉林省吉林市

北山是吉林市的一座城中山，自清代前期在山上建起多个庙宇，形成庙宇群落，近三百年来逐渐形成东北规模最大的吉林北山庙会。

北山庙会主要有农历四月初八的佛诞庙会、四月十八的三霄娘娘庙会、四月二十八的药王庙会。早期还有五月十二（关帝生日）、五月十三（关帝单刀赴会日）、六月二十四（关帝庙会）这三个关帝庙会日。其中以四月二十八药王庙会游人最多，在东北地区影响最大。四月二十八日北山庙会的祭祀活动，既有满族色彩，又有汉族习俗。赶庙会的人，除焚香祈祷外，较突出的祀俗是跳墙（为多病或八字不吉利的孩子举行仪式以躲过病灾）、烧替身（烧纸人替身保平安）、祭十不全（祭拜十不全求安康）、买纸葫芦（买纸葫芦悬挂家中，以求药王赐以灵丹妙药，驱病安康）、买文明棍等。

庙会（张山寨七七会）
申报地区或单位：浙江省缙云县

张山寨七七会是浙江省缙云县胡源乡招序村在七夕举办的民间信俗活动。张山寨的献山庙里供奉着浙南、福建一带民间广为信奉的地方神陈十四娘娘。传说农历七月初七是陈十四的诞日，百姓们为求婚姻美满、风调雨顺、五谷丰登，在每年的这天都要到庙里举行盛大的"会案"（即迎神表演）活动。

张山寨七七会活动沿用明朝时设立的主事村点轮流首事管理制度，即由轮值村领导一切活动。活动形式和程序分为设立案坛、上寨迎轿、巡游祈福、献戏、山寨守夜、会案表演、祭拜归位等多个内容。会案期间，各种独特风格的民间表演在这里竞相献艺，人山人海、香烟缭绕、爆竹阵阵、鼓乐喧天、龙狮翻腾、歌舞弥漫。活动还辐射浙江南部、福建北部、周边多个省区及台湾部分地区。

庙会（方岩庙会）
申报地区或单位：浙江省永康市

方岩庙会是浙西南各县民众祭祀"胡公"演变成的庙会。"胡公"（963—1039）姓胡名则，北宋永康人，在任时曾奏衢、婺二州免身丁钱，百姓感德，在其逝后，于方岩立像供奉。

每年农历八月初至重阳节前后，浙西南各县民众上方岩祭拜的人数众多，持续一个多月。方岩庙会的活动以"迎案"为核心。"迎案"队伍由三部分组成：一是胡公神案（俗称"胡公案"）及其卤簿仪仗；二是罗汉班（俗称"迎罗汉"），每班少则四五十人，多则百余人；三是歌舞队，一般依附罗汉班，也有的歌舞队单独行动。歌舞队的表演形式有"十八狐狸""十八蝴蝶""十八鲤鱼""蚌壳舞""九串珠""三十六行""打莲花""走马灯""跑旱船"等，花样百出，热闹非凡。方岩庙会因而成为永康民间武术、民间文艺的大展演。

庙会（九华山庙会）
申报地区或单位：安徽省池州市九华山风景区

九华山庙会是农历七月二十日（地藏菩萨吉诞日）前后，佛教徒和池州当地工商界联合举办纪念地藏菩萨吉诞日的盛大活动，庙会为期一个月。

明清时期，在佛诞节（农历四月初八）、自恣日（农历七月十五）、地藏诞日（农历七月三十），九华山都要举行"浴佛法会""盂兰盆会""大愿法会"，并举办"放焰口""拜忏""放生"等各种宗教仪式和各种佛事活动。其中，守肉身塔仪式和僧众绕塔诵经活动，通宵达旦，场面壮观。山民们利用香客众多的机会做买卖，并舞龙灯狮灯、演出目连戏等傩戏节目。

现在的九华山庙会主要活动有：百岁宫金堂佛像和无瑕真身开光仪式、水陆法会、纪念金地藏（金乔觉）诞辰法会、祗园寺传授三坛大戒和佛教禅宗二祖慧可法师道场论证会等。联谊活动有中国四大佛山联谊会、海内外高僧大德座谈会等。

庙会（西山万寿宫庙会）
申报地区或单位：江西省新建县

西山万寿宫原名"许仙祠"，是为纪念晋代著名道家人物许真君许逊而建的庙宇。人们把许逊飞升之日定为庙会朝仙日，这一庙会习俗流传至今已有一千六百多年。

西山万寿宫庙会会期为每年农历七月二十至九月初一。其间，宫内净明道士在庙会前夕斋戒沐浴，举行道场科仪，给许真君神像净身、换袍。农历七月二十晨开朝，接受四方人士拜谒。各地信民熏沐斋戒纷纷前来进香，他们或结成香社，或举家前来，每一支队伍前都有一面写着"万寿进香"的特制旌旗，在真君殿里三跪九拜，敬献贡品。跪拜之后，多半信众留宿各大殿堂以沐"福主"之福。庙会期间，各方信众云聚，西山镇到处都是摊贩买卖，演戏、讲故事，热闹非凡。

庙会（汉阳归元庙会）
申报地区或单位：湖北省武汉市汉阳区

汉阳归元庙会是以湖北武汉归元寺为中心于每年春节前后举办的庙会活动。自明末清初归元寺创建以后，到清代中叶汉阳归元庙会已颇有名气，民国年间汉阳归元庙会仍十分红火。

庙会期间，人们在归元寺敬香拜佛；在翠微路东端扎制"庙会"彩楼，沿街张挂红灯，极富民俗节庆气氛。街道两侧设置丰富多彩的展演活动点和商品展销点，有文艺表演、民间杂耍、书画展览、灯谜会猜、汉货展销、地方小吃等。几千人参加的民间文艺踩街表演更是一大特色，有滚龙、高龙、虾子灯、竹马、虫半精、三节龙等，不少表演项目是汉阳民间文艺的绝活。

如今汉阳归元庙会内容融佛教文化、民间文化、现代文化和商贸文化为一体，庙会香火兴旺，节日气氛非常浓厚。

庙会（当阳关陵庙会）
申报地区或单位：湖北省当阳市

当阳关陵庙会是在湖北当阳关陵庙（关羽墓地）祭祀关羽而形成的庙会活动。

明清时，当阳关陵实行的是春、秋两祭。春祭为四月初八（关公封爵日），秋祭为九月十三（关公升天日）。民国年间，关陵祭祀改为五月十三一次祭。祭祀的等级和形式很有讲究。清代当阳关陵春祭由宜昌总镇兵官主祭，秋祭由荆门直隶州守主祭。拜殿设坛，正殿前设三牲祭品，参祭官员斋戒沐浴，依品位由三元门中门和左右侧门进入。主祭官员率僚属于正殿神像前之拜殿内行叩拜礼，烧香化纸，由礼仪师行令和诵祝文。祭祀期间，经商的、卖艺的、开店的、唱戏的，七十二行各显神通，逐渐形成了盛大的庙会。

现代庙会既保留了传统的祭祀礼仪，又增加了新内容，如在庙内开展舞狮子、高跷、采莲船、腰鼓、戏曲小品、歌舞比赛、民俗剧等民间艺术表演等活动。

国家级代表性传承人名单

姓名	性别	申报地区或单位	入选批次
胡文相	男	浙江省缙云县	4
关章训	男	湖北省当阳市庙会	4

民间社火

序号：502

编号：Ⅹ-54

批次：1

类别：民俗

申报地区或单位：陕西省宝鸡市，山西省潞城市

扩展名录：
民间社火（桃林坪花脸社火） 河北省井陉县
民间社火（永年抬花桌） 辽宁省永年县
民间社火（本溪社火） 辽宁省本溪满族自治县
民间社火（义县社火） 辽宁省义县
民间社火（朝阳社火） 辽宁省朝阳县
民间社火（浚县民间社火） 河南省浚县
民间社火（洋县悬台社火） 陕西省洋县

民间社火是春节期间流行的一种民众自娱活动，在陕西、山西、辽宁、河北、河南等省广为流传。

社火来源于古老的土地崇拜与火神崇拜。社即土地神；火即火祖，是传说中的火神。在以农业文化著称的中国，土地用以耕种，火用以烧熟食物和取暖，两者都是人们生存发展的物质基础。在崇尚土地与火的观念中，产生了祭祀社与火的风俗，后来在祭祀仪式中逐渐增加了娱人的成分，成为规模盛大、内容繁复的民间娱乐活动。

社火以民间传说和戏剧故事为题材，通过一个或一组人物展现一个故事，一个故事即为一转社火。人物要画社火脸谱，穿社火服装，持社火把杖。社火游演一般是探马在前，后面跟着社火会旗、火铳队（炮队）、旗队、社火队，最后是锣鼓队。

社火根据表演形式可分为造型社火和表演社火两类。造型社火有布社火、背社火、马社火、车社火、芯子社火、山社火、面具社火等列队游演，主要展示人物造型和工艺；表演社火有地台社火、高跷社火等，主要在场院进行斗打表演。

陕西省宝鸡市被誉为中国社火之乡，社火种类很多。其中，宝鸡市赤沙镇三寺村的血社火是陕西乃至中国唯一保留的一个社火种类，每逢闰年表演一次。它主要以《水浒传》武松杀西门庆为武大报仇的故事为题材，表演内容主要以斧子、铡刀、剪刀、锥子等器具刺入西门庆和其他坏人头部，社火内容恐怖血腥且十分逼真，故叫血社火。

山西潞城的贾村民间赛社是一项蕴含古代礼仪、风俗、民间艺术的民俗活动，是农耕社会春祈秋报古俗古风的遗存。活动场面宏大，仪节繁缛。每逢赛社，邀请主神及诸神前来赴宴，举行下请、迎神、安神升殿等仪式；之后三日赛社，分别称为头赛、正赛、末赛，主要礼仪是模仿帝王寿宴来供盏，最后以送神结束。其中穿插乐户及其他演艺人员的音乐、舞蹈、戏剧等表演。

如今，很多地方的民间社火已成为当地每年正月的一项重要文化习俗，社火艺术得到发扬，是备受当地群众喜爱的民间文化活动。但随着社会的变迁，一些老艺人过世，一些传统的社火项目正面临着传承困境。

民间社火（桃林坪花脸社火）
申报地区或单位：河北省井陉县

花脸社火是河北省井陉县小作镇桃林坪村每年农历正月十五举行的一种民俗表演。传说八百多年前，这里进行过一场激战，将士们浴血奋战，击败敌寇，后来当地百姓为纪念这场战斗，以花脸社火形式表演。因桃林坪社火脸型奇特，演员武艺超群，在明代嘉靖年间曾被朝廷封为"皇纲护卫队"。

桃林坪社火描述的是三国、梁山等故事的战斗场面，共有十六回，每回讲述一个故事。演出中只有武术做打，没有念唱，唯有鼓乐伴奏，只有从演员的脸型和招式上才能辨别出人物的身份和故事内容。

民间社火（永年抬花桌）
申报地区或单位：河北省永年县

永年抬花桌主要流传于河北省永年县临洺关镇六道街，分别是南街、东街、西街、北街、北东街、北西街，每个街道都有"油蜡会"负责本街的抬花桌活动。它兴始于唐初，每年元宵节期间表演，从祭桌、插桌、抬桌到拆桌、封桌，都有一套约定的仪式流程。

花桌制作有独特的传统工艺，一般由紫檀木或红木制成，重达百余公斤，为方形八仙桌。桌上栅栏精雕细刻，描龙画凤，遍插花卉，形成高拱造型，中央有观音坐像。花桌穿插长达五米的两根抬杆，由八人或十六人抬着原地舞动或花步行走。一人扶杆，呼唤口号并进行指挥。花桌前导以永年鼓吹乐队，以唢呐吹奏为抬舞者伴行。花桌穿街走巷，直抵观音阁，然后大家摆开阵势，开始"对花桌"，场面十分热闹。

民间社火（本溪社火）
申报地区或单位：辽宁省本溪满族自治县

本溪社火因表演者以十八般兵器为道具，捉对厮杀，被当地人称为武秧歌、武社火。它始于陕西凤翔、宝鸡、陇县一带，兴于山西、山东、河北、内蒙古等地。清顺治年间，关内移民来到辽宁本溪，并将社火带到此地，经当地艺人不断丰富，本溪社火逐渐发展起来。

本溪社火一般在正月初五开始表演，直到元宵夜才结束。队伍组织起来后，先祭社（称"拜庙"），然后从村东走到村西（称"踩街"），最后圈场演出（称"定场"）。演出顺序按照节目内容所反映的年代排列，每次表演时间为五个小时左右。

表演开始时，众人在领阵人的引导之下，走出长蛇阵、八卦阵等不同的阵式。接着便是演戏，如《百草山》《对松关》《九龙山》等，不得少于四出。表演角色有二三十个，通过脸谱和服饰来区分人物角色和身份。表演者大部分是武将扮相，背扎旗靠，手持兵器，表情严肃，通过动作展示每出戏的内容和情节。最后再以走阵结束。

但目前，仅剩下本溪满族自治县小市镇同江峪村社火队一支尚能进行较为完整的表演活动。

民间社火（义县社火）
申报地区或单位：辽宁省义县

义县社火的活动时间为每年农历四月二十一日至二十五日，二十三日为正日。正日当天先要进行僧尼诵经活动，然后由会首带领祭天祈祷，最后是各村屯在庙前表演节目，将社火活动推向高潮。由于其活动范围覆盖本地九个大村、十八个自然屯，故又称"九龙十八会"。

义县社火的主要表演节目是竹马舞和旱船舞。前者表现辽代萧太后行围采猎的故事；后者表现宋辽和好的故事，由四只单人旱船组成。伴奏乐器皆为中音唢呐、大鼓、大锣、中钹和小钹。

民间社火（朝阳社火）
申报地区或单位：辽宁省朝阳县

朝阳社火形式灵活多样，多达二十余种，其中较有特色的表演形式有朝阳县台子乡的"九女船""背阁"，木头城子镇的"寸跷"，西五家子乡的"夜八出"等。九女船由人抬着表演，主要人物是王母娘娘及其八个女儿，船两侧各有十六个男角。寸跷秧歌的表演形式分为踩街、打场两种，其队形变换为四面斗、八面风、卷白菜心等。夜八出因在秧歌盛会夜间演出的八组民间舞蹈而得名，艺人在表演时戴着假面具。

朝阳社火地域特色鲜明。大凌河流域多以高跷秧歌为主，风格粗犷豪放；小凌河流域多以地秧歌为主，表演细腻、传神，以扭、逗取胜。

民间社火（浚县民间社火）
申报地区或单位：河南省浚县

浚县社火是传统的民间娱乐活动，农闲时排练，逢年过节或重大喜庆时演出，每年正月初九和元宵节为传统出会日。

表演形式主要有舞狮、高跷、秧歌、旱船、竹马、龙灯、抬老四、顶灯、大头舞、散河灯等。

浚县尚有各种民间社火组织六十多家，每逢节日或重大活动期间，大家齐聚一起，争相竞技，热闹欢腾。

民间社火（洋县悬台社火）
申报地区或单位：陕西省洋县

洋县悬台社火又称洋县高芯子社火，是以戏剧角色站在高台梁架上为表演形式，以人抬肩扛为主要运载方式的一种社火。

洋县悬台社火组装的工序有：提折子，即根据要扮演的本戏或折子戏决定制作社火台架的层数、角色人选、服装道具的设计等；制作悬台框架，即以坚硬、柔韧的槐木为梁，制作成多层高台框架，其中大芯悬台能站六层角色，高度可达十二米以上，在框架芯子曲拐处往往饰以荷花、荷叶、茶碗盖、兵器等道具，并在其上站立剧情所需要的角色，展示不同的戏剧情节；开脸子，即按生、旦、净、丑等行当画脸谱；装身子，即演员穿戏装。

悬台社火游演前，社火会要备三牲去土地庙祭祀；游演开始时，由当地社火会会首主持启动仪式；游演中，各悬台以比高下、换折子为尚。

国家级代表性传承人名单

姓名	性别	申报地区或单位	入选批次
杜同海	男	山西省潞城市	3
赵喜文	男	河北省井陉县	3
李俊芳	男	陕西省洋县	4

# 民间信俗

千童信子节、关公信俗、石浦—富岗如意信俗、汤和信俗、保生大帝信俗、陈靖姑信俗、西王母信俗

序号：992
编号：Ⅹ-85
批次：2
类别：民俗

申报地区或单位：河北省盐山县，山西省运城市，河南省洛阳市，浙江省象山县、温州市龙湾区，福建省厦门市海沧区、龙海市、古田县，甘肃省泾川县

扩展名录：
民间信俗（梅日更召信俗）
　　内蒙古自治区包头市九原区
民间信俗（锡伯族喜利妈妈信俗）
　　辽宁省沈阳市
民间信俗（闽台送王船）
　　福建省厦门市
民间信俗（清水祖师信俗）
　　福建省安溪县
民间信俗（嫘祖信俗）
　　湖北省远安县
民间信俗（波罗诞）
　　广东省广州市黄埔区
民间信俗（悦城龙母诞）
　　广东省德庆县
民间信俗（长洲太平清醮）
　　香港特别行政区
民间信俗（鱼行醉龙节）
　　澳门特别行政区

民间信俗是人们在长期的生活生产中形成的约定俗成的传统理念。民间信俗从原始宗教和巫术演变而来，经过民间长期传承，已经成为一种风俗习惯。比如除旧迎新之际，贴春联、贴门神既装点了节日的气氛，同时又寄托了人们驱邪灾、保平安的心愿。

民间信俗（千童信子节）
申报地区或单位：河北省盐山县

千童信子节是河北省沧州市盐山县千童镇群众为纪念两千多年前徐福带领千名童男童女东渡扶桑而举行的祭祀活动。信子节每逢甲子年的农历三月二十八举行，其他年份的农历三月二十八只是一般祭奠。

信子是用于祭祀的舞台。信子造型分为三种：一是用土筑的高台；二是绑木架造型，由木杆、铁棍绑制成空中舞台，架子由三十六名大汉抬着稳步前进；三是铁架造型，在焊制的铁架顶端再制作一微型舞台，配以声光电技术。

信子节祭奠活动从农历三月二十八上午辰时开始，大约到午时结束。参加祭祀活动的全体人员，由主事者带领，抬着信子，沿街游祭。行进中，三节棍、狮子舞、落子、高跷、旱船等边走边演；站在阁斗中的童男童女有的举香面天叩祭，有的摇幡呼唤"归来吧，回家来吧"等招魂的话，全城沉浸在一种悲壮的气氛中。做完祭奠法事，信子沿街回到开化寺，由主事人领着再拜千童碑、千童殿。

千童信子节是古今民众怀念徐福千童东渡盛举的民俗遗存，对促进中日两国人民的友好往来，丰富与活跃当地人民的文化生活，传承民俗文化具有重要意义。

民间信俗（关公信俗）
申报地区或单位：山西省运城市，河南省洛阳市

关公是中国人对汉末名将关羽的尊称，关羽被后人推举为"忠""义""仁""勇"集于一身的道德楷模，被尊为武圣人，各地均建有关公庙供人们祭祀，形成了一个独特且内涵丰富的文化现象——关公信俗。关公庙祭祀是中华文化的重要组成部分，影响远及中国台湾和东南亚等地区。

山西运城解州是关公故里。解州关帝祖庙是"武庙之冠""武庙之根"，建于隋开皇九年（589），是关公崇拜的发源地和集散地，每年都会吸引成千上万的海内外华人前来祭拜朝圣。这里自古以来都在每年六月二十四关帝生辰、四月初八及九月初九举行庙会。

河南洛阳关林是我国唯一墓、庙、林三祀合一的古建筑群。这里因葬有关羽首级而形成庙祀。明朝万历年间形成了今天的庙会基本规模。关林庙会于每年春（正月十三）、诞（五月十三）、秋（九月十三）三祭日举行，祭祀汇集了鼓舞、武术、杂技等洛阳地方民间艺术，与民间信俗传说融为一体。

民间信俗（石浦—富岗如意信俗）
申报地区或单位：浙江省象山县

石浦—富岗如意信俗是台湾台东县富岗新村与浙江象山石浦渔山岛两岸之间流传的如意娘娘往来省亲迎亲的习俗。海上平安孝神如意娘娘是浙东地区渔民的精神寄托。由于历史原因，如意娘娘于1955年迁往台湾台东县，1989年开始每年回大陆省亲。

如意信俗表现形式主要是：起身祭，如意娘娘在富岗海神庙动身前一天的祭拜仪式；落地祭，如意娘娘省亲队伍到达家乡渔山娘娘庙和东门天后宫村口的落地祭形式；守夜，如意娘娘省亲来访，一般均要在客庙住上几天；赠礼；客祭，祭拜远道而来的客神如意娘娘；送别祭，如意娘娘回程之日的祭拜仪式；回庙祭，如意娘娘返回台湾本庙的祭拜仪式。

民间信俗（汤和信俗）
申报地区或单位：浙江省温州市龙湾区

龙湾汤和信俗是温州龙湾宁村百姓为纪念明朝大将汤和抗击倭寇的丰功伟绩而于每年农历七月十五举行的祭祀活动。

七月十五汤和节是中元节活动的典型代表，其基本内容是巡游和祭鬼。整个活动从七月十三至十七，持续五天。十三称背"路经牌"，一人背着"路经牌"，一人敲锣，沿着巡游经过的路线走一圈；十四叫"符司爷"扫街，一人装扮成"符司爷"，手持"符司"牌，骑着马，四人打着锣鼓钹，沿途走一圈；十五为汤和神像出巡日，在汤和庙举行隆重的神像出巡仪式，"文武元帅""先锋""土地""七星神将"等扮演者叩拜过神像，众"衙役"在庙内三出三回后，簇拥着汤和的香炉、神像出庙，高挂"公务出巡"牌，巡游队伍十分整齐，有开路先锋、七星、犯人、无常、皂隶、文武判官、文武元帅等，在锣鼓喧天中，分步行、骑马等形式，依次列队前进。

民间信俗（保生大帝信俗）
申报地区或单位：福建省厦门市海沧区、龙海市

保生大帝，姓吴名本，是北宋同安县（现龙海市）白礁人，医术高明，医德高尚，名扬闽南，身后又得到历朝褒封。明永乐十七年（1419）朝廷敕封吴本为"恩主昊天金阙御史慈济医灵妙道真君万寿无极保生大帝"。在民间，又被称为"吴真人"或"大道公"。闽南民间感念其恩德，在多地建慈济宫祭祀，并形成了保生大帝信俗。其信俗涵盖了民间医药、闽台民间文化、民间艺术、民间宗教等内容，是闽南文化组成部分。

福建省厦门市海沧区青礁慈济宫是保生慈济文化的中心。每年农历三月十五的保生大帝颂典场面宏大，包括闽南、中国台湾、广东以及东南亚地区等一千多座分庙的进香队伍齐聚青礁慈济宫，举行隆重的祭祀活动。

龙海市角美镇白礁村是保生大帝诞生地，每年三月十五日保生大帝诞辰日都要举行隆重的祭祀仪式。祭典有多个环节组成，鸣钟擂鼓、上香、献牲、叩拜、化帛等仪式庄严肃穆。之后，举行巡游活动，巡游队伍由白礁慈济宫宫旗、神童阵、肃静牌等为前导，同时配以全套乐队。祭祀期间，漳州木偶戏、南音以及来自台湾的芗戏表演等精彩纷呈。

陈靖姑 神像

民间信俗（陈靖姑信俗）
申报地区或单位：福建省古田县

相传"临水夫人"陈靖姑是妇女儿童保护神，是与"海上女神"妈祖齐名的"陆上女神"。陈靖姑信俗源于福建古田，后来覆盖了闽、台、浙、赣、粤、湘及东南亚等地。据悉，目前世界各地共有四千多座临水宫分庙，信众达八千余万人。

福建古田临水宫是主祀陈靖姑之地，传说是陈靖姑的故乡，后成为各地临水宫的祖宫。每年农历正月陈靖姑诞辰月的仪式活动最为隆重，各地信徒组成的"夫人社"到古田临水宫朝拜陈靖姑，庆祝圣诞，并举行接香火仪式，即从祖宫请香火回乡祈神醮仪。其间，各地不同风格的拜祭、请香接火仪式、庆祝歌舞表演，使不同教派的教仪、民间音乐、舞蹈、武术、曲艺得到充分展示。

民间信俗（西王母信俗）
申报地区或单位：甘肃省泾川县

西王母信俗是甘肃省泾川一代长期流行的道教民俗文化。这种信俗以西王母文化为载体，以酬神娱人为主要特征，显示出鲜明的西北地方特色。

西王母祭典自北宋开宝元年（968）开始在山西泾川王母祖庙举行。农历三月二十是西王母祭典之日，典礼按道场、朝觐、祭坛和采圣水四个固定程序进行。届时，来自陕西、河南等地近百位法师、道士云集到西王母大殿前布设道场。众法师、道士伏地长拜，击鼓诵经，规模宏大壮观。十时为朝觐时辰，众法师、道士、信徒依次向西王母塑像朝觐跪拜，焚香祈福。之后，大法师宣读祭文，祈祷风调雨顺、国泰民安。之后，众道士诵经相随，竹笛、土笛伴奏，信众列成两路纵队，浩浩荡荡地走向瑶池饮圣水。场外还有演秦腔、唱泾川小曲、放河灯、耍社火以及民间剪纸、刺绣等民俗活动。

民间信俗（梅日更召信俗）
申报地区或单位： 内蒙古自治区包头市九原区

梅日更召信俗是在内蒙古地区寺庙中用蒙古语诵经祈福而形成的融民众信仰仪式与民俗活动于一体的文化活动。

梅日更葛根是18世纪蒙古精通佛教理论的大师。1677年，他在"海日图"（现达拉特旗境内）建立一座藏传佛教寺庙，称"梅日更葛根召"，即如今位于包头市九原区梅日更召前身，是藏传佛教用蒙古语诵经的发源地。梅日更召是当今世上唯一用蒙古语诵经的黄教寺院。

梅日更召信俗表现形式主要有：农历正月十五、八月十五，举办大型查玛（即"会"），上层活佛喇嘛都到梅日更召大殿里诵经，转寺庙界石，喇嘛跳查玛舞。八月十五还举办赛马、摔跤活动。五月初五，僧人、民众祭祀乌拉山主峰、山石。七月十三，乌拉特西公旗杀公牛祭祀敖包。腊月二十三，喇嘛到百姓家颂祭火词。以上所有祭祀都要用蒙古语诵经。

民间信俗（锡伯族喜利妈妈信俗）
申报地区或单位： 辽宁省沈阳市

喜利妈妈原是锡伯族在古老年代里的一种类似家谱的结绳记录方式，后来逐渐演变为具有多种神职功能的保护神。

喜利妈妈，是一条两丈多长的丝绳，名曰"索绳"，上系嘎拉哈、小弓箭、小靴鞋、摇篮等物。其中嘎拉哈表示辈数，即添一辈人，加一个嘎拉哈；添一男孩，添一张小弓箭；摇篮、小靴鞋等表示子孙满堂；家里发生的事情用不同物品表示。锡伯族喜利妈妈祭祀民俗活动，主要包括农历腊月十六喜利妈妈生日庆典，除夕敬祭喜利妈妈以及农历二月初二喜利妈妈归位等仪式。喜利妈妈平时被供奉在西屋内西北墙角上，每年除夕将其请下，将丝绳从屋内西北角扯到东南角，两端挂在房椽上，摆上供品，烧香磕头，直到农历二月初二，再将其拢在一起，用纸包好，放回原处。祭祀仪式以家族为单位，长幼有序，祈求喜利妈妈保佑家宅平安，人丁兴旺。

民间信俗（闽台送王船）
申报地区或单位： 福建省厦门市

送王船，又称烧王船，是沿海渔民通过祭海神、悼海上遇难英灵，祈求平安和渔业兴旺的古老习俗。

厦门港渔家的送王船习俗糅合了王爷（郑成功）信仰。据传此俗源于台湾，清初渔家为缅怀郑成功的丰功伟绩，以王爷作为代天巡狩的神而奉祀，并造"王船"送之入海，以祈福、送邪、保平安。厦门送王船以同安西柯镇吕厝村、海沧钟山村、湖里钟宅村三个地方的规模较大。该习俗一般三四年举行一次。"送王船"有制造王船、出仓、祭奠、巡境、焚烧等程序。一般大概在农历八月开始造王船，十一月左右送王船，这期间有各种仪式，这些日子都是在神明面前掷筊决定的。每到送王船的日子，常能吸引闽南及台湾地区上万名群众前来观看。

民间信俗（清水祖师信俗）
申报地区或单位： 福建省安溪县

清水祖师（1047～1101），法号"普足"，俗名陈荣祖，是北宋福建泉州安溪的高僧，在安溪清水岩修道，被尊称为清水祖师。相传他生前造桥、施药、求雨救旱等，造福乡邻。祖师逝后，百姓感恩，修建清水祖师庙，崇奉为佛，被当地视为地方最重要的保护神。清水祖师信俗广泛流传于闽、粤、浙、港、澳、台及东南亚国家。

祭祀和求签是该信俗的主要活动。祭祀由清水祖师迎春绕境（开春游行）、请神（另建新祖师庙）、请火（谒祖进香）、除夕守岁祈福法会、清水祖师寿诞祭典等仪式组成。求签则是人们到祖师庙卜占、抽签、纳福等。

民间信俗（嫘祖信俗）
申报地区或单位：湖北省远安县

嫘祖信俗是湖北远安一带崇拜祭祀我国植桑养蚕缫丝之术始祖"嫘祖"的一种民间信仰。

远安自古就是著名的"垭丝"产地，民间传说今苟家垭镇是嫘祖故里，祭祀嫘祖世代相传。初春桑树抽芽时举行初祭。每年农历三月十五嫘祖生日那天，是大祭，人们在嫘祖庙（亦称蚕神庙）前搭起戏台唱大戏，为嫘祖祝寿，祈求嫘祖赐福施恩，保佑蚕事顺遂，五谷丰登。秋季为末祭，恭送蚕神回天宫，恭请蚕卵入寝过冬，宴庆丰收。祭仪中的祭品以帛为主，主祭者和从祭者以蚕妇为主，童子为亚祭，是远安嫘祖祭祀活动的特色。

民间信俗（波罗诞）
申报地区或单位：广东省广州市黄埔区

波罗诞，又称南海神诞、南海波罗诞，是在广州市黄埔区南海神庙定期举行祭祀南海神的传统民居信俗。南海神庙建于隋开皇十四年（594），在波罗江上，庙有波罗树高大，因而俗名波罗庙。

民间每逢农历二月十一至十三，南海神庙方圆数十里的民众从水路、陆路前来"游波罗"，四乡云集赶赴庙会。庙会主要活动有买波罗鸡（一种鸡模样的工艺品）、包波罗粽、祭海仪式、"五子朝王"（海神的五个儿子为父祝寿）活动、"花朝盛会"活动（拜花、赏花、比美活动）等，是富有广州地方特色的盛大民俗文化活动。

民间信俗（悦城龙母诞）
申报地区或单位：广东省德庆县

悦城龙母诞是在广东省德庆县悦城龙母祖庙定期举行的祭祀海神的传统民间信俗。悦城龙母祖庙建于秦汉时期。龙母诞分为正诞（农历五月初一至初八，为龙母生辰诞）和润诞（即农历八月初一至十五，龙母得道飞升诞）。

每年龙母诞期，人们会举行盛大的祭祀活动。祭典分为公祭和民祭两类。公祭由政府组织，场面宏大，包括恭读祝文、龙母升座揭像、三牲祭龙母、鲜花贡品敬献龙母、五龙祭母、龙母呈祥、万人敬拜上圣香等仪式。民祭仪式以社团堂口组织牵头，善信自发参与。抢炮头、摸龙床、饮圣水、吃"金猪"（烧猪）、鲤鱼放生、盖龙母金印、请"龙母运程香"、戴"龙母符"等是民间祭祀的主要活动。

民间信俗（长洲太平清醮）
申报地区或单位：香港特别行政区

长洲太平清醮是香港长洲岛每年农历四月初五至初八举办的酬谢北帝神恩的盛大庆典。据岛民相传，清末长洲发生瘟疫，为求消灾，居民请高僧喃呒在北帝庙前设坛拜忏，并抬北帝神像游行街道，之后，瘟疫果然停止。自此，岛民每年都要举办太平清醮，酬谢北帝神恩，保境平安。

节日期间，民间道教仪式和音乐、飘色、舞狮、舞麒麟、大锣鼓等民间表演艺术精彩纷呈。抢包山比赛和飘色会景巡游是庆典中的两大特色。

民间信俗（鱼行醉龙节）
申报地区或单位：澳门特别行政区

鱼行醉龙节是澳门鲜鱼行业独有的一项民间传统节庆活动。每年农历四月初七傍晚，澳门从事渔业的商贩们便聚集在红街市里的围台进餐，形成吃"龙船头长寿饭"传统。四月初八，澳门鲜鱼行总会在澳门三街会馆举办舞醉龙、醒狮活动，人们在祭祀和祈福活动之余尽情畅饮，然后将供奉在宗祠内的木龙头抬出交给醉汉，醉汉便借着酒意接过龙头一路狂舞，而相伴者则一路提着水酒轮番给舞龙者灌酒。活动中，总会还向市民免费派发龙船头饭，据说吃龙船头饭，可以保佑全家平安、人财两旺。

仫佬族依饭节

序号：464

编号：X-16

批次：1

类别：民俗

申报地区或单位：广西壮族自治区罗城仫佬族自治县

依饭节，又称喜乐愿、依饭公爷，意为"向祖先还愿"，是仫佬族祈神保佑丰收、人丁安泰的传统节日，主要流行于广西罗城仫佬族自治县东门镇、四把镇等地的仫佬族聚居区。

关于依饭节由来，民间有很多传说，最广为传颂的是白马姑娘的故事。据说古时仫佬山乡群兽为害，特别是兽王神狮凶猛异常，后来有位白马姑娘射死神狮，解救万民，并从狮口中夺回谷种送给人们，又用芋头、红薯做成黄牛、水牛犁田耕地，教人们习武灭兽。从此，仫佬山乡风调雨顺，五谷丰登。为纪念白马姑娘的功绩，每逢闰年立冬日，人们便以居住区域"冬"为单位，集资轮流主持聚会，相沿成习，形成依饭节。

仫佬族每十年中分别三次于农历立冬时节选择吉日，在各自宗族祠堂里举行隆重而神圣的依饭节，进行虔诚的祭祀活动。整个活动历时一昼夜，由安坛、请圣、点牲、劝圣、唱牛哥、合兵和送圣七个程序组成。节日期间，全村上下一片欢腾，男女老少同庆丰收，共享欢乐。

依饭节是仫佬族信仰习俗长期积淀的结晶，成为仫佬族文化的重要象征。目前，仫佬族的许多传统民俗日益淡化，依饭节传承的文化空间逐渐缩小。

罗城仫佬族女子

那达慕

序号：496

编号：X-48

批次：1

类别：民俗

申报地区或单位：内蒙古自治区锡林郭勒盟，青海省海西蒙古族藏族自治州，新疆维吾尔自治区和静县

那达慕是蒙古族传统的群众性聚会，一般于每年7～8月举行，内蒙古锡林郭勒盟的那达慕最具有代表性。那达慕起源于蒙古汗国建立初期，早在1206年成吉思汗被推举为蒙古大汗时，就举行了盛大的那达慕。

青海省海西蒙古族藏族自治州的那达慕源于青海湖蒙古族二十九旗的祭祀活动祭海。祭海始于唐代天宝十载（751），当时皇帝册封青海湖神为广阔公，派遣使臣礼祭。海西蒙古族那达慕轮流在本自治州的德令哈市、乌兰市、都兰市、格尔木市、大柴旦、茫崖等地举行。

新疆蒙古族那达慕主要流行于巴音郭楞蒙古族自治州的和静县、博湖县、和硕县，博尔塔拉蒙古自治州和布克赛尔自治县及伊犁哈萨克自治州的部分地区，于每年公历6月23日举行，为期1～3天。

古代和近代的那达慕要进行男子三艺竞技赛，即摔跤、赛马和射箭。蒙古族的摔跤（蒙语称"搏克"），有独特的服装、规则和方法。比赛前先推一位族中长者对摔跤手进行编排和配对，在唱过三遍长调《摔跤手歌》之后，身着摔跤服的摔跤手挥舞双臂、跳着鹰舞入场，行礼，顺时针走一圈，然后由裁判员发令，比赛双方握手致意后开始比赛。摔跤技巧很多，可以用捉、拉、扯、推、压等十三个基本技巧演变出一百多个动作。比赛时摔跤手不许抱对方的腿，膝盖以上任何部位着地者为负。赛马项目包括：快马赛，主要比马的速度；走马赛，主要是比赛马步伐的稳健与轻快；颠马赛，是马上竞技表演项目。射箭比赛分静射、骑射、远射三种。

如今，那达慕除了进行三艺竞技外，还增加了马球、马术、田径等新内容，举行物资交流会及各类文艺活动，已成为集民族体育、文化艺术、集市贸易、产品展销、旅游观光等为一体的综合性节庆活动。

搏克手

南海航道更路经

序号：1027

编号：Ⅹ-120

批次：2

类别：民俗

申报地区或单位：海南省文昌市、琼海市

南海航道更路经，是海南沿海渔民把握海上航行线路的传统民间知识。"更"是古代计算航程的单位，一更等于六十里；"路"是指航行的路线图。南海更路经有两类：一类是自编自用的手抄本的《南海更路簿》；一类是口头传承下来的航行路线经验即"更路传"。更路经主要在海南省文昌市、琼海市、海口等沿海渔村流传和应用。

南海岛礁散布，海况复杂，历代船长耳传口授，详细记录，将航海技术、路线水流、岛屿暗礁、气候等分类整理，写成南海更路经。更路经主要记载了三条航线：一是渔民捕鱼路线，二是华侨出国路线，三是海上贸易路线。迄今为止，专家已发现了十多种不同形式和版本的更路经，记载了渔民对西沙、南沙、中沙群岛及东南亚沿海各国的航海经验知识。

南海航道更路经是每位船长必备的航海图,如今,渔民们仍在航海中使用并对其进行补充。南海航道更路经是我国开发南海诸岛的真实记录,对研究我国外贸史、航海史、南海开发史都有重要的史料价值。

农历二十四节气

序号：516
编号：Ⅹ-68
批次：1
类别：民俗
申报地区或单位：中国农业博物馆

扩展名录：
农历二十四节气（九华立春祭）
浙江省衢州市柯城区
农历二十四节气（班春劝农）
浙江省遂昌县
农历二十四节气（石阡说春）
贵州省石阡县

农历二十四节气是中国古代订立的一种用来指导农事的补充历法,起源于黄河流域。远在春秋时期,中国古代先贤就定出仲春、仲夏、仲秋和仲冬四个节气,到秦汉年间,二十四节气已完全确立。公元前104年,由邓平等制定的《太初历》正式把二十四节气定于历法,明确了二十四节气的天文位置。

太阳从黄经零度起,沿黄经每运行15度所经历的时日称为"一个节气"。每年运行360度,共经历24个节气,每月2个。其中,每月第一个节气为"节气",它们是立春、惊蛰、清明、立夏、芒种、小暑、立秋、白露、寒露、立冬、大雪和小寒12个节气;每月的第二个节气为"中气",它们是雨水、春分、谷雨、小满、夏至、大暑、处暑、秋分、霜降、小雪、冬至、大寒。"节气"和"中气"交替出现,各历时15天,现在人们已经把"节气"和"中气"统称为"节气"。

二十四节气反映了太阳的周年视运动,所以它在现行的公历中日期基本固定,上半年在6日、21日,下半年在8日、23日,前后相差1～2天。

二十四节气能反映季节的变化,指导农事活动,影响着千家万户的衣食住行。一些节气和民间文化相结合,已经成为固定节日,并伴有丰富多彩的民俗活动。

农历二十四节气（九华立春祭）
申报地区或单位：浙江省衢州市柯城区

九华立春祭是衢州立春祭祀的传统民俗活动。活动主要场所在衢州市柯城区九华乡外陈村的梧桐祖殿,这里供奉着"春神"句芒。祭祀日为农历立春日。主要活动有：祭拜春神句芒、迎春接福赐求五谷丰登、供祭品、扮芒神、焚香迎奉、扎春牛、演戏酬神、踏青、鞭春牛等。其中鞭春牛是重要环节,由人扮演句芒神鞭打春牛,由地方官行敬香之礼,以示劝农勤劳和春耕的开始。

农历二十四节气（班春劝农）
申报地区或单位：浙江省遂昌县

班春劝农是浙江省遂昌县的传统迎春文化形式。班春是指古代地方官颁布的督导农耕的春令。明代文学家汤显祖于明万历二十一年至二十六年（1593～1598）任遂昌知县期间,春耕时节要率衙役祭春神、鞭土牛,向邑人颁布春耕令,并奖励农桑、劝农勤、做农事。乾隆年间,迎春活动演变为全民参与的民俗活动,人们制扎春牛，以仪仗鼓吹游行。民国后，官方劝农活动不再举行，而城乡民众在立春日家家祭天地、插梅花、鸣鞭炮，以示迎春接福。

如今，仍以农业作为主导产业的遂昌县，每年要举行隆重的班春劝农典礼。当日，当地村民在敲锣打鼓声中，向"神农"祭献全猪、全羊、五谷供品等，上香、跪拜祈求五谷丰收。诵读祭文后，农民插花、赏酒、赠春鞭等。

农历二十四节气（石阡说春）
申报地区或单位：贵州省石阡县

说春是贵州铜仁市石阡侗族人民世代流传下来的一种立春民俗活动。

春官是周代一种职官，执掌农耕事务。后世民间出现说唱艺人在立春时节扮作"春官"说唱歌谣、劝农劳作以祈福的"春官送春"习俗。

每年立春时节前后，春官手端"春牛"走村串寨，挨户"说春"，并散发农历和财神春帖。说春分为"说正春"和"说野春"两种。石阡县花桥镇坡背村的封姓家族，相传是唐朝开国年间所封的春官，即"说正春"。除封姓家族外，县内各地皆有"春官"。说春词曲调简单，唱读时讲究字正腔圆。"说正春"内容主要是说"二十四个农事气""渔樵耕读""四大布周"等，涵盖历史、地理、人文等各方面。"说野春"不拘古节，灵活多变，主要段子名目有《开财门》《颂主人》《说茶》等。

怒族仙女节

序号：472
编号：X-24
批次：1
类别：民俗
申报地区或单位：云南省贡山独龙族怒族自治县

仙女节是怒族的传统节日，又称鲜花节，在每年农历三月十五举行，延续三天，流传于云南省怒江傈僳族自治州贡山独龙族怒族自治县丙中洛乡的怒族聚居区。

传说仙女节是为了纪念聪明能干的阿茸姑娘。阿茸姑娘住在吉木得村，她发明了可以横渡怒江的竹篾溜索，还从高黎贡山引来甘甜的山泉。为了逃避头人的逼婚，她藏身山洞，变成一尊石像。她死的那天是农历三月十五，因此，怒族人就在这一天为她举行祭拜活动。

节日当天，人们穿上盛装，带上祭品、牲礼、酒，手捧鲜花，从周围村寨聚到仙女洞去祭祀，在洞口点燃松枝，主祭者念祝词，众人叩头献礼。青年女子进洞在钟乳石下接"圣水"，然后众人共饮，载歌载舞。由于有部分怒族人信仰藏传佛教，所以在祭台四周挂着许多经幡、唐卡。祭毕，各家各户设宴饮酒，并开展射弩、赛跑等娱乐活动，也举办物资交流集会。如今，祭祀仙女仪式已渐渐淡化，歌舞求福和体育竞技成为仙女节的主要活动内容。

怒族仙女节的群众基础广泛，体现出原始宗教崇拜意识，并能从中看到藏传佛教对怒族文化的影响，对研究怒族文化历史变迁有重要价值。但目前怒族传统文化受到各种因素的影响，仙女节面临着传承困境。

诺茹孜节

序号：1201
编号：X-126
批次：3
类别：民俗
申报地区或单位：新疆维吾尔自治区塔城地区

诺茹孜节，是哈萨克、维吾尔等信仰伊斯兰教的民族共同庆祝新春的传统节日，节期为公历3月21日或22日，农历春分日。

诺茹孜节最重要的活动是煮诺茹孜饭，人们用多种谷物、蔬菜加佐料煮成稠粥共同分享，此外还要食用熏马肠、熏肉等。大家在牧区里走村串户，唱诺茹孜歌，互相拥抱祝贺新春来临，并把羊头奉献给老人祈求他们的祝福。

节日期间，人们要举办民歌朗诵晚会、"麦西莱甫"（聚众娱乐晚会）。民间艺人把有关诺茹孜的历史故事用特殊的民间艺术形式（如演唱史诗、铁力麦、黑萨尔、木卡姆等）通宵达旦地表演，群众即兴跳起各种舞蹈，尽情欢乐。赛马、叼羊、走大绳、猜谜等活动也是庆祝节日的主要内容。

诺茹孜节是穆斯林民族历史文化在精神生活上的反映，也是民族民间艺术传承的独特方式。然而，随着牧民定居生活方式的扩大，传统节日礼仪被简化，部分民间艺术形式也后继无人。

女书习俗

序号：517
编号：Ⅹ-69
批次：1
类别：民俗
申报地区或单位：湖南省江永县

女书习俗，是以妇女所专用的一种特殊表音文字体系为核心的社会文化现象，主要在湖南省江永县上江圩镇及其近邻一带的妇女中传承。因女书没有古代文物，又未载于史志，故不能确定其起源时间。目前的女书传本资料，最早可见明末清初者。

女书是人类迄今发现的唯一现存的性别文字，与其他文字相比，具有五大特点：一是女用男不用；二是传女不传男；三是记录当地方言土语，并用当地土语唱读；四是字形奇特，形体倾斜，右角高左角低，呈长菱形，书写款式同中国古代线装书相同；五是人死书焚，陪葬送终。

女书的作品多为七言体韵文，一般书写在精制布面手写本（作为婚嫁礼物）、扇面、布帕、纸片上，分别叫作"三朝书""歌扇""帕书""纸文"。其作用为自娱自乐、歌堂对唱、书信往来、宗教祭祀、结拜姊妹、诉写苦情、传记纪事、改写汉字韵文等。

当地传习女书方式主要有：一是家传式，家庭内长辈女性教晚辈女孩；二是私塾式，花钱向水平较高的专职妇女学习女书；三是歌堂式，妇女在读纸、读扇中互教互学；四是自学式，利用赠送得到的或借来的女书，照样抄写自学。

女书以女性生活空间为依托，以女性习俗活动为载体表现出当地妇女的生活方式、行为习俗、价值观念等。但随着时代的发展，女性的文化水平提高，女书面临着濒临灭绝的境地，现在基本上只是在一些农村老年妇女中使用，濒于失传。

国家级代表性传承人名单

姓名	性别	申报地区或单位	入选批次
何静华	女	湖南省江永县	4

女娲祭典

序号：486
编号：Ⅹ-38
批次：1
类别：民俗
申报地区或单位：河北省涉县

扩展名录：
女娲祭典（秦安女娲祭典）
甘肃省秦安县

女娲祭典指围绕河北涉县的娲皇宫而举行的祭祀中华始祖女娲的民俗活动。娲皇宫始建于北齐，是专为祭祀女娲而兴建的，也是国内建筑规模最大的奉祀女娲的古建筑。

相传农历三月十八是女娲生日。每年农历三月初一至十八，来自晋、冀、鲁、豫等地的人们都要前来朝拜女娲，祈禳还愿，形成娲皇宫庙会。庙会从北齐开始，历经各代，规模不断扩大，至清代达到极盛时期。新中国成立后，民间祭祀延续不断，"文革"时中断，20世纪80年代后开始复苏。

据记载，公祭女娲大典从清代就已有，清末中断，程序和规制已失传。自2003年，每年9月当地政府举办女娲文化节和公祭女娲大典。祭拜活动以颂扬女娲抟土造人、炼石补天、断鳌足、立四极、治洪水、通婚姻、造笙簧等功德为主，仪式过程主要包括奏祭乐、鸣炮、击鼓鸣钟、敬献祭品和花篮、敬香、恭读祭文、行拜祭礼、乐舞告祭、神鼓告祭、拜谒娲皇宫等。

女娲文化历史悠久，影响广泛，举行女娲祭典对传承华夏文明、加强民族凝聚力等具有重要作用。

女娲祭典（秦安女娲祭典）
申报地区或单位：甘肃省秦安县

秦安女娲祭典是在位于甘肃省天水市秦安县陇城镇的女娲祠举办的隆重祭祀活动，日期为每年农历三月十五，当地相传这天为女娲诞辰日。

秦安县即古成纪，有"羲里娲乡"之称，传说伏羲和女娲出生在这里。女娲祠始建于汉代，历代多次重修，"文革"中被毁，1989年当地民众集资在原址重建。

女娲祠祭祀分民祭和公祭两种。民祭内容包括三月十一设坛，十二取龙泉圣水洒坛祈福，十三风沟迎銮驾，十四风台迎馔，十五上午九时五十分举行正坛祭祀。公祭仪式隆重，2006年天水市政府恢复了公祭大典，仪式过程包括奏乐、击鼓鸣钟、放礼炮、恭读祭文、取龙泉圣水祈福、乐舞告祭、行鞠躬礼、敬献花篮等。

七夕节

序号：452
编号：Ⅹ-4
批次：1
类别：民俗
申报地区或单位：文化部

扩展名录：
七夕节（乞巧节）	甘肃省西和县
七夕节（石塘七夕习俗）	浙江省温岭市
七夕节（天河乞巧习俗）	广东省广州市天河区

七夕节是中国传统节日，时间为每年农历七月初七，由于此日活动的主要参与者是少女，而节日活动内容又是以乞巧为主，故又称乞巧节或少女节、女儿节。汉、满、朝鲜、壮、侗、苗、畲等民族都过此节，有些少数民族对这个节日有其自称，如满族称为祭星节、鄂伦春族称为祭月亮等。

七夕节在中国有悠久的历史，早在汉代就有关于七夕乞巧的文献记载。民间还流传着关于牛郎织女于七夕日鹊桥相会的爱情传说故事，为节日增添了浪漫气息。

七夕节民俗活动主要包括：拜牛郎织女，瓜棚下听"天语"；丢巧针，卜运气；唱乞巧歌；

七姊妹结盟；接露水，种生；祭七夫人、魁星、文昌、关公、天孙等。节日的相关器具、制品有牛郎织女年画、七夫人像、七夕绘画、乞巧楼、乞巧针、乞巧果、七巧板等。

七夕节对研究中国历史文化有重要价值。其中，深入人心的牛郎织女传说是中国民间文学的重要题材，它与民俗生活结合起来形成了具有特色的民间活动。但目前乞巧民俗活动在很多地方已经淡化。

七夕节（乞巧节）
申报地区或单位：甘肃省西和县

七夕节，在甘肃西和又叫乞巧节，即姑娘们向巧娘娘（织女）祈求赐以聪慧、灵巧。

西和乞巧民俗活动内容丰富，从农历六月三十（小月为二十九）晚开始，一直持续到七月初七晚结束，前后历时七天八夜。整个活动分为坐巧、迎巧、祭巧、拜巧、娱巧、卜巧、送巧七个环节。每一环节均有歌舞相伴，又有富有特征性的仪式，因而留存了大量的乞巧唱词、曲谱、舞蹈形式以及与农耕文明相关的崇拜仪式，还有与生活相关的服饰、道具、供果制作等。

七夕节（石塘七夕习俗）
申报地区或单位：浙江省温岭市

石塘七夕习俗流传于浙江温岭沿海的石塘、箬山一带，长辈在七夕当日为未满十六周岁的孩子向七娘妈祈愿，因而当地人称七夕节为"小人节"。石塘先民三百多年前从闽南迁入，此习俗随之而来。闽南民间称织女为七娘妈，视其为小孩的保护神，传说七夕是七娘妈的生日，因此又称七夕为"七娘妈生"。

如今石塘小人节大体可以分为前期准备与七夕当日祭祀两个部分。人们提前为自家未满十六岁的孩子准备一座彩亭或彩轿，由当地民间纸扎艺人用竹条、彩纸、泥巴等原料扎制而成，一般有两三层，在彩亭底层和内部贴有七娘妈画像。节日当天，大人们将供桌摆放在自家门前，在中间放上彩亭或彩轿，点上香烛，摆上一壶老酒、七只酒盅、各色瓜果，以及糖龟、鱼鲞、鸡等祭品，之后上香许愿，放鞭炮，焚烧彩亭或彩轿以献给七娘妈。过完十六岁的小人节，就算长大成人了。

七夕节（天河乞巧习俗）
申报地区或单位：广东省广州市天河区

广州天河地区的乞巧风俗在广州天河区、番禺区、黄埔区等地较为兴盛，当地人把七夕节称为七姐诞、七娘诞，或摆七娘、拜七娘。

乞巧节节日活动包括摆巧、拜仙、乞巧、吃七娘饭、看七娘戏等诸多内容。节日以摆巧为具体内容，并形成独具特色的传统七夕工艺系列作品，如斋塔、芝麻香、鹊桥景观、七娘盘、七夕公仔等。拜仙仪式独具特色，祭拜的对象不仅有牛郎织女二星，还包括织女的六个姐妹。

国家级代表性传承人名单

姓名	性别	申报地区或单位	入选批次
陈其才	男	浙江省温岭市	4

羌年

序号：989

编号：Ⅹ-82

批次：2

类别：民俗

申报地区或单位：四川省茂县、汶川县、理县、北川羌族自治县羌年是羌族喜庆丰收、祭拜神灵与祈求平安的重要传统节日。其主要流传于四川省茂县、汶川、理县、北川等地的羌族聚居区。羌年一般在每年农历十月初一举行，为期3～5天。

过羌年时，全寨人要在释比的主持下举行隆重的祭神还愿仪式，人们抬着月亮馍馍、太阳馍馍、咂酒、肉、香烛等祭品到山中，释比敲响羊皮鼓，念唱释比经，杀羊敬祭天神、山神和寨神等各方神灵。仪式结束后，全寨人一起吃团圆饭，喝咂酒，跳莎朗舞。夜晚，每家户主主持祭拜祖宗仪式，敬献各类祭品和供品。节日期间，亲友互访道贺，饮自酿的咂酒，唱歌跳舞，举行推杆比赛等活动。

羌年是集宗教信仰、历史传说、歌舞、饮食于一体的节庆活动，体现了羌族自然崇拜、先祖崇拜的宗教观念，对研究羌族历史、文化、艺术和习俗有重要价值。但如今，羌族村寨过羌年的传统活动日趋减少，羌年的传统节俗趋于衰微。

国家级代表性传承人名单

姓名	性别	申报地区或单位	入选批次
肖永庆	男	四川省茂县	3
王治升	男	四川省汶川县	3

汶川县阿尔村巴夺寨2009年羌年，释比正在请神

羌族瓦尔俄足节

序号：466
编号：Ⅹ-18
批次：1
类别：民俗
申报地区或单位：四川省阿坝藏族羌族自治州

羌族瓦尔俄足节，汉语称歌仙节、领歌节，是羌族的一个民间传统节日，主要流传于四川省阿坝藏族羌族自治州茂县曲谷乡西湖寨、河西村，当地相传这个节日是为祭祀天上的歌舞女神莎朗姐，节期为每年农历五月初五。因羌族女性为活动的主要角色，当地人又称之为妇女节。但若寨里有50岁以下的妇女死亡，当年将不会举办瓦尔俄足节。

瓦尔俄足节前夜，寨中妇女围聚在火塘边制作祭祀女神用的太阳馍馍、月亮馍馍和山形馍馍，舅舅要陪同；舅舅举行开坛仪式；制作供品。节日当天，在舅舅的带领下前往女神梁子祭拜；举行敬献、祭杀山羊仪式；舅舅唱经、酬神、祈神；领歌引舞；寨中有威望的老妈妈讲述歌舞女神莎朗姐的故事，让人们明确爱情、生育、家务等传统；男人们在旁烹饪、伺候等。

羌族瓦尔俄足节至今在当地流传，它是一项以女性为主的综合性民间节庆活动，集歌舞、饮食、宗教、服饰等于一体，对于深入了解羌民族宗教文化内涵、女神崇拜习俗、民间歌曲、原始舞蹈等有重要价值。

秦淮灯会

序号：498
编号：Ⅹ-50
批次：1

◎民俗

类别：民俗

申报地区或单位：江苏省南京市

秦淮灯会是历史上流传于南京（古称"金陵"）特别是秦淮夫子庙地区的特色民俗文化活动，又称"金陵灯会"，主要于每年春节至元宵节期间举行。

秦淮灯会的历史最早可以追溯到南朝时期，都城南京举办传统元宵灯会，曾出现过"灯火满市井"的场景。明朝朱元璋建都南京后，竭力提倡灯节，南京元宵灯会活动逐渐享有"秦淮灯彩甲天下"的美誉。20世纪以后，灯会有了进一步发展，人们通过扎灯、张灯、赏灯、玩灯、闹灯等形式来寄托新年的美好愿望。秦淮灯彩的扎裱技艺不断提高，灯会还推动了南京剪纸、空竹、绳结、雕刻、皮影、兽舞、秧歌、踩高跷等民间艺术的发展。

历史上的秦淮灯会主要分布在南京秦淮河流域，20世纪后主要集中在夫子庙地区。如今灯会已扩展到"十里秦淮"东侧五里风光带上，核心区域主要包括夫子庙、瞻园、白鹭洲公园、王导谢安陈列馆、吴敬梓故居陈列馆、江南贡院陈列馆、中华门瓮城展览馆，以及中华路、平江府路、瞻园路、琵琶路一带，展示不同特色的灯组和数十万盏华灯，其间还举办各种文化旅游活动，规模越来越大，影响力越来越广。

秦淮灯会是当地节庆文化和民俗文化的集中表现，是秦淮文化的重要组成部分，具有重要的历史价值、人文价值和经济价值。

国家级代表性传承人名单

姓名	性别	申报地区或单位	入选批次
陆有昌	男	江苏省南京市	3
顾业亮	男	江苏省南京市	3

青海湖祭海

序号：993

编号：X-86

批次：2

类别：民俗

申报地区或单位：青海省海北藏族自治州

青海湖祭海是环青海湖地区藏、蒙古等族群众于每年农历七月十五举行的祭祀青海湖的活动。其历史最早可追溯至汉代，唐天宝十载（751）朝廷在敕封东、南、西、北四位海神时，将西海海神封为广润公并遣使礼祭，青海湖祭海活动由此延续下来。

祭海活动的第一步是煨桑。人们在湖四周的圣台上，点燃茶叶、酥油、松枝的混合物，煨桑敬神。第二步是诵经。煨桑之后，活佛们走上祭台诵经，请求青海湖的神灵降福众生，接着众人向空中抛撒五色风马纸片（相传能向神明传达信息），并向炉中倾倒食物，祈祷来年五谷丰登，天下太平。诵经完毕，进入第三步，给湖神敬献礼物。喇嘛和信众手捧五谷包（宝瓶）等祭祀品在活佛的带领下来到湖边，得到活佛指令后，将祭品抛向湖中。同时，许多老人、妇女跪在湖边，摘下身上的护身符用湖水清洗求保平安；小伙子们骑着马下湖狂奔，请求湖神庇佑。最后，人们在活佛的带领下祈雨，请求湖神保佑风调雨顺。祭海结束后，人们还会在湖边举行赛马、赛牛、跳舞等活动。

青海湖祭海活动流传至今，保留了较为完整的传统民俗，展示着多民族地区群众的信仰与文化。

清明节

序号：450

编号：X-2

中国非物质文化遗产百科全书·代表性项目卷

批次：1

类别：民俗

申报地区或单位：文化部

扩展名录:
清明节（溱潼会船）
　　　　江苏省姜堰市
清明节（介休寒食清明习俗）
　　　　山西省介休市

清明节是中国传统节日，时间一般为公历4月5日前后，原为二十四节气之一，流传在我国汉族地区和部分少数民族地区。

中国汉族传统的清明节大约始于周代，已有两千五百多年的历史。其在发展过程中，融合了寒食节和上巳节的习俗，在宋元时期形成一个以祭祖扫墓为中心，将寒食风俗与上巳踏青等活动相融合的传统节日；明清时期清明节大体承接前代旧制，是人们春季生活中一个必不可少的大节日；1935年中华民国政府明定4月5日为国定假日清明节。

在中国农历二十四个节气中，既是节气又是节日的只有清明。《淮南子·天文训》云："春分后十五日，斗指乙，则清明风至。"《岁时百问》："万物生长此时，皆清洁而明净，故谓之清明。"由此得知清明的名称与此时天气物候的特点有关。到了清明，气温变暖，雨量增多，正是春耕春种的好时节。所以清明对于古代农业生产而言是一个重要的节气。

但是，清明作为节日，与纯粹的节气又有所不同，它包含着丰富的风俗活动内容。虽然各地习俗不尽相同，但扫墓祭祖、踏青郊游是其基本主题。清明节具有独特的文化意义，它可以满足人们寻根祭祖的情感需要，强化亲情关系。

2008年，清明节正式成为我国的法定节假日。

清明节（溱潼会船）
申报地区或单位：江苏省姜堰市

溱潼会船民俗活动又称"水上清明节"，流传于江苏省姜堰市溱潼镇及周边村庄，至今已有八百多年的历史。关于会船的来历，说法不一。其中之一是说南宋绍兴元年（1131），山东义民张荣、贾虎与金兵转战于十里溱湖，金兵大败，义民亦受伤惨重，溱潼的百姓们按当地习俗殉葬了阵亡将士，并于每年的清明节组成篙子船争先祭扫；也有说是以祭拜真武大帝为禳灾求福争相供头香而赶撑会船；还有的说是来源于明朝开国皇帝朱元璋登基后，采纳谋士建言，乘快船寻祖坟等。

每年清明时节，溱潼家家户户都要祭奠自己的祖先。清明第二天，各家撑船划桨前往乱坟地祭祀无名阵亡将士，而后千余只船汇聚溱湖，共同参加表演、竞技活动，参与者及观众多达十万人。清明节溱潼会船是一项独具特色的水上民俗活动，集中反映了当地的风俗民情，是动态的珍贵历史文化遗产。

如今，溱潼会船已从单一的水乡群众会船活动，演变成一个融文化、民俗、体育、旅游、经贸等多种内涵为一体的民俗会船盛典。

清明节（介休寒食清明习俗）
申报地区或单位：山西省介休市

介休寒食清明习俗是流传于寒食清明节的发源地山西省介休市的一项民俗。其最早起源于春秋时期，在历史传承中不断融入寒食节与上巳节的习俗活动。

寒食节是为纪念春秋时期的名臣介子推而设的节日。春秋时，介子推历经磨难辅佐晋公子重耳复国后，隐居于介休绵山。重耳（晋文公）求之不出，放火焚山，子推母子隐迹焚身。"介休"因此而得名，意为介子推休眠之处。晋文公为了悼念他，下令在子推忌日禁火寒食，形成寒食节。寒食节，亦称"禁烟节""冷节""百五节"，时间为夏历冬至后一百零五日，清明节前一两日。上巳节，俗称三月三，是古代举行"祓除畔浴"活动中最重要的节日。

介休寒食清明习俗活动丰富多彩，主要包括禁烟、吃冷食、祭祀、扫墓、插柳、踏春、蹴鞠、荡秋千、放风筝、斗鸡、赏花、咏诗等，以及发黑豆芽、采柳芽、蒸面塑、戴柳圈、扫房顶、挂红兰兰纸、唱大戏等具有浓郁地方特色的活动。

2008年，介休举行了首届"中国清明（寒食）文化节"，并被中国民间文艺家协会授予"中国寒食清明文化之乡"称号。

全丰花灯

序号：500
编号：Ⅹ-52
批次：1
类别：民俗
申报地区或单位：江西省修水县

全丰花灯是流传于江西省修水县全丰镇的一项集花灯、戏曲、歌舞为一体的民间艺术表演活动。春节期间，乡村各路花灯云集，从初一发灯一直唱到元宵，走村串户，热闹非凡。此外，每逢传统节日、婚嫁做寿、新房上梁等，都要请来花灯队表演庆贺。

全丰花灯的演唱形式有生、旦、丑三行。丑角脸画豆腐块，双手推车；旦角一手捏手帕一手扶车把表演；生角戴礼帽，骑马扬鞭，时与旦角逗趣。说唱使用当地土话，唱词多用"嘞""哟"等衬词。开场内容多为即兴打诨，伴奏以打击乐器为主，有云锣、锣、小鼓、钹等，

有时也以胡琴、笛子、唢呐帮腔。曲调大多为单曲体结构，一曲一目，专曲专用。调式以徵、羽居多，商、角次之。

全丰花灯的灯种颇多，常见的有钵哩灯、车车灯、白鹭灯等。其灯工有八种特技，号称姑嫂推磨、老鼠犯梁、刘海戏船、猴子打兑、仁贵射雕、姐妹观花、洞宾背剑、张三打虎，全属玩耍表演。

全丰镇有二十余支花灯队，最活跃的是塘城街、龙泉段、黄沙段、绿豆窝、黄袍冲、杉树坪、上源等地。花灯随时随地可演，以其娱乐性和随意性备受群众喜爱。

热贡六月会

序号：491
编号：Ⅹ-43
批次：1
类别：民俗
申报地区或单位：青海省同仁县

热贡，位于青海省黄南藏族自治州同仁县境内。热贡六月会是在当地藏族、土族群众中盛行的大型祭祀表演活动，于每年农历六月十七至二十五间举行。

关于热贡六月会的由来，民间主要有两种传说。其一称唐蕃和解时，为庆祝和平到来，守卫当地的吐蕃将军于当年六月十六至二十五向诸守护神叩拜并祭祀。其二称元末明初时，元朝一支蒙汉混编的军队在隆务河谷接受了明朝的招安并在当地解甲务农，为庆祝和平安宁，人们举行了隆重的祭典活动，热贡六月会由此而来。

节日从藏族村庄四合吉开始，而后在隆务河流域的几十个藏族、土族村庄相继展开，活

动天数不尽相同，最长5天，短则1～2天。每村都有一座村庙，供奉本村保护神。活动内容丰富，主要包括：拉哇（意为神人）祭神祈祷；群众以舞娱神，歌舞表演主要分为拉什则（神舞）、勒什则（龙舞）和莫合则（军舞）三大类；有时还有上口扦（男青年在左右腮帮扎入钢针跳舞）、上背扦（舞者将数根钢针扎在脊背上，边敲鼓边跳舞）、开山（拉哇用刀划破自己的头顶而流血）等表演，以血祭娱神。

热贡六月会流传至今，蕴含着青藏高原千百年来宗教历史、民俗风情的文化内容，带有浓厚的苯教遗俗，对宗教学、艺术性、民俗学、文化学等具有重要研究价值。

国家级代表性传承人名单

姓名	性别	申报地区或单位	入选批次
当曾本	男	青海省同仁县	4
夏吾才让	男	青海省同仁县	4

撒拉族服饰

序号：1023

编号：Ⅹ-116

批次：2

类别：民俗

申报地区或单位：青海省循化撒拉族自治县

撒拉族生活在青藏高原民族杂居地区，主要聚居在青海省循化撒拉族自治县和化隆回族自治县黄河谷地等地，信奉伊斯兰教。因此，撒拉族服饰既具有伊斯兰教特征，又与回、藏、汉等民族服饰相互影响和融合。

撒拉族早期的服装较多地保留着中亚、伊斯兰和畜牧文化的特点。男子多穿交领长衫、大裆裤，腰扎布带或丝巾，头戴羊皮卷檐帽，脚穿短筒靴；妇女头披纱巾，身穿连衣裙。后来随着畜牧业经济向农业经济的转变，并受周围回、汉等民族的影响，服装的式样与原料也渐渐发生了变化，短装越来越多，棉布、绸缎的使用不断增加，但伊斯兰教文化的影响仍十分明显。现在，撒拉族男子头戴白色或黑色软帽，身着白色衬衫，外套深色坎肩，腰系红布或红绸腰带，下着黑色或蓝色长裤，脚穿布鞋或用牛皮鞋。妇女服饰因年龄、婚姻状况不同有明显区别。中年妇女衣服较长，裤脚一般触地，脚穿绣花翘尖的"姑古鞋"；青年妇女喜欢穿色泽鲜艳的大襟花衣服，外套黑色或紫色坎肩，下穿长裤，脚穿绣花鞋，戴盖头，梳双辫。盖头的颜色因年龄而异，少女和新嫁娘戴绿色的，中年妇女戴黑色的，老年妇女戴白色的。妇女喜欢佩戴长串耳环、戒指、串珠等首饰。

撒拉族服饰展示了撒拉人的智慧和审美情趣，是民族文化的重要体现。

撒拉族服饰

撒拉族婚礼

序号：505

编号：Ⅹ-57

批次：1

类别：民俗

申报地区或单位：青海省循化撒拉族自治县

撒拉族婚礼是撒拉族一个重要的人生礼仪，从订婚到举行婚礼仪式需要经过相亲、打发媒人、送订婚茶、送聘礼、念合婚经、送嫁、回门等程序。其主要流传于青海省循化撒拉族自治县和化隆回族自治县黄河谷地等地的撒拉族聚居区。

传统的婚礼一般在冬季举行。新郎到女家迎亲，由女方长辈在家门外给新郎戴上新帽，系上绣花腰带，请阿訇诵"尼卡哈"（证婚词），女方设宴招待迎亲者。之后新郎回家等待。新娘梳妆时，唱哭嫁歌，然后由至亲长辈搀扶哭着退出大门，骑上迎亲马。到男方家门口时，"挤门"开始了，伙子们聚在一起，阻挡送亲方入门。然后新娘长辈把新娘从马背上抱入洞房。新娘就餐前，至亲长辈用一双筷子揭开新娘面纱。饭后，男方的妯娌端盆净水向新娘索要喜钱，新娘把硬币投进水中，表示婆家清白如水，新娘愿扎根结果。次日，新婚夫妇依伊斯兰教礼仪进行沐浴，盛装出门，拜见长辈。女方亲属展示嫁妆，向男方亲友赠送礼品。男方向女方亲属分送羊背子、衣料和现金等，并盛宴招待。

清乾隆年间编撰的《循化志》中对撒拉族婚礼有较详细的记载，如今整个仪式程序未有太大变化。20世纪50年代以前的婚礼中会表演"骆驼戏"，这是一出以民族迁徙史为主要内容的民族舞蹈，但如今已不复存在。

国家级代表性传承人名单

姓名	性别	申报地区或单位	入选批次
韩占祥	男	青海省循化撒拉族自治县	4

三汇彩亭会

序号：1011

编号：Ⅹ-104

批次：2

类别：民俗

申报地区或单位：四川省渠县

三汇彩亭会是流传于四川省渠县三汇镇的一种传统民间文化活动，它以亭子造型和表演为主要内容，每年农历三月十六至十八在街道或广场进行表演。

相传彩亭会形成于清初，三汇人为祈求"三圣娘娘"保佑孩子平安长大而制作彩亭祭拜，并沿街游行表演，在清代中后期至民国逐步趋于兴盛。

彩亭是将戏文中的动人场面浓缩在一个平台上，或者将故事中的主要人物、背景分层扎在置于台中而有七八米高的铁杆、铁环上，构思巧妙，造型奇特，色彩绚丽。彩亭造型集绘画、音乐、文学、铁工、数学、力学等多项艺术和知识技能于一体，是群众性的集体创作。表演过程中彩亭悠悠荡荡，似坠非坠，显示出"高、惊、险、奇、巧"的特色。彩亭会期间，还有各种民间文艺表演如龙灯、狮子、高跷等十多种，热闹非凡。近年的彩亭会还增加了具有时代特点的人物与场景，既继承了传统民间艺术，又赋予了新的时代精神。

三汇彩亭会具有很高的民间文化艺术研究价值，也是促进当地经济、文化发展的重要活动，在群众文化生活中发挥着重要作用。

中国非物质文化遗产百科全书·代表性项目卷

国家级代表性传承人名单

姓名	性别	申报地区或单位	入选批次
王安大	男	四川省渠县	3

畲族服饰

序号：1017
编号：Ⅹ-110
批次：2
类别：民俗
申报地区或单位：福建省罗源县

畲族主要分布于福建、浙江、江西、安徽等地。福建和浙江两地畲族服饰很有民族特色，尤以福建畲家妇女服饰特色最为显著，并随地域、婚姻状态、是否成年、出席何种场合而有所不同。畲族衣料来源于自种的苎麻，畲族人通常自纺、自织、自染、自制服饰。畲族服装以青蓝色为主，常可见到各种精美的绣花。

畲族男子一般穿染色麻布制成的圆领、大襟短衣和长裤。老年男子扎黑布头巾，外罩背褡。男子的结婚礼服为青色长衫，祭祖时则穿红色长衫。

畲族妇女便装为绣花短上衣，腰间围围裙，系合手巾带，下穿长裤或短裤，扎绑腿，脚穿黑布花鞋。妇女仅在节日或结婚时穿裙子。已婚妇女戴头饰，未婚姑娘头发编成一条辫子盘在头上，前留刘海，无饰物。少女两鬓颊插两支银笄，订婚后，须脱下一边，以示成年并已许配人家。妇女多戴银项圈、银链、大耳环、银手镯和戒指等，外出时还戴精致的斗笠。畲族妇女"凤凰装"最具特色，即在服饰和围裙上刺绣凤凰图案，头发梳成螺式或筒式发髻，插饰珠料，形似凤头。

畲族服装展示了畲族人的智慧和审美情趣，是民族文化的重要体现。

畲族妇女服饰

畲族三月三

序号：980
编号：Ⅹ-73
批次：2
类别：民俗
申报地区或单位：浙江省景宁畲族自治县

畲族三月三是畲族的传统节日，也称乌饭节，节期为农历三月初三。

畲族三月三的活动主要有：家家户户宰杀牲口，祭祀祖先，吃乌饭。相传唐代畲族起义军曾兵败退入深山，因缺乏粮草而采食一种称为"乌稔"的野果充饥，于三月初三冲出包围。以后每年三月三畲族人都要采乌稔叶煮出汁水，拌入米中做乌饭，以示纪念。许多人家往往在三月三以古朴庄重的传统仪式举办婚礼。对歌、赶舞场是三月三活动的重头戏。来自各地的畲族歌手登台献艺，场面十分热烈。夜幕降临时，人们燃起篝火，男女青年竞相对歌。节日里人们要赶舞场，跳起传统的火把舞、木拍灵刀舞、鱼灯舞等舞蹈，还举行问凳、腹顶棍、操杠、赶野猪等民间竞技比赛活动。

三月三节是畲族文化最典型的表现形式。但是，随着现代化进程和畲族居住环境的改变，三月三传统节日活动趋于萎缩。自2001年起，浙江景宁举办"中国畲乡三月三"活动，使此传统节日与文化传承、发展旅游等融为一体。

石宝山歌会

序号：1012
编号：X-105
批次：2
类别：民俗
申报地区或单位：云南省剑川县

石宝山歌会是白族地区盛大的民俗活动，于每年农历七月二十七至八月初一在云南大理州剑川县石宝山举行。

歌会期间，来自丽江、大理、兰坪等地的白族群众聚集在石宝山方圆十里的山间小道上，人潮歌海，颇为壮观。歌会上表演的龙头三弦、三弦曲、霸王鞭舞、白族调、大白曲（本子曲）等风格独特的民间艺术，深受人们喜爱。歌会以即兴对歌为主，没有统一的歌词，只有相对固定的曲调。歌会上流行对唱的剑川白族调（俗称"白族调"或"白曲"，即白族民间歌谣）曲调优美动听，内容丰富，有劳动歌、时政歌、仪式歌、情歌和叙事长歌"本子曲"等。此外，人们还到寺庙烧香拜佛，参加佛教法事、白族中央本主朝拜等活动。

石宝山歌会是白族歌谣诞生和发展传播的基地，为音乐学、民族学、考古学等提供了珍贵的研究资料。

水书习俗

序号：518
编号：X-70
批次：1
类别：民俗
申报地区或单位：贵州省黔南布依族苗族自治州

水书是水族先民创制的一种独具一格的雏形文字，水族语言称为"泐睢"。水书习俗是水书形成、发展和传承并以此构成与水族生活相关的习俗，主要流传于贵州省黔南州等地的水族聚居区。

水书的结构大致有三种类型：一是象形字，类似甲骨文、金文；二是仿汉字，即汉字的反写、倒写或改变汉字形体的写法；三是宗教文字，即表示水族原始宗教的各种密码符号。书写形式从右到左直行竖写，无标点符号。

水书内容大多是原始宗教信仰方面的日期、方位、吉凶兆象及驱鬼避邪法，此外，还包括天象、时令节气、鸟兽鱼虫、身体五官、率属称谓等，被广泛运用于水族社会各个领域。

能看懂读通和会使用水书的水族人（全部为男性）为水书先生，被当地人称作"鬼师"，民间地位很高。水书是鬼师祖传的极为珍贵的宝物。水族丧葬、祭祀、婚嫁、营建、出行、占卜、生产等，均由鬼师从水书中查找出依据，严格按照其制约行事。

水书习俗的传承方式形成了水书的两大组成部分：一部分是用水族雏形古文字编著的手抄本；另一部分是通过水书先生口传心授，用以弥补因文字发展不完善而无法记录的大量要义、仪式、祝词等。

水书至今仍被应用于水族社会生活中。它被誉为水族的百科全书，对于研究水族语言文字、社会历史、哲学思想、天文历法、宗教信仰等具有重大价值。

国家级代表性传承人名单

姓名	性别	申报地区或单位	入选批次
欧海金	男	贵州省黔南布依族苗族自治州	3
潘老平	男	贵州省黔南布依族苗族自治州	3

水乡社戏

序号：1008

编号：Ⅹ-101

批次：2

类别：民俗

申报地区或单位：浙江省绍兴市

水乡社戏是浙江一种以戏剧表演为核心的民俗活动，普遍流行于绍兴地区。它是旧时绍兴城乡春、秋两季祭祀社神所演的戏，用以酬谢神明，祈安求福，具有祭神和娱人相结合的特点。绍兴社戏大致分为年规戏、庙会戏、平安戏、偿愿戏等几种，其中以庙会戏为主。

社戏的戏台大都搭建在土地庙、关帝庙等寺庙前，多临河而建。社戏演出，以传统绍剧为主，也有绍兴莲花落、越剧等。社戏开场必用大锣大鼓闹头场，然后依次是彩头戏、突头戏、大戏三部分。彩头戏主要是恭喜发财、晋官等吉利戏；突头戏是为正戏做铺垫的戏剧，一般在白天演出；大戏（正戏）在傍晚开演，一般为历史戏或家庭戏。在过去，演社戏是一项非常隆重的文化盛事，一村演社戏，总是邀请四亲八眷赶来看戏，附近村落也多家家关门落锁，赶往戏台观赏。

绍兴水乡社戏汇集了不同剧种的表演风格，充分展示了当地丰富多彩的民风民俗，至今仍可在绍兴地区见其踪影。

水族端节

序号：468

编号：Ⅹ-20

批次：1

类别：民俗

申报地区或单位：贵州省三都水族自治县

端节，意为"过年"，是水族最盛大的传统节日，主要流传于贵州省三都水族自治县、都匀、独山、荔波等地的水族聚居区。端节是依据水族典籍水书、水历推算出来的，在水族历法的年底、岁首的谷熟时节举行，以庆贺丰收、辞旧迎新，节期对应农历八月至十月。每逢亥日，各地依传统分批过节，古代分九批，如今分七批，首尾间隔约五十来天。

节日前夕，人们舂新米，酿新酒，缝新装，筹备食品，以备祭祖待客之用。"除夕"夜，人们将铜鼓或大皮鼓悬于庭中，尽情敲击，以示辞旧迎新。"初一"凌晨，各家设素席，祭品有鱼、新糯粑、新米饭、新米酒、豆腐、笋干、南瓜、花生、水果、糖、青菜等。尤以清蒸或清炖"鱼煲韭菜"和"炕（烤）鱼"为必不可少的祭品。水族民间有"无鱼不成年"的说法。"除夕"与"初一"相连的两顿饭忌荤食素，但不忌鱼虾。"初一"早上，家家户户准备丰盛的酒菜迎候客人。节间，各村寨还举行"赶端坡"活动。赛马大会是活动的高潮，跑马之前要举行祭典，由寨中德高望重的长者主祭。祭典完毕，寨老上马在跑道上遛一圈，方宣告赛马开始。这登高赛马活动是南方民族年节中独有的现象。此外，还要举行斗牛舞、铜鼓舞、芦笙舞、对歌等诸多文娱活动。

端节堪称历时最长、批次最多的具有民族特色的年节，是水族文化的集中表现。

◎民俗

舜帝祭典

序号：1207

编号：X-132

批次：3

类别：民俗

申报地区或单位：湖南省宁远县

舜帝祭典是祭祀中华民族始祖舜帝的祭祀活动。该祭典始于夏朝，历经秦、汉、唐、宋，直至清末，官方一直延续这一传统。据《史记》记载：舜葬于江南九嶷。因此，祭典多在湖南省宁远县九嶷山举行。

古代舜帝祭典有固定内容、程式与规范。整个礼仪包含望祭、乐祭、歌祭、舞祭，物祭、文祭、燎祭等内容。祭典沿用同一程式：鸣炮、击鼓、鸣钟、敬三牲、五谷和百果，主祭人敬酒、恭读祭文。明朝时，形成了三年一大祭、每年春、秋两祭和"遇大事"遣专官告祭的定式，对礼仪中使用的祭品、音乐、祭文等做了特定要求。

20世纪90年代以来，宁远举办了多次祭舜祭奠活动。现代祭祀礼仪既有承袭，亦有出新。整个祭祀礼仪分为迎宾、导引、祭典、瞻仰、谒陵和祭文碑揭碑等。仪仗队伍以五十六个民族共祭的旗幡队、花篮队、供品队等为行进队伍，伴以民乐队、龙狮队等。祭典除遵循古代鸣金、击鼓、敬供品等传统外，还加入了献花篮等内容。

舜帝祭典是弘扬舜帝精神、传承中华文明的重要方式，对增强民族认同、研究中国祭祀礼仪和中华文化具有重要价值。

苏州甪直水乡妇女服饰

序号：511

编号：X-63

批次：1

类别：民俗

申报地区或单位：江苏省苏州市

苏州甪直水乡妇女服饰是生活在江苏省苏州市的甪直镇、胜浦镇、唯亭镇、陆慕镇一带的农村妇女一直保留着的传统民俗服饰。服饰包括包头巾、拼接衫、拼裆裤、绣裥裙、卷膀、绣花鞋等，在用料、裁剪、缝纫、装饰等方面极具特色。

水乡妇女很重视头的梳理和装饰，硕大的发髻上有众多饰品，再辅以精美的包头巾。服饰会随着季节变化、年龄差异和礼仪需要而有所差异。一般来说，春秋季节服饰的特点尤为突出。春秋季服饰上装以拼接衫为主，面料多用花布、土布、深浅士林布等，色彩对比鲜明，剪裁得体，缝工精细，装饰性强，拼接、滚边、纽襻、带饰、绣花等装饰工艺巧妙运用其中。裤子多用蓝底白印花布或白底蓝印花布制成，裤裆用蓝或黑色士林布拼接。腰部的绣裥裙也很有特色，长度齐膝，裙褶极细，褶面和裙带上均有不同工艺的花饰，裙外面系上一条小穿腰。穿腰上缝着一个大口袋，四周及带上绣着各种花纹。水乡女人的鞋，鞋形颇似小船，不分左右，鞋面以绣花为主，色泽鲜艳。

水乡妇女服饰具有浓郁的江南水乡特色，是实用性和艺术性的巧妙结合。然而，由于生活方式和生产劳动条件的改变，目前只有五六十岁的妇女在日常生活中才穿此类服饰。

塔吉克族婚俗

序号：1007

编号：X-100

批次：2

类别：民俗

申报地区或单位：新疆维吾尔自治区塔什库尔干塔吉克自治县

塔吉克族婚俗是塔吉克族的一项重要礼俗，其主要流传于新疆的塔什库尔干塔吉克自治县等地的塔吉克族聚居区。塔吉克族婚俗主要包括择亲、提亲、定亲、击鼓祝福、迎亲、结婚仪式、婚后三日揭棉纱等程序。其中，若要举行婚礼，须征得亲友中有丧事人家的同意，若亲友同意，则击手鼓表示，举行击鼓仪式时还要杀羊款待有丧事的亲友。

塔吉克族婚礼一般要举行三天。婚礼前一天晚上，全村人要聚在新娘新郎家一起庆祝。婚礼当天，新郎到新娘家门口下马后，新娘奶奶要向他撒祝福的面粉。进屋后，在主婚人的主持下，新郎向新娘赠送一只大肥羊作为礼物，同吃一点肉、馕、盐，唱一点水，并交换戒指。而后，长者们吹响鹰笛（鹰是塔吉克人的图腾），新郎和新娘走到空地上跳起象征力量、勇气的鹰舞，之后所有人都加入都跳起了鹰舞。最后，女方会用丰盛的食品招待来宾，并举行赛马、叼羊等娱乐活动。第三天早晨，新郎新娘同骑一匹马回婆家，婆婆要给媳妇喝两碗酥油牛奶，喝完才能下马，预示将来生活幸福。

塔吉克婚礼富有浓郁的草原特色，体现了草原民族团结的民风，婚礼各项活动具有丰富的象征意义，展示了塔吉克族的信仰与文化。

国家级代表性传承人名单

姓名	性别	申报地区或单位	入选批次
艾克木山·马达力汗	男	新疆维吾尔自治区塔什库尔干塔吉克自治县	4

塔吉克族服饰

序号：1219
编号：Ⅹ-144
批次：3
类别：民俗
申报地区或单位：新疆维吾尔自治区塔什库尔干塔吉克自治县

塔吉克族大部分聚居在新疆塔什库尔干塔吉克自治县，喀喇昆仑山脚下的莎车、泽普、拜城、皮山等县的高区。塔吉克族服饰与塔吉克人生活的高寒环境即帕米尔高原有密切关系，服装多用皮毛、毡子为面料，颜色鲜艳，色彩丰富。

塔吉克族服饰主要有帽（单帽、皮帽）、头巾、外衣、裤子（单裤、皮裤、棉裤）、裙子（布裙、绸裙、缎裙）、腰带、毡靴、皮靴以及妇女的首饰等。服饰随性别、年龄、婚姻状况等不同而显示出差异。男式服饰主要以黑色和较深的颜色为主，男子戴黑羔皮做的圆皮帽。妇女服饰多以红色为主。妇女无论老少，一年四季头上都戴一顶"库勒塔"帽。已婚妇女外出时常系三角形绣花腰带，老年妇女则留一条辫子，中年妇女留鬓发，未婚姑娘不留鬓发，辫子常以小铜链或银链连接在一起。儿童无论男女都穿绣花衬衣，男孩戴"吐玛克"（皮帽），女孩戴"库勒塔"帽。

塔吉克族服饰色彩华丽、式样美观大方，具有鲜明的民族特点，对研究我国少数民族服饰文化、民间美术等有重要价值。

◎民俗

批次：1

类别：民俗

申报地区或单位：新疆维吾尔自治区塔什库尔干塔吉克自治县

引水节和播种节是新疆塔吉克族的农事节日，日期不固定，一般在春分后的一周内。其主要流传于新疆西南部的塔什库尔干塔吉克自治县。

引水节时，人们在推选的水官"穆拉甫"的带领下来到引水点，往冰层上撒土，促使冰层融化，再砸开冰层，然后宰杀一只羊祭祀，让羊血顺水流下。冰水被引入水渠后，人们欢呼，聚在渠边分享手抓羊肉和节日大馕，祈祷风调雨顺、人畜兴旺。这一节日与帕米尔高原的自然环境密切相关，这里气候寒冷，冬季河流冰冻，春季如不组织全村人一起破冰引水，人们便无法开耕播种。

引水节后，就是播种节。全村人把耕畜、工具带到田地，各户都带点麦子放在一起，由村中德高望重者作祈祷，推举最有耕作经验的农人率先撒种。被推举者口中念念有词，将种子向人群撒去，大家拽着衣襟，簇拥着接种子。再由一人牵着一头膘肥体壮的耕牛犁地，并撒几把麦种表示开播，给耕牛喂些形如犁铧、犁套类的面食，表示慰劳。人们相互分发口袋里的种子，对缺少种子的人进行帮助。之后，大家互相祝节，载歌载舞。节日里还有向客人泼水的礼俗，以示祝福。

引水节和播种节集中体现了民族团结互助的精神。如今随着当地农田水利建设的不断完善和农机具的大量使用，引水节和播种节的功能逐渐丧失，年青一代对这两个节日已逐渐淡漠。

塔吉克族女服

塔吉克族男服

塔吉克族引水节和播种节

序号：476

编号：X-28

1013

塔塔尔族撒班节

序号：987
编号：Ⅹ-80
批次：2
类别：民俗
申报地区或单位：新疆维吾尔自治区塔城地区

扩展名录：
塔塔尔族撒班节　新疆维吾尔自治区奇台县

塔塔尔族撒班节，也称犁头节，是塔塔尔族集体庆祝春耕结束的传统节日，主要流传于新疆乌鲁木齐、塔城、伊犁地区和奇台县等地的塔塔尔族聚居区。历史上的撒班节是在春耕时举行，后由于气候的变化，节日时间改到6月中下旬。

塔塔尔族是农业民族，"撒班"意为庆祝春耕，塔塔尔语称为乌买克，即团会。塔城地区的塔塔尔族在节日这天，大家都穿上盛装，带上特色美食，来到塔城市郊——三道河坝，相互庆祝节日。庆祝活动首先举行一个马犁地的仪式，之后，人们在手风琴、曼达林等乐器的伴奏下，唱起古老的《吉尔拉》《撒班托依》等歌曲，跳起了民族舞蹈，表达欢乐的心情。中午时，人们以家庭为单位进行聚餐活动，食用富有民族特色的食品，下午进行摔跤、攀杆、唱歌、跳舞、赛跑、拔河、赛马等活动。最受欢迎的是"赛跑"，每个参加者将一个鸡蛋放在匙中衔于口内，鸡蛋不能落地，最先跑到者为胜。

撒班节是塔塔尔族服饰、饮食、音乐、舞蹈的集中展示，对研究塔塔尔族民俗及文化艺术等有重要价值。

塔塔尔族撒班节
申报地区或单位：新疆维吾尔自治区奇台县

塔塔尔族人口大约四千七百多人，1989年奇台县大泉成立了我国第一个塔塔尔族自治乡。这里的塔塔尔族传说"撒班"是塔塔尔古人犁地的工具。由于"撒班"促进塔塔尔农业生产力的发展，因此，撒班节通常选在冻雪消融大地回春的某一晴朗的日子，即在每年春播和夏收之间的某一天举行节日活动，祝丰收的好年景，祝福美满的新生活。

撒班节这一天，乡亲们聚在野外，男女老少载歌载舞，开展各种体育活动。最有趣、最隆重的是赛马，此外还有摔跤、赛跑、跳跃比赛、跳水渠等比赛。随着时间的推移，人们赋予这种活动新的内容，如民族工艺品展览、拔河、民族乐器、歌舞表演等，使今天的"撒班节"更富有民族和民俗色彩。

抬阁（芯子、铁枝、飘色）

葛渔城重阁会、宽城背杆、隆尧县泽畔抬阁、清徐徐沟背铁棍、万荣抬阁、峨口挠阁、脑阁、金坛抬阁、浦江迎会、肘阁抬阁、大坝高装、青林口高抬戏、庄浪县高抬、湟中县千户营高台、隆德县高台、阁子里芯子、周村芯子、章丘芯子、霍童铁枝、福鼎沙埕铁枝、屏南双溪铁枝、南朗崖口飘色、台山浮石飘色、吴川飘色、河田高景

序号：994
编号：Ⅹ-87
批次：2
类别：民俗

◎民俗

申报地区或单位：河北省廊坊市、宽城满族自治县、隆尧县，山西省清徐县、万荣县、代县，内蒙古自治区土默特左旗，江苏省金坛市，浙江省浦江县，安徽省寿县、临泉县，四川省兴文县、江油市，甘肃省庄浪县，青海省湟中县，宁夏回族自治区隆德县，山东省淄博市临淄区、周村区，山东省章丘市，福建省宁德市蕉城区、福鼎市、屏南县，广东省中山市、台山市、吴川市、陆河县

扩展名录：
抬阁（海沧蜈蚣阁）　　福建省厦门市海沧区
抬阁（宜章夜故事）　　湖南省宜章县
抬阁（长乐抬阁故事会）
　　　　　　　　　　湖南省汨罗市
抬阁（通海高台）　　　云南省通海县

抬阁，亦称抬角、抬歌、高抬、挠阁、脑阁、高装等，在山东等地又称为芯子，在福建等地称为铁枝、艺阁等，广东等地称为飘色、高景等，是传统节庆活动中的一种民俗巡游表演形式。

抬阁起源于中原地区的迎神赛会活动，后逐渐传到东南沿海及西北地区，流传过程中在各地形成不同特色。

阁子为2～5层不等，上层一般由儿童扮作古装戏曲人物。抬阁传统造型多取自《天仙配》《白蛇传》《西游记》《梁山伯与祝英台》《昭君出塞》《蓝桥会》等剧目，以及各地神话传说和民间故事，也有现代题材。抬阁表演具有奇、险、俊、巧等艺术特色，多在春节期间、庆典、神诞或庙会等喜庆日子举行表演，一般都有乐队、旗仗等随行出游。

随着社会变迁，很多地方的抬阁活动渐趋衰微，抬阁技艺出现后继乏人的状况。

飘色　图1

飘色　图2

抬阁（葛渔城重阁会）
申报地区或单位：河北省廊坊市

河北廊坊市安次区葛渔城重阁会是清乾隆年间从山西传入的。表演由上、下两层演员组成戏剧人物造型，以下层的演员为主。下面的"底座"选身强力壮、善于表演的男演员扮成男角；上层的"二节人"选形象好、善于表演的10岁左右儿童扮成女角。托举儿童的道具称为"芯

1015

子"，是铁铸的双搭肩背架，中间伸出一根铁杆。"芯子"佩戴在"底座"背上，儿童的下半部分固定在铁杆上，着成人戏服，双臂舞动。由于要稳住上面的"二节人"，"底座"的身体要保持平衡，舞步极为讲究，难度很高。

抬阁（宽城背杆）
申报地区或单位：河北省宽城满族自治县

宽城背杆，俗称背歌，主要流传于河北宽城满族自治县的宽城镇北村。宽城背杆共有"麻瑞献寿""排风挡马""血手印""算粮登殿""火洞天"等十三架背歌。表演时场面宏大，需要演职人员众多，先有两对龙凤旗、一对黄锣伞头前开道，黄锣伞下红色竖幅上印有会首、传承艺人以及十三架背歌表演者名录。宽城背杆道具制作精细，上角和下角的绑缚极其讲究，如"算粮登殿"中儿童单腿斜立于算盘之上、"火洞天"里脚踏风火轮的哪吒等制作得十分逼真。宽城背杆的重量平均为二十七公斤，好背手一副架最多能扛顶三四名儿童，负重一百多公斤。

抬阁（隆尧县泽畔抬阁）
申报地区或单位：河北省隆尧县

隆尧县泽畔抬阁源于元代末年的以人扛抬神像活动，后逐渐演变为扛抬活人化装的神，多表现为两个八人抬阁形式。抬阁床一般长1.5米、宽1米、高1米。表演时，一演员站立或坐在抬阁床上，另一演员好似站在其手上或肩上，形式惊险独特，表演诙谐幽默。演员的选择极为严格，多在农历腊月由班头选11岁以下的少年男女上抬阁，一般一抬阁男女各一名。按照惯例，逢龙、虎年才能表演抬阁。

抬阁（清徐徐沟背铁棍）
申报地区或单位：山西省清徐县

清徐徐沟背铁棍由抬神求雨活动演化而来，起源可追溯到金大定二年（1162）。经过不断发展，如今背铁棍形式为：一个大人将一个或两、三个小孩通过专用铁架扛在肩上，依靠下边大人舞步的扭动而带动小孩的摆动，上下一体，同歌共舞。上、下演员的连接靠绑在大人上半身的铁架和伸出旁边的曲梃，与绑在孩子身上的支梃插在一起，并用彩子将其掩饰起来。背铁棍样式主要有三种：悬挂式、托举式、活心式。

抬阁（万荣抬阁）
申报地区或单位：山西省万荣县

万荣抬阁起源于明末清初。起初，抬阁是有钱人为了显示其富有而在每年正月期间举行的一种表演活动。清末民初至新中国成立前，西村在四社闹红火时改为"挠"，即一个人挠着一个特制的木架子，木架子下部控制在人的腰部，上面的人在木架上进行表演，因此称"挠阁"。20世纪六七十年代，西村上庙改为在南大街闹红火，挠阁演变为抬阁，由四个人抬，抬阁的设计造型随之多样化，上面变成1~2个小孩，并且能做各种简单动作，使抬阁形成动静结合的艺术表演形式。80年代后，小平车被大胆采用，成为抬阁的主要运载工具，木架也变成了铁架，一人变成了多人。

抬阁（峨口挠阁）
申报地区或单位：山西省代县

山西代县的峨口挠阁由乐队与表演队两部分组成。乐队的乐器有鼓、唢呐、笙等。表演队伍一般由60架（组）挠阁组成，每架（组）2人，由一壮汉和一小孩组成，特殊架(组)有3人。小演员都是从村中选出的漂亮机灵的五六岁的孩童，按照不同的扮相，身着古代戏剧服装，被宽布带缚在挠阁架子上，被扛在壮汉的肩上。表演时，在民间器乐伴奏下，壮汉迈开粗犷沉稳的步伐，肩上的小演员随之翩翩起舞。

抬阁（脑阁）
申报地区或单位：内蒙古自治区土默特左旗

脑阁的"脑"是山西、陕西、内蒙古等部分地区的方言，意为将东西举起扛在肩上。内蒙古脑阁是清代中期由晋北地区传入，其中以土默特左旗毕克齐镇的最为有名。脑阁一般由成人和儿童组合表演。下面脑的成人称为色脚，身上套上铁架子。上面被脑的儿童叫色芯，也要用铁架子固定起来。成人的腰要挺直，扭动时把劲全部用在膝盖以下的小腿上，其动作特点是颤、摆、行走、舞动和旋转，在行进中带动儿童一同摆动。

抬阁（金坛抬阁）
申报地区或单位：江苏省金坛市

金坛抬阁兴起于明代。阁的制作是以木桩和插销为骨，以桩载人，分层连体固定，由高至下分五层，上下高达两丈五尺。阁为六尺长、五尺宽的长方形座架，下面有四条腿的长方形底座，底座中以木杆为支架，饰有假山、曲桥、栏杆、花卉、绿荫和亭台。阁上有5～7个装扮成各种戏剧人物的10岁左右的童男童女。出行时由十六个壮汉"八抬八插"，即八人用肩抬，八人用扛插撑。

抬阁（浦江迎会）
申报地区或单位：浙江省浦江县

浦江迎会俗称抬阁，始于南宋，兴于明朝，盛于清朝。它以传统戏剧人物造型作为表演的主体形式，由会桌、抬扛、会栅、抬会人、站会小演员五部分组成，根据会桌上不同的故事情节取会名。一张会桌，就是一台戏。迎会时，以铜铳、铁铳开路，龙虎旗、长旗、华盖等为先导，大锣、大鼓鸣道，会桌由多名壮汉抬着紧随其后，队伍庞大，十分热闹。

抬阁（肘阁抬阁）
申报地区或单位：安徽省寿县、临泉县

安徽寿县和临泉县的肘阁是抬阁的一种特殊形式，因表演者利用肘部力量和技巧进行抬阁表演而得名。明清时期，肘阁与抬阁自山西、河南传入本地，清末民初达到鼎盛。肘阁的演出由上、下两部分组成，上为表演者，均系少儿孩童，下为执撑者，多是有民舞技艺的青壮年男子。执撑者腰间绑负一铁架，卡在双肩与前胸，用绳子在身后绑牢，铁架在手臂一侧向上延伸，高出头项，再采取公母榫眼相扣，另固定一铁架，用作支撑表演者站立。执撑者身着戏剧服装，用手握扶铁架，以袖遮掩。根据节目内容，把铁架彩绘成花木、禽、鱼、古代兵器或生活器皿等。表演者根据曲目着装，一只脚和小腿绑缚固定在支撑铁架上，另一只脚、小腿和双臂扭动、摆动，进行表演。

抬阁（大坝高装）
申报地区或单位：四川省兴文县

四川省宜宾市兴文县大坝苗族乡的大坝高装源于清康熙年间，于每年农历二月初一、初二举行表演。每台装都用大型方桌和多根抬杆捆绑而成，由8人抬起沿街而行，一般16人一台，互相轮换。造型分为上、下两层。方桌中央有一根高达5米的铁桩，称为装亭，顶端站着剧目的主角，由十二三岁的姑娘装扮，俗称"高装姑娘"，方桌上站着5～6个剧中的配角。

抬阁（青林口高抬戏）
申报地区或单位：四川省江油市

四川江油的青林口高抬戏，源于清初，由闽粤地区移民从岭南带入江油。高抬戏的绑扎十分复杂，前后要经过十一道工序。每台戏根据剧情由数名孩童装扮成戏剧人物形象，被道具固定在一定位置上进行表演。整个节目置于一桌面上，由4～8名大汉抬护着，配以相应的鼓乐，上街巡游。

抬阁（庄浪县高抬）
申报地区或单位：甘肃省庄浪县

庄浪县高抬又叫铁芯子，过去以人抬为主，近年来有在汽车、拖拉机上扎高抬的，因此有了"车社火"之名。高抬是一种立体造型艺术，以武器、假山、草木花卉、飞禽走兽等把人物烘托起来，用夸张的手法构成艺术形象，有的还安装轴承使人物旋转移动，又称"转抬"。

抬阁（湟中县千户营高台）
申报地区或单位：青海省湟中县

湟中县千户营高台可追溯到明代洪武年间。高台通常有八米之高，将一根长铁杆弯曲后作为骨架固定在一块木板上，然后做成假山当作底座。将龙、凤、牛、马、花等各种装饰物绑附在骨架上。高台上是小演员，化装成传统戏剧中的人物。

抬阁（隆德县高台）
申报地区或单位：宁夏回族自治区隆德县

隆德县高台在每年正月初九定期举行表演。如今高台制作日趋精巧细腻，更加注重人物性格的刻画和内容情节的展现，在装饰、技巧和高度等方面也有很大发展。设计者为高台装上滚珠、齿轮，开发出升降、旋转功能，再以新式材料装潢，使高台表演达到一个更高的艺术境界。

抬阁（阁子里芯子）
申报地区或单位：山东省淄博市临淄区

山东淄博市临淄区的阁子里芯子源于明代正德年间，利用铁质支架将装扮成各种戏曲人物的儿童表演者稳定在高杆或其他造型上。因铁支架如灯芯般在内支撑，故称芯子。

抬阁（周村芯子）
申报地区或单位：山东省淄博市周村区

山东淄博的周村芯子的起源可追溯到明清时期，多是双人芯子，由上、下两人组成。表演时，两位小演员化装成戏曲或历史故事中的人物，而后扎缚在铁芯上，先将一根钢筋一端固定在牢固的基座上，紧贴着下面一人的身躯通过，再从手部和其他部位伸出，延伸至上面一人的腿和腰背部；再将底部装饰为花草或神台，看上去恰似上面演员站在下面演员的手掌或其他景物上。

抬阁（章丘芯子）
申报地区或单位：山东省章丘市

章丘芯子源于明代，起初人们为了驱逐邪魔祈求吉祥，将男女儿童扮成神话中的天神形象，在扎制的平台或方桌上舞动，后来逐渐演变为一种文化娱乐形式。章丘芯子按人物的多少和造型、表演方式的不同，又分为桌芯子、转芯子、单杆芯子、扛芯子、车芯子等。

抬阁（霍童铁枝）
申报地区或单位：福建省宁德市蕉城区

福建省宁德市蕉城区霍童镇的霍童铁枝的历史可追溯到隋代，是霍童二月二灯会精彩的项目之一。其制作综合运用铁技、美术、灯光等技术手段，采用铁条等为骨架，按情节需要将化装的儿童演员安排在铁架上。

抬阁（福鼎沙埕铁枝）
申报地区或单位：福建省福鼎市

福建福鼎市沙埕镇的铁枝，早期为竹木结构，单层高2～3米，表演时用人抬扛，后来发展成钢管或铁条焊接的树丫枝状，经过艺术加工和装饰后固定在车辕上，多层的高达七八米，演员坐在扶枝位置上，手持道具，在车辆的行进中表演简单的情节或杂技动作。

抬阁（屏南双溪铁枝）
申报地区或单位：福建省屏南县

福建省屏南县双溪村的铁枝主要在正月十三至十五表演。其造型每一架高3～5米，三层或五层不等，由8～16名壮汉扛着前行。表演时数名儿童或坐或立，固定在木台铁架上，扮演古装戏剧人物。

抬阁（南朗崖口飘色）
申报地区或单位：广东省中山市

广东省中山市南朗镇崖口村的南朗崖口飘色又称出会景、枭色，源于唐代耍菩萨的祭祀习俗，如今每年五月初六龙王诞时举行表演。崖口飘色以最具当地特色的秋千色为重要组成部分，在下的演员称为色脚，在上的演员称为色芯。表演时色脚和色芯不用固定在色梗上，可随秋千上下飘动，还可以随时更换。出巡时所用的头牌、罗伞和彩旗上均选用精致的粤绣。

抬阁（台山浮石飘色）
申报地区或单位：广东省台山市

广东省台山市浮石村的台山浮石飘色始于明末清初，于每年农历三月三北帝诞日全村举行巡游时表演。每台飘色由两个俗称"色仔"的8～10岁的儿童扮成历史故事、神话传说中的人物，由村民用"色柜"抬着出游。飘色中的人物，站在色柜面上凌空而起的称为"上色"，也叫作"飘"，坐在色柜面上的称为"下色"，也叫作"屏"。人物主要靠一条"色梗"即精心锻造的钢枝支撑。飘与屏互相辉映，构成完美的飘色整体。

抬阁（吴川飘色）
申报地区或单位：广东省吴川市

吴川飘色在每年正月十六、十七闹元宵时表演。飘色人物靠一根隐蔽的色梗支撑，演员年龄一般在6～12岁。过去多为一屏一飘，现在发展为一屏多飘甚至多屏多飘。

中国非物质文化遗产百科全书·代表性项目卷

抬阁（河田高景）
申报地区或单位：广东省陆河县

  高景是飘色的另一种称呼。广东汕尾市陆河县河田镇的河田高景于每年正月十九、二十两天举行表演。河田高景由景床、景梗、景物三部分组成。景床是个长1.2米、宽1米、高0.8米的粗木架，是基座；景梗是根长6～8米的锻造小钢条；景物由景童、景旦和道具组成，景童由十三四岁以下的少男少女扮演，景旦由5～6岁小童扮演，道具包括服装、饰品等。出游时，一般要配备4～8人抬景，6～8人导景，3～4人护景，1～2人监景。高景之后，有众多狮班、乐队、旗仗随行出游，组成一支庞大、整齐、载歌载舞的游艺队伍。

抬阁（海沧蜈蚣阁）
申报地区或单位：福建省厦门市海沧区

  海沧蜈蚣阁由十几块至上百块木板连接组合而成。木板长1.5～2米，宽40～50厘米，称为阁棚。阁棚之间以活榫相接，连成一串，委蛇而行，形似蜈蚣，故称之为蜈蚣阁。阁棚装饰得五彩缤纷，上面装置一高凳，每只高凳上坐一少年孩童，装扮成戏曲故事中的人物。表演时由人力肩扛或装轮推动，缓缓行进，鞭炮鼓乐齐鸣。

抬阁（宜章夜故事）
申报地区或单位：湖南省宜章县

  宜章夜故事，是一种抬阁表演形式，在农历正月初一至十五期间举行，以元宵节为高潮日。其形式是将民间传说、神话故事、戏剧人物等汇集于一个抬桌上。多以单户为单位装扮，也有多户联合装扮的形式，在夜幕中表演。故事巡游灯火通明，爆竹轰鸣，鼓乐喧天，热闹非凡。

抬阁（长乐抬阁故事会）
申报地区或单位：湖南省汨罗市

  长乐抬阁故事会起于隋唐，盛于明清。正月初一至元宵节期间，长乐人自发分成上市街和下市街两个团体，举行故事会竞演。内容多为历代忠孝节义故事和民间传说故事，分为地故事、地台故事、高彩故事、高跷故事四大类；又分上、下市街故事会，故事会巡游表演时，伴随会旗、彩旗、牌匾、彩灯、锣鼓、乐队等，再配以玩彩龙、舞火龙、舞狮、采莲船、腰鼓等民俗游艺队伍，上街与下街一比高低。

抬阁（通海高台）
申报地区或单位：云南省通海县

  海通高台是明清时军屯移民将粤、闽等地的抬阁和飘色传至本地。高台巡游多在农历正月十六举行。一般年份有十二台，闰年有十三台。一台高台就是一出戏。经过挑选并训练过的4～5岁孩子装扮各种角色，表现的内容多为戏曲故事。高台巡游，有吹打乐伴随，还有毛驴灯、龙灯等民俗表演。

国家级代表性传承人名单

姓名	性别	申报地区或单位	入选批次
赵云山	男	河北省隆尧县	3
张根志	男	浙江省浦江县	3
刘文昌	男	安徽省临泉县	3
钟郁文	男	四川省兴文县	3
符恒余	男	四川省江油市	3
邓均朝	男	四川省江油市	3
刘端富	男	福建省福鼎市	3
黎明	男	广东省吴川市	3
彭娘耀	男	广东省陆河县	3
陈范兴	男	湖南省汨罗市	3
谭浩彬	男	广东省中山市	3
公孙馨	男	云南省通海县	3
李富先	男	青海省湟中县	3

太昊伏羲祭典

序号：485
编号：X-37
批次：1
类别：民俗
申报地区或单位：甘肃省天水市，河南省淮阳县

扩展名录：
太昊伏羲祭典（新乐伏羲祭典）
河北省新乐市

太昊伏羲祭典是为纪念中华民族文明始祖太昊伏羲而举行的祭祀活动。相传太昊伏羲教佃渔，造工具，兴农耕，制嫁娶，正姓氏，造书契，通八卦，其功绩奠定了中华文明昌盛的根基。甘肃省天水市是伏羲诞生地，后人为了纪念和彰显其功绩，修建伏羲庙，每年进行祭祀活动。河南省淮阳县是传说中太昊伏羲定都和长眠之地，此地的太昊陵被称为"天下第一陵"。

天水伏羲庙祭祀活动自明成化十九年（1483）开始，延续至今。各个时期在祭祀规格及内容上都有差别，明代时最为兴盛，由朝廷颁发祭文，采用太牢规格，一年两祭，一祭三日。清代时祭祀程序有所简化，但仍然神圣严肃。正月十六日零点，礼炮九响，正祭开始，屠宰乌牛、白马、猪三牲献血，清洗后将头架于供桌；杂陈果品、糕点、茶酒等物，而后由民众敬香。早晨八时许，典礼开始，主祭、陪祭依次列香案前宣读祭文，行三拜九叩礼。下午行送神礼，将榜文焚于先天殿前的琉璃塔上，最后将灰送至河中。民国时期程序更为简略，由民间祭祀组织上元会主持祭祀。1988年，时值龙年，天水市政府主持举办伏羲祭典活动。由于伏羲是龙的象征，农历五月十三传说为龙的生日，遂将1988年的公祭活动定在本日，此后正式成为天水伏羲庙的祭日。2005年起，每年祭典由甘肃省政府主办。

淮阳太昊伏羲陵庙，始建于春秋，增制于盛唐，完善于明清，历代帝王51次御祭。民间祭祀活动绵延千年历久不衰，每年农历二月初二至三月初三都要举办朝祖进香祭典。这期间，还举行庙会，历时一个月，尤以二月初十至二二十的10天以及二月十四至十六的3天最为热闹，影响范围扩展到安徽、山东、河北等省数十个县（市）。目前，一年一度的淮阳羲皇故都朝祖会依然沿袭旧俗，时间从农历二月初二到三月初三。其间举办公祭太昊伏羲大典，包括撞钟击鼓、鸣礼炮、献花篮、敬香、献爵、恭读祭文、拜谒伏羲陵等内容，此外还举行文化展演、民间娱乐、经贸交流等活动。

太昊伏羲祭典（新乐伏羲祭典）
申报地区或单位：河北省新乐市

新乐伏羲祭奠是在河北省新乐市伏羲庙举行的祭祀活动。据记载，河北新乐曾是伏羲氏寓居地。当地的伏羲台、金水河、葫芦头等

1021

被认为是伏羲时代留下的遗物和遗迹。隋大业（605—617）中，新乐就有"羲皇圣里"之名。明万历年间，羲台城废，留下遗址，台上保留羲皇古庙，几经毁修，一直是新乐祭祀伏羲的中心地。1985年新乐开始对伏羲台进行保护和管理，伏羲庙祭奠重新恢复，祭日为传说的伏羲诞辰日农历三月十八。公祭大典包括鸣礼炮、击鼓、鸣钟、恭读祭文、乐舞告祭、献三牲、敬献花篮、拜谒人祖等内容。目前，在新乐举办的伏羲文化旅游节已成为集弘扬伏羲文化、旅游观光、经贸洽谈于一体的盛会。

地民间信仰和民俗文化相结合，关于其神话故事被演绎成多种版本，也出现了各类富有鲜明地方特色的石敢当形象，蕴含着丰富的文学价值和独特的艺术价值。

四川理县桃坪羌寨的泰山石敢当

泰山石敢当习俗

序号：501
编号：Ⅹ-53
批次：1
类别：民俗
申报地区或单位：山东省泰安市

泰山石敢当习俗，是中国的一种镇物（避邪物）文化，其表现形式是以石碑（或石人）立于桥道要冲或砌于房屋墙壁，上刻"石敢当"或"泰山石敢当"等字样，用于避邪，祈求平安。其分布地区十分广泛，以山东泰山地区为中心，逐渐扩散到全国各地和日本、韩国等。

关于石敢当的文字记载最早可见于西汉史游的《急就篇》："师猛虎，石敢当，所不侵，龙未央。"石敢当信仰习俗源于古老的灵石崇拜和影响广泛的东岳泰山信仰，泰山被认为有镇乾坤的威力。明代以后，石敢当信仰与泰山崇拜紧密结合起来，由"石敢当"发展到"泰山石敢当"，其功能也经历了从最早的镇宅到化煞，再到治病、门神、避邪等转变。

泰山石敢当习俗表达着人们向往与追求吉祥平安的美好心愿。习俗在传播过程中，与各

土家年

序号：1203
编号：Ⅹ-128
批次：3
类别：民俗
申报地区或单位：湖南省永顺县

土家年是土家族最隆重的节日。与汉族春节相比，土家族要提前一天或几天团年，逢腊月大是二十九日，逢腊月小是二十八日，也叫"赶年"。其主要流传于湖南、湖北、贵州、重庆四省市交界的土家族聚居区。

关于赶年的来历，流传最广泛的是为纪念土家军抗击倭寇的故事。传说在明朝嘉靖年间，土家人正准备着过年，突然朝廷下旨，要调集土家族士兵赶赴东南沿海一带抗击入侵的倭寇。当地土司王决定让土家人提前过年。团年后，土司王带着土家军即刻奔赴抗倭前线，并大获全胜。为纪念征战胜利，表达对战死将士的怀念，每逢过年土家人都要提前，成为土家人的一种过年习俗。

土家族过年时年事活动持续时间久，内容丰富多彩。每进腊月，过年气氛便浓了起来，人们开始置办年货、杀年猪、做糖馓、做团馓、推豆腐、打粑粑、贴门神春联等。过年时，除了吃年夜饭、除夕守岁、祭祀祖先神灵、访亲拜年等，人们还会举行多种迎春活动，例如跳摆手舞、跳茅古斯舞、唱大戏、耍狮舞龙等。喜庆气氛一直要持续到正月十五，整个年事活动才告结束。

土家年是土家族文化的集中体现，其在长期的历史发展过程中形成的独特风俗，流传至今。

土族服饰

序号：1022

编号：X-115

批次：2

类别：民俗

申报地区或单位：青海省互助土族自治县

土族主要分布于青海省互助土族自治县、民和回族土族自治县、大通回族土族自治县、黄南藏族自治州的同仁县和乐都县等地。土族服饰具有独特的结构式样和艺术特点，兼有蒙古族和藏族服饰的特点，衣服鞋帽上的刺绣非常丰富。

土族已婚妇女和未婚女性之间的服饰区别很明显。已婚妇女戴咖啡色镶边毡帽；穿绣花小领斜襟长衫，两袖由红、黄、橙、蓝、白、绿、黑七色彩布圈做成，俗称"七彩袖"或"花袖衫"，为土族妇女服饰的象征；花袖长衫上面套镶边蓝色坎肩，腰系白褐或蓝绿布带，腰带上有罗藏和钱褡裢；下穿镶白边的绯红百褶裙或裤子，裤子膝下部分套蓝色或黑色裤筒，土族语称"帖弯"。未婚姑娘梳三条小辫合编在背后；少女戴额带"箍儿"，或绣花头巾，其裤腿套红色"帖弯"。发式、"帖弯"颜色和额带的不同，是区别已婚或未婚妇女的标志。

青壮年男子一般戴红缨帽和"鹰嘴啄食"毡帽，穿小领斜襟长衫，袖口、胸前镶边和图案；还有的穿白色短褂，外套黑色或紫红色坎肩，腰系花头腰带，穿蓝色或黑色大裆裤，系裤带和花围肚，扎"黑虎下山"的绑腿带；脚穿双楞子鞋和福盖地鞋。老年男子多戴礼帽，冬天戴皮帽，穿小领斜襟长袍，外套黑色坎肩，系黑色腰带，脚穿白袜黑鞋。

土族服饰展示了土族人的智慧和审美情趣，是民族文化的重要体现。然而随着社会的变迁，土族一些古老的民族服饰已经失传。

制作土族服饰

土族男服

土族婚礼

序号：504

编号：Ⅹ-56

批次：1

类别：民俗

申报地区或单位：青海省互助土族自治县

土族婚礼是土族一个重要的人生礼仪，一般分提亲、定亲、送礼、选吉日、婚礼仪式、谢宴等程序。其主要流传于青海省互助土族自治县、民和回族土族自治县、大通回族土族自治县、黄南藏族自治州的同仁县和乐都县等地的土族聚居区。

娶亲前一天，女方家设嫁女宴。傍晚，男方派两位能歌善舞、擅长辞令的"纳什金"（迎亲人），带来礼物、新娘穿戴的服饰及一只白母羊。这时，阿姑们关上大门唱歌，让纳什金以歌作答，才能进门，并向他泼水以示吉祥。之后双方一直唱歌跳舞，直到黎明。

土族姑娘出嫁方式有两种：一种叫"小出小进"，即新娘到婆家后才改变发式，这种方式较复杂、庄重；一种叫"大出大进"，即在娘家改发式，到婆家后立即拜天地，这种方式较简便。新娘行完上马仪式后，送亲队伍到男方家，男方举行系列迎亲仪式。新娘进大门后，有开口仪式。然后新人拜天地，入洞房。接着谢媒人，人们唱谢媒歌，给媒人敬酒，喂炒面，在他额头上贴酥油。之后开始喜宴。中午时，送亲者摆嫁妆，给新郎穿戴衣帽等。最后，双方协商奶母钱，送亲者象征性地收点钱，饮上马酒后离开。整个婚礼仪式隆重热烈，歌舞贯穿始终，如要唱"道拉"、哭嫁歌、迎娶歌、对歌、跳"安昭"舞等。

土族婚礼是土族传统文化最突出的表现形式，对研究土族文化、历史、艺术、民风民俗等有重要价值。

国家级代表性传承人名单

姓名	性别	申报地区或单位	入选批次
董思明	男	青海省互助土族自治县	4

土族纳顿节

序号：477

编号：Ⅹ-29

批次：1

类别：民俗

申报地区或单位：青海省民和回族土族自治县

纳顿节是土族特有的酬神祈福、喜庆丰收的传统节日，纳顿为土语音译，意为"娱乐"，主要流传于青海省民和回族土族自治县三川地区的官亭、中川等乡镇的土族聚居区。各地举办纳顿节的顺序按庄稼收割季节的先后排列，活动一般从农历七月十二开始，一村接一村，一直持续到农历九月十五结束，历时两个多月。

纳顿节可由一村单独举行，亦可两村联合举行，分三个阶段进行。首先是筹备，从清明节开始，各村就在神庙祭奠二郎神和地方神，并推选出当年七月举办纳顿节的"大牌头"和"小牌头"，他们在节前负责筹集经费、维持本村社会秩序、协调生产管理等，节日期间则具体负责活动的组织和实施。其次是小会，节前，村民在会场搭建大型帐篷，以供安放神像和进行祭奠。节日前一天，大、小牌头敲锣打鼓，进行祭祀等一系列活动。最后便是纳顿节的正会，届时人们集体跳会手舞，还有《庄稼其》《三将》《五将》《杀虎将》等古朴的民间傩戏表演等活动。节日里，还要举行赛马、唱"花儿"等多种传统娱乐活动以及物质交流活动。

纳顿节是民和地区土族人民最隆重、热烈的节日和文化娱乐活动，是人们认识土族历史的"活文献",对于研究土族的历史、傩文化、民俗等方面有重要价值。

纳顿节花儿会上

网船会

序号:1212
编号:Ⅹ-137
批次:3
类别:民俗
申报地区或单位:浙江省嘉兴市秀洲区

网船会是江、浙、沪一带渔民自发祭祀元代灭蝗英雄刘猛将而举行的民俗活动,一般于清明节、中秋节、除夕前后在嘉兴市王江泾镇涟四荡举行,时间持续一周左右,场面热闹非凡。

期间,人们划着渔船,抬着丰盛的祭品,聚集于刘王庙,供奉刘猛将,燃烛焚香,烧冥品。祭祀仪式完成后,渔民、船民在岸上和船上举行祭祀活动,仪式大同小异,祭品都是猪头、猪蹄膀、肋条、全鸡等食品。"猛将出会"是网船会的高潮,猛将仪仗以大旗引导,敲锣打鼓,民众用轿子抬猛将像巡村一周,跟随其后的各地社团,边巡游边表演。表演队伍中有"行牌"(绘有各种神仙故事)、銮驾(刀、枪等兵器)、高跷、花灯、乐器演奏等。祭祀、娱神活动完成后,渔民、船民回到船上,拿出酒食款待亲友。

网船会原本是为抵御蝗虫灾害而形成的祭神活动,现已演变为民间文艺表演与娱乐消遣的舞台,也是渔民们交流鱼情船讯、商品和会亲访友的平台。

维吾尔刀郎麦西热甫

序号:497
编号:Ⅹ-49
批次:1
类别:民俗
申报地区或单位:新疆维吾尔自治区麦盖提县

扩展名录:
新疆维吾尔族麦西热甫(新疆维吾尔刀郎麦西热甫) 新疆维吾尔自治区阿瓦提县
新疆维吾尔族麦西热甫(维吾尔族却日库木麦西热甫) 新疆维吾尔自治区阿克苏市
新疆维吾尔族麦西热甫(维吾尔族塔合麦西热甫) 新疆维吾尔自治区木垒哈萨克自治县
新疆维吾尔族麦西热甫(维吾尔族阔克麦西热甫) 新疆维吾尔自治区哈密市

麦西热甫,在维吾尔语中意为聚会、场所,是古代维吾尔族先民祭祀、祈福、庆典活动的遗存和发展,是新疆维吾尔族一种独特的民俗文化形式,以歌舞和各类娱乐活动为主。其广泛流传于新疆的维吾尔族聚居区。

麦西热甫是有组织、有程序的活动,通常是在传统节日和根据生产生活需要,在比较宽敞的室外场院举办。一次完整的麦西热甫包括一系列丰富的传统和表演艺术，如音乐、舞蹈、戏剧、民间艺术、杂技、口头文学、饮食文化和游戏。参加者主要有依给提比西（司仪）、应邀表演的民间艺人和群众。麦西热甫按表演形式可分为歌舞麦西热甫、游戏麦西热甫、说唱麦西热甫等，按表演内容可分为客厅麦西热甫、迎宾麦西热甫和丰收麦西热甫等。

刀郎麦西热甫比较集中地保存着维吾尔族古老娱乐集会的特点和风格，主要流传于刀郎地区，即塔里木盆地西、北缘以叶尔羌河至塔里木河流域两岸的地区，其中尤以麦盖提县传承最为广泛。它以表现刀郎地区维吾尔人民野外狩猎、喜庆丰收、欢乐生活等情景为主，包含刀郎木卡姆演唱、舞蹈、餐饮及各种游戏等。它不受环境条件、时间、参与人数的限制，根据其性质和功能，大致可分为节庆礼仪和人生礼仪、农牧业生产、社交活动、其他民俗活动四种类型。

却日库木麦西热甫流传于新疆阿克苏市喀拉塔勒镇却日库木村和克地木阿依玛克村，是在这两村群众生产生活基础上形成的。它由歌唱、音乐、舞蹈及各种幽默风趣的传统民间游戏组成。

塔合麦西热甫主要流传于木垒哈萨克自治县的博斯坦乡博斯坦村、东城镇的沈家沟村和照壁山乡等山区乡村维吾尔族聚居区，范围较窄。塔合，意为山区或山里人。塔合麦西热甫的伴奏乐曲带有明显的哈密木卡姆和吐鲁番木卡姆的特征，其中的自娱性舞蹈不仅保留了传统的绿洲风格，同时还具有山区草原文化的特色。

阔克麦西热甫主要流传于哈密市的天山、西山等山区，以及五堡、二堡、花园等绿洲乡镇和伊吾县的维吾尔族聚居区。阔克，有蓝天或青苗之意。它一般在秋后第一场冬雪来临之际开始举办，直到来年春天传统节日诺鲁孜节到来时结束，主要在室内举行。举办阔克麦西热甫的人家将大葫芦的底部切下，在里面铺上棉花，再邀请妇女前来精选麦种并种在葫芦里。待小麦发芽，长成约二十厘米的青苗之后，乡亲们再次相聚，用公鸡、母鸡小模型等饰物，以及胡萝卜、土豆和干果制作的饰物插在葫芦上，像装扮新娘一般装扮青苗并盖上盖头，称为"阔克小姐"。接着，人们转交青苗，迎送阔克小姐，将其在村里的维吾尔家庭间传递。

国家级代表性传承人名单

姓名	性别	申报地区或单位	入选批次
艾力·依布拉音	男	新疆维吾尔自治区阿克苏市	4

维吾尔族服饰

序号：1024
编号：Ⅹ-117
批次：2
类别：民俗
申报地区或单位：新疆维吾尔自治区于田县

维吾尔族服饰花样较多，富有特色。维吾尔族男子一般穿"袷袢"（外衣）长袍，对襟、长袖、无领、无纽扣，用丝巾或布巾扎束腰间；青年男装夏季为白色合领式上衣，腰部束"波塔"（腰巾），配青色长裤。长袍和上衣的领口、胸前、袖口灯等处通常绣有花纹。维吾尔族妇女衣服式样繁多，主要有长外衣、短外衣、坎肩、背心、衬衣、长裤、裙子等。妇女普遍穿色彩艳丽的连衣裙和裤子，连衣裙外面穿外衣或坎肩，裙子里面穿长裤。妇女的长外衣、短外衣有多种款式。在领口、袖口、肩、裤脚等处有精美绣花。男女老少都戴四棱小花帽。妇女喜戴耳环、手镯、项链等。维吾尔族姑娘婚前梳十几条细发辫，婚后改梳两条长辫，别新月形梳子为饰品或盘为发结。

新疆和田地区于田县的维吾尔族妇女穿戴与众不同，她们头戴一种被称为"太力拜克"的别致小帽，身穿带有七条箭头的"派里间"（丝绸长绒外衣）。这种服装只能是结过婚且生了小孩的妇女才能穿。小帽帽口直径一般是十厘米，帽顶直径不超过三四厘米，一般用别针固定在头顶白纱巾的右前方。办丧事时，戴的小帽帽顶为白色；办喜事戴的小帽帽顶为红色；中壮年妇女戴的小帽帽顶是蓝色的。妇女穿"派里间"时里面通常还陪衬有白色上衣，内衣也很别致，是合领半开套头式的，领口右侧依次排列有九条呈扇面形、用锁绣方法绣的宽条形图案，圆领口也绣一条宽边，底口绣有羊角纹和碎花纹，领中部有两条相同颜色的绳带。

维吾尔族服饰展示了维吾尔人的智慧和审美情趣，是维吾尔族文化的重要体现。

于田的维吾尔族妇女服饰

尉村跑鼓车

序号：1210

编号：X-135

批次：3

类别：民俗

申报地区或单位：山西省襄汾县

尉村跑鼓车是流传于陕西省襄汾县西北以尉村为中心的一种民俗活动。跑鼓车由春秋时期军用战鼓演变而来。唐代大将尉迟恭曾在尉村屯兵屯田，采取兵农合一政策，促进了鼓车文化的发展。到了清代，鼓车文化达到极盛时期，后来渐渐演变为融鼓乐表演与体育竞技为一体的群众性体育运动。

跑鼓车主要包括三大习俗：祭鼓、踩辕和赛鼓。祭鼓：每年农历正月十三和三月十三为祭鼓的日子。仪式由老者主持，祈求风调雨顺、百姓平安。踩辕：祭祀鼓车后，德高望重者踩在车上身披绶带游街。赛鼓：全村按居住方位分为西北院、西边、东院、庙巷、南院、后院六个院，每个院都有自己的鼓车参加比赛。比赛规则大致有两种，一种是分区计时，一种是追逐超越。比赛原则、赛事规矩由挑战者提议，双方谈判协议生效。如今鼓车赛事，均由一人撑辕，两人抱辕，百余人拉梢绳，各车相互追逐，直到一辆诣上另一辆，将绳拴上前边的鼓车才算分出胜负。

尉村跑鼓车提倡团队合作、赛耐力、赛勇气，具有重要的民俗学价值。但近年来，鼓车制作、表演技艺后继乏人，使这项民俗活动面临着传承困境。

锡伯族西迁节

序号：457
编号：Ⅹ-9
批次：1
类别：民俗
申报地区或单位：新疆维吾尔自治区察布查尔锡伯自治县

西迁节是锡伯族的西迁戍边纪念日，又称迁徙节、农历四月十八节等。

锡伯族如今主要分布在新疆伊犁地区的察布查尔锡伯自治县和辽宁、吉林等省。16世纪之前，锡伯族先民世世代代生活在松嫩平原和呼伦贝尔大草原上。乾隆二十九年（1764）农历四月十八，四千余名锡伯族官兵及眷属奉朝廷之命由盛京（今沈阳）出发，西迁新疆伊犁地区屯垦戍边。之后每逢农历四月十八，锡伯人都要举办隆重活动以纪念祖先的英雄业绩，这一天遂成为锡伯族的传统节日。

这一天，锡伯族男女老少穿上盛装，欢聚在一起，弹响"东布尔"，吹起"墨克调"，舞起刚健、明快的"贝勒恩"，举行射箭、比武等活动。特别是以独唱或合唱形式演唱的以西迁过程为主要内容的徵调式西迁之歌，是西迁节最独特的文化表现形式。其唱词达四百余行，三节为一乐句，全曲十二小节，历经二百多年的丰富和创作，已有七种之多。

锡伯族西迁节集中展示了锡伯族的文化传统、民族情感、民间信仰及各种工艺和歌舞艺术，有丰富的文化内涵和宝贵价值。

小榄菊花会

序号：492
编号：Ⅹ-44
批次：1
类别：民俗
申报地区或单位：广东省中山市

小榄菊花会是中国广东省中山市小榄镇特有的民间传统花会。

小榄菊花会历史悠久。早在南宋，便有小榄人开始种菊，明朝已有不少人善于作盆栽的菊艺。清乾隆元年（1736），一些文人举行了比试各家菊艺的"菊试"，为菊花取名，对其品评，并推魁首，分出等级，这成了菊花会最早的雏形。清乾隆四十七年（1782），小榄举行了首次菊花会，人们搭架摆菊、赏菊、赛菊、咏菊、尝菊等，并演戏助兴，夜间张灯结彩。清嘉庆甲戌年（1814），当地再次举办大型菊花会，乡绅约定，为纪念先辈南宋咸淳甲戌定居之功，以后每逢甲戌年（即每隔60年）便要开一次盛会。至1934年，共举行了三次菊花大会。大会之间，每年或数年举办一次小型菊花会。1959年，小榄举办了新中国成立后的首届菊花会，小榄此后被誉为"菊城"；至1989年，又分期举办了三次菊花会。1994年，正是小榄传统的第四届甲戌菊花盛会之期，为秉承传统，小榄将此次大会办成以菊花为主题的大型文化艺术节。

小榄菊花会是中国菊文化最集中的体现，群众参与性强，文化内涵深厚。如今，小榄发挥菊花文化优势，每三年举办一届中型的菊花会，每年举办一次菊花欣赏会。菊花会发展至今，其规模和大部分菊艺得以传承，但部分名菊种失传，一些传统特色菊艺也被现代装饰所取代。

◎民俗

秀山花灯

序号：499

编号：Ⅹ-51

批次：1

类别：民俗

申报地区或单位：重庆市秀山土家族苗族自治县

秀山花灯是一种集歌、舞、戏剧和民间吹打于一体的以歌舞表演为主的综合性表演艺术，以重庆市秀山土家族苗族自治县的花灯艺术最具代表性而命名，广泛流传于川、湘、黔、鄂四省交界的土家族聚居区。花灯表演每年从正月初二开始，至正月十五结束。

秀山花灯演出有一套完整程序，主要包括设灯堂、启灯（请灯）、跳灯、辞灯。花灯班在出灯前要设灯堂，祭拜"金花小姐""银花二娘"神位，举行请灯仪式。跳灯，即花灯班在接灯人家里表演。到正月十五晚上，花灯班在河边坝子举行辞灯仪式，祭拜神灵，演唱花灯曲调，然后焚烧花灯及神位，并将跳灯人的衣服从火上抛过，祈求平安。

秀山花灯表演形式主要有花灯二人转（两人表演的单花灯）、双花灯（四人表演的双花灯）、花灯群舞（多人表演的群花灯）、花灯戏等。花灯表演中主要有旦角和丑角，旦角叫幺妹子，丑角叫赖花子或其他名字。演唱的歌曲节奏明快，风格独特，著名的花灯歌曲有《黄杨扁担》《一把菜籽》等。

秀山花灯具有突出的地域性和广泛的群众性，它对研究当地民族民俗音乐舞蹈艺术、丰富民众文化生活有重要价值。

国家级代表性传承人名单

姓名	性别	申报地区或单位	入选批次
石化明	男	重庆市秀山土家族苗族自治县	3
彭兴茂	男	重庆市秀山土家族苗族自治县	3

雪顿节

序号：479

编号：Ⅹ-31

批次：1

类别：民俗

申报地区或单位：西藏自治区

雪顿节是西藏藏族人民的传统节日，藏语意为"吃酸奶的日子"，节期为藏历六月底七月初。由于其间有隆重热烈的藏戏演出和规模盛大的晒佛仪式，所以也被称为藏戏节、展佛节。

关于雪顿节的由来，相传是因为藏历四月至六月，正值世间生命繁殖，为保护生命，藏传佛教格鲁派戒律规定，其间僧人只能在寺庙念经修行，避免外出活动踩杀生命。到了六月底开禁日，僧人纷纷出寺。百姓为了犒劳僧人修行之苦，备酿酸奶，为他们举行郊游野宴，表演藏戏。

1642年，格鲁派在西藏掌权，五世达赖入主哲蚌寺。每年藏历六月二十，人们进寺院，给达赖及僧人们献酸奶，请求摩顶赐福，附近的藏戏队、野牦牛舞队也来演出，由此形成固定节日雪顿节。五世达赖从哲蚌寺移居布达拉宫后，每年雪顿节时，藏戏队先在哲蚌寺会演，第二天到布达拉宫为达赖演出。18世纪初罗布林卡建成后，雪顿节的活动又从布达拉宫移至罗布林卡，并允许群众入园看藏戏。节日上还有展佛仪式、赛牦牛、马术表演等活动。二百年来，拉萨出现了哲蚌雪顿、布达拉雪顿和罗布林卡雪顿并存的局面，其中以罗布林卡为中心。

雪顿节是藏族文化传承的具体表现形式。如今雪顿节已经成为集传统展佛、文艺会演、体育竞技、旅游休闲等于一体的传统与现代相结合的盛会。

蟳埔曾是"海上丝绸之路"的起点，蟳埔女众多习俗既有海洋文化与异域文化特点，又是闽南传统习俗的集中体现，对研究闽南民俗文化有重要意义。

蟳埔女习俗

序号：1004

编号：Ⅹ-97

批次：2

类别：民俗

申报地区或单位：福建省泉州市丰泽区

蟳埔女习俗是生活在福建省泉州市丰泽区蟳埔、金琦、后埔一带沿海渔村妇女独特的生活习俗。蟳埔女习俗包括服饰、头饰、住房和信仰等方面。

蟳埔女服饰别具一格，兼具实用和审美价值。她们身穿简洁贴身的"大裾衫"，出海时不易被渔网缠住，下穿黑色宽脚裤，适合劳动。蟳埔女的头饰特别，已婚妇女将头发盘在脑后，绾成一个圆髻，再横着插上用一串串鲜花装饰起来的发簪，色彩绚丽美观。头饰中常用的素馨花、含笑花等颇具异域文化气息，相传这些花来自阿拉伯，后移植于泉州。这里别具特色的民居"蚵壳厝"，是用大蚵壳建造的房屋，坚固防水，冬暖夏凉，极适应海边潮湿多风的天气特点。据考证"蚵壳厝"所使用的大蚵壳也并非产自泉州，而均来自异国。

蟳埔女信仰繁多，每当遇到造大船、盖房、嫁娶等大事，都要举行传统而热烈的仪式和庆祝活动。妈祖是她们心中的"航海女神"，正月二十九的妈祖日和三月初九的妈祖生日都要举行盛大的祭祀仪式和踩街游行来表达对大海的敬仰。

炎帝陵祭典

序号：481

编号：Ⅹ-33

批次：1

类别：民俗

申报地区或单位：湖南省炎陵县

扩展名录：
炎帝祭典 　　　　　　　陕西省宝鸡市
炎帝祭典（随州神农祭典）
　　　　　　　　　　　　湖北省随州市

炎帝陵祭典是指在位于湖南省株洲市炎陵县鹿原镇境内的炎帝陵举行的祭祀华夏始祖炎帝神农氏的盛大民俗活动。相传炎帝到南方巡视，为民治病，不幸误尝毒草身亡，安葬于此。

炎帝陵祭祀分为公祭和民祭。祭祀活动历史悠久，自唐代开始即有奉祀；宋太祖赵匡胤于乾德五年（967）建庙以后，形成定例；元、明两代不曾间断，清代后更加频繁隆重。湖南省政府曾于1940年祭陵，此后祭祀中断。1986年陵殿得以修复。1993年8月15日，湖南省政府首次隆重公祭。民间祭祀更是绵绵不绝，延续至今。

炎帝陵祭祀方式主要包括文祭、物祭、火祭、乐祭、龙祭。文祭即官方以祭文形式告祭。物祭，现代敬献的供品主要有牛猪羊三牲、五谷、时鲜、中草药等。火祭主要有击石取火（由圣火采集手用击火石在圣火台击石取火）、药龙喷火（九条中草药扎成的药龙围绕圣火台巨石，向巨石喷出大火，点燃炎帝圣火）等。乐祭，即演奏祭祀乐曲，此外还有歌祭和舞祭。龙祭，即用舞龙的方式祭祀，龙的种类包括三人布龙、草药火龙、五十六节长龙等。

如今，炎帝陵官方祭典议程主要有击鼓鸣金、鸣炮奏乐、敬献供品、颂唱、敬献花篮、敬香、鞠躬、恭读祭文、焚帛书、礼成等。

以炎帝陵为中心传承和演绎下来的祭典文化影响广泛，对于传承中华文明、增强民族凝聚力具有很高的文化价值、历史价值和社会价值。近年来，随着炎帝陵在华人界影响力的不断加强，炎帝陵祭典越来越受到重视。

炎帝祭典
申报地区或单位：陕西省宝鸡市

宝鸡是炎帝故里，是姜炎文化的发祥地。传说宝鸡地区的炎帝祭祀活动可追溯至黄帝，约在五千年前，炎帝因误尝断肠草而逝于宝鸡天台山，黄帝听闻后，急速赶往天台山祭奠。秦灵公三年（前422），秦人在吴山设上、下畤，分别祭祀炎帝、黄帝，开创了我国官方祭祀炎帝的先例。西汉时期，汉高祖刘邦设田寺，祭祀五帝。唐代，神农镇浴泉村民开始建庙祭祀。此外金台区神武路还有神农庙一座，亦名"先农祠""先农坛"。

20世纪80年代始，祭祀炎帝活动在民间兴起。20世纪90年代初，当地在原河滨公园（现"炎帝园"）易地重修了炎帝祠；渭滨区神农镇与宝鸡桥梁工厂联合在常羊山重修了炎帝陵。自此，每年清明节、炎帝忌日，分别由市政府和渭滨区政府在炎帝祠、炎帝陵举行规模宏大的祭典。

炎帝祭典（随州神农祭典）
申报地区或单位：湖北省随州市

相传湖北随州是炎帝神农氏的诞生地，每年农历四月二十六是其诞辰日。随州神农祭典在随州市厉山镇举行，其祭典始于南北朝，盛于明清，官祭、民祭并存。1869年，随州乡人胡兴普主持祭祀，形成一套祭祀议程，延续至今。1949年后，厉山祭祀活动一度中断。自1991年起，随州市政府恢复每年炎帝诞辰日的谒祖祭典。目前，祭典主持人仍由胡氏后裔担任。祭典以庆祝始祖诞辰和颂扬功绩为主，并举行高跷、村鼓、舞狮龙等民间文艺表演活动。

瑶族服饰

序号：515
编号：X-67
批次：1
类别：民俗
申报地区或单位：广西壮族自治区南丹县、贺州市

瑶族服饰五彩斑斓，服装款式众多，达百余种。其中广西南丹、贺州瑶族服饰独具特色。

广西南丹瑶族男子便衣为蓝黑色立领对襟衣，胸前两侧各绣一个鸡仔花图案；裤子用白布制成，长度及膝，裤脚用黑布镶边。盛装的上衣外沿都用蓝布镶边，腰部两边和背部下沿绣有鸡仔花和米字纹图案。南丹瑶族女性夏装的上衣称为"褂衣"，为前后两块方布缝合而成，前为纯色黑布，后则用染、绣手法做成各种图案。冬装上衣一般为右衽，袖服，无扣。下着蓝色及膝的百褶裙，裙面用树汁画染成三组环形图案，裙边用红色无纺蚕丝片镶边。

广西贺州瑶族分过山瑶、土瑶、平地瑶三大类。过山瑶服饰仅头饰就分尖头、平头、包

帕三类七种。土瑶男性衣着以蓝色为主，头包白色毛巾，衣短裤长；土瑶女性着长衫，头戴用桐树片制成的圆形木帽，配以毛线扣带，下身穿短裤，裤脚绣有几何图案，小腿上包扎毛巾作腿绑。平地瑶族女式盛装为头顶方格头帕，穿大襟无领上衣两件，衣长及膝，后肩有弧形银丝粗链，下穿青色长裤，脚穿尖头船形布鞋。

瑶族服饰中表达着特殊的文化符号，如南丹瑶族男子白裤上的五条垂直红线，相传是瑶王与外族战争时留下的血手印，贺州瑶族服饰上大量人形纹及特殊字纹体现了原始宗教崇拜和佛道文化的影响，瑶族人的年龄、婚否及社会地位等状况也能在服饰上有所反映。

广西贺州尖头瑶婚礼服

瑶族盘王节

序号：462

编号：Ⅹ-14

批次：1

类别：民俗

申报地区或单位：广西壮族自治区贺州市，广东省韶关市

瑶族盘王节，又叫还盘王愿、跳盘王，是瑶族人民祭祀其始祖盘王盘瓠的盛大节日。瑶族分布在广西、湖南、广东、云南、贵州等多个省区，是一个多支系民族，各地瑶族过盘王节时间不一致，一般在秋收后至春节前的农闲时间举行，分定期和不定期两种。1984年，全国各地瑶族代表议定"盘王节"为瑶族统一节日，于每年农历十月十六举行。

盘王节可以一家一户进行，也可以联户或者同宗同族人共同进行。节日一般为三天两夜，也有的长达七天七夜。届时，人们杀鸡宰鸭，穿着节日盛装，汇集一起，祭祀盘王，程序为"请圣、排位、上光、招禾、还愿、谢圣"，师公跳"盘王舞"等；请瑶族祖先神和全族人前来"流乐"（即玩乐），吟唱表现瑶族神话、历史、政治、经济、文化艺术、社会生活等内容的历史长诗《盘王歌》。仪式由4名正师公主持，包括还愿师、祭兵师、赏兵师、五谷师，每人1名助手，此外还有4名歌娘歌师、6名童男童女、1名长鼓艺人和唢呐乐队。

盘王节起源于对始祖的祭祀，经过长期的发展变化，演变成祭祖、娱神、乐人兼有的民间节日。如今，盘王节不仅发展为庆祝丰收的联谊会和青年男女寻觅佳偶的契机，这期间还举办物资交流、商品展销及各项文体表演竞技活动，观者云集，盛况空前。

国家级代表性传承人名单

姓名	性别	申报地区或单位	入选批次
盘良安	男	广东省韶关市	2
赵有福	男	广西壮族自治区贺州市	4

◎民俗

瑶族耍歌堂

序号：493
编号：Ⅹ-45
批次：1
类别：民俗
申报地区或单位：广东省清远市

耍歌堂是生活在广东省清远市连南瑶族自治县的排瑶人祭祀祖先、喜庆丰收的传统节庆，主要流行于连南县三排（含南岗）、涡水、大坪、香坪（含盘石）、三江（含金坑）等六个镇的排瑶村寨。据记载，在明代洪武年间（1368～1398）排瑶已有完整的耍歌堂。

耍歌堂分大歌堂和小歌堂，大歌堂历时三天，三年五载举行一次，小歌堂历时一天，两三年举行一次。举行大歌堂或小歌堂，由各排民众商议决定，但时间都定在农历十月十六，这也是全国瑶族共同的传统节日"盘王节"。

节庆前夕，家家户户会准备大量的酒、肉、糍粑、米酒等款待朋友和客人，"天长公""头目公"等长辈要提前聚会商定节庆举办过程和内容。耍歌堂活动主要包括："游神"大典；在歌堂坪上"讴歌跳舞"；"过州过府"仪式表演，以纪念祖先迁徙到瑶山的艰苦历程；追打"三怪"仪式表演；"枪杀法真"情景表演，以纪念民族英雄法真；"送神"仪式，将祖先塑像送回庙宇。这期间，还有长鼓舞表演、师爷舞表演，牛角、铜锣、芒笛等民间乐器演奏等。

经过数百年的传承和发展，耍歌堂成为排瑶历史变迁、民间信仰、文化艺术、风情习俗的浓缩和集中表现，是珍贵的民俗文化遗产。"文革"期间，耍歌堂曾被禁止，直到20世纪80年代末，耍歌堂才得到初步恢复，但随着社会变迁目前仍面临传承困境。

国家级代表性传承人名单

姓名	性别	申报地区或单位	入选批次
唐买社公	男	广东省清远市	1

火把节

彝族火把节

序号：458
编号：Ⅹ-10
批次：1
类别：民俗
申报地区或单位：四川省凉山彝族自治州，云南省楚雄彝族自治州

扩展名录：
火把节（彝族火把节）　贵州省赫章县

彝族火把节是彝族古老而重要的传统节日，流行于云南、贵州、四川等省的彝族地区。白、纳西、基诺、拉祜等族也过火把节，不同的民族举行火把节的时间也不同，大多在农历六月二十四。

关于彝族火把节由来的传说很多，其中流传最广的是彝族英雄支格阿龙和黑体拉巴斗败天神，团结民众与邪恶和灾害抗争的故事。有学者认为火把节的起源与人们对火的崇拜有关，目的是期望用火驱虫除害，保护庄稼生长。

火把节一般历时三天三夜，分为迎火、颂火、送火三个阶段。节日期间，各村寨以干松木和松明子扎成大火把竖立寨中，各家门前竖起小火把，入夜点燃，村寨一片通明。人们手持小型火把绕行田间和住宅一周，将火把、松明子插于田间地角。最后大家围绕着寨中的大火把

唱歌跳舞，彻夜不息。此外，还有选美、赛马、斗牛、射箭、摔跤、拔河、荡秋千等娱乐活动，并开设贸易集市。

彝族火把节充分体现了彝族敬火崇火的民族性格，保留着彝族起源发展的古老信息，全面展示了彝族文化，对于研究彝族历史和传统文化具有重要价值。

国家级代表性传承人名单

姓名	性别	申报地区或单位	入选批次
普顺发	男	云南省楚雄彝族自治州	4

彝族年

序号：1204

编号：Ⅹ-129

批次：3

类别：民俗

申报地区或单位：四川省凉山彝族自治州

彝族年，彝语称为"库斯"，意为新年，是四川大小凉山、云南楚雄、贵州昭通等地彝族同胞祭祀祖先，祈求五谷丰收、人畜兴旺的传统节日。彝族年时间不固定，各村寨不统一，通常在农历十月上旬择日。

凉山彝族过年的传统习俗主要有：年前一个月，各家各户要备好酒、米、面等年货。年前一夜叫"觉罗基"，彝族同胞或杀猪、杀鸡，全家团聚，庆贺人丁兴旺，吉祥安康。新年第一天叫"库斯"，全村寨以地位、辈分、长幼为序依次宰杀年猪来祭祀祖先，然后全家聚餐吃年饭。第二天叫"朵博"，主要活动是耍新年。青年男女大清早去背水，或"偷"青菜，意味着今后财源不断。早饭后，小伙子和姑娘们开展"磨儿秋"（一种类似于荡秋千的游戏）、赛马、摔跤、斗牛、斗羊、斗鸡等活动。第三天叫"阿博基"，各家各户要举行欢送祖宗仪式，人们为祖先准备油炒饭、干粮，户主致欢送词，欢送祖宗过年离开并请求祖宗保佑后代。之后，彝族人开始互相拜年，一般持续几天甚至一个月，拜年结束，彝族年才算过完。

彝族年包含了彝族的宗教信仰、农事活动、社会交往、人生仪礼等一系列关乎民间社会运行的生活事项，是研究彝族经济社会发展、文化历史变迁的重要参考元素。

仡佬毛龙节

序号：474

编号：Ⅹ-26

批次：1

类别：民俗

申报地区或单位：贵州省石阡县

石阡仡佬毛龙节是体现仡佬族"龙神"信仰的一种民俗活动，主要流传于贵州省石阡县龙井、汤山等乡镇的仡佬族村寨，并辐射全县各民族村寨，活动时段为大年三十夜至正月十五、十六。

人们要先扎龙，用数片粗长的竹篾扎紧作为龙脊，再用竹篾缠以剪成鞭炮形的有色纸（俗称"火草秆"），将火草秆两端扎在龙脊上，形成一个个环行圈。整条龙要用四五百根火草秆扎成，看上去满身是毛，因而得名"毛龙"。

仡佬毛龙节的核心是龙崇拜。其基本要素包括：龙神信仰，包括传统故事、敬龙仪式、敬龙场合和用品及敬龙神诵词；扎毛龙的工艺；舞毛龙的技艺，如"二龙抢宝""懒龙翻身""单龙戏珠""天鹅抱蛋""倒挂金钩""犀牛望月""螺丝旋顶"等套路；念诵，包括"开光""请水""烧龙"等仪式的念诵及"开财门"和"敬财神"等表演时的诵唱。

仡佬毛龙节有着丰富的文化价值，显示出独特的民族性和地域性。如今石阡县每年春节都会组织举办毛龙灯会表演。

楹联习俗

序号：510
编号：Ⅹ-62
批次：1
类别：民俗
申报地区或单位：中国楹联学会

楹联，有偶语、俪辞、联语等通称，以"对联"称之，则始于明代，因古时多悬挂于楼堂宅殿的楹柱而得名，是我国一种独特的文学艺术形式。

楹联始于桃符。早在秦汉以前，民间过年就有悬挂桃符的习俗，把传说中的降鬼大神"神荼"和"郁垒"的名字，分别书写在两块桃木板上，悬挂于左右门，以驱鬼压邪。到五代时，人们开始把联语题于桃木板上。明代，人们开始用红纸代替桃木板，出现今天所见的春联。楹联应用广泛，除春节外，还应用于其他节庆、婚嫁、祝寿、哀挽等场合。

楹联以"副"为量词，一般以两行文句为一副，并列竖排展示，自上而下读，先右后左，右边为上联，左边为下联。其基本特点是：上、下联字数相等，断句一致；平仄协调，上联尾字仄声，下联尾字平声；词性相对，位置相同；内容相关，上下衔接。楹联形式多样，有正对、反对、流水对、联球对、集句对等。句式较灵活，可长可短。

楹联以文字为内容，以书法为载体，制品种类繁多，包括纸裱、镜框、木刻、石刻、竹刻等。在其发展过程中，出现了大量相关著述，各类楹联典籍数以万计。

楹联习俗至今在华语地区以及与汉语汉字有文化渊源的民族中广泛传承、流播，对于弘扬中华民族文化有着重大价值。

故宫乾清宫内的楹联

渔民开洋、谢洋节

序号：979
编号：Ⅹ-72
批次：2
类别：民俗
申报地区或单位：浙江省象山县、岱山县，山东省荣成市、日照市、即墨市

渔民开洋节是沿海渔民出海捕鱼祈求平安、丰收而举行的祭礼活动，谢洋节是渔民平安归来时举行的感恩祭祀活动。开洋节时间在农历三月中下旬春汛渔船开洋之前，谢洋节约在农历六月下旬鱼汛结束进入休渔期之后。

在浙江象山等县，在传统捕大黄鱼季节（农历三月中旬），渔民们要在庙宇举行开洋节祭祀仪式。祭祀时，主祭人恭请神仙、上香献爵，后带领船员行跪拜礼，之后，请"菩萨"上船，引路灯笼挂船头驱邪保平安，接着表演民间艺术作品"出洋戏"。农历三月二十三，人们在锣鼓声、鞭炮声中为出海的亲人祝福送行。谢洋节礼仪与开洋节相似,仅少"请神"环节。

山东荣成、日照等地则是每年谷雨前后三天在龙王庙举办祭海开洋仪式。第一天准备整只公猪、大饽饽为祭品。第二天,把祭品摆在龙王爷的神像前,跪地祭拜,后将供奉完的饽饽抛向海中。第三天,渔民们喝酒欢聚一堂,喝酒庆贺。在即墨等地还有请财神、喝酒壮行、仿古祭海表演、开船仪式等内容。当鱼汛结束,也用同样的仪式祭奉,感谢神灵。

渔民开洋节和谢洋节是沿海渔民在长期耕海牧鱼的生产生活中形成的一种别具特色的传统民俗活动,对研究我国沿海地区祭祀历史与当地居民历史文化有较高学术价值。此习俗流传已久,曾于"文革"期间停止,20世纪80年代后逐步恢复。

裕固族服饰

序号:1021

编号:Ⅹ-114

批次:2

类别:民俗

申报地区或单位:甘肃省肃南裕固族自治县

裕固族主要聚居于甘肃省张掖市肃南裕固族自治县境内,其传统服饰具有鲜明的牧业民族特色。裕固族男女都穿高领、大襟有衽,相当于自己身高的长袍,男女皆戴帽,穿皮靴。服饰有礼服、便服之分。其服饰用料多为皮毛,具有耐寒、防沙等特点。

裕固族男子服饰比较简单,男子头戴毡帽,身穿大领偏襟镶边长袍,一般都扎大红腰带,腰带上佩五寸腰刀、火镰、鼻烟壶。上年纪的老人,腰间挂有香牛皮缝制的烟荷包。逢年过节或遇重大活动,裕固男子长袍上面要罩件青色长袖短褂,左右开小衩。

妇女穿的高领长袍下摆开衩,衣领、袖口、衣衩、襟边有绣花。外套大红、桃红、翠绿、翠蓝色等颜色的缎子高领坎肩,系的腰带多为红、绿、蓝色,配彩色手帕,脚穿长筒皮靴。裕固族已婚妇女多戴喇叭形红缨帽或用芨芨草编织的帽子;未婚少女则多梳五条或七条发辫,以额带为饰,不戴帽子。姑娘结婚时便要将头发改梳成三条辫子,不再戴额带,改换"头面",即先将头发梳成三条辫子,用三条镶有银牌、珊瑚、玛瑙、彩珠、贝壳等饰物的"头面"分别系在三条辫子上。裕固族妇女还喜欢佩戴耳环、翡翠或玉石手镯及银戒指等。

裕固族服饰是裕固族生存环境、生产生活方式等的具体体现,其中有许多与裕固族生活习俗、宗教信仰等相关的禁忌与规范,具有较高的历史文化研究价值。

国家级代表性传承人名单

姓名	性别	申报地区或单位	入选批次
柯璀玲	女	甘肃省肃南裕固族自治县	4

裕固族服饰

◎ 民俗

元宵节

敛巧饭习俗、九曲黄河阵灯俗、柳林盘子会、蔚县拜灯山习俗、马尾—马祖元宵节俗、泉州闹元宵习俗、闽台东石灯俗、枫亭元宵游灯习俗、闽西客家元宵节庆、永昌县　字灯俗、九曲黄河灯俗

序号：978
编号：X-71
批次：2
类别：民俗
申报地区或单位：文化部，北京市怀柔区、密云县，山西省柳林县，河北省蔚县，福建省福州市马尾区、泉州市、晋江市、仙游县、连城县，甘肃省永昌县，青海省乐都县

扩展项目：
元宵节（豫园灯会）　　上海市黄浦区
元宵节（上坂关公灯）　江西省南昌市湾里区

元宵节
申报地区或单位：文化部

元宵节，为农历正月十五，又称为上元节、春灯节，是中国汉族传统节日。正月是农历元月，古人称夜为"宵"，而十五又是一年中第一个月圆之夜，所以称正月十五为元宵节。

元宵节历史悠久，正月十五在西汉已被重视。关于元宵节的来历，民间有许多传说，如有说是汉文帝为纪念平息"诸吕之乱"之日（正月十五）而令京城"闹元宵"庆贺，也有说元宵燃灯习俗起源于道教庆祝"三元节"（正月十五为上元节），也有说元宵节源自西南"火把节"（正月十五举火把驱赶虫兽，祈祷好收成），等等。

元宵节习俗在全国各地不尽相同，其中吃元宵、赏花灯、猜灯谜等是几项重要的传统民间习俗，至清代又增加了舞龙、舞狮、跑旱船、踩高跷、扭秧歌等内容。有的地方还有"走百病""送孩儿灯""逐鼠"等习俗。

元宵节不仅盛行于汉族地区，许多少数民族也过元宵节，节日庆祝活动也各具特色。

元宵节（敛巧饭习俗）
申报地区或单位：北京市怀柔区

敛巧饭习俗是北京怀柔琉璃庙镇杨树底下村元宵节的传统活动。每年正月十六日，村中少女到各家敛收粮食和蔬菜，之后妇女们将它们做熟供全村人共食。此习俗已有近二百年历史。

关于敛巧饭习俗，传说是村民为感恩雀儿为大家带来种庄稼的种子。每年正月十六要各家各户收集粮食（意为"敛"），联合起来做一顿饭先喂雀儿（本地语称"雀"为"巧"），然后共食以示感恩雀儿，庆贺春耕开始。后来，这项活动由对雀儿的感恩仪式演变成了村中少女们乞求巧艺和财运的节日。做敛巧饭时，各家各户的米要由十二三岁的少女去取；煮饭时，母亲要往锅里放些针线顶针一类的物件，哪个少女吃到就会变得心灵手巧。如今是全村参加敛巧饭活动，先做饭再乞巧，最后吃团圆饭。

元宵节（九曲黄河阵灯俗）
申报地区或单位：北京市密云县

九曲黄河阵灯会，是北京密云县东田各庄村元宵节期间举行的以灯代兵布阵的灯会游戏，是古老的"阵法"与民间花灯会的结合。九曲黄河灯会按《周易》九宫八卦的方位和黄河九曲图案布置灯火，逛灯会时从入口进，通过连

1037

环阵，再从出口返回，意味着一年顺当平安。

相传东田各庄村九曲黄河灯会是六百多年前山西移民到来，将此习俗带到本地的。1958年灯会曾一度中断，直到1995年后才逐步恢复。

东田各庄九曲黄河阵灯会的显著特点是灯场、花会以及戏曲三位一体，别具特色。村中与九曲黄河阵灯会相伴而生的花会——德缘善会远近闻名。另一个重要组成部分是业余河北梆子剧百余年来久演不衰。入夜，阵上华灯齐放，十几档花会由五面中幡前引，狮子、高跷、十不闲、吵子、音乐等依序而入，边走边演，阵内旗幡招展，锣鼓喧天，阵外人流如潮，欢声一片。

元宵节（柳林盘子会）
申报地区或单位：山西省柳林县

柳林盘子会是流行于山西省柳林县县城及城郊穆村一带的元宵节民俗文化活动。会期从正月十三至二十六。

盘子是一种制作精美的组合型阁楼式仿古建筑模型，被称为"放大的神阁子"。盘子会起源于古代搭棚祭神活动。明代时，原始的神棚不能适应民间宗教信仰活动发展，于是匠人们模仿唐代的"祭盘"，将民间庙宇与神像按比例缩小做成浓缩型造价低的庙宇。盘子多采用质地细密而又硬实的上等木料制作而成，其绘画主要以各种历史故事、神话人物、神话传说为主。盘子实质是浓缩性寺庙，一座盘子就成为一处民间祭祀场所。

柳林盘子会期间，各街巷分段轮值，以精美绝伦的盘子为中心，配以扭秧歌、演弹唱、转九曲、斗活龙，载歌载舞，共庆节日。

元宵节（蔚县拜灯山习俗）
申报地区或单位：河北省蔚县

拜灯山习俗是流行于河北蔚县上苏庄一带的元宵节民间祭祀与戏曲相结合的民俗社火活动，其源于明朝嘉靖年间，迄今已有四百多年历史。

拜灯山活动分为点灯山、拜灯山、耍社火、唱大戏四部分。首先村民准备好灯捻儿、灯盏、麻油等，然后在灯山楼内将数百个灯盏摆出花边和文字图案。夜幕降临后，人们用蜡烛将摆成图案的灯盏点燃，呈现出灯火字画。拜灯山时，选一名男童扮为"灯官"，村里戏班的演员粉墨浓妆伴其左右，在戏班、社火队伍的引领下，一路敲锣打鼓到灯山楼前祭拜。拜灯山后，祭拜队伍开始耍社火，或舞蹈，或嬉戏。最后村戏班子开始唱戏。

蔚县历史上虽有多处拜灯山社火活动，但多已失传，唯有上苏庄的拜灯山习俗保留至今，但依然面临着老艺人年事已高、传承者后继乏人等困境。

元宵节（马尾—马祖元宵节俗）
申报地区或单位：福建省福州市马尾区

"两马同春闹元宵"是福建马尾、台湾马祖两地共同举办活动庆祝元宵节的习俗。

此节俗由来已久，民间相传是为纪念玉皇三太子。传说投生渔家的三太子乐善好施、扶困济贫，与龙王三太子发生打斗，惹怒玉帝，遂对他处于分尸三段的酷刑，其头部被扔在黄岐半岛与马祖列岛之间的"马祖澳"，正月十一，被半岛渔民抱回岸上，设坛祭典，尊为海神。此风世代相袭，闹"海神"灯渐成为马尾与马祖两岸人民祈求平安富足与和谐的象征。

元宵节期间，马尾与马祖两地互送花灯，互派使者到对方那里红红火火共度元宵节。主要活动有大型灯会、焰火表演和民俗踩街。"踩街"是两马元宵节活动的一大主题，重点凸显两岸两地的民间民俗。元宵节期间，马尾、马祖两地几十支民俗队和彩车同街献艺，绵延数公里，两地最具特色的民间艺术，如大头娃娃舞蹈、琅岐肩头戏、马祖打钱哨、藤牌操队、马鞭舞、亭江板凳龙、闽剧队、十番音乐队等竞相亮相。

为加强海峡两岸交流，自2003年起，马尾经济文化交流合作中心和马祖经贸文化交流联谊会开始主办"两马同春闹元宵"活动。

元宵节（泉州闹元宵习俗）
申报地区或单位：福建省泉州市

泉州闹元宵是闽南风俗民情的集中展现，包括元宵灯会、元宵文艺踩街、制作元宵丸等内容。

泉州元宵花灯习俗丰富多彩，包括挂灯、送灯、观灯（赏灯）、点灯、游灯，古代还有抢灯。元宵前夕，家家户户挂花灯。有新嫁女的人家，给亲家送红、白莲花灯和观音送子灯。元宵夜，男女老少上街赏灯，小孩手提春灯，走街串巷嬉戏"游灯"。古时还流行"抢夺"最漂亮的花灯，被抢的人反倒兴高采烈。灯会还有猜灯谜等活动。

泉州元宵踩街自明清以来相沿成俗，现在泉州元宵文艺踩街有阵头、花灯、彩车、妆人、民俗表演、南少林武术等表演项目。踩街队伍行进中如果遇到有人放鞭炮欢迎，就要停下表演，以示感谢。

元宵丸是泉州元宵节的应节食品，制法独特，味道上佳。

元宵节（闽台东石灯俗）
申报地区或单位：福建省晋江市

闽台东石灯俗是福建、台湾两地东石人互相以"数宫灯"形式了解族亲在两岸的繁衍情况的一种独特元宵习俗。

明代以前，就有福建晋江的东石人到台湾谋生。明嘉靖年间，去台人数增多，移民开山拓海，垦殖新区，并以故乡村名为聚居地命名，如东石等。晋江东石有座嘉应庙，奉祀宋代魏了翁祖孙三代圣贤"三公爷"，俗称"三公宫"。迁台的晋江东石人将"三公爷"分灵过海，在台湾建庙供奉。

晋江东石灯俗从正月十三开始，在三公宫张挂上一年结婚的新娘的宫灯、户头灯、大红绣球灯及各类花灯，并迎接台湾送来的宫灯。正月十四夜由本地道士乐阵集中在庙中吹打各类乐曲，以求吉祥。正月十五上午举行闽台游灯踩街活动。正月十五中午，两岸乡亲共同举行春祭仪式。正月十三至十五三个夜晚，新娘们看灯、赏灯，此为"串灯脚"之实，以求"出丁"。正月十五午夜，众新郎官举行卜灯比赛：新郎官按送灯的先后次序在"三公爷"座前掷"筊杯"，一次性掷得杯数最多的可得到厅中那盏大红绣球灯，迎回家中张挂，意为大福大贵，早生贵子。最后为送灯。卜得大红绣球灯的在前面，随后按挂灯先后为序进行欢送，各人把自己的宫灯迎回家中，以求富贵得子。台湾代表若掷杯得到大红绣球灯，正月十六要举行隆重仪式送回台湾。

元宵节（枫亭元宵游灯习俗）
申报地区或单位：福建省仙游县

枫亭元宵游灯习俗是福建省仙游县枫亭镇于元宵节期间举办的一种游走流动灯会习俗。

元宵期间，枫亭镇霞桥等薛姓村、下街等

村共组建五支游灯方阵。正月十三至十七期间，先由薛姓村居民组成灯会方阵绕全镇进行灯火表演，其余四村灯会方阵依次每天进行游灯表演。游灯队伍出行时，灯架队阵容壮观：蜈蚣灯、松树灯、宝伞灯等各类彩灯千奇百态；百戏彩架灯展示了不同的历史人物故事，以灯架塑形，融入了戏剧、灯艺和杂技艺术等各种技巧；舞龙舞狮精彩纷呈。大型彩车、车鼓队、十音八乐队、女子腰鼓队穿插在方队之中，热闹非凡。游灯队伍环绕集镇区四个社区，全程三公里，经过居民家门时，这户人家要点燃火堆，燃放爆竹礼花以示迎接。

元宵节（闽西客家元宵节庆）
申报地区或单位：福建省连城县

闽西连城、永定等地客家人元宵节庆习俗古老而独特，既保留了古老的中原文化，又与当地畲、黎、瑶等民族文化相融合。

客家元宵节的游大龙、走古事、赏花灯、烧炮等习俗沿袭至今，仍保持着古老、自然的文化形态。游大龙：即以姓氏为单位，由各户各出一节自制的龙连接在一起游走在田野村落。走古事：是以孩童化装成各种古代人物固定在铁架上抬着巡游、奔跑，具有竞技比赛性质。花灯：以正溪花灯为例，形态、色彩、工艺技巧诸方面都别具一格。烧炮：元宵节凌晨，村民抬着"二太祖师"菩萨轿，伴以狮、豹、龙等队列，绕村游行。每家每户要烧香点烛，燃放一万响至十万响的鞭炮迎接。

元宵节（永昌县卍字灯俗）
申报地区或单位：甘肃省永昌县

永昌县卍字灯俗是甘肃省永昌县红山窑乡毛卜喇村庆祝元宵节的一种灯俗表演活动。"卍"是梵文，"瑞相""万德吉祥"的标志。卍字灯原是明朝时的北京灯艺，相传明代洪武年间，毛卜喇村的李发仁在北京经商，闲暇时进入北京灯会，并将灯阵绘制成图谱，前后长达三年，后来将图谱带回家乡，让村里乡亲排练、表演，逐渐形成一个富有特色的民俗活动。

卍字灯俗表演前，先在村中心选择一块空地，按灯谱埋栽木杆，横竖各19排，每排19杆，间距、杆高为2米，共361根。在主场正中竖一主杆，上挂大型花灯，其余杆上挂360个小型花灯，象征农历360天。杆与杆之间用幕布遮蔽，观灯者按特定路线行进，直到出口。在进、出口正面扎一道彩灯龙门，用作屏障。彩龙门上每天一字，分别为"荣""华""富""贵"，用360盏花灯组成。灯场对面设12盏生肖灯、"灯山"，也用360盏花灯，逐次排成"祝福"字样。闹灯时，秧歌队每人手拿一盏1.5米高的花灯，顺道盘舞，热闹异常。社火表演有地方戏、舞龙、舞熊、跑旱船、节子舞等，风格粗犷豪爽。

新中国成立前，卍字灯会每三年举办一次。后因受饥荒、匪患、战乱等影响，卍字灯会渐趋衰落。新中国成立后，灯会曾有恢复。20世纪90年代以来，随着社会变迁，传统民间文化受到影响，卍字灯俗面临传承困境。

元宵节（九曲黄河灯俗）
申报地区或单位：青海省乐都县

九曲黄河灯俗是青海省乐都县七里店地区元宵节期间举办的花灯活动，因灯会灯阵曲折迂回似黄河九曲而得名。其兴起于明万历三十六年（1608）。灯会每三年举办两次，点灯会期从农历正月十四至十六。

九曲黄河灯灯阵先用一人高的高粱秆捆成360个把子，然后按照九宫八卦阵法设计总城、城壕、胡同、内城、仪门等，将把子竖栽在固定的灯场上，做成边长33米的正方形，每边分布19个点，横竖交叉形成361个点，每个点设1盏灯，再加上3盏门灯和1盏天灯，共365盏灯。灯阵曲折迂回，在出入口的地方筑成灯门楼。每个高粱把子顶端放置灯碗，内装麻油、灯捻，外用彩纸裱成灯罩。点灯时，条条"街巷"展现眼前。转灯时，先从城壕转起，循序渐进。灯会一般先"踩灯"，由民间高跷和秧歌队先行进阵。正月十五是灯会的高潮，人们争相到灯阵中转灯祈福。

元宵节（豫园灯会）
申报地区或单位：上海市黄浦区

豫园灯会是每年农历正月初一至十八在上海豫园商城及其周边地区举行的大型灯会活动，每年均以当年的生肖为主题。

豫园灯会以传统灯展为核心，结合现代科技理念，利用九曲桥的九曲长龙形状和特有水面条件，以湖心亭与东方明珠遥相呼应为背景，创作了许多形象生动、市民喜闻乐见的大型主题灯彩来演绎中华传统文化和灯文化，并配置猜灯谜、写春联等文化活动。灯会已成为上海知名度最高、影响力最大的传统民俗文化活动和文化品牌，也为豫园商城及周边地区带来众多商机。

元宵节（上坂关公灯）
申报地区或单位：江西省南昌市湾里区

上坂关公灯是南昌市罗亭镇上坂村曹家自然村于元宵节舞的一种龙灯。关公龙，即为纪念关公而设置的彩灯。当地相传上坂曹村家族为曹操的后代。三国时期赤壁之战，曹操大败，落荒华容道，关公念及旧情，不顾与孔明立下的军令状，放走曹操。因此曹操及其后代对关公感恩戴德。于是，有了关公灯的诞生，并形成灯俗，流传至今。

上坂关公灯由形如"丰"字灯头、灯尾和数条长1.5米、宽0.15米，上面插着三盏多棱角大灯笼的板凳组成。当地人称一条板凳为一桥，桥数越多龙身越长。每逢元宵节，村民袭延祖先遗训，制作关公灯，每户人家自觉负责制作一桥龙灯。出灯时，龙头、龙尾由村里长老或有威望的村民撑持，旁边则有几个身体健壮的青年护灯，有鼓乐相伴，表演人数繁多，以庄重、热烈、气势宏大而闻名。

国家级代表性传承人名单

序号	姓名	性别	申报地区或单位	入选批次
04-1972	白有厚	男	山西省柳林县	4
04-1973	陈永清	男	甘肃省永昌县	4

月也

序号：1213

编号：X-138

批次：3

类别：民俗

申报地区或单位：贵州省黎平县

月也是侗族村寨众人约定出行赴外寨做客的大型社交娱乐活动，主要流行于贵州黎平、湖南通道、广西三江等地的侗族地区。其举办时间主要在春节后的正月间和秋收后的农闲时节。

月也规模不定，男女老幼均可参加。届时，人们身着盛装，歌队、芦笙队和戏班子一同前往。主寨以酒肉款待，宾主白天唱侗戏或赛芦笙，晚上对唱侗歌，共同欢度3～5日。结束时，主寨欢送客人至寨口，唱拦路歌表示留客，还要馈赠猪羊等礼物。此后，村寨间互相回访。月也内容很多，主要有七种：月也戏（做戏客，唱侗戏）、月也老（做众客，以唱侗族大歌、踩歌堂、唱情歌为主）、月也暇（做社客，社日踩歌堂对歌）、月也左楼（做贺鼓楼客，庆贺其他村寨鼓楼落成典礼）、月也鼎（做众定亲客，不同村寨联亲对歌）、月也轮（做芦笙客，到其他寨赛芦笙）、月也敬（敬寨客，帮主寨招待客人）。

月也是展示侗族经济、宗教、艺术等传统文化的群众性活动。但如今受社会变迁与外出务工等因素影响，月也活动阵地和规模缩小，频率减少。

开始，寺院、活佛府邸及各僧人在家中摆设"卓索切玛"敬神。大年初一，活佛、僧伽们要敬献天地神佛，去大经堂诵经礼佛。初二、初三分别在大护法神殿（小金瓦殿）、隆波护法殿举行护法神降神仪式。初四起，要举行西藏最大的宗教节日——传昭大法会，大批僧人集中在大昭寺向释迦牟尼佛像祈祷，并举行各种法事活动。

藏历年是一个僧俗共庆，庆祝和祈祷兼具的民族节日，对藏区的宗教、文化和民俗传承与发展起着重要作用。

藏历年

序号：1206
编号：Ⅹ-131
批次：3
类别：民俗
申报地区或单位：西藏自治区拉萨市

藏历年是藏族庆祝新春的传统节日。藏历年根据藏历推算，时间上与农历春节有些差异。其广泛流传于西藏、四川、云南、甘肃等地的藏族聚居区。

在西藏的拉萨地区，藏族民间庆祝新年的主要活动有：年前准备"切玛"（供神的五谷斗）、"卡赛"（一种油炸面食）等供神。年二十九，全家吃"古突"（类似汉族团圆饭），饭后用吃剩的"古突"、骨头等举行驱逐恶魔仪式。大年三十晚吃团圆饭。大年初一在家举行佛事活动。初二开始，亲朋好友互相拜年。初三敬奉"屋脊神"（为房顶换新经幡）。初五，拉萨郊区农民要举行开犁礼。新年期间，拉萨要举行杂技、摔跤、赛马、马术、僧人舞蹈等表演。

藏历年洋溢着浓厚的宗教气氛。从年三十

藏族天文历算

序号：1028
编号：Ⅹ-121
批次：2
类别：民俗
申报地区或单位：西藏自治区

藏族天文历算是藏族人通过对星体运转、季节变化数据进行计算，并参照一些物候，预推各种星体的运行规律及位置来了解气候变化、事物发展的善恶，以帮助人们趋利避害的一门学科。

藏族原有根据月亮位置变化而制定的古老历法。后来，藏族人在原始历法的基础上，吸收了内地五行占算、印度时轮历及欧洲时宪历等手段和方法发展出新的历算方法。

藏历规定一年为十二个月，大月三十天，小月二十九天。每一千日左右，便有一个闰月，用来调整月份和季节的关系。藏历采用时轮制的纪年法，把天体分为十二宫，即白羊、双鱼、金牛、摩羯、双子、狮子、巨蟹、宝瓶、人马、室女、天蝎、天秤。用十二属相配五行纪年。以十二年为一小循环，六十年为一大循环，称为一绕迥（即一时轮）。如1991年藏历称为金羊年，这与汉地农历的纪年法相似，属相也一致。藏族历书由藏医院里的学者测算，历书不仅能准确推算日蚀、月蚀等天文现象的时刻，还能预报下一年度的天气和水灾、地震等自然灾害，甚至连某日有雨、吉凶等都有标明，更使其显得神秘而实用。

藏族天文历算是藏族人民千百年来的智慧结晶，并一直在藏民族的生产生活中发挥重要作用。其所具有的鲜明特点，在世界历法中独树一帜，占有重要地位。

国家级代表性传承人名单

姓名	性别	申报地区或单位	入选批次
贡嘎仁增	男	西藏自治区	3

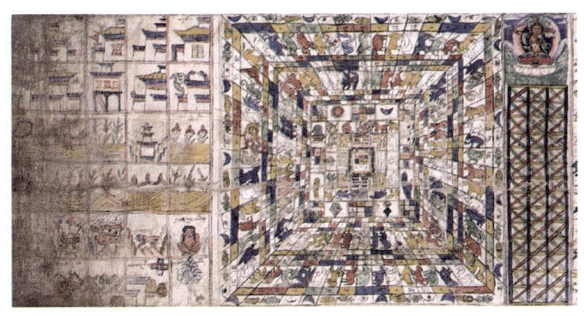

藏历天文历算

藏族服饰

序号：1020

编号：Ⅹ-113

批次：2

类别：民俗

申报地区或单位：西藏自治区措美县、林芝地区、普兰县、安多县、申扎县，青海省玉树藏族自治州、门源回族自治县

藏族服饰的最基本特征是肥腰、长袖、大襟、右衽、长裙、长靴、编发、金银珠玉饰品等。夏装多用绸缎布料制作，冬装多用皮毛制作。由于受地理分布、生产方式影响，藏族服饰纷繁复杂，品种多样。

在西藏的措美等农区，男子穿长袍，腰部口袋常装日常用品；夏秋季妇女多穿无袖袍，内穿衬衣；男女皆戴金花帽，系腰带，穿长靴；男女皆梳发辫盘于头上。在林芝等工布地区，男女皆穿"谷休"，即宽肩无袖袍。男子的"谷休"从腰部束扎，下摆不过膝；女装"谷休"较长，却不垂至脚面；女子头饰多椎髻。在阿里普兰等半农半牧地区，盛行羔皮袍，领、袖、襟底镶水獭皮，外套绸缎，制作精细典雅；普兰妇女的"孔雀"服饰富丽华贵，保留了吐蕃时期的众多特点。在安多等高原牧区，服饰以肥腰、束带、长袖、大襟皮袍为主。男子佩藏刀、背猎枪；妇女盛装时全身佩戴贵重饰品，发式为碎辫子，戴发套垂至脚。在青海的玉树等地，服饰以皮袍为主，并镶以水獭皮或豹皮。女子梳若干小辫；男蓄发扎辫盘于头上。青海的门源县华热藏族服饰既具有牧区特征，还兼具蒙、回、土族服饰的特点。

藏族服饰文化内涵丰富，特点鲜明，是我国服饰文化的重要组成部分，对研究藏族历史、社会和文化变迁有重要价值。

国家级代表性传承人名单

姓名	性别	申报地区或单位	入选批次
旦增多杰	男	青海省玉树藏族自治州	4

中和节

永济背冰、云丘山中和节

序号：1198
编号：X-123
批次：3
类别：民俗
申报地区或单位：山西省永济市、乡宁县

中和节是汉族传统节日，据记载始于唐贞元五年（789）。在唐中叶以前的春季里，只有正月初九、正月晦（三十）、三月上巳节这三个节日，唯独二月没有节日。有官员建议废正月晦，以二月初一为中和节，唐德宗李适赞同。立中和节，含"中正平和"之意，象征着春回大地、万物复苏、五谷播种的时令到来。大约到元代后期，中和节与"二月二龙抬头"逐渐合为一个节日了。节日时，皇帝要举行耕种仪式。在民间，亲友常聚在一起喝中和酒，祭祀句芒神。

我国大部分地区都保存有"二月二"的习俗，目前，中和节已基本被"二月二"所替代，与之相关的诸多民俗活动已被遗忘，但在山西的一些地方还传承着过中和节的习俗。

中和节（永济背冰）
申报地区或单位：山西省永济市

背冰，俗称"亮膘"，是山西永济市长旺村在春节期间举办的一种民俗活动，这是一种仪仗队列式的原生态民间舞蹈。

关于这一习俗的渊源，当地有两种说法。其一，相传清朝咸丰年间，洪秀全领导的太平军北征攻打蒲津渡时，清朝将领夏新有下令强拆民房建木城墙，以备太平军攻城时可点火防御。太平军部将相福录是长旺村人，提出下黄河凿冰，背冰块灭火破城，果然成功。相福录解甲归田后，在本村组织民众再现当时背冰的情景，以展示起义军的勇敢气概。其二，北伐的太平军遇到险情，前有清军的火龙阵阻挡，后有追兵逼近，长旺村村民相福录自告奋勇，率领精兵将冰块投入火阵，为太平军打开了通路。后人为纪念农民起义军的壮举，而举行背冰活动。

背冰表演时，男子赤身裸背，仅穿一件红色大裤衩，将一块约两寸厚的大冰块贴身背在脊背上，不断变换队形进行表演。背冰表演的主要动作有下河、破冰、匍匐前进、刀枪不入等。活动的伴奏乐器为背花锣鼓，当地人称之为"撇锣"。

背冰活动在一年中最冷时进行，长旺村家家户户都要出人参与，以鼓励民众在恶劣环境下要有战胜困难的勇气和决心。至今长旺村仍有社火表演队举行此活动。

中和节（云丘山中和节）
申报地区或单位：山西省乡宁县

云丘山中和节习俗是云丘山一带的传统节俗，起始于唐代，主要集中在山西临汾市乡宁县境南部的云丘山及周边村镇，盛行并流传于稷山、新绛、河津、万荣、襄汾等地处晋南的县市，也辐射到河南西北部、陕西东部等地。现在的云丘山中和节已演变成从农历二月初一开山门至农历三月初一关山门长达一个月的节会，农历二月十五为中和节"正日"。

从农历二月初一开始，四方乡民便上云丘山朝山拜顶，他们举旗幡、擎灯笼、扭秧歌、唱山曲、抬驾楼、打花鼓，到云丘山的土地庙及各个庙宇里迎神赛会，祭祀拜神，祈求风调雨顺、五谷丰登。朝山的青年男女持鞭杆、擎花篮、拜神塔、朝牝门、摸娃娃、吃枣花，祈子求育。节会期间人们还有互赠五谷瓜果种子、引青龙避毒虫等民间习俗。

如今当地会定期举办云丘山中和文化旅游节，将民俗文化和旅游发展结合在一起。

中秋节

序号：453

编号：Ⅹ-5

批次：1

类别：民俗

申报地区或单位：文化部

扩展名录：

中秋节（中秋博饼）　　福建省厦门市

中秋节（佛山秋色）　　广东省佛山市

中秋节（泽州中秋习俗）山西省泽州县

中秋节（秋夕）　　　　吉林省延边朝鲜族自治州

中秋节（大坑舞火龙）　香港特别行政区

中秋节是中国传统节日，时间为农历八月十五。根据我国农历，一年有四季，每季三个月，分别被称为孟月、仲月、季月，因此秋季的第二月叫仲秋，又因在农历八月中旬，故称中秋，此外又称月夕、八月节、追月节、团圆节等。也有些地方将中秋节定在八月十六，如宁波、台州、舟山等。在香港，人们过了中秋还要在正月十六夜再狂欢一次，名为追月。中秋节流传于我国众多民族中，也是朝鲜、韩国、日本、越南等东亚和东南亚一些国家的传统节日。

中秋节历史悠久。早在《周礼》一书中，已有"中秋"一词的记载，它是我国远古的敬月习俗。周代有"中秋夜迎寒""中秋献良裘""秋分夕月（拜月）"的活动；汉代则在中秋或立秋之日敬老、养老；晋时已有中秋赏月之举；直到唐代将中秋与嫦娥奔月、吴刚伐桂、玉兔捣药、唐明皇游月宫等神话故事结合起来，使之充满浪漫色彩，赏月之风大兴，中秋节成为固定节日；北宋，定八月十五为中秋节；明清两朝的赏月活动盛行不衰，各家都要设"月光位"，在月出方向"向月供而拜"。

各地关于中秋的节俗表现不同，但主要活动有：举行祭月仪式，吃月饼，祭祀土地生日，做占卜活动，送瓜祝子，赏月，斗蟋蟀，养蝈蝈等。

如今，中秋节里月下游玩的习俗，已远没有旧时那么盛行，但其被视为团圆的节日，人们依然非常重视。2008年，中秋节被列为我国法定节假日。

中秋节（中秋博饼）
申报地区或单位：福建省厦门市

中秋博饼习俗源于福建厦门，是流传于闽南地区和台湾地区特有的一种中秋传统民俗活动。相传博饼活动为泉州南安人郑成功所创，当年，他为了鼓舞思乡将士们的士气而发明了这种游戏，经过数百年的变迁，成为一种独特的中秋文化。

每逢中秋，人们以家庭或社团为单位举行中秋博饼娱乐活动。游戏的道具有大碗一个、骰子六个、月饼若干。博饼时，桌上放一大海碗，每人轮流抓取六个骰子，掷入碗里，看骰子的点数，按照既定游戏规则视骰子点数情况博取状元、榜眼、探花、进士、举人、秀才六个等第，并按等第获取大小不同的月饼。如今，传统的博饼文化继续延伸，但奖品不限于月饼，时间也不限于中秋节。

中秋节（佛山秋色）
申报地区或单位：广东省佛山市

佛山秋色是广东佛山民间传统庆丰收的大型群众文娱活动。相传它起源于两晋时期，肇端于儿童舞草龙庆丰收的"孩童耍乐"。明正统十四年（1449）定名为"秋色"。它于中秋节前后的月明之夜以大巡游的形式举行，故又称为秋宵、出秋色、出秋景。明代中叶至清，佛山的农业、手工业和商业的发展和繁荣，使之成为全国四大名镇之一，佛山秋色也发展至鼎盛时期，每遇丰年，各行业或各铺里居民自发组织大型的出秋色活动，在巡游演示中争雄斗胜。

佛山秋色基本内容分为民间工艺品和文艺表演两大类。民间工艺有扎作、砌作、针作、裱塑、雕批五种。文艺表演包括民间音乐、舞蹈、戏剧、杂技、化装表演五类。秋色巡游的表现形态又分为灯色、马色、车色、地色、水色、飘色、景色七色。参演群众数千人，巡游队伍长达数里。

中秋节（泽州中秋习俗）
申报地区或单位：山西省泽州县

泽州中秋习俗以山西晋城市泽州县珏山为中心，辐射至三晋、豫西北、冀南等中原地区。珏山是晋城名山，"珏山吐月"景观闻名遐迩，被誉为中国赏月名山。据记载，早在南北朝时期珏山就有隆重的祭月、拜月、赏月习俗。

泽州中秋节活动一般持续三天，农历八月十三，人们发面、温柿子、备果品；八月十四，蒸（或烤）月饼；八月十五，白天看望外祖母、送月饼，参加庙会活动，晚上祭月、拜月。

中秋节（秋夕）
申报地区或单位：吉林省延边朝鲜族自治州

农历八月十五是朝鲜族重要的传统民俗节日，即秋夕节。朝鲜族秋夕节以祭祖扫墓为先。人们首先要到墓地割除坟上的杂草，摆放祭品祭祀。各家要宰牛备酒，用收获的新谷制作打糕和松饼，举行秋千、跳板、摔跤等传统民俗活动。

中秋节（大坑舞火龙）
申报地区或单位：香港特别行政区

大坑舞火龙是香港特别行政区香港岛北面沿海客家村落为驱瘟祈福每年定期举行的中秋民俗活动，已有上百年历史。火龙的龙身用珍珠草扎成，舞龙时龙身都插满点燃的长寿香，故称火龙。农历八月十四晚在供奉观音的莲花宫内为火龙进行开光仪式，之后三晚以顺时针方向巡游铜锣湾大坑区的所有街道。以前，节日后，人们把火龙抛下铜锣湾避风塘的海底，以示"龙归沧海"，近年为避免污染海水，便在深夜焚化火龙，称为"飞龙在天"。

国家级代表性传承人名单

姓名	性别	申报地区或单位	入选批次
陈德辉	男	香港特别行政区	4

中元节

潮人盂兰胜会

序号：1197

编号：Ⅹ-122

批次：3

类别：民俗

申报地区或单位：香港特别行政区

中元节是道教的说法，又称中元地官节，是中元赦罪地官清虚大帝诞辰，大帝于农历七月十五普度孤魂野鬼，有罪的人也可向其祈求赦罪。七月十五也是佛教盂兰盆节。盂兰盆，是梵文音译，佛教认为供奉此具可解救已逝父母、亡亲的倒悬之苦。对佛教徒来说，庆祝中元节也是为纪念佛经中救母出地狱的目连。道教的中元节、佛教的盂兰节逐渐与民间的鬼月信俗融合，成了一个集祭亡、祀鬼、解难、赦罪于一体的盛大民俗节日，在潮汕地区、福建和香港广受重视。

潮人盂兰胜会，其形成是由于潮汕人从中国内地移居到香港时带来了此传统，至今已有百年历史，于每年农历七月初一至七月底举行。创始者是香港铜锣湾的公和堂。

盂兰胜会活动地点设于公园、广场、球场等宽阔地。各会场设有施孤台、建醮台、戏台、大士台、神厂等。主要活动是祭祀祖先，包括烧街衣、盂兰节忌讳、盂兰节神功戏、大士王、平安米、福物竞投等内容。戏台以潮剧演出为主。还有形式多样的文艺活动和手工艺品展示。

潮人盂兰胜会至今仍是香港潮人最隆重的民俗活动，它保留了潮汕文化的传统根脉，宣扬了慎终怀远的精神，弘扬了孝道、互助，具有突出的历史、文化和社会价值。

珠算

程大位珠算法、珠算文化

序号：1026
编号：Ⅹ-119
批次：2
类别：民俗
申报地区或单位：安徽省黄山市屯溪区，中国珠算心算协会

珠算是以算盘为工具进行数学计算的一种方法。珠算始于汉代，"珠算"一词最早见于汉代徐岳撰的《数术记遗》，至宋走向成熟，元明时期达至兴盛，清代以来在全国范围内普遍流传。

明朝时期，中国经济高度繁荣，珠算逐渐取代了以前的筹算计算方式。明朝数学家程大位（1533～1606），徽州休宁率口（今属黄山市屯溪区）人，他编撰的《直指算法统宗》为珠算的推广和发展起了极其重要的作用。《直指算法统宗》一书创作和完善了珠算口诀，统一了算盘格式（二五珠），确立了算盘用法，集历代珠算之大成，宣告了计算从筹算到珠算转变的完成，使算盘成为主要的计算工具，并开启了中国计算的珠算时代。明末，程大位珠算法传至日本，开日本"和算"先河；清初又传入朝鲜、东南亚和欧洲。

珠算涵盖科学、教育、应用等内容，在数学、历史、美术等文化领域有一定的作用。更重要的是算盘及其计算原理与方法蕴含了东方式思维方式、研究方法、价值观念等，精巧深邃，具有相当高的美学价值和哲学价值，使珠算成为一种具有鲜明的东方色彩的文化。

珠算是中华民族的重大发明，在人类科技史上发挥过重要作用。进入信息化时代后，珠算开始走向衰落。

国家级代表性传承人名单

姓名	性别	申报地区或单位	入选批次
汪素秋	女	安徽省黄山市屯溪区	4

装泥鱼习俗

序号：1216
编号：Ⅹ-141
批次：3
类别：民俗
申报地区或单位：广东省珠海市斗门区

装泥鱼是流传于广东珠海斗门区乾务镇广大滩涂地区的一项传统手工技艺。

泥鱼，也称花鱼，是一种长期生活在滩涂上、体表颜色与海泥接近的鱼类。由于泥鱼表皮非常光滑，很难徒手捕捉，村民们根据泥鱼的习性，琢磨出了用笼子诱捕的办法，"装"在广东方言里即"诱捕"之意。

装泥鱼集传统手工编织和捕鱼技艺于一身，其过程分为四个步骤：编织鱼笼、择日和选滩、装泥鱼和回笼。泥鱼笼设有机关装置，有一带齿暗器，当泥鱼误闯入笼中后便难以逃脱。装泥鱼要选择温度20℃～25℃，逢初一、十五潮水退得远、滩涂大之时。选好滩涂后，村民们驾着可在浅滩上滑行的泥板，穿上类似雨靴的蚝袜，把鱼笼放在观察好的泥洞口。收鱼时，打开笼尾，将泥鱼倒在腰间的鱼篓里。

装泥鱼习俗具有地域性、独创性、实用性等特点，对研究沿海居民的历史与民俗文化有重要价值。但随着城市工业化进程的加快以及人工养殖泥鱼技术的推广等因素，装泥鱼这一习俗面临消失的困境。

壮族歌圩

序号：494

编号：Ⅹ-46

批次：1

类别：民俗

申报地区或单位：广西壮族自治区南宁市

歌圩是壮族群众在特定时间、地点举行的节日性聚会歌唱活动形式。歌圩在壮族地区有不同的称谓，如圩欢、笼峒、窝坡等，但均有"坡地上聚会""坡场上会歌"或"欢乐节日"等意思。歌圩源于氏族部落时代祭祀性的歌舞活动，据记载，其早在宋代就已流行。

在壮族，凡是较大的聚居区都有歌圩，举办歌圩的时间主要在春、秋两季，春季歌圩以三、四月间为最盛，农历三月初三举办的次数最多；秋季歌圩集中于农历八九月，尤以中秋节为最佳日期。歌节活动一般持续两三天。届时，男女老少盛装赴会，少者数百人，多者上万人。

歌圩活动的内容主要有：歌场交情，即依歌择配；赛歌赏歌，有盘歌、猜歌、对子歌、连故事和别具特色的抢歌、斗歌等；文体自娱歌圩，圩期伴有抛绣球、抢花炮、斗蛋、博扇活动等，甚至还有壮剧、师公戏、采茶戏等文艺演出。歌圩所唱内容涉及天文地理、神话传说、岁时农事、社会生活、伦理道德、恋爱婚姻等各个方面。

歌圩是壮族古老的风俗习惯，具有广泛的群众性和悠久的历史，是壮族民间文学的宝库，对了解和研究壮族社会生活具有重要价值。但如今歌圩逐渐减少，不少歌圩因为老歌手退出后没有中青年歌手参与和接班而逐渐消亡。

国家级代表性传承人名单

姓名	性别	申报地区或单位	入选批次
刘正城	男	广西壮族自治区南宁市	1

壮族蚂𧊅节

序号：463

编号：Ⅹ-15

批次：1

类别：民俗

申报地区或单位：广西壮族自治区河池市

壮族蚂𧊅节是广西红水河流域境内壮族村寨中以蚂𧊅（即青蛙）崇拜为信仰基础的一个传统节日。蚂𧊅被壮族人认为是专司人间雨水的主管神灵雷神派驻人间的信使，于是人们仿制人间白事祭奠蛙神，以祈求风调雨顺。

蚂蚜节的节期一般从大年初一起至二月初二结束，各地仪式不全一样，大体有找蚂蚜、游寨、祭蚂蚜、葬蚂蚜、验卜等。初一，人们奔向田峒寻找蚂蚜，先找到蚂蚜的人被尊为蚂蚜郎，并成为祭祀仪式和节日活动的首领。之后，人们抬着蚂蚜游村串巷。游寨后，蚂蚜被供奉在蚂蚜亭，全寨人前来上供祭奠，守丧，通宵达旦唱赞颂蚂蚜的山歌。正月的最后一天葬蚂蚜，全村人一道把蚂蚜送往坟地，挖坑、下葬、埋土，鸣放鞭炮，如同为亲人出殡送葬的仪式。送葬完毕，蚂蚜郎打开头一年埋葬蚂蚜的棺木验骨以测知当年的农业收成。

节日里，人们还进行纺纱、织布、打糍粑等传统民俗表演，开展高杆抛绣球、板鞋竞赛、挑谷子赛跑等传统竞技活动，唱壮族蚂蚜歌，跳蚂蚜舞等。

壮族蚂蚜节是当地壮族的一种农耕民俗习俗，集中展现了壮族的稻作文化、民间信仰、歌舞文化等。但如今，蚂蚜节活动在很多村寨都已不再举行，面临传承困境。

铜鼓起源于中国南方。铜鼓的早期作用主要是传递信号。史载魏晋南北朝的僚人"鸣此鼓集众，到者如云"的情形。由于古代战争和祭祀等都由部落、氏族首领主持，铜鼓逐渐由一般的生活用品上升为礼器，成了占有者身份和地位的化身。明清以后，铜鼓成为娱乐活动的乐器。凡婚姻嫁娶、宴会、斗牛、节日等都击铜鼓以自娱。

铜鼓一般分鼓面、鼓腰、鼓胸和鼓足四个部分。鼓面为重点装饰部分，中心常配以太阳纹，外围则以晕圈装饰，与鼓边接近的圈带上铸着精美的圆雕装饰物，最多的是青蛙，其次有骑士、牛橇、龟、鸟等。鼓胸、鼓腰也有许多绘画图案。鼓足则空留素底。

壮族铜鼓习俗至今仍在壮族社会中流传，在传统节庆、宗教祭祀、民间娱乐、红白喜事等活动中，都会使用铜鼓，许多壮族村寨至今仍保留着祭铜鼓、喝铜鼓酒、唱铜鼓歌、跳铜鼓舞等习俗，是壮族文化的重要表现。

壮族铜鼓习俗

序号：509
编号：X-61
批次：1
类别：民俗
申报地区或单位：广西壮族自治区河池市

铜鼓广泛流传于我国壮、瑶、苗、彝、侗、水、布依、黎、佤等南方少数民族地区。其中，壮族是使用铜鼓历史最长、拥有传世铜鼓量最多的一个民族，广西西北部和贵州南部接壤的红水河流域是保留铜鼓文化最丰富的地区。

附录1：

国务院关于公布第一批国家级非物质文化遗产名录的通知

国发〔2006〕18号

各省、自治区、直辖市人民政府，国务院各部委、各直属机构：

国务院批准文化部确定的第一批国家级非物质文化遗产名录（共计518项），现予公布。

我国是历史悠久的文明古国，拥有丰富多彩的文化遗产。非物质文化遗产是文化遗产的重要组成部分，是我国历史的见证和中华文化的重要载体，蕴含着中华民族特有的精神价值、思维方式、想象力和文化意识，体现着中华民族的生命力和创造力。保护和利用好非物质文化遗产，对于继承和发扬民族优秀文化传统、增进民族团结和维护国家统一、增强民族自信心和凝聚力、促进社会主义精神文明建设都具有重要而深远的意义。

各地区、各部门要按照《国务院关于加强文化遗产保护的通知》（国发〔2005〕42号）的精神和有关要求，认真贯彻"保护为主、抢救第一、合理利用、传承发展"的工作方针，切实做好非物质文化遗产的保护、管理和合理利用工作。

国务院
二〇〇六年五月二十日

第一批国家级非物质文化遗产名录（共计 518 项）

一、民间文学（共计 31 项）

序号	编号	项目名称	申报地区或单位
1	Ⅰ-1	苗族古歌	贵州省台江县、黄平县
2	Ⅰ-2	布洛陀	广西壮族自治区田阳县
3	Ⅰ-3	遮帕麻和遮咪麻	云南省梁河县
4	Ⅰ-4	牡帕密帕	云南省思茅市
5	Ⅰ-5	刻道	贵州省施秉县
6	Ⅰ-6	白蛇传传说	江苏省镇江市 浙江省杭州市
7	Ⅰ-7	梁祝传说	浙江省宁波市、杭州市、上虞市 江苏省宜兴市 山东省济宁市 河南省汝南县
8	Ⅰ-8	孟姜女传说	山东省淄博市

◎附录

9	Ⅰ-9	董永传说	山西省万荣县
			江苏省东台市
			河南省武陟县
			湖北省孝感市
10	Ⅰ-10	西施传说	浙江省诸暨市
11	Ⅰ-11	济公传说	浙江省天台县
12	Ⅰ-12	满族说部	吉林省
13	Ⅰ-13	河西宝卷	甘肃省武威市凉州区、酒泉市肃州区
14	Ⅰ-14	耿村民间故事	河北省藁城市
15	Ⅰ-15	伍家沟民间故事	湖北省丹江口市
16	Ⅰ-16	下堡坪民间故事	湖北省宜昌市夷陵区
17	Ⅰ-17	走马镇民间故事	重庆市九龙坡区
18	Ⅰ-18	古渔雁民间故事	辽宁省大洼县
19	Ⅰ-19	喀左东蒙民间故事	辽宁省喀喇沁左翼蒙古族自治县
20	Ⅰ-20	谭振山民间故事	辽宁省新民市
21	Ⅰ-21	河间歌诗	河北省河间市
22	Ⅰ-22	吴歌	江苏省苏州市
23	Ⅰ-23	刘三姐歌谣	广西壮族自治区宜州市
24	Ⅰ-24	四季生产调	云南省红河哈尼族彝族自治州
25	Ⅰ-25	玛纳斯	新疆维吾尔自治区克孜勒苏柯尔克孜自治州、新疆维吾尔自治区文联民间文艺家协会
26	Ⅰ-26	江格尔	新疆维吾尔自治区和布克赛尔蒙古自治县、博尔塔拉蒙古自治州、巴音郭楞蒙古自治州、新疆维吾尔自治区文联民间文艺家协会
27	Ⅰ-27	格萨（斯）尔	西藏自治区
			青海省
			甘肃省
			四川省
			云南省
			内蒙古自治区
			新疆维吾尔自治区
			中国社会科学院《格萨（斯）尔》办公室
28	Ⅰ-28	阿诗玛	云南省石林彝族自治县
29	Ⅰ-29	拉仁布与吉门索	青海省互助土族自治县
30	Ⅰ-30	畲族小说歌	福建省霞浦县

| 31 | Ⅰ-31 | 青林寺谜语 | 湖北省宜都市 |

二、民间音乐（共计 72 项）

序号	编号	项目名称	申报地区或单位
32	Ⅱ-1	左权开花调	山西省左权县
33	Ⅱ-2	河曲民歌	山西省河曲县
34	Ⅱ-3	蒙古族长调民歌	内蒙古自治区
35	Ⅱ-4	蒙古族呼麦	内蒙古自治区
36	Ⅱ-5	当涂民歌	安徽省马鞍山市
37	Ⅱ-6	巢湖民歌	安徽省巢湖市
38	Ⅱ-7	畲族民歌	福建省宁德市
39	Ⅱ-8	兴国山歌	江西省兴国县
40	Ⅱ-9	兴山民歌	湖北省兴山县
41	Ⅱ-10	桑植民歌	湖南省桑植县
42	Ⅱ-11	梅州客家山歌	广东省梅州市
43	Ⅱ-12	中山咸水歌	广东省中山市
44	Ⅱ-13	崖州民歌	海南省三亚市
45	Ⅱ-14	儋州调声	海南省儋州市
46	Ⅱ-15	石柱土家啰儿调	重庆市石柱土家族自治县
47	Ⅱ-16	巴山背二歌	四川省巴中市
48	Ⅱ-17	傈僳族民歌	云南省怒江傈僳族自治州、泸水县
49	Ⅱ-18	紫阳民歌	陕西省紫阳县
50	Ⅱ-19	裕固族民歌	甘肃省肃南裕固族自治县
51	Ⅱ-20	花儿 （莲花山花儿会、松鸣岩花儿会、二郎山花儿会、老爷山花儿会、丹麻土族花儿会、七里寺花儿会、瞿昙寺花儿会、宁夏回族山花儿）	甘肃省康乐县、和政县、岷县 青海省大通回族土族自治县、互助土族自治县、民和回族土族自治县、乐都县、宁夏回族自治区
52	Ⅱ-21	藏族拉伊	青海省海南藏族自治州
53	Ⅱ-22	聊斋俚曲	山东省淄博市
54	Ⅱ-23	靖州苗族歌鼟	湖南省靖州苗族侗族自治县
55	Ⅱ-24	川江号子	重庆市 四川省
56	Ⅱ-25	南溪号子	重庆市黔江区
57	Ⅱ-26	木洞山歌	重庆市巴南区

58	Ⅱ-27	川北薅草锣鼓	四川省青川县
59	Ⅱ-28	侗族大歌	贵州省黎平县
			广西壮族自治区柳州市、三江侗族自治县
60	Ⅱ-29	侗族琵琶歌	贵州省榕江县、黎平县
61	Ⅱ-30	哈尼族多声部民歌	云南省红河哈尼族彝族自治州
62	Ⅱ-31	彝族海菜腔	云南省红河哈尼族彝族自治州
63	Ⅱ-32	那坡壮族民歌	广西壮族自治区那坡县
64	Ⅱ-33	澧水船工号子	湖南省澧县
65	Ⅱ-34	古琴艺术	中国艺术研究院
66	Ⅱ-35	蒙古族马头琴音乐	内蒙古自治区
67	Ⅱ-36	蒙古族四胡音乐	内蒙古自治区通辽市
68	Ⅱ-37	唢呐艺术	河南省沁阳市
			甘肃省庆阳市
69	Ⅱ-38	羌笛演奏及制作技艺	四川省茂县
70	Ⅱ-39	辽宁鼓乐	辽宁省、辽阳市
71	Ⅱ-40	江南丝竹	江苏省太仓市
			上海市
72	Ⅱ-41	海州五大宫调	江苏省连云港市
73	Ⅱ-42	嵊州吹打	浙江省嵊州市
74	Ⅱ-43	舟山锣鼓	浙江省舟山市
75	Ⅱ-44	十番音乐	福建省龙岩市、福州市
		（闽西客家十番音乐、茶亭十番音乐）	
76	Ⅱ-45	鲁西南鼓吹乐	山东省嘉祥县
77	Ⅱ-46	板头曲	河南省南阳市
78	Ⅱ-47	宜昌丝竹	湖北省宜昌市夷陵区
79	Ⅱ-48	枝江民间吹打乐	湖北省枝江市
80	Ⅱ-49	广东音乐	广东省广州市、台山市
81	Ⅱ-50	潮州音乐	广东省潮州市、汕头市
82	Ⅱ-51	广东汉乐	广东省大埔县
83	Ⅱ-52	吹打	重庆市巴南区、万盛区
		（接龙吹打、金桥吹打）	
84	Ⅱ-53	梁平癞子锣鼓	重庆市梁平县
85	Ⅱ-54	土家族打溜子	湖南省湘西土家族苗族自治州
86	Ⅱ-55	河北鼓吹乐	河北省永年县、抚宁县
87	Ⅱ-56	晋南威风锣鼓	山西省临汾市
88	Ⅱ-57	绛州鼓乐	山西省新绛县

89	Ⅱ-58	上党八音会	山西省晋城市
90	Ⅱ-59	冀中笙管乐 （屈家营音乐会、高洛音乐会、高桥音乐会、胜芳音乐会）	河北省固安县、涞水县、霸州市
91	Ⅱ-60	铜鼓十二调	贵州省镇宁布依族苗族自治县、贞丰县
92	Ⅱ-61	西安鼓乐	陕西省
93	Ⅱ-62	蓝田普化水会音乐	陕西省蓝田县
94	Ⅱ-63	回族民间器乐	宁夏回族自治区
95	Ⅱ-64	文水鈲子	山西省文水县
96	Ⅱ-65	智化寺京音乐	北京市
97	Ⅱ-66	五台山佛乐	山西省五台县
98	Ⅱ-67	千山寺庙音乐	辽宁省鞍山市
99	Ⅱ-68	苏州玄妙观道教音乐	江苏省苏州市
100	Ⅱ-69	武当山宫观道乐	湖北省十堰市
101	Ⅱ-70	新疆维吾尔木卡姆艺术 （十二木卡姆、吐鲁番木卡姆、哈密木卡姆、刀郎木卡姆）	新疆维吾尔自治区、鄯善县、哈密地区、麦盖提县
102	Ⅱ-71	南音	福建省泉州市、厦门市
103	Ⅱ-72	泉州北管	福建省泉州市

三、民间舞蹈（共计41项）

序号	编号	项目名称	申报地区或单位
104	Ⅲ-1	京西太平鼓	北京市门头沟区
105	Ⅲ-2	秧歌 （昌黎地秧歌、鼓子秧歌、胶州秧歌、海阳大秧歌、陕北秧歌、抚顺地秧歌）	河北省昌黎县 山东省商河县、胶州市、海阳市 陕西省绥德县 辽宁省抚顺市
106	Ⅲ-3	井陉拉花	河北省井陉县
107	Ⅲ-4	龙舞 （铜梁龙舞、湛江人龙舞、汕尾滚地金龙、浦江板凳龙、长兴百叶龙、奉化布龙、泸州雨坛彩龙）	重庆市 广东省湛江市、汕尾市 浙江省浦江县、长兴县、奉化市 四川省泸县
108	Ⅲ-5	狮舞 （徐水舞狮、天塔狮舞、黄沙	河北省徐水县 山西省襄汾县

		狮子、广东醒狮）	浙江省临海市
			广东省佛山市、遂溪县、广州市
109	Ⅲ-6	花鼓灯 （蚌埠花鼓灯、凤台花鼓灯、 颍上花鼓灯）	安徽省蚌埠市、凤台县、颍上县
110	Ⅲ-7	傩舞 （南丰跳傩、婺源傩舞、乐安傩舞）	江西省南丰县、婺源县、乐安县
111	Ⅲ-8	英歌 （普宁英歌、潮阳英歌）	广东省揭阳市、汕头市
112	Ⅲ-9	高跷 （高跷走兽、海城高跷、辽西高跷、苦水高高跷）	山西省稷山县 辽宁省海城市、锦州市 甘肃省永登县
113	Ⅲ-10	永新盾牌舞	江西省永新县
114	Ⅲ-11	翼城花鼓	山西省翼城县
115	Ⅲ-12	泉州拍胸舞	福建省泉州市
116	Ⅲ-13	安塞腰鼓	陕西省安塞县
117	Ⅲ-14	洛川蹩鼓	陕西省洛川县
118	Ⅲ-15	兰州太平鼓	甘肃省兰州市
119	Ⅲ-16	余杭滚灯	浙江省杭州市余杭区
120	Ⅲ-17	土家族摆手舞	湖南省湘西土家族苗族自治州
121	Ⅲ-18	土家族撒叶儿嗬	湖北省长阳土家族自治县
122	Ⅲ-19	弦子舞 （芒康弦子舞、巴塘弦子舞）	西藏自治区 四川省巴塘县
123	Ⅲ-20	锅庄舞 （迪庆锅庄舞、昌都锅庄舞、 玉树卓舞）	云南省迪庆藏族自治州 西藏自治区 青海省玉树藏族自治州
124	Ⅲ-21	热巴舞 （丁青热巴、那曲比如丁嘎热巴）	西藏自治区
125	Ⅲ-22	日喀则扎什伦布寺羌姆	西藏自治区
126	Ⅲ-23	苗族芦笙舞 （锦鸡舞、鼓龙鼓虎－长衫龙、滚山珠）	贵州省丹寨县、贵定县、纳雍县
127	Ⅲ-24	朝鲜族农乐舞 （象帽舞、乞粒舞）	吉林省延边朝鲜族自治州 辽宁省本溪市
128	Ⅲ-25	木鼓舞 （反排苗族木鼓舞、 沧源佤族木鼓舞）	贵州省台江县 云南省沧源佤族自治县

129	III-26	铜鼓舞（文山壮族、彝族铜鼓舞）	云南省文山壮族苗族自治州
130	III-27	傣族孔雀舞	云南省瑞丽市
131	III-28	达斡尔族鲁日格勒舞	内蒙古莫力达瓦达斡尔族自治旗 黑龙江省哈尔滨市
132	III-29	蒙古族安代舞	内蒙古自治区库伦旗
133	III-30	湘西苗族鼓舞	湖南省湘西土家族苗族自治州
134	III-31	湘西土家族毛古斯舞	湖南省湘西土家族苗族自治州
135	III-32	黎族打柴舞	海南省三亚市
136	III-33	卡斯达温舞	四川省黑水县
137	III-34	㑇舞	四川省九寨沟县
138	III-35	傈僳族阿尺木刮	云南省维西傈僳族自治县
139	III-36	彝族葫芦笙舞	云南省文山壮族苗族自治州
140	III-37	彝族烟盒舞	云南省红河哈尼族彝族自治州
141	III-38	基诺大鼓舞	云南省景洪市
142	III-39	山南昌果卓舞	西藏自治区
143	III-40	土族於菟	青海省同仁县
144	III-41	塔吉克族鹰舞	新疆维吾尔自治区塔什库尔干塔吉克自治县

四、传统戏剧（共计 92 项）

序号	编号	项目名称	申报地区或单位
145	IV-1	昆曲	中国艺术研究院 江苏省 浙江省 上海市 北京市 湖南省
146	IV-2	梨园戏	福建省泉州市
147	IV-3	莆仙戏	福建省莆田市
148	IV-4	潮剧	广东省汕头市、潮州市
149	IV-5	弋阳腔	江西省弋阳县
150	IV-6	青阳腔	安徽省青阳县 江西省湖口县
151	IV-7	高腔（西安高腔、松阳高腔、岳西高	浙江省衢州市、松阳县 安徽省岳西县

		腔、辰河高腔、常德高腔）	湖南省辰溪县、泸溪县、常德市
152	Ⅳ-8	新昌调腔	浙江省新昌县
153	Ⅳ-9	宁海平调	浙江省宁海县
154	Ⅳ-10	永安大腔戏	福建省永安市
155	Ⅳ-11	四平戏	福建省屏南县、政和县
156	Ⅳ-12	川剧	四川省
			重庆市
157	Ⅳ-13	湘剧	湖南省衡阳市
158	Ⅳ-14	广昌孟戏	江西省广昌县
159	Ⅳ-15	正字戏	广东省陆丰市
160	Ⅳ-16	秦腔	陕西省
161	Ⅳ-17	汉调桄桄	陕西省汉中市
162	Ⅳ-18	晋剧	山西省
163	Ⅳ-19	蒲州梆子	山西省临汾市、运城市
164	Ⅳ-20	北路梆子	山西省忻州市
165	Ⅳ-21	上党梆子	山西省晋城市
166	Ⅳ-22	河北梆子	河北省
167	Ⅳ-23	豫剧	河南省
168	Ⅳ-24	宛梆	河南省内乡县
169	Ⅳ-25	怀梆	河南省沁阳市
170	Ⅳ-26	大平调	河南省濮阳县、滑县、延津县
171	Ⅳ-27	越调	河南省周口市
172	Ⅳ-28	京剧	中国京剧院
			北京市
			天津市
			辽宁省
			山东省
			上海市
173	Ⅳ-29	徽剧	安徽省、黄山市
			江西省婺源县
174	Ⅳ-30	汉剧	湖北省武汉市
175	Ⅳ-31	汉调二簧	陕西省安康市
176	Ⅳ-32	泰宁梅林戏	福建省泰宁县
177	Ⅳ-33	闽西汉剧	福建省龙岩市
178	Ⅳ-34	巴陵戏	湖南省岳阳市
179	Ⅳ-35	荆河戏	湖南省澧县
180	Ⅳ-36	粤剧	广东省文化厅

			香港特别行政区民政事务局
			澳门特别行政区文化局
			广东省广州市、佛山市
181	Ⅳ-37	桂剧	广西壮族自治区
182	Ⅳ-38	宜黄戏	江西省宜黄县
183	Ⅳ-39	乱弹	浙江省台州市、浦江县
184	Ⅳ-40	石家庄丝弦	河北省石家庄市
185	Ⅳ-41	雁北耍孩儿	山西省大同市
186	Ⅳ-42	灵丘罗罗腔	山西省灵丘县
187	Ⅳ-43	柳子戏	山东省
188	Ⅳ-44	大弦戏	河南省滑县、濮阳县
189	Ⅳ-45	闽剧	福建省福州市
190	Ⅳ-46	寿宁北路戏	福建省寿宁县
191	Ⅳ-47	西秦戏	广东省海丰县
192	Ⅳ-48	高甲戏	福建省泉州市、厦门市
193	Ⅳ-49	碗碗腔（孝义碗碗腔）	山西省孝义市
194	Ⅳ-50	四平调	河南省商丘市、濮阳市
195	Ⅳ-51	评剧	天津市宝坻区
			河北省滦南县
			辽宁省沈阳市
196	Ⅳ-52	武安平调落子	河北省武安市
197	Ⅳ-53	越剧	浙江省
			上海市
198	Ⅳ-54	沪剧	上海市
199	Ⅳ-55	苏剧	江苏省苏州市
200	Ⅳ-56	扬剧	江苏省扬州市
201	Ⅳ-57	庐剧	安徽省合肥市、六安市
202	Ⅳ-58	楚剧	湖北省
203	Ⅳ-59	荆州花鼓戏	湖北省潜江市
204	Ⅳ-60	黄梅戏	安徽省安庆市
			湖北省黄梅县
205	Ⅳ-61	商洛花鼓	陕西省商洛市
206	Ⅳ-62	泗州戏	安徽省宿州市、蚌埠市
207	Ⅳ-63	柳琴戏	山东省枣庄市
208	Ⅳ-64	歌仔戏	福建省漳州市、厦门市
209	Ⅳ-65	采茶戏	江西省赣州市

		（赣南采茶戏、桂南采茶戏）	广西壮族自治区博白县
210	Ⅳ-66	五音戏	山东省淄博市
211	Ⅳ-67	茂腔	山东省高密市、胶州市
212	Ⅳ-68	曲剧	河南省
213	Ⅳ-69	曲子戏	甘肃省敦煌市、华亭县
		（敦煌曲子戏、华亭曲子戏）	
214	Ⅳ-70	秧歌戏	河北省隆尧县、定州市
		（隆尧秧歌戏、定州秧歌戏、朔州秧歌戏、繁峙秧歌戏）	山西省朔州市、繁峙县
215	Ⅳ-71	道情戏	山西省右玉县、临县
		（晋北道情戏、临县道情戏、	河南省太康县
		太康道情戏、蓝关戏、陇剧）	山东省莱州市
			甘肃省
216	Ⅳ-72	哈哈腔	河北省清苑县、青县
217	Ⅳ-73	二人台	内蒙古自治区呼和浩特市
			山西省河曲县
			河北省康保县
218	Ⅳ-74	白字戏	广东省海丰县
219	Ⅳ-75	花朝戏	广东省紫金县
220	Ⅳ-76	彩调	广西壮族自治区
221	Ⅳ-77	灯戏	重庆市梁平县
		（梁山灯戏、川北灯戏）	四川省南充市
222	Ⅳ-78	花灯戏	贵州省思南县
		（思南花灯戏、玉溪花灯戏）	云南省玉溪市
223	Ⅳ-79	一勾勾	山东省临邑县
224	Ⅳ-80	藏戏	西藏自治区
		（拉萨觉木隆、日喀则迥巴、日喀则南木林湘巴、日喀则仁布江嘎尔、山南雅隆扎西雪巴、山南琼结卡卓扎西宾顿、黄南藏戏）	青海省黄南藏族自治州
225	Ⅳ-81	山南门巴戏	西藏自治区
226	Ⅳ-82	壮剧	广西壮族自治区
227	Ⅳ-83	侗戏	贵州省黎平县
228	Ⅳ-84	布依戏	贵州省册亨县
229	Ⅳ-85	彝族撮泰吉	贵州省威宁彝族回族苗族自治县
230	Ⅳ-86	傣剧	云南省德宏傣族景颇族自治州

序号	编号	项目名称	申报地区或单位
231	Ⅳ-87	目连戏（徽州目连戏、辰河目连戏、南乐目连戏）	安徽省祁门县 湖南省溆浦县 河南省南乐县
232	Ⅳ-88	锣鼓杂戏	山西省临猗县
233	Ⅳ-89	傩戏（武安傩戏、池州傩戏、侗族傩戏、沅陵辰州傩戏、德江傩堂戏）	河北省武安市 安徽省池州市 湖南省新晃侗族自治县、沅陵县 贵州省德江县
234	Ⅳ-90	安顺地戏	贵州省安顺市
235	Ⅳ-91	皮影戏（唐山皮影戏、冀南皮影戏、孝义皮影戏、复州皮影戏、海宁皮影戏、江汉平原皮影戏、陆丰皮影戏、华县皮影戏、华阴老腔、阿宫腔、弦板腔、环县道情皮影戏、凌源皮影戏）	河北省唐山市、邯郸市 山西省孝义市 辽宁省瓦房店市 浙江省海宁市 湖北省潜江市 广东省汕尾市 陕西省渭南市、华阴市、富平县、乾县 甘肃省环县 辽宁省凌源市
236	Ⅳ-92	木偶戏（泉州提线木偶戏、晋江布袋木偶戏、漳州布袋木偶戏、辽西木偶戏、邵阳布袋戏、高州木偶戏、潮州铁枝木偶戏、临高人偶戏、川北大木偶戏、石阡木偶戏、郃阳提线木偶戏、泰顺药发木偶戏）	福建省泉州市、晋江市、漳州市 辽宁省锦州市 湖南省邵阳县 广东省高州市、潮州市 海南省临高县 四川省 贵州省石阡县 陕西省 浙江省泰顺县

五、曲艺（共计 46 项）

序号	编号	项目名称	申报地区或单位
237	Ⅴ-1	苏州评弹（苏州评话、苏州弹词）	江苏省苏州市
238	Ⅴ-2	扬州评话	江苏省扬州市
239	Ⅴ-3	福州评话	福建省福州市
240	Ⅴ-4	山东大鼓	山东省

241	Ⅴ-5	西河大鼓	河北省河间市
242	Ⅴ-6	东北大鼓	辽宁省沈阳市
			黑龙江省
243	Ⅴ-7	木板大鼓	河北省沧县
244	Ⅴ-8	乐亭大鼓	河北省乐亭县
245	Ⅴ-9	潞安大鼓	山西省长治市
246	Ⅴ-10	京东大鼓	天津市宝坻区
247	Ⅴ-11	胶东大鼓	山东省烟台市
248	Ⅴ-12	河洛大鼓	河南省洛阳市
249	Ⅴ-13	温州鼓词	浙江省瑞安市
250	Ⅴ-14	陕北说书	陕西省延安市
251	Ⅴ-15	福州伬艺	福建省福州市
252	Ⅴ-16	南平南词	福建省南平市
253	Ⅴ-17	绍兴平湖调	浙江省绍兴市
254	Ⅴ-18	兰溪摊簧	浙江省兰溪市
255	Ⅴ-19	贤孝 （凉州贤孝、河州贤孝）	甘肃省武威市、临夏市
256	Ⅴ-20	河南坠子	河南省
257	Ⅴ-21	山东琴书	山东省
258	Ⅴ-22	锣鼓书	上海市南汇区
259	Ⅴ-23	绍兴莲花落	浙江省绍兴县
260	Ⅴ-24	兰州鼓子	甘肃省兰州市
261	Ⅴ-25	扬州清曲	江苏省扬州市
262	Ⅴ-26	锦歌	福建省漳州市
263	Ⅴ-27	常德丝弦	湖南省常德市
264	Ⅴ-28	榆林小曲	陕西省榆林市
265	Ⅴ-29	天津时调	天津市
266	Ⅴ-30	新疆曲子	新疆维吾尔自治区昌吉回族自治州
267	Ⅴ-31	龙舟说唱	广东省佛山市顺德区
268	Ⅴ-32	鼓盆歌	湖北省荆州市
269	Ⅴ-33	汉川善书	湖北省汉川市
270	Ⅴ-34	歌册 （东山歌册）	福建省东山县
271	Ⅴ-35	东北二人转	辽宁省黑山县、铁岭市 吉林省 黑龙江省海伦市
272	Ⅴ-36	凤阳花鼓	安徽省凤阳县

273	Ⅴ-37	答嘴鼓	福建省厦门市
274	Ⅴ-38	小热昏	浙江省杭州市
275	Ⅴ-39	山东快书	山东省
276	Ⅴ-40	乌力格尔	内蒙古自治区扎鲁特旗、科尔沁右翼中旗
			辽宁省阜新蒙古族自治县
			吉林省前郭尔罗斯蒙古族自治县
277	Ⅴ-41	达斡尔族乌钦	黑龙江省
278	Ⅴ-42	赫哲族伊玛堪	黑龙江省
279	Ⅴ-43	鄂伦春族摩苏昆	黑龙江省
280	Ⅴ-44	傣族章哈	云南省西双版纳傣族自治州
281	Ⅴ-45	哈萨克族阿依特斯	新疆维吾尔自治区伊犁哈萨克自治州
282	Ⅴ-46	布依族八音坐唱	贵州省兴义市

六、杂技与竞技（共计 17 项）

序号	编号	项目名称	申报地区或单位
283	Ⅵ-1	吴桥杂技	河北省吴桥县
284	Ⅵ-2	聊城杂技	山东省聊城市
285	Ⅵ-3	天桥中幡	北京市
286	Ⅵ-4	抖空竹	北京市宣武区
287	Ⅵ-5	维吾尔族达瓦孜	新疆维吾尔自治区
288	Ⅵ-6	宁德霍童线狮	福建省宁德市
289	Ⅵ-7	少林功夫	河南省登封市
290	Ⅵ-8	武当武术	湖北省十堰市
291	Ⅵ-9	回族重刀武术	天津市
292	Ⅵ-10	沧州武术	河北省沧州市
293	Ⅵ-11	太极拳	河北省永年县
		（杨氏太极拳、陈氏太极拳）	河南省焦作市
294	Ⅵ-12	邢台梅花拳	河北省邢台市
295	Ⅵ-13	沙河藤牌阵	河北省沙河市
296	Ⅵ-14	朝鲜族跳板、秋千	吉林省延边朝鲜族自治州
297	Ⅵ-15	达斡尔族传统曲棍球竞技	内蒙古自治区莫力达瓦达斡尔族自治旗
298	Ⅵ-16	蒙古族搏克	内蒙古自治区
299	Ⅵ-17	蹴鞠	山东省淄博市

七、民间美术（共计 51 项）

序号	编号	项目名称	申报地区或单位

300	Ⅶ-1	杨柳青木版年画	天津市
301	Ⅶ-2	武强木版年画	河北省武强县
302	Ⅶ-3	桃花坞木版年画	江苏省苏州市
303	Ⅶ-4	漳州木版年画	福建省漳州市
304	Ⅶ-5	杨家埠木版年画	山东省潍坊市
305	Ⅶ-6	高密扑灰年画	山东省高密市
306	Ⅶ-7	朱仙镇木版年画	河南省开封市
307	Ⅶ-8	滩头木版年画	湖南省隆回县
308	Ⅶ-9	佛山木版年画	广东省佛山市
309	Ⅶ-10	梁平木版年画	重庆市梁平县
310	Ⅶ-11	绵竹木版年画	四川省德阳市
311	Ⅶ-12	凤翔木版年画	陕西省凤翔县
312	Ⅶ-13	纳西族东巴画	云南省丽江市
313	Ⅶ-14	藏族唐卡（勉唐画派、钦泽画派、噶玛嘎孜画派）	西藏自治区 四川省甘孜藏族自治州
314	Ⅶ-15	衡水内画	河北省衡水市
315	Ⅶ-16	剪纸（蔚县剪纸、丰宁满族剪纸、中阳剪纸、医巫闾山满族剪纸、扬州剪纸、乐清细纹刻纸、广东剪纸、傣族剪纸、安塞剪纸）	河北省蔚县、丰宁满族自治县 山西省中阳县 辽宁省锦州市 江苏省扬州市 浙江省乐清市 广东省佛山市、汕头市、潮州市 云南省潞西市 陕西省安塞县
316	Ⅶ-17	顾绣	上海市松江区
317	Ⅶ-18	苏绣	江苏省苏州市
318	Ⅶ-19	湘绣	湖南省长沙市
319	Ⅶ-20	粤绣（广绣、潮绣）	广东省广州市、潮州市
320	Ⅶ-21	蜀绣	四川省成都市
321	Ⅶ-22	苗绣（雷山苗绣、花溪苗绣、剑河苗绣）	贵州省雷山县、贵阳市、剑河县
322	Ⅶ-23	水族马尾绣	贵州省三都水族自治县
323	Ⅶ-24	土族盘绣	青海省互助土族自治县
324	Ⅶ-25	挑花（黄梅挑花、花瑶挑花）	湖北省黄梅县 湖南省隆回县
325	Ⅶ-26	庆阳香包绣制	甘肃省庆阳市

326	Ⅶ-27	象牙雕刻	北京市崇文区
			广东省广州市
327	Ⅶ-28	扬州玉雕	江苏省扬州市
328	Ⅶ-29	岫岩玉雕	辽宁省岫岩满族自治县
329	Ⅶ-30	阜新玛瑙雕	辽宁省阜新市
330	Ⅶ-31	夜光杯雕	甘肃省酒泉市
331	Ⅶ-32	金石篆刻（西泠印社）	浙江省杭州市西泠印社
332	Ⅶ-33	青田石雕	浙江省青田县
333	Ⅶ-34	曲阳石雕	河北省曲阳县
334	Ⅶ-35	寿山石雕	福建省福州市
335	Ⅶ-36	惠安石雕	福建省惠安县
336	Ⅶ-37	徽州三雕	安徽省黄山市
		（婺源三雕）	江西省婺源县
337	Ⅶ-38	临夏砖雕	甘肃省临夏县
338	Ⅶ-39	藏族格萨尔彩绘石刻	四川省色达县
339	Ⅶ-40	潮州木雕	广东省潮州市
340	Ⅶ-41	宁波朱金漆木雕	浙江省宁波市
341	Ⅶ-42	乐清黄杨木雕	浙江省乐清市
342	Ⅶ-43	东阳木雕	浙江省东阳市
343	Ⅶ-44	漳州木偶头雕刻	福建省漳州市
344	Ⅶ-45	萍乡湘东傩面具	江西省萍乡市
345	Ⅶ-46	竹刻	上海市嘉定区
		（嘉定竹刻、宝庆竹刻）	湖南省邵阳市
346	Ⅶ-47	泥塑	天津市
		（天津泥人张、惠山泥人、	江苏省无锡市
		凤翔泥塑、浚县泥咕咕）	陕西省凤翔县
			河南省浚县
347	Ⅶ-48	塔尔寺酥油花	青海省湟中县
348	Ⅶ-49	热贡艺术	青海省同仁县
349	Ⅶ-50	灯彩	浙江省仙居县、海宁市
		（仙居花灯、硖石灯彩、	福建省泉州市
		泉州花灯、东莞千角灯、	广东省东莞市
		湟源排灯）	青海省湟源县
350	Ⅶ-51	嵊州竹编	浙江省嵊州市

八、传统手工技艺（共计 89 项）

序号	编号	项目名称	申报地区或单位
351	Ⅷ-1	宜兴紫砂陶制作技艺	江苏省宜兴市
352	Ⅷ-2	界首彩陶烧制技艺	安徽省界首市
353	Ⅷ-3	石湾陶塑技艺	广东省佛山市
354	Ⅷ-4	黎族原始制陶技艺	海南省昌江黎族自治县
355	Ⅷ-5	傣族慢轮制陶技艺	云南省西双版纳傣族自治州
356	Ⅷ-6	维吾尔族模制法土陶烧制技艺	新疆维吾尔自治区英吉沙县、喀什市、吐鲁番地区
357	Ⅷ-7	景德镇手工制瓷技艺	江西省景德镇市
358	Ⅷ-8	耀州窑陶瓷烧制技艺	陕西省铜川市
359	Ⅷ-9	龙泉青瓷烧制技艺	浙江省龙泉市
360	Ⅷ-10	磁州窑烧制技艺	河北省峰峰矿区
361	Ⅷ-11	德化瓷烧制技艺	福建省德化县
362	Ⅷ-12	澄城尧头陶瓷烧制技艺	陕西省澄城县
363	Ⅷ-13	南京云锦木机妆花手工织造技艺	江苏省南京市
364	Ⅷ-14	宋锦织造技艺	江苏省苏州市
365	Ⅷ-15	苏州缂丝织造技艺	江苏省苏州市
366	Ⅷ-16	蜀锦织造技艺	四川省成都市
367	Ⅷ-17	乌泥泾手工棉纺织技艺	上海市徐汇区
368	Ⅷ-18	土家族织锦技艺	湖南省湘西土家族苗族自治州
369	Ⅷ-19	黎族传统纺染织绣技艺	海南省五指山市、白沙黎族自治县、保亭黎族苗族自治县、乐东黎族自治县、东方市
370	Ⅷ-20	壮族织锦技艺	广西壮族自治区靖西县
371	Ⅷ-21	藏族邦典、卡垫织造技艺	西藏自治区山南地区、日喀则地区
372	Ⅷ-22	加牙藏族织毯技艺	青海省湟中县
373	Ⅷ-23	维吾尔族花毡、印花布织染技艺	新疆维吾尔自治区吐鲁番地区
374	Ⅷ-24	南通蓝印花布印染技艺	江苏省南通市
375	Ⅷ-25	苗族蜡染技艺	贵州省丹寨县
376	Ⅷ-26	白族扎染技艺	云南省大理市
377	Ⅷ-27	香山帮传统建筑营造技艺	江苏省苏州市
378	Ⅷ-28	客家土楼营造技艺	福建省龙岩市
379	Ⅷ-29	景德镇传统瓷窑作坊营造技艺	江西省
380	Ⅷ-30	侗族木构建筑营造技艺	广西壮族自治区柳州市、三江侗族自治县
381	Ⅷ-31	苗寨吊脚楼营造技艺	贵州省雷山县
382	Ⅷ-32	苏州御窑金砖制作技艺	江苏省苏州市

383	Ⅷ-33	苗族芦笙制作技艺	贵州省雷山县
			云南省大关县
384	Ⅷ-34	玉屏箫笛制作技艺	贵州省玉屏侗族自治县
385	Ⅷ-35	阳城生铁冶铸技艺	山西省阳城县
386	Ⅷ-36	南京金箔锻制技艺	江苏省南京市
387	Ⅷ-37	龙泉宝剑锻制技艺	浙江省龙泉市
388	Ⅷ-38	张小泉剪刀锻制技艺	浙江省杭州市
389	Ⅷ-39	芜湖铁画锻制技艺	安徽省芜湖市
390	Ⅷ-40	苗族银饰锻制技艺	贵州省雷山县
			湖南省凤凰县
391	Ⅷ-41	阿昌族户撒刀锻制技艺	云南省陇川县
392	Ⅷ-42	保安族腰刀锻制技艺	甘肃省积石山保安族东乡族撒拉族自治县
393	Ⅷ-43	景泰蓝制作技艺	北京市崇文区
394	Ⅷ-44	聚元号弓箭制作技艺	北京市朝阳区
395	Ⅷ-45	明式家具制作技艺	江苏省苏州市
396	Ⅷ-46	蒙古族勒勒车制作技艺	内蒙古自治区东乌珠穆沁旗
397	Ⅷ-47	拉萨甲米水磨坊制作技艺	西藏自治区
398	Ⅷ-48	兰州黄河大水车制作技艺	甘肃省兰州市
399	Ⅷ-49	万安罗盘制作技艺	安徽省休宁县
400	Ⅷ-50	雕漆技艺	北京市崇文区
401	Ⅷ-51	平遥推光漆器髹饰技艺	山西省平遥县
402	Ⅷ-52	扬州漆器髹饰技艺	江苏省扬州市
403	Ⅷ-53	天台山干漆夹苎技艺	浙江省天台县
404	Ⅷ-54	福州脱胎漆器髹饰技艺	福建省福州市
405	Ⅷ-55	厦门漆线雕技艺	福建省厦门市
406	Ⅷ-56	成都漆艺	四川省成都市
407	Ⅷ-57	茅台酒酿制技艺	贵州省
408	Ⅷ-58	泸州老窖酒酿制技艺	四川省泸州市
409	Ⅷ-59	杏花村汾酒酿制技艺	山西省汾阳市
410	Ⅷ-60	绍兴黄酒酿制技艺	浙江省绍兴市
411	Ⅷ-61	清徐老陈醋酿制技艺	山西省清徐县
412	Ⅷ-62	镇江恒顺香醋酿制技艺	江苏省镇江市
413	Ⅷ-63	武夷岩茶（大红袍）制作技艺	福建省武夷山市
414	Ⅷ-64	自贡井盐深钻汲制技艺	四川省自贡市、大英县
415	Ⅷ-65	宣纸制作技艺	安徽省泾县
416	Ⅷ-66	铅山连四纸制作技艺	江西省铅山县
417	Ⅷ-67	皮纸制作技艺	贵州省贵阳市、贞丰县、丹寨县

418	Ⅷ-68	傣族、纳西族手工造纸技艺	云南省临沧市、香格里拉县
419	Ⅷ-69	藏族造纸技艺	西藏自治区
420	Ⅷ-70	维吾尔族桑皮纸制作技艺	新疆维吾尔自治区吐鲁番地区
421	Ⅷ-71	竹纸制作技艺	四川省夹江县
			浙江省富阳市
422	Ⅷ-72	湖笔制作技艺	浙江省湖州市
423	Ⅷ-73	徽墨制作技艺	安徽省绩溪县、歙县、黄山市屯溪区
424	Ⅷ-74	歙砚制作技艺	安徽省歙县
			江西省婺源县
425	Ⅷ-75	端砚制作技艺	广东省肇庆市
426	Ⅷ-76	金星砚制作技艺	江西省星子县
427	Ⅷ-77	木版水印技艺	北京市荣宝斋
428	Ⅷ-78	雕版印刷技艺	江苏省扬州市
429	Ⅷ-79	金陵刻经印刷技艺	江苏省南京市
430	Ⅷ-80	德格印经院藏族雕版印刷技艺	四川省德格县
431	Ⅷ-81	制扇技艺	江苏省苏州市
432	Ⅷ-82	剧装戏具制作技艺	江苏省苏州市
433	Ⅷ-83	桦树皮制作技艺	内蒙古自治区鄂伦春自治旗
			黑龙江省
434	Ⅷ-84	黎族树皮布制作技艺	海南省保亭黎族苗族自治县
435	Ⅷ-85	赫哲族鱼皮制作技艺	黑龙江省
436	Ⅷ-86	浏阳花炮制作技艺	湖南省浏阳市
437	Ⅷ-87	黎族钻木取火技艺	海南省保亭黎族苗族自治县
438	Ⅷ-88	风筝制作技艺	山东省潍坊市
		（潍坊风筝、南通板鹞风	江苏省南通市
		筝、拉萨风筝）	西藏自治区拉萨市
439	Ⅷ-89	凉茶	广东省文化厅
			香港特别行政区民政事务局
			澳门特别行政区文化局

九、传统医药（共计 9 项）

序号	编号	项目名称	申报地区或单位
440	Ⅸ-1	中医生命与疾病认知方法	中国中医科学院
441	Ⅸ-2	中医诊法	中国中医科学院
442	Ⅸ-3	中药炮制技术	中国中医科学院
			中国中药协会
443	Ⅸ-4	中医传统制剂方法	中国中医科学院

序号	编号	项目名称	申报地区或单位
			中国中药协会
444	Ⅸ-5	针灸	中国中医科学院
			中国针灸学会
445	Ⅸ-6	中医正骨疗法	中国中医科学院
446	Ⅸ-7	同仁堂中医药文化	中国北京同仁堂（集团）有限责任公司
447	Ⅸ-8	胡庆余堂中药文化	浙江省杭州市
448	Ⅸ-9	藏医药	西藏自治区
		（拉萨北派藏医水银洗炼法和藏药仁青常觉配伍技艺、甘孜州南派藏医药）	四川省甘孜藏族自治州

十、民俗（共计 **70** 项）

序号	编号	项目名称	申报地区或单位
449	Ⅸ-1	春节	文化部
450	Ⅸ-2	清明节	文化部
451	Ⅸ-3	端午节	文化部
		（屈原故里端午习俗、西塞神舟会、汨罗江畔 端午习俗、苏州端午习俗）	湖北省宜昌市、秭归县、黄石市 湖南省汨罗市 江苏省苏州市
452	Ⅸ-4	七夕节	文化部
453	Ⅸ-5	中秋节	文化部
454	Ⅸ-6	重阳节	文化部
455	Ⅸ-7	京族哈节	广西壮族自治区东兴市
456	Ⅸ-8	傣族泼水节	云南省西双版纳傣族自治州
457	Ⅸ-9	锡伯族西迁节	新疆维吾尔自治区察布查尔锡伯自治县
458	Ⅸ-10	火把节（彝族火把节）	四川省凉山彝族自治州 云南省楚雄彝族自治州
459	Ⅸ-11	景颇族目瑙纵歌	云南省陇川县
460	Ⅸ-12	黎族三月三节	海南省五指山市
461	Ⅸ-13	鄂伦春族古伦木沓节	黑龙江省
462	Ⅸ-14	瑶族盘王节	广西壮族自治区贺州市 广东省韶关市
463	Ⅸ-15	壮族蚂𧊅节	广西壮族自治区河池市
464	Ⅸ-16	仫佬族依饭节	广西壮族自治区罗城仫佬族自治县
465	Ⅸ-17	毛南族肥套	广西壮族自治区环江毛南族自治县

466	Ⅸ-18	羌族瓦尔俄足节	四川省阿坝藏族羌族自治州
467	Ⅸ-19	苗族鼓藏节	贵州省雷山县
468	Ⅸ-20	水族端节	贵州省三都水族自治县
469	Ⅸ-21	布依族查白歌节	贵州省
470	Ⅸ-22	苗族姊妹节	贵州省台江县
471	Ⅸ-23	独龙族卡雀哇节	云南省贡山独龙族怒族自治县
472	Ⅸ-24	怒族仙女节	云南省贡山独龙族怒族自治县
473	Ⅸ-25	侗族萨玛节	贵州省榕江县
474	Ⅸ-26	仡佬毛龙节	贵州省石阡县
475	Ⅸ-27	傈僳族刀杆节	云南省泸水县
476	Ⅸ-28	塔吉克族引水节和播种节	新疆维吾尔自治区塔什库尔干塔吉克自治县
477	Ⅸ-29	土族纳顿节	青海省民和回族土族自治县
478	Ⅸ-30	都江堰放水节	四川省都江堰市
479	Ⅸ-31	雪顿节	西藏自治区
480	Ⅸ-32	黄帝陵祭典	陕西省黄陵县
481	Ⅸ-33	炎帝陵祭典	湖南省炎陵县
482	Ⅸ-34	成吉思汗祭典	内蒙古自治区鄂尔多斯市
483	Ⅸ-35	祭孔大典	山东省曲阜市
484	Ⅸ-36	妈祖祭典	福建省莆田市 中华妈祖文化交流协会
485	Ⅸ-37	太昊伏羲祭典	甘肃省天水市 河南省淮阳县
486	Ⅸ-38	女娲祭典	河北省涉县
487	Ⅸ-39	大禹祭典	浙江省绍兴市
488	Ⅸ-40	祭敖包	内蒙古自治区锡林郭勒盟
489	Ⅸ-41	白族绕三灵	云南省大理白族自治州
490	Ⅸ-42	厂甸庙会	北京市宣武区
491	Ⅸ-43	热贡六月会	青海省同仁县
492	Ⅸ-44	小榄菊花会	广东省中山市
493	Ⅸ-45	瑶族耍歌堂	广东省清远市
494	Ⅸ-46	壮族歌圩	广西壮族自治区南宁市
495	Ⅸ-47	苗族系列坡会群	广西壮族自治区融水苗族自治县
496	Ⅸ-48	那达慕	内蒙古自治区锡林郭勒盟
497	Ⅸ-49	维吾尔刀郎麦西热甫	新疆维吾尔自治区麦盖提县
498	Ⅸ-50	秦淮灯会	江苏省南京市
499	Ⅸ-51	秀山花灯	重庆市秀山土家族苗族自治县

500	IX-52	全丰花灯	江西省修水县
501	IX-53	泰山石敢当习俗	山东省泰安市
502	IX-54	民间社火	陕西省宝鸡市
			山西省潞城县
503	IX-55	鄂尔多斯婚礼	内蒙古自治区鄂尔多斯市
504	IX-56	土族婚礼	青海省互助土族自治县
505	IX-57	撒拉族婚礼	青海省循化撒拉族自治县
506	IX-58	马街书会	河南省宝丰县
507	IX-59	胡集书会	山东省惠民县
508	IX-60	安国药市	河北省安国市
509	IX-61	壮族铜鼓习俗	广西壮族自治区河池市
510	IX-62	楹联习俗	中国楹联学会
511	IX-63	苏州甪直水乡妇女服饰	江苏省苏州市
512	IX-64	惠安女服饰	福建省惠安县
513	IX-65	苗族服饰（昌宁苗族服饰）	云南省保山市
514	IX-66	回族服饰	宁夏回族自治区
515	IX-67	瑶族服饰	广西壮族自治区南丹县、贺州市
516	IX-68	农历二十四节气	中国农业博物馆
517	IX-69	女书习俗	湖南省江永县
518	IX-70	水书习俗	贵州省黔南苗族布依族自治州

附录 2：

国务院关于公布第二批国家级非物质文化遗产名录和第一批国家级非物质文化遗产扩展项目名录的通知

国发〔2008〕19 号

各省、自治区、直辖市人民政府，国务院各部委、各直属机构：

　　国务院批准文化部确定的第二批国家级非物质文化遗产名录（共计 510 项）和第一批国家级非物质文化遗产扩展项目名录（共计 147 项），现予公布。

　　各地区、各部门要按照《国务院关于加强文化遗产保护的通知》（国发〔2005〕42 号）和《国务院办公厅关于加强我国非物质文化遗产保护工作的意见》（国办发〔2005〕18 号）要求，进一步贯彻"保护为主、抢救第一、合理利用、传承发展"的工作方针，认真做好非物质文化遗产的保护、管理工作，为弘扬中华文化，推动社会主义文化大发展大繁荣做出新的贡献。

国务院

二〇〇八年六月七日

第二批国家级非物质文化遗产名录（共计 510 项）

一、民间文学（共计 53 项）

序号	编号	项目名称	申报地区或单位
519	Ⅰ-32	八达岭长城传说	北京市延庆县
520	Ⅰ-33	永定河传说	北京市石景山区
521	Ⅰ-34	杨家将传说（穆桂英传说、杨家将说唱）	北京市房山区 山西省
522	Ⅰ-35	尧的传说	山西省绛县
523	Ⅰ-36	牛郎织女传说	山西省和顺县 山东省沂源县
524	Ⅰ-37	西湖传说	浙江省杭州市
525	Ⅰ-38	刘伯温传说	浙江省文成县、青田县
526	Ⅰ-39	黄初平（黄大仙）传说	浙江省金华市
527	Ⅰ-40	观音传说	浙江省舟山市
528	Ⅰ-41	徐福东渡传说	浙江省象山县、慈溪市

529	Ⅰ-42	陶朱公传说	山东省定陶县
530	Ⅰ-43	麒麟传说	山东省巨野县、嘉祥县
531	Ⅰ-44	鲁班传说	山东省曲阜市、滕州市
532	Ⅰ-45	八仙传说	山东省蓬莱市
533	Ⅰ-46	秃尾巴老李的传说	山东省即墨市、莒县、文登市、诸城市
534	Ⅰ-47	屈原传说	湖北省秭归县
535	Ⅰ-48	王昭君传说	湖北省兴山县
536	Ⅰ-49	炎帝神农传说	湖北省随州市、神农架林区
537	Ⅰ-50	木兰传说	湖北省武汉市黄陂区 河南省虞城县
538	Ⅰ-51	巴拉根仓的故事	内蒙古自治区通辽市
539	Ⅰ-52	北票民间故事	辽宁省北票市
540	Ⅰ-53	满族民间故事	辽宁省文学艺术界联合会民间文艺家协会
541	Ⅰ-54	徐文长故事	浙江省绍兴市
542	Ⅰ-55	崂山民间故事	山东省青岛市崂山区
543	Ⅰ-56	都镇湾故事	湖北省长阳土家族自治县
544	Ⅰ-57	盘古神话	河南省桐柏县、泌阳县
545	Ⅰ-58	邵原神话群	河南省济源市
546	Ⅰ-59	嘎达梅林	内蒙古自治区科尔沁左翼中旗
547	Ⅰ-60	科尔沁潮尔史诗	内蒙古自治区
548	Ⅰ-61	仰阿莎	贵州省黔东南苗族侗族自治州
549	Ⅰ-62	布依族盘歌	贵州省盘县
550	Ⅰ-63	梅葛	云南省楚雄彝族自治州
551	Ⅰ-64	查姆	云南省双柏县
552	Ⅰ-65	达古达楞格莱标	云南省德宏傣族景颇族自治州
553	Ⅰ-66	哈尼哈吧	云南省元阳县
554	Ⅰ-67	召树屯与喃木诺娜	云南省西双版纳傣族自治州
555	Ⅰ-68	米拉尕黑	甘肃省东乡族自治县
556	Ⅰ-69	康巴拉伊	青海省治多县
557	Ⅰ-70	汗青格勒	青海省海西蒙古族藏族自治州
558	Ⅰ-71	维吾尔族达斯坦	新疆维吾尔自治区
559	Ⅰ-72	哈萨克族达斯坦	新疆维吾尔自治区文学艺术界联合会民间文艺家协会、沙湾县、福海县
560	Ⅰ-73	珠郎娘美	贵州省榕江县、从江县
561	Ⅰ-74	司岗里	云南省沧源佤族自治县
562	Ⅰ-75	彝族克智	四川省美姑县
563	Ⅰ-76	苗族贾理	贵州省黔东南苗族侗族自治州

564	Ⅰ-77	藏族婚宴十八说	青海省
565	Ⅰ-78	童谣（北京童谣、闽南童谣）	北京市宣武区 福建省厦门市
566	Ⅰ-79	桐城歌	安徽省桐城市
567	Ⅰ-80	土家族梯玛歌	湖南省龙山县
568	Ⅰ-81	雷州歌	广东省雷州市
569	Ⅰ-82	壮族嘹歌	广西壮族自治区平果县
570	Ⅰ-83	柯尔克孜约隆	新疆维吾尔自治区阿克陶县、新疆师范大学
571	Ⅰ-84	笑话（万荣笑话）	山西省万荣县

二、传统音乐（民间音乐，共计67项）

序号	编号	项目名称	申报地区或单位
572	Ⅱ-73	陕北民歌	陕西省榆林市、延安市
573	Ⅱ-74	昌黎民歌	河北省昌黎县
574	Ⅱ-75	高邮民歌	江苏省高邮市
575	Ⅱ-76	五河民歌	安徽省五河县
576	Ⅱ-77	大别山民歌	安徽省六安市
577	Ⅱ-78	徽州民歌	安徽省黄山市
578	Ⅱ-79	信阳民歌	河南省信阳市
579	Ⅱ-80	西坪民歌	河南省西峡县
580	Ⅱ-81	马山民歌	湖北省荆州市荆州区
581	Ⅱ-82	潜江民歌	湖北省潜江市
582	Ⅱ-83	吕家河民歌	湖北省丹江口市
583	Ⅱ-84	秀山民歌	重庆市秀山土家族苗族自治县
584	Ⅱ-85	酉阳民歌	重庆市酉阳土家族苗族自治县
585	Ⅱ-86	镇巴民歌	陕西省镇巴县
586	Ⅱ-87	嘉善田歌	浙江省嘉善县
587	Ⅱ-88	南坪曲子	四川省九寨沟县
588	Ⅱ-89	茶山号子	湖南省辰溪县
589	Ⅱ-90	啰啰咚	湖北省监利县
590	Ⅱ-91	爬山调	内蒙古自治区呼和浩特市、乌拉特前旗
591	Ⅱ-92	漫瀚调	内蒙古自治区准格尔旗
592	Ⅱ-93	惠东渔歌	广东省惠州市
593	Ⅱ-94	海门山歌	江苏省海门市
594	Ⅱ-95	新化山歌	湖南省娄底市
595	Ⅱ-96	姚安坝子腔	云南省姚安县

596	Ⅱ-97	海洋号子（舟山渔民号子、长岛渔号）	浙江省岱山县 山东省长岛县
597	Ⅱ-98	江河号子（黄河号子、长江峡江号子、酉水船工号子）	黄河水利委员会河南黄河河务局 湖北省宜昌市夷陵区、伍家岗区、巴东县、秭归县 湖南省保靖县
598	Ⅱ-99	码头号子（上海港码头号子）	上海市浦东新区、杨浦区
599	Ⅱ-100	森林号子（长白山森林号子、兴安岭森林号子）	吉林省文学艺术界联合会民间文艺家协会 黑龙江省伊春市
600	Ⅱ-101	搬运号子（梁平抬儿调、龙骨坡抬工号子）	重庆市梁平县、巫山县
601	Ⅱ-102	制作号子（竹麻号子）	四川省邛崃市
602	Ⅱ-103	鲁南五大调	山东省郯城县、日照市
603	Ⅱ-104	老河口丝弦	湖北省老河口市
604	Ⅱ-105	蒙古族民歌（科尔沁叙事民歌、鄂尔多斯短调民歌、鄂尔多斯古如歌、阜新东蒙短调民歌、郭尔罗斯蒙古族民歌）	内蒙古自治区通辽市、鄂尔多斯市、杭锦旗 辽宁省阜新蒙古族自治县 吉林省前郭尔罗斯蒙古族自治县
605	Ⅱ-106	鄂温克族民歌（鄂温克叙事民歌）	内蒙古自治区鄂温克族自治旗
606	Ⅱ-107	鄂伦春族民歌（鄂伦春族赞达仁）	内蒙古自治区鄂伦春自治旗 黑龙江省大兴安岭地区
607	Ⅱ-108	达斡尔族民歌（达斡尔扎恩达勒、罕伯岱达斡尔族民歌）	内蒙古自治区莫力达瓦达斡尔族自治旗 黑龙江省齐齐哈尔市
608	Ⅱ-109	苗族民歌（湘西苗族民歌、苗族飞歌）	湖南省吉首市 贵州省雷山县
609	Ⅱ-110	瑶族民歌（花瑶呜哇山歌）	湖南省隆回县
610	Ⅱ-111	黎族民歌（琼中黎族民歌）	海南省琼中黎族苗族自治县
611	Ⅱ-112	布依族民歌（好花红调）	贵州省惠水县
612	Ⅱ-113	彝族民歌（彝族酒歌）	云南省武定县
613	Ⅱ-114	布朗族民歌（布朗族弹唱）	云南省勐海县

编号	项目编号	项目名称	申报地区或单位
614	Ⅱ-115	藏族民歌 （川西藏族山歌、玛达咪山歌、华锐藏族民歌、甘南藏族民歌、玉树民歌）	四川省甘孜藏族自治州、阿坝藏族羌族自治州、炉霍县、九龙县 甘肃省天祝藏族自治县、甘南藏族自治州 青海省玉树藏族自治州
615	Ⅱ-116	维吾尔族民歌 （罗布淖尔维吾尔族民歌）	新疆维吾尔自治区尉犁县
616	Ⅱ-117	乌孜别克族埃希来、叶来	新疆维吾尔自治区艺术研究所、伊犁哈萨克自治州、喀什地区
617	Ⅱ-118	回族宴席曲	青海省门源回族自治县
618	Ⅱ-119	琵琶艺术 （瀛洲古调派、浦东派、平湖派）	上海市崇明县、南汇区 浙江省平湖市
619	Ⅱ-120	古筝艺术（山东古筝乐）	山东省菏泽市
620	Ⅱ-121	笙管乐 （复州双管乐、建平十王会、超化吹歌）	辽宁省瓦房店市、建平县 河南省新密市
621	Ⅱ-122	津门法鼓 （挂甲寺庆音法鼓、杨家庄永音法鼓、刘园祥音法鼓）	天津市河西区、北辰区
622	Ⅱ-123	锣鼓艺术 （汉沽飞镲、常山战鼓、太原锣鼓、泗泾十锦细锣鼓、大铜器、开封盘鼓、宜昌堂调、韩城行鼓）	天津市汉沽区 河北省正定县 山西省太原市 上海市松江区 河南省西平县、郏县、开封市 湖北省宜昌市 陕西省韩城市
623	Ⅱ-124	朝鲜族洞箫音乐	吉林省延吉市、珲春市
624	Ⅱ-125	土家族咚咚喹	湖南省龙山县
625	Ⅱ-126	哈萨克六十二阔恩尔	新疆维吾尔自治区伊犁哈萨克自治州
626	Ⅱ-127	维吾尔族鼓吹乐	新疆维吾尔自治区
627	Ⅱ-128	洞经音乐 （文昌洞经古乐、妙善学女子洞经音乐）	四川省梓潼县 云南省通海县
628	Ⅱ-129	芦笙音乐 （侗族芦笙、苗族芒筒芦笙）	湖南省通道侗族自治县 贵州省丹寨县
629	Ⅱ-130	布依族勒尤	贵州省贞丰县、兴义市、镇宁布依族苗族自治县

序号	编号	项目名称	申报地区或单位
630	Ⅱ-131	藏族扎木聂弹唱	青海省海南藏族自治州
631	Ⅱ-132	哈萨克族冬布拉艺术	新疆维吾尔自治区伊犁哈萨克自治州
632	Ⅱ-133	柯尔克孜族库姆孜艺术	新疆维吾尔自治区克孜勒苏柯尔克孜自治州、乌恰县
633	Ⅱ-134	蒙古族绰尔	新疆维吾尔自治区阿勒泰地区
634	Ⅱ-135	黎族竹木器乐	海南省保亭黎族苗族自治县、五指山市
635	Ⅱ-136	口弦音乐	四川省布拖县
636	Ⅱ-137	吟诵调（常州吟诵）	江苏省常州市
637	Ⅱ-138	佛教音乐（天宁寺梵呗唱诵、鱼山梵呗、大相国寺梵乐、直孔噶举派音乐、拉卜楞寺佛殿音乐道得尔、青海藏族唱经调、北武当庙寺庙音乐）	江苏省常州市 山东省东阿县 河南省开封市 西藏自治区墨竹工卡县 甘肃省夏河县 青海省兴海县 宁夏回族自治区平罗县
638	Ⅱ-139	道教音乐（广宗太平道乐、恒山道乐、上海道教音乐、无锡道教音乐、齐云山道场音乐、崂山道教音乐、泰山道教音乐、胶东全真道教音乐、腊山道教音乐、海南斋醮科仪音乐、成都道教音乐、白云山道教音乐、清水道教音乐）	河北省广宗县 山西省阳高县 上海市道教协会 江苏省无锡市 安徽省休宁县 山东省青岛市崂山区、泰安市、烟台市、东平县 海南省定安县 四川省成都市 陕西省佳县 甘肃省清水县

三、传统舞蹈（民间舞蹈，共计 55 项）

序号	编号	项目名称	申报地区或单位
639	Ⅲ-42	鼓舞（花钹大鼓、隆尧招子鼓、平定武迓鼓、大奏鼓、陈官短穗花鼓、柳林花鼓、花鞭鼓舞、八卦鼓舞、横山老腰鼓、宜川胸鼓、凉州攻鼓子、武山旋鼓舞）	北京市昌平区 河北省隆尧县 山西省平定县 浙江省温岭市 山东省广饶县、冠县、商河县、栖霞市 陕西省横山县、宜川县

640	Ⅲ-43	麒麟舞	甘肃省武威市、武山县
			河北省黄骅市
			河南省兰考县
			广东省海丰县
641	Ⅲ-44	竹马 （东坝大马灯、邳州跑竹马）	江苏省高淳县、邳州市
642	Ⅲ-45	灯舞 （青田鱼灯舞、莆田九鲤灯舞、鲤鱼灯舞、沙头角鱼灯舞、东至花灯舞、苏家作龙凤灯舞）	浙江省青田县 福建省莆田市 江西省吉安县 广东省深圳市 安徽省东至县 河南省博爱县
643	Ⅲ-46	沧州落子	河北省南皮县
644	Ⅲ-47	十八蝴蝶	浙江省永康市
645	Ⅲ-48	火老虎	安徽省凤台县
646	Ⅲ-49	商羊舞	山东省鄄城县
647	Ⅲ-50	跑帷子	河南省汤阴县
648	Ⅲ-51	官会响锣	河南省项城市
649	Ⅲ-52	肉连响	湖北省利川市
650	Ⅲ-53	禾楼舞	广东省郁南县
651	Ⅲ-54	蜈蚣舞	广东省汕头市澄海区
652	Ⅲ-55	翻山铰子	四川省平昌县
653	Ⅲ-56	靖边跑驴	陕西省靖边县
654	Ⅲ-57	查玛内	蒙古自治区阿拉善盟
655	Ⅲ-58	朝鲜族鹤舞	吉林省延边朝鲜族自治州
656	Ⅲ-59	朝鲜族长鼓舞	吉林省图们市
657	Ⅲ-60	瑶族长鼓舞	湖南省江华瑶族自治县 广东省连南瑶族自治县 广西壮族自治区富川瑶族自治县
658	Ⅲ-61	傣族象脚鼓舞	云南省潞西市、西双版纳傣族自治州
659	Ⅲ-62	羌族羊皮鼓舞	四川省汶川县
660	Ⅲ-63	毛南族打猴鼓舞	贵州省平塘县
661	Ⅲ-64	瑶族猴鼓舞	贵州省荔波县
662	Ⅲ-65	高山族拉手舞	福建省华安县
663	Ⅲ-66	得荣学羌	四川省得荣县
664	Ⅲ-67	甲搓	四川省盐源县
665	Ⅲ-68	博巴森根	四川省理县

序号	编号	项目名称	申报地区或单位
666	Ⅲ-69	彝族铃铛舞	贵州省赫章县
667	Ⅲ-70	彝族打歌	云南省巍山彝族回族自治县
668	Ⅲ-71	彝族跳菜	云南省南涧彝族自治县
669	Ⅲ-72	彝族老虎笙	云南省双柏县
670	Ⅲ-73	彝族左脚舞	云南省牟定县
671	Ⅲ-74	乐作舞	云南省红河县
672	Ⅲ-75	彝族三弦舞 （阿细跳月、撒尼大三弦）	云南省弥勒县、石林彝族自治县
673	Ⅲ-76	纳西族热美蹉	云南省丽江市古城区
674	Ⅲ-77	布朗族蜂桶鼓舞	云南省双江拉祜族佤族布朗族傣族自治县
675	Ⅲ-78	普米族搓蹉	云南省兰坪白族普米族自治县
676	Ⅲ-79	拉祜族芦笙舞	云南省澜沧拉祜族自治县
677	Ⅲ-80	宣舞 （古格宣舞、普堆巴宣舞）	西藏自治区札达县、墨竹工卡县
678	Ⅲ-81	拉萨囊玛	西藏自治区拉萨市
679	Ⅲ-82	堆谐（拉孜堆谐）	西藏自治区拉孜县
680	Ⅲ-83	谐钦 （拉萨纳如谐钦、南木林 土布加谐钦）	西藏自治区拉萨市城关区、南木林县
681	Ⅲ-84	阿谐（达布阿谐）	西藏自治区比如县
682	Ⅲ-85	嘎尔	西藏自治区
683	Ⅲ-86	芒康三弦舞	西藏自治区芒康县
684	Ⅲ-87	定日洛谐	西藏自治区定日县
685	Ⅲ-88	旦嘎甲谐	西藏自治区萨嘎县
686	Ⅲ-89	廓孜	西藏自治区曲水县
687	Ⅲ-90	多地舞	甘肃省舟曲县
688	Ⅲ-91	巴郎鼓舞	甘肃省卓尼县
689	Ⅲ-92	藏族螭鼓舞	青海省循化撒拉族自治县
690	Ⅲ-93	则柔（尚尤则柔）	青海省贵德县
691	Ⅲ-94	蒙古族萨吾尔登	新疆维吾尔自治区和静县
692	Ⅲ-95	锡伯族贝伦舞	新疆维吾尔自治区察布查尔锡伯自治县
693	Ⅲ-96	维吾尔族赛乃姆	新疆维吾尔自治区哈密地区、莎车县

四、传统戏剧（共计46项）

序号	编号	项目名称	申报地区或单位
694	Ⅳ-93	老调（保定老调）	河北省保定市

695	Ⅳ-94	四股弦（冀南四股弦）	河北省巨鹿县、馆陶县、魏县、肥乡县
696	Ⅳ-95	赛戏	河北省邯郸市、武安市、涉县 山西省朔州市
697	Ⅳ-96	永年西调	河北省永年县
698	Ⅳ-97	坠子戏	河北省深泽县 安徽省宿州市
699	Ⅳ-98	上党落子	山西省潞城市、黎城县
700	Ⅳ-99	眉户 （运城眉户、华阴迷胡、迷糊戏）	山西省运城市 陕西省华阴市 新疆生产建设兵团
701	Ⅳ-100	海城喇叭戏	辽宁省鞍山市
702	Ⅳ-101	黄龙戏	吉林省农安县
703	Ⅳ-102	淮剧	上海淮剧团 江苏省盐城市
704	Ⅳ-103	锡剧	江苏省演艺集团锡剧团、无锡市、常州市
705	Ⅳ-104	淮海戏	江苏省淮安市、连云港市
706	Ⅳ-105	童子戏	江苏省通州市
707	Ⅳ-106	瓯剧	浙江省温州市
708	Ⅳ-107	甬剧	浙江省宁波市
709	Ⅳ-108	姚剧	浙江省余姚市
710	Ⅳ-109	绍剧	浙江省绍兴市
711	Ⅳ-110	婺剧	浙江省金华市、江山市
712	Ⅳ-111	文南词	安徽省宿松县
713	Ⅳ-112	花鼓戏	安徽省宿州市、淮北市、宣城市 湖北省随州市、麻城市 湖南省岳阳县、邵阳市、常德市
714	Ⅳ-113	二夹弦	安徽省亳州市 河南省开封市、滑县 山东省定陶县
715	Ⅳ-114	打城戏	福建省泉州市
716	Ⅳ-115	屏南平讲戏	福建省屏南县
717	Ⅳ-116	吕剧	山东省吕剧院、济南市、博兴县、东营市东营区
718	Ⅳ-117	柳腔	山东省即墨市
719	Ⅳ-118	山东梆子	山东省菏泽市、泰安市、嘉祥县
720	Ⅳ-119	莱芜梆子	山东省莱芜市
721	Ⅳ-120	枣梆	山东省菏泽市

序号	编号	项目名称	申报地区或单位
722	Ⅳ-121	徐州梆子	江苏省徐州市
723	Ⅳ-122	同州梆子	陕西省大荔县
724	Ⅳ-123	罗卷戏	河南省汝南县、范县
725	Ⅳ-124	二股弦	河南省武陟县
726	Ⅳ-125	南剧	湖北省来凤县、咸丰县
727	Ⅳ-126	提琴戏	湖北省崇阳县
728	Ⅳ-127	湘剧	湖南省湘剧院、长沙市、桂阳县
729	Ⅳ-128	祁剧	湖南省祁剧院、衡阳市、祁阳县
730	Ⅳ-129	广东汉剧	广东汉剧院
731	Ⅳ-130	琼剧	海南省琼剧院、海口市
732	Ⅳ-131	黔剧	贵州省黔剧团
733	Ⅳ-132	滇剧	云南省滇剧院、玉溪市滇剧团、昆明市
734	Ⅳ-133	合阳跳戏	陕西省合阳县
735	Ⅳ-134	武都高山戏	甘肃省陇南市
736	Ⅳ-135	佤族清戏	云南省腾冲县
737	Ⅳ-136	彝剧	云南省大姚县
738	Ⅳ-137	白剧	云南省大理白族自治州
739	Ⅳ-138	邕剧	广西壮族自治区南宁市

五、曲艺（共计50项）

序号	编号	项目名称	申报地区或单位
740	Ⅴ-47	相声	中国广播艺术团 北京市歌舞剧院有限责任公司 天津市
741	Ⅴ-48	京韵大鼓	北京市歌舞剧院有限责任公司 天津市曲艺团
742	Ⅴ-49	单弦牌子曲（含岔曲）	北京市歌舞剧院有限责任公司、北京市西城区
743	Ⅴ-50	扬州弹词	江苏省扬州市
744	Ⅴ-51	长沙弹词	湖南省长沙市
745	Ⅴ-52	杭州评词	浙江省杭州市
746	Ⅴ-53	杭州评话	浙江省杭州市
747	Ⅴ-54	绍兴词调	浙江省绍兴市
748	Ⅴ-55	临海词调	浙江省临海市
749	Ⅴ-56	四明南词	浙江省宁波市
750	Ⅴ-57	北京评书	北京市宣武区

			辽宁省鞍山市、本溪市、营口市
751	Ⅴ-58	湖北评书	湖北省武汉市
752	Ⅴ-59	浦东说书	上海市浦东新区
753	Ⅴ-60	讲古	福建省厦门市思明区
754	Ⅴ-61	湖北大鼓	湖北省武汉市、团风县
755	Ⅴ-62	襄垣鼓书	山西省襄垣县
756	Ⅴ-63	萍乡春锣	江西省萍乡市
757	Ⅴ-64	三弦书 （沁州三弦书、南阳三弦书）	山西省沁县 河南省南阳市
758	Ⅴ-65	莺歌柳书	山东省菏泽市
759	Ⅴ-66	平湖钹子书	浙江省平湖市
760	Ⅴ-67	宁波走书	浙江省宁波市鄞州区、奉化市
761	Ⅴ-68	独脚戏	上海市黄浦区 浙江省杭州市
762	Ⅴ-69	大调曲子	河南省南阳市
763	Ⅴ-70	湖北小曲	湖北省武汉市
764	Ⅴ-71	南曲	湖北省五峰土家族自治县
765	Ⅴ-72	秦安小曲	甘肃省秦安县
766	Ⅴ-73	徐州琴书	江苏省徐州市
767	Ⅴ-74	恩施扬琴	湖北省恩施市
768	Ⅴ-75	四川扬琴	四川省曲艺团、四川省音乐舞蹈研究所、 成都艺术剧院
769	Ⅴ-76	四川竹琴	重庆市三峡曲艺团 四川省成都艺术剧院
770	Ⅴ-77	四川清音	四川省成都艺术剧院
771	Ⅴ-78	金华道情	浙江省金华市、义乌市
772	Ⅴ-79	陕北道情	陕西省延安市、清涧县
773	Ⅴ-80	朝鲜族三老人	吉林省和龙市
774	Ⅴ-81	南京白局	江苏省南京市秦淮区
775	Ⅴ-82	武林调	浙江省杭州市
776	Ⅴ-83	绍兴宣卷	浙江省绍兴县
777	Ⅴ-84	温州莲花	浙江省温州市鹿城区、永嘉县
778	Ⅴ-85	山东落子	山东省单县
779	Ⅴ-86	说鼓子	湖北省公安县、松滋市
780	Ⅴ-87	广西文场	广西壮族自治区桂林市
781	Ⅴ-88	车灯	重庆市曲艺团
782	Ⅴ-89	眉户曲子	陕西省户县

783	Ⅴ-90	韩城秧歌	陕西省韩城市
784	Ⅴ-91	金钱板	四川省成都市
785	Ⅴ-92	青海平弦	青海省西宁市
786	Ⅴ-93	青海越弦	青海省西宁市
787	Ⅴ-94	青海下弦	青海省
788	Ⅴ-95	好来宝	内蒙古自治区科尔沁左翼后旗
789	Ⅴ-96	哈萨克族铁尔麦	新疆维吾尔自治区伊犁哈萨克自治州

六、传统体育、游艺与杂技（杂技与竞技，共计 38 项）

序号	编号	项目名称	申报地区或单位
790	Ⅵ-18	围棋	中国棋院 北京棋院
791	Ⅵ-19	象棋	中国棋院 北京棋院
792	Ⅵ-20	蒙古族象棋	内蒙古自治区阿拉善盟
793	Ⅵ-21	天桥摔跤	北京市宣武区
794	Ⅵ-22	沙力搏尔式摔跤	内蒙古自治区阿拉善左旗
795	Ⅵ-23	峨眉武术	四川省峨眉山市
796	Ⅵ-24	红拳	陕西省
797	Ⅵ-25	八卦掌	河北省廊坊市
798	Ⅵ-26	形意拳	河北省深州市
799	Ⅵ-27	鹰爪翻子拳	河北省雄县
800	Ⅵ-28	八极拳（月山八极拳）	河南省博爱县
801	Ⅵ-29	心意拳	山西省晋中市
802	Ⅵ-30	心意六合拳	河南省漯河市、周口市
803	Ⅵ-31	五祖拳	福建省泉州市
804	Ⅵ-32	查拳	山东省冠县
805	Ⅵ-33	螳螂拳	山东省莱阳市
806	Ⅵ-34	苌家拳	河南省荥阳市
807	Ⅵ-35	岳家拳	湖北省武穴市
808	Ⅵ-36	蔡李佛拳	广东省江门市新会区
809	Ⅵ-37	马球（塔吉克族马球）	新疆维吾尔自治区塔什库尔干塔吉克自治县
810	Ⅵ-38	满族珍珠球	吉林省吉林市
811	Ⅵ-39	满族二贵摔跤	河北省隆化县
812	Ⅵ-40	鄂温克抢枢	内蒙古自治区鄂温克族自治旗

813	Ⅵ-41	挠羊赛	山西省忻州市
814	Ⅵ-42	传统箭术（南山射箭）	青海省乐都县
815	Ⅵ-43	赛马会	西藏自治区拉萨市
		（当吉仁赛马会、玉树赛马会）	青海省玉树藏族自治州
816	Ⅵ-44	叼羊（维吾尔族叼羊）	新疆维吾尔自治区巴楚县
817	Ⅵ-45	土族轮子秋	青海省互助土族自治县
818	Ⅵ-46	左各庄杆会	河北省文安县
819	Ⅵ-47	戏法（赵世魁戏法）	黑龙江省杂技团
820	Ⅵ-48	建湖杂技	江苏省建湖县
821	Ⅵ-49	东北庄杂技	河南省濮阳市
822	Ⅵ-50	宁津杂技	山东省宁津县
823	Ⅵ-51	马戏（埇桥马戏）	安徽省宿州市埇桥区
824	Ⅵ-52	风火流星	山西省太原市
825	Ⅵ-53	翻九楼	浙江省杭州市、东阳市
826	Ⅵ-54	调吊	浙江省绍兴市
827	Ⅵ-55	苏桥飞叉会	河北省文安县

七、传统美术（民间美术，共计 45 项）

序号	编号	项目名称	申报地区或单位
828	Ⅶ-52	面人	北京市海淀区
		（北京面人郎、上海面人赵、	上海工艺美术研究所
		曹州面人、曹县江米人）	山东省荷泽市牡丹区、曹县
829	Ⅶ-53	面花	山西省阳城县、闻喜县、定襄县、新绛县
		（阳城焙面面塑、闻喜花馍、	山东省冠县
		定襄面塑、新绛面塑、	陕西省黄陵县
		郎庄面塑、黄陵面花）	
830	Ⅶ-54	草编	河北省大名县
		（大名草编、徐行草编、	上海市嘉定区
		莱州草辫、沐川草龙、	山东省莱州市
		湖口草龙）	四川省沐川县
			江西省湖口县
831	Ⅶ-55	柳编（广宗柳编、	河北省广宗县
		维吾尔族枝条编织）	新疆维吾尔自治区吐鲁番市
832	Ⅶ-56	石雕	辽宁省抚顺市
		（煤精雕刻、鸡血石雕、	浙江省临安市
		嘉祥石雕、掖县滑石雕刻、	山东省嘉祥县、莱州市

编号	项目编号	项目名称	申报地区或单位
		方城石猴、大冶石雕、菊花石雕、雷州石狗、白花石刻、安岳石刻、泽库和日寺石刻）	河南省方城县 湖北省大冶市 湖南省浏阳市 广东省雷州市 四川省广元市、安岳县 青海省泽库县
833	Ⅶ-57	玉雕 （北京玉雕、苏州玉雕、镇平玉雕、广州玉雕、阳美翡翠玉雕）	北京市玉器厂 江苏省苏州市 河南省镇平县 广东省广州市荔湾区、揭阳市
834	Ⅶ-58	木雕（曲阜楷木雕刻、澳门神像雕刻、武汉木雕船模）	山东省曲阜市 澳门特别行政区 湖北省武汉市硚口区
835	Ⅶ-59	核雕 （光福核雕、潍坊核雕、广州榄雕）	江苏省苏州市 山东省潍坊市 广东省增城市
836	Ⅶ-60	椰雕（海南椰雕）	海南省海口市
837	Ⅶ-61	葫芦雕刻（东昌葫芦雕刻）	山东省聊城市
838	Ⅶ-62	锡雕	山东省莱芜市 浙江省永康市
839	Ⅶ-63	汉字书法	中国文学艺术界联合会书法家协会 中国艺术研究院中国书法院
840	Ⅶ-64	藏文书法（德格藏文书法、果洛德昂洒智）	四川省德格县 青海省果洛藏族自治州
841	Ⅶ-65	木版年画（平阳木版年画、东昌府木版年画、张秋木版年画、夹江年画、滑县木版年画）	山西省临汾市 山东省聊城市、阳谷县 四川省夹江县 河南省滑县
842	Ⅶ-66	彩扎 （凤凰纸扎、秸秆扎刻、彩布拧台、邳州纸塑狮子头、佛山狮头）	湖南省凤凰县 河北省永清县、邯郸市 江苏省邳州市 广东省佛山市
843	Ⅶ-67	龙档（乐清龙档）	浙江省乐清市
844	Ⅶ-68	常州梳篦	江苏省常州市
845	Ⅶ-69	麦秆剪贴	浙江省浦江县
846	Ⅶ-70	北京绢花	北京市崇文区
847	Ⅶ-71	堆锦	山西省长治市堆锦研究所、

		（上党堆锦）	长治市群众艺术馆
848	Ⅶ-72	湟中堆绣	青海省湟中县
849	Ⅶ-73	瓯绣	浙江省温州市
850	Ⅶ-74	汴绣	河南省开封市
851	Ⅶ-75	汉绣	湖北省武汉市江汉区
852	Ⅶ-76	羌族刺绣	四川省汶川县
853	Ⅶ-77	民间绣活 （高平绣活、麻柳刺绣、 西秦刺绣、澄城刺绣、 红安绣活、阳新布贴）	山西省高平市 四川省广元市 陕西省宝鸡市、澄城县 湖北省红安县、阳新县
854	Ⅶ-78	彝族（撒尼）刺绣	云南省石林彝族自治县
855	Ⅶ-79	维吾尔族刺绣	新疆维吾尔自治区哈密地区
856	Ⅶ-80	满族刺绣（岫岩满族民间刺绣、 锦州满族民间刺绣、长白山满 族枕头顶刺绣）	辽宁省岫岩满族自治县、锦州市古塔区 吉林省通化市
857	Ⅶ-81	蒙古族刺绣	新疆维吾尔自治区博湖县
858	Ⅶ-82	柯尔克孜族刺绣	新疆维吾尔自治区温宿县
859	Ⅶ-83	哈萨克毡绣和布绣	新疆生产建设兵团农六师
860	Ⅶ-84	料器（北京料器）	北京京城百工坊艺术品有限公司
861	Ⅶ-85	瓯塑	浙江省温州市
862	Ⅶ-86	砖塑（鄄城砖塑）	山东省鄄城县
863	Ⅶ-87	灰塑	广东省广州市
864	Ⅶ-88	糖塑 （丰县糖人贡、天门糖塑、 成都糖画）	江苏省丰县 湖北省天门市 四川省成都市
865	Ⅶ-89	瓷板画	江西省南昌市
866	Ⅶ-90	软木画	福建省福州市
867	Ⅶ-91	镶嵌 （彩石镶嵌、骨木镶嵌、 嵌瓷）	浙江省温州市鹿城区、瓯海区，仙居县， 宁波市，广东省汕头市、普宁市
868	Ⅶ-92	新会葵艺	广东省江门市新会区
869	Ⅶ-93	传统插花	北京林业大学
870	Ⅶ-94	盆景技艺（扬派盆景技艺、 徽派盆景技艺、英石假山 盆景技艺）	江苏省扬州市、泰州市 安徽省歙县 广东省英德市
871	Ⅶ-95	布老虎（黎侯虎）	山西省黎城县

| 872 | Ⅶ-96 | 建筑彩绘（白族民居彩绘、陕北匠艺丹青、炕围画） | 云南省大理市
陕西省
山西省襄垣县 |

八、传统技艺（传统手工技艺，共计97项）

序号	编号	项目名称	申报地区或单位
873	Ⅷ-90	琉璃烧制技艺	北京市门头沟区 山西省
874	Ⅷ-91	临清贡砖烧制技艺	山东省临清市
875	Ⅷ-92	定瓷烧制技艺	河北省曲阳县
876	Ⅷ-93	钧瓷烧制技艺	河南省禹州市
877	Ⅷ-94	唐三彩烧制技艺	河南省洛阳市
878	Ⅷ-95	醴陵釉下五彩瓷烧制技艺	湖南省醴陵市
879	Ⅷ-96	枫溪瓷烧制技艺	广东省潮州市枫溪区
880	Ⅷ-97	广彩瓷烧制技艺	广东省广州市
881	Ⅷ-98	陶器烧制技艺（钦州坭兴陶烧制技艺、藏族黑陶烧制技艺、牙舟陶器烧制技艺、建水紫陶烧制技艺、荥经砂器烧制技艺）	广西壮族自治区钦州市 四川省稻城县 云南省迪庆藏族自治州 青海省囊谦县 贵州省平塘县 云南省建水县 四川省荥经县
882	Ⅷ-99	蚕丝织造技艺（余杭清水丝绵制作技艺、杭罗织造技艺、双林绫绢织造技艺）	浙江省杭州市余杭区、杭州市福兴丝绸厂、湖州市
883	Ⅷ-100	传统棉纺织技艺	河北省魏县、肥乡县 新疆维吾尔自治区伽师县
884	Ⅷ-101	毛纺织及擀制技艺（彝族毛纺织及擀制技艺、藏族牛羊毛编织技艺、东乡族擀毡技艺）	四川省昭觉县、色达县 甘肃省东乡族自治县
885	Ⅷ-102	夏布织造技艺	江西省万载县 重庆市荣昌县
886	Ⅷ-103	鲁锦织造技艺	山东省鄄城县、嘉祥县
887	Ⅷ-104	侗锦织造技艺	湖南省通道侗族自治县

888	Ⅷ-105	苗族织锦技艺	贵州省麻江县、雷山县
889	Ⅷ-106	傣族织锦技艺	云南省西双版纳傣族自治州
890	Ⅷ-107	香云纱染整技艺	广东省佛山市顺德区
891	Ⅷ-108	枫香印染技艺	贵州省惠水县、麻江县
892	Ⅷ-109	新疆维吾尔族艾德莱斯绸织染技艺	新疆维吾尔自治区洛浦县
893	Ⅷ-110	地毯织造技艺 （北京宫毯织造技艺、 阿拉善地毯织造技艺、 维吾尔族地毯织造技艺）	北京市 内蒙古自治区阿拉善左旗 新疆维吾尔自治区洛浦县
894	Ⅷ-111	滩羊皮鞣制工艺	山西省交城县
895	Ⅷ-112	鄂伦春族狍皮制作技艺	内蒙古自治区鄂伦春自治旗 黑龙江省黑河市爱辉区
896	Ⅷ-113	盛锡福皮帽制作技艺	北京市东城区
897	Ⅷ-114	维吾尔族卡拉库尔胎 羔皮帽制作技艺	新疆维吾尔自治区沙雅县
898	Ⅷ-115	内联升千层底布鞋制作技艺	北京市
899	Ⅷ-116	黄金溜槽堆石砌灶冶炼技艺	山东省招远市
900	Ⅷ-117	金银细工制作技艺	上海市黄浦区 江苏省南京市、江都市
901	Ⅷ-118	斑铜制作技艺	云南省曲靖市
902	Ⅷ-119	铜雕技艺	浙江省杭州市
903	Ⅷ-120	藏族金属锻造技艺 （藏族锻铜技艺、藏刀锻制 技艺）	西藏自治区南木林县 四川省白玉县 西藏自治区拉孜县 青海省玉树藏族自治州
904	Ⅷ-121	成都银花丝制作技艺	四川省成都市青羊区
905	Ⅷ-122	维吾尔族传统小刀制作技艺	新疆维吾尔自治区英吉沙县
906	Ⅷ-123	蒙古族马具制作技艺	内蒙古自治区科尔沁左翼后旗
907	Ⅷ-124	民族乐器制作技艺 （长子响铜乐器制作技艺、 朝鲜族民族乐器制作技艺、 苏州民族乐器制作技艺、 漳州蔡福美传统制鼓技艺、 维吾尔族乐器制作技艺）	山西省长子县 吉林省延边朝鲜族自治州 江苏省苏州市 福建省漳州市 新疆维吾尔自治区疏附县、 新和县
908	Ⅷ-125	花丝镶嵌制作技艺	北京市通州区 河北省大厂回族自治县
909	Ⅷ-126	金漆镶嵌髹饰技艺	北京市

910	Ⅷ-127	漆器髹饰技艺 （徽州漆器髹饰技艺、 重庆漆器髹饰技艺）	安徽省黄山市屯溪区 重庆市
911	Ⅷ-128	彝族漆器髹饰技艺	四川省喜德县 贵州省大方县
912	Ⅷ-129	纸笺加工技艺	安徽省巢湖市
913	Ⅷ-130	宣笔制作技艺	安徽省宣城市
914	Ⅷ-131	楮皮纸制作技艺	陕西省西安市长安区
915	Ⅷ-132	白沙茅龙笔制作技艺	广东省江门市
916	Ⅷ-133	砚台制作技艺 （易水砚制作技艺、澄泥砚制 作技艺、洮砚制作技艺）	河北省易县 山西省新绛县 甘肃省卓尼县、岷县
917	Ⅷ-134	印泥制作技艺 （上海鲁庵印泥、漳州八宝印泥）	上海市静安区 福建省漳州市
918	Ⅷ-135	木活字印刷技术	浙江省瑞安市
919	Ⅷ-136	装裱修复技艺 （古字画装裱修复技艺、 古籍修复技艺）	北京市荣宝斋 故宫博物院 国家图书馆 中国书店
920	Ⅷ-137	传统木船制造技艺	江苏省兴化市 浙江省舟山市普陀区
921	Ⅷ-138	水密隔舱福船制造技艺	福建省晋江市、宁德市蕉城区
922	Ⅷ-139	龙舟制作技艺	广东省东莞市
923	Ⅷ-140	伞制作技艺 （油纸伞制作技艺、西湖绸伞）	四川省泸州市江阳区 浙江省杭州市
924	Ⅷ-141	藏香制作技艺	西藏自治区尼木县、墨竹工卡县
925	Ⅷ-142	贝叶经制作技艺	云南省西双版纳傣族自治州
926	Ⅷ-143	土碱烧制技艺	新疆生产建设兵团
927	Ⅷ-144	蒸馏酒传统酿造技艺 （北京二锅头酒传统酿造技艺、 衡水老白干传统酿造技艺、 山庄老酒传统酿造技艺、 板城烧锅酒传统五甑酿造技艺、 梨花春白酒传统酿造技艺、 老龙口白酒传统酿造技艺、 大泉源酒传统酿造技艺、 宝丰酒传统酿造技艺、	北京红星股份有限公司、 北京顺鑫农业股份有限公司 河北省衡水市、平泉县、承德县 山西省朔州市 辽宁省沈阳市 吉林省通化县 河南省宝丰县 四川省宜宾市、成都市、绵竹市、古蔺县、 射洪县

		五粮液酒传统酿造技艺、 水井坊酒传统酿造技艺、 剑南春酒传统酿造技艺、 古蔺郎酒传统酿造技艺、 沱牌曲酒传统酿造技艺）	
928	Ⅷ-145	酿造酒传统酿造技艺 （封缸酒传统酿造技艺、 金华酒传统酿造技艺）	江苏省丹阳市、金坛市 浙江省金华市
929	Ⅷ-146	配制酒传统酿造技艺 （菊花白酒传统酿造技艺）	北京仁和酒业有限责任公司
930	Ⅷ-147	花茶制作技艺 （张一元茉莉花茶制作技艺）	北京张一元茶叶有限责任公司
931	Ⅷ-148	绿茶制作技艺 （西湖龙井、婺州举岩、黄山毛峰、太平猴魁、六安瓜片）	浙江省杭州市、金华市 安徽省黄山市徽州区、黄山区、六安市裕安区
932	Ⅷ-149	红茶制作技艺 （祁门红茶制作技艺）	安徽省祁门县
933	Ⅷ-150	乌龙茶制作技艺 （铁观音制作技艺）	福建省安溪县
934	Ⅷ-151	普洱茶制作技艺 （贡茶制作技艺、大益茶制作技艺）	云南省宁洱县、勐海县
935	Ⅷ-152	黑茶制作技艺 （千两茶制作技艺、茯砖茶制作技艺、南路边茶制作技艺）	湖南省安化县、益阳市 四川省雅安市
936	Ⅷ-153	晒盐技艺 （海盐晒制技艺、井盐晒制技艺）	浙江省象山县 海南省儋州市 西藏自治区芒康县
937	Ⅷ-154	酱油酿造技艺 （钱万隆酱油酿造技艺）	上海市浦东新区
938	Ⅷ-155	豆瓣传统制作技艺 （郫县豆瓣传统制作技艺）	四川省郫县
939	Ⅷ-156	豆豉酿制技艺 （永川豆豉酿制技艺、潼川豆豉酿制技艺）	重庆市 四川省三台县
940	Ⅷ-157	腐乳酿造技艺 （王致和腐乳酿造技艺）	北京市海淀区

941	Ⅷ-158	酱菜制作技艺 （六必居酱菜制作技艺）	北京六必居食品有限公司
942	Ⅷ-159	榨菜传统制作技艺 （涪陵榨菜传统制作技艺）	重庆市涪陵区
943	Ⅷ-160	传统面食制作技艺 （龙须拉面和刀削面制作技艺、 抿尖面和猫耳朵制作技艺）	山西省全晋会馆、晋韵楼
944	Ⅷ-161	茶点制作技艺 （富春茶点制作技艺）	江苏省扬州市
945	Ⅷ-162	周村烧饼制作技艺	山东省淄博市
946	Ⅷ-163	月饼传统制作技艺 （郭杜林晋式月饼制作技艺、 安琪广式月饼制作技艺）	山西省太原市 广东省安琪食品有限公司
947	Ⅷ-164	素食制作技艺 （功德林素食制作技艺）	上海功德林素食有限公司
948	Ⅷ-165	同盛祥牛羊肉泡馍制作技艺	陕西省西安市
949	Ⅷ-166	火腿制作技艺 （金华火腿腌制技艺）	浙江省金华市
950	Ⅷ-167	烤鸭技艺 （全聚德挂炉烤鸭技艺、 便宜坊焖炉烤鸭技艺）	北京市全聚德（集团）股份有限公司、 北京便宜坊烤鸭集团有限公司
951	Ⅷ-168	牛羊肉烹制技艺 （东来顺涮羊肉制作技艺、 鸿宾楼全羊席制作技艺、 月盛斋酱烧牛羊肉制作技艺、 北京烤肉制作技艺、 冠云平遥牛肉传统加工技艺、 烤全羊技艺）	北京市东来顺集团有限责任公司、 北京市鸿宾楼餐饮有限责任公司、 北京月盛斋清真食品有限公司、 北京市聚德华天控股有限公司 山西省冠云平遥牛肉集团有限公司 内蒙古自治区阿拉善盟
952	Ⅷ-169	天福号酱肘子制作技艺	北京天福号食品有限公司
953	Ⅷ-170	六味斋酱肉传统制作技艺	山西省太原六味斋实业有限公司
954	Ⅷ-171	都一处烧麦制作技艺	北京便宜坊烤鸭集团有限公司
955	Ⅷ-172	聚春园佛跳墙制作技艺	福建省福州市
956	Ⅷ-173	真不同洛阳水席制作技艺	河南省洛阳市
957	Ⅷ-174	官式古建筑营造技艺（北京故宫）	故宫博物院
958	Ⅷ-175	木拱桥传统营造技艺	浙江省庆元县、泰顺县 福建省寿宁县、屏南县
959	Ⅷ-176	石桥营造技艺	浙江省绍兴市

960	Ⅷ-177	婺州传统民居营造技艺 （诸葛村古村落营造技艺、 俞源村古建筑群营造技艺、 东阳卢宅营造技艺、 浦江郑义门营造技艺）	浙江省兰溪市、武义县、东阳市、浦江县
961	Ⅷ-178	徽派传统民居营造技艺	安徽省黄山市
962	Ⅷ-179	闽南传统民居营造技艺	福建省泉州市鲤城区、惠安县、南安市
963	Ⅷ-180	窑洞营造技艺	山西省平陆县 甘肃省庆阳市
964	Ⅷ-181	蒙古包营造技艺	内蒙古自治区文学艺术界联合会、西乌珠穆沁旗、陈巴尔虎旗
965	Ⅷ-182	黎族船型屋营造技艺	海南省东方市
966	Ⅷ-183	哈萨克族毡房营造技艺	新疆维吾尔自治区塔城地区
967	Ⅷ-184	俄罗斯族民居营造技艺	新疆维吾尔自治区塔城地区
968	Ⅷ-185	撒拉族篱笆楼营造技艺	青海省循化撒拉族自治县
969	Ⅷ-186	藏族碉楼营造技艺	四川省丹巴县

九、传统医药（共计 8 项）

序号	编号	项目名称	申报地区或单位
970	Ⅸ-10	中医养生 （药膳八珍汤、 灵源万应茶、 永定万应茶）	山西省太原市 福建省晋江市、永定县
971	Ⅸ-11	传统中医药文化 （鹤年堂中医药养生文化、 九芝堂传统中药文化、 潘高寿传统中药文化、 陈李济传统中药文化、 同济堂传统中药文化）	北京鹤年堂医药有限责任公司 湖南省九芝堂股份有限公司 广东省广州潘高寿药业股份有限公司、广州陈李济制药厂 贵州省同济堂制药有限公司
972	Ⅸ-12	蒙医药（赞巴拉道尔吉温针、火针疗法）	内蒙古自治区
973	Ⅸ-13	畲族医药 （痧症疗法、 六神经络骨通药制作工艺）	浙江省丽水市 福建省罗源县
974	Ⅸ-14	瑶族医药（药浴疗法）	贵州省从江县
975	Ⅸ-15	苗医药	贵州省雷山县、黔东南苗族侗族自治州

（骨伤蛇伤疗法、
九节茶药制作工艺）

| 976 | Ⅸ-16 | 侗医药 | 贵州省黔东南苗族侗族自治州 |

（过路黄药制作工艺）

| 977 | Ⅸ-17 | 回族医药 | 宁夏回族自治区吴忠市、银川市 |

（张氏回医正骨疗法、
回族汤瓶八诊疗法）

十、民俗（共计51项）

序号	编号	项目名称	申报地区或单位
978	Ⅹ-71	元宵节	文化部
		（敛巧饭习俗、	北京市怀柔区、密云县
		九曲黄河阵灯俗、	山西省柳林县
		柳林盘子会、	河北省蔚县
		蔚县拜灯山习俗、	福建省福州市马尾区、泉州市、晋江市、
		马尾-马祖元宵节俗、	仙游县、连城县
		泉州闹元宵习俗、	甘肃省永昌县
		闽台东石灯俗、	青海省乐都县
		枫亭元宵游灯习俗、	
		闽西客家元宵节庆、	
		永昌县卍字灯俗、	
		九曲黄河灯俗）	
979	Ⅹ-72	渔民开洋、谢洋节	浙江省象山县、岱山县 山东省荣成市、日照市、即墨市
980	Ⅹ-73	畲族三月三	浙江省景宁畲族自治县
981	Ⅹ-74	宾阳炮龙节	广西壮族自治区宾阳县
982	Ⅹ-75	苗族独木龙舟节	贵州省台江县
983	Ⅹ-76	苗族跳花节	贵州省安顺市
984	Ⅹ-77	苗族四月八姑娘节	湖南省绥宁县
985	Ⅹ-78	德昂族浇花节	云南省德宏傣族景颇族自治州
986	Ⅹ-79	江孜达玛节	西藏自治区江孜县
987	Ⅹ-80	塔塔尔族撒班节	新疆维吾尔自治区塔城地区
988	Ⅹ-81	灯会	河北省邯郸市、霸州市
		（苇子灯阵、胜芳灯会、	山西省河曲县

		河曲河灯会、肥东洋蛇灯、 南安英都拔拔灯、石城灯会、 渔灯节、泮村灯会、自贡灯会）	安徽省肥东县 福建省南安市 江西省石城县 山东省烟台市 广东省开平市 四川省自贡市
989	Ⅹ-82	羌年	四川省茂县、汶川县、理县、北川羌族自治县
990	Ⅹ-83	苗年	贵州省丹寨县、雷山县
991	Ⅹ-84	庙会 （妙峰山庙会、东岳庙庙会、 晋祠庙会、上海龙华庙会、 赶茶场、泰山东岳庙会、 武当山庙会、火宫殿庙会、 佛山祖庙庙会、药王山庙会）	北京市门头沟区、朝阳区 山西省太原市晋源区 上海市徐汇区 浙江省磐安县 山东省泰安市 湖北省十堰市 湖南省长沙市 广东省佛山市 陕西省铜川市
992	Ⅹ-85	民间信俗 （千童信子节、关公信俗、 石浦-富岗如意信俗、 汤和信俗、保生大帝信俗、 陈靖姑信俗、西王母信俗）	河北省盐山县 山西省运城市 河南省洛阳市 浙江省象山县、温州市龙湾区 福建省厦门市海沧区、龙海市、古田县、福州市仓山区 甘肃省泾川县
993	Ⅹ-86	青海湖祭海	青海省海北藏族自治州
994	Ⅹ-87	抬阁（芯子、铁枝、飘色） （葛渔城重阁会、宽城背杆、 隆尧县泽畔抬阁、清徐徐沟 背铁棍、万荣抬阁、峨口挠阁、 脑阁、金坛抬阁、浦江迎会、 肘阁抬阁、大坝高装、青林口 高抬戏、庄浪县高抬、湟中县 千户营高台、隆德县高台、阁子 里芯子、周村芯子、章丘芯子、 霍童铁枝、福鼎沙埕铁枝、屏	河北省廊坊市、宽城满族自治县、隆尧县、 山西省清徐县、万荣县、代县、 内蒙古自治区土默特左旗 江苏省金坛市 浙江省浦江县 安徽省寿县、临泉县 四川省兴文县、江油市 甘肃省庄浪县 青海省湟中县 宁夏回族自治区隆德县

			南双溪铁枝、南朗崖口飘色、台山浮石飘色、吴川飘色、河田高景）	山东省淄博市临淄区、周村区，章丘市 福建省宁德市蕉城区、福鼎市、屏南县 广东省中山市、台山市、吴川市、陆河县
995	Ⅹ-88		打铁花	河南省确山县
996	Ⅹ-89		朝鲜族花甲礼	辽宁省丹东市 吉林省延边朝鲜族自治州
997	Ⅹ-90		祭祖习俗（大槐树祭祖习俗）	山西省洪洞县
998	Ⅹ-91		鄂温克驯鹿习俗	内蒙古自治区根河市
999	Ⅹ-92		蒙古族养驼习俗	内蒙古自治区阿拉善盟
1000	Ⅹ-93		长白山采参习俗	吉林省抚松县
1001	Ⅹ-94		查干淖尔冬捕习俗	吉林省前郭尔罗斯蒙古族自治县
1002	Ⅹ-95		蚕桑习俗 （含山轧蚕花、扫蚕花地）	浙江省桐乡市、德清县
1003	Ⅹ-96		洪洞走亲习俗	山西省洪洞县
1004	Ⅹ-97		蟳埔女习俗	福建省泉州市丰泽区
1005	Ⅹ-98		汉族传统婚俗 （孝义贾家庄婚俗、 宁海十里红妆婚俗、 斗门水上婚嫁习俗）	山西省孝义市 浙江省宁海县 广东省珠海市
1006	Ⅹ-99		朝鲜族传统婚礼	吉林省延边朝鲜族自治州
1007	Ⅹ-100		塔吉克族婚俗	新疆维吾尔自治区、塔什库尔干塔吉克自治县
1008	Ⅹ-101		水乡社戏	浙江省绍兴市
1009	Ⅹ-102		界首书会	安徽省界首市
1010	Ⅹ-103		洛阳牡丹花会	河南省洛阳市
1011	Ⅹ-104		三汇彩亭会	四川省渠县
1012	Ⅹ-105		石宝山歌会	云南省剑川县
1013	Ⅹ-106		大理三月街	云南省大理市
1014	Ⅹ-107		茶艺（潮州工夫茶艺）	广东省潮州市
1015	Ⅹ-108		蒙古族服饰	内蒙古自治区 甘肃省肃北蒙古族自治县 新疆维吾尔自治区博湖县
1016	Ⅹ-109		朝鲜族服饰	吉林省延边朝鲜族自治州
1017	Ⅹ-110		畲族服饰	福建省罗源县
1018	Ⅹ-111		黎族服饰	海南省锦绣织贝有限公司、海南省民族研究所

1019	Ⅹ-112	珞巴族服饰	西藏自治区隆子县、米林县
1020	Ⅹ-113	藏族服饰	西藏自治区措美县、林芝地区、普兰县、安多县、申扎县
			青海省玉树藏族自治州、门源回族自治县
1021	Ⅹ-114	裕固族服饰	甘肃省肃南裕固族自治县
1022	Ⅹ-115	土族服饰	青海省互助土族自治县
1023	Ⅹ-116	撒拉族服饰	青海省循化撒拉族自治县
1024	Ⅹ-117	维吾尔族服饰	新疆维吾尔自治区于田县
1025	Ⅹ-118	哈萨克族服饰	新疆维吾尔自治区伊犁哈萨克自治州
1026	Ⅹ-119	珠算（程大位珠算法、珠算文化）	安徽省黄山市屯溪区 中国珠算心算协会
1027	Ⅹ-120	南海航道更路经	海南省文昌市
1028	Ⅹ-121	藏族天文历算	西藏自治区

第一批国家级非物质文化遗产扩展项目名录（共计147项）

一、民间文学（共计5项）

序号	编号	项目名称	申报地区或单位
8	Ⅰ-8	孟姜女传说	河北省秦皇岛市 湖南省津市市
9	Ⅰ-9	董永传说	江苏省金坛市 山东省博兴县
13	Ⅰ-13	宝卷（靖江宝卷、河西宝卷）	江苏省靖江市 甘肃省张掖市
22	Ⅰ-22	吴歌	上海市青浦区 江苏省无锡市
31	Ⅰ-31	谜语（澄海灯谜）	广东省汕头市澄海区

二、传统音乐（民间音乐，共计17项）

序号	编号	项目名称	申报地区或单位
34	Ⅱ-3	蒙古族长调民歌	新疆维吾尔自治区、巴音郭楞蒙古自治州、和布克赛尔蒙古自治县
35	Ⅱ-4	蒙古族呼麦	新疆维吾尔自治区、阿勒泰地区
38	Ⅱ-7	畲族民歌	浙江省景宁畲族自治县
44	Ⅱ-13	崖州民歌	海南省乐东黎族自治县
51	Ⅱ-20	花儿 （新疆花儿）	新疆维吾尔自治区、昌吉回族自治州、巴音郭楞蒙古自治州
58	Ⅱ-27	薅草锣鼓 （武宁打鼓歌、宜昌薅草锣鼓、五峰土家族薅草锣鼓、兴山薅草锣鼓、宣恩薅草锣鼓、长阳山歌、川东土家族薅草锣鼓）	江西省武宁县 湖北省宜昌市、五峰土家族自治县、兴山县、宣恩县、长阳土家族自治县 四川省宣汉县
59	Ⅱ-28	侗族大歌	贵州省从江县、榕江县
61	Ⅱ-30	多声部民歌 （潮尔道－蒙古族合声演唱、瑶族蝴蝶歌、壮族三声部民歌、羌族多声部民歌、硗碛多声部民歌、苗族多声部民歌）	内蒙古自治区锡林浩特市 广西壮族自治区富川瑶族自治县、马山县、四川省松潘县、雅安市 贵州省台江县、剑河县
65	Ⅱ-34	古琴艺术 （虞山琴派、广陵琴派、金陵琴派、梅庵琴派、浙派、诸城派、岭南派）	江苏省常熟市、扬州市、南京市、南通市、镇江市、浙江省杭州市、山东省诸城市、广东省广州市
66	Ⅱ-35	蒙古族马头琴音乐	吉林省前郭尔罗斯蒙古族自治县
67	Ⅱ-36	蒙古族四胡音乐	吉林省前郭尔罗斯蒙古族自治县 黑龙江省杜尔伯特蒙古族自治县
68	Ⅱ-37	唢呐艺术 （唐山花吹、丰宁满族吵子会、晋北鼓吹、上党八音会、上党乐户班社、丹东鼓乐、杨小班鼓吹乐棚、于都唢呐公婆吹、万载得胜鼓、邹城平派鼓吹乐、沮水呜音、呜音喇叭、远安呜音、青山唢呐、永城吹打、绥米唢呐）	河北省唐海县、丰宁满族自治县 山西省阳高县、忻州市、长子县、壶关县 辽宁省丹东市 黑龙江省肇州县 江西省于都县、万载县 山东省邹城市 湖北省保康县、南漳县、远安县 湖南省湘潭县 重庆市綦江县

序号	编号	项目名称	申报地区或单位
			陕西省绥德县、米脂县
71	Ⅱ-40	江南丝竹	浙江省杭州市
75	Ⅱ-44	十番音乐	江苏省淮安市、江都市
		（楚州十番锣鼓、邵伯锣鼓小牌子、楼塔细十番、遂昌昆曲十番、黄石惠洋十音、佛山十番、海南八音器乐）	浙江省杭州市、遂昌县 福建省莆田市 广东省佛山市 海南省海口市
76	Ⅱ-45	鲁西南鼓吹乐	山东省菏泽市牡丹区
85	Ⅱ-54	土家族打溜子	湖北省五峰土家族自治县、鹤峰县
90	Ⅱ-59	冀中笙管乐	北京市大兴区
		（白庙村音乐会、雄县古乐、小冯村音乐会、张庄音乐会、军卢村音乐会、东张务音乐会、南响口梵呗音乐会、里东庄音乐老会、辛安庄民间音乐会、安新县圈头村音乐会、东韩村拾幡古乐、子位吹歌）	河北省雄县、固安县、霸州市、廊坊市安次区、文安县、任丘市、安新县、易县、定州市

三、传统舞蹈（民间舞蹈，共计13项）

序号	编号	项目名称	申报地区或单位
104	Ⅲ-1	京西太平鼓 （石景山太平鼓、怪村太平鼓）	北京市石景山区、丰台区
105	Ⅲ-2	秧歌 （济阳鼓子秧歌、临县伞头秧歌、原平凤秧歌、汾阳地秧歌）	山东省济阳县 山西省临县、原平市、汾阳市
107	Ⅲ-4	龙舞 （易县摆字龙灯、 曲周龙灯、金州龙舞、 舞草龙、骆山大龙、 兰溪断头龙、大田板灯龙、 高龙、汝城香火龙、 九龙舞、埔寨火龙、人龙舞、 荷塘纱龙、乔林烟花火龙、 醉龙、黄龙溪火龙灯舞）	河北省易县、曲周县 辽宁省大连市金州区 上海市松江区 江苏省溧水县 浙江省兰溪市 福建省大田县 湖北省武汉市汉阳区 湖南省汝城县、平江县 广东省丰顺县、佛山市、江门市蓬江区、揭阳市、中山市 四川省双流县

108	Ⅲ-5	狮舞	北京市
		（白纸坊太狮、沧县狮舞、	河北省沧县
		小相狮舞、槐店文狮子、席狮舞、	河南省巩义市、沈丘县
		丰城岳家狮、布依族高台狮灯舞）	广东省梅州市
			江西省丰城市
			贵州省兴义市
110	Ⅲ-7	傩舞	山西省寿阳县
		（寿阳爱社、祁门傩舞、	安徽省祁门县
		邵武傩舞、湛江傩舞、	福建省邵武市
		文县池哥昼、永靖七月跳会）	广东省湛江市麻章区
			甘肃省文县、永靖县
112	Ⅲ-9	高跷	辽宁省盖州市、大洼县
		（盖州高跷、上口子高跷、	山东省泰安市
		独杆跷、高抬火轿）	河南省沁阳市
119	Ⅲ-16	滚灯	上海市奉贤区
		（奉贤滚灯、海盐滚灯）	浙江省海盐县
120	Ⅲ-17	土家族摆手舞	湖北省来凤县
		（恩施摆手舞、酉阳摆手舞）	重庆市酉阳土家族苗族自治县
122	Ⅲ-19	弦子舞（玉树依舞）	青海省玉树藏族自治州
123	Ⅲ-20	锅庄舞	四川省石渠县、雅江县、新龙县、德格县、金川县
		（甘孜锅庄、马奈锅庄、	
		称多白龙卓舞、囊谦卓干玛）	青海省称多县、囊谦县
126	Ⅲ-23	苗族芦笙舞	贵州省雷山县、关岭布依族苗族自治县、榕江县、水城县
127	Ⅲ-24	朝鲜族农乐舞	辽宁省铁岭市
129	Ⅲ-26	铜鼓舞	广西壮族自治区田林县
		（田林瑶族铜鼓舞、雷山苗族铜鼓舞）	贵州省雷山县

四、传统戏剧（共计33项）

序号	编号	项目名称	申报地区或单位
148	Ⅳ-4	潮剧	广东省揭阳市
160	Ⅳ-16	秦腔	甘肃省秦剧团
162	Ⅳ-18	晋剧	河北省张家口市
			山西省太原市

165	Ⅳ-21	上党梆子	山西省长治市
166	Ⅳ-22	河北梆子	北京市河北梆子剧团
			天津河北梆子剧院
167	Ⅳ-23	豫剧（桑派）	河北省邯郸市
170	Ⅳ-26	大平调	山东省东明县、菏泽市牡丹区
171	Ⅳ-27	越调	河南省许昌市
172	Ⅳ-28	京剧	湖北省京剧院
175	Ⅳ-31	汉调二簧	湖北省竹溪县
179	Ⅳ-35	荆河戏	湖北省荆州市
183	Ⅳ-39	乱弹（威县乱弹）	河北省威县
187	Ⅳ-43	柳子戏	河南省清丰县
188	Ⅳ-44	大弦戏	山东省菏泽市
192	Ⅳ-48	高甲戏（柯派）	福建省晋江市
194	Ⅳ-50	四平调	山东省金乡县、成武县
195	Ⅳ-51	评剧	北京市中国评剧院
			天津评剧院
197	Ⅳ-53	越剧（尹派）	福建省芳华越剧团
200	Ⅳ-56	扬剧	江苏省演艺集团扬剧团、镇江市
207	Ⅳ-63	柳琴戏	江苏省徐州市
			山东省临沂市
209	Ⅳ-65	采茶戏	湖北省阳新县
213	Ⅳ-69	曲子戏	新疆生产建设兵团
214	Ⅳ-70	秧歌戏	河北省蔚县
		（蔚县秧歌、祁太秧歌、	山西省祁县、太谷县、襄垣县、武乡县、
		襄武秧歌、壶关秧歌）	壶关县
215	Ⅳ-71	道情戏	山西省洪洞县
		（洪洞道情、沾化渔鼓戏）	山东省沾化县
217	Ⅳ-73	二人台	陕西省府谷县
221	Ⅳ-77	灯戏	湖北省恩施市
222	Ⅳ-78	花灯戏	贵州省独山县
			云南省花灯剧团、弥渡县、姚安县、元谋县
224	Ⅳ-80	藏戏	四川省德格县、巴塘县、色达县
		（德格格萨尔藏戏、巴塘藏	青海省果洛藏族自治州
		戏、色达藏戏、青海马背藏戏）	
226	Ⅳ-82	壮剧	云南省文山壮族苗族自治州
227	Ⅳ-83	侗戏	湖南省通道侗族自治县
233	Ⅳ-89	傩戏	江西省万载县

序号	编号	项目名称	申报地区或单位
		（万载开口傩、仡佬族傩戏、鹤峰傩戏、恩施傩戏）	贵州省道真仡佬族苗族自治县 湖北省鹤峰县、恩施市
235	Ⅳ-91	皮影戏 （北京皮影戏、河间皮影戏、岫岩皮影戏、盖州皮影戏、望奎县皮影戏、泰山皮影戏、济南皮影戏、定陶皮影、罗山皮影戏、湖南皮影戏、四川皮影戏、河湟皮影戏）	北京市宣武区 河北省河间市 辽宁省鞍山市、盖州市 黑龙江省望奎县 山东省泰安市、济南市、定陶县 河南省罗山县 湖南省木偶皮影艺术剧院、衡山县 四川省阆中市、南部县 青海省
236	Ⅳ-92	木偶戏 （孝义木偶戏、杖头木偶戏、平阳木偶戏、单档布袋戏、湖南杖头木偶戏、五华提线木偶、文昌公仔戏、三江公仔戏）	山西省孝义市 江苏省扬州市 浙江省平阳县、苍南县 湖南省木偶皮影艺术剧院 广东省梅州市 海南省文昌市、海口市

五、曲艺（共计15项）

序号	编号	项目名称	申报地区或单位
237	Ⅴ-1	苏州评弹 （苏州评话、苏州弹词）	上海市书场工作者协会
240	Ⅴ-4	山东大鼓（梨花大鼓）	河北省鸡泽县、威县
241	Ⅴ-5	西河大鼓	河北省廊坊市
242	Ⅴ-6	东北大鼓	辽宁省锦州市、瓦房店市、岫岩满族自治县 吉林省榆树市 黑龙江省五常市
246	Ⅴ-10	京东大鼓	河北省廊坊市
247	Ⅴ-11	胶东大鼓	山东省青岛市
254	Ⅴ-18	摊簧 （杭州摊簧、绍兴摊簧）	浙江省杭州市、绍兴市
255	Ⅴ-19	贤孝（西宁贤孝）	青海省西宁市
257	Ⅴ-21	山东琴书	山东省菏泽市
266	Ⅴ-30	新疆曲子	新疆维吾尔自治区、巴里坤哈萨克自治县
270	Ⅴ-34	歌册（潮州歌册）	广东省潮州市
271	Ⅴ-35	东北二人转	黑龙江省绥棱县

序号	编号	项目名称	申报地区或单位
			内蒙古自治区通辽市
276	Ⅴ-40	乌力格尔	内蒙古自治区通辽市
277	Ⅴ-41	达斡尔族乌钦	内蒙古自治区莫力达、瓦达斡尔族自治旗
281	Ⅴ-45	哈萨克族阿依特斯	甘肃省阿克塞哈萨克族自治县

六、传统体育、游艺与杂技（杂技与竞技，共计4项）

序号	编号	项目名称	申报地区或单位
285	Ⅵ-3	中幡 （安头屯中幡、正定高照、建瓯挑幡）	河北省香河县、正定县 福建省建瓯市
288	Ⅵ-6	线狮（九狮图）	浙江省永康市、仙居县
292	Ⅵ-10	沧州武术 （劈挂拳、燕青拳、孟村八极拳）	河北省沧州市
293	Ⅵ-11	太极拳（武氏太极拳）	河北省永年县

七、传统美术（民间美术，共计16项）

序号	编号	项目名称	申报地区或单位
313	Ⅶ-14	藏族唐卡 （昌都嘎玛嘎赤画派、墨竹工卡直孔刺绣唐卡、甘南藏族唐卡）	西藏自治区昌都县、墨竹工卡县 甘肃省夏河县
314	Ⅶ-15	内画 （北京内画鼻烟壶、广东内画）	北京市西城区 广东省汕头市
315	Ⅶ-16	剪纸 （广灵染色剪纸、和林格尔剪纸、庄河剪纸、岫岩满族剪纸、建平剪纸、新宾满族剪纸、长白山满族剪纸、方正剪纸、上海剪纸、南京剪纸、徐州剪纸、金坛刻纸、浦江剪纸、阜阳剪纸、漳浦剪纸、泉州（李尧宝）刻	山西省广灵县 内蒙古自治区和林格尔县 辽宁省庄河市、岫岩满族自治县、建平县、新宾满族自治县 吉林省通化市 黑龙江省方正县 上海市徐汇区 江苏省南京市、徐州市、金坛市 浙江省浦江县 安徽省阜阳市

		纸、柘荣剪纸、瑞昌剪纸、莒县过门笺、滨州民间剪纸、高密剪纸、烟台剪纸、灵宝剪纸、卢氏剪纸、辉县剪纸、孝感雕花剪纸、鄂州雕花剪纸、仙桃雕花剪纸、踏虎凿花、苗族剪纸、庆阳剪纸）	福建省漳浦县、泉州市、柘荣县 江西省瑞昌市 山东省莒县、滨州市、高密市、烟台市 河南省灵宝市、卢氏县、辉县市 湖北省孝感市孝南区、鄂州市、仙桃市 湖南省泸溪县 贵州省剑河县 甘肃省镇原县
317	Ⅶ-18	苏绣 （无锡精微绣、南通仿真绣）	江苏省无锡市、南通市
320	Ⅶ-21	蜀绣	重庆市渝中区
321	Ⅶ-22	苗绣	贵州省凯里市
324	Ⅶ-25	挑花 （望江挑花、花瑶挑花）	安徽省望江县 湖南省溆浦县
325	Ⅶ-26	香包（徐州香包）	江苏省徐州市
337	Ⅶ-38	砖雕（山西民居砖雕）	山西省清徐县
339	Ⅶ-40	潮州木雕	广东省揭阳市、汕头市
341	Ⅶ-42	黄杨木雕	上海市徐汇区
343	Ⅶ-44	木偶头雕刻 （江加走木偶头雕刻）	福建省泉州市
345	Ⅶ-46	竹刻 （无锡留青竹刻、常州留青竹刻、黄岩翻簧竹雕、江安竹簧）	江苏省无锡市、常州市 浙江省台州市黄岩区 四川省江安县
346	Ⅶ-47	泥塑 （玉田泥塑、苏州泥塑、聂家庄泥塑、大吴泥塑、徐氏泥彩塑、苗族泥哨、杨氏家庭泥塑）	河北省玉田县 江苏省苏州市 山东省高密市 广东省潮安县 四川省大英县 贵州省黄平县 宁夏回族自治区隆德县
349	Ⅶ-50	灯彩 （北京灯彩、上海灯彩、秦淮灯彩、苏州灯彩、佛山彩灯、潮州花灯、洛阳宫灯、汴京灯笼张）	北京市崇文区、朝阳区 上海市卢湾区 江苏省句容市、苏州市 广东省佛山市、潮州市湘桥区 河南省洛阳市、开封市

| 350 | Ⅶ-51 | 竹编（东阳竹编、舒席、瑞昌竹编、梁平竹帘、渠县刘氏竹编、青神竹编、瓷胎竹编） | 浙江省东阳市
安徽省舒城县
江西省瑞昌市
重庆市梁平县
四川省渠县、青神县、邛崃市 |

八、传统技艺（传统手工技艺，共计 24 项）

序号	编号	项目名称	申报地区或单位
356	Ⅷ-6	维吾尔族模制法土陶烧制技艺	新疆生产建设兵团
373	Ⅷ-23	花毡、印花布织染技艺	新疆维吾尔自治区且末县、塔城地区、英吉沙县
374	Ⅷ-24	蓝印花布印染技艺	湖南省凤凰县、邵阳县
375	Ⅷ-25	蜡染技艺	贵州省安顺市
376	Ⅷ-26	扎染技艺（自贡扎染技艺）	四川省自贡市
380	Ⅷ-30	侗族木构建筑营造技艺	贵州省黎平县、从江县
385	Ⅷ-35	生铁冶铸技艺（干模铸造技艺）	河北省泊头市
388	Ⅷ-38	剪刀锻制技艺（王麻子剪刀锻制技艺）	北京市
390	Ⅷ-40	银饰制作技艺（苗族银饰制作技艺、彝族银饰制作技艺）	贵州省黄平县 四川省布拖县
394	Ⅷ-44	弓箭制作技艺（锡伯族弓箭制作技艺）	新疆维吾尔自治区
395	Ⅷ-45	家具制作技艺（京作硬木家具制作技艺、广式硬木家具制作技艺）	北京市崇文区 广东省广州市
396	Ⅷ-46	蒙古族勒勒车制作技艺	内蒙古自治区阿鲁科尔沁旗
400	Ⅷ-50	雕漆技艺	甘肃省天水市秦州区
411	Ⅷ-61	老陈醋酿制技艺（美和居老陈醋酿制技艺）	山西省太原市
420	Ⅷ-70	桑皮纸制作技艺	安徽省潜山县、岳西县
421	Ⅷ-71	竹纸制作技艺	福建省将乐县
427	Ⅷ-77	木版水印技艺	上海书画出版社
428	Ⅷ-78	雕版印刷技艺	福建省连城县
430	Ⅷ-80	藏族雕版印刷技艺（波罗古泽刻版制作技艺）	西藏自治区江达县
431	Ⅷ-81	制扇技艺	浙江省杭州市

		（王星记扇、荣昌折扇、龚扇）	重庆市荣昌县 四川省自贡市
432	Ⅷ-82	剧装戏具制作技艺	北京剧装厂
433	Ⅷ-83	桦树皮制作技艺 （鄂温克族桦树皮制作技艺、鄂伦春族桦树皮船制作技艺）	内蒙古自治区根河市 黑龙江省大兴安岭地区
436	Ⅷ-86	烟火爆竹制作技艺 （南张井老虎火、万载花炮制作技艺、萍乡烟花制作技艺、蒲城杆火技艺、架花烟火爆竹制作技艺）	河北省井陉县 江西省万载县、上栗县 陕西省蒲城县、洋县
438	Ⅷ-88	风筝制作技艺 （北京风筝哈制作技艺、天津风筝魏制作技艺）	北京市海淀区 天津市南开区

九、传统医药（共计5项）

序号	编号	项目名称	申报地区或单位
442	Ⅸ-3	中药炮制技术 （四大怀药种植与炮制、中药炮制技艺）	河南省焦作市 四川省成都市
443	Ⅸ-4	中医传统制剂方法 （龟龄集传统制作技艺、雷允上六神丸制作技艺、东阿阿胶制作技艺、廖氏化风丹制作技艺）	山西省太谷县 江苏省苏州市 山东省东阿县、平阴县 贵州省遵义市红花岗区、汇川区
444	Ⅸ-5	针灸（刘氏刺熨疗法）	重庆市渝中区
445	Ⅸ-6	中医正骨疗法 （宫廷正骨、罗氏正骨法、石氏伤科疗法、平乐郭氏正骨法）	北京市护国寺中医医院 北京市朝阳区 上海市黄浦区 河南省洛阳市 广东省深圳市
448	Ⅸ-9	藏医药 （藏医外治法、藏医尿诊法、藏医药浴疗法、甘南藏医药、藏药炮制技艺、	西藏自治区藏医学院、西藏自治区山南地区藏医院 青海省藏医院 甘肃省碌曲县

| | 藏药七十味珍珠丸配伍技艺、藏药珊瑚七十味丸配伍技艺、藏药阿如拉炮制技艺、七十味珍珠丸赛太炮制技艺) | 西藏自治区藏医院、西藏自治区藏药厂、西藏自治区雄巴拉曲神水藏药厂
青海省金诃藏药药业股份有限公司 |

十、民俗（共计15项）

序号	编号	项目名称	申报地区或单位
450	X-2	清明节（溱潼会船）	江苏省姜堰市
451	X-3	端午节 （罗店划龙船习俗、五常龙舟胜会、安海嗦啰嗹习俗）	上海市宝山区 浙江省杭州市余杭区 福建省晋江市
452	X-4	七夕节（乞巧节）	甘肃省西和县
453	X-5	中秋节 （中秋博饼、佛山秋色）	福建省厦门市 广东省佛山市
456	X-8	傣族泼水节	云南省德宏傣族景颇族自治州
473	X-25	侗族萨玛节	贵州省黎平县
480	X-32	黄帝祭典（新郑黄帝拜祖祭典）	河南省新郑市
481	X-33	炎帝祭典	陕西省宝鸡市
484	X-36	妈祖祭典（天津皇会）	天津市民俗博物馆
496	X-48	那达慕	青海省海西蒙古族藏族自治州 新疆维吾尔自治区和静县
497	X-49	新疆维吾尔族麦西热甫 （新疆维吾尔刀郎麦西热甫、维吾尔族却日库木麦西热甫、维吾尔族塔合麦西热甫、维吾尔族阔克麦西热甫）	新疆维吾尔自治区阿瓦提县、阿克苏市、木垒哈萨克自治县、哈密市
502	X-54	民间社火 桃林坪花脸社火、永年抬花桌、本溪社火、义县社火、朝阳社火、浚县民间社火、洋县悬台社火）	河北省井陉县、永年县 辽宁省本溪满族自治县、义县、朝阳县 河南省浚县 陕西省洋县
503	X-55	蒙古族婚礼 （阿日奔苏木婚礼、乌珠穆沁婚礼、蒙古族婚俗）	内蒙古自治区阿鲁科尔沁旗、西乌珠穆沁旗 吉林省前郭尔罗斯蒙古族自治县
508	X-60	药市习俗	江西省樟树市

		（樟树药俗、百泉药会、禹州药会）	河南省辉县市、禹州市
513	Ⅹ-65	苗族服饰	湖南省湘西土家族苗族自治州
			贵州省桐梓县、安顺市西秀区、关岭布依族苗族自治县、纳雍县、剑河县、台江县、榕江县、六盘水市六枝特区、丹寨县

（注：本扩展项目名录的序号、编号均为第一批国家级非物质文化遗产名录的序号和编号）

附录 3：

国务院关于公布第三批国家级非物质文化遗产名录的通知

国发〔2011〕14 号

各省、自治区、直辖市人民政府，国务院各部委、各直属机构：

国务院批准文化部确定的第三批国家级非物质文化遗产名录（共计 191 项）和国家级非物质文化遗产名录扩展项目名录（共计 164 项），现予公布。

各地区、各部门要按照《国务院关于加强文化遗产保护的通知》（国发〔2005〕42 号）和《国务院办公厅关于加强我国非物质文化遗产保护工作的意见》（国办发〔2005〕18 号）要求，认真贯彻落实"保护为主、抢救第一、合理利用、传承发展"的工作方针，坚持科学的保护理念，扎实做好非物质文化遗产名录项目的保护、传承和管理工作，努力推动非物质文化遗产保护迈上新的台阶，为构建完备的、有中国特色的非物质文化遗产保护制度，推动文化大发展大繁荣，建设中华民族共有精神家园，满足人民群众日益增长的精神文化需求，作出积极的贡献。

国务院
二〇一一年五月二十三日

第三批国家级非物质文化遗产名录（共计 191 项）

一、民间文学（共计 41 项）

序号	项目编号	项目名称	申报地区或单位
1029	Ⅰ-85	天坛传说	北京市东城区
1030	Ⅰ-86	曹雪芹传说	北京市海淀区
1031	Ⅰ-87	契丹始祖传说	河北省平泉县
1032	Ⅰ-88	赵氏孤儿传说	山西省盂县
1033	Ⅰ-89	白马拖缰传说	山西省晋城市城区
1034	Ⅰ-90	舜的传说	山西省沁水县，山东省诸城市
1035	Ⅰ-91	禹的传说	四川省汶川县、北川羌族自治县
1036	Ⅰ-92	防风传说	浙江省德清县
1037	Ⅰ-93	盘瓠传说	湖南省泸溪县
1038	Ⅰ-94	庄子传说	山东省东明县
1039	Ⅰ-95	柳毅传说	山东省潍坊市寒亭区
1040	Ⅰ-96	禅宗祖师传说	湖北省黄梅县
1041	Ⅰ-97	布袋和尚传说	浙江省奉化市
1042	Ⅰ-98	钱王传说	浙江省临安市

1043	I-99	苏东坡传说	浙江省杭州市
1044	I-100	王羲之传说	浙江省绍兴市
1045	I-101	李时珍传说	湖北省蕲春县
1046	I-102	蔡伦造纸传说	陕西省汉中市
1047	I-103	牡丹传说	山东省菏泽市牡丹区
1048	I-104	泰山传说	山东省泰安市
1049	I-105	黄鹤楼传说	湖北省武汉市武昌区
1050	I-106	烂柯山的传说	山西省陵川县，浙江省衢州市
1051	I-107	珞巴族始祖传说	西藏自治区米林县
1052	I-108	阿尼玛卿雪山传说	青海省果洛藏族自治州
1053	I-109	锡伯族民间故事	辽宁省沈阳市
1054	I-110	嘉黎民间故事	西藏自治区嘉黎县
1055	I-111	海洋动物故事	浙江省洞头县
1056	I-112	土家族哭嫁歌	湖南省永顺县、古丈县
1057	I-113	坡芽情歌	云南省富宁县
1058	I-114	祝赞词	内蒙古自治区东乌珠穆沁旗，新疆维吾尔自治区博湖县、和布克赛尔蒙古自治县
1059	I-115	黑暗传	湖北省保康县、神农架林区
1060	I-116	陶克陶胡	吉林省前郭尔罗斯蒙古族自治县
1061	I-117	密洛陀	广西壮族自治区都安瑶族自治县
1062	I-118	亚鲁王	贵州省紫云苗族布依族自治县
1063	I-119	目瑙斋瓦	云南省德宏傣族景颇族自治州
1064	I-120	洛奇洛耶与扎斯扎依	云南省墨江哈尼族自治县
1065	I-121	阿细先基	云南省弥勒县
1066	I-122	羌戈大战	四川省汶川县
1067	I-123	恰克恰克	新疆维吾尔自治区伊宁市
1068	I-124	酉阳古歌	重庆市酉阳土家族苗族自治县
1069	I-125	谚语（沪谚）	上海市闵行区

二、传统音乐（共计 16 项）

序号	项目编号	项目名称	申报地区或单位
1070	II-140	凤阳民歌	安徽省滁州市
1071	II-141	九江山歌	江西省九江县
1072	II-142	利川灯歌	湖北省利川市
1073	II-143	天门民歌	湖北省天门市
1074	II-144	临高渔歌	海南省临高县

1075	Ⅱ-145	弥渡民歌	云南省弥渡县
1076	Ⅱ-146	青海汉族民间小调	青海省西宁市
1077	Ⅱ-147	阿里郎	吉林省延边朝鲜族自治州
1078	Ⅱ-148	哈萨克族民歌	新疆维吾尔自治区伊犁哈萨克自治州
1079	Ⅱ-149	塔吉克族民歌	新疆维吾尔自治区塔什库尔干塔吉克自治县
1080	Ⅱ-150	茅山号子	江苏省兴化市
1081	Ⅱ-151	弦索乐（菏泽弦索乐）	山东省菏泽市
1082	Ⅱ-152	纳西族白沙细乐	云南省丽江市古城区
1083	Ⅱ-153	伽倻琴艺术	吉林省延吉市
1084	Ⅱ-154	京族独弦琴艺术	广西壮族自治区东兴市
1085	Ⅱ-155	哈萨克族库布孜	新疆维吾尔自治区伊犁哈萨克自治州

三、传统舞蹈（共计 15 项）

序号	项目编号	项目名称	申报地区或单位
1086	Ⅲ-97	跳马伕	江苏省如东县
1087	Ⅲ-98	仗鼓舞（桑植仗鼓舞）	湖南省桑植县
1088	Ⅲ-99	南县地花鼓	湖南省南县
1089	Ⅲ-100	跳花棚	广东省化州市
1090	Ⅲ-101	老古舞	海南省白沙黎族自治县
1091	Ⅲ-102	跳曹盖	四川省平武县
1092	Ⅲ-103	棕扇舞	云南省元江哈尼族彝族傣族自治县
1093	Ⅲ-104	鄂温克族萨满舞	内蒙古自治区根河市
1094	Ⅲ-105	协荣仲孜	西藏自治区曲水县
1095	Ⅲ-106	普兰果尔孜	西藏自治区阿里地区
1096	Ⅲ-107	陈塘夏尔巴歌舞	西藏自治区定结县
1097	Ⅲ-108	巴当舞	甘肃省岷县
1098	Ⅲ-109	安昭	青海省互助土族自治县
1099	Ⅲ-110	萨玛舞	新疆维吾尔自治区喀什市
1100	Ⅲ-111	哈萨克族卡拉角勒哈	新疆维吾尔自治区伊犁哈萨克自治州

四、传统戏剧（共计 20 项）

序号	项目编号	项目名称	申报地区或单位
1101	Ⅳ-139	上党二簧	山西省晋城市城区
1102	Ⅳ-140	醒感戏	浙江省永康市
1103	Ⅳ-141	湖剧	浙江省湖州市

1104	IV-142	淳安三角戏	浙江省淳安县
1105	IV-143	嗨子戏	安徽省阜南县
1106	IV-144	赣剧	江西省赣剧院
1107	IV-145	西河戏	江西省星子县
1108	IV-146	鹧鸪戏	山东省淄博市临淄区
1109	IV-147	淮调	河南省安阳县
1110	IV-148	落腔	河南省内黄县
1111	IV-149	武当神戏	湖北省丹江口市
1112	IV-150	雷剧	广东省雷州市
1113	IV-151	关索戏	云南省澄江县
1114	IV-152	通渭小曲戏	甘肃省通渭县
1115	IV-153	弦子腔	陕西省平利县
1116	IV-154	西路梆子	河北省海兴县
1117	IV-155	淮北梆子戏	安徽省宿州市、阜阳市
1118	IV-156	滑稽戏	上海滑稽剧团，江苏省苏州市
1119	IV-157	张家界阳戏	湖南省张家界市永定区
1120	IV-158	海南斋戏	海南省海口市

五、曲艺（共计18项）

序号	项目编号	项目名称	申报地区或单位
1121	Ⅴ-97	莲花落	山西省太原市
1122	Ⅴ-98	长子鼓书	山西省长子县
1123	Ⅴ-99	翼城琴书	山西省翼城县
1124	Ⅴ-100	曲沃琴书	山西省曲沃县
1125	Ⅴ-101	泽州四弦书	山西省泽州县
1126	Ⅴ-102	盘索里	辽宁省铁岭市 吉林省延边朝鲜族自治州
1127	Ⅴ-103	永康鼓词	浙江省永康市
1128	Ⅴ-104	唱新闻	浙江省象山县
1129	Ⅴ-105	渔鼓道情	安徽省萧县
1130	Ⅴ-106	三棒鼓	湖北省宣恩县
1131	Ⅴ-107	祁阳小调	湖南省祁阳县
1132	Ⅴ-108	粤曲	广东省广州市
1133	Ⅴ-109	木鱼歌	广东省东莞市
1134	Ⅴ-110	四川评书	重庆市曲艺团
1135	Ⅴ-111	洛南静板书	陕西省洛南县

1136	Ⅴ-112	南音说唱	澳门特别行政区
1137	Ⅴ-113	河州平弦	甘肃省临夏市
1138	Ⅴ-114	端鼓腔	山东省东平县、微山县

六、传统体育、游艺与杂技（共计 15 项）

序号	项目编号	项目名称	申报地区或单位
1139	Ⅵ-56	拦手门	天津市河东区
1140	Ⅵ-57	通背缠拳	山西省洪洞县
1141	Ⅵ-58	地术拳	福建省精武保安培训学校
1142	Ⅵ-59	佛汉拳	山东省东明县
1143	Ⅵ-60	孙膑拳	山东省青岛市市北区、安丘市
1144	Ⅵ-61	肘捶	山东省临清市
1145	Ⅵ-62	十八般武艺	浙江省杭州市余杭区
1146	Ⅵ-63	华佗五禽戏	安徽省亳州市
1147	Ⅵ-64	撂石锁	河南省开封市
1148	Ⅵ-65	赛龙舟	湖南省沅陵县 广东省东莞市，贵州省铜仁市、镇远县
1149	Ⅵ-66	迎罗汉	浙江省缙云县
1150	Ⅵ-67	掼牛	浙江省嘉兴市南湖区
1151	Ⅵ-68	高杆船技	浙江省桐乡市
1152	Ⅵ-69	花毽	山东省青州市
1153	Ⅵ-70	口技	北京市西城区

七、传统美术（共计 13 项）

序号	项目编号	项目名称	申报地区或单位
1154	Ⅶ-97	棕编（新繁棕编）	四川省成都市新都区
1155	Ⅶ-98	苗画	湖南省保靖县
1156	Ⅶ-99	嘉兴灶头画	浙江省嘉兴市
1157	Ⅶ-100	永春纸织画	福建省永春县
1158	Ⅶ-101	平遥纱阁戏人	山西省平遥县
1159	Ⅶ-102	清徐彩门楼	山西省清徐县
1160	Ⅶ-103	上海绒绣	上海市浦东新区
1161	Ⅶ-104	宁波金银彩绣	浙江省宁波市鄞州区
1162	Ⅶ-105	瑶族刺绣	广东省乳源瑶族自治县
1163	Ⅶ-106	藏族编织、挑花刺绣工艺	四川省阿坝藏族羌族自治州

1164	Ⅶ-107	侗族刺绣	贵州省锦屏县
1165	Ⅶ-108	锡伯族刺绣	新疆维吾尔自治区察布查尔锡伯自治县
1166	Ⅶ-109	宁波泥金彩漆	浙江省宁海县

八、传统技艺（共计 26 项）

序号	项目编号	项目名称	申报地区或单位
1167	Ⅷ-187	越窑青瓷烧制技艺	浙江省上虞市、杭州市、慈溪市
1168	Ⅷ-188	建窑建盏烧制技艺	福建省南平市
1169	Ⅷ-189	汝瓷烧制技艺	河南省汝州市、宝丰县
1170	Ⅷ-190	淄博陶瓷烧制技艺	山东省淄博市
1171	Ⅷ-191	长沙窑铜官陶瓷烧制技艺	湖南省长沙市望城区
1172	Ⅷ-192	蓝夹缬技艺	浙江省温州市
1173	Ⅷ-193	中式服装制作技艺（龙凤旗袍手工制作技艺、亨生奉帮裁缝技艺，培罗蒙奉帮裁缝技艺，振兴祥中式服装制作技艺）	上海市静安区、黄浦区 浙江省杭州市
1174	Ⅷ-194	铅锡刻镂技艺	湖北省荆州市
1175	Ⅷ-195	乌铜走银制作技艺	云南省石屏县
1176	Ⅷ-196	银铜器制作及鎏金技艺	青海省湟中县
1177	Ⅷ-197	青铜器修复及复制技艺	故宫博物院
1178	Ⅷ-198	国画颜料制作技艺（姜思序堂国画颜料制作技艺）	江苏省苏州市
1179	Ⅷ-199	藏族矿植物颜料制作技艺	西藏自治区拉萨市
1180	Ⅷ-200	毛笔制作技艺（周虎臣毛笔制作技艺、扬州毛笔制作技艺）	上海市黄浦区 江苏省江都市
1181	Ⅷ-201	衡水法帖雕版拓印技艺	河北省衡水市桃城区
1182	Ⅷ-202	古书画临摹复制技艺（福鼎白茶制作技艺）	故宫博物院
1183	Ⅷ-203	白茶制作技艺	福建省福鼎市
1184	Ⅷ-204	仿膳（清廷御膳）制作技艺	北京市西城区
1185	Ⅷ-205	直隶官府菜烹饪技艺	河北省保定市
1186	Ⅷ-206	孔府菜烹饪技艺	山东省曲阜市
1187	Ⅷ-207	五芳斋粽子制作技艺	浙江省嘉兴市
1188	Ⅷ-208	北京四合院传统营造技艺	中国艺术研究院
1189	Ⅷ-209	雁门民居营造技艺	山西省忻州市
1190	Ⅷ-210	石库门里弄建筑营造技艺	上海市黄浦区

| 1191 | Ⅷ-211 | 土家族吊脚楼营造技艺 | 湖北省咸丰县、永顺县 重庆市石柱土家族自治县 |
| 1192 | Ⅷ-212 | 维吾尔族民居建筑技艺（阿依旺赛来民居营造技艺） | 新疆维吾尔自治区和田地区 |

九、传统医药（共计 4 项）

序号	项目编号	项目名称	申报地区或单位
1193	Ⅸ-18	壮医药（壮医药线点灸疗法）	广西中医学院
1194	Ⅸ-19	彝医药（彝医水膏药疗法）	云南省楚雄彝族自治州
1195	Ⅸ-20	傣医药（睡药疗法）	云南省西双版纳傣族自治州、德宏傣族景颇族自治州
1196	Ⅸ-21	维吾尔医药（维药传统炮制技艺、木尼孜其·木斯力汤药制作技艺、食物疗法、库西台法）	新疆维吾尔医学高等专科学校、新疆维吾尔自治区和田地区、新疆维吾尔自治区莎车县、新疆维吾尔自治区维吾尔医药研究所

十、民俗（共计 23 项）

序号	项目编号	项目名称	申报地区或单位
1197	Ⅹ-122	中元节（潮人盂兰胜会）	香港特别行政区
1198	Ⅹ-123	中和节（永济背冰、云丘山中和节）	山西省永济市、乡宁县
1199	Ⅹ-124	俄罗斯族巴斯克节	内蒙古自治区额尔古纳市
1200	Ⅹ-125	鄂温克族瑟宾节	黑龙江省讷河市
1201	Ⅹ-126	诺茹孜节	新疆维吾尔自治区塔城地区
1202	Ⅹ-127	布依族"三月三"	贵州省贞丰县、望谟县
1203	Ⅹ-128	土家年	湖南省永顺县
1204	Ⅹ-129	彝族年	四川省凉山彝族自治州
1205	Ⅹ-130	侗年	贵州省榕江县
1206	Ⅹ-131	藏历年	西藏自治区拉萨市
1207	Ⅹ-132	舜帝祭典	湖南省宁远县
1208	Ⅹ-133	祭寨神林	云南省元阳县
1209	Ⅹ-134	歌会（瑞云四月八、四十八寨歌节）	福建省福鼎市 贵州省天柱县
1210	Ⅹ-135	尉村跑鼓车	山西省襄汾县
1211	Ⅹ-136	独辕四景车赛会	山西省平顺县
1212	Ⅹ-137	网船会	浙江省嘉兴市秀洲区

1213	Ⅹ-138	月也	贵州省黎平县
1214	Ⅹ-139	婚俗（朝鲜族回婚礼、达斡尔族传统婚俗、彝族传统婚俗、裕固族传统婚俗、回族传统婚俗、哈萨克族传统婚俗、锡伯族传统婚俗）	吉林省延边朝鲜族自治州 黑龙江省齐齐哈尔市富拉尔基区，四川省美姑县，甘肃省张掖市，宁夏回族自治区，新疆维吾尔自治区伊犁哈萨克自治州，新疆嘎善文化传播中心
1215	Ⅹ-140	径山茶宴	浙江省杭州市余杭区
1216	Ⅹ-141	装泥鱼习俗	广东省珠海市斗门区
1217	Ⅹ-142	苗族栽岩习俗	贵州省榕江县
1218	Ⅹ-143	柯尔克孜族驯鹰习俗	新疆维吾尔自治区阿合奇县
1219	Ⅹ-144	塔吉克族服饰	新疆维吾尔自治区塔什库尔干塔吉克自治县

国家级非物质文化遗产扩展项目名录（共计164项）

一、民间文学（共计8项）

序号	项目编号	项目名称	申报地区或单位
1	Ⅰ-1	苗族古歌	湖南省花垣县
8	Ⅰ-8	孟姜女传说	山东省莒县
9	Ⅰ-9	董永传说	江苏省丹阳市
522	Ⅰ-35	尧的传说	山东省菏泽市牡丹区
523	Ⅰ-36	牛郎织女传说	陕西省西安市长安区
528	Ⅰ-41	徐福传说	江苏省赣榆县 山东省胶南市、青岛市黄岛区
537	Ⅰ-50	木兰传说	陕西省延安市宝塔区
561	Ⅰ-74	司岗里	云南省西盟佤族自治县

二、传统音乐（共计16项）

序号	项目编号	项目名称	申报地区或单位
38	Ⅱ-7	畲族民歌	浙江省泰顺县
60	Ⅱ-29	侗族琵琶歌	贵州省从江县
61	Ⅱ-30	多声部民歌（潮尔道－阿巴嘎潮尔）	内蒙古自治区阿巴嘎旗
68	Ⅱ-37	唢呐艺术（徐州鼓吹乐、砀山唢呐、长汀公嬷吹）	江苏省徐州市，安徽省宿州市，福建省长汀县

76	Ⅱ-45	鲁西南鼓吹乐	山东省巨野县、单县
83	Ⅱ-52	吹打（广西八音）	广西壮族自治区玉林市
596	Ⅱ-97	海洋号子（长海号子、象山渔民号子）	辽宁省长海县，浙江省象山县
604	Ⅱ-105	蒙古族民歌（乌拉特民歌）	内蒙古自治区乌拉特前旗
608	Ⅱ-109	苗族民歌（苗族飞歌）	贵州省剑河县
612	Ⅱ-113	彝族民歌（彝族山歌）	贵州省盘县
614	Ⅱ-115	藏族民歌（藏族赶马调、班戈昌鲁）	四川省冕宁县，西藏自治区班戈县
622	Ⅱ-123	锣鼓艺术（云胜锣鼓、中州大鼓、鄂州牌子锣、小河锣鼓）	山西省原平市，河南省新乡县，湖北省鄂州市，重庆市渝北区
623	Ⅱ-124	洞箫音乐（高陵洞箫）	陕西省高陵县
635	Ⅱ-136	口弦音乐	四川省北川羌族自治县
637	Ⅱ-138	佛教音乐（楞严寺寺庙音乐、觉囊梵音、洋县佛教音乐、塔尔寺花架音乐）	山西省左云县，四川省壤塘县，陕西省洋县，青海省湟中县
638	Ⅱ-139	道教音乐（东岳观道教音乐、澳门道教科仪音乐）	浙江省平阳县，澳门特别行政区

三、传统舞蹈（共计 16 项）

序号	项目编号	项目名称	申报地区或单位
105	Ⅲ-2	秧歌（小红门地秧歌、乐亭地秧歌、阳信鼓子秧歌）	北京市朝阳区，河北省乐亭县，山东省阳信县
107	Ⅲ-4	龙舞（浦东绕龙灯、直溪巨龙、碇步龙、开化香火草龙、坎门花龙、龙灯扛阁、火龙舞、三节龙、地龙灯、芷江擎龙、城步吊龙、香火龙、六坊云龙舞）	上海市浦东新区，江苏省金坛市，浙江省泰顺县、开化县、玉环县，山东省临沂市，河南省孟州市，湖北省云梦县、来凤县，湖南省芷江侗族自治县、城步苗族自治县，广东省南雄市、中山市
108	Ⅲ-5	狮舞（马桥手狮舞，古陂蓆狮、犁狮，青狮，松岗七星狮舞，藤县狮舞，田阳壮族狮舞，高台狮舞）	上海市闵行区，江西省信丰县，广东省揭阳市、深圳市，广西壮族自治区藤县、田阳县，重庆市彭水苗族土家族自治县
110	Ⅲ-7	傩舞（浦南古傩）	福建省漳州市
111	Ⅲ-8	英歌（甲子英歌）	广东省陆丰市

序号	项目编号	项目名称	申报地区或单位
113	Ⅲ-10	盾牌舞（藤牌舞）	浙江省瑞安市
125	Ⅲ-22	羌姆（拉康加羌姆、直孔嘎尔羌姆、曲德寺阿羌姆）	西藏自治区洛扎县、墨竹工卡县、贡嘎县
639	Ⅲ-42	鼓舞（万荣花鼓、土沃老花鼓、稷山高台花鼓、乌拉陈汉军旗单鼓舞）	山西省万荣县、沁水县、稷山县，吉林省吉林市
640	Ⅲ-43	麒麟舞（麒麟采八宝，睢县麒麟舞，坂田永胜堂舞麒麟、大船坑舞麒麟，樟木头舞麒麟）	山西省侯马市，河南省睢县，广东省深圳市，东莞市
641	Ⅲ-44	竹马（蒋塘马灯舞）	江苏省溧阳市
642	Ⅲ-45	灯舞（无为鱼灯）	安徽省无为县
655	Ⅲ-58	鹤舞（三灶鹤舞）	广东省珠海市
657	Ⅲ-60	瑶族长鼓舞（小长鼓舞、黄泥鼓舞）	广东省连山壮族瑶族自治县，广西壮族自治区金秀瑶族自治县
680	Ⅲ-83	谐钦（尼玛乡谐钦）	西藏自治区班戈县
691	Ⅲ-94	萨吾尔登	新疆维吾尔自治区博湖县
693	Ⅲ-96	赛乃姆（若羌赛乃姆、且末赛乃姆、库尔勒赛乃姆、伊犁赛乃姆、库车赛乃姆）	新疆维吾尔自治区若羌县、且末县、库尔勒市、伊宁县、库车县

四、传统戏剧（共计28项）

序号	项目编号	项目名称	申报地区或单位
148	Ⅳ-4	潮剧	福建省云霄县
162	Ⅳ-18	晋剧	河北省井陉县，内蒙古自治区呼和浩特市
164	Ⅳ-20	北路梆子	山西省大同市
170	Ⅳ-26	大平调	山东省成武县，河南省浚县
171	Ⅳ-27	越调	河南省邓州市
172	Ⅳ-28	京剧	江苏省演艺集团、江苏省淮安市
183	Ⅳ-39	乱弹（诸暨西路乱弹）	浙江省诸暨市
193	Ⅳ-49	碗碗腔（曲沃碗碗腔）	山西省曲沃县
195	Ⅳ-51	评剧	河北省石家庄市，辽宁省沈阳市和平区，黑龙江省评剧院
201	Ⅳ-57	庐剧（东路庐剧）	安徽省和县
204	Ⅳ-60	黄梅戏	安徽省黄梅戏剧院
206	Ⅳ-62	泗州戏	江苏省泗洪县
209	Ⅳ-65	采茶戏（高安采茶戏、抚州采茶戏、粤北采茶戏）	江西省高安市、抚州市临川区，广东省韶关市
213	Ⅳ-69	曲子戏	甘肃省白银市

序号	项目编号	项目名称	申报地区或单位
214	IV-70	秧歌戏（泽州秧歌）	山西省泽州县
215	IV-71	道情戏（神池道情戏、商洛道情戏）	山西省神池县，陕西省商洛市
217	IV-73	二人台（东路二人台）	内蒙古自治区乌兰察布市
222	IV-78	花灯戏	贵州省花灯剧团
224	IV-80	藏戏（尼木塔荣藏戏、南木特藏戏）	西藏自治区尼木县，甘肃省甘南藏族自治州
227	IV-83	侗戏	广西壮族自治区三江侗族自治县
233	IV-89	傩戏（任庄扇鼓傩戏、德安潘公戏、梅山傩戏、荔波布依族傩戏）	山西省曲沃县，江西省德安县，湖南省冷水江市，贵州省荔波县
235	IV-91	皮影戏（昌黎皮影戏、巴林左旗皮影戏、龙江皮影戏、桐柏皮影戏、云梦皮影戏、腾冲皮影戏）	河北省昌黎县，内蒙古自治区巴林左旗，黑龙江省哈尔滨市，河南省桐柏县，湖北省云梦县，云南省腾冲县
236	IV-92	木偶戏（海派木偶戏、杖头木偶戏、泰顺提线木偶戏、廿八都木偶戏、广东木偶戏、揭阳铁枝木偶戏）	上海木偶剧团，江苏省演艺集团，浙江省泰顺县，浙江省江山市，广东省木偶艺术剧院有限公司，广东省揭阳市
694	IV-93	老调（安国老调）	河北省安国市
700	IV-99	眉户（晋南眉户）	山西省临汾市
703	IV-102	淮剧	江苏省淮安市、泰州市
713	IV-112	花鼓戏（荆州花鼓戏、襄阳花鼓戏、衡州花鼓戏、临湘花鼓戏、长沙花鼓戏）	湖北省仙桃市，湖北省襄阳市，湖南省衡阳市，湖南省临湘市，湖南省花鼓戏剧院
717	IV-116	吕剧	山东省滨州市

五、曲艺（共计10项）

序号	项目编号	项目名称	申报地区或单位
237	V-1	苏州评弹（苏州评话、苏州弹词）	江苏省演艺集团，浙江曲艺杂技总团
238	V-2	扬州评话	江苏省演艺集团
249	V-13	温州鼓词	浙江省平阳县
256	V-20	河南坠子	河北省临漳县
257	V-21	山东琴书	山东省郓城县
263	V-27	丝弦	湖南省武冈市
274	V-38	小热昏	江苏省常州市

768	Ⅴ-75	四川扬琴	重庆市曲艺团
770	Ⅴ-77	四川清音	重庆市曲艺团
784	Ⅴ-91	金钱板	重庆市万州区

六、传统体育、游艺与杂技（共计 8 项）

序号	项目编号	项目名称	申报地区或单位
292	Ⅵ-10	沧州武术（六合拳）	河北省泊头市
294	Ⅵ-12	梅花拳	河北省威县
793	Ⅵ-21	摔跤（朝鲜族摔跤、彝族摔跤、维吾尔族且力西）	吉林省延吉市，云南省石林彝族自治县，新疆维吾尔自治区岳普湖县
797	Ⅵ-25	八卦掌	北京市西城区，河北省固安县
798	Ⅵ-26	形意拳	山西省太谷县
801	Ⅵ-29	心意拳	山西省祁县
805	Ⅵ-33	螳螂拳	山东省栖霞市、青岛市崂山区
819	Ⅵ-47	戏法	天津市和平区

七、传统美术（共计 19 项）

序号	项目编号	项目名称	申报地区或单位
313	Ⅶ-14	藏族唐卡（勉萨画派）	西藏自治区
315	Ⅶ-16	剪纸（包头剪纸、新干剪纸、延川剪纸、旬邑彩贴剪纸、会宁剪纸）	内蒙古自治区包头市，江西省新干县，陕西省延川县，陕西省旬邑县，甘肃省会宁县
321	Ⅶ-22	苗绣	贵州省台江县
324	Ⅶ-25	挑花（苗族挑花）	湖南省泸溪县
346	Ⅶ-47	泥塑（惠民泥塑）	山东省惠民县
347	Ⅶ-48	酥油花（强巴林寺酥油花）	西藏自治区昌都地区
349	Ⅶ-50	灯彩（忠信花灯）	广东省连平县
350	Ⅶ-51	竹编（益阳小郁竹艺、毛南族花竹帽编织技艺）	湖南省益阳市，广西壮族自治区环江毛南族自治县
828	Ⅶ-52	面人（面人汤）	北京市通州区
830	Ⅶ-54	草编（哈萨克族芨芨草编织技艺）	新疆维吾尔自治区托里县
831	Ⅶ-55	柳编（固安柳编、黄岗柳编、霍邱柳编、博兴柳编、曹县柳编）	河北省固安县，安徽省阜南县，安徽省霍邱县，山东省博兴县，山东省曹县
832	Ⅶ-56	石雕（菊花石雕）	湖南省工艺美术研究所
833	Ⅶ-57	玉雕（海派玉雕）	上海市

834	Ⅶ-58	木雕（紫檀雕刻、莆田木雕、花瑰艺术、剑川木雕）	中国紫檀博物馆、上海市，福建省莆田市，海南省澄迈县，云南省剑川县
841	Ⅶ-65	木版年画（老河口木版年画）	湖北省老河口市
860	Ⅶ-84	料器（葡萄常料器）	北京市东城区
867	Ⅶ-91	镶嵌（潮州嵌瓷）	广东省潮州市工艺美术研究院
870	Ⅶ-94	盆景技艺（苏派盆景技艺、川派盆景技艺）	江苏省苏州市，四川省盆景艺术家协会
872	Ⅶ-96	建筑彩绘（传统地仗彩画）	辽宁省沈阳市

八、传统技艺（共计28项）

序号	项目编号	项目名称	申报地区或单位
363	Ⅷ-13	南京云锦木机妆花手工织造技艺	江苏汉唐织锦科技有限公司
375	Ⅷ-25	蜡染技艺（苗族蜡染技艺、黄平蜡染技艺）	四川省珙县，贵州省黄平县
378	Ⅷ-28	客家土楼营造技艺	福建省南靖县、华安县
390	Ⅷ-40	银饰锻制技艺（畲族银器制作技艺、苗族银饰锻制技艺）	福建省福安市，贵州省剑河县、台江县
394	Ⅷ-44	弓箭制作技艺（蒙古族牛角弓制作技艺）	内蒙古师范大学
395	Ⅷ-45	家具制作技艺（晋作家具制作技艺、精细木作技艺）	山西省临汾市，江苏工美红木文化艺术研究所
417	Ⅷ-67	皮纸制作技艺（龙游皮纸制作技艺）	浙江省龙游县
423	Ⅷ-73	徽墨制作技艺（曹素功墨锭制作技艺）	上海市黄浦区
428	Ⅷ-78	雕版印刷技艺（杭州雕版印刷技艺、同仁刻版印刷技艺）	浙江省杭州市西湖区，青海省同仁县
438	Ⅷ-88	风筝制作技艺（北京风筝制作技艺）	北京市东城区、海淀区
881	Ⅷ-98	陶器烧制技艺（黎族泥片制陶技艺、荣昌陶器制作技艺）	海南省白沙黎族自治县，重庆市荣昌县
882	Ⅷ-99	蚕丝织造技艺（杭州织锦技艺、辑里湖丝手工制作技艺）	浙江省杭州市、湖州市南浔区
883	Ⅷ-100	传统棉纺织技艺（南通色织土布技艺、余姚土布制作技艺、维吾尔族帕拉孜纺织技艺）	江苏省南通市，浙江省余姚市，新疆维吾尔自治区拜城县

884	Ⅷ-101	毛纺织及擀制技艺（维吾尔族花毡制作技艺）	新疆维吾尔自治区柯坪县
888	Ⅷ-105	苗族织锦技艺	贵州省台江县、凯里市
898	Ⅷ-115	手工制鞋技艺（老美华手工制鞋技艺）	天津市和平区
903	Ⅷ-120	藏族金属锻制技艺（扎西吉彩金银锻铜技艺）	西藏自治区日喀则地区
907	Ⅷ-124	民族乐器制作技艺（宏音斋笙管制作技艺、蒙古族拉弦乐器制作技艺、马头琴制作技艺、上海民族乐器制作技艺、苗族芦笙制作技艺、傣族象脚鼓制作技艺）	北京市海淀区，内蒙古自治区科尔沁右翼中旗，吉林省前郭尔罗斯蒙古族自治县，上海市闵行区，贵州省凯里市，云南省临沧市临翔区
910	Ⅷ-127	漆器髹饰技艺（绛州剔犀技艺、鄱阳脱胎漆器髹饰技艺、潍坊嵌银髹漆技艺、楚式漆器髹饰技艺、阳江漆器髹饰技艺）	山西省新绛县，江西省鄱阳县，山东省潍坊市，湖北省荆州市，广东省阳江市
916	Ⅷ-133	砚台制作技艺（贺兰砚制作技艺）	宁夏回族自治区银川市
919	Ⅷ-136	装裱修复技艺（苏州书画装裱修复技艺）	江苏省苏州市
930	Ⅷ-147	花茶制作技艺（吴裕泰茉莉花茶制作技艺）	北京市东城区
931	Ⅷ-148	绿茶制作技艺（碧螺春制作技艺、紫笋茶制作技艺、安吉白茶制作技艺）	江苏省苏州市吴中区，浙江省长兴县，浙江省安吉县
935	Ⅷ-152	黑茶制作技艺（下关沱茶制作技艺）	云南省大理白族自治州
943	Ⅷ-160	传统面食制作技艺（天津"狗不理"包子制作技艺、稷山传统面点制作技艺）	天津市和平区，山西省稷山县
949	Ⅷ-166	火腿制作技艺（宣威火腿制作技艺）	云南省宣威市
963	Ⅷ-180	窑洞营造技艺（地坑院营造技艺、陕北窑洞营造技艺）	河南省陕县，陕西省延安市宝塔区
969	Ⅷ-186	碉楼营造技艺（羌族碉楼营造技艺、藏族碉楼营造技艺）	四川省汶川县、茂县，青海省班玛县

九、传统医药（共计 7 项）

序号	项目编号	项目名称	申报地区或单位
441	Ⅸ-2	中医诊法（葛氏捏筋拍打疗法、王氏脊椎疗法、道虎壁王氏中医妇科、朱氏推拿疗法、张一帖内科疗法）	北京市海淀区，北京市西城区，山西省平遥县，上海市，安徽省黄山市
443	Ⅸ-4	中医传统制剂方法（达仁堂清宫寿桃丸传统制作技艺、定坤丹制作技艺、六神丸制作技艺、致和堂膏滋药制作技艺、季德胜蛇药制作技艺、朱养心传统膏药制作技艺、漳州片仔癀制作技艺、夏氏丹药制作技艺、马应龙眼药制作技艺、罗浮山百草油制作技艺、保滋堂保婴丹制作技艺、桐君阁传统丸剂制作技艺）	天津中新药业集团股份有限公司达仁堂制药厂，山西省太谷县，上海市黄浦区，江苏省江阴市，江苏省南通市，浙江省杭州市，福建省漳州市，湖北省京山县，湖北省武汉市武昌区，广东省博罗县，广东省医药行业协会，重庆市南岸区
444	Ⅸ-5	针灸（陆氏针灸疗法）	上海市
445	Ⅸ-6	中医正骨疗法（武氏正骨疗法、张氏骨伤疗法、章氏骨伤疗法、林氏骨伤疗法）	山西省高平市，浙江省富阳市，浙江省台州市，福建省福州市仓山区
448	Ⅸ-9	藏医药（藏医骨伤疗法）	云南省迪庆藏族自治州
972	Ⅸ-12	蒙医药（蒙医传统正骨术、蒙医正骨疗法、血衰症疗法）	内蒙古自治区中蒙医医院、科尔沁左翼后旗，辽宁省阜新蒙古族自治县
975	Ⅸ-15	苗医药（癫痫症疗法、钻节风疗法）	湖南省凤凰县、花垣县

十、民俗（共计 24 项）

序号	项目编号	项目名称	申报地区或单位
449	Ⅹ-1	春节（怀仁旺火习俗、查干萨日）	山西省怀仁县，吉林省前郭尔罗斯蒙古族自治县
450	Ⅹ-2	清明节（介休寒食清明习俗）	山西省介休市
451	Ⅹ-3	端午节（五大连池药泉会、嘉兴端午习俗、蒋村龙舟胜会、石狮端午闽台对渡习俗、	黑龙江省黑河市，浙江省嘉兴市，浙江省杭州市西湖区，福建省石狮市，香港特别行政区

		大澳龙舟游涌）	
452	Ⅹ-4	七夕节（石塘七夕习俗、天河乞巧习俗）	浙江省温岭市，广东省广州市天河
453	Ⅹ-5	中秋节（泽州中秋习俗、秋夕、大坑舞火龙）	山西省泽州县，吉林省延边朝鲜族自治州，香港特别行政区
454	Ⅹ-6	重阳节（皇城村重阳习俗、上蔡重阳习俗）	山西省阳城县，河南省上蔡县
458	Ⅹ-10	火把节（彝族火把节）	贵州省赫章县
480	Ⅹ-32	黄帝祭典（缙云轩辕祭典）	浙江省缙云县
481	Ⅹ-33	炎帝祭典（随州神农祭典）	湖北省随州市
483	Ⅹ-35	祭孔大典（南孔祭典）	浙江省衢州市
484	Ⅹ-36	妈祖祭典（洞头妈祖祭典）	浙江省洞头县
485	Ⅹ-37	太昊伏羲祭典（新乐伏羲祭典）	河北省新乐市
486	Ⅹ-38	女娲祭典（秦安女娲祭典）	甘肃省秦安县
488	Ⅹ-40	祭敖包（达斡尔族沃其贝）	新疆维吾尔自治区塔城市
516	Ⅹ-68	农历二十四节气（九华立春祭、班春劝农、石阡说春）	浙江省衢州市柯城区，浙江省遂昌县，贵州省石阡县
978	Ⅹ-71	元宵节（豫园灯会、上坂关公灯）	上海市黄浦区，江西省南昌市湾里区
984	Ⅹ-77	苗族四月八	湖南省吉首市
987	Ⅹ-80	塔塔尔族撒班节	新疆维吾尔自治区奇台县
991	Ⅹ-84	庙会（北山庙会、张山寨七七会、方岩庙会、九华山庙会、西山万寿宫庙会、汉阳归元庙会、当阳关陵庙会）	吉林省吉林市，浙江省缙云县，浙江省永康市，安徽省池州市九华山风景区，江西省新建县，湖北省武汉市汉阳区，湖北省当阳市
992	Ⅹ-85	民间信俗（梅日更召信俗、锡伯族喜利妈妈信俗、闽台送王船、清水祖师信俗、嫘祖信俗、波罗诞、悦城龙母诞、长洲太平清醮、鱼行醉龙节）	内蒙古自治区包头市九原区，辽宁省沈阳市，福建省厦门市，福建省安溪县，湖北省远安县，广东省广州市黄埔区，广东省德庆县，香港特别行政区，澳门特别行政区
994	Ⅹ-87	抬阁（海沧蜈蚣阁、宜章夜故事、长乐抬阁故事会、通海高台）	福建省厦门市海沧区，湖南省宜章县，湖南省汨罗市，云南省通海县
996	Ⅹ-89	朝鲜族花甲礼	黑龙江省牡丹江市
997	Ⅹ-90	祭祖习俗（沁水柳氏清明祭祖、太公祭、石壁客家祭祖习俗、灯杆彩凤习俗、下沙祭祖）	山西省沁水县，浙江省文成县，福建省宁化县，广东省揭东县，广东省深圳市福田区
1027	Ⅹ-120	南海航道更路经	海南省琼海市

附录4：

国务院关于公布第四批国家级
非物质文化遗产代表性项目名录的通知

国发〔2014〕59号

各省、自治区、直辖市人民政府，国务院各部委、各直属机构：

国务院批准文化部确定的第四批国家级非物质文化遗产代表性项目名录（共计153项）和国家级非物质文化遗产代表性项目名录扩展项目名录（共计153项），现予公布。按照《中华人民共和国非物质文化遗产法》的表述，将"国家级非物质文化遗产名录"名称调整为"国家级非物质文化遗产代表性项目名录"。

各地区、各部门要按照《中华人民共和国非物质文化遗产法》和《国务院办公厅关于加强我国非物质文化遗产保护工作的意见》（国办发〔2005〕18号）要求，认真贯彻"保护为主、抢救第一、合理利用、传承发展"的工作方针，坚持科学保护理念，制定规划，扎实做好非物质文化遗产代表性项目的传承、传播工作，推动非物质文化遗产保护迈上新台阶，为弘扬中华民族优秀传统文化作出新的贡献。

国务院
2014年11月11日

第四批国家级非物质文化遗产代表性项目名录（共计153项）

一、民间文学（共计30项）

序号	项目编号	项目名称	申报地区或单位
1220	Ⅰ-126	卢沟桥传说	北京市丰台区
1221	Ⅰ-127	鬼谷子传说	河北省临漳县
1222	Ⅰ-128	东海孝妇传说	江苏省连云港市
1223	Ⅰ-129	刘阮传说	浙江省天台县
1224	Ⅰ-130	孔雀东南飞传说	安徽省怀宁县、潜山县
1225	Ⅰ-131	老子传说	安徽省涡阳县，河南省灵宝市
1226	Ⅰ-132	陈三五娘传说	福建省泉州市洛江区
1227	Ⅰ-133	胡峄阳传说	山东省青岛市城阳区
1228	Ⅰ-134	孟母教子传说	山东省邹城市
1229	Ⅰ-135	河图洛书传说	河南省洛阳市
1230	Ⅰ-136	杞人忧天传说	河南省杞县
1231	Ⅰ-137	三国传说	湖北省

1232	Ⅰ-138	伯牙子期传说	湖北省武汉市
1233	Ⅰ-139	尹吉甫传说	湖北省房县
1234	Ⅰ-140	苏仙传说	湖南省郴州市苏仙区
1235	Ⅰ-141	毕阿史拉则传说	四川省金阳县
1236	Ⅰ-142	仓颉传说	陕西省白水县、洛南县
1237	Ⅰ-143	骆驼泉传说	青海省循化撒拉族自治县
1238	Ⅰ-144	回族民间故事	宁夏回族自治区泾源县
1239	Ⅰ-145	广禅侯故事	山西省阳城县
1240	Ⅰ-146	解缙故事	江西省吉水县
1241	Ⅰ-147	壮族百鸟衣故事	广西壮族自治区横县
1242	Ⅰ-148	阿凡提故事	新疆维吾尔自治区喀什地区
1243	Ⅰ-149	广阳镇民间故事	重庆市南岸区
1244	Ⅰ-150	西王母神话	新疆维吾尔自治区阜康市
1245	Ⅰ-151	盘王大歌	湖南省江华瑶族自治县
1246	Ⅰ-152	玛牧	四川省喜德县
1247	Ⅰ-153	黑白战争	云南省丽江市古城区
1248	Ⅰ-154	祁家延西	青海省互助土族自治县
1249	Ⅰ-155	常山喝彩歌谣	浙江省常山县

二、传统音乐（共计15项）

序号	项目编号	项目名称	申报地区或单位
1250	Ⅱ-156	土家族民歌	湖南省湘西土家族苗族自治州，贵州省沿河土家族自治县
1251	Ⅱ-157	渔歌（洞庭渔歌、汕尾渔歌）	湖南省岳阳市，广东省汕尾市
1252	Ⅱ-158	西岭山歌	四川省大邑县
1253	Ⅱ-159	旬阳民歌	陕西省旬阳县
1254	Ⅱ-160	撒拉族民歌	青海省循化撒拉族自治县
1255	Ⅱ-161	锡伯族民歌	新疆维吾尔自治区察布查尔锡伯自治县
1256	Ⅱ-162	凌云壮族七十二巫调音乐	广西壮族自治区凌云县
1257	Ⅱ-163	毕摩音乐	四川省美姑县
1258	Ⅱ-164	剑川白曲	云南省大理白族自治州
1259	Ⅱ-165	阿斯尔	内蒙古自治区镶黄旗
1260	Ⅱ-166	莆仙十音八乐	福建省莆田市涵江区
1261	Ⅱ-167	蒙古族汗廷音乐	内蒙古自治区阿鲁科尔沁旗
1262	Ⅱ-168	浏阳文庙祭孔音乐	湖南省浏阳市
1263	Ⅱ-169	潮尔（蒙古族弓弦乐）	内蒙古自治区通辽市

| 1264 | Ⅱ-170 | 蒙古族托布秀尔音乐 | 新疆维吾尔自治区博尔塔拉蒙古自治州 |

三、传统舞蹈（共计 20 项）

序号	项目编号	项目名称	申报地区或单位
1265	Ⅲ-112	太子务武吵子	北京市大兴区
1266	Ⅲ-113	左权小花戏	山西省左权县
1267	Ⅲ-114	博舞	吉林省前郭尔罗斯蒙古族自治县
1268	Ⅲ-115	洪泽湖渔鼓	江苏省洪泽县、泗洪县
1269	Ⅲ-116	龙岩采茶灯	福建省龙岩市新罗区
1270	Ⅲ-117	宜黄禾杠舞	江西省宜黄县
1271	Ⅲ-118	耍老虎	河南省焦作市
1272	Ⅲ-119	棕包脑	湖南省洞口县
1273	Ⅲ-120	瑶族金锣舞	广西壮族自治区田东县
1274	Ⅲ-121	玩牛	重庆市石柱土家族自治县
1275	Ⅲ-122	古蔺花灯	四川省古蔺县
1276	Ⅲ-123	登嘎甘伯（熊猫舞）	四川省九寨沟县
1277	Ⅲ-124	阿妹戚托	贵州省晴隆县
1278	Ⅲ-125	布依族转场舞	贵州省册亨县
1279	Ⅲ-126	耳子歌	云南省大理白族自治州
1280	Ⅲ-127	铓鼓舞	云南省建水县
1281	Ⅲ-128	水鼓舞	云南省瑞丽市
1282	Ⅲ-129	怒族达比亚舞	云南省福贡县
1283	Ⅲ-130	锅哇（玉树武士舞）	青海省玉树藏族自治州
1284	Ⅲ-131	纳孜库姆	新疆维吾尔自治区吐鲁番市

四、传统戏剧（共计 4 项）

序号	项目编号	项目名称	申报地区或单位
1285	Ⅳ-159	线腔	山西省芮城县
1286	Ⅳ-160	平讲戏	福建省福安市
1287	Ⅳ-161	永修丫丫戏	江西省永修县
1288	Ⅳ-162	东河戏	江西省赣县

五、曲艺（共计 13 项）

序号	项目编号	项目名称	申报地区或单位
1289	Ⅴ-115	数来宝	北京市东城区

序号	项目编号	项目名称	申报地区或单位
1290	Ⅴ-116	梅花大鼓	天津市
1291	Ⅴ-117	弹唱	山西省吕梁市离石区
1292	Ⅴ-118	浦东宣卷	上海市浦东新区
1293	Ⅴ-119	丽水鼓词	浙江省丽水市莲都区
1294	Ⅴ-120	客家古文	江西省于都县
1295	Ⅴ-121	永新小鼓	江西省永新县
1296	Ⅴ-122	山东花鼓	山东省菏泽市
1297	Ⅴ-123	跳三鼓	湖北省石首市
1298	Ⅴ-124	湖南渔鼓	湖南省
1299	Ⅴ-125	桂林渔鼓	广西壮族自治区桂林市
1300	Ⅴ-126	宁夏小曲	宁夏回族自治区银川市
1301	Ⅴ-127	托勒敖	新疆维吾尔自治区尼勒克县

六、传统体育、游艺与杂技（共计12项）

序号	项目编号	项目名称	申报地区或单位
1302	Ⅵ-71	布鲁	内蒙古自治区库伦旗
1303	Ⅵ-72	蒙古族驼球	内蒙古自治区乌拉特后旗
1304	Ⅵ-73	通背拳	北京市西城区
1305	Ⅵ-74	戳脚	河北省衡水市桃城区
1306	Ⅵ-75	精武武术	上海市虹口区
1307	Ⅵ-76	绵拳	上海市杨浦区
1308	Ⅵ-77	咏春拳	福建省福州市
1309	Ⅵ-78	井冈山全堂狮灯	江西省井冈山市
1310	Ⅵ-79	徐家拳	山东省新泰市
1311	Ⅵ-80	梅山武术	湖南省新化县
1312	Ⅵ-81	武汉杂技	湖北省武汉市
1313	Ⅵ-82	幻术（傅氏幻术、周化一魔术）	北京市朝阳区，陕西省

七、传统美术（共计13项）

序号	项目编号	项目名称	申报地区或单位
1314	Ⅶ-110	京绣	北京市房山区，河北省定兴县
1315	Ⅶ-111	布糊画	河北省丰宁满族自治县
1316	Ⅶ-112	抽纱（汕头抽纱、潮州抽纱）	广东省汕头市、潮州市
1317	Ⅶ-113	水陆画	河北省广平县
1318	Ⅶ-114	毕摩绘画	四川省美姑县

1319	Ⅶ-115	彩砂坛城绘制	西藏自治区日喀则市
1320	Ⅶ-116	琥珀雕刻	辽宁省抚顺市
1321	Ⅶ-117	传统玩具（郯城木旋玩具）	山东省郯城县
1322	Ⅶ-118	蒙古文书法	内蒙古自治区
1323	Ⅶ-119	满文、锡伯文书法	新疆维吾尔自治区乌鲁木齐市
1324	Ⅶ-120	刻铜（杜氏刻铜）	安徽省阜阳市
1325	Ⅶ-121	错金银	福建省莆田市涵江区，新疆维吾尔自治区乌鲁木齐市天山区
1326	Ⅶ-122	赏石艺术	中国观赏石协会

八、传统技艺（共计 29 项）

序号	项目编号	项目名称	申报地区或单位
1327	Ⅷ-213	邢窑陶瓷烧制技艺	河北省邢台市
1328	Ⅷ-214	婺州窑陶瓷烧制技艺	浙江省金华市婺城区
1329	Ⅷ-215	吉州窑陶瓷烧制技艺	江西省吉安市
1330	Ⅷ-216	登封窑陶瓷烧制技艺	河南省登封市
1331	Ⅷ-217	当阳峪绞胎瓷烧制技艺	河南省焦作市
1332	Ⅷ-218	潮州彩瓷烧制技艺	广东省潮州市
1333	Ⅷ-219	陶瓷微书	广东省汕头市
1334	Ⅷ-220	古陶瓷修复技艺	上海市长宁区
1335	Ⅷ-221	藏族鎏钴技艺	青海省
1336	Ⅷ-222	铜器制作技艺（大同铜器制作技艺）	山西省大同市城区
1337	Ⅷ-223	古代钟表修复技艺	故宫博物院
1338	Ⅷ-224	传统香制作技艺（药香制作技艺、莞香制作技艺）	北京市西城区，广东省东莞市
1339	Ⅷ-225	一得阁墨汁制作技艺	北京市西城区
1340	Ⅷ-226	奶制品制作技艺（察干伊德）	内蒙古自治区正蓝旗
1341	Ⅷ-227	辽菜传统烹饪技艺	辽宁省沈阳市
1342	Ⅷ-228	泡菜制作技艺（朝鲜族泡菜制作技艺）	吉林省延吉市
1343	Ⅷ-229	老汤精配制	黑龙江省哈尔滨市阿城区
1344	Ⅷ-230	上海本帮菜肴传统烹饪技艺	上海市黄浦区
1345	Ⅷ-231	传统制糖技艺（义乌红糖制作技艺）	浙江省义乌市
1346	Ⅷ-232	豆腐传统制作技艺	安徽省淮南市、寿县

1347	Ⅷ-233	德州扒鸡制作技艺	山东省德州市
1348	Ⅷ-234	龙口粉丝传统制作技艺	山东省招远市
1349	Ⅷ-235	蒙自过桥米线制作技艺	云南省蒙自市
1350	Ⅷ-236	坎儿井开凿技艺	新疆维吾尔自治区吐鲁番市
1351	Ⅷ-237	古建筑模型制作技艺	山西省太原市
1352	Ⅷ-238	传统造园技艺（扬州园林营造技艺）	江苏省扬州市
1353	Ⅷ-239	古戏台营造技艺	江西省乐平市
1354	Ⅷ-240	庐陵传统民居营造技艺	江西省泰和县
1355	Ⅷ-241	古建筑修复技艺	甘肃省永靖县

九、传统医药（共计2项）

序号	项目编号	项目名称	申报地区或单位
1356	Ⅸ-22	布依族医药（益肝草制作技艺）	贵州省贵定县
1357	Ⅸ-23	哈萨克族医药（布拉吾药浴熏蒸疗法、卧塔什正骨术、冻伤疗法）	新疆维吾尔自治区阿勒泰地区

十、民俗（共计15项）

序号	项目编号	项目名称	申报地区或单位
1358	Ⅹ-145	望果节	西藏自治区
1359	Ⅹ-146	苗族花山节	云南省屏边苗族自治县
1360	Ⅹ-147	察干苏力德祭	内蒙古自治区乌审旗
1361	Ⅹ-148	博格达乌拉祭	内蒙古自治区扎赉特旗
1362	Ⅹ-149	稻作习俗	江西省万年县
1363	Ⅹ-150	仡佬族三幺台习俗	贵州省道真仡佬族苗族自治县
1364	Ⅹ-151	匾额习俗（赣南客家匾额习俗）	江西省会昌县
1365	Ⅹ-152	马仙信俗	福建省柘荣县
1366	Ⅹ-153	寮步香市	广东省东莞市
1367	Ⅹ-154	达斡尔族服饰	内蒙古自治区呼伦贝尔市
1368	Ⅹ-155	鄂温克族服饰	内蒙古自治区陈巴尔虎旗
1369	Ⅹ-156	彝族服饰	四川省昭觉县，云南省楚雄彝族自治州
1370	Ⅹ-157	布依族服饰	贵州省
1371	Ⅹ-158	侗族服饰	贵州省黔东南苗族侗族自治州
1372	Ⅹ-159	柯尔克孜族服饰	新疆维吾尔自治区乌恰县

国家级非物质文化遗产代表性项目名录扩展项目名录（共计 153 项）

一、民间文学（共计 7 项）

序号	项目编号	项目名称	申报地区或单位
8	Ⅰ-8	孟姜女传说	山东省莱芜市莱城区
13	Ⅰ-13	宝卷（吴地宝卷）	江苏省苏州市
27	Ⅰ-27	格萨（斯）尔	内蒙古自治区巴林右旗
521	Ⅰ-34	杨家将传说（杨七郎墓传说）	天津市宁河县
565	Ⅰ-78	童谣（绍兴童谣）	浙江省绍兴市
1043	Ⅰ-99	苏东坡传说	湖北省黄冈市
1069	Ⅰ-125	谚语（陕北民谚）	陕西省榆林市

二、传统音乐（共计 19 项）

序号	项目编号	项目名称	申报地区或单位
34	Ⅱ-3	蒙古族长调民歌（巴尔虎长调）	内蒙古自治区新巴尔虎左旗
51	Ⅱ-20	花儿（张家川花儿）	甘肃省张家川回族自治县
52	Ⅱ-21	藏族拉伊（那曲拉伊）	西藏自治区那曲地区
58	Ⅱ-27	薅草锣鼓（金湖秧歌）	江苏省金湖县
61	Ⅱ-30	多声部民歌（阿尔麦多声部民歌）	四川省黑水县
65	Ⅱ-34	古琴艺术	北京市大兴区，香港特别行政区
67	Ⅱ-36	蒙古族四胡音乐	内蒙古自治区科尔沁右翼中旗
68	Ⅱ-37	唢呐艺术（临县大唢呐、灵璧菠林喇叭）	山西省临县，安徽省灵璧县
604	Ⅱ-105	蒙古族民歌	青海省海西蒙古族藏族自治州
608	Ⅱ-109	苗族民歌	海南省琼中黎族苗族自治县，重庆市彭水苗族土家族自治县
609	Ⅱ-110	瑶族民歌	广东省乳源瑶族自治县
614	Ⅱ-115	藏族民歌（藏族酒曲）	青海省海南藏族自治州
615	Ⅱ-116	维吾尔族民歌	新疆维吾尔自治区伊宁市、库车县
619	Ⅱ-120	古筝艺术（中州筝派）	河南省
621	Ⅱ-122	津门法鼓（香塔音乐法鼓）	天津市西青区
622	Ⅱ-123	锣鼓艺术（软槌锣鼓、花镲锣鼓、大铜器、老河口锣鼓架子、八音锣鼓）	山西省万荣县，江西省丰城市，河南省遂平县，湖北省老河口市，广东省佛山市顺德区
627	Ⅱ-128	洞经音乐（邛都洞经音乐）	四川省西昌市

| 637 | Ⅱ-138 | 佛教音乐（金山寺水陆法会仪式音乐、雄色寺绝鲁） | 江苏省镇江市，西藏自治区曲水县 |
| 638 | Ⅱ-139 | 道教音乐（花张蒙道教音乐、茅山道教音乐、苍南正一派科仪音乐、龙虎山正一天师道道教音乐、全真道堂科仪音乐） | 河北省定州市，江苏省句容市，浙江省苍南县，江西省鹰潭市，香港特别行政区 |

三、传统舞蹈（共计 16 项）

序号	项目编号	项目名称	申报地区或单位
105	Ⅲ-2	秧歌（延庆旱船）	北京市延庆县
107	Ⅲ-4	龙舞（鳌江划大龙、手龙舞、潜江草把龙）	浙江省平阳县，安徽省绩溪县，湖北省潜江市
108	Ⅲ-5	狮舞（黎川舞白狮）	江西省黎川县
110	Ⅲ-7	傩舞（跳五猖）	安徽省郎溪县
121	Ⅲ-18	土家族撒叶儿嗬	湖北省五峰土家族自治县、巴东县，湖南省桑植县
124	Ⅲ-21	热巴舞	云南省迪庆藏族自治州
125	Ⅲ-22	羌姆（桑耶寺羌姆、门巴族拔羌姆、江洛德庆曲林寺尼姑羌姆、林芝米纳羌姆）	西藏自治区扎囊县、错那县、日喀则市、林芝县
126	Ⅲ-23	苗族芦笙舞	贵州省普安县
129	Ⅲ-26	铜鼓舞（南丹勤泽格拉）	广西壮族自治区南丹县
142	Ⅲ-39	卓舞（琼结久河卓舞）	西藏自治区琼结县
640	Ⅲ-43	麒麟舞（西贡坑口客家舞麒麟）	香港特别行政区
641	Ⅲ-44	竹马（淳安竹马）	浙江省淳安县
642	Ⅲ-45	灯舞（上舍化龙灯、青田百鸟灯舞、郧阳凤凰灯舞）	浙江省安吉县、青田县，湖北省十堰市郧阳区
677	Ⅲ-80	宣舞（札达卡尔玛宣舞）	西藏自治区阿里地区
679	Ⅲ-82	堆谐（甘孜踢踏）	四川省甘孜县
693	Ⅲ-96	赛乃姆（和田赛乃姆）	新疆维吾尔自治区于田县

四、传统戏剧（共计 15 项）

序号	项目编号	项目名称	申报地区或单位
160	Ⅳ-16	秦腔	宁夏回族自治区，新疆生产建设兵团

162	Ⅳ-18	晋剧	山西省晋中市
171	Ⅳ-27	越调	湖北省谷城县
180	Ⅳ-36	粤剧	广东省吴川市，广西壮族自治区南宁市
183	Ⅳ-39	乱弹（南岩乱弹）	河北省高邑县
194	Ⅳ-50	四平调	安徽省砀山县
202	Ⅳ-58	楚剧	湖北省孝感市
231	Ⅳ-87	目连戏（绍兴目连戏、江西目连戏）	浙江省绍兴市，江西省
233	Ⅳ-89	傩戏（临武傩戏、庆坛）	湖南省临武县，贵州省金沙县
235	Ⅳ-91	皮影戏（乐亭皮影戏、通渭影子腔）	河北省乐亭县，甘肃省通渭县
236	Ⅳ-92	木偶戏（中型杖头木偶戏、陕西杖头木偶戏）	四川省资中县，陕西省
700	Ⅳ-99	眉户	陕西省戏曲研究院
713	Ⅳ-112	花鼓戏（光山花鼓戏）	河南省光山县
724	Ⅳ-123	罗卷戏	河南省邓州市
1119	Ⅳ-157	阳戏（上河阳戏、射箭提阳戏）	湖南省怀化市鹤城区，四川省广元市昭化区

五、曲艺（共计4项）

序号	项目编号	项目名称	申报地区或单位
241	Ⅴ-5	西河大鼓	天津市
268	Ⅴ-32	鼓盆歌	湖南省澧县
271	Ⅴ-35	二人转	辽宁省辽阳市，吉林省梨树县
778	Ⅴ-85	山东落子	山东省金乡县

六、传统体育、游艺与杂技（共计6项）

序号	项目编号	项目名称	申报地区或单位
288	Ⅵ-6	线狮（草塔抖狮子）	浙江省诸暨市
293	Ⅵ-11	太极拳（吴氏太极拳、李氏太极拳、王其和太极拳、和氏太极拳）	北京市大兴区，天津市武清区，河北省任县，河南省温县
298	Ⅵ-16	蒙古族搏克	内蒙古自治区东乌珠穆沁旗，新疆维吾尔自治区乌苏市
805	Ⅵ-33	螳螂拳	山东省青岛市市南区
807	Ⅵ-35	岳家拳	湖北省黄梅县
815	Ⅵ-43	赛马会（哈萨克族赛马）	新疆维吾尔自治区富蕴县

七、传统美术（共计 23 项）

序号	项目编号	项目名称	申报地区或单位
314	Ⅶ-15	内画（鲁派内画）	山东省淄博市张店区
315	Ⅶ-16	剪纸（静乐剪纸、桐庐剪纸、浦城剪纸、水族剪纸、定西剪纸、回族剪纸）	山西省静乐县，浙江省桐庐县，福建省浦城县，贵州省黔南布依族苗族自治州，甘肃省定西市，宁夏回族自治区
317	Ⅶ-18	苏绣（扬州刺绣）	江苏省扬州市
326	Ⅶ-27	象牙雕刻（常州象牙浅刻）	江苏省常州市武进区
331	Ⅶ-32	金石篆刻	中国艺术研究院
337	Ⅶ-38	砖雕（固原砖雕）	宁夏回族自治区固原市
343	Ⅶ-44	木偶头雕刻（泰顺木偶头雕刻）	浙江省泰顺县
345	Ⅶ-46	竹刻（徽州竹雕、莆田留青竹刻）	安徽省黄山市徽州区，福建省莆田市城厢区
346	Ⅶ-47	泥塑（北京兔儿爷、淮阳泥泥狗）	北京市朝阳区，河南省淮阳县
349	Ⅶ-50	灯彩（乐清首饰龙）	浙江省乐清市
350	Ⅶ-51	竹编（安溪竹藤编、道明竹编）	福建省安溪县，四川省崇州市
829	Ⅶ-53	面花（岚县面塑）	山西省岚县
832	Ⅶ-56	石雕（沅洲石雕、富平石刻、绥德石雕）	湖南省芷江侗族自治县，陕西省富平县、绥德县
834	Ⅶ-58	木雕（永乐桃木雕刻、东固传统造像、通山木雕）	山西省芮城县，江西省吉安市青原区，湖北省通山县
835	Ⅶ-59	核雕（大连核雕）	辽宁省大连市西岗区
838	Ⅶ-62	锡雕（莲花打锡）	江西省莲花县
840	Ⅶ-64	藏文书法（尼赤）	西藏自治区
842	Ⅶ-66	彩扎（麒麟制作）	广东省东莞市
845	Ⅶ-69	麦秆剪贴	黑龙江省哈尔滨市，河南省清丰县，湖北省仙桃市
853	Ⅶ-77	民间绣活（夏布绣）	江西省新余市
856	Ⅶ-80	满族刺绣	黑龙江省牡丹江市、克东县
857	Ⅶ-81	蒙古族刺绣	内蒙古自治区苏尼特左旗
870	Ⅶ-94	盆景技艺（如皋盆景）	江苏省如皋市

八、传统技艺（共计 32 项）

序号	项目编号	项目名称	申报地区或单位
374	Ⅷ-24	蓝印花布印染技艺	浙江省桐乡市
378	Ⅷ-28	客家民居营造技艺（赣南客家围屋营造技艺）	江西省龙南县
385	Ⅷ-35	生铁冶铸技艺	甘肃省永靖县
387	Ⅷ-37	宝剑锻制技艺（棠溪宝剑锻制技艺）	河南省西平县
390	Ⅷ-40	银饰锻制技艺（畲族银器锻制技艺、鹤庆银器锻制技艺）	福建省宁德市，云南省鹤庆县
393	Ⅷ-43	景泰蓝制作技艺	河北省大厂回族自治县
395	Ⅷ-45	家具制作技艺（仙游古典家具制作技艺）	福建省仙游县
411	Ⅷ-61	酿醋技艺（小米醋酿造技艺）	山西省襄汾县
417	Ⅷ-67	皮纸制作技艺（平阳麻笺制作技艺）	山西省襄汾县
421	Ⅷ-71	竹纸制作技艺（泽雅屏纸制作技艺、蔡伦古法造纸技艺、滩头手工抄纸技艺）	浙江省温州市瓯海区，湖南省耒阳市、隆回县
427	Ⅷ-77	木版水印技艺	浙江省杭州市下城区
873	Ⅷ-90	琉璃烧制技艺	山东省淄博市博山区、曲阜市
881	Ⅷ-98	陶器烧制技艺（平定砂器制作技艺、平定黑釉刻花陶瓷制作技艺、宜兴均陶制作技艺、德州黑陶烧制技艺、枫溪手拉朱泥壶制作技艺）	山西省平定县，江苏省宜兴市，山东省德州市，广东省潮州市
882	Ⅷ-99	蚕丝织造技艺（潞绸织造技艺）	山西省高平市
883	Ⅷ-100	传统棉纺织技艺（威县土布纺织技艺、傈僳族火草织布技艺）	河北省威县，四川省德昌县
893	Ⅷ-110	地毯织造技艺（阆中丝毯织造技艺、天水丝毯织造技艺）	四川省阆中市，甘肃省天水市秦州区
894	Ⅷ-111	滩羊皮鞣制工艺（二毛皮制作技艺）	宁夏回族自治区
900	Ⅷ-117	金银细工制作技艺	山西省稷山县
907	Ⅷ-124	民族乐器制作技艺（扎念琴制作技艺）	西藏自治区拉孜县

序号	项目编号	项目名称	申报地区或单位
910	Ⅷ-127	漆器髹饰技艺（稷山螺钿漆器髹饰技艺）	山西省稷山县
916	Ⅷ-133	砚台制作技艺（松花石砚制作技艺）	辽宁省本溪市
921	Ⅷ-138	水密隔舱福船制造技艺	福建省泉州市泉港区
930	Ⅷ-147	花茶制作技艺（福州茉莉花茶窨制工艺）	福建省福州市仓山区
931	Ⅷ-148	绿茶制作技艺（赣南客家擂茶制作技艺、婺源绿茶制作技艺、信阳毛尖茶制作技艺、恩施玉露制作技艺、都匀毛尖茶制作技艺）	江西省全南县、婺源县，河南省信阳市，湖北省恩施市，贵州省都匀市
932	Ⅷ-149	红茶制作技艺（滇红茶制作技艺）	云南省凤庆县
935	Ⅷ-152	黑茶制作技艺（赵李桥砖茶制作技艺、六堡茶制作技艺）	湖北省赤壁市，广西壮族自治区苍梧县
936	Ⅷ-153	晒盐技艺（淮盐制作技艺、卤水制盐技艺）	江苏省连云港市，山东省寿光市
937	Ⅷ-154	酱油酿造技艺（先市酱油酿造技艺）	四川省合江县
943	Ⅷ-160	传统面食制作技艺（桂发祥十八街麻花制作技艺、南翔小笼馒头制作技艺）	天津市河西区，上海市嘉定区
952	Ⅷ-169	酱肉制作技艺（亓氏酱香源肉食酱制技艺）	山东省莱芜市莱城区
962	Ⅷ-179	闽南传统民居营造技艺	福建省厦门市湖里区
1180	Ⅷ-200	毛笔制作技艺（徽笔制作技艺）	安徽省黄山市屯溪区

九、传统医药（共计10项）

序号	项目编号	项目名称	申报地区或单位
441	Ⅸ-2	中医诊疗法（清华池传统修脚术，中医络病诊疗方法，脏腑推拿疗法，顾氏外科疗法，古本易筋经十二势导引法，丁氏痔科医术、扬州传统修脚术，董氏儿科医术，西园喉科医术，	北京市西城区，河北省石家庄市、保定市，上海市，江苏省南京市秦淮区、扬州市，浙江省宁波市海曙区，安徽省歙县，河南省周口市川汇区、新蔡县，湖北省咸宁市咸安区，广东省珠海市、深圳市

		买氏中医外治法，毛氏济世堂脱骨疽疗法，镇氏风湿病马钱子疗法，一指禅推拿，贾氏点穴疗法）	
442	Ⅸ-3	中药炮制技艺（人参炮制技艺、武义寿仙谷中药炮制技艺、樟树中药炮制技艺）	吉林省通化市，浙江省武义县，江西省樟树市
443	Ⅸ-4	中医传统制剂方法（安宫牛黄丸制作技艺、隆顺榕卫药制作技艺、益德成闻药制作技艺、京万红软膏组方与制作技艺、金牛眼药制作技艺、点舌丸制作技艺、鸿茅药酒配制技艺、平氏浸膏制作技艺、枇杷露传统制剂、老王麻子膏药制作技艺、方回春堂传统膏方制作技艺、二仙膏制作技艺、太安堂麒麟丸制作技艺、昆中药传统中药制剂、马明仁膏药制作技艺）	北京市东城区、天津市南开区、山西省太谷县，天津市南开区、红桥区、西青区，河北省定州市，山西省新绛县，内蒙古自治区凉城县，吉林省长春市九台区，黑龙江省哈尔滨市南岗区、道外区，浙江省杭州市上城区，山东省济宁市任城区，广东省汕头市，云南省昆明市，陕西省西安市碑林区
444	Ⅸ-5	针灸（杨继洲针灸）	浙江省衢州市
445	Ⅸ-6	中医正骨疗法（海城苏氏正骨、上海石氏伤科疗法、新泰孟氏正骨疗法、新邵孙氏正骨术）	辽宁省海城市，上海市，山东省新泰市，湖南省新邵县
448	Ⅸ-9	藏医药（山南藏医药浴法、藏医放血疗法）	西藏自治区山南地区，青海省
972	Ⅸ-12	蒙医药（科尔沁蒙医药浴疗法）	内蒙古自治区科尔沁右翼中旗
977	Ⅸ-17	回族医药（陈氏回族医技十法）	宁夏回族自治区吴忠市
1194	Ⅸ-19	彝医药（拨云锭制作技艺）	云南省楚雄市
1196	Ⅸ-21	维吾尔医药（沙疗）	新疆维吾尔自治区吐鲁番市

十、民俗（共计 21 项）

序号	项目编号	项目名称	申报地区或单位
450	Ⅹ-2	清明节（茅山会船）	江苏省兴化市
451	Ⅹ-3	端午节（泽林旱龙舟）	湖北省鄂州市
452	Ⅹ-4	七夕节（郧西七夕）	湖北省郧西县

序号	编号	项目名称	申报地区或单位
453	Ⅹ-5	中秋节（朝鲜族秋夕节、吉安中秋烧塔习俗）	辽宁省铁岭市，江西省安福县
460	Ⅹ-12	三月三（壮族三月三、报京三月三）	广西壮族自治区武鸣县，贵州省镇远县
467	Ⅹ-19	苗族鼓藏节	贵州省榕江县
484	Ⅹ-36	妈祖祭典（葛沽宝辇会、海口天后祀奉、澳门妈祖信俗）	天津市津南区，海南省海口市，澳门特别行政区
502	Ⅹ-54	民间社火（南庄无根架火）	山西省晋中市榆次区
515	Ⅹ-67	瑶族服饰	广西壮族自治区龙胜各族自治县
516	Ⅹ-68	农历二十四节气（三门祭冬、安仁赶分社、苗族赶秋、壮族霜降节）	浙江省三门县，湖南省安仁县、花垣县，广西壮族自治区天等县
978	Ⅹ-71	元宵节（千军台庄户幡会、抢花、河上龙灯胜会、前童元宵行会、淄博花灯会、彬县灯山会）	北京市门头沟区，河北省滦平县，浙江省杭州市萧山区，浙江省宁海县，山东省淄博市张店区，陕西省彬县
991	Ⅹ-84	庙会（蒲县朝山会、泰伯庙会、苏州轧神仙庙会、金村庙会、浚县正月古庙会、宝顶架香庙会、丰都庙会）	山西省蒲县，江苏省无锡市、苏州市姑苏区、张家港市，河南省浚县，重庆市大足区、丰都县
992	Ⅹ-85	民间信俗（孝子祭、潮神祭祀、三平祖师信俗、东镇沂山祭仪、贵屿双忠信俗、冼夫人信俗、钦州跳岭头、康定转山会、梅里神山祭祀、女子太阳山祭祀、屯堡抬亭子、迎城隍、岷县青苗会、同心莲花山青苗水会、黄大仙信俗、澳门哪吒信俗）	浙江省富阳市、海宁市，福建省平和县，山东省临朐县，广东省汕头市潮阳区，广东省茂名市，海南省海口市、定安县、澄迈县，广西壮族自治区钦州市，四川省康定县，云南省德钦县、西畴县，贵州省安顺市西秀区，陕西省西安市，甘肃省岷县，宁夏回族自治区同心县，香港特别行政区，澳门特别行政区
994	Ⅹ-87	抬阁（珠梅抬故事）	湖南省涟源市
997	Ⅹ-90	祭祖习俗（徽州祠祭、诸葛后裔祭祖、凉山彝族尼木措毕祭祀、徐村司马迁祭祀）	安徽省祁门县，浙江省兰溪市，四川省美姑县，陕西省韩城市
1014	Ⅹ-107	茶俗（白族三道茶）	云南省大理市
1015	Ⅹ-108	蒙古族服饰	内蒙古自治区正蓝旗
1020	Ⅹ-113	藏族服饰	青海省海南藏族自治州
1197	Ⅹ-122	中元节（资源河灯节）	广西壮族自治区资源县
1214	Ⅹ-139	婚俗（赫哲族婚俗、畲族婚俗、瑶族婚俗）	黑龙江省同江市，浙江省景宁畲族自治县，福建省霞浦县，广东省连南瑶族自治县
1217	Ⅹ-142	规约习俗（侗族款约）	贵州省黎平县

附录5：

列入联合国教科文组织《人类非物质文化遗产代表作名录》的中国项目

序号	名称	批准时间
1	昆曲	2001年5月
2	古琴艺术	2003年11月
3	新疆维吾尔木卡姆艺术	2005年11月
4	蒙古族长调民歌①	2005年11月
5	中国传统桑蚕织技艺	2009年10月
6	南音	2009年10月
7	南京云锦织造技艺	2009年10月
8	宣纸传统制作技艺	2009年10月
9	侗族大歌	2009年10月
10	粤剧	2009年10月
11	格萨（斯）尔	2009年10月
12	龙泉青瓷传统炼制技艺	2009年10月
13	热贡艺术	2009年10月
14	藏戏	2009年10月
15	玛纳斯	2009年10月
16	花儿	2009年10月
17	西安鼓乐	2009年10月
18	中国朝鲜族农乐舞	2009年10月
19	中国书法	2009年10月
20	中国篆刻	2009年10月
21	中国剪纸	2009年10月
22	中国传统木结构营造技艺	2009年10月
23	端午节	2009年10月
24	妈祖信俗	2009年10月
25	中国雕版印刷技艺	2009年10月
26	呼麦	2009年10月
27	中医针灸	2010年11月
28	京剧	2010年11月
29	中国皮影	2011年11月
30	中国珠算	2013年12月

注释：① 该项目与蒙古国共同申报。

附录6：

列入联合国教科文组织《急需保护的非物质文化遗产名录》的中国项目

序号	名称	批准时间
1	羌年庆祝习俗	2009年10月
2	黎族传统纺染织绣技艺	2009年10月
3	中国木拱桥传统营造技艺	2009年10月
4	麦西来甫	2010年11月
5	帆船水密舱壁制作	2010年11月
6	木版活字印刷术	2010年11月
7	赫哲族伊玛堪说唱	2011年11月

索 引

A

伢舞	313
阿昌族户撒刀锻制技艺	713
阿里郎	65
阿尼玛卿雪山传说	3
阿诗玛	3
阿细先基	3
阿谐	195
阿谐（达布阿谐）	195
安国药市	929
安塞腰鼓	195
安顺地戏	319
安昭	196

B

八达岭长城传说	4
八卦掌	541
八极拳	541
八仙传说	4
巴当舞	196
巴拉根仓的故事	5
巴郎鼓舞	197
巴陵戏	319
巴山背二歌	65
白茶制作技艺	713
白剧	320
白马拖缰传说	6
白沙茅龙笔制作技艺	714
白蛇传传说	6
白字戏	320
白族绕三灵	930
白族扎染技艺	714

斑铜制作技艺	715
搬运号子	66
搬运号子（梁平抬儿调）	66
搬运号子（龙骨坡抬工号子）	66
板头曲	67
保安族腰刀锻制技艺	716
保定老调	375
北京故宫	747
北京绢花	581
北京料器	628
北京评书	477
北京四合院传统营造技艺	716
北路梆子	321
北票民间故事	7
贝叶经制作技艺	717
汴绣	581
宾阳炮龙节	930
博巴森根	197
布袋和尚传说	7
布朗族弹唱	67
布朗族蜂桶鼓舞	198
布朗族民歌	67
布老虎黎侯虎	581
布洛陀	7
布依簇民歌（好花红调）	68
布依戏	322
布依族"三月三"	931
布依族八音坐唱	477
布依族查白歌节	931
布依族勒尤	68
布依族民歌	68
布依族盘歌	8

1139

C

采茶戏（抚州采茶戏）	324
采茶戏（高安采茶戏）	324
采茶戏（湖北阳新采茶戏）	324
采茶戏（粤北采茶戏）	324
采茶戏	322
采茶戏（赣南采茶戏）	323
采茶戏（桂南采茶戏）	323
彩调	325
彩扎	582
彩扎（彩布拧台）	583
彩扎（凤凰纸扎）	582
彩扎（佛山狮头）	584
彩扎（秸秆扎刻）	583
彩扎（邳州纸塑狮子头）	583
蔡李佛拳	542
蔡伦造纸传说	8
蚕桑习俗	932
蚕丝织造技艺	718
蚕丝织造技艺（杭罗织造技艺）	718
蚕丝织造技艺（杭州织锦技艺）	719
蚕丝织造技艺（辑里湖丝手工制作技艺）	719
蚕丝织造技艺（双林绫绢织造技艺）	719
蚕丝织造技艺（余杭清水丝绵制作技艺）	718
沧州落子	198
沧州武术	542
曹雪芹传说	9
草编	584
草编（大名草编）	585
草编（哈萨克族芨芨草编织技艺）	586
草编（湖口草龙）	586
草编（莱州草辫）	585
草编（沐川草龙）	586
草编（徐行草编）	585
茶点制作技艺	720
茶山号子	69
茶艺	932
查干淖尔冬捕习俗	933
查玛	199
查姆	9
禅宗祖师传说	10
昌黎民歌	69
长白山采参习俗	933
常德丝弦	478
苌家拳	543
长沙弹词	478
长沙窑铜官陶瓷烧制技艺	720
常州梳篦	587
厂甸庙会	934
唱新闻	479
巢湖民歌	70
朝鲜族传统婚俗	934
朝鲜族服饰	935
朝鲜族鹤舞	199
朝鲜族花甲礼	936
朝鲜族农乐舞	200
朝鲜族农乐舞	202
朝鲜族农乐舞（乞粒舞）	201
朝鲜族农乐舞（象帽舞）	201
朝鲜族三老人	479
朝鲜族摔跤	565
朝鲜族跳板、秋千	544
朝鲜族长鼓舞	202
潮剧	325
潮人盂兰胜会	1046
潮州工夫茶艺	932
潮州木雕	587
潮州木雕	588
潮州音乐	71
车灯	480
陈塘夏尔巴歌舞	203
成都漆艺	721
成都银花丝制作技艺	721
成吉思汗祭典	936
澄城尧头陶瓷烧制技艺	722

楮皮纸制作技艺	723
楚剧	327
川北薅草锣鼓	72
川江号子	75
川剧	327
传统插花	588
传统箭术	544
传统棉纺织技艺	723
传统棉纺织技艺（南通色织土布技艺）	724
传统棉纺织技艺（维吾尔族帕拉孜纺织技艺）	724
传统棉纺织技艺（余姚土布制作技艺）	724
传统面食制作技艺	725
传统面食制作技艺（稷山传统面点制作技艺）	726
传统面食制作技艺（龙须拉面和刀削面制作技艺）	725
传统面食制作技艺（抿尖面和猫耳朵制作技艺）	725
传统面食制作技艺（天津"狗不理"包子制作技艺）	726
传统木船制造技艺	726
传统中医药文化	895
传统中医药文化（陈李济传统中药文化）	896
传统中医药文化（鹤年堂中医药养生文化）	895
传统中医药文化（九芝堂传统中药文化）	895
传统中医药文化（潘高寿传统中药文化）	896
传统中医药文化（同济堂传统中药文化）	896
吹打	75
吹打（广西八音）	76
春节	938
春节（查干萨日）	939
春节（怀仁旺火习俗）	939
淳安三角戏	328
瓷板画	589
磁州窑烧制技艺	727
蹴鞠	545

D

达古达楞格莱标	10
达斡尔鲁日格勒舞	203
达斡尔族传统曲棍球竞技	545
达斡尔族民歌	76
达斡尔族民歌（达斡尔扎恩达勒）	76
达斡尔族民歌（罕伯岱达斡尔族民歌）	77
达斡尔族乌钦	480
答嘴鼓	481
打城戏	328
打铁花	939
大别山民歌	77
大理三月街	940
大平调	329
大调曲子	481
大弦戏	330
大禹祭典	940
傣剧	330
傣医药	896
傣族、纳西族手工造纸技艺	728
傣族慢轮制陶技艺	728
傣族泼水节	941
傣族象脚鼓舞	204
傣族章哈	482
傣族织锦技艺	729
单弦牌子曲	482
儋州调声	78
旦嘎甲谐	204
当涂民歌	78
道教音乐	79
道教音乐（澳门道教科仪音乐）	84
道教音乐（白云山道教音乐）	83
道教音乐（成都道教音乐）	83
道教音乐（东岳观道教音乐）	84
道教音乐（广宗太平道乐）	79
道教音乐（海南斋醮科仪音乐）	82
道教音乐（恒山道乐）	80

条目	页码	条目	页码
道教音乐（胶东全真道教音乐）	82	灯会（肥东洋蛇灯）	943
道教音乐（腊山道教音乐）	82	灯会（河曲河灯会）	943
道教音乐（崂山道教音乐）	81	灯会（南安英都拔拔灯）	943
道教音乐（齐云山道场音乐）	81	灯会（泮村灯会）	944
道教音乐（清水道教音乐）	83	灯会（胜芳灯会）	943
道教音乐（上海道教音乐）	80	灯会（石城灯会）	944
道教音乐（泰山道教音乐）	81	灯会（苇子灯阵）	942
道教音乐（无锡道教音乐）	80	灯会（渔灯节）	944
道情戏	331	灯会（自贡灯会）	944
道情戏（洪洞道情）	333	灯舞	205
道情戏（晋北道情戏）	332	灯舞（东至花灯舞）	207
道情戏（蓝关戏）	332	灯舞（鲤鱼灯舞）	206
道情戏（临县道情戏）	332	灯舞（莆田九鲤灯舞）	206
道情戏（陇剧）	333	灯舞（青田鱼灯舞）	206
道情戏（商洛道情戏）	334	灯舞（沙头角鱼灯舞）	207
道情戏（神池道情戏）	334	灯舞（苏家作龙凤灯舞）	208
道情戏（太康道情戏）	332	灯舞（无为鱼灯）	208
道情戏（沾化渔鼓戏）	333	灯戏	334
得荣学羌	205	灯戏（川北灯戏）	335
德昂族浇花节	941	灯戏（梁山灯戏）	334
德格印经院藏族雕版印刷技艺	729	地术拳	546
德化瓷烧制技艺	730	地毯织造技艺	731
灯彩	589	地毯织造技艺（阿拉善地毯织造技艺）	731
灯彩（北京灯彩）	591	地毯织造技艺（北京宫毯织造技艺）	731
灯彩（汴京灯笼张）	593	地毯织造技艺（维吾尔族地毯织造技艺）	732
灯彩（潮州花灯）	593	滇剧	335
灯彩（东莞千角灯）	591	叼羊	546
灯彩（佛山彩灯）	592	碉楼营造技艺（羌族碉楼营造技艺）	871
灯彩（湟源排灯）	591	雕版印刷技艺	732
灯彩（洛阳宫灯）	593	雕版印刷技艺	733
灯彩（秦淮灯彩）	592	雕版印刷技艺（杭州雕版印刷技艺）	733
灯彩（泉州花灯）	590	雕版印刷技艺（同仁刻版印刷技艺）	733
灯彩（上海灯彩）	591	雕漆技艺	734
灯彩（苏州灯彩）	592	定瓷烧制技艺	735
灯彩（硖石灯彩）	590	定日洛谐	208
灯彩（仙居花灯）	590	东北大鼓	483
灯彩（忠信花灯）	594	东北二人转	484
灯会	942	东北庄杂技	547

索引

东昌葫芦雕刻	603
东山歌	484
东阳木雕	594
董永传说	11
侗锦织造技艺	735
侗年	945
侗戏	336
侗医药	897
侗族刺绣	595
侗族大歌	84
侗族木构建筑营造技艺	736
侗族琵琶歌	85
侗族萨玛节	945
洞经音乐	86
洞经音乐（妙善学女子洞经音乐）	86
洞经音乐（文昌洞经古乐）	86
洞箫音乐	70
洞箫音乐（朝鲜族洞箫音乐）	70
洞箫音乐（高陵洞箫）	71
都江堰放水节	946
都一处烧麦制作技艺	736
都镇湾故事	11
抖空竹	547
豆瓣传统制作技艺	737
豆豉酿制技艺	738
豆豉酿制技艺（潼川豆豉酿制技艺）	738
豆豉酿制技艺（永川豆豉酿制技艺）	738
独脚戏	485
独龙族卡雀哇节	946
独辕四景车赛会	947
端鼓腔	486
端午节	947
端午节（安海嗦啰嗹习俗）	950
端午节（大澳龙舟游涌）	951
端午节（嘉兴端午习俗）	950
端午节（蒋村龙舟胜会）	950
端午节（罗店划龙船习俗）	949
端午节（汨罗江畔端午习俗）	949
端午节（屈原故里端午习俗）	948
端午节（石狮端午闽台对渡习俗）	951
端午节（苏州端午习俗）	949
端午节（五常龙舟胜会）	949
端午节（五大连池药泉会）	950
端午节（西塞神舟会）	949
端砚制作技艺	739
堆谐	209
盾牌舞（藤牌舞）	310
多地舞	210
多声部民歌（潮尔道－阿巴嘎潮尔）	100
多声部民歌（潮尔道－蒙古族合声演唱）	99
多声部民歌（苗族多声部民歌）	99
多声部民歌（羌族多声部民歌）	100
多声部民歌（硗碛多声部民歌）	100
多声部民歌（瑶族蝴蝶歌）	99
多声部民歌（壮族三声部民歌）	99

E

俄罗斯族巴斯克节	951
俄罗斯族民居营造技艺	739
峨眉武术	548
鄂尔多斯婚礼	952
鄂伦春族古伦木沓节	952
鄂伦春族民歌	87
鄂伦春族摩苏昆	486
鄂伦春族狍皮制作技艺	740
鄂伦春族赞达仁	87
鄂温克抢枢	548
鄂温克叙事民歌	87
鄂温克驯鹿习俗	952
鄂温克族民歌	87
鄂温克族萨满舞	210
鄂温克族瑟宾节	953
恩施扬琴	487
二股弦	337
二夹弦	337

二人台 338
二人台（东路二人台）............................ 339

F

翻九楼 549
翻山铰子 211
防风传说 12
仿膳（清廷御膳）制作技艺 740
风火流星 549
风筝制作技艺 741
风筝制作技艺（北京风筝哈制作技艺）......... 743
风筝制作技艺（北京风筝制作技艺）............ 743
风筝制作技艺（拉萨风筝）................... 742
风筝制作技艺（南通板鹞风筝）............ 742
风筝制作技艺（天津风筝魏制作技艺）......... 743
风筝制作技艺（潍坊风筝）................... 741
枫溪瓷烧制技艺 744
枫香印染技艺 745
凤翔木版年画 596
凤阳花鼓 487
凤阳民歌 88
佛汉拳 550
佛教音乐 88
佛教音乐（北武当庙寺庙音乐）............. 91
佛教音乐（大相国寺梵乐）...................... 90
佛教音乐（觉囊梵音）............................. 91
佛教音乐（拉卜楞寺佛殿音乐道得尔）..... 90
佛教音乐（楞严寺寺庙音乐）................. 91
佛教音乐（青海藏族唱经调）................. 91
佛教音乐（塔尔寺花架音乐）................. 92
佛教音乐（天宁寺梵呗唱诵）................. 89
佛教音乐（洋县佛教音乐）...................... 92
佛教音乐（鱼山梵呗）............................ 89
佛教音乐（直孔噶举派音乐）................. 90
佛山木版年画 596
涪陵榨菜传统制作技艺 874

福鼎白茶制作技艺 713
福州伬艺 488
福州评话 488
福州脱胎漆器髹饰技艺 745
腐乳酿造技艺 746
阜新玛瑙雕 597
富春茶点制作技艺 720

G

嘎达梅林 12
嘎尔 211
赣剧 340
高杆船技 550
高甲戏 340
高甲戏（柯派）................................... 341
高密扑灰年画 597
高腔 341
高腔（常德高腔）................................ 343
高腔（辰河高腔）................................ 343
高腔（松阳高腔）................................ 342
高腔（西安高腔）................................ 342
高腔（岳西高腔）................................ 343
高跷 212
高跷（独杆跷）................................... 214
高跷（盖州高跷）................................ 213
高跷（高跷走兽）................................ 212
高跷（高抬火轿）................................ 214
高跷（海城高跷）................................ 212
高跷（苦水高高跷）............................ 213
高跷（辽西高跷）................................ 213
高跷（上口子高跷）............................ 214
高山族拉手舞 215
高邮民歌 93
歌册（潮州歌册）................................ 485
歌会 953
歌会（瑞云四月八）............................ 954
歌会（四十八寨歌节）........................ 954

歌仔戏	344
格萨（斯）尔	13
耿村民间故事	14
弓箭制作技艺（蒙古族牛角弓制作技艺）	769
弓箭制作技艺（锡伯族弓箭制作技艺）	768
功德林素食制作技艺	834
古琴艺术	94
古琴艺术（广陵琴派）	94
古琴艺术（金陵琴派）	95
古琴艺术（岭南派）	95
古琴艺术（梅庵琴派）	95
古琴艺术（虞山琴派）	94
古琴艺术（浙派）	95
古琴艺术（诸城派）	95
古书画临摹复制技艺	746
古渔雁民间故事	14
古筝艺术	96
鼓盆歌	489
鼓舞	215
鼓舞（八卦鼓舞）	218
鼓舞（陈官短穗花鼓）	217
鼓舞（大奏鼓）	217
鼓舞（横山老腰鼓）	219
鼓舞（花鞭鼓舞）	218
鼓舞（花钹大鼓）	216
鼓舞（稷山高台花鼓）	221
鼓舞（凉州攻鼓子）	219
鼓舞（柳林花鼓）	218
鼓舞（隆尧招子鼓）	216
鼓舞（平定武迓鼓）	217
鼓舞（土沃老花鼓）	221
鼓舞（万荣花鼓）	220
鼓舞（乌拉陈汉军旗单鼓舞）	221
鼓舞（武山旋鼓舞）	220
鼓舞（宜川胸鼓）	219
顾绣	598
关索戏	344
观音传说	15
官会响锣	222
官式古建筑营造技艺	747
广彩瓷烧制技艺	747
广昌孟戏	345
广东汉剧	346
广东汉乐	97
广东音乐	97
广西文场	490
桂剧	346
滚灯（奉贤滚灯）	311
滚灯（海盐滚灯）	312
锅庄舞	222
锅庄舞（昌都锅庄舞）	223
锅庄舞（称多白龙卓舞）	224
锅庄舞（迪庆锅庄舞）	223
锅庄舞（甘孜锅庄）	224
锅庄舞（马奈锅庄）	224
锅庄舞（囊谦卓干玛）	225
锅庄舞（玉树卓舞）	223
国画颜料制作技艺	748
过路黄药制作工艺	897

H

哈哈腔	347
哈尼多声部民歌	98
哈尼哈吧	15
哈萨克六十二阔恩尔	101
哈萨克毡绣和布绣	598
哈萨克族阿依特斯	490
哈萨克族达斯坦	16
哈萨克族冬不拉艺术	101
哈萨克族服饰	954
哈萨克族卡拉角勒哈	225
哈萨克族库布孜	102
哈萨克族民歌	102
哈萨克族铁尔麦	491
哈萨克族毡房营造技艺	748

中国非物质文化遗产百科全书·代表性项目卷

海城喇叭戏	348
海门山歌	103
海南斋戏	349
海洋动物故事	16
海洋号子	104
海洋号子（象山渔民号子）	105
海洋号子（长岛渔号）	104
海洋号子（长海号子）	104
海洋号子（舟山渔民号子）	104
海州五大宫调	105
韩城秧歌	491
汉川善书	492
汉剧	351
汉调二簧	349
汉调桄桄	350
汉绣	599
汉字书法	600
汉族传统婚俗	955
汗青格勒	16
杭州评词	492
杭州评话	493
薅草锣鼓（川东土家族薅草锣鼓）	74
薅草锣鼓（五峰土家族薅草锣鼓）	73
薅草锣鼓（武宁打鼓歌）	72
薅草锣鼓（兴山薅草锣鼓）	73
薅草锣鼓（宣恩薅草锣鼓）	73
薅草锣鼓（宜昌薅草锣鼓）	73
薅草锣鼓（长阳山歌）	74
好来宝	493
禾楼舞	226
合阳跳戏	351
河北梆子	352
河北鼓吹乐	106
河间歌诗	17
河洛大鼓	493
河南坠子	494
河曲民歌	106
河西宝卷	17

河州平弦	495
核雕	600
核雕（光福核雕）	601
核雕（广州榄雕）	601
核雕（潍坊核雕）	601
菏泽弦索乐	174
赫哲族伊玛堪	495
赫哲族鱼皮制作技艺	749
鹤舞（三灶鹤舞）	200
黑暗传	18
黑茶制作技艺	750
黑茶制作技艺（茯砖茶制作技艺）	751
黑茶制作技艺（南路边茶制作技艺）	751
黑茶制作技艺（千两茶制作技艺）	750
黑茶制作技艺（下关沱茶制作技艺）	751
嗨子戏	347
衡水法帖雕版拓印技艺	752
衡水内画	602
红茶制作技艺	752
红拳	551
洪洞走亲习俗	956
胡集书会	956
胡庆余堂中药文化	897
葫芦雕刻	603
湖北大鼓	496
湖北评书	496
湖北小曲	497
湖笔制作技艺	753
湖剧	353
沪剧	354
沪谚	53
花茶制作技艺	753
花茶制作技艺（吴裕泰茉莉花茶制作技艺）	754
花朝戏	354
花灯戏	355
花灯戏（思南花灯戏）	355
花灯戏（玉溪花灯戏）	356
花儿	107

花儿（丹麻土族花儿会）	108
花儿（二郎山花儿会）	108
花儿（老爷山花儿会）	108
花儿（莲花山花儿会）	107
花儿（宁夏回族山花儿）	109
花儿（七里寺花儿会）	108
花儿（瞿昙寺花儿会）	108
花儿（松鸣岩花儿会）	108
花儿（新疆花儿）	109
花鼓灯	226
花鼓灯（蚌埠花鼓灯）	227
花鼓灯（凤台花鼓灯）	227
花鼓灯（颍上花鼓灯）	227
花鼓戏	358
花鼓戏（衡州花鼓戏）	359
花鼓戏（荆州花鼓戏）	358
花鼓戏（临湘花鼓戏）	359
花鼓戏（襄阳花鼓戏）	359
花鼓戏（长沙花鼓戏）	360
花毽	551
花丝镶嵌制作技艺	754
华佗五禽戏	552
滑稽戏	360
桦树皮制作技艺	755
怀梆	361
淮北梆子戏	361
淮海戏	363
淮剧	363
淮调	362
黄初平（黄大仙）传说	18
黄帝祭典（缙云轩辕祭典）	958
黄帝祭典（新郑黄帝拜祖祭典）	957
黄帝陵祭典	957
黄鹤楼传说	19
黄金溜槽堆石砌灶冶炼技艺	756
黄龙戏	365
黄梅挑花、花瑶挑花	682

黄梅戏	365
黄杨木雕	627
湟中堆绣	603
灰塑	604
徽剧	366
徽墨制作技艺	756
徽墨制作技艺（曹素功墨锭制作技艺）	757
徽派传统民居营造技艺	757
徽州民歌	109
徽州三雕	605
回族服饰	958
回族民间乐器	110
回族宴席曲	110
回族医药	898
回族医药（回族汤瓶八诊疗法）	898
回族医药（张氏回医正骨疗法）	898
回族重刀武术	552
惠安女服饰	958
惠安石雕	605
惠东渔歌	111
婚俗	959
婚俗（朝鲜族回婚礼）	959
婚俗（达斡尔族传统婚俗）	960
婚俗（哈萨克族传统婚俗）	961
婚俗（回族传统婚俗）	961
婚俗（锡伯族婚俗）	961
婚俗（彝族传统婚俗）	960
婚俗（裕固族传统婚俗）	960
火把节	1033
火老虎	228
火腿制作技艺	758
火腿制作技艺（宣威火腿制作技艺）	758

J

| 基诺大鼓舞 | 228 |
| 济公传说 | 19 |

祭敖包	962
祭敖包（达斡尔族沃其贝）	962
祭孔大典	962
祭孔大典（南孔祭典）	963
祭寨神林	963
祭祖习俗	964
祭祖习俗（大槐树祭祖习俗）	964
祭祖习俗（灯杆彩凤习俗）	965
祭祖习俗（沁水柳氏清明祭祖）	965
祭祖习俗（石壁客家祭祖习俗）	965
祭祖习俗（太公祭）	965
祭祖习俗（下沙祭祖）	966
冀南四股弦	433
冀中笙管乐	111
冀中笙管乐（安新县圈头村音乐会）	115
冀中笙管乐（白庙村音乐会）	113
冀中笙管乐（东韩村拾幡古乐）	115
冀中笙管乐（东张务音乐会）	114
冀中笙管乐（高洛音乐会）	112
冀中笙管乐（高桥音乐会）	113
冀中笙管乐（军卢村音乐会）	114
冀中笙管乐（里东庄音乐老会）	114
冀中笙管乐（南响口梵呗音乐会）	114
冀中笙管乐（屈家营音乐会）	112
冀中笙管乐（胜芳音乐会）	113
冀中笙管乐（小冯村音乐会）	113
冀中笙管乐（辛安庄民间音乐会）	114
冀中笙管乐（雄县古乐）	113
冀中笙管乐（张庄音乐会）	114
冀中笙管乐（子位吹歌）	115
加牙藏族织毯技艺	759
家具制作技艺（广式硬木家具制作技艺）	804
家具制作技艺（晋作家具制作技艺）	804
家具制作技艺（京作硬木家具制作技艺）	803
家具制作技艺（精细木作技艺）	804
嘉黎民间故事	20
嘉善田歌	115
嘉兴灶头画	606
伽倻琴艺术	92
甲搓	229
剪刀锻制技艺（王麻子剪刀锻制技艺）	875
剪纸	607
剪纸（安塞剪纸）	612
剪纸（包头剪纸）	621
剪纸（滨州民间剪纸）	618
剪纸（傣族剪纸）	612
剪纸（鄂州雕花剪纸）	620
剪纸（方正剪纸）	614
剪纸（丰宁满族剪纸）	609
剪纸（阜阳剪纸）	616
剪纸（高密剪纸）	618
剪纸（广东剪纸）	611
剪纸（广灵染色剪纸）	612
剪纸（和林格尔剪纸）	612
剪纸（辉县剪纸）	619
剪纸（会宁剪纸）	622
剪纸（建平剪纸）	613
剪纸（金坛刻纸）	615
剪纸（莒县过门笺）	617
剪纸（乐清细纹刻纸）	611
剪纸（灵宝剪纸）	618
剪纸（卢氏剪纸）	619
剪纸（苗族剪纸）	621
剪纸（南京剪纸）	615
剪纸（浦江剪纸）	616
剪纸（庆阳剪纸）	621
剪纸（瑞昌剪纸）	617
剪纸（上海剪纸）	614
剪纸（踏虎凿花）	620
剪纸（蔚县剪纸）	609
剪纸（仙桃雕花剪纸）	620
剪纸（孝感雕花剪纸）	619
剪纸（新宾满族剪纸）	614
剪纸（新干剪纸）	621

索引

剪纸（岫岩剪纸）	613
剪纸（徐州剪纸）	615
剪纸（旬邑彩贴剪纸）	622
剪纸（烟台剪纸）	618
剪纸（延川剪纸）	622
剪纸（扬州剪纸）	611
剪纸（医巫闾山满族剪纸）	610
剪纸（漳浦剪纸）	616
剪纸（长白山满族剪纸）	614
剪纸（柘荣剪纸）	617
剪纸（中阳剪纸）	610
剪纸（庄河剪纸）	613
剪纸〔泉州（李尧宝）刻纸）〕	616
建湖杂技	553
建窑建盏烧制技艺	759
建筑彩绘	623
建筑彩绘（白族民居彩绘）	624
建筑彩绘（传统地仗彩画）	625
建筑彩绘（炕围画）	624
建筑彩绘（陕北匠艺丹青）	624
江格尔	20
江河号子	116
江河号子（黄河号子）	116
江河号子（酉水船工号子）	117
江河号子（长江峡江号子）	117
江南丝竹	117
江孜达玛节	966
姜思序堂国画颜料制作技艺	748
讲古	497
绛州鼓乐	118
酱菜制作技艺	760
酱油酿造技艺	761
胶东大鼓	498
接龙吹打、金桥吹打	75
界首彩陶烧制技艺	761
界首书会	967
金华道情	498
金华火腿腌制技艺	758
金陵刻经印刷技艺	762
金漆镶嵌髹饰技艺	762
金钱板	499
金石篆刻	625
金星砚制作技艺	763
津门法鼓	119
津门法鼓（挂甲寺庆音法鼓）	119
津门法鼓（刘园祥音法鼓）	120
津门法鼓（杨家庄永音法鼓）	119
锦歌	499
晋剧	367
晋南威风锣鼓	120
京东大鼓	500
京剧	369
京西太平鼓	229
京西太平鼓（怪村太平鼓）	230
京西太平鼓（石景山太平鼓）	230
京韵大鼓	500
京族独弦琴艺术	121
京族哈节	967
荆河戏	372
荆州花鼓戏	373
井陉拉花	230
景德镇传统瓷窑作坊营造技艺	764
景德镇手工制瓷技艺	765
景颇族目瑙纵歌	968
景泰蓝制作技艺	765
径山茶宴	968
靖边跑驴	231
靖州苗族歌鼟	121
九江山歌	122
菊花白酒传统酿造技艺	815
剧装戏具制作技艺	766
聚春园佛跳墙制作技艺	767
聚元号弓箭制作技艺	768
钧瓷烧制技艺	769

K

喀左东蒙民间故事	21
卡斯达温舞	231
康巴拉伊	21
烤鸭技艺	770
柯尔克孜约隆	22
柯尔克孜族刺绣	626
柯尔克孜族库姆孜艺术	122
柯尔克孜族驯鹰习俗	969
科尔沁潮尔史诗	22
刻道	23
客家土楼营造技艺	771
孔府菜烹饪技艺	771
孔雀舞	232
口技	553
口弦音乐	123
昆曲	374
廊孜	233

L

拉祜族芦笙舞	233
拉仁布与吉门索	23
拉萨甲米水磨坊制作技艺	772
拉萨囊玛	234
莱芜梆子	375
兰溪摊簧	501
兰州鼓子	502
兰州黄河大水车制作技艺	772
兰州太平鼓	234
拦手门	554
蓝夹缬技艺	773
蓝田普化水会音乐	123
蓝印花布印染技艺	809
烂柯山的传说	24
崂山民间故事	24
老陈醋酿制技艺（美和居老陈醋酿制技艺）	824
老古舞	235
老河口丝弦	124
老调	375
老调（安国老调）	376
乐清黄杨木雕	626
乐清龙档	632
乐亭大鼓	502
乐作舞	235
雷剧	377
雷州歌	24
梨园戏	377
黎族传统纺染织绣技艺	773
黎族船型屋营造技艺	774
黎族打柴舞	236
黎族服饰	969
黎族民歌	125
黎族三月三节	970
黎族树皮布制作技艺	775
黎族原始制陶技艺	775
黎族竹木器乐	125
黎族钻木取火技艺	776
李时珍传说	25
澧水船工号子	126
醴陵釉下五彩瓷烧制技艺	776
利川灯歌	126
傈僳族阿尺木刮	236
傈僳族刀杆节	970
傈僳族民歌	127
莲花落	503
凉茶	777
梁平癞子锣鼓	127
梁平木版年画	627
梁祝传说	25
辽宁鼓乐	128
聊城杂技	554
聊斋俚曲	128

料器	628
料器（葡萄常料器）	628
撂石锁	555
临高渔歌	129
临海词调	503
临清贡砖烧制技艺	777
临夏砖雕	629
灵丘罗罗腔	378
刘伯温传说	26
刘三姐歌谣	26
浏阳花炮制作技艺	778
琉璃烧制技艺	780
柳编	630
柳编（博兴柳编）	632
柳编（曹县柳编）	632
柳编（固安柳编）	631
柳编（广宗柳编）	630
柳编（黄岗柳编）	631
柳编（霍邱柳编）	631
柳编（维吾尔族枝条编织）	630
柳腔	378
柳琴戏	379
柳毅传说	26
柳子戏	381
六必居酱菜制作技艺	760
六味斋酱肉传统制作技艺	780
龙档	632
龙泉宝剑锻制技艺	781
龙泉青瓷烧制技艺	781
龙舞	237
龙舞（城步吊龙）	249
龙舞（大田板灯龙）	242
龙舞（地龙灯）	248
龙舞（碇步龙）	246
龙舞（奉化布龙）	240
龙舞（高龙）	243
龙舞（荷塘纱龙）	244

龙舞（黄龙溪火龙灯舞）	245
龙舞（火龙舞）	248
龙舞（金州龙舞）	241
龙舞（九龙舞）	243
龙舞（开化香火草龙）	247
龙舞（坎门花龙）	247
龙舞（兰溪断头龙）	242
龙舞（六坊云龙舞）	250
龙舞（龙灯扛阁）	247
龙舞（泸州雨坛彩龙）	240
龙舞（骆山大龙）	242
龙舞（埔寨火龙）	244
龙舞（浦东绕龙灯）	246
龙舞（浦江板凳龙）	239
龙舞（乔林烟花火龙）	245
龙舞（曲周龙灯）	241
龙舞（人龙舞）	244
龙舞（汝城香火龙）	243
龙舞（三节龙）	248
龙舞（汕尾滚地金龙）	239
龙舞（铜梁龙舞）	238
龙舞（舞草龙）	241
龙舞（香火龙）	249
龙舞（易县摆字龙灯）	240
龙舞（湛江人龙舞）	238
龙舞（长兴百叶龙）	239
龙舞（直溪巨龙）	246
龙舞（芷江孽龙）	249
龙舞（醉龙）	245
龙舟歌	504
龙舟制作技艺	782
芦笙舞（鼓龙鼓虎—长衫龙）	254
芦笙舞（滚山珠）	254
芦笙舞（锦鸡舞）	253
芦笙音乐	129
芦笙音乐（侗族芦笙）	130
芦笙音乐（苗族芒筒芦笙）	130

庐剧	382
泸州老窖酒酿制技艺	782
鲁班传说	27
鲁锦织造技艺	783
鲁南五大调	130
鲁西南鼓吹乐	131
潞安大鼓	504
乱弹	383
乱弹（威县乱弹）	384
乱弹（诸暨西路乱弹）	384
啰啰咚	132
罗布淖尔维吾尔族民歌	170
罗卷戏	385
锣鼓书	505
锣鼓艺术	133
锣鼓艺术（常山战鼓）	133
锣鼓艺术（大铜器）	134
锣鼓艺术（鄂州牌子锣）	136
锣鼓艺术（韩城行鼓）	135
锣鼓艺术（汉沽飞镲）	133
锣鼓艺术（开封盘鼓）	135
锣鼓艺术（泗泾十锦细锣鼓）	134
锣鼓艺术（太原锣鼓）	134
锣鼓艺术（小河锣鼓）	136
锣鼓艺术（宜昌堂调）	135
锣鼓艺术（云胜锣鼓）	135
锣鼓艺术（中州大鼓）	136
锣鼓杂戏	385
洛川蹩鼓	250
洛南静板书	505
洛奇洛耶与扎斯扎依	27
洛阳牡丹花会	971
珞巴族服饰	971
珞巴族始祖传说	28
落腔	386
吕家河民歌	132
吕剧	382

绿茶制作技艺	784
绿茶制作技艺（安吉白茶制作技艺）	786
绿茶制作技艺（碧螺春制作技艺）	786
绿茶制作技艺（黄山毛峰）	785
绿茶制作技艺（六安瓜片）	785
绿茶制作技艺（太平猴魁）	785
绿茶制作技艺（婺州举岩）	784
绿茶制作技艺（西湖龙井）	784
绿茶制作技艺（紫笋茶制作技艺）	786

M

妈祖祭典	972
妈祖祭典（洞头妈祖祭典）	973
妈祖祭典（天津皇会）	973
马街书会	973
马山民歌	137
马戏	555
玛纳斯	28
码头号子	137
麦秆剪贴	633
满族刺绣	633
满族刺绣（锦州满族民间刺绣）	634
满族刺绣（岫岩满族民间刺绣）	634
满族刺绣（长白山满族枕头顶刺绣）	634
满族二贵摔跤	556
满族民间故事	29
满族说部	30
满族珍珠球	556
漫瀚调	138
芒康三弦舞	251
毛笔制作技艺	787
毛笔制作技艺（扬州毛笔制作技艺）	788
毛笔制作技艺（周虎臣毛笔制作技艺）	787
毛纺织及擀制技艺	788
毛纺织及擀制技艺（藏族牛羊毛编织技艺）	789
毛纺织及擀制技艺（东乡族擀毡技艺）	789

毛纺织及擀制技艺
（维吾尔族花毡制作技艺）...... 790
毛纺织及擀制技艺
（彝族毛纺织及擀制技艺）...... 789
毛南族打猴鼓舞...... 251
毛南族肥套...... 974
茅山号子...... 138
茅台酒酿制技艺...... 790
茂腔...... 387
眉户...... 387
眉户（华阴迷胡）...... 388
眉户（晋南眉户）...... 389
眉户（迷糊戏）...... 388
眉户（运城眉户）...... 388
眉户曲子...... 506
梅葛...... 30
梅州客家山歌...... 139
蒙古包营造技艺...... 791
蒙古族安代舞...... 252
蒙古族搏克...... 557
蒙古族绰尔...... 140
蒙古族刺绣...... 635
蒙古族服饰...... 974
蒙古族呼麦...... 141
蒙古族勒勒车制作技艺...... 791
蒙古族马具制作技艺...... 792
蒙古族马头琴音乐...... 142
蒙古族民歌...... 142
蒙古族民歌（鄂尔多斯短调民歌）...... 143
蒙古族民歌（鄂尔多斯古如歌）...... 143
蒙古族民歌（阜新东蒙短调民歌）...... 144
蒙古族民歌（郭尔罗斯蒙古族民歌）...... 144
蒙古族民歌（科尔沁叙事民歌）...... 143
蒙古族民歌（乌拉特民歌）...... 144
蒙古族萨吾尔登...... 252
蒙古族四胡音乐...... 145
蒙古族象棋...... 557

蒙古族养驼习俗...... 975
蒙古族长调民歌...... 139
蒙医药...... 899
蒙医药（火针疗法）...... 900
蒙医药（蒙医传统正骨术）...... 900
蒙医药（蒙医正骨疗法）...... 900
蒙医药（血衰症疗法）...... 900
蒙医药（赞巴拉道尔吉温针）...... 900
孟姜女传说...... 31
弥渡民歌...... 145
米拉尕黑...... 31
密洛陀...... 32
绵竹木版年画...... 635
面花...... 636
面花（定襄面塑）...... 637
面花（黄陵面花）...... 638
面花（郎庄面塑）...... 638
面花（闻喜花馍）...... 637
面花（新绛面塑）...... 637
面花（阳城焙面面塑）...... 636
面人...... 639
面人（北京面人郎）...... 639
面人（曹县江米人）...... 640
面人（曹州面人）...... 640
面人（面人汤）...... 640
面人（上海面人赵）...... 639
苗画...... 641
苗年...... 976
苗绣...... 641
苗医药...... 901
苗医药（癫痫症疗法）...... 902
苗医药（骨伤蛇伤疗法）...... 901
苗医药（九节茶药制作工艺）...... 902
苗医药（钻节风疗法）...... 902
苗寨吊脚楼营造技艺...... 792
苗族独木龙舟节...... 976
苗族服饰...... 977

1153

苗族古歌	32
苗族鼓藏节	978
苗族贾理	33
苗族蜡染技艺	793
苗族芦笙舞	253
苗族芦笙舞	254
苗族芦笙制作技艺	794
苗族民歌	146
苗族民歌（苗族飞歌）	147
苗族民歌（湘西苗族民歌）	146
苗族四月八姑娘节	979
苗族跳花节	979
苗族系列坡会群	980
苗族银饰锻制技艺	794
苗族栽岩习俗	980
苗族织锦技艺	797
苗族姊妹节	981
庙会	981
庙会（北山庙会）	985
庙会（当阳关陵庙会）	986
庙会（东岳庙庙会）	982
庙会（方岩庙会）	985
庙会（佛山祖庙庙会）	984
庙会（赶茶场）	983
庙会（汉阳归元庙会）	986
庙会（火宫殿庙会）	984
庙会（晋祠庙会）	982
庙会（九华山庙会）	985
庙会（妙峰山庙会）	982
庙会（上海龙华庙会）	983
庙会（泰山东岳庙会）	983
庙会（武当山庙会）	983
庙会（西山万寿宫庙会）	986
庙会（药王山庙会）	984
庙会（张山寨七七会）	985
民间社火	987
民间社火（本溪社火）	988
民间社火（朝阳社火）	989
民间社火（浚县民间社火）	989
民间社火（桃林坪花脸社火）	988
民间社火（洋县悬台社火）	989
民间社火（义县社火）	988
民间社火（永年抬花桌）	988
民间信俗	990
民间信俗（保生大帝信俗）	991
民间信俗（波罗诞）	994
民间信俗（陈靖姑信俗）	992
民间信俗（关公信俗）	991
民间信俗（嫘祖信俗）	994
民间信俗（梅日更召信俗）	993
民间信俗（闽台送王船）	993
民间信俗（千童信子节）	990
民间信俗（清水祖师信俗）	993
民间信俗（石浦—富岗如意信俗）	991
民间信俗（汤和信俗）	991
民间信俗（西王母信俗）	992
民间信俗（锡伯族喜利妈妈信俗）	993
民间信俗（鱼行醉龙节）	995
民间信俗（悦城龙母诞）	994
民间信俗（长洲太平清醮）	994
民间绣活	642
民间绣活（澄城刺绣）	644
民间绣活（高平绣活）	643
民间绣活（红安绣活）	644
民间绣活（麻柳刺绣）	643
民间绣活（西秦刺绣）	643
民间绣活（阳新布贴）	644
民族乐器制作技艺	797
民族乐器制作技艺（朝鲜族民族乐器制作技艺）	798
民族乐器制作技艺（傣族象脚鼓制作技艺）	801
民族乐器制作技艺（宏音斋笙管制作技艺）	800
民族乐器制作技艺（马头琴制作技艺）	800
民族乐器制作技艺	

（蒙古族拉弦乐器制作技艺）	800
民族乐器制作技艺（苗族芦笙制作技艺）	801
民族乐器制作技艺（上海民族乐器制作技艺）	801
民族乐器制作技艺（苏州民族乐器制作技艺）	799
民族乐器制作技艺（维吾尔族乐器制作技艺）	799
民族乐器制作技艺（漳州蔡福美传统制鼓技艺）	799
民族乐器制作技艺（长子响铜乐器制作技艺）	798
闽剧	389
闽南传统民居营造技艺	802
闽西汉剧	390
明式家具制作技艺	803
牡丹传说	33
牡帕密帕	33
木板大鼓	506
木版年画	645
木版年画（东昌府木版年画）	645
木版年画（滑县木版年画）	646
木版年画（夹江年画）	646
木版年画（老河口木版年画）	647
木版年画（平阳木版年画）	645
木版年画（张秋木版年画）	646
木版水印技艺	805
木雕	647
木雕（澳门神像雕刻）	648
木雕（海派紫檀雕刻）	649
木雕（花瑰艺术）	649
木雕（剑川木雕）	650
木雕（莆田木雕）	649
木雕（曲阜楷木雕刻）	648
木雕（武汉木雕船模）	648
木雕（紫檀雕刻）	649
木洞山歌	147
木拱桥传统营造技艺	806
木鼓舞	255
木鼓舞（沧源佤族木鼓舞）	255
木鼓舞（反排苗族木鼓舞）	255
木活字印刷技术	807
木兰传说	34
木偶头雕刻（江加走木偶头雕刻）	705
木偶戏	390
木偶戏（潮州铁枝木偶戏）	393
木偶戏（川北大木偶戏）	393
木偶戏（单档布袋戏）	395
木偶戏（高州木偶戏）	392
木偶戏（广东木偶戏）	398
木偶戏（海派木偶戏）	396
木偶戏（湖南杖头木偶戏）	395
木偶戏（揭阳铁枝木偶戏）	398
木偶戏（晋江布袋木偶戏）	391
木偶戏（辽西木偶戏）	392
木偶戏（临高人偶戏）	393
木偶戏（廿八都木偶戏）	397
木偶戏（平阳木偶戏）	395
木偶戏（泉州提线木偶戏）	391
木偶戏（三江公仔戏）	396
木偶戏（邵阳布袋戏）	392
木偶戏（石阡木偶戏）	393
木偶戏（泰顺提线木偶戏）	397
木偶戏（泰顺药发木偶戏）	394
木偶戏（文昌公仔戏）	396
木偶戏（五华提线木偶）	395
木偶戏（邵阳提线木偶戏）	394
木偶戏（孝义木偶戏）	394
木偶戏（漳州布袋木偶戏）	392
木偶戏（杖头木偶戏）	394
木偶戏（杖头木偶戏）	397
木鱼歌	507
目连戏	399
目连戏（辰河目连戏）	399

目连戏（徽州目连戏） …… 399	泥塑（聂家庄泥塑） …… 653
目连戏（南乐目连戏） …… 400	泥塑（苏州泥塑） …… 653
目瑙斋瓦 …… 34	泥塑（天津泥人张） …… 651
仫佬族依饭节 …… 995	泥塑（徐氏泥彩塑） …… 654
	泥塑（杨氏家族泥塑） …… 654

N

	酿造酒传统酿造技艺 …… 811
那达慕 …… 995	酿造酒传统酿造技艺
那坡壮族民歌 …… 148	（封缸酒传统酿造技艺） …… 811
纳西族白沙细乐 …… 148	酿造酒传统酿造技艺
纳西族东巴画 …… 650	（金华酒传统酿造技艺） …… 812
纳西族热美蹉 …… 256	宁波金银彩绣 …… 655
南海航道更路经 …… 996	宁波泥金彩漆 …… 656
南京白局 …… 507	宁波朱金漆木雕 …… 656
南京金箔锻制技艺 …… 807	宁波走书 …… 509
南京云锦木机妆花手工织造技艺 …… 808	宁德霍童线狮 …… 558
南剧 …… 400	宁海平调 …… 401
南平南词 …… 507	宁津杂技 …… 559
南坪曲子 …… 149	牛郎织女传说 …… 35
南曲 …… 508	牛羊肉烹制技艺 …… 812
南山射箭 …… 544	牛羊肉烹制技艺（北京烤肉制作技艺） …… 813
南通蓝印花布印染技艺 …… 809	牛羊肉烹制技艺（东来顺涮羊肉制作技艺） …… 812
南溪号子 …… 149	牛羊肉烹制技艺
南县地花鼓 …… 256	（冠云平遥牛肉传统加工技艺） …… 814
南音 …… 150	牛羊肉烹制技艺
南音说唱 …… 508	（鸿宾楼全羊席制作技艺） …… 813
挠羊赛 …… 557	牛羊肉烹制技艺（烤全羊技艺） …… 814
内画（北京内画鼻烟壶） …… 602	牛羊肉烹制技艺
内画（广东内画） …… 603	（月盛斋酱烧牛羊肉制作技艺） …… 813
内联陞千层底布鞋制作技艺 …… 810	农历二十四节气 …… 997
泥塑 …… 651	农历二十四节气（班春劝农） …… 997
泥塑（大吴泥塑） …… 653	农历二十四节气（九华立春祭） …… 997
泥塑（凤翔泥塑） …… 652	农历二十四节气（石阡说春） …… 998
泥塑（惠民泥塑） …… 655	怒族仙女节 …… 998
泥塑（惠山泥人） …… 652	傩舞 …… 257
泥塑（浚县泥咕咕） …… 653	傩舞（乐安傩舞） …… 258
泥塑（苗族泥哨） …… 654	傩舞（南丰跳傩） …… 257
	傩舞（浦南古傩） …… 261

傩舞（祁门傩舞）	259
傩舞（邵武傩舞）	259
傩舞（寿阳爱社）	259
傩舞（文县池哥昼）	260
傩舞（婺源傩舞）	258
傩舞（永靖七月跳会）	260
傩舞（湛江傩舞）	260
傩戏	401
傩戏（池州傩戏）	402
傩戏（德安潘公戏）	405
傩戏（德江傩堂戏）	403
傩戏（侗族傩戏）	402
傩戏（恩施傩戏）	404
傩戏（鹤峰傩戏）	404
傩戏（荔波布依族傩戏）	405
傩戏（梅山傩戏）	405
傩戏（任庄扇鼓傩戏）	405
傩戏（万载开口傩）	403
傩戏（武安傩戏）	402
傩戏（仡佬族傩戏）	404
傩戏（沅陵辰州傩戏）	403
诺茹孜节	998
女书习俗	999
女娲祭典	999
女娲祭典（秦安女娲祭典）	1000

O

瓯剧	406
瓯塑	657
瓯绣	657

P

爬山调	151
盘古神话	35
盘瓠传说	36
盘索里	509

跑帷子	261
配制酒传统酿造技艺	815
盆景技艺	658
盆景技艺（川派盆景技艺）	660
盆景技艺（徽派盆景技艺）	659
盆景技艺（苏派盆景技艺）	660
盆景技艺（扬派盆景技艺）	659
盆景技艺（英石假山盆景技艺）	659
皮影戏	407
皮影戏（阿宫腔）	410
皮影戏（巴林左旗皮影戏）	414
皮影戏（北京皮影戏）	411
皮影戏（昌黎皮影戏）	414
皮影戏（定陶皮影戏）	413
皮影戏（复州皮影戏）	408
皮影戏（盖州皮影戏）	412
皮影戏（海宁皮影戏）	408
皮影戏（河湟皮影戏）	414
皮影戏（河间皮影戏）	411
皮影戏（湖南皮影戏）	413
皮影戏（华县皮影戏）	409
皮影戏（华阴老腔）	409
皮影戏（环县道情皮影戏）	410
皮影戏（济南皮影戏）	412
皮影戏（冀南皮影戏）	408
皮影戏（江汉平原皮影戏）	409
皮影戏（凌源皮影戏）	410
皮影戏（龙江皮影戏）	415
皮影戏（陆丰皮影戏）	409
皮影戏（罗山皮影戏）	413
皮影戏（四川皮影戏）	413
皮影戏（泰山皮影戏）	412
皮影戏（唐山皮影戏）	407
皮影戏（腾冲皮影戏）	416
皮影戏（桐柏皮影戏）	415
皮影戏（望奎县皮影戏）	412
皮影戏（弦板腔）	410
皮影戏（孝义皮影戏）	408

项目	页码	项目	页码
皮影戏（岫岩皮影戏）	411	漆器髹饰技艺（潍坊嵌银髹漆技艺）	820
皮影戏（云梦皮影戏）	415	漆器髹饰技艺（阳江漆器髹饰技艺）	821
皮纸制作技艺	815	漆器髹饰技艺（重庆漆器髹饰技艺）	819
皮纸制作技艺（龙游皮纸制作技艺）	816	祁剧	421
郫县豆瓣传统制作技艺	737	祁门红茶制作技艺	752
琵琶艺术	151	祁阳小调	511
琵琶艺术（平湖派）	152	麒麟传说	37
琵琶艺术（浦东派）	152	麒麟舞	263
琵琶艺术（瀛洲古调派）	151	麒麟舞（坂田永胜堂舞麒麟）	264
平湖钹子书	510	麒麟舞（大船坑舞麒麟）	264
平遥纱阁戏人	660	麒麟舞（麒麟采八宝）	263
平遥推光漆器髹饰技艺	816	麒麟舞（睢县麒麟舞）	264
评剧	416	麒麟舞（樟木头舞麒麟）	265
屏南平讲戏	419	契丹始祖传说	37
萍乡春锣	510	恰克恰克	37
萍乡湘东傩面具	661	千山寺庙音乐	153
坡芽情歌	36	铅山连四纸制作技艺	821
莆仙戏	419	铅锡刻镂技艺	822
蒲州梆子	420	钱万隆酱油酿造技艺	761
浦东说书	511	钱王传说	38
普洱茶制作技艺	817	潜江民歌	153
普洱茶制作技艺（大益茶制作技艺）	818	黔剧	422
普洱茶制作技艺（贡茶制作技艺）	817	羌笛演奏及制作技艺	154
普兰果儿孜	262	羌戈大战	38
普米族搓磋	262	羌姆（拉康加羌姆）	268
		羌姆（曲德寺阿羌姆）	269
Q		羌姆（直孔嘎尔羌姆）	268
		羌年	1001
七夕节	1000	羌族刺绣	661
七夕节（乞巧节）	1001	羌族瓦尔俄足节	1002
七夕节（石塘七夕习俗）	1001	羌族羊皮鼓舞	265
七夕节（天河乞巧习俗）	1001	秦安小曲	511
漆器髹饰技艺	818	秦淮灯会	1002
漆器髹饰技艺（楚式漆器髹饰技艺）	820	秦腔	422
漆器髹饰技艺（徽州漆器髹饰技艺）	818	青海汉族民间小调	154
漆器髹饰技艺（绛州剔犀技艺）	819	青海湖祭海	1003
漆器髹饰技艺（鄱阳脱胎漆器髹饰技艺）	820	青海平弦	512

青海下弦	512
青海越弦	513
青林寺谜语	39
青田石雕	662
青铜器修复及复制技艺	822
青阳腔	423
清明节	1003
清明节（介休寒食清明习俗）	1004
清明节（溱潼会船）	1004
清徐彩门楼	663
清徐老陈醋酿制技艺	823
庆阳香包绣制	663
琼剧	424
琼中黎族民歌	125
屈原传说	39
曲剧	424
曲沃琴书	513
曲阳石雕	664
曲子戏	425
曲子戏（敦煌曲子戏）	425
曲子戏（华亭曲子戏）	426
全丰花灯	1005
泉州北管	155
泉州拍胸舞	266

R

热巴舞	266
热巴舞（丁青热巴）	267
热巴舞（那曲比如丁嘎热巴）	267
热贡六月会	1005
热贡艺术	665
日喀则扎什伦布寺羌姆	267
肉连响	269
汝瓷烧制技艺	824
软木画	666

S

撒拉族服饰	1006
撒拉族婚礼	1007
撒拉族篱笆楼营造技艺	825
萨玛舞	270
（撒尼）刺绣	696
赛龙舟	559
赛乃姆（库车赛乃姆）	288
赛乃姆（库尔勒赛乃姆）	287
赛乃姆（且末赛乃姆）	287
赛乃姆（若羌赛乃姆）	287
赛乃姆（伊犁赛乃姆）	288
赛戏	427
三棒鼓	514
三汇彩亭会	1007
三弦书	514
伞制作技艺	825
伞制作技艺（西湖绸伞）	826
伞制作技艺（油纸伞制作技艺）	825
桑皮纸制作技艺	848
桑植民歌	155
桑植仗鼓舞	270
森林号子	156
森林号子（兴安岭森林号子）	156
森林号子（长白山森林号子）	156
沙河藤牌阵	560
沙力搏尔式摔跤	560
厦门漆线雕技艺	826
晒盐技艺	827
晒盐技艺（海盐晒制技艺）	827
晒盐技艺（井盐晒制技艺）	828
山东梆子	427
山东大鼓	515
山东古筝乐	96
山东快书	516
山东落子	516

中国非物质文化遗产百科全书·代表性项目卷

山东琴书	517
山南昌果卓舞	271
山南门巴戏	428
陕北道情	517
陕北民歌	157
陕北说书	518
商洛花鼓	428
商羊舞	271
上党八音会	157
上党梆子	429
上党堆锦	595
上党二黄	430
上党落子	431
上海港码头号子	137
上海绒绣	667
尚尤则柔	272
少林功夫	561
邵原神话群	39
绍剧	431
绍兴词调	518
绍兴黄酒酿制技艺	828
绍兴莲花落	519
绍兴平湖调	519
绍兴宣卷	520
畲族服饰	1008
畲族民歌	158
畲族三月三	1008
畲族小说歌	40
畲族医药	902
畲族医药（六神经络骨通药制作工艺）	903
畲族医药（痧症疗法）	903
生铁冶铸技艺（干模铸造技艺）	861
笙管乐	159
笙管乐（超化吹歌）	160
笙管乐（复州双管乐）	159
笙管乐（建平十王会）	159
盛锡福皮帽制作技艺	829

嵊州竹编	667
狮舞	272
狮舞（白纸坊太狮）	274
狮舞（布依族高台狮灯舞）	276
狮舞（沧县狮舞）	275
狮舞（丰城岳家狮）	276
狮舞（高台狮舞）	279
狮舞（古陂蓆狮、犁狮）	277
狮舞（广东醒狮）	274
狮舞（槐店文狮子）	275
狮舞（黄沙狮子）	274
狮舞（马桥手狮舞）	277
狮舞（青狮）	277
狮舞（松岗七星狮舞）	278
狮舞（藤县狮舞）	278
狮舞（天塔狮舞）	273
狮舞（田阳壮族狮舞）	278
狮舞（席狮舞）	276
狮舞（小相狮舞）	275
狮舞（徐水舞狮）	273
十八般武艺	561
十八蝴蝶	279
石宝山歌会	1009
石雕	671
石雕（安岳石刻）	674
石雕（白花石刻）	674
石雕（大冶石雕）	673
石雕（方城石猴）	672
石雕（鸡血石雕）	672
石雕（嘉祥石雕）	672
石雕（菊花石雕）	673
石雕（雷州石狗）	673
石雕（煤精雕刻）	671
石雕（掖县滑石雕刻）	672
石雕（泽库和日寺石刻）	674
石家庄丝弦	432
石库门里弄建筑营造技艺	829

石桥营造技艺	830
石湾陶塑技艺	830
石柱土家啰儿调	160
手工制鞋技艺（老美华手工制鞋技艺）	811
寿宁北路戏	432
寿山石雕	675
蜀锦织造技艺	831
蜀绣	676
水密隔舱福船制造技艺	831
水书习俗	1009
水乡社戏	1010
水族端节	1010
水族马尾绣	676
睡药疗法	896
舜的传说	40
舜帝祭典	1011
说鼓子	520
司岗里	41
四川评书	521
四川清音	521
四川扬琴	522
四川竹琴	522
四股弦	433
四季生产调	41
四明南词	523
四平调	434
四平戏	434
泗州戏	435
宋锦织造技艺	832
苏东坡传说	42
苏剧	436
苏桥飞叉会	562
苏绣	677
苏绣（南通仿真绣）	678
苏绣（无锡精微绣）	677
苏州缂丝织造技艺	832
苏州甪直水乡妇女服饰	1011

苏州评弹	523
苏州玄妙观道教音乐	161
苏州御窑金砖制作技艺	833
素食制作技艺	834
孙膑拳	562
唢呐艺术	161
唢呐艺术（丹东鼓乐）	163
唢呐艺术（砀山唢呐）	166
唢呐艺术（丰宁满族吵子会）	162
唢呐艺术（晋北鼓吹）	162
唢呐艺术（沮水呜音）	164
唢呐艺术（青山唢呐）	165
唢呐艺术（上党八音会）	163
唢呐艺术（上党乐户班社）	163
唢呐艺术（绥米唢呐）	165
唢呐艺术（唐山花吹）	162
唢呐艺术（万载得胜鼓）	164
唢呐艺术（呜音喇叭）	164
唢呐艺术（徐州鼓吹乐）	165
唢呐艺术（杨小班鼓吹乐棚）	163
唢呐艺术（永城吹打）	165
唢呐艺术（于都唢呐公婆吹）	164
唢呐艺术（远安呜音）	165
唢呐艺术（长汀公嬷吹）	166
唢呐艺术（邹城平派鼓吹乐）	164

T

塔尔寺酥油花	678
塔吉克族服饰	1012
塔吉克族婚俗	1011
塔吉克族马球	563
塔吉克族民歌	166
塔吉克族引水节和播种节	1013
塔吉克族鹰舞	280
塔塔尔族撒班节	1014
抬阁（大坝高装）	1017

条目	页码	条目	页码
抬阁（峨口挠阁）	1016	谭振山民间故事	43
抬阁（福鼎沙埕铁枝）	1019	唐三彩烧制技艺	835
抬阁（阁子里芯子）	1018	糖塑	680
抬阁（葛渔城重阁会）	1015	糖塑（成都糖画）	681
抬阁（海沧蜈蚣阁）	1020	糖塑（丰县糖人贡）	680
抬阁（河田高景）	1020	糖塑（天门糖塑）	680
抬阁（湟中县千户营高台）	1018	螳螂拳	564
抬阁（霍童铁枝）	1019	桃花坞木版年画	681
抬阁（金坛抬阁）	1017	陶克陶胡	43
抬阁（宽城背杆）	1016	陶器烧制技艺	836
抬阁（隆德县高台）	1018	陶器烧制技艺（藏族黑陶烧制技艺）	836
抬阁（隆尧县泽畔抬阁）	1016	陶器烧制技艺（建水紫陶烧制技艺）	837
抬阁（南朗崖口飘色）	1019	陶器烧制技艺（黎族泥片制陶技艺）	838
抬阁（脑阁）	1017	陶器烧制技艺（钦州坭兴陶烧制技艺）	836
抬阁（屏南双溪铁枝）	1019	陶器烧制技艺（荣昌陶器制作技艺）	838
抬阁（浦江迎会）	1017	陶器烧制技艺（牙舟陶器烧制技艺）	837
抬阁（青林口高抬戏）	1018	陶器烧制技艺（荥经砂器烧制技艺）	838
抬阁（清徐徐沟背铁棍）	1016	陶朱公传说	44
抬阁（台山浮石飘色）	1019	提琴戏	437
抬阁（通海高台）	1020	天福号酱肘子制作技艺	839
抬阁（万荣抬阁）	1016	天津时调	525
抬阁（吴川飘色）	1019	天门民歌	167
抬阁（芯子、铁枝、飘色）	1014	天桥摔跤	565
抬阁（宜章夜故事）	1020	天桥中幡	566
抬阁（章丘芯子）	1019	天台山干漆夹苎技艺	839
抬阁（周村芯子）	1018	天坛传说	44
抬阁（肘阁抬阁）	1017	挑花	682
抬阁（庄浪县高抬）	1018	挑花（花瑶挑花）	683
抬阁（长乐抬阁故事会）	1020	挑花（望江挑花）	683
太昊伏羲祭典	1021	调吊	568
太昊伏羲祭典（新乐伏羲祭典）	1021	跳曹盖	280
太极拳	563	跳花棚	281
泰宁梅林戏	436	跳马伕	281
泰山传说	42	铁观音制作技艺	848
泰山石敢当习俗	1022	通背缠拳	568
滩头木版年画	679	通渭小曲戏	438
滩羊皮鞣制工艺	834	同仁堂中医药文化	903

索引

同盛祥牛羊肉泡馍制作技艺	840
同州梆子	438
桐城歌	44
铜雕技艺	840
铜鼓十二调	167
铜鼓舞	282
铜鼓舞（雷山苗族铜鼓舞）	284
铜鼓舞（田林瑶族铜鼓舞）	283
铜鼓舞（文山壮族铜鼓舞）	283
铜鼓舞（彝族铜鼓舞）	282
童谣	45
童子戏	439
秃尾巴老李的传说	45
土家年	1022
土家族摆手舞	284
土家族摆手舞（恩施摆手舞）	285
土家族摆手舞（酉阳摆手舞）	285
土家族打溜子	168
土家族吊脚楼营造技艺	841
土家族咚咚喹	169
土家族哭嫁歌	46
土家族撒叶儿嗬	285
土家族梯玛歌	46
土家族织锦技艺	842
土碱烧制技艺	843
土族服饰	1023
土族婚礼	1024
土族轮子秋	569
土族纳顿节	1024
土族盘绣	683
土族於菟	286

W

宛梆	439
碗碗腔	440
碗碗腔（曲沃碗碗腔）	440
万安罗盘制作技艺	843
万荣笑话	51
王羲之传说	47
王昭君传说	47
王致和腐乳酿造技艺	746
网船会	1025
围棋	569
维吾尔刀郎麦西热甫	1025
维吾尔医药	904
维吾尔医药（库西台法）	905
维吾尔医药（木尼孜其·木斯力汤药制作技艺）	905
维吾尔医药（食物疗法）	905
维吾尔医药（维药传统炮制技艺）	904
维吾尔族传统小刀制作技艺	844
维吾尔族刺绣	684
维吾尔族达斯坦	47
维吾尔族达瓦孜	570
维吾尔族叼羊	546
维吾尔族服饰	1026
维吾尔族鼓吹乐	169
维吾尔族花毡、印花布织染技艺	844
维吾尔族卡拉库尔胎羔皮帽制作技艺	845
维吾尔族民歌	170
维吾尔族民居建筑技艺	846
维吾尔族模制法土陶烧制技艺	847
维吾尔族且力西	566
维吾尔族赛乃姆	286
维吾尔族桑皮纸制作技艺	847
尉村跑鼓车	1027
温州鼓词	525
温州莲花	526
文南词	441
文水鈲子	170
乌力格尔	526
乌龙茶制作技艺	848
乌泥泾手工棉纺织技艺	849

1163

条目	页码	条目	页码
乌铜走银制作技艺	849	锡伯族民间故事	50
乌孜别克族埃希来、叶来	171	锡伯族西迁节	1028
芜湖铁画锻制技艺	850	锡雕	687
吴歌	48	锡剧	446
吴桥杂技	570	歙砚制作技艺	853
蜈蚣舞	288	戏法	572
五芳斋粽子制作技艺	850	下堡坪民间故事	50
五河民歌	171	夏布织造技艺	853
五台山佛乐	172	贤孝	528
五音戏	441	贤孝（河州贤孝）	528
五祖拳	571	贤孝（凉州贤孝）	528
伍家沟民间故事	49	贤孝（西宁贤孝）	529
武安平调落子	442	弦索乐	174
武当山宫观道乐	173	弦子腔	447
武当神戏	443	弦子舞	290
武当武术	571	弦子舞（巴塘弦子舞）	290
武都高山戏	443	弦子舞（芒康弦子舞）	290
武林调	527	弦子舞（玉树依舞）	291
武强木版年画	685	线狮（九狮图）	559
武夷岩茶（大红袍）制作技艺	851	相声	529
婺剧	444	香包（徐州香包）	664
婺源三雕	605	香山帮传统建筑营造技艺	854
婺州传统民居营造技艺	851	香云纱染整技艺	854
		湘剧	447
X		湘西苗族鼓舞	291
		湘西土家族毛古斯舞	292
西安鼓乐	173	湘绣	687
西河大鼓	527	襄垣鼓书	530
西河戏	444	镶嵌	688
西湖传说	49	镶嵌（彩石镶嵌）	688
西泠印社	625	镶嵌（骨木镶嵌）	689
西路梆子	445	镶嵌（嵌瓷、潮州嵌瓷）	689
西坪民歌	174	象棋	573
西秦戏	445	象牙雕刻	690
西施传说	50	小榄菊花会	1028
锡伯族贝伦舞	289	小热昏	530
锡伯族刺绣	686	孝义碗碗腔	440

笑话	51
协荣仲孜	292
谐钦	293
谐钦（拉萨纳如谐钦）	293
谐钦（南木林土布加谐钦）	294
谐钦（尼玛乡谐钦）	294
心意六合拳	573
心意拳	574
新昌调腔	448
新繁棕编	709
新化山歌	175
新会葵艺	690
新疆曲子	531
新疆维吾尔木卡姆艺术	175
新疆维吾尔族艾德莱斯绸织染技艺	855
信阳民歌	177
邢台梅花拳	574
形意拳	575
醒感戏	449
兴国山歌	177
兴山民歌	178
杏花村汾酒酿制技艺	856
秀山花灯	1029
秀山民歌	178
岫岩玉雕	691
徐福东渡传说	51
徐文长故事	52
徐州梆子	449
徐州琴书	531
宣笔制作技艺	856
宣舞	294
宣舞（古格宣舞）	294
宣舞（普堆巴宣舞）	295
宣纸制作技艺	857
雪顿节	1029
蟳埔女习俗	1030

Y

崖州民歌	179
亚鲁王	52
烟火爆竹制作技艺（架花烟火爆竹制作技艺）	779
烟火爆竹制作技艺（南张井老虎火）	778
烟火爆竹制作技艺（萍乡烟花制作技艺）	779
烟火爆竹制作技艺（蒲城杆火技艺）	779
烟火爆竹制作技艺（万载花炮制作技艺）	779
炎帝祭典	1031
炎帝祭典（随州神农祭典）	1031
炎帝陵祭典	1030
炎帝神农传说	53
砚台制作技艺	857
砚台制作技艺（澄泥砚制作技艺）	858
砚台制作技艺（贺兰砚制作技艺）	859
砚台制作技艺（洮砚制作技艺）	858
砚台制作技艺（易水砚制作技艺）	858
谚语	53
雁北耍孩儿	450
雁门民居营造技艺	859
秧歌	295
秧歌（昌黎地秧歌）	296
秧歌（汾阳地秧歌）	299
秧歌（抚顺地秧歌）	298
秧歌（鼓子秧歌）	296
秧歌（海阳大秧歌）	297
秧歌（济阳鼓子秧歌）	298
秧歌（胶州秧歌）	297
秧歌（乐亭地秧歌）	300
秧歌（临县伞头秧歌）	298
秧歌（陕北秧歌）	297
秧歌（小红门地秧歌）	299
秧歌（阳信鼓子秧歌）	300
秧歌（原平凤秧歌）	299
秧歌戏	450

秧歌戏（定州秧歌戏）	451
秧歌戏（繁峙秧歌戏）	452
秧歌戏（壶关秧歌）	453
秧歌戏（隆尧秧歌戏）	451
秧歌戏（祁太秧歌）	452
秧歌戏（朔州秧歌戏）	451
秧歌戏（蔚县秧歌）	452
秧歌戏（襄武秧歌）	452
秧歌戏（泽州秧歌）	453
扬剧	453
扬州弹词	532
扬州评话	532
扬州漆器髹饰技艺	860
扬州清曲	533
扬州玉雕	691
阳城生铁冶铸技艺	860
杨家埠木版年画	692
杨家将传说	54
杨家将传说（穆桂英传说）	54
杨家将传说（杨家将说唱）	54
杨柳青木版年画	693
仰阿莎	54
尧的传说	55
姚安坝子腔	179
姚剧	455
窑洞营造技艺	862
窑洞营造技艺（地坑院营造技艺）	862
窑洞营造技艺（陕北窑洞营造技艺）	862
瑶族刺绣	694
瑶族服饰	1031
瑶族猴鼓舞	301
瑶族民歌	180
瑶族民歌（花瑶呜哇山歌）	180
瑶族盘王节	1032
瑶族耍歌堂	1033
瑶族医药	906
瑶族长鼓舞	301

瑶族长鼓舞（黄泥鼓舞）	302
瑶族长鼓舞（小长鼓舞）	302
药市习俗（百泉药会）	929
药市习俗（禹州药会）	930
药市习俗（樟树药俗）	929
药浴疗法	906
耀州窑陶瓷烧制技艺	863
椰雕	695
夜光杯雕	696
一勾勾	455
宜昌丝竹	181
宜黄戏	456
宜兴紫砂陶制作技艺	863
彝剧	456
彝医水膏药疗法	906
彝医药	906
彝族	696
彝族撮泰吉	457
彝族打歌	303
彝族海菜腔	181
彝族葫芦笙舞	303
彝族火把节	1033
彝族克智	55
彝族老虎笙	304
彝族铃铛舞	304
彝族民歌	182
彝族民歌（彝族酒歌）	182
彝族民歌（彝族山歌）	182
彝族年	1034
彝族漆器髹饰技艺	864
彝族三弦舞	305
彝族三弦舞（阿细跳月）	305
彝族三弦舞（撒尼大三弦）	305
彝族摔跤	566
彝族跳菜	306
彝族烟盒舞	306
彝族左脚舞	307

弋阳腔	457
仡佬毛龙节	1034
翼城花鼓	307
翼城琴书	534
吟诵调	183
吟诵调（常州吟诵）	183
银饰制作技艺（苗族银饰锻制技艺）	796
银饰制作技艺（苗族银饰制作技艺）	795
银饰制作技艺（畲族银器制作技艺）	796
银饰制作技艺（彝族银饰制作技艺）	795
银铜器制作及鎏金技艺	865
银细工制作技艺	763
印泥制作技艺	865
印泥制作技艺（上海鲁庵印泥）	866
印泥制作技艺（漳州八宝印泥）	866
英歌	308
英歌（潮阳英歌）	309
英歌（甲子英歌）	309
英歌（普宁英歌）	309
莺歌柳书	534
鹰爪翻子拳	576
迎罗汉	576
楹联习俗	1035
邕剧	458
永安大腔戏	459
永春纸织画	697
永定河传说	56
永康鼓词	534
永年西调	459
永新盾牌舞	310
甬剧	460
酉阳古歌	56
酉阳民歌	184
余杭滚灯	311
渔鼓道情	535
渔民开洋、谢洋节	1035
榆林小曲	535

禹的传说	57
玉雕	697
玉雕（北京玉雕）	698
玉雕（广州玉雕）	699
玉雕（海派玉雕）	699
玉雕（苏州玉雕）	698
玉雕（阳美翡翠玉雕）	699
玉雕（镇平玉雕）	698
玉屏箫笛制作技艺	866
裕固族服饰	1036
裕固族民歌	184
豫剧	460
豫剧（桑派）	461
元宵节	1037
元宵节（枫亭元宵游灯习俗）	1039
元宵节（九曲黄河灯俗）	1040
元宵节（九曲黄河阵灯俗）	1037
元宵节（敛巧饭习俗）	1037
元宵节（柳林盘子会）	1038
元宵节（马尾—马祖元宵节俗）	1038
元宵节（闽台东石灯俗）	1039
元宵节（闽西客家元宵节庆）	1040
元宵节（泉州闹元宵习俗）	1039
元宵节（上坂关公灯）	1041
元宵节（蔚县拜灯山习俗）	1038
元宵节（永昌县卍字灯俗）	1040
元宵节（豫园灯会）	1041
月饼传统制作技艺	867
月饼传统制作技艺（安琪广式月饼制作技艺）	868
月饼传统制作技艺（郭杜林晋式月饼制作技艺）	867
月也	1041
岳家拳	577
越剧	463
越剧（尹派）	464
越调	462

越窑青瓷烧制技艺	868	藏族邦典、卡垫织造技艺	869
粤剧	461	藏族编织、挑花刺绣工艺	700
粤曲	536	藏族螭鼓舞	312
粤绣	700	藏族碉楼营造技艺	870

Z

		藏族雕版印刷技艺	
		（波罗古泽刻版制作技艺）	730
藏历年	1042	藏族服饰	1043
藏戏（巴塘藏戏）	468	藏族格萨尔彩绘石刻	701
藏戏（德格格萨尔藏戏）	467	藏族婚宴十八说	57
藏戏（黄南藏戏）	467	藏族金属锻造技艺	872
藏戏（拉萨觉木隆）	465	藏族金属锻造技艺（藏刀锻制技艺）	872
藏戏（南木特藏戏）	469	藏族金属锻造技艺（藏族锻铜技艺）	872
藏戏（尼木塔荣藏戏）	469	藏族金属锻制技艺	
藏戏（青海马背藏戏）	469	（扎西吉彩金银锻铜技艺）	873
藏戏（日喀则迥巴）	466	藏族矿植物颜料制作技艺	873
藏戏（日喀则南木林湘巴）	466	藏族拉伊	185
藏戏（日喀则仁布江嘎尔）	466	藏族民歌	185
藏戏（色达藏戏）	468	藏族民歌（班戈昌鲁）	187
藏戏（山南琼结卡卓扎西宾顿）	467	藏族民歌（藏族赶马调）	187
藏戏（山南雅隆扎西雪巴）	467	藏族民歌（川西藏族山歌）	186
藏戏	465	藏族民歌（甘南藏族民歌）	187
藏香制作技艺	869	藏族民歌（华锐藏族民歌）	186
藏医药	907	藏族民歌（玛达咪山歌）	186
藏医药（藏药阿如拉炮制技艺）	910	藏族民歌（玉树民歌）	187
藏医药（藏药炮制技艺）	909	藏族唐卡	701
藏医药（藏药七十味珍珠丸配伍技艺）	909	藏族唐卡（噶玛嘎孜画派）	703
藏医药（藏药仁青常觉配伍技艺）	908	藏族唐卡（甘南藏族唐卡）	703
藏医药（藏药珊瑚七十味丸配伍技艺）	910	藏族唐卡（勉唐画派）	702
藏医药（藏医骨伤疗法）	910	藏族唐卡（墨竹工卡直孔刺绣唐卡）	703
藏医药（藏医尿诊法）	909	藏族唐卡（钦则画派）	703
藏医药（藏医外治法）	908	藏族天文历算	1042
藏医药（藏医药浴疗法）	909	藏族造纸技艺	874
藏医药（甘南藏医药）	909	藏族扎木聂弹唱	188
藏医药（甘孜州南派藏医药）	908	枣梆	470
藏医药（拉萨北派藏医水银洗炼法）	908	则柔	272
藏医药（七十味珍珠丸赛太炮制技艺）	910	泽州四弦书	536
		榨菜传统制作技艺	874

张家界阳戏	470
查拳	577
张小泉剪刀锻制技艺	875
张一元茉莉花茶制作技艺	753
漳州木版年画	704
漳州木偶头雕刻	704
长子鼓书	536
召树屯与喃木诺娜	57
赵氏孤儿传说	58
赵世魁戏法	572
遮帕麻和遮咪麻	58
鹧鸪戏	471
针灸	911
针灸（刘氏刺熨疗法）	911
针灸（陆氏针灸疗法）	911
真不同洛阳水席制作技艺	876
甄城砖塑	708
镇巴民歌	188
镇江恒顺香醋酿制技艺	876
蒸馏酒传统酿造技艺	877
蒸馏酒传统酿造技艺（板城烧锅酒传统五甑酿造技艺）	879
蒸馏酒传统酿造技艺（宝丰酒传统酿造技艺）	880
蒸馏酒传统酿造技艺（北京二锅头酒传统酿造技艺）	878
蒸馏酒传统酿造技艺（大泉源酒传统酿造技艺）	879
蒸馏酒传统酿造技艺（古蔺郎酒传统酿造技艺）	881
蒸馏酒传统酿造技艺（衡水老白干传统酿造技艺）	878
蒸馏酒传统酿造技艺（剑南春酒传统酿造技艺）	881
蒸馏酒传统酿造技艺（老龙口白酒传统酿造技艺）	879
蒸馏酒传统酿造技艺（梨花春白酒传统酿造技艺）	879
蒸馏酒传统酿造技艺（山庄老酒传统酿造技艺）	878
蒸馏酒传统酿造技艺（水井坊酒传统酿造技艺）	880
蒸馏酒传统酿造技艺（沱牌曲酒传统酿造技艺）	881
蒸馏酒传统酿造技艺（五粮液酒传统酿造技艺）	880
正字戏	471
枝江民间吹打乐	189
直隶官府菜烹饪技艺	882
纸笺加工技艺	882
制扇技艺	883
制扇技艺（龚扇）	884
制扇技艺（荣昌折扇）	884
制扇技艺（王星记扇）	884
制作号子	189
智化寺京音乐	190
中幡（安头屯中幡）	567
中幡（建瓯挑幡）	567
中幡（正定高照）	567
中和节	1044
中和节（永济背冰）	1044
中和节（云丘山中和节）	1044
中秋节	1045
中秋节（大坑舞火龙）	1046
中秋节（佛山秋色）	1045
中秋节（秋夕）	1046
中秋节（泽州中秋习俗）	1046
中秋节（中秋博饼）	1045
中山咸水歌	190
中式服装制作技艺	885
中式服装制作技艺（亨生奉帮裁缝技艺）	885
中式服装制作技艺（龙凤旗袍手工制作技艺）	885
中式服装制作技艺	

（培罗蒙奉帮裁缝技艺） 886
中式服装制作技艺
（振兴祥中式服装制作技艺） 886
中药炮制技术 912
中药炮制技术（四大怀药种植与炮制） 912
中药炮制技术（中药炮制技艺） 913
中医传统制剂方法 913
中医传统制剂方法
（保滋堂保婴丹制作技艺） 917
中医传统制剂方法
（达仁堂清宫寿桃丸传统制作技艺） 915
中医传统制剂方法（定坤丹制作技艺） 915
中医传统制剂方法（东阿阿胶制作技艺） 915
中医传统制剂方法（龟龄集传统制作技艺） 914
中医传统制剂方法（季德胜蛇药制作技艺） 916
中医传统制剂方法
（雷允上六神丸制作技艺） 914
中医传统制剂方法（廖氏化风丹制作技艺） 915
中医传统制剂方法（六神丸制作技艺） 916
中医传统制剂方法
（罗浮山百草油制作技艺） 917
中医传统制剂方法（马应龙眼药制作技艺） 917
中医传统制剂方法
（桐君阁传统丸剂制作技艺） 918
中医传统制剂方法（夏氏丹药制作技艺） 917
中医传统制剂方法（漳州片仔癀制作技艺） 916
中医传统制剂方法
（致和堂膏滋药制作技艺） 916
中医传统制剂方法
（朱养心传统膏药制作技艺） 916
中医生命与疾病认知方法 918
中医养生 919
中医养生（灵源万应茶） 920
中医养生（药膳八珍汤） 919
中医养生（永定万应茶） 920
中医诊法 920
中医诊法（道虎壁王氏中医妇科） 921

中医诊法（葛氏捏筋拍打疗法） 921
中医诊法（王氏脊椎疗法） 921
中医诊法（张一帖内科疗法） 922
中医诊法（朱氏推拿疗法） 922
中医正骨疗法 922
中医正骨疗法（宫廷正骨） 923
中医正骨疗法（林氏骨伤疗法） 924
中医正骨疗法（罗氏正骨法） 923
中医正骨疗法（平乐郭氏正骨法） 923
中医正骨疗法（石氏伤科疗法） 923
中医正骨疗法（武氏正骨疗法） 924
中医正骨疗法（张氏骨伤疗法） 924
中医正骨疗法（章氏骨伤疗法） 924
中元节 1046
重阳节 937
重阳节（皇城村重阳习俗） 938
重阳节（上蔡重阳习俗） 938
舟山锣鼓 191
周村烧饼制作技艺 887
肘捶 578
朱仙镇木版年画 705
珠郎娘美 59
珠算 1047
竹编（瓷胎竹编） 669
竹编（东阳竹编） 668
竹编（梁平竹帘） 669
竹编（毛南族花竹帽编织技艺） 670
竹编（青神竹编） 669
竹编（渠县刘氏竹编） 669
竹编（瑞昌竹编） 668
竹编（舒席） 668
竹编（益阳小郁竹艺） 670
竹刻 706
竹刻（宝庆竹刻） 707
竹刻（常州留青竹刻） 707
竹刻（黄岩翻簧竹雕） 708
竹刻（嘉定竹刻） 706

索引

竹刻（江安竹簧）	708
竹刻（无锡留青竹刻）	707
竹麻号子	189
竹马	313
竹马（东坝大马灯）	314
竹马（蒋塘马灯舞）	314
竹马（邳州跑竹马）	314
竹纸制作技艺	887
祝赞词	59
砖雕（山西民居砖雕）	629
砖塑	708
庄子传说	60
装裱修复技艺	888
装裱修复技艺（古籍修复技艺）	889
装裱修复技艺（古字画装裱修复技艺）	888
装裱修复技艺（苏州书画装裱修复技艺）	889
装泥鱼习俗	1047
壮剧	472
壮医药	925
壮医药线点灸疗法	925
壮族歌圩	1048
壮族嘹歌	60
壮族蚂节	1048
壮族铜鼓习俗	1049
壮族织锦技艺	890
坠子戏	473
淄博陶瓷烧制技艺	890
紫阳民歌	191
自贡井盐深钻汲制技艺	891
棕编	709
棕扇舞	315
走马镇民间故事	60
左各庄杆会	578
左权开花调	192

图书在版编目（CIP）数据

中国非物质文化遗产百科全书·代表性项目卷/ 冯骥才 罗吉华编 . -- 北京：中国文联出版社，2015.5
ISBN 978-7-5059-9401-0
Ⅰ．①中… Ⅱ．①冯… Ⅲ．①文化遗产-介绍-中国-Ⅳ
①K203
中国版本图书馆CIP数据核字(2014)第311539号

中国非物质文化遗产百科全书·代表性项目卷

总 主 编：	冯骥才		
本卷主编：	罗吉华		
出 版 人：	朱 庆		
终 审 人：	奚耀华	复 审 人：	柴文良
责任编辑：	王柏松 李婉君	责任校对：	师自运
封面设计：	张雅静	责任印制：	陈 晨

出版发行：中国文联出版社
地　　址：北京市朝阳区农展馆南里10号，100125
电　　话：010-65389142（咨询）65067803（发行）65389150（邮购）
传　　真：010-65933115（总编室），010-65033859（发行部）
网　　址：http://www.clapnet.cn
E - mail：clap@clapnet.cn
印　　刷：北京新华印刷有限公司
装　　订：北京新华印刷有限公司
法律顾问：北京市天驰洪范律师事务所徐波律师
本书如有破损、缺页、装订错误，请与本社联系调换

开　　本：	889×1194	1/16	
字　　数：	1100 千字	印　张：	76.5
版　　次：	2015年5月第1版	印　次：	2015年5月第1次印刷
书　　号：	ISBN 978-7-5059-9401-0		
定　　价：	620.00元		

版权所有　翻印必究